LANGENSCHEIDTS
TASCHENWÖRTERBÜCHER

LANGENSCHEIDTS ZAKWOORDENBOEK
VAN DE NEDERLANDSE EN DE DUITSE TAAL

Eerste Deel

Nederlands-Duits

door

DR. F. J. J. VAN DE WIELE

Geheel herziene uitgave

LANGENSCHEIDT
BERLIJN · MUNCHEN · WENEN · ZURICH

LANGENSCHEIDTS
TASCHENWÖRTERBUCH
DER NIEDERLÄNDISCHEN UND DEUTSCHEN SPRACHE

Erster Teil

Niederländisch-Deutsch

von

DR. F. J. J. VAN DE WIELE

Neubearbeitung

LANGENSCHEIDT
BERLIN · MÜNCHEN · WIEN · ZÜRICH

Inhaltsverzeichnis/Inhoud

Auflage:	*11.*	*10.*	*9.*	*8.*	*7.*	*Letzte Zahlen*
Jahr:	*1993*	*92*	*91*	*90*	*89*	*maßgeblich*

Druck: Graph. Betriebe Langenscheidt, Berchtesgaden/Obb.
Printed in Germany · ISBN 3-468-10231-3

Vorwort

In den letzten Jahrzehnten hat sich in den modernen Kultursprachen, insbesondere was den Wortschatz betrifft, ein Wandel vollzogen, der größer und umfassender ist als in den vorangegangenen Jahrhunderten. Die industrielle Revolution und die stürmische technische Entwicklung prägen neue Begriffe und völlig neue Wörter, die nicht zuletzt durch den Einfluß der Massenmedien allgemeine Verbreitung finden, wie z. B. Energiekrise, Umweltverschmutzung, Emanzipation, Pop, Raumfahrt, Container, Mitbestimmung, Transistor, Massentourismus, Hitparade, Bestseller, Massensport, Geiselnahme, Quiz, Showbusiness usw.

Das im Schnittpunkt dreier „Weltsprachen" liegende niederländische Sprachgebiet war von jeher dem Einfluß dieser Sprachen ausgesetzt. Immer wieder bemühten sich Puristen darum, sogenannte Gallizismen, Germanismen und Anglizismen auszumerzen. Nordniederländisch (die Umgangssprache in den Niederlanden) und Südniederländisch (die Umgangssprache in Flandern) sind Zweige ein und derselben Kultursprache, „Algemeen (Beschaafd) Nederlands" (= Hochniederländisch) genannt. Die Abweichungen zwischen „Nord" und „Süd" sind eher gering.

Ein Wörterbuch — und das gilt in besonderem Maße für ein Taschenwörterbuch — kann nicht sämtliche Neuprägungen bringen, und dies nur auf Kosten veralteter oder veralternder Wörter und Ausdrücke. Hinzu kommt beim Niederländischen das Problem der Orthographie. Eine allgemein verbindliche Rechtschreibung gibt es (noch) nicht. Daher mußten nach den Richtlinien und Empfehlungen der „Woordenlijst van de Nederlandse Taal (1954)" die verschiedenen Schreibweisen in das Wörterbuch aufgenommen werden (siehe hierzu die „Hinweise für die Benutzung des Wörterbuches").

F. J. J. van de Wiele

Voorwoord

In twee-drie decennia ondergingen de cultuurtalen, vooral dan wat de woordenschat betreft, sterkere wijzigingen dan gedurende vele eeuwen hunner ontwikkeling. De industriële revolutie, de technologische explosie schiepen nieuwe begrippen, nieuwe woorden die, mede door de democratisering van het onderwijs, vooral echter via de communicatiemiddelen quasi binnen een etmaal algemeen gebruikt worden. Ter illustratie enkele dezer nieuwe „topics": energiecrisis — milieu — emancipatie — pop — ruimtevaart — sex — permissieve opvoeding — containervervoer — inspraak — transistor — massatoerisme — hitparade — bestseller — massasport — drugs — nieuwe eetgewoonten — hippies — gijzeling en kaping — quiz — showbusiness.

Het Nederlandse taalgebied, gelegen op de raaklijnen van drie „wereldtalen", heeft in de loop der tijden steeds de invloed dezer grote cultuurtalen ondergaan. Puristen hebben altijd weer getracht, Gallicismen, Germanismen, Anglicismen uit de omgangstaal, het Algemeen (Beschaafd) Nederlands (ABN) te weren. Noordnederlands (de omgangstaal in Nederland) en Zuidnederlands (de omgangstaal in Vlaanderen) zijn benamingen voor één-zelfde cultuurtaal, met eerder geringe afwijkingen tussen „Noord" en „Zuid".

Uiteraard kan een woordenboek, vooral dan een „zakwoordenboek", niet alle nieuwe woorden en wendingen brengen en dient heel wat verouderd taalgoed de plaats te ruimen voor het nieuwe. Bij deze vernieuwing diende verder rekening gehouden te worden met de spelling. Wegens het uitblijven van een vaste „opgelegde" spelling zagen wij ons verplicht, de verschillende „toegelaten" spellingsvormen te vermelden (zie hiervoor: „Aanwijzingen voor het gebruik van het woordenboek"). Hierbij hielden wij ons aan de richtlijnen en aanbevelingen van de „Woordenlijst van de Nederlandse taal (1954)".

F. J. J. van de Wiele

Durch sorgfältige Beachtung des Inhalts der Seiten 7—14 gewinnt das Buch erst den richtigen Wert.

Alleen door nauwkeurige raadpleging van de bladzijden 7—14 komt het boek geheel tot zijn recht.

Hinweise für die Benutzung des Wörterbuches

1. **Anordnung des Wörterbuches**

a) Die Reihenfolge der Wörter, Zusammensetzungen und Ableitungen ist streng alphabetisch, wobei die sog. „bevorzugte Schreibweise" den Vorrang hat, z.B. **cadans** unter **C**, **karamel** unter **K**, **chagrijn** unter **C.** Nebenformen werden direkt hinter dem Stichwort (evtl. abgekürzt) angegeben, z.B. **cadans** *a.* **ka-**, **chagrijn** *a.* **sja-**, **analyseren** *a.* **-zeren.**

b) Wie in den niederländischen Wörterbüchern wird der Laut **ij** [ɛĭ] als die Verbindung **i-j** betrachtet: **dijk** steht also alphabetisch vor **dik**; die mit **ij** anfangenden Wörter suche man also unter dem Buchstaben **i.**

c) Gleichgeschriebene Wörter, z.B. **'bedelen** und **be'delen,** treten als besondere Titelköpfe auf, wenn sie verschiedener Abstammung sind; sie werden durch ¹, ² usw. bezeichnet.

2. **Das Wiederholungszeichen oder die Tilde** (~) vertritt zum Zweck der Raumersparnis das zu Anfang eines Artikels stehende fettgedruckte Wort oder den vor dem Trennungsstrich (|) stehenden Teil eines Wortes; z.B. **auto**: **~baan** (= **autobaan**), **~band** (= **autoband**), **~bus** (= **autobus**).

3. **Die Aussprache** der niederländischen Stichwörter ist in eckigen Klammern durch die internationale Lautschrift angegeben. Zur Erklärung der Lautschrift s. Seite 11ff.

4. **Das Betonungszeichen** ('). Dieses Zeichen steht vor der betonten Silbe: **koker** ['ko:kər] *Behälter.*

5. **Pluralformen.** Alle von der allgemeinen Regel (= Mehrzahlbildung durch Anhängen von **-en**) abweichenden Pluralformen finden sich hinter dem Stichwort in runden Klammern, z.B. **aal** (*alen*); **bed** (*-den*); **bezem** (*-s*); **bode** (*-n u. -s*); **boef** (*boeven*); **domheid** (*-heden*); **epidemie** (*-ën*); **getuige** (*-n*); **hoen** (*-ders u. -deren*); **kolonie** (*-s u. -¨n*); **lyceum** (*-s u. lycea*); **schip** (*schepen*).

6. **Verbformen.** Alle abweichenden Imperfekt- und Partizipformen werden alphabetisch als Stichwörter (mit Verweisen) angeführt, z.B. **bond** *s. binden*; **gebonden** *s. binden*; **dacht** *s. denken*; **gedacht** *s. denken*; **is** *s. zijn*; **ben, bent** *s. zijn* usw.

7. **Deklination und Konjugation.** Ein übersichtlicher Abriß der niederländischen Deklination und Konjugation sowie ein Verzeichnis der starken und unregelmäßigen Zeitwörter findet sich auf Seite 514ff.

Aanwijzingen
voor het gebruik van het woordenboek

1. Inrichting van het woordenboek

a) De volgorde van de woorden, samenstellingen en afleidingen is strikt alfabetisch, waarbij aan de zogeheten „Voorkeurspelling" de voorrang werd gegeven, bv.: **cadans** onder **C**, **karamel** onder **K**, **chagrijn** onder **C**. Van de „Voorkeurspelling" afwijkende en „toegelaten" schrijfwijze vindt men (evtl. afgekort) onmiddelijk achter het trefwoord, bv.: **cadans** *a.* **ka-**, **karamel** *a.* **ca-**, **chagrijn** *a.* **sja-**, **cheque** *a.* **check**, **analyseren** *a.* **-zeren.** Elk woord komt slechts éénmaal als trefwoord voor.

b) Zoals in de Nederlandse woordenboeken wordt de klank **ij** als de verbinding van **i** en **j** beschouwd: **dijk** staat dus alfabetisch voor **dik**; de met **ij** beginnende woorden moet men dus onder de letter **i** zoeken.

c) Woorden met gelijke spelling, bijv. **ˈbedelen** en **beˈdelen**, worden afzonderlijk behandeld, als hun herkomst verschillend is; ze worden door en ¹, ², enz. aangeduid.

2. Het herhalingsteken of de tilde (~) vervangt ter besparing van ruimte het vet gedrukte hoofdwoord of dat deel van het hoofdwoord dat vóór de verticale streep (|) staat; b.v. **auto**: **~baan**; **~band**; **~bestuurder**; **~bus**; **~car** = autobaan; autoband; autobestuurder; autobus; autocar.

3. Klankschrift. De verklaring van het internationale klankschrift vindt men op blz. 11.

4. Het klemtoonteken of het accent (ˈ). Dit teken staat voor de lettergreep waarop de klemtoon valt; b.v. **koker** [ˈkoːkər].

5. Meervoudsvormen. Van de algemene regel (meervoudsvorming door toevoeging van **-en**) anwijkende meervoudsvormen vindt men achter het trefwoord tussen ( ), bv.: **getuige** (*-n*); **bode** (*-n u. -s*); **bed** (*-den*); **bezem** (*-s*); **boef** (*boeven*); **aal** (*alen*); **schip** (*schepen*); **hoen** (*-ders u. -deren*); **domheid** (*-heden*); **lyceum** (*-s u. lycea*); **epidemie** (*-ën*); **kolonie** (*-s u. -¨n*).

6. Werkwoordsvormen. Afwijkende vormen (verleden tijd, verleden deelwoord) vindt men in de alfabetische lijst der trefwoorden (met verwijzing), bv.: **bond** *s. binden*; **gebonden** *s. binden*; **binden** (*bond, gebonden*); **dacht** *s. denken*; **gedacht** *s. denken*; **denken** (*dacht, gedacht*); **is** *s. zijn*; **bent, ben** *s. zijn*; enz.

7. Verbuiging en vervoeging. Een beknopt overzicht van de Nederlandse verbuiging en vervoeging benevens een lijst van de sterke en onregelmatige werkwoorden vindt men op blz. 514 v.v.

Abkürzungen im Wörterbuch

Afkortingen in het woordenboek

a.	*auch*, ook
A	*Akkusativ*, accusatief
Abk.	*Abkürzung*, afkorting
Adj.	*Adjektiv*, bijvoeglijk naamwoord
Adv.	*Adverb*, bijwoord
allg.	*allgemein*, algemeen
Anat.	*Anatomie*, anatomie
Arch.	*Architektur*, architectuur, bouwkunst
Art.	*Artikel*, lidwoord
Astr.	*Astronomie*, astronomie
Bgb.	*Bergbau*, mijnbouw
Bot.	*Botanik*, botanie
bsd.	*besonders*, vooral
b.v.	*bijvoorbeeld*, zum Beispiel
bzw.	*beziehungsweise*, respectievelijk
Chem.	*Chemie*, scheikunde
D	*Dativ*, datief
d.h.	*das heißt*, dat wil zeggen
e-e	*eine*, een
e-m	*einem*, (aan) een
e-n	*einen*, een
e-r	*einer*, (aan, van) een
e-s	*eines*, van een
El.	*Elektrotechnik*, elektrotechniek
Esb.	*Eisenbahn*, spoorweg
etw.	*etwas*, iets
f	*feminin*, *weiblich*, vrouwelijk
F	*familiär*, gemeenzaam
fig.	*figürlich*, figuurlijk
Flgw.	*Flugwesen*, vliegwezen
Fs.	*Fernsehen*, televisie
G	*Genitiv*, genitief
Geogr.	*Geographie*, geografie
Geol.	*Geologie*, geologie
Ggs.	*im Gegensatz zu ...*, in tegenstelling met ...
Gr.	*Grammatik*, grammatica
Hdl.	*Handel*, handel
hist.	*historisch*, historisch
iem.	*iemand*, jemand(en, -em)
Inf.	*Infinitiv*, infinitief
Int.	*Interjektion*, interjectie
j.	*jemand*, iemand
j-m	*jemandem*, (aan) iemand
j-n	*jemanden*, iemand
jur.	*juristisch*, juridisch
Kfz.	*Kraftfahrzeug*, motorvoertuig
Ko.	*Konjunktion*, voegwoord
Komp.	*Komparativ*, comparatief
Konj.	*Konjunktiv*, conjunctief
L	*Liste der unregelmäßigen Verben*, lijst van de onregelmatige werkwoorden
m	*maskulin*, *männlich*, mannelijk
mar.	*maritim*, maritiem
Math.	*Mathematik*, wiskunde
Med.	*Medizin*, geneeskunde
mil.	*militärisch*, militair
mst.	*meist*, meestal
Mus.	*Musik*, muziek
n	*Neutrum*, *sächlich*, onzijdig
od.	*oder*, of
P	*populär*, populair, volkstaal
pej.	*pejorativ*, *ungünstig*, pejoratief
Pers.	*Person*, persoon
Phys.	*Physik*, natuurkunde

pl.	*Plural, Mehrzahl,* meervoud
poet.	*poetisch,* poëtisch, dichterlijk
Pol.	*Politik,* politiek
Präp.	*Präposition,* voorzetsel
Pron.	*Pronomen,* voornaamwoord
Rel.	*Religion,* godsdienst
Rf.	*Rundfunk,* radio
s.	*siehe,* zie
S.	*Sache,* zaak
sg.	*Singular, Einzahl,* enkelvoud
s-m	*seinem,* (aan) zijn
s-n	*seinen,* zijn
s-r	*seiner,* (aan, van) zijn
s-s	*seines,* van zijn
sn	*sein (Hilfszeitwort),* zijn
Sp.	*Sport,* sport
Su.	*Substantiv, substantivisch,* substantief, substantivisch

Tech.	*Technik,* techniek
Tel.	*Telefon,* telefoon
Thea.	*Theater,* theater
Typ.	*Typographie,* typografie
u.	*und,* en
usw.	*und so weiter,* enzovoort(s)
V	*vulgär,* vulgair
vgl.	*vergleiche,* vergelijk
v/i	*intransitives Verb,* onovergankelijk werkwoord
v/r	*reflexives Verb,* wederkerend werkwoord
v/t	*transitives Verb,* overgankelijk werkwoord
z.	*zie,* siehe
z.B.	*zum Beispiel,* bijvoorbeeld
zeitl.	*zeitlich,* tijdsbepalend
Zool.	*Zoologie,* dierkunde
Zssgn	*Zusammensetzungen,* samenstellingen

Erklärung der Aussprache

Verklaring van de uitspraak van het Nederlands

Die niederländische Artikulation ist schlaffer als die deutsche, nicht so schlaff aber wie die englische. So sind im Niederländischen die stimmlosen Explosivlaute **p**, **t**, und **k** unbehaucht. Aus demselben Grund unterbleibt im allgemeinen bei einer mit einem Vokal anfangenden Silbe der typisch deutsche Knacklaut. Diese Silbe wird statt dessen, ähnlich wie im Französischen, oft mit der vorhergehenden verbunden.

Die Betonung der niederländischen Wörter ist weitgehend der deutschen ähnlich: die erste Hauptsilbe trägt in der Regel den Hauptton.

1. Allgemeine Zeichen

[ ] die Lautschrift erscheint immer in eckigen Klammern.
ˈ die Hauptbetonung bei zwei- oder mehrsilbigen Wörtern hat die auf dieses Zeichen folgende Silbe.
ː hinter einem Vokal in Lautschrift gibt an, daß dieser lang ist.
ˑ hinter einem Vokal in Lautschrift gibt an, daß dieser halblang ist.

2. Vokale

a) Die haupttonigen niederländischen Vokale

Lautzeichen	*Lautcharakteristik*	*Beispiele*
[aː]	helles **a** wie in Wasser, aber lang	straat [straːt] *Straße* straten [ˈstraːtə(n)] *Straßen*
[ɑ]	dunkles **a** wie in Straße, aber kurz	kan [kɑn] *Kanne*
[eː]	wie **e** in leben	beek [beːk] *Bach* beken [ˈbeːkə(n)] *Bäche*
[ɛ]	wie **e** in Bett, aber etwas offener	bed [bɛt] *Bett*
[iː]	wie **ie** in Bier (im Ndl. nur vor [r] lang!)	mier [miːr] *Ameise*
[iˑ]	wie **i** in Zigarre	lied [liˑt] *Lied*
[ɪ]	wie **i** in Kind, aber etwas offener	kin [kɪn] *Kinn*
[oː]	wie **o** in Brot	boot [boːt] *Boot* boten [ˈboːtə(n)] *Boote*
[ɔ]	wie **o** in Gott, aber etwas offener	pot [pɔt] *Topf*
[ɵ]	ein Laut, etwa zwischen **ö** in können und **ö** in lösen, aber kurz	lus [lɵs] *Schlinge*
[øː]	wie **ö** in lösen	deur [døːr] *Tür*
[uː]	wie **u** in Bluse (im Ndl. nur vor [r] lang!)	boer [buːr] *Bauer*
[uˑ]	wie **u** in Musik	boek [buˑk] *Buch*
[yː]	wie **ü** in Hügel (im Ndl. nur vor [r] lang!)	muur [myːr] *Mauer* muren [ˈmyːrə(n)] *Mauern*

[yˑ]	wie **ü** in amüsieren	minuut [miˑˈnyˑt] *Minute* minuten [miˑˈnyˑtə(n)] *Minuten*

b) Die Diphthonge

[ɑu]	ähnlich dem deutschen **au** in **Haus**, das **a** aber mit zurückgezogener Zunge	paus [pɑus] *Papst* hout [hɑut] *Holz*
[ɛĭ]	wie **ä** in Bär, aber kurz, übergehend in ein [i] wie **i** in Legion	leiden [ˈlɛĭdə(n)] *leiten* lijden [ˈlɛĭdə(n)] *leiden*
[əʏ]	wie **ö** in können, aber offener, zweites Element wie das [ʏ] in **eu** in **Beule**	huis [həʏs] *Haus*

c) Die Vokalverbindungen

[a:ĭ]	wie **eih** in **leihen**, aber mit langem [a:] und mit einem deutlicheren [j] am Ende	draaien [ˈdra:ĭə(n)] *drehen*
[o:ĭ]	wie **oj** in **Boje**	mooi [mo:ĭ] *schön*
[uˑĭ]	wie **ui** in pf**ui**	moeite [ˈmuˑĭtə] *Mühe*
[ɑŭ]	wie [ɑu], aber das [u] wird deutlicher ausgesprochen, nämlich wie ein schwaches [w] wie **u** in Etui	pauw [pɑŭ] *Pfau* vrouw [v̊rɑŭ] *Frau*
[e:ŭ]	nach dem **e** wie in leben ein schwaches [w] wie **u** in Etui	leeuw [le:ŭ] *Löwe*
[iˑŭ]	nach dem **i** wie in Zigarre ein schwaches [w] wie **u** in Etui	nieuw [niˑŭ] *neu*
[yˑŭ]	nach dem **ü** wie in amüsieren ein schwaches [w] wie **u** in Etui	Uw [yˑŭ] *Ihr*

d) Vokale in nebentonigen Silben und in Fremdwörtern

[ɑ̃:]	wie **a** in Straße, aber durch die Nase gesprochen; wie französisch **avant** [aˈvɑ̃:] *vor*	restaurant [rɛstoˑˈrɑ̃:] *Restaurant*
[eˑ]	wie **e** in Melodie	melodie [meˑloˑˈdiˑ] *Melodie*
[ɛ:]	wie **ä** in Bär	affaire [ɑˈfɛ:rə] *Affäre*
[ɛ̃:]	wie **ä** in Bär, aber durch die Nase gesprochen; wie französisch **fin** [fɛ̃:] *Ende*	elektricien [eˑlɛktriˑˈsĭɛ̃:] *Elektriker*
[ə]	wie **e** in Beginn	begin [bəˈɣ̊ɪn] *Beginn* machtig [ˈmɑxtəx] *mächtig*
[oˑ]	wie **o** in Forelle	forel [foˑˈrɛl] *Forelle*
[ɔ:]	wie **o** in Gott, aber lang	zone [ˈzɔ:nə] *Zone*
[ɔ̃:]	wie **o** in Gott, aber lang und durch die Nase gesprochen; wie französisch **on** [ɔ̃:] *man*	pardon [pɑrˈdɔ̃:] *Verzeihung*
[øˑ]	wie **ö** in **Ö**konomie	eufonisch [øˑˈfo:niˑs] *euphonisch*
[œ]	wie **ö** in können	feuilleton [fœĭəˈtɔn] *Feuilleton*
[œ:]	wie **ö** in können, aber offener und lang; wie französisch **beurre** [bœ:r] *Butter*	oeuvre [ˈœ:v̊rə] *Werk*
[œ̃:]	ein durch die Nase gesprochenes [œ:]; wie französisch **humble** [ˈœ̃:blə] *demütig*	parfum [pɑrˈfœ̃:] *Parfüm*

e) Halbvokale

[ĭ]	wie **i** in Legion	station [stɑˈsĭɔn] *Bahnhof*
[ŭ]	wie **u** in Etui	eeuw [e:ŭ] *Jahrhundert*

3. Konsonanten

[b]	wie deutsches **b**	beeld [beːlt] *Bild*
[d]	wie deutsches **d**	drie [dri·] *drei*
[f]	wie deutsches **f**	fiets [fi·ts] *Fahrrad*
[g]	wie deutsches **g**	duikboot [ˈdəʏgboːt] *U-Boot* grapefruit [ˈgreːpfruːt] *Grapefruit*
[ɣ̊]	wie **ch** in la**ch**en, aber mehr oder weniger stimmhaft	gaan [ɣ̊aːn] *gehen*
[ɣ]	wie **ch** in la**ch**en, aber stimmhaft	wegbrengen [ˈʋɛɣ̊brɛŋə(n)] *wegbringen*
[ʒ]	wie **j** in **J**ournal	bagage [bɑˈɣ̊aːʒə] *Gepäck*
[h]	wie deutsches **h**	huis [həʏs] *Haus*
[j]	wie deutsches **j**	ja [jaː] *ja*
[k]	wie deutsches **k**, jedoch nicht behaucht	kan [kɑn] *Kanne*
[l]	wie deutsches **l**, aber nicht so gespannt	lokken [ˈlɔkə(n)] *locken*
[m]	wie deutsches **m**	moe [mu·] *müde*
[n]	wie deutsches **n**	naar [naːr] *nach*
[ŋ]	wie **ng** in si**ng**en	brengen [ˈbrɛŋə(n)] *bringen*
[p]	wie deutsches **p**, jedoch nicht behaucht	pas [pɑs] *Paß*
[r]	Zungenspitzen-**r** oder Zäpfchen-**r**	rijden [ˈrɛĭə(n)] *fahren*
[s]	wie **ss** in fa**ss**en	sussen [ˈsəsə(n)] *beruhigen*
[ʃ]	wie **sch** in **Sch**ule	meisje [ˈmɛĭʃə] *Mädchen* machine [mɑˈʃi·nə] *Maschine*
[t]	wie deutsches **t**, jedoch nicht behaucht	toch [tɔx] *doch*
[ʋ̊]	ein Laut zwischen **w** in **W**asser und **f** in **f**ahren	voor [ʋ̊oːr] *für*
[v]	wie **w** in **W**asser, aber mit mehr Reibung	afbuigen [ˈɑvbəʏɣ̊ə(n)] *abbiegen*
[ʋ]	wie **w** in **W**asser, aber mit weniger Reibung	water [ˈʋaːtər] *Wasser*
[x]	wie **ch** in la**ch**en	lachen [ˈlɑxə(n)] *lachen*
[z]	wie **s** in **s**ausen	zon [zɔn] *Sonne*

Von den Schriftzeichen ausgehend, sind vor allem folgende Unterschiede zum Deutschen zu beachten:

g	[ɣ̊]	**g**even [ˈɣ̊eːʋ̊ə(n)] *geben*
	[x] im Auslaut und nach Frikativen und Explosiven (vgl. Assimilation)	we**g** [ʋɛx] *Weg*; af**g**even [ˈɑfxeːʋ̊ə(n)] *abgeben*
	[ɣ] vor **b** und **d** (vgl. Assimilation)	we**g**brengen [ˈʋɛɣbrɛŋə(n)] *wegbringen*
	[g] (wie im Deutschen) nur in einigen Fremdwörtern	**gag** [gæg] *Gag*
s	[s]	**s**om [sɔm] *Summe*
	[z] (wie im Deutschen) nur vor **b** und **d** (vgl. Assimilation) und in Fremdwörtern	mi**s**drijf [ˈmɪzdrɛĭf] *Verbrechen* analy**s**e [ɑnɑˈli·zə] *Analyse*
sch	[s] + [x] (nicht [ʃ]!)	**sch**ip [sxɪp] *Schiff*
	[s] in der Endung **-isch**	trag**isch** [ˈtraːɣ̊i·s] *tragisch*
s(t)j	[ʃ] (wie deutsch **sch**)	**sj**ouwen [ˈʃaŭə(n)] *schleppen* ka**stj**e [ˈkɑʃə] *Schränkchen*
sp, st	[s] + [p], [s] + [t] (wie norddeutsch)	**sp**elen [ˈspeːlə(n)] *spielen* **st**aan [staːn] *stehen*
z	[z] (nicht [ts]!)	**z**oon [zoːn] *Sohn*

Assimilationsregeln

1. Die Explosive und Frikative werden vor **b** und **d**, im Wort wie im Satz, **stimmhaft:**

	Beispiele
[p] > [b]; [t] > [d]; [k] > [g]	o**pb**rengen ['ɔbrɛŋə(n)] *aufbringen* han**db**al ['hɑndbɑl] *Handball* za**kd**oek ['zɑgdu·k] *Taschentuch*
[f] > [v]; [s] > [z]; [ɣ̊] > [ɣ]	a**fb**rengen ['ɑvbrɛŋə(n)] *abbringen* hij i**s d**ood [hɛĭ ɪz do:t] *er ist tot* we**gd**oen ['ʋɛɣdu·n] *wegtun*

2. Die stimmhaften Frikative werden nach Explosiven und Frikativen **stimmlos**, im Wort wie im Satz:

nach **p, b** [p], **t, d** [t], **k** oder nach **f, s, ch** oder **g** [x] werden	
[ʋ̊] > [f]	**v**allen ['ʋ̊ɑlə(n)] *fallen*; aber: weg**v**allen ['ʋɛxfɑlə(n)] *wegfallen*
[z] > [s]	**z**enden ['zɛndə(n)] *senden*; aber: op**z**enden ['ɔpsɛndə(n)] *verschicken*
[ɣ̊] > [x]	**g**even ['ɣ̊e:ʋ̊ə(n)] *geben*; aber: uit**g**even ['əɣtxe:ʋ̊ə(n)] *ausgeben*

4. Einige weitere Besonderheiten der niederländischen Aussprache

1. **-en** [ə(n)]: in dieser Endung wird das [n] im freien Gespräch nicht ausgesprochen. Bei etwas feierlicherem Reden (Rundfunk, Predigt, Vortrag) ist es manchmal zu hören. (Die systematische Aussprache des [n] in dieser Position gilt als Regionalismus: es gibt sie im Südwesten und Nordosten des Sprachgebietes).

2. **-d-**: zwischen zwei Vokalen geht **-d-** in der Umgangssprache oft in [j] oder, nach [u], in [ŭ] über: goe**d**e ['ɣ̊u·ĭə] neben „schriftsprachlichem" ['ɣ̊u·də] *gute*, hou**d**en ['hɑŭə(n)] neben ['hɑudə(n)] *halten.*

3. **-l-** / **-r-** + **Kons.:** zwischen **-l-** oder **-r-** und dem folgenden Konsonanten (außer **d, t** und **s**) wird als Übergang ein farbloses [ə] gesprochen: me**lk** [mɛl(ə)k] *Milch*, e**rg** [ɛr(ə)x] *arg.*

4. **-t-:** zwischen Konsonanten fällt **-t-** oft aus: Kers**t**mis ['kɛrsmɪs] *Weihnachten*, pos**t**zegel ['pɔ(st)se:ɣ̊əl] *Briefmarke.*

5. **-ig,** / **-lijk** : diese Suffixe werden mit [ə] gesprochen: last**ig** ['lɑstəx] *lästig*, verschrikke**lijk** [ʋ̊ər'sxrɪkələk] *schrecklich.*

5. Diakritische Zeichen

¨: das Trema gibt, wenn sonst Mißverständnisse möglich wären, bei zwei oder mehreren aufeinander folgenden Vokalen an, daß es sich um zwei Silben handelt: coördinatie [ko·-o·rdi·'na:(t)si·] *Koordination*; aber kein Trema in: theoloog [te·(j)o·'lo:x] *Theologe.*

Es fehlt aber nach den Diphthongen und Vokalverbindungen und in einigen fremden Endungen, z.B. museum [my·'ze:ĭəm] *Museum.*

´: außer in einigen Fremdwörtern, z.B. café *Kneipe*, ist das Betonungszeichen nicht verbindlich, es kann aber ein Mittel zur Hervorhebung besonders betonter Silben sein.

In zwei Fällen kann es sogar Doppeldeutigkeit vorbeugen:

voor = *für* oder *vor*; **vóór** = *vor*

een = *ein* (Artikel [ən] oder Zahlwort [e:n]); **één** [e:n] = Zahlwort

A

a, A [a:] (*a's*) *f* a, A *n*; *geen ~ voor een b kennen* das A nicht vom Z unterscheiden können; *~ majeur* A-Dur; *~ mineur* a-Moll.
à [ɑ] zu; bis; *~ vier procent* zu vier Prozent; *drie stuks ~ f 10* drei Stück zu je 10 Gulden; *twee ~ drie dagen* zwei bis drei Tage.
Aagje [ˈa:xjə] *n* Agathe *f*.
aaien [a:ĭjə(n)] streicheln, liebkosen.
aak [a:k] (*aken*) *f* Schleppkahn *m*, Rheinkahn *m*.
aal [a:l] (*alen*) *m* Aal *m*; *zo glad als een ~* glatt wie ein Aal.
aalbes [ˈa:lbɛs] (*-sen*) *f* Johannisbeere *f*.
aal|fuik [ˈa:lfəʏk] *f* Aalreuse *f*; **~geer** [-ɣ̊e:r] (*-geren*) *m* Aalgabel *f*.
aalmoes [ˈa:lmu·s] (*-moezen*) *f* Almosen *n*.
aalmoezenier [almuzəˈni:r] (*-s*) *m* Almosenier *m*, Feldgeistliche(r) *m*.
aal|put [ˈa:lpət] *m* Senkgrube *f*; **~reiger** [-rɛĭɣər] (*-s*) *m* Fischreiher *m*; **~scholver** [-sxɔlv̊ər] (*-s*) *m Zool.* Kormoran *m*; **~vijver** [-v̊ɛĭv̊ər] (*-s*) *m* Aalteich *m*; **~vormig** [-v̊ɔrməx] aalförmig.
aambeeld *a.* **aan-** [ˈa:mbe:lt] *n* Amboß *m*; *steeds op hetzelfde ~ slaan* immer auf einem Amboß schmieden.
aambeien [ˈa:mbɛĭə(n)] *pl.* Hämorrhoiden *f/pl*.
aamborstig [ˈa:mbɔrstəx] asthma-[tisch.]
aan [a:n] an; an-, An-; *~ een oor doof* auf einem Ohr taub; *hoe kom je er ~?* wie kommst du dazu?; *de deur staat ~* die Tür ist angelehnt; *dag ~ dag* Tag für Tag; *de lamp is ~* die Lampe brennt; *twee ~ twee* je zwei und zwei; *van nu af ~* von jetzt an.
aanaarden [ˈa:na:rdə(n)] anhäufeln.
aanbakken [ˈa:nbɑkə(n)] anbacken.
aanbelanden [ˈa:nbəlɑndə(n)] hingeraten.
aanbelangen [ˈa:nbəlɑŋə(n)] anbelangen, angehen, betreffen.
aanbellen [ˈa:nbɛlə(n)] läuten, anklingeln.
aanbesteden [ˈa:nbəste:də(n)] ausschreiben, verdingen; *bij inschrijving ~* durch Ausschreibung vergeben; *aanbesteed werk* verdungene Arbeit; *aanbesteed worden* zur Ausschreibung kommen.
aanbesteding [ˈa:nbəste:dɪŋ] Ausschreibung *f*, Verdingung *f*; *bij ~* durch Ausschreibung.
aanbetaling [ˈa:nbəta:lɪŋ] *f* Anzahlung *f*.
aanbevelen [ˈa:nbəv̊e:lə(n)] empfehlen; *het is aan te bevelen* es empfiehlt sich; *ik houd me aanbevolen* ich empfehle mich; **~swaardig** [-sˈʋa:rdəx] empfehlenswert.
aanbeveling [ˈa:nbəv̊e:lɪŋ] *f* Empfehlung *f*; *het verdient ~* es empfiehlt sich; **~sbrief** [-zbri:f] (*-brieven*) *m* Empfehlungsschreiben *n*, Empfehlungsbrief *m*.
aanbid|delijk [a:nˈbɪdələk] anbetungswürdig; **~den** [-də(n)] anbeten; **~der** [-dər] (*-s*) *m* Anbeter *m*, Verehrer *m*; **~ding** [-dɪŋ] *f* Anbetung *f*, Verehrung *f*.
aanbieden [ˈa:nbi·də(n)] anbieten; feilbieten; sich erbieten; *opdringerig ~* andienen; *zijn ontslag ~* seine Entlassung einreichen; *ter betaling ~* zur Zahlung vorlegen; *zijn gelukwensen ~* seine Glückwünsche aussprechen; *zich ~* sich anbieten; *hij bood aan de zaak voor mij in orde te brengen* er erbot sich, die Angelegenheit für mich zu erledigen.
aanbieding [ˈa:nbi·dɪŋ] *f* Anbieten *n*, Anerbieten *n*; Offerte *f*; *~en doen* Offerten machen.
aanbijten [ˈa:nbɛĭtə(n)] anbeißen.
aanbinden [ˈa:nbɪndə(n)] anbinden, befestigen; *de strijd ~* Streit anfangen; *de kat de bel ~ fig.* der Katze die Schelle anhängen; *kort aangebonden zijn fig.* kurz angebunden sein.
aanblaffen [ˈa:nblɑfə(n)] anbellen; [*fig.* anschnauzen.]
aanblazen [ˈa:nbla:zə(n)] anblasen, anfachen (*a. fig.*); *het vuur ~* das Feuer anblasen; *de hartstochten ~* die Leidenschaften anfachen.

aanblijven ['a:nblɛĭvə(n)] *im Amt* bleiben; *de kachel blijft een week aan* der Ofen brennt eine Woche lang.

aanblik ['a:nblɪk] *m* Anblick *m*; *bij de eerste* ~ auf den ersten Blick.

aanbod ['a:nbɔt] *n* Anerbieten *n*; Offerte *f*; *vraag en* ~ Angebot und Nachfrage; *weinig* ~ geringes Angebot.

aanbonzen ['a:nbɔnzə(n)] anprallen; *tegen elkaar* ~ zusammenprallen.

aanboren ['a:nbo:rə(n)] anbohren; *nieuwe bronnen* ~ neue Quellen erschließen.

aanbotsen ['a:nbɔtsə(n)] anstoßen, anprallen.

aanbouw ['a:nbaŭ] *m* Anbau *m*; *een huis in* ~ Neubau *m*.

aanbranden ['a:nbrandə(n)] anbrennen.

aanbreken ['a:nbre·kə(n)] anbrechen; *bij het* ~ *van de nacht* bei Einbruch der Nacht; *bij het* ~ *van de dag* bei Tagesanbruch.

aanbrengen ['a:nbrɛŋə(n)] (her-)anbringen, herbeischaffen, herbeiholen; *bei der Polizei* anzeigen, angeben; *veranderingen* ~ Änderungen vornehmen.

aanbreng|er ['a:nbrɛŋər] (-*s*) *m* Anzeigende(r) *m*; Angeber *m*; Zuträger *m*; Denunziant *m*; Werber *m*; **~ing** [-ɪŋ] *f* Anbringen *n*; Herbeischaffen *n*; **~premie** [-pre:mi:] (-*s*) *f* Werbegeld *n*.

aandacht ['a:ndaxt] *f* Aufmerksamkeit *f*; *de* ~ *trekken* die Aufmerksamkeit auf sich ziehen; **~ig** [a:n'daxtəx] aufmerksam; andächtig; *ik luisterde* ~ (*toe*) ich hörte aufmerksam zu; *~e toehoorders* andächtige Zuhörer *m/pl.* (*in der Kirche*).

aandeel ['a:nde:l] (-*delen*) *n* Anteil *m*, Teil *m*; Aktie *f*, Anteilschein *m*; ~ *in de winst* Gewinnanteil *m*; *preferent* ~ Prioritätsaktie *f*; *gewoon* ~ Stammaktie *f*; ~ *op naam* Namensaktie *f*; ~ *aan toonder* Inhaberaktie *f*; *hij neemt* ~ *aan deze zaak* er beteiligt sich an diesem Geschäft; **~houder** [-haudər] (-*s*) *m* Aktieninhaber *m*, Aktionär *m*, (An-)Teilhaber *m*; *register van ~s* Aktionärsverzeichnis *n*.

aandenken ['a:ndɛŋkə(n)] (*kein pl.*) *n* Andenken *n*.

aandienen ['a:ndi·nə(n)] anmelden; *zonder aangediend te zijn* unangemeldet.

aandikken ['a:ndɪkə(n)] dicker machen, dicker werden; *fig.* übertreiben; *het voorgevallene* ~ den Vorfall übertreiben.

aandoen ['a:ndu·n] anziehen, anlegen; erzeigen; zufügen; verursachen; berühren; ergreifen, rühren, erschüttern, angreifen; *Flgw.* anfliegen; *kleren* ~ Kleider anziehen; *iemand eer* ~ *j-m* Ehre erweisen; *iemand schande* ~ *j-m* Schande machen; *iemand leed* ~ *j-m* ein Leid antun; *een haven* ~ e-n Hafen anlaufen; *een herberg* ~ in e-r Wirtschaft einkehren; *dat doet mij aangenaam aan* das berührt mich angenehm; *het deed mij aan* es ergriff mich; *de longen zijn aangedaan* die Lungen sind angegriffen; *iemand een proces* ~ *j-m* den Prozeß machen, e-n Prozeß gegen *j-n* anstrengen; *een land de oorlog* ~ e-m Land den Krieg erklären.

aandoening ['a:ndu·nɪŋ] *f* Erregung *f*, (Gemüts-)Bewegung *f*, Rührung *f*; Empfindung *f*; Erkrankung *f*; ~ *van vreugde* Gefühl *n* der Freude; ~ *van de schildklier* Erkrankung *f* der Schilddrüse.

aandoenlijk [a:n'du·nlək] rührend, ergreifend; *een* ~ *schouwspel* (*toneel*) e-e ergreifende Szene; *een* ~ *gemoed* ein empfindsames Gemüt.

aandraaien ['a:ndra:ĭjə(n)] andrehen; *Licht* einschalten, F anknipsen; *Schraube* anziehen; *Motor* anlassen; *iemand koopwaar* ~ *j-m* Waren andrehen.

aandragen ['a:ndra:ɣə(n)] herantragen, herbeitragen; *altijd met oude dingen* (*zaken*) *komen* ~ alte Geschichten immer wieder aufwärmen.

aandrang ['a:ndraŋ] *m* Andrang *m*; *met* ~ nachdrücklich, dringend.

aandraven ['a:ndra:və(n)] herantraben.

aandrentelen ['a:ndrɛntələ(n)] heranschlendern.

aandrift ['a:ndrɪft] *f* Antrieb *m*, Drang *m*.

aandrijfketting ['a:ndrɛĭfkɛtɪŋ] *f* Antriebskette *f*.

aandrijv|en ['a:ndrɛĭvə(n)] (her-)antreiben, heranschwemmen; **~er**

[-ər] *m* Antreiber *m*; **~ing** [-ɪŋ] *f* Antreibung *f*; *Tech.* Antrieb *m*.

aandringen [ˈaːndrɪŋə(n)] (heran-)dringen; *bij iemand* ~ in *j-n* dringen; *op iets* ~ auf *etw.* drängen, bestehen; *om hulp* ~ dringend um Hilfe bitten.

aandruisen [ˈaːndrəʏsə(n)] widersprechen, widerstreiten.

aandrukken [ˈaːndrøkə(n)] andrükken.

aanduid|en [ˈaːndəʏdə(n)] andeuten, bezeichnen; **~ing** [-ɪŋ] *f* Andeutung *f*, Bezeichnung *f*.

aandurven [ˈaːndørv̥ə(n)] wagen, den Mut haben; *iemand* ~ es wagen, j-n anzugreifen; *iets* ~ sich an *etw.* wagen.

aanduwen [ˈaːndy·ŭə(n)] andrükken, andrängen.

aandweilen [ˈaːndʋɛĭlə(n)] *den Fußboden* aufwischen; aufnehmen.

aaneen [aːnˈeːn] aneinander, zusammen; hintereinander, nacheinander; *maanden* ~ Monate hindurch.

aaneen|binden [aːnˈeːnbɪndə(n)] zusammenbinden; **~flansen** [-flɑnsə(n)] zusammenflicken; **~geschakeld** [-ɣ̊əsxaːkəlt] aneinandergereiht; *een* ~ *verhaal* e-e fortlaufende Erzählung; **~gesloten** [-ɣ̊əsloːtə(n)] geschlossen; **~groeien** [-ɣ̊ru·ĭjə(n)] zusammenwachsen; **~lijmen** [-lɛĭmə(n)] zusammenleimen, -kitten; **~naaien** [-naːĭjə(n)] zusammennähen; **~rijgen** [-rɛĭɣ̊ə(n)] aneinanderreihen, zusammenreihen; **~schakelen** [-sxaːkələ(n)] verketten, zusammenfügen; **~schakeling** [-sxaːkəlɪŋ] *f* Verkettung *f*; Reihe *f*, Reihenfolge *f*; **~schrijven** [-sxrɛĭv̥ə(n)] in e-m Wort schreiben; **~sluiten** [-sləʏtə(n)] zusammenschließen; *zich* ~ sich zusammentun, sich verflechten.

aanfluiting [ˈaːnfləʏtɪŋ] *f* Verhöhnung *f*.

aangaan [ˈaːŋɣ̊aːn] angehen; *de school gaat aan* die Schule fängt an; *een weddenschap* ~ e-e Wette eingehen; *een huwelijk* ~ e-e Ehe schließen; *dat gaat mij niet aan* das geht mich nichts an; *wat dat aangaat* was das betrifft; *bij iemand* ~ bei *j-m* vorsprechen; *een lening* ~ e-e Anleihe aufnehmen.

aangaande [aːŋˈɣ̊aːndə] betreffend, in Betreff, in bezug auf *A*, hinsichtlich *G*; ~ *zijn plannen* seine Pläne betreffend *usw*.

aangapen [ˈaːŋɣ̊aːpə(n)] angaffen, F anglotzen.

aangebedene [ˈaːŋɣ̊əbeːdənə] (*-n*) *m u. f* Angebetete(r *m*) *f*.

aangeboren [ˈaːŋɣ̊əboːrə(n)] angeboren.

aangedaan [ˈaːŋɣ̊ədaːn] gerührt, bewegt, ergriffen.

aangehuwd [ˈaːŋɣ̊əhy·ŭt] verschwägert; angeheiratet; ~ *dochter* Schwiegertochter *f*.

aangeklaagde [ˈaːŋɣ̊əklaːgdə] (*-n*) *m u. f* Angeklagte(r *m*) *f*.

aangelegd [ˈaːŋɣ̊əlɛxt] veranlagt.

aangelegen [ˈaːŋɣ̊əleːɣ̊ə(n)] angrenzend, anstoßend; **~heid** [-hɛĭt] (*-heden*) *f* Angelegenheit *f*, Sache *f*.

aangenaam [ˈaːŋɣ̊ənaːm] angenehm, behaglich; *een* ~ *mens* ein liebenswürdiger Mensch.

aangenomen [ˈaːŋɣ̊ənoːmə(n)] angenommen, vorausgesetzt; ~ *kind* Adoptivkind *n*; ~ *werk* Akkordarbeit *f*.

aangeschoten [ˈaːŋɣ̊əsxoːtə(n)] angeschossen; *fig.* angeheitert, angetrunken.

aangeschreven [ˈaːŋɣ̊əsxreːv̥ə(n)] angeschrieben; *goed* ~ *staan fig.* gut angeschrieben sein.

aangesloten [ˈaːŋɣ̊əsloːtə(n)] angeschlossen; ~ *groepen* angegliederte Gruppen *f/pl.* (*Vereine usw.*).

aangespen [ˈaːŋɣ̊ɛspə(n)] anschnallen.

aangetrouwd [ˈaːŋɣ̊ətrɑut] *s. aangehuwd.*

aangeven [ˈaːŋɣ̊eːv̥ə(n)] angeben, herreichen; anzeigen (*bei der Polizei*); verzollen, deklarieren (*im Zollamt*); *geef me het boek eens aan* bitte, gib mir das Buch her; *zich voor een examen* ~ sich zur Prüfung (zum Examen) (an)melden.

aangewezen [ˈaːŋɣ̊əʋeːzə(n)] angewiesen; *hij is de* ~ *persoon* er ist der geeignete Mann.

aangezicht [ˈaːŋɣ̊əzɪxt] *n* Antlitz *n*, (An-)Gesicht *n*.

aangezien [ˈaːŋɣ̊əziːn] da, weil.

aangifte [ˈaːŋɣ̊ɪftə] (*-n*) *f* Anmeldung *f*, Angabe *f*; ~ *doen* Anzeige erstatten; deklarieren; **~biljet** [-bɪlˈjɛt] (*-ten*) *n* Steuererklärungsvordruck *m*.

aangolven ['a:ŋɣɔlʋə(n)] heranwogen.
aangorden ['a:ŋɣɔrdə(n)] gürten; *zich* ~ sich rüsten.
aangrenzend ['a:ŋɣrɛnzənt] angrenzend, anstoßend.
aangrijnzen ['a:ŋɣrɛĭnzə(n)] angrinsen; anfletschen.
aangrijpen ['a:ŋɣrɛĭpə(n)] angreifen; ergreifen, erfassen; *een gelegenheid* (*kans*) ~ e-e Gelegenheit (Chance) ergreifen; *een* ~*d toneel* e-e ergreifende Szene.
aangrijpingspunt ['a:ŋɣrɛĭpɪŋspənt] *n* Angriffspunkt *m.*
aangroei ['a:ŋɣru·ĭ] *m* Vermehrung *f*, Zunahme *f*; Zuwachs *m*; ~**en** [-jə(n)] anwachsen; zunehmen, größer werden.
aangrommen ['a:ŋɣrɔmə(n)] anbrummen.
aanhaken ['a:nha:kə(n)] anhaken; [anhängen]
aanhalen ['a:nha:lə(n)] anziehen, heran-, herbeiholen; anlocken; zitieren; anstreichen; liebkosen; beschlagnahmen; *de teugels strak* ~ die Zügel fest anziehen; *een kind* ~ ein Kind liebkosen; *een schrijver* ~ e-n Schriftsteller anführen; *een vers(regel)* ~ e-e Verszeile zitieren; *met blauw potlood* ~ blau anstreichen; *zich iets* ~ sich *etw.* aufbürden; *goederen* ~ Waren beschlagnehmen.
aanhalig [a:n'ha:ləx] anschmiegsam; schmeichlerisch, einschmeichelnd; ~**heid** [-hɛĭt] (*kein pl.*) *f* Zärtlichkeit *f*; anschmiegsames Wesen, einschmeichelnde Art.
aanhaling ['a:nha:lɪŋ] *f* Anführung *f*; Zitat *n*; Anziehen *n*; Heranholen *n*; Liebkosen *n*; Beschlagnahme *f*; ~**steken** [-ste:kə(n)] (*-s*) *n* Anführungszeichen *n*; F Gänsefüßchen *n.*
aanhang ['a:nhɑŋ] (*kein pl.*) *m* Anhang *m*; Sippschaft *f*; ~**en** [-ə(n)] anhängen; anhänglich sein; *iemand* ~ an *j-n* hängen; ~**er** [-ər] (*-s*) *m* Anhänger *m.*
aanhangig [a:n'hɑŋəx] anhängig; *de zaak is nog* ~ die Angelegenheit schwebt noch.
aanhang|motor ['a:nhɑŋmo:tor] (*-en u. -s*) *m* Außenbordmotor *m*; (*Fahrrad*) Hilfsmotor *m*; ~**sel** [-səl] (*-s u. -en*) *n* Anhang *m*; Nachtrag *m*, Zusatz *m*; ~**wagen** [-ʋa:ɣə(n)] (*-s*) *m* Anhänger *m*, Anhängewagen *m.*
aanhankelijk [a:n'hɑŋkələk] anhänglich; ~**heid** [-hɛĭt] (*-heden*) *f* Anhänglichkeit *f*; Treue *f.*
aanharken ['a:nhɑrkə(n)] harken, rechen, zusammenharken.
aanhebben ['a:nhɛbə(n)] anhaben; *Kleider* tragen; *wij hebben de kachel al aan* bei uns wird schon geheizt; *daar heb ik niets aan* das nützt mir nichts.
aanhechten ['a:nhɛxtə(n)] anheften, anhängen; festmachen.
aanhef ['a:nhɛf] (*kein pl.*) *m* Anfang *m*; Auftakt *m*; ~**fen** [-fə(n)] anheben; anfangen; *ein Lied* anstimmen.
aanhitsen ['a:nhɪtsə(n)] hetzen; *e-e Volksmenge* aufwiegeln.
aanhogen ['a:nho:ɣə(n)] erhöhen, höher machen.
aanhoren [a:n'ho:rə(n)] anhören, zuhören; *ten* ~ *van de gehele vergadering* vor der ganzen Versammlung.
aanhorigheid [a:n'ho:rɪxhɛĭt] (*-heden*) *f* Zugehörigkeit *f.*
aanhouden ['a:nhɑudə(n)] anhalten; *Kleider* anbehalten; *e-n Verbrecher* verhaften, festnehmen; *e-e Entscheidung* aufschieben; *Waren* beschlagnahmen, konfiszieren; *e-e Lampe* brennen lassen; *de regen houdt aan* der Regen hält an.
aanhoudend [a:n'hɑudənt] anhaltend, unausgesetzt, fortwährend, ununterbrochen.
aanhou|der ['a:nhɑudər] (*-s*) *m* Liebhaber *m*, Ehebrecher *m*; *de* ~ *wint* Beharrlichkeit führt zum Ziel; ~**ding** [-hɑudɪŋ] *f* Beschlagnahme *f*; Aufschub *m*; Verhaftung *f*; *bevel tot* ~ Haftbefehl *m.*
aanhuwen ['a:nhy·ŭə(n)] (an)heiraten.
aanjagen ['a:nja:ɣə(n)] (heran)jagen, antreiben; *iemand vrees* ~ *j-m* Furcht einjagen, *j-n* in Schrecken setzen.
aankalken ['a:nkɑlkə(n)] ankreiden, ankerben.
aankanten ['a:nkɑntə(n)] *v/r* sich widersetzen, sich sträuben.
aankap ['a:nkɑp] (*kein pl.*) *m* Holzschlag *m*, Holzung *f.*
aankijken ['a:nkɛĭkə(n)] anblicken, ansehen, anschauen; *een zaak nog eens* ~ sich e-e Sache noch einmal überlegen.

aanklacht ['a:nklɑxt] *f* (An-)Klage *f*; een ~ *indienen* e-e Klage einreichen, erheben.
aankla|gen ['a:nkla:ɣ̇ə(n)] anklagen, verklagen, beschuldigen; **~ger** [-ər] (-*s*) *m* (An-)Kläger *m*; *openbare* ~ Staatsanwalt *m*; Anklagevertreter *m*.
aanklampen ['a:nklɑmpə(n)] anklammern; entern; *v/r* sich anklammern.
aankleden ['a:nkle:də(n)] (an)kleiden; *v/r* sich anziehen.
aankleve ['a:nkle:v̇ə] *m* Anhang *m*, Zubehör *n*; *met den* ~ *van* mit allem, was dazugehört; **~n** [-ə(n)] ankleben; *fig.* anhaften.
aankloppen ['a:nklɔpə(n)] anklopfen, anpochen; *bij iemand* ~ sich an *j-n* wenden.
aanknippen ['a:nknɪpə(n)] anknipsen.
aanknopen ['a:nkno:pə(n)] anknüpfen, hinzufügen; *betrekkingen* ~ in Verbindung treten; *een dag erbij* ~ e-n Tag hinzufügen.
aanknopingspunt ['a:nkno:pɪŋspənt] *n* Anhaltspunkt *m*, Anknüpfungspunkt *m*.
aankome|ling ['a:nko:məlɪŋ] *m* Anfänger *m*; Neuling *m*; **~n** [-(n)] ankommen; *het komt er niet op aan* es machts nichts aus; *nu komt het er op aan* jetzt gilt es; *achter iemand* ~ hinter *j-m* herkommen; *iets op iemand laten* ~ *j-m etw.* überlassen; *ik ben 10 pond aangekomen* ich habe 10 Pfund zugenommen; *ik heb het zien* ~ ich habe es kommen sehen; **~nd** [-nt] heranwachsend, angehend, jung; künftig, nächst; *~e week* nächste Woche; *een* ~ *meisje* ein heranwachsendes Mädchen; *een* ~ *bediende* ein angehender Gehilfe.
aankomst ['a:nkɔmst] *f* Ankunft *f*.
aankondi|gen ['a:nkɔndɪɣ̇ən] ankündigen, ansagen, anzeigen; **~ging** [-ɣ̇ɪŋ] *f* Ankündigung *f*, Anzeige *f*, Bekanntmachung *f*, Meldung *f*, Ansage *f*.
aankoop ['a:nko:p] (*-kopen*) *m* Ankauf *m*; **~som** [-sɔm] (*-men*) *f* Kaufsumme *f*.
aankopen ['a:nko:pə(n)] (ein)kaufen.
aankoppelen ['a:nkɔpələ(n)] ankoppeln.
aankrijgen ['a:nkrɛĭɣ̇ə(n)] anbekommen, F ankriegen; *Ware* hereinbekommen; *ik krijg de kachel niet aan* der Ofen will nicht brennen.
aankunnen ['a:nkənə(n)]: *iemand* ~ *j-m* gewachsen sein; *op iemand* ~ sich auf *j-n* verlassen können; *dat kan ik niet aan* das kann ich nicht bewältigen; *veel geld* ~ viel Geld draufgehen lassen; *hij kan heel wat aan* er braucht sehr viel.
aankweek ['a:nkʋe:k] (*kein pl.*) *m* Zucht *f*.
aankweken ['a:nkʋe:kə(n)] ziehen, züchten; anpflanzen; *fig.* heranbilden; pflegen; zu *etw.* erziehen.
aanlachen ['a:nlɑxə(n)] anlachen, an-, zulächeln; gefallen; *dat lacht mij wel aan* das gefällt mir.
aanlanden ['a:nlɑndə(n)] (an)landen; anlangen, ankommen.
aanleg ['a:nlɛx] (*kein pl.*) *m* Anlage *f*, Veranlagung *f*; Plan *m*, Entwurf *m*; ~ *hebben voor iets* Anlage zu *etw.* haben; ~ *van een spoorlijn* Eisenbahnbau *m*; *in* ~ *zijn* im Bau (begriffen) sein; *rechtbank van eerste* ~ Gerichtshof *m* erster Instanz.
aanleggen ['a:nlɛɣ̇ə(n)] anlegen; (*Eisenbahn, Brücke usw.*) bauen; *het geweer* ~ das Gewehr anlegen; *het er op* ~ es darauf anlegen; *het zuinig* ~ sparsam wirtschaften.
aanleg|plaats ['a:nlɛxpla:ts] *f* Anlegestelle *f*, Anlegeplatz *m*, Landungsplatz *m*; **~steiger** [-stɛĭɣ̇ər] (-*s*) *m* Landungsbrücke *f*.
aanlei|dend ['a:nlɛĭdənt] veranlassend; *~e oorzaak* Anlaß *m*; Veranlassung *f*; **~ding** [-dɪŋ] *f* Anlaß *m*, Veranlassung *f*; ~ *geven* veranlassen, Anlaß geben; *naar* ~ *van* anläßlich *G*.
aanlengen ['a:nlɛŋə(n)] verdünnen.
aanleren ['a:nle:rə(n)] erlernen, anlernen.
aanleunen ['a:nlø·nə(n)] sich anlehnen, sich stützen; *zich iets laten* ~ sich *etw.* gefallen lassen.
aanliggen ['a:nlɪɣ̇ə(n)] anliegen; **~d** [-t] anliegend, angrenzend.
aanlokkelijk [a:n'lɔkələk] (an)lockend, verlockend, einladend, reizend; **~heid** [-hɛĭt] (*-heden*) *f* Reiz *m*.
aanlokken ['a:nlɔkə(n)] (an)locken, verlocken, reizen.
aanlonken ['a:nlɔnkə(n)] anblinzeln; *iemand* ~ mit *j-m* liebäugeln.

aanloop ['anlo:p] (*-lopen*) *m* Anlauf *m*; (*von Menschen*) Zulauf *m*; Besuch *m*; *fig. een lange ~ nemen* weit ausholen; **~haven** [-ha:v̇ə(n)] (*-s*) *f* Anlaufhafen *m*; Zwischenlandeplatz *m*.

aanlopen ['a:nlo:pə(n)] anlaufen; *bij iemand ~ j-n* besuchen, bei *j-m* vorsprechen; *achter iemand ~* hinter *j-m* hergehen; *het zal nog een tijdje ~* es wird noch e-e Weile dauern.

aanmaak ['a:nma:k] (*kein pl.*) *m* Anfertigung *f*, Herstellung *f*.

aanmaken ['a:nma:kə(n)] anmachen; *Feuer* anzünden.

aanma|nen ['a:nma:nə(n)] (an)mahnen, ermahnen, auffordern; **~ning** [-nıŋ] *f* (Er-)Mahnung *f*, Aufforderung *f*; **~ningsbrief** [-nıŋzbri·f] (*-ven*) *m* Mahnbrief *m*.

aanmati|gen ['a:nma:təɣ̇ə(n)] *v/r* sich anmaßen; sich erlauben; **~gend** [-ɣ̇ənt] anmaßend; dünkelhaft; herausfordernd; **~ging** [-ɣ̇ıŋ] *f* Anmaßung *f*.

aanmel|den ['a:nmɛldə(n)] (an-) melden; **~ding** [-dıŋ] *f* (An-)Meldung *f*; **~dingsbureau** [-dıŋzby·-ro:] (*-s*) *n* Meldestelle *f*.

aanmengen ['a:nmɛŋə(n)] mischen, mengen.

aanmeren ['a:nme:rə(n)] vertäuen, festlegen.

aanmerkelijk [a:n'mɛrkələk] bedeutend, beträchtlich, erheblich.

aanmer|ken ['a:nmɛrkə(n)] bemerken; aussetzen; *iets op iemand aan te merken hebben etw.* an *j-m* auszusetzen haben; **~king** [-kıŋ] *f* Bemerkung *f*; Einwendung *f*; *in ~ nemen* in Betracht ziehen; *in ~ genomen* aus (mit) Rücksicht auf A; *~en op iets maken etw.* an e-r Sache auszusetzen haben; *dat komt niet in ~* das kommt nicht in Frage.

aanmeten ['a:nme:tə(n)] anmessen.

aanminnig [a:n'mınəx] anmutig, hold.

aanmoedi|gen ['a:nmu·dəɣ̇ə(n)] ermutigen, ermuntern; **~ging** [-ɣ̇ıŋ] *f* Ermutigung *f*, Ermunterung *f*.

aanmonsteren ['a:nmɔnstərə(n)] anwerben, anheuern.

aannaien ['a:na:ĭjə(n)] annähen.

aannemelijk [a:n'ne:mələk] annehmlich; glaubhaft.

aane|men ['a:ne:mə(n)] annehmen; *Arbeiter* einstellen; *Wechsel* akzeptieren; voraussetzen; *nemen we aan, dat* angenommen, daß; *de rouw ~* Trauer anlegen; *de sluier ~* den Schleier nehmen; *iets voor goede (bare) munt ~ etw.* für bare Münze nehmen; **~mer** [-mər] (*-s*) *m* Unternehmer *m*; Bauunternehmer *m*; **~ming** [-mıŋ] *f* Annahme *f*; Konfirmation *f*; **~mingssom** [-mıŋsɔm] (*-men*) *f* Submissionspreis *m*; Submissionssumme *f*; Akkordpreis *m*.

aanpakken ['a:npakə(n)] anpacken, angreifen, anfassen; *iemand goed ~ j-n* tüchtig vornehmen.

aanpappen ['a:npapə(n)]: *met iemand ~* sich bei *j-m* anbiedern.

aanpas|sen ['a:npasə(n)] anpassen; (*Kleider*) anprobieren; *zich aan zijn omgeving ~* sich s-r Umgebung anpassen; **~singsvermogen** [-sıŋsfərmo:ɣ̇ə(n)] (*kein pl.*) *n* Anpassungsvermögen *n*.

aanplak|biljet ['a:nplakbıl'jɛt] (*-ten*) *n* Anschlagzettel *m*; **~bord** [-bɔrt] *n* Anschlagbrett *n*; **~ken** [-kə(n)] ankleben; anschlagen; **~zuil** [-sɶyl] *f* Litfaßsäule *f*, Anschlagsäule *f*.

aanplant ['a:nplant] (*kein pl.*) *m* Anpflanzung *f*, Anbau *m*; **~en** [-ə(n)] anpflanzen, ziehen; **~ing** [-ıŋ] *f* Anpflanzung *f*; Grünanlagen *f/pl.*, Anlagen *f/pl.*

aanporren ['a:npɔrə(n)] anspornen, antreiben, anstacheln.

aanpraten ['a:npra:tə(n)] an-, aufschwatzen.

aanprijzen ['a:nprɛĭzə(n)] anpreisen.

aanpunten ['a:npɵntə(n)] anspitzen.

aanraden ['a:nra:də(n)] (an)raten.

aanra|ken ['a:nra:kə(n)] berühren, anrühren; **~king** [-kıŋ] *f* Berührung *f*.

aanran|den ['a:nrandə(n)] angreifen, anfallen; überfallen; antasten; **~der** [-dər] (*-s*) *m* Angreifer *m*; **~ding** [-dıŋ] *f* Angriff *m*; Anfall *m*, Überfall *m*.

aanrecht ['a:nrɛxt] *n* Anrichte *f*, Anrichtetisch *m*, Spültisch *m*.

aanreiken ['a:nrɛĭkə(n)] dar-, hin-, herüberreichen.

aanrekenen ['a:nre:kənə(n)] anrechnen.

aanrennen ['a:nrɛnə(n)] heranrennen, heranlaufen; *auf den Feind* losstürmen.

aanrichten [ˈaːnrɪxtə(n)] anrichten.

aanrij|den [ˈaːnrɛĭdə(n)] anfahren; heranreiten, heranfahren; *iemand* ~ *j-n* anfahren; *rij(d) maar aan* fahre weiter, fahre schneller; **~ding** [-dɪŋ] *f* Zusammenstoß *m*.

aanrijgen [ˈaːnrɛĭɣə(n)] an-, aufreihen.

aanroep [ˈaːnruˑp] (*kein pl.*) *m* Anruf *m*; **~pen** [-pə(n)] anrufen; **~ping** [-pɪŋ] *f* Anrufung *f*, Anruf *m*.

aanroeren [ˈaːnruːrə(n)] an-, berühren; *e-e Angelegenheit* erwähnen.

aanrollen [ˈaːnrɔlə(n)] (her)anrollen.

aanrukken [ˈaːnrəkə(n)] (her)anrücken; *een fles laten* ~ e-e Flasche auffahren lassen; *Su.* (*kein pl.*) *n* Anmarsch *m*; Heranmarschieren *n*.

aanschaf|fen [ˈaːnsxɑfə(n)] anschaffen; **~fing** [-ɪŋ] *f* Anschaffung *f*.

aanschellen [ˈaːnsxɛlə(n)] *s. aanbellen*.

aanschieten [ˈaːnsxiˑtə(n)] anschießen; *kleren* ~ in die Kleider fahren, sich rasch anziehen.

aanschijn [ˈaːnsxɛĭn] (*kein pl.*) *n* Anblick *m*; Angesicht *n*; *in het zweet uws* **~s** im Schweiße deines Angesichts.

aanschouwelijk [aːnˈsxɑuʊələk] anschaulich; ~ *onderwijs* Anschauungsunterricht *m*.

aanschouw|en [aːnˈsxɑuʊə(n)] anschauen, ansehen, betrachten; *het levenslicht* ~ das Licht der Welt erblicken; **~er** [-ər] (*-s*) *m* Zuschauer *m*, Betrachter *m*; **~ing** [-ɪŋ] *f* Anschauen *n*, Anschauung *f*, Betrachtung *f*.

aanschrappen [ˈaːnsxrɑpə(n)] anstreichen.

aanschrijven [ˈaːnsxrɛĭv̊ə(n)] anschreiben; aufzeichnen, notieren; *iemand* ~ *j-m* schreiben; *j-m etw.* schriftlich mitteilen.

aanschroeven [ˈaːnsxruˑv̊ə(n)] anschrauben.

aanschuiven [ˈaːnsxəʏv̊ə(n)] (her-)anschieben; heranrücken; Schlange stehen.

aansjorren [ˈaːnʃɔrə(n)] zurren, festbinden.

aanslaan [ˈaːnslaːn] anschlagen; *Motor*: anspringen; *een toets* ~ e-e Taste anschlagen; *voor iemand* ~ salutieren; *de ruiten slaan aan* die Scheiben laufen an, beschlagen.

aanslag [ˈaːnslɑx] *m* Attentat *n*, Anschlag *m*; *een* ~ *plegen* ein Attentat verüben; (*Kessel*) Beschlag *m*; (*Zunge*) Belag *m*; (*Steuern*) Einschätzung *f*; **~biljet** [-bɪlˈjɛt] (*-ten*) *n* Steuerzettel *m*, Steuerbescheid *m*.

aanslepen [ˈaːnsleːpə(n)] heranschleppen; *blijven* ~ in die Länge ziehen, nicht zum Schluß kommen.

aanslibben [ˈaːnslɪbə(n)] anschwemmen, anschlämmen.

aanslijpen [ˈaːnslɛĭpə(n)] (an-)schärfen; *Bleistift* (an)spitzen.

aansluipen [ˈaːnsləʏpə(n)] sich heranschleichen; *komen* ~ angeschlichen kommen.

aansluiten [ˈaːnsləʏtə(n)] anschließen (*op*/an *A*); *zich bij iemand* ~ sich *j-m* anschließen; *Tel. verkeerd* ~ falsch verbunden.

aansluiting [ˈaːnsləʏtɪŋ] *f* Anschluß *m*; Verbindung *f*; *de* ~ *missen* den Anschluß verpassen; *telefonische* ~ Telefon-, Fernsprechanschluß *m*; *in* ~ *aan* (*bij*) im Anschluß an *A*.

aansmeren [ˈaːnsmeːrə(n)] anschmieren; andienen; *iemand iets* ~ F *j-m etw.* anschmieren, aufhängen.

aansnauwen [ˈaːnsnɑuʊə(n)] anschnauzen, anherrschen.

aansnellen [ˈaːnsnɛlə(n)] herbeieilen; *komen* ~ herbei-, heraneilen.

aansnijden [ˈaːnsnɛĭdə(n)] anschneiden.

aansnoeren [ˈaːnsnuːrə(n)] anschnüren; anreihen.

aanspannen [ˈaːnspɑnə(n)] anspannen.

aanspijkeren [ˈaːnspɛĭkərə(n)] annageln.

aanspoelen [ˈaːnspuˑlə(n)] anspülen, anschwemmen.

aansporen [ˈaːnspoːrə(n)] anspornen, antreiben; anregen, ermuntern; *zur Arbeit* anhalten.

aansporing [ˈaːnspoːrɪŋ] *f* Ansporn *m*; Anregung *f*.

aanspraak [ˈaːnspraːk] (*-spraken*) *f* Ansprache *f*; Rede *f*; Anrede *f*; Anspruch *m*; ~ *maken op*, ~ *hebben op* Anspruch erheben, Anspruch haben auf *A*; beanspruchen; ~ *op beloning* ein Anrecht auf Belohnung; *zijn aanspraken doen gelden* seine Ansprüche geltend machen.

aansprakelijk [a:n'spra:kələk] verantwortlich, haftbar; **~heid** [-hɛĭt] (*kein pl.*) *f* Haftpflicht *f*; Verantwortlichkeit *f*; *vennootschap met beperkte* ~ Gesellschaft mit beschränkter Haftung (GmbH); *wettelijke* ~ Haftpflicht *f*.
aanspreekvorm ['a:nspre:kfɔrm] *m* Anredeform *f*.
aanspre|ken ['a:nspre:kə(n)] anreden, ansprechen; bitten; ersuchen; *zur Zahlung* mahnen, auffordern; *iemand in rechten* ~ *j-n* gerichtlich belangen; *zijn spaarcenten* ~ seine Spargroschen angreifen; *de fles* ~ *fig.* der Flasche zusprechen; **~ker** [-kər] (*-s*) *m* Leichenbitter *m*; **~king** [-kɪŋ] *f* Anrede *f*.
aanstaande[1] ['a:nsta:ndə] nächst, bevorstehend; *5 maart a.s.* (~) 5. März dieses Jahres (d.J.).
aanstaande[2] [a:n'sta:ndə] (*-n*) *m u. f* Bräutigam *m*; Braut *f*; Verlobte(r *m*) *f*.
aanstalten ['a:nstaltə(n)] *pl.* Vorbereitungen *f/pl.*; ~ *maken* Vorbereitungen treffen, sich anschicken.
aanstampen ['a:nstampə(n)] feststampfen, festtreten.
aanstaren ['a:nsta:rə(n)] anstarren, anstieren, F anglotzen.
aanstekelijk [a:n'ste:kələk] ansteckend.
aanste|ken ['a:nste:kə(n)] anstekken; anzünden; *ein Faß* anstechen; *een aangestoken appel* ein wurmstichiger Apfel; **~ker** [-kər] (*-s*) *m* Feuerzeug *n*; **~king** [-kɪŋ] *f* Ansteckung *f*.
aanstellen ['a:nstɛlə(n)] anstellen, ernennen, einsetzen; *zich* ~ sich benehmen, sich gebärden, sich zieren.
aanstellerig [a:n'stɛlərəx] affektiert, geziert.
aanstellerij [a:nstɛlə'rɛĭ] *f* Wichtigtuerei *f*, Geziertheit *f*.
aanstelling ['a:nstɛlɪŋ] *f* Anstellung *f*, Ernennung *f*, Einsetzung *f*.
aanstevenen ['a:nste:vənə(n)] zusteuern; *op de thuishaven* ~ dem Heimathafen zusteuern.
aanstich|ten ['a:nstɪxtə(n)] anstiften; **~ter** [-tər] (*-s*) *m* Anstifter *m*, Urheber *m*.
aanstippen ['a:nstɪpə(n)] antupfen; punktieren; beiläufig berühren.
aanstoken ['a:nsto:kə(n)] (an)schüren, anfachen; aufwiegeln.
aanstonds ['a:nstɔnts] (so)gleich, sofort, augenblicklich.
aanstoot ['a:nsto:t] (*kein pl.*) *m* Anstoß *m*, Ärgernis *n*; *een steen des* ~*s fig.* ein Stein des Anstoßes; ~ *geven* Anstoß erregen.
aanstormen ['a:nstɔrmə(n)] an-, heran-, losstürmen.
aanstotelijk [a:n'sto:tələk] anstößig.
aanstoten ['a:nsto:tə(n)] anstoßen.
aanstrepen ['a:nstre:pə(n)] anstreichen.
aanstrijken ['a:nstrɛĭkə(n)] anstreichen; *e-e Mauer* tünchen; *Vögel*: herangeflogen kommen.
aanstromen ['a:nstro:mən)] (her-) anströmen.
aanstrompelen ['a:nstrɔmpələ(n)] heranstolpern.
aanstui|ven ['a:nstəʏv̇ə(n)] *Sand, Schnee*: anwehen; heranstürzen, herzueilen; **~ving** [-v̇ɪŋ] *f* Sandanhäufung *f*.
aansturen ['a:nsty:rə(n)] ansteuern; *het er op* ~ es darauf anlegen.
aantal ['a:ntal] (*-len*) *n* (An-)Zahl *f*, Menge *f*; Bestand *m*; *weinig in* ~ wenig; ~ *hotels* Hotelbestand *m*.
aantas|ten ['a:ntastə(n)] antasten, angreifen; *Krankheit*: befallen, ergreifen; **~ting** [-tɪŋ] *f* Angriff *m*; Verletzung *f* (*der Sitten*).
aanteken|boek ['a:nte:kənbu·k] *n* Notizbuch *n*; **~en** [-ə(n)] aufzeichnen, eintragen; einschreiben; *Aufgebot* bestellen; *een aangetekende brief* Einschreibebrief *m*; *protest* ~ *tegen* Protest erheben gegen *A*; **~ing** [-ɪŋ] *f* Notiz *f*; Aufzeichnung *f*; Eintragung *f*; Bemerkung *f*, Anmerkung *f*; Einschreibung *f*; ~*en pl.* Erläuterungen *f/pl.*
aantij|gen ['a:ntɛĭɣ̇ə(n)] anklagen, beschuldigen, bezichtigen, zeihen; **~ging** [-ɣ̇ɪŋ] *f* Beschuldigung *f*; Bezichtigung *f*.
aantocht ['a:ntɔxt] (*kein pl.*) *m* Anzug *m*; Anmarsch *m*; *in* ~ *zijn* im Anzug sein, im Anmarsch sein.
aantonen ['a:nto:nə(n)] zeigen, darlegen; dartun, beweisen; *Gr.* ~*de wijs* Indikativ *m*.
aantrap|pen ['a:ntrapə(n)] *Erde* festtreten, antreten; *Radfahrer*: schneller fahren; *Motorrad* antreten; **~pedaal** [-pə'da:l] (*-dalen*) *n u. m* Tretkurbel *f*.
aantreden ['a:ntre:də(n)] festtreten; antreten.

aantreffen ['a:ntrɛfə(n)] antreffen; finden.
aantrekkelijk [a:n'trɛkələk] anziehend, reizend; **~heid** [-hɛĭt] (*-heden*) *f* Reiz *m.*
aantrek|ken ['a:ntrɛkə(n)] anziehen; an sich ziehen; fester ziehen; *zich het lot van iemand ~* sich e-r Person annehmen; *zich iets ~* sich *etw.* zu Herzen nehmen; *zich er niets van ~* sich nicht darum kümmern; **~king** [-kɪŋ] (*kein pl.*) *f* Anziehung *f*, Anziehen *n*; *scheikundige ~* chemische Verwandtschaft *f*, Affinität *f*; **~kingskracht** [-kɪŋskrɑxt] (*kein pl.*) *f* Anziehungskraft *f*, Anziehungsvermögen *n.*
aantrouwen ['a:ntrɑŭə(n)] *s. aanhuwen.*
aanvaar|den [a:n'v̊a:rdə(n)] annehmen, akzeptieren; *ein Amt*, *e-e Erbschaft* antreten; *e-n Befehl*, *Auftrag* übernehmen; **~ding** [-dɪŋ] *f* Antritt *m*; Besitznahme *f*; Annahme *f*, Übernahme *f.*
aanval ['anv̊ɑl] (*-len*) *m* Anfall *m*; Angriff *m*; *~ van beroerte* Schlag (-anfall) *m*; *~ van woede* Wutanfall *m*; **~skracht** [-skrɑxt] *f* Schlagkraft *f*, offensive Kraft.
aanvallen ['a:nv̊ɑlə(n)] angreifen; anfallen; *op iets ~* über *etw.* herfallen; **~d** [-t] angreifend; anfallend; *~ en verdedigend verbond* Schutz- und Trutzbündnis *n.*
aanvals|oorlog ['a:nv̊ɑlso:rlɔx] *m* Angriffskrieg *m*; **~plan** [-plɑn] (*-nen*) *n* Angriffsplan *m.*
aanvallig [a:n'v̊ɑləx] anmutig, reizend, hold; **~heid** [-hɛĭt] (*-heden*) *f* Anmut *f*, Liebreiz *m.*
aanvang ['a:nv̊ɑŋ] (*kein pl.*) *m* Anfang *m*, Beginn *m*; *van bij de ~* von Anfang an; **~en** [-ə(n)] anfangen, beginnen, s-n Anfang nehmen; **~er** [-ər] (*-s*) *m* Anfänger *m.*
aanvankelijk [a:n'v̊ankələk] anfänglich; *~ onderwijs* Anfangsunterricht *m.*
aanva|ren ['a:nv̊a:rə(n)] anfahren; an-, zusammenstoßen; *op iets ~* auf *etw.* zufahren; **~ring** [-rɪŋ] *f* Zusammenstoß *m*; Anfahren *n.*
aanvatten ['a:nv̊ɑtə(n)] anfassen, angreifen; anfangen, unternehmen.
aanvechtbaar ['a:nv̊ɛɣ̊dba:r] anfechtbar.
aanvech|ten ['a:nv̊ɛxtə(n)] anfechten; **~ting** [-tɪŋ] *f* Anfechtung *f*, Versuchung *f.*
aanvegen ['a:nv̊e:ɣ̊ə(n)] (aus)kehren.
aanverwant ['a:nv̊ərʋɑnt] *Adj.* (an-) verwandt; *Su.* Verwandte(r *m*) *f*; **~schap** [-sxɑp] (*kein pl.*) *f* Verwandtschaft *f.*
aanvliegen ['a:nv̊li·ɣ̊ə(n)] heranfliegen; *e-n Flughafen* anfliegen; *op iemand ~* auf *j-n* los-, zustürzen, zufliegen.
aanvoegen ['a:nv̊u·ɣ̊ə(n)] anfügen, hinzufügen; *Gr. ~de wijs* Konjunktiv *m.*
aanvoer ['a:nvu:r] Anfuhr *f*; Zufuhr *f*; **~buis** [-bəʏs] (*-buizen*) *f* Leitungsrohr *n*; **~der** [-dər] (*-s*) *m* Anführer *m*; Befehlshaber *m*; Mannschaftsführer *m*; **~en** [-ə(n)] anführen; befehlen, *Truppen* befehligen; *Worte* anführen, erwähnen; *bewijzen ~* Beweise beibringen; *materiaal ~* Materialien herbeischaffen; **~haven** [-ha:v̊ə(n)] (*-s*) *f* Einfuhrhafen *m*; **~kanaal** [-kɑna:l] (*-nalen*) *f* Zuleitungskanal *m.*
aanvraag ['a:nv̊ra:x] (*-vragen*) *f* Anfrage *f*; Gesuch *n*, Bitte *f*; Antrag *m*; *op ~* auf Anfrage; auf Wunsch, auf Ersuchen; **~formulier** [-fɔrmyli:r] *n* Antragsformular *n.*
aanvragen ['a:nv̊ra:ɣ̊ə(n)] anfragen; ersuchen, bitten; *Tel.* anmelden; *ontslag ~* um seine Entlassung bitten.
aanvriezen ['a:nv̊ri:zə(n)] anfrieren.
aanvullen ['a:nv̊ylə(n)] ergänzen; anfüllen; *e-e Flasche* nachfüllen; *e-e Lücke* ausfüllen.
aanvulling ['a:nv̊ylɪŋ] *f* Ergänzung *f*; Ausfüllung *f*; Nachtrag *m*; **~sbegroting** [-zbəɣ̊ro:tɪŋ] *f* Ergänzungshaushalt *m*, Ergänzungsetat *m*; **~stroepen** [-strupə(n)] *pl.* Ersatztruppen *f/pl.*; **~swet** [-sʋɛt] (*-ten*) *f* Nachtragsgesetzt *n*, Novelle *f.*
aanvuren ['a:nv̊y:rə(n)] anfeuern, anspornen.
aanwaaien ['a:nʋa:ĭjə(n)] anwehen; *komen ~ fig.* hereingeschneit kommen.
aanwakke|ren ['a:nʋɑkərə(n)] aufmuntern, ermuntern, antreiben, anfachen; *Wut*, *Haß* schüren; *de wind is aangewakkerd* der Wind hat

zugenommen; **~ring** [-rɪŋ] *f* Ermunterung *f*; Antrieb *m*; Anfachen *n*; Zunehmen *n*.
aanwas ['a:nʋɑs] (*-sen*) *m* Anwuchs *m*; Zuwachs *m*, Zunahme *f*; **~sen** [-ə(n)] anwachsen; zunehmen.
aanwen|den ['a:nʋɛndə(n)] anwenden, benutzen; *Kräfte* aufbieten; *invloed ~* Einfluß geltend machen; **~ding** [-dɪŋ] *f* Anwendung *f*, Benutzung *f*.
aanwennen ['a:nʋɛnə(n)] angewöhnen, gewohnt werden.
aanwer|ven ['a:nʋɛrv̥ə(n)] (an)werben; **~ving** [-v̥ɪŋ] *f* (An-)Werbung *f*.
aanwezig ['a:nʋe:zəx] anwesend, zugegen; vorhanden, vorrätig; **~heid** [-hɛi̯t] (*kein pl.*) *f* Anwesenheit *f*.
aanwij|zen ['a:nʋɛi̯zə(n)] anweisen, zeigen; *Gr. ~d voornaamwoord* Demonstrativpronomen *n*, hinweisendes Fürwort; *de aangewezen man* der rechte Mann; *het aangewezen middel* das geeignete Mittel; **~zing** [-zɪŋ] *f* Andeutung *f*, Fingerzeig *m*; Anweisung *f*; Indiz *n*; *bewijs door ~en* Indizienbeweis *m*.
aanwinst ['a:nʋɪnst] *f* Gewinn *m*; Zuwachs *m*; Errungenschaft *f*; Erwerbung *f*.
aanwippen ['a:nʋɪpə(n)] vorbeikommen; *even ~* kurz besuchen; im vorübergehen vorsprechen
aanwrijven ['a:nv̥rɛi̯və(n)] andichten, ankreiden; *iemand iets ~ fig.* *j-m etw.* andichten, *j-m etw.* vorwerfen, F in die Schuhe schieben.
aanzeg|gen ['a:nzɛɣ̊ə(n)] ansagen; ankündigen; *men zou het hem niet ~* er sieht nicht danach aus; **~ger** [-ər] (*-s*) *m* Ansager *m*; **~ging** [-ɪŋ] *f* Ansage *f*, Ankündigung *f*.
aanzet ['a:nzɛt] (*-ten*) *m* Ansatz *m*; **~buis** [-bəʏs] (*-buizen*) *f* Ansatzrohr *n*.
aanzet|ten ['a:nzɛtə(n)] *Knöpfe usw.* annähen; *Rasiermesser* abziehen; *Radio* anstellen, einstellen; *Motor* anlassen; *tot iets ~* zu *etw.* anspornen, antreiben; *daar komt hij ~* da kommt er angelaufen; **~steen** [-ste:n] (*-stenen*) *m* Wetzstein *m*; **~stuk** [-stək] (*-ken*) *n* Ansatzstück *n*.
aanzien ['a:nzi:n] ansehen, anschauen, anblicken, betrachten; *met lede ogen ~ fig.* mit scheelen Augen ansehen; *het laat zich ~* allem Anschein nach; *men kan het hem ~* man sieht es ihm an; *Su.* (*kein pl.*) *n* Ansehen *n*; Ansicht *f*; *een man van ~* ein angesehener Mann; *ten ~ van* hinsichtlich *G*, in Hinsicht auf *A*.
aanzienlijk [a:n'zi:nlək] bedeutend, ansehnlich, namhaft, beträchtlich; angesehen; vornehm; achtbar; *een ~ bedrag* ein großer Betrag.
aanzijn ['a:nzɛi̯n] (*kein pl.*) *n* Dasein *n*, Leben *n*, Existenz *f*.
aanzitten ['a:nzɪtə(n)] bei Tische sitzen; *achter iemand ~* hinter *j-m* her sein.
aanzoek ['a:nzu·k] *n* Gesuch *n*; Anliegen *n*; Bitte *f*; *een ~ afwijzen* e-n Heiratsantrag ablehnen; *~ doen om de hand bij een meisje* e-m Mädchen e-n Heiratsantrag machen; um ein Mädchen werben.
aanzuigen ['a:nzəʏɣ̊ə(n)] ansaugen.
aanzuiveren ['a:nzəʏv̥rə(n)] *e-e Schuld* begleichen, bezahlen.
aanzwellen ['a:nzʋɛlə(n)] anschwellen.
aap [a:p] (*apen*) *m* Affe *m*; *iemand voor de(n) ~ houden* *j-n* zum Narren halten; *hij is in de ~ gelogeerd* er ist in (des) Teufels Küche geraten; F *zich een ~ schrikken* e-n ordentlichen Schrecken kriegen; *daar komt de ~ uit de mouw fig.* das ist des Pudels Kern; *die ~!* der Lausbub!; **~achtig** [-axtəx] äffisch.
aar [a:r] (*aren*) *f* Ähre *f*.
aard [a:rt] *m* Art *f*, Natur *f*; Beschaffenheit *f*; Charakter *m*; *van ~* von Natur (aus); *anders van ~* andersartig; *van allerlei ~* allerhand; *uit de ~ der* (*van de*) *zaak* selbstverständlich; naturgemäß.
aardappel ['a:rdɑpəl] (*-en od. -s*) *m* Kartoffel *f*; *gebakken ~en* Bratkartoffeln *f/pl.*; *gekookte ~en* Salzkartoffeln *f/pl.*; *~en met de schil* Pellkartoffeln *f/pl.*; **~puree** [-py·re:] *f* Kartoffelpüree *n*; **~salade** [-sɑla:də] *f* Kartoffelsalat *m*.
aard|as ['a:rdɑs] *f* Erdachse *f*; **~bei** [-bɛi̯] *f* Erdbeere *f*; **~beving** [-be:vɪŋ] *f* Erdbeben *n*; **~bodem** [-bo:dəm] *m* Erdboden *m*; **~bol** [-bɔl] *m* Erdkugel *f*.
aarde ['a:rdə] *f* Erde *f*; Boden *m*; *in goede ~ vallen* auf fruchtbaren Boden fallen; *op ~* auf Erden; *ter ~ bestellen* beerdigen.

aarden[1] ['a:rdə(n)] nacharten *D*, gleichen *D*; *El.* erden; *Pflanzen*: gedeihen; heimisch werden.
aarden[2] *Adj.* irden; ~ *pijp* Tonpfeife *f*.
aardewerk ['a:rdəʋɛrk] *n* Tonwaren *f/pl.*, Steingut *n*, irdenes Geschirr.
aardgas ['a:rtxɑs] *n* Erdgas *n*; **~geest** [-xe:st] *m* Erdgeist *m*; **~hoop** [-ho:p] (*-hopen*) *m* Erdhaufen *m*.
aardig ['a:rdəx] *Adj.* nett, hübsch; komisch; *Adv.* tüchtig, mächtig; *een ~ bedrag* ein ansehnlicher Betrag; *het ~e van de zaak* das Komische an der Sache; *het heeft ~ gesneeuwd* es hat tüchtig geschneit; *het is ~ koud* es ist mächtig kalt; **~heid** [-hɛĭt] (*-heden*) *f* Spaß *m*, Witz *m*, Scherz *m*; *de ~ is er af* es hat s-n Reiz verloren.
aard|laag ['a:rtla:x] (*-lagen*) *f* Erdschicht *f*; **~leiding** [-lɛĭdɪŋ] *f* Erdleitung *f*; **~mannetje** [-mɑnətjə] (*-s*) *n* Kobold *m*; **~noot** [-no:t] (*-noten*) *f* Erdnuß *f*; **~olie** ['a:rdo:li:] (*-oliën*) *f* Erdöl *n*.
aardrijk ['a:rdrɛĭk] *n* Erdreich *n*; **~skunde** [-skøndə] *f* Erdkunde *f*.
aardrijkskundig [a:rdrɛĭks'køndəx] geographisch; **~e** [-ə] *m* Geograph *m*.
aards [a:rts] irdisch, weltlich.
aardschok ['a:rtsxɔk] (*-ken*) *m* Erderschütterung *f*; **~schors** [-sxɔrs] *f* Erdrinde *f*; **~verschuiving** [-fərsxəʏv̊ɪŋ] *f* Erdrutsch *m*.
aars [a:rs] (*aarzen*) *m* P Arsch *m*, Hintere *m*; Steiß *m*; Gesäß *n*; After *m*.
aarts|- [a:rts] erz-, Erz-; **~bedrieger** ['a:rdzbədri:ɣə(r)] (*-s*) *m* Erzbetrüger *m*; **~bisdom** ['a:rdzbɪsdɔm] (*-men*) *n* Erzbistum *n*; **~bisschop** ['a:rdzbɪsxɔp] (*-pen*) *m* Erzbischof *m*; **~engel** [-ɛŋəl] *m* Erzengel *m*; **~hertog** [-hɛrtɔx] *m* Erzherzog *m*; **~vader** [-fa:dər] (*-s od. -en*) *m* Patriarch *m*; **~vaderlijk** [-fa:dərlək] patriarchalisch.
aarzelen ['a:rzələ(n)] zaudern, zögern; schwanken; *zonder ~* ohne Zögern.
aas [a:s] (*kein pl.*) *n* Aas *n*; Köder *m*; (*Kartenspiel*) (*pl. azen*) As *n*; **~gier** [-xi:r] *m* Aasgeier *m*.
abattoir [ɑba'tʋa:r] (*-s*) *n* Schlachthaus *n*, Schlachthof *m*.
abces [ɑp'sɛs] *n* Abszeß *m*.
abdicatie [ɑbdi·'ka:si:] (*-s*) *f* Abdankung *f*.
abdiceren [ɑbdi·'se:rə(n)] abdanken.
abdij [ɑb'dɛĭ] *f* Abtei *f*.
abdis [ɑb'dɪs] (*-sen*) *f* Äbtissin *f*.
abeel [ɑ'be:l] (*abelen*) *m* Silberpappel *f*.
abberratie [ɑbɛ'ra:si:] (*-s*) *f* Abweichung *f*; Abirrung *f*.
ablatief ['ɑblɑti·f] (*-tieven*) *m* *Gr.* Ablativ *m*.
abnor|maal [ɑpnɔr'ma:l] abnorm, ungewöhnlich; geistesgestört; **~miteit** [-mɪ'tɛĭt] *f* Abnormität *f*.
abominabel [ɑbɔmɪ'na:bəl] abscheulich.
abonnee [ɑbɔ'ne:] (*-s*) *m u. f* Abonnent *m*; (*Zeitung*) Bezieher *m*; *Tel.* Teilnehmer *m*.
abonnement [ɑbɔnə'mɛnt] *n* Abonnement *n*; Bezugspreis *m*; (*Eisenbahn*) Zeitkarte *f*; (*Museum usw.*) Dauerkarte *f*; *bij ~* im Abonnement; *~ tegen half tarief* Zeitkarte zum halben Fahrpreis.
abonneren [ɑbɔ'ne:rə(n)] *v/r* abonnieren.
abortus [ɑ'bɔrtøs] (*kein pl.*) *m* Abort *m*, Fehlgeburt *f*; Abtreibung *f*, Schwangerschaftsunterbrechung *f*, Schwangerschaftsabbruch *m*.
Abraham *a.* **Abram** ['a:brɑm] Abraham *m*; *hij zit in ~s schoot* es geht ihm gut.
abrikoos [ɑbri'ko:s] (*-kozen*) *f* Aprikose *f*.
absenteïsme [ɑpsɛnte:'i·zmə] *n* Absenteismus *m*.
absentie [ɑp'sɛnsi:] (*-s*) *f* Abwesenheit *f*; **~lijst** [-lɛĭst] *f* Versäumnisliste *f*.
absolutie [ɑpsɔ'ly:si:] *f* Absolution *f*, Lossprechung *f*.
absolutisme [ɑpsɔly·'ti·zmə] *n* Absolutismus *m*.
absolveren [ɑpsɔl'v̊e:rə(n)] absolvieren; los-, freisprechen.
absorptie [ɑp'sɔrpsi:] *f* Absorption *f*.
abstract *a.* **abstrakt** [ɑpstrɑkt] abstrakt; **~ie** [-ksi:] (*-s*) *f* Abstraktion *f*.
absurd [ɑp'sørt] absurd; ungereimt.
abt [ɑpt] *m* Abt *m*.
abuis [ɑ'bəʏs] (*abuizen*) *n* Irrtum *m*, Versehen *n*; *~ hebben* sich irren; *per ~* aus Versehen, versehentlich.

abusievelijk [ɑbyˑˈziːvələk] irrtümlicherweise, aus Versehen.
Abyssinië [ɑbiˑˈsiˑnĭjə] *n* Abessinien *n*.
acacia [ɑˈkaːsia] (-'*s*) *m* Akazie *f*.
academicus [ɑkɑˈdeːmiˑkəs] (-*mici*) *m* Akademiker *m*.
academie *a*. **aka-** [ɑkɑˈdeːmiˑ] (-*s od*. -*miën*) *f* Akademie *f*.
accent *a*. **aks-** [ɑkˈsɛnt] *n* Akzent *m*; **~uatie** [-tyˑˈʋaːsiː] (-*s*) *f Gr*. Betonung *f*.
accept [ɑkˈsɛpt] *n* Annahme *f*.
accijns *a*. **aks-** [ɑkˈsɛĭns] (-*zen*) *m* Akzise *f*; Alkoholsteuer *f*.
acclamatie *a*. **akkl-** [ɑklɑˈmaːsiː] (-*s*) *f* Beifall *m*; *bij ~* durch Zuruf.
acclimatiseren *a*. **akklimatizeren** [ɑkliˑmɑtiˑˈzeːrə(n)] *v/r* sich an das Klima gewöhnen; sich akklimatisieren; sich einbürgern.
accolade *a*. **akk-** [ɑkɔˈlaːdə] (-*s*) *f* Akkolade *f*.
accommodatie *a*. **akk-** [ɑkɔmɔˈdaːsiː] (-*s*) *f* Anpassung *f*; (*Unterkunft*) Komfort *m*.
accompagnement *a*. **akk-** [ɑkɔmpɑŋəˈmɛnt] *n* Begleitung *f*.
accordeon *a*. **akk-** [ɑˈkɔrdeˑjɔn] (-*s*) *n u*. *m* Akkordeon *n*.
accorderen *a*. **akk-** [ɑkɔrˈdeːrə(n)] übereinkommen; (*mit Gläubigern*) sich vergleichen.
accountant [ɑˈkauntənt] (-*s*) *m* Bücherrevisor *m*; Wirtschaftsprüfer *m*.
accrediteren *a*. **akk-** [ɑkreˑdiˑˈteːrə(n)] beglaubigen; bevollmächtigen.
accreditief *a*. **akk-** [ɑkreˑdiˑˈtiˑf] (-*tieven*) *n* Akkreditiv *n*.
accu *a*. **akku** [ɑˈkyˑ] (-'*s*) *m* Akku *m*, Akkumulator *m*, Sammelbatterie *f*.
accumulatie *a*. **akk-** [ɑkyˑmyˑˈlaːsiː] (-*s*) *f* Ansammlung *f*, Anhäufung *f*.
accuraat *a*. **akk-** [ɑkyˑˈraːt] genau, pünktlich, richtig.
accusatief *a*. **akk-** [ɑˈkyˑsɑtiˑf] *m Gr*. Akkusativ *m*.
aceton [ɑseˑˈtɔn] *n u*. *m* Azeton *n*.
acetyleen [ɑseˑtiˑˈleːn] *n* Azetylen *n*.
ach [ɑx] ach.
acht[1] [ɑxt] acht.
acht[2] *f* Acht *f*, Obacht *f*; *~ geven op* achtgeben, achthaben auf *A*, achten auf *A*; *in ~ nemen* beachten; *geeft ~!* Achtung!; *geen ~ op iets slaan etw*. nicht beachten, *etw*. außer acht lassen.
achtbaar [ˈɑɣdbaːr] ehrenwert, ehrenhaft.
achteloos [ˈɑxtəloːs] unachtsam, fahrlässig, nachlässig; **~heid** [ɑxtəˈloːshɛĭt] (-*heden*) *f* Unachtsamkeit *f*.
achten [ˈɑxtə(n)] achten, ehren, schätzen; glauben, meinen; *ik acht dat verstandig* ich halte das für vernünftig; *zich gelukkig ~* sich glücklich schätzen; *men wordt geacht dat te weten* es wird vorausgesetzt, daß man das weiß; *het voorstel wordt geacht te zijn verworpen* der Antrag gilt als abgelehnt; (*in Briefen*) *Zeer geachte Heer*, Sehr geehrter Herr!; *iemand tot iets in staat ~ j-m etw*. zutrauen; *ik acht het mijn plicht*, ... ich betrachte es als meine Pflicht, ...
achtenswaard(**ig**) [ɑxtənsˈʋaːrdəx] achtenswert; ehrenhaft.
achter [ˈɑxtər] *Adv*. *u*. *Präp*. hinter; hinter-, Hinter-; hinten; *er steeks iets ~* dahinter steckt etwas; *er ~ komen* dahinterkommen, entdekken.
achteraan [ɑxtəˈraːn] hinterher, hintenan, zuletzt.
achteraf [ɑxtəˈrɑf] nachher, nachträglich.
achterbaks [ɑxtərˈbɑks] hinterrücks, heimlich.
achter|band [ˈɑxtərbɑnt] *m* Hinterreifen *m*; **~blijven** [-blɛĭʋə(n)] zurückbleiben; **~blijver** [-blɛĭʋər] (-*s*) *m* Nachzügler *m*; *pl*. die Hinterbliebenen; **~bout** [-baut] *m* F Hinterviertel *n*; **~buurt** [-byːrt] *f* Armenviertel *n*; **~deel** [-deːl] (-*delen*) *n* F Hinterteil *n*; **~deck** [-dɛk] (-*ken*) *n* Achterdeck *n*; **~deur** [-døːr] *f* Hintertür *f*; **~docht** [-dɔxt] *f* Mißtrauen *n*, Argwohn *m*, Verdacht *m*; *~ koesteren* Argwohn, Mißtrauen hegen; **~dochtig** [-ˈdɔxtəx] mißtrauisch, argwöhnisch; **~een** [-ˈeːn] hinter-, nacheinander; **~eenvolgens** [-ɛːnˈʋɔlɣəns] hinter-, nacheinander; **~eind**(**e**) [-ɛĭnt] *n* F Hinterteil *n*.
achteren [ˈɑxtərə(n)]: *van ~* von hinten, von rückwärts; *van ~ beschouwd* von hinten gesehen, hinterher betrachtet; F *naar ~ gaan* austreten.
achter|gaan [ˈɑxtərɣaːn] (*Uhr*)

nachgehen; **~gevel** [-ɣe:vəl] (*-s*) *m* Hinterfront *f*, Hintergiebel *m*; **~grond** [-ɣrɔnt] *m* Hintergrund *m*; *op de ~ treden* in den Hintergrund treten.

achterhalen [ɑxtərˈha:lə(n)] einholen, ereilen, erhaschen.

achter|hand [ˈɑxtərhɑnt] *f* Hinterhand *f*; **~hoede** [-hu·də] (*-n od. -s*) *f* Nachhut *f*; **~hoek** [-hu·k] *m* entlegene Gegend, entlegener Teil; **~hoofd** [-ho:ft] *n* Hinterkopf *m*; **~houden** [-hɑudə(n)] zurückhalten; verhehlen, verheimlichen; **~huis** [-hʌys] (*-huizen*) *n* Hinterhaus *n*.

Achter-Indië [ɑxtərˈi·ndĭjə] *n* Hinterindien *n*.

achter|kamer [ˈɑxtərka:mər] (*-s*) *f* Hinterstube *f*, Hinterzimmer *n*; **~kant** [-kɑnt] *m* Hinterseite *f*, Rückseite *f*; **~kasteel** [-kɑste:l] (*-kastelen*) *n mar.* Hinterkastell *n*, *hist.* Kampanje *f*; **~klap** [-klɑp] (*kein pl.*) *m* üble Nachrede, Verleumdung *f*; **~kleindochter** [-klεĭndɔxtər] (*-s*) *f* Urenkelin *f*; **~kleinzoon** [-klεĭnzo:n] (*-zonen od. -zoons*) *m* Urenkel *m*; **~kwartier** [-kʋɑrti:r] *n* (*Vieh*) Hinterviertel *n*; **~land** [-lɑnt] *n* Hinterland *n*; **~laten** [-la:tə(n)] hinter-, zurücklassen; **~licht** [-lɪxt] *n* (*Auto, Fahrrad usw.*) Schlußlicht *n*, Stopplicht *n*, Rückstrahler *m*; **~lijk** [-lək] rückständig, zurückgeblieben; schwachsinnig; **~lopen** [-lo:pə(n)] (*Uhr*) nachgehen; **~mast** [-mɑst] *m* Hintermast *m*.

achter|middag [ɑxtərˈmɪdɑx] *m* Nachmittag *m*; **~na** [-ˈna:] nach; hinterher; **~af** [-ˈɑf] nachher.

achter|naam [ˈɑxtərna:m] (*-namen*) *m* Familienname *m*, Zuname *m*; **~neef** [-ne:f] (*-neven*) *m* Großneffe *m*- **~nicht** [-nɪxt] *f* Großnichte *f*.

achter|om [ɑxtərˈɔm] hintenherum; **~op** [-ˈɔp] hintendrauf; in ungünstigen Verhältnissen; **~over** [-ˈo:vər] rücklings, rückwärts, nach hinten, hintenüber; **~overleunen** [-ˈo:vərlø:nə(n)] sich zurücklehnen.

achter|plecht [ˈɑxtərplεxt] *f mar.* Achterplicht *f*, Hinterplicht *f*; **~poot** [-po:t] (*-poten*) *m* Hinterpfote *f*, Hinterfuß *m*; **~ruit** [-rʌyt] *f* Rückscheibe *f*, Rückfenster *n*; **~speler** [-spe:lər] (*-s*) *m* (*Fußball*) Verteidiger *m*; **~stallig** [-ˈstɑləx] rückständig; **~stand** [-stɑnt] *m* Rückstand *m*; (*Geld*) Rückstände *pl.*

achter|ste [ˈɑxtərstə] (*-n u. -s*) *n* P Hintere *m*; Steiß *m*; **~stellen** [-stεlə(n)] hintan-, zurücksetzen; **~steven** [-ste:və(n)] (*-s*) *m* Hintersteven *m*, Achtersteven *m*.

achter|uit [ɑxtərˈʌyt] rückwärts; hintenheraus; zurück; *Su. n u. m* Hinterhof *m*; Hinterausgang *m*; **~uitgaan** [-ˈʌytxa:n] rückwärts laufen, zurücklaufen; **~uitkijkspiegel** [-ˈʌytkεĭkspi·ɣəl] (*-s*) *m* Rückspiegel *m*; **~uitrijlamp** [-ˈʌytrεĭlɑmp] *f* Rückfahrscheinwerfer *m*; **~uitzetten** [-ˈʌytsεtə(n)] zurückstellen; zurück-, hintansetzen; beeinträchtigen.

achtervoegsel [ˈɑxtərvuxsəl] (*-s*) *n Gr.* Suffix *n*, Nachsilbe *f*.

achtervolgen [ɑxtərˈvɔlɣə(n)] verfolgen, nachsetzen.

achtervolgingswedstrijd [ɑxtərˈvɔlɣɪŋsʋεtstrεĭt] *m* Verfolgungsrennen *n*.

achterwaarts [ˈɑxtərʋa:rts] rückwärts, zurück.

achterwege [ɑxtərˈʋe:ɣə] zurück; *~ blijven* unterbleiben, ausbleiben, wegfallen; *~ laten* unterlassen.

achter|wiel [ˈɑxtərʋi:l] *n* Hinterrad *n*; **~zijde** [-zεĭdə] *f* Rückseite *f*, Hinterseite *f*.

achthoek [ˈɑxthuk] *m* Achteck *n*.

achting [ˈɑxtɪŋ] Achtung *f*; *~ koesteren voor* Achtung haben vor *D.*

acht|jarig [ˈɑxtja:rəx] achtjährig; **~ste** [-stə] (der, die, das) achte; *Su. n* Achtel *n*; *~ maat* Achteltakt *m*; **~tien** [-ti:n] achtzehn.

achturendag [ɑxˈty:rəndɑx] *m* Achtstundentag *m*.

acrobaat *a.* **akr-** [ɑkrɔˈba:t] (*-baten*) Akrobat *m*.

acteur *a.* **ak-** [ɑktø:r] (*-s*) *m* Akteur *m*; Schauspieler *m*.

actie *a.* **ak-** [ˈɑksi:] (*-s u. -tiën*) *f* Aktion *f*, Tätigkeit *f*; *Thea.* Handlung *f*; Anteilschein *m*, Aktie *f*; Rechtsstreit *m*, Prozeß *m*; *in ~ komen* aktiv werden; **~radius** [-radĭjəs] *m* Reichweite *f*; *Flgw.* Flugbereich *m*.

actief *a.* **ak-** [ɑkˈti·f] aktiv, rührig, tätig; *Su. n* (*kein pl.*) Aktiva *n/pl.*

activiteit *a.* **ak-** [ɑkti·vi·ˈtεĭt] *f* Aktivität *f*, Tätigkeit *f*.

actrice *a.* **ak-** [ɑkˈtri·sə] (*-s*) *f* Schauspielerin *f*.

actueel *a.* **ak-** [akty·'ʋe:l] aktuell.
acuut [a'ky·t] akut.
adams|appel ['a:damsapəl] (*-s*) *m Anat.* Adamsapfel *m*; **~kostuum** *a.* **co-** [-kɔs'ty·m] *n* F Adamskostüm *n*; *in ~* nackt.
adder ['adər] (*-s*) *f* Natter *f*, Otter *f*; **~gebroed** [-ɣ̊əbru·t] *n fig.* Otterngezücht *n*.
adel ['a:dəl] *m* Adel *m*; Adlige(n) *pl.*; *van ~* von Adel.
adelaar ['a:dəla:r] (*-s u. -laren*) *m* Adler *m*, *poet.* Aar *m*.
adel|borst ['a:dəlbɔrst] *m* Seekadett *m*; **~dom** [-dɔm] *m* Adelsstand *m*; **~lijk** [-lək] adlig; **~stand** [-stant] *m* Adelsstand *m*.
adem ['a:dəm] *m* Atem *m*; *buiten ~* außer Atem; *op ~ komen* zu Atem kommen; *ruimer ~ halen* erleichtert aufatmen; *de laatste ~ uitblazen* den letzten Atem aushauchen; **~benemend** [-bəne:mənt] atem(be)raubend; **~en** [-ə(n)] atmen; Atem holen; *wraak ~* nach Rache dürsten.
ademhalen ['a:dəmha:lə(n)] Atem holen, atmen.
ademhalingsoefeningen ['a:dəmha:lɪŋsufənɪŋə(n)] *f/pl.* Atemgymnastik *f*.
adem|loos ['a:dəmlo:s] atemlos; **~tocht** [-tɔxt] *m* Atemzug *m*.
ader ['a:dər] (*-s u. -en*) *f* Ader *f*; **~lating** [-la:tɪŋ] *f* Aderlaß *m*; **~lijk** [-lək] venös; **~spat** [-spat] (*-ten*) *f* Krampfader *f*; **~verkalking** [-v̊ərkalkɪŋ] *f* Arterienverkalkung *f*.
adhesie [a'de:zi:] *f* Beifall *m*; *Phys.* Adhäsion *f*; *fig. ~ betuigen* sich beifällig äußern.
adieu! [a'djø:] (auf) Wiedersehen!
adjectief *a.* **-jek-** ['adjɛkti·f] *n Gr.* Adjektiv *n*, Eigenschaftswort *n*.
adjudant [atjy·'dant] *m* Adjutant *m*.
adjunct *a.* **-junkt** [at'jəŋkt] *m* Stellvertreter *m*; Amtsgehilfe *m*; *in Zssgn. a.* stellvertretend.
administrateur [atmi·ni·stra'tø:r] (*-s u. -en*) *m* Verwalter *m*; Geschäftsführer *m*; Schiffszahlmeister *m*.
admini|stratie [atmi·ni·'stra:si:] (*-s*) *f* Verwaltung *f*; Geschäftsstelle *f*; *~ van (de) belastingen* Steuerbehörde *f*; **~streren** [-'stre:rə(n)] verwalten.
admiraal [atmi·'ra:l] (*-s u. -ralen*) *m* Admiral *m*.
admissie [at'mi·si:] *f* (Aufnahme *f*, Zulassung *f*, Zutritt *m*; **~examen** *a.* **-eks-** [-ɛksa:mə(n)] (*-s*) *n* Aufnahmeprüfung *f*.
adolescent [adɔlɛ'sɛnt] *m* Jüngling *m*.
adopteren [adɔp'te:rə(n)] adoptieren; *geadopteerd kind* Adoptivkind *n*.
adres [a'drɛs] (*-sen*) *n* Adresse *f*, Anschrift *f*; Bittschrift *f*; **~boek** [-bu·k] *n* Adreßbuch *n*; **~sant** [-'sant] *m* Addressant *m*; Bittsteller *m*; **~seren** [-'se:rə(n)] adressieren; *de geadresseerde* der Adressat.
Adriaan [adri·'ja:n] Adrian *m*.
Adriatische Zee [adri·'ja:ti·sə ze:] *f* Adria *f*, Adriatisches Meer.
a(d)spirant [aspi·'rant] *m* Anwärter *m*, Kandidat *m*; Bewerber *m*.
advent ['at'fɛnt] *m* Advent *m*.
advertentie [atfər'tɛnsi:] (*-s*) *f* Anzeige *f*, Inserat *n*, Annonce *f*; *een ~ plaatsen* e-e Anzeige aufgeben; **~blad** [-blat] *n* Anzeiger *m*, Anzeigeblatt *n*; **~kosten** [-kɔstə(n)] *pl.* Insertionskosten *pl.*
adverteren [atfər'te:rə(n)] anzeigen, inserieren.
advies [ad'v̊i:s] (*-viezen*) *n* Rat *m*; Gutachten *n*; Benachrichtigung *f*; *Hdl. volgens ~* laut Avis, laut Bericht; *op ~* auf Anraten; *commissie van ~* Beratungsausschuß *m*; **~bureau** [-by·ro:] (*-s*) *n* Beratungsstelle *f*.
advocaat *a.* **-kaat** [adv̊o·'ka:t] (*-katen*) *m* Rechtsanwalt *m*; Eierkognak *m*.
advocatenstreek *a.* **-katen-** [advɔ'ka:tə(n)stre:k] (*-streken*) *m* Advokatenstreich, -kniff *m*.
aëroclub *a.* **-klub** ['aïe:ro·kləp] (*-s*) *f* Aeroklub *m*.
af [af] ab; ab-, Ab-; *~ en toe* hin und wieder, ab und zu; *van voren ~ aan* von vorn an; *op het geluid ~* dem Schall nach; *de verloving is ~* die Verlobung ist aufgelöst; *het werk is ~* die Arbeit ist fertig; *op gevaar ~* auf die Gefahr hin; *op de minuut ~* bis auf die Minute; *van iemand (iets) ~ zijn j-n (etw.)* los sein; *van nu ~* von jetzt an.
afbakenen ['av̊ba:kənə(n)] abgrenzen, abstechen, abpfählen; *Fahrwasser* mit Baken versehen.
afbedelen ['av̊be:dələ(n) abbetteln.

afbeel|den ['ɑv̊be:ldə(n)] abbilden; **~ding** [-dɪŋ] *f* Abbildung *f*.
afbestellen ['ɑv̊bəstɛlə(n)] abbestellen.
afbeta|len ['ɑv̊bəta:lə(n)] abbezahlen, abtragen, in Raten zahlen; ausbezahlen; **~ling** [-lɪŋ] *f* Abzahlung *f*, Teilzahlung *f*; *op ~* auf Ab-, Teilzahlung, auf Raten, auf Kredit, F auf Stottern.
afbeulen ['ɑv̊bø:lə(n)] sich abrackern, sich abquälen; *Tier*: abschinden.
afbijten ['ɑv̊bɛĭtə(n)] abbeißen; *van zich ~* sich tüchtig wehren.
afbikken ['ɑv̊bɪkə(n)] behauen, abhacken; ausklopfen.
afbinden ['ɑv̊bɪndə(n)] abbinden, losbinden; *Ader* unterbinden.
afbladeren ['ɑv̊bla:dərə(n)] abblättern.
afblazen ['ɑv̊bla:zə(n)] abblasen, wegblasen.
afblijven ['ɑv̊blɛĭv̊ə(n)] wegbleiben; *van iets ~ etw.* nicht berühren; *blijf van me af* blieb mir vom Leibe.
afborstelen ['ɑv̊bɔrstələ(n)] abbürsten, abputzen.
afbraak ['ɑv̊bra:k] (*-braken*) *f* Abbruch *m*; Abtrag *m*; *Phys.* Zersetzung *f*; *voor ~ verkopen* auf Abbruch verkaufen; *verkoping van ~* Versteigerung *f* von Bautrümmern.
afbranden ['ɑv̊brɑndə(n)] abbrennen, niederbrennen.
afbreken ['ɑv̊bre:kə(n)] abbrechen; abtragen, niederreißen; (*Rede, Reise*) unterbrechen; *een boek ~ fig.*, F ein Buch heruntermachen; **~d** [-t] (*Kritik, Urteil*) abfällig, tadelnd.
afbrengen ['ɑv̊brɛŋə(n)] abbringen, herunterbringen; (*bei e-m Unfall*) glimpflich davonkommen; *hij heeft het er goed afgebracht* das hat er gut gemacht.
afbreuk ['ɑv̊brø:k] *f* Abbruch *m*; Eintrag *m*.
afbrokkelen ['ɑv̊brɔkələ(n)] abbröckeln.
afbuigen ['ɑvbəʏɣ̊ə(n)] abbiegen.
afdak ['ɑv̊dɑk] *n* Schutzdach *n*.
afda|len ['ɑv̊da:lə(n)] herab-, hinab-, heruntersteigen; absteigen; *tot iemand ~* sich zu *j-m* herablassen; *in bijzonderheden ~* sich auf Einzelheiten einlassen; *een ~de reeks Math.* e-e fallende Reihe; **~ling** [-lɪŋ] *f* Abstieg *m*; Abfahrt *f*; Heruntersteigen *n*.
afdam|men ['ɑvdɑmə(n)] (ab)dämmen, deichen; **~ming** [-mɪŋ] *f* Abdämmung *f*; Staudamm *m*, Talsperre *f*.
afdan|ken ['ɑvdɑŋkə(n)] abdanken, entlassen, verabschieden; *Kleider* nicht mehr anziehen; *Auto usw.* abschaffen, nicht mehr halten; **~king** [-kɪŋ] *f* Abdankung *f*, Entlassung *f*; Abschaffung *f*.
afdekken ['ɑv̊dɛkə(n)] abdecken, zudecken.
afdeling ['ɑvde:lɪŋ] *f* Abteilung *f*, Einteilung *f*; (*Buch*) Abschnitt *m*; (*Krankenhaus*) Station *f*; *Sp.* Verein *m*, Gliederung *f*, Klasse *f*; (*Wissenschaft usw.*) Sparte *f*.
afdingen ['ɑvdɪŋə(n)] feilschen, herunterhandeln; *hij wil op haar verdienste ~* er will ihren Verdienst schmälern; *wat heb je daarop af te dingen?* was hast du daran auszusetzen?
afdoen ['ɑv̊dun] abtun, abmachen, beendigen; *Kleider* ablegen; *Geschäfte* erledigen, abschließen; *iets van de prijs ~ etw.* vom Preis ablassen; *dat is afgedaan* das ist erledigt; *dat heeft afgedaan* das ist veraltet, das hat ausgedient; **~d** [-t] entscheidend, endgültig, triftig; *een ~ bewijs* ein schlagender Beweis; *een ~ middel* ein wirksames Mittel; *~e maatregelen* entscheidende Maßnahmen *f/pl.*
afdokken ['ɑv̊dɔkə(n)] P blechen, bezahlen, berappen.
afdraaien ['ɑv̊dra:ĭjə(n)] abdrehen; abstellen; *het hoofd ~* das Gesicht abwenden; *naar links ~* nach links abbiegen; *een film ~* e-n Film vorführen.
afdragen ['ɑv̊dra:ɣ̊ə(n)] hinunter-, heruntertragen; *Kleider* abtragen; *Schulden* tilgen; *Geld* abführen, abliefern.
afdrij|ven ['ɑv̊drɛĭv̊ə(n)] abtreiben; abführen; *het onweer drijft af* das Gewitter zieht ab; **~vend** [-v̊ənt] abführend; *~ middel* Abführmittel *n*; **~ving** [-v̊ɪŋ] *f* Abtreibung *f*; Abort *m*, Abführung *f*.
afdrogen ['ɑv̊dro:ɣ̊ə(n)] abtrocknen, abwischen.
afdruipen ['ɑv̊drəʏpə(n)] abtröpfeln, abtropfen; sich wegstehlen, sich wegschleichen.
afdruk ['ɑv̊drək] *m* Abdruck *m*; Se-

paratabdruck *m*; (*Foto*) Abzug *m*, Kopie *f*; Nachdruck *m*; **~ken** [-ə(n)] abdrucken; (*Gewehr*) abdrücken; kopieren.
afdruppen *s. afdruipen.*
afduwen [ˈav̊dy·ʋə(n)] abstoßen, abdrängen.
afdwa|len [ˈav̊dʋa:lə(n)] abirren, abschweifen, abkommen; **~ling** [-lɪŋ] *f* Abirrung *f*, Abschweifung *f*.
afdwingen [ˈavdʋɪŋə(n)] abzwingen, erzwingen, abnötigen.
affaire [ɑˈfɛ:rə] (*-s*) *f* Geschäft *n*; (Vor-)Fall *m*; Streit *m*.
affiche [ɑˈfi·ʃə] (*-s*) *n u. f* Anschlagzettel *m*.
affiniteit [ɑfi·ni·ˈtɛĭt] *f* Affinität *f*, Verwandtschaft *f*.
affreus [ɑˈfrø:s] abscheulich, scheußlich.
affront [ɑˈfrɔnt] *n* Beleidigung *f*, Beschimpfung *f*; **~eren** [-ˈe:rə(n)] beleidigen.
affuit [ɑˈfəʏt] *f mil.* Lafette *f*.
afgaan [ˈɑfxa:n] abgehen; hinabgehen; *het geweer gaat af* das Gewehr geht los; *op iemand ~* auf *j-n* zugehen; *dat gaat hem goed af* das macht er geschickt; *niet kunnen ~* keinen Stuhlgang haben; *ik ga er niet van af* ich bleibe dabei, ich behaupte nach wie vor.
afgang [ˈɑfxɑŋ] *m* Stuhlgang *m*.
afgedaan [ˈɑfxəda:n] erledigt.
afgejakkerd [ˈɑfxəjɑkərt] abgehetzt.
afgeknot [ˈɑfxəknɔt] abgestumpft; *~te piramide* Pyramidenstumpf *m*.
afgelasten [ˈɑfxəlɑstə(n)] abbestellen; absagen.
afgeleefd [ˈɑfxəle:ft] abgelebt, altersschwach.
afgelegen [ˈɑfxəle:ɣ̊ə(n)] abgelegen, entlegen.
afgelopen [ˈɑfxəlo:pə(n)] abgelaufen; fertig!, Schluß!; *~ jaar* voriges Jahr.
afgemat [ˈɑfxəmɑt] ermattet, erschöpft.
afgemeten [ˈɑfxəme:tə(n)] abgemessen; steif.
afgepast [ˈɑfxəpɑst] abgepaßt; (*Geld*) abgezählt.
afgeroomd [ˈɑfxəro:mt]: *~e melk* Magermilch *f*.
afgescheiden [ˈɑfxəsxɛĭdə(n)] getrennt; *~ van* abgesehen von *D*.
afgevaardigde [ˈɑfxəva:rdɪɣ̊də] *m u. f* Abgeordnete(r) *m u. f*.
afgeven [ˈɑfxe:v̊ə(n)] abgeben, übergeben, verabfolgen; *Farbe*: abfärben; *op iemand ~* auf *j-n* schimpfen.
afgezaagd [ˈɑfxəza:xt] abgedroschen, abgegriffen.
afgezant [ˈɑfxəzɑnt] *m* (Ab-)Gesandte(r) *m*.
afgezien [ˈɑfxəzi:n] abgesehen; *ik heb veel ~* ich habe viel gelitten.
afgezonderd [ˈɑfxəzɔndərt] abgesondert, einsam, getrennt.
afgieten [ˈɑfxi·tə(n)] abgießen.
afgietsel [ˈɑfgi·tsəl] (*-s*) *n* Abguß *m*.
afgifte [ˈɑfxɪftə] (*kein pl.*) Abgabe *f*, Verabfolgung *f*, Auslieferung *f*, Aushändigung *f*; *~ van bagage* Gepäckausgabe *f*; *bewijs van ~* Ablieferungsschein *m*; Lieferschein *m*; *datum van ~* (*Wechsel, Paß, Quittung*) Ausstellungsdatum *n*.
afglijden [ˈɑfxlɛĭdə(n)] abgleiten; hinunter-, hinabgleiten; abrutschen.
afgluren [ˈɑfxly:rə(n)] abgucken.
afgod [ˈɑfxɔt] *m* Abgott *m*; Götze *m*; Idol *n*.
afgodendienaar [ˈɑfxo:də(n)ˈdi:na:r] (*-s od. -naren*) *m* Götzendiener *m*.
afgoderij [ɑfxo:dəˈrɛĭ] *f* Abgötterei *f*.
afgodisch [ɑfˈxo:di·s] abgöttisch.
afgodsbeeld [ˈɑfxɔdsbe:lt] *n* Götzenbild *n*.
afgrijselijk [ɑfˈxrɛĭsələk] grauenhaft, gräßlich.
afgrijzen [ˈɑfxrɛĭzə(n)] *n* Abscheu *m*, Grauen *n*, Grausen *n*.
afgrond [ˈɑfxrɔnt] *m* Abgrund *m*, Schlund *m*.
afgunst [ˈɑfxɵnst] *f* Mißgunst *f*, Neid *m*.
afgunstig [ɑfˈxɵnstəx] mißgünstig, neidisch.
afhaken [ˈɑfha:kə(n)] abhaken, loshaken; *Wagen* abkoppeln; *Tel.* den Hörer abnehmen.
afhalen [ˈɑfha:lə(n)] abholen, hinunterbringen, herunterholen; *Bett* abziehen; (*von der Arbeit, von Freunden*) wegholen; *Geld* abheben.
afhandelen [ˈɑfhɑndələ(n)] abhandeln, erledigen, abmachen.
afhandig [ɑfˈhɑndəx]: *~ maken* F stibitzen; *iemand iets ~ maken j-m etw.* entwenden; *klanten ~ maken* Kunden abspenstig machen.
afhangen [ˈɑfhɑŋə(n)] abhängen; *dat hangt af van …* bedingt durch …

afhankelijk [ɑfˈhɑŋkələk] abhängig; **~heid** [-hɛĭt] (*-heden*) *f* Abhängigkeit *f*.

afhaspelen [ˈɑfhɑspələ(n)] abhaspeln; F *e-e Rede* herunterleiern; *e-e Arbeit* oberflächlich tun; *fig.* übers Knie brechen.

afhellen [ˈɑfhɛlə(n)] abschüssig sein, sich neigen, abfallen.

afhelpen [ˈɑfhɛlpə(n)] herunterhelfen; abbringen; *iemand van zijn geld ~ j-n* um sein Geld bringen; *ik zal je er ~* ich werde dich davon befreien.

afhoren [ˈɑfho:rə(n)] abhören, abhorchen, ablauschen.

afhouden [ˈɑfhɑudə(n)] abhalten, zurückhalten; *Geld* abziehen; *hij is daar niet van af te houden* er ist nicht zu bremsen; *houd de handen daar (van) af* laß die Finger davon; *van het loon ~* am Lohn kürzen.

afjagen [ˈɑfja:ɣ̊ə(n)] abjagen; fortjagen; *ein Pferd* abhetzen.

afjakkeren [ˈɑfjɑkərə(n)] abhetzen; *ein Pferd* zuschanden reiten.

afkammen [ˈɑfkɑmə(n)] abkämmen; F *j-n (etw.)* heruntermachen.

afkappingsteken [ˈɑfkɑpɪŋste:kə(n)] (*-s*) *n* Auslassungszeichen *n*, Apostroph *m*.

afkeer [ˈɑfke:r] *m* Abneigung *f*, Abscheu *m*, Widerwille *m*; *een ~ van iets hebben* e-e Abneigung gegen etw. haben.

afkeren [ˈɑfke:rə(n)] abwenden.

afkerig [ɑfˈke:rəx] abgeneigt, abhold.

afketsen [ˈɑfkɛtsə(n)] abprallen; *fig.* kurz abfertigen; *het voorstel werd afgeketst* der Antrag wurde abgelehnt.

afkeuren [ˈɑfkø:rə(n)] mißbilligen, rügen, tadeln; *Pferde, Wagen usw.* ausrangieren; *vlees ~* Fleisch für unbrauchbar erklären; *hij heeft op alles wat af te keuren* er hat an allem etw. auszusetzen; *een woning ~* ein Haus für unbewohnbar erklären; **~d** [-t] mißbilligend, tadelnd; (*Urteil*) abfällig; *zich ~ uitlaten* sich mißbilligend äußern; **~swaardig** [-sʋa:rdəx] tadelnswert.

afkeuring [ˈɑfkø:rɪŋ] *f* Mißbilligung *f*, Tadel *m*, Rüge *f*; (*Schule*) schlechte Note; (*Soldaten usw.*) Untauglichkeitserklärung *f*; *motie van ~* Tadelsantrag *m*.

afkijken [ˈɑfkɛĭkə(n)] abgucken, absehen.

afklimmen [ˈɑfklɪmə(n)] herabklettern, hinabklettern.

afkluiven [ˈɑfklœyʋ̊ə(n)] abklauben, abnagen.

afknabbelen [ˈɑfknɑbələ(n)] abknabbern, abnagen.

afknijpen [ˈɑfknɛĭpə(n)] abkneifen, abzwicken, abzwacken.

afknippen [ˈɑfknɪpə(n)] abschneiden; ablösen; abknipsen.

afknotten [ˈɑfknɔtə(n)] abstumpfen, abstutzen; *afgeknotte kegel* Kegelstumpf *m*.

afkoelen [ˈɑfku·lə(n)] abkühlen; *de soep is afgekoeld* die Suppe ist abgekühlt; *het (weer) is afgekoeld* es (das Wetter) ist kühler geworden; *fig. hij is al wat afgekoeld* es hat sich schon etw. beruhigt.

afkomen [ˈɑfko:mə(n)] ab-, herab-, loskommen; herkommen, abstammen; *op iemand ~* auf *j-n* zugehen; *er levend ~* mit dem Leben davonkommen; *er goed (van) ~* gut dabei wegkommen; *ik kom niet van hem af* ich werde ihn nicht los.

afkomst [ˈɑfkɔmst] *f* Abkunft *f*; Herkunft *f*, Abstammung *f*; *een Fransman van ~* ein geborener Franzose.

afkomstig [ɑfˈkɔmstəx] herrührend, herstammend; gebürtig; *zijn ~ uit ...* stammen aus ...

afkondi|gen [ˈɑfkɔndəɣ̊ə(n)] bekanntmachen, verkünden; erlassen; **~ging** [-ɣ̊ɪŋ] *f* Bekanntmachung *f*, Verkündung *f*; (*Brautpaar*) Aufgebot *n*.

afkooksel [ˈɑfko:ksəl] (*-s*) *n* Absud *m*.

afkoop [ˈɑfko:p] (*-kopen*) *m* Kauf *m*, Rückkauf *m*; Abfindung *f* (*Rechte usw.*); **~som** [-sɔm] (*-sommen*) *f* Kaufpreis *m*, Rückkaufsumme *f*; Abfindungssumme *f*.

afkopen [ˈɑfko:pə(n)] ab-, los-, freikaufen; abfinden.

afkor|ten [ˈɑfkɔrtə(n)] abkürzen, kürzer machen; kürzer werden; **~ting** [-tɪŋ] *f* Kürzel *n*; Abkürzung *f*, Verkürzung *f*; Abzug *m*; *Typ.* Abbreviatur *f*, Kurzform *f*; **~tingsteken** [-tɪŋste:kə(n)] (*-s*) *n* Abkürzungszeichen *n*.

afkrabben [ˈɑfkrɑbə(n)] abkratzen.

afkrijgen ['ɑfkrɛiɣə(n)] hinab-, herunterbringen; fertigbringen; abbringen; abbekommen.
afkunnen ['ɑfkənə(n)]: *iets* ~ mit etw. fertig werden, *etw.* fertigbringen; *dat (het) kan er bij mij niet af* ich kann mir das nicht leisten.
aflaat ['ɑfla:t] (*-laten*) Ablaß *m.*
afladen ['ɑfla:də(n)] ab-, ver-, ausladen.
aflaten ['ɑfla:tə(n)] (hin)ablassen, herunter-, niederlassen.
afleggen ['ɑflɛɣə(n)] ablegen, niederlegen; antragen; *Weg* zurücklegen; *Eid* leisten; *Prüfung, Besuch* machen; *het tegen iemand* ~ den kürzeren ziehen; *het* ~ versagen, sich nicht bewähren.
aflegger ['ɑflɛɣər] (*-s*) *m Bot.* Ableger *m*; F abgelegtes Kleidungsstück.
aflei|den ['ɑflɛidə(n)] herableiten, (hin)ableiten; *Gespräch* ablenken; folgern, schließen, *e-n Schluß* ziehen; herleiten; *iemand* ~ *j-n* zerstreuen; **~ding** [-dɪŋ] *f* Ableitung *f*; Herleitung *f*; Zerstreuung *f*, Ablenkung *f*.
afleidingskanaal ['ɑflɛidɪŋska·na:l] (*-nalen*) *n* Ablaßkanal *m*, Entlastungskanal *m.*
afleren ['ɑfle:rə(n)] verlernen, abgewöhnen; *een gebrek* ~ e-n Fehler ablegen; *iemand iets* ~ *j-m etw.* abgewöhnen.
afleve|ren ['ɑfle:vərə(n)] abliefern, aushändigen, übergeben; verabfolgen; **~ring** [-rɪŋ] *f* (Ab-)Lieferung *f*; Aushändigung *f*; Verabfolgung *f*; Heft *n*, Zeitschrift *f*; **~ringstermijn** [-rɪŋstermɛin] *m* Lieferfrist *f*, Lieferzeit *f*.
aflezen ['ɑfle:zə(n)] ablesen, verlesen; zu Ende lesen.
afloeren ['ɑflu:rə(n)] ablauschen, abgucken; *iemand* ~ *j-n* belauern.
afloop ['ɑflo:p] (*-lopen*) *m* Ablauf *m*, Ausgang *m*; *na* ~ *van het concert* nach dem Konzert; *ongeval met dodelijke* ~ Unfall *m* mit tödlichem Ausgang, tödlicher Unfall.
aflopen ['ɑflo:pə(n)] (her)ablaufen, hinunterlaufen; weglaufen; ein Ende nehmen, zu Ende gehen; *Wecker*: rasseln; *goed* ~ gut ausgehen, gut ablaufen; *een school* ~ e-e Schule absolvieren; *afgelopen!* fertig!; Schluß!
aflosbaar [ɑf'lɔzba:r] rückzahlbar, tilgbar.
aflos|sen ['ɑflɔsə(n)] ablösen; abtragen, tilgen; **~sing** [-ɪŋ] *f* Ablösung *f*; Abtragung *f*, Tilgung *f*.
afluisteren ['ɑflœystərə(n)] ablauschen, abhorchen, erlauschen.
afmaken ['ɑfma:kə(n)] abmachen, erledigen, fertigmachen; den Garaus machen, umbringen; *Tiere* töten, (ab)schlachten; *zich van iets* ~ sich drücken; *het* ~ sich entloben.
afmarcheren ['ɑfmarʃe:rə(n)] abmarschieren.
afmartelen ['ɑfmartələ(n)] *v/r* sich abquälen.
afmat|ten ['ɑfmatə(n)] ermatten; **~ting** [-tɪŋ] *f* Erschöpfung *f*, Ermattung *f*.
afmonsteren ['ɑfmɔnstərə(n)] *mar.* abmustern.
afne|men ['ɑfne:mə(n)] (her)abnehmen, wegnehmen; abwischen; vermindern; *Fieber, Wind*: nachlassen; *Ware* beziehen, abkaufen; *Staub* wischen; *de storm is afgenomen* der Sturm hat nachgelassen; **~mer** [-mər] (*-s*) *m* Abnehmer *m.*
afneming ['ɑfne:mɪŋ] *f* Abnahme; Verfall *m*; ~ *van het kruis* Kreuzabnahme *f*.
aforisme ['ɑfɔri·smə] *n* Aphorismus *m.*
afpakken ['ɑfpɑkə(n)] fortnehmen.
afpassen ['ɑfpɑsə(n)] abpassen; *Geld* abzählen.
afpellen ['ɑfpɛlə(n)] (ab)schälen.
afpennen ['ɑfpɛnə(n)] abschreiben.
afperken ['ɑfpɛrkə(n)] abgrenzen, abpfählen.
afper|sen ['ɑfpɛrsə(n)] erpressen, abnötigen; **~ser** [-sər] (*-s*) *m* Erpresser *m*; **~sing** [-sɪŋ] *f* Erpressung *f*.
afpijnigen ['ɑfpɛinəɣə(n)] *v/r* sich abquälen.
afpingelen ['ɑfpɪŋələ(n)] F feilschen.
afpoeieren ['ɑfpu·ijərə(n)] P abfertigen, abspeisen; *iemand met holle beloften* ~ *j-n* mit leeren Worten abspeisen.
afpoetsen ['ɑfpu·tsə(n)] *Kleider* reinigen; *Schuhe* putzen.
afpraten ['ɑfpra:tə(n)] *j-m etw.* ausreden.
afrafelen ['ɑfra:fələ(n)] abfasern, ausfasern.

afraffelen [ˈɑfrɑfələ(n)] *e-e Rede* herunterleiern; *Schularbeiten* hinkritzeln.
afraken [ˈɑfraːkə(n)] abkommen, abweichen, abirren; sich entloben; *van de weg* ~ vom Wege abkommen; *van het onderwerp* ~ vom Thema abschweifen.
aframmelen [ˈɑfrɑmələ(n)] F durchhauen, verhauen, durchwalken; *ein Gedicht* herunterleiern.
afranselen [ˈɑfrɑnsələ(n)] verprügeln, durchwalken.
afraste|ren [ˈɑfrɑstərə(n)] vergittern, abzäunen; **~ring** [-rɪŋ] *f* Gitterzaun *m*; Umzäunung *f*.
afreis [ˈɑfrɛĭs] (*-reizen*) *f* Abreise *f*.
afreizen [ˈɑfrɛĭzə(n)] abreisen, abfahren; *het land* ~ das ganze Land durchreisen.
afreke|nen [ˈɑfreːkənə(n)] abrechnen; abziehen, abkürzen; *met iemand* ~ mit *j-m* abrechnen; **~ning** [-nɪŋ] *f* Abrechnung *f*; Abzug *m*.
africh|ten [ˈɑfrɪxtə(n)] abrichten, dressieren; **~ting** [-tɪŋ] *f* Dressur *f*.
afrijden [ˈɑfrɛĭdə(n)] (her)abfahren, hinunterfahren, herabreiten, hinunterreiten; durchreiten; *een paard* ~ ein Pferd abreiten, zureiten.
Afrikaan [ɑfriˑˈkaːn] (*-kanen*) *m* Afrikaner *m*; **~s** [-s] *n* Afrikaans *n*; *Adj.* afrikanisch; **~se** [-sə] *f* Afrikanerin *f*.
afrikaantje [ɑfriˑˈkaːntjə] (*-s*) *n* [Samtblume *f*.]
afrit [ˈɑfrɪt] (*-ten*) *m* Ausfahrt *f*; Abfahrt *f*; Abfahrtsweg *m*; (*zu Pferd*) Ausritt *m*.
afroe|pen [ˈɑfruˑpə(n)] abrufen; ausrufen; abberufen; **-per** [-pər] (*-s*) *m* Ausrufer *m*.
afrollen [ˈɑfrɔlə(n)] (her)abrollen, hinunterrollen; abwälzen; *e-n Film* vorführen; *ein Tonband* abspulen.
afromen [ˈɑfroːmə(n)] abrahmen, absahnen; *fig.* abschöpfen; *afgeroomde melk* Magermilch *f*.
afrossen [ˈɑfrɔsə(n)] *ein Pferd* striegeln; F durchprügeln.
afruimen [ˈɑfrəymə(n)] *Tisch usw.* abräumen, abdecken.
afrukken [ˈɑfrɵkə(n)] abreißen, herunterziehen; abmarschieren.
afschaffen [ˈɑfsxɑfə(n)] abschaffen; *Mißstände* abstellen; *Auto usw.* ausrangieren.
afschampen [ˈɑfsxɑmpə(n)] (ab-)streifen.
afschaven [ˈɑfsxaːv̥ə(n)] abhobeln; abschaben, abkratzen.
afscheid [ˈɑfsxɛĭt] *n* Abschied *m*; ~ *nemen* sich verabschieden.
afschei|den [ˈɑfsxɛĭdə(n)] absondern, trennen; *vloeistof* ~ Flüssigkeit ausscheiden; *afgescheiden daarvan* abgesehen davon; **~ding** [-dɪŋ] *f* Trennung *f*; Ausscheidung *f*; **~dingslijn** [-dɪŋslɛĭn] *f* Scheidelinie *f*; **~dingsmuur** [-dɪŋsmyːr] (*-muren*) *m* Trennwand *f*.
afscheids|bezoek [ˈɑfsxɛĭdzbəˈzuˑk] *n* Abschiedsbesuch *m*.
afschepen [ˈɑfsxeːpə(n)] abfertigen; *iemand* ~ *j-n* abblitzen lassen; *iemand met mooie praatjes* ~ *j-n* mit leeren Versprechungen abspeisen.
afscheren [ˈɑfsxeːrə(n)] abscheren; *Bart* abrasieren.
afschermen [ˈɑfsxɛrmə(n)] abschirmen; abblenden; *fig.* schützen.
afscheuren [ˈɑfsxøːrə(n)] abreißen, hinunterreißen; abtrennen; sich trennen, sich lossagen von *D*.
afschieten [ˈɑfsxiˑtə(n)] abschießen; abfeuern; (*mit Brettern*) verschlagen, dielen.
afschilderen [ˈɑfsxɪldərə(n)] abmalen; *fig.* beschreiben, schildern.
afschilferen [ˈɑfsxɪlfərə(n)] abblättern.
afschrapen [ˈɑfsxraːpə(n)] abschaben, abkratzen.
afschrift [ˈɑfsxrɪft] *n* Abschrift *f*, Kopie *f*.
afschrijven [ˈɑfsxrɛĭv̥ə(n)] abschreiben; nachschreiben; zu Ende schreiben.
afschrik [ˈɑfsxrɪk] *m* Schrecken *m*; **~ken** [-kə(n)] abschrecken; **~wekkend** [-ʋɛkənt] abschreckend.
afschroeven [ˈɑfsxruˑv̥ə(n)] losschrauben, abschrauben.
afschudden [ˈɑfsxɵdə(n)] abschütteln.
afschuimen [ˈɑfsxəymə(n)] abschäumen.
afschuiven [ˈɑfsxəyvə(n)] abschieben; hinunterschieben; P blechen, bezahlen; *iets van zich* ~ sich nicht zu *etw.* bekennen.
afschuren [ˈɑfsxyːrə(n)] abscheuern, abreiben.
afschutten [ˈɑfsxɵtə(n)] dielen; verschlagen; abzäunen.
afschutting [ˈɑfsxɵtɪŋ] *f* Verschlag *m*; (Bretter-)Zaun *m*.

afschuw ['ɑfsxy·ŭ] *m* Abscheu *m*, Ekel *m*.
afschuwelijk [ɑf'sxy·ʋələk] abscheulich, gräßlich, schauderhaft.
afslaan ['ɑfsla:n] abschlagen; hinunterschlagen; *ein Geschenk* ausschlagen; verweigern; *links* ~ links abbiegen; *de motor slaat af* der Motor setzt aus.
afslag ['ɑfslɑx] *m* Abschlag *m*, Preisermäßigung *f*; *bij* ~ *verkopen* im Abstreich verkaufen.
afslager ['ɑfsla:ɣ̊ər] (*-s*) *m* Versteigerer *m*; Ausrufer *m*.
afslepen ['ɑfsle:pə(n)] abschleppen, herunterschleppen.
afslijten ['ɑfslɛĭtə(n)] abtragen, abnutzen; sich abnutzen.
afsloven ['ɑfslo:v̊ə(n)] abrackern; abmühen; *afgesloofd* abgearbeitet.
afsluit|boom ['ɑfsləʏdbo:m] (*-bomen*) *m* Schranke *f*, Schlagbaum *m*; **~dam** [-dɑm] (*-men*) *m* Sperrdamm *m*.
afslui|ten ['ɑfsləʏtə(n)] ab-, zu-, verschließen; *Gas, Strom* sperren; *Wasser usw.* absperren; *afgesloten rijweg* gesperrt für den durchgehenden Verkehr; nur für Anlieger; **~ting** [-tɪŋ] *f* Sperre *f*; Absperrung *f*; Abschluß *m*.
afsmeken ['ɑfsme:kə(n)] erflehen.
afsmijten ['ɑfsmɛĭtə(n)] abwerfen, F herunterschmeißen.
afsnauwen ['ɑfsnɑŭʋə(n)] F anschnauzen, anfahren, anherrschen.
afsnijden ['ɑfsnɛĭdə(n)] abschneiden; wegschneiden; *iemand de weg* ~ *j-m* den Weg versperren.
afsnoeisel ['ɑfsnu·ĭsəl] (*-s*) *n* Abschnitzel *n*; Abfall *m*.
afsnoepen ['ɑfsnu·pə(n)] naschen; *iemand iets* ~ *fig. j-m etw.* abgewinnen, *j-m* zuvorkommen; *iemand de klanten* ~ *j-m* die Kunden abfangen.
afspan|nen ['ɑfspɑnə(n)] abspannen; ausspannen; **~ning** [-nɪŋ] *f* Herberge *f*.
afspelen ['ɑfspe:lə(n)] *v/r* geschehen, stattfinden; *waar speelt zich dat af?* wo findet das statt?
afspiegelen ['ɑfspi·ɣ̊ələ(n)] abspiegeln, widerspiegeln.
afsplijten ['ɑfsplɛĭtə(n)] abspalten.
afspraak ['ɑfspra:k] (*-spraken*) *f* Verabredung *f*; Übereinkunft *f*; *volgens* ~ wie verabredet; *een* ~ *maken* sich verabreden.
afspreken ['ɑfspre:kə(n)] verabreden, übereinkommen; *van zich* ~ sich wehren, es nicht auf sich sitzenlassen; *afgesproken!* einverstanden!, es bleibt dabei!; *afgesproken werk (spel)* ein abgekartetes Spiel; *op de afgesproken dag* am (zum) festgesetzten Tag.
afspringen ['ɑfsprɪŋə(n)] abspringen, herunterspringen; *fig.* scheitern; *dat is afgesprongen* daraus ist nichts geworden.
afstaan ['ɑfsta:n] abstehen, entfernt sein; überlassen, abtreten, zedieren, verzichten auf *A*.
afstamme|ling ['ɑfstɑməlɪŋ] *m* Nachkomme *m*; **~n** [-(n)] abstammen, herstammen.
afstamming ['ɑfstɑmɪŋ] *f* Abstammung *f*; Herkunft *f*.
afstand ['ɑfstɑnt] *m* Abstand *m*; Entfernung *f*, Distanz *f*; Abtretung *f*; Verzichtleistung *f*; *een grote* ~ e-e große Strecke; *besturen op* ~ fernlenken, fernsteuern; *zich op* ~ *houden* sich fernhalten; sich zurückhaltend benehmen; *verkeer voor grote (lange)* ~ Fernverkehr *m*; ~ *doen van* verzichten auf *A*; abdanken; **~smeter** [-sme:tər] (*-s*) *m* Entfernungsmesser *m*.
afstappen ['ɑfstɑpə(n)] absteigen; heruntersteigen; fahren lassen.
afsteken ['ɑfste:kə(n)] abstechen; *Feuerwerk* abbrennen; *ein Gebiet* abstecken; *een redevoering* ~ e-e Rede halten; *iemand de loef* ~ *j-m* den Rang ablaufen; ~ *tegen (bij)* sich abheben von (*D*).
afstel ['ɑfstɛl] *n* Aufschub *m*; *uitstel is geen* ~ aufgeschoben ist nicht aufgehoben; **~len** [-ə(n)] abstellen; abschaffen.
afstemmen ['ɑfstɛmə(n)] verwerfen, ablehnen; abstimmen (*op*/auf *A*); *Radio usw.* einstellen.
afsterven ['ɑfstɛrv̊ə(n)] (ab)sterben; *de afgestorvene m u. f* Verstorbene(r *m*) *f*.
afstorten ['ɑfstɔrtə(n)] abstürzen, hinunterstürzen; fallen.
afstoten ['ɑfsto:tə(n)] ab-, hinab-, hinunterstoßen; *van zich* ~ zurückstoßen.
afstraffen ['ɑfstrɑfə(n)] züchtigen; strafen; *fig.* (*mit Worten*) abkanzeln.
afstropen ['ɑfstro:pə(n)] ausplündern; abstreifen; abziehen.

afstuderen ['ɑfsty·de:rə(n)] seine Studien beenden.
afstuiten ['ɑfstəʏtə(n)] abprallen, zurückprallen; zurückstoßen.
afsturen ['ɑfsty:rə(n)] absenden, versenden; fortschicken.
aftakelen ['ɑfta:kələ(n)] abtakeln; *hij takelt af* es geht abwärts mit ihm.
aftak|leiding ['ɑftɑklɛĭdıŋ] *f* Abzweigleitung *f*; **~ken** [-kə(n)] abzweigen; *El.* anzapfen; **~king** [-kıŋ] *f* Abzweigung *f*, Gabelung *f*.
aftands ['ɑftɑnts] hinfällig; *een ~e vent* ein alter Kerl.
aftap|kraan ['ɑftɑpkra:n] (*-kranen*) *f* Ablaßhahn *m*; **~pen** [-ə(n)] abzapfen, ablassen; *Blut* abnehmen; *auf Flaschen* ziehen.
aftekenen ['ɑfte:kənə(n)] abzeichnen; abbilden.
aftellen ['ɑftɛlə(n)] abzählen; abziehen.
aftobben ['ɑftɔbə(n)] *v/r* sich abmühen, sich abquälen.
aftocht ['ɑftɔxt] *m* Abzug *m*, Rückzug *m*; *de ~ blazen* zum Rückzug blasen.
aftrap ['ɑftrɑp] *m* Anstoß *m*; **~pen** [-ə(n)] abtreten; heruntertreten; *Sp.* anstoßen; *hij trapt het af* er macht sich davon.
aftreden ['ɑftre:də(n)] zurücktreten, *s-n Abschied* nehmen, ausscheiden.
aftrek ['ɑftrɛk] *m* Abzug *m*; Vertrieb *m*, Absatz *m*; *na ~ van* abzüglich *G*, nach Abzug von; *gretig ~ vinden* reißenden Absatz finden; **~ken** [-ə(n)] abziehen; hinunterziehen; abkürzen; *ein Gewehr* losdrücken; *Kräuter* abkochen; *Chem.* extrahieren; *Math.* subtrahieren; *het onweer trekt af* das Gewitter verzieht sich; **~king** [-ıŋ] *f* Abzug *m*; Abziehen *n*; *Math.* Subtraktion *f*; **~sel** [-səl] (*-s*) *n* Absud *m*; Extrakt *m*; Aufguß *m*; Auszug *m*; **~tal** [-tɑl] (*-len*) *n* Minuend *m*.
aftroggelen ['ɑftrɔɣələ(n)] ablisten; abschmeicheln; F abluchsen.
aftuigen ['ɑftəʏɣə(n)] durchhauen; *ein Schiff* abtakeln.
afvaardi|gen ['ɑfa:rdəɣə(n)] abordnen; **~ging** [-ɣıŋ] *f* Abordnung *f*, Deputation *f*.
afvaart ['ɑfa:rt] *f* Abfahrt *f*.
afval ['ɑfɑl] *m* Abfall *m*; *n* Abfälle *pl.*; **~len** [-ə(n)] (her)abfallen; abtrünnig werden; *Sp.* ausscheiden.
afvallig [ɑ'fɑləx] abtrünnig.
afvalprodukt *a.* **-duct** ['ɑfɑlprɔdəkt] *n* Abfallprodukt *n*.
afvalwedstrijd ['ɑfɑlʋɛtstrɛĭt] *m Sp.* Ausscheidungskampf *m*.
afvloeien ['ɑflu·ijə(n)] abfließen, abströmen; (ab)löschen.
afvoer ['ɑfu:r] *m* Abfuhr *f*; Abfluß *m*; **~buis** [-bəʏs] (*-buizen*) *f* Abflußrohr *n*; **~goot** [-ɣo:t] (*-goten*) *f* Abflußrinne *f*.
afvragen ['ɑfra:ɣə(n)] abfragen, ausfragen; *v/r* sich fragen.
afwaarts ['ɑfʋa:rts] herab, hinab, herunter, hinunter.
afwach|ten ['ɑfʋɑxtə(n)] abwarten, erwarten; **~ing** [-tıŋ] *f* Erwartung *f*; *in ~ van Uw antwoord* in Erwartung Ihrer Antwort; Ihrer Antwort entgegensehend; *in ~ zijn* abwarten; *in ~* bis auf weiteres.
afwas ['ɑfʋɑs] *m* Aufwasch *m*; Abwasch *m*; *de ~ doen* das Geschirr spülen; **~machine** [-mɑʃi·nə] *f* (*-s*) Geschirrspülmaschine *f*; **~sen** [-əl(n)] abwaschen, *das Geschirr* spülen, aufwaschen; **~water** [-ʋa:-tər] (*-s u. -en*) *n* Spülwasser *n*.
afwatering ['ɑfʋa:tərıŋ] *f* Entwässerung *f*, Abfluß *m*.
afweer ['ɑfʋe:r] *m* Abwehr *m*; **~batterij** [-bɑtərɛĭ] *f* Flakbatterie *f*, Pakbatterie *f*.
afwegen ['ɑfʋe:ɣə(n)] abwägen; abwiegen.
afweken ['ɑfʋe:kə(n)] abweichen.
afwennen ['ɑfʋɛnə(n)] abgewöhnen.
afwentelen ['ɑfʋɛntələ(n)] abwälzen.
afweren ['ɑfʋe:rə(n)] abwehren; zurückschlagen, abschlagen.
afwerken ['ɑfʋɛrkə(n)] erledigen, vollenden; *v/r* sich abarbeiten, sich abmühen; *afgewerkt fabrikaat* Fertigware *f*; *afgewerkte gassen* Abgase *n/pl.*
afwerking ['ɑfʋɛrkıŋ] *f*: *goede ~* gute Ausführung.
afwerpen ['ɑfʋɛrpə(n)] (her)abwerfen, hinabwerfen; *Gewinn, Nutzen* eintragen, einbringen.
afwezig ['ɑfʋe:zəx] abwesend; **~heid** [-hɛĭt] *f* Abwesenheit *f*.
afwijken ['ɑfʋɛĭkə(n)] abweichen; abschweifen.
afwijzen ['ɑfʋɛĭzə(n)] zurückweisen;

ablehnen; abschlagen; *op zijn verzoek, werd ~d beschikt* sein Gesuch wurde abgelehnt.
afwinden ['ɑfʋɪndə(n)] abwinden; abhaspeln, abwickeln, abrollen.
afwinnen ['ɑfʋɪnə(n)] abgewinnen.
anwisse|len ['ɑfʋɪsələ(n)] abwechseln; **~d** [-t] wechselweise, abwechselnd; *~ zijn* variieren; **~ling** [-lɪŋ] *f* Abwechslung *f*; Wechsel *m*.
afwrijven ['ɑfrɛĭvə(n)] abreiben, abwischen.
afzadelen ['ɑfsa:dələ(n)] absatteln.
afzeggen ['ɑfsɛɣə(n)] absagen.
afzen|den ['ɑfsɛndə(n)] absenden, abschicken; **~der** [-dər] (*-s*) *m* Absender *m*, Versender *m*; **~ding** [-dɪŋ] *f* Versand *m*, Absendung *f*.
afzet ['ɑfsɛt] *m Hdl.* Absatz *m*; **~gebied** [-xəbi·t] *n* Absatzgebiet *n*.
afzet|ten ['ɑfsɛtə(n)] absetzen, heruntersetzen; amputieren, abnehmen; *Radio, Motor* abstellen, ausschalten; *Straße usw.* sperren; *iemand ~ j-n* prellen, betrügen; *van zich ~* loswerden; **~ter** [-ər] (*-s*) *m* Preller *m*, Betrüger *m*; **~terij** [-ə'rɛĭ] *f* Prellerei *f*, Betrügerei *f*; **~ting** [-ɪŋ] *f* Entlassung *f*, Absetzung *f*; Herabsetzung *f*; Absperrung *f*; Schwindel *m*, Betrügerei *f*; *Geol.* Ablagerung *f*.
afzichtelijk [ɑf'sɪxtələk] scheußlich, abscheulich, gräßlich; häßlich.
afzien ['ɑfsi:n] absehen, abgucken; *~ van* verzichten auf *A*, aufgeben, F fahrenlassen; *hij heeft veel afgezien* er hat viel gelitten; **~baar** [-ba:r] absehbar; *binnen ~bare tijd* in absehbarer Zeit.
afzoenen ['ɑfsu·nə(n)] abküssen.
afzonde|ren ['ɑfsɔndərə(n)] absondern, trennen; *e-n Betrag* zurücklegen; **~ring** [-rɪŋ] *f* Absonderung *f*, Zurückgezogenheit *f*.
afzonderlijk [ɑf'sɔndərlək] einzeln; besondere; *~ geval* Einzelfall *m*; *~e vrede* Sonderfriede *m*; *~ bijvoegsel* Sonderbeilage *f*; *~ nummer* Sonderheft *n* (*e-r Zeitschrift usw.*).
afzwaaien ['ɑfsʋa:ĭjə(n)] *den Militärdienst* verlassen.
afzwenken ['ɑfsʋɛŋkə(n)] abschwenken, abbiegen.
afzweren ['ɑfsʋe:rə(n)] abschwören; *e-r Sache* entsagen.
agaat [ɑ'ɣa:t] (*agaten*) *m u. n* Achat *m*.
agenda [ɑ'ɣɛndɑ] (*-'s*) *f* Notizbuch *n*; (*Konferenz*) Tagesordnung *f*; *dat staat niet op de ~* das gehört nicht zur Tagesordnung.
agent [ɑ'gɛnt] *m* Agent *m*, Vertreter *m*; *~ van politie* Polizist *m*; *stille ~* Geheimpolizist *m*, Spitzel *m*; **~schap** [-sxɑp] (*-pen*) *n* Vertretung *f*, Agentur *f*; Filiale *f*.
ageren [ɑ'ɣe:rə(n)] agieren, wirken, handeln.
agressie [ɑ'ɣrɛsi:] (*-s*) *f* Aggression *f*.
agressief [ɑɣrɛ'si·f] aggressiv.
ahorn [a'hɔrn] *m* Ahorn *m*.
aha! [a'ha:] so so!, ach so!
air [ɛ:r] (*-s*) *n* Air *n*, Ansehen *n*; *zich ~s geven* vornehm tun; *hij nam het air aan, alsof ...* er gab sich den Anschein, als ob ...; **~bus** [-bəs] (*-sen*) *m u. f* Airbus *m*.
ajakkes [ɑ'jɑkəs] *a.* **ajasses** [ɑ'jɑsəs] pfui Teufel!
ajuin [ɑ'jəʏn] *m* Zwiebel *f*.
akelig ['a:kələx] traurig; grus(e)lig, unheimlich.
Aken ['a:kə(n)] *n* Aachen *n*.
aker ['a:kər] (*-s*) *m* Schöpfeimer *m*.
akker ['ɑkər] (*-s*) *m* Acker *m*; **~bouw** [-baŭ] *m* Ackerbau *m*; **~en** [-ə(n)] ackern, das Feld bestellen; **~land** [-lɑnt] *n* Ackerland *n*.
akkoord *a.* **acc-** [ɑ'ko:rt] *n* Akkord *m*; Zusammenklang *m*, Einklang *m*; *Hdl.* Akkord *m*, Vertrag *m*; *met iemand ~ gaan* mit *j-m* einverstanden sein, einig sein; *een ~ aangaan* e-n Vergleich schließen; *met iemand tot een ~ komen* sich mit *j-m* abfinden; *~!* Einverstanden!, Stimmt!
akte ['ɑktə] (*-n u. -s*) *f* Akte *f*, Urkunde *f*, Vertrag *m*; Diplom *n*; *Thea.* Aufzug *m*; *notariële ~* notarielle Urkunde; *~ van beschuldiging* Anklageschrift *f*; **~ntas** [-ntɑs] (*-sen*) *f* Aktenmappe *f*.
al [ɑl] *n* All *n*, Weltall *n*.
al all(e), alles; *Adv.* schon, bereits; *Ko.* obgleich, wenn auch, wiewohl; und; *~ het geld* alles Geld; *alle dagen* alle Tage, jeden Tag; *~ zijn werk* seine ganze Arbeit; *in alle ogenblikken* in jedem Augenblick; *het is ~ goed* schon gut; *het is ~ gedaan* es ist bereits getan; *al naar* je nach; *~ doende leert men* Übung macht den Meister; *~ groter en groter* immer größer; *~ moest ik ...*

und sollte ich ...; ~ *slapend* im Schlaf(en); *Pron.* ~ *wat* was immer; ~ *wie* wer immer.

alarm [a'larm] *n* Alarm *m*; Lärm *m*; *loos* ~ blinder Alarm; **~kreet** [-kre:t] (*-kreten*) *m* Alarmgeschrei *n*; **~installatie** [-ɪnsta'la:si:] (*-s*) *f* Warnanlage *f*; **~toestand** [-tu·stant] *m* Alarmbereitschaft *f*.

Albanië [al'ba:nĭjə] *n* Albanien *n*.

Albanees [alba'ne:s] (*-nezen*) *m* Albanier *m*.

albast [al'bast] *n* Alabaster *m*; **~en** [-ən] alabastern; Alabaster-.

albatros ['albatrɔs] (*-sen*) Albatros *m*.

album ['albəm] (*-s*) *n* Album *n*.

alchimie *a.* **-che-** [alxe:'mi:] *f* Alchimie *f*.

alcohol *a.* **-ko-** ['alko·hɔl] *m* Alkohol *m*; **~isme** [-'i·smə] *n* Alkoholismus *m*; **~ist** [-'ist] *m* Alkoholiker *m*.

aldaar [al'da:r] da, dort.

aldoor ['aldo:r] immerfort.

aldra [al'dra:] alsbald.

aldus [al'dəs] also; so; solchergestalt.

aleer [a'le:r] ehe, bevor.

alexandrijn [alɛksan'drɛĭn] *m* Alexandriner *m*.

alfabet ['alfabɛt] (*-ten*) *n* Alphabet *n*; **~isch** [alfa'be:ti·s] alphabetisch.

algeheel ['alɣəhe:l] ganz, gänzlich, völlig.

algemeen ['alɣəme:n] allgemein; überhaupt; *met algemene stemmen* einstimmig; *het ~ belang* das öffentliche Interesse; *in het ~ belang* im Interesse des Gemeinwohls; *het ~ beschaafd* die Hochsprache; *in 't ~* im allgemeinen, überhaupt.

Algerië [al'ɣe:rĭjə] *a.* **Algerije** [alɣə'rɛĭ(j)ə] *n* Algerien *n*.

Algerijn [alɣə'rɛĭn] *m* Algerier *m*; **~s** [-s] algerisch; **~se** [-sə] *f* Algerierin *f*.

Algiers [al'gi:rs] *n* Algier *n*.

alhier [al'hi:r] hier; *het theater ~* das hiesige Theater.

alhoewel [alhu'ʋɛl] wiewohl, obschon.

alias ['a:li·as] sonst; anders gesagt, alias; *Su.* (*-sen*) *m* Zuname *m*.

alibi ['a:li·bi·] (*-'s*) *n* Alibi *n*.

alimentatie [ali·mɛnta:si:] *f* Alimentation *f*; Alimente *pl*.

alinea [a'li·ne:ja] (*-'s*) *f* Absatz *m*.

alkoof [al'ko:f] (*-koven*) *f* Alkoven *m*.

allebei(de) [alə'bɛĭdə] beide.

alledaags [alə'da:xs] alltäglich; alltags.

alleen [a'le:n] allein; bloß, lediglich; einzig; *enkel en ~* einzig und allein; **~heerser** [-he:rsər] (*-s*) *m* Alleinherrscher *m*; **~staand** [-sta:nt] alleinstehend; Einzel-; *een ~ geval* Einzelfall *m*.

allegaartje [alə'ɣa:rtjə] (*-s*) *n* F Mischmasch *m*.

allegorie [ale·ɣo·'ri:] (*-ën*) *f* Allegorie *f*.

allemaal ['aləma:l] allesamt, insgesamt, sämtlich.

allemachtig [alə'maxtəx] allmächtig; sehr; riesig; *~!* du lieber Himmel!

alleman [alə'man] jedermann; *Jan en ~* Hinz und Kunz; **~svriend** [-sfri:nt] *m* Allerweltsfreund *m*.

allengs(kens) [a'lɛŋs(kəns)] allmählich, nach und nach, nachgerade.

allereerst [alər'e:rst] vorerst.

allerhande [alər'handə] allerhand, allerlei.

Allerheiligen [alər'hɛĭləɣə(n)] *m* Allerheiligen *n*.

aller|hoogst [alər'ho:xst] allerhöchst; **~laatst** [-'la:tst] allerletzt; **~lei** [-'lɛĭ] allerhand, allerlei; **~liefst** [-'li·fst] allerliebst; **~meest** [-'me:st] allermeist, meistens; **~wegen** [-'ʋe:ɣə(n)] überall, allenthalben.

Allerzielen [alər'zi:lə(n)] *m* Allerseelen *n*.

alles ['aləs] alles; *van ~* allerhand; *~ op ~ zetten* aufs Ganze gehen; **~behalve** [-bə'halvə] überhaupt nicht; **~zins** [-'i·ns] in jeder Hinsicht, in jeder Beziehung.

alliage [ali·'a:ʒə] (*-s*) *f u. n* Legierung *f*.

alliantie [ali·'ansi:] (*-s*) *f* Allianz *f*, Bund *m*.

alligator [ali·'ɣa:tɔr] (*-s*) *m* Alligator *m*.

alliteratie [ali·te·'ra:si:] (*-s*) *f* Alliteration *f*, Stabreim *m*.

alloi [a'lo:ĭ] *n* Gehalt *m*; *fig.* Sorte *f*.

allure [a'ly:rə] (*-s*) *f* Allüren *f/pl.*; *hij heeft de ~s van ...* er benimmt sich wie ...

almacht ['almaxt] *f* Allmacht *f*.

almachtig [al'maxtəx] allmächtig, allgewaltig.

almanak ['almanak] (*-ken*) *m* Almanach *m*; Kalender *m*.

alom [a'lɔm] überall, allenthalben; **~tegenwoordig** [-te:ɣ̊ən'ʋo:rdəx] allgegenwärtig.
aloud [a'laut] uralt, sehr alt.
alpenroos ['alpə(n)ro:s] (*-rozen*) *f* Alpenrose *f*.
alpinisme [alpi·'ni·smə] *n* Alpinismus *m*, Bergsteigen *n*.
alpino [al'pi·no:] (*-'s*) *m* Baskenmütze *f*.
alras [al'ras] bald (darauf).
alreeds [alre:ts] bereits, schon.
alruin [al'rəʏn] *f Bot.* Alraune *f*, Mandragora *f*.
als [als] als, da; wenn; wie; ~ *hij komt* wenn er kommt; ~ *ik tijd heb* wenn ich Zeit habe; ~ *ik naar huis kwam* als ich nach Haus(e) kam; *zo schoon* ~ so schön wie; *niet zo dik* ~ nicht so dick wie; ~ *het regent* wenn es regnet; ~ *het zou regenen* sollte es regnen; *hij leeft* ~ *een pasja* er lebt wie ein Pascha.
alsdan [alz'dan] alsdann, sodann.
alsem ['alsəm] *m* Wermut *m*.
als|mede [als'me:də] wie auch, sowie; **~nog** [-nɔx] für jetzt; immer noch; **~of** [-'ɔf] als ob, wie wenn; **~ook** [-'o:k] wie auch.
alstublieft [alsty·'bli·ft] bitte (schön); gefälligst.
alt [alt] *m u. f* Alt *m*, Altstimme *f*.
altaar ['alta:r] (*-taren*) *n u. m* Altar *m*; **~stuk** [-stək] (*-ken*) *n* Altargemälde *n*.
altegader ['altəɣ̊a:dər] alle zusammen.
alternatief [altɛrna'ti·f] (*-tieven*) *n* Alternative *f*.
althans [al'tans] wenigstens, jedenfalls.
altijd ['altɛit] immer, stets; *voor* ~ auf ewig, auf immer.
aluin [a'ləʏn] *m* Alaun *m*.
alvast [al'v̊ast] einstweilen; schon jetzt; inzwischen.
alvleesklier ['alv̊le:skli:r] *f* Bauchspeicheldrüse *f*.
alvorens [al'v̊o:rəns] bevor, ehe; ~ *dit te doen moet u ...* bevor Sie dies tun, müssen Sie ...
alwaar [al'ʋa:r] wo; woselbst.
alweer [al'ʋe:r] schon wieder, wiederum.
alwetend [al'ʋe:tənt] allwissend; **~heid** [-hɛit] (*-heden*) *f* Allwissenheit *f*.
alziend ['alzi:nt] allessehend.
al|zijdig [al'zɛidəx] al!seitig; **~zo** [-zo:] also, auf diese Weise; folglich, deshalb, mithin.
amalgaam [amal'ɣ̊a:m] (*-gamen*) *a.* **-gama** [-'ɣ̊a:ma] (*-'s*) *n Chem.* Amalgam *n*; *fig.* Durcheinander *n*, Mischmasch *m*.
amandel [a·'mandəl] (*-en u. -s*) *f Bot.*, *Anat.* Mandel *f*.
amaril [a·ma·'rɪl] *f* Schmirgel *m*.
amateur [a·ma·'tø:r] (*-s*) *m* Amateur *m*, Liebhaber *m*, Dilettant *m*.
amazone [a·ma·'zo:nə] (*-n u. -s*) *f* Amazone *f*.
ambacht ['ambaxt] *n* Handwerk *n*, Gewerbe *n*.
ambachts|lieden ['ambaxtsli:də(n)] *pl.* Handwerker *m/pl.*; **~man** [-man] (*-lieden u. -lui*) *m* Handwerker *m*; **~school** [-sxo:l] (*-scholen*) *f* Fachschule *f*, Gewerbeschule *f*.
ambas|sade [amba'sa:də] (*-s*) *f* Botschaft *f*; **~sadeur** [-sa'dø:r] (*-s u. -en*) *m* Botschafter *m*.
amber ['ambər] *m* Amber *m*.
ambitie [am'bi·si:] (*-s*) *f* Ambition *f*, Ehrgeiz *f*.
ambitieus [ambi·siø:s] ehrgeizig.
ambt [amt] *n* Amt *n*; Bedienung *f*; **~elijk** [-lək] amtlich; **~enaar** [-əna:r] (*-en u. -s*) *m* Beamte(r); **~enares** [-əna·'rɛs] (*-sen*) *f* Beamtin *f*; ~ *van de Burgerlijke Stand* Standesbeamte(r) *m*, -beamtin *f*; **~genoot** [-xəno:t] (*-genoten*) *m* Kollege *m*.
ambts|eed ['amtse:t] (*-eden*) *m* Amtseid *m*; **~halve** [-halvə] von Amts wegen, amtlich.
ambulance [amby·'la:nsə] (*-s u. -n*) *f* Ambulanz *f*; **~dienst** [-di·nst] *m* Sanitätsdienst *m*, Lazarettdienst *m*; **~wagen** [-ʋa:ɣə(n)] (*-s*) *m* Sanitätswagen *m*.
amendement [amɛndə'mɛnt] *n* Amendement *n*, Abänderungsantrag *m*; Zusatz *m*.
Amerika [a'me:ri·ka] *n* Amerika *n*.
Amerikaan [ame:ri·'ka:n] (*-kanen*) *m* Amerikaner *m*; **~s** [-s] amerikanisch; **~se** [-sə] *f* Amerikanerin *f*.
amet(h)ist [ame:'ti·st] *m* Amethyst *m*.
ameublement [amø·blə'mɛnt] *n* Möbel *pl.*, Zimmereinrichtung *f*.
amfibie [amfi·'bi:] (*-ën*) *f* Amphibie *f*; **~vliegtuig** [-v̊li·xtəʏx] *n* Wasser-Landflugzeug *n*.
amfit(h)eater [amfi·te:'ja:tər] (*-s*)

n Amphitheater *n*; **~sgewijs** [-sxəʋεis] amphitheatralisch.

amice [aˈmi·sə] (*-s*) *m* lieber Freund.

ammoniak [amɔnˈjak] *m* Ammoniak *n*.

ammunitie [amөˈni·siː] (*kein pl.*) *f* Munition *f*.

amnestie [amnεsˈtiː] (*-ën*) *f* Amnestie *f*.

amok [ˈamɔk]: ~ *maken* Amok laufen.

amortisatie *a.* **-zatie** [amɔrti·ˈzaːsiː] (*-s*) Amortisation *f*, Tilgung *f*.

ampul [amˈpөl] (*-len*) *f* Ampulle *f*.

ampu|tatie [ampy·ˈtaːsiː] (*-s*) *f* Amputation *f*; **~teren** [-ˈteːrə(n)] amputieren.

Amsterdam [amstərˈdam] *n* Amsterdam *n*; **~mer** [-mər] (*-s*) *m* Amsterdamer *m*.

amulet [amy·ˈlεt] (*-ten*) *f* Amulett *n*.

amusant [amy·ˈzant] amüsant.

amusement [amy·zəˈmεnt] *n* Amüsement *n*, Unterhaltung *f*, Lustbarkeit *f*; **~sfilm** [-sfɪlm] (*-s*) *m* Unterhaltungsfilm *m*.

amuseren [amy·ˈzeːrə(n)] amüsieren.

anachronisme *a.* **-kro-** [anakrɔˈnɪsmə] *n* Anachronismus *m*.

analfabeet [analfaˈbeːt] (*-beten*) *m* Analphabet *m*.

analogie [analɔˈɣiː] (*-ën*) *f* Analogie *f*.

analyse [anaˈli·zə] (*-n u. -s*) *f* Analyse *f*.

analyseren *a.* **-zeren** [anali·ˈzeːrə(n)] analysieren, zerlegen.

ananas [anaˈnas] (*-sen*) *m u. f* Ananas *f*.

anar|chie [anarˈxiː] *f* Anarchie *f*; **~chist** [-xi·st] *m* Anarchist *m*.

ana|tomie [anato·ˈmiː] *f* Anatomie *f*; **~tomisch** [-ˈto·mi·s] anatomisch; **~toon** [-ˈtoːm] (*-tomen*) *m* Anatom *m*.

anciënniteit [ansĭjεnɪˈtεĭt] *f* Dienstalter *n*, Amtsalter *n*.

ander [ˈandər] andere; *een en ~ volstaat* das alles genügt; *het een of het ~* eins von beiden; *het een of ~* irgend etwas; *de een of (de) ~* irgendeiner; (der, die, das) andere.

anderdeels [ˈandərdeːls] anderenteils.

anderhalf [andərˈhalf] anderthalb.

ander|maal [ˈandərmaːl] zweitens, zum zweiten Male, andermal; **~mans** [-mans]: ~ *kinderen* andrer Leute Kinder.

anders [ˈandərs] anders, auf andere Weise; sonst, wo nicht; *ergens ~* anderswo, irgendwo anders; *waarheen ~* wohin sonst; **~denkend** [-ˈdεnkənt] andersdenkend; andersgläubig; **~om** [-ˈɔm] umgekehrt; **~zins** [-ɪns] anders.

anderzijds [ˈandərzεĭts] ander(er)seits.

andijvie [anˈdεĭv̊iː] *f* Endivie *f*.

Andries [anˈdriːs] *m* Andreas *m*.

anekdote [anεkˈdoːtə] (*-s u. -n*) *f* Anekdote *f*.

anemoon [ane·ˈmoːn] (*-monen*) *f* Anemone *f*.

angel [ˈaŋəl] (*-s*) *m* Angel *f*, Haken *m*; (*Insekten*) Stachel *m*.

Angelsaksich [aŋəlˈsaksi·s] angelsächsisch.

angelusklok(je *n*) [ˈaŋɣ̊ələsklo·k(jə)] (*-ken, -kjes*) *f* Vesperglocke *f*.

angina [aŋˈɣ̊i·na] *f* Mandelentzündung *f*; (*bei Tieren*) Halsbräune *f*, Rachenentzündung *f*.

angst [aŋst] *f* Angst *f*; *met ~ en beven* mit Furcht und Zittern; *ik ben in ~ en vreze* mir ist angst und bange; **~geschreeuw** [-xəsxreːŭ] *n* Angstruf *m*, Angstgeschrei *n*; **~gevoel** [-xəv̊u·l] *n* Angstgefühl *n*; **~ig** [-əx] angstvoll, ängstlich; **~vallig** [-ˈfaləx] ängstlich; zaghaft; **~wekkend** [-ˈʋεkənt] furchterregend; beängstigend.

anijs [aˈnεĭs] *m* Anis *m*.

aniline [anĭˈli·nə] *f* Anilin *n*.

animeren [ani·ˈmeːrə(n)] animieren; *geanimeerd spreken* lebhaft sprechen.

animo [ˈa·nɪmoː] *f* Lust *f*, Lebhaftigkeit *f*; *Hdl.* Kauflust *f*; *met ~* energisch; **~siteit** [-zɪˈtεĭt] *f* Animosität *f*.

anjelier [aŋjəˈliːr] *f* Nelke *f*.

anjer [ˈaŋjər] (*-s*) *f* Nelke *f*.

anker [ˈaŋkər] (*-s*) *n* Anker *m*; *het ~ uitwerpen* ankern; **~tros** [-trɔs] (*-sen*) *m* Ankertrosse *f*.

annexatie [anεkˈsaːsiː] (*-s*) *f* Annexion *f*; Verstaatlichung *f*, Einverleibung *f*; Eingemeindung *f*.

annonce [aˈnɔ̃ːsə] (*-s*) Anzeige *f*.

annuleren [any·ˈleːrə(n)] annullieren; für nichtig erklären.

anodebatterij [aˈno·dəbatərεĭ] *f* Anodenbatterie *f*.

anoniem [anɔ'ni·m] anonym, namenlos.
anorganisch [anɔr'ɣa:ni·s] anorganisch; unorganisch.
ansjovis [an'ʃo:vɪs] (*-sen*) *m* Sardelle *f*.
antenne [an'tɛnə] (*-s u. -n*) *f* Antenne *f*; **~mast** [-mast] *m* Antennenmast *m*, Antennenturm *m*; Funkturm *m*.
antici|patie [anti·si·'pa:si:] (*-s*) *f* Vorwegnahme *f*; *bij ~* im voraus, vorweg; **~peren** [-pe:rə(n)] antizipieren, vorwegnehmen.
antiek [an'ti·k] antik; *de ~en* (*Künstler*) die Klassiker *m/pl.*; (*Kunstgewerbe*) die Antiken *f/pl.*; *de ~e tijd* Antike *f*.
antiklerikaal *a.* **-clericaal** [anti·kle·ri·'ka:l] antiklerikal.
antilope [anti·'lo:pə] (*-n*) *f* Antilope *f*.
antimonium [anti·'mo:nɪəm] *n* Antimon *n*.
antipat(h)ie [anti·pa'ti:] (*-ën*) *f* Antipathie *f*.
antipode [anti·'po:də] (*-s*) *m u. f* Antipode *m*.
antiquaar *a.* **-kwaar** [anti·'kʋa:r] (*-s u. -kwaren*) *m* Antiquar *m*.
antiquariaat *a.* **-kwa-** [anti·kʋa-rĭ'ja:t] (*-aten*) *n* Antiquariat *n*.
antiquiteit *a.* **-kwi-** [anti·ki·'tɛĭt] *f* Antiquität *f*.
antirevolutionair [anti·revɔly·si·ɔ-'nɛ:r] *m* Gegenrevolutionär *m*.
antisemitisme [anti·se·mi·'ti·smə] *n* Antisemitismus *m*.
antiseptisch [anti·'sɛpti·s] antiseptisch.
anti-slip [anti·'slɪp] *f* Gleitschutz *m*.
antitankgeschut [anti·'taŋkxəsxət] (*kein pl.*) *n* Panzerabwehrgeschütz *n*, Panzerabwehrkanone *f*.
antit(h)ese [anti·'te:zə] (*-n u. -s*) *f* Antithese *f*.
Antje ['antjə] *n* Ännchen *n*.
antraciet [antra'si·t] *m u. n* Anthrazit *m*.
antropologie [antro·po·lɔ'ɣi:] *f* Anthropologie *f*.
antwoord ['antwo:rt] *n* Antwort *f*, Erwiderung *f*; *verzoeke om ~* um Antwort wird gebeten; *iemand van ~ dienen j-n* Bescheid sagen; **~en** [-ə(n)] antworten, erwidern.
anus ['a:nəs] *m* After *m*, Anus *m*.
aorta [a·'ɔrta] (*-'s*) *f* Aorta *f*.
apart [a'part] einzeln; extra; besondere; apart; *~e voorwaarden* Sonderbedingungen *f/pl.*; *een ~tje* ein Gespräch unter vier Augen; **~heid** [-hɛĭt] (*kein pl.*) *f* Apartheid *f*, Rassentrennung *f*.
ape|bakkes ['a:pəbakəs] (*-en*) *n* Affenfratze *f*; **~kool** [-ko:l] (*kein pl.*) *f* Unsinn *m*, Flausen *f/pl.*; **~nootje** [-no:tjə] (*-s*) *n* Erdnuß *f*; **~streek** [-stre:k] (*-streken*) *m u. f* böser Streich; kindischer Streich.
Apennijnen [a·pə'nɛĭnə(n)] *pl.* Apenninen *pl.*
aperitief [ape·ri·'ti·f] (*-tieven*) *n u. m* Aperitif *m*.
apin [a·'pɪn] (*-nen*) *f* Äffin *f*.
apocope [apo·'ko:pe·] (*-'s*) *f* Apokope *f*.
apologie [apo·lɔ'ɣi:] (*-ën*) *f* Apologie *f*.
apostel [a'pɔstəl] (*-en u. -s*) *m* Apostel *m*; *de Handelingen der ~en* die Apostelgeschichte; F *een vieze (rare) ~* ein unzuverlässiger Mensch; ein Querkopf *m*.
apostrof(e) [apo·'strɔf] (*-fen*) *f* Apostroph *m*; Anrede *f*.
apot(h)eek [apɔ'te:k] (*-teken*) *f* Apotheke *f*.
apot(h)eker [apɔ'te:kər] (*-s*) *m* Apotheker *m*; **~srekening** [-sre:kənɪŋ] *f* Apothekerrechnung *f*.
appa|raat [apa'ra:t] (*-raten*) *n* Apparat *m*; **~ratuur** [-ra'ty:r] *f* Apparatur *f*; Zubehör *n*.
appartement [apartə'mɛnt] *n* Appartement *n*, Zimmer *n*.
appel [a'pɛl] (*-s*) *n* Appell *m*; Berufung *f*; *~ aantekenen, in ~ gaan* Berufung einlegen.
appel ['apəl] (*-s u. -en*) *m* Apfel *m*; **~aar** [-a:r] (*-s*) *m* Apfelbaum *m*; **~beignet** [-bɛŋɛ] (*-s*) *f* Apfelschnitte *f*, Apfelgebäck *n*; **~boom** [-bo:m] (*-bomen*) *m* Apfelbaum *m*; **~moes** [-mu·s] *n* Apfelmus *n*.
appetijt [apə'tɛĭt] *m* Appetit *m*; *goede ~!, smakelijk ~!* guten Appetit!
applaudisseren [aplaudɪ'se:rə(n)] applaudieren, Beifall klatschen.
applaus [a'plaus] *n* Beifall *m*.
apporteren [apɔr'te:rə(n)] apportieren, herbeibringen.
april [a'prɪl] *m* April *m*; *in ~* im April; **~grap** [-ɣrap] (*-grappen*) *f* Aprilscherz *m*.

apropos [ɑprɔˈpo:] nebenbei bemerkt.
aquaduct [ɑkʋɑˈdəkt] *n* Aquädukt *m.*
aquarel *a.* **-kwa-** [ɑkʋɑˈrɛl] (*-len*) *f* Aquarell *n.*
aquarium [ɑˈkʋa:rɪəm] (*-s u. aquaria*) *n* Aquarium *n.*
ar [ɑr] (*-ren*) *f* Pferdeschlitten *m.*
Arabië [ɑˈra:bĭjə] *n* Arabien *n.*
Arabier [ɑrɑˈbi:r] *m* Araber *m.*
Arabisch [ɑˈra:bi·s] arabisch.
arak [ɑˈrɑk] *m* Arrak *m.*
Aramees [ɑrɑˈme:s] aramäisch.
arbeid [ˈɑrbɛĭt] *m* Arbeit *f*; Beschäftigung *f*; *Raad van* ~ Sozialversicherungsamt *n.*
arbei|den [ˈɑrbɛĭdə(n)] arbeiten; **~der** [-dər] (*-s*) *m* Arbeiter *m*; **~derspartij** [-dərspɑrtɛĭ] *f* Arbeiterpartei *f.*
arbeids|bemiddeling [ˈɑrbɛĭdzbəˈmɪdəlɪŋ] *f* Arbeitsvermittlung *f*; **~beurs** [-bø:rs] (*-beuren*) *f*, **~bureau** [-by·ro:] (*-s*) *n* Arbeitsamt *n.*
arbeids|inspectie *a.* **-spek-** [ˈɑrbɛĭtsɪnspɛksi:] *f* Gewerbeaufsicht *f*; **~overeenkomst** [-o·v̂ərˈe:nkɔmst] *f* Dienstvertrag *m*, Arbeitsvertrag *m*; **~prestatie** [-prɛsˈta:si:] (*-s*) Arbeitsleistung *f*; **~vermogen** [-fərmo:ɣ̂ə(n)] *n* (*Maschine*) Energie *f*; (*Person*) Arbeitsfähigkeit *f*, Leistungsfähigkeit *f*; **~wet** [-ʋɛt] (*-ten*) *f* Arbeitsgesetz *n*, Gewerbeordnung *f.*
arbeidzaam [ˈɑrbɛĭtsa:m] arbeitsam, emsig, fleißig.
arbiter [ɑrˈbi·tər] (*-s*) *m* Schiedsrichter *m.*
arbi|trair [ɑrbiˈtrɛ:r] willkürlich, eigenmächtig; **~trage** [-tra:ʒə] *f* Arbitrage *f*; *raad* (*hof*) *van* ~ Schiedsgericht *n.*
archaisme [ɑrxɑˈi·smə] *n* Archaismus *m.*
archeologie [ɑrxe·o·lɔˈɣ̂i:] *f* Archäogie *f*; Altertumskunde *f.*
archief [ɑrˈxi·f] (*-chieven*) *n* Archiv *n.*
archipel [ˈɑrxi·pɛl] (*-s*) *m* Archipel *m.*
architect *a.* **-tekt** [ɑrxi·ˈtɛkt] *m* Architekt *m.*
archivaris [ɑrxi·ˈva:rəs] (*-sen*) *m* Archivar *m.*
arctisch *a.* **ark-** [ˈɑrkti·s] polar.
arduin [ɑrˈdəʏn] *m u. n* Quader (-stein) *m*; **~en** [-ə(n)] *Adj.* Quader-.
are [ˈa:rə] (*-r*) *f* Ar *n.*
arend [ˈa:rənt] *m* Adler *m*; **~sneus** [-snø:s] (*-neuzen*) *m* Adlernase *f.*
areometer [ɑre·o·ˈme:tər] (*-s*) *m* Aräometer *m*, Senkwaage *f.*
argeloos [ˈɑrɣ̂əlo:s] arglos, ahnungslos; harmlos.
Argen|tinië [ɑrɣ̂ənˈti·nĭjə] *n* Argentinien *n*; **~tijn** [-tɛĭn] *m* Argentinier *m*; **~tijns** [-tɛĭns] argentinisch.
arglist [ˈɑrxlɪst] *f* Arglist *f*, Hinterlist *f*, Tücke *f.*
arglistig [ɑrxˈlɪstəx] arglistig, hinterlistig, tückisch.
argument [ɑrɣ̂y·ˈmɛnt] *n* Argument *n*, Beweisgrund *m*, Grund *m.*
argusogen [ˈɑrɣ̂əso:ɣ̂ə(n)] *pl.* Argusaugen *n/pl.*
argwaan [ˈɑrxʋa:n] *m* Argwohn *m*; Verdacht *m*; ~ *koesteren* Verdacht schöpfen.
aria [ˈa:ri·ɑ] (*-'s*) *f* Arie *f.*
Ariër [ˈa:rĭjər] (*-s*) *m* Arier *m.*
Arisch [ˈa:ri·s] arisch.
aristo|craat *a.* **-kraat** [ɑri·sto·ˈkra:t] (*-kraten*) *m* Aristokrat *m*; **~cratie** *a.* **-kratie** [-krɑˈsi:] (*-ën*) *f* Aristokratie *f*; **~cratisch** *a.* **-kratisch** [-ˈkra:ti·s] aristokratisch.
ark [ɑrk] *f* Arche *f.*
arm¹ [ɑrm] arm; *fig.* beklagenswert; (*Boden*) unfruchtbar.
arm² *m* Arm *m*; *iemand in de* ~ *nemen j-n* zu Rate ziehen, befragen; *iemand onder de* ~ *nemen j-m* helfen; **~band** [-bɑnt] *m* Armband *n.*
arm|bestuur [ˈɑrmbəsty:r] (*-besturen*) *n* Wohlfahrtsamt *n*; Sozialamt *n*; **~elijk** [-ələk] ärmlich, kümmerlich.
armeluiskind [ɑrməˈləʏskɪnt] (*-eren*) *n* armer Leute Kind *n.*
armen|buurt [ˈɑrmənby:rt] *f* Armenviertel *n*; **~fonds** [-fɔnts] *n* Armenkasse *f*; **~zorg** [-zɔrx] *f* Fürsorge *f*, Armenwesen *n.*
armlastig [ɑrmˈlɑstəx] unterstützungsbedürftig, der Armenkasse zur Last fallend.
armoede [ˈɑrmu·də] *f* Armut *f*, Dürftigkeit *f.*
armoedig [ɑrˈmu·dəx] *Adj. u. Adv.* ärmlich, dürftig.
arms|gat [ˈɑrmsxɑt] *n* Ärmelloch *n*; **~lengte** [-ləŋtə] (*-n u. -s*) *f* Armlänge *f.*

armstoel [ˈarmstu·l] *m* Armstuhl *m*, Armsessel *m*.
armzalig [armˈza:ləx] armselig, erbärmlich.
Arnhem [ˈarnəm] *n* Arnheim *n*.
aromatisch [aro·ˈma:ti·s] aromatisch.
aronskelk [ˈa:rɔnskɛlk] *m* Aronstab *m*.
Arragon [ˈaraɣɔn] *n* Arragonien *n*.
arrangement [arɑ̃:ʒəˈmɛnt] *n* Anordnung *f*.
arreslede *a.* **-slee** [ˈarəsle:(də)] *f s. ar.*
arrest [aˈrɛst] *n* Arrest *m*; Urteil *n*; Beschlag *m*; Verhaftung *f*, Haft *f*; *in staat van* ~ verhaftet sein, in Haft sein.
arrestant [arɛˈstant] *m* Arrestant *m*, Häftling *m*.
arrestatie [arɛˈsta:si:] (*-s*) *f* Verhaftung *f*.
arresteren [arɛˈste:rə(n)] verhaften; (*kurzfristig*) sistieren.
arrogant [arɔˈɣant] arrogant, anmaßend.
arriveren [ari·ˈve:rə(n)] ankommen, eintreffen.
arrondissement [arɔndisəˈmɛnt] *n* Bezirk *m*, Gerichtsbezirk *m*; **~s-rechtbank** [-rɛɣdbaŋk] *f* Landgericht *n*.
arsenaal [arsəˈna:l] (*-nalen*) *n* Arsenal *n*, Rüstkammer *f*, Zeughaus *n*.
arsenicum [arˈse·nikөm] *a.* **arseniek** [arsəˈni·k] *n* Arsen *n*.
articu|latie *a.* **-ku-** [arti·ky·ˈla:si:] (*-s*) *f* Artikulation *f*; **~leren** [-ˈle:rə(n)] artikulieren.
artiest [arˈti·st] *m* Artist *m*, Künstler *m*; **~e** (-ə) (*-s u. n*) *f* Artistin *f*, Künstlerin *f*.
artikel [arˈti·kəl] (*-en u. -s*) *n* Artikel *m*; (*Zeitung usw.*) Aufsatz *m*, Artikel *m*; (*Gesetz*) Paragraph *m*; (*Ware*) Artikel *m*.
artille|rie [arti·ləˈri:] *f* Artillerie *f*; **~rist** [-ˈri·st] *m* Artillerist *m*.
artisjok [arti·ˈʃɔk] (*-ken*) *f* Artischocke *f*.
artistiek [arti·ˈsti·k] künstlerisch.
arts [arts] *m* Arzt *m*.
artsenij [artsəˈnɛi] *f* Arznei *f*, Medizin *f*; **~kunde** [-kөndə] *f* Arzneikunde *f*, Pharmazie *f*.
as[1] [as] *f* Achse *f*.
as[2] *f* Asche *f*; **~bak** [-bak] (*-ken*) *m* Aschenbecher *m*; Mülleimer *m*, Ascheneimer *m*; **~belt** [-bɛlt] *f* Müllabladeplatz *m*.
asbest [asˈbɛst] *n* Asbest *m*.
asceet [aˈse:t] *a.* [asˈke:t] (*asceten*) *m* Asket *m*.
Asdag [-dax] *m* Aschermittwoch *m*.
asdruk [-drөk] *m* Achsenbelastung *f*.
asfalt [asˈfalt] *n* Asphalt *m*.
asgrauw [-xraŭ] aschgrau.
asiel *a.* **asyl** [aˈzi·l] *n* Asyl *n*, Zufluchtsort *m*.
as|koppeling [-kɔpəlıŋ] *f* Wellenkupplung *f*; **~kruk** [-krөk] (*-ken*) *f* Kurbel *f*.
asperge [asˈpɛrʒə] (*-s*) *f* Spargel *m*; **~bed** [-bɛt] (*-den*) *n* Spargelbeet *n*.
aspirant [aspi·ˈrant] *m* Kandidat *m*, Anwärter *m*, Aspirant *m*; **~-leraar** [-ˈle:ra:r] (*-raren u. -raars*) *m* Studienreferendar *m*; Studienassessor *m*; **~-officier** [-ɔfi·ˈsi:r] (*-sieren u. -siers*) *m* Offiziersanwärter *m*, Fahnenjunker *m*.
Assepoester [ˈasəpu·stər] *f* Aschenbrödel *n*.
assessor [aˈsɛsɔr] (*-en u. -s*) *m* Assessor *m*; Beisitzer *m*.
assimi|latie [asiˈmi·ˈla:si:] (*-s*) *f* Assimilation *f*, Angleichung *f*; **~leren** [-ˈle:rə(n)] angleichen; assimilieren.
assistent [asi·sˈtɛnt] *m* Assistent *m*, Gehilfe *m*; **~e** [-ə] *f* Assistenttin *f*, Gehilfin *f*; **~ie** [-ˈtɛnsi:] *f* Hilfe *f*; Beistand *m*; *als* ~ *in de huishouding* als Stütze der Hausfrau.
assistieren [asi·sˈte:rə(n)] beistehen *D*, zur Seite stehen *D*.
associatie [asɔsĭˈja:si:] (*-s*) Assoziation *f*, Verbindung *f*; Handelsgesellschaft *f*.
associé [asɔˈsĭje:] (*-s*) *m* Sozius *m*, Teilhaber *m*.
assuradeur [asy·raˈdø:r] (*-en u. -s*) *m* Versicherer *m*.
assurantie [asy·ˈransi:] (*-s u. -ën*) *f* Versicherung *f*; **~maatschappij** [-ma:tsxapɛĭ] *f* Versicherungsgesellschaft *f*.
assureren [asy·ˈre:rə(n)] versichern.
aster [ˈastər] (*-s*) *f* Aster *f*, Sternblume *f*.
astma [ˈastma] *n* Asthma *n*; **~lijder** [-lɛĭdər] (*-s*) *m* Asthmatiker *m*; **~tisch** [-ˈma:ti·s] asthmatisch.
astro|logie [astro·lo·ˈɣi:] *f* Astrologie *f*; Sterndeuterei *f*; **~loog** [-ˈlo:x] (*-logen*) *m* Astrologe *m*, Sterndeuter

m; **~nomie** [-noˑˈmiː] *f* Astronomie *f*, Sternkunde *f*; **~nomisch** [-ˈnoːmiˑs] astronomisch; **~noom** [-ˈnoːm] (*-nomen*) *m* Astronom *m*, Sternkundige(r) *m*.

asvaalt [ˈɑsfaːlt] *f* Müllabladeplatz *m*, Aschengrube *f*.

aswentelig [ˈɑsʋɛntəlɪŋ] *f* Achsendrehung *f*.

Aswoensdag [ɑsˈʋuˑnzdɑx] *m* Aschermittwoch *m*.

at [ɑt] *s.* eten.

atelier [ɑtəlˈjeː] (*-s*) *n* Azelier *n*, Werkstatt *f*.

aten [ˈaːtə(n)] *s.* eten.

aterling [ˈaːtərlɪn] *m* ruchloser Mensch, Unmensch *m*.

at(h)e|isme [ɑteˑˈjiˑsmə] *n* Atheismus *m*; **~ist** [-ˈjiˑst] *m* Atheist *m*.

Athene [ɑˈteːnə] *n* Athen *n*.

at(h)leet [ɑtˈleːt] (*-leten*) *m* Athlet *m*.

at(h)letiek [ɑtleˑˈtiˑk] *f* Athletik *f*, *bsd.* Leichtathletik *f*.

Atlantische Oceaan [ɑtˈlɑntiˑsə oˑseˑˈjaːn] *m* Atlantischer Ozean *m*.

atlas[1] [ˈɑtlɑs] (*-sen*) *m* (*Kartensammlung*) Atlas *m*.

atlas[2] *n* (*Stoff*) Atlas *m*.

atmosfeer [ɑtmɔsˈfeːr] *f* Atmosphäre *f*; Dunstkreis *m*.

atoom [ɑˈtoːm] (*-tomen*) *n* Atom *n*; **~afval** [-ɑfɑl] *n u. m* Atommüll *m*; **~bom** [-bɔm] (*-men*) *f* Atombombe *f*; **~energie** [-eˑnɛrˈɣiː] *f* Atomkraft *f*; **~gewicht** [-ɣəʋɪxt] *n* Atomgewicht *n*; **~splitsing** [-splɪtsɪŋ] *f* Atomzertrümmerung *f*, Atomspaltung *f*; **~tijdperk** [-tɛĭtpɛrk] *n* Atomzeitalter *n*.

attaché [ɑtɑˈʃeː] (*-s*) *m* Attaché *m*; Botschaftsrat *m*.

attent [ɑˈtɛnt] aufmerksam; *fig.* rücksichtsvoll.

attentie [ɑˈtɛnsiː] (*-s*) *f* Aufmerksamkeit *f*; Gefälligkeit *f*; **~!** Achtung!; *ter ~ van* (*Brief*) zu Händen (von).

attest [ɑˈtɛst] *n* Attest *n*, Zeugnis *n*, Beschreibung *f*; *geneeskundig ~* ärztliches Gutachten, ärztliches Attest.

aatractie *a.* **-trak-** [ɑˈtrɑksiː] (*-s*) Attraktion *f*; (*Kabarett, Jahrmarkt usw.*) Darbietung *f*; Belustigung *f*, Vergnügung *f*, Lustbarkeit *f*; (*Programm*) Nummer *f*.

attribuut [ɑtriˑˈbyˑt] (*-buten*) *n* Attribut *n*.

auctie *a.* **auk-** [ˈɑuksiː] (*-s*) Auktion *f*, Versteigerung *f*.

audiëntie [ɑudiˈjɛnsiː] (*-s*) *f* Audienz *f*; *~ verlenen* Audienz gewähren.

auditeur-militair [ɑudiˑˈtøːr miˑliˑtɛːr] (*-s-militair*) *m* Kriegsgerichtsrat *m*, Auditor *m*.

augurk [ɑuˈɣɵrk] *f* Gurke *f*.

August [ˈɑuɣɵst] *m* (*Personenname*) ˈAugust *m*.

augustus [ɑuˈɣɵstɵs] *m* (*Monat*) Auˈgust *m*.

aula [ˈɑŭla] (*-'s*) *f* Aula *f*.

aureool [ɑŭreˑˈjoːl] (*-olen*) *f* Aureole *f*, Heiligenschein *m*.

Australië [ɑŭsˈtraːlĭjə] *n* Australien *n*.

auteur [ɑŭˈtøːr] (*-s*) *m* Autor *m*, Verfasser *m*; **~srecht** [-sˈrɛxt] *n* Autorenrecht *n*, Urheberrecht *n*.

aut(h)entiek [ɑŭtɛnˈtiˑk] authentisch, echt, glaubwürdig.

auto [ˈɑutoˑ] (*-'s*) *m* Auto *n*, Kraftwagen *m*; *~ zonder chauffeur* Mietwagen *m*; **~baan** [-baːn] (*-banen*) *f* Autobahn *f*, Autostraße *f*; **~band** [-bɑnt] *m* Autoreifen *m*; **~bestuurder** [-bəˈstyːrdər] (*-s*) *m* Fahrer *m*, Chauffeur *m*; **~bus** [-bɵs] (*-sen*) *m u. f* Autobus *m*, Omnibus *m*; **~car** [-kɑr] (*-s*) *m u. f* Reiseomnibus *m*.

autochtoon [ɑutɔxˈtoːn] autochthon.

auto|club *a.* **-klub** [ˈɑutoˑklɵp] (*-s*) *f* automobilklub *m*; **~coureur** [-kuˑˈrøːr] (*-s*) *m* Rennfahrer *m*; **~kap** [-kɑp] (*-pen*) *f* Wagendach *n*, Verdeck *n*.

automaat [ɑutoˑˈmaːt] (*-maten*) *m* Automat *m*.

automa|tisch [ɑutoˑˈmaːtiˑs] automatisch; *~ pistool* Maschinenpistole *f*; *~e telefoon Tel.* Selbstanschluß *m*; **~tiseren** [-tiˑˈzeːrə(n)] automatisieren; **~tisme** [-tiˑsmə] *n* Automatismus *m*.

auto|mobiel [ɑutoˑmɔˈbiˑl] *m* Automobil *n*; **~ongeluk** [ˈ-ɔŋɣəlɵk] (*-ken*) *n* Autounfall *m*; **~papieren** [ˈ-pɑˈpiːrə(n)] *pl.* Wagenpapiere *n/pl.*, Kraftfahrzeugpapiere *n/pl.*; **~ped** [ˈ-pɛt] (*-s*) *m* Roller *m*; **~rijschool** [ˈ-rɛĭsxoːl] (*-scholen*) *f* Fahrschule *f*.

autoriteit [ɑutoˑriˑˈtɛĭt] *f* Autorität *f*; *~en pl.* Behörde *f*.

auto|(slaap)trein [ˈɑutoˑslaːptrɛĭn] *m* Autoreisezug *m*; **~strade** [-straːdə] (*-s*) *f* Autobahn *f*; **~veer** [-v̂eːr] (*-veren*) *f* Autofähre *f*, Wagenfähre *f*; **~(snel)weg** [-snɛlʋɛx] (*-wegen*) *m* Autobahn *f*, Autostraße *f*.

aval [aˑˈvɑl] *n* Aval *m*, Wechselbürgschaft *f*; **~eren** [-ˈeːrə(n)] avalieren.

averechts [ˈaːv̂ərɛx(t)] verkehrt, verdreht; entgegengesetzt.

averij [aˑvəˈrɛĭ] *f mar.* Havarie *f*, Seeschaden *m*.

avond [ˈaːvɔnt] *m* Abend *m*: *'s avonds* abends; *op zekeren ~* e-s Abends; **~blad** [-blɑt] *n* Abendzeitung *f*, Abendblatt *n*; **~eten** [-eːtə(n)] *n* Abendessen *n*, Abendbrot *n*; **~gebed** [-xəbɛt] *n* Abendgebet *n*, Abendandacht *f*; **~jurk** [-jørk] *f* Abendkleid *n*; **~kledij** [-kleːˈdɛĭ] *f*, **~kleding** [-ˈkleːdɪŋ] *f* Gesellschaftsanzug *m*, Abendanzug *m*; (*für Damen*) Abendkleid *n*, Abendtoilette *f*; **~klok** [-klɔk] (*-ken*) *f* Ausgehverbot *n*, Sperrstunden *f/pl.*; **~malen** [-maːlə(n)] zu Abend essen; **~rood** [-roːt] *n* Abendröte *f*, Abendrot *n*; **~schemering** [-sxeːmərɪŋ] *f* Abenddämmerung *f*; **~stond** [-stɔnt] *m* Abendstunde *f*; **~toilet** [-tŭɑlɛt] (*-ten*) *n s. avond ~kledij.*

avonturier [aˑvɔntyˑˈriːr] (*-s*) *m* Abenteurer *m*; **~ster** [-stər] (*-s*) *f* Abenteurerin *f*.

avontuur [aˑvɔnˈtyːr] (*-turen*) *n* Abenteuer *n*; **~lijk** [-lək] abenteuerlich.

axioma [ɑksĭˈjoːmaˑ] (*-'s*) *n* Axiom *n*.

azalea [aˑˈzaːleˑjaˑ] (*-'s*) *f* Azalie *f*.

azen [ˈaːzə(n)] sich nähren; *op iets ~* nach *etw.* lüstern sein; auf *etw.* lauern; auf *etw.* aus sein.

Aziaat [aˑzĭˈjaːt] (*-aten*) *m* Asiat *m*.

Azië [ˈaˑzĭjə] *n* Asien *n*.

azijn [aˑˈzɛĭn] *m* Essig *m*; **~geest** [-ɣ̂eːst] *m* Azeton *n*; **~zuur** [-zyːr] *n* Essigsäure *f*.

azuren [aˑˈzyːrə(n)] azurn; blau.

azuur [aˑˈzyːr] *n* Azur *m*, Himmelsblau *n*.

B

b, B [be:] (*b's*) *f* b, B *n*.
ba [ba] ba; *hij zei noch boe noch ~* er sagte kein Sterbenswörtchen.
baadje [ba:tjə] (*-s*) *n* Jacke *f*; *op zijn ~ krijgen* Prügel bekommen.
baai[1] [ba:ĭ] *f* Bai *f*, Bucht *f*.
baai[2] *m u. n* (*Stoff*) Boi *m*.
baai[3] *m* P (*Tabak*) Knaster *m*.
baaierd ['ba:ĭjərt] *m* Chaos *n*; Wust *m*, Wirrwarr *m*.
baak [ba:k] *a.* **baken** ['ba:kə(n)] (*baken*; -s) *f* Bake *f*; *de bakens zijn verzet fig.* das Blatt hat sich gewendet.
baal [ba:l] (*balen*) *f* Ballen *m*; **~goed** [-ɣu·t] *n* Packleinen *n*.
baan [ba:n] (*banen*) *f* Bahn *f*; Breite *f*; (*Arbeit*) Stellung *f*, Posten *m*; *op de lange ~ schuiven* auf die lange Bank schieben; *een mooie ~* e-e gute Stellung; *dat is van de ~* das ist erledigt.
baan|breker ['ba:nbre·kər] (*-s*) *m* Bahnbrecher *m*; **~stroper** [-stro:pər] (*-s*) *m* Straßenräuber *m*.
baantje ['ba:ntjə] (*-s*) *n* kleine Bahn; kleines Amt, untergeordnete Stelle; *een vet ~* e-e fette Pfründe.
baan|vak ['ba:nv̊ɑk] (*-ken*) *n* Bahnstrecke *f*; **~wachter** [-ʋɑxtər] (*-s*) *m* Bahnwärter *m*; **~wedstrijd** [-ʋɛtstrɛĭt] *m* Bahnrennen *n*.
baar[1] [ba:r] (*baren*) *f* Bahre *f*, Tragbahre *f*.
baar[2] *f* Woge *f*, Welle *f*.
baar[3] *f* Stange *f*, Barre *f*.
baar[4] *Adj.* bar; *~ geld* Bargeld *n*.
baard [ba:rt] *m* Bart *m*; (*beim Wal*) Barte *f*.
baar|deloos ['ba:rdəlo:s] bartlos; **~dig** [-dəx] bärtig.
baarkleed [-kle:t] (*-kleden*) *n* Bahrtuch *n*.
baarmoeder ['ba:rmu·dər] (*-s*) *f* Gebärmutter *f*.
baars [ba:rs] (*baarzen*) *m* Barsch *m*.
baas [ba:s] (*bazen*) *m* Meister *m*; (*Aufseher*) Werkmeister *m*, Inspektor *m*; Herr *m*; *hij is mij de ~* er ist mir überlegen; *zijn eigen ~ zijn* sein eigener Herr sein; *~ boven ~* jeder findet s-n Meister; *de ~ over iemand spelen* j-n bevormunden.
baat [ba:t] (*baten*) *f* Nutzen *m*, Vorteil *m*, Gewinn *m*; Hilfe *f*; *een middel te ~ nemen* ein Mittel anwenden; *de gelegenheid te ~ nemen* die Gelegenheit benutzen; *~ vinden (bij)* Nutzen haben (von); *ten bate* zugunsten; **~zuchtig** [-'səxtəx] eigennützig, gewinnsüchtig, selbstsüchtig.
babbelaar ['bɑbəla:r] (*-s*) *m* Schwätzer *m*, Plauderer *m*; (*Süßigkeit*) Karamelle *f*; **~ster** [-stər] (*-s*) *f* Schwätzerin *f*, Plaudertasche *f*.
babbel|en ['bɑbələ(n)] schwatzen, plaudern; **~kous** [-kɑus] *f* F Klatschbase *f*.
baby ['be:bi·] (*-'s*) *m* Baby *n*; **~sit** [-si·t] (*-s*) *f*, **~sitter** [-si·tər] (*-s*) *m* Babysitter *m*.
bacchanaal [bɑxɑ'na:l] (*-nalen*) *n* Bacchanal *n*.
bacil [bɑ'sil] (*-len*) Bazillus *m*; **~lendrager** [-lə(n)dra:ɣ̊ər] (*-s*) *m* Bazillenträger *m*.
back [bɑk] (*-s*) *m Sp.* Verteidiger *m*; **~lijn** [-lɛĭn] *f* Verteidigungslinie *f*.
bacterie *a.* **bak-** [bɑk'te:ri] (*-ën*) *f* Bakterie *f*.
bad[1] [bɑt] *s. bidden.*
bad[2] (*baden*) *n* Bad *n*; Bade-; **~gast** [-xɑst] *m* Badegast *m*; Kurgast *m*; **~handdoek** [-hɑndu·k] *m* Frottiertuch *n*; **~inrichting** [-ɪnrɪxtɪŋ] *f* Badeanstalt *f*, Kurmittelhaus *n*; **~kamer** [-ka:mər] (*-s*) *f* Badezimmer *n*; **~kostuum** *a.* **-cos-** [-kɔsty·m] (*-s*) *n* Badeanzug *m*; **~kuip** [-kəʏp] *f* Badewanne *f*; **~muts** [-məts] *f* Badekappe *f*; **~pak** [-pɑk] (*-ken*) *n* Badeanzug *m*; **~plaats** [-pla:ts] *f* Badeort *m*, Kurort *m*; *~ met warme bronnen* Thermalbad *n*; *naar een ~ gaan* ins Bad reisen; **~strand** [-strɑnt] *n* Badestrand *m*.
bagage [bɑ'ɣ̊a:ʒə] *f* Gepäck *n*; Gepäck-; *vrachtvrije ~* Freigepäck *n*; **~bureau** [-by·'ro:] (*-s*) *n* Gepäckannahme *f*; Gepäckaufbewahrung *f*; **~kluis** [-kləʏs] (*-kluizen*) *f* Schließfach *n*; **~net** [-nɛt] (*-ten*) *n*

Gepäcknetz *n*; **~vrijdom** [-vrɛĭ-dɔm] *f* Freigepäck *n*.
bagatel [baɣa'tɛl] (*-len*) *f u. n* Bagatelle *f*; Kleinigkeit *f*.
bagger ['baɣər] *f* Schlamm *m*; **~en** [-ə(n)] baggern; **~schuit** [-sxəʏt] *f* Baggerprahm *m*.
bajes ['ba:jəs] *f* P Kittchen *n*, Gefängnis *n*.
bajonet [bajɔ'nɛt] (*-ten*) *f* Bajonett *n*.
bak [bak] (*-ken*) *m* Behälter *m*; Napf *m*; (*Bier*) Kasten *m*, Kiste *f*; Kübel *m*; Trog *m*; Krippe *f*; Becken *n*; Witz *m*; *een ouwe ~* so ein Bart; *de ~ ingaan* (*invliegen*, *indraaien*) F ins Kittchen kommen.
bakbeest ['bagbe:st] *n* Koloß *m*, Ungeheuer *n*.
bakboord ['bagbo:rt] *n* Backbord *n*.
baker ['ba:kər] (*-s*) *f* Hebamme *f*, Amme *f*; **~en** [-ə(n)] wickeln; **~mat** [-mat] *f* Heimat *f*; Wiege *f*; Pflegestätte *f*; **~sprookje** [-spro:kjə] (*-s*) *n* Ammenmärchen *n*.
bakfiets ['bakfi·ts] *m u. f* Transportfahrrad *n*.
bakhuis ['bakhəʏs] *a.* **bakkes** ['bakəs] (*-huizen*) *n* F Maul *n*, Schnauze *f*; *~ toe* (*houd uw ~*) halt die Schnauze.
bakje ['bakjə] (*-s*) *n* kleiner Behälter, Näpfchen *n*, Schale *f*; *een ~ t(h)ee* (*koffie*) e-e Tasse Tee (Kaffee).
bakkebaard ['bakə'ba:rt] *m* Bakkenbart *m*.
bakkeleien [bakə'lɛĭjə(n)] sich balgen, sich raufen.
bak|ken ['bakə(n)] (*bakte, gebakken*) backen; *Steine* brennen; *Fisch, Kartoffeln* braten; *zoete broodjes ~* klein beigeben; *gebakken aardappelen* Bratkartoffeln *f/pl.*; *een poets ~* e-n Streich spielen; **~ker** [-kər] (*-s*) *m* Bäcker *m*; **~kerij** [-kə'rɛĭ] *f*, **~kerswinkel** [-kərswɪnkəl] (*-s*) *m* Bäckerei *f*; **~oven** [-o:və(n)] (*-s*) *m* Backofen *m*; **~sel** [-səl] *n* Gepäck *n*, Backwerk *n*, Gebackenes *n*; **~steen** [-ste:n] (*-stenen*) *m* Ziegel(stein) *m*; *zinken als een ~* wie ein Stein fallen; **~trog** [-trɔx] (*-gen*) *m* Backtrog *m*; **~vis** [-fɪs] (*-sen*) *m* Backfisch *m*; *fig. f* Backfisch *m*; *hij is ~* F sie haben ihn geschnappt.
bakzeil ['baksɛĭl] *n*: *~ halen* klein beigeben.
bal[1] [bal] (*-len*) *m* Ball *m*, Kugel *f*; (*Hand*) Ballen *m*; *wie kaatst, moet de ~ verwachten* wer es einbrockt, mag es auch auslöffeln.
bal[2] (*-s*) *n* (*Tanzparty*) Ball *m*.
balanceren [balan'se:rə(n)] balancieren.
balans [ba'lans] *f* Waage *f*, Waagschale *f*; Gleichgewicht *n*; *Hdl.* Bilanz *f*; *de ~ opmaken* die Bilanz ziehen; *de ~ sluit* (*klopt*) die Bilanz stimmt; *geflatteerde ~* frisierte Bilanz; *verkorte ~* Bilanzauszug *m*; **~jaar** [-ja:r] (*-jaren*) *n* Geschäftsjahr *n*; **~opruiming** [-ɔprəʏmɪŋ] *f* Inventurausverkauf *m*.
balboekje ['balbu·kjə] (*-s*) *n* Ballkarte *f*.
baldadig [bal'da:dəx] mutwillig, boshaft; übermütig; **~heid** [-hɛĭt] (*-heden*) *f* Mutwille *m*.
baldakijn [balda'kɛĭn] (*-en u. -s*) *n u. m* Baldachin *m*.
balein [ba'lɛĭn] *n u. f* (*Korsett*) Stange *f*; (*Schirm*) Stab *m*.
balg [balx] *m* Balg *m*; (*Kamera*) Balgen *m*.
balie ['ba:li·] (*-s*) *f* Geländer *n*; (*Gerichtssaal*) Schranke *f*; Schalter *m*; *lid van de ~* Rechtsanwalt *m*; *voor de ~ komen* vor Gericht erscheinen; **~kluiver** [-kləʏvər] (*-s*) *m* Eckensteher *m*.
baljuw ['baljy·ŭ] (*-s*) *m* Vogt *m*.
balk [balk] *m* Balken *m*.
balken ['balkə(n)] heulen, grölen; *Esel*: schreien, iahen.
balkon [bal'kɔn] (*-s*) *n* Balkon *m*, Altan *m*; *Thea.* Rang *m*; (*Straßenbahn*) Plattform *f*.
ballade [ba'la:də] (*-n u. -s*) *f* Ballade *f*.
ballast ['balast] *m* Ballast *m*.
ballen ['balə(n)] Ball spielen; *die Faust* ballen.
ballet [ba'lɛt] (*-ten*) *n* Ballett *n*.
balletje ['balətjə] (*-s*) *n* Bällchen *n*, Kügelchen *n*; Frikadelle *f*; (*Suppe*) Klößchen *n*; *een ~ opwerpen fig. etw.* aufs Tapet bringen.
balling ['balɪŋ] *m* Verbannte(r) *m*; **~schap** [-sxap] *f* Verbannung *f*.
ballon [ba'lɔn] (*-s*) *m* Ballon *m*; (*Lampe*) Glocke *f*.
ballotage [balɔ'ta:ʒə] (*-s*) *f* Ballotage *f*.
balorig [ba'lo:rəx] mürrisch, unzufrieden; widerspenstig, unwillig.
balpen ['balpɛn] (*-nen*) *f* Kugelschreiber *m*.

balsem ['balsəm] (*-s*) *m* Balsam *m*; **~en** [-ə(n)] (ein)balsamieren.
balspel ['balspɛl] *n* Ballspiel *n*.
balsturig [bal'sty:rəx] *s. balorig.*
bamboe ['bambu·] (*-s*) *n u. m* Bambus *m*.
bamisweer ['ba:mɪsʋe:r] *n* Herbstwetter *n*.
ban [ban] (*-nen*) *m* Bann *m*, Acht *f*; *in de ~ doen* in die Acht erklären, in den Bann tun.
banaal [ba'na:l] banal.
banaan [ba'na:n] (*-nanen*) *f* Banane *f*; **~boom** [-bo:m] (*-bomen*) *m* Bananenbaum *m*.
banaliteit [banali·'tɛĭt] *f* Banalität *f*.
banbliksem ['banblɪksəm] (*-s*) *m* Bannstrahl *m*.
band [bant] *n u. m* (*Buch*) Band *m*; Band *n* (*zum Binden*); (*Auto, Fahrrad usw.*) Reifen *m*; Einband *m* (*e-s Buches*); (*Billard*) Bande *f*; *werk aan de lopende ~* Arbeit *f* am Fließband; Fließarbeit *f*; *de lopende ~* Fließband *n*; *een lekke ~* Reifenschaden *m*; *uit de ~ springen fig.* über die Stränge hauen.
bandelier [bandə'li:r] (*-s u. -en*) *m* Schulterriemen *m*.
bandeloos ['bandəlo:s] unbändig, zügellos; **~heid** [-hɛĭt] (*-heden*) *f* Zügellosigkeit *f*.
bandepech ['bandəpɛx] *m* Reifenschaden *m*.
banderol [bandə'rɔl] (*-len*) *f* Banderole *f*, Streifband *n*.
bandiet [ban'di·t] *m* Bandit *m*.
band|opname ['bandɔpna:mə] *f* (Ton-)Bandaufnahme *f*; **~opnemer** [-ɔpne:mər] (*-s*) *m* Tonbandgerät *n*.
banen ['ba:nə(n)] bahnen; ebnen.
bang [baŋ] bange; ängstlich; *~ maken* ängstigen, bange machen; *ik ben ~* ich habe Angst, mir ist bange; ich fürchte, (daß ...); **~erik** [-ərɪk] *m* Angsthase *m*.
banier [ba'ni:r] *f* Banner *n*; Panier *n*.
banjo ['banjo:] (*-'s*) *m* Banjo *n*.
bank [baŋk] *f* (Sitz-)Bank *f*; Bank (-geschäft *n*) *f*; Bank-; **~bediende** [-bə'di·ndə] *m* Bankangestellte(r) *m*; **~biljet** [-bɪl'jɛt] (*-ten*) *n*, **~briefje** [-bri·fjə] (*-s*) *n* Banknote *f*, Schein *m*; **~breuk** [-brø:k] *f* Bankrott *m*; *een bedrieglijke ~* ein betrügerischer Bankrott.
banket [baŋ'kɛt] (*-ten*) *n* Festmahl *n*; Konfekt *n*, Zuckerwerk *n*; (*Straßenrand*) Bankette *f*; **~bakker** [-bakər] (*-s*) *m* Konditor *m*; **~bakkerij** [-bakə'rɛĭ] *f*, **~winkel** [-ʋɪŋkəl] (*-s*) *m* Konditorei *f*.
bank|houder ['baŋkhaudər] (*-s*) *m* Bankhalter *m*; **~kraker** [-kra:kər] (*-s*) *m* Bankräuber *m*; **~noot** [-no:t] (*-noten*) *f* Banknote *f*; **~rekening** [-re:kənɪŋ] *f* Bankkonto *n*.
bankroet [baŋ'kru·t] *n* Bankrott *m*; Falliment *n*; Konkurs *m*; *~ gaan* Bankrott machen, in Konkurs gehen.
bankwerker ['baŋkʋɛrkər] (*-s*) *m* Schlosser *m*.
ban|neling ['banəlɪŋ] *m* Verbannte(r) *m*; **~nen** [-ə(n)] (ver)bannen; **~vloek** [-v̊lu·k] *m* Bannfluch *m*.
bar[1] [bar] rauh, streng, stark; *een ~re rots* ein nackter Felsen; *~ koud* (es it) sehr kalt; *dat is al te ~* das ist zu schlimm.
bar[2] (*-s*) *m u. f* Bar *f*; Tanzdiele *f*; Trinkstube *f*; Theke *f*.
barak [ba'rak] (*-ken*) *f* Baracke *f*.
barbaar [bar'ba:r] (*-baren*) *m* Barbar *m*; **~s** [-s] barbarisch; grausam; **~sheid** [-shɛĭt] (*-heden*) *f* Barbarei *f*; Grausamkeit *f*.
Barbertje ['barbərtjə] *n* Bärbel *n*.
barbier [bar'bi:r] (*-s*) *m* Barbier *m*.
bard [bart] *m* Barde *m*; **~enzang** ['bardə(n)zaŋ] *m* Bardenlied *n*.
bareel [ba're:l] (*-relen*) *m* Sperre *f*; Schlagbaum *m*; **~wachter** [-ʋaxtər] (*-s*) *m* Bahnwärter *m*.
baren ['ba:rə(n)] gebären; *Kummer* verursachen; *Aufsehen* erregen; **2d** [-t] *m* Bernhard *m*; **~snood** [-sno:t] *m*, **~sweeën** [-ʋe:jə(n)] *f/pl.* Geburtswehen *f/pl.*
baret [ba'rɛt] (*-ten*) *f* Barett *n*.
Bargoens [bar'ɣu·ns] *n* Kauderwelsch, Rotwelsch *n*.
bariton ['ba·ri·to·n] (*-s*) *m* Bariton *m*.
bark [bark] *f* Bark(e) *f*; **~as** [bar'kas] (*-sen*) *f* Barkasse *f*.
barkruk ['barkrøk] (*-ken*) *f* Barhocker *m*.
barmhartig [barm'hartəx] barmherzig.
barnsteen ['barnste:n] *n u. m* Bernstein *m*.
barock [ba'rɔk] barock; *Su. f* Barock *m, n*.
barometer ['barɔme:tər] (*-s*) *m* Barometer *n*.

baron [ba'rɔn] (*-nen u. -s*) *m* Baron *m*, Freiherr *m*.
barones [barɔ'nɛs] (*-sen*) *f* Baronin *f*, Freiherrin *f*, Freifrau *f*; Baronesse *f*.
baronie [barɔ'ni:] (*-ën*) *f* Baronie *f*; Freiherrschaft *f*.
barrevoets ['barəv̊u·ts] barfuß, barfüßig.
barricade *a.* **-kade** [bari·'ka:də] (*-n*) *f* Barrikade *f*.
barrière [barĭ'ɛ:rə] (*-s*) *f* Barriere *f*; Schlagbaum *m*, Schranke *f*.
bars [bars] barsch; schroff; rauh.
barst [barst] *m u. f* Riß *m*, Spalt *m*, Ritze *f*, (*Glas usw.*) Sprung *m*.
barsten ['barstə(n)] (*barstte, gebarsten*) bersten, platzen, springen; *tot ~s toe* bis zum Zerspringen; *buigen of ~* biegen oder brechen.
Bart [bart] *m* Bartholomäus *m*.
bas [bas] (*-sen*) *f* Baßstimme *f*; Baßgeige *f*; *m* Baß(sänger) *m*.
basalt *a.* **-zalt** [ba'zalt] *n* Basalt *m*.
bascule [bas'ky·l] (*-s*) *a.* **-kuul** (*-kules*) *f* Brückenwaage *f*.
baseren [ba'ze:rə(n)] basieren (auf *D*), beruhen (auf *D*); sich gründen (auf *A*).
basiliek [bazi·'li·k] *f* Basilika *f*.
basis ['ba:zɪs] (*-sen u. bases*) *f* Basis *f*, Grundlage *f*; Grundlinie *f*; Stützpunkt *m*; **~loon** [-lo:n] (*-lonen*) *n* Grundgehalt *n*, Grundlohn *m*; **~opleiding** [-'ɔplɛĭdɪŋ] *f* Grundausbildung *f*; **~wet** [-ʋɛt] (*-ten*) *f* Rahmengesetz *n*.
bassin [ba'sɛ̃:] (*-s*) *n* Bassin *n*, Becken *n*.
bassist [ba'si·st] *m* Bassist *m*, Baßspieler *m*; Baßsänger *m*.
bast [bast] *m* Bast *m*; Rinde *f*, Borke *f*; Hülse *f*.
bastaard ['basta:rt] *a.* **-sterd** [-stərt] (*-en u. -s*) *m* Bastard *m*, Mischling *m*; uneheliches Kind; **~woord** [-ʋo:rt] *n* Lehnwort *n*, Fremdwort *n*, Barbarismus *m*.
bastion [bastĭ'jɔn] (*-s*) *n* Bastion *f*.
basviool ['basfio:l] (*-violen*) *f* Baßgeige *f*.
Bataaf [ba'ta:f] (*-taven*) *m* Bataver *m*.
bataljon [batal'jɔn] (*-s*) *n* Bataillon *n*.
bate ['ba:tə] (*-n*) *f* Nutzen *m*, Vorteil *m*; *ten ~ van* zugunsten *G*; zu Nutz und Frommen *G*; **~n** [-(n)] nützen, nutzen, helfen *D*; *dat baat tot niets* das hat keinen Zweck (*od.* Sinn); damit kommen wir keinen Schritt weiter.
batig ['ba:təx]: *~ saldo* Gewinnsaldo *m*.
batist [ba'ti·st] *n* Batist *m*; **~en** [-ə(n)] *Adj.* Batist-.
batterij [batə'rɛĭ] *f* Batterie *f*; *droge ~* Trockenbatterie *f*; *lege ~* (*Auto*) entladene Batterie.
baviaan [bav̊ĭ'ja:n] (*-vianen*) *m* Pavian *m*.
bazaar [ba'za:r] *a.* **-zar** [ba'zar] (*-s*) *m* Basar *m*; Warenhaus *n*, Kaufhaus *n*.
bazelen ['ba:zələ(n)] faseln.
bazig ['ba:zəx] herrisch, befehlend, gebieterisch.
bazuin [ba'zəʏn] *f* Posaune *f*; **~geschal** [-ɣ̊əsxal] *n* Posaunenschall *m*.
beambte [bə'amtə] (*-n*) *m u. f* Beamte(r) *m*, Beamtin *f*, Angestellte(r *m*) *m u. f*; *s. a. ambt*.
beamen [bə'a:mə(n)] bestätigen, zugeben.
beangst(igd) [bə'aŋstəxt] ängstlich.
beantwoor|den [bə'a·ntwo:rdə(n)] beantworten, erwidern; *aan het doel ~* dem Zweck entsprechen; **~ding** [-dɪŋ] *f* Erwiderung *f*, Beantwortung *f*; *ter ~ van* in Antwort auf *A*.
bearbeiden [bə'a·rbɛĭdə(n)] bearbeiten.
bebloed [bə'blu·t] blutig, blutbefleckt.
beboeten [bə'bu·tə(n)] *j-m* e-e Geldstrafe auferlegen.
bebouw|baar [bə'bauba:r] urbar, kulturfähig; **~en** [-ə(n)] anbauen; (*Acker*) bebauen, bestellen.
becijferen [bə'sɛĭfərə(n)] beziffern, berechnen.
bed [bɛt] (*-den*) *n* Bett *n*; (*Gartenbau*) Beet *n*; *kamer met één ~* Einzelzimmer *n*; *kamer met twee ~den* Doppelzimmer *n*.
bedaard [bə'da:rt] ruhig, gelassen.
bedacht [bə'daxt] behutsam; *~ zijn op* bedacht sein auf *A*; **~zaam** [-sa:m] bedachtsam; bedächtig.
bedank|brief [bə'daŋkbri·f] (*-brieven*) *m* Dankbrief *m*, Dankschreiben *n*; **~en** [-ə(n)] danken, sich bedanken, Dank sagen; abdanken, entlassen; dankend ablehnen; *iemand ~* sich bei *j-m* bedanken; *wel be-*

dankt! danke schön!, danke recht sehr!

bedaren [bə'da:rə(n)] *v/i* (sich beruhigen, (sich) besänftigen; (*Sturm*) sich legen.

bedde|bak ['bɛdəbɑk] (*-ken*) *m* Bettstelle *f*; **~goed** [-ɣu·t] (*kein pl.*) *n* Bettzeug *n*; **~laken** [-la:kə(n)] (*-s*) *n* (Bett-)Laken *n*; **~sprei** [-sprɛi] *f* Bettdecke *f*, Steppdecke *f*; **~tijk** [-tɛĭk] *n u. m* Bettüberzug *m*.

bedding ['bɑdɪŋ] *f* Bett *n*; Schicht *f*.

bede [be:də] (*-n*) *f* Gebet *n*; Gesuch *n*, Bitte *f*.

bedeesd [bə'de:st] furchtsam, verlegen, schüchtern.

bedehuis ['be:dəhəʏs] (*-huizen*) *n* Bethaus *n*, Kirche *f*.

bedek|ken [bə'dɛkə(n)] be-, zu-, überdecken; belegen; **~t** [-t] bedeckt; bewölkt; (*Angriff*) verdeckt; *in ~e termen* heimlich, auf versteckte Weise, *fig.* durch die Blume.

bedelaar ['be:dəla:r] (*-s*) *m* Bettler *m*; **~ster** [-stər] (*-s*) *f* Bettlerin *f*.

bedelares [be:dəla:'rɛs] (*-sen*) *f* Bettlerin *f*.

bedelarij [be:dəla:'rɛĭ] *f* Bettelei *f*.

bedelbrief ['be:dəlbri·f] (*-brieven*) *m* Bettelbrief *m*.

bedelen[1] ['be:dələ(n)] (*bedelde, gebedeld*) betteln.

bede|len[2] [bə'de:lə(n)] (*bedeelde, bedeeld*) unterstützen, unterhalten; *ruim bedeeld* reich gesegnet; **~ling** [-lɪŋ] *f* Armenkasse *f*; Unterstützung *f*.

bedel|monnik ['be:dəlmɔnək] *m* Bettelmönch *m*; **~staf** [-stɑf] (*kein pl.*) *m* Bettelstab *m*; *tot de ~ geraken* an den Bettelstab kommen.

bedelven [bə'dɛlvə(n)] begraben, vergraben; *onder puin ~* verschütten.

bedelzak ['be:dəlzɑk] (*-ken*) *m* Bettelsack *m*.

beden|kelijk [bə'dɛŋkələk] bedenklich, mißlich; **~ken** [-kə(n)] bedenken; ersinnen; erwägen; *zich nog bij tijds ~* sich noch beizeiten e-s Bessern besinnen; **~king** [-kɪŋ] *f* Bedenken *n*, Einwand *m*; *~en opperen* Einwände erheben; **~ktijd** [-ktɛĭt] *m* Bedenkzeit *f*, Frist *f*.

bederf [bə'dɛrf] (*kein pl.*) *n* Verderben *n*; (*Sitte*) Verderbnis *f*; (*Holz usw.*) Fäulnis *f*, Verwesung *f*; *aan ~ onderhevig* verderblich; **~werend** [-ʋe:rənt] antiseptisch.

bederven [bə'dɛrvə(n)] (*bedierf, bedorven*) verderben; (ver)faulen; beschädigen; *een bedorven ei* ein faules Ei; *een bedorven kind* ein verzogenes Kind.

be(d)evaart ['be:dəva:rt], ['be:-] *f* Wallfahrt *f*, Pilgerfahrt *f*; **~ganger** [-ɣɑŋər] (*-s*) *m* Wallfahrer *m*, Pilger *m*; **~plaats** [-pla:ts] *f* Wallfahrtsort *m*.

bedgordijn ['bɛtxɔrdɛĭn] *n u. f* Bettgardine *f*.

bedie|naar [bə'di·na:r] (*-s u. -naren*) *m* Diener *m*; **~nde** [-ndə] (*-n u. -s*) *m u. f* Diener *m*, Ladengehilfe *m*, Angestellte(r *m*) *f*; Verkäufer(in *f*) *m*; *de ~n* Dienstpersonal *n*, Dienerschaft *f*; **~nen** [-nə(n)] bedienen; (*bei Tisch*) aufwarten; *is U al bediend?* werden Sie schon bedient?; *zich van iets ~* sich e-r Sache bedienen, sich etw. zu Nutze machen; *een stervende ~* e-m Sterbenden die Sakramente erteilen; **~ning** [-nɪŋ] *f* Bedienung *f*, Aufwartung *f*; Erteilung *f* der Sterbesakramente.

bedierf [bə'di:rf] *s. bederven.*

bedilal [bədɪ'la·l] (*-len*) *m* Kritikaster *m*, Krittler *m*.

bedil|len [bə'dɪlə(n)] (*bedilde, bedild*) bemängeln, kritteln, tadeln; schalten und walten; **~ziek** [-zi·k] tadelsüchtig, krittelig; **~zucht** [-zəxt] *f* Tadelsucht *f*.

beding [bə'dɪŋ] *n* Bedingung *f*; **~en** [-ə(n)] (aus)bedingen.

bedisselen [bə'dɪsələ(n)] F deichseln; in Ordnung bringen.

bedlegerig ['bɛtle:ɣərəx] bettlägerig; *hij is ~* er muß das Bett hüten.

bedoe|len [bə'du·lə(n)] beabsichtigen, meinen, wollen, bezwecken; *de bedoelde persoon* die betreffende Person; *het bedoelde boek* das betreffende Buch; **~ling** [-lɪŋ] *f* Absicht *f*, Zweck *m*; Meinung *f*; *het lag in zijn ~* es war seine Absicht; *zonder ~* ohne Absicht.

bedompt [bə'dɔmt] dumpf(ig).

bedorven [bə'dɛrvə(n)] *s. bederven.*

bedotten [bə'dɔtə(n)] betrügen, P bemogeln, beschummeln.

bedrag [bə'drɑx] *n* Betrag *m*.

bedragen [bə'dra:ɣə(n)] betragen; sich belaufen, sich beziffern (auf *A*).

bedrei|gen [bə'drɛĭɣə(n)] bedrohen; drohen *D*; **~ging** [-ɣɪŋ] *f* (Be-)Drohung *f*.

bedremmeld [bə'drɛməlt] betreten, bestürzt.
bedreven [bə'dre:və(n)] erfahren, bewandert, geschickt; **~heid** [-hɛĭt] (*-heden*) *f* Gewandtheit *f*, Geschicklichkeit *f*.
bedrie|gen [bə'dri·ɣ̊ə(n)] (*bedroog, bedrogen*) betrügen, hintergehen; *schijn bedriegt* der Schein trügt; *zich ~* sich täuschen, sich irren; *de bedrogen echtgenoot* Hahnrei *m*; **~ger** [-ɣ̊ər] (*-s*) *m* Betrüger *m*; **~gerij** [-ɣ̊ə'rɛĭ] *f* Betrügerei *f*, Betrug *m*; **~glijk** [-xlək] (be)trügerisch.
bedrijf [bə'drɛĭf] (*-drijven*) *n* Handlung *f*, Tat *f*; Wirtschaft *f*; Betrieb *m*; Gewerbe *n*; *tak van ~* Wirtschaftszweig *m*; *in ~* in Betrieb; *buiten ~* außer Betrieb; *een ~ uitoefenen* ein Geschäft *od.* Gewerbe betreiben; *een snood ~* e-e ruchlose Tat; *een groot ~* Großbetrieb *m*.
bedrijfs|belasting [bə'drɛĭv̊zbəlastɪŋ] *f* Gewerbesteuer *f*; **~kapital** [-kapi'ta:l] (*-talen*) *n* Betriebskapital *n*; **~leider** [-lɛĭdər] (*-s*) *m* Betriebsleiter *m*, Geschäftsführer *m*; **~leven** [-le:v̊ə(n)] *n* Wirtschaft *f*; Wirtschaftsleben *n*; **~raad** [-ra:t] (*-raden*) *m* Betriebsrat *m*; **~vergunning** [-fərɣ̊ənɪŋ] *f* Gewerbeschein *m*; **~wetenschappen** [-ʋe:tənsxapə(n)] *f/pl.* Betriebswirtschaft *f*.
bedrij|ven [bə'drɛĭv̊ə(n)] ausüben; tun; verüben; verrichten; **~vend** [-v̊ənt] tätig; aktiv; *~ werkwoord Gr.* aktives Zeitwort; **~vig** [-v̊əx] lebhaft; rührig, regsam; tätig; **~vigheid** [-v̊əxhɛĭt] (*-heden*) *f* Tätigkeit *f*; *grote ~* Hochbetrieb *m*; lebhaftes Treiben; *in volle ~* in (vollem) Betrieb.
bedroefd [bə'dru·ft] betrübt, traurig.
bedrog [bə'drɔx] *n* Betrug *m*, Schwindel *m*; Täuschung *f*.
bedrogen [bə'dro:ɣ̊ə(n)] *s. bedriegen.*
bedroog [bə'dro:x] *s. bedriegen.*
bedruipen [bə'drəʏpə(n)] beträufeln, benetzen, besprengen; *zich ~* s-n Lebensunterhalt verdienen.
bedrukken [bə'drəkə(n)] bedrukken.
bedrukt [bə'drəkt] niedergeschlagen, bekümmert.
bedsermoen ['bɛtsɛr'mu·n] *n* F Gardinenpredigt *f*.
beducht [bə'dəxt] bekümmert.
beduiden [bə'dəʏdə(n)] bedeuten; erklären.
beduimeld [bə'dəʏməlt] abgegriffen; befleckt.
beduusd [bə'dy·st] F baff, betreten.
beduvelen [bə'dy·v̊ələ(n)] P betrügen, beschummeln, bemogeln.
bedwang [bə'dʋaŋ] *n*: *in ~ houden* im Zaume halten.
bedwelmd [bə'dʋɛlmt] betäubt, berauscht.
bedwel|men [bə'dʋɛlmə(n)] betäuben, berauschen; *~de middelen* Rauschmittel *n/pl.*; **~ming** [-mɪŋ] *f* Betäubung *f*, Ohnmacht *f*, Rausch *m*.
bedwingen [bə'dʋɪŋə(n)] bezwingen, bezähmen, bändigen, im Zaume halten; *v/r* an sich halten, sich beherrschen.
beëdi|gen [bə'e:dəɣ̊ə(n)] be-, vereidigen; *een beëdigt vertaler* ein vereidigter Übersetzer *od.* Dolmetscher; **~ging** [-ɣ̊ɪŋ] *f* Beeidigung *f*, Vereidigung *f*.
beek [be:k] (*beken*) *f* Bach *m*.
beeld [be:lt] *n* Bild(nis) *n*; Abbildung *f*; Statue *f*; Figur *f*; *een ~ van een vrouw* e-e bildschöne Frau; **~aftaster** [-'aftastər] (*-s*) *m Fs.* Bildabtaster *m*; **~buis** [-bəʏs] (*-buizen*) *f Fs.* Bildröhre *f*; **~enaar** [-dəna:r] (*-s*) *m* (*auf e-r Münze*) Bild *n*; **~end** [-dənt]: *~de kunst* bildende Kunst; **~enstorm** [-də(n)stɔrm] *m* Bildersturm *m*; **~(er)ig** [-(dər)əx] wunderschön, bildschön.
beeldhouw|en ['be:lthaŭə(n)] (*beeldhouwde, gebeeldhouwd*) bildhauern; (*Stein*) meißeln; (*Holz*) schnitzen; **~er** [-ər] (*-s*) *m* Bildhauer *m*; **~werk** [-ʋɛrk] *n* Bildhauerarbeit *f*.
beeld|lijn ['be:ltlɛĭn] *f Fs.* Bildzeile *f*; **~scherm** [-sxɛrm] *n Fs.* Bildschirm *m*; F Mattscheibe *f*; P Röhre *f*; **~scherpte** [-sxɛrptə] *f* Bildschärfe *f*.
beeld|schoon ['be:ltsxo:n] bildschön; **~schrift** [-sxrɪft] *n* Bilderschrift *f*; **~snijder** [-snɛĭdər] (*-s*) *m* Bildschnitzer *m*; **~spraak** [-spra:k] *f* Bildersprache *f*, bildliche Sprache; **~verhaal** [-fərha:l] (*-halen*) *n* Bild(er)streifen *m*; Bilderroman *m*.
beeltenis ['be:ltənɪs] (*-sen*) *f* Bildnis *n*, Bild *n*, Porträt *n*.

beemd [be:mt] *m* Wiese *f*, Aue *f*, (*wasserreiche*) Flur *f*.
been [be:n] (*benen*) *n* Bein *n*; (*Zirkel*) Schenkel *m*; (*beenderen*) Knochen *m*; *de benen nemen* F sich davonmachen; *door merg en* ~ durch Mark und Bein; *hij loopt op zijn laatse benen* F er pfeift auf dem letzten Loch; es geht mit ihm zu Ende; *op eigen benen staan* auf eigenen Füßen stehen; *op de* ~ *brengen* auf die Beine bringen; *steen en* ~ *klagen* jämmerlich klagen; *van* ~ knöchern; **~achtig** [-ɑxtəx] knochig; knochenartig; **~breuk** [-brø:k] *f* Beinbruch *m*.
beender|as ['be:ndər'ɑs] *f* Knochenasche *f*; **~lijm** [-lɛĭm] *m* Knochenleim *m*; **~meel** [-me:l] *n* Knochenmehl *n*; **~stelsel** [-stɛlsəl] *n* Knochengerüst *n*.
been|eter ['be:n'e·tər] (*-s*) *m* Knochenfraß *m*; **~gewricht** [-ɣəvrɪxt] *n* Beingelenk *n*; **~houwer** [-hɑŭər] (*-s*) *m* Fleischer *m*, Metzger *m*; **~houwerij** [-hɑŭʋə'rɛĭ] *f* Metzgerei *f*; **~splinter** [-splɪntər] (*-s*) *m* Knochensplitter *m*; **~tje** [-tjə] (*-s*) *n* Beinchen *n*, kleiner Knochen; *iemand een* ~ *lichten j-m* ein Bein stellen; *hop met de* ~*s!* auf zum Tanz!; **~vlies** [-vli·s] (*-vliezen*) *n* Knochenhaut *f*; **~weefsel** [-ʋe:fsəl] (*-s*) *n* Knochengewebe *f*; **~zwart** [-zʋɑrt] *n* Knochenkohle *f*.
beer[1] [be:r] (*beren*) *m Zool.*, *Astr.* Bär *m*.
beer[2] *m* (*Schwein*) Eber *m*.
beer[3] *m mar.* Hafendamm *m*.
beer[4] (*kein pl.*) *m* Kot *m*, Dreck *m*, Fäkalien *pl.*; **~put** ['-pət] (*-ten*) *m* Senkgrube *f*.
beërven [bə'ɛrvə(n)] beerben, erben.
beest [be:st] *n* Bestie *f*; Tier *n*; *pl.* Vieh *n*; *de* ~ *uithangen* (*spelen*) sich liederlich benehmen; **~achtig** [-ɑxtəx] tierisch, viehisch, bestialisch; *fig.* schrecklich.
beestenboel ['be:stə(n)bu·l] (*kein pl.*) *m* P Sauwirtschaft *f*; **~markt** [-mɑrkt] *f* Viehmarkt *m*; **~spel** [-spɛl] (*-len*) *n* Zirkus *m*; **~wagen** [-ʋa:ɣə(n)] (*-s*) *m* Viehwagen *m*.
beestig [be:stəx] *s. beestachtig*.
beet[1] [be:t] *s. bijten*.
beet[2] (*beten*) *m* Biß *m*; Bissen *m*; *ik heb* ~ der Fisch beißt an (*a. fig.*); *ik heb het* ~ F ich habe es kapiert.
beet[3] *a.* **biet** *f* Runkelrübe *f*.
beethebben ['be:thɛbə(n)]: *iemand* ~ *j-n* zum besten haben; betrügen; *iets* ~ *etw.* verstehen.
beetje ['be:tjə] (*-s*) *n* bißchen; *een* ~ *geduld* etwas Geduld; *bij stukjes en* ~*s* nach und nach.
beet|wortel ['be:tʋɔrtəl] (*-s u. -en*) *m* Runkelrübe *f*; Zuckerrübe *f*; rote Rübe; **~(wortel)suiker** [-səʏkər] *m* Rübenzucker *m*.
beeweg ['be:ʋɛx] *m*: *op* ~ *gaan* pilgern.
bef [bɛf] (*-fen*) *f* Beffchen *n*.
befaamd [bə'fa:mt] berühmt, bekannt.
begaafd [bə'ɣa:ft] begabt, talentiert; **~heid** [-hɛĭt] (*-heden*) *f* Begabung *f*.
begaan [bə'ɣa:n] *e-n Weg* betreten; *ein Verbrechen* begehen; *e-n Fehler* machen; *laat mij* ~ lassen Sie mich machen; lassen Sie mich in Ruhe; *op de begane grond* zu ebener Erde; *ik ben met hem* ~ er dauert mich; **~baar** [-ba:r] gangbar, wegsam.
begankenis [bə'gɑŋkənɪs] (*-sen*) *f* ein unaufhörliches Kommen und Gehen; *het is* (*er*) *een ware* ~ es geht (da) zu wie in e-m Bienenkorb.
begeer|lijk [bə'ge:rlək] begehrlich; lüstern, begierig; begehrenswert; **~te** [-tə] *f* Begierde *f*, Gier *f*; Wunsch *m*.
begelei|den [bəɣə'lɛĭdə(n)] begleiten; ~*d schrijven* Begleitschreiben *n*; **~der** [-dər] (*-s*) *m* Begleiter *m*; **~ding** [-dɪŋ] *f* Begleitung *f*.
begenadi|gen [bəɣə'na:dəɣə(n)] begnadigen; **~ging** [-ɣɪŋ] *f* Begnadigung *f*.
bege|ren [bə'ɣe:rə(n)] begehren, verlangen; **~renswaard** [-rənsʋa:rt] begehrenswert; **~rig** [-rəx] (be)gierig; **~righeid** [-rəxhɛĭt] (*-heden*) *f* Gier *f*, Begierde *f*, Habsucht *f*.
begeven [bə'ɣe:və(n)] verleihen, schenken; *ein Amt* vergeben; *Kräfte* schwinden; (*Damm*) nachgeben; *v/r* sich begeben; *zijn benen* ~ *hem* die Beine versagen ihm den Dienst; *mijn stem begeeft mij* die Stimme versagt mir; *zich op weg* ~ sich auf den Weg machen.
begieten [bə'ɣi·tə(n)] begießen.
begiftigen [bə'ɣɪftəɣə(n)] beschenken.
begijn [bə'ɣɛĭn] *f* Begine *f*; **~hof**

[-hɔf] (*-hoven*) *n* Beginenhof *m*, Beginenstift *n*.
begin [bə'ɣɪn] (*kein pl.*) *n* Anfang *m*, Beginn *m*; *alle ~ is moeilijk* aller Anfang ist schwer; *bij het ~ van* am Anfang *G*; **~neling** [-nəlɪŋ] *m* Anfänger *m*; **~nen** [-ə(n)] anfangen, beginnen; *bezint, eer ge begint* erst wäg's, dann wag's; *te ~ met 1 januari* vom 1. Januar an; *het (hij) is begonnen te ...* es (er) hat angefangen zu (mit); *het begint te vriezen* es fängt zu frieren an; **~sel** [-səl] (*-en u. -s*) *n* Grundsatz *m*, Prinzip *n*; *de eerste ~en* die Anfangsgründe *m/pl.*; **~selkwestie** [-səlkʋesti:] (*-s*) *f* prinzipielle Frage; Prinzipienfrage *f*; **~selverklaring** [-səlv̊ərkla:rɪŋ] *f* Programm *n* (*e-r Partei*); **~stadium** [-sta·diəm] (*-s u. -stadia*) *n* Anfangsstadium *n*.
begluren [bə'ɣly:rə(n)] belauern, lauernd beobachten.
begoocheling [bə'ɣo:xəlɪŋ] *f* Blendwerk *n*, Betörung *f*; falsche Hoffnung *f*.
begraafplaats [bə'ɣra:fpla:ts] *f* Kirschhof *m*, Friedhof *m*.
begrafenis [bə'ɣra:fənɪs] (*-sen*) *f* Begräbnis *n*, Bestattung *f*, Beerdigung *f*; **~fonds** [-fɔns] *n* Sterbekasse *f*; **~onderneming** [-ɔndər'ne:mɪŋ] *f* Bestattungsinstitut *n*, Beerdigungsinstitut *n*; **~stoet** [-stu·t] *m* Leichenzug *m*, Leichenbegräbnis *n*.
begraven [bə'ɣra:v̊ə(n)] begraben, vergraben; beerdigen, bestatten.
begrenzen [bə'ɣrɛnzə(n)] begrenzen, einschränken.
begrij|pelijk [bə'ɣreĭpələk] begreiflich, verständlich, faßlich; **~pen** [-pə(n)] begreifen, verstehen, fassen; *begrepen?* verstanden?, P kapiert?
begrip [bə'ɣrɪp] (*-pen*) *n* Begriff *m*, Vorstellung *f*; Verständnis *n*; Abriß *m*, Zusammenfassung *f*, Kompendium *n*; *dat gaat mijn ~ te boven* das geht über meinen Verstand; *naar mijn ~* meiner Ansicht nach; *vlug van ~ zijn* e-e leichte Auffassungsgabe besitzen; schnell fassen; *kort begrip van* Abriß *m*; *hij heeft er geen flauw ~ van* er hat keine blasse Ahnung (davon); **~sverwarring** [-fərʋarɪŋ] *f* Begriffsverwirrung *f*.
begroeien [bə'ɣru·ĭjə(n)] bewachsen.
begroe|ten [bə'ɣru·tə(n)] (be)grüßen; bewillkommnen; **~ting** [-tɪŋ] Begrüßung *f*.
begro|ten [bə'ɣro:tə(n)] schätzen, taxieren, veranschlagen; **~ting** [-tɪŋ] *f* Schätzung *f*, Kostenanschlag *m*, Voranschlag *m*; Haushaltsplan *m*, Etat *m*; **~tingsjaar** [-tɪŋsja:r] (*-jaren*) *n* Haushaltsjahr *n*, Finanzjahr *n*.
begunsti|gen [bə'ɣənstəɣə(n)] begünstigen; bevorzugen; Vorschub leisten; **~ger** [-ɣər] (*-s*) *m* Förderer *m*, Gönner *m*; *Hdl.* Kunde *m*; **~ging** [-ɣɪŋ] *f* Begünstigung *f*, Bevorzugung *f*.
behaag|lijk [bə'ha:xlək] behaglich, gemütlich; **~ziek** [-si·k] gefallsüchtig, kokett; **~zucht** [-səxt] *f* Gefallsucht *f*, Koketterie *f*.
behaard [bə'ha:rt] behaart, haarig.
behagen [bə'ha:ɣə(n)] *v/t* behagen, gefallen; *Su. n* Behagen *n*, Gefallen *n*; *in iets ~ scheppen* Gefallen an *etw.* haben.
behalen [bə'ha:lə(n)] *Sieg* davontragen; *Gewinn* erzielen; *Ruhm* erwerben; *Preis* gewinnen; *Ehre* einlegen.
behalve [bə'halv̊ə] außer *D*; ausgenommen.
behande|len [bə'handələ(n)] behandeln; vornehmen; **~ling** [-lɪŋ] *f* Behandlung *f*; (*Gericht*) Verhandlung *f*.
behang [bə'haŋ] *n s. behangsel*; **~en** [-ə(n)] behängen; überziehen; tapezieren; **~er** [-ər] (*-s*) *m* Tapezierer *m*; **~sel** [-səl] (*-s*) *n* Tapete *f*; **~(sel)-papier** [-papi:r] (*-en*) *n* Tapete *f*.
beharti|gen [bə'hartəɣə(n)] beherzigen, zu Herzen nehmen; *Interessen* vertreten, wahren, wahrnehmen; **~ging** [-ɣɪŋ] *f* Beherzigung *f*; Wahrung *f*; Wahrnehmung *f*.
beheer [bə'he:r] (*kein pl.*) *n* Verwaltung *f*; (Geschäfts-)Führung *f*; *raad van ~* Verwaltungsrat *m*; **~der** -dər] (*-s*) *m* Verwalter *m*.
beheersen [bə'he:rsə(n)] beherrschen.
beheksen [bə'hɛksə(n)] behexen, verhexen.
behelpen [bə'hɛlpə(n)] *v/r* sich behelfen.
behelzen [bə'hɛlzə(n)] enthalten.
behendig [bə'hɛndəx] behende, gewandt, geschickt; **~heid** [-hɛĭt]

(*-heden*) *f* Behendigkeit *f*, Gewandtheit *f*, Geschicklichkeit *f*.
behept [bə'hɛpt] behaftet.
beheren [bə'he:rə(n)] verwalten; leiten, führen.
behoeden [bə'hu·də(n)]: *~ voor D* hüten, schützen, behüten.
behoedzaam [bə'hu·tsa:m] behutsam, bedächtig.
behoefte [bə'hu·ftə] *f* Bedürfnis *n*, Notwendigkeit *f*; (*Waren*) Bedarf *m*; Notdurft *f*; *in een ~ voorzien* ein Bedürfnis befriedigen; *al naar ~* je nach Bedarf; *zijn ~ doen* seine Notdurft verrichten.
behoeftig [bə'hu·ftəx] dürftig, ärmlich.
behoeve [bə'hu·v̊ə]: *ten ~ van* zum Besten *G*; zu Gunsten *G*; behufs *G*; zum Zwecke *G*.
behoeven [bə'hu·v̊ə(n)] nötig haben, bedürfen, brauchen.
behoorlijk [bə'ho:rlək] gehörig, passend, angemessen, gebührend.
behoren [bə'ho:rə(n)] *v/i* gehören; zugehören; sich gehören, sich geziemen; *naar ~* gehörig, geziemend.
behoud [bə'haut] *n* Erhaltung *f*, Heil *n*, Rettung *f*; *met ~ van salaris* unter Weiterzahlung des Gehalts; **~en** [-ə(n)] behalten, erhalten, beibehalten, bewahren; *Adj.*, *Adv.* wohlbehalten; **~ens** [-əns] vorbehaltlich *G*, unter Vorbehalt, unbeschadet *G*.
behouwen [bə'haŭə(n)] behauen.
behuild [bə'hʏylt] verweint.
behuisd [bə'hœyst]: *klein ~ zijn* beschränkt wohnen.
behuizing [bə'hʏyzıŋ] *f* Wohnung *f*, Unterkunft *f*.
behulp [bə'həlp] *n* Hilfe *f*; *met ~ van* mittels *G*; **~zaam** [-sa:m] behilflich; dienstfertig; hilfreich; *iemand de behulpzame hand bieden j-m* Hilfe anbieten.
behuwd|dochter [bə'hy·ŭdɔxtər] (*-s*) *f* Schwiegertochter *f*; **~moeder** [-mu·dər] (*-s*) *f* Schwiegermutter *f*; **~zoon** [-so:n] (*-s u. -zonen*) *m* Schwiegersohn *m*; **~zuster** [-səstər] (*-s*) *f* Schwägerin *f*.
beiaard ['bɛĭja:rt] (*-s u. -en*) *m* Glockenspiel *n*.
beide(n)[1] ['bɛĭdə(n)] beide; *met ons ~* wir beide.
beiden[2] harren.
beider|lei ['bɛĭdərlɛĭ] beiderlei; **~zijds** [-zɛĭts] beiderseits, beiderseitig.
Beier ['bɛĭjər] *m* Bayer *m*; **~en** [-ən] *n* Bayern *n*; **~s** [-s] bay(e)risch.
beignet [bɛŋ'jɛ] (*-s*) *m* Krapfen *m*, Beignet *m*.
beijveren [bə'ɛĭv̊ərə(n)] *v/r* sich beeifern, sich befleißigen, sich bemühen.
beinvloeden [bə'ınv̊lu·də(n)] beeinflussen.
beitel ['bɛĭtəl] (*-s*) *m* Meißel *m*; **~en** [-ə(n)] meißeln.
beits [bɛĭts] *m u. n* Beize *f*; **~en** [-ə(n)] beizen.
bejaard [bə'ja:rt] bejahrt, betagt; **~entehuis** [-ə(n)təhəʏs] (*-tehuizen*) *n* Altersheim *n*; **~enzorg** [-ə(n)zɔrx] *f* Altersfürsorge *f*.
bejagen [bə'ja:ɣ̊ə(n)] nachjagen; nachstreben.
bejammeren [bə'jɑmərə(n)] bejammern, beklagen, bedauern; **~swaard(ig)** [-sʋa:rdəx] bejammernswert, beklagenswert, bedauernswert.
bejege|nen [bə'je:ɣ̊ənə(n)] begegnen *D*; zustoßen, widerfahren; behandeln; **~ning** [-nıŋ] *f* Begegnung *f*; Behandlung *f*, Aufnahme *f*.
bek [bɛk] (*-ken*) *m* (*Tier*) Maul *n*; (*Vogel*) Schnabel *m*; P Schnauze *f*; *houd uw ~* F halt die Schnauze.
bekaaid [bə'ka:ĭt]: *er ~ afkomen* schlecht wegkommen.
bekaf ['bɛkɑf] todmüde, erschöpft.
bekampen [bə'kɑmpə(n)] bekämpfen, bestreiten.
bekeerde [bə'ke:rdə] (*-n*) *m u. f* Bekehrte(r *m*) *f*.
bekeerling [bə'ke:rlıŋ] *m*, **~e** [-ə] *f* *s. bekeerde*.
bekend [bə'kɛnt] bekannt, namhaft; ruchbar; *~ maken* kundgeben, kundtun, ankündigen; anzeigen; *zich ~ maken s-n* Namen nennen; *zich ~ maken met* (ein)studieren, zu eigen machen; *~ geraken* (*worden*) sich *e-n* Namen machen; ruchbar (bekannt) werden; *~ staan* bekannt sein; **~e** [-ə] (*-n*) *m u. f* Bekannte(r *m*) *f*; **~making** [-makıŋ] *f* Bekanntmachung *f*; Anzeige *f*.
beken|nen [bə'kɛnə(n)] bekennen, (ein)gestehen; *kleur ~* Farbe bekennen; **~tenis** [-tənıs] (*-sen*) *f* Bekenntnis *n*, Geständnis *n*; *een ~ doen* ein Geständnis ablegen; gestehen.

beker ['be:kər] (*-s*) *m* Becher *m*; (*Preis*) Pokal *m*.
beke|ren [bə'ke:rə(n)] bekehren; **~ring** [-rıŋ] *f* Bekehrung *f*.
bekerwedstrijd ['be:kɛr'ʋɛtstrɛĭt] *m* Pokalspiel *n*.
bekeu|ren [bə'kø:rə(n)] aufschreiben; *bekeurd worden* ein Strafmandat bekommen; **~ring** [-rıŋ] *f* Strafmandat *n*, Protokoll *n*; *een ~ oplopen* ein Strafmandat bekommen.
bekijken [bə'kɛĭkə(n)] besehen, betrachten; *alles wel bekeken* (alles) wohl erwogen.
bekijks [bə'kɛĭks]: *veel ~ hebben* aller Augen auf sich ziehen.
bekisting [bə'kıstıŋ] *f* (*Betonbau*) Verschalung *f*, Schalung *f*.
bekken ['bɛkə(n)] (*s*) *n* Becken *n*.
bekkeneel [bɛkə'ne:l] (*-nelen*) *n* Hirnschale *f*; Schädel *m*.
beklaag|de [bə'kla:ɣ̊də] (*-n*) *m u. f* Angeklagte(r *m*) *m u. f*; **~lijk** [-lək] beklagenswert, kläglich.
bekladden [bə'kladə(n)] beklecksen, beschmutzen, beschmieren; *fig.* verleumden.
beklag [bə'klax] (*kein pl.*) *n* Klage *f*, Beschwerde *f*; *zijn ~ doen* sich beklagen.
beklagen [bə'kla:ɣ̊ə(n)] beklagen, bedauern, bemitleiden; *zich ~* sich beklagen, sich beschweren über *A*; **~swaard(ig)** [-sʋa:rdəx] beklagenswert, bedauernswert; kläglich.
beklant [bə'klant] stark besucht; *de winkel is zeer (goed) ~* der Laden hat viel Zulauf.
bekle|den [bə'kle:də(n)] bekleiden; (*Amt*) innehaben; (*Stühle usw.*) polstern; überziehen; (*Wand*) verschalen, verkleiden; *iemands plaats ~ j-s* Stelle vertreten; **~ding** [-dıŋ] *f* Bekleidung *f*; Überzug *m*; Verkleidung *f*; Täfelung *f*; (*Boden, Bremse*) Belag *m*.
bekleedsel [bə'kle:tsəl] (*-s*) *n s. bekleding.*
beklemd [bə'klɛmt] bedrückt, beklommen; *met ~ gemoed* schweren Herzens; *~e breuk Med.* eingeklemmter Bruch.
beklemrecht [bə'klɛmrɛxt] *n* Erbpachtrecht *n*.
beklemtonen [bə'klɛmto:nə(n)] betonen.
beklijven [bə'klɛĭv̊ə(n)] fortdauern, dauerhaft sein; gedeihen.
beklimmen [bə'klımə(n)] erklimmen, erklettern, besteigen, ersteigen.
beklinken [bə'klıŋkə(n)] nieten; *fig.* vollbringen, zustande bringen; auf *etw.* anstoßen; *de zaak is beklonken* die Angelegenheit (Sache) ist erledigt.
beknabbelen [bə'knabələ(n)] benagen, beknabbern.
beknellen [bə'knɛlə(n)] beengen; einklemmen; bedrängen.
beknibbelen [bə'knıbələ(n)] abdingen, schmälern, *Preis* herunterhandeln; *hij laat zich niet ~* er läßt sich nichts abhandeln.
beknopt [bə'knɔpt] kurz, gedrängt, kurzgefaßt, knapp; *~ overzicht* Abriß *m*, kurzgefaßter Bericht; Zusammenfassung *f*; **~heid** [-hɛĭt] (*kein pl.*) *f* Kürze *f*, Knappheit *f*.
beknorren [bə'knɔrə(n)] schelten, ausschimpfen.
bekocht [bə'kɔxt] betrogen, geprellt, übervorteilt.
bekoelen [bə'ku·lə(n)] abkühlen; *v/t* kühlen, kalt machen; *v/i* kalt werden; *fig.* sich abkühlen; (*Zorn*) nachlassen; sich beruhigen.
bekogelen [bə'ko:ɣ̊ələ(n)] bewerfen.
bekokstoven [bə'kɔksto:v̊ə(n)] einfädeln; zustande bringen; abkarten.
bekomen [bə'ko:mə(n)] bekommen, erhalten; sich wieder erholen, zu sich kommen; *wel bekome het u* wohl bekomm's!
bekomme|ren [bə'kɔmərə(n)] *v/r* sich kümmern um *A*; sich Sorgen machen; **~ring** [-rıŋ] *f* Sorge *f*, Kümmernis *f*.
bekomst [bə'kɔmst]: *zijn ~ hebben (krijgen)* es satt haben; *ik heb er mijn ~e van* ich habe es satt; mir reicht's!
bekonkelen [bə'kɔŋkələ(n)] abkarten; anzetteln, einfädeln.
bekoorlijk [bə'ko:rlək] reizend, anmutig, lieblich; **~heid** [-hɛĭt] (*-heden*) *f* Reiz *m*, Anmut *f*.
bekopen [bə'ko:pə(n)] erkaufen, bezahlen; büßen; *met de dood ~* mit dem Leben bezahlen; *hij zal het ~* er wird (dafür) büßen!
beko|ren [bə'ko:rə(n)] reizen, anlocken, verlocken; verführen; entzücken, gefallen; *zijn voorstel kan mij niet ~* sein Vorschlag sagt mir nicht zu; **~ring** [-rıŋ] *f* Reiz *m*,

Charme *m*, Anmut *f*, Bezauberung *f*; Versuchung *f*, Verführung *f*.

bekorten [bə'kɔrtə(n)] abkürzen, verkürzen.

bekostigen [bə'kɔstəɣ̊ə(n)] bezahlen, die Kosten bestreiten.

bekrabbelen [bə'krabələ(n)] bekritzeln.

bekrachti|gen [bə'kraxtəɣ̊ə(n)] bekräftigen, bestätigen; ratifizieren; genehmigen; *onder eed ~ etw.* durch Eid bekräftigen; **~ging** [-ɣ̊ɪŋ] *f* Bekräftigung *f*, Bestätigung *f*; (*Vertrag*) Ratifikation *f*; Genehmigung *f*.

bekreu|nen [bə'krø:nə(n)] *v/r* sich kümmern (um *A*).

bekrimpen [bə'krɪmpə(n)] beschränken, einschränken; *v/r* sich beschränken.

bekrompen [bə'krɔmpəpə(n)] beschränkt, eingeschränkt; borniert; *~ omstandigheden* beschränkte Verhältnisse *n/pl.*, dürftige Umstände *m/pl.*; **~heid** [-hɛĭt] *f* Beschränktheit *f*; Spießbürgerlichkeit *f*, Borniertheit *f*.

bekro|nen [bə'kro:nə(n)] krönen; *een bekroonde verhandeling* e-e preisgekrönte Abhandlung; *hij zag zijn moeite bekroond* er sah seine Mühe belohnt; **~ning** [-nɪŋ] *f* Krönung *f*; Auszeichnung *f*; Preis *m*.

bekruipen [bə'krəʏpə(n)] beschleichen; überraschen; *de lust bekroop mij* ich verspürte Lust ...

bekvechten ['bɛkfɛxtə(n)] (*keine Konjugation*) sich zanken; (mit Worten) streiten.

bekwaam [bə'kʋa:m] fähig; tüchtig, geschickt; **~heid** [-hɛĭt] (*-heden*) *f* Fähigkeit *f*; Tauglichkeit *f*, Geschicklichkeit *f*; **~heidstest** [-hɛitstɛst] (*-s*) *m f* Eignungsprüfung *f*.

bekwamen [bə'kʋa:mə(n)] *v/r* sich vorbereiten auf *A*, sich ausbilden in *D*.

bel[1] [bɛl] (*-len*) *f* Glocke *f*, Schelle *f*, Klingel *f*; *de kat de ~ aanbinden* der Katze die Schelle anhängen.

bel[2] *f* (Luft-, Wasser-)Blase *f*.

belabberd [bə'labərt] P miserabel, elend, erbärmlich.

belachelijk [bə'laxələk] lächerlich.

beladen [bə'la:də(n)] beladen, befrachten; *belast en ~* mit Sünden beladen; vollgepackt.

bela|gen [bə'la:ɣ̊ə(n)] nachstellen, *j-m* Schlingen legen; **~ger** [-ɣ̊ər] (*-s*) *m* Verfolger *m*; Feind *m*, Widersacher *m*.

belanden [bə'landə(n)] hinkommen; landen.

belang [bə'laŋ] *n* Bedeutung *f*; Belang *m*, Interesse *n*; Wichtigkeit *f*; *het algemeen ~* Gemeinwohl *n*; *van ~ zijn* wichtig sein; *~ stellen in* sich interessieren für *A*, Interesse haben für *A*; *dat is van geen ~* das hat nichts zu bedeuten; das ist unwichtig; **~eloos** [-əlo:s] uneigennützig, selbstlos.

belangengemeenschap [bə'laŋə(n)ɣ̊ə'me:nsxap] (*-pen*) *f* Interessengemeinschaft *f*.

belanghebbend [bə'laŋhɛbənt] interessiert; *~ voorwerp Gr.* Dativobjekt *n*; **~e** [-ə] *m u. f* Beteiligte(r), Interessent *m*.

belangrijk [bə'laŋrɛĭk] wichtig, erheblich, bedeutend; (*Person*) namhaft; (*Betrag*) groß.

belangstel|lend [bə'laŋstɛlənt] aufmerksam, teilnehmend; *~ informeren* sich angelegentlich erkundigen; **~ling** [-lɪŋ] *f* Teilnahme *f*, Interesse *n*; *de ~ gaande houden* das Interesse wachhalten; *de ~ wekken* das Interesse erregen; **~lingsfeer** [-sfe:r] *f* Interessensphäre *f*.

belastbaar [bə'lazdba:r] (*Einkommen*) steuerpflichtig; (*Güter*) zollpflichtig; *~ met* (*Lastwagen usw.*) mit e-r zulässigen Tragfähigkeit (Belastung) von.

belasten [bə'lastə(n)] beladen, befrachten, belasten; besteuern; beauftragen; *erfelijk belast* erblich belastet.

belaste|ren [bə'lastərə(n)] verleumden, F verlästern; **~ring** [-rɪŋ] *f* Verleumdung *f*.

belasting [bə'lastɪŋ] *f* Belastung *f*; Besteuerung *f*; Steuer *f*, Abgabe *f*; **~aangifte** [-a:ŋɡɪftə] (*-n*) *f* Steuererklärung *f*; **~biljet** [-bɪl'jɛt] (*-ten*) *n* Steuerzettel *m*; **~consulent** *a.* **-kon-** [-kɔnsy·lɛnt] *m* Steuerberater *m*; **~kantoor** [-kanto:r] (*-toren*) *n* Steueramt *n*, Finanzamt *n*; **~ontduiking** [-o·ndəʏkɪŋ] *f* Steuerhinterziehung *f*; **~stelsel** [-stɛlsəl] (*-s*) *n* Steuersystem *n*; **~verlaging** [-vərla:ɣ̊ɪŋ] *f* Steuersenkung *f*, Steuerermäßigung *f*.

beledi|gen [bə'le:dəɣ̊ə(n)] beleidigen, verletzen; **~ging** [-ɣɪŋ] *f* Beleidigung *f*, Verletzung *f*.

beleefd [bəˈleːft] höflich; aufmerksam, gefällig; *danke ~* danke verbindlichst, mit verbindlichstem Dank; **~heid** [-hɛĭt] (*-heden*) *f* Höflichkeit *f*, Aufmerksamkeit *f*; **~heidsbezoek** [-hɛĭdzbəzuˑk] *n* Höflichkeitsbesuch *m*; **~heidshalve** [-hɛĭtshɑlv̊ə] anstandshalber.

beleen|baar [bəˈleːnbaːr] beleihbar; **~bank** [-bɑŋk] *f* Lombardgeschäft *n*.

beleg [bəˈlɛx] (*kein pl.*) *n* Belagerung *f*; *staat van ~* Belagerungszustand *m*, Ausnahmezustand *m*; *de staat van ~ afkondigen* den Ausnahmezustand verhängen; *het ~ opbreken* die Belagerung aufheben.

belegen [bəˈleːɣə(n)] abgelagert, alt.

belege|raar [bəˈleːɣəraːr] (*-s*) *m* Belagerer *m*; **~ren** [-rə(n)] belagern; **~ring** [-rɪŋ] *f* Belagerung *f*.

beleg|gen [bəˈlɛɣɛ(n)] belegen; *Versammlung* einberufen, anberaumen; *Geld* anlegen (in *D*); **~ging** [-ɣɪŋ] *f* Belegung *f*, Bedeckung *f*; (*Konferenz*) Einberufung *f*; (*Geld*) Anlage *f*; **~gingsfonds** [-ɣɪŋsfɔns] *n* Investmentgesellschaft *f*; *pl.* Anlagewerte *m/pl.*; **~sel** [-səl] (*-s*) *n* Besatz *m*; (*Brot, Boden usw.*) Belag *m*.

beleid [bəˈlɛĭt] (*kein pl.*) *n* Vorsicht *f*, Umsicht *f*; Klugheit *f*; Takt *m*; (*Amt, Geschäft*) Führung *f*, Verwaltungstätigkeit *f*; *~ van de minister* die Amtsführung des Ministers; *buitenlands ~* Außenpolitik *f*; **~sfout** [-sfɑut] *f* Fehler *m* seitens (bei) der Führung; **~vol** [-fɔl] umsichtig, taktvoll.

belemme|ren [bəˈlɛmərə(n)] (ver-)hindern; (*Verkehr*) behindern, erschweren, hemmen, aufhalten; **~ring** [-rɪŋ] *f* Hindernis *n*; Schwierigkeit *f*; Hemmung *f*.

belenden [bəˈlɛndə(n)] angrenzen, anstoßen.

bele|nen [bəˈleːnə(n)] beleihen, verpfänden, versetzen; *hist.* belehnen; **~ning** [-nɪŋ] *f* Beleihung *f*, Verpfändung *f*; Darlehen *n*; *hist.* Belehnung *f*.

belet [bəˈlɛt] (*kein pl.*) *n* Verhinderung *f*; Hindernis *n*; *~ vragen* sich anmelden lassen; *~ geven* nicht empfangen.

bel-etage [bɛl eˑˈtɑːʒeˑ] (*-s*) *f* Hochparterre *n*.

belet|sel [bəˈlɛtsəl] (*-s u. -en*) *n* Hindernis *n*; **~ten** [-ə(n)] (ver)hindern, abhalten; *~ te spreken* am Sprechen hindern.

beleven [bəˈleːv̊ə(n)] erleben; *plezier ~ aan* Freude haben an *D*.

belezen [bəˈleːzə(n)] *Adj.* belesen; **~heid** [-hɛĭt] *f* Belesenheit *f*.

Belg [bɛlx] *m* Belgier *m*.

Bel|gië [ˈbɛlɣĭjə] *n* Belgien *n*; **~gisch** [-ɣiˑs] belgisch; **~gische** [-ɣiˑsə] *f* Belgierin *f*.

Belgrado [bɛlˈɣraːdoˑ] *n* Belgrad *n*.

belhamel [ˈbɛlhaːməl] (*-s*) *m* Leithammel *m*; *fig.* Rädelsführer *m*.

belichamen [bəˈlɪxaːmə(n)] verkörpern.

belich|ten [bəˈlixtə(n)] beleuchten; *Foto* belichten; **~ting** [-tɪŋ] *f* Beleuchtung *f*; (*Foto*) Belichtung *f*; **~tingsmeter** [-tɪŋsmeˑtər] (*-s*) *m* Belichtungsmesser *m*; **~tingstijd** [-tɪŋstɛĭt] *m* Belichtungszeit *f*.

believen [bəˈliˑv̊ə(n)] belieben, wünschen; gefallen; *Su. n* Belieben *n*; *als het u belieft* bitte!; sehr gern!; *neemt U plaats alstublieft* bitte, nehmen Sie Platz; setzen Sie sich, bitte; *wat belieft U?* Sie wünschen?, was wünschen Sie?; *wat belieft?* wie bitte?; *naar ~, naar beliefte* nach Belieben.

belij|den [bəˈlɛĭdə(n)] bekennen; *Schuld* gestehen; *een godsdienst ~* sich zu e-r Religion bekennen; **~denis** [-dənɪs] (*-sen*) *f* Bekenntnis *n*, Konfession *f*; **~der** [-dər] (*-s*) *m* Bekenner *m*.

bel|knop [ˈbɛlknɔp] (*-pen*) *m* Klingelknopf *m*; **~len** [-ə(n)] klingeln, schellen, läuten; *Tel.* anrufen; *er wordt gebeld* es klingelt.

bellenbaan [ˈbɛlə(n)baːn] (*-banen*) *f* Torpedo(lauf)spur *f*.

bellettrie [bɛlɛˈtriː] *f* Belletristik *f*.

beloeren [bəˈluːrə(n)] belauern.

belofte [bəˈlɔftə] (*-n*) *f* Versprechen *n*, Gelübde *n*, Zusage *f*, Verheißung *f*.

beloken [bəˈloːkə(n)]: *~ Pasen* [Weißer Sonntag.]

belo|nen [bəˈloːnə(n)] (be)lohnen; **~ning** [-nɪŋ] *f* Belohnung *f*.

beloop [bəˈloːp] (*-lopen*) *n* Verlauf *m*; (*Rechnung*) Betrag *m*; *op zijn ~ laten* auf sich beruhen lassen; *ten belope van ...* beträgt.

belopen [bə'lo:pə(n)] betragen, (sich) belaufen, ausmachen; *hoeveel beloopt de rekening?* wie hoch ist (wieviel beträgt) die Rechnung?

beloven [bə'lo:v̊ə(n)] versprechen, verheißen, geloben; *het Beloofde Land* das Gelobte Land.

belroos ['bɛlro:s] *f Med.* Wundrose *f*, Rose *f*.

belt [bɛlt] *m u. f* Haufen *m*; Aschengrube *f*; Müllabladeplatz *m*.

beluisteren [bə'lœʏstərə(n)] belauschen; *Med.* abhorchen, behorchen; *Radio* abhören.

belust [bə'lɵst] lüstern, (be)gierig (*op*/nach *D*).

bemachtigen [bə'mɑxtəɣ̊ə(n)] *v/r* sich bemächtigen *G*.

beman|nen [bə'mɑnə(n)] bemannen; **~ning** [-ɪŋ] *f mar., Flgw.* Bemannung *f*, Mannschaft *f*.

bemantelen [bə'mɑntələ(n)] bemänteln, beschönigen.

bemerk|baar [bə'mɛrgba:r] bemerkbar; **~en** [-ə(n)] bemerken, verspüren, gewahr werden, erblicken.

bemes|ten [bə'mɛstə(n)] düngen; **~ting** [-tɪŋ] *f* Düngung *f*, Dünger *m*.

bemidde|laar [bə'mɪdəla:r] (*-s*) *m* Vermittler *m*, Mittelsperson *f*; **~laarster** [-la:rstər] (*-s*), **~lares** [-la'rɛs] (*-sen*) *f* Vermittlerin *f*.

bemiddeld [bə'mɪdəlt] wohlhabend, begütert, bemittelt.

bemidde|len [bə'mɪdələ(n)] vermitteln, *Streit* beilegen, schlichten; ausgleichen; *~d optreden* schlichtend eingreifen; **~ling** [-lɪŋ] *f* Vermittlung *f*; **~lingsbureau** [-lɪŋzby·'ro:] (*-s*) *n* Arbeitsnachweis *m*, Stellenvermittlung *f*; **~lingsvoorstel** [-lɪŋs'fo:rstɛl] (*-len*) *n* Vermittlungsvorschlag *m*.

bemin|de [bə'mɪndə] (*-n*) *m u. f* Geliebte(r *m*) *f*, Schatz *m*; **~nelijk** [-nələk] liebenswürdig, gefällig; **~nen** [-ə(n)] lieben, liebhaben.

bemoedigen [bə'mu·dəɣ̊ə(n)] ermutigen, ermuntern.

bemoeial [bəmu·ĭ'jɑl] (*-len*) *m s. moeial*.

bemoei|en [bə'mu·ĭjə(n)] *v/r* sich (ein)mischen, sich einlassen (*met*/in *A*), sich kümmern (um *A*); *bemoei je met je eigen zaken, bemoei je er niet mee* mische dich nicht ein, halte dich heraus!; **~ing** [-ɪŋ] *f* Bemühung *f*, Mühewaltung *f*.

bemoeilijken [bə'mu·ĭləkə(n)] erschweren.

bemorsen [bə'mɔrsə(n)] beschmutzen, beschmieren.

ben [bɛn] *s. zijn*.

benadelen [bə'na:delə(n)] benachteiligen; schaden *D*; beeinträchtigen.

benade|ren [bə'na:dərə(n)] näherkommen; *fig.* an sich ziehen; mit Beschlag belegen; *Math.* schätzen; *iemand ~* sich an *j-n* heranmachen; ... *word benaderd* ... angesprochen wird; **~ring** [-rɪŋ] *f*: *bij ~* annähernd.

benaming [bə'na:mɪŋ] *f* Benennung *f*.

benard [bə'nɑrt] mißlich, bedrängt; *~e tijden* schwere Zeiten *f/pl.*; *in ~e omstandigheden* in e-r mißlichen Lage.

benauwd [bə'nɑut] (*Raum*) eng; (*Hitze, Luft*) drückend, schwül; (*Gefühl*) ängstlich; beklommen; beklemmend; *ik krijg het ~* mir wird schlecht; **~heid** [-hɛĭt] (*-heden*) *f* Beklemmung *f*, Beklommenheit *f*; Schwüle *f*; Angst *f*, Furcht *f*.

benauwen [bə'nɑŭʋə(n)] bedrängen; (be)ängstigen.

bende ['bɛndə] (*-n u. -s*) *f* Bande *f*, Haufe *m*, Trupp *m*; **~hoofd** [-ho:ft] *n* Bandenführer *m*, Rädelsführer *m*.

beneden [bə'ne·də(n)] *Adv.* (dr)unten; *Präp.* unter; unterhalb *G*; *naar ~* herunter, hinunter; herab, hinab; *hier ~* auf Erden; *dat is ~ mij* das ist unter meiner Würde.

beneden|huis [bə'ne·də(n)hœʏs] (*-huizen*) *n* Parterrewohnung *f*; Erdgeschoß *n*; **~loop** [-lo:p] (*-lopen*) *m* (*Fluß*) Unterlauf *m*; **≗-Rijn** [-rɛĭn] *m* Niederrhein *m*; **~verdieping** [-v̊ərdi·pɪŋ] *f* Erdgeschoß *n*; **~waarts** [-ʋa:rts] abwärts.

benedictijn *a.* **-dik-** [be·ne·dɪk'tɛĭn] *m* Benediktiner *m*.

benefiet [be·ne·'fi·t] *n Thea.* Benefiz(vorstellung *f*) *n*.

Benelux [be·nə'lɵks] *f* Beneluxstaaten *m/pl.*

benemen [bə'ne·mə(n)] (be)nehmen, wegnehmen; *het zicht ~* die Aussicht versperren; *de adem ~* den Atem rauben; *zich (van) het leven ~* sich das Leben nehmen.

benen ['be·nə(n)] beinern, knöchern.
benepen [bə'ne·pə(n)] bedrängt, eng; kleinlich; ängstlich, schüchtern, verlegen; *met ~ hart* mit beklommenem Herzen; *hij zit in ~ schoentjes* er hat Angst, er ist in e-r mißlichen Lage.
beneve|len [bə'ne:v̂ələ(n)] umnebeln; sich verfinstern; **~d** [-lt] berauscht, betrunken; (*Geist*) umnebelt.
benevens [bə'ne:v̂əns] nebst, samt, mit (*D*).
Bengaals [bɛn'ɣ̂a:ls] bengalisch.
bengel[1] ['bɛŋəl] (*-s*) *m* Bengel *m*, Schlingel *m*, Lümmel *m*.
bengel[2] *m* Klöppel *m*; Glocke *f*; **~en** [-ə(n)] F bimmeln, läuten; baumeln, schlenkern.
benieuwd [bə'ni·ŭt] neugierig; *ik ben ~* ich bin gespannt (auf *A*), ich bin neugierig (auf *A*); *ik ben eens ~* ich möchte mal wissen.
benig ['be·nəx] knochig.
benij|den [bə'nɛĭdə(n)] beneiden; mißgönnen; *beter benijd dan beklaagd* besser Neider als Mitleider; **~denswaard(ig)** [-dənsʋa:rdəx] beneidenswert; **~der** [-dər] (*-s*) *m* Neider *m*.
benjamin ['bɛñjɑmɪn] (*-s*) *m, f* Nesthäkchen.
benodigt [bə'no:dəxt] benötigt, nötig, erforderlich; **~heden** [-he:-də(n)] *pl.* Erfordernisse *n/pl.*, Bedürfnisse *n/pl.*
benoe|men [bə'nu·mə(n)] benennen; ernennen, anstellen; *een commissie ~* e-e Kommission einsetzen; **~ming** [-mɪŋ] *f* Anstellung *f*, Ernennung *f*; Benennung *f*.
benoorden [bə'no:rdə(n)] nördlich (*G*).
bent [bɛnt] *s. zijn.*
benul [bə'nøl] (*kein pl.*) *n* Verständnis *n*; Idee *f*; Begriff *m*; *geen ~ hebben van* keine blasse Ahnung haben von (*D*).
benutten [bə'nøtə(n)] benutzen, ausnutzen; verwenden, gebrauchen.
benzine [bɛn'zi·nə] *f* Benzin *n*, Treibstoff *m*; F Sprit *m*; **~bon** [-bɔn] (*-s u. -nen*) *m* Benzingutschein *m*; **~pomp** [-pɔmp] *f* Tankstelle *f*; Benzinpumpe *f*, Zapfsäule *f*.
benzol [bɛn'zɔl] *n u. m* Benzol *n*.
beoefe|naar [bə'u·fəna:r] (*-s u. -narren*) *m*: *~ van de sport* Sportler *m*; *~ van de kunst* Kunstbeflissene(r) *m*, Künstler *m*; *~ van de wetenschap(pen)* Wissenschaftler *m*; *~ van de oude (klassieke) talen* Altphilologe *m*; **~nen** [-nə(n)] erlernen, studieren; (aus)üben, treiben, pflegen.
beogen [bə'o:ɣ̂ə(n)] beabsichtigen, bezwecken.
beoordelen [bə'o:rde·lə(n)] beurteilen.
beoorlogen [bə'o:rlo:ɣ̂ə(n)] mit Krieg überziehen, bekriegen.
beoosten [bə'o:stə(n)] östlich (*G*).
bepaald [bə'pa:lt] bestimmt, entschieden, gewiß; unbedingt; *op de ~e dag* zum festgesetzten Tag; *dat is niet ~ goed* das ist nicht unbedingt gut; **~elijk** [-ələk] eigens, besonders.
bepa|len [bə'pa:lə(n)] bestimmen, festsetzen; vorschreiben, verordnen; *Zeitpunkt* anberaumen, ansetzen; *zich tot iets ~* sich auf *etw.* beschränken; *~d woord Gr.* Bestimmungswort *n*; *~d lidwoord Gr.* bestimmter Artikel *m*; **~ling** [-lɪŋ] *f* Bestimmung *f*, Festsetzung *f*, Feststellung *f*; (*Vertrag*) Klausel *f*, Vorbehalt *m*; *~ van tijd Gr.* Zeitbestimmung *f*; *~-aankondigend voornaamwoord Gr.* bestimmendes Fürwort, Determinativpronomen *n*.
bepantsering [bə'pɑntsərɪŋ] *f* Panzerung *f*.
bepeinzen [bə'pɛĭnzə(n)] erwägen, bedenken.
beper|ken [bə'pɛrkə(n)] beschränken, einschränken; *zich ~ tot* sich beschränken auf *A*; *beperkt van verstand* borniert, geistig beschränkt; **~king** [-kɪŋ] *f* Einschränkung *f*, Beschränkung *f*.
beplakken [bə'plɑkə(n)] bekleben.
beplanten [bə'plɑntə(n)] bepflanzen.
bepleiste|ren [bə'plɛĭstərə(n)] (be-)pflastern; (*Mauern*) bewerfen, verputzen; **~ring** [-rɪŋ] *f* (Be-)Pflastern *n*; Verputz *m*, Mauerbewurf *m*.
bepleiten [bə'plɛĭtə(n)] verteidigen, verfechten, befürworten.
beploegen [bə'plu·ɣ̂ə(n)] pflügen.
bepoederen [bə'pu·dərə(n)] (be-)pudern.
bepraten [bə'pra:tə(n)] besprechen; bereden.

beproefd [bə'pru·ft] erprobt, bewährt.
beproe|ven [bə'pru·v̊ə(n)] erproben, probieren, versuchen; prüfen; auf die Probe stellen; *zwaar beproefd worden* (*vom Schicksal*) heimgesucht worden; **~ving** [-v̊ɪŋ] *f* Heimsuchung *f*; Prüfung *f*; Mißgeschick *n*.
beraad [bə'ra:t] (*kein pl.*) *n* Überlegung *f*, Erwägung *f*; *in ~ nemen* in Erwägung ziehen; *iets in ~ houden* sich *e-e S.* überlegen; *na rijp ~* nach reiflicher Überlegung; *tijd van ~* Bedenkzeit *f*; *ik sta nog in ~* ich habe mich noch nicht entschieden; **~slagen** [-sla:ɣ̊ə(n)] (*beraadslaagde, beraadslaagd*) *v/i* beratschlagen, sich beraten (mit *j-m*); **~slaging** [-sla:ɣ̊ɪŋ] *f* Beratung *f*, Debatte *f*.
beraden [bə'ra:də(n)] (*beraadde od. beried, beraden*) *v/r* sich bedenken, sich *etw.* gründlich überlegen.
bera|men [bə'ra:mə(n)] planen, *e-n Plan* entwerfen; *Kosten* veranschlagen; *Mittel* ersinnen; **~ming** [-mɪŋ] *f* Schätzung *f*, Anschlag *m*.
berapen [bə'ra:pə(n)] (*Bau*) verputzen; (*mit Kalk*) bewerfen.
berde ['bɛrdə]: *te ~ brengen fig. etw.* aufs Tapet bringen; *Beweise* vorbringen.
berechten [bə'rɛxtə(n)] bedienen; die letzte Ölung geben; *jur.* verhandeln; *ein Urteil* aussprechen.
beredderen [bə'rɛdərə(n)] (an-)ordnen.
bereden [bə're:də(n)] beritten; reitend.
beredeneren [bəre·də'ne:rə(n)] begründen, besprechen, auseinandersetzen; *een beredeneerd verslag* ein motivierter Bericht; *een beredeneerd man* ein logisch denkender Mann.
berehuid ['be:rəhəʏt] (*-huiden*) *f* Bärenhaut *f*.
bereid [bə'rɛĭt] bereit, zugerichtet; **~heid** [-hɛĭt] *f* Bereitschaft *f*.
berei|den [bə'rɛĭdə(n)] (zu)bereiten; (an)fertigen; **~ding** [-dɪŋ] *f* (Zu-)Bereitung *f*; Anfertigung *f*.
bereid|vaardig [bə'rɛĭfa:rdəx] bereitwillig; **~willig** [-ʋɪləx] bereitwillig.
bereik [bə'rɛĭk] (*kein pl.*) *n* Bereich *m*; Umfang *m*; Möglichkeit *f*; *dat is boven mijn ~* das übersteigt meine Kräfte; *binnen ~* erreichbar; **~baar** [-ba:r] erreichbar; **~en** [-ə(n)] erreichen, erlangen, erzielen; ankommen.
bereisd [bə'rɛĭst]: *een ~ man* ein vielgereister Mann.
bereizen [bə'rɛĭzə(n)] bereisen.
bereken|baar [bə're·kə(n)ba:r] berechenbar; **~d** [-t]: *op iets ~ zijn* auf *etw.* berechnet sein; mit *etw.* rechnen; auf *etw.* vorbereitet sein; gewachsen sein (*D*); **~en** [-ə(n)] berechnen, einkalkulieren; **~ing** [-ɪŋ] *f* Berechnung *f*, Kalkulation *f*; *naar menselijke ~* nach menschlichem Ermessen.
bere|klauw ['be:rəklaŭ] *m u. f* Bärentatze *f*; *Bot.* Bärenklau *m u. f*; **~kuil** [-kəʏl] *m* Bärengrube *f*; **~muts** [-məts] *f* Bärenmütze *f*.
berg [bɛrx] *m* Berg *m*; *in Zssgn* Berg-, Gebirgs-; *de haren rezen hem te ~e* die Haare standen ihm zu Berge; **~achtig** [-ɑxtəx] bergig, gebirgig; **~af** [-'ɑf] bergab.
bergamot [bɛrɣ̊ɑ'mɔt] (*-ten*) *f Bot.* Bergamotte *f*.
berg|beklimmer ['bɛrɣ̊bəklɪmər] (*-s*) *m* Bergsteiger *m*; **~bewoner** [-bəʋo:nər] (*-s*) *m* Bergbewohner *m*, Gebirgsbewohner *m*; **~dorp** [-dɔrp] *n* Gebirgsdorf *n*.
bergen ['bɛrɣ̊ə(n)] (*borg, geborgen*) bergen, aufbewahren, aufheben; unterbringen; *hij is geborgen* er ist in Sicherheit; (*finanziell*) er ist ein gemachter Mann; *het (vege) lijf ~* heil davonkommen; das Leben retten; sich retten.
berg|engte ['bɛrxɛŋtə] (*-s u. -n*) *f* Engpaß *m*; **~helling** [-hɛlɪŋ] *f* Bergabhang *m*; **~gids** [-xi·ts] *m* Bergführer *m*; **~hut** [-hət] (*-ten*) *f* Berghütte *f*, Schutzhütte *f*.
berging ['bɛrɣ̊ɪŋ] *f* Bergung *f*.
berg|kam ['bɛrxkɑm] (*-men*) *m* Berggrat *m*; **~keten** [-ke·tə(n)] (*-s*) *f* Gebirgskette *f*; **~kristal** [-krɪstɑl] *n* Bergkristall *m*.
bergloon ['bɛrxlo:n] (*-lonen*) *n* Bergelohn *m*, Bergegeld *n*.
bergop [bɛr'ɣ̊ɔp] bergauf.
bergpas ['bɛrxpɑs] (*-sen*) *m* Bergpaß *m*, Gebirgspaß *m*.
bergplaats ['bɛrxpla:ts] *f* Lagerraum *m*, Aufbewahrungsort *m*; Speicher *m*, Boden *m*; Abstellraum *m*.

Bergrede ['bɛrxre:də] *f Rel.* Bergpredigt *f.*
berg|rug ['bɛrxrəx] (*-gen*) *m* Bergrücken *m*; **~spoor** [-spo:r] (*-sporen*) *n* Bergbahn *f*; **~stok** [-stɔk] (*-ken*) *m* Bergstock *m*; **~tocht** [-tɔxt] *m* Bergfahrt *f*, Bergtour *f*; **~top** [-tɔp] (*-pen*) *m* Bergkuppe *f*; (Berg-)Gipfel *m*; **~weide** [-ʋɛĭdə] *f* Bergweide *f*, Alm *f*, Matte *f*; **~zout** [-sɑut] *n* Bergsalz *n.*
bericht [bə'rɪxt] *n* Nachricht *f*, Mitteilung *f*, Anzeige *f*; Bericht *m*; *telegrafisch ~* Drahtbericht *m*; **~en** [-ə(n)] melden, mitteilen; anzeigen; **~gever** [-xe·v̊ər] (*-s*) *m* Berichterstatter *m.*
beried [bə'ri·t] *s. beraden.*
berijd|baar [bə'rɛĭdba:r] (*für Wagen*) befahrbar; Reit- (*Weg*); **~en** [-ə(n)] befahren; **~er** [-ər] (*-s*) *m* Fahrer *m*; Reiter *m.*
beril [bə'ril] (*-len*) *m u. n* Beryll *m.*
beris|pen [bə'rɪspə(n)] tadeln, rügen; **~ping** [-pɪŋ] *f* Tadel *m*, Verweis *m*, Strafe *f*, Rüge *f.*
berk [bɛrk] *m*, **~eboom** [-əbo:m] (*-bomen*) *m* Birke *f*; **~ehout** [-əhɑut] *n* Birkenholz *n.*
Berlijn [bɛr'lɛĭn] *n* Berlin *n*; **~er** [-ər] (*-s*) *m* Berliner *m*; **~s** [-s] berlinisch, Berliner ..., Berlin-; **~se** [-sə] (*-n*) *f* Berlinerin *f.*
berm [bɛrm] *m* Böschung *f*; Rain *m*, Bankette *f.*
Bernard ['bɛrnɑrt] Bernhard.
bernardshond *a.* **sint-~** [sɪnt-'bɛrnɑrtshɔnt] *m Zool.* Bernhardiner *m.*
beroem|d [bə'ru·mt] berühmt; **~dheid** [-thɛĭt] (*-heden*) *f* Berühmtheit *f*; **~en** [-ə(n)] *v/r* sich rühmen (*op/G*); *zich ~ op* prahlen mit, sich brüsten mit.
beroep [bə'ru·p] *n* Beruf *m*, Gewerbe *n*, Handwerk *n*; Berufung *f*, Appell *m*; *een ~ uitoefenen ein Handwerk, e-n Beruf* ausüben; *kleermaker van ~ s-s* Zeichens (ein) Schneider; von Beruf Schneider; der Beruf *e-s* Schneiders; *in hoger ~ gaan* Berufung einlegen; *tegen iets ~ aantekenen* Einspruch erheben; *een ~ beroep doen op e-n* Appell richten an *A*; appellieren an *A.*
beroepen [bə'ru·pə(n)] durch Rufen erreichen; berufen; zusammenrufen; ernennen, wählen; *zich ~ op* sich berufen auf *A*; sich beziehen auf *A*; appellieren an *A.*
beroeps|bezigheid [bə'ru·bzbe·zəxhɛĭt] (*-heden*) *f* Berufsarbeit *f*; **~halve** [-hɑlv̊ə] beruflich, amtlich; **~keuze** [-kø:zə] *f* Berufswahl *f*; **~onderwijs** [-ɔndərʋɛĭs] *n* Berufsunterricht *m*; **~opleiding** [-ɔplɛĭdɪŋ] *f* (Berufs-)Ausbildung *f*; **~speler** [-spe·lər] (*-s*) *m Sp.* Berufsspieler *m*, F Profi *m*; Lizenzspieler *m.*
beroerd [bə'ru:rt] erbärmlich, elend; verteufelt; abscheulich; *ik voel me ~* mir ist schlecht; *hij is er ~ aan toe* es steht schlecht mit ihm.
beroe|ren [bə'ru:rə(n)] be-, anrühren; aufwiegeln, aufrühren; empören; **~ring** [-rɪŋ] *f* Berührung *f*; Empörung *f*; Aufruhr *m*; **~rling** [-rlɪŋ] *m* F verfluchter Kerl.
beroerte [bə'ru:rtə] (*-n u. -s*) *f Med.* Schlaganfall *m*; *een ~ krijgen* vom Schlage getroffen werden; *Raad van* ♀*n hist.* Rat *m* der Unruhen.
berokkenen [bə'rɔkənə(n)] verursachen, zufügen; *iemand leed ~ j-m* Kummer machen; *schade ~* Schaden zufügen.
berooid [bə'ro:ĭt] ohne Geld; bettelarm, heruntergekommen.
berookt [bə'ro:kt] angeräuchert, verräuchert.
berouw [bə'rɑŭ] *n* Reue *f*; *~ hebben over etw.* bereuen; reuen, gereuen.
beroven [bə'ro:v̊ə(n)] berauben; *iemand van het leven ~ j-n* töten, umbringen.
berrie ['bɛri:] (*-s*) *f* (Trag-)Bahre *f.*
berst [bɛrst] *m u. f s. barst.*
bersten ['bɛrstə(n)] (*berstte od. borst, geborsten*) *s. barsten.*
berucht [bə'rəxt] berüchtigt, verrufen; *~ geworden* in üblen Ruf gebracht; **~heid** [-hɛĭt] *f* übler Ruf.
berusten [bə'rəstə(n)]: *~ op* beruhen auf *D*, sich gründen auf *A*; *~ in* sich zufriedengeben mit; sich fügen in *A*; *~ in zijn lot* sich in sein Schicksal ergeben; *daarin kan ik niet ~* das kann ich mir nicht gefallen lassen; *in een vonnis ~* ein Urteil hinnehmen; *~ bij* in Verwahrung sein, aufbewahrt werden.
berusting [bə'rəstɪŋ] *f* Ergebung *f*; Hinnahme *f*; *onder mijn ~* in meinem Besitz, bei mir in Verwahrung.
bes[1] [bɛs] (*-sen*) *f* Beere *f.*
bes[2] *f Mus.* B *n.*

bes[3] *f* Mütterchen *n*, altes Weibchen.
beschaafd [bə'sxa:ft] gebildet; zivilisiert; *algemeen* ~ *n* Hochsprache *f*; *een* ~ *volk* Kulturvolk *n*; *dat is niet* ~ das ist nicht anständig; *gedraag u* ~ benehmen Sie sich anständig; ~*e manieren* feine Sitten, Manieren *f/pl.*; ~**heid** [-hɛit] *f* Bildung *f*; Lebensart *f*; *fig.* Schliff *m*.
beschaamd [bə'sxa:mt] beschämt, verschämt, verlegen.
beschadigd [bə'sxa:dəxt] beschädigt, schadhaft.
beschadigen [bə'sxa:dəɣ̊ə(n)] beschädigen; schaden *D*.
beschaduwen [bə'sxa:dy·ŭə(n)] beschatten.
beschamen [bə'sxa:mə(n)] beschämen; *iemands verwachting* ~ *j-s* Erwartung enttäuschen.
bescha|ven [bə'sxa:v̊ə(n)] (aus)bilden, zivilisieren; verfeinern; ~**ving** [-v̊ɪŋ] *f* Bildung *f*; Zivilisation *f*, Kultur *f*; Gesittung *f*; *trap van* ~ Kulturstufe *f*; Bildungsstufe *f*; ~**vingsgeschiedenis** [-v̊ɪŋsxə'sxi·dənɪs] *f* Kulturgeschichte *f*.
bescheid [bə'sxɛit] *n* Bescheid *m*, Antwort *f*; ~ *geven* Bescheid sagen; Auskunft geben; *e-e* Antwort zukommen lassen; berichten.
bescheiden[1] [bə'sxɛidə(n)] *n/pl.* Unterlagen *f/pl.*, Dokumente *n/pl.*; Akten *f/pl.*
bescheiden[2] *Adj.* bescheiden, anspruchslos; (*Urteil, Meinung, Rat*) unmaßgeblich.
bescheiden[3] entbieten; bescheiden; *hij heeft mij hier* ~ er hat mich zu sich gebeten.
bescherm|eling [bə'sxɛrməlɪŋ] *m* Schützling *m*; ~**en** [-ə(n)] (be-)schützen; ~*de rechten* Schutzzölle *m/pl.*; ~**engel** [-ɛŋəl] (*-en*) *m* Schutzengel *m*; ~**er** [-ər] (*-s*) *m* (Be-)Schützer *m*, Verteidiger *m*; (*Kunst*) Förderer *m*, Gönner *m*; ~**heer** [-he:r] (*-heren*) *m* Schutzherr *m*, Schirmherr *m*, Gönner *m*; ~**heerschap** [-he:rsxɑp] (*-pen*) *n* Schirmherrschaft *f*; ~**heilige** [-hɛiləɣ̊ə] (*-n*) *m u. f* Schutzheilige(r *m*) *f*; ~**ing** [-ɪŋ] *f* Beschützung *f*, Schutz *m*, Beschirmung *f*; ~ *verlenen* Schutz gewähren; ~ *tegen luchtaanvallen* Luftschutz *m*; ~ *der burgerbevolking* Zivilschutz *m*.
beschieten[1] [bə'sxi·tə(n)] beschießen.
beschieten[2] verkleiden, täfeln.
beschieting [bə'sxi·tɪŋ] *f* Beschießung *f*.
beschijnen [bə'sxɛinə(n)] bescheinen, beleuchten.
beschik|baar [bə'sxɪgba:r] verfügbar, zur Verfügung; ~**ken** [-kə(n)] besorgen, ordnen, bestellen; ~ *over* verfügen über *A*; (*Betrag*) zur Verfügung haben; *de mens wikt* (*en*) *God beschikt* der Mensch denkt, Gott lenkt; *afwijzend* ~ ablehnen, abschlägig bescheiden; ~**king** [-kɪŋ] *f* Anordnung *f*, Verfügung *f*; *dat staat te uwer* ~ das steht zu Ihrer Verfügung; ~ *van de Voorzienigheid* Fügung *f* der Vorsehung.
beschilderen [bə'sxɪldərə(n)] be-, übermalen; anstreichen.
beschimmel|d [bə'sxɪməlt] verschimmelt, schimm(e)lig; ~**en** [-ə(n)] verschimmeln, schimm(e)lig werden.
beschim|pen [bə'sxɪmpə(n)] beschimpfen; verhöhnen; ~**ping** [-pɪŋ] *f* Beschimpfung *f*; Hohn *m*.
beschoeien [bə'sxu·ĭjə(n)] (*Damm, Deich usw.*) befestigen.
beschonken [bə'sxɔnkə(n)] betrunken, berauscht, F beschwipst.
beschoren [bə'sxo:rə(n)] beschieden.
beschot[1] [bə'sxɔt] (*-ten*) *n* Bretterverschlag *m*, Täfelung *f*; Scheidewand *f*.
beschot[2] *n* Ertrag *m*.
beschou|wen [bə'sxɑŭə(n)] betrachten, beobachten, besehen; *iemand als een eerlijk mens* ~ *j-n* für *e-n* ehrlichen Menschen halten; *alles wel beschoud* alles wohl erwogen; *op zichzelf beschouwd* an und für sich; ~**wing** [-ʋɪŋ] *f* Betrachtung *f*; *buiten* ~ *laten* außer Betracht lassen.
beschrij|ven [bə'sxrɛiv̊ə(n)] beschreiben, schildern; schriftlich festsetzen; *beschreven* (*Recht usw.*) verbrieft; ~**ving** [-v̊ɪŋ] *f* Beschreibung *f*, Schilderung *f*; *dat gaat alle* ~ *te boven* das läßt sich nicht beschreiben; ~**vingsbiljet** [-v̊ɪŋzbɪl'je·t] (*-ten*) *n* (*Steuer*) Veranlagungsformular *n*.
beschroomd [bə'sxro:mt] scheu, schüchtern, verlegen.

beschuit [bə'sxəʏt] *f* Zwieback *m*; **~trommel** [-trɔməl] (*-s*) *f* Zwiebackdose *f*.

beschul|digde [bə'sxəldəɣ̊də] (*-n*) *m u. f* Angeklagte(r *m*) *f*, Beschuldigte(r *m*) *f*; *bank der ~n* Anklagebank *f*; **~digen** [-dəɣ̊ə(n)] anklagen, beschuldigen; **~diging** [-dəɣ̊ɪŋ] *f* Anklage *f*, Beschuldigung *f*; *in staat van ~ stellen* unter Anklage stellen; *akte van ~* Anklageschrift *f*.

beschut|ten [bə'sxətə(n)]: *~ voor* (be)schützen vor *D*; *~ tegen* (be-) schützen gegen *A*; **~ting** [-ɪŋ] *f* Schutz *m*.

besef [bə'sɛf] (*kein pl.*) *n* Begriff *m*; Bewußtsein *n*, Gefühl *n*; *niet het minste ~* nicht die geringste Ahnung; **~fen** [-fə(n)] begreifen, einsehen, erkennen, fassen.

besjeshuis ['bɛʃəshəʏs] (*-huizen*) *n* Altersheim *n*; *s. a.* bes³.

beslaan [bə'sla:n] *Pferd* beschlagen; *Teig* (an)rühren; *Raum* einnehmen; *Fensterscheibe*: anlaufen; *een beslagen tong* e-e belegte Zunge; *hij is goed beslagen* er kennt seine Sache.

beslag [bə'slɑx] (*kein pl.*) *n* Beschlag *m*; (Mehl-)Teig *n*; *~ leggen op iemands bezit* *j-n* pfänden; *etw.* mit Beschlag belegen; *in ~ nemen* pfänden, beschlagnahmen; *~ krijgen* beenden; zum Abschluß kommen; **~legging** [-lɛɣ̊ɪŋ] *f* Beschlagnahme *f*, Pfändung *f*.

beslapen [bə'sla:pə(n)] beschlafen; *zich op iets ~* sich *etw.* beschlafen.

beslechten [bə'slɛxtə(n)] beilegen, entscheiden, schlichten; *hiermee is de zaak beslecht* hiermit ist die Angelegenheit entschieden, abgeschlossen.

beslis|sen [bə'slɪsə(n)] entscheiden; **~sing** [-ɪŋ] *f* Entscheidung *f*; *een ~ nemen* e-e Entscheidung treffen; **~singswedstrijd** [-ɪŋsʋɛtstrɛɪt] *m* Entscheidungskampf *m*; Endspiel *n*; **~t** [-t] bestimmt, entschieden, unbedingt; *het is ~ onmogelijk* es ist absolut unmöglich.

beslommering [bə'slɔmərɪŋ] *f* Sorge *f*, Mühe *f*.

besloten [bə'slo:tə(n)] entschlossen; (*Gesellschaft*, *Versammlung*, *Jagd usw.*) geschlossen.

besluit [bə'sləʏt] *n* Beschluß *m*, Entschluß *m*; Erlaß *m*; Schlußfolgerung *f*, Schluß *m*; *een koninklijk ~* e-e königliche Verfügung; *ministerieel ~* ministerielle Verfügung; *een ~ nemen* e-n Entschluß fassen; **~eloos** [-əlo:s] unentschlossen, unschlüssig; **~eloosheid** [-ə'lo:shɛɪt] *f* Unschlüssigkeit *f*, Unentschlossenheit *f*; **~en** [-ə(n)] *v/i* beschließen, sich entschließen; veranlassen; schließen, folgern; beendigen, abschließen; **~vaardig** [-'fa:rdəx] beschlußfähig.

besmeren [bə'sme:rə(n)] beschmieren, bestreichen; beschmutzen, besudeln.

besmet [bə'smɛt] verseucht, infiziert, angesteckt; **~telijk** [-ələk] ansteckend; **~ten** [-ə(n)] anstecken, infizieren; beschmutzen, besudeln; **~ting** [-ɪŋ] *f* Infektion *f*, Ansteckung *f*; Besudelung *f*; **~tingshaard** [-ɪŋsha:rt] *m* Seuchenherd *m*.

besnaard [bə'sna:rt] besaitet.

besneeuwd [bə'sne:ŭt] beschneit.

besnij|den [bə'snɛɪdə(n)] beschneiden; **~denis** [-dənɪs] *f* Beschneidung *f*.

besnoeien [bə'snu·ijə(n)] einschränken, schmälern, beschneiden.

besnuffelen [bə'snəfələ(n)] beschnüffeln, beschnuppern.

besommen [bə'sɔmə(n)] einbringen, erzielen.

bespannen [bə'spɑnə(n)] bespannen.

bespa|ren [bə'spa:rə(n)] (er)sparen; *er blijft hem niets bespaard* es bleibt ihm nichts erspart; **~ring** [-rɪŋ] *f* Ersparung *f*, Ersparnis *f*; *~en doen* sich einschränken.

bespatten [bə'spɑtə(n)] bespritzen.

bespelen [bə'spe:lə(n)] (be)spielen; *het orgel ~* auf der Orgel spielen.

bespeuren [bə'spø:rə(n)] (ver)spüren, bemerken, gewahr werden.

bespieden [bə'spi·də(n)] belauern, beobachten, bespitzeln.

bespiege|len [bə'spi·ɣələ(n)] betrachten; spekulieren; **~lend** [-t] beschaulich; spekulativ; **~ling** [-lɪŋ] *f* Betrachtung *f*; Überlegung *f*; Glosse *f*.

bespioneren [bəspi·jɔ'ne:rə(n)] bespitzeln, ausspionieren; erspähen.

bespoedigen [bə'spu·dəɣ̊ə(n)] beschleunigen.

bespoelen [bə'spu·lə(n)] bespülen.

bespot|telijk [bə'spɔtələk] lächerlich; **~ten** [-ə(n)] verspotten, ver-

höhnen; spotten über *A*; **~ting** [-ıŋ] *f* Verspottung *f*, Verhöhnung *f*, Spott *m*.
bespraakt [bə'spra:kt] beredt; **~heid** [-hɛit] *f* Beredsamkeit *f*.
bespreekbureau [bə'spre:kby·ro:] (*-s*) *n Thea.* Büro *n*, Tageskasse *f*, Kasse *f*.
bespre|ken [bə'spre:kə(n)] besprechen; bestellen; *plaatsen ~* Plätze belegen, reservieren; **~king** [-kıŋ] *f* Besprechung *f*, Unterredung *f*, Aussprache *f*, Diskussion *f*, Debatte *f*; *Thea. usw.* Vorverkauf *m*; Reservierung *f*, Bestellung *f*, Belegung *f*.
besprenkelen [bə'sprɛŋkələ(n)] (be)sprenkeln, besprengen.
bespringen [bə'sprıŋə(n)] bespringen; überfallen.
besproeien [bə'spru·ijə(n)] benetzen, befeuchten; wässern, begießen.
bespuiten [bə'spəʏtə(n)] bespritzen.
bespuwen [bə'spy·ʋə(n)] bespukken, bespeien; anspucken, anspeien.
bessengelei ['bɛsə(n)ʒəlɛi] *f* Johannisbeergelee *n*.
besse|sap ['bɛsəsɑp] *n* Johannisbeersaft *m*; **~struik** [-strəʏk] *m* Johannisbeerstrauch *m*.
best [bɛst] (*s. goed, wel*) beste; *zijn ~ doen* sein Bestes tun, sich Mühe geben; *ten ~e geven* zum besten geben; *niet al te ~* nicht zum besten, mäßig; *de eerste de ~e* der erste beste; *mij ~* mir (ist das) recht; *dat is van het bovenste ~e* das ist ausgezeichnet; *het ~e!* leben Sie wohl!; (*zu e-m Kranken*) gute Besserung!; *ik wens U het ~e* viel Erfolg!
bestaan[1] [bə'sta:n] *n* Dasein *n*, Existenz *f*, Bestehen *n*; Auskommen *n*; *middelen van ~* Erwerbsmittel *n/pl.*; *een ruim ~ hebben* ein gutes Auskommen haben; *de strijd om het ~* der Kampf ums Dasein.
bestaan[2] bestehen, existieren, leben; unternehmen, wagen; *het plan bestaat* man beabsichtigt; *hoe bestaat het?* wie ist das möglich?; *dat bestaat niet* das gibt es nicht, das ist nicht möglich!; **~baar** [-ba:r] möglich; haltbar.
bestand[1] [bə'stɑnt] (*kein pl.*) *n* Waffenstillstand *m*.
bestand[2] standhaft; *~ zijn tegen vuur* feuerbeständig, feuerfest; *~ zijn tegen iets etw.* aushalten können; *~ zijn tegen iemand j-m* gewachsen sein; **~deel** [-de:l] (*-delen*) *n* Bestandteil *m*.
besteden [bə'ste:də(n)] *Geld* ausgeben, anlegen; *Zeit, Mühe* verwenden; *Kräfte* aufwenden; *nuttig ~* verwerten, benutzen.
bestek [bə'stɛk] (*-ken*) *n* (Bau-)Kostenanschlag *m*, Baubeschreibung *f*; Verdingungsunterlagen *f/pl.*; Bauplan *m*; Plan *m*, Entwurf *m*; Umfang *m*; (Eß-)Besteck *n*; *in een kort ~* zusammengefaßt; *in het ~ van dit boek* im Rahmen dieses Buches.
besteken [bə'ste:kə(n)]: *iemand ~ j-n* beschenken.
bestel [bə'stɛl] (*kein pl.*) *n* (Ver-)Fügung *f*; Maßnahme *f*; Vermittlung *f*.
bestel|auto [bə'stɛlɑuto·] (*-'s*) *m* Lieferwagen *m*, Lieferauto *n*; Combiwagen *m*; **~baar** [-ba:r] bestellbar, zustellbar, lieferbar; **~bon** [-bɔn] (*-nen*) *f*, **~briefje** [-bri·fjə] (*-s*) *n* Bestellzettel *m*, Bestellschein *m*, Lieferschein *m*.
bestelen [bə'ste:lə(n)] bestehlen.
bestel|fiets [bə'stɛlfi·ts] *m u. f* Lieferrad *n*; **~geld** [-ɣ̂ɛlt] *n* Bestellgebühr *f*, Zustellgebühr *f*; **~goed** [-ɣ̂u·t] (*-goederen*) *n* Bestellgut *n*; **~kantoor** [-kɑn'to:r] (*-toren*) *n* Güterannahmestelle *f*; Speditionsgeschäft *n*.
bestel|len [bə'stɛlə(n)] bestellen, besorgen; *Briefe* austragen; *ter aarde ~* beerdigen; **~ler** [-ər] (*-s*) *m* Besteller *m*, Auftraggeber *m*; Briefträger *m*; **~ling** [-ıŋ] *f* Bestellung *f*, Auftrag *m*; *bei ~ van* bei Bezug von; **~loon** [-o:n] (*kein pl.*) *n* Bestellgebühr *f*; **~wagen** [-ʋa:ɣ̂ə(n)] (*-s*) *m* Lieferwagen *m*.
bestem|meling [bə'stɛməlıŋ] *m* Empfänger *m*, Auftraggeber *m*, Adressat *m*; **~men** [-ə(n)] bestimmen; feststellen; *ter bestemder plaatse* an Ort und Stelle; **~ming** [-ıŋ] *f* Bestimmung *f*; *plaats van ~* Bestimmungsort *m*.
bestemoer ['bɛstəmu:r] (*-s*) *f* Großmutter *f*; Mütterchen *n*.
bestempelen [bə'stɛmpələ(n)] stempeln; bezeichnen.
bestendig [bə'stɛndəx] beständig, dauerhaft; **~heid** [-hɛit] *f* Beständigkeit *f*, Dauerhaftigkeit *f*.

besterven [bə'stɛrv̊ə(n)] ersterben; *het woord bestierf hem op zijn lippen* das Wort erstarb ihm auf den Lippen; *ik zal het nog ~* es wird noch mein Tod sein; *vlees laten ~* Fleisch mürbe werden lassen; *het ~* totenblaß werden; *bestorven vlees* mürbes Fleisch.

bestevaar ['bɛstəv̊a:r] (*-s*) *m* Großvater *m*; Väterchen *n*.

bestiering [bə'sti:rɪŋ] *f* Fügung *f*, Schickung *f*.

bestijgen [bə'stɛiɣ̊ə(n)] besteigen, ersteigen.

bestoken [bə'sto:kə(n)] heftig beschießen; *j-m* hart zusetzen.

bestor|men [bə'stɔrmə(n)] (be-)stürmen, erstürmen; **~ming** [-mɪŋ] *f* Stürmen *n*, Erstürmung *f*, Sturm *m*.

bestoven [bə'sto:v̊ə(n)] bestäubt; verstaubt.

bestraf|fen [bə'strɑfə(n)] bestrafen; tadeln; ahnden; **~fing** [-ɪŋ] *f* Bestrafung *f*; Tadel *m*, Verweis *m*.

bestra|len [bə'stra:lə(n)] bestrahlen; beleuchten; **~ling** [-lɪŋ] *f* Bestrahlung *f*; **~lingsmethode** [-lɪŋsme·to·də] (*-n u. -s*) *f* Bestrahlungsverfahren *n*.

bestra|ten [bə'stra:tə(n)] pflastern; **~ting** [-tɪŋ] *f* Pflasterung *f*; Pflaster *n*.

bestrij|den [bə'strɛidə(n)] bestreiten, bekämpfen; *Beschluß, Unkosten usw.* anfechten; *een bestreden stelling* ein umstrittener Standpunkt; **~ding** [-dɪŋ] *f* Bekämpfung *f*.

bestrijken [bə'strɛikə(n)] bestreichen, beschmieren; *mil.* beherrschen.

bestrooien [bə'stro:ijə(n)] bestreuen.

bestuderen [bəsty''de:rə(n)] studieren.

besturen [bə'sty:rə(n)] führen, leiten; *Schiff usw.* steuern; verwalten, regieren; vorstehen *D*; *een auto ~* ein Auto lenken, fahren; *radiografisch bestuurd* ferngelenkt.

bestuur [bə'sty:r] *n* Verwaltung *f*, Direktion *f*; Regierung *f*, Obrigkeit *f*; *stedelijk ~* Stadtverwaltung *f*; (*Verein*) Vorstand *m*; Führung *f*; *het centraal ~* die zentrale Behörde; **~der** [-dər] (*-s*) *m* Führer *m*, Leiter *m*, Verwalter *m*, Vorsteher *m*; Lenker *m*; (*Auto*) Fahrer *m*; Pilot *m*, Flugzeugführer *m*.

bestuurs|beleid [bə'sty:rzbəlɛit] (*kein pl.*) *n* Verwaltungstätigkeit *f*; Führung *f*; **~lid** [-lɪt] (*-leden*) *n* Vorstandsmitglied *n*; **~vergadering** [-fərɣ̊a:dərɪŋ] *f* Vorstandssitzung *f*; **~verkiezing** [-fərki·zɪŋ] *f* Vorstandswahl *f*; **~vorm** [-fɔrm] *m* Verwaltungsform *f*.

bestwil ['bɛstʊɪl]: *voor uw eigen ~* zu Ihrem eigenen Besten; *een leugentje om ~* e-e Notlüge.

betaal|baar [bə'ta:lba:r] zahlbar; **~dag** [-dɑx] *m* Zahltag *m*; **~meester** [-me:stər] (*-s*) *m* Zahlmeister *m*; **~tijd** [-tɛit] *m* Zahlungstermin *m*, Zahlungsfrist *f*.

beta|len [bə'ta:lə(n)] (be)zahlen, entrichten; *het iemand betaald zetten j-m etw.* heimzahlen; **~ler** [-lər] (*-s*) *m* Zahler *m*, Zahlende(r) *m*; **~ling** [-lɪŋ] *f* (Be-)Zahlung *f*; *zijn ~ staken* seine Zahlungen einstellen; **~stermijn** [-stɛrmɛin] *m* Zahlungsfrist *f*; **~svoorwaarden** [-s'fo:rʋa:rdə(n)] *f/pl.* Zahlungsbedingungen *f/pl.*

betamelijk [bə'ta:mələk] geziemend, anständig, schicklich; **~heid** [-hɛit] *f* Schicklichkeit *f*, Anstand *m*.

betamen [bə'ta:mə(n)] *v/i* sich (ge-)ziemen, sich gebühren, sich schicken.

betasten [bə'tɑstə(n)] betasten, befühlen.

bete ['be:tə] (*-n*) *f s. beet.*

betegelen [bə'te:ɣ̊ələ(n)] fliesen, kacheln, mit Platten belegen.

beteke|nen [bə'te:kənə(n)] bedeuten, heißen; *jur.* zustellen *D*; *wat moet dat ~?* was soll das heißen?; *dat heeft weinig te ~* das bedeutet nicht viel, das ist unwichtig; **~nis** [-nɪs] (*-sen*) *f* Bedeutung *f*; *niets van ~* nichts Wesentliches; *in de volste ~* im tiefsten Sinn (*des Wortes*); *~ hechten aan* Bedeutung beimessen.

beter ['be:tər] (*s. goed, wel*) besser; *bij gebrek aan ~* in Ermangelung e-s Bessern; *het is ~ geworden* es hat sich gebessert.

beteren[1] ['be:tərə(n)] besser werden, genesen; sich bessern; *God beter 't* Gott sei es geklagt.

beteren[2] [bə'te:rə(n)] teeren.

beter|hand ['be:tərhɑnt]: *aan de ~*

auf dem Wege der Besserung; **~schap** [-sxɑp] *f* Besserung *f*; *~!* gute Besserung!
beteugelen [bəˈtøːɣ̊ələ(n)] zügeln, bezähmen, im Zaume halten.
beteuterd [bəˈtøːtərt] verdutzt, betreten, verwirrt, bestürzt.
betich|ten [bəˈtɪxtə(n)] *j-n* bezichtigen, *j-n* beschuldigen (*van/G*); **~ting** [-tɪŋ] *f* Bezichtigung *f*, Beschuldigung *f*, Anschuldigung *f*.
betijen [bəˈtɛĭjə(n)]: *laten ~* gewähren lassen.
betimmeren [bəˈtɪmərə(n)] täfeln, (*mit Holz*) verkleiden.
betitelen [bəˈtɪtələ(n)] betiteln, titulieren.
Betje [ˈbɛtjə] *n* Lieschen *n*, Elisabeth *f*.
beto|gen [bəˈtoːɣ̊ə(n)] darlegen, beweisen; demonstrieren; **~ging** [ɣ̊ɪŋ] *f* Kundgebung *f*; *een ~ houden* e-e Kundgebung abhalten; demonstrieren.
beton [bəˈtɔn] *n* Beton *m*; *gewapend ~* Eisenbeton *m*, armierter Beton; **~blok** [-blɔk] (*-ken*) *n* Betonklotz *m*; **~bouw** [-bɑŭ] *m* Betonbau *m*; **~laag** [-laːx] (*-lagen*) *f* Betonschicht *f*.
betonen [bəˈtoːnə(n)] (be)zeigen, erweisen, beweisen; hervorheben, betonen.
beton|molen [bəˈtɔnmoːlə(n)] (*-s*) *m* Betonmischer *m*; **~nen** [-ə(n)] *Adj.* Beton-.
betoog [bəˈtoːx] (*-togen*) *n* Beweisführung *f*; Erörterung *f*, Darlegung *f*, Auseinandersetzung *f*.
betoveren [bəˈtoːv̊ərə(n)] behexen, verzaubern; entzücken, bezaubern.
betover|grootmoeder [ˈbɛtoːv̊ərɣ̊roːtmuˑdər] (*-s*) *f* Ururgroßmutter *f*; **~grootvader** [-ɣ̊roːtfaːdər] (*-s*) *m* Ururgroßvater *m*.
betovering [bəˈtoːv̊ərɪŋ] *f* Verzauberung *f*; Bezauberung *f*, Charme *m*, Zauber *m*.
betraand [bəˈtraːnt] tränenbenetzt, verweint.
betrach|ten [bəˈtrɑxtə(n)] *Pflicht* erfüllen; **~ting** [-tɪŋ] *f* Erfüllung *f*; Beherzigung *f*.
betrappen [bəˈtrɑpə(n)] ertappen; *~ op heter daad* auf frischer Tat ertappen.
betreden [bəˈtreːdə(n)] betreten.
betref|fen [bəˈtrɛfə(n)] betreffen, angehen, anbelangen; *het betreft ...* es handelt sich um ... (*A*); **~fend** [-ənt] in betreff *G*, betreffs *G*; *~ uw (aan)vraag* bezüglich Ihrer Anfrage.
betrek|kelijk [bəˈtrɛkələk] bezüglich, sich beziehend auf (*A*); *Gr.* relativ; ziemlich, verhältnismäßig; *het ~ voornaamwoord* das Relativpronomen, das bezügliche Fürwort; **~ken** [-ə(n)] *Waren*, *Wohnung* beziehen; *in e-e Sache* verwickeln, hineinziehen; *jur.* belangen; *Himmel*: sich beziehen, sich trüben; **~king** [-ɪŋ] *f* Beziehung *f*, Bezug *m*, Verhältnis *n*; Amt *n*, Stelle *f*, Stellung *f*; *met ~ tot (op)* mit Bezug auf *A*.
betreuren [bəˈtrøːrə(n)] bedauern; betrauern, beweinen; **~swaardig** [-sʊaːrdəx] bedauernswert.
betrokken [bəˈtrɔkə(n)] betrübt; traurig; finster; abgespannt; *de ~ lucht (hemel)* der bedeckte Himmel; *de ~ persoon* die betreffende (zuständige) Person; *de ~ partijen* die Beteiligten; *~ zijn* beteiligt sein; **~e** [-ə] *m Hdl.* Bezogene(r), Trassat *m*.
betrouwbaar [bəˈtrɑŭbaːr] zuverlässig; verläßlich.
betrouwen [bəˈtrɑŭə(n)] zutrauen; anvertrauen.
betten [ˈbɛtə(n)] anfeuchten; abtupfen.
betui|gen [bəˈtəʏɣ̊ə(n)] bezeugen, erklären; versichern; *seine Unschuld* beteuern; *dank ~* Dank aussprechen; **~ging** [-ɣ̊ɪŋ] *f* Bezeugung *f*, Versicherung *f*; *~ van dank* Danksagung *f*.
betweter [ˈbɛtʊeːtər] (*-s*) *m* Rechthaber *m*, Besserwisser *m*; **~ig** [-əx] rechthaberisch.
betwijfel|baar [bəˈtʊɛĭfəlbaːr] zweifelhaft; **~en** [-ə(n)] bezweifeln.
betwist [bəˈtʊɪst] strittig, umstritten; **~baar** [-baːr] anfechtbar; **~en** [-ə(n)] streitig machen; bestreiten.
beu [bøː] satt, müde, überdrüssig; *ik ben het ~* ich habe es satt.
beugel [ˈbøːɣ̊əl] (*-s*) *m* Bügel *m*; *dat kan niet door de ~* das geht nicht (an); das geht zu weit; **~tas** [-tɑs] (*-sen*) *f* Bügeltasche *f*.
beuk[1] [bøːk] *m* Buche *f*.
beuk[2] *m u. f* (*Kirche*) Schiff *n*.
beuke|laar [ˈbøːkəlaːr] (*-s*) *m* Schuld *f*; **~hout** [-hɑut] *n* Buchenholz *n*; **~noot** [-noːt] (*-noten*) *f* Buchecker *f*; **~n** [-ə(n)] schlagen,

stoßen; **~nbos** [-(n)bɔs] (*-sen*) *n* Buchenwald *m*.
beul [bø:l] *m* Henker *m*, Scharfrichter *m*; Unmensch *m*; **~en** [-ə(n)] quälen, schinden; **~sknecht** [-s-knɛxt] (*-en u. -s*) *m* Henkersknecht *m*.
beunhaas [ˈbø:nha:s] (*-hazen*) *m* Pfuscher *m*; unberechtigter Makler, Werber, ungelernter Arbeiter.
beuren [ˈbø:rə(n)] (er)heben; *Geld* empfangen.
beurs[1] [bø:rs] (*beurzen*) *f* Börse *f*; Beutel *m*; Stipendium *n*; **~bericht** [-bəˈrɪxt] *n* Börsenbericht *m*; **~notering** [-nɔˈte:rɪŋ] *f* Kurs(notierung *f*) *m*, Tageskurs *m*; **~student** [-sty·-dɛnt] *m* Stipendiat *m*; **~tijd** [-tɛĭt] *m* Börsenzeit *f*.
beurs[2] überreif.
beurt [bø:rt] Reihe *f*, Reihenfolge *f*; *Sp.* Durchgang *m*; *om de ~* der Reihe nach; *ik ben aan de ~* ich bin an der Reihe; *te ~ vallen* zuteil werden; *hij krijgt ook wel zijn ~* er wird schon Chancen haben; er wird schon darankommen; *om ~en* reihum, abwechselnd; *voor zijn ~ spreken* vorlaut sein; ungefragt sprechen; *aan de ~ van aftreding zijn* nach dem Turnus ausscheiden müssen; *nu krijg ik mijn ~* jetzt bin ich dran; **~elings** [-əlɪŋs] turnusgemäß; wechselweise, der Reihe nach, abwechselnd; **~gezang** [-xəzɑŋ] *n* Wechselgesang *m*; **~schip** [-sxɪp] (*-schepen*) *n* Linienschiff *n*; **~vaart** [-fa:rt] *f* Linien(schiff)fahrt *f*; **~zang** [-sɑŋ] *m* Wechselgesang *m*.
beurzensnijder [ˈbø:rzə(n)ˈsnɛĭdər] (*-s*) *m* Taschendieb *m*.
beuzel|aar [ˈbø:zəla:r] (*-s*) *m* Tändler *m*; Schwätzer *m*; **~achtig** [-ɑx-təx] unbedeutend, läppisch; **~arij** [-a·ˈrɛĭ] *f* Kleinigkeit *f*, Lappalie *f*; Tändelei *f*; **~en** [-ə(n)] tändeln; F faseln, schwatzen; lügen, F mogeln; **~praat** [-pra:t] *m* albernes Geschwätz; dummes Zeug.
bevaarbaar [bəˈv̊a:rba:r] schiffbar; **~heid** [-hɛĭt] *f* Schiffbarkeit *f*, Befahrbarkeit *f*.
beval [bəˈv̊ɑl] *s. bevelen*.
beval|len[1] [bəˈv̊ɑlə(n)] gefallen, zusagen; *het is mij goed ~* es hat mir gut gefallen; **~lig** [-əx] anmutig, lieblich; **~ligheid** [-əxhɛĭt] *f* Anmut *f*, Lieblichkeit *f*.
beval|len[2] niederkommen, entbunden werden; **~ling** [-ɪŋ] *f* Niederkunft *f*, Entbindung *f*.
bevangen [bəˈv̊ɑŋə(n)] überfallen, erfassen, ergreifen; *door de kou ~* vor Kälte erstarrt.
bevaren [bəˈv̊a:rə(n)] *v/t u. Adj.* befahren.
bevat|telijk [bəˈv̊ɑtələk] faßlich, begreiflich; (*Person*) intelligent, gelehrig, klug; **~ten** [-ə(n)] begreifen; fassen, enthalten; **~tingsvermogen** [-ɪŋsfərmo:ɣ̊ə(n)] *n* Fassungsvermögen *n*, Fassungskraft *f*; Verstand *m*.
bevechten [bəˈv̊ɛxtə(n)] bekämpfen; erfechten; *de overwinning ~* den Sieg davontragen.
beveili|gen [bəˈv̊ɛĭləɣ̊ə(n)] sichern; (be)schützen; **~ging** [-ɣ̊ɪŋ] *f* Schutz *m*, Beschützung *f*; *El.* Sicherung *f*.
bevel [bəˈv̊ɛl] *n* Befehl *m*, Geheiß *n*; *~ tot aanhouding* Haftbefehl *m*.
bevelen [bəˈv̊e:lə(n)] (*beval, bevolen*) befehlen, gebieten.
bevel|hebber [bəˈv̊ɛlhɛbər] (*-s*) *m* Befehlshaber *m*; **~schrift** [-sxrɪft] *n* Erlaß *m*, Dekret *n*.
beven [ˈbe:v̊ə(n)] beben, zittern; *~ van angst* zittern vor Angst.
bever [ˈbe:v̊ər] (*-s*) *m* Biber *m*; **~bont** [-bɔnt] *n* Biberpelz *m*; **~vel** [-v̊ɛl] (*-len*) *n* Biberfell *n*.
bevesti|gen [bəˈv̊ɛstəɣ̊ə(n)] befestigen; bekräftigen, bestärken; bestätigen; *Rel.* konfirmieren, einsegnen; *een ~d antwoord* e-e bejahende Antwort; e-e schriftliche Bestätigung; **~ging** [-ɣ̊ɪŋ] *f* Befestigung *f*; Bestätigung *f*, Bekräftigung *f*, Bestärkung *f*; Bejahung *f*; *Rel.* Konfirmation *f*; *~ van bestelling* Auftragsbestätigung *f*.
bevind [bəˈv̊ɪnt]: *naar ~ van zaken* nach den Umständen, nach Lage der Dinge.
bevin|den [bəˈv̊ɪndə(n)] finden, erfahren; *v/r* sich befinden; **~ding** [-dɪŋ] *f* Befinden *n*, Befund *m*; Erfahrung *f*.
beving [ˈbe:v̊ɪŋ] *f* Beben *n*, Zittern *n*.
bevlekken [bəˈv̊lɛkə(n)] beflecken, beschmutzen.
bevleugelen [bəˈvlø:ɣ̊ələ(n)] beflügeln, beschwingen.
bevlieging [bəˈv̊li·ɣ̊ɪŋ] *f* Anwandlung *f*.
bevlijtigen [bəˈv̊lɛĭtəɣ̊ə(n)] *v/r* sich befleißigen, sich bemühen.

bevloeien [bə'v̊lu·ījə(n)] bewässern, berieseln.
bevloe|ren [bə'v̊lu:rə(n)] pflastern, (*mit Fliesen, Brettern*) belegen; **~ring** [-rıŋ] *f* Pflasterung *f*; Belag *m*.
bevochtigen [bə'v̊ɔxtəɣ̊ə(n)] befeuchten, anfeuchten, benetzen.
bevoegd [bə'v̊u·xt] befugt, berechtigt, zuständig; fähig; *de ~e instantie* die zuständige Stelle; *~ tot* befähigt; **~heid** [-hɛīt] *f* Zuständigkeit *f*, Befugnis *f*; Fähigkeit *f*; *~ tot het geven van onderwijs* Lehrberechtigung *f*, Lehrbefähigung *f*.
bevoelen [bə'v̊u·lə(n)] befühlen, betasten.
bevolen [bə'vo:lə(n)] *s. bevelen*; *zoals ~* wie befohlen; *Gode ~!* Gott befohlen!
bevol|ken [bə'v̊ɔlkə(n)] bevölkern; **~king** [-kıŋ] *f* Bevölkerung *f*, Einwohnerschaft *f*; **~kingsaangroei** [-kıŋsa:nɣ̊ru·ī] *m* Bevölkerungszunahme *f*; **~kingsbureau** [-kıŋzby·'ro:] (*-s*) *n* Einwohnermeldeamt *n*; **~kingscijfer** [-kıŋseīfər] (*-s*) *n* Einwohnerzahl *f*; **~kingsregister** [-kıŋsrəɣ̊ıstər] (*-s*) *n* Einwohnerverzeichnis *n*.
bevoordelen [bə'v̊o:rde:lə(n)] bevorzugen, begünstigen.
bevooroordeeld [bəv̊o:r'o:rde:lt] voreingenommen; *een ~ rechter* ein befangener Richter.
bevoorrecht [bə'v̊o:rɛxt]: *~e vorderingen* (*od. schulden*) bevorrechtigte Forderungen *f/pl.*; Prioritätsschuld *f*; **~en** [-ə(n)] bevorrechten, bevorzugen.
bevoorra|den [bə'v̊o:ra:də(n)] bevorraten; *mit Vorräten* versehen; **~ding** [-dıŋ] *f* Bevorratung *f*; Versorgung *f*; *mil.* Nachschub *m*.
bevorde|raar [bə'v̊ɔrdəra:r] (*-s*) *m* Förderer *m*, Gönner *m*; **~ren** [-rə(n)] fördern, heben; *~ tot* befördern zu; **~ring** [-rıŋ] *f* Förderung *f*, Hebung *f*; Beförderung *f*; *Sp.* Aufstieg *m*; **~rlijk** [-rlək] förderlich, zuträglich *D*.
bevrach|ten [bə'v̊raxtə(n)] befrachten; beladen; **~ter** [-tər] (*-s*) *m* Befrachter *m*.
bevragen [be'v̊ra:ɣ̊ə(n)]: *te ~ bij* nähere Auskunft erteilt ...
bevredi|gen [bə'v̊re:dəɣ̊ə(n)] befriedigen, zufriedenstellen; **~gend** [-ɣ̊ənt] befriedigend; **~ging** [-ɣ̊ıŋ] *f* Befriedigung *f*.
bevreemden [bə'v̊re:mdə(n)] befremden.
bevreesd [bə'v̊re:st] ängstlich, besorgt; *~ zijn voor* sich fürchten vor *D*; *~ zijn dat* fürchten, daß; **~heid** [-hɛīt] *f* Furcht *f*, Angst *f*.
bevriend [bə'v̊ri·nt] befreundet.
bevriezen [bə'v̊ri·zə(n)] zufrieren, einfrieren, gefrieren; erfrieren; *bevroren vlees* Gefrierfleisch *n*.
bevrij|den [bə'v̊rɛīdə(n)] befreien, erlösen; **~der** [-dər] (*-s*) *m* Befreier *m*, Erlöser *m*; **~ding** [-dıŋ] *f* Befreiung *f*, Erlösung *f*.
bevroeden [bə'v̊ru·də(n)] einsehen, begreifen; ahnen.
bevroor [bə'v̊ro:r], **bevroren** [bə'vro:rə(n)] *s. bevriezen*.
bevruch|ten [bə'v̊rɵxtə(n)] befruchten; schwängern; **~ting** [-tıŋ] *f* Befruchtung *f*; Schwängerung *f*.
bevuilen [bə'vəʏlə(n)] beschmutzen, besudeln, beschmieren.
bewaar|der [bə'ʋa:rdər] (*-s*) *m* Bewahrer *m*, Verwahrer *m*; Wärter *m*; **~engel** [-ɛŋəl] *m* Schutzengel *m*; **~geving** [-ɣ̊e:v̊ıŋ] *f* Hinterlegung *f* (*von Wertpapieren*); Verwahrung *f*.
bewaarheiden [bə'ʋa:rhɛīdə(n)] (*bewaarheidde, bewaarheid*) bewahrheiten; bestätigen.
bewaar|loon [bə'ʋa:rlo:n] (*kein pl.*) *n* Lagergeld *n*, Lagergebühren *f/pl.*; Verwahrungsgebühr *f*; (*Auto usw.*) Parkgebühr *f*; **~plaats** [-pla:ts] *f* Aufbewahrungsort *m*, Verwahrungsort *m*; Lager *n*; Kinderhort *m*, Kinderheim *n*; **~school** [-sxo:l] (*-scholen*) *f* Kindergarten *m*; Vorschule *f*.
bewa|ken [bə'ʋa:kə(n)] hüten, bewachen, überwachen; **~ker** [-kər] (*-s*) *m* Hüter *m*, Wärter *m*.
bewandelen [bə'ʋandələ(n)] begehen; wandeln; beschreiten.
bewape|nen [bə'ʋa:pənə(n)] bewaffnen, rüsten; **~ning** [-nıŋ] *f* Bewaffnung *f*, Rüstung *f*; **~ningsindustrie** [-nıŋsındɵs'tri:] *f* Rüstungsindustrie *f*.
bewa|ren [bə'ʋa:rə(n)] aufbewahren, bewahren, verwahren, aufheben; schützen, behüten; *God bewaar me* Gott bewahre (mich); **~ring** [-rıŋ] *f* Bewahrung *f*, Verwahrung *f*; Gewahrsam *m*; *huis van*

~ Untersuchungsgefängnis *n*; *in verzekerde ~ nemen* verhaften; *in verzekerde ~* in Untersuchungshaft; *iets in ~ geven* etw. in Verwahrung geben.

bewasem|en [bəˈʋaːsəmə(n)] behauchen, anhauchen; **~d** [-t] (*Fensterscheibe usw.*) angelaufen.

bewassen [bəˈʋɑsə(n)] bewachsen.

bewateren [bəˈʋaːtərə(n)] bewässern, benetzen.

beweeg|baar [bəˈʋeːɣ̊baːr] bewegbar, beweglich; **~grond** [-xrɔnt] *m* Beweggrund *m*, Motiv *n*; **~kracht** [-krɑxt] *f* Antriebskraft *f*, Antrieb *m*; **~lijkheid** [-ləkhɛĭt] *f* Beweglichkeit *f*; **~reden** [-reːdə(n)] (*-en*) *f s. beweeggrond.*

bewe|gen [bəˈʋeːɣ̊ə(n)] *v/t* bewegen; veranlassen; *v/r* sich bewegen, sich regen, sich rühren; *hemel en aarde ~ fig.* Himmel und Erde in Bewegung setzen; **~ging** [-ɣ̊ɪŋ] *f* Bewegung *f*; *uit eigen ~* aus freien Stükken; **~gingloos** [-ɣ̊ɪŋloːs] regungslos.

bewenen [bəˈʋeːnə(n)] beweinen, betrauern.

bewe|ren [bəˈʋeːrə(n)] behaupten, beteuern; *de beweerde mishandeling* die angebliche Mißhandlung; **~ring** [-rɪŋ] *f* Behauptung *f*.

bewer|ken [bəˈʋɛrkə(n)] bearbeiten; verursachen, hervorrufen; veranlassen; **~ker** [-kər] (*-s*) *m* Bearbeiter *m*; Urheber *m*; **~king** [-kɪŋ] *f* Bearbeitung *f*; Ausführung *f*; **~kstelligen** [-gstɛləɣ̊ə(n)] bewerkstelligen, bewirken, zustande bringen.

bewesten [bəˈʋɛstə(n)] westlich *G.*

bewieroken [bəˈʋiːroːkə(n)] beweihräuchern; beräuchern.

bewijs [bəˈʋɛĭs] (*bewijzen*) *n* Beweis *m*, Nachweis *m*, Beleg *m*; Bescheinigung *f*; Beweisführung *f*; *~ van goed gedrag en zeden* Leumundszeugnis *n*, Führungszeugnis *n*; *~ op aanwijzingen* Indizienbeweis *m*; *~ van ontvangst* Empfangsschein *m*; *~ van bekwaamheid* Befähigungsnachweis *m*; *~ van geschiktheid als piloot* Führerschein *m*; *~ van toegang* Einttittskarte *f*; *~ van storting* Quittung *f*; **~baar** [-baːr] beweisbar, nachweisbar; **~grond** [-xrɔnt] *m* Beweisgrund *m*; **~stuk** [-tøk] (*-ken*) *n* Beleg *m*, Dokument *n*, Unterlage *f*.

bewijzen [bəˈʋɛĭzə(n)] beweisen, nachweisen, erweisen; belegen.

bewilligen [bəˈʋɪləɣ̊ə(n)] bewilligen; in *etw.* einwilligen.

bewimpelen [bəˈʋɪmpələ(n)] beschönigen, bemänteln.

bewind [bəˈʋɪnt] (*kein pl.*) *n* Verwaltung *f*; Regierung *f*; *het ~ voeren* verwalten, regieren; **~voerder** [-fuːrdər] (*-s*) *m* Verwalter *m*, Treuhänder *m*.

bewogen [bəˈʋoːɣ̊ə(n)] *Adj.* bewegt, gerührt; *s. bewegen.*

bewolken [bəˈʋɔlkə(n)] sich bewölken.

bewonde|ren [bəˈʋɔndərə(n)] bewundern, verehren; **~renswaard(ig)** [-rənsˈʋaːrdəx] bewundernswert, bewundernswürdig; **~ring** [-rɪŋ] *f* Bewunderung *f*.

bewonen [bəˈʋoːnə(n)] bewohnen.

bewoog [bəˈʋoːx] *s. bewegen.*

bewoonbaar [bəˈʋoːnbaːr] bewohnbar.

bewoordingen [bəˈʋoːrdɪŋə(n)] *f/pl.*: *in de volgende ~* mit diesen Worten; *volgens de ~ van het verdrag* nach dem Wortlaut des Vertrages.

bewust [bəˈʋøst] bewußt, erwähnt; *de ~e persoon* die betreffende Person; *ik ben er mij niet van ~* ich bin mir dessen nicht bewußt; **~eloos** [-əloːs] bewußtlos, besinnungslos; **~eloosheid** [-əˈloːshɛĭt] *f* Bewußtlosigkeit *f*, Ohnmacht *f*; **~zijn** [-sɛĭn] *n* Bewußtsein *n*; *het ~ verliezen* in Ohnmacht fallen, ohnmächtig werden.

bezaaien [bəˈzaːĭjə(n)] besäen; bestreuen.

bezaan [bəˈzaːn] (*-zanen*) *f mar.* Besan *m*; **~smast** [-smɑst] *m* Besanmast *m*.

bezadigd [bəˈzaːdəxt] besonnen, ruhig, maßvoll, bedächtig; **~heid** [-hɛĭt] *f* Besonnenheit *f*.

bezegelen [bəˈzeːɣ̊ələ(n)] besiegeln, versiegeln.

bezeilen [bəˈzɛĭlə(n)] besegeln; *met hem is geen land te ~* mit ihm ist nichts anzufangen.

bezem [ˈbeːzəm] (*-s*) *m* Besen *m*; **~binder** [-bɪndər] (*-s*) *m* Besenbinder *m*; **~steel** [-steːl] (*-stelen*) *m* Besenstiel *m*.

bezending [bəˈzɛndɪŋ] *f* Sendung *f*; Menge *f*.

bezeren [bəˈzeːrə(n)] verletzen, verwunden.
bezet [bəˈzɛt] besetzt; beschäftigt; verhindert.
bezeten [bəˈzeːtə(n)] besessen, verrückt; **~e** [-ə] (*-n*) *m u. f* Besessene(r *m*) *f*.
bezet|ten [bəˈsɛtə(n)] besetzen; *alle plaatsen zijn bezet* alle Plätze sind besetzt; *~de macht* Besatzungsmacht *f*; **~ting** [-tɪŋ] *f* Besetzung *f*; *mil.* Besatzung *f*; *~ op de borst* Brustbeklemmung *f*; **~tingsleger** [-tɪŋsleːɣər] (*-s*) *n* Besatzungsarmee *f*.
bezichti|gen [bəˈzɪxtəɣə(n)] besichtigen, besehen; **~ging** [-ɣɪŋ] *f* Besichtigung *f*; *ter ~* zur Ansicht.
bezie [ˈbeːziˑ] (*-ën*) *f* Beere *f*.
bezie|len [bəˈziːlə(n)] beseelen, beleben; begeistern; **~ling** [-lɪŋ] *f* Begeisterung *f*; Beseelung *f*, Belebung *f*.
bezien [bəˈziːn] besehen, betrachten; *dat staat nog te ~* das steht noch dahin; erst mal abwarten; **~swaardig** [-sˈʋaːrdəx] sehenswert.
bezig [ˈbeːzəx] beschäftigt; *hij is ~ met (te) ...* er ist dabei, zu ...; **~en** [-ə(n)] gebrauchen, anwenden; **~heid** [-hɛĭt] (*-heden*) *f* Beschäftigung *f*; *drukke ~* viel Arbeit; **~houden** [-hɑudə(n)] beschäftigen; unterhalten, amüsieren; *v/r* sich beschäftigen, sich befassen (mit).
bezijden [bəˈzɛĭdə(n)] neben *D*; *~ de waarheid* nicht wahr; nicht ganz richtig.
bezingen [bəˈzɪŋə(n)] besingen.
bezink|en [bəˈzɪŋkə(n)] niederschlagen, sich setzen; *fig.* sich abklären; in sich aufnehmen; **~sel** [-səl] (*-s*) *n* Bodensatz *m*; Niederschlag *m*; **~vijver** [-fɛĭvər] (*-s*) *m* Kläranlage *f*, Klärbassin *n*.
bezin|nen [bəˈzɪnən(n)] ausdenken; *v/r* sich besinnen, sich bedenken; *bezint eer ge begint* erst wäg's, dann wag's; erst wägen, dann wagen; **~ning** [-ɪŋ] *f* Besinnung *f*, Bewußtsein *n*; *we(d)er tot ~ komen* wieder zu sich kommen, zur Besinnung kommen.
bezit [bəˈzɪt] (*kein pl.*) *n* Besitz *m*, Besitzung *f*; *iets in ~ nemen* etw. in Besitz nehmen; **~telijk** [-ələk]: *~ voornaamwoord Gr.* besitzanzeigendes Fürwort, Possessivpronomen *n*; **~ten** [-ə(n)] besitzen, innehaben; **~ter** [-ər] (*-s*) *m* Besitzer *m*, Eigentümer *m*, Inhaber *m*; **~ting** [-ɪŋ] *f* Besitz *m*, Besitzung *f*.
bezocht [bəˈzɔxt] besucht; *druk ~* stark besucht; *een zwaar ~ man* ein schwer geprüfter Mann.
bezoedelen [bəˈzuˑdələ(n)] besudeln, verunreinigen.
bezoek [bəˈzuˑk] *n* Besuch *m*; *een ~ brengen* e-n Besuch machen, abstatten; *~ onder geleide* Besichtigung *f*; Führung *f*; **~en** [-ə(n)] besuchen; (*Mißgeschick, Krankheit*) heimsuchen; **~er** [-ər] (*-s*) *m* Besucher *m*, Gast *m*; **~king** [-ɪŋ] *f* Prüfung *f*, Heimsuchung *f*, Plage *f*.
bezoldi|gen [bəˈzɔldəɣə(n)] besolden; **~ging** [-ɣɪŋ] *f* Besoldung *f*, Lohn *m*, Gehalt *n*; **~gingsschaal** [-ɣɪŋsxaːl] *f* Lohnskala *f*.
bezondigen [bəˈzɔndəɣə(n)] *v/r*; *zich ~ aan (tegen)* sich versündigen an *D*.
bezonken [bəˈzɔŋkə(n)] *fig.* abgeklärt; *s. bezinken.*
bezonnen [bəˈzɔnə(n)] besonnen, bedachtsam, bedächtig.
bezopen [bəˈzoːpə(n)] F besoffen; *fig.* verrückt, lächerlich.
bezorgd [bəˈzɔrxt] besorgt, bekümmert; *daar ben je goed ~* da bist du gut aufgehoben; *zich ~ maken* sich sorgen, Sorge haben, in Sorge sein.
bezor|gen [bəˈzɔrɣə(n)] besorgen, verschaffen, beschaffen; zustellen; *Zeitungen* austragen; *thuis (aan huis) ~* ins Haus schicken; **~ging** [-ɣɪŋ] *f* Besorgung *f*; Zustellung *f*.
bezuiden [bəˈzʏydə(n)] südlich *G*.
bezuini|gen [bəˈzʏynəɣə(n)] (er-)sparen; einschränken; **~ging** [-ɣɪŋ] *f* Ersparung *f*; Einschränkung *f*.
bezuipen [bəˈzʏypə(n)] *v/r* F sich besaufen.
bezuren [bəˈzyːrə(n)]: *iets ~* für *etw.* büßen; *hij zal het ~* es wird ihm teuer zu stehen kommen.
bezwaar [bəˈzʋaːr] (*-zwaren*) *n* Beschwerde *f*, Schwierigkeit *f*; Bedenken *n*, Skrupel *m*; *bezwaren uit de weg ruimen* Schwierigkeiten beseitigen; *~ maken* Bedenken äußern; Einwände machen; *~ hebben tegen iets* sich über *etw.* beschweren; opponieren; **~lijk** [-lək] beschwerlich, schwer; schwerlich, kaum; **~schrift** [-sxrɪft] *n* Beschwerdeschrift *f*.
bezwaren [bəˈzʋaːrə(n)] beschwe-

ren, belasten, lasten auf *D*; ~*de omstandigheden* erschwerende Umstände *m/pl*.

bezweek [bəˈzʋeːk] *s. bezwijken*.

bezweet [bəˈzʋeːt] durchgeschwitzt, schweißbedeckt.

bezweken [bəˈzʋeːkən] *s. bezwijken*.

bezwe|ren [bəˈzʋeːrə(n)] (*bezwoer, bezworen*) beschwören; **~ring** [-rɪŋ] *f* Beschwörung *f*; **~ringsformulier** [-ˈrɪŋsfɔrmyˑˈliːr] *n* Eidesformel *f*.

bezwijken [bəˈzʋɛĭkə(n)] (*bezweek, bezweken*) erliegen, unterliegen; sterben; (zusammen)brechen; nachgeben.

bezwij|men [bəˈzʋɛĭmə(n)] ohnmächtig werden, in Ohnmacht fallen, das Bewußtsein verlieren; **~ming** [-mɪŋ] *f* Ohnmacht *f*.

bibberen [ˈbɪbərə(n)] beben, zittern; schaudern; frösteln; ~ *van kou*(*de*) vor Kälte zittern.

bibliot(h)ecaris *a.* **-karis** [biˑbliˑoˑteˑˈkaːrəs] (*-sen*) *m* Bibliothekar *m*.

bibliot(h)eek [biˑbliˑoˑˈteːk] (*-t*[*h*]*eken*) *f* Bibliothek *f*.

bid|bankje [ˈbɪdbɑŋkjə] (*-s*) *n* Betschemel *m*, Betpult *n*; **~den** [-ə(n)] (*bad, gebeden*) (*zu Gott*) beten; bitten (*om iets*/um *etw.*), *e-e* Bitte aussprechen.

biecht [biˑxt] *f* Beichte *f*; **~eling** [-əlɪŋ] *m* Beichtende(r); **~en** [-ə(n)] beichten; **~stoel** [-stuːl] *m* Beichtstuhl *m*; **~vader** [-faːdər) (*-s*) *m* Beichtvater *m*.

bieden [ˈbiˑdə(n)] (*bood, geboden*) anbieten, (dar)bieten; *het hoofd* ~ *fig. j-m* die Stirn bieten; *weerstand* ~ Widerstand leisten.

biefstuk [ˈbiˑfstøk] (*-ken*) *m* Beefsteak *n*; ~ *van de haas* Filetsteak *n*.

bier [biːr] *n* Bier *n*; Bier-; **~brouwer** [-brɑŭər] (*-s*) *m* Bierbrauer *m*; **~brouwerij** [-brɑŭəˈrɛĭ] *f* Bierbrauerei *f*; **~huis** [-hʏs] (*-huizen*) *n* Bierschenke *f*, Bierstube *f*, Wirtschaft *f*; **~kaai** [-kaːĭ] (*kein pl.*) *f*: *vechten tegen de* ~ vergebens gegen *etw.* ankämpfen; **~kelder** [-kɛldər] (*-s*) *m* Bierkeller *m*; **~kuip** [-kʏp] *f* Bierbottich *m*.

bies [biːs] (*biezen*) *f* Binse *f*, Schilf *n*; (*Band*) Schnur *f*, Litze *f*, Tresse *f*, (*Uniform*) Biese *f*; *zijn biezen pakken* sich aus dem Staube machen; **~look** [-loːk] *n* Schnittlauch *m*.

biet [biːt] *f* Runkelrübe *f*, Zuckerrübe *f*, rote Rübe *f*; **~suiker** [-sʏkər] *m* Rübenzucker *m*.

biezen [ˈbiˑzə(n)] *Adj.* Binsen-; ~ *korf* Binsenkorb *m*.

big [bɪx] (*-gen*) *f* Ferkel *n*.

bigamie [biˑɣaˑˈmiː] *f* Bigamie *f*.

biggelen [ˈbɪɣələ(n)] *Tränen*: rollen, kollern.

bigot [biˑˈɣɔt] bigott, frömmelnd, heuchlerisch; **~terie** [-əˈriː] *f* Frömmelei *f*, Scheinheiligkeit *f*.

bij[1] [bɛĭ] *f* Biene *f*.

bij[2] *Präp.* bei (*D*), zu (*D*), an (*A*, *D*), mit (*D*), durch (*A*); ~ *gelegenheid* gelegentlich; ~ *het gewicht verkopen etw.* nach Gewicht verkaufen; ~ *de gratie* (*genade*) *Gods* von Gottes Gnaden; ~ *vergissing* aus Versehen; ~ *voorbeeld* zum Beispiel (z.B.); ~ *dezen* hiermit; ~ *ziekte* im Krankheitsfalle; ~ *acclamatie* durch Zuruf.

bij[3] *Adv.*: *hij is goed* ~ er ist klug; *hij is er* ~ F er ist geliefert; *dat hoort er* ~ das gehört dazu; *hij is niet goed* ~ (*zijn verstand*) F er hat nicht alle Tassen im Schrank; *ik ben nog niet* ~ ich komme nicht ganz mit; *om en* ~ *de 10* etwa 10.

bijaldien [bɛĭɑlˈdiˑn] wenn, falls.

bijbaantje [ˈbɛĭbaːntjə] (*-s*) *n* Nebenbeschäftigung *f*, Nebenerwerb *m*.

bijbedoeling [ˈbɛĭbəduˑlɪŋ] *f* Nebenabsicht *f*.

bijbehorend [ˈbɛĭbəhoːrənt] zugehörig.

bijbel [ˈbɛĭbəl] (*-s*) *m* Bibel *f*; **~genootschap** [-ɣəˈnoːtsxɑp] (*-pen*) *n* Bibelgesellschaft *f*; **~s** [-s] biblisch; **~spreuk** [-sprøːk] *f* Bibelspruch *m*; **~taal** [-taːl] *f* Bibelsprache *f*; **~vertaling** [-vərtaːlɪŋ] *f* Bibelübersetzung *f*.

bijbeta|len [ˈbɛĭbətaːlə(n)] zuzahlen, nachzahlen; **~ling** [-lɪŋ] *f* Zuzahlung *f*, Zuschuß *m*.

bijbetrekking [ˈbɛĭbətrɛkɪŋ] *f* Nebenamt *n*, Nebenstelle *f*; *als* ~ nebenamtlich, im Nebenamt.

bijblad [ˈbɛĭblɑt] *n* (*Zeitung*) Beiblatt *n*, Beilage *f*; (*Pflanze*) Nebenblatt *n*, Blattansatz *m*.

bijblijven [ˈbɛĭblɛĭvə(n)] dabeibleiben; *dat zal mij steeds* ~ das wird mir unvergeßlich sein.

bijboek [ˈbɛĭbuˑk] *n* Beiheft *n*.

bijbrengen ['bɛĭbrɛŋə(n)] (her-) beibringen; *j-m etw.* zum Bewußtsein bringen; *Beispiele* anführen.

bijdehand [bɛĭdə'hɑnt] gewandt, geschickt.

bijdoen ['bɛĭdu·n] hinzufügen, beilegen.

bijdraaien ['bɛĭdra:ĭjə(n)] *mar.* beidrehen; *fig.* einlenken.

bijdrage ['bɛĭdra:ɣ̊ə] (*-n*) *f* Beitrag *m*, Zuschuß *m*; **~n** [-ə(n)] beitragen, beisteuern.

bijeen [bɛĭ'je:n] zusammen, beisammen, einander; **~blijven** [-blɛĭv̊ə(n)] zusammenbleiben; **~dragen** [-dra:ɣ̊ə(n)] zusammentragen; **~geraapt** [-ɣ̊əra:pt] (bunt) zusammengewürfelt; **~houden** [-hɑudə(n)] zusammenhalten; **~komst** [-kɔmst] *f* Zusammenkunft *f*, Versammlung *f*; **~rekenen** [-re:kənə(n)] zusammenrechnen, zusammenzählen; **~roepen** [-ru·pə(n)] zusammenrufen, einberufen; **~voegen** [-v̊u·ɣ̊ə(n)] zusammenfügen, vereinigen; **~zoeken** [-zu·kə(n)] zusammensuchen.

bijen|houder ['bɛĭjə(n)hɑudər] (*-s*) *m* (*-s*) Imker *m*, Bienenzüchter *m*; **~korf** [-kɔrf] (*-korven*) *m* Bienenkorb *m*, Bienenstock *m*; **~steek** [-ste:k] (*-steken*) *m* Bienenstich *m*; **~was** [-ʋɑs] *m u. n* Bienenwachs *n*; **~zwerm** [-zʋɛrm] *m* Bienenschwarm *m*.

bijgaand ['bɛĭɣ̊a:nt] einliegend, beiliegend.

bijgebouw ['bɛĭɣ̊əbɑŭ] *n* Nebengebäude *n*.

bijgelegen ['bɛĭɣ̊əle:ɣ̊ə(n)] angrenzend, naheliegend.

bijgeloof ['bɛĭɣ̊əlo:f] *n* Aberglaube *m*.

bijgelovig [bɛĭɣ̊ə'lo:v̊əx] abergläubisch.

bijgenaamd ['bɛĭɣ̊əna:mt] genannt.

bijgeval [bɛĭɣ̊ə'v̊ɑl] *Adv.* vielleicht, etwa; *Ko.* wenn.

bijgevolg [bɛĭɣ̊ə'v̊ɔlx] folglich, also, mithin, denmnach.

bijhouden ['bɛĭhɑudə(n)] aufbewahren, beibehalten; *iemand ~* gleichen Schritt mit j-m halten; *de boeken ~* die Bücher führen.

bijkans [bə'kɑns] beinahe, fast.

bijkantoor ['bɛĭkɑnto:r] (*-toren*) *n* Zweigstelle *f*, Nebenstelle *f*, Filiale *f*, Zweiggeschäft *n*.

bijkomen ['bɛĭko:mə(n)] hinzukommen; sich erholen; wieder zum Bewußtsein kommen; *dat moest er nog ~* das fehlte noch; *hoe kom je er bij?* wie kommst du dazu?

bijkomstig [bɛĭ'kɔmstəx] nebensächlich.

bijl [bɛĭl] *f* Beil *n*, Axt *f*; *het ~tje er bij neerleggen* nicht mehr mitmachen; *fig.* die Flinte ins Korn werfen.

bijlage ['bɛĭla:ɣ̊ə] (*-n*) *f* Beilage *f*, Anlage *f*; (*Dokument*) Beleg *m*; *als ~* in der Anlage.

bijlange [bɛĭ'lɑŋə]: *~ niet* bei weitem nicht.

bijleggen ['bɛĭlɛɣ̊ə(n)] zulegen, hinzulegen; *Streit* schlichten.

bijna ['bɛĭna·] beinahe, fast, nahezu; *~ niet te geloven* kaum glaublich.

bijnaam ['bɛĭna:m] (*-namen*) *m* Beiname *m*, Zuname *m*; Spitzname *m*.

bijoogmerk ['bɛĭjo:xmɛrk] *n* Nebenabsicht *f*.

bijouterie [bi·ʒu·tə'ri:] (*-ën*) *f s. juweel*.

bijpassen ['bɛĭpɑsə(n)] *Geld* zuzahlen, nachzahlen; *Möbel, Farben* (dazu) passen.

bijprodukt *a.* **-duct** ['bɛĭprɔdəkt] *n* Nebenprodukt *n*.

bij|rekenen ['bɛĭre·kənə(n)] hinzurechnen; **~schenken** ['-sxɛŋkə(n)] hinzuschenken; aufgießen, nachgießen; **~schikken** ['-sxɪkə(n)] näher heranrücken; **~schilderen** ['-sxɪldərə(n)] aufmalen, übermalen; **~schrift** ['-sxrɪft] *n* Beischrift *f*; Notiz *f*, Anmerkung *f*; **~schrijven** ['-sxrɛĭv̊ə(n)] hinzuschreiben; *etw.* gutschreiben; **~schuiven** ['-sxəʏv̊ə(n)] heranschieben; näherrücken; **~slaap** ['-sla:p] (*-slapen*) *m* Beischlaf *m*; Beischläfer(in *f*) *m*; **~slag** ['-slɑx] *m* Zuschlag *m*, Zuschuß *m*; **~slepen** ['-sle:pə(n)] herbeischleppen, heranschleppen, herbeiziehen; **~smaak** ['-sma:k] *m* Beigeschmack *m*, Nebengeschmack *m*.

bijspringen ['bɛĭsprɪŋə(n)] beispringen; aushelfen (*met/j-m*).

bijstaan ['bɛĭsta:n] beistehen *D*, helfen *D*.

bijstand ['bɛĭstɑnt] (*kein pl.*) *m* Beistand *m*, Hilfe *f*; *~ verlenen* Hilfe leisten.

bijstelling ['bɛĭstɛlɪŋ] *f Gr.* Apposition *f.*
bijster ['bɛĭstər]: *het spoor ~ zijn* die Spur (*od.* Fährte) verloren haben; *fig.* auf dem Holzweg(e) sein; *niet ~ groot* nicht besonders groß; *niet ~ veel zin hebben* keine große Lust (dazu) haben.
bijt [bɛĭt] *f* Loch *n* (*im Eis*).
bijtellen ['bɛĭtɛlə(n)] hinzuzählen.
bijten [bɛĭtə(n)] (*beet, gebeten*) beißen; *Chem.* beizen, ätzen; *op de tanden ~ fig.* die Zähne zusammenbeißen; **~d** [-t] beißend, bissig; *Chem.* ätzend.
bijtijds [bɛĭ'tɛĭts] rechtzeitig; früh.
bijtmiddel ['bɛĭtmɪdəl] *n* Beizmittel *n*, Ätzmittel *n.*
bijtoon ['bɛĭto:n] (*-tonen*) *m* Nebenton *m.*
bijtrekken ['bɛĭtrɛkə(n)] hinzuziehen, hinzufügen.
bijvak ['bɛĭvak] (*-ken*) *n* Nebenfach *n.*
bijval ['bɛĭval] (*kein pl.*) *m* Beifall *m*; **~len** [-ə(n)] beistimmen, beitreten.
bijverdienste ['bɛĭvərdi·nstə] (*-n*) *f* Nebenverdienst *m*, Nebeneinnahme *f.*
bijvoeding ['bɛĭvu·dɪŋ] *f* Zusatznahrung *f*, Beikost *f.*
bijvoeg|en ['bɛĭvu·ɣə(n)] beifügen, hinzufügen; **~lijk** [-lək] adjektivisch; *Gr. ~ naamwoord* Eigenschaftswort *n*, Adjektiv *n*; *Gr.* **~e** *bepaling* attributive Bestimmung; **~sel** [-səl] (*-s*) *n* Zusatz *m*, Nachtrag *m*; (*Zeitung*) Beiblatt *n*, Beilage *f.*
bijvoorbeeld [bɛĭ-] *a.* [bi·'vo:rbe:lt] zum Beispiel (z. B.).
bijwagen ['bɛĭʋa:ɣə(n)] (*-s*) *m* Beiwagen *m*, Anhänger *m.*
bijwerk ['bɛĭʋɛrk] *n* Beiwerk *n*; Nebenarbeit *f*; **~en** [-ə(n)] aufbessern; ergänzen; *Schüler* nachhelfen; *Bild* überarbeiten; *de boeken ~* die Bücher in Ordnung bringen; *tot op heden bijgewerkt* bis zur Gegenwart fortgeführt.
bijwijlen [bɛĭ'ʋɛĭlə(n)] bisweilen, dann und wann.
bijwonen ['bɛĭʋo:nə(n)] beiwohnen *D*; *iets bijgewoond hebben* etw. erlebt haben.
bijwoor|d ['bɛĭʋo:rt] *n Gr.* Adverb *n*, Umstandswort *n*; **~delijk** [-dələk] *Gr.* adverbial; *~e bepaling* Adverbialbestimmung *f.*
bijzaak ['bɛĭza:k] *f* Nebensache *f.*
bijzetten ['bɛĭzɛtə(n)] beisetzen; zusetzen, hinzusetzen; *kracht ~* Nachdruck verleihen; *alle zeilen ~* alles aufbieten, alle Kräfte anstrenge.
bijziend ['bɛĭzi:nt] kurzsichtig.
bijzijn ['bɛĭzɛĭn] (*kein pl.*) *n* Beisein *n*, Gegenwart *f.*
bijzit ['bɛĭzɪt] (*-ten*) *f* Konkubine *f*; **~ter** [-ər] (*-s*) *m* Assessor *m*, Beisitzer *m.*
bijzonder [bə-] *a.* [bi·'zɔndər] besondere; überaus; eigentümlich, eigen; *Adv.* besonders; *~ gevolmachtigde* Sonderbeauftragte(r) *m*; *~ onderwijs* Privatunterricht *m*; *een ~ plaats* Sonderstelle *f*; *~ geval* Einzelfall *m*; *in het ~* speziell; *iets ~s* etwas Besonderes; **~heid** [-hɛĭt] (*-heden*) *f* Besonderheit *f*, Eigentümlichkeit *f*, besonderer Umstand; Einzelheit *f*; *nadere ~heden bladzijde 11* näheres Seite 11.
bikkel ['bɪkəl] (*-s*) Knöchel *m*; *hard als een ~* knochenhart, steinhart.
bikken ['bɪkə(n)] picken; behauen, behacken; F futtern.
bil [bɪl] (*-len*) *f* Hinterbacke *f*, Oberschenkel *m*, Keule *f.*
biljart [bi·l'jart] *n* Billard *n*; **~en** [-ə(n)] Billard spielen; **~keu** [-kø:] (*-s*) *f* Queue *n*, Billardstock *m.*
biljet [bi·l'jɛt] (*-ten*) *n* Billett *n*; Zettel *m*, Schein *m* (*a. Geld*); Fahrausweis *m*, Fahrkarte *f.*
biljoen [bi·l'ju·n] *n* Billion *f.*
billijk ['bɪlək] billig, redlich, gerecht; **~en** [-ə(n)] billigen, gutheißen; **~erwijs** [-ərʋɛĭs] billigerweise; **~heidshalve** [-hɛĭts'halvə] billigerweise.
bilzekruid ['bɪlzəkrəʏt] *n* Bilsenkraut *n.*
bin|den ['bɪndə(n)] (*bond, gebonden*) (fest)binden, verbinden; *Buch* (ein-)binden; **~dend** [-dənt] bindend, (rechts)verbindlich; **~der** [-dər] (*-s*) *m* Binder *m*; Buchbinder *m*; **~dgaren** [-txa:rə(n)] (*-s*) *n* Bindfaden *m*; **~dmiddel** [-tmɪdəl] *n* Bindemittel *n*; **~dtouw** [-taŭ] *n* Bindfaden *m*; **~dvlies** [-tfli:s] (*-vliezen*) *n Anat.* Bindehaut *f*; **~dweefsel** [-tʋe:fsəl] (*-s*) *n* Bindegewebe *n.*
binnen ['bɪnə(n)] *Präp.* innerhalb *G*; in *D*; (*Zeit*) binnen *D*; *Adv.* drinnen; hinein, herein; *van ~* (von)

innen, innerlich; inwendig; *hij is ~ fig.* er hat seine Schäfchen im Trocknen; *naar ~* hinein, herein; *te ~ schieten* einfallen; *te ~ brengen* sich entsinnen; *~!* herein!

binnen|band ['bɪnə(n)bɑnt] *m* (Luft-)Schlauch *m*; **~brand** [-brɑnt] *m* Zimmerbrand *m*, Feuer *n*; **~deur** [-dø:r] *f* Innentür *f*; **~gaan** [-ɣa:n] eintreten, hineingehen; **~gaats** [-ɣa:ts] im Hafen; **~gang** [-ɣɑŋ] *m* innerer Gang; **~halen** [-ha:lə(n)] hereinholen, hereinbringen, einholen; **~hof** [-hɔf] (*-hoven*) *n* Innenhof *m*; ♀ Sitz der niederländischen Generalstaaten; **~huis** [-hœʏs] (*-huizen*) *n* das Innere des Hauses; **~huisarchitect** *a.* **-tekt** [-hœʏsɑrxitɛkt] *m* Innenarchitekt *m*; **~kant** [-kɑnt] *m* Innenseite *f*; **~komen** [-ko:mə(n)] hereinkommen; *Bestellung usw.*: eingehen; *Bericht(e)*: einlaufen; **~kort** [-'kɔrt] demnächst, binnen kurzem.

binnen|land ['bɪnə(n)lɑnt] *n* Inland *n*, Binnenland *n*; **~lands** [-lɑnts] inländisch, einheimisch; *minister van ~e zaken* Innenminister *m*; *~e politiek* Innenpolitik *f*; *~e aangelegenheid* innerpolitische Angelegenheit; *~ verkeer* Binnenverkehr *m*; **~laten** [-la:tə(n)] hereinlassen, hineinlassen; vorlassen; **~leiding** [-lɛĭdɪŋ] *f* Innenleitung *f*; **~loods** [-lo:ts] *m* Binnenlotse *m*; **~lopen** [-lo:pə(n)] hereinlaufen, einlaufen; **~plaats** [-pla:ts] *f* Hof *m*; **~scheepvaart** [-sxe:pfa:rt] *f* Binnenschifffahrt *f*.

binnens|huis ['bɪnə(n)shœʏs] im Hause, innerhalb des Hauses; **~monds** [-mɔnts] zwischen den Zähnen (*murmeln*), undeutlich (*sprechen*).

binnenstad ['bɪnə(n)stɑt] (*-steden*) *f* Innenstadt *f*, Stadtmitte *f*, (Stadt-) Zentrum *n*.

binnenste ['bɪnə(n)stə] (*kein pl.*) *n* Innere *n*; *fig.* Herz *n*, Gemüt *n*; *~ buiten* verkehrt, das Innere nach außen.

binnen|vaart ['bɪnə(n)ʋa:rt] *f* Binnenschiffahrt *f*; **~vallen** [-ʋɑlə(n)] einfallen; F hereingeschneit kommen; **~water** [-ʋa:tər] (*-en u. -s*) *n* Binnengewässer *n*; **~werk** [-ʋɛrk] *n* (*Uhr*) Werk *n*; (*Neubau*) Ausbauarbeiten *f/pl.*, Installationsarbeiten *f/pl.*, Innenarbeiten *f/pl.*; Einlage *f*; Innere *n*; **~zak** [-zɑk] (*-ken*) *m* Innentasche *f*; **~zee** [-ze:] (*-ën*) *f* Binnenmeer *n*, Binnensee *m*; **~zool** [-zo:l] (*-zolen*) *m* Brandsohle *f*, Innensohle *f*.

binocle [bi·'nɔkəl] (*-s*) *m* Opernglas *n*.

bint [bɪnt] *n* Querbalken *m*.

biograaf [bi·o·'ɣra:f] (*-grafen*) *m* Biograph *m*.

biografie [bi·o·ɣra·'fi:] (*-ën*) *f* Biographie *f*.

biologie [bi·o·lo·'ɣi:] *f* Biologie *f*.

bioscoop *a.* **-koop** [bi·ɔs'ko:p] (*-copen*; *-kopen*) *f* Kino *n*, Lichtspielhaus *n*; *naar de ~ gaan* ins Kino gehen; **~voorstelling** [-fo:rstɛlɪŋ] *f* Filmvorstellung *f*, Filmvorführung *f*.

biscuit *a.* **biskwie** [bi·s'kʋi:] (*-s*) *n u. m* Keks *m u. n*.

bisdom ['bi·zdɔm] (*-men*) *n* Bistum *n*.

bismut ['bi·smət] *n* Wismut *n*.

bisschop ['bi·sxɔp] (*-pen*) *m* Bischof *m*; **~pelijk** [-ələk] bischöflich; **~smijter** [-smɛĭtər] (*-s*) *m* Bischofshut *m*.

bissectrice [bi·sɛk'tri·sə] (*-s*) *f* Halbierungslinie *f*, Winkelhalbierende *f*.

bits [bɪts] bissig.

bitter ['bɪtər] *Adj. u. Adv.* bitter, herb; *Su.* (*-s*) *m* Bittere(r) *m*; **~fles** [-flɛs] (*-sen*) *f* Schnapsflasche *f*; **~heid** [-hɛĭt] (*-heden*) *f* Bitterkeit *f*; **~koekje** [-ku·kjə] (*-s*) *n* Makrone *f*; **~tafel** [ta:fəl] (*-s*) *f* Stammtisch *m*.

bivak [bi·'ʋɑk] (*-ken*) *n* Biwak *n*; **~keren** [-'ke:rə(n)] biwakieren.

bizar [bi'zɑr] bizarr, seltsam, wunderlich; launenhaft.

bizon ['bi·zɔn] (*-s*) *m* Bison *m*.

blaadje ['bla:tjə] (*-s*) *n* Zettel *m*; Blättchen *n*; *in (op) een goed ~ staan fig.* e-n Stein im Brett haben, gut angeschrieben sein.

blaam [bla:m] (*kein pl.*) *f* Tadel *m*, Rüge *f*; Schande *f*; Makel *m*; *zonder vrees of ~* ohne Furcht und Tadel; *iemand een ~ geven* j-n tadeln, rügen.

blaar [bla:r] (*blaren*) *f* Blatter *f*; Blase *f*, Brandblase *f*; P *zo'n domme ~* die dumme Ziege.

blaas [bla:s] (*blazen*) *f* Blase *f*; **~balg**

[-balx] *m* Blasebalg *m*; **~breuk** [-brø:k] *f* Blasenbruch *m*; **~instrument** [-i·nstry·ment] *n* Blasinstrument *n*; **~kaak** [-ka:k] (*-kaken*) *f* Prahler *m*, Aufschneider *m*; **~pijp** [-pɛĭp] *f* Blasrohr *n*; **~toestel** [-tu·stɛl] (*-len*) *n* Gebläse *n*.

blad [blat] (*-eren u. -en u. blaren*) *n* (*Baum*) Blatt *n*; (*Papier*) Blatt *n*, Bogen *m*; (*Tisch*) Platte *f*; **~aarde** [-a:rdə] *f* Lauberde *f*; **~(er)deeg** ['bla:dərde:x], ['blade:x] *n* Blätterteig *m*.

bladeren ['bla:dərə(n)] blättern.

blad|goud ['blatxaŭt] *n* Blattgold *n*; **~groente** [-xru·ntə] (*-n u. -s*) *f* Blattgemüse *n*; **~grond** [-xrɔnt] *m* Lauberde *f*; **~luis** [-lɔys] (*-luizen*) *f* Blattlaus *f*; **~stil** [-stɪl] windstill; **~maag** [-ma:x] (*-magen*) *f* Blättermagen *m*; **~moes** [-mu·s] *n* Blattgewebe *n*; **~tin** [-tɪŋ] *n* Blattzinn *n*, Staniol *n*; **~vulling** [-følɪŋ] *f* Lükkenbüßer *m*; **~wijzer** [-ʋɛĭzər] (*-s*) *m* Inhaltsverzeichnis *n*, Register *n*; Lesezeichen *n*; **~zijde** [-sɛĭdə] (*-n*) *f* Seite *f*.

blaffen [blafə(n)] bellen, kläffen; P schießen.

bla|ken ['bla:kə(n)] versengen; *fig.* glühen; *in ~de gezondheid* in blühender Gesundheit; *in de ~de zon* in der glühenden Sonne; **~ker** [-kər] (*-s*) *m* Lampenschirm *m*, Blaker *m*, Leuchter *m*; **~keren** [-kərə(n)] brennen, sengen.

blamage [bla'ma:ʒə] (*-s*) *f* Blamage *f*, Schande *f*, Demütigung *f*; Reinfall *m*.

blameren [bla'me:rə(n)] blamieren; tadeln; demütigen.

blanco ['blaŋko:] blanko, unbeschrieben; *~ stemmen* sich (*der Abstimmung*) enthalten; **~krediet** [-krə'di·t] *n* Blankokredit *m*.

blank [blaŋk] blank, weiß; *handel in ~e slavinnen* Mädchenhandel *m*; *~ staan* unter Wasser stehen, überschwemmt sein.

blanke ['blaŋkə] (*-n*) *m u. f* Weiße(r *m*) *f*.

blankheid ['blaŋkhɛĭt] (*kein pl.*) *f* Weiße *f*, Reinheit *f*; Glanz *m*.

blasé [bla'ze:] blasiert; *~ van iets zijn* überdrüssig sein (*G*).

blasfemie [blasfe·'mi:] (*-ën*) *f* Blasphemie *f*.

blaten ['bla:tə(n)] *Schafe*: blöken; *Ziegen*: meckern.

blauw [bla:ŭ] *Adj. u. Adv.* blau; *Su. n* Blau *n*, Bläue *f*; *iemand bont en ~ slaan* F j-n verbleuen; *iets blauwblauw laten etw.* auf sich beruhen lassen; **~achtig** [-axtəx] bläulich; **~baard** [-ba:rt] *m* Blaubart *m*; **~druk** [-drøk] (*-ken*) *m* Blaupause *f*; **~kous** [-kaŭs] *f* Blaustrumpf *m*; **~ogig** [-o:ɣəx] blauäugig; **~sel** [-səl] *n* Waschblau *n*; **~tje** [-tjə] (*-s*) *n*: *een ~ lopen fig.* e-n Korb bekommen; **~zuur** [-zy:r] *n* Blausäure *f*.

blazen ['bla:zə(n)] (*blies, geblazen*) blasen; *Tiere*: fauchen; schnaufen; *de aftocht ~* zum Abzug blasen; *fig.* sich zurückziehen.

blazer ['ble:zər] (*-s*) *m* Sportjacke *f*, Blazer *m*.

blazoen [bla'zu·n] *n* Wappen(-schild) *n*.

bleek[1] [ble:k] *s. blijken.*

bleek[2] (*bleken*) *f* Bleiche *f*, Bleichplatz *m*.

bleek[3] blaß, bleich; *zo bleek als een doek* kreideweiß, totenblaß; **~blauw** [-blaŭ] blaßblau; **~heid** [-hɛĭt] *f* Blässe *f*; **~middel** [-mɪdəl] *n* Bleichmittel *n*; **~poeder** [-pu·dər] (*-s*) *n* Bleichpulver *n*; **~water** [-ʋa:tər] *n* Bleichwasser *n*; **~zucht** [-søxt] *f* Bleichsucht *f*.

blei [blɛĭ] *f Zool.* Blei *m*, Bleie *f*, Weißfisch *m*.

blein [blɛĭn] *f* Blase *f*; *~en hebben* fußkrank sein.

ble|ken ['ble:kə(n)] bleichen; **~ker** [-kər] (*-s*) *m* Bleicher *m*.

blerkast ['blɛ:rkast] *f* P Musikbox *f*.

bles [blɛs] (*-sen*) *f* Blesse *f* (*weißer Stirnfleck*); *m Zool.* Blesse *f*.

blesseren [blɛ'se:rə(n)] verwunden, verletzen (*a. fig.*).

bless|uur [blɛ'sy:r] (*-suren*) *f*, (*-n*) *f* Verwundung *f*, Verletzung *f*.

bleten [blɛ:tə(n)] F plärren.

bleu [blø:] F schüchtern, verlegen.

bliek [bli·k] *m s. blei.*

blies [bli·s] *s. blazen.*

blij(de) ['blɛĭ(də)] froh, fröhlich, vergnügt; *ik ben ~* ich freue mich, ich bin froh; *iemand ~ maken* j-n erfreuen.

blijdschap ['blɛĭtsxap] *f* Freude *f*, Fröhlichkeit *f*, Heiterkeit *f*; *lachen van ~* vor Freude lachen.

blij|geestig [blɛĭ'ɣe:stəx] heiter; **~heid** [-hɛĭt] *f* Freude *f*.

blijk [blɛĭk] *n* Zeichen *n*; Beweis *m*;

~baar [-ba:r] offenbar, klar, augenscheinlich.
blijken ['blɛĭkə(n)] (*bleek, gebleken*) *v/i* sich zeigen; sich ergeben, hervorgehen, sich heraustellen, sich erweisen; klar sein; **~s** [-s] gemäß, nach.
blijmoedig [blɛĭ'mu·dəx] frohmütig, freudig, heiter; **~heid** [-hɛĭt] *f* Frohsinn *m*, Heiterkeit *f*.
blijspel ['blɛĭspɛl] *n* Lustspiel *n*, Komödie *f*; **~dichter** [-dɪxtər] (*-s*) *m* Lustspieldichter *m*.
blijven ['blɛĭvə(n)] (*bleef, gebleven*) bleiben, andauern; *in leven* ~ am Leben bleiben; *het blijft regenen* es regnet immerfort (immer weiter); ~ *liggen* (*zitten, staan*) liegenbleiben (sitzenbleiben, stehenbleiben); **~d** [-t] (an)dauernd; *~e werking* nachhaltige Wirkung.
blik[1] [blɪk] (*-ken*) *n* Blech *n*; Kehrichtschaufel *f*; Büchse *f*, Dose *f*; Kanister *m*; *melk in* ~ Büchsenmilch
blik[2] (*-ken*) *m* Blick *m*; *in één* ~ mit e-m Blick.
blik|groente ['blɪkxru·ntə] (*-n u. -s*) *f* Büchsengemüse *n*; **~je** [-jə] (*-s*) *n* Konservenbüchse *f*; **~ken** [-kə(n)] *Adj.* blechern, Blech-.
blikken ['blɪkkən] *v/i* blicken, schauen; *zonder* ~ *of blozen* ohne mit der Wimper zu zucken; ohne e-e Miene zu verziehen.
blikopener ['blɪko:pənər] (*-s*) *m* Büchsenöffner *m*.
bliksem ['blɪksəm] (*-s*) *m* Blitz *m*, Blitzstrahl *m*; *een arme* ~ ein armer Schlucker; *loop naar de* ~! P scher dich zum Teufel!; *naar de* ~ *gaan* P ganz herunterkommen; flötengehen; **~afleider** [-ɑflɛĭdər] (*-s*) *m* Blitzableiter *m*; **~en** [-ə(n)] blitzen, wetterleuchten; **~flits** [-flɪts] *m* Blitzstrahl *m*; **~licht** [-lɪxt] *n* Blitzlicht *n*; **~oorlog** [-o:rlɔx] *m* Blitzkrieg *m*; **~schicht** [-sxɪxt] *m* Blitzstrahl *m*; **~trein** [-trɛĭn] *m* Schnellzug *m*.
blikslager ['blɪksla:ɣ̊ər] (*-s*) *m* Blechschmied *m*, Klempner *m*.
blind[1] [blɪnt] *n* Fensterladen *m*.
blind[2] blind; verblendet; *in den ~e* aufs Geratewohl; *~e steeg* Sackgasse *f*; *zich* ~ *staren op* (*iets*) sich in *etw.* verrennen; **~doek** [-du·k] *m* Augenbinde *f*; **~doeken** [-du·kə(n)] die Augen verbinden
blinde [blɪndə] (*-n*) *m u. f* Blinde(r *m*) *f*; **~darm** [-dɑrm] *m* Blinddarm *m*; **~darmontsteking** [-dɑrmɔntste:kɪŋ] *f* Blinddarmentzündung *f*; **~lings** [-lɪŋs] blindlings; **~man** [-mɑn] (*-nen*) *m* Blinde(r) *m*; **~mannetje** [-mɑnətjə]: ~ *spelen* Blindekuh spielen.
blinden|gesticht ['blɪndə(n)ɣ̊əstɪxt] *n*, **~instituut** [-i·nsti·'ty:t] (*-tuten*) *n* Blindenanstalt *f*.
blinderen [blɪn'de:rə(n)] blenden; panzern; *geblindeerde trein* Panzerzug *m*.
blind|ganger ['blɪntxɔŋər] (*-s*) *m* Blindgänger *m*; **~heid** [-hɛĭt] *f* Blindheit *f*; Verblendung *f*; *met* ~ *geslagen fig.* mit Blindheit geschlagen; **~werk** [-ʋɛrk] *n* Blendwerk *n*.
blinken ['blɪnkə(n)] (*blonk, geblonken*) blinken, leuchten, glänzen; *Schuhe* wichsen.
blo(de) ['blo:(də)] schüchtern, verlegen; furchtsam, feige.
blocnote ['blɔkno:t] (*-s*) *m* Schreibblock *m*, Notizblock *m*.
bloed[1] [blu·t] *m* F (armer) Schlucker, armer Tropf.
bloed[2] *n* Blut *n*; *fig.* Geblüt *n*; *in koelen ~e* kaltblütig; *dat zal kwaad* ~ *zetten* das wird böses Blut machen, das gibt Ärger; **~armoede** [-ɑrmu·də] *f* Blutarmut *f*; **~centrale** [-sɛntra:lə] (*-s*) *f* Blutbank *f*; **~dorstig** [-dɔrstəx] blutdürstig; **~druk** [-drøk] *m* Blutdruck *m*; *verhoogde* ~ hoher Blutdruck *m*; **~druppel** [-drøpəl] (*-s*) *m* Blutstropfen *m*.
bloe|den ['blu·də(n)] bluten; *tot ~s toe* bis aufs Blut; **~der** [-dər] (*-s*) *m* Bluter *m*; **~derziekte** [-dərzi·ktə] *f* Bluterkrankheit *f*.
bloed|geld ['blu·txɛlt] *n* Blutgeld *n*; **~getuige** [-xətəyɣ̊ə] (*-n*) *m u. f* Blutzeuge *m*, Märtyrer *m*; **~gever** [-xe:vər] (*-s*) Blutspender *m*; **~groep** [-xru·p] *f* Blutgruppe *f*; **~hond** [-hɔnt] *m* Bluthund *m*.
bloedig ['blu·dəx] blutig.
bloeding ['blu·dɪŋ] *f* Bluten *n*, Blutung *f*.
bloed|koraal ['blu·tkɔra:l] (*-ralen*) *f* Blutkoralle *f*; **~lichaampje** [-lɪxa:mpjə] (*-s*) *n* Blutkörperchen *n*; **~plas** [-plɑs] (*-sen*) *m* Blutlache *f*; **~schande** [-sxɑndə] *f* Blutschande *f*; **~somloop** [-sɔm'lo:p] *m* Kreis-

lauf *m*; **~spuwing** [-spy·ʋɪŋ] *f* Blutsturz *m*; **~transfusie** [-trɑns-'fy·si:] *f* Bluttransfusion *f*; **~uitstorting** [-əʏtstɔrtɪŋ] *f* Bluterguß *m*; **~vat** [-fɑt] *n* Blutgefäß *n*; **~verwant** [-fərʋɑnt] *m* Verwandte(r) *m*; **~vlek** [-flɛk] (*-ken*) *f* Blutfleck *m*; **~worst** [-ʋɔrst] *f* Blutwurst *f*; **~zuiger** [-səʏɣər] (*-s*) *m Zool.* Blutegel *m*; *fig.* Blutsauger *m*; **~zuiverend** [-səʏvərənt] blutreinigend; **~zweer** [-sʋe:r] (*-zweren*) *f* Blutgeschwür *n*.

bloei [blu·ĭ] *m* Blüte *f*; **~en** [-jə(n)] blühen; **~maand** [-ma:nt] *f* Mai *m*, Wonnemonat *m*; **~tijd** [-tɛĭt] *m*, **~tijdperk** [-tɛĭtpɛrk] *n* Blütezeit *f*; **~wijze** [-ʋɛĭzə] *f* Blütenstand *m*.

bloem [blu·m] *f* Blume *f*; Blüte *f*; Kern *m*; Auszugmehl *n*; **~bed** [-bɛt] (*-den*) *n* Blumenbeet *n*; **~blad** [-blɑt] (*-en*) *n* Blumenblatt *n*; **~bol** [-bɔl] (*-len*) *m* Blumenzwiebel *f*.

bloemen|corso ['blu·mə(n)kɔrso·] (*-s*) *m u. n* Blumenkorso *m*; **~geur** [-ɣø:r] *m* Blumenduft *m*; **~mand** [-mɑnt] *f* Blumenkorb *m*; **~hof** [-hɔf] (*-hoven*) *m* Blumengarten *m*; **~taal** [-ta:l] *f* Blumensprache *f*; **~tuin** [-təʏn] *m* Blumengarten *m*.

bloemig ['blu·məx] blumig; (*Kartoffeln*) mehlig.

bloe|mist [blu·'mɪst] *m* (Blumen-)Gärtner *m*; Blumenhändler *m*; **~misterij** [-mɪstə'rɛĭ] *f* Blumengärtnerei *f*.

bloem|kelk ['blu·mkɛlk] *m* Blütenkelch *m*; **~knop** [-nɔp] (*-pen*) *m* (Blumen-)Knospe *f*; **~kool** [-ko:l] (*-kolen*) *f* Blumenkohl *m*; **~krans** [-krɑns] *m* Blumenkranz *m*; **~kroon** [-kro:n] (*-kronen*) *f* Blumenkrone *f*; **~kweker** [-kʋe:kər] (*-s*) *m* Blumenzüchter *m*; **~lezing** [-le:zɪŋ] *f* Auswahl *f*, Auslese *f*; (*Literatur*) Blütenlese *f*; **~perk** [-pɛrk] *n* Blumenbeet *n*; **~pje** [-pjə] (*-s*) *n* Blümchen *n*, Blümlein *n*; *de ~s buiten zetten* ausgiebig feiern; **~pot** [-pɔt] (*-ten*) *m* Blumentopf *m*; **~rijk** [-rɛĭk] blumenreich; **~steel** [-ste:l] (*-stelen*) *m* Blumenstengel *m*; **~stuk** [-støk] (*-ken*) *n* (*Gemälde*) Blumenstück *n*; **~zaad** [-za:t] (*-zaden*) *n* Blumensamen *m*.

bloesem ['blu·səm] (*-s*) *m* Blüte *f*; **~en** [-ə(n)] blühen.

blok [blɔk] (*-ken*) *m* Holzschuh *m*; (*Baukasten*) Klotz *m*, Stein *m*; *n* Block *m*, Klotz *m*; **~fluit** [-fləʏt] *f* Blockflöte *f*; **~huis** [-həʏs] (*-huizen*) *n* Blockhaus *n*; **~je** [-jə] (*-s*) *n* Würfel *m*.

blokkade [blɔ'ka:də] (*-s*) *f* Blockade *f*, Sperre *f*, Sperrung *f*; *de ~ afkondigen* die Blockade verhängen.

blokken ['blɔkə(n)] F büffeln, schanzen.

blokkendoos ['blɔkə(n)do:s] (*-dozen*) *f* Baukasten *m*.

blokker ['blɔkər] (*-s*) *m* F Büffler *m*.

blokkeren [blɔ'ke:rə(n)] sperren, blockieren; *een geblokkeerde rekening* Sperrkonto *n*.

bloknoot ['blɔkno:t] (*-noten u. -s*) *m s. blocnote*.

blok|letter ['blɔklɛtər] (*-s*) *f* Blockbuchstabe *m*; **~schrift** [-sxrɪft] *n* Blockschrift *f*.

blond [blɔnt] blond; (*Bier*) hell; **~harig** [-ha:rəx] blondlockig, blondhaarig.

blokkeren [blɔ'ke:rə(n)] sperren, blockieren; *een geblokkeerde rekening* Sperrkonto *n*.

bloknoot ['blɔkno:t] (*-noten u. s-*) *m s. blocnote*.

blok|letter ['blɔklɛtər] (*-s*) *f* Blockbuchstabe *m*; **~schrift** [-sxrɪft] *n* Blockschrift *f*.

blond [blɔnt] blond; (*Bier*) hell; **~harig** [-ha:rəx] blondlockig, blondhaarig.

blondine [blɔn'di·nə] (*-s*) *f* Blondine *f*.

blonk [blɔŋk] *s. blinken*.

bloodaard ['blo:da:rt] (*-s*) *m* Feigling *m*.

bloot [blo:t] nackt, bloß; *onder de blote hemel* unter freiem Himmel; *in zijn(en) blote staan* (ganz) nackt dastehen; *iemand op zijn blote geven* F *j-n* versohlen; **~geven** [-xe:-və(n)] *v/r* sich bloßstellen, sich e-e Blöße geben; **~leggen** [-lɛɣə(n)] aufdecken.

blootshoofds ['blo:tsho:fts] barhäuptig.

bloot|staan ['blo:tsta:n]: *aan iets ~* ausgesetzt sein *D*; **~stellen** [-stɛlə(n)] *v/r*: *zich aan iets ~* aussetzen *D*.

blootsvoets ['blo:tsfu·ts] barfuß.

blos [blɔs] (*kein pl.*) *m* Röte *f*.

blouse *a.* **bloeze** ['blu·zə] (*-s*) *f* Bluse *f*.

blouson [blu·'zɔn] (*-s*) *f u. n* (Wind-)Jacke *f*.

blozen ['blo:zə(n)] erröten, rot werden; *zij heeft gebloosd* sie ist errötet; **~d** [-t] errötend; rot; frisch, blühend; *~e gezondheid* blühende Gesundheit.

bluf [bløf] (*kein pl.*) *m* Prahlerei *f*, Aufschneiderei *f*; **~fen** [-fə(n)] prahlen, aufschneiden; (*beim Kartenspiel*) reizen; **~fer** [-fər] (*-s*) *m* Prahler *m*, Aufschneider *m*.

blunder ['bløndər] (*-s*) *m* Dummheit *f*; F Schnitzer *m*, Bock *m*; *een ~ begaan* e-e Dummheit machen.

blus|apparaat ['bløsapara:t] (*-raten*) *n* Löschapparat *m*; **~gereedschap** [-xə're:tsxap] (*-pen*) *n* Löschgerät *n*; **~middel** [-mɪdəl] *n* Löschmittel *n*; **~toestel** [-tu·stɛl] (*-len*) *n* Löschapparat *m*; **~sen** [-sə(n)] (aus)löschen; *gebluste kalk* Löschkalk *m*; **~sing** [-sɪŋ] *f* Löschung *f*, Löschen *n*; **~singswerk** [-sɪŋsʊɛrk] *n* Löscharbeit *f*.

blut 'bløt] F abgebrannt; arm, kahl.

bluts [bløts] *f* Beule *f*; **~en** [-ə(n)] quetschen, verbeulen.

boa ['bo·ʊa] (*-'s*) *m* Boa *f*.

bobbel ['bɔbəl] (*-s*) *m* Wulst *m*; Blase *f*; Verdickung *f*.

bobijn [bɔ'bɛĭn] *f* Bobine *f*, Spule *f*, Röllchen *n*.

bob|baan ['bɔba:n] (*-banen*) *f* Bobbahn *f*; **~slee** [-sle:] (*-ën*) *f* Bob *m*.

bochel ['bɔxəl] (*-s*) *m* Buckel *m*, Höcker *m*; Bucklige(r) *m*; **~aar** [-a:r] (*-s*) *m* Bucklige(r) *m*.

bocht[1] [bɔxt] *f* Biegung *f*, Krümmung *f*, Windung *f*; Kurve *f*; (*Meer*) Bucht *f*; *talrijke ~en* kurvenreich; *gevaarlijke ~* gefährliche Kruve; **~ig** [-əx] kurvenreich.

bocht[2] *n u. m* Schund *m*, Zeug *n*.

bod [bɔt] (*kein pl.*) *n* Gebot *n*, Angebot *n*; *aan ~ komen* an die Reihe kommen; (*wie heeft*) *nog een ~?* wer bietet mehr?

bode ['bo:də] (*-n u. -s*) *m* Bote *m*.

bodem ['bo:dəm] (*-s*) *m* Boden *m*; (*Meer*) Grund *m*; *mar.* Schiff *n*; (*Tal, Kanal*) Sohle *f*; *verwachtingen de ~ inslaan* Hoffnungen zunichte machen; **~gesteldheid** [-ɣəstɛlthɛĭt] *f* Bodenbeschaffenheit *f*; **~loos** [-lo:s] bodenlos.

boe [bu:]: *~ noch ba zeggen* kein Sterbenswörtchen sagen, nicht mucksen; *~!* buh!; (*Kuh*) muh!

boed|dha ['bu·da·] (*-'s*) *m* Buddha *m*; **~dhisme** [-'di·smə] *n* Buddhismus *m*; **~dhist** [-'di·st] *m* Buddhist *m*.

boedel ['bu·dəl] (*-s*) *m* Besitztum *n*, Inventar *n*; Gut *n*; Erbschaft *f*; **~beschrijving** [-bəsxrɛĭvɪŋ] *f* Inventuraufnahme *f*; Erbschaftsverzeichnis *n*; **~scheiding** [-sxɛĭdɪŋ] *f* Erbteilung *f*; Gütertrennung *f*.

boef [bu·f] (*boeven*) *m* Schelm *m*, Spitzbube *m*.

boeg [bu·x] *m* (Schiffs-)Bug *m*; *het over een andere ~ gooien* e-e Sache anders anfassen; *nog veel voor de ~ hebben* noch viel zu tun haben.

boegseren [bu·x'se:rə(n)] *mar.* bugsieren, schleppen.

boegspriet ['bu·xspri·t] *m mar.* Bugspriet *m*; Schwebebaum *m*; *fig.* P Nase *f*.

boei[1] [bu·ĭ] *f* Boje *f*, Bake *f*.

boei[2] *f* Fassel *f*; *iemand de boeien aandoen j-m* Fesseln anlegen; **~en** [-ə(n)] fesseln, binden; **~end** [-jənt] fesselnd (*a. fig.*), unterhaltsam, spannend.

boek [bu·k] *n* Buch *n*; *te ~ staan Hdl.* zu Buch stehen; *fig.* bekannt sein als; *te ~ stellen* zu Papier bringen.

boekanier [bu·ka'ni:r] (*-s*) *m hist.* Bukanier *m*.

boek|band ['bu·kbant] *m* (Buch-) Einband *m*; **~bespreking** [-bəspre:kɪŋ] *f* Rezension *f*, Buchbesprechung *f*; **~binder** [-bɪndər] (*-s*) *m* Buchbinder *m*; **~deel** [-de:l] (*-delen*) *n* Band *m*; **~drukker** [-drøkər] (*-s*) *m* Buchdrucker *m*; **~drukkerij** [-drøkə'rɛĭ] *f* Buchdruckerei *f*; **~drukkunst** [-drøkənst] *f* Buchdruckerkunst *f*; **~elegger** [-əlɛɣər] (*-s*) *m* Lesezeichen *n*.

boeken|kast ['bu·kə(n)kast] *f* Bücherschrank *m*; **~lijst** [-lɛĭst] *f* Bücherverzeichnis *n*; **~rek** [-rɛk] (*-ken*) *n* Bücherregal *n*; **~tas** [-tas] (*-sen*) *f* Büchermappe *f*; Schultasche *f*; **~week** [-ʊe:k] (*-weken*) *f* Buchwoche *f*; **~worm** [-ʊɔrm] *m* Bücherwurm *m*.

boekerij [bu'kə'rɛĭ] *f* Büchersammlung *f*, Bücherei *f*, Bibliothek *f*.

boeket *a.* **bouquet** [bu·'kɛt] (*-ten*) *n* Bukett *n*, Blumenstrauß *m*.

boek|handel ['bu·khandəl] (*-s*) Buchhandlung *f*; **~handelaar** [-handəla:r] (*-s u. -laren*) *m* Buchhändler *m*.

boekhou|den ['bu·khaudə(n)] Buch führen; die Bücher führen; **~der** [-dər] (*-s*) *m* Buchhalter *m*; **~ding** [-dıŋ] *f* Buchführung *f*, Buchhaltung *f*; *enkele ~* einfache Buchführung; *dubbele ~* doppelte Buchführung; **~dingsjaar** [-dıŋsja:r] (*-jeren*) *n* Geschäftsjahr *n*, Rechnungsjahr *n*.

boeking ['bu·kıŋ] *f* Buchung *f*, Eintragung *f*.

boekje ['bu·kjə] (*-s*) *n* Büchlein *n*; *iemands ~ opendoen* j-s Sündenregister aufschlagen; *buiten zijn ~ gaan* seine Befugnis überschreiten, sich Übergriffe erlauben; *zijn ~ te buiten gaan* übertreiben.

boek|schuld ['bu·ksxəlt] *f* Buchforderung *f*; **~staven** [-sta:v̊ə(n)] (*boekstaafde, geboekstaafd*) aufzeichnen, verzeichnen, aufschreiben; **~verkoping** [-fərko:pıŋ] *f* Bücherauktion *f*.

boekweit ['bu·kυεĭt] *f* Buchweizen *m*.

boek|werk ['bu·kυεrk] *n* Buch *n*, Werk *n*; **~winkel** [-υıŋkəl] (*-s*) *m* Buchladen *m*, Buchhandlung *f*.

boel [bu·l] (*kein pl.*) *m* Menge *f*, Masse *f*; *een ~ boeken* e-e Menge Bücher; *we verkopen de hele ~* wir verkaufen den ganzen Kram.

boeltje ['bu·ltjə] *n*: *zijn ~ pakken fig.* seine Siebensachen packen; verschwinden; *zo'n ~!* P so ein Mist!

boeman ['bu·mɑn] (*-nen*) *m* Schreckgespenst *n*, Popanz *m*.

boemel|aar ['bu·məla:r] (*-s*) *m* Bummler *m*, Nachtschwärmer *m*; **~en** [-ə(n)] bummeln; **~trein** [-trεĭn] *m* Bummelzug *m*, Personenzug *m*.

boemerang ['bu·mərɑŋ] (*-s*) *m* Bumerang *m*.

boen|der ['bu·ndər] (*-s*) *m* Bohner *m*; Scheuerbürste *f*; **~en** [-ə(n)] bohnern; scheuern; **~was** [-υɑs] *m u. n* Bohnerwachs *n*.

boer [bu:r] *m* Bauer *m*, Landwirt *m*; *fig.* Grobian *m*; (*Kartenspiel*) Bube *m*; (*Magen*) Rülpser *m*; **~derij** [-də'rεĭ] *f* Gehöft *n*, Bauernhof *m*, Bauerngut *n*.

boeren ['bu:rə(n)] Ackerbau treiben; (*Magen*) aufstoßen, rülpsen; **~arbeider** [-ɑrbεĭdər] (*-s*) *m* Landarbeiter *m*; **~bedrog** [-bədrɔx] *n* Bauernfängerei *f*, Schwindel *m*; **~boter** [-bo:tər] *f* Landbutter *f*; **~bruiloft** [-brəɤlɔft] *f* Bauernhochzeit *f*; **~dans** [-dɑns] *m* Bauerntanz *m*; **~kinkel** [-'kıŋkəl] (*-s*) *m* Bauernlümmel *m*; **~knecht** [-'knεxt] (*-en u. -s*) *m* (Bauern-)Knecht *m*; **~kool** ['-ko:l] (*-kolen*) *f* Grünkohl *m*; **~kost** [-'kɔst] *m* Bauernkost *f*; **~leenbank** [-'le:nbɑŋk] *f* landwirtschaftliche Darlehnskasse; **~meid** [-'mεĭt] *f* (Bauern-)Magd *f*; **~stand** [-stɑnt] *m* Bauernstand *m*; **~volk** [-v̊ɔlk] *n* Landvolk *n*; **~werk** [-υεrk] *n* Landarbeit *f*; **~zoon** [-'zo:n] (*-zonen u. -s*) *m* Bauernsohn *m*.

boerin [bu·'rın] (*-nen*) *f* Bäuerin *f*, Bauersfrau *f*.

boers [bu:rs] bäu(e)risch.

boert [bu·rt] (*kein pl.*) *f* Scherz *m*, Spaß *m*; **~en** [-ə(n)] scherzen, spaßen; **~ig** [-əx] spaßig, komisch.

boete ['bu·tə] (*-n u. -s*) *f* Buße *f*, Geldstrafe *f*; *op ~ van* bei e-r Geldstrafe von; *~ betalen* Strafe zahlen; *~ doen* Buße tun, büßen; **~doening** [-du·nıŋ] *f* Buße *f*; **~ling** [-lıŋ] *m* Büßer *m*; **~linge** [-lıŋə] (*-n*) *f* Büßerin *f*; **~n** [-ə(n)] abbüßen, verbüßen, sühnen; *Netze* flicken, ausbassern.

boetpredikatie ['bu·tpre·di·'ka:si:] (*-ën*) *f* Bußpredigt *f*.

boet|seerkunst [bu·t'se:rkənst] *f* Modellierkunst *f*; **~seren** [-'se:rə(n)] bossieren, modellieren.

boetvaardig [bu·t'fa:rdəx] bußfertig.

boeven|bende ['bu·v̊ə(n)bεndə] (*-n u. -s*) *f* Gaunerbande *f*; **~streek** [-stre:k] (*-streken*) *m u. f* Bubenstreich *m*, Schelmenstreich *m*; **~taal** [-ta:l] (*-talen*) *f* Gaunersprache *f*.

boezelaar ['bu·zəla:r] (*-s*) *m* Schürze *f*.

boezem ['bu·zəm] (*-s*) *m* Busen *m*; (*Herz*) Vorhof *m*, Vorkammer *f*; *in de ~ der familie* im Schoße der Familie; **~vriend** [-v̊ri·nt] *m* Busenfreund *m*.

bof[1] [bɔf] (*-fen*) *m Med.* Mumps *m*, Ziegenpeter *m*.

bof[2] (*-fen*) *m* Puff *m*, Stoß *m*; F Glück *n*; **~fen** [-fə(n)] Glück haben, F Schwein haben.

bogen [bo:ɣ̊ə(n)]: *~ op* stolz sein auf *A*; sich rühmen *G*.

Boheems [bo·'he:ms] böhmisch.

Bohe|men [bo·'he:mə(n)] *n* Böhmen; **~mer** [-mər] (-*s*) *m* Böhme *m*; P Zigeuner *m*.

bok [bɔk] (-*ken*) *m Zool.* Bock *m*; (*Fehler*) Schnitzer *m*; (*Kutsche*) Bock *m*, Kutschersitz *m*; *een ~ schieten fig.* e-n Bock schießen; *een ~ van een vent* ein mürrischer Kerl; *een onbeleefde ~* Flegel *m*.

bokaal [bɔ'ka:l] (-*kalen*) *m* Pokal *m*.

bokke|baard ['bɔkəba:rt] *m* Bocksbart *m*; **~pruik** [-prœyk] *f*: *de ~ op hebben* bocken, trotzen, schlechter Laune sein; **~sprong** [-sprɔŋ] *m Sp.* Bocksprung *m*.

bokkig ['bɔkəx] bärbeißig, unwirsch; neidisch.

bokking ['bɔklɪŋ] *m* Bückling *m*.

bok|sen ['bɔksə(n)] boxen; **~ser** [-sər] (-*s*) *m* Boxer *m*.

bokshoorn *a.* **-horen** ['bɔksho:rən] (-*s*) *m* Bockshorn *n*.

boks|ijzer ['bɔksɛĭzər] (-*s*) *m* Schlagring *m*; **~wedstrijd** [-ʋɛtstrɛĭt] *m* Boxkampf *m*.

boktor ['bɔktɔr] (-*ren*) *m Zool.* Holzbock *m*.

bol[1] [bɔl] (-*len*) *m* Kugel *f*, Ball *m*; Sphäre *f*; *Bot.* Blumenzwiebel *f*; (*Hut*) Kopf *m*, Hutform *f*; *een slimme* (*sluwe*) *~* ein kluger (schlauer) Kopf; *er scheelt wat in zijn ~* F er ist im Oberstübchen nicht ganz richtig; *iets in zijn ~ krijgen* etw. vorhaben, auf etw. bestehen.

bol[2] *Adj. u. Adv.* rund(lich), dick, aufgedunsen; (*Linse*) konvex; *~ staan* sich bauschen, sich blähen; **~achtig** [-'ɑxtəx] kugelförmig, rundlich; zwiebelförmig.

bolder ['bɔldər] (-*s*) *m* Polterer *m*; **~en** [-ə(n)] poltern.

bolgewas ['bɔlɣ̊əʋɑs] (-*sen*) *n* Zwiebelgewächs *n*.

bol|heid ['bɔlhɛĭt] *f* Rundheit *f*, Rundlichkeit *f*; Wölbung *f*; **~hoed** [-hu·t] *m* Melone *f*.

bolleboos ['bɔləbo:s] (-*bozen*) *m* F Hauptperson *f*.

bollen|bakker ['bɔlə(n)bɑkər] (-*s*) *m* Konditor *m*; **~kweker** [-kʋe:kər] (-*s*) *m* Blumenzwiebelzüchter *m*; **~veld** [-v̊ɛlt] *n* Tulpenfeld *n*.

bol|oppervlak ['bɔlɔpərv̊lɑk] (-*ken*) *n* Kugelfläche *f*; **~rond** [-rɔnt] kugelrund.

bolsje|viek *a.* **~wiek** [bɔlʃə'v̊i·k] *m* Bolschewist *n*, Bolschewik *m*; **~visme** *a.* **~wisme** [-'v̊i·smə] *n* Bolschewismus *m*.

bolster ['bɔlstər] (-*s*) *m* Hülse *f*, Schale *f*; **~en** [-ə(n)] abschälen, ausschälen, aushülsen.

bolvormig ['bɔlv̊ɔrməx] kugelförmig.

bolwerk ['bɔlʋɛrk] *n* Bollwerk *n*, Bastion *f*, Schutzwehr *f*; **~en** [-ə(n)] fertigbringen, zustande bringen; *hij zal het wel ~* er wird es schon schaffen.

bom [bɔm] (-*men*) *f* Bombe *f*; (*Faß*) Spund *m*; *mar.* Fischerbarke *f*; *een ~ geld* ein Haufen Geld; **~aanslag** [-'a:nslɑx] *m* Bombenattentat *n*; *een ~ plegen* ein Bombenattentat verüben; **~aanval** [-'a:nvɑl] (-*len*) *m* Bombenangriff *m*.

bombar|dement [bɔmbɑrdə'mɛnt] *n* Bombardement *n*, Bombardierung *f*; **~dementsvliegtuig** [-də'mɛnzsfli·xtœyx] *n* Bombenflugzeug *n*, Bomber *m*; **~deren** [-'de:rə(n)] bombardieren; *gebombardeerd* ausgebombt.

bombarie [bɔm'ba:ri:] *f* F Lärm *m*, Spektakel *n*.

bombast ['bɔmbɑst] *m* Bom'bast *m*, Wortschwall *m*, Schwulst *m*; **~isch** [-'bɑsti·s] bombastisch, schwülstig.

bombazijn [bɔmba·'zɛĭn] *n* Bombasin *m*, Barchent *m*.

bomen ['bo:mə(n)] gemütlich plaudern; (*Schiff*) staken.

bomgat ['bɔmɣ̊ɑt] *n* Schalloch *n*; (*Faß*) Spundloch *n*.

bom|inslag ['bɔmɪnslɑx] *m* Bombeneinschlag *m*; **~krater** [-kra:tər] (-*s*) *m* Bombentrichter *m*.

bommen ['bɔmə(n)]: *het kan mij niet ~* P es ist mir schnuppe.

bommenwerper ['bɔmə(n)ʋɛrpər] (-*s*) *m* Bomber *m*.

bom|scherf ['bɔmsxɛrf (-*scherven*) *f* Bombensplitter *m*.

bomvol ['bɔmv̊ɔl] voll(besetzt); *een ~le zaal* ein volles Haus.

bomvrij ['bɔmvrɛĭ] bombenfest, bombensicher.

bon [bɔn] (-*nen u.* -*s*) *m* Gutschein *m*, Bezugsschein *m*; Marke *f*; Kassenzettel *m*; *zonder ~* markenfrei; *op de ~ gaan* (*von der Polizei*) aufgeschrieben werden, eine Anzeige bekommen.

bonbon [bɔm'bɔ̃:] (-*s*) *m* Bonbon *m u. n*, Praline *f*, Konfekt *n*.

bond[1] [bɔnt] *s. binden*.

bond[2] *m* Bund *m*; Verein *m*, Verband *m*; Gewerkschaft *f*; Bündnis *n*; **~genoot** [-xəno:t] (*-noten*) *m* Bundesgenosse *m*; **~genootschap** [-xəno:tsxɑp] (*-pen*) *n* Bundesgenossenschaft *f*.

bondig ['bɔndəx] bündig, kurzgefaßt; *kort en ~* kurz und bündig, kurz und gut; **~heid** [-hɛĭt] *f* Bündigkeit *f*, Kürze *f*.

bonds|kanselier ['bɔntskɑnsəli:r] (*-s u. -en*) *m* Bundeskanzler *m*; **~regels** [-re:ɣ̊əls] *m/pl.* Verbandsregeln *f/pl.*; **~republiek** [-re·pə-'bli·k] *f* Bundesrepublik *f*

bonen|soep *a.* **boon-** ['bo:nsu·p] *f* Bohnensuppe *f*.

bonestaak *a.* **boon-** [bo:nsta:k] (*-staken*) *m* Bohnenstange *f*.

bonificatie *a.* **-katie** [bɔni·fi·'ka:si:] (*-s*) *f* Vergütung *f*, Entschädigung *f*, Sondervergütung *f*, Gratifikation *f*.

bonjouren [bɔn'ʒu:rə(n)]: *iemand buiten ~* F j-n abfertigen, herauskomplimentieren.

bonk [bɔŋk] *m* Stück *n*, Klumpen *m*, Brocken *m*; Puff *m*, Schlag *m*; *een ~ van een vent* Koloß *m*; *een ~ zenuwen* ein Nervenbündel; **~en** [-ə(n)] schlagen, hämmern; **~ig** [-əx] knochig.

bon-mot [bɔ̃:'mo·] (*-s*) *n* Bonmot *n*.

bons [bɔns] (*bonzen*) *m* Schlag *m*, Stoß *m*; *iemand de ~ geven* F j-n den Laufpaß geben.

bont[1] [bɔnt] bunt(farbig), scheckig; *~ en blauw slaan* braun und blau schlagen.

bont[2] *n* Pelz *m*, Pelzwerk *n*; **~werker** [-ʋɛrkər] (*-s*) *m* Kürschner *m*.

bon-vivant [bɔ̃:v̊i·'v̊ɑ:] (*-s*) *m* Lebemann *m*.

bonze ['bɔnzə] (*-n*) *m* Bonze *m*.

bonzen ['bɔnzə(n)] schlagen, stoßen, hämmern.

bood [bo:t] *s. bieden.*

boodschap ['bo:tsxɑp] (*-pen*) *f* Botschaft *f*, Antrag *m*, Besorgung *f*, Gang *m*; Nachricht *f*; *~pen doen* einkaufen (gehen), Besorgungen machen; *de ~ aan Maria* Mariä Verkündigung *f*; **~pen** [-ə(n)] ankündigen, verkündigen, verkünden; benachrichtigen; **~penjongen** [-ə(n)-jɔŋə(n)] (*-s*) *m* Laufbursche *m*, Bote *m*; **~pentas** [-ə(n)tɑs] (*-sen*) *f* Einholtasche *f*, Einkaufstasche *f*.

boog[1] [bo:x] *s. buigen.*

boog[2] (*bogen*) *m* Bogen *m*; *de ~ kan niet altijd gespannen zijn* man soll den Bogen nicht überspannen; **~lamp** [-lɑmp] *f* Bogenlampe *f*; **~schot** [-sxɔt] *n* (*Bogen*) Schuß *m*; *een ~ ver* e-e kurze Strecke; **~schutter** [-sxətər] (*-s*) *m* Bogenschütze *m*; **~vormig** [-fɔrməx] bogenförmig.

boom [bo:m] (*bomen*) *m* Baum *m*; Schlagbaum *m*, Schranke *f*; *de ~ der kennis fig.* der Baum der Erkenntnis; *door de vele bomen het bos niet zien* den Wald vor lauter Bäumen nicht sehen; *de kat uit de ~ kijken* sehen, wie der Hase läuft, e-e günstige Gelegenheit abwarten; *een ~ opzetten* e-e gemütliche Plauderei anfangen; *een vent als een ~* ein baumlanger Kerl; **~gaard** *a.* **bogaard** ['bo:ɣ̊a:rt] *m* Obstgarten *m*; **~kikvors** [-kɪkfɔrs] *m* Laubfrosch *m*; **~kweker** [-kʋe:kər] (*-s*) *m* Baumgärtner *m*; **~kwekerij** [-kʋe:kə'rɛĭ] *f* Baumschule *f*; **~schors** [-sxɔrs] *f* (Baum-)Rinde *f*; **~stronk** [-strɔŋk] *m* Baumstumpf *m*; **~tak** [-tɑk] (*-ken*) *m* (Baum-)Zweig *m*; **~top** [-tɔp] (*-pen*) *m* (Baum-)Wipfel *m*; **~wortel** [-ʋɔrtəl] (*-s*) *m* (Baum-)Wurzel *f*.

boon [bo:n] (*bonen*) *f* Bohne *f*; *ik ben een ~ als het niet waar is* ich will Hans heißen, wenn es nicht so ist; *hij is in de bonen* er ist ganz verwirrt; **~soep** [-su·p] *f* Bohnensuppe *f*.

boontje ['bo:ntjə] (*-s*) *n* kleine Bohne; *een ~ voor iemand hebben* j-n bevorzugen; *zijn eigen ~s doppen* selbständig auftreten, keine Hilfe brauchen.

boor [bo:r] (*boren*) *f* Bohrer *m*.

boord [bo:rt] *m* Rand *m*; Ufer *n*; *n u. m* Kragen *m*; (*Schiff*) Bord *m*; *staande ~* Stehkragen *m*; *liggende ~* Umlegekragen *m*; *kom mij daarmee niet aan ~* bleib mir damit vom Leibe; **~eknoop** [-əkno:p] (*-knopen*) *m* Kragenknopf *m*.

boorden ['bo:rdə(n)] mit Borte besetzen, verbrämen; säumen.

boordevol ['bo:rdəv̊ɔl] bis zum Rand gefüllt.

boord|lint ['bo:rtlɪnt] *n* Einlaßband *n*; **~sel** [-səl] (*-s*) *n* Borte *f*, Besatz *m*, Verbrämung *f*.

boordwerktuigkundige ['bort-

ʋɛrktəʏx'kəndəɣ̊ə] (-n) m Bordmechaniker m.
boor|eiland ['bo:rɛĭlɑnt] n Bohrinsel f; **~hamer** [-ha:mər] (-s) m Bohrhammer m; **~machine** [-mɑʃi·nə] (-s) f Bohrmaschine f; **~toren** [-to:rə(n)] (-s) m Bohrturm m; **~vergunning** [-v̊ərgenɪŋ] f Bohrkonzession f.
boor|water ['bo:rʋa:tər] n Borwasser n; **~zuur** [-zy:r] n Borsäure f.
boos [bo:s] böse, übel, schlimm, schlecht; zornig, aufgebracht; **~aardig** [-'a:rdəx] bösartig, boshaft, hämisch; **~doener** [-du·nər] (-s) m Übeltäter m, Verbrecher m; **~heid** [-hɛĭt] f Bosheit f; Zorn m; *volharden in de ~* stur bleiben, nicht nachgeben; **~wicht** [-ʋɪxt] m Bösewicht m.
boot [bo:t] (*boten*) m u. f Boot n, Dampfer m, Schiff n, Kahn m.
boots|gezel ['bo:tsxə'zɛl] (-*len*) m Matrose m; **~haak** [-ha:k] (-*haken*) m Bootshaken m; **~volk** [-fɔlk] n Matrosen m/pl., (Schiffs-)Mannschaft f.
boot|tocht ['bo:tɔxt] m Dampferfahrt f, Kreuzfahrt f; **~trein** [-trɛĭn] m Eisenbahnzug m mit Fährverbindung; **~werker** [-ʋɛrkər] (-s) m Hafenarbeiter m.
bord [bɔrt] n Teller m; Brett n; Wandtafel f; Schildchen n; **~je** [-jə] (-s) n Tellerchen n; Brettchen n; *de ~s zijn verhangen fig.* das Blatt hat sich gewendet.
bordeel [bɔr'de:l] (-*delen*) n Bordell n, Eros-Center n; P Puff m.
borderel [bɔrdə'rɛl] (-*len*) n *Hdl.* Verzeichnis n, Auszug m, Sortenverzeichnis n; Postauftrag m.
bordes [bɔr'dɛs] (-*sen*) n Freitreppe f.
bordpapier ['bɔrtpɑpi:r] n Pappe f; **~en** [-ə(n)] *Adj.* aus Pappe, Papp-; *~ doos* (Papp-)Schachtel f, Karton m.
borduren [bɔr'dy:rə(n)] sticken.
borduur|raam [bɔr'dy:ra:m] (-*ramen*) n Stickrahmen m; **~sel** [-səl] (-s) n Stickerei f, Stickarbeit f; **~ster** [-stər] (-s) f Stickerin f; **~werk** [-ʋɛrk] n Stickerei f, Stickarbeit f.
boren ['bo:rə(n)] bohren.
borg[1] [bɔrx] s. *bergen.*
borg[2] m Kaution f; Bürge m; *~ blijven (staan) voor* haften für (A), bürgen, einstehen für (A), Bürge sein; **~en** [-ɣ̊ə(n)] borgen; **~stelling** [-stɛlɪŋ] f Bürgschaft f; **~tocht** [-tɔxt] m Kaution f, Bürgschaft f.
boring ['bo:rɪŋ] f Bohrung f, Bohren n.
borrel ['bɔrəl] (-s) m Gläschen n (*Schnaps*); **~en** [-ə(n)] Schnaps trinken; (heraus)sprudeln; **~fles** [-flɛs] (-*sen*) f Schnapsflasche f.
borst[1] [bɔrst] s. *bersten.*
borst[2] f Brust f, Busen m; Bruststück n; *een hoge ~ (op)zetten* sich in die Brust werfen; *dat stuit mij tegen de ~* das ist mir zuwider; *uit volle ~* aus voller Kehle; *een kind de ~ geven* e-m Kind die Brust geben; **~aandoening** [-a:ndu·nɪŋ] f Brustleiden n; **~beeld** [-be:lt] n Brustbild n.
borstel ['bɔrstəl] (-s) m Bürste f; Besen m; (*Schwein*) Borste f; **~en** [-ə(n)] (ab)bürsten; bespinseln; **~ig** [-əx] borstig, struppig; **~maker** [-ma:kər] (-s) m Bürstenbinder m.
borst|kas ['bɔrstkɑs] (-*sen*) f Brustkorb m; **~kwaal** [-kʋa:l] (-*kwalen*) f Brustleiden n; **~lap** [-lɑp] (-*pen*) m Brustlatz m; **~plaat** [-pla:t] (-*platen*) f Brustschild n; **~riem** [-ri:m] m Brustriemen m; **~vin** [-fɪn] (-*nen*) f Brustflosse f; **~vlies** [-fli:s] (-*vliezen*) n Brustfell n; **~vliesontsteking** [-fli:zɔntste:kɪŋ] f Rippenfellentzündung f; **~wering** [-ʋe:rɪŋ] f Brustwehr f, Brüstung f.
bos[1] [bɔs] (-*sen*) m Bund n, Bündel n; Busch m; Büschel n; *een ~ bloemen* ein Blumenstrauß; *een ~ stro e-e* Strohhütte; *een ~ haar* ein Büschel Haare.
bos[2] n Wald m, Waldung f, Forst m, Hain m; **~bes** [-bɛs] (-*sen*) f Heidelbeere f; Preiselbeere f; **~bouw** [-bɑŭ] m Forstwesen n, Forstwirtschaft f; **~duif** [-dəʏf] (-*duiven*) f Ringel-, Holz-, Waldtaube f; **~je** [-jə] (-s) n Wäldchen n; Gebüsch n (*Sträucher*); Büschel n; **~mens** [-mɛns] m Waldmensch m; **~neger** [-ne:ɣ̊ər] (-s) m Buschneger m; **~rijk** [-rɛĭk] waldig, holzreich; **~schage** [-xa:ʒə] (-s) n Baumgruppe f; kleiner Wald, *poet.* Hain m; **~uil** [-əʏl] m Waldkauz m; **~wachter** [-ʋɑxtər] (-s) m Förster m.
bot[1] [bɔt] (-*ten*) m Butt m, Flunder f; *~ vangen fig.* e-n Korb bekommen, keinen Erfolg haben.

bot[2] *f* Knospe *f*.
bot[3] *f* Stiefel *m*; *er zijn* ~*ten aan vegen (iets aan zijn* ~*ten lappen)* F sich keinen Deut darum kümmern.
bot[4] *n* Knochen *m*, Bein *n*.
bot[5] stumpf; schroff; blöde, dumm.
botani|ca [bɔ'taːniˑkɑ] *f* Botanik *f*; ~**cus** [-kɵs] (*-nici*) *m* Botaniker *m*.
bota|nie [bɔtɑ'niː] *f* Botanik *f*; ~**nisch** [bɔ'taːniˑs] botanisch; ~**niseren** [-niˑ'seːrə(n)] *a.* ~**zeren** botanisieren.
boter ['boːtər] *f* Butter *f*; ~ *bij de vis* sofort (bar) bezahlen; *het is al* ~ *aan de galg fig.* da ist Hopfen und Malz verloren; ~**bloem** [-bluˑm] *f* Butterblume *f*, Hahnenfuß *m*; ~**brief** [-briˑf] (*-brieven*) *m* amtliches Schreiben; ~**briefje** [-briˑfjə] (*-s*) *n* Trauschein *m*; ~**en** [-ə(n)] buttern; mit Butter bestreichen; *het botert helemaal niet* es klappt überhaupt nicht, es geht nicht nach Wunsch; ~**ham** [-hɑm] (*-men*) *m u. f* Stulle *f*, Schnittchen *n*, Butterbrot *n*; *een aangeklede* ~ ein belegtes Butterbrot; ~**koek** [-kuˑk] *m* Butterkuchen *m*; ~**melk** [-mɛlk] *f* Buttermilch *f*; Magermilch *f*; ~**pot** [-pɔt] (*-ten*) *m* Buttertopf *m*; ~**vlootje** [-v̊loːtjə] (*-s*) *n* Butterdose *f*.
botheid ['bɔthɛĭt] *f* Stumpfheit *f*; *fig.* Stumpfsinn *m*; Grobheit *f*.
bot|sen ['bɔtsə(n)] anprallen, zusammenstoßen, kollidieren; ~**sing** [-sɪŋ] *f* Kollision *f*, Anprall *m*, Zusammenstoß *m*; *fig.* Konflikt *m*; *in* ~ *komen* zusammenstoßen, kollidieren.
botte|larij [bɔtəlɑ'rɛĭ] *f* Kellerei *f*; ~**len** ['bɔtələ(n)] auf Flaschen ziehen, (ab)füllen; *gebotteld bier a. bottelbier n* Flaschenbier *n*; ~**lier** [-'liːr] (*-s*) *m* Kellermeister *m*; *mar.* Bottelier *m*.
botten ['bɔtə(n)] knospen, ausschlagen, Knospen treiben.
botterik ['bɔtərɪk] *m* F Schafskopf *m*, Dummkopf *m*.
botvieren ['bɔtfiːrə(n)] (*vierde bot, botgevierd*) frönen *D*; *fig.* die Zügel schießen lassen.
botweg ['bɔtʋɛx] schlankweg, glattweg, geradeaus.
boud [bɑut] dreist, verwegen, keck.
Boudewijn ['bɑudəvɛĭn] *m* Balduin *m*.
bouillon [buˑ(l)'jɔn] *m* Fleischbrühe *f*, Bouillon *f*; ~**blokje** [-blɔkjə] (*-s*) *n* Suppenwürfel *m*.
boulevard [buˑlə'vaːr] (*-s*) *m* Boulevard *m*, Ringstraße *f*, Allee *f*.
Bourbon [buˑr'bɔ̃ː] (*-s*) *m* Bourbone *m*.
bourgogne [buˑr'ɣ̊ɔnj] (*-s*) *m* Burgunder(wein) *m*.
Bourgon|dië *a.* **Boer-** [buˑr'ɣ̊ɔndĭjə] *n* Burgund *n*; ~**disch** [-diˑs] burgundisch.
bout [bɑut] *m* Bolzen *m*, Pflock *m*, Stange *f*; (*Tier*) Keule *f*.
bouw [bɑŭ] *m* Bau *m*, Anbau *m*; Bauart *f*; Gestalt *f*; ~**bedrijf** [-bədrɛĭf] (*-bedrijven*) *n* Bauunternehmen *n*, Baugeschäft *n*; Baugewerbe *n*; ~**doos** [-doːs] (*-dozen*) *m* Baukasten *m*; ~**en** [-ə(n)] (be)bauen; ~**grond** [-ɣ̊roˑnt] *m* Baugelände *n*, Baustelle *f*, Bauplatz *m*; Baugrund *m*; Ackerboden *m*; ~**kosten** [-kɔstə(n)] *pl.* Baukosten *pl.*; ~**kunde** [-kɵndə] *f* Architektur *f*; ~**kundig** [-'kɵndəx] bausachverständig; architektonisch; ~**land** [-lɑnt] *n* Ackerland *n*; ~**materiaal** [-mɑteˑrĭjaːl] (*-rialen*) *n* Baumaterial *n*; ~**meester** [-meːstər] (*-s*) *m* Baumeister *m*, Architekt *m*; ~**nijverheid** [-nɛĭvərhɛĭt] (*-heden*) *f* Baugewerbe *n*; ~**premie** [-preːmiː] (*-s*) *f* Bauprämie *f*, Bauzuschuß *m*; ~**stijl** [-stɛĭl] *m* Baustil *m*; ~**trant** [-trɑnt] *f* Bauart *f*, Baustil *m*; ~**vak** [-v̊ɑk] (*-ken*) *n* Baufach *n*; Baugewerbe *n*; ~**vallig** [-'v̊ɑləx] baufällig; ~**vergunning** [-v̊ərɣ̊ɵnɪŋ] *f* Baugenehmigung *f*.
boven ['boːv̊ə(n)] *Adv.* oben, droben; *Präp.* über (*A, D*); oberhalb *G*; außer *D*; *van* ~ *tot beneden* von oben bis unten; *naar* ~ hinauf, herauf; *te* ~ *gaan* übertreffen, übersteigen; *te* ~ *komen* überwinden, verwinden; *dat gaat mijn verstand te* ~ das geht über meinen Verstand.
boven|aan ['boːv̊ənaːn], *a.* [boːv̊ən'aːn] obenan; ~**aards** [-'aːrts] überirdisch; ~**al** [-'ɑl] vor allem; ~**buur** [-byːr] (*-buren*) *m* Bewohner *m* des oberen Stockwerkes; ~**dien** [-'diˑn] außerdem; ~**genoemd** [-ɣ̊ənuˑmt] obig, obengenannt, obenerwähnt, besagt; ~**gronds** [-ɣ̊roˑnts] oberirdisch; ~**hand** [-hɑnt] *f fig.* Oberhand *f*; ~**huis** [-həʏs] (*-huizen*) *n*

Etage *f*, Etagenwohnung *f*; **~kamer** [-ka:mər] (*-s*) *f* Oberzimmer *n*; *het zit niet pluis in zijn ~* er ist nicht recht bei Trost; bei ihm ist e-e Schraube locker; **~kant** [-kɑnt] *m* obere Seite; **~kleed** [-kle:t] (*-klederen u. -kleren*) *n* Überkleid *n*; **~komen** [-ko:mə(n)] heraufkommen; **~laag** [-la:x] (*-lagen*) *f* obere Schicht; **~lijf** [-lɛĭf] (*-lijven*) *n* Oberkörper *m*; **~lip** [-lɪp] (*-pen*) *f* Oberlippe *f*; **~loop** [-lo:p] (*-lopen*) *m* (*Fluß*) Oberlauf *m*; **~matig** [-'ma:təx] übermäßig, überaus, über die Maßen; **~menselijk** [-'mɛnsələk] übermenschlich; **~natuurlijk** [-nɑ'ty:rlək] übernatürlich; **~op** [-'ɔp] obenauf; *er weer ~ komen* sich (erneut) emporarbeiten; sich wieder erholen (fassen).

Boven-Rijn ['bo:v̊ənrɛĭn] *m* Oberrhein *m*.

boven|staande ['bo:v̊ə(n)sta:ndə] obenstehend, obengenannt, obig; **~stad** [-stɑt] (*-steden*) *f* obere Stadt, oberer Stadtteil.

bovenste ['bo:v̊ə(n)stə] der (die, das) Obere; *een ~ beste* ein lieber Mensch; *de ~ helft* die obere Hälfte.

boven|tallig ['bo:v̊ə(n)tɑləx] überzählig; außerplanmäßig; **~toon** [-to:n] (*-tonen*) *m* Oberton *m*; *de ~ hebben* vorherrschen; **~verdieping** [-v̊ərdi·pɪŋ] *f* Oberstock *m*, Obergeschoß *n*; **~vermeld** [-vərmɛlt] obenerwähnt; **~vlak** [-vlɑk] (*-ken*) *n* obere Fläche; **~waarts** [-ʋa:rts] aufwärts; **~water** [-ʋa:tər] *n* Oberwasser *n*; **~zijde** [-zɛĭdə] (*-n*) *f* Oberseite *f*; obere Seite; **~zinnelijk** [-'zɪnələk] übersinnlich.

bowl [bo:l] *m* (*-s*) Bowle *f*.

boycot [bɔĭ'kɔt] *m* Boykott *m*; **~ten** [-tə(n)] boykottieren.

boze ['bo:zə] *m* Böse *m*, Teufel *m*; *dat is uit den ~* das ist vom Übel.

braad|oven ['bra:to:v̊ə(n)] (*-s*) Bratofen *m*; **~pan** [-pɑn] (*-nen*) *f* Bratpfanne *f*; **~schotel** [-sxo:təl] (*-s*) *m u. f* Bratschüssel *f*; **~spit** [-spɪt] (*-ten*) *n* Bratspieß *m*; **~worst** [-ʋɔrst] *f* Bratwurst *f*.

braaf [bra:f] brav, bieder; ehrlich, redlich; ruhig, (*Kind*) artig; **~heid** [-hɛĭt] *f* Bravheit *f*, Biederkeit *f*, Redlichkeit *f*, Rechtschaffenheit *f*.

braak[1] [bra:k] (*braken*) *f* Breche *f*; Einbruch *m*.

braak[2] brach; *~ liggen* brachliegen; **~land** [-lɑnt] *n* Brache *f*, Brachacker *m*, Brachfeld *n*.

braak|middel ['bra:kmɪdəl] *n* Brechmittel *n*; **~neiging** [-nɛĭɣɪŋ] *f* Brechreiz *m*; **~sel** [-səl] *n* Auswurf *m*.

braam [bra:m] (*bramen*) *f*, **~bes** [-bɛs] (*-sen*) *f* Brombeere *f*; **~struik** [-strəyk] *m* Brombeerstrauch *m*.

Bra|bander ['bra:bɑndər] (*-s*) *m* Brabanter *m*; **~bant** ['-bɑnt] *n* Brabant *n*.

brabbel|en ['brɑbələ(n)] stammeln, radebrechen; **~taal** [-ta:l] (*-talen*) *f* Kauderwelsch *n*.

bracht [brɑxt] *s. brengen*.

braden ['bra:də(n)] (*braadde, gebraden*) braten.

braille ['brɑĭjə] *n* Blindenschrift *f*.

brak[1] [brɑk] *s. breken*.

brak[2] brackig; *~ water* Brackwasser *n*.

brak[3] (*-ken*) *m* Bracke *m*, Spürhund *m*.

bra|ken ['bra:kə(n)] sich erbrechen, sich über'geben; *Blut* (aus)speien; *Flachs* brechen; *fig.* ausstoßen, ausspeien; **~king** [-kɪŋ] *f* Erbrechen *n*.

brallen ['brɑlə(n)] prahlen, aufschneiden.

Bram [brɑm] *m s. Abraham*.

bram (*-men*) *m*, **~ra** [-ra:] (*-'s u. -raas*) *f* Bramrahe *f*; **~zeil** [-zɛĭl] *n* Bramsegel *n*.

brancard [brɑn'ka:r] (*-s*) *m* (Kranken-)Bahre *f*, Tragbahre *f*.

branche ['bra:ŋʃə] (*-s*) *f* Branche *f*, Geschäftszweig *m*, Fach *n*.

brand [brɑnt] *m* Brand *m*, Feuersbrunst *f*; (*Pflanzenkrankheit*) Brand *m*, Rost *m*; Glut *f*, Hitze; *moord en ~ schreeuwen* Zeter und Mordio schreien; *in ~ steken* anzünden, in Brand setzen, anstecken; *er is ~* es brennt; *iemand uit de ~ helpen fig.* j-m aus der Klemme helfen.

brand|assurantie ['brɑntɑsy·'rɑnsi:] (*-s u. -ën*) *f* Feuerversicherung *f*; **~baar** [-ba:r] brennbar; **~blaar** [-bla:r] (*-blaren*) *f* Brandblase *f*; **~bom** [-bɔm] (*-men*) *f* Brandbombe *f*; **~brief** [-bri·f] (*-brieven*) *m* Brandbrief *m*; **~emmer** [-ɛmər] (*-s*) *m* Löscheimer *m*, Feuereimer *m*.

bran|den ['brɑndə(n)] brennen; *~ van verlangen* sich sehen nach (*D*); *~de kwestie* brennende Frage; **~der**

[-dər] (-*s*) *m* Brenner *m*; *mar.* (*hist.*) Brander *m*; **~derig** [-dərəx] brandig, brenzlich; **~derij** [-dərɛĭ] *f* (Branntwein-)Brennerei *f*; **~dewijn** [-dəʋɛĭn] *m* Branntwein *m*; **~gevaar** [-xəv̊a:r] (-*varen*) *n* Feuergefahr *n*; **~hout** [-hɑut] *n* Brennholz *n*; **~ijzer** [-ɛĭzər] (-*s*) *m* Brenneisen *n*.

branding [ˈbrɑndɪŋ] *f* Branding *f*.

brand|kast [ˈbrɑntkɑst] *f* Geldschrank *m*, Panzerschrank *m*, Tresor *m*; **~ladder** [-lɑdər] (-*s*) *f* Feuerleiter *f*; **~meester** [-me:stər] (-*s*) *m* Brandmeister *m*; **~melder** [-mɛldər] (-*s*) *m* Feuermelder *m*; **~merk** [-mɛrk] *n* Brandmal *n*; **~merken** [-mɛrkə(n)] brandmarken; **~netel** [-ne:təl] (-*s*) *f* Brennessel *f*; **~pleister** [-plɛĭstər] (-*s*) *f* Brandpflaster *n*; **~plek** [-plɛk] (-*ken*) *f* Brandfleck *m*; **~polis** [-po:li·s] (-*sen*) *f* Feuerversicherungspolice *f*; **~punt** [-pənt] *n* Brennpunkt *m*, Fokus *m*; **~schade** [-sxa:də] *f* Brandschaden *m*; **~schatting** [-sxɑtɪŋ] *f* Brandschatzung *f*; **~schoon** [-sxo:n] blitzblank; **~slang** [-slɑŋ] *f* Wasserschlauch *m*; **~spuit** [-spəʏt] *f* Feuerspritze *f*; **~stapel** [-sta:pəl] (-*s*) *m* Scheiterhaufen *m*; **~stichter** [-stɪxtər] (-*s*) *m* Brandstifter *m*; **~stof** [-stɔf] (-*fen*) *f* Brennstoff *m*, Heizmaterial *n*; *pl.* Kohlen *f/pl.*; **~trap** [-trɑp] (-*pen*) *m* Nottreppe *f*; **~verf** [-fɛrf] (-*verven*) *f* Email *n*, Schmelzfarbe *f*; **~vrij** [-frɛĭ] feuersicher, feuerfest; **~wacht** [-ʋɑxt] *f* Brandwache *f*, Feuerwache *f*; **~weer** [-ʋe:r] *f* Feuerwehr *f*; **~weerman** [-ʋe:rmɑn] (-*weerlui*) *m* Feuerwehrmann *m*; **~wond**(**e**) [-ʋɔnd(ə)] *f* Brandwunde *f*.

brasem [ˈbra:səm] (-*s*) *m* *Zool.* Brassen *m*, Brasse *f*, Brachse *f*.

bras|partei [ˈbrɑspɑrtɛĭ] *f* Prasserei *f*; **~sen** [-sə(n)] prassen, schwelgen, schlemmen; **~ser** [-sər] (-*s*) *m* Prasser *m*; Schwelger *m*.

braziel [brɑˈzi·l] *n* Brasilholz *n*, Farbholz *n*; *f* (*Zigarre*) Brasil *f*; **~tabak** [-tɑbɑk] *m* (*Tabak*) Brasil *m*.

Brazi|liaan [brɑzi·li·ˈja:n] (-*janen*) *m* Brasilianer *m*, Brasilier *m*; **~liaans** [-l(ĭ)ˈja:ns] brasilianisch; **~lië** [-lĭjə] *n* Brasilien *n*.

breed [bre:t] breit, weit; *fig.* ausführlich; *het niet ~ hebben* in dürftigen Umständen leben; *in brede trekken* in großen Zügen; *~ van opzet* großzügig; **~geschouderd** [-xəsxɑudərt] breitschultrig; **~sprakig** [-spra:kəx] weitschweifig.

breedte [ˈbre:tə] (-*n u.* -*s*) *f* Breite *f*; **~cirkel** [-si·rkəl] (-*s*) *m* Breitenkreis *m*; **~graad** [-ɣ̊ra:t] (-*graden*) *m* Breitengrad *m*.

breedvoerig [bre:tˈfu:rəx] weitläufig, ausführlich, umständlich.

breek|baar [ˈbre:kba:r] brechbar, zerbrechlich; **~ijzer** [-ɛĭzər] (-*s*) *n* Brecheisen *n*, Brechstange *f*.

breeuwen [ˈbre:ŭə(n)] *mar.* kalfatern.

breidel [ˈbrɛĭdəl] (-*s*) *m* Zaum *m*, Zügel *m*; **~en** [-ə(n)] zügeln; bezwingen.

brei|en [ˈbrɛĭjə(n)] stricken; *gebreid goed* Strickware *f*; **~garen** [-ɣ̊a:rə(n)] *n* Strickgarn *n*; **~kous** [-kɑus] *f* Strickstrumpf *m*.

brein [brɛĭn] *n* Gehirn *n*; *fig.* Kopf *m*, Geist *m*, Initiator *m*; *elektronisch ~* Elektronengehirn *n*.

brei|naald [ˈbrɛĭna:lt] *f* Stricknadel *f*; **~wol** [-ʋɔl] *f* Strickwolle *f*.

breken [ˈbre:kə(n)] (*brak*, *gebroken*) (zer)brechen, zerschlagen, zerreißen; *zijn hoofd over iets ~* sich über etw. den Kopf zerbrechen; *potje breek, potje betalen* für *etw.* büßen (müssen); *fig.* die Suppe auslöffeln müssen; *men kan geen ijzer met handen ~* Unmögliches kann niemand tun; *nood breekt wet* Not bricht Eisen, Not kennt kein Gebot.

breker [ˈbre:kər] (-*s*) *m* Brecher *m*.

brekespel [ˈbre:kəspɛl] (-*len*) *m* Spielverderber *m*.

brem [brɛm] *m* Ginster *m*.

brems [brɛms] *a.* **bremze** [ˈbrɛmzə] (*bremsen*) *f* *Zool.* Bremse *f*, Pferdefliege *f*.

brengen [ˈbrɛŋə(n)] (*bracht*, *gebracht*) bringen; tragen; führen, begleiten; *morgen ~!* F prost Mahlzeit!

bres [brɛs] (-*sen*) *f* Bresche *f*, Lücke *f*; *in de ~ springen* in die Bresche springen.

bretel [brəˈtɛl] (-*s u.* -*len*) *f* Hosenträger *m*.

breuk [brø:k] *f* Bruch *m*; *een decimale ~* ein Dezimalbruch; **~band** [-bɑnt] Bruchband *n*; **~vrij** [-vrɛĭ] bruchsicher.

brevet [brəˈv̊ɛt] (*-ten*) *n* Brevet *n*, Diplom *n*; Patent *n*.
brevier [brəˈv̊iːr] *n* Brevier *n*.
brief [briˑf] (*-brieven*) *m* Brief *m*; Schreiben *n*; *~ van rouwbeklag* Beileidsschreiben *n*; *een aangetekende ~* Einschreibebrief *m*; *hij heeft de oudste brieven* er hat die ältesten Rechte; **~je** [-jə] (*-s*) *n* Zettel *m*; (Geld-)Schein *m*; *een ~ van 100 DM* ein Hundertmarkschein; *ge krijgt het op een ~* Sie bekommen es schriftlich; **~hoofd** [-hoːft] *n* Briefkopf *m*; **~kaart** [-kaːrt] *f* Postkarte *f*; **~omslag** [-ɔmslɑx] *m u. n* Briefumschlag *m*; **~papier** [-pɑpiːr] *n* Briefpapier *n*, Briefbogen *m*; **~port** [-pɔrt] (*-en*), **~porto** [-pɔrtoː] (*-'s*) *n u. m* (Brief-)Porto *n*, Postgebühren *f/pl.*; **~schrijver** [-sxrɛĭv̊ər] (*-s*) *m* Briefschreiber *m*; **~stijl** [-stɛĭl] *m* Briefstil *m*; **~wisseling** [-ʋɪsəlɪŋ] *f* Briefwechsel *m*, Korrespondenz *f*.
bries [briˑs] (*kein pl.*) *f* Brise *f*.
briesen [ˈbriːsə(n)] *Pferde*: schnauben, wiehern; *Löwen*: brüllen.
brieven|besteller [ˈbriˑv̊ə(n)bəˈstɛlər] (*-s*) *m* Briefträger *m*; **~boek** [-buˑk] *n* Kopierbuch *n*; Briefregister *n*; (*Briefmuster*) Briefsteller *m*; **~bus** [-bøs] (*-sen*) *f* Briefkasten *m*; **~houder** [-hɑudər] (*-s*) *m* Briefordner *m*; **~tas** [-tɑs] (*-sen*) *f* Brieftasche *f*; **~weger** [-ʋeːɣ̊ər] (*-s*) *m* Briefwaage *f*; **~zak** [-zɑk] (*-ken*) *m* Postsack *m*.
briga|de [briˑˈɣ̊aːdə] (*-s u. -n*) *f* Brigade *f*; **~dier** [-ˈdiːr] (*-s*) *m* (*Polizei*) Wachtmeister *m*.
brij [brɛĭ] *f* Brei *m*; **~achtig** [-ɑxtəx] breiartig, breiig; **~ig** [-jəx] breiig; **~pot** [-pɔt] (*-ten*) *m* (Brei-)Topf *m*.
brik [brɪk] (*-ken*) *m* Backstein *m*, Ziegel(stein) *m*; *f* (*Wagen*) Jagdwagen *m*, Stellwagen *m*; *mar.* Brigg *f*.
briket [briˑˈkɛt] (*-ten*) *f* Brikett *n*.
bril [brɪl] (*-len*) *m* Brille *f*.
briljant[1] [brɪlˈjɑnt] *m* Brillant *m*.
briljant[2] *Adj.* brillant, glänzend.
brille|doos [ˈbrɪlədoːs] (*-dozen*) *f* Brillenfutteral *n*, Brillenetui *n*; **~glas** [-ɣ̊lɑs] (*-glazen*) *n* Brillenglas *n*; **~koker** [-koːkər] (*-s*) *m* Brillenetui *n*; **~n** [-ə(n)] *e-e* Brille tragen.
brillenslijper [ˈbrɪlə(n)slɛĭpər] (*-s*) *m* Brillenschleifer *m*.
brilmontuur [ˈbrɪlmɔnˈtyːr] (*-turen*) *n* Brillengestell *n*, Brillenfassung *f*.
brilslang [ˈbrɪlslɑŋ] *f* Brillenschlange *f*.
brink [brɪŋk] *m* Dorfplatz *m*; Brink *m*.
brisantbom [briˑˈzɑndbɔm] (*-men*) *f* Sprengbombe *f*.
brits[1] [brɪts] *f* Pritsche *f*.
Brits[2] britisch.
Brittanje [briˑˈtɑnjə] *n* Britannien *n*.
broche [ˈbrɔʃə] (*-s*) *f* Brosche *f*.
brochure [brɔˈʃyːrə] (*-s*) *f* Broschüre *f*; Flugschrift *f*.
broddelaar [ˈbrɔdəlaːr] (*-s*) *m* Pfuscher *m*.
broddelwerk [ˈbrɔdəlʋɛrk] *n* Pfuscherei *f*, Pfuscherarbeit *f*.
brodeloos [ˈbroːdəloːs] brotlos, erwerbslos.
broeden [ˈbruˑdə(n)] brüten; *onheil ~* Böses aushecken.
broeder [ˈbruˑdər] (*-s u. -en*) *m* Bruder *m*.
broeder|haat [ˈbruˑdərhaːt] *m* Bruderhaß *m*; **~lijk** [-lək] brüderlich; **~moord** [-moːrt] *m* Brudermord *m*; **~-overste** [-oːv̊ərstə] (*-n*) *m* Superior *m*; **~schap** [-sxɑp] (*kein pl.*) *f* Brüderlichkeit *f*; (*-pen*) *n u. f* Brüderschaft *f*; **~twist** [-tʋɪst] *m* Bruderzwist *m*.
broed|hen [ˈbruˑthɛn] (*-nen*) *f* Bruthenne *f*; **~machine** [-mɑʃiˑnə] (*-s*) *f* Brutapparat *m*; **~plaats** [-plaːts] *f* Brutstätte *f*; **~sel** [-səl] (*-s*) *n* Brut *f*; **~stoof** [-stoːf] (*-stoven*) *f* Brutofen *m*; **~tijd** [-tɛĭt] *m* Brutzeit *f*.
broeien [ˈbruˑĭjə(n)] (aus)brüten; *Pflanzen*: treiben.
broei|kas [ˈbruˑĭkɑs] (*-sen*) *f* Treibhaus *n*; **~kasplant** [-kɑsplɑnt] *f* Treibhauspflanze *f*.
broeinest [ˈbruˑĭnɛst] *n* Brutstätte *f*; (*Krankheit*) Krankheitsherd *m*.
broek[1] [bruˑk] (*kein pl.*) *n* Bruch *m*.
broek[2] *f* Hose *f*, Beinkleider *n/pl.*; (*Pferd*) Hintergeschirr *n*; *voor zijn ~ krijgen* verprügelt werden; F *j-m* den Hintern versohlen; *iemand achter de ~ zitten* hinter j-m her sein; **~gesp** [-xɛsp] *f* Hosenschnalle *f*; **~pak** [-pɑk] (*-ken*) *n* Hosenanzug *m*, Kostüm *n*; **~spijp** [-spɛĭp] *f* Hosenbein *n*; **~vent** [-fɛnt] *m* F Dreikäsehoch *m*; Hosenmatz *m*, Knirps *m*; **~zak** [-sɑk] (*-ken*) *m* Hosentasche *f*.

broer [bru:r] (-*s*) *m s. broeder*; *~s en zusters* Geschwister *pl.*
broertje ['bru:rtjə] (-*s*) *n* Brüderchen *n*, Brüderlein *n*; *hij heeft aan werken een ~ dood* Arbeiten ist nicht seine Sache.
brok [brɔk] (-*ken*) *m u. f* Stück *n*, Brocken *m*, Bissen *m*; *daar komen ~ken van* das gibt (bestimmt) Ärger; *hij zat met een ~ in de keel* es würgte ihm im Halse.
brokaat *a.* **-caat** [brɔ'ka:t] *n* Brokat *m.*
brok|kelen ['brɔkələ(n)] (zer)bröckeln; **~kelig** [-kələx] bröckelig; **~ken** [-kə(n)] (ein)brocken; **~stuk** [-støk] (-*ken*) *n* Bruchstück *n*, Fragment *n.*
brom|beer ['brɔmbe:r] (-*beeren*) *m fig.* Brummbär *m*, Griesgram *m*; **~fiets** [-fi·ts] *m u. f* Moped *n*; **~men** [-mə(n)] brummen, summen, schnurren; schimpfen; **~mer** [-mər] (-*s*) *m* Moped *n*; Lastkraftwagen (LKW) *m*; **~pot** [-pɔt] (-*ten*) *m fig.* Brummbär *m*, Griesgram *m*; **~tol** [-tɔl] (-*len*) *m* Brummkreisel *m*; **~vlieg** [-v̊li:x] *f* Brummfliege *f*, Brummer *m.*
bron [brɔn] (-*nen*) *f* Quelle *f*, Heilquelle *f*; *minerale ~* Mineralquelle *f*; *~ van inkomsten* Erwerbsquelle *f.*
bronchitis [brɔn'xi·ti·s] *f* Bronchitis *f.*
bronnenstudie ['brɔnə(n)'sty·di:] *f* Quellenstudium *n.*
bronwater ['brɔnʋa:tər] (-*s u.* -*en*) *n* Quellwasser *n*, Sprudel *m.*
brons [brɔns] *n* Bronze *f*; Erz *n*; **~tijd** [-tɛĭt] *m* Bronzezeit *f.*
bronst [brɔnst] *f* Brunst *f*, Brunft *f*; **~tijd** [-tɛĭt] *m* Brunftzeit *f.*
bronzen ['brɔnzə(n)] *Adj.* bronzen, erzen, aus Erz; *v/t* bronzieren; *~ tijdperk* Bronzezeit *f.*
brood [bro:t] (*broden*) *n* Brot *n*; *bruin ~* Graubrot *m*; *op water en ~* bei Wasser und Brot; *een heel ~* ein Laib Brot; *iemand het ~ uit de mond stelen* j-n ums Brot bringen; **~bakkerij** [-bɑkə'rɛĭ] *f* (Brot-)Bäckerei *f*; **~deeg** [-de:x] *n* Brotteig *m*; **~dronken** [-drɔŋkə(n)] mutwillig, übermütig, ausgelassen; **~je** [-jə] (-*s*) *n* Semmel *f*, Brötchen *n*; *platte ~s bakken fig.* klein beigeben, zu Kreuze kriechen; **~kast** [-kɑst] *f* Brotschrank *m*; **~korf** [-kɔrf] (-*korven*) *m* Brotkorb *m*; **~korst** [-kɔrst] *f* Brotkruste *f*, Brotrinde *f*; **~kruimel** [-krəʏməl] (-*s*) *m* Brotkrume *f*; Brosamen *pl.*; *de ~s steken hem fig.* der Hafer sticht ihn; **~mager** [-ma:ɣ̊ər] spindeldürr; **~nijd** [-nɛĭt] *f* Brotneid *m*; **~nodig** [-no:dɛx] unentbehrlich; **~soep** [-su·p] *f* Brotsuppe *f*; **~suiker** [-səʏkər] *m* Würfelzucker *m*; **~trommel** [-trɔməl] (-*s*) *f* Brotkasten *m*; **~winning** [-ʋɪnɪŋ] *f* Broterwerb *m*, Beruf *m*, Beruf *m*, Handwerk *n*, Erwerbsquelle *f*; **~zak** [-sɑk] (-*ken*) *m* Brotbeutel *m.*
broom [bro:m] *n Chem.* Brom *n.*
broos [bro:s] (*brozer*, *broost*) spröde, zerbrechlich, schwach, hinfällig; **~heid** [-hɛĭt] *f* Sprödigkeit *f*, Zerbrechlichkeit *f*, Hinfälligkeit *f.*
bros [brɔs] (*brosser*, *brost*) spröde, knusperig, zerbrechlich.
brouw|en ['brɑŭə(n)] (*brouwde*, *gebrouwen*) *Bier* brauen; *Böses* anrichten, *Unheil* stiften; *Stimme*: schnarren; **~er** [-ər] (-*s*) *m* Brauer *m*; **~erij** [-ə'rɛĭ] *f* Brauerei *f*; *dat brengt leven in de ~* das bringt Leben in die Bude.
brouw|ketel ['brɑŭke:təl] (-*s*) *m* Braukessel *m*; **~sel** [-səl] (-*s*) *n* Gebräu *n*, Bräu *n*; *fig.* Gemisch *n.*
brug [brøx] (-*gen*) *f* Brücke *f*; (*Brille*) Steg *m*; *Sp.* Barren *m*; *over de ~ komen* (*Geld*) blechen; **~balans** [-bɑ'lɑns] *f* Brückenwaage *f.*
Brugge ['brøɣ̊ə] *n* Brügge *n.*
bruggehoofd ['brøɣ̊əho:ft] *n* Brückenkopf *m.*
brug|leuning ['brøxlø:nɪŋ] *f* Brückengeländer *n*; **~wachter** [-ʋɑxtər] (-*s*) *m* Brückenwärter *m.*
brui [brəʏ] *m* Kram *m*; *ik geef er de ~ van* (*aan*) ich pfeife darauf, ich bin es satt; ich mache nicht mehr mit.
bruid [brəʏt] *f* Braut *f*; *de ~ des Heren* die Braut Christi, Nonne *f.*
bruidegom ['brəʏdəɣ̊ɔm] (-*s*) *m* Bräutigam *m.*
bruids|gift ['brəʏtsxɪft] *f* Brautgeschenk *n*, Morgengabe *f*; **~japon** [-jɑ'pɔn] (-*nen*) *f*, **~kleed** [-kle:t] (-*kleren*) *n* Brautkleid *n*; **~meisje** [-mɛĭʃə] (-*s*) *n* Brautjungfer *f*; **~nacht** [-nɑxt] *f* Brautnacht *f*; **~paar** [-pa:r] (-*paren*) *n* Brautpaar *n*, Hochzeitspaar *n*; **~schat** [-sxɑt] (-*ten*) *m* Mitgift *f*, Aussteuer *f*; **~**

sluier [-sləʏjər] (*-s*) *m* Brautschleier *m*.
bruidsuiker ['brəʏtsəʏkər] (*kein pl.*) *m* Zuckererbse *f*, süße Mandel *f*.
bruigom ['brəʏɣ̇ɔm] (*-s*) *m* Bräutigam *m*.
bruik|baar ['brəʏgba:r] brauchbar, verwendbar; **~leen** [-le:n] (*kein pl.*) *n u. m* Nutznießung *f*, Nießbrauch *m*; *in ~ geven* leihweise überlassen.
bruiloft ['brəʏlɔft] *f* Hochzeit *f*.
bruilofts|dis ['brəʏlɔvdzdɪs] *m* Hochzeitstafel *f*; **~lied** [-li·t] (*-eren*) *n* Hochzeitslied *n*; **~maal** [-ma:l] (*-malen*) *n* Hochzeitsmahl *n*.
bruin [brəʏn] *Adj.* braun; *Su. m* ♀ *de Beer* Petz *m*; **~achtig** [-'ɑxtəx] bräunlich; **~e** [-ə] (*-n*) *m u. f* Braune (-r) *f*, *m*; *dat kan mijn ~ niet trekken* das kann ich mir nicht leisten.
bruineren [brəʏ'ne:rə(n)] bräunen, brünieren; polieren.
bruin|harig [brəʏn'ha:rəx] brünett; **~kool** [-ko:l] (*-kolen*) *f* Braunkohle *f*; **~ogig** [-'o:ɣ̇əx] braunäugig; **~steen** [-ste:n] (*kein pl.*) *n u. m* Braunstein *m*; **~vis** [-v̇ɪs] (*-sen*) *m* Braunfisch *m*.
bruis|en ['brəʏsə(n)] brausen, toben; **~poeder** [-pu·dər] *a.* **~poeier** [-pu·jər] *n u. m* Brausepulver *n*.
brul|aap ['brøla:p] (*-apen*) *m* Brüllaffe *m*; **~boei** [-bu·ĭ] *f* Heulboje *f*; **~len** [-ə(n)] brüllen.
brunette [brʏ'nɛtə] (*-s u. -n*) *f* Brünette *f*.
Brunswijk ['brønsʋɛĭk] *n* Braunschweig *n*.
Brussel [brøsəl] *n* Brüssel *n*.
brutaal [bry·'ta:l] frech, unverschämt; keck; *~ beweren* keck behaupten.
brutaliteit [bry·tɑli·'tɛĭt] *f* Frechheit *f*.
bruto ['bry·to·] brutto; *~ sociaalprodukt* (*a. -duct*) Bruttosozialprodukt *n*.
bruusk [bry·sk] barsch, rauh, schroff, heftig, rücksichtslos.
bruut [bry·t] (*bruter*, *bruutst*) *Adj. u. Adv.* roh, brutal; *Su.* (*bruten*) *m* Rohling *m*, roher Mensch *m*.
budget [bød'ʒɛt] (*-ten u. -s*) *n* Haushalt *m*, Budget *n*, Etat *m*, Haushaltsplan *m*; **~bespreking** [-bə'spre:kɪŋ] *f* Haushaltsdebatte *f*.
buffel [bøfəl] (*-s*) Büffel *m*.
buffelen ['bøfələ(n)] F fressen, schlemmen.
buffer ['bøfər] (*-s*) *m* Puffer *m*; **~staat** [-sta:t] (*-staten*) *m Pol.* Pufferstaat *m*.
buffet [by·'fɛt] (*-ten*) *n* Schanktisch *m*, Büfett *n*; Erfrischungsraum *m*, Schenke *f*.
bui [bəʏ] *f* Schauer *m*, Regenguß *m*; Windstoß *m*, Bö *f*; *fig.* Grille *f*, Laune *f*; *maartse ~en* Aprilwetter *n*; *hij heeft* (*hij is in*) *een goede ~* er ist guter Laune; *bij ~en* ab und zu, je nach Laune.
buidel ['bəʏdəl] (*-s*) *m* Beutel *m*; **~dier** [-di:r] *n* Beuteltier *n*; **~rat** [-rɑt] (*-ten*) *f* Beutelratte *f*.
buigbaar ['bəʏgba:r] biegbar, beugbar, biegsam; *Gr.* beugbar, deklinabel.
bui|gen ['bəʏɣ̇ə(n)] (*boog*, *gebogen*) biegen, beugen, krümmen; *v/i* bükken; sich verbeugen, sich verneigen; *met gebogen hoofd* mit gesenktem Haupt; **~ging** [-ɣ̇ɪŋ] *f* Verbeugung *f*, Verneigung *f*; *Gr.* Beugung *f*, Flexion *f*; **~gingsuitgang** [-ɣ̇ɪŋsəʏtxɑŋ] *m Gr.* Flexionsendung *f*.
buigtang ['bəʏxtɑŋ] *f* Drahtzange *f*, Kneifzange *f*.
buigzaam ['bəʏxsa:m] biegsam; *fig.* geschmeidig.
buiig ['bəʏəx] regnerisch; unbeständig; *fig.* launenhaft.
buik [bəʏk] *m* Bauch *m*; *zich de ~ vasthouden van het lachen* sich den Bauch halten vor Lachen; *ik heb er mijn ~ van vol* ich bin es satt, mir reicht's; **~band** [-bɑnt] *m* Leibbinde *f*, Bauchbinde *f*; **~loop** [-lo:p] *m* Durchfall *m*, Ruhr *f*, Diarrhöe *f*; **~pijn** [-pɛĭn] *f* Bauchweh *n*; **~spreker** [spre:kər] (*-s*) *m* Bauchredner *m*; **~vlies** [-fli:s] (*-vliezen*) *n* Bauchfell *n*; **~vliesontsteking** [-fli·zɔntste:kɪŋ] *f* Bauchfellentzündung *f*.
buil[1] [bəʏl] *f* Beule *f*.
buil[2] *m* Tüte *f*, Beutel *m*; **~en** [-ə(n)] veuteln.
buis[1] [bəʏs] (*buizen*) *f* Röhre *f*, Rohr *n*; *mar.* Büse *f*.
buis[2] *n* Jacke *f*.
buisvormig ['bəʏsfɔrməx] röhrenförmig.
buit [bəʏt] (*kein pl.*) *m* Beute *f*, Raub *m*.
buite|len ['bəʏtələ(n)] purzeln; **~ling** [-lɪŋ] *f* Purzelbaum *m*.

buiten¹ [bəʏtə(n)] *Präp.* aus *D*; außer *D*; außerhalb *G*; ohne *A*; *Adv.* draußen; heraus, hinaus; auswärts; ~ *zich zelf* außer sich; ~ *gevaar* außer Gefahr; ~ *adem* außer Atem; *naar* ~ hinaus; *naar* ~ *gaan* hinausgehen; (*naar*) ~ *komen* herauskommen; *naar de* ~ *gaan* aufs Land (in die Sommerfrische) gehen; *van* ~ *leren* auswendig lernen; ~ *mijn weet* (*a. weten*) ohne mein Wissen; ~ *de waard* ohne den Wirt; *een meisje van* (*de*) ~ ein Mädchen vom Lande; *zich te* ~ *gaan* (*aan*) sich übernehmen; zuviel essen *od.* trinken; *er niet* ~ *kunnen* zu *etw.* gezwungen sein (werden); *etw.* nicht entbehren können; *er* ~ *blijven* sich heraushalten; sich nicht in *etw.* einmischen; *van binnen en van* ~ durch und durch; in- und auswendig; ~ *mij* ohne mich.

buiten² (*kein pl.*) *m* Land *n* (*Ggs.* Stadt); (*-s*) *n* Landsitz *m.*

buiten|band ['bəʏtə(n)bɑnt] *m* Reifen *m*; Mantel *m*, Decke *f*; **~beentje** [-be:ntjə] (*-s*) *n* uneheliches Kind; *hij is een echt* ~ *fig.* er tanzt aus der Reihe, er ist aus der Art geschlagen; **~boordmotor** [-bo:rt'mo:tɔr] (*-en u. -s*) *m* Außenbordmotor *m*; **~deur** [-dø:r] *f* Außentür *f*, Haustür *f*; **~dien** [-'d:n] außerdem; **~echtelijk** [-ɛxtələk] außerehelich; **~gaats** [-'ɣa:ts] auf offener See; **~gewoon** [-ɣəʋo:n], *a.* [-ɣə'ʋo:n] außergewöhnlich, außerordentlich; ungewöhnlich, merkwürdig; ~ *onderwijs* Sonderschulwesen *n*; **~goed** [-ɣu·t] (*-eren*) *n* Landgut *n*, Landsitz *m*; **~issig** [-'ɪsəx] sonderbar, ausgefallen; **~kans** [-kɑns] *f* unerwarteter Vorteil, Glücksfall *m*, F eingefundenes Fressen; **~land** [-lɑnt] *n* Ausland *n*; **~lander** [-lɑndər] (*-s*) *m* Ausländer *m*; **~lands** [-lɑnts] ausländisch, auswärtig; *de minister van* ~*e zaken* Außenminister *m*; *het ministerie van* ~*e zaken* das Auswärtige Amt, Außenministerium *n*; **~lucht** [-ləxt] *f* frische Luft, Außenluft *f*, das Freie; **~mens** [-mɛns] *m* Landmann *m*; **~muur** [-my:r] (*-muren*) *m* Außenwand *f*, Außenmauer *f*; **~shuis** [-shəʏs] außerhalb des Hauses, außer Haus(e), auswärts; **~sluiten** [-sləʏtə(n)] aussperren, ausschließen; **~spel** [-spɛl] *n Sp.* Abseits *n*; **~spiegel** [-spi:ɣəl] (*-s*) *m* Rückspiegel *m*; **~sporig** [-spo:rəx] übermäßig, übertrieben, ausschweifend; **~staander** [-sta:ndər] (*-s*) *m* Außenseiter *m*, Außenstehende(r) *m*; **~verblijf** [-vərblɛif] (*verblijven*) *n* Landhaus *n*, Landgut *n*; **~waarts** [-ʋa:rts] auswärts; **~wereld** [-ʋe:rəlt] *f* Außenwelt *f*; **~wijk** [-ʋɛik] *f* Außenviertel *n.*

buitmaken ['bəʏtma:kə(n)]: *iets* ~ *etw.* erbeuten.

buizerd ['bəʏzərt] (*-s*) *m* Bussard *m.*

bukken ['bəkə(n)] *v/i u. v/r* sich bücken.

buks [bəks] *f* Büchse *f.*

buksboom ['bəksbo:m] (*-bomen*) *m* Buchsbaum *m.*

bul¹ [bəl] (*-len*) *m* Bulle *m*, Stier *m.*

bul² *f* Bulle *f.*

bulderen ['bəldərə(n)] poltern, tosen, toben; *Kanonen*: donnern.

buldog ['bəldɔx] (*-doggen*) *m* Bulldogge *f.*

Bulgaar [bəl'ɣa:r] (*-garen*) *m* Bulgare *m*; **~s** [-s] bulgarisch.

Bulgarije [bəlɣa·'rɛijə] *n* Bulgarien *n.*

bulken ['bəlkə(n)] *Kühe*: brüllen; *Kälber*: blöken; *hij bulkt van het geld* er hat Geld wie Heu.

bulle|bak ['bələbɑk] (*-ken*) *m* Grobian *m*; **~bijter** [-bɛitər] (*-s*) *m* Bullenbeißer *m* (*a. fig.*).

bulletin [bələ'tɛ̃:] (*-s*) *n* Bulletin *n*, Tagesbericht *m*; Extrablatt *n*, Sondermeldung *f.*

bult [bəlt] *m* Buckel *m*, Höcker *m*; Beule *f*; Bucklige(r) *m*; **~enaar** [-əna:r] (*-s*) *m* Bucklige(r) *m*; **~ig** [-əx] bucklig; **~zak** [-sɑk] (*-ken*) *m* Polster *n*; (Stroh-)Matratze *f.*

bumper ['bəmpər] (*-s*) *m* Stoßstange *f.*

bundel ['bəndəl] (*-s*) *m* Bündel *n*; *jur.* Dossier *n od. m*, Aktenbündel *n*; *een* ~ *gedichten* (*verzen*) Gedichtsammlung *f*; **~en** [-ə(n)] bündeln; Gedichte sammeln.

bunder ['bəndər] (*-s*) *n* Hektar *n* [*od. m.*]

bungelen ['bəŋələ(n)] baumeln.

bunker ['bənkər] (*-s*) *m* Bunker *m*; **~haven** [-ha:və(n)] (*-s*) *f* Bunkerstation *f.*

bunzing ['bənzɪŋ] (*-s u. -en*) *m* Iltis *m.*

burcht [bərxt] *m u. f* Burg *f*; **~heer** [-he:r] (*-heren*) *m* Burgherr *m*, Schloßherr *m*; **~plein** [-plɛĭn] *n* Burghof *m*; **~vrouw** [fraŭ] *f* Burgfrau *f*.

bureau [by·'ro:] *n* Büro *n*, Kontor *n*; Amt *n*, Dienststelle *f*, Geschäftsstelle *f*; Schreibtisch *m*; *mil.* Schreibstube *f*; *~ der gevonden voorwerpen* Fundbüro *n*; *~ voor ontvangst van bagage* Gepäckannahme *f*; *~ van afgifte van bagage* Gepäckausgabe *f*; *~ van politie* Polizeiamt *n*, Polizeirevier *n*.

bureau|craat *a.* **-kraat** [by·ro·-'kra:t] (*-craten*) *m* Bürokrat *m*; **~cratie** *a.* **-kratie** [-krɑ'si:] *f* Bürokratie *f*.

bureel [by·'re:l] (*-relen*) *n s. bureau.*

burengerucht ['by·rə(n)ɣ̊ərəxt] *n* Ruhestörung *f*.

burg [bərx] *m u. f s. burcht.*

burgemeester [bərɣ̊ə'me:stər] (*-s*) *m* (Ober-)Bürgermeister *m*; *~ en wethouders* Magistrat *m*, Gemeindevorstand *m*.

burger [bərɣ̊ər] (*-s*) *m* Bürger *m*, Zivilist *m*; Staatsangehörige(r) *m*; *in ~* (*in ~kleding*) in Zivil; **~bevolking** [-bə'v̊ɔlkɪŋ] *f* Zivilbevölkerung *f*; **~deugd** [-dø:xt] *f* Bürgertugend *f*, bürgerliche Moral; **~dochter** [-dɔxtər] (*-s*) *f* Bürgerstochter *f*; **~es** [-'ɛs] (*-sen*) *f* Bürgerin *f*; **~ij** [-'ɛĭ] *f* Bürgerschaft *f*, Bürgerstand *m*; **~kost** [-kɔst] *f* Hausmannskost *f*, bürgerliche Küche.

burgerlijk [bərɣ̊ərlək] bürgerlich, spießbürgerlich; Zivil-; *~e stand* Standesamt *n*; *ambtenaar van de ~e stand* Standesbeamte(r) *m*; *~ huwelijk* Zivilehe *f*; *~ bestuur* Zivilverwaltung *f*; *~ recht* Zivilrecht *n*.

burger|oorlog ['bərɣ̊ər'o:rlɔx] *m* Bürgerkrieg *m*; **~schap** [-sxɑp] *n* Bürgerschaft *f*; Bürgerrecht *n*; **~schapsrecht** [-sxɑpsrɛxt] *n* Staatsbürgerrecht *n*; **~school** [-sxo:l] (*-scholen*) *f* Bürgerschule *f*, Realschule *f*; *hogere ~* Mittelschule *f*, (Ober-)Realschule *f*; **~vader** [-v̊a:dər] (*-s*) *m* Bürgermeister *m*; **~vrouw** [-v̊rɑŭ] *f* Bürgersfrau *f*.

burggraaf ['bərxra:f] (*-graven*) *m* Burggraf *m*.

burlesk [bər'lɛsk] burlesk, possenhaft.

bus[1] [bəs] (*-sen*) *f* Büchse *f* (*a. Feuerwaffe*); (Brief-)Kasten *m*; *een brief op de ~ doen* e-n Brief in den (Brief-) Kasten werfen; *de ~ lichten* den Briefkasten leeren; *dat klopt* (*sluit*) *als een ~* das klappt.

bus[2] (*-sen*) *m u. f* Autobus *m*, Bus *m*; **~halte** [-hɑltə] (*-n u. -s*) *f* Autobushaltestelle *f*.

buskruit [-krəʏt] *n* Schießpulver *n*; *hij heeft het ~ niet uitgevonden* er hat das (Schieß-)Pulver nicht erfunden.

buslichting [-lɪxtɪŋ] *f* Leerung *f* (*des Briefkastens*).

busstatie [-sta:si:] (*-s*) *f* Autobushaltestelle *f*, Autobusbahnhof *m*.

buste ['bəstə] (*-s u. -n*) *f* Büste *f*; **~houder** [-hɑudər] (*-s*) *m* Büstenhalter *m*.

buur [by:r] (*buren*) *m* Nachbar *m*; **~jongen** [-jɔŋə(n)] (*-s*) *m* Nachbarsjunge *m*; **~man** [-mɑn] (*-lieden u. -lui*) *m* Nachbar *m*; **~praatje** [-pra:tjə] (*-s*) *n* Plauderei *f*, Unterhaltung *f* mit den Nachbarn, Klatscherei *f*; **~schap** [-sxɑp] (*-pen*) *f* Nachbarschaft *f*, Nähe *f*.

buurt [by:rt] *f* Nachbarschaft *f*, Nähe *f*; Stadtviertel *n*; *in de ~* in der Nähe, hier herum; *ver uit de ~* weit von hier; **~en** [-ə(n)] beim Nachbarn e-n Besuch machen; **~spoorweg** [-spo:rʊɛx] (*-wegen*) *m* Lokalbahn *f*, Vorortzug *m*; **~verkeer** [-fərke:r] *n* Nahverkehr *m*.

buurvrouw [-by:rv̊rɑŭ] *f* Nachbarin *f*.

byzan|tijns [bi·zɑn'tɛĭns] byzantinisch; *♀e Rijk n* Byzantinisches Reich; **~tinisme** [-tɪ'ni·sm] *n* Byzantinismus *m*.

C

Zie ook **K** *en* **S**

c, C [se:] *(e's) f* c, C *n*; *Mus.* C *grote terts* C-Dur *n*; *c kleine terts* c-Moll *n*.
caban [kɑ'bɑ̃:] *(-s) m* Cape *n*, Umhang *m*.
cabaret *a.* **ka-** [kɑbɑ'rɛt] *(-s) n* Kabarett *n*.
cabine *a.* **ka-** [kɑ'bi·nə] *(-s) f* Kabine *f*, Umkleidekabine *f*; *(Lastauto)* Führersitz *m*, Führerhaus *n*; *(Kino)* Vorführraum *m*.
cabriolet *a.* **ka-** [kɑbri·ɔ'lɛt] *(-ten) m* Kabriolett *n*.
cacao [kɑ'kaŭ] *m* Kakao *m*; **~boon** [-bo:n] *(-bonen) f* Kakaobohne *f*; **~boter** [-bo:tər] *f* Kakaobutter *f*.
cachet [kɑ'ʃɛt] *(-ten) n* Petschaft *n*, Siegel *n*; *fig.* Gepräge *n*.
cachot [kɑ'ʃɔt] *(-ten) n* Kerker *m*, Arrest *m*.
cactus *a.* **kak-** ['kɑktɵs] *(-sen) m* Kaktus *m*, Kaktee *f*.
cadans *a.* **ka-** [kɑ'dɑns] *f* Kadenz *f*.
cadeau [kɑ'do:] *(-s) n* Geschenk *n*; **~stelsel** [-stɛlsəl] *(-s) n* Geschenkwerbung *f*.
cadet *a.* **ka-** [kɑ'dɛt] *(-ten) m* Kadett *m*.
café [kɑ'fe:] *(-s) n* Café *n*, Kaffeehaus *n*; Schankwirtschaft *f*, Schenke *f*.
cafeïne [kɑfe·'(j)i·nə] *f* Koffein *n*.
cafetaria [kɑfe·'ta:ri·(j)a] (-'s] *f* Schnellbüfett *n*.
cahier [kɑ'je:] *(-s) n* Heft *n*.
calcu|latie *a.* **kalku-** [kɑlky·'la:si:] *(-s) f* Kalkulation *f*, Vorausberechnung *f*; **~leren** [-'le:rə(n)] kalkulieren, berechnen.
callgirl ['kɔ:lgə:rl] *(-s) f* Callgirl *n*.
calorie *a.* **ka-** [ka·lɔ'ri:] *(-ën) f* Kalorie *f*.
calqueerpapier *a.* **kalkeer-** [kɑl'ke:rpɑpi:r] *n* Pauspapier *n*.
calvi|nisme [kɑlv̊i.'ni·smə] *n* Kalvinismus *m*; **~nist** [-'ni·st] *m* Kalvinist *m*.
camelia *a.* **ka-** [kɑ'me:li·(j)a] *(-'s) f* Kamelie *f*.
camera ['ka·məra] *(-'s) f* Kamera *f*.
camou|flage [kɑmu·'flɑ:ʒə] *f* Tarnung *f*, Vortäuschung *f*; **~fleren** [-'fle:rə(n)] tarnen, maskieren, vortäuschen, verschleiern.
campagne [kɑm'pɑnjə] *(-s) f* Kampagne *f*; Feldzug *m*; Arbeitszeit *f*.
canada *a.* **ka-** ['kɑnɑdɑ] *(-'s) m* (kanadische) Pappel *f*.
Cana|da *n* Kanada *n*; **~dees** [-'de:s] *Adj.* kanadisch; *Su. (-dezen) m* Kanadier *m*; **~dese** [-'de:sə] *(-n) f* Kanadierin *f*.
canaille [kɑ'nɑljə] *(-s) n* Kanaille *f*.
canon ['ka:nɔn] *(-s) m* Kanon *m*.
canoniek *a.* **ka-** [ka·nɔ'ni·k] kanonisch.
cantate *a.* **kan-** [kɑn'ta:tə] *(-s u. -n) f* Kantate *f*.
canule [kɑ'ny·lə] *(-s) f* Hohlnadel *f*, Röhrchen *n*.
caoutchouc [ka·'u·tʃu·k] *m u. n* Kautschuk *m*, Gummi *m u. n*.
capaciteit *a.* **ka-** [kɑpasi·'tɛĭt] *f* Kapazität *f*; Fähigkeit *f*; *fig.* Spezialist *m*.
cape [ke:p] *(-s) f* Cape *n*, Umhang *m*, Pelerine *f*.
capitu|latie *a.* **ka-** [kɑpi·ty·'la:si:] *(-s) f* Kapitulation *f*; **~leren** [-'le:rə(n)] kapitulieren.
capsule [kɑp'sy·lə] *(-s) f* Kapsel *f*.
capuchon [kɑpy·'ʃɔn] *(-s) m* Kapuze *f*.
caravan [kɑrɑ'v̊ɑn] *(-s) f* Wohnwagen *m*, Wohnanhänger *m*.
car|bid *a.* **karbi(e)d** [kɑr'bit] *n* Karbid *n*; **~bol** [-'bɔl] *n u. m* Karbol *n*; **~bonpapier** [-'bɔnpɑpi:r] *n* Kohlepapier *n*, Durchschlagpapier *n*; **~burator** [-by·'ra:tɔr], *a.* **-teur** *(-s u. -en) m* Vergaser *m*.
carga ['kɑrɣ̊a·], *a.* **-go** *(-'s) f* Kargo *m*, Schiffsladung *f*; **~door** [-'do:r] *(-s) m* Schiffsmakler *m*.
carillon [kɑrɪl'jɔn] *(-s) n u. m* Glockenspiel *n*.
caritatief *a.* **cha-** [kɑri·tɑ'ti:f] karitativ.

carnaval *a.* **kar-** [karnaˈval] (*-s*) *m* Karneval *m*, Fasching *m*.
carriere [kariˑˈ(j)ɛːrə] (*-s*) *f* Karriere *f*.
carrosserie [karɔsəˈriː] (*-ën*) *f* Karosserie *f*.
carroussel [karuˑˈsɛl] (*-s*) *m u. n* Karussell *n*.
carter *a.* **kar-** [ˈkaːrtər] (*-s*) *n* Kurbelgehäuse *n*.
casino [kaˈziˑno] (*-'s*) *n* Kasino *n*, Spielbank *f*.
cassatie *a.* **kas-** [kaˈsaːsiː] (*-s*) *f* Kassation *f*; *hof van* ~ Kassationshof *m*.
cassette *a.* **kas-** [kaˈsɛtə] (*-s u. -n*) *f* Kassette *f*; Kästchen *n*.
castagnetten *a.* **kastanjetten** [kastaˈnjɛtə(n)] *pl.* Kastagnetten *f/pl*.
cas|traat *a.* **kas-** [kaˈstraːt] (*-straten*) *m* Kastrat *m*; **~treren** [-ˈtreːrə(n)] kastrieren.
casueel *a.* **ka-** [kasyˑˈeːl] zufällig.
catalogus [kaˈtaːloˑɣəs] (*-sen u. -logi*) *m* Katalog *m*.
cataract *a.* **katarakt** [kataˈrakt] *f* Wasserfall *m*; Katarakt *m* (*a. Med.*); *Med.* grauer Star.
catastrofe [kataˈstroːfə] (*-s u. -n*) *f* Katastrophe *f*.
catechisatie *a.* **katechizatie** [kaˑteˑxiˑˈzaːsiː] *f* Katechese *f*, Religionsunterricht *m*.
catechismus *a.* **ka-** [kateˑˈxiˑsməs] (*-sen*) *m* Katechismus *m*.
cate|gorie *a.* **ka-** [kateˑɣɔˈriː] (*-ën*) *f* Kategorie *f*, Gattung *f*; Klasse *f*; **~gorisch** [-ˈgoːriˑs] kategorisch, entschieden.
causerie [kauzəˈriː] (*-ën*) *f* Plauderei *f*.
cautie *a.* **kau-** [ˈkausiː] (*-s*) Kaution *f*, Bürgschaft *f*.
cavale|rie *a.* **ka-** [kavaləˈriː] *f* Kavallerie *f*; **~rist** [-riˑst] *m* Kavallerist *m*.
Cecilia [seˑˈsiˑliˑ(j)aˑ] *f* Cäcilie *f*.
ceder [ˈseːdər] (*-s*) *m* Zeder *f*; **~en** [-ə(n)] *Adj.* zedern, Zeder-.
ceel [seːl] (*celen*) *f u. n* Pachtvertrag *m*, Mietvertrag *m*; *Hdl.* Lagerschein *m*.
ceintuur [sɛ̃ːˈtyːr] (*-s u. -turen*) *f* Gürtel *m*; **~baan** [-baːn] (*-banen*) *f* Ringbahn *f*.
cel [sɛl] (*-len*) *f* Zelle *f*.
celi|baat [seˑliˑˈbaːt] *n* Zölibat *m u. n*; **~batair** [-baˈtɛːr] (*-s*) *m* Hagestolz *m*; Junggeselle *m*.
cel|list [sɛˈliˑst] *m* Cellist *m*; **~lo** [ˈsɛloˑ] (*-'s*) *m* Cello *n*.
cellu|lair [sɛlyˑˈlɛːr] zellular; *~e gevangenisstraf* Einzelhaft *f*; **~lose** [-ˈloːzə] *f* Zellulose *f*, Zellstoff *m*.
cel|stof [ˈsɛlstɔf] *f* Zellstoff *m*, Zellulose *f*; **~straf** [-straf] (*-fen*) *f* Einzelhaft *f*; **~vormig** [-vɔrməx] zellenförmig; **~wagen** [-υaːɣə(n)] (*-s*) *m* Polizeiauto *n*, P grüne Minna; **~weefsel** [-υeːfsəl] (*-s*) *n* Zellgewebe *n*.
cement [səˈmɛnt] *n u. m* Zement *m*; **~en** [-ə(n)] *Adj.* Zement-.
censor [ˈsɛnsɔr] (*-s u. -en*) *m* Zensor *m*.
census [ˈsɛnsəs] *m* Zensus *m*, Schätzung *f*.
cen|sureren [sɛnsyˑˈreːrə(n)] zensieren, beurteilen; **~suur** [-ˈsyːr] *f* Zensur *f*.
cent [sɛnt] (*-en u. -s*) *m* Cent *m*; *tot de laatste ~ betalen* auf Heller und Pfennig bezahlen; *hij bezit geen rooie (rode) ~* er besitzt keinen Pfennig; *veel ~en hebben* F Moos *n* (Moneten *f/pl.*) haben.
centaur [sɛnˈtau(ə)r] *a.* **kentaur** [kɛnˈtau(ə)r] (*-s*) *m* Zentaur *m*.
centenaar [ˈsɛntənaːr] (*-s*) *m* Zentner *m*.
centerboor [ˈsɛntərboːr] (*-boren*) *f* Zentrumsbohrer *m*.
centi|gram [ˈsəntiˑɣram] (*-men*) *n* Zentigramm *n*; **~liter** [-liˑtər] (*-s*) *m* Zentiliter *m*.
cen|time [sɛnˈtiˑmə] (*-s*) *a.* **~tiem** (*-en*) *f* Centime *m*.
centimeter [ˈsɛntiˑmeːtər] (*-s*) *m* Zentimeter *m*.
centraal [sɛnˈtraːl] zentral; *~ station* Hauptbahnhof *m*; *centrale verwarming* Zentralheizung *f*.
centrale [sɛnˈtraːlə] (*-s*) *f* Zentrale *f*.
centrali|satie *a.* **-zatie** [sɛntraliˑˈzaːsiː] (*-s*) *f* Zentralisation *f*; **~seren** *a.* **~zeren** [-ˈzeːrə(n)] zentralisieren.
centrifugaalkracht [sɛntriˑfyˑˈɣaːlkraxt] *f* Zentrifugalkraft *f*, Fliehkraft *f*, Schwungkraft *f*.
centrifuge [sɛntriˑˈfyːʒə] (*-s*) *f* Zentrifuge *f*, Schleuder *f*, Wäscheschleuder *f*.
centripetaal [sɛntriˑpəˈtaːl] zentripetal.
centrum [ˈsɛntrəm] (*-s u. -tra*) *n* Zentrum *n*, Mittelpunkt *m*; Stadt-

mitte *f*; **~verdediger** [-v̊ərde:də-ɣ̊ər] (-*s*) *m* *Sp.* Mittelfeldverteidiger *m*.
ceramiek [se·ra·'mi·k] *a.* **ke-** [ke·-ra·'mi'k] *f* Keramik *f*, Töpferkunst *f*.
cere|monie [se·re·'mo:ni:] (-*s u.* -*ën*) *f* Zeremonie *f*; **~monieel** [-mɔ-n'(j)ĭe:l] zeremoniell, feierlich; **~moniemeester** [-'mo:ni·me:stər] (-*s*) *m* Zeremonienmeister *m*.
certificaat *a.* **-kaat** [sɛrti·fi·'ka:t] (-*caten od.* -*katen*) *n* Zertifikat *n*, Zeugnis *n*, Schein *m*; *~ van oorsprong* Ursprungszeugnis *n*; *~ van aandelen* Aktienzertifikat *n*.
cervelaatworst [sɛrvə'la:tʊɔrst] *f* Zervelatwurst *f*.
chagrijn *a.* **sja-** [ʃɑ'ɣ̊rɛĭn] *n* Kummer *m*, Verdruß *m*.
chalet [ʃɑ'lɛ] (-*s*) *m u. n* Chalet *n*.
champagne [ʃɑm'pɑŋjə] (-*s*) *m* Champagner *m*, Sekt *m*.
champignon [ʃɑmpi·ŋ'jɔ̃:] (-*s*) *m* Champignon *m*; Pilz *m*.
chantage [ʃɑn'tɑ:ʒə] *f* Erpressung *f*.
chaos ['xa:ɔs] *m* Chaos *n*.
chaotisch [xa·'o:ti·s] chaotisch.
charge ['ʃɑrʒə] (-*s*) *f* Angriff *m*; *getuige à ~* Belastungszeuge *m*.
charmant [ʃɑr'mɑnt] scharmant, reizend.
charter|partij ['ʃɑrtərpɑrtɛĭ] *f mar.* Chartepartie *f*, Frachtvertrag *m*; **~vlucht** [-v̊ləxt] *f* Charterflug *m*.
chassis [ʃɑ'si·] (*pl. id.*) *n* Chassis *m*, Fahrgestell *n*; *Foto*: Kassette *f*.
chauffeur [ʃo·'fø:r] (-*s*) *m* Chauffeur *m*, Fahrer *m*.
chauvi|nisme [ʃo:v̊i·'ni·smə] *n* Chauvinismus *m*; **~nist** [-'ni·st] *m* Chauvinist *m*.
check *m s. cheque*.
chef [ʃɛf] (-*s*) *m* Chef *m*, Vorgesetzte(r) *m*; Küchenmeister *m*, Chefkoch *m*; *paté van de ~* Pastete *f* nach Art des Hauses; **~fin** [-'ɪn] (-*nen*) *f* Chefin *f*; **~-kok** [-'kɔk] (-*s*) *m* Küchenmeister *m*, Chefkoch *m*.
chemicaliën [xe·mi·'ka:lĭ(j)ə(n)] *pl.* Chemikalien *f/pl*.
che|micus ['xe:mi·kəs] (*chemici*) *m* Chemiker *m*; **~mie** [-'mi:] *f* Chemie *f*; **~misch** [-mi·s] chemisch.
cheque *a.* **check** [ʃɛk] (-*s*) *m* Scheck *m*; *~ op naam* Namensscheck *m*, Rektascheck *m*; *~ aan toonder* Inhaberscheck *m*; *een ~ trekken e-n* Scheck ausstellen.
cherub ['xe:rəp] (-*s*), **cherubijn** [xe·ru·'bɛĭn] *m* Cherub *m*.
chic *a.* **chique** *od.* **sjiek** [ʃi·k] schick, fein, elegant.
chica|neren [ʃi·kɑ'ne:rə(n)] schikanieren; **~neur** [-'nø:r] (-*s*) *m* Schikaneur *m*.
chimpansee ['ʃi·mpɑnse:] (-*s*) *m* Schimpanse *m*.
Chinees [ʃi·'ne:s] *Adj.* chinesisch; *Su.* (-*nezen*) *m* Chinese *m*.
chirurg [ʃi·'rərx] *m* Chirurg *m*.
chirurgie [ʃi·rər'ʒi:] *f* Chirurgie *f*.
chloor [xlo:r] *m u. n* Chlor *n*.
chloroform [xlɔrɔ'fɔrm] *m* Chloroform *n*; **~eren** [-'e:rə(n)] chloroformieren.
chocola(de) [ʃɔkɔ'la:də] *m* Schokolade *f*; **~reep** [-re:p] (-*repen*) *m* Riegel *m* Schokolade; **~tablet** [-tɑ-'blɛt] (-*ten*) *f u. n* Tafel *f* Schokolade.
cholera ['xo·lərɑ] *f* Cholera *f*.
chris|telijk *a.* **kr-** ['krɪstələk] christlich; **~ten** [-tən] *m* Christ *m*; **~tendom** [-təndɔm] *n* Christentum *n*; **~tenheid** [-tənhɛĭt] *f* Christenheit *f*; **~tenmens** [-tənmɛns] *m* Christ *m*; **~tin** [-'tɪn] (-*nen*) *f* Christin *f*.
Christus *a.* **Kr-** ['krɪstəs] (-*sen*) *m* Christus *m*; *na de geboorte van ~* nach Christi Geburt; **~beeld** [-be:lt] *n* Christusbild *n*.
chronisch ['xro:ni·s] *a.* **kr-** ['kro:-] chronisch.
chronologie [xro·no·lɔ'ɣ̊i:] *a.* **kr-** [kro·-] *f* Chronologie *f*.
chrysant *a.* **kry-** [kri·'zɑnt] *f* Chrysantheme *f*.
cichorei *a.* **ciko-** [si·kɔ'rɛĭ] *m u. f* Zichorie *f*.
cider ['si·dər] *m* Zider *m*.
cijfer ['sɛĭfər] (-*s*) *n* Ziffer *f*; (*Schule*) Note *f*, Zensur *f*; *een bedrag van 7 ~s* ein siebenstelliger Betrag; **~en** [-ə(n)] rechnen; **~kunst** [-kənst] *f* Rechenkunst *f*; **~schrift** [-sxrɪft] *n* Chiffreschrift *f*, Geheimschrift *f*; **~telegram** [-te·ləɣ̊rɑm] (-*men*) *n* chiffrierte(s) Telegramm.
cijns [sɛĭns] (*cijnzen*) *m* Zins *m*; Tribut *m*; Abgabe *f*; **~baar** [-ba:r], **~plichtig** [-plɪxtəx] zinsbar; tributpflichtig, zinspflichtig.
cilinder *a.* **cy-** [si·'lɪndər] (-*s*) *m*

Zylinder *m*; **~vormig** [-v̇ɔrməx] zylindrisch.
cimbaal [sim'ba:l] (*-balen*) *f Mus.* Zimbel *f*, Becken *n*.
cineac [si·ne·'(j)ak] (*-s*) *m* Aktualitätenkino *n*.
cine|ast [si·ne·'(j)ast] *a.* **ki-** [ki-] (*-en*) *m* Filmschaffende(r) *m*, Filmregisseur *m*; **~ma** ['-ma·] (*-'s*) *m* Kino *n*; *wij gaan naar de ~* wir gehen ins Kino; **~mascoop** [-ma-'sko:p] (*-scopen*) *f* Breitwand *f*; **~mavoorstelling** ['-ma'v̇o:rstɛlɪŋ] *f* Filmvorführung *f*.
cipier [si·'pi:r] (*-s*) *m* Gefangenenaufseher *m*.
cipres *a.* **cy-** [si·'prɛs] (*-sen*) *m* Zypresse *f*.
circa ['si·rka] zirka, ungefähr, etwa.
circu|laire [si·rky·'lɛ:r] (*-s*) *f* Rundschreiben *n*; **~latie** [-'la:si:] *f* Kreislauf *m*; Umlauf *m*; (Straßen-)Verkehr *m*; **~leren** [-'le:rə(n)] zirkulieren, umlaufen.
circuit [si·r'kʋi·] (*-s*) *n Sp.* Bahn *f*, Rennstrecke *f*; *in ~* in Umlauf.
circus ['si·rkəs] (*-sen*) *m u. n* Zirkus *m*.
cirkel ['si·rkəl] (*-s*) *m* Kreis *m*; Zirkel *m*; **~boog** [-bo:x] (*-bogen*) *m* Kreisbogen *m*; **~zaag** [-za:x] (*-zagen*) *f* Kreissäge *f*.
citaat [si·'ta:t] (*-taten*) *n* Zitat *n*.
citadel [si·ta'dɛl] (*-len u. -s*) *f* Zitadelle *f*.
citer ['si·tər] (*-s*) *f* Zither *f*.
citeren [si·'te:rə(n)] zitieren, anführen.
citroen [si·'tru·n] *m u. f* Zitrone *f*; **~geel** [-ɣ̇e:l] zitronengelb; **~sap** [-sap] *n* Zitronensaft *m*; **~schil** [-sxɪl] (*-len*) *f* Zitronenschale *f*; **~zuur** [-zy:r] *n* Zitronensäure *f*.
civetkat ['si·v̇ɛtkat] (*-ten*) *f* Zibetkatze *f*.
civiel [si·'v̇i:l] zivil, bürgerlich; *in ~* in Zivil; *~e lijst* Zivilliste *f*.
civili|satie *a.* **~zatie** [si·vi·li'za:si:] *f* Zivilisation *f*; **~seren** *a.* **~zeren** [-ze:rə(n)] zivilisieren; verfeinern.
clandestien *a.* **kl-** [klandɛ'sti:n] heimlich; *~e arbeid* Schwarzarbeit *f*; *~e handel* Schwarzhandel *m*.
clausule [klau'zy·lə] (*-s*) *f* Klausel *f*.
claxon *a.* **klakson** [klak'sɔn] (*-s*) *m* Hupe *f*.
clearing ['kli:rɪŋ] *f* Clearing *n*, Verrechnung *f*, Abrechnung *f*; **~bank** [-baŋk] *f* Clearinghaus *n*, Verrechnungsstelle *f*.
cliché [kli·'ʃe:] (*-s*) *n* Klischee *n*, Druckstock *m*; Abklatsch *m*.
cliënt *a.* **kl-** [kli·'(j)ɛnt] *m* Klient *m*, Kunde *m*; **~eel, ~èle** [-e:l] *f* Kundschaft *m*, Klientel *f*.
clignateur [kli·ŋja'tø:r] (*-s u. -en*) *m* Winker *m*.
clip [klɪp] (*-s*) *m* Klammer *f*.
closet *a.* **kl-** [klo·'sɛt] (*-s*) *n* Klosett *n*, Abort *m*.
clown *a.* **kl-** [klaun] (*-s*) *m* Clown *m*.
club *a.* **kl-** [kləb] (*-s*) *f* Klub *m*; *m* Klubsessel *m*.
coach [ko:tʃ] *m Sp.* Trainer *m*, Betreuer *m*.
cockpit ['kɔkpɪt] (*-s*) *m* Cockpit *n*.
cocktail ['kɔkte:l] (*-s*) *m* Cocktail *m*.
cocon *a.* **kokon** [kɔ'kɔn] (*-s*) *m* Kokon *m*.
code *a.* **ko-** ['ko:də] (*-s*) *m* Code *m*, Kode *m*.
cognac [kɔn'jak] *m* Kognak *m*.
cognossement *a.* **conno-** [kɔnɔsə-'mɛnt] *n* Konossement *n*.
cohesie *a.* **ko-** [kɔ'he:zi:] *f* Kohäsion *f*.
coif|feur [kʋa'fø:r] (*-s*) *m* Friseur *m*, Coiffeur *m*; **~fure** [-'fy:rə] *f* Frisur *f*.
cokes *a.* **kooks** [ko:ks] *pl.* Koks *m*.
colbert *a.* **kol-** [kɔl'bɛrt] (*-s*) *n u. m* Jacke *f*, Sakko *m u. n*; **~kostuum** *a.* **cos-** [-kɔs'ty·m] (*-s*) *n* Sakkoanzug *m*, Kombination *f*.
collaborateur [kɔlabɔra'tø:r] (*-s*) *m* Kollaborateur *m*.
collectie *a.* **kollektie** [kɔ'lɛksi:] (*-s*) *f* Kollektion *f*, Sammlung *f*.
collec|tief *a.* **kollektief** [kɔlɛk'ti·f] kollektiv, gemeinsam; Sammel-; *~tief akkoord* Kollektivvertrag *m*; *~tieve schuld* Kollektivschuld *f*; *~tieve pas* Sammelpaß *m*.
collega *a.* **kol-** [kɔ'le:ɣ̇a·] (*-'s*) *m* Kollege *m*.
college *a.* **kol-** [kɔ'le:ʒə] (*-s*) *n* Kolleg *n*, Vorlesung *f*; Kollegium *n*.
collier [kɔl'je:] (*-s*) *m* Halskette *f*.
colonne *a.* **ko-** [kɔ'lɔnə] (*-s*) *f* Kolonne *f*.
coloradokever [kɔlɔ'ra:do·ke:v̇ər] (*-s*) *m* Kartoffelkäfer *m*, Koloradokäfer *m*.
colpor|teren *a.* **kol-** [kɔlpɔr'te:rə(n)] kolportieren, hausieren; **~teur** [-'tø:r] (*-s*) *m* Kolporteur *m*, Hausierer *m*.

coltrui ['kɔltrɔy] *f* Rollkragenpullover *m*.

combi|natie *a.* **kom-** [kɔmbi·'na:si:] (*-s*) *f* Kombination *f*; **~neren** [-'ne:-rə(n)] kombinieren; **~wagen** [-ʋa:-ɣə(n)] (*-s*) *m* Kombiwagen *m*.

comité *a.* **komitee** [kɔmi·'te:] *n* Ausschuß *m*, Komitee *n*.

comman|dant *a.* **kom-** [kɔman-'dant] *m* Kommandant *m*; **~deren** [-'de:rə(n)] kommandieren, befehlen; **~deur** [-'dø:r] (*-s*) *m* Kommandeur *m*.

commanditair [kɔmandi·'tɛ:r]: **~e** *vennootschap* Kommanditgesellschaft (KG) *f*.

commando *a.* **kom-** [kɔ'mando·] *n* Kommando *n*, Befehl *m*.

commensaal *a.* **kom-** [kɔmɛn'sa:l] (*-s u. -salen*) *m* Kostgänger *m*.

commercieel [kɔmɛrsĭ'(j)e:l] kaufmännisch; wirtschaftlich.

commies *a.* **kom-** [kɔ'mi:s] (*-miezen*) *m* Beamte(r) *m*; ~ *bij het ministerie* Regierungsrat *m*; ~ *bij de post* Oberpostsekretär *m*.

commissa|riaat *a.* **kom-** [kɔmi·sa-rĭ'(j)a:t] (*-riaten*) *n* Kommissariat *n*; ~ *van politie* Polizeiamt *n*; **~ris** [-rɔs] (*-sen*) *m* Kommissar *m*; Aufsichtsrat *m*; ~ *van politie* Polizeikommissar *m*, Polizei(ober)rat *m*, Polizeidirektor *m*; *raad van* **~sen** Aufsichtsrat *m*.

commissie *a.* **kom-** [kɔ'mi·si:] (*-s*) *f* Kommission *f*, Ausschuß *m*; *Hdl.* Auftrag *m*; ~ *van advies* Beratungsausschuß *m*; *in* ~ *Hdl.* in Kommission; **~loon** [-lo:n] (*-lonen*) *n* Kommissionsgebühren *f/pl.*, Vermittlungsgebühren *f/pl.*

commode *a.* **kom-** [kɔ'mo:də] (*-s*) *f* Kommode *f*.

communi|catie *a.* **kom-** [kɔmy·ni·-'ka:si:] (*-s*) *f* Kommunikation *f*, Verbindung *f*; Mitteilung *f*; **~ceren** [-'se:rə(n)] kommunizieren.

communie *a.* **kom-** [kɔ'my·ni:] (*-s u. -ën*) *f* Kommunion *f*; *zijn eerste* ~ *doen* zur ersten Kommunion gehen; *te* ~ *gaan* zur Kommunion gehen; kommunizieren.

communiqué [kɔmy·ni·'ke:] (*-s*) *n* amtliche Mitteilung, Kommuniqué *n*.

commu|nisme *a.* **kom-** [kɔmy·-'ni·sme·] *n* Kommunismus *m*; **~nist** [-'ni·st] *m* Kommunist *m*.

compact *a.* **kompakt** [kɔm'pakt] kompakt, fest.

compagnie *a.* **kom-** [kɔmpan'ji:] (*-s u. -ën*) *f* Handelsgesellschaft *f*; *mil.* Kompanie *f*.

compagnon *a.* **kom-** [kɔmpa·n'jɔn] (*-s*) *m* Kompagnon *m*, *Hdl.* Teilhaber *m*, Sozius *m*, Gesellschafter *m*.

comparatief *a.* **kom-** ['kɔmpara-ti:f] (*-tieven*) *m Gr.* Komparativ *m*.

compartiment *a.* **kom-** [kɔmpar-ti·'mɛnt] *n* Abteil *n*.

compensatie *a.* **kom-** [kɔmpɛn'sa:-sie:] (*-s*) *f* Kompensation *f*; Entschädigung *f*, Ausgleich *m*.

competitie *a.* **kom-** [kɔmpə'ti:si:] (*-s*) *f* Wettbewerb *m*; *Sp.* Verband *m*, Liga *f*; **~wedstrijd** [-ʋɛtstrɛĭt] *m* Verbandsspiel *n*, Ligaspiel *n*, Punktspiel *n*.

compleet *a.* **kom-** [kɔm'ple:t] komplett, vollständig.

complement *a.* **kom-** [kɔmplə-'mɛnt] *n* Ergänzung *f*, Komplement *n*.

complicatie *a.* **kom-** [kɔmpli·'ka:-si:] (*-s*) *f* Komplikation *f*.

compliment *a.* **kom-** [kɔmpli·-'mɛnt] *n* Kompliment *n*; Gruß *m*; Empfehlung *f*; Schmeichelei *f*; *zondern (veel)* **~en** sachlich; ohne Umstände.

compo|neren *a.* **kom-** [kɔmpɔ'ne:-rə(n)] komponieren, vertonen; **~nist** [-'ni·st] *m* Komponist *m*, Tondichter *m*; **~sitie** [-'zisi:] (*-s*) *f* Komposition *f*.

compote [kɔm'pɔt] (*-s*) *m u. f* Kompott *n*.

compromis *a.* **kom-** [kɔmprɔ'mi·] (*pl. id. u. -sen*) *n* Kompromiß *m*.

compromitteren *a.* **kom-** [kɔm-prɔmi·'te:rə(n)] kompromittieren.

computer [kɔm'pju:tər] (*-s*) *m* Computer *m*, elektronische Datenbank *f* (EDB).

concaaf [kɔn'ka:f] konkav.

concen|tratie *a.* **kon-** [kɔnsɛn'tra:-si:] (*-s*) *f* Konzentration *f*; **~tratiekamp** [-'tra:si·kamp] *n* Konzentrationslager *n*; **~treren** [-'tre:-rə(n)] konzentrieren.

concept *a.* **kon-** [kɔn'sɛpt] *n* Konzept *n*, Entwurf *m*.

concern [kɔn'sɛrn] (*-s*) *n* Konzern *m*, Trust *m*.

concert *a.* **kon-** [kɔn'sɛrt] *n* Konzert *n*; *naar het ~ gaan* ins Konzert gehen; **~zaal** [-sa:l] (*-zalen*) *f* Konzertsaal *m*.

concessie *a.* **kon-** [kɔn'sɛsi:] (*-s*) *f* Konzession *f*, Zugeständnis *n*; *een ~ verlenen* e-e Konzession erteilen; *~s doen* Zugeständnisse machen.

concierge [kɔn'sjɛrʒə] (*-s*) *m u. f* Hausverwalter(in *f*) *m*; Hausmeister *m*, Portier *m*.

concilie [kɔn'si·li:] (*-s u. -ën*) *n* Konzil *n*.

conclusie *a.* **konklu-** [kɔn'kly·zi:] (*-s*) *f* Schluß(folgerung *f*) *m*; *de ~ trekken* den Schluß ziehen, folgern.

concours [kɔn'ku·rs] *n u. m* Wettkampf *m*, Wettbewerb *m*; Turnier *n*.

concreet *a.* **konkreet** [kɔn'kre:t] konkret.

concur|rent *a.* **konkur-** [kɔnky·'rɛnt] *m* Konkurrent *m*; **~rentie** [-'rɛnsi:] *f* Konkurrenz *f*, Wettbewerb *m*; *iemand ~ aandoen* j-m Konkurrenz machen; *oneerlijke ~* unlauterer Wettbewerb; *lager aanbieden dan de ~* die Konkurrenz unterbieten; **~reren** [-'re:rə(n)] konkurrieren; *tegen (aan) ~de prijzen* zu konkurrenzfähigen Preisen.

condi|tie *a.* **kon-** [kɔn'di·si:] (*-s u. -ën*) *f* Bedingung *f*, Kondition *f*; Zustand *m*, Beschaffenheit *f*; *in goede ~ zijn* in Form sein; **~tioneren** [-sjɔ'ne:rə(n)] bedingen; sich *etw.* ausbedingen.

condo|leantie *a.* **kon-** [kɔndɔle·'(j)ɑnsi:] (*-s*) *f* Kondolenz *f*, Beileidsbezeigung *f*; **~leren** [-'le:rə(n)] *j-m* kondolieren, sein Beileid aussprechen.

condor *a.* **kon-** ['kɔndɔr] (*-s*) *m* Kondor *m*.

conducteur *a.* **konduk-** [kɔndək'tø:r] (*-s*) *m* Schaffner *m*.

confectie *a.* **konfek-** [kɔn'fɛksi:] *f* Konfektion *f*; **~bedrijf** [-bədrɛif] (*-bedrijven*) *n* Bekleidungsgeschäft *n*, Konfektion *f*; **~kleding** [-kle·dɪŋ] *f* Konfektionskleidung *f*; **~kostuum** (*a.* **-cos-**) [-kɔs'ty·m] (-s), **~pak** [-pɑk] (*-ken*) *n* Konfektionsanzug *m*.

conferentie *a.* **kon-** [kɔnfə'rɛnsi:] (*-s*) *f* Konferenz *f*.

confituren *a.* **kon-** [kɔnfi·'ty:rə(n)] *pl.* kandierte Früchte *f/pl.*

confituur *a.* **kon-** [kɔnfi·'ty:r] *m u. f* Marmelade *f*, Konfitüre *f*.

conflict *a.* **konflikt** [kɔn'fli·kt] *n* Konflikt *m*.

conform [kɔn'fɔrm] konform, gleichlautend, gleichförmig; *voor copie ~* die (gleichlautende) Abschrift beglaubigt ...

confrater *a.* **kon-** [kɔn'fra:tər] (*-s*) *m* Kollege *m*; Mitbruder *m*, Amtsbruder *m*.

confronteren *a.* **kon-** [kɔnfrɔn'te:rə(n)] konfrontieren, gegenüberstellen.

congé [kɔn'ʒe:] (*-s*) *m u. n* Abschied *m*; *iemand zijn ~ geven* j-m den Laufpaß geben.

congestie *a.* **kon-** [kɔn'ʒɛsti:] (*-s*) *f* *Med.* Kongestion *f*, Blutandrang *m*.

congres *a.* **kon-** [kɔŋ'ɣrɛs] (*-sen*) *n* Kongreß *m*, Tagung *f*.

conjugatie *a.* **kon-** [kɔŋjy·'ɣa:si:] (*-s*) *f* *Gr.* Konjugation *f*, Beugung *f*.

conjunctief *a.* **konjunk-** ['kɔŋjəŋkti:f] (*-tieven*) *m* *Gr.* Konjunktiv *m*.

conjunctuur *a.* **konjunk-** [kɔŋjəŋk'ty:r] *f* Konjunktur *f*, Wirtschaftslage *f*.

connectie *a.* **konnek-** [kɔn'ɛksi:] (*-s*) *f* Verbindung *f*, Beziehung *f*; *goede ~s hebben* einflußreiche Verbindungen haben.

consciën|tie [kɔn'sjɛnsi:] (*-s*) *f* Gewissen *n*; **~tieus** [-'siø:s] gewissenhaft.

conscriptie *a.* **konskrip-** [kɔn'skri·psi:] *f* *Mil.* Aushebung *f*.

consequentie *a.* **konssekwen-** [kɔnsə'kʋɛnsi:] (*-s*) *f* Konsequenz *f*.

conservatief *a.* **kon-** [kɔnsɛrvɑ'ti:f] konservativ.

consideratie *a.* **kon-** [kɔnsi·də'ra:si:] (*-s*) *f* Rücksicht *f*; Erwägung *f*; *zonder ~* rücksichtslos.

consolideren *a.* **kon-** [kɔnsɔli·'de:rə(n)] konsolidieren, festigen.

consonant *a.* **kon-** [kɔnsɔ'nɑnt] *f* *Gr.* Konsonant *m*, Mitlaut *m*.

conso(o)rten *a.* **konsoorten** [kɔn'so:rtə(n)] *pl.* Konsorten *m/pl.*, Genossen *m/pl.*

constant *a.* **kon-** [kɔn'stɑnt] konstant, beständig.

Constantijn [kɔnstɑn'tɛin] *m* Konstantin *m.*

constateren *a.* **kon-** [kɔnstɑ'te:rə(n)] konstatieren, feststellen.

constellatie *a.* **kon-** [kɔnstɛ'la:si:] (*-s*) *f* Konstellation *f*; *de politieke ~* die politische Lage.

consternatie *a.* **kon-** [kɔnstɛr'naː-siː] (*-s*) *f* Bestürzung *f*.
constitutie *a.* **kon-** [kɔnstiˑ'tyˑsiː] (*-s*) *f* Konstitution *f*, Körperbeschaffenheit *f*; Verfassung *f*, Grundgesetz *n*.
constitutioneel *a.* **kon-** [kɔnstiˑtyˑsĭɔ'neːl] konstitutionell, verfassungsmäßig; ~ *Hof* (Bundes-) Verfassungsgericht *n*.
constructie *a.* **konstruk-** [kɔn-'strəksiː] (*-s*) *f* Konstruktion *f*; Bau *m*.
consul *a.* **kon-** ['kɔnsəl, 'kɔnzəl] (*-s*) *m* Konsul *m*; **~aat** [-'aːt] (*-aten*) *n* Konsulat *n*; **~-generaal** [-ɣ̊eˑneˑ-'raːl] (*consuls-generaal*) *m* Generalkonsul *m*.
consult *a.* **kon-** [kɔn'səlt], **consultatie** *a.* **kon-** [kɔnsəl'taːsiː] (*-s*) *f* Konsultation *f*; **~bureau** [-byˑ'roː] (*-'s*) *n* Beratungsstelle *f*.
consulteren *a.* **kon-** [kɔnsəl'teː-rə(n)] konsultieren, zu Rate ziehen.
consumptie *a.* **kon-** [kɔn'səmpsiː] (*-s*) *f* Konsum *m*, Verbrauch *m*; **~ijs** [-ɛĭs] *n* Speiseeis *n*.
contact *a.* **kontakt** [kɔn'tɑkt] *n* Kontakt *m* (*a. El.*), Berührung *f*, Verbindung *f*; **~lens** [-lɛns] (*-lenzen*) *f* Haftschale *f*; **~sleutel** [-sløː-təl] (*-s*) *m* Zündschlüssel *m*.
container [kɔn'teːnər] (*-s*) *m* Container *m*, Behälter *m*.
contant *a.* **kon-** [kɔn'tɑnt] kontant, bar; ~*e betaling* Barzahlung *f*.
contes|tatie *a.* **kon-** [kɔntɛs'taːsiː] (*-s*) *f* Opposition *f*, Protest *m*; **~teren** [-teːrə(n)] widersprechen, opponieren.
continentaal *a.* **kon-** [kɔntiˑnɛn-'taːl] kontinental; *het* ~ *stelsel hist.* Kontinentalsperre *f*.
contingent *a.* **kon-** [kɔntɪŋ'ɣ̊ɛnt] *n* Kontingent *n*, Quote *f*, Zuweisung *f*; Höchstmenge *f*; Beitrag *m*.
contour [kɔn'tuːr] *m u. f* Kontur *f*.
contra ['kɔntrɑ] kontra, gegen (*A*); **~bande** [-bɑndə] (*kein pl.*) *f* Schmuggelware *f*, Konterbande *f*.
contract *a.* **kontrakt** [kɔn'trɑkt] *n* Kontrakt *m*, Vertrag *m*; **~ant** [-'ɑnt] *m* Kontrahent *m*, Vertragspartei *f*; **~eren** [-'eːrə(n)] e-n Vertrag abschließen, kontrahieren; **~ueel** [-yˑ'ʋeːl] vertragsgemäß.
contra|merk ['kɔntrɑmɛrk] *n* Kontermarke *f*; **~spionage** [-spiˑ(j)ɔ-'nɑːʒɛ] *f* Gegenspionage *f*.
contrast *a.* **kon-** [kɔn'trɑst] *n* Kontrast *m*.
contributie *a.* **kon-** [kɔntriˑ'byˑsiː] (*-s*) *f* (Mitglieds-)Beitrag *m*.
controle *a.* **kon-** [kɔn'trɔlə] *od.* [kɔn'troːlə] (*-s*) *f* Kontrolle *f*; Sperre *f*; **~klok** [-klɔk] (*-ken*) *f* Kontrolluhr *f*.
contro|leren *a.* **kon-** [kɔntrɔ'leː-rə(n)] kontrollieren, nachprüfen; **~leur** [-løːr] (*-s*) *m* Kontrolleur *m*.
controletoren [kɔn'trɔltoːrə(n)] (*-s*) *m Flgw.* Kontrollturm *m*, Tower *m*.
conventioneel *a.* **kon-** [kɔnv̊ɛnsĭɔ-'neːl] konventionell, herkömmlich.
conver|satie *a.* **kon-** [kɔnv̊ɛr'saːsiː] (*-s*) *f* Konversation *f*, Unterhaltung *f*; **~seren** [-'seːrə(n)] sich unterhalten.
conversie *a.* **kon-** [kɔn'v̊ɛrsiː] (*-s*) *f* Konversion *f*, Umwandlung *f*; **~lening** [-leːnɪŋ] *f* Konversionsanleihe *f*.
conver|teerbaar *a.* **kon-** [kɔnv̊ɛr-'teːrbaːr] konvertierbar; ~ *aandeel* konvertierbare Aktie; **~teren** [-'teː-rə(n)] konvertieren, umwandeln.
convex [kɔn'v̊ɛks] konvex.
convocatie *a.* **konvoka-** [kɔnvɔ-'kaːsiː] (*-s*) *f* Einladung *f*; Einberufung *f*.
coöpe|ratie *a.* **ko-** [kɔˑɔpə'raːsiː] (*-s*) *f* Kooperation *f*, Zusammenarbeit *f*; **~ratief** [-rɑ'tiːf] (*-tieven*) *f* (eingetragene) Genossenschaft *f*, Konsumverein *m*.
corner ['kɔrnər] (*-s*) *m Sp.* Eckball *m*, Eckstoß *m*.
corps [kɔrps] *a.* [koːr] (*corpora*) *n* Korps *n*; Verbindung *f*; **~lid** [-lɪt] (*-leden*) *n* Korpsstudent *m*.
corpulent *a.* **kor-** [kɔrpyˑ'lɛnt] beleibt, stark.
correct *a.* **korrekt** [kɔ'rɛkt] korrekt, tadellos.
corrector *a.* **korrek-** [kɔ'rɛktɔr] (*-s u. -en*) *m* Korrektor *m*.
correspon|dent *a.* **kor-** [kɔrɛspɔn-'dɛnt] *m* Korrespondent *m*; **~dentie** [-'dɛnsiː] (*-s*) *f* Korrespondenz *f*, Briefwechsel *m*, Schriftverkehr *m*; **~deren** [-'deːrə(n)] korrespondieren; *met iemand* ~ mit j-m im Briefwechsel stehen.
corridor [koriˑ'dɔːr] (*-s*) *m* Korridor *m*, Gang *m*.

corrigieren *a.* **kor-** [kɔri·ˈʒeːrə(n)] korrigieren, berichtigen, verbessern.
corrup|t *a.* **kor-** [kɔˈrɵpt] korrupt, bestechlich, verdorben; **~tie** [-siː] (*-s*) *f* Korruption *f*, Bestechung *f*, Sittenverderbnis *f*.
corsage [kɔrˈsaːʒə] (*-s*) *f u. n* Ansteckblume *f*.
Corsi|ca [ˈkɔrsi·ka] *n* Korsika *n*; **~kaan** [-ˈkaːn] (*-kanen*) *m* Korse *m*; **~kaans** [-ˈkaːns] korsisch.
couchette [ku·ˈʃɛtə] (*-s*) *f* Liege *f*; Koje *f*; Liegewagen *m*.
coulisse [ku·ˈli·sə] (*-n u. -s*) *f* Kulisse *f*.
coupe [ˈku·pə] (*-s*) *f* Fasson *f*; (*Kleid*) Schnitt *m*; (*Eis*) Schale *f*, Becher *m*; *Sp.* Pokal *m*.
coupé [ku·ˈpeː] (*-s*) Abteil *n*.
cou|peur [ku·ˈpøːr] (*-s*) *m* Zuschneider *m*; **~peuse** [-ˈpøːz] (*-s*) *f* Zuschneiderin *f*.
couplet *a.* **koe-** [ku·ˈplɛt] (*-ten*) *n* Strophe *f*.
coupon *a.* **koe-** [ku·ˈpɔn] (*-s*) Kupon *m*, Zinsschein *m*; *~s knippen* Kupons abtrennen; *~s innen* Kupons einlösen.
coupure [ku·ˈpyːrə] (*-s*) *f* (*Wertpapiere*) Abschnitt *m*, Stückelung *f*; (*Kanal*) Durchstich *m*; *~s van 10* Abschnitte von 10.
courant [ku·ˈrɑnt [*Adj.* umlaufend, gangbar; *Su. f* Zeitung *f*.
couvert [ku·ˈv̊ɛːr] *a.* [ku·ˈv̊ɛrt] (*-s*) *n* Besteck *n*; Gedeck *n*; (*-en*) *n* Briefumschlag *m*.
crèche [ˈkrɛʃə] (*-s*) *f* Säuglingsheim *n*, Kindertagesstätte *f*.
credit [kre·ˈdi·t] *n Hdl.* Kredit *m*, Haben *n*; **~eren** [-ˈeːrə(n)] kreditieren, gutschreiben; **~eur** [-ˈøːr] (*-s u. -en*) *m* Kreditor *m*, Gläubiger *m*.
crema|tie *a.* **kre-** [kre·ˈmaːsiː] (*-s*) *f* Einäscherung *f*; **~torium** [-ˈtoː-rïɵm] (*-s u. -ria*) *n* Krematorium *n*.
crème [krɛːm] (*-s*) *f* Krem *f*, Creme *f*.
creool *a.* **kre-** [kre·ˈ(j)oːl] (*-olen*) *m* Kreole *m*; **~se** [-sə] (*-n*) *f* Kreolin *f*.
crêpe [krɛp(ə)] *m* Krepp *m*.
cricket [ˈkri·kət] *n* Kricket *n*.
crimi|neel *a.* **kri-** [kri·mi·ˈneːl] kriminal; scheußlich, schrecklich, entsetzlich; kriminell; Kriminal-; *~nele rechtbank* Kriminalgericht *n*; *~nele politie* Kriminalpolizei *f*, Kripo *f*; *een ~nele daad* e-e Missetat.
crisis *a.* **kri-** [ˈkri·zəs] (*-sen u. crises*) *f* Krise *f*; **~belasting** [-bəˈlɑstɪŋ] *f* Krisensteuer *f*.
criticus [ˈkri·ti·kɵs] (*critici*) *m* Kritiker *m*.
croquet[1] [ˈkrɔkət] *n Sp.* Krocket *n*.
croquet[2] *a.* **kroket** [krɔˈkɛt] (*-ten*) *f* Krokette *f*, Croquette *f*.
cru [kry·] derb, roh.
cruise [ˈkruːzə] (*-s u. -n*) *f* Kreuzfahrt *f*.
Cu|ba [ˈku·bɑ] *n* Kuba *n*; **~baan** [-ˈbaːn] (*-banen*) *m* Kubaner; **~baans** [-ˈbaːns] kubanisch; **~baanse** [-ˈbaːnsə] (*-n*) *f* Kubanerin *f*.
culminatie *a.* **kul-** [kɵlmi·ˈnaːsiː] (*-s*) *f* Gipfelpunkt *m*, Höhepunkt *m*, Kulmination *f*.
cultiveren *a.* **kul-** [kɵlti·ˈveːrə(n)] kultivieren, pflegen, hegen.
cultuur *a.* **kul-** [kɵlˈtyːr] *f* Kultur *f*; Bildung *f*; (*Pflanzen*) (An-)Bau *m*; *woeste grond in ~ brengen* Ödland urbar machen; **~gebied** [-ɣ̊əˈbi·t] *n* Kulturkreis *m*; **~volk** [-v̊ɔlk] *n* Kulturvolk *n*.
curatele *a.* **ku-** [ky·rɑˈteːlə] (*-n*) *f* Vormundschaft *f*, Kuratel *f*; *onder ~* entmündigt, unter Kuratel.
curator [ky·ˈraːtɔr] (*-en u. -s*) *m* Kurator *m*; Konkursverwalter *m*.
cursief *a.* **kur-** [kɵrˈsiːf] kursiv.
cursus *a.* **kur-** [ˈkɵrsɵs) (*-sen*) *m* Kurs *m*, Lehrgang *m*.
cycloon [si·ˈkloːn] (*-clonen*) *m* Zyklon *m*.
cyclotron [si·klo·ˈtro·n] (*-s*) *n* Zyklotron *n*.
cyclus [ˈsi·klɵs] (*-sen*) *m* Zyklus *m*.
cyclotron [si·klo·ˈtro·n] (*-s*) *n* Zyklotron *n*.
cynisch [ˈsiːni·s] zynisch, schamlos.
Cyprioot [si·pri·ˈ(j)oːt] (*-oten*) *m* Zypriot *m*.
Cyprus [ˈsi·prɵs] *n* Zypern *n*.

D

d, D [de:] (*d's*) *f* d, D *n*.
daad [da:t] (*daden*) *f* Tat *f*; **~werkelijk** [-'ʋɛrkələk] tatsächlich; *~e hulp* tätige Hilfe.
daags [da:xs] *Adv.* täglich, jeden Tag; bei Tag, am Tage; pro Tag; tagsüber; *Adj.* alltäglich, gewöhnlich; *driemaal ~* dreimal täglich; *~ te voren* tags zuvor; *30 DM ~* 30 DM pro Tag; *~e kleren* Alltagskleider *n/pl*.
daalder ['da:ldər] (*-s*) *m* Taler *m*.
daar [da:r] *Adv.* da, dort; *Konj.* da, weil; *tot ~* bis dorthin, bis dahin.
daar|aan [da:'ra:n] daran; **~achter** [-'ɑxtər] dahinter; **~bij** [-'bɛĭ] dabei, dazu; *daar komt nog bij* hinzu kommt noch, dazu kommt noch; **~binnen** [-'bɪnə(n)] drinnen, da drinnen; **~boven** [-'bo:v̊ə(n)] oben; droben, dort oben; **~buiten** [-'bəʏtə(n)] da draußen; **~door** [-'do:r] dadurch; **~enboven** [-ən'bo:v̊ə(n)] außerdem, überdies, zudem; **~entegen** [-ən'te:ɣ̊ə(n)] dagegen, hingegen; **~heen** [-'he:n] dorthin, dahin; **~in** [-'ɪn] darin; da hinein; **~langs** [-'lɑŋs] da (dort) entlang; dort vorüber; **~laten** [-la:tə(n)] auf sich beruhen lassen, dahingestellt sein lassen; *daargelaten dat* abgesehen davon, daß; **~mede** [-'me:də] damit; **~na** [-'na:] dann, nachher, darauf, danach; **~naast** [-'na:st] daneben; *in de tuin ~* im Garten nebenan; **~net** [-'nɛt] soeben, gerade, vorhin; **~om** [-'ɔm] *a* ['da:rɔm] darum, deswegen, deshalb; *juist ~* gerade deshalb; **~op** [-'ɔp] darauf; **~tegenover** [-te:ɣ̊ən'o:v̊ər] demgegenüber; drüben; **~toe** [-'tu·] dazu; **~van** [-'v̊ɑn] davon; *~ komt niets* daraus wird nichts; *wat zegt U ~?* was sagen Sie dazu? **~voor** [-'v̊o:r] dafür; davor; dazu.
dacht [dɑxt] *s. denken*.
dadel ['da:dəl] (*-s*) *f* Dattel *f*; *m* Dattelbaum *m*.
dadelijk ['da:dələk] (so)gleich, sofort.
dader ['da:dər] (*-s*) *m* Täter *m*; Urheber *m*.
dag [dɑx] *m* Tag *m*; *op een goede (schone) ~, op zekeren ~* eines (schönen) Tages; *een gat in de ~ slapen* in den hellen Tag hinein schlafen; *voor de ~ komen* zum Vorschein kommen; *koers van de ~* Tageskurs *m*; *de ~ tevoren* am Tage vorher; *goeden ~!* guten Tag!, (*beim Abschied*) auf Wiedersehen!; *op elk uur van de ~* zu jeder Tageszeit.
dag|blad ['dɑɣ̊blɑt] *n* Tageblatt *n*, Zeitung *f*; **~boek** [-bu·k] *n* Tagebuch *n*; Journal *n*; **~dief** [-di:f] (*-dieven*) *m* Tagedieb *m*, Müßiggänger *m*.
dagelijks ['da:ɣ̊ələks] (all)täglich; *de ~e behoefte* Tagesbedarf *m*.
dagen ['da:ɣ̊ə(n)] *v/t* tagen, Tag werden; *v/t* (vor)laden, zitieren.
dageraad ['da:ɣ̊əra:t] *m* Morgenröte *f*, Tagesanbruch *m*, Morgendämmerung *f*.
dag|geld ['dɑxxɛlt] *n* Tagelohn *m*; *Hdl.* Tagegeld *n*; **~huur** [-hy:r] (*-huren*) *f* Tagelohn *m*; *in ~* im Tagelohn; **~kaart** [-ka:rt] *f* Tageskarte *f*; **~licht** [-lɪxt] *n* Tageslicht *n*; *in een vals (verkeerd) ~ stellen (plaatsen)* in ein falsches Licht rücken; **~loner** [-lo:nər] (*-s*) *m* Tagelöhner *m*; **~orde** [-ɔrdə] *f* Tagesordnung *f*; **~order** [-ɔrdər] (*-s*) *f u. n* Tagesbefehl *m*; **~ploeg** [-plu·x] *f* Tagschicht *f*; **~praatje** [-pra:tjə] (*-s*) (*Zeitung*) Journal *n*; *Rf.* Tagesbericht *m*; **~reis** [-rɛĭs] (*-reizen*) *f* Tagereise *f*; **~schotel** [-sxo:təl] (*-s*) *f u. m* Tagesgericht *n*, Stammgericht *f u. m* Tagesgericht *n*, Stammgericht *n*; **~taak** [-ta:k] (*-taken*) *f* Tagesaufgabe *f*, Tagewerk *n*; **~tekenen** [te:kənə(n)] datieren; **~tekening** [-te:kənɪŋ] *f* Datum *n*.
dag|vaarden ['dɑxda:rdə(n)] (vor-)laden, vor Gericht laden, zitieren; **~vaarding** [-fa:rdɪŋ] *f* Vorladung *f*.
dag|vlinder ['dɑxflɪndər] (*-s*) *m* Tagfalter *m*; **~werk** [-ʋɛrk] *n* Tagesarbeit *f*, Tagewerk *n*; **~wijzer** [-ʋɛĭzər] (*-s*) *m* Kalender *m*.
da(h)lia ['da:lĭ(j)a] (*-'s*) *f* Dahlie *f*.

dak [dak] *n* Dach *n*; Obdach *n*; *onder ~ zijn* unter Dach und Fach sein; *iemand iets op zijn ~ schuiven* j-m etw. aufhalsen; *dat gaat van een leien ~je* das geht wie geschmiert; **~balk** [-balk] *m* Dachbalken *m*; **~goot** [-xo:t] (*-goten*) *f* Dachrinne *f*; **~kamer(tje)** [-ka:mərtjə] (*-s*) *f* (*n*) Mansarde *f*, Dachkammer *f*; **~loos** [-lo:s] obdachlos; **~pan** [-pan] (*-nen*) *f* Dachpfanne *f*, Dachziegel *m*; **~spar** [-spar] (*-ren*) *m* Dachsparren *m*; **~stro** [-stro:] *n* Dachstroh *n*; **~venster** [-fɛnstər] (*-s*) *n* Dachfenster *n*.

dal [dal[*n* Tal *n*; **~bewoner** [-bə-'ʋo:nər] (*-s*) *m* Talbewohner *m*.

da|len ['da:lə(n)] sinken, sich senken; abnehmen; (*Preise usw.*) fallen, zurückgehen; **~ling** [-lɪŋ] *f* Sinken *n*, Fallen *n*, Fall *m*; *Hdl.* Baisse *f*; *sterke ~ der prijzen* Preissturz *m*.

dam[1] [dam] (*-men*) *m* Damm *m*.

dam[2] *f* (*Spiel*) Dame *f*.

damast [da'mast] *n* Damast *m*.

dambord ['dambɔrt] *n* Damebrett *n*.

dame ['da:mə] (*-s*) *f* Dame *f*; **~s** *pl.* (*Anrede*) meine Damen; **~scoupé** [-sku'pe:] (*-s*) *n* Frauenabteil *n*; **~skapper** [-skapər] (*-s*) *m* Damenfrisör *m*.

dam|hert ['damhɛrt] *n* Damhirsch *m*; **~hinde** [-hɪndə] (*-n*) *f* Damkuh *f*.

dammen ['damə(n)] Dame spielen.

damp [damp] *m* Dampf *m*, Qualm *m*, Dunst *m*, Nebel *m*; **~en** [-ə(n)] dampfen, qualmen; (*Lampe*) rauchen; **~er** [-ər] (*-s*) *m* Raucher *m*; **~kring** [-krɪŋ] *m* Atmosphäre *f*, Dunstkreis *m*.

damspel ['damspɛl] (*-len*) *n* Damespiel *n*.

dan [dan] *Adv.* (als)dann; denn; danach, darauf; doch, aber; *Konj.* als, wie; *groter ~* größer als; *niets ~* nichts als; *nu en ~* dann und wann, ab und zu; *meer ~ ooit* mehr denn je; *~ dit, ~ dat* bald dies, bald jenes.

dancing ['dansɪŋ] (*-s*) *m u. f* Tanzdiele *f*, Tanzbar *f*.

dandy ['dandi·] (*-'s*) *m* Stutzer *m*, Modenarr *m*, Dandy *m*.

danig ['da:nəx] tüchtig, ordentlich, gewaltig; *iemand ~ uitlachen* j-n ordentlich auslachen; *van de ~e angst* vor lauter Angst.

dank [daŋk] *m* Dank *m*, Danksagung *f*; *zijn ~ betuigen* s-n Dank aussprechen; *in (met) ~ ontvangen* dankend erhalten; *~ zij zijn hulp* dank s-r Hilfe; *geen ~!* bitte sehr; gern geschehen!, keine Ursache; **~baar** [-ba:r] dankbar, erkenntlich; **~betuiging** [-bə'təʏɣɪŋ] *f* Dankesbezeigung *f*, Danksagung *f*; Dankschreiben *n*.

danken ['daŋkə(n)] danken *D*; sich bedanken; *dat heb ik hem te ~* das verdanke ich ihm; *dank u wel!* danke sehr!; nein, danke.

dank|lied ['daŋkli·t] (*-liederen*) *n* Danklied *n*; **~zegging** [-sɛɣɪŋ] *f* Danksagung *f*.

dans [dans] *m* Tanz *m*; *hij is de ~ ontsprongen* er ist mit heiler Haut davongekommen; **~en** [-ə(n)] tanzen; *gaan ~* tanzen gehen, zum Tanz gehen; **~er** [-ər] (*-s*) *m* Tänzer *m*; **~eres** [-ə'rɛs] (*-sen*) *f* Tänzerin *f*; **~les** [-lɛs] (*-sen*) *f* Tanzstunde *f*; **~meester** [-me:stər] (*-s*) *m* Tanzlehrer *m*; **~partij** [-partɛi] *f* Tanzgesellschaft *f*, Ball *m*; **~vloer** [-flu:r] *m* Tanzboden *m*; **~zaal** [-sa:l] (*-zalen*) *f* Tanzsaal *m*.

Dantzig [dantsi·x] *n* Danzig *n*.

dapper ['dapər] tapfer, mutig, kühn; herzhaft; *~ smullen* herzhaft schmausen; *~ meedoen* tüchtig mitmachen; **~heid** [-hɛit] *f* Tapferkeit *f*.

dar [dar] (*-ren*) *m* Drohne *f*.

darm [darm] *m* Darm *m*; *de dunne ~* Dünndarm *m*; **~breuk** [-brø:k] *f* Darmbruch *m*; **~ontsteking** [-ɔntste:kɪŋ] *f* Darmentzündung *f*; **~vlies** [-vli:s] (*-vliezen*) *n* Darmschleimhaut *f*.

dartel ['dartəl] ausgelassen, lustig, munter.

das[1] [das] (*-sen*) *f* Halstuch *n*; Krawatte *f*.

das[2] *m* Dachs *m*; **~hond** [-hɔnt] *m* Dachshund *m*, Dackel *m*; **~hol** [-əhɔl] *n* Dachsbau *m*; **~vel** [-əvɛl] (*-len*) *n* Dachsfell *n*.

dasspeld ['daspɛlt] *f* Krawattennadel *f*.

dat [dat] das; jenes, dieses, welches; *Konj.* daß; (*nach e-r Zeitbestimmung*) wo, da, als.

dateren ['da'te:rə(n)] datieren.

datgene ['datxe:nə] dasjenige.

datief ['da:ti:f] (*-tieven*) *m* Dativ *m*.

datum ['da:təm] (*-s u. data*) *m*

Datum *n*; ~ *(als) postmerk* Datum des Poststempels.
dauw [daŭ] *m* Tau *m*; *vóór dag en* ~ in aller Frühe; **~druppel** [-drəpəl] (*-s*) *m* Tautropfen *m*; **~en** [-ə(n)] tauen.
daveren ['da:v̂ərə(n)] (er)dröhnen; *~d succes*, *~de bijval* tosender Beifall.
de [də] der, die, das; *pl.* die.
debâcle [de·'ba:kəl] *n u. f* Krach *m*; Zusammenbruch *m*.
debat [də'bɑt] (*-ten*) *n* Debatte *f*, Diskussion *f*, Aussprache *f*; *Fs.* Podiumsgespräch *n*; **~teren** [-'te:rə(n)] debattieren, diskutieren.
debet ['de:bɛt] *n Hdl.* Debet *n*, Soll *n*; ~ *en credit* Soll und Haben; ~ *zijn aan* schuld sein an (*D*).
de|biet [də'bi·t] *n* Vetrieb *m*, Absatz *m*; **~bitant** [-bi·'tɑnt] *m* Kleinhändler *m*, Einzelhändler *m*.
debi|teren [de·bi·'te:rə(n)] *Hdl.* debitieren, belasten; absetzen, vertreiben; *Witze* machen; **~teur** [-'tø:r] (*-s u. -en*) *m* Schuldner *m*, Debitor *m*.
debuut [də'by·t] *n Thea.* Debüt *n*.
decadent *a.* **deka-** [de·ka·'dɛnt] dekadent.
deca|gram *a.* **deka-** ['de·ka·ɣ̂rɑm] (*-men*) *n* Dekagramm *n*; **~liter** [-li·tər] (*-s*) *m* Dekaliter *n*; **~meter** [-me:tər] (*-s*) *m* Dekameter *n*.
december [de·'sɛmbər] *m* Dezember *m*.
decennium [de·'sɛni·əm] (*-nia u. -niën*) *n* Jahrzehnt *n*, Dezennium *n*.
decharge [de·'ʃɑrʒə] *f* Entlastung *f*; *getuige à* ~ Entlastungszeuge *m*.
deci|gram ['de:si·ɣ̂rɑm] (*-men*) *n* Dezigramm *n*; **~liter** [-li·tər] (*-s*) *m* Deziliter *n*.
decimaal [de·si·'ma:l] dezimal; ~ *stelsel* Dezimalsystem *n*; *decimale breuk* Dezimalbruch *m*.
decimeter ['de:si·me:tər] (*-s*) *m* Dezimeter *n*.
declameren *a.* **dekla-** [de·kla·'me:rə(n)] deklamieren, vortragen.
decla|ratie *a.* **dekla-** [de·kla·'ra:si:] *f* Erklärung *f*; Zolldeklaration *f*; (*Arzt*, *Rechtsanwalt*) Rechnung *f*; **~reren** [-re:rə(n)] erklären; angeben, deklarieren, verzollen.
decli|natie *a.* **dekl-** [de·kli·'na:si:] (*-s*) *f Gr.* Deklination *f*, Beugung *f*; **~neren** [-ne:rə(n)] deklinieren.
decor [de·'kɔ:r] (*-s*) *n Thea.* Dekoration *f*, Bühnenbild *n*.
deco|ratie *a.* **deko-** [de·kɔ'ra:si:] (*-s*) *f* Dekoration *f*, Verzierung *f*; Orden *m*, Ehrenzeichen *n*; **~reren** [-'re:rə(n)] dekorieren, (aus-)schmücken; *e-n* Orden verleihen.
decorum [de·'ko:rəm] *n* Anstand *m*.
decreet *a.* **dekr-** [də'kre:t] (*-creten*) *n* Erlaß *m*, Dekret *n*.
deductie *a.* **-duk-** [de·'dəksi:] (*-s*) *f* Deduktion *f*; **~f** [-'ti:f] deduktiv.
deed *s. doen.*
deeg [de:x] *n* Teig *m*; **~roller** [-rɔlər] (*-s*) *m* Teigrolle *f*.
deel[1] [de:l] (*delen*) *f* (Dresch-)Tenne *f*; Diele *f*, Brett *n*.
deel[2] *n* Teil *m u. n*; Anteil *m*; (*Buch*) Band *m*; ~ *hebben aan* (*in*) Anteil haben an (*D*); *in genen dele* keineswegs; ~ *uitmaken van* gehören zu; ~ *in de winst* Anteil am Gewinn; **~achtig** [-'ɑxtəx] teilhaftig; **~baar** [-ba:r] teilbar.
deel|genoot ['de:lɣ̂əno:t] (*-noten*) *m* Teilhaber *m*, Gesellschafter *m*, Sozius *m*, Beteiligte(r) *m*; **~hebber** [-hɛbər] (*-s*) *m* Teilhaber *m*, Beteiligte(r) *m*; **~hebster** [-hɛpstər] (*-s*) *f* Teilhaberin *f*.
deel|nemen ['de:lne:mə(n)] sich beteiligen, teilnehmen (*aan*/an *D*); (*Beileid*) Anteil nehmen (*in*/an *D*); **~neming** [-ne:mɪŋ] *f* Teilnahme *f*, Beteiligung *f*; *innige* ~ herzliches Beileid.
deels [de:ls] teils, zum Teil.
deel|streep ['de:lstre:p] (*-strepen*) *f* Bruchstrich *m*; **~tal** [-tɑl] (*-len*) *n Math.* Dividend *m*; **~teken** [-te:kə(n)] (*-s*) *n* Trema *n*, Trennungszeichen *n*; **~woord** [-ʋo:rt] *n Gr.* Partizip *n*, Mittelwort *n*; *onvoltooid* (*tegenwoordig*) ~ erstes Partizip; *voltooid* (*verleden*) ~ zweites Partizip.
deemoedig [de·'mu·dəx] demütig, unterwürfig.
Deen [de:n] (*Denen*) *m* Däne *m*; **~s** [-s] dänisch; **~se** [-sə] (*-n*) *f* Dänin *f*.
deerlijk [de:rlək] jämmerlich, kläglich; schwer.
deern [de:rn] (*-s u. -en*), **~e** [-ə] (*-n*) *f* Dirne *f*; Mädchen *n*.
deernis ['de:rnɪs] *f* Erbarmen *n*, Mitleid *n*; **~waardig** [-ʋa:rdəx] erbarmenswert, jämmerlich; **~wekkend** [-'ʋɛkənt] mitleiderregend, elend.

defaitist [de·fɛ'ti·st] *m* Defätist *m*, Miesmacher *m*.
de|fect, ~fekt [də'fɛkt] *n* Schaden *m*, Defekt *m*; Defizit *n*; *Adj.* schadhaft, defekt.
defensie [de·'fɛnsi:] *f* Landesverteidigung *f*; *ministerie van ~* Verteidigungsministerium *n*; **~f** [-'si:f] (*-sieven*) *n* Defensive *f*, Verteidigung *f*, Abwehr *f*; *Adj.* defensiv; *~ verbond* Verteidigungsgemeinschaft *f*, Defensivbündnis *n*; *defensieve oorlog* Verteidigungskrieg *m*.
deficit ['de·fi·si·t] *a.* [-'si·t] *n* Defizit *n*, Fehlbetrag *m*.
defi|lé [de·fi·'le:] (*-s*) *n* Vorbeimarsch *m*; Engpaß *m*; **~leren** [-'le:rə(n)] defilieren, vorbeimarschieren.
defi|niëren [de·fi·ni'(j)e:rə(n)] definieren, bestimmen; **~nitie** [-'ni·si:] (*-s*) *f* Definition *f*, Begriffsbestimmung *f*; **~nitief** [-ni·'ti:f] definitiv, endgültig.
deflatie [de·'fla:si:] *f* Deflation *f*.
deftig ['dɛftəx] vornehm, würdevoll, maßvoll; ansehnlich, stattlich; feierlich; *een ~ bedrag* ein ansehnlicher Betrag.
degelijk ['de:ɣələk] tüchtig, gründlich; solide, gediegen; *het is wel ~ waar* es ist bestimmt wahr; *om ~e redenen* aus triftigen Gründen; **~heid** [-hɛit] *f* Tüchtigkeit *f*, Gründlichkeit *f*; Solidität *f*, Gediegenheit *f*.
degen ['de:ɣə(n)] (*-s*) *m* Degen *m*.
degene [də'ɣe:nə] derjenige, diejenige.
degene|ratie [de·ɣe·nə'ra:si:] (*-s*) Degeneration *f*, Entartung *f*; **~reren** [-'re:rə(n)] degenerieren, entarten.
degenstoot ['de:ɣə(n)sto:t] (*-stoten*) *m* Degenstoß *m*.
degra|datie [de·ɣra·'da:si:] *f* Herabsetzung *f*, Zurücksetzung *f*, Degradierung *f*; *Sp.* Abstieg *m*; **~datiewedstrijd** [-ʋɛtstrɛit] *m Sp.* Abstiegsspiel *n*; **~deren** [-'de:rə(n)] herabsetzen, zurücksetzen, degradieren; *Sp.* absteigen.
dei|nen ['dɛinə(n)] auf- und niederwogen, leise schaukeln; wiegen; **~ning** [-nɪŋ] *f* Dünung *f*; *fig.* Aufregung *f*.
deinzen ['dɛinzə(n)] zurückweichen, zurückschrecken.
deïst [de·'(j)i·st] *m* Deist *m*.
dek [dɛk] (*-ken*) *n* Decke *f*; *mar.* (Ver-)Deck *n*; **~balk** [-bɑlk] *m mar.* Deckbalken *m*; **~blad** [-blɑt] *n* (*a. Zigarre*) Deckblatt *n*.
deken[1] ['de:kən] (*-s*) *f* Decke *f*; *gestikte ~* Steppdecke *f*.
deken[2] *m* Dekan *m*; Doyen *m* (*des diplomatischen Korps*); (*Zunft*) Obermeister *m*, Altmeister *m*; (*Rechtsanwaltskammer*) Vorsteher *m*.
dekhengst ['dɛkhɛŋst] *m* Zuchthengst *m*.
dekhut [-høt] (*-ten*) *f* Deckkabine *f*.
dek|ken ['dɛkə(n)] decken; **~king** [-ɪŋ] *f Hdl.* (Ab-)Deckung *f*; Anschaffung *f*.
dek|kleed ['dɛkle:t] (*-kleden*) *n* Decke *f*; **~lat** [-lɑt] (*-ten*) *f Sp.* Querlatte *f*; **~mantel** [-mɑntəl] (*-s*) *m fig.* Deckmantel *m*; **~naam** [-na:m] (*-namen*) *m* Deckname *m*.
deksel ['dɛksəl] (*-s*) *n* Deckel *m*; Bedeckung *f*.
deksels ['dɛksəls] verteufelt, verflucht, verflixt; Donnerwetter!
dek|steen ['dɛkste:n] (*-stenen*) *m* Deckstein *m*, Deckplatte *f*; Deckschild *n*; **~stro** [-stro:] *n* Dachstroh *n*; **~verf** [-fɛrf] (*-verven*) *f* Deckfarbe *f*; **~zeil** [-sɛil] *n* Plane *f*, Decke *f*; (*Schiff*) Sonnensegel *n*, Persenning *f*.
del [dɛl] (*-len*) *f* Schlampe *f*; Dirne *f*.
delegatie [de:lə'ɣa:si:] (*-s*) *f* Delegation *f*, Abordnung *f*.
de|len ['de:lə(n)] teilen, trennen; verteilen; sich beteiligen, teilhaben (*in*/an *D*); *Math.* dividieren; *~ in de winst* Anteil haben am Gewinn; **~ler** [-lər] (*-s*) *m* Teiler *m*; *Math.* Divisor *m*; *de grootste gemene ~ Math.* größter gemeinsamer Nenner.
delfstof ['dɛlfstɔf] (*-fen*) *f* Mineral *n*; **~fenrijk** [-fənrɛik] *n* Mineralreich *n*; **~kunde** [-køndə] *f* Mineralogie *f*; **~kundige** [-køndəɣə] (*-n*) *m* Mineraloge *m*.
delfts aardewerk [dɛlfts 'a:rdəʋɛrk] *n* Delfter Fayencen *f*/*pl*.
del|gen ['dɛlɣə(n)] tilgen, amortisieren; **~ging** [-ɣɪŋ] *f* Tilgung *f*, Amortisation *f*.
delibe|ratie [de·li·bə'ra:si:] (*-s*) *f* Beratung *f*; **~reren** [-'re:rə(n)] beraten.

delicaat *a.* **-kaat** [de·li·ˈkaːt] delikat, köstlich.
delicatesse *a.* **-ka-** [de·li·ka·ˈtɛsə] (*-n*) *f* Delikatesse; Feingefühl *n*; **~n** *pl.* Feinkost *f*; **~nwinkel** [-(n)ʋɪnkəl] (*-s*) *m* Delikatessengeschäft *n*; Feinkosthandlung *f*.
delicieus [de·li·s·ˈjøːs] köstlich.
de|lict, ~likt [de·ˈli·kt] *n* Delikt *n*, Straftat *f*, Vergehen *n*.
deling [ˈdeːlɪŋ] *f* Teilung *f*; *Math.* Division *f*.
delin|kwent, ~quent [de·li·nˈkʋɛnt] *m* Delinquent *m*.
delta [ˈdɛlta·] (*-'s*) *f* Delta *n*.
delven [ˈdɛlvə(n)] (*dolf, gedolven*) graben; fördern, ausgraben.
demagoog [de·mɑˈɣoːx] (*-gogen*) *m* Demagoge *m*.
demarcatielijn *a.* **-ka-** [de·mɑrˈkaːsiːlɛin] *f* Demarkationslinie *f*.
demilitari|satie *a.* **~zatie** [de·mi·li·tɑri·ˈsaːsiː] (*-s*) *f* Entmilitarisierung *f*; **~seren, ~zeren** [-ˈzeːrə(n)] entmilitarisieren.
demi-saison [dəmi·sɛˈzɔ̃ː] (*-s*) *m* Sommermantel *m*, Übergangsmantel *m*.
demobili|satie *a.* **~zatie** [de·mɔbi·li·ˈzaːsiː] (*-s*) *f* Demobilisierung *f*; **~seren** *a.* **~zeren** [-ˈzeːrə(n)] demobilisieren.
demo|craat *a.* **-kraat** [de·mɔˈkraːt] (*-kraten*) *m* Demokrat *m*; **~cratie** *a.* **-kra-** [-krɑˈsiː] (*-tieën*) *f* Demokratie *f*; **~cratisch** *a.* **-kra-** [-ˈkraːti·s] demokratisch.
demonstratie [de·mɔnˈstraːsiː] (*-s*) *f* Demonstration *f*, Kundgebung *f*; Vorführung *f*.
demonteren [de·mɔnˈteːrə(n)] demontieren, abmontieren; abbauen.
demorali|seren, ~zeren [de·mɔra·li·ˈzeːrə(n)] demoralisieren, entsittlichen.
dem|pen [ˈdɛmpə(n)] *Licht, Stimme* dämpfen; *Graben* zuschütten, füllen; *Scheinwerfer* abblenden; *Aufruhr* unterdrücken; **~per** [-pər] (*-s*) *m* Dämpfer *m*.
den [dɛn] (*-nen*) *m* Kiefer *f*, Föhre *f*; *s. a. spar.*
Denemarken [ˈdeːnəmɑrkən] *n* Dänemark *n*.
denderen [ˈdɛndərə(n)] dröhnen; **~d** [-t] dröhnend; *fig.* glänzend; *~ nieuws* aufsehenerregende Nachrichten *f/pl.*
denk|baar [ˈdɛŋkbaːr] denkbar, erdenklich; **~beeld** [-beːlt] *n* Vorstellung *f*, Idee *f*, Begriff *m*, Gedanke „; **~beeldig** [-beːldəx] imaginär, unwirklich, eingebildet; **~elijk** [-ələk] wahrscheinlich, vielleicht.
den|ken [ˈdɛŋkə(n)] (*dacht, gedacht*) denken, bedenken; gedenken *G*; meinen; überlegen; vorhanden; *ik denk er niet aan* ich denke nicht daran; das fällt mir nicht im Traume ein; *dat denk je ervan* (*daarvan*)? was hältst du davon?; *denkt U?* meinen Sie?; *denk eens aan!* stellen Sie sich vor!; *aan iemand ~* an j-n denken; *aan iets ~* denken an etwas (*A*); *dat geeft te ~* das muß man sich erst überlegen; **~ker** [-kər] (*-s*) *m* Denker *m*.
denkwijze [ˈdɛŋkʋɛizə] (*-n*) *f* Gesinnung *f*, Denkungsart *f*.
denne|boom [ˈdɛnəboːm] (*-bomen*) *m* Kiefer *f*, Föhre *f*; Weihnachtsbaum *m*; **~nbos** [-(n)bɔs] (*-sen*) *n*, **~nwoud** [-(n)ʋɑut] *n* Kiefernwald *m*.
deodorant [de·o·dɔˈrɑnt] Deodorant-.
departement [de·pɑrtəˈmɛnt] *n* Departement *n*; Ministerium *n*.
dependentie [de·pənˈdɛnsiː] (*-s u. -ën*) *f* Dependenz *f*, Nebengebäude *n*; Filiale *f*.
deponeren [de·pɔˈneːrə(n)] deponieren, hinterlegen; in Verwahrung geben; (*Schutzmarke usw.*) eintragen lassen.
deposito [de·ˈpɔzi·to·] (*-'s*) *n* Depot *n*; *geld in ~ geven* Geld deponieren, hinterlegen.
depot [de·ˈpo·] (*-s*) *n u. m* Depot *n*, Niederlage *f*; Zweiggeschäft *n*.
depressie [de·ˈprɛsiː] (*-s*) *f* Niedergeschlagenheit *f*, Depression *f*; (*Wetterlage*) Tief *n*.
deprimeren [de·pri·ˈmeːrə(n)] deprimieren, entmutigen, niederdrücken.
deputatie [de·py·ˈtaːsiː] (*-s*) *f* Deputation *f*, Abordnung *f*; *bestendige ~* Provinzialbehörde *f*.
derangeren [de·rɑŋˈʒeːrə(n)] stören; *derangeer U niet* lassen Sie sich nicht stören; bemühen Sie sich nicht.
derde [ˈdɛrdə] dritte(r, -s); *een ~* ein Drittel; *ten ~* drittens; *tegenover ~n* Dritten gegenüber; *~ macht* dritte

Potenz, Kubikzahl *f*; **~machtswortel** [-ˈmaxtsʊɔrtəl] (*-s*) *m* Kubikwurzel *f*.

deren [ˈdeːrə(n)] schaden *D*; verletzen; fehlen; *wat deert mij dat* was kümmert mich das?; *wat niet weet, wat niet deert* was ich nicht weiß, macht mich nicht heiß; *wat deert U?* was fehlt Ihnen?; *hem kan echt niets ~* nichts kann ihm etw. anhaben.

dergelijk [ˈdɛrɣ̊əlɛĭk] derartig, dergleichen, ähnlich; solch; *iets ~s* etw. Derartiges, etw. Ähnliches.

derhalve [dɛrˈhalv̊ə] deshalb, darum, deswegen; folglich, also, demnach.

dermate [ˈdɛrmaːtə] dermaßen, derart, so sehr.

dertien [ˈdɛrtiːn] dreizehn; **~de** [-də] dreizehnte(r, -s); **~jarig** [-jaːrəx] dreizehnjährig.

dertig [ˈdɛrtəx] dreißig; **~er** [-ɣ̊ər] (*-s*) *m* Dreißiger *m*; **~ste** [-stə] dreißigste(r, -s).

derven [ˈdɛrv̊ən] entbehren; sich enthalten *G*.

derwaarts [ˈdɛrʊaːrts] dahin, dorthin.

derwijze [ˈdɛrwɛizə] dergestalt, derart.

derwisj [ˈdɛrʊiˑʃ] *m* Derwisch *m*.

des te [dɛs tə] desto, um so.

desalniettemin [dɛsalniˑtəˈmɪn] nichtsdestoweniger; trotzdem.

desbetreffend [dɛzbəˈtrɛfənt] diesbezüglich; einschlägig.

desem [ˈdeːsəm] (*-s*) *m* Sauerteig *m*.

deser|teren [deːzərˈteːrə(n)] desertieren, fahnenflüchtig werden; ausreißen; **~teur** [-ˈtøːr] (*-s*) *m* Deserteur *m*, Fahnenflüchtige(r) *m*; Ausreißer *m*; **~tie** [deˈzɛrsiː] (*-s*) *f* Desertion *f*, Fahnenflucht *f*.

desgelijks [ˈdɛsxəlɛĭks] gleichfalls; dergleichen.

desillusie *a.* **-luzie** [deˑziˑˈlyˑziː] (*-s*) Desillusion *f*, Enttäuschung *f*.

desinfecteren *a.* **-fek-** [deˑzɪnfɛkˈteːrə(n)] desinfizieren, entgiften, entseuchen.

deskundig [dɛsˈkəndəx] sachverständig, sachkundig, fachmännisch.

desniet|tegenstaande [dɛsniˑteːɣ̊ə(n)ˈstaːndə], **~temin** [-təˈmɪn] dessenungeachtet, nichtsdestoweniger; trotzdem.

desnoods [dɛsˈnoːts] nötigenfalls; im Notfall, zur Not.

desolaat [deˑzɔˈlaːt] desolat, öde; traurig.

desondanks [ˈdɛzɔndaŋks] *s. desniettegenstaande.*

despoot [dɛsˈpoːt] (*-poten*) *m* Despot *m*.

despotisme [dɛspɔˈtiˑsmə] *n* Despotismus *m*.

dessert [dɛˈsɛrt] *n* Dessert *n*, Nachtisch *m*.

destijds [ˈdɛstɛĭts] damals.

destilleren *a.* **dis-** [dɛstiˑˈleːrə(n)] destillieren.

desverlangd [dɛsfərˈlaŋt] auf Wunsch.

deswege [ˈdɛsʊeːɣ̊ə] deswegen, deshalb.

detacheren [deˑtaˈʃeːrə(n)] entsenden.

detail [deˑˈtaj] (*-s*) *n* Detail *n*, Einzelheit *f*; *in ~s treden* sich auf Einzelheiten einlassen; ins einzelne gehen; *en ~* im Detail, im kleinen; **~handel** [-handəl] *m* Einzelhandel *m*; **~onderzoek** [-ɔndərzuˑk] *n* Einzelforschung *f*, ins einzelne gehende Untersuchung.

detective [deˑtɛkˈtiːv̊ə] (*-s*) *m* Detektiv *m*; **~roman** [-roˑˈman] (*-s*) *m* Detektivroman *m*, Kriminalroman *m*, F Krimi *m*.

determineren [deˑtɛrmiˑˈneːrə(n)] determinieren, bestimmen.

deugd [døːxt] *f* Tugend *f*; Güte *f*, Tauglichkeit *f*; **~elijk** [-dələk] tauglich; tüchtig; **~elijkheid** [-dələkhɛit] *f* Tauglichkeit *f*; Solidität *f*; Gültigkeit *f*, Rechtmäßigkeit *f* (*e-r Forderung*); **~zaam** [-saːm] tugendhaft; tauglich.

deugen [ˈdøːɣ̊ə(n)] taugen; *~ voor* taugen zu.

deugniet [ˈdøːxniːt] *m* Taugenichts *m*; Schalk *m*, F Racker *m*.

deuk [døːk] *f* Beule *f*, Delle *f*; (*Hut*) Kniff *m*; *een ~ krijgen* e-e Schlappe erleiden; angegriffen werden; **~hoed** [-huˑt] *m* Schlapphut *m*.

deun [døːn] *m* Melodie *f*; Lied *n*; **~tje** [-tjə] (*-s*) Liedchen *n*.

deur [døːr] *f* Tür *f*, Tor *n*; *dat doet de ~ toe* (*dicht*) damit ist das Maß voll; **~bel** [-bɛl] (*-len*) *f* Türklingel *f*; **~hengsel** [-hɛŋsəl] (*-s*) *n* Türangel *f*; **~klink** [-klɪŋk] *f* Türklinke *f*; **~knop** [-knɔp] (*-pen*) *m* Türgriff *m*; **~kozijn** [-kɔˈzɛĭn] *n* Türrahmen *m*; **~post** [-pɔst] *m*, **~stijl** [-stɛĭl] *m*

Türpfosten *m*; **~waarder** [-ʋa:rdər] (*-s*) *m* Gerichtsvollzieher *m*; **~waardersexploot** [-va:rdərzɛksplo:t] (*-ploten*) *n* Zustellungsurkunde *f*.
devaluatie [de·v̊aly·ˈ(ʋ)a:si:] (*-s*) *f* Devalvation *f*, Entwertung *f*, Abwertung *f*.
devies [dəˈvi:s] (*-viezen*) *n* Devise *f*, Wahlspruch *m*; *pl.* Devisen *pl.*
deviezen|bank [dəˈvi:zə(n)baŋk] *f* Devisenbank *f*; **~bepaling** [bəˈpa:lɪŋ] *f* Devisenbestimmung *f*; **~controle** *a.* **kon-** [-kɔntrɔlə] (*-s*) *f* Devisenkontrolle *f*; **~kantoor** [-kanto:r] (*-toren*) *n* Devisenstelle *f*; **~toewijzing** [-tu·ʋɛĭzɪŋ] *f* Devisenzuteilung *f*; **~verklaring** [-v̊ərkla:rɪŋ] *f* Devisenbescheinigung *f*.
devoot [de·ˈv̊o:t] devot, fromm.
deze [ˈde:zə] diese(r, -s); *de 12de dezer* am 12. dieses Monats (d. M.).
dezelfde [dəˈzɛlv̊də] der-, die-, dasselbe; *van dezelfde kleur* gleichfarbig.
diaconie *a.* **-konie** [di·(j)akɔˈni:] (*-ën*) *f* Diakonie *f*.
diadeem [di·(j)aˈde:m] (*-demen*) *m u. n* Diadem *n*.
diafragma [di·(j)aˈfraxma] (*-'s*) *n* Diaphragma *n*; (*Foto*) Blende *f*.
diagnose [di·(j)axˈno:zə] (*-n u. -s*) *f* Diagnose *f*.
diagonaal [di·(j)aɣ̊oˈna:l] (*-nalen*) *f* Diagonale *f*; *Adj.* diagonal.
diaken [di·ˈ(j)a:kə(n)] (*-s u. -en*) *m* Diakon *m*.
dialect *a.* **-lekt** [di·(j)aˈlɛkt] *n* Dialekt *m*, Mundart *f*.
dialoog [di·(j)aˈlo:x] (*-logen*) *m* Dialog *m*.
diamant [di·(j)aˈmant] *m u. n* Diamant *m*; *een ~en ring* ein Diamantring *m*; **~bewerker** [-bəˈʋɛrkər] (*-s*) *m* Diamentarbeiter *m*; **~klover** [-klo:v̊ər] (*-s*) *m* Diamantspalter *m*; **~slijper** [-slɛĭpər] (*-s*) *m* Diamantschleifer *m*.
diameter [ˈdi·(j)ame:tər] (*-s*) *m* Diameter *m*, Durchmesser *m*.
diarree [di·(j)aˈre:] *f* Diarrhöe *f*, Durchfall *m*.
dicht[1] [dɪxt] dicht, verschlossen; gedrängt; nahe; *~ bij* nahe *G*; *komt U iets ~er* kommen Sie etw. näher (heran).
dicht[2] *n* Gedicht *n*; Poesie *f*; **~bundel** [-bəndəl] (*-s*) *m* Gedichtsammlung *f*.
dicht|doen [ˈdɪɣ̊du:n] zumachen, schließen; **~en**[1] [-ə(n)] schließen, abdichten; **~en**[2] dichten.
dichter [ˈdɪxtər] (*-s*) *m* Dichter *m*, Poet *m*; **~lijk** [-lək] dichterisch, poetisch.
dichtheid [ˈdɪxthɛĭt] *f* Dichte *f*, Dichtigkeit *f*.
dicht|kunst [ˈdɪxtkənst] *f* Dichtkunst *f*, Poesie *f*; **~maat** [-ma:t] (*-maten*) *f* Versmaß *n*; **~regel** [-re:ɣ̊əl] (*-s*) *m* Verszeile *f*; **~werk** [-ʋɛrk] *n* Dichtung *f*.
dic|taat *a.* **dik-** [dɪkˈta:t] (*-taten*) *n* Diktat *n*; **~tator** [-ˈta:tɔr] (*-s*) *m* Diktator *m*; **~tee** [-ˈte:] (*-s*) *n* Diktat *n*; **~teren** [-ˈte:rə(n)] diktieren.
dictie *a.* **dik-** [ˈdɪksi:] *f* Vortragsart *f*, Ausdrucksweise *f*.
dictionaire [di·ksi·(j)ɔˈnɛ:r] (*-s*) *m* Wörterbuch *n*.
die [di:] der, die; diese(r); jene(r); welche(r).
dieet [di·ˈ(j)e:t] *n* Diät *f*.
dief [di:f] (*-ven*) *m* Dieb *m*; *de gelegenheid maakt de ~* Gelegenheit macht Diebe; **~achtig** [-axtəx] diebisch; **~stal** [-stal] (*-len*) *m* Diebstahl *m*; *~ met inbraak* Einbruchdiebstahl *m*; *een ~ plegen* e-n Diebstahl begehen.
diegene [ˈdi·ɣ̊e:nə] der-, die-, dasjenige.
dienaangaande [di·na:nˈɣ̊a:ndə] darüber; in dieser Hinsicht, diesbezüglich.
die|naar [ˈdi:na:r] (*-s u. -aren*) *m* Diener *m*; **~nares** [-na·ˈrɛs] (*-sen*) *f* Dienerin *f*.
diender [ˈdi:ndər] (*-s*) *m* F Polizist *m*, Schutzmann *m*.
dienen [ˈdi:nə(n)] dienen, aufwarten; nützen; passen; erwidern; *~ te + Infinitiv* müssen; *ik ben daarmee niet gediend* ich verbitte mir das; *iemand van antwoord ~* j-m Bescheid geben; *U dient te vragen* Sie müssen fragen; *waarmee kan ik (U) dienen?* womit kann ich (Ihnen) dienen?
dienovereenkomstig [di:no:v̊əre:nˈkɔmstəx] demgemäß, dementsprechend, demzufolge.
dienst [di:nst] *m* Dienst *m*, Gefälligkeit *f*; Stelle *f*; Gottesdienst *m*; *onder ~ zijn* dienen, Soldat sein; *wat is er van Uw dienst?* was ist gefällig?, Sie wünschen?; *iemand ten ~e staan* j-m zu Diensten stehen

een ~ *bewijzen* e-n Dienst erweisen; *in* ~ *treden* e-e Stelle antreten.

dienst|aanbieding ['di:nsta:nbi·dɪŋ] *f* Dienstangebot *n*; **~betoon** [-bəto:n] *n* Dienstleistung *f*; **~bode** [-bo:də] (-*s*) *m u. f* Dienstbote *m*, Bedienstete(r) *m*; (Dienst-)Mädchen *n*, Hausangestellte(r *m*); **~doend** [-du:nt] stellvertretend, diensthabend.

dienstig ['di:nstəx] dienlich, geeignet.

dienst|knecht ['di:nstknɛxt] *m* Diener *m*; **~meid** [-mɛĭt] *f* Dienstmädchen *n*; **~personeel** [-pɛrsɔne:l] *n* Dienerschaft *f*, Dienstpersonal *n*; **~plicht** [-plɪxt] *f* Wehrpflicht *f*; **~plichtig** [-plɪxtəx] wehrpflichtig; **~regeling** [-re:ɣəlɪŋ] *f* Arbeitsordnung *f*; Fahrplan *m*, Flugplan *m*, Kursbuch *n*; **~vaardig** [-fa:rdəx] dienstfertig, dienstbereit; **~weigeraar** [-ʋɛĭɣəra:r] (-*s*) *m* Kriegsdienstverweigerer *m*; **~willig** [-'ʋɪləx] ergeben, dienstbereit.

dientafeltje ['di:nta:fəltjə] (-*s*) *n* Serviertisch *m*.

dientengevolge [di:ntenɣə'v̊ɔlɣə] infolgedessen, folglich, demzufolge.

diep [di:p] *n* Tiefe *f*; *Adj., Adv.* tief; tiefsinnig; *uit het* ~*ste van mijn hart* aus tiefstem Herzen; **~gaand** [-xa:nt] tiefgehend, eindringend, durchdringend; **~gang** [-xɑŋ] *m* Tiefgang *m*; **~lood** [-lo:t] (-*loden*) *n* Senkblei *n*, Lot *n*.

diepte ['di·ptə] (-*n u.* -*s*) *f* Tiefe *f*; **~punt** [-pənt] *n* Tiefstand *m*; (*Wetterlage*) Tief *n*; **~stuur** [-sty:r] (-*sturen*) *n* Höhensteuer *n*, Höhenruder *n*.

diepvries|groente ['di:pfri:sxru·ntə] (-*n u.* -*s*) *f* Gefriergemüse *n*, Tiefkühlgemüse *n*; **~kast** [-kɑst] *f*, **~kist** [-kɪst] *f* Tiefkühltruhe *f*; **~techniek** [-tɛxni·k] *f* Tiefkühltechnik *f*, Kältetechnik *f*; **~vak** [-fɑk] (-*ken*) *n* Tiefkühlfach *n*.

diep|zeeonderzoek ['di:pse:'ɔndərzu·k] *n* Tiefseeforschung *f*; **~zinnig** [-'sɪnəx] tiefsinnig; **~zinnigheid** [-'sɪnəxhɛĭt] *f* Tiefsinn *m*.

dier [di:r] *n* Tier *n*.

dierbaar *a.* **duur-** ['di:r-, 'dy:rba:r] teuer, wert, lieb.

dieren|arts ['di:rə(n)ɑrts] *m* Tierarzt *m*; **~asiel** *a.* **~asyl** [-ɑ'zi·l] *n* Tierheim *n*; **~bescherming** [-bəsxɛrmɪŋ] *f* Tierschutz *m*; *maatschappij tot* ~ Tierschutzverein *m*; **~reservaat** [-re·sɛr'v̊a:t] (-*vaten*) *n* Tierschutzgebiet *n*; **~riem** [-ri:m] *m* Tierkreis *m*; **~rijk** [-rɛĭk] *n* Tierreich *n*; **~temmer** [-tɛmər] (-*s*) *m* Tierbändiger *m*, Dompteur *m*; **~tuin** [-təʏn] *m* Tiergarten *m*, zoologischer Garten, Zoo *m*.

diergaarde ['di:rɣa:rdə] (-*n u.* -*s*) *f s. dierentuin.*

dier|kunde ['di:rkəndə] *f* Tierkunde *f*, Zoologie *f*; **~lijk** [-lək] tierisch, bestialisch; **~soort** [-so:rt] *f* Tiergattung *f*.

dies [di:s] darum, deswegen; *en wat* ~ *meer zij* und dergleichen.

diets [di:ts]: ~ *maken j-m etw.* weismachen, aufbinden.

Diets [die:ts] *Adj.* (groß)niederländisch; *Su. n* Niederländisch(e) *n*.

dievegge [di·'v̊ɛɣə] (-*n*) *f* Diebin *f*.

dieven ['di:v̊ə(n)] stehlen; F stibitzen.

dieven|bende ['di:v̊ə(n)bɛndə] (-*n u.* -*s*) *f* Diebesbande *f*; **~lantaarn** *a.* **-taren** [-lɑn'ta:rə(n)] (-*s*) *f* Blendlaterne *f*; **~taal** [-ta:l] (-*talen*) *f* Gaunersprache *f*, Rotwelsch *n*; **~wagen** [-ʋa:ɣə(n)] (-*s*) *m* Gefangenenwagen *m*.

diffe|rentiatie [di·fərɛnsĭ'(j)a:si:] (-*s*) *f* Differenzierung *f*; **~rentie** [-'rɛnsi:] (-*s*) *f* Differenz *f*; **~rentiaal** [-rɛn'sĭa:l] Differential-; **~rentieel** [-rɛn'sĭe:l] differential; **~reren** [-'re:rə(n)] differieren, sich unterscheiden.

difter|ie [di·ftə'ri:], **~itis** [-'ri·ti·s] *f* Diphtherie *f*.

diftong [di·f'tɔŋ] *f* Diphthong *m*, Zwielaut *m*.

digestie [di·'ɣesti:] *f* Verdauung *f*, Digestion *f*.

diggel ['dɪɣəl] (-*en u.* -*s*) *m* Scherbe *f*; *aan* (*in*) ~*en vallen* in Scherben gehen.

dignitaris [di·xni·'ta:rəs] (-*sen*) *m* Dignitar *m*, Würdenträger *m*.

dij [dɛĭ] *f* Schenkel *m*; **~been** ['-be:n] (-*benen u.* -*beenderen*) *n* Oberschenkelknochen *m*.

dijk [dɛĭk] *m* Deich *m*, Damm *m*; *iemand aan de* ~ *zetten* j-m den Laufpaß geben; j-n entlassen; *dat brengt geen aarde aan de* ~ das hilft nicht viel; **~breuk** [-brø:k] *f* Deichbruch *m*; **~graaf** [-xra:f] (-*graven*) *m* Deichgraf *m*; **~werker** [-ʋɛrkər] (*-s*) *m* Deicharbeiter *m*; **~wezen** [-ʋe:zə(n)] *n* Deichwesen *n*.

dik [dɪk] (*kein pl.*) *n* dickster Teil *m*; Satz *m*, Grund *m*; *Adj.*, *Adv.* dick, stark; *het ~ van het been* Wade *f*; *het ~ van de koffie* der Kaffeesatz; *zich ~ maken* sich aufregen, sich ereifern; *~ haar* dichtes Haar; **~heid** [-hɛĭt] *f* Dicke *f*; **~huidig** [-həydəx] dickhäutig, dickfellig; **~kerd** [-kərt] (*-s*) *m* Dicke(r); F Dickerchen *n*; **~kop** [-kɔp] (*-pen*) *m fig.* Dickkopf *m*, Dickschädel *m*; **~lijvig** [-lɛĭv̊əx] dickleibig; **~te** [-tə] (*-s u. -n*) *f* Dicke *f*, Stärke *f*, Korpulenz *f*.

dikwijls ['dɪkʋəls] oft, häufig.

dikzak ['dɪksɑk] (*-ken*) *m* Dicke(r), Dicksack *m*, Dickwanst *m*.

dilemma [di·'lɛmɑ] (*-s*) *n* Dilemma *n*.

dilettant [di·lɛ'tɑnt] *m* Dilettant *m*, Laie *m*, Liebhaber *m*; **~entoneel** [-ə(n)tɔ'ne:l] (*-nelen*) *n* Liebhaberbühne *f*, Laientheater *n*.

dille ['dɪlə] *f* Dill *m*.

diluviaal [di·ly·v̊i'(j)a:l] diluvial, Diluvial-.

dimensie [di·'mɛnsi:] (*-s*) *f* Dimension *f*.

diminutief [di·mi·ny·'ti:f] (*-tieven*) *n Gr.* Diminutiv, Verkleinerungsform *f*.

dim|licht ['dɪmlɪxt] *n* Abblendlicht *n*; **~men** [-ə(n)] abblenden.

di|ner [di·'ne:] (*-s*) *n* Diner *n*, Mittagessen *n*; **~neren** [-'ne:rə(n)] dinieren, zu Mittag essen.

ding [dɪŋ] *n* Ding *n*, Sache *f*, Gegenstand *m*; *één ~ is zeker* eins ist sicher; *onthoud vooral één ~* merke dir eins.

dingen ['dɪŋə(n)] (*dong*, *gedongen*) in Dienst nehmen; markten, feilschen; *~ naar* sich bewerben um *A*.

dinges [dɪŋəs] *m u. f*: *mijnheer ~* Herr Dingsda, Herr Soundso.

diploma [di·'plo:mɑ] (*-'s*) *n* Diplom *n*, Zeugnis *n*.

diplo|maat [di·plo·'ma:t] (*-maten*) *m* Diplomat *m*; **~matie** [-mɑ'si:] *f* Diplomatie *f*; **~matiek** [-mɑ'ti·k], **~matisch** [-'ma:ti·s] diplomatisch.

direct *a.* **-rekt** [di'rɛkt] direkt, unmittelbar; *Adv.* sofort, gleich; *Su. m* FD-Zug *m*; *~wagen* Kurswagen *m*.

directeur *a.* **-rek-** [di·rɛk'tø:r] (*-s u. -en*) *m* Direktor *m*, Vorsteher *m*; Geschäftsführer *m*; *~ van een postkantoor* Postmeister *m*, Postdirektor *m*; **~-generaal** [-ɣ̊e:nə'ra:l] (*~s*) *m* Generaldirektor *m*.

directie *a.* **-rek-** [di·'rɛksi:] (*-s*) *f* Direktion *f*, Vorstand *m*; Betriebsführung *f*; Verwaltung *f*.

directrice *a.* **-rek-** [di·rɛk'tri·sə] (*-s*) *f* Direktorin *f*, Oberin *f*.

dirigent [di·ri·'ɣ̊ɛnt] *m* Dirigent *m*.

Dirk [dɪrk] *m* Dietrich *m*, Dirk *m*.

dis [dɪs] (*-sen*) *m* Tisch *m*, Tafel *f*; Mahlzeit *f*.

discipel [di·'si·pəl] (*-s u. -en*) *m* Schüler *m*; Jünger *m*.

discipline [di·si·'pli·n] (*-s*) *f* Disziplin *f*.

dis|conteren *a.* **-kon-** [di·skɔn'te:rə(n)] diskontieren; **~conto** *a.* **-kon-** [-'kɔnto·] (*-'s*) *n* Diskont *m*, Skonto *m u. n*; **~contovoet** [-kɔnto·v̊u·t] *m* Diskontsatz *m*.

discot(h)eek *a.* **-ko-** [di·sko·'te:k] (*-teken*) *f* Diskothek *f*; Schallplattenarchiv *n*.

discretie *a.* **-kre-** [di·s'kre:si:] (*-s*) *f* Diskretion *f*, Verschwiegenheit *f*, Rücksicht *f*.

discus *a.* **-kus** ['dɪskəs] (*-sen*) *m* Diskus *m*, Wurfscheibe *f*; **~werper** [-ʋɛrpər] (*-s*) *m* Diskuswerfer *m*.

dis|cussie *a.* **-kus-** [di·s'ky·si:] (*-s*) *f* Diskussion *f*, Beratung *f*, Erörterung *f*, Aussprache *f*; **~cussiëren** [-ky·'sĭ(j)e:rə(n)] diskutieren, beraten, besprechen.

disgenoot ['dɪsxəno:t] (*-noten*) *m* Tischgenosse *m*.

diskrediet *a.* **-kre-** ['di·skrədi·t] *n* Mißkredit *m*, schlechter Ruf; *in ~ geraken* das Vertrauen verlieren, in Mißkredit geraten; *in ~ brengen* diskreditieren, in Mißkredit bringen.

diskwalificeren *a.* **-qua-** [di·skʋɑli·fi·'se:rə(n)] disqualifizieren, ausschließen.

dispensatie [di·spən'sa:si:] *f* Dispensation *f*, Dispens *m*; *huwelijk met ~* Dispensehe *f*.

dispo|neren [di·spo·'ne:rə(n)] disponieren; verfügen; anordnen; *over een bedrag ~* e-n Betrag abheben (einziehen); über e-n Betrag verfügen; **~nibel** [-'ni:bəl] disponibel, verfügbar.

dispositie [di·spo·'zi:si:] *f* Disposi-

tion *f*, Verfügung *f*; Einteilung *f*; Plan *m*.
dis|puteren [di·spy·ˈteːrə(n)] disputieren; sich streiten; **~puut** [-ˈpy·t] (*-puten*) *n* Disput *m*, Wortstreit *m*.
dissel [ˈdɪsəl] (*-s*) *m*, **~boom** [-boːm] (*-bomen*) *m* Deichsel *f*.
dissertatie [dɪsɛrˈtaːsiː] *f* Dissertation *f*, Doktorarbeit *f*.
dissonant [di·sɔˈnɑnt] *m* Dissonanz *f*, Mißklang *m*.
distantie [di·sˈtɑnsiː] (*-s*) *f* Distanz *f*, Entfernung *f*.
distel [ˈdɪstəl] (*-s*) *f u. m* Distel *f*; **~vink** [-v̊ɪnk] *m u. f* Distelfink *m*, Stieglitz *m*.
distributie [di·stri·ˈby·siː] (*-s*) *f* Distribution *f*, Verteilung *f*, Zuteilung *f*, Rationierung *f*; **~bon** [-bɔn] (*-nen*) *m* Bezugsschein *m*; **~kantoor** [-kɑntoːr] (*-toren*) *n* Zuteilungsstelle *f*; **~net** [-nɛt] (*-ten*) *n* Drahtfunknetz *n*.
district *a.* **-trikt** [di·ˈstrɪkt] *n* Distrikt *m*, Bezirk *m*, Kreis *m*; Revier *n*.
dit [dɪt] dies, diese(r, -s).
ditjes en datjes [ˈdɪtjəs ɛn dɑtjəs] *pl.* Kleinigkeiten *f/pl.*
ditmaal [ˈdɪtmaːl] diesmal.
divan [ˈdi·v̊ɑn] *u.* [di·ˈv̊ɑn] (*-s*) *m* Sofa *n*, Liegesofa *n*, Diwan *m*; **~bed** [-bɛt] (*-den*) *n* Liege *f*; **~kleed** [-kleːt] (*-kleden*) *n* Diwandecke *f*.
dividend [di·v̊i·ˈde·nt] *n* Dividende *f*.
divisie [di·ˈv̊iːsiː] (*-s*) *mil.* Division *f*; *tweede ~ Sp.* Regionalliga *f*, zweite Klasse *f*.
dobbel|en [ˈdɔbələ(n)] würfeln; **~spel** [-spɛl] (*-len*) *n* Würfelspiel *n*; Glücksspiel *n*; **~steen** [-steːn] (*-stenen*) *m* Würfel *m*.
dobber [ˈdɔbər] (*-s*) *m* (*Angel*) Schwimmer *m*, Kork *m*; *een harde ~ hebben* e-n schweren Stand haben; **~en** [-ə(n)] schwimmen, treiben; schwanken, schaukeln; *tussen hoop en vrees ~* zwischen Furcht und Hoffnung schweben.
do|cent [dɔˈsɛnt] *m* Dozent *m*; **~ceren** [-ˈseːrə(n)] lehren, unterrichten, dozieren.
doch [dɔx] doch, gleichwohl; jedoch, aber; allein.
docht [dɔxt] *s. dunken.*
dochter [ˈdɔxtər] (*-s*) *f* Tochter *f*.
doctor [ˈdɔktər] (*-en u. -s*) *m* Doktor *m*; *~ in de medicijnen* Doktor der Medizin (Dr. med.); *~ in de letteren* Doktor der Philologie (Dr. phil.); *~ in de rechten* Doktor der Rechte (Dr. jur.); *~ in de staatkundige wetenschappen* (*staatswetenschappen*) Doktor der Staatswissenschaften (Dr. rer. pol.).
docto|raat [dɔktɔˈraːt] (*-raten*) *n* Doktorwürde *f*; **~randa** [-ˈrɑndɑ] (*-dae u. -'s*) *f* Doktorandin *f*; **~randus** [-ˈrɑndəs] (*-sen u. -di*) *m* Doktorand *m*; **~reren** [-ˈreːrə(n)] promovieren.
doctortitel [ˈdɔktɔrti·təl] (*-s*) *m* Doktortitel *m*; *een ~ hebben* (*bezitten*) den Doktortitel führen.
doctrinair [dɔktri·ˈnɛːr] doktrinär.
document *a.* **-ku-** [dɔky·ˈmɛnt] *n* Dokument *n*, Urkunde *f*; **~air** [-ˈɛːr] dokumentarisch; Dokumentar-; *~e film* Dokumentarfilm *m*; **~atie** [-ˈaːsiː] *f* Informationsmaterial *n*.
dode [ˈdoːdə] *m u. f* Tote(r) *m*, Tote *f*; **~lijk** [-lək] tödlich; **~n** [-ə(n)] töten, umbringen; *de tijd ~* die Zeit totschlagen; **~ndans** [-(n)dɑns] *m* Totentanz *m*.
doedelzak [ˈdu·dəlzɑk] (*-ken*) *m* Dudelsack *m*.
doe-het-zelver *m* Bastler *m*, Heimwerker *m*.
doek [du·k] *n u. m* Tuch *n*; Gemälde *n*; *Thea.* Vorhang *m*; (*Kino*) Leinwand *f*; *iets uit de ~en doen etw.* genau erklären; *op ~ brengen* malen; *een open ~ krijgen Thea.* bei offener Szene Beifall ernten.
doekje [ˈdu·kjə] (*-s*) *n* Tüchelchen *n*; *er geen ~s om winden fig.* kein Blatt vor den Mund nehmen; *een ~ voor het bloeden* e-e faule Ausrede.
doel [duːl] *n* Ziel *n*, Zweck *m*; Absicht *f*; *Sp.* Tor *n*; *een ~ maken* ein Tor schießen; **~bewust** [-bəʋest] zielbewußt, zielsicher, zielstrebig; **~einde** [-ɛində] (*-n*) Zweck *m*, Absicht *f*; **~en** [-ə(n)] zielen; *Sp. ein Tor* schießen; **~lat** [-lɑt] (*-ten*) *f Sp.* Torlatte *f*, Querbalken *m*; **~loos** [-loːs] zwecklos; **~man** [-mɑn] (*-nen*) *m Sp.* Torwart *m*; **~matig** [-ˈmaːtəx] zweckmäßig, zweckdienlich, zweckentsprechend; **~paal** [-paːl] (*-palen*) *m Sp.* Torpfosten *m*; **~punt** [-pent] *n Sp.* Tor *n*; *een ~ maken* ein Tor schießen; **~schot** [-sxɔt] *n Sp.* Torschuß *m*;

~**treffend** [-ˈtrɛfənt] zweckmäßig; wirksam; ~**verdediger** [-v̂ərˈdeːdəɣ̂ər] (-*s*) *m Sp.* Torwart *m*; ~**wit** [-ʋɪt] (*kein pl.*) *n* Zweck *m*; Ziel *n*; Augenmerk *n*.
doen [duːn] (*deed, gedaan; ik doe*) tun, machen, verrichten, schaffen, vollbringen; putzen, in Ordnung bringen; ~ *gevoelen* fühlen lassen, ~ *weten* wissen lassen; ~ *lachen j-n* lachen machen; *een voorstel* ~ e-n Vorschlag machen; *een reis* ~ e-e Reise machen; *een belofte* ~ ein Versprechen geben; *een aangifte* ~ eine Anzeige erstatten; *een poging* ~ e-n Versuch machen; ~ *vallen* fällen; ~ *springen* sprengen; ~ *zitten* setzen; ~ *liggen* legen; *de huishouding* ~ die Haushaltung besorgen; *hij heeft veel te* ~ er hat viel Arbeit; er hat Kundschaft; *iemand veel te* ~ *geven* j-m viel zu schaffen machen; *hij doet in tabak* er handelt mit Tabak; *wat is hier te* ~? was ist hier los?; ~ *gelden* geltend machen; *hij doet aan kunst* er beschäftigt sich (auch) mit Kunst; *een eed* ~ e-n Eid leisten; *in goede* ~ *zijn* in guten Verhältnissen leben; *aan sport* ~ Sport treiben; *het is met hem gedaan* es ist um ihn geschehen; *daar is niets meer aan te* ~ das läßt sich nicht mehr ändern; *de kamer* ~ das Zimmer in Ordnung bringen; *die manier van* ~ die Art und Weise, wie; *dat doet er niet toe* das macht nichts; das ist einerlei; *zijn gebed* ~ sein Gebet verrichten; *ik heb met hem te* ~ er dauert mich; *al doende leert men* Übung macht den Meister; *doe open* öffne, öffnen Sie.
doenlijk [ˈduːnlək] tunlich, möglich.
doeze|len [ˈduˑzələ(n)] dösen, schlummern; ~**lig** [-ləx] dusselig.
dof [dɔf] matt, glanzlos; (*Geräusch, Stimme*) dumpf.
doffer [ˈdɔfər] (-*s*) *m* Täuberich *m*.
dofheid [ˈdɔfhɛĭt] *f* Mattheit *f*, Glanzlosigkeit *f*; Dumpfheit *f*.
dog [dɔx] (-*gen*) *m* Dogge *f*.
doge [ˈdoːɣ̂ə] (-*n u.* -*s*) *m* Doge *m*.
dogma [ˈdɔxmaˑ] (-*'s u.* -*mata*) *n* Dogma *n*.
dok [dɔk] (-*ken*) *n* Dock *n*; *nat* ~ Außendock *n*; *drijvend* ~ Schwimmdock *n*; ~**ken** [-ə(n)] docken; F blechen, berappen; ~**ker** [-ər] (-*s*) *m* Docker *m*, Dockarbeiter *m*.
dokter [ˈdɔktər] (-*s*) *m* Arzt *m*; *onder* ~*s handen* in ärztlicher Behandlung; ~**srekening** [-sreːkənɪŋ] *f* Arztrechnung *f*.
dokwerker [ˈdɔkʋɛrkər] (-*s*) *m* Dockarbeiter *m*, Hafenarbeiter *m*, Docker *m*.
dol [dɔl] toll, rasend; sinnlos; ~ *zijn op* versessen sein auf (*A*), vernarrt sein in (*A*); *in* ~*le woede* in blinder Wut; ~**blij** [blɛĭ] heilfroh; ~**driest** [-driːst] tollkühn; ~**driftig** [-drɪftəx] jähzornig.
dolen [ˈdoːlə(n)] (umher)irren.
dolf [dɔlf] *s. delven*.
dolfijn [dɔlˈfɛin] *m* Delphin *m*.
dolgraag [ˈdɔlɣ̂raːx] recht gern, für sein Leben gern.
dolheid [ˈdɔlhɛĭt] *f* Tollheit *f*, Raserei *f*; (*Tiere*) Tollwut *f*.
dolk [dɔlk] *m*, ~**mes** [-mɛs] (-*sen*) *n* Dolch *m*; ~**steek** [-steːk] (-*steken*) *m* Dolchstich *m*.
dolkop [ˈdɔlkɔp] (-*pen*) *m* Tollkopf *m*, Hitzkopf *m*, Heißsporn *m*.
dollar [ˈdɔlər] (-*s*) *m* Dollar *m*.
dollekervel [dɔləˈkɛrvəl] *m* Schierling *m*.
dol|leman [ˈdɔləman] (-*nen*) *m* Tollkopf *m*; Verrückte(r) *m*; ~**lemanswerk** [-ləmansʋɛrk] *n* Wahnsinn *m*; ~**zinnig** [-ˈzɪnəx] wahnsinnig, toll.
dom[1] [dɔm] dumm, einfältig; ~*me gans* F dumme Gans; *zich van de* ~*me houden* sich nichts anmerken lassen.
dom[2] *m* Dom *m*, Münster *n*.
domein [dɔˈmɛin] *n* Domäne *f*; *dat behoort niet tot zijn* ~ das ist nicht s-e Spezialität; das gehört nicht zu s-m Bereich.
domheer [ˈdɔmheːr] (-*heren*) *m* Domherr *m*.
domheid [ˈdɔmhɛĭt] (-*heden*) *f* Dummheit *f*.
domi|cilie [dɔmiˑˈsiˑliː] (-*s u.* -*ën*) *n* Domizil *n*, Wohnsitz *m*; ~**ciliëren** [-siˑˈli(j)eːrə(n)] wohnen; *gedomicilieerde wissel* Domizilwechsel *m*, domizilierter Wechsel; *gedomicilieerd* wohnhaft.
dominee [ˈdoːmiˑneː] (-*s*) *m* Pfarrer *m*, Pastor *m*.
dominicaan *a.* **-kaan** [dɔmiˑniˑˈkaːn] (-*kanen*) *m* Dominikaner *m*.
dominicanesse *a.* **-ka-** [dɔmiˑniˑkaˈnɛsə] (-*n*) *f* Dominikanerin *f*.

domino ['do:mi·no:] (*~'s*) *n* Domino(spiel) *n*; *m* (*Maskenball*) Domino *m*.
dom|kapittel ['dɔmkɑpɪtəl] (*-s*) *n* Domkapitel *n*; **~kerk** [-kɛrk] *f* Domkirche *f*, Münster *n*.
domkop ['dɔmkɔp] (*-pen*) *m* Dummkopf *m*, Schafskopf *m*.
dommekracht [dɔmə'krɑxt] *f* Hebewinde *f*, Wagenheber *m*.
domme|len ['dɔmələ(n)] schlummern, duseln; **~lig** [-ləx] duselig.
dom|merik ['dɔmərɪk] *m*, **~oor** ['dɔmo:r] (*-oren*) *m u. f* Dummkopf *m*, Schafskopf *m*, Dummerjan *m*.
dompe|laar ['dɔmpəla:r] (*-s*) *m* Tauchsieder *m*; **~len** [-lə(n)] (unter)tauchen; *in rouw ~* traurig machen.
domper ['dɔmpər] (*-s*) *m* Löschhütchen *n*; Dämpfer *m*; *fig.* Finsterling *m*, Dunkelmann *m*; *een ~ op iets zetten* etw. (*D*) e-n Dämpfer aufsetzen.
domproost ['dɔmpro:st] *m* Dompropst *m*.
donder ['dɔndər] (*-s*) *m* Donner *m*; *door de ~ getroffen* wie vom Donner gerührt; *op zijn ~ krijgen* F abgekanzelt werden; **~bui** [-bəʏ] *f* Gewitter *n*, Gewitterschauer *m*.
donderdag ['dɔndərdɑx] *m* Donnerstag *m*; *witte ~* Gründonnerstag *m*.
donderen ['dɔndərə(n)] donnern, wettern, toben.
donders! ['dɔndərs] Donnerwetter!, alle Wetter!; *alle ~!* verdammt (noch mal)!
donder|slag ['dɔndərslɑx] *m* Donnerschlag *m*; **~steen** [-ste:n] (*-stenen*) *m* Donnerstein *m*, Donnerkeil *m*; **~wolk** [-ʋɔlk] *f* Gewitterwolke *f*.
dong [dɔŋ] *s. dingen.*
donker ['dɔŋkər] *Adj.*, *Adv.* dunkel, finster, düster; *Su. n u. m* Dunkelheit *f*, Finsternis *f*; *het wordt ~* es dunkelt; *tussen licht en ~* im Zwielicht; in der Dämmerung; **~bruin** [-brəʏn] dunkelbraun; **~heid** [-hɛĭt] *f* Dunkelheit *f*, Finsternis *f*.
donor ['dɔnɔr] (*-s*) *m* Blutspender *m*; (*Transplantation*) Organspender *m*.
dons [dɔns] *n* Daunen *f/pl.*, Flaumfedern *f/pl.*
don|zen ['dɔnzə(n)] *Adj.* Daunen-; *~ deken* Daunendecke *f*; *~ bed* Daunenbett *n*; **~zig** [-zəx] flaumig.
dood [do:t] *m u. f* Tod *m*; *Adj.* tot; leblos; *ter ~ veroordeeld* zum Tode verurteilt; *om de ~ niet* beileibe nicht; *~ door schuld jur.* fahrlässige Tötung; *het dode punt* toter Punkt *m*; *Tech.* Todpunkt *m*; *zich ~ werken* sich totarbeiten; **~af** [-ɑf] todmüde; **~arm** [-ɑrm] bettelarm; **~bedaard** [-bəda:rt] äußerst gelassen; **~doener** [-du·nər] (*-s*) *m* Machtwort *n*, wertloses Argument; **~eenvoudig** [-e:n'v̂audəx] ganz einfach; **~gaan** [-xa:n] sterben; *Pflanzen, Tiere:* eingehen; **~graver** [-xra:v̂ər] (*-s*) *m* Totengräber *m*; **~(s)kist** [-(s)kɪst] *f* Sarg *m*; **~leuk** [-lø:k] unverfroren, in aller Seelenruhe; **~moe(de)** [-mu·(də)], **~op** [-ɔp] todmüde.
doods [do:ts] öde; *~e stilte* Totenstille *f*.
doods|angst ['do:tsɑŋst] *m* Todesangst *f*; **~bed** [-bɛt] (*-den*) *n* Totenbett *n*, Sterbebett *n*; **~bericht** [-bərɪxt] *n* Todesanzeige *f*; **~bleek** [-ble:k] totenblaß.
doodschieten ['do:tsxi·tə(n)] erschießen.
doods|gevaar ['do:tsxəv̂a:r] (*-varen*) *n* Todesgefahr *f*, Lebensgefahr *f*; **~hoofd** [-ho:ft] *n* Totenkopf *m*; **~kleed** [-kle:t] (*-kleden*) *n* Leichentuch *n*; **~kleur** [-klø:r] *f* Totenfarbe *f*; **~klok** [-klɔk] (*-ken*) *f* Totenglocke *f*.
doodslaan ['do:tsla:n] totschlagen, töten, erschlagen.
dood|slag ['do:tslɑx] *m* Totschlag *m*; **~steek** [-ste:k] (*-steken*) *m* Todesstoß *m*; **~steken** [-ste:kə(n)] erstechen; **~stil** [-stɪl] totenstill, (mucks)mäuschenstill; **~straf** [-strɑf] (*-fen*) *f* Todesstrafe *f*.
doods|vijand ['do:tsfɛĭ(j)ɑnt] *m* Todfeind *m*; **~zweet** [-sʋe:t] *n* Todesschweiß *m*.
dood|vallen ['do:tfɑlə(n)] sich zu Tode stürzen; **~vonnis** [-fɔnəs] (*-sen*) *n* Todesurteil *n*; **~ziek** [-si·k] todkrank; **~zonde** [-sɔndə] (*-n*) *f* Todsünde *f*; **~zwijgen** [-sʋɛĭŷə(n)] totschweigen.
doof [do:f] (*dover, doofst*) taub; *zo ~ als een kwakkel* stocktaub; **~heid** [-hɛĭt] *f* Taubheit *f*; **~pot** [-pɔt] (*-ten*) *m* Dämpfer *m*; *iets in de ~ steken* (*stoppen*) etw. vertuschen; **~stom** [-'stɔm] taubstumm; *een ~me* ein Taubstumme(r); **~stommen-**

instituut [-'stɔmə(n)ınsti·'ty:t] (*-tuten*) *n* Taubstummenanstalt *f*.
dooi [do:ĭ] *m* Tauwetter *n*; *de* ~ *valt in* Tauwetter setzt ein; **~en** [-(j)ə(n)] tauen.
dooier ['do:ĭ(j)ər] (*-s*) *m* Dotter *m u. n.*
dooiweer ['do:ĭʋe:r] *n* Tauwetter *n*.
dook [do:k] *s. duiken*.
doolhof ['do:lhɔf] (*-hoven*) *m* Irrgarten *m*, Labyrinth *n*.
doolstelling ['do:lstelıŋ] *f* Zielsetzung *f*.
doop [do:p] (*-dopen*) *m* Taufe *f*; *ten* ~ *houden* aus der Taufe heben; **~akte** [-aktə] (*-n u. -s*) *f* Taufschein *m*; **~bekken** [-bɛkə(n)] (*-s*) *n* Taufbecken *n*; **~bewijs** [bəʋɛĭs] (*-wijzen*) *n*, **~ceel** [-se:l] (*-celen*) *f u. n* Taufschein *m*; *iemands* ~ *lichten* j-s Sündenregister aufschlagen; **~kleed** [-kle:t] (*-kleden*) *n* Taufkleid *n*; **~sel** [-səl] (*-s*) *n* Taufe *f*; ~ *des bloeds* Bluttaufe *f*; **~vont** [-fɔnt] *f* Taufstein *m*, Taufbecken *n*.
door [do:r] *Präp.* (*Sachen*) durch (*A*); (*Personen*) von (*D*); *Adv.* weiter (fortwährend); ~ *de stad* durch die Stadt; ~ *het woud* durch den Wald; *iets* ~ *de vingers zien fig.* etw. durch die Finger sehen; *hij werd* ~ *zijn broer geholpen* ihm wurde von s-m Bruder geholfen; ~ *middel van* durch; mit (*D*); ~ *een ongeluk* wegen e-s Unfalls; ~ *het slechte weer* wegen des schlechten Wetters; ~ *omstandigheden* umstandshalber; *hij loopt* ~ er geht weiter; *hij werkt* ~ er arbeitet weiter; *dat kan er niet* ~ das reicht (geht) nicht; *ik heb hem* ~ den kenne ich!; *hij is er* ~ F (*Examen*) er ist durchgekommen; ~ *te* ... wenn, indem; ~ *te betalen, bereikt U* wenn Sie bezahlen, erreichen Sie ...; ~ *te zwijgen, kunt U* wenn Sie schweigen, können Sie ...
door- weiter-, fort-, 'durch-; [do:r'-] durch'-.
door|babbelen ['do:rbabələ(n)] weiterreden; **~bakken** ['do:rbakə(n)] weiterbacken; [do:r'-] durchbacken, ausbacken; **~bijten** ['do:rbɛĭtə(n)] 'durchbeißen; **~bladeren** ['do:rbla:dərə(n)] 'durchblättern; **~boren** ['do:rbo:rə(n)] weiterbohren, 'durchbohren; [do:r'-] durch'bohren; **~branden** ['do:rbrandə(n)] weiterbrennen; 'durchbrennen; **~breken** ['do:rbre:kə(n)] 'durchbrechen, entzweibrechen; [do:r'-] durch'brechen.
doorbrengen ['do:rbrɛŋə(n)] zubringen, verbringen; 'durchbringen; verschwenden, vergeuden.
door|dacht [do:r'daxt] durchdacht; **~dansen** ['do:rdansə(n)] weitertanzen; **~dat** [do:r'dat] indem; dadurch, daß; **~denken** ['do:rdɛŋkə(n)] durchdenken; **~dien** [do:r'di:n] weil, indem; **~doen** ['do:rdu:n] durchstreichen, ausstreichen; hineintun, hineinmischen.
doordraaien ['do:rdra:ĭ(j)ə(n)] weiterdrehen; *Geld, Zeit* verschwenden; F nicht ganz bei Trost(e) sein.
doordrijven ['do:rdrɛĭvə(n)] durchsetzen; durchführen.
doordring|baar [do:r'drıŋba:r] durchdringbar; **~en** ['do:rdrıŋə(n)] 'durchdringen, vordringen; [do:r'-] durch'dringen.
doordrukken ['do:rdrøkə(n)] 'durchdrücken; 'durchdrucken.
dooreen [do:'re:n] durcheinander; **~genomen** [-ɣəno:mə(n)] durchschnittlich; **~haspelen** [-haspələ(n)] durcheinander werfen; **~schudden** [-sxødə(n)] durchrütteln; **~strengelen** [-strɛŋələ(n)] verschlingen.
dooreten ['do:re:tə(n)] weiteressen; schneller essen.
doorfietsen ['do:rfi·tsə(n)] weiterradeln.
doorgaan ['do:rɣa:n] (hin)durchgehen; weitergehen; fortgefahren; ~ *met werken* weiterarbeiten; ~ *met eten* weiteressen; *de vergadering gaat niet door* die Versammlung findet nicht statt; *voor een eerlijk man* ~ (gut) angesehen sein.
doorgaand ['do:rɣa:nt] unausgesetzt, gewöhnlich; durchgehend; ~ *rijtuig* Kurswagen *m*, durchgehender Wagen; ~ *verkeer* Durchgangsverkehr *m*.
doorgaans ['do:rɣa:ns] meistens, gewöhnlich.
doorgang ['do:rɣaŋ] *m* Durchgang *m*; **~sbewijs** [-zbəʋɛĭs] (*-bewijzen*) *n* Passierschein *m*, Einreiseerlaubnis *f*; **~shuis** [-shəʏs] (*-huizen*) *n* Asyl *n*, Heim *n*; **~skamp** [-skamp] *n* Durchgangslager *n*.
doorgeven ['do:rɣe:və(n)] weitergeben; herreichen, hinüberreichen.

doorgewinterd ['do:rɣ̂əʊɪntərt] eingefleischt.
doorgra|ven ['do:rɣ̂ra:v̂ə(n)] durchgraben; durchstechen; **~ving** [-v̂ɪŋ] *f* Durchstich *m*; Durchgraben *n*.
doorgroeien ['do:rɣ̂ru·ĭ(j)ə(n)] weiterwachsen.
doorgron|den [do:r'ɣ̂rɔndə(n)] ergründen, durchschauen; **~ding** [-dɪŋ] *f* Ergründung *f*.
door|hakken ['do:rhɑkə(n)] durchhauen, durchhacken; **~halen** [-ha:lə(n)] (durch)streichen; **~hebben** [-hɛbə(n)] durch'schauen; **~heen** [-'he:n] hindurch; **~helpen** [-hɛlpə(n)] durchhelfen *D*; **~kijken** ['-kɛĭkən] durchsehen.
doorklieven ['do:rkli·v̂ə(n)] 'durchschneiden, spalten; [do:r'-] durch'schneiden; *Blitz*: durch'zucken.
doorknagen ['do:rkna:ɣ̂ə(n)] durchnagen.
door|kneden [do:r'kne:də(n)] durchkneten; **~kneed** [-'kne:t] bewandert, erfahren (*in*/in *D*).
doorkomen ['do:rko:mə(n)] durchkommen; *daar is geen ~ aan* es (da) ist nicht durchzukommen; *moeilijkheden ~* Schwierigkeiten überwinden.
doorkrabben ['do:rkrɑbə(n)] durchkratzen; auskratzen.
doorkrijgen ['do:rkrɛĭɣ̂ə(n)] durchbringen, durchbekommen.
doorkruisen [do:r'krəʏsə(n)] durch'kreuzen.
door|laat ['do:rla:t] (*-laten*) *m* Durchlaß *m*; **~laatpost** [-la:tpɔst] *m* Durchlaßstelle *f*; **~laten** [-la:tə(n)] durchlassen.
doorlekken ['do:rlɛkə(n)] durchsickern.
doorlezen ['do:rle:zə(n)] durchlesen; weiterlesen.
doorlichten ['do:r-] *a.* [do:r'lɪxtə(n)] durch'leuchten, röntgen.
doorliggen ['do:rlɪɣ̂ə(n)] sich durchliegen, sich wundliegen.
door|loop ['do:rlo:p] (*-lopen*) *m* Durchgang *m*; **~lopen** ['do:rlo:pə(n)] weitergehen, weiterlaufen; *Füße* wundlaufen; *Schuhe* 'durchlaufen; [do:r'-] durchnehmen, durchlesen; durch'blättern; *e-e Schule* absolvieren; **~lopend** ['do:r-] *a.* [do:r'lo:pənt] fortlaufend, fortwährend; *~e voorstelling* durchgehende Vorstellung.
doorluchtig [do:r'lɵxtəx] durchlaucht; **~heid** [-hɛĭt] (*-heden*) *f* Durchlaucht *f*.
doormaken ['do:rma:kə(n)] erleben, durchmachen.
doormidden [do:r'mɪdə(n)] entzwei.
doorn [do:rn] (*-en u. -s*) *m* Dorn *m*.
doornat ['do:rnɑt] durchnäßt, durch und durch naß, F pudelnaß.
door|nenkroon ['do:rnə(n)kro:n] (*-kronen*) *f* Dornenkrone *f*; **~nhaag** [-nha:x] (*-hagen*), **~nheg** [-nhɛx] (*-gen*) *f* Dornenhecke *f*; **~nig** [-nəx] dornig; **~nstruik** [-nstrəʏk] *m* Dornbusch *m*.
doorregen [do:'re:ɣ̂ə(n)] *Adj.* (*Speck*) durch'wachsen.
doorregenen ['do:re:ɣ̂ənə(n)] (hin-) durchregnen; weiterregnen.
door|reis ['do:rɛĭs] (*-reizen*) *f* Durchreise *f*, Durchfahrt *f*; **~reizen** [-rɛĭzə(n)] durchreisen, weiterreisen.
doorrijden ['do:rɛĭdə(n)] durchfahren, weiterfahren; weiterreiten; *Haut* wundreiten.
doorrit ['do:rɪt] (*-ten*) *m* Durchfahrt *f*.
doorroeren ['do:ru:rə(n)] durchrühren.
doorroken ['do:ro:kə(n)] weiterrauchen; *e-e Pfeife* anrauchen; [do:r'-] verräuchern.
doorschemeren ['do:rsxe:mərə(n)] durchschimmern; *iets laten ~* etw. durchblicken lassen.
doorscheuren ['do:rsxø:rə(n)] durchreißen, zerreißen.
doorschieten ['do:rsxi:tə(n)] durchschießen, weiterschießen; *fig.* ins Kraut schießen; [do:r'-] *Typ. ein Buch* durch'schießen.
door|schijnen ['do:rsxɛĭnə(n)] durchscheinen, durchschimmern; **~schijnend** [-'sxɛĭnənt] durchscheinend, durchsichtig.
doorschrijven ['do:rsxrɛĭv̂ə(n)] weiterschreiben.
doorschrappen ['do:rsxrɑpə(n)] (aus)streichen.
doorschuiven ['do:rsxəʏv̂ə(n)] weiterschieben; weiterrücken.
doorsijpelen ['do:rsɛĭpələ(n)] durchsickern.
door|slaan ['do:rsla:n] (hin)durchschlagen; *Waage*: ausschlagen; *Sicherung*: durchbrennen; *fig.*

drauf losschwatzen; *zich er ~* sich (hin)durchschlagen; sich durchsetzen; **~slaand** [-la:nt]: *~ bewijs* schlagender Beweis.
doorslag ['do:rslɑx] *m* Durchschlag *m*; Übergewicht *n*, Ausschlag *m*; Locher *m*, Dorn *m*; *dit geeft de ~* dies gibt den Ausschlag; **~gevend** [-xe:v̊ənt] ausschlaggebend, entscheidend, maßgebend; **~papier** [-pɑpi:r] *n* Durchschlagpapier *n*.
doorslapen ['do:rsla:pə(n)] ruhig weiterschlafen; durchschlafen.
doorslepen[1] ['do:rsle:pə(n)]: *fig. iemand er ~* j-m durchhelfen.
doorslepen[2] [do:r'-] *Adj.* gerieben, schlau; *een ~ vos* ein schlauer Fuchs.
doorslijten ['do:rslɛĭtə(n)] abnutzen, abtragen.
doorslikken ['do:rslɪkə(n)] verschlucken, hinunterschlucken.
door|slippen ['do:rslɪpə(n)], **~sluipen** [-slœypə(n)] durchschlüpfen, durchschleichen.
doorsne(d)e ['do:rsne:(d)ə] (*-n*) *f* Durchschnitt *m*; *in ~* im Durchschnitt, durchschnittlich; *dwarse ~* Querschnitt *m*.
doorsnijden ['do:r-] *a.* [do:r'snɛĭdə(n)] durchschneiden.
doorsnuffelen [do:r'snøfələ(n)] durchstöbern, durchschnüffeln.
doorspoelen ['do:rspu·lə(n)] durchspülen, ausspülen.
doorstaan [do:r'sta:n] ertragen, erdulden; *e-e Prüfung* bestehen; sich bewähren; *den Vergleich* bestehen, aushalten.
door|steek ['do:rste:k] (*-steken*) *m* Durchstich *m*; **~steken** [-ste:kə(n)] durchstechen; weiterfahren, weitergehen; [door'-] durch'stechen; **~steker** [-ste:kər] (*-s*) *m* Pfeifenreiniger *m*.
doorstrepen ['do:rstre:pə(n)] durchstreichen.
doorstoten ['do:rsto:tə(n)] durchstoßen.
doorstuderen ['do:rsty·de:rə(n)] weiterstudieren; *Buch* durchstudieren.
doorsturen ['do:rsty:rə(n)] weitersenden, weiterbefördern; (hin-) durchsteuern.
doortasten ['do:rtɑstə(n)] durchgreifen, energisch verfahren.
doortastend [do:r'tɑstənt] durchgreifend, energisch.
doortocht ['do:rtɔxt] *m* Durchzug *m*, Durchmarsch *m*.
doortrappen ['do:rtrɑpə(n)] eintreten; (*mit dem Fahrrad*) weiterfahren, schneller fahren; *fig.* Unsinn reden.
doortrapt [do:r'trɑpt] gerieben, durchtrieben, abgefeimt.
doortrekken ['do:rtrɛkə(n)] (hin-) durchziehen, durchgehen, marschieren; weiterziehen; entzweireißen; [door'-] durch'dringen.
doorvaart ['do:rv̊a:rt] *f* Durchfahrt *f*.
doorvechten ['do:rv̊ɛxtə(n)] weiterkämpfen.
doorvijlen ['do:rv̊ɛĭlə(n)] durchfeilen.
doorvlechten [do:r'v̊lɛxtə(n)] durch'flechten.
doorvloeien ['do:rv̊lu·ĭ(j)ə(n)] (hin-) durchfließen; [door'-] durch'fließen.
doorvoed [do:r'v̊u·t] wohlgenährt.
doorvoer ['do:rv̊u:r] *f* Transit *m*, Durchfuhr *f*; **~handel** [-hɑndəl] *m* Transithandel *m*; **~rechten** [-rɛxtə(n)] *n/pl.* Transitzoll *m*, Durchfuhrzoll *m*.
doorvreten ['do:rv̊re:tə(n)] durchfressen, weiterfressen.
doorwaadbaar [do:r'ʋa:dba:r] seicht, untief; *doorwaadbare plaats* Furt *f*; seichte Stelle.
doorwandelen ['do:rʋɑndələ(n)] weiterspazieren; durchspazieren; [door'-] durch'wandern.
doorwassen [do:r'ʋɑsə(n)] *Adj.* (*Speck*) durch'wachsen.
door|weekt [do:r'ʋe:kt] durchweicht, aufgeweicht; **~weken** [-ʋe:kə(n)] durch'weichen.
doorwerken ['do:rʋɛrkə(n)] weiterarbeiten, schneller arbeiten; *Buch* durcharbeiten; [door'-] durch'wirken; *met zijde doorwerkt* mit Seide durchwirkt.
doorweven [do:r'ʋe:v̊ə(n)] durch'weben, durch'wirken.
doorwoelen [do:r'ʋu:lə(n)] durch'wühlen.
doorworstelen ['do:rʋɔrstələ(n)] sich (hin)durchkämpfen; [door'-] aushalten, überstehen.
doorwrocht [do:r'v̊rɔxt] gediegen; ausgearbeitet.
doorwroeten [do:r'vru·tə(n)] durch'wühlen.

doorzagen ['do:rza:ɣə(n)] durchsägen, entzweisägen.
doorzenden ['do:rzɛndə(n)] weiterleiten, weiterbefördern; entlassen.
doorzetten ['do:rzɛtə(n)] durchsetzen; ausharren, durchhalten.
doorzicht ['do:rzɪxt] *n* Einsicht *f*; Durchsicht *f*; Durchblick *m*; Scharfsinn *m*.
doorzichtig [do:r'zɪxtəx] durchsichtig; **~heid** [-hɛit] *f* Durchsichtigkeit *f*.
doorzien ['do:rzi:n] durchsehen, durchblicken; [door'-] durch'schauen.
doorzijgen ['do:rzɛiɣə(n)] durchseihen, filtern.
doorzitten ['do:rzɪtə(n)] durchsitzen, sich wundsitzen.
doorzoeken [do:r'zu·kə(n)] durch'suchen, durch'stöbern; *Zoll, Polizei a.*: filzen.
doorzwelgen ['do:rzʋɛlɣə(n)] verschlingen; hinunterschlucken.
doos [do:s] (*dozen*) *f* Schachtel *f*; Dose *f*, Büchse *f*; Kasten *m*; F Gefängnis *n*; *in de ~ draaien* einsperren; *kartonnen ~* Pappschachtel *f*; **~vrucht** [-frøxt] *f* Kapselfrucht *f*.
dop [dɔp] (*-pen*) *m* Schale *f*, Hülse *f*; Kappe *f*, Deckel *m*; Arbeitslosenfürsorge *f*; *een kunstenaar in de ~* ein angehender Künstler; *kijk goed uit je ~pen* paß gut auf!
do|peling ['do:pəlɪŋ] *m* Täufling *m*; **~pen** [-pə(n)] taufen; eintauchen, tunken; F *Milch, Wein* verdünnen; **~per** [-pər] (*-s*) *m* Täufer *m*; *Johannes de* ♀ Johannes der Täufer.
dop|erwt ['dɔpɛrt] *f* Erbse *f*; **~heide** [-hɛidə] *f* Heidekraut *n*.
dopje ['dɔpjə] (*-s*) *n* Eierbecher *m*; Deckelchen *n*.
doppen ['dɔpə(n)] schälen; aushülsen; *gaan ~* stempeln gehen.
dor [dɔr] dürr, trocken; schal, öde.
doren ['do:rə(n)] (*-s*) *m s. doorn.*
dorp [dɔrp] *n* Dorf *n*.
dorpel ['dɔrpəl] (*-s*) *m* (Tür-)Schwelle *f*.
dorpelig ['dɔrpəlɪŋ] *m* Dorfbewohner *m*, Dörfler *m*.
dorps [dɔrps] ländlich; bäurisch; **~geestelijke** [-xe:stələkə] (*-n*) *m* Dorfpfarrer *m*; **~herberg** [-hɛrbɛrx] *f* Dorfschenke *f*; **~school** [-sxo:l] (*-scholen*) *f* Dorfschule *f*.
dor|sen ['dɔrsə(n)] dreschen; **~ser** [-sər] (*-s*) *m* Drescher *m*.

dorst[1] [dɔrst] *s. durven.*
dorst[2] *m* Durst *m*; **~en** [-ə(n)] Durst haben, dursten; sich sehnen (*naar*/nach *D*); **~ig** [-əx] durstig; **~stillend** [-stɪlənt] durstlöschend.
dors|vlegel ['dɔrsfle:ɣəl] (*-s*) *m* Dreschflegel *m*; **~vloer** [-flu:r] *m* Tenne *f*.
dos [dɔs] (*kein pl.*) *m* Schmuck *m*, Prunk *m*; *fig.* F Staat *m*.
doseren [dɔ'ze:rə(n)] dosieren.
dosis ['do:zɪs] (*-sen u. doses*) *f* Dosis *f*.
dossier [dɔs'je:] *u.* [-'si:r] (*-s*) *n* Dossier *m u. n*, Aktenbündel *n*.
dot [dɔt] (*-ten*) *m u. f* Knäuel *m u. n*; Schnuller *m*; (*Watte*) Bausch *m*; (*Haare*) Büschel *n*; *fig.* Liebling *m*, Schatz *m*; *een ~ van een kind* ein sehr liebes Kind.
douane *a.* **doe-** [du·'(ʋ)a:nə] *f* Zollamt *n*; Zollbeamte(r) *m*; **~kantoor** [-kɑnto:r] (*-toren*) *n* Zollamt *n*; **~tarieven** [tɑ'ri:ʋə(n)] *n/pl.* Zolltarif *m*.
dou|bleren [du·'ble:rə(n)] verdoppeln, dublieren; **~blet** [-'blɛt] (*-ten*) *n* Dublette *f*, Doppel(stück) *n*.
douche ['du·ʃə] (*-s*) *f* Dusche *f*, Brause *f*; **~cel** [-sɛl] (*-len*) *f* Duschkabine *f*, Duschraum *m*.
dove ['do:ʋə] (*-n*) *m s. doof*; *hij speelt de(n) ~* er stellt sich taub; *dat zegt ge aan geen ~ fig.* das habe ich mir hinter die Ohren geschrieben; **~n** [-(n)] löschen; **~netel** [-'ne:təl] (*-s*) *f* Taubnessel *f*.
dozijn [dɔ'zɛin] *n* Dutzend *n*; *bij het ~*; dutzendweise; *per ~* je Dutzend, das Dutzend.
dra [dra:] bald.
draad [dra:t] (*draden*) *m* Faden *m*; Faser *f*; Draht *m*; (*Schraube*) Gewinde *f*; *tegen ~ in* gegen den Strich; *zijn leven hangt aan een (zijden) ~* sein Leben hängt an e-m (seidenen) Faden; **~loos** [-lo:s] drahtlos; **~versperring** [-fərspɛrɪŋ] *f* Drahtverhau *m*; **~weefsel** [-ʋe:fsəl] (*-s*) *n* Drahtgewebe *n*; **~werk** [-ʋɛrk] *n* Drahtgeflecht *n*; Filigran *n*, Filigranarbeit *f*.
draag|baar ['dra:gba:r] (*-baren*) *f* Trage *f*; Tragbahre *f*; *Adj.* tragbar; **~balk** [-bɑlk] *m* Trag(e)balken *m*; **~band** [-bɑnt] *m* Schlinge *f*, Tragband *n*; **~koets** [-ku·ts] *f* Sänfte *f*; **~kracht** [-krɑxt] *f* Tragkraft *f*, Tragfähigkeit *f*; Tragweite *f*, Reichweite *f*.

draaglijk ['dra:xlək] erträglich, leidlich.
draag|raket ['dra:xrakɛt] (*-ten*) *f* Trägerrakete *f*; **~stoel** [-stu:l] *m* Sänfte *f*, Tragsessel *m*; **~vermogen** [-fərmo:ɣə(n)] *n* Tragfähigkeit *f*; **~vlak** [-flak] (*-ken*) *n* Tragfläche *f*; **~wijdte** [-ʋɛĭtə] *f* Tragweite *f*.
draai [dra:ĭ] *m* Drehung *f*; Biegung *f*; Wendung *f*; List *f*; *~ om de oren* Ohrfeige *f*; *hij kan zijn ~ niet vinden fig.* er kann den richtigen Dreh nicht finden; **~bank** [-baŋk] Drehbank *f*; **~bord** [-bɔrt] *n* Drehscheibe *f*; Glücksrad *n*; **~brug** [-brəx] (*-gen*) *f* Drehbrücke *f*; **~deur** [-dø:r] *f* Drehtür *f*.
draai|en ['dra:ĭ(j)ə(n)] drehen; sich drehen; wenden, umkehren; (*Drehbankarbeit*) drechseln; *fig.* schwanken; *Tel.* wählen; *er omheen ~* Umschweife machen; *iemand een rad voor de ogen ~* j-m blauen Dunst vormachen; **~er** [-ər] (*-s*) *m* Dreher *m*, Drechsler *m*; Zaudrer *m*; *fig.* unaufrichtiger Mensch; **~erig** [-ərəx] schwindlig; **~erij** [-ərɛĭ] *f* Drehslerei *f*, Dreherei *f*; **~ing** [-ɪŋ] *f* Drehung *f*, Wendung *f*, Biegung *f*; Krümmung *f*.
draai|kolk ['dra:ĭkɔlk] *m* Strudel *m*; **~molen** [-mo:lə(n)] (*-s*) *m* Karussell *n*; **~orgel** [-ɔrɣəl] (*-s*) *n* Drehorgel *f*, Leierkasten *m*; **~schijf** [-sxɛĭf] (*-schijven*) *f* Drehscheibe *f*; **~tol** [-tɔl] (*-len*) *m* Kreisel *m*; **~toneel** [-to'ne:l] (*-nelen*) *n* Drehbühne *f*; **~wind** [-ʋɪnt] *m* Wirbelwind *m*.
draak [dra:k] (*draken*) *m* Drache *m*; *Thea.* Schauerstück *n*; *de ~ met iemand steken* j-n verspotten, j-n zum besten haben, sich über j-n lustig machen.
drab [drap] (*kein pl.*) *f u. n* Bodensatz *m*; Schlamm *m*; **~big** [-bəx] schlammig; trübe.
dracht [draxt] *f* Tracht *f*; (*Waffe*) Schußweite *f*; (*Wunde*) Eiter *m*; **~ig** [-əx] trächtig.
dra|derig ['dra:dərəx], **~dig** [-dəx] [faserig.]
draf[1] [draf] *m* Trab *m*; *in gestrekte ~* in vollem Trab; *op een ~je* schnell.
draf[2] *m* (*Viehfutter*) Treber *pl.*
dra|gen ['dra:ɣə(n)] (*droeg, gedragen*) tragen; ertragen, dulden; ausharren; trächtig sein; *Wunde*: eitern, nässen; **~ger** [-ɣər] (*-s*) *m* Träger *m*.
dragon [dra'ɣɔn] *m Bot.* Dragon *m*, Estragon *m*.
dragonder [dra'ɣɔndər] (*-s*) *m* Dragoner *m*.
drai|neerbuis [drɛ'ne:rbəʏs] (*-buizen*) *f* Drän *m*, Entwässerungsrohr *n*; **~neren** [-'ne:rə(n)] dränen, entwässern; **~nering** [-'ne:rɪŋ] *f* Dränung *f*.
drake|bloed ['dra:kəblu·t] *n* Drachenblut *n*; **~kop** [-kɔp] (*-pen*) *m* Drachenkopf *m*.
dralen ['dra:lə(n)] zögern, zaudern; *zonder ~* unverzüglich.
drama ['dra·ma] (*-'s*) *n* Drama *n*; **~tisch** [dra'ma:ti·s] dramatisch.
drang [draŋ] *m* Drang *m*, Hang *m*.
drank [draŋk] *m* Trank *m*, Getränk *n*, Trunk *m*; *sterke ~* Schnaps *m*; geistige Getränke *n/pl.*, Spirituosen *pl.*; *aan de ~ zijn* dem Trunk ergeben sein; **~bestrijder** [-bəstrɛĭdər] (*-s*) *m* Antialkoholiker *m*; **~je** [-jə] (*-s*) *n* Tränkchen *n*, Medizin *f*, Arznei *f*; **~misbruik** [-mɪzbrəʏk] *n* Alkoholmißbrauch *m*; **~wet** [-ʋɛt] (*-ten*) *f* Gaststättengesetz *n*; **~zucht** [-səxt] *f* Trunksucht *f*.
drape|ren [dra'pe:rə(n)] drapieren, raffen; **~rie** [-pə'ri:] (*-ën*) *f* Draperie *f*, Behang *m*.
drassig ['drasəx] sumpfig.
drastisch ['drasti·s] drastisch.
dra|ven ['dra:ʋə(n)] traben; **~ver** [-ʋər] (*-s*) *m* Traber *m*; **~verij** [-ʋə'rɛĭ] *f* Trabrennen *n*.
dreef[1] [dre:f] *s. drijven.*
dreef[2] (*dreven*) *f* Allee *f*; Flur *f*; *op ~ zijn* im Schwung sein; *op ~ komen* in Gang kommen; sich wieder erholen.
dreg [drɛx] (*-gen*) *f mar.* Dregge *f*, Dragge *f*; **~gen** [-ə(n)] dreggen; **~net** [-nɛt] (*-ten*) *n* Schleppnetz *n*; **~touw** [-taŭ] *n* Dreggtau *n*.
dreig|brief ['drɛĭɣbri:f] (*-brieven*) *m* Drohbrief *m*; **~en** [-ə(n)] drohen (*D*); **~ing** [-ɪŋ] *f* Drohung *f*.
dreinen ['drɛĭnə(n)] quengeln.
drek [drɛk] *m* Dreck *m*; Kot *m*.
drempel ['drɛmpəl] (*-s*) *m* (Tür-) Schwelle *f*; **~lichten** [-lɪxtə(n)] *n/pl. Flgw.* Schwellenbeleuchtung *f*.
drenk|bak ['drɛŋɣbak] (*-ken*) *m* (Tränk-)Trog *m*; **~eling** [-əlɪŋ] *m* Ertrunkene(r) *m*, Ertrinkende(r) *m*; **~en** [-ə(n)] tränken; **~plaats** [-pla:ts] *f* Tränke *f*.

drentelen ['drɛntələ(n)] schlendern.
dren|zen ['drɛnzə(n)] quengeln; **~zerig** [-zərəx] quengelig; weinerlich.
dres|seren [drɛ'se:rə(n)] dressieren, abrichten; **~suur** [-'sy:r] *f* Dressur *f*.
dreumes ['drø:məs] *m* Knirps *m*.
dreun [drø:n] *m* Dröhnen *n*; **~en** [-ə(n)] dröhnen; (er)zittern; donnern.
dribbelen ['drɪbələ(n)] trippeln; [*Sp.* dribbeln.]
drie [dri·] drei; *Su.* (*-ën*) *f* Drei *f*; *tot ~ tellen* bis drei zählen; *met zijn ~ën* zu dritt; *in ~ën delen* in drei Teile teilen; *alle goede dingen bestaan in ~ën* aller guten Dinge sind drei; *~ en (een) half* dreieinhalb.
drie|benig [dri·'be:nəx] dreibeinig; **~daags** ['-da:xs] dreitägig; **~dubbel** [-døbəl] dreifach; **~ëenheid** [-e:nhɛĭt] *f* Dreieinigkeit *f*; **~hoek** [-hu·k] *m* Dreieck *n*; **~hoeksmeting** [-hu·ksme:tɪŋ] *f* Trigonometrie *f*; **~honderd** [-hɔndərt] dreihundert; **~hoofdig** [-ho:v̊dəx] dreiköpfig; **~jarig** [-ja:rəx] dreijährig; **~kleur** [-klø:r] *f* Trikolore *f*; **~koningenfeest** [-'ko:nɪŋəfe:st] *n* Dreikönigsfest *n*; **~kwartmaat** [-kʋartma:t] *f* Dreivierteltakt *m*; **~ledig** [-le:dəx] dreigliedrig; **~lettergrepig** [-'lɛtərɣ̊re:pəx] dreisilbig.
drieling ['dri:lɪŋ] *m* Drilling *m*.
drie|lobbig [dri·'lɔbəx] dreilappig; **~luik** ['-ləʏk] *n* Triptychon *n*; **~manschap** ['-mɑnsxɑp] (*-pen*) *n* Triumvirat *n*; **~master** ['-mɑstər] (*-s*) *m* Dreimaster *m*; **~mijlenzone** [-'mɛĭlə(n)zo:nə] *f* Dreimeilenzone *f*; **~ploegenstelsel** [-'plu·ɣ̊ə(n)stɛlsəl] *n* Dreischichtensystem *n*; **~poot** [-po:t] (*-poten*) *m* Dreifuß *m*.
driest [dri:st] dreist, verwegen, keck.
drie|stemmig [dri·'stɛməx] dreistimmig; **~tal** [-tɑl] (*-len*) *n* Dreizahl *f*; *een ~* etwa drei; **~tand** [-tɑnt] *m* Dreizack *m*; **~trapsraket** [-'trɑpsrɑkɛt] (*-ten*) *f* Dreistufenrakete *f*; **~voud** [-v̊ɑut] *n* Dreifache *n*; **~vuldigheid** [-'vøldəxhɛĭt] *f* Dreifaltigkeit *f*, Dreieinigkeit *f*; **~vuldigheidsdag** [-'vøldəxhɛĭdzdɑx] *m* (Sonntag) Trinitatis *m*; **~wegkraan** [-'ʋɛxkra:n] (*-kranen*) *f* Dreiwegehahn *m*; **~werf** [-ʋɛrf] dreimal; **~wieler** [-ʋi:lər] (*-s*) *m* Dreirad *n*; **~zijdig** [-'zɛĭdəx] dreiseitig.
drift [drɪft] *f* Jähzorn *m*, Zorn *m*; Leidenschaft *f*, Hitze *f*; Trieb *m*; (*Wasser*) Strömung *f*, Trift *f*; (*Schiff*, *Flugzeug*) Abtrieb *m*; (*Vieh*) Herde *f*; *op ~ raken* sich ereifern; *op ~ komen* (*Schiff*) ins Treiben kommen; **~ig** [-əx] hitzig; jähzornig; leidenschaftlich; *mar.* triftig; *~ worden* in Zorn geraten; **~kop** [-kɔp] (*-pen*) *m* Hitzkopf *m*, Heißsporn *m*.
drijf|as ['drɛĭfɑs] (*-sen*) *f* Triebachse *f*, Antriebswelle *f*; **~ijs** [-ɛĭs] *n* Treibeis *n*; **~jacht** [-jɑxt] *f* Treibjagd *f*; **~kracht** [-krɑxt] *f* Triebkraft *f*; **~nat** [-nɑt] durchnäßt; **~rad** [-rɑt] (*-eren*) *n* Treibrad *n*, Triebrad *n*; **~riem** [-ri:m] *m* Treibriemen *m*; **~schroef** [-sxru:f] (*-schroeven*) *f* Antriebsschraube *f*; **~stang** [-stɑŋ] *f* Pleuelstange *f*; **~veer** [-fe:r] (*-veren*) *f* Triebfeder *f*; **~werk** [-ʋɛrk] *n* Triebwerk *n*, Getriebe *n*; (*Silber usw.*) getriebene Arbeit; **~wiel** [-ʋi:l] *n* Treibrad *n*, Schwungrad *n*; **~zand** [-sɑnt] *n* Treibsand *m*, Schwemmsand *m*.
drij|ven ['drɛĭv̊ə(n)] (*dreef*, *gedreven*) treiben; schwimmen; *Wolken*: ziehen; *de spot met iets ~* etw. verspotten; *op eigen wieken ~* auf eigenen Füßen stehen; *iets tot het uiterste ~* etw. auf die Spitze treiben; **~vend**: *~ dok* Schwimmdock *n*; **~ver** [-v̊ər] (*-s*) *m* Treiber *m*, Hüter *m*; (*auf dem Wasser*) Schwimmer *m*; Fanatiker *m*, Aufwiegler *m*, Agitator *m*.
dril[1] [drɪl] *n* Drillich *m*.
dril[2] *f* Gallerte *f*, Gelee *n u. m*.
dril[3] *m* Laich *m*.
dril[4] Drillbohrer *m*; *op de ~ zijn* herumschwärmen; *iemand op de ~ zetten* j-m e-n Schabernack spielen; j-n unter falschem Vorwand wegschicken; **~boor** [-bo:r] (*-boren*) *f* Drillbohrer *m*.
drillen ['drɪlə(n)] drillen; einüben.
dringen ['drɪŋə(n)] (*drong*, *gedrongen*) *v/i* dringen; *v/t* drängen; **~d** [-t] dringend; *~e reden* zwingender Grund; *zeer ~* vordringlich; eilt sehr!; *verzoeke ~* bitte (ersuche) inständig.
drink|baar ['drɪŋgba:r] trinkbar; **~bak** [-bɑk] (*-ken*) *m* Trinknapf *m*,

(Tränk-)Trog *m*; **~beker** [-be:kər] (*-s*) *m* Trinkbecher *m*.
drin|ken ['drıŋkə(n)] (*dronk, gedronken*) trinken; **~ker** [-kər] (*-s*) *m* Trinker *m*, Zechbruder *m*, F Säufer *m*.
drink|gelag ['drıŋkxəlɑx] *n* Trinkgelage *n*; **~geld** [-xɛlt] *n* Trinkgeld *n*; **~kan** [-kɑn] (*-nen*) *f* (Trink-)Kanne *f*; **~lied** [-li·t] (*-eren*) *n* Trinklied *n*; **~plaats** [-pla:ts] *f* Tränke *f*; **~water** [-ʋa:tər] *n* Trinkwasser *n*.
droef [dru:f] betrübt, traurig; **~enis** [-ənıs] *f* Betrübnis *f*, Trauer *f*; **~geestig** [-xe:stəx] trübsinnig, traurig; schwermütig; **~geestigheid** [-xe:stəxhɛĭt] *f* Trübsinn *m*, Schwermut *f*; **~heid** [-hɛĭt] *f* Traurigkeit *f*.
droeg [dru:x] *s. dragen.*
droes [dru:s] (*kein pl.*) *m* (*Pferdekrankheit*) Druse *f*; te ~! zum Henker!
droesem ['dru:səm] (*-s*) *m* Bodensatz *m*; Hefe *f*.
droevig ['dru:v̊əx] traurig, erbärmlich; *het is ~ met hem gesteld* es steht schlimm mit ihm.
dro|gen ['dro:ɣ̊ə(n)] trocknen, dörren; *gedroogde vruchten, gedroogd fruit* Dörrobst *n*; **~gerij** [-ɣ̊ə'rɛĭ] *f* Trockenanlage *f*, Trockenboden *m*.
dro|gerijen [dro:ɣ̊ə'rɛĭə(n)] *pl.* Drogeriewaren *f/pl.*; **~gist** [-'ɣ̊ıst] *m* Drogist *m*; **~gisterij** [-ɣ̊ıstə'rɛĭ] *f* Drogerie *f*.
drogreden ['drɔxre:də(n)] *f* Trugschluß *m*; Scheingrund *m*, Vorwand *m*; **~aar** [-a:r] (*-s*) *m* Sophist *m*.
drollig ['drɔləx] komisch.
drom [drɔm] (*-men*) *m* Menge *f*, Haufen *m*; *in dichte ~men* in großer Menge, in hellen Haufen.
dromedaris [drɔmə'da:rəs] (*-sen*) *m* Dromedar *n*.
dro|men [dro:mə(n)] träumen; **~mer** [-mər] (*-s*) *m* Träumer *m*; **~merij** [-mə'rɛĭ] *f* Träumerei *f*.
drommel ['drɔməl] (*-s*) *m* Teufel *m*; *om de(n) ~ niet* beileibe nicht; **~s** [-s] verteufelt.
dronk[1] [drɔŋk] *s. drinken.*
dronk[2] *m* Trunk *m*, Schluck *m*, Zug *m*; **~aard** [-a:rt] (*-s*) *m* Trunkenbold *m*, Säufer *m*; **~elap** [-əlɑp] (*-pen*) *m* Saufbold *m*, Säufer *m*; **~en** [-ə(n)] betrunken, berauscht; *~ van vreugde* freudetrunken, trunken vor Freude; **~enschap** [-ə(n)sxɑp] *f* Trunksucht *f*; Betrunkenheit *f*.
droog [dro:x] trocken, dürr; **~doek** [-du·k] *m* Handtuch *n*, Wischtuch *n*; **~dok** [-dɔk] (*-ken*) *n* Trockendock *n*; **~rek** [-rɛk] (*-ken*) *n* Trokkengestell *n*; **~scheerapparaat** [-sxe:rɑpɑ'ra:t] (*-raten*) *n* Trockenrasierer *m*; **~te** [-tə] *f* Trockenheit *f*; **~touw** [-tɑŭ] *n* Wäscheleine *f*; **~zolder** [-sɔldər] (*-s*) *m* Trockenboden *m*.
droom [dro:m] (*dromen*) *m* Traum *m*; *dromen zijn bedrog* Träume sind Schäume; **~beeld** [-be:lt] *n* Traumbild *n*; **~gezicht** [-ɣ̊əzıxt] *n* Traumgesicht *n*; **~ster** [-stər] (*-s*) *f* Träumerin *f*; **~uitlegger** [-əʏtlɛɣ̊ər] (*-s*) *m* Traumdeuter *m*.
droop [dro:p] *s. druipen.*
drop[1] [drɔp] (*-pen*) *m* Tropfen *m*; Traufe *f*; *van de regen in de ~ komen* vom Regen in die Traufe kommen.
drop[2] *n u. f* Lakritze *f*.
droppel ['drɔpəl] *a.* **drup-** ['drɔp-] (*-s*) *m* Tropfen *m*; **~en** [-ə(n)] tröpfeln, tropfen.
droppen ['drɔpə(n)] *Flgw.* abwerfen.
drossaard ['drɔsa:rt] (*-s*) *m*, **drost** *m hist.* Drost *m*, Amtmann *m*.
druif [drəʏf] (*druiven*) *f* Traube *f*, Weinbeere *f*; **~luis** [-ləʏs] (*-luizen*) *f* Reblaus *f*.
druilerig ['drəʏlərəx] regnerisch, trübe.
druipen ['drəʏpə(n)] (*droop, gedropen*) triefen; tröpfeln, träufeln; *~d nat* triefnaß.
druiper ['drəʏpər] (*-s*) *m* Tripper *m*.
druip|nat ['drəʏpnɑt] triefnaß; **~neus** [-nø:s] (*-neuzen*) *m* Triefnase *f*; **~staarten** [-sta:rtə(n)] *fig.* den Schwanz einziehen; **~steen** [-ste:n] (*-stenen*) *n u. m* Tropfstein *m*; **~steengrot** [-ste:nɣ̊rɔt] (*-ten*) *f* Tropfsteinhöhle *f*.
druive|blad ['drəʏv̊əblɑt] (*-eren u. -en*) *n* Weinblatt *n*; **~laar** [-la:r] (*-s*) *m* Weinstock *m*, Rebe *f*; **~nat** [-nɑt] *n* Traubensaft *m*, Rebensaft *m*.
druiven|kuur ['drəʏv̊ə(n)ky:r] (*-kuren*) *f* Traubenkur *f*; **~lezer** [-le:zər] (*-s*) *m* Weinleser *m*; **~oogst** [-o:xst] *m* Weinlese *f*; **~pers** [-pɛrs] *f*

(Wein-)Kelter *f*; **~tros** [-trɔs] (*-sen*) *m* Weintraube *f*.
druive|pit [ˈdrəʏvəpɪt] (*-ten*) *f* Weinbeerkern *m*; **~suiker** [-səʏkər] *m* Traubenzucker *m*.
druk¹ [drøk] (*-ken*) *m* Druck *m*; *Typ.* Auflage *f*; *de tweede ~ van een boek* die zweite Auflage e-s Buches; *nieuwe ~* Neuauflage *f*; Neudruck *m*; *uit de ~ helpen* aus der Not helfen.
druk² lebhaft, flott; geschäftig, eifrig, rührig; *een ~ke zaak* ein gutgehendes Geschäft; *een ~ke straat* e-e belebte Straße; *een ~ke dag* ein anstrengender Tag; *ik heb het zeer ~* ich bin sehr beschäftigt; *~ verkeer* reger Verkehr; *zich ~ maken* sich aufregen, sich ereifern.
drukcabine *a.* **-ka-** [ˈdrøkɑbiˑnə] (*-s*) *f* Druckausgleichkabine *f*.
druk|fout [ˈdrøkfɑʊt] *f* Druckfehler *m*; **~inkt** [-ɪnk(t)] *m* Druckerschwärze *f*.
drukken [ˈdrøkə(n)] drücken, pressen; *Bücher* drucken; *iemand iets op het hart ~ fig.* j-m etw. auf die Seele binden; *dat drukt (op) hem* das lastet auf ihm.
drukkend [ˈdrøkənt] drückend, schwül.
drukker [ˈdrøkər] (*-s*) *m* (Buch-) Drucker *m*; (*Gegenstand*) Drücker *m*.
drukkerd [ˈdrθkərt] *m* Knast *m*.
drukkerij [drθkəˈreɪ] *f* (Buch-) Druckerei *f*.
drukking [ˈdrøkɪŋ] *f* Druck *m*; **~sgroep** [-sxruˑp] *f* Lobby *f*.
druk|knop [ˈdrøknɔp] (*-pen*) *f* Druckknopf *m*; **~kosten** [-kɔstə(n)] *pl.* Druckkosten *pl.*; **~letter** [-lɛtər] [-lɛtər] (*-s*) *f* Druckbuchstabe *m*; **~loon** [-loːn] *n* Druckerlohn *m*; **~pers** [-pɛrs] *f* Druckerpresse *f*; *vrijheid van ~* Pressefreiheit *f*; **~proef** [-pruːf] (*-proeven*) *f* Korrekturbogen *m*, Druckfahne *f*; *drukproeven nazien (verbeteren)* Korrektur lesen; **~schrift** [-sxrɪft] *n* Druckschrift *f*; **~sel** [-səl] (*-s*) *n* Abdruck *m*; Drucksache *f*.
drukte [ˈdrøktə] *f* Lebhaftigkeit *f*, Geschäftigkeit *f*; Gedränge *n*; Lärm *m*; *grote ~* Hochbetrieb *m*; *~ op straat* Gewühl (Treiben) *n* auf der Straße; *veel ~ maken van iets* e-e Sache aufbauschen; *maak niet zo'n ~* reg dich nicht auf; mach nicht soviel Lärm; **~maker** [-maːkər] (*-s*) *m* Wichtigtuer *m*, Schwätzer *m*, Aufschneider *m*.
drukwerk [ˈdrøkʋɛrk] *n* Drucksache *f*; *Typ.* Druckerarbeit *f*; Druckerzeugnis *n*.
druppel [ˈdrøpəl] (*-s*) *m* Tropfen *m*; *op elkaar lijken als twee ~s water* sich einander gleichen wie ein Ei dem andern; **~fles** [-flɛs] (*-sen*) *f* Tropfflasche *f*; **~sgewijs** [-sxəʋɛɪs] tropfenweise.
dubbel [ˈdøbəl] doppelt, zweifach; *~ en dik* doppelt und dreifach; **~ganger** [-ɣɑŋər] (*-s*) *m* Doppelgänger *m*; **~hartig** [-hɑrtəx] heuchlerisch; **~punt** [-ˈpønt] *f u. n* Doppelpunkt *m*; **~spel** [-spɛl] (*-len*) *n* *Sp.* Doppel *n*; **~tje** [-tjə] (*-s*) *n* Zehncentstück *n*; **~tongig** [-tɔŋəx] doppelzüngig; **~zinnig** [-ˈzɪnəx] zweideutig, doppelsinnig; **~zinnigheid** [-ˈzɪnəxheɪt] (*-heden*) *f* Zweideutigkeit *f*; Doppelsinn *m*.
dubieus [døˈbi(j)øːs] dubios, zweifelhaft.
duchten [ˈdøxtə(n)] (be)fürchten.
duchtig [ˈdøxtəx] tüchtig, gehörig.
duel [dyˑˈ(ʋ)ɛl] (*-s u. -len*) *n* Duell *n*; (*Studenten*) Mensur *f*; **~leren** [-ˈeːrə(n)] duellieren; sich schlagen.
duet [dyˑˈ(ʋ)ɛt] (*-ten*) *n* Duett *n*.
duf [døf] dumpf, muffig; fade, schal.
duffel [ˈdøfəl] (*-s*) *m* Dufflecoat *m*.
duidelijk [ˈdəʏdələk] deutlich, klar, verständlich; **~heid** [-heɪt] *f* Deutlichkeit *f*; **~heidshalve** [-heɪtsˈhɑlʋə] deutlichkeitshalber.
duiden [ˈdəʏdə(n)] deuten; erklären; zeigen; *iets ten kwade ~ j-m* etw. übelnehmen.
duif [dəʏf] (*duiven*) *f* Taube *f*.
duig [dəʏx] *f* Daube *f*; *in ~en vallen* scheitern, in die Brüche gehen.
duik [dœʏk] *m* Kopfsprung *m*; *Flgw.* Sturzflug *m*; **~bommenwerper** [-bɔmə(n)ʋɛrpər] (*-s*) *m* Sturzkampfflugzeug *n*, Stuka *m*; **~boot** [-boːt] (*-boten*) *m u. f* Unterseeboot *n*, U-Boot *n*.
duike|laar [ˈdəʏkəlaːr] (*-s*) *m* Stehaufmännchen *n*; **~len** [-lə(n)] e-n Purzelbaum schlagen, purzeln; **~ling** [-lɪŋ] *f* Purzelbaum *m*.
dui|ken [dəʏkə(n)] (*dook, gedoken*) tauchen; sich ducken; **~ker** [-kər] (*-s*) *m* Taucher *m*; (*unter e-m Deich*)

Düker *m*; **~kerklok** [-klɔk] (*-ken*) *f* Taucherglocke *f*; **~kertoestel** [-tu·-stɛl] (*-len*) *n* Tauchgerät *n*.
duik|vlucht ['dəʏkfløxt] *f* Sturzflug *m*; **~vogel** [-fo:ɣ̂əl] (*-s*) *m* (See-) Taucher *m*.
duim [dɛʏm] *m* Daumen *m*; (*Maß*) Zoll *m*; Türangel *f*; *iets uit de ~ zuigen* sich etw. aus den Fingern saugen; **~breed** [-bre:t] zollbreit; *geen ~ wijken* keinen Zollbreit weichen; **~eling** [-əlɪŋ] *m* Däumling *m*; Fingerling *m*; **~en** [-ə(n)]: *voor iemand ~* j-m den Daumen halten; **~pje** [-pjə] (*-s*) *n* Däumchen *n*; *klein ~* Däumling *m*; *iets op zijn ~ kennen* F etw. aus dem Effeff verstehen; **~schroef** [-sxru:f] (*-schroeven*) *f* Daumenschraube *f*; **~spijker** [-spɛikər] (*-s*) *m* Reißzwecke *f*, Reißnagel *m*.
duin [dəʏn] *f u. n* Düne *f*; **~doorn** [-do:rn] *a.* **~doren** (*-s*) *m* Sanddorn *m*; **~gras** [-ɣ̂rɑs] *n* Dünengras *n*, Strandhafer *m*; **~helm** [-hɛlm] *n* Dünenhalm *m*, Dünengras *n*.
Duinkerken ['dəʏnkɛrkə(n)] *n* Dünkirchen *n*.
duin|strand ['dəʏnstrɑnt] *m* Dünenstrand *m*; **~zand** [-zɑnt] *n* Dünensand *m*.
duister ['dəʏstər] *Adj.*, *Adv.* dunkel, finster, düster; unverständlich, unklar; *Su. n* Dunkelheit *f*, Dunkel *n*; *omtrent iets in het ~ tasten* über etw. im Unklaren sein; **~heid** [-hɛit] *f* Dunkelheit *f*; **~ling** [-lɪŋ] *m* Dunkelmann *m*, Finsterling *m*; **~nis** [-nɪs] (*-sen*) *f* Finsternis *f*, Dunkelheit *f*.
duit [dəʏt] *m u. f* Deut *m*, Heller *m*; *een ~ in 't zakje doen fig.* s-n Senf dazugeben; **~en** *pl.* Moneten *f/pl.*; **~endief** [-ə(n)di:f] (*-dieven*), **~enkliever** [-ə(n)kli:v̂ər] (*-s*) *m* Pfennigfuchser *m*.
Duits [dəʏts] deutsch; *een ~er* ein Deutscher; *de ~er* der Deutsche; *een ~e* e-e Deutsche; *de ~e* die Deutsche, die deutsche Frau; *~ers* Deutsche *pl.*; *de ~ers* die Deutschen; *alle ~ers* alle Deutschen; *in het ~ vertalen* ins Deutsche übersetzen; *men spreekt ~* man spricht Deutsch; *op z'n ~*, *in het ~* auf deutsch; *~gezind* deutschfreundlich; **~land** [-lɑnt] *n* Deutschland *n*.
duive|boon ['dəʏv̂əbo:n] (*-bonen*) *f* Saubohne *f*; **~ëi** [-ɛi] (*-eren*) *n* Taubenei *n*.
duivel ['dəʏv̂əl] (*-s u. -en*) *m* Teufel *m*; *de ~ en zijn moer* der Teufel u. seine Großmutter; *loop naar de ~* scher dich zum Teufel; *hij heeft de ~ in* er ist wütend; **~bezweerder** [-bə'zʋe:rdər] (*-s*) *m* Teufelsbeschwörer *m*.
duivels ['dəʏv̂əls] teuflisch, höllisch; *~!* zum Teufel!, zum Henker!; **~kunstenaar** [-kønstəna:r] (*-s*) *m* Tausendkünstler *m*; **~toejager** [-tu·ja:ɣ̂ər] (*-s*) *m* Faktotum *n*.
duiven|hok ['dəʏv̂ə(n)hɔk] (*-ken*) *n* Taubenschlag *m*; **~melker** [-mɛlkər] (*-s*) *m* Taubenzüchter *m*; **~post** [-pɔst] *f* Taubenpost *f*; **~til** [-tɪl] (*-len*) *f* Taubenschlag *m*; **~wedstrijd** [-ʋɛtstrɛit] *m* Taubenwettfliegen *n*.
duize|len ['dəʏzələ(n)] schwindeln; schwindlig sein; *ik duizel* mir schwindelt; mir wird schwindlig; **~lig** [-ləx] schwindlig; **~ligheid** [-ləxɛit] *f*, **~ling** [-lɪŋ] *f* Schwindel *m*; **~lingwekkend** [-lɪŋʋɛkənt] schwindelerregend.
duizend ['dəʏzənt] tausend; *Su. n* Tausend *n*; *~en mensen* Tausende von Menschen; *een uit de ~* ein(e, -er) unter Tausenden; *een plekje uit de ~* ein auserlesenes Plätzchen; *een briefte van ~* (*Geld*) ein Tausender; *een briefje van ~ mark* ein Tausendmarkschein; *~-en-een-nacht m* Tausendundeinenacht *f*; **~maal** [-ma:l] tausendmal; **~poot** [-po:t] (*-poten*) *m* Tausendfüßler *m*; **~schoon** [-sxo:n] (*-schonen*) *f Bot.* Tausendschön *n*; **~ste** [-stə] der (die, das) tausendste; *een ~* ein Tausendstel *n*; **~voud** [-fɑʊ̂t] tausendfach.
dukaat [dy·'ka:t] (*-katen*) *m* Dukaten *m*.
dukdalf [døk'dɑlf] (*-dalven*) *m mar.* Duckdalbe *f*.
dul|den ['døldə(n)] dulden, ertragen, leiden; zulassen; **~der** [-dər] (*-s*) *m* Dulder *m*.
dun [døn] dünn, schmal; **~doek** [-du·k] *n* Flagge *f*, Fahne *f*; **~harig** [-ha:rəx] dünnhaarig.
dunk [døŋk] *m* Meinung *f*, Ansicht *f*; *een hoge ~ van zich zelf hebben* e-e hohe Meinung von sich haben; **~en** [-ə(n)] (*docht, gedocht*); *wat dunkt U?* was halten Sie davon?, was meinen Sie dazu?; *mij dunkt*

mich (mir) dünkt; ich meine; *mij docht* ich meinte; ich glaubte; ich nahm an.
dunnen ['dənə(n)] verdünnen; *Wald* lichten. [Soziussitz *m.*
duo ['dy·(ʋ)o·] (-'*s*) *n* Duo *n*; *m*
dupe ['dy·pə] (-*s*) *m u. f* Opfer *n*; **~ren** [dy·'pe:rə(n)] düpieren, täuschen; *hij voelt zich gedupeerd* er fühlt sich betrogen.
duplicaat *a.* **-kaat** [dy·pli·'ka:t] (-*caten*) *n* Duplikat *n*.
dupliek [dy·'pli·k] *f jur.* Duplik *f*.
duplo ['dy·plo·] doppelt; *in ~* in zwei Exemplaren; in zweifacher Ausfertigung.
duren ['dy:rə(n)] dauern, währen, anhalten; sich halten; *het blijft maar ~* es zieht sich in die Länge.
durf [dərf] *f* Wagemut *m*; **~al** [-'ɑl] (-*len*) *m* Wagehals *m*; **~niet** [-ni·t] *m* Memme *f*, Feigling *m*.
durven ['dərʋə(n)] (*durfde od. dorst, gedurfd*) wagen, Mut haben, sich getrauen, sich unterstehen.
dus [dəs] so, also, mithin, somit, folglich; **~danig** [-'da:nəx] *Adj.* solch, derartig; *Adv.* also, derart, auf diese Weise; **~doende** [-du·ndə] auf diese Weise; **~ver(re)** [-fɛr(ə)]: *tot ~* bis dahin; bisher, bis jetzt.
dut|je ['dətjə] *n* Schläfchen *n*; Schlummer *m*; **~ten** [-ə(n)] schlummern; einnicken.
duur[1] [dy:r] *m* Dauer *f*, Fortdauer *f*; *niet van lange ~* nicht von Dauer; *op de(n) ~* auf die Dauer.
duur[2] teuer; **~te** [-tə] *f* Teuerung *f*.
duur|zaam ['dy:rza:m] dauerhaft; **~zame waar** haltbare Ware.
duw [dy·ŭ] *m* Stoß *m*, Schub *m*; Puff *m*; **~en** [-ə(n)] stoßen, drükken, schieben.
dwaal|begrip ['dʋa:lbəɡrɪp] (-*pen*) *n* Wahnidee *f*; **~leer** [-le:r] (-*leren*) *f* Irrlehre *f*; **~licht** [-lɪxt] *n* Irrlicht *n*; **~spoor** [-spo:r] (-*sporen*) *n* Irrweg *m*; *op een ~ zijn* auf dem Holzweg(e) sein; *iemand op een ~ brengen* j-n irreführen.
dwaas [dʋa:s] (*dwazen*) *m* Tor *m*, Narr *m*; *Adj.*, *Adv.* töricht, närrisch, albern; **~heid** [-hɛĭt] (-*heden*) *f* Torheit *f*, Narrheit *f*, Narretei *f*; *haal geen ~heden uit* mach keine Dummheiten!
dwa|len ['dʋa:lə(n)] (sich) irren; **~ling** [-lɪŋ] *f* Irrtum *m*.
dwang [dʋɑŋ] *m* Zwang *m*, Gewalt *f*; **~arbeid** [-ɑrbɛĭt] *f* Zwangsarbeit *f*; **~bevel** [-bə'vɛl] *n* Zahlungsbefehl *m*; Zwangsbefehl *m*; **~buis** [-bəʏs] (-*buizen*) *n* Zwangsjacke *f*.
dwarre|len ['dʋɑrələ(n)] wirbeln; **~ling** [-lɪŋ] *f* Wirbel *m*, Strudel *m*.
dwars [dʋɑrs] quer; *fig.* störrisch, starrsinnig; *~e doorsnede* Querschnitt *m*; *een straat ~ oversteken* e-e Straße überqueren; *iemand de voet ~ zetten* j-n Hindernisse in den Weg legen; F j-m in die Quere kommen; *dat zit hem ~* das wurmt ihn; **~balk** [-bɑlk] *m* Querbalken *m*; **~bomen** [-bo:mə(n)] j-m entgegenarbeiten; **~drijver** [-drɛĭʋər] (-*s*) *m* Quertreiber *m*, Querkopf *m*; Streithammel *m*; Kritikaster *m*; **~fluit** [-fləʏt] *f* Querflöte *f*; **~hout** [-hɑŭt] *n* Querholz *n*; **~kijker** [-kɛĭkər] (-*s*) *m* Spitzel *m*, Aufpasser *m*; **~ligger** [-lɪɣər] (-*s*) *m* Schwelle *f*; **~snede** [-sne:də] (-*n*) *f* Querschnitt *m*; **~straat** [-stra:t] (*straten*) *f* Querstraße *f*; **~weg** [-ʋɛx] *m* Querweg *m*.
dweep|ziek ['dʋe:psi·k] schwärmerisch, fanatisch; **~zucht** [-səxt] *f* Schwärmerei *f*, Fanatismus *m*.
dweil [dʋɛĭl] *m u. f* Scheuerlappen *m*; *fig.* Schlampe *f*; **~en** [-ə(n)] aufnehmen, aufwaschen.
dwe|pen ['dʋe:pə(n)] schwärmen; *met iemand ~* für j-n schwärmen; **~per** [-pər] (-*s*) *m* Schwärmer *m*; **~perij** [-pə'rɛĭ] *f* Schwärmerei *f*, Fanatismus *m*.
dwerg [dʋɛrx] *m* Zwerg *m*; **~achtig** [-ɑxtəx] zwergenhaft; **~eik** [-ɛĭk] *m* Zwergeiche *f*; **~volk** [-fɔlk] *n* Zwergvolk *n*.
dwinge|land ['dʋɪŋəlɑnt] *m* Tyrann *m*, Despot *m*; **~landij** [-lɑn'dɛĭ] *f* Tyrannei *f*, Despotismus *m*; Zwangsherrschaft *f*.
dwin|gen ['dʋɪŋə(n)] (*dwong, gedwongen*) zwingen, nötigen; (*Kinder*) quengeln; *gedwongen verkoop* Zwangsverkauf *m*; Zwangsversteigerung *f*; **~gend** [-ənt] zwingend; **~gerig** [-ŋərəx] quengelig.
dynamiet [di·nɑ'mi·t] *n* Dynamit *n*.
dynamo [di·'na:mo·] (-'*s*) *m* Dynamo *m*; Generator *m*.
dynastie [di·nɑs'ti:] (-*ën*) *f* Dynastie *f*.
dysenterie [di·sɛntə'ri:] *f Med.* Dysenterie *f*, Ruhr *f*.

E

e, E [eː] (*e's*) *f* e, E *n*.
eb [ɛp] *a.* **ebbe** ['ɛbə] *f* Ebbe *f*.
ebbehout ['ɛbəhaŭt] *n* Ebenholz *n*.
echec [eˑ'ʃɛk] (*-s*) *n* Schlappe *f*, Mißerfolg *m*, Niederlage *f*.
echo ['ɛxoˑ] (*-'s*) *m* Echo *n*, Widerhall *m*.
echt[1] [ɛxt] *Adj.*, *Adv.* echt; recht, richtig; wahr; ~ *waar* wirklich wahr; *een* ~ *schilderwerk* ein echtes Gemälde; *de* ~*e manier* die rechte Weise.
echt[2] *f* Ehe *f*, Ehestand *m*; Heirat *f*; **~breker** [-breːkər] (*-s*) *m* Ehebrecher *m*; **~breuk** [-brøːk] *f* Ehebruch *m*; ~ *plegen* Ehebruch begehen; die Ehe brechen.
echte|lieden ['ɛxtəliˑdə(n)] *pl.* Eheleute *pl.*; **~lijk** [-lək] ehelich; ~*e staat* Ehestand *m*; **~lingen** [-lɪŋə(n)] *pl.* Eheleute *pl.*
echten ['ɛxtə(n)] *ein Kind* legitimieren.
echter ['ɛxtər] aber, jedoch; gleichwohl; allein.
echt|genoot ['ɛxtxənoːt] (*-noten*) *m* Gatte *m*, Gemahl *m*; **~genote** [-xənoːtə] (*-n*) *f* Gattin *f*, Gemahlin *f*.
echtheid ['ɛxthɛĭt] *f* Echtheit *f*.
echt|paar ['ɛxtpaːr] (*-paren*) *n* Ehepaar *n*; **~scheiding** [-sxɛĭdɪŋ] *f* Ehescheidung *f*; **~verbintenis** [-fərbɪntənɪs] (*-sen*) *f* Ehebund *m*.
eclips *a.* **eklips** [eˑ'kliˑps] *f* Eklipse *f*.
ecliptica *a.* **ekliptika** [eˑ'kliˑptiˑka] *Astr.* Ekliptik *f*.
eco|logie *a.* **eko-** [eˑkoˑloˑ'ɣiː] *f* Ökologie *f*; **~logisch** [-'loːgiˑs] ökologisch, umweltbezogen, umweltbewußt.
eco|nomie *a.* **eko-** [eˑkoˑnoˑ'miː] *f* Ökonomie *f*, Wirtschaft *f*, Volkswirtschaft *f*, Wirtschaftslehre *f*; *geleide* ~ Planwirtschaft *f*; **~nomisch** [-'noːmiˑs] ökonomisch, wirtschaftlich; sparsam; ~*e crisis* Wirtschaftskrise *f*; ~*e toestand* Wirtschaftslage *f*; *ministerie van* ~*e zaken* Wirtschaftsministerium *n*; **~nomist** [-nɔ'miˑst] *m* Volkswirt *m*; **~noom** [-'noːm] (*-nomen*) *m* Ökonom *m*, Wirtschaftler *m*.
eczeem *a.* **ekseem** [ɛk'seːm], **eczema** [ɛk'seːmaˑ] (*-zemen*) *n* Ekzem *n*.
edammer [eˑ'dɑmər]: ~ *kaas* Edamer Käse.
edel ['eːdəl] edel; ad(e)lig; *de* ~*en* die Adligen; **~achtbaar** [-'ɑɣdbaːr] hochwohlgeboren; *Edelachtbare* Herr Richter, Herr Bürgermeister; **~gesteente** [-ɣəsteːntə] (*-n u. -s*) *n* Edelsteine *m/pl.*; **~knaap** [-knaːp] (*-knapen*) *m* Page *m*, Edelknabe *m*; **~man** [-mɑn] (*-lieden*) *m* Edelmann *m*; **~marter** [-mɑrtər] (*-s*) *m* Edelmarder *m*; **~moedig** [-'muˑdəx] edelmütig; edel; **~moedigheid** [-'muˑdəxhɛĭt] *f* Edelmut *m*; **~steen** [-steːn] (*-stenen*) *m* Edelstein *m*.
edict *a.* **edikt** [eˑ'diˑkt] *n* Edikt *n*.
editie [eˑ'diˑsiː] (*-s*) *f* Ausgabe *f*; *Typ.* Auflage *f*.
educatie [eˑdyˑ'kaːsiː] (*-s*) *f* Erziehung *f*, Ausbildung *f*.
eed [eːt] (*eden*) *m* Eid *m*; *een* ~ *afleggen* e-n Eid schwören; *onder ede bevestigen* durch (einen) Eid bekräftigen; ~ *van trouw* Treueid *m*; *valse* ~ Meineid *m*; **~(s)aflegging** [-(s)ɑflɛɣɪŋ] *f* Eidesleistung *f*; **~breuk** [-brøːk] *f* Eidbruch *m*; **~genootschap** [-xənoːtsxɑp] (*-pen*) *n* Eidgenossenschaft *f*.
eega(de) ['eːɣaˑ(də)] (*-'s u. eegaas*) *m u. f* Gatte *m*; Gattin *f*.
eekhoorn *a.* **-horen** ['eːkhoːrə(n)] (*-s*) *m* Eichhörnchen *n*.
eelt [eːlt] (*kein pl.*) Schwiele *f*; **~achtig** [-ɑxtəx], **~ig** [-əx] schwielig.
een *Art.* [ən], *Numerale* [eːn] ein(e); eins; *Su. f* Eins *f*; ~ *van deze mannen* einer dieser Männer; ~ *van deze vrouwen* e-e dieser Frauen; ~ *van deze kinderen* eins dieser Kinder; ~ *voor* ~ einer nach dem andern; *het is* ~ *uur* es ist eins, es ist ein Uhr; ~ *van de drie* jede(r, -s) dritte; *het* ~ *en ander* dies und das; *dat gaat in* ~ *moeite door fig.* das geht in einem Aufwasch(en); *op* ~ *na de oudste* der (die, das) zweitälteste; *in* ~ *woord* mit einem Wort.
een|akter ['eːnɑktər] (*-s*) *m Thea.*

Einakter *m*; **~bladig** [-bla:dəx] einblättrig; **~cellig** [-sɛləx] einzellig.
eend [e:nt] *f* Ente *f*; *wilde ~* Wildente *f*; *fig. een domme ~* e-e dumme Gans.
eendags|geld ['e:ndɑxsxɛlt] *n* tägliches Geld; Tagegeld *n*; **~vlieg** [-fli:x] *f* Eintagsfliege *f*.
eende|ëi ['e:ndəɛĭ] (*-eren*) *n* Entenei *n*; **~jacht** [-jɑxt] *f* Entenjagd *f*; **~kroos** [-kro:s] *n Bot.* Entengrün *n*.
eenden|kooi ['e:ndə(n)ko:ĭ] *f* Entenkoje *f*; **~vijver** [-v̂ɛĭv̂ər] (*-s*) *m* Ententeich *m*.
eender ['e:ndər] gleich, einerlei; *~ wat* ganz gleich was; *mij is het ~* das ist mir egal.
eendracht ['e:ndrɑxt] *f* Eintracht *f*, Einigkeit *f*; *~ maakt macht* Einigkeit macht stark.
eendrachtig [e:n'drɑxtəx] einträchtig, einmütig.
eendvogel ['e:ntfo:ɣ̂əl] (*-s*) *m* Ente *f*.
eengezinswoning [e:nɣ̂ə'zɪnsʋo:nɪŋ] *f* Einfamilienhaus *n*.
eenhandig [e:n'hɑndəx] einhändig.
eenheid ['e:nhɛĭt] (*-heden*) *f* Einheit *f*; *de eenheden* die Einer (*Ggs.* die Zehner); **~sprijs** [-sprɛĭs] (*-prijzen*) *m* Einheitspreis *m*; **~sschool** [-sxo:l] (*-scholen*) *f* Einheitsschule *f*.
een|hoevig ['e:nhu·v̂əx] einhufig; *~ dier* Einhufer *m*; **~hoorn** *a.* **~horen** [-ho:rə(n)] (*-s*) *m* Einhorn *n*; **~huizig** [-həʏzəx] *Bot.* einhäusig; **~lettergrepig** [-lɛtərɣ̂re:pəx] einsilbig; **~lobbig** [-lɔbəx] *Bot.* einlappig; **~maal** [-ma:l] einmal; **~maands** [-ma:nts] einmonatig; **~manswagen** [-mɑnsʋa:ɣ̂ə(n)] (*-s*) *m* Einmannwagen *m*; **~ogig** [-o:ɣ̂əx] einäugig; **~parig** [-'pa:rəx] einstimmig; einhellig, einmütig; **~parigheid** [-'pa:rəxhɛĭt] *f* Einstimmigkeit *f*.
eenpersoons|coupé ['e:nperso:nsku·pe:] (*-s*) *n* Einbettabteil *n*; **~kamer** [-ka:mər] (*-s*) (*-s*) *f* Einzelzimmer *n*; Einbettzimmer *n*.
eenrichtingsverkeer ['e:n'rɪxtɪŋsfərke:r] *n* Einbahnverkehr *m*; *straat met ~* Einbahnstraße *f*.
eens [e:ns] einmal, e-s Tages, einst; einig, einverstanden; *het ~ worden* einig werden, sich einigen, sich verständigen; *op ~* auf einmal; *er was ~* es war einmal; *~ en voor al* ein für allemal; *~ zo groot* doppelt so groß.
eens|deels ['e:nzde:ls] einerseits, einesteils; **~gevend** [-xe:v̂ənt]: *in ~ geld* in (DM) pro Stück; **~gezind** [-xəzɪnt] einmütig, einträchtig, einhellig, einig; **~gezindheid** [-xə'zɪnthɛĭt] *f* Eintracht *f*, Einigkeit *f*; **~klaps** [-klɑps] plötzlich, auf einmal; **~luidend** [-ləʏdənt] gleichlautend; *voor ~ afschrift ...* die Richtigkeit der Abschrift bestätigt ...
een|stemmig [e:n'stɛməx] einstimmig; **~tje** ['e:ntjə]: *op zijn ~* ganz allein; *er ~ pakken* eins trinken; *je bent er me ~!* du bist (mir) einer!; **~tonig** [-'to:nəx] eintönig; **~vormig** ['-v̂ɔrməx] einförmig; **~voud** ['-vɑŭt] *m* Einfachheit *f*, Schlichtheit *f*; Einfalt *f*; *in alle ~* ganz einfach; **~voudig** [-'vɑŭdəx] einfach, schlicht; *~ weg* ganz einfach, geradezu.
eenzaam ['e:nza:m] einsam; öde; *eenzame opsluiting* Einzelhaft *f*; **~heid** [-hɛĭt] *f* Einsamkeit *f*.
eenzelvig [e:n'zɛlv̂əx] zurückgezogen.
eenzijdig [e:n'zɛĭdəx] einseitig.
eer[1] [e:r] *Adv.* eher, früher; *Ko.* bevor, ehe.
eer[2] *f* Ehre *f*; *een man van ~* ein Ehrenmann; *dat doet u ~ aan* das macht Ihnen Ehre; *ere wie(n) ere toekomt* Ehre, wem Ehre gebührt; *ter ere van* zu Ehren *G*; *~ bewijzen* Ehre erweisen; *een kwestie van ~* (e-e) Ehrensache; *wij hebben de ~ u te melden* wir beehren uns, Ihnen mitzuteilen.
eer|baar ['e:rba:r] ehrbar; **~betoon** [-bəto:n] *n* Ehrenbezeigung *f*; **~bied** [-bi·t] *m* Ehrerbietung *f*; Ehrfurcht *f*; *~ voor de wet* Achtung *f* vor dem Gesetz; **~biedig** [-'bi·dəx] ehrerbietig, ehrfurchtsvoll; *op ~e afstand* in respektvoller Entfernung; **~biedigen** [-'bi·dəɣ̂ə(n)] respektieren, achten; **~biedwaardig** [-bi·t'ʋa:rdəx], **~biedwekkend** [-bi·t'ʋɛkənt] ehrwürdig, ehrfurchtgebietend.
eerder ['e:rdər] eher, früher.
eer|gevoel ['e:rɣ̂əv̂u:l] *n* Ehrgefühl *n*; **~gierig** [-'ɣ̂i:rəx] ehrgeizig.
eergisteren ['e:rɣ̂ɪstərə(n)] vorgestern; *de vertoning (opvoering) van ~* die vorgestrige Aufführung.
eer|herstel ['e:rhɛrstɛl] *n* Rehabili-

tation *f*, Ehrenrettung *f*; Sühne *f*; *eis tot* ~ Ehrenklage *f*; **~krenkend** [-krɛŋkənt] ehrverletzend, kränkend.

eerlang [eːrˈlɑŋ] nächstens, bald.

eerlijk [ˈeːrlək] ehrlich, redlich; ~ *als goud* grundehrlich; ~ *gezegd* offen gestanden; ~ *duurt het langst* ehrlich wärt am längsten; **~heid** [-hɛĭt] *f* Ehrlichkeit *f*, Redlichkeit *f*.

eer|loos [ˈeːrloːs] ehrlos; **~roof** [-roːf] *m* Entehrung *f*; **~rover** [-roːvər] (*-s*) *m* Entehrer *m*.

eershalve [eːrsˈhɑlvə] ehrenhalber.

eerst [ˈeːrst] erst; *het* ~ zuerst; *voor het* ~ zum erstenmal; **~aanwezend** [-aːnˈʋeːzənt] rangälteste; **~beginnend** [-bəˈgɪnənt] angehend.

eerstdaags [eːrzˈdaːxs] demnächst, nächstens.

eerste [ˈeːrstə] (*-n u. -s*) der (die, das) erste; *Otto de* ꝏ Otto der Erste; *de* ~ *van de maand* der Erste des Monats; am Ersten des Monats; *de ~n zullen de laatsten zijn* die Ersten werden die Letzten sein; *ten* ~ erstens; *uit de* ~ *hand* aus erster Hand; *de* ~ *de beste* der erstbeste, der erste beste; *de* ~ *steen* Grundstein *m*; *voor de* ~ *keer* zum ersten Mal; *in de* ~ *plaats* zunächst; an erster Stelle; *op het* ~ *gezicht* auf den ersten Blick; *de* ~ *bediende* Abteilungsleiter *m*, leitende(r) Angestellte(r) *m*; *mar. de* ~ *tocht* Jungfernfahrt *f*; *Flgw. de* ~ *vlucht* Jungfernflug *m*; **~hulpverlening** [-ˈhəlpfərleːnɪŋ] *f* Erste Hilfe; **~jaars(student)** [-ˈjaːrs-] (*pl. idem*) *m u. f fig.* Fuchs *m*; **~ling** [-lɪŋ] *m* Erstling *m*.

eerstens [ˈeːrstəns] erstens, zum ersten.

eersterangs [eːrstəˈrɑŋs] erstklassig.

eerst|geboorterecht [eːrstxəˈboːrtərɛxt] *n* Erstgeburtsrecht *n*; **~genoemd** [-xəˈnuˑmt] erstgenannt; **~komend** [-ˈkoːmənt] nächste.

eertijds [ˈeːrtɛĭts] früher, ehemals, vormals.

eer|vergeten [ˈeːrvərgeːtə(n)] ehrvergessen, niederträchtig; **~vol** [-vɔl] ehrenvoll; **~waarde** [-ˈʋaːrdə] ehrwürdig; *Su.* Hochwürden *m*; **~zaam** [-zaːm] ehrsam, ehrenhaft; **~zucht** [-zəxt] *f* Ehrgeiz *m*; **~zuchtig** [-ˈzəxtəx] ehrgeizig.

eet|baar [ˈeːdbaːr] eßbar, genießbar; **~huis** [-hœys] (*-huizen*) *n* Gaststätte *f*; **~kamer** [-kaːmər] (*-s*) *f* Speisezimmer *n*, Eßzimmer *n*; **~lepel** [-leːpəl] (*-s*) *m* Eßlöffel *m*; **~lust** [-ləst] *m* Appetit *m*; **~waar** [-ʋaːr] Eßwaren *f/pl.*, Nahrungsmittel *n*; **~zaal** [-saːl] (*-zalen*) *f* Speisesaal *m*.

eeuw [eːŭ] *f* Jahrhundert *n*; Zeitalter *n*; *de twintigste* ~ das zwanzigste Jahrhundert; *de gouden* ~ das Goldene Zeitalter; **~enlang** [-ə(n)lɑŋ] jahrhundertelang; **~enoud** [-ənɑŭt] jahrhundertealt.

eeuw|feest [ˈeːŭfeːst], **~getij** [-ɣətɛĭ] *n* Jahrhundertfeier *f*, hundertjähriges Jubiläum.

eeuwig [ˈeːŭəx] ewig; *voor* ~ auf ewig; *voor* ~ *en altijd* für immer und ewig; **~durend** [-dyˑrənt] ewigwährend; lebenslang, lebenslänglich; **~heid** [-hɛĭt] *f* Ewigkeit *f*.

eeuwwisseling [ˈeːŭɪsəlɪŋ] *f* Jahrhundertwende *f*.

effect *a.* **effekt** [ɛˈfɛkt] *n* Effekt *m*, Wirkung *f*, Erfolg *m*; Nutzeffekt *m*; *pl.* Wertpapiere *n/pl.*, Fonds *m*; **~enbeurs** [-ə(n)bøːrs] (*-beurzen*) *f* Effektenbörse *f*; **~enmakelaar** [-ə(n)maːkəlaːr] (*-s*) *m* Effektenmakler *m*, Effektenhändler *m*; **~ief** [-ˈtiːf] effektiv, wirksam; wirklich; tatkräftig.

effen [ˈɛfə(n)] eben, glatt; *we zijn* ~ wir sind quitt; *een* ~ *rekening* e-e ausgeglichene Rechnung; *een* ~ *getal* e-e gerade Zahl; ~ *rood* einfarbig rot; *een* ~ *gezicht* e-e gleichgültige Miene; **~en** [-ə(n)] ebnen, glätten.

eg(ge) [ɛx], [ˈɛɣ̊ə] (*-gen*) *f* Egge *f*.

egaal [eːˈɣ̊aːl] egal, gleich.

egalisatiefonds *a.* **-zatie-** [eːɣ̊ɑlɪˈzaːsiˑfɔnts] *n* Ausgleichsfonds *m*.

Egeïsch [eːˈɣ̊eĭ(j)iˑs]: ~*e Zee f* Ägäisches Meer.

egel [ˈeːɣ̊əl] (*-s*) *m* Igel *m*.

eg(e)lantier [eːɣ̊lɑnˈtiːr] (*-en u. -s*) *m* Weinrose *f* (*Rosa rubiginosa*).

ego|isme [eːɣ̊oːˈ(ʋ)iˑsm] *n* Egoismus *m*; **~ist** [-ˈ(ʋ)iˑst] *m* Egoist *m*; **~istisch** [-ˈ(ʋ)iˑstiˑs] egoistisch.

Egypte [eːˈɣ̊iˑptə] *n* Ägypten *n*.

ei![1] [ɛĭ] ei!, ach!, ach so!

ei[2] (*-eren*) *n* Ei *n*; *een zacht* ~ ein weiches Ei; *een gepocheerd* ~ ein verlorenes Ei; *geklutste ~eren* geschlagene Eier; *een vers* ~ ein frisches Ei; *~eren voor zijn geld kiezen* klein beigeben; *voor een ~* spottbillig.

eider|dons ['ɛĭdərdɔns] *n* Eiderdaunen *f/pl.*; **~eend** [-e:nt] *f* Eiderente *f*; **~gans** [-gɑns] *f* Eidergans *f*.

eier|dooier ['ɛĭərdo:ĭ(j)ər] (*-s*) *m* Eidotter *n*; **~dopje** [-dɔpjə] (*-s*) *n* Eierbecher *m*; **~klopper** [-klɔpər] (*-s*) *m*, **~klutser** [-kløtsər] (*-s*) *m* Schneebesen *m*, Quirl *m*; **~koek** [-ku·k] *m* Eierkuchen *m*; **~kolen** [-ko:lə(n)] *pl.* Eierbriketts *n/pl.*; **~schaal** [-sxa:l] (*-schalen*) *f* Eierschale *f*; **~stok** [-stɔk] (*-ken*) *m* Eierstock *m*; **~struif** [-strəʏf] (*-struiven*) *f* Eierkuchen *m*.

eigeel ['ɛĭɣe:l] *n* Eigelb *n*.

eigen ['ɛĭɣə(n)] eigen, zugehörig, angehörig; vertraut, familiär; eigentümlich; bodenständig; *zich ergens ~ voelen* sich irgendwo heimisch fühlen; *zich iets ~ maken* sich etw. zu eigen machen; *op ~ houtje* auf eigene Faust; *voor ~ gebruik* zum eigenen Gebrauch; **~aar** [-a:r] (*-s u. -naren*) *m* Eigentümer *m*, Besitzer *m*, Inhaber *m*.

eigenaardig [ɛĭɣən'a:rdəx] eigentümlich, eigenartig, eigen; **~heid** [-hɛĭt] (*-heden*) *f* Eigentümlichkeit *f*; *voor de ~* zur (als) Probe; zur Abwechslung.

eigenares [ɛĭɣəna:'rɛs] (*-sen*) *f* Eigentümerin *f*, Besitzerin *f*, Inhaberin *f*.

eigen|baat ['ɛĭɣə(n)ba:t], **~belang** [bəlɑŋ] *n* Eigennutz *m*, Selbstsucht *f*; **~dom** [-dɔm] (*-men*) *m u. n* Eigentum *n*, Besitztum *n*; **~domsrecht** [-dɔmsrɛxt] *n* Eigentumsrecht *n*; **~dunk** [-dəŋk] *m* Dünkel *m*; **~gebakken** [-ɣəbɑkə(n)] selbstgebacken; **~gereidheid** [-ɣə'rɛithɛit] *f* (*-heden*) Eigenbrötelei *f*; **~handig** [-hɑndəx] eigenhändig; **~liefde** [-li:vdə] *f* Eigenliebe *f*, Selbstliebe *f*.

eigenlijk ['ɛĭɣə(n)lək] eigentlich; *~ gezegd* genau genommen.

eigen|machtig ['ɛĭɣə(n)mɑxtəx] eigenmächtig; **~naam** [-na:m] (*-namen*) *m* Eigenname *m*; **~schap** [-sxɑp] (*-pen*) *f* Eigenschaft *f*.

eigenst ['ɛĭɣənst] selb, nämlich; *op 't ~e ogenblik* in dem Moment; in dem(selben) Augenblick.

eigen|waan ['ɛĭɣə(n)ʋa:n] *m* Einbildung *f*, Dünkel *m*; **~waarde** [-ʋa:rdə] *f* Selbstgefühl *n*; Selbstachtung *f*; **~wijs** [-ʋɛĭs] naseweis, vorwitzig; **~wijsheid** [-ʋɛĭshɛĭt] *f* Vorwitz *m*, Rechthaberei *f*; Eigensinn *m*; **~zinnig** [-'zɪnəx] eigensinnig, starrsinnig.

eik [ɛĭk] *m* Eiche *f*.

eike|bast ['ɛĭkəbɑst] *m* Eichenrinde *f*; **~blad** [-blɑt] (*-eren u. -bladen*) *n* Eichenblatt *n*; **~boom** [-bo:m] (*-bomen*) *m* Eiche *f*; **~hout** [-haŭt] *n* Eichenholz *n*; **~kroon** [-kro:n] (*-kronen*) *f* Eichenkrone *f*.

eikel ['ɛĭkəl] (*-s*) *m* Eichel *f*; **~dop** [-dɔp] (*-pen*) *m* Eichelschale *f*.

eikeloof ['ɛĭkəlo:f] *n* Eichenlaub *n*.

eiken ['ɛĭkə(n)] *Adj.* eichen; Eichen-; **~bos** [-bɔs] (*-sen*) *n*, **~woud** [-ʋaŭt] *n* Eichenwald *m*.

eike|schors ['ɛĭkəsxɔrs] *f* Eichenrinde *f*; **~tak** [-tɑk] (*-ken*) *m* Eichenast *m*.

eilaas [ɛĭ'la:s] leider!

eiland ['ɛĭlɑnt] *n* Insel *f*; **~bewoner** [-bəʋo:nər] (*-s*) *m* Inselbewohner *m*; **~engroep** [-ə(n)ɣru·p] *f* Inselgruppe *f*; **~er** [-ər] (*-s*) *m* Inselbewohner *m*.

eind [ɛĭnt] *a.* **einde** *n* Ende *n*; (*Abstand*) Strecke *f*; *een kort ~* e-e kurze Strecke; *nog een heel ~* noch ein gutes Stück; *er een ~ aan maken* Schluß machen; *ten ~ lopen* zu Ende gehen; *aan het kortste ~ trekken* den kürzeren ziehen; *het bij het rechte ~ hebben* recht haben; *op het ~ van (de maand) mei* Ende Mai; *een ~ weegs* e-e Strecke; *ten ~e* um, zwecks; *te dien ~e* zu diesem Zweck; *tegen 't ~e van de maand* gegen Ende des Monats; *ten ~e raad zijn* ratlos sein; *er komt geen ~e aan* es will kein Ende nehmen; *fig. het ~e van de gebeurtenis (geschiedenis)* das Ende vom Lied.

eind|beslissing ['ɛĭndbəslɪsɪŋ] *f* endgültige Entscheidung *f*; **~diploma** [-di·plo·mɑ] (*-s*) *n* Abgangszeugnis *n*; Reifezeugnis *n*; **~doel** [-du:l] *n* Endzweck *m*, Endziel *n*.

einde|lijk ['ɛĭndələk] endlich, schließlich; zuletzt; **~loos** [-lo:s] endlos.

eindexamen *a.* **-eks-** ['ɛĭndɛksa:mə(n)] (*-s*) *n* Abitur *n*; Abschlußprüfung *f*, Reifeprüfung *f*; *zijn ~ doen* sein (das) Abitur machen.

eindigen ['ɛĭndəɣə(n)] enden, aufhören; beenden, schließen, Schluß machen; *de regen is geeindigd* der Regen hat aufgehört.

eind|klank ['ɛĭntklɑŋk] *m* Schlußlaut *m*; **~letter** [-lɛtər] (*-s*) *f* Endbuchstabe *m*; **~product**, **~produkt** [-prɔdəkt] *n* Fertigprodukt *n*, Enderzeugnis *n*; **~punt** [-pənt] *n* Endpunkt *m*; **~signaal** [-sɪnja:l] (*-signalen*) *n Sp.* Abpfiff *m*; **~station** [-stɑ'sĭ(j)ɔn] *a.* **~statie** [-sra:si:] (*-s*) *n* Endstation *f*; **~strijd** [-strɛĭt] *m* Endkampf *m*, Schlußkampf *m*; **~verslag** [-fərslɑx] *n* Schlußbericht *m*.

eirond ['ɛĭrɔnt] eiförmig.

eis [ɛĭs] *m* Anforderung *f*, Forderung *f*; Bedürfnis *n*; *jur.* Klage *f*; Strafantrag *m*; *hoge ~en stellen* hohe Anforderungen (Ansprüche) stellen an *A*; *een ~ tot schadevergoeding instellen* auf Schadenersatz klagen; *een ~ afwijzen* e-e Forderung ablehnen; *iemand zijn ~ ontzeggen* e-e Klage abweisen; **~en** [-(ə)n] fordern, verlangen, beanspruchen; *Strafe* beantragen; **~er** [-ər] (*-s*) *m jur.* Kläger *m*.

ei|vormig ['ɛĭvɔrməx] eiförmig; **~wit** [-ʋɪt] (*-ten*) *n* Eiweiß *n*; **~witklopper** [-ʋɪtklɔpər] (*-s*) *m* Schneebesen *m*; **~witstof** [-ʋɪtstɔf] (*-fen*) *f* Eiweißstoff *m*.

eks- *s.* ex-.

ekster ['ɛkstər] (*-s*) *f* Elster *f*; **~oog** [-o:x] (*-ogen*) *n* Hühnerauge *n*.

el [ɛl] (*-len*) *f* Elle *f*; *bij de ~ verkopen* ellenweise verkaufen.

elan [e·'lɑ̃:] *n* Elan *m*.

eland ['e·lɑnt] *m* Elch *m*.

elas|ticiteit [e·lɑsti·si·'tɛĭt] *f* Elastizität *f*; **~tiek** [-'ti·k] *n* Gummi(band *n*) *m*; **~tieken** [-'ti·kə(n)] *Adj.*, **~tisch** [e·'lɑsti·s] elastisch.

elders ['ɛldərs] anderswo, anderwärts; irgendwo sonst; anderweitig.

elegant [e·lə'gɑnt] elegant; **~ie** [-si:] *f* Eleganz *f*.

elegie [e·le·'ɣi:] (*-ën*) *f* Elegie *f*.

elek|tricien *a.* **elec-** [e·lɛktri·'sĭ(j)ɛ̃:] (*-s*) *m* Elektriker *m*; **~triciteit** [-tri·si·'tɛĭt] *f* Elektrizität *f*; **~trisch** [e·'lɛktri·s] elektrisch; **~triseren** *a.* **-zeren** [-tri·'ze:rə(n)] elektrisieren; **~trolyse** [-trɔ'li·zə] *f Chem.* Elektrolyse *f*; **~tron** [e·'lɛktrɔn] *n* Elektron *n*; **~tronica** *a.* **-nika** [-'tro:ni·kɑ] *f* Elektronik *f*; **~trotechnicus** [-tro·'tɛxni·kəs] (*-nici*) *m* Elektrotechniker.

element [e·lə'mɛnt] *n* Element *n*; Urstoff *m*; Grundstoff *m*; **~air** [-'ɛ:r] elementar.

elf[1] [ɛlf] *f* Elf *m*; Elfe *f*.

elf[2] (*elven*) *f* elf; *Su.* Elf *f*; **~jarig** [-ja:rəx] elfjährig; **~maal** [-ma:l] elfmal; **~tal** [-tɑl] (*-len*) *n Sp.* Mannschaft *f*; Elf *f*.

elite [e·'li·tə] *f* Elite *f*.

elixer *a.* **-xir** [e·'li·ksər] (*-s*) *n* Elixier *n*.

elk [ɛlk] jede(r, -s).

elkaar [ɛl'ka:r] *a.* **elkander** [ɛl'kɑndər] einander; *door ~* eins ins andere; *met ~* miteinander; *in ~ zakken* zusammenbrechen; *iets voor (in) ~ krijgen (brengen)* etw. fertigbringen; etw. schon schaffen; *het zit goed in ~* es hat Hand und Fuß.

elkeen [ɛl'ke:n] ein jeder, jedermann.

elleboog ['ɛləbo:x] (*-bogen*) *m* Ell(en)bogen *m*; *het achter de ~ hebben* es faustdick hinter den Ohren haben.

ellen|de [ɛ'lɛndə] (*-n*) *f* Elend *n*; Kummer *m*, Not *f*; **~deling** [-lɪŋ] *m* Elende(r) *m*, Bösewicht *m*; **~dig** [-dəx] elend, leidig, jämmerlich; *hij is er ~ aan toe* es geht ihm schlecht.

el|lips [ɛ'lɪps] *f* Ellipse *f*; **~liptisch** [-'lɪpti·s] elliptisch.

els[1] [ɛls] (*elzen*) *f* Ahle *f*.

els[2] *m* Erle *f*.

Elzas ['ɛlzɑs] *m* Elsaß *n*.

elze|boom ['ɛlzəbo:m] (*-bomen*) *m* Erle *f*; **~hout** [-haŭt] *n* Erlenholz *n*; **~nbos** [-(n)bɔs] (*-sen*) *n* Erlenwand *m*.

email [e·'ma:ĭ] *n* Email *n*, Emaille *f*; Schmelz *m*; **~leren** [-'e:rə(n)] emaillieren.

emanci|patie [e·mɑnsi·'pa:si:] *f* Emanzipation *f*; **~peren** [-'pe:rə(n)] emanzipieren; befreien.

emballage [ɑmba'lɑ:ʒə] *f* Emballage *f*, Verpackung *f*.

embargo [ɛm'barɣo·] *n* Embargo *n*.

embleem [ɛm'ble:m] (*-blemen*), **emblema** [ɛm'ble:mɑ] (*-'s u. -mata*) *n* Emblem *n*.

embryo ['ɛmbrĭ(j)o·] (*-'s*) *n* Embryo *n*.

emeri|taat [e·me·ri·'ta:t] *n* Ruhe-

stand *m*; **~tus** [eˑˈmeˑriˑtəs] (*-riti*) *m* Emerit(us) *m*.
emi|grant [eˑmiˑˈɣrɑnt] *m* Emigrant *m*; **~gratie** [-ˈgraːsiː] *f* Emigration *f*; **~greren** [-ˈɣreːrə(n)] emigrieren.
emi|nent [eˑmiˑˈnɛnt] eminent, hervorragend; **~nentie** [-ˈnɛnsiː] (*-s*) *f* Eminenz *f*.
emissie [eˑˈmiˑsiː] (*-s*) *f* Emission *f* Ausgabe *f*; **~bank** [-bɑŋk] *f* Emissionsbank *f*; **~koers** [-kuːrs] *m* Emissionskurs *m*.
emmer [ˈɛmər] (*-s*) *m* Eimer *m*.
emolumenten [eˑmɔlyˑˈmɛntə(n)] *pl.* Nebeneinnahmen *f/pl.*
emo|tie [eˑˈmoːsiː] (*-s*) *f* Emotion *f*, Rührung *f*; **~tioneel** [-sĭ(j)ɔˈneːl] emotional.
empirisch [ɛmˈpiˑriˑs] empirisch.
emplooi [ɛmˈploːĭ] *n* Amt *n*, Stellung *f*.
employé [ɑmplʊɑˈ(j)eː] (*-s*) *m* Angestellte(r) *m*.
emulsie [eˑˈməlsiː] (*-s*) *f* Emulsion *f*.
en [ɛn] und; *het wordt kouder ~ kouder* es wird immer kälter; *èn ... èn* sowohl ... als auch.
en bloc [ɑ̃ːˈblɔk] im ganzen, insgesamt, in Bausch und Bogen.
encadreren *a.* **enka-** [ɑ̃ːkɑˈdreː-rə(n)] einrahmen.
encycliek [ɛnsiˑˈkliˑk] *f* Enzyklika *f*.
encyclopedie [ɑ̃ːsiˑklɔpeˑˈdiː] (*-ën*) *f* Enzyklopädie *f*; Lexikon *n*.
endeldarm [ˈɛndəldɑrm] *m* Mastdarm *m*.
endos|sement *a.* **indos-** [ɑ̃ːdɔsəˈmɛnt] *n* Indossament *n*; **~seren** [-ˈseːrə(n)] indossieren.
ener|gie [eˑnɛrˈʒiː] (*-ën*) *f* Energie *f*; **~giek** [-ˈʒiˑk] energisch.
eng [ɛŋ] eng, knapp, bedrängt; unheimlich, ekelhaft.
enga|gement [ɑ̃ːɣɑʒəˈmɛnt] *n* Verlobung *f*; Stellung *f*; Verpflichtung *f*; *Thea.* Engagement *n*; **~geren** [-ʒeːrə(n)] anstellen, engagieren, verpflichten; *zich ~* sich verloben; sich verpflichten; *geangageerd* gebunden.
engel [ˈɛŋəl] *m* Engel *m*; **~achtig** [-ɑxtəx] engelhaft.
Engeland [ˈɛŋəlɑnt] *n* England *n*.
engelbewaarder [ɛŋəlbəˈʊaːrdər] (*-s*) *m* Schutzengel *m*.
engelen|bak [ˈɛŋələ(n)bɑk] (*-ken*) *m* *Thea.* F Olymp *m*; **~geduld** [-ɣ̊ədəlt] *n* Engelsgeduld *f*; **~koor** [-koːr] (*-koren*) *n* Engelchor *m*; **~schaar** [-sxaːr] (*-scharen*) *f* Engelschar *f*.
Engels [ˈɛŋəls] *Adj.* englisch; *Su. n* Englisch *n*; *de ~en* die Engländer; *~e ziekte* Rachitis *f*; *~ zout* Bittersalz *n*; *een ~e* Engländerin *f*; **~man** [-mɑn] *m* Engländer *m*.
engerling [ˈɛŋərlɪŋ] *m* Engerling *m*.
eng|geestig [ɛŋˈɣ̊eːstəx] borniert, beschränkt; fanatisch; **~hartig** [-ˈhɑrtəx] engherzig, kleinlich; borniert.
engheid [ˈɛŋhɛĭt] *f* Enge *f*; Knappheit *f*.
engte [ˈɛŋtə] (*-s u. -n*) *f* Enge *f*; Engpaß *m*.
enig [ˈeːnəx] einig; einzig; einsam; *~ in zijn soort* einzig in s-r Art; *~ geld* etwas Geld; *zonder ~ gevaar* ohne die geringste Gefahr; *dat is ~!* das ist ja wunderbar!; *zonder ~e moeite* mühelos, ohne irgendwelche Mühe; *~e erfgenaam* Universalerbe *m*; *de ~e zoon* der einzige Sohn; *~e mensen* einige Menschen; *te ~er tijd* über kurz oder lang; *maar ~e bomen* nur einzelne Bäume.
eniger|lei [ˈeːnəɣ̊ərlɛĭ] irgendein; **~mate** [-ˈmaːtə] einigermaßen.
enigszins [-sɪns] einigermaßen; *als het ~ mogelijk is* wenn irgend möglich.
enkel[1] [ˈɛŋkəl] (*-s*) *m* Knöchel *m*.
enkel[2] einzeln; einzig; einig; bloß, nur; einfach; *~ en alleen* einzig und allein, lediglich; *~e reis* einfache Fahrkarte; **~ing** [-ɪŋ] *m* der einzelne; **~spel** [-spɛl] (*-len*) *n* Einzelspiel *n*; **~voud** [-v̊aŭt] *n* *Gr.* Einzahl *f*, Singular *m*; **~voudig** [-v̊aŭdəx] einfach; *Gr.* in der Einzahl.
enorm [eˑˈnɔrm] enorm, ungeheuer, riesig.
enquête [ɑ̃ːˈkɛːtə] (*-s*) *f* Untersuchung *f*, Erhebung *f*, Umfrage *f*; *een ~ instellen* e-e Erhebung anordnen; **~commissie** *a.* **-kom-** [-kɔˈmiˑsiː] (*-s*) *f* Untersuchungsausschuß *m*.
enscenering [ɑ̃ːsəˈneːrɪŋ] *f* Inszenierung *f*.
ensemble [ɑ̃ːˈsɑ̃ːblə] (*-s*) *n* Zusammenspiel *n*; *Thea.* Truppe *f*, Ensemble *n*; das Ganze.
ent [ɛnt] *f* Propfreis *n*; **~en** [-ə(n)] propfen; *Menschen* impfen.

enter|en ['ɛntərə(n)] entern; **~haak** [-ha:k] (*-haken*) *m* Enterhaken *m*.
ent(h)ousi|asme *a.* **ent(h)oe-** [ɛntu·'zĭ(j)asmə] *n* Enthusiasmus *m*, Begeisterung *f*; **~ast** [-'ast] *m* Enthusiast *m*, Schwärmer *m*; *Adj.* begeistert, enthusiastisch.
enting ['ɛntɪŋ] *f* Propfung *f*; (*Personen*) Impfung *f*.
entmes ['ɛntmɛs] (*-sen*) *n* Propfmesser *n*.
entree [ɑ̃:'tre:] (*-s*) *f* Eintritt *m*; Vorspeise *f*; *vrij(e)* ~ freier Eintritt; **~biljet** [-bi·ljɛt] (*-ten*) *n*, **~kaart** [-ka:rt] *f* Eintrittskarte *f*, Einlaßkarte *f*.
entrepot [ɑ̃:trɔ'po:] (*-s*) *n* Lagerhaus *n*; Zollamt *n*; *goederen in* ~ unverzollte Güter *n/pl*.
entstof ['ɛntstɔf] (*-fen*) *f* Impfstoff *m*.
envelop(pe) [ɑ̃:vɔ'lɔp] (*-pen*) *f* (Brief-)Umschlag *m*.
enzovoort(s) [ɛnzo·'vo:rt(s)] und so weiter (usw.).
epileren [e·pi·'le:rə(n)] epilieren, enthaaren.
episcopaat *a.* **-ko-** [e·pi·skɔ'pa:t] (*-paten*) *n* Episkopat *m u. n*.
epistel [e·'pɪstəl] (*-s*) *n u. m* Epistel *f*.
epos ['e·pɔs] (*-sen u. epen*) *n* Epos *n*.
equator *a.* **ekw-** [e·'kʋa:tɔr] *m* Äquator *m*.
equipage *a.* **ekw-** [e·k(ʋ)i·'pa:ʒə] (*-s*) *f* Equipage *f*.
equipe [e·'ki·pə] (*-s*) *f* Mannschaft *f*; **~ment** [-'mɛnt] *n* Ausrüstung *f*, Ausstattung *f*; **~ren** [e·ki·'pe:rə(n)] ausstatten.
equivalent *a.* **ekwi-** [e·k(ʋ)i·ʋɑ'lɛnt] *n* Äquivalent *n*.
er [ɛr] da; es; ~ *is*, ~ *zijn* es gibt; ~ *zijn druiven* es gibt Trauben; *wat is* ~? was gibt's?; ~ *was eens* es war einmal; *hij is* ~ er ist da; *hij ziet* ~ *goed uit* er sieht gut aus; ~ *zijn* ~ *die* es gibt welche, die; ~ *wordt gebeld* es wird geklingelt; es klingelt.
era ['e:rɑ] (*-'s*) *f* Ära *f*.
er|aan [ɛ'ra:n] daran; **~achter** [ɛ'rɑxtər] dahinter.
erbar|melijk [ɛr'bɑrmələk] erbärmlich, jämmerlich, kläglich; **~men** [-mə(n)] (*erbarmde, erbarmd*) *v/r* sich erbarmen *G*; **~ming** [-mɪŋ] *f* Erbarmung *f*, Erbarmen *n*; Mitleid *n*.
erbij [ɛr'bɛĭ] dabei, dazu.
ere|ambt ['e:rɛɑmt] *n* Ehrenamt *n*; **~boog** [-bo:x] (*-bogen*) *m* Trimphbogen *m*; **~comité** [-kɔmi·'te:] (*-s*) *n* Ehrenausschuß *m*; **~dienst** *m* Kult *m*; Gottesdienst *m*; *minister van* ~ Kultusminister *m*; **~komitee** *s. erecomité*; **~kruis** [-krəʏs] *n* Ehrenkreuz *n*; **~lid** [-lɪt] (*-leden*) *n* Ehrenmitglied *n*; **~lidmaatschap** [-lɪtma:tsxɑp] *n* Ehrenmitgliedschaft *f*; **~metaal** [-mə'ta:l] *n* Ehrenmedaille *f*; Ehrenzeichen *n*.
eremiet *a.* **here-** ['(h)e:rəmi·t] *m* Eremit *m*, Einsiedler *m*.
eren ['e:rə(n)] ehren, in Ehren halten.
ere|palm ['e:rəpɑlm] *m* Lorbeer *m*; **~plaats** [-pla:ts] *f* Ehrenplatz *m*, Ehrensitz *m*; **~poort** [-po:rt] *f* Ehrenpforte *f*; **~post** [-pɔst] *m* Ehrenamt *n*; **~teken** [-te:kə(n)] (*-s u. -en*) *n* Ehrenzeichen *n*; **~voorzitter** [-vo:rzɪtər] (*-s*) *m* Ehrenpräsident *m*; **~wacht** [-ʋɑxt] *f* Ehrenwache *f*; **~woord** [-wo:rt] *n* Ehrenwort *n*; *op mijn* ~ auf Ehrenwort.
erf [ɛrf] (*erven*) *n* Erbe *n*; Grundstück *n*; Hof *m*; **~deel** [-de:l] (*-delen*) *n* Erbe *n*, Erbteil *n*.
erfelijk ['ɛrfələk] erblich; **~heid** [-hɛĭt] *f* Erblichkeit *f*; **~heidsleer** [-hɛĭtsle:r] *f* Vererbungslehre *f*.
erfenis ['ɛrfənɪs] (*-sen*) *f* Erbschaft *f*; *een* ~ *aanvaarden* e-e Erbschaft antreten; *een* ~ *doen* erben.
erf|genaam ['ɛrfxəna:m] (*-namen*) *m* Erbe *m*; **~gename** [-xəna:mə] (*-n*) *f* Erbin *f*; **~goed** [-xu·t] (*-eren*) *n* Erbe *n*, Erbgut *n*; **~later** [-la:tər] (*-s*) *m* Erblasser *m*; **~oom** [-o:m] (*-s*) *m* Erbonkel *m*; **~opvolging** [-ɔpfɔlɣɪŋ] *f* Erbfolge *f*; **~pacht** [-pɑxt] *f* Erbpacht *f*; **~prins** [-prɪns] *m* Thronfolger *m*, Erbprinz *m*; **~recht** [-rɛxt] *n* Erbrecht *n*; **~vijand** [-fɛĭ(j)ɑnt] Erbfeind *m*; **~zonde** [-sɔndə] *f* Erbsünde *f*.
erg [ɛrx] *n* Böse(s) *n*; Absicht *f*; Falschheit *f*; *Adj.* schlimm, böse, übel; sehr; *zonder* ~ ohne Arg, ohne Absicht; ~ *koud* sehr kalt; *in het* ~*ste geval* schlimmstenfalls; *des te* ~*er* um so schlimmer; *hij had er geen* ~ *in* er hatte nichts vermutet; *dat is al te* ~ das geht entschieden zu weit; ~*e verwondingen* schwere Verletzungen.
ergens ['ɛrɣəns] irgendwo.

erger|en ['ɛrɣərə(n)] ärgern, kränken; entrüsten; *zich ~ over* sich ärgern über *A*; **~lijk** [-lək] ärgerlich; anstößig.
ergernis ['ɛrɣərnɪs] (*-sen*) *f* Ärgernis *n*; Anstoß *m*; Ärger *m*.
ergo ['ɛrɣo·] also, folglich.
erica *a.* **-ka** ['e·ri·kɑ] (*-'s*) *f Bot.* Erika *f*.
erin [ɛ'rɪn] darin; da hinein.
erken|nen [ɛr'kɛnə(n)] erkennen; anerkennen; (ein)gestehen, zugeben; bekennen; *een recht ~* ein Recht anerkennen; *een erkend meester* ein anerkannter Meister; **~ning** [-nɪŋ] *f* Erkennen *n*; Anerkennung *f*; **~telijk** [-tələk] erkenntlich, dankbar; **~telijkheid** [-tələkhɛĭt] *f* Erkenntlichkeit *f*, Dankbarkeit *f*.
erker ['ɛrkər] (*-s*) *m* Erker *m*.
ernaast [ɛr'na:st] daneben.
ernst [ɛrnst] *m* Ernst *m*; *in ~* im Ernst; *in alle ~* allen Ernstes, in allem Ernst; **~ig** [-əx] ernsthaft, ernstlich.
erotisch [e·'ro:ti·s] erotisch.
erts [ɛrts] *n* Erz *n*; **~houdend** [-hɑŭdənt] erzhaltig; **~laag** [-la:x] (*-lagen*) *f* Erzschicht *f*.
eruptie [e·'rəpsi:] (*-s*) *f* Eruption *f*, Ausbruch *m*.
erva|ren [ɛr'v̊a:rə(n)] *Adj.* erfahren, bewandert; **~ring** [-rɪŋ] *f* Erfahrung *f*; *bij (uit) ~* aus Erfahrung; *de ~ opdoen* die Erfahrung machen.
erven[1] ['ɛrv̊ə(n)] *pl.* Erben *pl.*
erven[2] (*erfde, geerfd*) *v/t* erben, beerben.
erwt [ɛrt] *f* Erbse *f*; **~ensoep** [-ə(n)-su·p] *f* Erbsensuppe *f*.
es [ɛs] (*-sen*) *m* Esche *f*.
escadrille [ɛskɑ'dri(j)ə] (*-s*) *f u. n* Staffel *f*; *~ jachtvliegtuigen* Jagdstaffel *f*.
escorte [ɛs'kɔrtə] (*-s*) *n* Eskorte *f*, Geleit *n*.
esdoorn *a.* **-doren** ['ɛzdo:rə(n)] (*-s*) *m* Ahorn *m*.
eskader [ɛska'dər] (*-s*) *n* Geschwader *n*; *~ bommenwerpers* Bombengeschwader *n*.
eskadron [ɛskɑ'drɔn] (*-s*) *n mil.* Schwadron *f*.
Eskimo ['ɛski·mo·] (*-'s*) *m* Eskimo *m*.
esp [ɛsp] *m* Espe *f*, Zitterpappel *f*; **~eblad** [-əblɑt] (*-eren u. -blaren*) *n* Espenblatt *n*.
essen|tie [ɛ'sɛnsi:] *f* Essenz *f*; Wesen *n*; **~tieel** [-'sĭ(j)e:l] essentiell, wesentlich.
estafette|loop [ɛstɑ'fɛtəlo:p] *m Sp.* Staffellauf *m*; **~ploeg** [-plu:x] *f Sp.* Staffel *f*.
est(h)e|tica *a.* **-ka** [ɛs'te:ti·kɑ] *f* Ästhetik *f*; **~tisch** [-ti·s] ästhetisch.
etage [e·'ta:ʒə] (*-s*) *f* Etage *f*, Stockwerk *n*; **~kelner** [-kɛlnər] (*-s*) *m* Etagenkellner *m*; **~woning** [-ʋo:-nɪŋ] *f* Etagenwohnung *f*; Hochhauswohnung *f*.
eta|lage [e·tɑ'la:ʒə] (*-s*) *f* Schaufenster *n*, Auslage *f*; **~leren** [-'le:rə(n)] auslegen, ausstellen, zeigen.
etappe [e·'tɑpə] (*-s u. -n*) *f* Etappe *f*; *in ~n* etappenweise.
eten ['e:tə(n)] (*at, gegeten*) essen; *Tiere*: fressen; *Su.* *n* Essen *n*; *eet smakelijk!* guten Appetit!, Mahlzeit!; *uit (buitenshuis) ~* auswärts essen; *ten ~ vragen* zum Essen einladen; *na den (het) ~* nach Tisch; *roet in 't ~ gooien fig.* die Suppe versalzen.
etens|bak ['e·tənzbɑk] (*-ken*) *m* Freßtrog *m*; **~bakje** [-bɑkjə] (*-s*) *n* Futternapf *m*; **~tijd** [-tɛĭt] *m* Tischzeit *f*, Essenszeit *f*; **~uur** [-y:r] (*-uren*) *n* Essenszeit *f*.
eter ['e:tər] (*-s*) *m* Esser *m*.
et(h)er ['e:tər] *m* Äther *m*.
et(h)iek [e·'ti·k] *f* Ethik *f*, Sittenlehre *f*.
Ethiopië [e·'tĭ(j)o·pĭjə] *n* Äthiopien *n*.
etiket [e·ti·'kɛt] (*-ten*) *n* Etikett *n*.
etiquette [e·ti·'kɛtə] *f* Etikette *f*.
etmaal ['ɛtma:l] (*-malen*) *n mar.* Etmal *n*; Tag *m*.
etnoloog [ɛtnɔ'lo:x] (*-logen*) *m* Ethnologe *m*.
ets [ɛts] *f* Radierung *f*; **~en** [-ə(n)] radieren; *Chem.* ätzen; **~er** [-ər] (*-s*) *m* Radierer *m*; **~kunst** [-kənst] *f* Radierkunst *f*; **~naald** [-na:lt] *f* Radiernadel *f*.
ettelijke ['ɛtələkə] *pl.* etliche, mehrere.
etter ['ɛtər] *m* Eiter *m*; **~achtig** [-ɑxtəx] eit(e)rig; **~buil** [-bəyl] *f* Eiterbeule *f*; **~en** [-ə(n)] eitern; **~gezwel** [-ɣe·zʋɛl] (*-len*) *n* Eitergeschwulst *f*; **~ig** [-əx] eitrig, eiternd.
etui [e·'tʋi·] (*-s*) *n* Etui *n*; Behälter *m*; (*Brille*) Futteral *n*.

etymologie [e·ti·mo·lo·ˈɣi:] (*-ën*) *f* Etymologie *f*.

eufemisme [ø·fe·ˈmi·smə] (*-n*) *n* Euphemismus *m*.

Eufraat [ˈø·fra:t] *m* Euphrat *m*.

Euro|pa [ø·ˈro·pɑ] *n* Europa *n*; **~peaan** [-pe·ˈ(j)a:n] (*-anen*) *m* Europäer *m*; **~pees** [-ˈpe:s] europäisch; *Europese Gemeenschap voor Kolen en Staal* Montanunion *f*; *Europese Economische Gemeenschap* Europäische Wirtschaftsgemeinschaft (EWG) *f*; **~visie** [-ˈvi·zi:] *f* Eurovision *f*.

euvel [ˈø·vəl] (*-s u. -en*) *n* Übel *n*; Fehler *m*; *Adj., Adv.* übel, schlimm; *iemand iets ~ duiden* j-m etw. übelnehmen; **~daad** [-da:t] (*-daden*) *f* Freveltat *f*, Missetat *f*; **~moed** [-mu·t] *m* Frevelsinn *m*.

evacu|atie [e·ʋaky·ˈ(ʋ)a:si:] *f* Evakuierung *f*, Räumung *f*, Aussiedelung *f*; **~eren** [-ˈʋe:rə(n)] evakuieren, räumen, aussiedeln.

evan|gelie [e·vɑŋˈɣe:li:] (*-ën u. -s*) *n* Evangelium *n*; *het ~ van Mattheus* das Evangelum des Matthäus; **~gelist** [-ɣəˈli·st] *m* Evangelist *m*.

even [ˈe:və(n)] eben, gleich; gerade; kaum; *~ ... als* ebenso ... wie; *zij zijn ~ rijk* sie sind gleich reich; *een ~ getal* e-e gerade Zahl; *~ of oneven* gerade oder ungerade; *wacht ~* warte e-n Augenblick; *hoor eens ~* hör(e) mal; *dat is mij om het ~* das ist mir einerlei.

evenaar [ˈe:vəna:r] (*-s*) *m* Äquator *m*.

evenals [ˈe:vənɑls] ebenso wie; gleichwie; *~ vroeger* nach wie vor.

evenaren [evəˈna:rə(n)] gleichkommen *D*, gleich sein *D*; erreichen *A*.

evenbeeld [ˈe:və(n)be:lt] *n* Ebenbild *n*.

eveneens [e:vəˈne:ns] ebenfalls, gleichfalls.

evenement [e·vənəˈmɛnt] *n* Ereignis *n*.

even|knie [ˈe:və(n)kni:] (*-ën*) *f*: *iemands ~ zijn* j-m gleichkommen, ebenbürtig sein; **~mens** [-mɛns] *m*, **~naaste** [-ˈna:stə] (*-n*) *m u. f* Mitmensch *m*, Nächste(r *m*) *f*.

evennachtslijn [ˈe:vənɑxtslɛĭn] *f* Äquator *m*.

evenredig [evənˈre:dəx] proportional, verhältnismäßig; entsprechend *D*; *~ met* im Verhältnis zu; **~heid** [-hɛĭt] (*-heden*) *f* Verhältnis *n*, Proportion *f*; *naar (in) ~ met* im Verhältnis zu; entsprechend *D*, angemessen *D*.

eventjes [ˈe:vəntjəs] e-n Augenblick; kaum, eben noch.

even|tualiteit [e:vɛnty·(ʋ)ɑli·ˈtɛĭt] *f* Eventualität *f*; *op alle ~en voorbereid* auf alles gefaßt; *voor alle ~en* für alle Fälle; **~tueel** [-ty·ˈ(ʋ)e:l] *Adj.* eventuell, etwaig; *Adv.* etwa.

evenveel [ˈe:və(n)ve:l] gleichviel, ebensoviel, gerade soviel.

evenwel [e:və(n)ˈʋɛl] jedoch, aber; gleichwohl, dennoch.

evenwicht [ˈe:və(n)ʋɪxt] *n* Gleichgewicht *n*; **~ig** [-əx] ebenmäßig, harmonisch; *een ~ mens* ein ausgeglichener Mensch.

evenwijdig [e:və(n)ˈʋɛĭdəx] parallel, gleichlaufend; *~e lijn* Parallele *f*.

even|zeer [e:və(n)ˈze:r] ebensosehr, ebenfalls; **~zo** [-ˈzo·] ebenso; gleichfalls.

ever [ˈe:vər] (*-s*) *m*, **~zwijn** [-zʋɛĭn] *n* Eber *m*, Keiler *m*; Wildschwein *n*; *everzwijnen* Schwarzwild *n*.

evergreens [ˈɛvəːgri:ns] *pl.* (*Schlager*) Evergreens *pl.*

evident [e·vi·ˈdɛnt] evident, offenbar, augenscheinlich.

evolutie [e·vɔˈly·si:] (*-s*) *f* Evolution *f*; **~leer** [-le:r] *f* Evolutionslehre *f*.

exact [ɛkˈsɑkt] exakt, genau.

examen *a.* **eks-** [ɛkˈsa:mə(n)] (*-s u. -mina*) *n* Examen *n*, Prüfung *f*; *~ doen* Examen machen; *door het ~ komen* die Prüfung bestehen; *voor het ~ zakken* durch die Prüfung fallen; **~commissie** *a.* **~kom-** [-kɔˈmi·si:] (*-s*) *f* Prüfungskommission *f*, Prüfungsausschuß *m*.

exami|nandus [ɛksɑmi·ˈnɑndəs] (*-nandi*) *m* Examinand *m*, Prüfling *m*; **~nator** [-ˈna:tɔr] (*-s u. -en*) *m* Examinator *m*, Prüfer *m*.

excellent [ɛksɛˈlɛnt] vorzüglich, vortrefflich, exzellent; **~ie** [-ˈlɛnsi:] (*-s*) *f* Exzellenz *f*.

excentriek [ɛksɛnˈtri·k] *Adj.* exzentrisch.

excep|tie [ɛkˈsɛpsi:] (*-s*) *f* Ausnahme *f*; Einwand *m*; *jur.* Einspruch *m*; *bij ~* ausnahmsweise; **~tioneel** [-sĭ(j)ɔˈne:l] exzeptionell, ausnahmsweise.

excerpt [ɛkˈsɛrpt] *n* Exzerpt *n*, Auszug *m*.

exclusief [ɛkskly·ˈzi:f] exklusiv, ausschließend.

excommuniceren *a.* **-kom-** [ɛkskɔmy·ni·ˈse:rə(n)] exkommunizieren.

excursie *a.* **-kur-** [ɛksˈkərsi:] (*-s*) *f* Ausflug *m*; Rundfahrt *f*; Abstecher *m*; *fig.* Exkurs *m*, Abschweifung *f*.

excuseren *a.* **ekskuzeren** [ɛksky·ˈze:rə(n)] entschuldigen, verzeihen; *v/r* sich entschuldigen.

excuus *a.* **ekskuus** [ɛksˈky:s] (*excuses*) *n* Entschuldigung *f*, Verzeihung *f*; *zijn excuses maken* sich entschuldigen; (*om*) ~ *vragen* um Verzeihung bitten.

exe|cuteren [ɛkse·ky·ˈte:rə(n)] vollstrecken; hinrichten; **~cuteur** [-ky·ˈtø:r] (*-s u. -en*) *m* Vollstrecker *m*; Testamentsvollstrecker *m*; **~cutie** [-ˈky·si:] (*-s*) *f* Vollstreckung *f*; Hinrichtung *f*; *uitstel van ~* Aufschub des Vollstreckungsverfahrens; **~cutiepeloton** [-ˈky·si·pəlɔtɔn] (*-s*) *n* Erschießungskommando *n*.

exegese [ɛkse·ˈɣe:zə] *f* Exegese *f*.

exem|pel *a.* **eks-** [ɛkˈsɛmpəl] (*-en u. -s*) *n* Exempel *n*, Beispiel *n*; **~plaar** [-ˈpla:r] (*-plaren*) *n* Exemplar *n*.

exer|ceren [ɛksɛrˈse:rə(n)] *mil.* exerzieren; **~citie** [-ˈsi:si:] (*-s u. -ën*) *f* Übung *f*; *mil.* Exerzieren *n*.

existentialisme [ɛksi·stɛnsĭ(j)ɑˈli·smə] *n* Existentialismus *m*.

ex-libris [ɛksˈli·bri·s] (*-sen u. ex-libris*) *n* Exlibris *n*.

ex-minister [ɛksmi·ˈni·stər] (*-s*) *m* ehemalige(r) Minister, Exminister *m*.

exotisch [ɛkˈso:ti·s] exotisch, ausländisch, fremdartig.

expansie [ɛksˈpɑnsi:] Expansion *f*.

expe|diteur [ɛkspe·di·ˈtø:r] (*-s u. -en*) *m* Spediteur *m*; **~ditie** [-ˈdi·si:] (*-s*) *f* Expedition *f*; Spedition *f*.

experiment [ɛkspe·ri·ˈmɛnt] *n* Experiment *n*, Versuch *m*, Probe *f*; **~eel** [-ˈe:l] experimentell; **~eren** [-ˈe:rə(n)] experimentieren; Versuche machen.

expert [ɛksˈpɛrt] *m* Sachverständige(r) *m*, Experte *m*; **~ise** [-ˈi:zə] (*-s u. -n*) *f* Expertise *f*, Untersuchung *f*.

explicatie [ɛkspli·ˈka:si:] (*-s*) *f* Erklärung *f*.

exploi|tatie [ɛksplʋa·ˈta:si:] (*-s*) *f* Betrieb *m*; *Bgb.* Ausbeutung *f*; Ausbeute *f*; **~tatiekosten** [-ˈta:si·kɔstɛ(n)] *pl.* Betriebskosten *pl.*; **~teren** [-ˈte:rə(n)] in Betrieb haben; ausbeuten, ausnutzen.

exploot [ɛksˈplo:t] (*-ploten*) *n* Zustellungsurkunde *f*; Vorladung *f*.

exploreren [ɛksplɔˈre:rə(n)] explorieren, erforschen, untersuchen.

explosie [ɛksˈplo:zi:] (*-s*) *f* Explosion *f*.

exponent [ɛkspɔˈnɛnt] *m* Exponent *m*.

export [ɛksˈpɔrt] *m* Export *m*, Ausfuhr *f*; **~eren** [-ˈe:rə(n)] exportieren, ausführen; **~eur** [-ˈø:r] (*-s*) *m* Exporteur *m*.

exposeren [ɛkspɔˈze:rə(n)] ausstellen.

expres [ɛksˈprɛs] besonders, eigens; absichtlich; *Su. m* Fernschnellzug *m*, FD-Zug *m*; **~brief** [-bri:f] (*-brieven*) *m*, **~se** [-ə] (*-n*) *f* Eilbrief *m*; *per ~* durch Eilboten; **~trein** [-trɛĭn] *m* FD-Zug *m*.

expres|sie [ɛksˈprɛsi:] (*-s*) *f* Ausdruck *m*; **~sionisme** [-ĭ(j)ɔˈni·smə] *n* Expressionismus *m*.

extase *a.* **extaze** [ɛksˈtɑ:zə] (*-s*) *f* Ekstase *f*, Verzückung *f*.

extern [ɛksˈtɛrn] extern, auswärtig; **~aat** [-ˈa:t] (*-naten*) *n* Externat *n*.

extra [ˈɛkstrɑ] extra, eigens, besonders; *~ kosten* Mehrkosten *pl.*; *Su.* (*-'s*) *n* Extra *n*; **~bericht** [-bəˈrɪxt] *n* Sondermeldung *f*; **~blad** [-blɑt] *n* (*Zeitung*) Extrablatt *n*, Sonderausgabe *f*.

extract *a.* **extrakt** [ɛksˈtrɑkt] *n* Extrakt *m*, Auszug *m*.

extreem [ɛksˈtre:m] extrem.

extremist [ɛkstre·ˈmi·st] *m* Extremist *m*.

ex-voto [ɛksˈfo:to] (*-s*) *n u. m* Exvoto *n*, Weihgeschenk *n*.

ezel [ˈe:zəl] (*-s*) *m* Esel *m*; *dom als een ~* F saudumm; **~achtig** [-ɑxtəx] eselhaft; **~drijver** [-drɛĭv̂ər] (*-s*) *m* Eseltreiber *m*; **~in** [-ˈɪn] (*-nen*) *f* Eselin *f*; **~innemelk** [-ˈɪnəmɛlk] *f* Eselsmilch *f*.

ezels|brug [ˈe:zəlzbrəx] (*-bruggen*) *f fig.* Eselsbrücke *f*; **~kop** [-kɔp] (*-pen*) *m* Eselskopf *m*; **~vel** [-fɛl] (*-len*) *n* Eselsfell *n*; **~veulen** [-fø:lə(n)] *n* Eselfüllen *n*.

F

f, F [ɛf] (*f's*) *f* f, F *n*.
faam [fa:m] *f* Ruf *m*; Name *m*; Gerücht *n*.
fabel ['fa:bəl] (*-s u. -en*) *f* Fabel *f*; Märchen *n*; **~achtig** [-ɑxtəx] fabelhaft; **~dichter** [-dɪxtər] (*-s*) *m* Fabeldichter *m*; **~leer** [-le:r] *f* Mythologie *f*.
fabrica|ge *a.* **-ka-** [fɑbri·'kɑ:ʒə], **~tie** [-'kɑ:si:] *f* Fabrikation *f*, Herstellung *f*, Anfertigung *f*, Erzeugung *f*.
fabriceren [fɑbri·'se:rə(n)] fabrizieren, herstellen, erzeugen.
fabriek [fɑ'bri·k] *f* Fabrik *f*.
fabrieks|arbeid [fɑ'bri·ksɑrbɛĭt] *m* Fabrikarbeit *f*; **~merk** [-mɛrk] *n* Fabrikmarke *f*, Handelsmarke *f*, Schutzmarke *f*; **~prijs** [-prɛĭs] (*-prijzen*) *m* Fabrikpreis *m*; **~stad** [-stɑt] (*-steden*) *f* Industriestadt *f*; **~terrein** [-tɛ'rɛĭn] *n* Werksgelände *n*, Industriegelände *n*; **~werk** [-ʋɛrk] *n* Fabrikware *f*; Fabrikarbeit *f*.
fabri|kaat [fɑbri·'kɑ:t] (*-katen*) *n* Fabrikat *n*, Erzeugnis *n*; **~kant** [-'kɑnt] *m* Fabrikant *m*.
facet [fɑ'sɛt] (*-ten*) *n* Facette *f*.
faciliteit [fɑsi·li·'tɛĭt] *f* Erleichterung *f*, Vergünstigung *f*; *~en toestaan* Vergünstigungen gewähren.
factor *a.* **fak-** ['fɑktɔr] *m* Faktor *m*.
factuur *a.* **fak-** [fɑk'ty:r] (*-turen*) *f* Rechnung *f*, Faktur *f*; **~prijs** [-prɛĭs] (*-prijzen*) *m* Fakturpreis *m*.
facultatief *a.* **-kul-** [fɑkəltɑ'ti:f] fakultativ, wahlfrei; *~ vak* Wahlfach *n*.
faculteit [fɑkəl'tɛĭt] *f* Fakultät *f*.
fading ['fe:ĭdɪŋ] *m Rf.* Fading *n*, (Empfangs-)Schwund *m*.
fagot [fɑ'ɣɔt] (*-ten*) *m* Fagott *n*.
faill|eren [fɑĭ'(j)e:rə(n)] in Konkurs gehen; **~iet** [-'i·t] *n* Zahlungsunfähigkeit *f*, Konkurs *m*; *Adj.* zahlungsunfähig, bankrott; *~ gaan* in Konkurs gehen; F pleite gehen; *~e boedel* Konkursmasse *f*; **~ietverklaring** [-'i·tfərklɑ:rɪŋ] *f* Eröffnung *f* des Konkursverfahrens; *zich ~ verklaren* Konkurs beantragen; **~issement** [-ɪsə'mɛnt] *n* Zahlungsunfähigkeit *f*, Konkurs *m*; *in staat van ~* zahlungsunfähig.
fak- *s. fac-*.
fakkel ['fɑkəl] (*-s*) *f* Fackel *m*; **~dans** [-dɑns] *m* Fackeltanz *m*; **~drager** [-drɑ:ɣər] (*-s*) Fackelträger *m*; **~optocht** [-ɔptɔxt] *m* Fackelzug *m*.
falanx *a.* **-lanks** [fɑ'lɑŋks] *f* Phalanx *f*, Schlachtreihe *f*.
falen ['fɑ:lə(n)] fehlen; versagen; mißlingen, scheitern; *hij heeft gefaald* er hat sich geirrt; *alle pogingen hebben gefaald* alle Versuche sind gescheitert.
faliekant [fɑli·'kɑnt] verkehrt, schief; *de zaak viel ~ uit* die Sache ging schief.
falsaris [fɑl'sɑ:rəs] (*-sen*) *m* Fälscher *m*.
falset [fɑl'sɛt] (*-ten*) *m u. n* Falsett *n*; **~stem** [-stɛm] (*-men*) *f* Falsett (-stimme *f*) *n*.
fameus [fɑ'mø:s] famos.
fami|liaar [fɑmɪl'ĭ(j)ɑ:r] familiär; **~liariteit** [-l(j)ɑri·'tɛĭt] *f* Familiarität *f*.
familie [fɑ'mi·li:] (*-s*) *f* Familie *f*; Verwandtschaft *f*; *hij is ~ van mij* er ist mit mir verwandt, er ist ein Verwandter von mir; **~bezoek** [-bəzu·k] *n* Verwandtenbesuch *m*; **~goed** [-ɣu·t] (*-eren*) *n* Familienbesitz *m*, Familiengut *n*; **~kwaal** [-kʋɑ:l] (*-kwalen*) *f* Erbkrankheit *f*; **~naam** [-nɑ:m] (*-namen*) *m* Zuname *m*, Familienname *m*; **~pension** [-pɛn'sĭɔn] (*-s*) *n* Familienpension *f*; **~vete** [-ve:tə] (*-n u. -s*) *f* Familienzwist *m*; **~wapen** [-ʋɑ:pə(n)] (*-s*) *n* Familienwappen *n*.
fan [fɑn] (*-s*) *m* Liebhaber *m*, Anhänger *m*, Fan *m*; *Sp.* Schlachtenbummler *m*.
fana|tiek [fɑnɑ'ti·k] fanatisch; **~tisme** [-'ti·smə] *n* Fanatismus *m*.
fancy-|artikel ['fɑnsi·ɑr'ti·kəl] (*-en u. -s*) *n* Modeartikel *m*, Luxusartikel *m*; **~fair** [-fɛ:r] (*-s*) *m* Wohltätigkeitsbasar *m*; **~prijs** [-prɛĭs] (*-prijzen*) *m* Liebhaberpreis *m*.

fanfare [fɑnˈfaːrə] (*-n u. -s*) *f* Fanfare *f*; **~korps** [-kɔrps] *n* Blasorchester *n*.
fanta|seren *a.* **~zeren** [fɑntaˈzeːrə(n)] phantasieren; **~sie** *a.* **~zie** [fɑntɑˈziː] (*-ën*) *f* Phantasie *f*; **~st** [-ˈtɑst] *m* Phantast *m*; **~stisch** [-ˈtɑstiˑs] phantastisch, fabelhaft.
fantoom [fɑnˈtoːm] (*-tomen*) *n* Phantom *n*, Trugbild *n*.
farao [ˈfaːraːoˑ] (*-'s*) *m* Pharao *m*.
farde [ˈfɑrdə] (*-s u. -n*) *f* Umschlag *m*; Bündel *n*, Akte *f*.
fari|zeeër [fɑriˑˈzeː(j)ər] (*-s*) *m* Pharisäer *m*; **~zees** [-zeːs] pharisäisch.
farmacie [fɑrmɑˈsiː] *f* Pharmazie *f*.
fascisme [fɑˈsiˑsmə] *n* Faschismus *m*.
fase *a.* **faze** [ˈfaːzə] (*-s u. -n*) *f* Phase *f*.
fat [fɑt] (*-ten*) *m* Stutzer *m*, Modenarr *m*.
fa|taal [fɑˈtaːl] fatal, verhängnisvoll; **~talisme** [-tɑˈliˑsmə] *n* Fatalismus *m*; **~talist** [-tɑˈliˑst] *m* Fatalist *m*.
fat|soen [fɑtˈsuˑn] *n* Anstand *m*; (*Form*) Fasson *f*, Schnitt *m*; *zijn ~ houden* den Anstand wahren, anständig sein; *een man van ~* ein anständiger Mensch; **~soeneren** [-suˑˈneːrə(n)] formen, gestalten; **~soenlijk** [-ˈsuˑnlək] anständig, wohlerzogen, ordentlich; **~soenlijkheid** [-ˈsuːnləkhɛĭt] Anstand *m*, Anständigkeit *f*; **~soenshalve** [-suˑnsˈhɑlv̊ə] anstandshalber.
fatterig [ˈfɑtərəx] stutzerhaft.
fatum [ˈfaːtəm] (*fata*) *n* Schicksal *n*.
faun [fɑŭn] *m* Faun *m*, Waldgeist *m*.
fauna [ˈfɑŭnɑ] *f* Fauna *f*, Tierwelt *f*.
fauteuil [foːˈtəʏ] (*-s*) *m* Fauteuil *m*, Lehnsessel *m*.
favoriet [fɑv̊ɔˈriˑt] *m* Favorit *m*, Günstling *m*; **~e** [-ə] (*-n*) *f* Favoritin *f*.
fazant [fɑˈzɑnt] *m*, **~ehaan** [-əˈhaːn] (*-hanen*) *m* Fasan *m*; **~ehen** [-əˈhɛn] (*-nen*) *f* Fasanenhenne *f*; **~ehok** [-əhɔk] (*-ken*) *n* Fasanenhaus *n*, Fasanerie *f*; **~ejacht** [-əjɑxt] *f* Fasanenjagd *f*.
februari [feˑbryˑˈ(ʋ)aːriˑ] *m* Februar *m*.
fede|raal [feˑdəˈraːl] föderativ; **~ralisme** [-rɑˈliˑsmə] *n* Föderalismus *m*; **~ratie** [-ˈraːsiː] (*-s*) *f* Föderation *f*, Bund *m*; Bundesstaat *m*.
fee [feː] (*-ën*) *f* Fee *f*; **~ënland** [-(j)ənlɑnt] *n* Feenreich *n*.
feeks [feːks] *f* Drache *m*; böse Sieben *f*; *een kleine ~* e-e kleine Hexe; *de Getemde ♀* der Widerspenstigen Zähmung.
feest [feːst] *n* Fest *n*, Festlichkeit *f*; *het is mij een* (*waar*) *~* es ist mir e-e (reine) Freude; **~dag** [-dɑx] *m* Festtag *m*, Feiertag *m*.
fees|telijk [ˈfeːstələk] festlich; *~ bedankt!* F kommt (gar) nicht in die Tüte; **~ten** [-tə(n)] feiern.
feest|gewaad [ˈfeːstxəʋaːt] (*-gewaden*) *n* Festgewand *n*, Feiertagsanzug *m*; **~lied** [-liˑt] (*-eren*) *n* Festlied *n*; **~varken** [-fɑrkə(n)] (*-s*) *n* P Geburtstagskind *n*, Jubilar *m*; **~viering** [-fiːrɪŋ] *f* Fest *n*; Feier *f*; **~vreugde** [-frøːɣ̊də] Festesfreude *f*.
feil [fɛĭl] *f* Fehler *m*; **~baar** [-baːr] fehlbar; **~loos** [-loːs] fehlerlos.
feit [fɛĭt] *n* Tat *f*, Tatsache *f*; Faktum *n*; *het is een ~* es ist (e-e) Tatsache; tatsächlich; *in ~e* faktisch, tatsächlich; in Wirklichkeit; *voldongen ~* vollendete Tatsache; *de ~en jur.* Tatbestand *m*; *de* (*toe*)*stand van de ~en* Sachverhalt *m*; *verslag van de ~en* Tatsachenbericht *m*; *een strafbaar ~ jur.* e-e strafbare Handlung; **~elijk** [-ələk] eigentlich; faktisch; tätlich; **~enkennis** [-ə(n)kɛnɪs] (*kein pl.*) *f* Sachkenntnis *f*; **~enmateriaal** [-ə(n)mateˑˈrĭ(j)aːl] *n* Tatbestand *m*, Tatsachenmaterial *n*.
fel [fɛl] heftig; grimmig; scharf, grell; **~heid** [-hɛĭt] *f* Heftigkeit *f*; Schärfe *f*; Grelle *f*.
felici|tatie [feˑliˑsiˑˈtaːsiː] (*-s*) *f* Glückwunsch *m*, Gratulation *f*; **~tatiebrief** [-briːf] (*-brieven*) *m* Glückwunschschreiben *n*; **~teren** [-ˈteːrə(n)] *j-n* beglückwünschen, *j-m* gratulieren (*met*/zu *D*).
feme|laar [ˈfeːməlaːr] (*-s u. -laren*) *m* Frömmler *m*, Heuchler *m*; Mucker *m*; **~len** [-lə(n)] frömmeln.
feminisme [feˑmiˑˈnɪsmə] *n* Feminismus *m*.
feniks [ˈfeːnɪks] *m* Phönix *m*.
feno|meen [feˑnɔˈmeːn] (*-menen*) *n* Phänomen *n*; **~menaal** [-meˑˈnaːl] phänomenal.
feo|daal *a.* **feu-** [feˑɔˈdaːl] feudal; *~ stelsel* Feudalsystem *n*; **~daliteit** [-dɑliˑˈtɛĭt] *f* Feudalität *f*.

ferm [fɛrm] kräftig; tüchtig; stramm; schneidig.
festijn [fɛs'tɛĭn] *n* Fest *n*; Festessen *n*, Festmahl *n*.
festi|val ['fɛsti·v̊ɑl] *a.* [fɛsti·'v̊ɑl] (*-s*) *n* Musikfest *n*; Festspiele *n/pl.*; Festival *n*; **~viteit** [-v̊i·'tɛĭt] *f* Festlichkeit *f*.
feuilleton [fø·jə'tɔn] (*-s*) *n* Feuilleton *n*; Fortsetzungsroman *m*.
fez [fɛz] (*-zen*) *m* Fes *m*.
fezelen ['fe:zələ(n)] (*ins Ohr*) flüstern.
fiasco *a.* **-ko** [fĭ'(j)ɑsko·] (*-'s*) *n* Fiasko *n*, Mißerfolg *m*; *de voorstelling werd (was) een ~ fig.* die Aufführung fiel durch.
fiat ['fi·(j)ɑt] *n*: *zijn ~ geven* genehmigen.
fiche ['fi·ʃə] (*-s*) *n u. f* Zettel *m*; Karteikarte *f*; **~sbak** [-sbɑk] (*-ken*) *m*, **~sdoos** [-sdo:s] (*-dozen*) *f* Karteikasten *m*.
fic|tie *a.* **fik-** ['fi·ksi:] (*-s*) *f* Fiktion *f*; **~tief** [-'ti:f] fiktiv; fingiert.
fideel [fi·'de:l] lustig, heiter; *een fidele vent (kerel)* P ein fideles Haus.
fiducie [fi·'dy·si:] *f* Vertrauen *n*.
fielt [fi:lt] *m* Schuft *m*, Schurke *m*; Schelm *m*; **~enstreek** [-ə(n)stre:k] (*-streken*) *m u. f* Bubenstück *n*; Gemeinheit *f*.
fier [fi:r] stolz, hochherzig, hochsinnig; **~heid** [-hɛĭt] *f* Stolz *m*.
fiets [fi·ts] *m u. f* (Fahr-)Rad *n*; **~band** [-bɑnt] *m* (Rad-)Reifen *m*; **~bel** [-bɛl] (*-len*) *f* Fahrradklingel *f*.
fietsen ['fi·tsə(n)] radfahren.
fietsenstalling ['fi·tsə(n)stɑlıŋ] *f* Fahrradschuppen *m*; Fahrradaufbewahrung *f*; Fahrradabstellplatz *m*.
fietser ['fi·tsər] (*-s*) *m* Radfahrer *m*.
fiets|lamp ['fi·tslɑmp] *f* Fahrradlampe *f*; **~pad** [-pɑt] *n* Rad(fahr-)weg *m*; **~pomp** [-pɔmp] *f* Fahrradpumpe *f*, Luftpumpe *f*; **~tocht** [-tɔxt] *m* Radtour *f*.
figu|rant [fi·ɣ̊y·'rɑnt] *m* Figurant *m*, Statist *m*, Komparse *m*; **~reren** [-'re:rə(n)] figurieren, darstellen; *~ als* als ... auftreten.
figuur [fi·'ɣ̊y:r] (*-guren*) *f u. n* Figur *f*; *een goed ~ slaan fig.* e-e gute Figur machen; **~lijk** [-lək] figürlich, bildlich; **~raadsel** [-ra:tsəl] (*-s*) *n* Bilderrätsel *n*; **~zaag** [-za:x] (*-zagen*) *f* Laubsäge *f*.
fijn [fɛĭn] fein; zart; sauber; scharfsinnig, schlau; *~!* sehr gut, ausgezeichnet!; *het ~e van de zaak fig.* der Kern e-r Sache; **~gevoelig** [-ɣ̊ə'vu:ləx] zartfühlend; **~gevoeligheid** [-ɣ̊ə'vu·ləxhɛĭt] *f* Feingefühl *n*, Zartgefühl *n*; **~hakken** [-hɑkə(n)] kleinhacken; **~maken** [-ma:kə(n)] mahlen, zerreiben; **~malen** [-ma:lə(n)] fein mahlen; **~proever** [-pru·v̊ər] (*-s*) *m* Feinschmecker *m*.
fijt [fɛĭt] *f u. n* Nagelbettentzündung *f*, Fingerentzündung *f*.
fiks [fıks] kräftig, rüstig, tüchtig; derb.
filantroop [fi·lɑn'tro:p] (*-tropen*) *m* Philanthrop *m*.
file ['fi·lə] (*-s*) Reihe *f*, Schlange *f*; *in de ~ staan* anstehen, Schlange stehen; *in (een) ~ rijden* Kolonne fahren, (in der) Schlange fahren.
filet [fi·'le:] *a.* [fi·'lɛ] (*-s*) *m u. n* Filet *n*.
filharmo|nie [fi·lhɑrmo·'ni:] (*-ën u. -s*) Philharmonie *f*; **~nisch** [-'mo·ni·s] philharmonisch.
filiaal [fi·'lĭ(j)a:l] (*-lialen*) *n* Filiale *f*, Zweigniederlassung *f*, Zweiggeschäft *n*.
fili|graan [fi·li·'ɣ̊ra:n], **~grein** [-ɣ̊rɛĭn] *n* Filigran *n*.
Filips [fi·'li·ps] *m* Philipp *m*.
filister [fi·'li·stər] (*-s*) *m* Philister *m*.
film [fılm] (*-s*) *m* Film *m*; Filmstreifen *m*; *sprekende ~* Tonfilm *m*; *gekleurde ~* Farbfilm *m*; *vertraagde ~* Film in Zeitlupe; *versnelde ~* (*Film in*) Zeitraffer *m*; **~acteur** *a.* **-ak-** [-ɑk'tø:r] (*-s*) *m* Filmschauspieler *m*; **~actrice** *a.* **-ak-** [-ɑktri·sə] (*-s*) *f* Filmschauspielerin *f*; **~bedrijf** [-bədrɛĭf] (*-bedrijven*) *n* Filmbetrieb *m*; Filmindustrie *f*; **~en** [-ə(n)] (ver)filmen; *e-n Film* drehen; **~journaal** [-ʒu·r'na:l] (*-nalen*) *n* Wochenschau *f*; **~keuring** [-kø:rıŋ] *f* Filmzensur *f*; **~keuringscommissie** *a.* **-kom-** [-kø:rıŋskɔ'mi·si:] (*-s*) *f* Filmprüfungskommission *f*; **~operateur** [-ɔpərɑtø:r] (*-s*) *m* Filmvorführer *m*; Kameramann *m*; **~ster** [-stɛr] (*-ren*) *f* Filmstar *m*; **~toestel** [-tu·stɛl] (*-len*) *n* Filmkamera *f*, Filmapparat *m*; **~verhuring** [-v̊ərhy:rıŋ] *f* Filmverleih *m*; **~vertoning** [-v̊ərto:nıŋ] *f* Filmvorführung *f*.

filo|logie [fi·lo·lɔ'ɣi:] *f* Philologie *f*; **~loog** [-'lo:x] (*-logen*) *m* Philologe *m*; **~sofie** *a.* **-zo-** [-sɔ'fi:] *f* Philosophie *f*; **~soof** *a.* **~zoof** [-'zo:f] (*-zofen*) *m* Philosoph *m*.
fil|ter ['fɪltər] (*-s*) *m u. n* Filter *m u. n*; **~treertoestel** [-'tre:rtu·stɛl] (*-len*) *n* Filtrierapparat *m*; **~treren** [-'tre:rə(n)] filtrieren, filtern.
Fin [fɪn] (*-nen*) *m* Finne *m*.
finaal [fɪ'na:l] gänzlich, völlig; durchaus.
finale [fi·'na:lə] (*-s*) *f* Finale *n*; *Sp.* Schlußrunde *f*, Endkampf *m*.
finan|cieel [fi·nɑn'sĭ(j)e:l] finanziell; **~ciën** [fi·'nɑnsĭ(j)ən], *a.* **~cies** [-si:s] *pl.* Finanzen *pl.*; *ministes van ~* Finanzminister *m*; **~cier** [-'si:r] (*-s*) Finanzier *m*, Finanzmann *m*; **~cieren** [-'si:rə(n)] finanzieren.
finesse [fi·'nɛsə] (*-s*) *f* Finesse *f*.
fingeren [fɪŋ'ɣe:rə(n)] fingieren.
Fin|land ['fɪnlɑnt] *n* Finnland *n*; **~s** *Su. n* Finnisch *n*; *Adj.* finnisch.
firma ['fi·rmɑ] (*-'s*) *f* Firma *f*.
firmament [fi·rmɑ'mɛnt] *n* Firmament *n*.
fiscus *a.* **-kus** ['fi·skəs] *m* Fiskus *m*.
fistel [fɪstəl] (*-s*) *f* Fistel *f*.
fit [fɪt]: *~ zijn Sp.* in Form sein; *zich niet ~ voelen* sich nicht ganz wohl fühlen.
fit|ter [fɪtər] (*-s*) Installateur *m*; **~ting** [-tɪŋ] (*-s u. -en*) *m Tech.* Fitting *n*; (Lampen-)Fassung *f*.
fixeren [fi·k'se:rə(n)] befestigen; (*Foto*) fixieren.
fjord [fjɔrt] *m* Fjord *m*.
flacon *a.* **-kon** [flɑ'kɔn] (*-s*) *m* Flakon *n*, Fläschchen *n*.
fladderen ['flɑdərə(n)] flattern.
flagrant [flɑ'ɣrɑnt] flagrant, offenkundig.
flakkeren ['flɑkərə(n)] flackern.
flamberen [flɑm'be:rə(n)] flambieren.
flamingo [fla·'mi·ŋɣo·] (*-'s*) *m* Flamingo *m*.
flanel [flɑ'nɛl] *n* Flanell *m*; **~len** [-ə(n)] flanellen; Flanell-.
flaneren [flɑ'ne:rə(n)] schlendern, bummeln.
flank [flɑŋk] *f* Flanke *f*; (*Tier*) Weiche *f*; *rechts uit de ~* rechtsum; **~eren** [-'e:rə(n)] flankieren; **~vuur** [-fy:r] *n mil.* Flankenfeuer *n*.
flapbroek ['flɑbru·k] *f* Schlaghose *f*.
flaphoed ['flɑphu·t] *m* Schlapphut *m*.
flapuit [flɑ'pəʏt] *m* Schwätzer *m*.
flarden ['flɑrdə(n)] *f/pl.* Fetzen *m/pl.*; *aan ~* in Fetzen.
flat [flɑt] (*-s*) *f u. m* Etagenwohnung *f*, Hochhauswohnung *f*.
flater ['fla:tər] (*-s*) *m* Fehler *m*; *een ~ begaan* e-n Schnitzer machen; *fig.* e-n Bock schießen.
flatgebouw ['flɑtxəbɑu] *n* Hochhaus *n*; **~neurose** [-nøro:zə] (*-s u. -n*) *f* Hochhausneurose *f*.
flatteren [flɑ'te:rə(n)] *j-m* schmeicheln.
flauw [flɑŭ] flau, matt, schwach; fade, schal; (*Börse*) lustlos; *~ verlicht* schwach beleuchtet; *~e praat* fades Geschwätz; *geen ~ idee* keine blasse Ahnung; *~e mop* abgeschmackter Witz; **~iteit** [-(ʋ)ɪ'tɛĭt] *f* Abgeschmacktheit *f*; dummes Zeug; **~te** [-tə] (*-n u. -s*) *f* Ohnmacht *f*, Bewußtlosigkeit *f*; **~tjes** [-tjəs] *Adv.* matt, schwach; **~vallen** [-ʋɑlə(n)] in Ohnmacht fallen, ohnmächtig werden.
flegma ['flɛxmɑ] *n* Phlegma *n*; **~tisch** [flɛx'ma:ti·s] phlegmatisch.
fle|men ['fle:mə(n)] *j-m* schmeicheln; **~mer** [-mər] (*-s*) *m* Schmeichler *m*.
flensje ['flɛnsjə] (*-s*) *n* Eierkuchen *m*; kleiner Pfannkuchen.
fles [flɛs] (*-sen*) *f* Flasche *f*; *bier op (in) ~sen* Flaschenbier *n*; *op de ~ gaan* F Pleite machen; **~semelk** [-səmɛlk] *f* Flaschenmilch *f*.
flessentrekker ['flɛsə(n)trɛkər] (*-s*) *m* Hochstapler *m*, Schwindler *m*.
flets [flɛts] bleich, blaß; welk, matt; fade.
fleur [flø:r] *m u. f* Blüte *f*; Flor *m*; *in volle ~* in voller Blüte; *de ~ van het leven* die Blüte des Lebens; **~ig** [-əx] blühend; frisch; heiter.
flexie ['flɛksi:] (*-s*) *f Gr.* Flexion *f*, Beugung *f*.
flierefluiter ['fli:rəfləʏtər] (*-s*) *m* Stutzer *m*; Lebemann *m*, Playboy *m*; Liederjan *m*.
flikflooien ['flɪkflo:ĭ(j)ə(n)] F *j-m* schmeicheln.
flikje ['flɪkjə] (*-s*) *n* Schokoladenplätzchen *n*.
flikken ['flɪkə(n)] flicken, ausbessern; P *het ('t) hem ~* es fertigbringen, es deichseln.
flikker ['flɪkər] (*-s*) *m* P Flicker *m*; *hij stond in zijn blote ~* P er stand

splitternackt da; *iemand op zijn* ~ *geven* P j-n verhauen; *hij weet er geen* ~ *van* er hat keine blasse Ahnung.

flikker|en ['flɪkərə(n)] flimmern, flackern; funkeln; **~licht** [-lɪxt] *n* Blinklicht *n*.

flink [flɪŋk] tüchtig, energisch; hübsch; derb; rüstig; *een* ~ *pak slaag krijgen* gehörige Prügel bekommen; *een* ~*e som* e-e bedeutende Summe; *een* ~ *werkman* ein tüchtiger Arbeiter; *hij komt er nog* ~ *voor* er ist noch rüstig.

Flip [fli·p] *m s. Filips.*

flirt [flə:rt] *m* Flirt *m*; **~en** [-ə(n)] flirten.

flits [flɪts] *m* Blitz *m*; Strahl *m*; **~en** [-ə(n)] zucken; **~er** [-ər] (-*s*) *m* Blitzlichtauslöser *m*; **~lamp** [-lɑmp] *f* Blitzlampe *f*; **~licht** [-lɪxt] *n* Blitzlicht *n*.

flodder ['flɔdər] (-*s*) *f* Schlamm *m*; Kot *m*; *fig.* Schlampe *f*; *losse* ~*s* Platzpatronen *f/pl*.

flodder|broek ['flɔdərbru·k] *f* Pumphose *f*, Pluderhose *f*; Schlotterhose *f*; **~en** [-ə(n)] schlampen; schmieren; *Kleider*: schlottern; **~madam** [-mɑdɑm] (-*men u.* -*s*) *f* Schlampe *f*; **~muts** [-møts] *f* Flügelhaube *f*.

floer [flu:r] *n* Samt *m*; **~en** [-ə(n)] *Adj.* samten; Samt-; **~s** [-*s*] *n* Flor *m*, Krepp *m*; Schleier *m*.

flonkeren ['flɔŋkərə(n)] funkeln.

floot [flo:t] *s. fluiten.*

Florence [flɔ'rɑ̃:sə] *n* Florenz *n*.

Florentijn [flɔrən'tɛĭn] *m* Florentiner *m*.

floreren [flɔ're:rə(n)] florieren, gedeihen; blühen.

florijn [flɔ'rɛĭn] *m* Florin *m*, Gulden *m*.

fluctuatie *a.* **fluk-** [fløkty·'(ʋ)a:si:] (-*s*) *f* Schwankung *f*, Fluktuation *f*.

fluim [flœym] *f* Schleim *m*.

fluister|campagne ['flœystərkɑm'pɑnjə] (-*s*) *f* Flüsterpropaganda *f*; **~en** [-ə(n)] flüstern; wispern, raunen; zischeln.

fluit [flœyt] *f* Flöte *f*; Pfeife *f*; **~concert** *a.* **-kon-** [-kɔnsɛrt] *n* Flötenkonzert *n*; **~en** [-ə(n)] (*floot, gefloten*) flöten; pfeifen; *hij is gaan* ~ F er ist flötengegangen; **~ketel** [-ke:təl] (-*s*) *m* Pfeifkessel *m*; **~register** [-rəgɪstər] (-*s*) *n* Flötenregister *n*, Flötenzug *m*; **~signaal** [-sɪnja:l] (-*nalen*) *n* Pfeifsignal *n*, Pfiff *m*, Abpfiff *m*; **~speler** [-spe:lər] (-*s*) *m* Flötenspieler *m*; **~toon** [-to:n] (-*tonen*) *m* Pfeifton *m*.

fluks [fløks] flugs, schnell, sogleich; hurtig.

fluorescentie [fly·(ʋ)ɔrɛ'sɛnsi:] (-*s*) *f* Fluoreszenz *f*.

flu|weel [fly·'ʋe:l] *n* Samt *m*; *geribt* ~ Rippensamt *m*, Kord *m*; **~weelzacht** [-'ʋe:lzɑxt] samtweich; **~welen** [-'ʋe:lə(n)], **~welig** [-'ʋe:ləx] *Adj.* samten; Samt-.

fluwijn[1] [fly·'ʋɛĭn] *n* Steinmarder *m*.

fluwijn[2] *f u. n* Kissenüberzug *m*.

fnuiken ['fnœykə(n)] beschneiden; *Macht, Stolz* brechen.

focus ['fo:køs] (-*sen*) *m* Fokus *m*, Brennpunkt *m*.

foedraal [fu·'dra:l] (-*dralen*) *n* Futteral *n*, Gehäuse *n*.

foefje ['fu·fjə] (-*s*) *n* Kniff *m*, Trick *m*; *iemand* ~*s wijsmaken* F j-m e-n Bären aufbinden.

foei [fu·i] pfui; **~lelijk** [-le:lək] scheußlich, sehr häßlich.

foelie ['fu·li:] (-*s*) *f* Folie *f*, Stanniol *n*; *Bot.* Muskatblüte *f*.

foezel ['fu·zəl] *f* Fusel *m*.

foerier [fu·'ri:r] (-*s*) *m mil.* Furier *m*.

foeteren ['fu·tərə(n)] F schimpfen, meckern.

fok[1] [fɔk] *f mar.* Fock *f*.

fok[2] *m* Zucht *f*; **~dier** [-di:r] *n* Zuchttier *n*; **~ken** [-ə(n)] züchten, großziehen; **~ker** [-kər] (-*s*) *m* Züchter *m*; **~kerij** [-kə'rɛĭ] *f* (Vieh-)Zucht *f*.

fokkezeil ['fɔkəzɛĭl] *n* Focksegel *n*.

fokvee ['fɔkfe:] *n* Zuchtvieh *n*.

folder ['fɔldər] (-*s*) *m* Faltblatt *n*, Werbeblatt *n*, Faltprospekt *m*.

foliant [fo·'lĭ(j)ɑnt] *m* Foliant *m*.

folio ['fo·lĭ(j)o·] (-'*s*) *n* Folio *n*.

folklore [fɔlk'lo:rə] *f* Folklore *f*, Volkskunde *f*.

folter|bank ['fɔltərbɑŋk] *f* Folterbank *f*; **~en** [-ə(n)] foltern; **~tuig** [-tœyx] *n* Folterwerkzeug *n*.

fondament *a.* **-de-** [fɔn-] *od.* [føndɑ'mɛnt] *n* Fundament *n*, Grundlage *f*.

fonds [fɔnts] *n* Fonds *m*, Kapital *n*; Verlag *m*; Krankenkasse *f*; *geheim* ~ P Reptilienfonds *m*; Giftschrank *m*; **~catalogus** [-kɑ'ta·lɔɣøs] (-*sen* *u. -logi*) *m* Verlagskatalog *m*; **~dokter** [-dɔktər] (*-s*) *m* Kassenarzt *m*; **~en** [-ə(n)] *pl.* Wertpapiere *n/pl.*, Effekten *pl.*; **~enbeurs** [-ənbø:rs] (*-beurzen*) *f* Fondsbörse *f*; **~enmarkt** [-ənmɑrt] *f* Geldmarkt *m*, Fondsbörse *f*; **~lijst** [-lɛĭst] *f* Verlagsverzeichnis *n*; **~patiënt** [-pɑ'sjɛnt] *m* Kassenpatient *m*.

one|tiek [fɔne·'ti·k] *f* Phonetik *f*; **~tisch** [fɔ'ne·ti·s] phonetisch.

onkel|en ['fɔŋkələ(n)] funkeln, glänzen, blitzen; **~nieuw** [-ni·ŭ] funkelnagelneu.

ontein [fɔn'tɛĭn] *f* (Spring-)Brunnen *m.*

ooi [fo:ĭ] *f* Trinkgeld *n*.

op|pen ['fɔpə(n)] foppen, necken; **~perij** [-ə'rɛĭ] *f* Fopperei *f*; Scherz *m*; **~speen** [-spe:n] (*-spenen*) *f* Schnuller *m*.

orceren [fɔr'se:rə(n)] forcieren; (er)zwingen; *Pflanzen*: treiben; *een deur* ~ e-e Tür aufbrechen; *geforceerde mars* (*marche*) Gewaltmarsch *m*.

orel [fɔ'rɛl] (*-len*) *f* Forelle *f*.

orens [fɔ'rɛns] (*-en u. -renzen*) *m* Pendler *m*.

orfaitair [fɔrfɛ'tɛ:r] pauschal; Pauschal-.

ormaat [fɔr'ma:t] (*-maten*) *n* Format *n*; **~zegel** [-se:ɣ̊əl] (*-s*) *n* Stempel *m*.

ormaliteit [fɔrmɑli·'tɛĭt] *f* Formalität *f*, Förmlichkeit *f*; Formsache *f*.

ormatie [fɔr'ma:si:] (*-s*) *f* Formation *f*; *Flgw.* Verband *m*.

ormeel [fɔr'me:l] formal, förmlich, formell.

ormeren [fɔr'me:rə(n)] formieren, gestalten, formen, bilden.

ormidabel [fɔrmi·'da:bəl] furchtbar, schrecklich.

or|mule [fɔr'my:lə] (*-s*) *f* Formel *f*; **~muleren** [-my·'le:rə(n)] formulieren, abfassen; **~mulering** [-my·'le:rɪŋ] *f* Wortlaut *m*; Abfassung *f*; **~mulier** [-mu·'li:r] *n* Formular *n*, Vordruck *m*.

ornuis [fɔr'nəʏs] (*-nuizen*) *n* Küchenherd *m*.

ors [fɔrs] stark, kräftig, robust, derb; ~ *gebouwd* stämmig.

ort [fɔrt] *n* Fort *n*; **~engordel** [-ə(n)ɣ̊ɔrdəl] (*-s*) *m* Befestigungsgürtel *m*; **~ificatie** *a.* **-ka-** [-i·fi·ka:si:] (*-s*) *f* Befestigungskunst *f*; Festungswerk *n*; **~s** Befestigungsanlagen *f/pl*.

fortuin [fɔr'təʏn] *f* Fortuna *f*, Glück *n*; *n* Vermögen *n*, Reichtum *m*; **~zoeker** [-zu·kər] (*-s*) *m* Glücksritter *m*, Abenteurer *m*.

forum ['fo:rəm] (*-s*) *n* Forum *n*; **~gesprek** [-ɣ̊əsprɛk] (*-ken*) *n* Podiumsgespräch *n*.

fosfor ['fɔsfɔr] *m u. n* Phosphor *m*.

fossiel [fɔ'si:l] fossil, versteinert; *Su. n* Fossil *n*.

foto ['fo:to:] (*-'s*) *f* Foto *n*, Bild *n*, Aufnahme *f*; **~graaf** [-'ɣ̊ra:f] (*-grafen*) *m* Fotograf *m*; **~graferen** [-ɣ̊rɑ'fe:rə(n)] fotografieren; ablichten; **~grafie** [-ɣ̊rɑ'fi:] (*-s u. -ën*) *f* Fotografie *f*, Bild *n*, Aufnahme *f*; **~model** [-mɔ'dɛl] (*-len*) *n* Fotomodell *n*; **~reportage** [-rəpɔr'tɑ:ʒə] (*-s*) *f* Bildbericht *m*; **~toestel** ['tu:stɛl] (*-len*) *n* Fotoapparat *m*, Kamera *f*.

fouilleren [fu·ĭ'(j)e:rə(n)] (*j-s Taschen*) durchsuchen; F filzen.

fout [fɑŭt] *f* Fehler *m*; Irrtum *m*, Versehen *n*; Verstoß *m*; *Adj.*, *Adv.* falsch, verkehrt, unrichtig; *zonder* ~ bestimmt, ganz gewiß; *zonder ~en* fehlerfrei; *een ~ begaan* e-n Fehler machen; *een grove* ~ ein grober Schnitzer; *dat is* ~ das ist nicht richtig; **~ief** [-'i:f] fehlerhaft, falsch.

foyer [fʋa·'je:] (*-s*) *n* Foyer *n*, Wandelhalle *f*.

fraai [fra:ĭ] schön; hübsch, zierlich.

fraaiigheid ['fra:jəxhɛĭt] (*-heden*) *f* Kram *m*; *en dergelijke ~heden* und ähnliches (u. ä.).

fractie *a.* **frak-** ['frɑksi:] (*-s*) *f* Fraktion *f*, Gruppe *f*; Bruchteil *m*.

frag|ment [frɑx'mɛnt] *n* Fragment *n*, Bruchstück *n*; **~mentarisch** [-mən'ta:ri·s] fragmentarisch.

frak [frɑk] (*-ken*) *m* Frack *m*.

fram|boos [frɑm'bo:s] (*-bozen*) *f* Himbeere *f*; **~bozengelei** [-'bo:zə(n)ʒəlɛĭ] *f* Himbeergelee *n*.

Française [frɑn'sɛ:zə] (*-s*) *f* Französin *f*.

franciscaan *a.* **-kaan** [frɑnsi·s'ka:n] (*-canen*) *m* Franziskaner *m*.

franco *a.* **-ko** ['frɑŋko·] franko, frei, portofrei; ~ *thuis* frei Haus.

franje ['frɑnjə] (*-s*) *f* Franse *f*.

frank[1] [frɑŋk] frei, offen.

frank[2] *m* (*Münze*) Franc *m*, Franken *m*.

Frank[3] *m* (*Rufname*) Frank *m*; (*Völkername*) Franke *m*.
fran|keerkosten [fraŋ'ke:rkɔstə(n)] *pl.* Frankaturkosten *pl.*; **~keerzegel** [-'ke:rze:ɣ̊əl] (*-s*) *m* Postwertzeichen *n*, Briefmarke *f*, Freimarke *f*; **~keren** [-'ke:rə(n)] frankieren, freimachen; **~kering** [-'ke:rɪŋ] *f* Frankatur *f*, Frankierung *f*.
Frankfort ['fraŋkfɔrt] *n* Frankfurt *n*.
Frankisch ['fraŋki·s] fränkisch.
Frankrijk ['fraŋkrɛĭk] *n* Frankreich *n*.
Frans [frans] *m* (*Rufname*) Franz *m*; *Adj.* französisch; *Su.* *n* Französisch *n*; **~man** [-man] (*Fransen*) *m* Franzose *m*; **~e** [-ə] *f* Französin *f*; **~kiljons** [-kɪl'jɔns] *Adj.* franzosenfreundlich, frankophil.
frase ['fra:zə] (*-n u. -s*) *f* Phrase *f*.
frats [frats] *f* Fratze *f*, Grimasse *f*; *pl.* Grillen *f/pl.*, Schrullen *f/pl.*; **~enmaker** [-ə(n)ma:kər] (*-s*) *m* Possenreißer *m*.
frauduleus [fraudy·'lø:s] betrügerisch.
fraze *f s. frase.*
Frede|rik ['fre:dərɪk] *m* Friedrich *m*; **~rika** [-'ri·ka·] *f* Friederike *f*.
fregat [frə'gat] (*-ten*) *n* Fregatte *f*; **~vogel** [-fo:ɣ̊əl] (*-s*) *m* Fregattvogel *m*.
frequentie *a.* **-kwen-** [fre·'kʋɛnsi:] (*-s*) Frequenz *f*, Häufigkeit *f*; *Chem.* Periodenzahl *f*; **~modulatie** [-mɔdy·'la:si:] (*-s*) *f* Frequenzmodulation *f*.
fresco *a.* **-ko** ['frɛsko·] (*-'s*) *n* Fresko *n*.
fret [frɛt] (*-ten*) *n* *Zool.* Frettchen *n*.
fretzaag ['frɛtsa:x] (*-zagen*) *f* Stichsäge *f*.
freule ['frœ:lə] (*-s*) *f* Freiin *f*; ~ X Fräulein von X.
fricandeau *a.* **-kan-** [fri·kan'do:] (*-s*) *m* Frikandeau *n*, Kalbskeule *f*.
fricassee *a.* **-kas-** [fri·ka'se:] (*-s*) *f* Frikassee *n*.
Fries[1] [fri:s] (*Friezen*) *m* Friese *m*, Friesländer *m*; *Adj.* friesisch; *Su.* *n* Friesisch *n*.
fries[2] *f u. n* Fries *m*; *n* (*Gewebe*) Fries *m*.
frieten ['fri·tə(n)] *pl.* Pommes frites *pl.*
fris [frɪs] frisch; kühl; **~drank** [-draŋk] *m* Erfrischungsgetränk *n*.
fri|seertang *a.* **-zeer-** [fri·'ze:rtaŋ] *f* Brennschere *f*; **~seren** *a.* **~zeren** [-'ze:rə(n)] frisieren, kräuseln.
fröbel|onderwijzeres [frø:bələndərʋɛĭzə'rɛs] (*-sen*) *f* Kindergärtnerin *f*; **~school** [-sxo·'l] (*-scholen*) *f* Kindergarten *m*.
frommelen [frɔmələ(n)] zerknüllen, zerknittern.
fronsen ['frɔnsə(n)] runzeln.
front [frɔnt] *n* Front *f*; (*Gebäude*) Fassade *f*; (*Hemd*) Vorhemd *n*; **~loge** [-lo:ʒə] (*-s*) *f* Orchesterloge *f*.
fruit [frəʏt] (*kein pl.*) *n* Obst *n*; **~boom** [-bo:m] (*-bomen*) *m* Obstbaum *m*; **~vrouw** [-fraŭ] *f* Obstfrau *f*.
fuchsia *a.* **-fok-** ['fu·ksĭ(j)a] (*-'s*) *f* *Bot.* Fuchsie *f*.
fuga ['fy:ɣ̊a] (*-'s*) *f* Fuge *f*.
fuif [fəʏf] (*-fuiven*) *f* Schmaus *m*, Kneipabend *m*.
fuik [fəʏk] *f* Reuse *f*.
fuiven [fəʏv̊ə(n)] feiern; zechen, schmausen.
functie *a.* **funk-** ['fənksi:] (*-s*) *f* Funktion *f*; Stelle *f*, Amt *n*.
fundament *n s. fondament.*
fundamentaal [fəndamən'ta:l] fundamental, grundlegend.
fungeren [fəŋ'ge:rə(n)] fungieren, wirken, dienen.
furie ['fy:ri:] (*-s u. -ën*) *f* Furie *f*; *de Spaanse ~ hist.* die Spanische Meuterei (1576).
fusie ['fy:si:] (*-s*) *f* Fusion *f*, Zusammenschluß *m*, Verschmelzung *f*; *~ van gemeenten* Eingemeindung *f*.
fusilleren [fy·si·l'je:rə(n)] füsilieren, (*standrechtlich*) erschießen.
fust [fəst] *n* (Wein-)Faß *n*.
fut [fət] *m u. f* Schneid *m*; Energie *f*, Kraft *f*; *de ~ is er (bij hem) uit* F er hat keinen Mumm mehr; **~loos** [-lo:s] schlaff, kraftlos.
fu|tiel [fy·'ti:l] winzig, geringfügig, nichtig; **~tiliteit** [-ti·li·'tɛĭt] *f* Nichtigkeit *f*.
futselen ['fətsələ(n)] basteln; herumpfuschen.
futurisme [fy·ty·'ri·smə] *n* Futurismus *m*.
fuut [fy·t] (*futen*) *m* *Zool.* Haubentaucher *m*.
fy|sica *a.* **-ka** ['fi·si·ka] *f* Physik *f*; **~sicus** [-'si·kəs] (*-sici*) *m* Physiker *m*; **~siek** [-'zi·k] *Adj.* physisch, körperlich; physikalisch; *Su.* Kondition *f*, Konstitution *f*; **~sionomie** [-zĭɔnɔ'mi:] (*-ën*) *f* Physiognomie *f*; **~sisch** [-'zi·s] physikalisch.

G

g, G [ɣe:] (*g's*) *f* g, G *n*.
gaaf [ɣa:f] unbeschädigt, ganz; gut erhalten; *Su.* (*gaven*) *f* Gabe *f*, Begabung *f*; **~heid** [-hɛĭt] (*-heden*) *f* Unverletztheit *f*; gute Erhaltung *f*; Güte *f*.
gaai [ɣa:ĭ] *m* Eichelhäher *m*; hölzerner Vogel.
gaan [ɣa:n] (*ging, gegaan; ik ga*) gehen; fahren; funktionieren; ~ *zitten* sich setzen; ~ *liggen* sich hinlegen; ~ *staan* aufstehen; *het gaat regenen* es fängt an zu regnen; es wird (bald) Regen geben; ~ *werken* an die Arbeit gehen; *om zeep* ~ P abkratzen; *daar ga je!* prosit!, auf dein Wohl!; *het gaat verkeerd* es geht schief; *ga hem zoeken* gehe ihn suchen; *het gaat om ...* es handelt sich um ...; *om kort te* ~ um es kurz zu machen.
gaande ['ɣa:ndə] gehend; im Gange; *wat is er* ~? was ist los?, was gibt es?; *er is iets* ~ es ist etw. im Gange; ~ *houden* in Gang halten; *de belangstelling* ~ *houden* das Interesse wachhalten.
gaanderij [ɣa:ndə'rɛĭ] *f* Galerie *f*.
gaandeweg [ɣa:ndəυɛx] allmählich, nach und nach.
gaans [ɣa:ns]: *een uur* ~ e-e Wegstunde.
gaar [ɣa:r] gar; *een halve gare* ein verrückter Kerl.
gaard [ɣa:rt] *m*, **~e** ['ɣa:rdə] *f* (*gaarden*) Garten *m*.
gaarkeuken ['ɣa:rkø:kə(n)] *f* Garküche *f*, Speisewirtschaft *f*.
gaarne ['ɣa:rnə] gern; *heel* ~ recht gern.
gaas [ɣa:s] (*gazen*) *n* Gaze *f*, Drahtgeflecht *n*.
gabardine [ɣabar'di·nə] (*-s*) *f* Regenmantel *m*; Gabardine *m*.
gade ['ɣa:də] (*-n*) *m u. f* Gatte *m*; Gattin *f*; Gemahl *m*; Gemahlin *f*.
gadeslaan ['ɣa:dəsla:n] (*sloeg gade, gadegeslagen*) beobachten.
gading ['ɣa:dıŋ] *f* Geschmack *m*; *is dat iets van uw* ~? gefällt Ihnen das?; *zijn* ~ *vinden* das Passende finden.
gaf [ɣαf] *s. geven*.
gaffel ['ɣαfəl] (*-s*) *f* Heugabel *f*, Mistgabel *f*; *mar.* Gaffel *f*.
gage ['ɣa:ʒə] (*-s*) *f Thea.* Gage *f*; *mil.* Sold *m*; *mar.* Heuer *f*.
gal [ɣαl] *f* Galle *f*.
gala ['ɣαlα] (*-'s*) *n* Gala *f*; *in* ~ in Gala, in vollem Staat; **~-avond** [-a:v̊ənt] *m* Galaabend *m*.
galachtig ['ɣαlαxtəx] gallig; cholerisch.
galant [ɣα'lαnt] galant; artig; *Su.* (*-s u. -en*) *m* Galan *m*; **~erie** [-ə'ri:] (*-ën*) *f* Artigkeit *f*, Höflichkeit *f*; *pl.* Schmucksachen *f/pl.*, Galanteriewaren *f/pl.*
galblaas ['ɣαlbla:s] (*-blazen*) *f* Gallenblase *f*.
galei [ɣα'lɛĭ] *f* Galeere *f*; **~boef** [-bu:f] (*-boeven*) *m* Galeerensträfling *m*; **~straf** [-strαf] (*-fen*) *f* Galeerenstrafe *f*.
galerij [ɣαlə'rɛĭ] *f* Galerie *f*.
galg [ɣαlx] *f* Galgen *m*; **~eaas** [-əa:s] (*-azen*) *n fig.* Galgenstrick *m*; **~ehumor** [-hy·mɔr] *m* Galgenhumor *m*; **~maal** [-ma:l] (*-malen*) *n* Henkersmahlzeit *f*; **~veld** [-v̊ɛlt] *n* Richtplatz *m*.
Galicië [ɣα'li·sĭ(j)ə] *n* Galizien *n*.
galjoen [ɣαl'ju:n] *n mar.* Galeone *f*; Galion *n*.
gallicisme [ɣαli·'si·smə] (*-n*) *n* Gallizismus *m*.
Galliër ['ɣαlĭ(j)ər] (*-s*) *m* Gallier *m*.
gallig ['ɣαləx] gallig.
galm [ɣαlm] *m* Hall *m*, Schall *m*; Klang *m*; **~en** (-ə(n)) (wider)hallen, schallen; **~gat** [-ɣαt] *n* Schalloch *n*.
galnoot ['ɣαlno:t] (*-noten*) *f* Gallapfel *m*.
galon [ɣα'lɔn] (*-s u. -nen*) *n u. m* (Gold-)Tresse *f*, Borte *f*; Galon *m*; **~neren** [-'e:rə(n)] galonieren, mit Borten besetzen.
galop [ɣα'lɔp] (*-s*) *m* Galopp *m*.
galsteen ['ɣαlste:n] (*-stenen*) *m* Gallenstein *m*.
galvaniseren *a.* **-zeren** [ɣαlv̊ani·'ze:rə(n)] galvanisieren, verzinken.
galwesp ['ɣαlυɛsp] *f* Gallwespe *f*.

gamel [ɣɑ'mɛl] (*-len*) *f* Eßnapf *m*, Speisekessel *m*, Kochgeschirr *n*.

gammel ['ɣɑməl] P krank, morsch, hinfällig.

gang[1] [ɣɑŋ] *m* Gang *m*, Korridor *m*, Flur *m*.

gang[2] *m* Gang *m*; Tempo *n*; Fahrt *f*; Lauf *m*; *in ~ blijven* nicht aufhören; *in ~ zijn* im Gange sein; *zijn eigen ~ gaan* s-n eigenen Weg gehen; *aan de ~ brengen* in Gang bringen; *de ~ van zaken* der Lauf der Dinge, der Hergang, der Geschäftsgang; *in volle ~* in vollem Gange (sein).

gangbaar ['ɣɑŋba:r] gangbar; gültig.

gangmaker ['ɣɑŋma:kər] (*-s*) *m* Schrittmacher *m*.

gans[1] [ɣɑns] ganz, völlig.

gans[2] (*ganzen*) *f* Gans *f*.

ganze|bout ['ɣɑnzəbɑut] *m* Gänsekeule *f*; Gänsebraten *m*; **~lever** [-le:vər] (*-s*) *f* Gänseleber *f*; **~pen** [-pɛn] (*-nen*) *f* Gänsefeder *f*.

ganzerik ['ɣɑnzərɪk] *m* Gänserich *m*.

gapen ['ɣa:pə(n)] gaffen; gähnen; *een ~de wonde* e-e klaffende Wunde; *een ~de afgrond* ein gähnender Abgrund.

gaping ['ɣa:pɪŋ] *f* Öffnung *f*; Lücke *f*; Spalte *f*.

gappen ['ɣɑpə(n)] F klauen, stibitzen, mausen.

garagehouder [ɣɑ'rɑ:ʒəhɑudər] (*-s*) *m* Garagenbesitzer *m*.

garanderen [ɣɑrɑn'de:rə(n)] garantieren, verbürgen.

garantie [ɣɑ'rɑnsi:] (*-s*) *f* Garantie *f*, Gewähr *f*; Bürgschaft *f*.

garde ['ɣɑrdə] (*-s*) *f* Garde *f*.

garderobe [ɣɑrdə'rɔ:bə] (*-s*) *f* Garderobe *f*, Kleiderablage *f*.

gareel [ɣɑ're:l] (*-relen*) *n* Joch *n*, Geschirr *n*, Kumt *n*; *in het ~ lopen* im Joch gehen.

garen ['ɣa:rə(n)] (*-s*) *n* Garn *n*, Zwirn *m*.

gar|naal ['ɣɑr'na:l] (*-nalen*) *m* Krabbe *f*, Garnele *f*; **~nalenpasteitje** [-'na:lə(n)pɑs'tɛĭtjə] (*-s*) *n* Garnelenpastetchen *n*; **~nalensla** [-'na:lə(n)sla:] *f* Krabbensalat *m*.

gar|neren [ɣɑr'ne:rə(n)] garnieren; *fig.* verbrämen; **~nering** [-'ne:rɪŋ] *f* Garnierung *f*, Besatz *m*; **~nituur** [-ni·'ty:r] *n* Garnitur *f*.

garnizoen [ɣɑrni·'zu:n] *n* Garnison *f*, Besatzung *f*; Standort *m*.

gas [ɣɑs] (*-sen*) *n* Gas *n*; *verwerkte ~sen* Abgase *n/pl.*; **~brander** [-brɑndər] (*-s*) *m* Gasbrenner *m*; **~kachel** [-kɑxəl] (*-s*) *f* Gasofen *m*, Gasherd *m*; **~komfoor** [-kɔmfo:r] (*-foren*) *n* Gaskocher *m*; **~kraan** [-kra:n] (*-kranen*) *f* Gashahn *m*; **~lucht** [-ləxt] *f* Gasgeruch *m*; **~masker** [-mɑskər] (*-s*) *n* Gasmaske *f*; **~meter** [-me:tər] (*-s*) *m* Gasmesser *m*, Gasuhr *f*; **~pedaal** [-pəda:l] (*-dalen*) *n* Gashebel *m*, Gaspedal *n*; **~pitje** [-pɪtjə] (*-s*) *n* Gasflamme *f*; Gasbrenner *m*; **~slang** [-slɑŋ] *f* Gasschlauch *m*; **~(toe)stel** [-(tu·)stɛl] (*-stellen*) *n* Gaskocher *m*.

gast [ɣɑst] *m* Gast *m*; *een flinke ~* ein flinker Bursche; **~arbeider** [-ɑrbɛĭdər] (*-s*) *m* Gastarbeiter *m*; **~heer** [-he:r] (*-heren*) *m* Gastgeber *m*; Gastwirt *m*; **~hof** [-hɔf] (*-hoven*) *n* Gästehaus *n*, Hotel *n*; **~huis** [-hœʏs] (*-huizen*) *n* Krankenhaus *n*, Hospital *n*.

gastronoom [ɣɑstrɔ'no:m] (*-nomen*) *m* Gastronom *m*; Feinschmecker *m*.

gast|vrij ['ɣɑstfrɛĭ] gastfrei, gastfreundlich, gastlich; **~vrijheid** [-frɛĭhɛĭt] *f* Gastfreundschaft *f*; **~vrouw** [-frɑŭ] *f* Gastgeberin *f*, Wirtin *f*.

gas|verlichting ['ɣɑsfərlɪxtɪŋ] *f* Gasbeleuchtung *f*; **~verwarming** [-fərʋɑrmɪŋ] *f* Gasheizung *f*; **~vormig** [-fɔrməx] gasförmig; **~wolk** [-ʋɔlk] *f* Gasschwaden *m*.

gat[1] [ɣɑt] *n* Loch *n*; *iemand in de ~en hebben* j-n beobachten; j-n durchschauen; *er geen ~ in zien* keinen Ausweg sehen.

gat[2] (*-ten*) *n* Gesäß *n*, After *m*; **~likker** [-lɪkər] (*-s*) *m fig.* Speichellecker *m*; **~stopper** [-stɔpər] (*-s*) *m* Lückenbüßer *m*.

gauw [ɣɑŭ] rasch, hurtig; geschwind; bald; **~dief** [-di:f] (*-dieven*) *m* Gauner *m*; **~te** [-tə] *f* Eile *f*, Geschwindigkeit *f*; *in (met) de ~* in der Eile, im Vorübergehen.

gavotte [ɣɑ'vɔtə] (*-s*) *f* Gavotte *f*.

gazel [ɣɑ'zɛl] (*-len*) *f* Gazelle *f*.

gazen ['ɣa:zə(n)] *Adj.* aus Gaze; Gaze-.

gazet [ɣɑ'zɛt] (*-ten*) *f* Zeitung *f*; **~papier** [-pɑpi:r] *n* Zeitungspapier *n*; **~tenkot** [-təkɔt] *n* Zeitungsstand *m*.

gazon [ɣɑ'zɔn] (*-s*) *n* Rasen *m*.
ge [ɣə] *s. gij*.
geaard [ɣə'a:rt] geartet; **~heid** [-hɛĭt] (*-heden*) *f* Beschaffenheit *f*, Art *f*, Natur *f*.
geaccidenteerd [ɣəɑksi·dən'te:rt] uneben; mit Höhen und Tiefen.
geacht [ɣə'ɑxt] geachtet; geehrt; *Geachte Heer*, Sehr geehrter Herr!
geaderd [ɣə'a:dərt] geädert, ad(e)rig.
geanimeerd [ɣəɑnı'me:rt] lebhaft, angeregt.
gearmd [ɣə'ɑrmt] Arm in Arm, untergefaßt.
gebaar [ɣə'ba:r] (*-baren*) *n* Gebärde *f*, Geste *f*; (*veel*) *gebaren maken* gestikulieren.
gebaard [ɣə'ba:rt] bärtig.
gebabbel [ɣə'bɑbəl] *n* Geschwätz *n*, Geplauder *n*.
gebak [ɣə'bɑk] (*kein pl.*) *n* Gebäck *n*, Backwerk *n*; **~je** [-jə] (*-s*) *n* Törtchen *n*.
gebakken [ɣə'bɑkə(n)] *s. bakken*.
gebarenspel [ɣə'ba:rə(n)spɛl] *n* Mienenspiel *n*, Mimik *f*.
gebarsten [ɣə'bɑrstə(n)] *s. barsten*.
gebazel [ɣə'ba:zəl] *n* Geschwätz *n*.
gebed [ɣə'bɛt] *n* Gebet *n*.
gebedel [ɣə'be:dəl] *n* Bettelei *f*.
gebeden [ɣə'be:də(n)] *s. bidden*.
gebedenboek [ɣə'be:dənbu·k] *n* Gebetbuch *n*.
gebeente [ɣə'be:ntə] (*-n*) *n* Gebein *n*; *wee je ~!* wehe dir!
gebeier [ɣə'bɛĭjər] *n* Geläut *n*, Gebimmel *n*.
gebekt [ɣə'bɛkt] geschnäbelt.
gebel [ɣə'bɛl] *n* Geläut *n*, Geklingel *n*.
gebelgd [ɣə'bɛlxt] erbost, verstimmt.
gebergte [ɣə'bɛrxtə] (*-n u. s*) *n* Gebirge *n*.
gebeten [ɣə'be:tə(n)] *s. bijten*; *op iemand ~ zijn* sehr erbittert über j-n sein.
gebeuren [ɣə'bø:rə(n)] geschehen, vorkommen, sich ereignen, passieren; *gebeurd is gebeurd* was geschehen ist, ist geschehen.
gebeur|lijkheid [ɣə'bø:rləkhɛĭt] (*-heden*) *f* Möglichkeit *f*, Eventualität *f*; **~tenis** [-tənıs] (*-sen*) *f* Ereignis *n*, Begebenheit *f*, Vorfall *m*.
gebied [ɣə'bi·t] *n* Gebiet *n*, Bezirk *m*, Bereich *m*, Revier *n*; *op elk ~* auf jedem Gebiet; *~ van lage (lucht)druk* Tiefdruckgebiet *n*.
gebieden [ɣə'bi·də(n)] (*gebood, geboden*) gebieten, befehlen; **~d** [-t] gebieterisch; *Gr. ~e wijs* Imperativ *m*, Befehlsform *f*.
gebint(e) [ɣə'bınt(ə)] (*-[e]n*) *n* Gebinde *n*; Gebälk *n*.
gebit [ɣə'bıt] (*-ten*) *n* Gebiß *n*.
geblaat [ɣə'bla:t] *n* Blöken *n*, Geblök *n*.
gebladerte [ɣə'bla:dərtə] *n* Laub *n*, Laubwerk *n*, Blätter *n/pl*.
geblaf [ɣə'blɑf] *n* Bellen *n*, Gebell *n*.
geblazen [ɣə'bla:zə(n)] *s. blazen*.
gebleken [ɣə'ble:kə(n)] *s. blijken*; *het is ~* es hat sich herausgestellt; es hat sich erwiesen.
gebleven [ɣə'ble:ɣə(n)] *s. blijven*.
geblinddoekt [ɣə'blındu·kt] mit verbundenen Augen.
gebloemd [ɣə'blu·mt] geblümt; (*Tapete*) gemustert.
geblokkeerd [ɣəblɔ'ke:rt]: *~e rekening* Sperrkonto *n*.
geblonken [ɣə'blɔŋkə(n)] *s. blinken*.
gebocheld [ɣə'bɔxəlt] bucklig.
gebod [ɣə'bɔt] *n* Gebot *n*; (*Brautpaar*) Aufgebot *n*.
geboden [ɣə'bo:də(n)] *s. bieden, gebieden*.
geboefte [ɣə'bu:ftə] *n* Gesindel *n*.
gebogen [ɣə'bo:ɣə(n)] *s. buigen*.
gebonden [ɣə'bɔndə(n)] *s. binden*; *Adj.* gebunden; sämig.
gebons [ɣə'bɔns] *n* Pochen *n*, Klopfen *n*, Hämmern *n*.
gebood [ɣə'bo:t] *s. gebieden*.
geboomte [ɣə'bo:mtə] *n* Bäume *m/pl.*, Baumgruppe *f*.
geboorte [ɣə'bo:rtə] (*-n*) *f* Geburt *f*; **~akte** [-ɑktə] (*-n u. -s*) *f* Geburtsschein *m*, Geburtsurkunde *f*; **~dag** [-dɑx] *m* Geburtstag *m*; **~jaar** [-ja:r] (*-jeren*) *n* Geburtsjahr *n*; **~nbeperking** [-(n)bəpɛrkıŋ] *f* Geburtenbeschränkung *f*; **~nregeling** [-(n)re:ɣəlıŋ] *f* Geburtenregelung *f*; **~plaats** [-pla:ts] *f* Geburtsort *m*.
geboortig [ɣə'bo:rtəx] gebürtig.
geboren [ɣɛ'bo:rə(n)] geboren; *Mevrouw* (*Mevr.*; *Mw.*) *Jannssens-Peeters* Frau Janssens, geborene (geb.) Peeters.
geborgen [ɣə'bɔrɣə(n)] *s. bergen*.
geborneerd [ɣəbɔr'ne:rt] borniert, beschränkt.
geborsten [ɣə'bɔrstə(n)] *s. bersten*.
gebouw [ɣə'bɑu] *n* Gebäude *n*; Bau *m*.

gebraad [ɣ̊əˈbraːt] (*kein pl.*) *n* Braten *m*; Gebratene(s) *n*.
gebrabbel [ɣ̊əˈbrɑbəl] *n* Geplapper *n*; Kauderwelsch *n*.
gebracht [ɣ̊əˈbrɑxt] *s. brengen.*
gebraden [ɣ̊əˈbraːdə(n)] *s. braden.*
gebrand [ɣ̊əˈbrɑnt]: ~ *zijn op* erpicht sein auf *A*.
gebreid [ɣ̊əˈbrɛĭt] gestrickt; ~*e goederen* Trikotagen *f/pl.*, Strickwaren *f/pl.*
gebrek [ɣ̊əˈbrɛk] *n* Mangel *m*; Übel *n*; Gebrechen *n*; Schaden *m*; Fehler *m*; ~ *aan geld* Geldmangel *m*; *bij* ~ *aan* aus Mangel an *D*; mangels *G*; *in* ~*e blijven* versagen; ermangeln; verfehlen; *zonder* ~*en* fehlerfrei; *er heerst groot* ~ es herrscht große Not; **~kig** [-əx] mangelhaft; stümperhaft; gebrechlich.
gebries [ɣ̊əˈbriːs] *n* Schnauben *n*, Schnaufen *n*.
gebroddel [ɣ̊əˈbrɔdəl] *n* Pfuscherei *f*.
gebroed [ɣ̊əˈbru·t] *n* Brut *f*; Gezücht *n*.
gebroeders [ɣ̊əˈbru·dərs] *pl.* Gebrüder *pl.*
gebroken [ɣ̊əˈbroːkə(n)] *s. breken.*
gebrouwen [ɣ̊əˈbrɑu(ʋ)ə(n)] *s. brouwen.*
gebruik [ɣ̊əˈbrəʏk] *n* Gebrauch *m*, Benutzung *f*, Verwendung *f*; Brauch *m*, Gewohnheit *f*, Sitte *f*; (*Essen*) Genuß *m*; *dat is geen* ~ das ist nicht üblich; **~elijk** [-ələk] gebräuchlich, üblich, gewöhnlich; *ter plaatse* ~ ortsüblich; **~en** [-ə(n)] gebrauchen; benutzen, anwenden; verwerten; *Speisen* genießen, zu sich nehmen; *geneesmiddelen* ~ Arzneien einnehmen; *zijn verstand* ~ vernünftig sein; Vernunft annehmen; **~saanwijzing** [-saːnʋeĭzɪŋ] *f* Gebrauchsanweisung *f*; **~srecht** [-srɛxt] *n* Nutzungsrecht *n*.
gebrul [ɣ̊əˈbrɵl] *n* Brüllen *n*, Gebrüll *n*.
gebulder [ɣ̊əˈbɵldər] *n* (*Sturm*) Toben *n*; (*Kanonen*) Donner *m*; (*Personen*) Poltern *n*, Toben *n*.
gecommiteerde *a.* **-kom-** [ɣ̊əkɔmi·ˈteːrdə] (*-n*) *m u. f* Beauftragte(r) *m*, Kommissar *m*; Prüfungsbeauftragte(r) *m*.
gecon|centreerd *a.* **-kon-** [ɣ̊əkɔnsənˈtreːrt] konzentriert; **~denseerd** [-dənˈseːrt] kondensiert; ~*e melk* Kondensmilch *f*; **~serveerd** [-sərˈv̊eːrt] konserviert; gut erhalten; ~ *vlees* Fleischkonserven *f/pl.*
gedaagde [ɣ̊əˈdaːɣ̊də] (*-n*) *m u. f* Beklagte(r *m*) *f*.
gedaan [ɣ̊əˈdaːn] *s. doen*; getan; abgelaufen; fertig; *het is met hem* ~ es ist aus mit ihm; *gedane zaken nemen geen keer* geschehen ist geschehen, Geschehenes läßt sich nicht ändern; ~ *krijgen* entlassen werden; *iets* ~ *weten te krijgen* etw. zu erreichen wissen.
gedaante [ɣ̊əˈdaːntə] (*-n u. -s*) *f* Gestalt *f*, Form *f*, Aussehen *n*; Ansehen *n*; **~verwisseling** [-v̊ərʋɪsəlɪŋ] *f* Verwandlung *f*, Metamorphose *f*.
gedacht [ɣ̊əˈdɑxt] *s. denken.*
gedachte [ɣ̊əˈdɑxtə] (*-n*) *f* Gedanke *m*, Idee *f*; Begriff *m*; Meinung *f*; *van* ~ *zijn* der Meinung sein; *in* ~ im Geist; *van* ~*n wisselen* Gedanken austauschen; *in* ~*n verzonken* in Gedanken versunken; *in* ~ *houden* sich etw. merken, im Gedächtnis behalten; **~loos** [-loːs] gedankenlos; **~nis** [-nɪs] (*-sen*) *f* Andenken *n*; Erinnerung *f*; *mijn vader zaliger* (~) mein seliger Vater; **~nstreep** [-(n)streːp] (*-strepen*) *f* Gedankenstrich *m*; **~nwisseling** [-(n)ʋɪsəlɪŋ] *f* Gedankenaustausch *m*.
gedachtig [ɣ̊əˈdɑxtəx] eingedenk *G*.
gedaver [ɣ̊əˈdaːv̊ər] *n* Dröhnen *n*, Lärm *m*.
gedecideerd [ɣ̊əˈde·si·ˈdeːrt] entschlossen.
gedecolleteerd *a.* **-kol-** [ɣ̊əde·kɔlˈteːrt] dekolletiert, ausgeschnitten.
gedeelte [ɣ̊əˈdeːltə] (*-n u. -s*) *n* Teil *m*; *bij* ~*n* stückweise, teilweise; in Raten; **~lijk** [-lək] zum Teil, teilweise; ~*e betaling* Teilzahlung *f*; P Stottern *n*.
gedegen [ɣ̊əˈdeːɣ̊ə(n)] gediegen.
gedelegeerde [ɣ̊əde·ləˈɣ̊eːrdə] (*-n*) *m u. f* Delegierte(r *m*) *f*, Beauftragte(r *m*) *f*, Abgeordnete(r *m*) *f*.
gedenk|en [ɣ̊əˈdɛŋkə(n)] gedenken *G*; **~penning** [-pɛnɪŋ] *m* Gedenkmünze *f*; **~schrift** [-sxrɪft] *n* Denkschrift *f*; **~teken** [-teːkə(n)] (*-s*) Denkmal *n*, Monument *n*; **~waardig** [-ˈʋaːrdəx] denkwürdig; **~zuil** [-səʏl] (*-zuilen*) *m* Gedenksäule *f*.
gedeputeerde [ɣ̊əde·py·ˈteːrdə] (*-n*) *m u. f* Deputierte(r *m*) *f*, Abgeord-

nete(r *m*) *f*; ~ *Staten pl.* Provinzialausschuß *m.*

gedetineerde [ɣəde·ti·ˈne:rdə] (*-n*) *m u. f* Gefangene(r *m*) *f*, Häftling *m.*

gedicht [ɣəˈdɪxt] *n* Gedicht *n.*

gedienstig [ɣəˈdɪnstəx] dienstfertig, gefällig; *een ~e geest* ein dienstbarer Geist.

gedierte [ɣəˈdi:rtə] (*-n u. -s*) *n* Getier *n*, Tiere *n/pl.*

gedijen [ɣəˈdɛĭ(j)ə(n)] gedeihen; *onrechtvaardig goed gedijt niet* unrecht Gut gedeiht nicht.

geding [ɣəˈdɪŋ] *n* Prozeß *m*; Rechtssache *f*; *kort ~* Schnellverfahren *n*; *vonnis in kort ~* einstweilige Verfügung.

gediplomeerd [ɣəˈdi·plo·ˈme:rt] geprüft; Diplom-; *~ ingenieur* Diplomingenieur *m.*

gedistilleerd [ɣəˈdi·stɪˈle:rt] *n* Spirituosen *pl.*

gedoe [ɣəˈdu·] *n* Getue *n*; Treiben *n*; *het hele ~* der ganze Kram.

gedocht [ɣəˈdɔxt] *s. dunken.*

gedogen [ɣəˈdo:ɣə(n)] dulden; erlauben, gestatten, zulassen.

gedoken [ɣəˈdo:kə(n)] *s. duiken.*

gedolven [ɣəˈdɔlvə(n)] *s. delven.*

gedomicilieerd [ɣədo·mi·si·lɪˈ(j)e:rt] ansässig, wohnhaft; *~e wissel* Domizilwechsel *m.*

gedonder [ɣəˈdɔndər] *n* Donnern *n*; Getöse *n*; P Schererei *f*, Bescherung *f.*

gedongen [ɣəˈdɔŋə(n)] *s. dingen.*

gedrag [ɣəˈdrɑx] *n* Betragen *n*, Benehmen *n*, Aufführung *f*; *bewijs van goed zedelijk ~* Führungszeugnis *n.*

gedragen [ɣəˈdra:ɣə(n)] *s. dragen*; *v/t* sich benehmen, sich aufführen, sich betragen.

gedraging [ɣəˈdra:ɣɪŋ] *f* Verhalten *n*; *studie (onderzoek) van de ~(en)* Verhaltensforschung *f.*

gedrags|lijn [ɣəˈdrɑxslɛĭn] *f* Richtschnur *f*, Verhaltensmaßregel *f*; **~regel** [-re:ɣəl] (*-s u. -en*) *m* Verhaltensmaßregel *f.*

gedrang [ɣəˈdrɑŋ] *n* Gedränge *n*, Drängen *n*; *in 't ~ komen* in die Klemme (ins Gedränge) kommen.

gedreun [ɣəˈdrø:n] *n* Gedröhn *n.*

gedreven [ɣəˈdre:və(n)] *s. drijven.*

gedrieën [ɣəˈdri·(j)ə(n)] zu dritt.

gedrocht [ɣəˈdrɔxt] *n* Ungetüm *n*, Ungeheuer *n*, Scheusal *n.*

gedrongen [ɣəˈdrɔŋə(n)] *s. dringen.*

gedronken [ɣəˈdrɔŋkə(n)] *s. drinken.*

gedropen [ɣəˈdro:pə(n)] *s. druipen.*

gedruis [ɣəˈdrœys] *n* Getöse *n*, Lärm *m*; Geräusch *n.*

gedrukt [ɣəˈdrøkt] gedrückt; flau, niedergeschlagen; *~ katoen* bedruckter Kattun.

geducht [ɣəˈdøxt] gehörig; tüchtig; gefürchtet; derb; *een ~e kloppartij* e-e gewaltige Rauferei.

geduld [ɣəˈdølt] *n* Geduld *f*; **~ig** [-əx] geduldig, gelassen.

gedurende [ɣəˈdy:rəndə] während *G.*

gedurfd [ɣəˈdørft] *s. durven*; gewagt.

gedurig [ɣəˈdy:rəx] fortwährend, unaufhörlich; beständig.

geduvel [ɣəˈdy·vəl] *n* F Schererei *f*; Getue *n.*

gedwarrel [ɣəˈdʋɑrəl] *n* Gewimmel *n*; Flimmern *n.*

gedwee [ɣəˈdʋe:] gefügig, lenksam; folgsam.

gedwongen [ɣəˈdʋɔŋə(n)] *s. dwingen*; gezwungen; unnatürlich.

geel [ɣe:l] gelb; **~achtig** [-ɑxtəx] gelblich; **~filter** [-fɪltər] (*-s*) *m u. n* Gelbfilter *n*; **~koper** [-ko:pər] *n* Messing *n*; **~zucht** [-zøxt] *f* Gelbsucht *f.*

geëmancipeerd [ɣəe·mɑnsi·ˈpe:rt] emanzipiert.

geen [ɣe:n] kein(e), keine(r, -s); nicht einer, niemand; *in genen dele* keineswegs.

geëngageerd [ɣəɑ̃:ɣɑˈʒe:rt] engagiert; angestellt; verlobt.

geenszins [ˈɣe:nsɪns] keineswegs, keinesfalls, gar nicht.

Geert [ɣe:rt] *m* Gerhard *m*; **~je** [-tjə] *n u. f* Gerda *f*, Trude *f.*

geest [ɣe:st] *m* Geist *m*; *de ~ geven* den Geist aufgeben; *in die ~* in dem Sinne; *zwak van ~* geistesschwach; *~en oproepen* Geister beschwören; **~dodend** [-ˈdo:dənt] geisttötend; **~driftig** [-ˈdrɪftəx] begeistert; **~elijk** [-ələk] geistlich; geistig; *~ gestoord* geistesgestört; **~elijke** [-ələkə] (*-n*) *m* Geistliche(r) *m*; **~eloos** [-əlo:s] geistlos.

geesten|bezweerder [ˈɣe:stə(n)bəzʋe:rdər] (*-s*) *m* Geisterbeschwörer *m*; **~wereld** [-ʋe:rəlt] *f* Geisterwelt *f.*

geestes|arbeid [ˈɣe:stəsɑrbɛĭt] *f*

Geistesarbeit *f*; **~gesteldheid** [-ɣəstɛlthɛĭt] *f* Gemütsverfassung *f*; Geisteshaltung *f*.
geestgrond [ˈɣe:stxrɔnt] *m* Geestboden *m*, Geest *f*, Geestland *n*.
geestig [ˈɣe:stəx] geistreich, geistvoll; witzig; **~aard** [-a:rt] (*-s*) *m* Witzbold *m*; **~heid** [-hɛĭt] (*-heden*) *f* Witz *m*; *fig.* Geist *m*.
geestrijk [ˈɣe:strɛĭk] geistreich; *~e dranken* geistige Getränke *n/pl.*, Spirituosen *pl.*
geest|vermogen [ˈɣe:stfərmo:ɣə(n)] *n* Geistesgabe *f*, Intellekt *m*; **~verwant** [-fərʋɑnt] geistesverwandt; *Su. m* Geistesverwandte(r) *m*.
geeuwen [ˈɣe:ŭ(ʋ)ə(n)] gähnen.
geeuwhonger [ˈɣe:ŭhɔŋər] *m* Heißhunger *m*.
gefloten [ɣ̊əˈflo:tə(n)] *s. fluiten.*
gefluister [ɣ̊əˈflʏstər] *n* Flüstern *n*, Geflüster *n*, Getuschel *n*.
gefluit [ɣ̊əˈflʏt] *n* Pfiff *m*; Flöten *n*; Pfeifen *n*.
gefoeter [ɣ̊əˈfu·tər] *n* Schimpfen *n*, Schimpferei *f*.
gefortuneerd [ɣ̊əˈfɔrty·ˈne:rt] vermögend, reich.
gegaan [ɣ̊əˈga:n] *s. gaan.*
gegadigde [ɣ̊əˈga:dəɣ̊də] (*-n*) *m u. f* Interessent *m*; Mitbewerber *m*.
gegeeuw [ɣ̊əˈge:ŭ] *n* Gähnen *n*.
gegeten [ɣ̊əˈɣ̊e:tə(n)] *s. eten.*
gegeven [ɣ̊əˈɣ̊e:v̊ə(n)] *s. geven*; *Su.* (*-s*) *n* Angabe *f*; *~s pl.* Unterlagen *f/pl.*; Material *n*; Daten *pl.*; *Adj.* gegeben, bestimmt; *op een ~ ogenblik* in e-m bestimmten Augenblick; *op een ~ dag* an e-m bestimmten Tag; *in de ~ omstandigheden* unter diesen Umständen.
gegil [ɣ̊əˈɣ̊ɪl] *n* Gellen *n*; Geschrei *n*.
gegleden [ɣ̊əˈɣ̊le:də(n)] *s. glijden.*
geglommen [ɣ̊əˈɣ̊lo·mə(n)] *s. glimmen.*
gegolden [ɣ̊əˈɣ̊ɔldə(n)] *s. gelden.*
gegons [ɣ̊əˈɣ̊ɔns] *n* Summen *n*.
gegoten [ɣ̊əˈɣ̊o:tə(n)] *s. gieten.*
gegraven [ɣ̊əˈɣ̊ra:v̊ə(n)] *s. graven.*
gegrepen [ɣ̊əˈɣ̊re:pə(n)] *s. grijpen.*
gegrond [ɣ̊əˈɣ̊rɔnt] begründet.
gehaaid [ɣ̊əˈha:ĭt] schlau; F gerissen.
gehaast [ɣ̊əˈha:st] hastig, eilig.
gehaat [ɣ̊əˈha:t] gehaßt, verhaßt.
gehad [ɣ̊əˈhɑt] *s. hebben.*
gehakkel [ɣ̊əˈhɑkəl] *n* Stottern *n*, Stammeln *n*.
gehakt [ɣ̊əˈhɑkt] *n* Hackfleisch *n*, Gehackte(s) *n*; **~bal** [-bɑl] (*-len*) *m* Bulette *f*; **~molen** [-mo:lə(n)] (*-s*) *m* Fleischwolf *m*.
gehalte [ɣ̊əˈhɑltə] (*-n u. -s*) *n* Gehalt *m*; Qualität *f*.
gehangen [ɣ̊əˈhɑŋə(n)] *s. hangen.*
gehard [ɣ̊əˈhɑrt] gehärtet; *fig.* abgehärtet.
geharnast [ɣ̊əˈhɑrnɑst] geharnischt.
geharrewar [ɣ̊əˈhɑrəʋɑr] *n* Schererei *f*; Gezänk *n*; Durcheinander *n*.
gehavend [ɣ̊əˈha:v̊ənt] zerrissen, zerfetzt; übel zugerichtet.
gehecht [ɣ̊əˈhɛxt] zugetan, gewogen; *~ zijn aan* hängen an *D*; **~heid** [-hɛĭt] *f* Anhänglichkeit *f*.
geheel [ɣ̊əˈhe:l] ganz, ganz und gar; *Su.* (*-helen*) *n* Ganze *n*; *in 't ~* insgesamt, alles in allem; *in 't ~ niet* gar nicht; *in zijn ~* als Ganzes; *de gehele dag* den ganzen Tag; **~onthouder** [-ɔnthɑudər] (*-s*) *m* Abstinenzler *m*.
geheid [ɣ̊əˈhɛĭt] bombenfest, sicher.
geheim [ɣ̊əˈhɛĭm] geheim; heimlich; *Su. n* Geheimnis *n*; **~houding** [-hɑudɪŋ] *f* Geheimhaltung *f*; Verschwiegenheit *f*; **~schrift** [-sxrɪft] *n* Geheimschrift *f*; **~zinnig** [-ˈzɪnəx] geheimnisvoll; **~zinnigheid** [-ˈzɪnəxhɛĭt] (*-heden*) *f* Heimlichkeit *f*; Geheimnisvolle(s) *n*.
gehemelte [ɣ̊əˈhe:məltə] (*-n u. -s*) *n* Gaumen *m*.
gehesen [ɣ̊əˈhe:sə(n)] *s. hijsen.*
geheten [ɣ̊əˈhe:tə(n)] *s. heten*[1].
geheugen [ɣ̊əˈhø:ɣ̊ə(n)] *n* Gedächtnis *n*; Erinnerung *f*; **~verlies** [-v̊ərli:s] *n* Gedächtnisschwund *m*.
geheven [ɣ̊əˈhe:v̊ə(n)] *s. heffen.*
gehinnik [ɣ̊əˈhɪnək] *n* Wiehern *n*, Gewieher *n*.
gehoest [ɣ̊əˈhu:st] *n* Husten *n*.
geholpen [ɣ̊əˈhɔlpə(n)] *s. helpen.*
gehoor [ɣ̊əˈho:r] *n* Gehör *n*; Audienz *f*; Zuhörerschaft *f*, Auditorium *n*; *~ verlenen* Audienz gewähren; *~ krijgen* Gehör finden; *aan een verzoek ~ geven* e-r Bitte Gehör schenken; *op het ~* nach dem Gehör; *geen ~ krijgen Tel.* keine Verbindung bekommen; *ten gehore brengen* (*Musik, Schauspiel usw.*) aufführen, zu Gehör bringen; **~gang** [-ɣ̊ɑŋ] *m* Gehörgang *m*.
gehoornd [ɣ̊əˈho:rnt] gehörnt.
gehoorsafstand [ɣ̊əˈho:rzɑfstɑnt] *m* Hörweite *f*.

gehoor|zaal [ɣ̊əˈhoːrzaːl] (*-zalen*) *f* Hörsaal *m*, Auditorium *n*; **~zaam** [-zaːm] gehorsam, folgsam; ~ *zijn* gehorchen *D*; **~zaamheid** [-zaːmheĭt] *f* Gehorsam *m*; **~zamen** [-zaːmə(n)] gehorchen *D*; **~zenuw** [-zeːny·ŭ] *f* Gehörnerv *m*.

gehorig [ɣ̊əˈhoːrəx] hellhörig.

gehouden [ɣ̊əˈhɑudə(n)] *s. houden*.

gehouwen [ɣ̊əˈhɑu(ʋ)ə(n)] *s. houwen*.

gehucht [ɣ̊əˈhɵxt] *n* Weiler *m*.

gehuil [ɣ̊əˈhəʏl] *n* Geheul *n*.

gehuisvest [ɣ̊əˈhəʏsfɛst]: ~ *zijn* wohnhaft sein, wohnen; untergebracht (einquartiert) sein.

gehumeurd [ɣ̊əhy·ˈmøːrt]: *goed (slecht)* ~ gut (schlecht) gelaunt, guter (schlechter) Laune.

gehurkt [ɣ̊əˈhɵrkt] im Hocksitz, in der Hocke.

gehuwd [ɣ̊əˈhy·ŭt] verheiratet.

geijkt [ɣ̊əˈɛĭkt] geeicht; *fig.* üblich; *~e term* geläufiger Ausdruck.

geinteresseerd [ɣ̊əɪntərɛˈseːrt] interessiert, beteiligt.

geiser *a.* **geizer** [ˈɣɛĭzər] (*-s*) *m* Geiser *m*; Gasbadeofen *m*; Heißwasserspeicher *m*, Durchlauferhitzer *m*.

geïsoleerd [ɣ̊əi·zo·ˈleːrt] isoliert; *~e gevallen* vereinzelte Fälle *m/pl*.

geit [ɣ̊ɛĭt] *f* Ziege *f*; **~ehaar** [-əhaːr] (*-haren*) *n* Ziegenhaar *n*; **~eleder** [-əleːdər] *n* Ziegenleder *n*; **~emelk** [-əmɛlk] *f* Ziegenmilch *f*.

gejaag [ɣ̊əˈjaːx] *n* Hetzerei *f*.

gejaagd [ɣ̊əˈjaːxt] *s. jagen*; *Adj., Adv.* aufgeregt; hastig; gehetzt.

gejakker [ɣ̊əˈjɑkər] *n* Gerenne *n*; Hetzerei *f*, Abrackern *n*.

gejammer [ɣ̊əˈjɑmər] *n* Gejammer *n*, Jammern *n*.

gejank [ɣ̊əˈjɑŋk] *n* Gewinsel *n*, Winseln *n*; Hundegeheul *n*.

gejubel [ɣ̊əˈjy·bəl] *n* Jubel *m*.

gejuich [ɣ̊əˈjəʏx] *n* Jauchzen *n*.

gek [ɣ̊ɛk] toll, verrückt; albern; irrsinnig; närrisch; sonderbar; *Su.* (*-ken*) *m* Irre(r) *m*; Narr *m*, Tor *m*; ~ *zijn op* vernarrt sein in *A*, erpicht sein auf *A*; *een* ~ *figuur slaan* e-e klägliche Figur machen; *ben je* ~*?* bist du verrückt?; *om* ~ *te worden* zum Verrücktwerden; ~ *opkijken* große Augen machen; *dat is niet zo* ~ das ist gar nicht so dumm; *hoe ouder hoe ~ker* Alter schützt vor Torheit nicht; *als een* ~ wie verrückt; *iemand voor de* ~ *houden* j-n zum besten haben; *al te goed is buurmans* ~ wer sich zum Schaf macht, den fressen die Wölfe; *voor* ~ *spelen* den Hanswurst spielen; *met iemand de* ~ *steken* mit j-m s-n Spaß treiben.

gekakel [ɣ̊əˈkaːkəl] *n* Gackern *n*.

gekant [ɣ̊əˈkɑnt]: ~ *zijn tegen* widerstreben, sich e-r S. widersetzen.

gekarteld [ɣ̊əˈkɑrtəlt] ausgezackt, zackig; gezähnt.

gekef [ɣ̊əˈkɛf] *n* Gekläff *n*, Bellen *n*, Gebell *n*.

gekeken [ɣ̊əˈkeːkə(n)] *s. kijken*.

gekeperd [ɣ̊əˈkeːpərt] geköpert.

gekerm [ɣ̊əˈkɛrm] *n* Gejammer *n*, Gewimmer *n*.

gekheid [ˈɣ̊ɛkheĭt] (*-heden*) *f* Unsinn *m*; Scherz *m*, Spaß *m*; Schäkerei *f*; *alle* ~ *op een stokje* Spaß beiseite; ~ *maken* scherzen, spaßen; dummes Zeug treiben.

gekibbel [ɣ̊əˈkɪbəl] *n* Gezänk *n*.

gekir [ɣ̊əˈkɪr] *n* Gegirre *n*, Girren *n*.

gekken|huis [ˈɣ̊ɛkə(n)həʏs] (*-huizen*) *n* Irrenanstalt *f*, Irrenhaus *n*; **~praat** [-praːt] *m* Gewäsch *n*, albernes Zeug (*reden*).

gekkin [ɣ̊ɛˈkɪn] (*-nen*) *f* Närrin *f*.

geklaag [ɣ̊əˈklaːx] *n* Klagen *n*.

geklater [ɣ̊əˈklaːtər] *n* Geplätscher *n*, Plätschern *n*.

gekleed [ɣ̊əˈkleːt] gekleidet, angezogen; *dat staat* ~ das ist vornehm; *geklede jas* Gehrock *m*.

geklepper [ɣ̊əˈklɛpər] *n* Klappern *n*, Geklapper *n*.

geklets [ɣ̊əˈklɛts] *n* Geschwätz *n*.

gekletter [ɣ̊əˈklɛtər] *n* Geklirr *n*, Klirren *n*.

gekleurd [ɣ̊əˈkløːrt] farbig, bunt; ~ *potlood* Farbstift *m*; ~ *goed* farbige Stoffe *m/pl*.

geklommen [ɣ̊əˈklɔmə(n)] *s. klimmen*.

geklonken [ɣ̊əˈklɔŋkə(n)] *s. klinken*.

gekloven [ɣ̊əˈkloːv̊ə(n)] *s. kluiven*.

geknars [ɣ̊əˈknɑrs] *n* Knirschen *n*.

geknepen [ɣ̊əˈkneːpə(n)] *s. knijpen*.

geknetter [ɣ̊əˈknɛtər] *n* Knattern *n*, Geknatter *n*.

geknoei [ɣ̊əˈknu·ĭ(j)] *n* Pfuscherei *f*; Betrug *m*, Schwindel *m*.

gekocht [ɣ̊əˈkɔxt] *s. kopen*.

gekomen [ɣ̊əˈkoːmə(n)] *s. komen*.

gekonkel [ɣ̊əˈkɔŋkəl] *n* Intrigen *f/pl.*, Ränkespiel *n*; Heimlichtuerei *f*.

gekorven [ɣ̊əˈkɔrv̊ə(n)] *s. kerven.*
gekostumeerd *a.* **-cos-** [ɣ̊əˈkɔsty·ˈme:rt] kostümiert; ~ *bal* Maskenball *m*, Kostümball *m*.
gekozen [ɣ̊əˈko:zə(n)] *s. kiezen.*
gekraai [ɣ̊əˈkra:i] *n* Krähen *n*.
gekraak [ɣ̊əˈkra:k] *n* Krachen *n*.
gekrabbel [ɣ̊əˈkrɑbəl] *n* Gekrabbel *n*; (*Schrift*) Gekritzel *n*.
gekras [ɣ̊əˈkrɑs] *n* Gekrächze *n*; (*Geige*) Kratzen *n*.
gekregen [ɣ̊əˈkre:ɣ̊ə(n)] *s. krijgen.*
gekresen [ɣ̊əˈkre:sə(n)] *s. krijsen.*
gekrijs [ɣ̊əˈkrɛĭs] *n* Gekreisch *n*, Kreischen *n*.
gekrompen [ɣ̊əˈkrɔmpə(n)] *s. krimpen.*
gekropen [ɣ̊əˈkro:pə(n)] *s. kruipen.*
gekruld [ɣ̊əˈkrəlt] kraus, lockig, gekräuselt.
gekscheren [ˈɣ̊ɛksxe:rə(n)] scherzen, spaßen.
gekuip [ɣ̊əˈkəʏp] *n* Ränkeschmieden *n*, Intrigieren *n*.
gekuist [ɣ̊əˈkəʏst] rein, sauber; geputzt; *fig.* gewählt, fein.
gekund [ɣ̊əˈkənt] *s. kunnen*; *Adv.* sachverständig.
gekunsteld [ɣ̊əˈkənstəlt] gekünstelt, geziert.
gekus [ɣ̊əˈkəs] Küssen *n*.
gekwaak [ɣ̊əˈkʋa:k] *n* Gequake *n*, Quaken *n*; Geschnatter *n*.
gekwebbel [ɣ̊əˈkʋɛbəl] *n* Geschwätz *n*, Geplapper *n*; Geschnatter *n*.
gekweel [ɣ̊əˈkʋe:l] *n* Gezwitscher *n*, Zwitschern *n*.
gekweten [ɣ̊əˈkʋe:tə(n)] *s. kwijten.*
gelaarsd [ɣ̊əˈla:rst] gestiefelt; ~ *en gespoord* gestiefelt und gespornt, fix und fertig.
gelaat [ɣ̊əˈla:t] *n* Gesicht *n*, Antlitz *m*; Miene *f*; **~skleur** [-sklø:r] *f* Gesichtsfarbe *f*; **~strek** [-strɛk] (*-ken*) *m* Gesichtszug *m*; **~suitdrukking** [-səʏdrəkɪŋ] *f* Gesichtsausdruck *m*, Miene *f*.
gelach [ɣ̊əˈlɑx] *n* Gelächter *n*.
gelachen [ɣ̊əˈlɑxə(n)] *s. lachen.*
geladen [ɣ̊əˈla:də(n)] *s. laden.*
gelag [ɣ̊əˈlɑx] *n* Trinkgelage *n*; *het ~ betalen* die Zeche bezahlen; *fig. etw.* ausbaden müssen; **~kamer** [-ka:mər] (*-s*) *f* Wirtsstube *f*, Gastzimmer *n*.
gelang [ɣ̊əˈlɑŋ]: *naar* ~ je nach, je nachdem.
gelasten [ɣ̊əˈlɑstə(n)] befehlen, beauftragen.
gelaten [ɣ̊əˈla:tə(n)] *s. laten*; *Adj., Adv.* gelassen, ruhig; ergeben; **~heid** [-hɛĭt] *f* Gelassenheit *f*, Ruhe *f*; Ergebenheit *f*.
geld [ɣ̊ɛlt] *n* Geld *n*; Münze *f*; P Moneten *f/pl.*; ~ *als water* Geld wie Heu; *grof* ~ viel Geld; *gepast* ~ abgezähltes Geld; *klein* ~ Wechselgeld *n*, Kleingeld *n*; *tegen half* ~ zum halben Preis; *voor geen* ~ *ter wereld* um keinen Preis, nicht um alles in der Welt; *zijn* ~ *beleggen* sein Geld anlegen; **~afpersing** [-ɑfpɛrsɪŋ] *f* Erpressung *f* von Geld; **~belegging** [-bəˈlɛɣ̊ɪŋ] *f* Geldanlage *f*, Kapitalanlage *f*; **~beurs** [-bø:rs] (*-beurzen*) *f* Geldbörse *f*, Geldbeutel *m*; **~boete** [-bu·tə] (*-n u. -s*) *f* Geldstrafe *f*.
geldelijk [ˈɣ̊ɛldələk] geldlich, finanziell; Geld-.
gelden [ˈɣ̊ɛldə(n)] (*gold*, *gegolden*) gelten, gültig sein; wert sein, kosten; *doen* (*laten*) ~ geltend machen; *dat geldt niet* das gilt nicht; **~d** [-t] gültig, geltend; *de tot nu* (*toe*) *~e wetten* die bisherigen Gesetze *n/pl.*
geld|gebrek [ˈɣ̊ɛltxəbrɛk] *n* Geldmangel *m*; **~handel** [-hɑndəl] *m* Geldgeschäft *n*.
geldig [ˈɣ̊ɛldəx] gültig; *~e redenen* triftige Gründe *m/pl.*; **~heid** [-hɛĭt] Gültigkeit *f*; **~heidsduur** [-hɛĭdzdy:r] *m* Gültigkeitsdauer *f*.
geld|kast [ˈɣ̊ɛltkɑst] *f* Geldschrank *m*; **~koers** [-ku:rs] *m* Wechselkurs *m*; **~kwestie** [-kʋɛsti:] (*-s*) *f* Geldangelegenheit *f*; **~middelen** [-mɪdələ(n)] *pl.* Geldmittel *pl.*; **~nood** [-no:t] *m* Geldnot *f*; **~schaarste** [-sxa:rstə] *f* Geldknappheit *f*; **~schieter** [-sxi·tər] (*-s*) *m* Geldgeber *m*; Geldleiher *m*; **~stuk** [-stək] (*-ken*) *n* Geldstück *n*.
geldswaardig [ɣ̊ɛltsˈʋa:rdəx]: *~e papieren* Wertpapiere *n/pl.*
geld|verspilling [ˈɣ̊ɛltfərspɪlɪŋ] *f* Geldvergeudung *f*; **~wezen** [-ʋe:zə(n)] *n* Geldwesen *n*, Finanzwesen *n*; **~zucht** [-səxt] *f* Geldgier *f*.
geleden [ɣ̊əˈle:də(n)] *s. lijden*; gelitten; vorbei, vorüber; verflossen; *3 dagen* ~ vor drei Tagen; *kort* ~ vor kurzem, kürzlich; *het is lang* ~ es ist lange her; *dat is* ~ das ist vorüber.

geleding [ɣ̊əˈleːdɪŋ] *f* Gelenk *n*; Gliederung *f*.
geleed [ɣ̊əˈleːt] gegliedert; *gelede dieren* Gliedertiere *n/pl*.
geleek [ɣ̊əˈleːk] *s. lijken, gelijken*.
geleerd [ɣ̊əˈleːrt] gelehrt; gelernt; **~e** [-ə] (*-n*) *m u. f* Gelehrte *m u. f*; **~heid** [-hɛĭt] (*-heden*) *f* Gelehrtheit *f*, Gelehrsamkeit *f*.
gelegaliseerd *a.* **-zeerd** [ɣ̊əleːɣ̊ɑliˑˈzeːrt] beglaubigt.
gelegen [ɣ̊əˈleːɣ̊ə(n)] *s. liggen*; gelegen; *~ zijn* liegen; *er is mij veel aan ~* es liegt mir viel daran; *als het (U) ~ komt* wenn es Ihnen paßt; *hoe is het ~ met ...?* wie steht es um ...?; **~heid** [-hɛĭt] (*-heden*) *f* Gelegenheit *f*; *bij ~* gelegentlich *G*; bei Gelegenheit; *in de ~ zijn* in der Lage sein; **~heidsgedicht** [-hɛĭtsxədɪxt] *n* Gelegenheitsgedicht *n*; **~heidskleed** [-hɛĭtskleːt] (*-kleden*) *n* Umstandskleid *n*.
gelei [ʒəˈlɛĭ] (*-en*) *m u. f* Gelee *n u. m*; Gallerte *f*; **~achtig** [-ɑxtəx] geleeartig, gallertartig.
gelei|biljet [ɣ̊əˈlɛĭbɪlˈjɛt] (*-ten*) *n* Begleitschein *m*; Lieferschein *m*; **~brief** [-briːf] (*-brieven*) *m* Begleitschreiben *n*.
geleide [ɣ̊əˈlɛĭdə] *n* Geleit *n*, Begleitung *f*; **~hond** [-hɔnt] *m* Blindenhund *m*.
geleidelijk [ɣ̊əˈlɛĭdələk] allmählich, nach und nach.
gelei|den [ɣ̊əˈlɛĭdə(n)] geleiten, begleiten; führen; *El., Phys.* leiten; **~der** [-dər] (*-s*) *m* Begleiter *m*, Führer *m*; *Phys.* Leiter *m*; **~ding** [-dɪŋ] *f* Leitung *f*; **~dingsvermogen** [-dɪŋsfərmoːɣ̊ə(n)] *n* Leitfähigkeit *f*; **~draad** [-draːt] (*-draden*) *m* Leitungsdraht *m*; **~schip** [-sxɪp] (*-schepen*) *n* Geleitschiff *n*.
geleken [ɣ̊əˈleːkə(n)] *s. lijken, gelijken*.
geletterd [ɣ̊əˈlɛtərt] studiert, gelehrt; literarisch gebildet.
geleuter [ɣ̊əˈløːtər] Gefasel *n*, Geschwätz *n*.
gelezen [ɣ̊əˈleːzə(n)] *s. lezen*.
gelid [ɣ̊əˈlɪt] (*gelederen*) *n* Glied *n*; Reihe *f*; *in het ~* in Reih und Glied.
geliefd [ɣ̊əˈliːft] geliebt; beliebt.
geliefkoosd [ɣ̊əˈliːfkoːst] beliebt; bevorzugt.
gelieven [ɣ̊əˈliːvə(n)] belieben; *gelieve te zenden* bitte senden Sie.
gelijk [ɣ̊əˈlɛĭk] gleich; wie; gerade; recht; zugleich; *~ hebben* recht haben; *~ krijgen* recht bekommen; *~ met ~ vergelden* Gleiches mit Gleichem vergelten; *een ~ geval* ein ähnlicher Fall; *~ spel Sp.* Unentschieden *n*; *in ~e delen* zu gleichen Teilen; *het is mij ~* es ist mir gleich (recht); *zijns ~e* seinesgleichen; *iemand ~ geven* j-m zustimmen, beipflichten; *het uurwerk loopt (gaat) ~* die Uhr geht richtig; **~benig** [-ˈbeːnəx] gleichschenk(e)lig.
gelij|ken [ɣ̊əˈlɛĭkə(n)] (*geleek, geleken*): *~ op* gleichen *D*; ähnlich sein (sehen) *D*; **~kenis** [-kənɪs] (*-sen*) *f* Ähnlichkeit *f*; Gleichnis *n*.
gelijk|heid [ɣ̊əˈlɛĭkhɛĭt] *f* Gleichheit *f*; Ähnlichkeit *f*; **~hoekig** [-ˈhuˑkəx] gleichwinklig; **~luidend** [-lʏĭdənt] gleichlautend; **~maker** [-maːkər] (*-s*) *m Sp.* Ausgleich *m*, Ausgleichstor *n*; **~matig** [-ˈmaːtəx] gleichmäßig; **~namig** [-ˈnaːməx] gleichnamig; **~schakelen** [-sxaːkələ(n)] gleichschalten; **~slachtig** [-ˈslɑxtəx] gleichartig; **~stelling** [-stɛlɪŋ] *f* Gleichstellung *f*; **~stroom** [-stroːm] *m* Gleichstrom *m*; **~teken** [-teːkə(n)] (*-s*) *n Math.* Gleichheitszeichen *n*; **~tijdig** [-ˈtɛĭdəx] gleichzeitig; **~vloers** [-ˈfluːrs] *Adj., Adv.* im Erdgeschoß, zu ebener Erde; *Su. n* Erdgeschoß *n*; **~vormig** [-fɔrməx] gleichförmig; *Math.* ähnlich; **~waardig** [-ˈʋaːrdəx] gleichwertig; **~zijdig** [-sɛĭdəx] *Math.* gleichseitig.
gelijnd [ɣ̊əˈlɛĭnt] liniiert.
geloei [ɣ̊əˈluˑĭ] *n* Gebrüll *n*; Geheul *n*.
gelofte [ɣ̊əˈlɔftə] (*-n*) *f* Gelübde *f*.
gelogen [ɣ̊əˈloːɣ̊ə(n)] *s. liegen*.
geloof [ɣ̊əˈloːf] (*-loven*) *n* Glaube *m*; Religion *f*; *op goed ~* auf Treu und Glauben; **~baar** [-baːr] glaublich, glaubhaft.
geloofs|artikel [ɣ̊əˈloːfsɑrtiˑkəl] (*-en u. -s*) *n Rel.* Glaubensartikel *m*; **~belijdenis** [-bəˈlɛĭdənɪs] (*-sen*) *f* Glaubensbekenntnis *n*; **~brief** [-briːf] (*-brieven*) *m* Beglaubigungsschreiben *n*; **~genoot** [-xənoːt] (*-noten*) *m* Glaubensgenosse *m*; **~leer** [-leːr] *f* Glaubenslehre *f*; **~punt** [-pɵnt] *n Rel.* Glaubensartikel *m*; **~vervolging** [-fərv̊ɔlɣ̊ɪŋ]

f Glaubensverfolgung *f*; **~verzaking** [-fərza:kıŋ] *f* Glaubensabfall *m*; **~vrijheid** [-frɛihɛit] *f* Glaubensfreiheit *f*, Religionsfreiheit *f*.
geloofwaardig [ɣ̊əlo:f'ʋa:rdəx] glaubwürdig.
geloop [ɣ̊ə'lo:p] *n* Laufen *n*, Gelaufe *n*.
gelopen [ɣ̊ə'lo:pə(n)] *s. lopen*.
gelo|ven [ɣ̊ə'lo:v̊ə(n)] glauben; meinen; denken; *ik geloof van wel* ich glaube ja; *~ aan (in)* glauben an *A*; *iemand op zijn ~* j-m aufs Wort glauben; **~vig** [-v̊əx] gläubig; *de ~en* die Gläubigen.
geluid [ɣ̊ə'lœyt] *n* Klang *m*; Schall *m*; Laut *m*; Geräusch *n*; **~demper** [-dɛmpər] (*-s*) *m* Schalldämpfer *m*; **~dicht** [-dıxt] schalldicht; **~loos** [-lo:s] lautlos.
geluids|band [ɣ̊ə'lœydzbɑnt] *m* Tonband *n*; **~cassette** Toncassette *f*; **~film** [-fılm] (*-s*) *m* Tonfilm *m*; **~golf** [-xɔlf] (*-golven*) *f* Schallwelle *f*; **~hinder** [-hındər] *m* Lärmbelästigung *f*; **~leer** [-le:r] *f* Akustik *f*; **~materiaal** [-mate·'ri·(j)a:l] *n* Tonträger *m*; **~muur** [-my:r] *m* Schallmauer *f*; **~peil** [-pɛil] *n* Lärmpegel *m*; **~snelheid** [-snɛlhɛit] *f* Schallgeschwindigkeit *f*; **~sterkte** [-stɛrktə] *f* Lautstärke *f*; **~trilling** [-trılıŋ] *f* Schallwelle *f*; **~versterker** [-fərstɛrkər] (*-s*) *m* Schallverstärker *m*.
geluimd [ɣ̊ə'lœymt] gelaunt.
geluk [ɣ̊ə'lək] *n* Glück *n*; *hij mag van ~ spreken* er kann von Glück sagen; *~ hebben* Glück (P Schwein) haben; *op goed ~* aufs Geratewohl, auf gut Glück; **~ken** [-ə(n)] glükken, gelingen, geraten; **~kig** [-əx] glücklich; *Adv.* glücklicherweise, zum Glück; ein Glück!
geluks|bode [ɣ̊ə'ləgzbo:də] (*-n u. -s*) *m* Glücksbote *m*; **~ster** [-stɛr] (*-ren*) *f* Glücksstern *m*; **~tijding** [-tɛidıŋ] *f* Glücksbotschaft *f*.
geluk|wens [ɣ̊ə'ləkʋɛns] *m* Glückwunsch *m*, Gratulation *f*; **~wensen** [ɣ̊ə'ləkʋɛnsə(n)] *j-n* beglückwünschen, *j-m* gratulieren, *j-m* Glück wünschen (*met*/zu *D*); **~zak** [-sɑk] (*-ken*) *m fig.* Glückspilz *m*; **~zalig** [-'sa:ləx] glückselig; **~zoeker** [-su·kər] (*-s*) *m* Glücksritter *m*, Abenteurer *m*.
gemaakt [ɣ̊ə'ma:kt] gemacht, verfertigt; gezwungen; affektiert, geziert; **~heid** [-hɛit] *f* Ziererei *f*, Affektiertheit *f*.
gemaal[1] [ɣ̊ə'ma:l] (*-s u. -malen*) *m* Gemahl *m*, Gatte *m*.
gemaal[2] (*-malen*) *n* Mahlen *n*; Pumpanlage *f*; Poldermühle *f*.
gemachtigd [ɣ̊ə'mɑxtəxt] bevollmächtigt.
gemak [ɣ̊ə'mɑk] (*-ken*) *n* Bequemlichkeit *f*; Ruhe *f*; Abort *m*; *met ~* mühelos; *neem uw ~* machen Sie es sich bequem; *zich op zijn ~ voelen* sich wohl fühlen; *voor 't ~* aus Bequemlichkeit; *iemand op zijn ~ zetten* j-n beruhigen; *met ~ van betaling* zu günstigen Zahlungsbedingungen; **~kelijk** [-kələk] leicht; bequem, gemächlich; *een ~e stoel* ein bequemer Stuhl; *een ~e taak* e-e leichte Aufgabe; *zich ~ vergissen* sich leicht irren; *~ spreken* gewandt sprechen; **~shalve** [-shɑlv̊ə] bequemlichkeitshalber.
gemalen [ɣ̊ə'ma:lə(n)] *s. malen*.
gemalin [ɣ̊əma·'lın] (*-nen*) *f* Gemahlin *f*, Gattin *f*.
gemanierd [ɣ̊əmɑ'ni:rt] gebildet; höflich.
gemaniëreerd [ɣ̊əmɑnı(j)ə're:rt] manieriert, gekünstelt.
gemarineerd [ɣ̊əmɑrı'ne:rt] mariniert.
gemarmerd [ɣ̊ə'mɑrmərt] marmoriert.
gemaskerd [ɣ̊ə'mɑskərt] maskiert; *~ bal* Maskenball *m*.
gematigd [ɣ̊ə'ma:təxt] gemäßigt; **~heid** [-hɛit] *f* Mäßigung *f*.
gember ['ɣ̊ɛmbər] *m* Ingwer *m*; **~stroop** [-stro:p] *f* Ingwersirup *m*.
gemeden [ɣ̊ə'me:də(n)] *s. mijden*.
gemeen [ɣ̊ə'me:n] *n* Pöbel *m*; *Adj., Adv.* gemein, hämisch, niederträchtig; allgemein; gemeinsam; *de gemene zaak* Gemeinwohl *n*; *~ weer* scheußliches Wetter; *ik vind dat ~* das ist niederträchtig; **~goed** [-ɣ̊u·t] (*kein pl.*) *n* Gemeingut *n*; **~heid** [-hɛit] (*-heden*) *f* Gemeinheit *f*, Niedertracht *f*, Niederträchtigkeit *f*.
gemeenlijk [ɣ̊ə'me:nlək] gewöhnlich.
gemeen|plaats [ɣ̊ə'me:npla:ts] *f* Gemeinplatz *m*; **~schap** [-sxɑp] (*-pen*) *f* Gemeinschaft *f*; Verbindung *f*; *~ van goederen* Gütergemeinschaft *f*; **~schappelijk** [-sxɑ-

pələk] gemeinschaftlich, gemeinsam; **~schapszin** [-sxɑpsın] *m* Gemeinsinn *m*.
gemeente [ɣ̊əˈmeːntə] (*-n u. -s*) *f* Gemeinde *f*; Stadt *f*; **~ambtenaar** [-ɑmtənaːr] (*-naren u. -s*) *m* Gemeindebeamte(r) *m*; **~bestuur** [-bəstyːr] (*-sturen*) *n* Stadtverwaltung *f*; **~dienst** [-diːnst] *m* städtischer Dienst; **~huis** [-hɔʏs] (*-huizen*) *n* Rathaus *n*; **~raad** [-raːt] (*-raden*) *m* Stadtrat *m*; Gemeinderat *m*; Stadtverordnetenparlament *n*; **~raadslid** [-raːtslıt] (*-leden*) *n* Stadtverordnete(r) *m*, Gemeinderatsmitglied *n*; **~verkiezing** [-v̊ərkiˑzıŋ] *f* Kommunalwahl *f*, Gemeindewahl *f*.
gemeenzaam [ɣ̊əˈmeːnzaːm] vertraut, zutraulich; vertraulich; **~heid** [-hɛĭt] (*-heden*) *f* Vertraulichkeit *f*; Vertrautheit *f*, Leutseligkeit *f*.
gemelijk [ˈɣ̊eːmələk] verdrießlich, mürrisch, griesgrämig.
gemenebest [ɣ̊əmeˑnəˈbɛst] *n* Gemeinwohl *n*; Republik *f*.
gemengd [ɣ̊əˈmɛŋt] gemischt; *~ huwelijk* Mischehe *f*; *~ nieuws*, *~e berichten* vermischte Nachrichten *f/pl*.
gemeten [ɣ̊əˈmeːtə(n)] *s. meten*.
gemeubileerd [ɣ̊əmøbiˑˈleːrt] möbliert.
gemiddeld [ɣ̊əˈmıdəlt] durchschnittlich, im Durchschnitt, im Schnitt; *~e snelheid* Durchschnittsgeschwindigkeit *f*; *~e koers* Mittelkurs *m*; **~e** [-ə] (*-n u. -s*) *n* Durchschnitt *m*.
gemijmer [ɣ̊əˈmɛĭmər] Grübelei *f*, Träumerei *f*.
geminacht [ɣ̊əˈmınɑxt] verachtet.
gemis [ɣ̊əˈmıs] *n* Mangel *m*, Entbehrung *f*; *bij ~ van* (*aan*) in Ermangelung *G*, aus Mangel an *D*.
gemocht [ɣ̊əˈmɔxt] *s. mogen*.
gemoed [ɣ̊əˈmuˑt] (*-deren*) *n* Gemüt *n*, Herz *n*, Seele *f*; Gewissen *n*; *tegen zijn ~* gegen seine Überzeugung; **~elijk** [-ələk] gemütlich; treuherzig, freundlich.
gemoeds|aandoening [ɣ̊əˈmuˑtsaːnduˑnıŋ] *f* Gemütsregung *f*; **~aard** [-aːrt] *m* Gemütsart *f*, Wesen *n*; **~bezwaar** [-bəzʋaːr] (*-zwaren*) *n* Bedenken *n*, Skrupel *m*; **~gesteldheid** [-xəsteltheĭt] *f* Gemütsverfassung *f*; **~rust** [-røst] *f* Gemütsruhe *f*.
gemoeid [ɣ̊əˈmuˑĭt]: *er mee ~ zijn* auf dem Spiel(e) stehen; kosten.
gemoeten [ɣ̊əˈmuˑtə(n)] *s. moeten*.
gemogen [ɣ̊əˈmoːɣ̊ə(n)] *s. mogen*.
gemolken [ɣ̊əˈmɔlkə(n)] *s. melken*.
gemompel [ɣ̊əˈmɔmpəl] *n* Gemurmel *n*; Gemunkel *n*.
gemoogd [ɣ̊əˈmoːxt] *s. mogen*.
gemopper [ɣ̊əˈmɔpər] *n* Nörgeln *n*, Meckern *n*.
gems [ɣ̊ɛms] (*gemzen*) *f* Gemse *f*.
gemutst [ɣ̊əˈmøtst]: *goed ~* bei guter Laune, gut gelaunt; *slecht ~* schlecht gelaunt.
genaakbaar [ɣ̊əˈnaːkbaːr] zugänglich.
genaamd [ɣ̊əˈnaːmt] genannt, na[mens.]
genade [ɣ̊əˈnaːdə] *f* Gnade *f*; *Uwe ~* Euer Gnaden; *bij Gods ~* von Gottes Gnaden; **~brood** [-broːt] *n* Gnadenbrot *n*; **~middel** [-mıdəl] *n* Gnadenmittel *n*; *~n Rel.* Sterbesakramente *n/pl.*; **~slag** [-slɑx] *m* Gnadenstoß *m*.
genadig [ɣ̊əˈnaːdəx] gnädig.
genas [ɣ̊əˈnɑs] *s. genezen*.
gendarm(e) [ʒɑnˈdɑrm] (*-[e]n u. -[e]s*) *m* Gendarm *m*, Landjäger *m*.
gene [ˈɣ̊eːnə] jene(r, -s); *aan ~ zijde van* jenseits *G*.
genees|baar [ɣ̊əˈneːzbaːr] heilbar; **~heer** [-heːr] (*-heren*) *m* Arzt *m*; **~kunde** [-køndə] *f* Medizin *f*, Heilkunde *f*; **~kundig** [-ˈkøndəx] ärztlich, medizinisch; *~e behandeling* ärztliche Behandlung; *~e faculteit a. -kul-* medizinische Fakultät; *~e dienst* Gesundheitsamt *n*, Gesundheitsdienst *m*; *een ~e* ein Arzt, ein Heilkundiger; **~lijk** [-lək] heilbar; **~middel** [-mıdəl] *n* Arznei *f*, Heilmittel *n*.
genegen [ɣ̊əˈneːɣ̊ə(n)] *s. nijgen*; geneigt, zugetan, gewogen; **~heid** [-hɛĭt] (*-heden*) *f* Geneigtheit *f*; (Zu-)Neigung *f*.
genepen [ɣ̊əˈneːpə(n)] *s. nijpen*.
generaal [ɣ̊eˑnəˈraːl] (*-s*) *m* General *m*; *Adj.* allgemein, General-; *generale repetitie* Generalprobe *f*; **~-majoor** [-mɑˈjoːr] (*-s*) *m* Generalmajor *m*.
generali|seren *a.* **~zeren** [ɣ̊eˑnərɑliˑˈzeːrə(n)] verallgemeinern; **~teit** [-ˈtɛĭt] *f* Allgemeinheit *f*; *mil.* Generalität *f*.

generatie [ɣe·nə'ra:si:] (*-s*) Generation *f*, Geschlecht *n*.
generator [ɣe·nə'ra:tɔr] (*-en u. -s*) *m* Generator *m*.
generen [ʒə'ne:rə(n)] *v/r* sich genieren, sich schämen.
geneugte [ɣə'nø:xtə] (*-n*) *f* Vergnügen *n*; Genuß *m*.
Genève [ʒə'nɛ:ʋə] *n* Genf *n*.
gene|zen [ɣə'ne:zə(n)] (*genas, genezen*) genesen; heilen, kurieren; **~zing** [-zɪŋ] *f* Genesung *f*, Heilung *f*.
geni|aal [ɣe·ni·'(j)a:l] genial; **~aliteit** [-ɑli·'tɛĭt] *f* Genialität *f*.
genie[1] [ʒə'ni:] (*-ën*) *n* Genie *n*.
genie[2] *f mil.* Pioniere *m/pl.*, Pionierkorps *n*; **~officier** [-ɔfi·si:r] *m* Pionieroffizier *m*.
geniep [ɣə'ni·p] *n*: *in 't ~* heimlich; **~ig** [-əx] heimlich, hinterrücks; **~igerd** [-əgərt] (*-s*) *m* Schleicher *m*, Leisetreter *m*.
genie|ten [ɣə'ni·tə(n)] (*genoot, genoten*) genießen; *een goede gezondheid ~* sich guter Gesundheit erfreuen; **~ting** [-tɪŋ] *f* Genuß *m*, Genießen *n*.
genietroepen [ʒə'ni:tru·pə(n)] *pl.* Pioniere *pl.*
genitief ['ɣe·ni·ti:f] (*-tieven*) *m* Genitiv *m*.
genius ['ɣe·nĭ(j)ɵs] (*-ën*) *m* Genius *m*.
genodigde [ɣə'no:dəgdə] (*-n*) *m u. f* Gast *m*, Besucher *m*.
genoeg [ɣə'nu·x] genug; *ik heb er (meer dan) ~ van* ich bin es (endgültig) satt; P ich habe die Schnauze voll; **~doening** [-du·nɪŋ] *f* Genugtuung *f*, Satisfaktion *f*.
genoeg|en [ɣə'nu·ɣə(n)] (*-s*) *n* Vergnügen *n*, Freude *f*; Befriedigung *f*; Gefallen *m*; *naar ~* zur Zufriedenheit; *tot ~!* (auf) Wiedersehen!; *~ nemen met* sich begnügen mit; *het doet me ~* es freut mich; **~lijk** [-lək] vergnügt; gemütlich, zufrieden; angenehm; **~zaam** [-sa:m] genügsam, hinreichend, zur Genüge.
genomen [ɣə'no:mə(n)] *s. nemen*.
genoopt [ɣə'no:pt]: *zich ~ zien* sich gezwungen (veranlaßt) sehen.
genoot [ɣə'no:t] *s. genieten*; *Su.* (*-noten*) *m* Genosse *m*, Gefährte *m*; **~schap** [-sxɑp] (*-pen*) *n* Genossenschaft *f*, Gesellschaft *f*, Verein *m*.
genot [ɣə'nɔt] *n* Genuß *m*; Vorteil *m*.
genoten [ɣə'no:tə(n)] *s. genieten*.
genot|middel [ɣə'nɔtmɪdəl] *n* Genußmittel *n*; **~zuchtig** [-'sɵxtəx] genußsüchtig, genießerisch.
genre ['ʒɑ̃:rə] (*-s*) *n* Genre *n*, Gattung *f*; **~schilder** [-sxɪldər] (*-s*) *m* Genremaler *m*.
genster ['ɣɛnstər] (*-s*) *f* Funke *m*.
gent[1] [ɣɛnt] *m* Gänserich *m*.
Gent[2] *n* Gent *n*; **~enaar** [-əna:r] (*-s*) *m* Genter *m*.
gentiaan [ɣɛntsi·'(j)a:n] (*-anen*) *f* Enzian *m*.
geo|graaf [ɣe·o·'gra:f] (*-grafen*) *m* Geograph *m*; **~grafie** [-ɣra·'fi:] *f* Geographie *f*; **~grafisch** [-'ɣra:fi·s] geographisch.
geo|logie [ɣe·o·lo·'ɣi:] *f* Geologie *f*; **~loog** [-'lo:x] (*-logen*) *m* Geologe *m*.
geoorloofd [ɣə'o:rlo:ft] erlaubt, zulässig, statthaft.
gepaard [ɣə'pa:rt] gepaart; paarweise; vereint, verbunden.
gepast [ɣə'pɑst] passend, angemessen; schicklich; *~ geld* abgezähltes Geld; *het ~ ogenblik (moment)* der geeignete Zeitpunkt.
gepatenteerd [ɣəpɑtən'te:rt] patentiert; gesetzlich geschützt; *fig.* ausgesprochen; *een ~e leugenaar* ein Erzlügner.
gepeins [ɣə'pɛĭns] (*-peinzen*) *n* Sinnen *n*, Nachdenken *n*; Betrachtung *f*; *pl.* Gedanken *m/pl.*
gepeperd [ɣə'pe:pərt] gepfeffert.
gepeupel [ɣə'pø:pəl] *n* Gesindel *n*, Pöbel *m*, Mob *m*.
gepeuter [ɣə'pø:tər] *n* Tüftelei *f*; Herumstochern *n*.
gepieker [ɣə'pi:kər] *n* Grübeln *n*.
geplaveid [ɣə'plɑʋɛĭt] gepflastert.
geploeter [ɣə'plu:tər] *n* Planschen *n*; (*schwere Arbeit*) Schinderei *f*.
geplozen [ɣə'plo:zə(n)] *s. pluizen*.
gepoch [ɣə'pɔx] *n* Prahlerei *f*.
gepraat [ɣə'pra:t] *n* Geplauder *n*; Geschwätz *n*, Gerede *n*.
geprevel [ɣə'pre:ʋəl] *n* Gemurmel *n*, Murmeln *n*.
geprezen [ɣə'pre:zə(n)] *s. prijzen*.
gepruil [ɣə'prəʏl] *n* Schmollen *n*.
gepruts [ɣə'prɵts] *n* Pfuscherei *f*.
gepruttel [ɣə'prɵtəl] *n* Brodeln *n*; Gebrumm *n*, Meckern *n*.
geraadpleegd [ɣə'ra:tple:xt] *s. raadplegen*; nachgeschlagen, zu Rate gezogen.
geraakt [ɣə'ra:kt] getroffen, ver-

letzt; verstimmt, gereizt; *licht* ~ sehr empfindlich.
geraamte [ɣə'ra:mt] (*-n u. -s*) *n* Gerippe *n*; Skelett *n*.
geraas [ɣə'ra:s] *n* Lärm *m*; Getöse *n*, Tosen *n*.
geraden [ɣə'ra:də(n)] *s. raden*; geraten, ratsam.
geraken [ɣə'ra:kə(n)] gelangen, geraten, kommen; *aan lager wal* ~ *fig.* auf den Hund kommen; *in slaap* ~ einschlafen; *in onbruik* ~ außer Gebrauch kommen.
gerammel [ɣə'rɑməl] *n* Gerassel *n*, Klappern *n*; Geklirr *n*; (*Klavier*) Geklimper *n*.
geranium [ɣə'ra·nĭ(j)əm] (*-s*) *f* Geranie *f*.
gerant [ʒe·'rɑ̃:] *u.* [ʒe·'rɑnt] (*-s u. -en*) *m* Geschäftsführer *m*; Oberkellner *m*.
geratel [ɣə'ra:təl] *n* Gerassel *n*, Rasseln *n*; Rattern *n*.
gerecht[1] [ɣə'rɛxt] *Adj.* gerecht.
gerecht[2] *n* Gericht *n*, Speise *f*, Gang *m*.
gerecht[3] *n jur.* Gericht *n*, Gerichtshof *m*; *voor het* ~ *dagen* vor Gericht laden; **~elijk** [-ələk] gerichtlich; *iemand* ~ *vervolgen* gerichtlich gegen j-n vorgehen, j-n gerichtlich belangen; **~igd** [-əxt] berechtigt.
gerechts|dienaar [ɣə'rɛgdzdi:na:r] (*-s u. -naren*) *m* Gerichtsdiener *m*; **~hof** [-hɔf] (*-hoven*) *n* Gerichtshof *m*, Tribunal *n*; Oberlandesgericht *n*; Gerichtsgebäude *n*.
gerechtvaardigd [ɣərɛxt'fa:rdəxt] berechtigt; gerecht, gerechtfertigt.
gereden [ɣə're:də(n)] *s. rijden*.
gereed [ɣə're:t] bereit, fertig; ~ *geld* bares Geld; ~ *voor verzending* versandfertig, versandbereit; **~heid** [-hɛĭt] *f* Bereitschaft *f*; *in* ~ *brengen* bereitstellen; **~maken** [-ma:kə(n)] zubereiten, bereitmachen; **~schap** [-sxɑp] (*-pen*) *n* Gerät *n*.
gereformeerd [ɣəre·fɔr'me:rt] *Rel.* reformiert; kalvinistisch.
geregeld [ɣə're:ɣəlt] regelmäßig, ordentlich; *de zaak is* ~ die Angelegenheit ist abgeschlossen.
geregen [ɣə're:ɣə(n)] *s. rijgen*.
gerei [ɣə'rɛi] (*kein pl.*) *n* Gerät *n*, Werkzeug *n*; Geschirr *n*.
gerekt [ɣə'rɛkt] gedehnt; weitläufig, weitschweifig.
gereutel [ɣə'rø:təl] *n* Röcheln *n*.
gerezen [ɣə're:zə(n)] *s. rijzen*.
geribd [ɣə'rɪpt] gerippt; geriffelt.
gericht[1] [ɣə'rɪxt] *n*: *het jongste* ~ das Jüngste Gericht.
gericht[2] *Adj.* gerichtet; *~e antenne* Richtantenne *f*; *~e ontvanger* Richtempfänger *m*.
gerief [ɣə'ri:f] (*kein pl.*) *n* Gerät *n*, Werkzeug *n*; Bequemlichkeit *f*; Nutzen *m*, Vorteil *m*; **~(e)lijk** [-(ə)lək] bequem, behaglich.
gerieven [ɣə'ri:ṽə(n)] dienen *D*, helfen *D*.
gerimpeld [ɣə'rɪmpəlt] gerunzelt, runz(e)lig; gekräuselt.
gering [ɣə'rɪŋ] gering, niedrig; geringfügig; *van ~e waarde* minderwertig; **~schatten** [-sxɑtə(n)] geringschätzen.
gerinkel [ɣə'rɪŋkəl] *n* Geklirr *n*; (*Glocken*) Geklingel *n*, Gebimmel *n*.
geritsel [ɣə'rɪtsəl] *n* Rascheln *n*.
Germaan [ɣɛr'ma:n] (*-manen*) *m* Germane *m*; **~s** [-s] germanisch.
germa|nisme [ɣɛrmɑ'ni·smə] (*-n*) *n* Germanismus *m*; **~nist** [-'ni·st] *m* Germanist *m*.
gerochel [ɣə'rɔxəl] *n* Röcheln *n*.
geroddel [ɣə'rɔdəl] *n* F Tratsch *m*.
geroep [ɣə'ru·p] *n* Ruf *m*, Rufen *n*; Geschrei *n*.
geroepen [ɣə'ru·pə(n)] *s. roepen*.
geroffel [ɣə'rɔfəl] *n* Wirbeln *n*.
geroken [ɣə'ro:kə(n)] *s. rieken, ruiken*.
geronk [ɣə'rɔŋk] *n* Brummen *n*; Rattern *n*; Schnarchen *n*.
gerookt [ɣə'ro:kt] geräuchert, Räucher-; *~e zalm* Räucherlachs *m*.
geroutineerd [ɣə'ru·ti·'ne:rt] routiniert, erfahren, bewandert.
Gerrit ['ɣɛrət] *m* Gerhard *m*.
gerst [ɣɛrst] *f* Gerste *f*; *gepelde* ~ Gerstengraupen *f/pl*.
gerste|bier ['ɣɛrstəbi:r] *n* Gerstenbier *n*; **~meel** [-me:l] *n* Gerstenmehl *n*.
gerucht [ɣə'rəxt] *n* Gerücht *n*; *maak geen* ~ mach keinen Lärm; *het* ~ *doet de ronde*, *het* ~ *loopt* es geht das Gerücht; **~makend** [-ma:kənt] sensationell, aufsehenerregend.
geruime [ɣə'rəʏmə]: ~ *tijd* geraume Zeit.
geruis [ɣə'rəʏs] *n* Geräusch *n*; (*Wind, Bäume usw.*) Rauschen *n*.
geruit [ɣə'rəʏt] kariert.

gerust [ɣ̊əˈrəst] unbesorgt; still, ungestört, ruhig; *stel U ~* beruhigen Sie sich; **~heid** [-hεĭt] *f* Ruhe *f*, Beruhigung *f*; **~stellen** [-stεlə(n)] beruhigen; **~stelling** [-stεlɪŋ] *f* Beruhigung *f*.
geschal [ɣ̊əˈsxɑl] *n* Schall *m*; Schallen *n*.
geschapen [ɣ̊əˈsxa:pə(n)] *s. scheppen*; geschaffen, beschaffen.
gescharrel [ɣ̊əˈsxɑrəl] *n* Getue *n*; Liebelei *f*.
geschater [ɣ̊əˈsxa:tər] *n* schallendes Gelächter.
gescheiden [ɣ̊əˈsxεĭdə(n)] *s. scheiden*; geschieden; getrennt.
geschenen [ɣ̊əˈsxe:nə(n)] *s. schijnen.*
geschenk [ɣ̊əˈsxεŋk] *n* Geschenk *n*; *ten ~e krijgen* geschenkt bekommen; **~zending** [-sεndɪŋ] *f* Geschenkpaket *n*, Geschenksendung *f*.
geschept [ɣ̊əˈsxεpt]: *~ papier* Büttenpapier *n*.
gescheten [ɣ̊əˈsxe:tə(n)] *s. schijten.*
geschied(enis)**boek** [ɣ̊əˈsxi:d(ənɪz)bu·k] *n* Geschichtsbuch *n*.
geschieden [ɣ̊əˈsxi:də(n)] geschehen, sich ereignen; vorfallen; **~is** [-ɪs] (*-sen*) Geschichte *f*.
geschied|kunde [ɣ̊əsxi:tkəndə] *f* Geschichte *f*; **~kundig** [-kəndəx] geschichtlich, historisch; **~schrijver** [-sxrεĭv̊ər] (*-s*) *m* Geschichtsschreiber *m*, Historiker *m*.
geschikt [ɣ̊əˈsxɪkt] tauglich, fähig, geeignet, passend (*voor*/für); schicklich; *voor alles ~* zu allem tauglich; *het ~ ogenblik* der rechte Augenblick; *een ~ middel* ein geeignetes Mittel; *een ~ man* ein tüchtiger Mann; *ik acht het ~ (om) te* ... ich halte es für angebracht zu ...; **~heid** [-hεit] (*-heden*) *f* Eignung *f*.
geschil [ɣ̊əˈsxɪl] (*-len*) *n* Streit *m*, Streitigkeit *f*; Uneinigkeit *f*; **~punt** [-pənt] *n* Streitfrage *f*, Streitpunkt *m*.
gescholden [ɣ̊əsxɔldə(n)] *s. schelden.*
gescholen [ɣ̊əˈsxo:lə(n)] *s. schuilen.*
geschonden [ɣ̊əˈsxɔndə(n)] *s. schenden.*
geschonken [ɣ̊əˈsxɔŋkə(n)] *s. schenken.*
geschoold [ɣ̊əˈsxo:lt] geschult; gelernt.
geschoren [ɣ̊əˈsxo:rə(n)] *s. scheren.*
geschoten [ɣ̊əˈsxo:tə(n)] *s. schieten.*
geschoven [ɣ̊əˈsxo:v̊ə(n)] *s. schuiven.*
geschreden [ɣ̊əˈsxre:də(n)] *s. schrijden.*
geschreeuw [ɣ̊əˈsxre:ŭ] *n* Geschrei *n*, Schreien *n*.
geschrei [ɣ̊əˈsxrεĭ] *n* Weinen *n*; Geschrei *n*.
geschreven [ɣ̊əˈsxre:v̊ə(n)] *s. schrijven.*
geschrift [ɣ̊əˈsxrɪft] *n* Schrift *f*, Schriftstück *n*; *valsheid in ~e* Urkundenfälschung *f*.
geschrijf [ɣ̊əˈsxrεĭf] *n* Schreiberei *f*.
geschrokken [ɣ̊əˈsxrɔkə(n)] *s. schrikken.*
geschut [ɣ̊əˈsxət] *n* Geschütz *n*; **~toren** [-to:rə(n)] (*-s*) *m* Geschützturm *m*; Panzerturm *m*.
gesel [ˈɣ̊e:səl] (*-s u. -en*) *m* Geißel *f*; **~en** [-ə(n)] geißeln; peitschen; **~ing** [-ɪŋ] *f* Geißelung *f*; **~roede** [-ru·də] (*-n*) *f* Geißelrute *f*.
gesjachel *a.* **-cher** [ɣ̊əˈʃɑxəl] *a.* [ɣ̊əˈʃɑxər] *n* Schachern *n*.
geslacht[1] [ɣ̊əˈslɑxt] *n* Geschlecht *n*; Gattung *f*.
geslacht[2] *Adj.* geschlachtet.
geslachts|boom [ɣ̊əˈslɑgdzbo:m] (*-bomen*) *m* Stammbaum *m*; **~naam** [-na:m] (*-namen*) *m* Geschlechtsname *m*, Familienname *m*; **~wapen** [-ʋa:pə(n)] *n* Familienwappen *n*; **~ziekte** [-si·kte] (*-n*) *f* Geschlechtskrankheit *f*.
geslagen [ɣ̊əˈsla:ɣ̊ə(n)] *s. slaan*; geschlagen; *~ koper* getriebenes, gehämmertes Kupfer.
geslapen [ɣ̊əˈsla:pə(n)] *s. slapen.*
geslepen [ɣ̊əˈsle:pə(n)] *s. slijpen*; geschliffen; *fig.* schlau, verschmitzt, durchtrieben.
gesleten [ɣ̊əˈsle:tə(n)] *s. slijten.*
geslonken [ɣ̊əˈslɔŋkə(n)] *s. slinken.*
geslopen [ɣ̊əˈslo:pə(n)] *s. sluipen.*
gesloten [ɣ̊əˈslo:tə(n)] *s. sluiten*; verschlossen; *fig.* verschwiegen; *~ jacht(tijd)* Schonzeit *f*.
gesmeten [ɣ̊əˈsme:tə(n)] *s. smijten.*
gesmolten [ɣ̊əˈsmɔltə(n)] *s. smelten.*
gesnap [ɣ̊əˈsnɑp] *n* Geschwätz *n*.
gesneden [ɣ̊əˈsne:də(n)] *s. snijden.*
gesnik [ɣ̊əˈsnɪk] *n* Geschluchze *n*, Schluchzen *n*.
gesnoef [ɣ̊əˈsnu:f] *n* Prahlerei *f*, Aufschneiderei *f*.
gesnork [ɣ̊əˈsnɔrk] *n* Schnarchen *n*.
gesnoten [ɣ̊əˈsno:tə(n)] *s. snuiten.*
gesnoven [ɣ̊əˈsno:v̊ə(n)] *s. snuiven.*

gesol [ɣ̇ə'sɔl] *n* Spielerei *f*; Gezerre *n*; *fig.* Gehänsel *n*.
gesp [ɣ̇ɛsp] *f* Schnalle *f*.
gespannen [ɣ̇ə'spɑnə(n)] *s. spannen.*
gespartel [ɣ̇ə'spɑrtəl] *n* Gezappel *n*, Zappeln *n*.
gespatieerd [ɣ̇ə'spɑ'si·(j)e:rt] *Typ.* gesperrt; **~e** *druk* Sperrdruck *m*.
gespeten [ɣ̇ə'spe:tə(n)] *s. spijten.*
gespierd [ɣ̇ə'spi:rt] muskulös, sehnig, kräftig.
gespikkeld [ɣ̇ə'spɪkəlt] gesprenkelt.
gespleten [ɣ̇ə'sple:tə(n)] *s. splijten.*
gespogen [ɣ̇ə'spo:ɣ̇ə(n)] *s. spugen.*
gesponnen [ɣ̇ə'spɔnə(n)] *s. spinnen.*
gespot [ɣ̇ə'spɔt] *n* Gespött *n*.
gespoten [ɣ̇ə'spo:tə(n)] *s. spuiten.*
gespouwen [ɣ̇ə'spɑu(ʋ)ə(n)] *s. spouwen.*
gesprek [ɣ̇ə'sprɛk] (*-ken*) *n* Gespräch *n*, Unterredung *f*; *in ~ zijn* ein Gespräch führen; *Tel.* besetzt sein.
gesproken [ɣ̇ə'spro:kə(n)] *s. spreken.*
gesprongen [ɣ̇ə'sprɔŋə(n)] *s. springen.*
gesproten [ɣ̇ə'spro:tə(n)] *s. spruiten*; entsprossen.
gespuis [ɣ̇ə'spəʏs] *n* Gesindel *n*, Pack *n*.
gestaan [ɣ̇ə'sta:n] *s. staan.*
gestadig [ɣ̇ə'sta:dəx] *Adj.*, *Adv.* beständig, stetig; unaufhörlich; **~e** *regen* anhaltender Regen.
gestalte [ɣ̇ə'stɑltə] (*-n u. -s*) *f* Gestalt *f*; Wuchs *m*.
gestamel [ɣ̇ə'sta:məl] *n* Gestammel *n*, Stammeln *n*.
gestampvoet [ɣ̇ə'stɑmpfu·t] *s. stampvoeten.*
gestand [ɣ̇ə'stɑnt]: *~ doen* erfüllen, halten.
gestationeerd [ɣ̇ə'stɑsĭ(j)ɔ'ne:rt] stationiert; aufgestellt.
geste ['ʒɛstə] (*-s*) *f* Geste *f*, Gebärde *f*.
gesteente [ɣ̇ə'ste:ntə] (*-n u. -s*) *n* Gestein *n*; *bsd.* Edelsteine *m/pl.*
gestegen [ɣ̇ə'ste:ɣ̇ə(n)] *s. stijgen.*
gestel [ɣ̇ə'stɛl] (*-len*) *n* Konstitution *f*; Organismus *m*; *een prikkelbaar ~* ein reizbares Temperament.
gesteld [ɣ̇əstɛlt] gestellt; gesetzt; beschaffen; *~ het geval* gesetzt den Fall; *ik ben er op ~* ich halte darauf; *op iets niet ~ zijn* sich etw. verbitten; *slecht ~ met* schlecht bestellt um; **~heid** [-hɛĭt] (*-heden*) *f* Zustand *m*, Beschaffenheit *f*; Lage *f*; *~ van geest* Gemütsverfassung *f*.
gestemd [ɣ̇ə'stɛmt] gestimmt; aufgelegt.
gesternte [ɣ̇ə'stɛrntə] (*-n*) *n* Gestirn *n*; Sterne *m/pl.*
gesteven [ɣ̇ə'ste:v̇ə(n)] *s. stijven.*
gesticht [ɣ̇ə'stɪxt] *n* Anstalt *f*; (*Kloster*) Stift *n*.
gestippeld [ɣ̇ə'stɪpəlt] getüpfelt; punktiert.
gestoei [ɣ̇ə'stu·i] *n* Schäkerei *f*, Schäkern *n*.
gestoelte [ɣ̇ə'stu:ltə] (*-n u. -s*) *n* Gestühl *n*; Stuhl *m*, Sessel *m*, Sitz *m*; Kanzel *f*, Rednerpult *n*.
gestoffeerd [ɣ̇əstɔ'fe:rt] möbliert.
gestoken [ɣ̇ə'sto:kə(n)] *s. steken.*
gestolen [ɣ̇ə'sto:lə(n)] *s. stelen.*
gestommel [ɣ̇ə'stɔməl] *n* Poltern *n*, Gepolter *n*.
gestonken [ɣ̇ə'stɔŋkə(n)] *s. stinken.*
gestorven [ɣ̇ə'stɔrv̇ə(n)] *s. sterven.*
gestoten [ɣ̇ə'sto:tə(n)] *s. stoten.*
gestoven [ɣ̇ə'sto:v̇ə(n)] *s. stuiven.*
gestreden [ɣ̇ə'stre:də(n)] *s. strijden.*
gestreept [ɣ̇ə'stre:pt] gestreift; *Mus.* gestrichen.
gestreken [ɣ̇ə'stre:kə(n)] *s. strijken.*
gestreng [ɣ̇ə'strɛŋ] streng; **~heid** [-hɛĭt] (*-heden*) *f* Strenge *f*.
gestudeerd [ɣ̇ə'sty·'de:rt] studiert; **~e** *m u. f* Studierte(r *m*) *f*.
gesuis [ɣ̇ə'səʏs] *n* Sausen *n*, Brausen *n*.
gesukkel [ɣ̇ə'səkəl] *n* Kränkeln *n*; (*Arbeit*) Stümperei *f*; F Gezuckel *n*.
getal [ɣ̇ə'tɑl] (*-len*) *n* Zahl *f*; Anzahl *f*; *een ~ van 6 cijfers* e-e sechsstellige Zahl; *weinig in ~* wenig(e); **~lenreeks** [-lə(n)re:ks] *f* Zahlenreihe *f*, Zahlenfolge *f*.
getalm [ɣ̇ə'tɑlm] *n* Zaudern *n*.
getalsterkte [ɣ̇ə'tɑlstɛrktə] *f* zahlenmäßige Stärke; *mil.* Effektivbestand *m*.
getand [ɣ̇ə'tɑnt] gezahnt, gezackt, zackig.
getekend [ɣ̇ə'te:kənt] gezeichnet, unterzeichnet.
getier [ɣ̇ə'ti:r] *n* Lärm *m*, Getöse *n*.
getij(de) [ɣ̇ə'tɛĭ(də)] *n* Gezeiten *f/pl.*
getijdenboek [ɣ̇ə'tɛĭdə(n)bu·k] *n* Brevier *n*.
getijgerd [ɣ̇ə'tɛĭɣ̇ərt] getigert.
getik [ɣ̇ə'tɪk] *n* Ticken *n*; Tippen *n*.
getintel [ɣ̇ə'tɪntəl] *n* Funkeln *n*.

getiteld [ɣ̇əˈtɪtəlt] tituliert; betitelt.
getjilp [ɣ̇əˈtjɪlp] *n* Gezwitscher *n*, Zwitschern *n*.
getob [ɣ̇əˈtɔb] *n* Grübelei *f*; (*Arbeit*) Plackerei *f*, Mühsal *f*.
getouw [ɣ̇əˈtɑu] *n* Webstuhl *m*.
getralied [ɣ̇əˈtraːliˑt] vergittert.
getreden [ɣ̇əˈtreːdə(n)] *s. treden.*
getreur [ɣ̇əˈtrøːr] *n* Trauern *n*.
getrippel [ɣ̇əˈtrɪpəl] *n* Getrippel *n*, Trippeln *n*.
getroffen [ɣ̇əˈtrɔfə(n)] *s. treffen.*
getrokken [ɣ̇əˈtrɔkə(n)] *s. trekken.*
getrouw [ɣ̇əˈtrɑu] getreu, treu.
getrouwd [ɣ̇əˈtrɑut] verheiratet.
getuige [ɣ̇əˈtəʏɣ̇ə] (*-n*) *m u. f* Zeuge *m*; Zeugin *f*; *~ ten laste* (*a charge*) Belastungszeuge *m*; *~ ten ontlaste* (*à décharge*) Entlastungszeuge *m*; **~n** [-ə(n)] bezeugen, bekunden; **~nis** [-nɪs] (*-sen*) *n u. f* Zeugnis *n*, Aussage *f*; **~nverhoor** [-(n)v̇ərhoːr] (*-horen*) *n* Zeugenvernehmung *f*.
getuigschrift [ɣ̇əˈtəʏxsxrɪft] *n* Zeugnis *n*, Attest *n*.
getweeën [ɣ̇əˈtʋeː(j)ə(n)] zu zweit, zu zweien.
geul [ɣ̇øːl] *f* Rinne *f*; Priel *m*.
geur [ɣ̇øːr] *m* Geruch *m*; Duft *m*, Wohlgeruch *m*; *in ~en en kleuren* in allen Einzelheiten; **~en** [-ə(n)] duften; *fig.* prahlen; **~ig** [-əx] duftend, wohlriechend.
geus [ɣ̇øːs] (*geuzen*) *m hist.* Geuse *m*.
geut [ɣ̇øːt] *f* Guß *m*.
gevaar [ɣ̇əˈv̇aːr] (*-varen*) *n* Gefahr *f*; **~lijk** [-lək] gefährlich.
gevaarte [ɣ̇əˈv̇aːrtə] (*-n u. -s*) *n* Ungetüm *n*, Koloß *m*.
geval [ɣ̇əˈv̇ɑl] (*-len*) *n* Fall *m*; Zufall *m*; Vorfall *m*; *in ~ van nood* im Notfall, nötigenfalls; *in elk ~* auf jeden Fall, jedenfalls; *in geen ~* auf keinen Fall, keinesfalls, keineswegs.
gevang [ɣ̇əˈv̇ɑŋ] (*kein pl.*) *n* Gefängnis *n*.
gevangen [ɣ̇əˈv̇ɑŋə(n)] *s. vangen*; gefangen, verhaftet; **~bewaarder** [-bəʋaːrdər] (*-s*) *m* Gefängniswärter *m*; **~e** [-ə] (*-n*) *m* Gefangene(r) *m*, Verhaftete(r) *m*; *politiek ~* politische(r) Gefangene(r).
gevangenis [ɣ̇əˈv̇ɑŋənɪs] (*-sen*) *f* Gefängnis *n*; F Kittchen *n*; **~kleren** [-kleːrə(n)] *pl.* Sträflingskleidung *f*; **~straf** [-strɑf] *f* Gefängnisstrafe *f*.
gevangen|kamp [ɣ̇əˈv̇ɑŋə(n)kɑmp] *n* Gefangenenlager *n*, Straflager *n*; **~neming** [-neːmɪŋ] *f* Gefangennahme *f*, Verhaftung *f*; **~schap** [-sxɑp] *f* Gefangenschaft *f*.
gevankelijk [ɣ̇əˈv̇ɑŋkələk]: *~ wegvoeren j-n* abführen.
gevaren [ɣ̇əˈv̇aːrə(n)] *s. varen.*
gevat [ɣ̇əˈv̇ɑt] schlagfertig, gewandt.
gevecht [ɣ̇əˈv̇ɛxt] *n* Gefecht *n*, Kampf *m*, Streit *m*, Schlägerei *f*; *buiten ~ stellen* kampfunfähig machen, außer Gefecht setzen.
gevechts|front [ɣ̇əˈv̇ɛxtsfrɔnt] *n mil.* Front *f*; **~wagen** [-ʋaːɣ̇ə(n)] (*-s*) *m* Kampfwagen *m*.
geveinsd [ɣ̇əˈv̇ɛĭnst] heuchlerisch; erheuchelt.
gevel [ˈɣ̇eːv̇əl] (*-s*) *m* Fassade *f*, Front *f*; **~steen** [-steːn] (*-stenen*) *m* Giebelstein *m*.
geven [ˈɣ̇eːv̇ə(n)] (*gaf, gegeven*) geben; schenken; verleihen; *aanstoot ~* Anstoß erregen; *in het licht ~* herausgeben; *het geeft niets* das macht nichts; *hij geeft er niets om* es kümmert ihn nicht, er kümmert sich nicht darum; *het goede voorbeeld ~* mit gutem Beispiel vorangehen.
gevest [ɣ̇əˈv̇ɛst] *n* Griff *m* (*e-s Degens*).
gevestigd [ɣ̇əˈv̇ɛstəxt]: *~ zijn in* (te) ansässig (wohnhaft) sein in; *een ~e mening* e-e festbegründete Ansicht, e-e feste Meinung; *een ~e reputatie* ein guter Ruf; *een van ouds ~e zaak* ein alteingesessenes Geschäft.
gevlei [ɣ̇əˈv̇lɛĭ] *n* Schmeicheln *n*, Schmeichelei *f*.
gevlekt [ɣ̇əˈv̇lɛkt] gefleckt, fleckig; bunt.
gevleugeld [ɣ̇əˈv̇løːɣ̇əlt] geflügelt.
gevlij [ɣ̇əˈv̇lɛĭ]: *bij iemand in het ~ komen* sich bei j-m einschmeicheln.
gevlochten [ɣ̇əˈv̇lɔxtə(n)] *s. vlechten.*
gevloden [ɣ̇əˈv̇loːdə(n)] *s. vlieden.*
gevlogen [ɣ̇əˈv̇loːɣ̇ə(n)] *s. vliegen.*
gevloten [ɣ̇əˈv̇loːtə(n)] *s. vlieten.*
gevochten [ɣ̇əˈv̇ɔxtə(n)] *s. vechten.*
gevoeglijk [ɣ̇əˈv̇uˑxlək] füglich, mit Fug und Recht; geziemend; ruhig, getrost.
gevoel [ɣ̇əˈv̇uːl] *n* Gefühl *n*, Empfindung *f*; *op het ~* (*af*) nach dem Gefühl; **~en**[1] [-ə(n)] (*-s*) *n s. gevoel, a.* Meinung *f*, Ansicht *f*; *van ~ zijn* der Meinung sein; *naar mijn*

~ meiner Ansicht (Meinung) nach; **~en**[2] *v/t* fühlen, empfinden; spüren; *zich doen* ~ sich bemerkbar machen; **~ig** [-əx] gefühlvoll; empfindlich; *een* ~ *verlies* ein empfindlicher Verlust; **~igheid** [-əxheĭt] (*-heden*) *f* Empfindlichkeit *f*; Reizbarkeit *f*; **~loos** [-lo:s] gefühllos; **~smens** [-smɛns] *m* Gemütsmensch *m*, Gefühlsmensch *m*; **~szenuw** [-se:ny·ŭ] *f* Gefühlsnerv *m*; **~szin** [-sɪn] *m* Gefühlssinn *m*, Tastsinn *m*; **~vol** [-v̊ɔl] gefühlvoll.

gevogelte [ɣ̊ə'v̊o:ɣ̊əltə] *n* Geflügel *n*.

gevolg [ɣ̊ə'v̊ɔlx] *n* Resultat *n*, Folge *f*; (*Begleitung*) Gefolge *n*; *met goed* ~ mit Erfolg; ~ *geven aan* Folge leisten *D*; *ten* ~*e van* infolge *G*; **~trekking** [-trɛkɪŋ] *f* Folgerung *f*, Schluß *m*; *een* ~ *maken* folgern, schließen.

gevolmachtigde [ɣ̊ə'v̊ɔlmaxtəɣ̊də] (*-n*) *m u. f* Bevollmächtigte(r *m*) *f*.

gevonden [ɣ̊ə'v̊ɔndə(n)] *s. vinden.*

gevorderd [ɣ̊ə'v̊ɔrdərt] vorgerückt, vorgeschritten.

gevouwen [ɣ̊ə'v̊aŭə(n)] *s. vouwen.*

gevreten [ɣ̊ə'v̊re:tə(n)] *s. vreten.*

gevroren [ɣ̊ə'v̊ro:rə(n)] *s. vrieren.*

gevrozen [ɣ̊ə'v̊ro:zə(n)] *s. vriezen.*

gewaad [ɣ̊ə'ʋa:t] (*-waden*) *n* Gewand *n*.

gewaagd [ɣ̊ə'ʋa:xt] gewagt; kühn; gefährlich; *ze zijn aan elkaar (elkander)* ~ sie sind einander gewachsen.

gewaand [ɣ̊ə'ʋa:nt] vermeintlich, angeblich.

gewaarschuwd [ɣ̊ə'ʋa:rsxy·ŭt] *s. waarschuwen.*

gewaarwor|den [ɣ̊ə'ʋa:rʋɔrdə(n)] gewahr werden, bemerken, spüren; **~ding** [-dɪŋ] *f* Empfindung *f*.

gewag [ɣ̊ə'ʋax]: ~ *maken*, ~*en van* erwähnen.

gewa|pend [ɣ̊ə'ʋa:pənt] bewaffnet, gerüstet; ~ *beton* Eisenbeton *m*; **~penderhand** [-pəndərhant] mit Waffen, bewaffnet.

gewas [ɣ̊ə'ʋas] (*-sen*) *n* Gewächs *n*; Pflanze *f*; Ernte *f*.

gewassen [ɣ̊ə'ʋasə(n)] *s. wassen.*

geweer [ɣ̊ə'ʋe:r] (*-weren*) *n* Gewehr *n*; **~schot** [-sxɔt] *n* Gewehrschuß *m*.

geweest [ɣ̊ə'ʋe:st] *s. zijn, wezen.*

gewei [ɣ̊ə'ʋɛĭ] *n* Geweih *n*.

geweken [ɣ̊ə'ʋe:kə(n)] *s. wijken.*

geweld [ɣ̊ə'ʋɛlt] *n* Gewalt *f*, Macht *f*; *met* ~ mit Gewalt, um jeden Preis; *veel* ~ viel Lärm; *zich* ~ *aandoen* sich zwingen; **~dadig** [-'da:dəx] gewalttätig; gewaltsam; **~enaar** [-əna:r] (*-s u. -naren*) *m* Gewaltmensch *m*; Tyrann *m*, Despot *m*; **~ig** [-əx] gewaltig; stark; *dat is* ~! (das ist) großartig!; ~ *groot* ungeheuer (groß); **~pleging** [-ple:ɣ̊ɪŋ] *f* Gewalttätigkeit *f*.

gewelf [ɣ̊ə'ʋɛlf] (*-welven*) *n* Gewölbe *n*; **~d** [-t] gewölbt.

gewemel [ɣ̊ə'ʋe:məl] *n* Gewimmel *n*.

gewend [ɣ̊ə'ʋɛnt] gewohnt, gewöhnt.

gewennen [ɣ̊ə'ʋɛnə(n)] gewöhnen; *zich* ~ *aan* sich gewöhnen an *A*.

gewenst [ɣ̊ə'ʋɛnst] erwünscht; wünschenswert.

gewerveld [ɣ̊ə'ʋɛrv̊əlt]: ~*e dieren* Wirbeltiere *n/pl*.

gewest [ɣ̊ə'ʋɛst] *n* Gegend *f*, Landschaft *f*; Gebiet *n*; Provinz *f*; **~elijk** [-ələk] landschaftlich; ~ *bestuur* Provinzialbehörde *f*; **~taal** [-ta:l] (*-talen*) *f* Mundart *f*, Dialekt *m*.

geweten [ɣ̊ə'ʋe:tə(n)] *s. wijten, weten*; *Su.* (*-s*) *n* Gewissen *n*; **~loos** [-lo:s] gewissenlos.

gewetens|angst [ɣ̊ə'ʋe:tə(n)saŋst] *f* Gewissensangst *f*; **~bezwaar** [-bəzʋa:r] (*-zwaren*) *n* Skrupel *m*; **~dwang** [-dʋaŋ] *m* Gewissenszwang *m*; **~vrijheid** [-frɛĭheĭt] *f* Gewissensfreiheit *f*; **~wroeging** [-fruɣ̊ɪŋ] *f* Gewissensbisse *m/pl.*; **~zaak** [-sa:k] (*-zaken*) *f* Gewissenssache *f*; *geen* ~ *van iets maken* sich kein Gewissen aus *etw.* machen.

gewettigd [ɣ̊ə'ʋɛtəxt] berechtigt, begründet.

geweven [ɣ̊ə'ʋe:v̊ə(n)] *s. weven*; ~ *stoffen* Webstoffe *m/pl*.

gewezen [ɣ̊ə'ʋe:zə(n)] *s. wijzen*; früher, ehemalig.

gewicht [ɣ̊ə'ʋɪxt] *n* Gewicht *n*; Schwere *f*, Wucht *f*; Last *f*; Wichtigkeit *f*, Bedeutung *f*; ~ *in de schaal leggen* ins Gewicht fallen; *van weinig* ~ von geringer Bedeutung; ~ *hechten aan etw.* (*D*) große Bedeutung beimessen; **~ig** [-əx] wichtig; **~igheid** [-əxheĭt] *f* Wichtigkeit *f*; **~sverlies** [-sfərli:s] *n* Gewichtsverlust *m*.

gewiekst [ɣ̊ə'ʋi·kst] schlau, verschlagen; erfahren.

gewijd [ɣ̇əˈʋɛĭt] geweiht; heilig; *~e muziek* geistliche Musik; *~e schrift* Heilige Schrift.
gewijsde [ɣ̇əˈʋɛĭzdə] (*-n*) *n* Urteil *n*; *in kracht van ~* rechtskräftig.
gewild [ɣ̇əˈʋɪlt] *s. willen*; gewollt; begehrt, beliebt, gesucht; unnatürlich.
gewillig [ɣ̇əˈʋɪləx] folgsam, willig.
gewin [ɣ̇eˈʋɪn] (*kein pl.*) *n* Gewinn *m.*
gewis [ɣ̇əˈʋɪs] gewiß, bestimmt, sicher.
gewoel [ɣ̇əˈʋu:l] *n* Gedränge *n*, Gewühl *n.*
gewogen [ɣ̇əˈʋo:ɣ̇ə(n)] *s. wegen.*
gewond [ɣ̇əˈʋɔnt] verwundet, verletzt.
gewonden [ɣ̇əˈʋɔndə(n)] *s. winden.*
gewonnen [ɣ̇əˈʋɔnə(n)] *s. winnen.*
gewoon [ɣ̇əˈʋo:n] gewohnt; gewöhnlich; *~ hoogleraar* ordentlicher Professor; *een ~ soldaat* ein gemeiner Soldat; *gewone begroting* ordentlicher Haushalt; *ik vind het ~ verschrikkelijk* ich finde es geradezu fürchterlich; *~ worden* sich gewöhnen an *A*; **~lijk** [-lək] gewöhnlich; **~te** [-tə] (*-s u. -n*) *f* Gewohnheit *f*; Sitte *f*, Brauch *m*; Gebrauch *m*; *kwestie van ~* Gewohnheitssache *f*; *als naar ~* gewohntermaßen, wie gewöhnlich; **~weg** [-ʋɛx] geradezu, einfach, schlechterdings; ohne weiteres; mir nichts, dir nichts.
geworden [ɣ̇əˈʋɔrdə(n)] *s. worden*; *v/i* zugehen; *iemand iets doen ~* j-m etw. zugehen lassen.
geworpen [ɣ̇əˈʋɔrpə(n)] *s. werpen.*
geworven [ɣ̇əˈʋɔrv̇ə(n)] *s. werven.*
gewreven [ɣ̇əˈv̇re:v̇ə(n)] *s. wrijven.*
gewricht [ɣ̇əˈv̇rɪxt] *n* Gelenk *n.*
gewrocht [ɣ̇əˈv̇rɔxt] *n* Schöpfung *f*, Werk *n*, Erzeugnis *n*, Arbeit *f.*
gewroet [ɣ̇əˈv̇ru·t] *n* Wühlen *n*, Gewühl *n.*
gewroken [ɣ̇əˈv̇ro:kə(n)] *s. wreken.*
gewrongen [ɣ̇əˈv̇rɔŋə(n)] *s. wringen*; gekünstelt, verschroben.
gezag [ɣ̇əˈzɑx] *n* Ansehen *n*, Autorität *f*; Macht *f*, Gewalt *f*; *het openbaar ~* Obrigkeit *f*; *het Hoge ♀* die Hohe Behörde; **~hebbend** [-hɛbənt] maßgebend; **~hebber** [-hɛbər] (*-s*) *m* Befehlshaber *m*; **~voerder** [-fu:rdər] (*-s*) *m mar.* Kapitän *m*; Flugkapitän *m*, Flugzeugführer *m.*
gezamenlijk [ɣ̇əˈza:mələk] sämtlich, gesamt; zusammen, miteinander; *voor ~e rekening* für gemeinschaftliche Rechnung.
gezang [ɣ̇əˈzɑŋ] *n* Gesang *m.*
gezanik [ɣ̇əˈza:nək] *n* Gequengel *n*, Getratsche *n.*
gezant [ɣ̇əˈzɑnt] *m* Gesandte(r) *m*; **~schap** [-sxɑp] (*-pen*) *n* Gesandtschaft *f*; **~schapsraad** [-sxɑpsra:t] (*-raden*) *m* Gesandtschaftsrat *m*, Legationsrat *m.*
gezegd [ɣ̇əˈzɛxt] *s. zeggen*; genannt, besagt; *zo ~ zo gedaan* gesagt, getan.
gezegde [ɣ̇əˈzɛɣ̇də] (*-n u. -s*) *n* Äußerung *f*, Aussage *f*; Gesagte(s) *n*; Wort *n*, Worte *pl.*; Redensart *f*; *Gr.* Prädikat *n.*
gezel [ɣ̇əˈzɛl] (*-len*) *m* Geselle *m*; Gefährte *m.*
gezellig [ɣ̇əˈzɛləx] gesellig; gemütlich, traulich; **~heid** [-hɛĭt] *f* Geselligkeit *f*, Gemütlichkeit *f*, Traulichkeit *f.*
gezelschap [ɣ̇əˈzɛlsxɑp] (*-pen*) *n* Gesellschaft *f*; Verein *m*; *iemand ~ houden* j-m Gesellschaft leisten; **~sdame** [-zda:mə] (*-s*) *f* Gesellschafterin *f*; **~sreis** [-srɛĭs] (*-reizen*) *f* Gesellschaftsreise *f.*
gezet [ɣ̇əˈzɛt] beleibt, korpulent, stark; regelmäßig; *op ~te tijden* zu bestimmten Zeiten.
gezeten [ɣ̇əˈze:tə(n)] *s. zitten.*
gezeur [ɣ̇əˈzø:r] *n* Gequengel *n*, Getratsche *n*; Getue *n.*
gezicht [ɣ̇əˈzɪxt] *n* Anblick *m*; Aussicht *f*; Blick *m*; Gesicht *n*, Miene *f*; *op het eerste ~* auf den ersten Blick; *een zuur ~* e-e saure Miene; *uit het ~ verliezen* aus den Augen verlieren; *~en trekken* Grimassen schneiden.
gezichts|afstand [ɣ̇əˈzɪxtsɑfstɑnt] *m* Sehweite *f*; **~einder** [-ɛĭndər] (*-s*) *m* Horizont *m*, Gesichtskreis *m*; **~punt** [-pənt] *n* Gesichtspunkt *m*; **~veld** [-fɛlt] *n* Blickfeld *n*; **~vermogen** [-fərmo:ɣ̇ə(n)] *n* Sehkraft *f*, Sehvermögen *n*; **~zenuw** [-se:ny·ŭ] *f* Gesichtsnerv *m*; **~zintuig** [-sɪntəyx] *n* Sehorgan *n.*
gezien [ɣ̇əˈzi:n] *s zien*; *Adj.* angesehen; *Präp.* mit Rücksicht auf *A*, in Anbetracht *G*, angesichts *G.*
gezin [ɣ̇əˈzɪn] (*-nen*) *n* Familie *f.*
gezind [ɣ̇əˈzɪnt] gesinnt; gesonnen,

geneigt; **~heid** [-hɛĭt] (*-heden*) *f* Gesinnung *f*; Neigung *f*.
gezins|hoofd [ɣ̊ə'zɪnsho:ft] *n* Familienoberhaupt *n*; **~leven** [-le:-ṿə(n)] *n* Familienleben *n*; **~zorg** [-sɔrx] *f* Familienfürsorge *f*.
gezocht [ɣ̊ə'zɔxt] *s. zoeken*; gesucht, beliebt; gekünstelt, unnatürlich; *ver* ~ weit hergeholt.
gezoden [ɣ̊ə'zo:də(n)] *s. zieden*.
gezogen [ɣ̊ə'zo:ɣ̊ə(n)] *s. zuigen*.
gezond [ɣ̊ə'zɔnt] gesund, munter, frisch.
gezonden [ɣ̊ə'zɔndə(n)] *s. zenden*.
gezondheid [ɣ̊ə'zɔnthɛĭt] *f* Gesundheit *f*; (*op Uw*) ~*!* prosit!, auf Ihr Wohl!; **~sleer** [-sle:r] *f* Gesundheitslehre *f*, Hygiene *f*; **~sredenen:** *om ~sredenen* aus Gesundheitsrücksichten, gesundheitshalber.
gezongen [ɣ̊ə'zɔŋə(n)] *s. zingen*.
gezonken [ɣ̊ə'zɔŋkə(n)] *s. zinken*.
gezonnen [ɣ̊ə'zɔnə(n)] *s. zinnen*.
gezopen [ɣ̊ə'zo:pə(n)] *s. zuipen*.
gezouten [ɣ̊ə'zɑutə(n)] *s. zouten*; gesalzen, Salz-.
gezusters [ɣ̊ə'zøstərs] *pl.* Schwestern *f/pl.*
gezwegen [ɣ̊ə'zʋe:ɣ̊ə(n)] *s. zwijgen*.
gezwel [ɣ̊ə'zʋɛl] (*-len*) *n* Geschwulst *f*.
gezwind [ɣ̊ə'zʋɪnt] geschwind, eilig.
gezwoeg [ɣ̊ə'zʋu:x] *n* Schinderei *f*, Plackerei *f*.
gezwolgen [ɣ̊ə'zʋɔlɣ̊ə(n)] *s. zwelgen*.
gezwollen [ɣ̊ə'zʋɔlə(n)] *s. zwellen*; geschwollen, aufgedunsen; *fig.* schwülstig.
gezwommen [ɣ̊ə'zʋɔmə(n)] *s. zwemmen*.
gezworen [ɣ̊ə'zʋo:rə(n)] *s. zweren*; **~e** [-ə] (*-n*) *m u. f* Geschworene(r *m*) *f*.
gezworven [ɣ̊ə'zʋɔrṿə(n)] *s. zwerven.*
giechelen ['ɣ̊i·xələ(n)] kichern.
gids [ɣ̊ɪts] *m* (Fremden-)Führer *m*.
gier[1] [ɣ̊i:r] *m* Geier *m*.
gier[2] *f* Jauche *f*.
gieren ['ɣ̊i:rə(n)] kreischen, schreien; (*Wind*) heulen; *mar.* gieren; *om te* ~ F zum Schießen.
gierig ['ɣ̊i:rəx] geizig, knauserig; **~aard** [-a:rt] (*-s*) *m* Geizhals *m*, Geizkragen *m*; **~heid** [-hɛĭt] *f* Geiz *m*, Knauserigkeit *f*.
gier|pont ['ɣ̊i:rpɔnt] *f* Seilfähre *f*; **~put** [-pøt] (*-ten*) *m* Mistgrube *f*, Jauchengrube *f*.
gierst [ɣ̊i:rst] *f* Hirse *f*.
giet|en ['ɣ̊i·tə(n)] (*goot, gegoten*) gießen; **~er** [-ər] (*-s*) *m* Gießer *m*; Gießkanne *f*; **~erij** [-ə'rɛĭ] *f* Gießerei *f*; **~lepel** [-le:pəl] (*-s*) *m* Gießlöffel *m*, Gießkelle *f*; **~vorm** [-fɔrm] *f* Gießform *f*, Gußform *f*.
gift[1] [ɣ̊ɪft] *f* Gabe *f*, Spende *f*.
gif(t)[2] *n* Gift *n*; **~beker** [-be:kər] (*-s*) *m* Giftbecher *m*; **~ig** [-təx] vergiftet; **~klier** [-kli:r] *f* Giftdrüse *f*; **~menger** [-mɛŋər] (*-s*) *m* Giftmischer *m*.
gij [ɣ̊ɛĭ] *a.* **ge** [ɣ̊ə] du; ihr; Sie; **~lieden** [-li·də(n)] ihr; Sie.
Gijsbert ['ɣ̊ɛĭzbɛrt] *m* Gisbert *m*.
gijze|laar ['ɣ̊ɛĭzəla:r] (*-s*) *m* Geisel *f*; **~ling** [-lɪŋ] *f* Geiselhaft *f*; *hist.* Schuldhaft *f*.
gil [ɣ̊ɪl] (*-len*) *m* Schrei *m*.
gild [ɣ̊ɪlt], **~e** ['ɣ̊ɪldə] (*-n*) *n u. f* Zunft *f*, Innung *f*, Gilde *f*.
gilde|broeder ['ɣ̊ɪldəbru·dər] (*-s*) *m* Zunftgenosse *m*; **~meester** [-me:stər] (*-s*) *m* Zunftmeister *m*; **~wezen** [-ʋe:zə(n)] *n* Zunftwesen *n*.
gillen ['ɣ̊ɪlə(n)] (laut) aufschreien; *het is om te* ~ es ist zum Totlachen.
ginder ['ɣ̊ɪndər], **ginds** [ɣ̊ɪnts] dort; drüben; *gindse kant* jene Seite.
ging [ɣ̊ɪŋ] *s. gaan*.
ginnegappen ['ɣ̊ɪnəɣ̊ɑpə(n)] F kichern.
gips [ɣ̊ɪps] *n* Gips *m*; **~afgietsel** [-ɑfxi:tsəl] (*-s*) *n* Gipsabguß *m*; **~en** [-ə(n)] gipsern, aus Gips; Gips-; **~verband** [-fərbɑnt] *n* Gipsverband *m*.
giraf(fe) [ʒi·'rɑf(ə)] (*-fen u. -fes*) *f* Giraffe *f*.
gireren [ɣ̊i·'re:rə(n)] überweisen.
giro ['ɣ̊i·ro·] (*-s*) *n* Giro *n*; **~bank** [-bɑŋk] *f* Girobank *f*; **~nummer** [-nømər] (*-s*) *n* Girokontonummer *f*, Postscheckkontonummer *f*; **~rekening** [-re:kənɪŋ] *f* Girokonto *n*, Postscheckkonto *n*.
gis [ɣ̊ɪs] (*-sen*) *f* Vermutung *f*; *op de* ~ (*af*) aufs Geratewohl.
gispen ['ɣ̊ɪspə(n)] tadeln, rügen.
gis|sen ['ɣ̊ɪsə(n)] vermuten, mutmaßen; schätzen, raten; **~sing** [-ɪŋ] *f* Vermutung *f*, Mutmaßung *f*.
gist [ɣ̊ɪst] *m* Hefe *f*; **~en** [-ə(n)] gären.
gisteren ['ɣ̊ɪstərə(n)] gestern.
gisting ['ɣ̊ɪstɪŋ] *f* Gärung *f*; **~spro-**

ces [-pro·sɛs] (*-sen*) *n* Gärungsprozeß *m*.
git [ɣɪt] *n u. f* Gagat *m*, Pechkohle *f*; (*Schmuck*) Jett *n*.
gitaar [ɣi·'tɑ:r] (*-taren*) *f* Gitarre *f*.
gitzwart ['ɣi·tsʋɑrt] pechschwarz.
glacé [ɣlɑ'se:] (*-s*) *m* Glacéhandschuh *m*; *n* (*Stoff*) Glacé *n*, Glanzleder *n*.
glad [ɣlɑt] glatt; glitschig, schlüpfrig; *een* ~*de jongen* ein gescheiter Junge; *een* ~*de kerel* Schlauberger *m*; ~**heid** [-hɛĭt] *f* Glätte *f*, Glattheit *f*; Schlüpfrigkeit *f*; ~**strijken** [-strɛĭkə(n)] glattstreichen, glätten; ~**weg** [-ʋɛx] glattweg, gerade heraus.
glans [ɣlɑns] *m* Glanz *m*; Schein *m*, Schimmer *m*; ~**punt** [-pənt] *n* Glanzpunkt *m*, Höhepunkt *m*; ~**rijk** [-rɛĭk] glanzvoll, prachtvoll, strahlend.
glan|zen ['ɣlɑnzə(n)] glänzen, leuchten, schimmern; *doen* ~ polieren; ~**zig** [-zəx] glänzend, blinkend, schimmernd.
glas [ɣlɑs] (*glazen*) *n* Glas *n*; (*Fenster*) Scheibe *f*; ~**achtig** [-ɑxtəx] glasartig, glasig; ~**blazer** [-bla:zər] (*-s*) *m* Glasbläser *m*; ~**blazerij** [-bla:zə'rɛĭ] *f* Glashütte *f*; ~**helder** [-hɛldər] glashell; *fig.* sonnenklar; ~**ruit** [-rəʏt] *f* Fensterscheibe *f*; ~**schilder** [-sxɪldər] (*-s*) *m* Glasmaler *m*; ~**werk** [-ʋɛrk] (*kein pl.*) *n* Glaswaren *f/pl*.
glazen ['ɣla:zə(n)] gläsern, aus Glas, Glas-; ~ *deur* Glastür *f*; ~**ier** [-'i:r] (*-s*) *m* Glasmaler *m*; ~**maker** [-ma:kər] (*-s*) *m* Glaser *m*; *Zool.* Libelle *f*; ~**wasser** [-ʋɑsər] (*-s*) *m* Fensterputzer *m*.
glazig ['ɣla:zəx] glasig.
glazuur(sel) [ɣla'zy:r(səl)] *n* Glasur *f*, Email *n*.
gleed [ɣle:t] *s. glijden*.
gletsjer *a.* **-scher** ['ɣlɛtʃər] (*-s*) *m* Gletscher *m*.
gleuf [ɣlø:f] (*gleuven*) *f* Spalt *m*, Spalte *f*; Schlitz *m*; Rinne *f*, Furche *f*; Nute *f*; (*im Hut*) Kniff *m*.
glibberig ['ɣlɪbərəx] schlüpfrig, glitschig, glatt.
glij|baan ['ɣlɛĭba:n] (*-banen*) *f* Gleitbahn *f*; Rutschbahn *f*; ~**boot** [-bo:t] (*-boten*) *m u. f* Gleitboot *n*; ~**den** [-də(n)] (*gleed, gegleden*) gleiten; glitschen, rutschen; ~**vlak** [-vlɑk] (*-ken*) *n* Gleitfläche *f*; ~**vlucht** [-vləxt] *f* Gleitflug *m*.
glimlach ['ɣlɪmlɑx] *m* Lächeln *n*; ~**en** [-ə(n)] lächeln.
glim|men ['ɣlɪmə(n)] (*glom, geglommen*) glimmen; glänzen; schimmern, blinken; ~**mer** [-mər] *n* Glimmer *m*.
glimp [ɣlɪmp] *m* Fünkchen *n*; schwacher Lichtschein; Schein *m*; *een* ~ *van hoop* Hoffnungsschimmer *m*.
glimworm ['ɣlɪmʋɔrm] *m* Glühwürmchen *n*, Leuchtkäfer *m*.
glinste|ren ['ɣlɪnstərə(n)] schimmern, flimmern, glitzern; ~**ring** [-rɪŋ] *f* Schimmer *m*; Glanz *m*.
glippen ['ɣlɪpə(n)] schlüpfen; (aus-) gleiten; *laten* ~ entschlüpfen lassen.
glo|baal [ɣlɔ'ba:l] annähernd, ungefähr; Global-; ~**be** ['ɣlo:bə] (*-s*) *f* Globus *m*.
gloed [ɣlu·t] *m* Glut *f*, Hitze *f*; Feuer *n*; ~**nieuw** [-ni·ŭ] funkelnagelneu; ~**rood** [-ro:t] glutrot.
gloei|draad ['ɣlu·ĭdra:t] (*-draden*) *m* Glühfaden *m*, Glühdraht *m*; (*Radio*) Heizfaden *m*; ~**en** [-(j)ə(n)] glühen; brennen; ~**end** [-(j)ənt] glühend; brennend; *je bent er* ~ *bij* da bist du geliefert; ~**hitte** [-hɪtə] *f* Glühhitze *f*; ~**lamp** [-lɑmp] *f* Glühlampe *f*; ~**oven** [-o:və(n)] (*-s*) *m* Glühofen *m*, Schweißofen *m*.
glom [ɣlɔm] *s. glimmen*.
glooi|en ['ɣlo:ĭ(j)ə(n)] ablaufen, abfallen; ~**end** [-(j)ənt] schräg; ~**ing** [-(j)ɪŋ] *f* Abhang *m*; Böschung *f*.
gloren ['ɣlo:rə(n)] glimmen; leuchten, schimmern; *Tag*: anbrechen.
glorie ['ɣlo:ri·] *f* Glorie *f*, Ruhm *m*, Herrlichkeit *f*; Glanz *m*, Pracht *f*; ~**kroon** [-kro:n] (*-kronen*) *f* Ehrenkrone *f*; ~**rijk** [-rɛĭk] glorreich.
glos|sarium [ɣlɔ'sa:rĭ(j)əm] (*-ria*) *n* Glossar *n*; ~**se** [-ə] (*-n*) *f* Glosse *f*, Randbemerkung *f*.
glui|pen ['ɣləʏpə(n)] lauern; schielen; ~**per** [-pər] (*-s*) *m* Schleicher *m*, Duckmäuser *m*; ~**perig** [-pərəx] heimtückisch, lauernd.
glunderend ['ɣləndərənt] schmunzelnd; heiter, munter.
gluren ['ɣly:rə(n)] spähen, lugen; hervorgucken.
glycerine [ɣli·sə'ri·nə] *f* Glyzerin *n*.
gniffelen ['ɣnɪfələ(n)] kichern.
gnoe [ɣnu:] (*-s*) *m* Gnu *n*.

gnuiven ['ɣnəɣvə(n)] kichern, schmunzeln; F sich ins Fäustchen lachen.

goal [ɣo:l] (*-s*) *m* Tor *n*; een ~ *maken* ein Tor schießen; **~keeper** [-ki:pər] (*-s*) *m* Torwart *m*; **~lat** [-lɑt] (*-ten*) *f* Torlatte *f*.

God, god [ɣɔt] (*goden*) *m* Gott *m*.

goddank [ɣɔ'dɑŋk] gottlob!

godde|lijk ['ɣɔdələk] göttlich; *fig.* köstlich; **~loos** [-lo:s] gottlos; *fig.* furchtbar, schrecklich; **~loosheid** [-lo:shɛit] (*-heden*) *f* Gottlosigkeit *f*.

goden|dienst ['ɣo:dəndi:nst] *m* Gottesdienst *m*; Götzendienst *m*; **~drank** [-drɑŋk] *m* Göttertrank *m*, Nektar *m*; **~leer** [-le:r] *f* Götterlehre *f*; **~spijs** [-spɛis] (*-spijzen*) *f* Götterspeise *f*.

Godfried ['ɣɔtfri:t] *m* Gottfried *m*.

god|geleerd ['ɣɔtxəle:rt] theologisch; **~geleerdheid** [-xəle:rthɛit] *f* Theologie *f*; **~gewijd** [-xəʋɛit] gottgeweiht; **~heid** [-hɛit] (*-heden*) *f* Gottheit *f*.

godin [ɣɔ'dɪn] (*-nen*) *f* Göttin *f*.

godloochenaar ['ɣɔtlo:xəna:r] (*-s*) *m* Gottesleugner *m*, Atheist *m*.

gods|akker ['ɣɔtsɑkər] (*-s*) *m* Gottesacker *m*, Friedhof *m*; **~dienst** [-di:nst] *m* Gottesdienst *m*; Religion *f*; **~dienstig** [-'di:nstəx] religiös, fromm; **~dienstonderwijs** [-di:nst'ɔndərʋɛis] *n* Religionsunterricht *m*; **~huis** [-hœys] (*-huizen*) *n* Gotteshaus *n*, Kirche *f*; Tempel *m*; Armenhaus *n*, Hospital *n*; **~lastering** [-lɑstərɪŋ] *f* Gotteslästerung *f*; **~vrede** [-fre:də] *m hist.* Gottesfriede(n) *m*, Burgfriede(n) *m*; **~vrucht** [-frəxt] *f* Gottesfurcht *f*; **~vruchtig** [-'frəxtəx] gottesfürchtig, fromm.

godswil ['ɣɔtsʋɪl]: *om* ~ um Gottes willen.

god|vergeten ['ɣɔtfərge:tə(n)] gottvergessen; **~verlaten** [-fərla:tə(n)] gottverlassen; **~vrezend** [-fre:zənt] gottesfürchtig, fromm; **~zalig** [-sa:ləx] gottselig.

goed[1] [ɣu·t] (*beter, best*) gut; *op een ~e dag* e-s (schönen) Tages; *zich te ~ doen* sich gütlich tun; *iets te ~ hebben* etw. guthaben; *voor ~* für immer, auf immer, endgültig; *zich niet ~ voelen* sich nicht wohl fühlen; *~ blijven* haltbar sein; *~ voor een boek* Gutschein für ein Buch; *een ~ uur* eine gute Stunde; *te ~er trouw* auf Treu und Glauben; *alles ~ en wel* alles schön und gut; *mij ~* mir recht.

goed[2] (*-eren*) *n* Gut *n*, Habe *f*; Ware *f*; Zeug *n*; Landgut *n*; Stoff *m*; *schoon ~* reine Wäsche; *vuil ~* schmutzige Wäsche; *~ en kwaad* Gutes und Böses.

goed|aardig [ɣu·d'a:rdəx] (*Krankheit*) gutartig; (*Person*) gutmütig, gutherzig; **~deels** [-de:ls] größtenteils; **~dunken** [-dəŋkə(n)]: *naar (volgens) ~* nach Belieben.

goederen ['ɣu·dərə(n)] *n/pl.* Güter *n/pl.*; *onroerende ~* Immobilien *pl.*; **~bureau** [-by·'ro·] (*-s*) *n* Güterabfertigung(sstelle) *f*; Speditionsbüro *n*; **~loods** [-lo:ts] *f* Güterschuppen *m*; **~ruil** [-rœyl] *m* Warenaustausch *m*; **~trein** [-trɛin] *m* Güterzug *m*; **~wagen** [-ʋa:ɣə(n)] (*-s*) *m* Güterwagen *m*.

goedertieren [ɣu·dər'ti:rə(n)] barmherzig, wohlwollend; **~heid** [-hɛit] Wohlwollen *n*; Barmherzigkeit *f*.

goed|geefs [ɣu·t'xe:fs] freigebig; **~gelovig** [-xə'lo:vəx] leichtgläubig, vertrauensselig; **~gezind** [-xə'zɪnt] in guter Stimmung; wohlgesinnt; **~hartigheid** [-hɑrtəxhɛit] *f* Gutherzigkeit *f*, Gutmütigkeit *f*; **~heid** [-hɛit] (*-heden*) *f* Güte *f*.

goedig ['ɣu·dəx] gütig, gutherzig, gutmütig.

goedje ['ɣu·tjə] *n* Zeug *n*.

goed|keuren ['ɣu·tkøːrə(n)] für tauglich erklären; billigen, genehmigen, gutheißen; **~keuring** [-kø:rɪŋ] *f* Genehmigung *f*; Billigung *f*; Beifall *m*.

goedkoop [ɣu·t'ko:p] billig, preiswert; *fig.* fade, abgeschmackt.

goedmaken ['ɣu·tma:kə(n)] (*maakte goed, goedgemaakt*) ausgleichen, wettmachen; gutmachen; (wieder) einbringen.

goedmoedig [ɣu·t'mu·dəx] gutmütig, gutherzig.

goedschiks ['ɣu·tsxɪks] schicklich; gutwillig; *~ of kwaadschiks* wohl oder übel.

goedsmoeds [ɣu·ts'mu·ts] guten Mutes, gelassen.

goedzak ['ɣu·tsɑk] (*-ken*) *m* gutmütiger Mensch.

gok|ken ['ɣɔkə(n)] spielen, speku-

lieren; wetten; **~spel** [-spɛl] *n* Glücksspiel *n*, Hasardspiel *n*.
gold [ɣɔlt] *s. gelden.*
golf[1] [ɣɔlf] (*golven*) *f* Welle *f*, Woge *f*; Meerbusen *m*, Golf *m*; *korte ~* Kurzwelle *f*.
golf[2] *n* (*Spiel*) Golf *n*.
golf|breker ['ɣɔlfbre:kər] (*-s*) *m* Wellenbrecher *m*, Mole *f*; **~broek** [-bru·k] *f* Golfhose *f*, Bundhose *f*; **~lengte** [-lɛŋtə] (*-n u. -s*) *f* Wellenlänge *f*; **~terrein** [-tɛrɛĭn] *n* Golfplatz *m*.
gol|ven ['ɣɔlv̊ə(n)] wogen, wallen; *Haare*: wellen; **~ving** [-v̊ɪŋ] *f* Wogen *n*; Wellenbewegung *f*.
gom [ɣɔm] (*-men*) *m u. n* Gummi *m u. n*; Radiergummi *m*; Gummierung *f* (*e-r Briefmarke usw.*); **~achtig** [-ɑxtəx] gummiartig; **~hars** [-hɑrs] *n u. m* Gummiharz *n*; **~men** [-ə(n)] gummieren.
gondel ['ɣɔndəl] (*-s*) *f* Gondel *f*; **~lift** [-lɪft] *m* Seilbahn *f*; Schlepplift *m*.
gong [ɣɔŋ] *m* Gong *m*.
gonzen ['ɣɔnzə(n)] summen; surren, schwirren; brummen.
gooche|laar ['ɣo:xəla:r] (*-s*) *m* Gaukler *m*, Taschenspieler *m*; Zauberkünstler *m*; **~larij** [-la'rɛĭ] *f* Gaukelei *f*; Taschenspielerei *f*; **~len** [-lə(n)] zaubern, gaukeln; **~ltoer** [-əltu:r] *m* Zauberkunststück *n*, Taschenspielerstück *n*.
goochemerd ['ɣo:xəmərt] (*-s*) *m* Schlaumeier *m*.
gooi [ɣo:ĭ] *m* Wurf *m*, Schub *m*; *een ~ doen* (*naar*) *etw.* versuchen, sein Glück versuchen; **~en** [-ə(n)] werfen, schmeißen.
goor [ɣo:r] schmutzig; schmutziggrau.
goot [ɣo:t] *s. gieten*; *Su.* (*goten*) *f* Gosse *f*, Rinne *f*; **~pijp** [-pɛĭp] *f* (*Dachrinne*) Abflußrohr *n*, Fallrohr *n*; **~steen** [-ste:n] (*-stenen*) *m* Rinnstein *m*; Ausguß *m*; **~water** [-ʋa:tər] *n* Spülwasser *n*.
gordel ['ɣɔrdəl] (*-s*) *m* Gürtel *m*, Gurt *m*; **~dier** [-di:r] *n* Gürteltier *n*; **~riem** [-ri:m] *m* Riemen *m*.
gordijn [ɣɔr'dɛĭn] *n u. f* Vorhang *m*; Gardine *f*; *het ijzeren ~* der Eiserne Vorhang; **~ring** [-rɪŋ] *m* Vorhangring *m*, Gardinenring *m*; **~roede** [-ru·də] (*-n*) *f* Gardinenstange *f*; **~sluiter** [-slœytər] (*-s*) *m* (*Foto*) Schlitzverschluß *m*; **~vuur** [-v̊y:r] *n mil.* Sperrfeuer *n*.
gorgel ['ɣɔrɣəl] (*-s*) *m* Gurgel *f*, Kehle *f*; **~drank** [-drɑŋk] *m* Gurgelwasser *n*; **~en** [-ə(n)] gurgeln.
gorilla [ɣɔ'ri·lɑ] (*-'s*) *m* Gorilla *m*.
gort [ɣɔrt] *m* Grütze *f*, Graupe *f*; **~ebrij** [-əbrɛĭ] *m* Grützbrei *m*.
gortenteller ['ɣɔrtə(n)tɛlər] (*-s*) *m* Knauser *m*, Geizhals *m*.
gortig ['ɣɔrtəx]: *het te ~ maken* es zu arg machen; es zu toll treiben.
gotiek [ɣo·'ti·k] *f* Gotik *f*.
Gotisch ['ɣo:ti·s] *n* Gotisch *n*; **♀** *Adj.* gotisch.
goud [ɣɑut] *n* Gold *n*; *~ op snee* (mit) Goldschnitt; **~ader** [-a:dər] (*-s*) *f* Goldader *f*; **~blond** [-blɔnt] golden, goldlockig; goldig; **~dekking** [-dɛkɪŋ] *f* Goldreserve *f*; **~delver** [-dɛlv̊ər] (*-s*) *m* Goldgräber *m*; **~dorst** [-dɔrst] *m* Goldgier *f*; **~draad** [-dra:t] (*-draden*) *m* Golddraht *m*, Goldfaden *m*.
gouden ['ɣɑudə(n)] golden, aus Gold, Gold-; **~regen** [-re:ɣə(n)] (*-s*) *m* Goldregen *m*.
goud|erts ['ɣɑudɛrts] *n* Golderz *n*; **~geel** [-xe:l] goldgelb; **~fazant** [-fɑzɑnt] *m* Goldfasan *m*; **~kleur** [-klø:r] *f* Goldfarbe *f*; **~mijn** [-mɛĭn] *f* Goldmine *f*, Goldgrube *f*; *fig.* Fundgrube *f*; **~onttrekking** [-ɔntrɛkɪŋ] *f* Goldabfluß *m*.
goudsbloem ['ɣɑudzblu:m] *f* Ringelblume *f*.
goud|schaal ['ɣɑutsxa:l] (*-schalen*) *f* Goldwaage *f*; **~smid** [-smɪt] (*-smeden*) *m* Goldschmied *m*; **~staaf** [-sta:f] (*-staven*) *f* Goldbarren *m*; **~vink** [-fɪnk] *m u. f* Gimpel *m*; **~vis** [-fɪs] (*-sen*) *m* Goldfisch *m*; **~zucht** [-sœxt] *f* Goldgier *f*.
gouvernante *a.* **goe-** [ɣu·v̊ər'nɑntə] (*-s*) *f* Gouvernante *f*, Erzieherin *f*.
gouver|nement *a.* **goe-** [ɣu·v̊ərnə'mɛnt] *n* Gouvernement *n*, Regierung *f*; **~neur** [-'nø:r] (*-s*) *m* Gouverneur *m*, Statthalter *m*; Hauslehrer *m*; **~neur-generaal** [-nø:r ɣe·nə'ra:l] (*-neurs-...*) *m* Generalgouverneur *m*.
gouw [ɣɑŭ] *f* Gau *m*; Landschaft *f*.
Govert ['ɣo:vərt] *m* Gottfried *m*.
graad [ɣra:t] (*graden*) *m* Grad *m*; Stufe *f*; Staffel *f*; *bij 22 graden boven nul* bei 22 Grad über Null; *bij minus 22 graden* bei minus

22 Grad; **~boog** [-bo:x] (*-bogen*) *m* Winkelmesser *m*; **~verdeling** [-fərde:lıŋ] *f* Gradeinteilung *f*.

graaf [ɣra:f] (*graven*) *m* Graf *m*; **~schap** [-sxɑp] (*-pen*) *n* Grafschaft *f*.

graaf|werk [ˈɣra:fʋɛrk] *n* Erdarbeiten *f/pl.*; **~wesp** [-ʋɛsp] *f* Grabwespe *f*.

graag [ɣra:x] gern; *heel* (*zeer*) ~ recht gern.

graaien [ˈɣra:ĭ(j)ə(n)] nach *etw.* haschen; grabbeln.

graal [ɣra:l] *m* Gral *m*; **~ridder** [-rıdər] (*-s*) *m* Gralsritter *m*.

graan [ɣra:n] (*granen*) *n* Getreide *n*, Korn *n*; **~akker** [-ɑkər] (*-s*) *m* Getreidefeld *n*; **~beurs** [-bø:rs] (*-beurzen*) *f* Getreidebörse *f*; **~gewassen** [-ɣəʋɑsə(n)] *pl.* Getreide *n*; **~korrel** [-kɔrəl] (*-s*) *m* Getreidekorn *n*; **~markt** [-mar(k)t] *f* Getreidemarkt *m*, Kornmarkt *m*; **~zolder** [-zɔldər] (*-s*) *m* Getreideboden *m*, Getreidespeicher *m*, Kornspeicher *m*.

graat [ɣra:t] (*-graten*) *f* Gräte *f*; *zuiver op de* ~ zuverlässig, fehlerfrei.

grabbel [ˈɣrɑbəl]: *te* ~ *gooien* vergeuden; wegwerfen; **~en** [-ə(n)] grabbeln; raffen; **~ton** [-tɔn] (*-nen*) *f* Grabbeltonne *f*, Glückstopf *m*.

gracht [ɣrɑxt] *f* Graben *m*, Kanal *m*, Gracht *f*; **~water** [-ʋa:tər] *n* Grabenwasser *n*, Grachtwasser *n*.

gracieus [ɣrɑˈsĭ(j)ø:s] graziös, anmutig.

graf [ɣrɑf] (*graven*) *n* Grab *n*, Gruft *f*; **~delver** [-dɛlvər] (*-s*) *m* Totengräber *m*.

grafelijk [ˈɣra:fələk] gräflich.

grafiek [ɣrɑˈfi·k] *f* Graphik *f*, graphische Darstellung *f*.

grafisch [ˈɣra:fi·s] graphisch.

graf|kelder [ˈɣrɑfkɛldər] (*-s*) *m* Grabgewölbe *n*; **~kuil** [-kəʏl] *m* Gruft *f*; **~monument** [-mɔny·ˈmɛnt] *n* Grabmal *n*; **~plaats** [-pla:ts] *f* Grabstätte *f*; **~steen** [-ste:n] (*-stenen*) *m* Grabstein *m*; Grabplatte *f*; **~stem** [-stɛm] (*-men*) *f* Grabesstimme *f*; **~terp** [-tɛrp] *m* Grabhügel *m*; **~tombe** [-tɔmbə] (*-s u. -n*) *f* Grabmal *n*; **~waarts** [-ʋa:rts] zu Grabe; **~zerk** [-sɛrk] *f s. grafsteen*.

gram [ɣrɑm] (*-men*) *n* Gramm *n*.

gram|matica *a.* **-tika** [ɣrɑˈma:ti·kɑ] (*-'s*) *f* Grammatik *f*; **~maticaal** *a.* **-kaal** [-mɑti·ˈka:l] grammatikalisch; **~maticus** [-ma:ti·kəs] (*-tici*) *m* Grammatiker *m*; **~matisch** [-ˈma:ti·s] grammatisch.

grammofoon [ɣrɑmɔˈfo:n] (*-s u. -fonen*) *m* Plattenspieler *m*; **~plaat** [-pla:t] (*-platen*) *f* Schallplatte *f*.

gramschap [ˈɣrɑmsxɑp] *f* Zorn *m*; Grimm *m*.

gramstorig [ɣrɑmˈsto:rəx] zornig; unmutig, unwillig; ungehalten.

granaat [ɣrɑˈna:t] (*-naten*) *f Bot.* (*a. m*) Granatapfel *m*; *mil.* Granate *f*; *m* (*Edelstein*) Granat *m*.

graniet [ɣrɑˈni·t] *n* Granit *m*; **~en** [-ə(n)] aus Granit; Granit-.

grap [ɣrɑp] (*-pen*) *f* Spaß *m*, Scherz *m*; Witz *m*; *voor de* ~ zum Spaß; *flauwe* ~*pen* faule Witze; ~*pen uithalen* (*verkopen*) Possen reißen; **~jas** [-jɑs] (*-sen*) *m*, **~penmaker** [-pəma:kər] *m* Possenreißer *m*, Spaßvogel *m*, Witzbold *m*; **~pig** [-pəx] spaßig, drollig; possierlich, komisch; witzig.

gras [ɣrɑs] (*-sen*) *n* Gras *n*; *er geen* ~ *over laten groeien* unverzüglich handeln, gleich dabei sein; *iemand het* ~ *voor de voeten wegmaaien* j-m zuvorkommen; **~duinen** [-ˈdəʏnə(n)] sich gütlich tun, sich zum Vergnügen mit *etw.* beschäftigen; **~halm** [-hɑlm] *m* Grashalm *m*; **~land** [-lɑnt] *n* Grasland *n*; Weide *f*, Wiese *f*; **~maaier** [-ma:ĭ(j)ər] (*-s*) *m* Rasenmäher *m*; **~maand** [-ma:nt] *f* April *m*; **~mus** [-məs] (*-sen*) Grasmücke *f*; **~perk** [-pɛrk] *n* Rasen(platz) *m*; **~spriet** [-spri·t] *m* Grashalm *m*; **~tapijt** [-tɑpɛĭt] *n fig.* Grasteppich *m*; **~vlakte** [-flɑktə] (*-n u. -s*) *f* Grasebene *f*; Rasenfläche *f*, Wiese *f*; **~zaad** [-sa:t] *n* Grassamen *m*; **~zode** [-so:də] (*-n*) *f* Grasscholle *f*.

gratie [ˈɣra:si:] (*-ën*) *f* Grazie *f*, Anmut *f*; Gunst *f*, Gnade *f*; Reiz *m*; *verzoek om* ~ Gnadengesuch *n*; *bij de* ~ *Gods* von Gottes Gnaden; *in de* ~ (*bij*/bei *j-m*) in Gunst stehen.

gratifi|catie, ~katie [ɣrɑti·fi·ˈka:si:] (*-s u. -ën*) *f* Gratifikation *f*, Zulage *f*.

gratis [ˈɣra:təs] gratis, unentgeltlich, umsonst.

grauw [ɣrɑŭ] grau; trübe; *Su. n* Pöbel *m*, Pack *n*, Gesindel *n*; *m* Anschnauzer *m*; *iemand een* ~ *geven* j-n anschnauzen; **~achtig** [-ɑxtəx] gräulich; **~gors** [-ɣ̊ɔrs] (*-gorzen*) *f* Grauammer *f*; **~tje** [-tjə] (*-s*) *n* Esel *m*.

grauwvuur [ˈɣ̊rɑŭvy:r] *n* Schlagwetter *n*.

graveel [ɣ̊rɑˈve:l] *n*, **~steen** [-ste:n] (*-stenen*) *m* Nierenstein *m*; Blasengrieß *m*, Nierengrieß *m*.

graveer|der [ɣ̊rɑˈve:rdər] (*-s*) *m* Graveur *m*, Kupferstecher *m*; Stempelschneider *m*; **~ijzer** [-ɛĭzər] (*-s*) *n* Grabstichel *m*, Grabmeißel *m*; **~kunst** [-kənst] *f* Gravierkunst *f*, Kupferstecherkunst *f*; **~naald** [-na:lt] *f* Radiernadel *f*; **~stift** [-stɪft] *f* Grabstichel *m*.

graven [ˈɣ̊ra:v̊ə(n)] (*groef*, *gegraven*) graben.

's-Gravenhage [sxra:v̊ənˈha:ɣ̊ə] *n* (Den) Haag; *in* (*te*) ~ im Haag.

gra|veren [ɣ̊ra·ˈv̊e:rə(n)] gravieren, stechen; **~veur** [-vø:r] (*-s*) *m* Graveur *m*, Kupferstecher *m*; Stempelschneider *m*.

gravin [ɣ̊ra:ˈv̊ɪn] (*-nen*) *f* Gräfin *f*.

gravure [ɣ̊rɑˈvy:rə] (*-s u. -n*) *f* Kupferstich *m*.

grazen [ˈɣ̊ra:zə(n)] grasen, weiden.

greep [ɣ̊re:p] *s. grijpen*; *Su.* (*grepen*) *f* Handvoll *f*; *m* Griff *m*.

Gregorius [ɣ̊re:ˈɣ̊o:rĭ(j)əs] *m* Gregor *m*.

grein [ɣ̊rɛĭn] *n* Gran *n*; **~tje** [-tjə]: *geen* ~ *verstand* kein Körnchen Verstand; *geen* ~ *gevoel* kein bißchen Gefühl.

grenadier [ɣ̊rənɑˈdi:r] (*-s*) *m* Grenadier *m*.

grendel [ˈɣ̊rɛndəl] (*-s*) *m* Riegel *m*; (*Gewehr*) Schloß *n*; **~en** [-ə(n)] verriegeln.

grenehout [ˈɣ̊re:nəhɑut] *n* Kiefernholz *n*.

grens [ɣ̊rɛns] (*grenzen*) *f* Grenze *f*, Mark *f*; **~arbeider** [-ɑrbɛĭdər] (*-s*) *m* Grenzgänger *m*; **~bewoner** [-bəʋo:nər] (*-s*) *m* Grenzbewohner *m*; **~correctie** *a.* **-korrek-** [-kɔˈrɛksi:] (*-s*) *f* Grenzberichtigung *f*; **~dorp** [-dɔrp] *n* Grenzdorf *n*; **~gebied** [-xəbi·t] *n* Grenzgebiet *n*; **~incident** [-ˈɪnsi·ˈdɛnt] *n* Grenzzwischenfall *m*; **~paal** [-pa:l] (*-palen*) *m* Grenzstein *m*, Grenzpfahl *m*; **~post** [-pɔst] *m* Grenzposten *m*; *f* Grenzstelle *f*; **~rechter** [-rɛxtər] (*-s*) *m Sp.* Linienrichter *m*; **~rivier** [-ri·vi:r] *f* Grenzfluß *m*; **~scheiding** [-sxɛĭdɪŋ] *f* Grenzlinie *f*, Demarkationslinie *f*.

gren|zeloos [ˈɣ̊rɛnzəlo:s] grenzenlos; **~zen** [-zə(n)]: ~ *aan* grenzen an *A*.

greppel [ˈɣ̊rɛpəl] (*-s*) *f* Graben *m*.

gretig [ˈɣ̊re:təx] (be)gierig; eifrig; hungrig.

grief [ɣ̊ri:f] (*grieven*) *f* Beschwerde *f*; Verdruß *m*; Kränkung *f*.

Griek [ɣ̊ri·k] *m* Grieche *m*; **~enland** [-ənlɑnt] *n* Griechenland *n*; **~s** [-s] *Adj.* griechisch; *Su.* *n* Griechisch *n*; **~se** [-sə] (*-n*) *f* Griechin *f*.

griep [ɣ̊ri·p] *f* Grippe *f*.

griesmeel [ˈɣ̊ri:sme:l] *n* Grießmehl *n*, Grieß *m*.

Griet [ɣ̊ri·t] *f* Grete *f*; **~tje** [-tjə] *n* Gretchen *n*; **2tje** (*-s*) *n* F Mädchen *n*.

grieven [ˈɣ̊ri:və(n)] kränken, schmerzen; **~d** [-t] kränkend, beleidigend.

griezel [ˈɣ̊ri:zəl] (*-s*) *m* Schauder *m*, Schauer *m*; **~en** [-ə(n)] schaudern; **~film** [-fɪlm] (*-s*) *m* Gruselfilm *m*; **~ig** [-əx] schaudererregend, schauderhaft, grus(e)lig; **~verhaal** [-v̊ərha:l] (*-halen*) *n* Gruselgeschichte *f*.

grif [ɣ̊rɪf] gleich, rasch; ~ *betalen* prompt bezahlen; ~ *toegeven* gleich zugeben; ~ *van de hand gaan* reißenden Absatz finden; ~ *geloven* ohne weiteres glauben.

griffel [ˈɣ̊rɪfəl] (*-s*) *f* Griffel *m*; Pfropfreis *n*; **~en** [-ə(n)] einritzen; einprägen; pfropfen.

grif|fie [ˈɣ̊rɪfi:] (*-s*) *f* Kanzlei *f*; **~fier** [ɣ̊rɪˈfi:r] (*-s*) *m* Kanzleivorsteher *m*; Gerichtsschreiber *m*, Sekretär *m*; Protokollführer *m*.

griff(i)oen [ɣ̊rɪˈfĭ(j)u·n] *m* Greif *m*.

grifweg [ˈɣ̊rɪfʋɛx] schlankweg, schlechthin.

grijnslach [ˈɣ̊rɛĭnslɑx] *m* Grinsen *n*.

grijnzen [ˈɣ̊rɛĭnzə(n)] grinsen.

grijpen [ˈɣ̊rɛĭpə(n)] (*greep*, *gegrepen*) greifen, fassen, ergreifen; *dat ligt voor het* ~ das ist zum Greifen nahe.

grijs [ɣ̊rɛĭs] grau; hochbetagt; ~ *worden* ergrauen, grau werden; **~aard** [ˈɣ̊rɛĭza:rt] (*-s*) *m* Greis *m*; **~achtig** [-ɑxtəx] gräulich; **~kop** [-kɔp] (*-pen*) *m fig.* Graukopf *m*.

grij|zen [ˈɣ̊rɛĭzə(n)] ergrauen, grau werden; **~zig** [-zəx] gräulich.

ril [ɣrɪl] (*-len*) *f* Grille *f*, Laune *f*; Schrulle *f*, Marotte *f*.
rill [ɣrɪl] *m* Grill *m*; (Brat-)Rost *m*; Spieß *m*; **~eren** [-ˈeːrə(n)] grillen, rösten; *gegrilleerd* Röst-.
rillig [ˈɣrɪləx] launenhaft, launisch; bizarr.
rimas [ɣriˑˈmɑs] (*-sen*) *f* Grimasse *f*, Fratze *f*; *~sen maken* Grimassen schneiden.
ri|me [ˈɣriˑmə] (*-s*) *f* Schminke *f*; Maske *f*; **~meren** [-ˈmeːrə(n)] schminken; **~meur** [-ˈmøːr] (*-s*) *m* Maskenbildner *m*.
rimmig [ˈɣrɪməx] grimmig; wütend.
rind [ɣrɪnt] *n* Kies *m*; Grieß *m*; **~pad** [-pɑt] (*-paden*) *m* Kiespfad *n*; **~weg** [-ʋɛx] (*-wegen*) *m* Kiesweg *m*.
rinniken [ˈɣrɪnəkə(n)] grinsen.
rint [ɣrɪnt] *n s. grind.*
roef [ɣruːf] *s. graven*; *Su.* ~ *groeven*) *f* Furche *f*, Rille *f*, Rinne *f*; *Tech.* Nute *f*, Falz *m*.
roei [ɣruˑi] *m* Wachstum *n*, Wuchs *m*; Wachsen *n*, Gedeihen *n*; *op de ~* auf Zuwachs; *in de ~* im Wachsen; **~en** [-(j)ə(n)] wachsen, gedeihen, zunehmen; **~kracht** [-krɑxt] *f* Triebkraft *f*; Wachstum *n*; **~zaam** [-zaːm] fruchtbar; (*Wetter*) günstig.
roen [ɣruːn] grün; *fig.* unreif; *Su. n* Grün *n*; *m* Neuling *m*; *fig.* (*Student*) Fuchs *m*; **~achtig** [-ɑxtəx] grünlich; **~bemesting** [-bəmɛstɪŋ] *f* Gründüngung *f*; **~boer** [-buːr] *m* Gemüsehändler *m*; **~en** [-ə(n)] grünen.
roenland [ɣruːnlɑnt] *n* Grönland *n*; **~vaarder** [-faːrdər] (*-s*) *m* Grönlandfahrer *m*.
roente [ˈɣruːntə] (*-n u. -s*) *f* Gemüse *n*; **~boer** [-buːr] *m s. groenboer*; **~soep** [-suˑp] *f* Gemüsesuppe *f*; *~ met balletjes* Gemüsesuppe mit Einlage; **~teelt** [-teːlt] *f* Gemüseanbau *m*; **~veiling** [-vɛilɪŋ] *f* Gemüseauktion *f*.
roentje [ˈɣruːntjə] (*-s*) *m s. groen m.*
roep [ɣruˑp] *f* Gruppe *f*; **~eren** [-ˈeːrə(n)] gruppieren; **~foto** [-foːtoː] (*-'s*) *f* Gruppenbild *n*; **~sgewijze** [-sxəʋɛïzə] gruppenweise; **~sleider** [-slɛïdər] (*-s*) *m* Gruppenführer *m*.
roet [ɣruˑt] *m* Gruß *m*, Empfehlung *f*; *een ~ overmaken* e-n Gruß bestellen; **~en** [-ə(n)] grüßen; *sich* empfehlen.

groeve [ˈɣruːvə] (*groeven*) *f s. groef f.*
groeven [ˈɣruːvə(n)] auskehlen, kannelieren, furchen.
groezelig [ˈɣruˑzələx] unsauber, schmutzig.
grof [ɣrɔf] grob, roh, plump; *~ geld verdienen* viel Geld verdienen; **~heid** [-hɛït] (*heden*) *f* Grobheit *f*; **~smid** [-smɪt] (*-smeden*) *m* Grobschmied *m*; **~wild** [-ʋɪlt] *n* Hochwild *n*.
grog, *a.* **grok** [ɣrɔk] (*-s*) *m* Grog *m*; **~stem** [-stɛm] (*-men*) *f* F Bierbaß *m*.
grom|men [ˈɣrɔmə(n)] murren, brummen; **~pot** [-pɔt] (*-ten*) *m* Brummbär *m*, Griesgram *m*.
grond [ɣrɔnt] *m* Grund *m*, Boden *m*; Erdboden *m*, Erde *f*; *op ~ van* kraft *G*, wegen *G*, auf Grund *G*; *een hoopje ~* ein wenig Erde; *een stuk ~* Grundstück *n*; *in de ~ helpen* (*trappen*) zugrunde richten; *door de ~ zinken* in die Erde sinken; *laag bij de ~* banal, oberflächlich.
grond|beginsel [ˈɣrɔndbəɣɪnsəl] (*-en u. -s*) *n* Grundsatz *m*, Prinzip *n*; Anfangsgründe *m/pl.*; **~begrip** [-bəɣrɪp] (*-pen*) *n* Grundbegriff *m*; **~belasting** [-bəlɑstɪŋ] *f* Grundsteuer *f*; **~bezit** [-bəzɪt] *n* Grundbesitz *m*; **~bezitter** [-bəzɪtər] (*-s*) *m* Grundbesitzer *m*; **~boor** [-boːr] (*-boren*) *f* Erdbohrer *m*; **~eigendom** [-ɛïɣəndɔm] *m* Grundbesitz *m*.
grondeloos [ˈɣrɔndəloːs] grundlos; bodenlos.
gronden [ˈɣrɔndə(n)] gründen, stiften; grundieren; *gegrond zijn op* sich gründen auf *A*; *gegronde eisen* berechtigte Forderungen *f/pl.*
grond|gebied [ˈɣrɔntxəbiˑt] *n* Gebiet *n*; **~gesteldheid** [-xəstɛlthɛït] *f* Bodenbeschaffenheit *f*.
grondig [ˈɣrɔndəx] gründlich; durch und durch.
grond|kleur [ˈɣrɔntkløːr] *f* Grundfarbe *f*; **~laag** [-laːx] (*-lagen*) *f* Grundschicht *f*, Bodenschicht *f*; Grundlage *f*; **~lasten** [-lɑstə(n)] *pl.* Grundsteuer *f*, Grundlasten *f/pl.*; **~legger** [-lɛɣər] (*-s*) *m* Stifter *m*, Gründer *m*; **~loon** [-loːn] (*-lonen*) *n* Grundlohn *m*; **~personeel** [-pɛrsoneːl] *n* Bodenpersonal *n*; **~regel** [-reːɣəl] (*-s u. -en*) *m* Grundsatz *m*, Grundregel *f*; **~slag** [-slɑx] *m* Basis *f*, Grundlage *f*; **~stof** [-stɔf] (*-fen*) *f* Grundstoff *m*, Element *n*; Roh-

stoff *m*; **~toon** [-to:n] (*-tonen*) *m* Grundton *m*, Hauptton *m*; **~verf** [-fɛrf] (*-verven*) *f* Grundfarbe *f*; **~vesten** [-fɛstə(n)] *pl.* Grundlagen *f/pl.*; *v/t* gründen; **~vlak** [-flɑk] (*-ken*) *n* Grundfläche *f*; **~wet** [-ʋɛt] (*-ten*) *f* Grundgesetz *n*, Verfassung *f*; *schending van de ~* Verfassungsbruch *m*; **~wettelijk** [-'ʋɛtələk] konstitutionell; **~wettig** [-'ʋɛtəx] verfassungsmäßig, konstitutionell; **~woord** [-ʋo:rt] *n Gr.* Grundwort *n*.

groot [ɣro:t] groß; vornehm, ansehnlich; *~ gaan op* prahlen mit; *~ DM 1.000* in Höhe von DM 1000; *grote mensen* Erwachsene *pl.*; *grote gezinnen* kinderreiche Familien *f/pl.*; *in 't ~* im großen, en gros; *~ doen* großtun.

groot|bedrijf ['ɣro:dbədrɛĭf] *n* Großbetrieb *m*; **~boek** [-bu·k] *n* Hauptbuch *n*; **~brengen** [-brɛŋə(n)] erziehen, großziehen.

Groot-Brittanië [ɣro:dbrɪ'tɑnjə] *n* Großbritannien *n*.

groot|handel ['ɣro:thɑndəl] *m* Großhandel *m*; Großhandlung *f*; **~handelaar** [-hɑndəla:r] (*-s u. -laren*) *m* Großhändler *m*, Grossist *m*; **~handelprijs** [-hɑndəlprɛĭs] (*-prijzen*) *m* Großhandelspreis *m*; **~hartig** [-'hɑrtəx] großmütig; **~heidswaan** [-hɛĭtsʋa:n] *m* Größenwahn *m*; **~hertog** [-hɛrtəx] *m* Großherzog *m*; **~hertogdom** [-hɛrtɔɣdɔm] (*-men*) *n* Großherzogtum *n*.

grootje ['ɣro:tjə] (*-s*) *n* Großmütterchen *n*.

groot|meester ['ɣro:tme:stər] (*-s*) *m* Großmeister *m*; **~moeder** [-mu·dər] (*-s*) *f* Großmutter *f*; **~moedigheid** [-'mu·dəxhɛĭt] *f* Großmut *f*; **~ouders** [-ɑudərs] *pl.* Großeltern *pl.*

groots [ɣro:ts] großartig; großzügig; hochmütig.

grootscheeps [ɣro:tsxe:ps] großartig; großzügig.

grootsheid ['ɣro:tshɛĭt] *f* Stolz *m*; Großartigkeit *f*.

groot|spraak ['ɣro:tspra:k] *f* Großsprecherei *f*, Angeberei *f*; **~spreker** [-spre:kər] (*-s*) *m* Prahler *m*, Angeber *m*; **~steeds** [-'ste:ts] großstädtisch.

grootte ['ɣro:tə] (*-n u. -s*) *f* Größe *f*.

groot|vader ['ɣro:tfa:dər] (*-s*) *m* Großvater *m*; **~zeil** [-sɛĭl] *n* Großsegel *n*.

gros [ɣrɔs] (*-sen*) *n* Gros *n*; *het ~ van de toeschouwers* die Mehrzahl der Zuschauer.

grossier [ɣrɔ'si:r] (*-s*) *m* Großhändler *m*, Grossist *m*; **~sprijs** [-sprɛĭs] (*-prijzen*) *m* Großhandelspreis *m*

grot [ɣrɔt] (*-ten*) *f* Grotte *f*, Höhle *f*

grotendeels ['ɣro:təndeːls] größtenteils, großenteils.

grotesk [ɣrɔ'tɛsk] grotesk.

grotwoning ['ɣrɔtʋo:nɪŋ] *f* Höhlenwohnung *f*.

gruis [ɣrəʏs] *n* Staub *m*; Schutt *m* Pulver *n*; **~kolen** [-ko:lə(n)] *pl* Gruskohle *f*, Grießkohle *f*.

gruizelementen [ɣrəʏzələ'mɛntə(n)] *pl.* Scherben *f/pl.*; *in ~ slaan* zertrümmern.

grut [ɣry·t] *n*: *klein ~* kleines Zeug kleine Kinder *n/pl.*

grutten ['ɣry·tə(n)] *pl.* Grütze *f* Graupen *f/pl.*

gruwel ['ɣry:ʋəl] *m* Greuel *m*, Abscheu *m*; **~daad** [-da:t] (*-daden*) Greueltat *f*, Schandtat *f*; **~ijk** [-ək] greulich, gräßlich, abscheulich, entsetzlich; **~stuk** [-stək] (*-ken*) *n Thea.* Schauerdrama *n*.

gruwen ['ɣry·ʋə(n)] grauen; *ik gruw ervan* mir graut davor.

guerrilla [gɛ'ri·(l)(j)a·] (*-'s*) *m* **~oorlog** [-o:rlɔx] (*-logen*) *m* Guerilla *f*, Partisanenkampf *m*.

guillo|tine [gi·(l)jɔ'ti·nə] (*-s*) Guillotine *f*; **~tineren** [-ti·'ne:rə(n)] guillotinieren.

Guinees [gi·'ne:s]: *~ biggetje* Meerschweinchen *n*.

guirlande [ɣi·r'lɑndə] (*-s*) *f* Girlande *f*.

guit [ɣəʏt] *m* Schalk *m*, Schelm *m* **~achtig** [-ɑxtəx] schelmisch; **~enstreek** [-ə(n)stre:k] (*-streken*) *f u.* Schelmenstreich *m*; **~ig** [-əx] schelmisch.

gul [ɣəl] freigebig; offen, herzlich offenherzig; *een ~ onthaal* e-e gastfreundliche Aufnahme.

gulden[1] ['ɣəldə(n)] (*-s*) *m* Gulden *m*

gulden[2] golden.

gul|hartig [ɣəl'hɑrtəx] offenherzig herzlich; **~heid** ['ɣəlhɛĭt] (*-heden*) Freigebigkeit *f*; Offenherzigkeit

Gulik [ɣələk] *n* Jülich *n*.

gulp [ɣəlp] *f* Hosenschlitz *m*; (*Fli*

sigkeit) Flut *f*, Strom *m*; **~en** [-ə(n)] (hervor)strömen, (hervor)sprudeln.

gulweg [ɣ̊əlʊɛx] offenherzig, offen, geradeheraus.

gulzig [ɣ̊əlzəx] gierig; gefräßig; **~aard** [-a:rt] (*-s*) *m* Vielfraß *m*; **~heid** [-hɛĭt] *f* Gier *f*; Gefräßigkeit *f*.

gum [ɣ̊əm] (*-men*) *m u. n s. gom.*

gummi ['ɣ̊əmi·] *n u. m* Gummi *m u. n*; **~band** [-bɑnt] *m* Gummiband *n*; (*-en*) *m* Gummireifen *m*; **~hak** [-hɑk] (*-ken*) *f* Gummiabsatz *m*; **~slang** [-slɑŋ] *f* Gummischlauch *m*.

gun|nen ['ɣ̊ənə(n)] gönnen; zugestehen, gestatten; (*Lieferung usw.*) zuweisen; **~ning** [-nɪŋ] *f* Auftragserteilung *f*; (*Auktion usw.*) Zuschlag *m*.

gunst [ɣ̊ənst] *f* Gunst *f*; Vergünstigung *f*; Wohlwollen *n*; *een ~ bewijzen* e-e Gunst erweisen; *ten ~e van* zugunsten *G*; *in de ~ staan* beliebt sein; **~eling** [-əlɪŋ] *m* Günstling *m*; **~ig** [-əx] günstig; gewogen, geneigt; *~e voorwaarden* günstige Bedingungen *f/pl.*

Gustaaf [ɣ̊y·'sta:f] *m* Gustav *m*.

guts [ɣ̊əts] *f* Guß *m*, Strom *m*; *Tech.* Hohlmeißel *m*, Hohleisen *n*; **~en** [-ə(n)] strömen; triefen.

guttapercha [ɣ̊əta·'pɛrʃa·] *m u. n* Guttapercha *f u. n.*

gutturaal [ɣətə'ra:l] guttural.

guur [ɣ̊y:r] rauh, naßkalt.

gym|nasiast [ɣ̊i·wnazi·'(j)ɑst] *m* Gymnasiast *m*; **~nasium** [-'na:zĭ(j)əm] (*-s u. -nasia*) *n* Gymnasium *n*.

gym|nast [ɣ̊i·m'nɑst] *m* Turner *m*; **~nastiek** [-nɑ'sti·k] *f* Turnen *n*, Gymnastik *f*; **~nastiekles** [-nɑ'sti·klɛs] (*-sen*) *f* Turnstunde *f*; **~nastiekzaal** [-nɑ'sti·ksa:l] (*-zalen*) *f* Turnhalle *f*; **~nastisch** [-'nɑsti·s] gymnastisch, turnerisch.

gynaecoloog, *a.* **gynekoloog** [ɣ̊i·ne·kɔ'lo:x] (*-logen*) *m* Gynäkologe *m*.

gyroscoop *a.* **-koop** [ɣ̊i·rɔ'sko:p] (*-copen*) *m* Gyroskop *n*.

H

h, H [ha:] (*h's*) *f* h, H *n*.
ha! [ha:] ha!
haag [ha:x] (*-hagen*) *f* Hecke *f*; *de ~ vormen* Spalier bilden.
Haag [ha:x]: *Den ~* (Den) Haag; *in Den ~* im Haag, in Den Haag.
haag|beuk ['ha:ɣbø:k] *m* Weißbuche *f*; **~doorn** *a*. **-doren** [-do:r(ə)n] (*-s*) *m* Hagedorn *m*, Weißdorn *m*.
Haags [ha:xs] aus Haag; Haager *m*.
haagwinde ['ha:xʋɪndə] (*-n u. -s*) *f* Heckenwinde *f*, Zaunwinde *f*.
haai [ha:ĭ] *m* Hai(fisch) *m*; *hij is naar de ~en* er ist tot; es ist aus mit ihm.
haak [ha:k] *m* Haken *m*; Angel *f*; *niet in de ~ zijn* nicht stimmen; nicht mit rechten Dingen zugehen; **~je** [-jə] (*-s*) *n*: *tussen ~s* in Klammern; **~naald** [-na:lt] *f* Häkelnadel *f*.
haak|s [ha:ks] rechtwinklig; **~vormig** [-fɔrməx] hakenförmig.
haakwerk ['ha:kʋɛrk] *n* Häkelarbeit *f*.
haal [ha:l] (*halen*) *m* Zug *m*; Strich *m*; *aan de ~ gaan* sich aus dem Staube machen; sich davonmachen.
haam [ha:m] (*hamen*) *n* Halsjoch *n*.
haan [ha:n] (*hanen*) *m* Hahn *m*.
haar[1] [ha:r] sie; ihr.
haar[2] (*haren*) *n* Haar *n*; *met de handen in het ~ zitten* weder aus noch ein wissen; *alles op haren en snaren zetten* alles aufbieten; **~band** [-bɑnt] *m* Haarband *n*; **~borstel** [-bɔrstəl] (*-s*) *m* Haarbürste *f*; **~bos** [-bɔs] (*-sen*) *m* Haarbüschel *n*, (Haar-)Schopf *m*; **~breed** [-bre:t] haarfein; **~buisje** [-bəʏʃə] (*-s*) *n* Haarröhrchen *n*.
haard [ha:rt] *m* Herd *m*, Ofen *m*; *open ~* offener Kamin; **~ijzer** [-ɛĭzər] (*-s*) *n* *Tech*. Feuerbock *m*.
haar|dos ['ha:rdɔs] *m* Haarwuchs *m*; Schopf *m*; **~droger** [-dro:ɣər] (*-s*) *m* Haartrockner *m*, Fön *m*.
haard|plaat ['ha:rtpla:t] (*-platen*) *f* Herdplatte *f*; **~scherm** [-sxɛrm] *n* Ofenschirm *m*; **~stede** [-ste:də] (*-n*) *f* Herd *m*, Kamin *m*; *fig*. Haus *n*, Heimat *f*.
haar|fijn ['ha:rfɛĭn] haarfein; **~groei** [-ɣru·ĭ] *m* Haarwuchs *m*; **~kam** [-kɑm] (*-men*) *m* Kamm *m*; **~kliever** [-kli:v̊ər] (*-s*) *m fig*. Haarspalter *m*; **~kloverij** [-klo:v̊ə'rɛĭ] *f fig*. Haarspalterei *f*; **~knippen** [-knɪpə(n)] *n* Haarschneiden *n*; **~lint** [-lɪnt] *n* Haarschleife *f*; **~lok** (*-ken*) *f* Haarlocke *f*; **~olie** [-o:li·] (*-ën*) *f* Haaröl *n*; **~pijn** [-pɛĭn] *f* Katzenjammer *m*, *fig*. Kater *m*; **~speld** [-spɛlt] *f* Haarnadel *f*; **~tooi** [-to:ĭ] *m* Haarschmuck *m*; **~uitval** [-əʏtfɑl] *m* Haarausfall *m*; **~vaten** [-v̊a:tə(n)] *pl*. Haargefäße *n/pl*.; **~vlecht** [-v̊lɛxt] *f* Zopf *m*; **~wassing** [-ʋɑsɪŋ] *f* Haarwaschen *n*, Haarwäsche *f*; **~wortel** [-ʋɔrtəl] (*-s*) *m* Haarwurzel *f*; **~wrong** [-v̊rɔŋ] *m* (Haar-)Knoten *m*.
haas[1] [ha:s] (*hazen*) *m* Hase *m*.
haas[2] *m* Filet *n*; Lendenstück *n*; *biefstuk van de ~* Filetsteak *n*.
haasje-over ['ha:ʃə o:v̊ər] *n* Bockspringen *n*; Bocksprung *m*.
haast[1] [ha:st] fast, beinahe; *gebeurt het ~?* wird's bald?
haast[2] *f* Hast *f*, Eile *f*; *~ maken* sich beeilen; **~en** [-ə(n)] drängen, (an-)treiben; *zich ~* sich beeilen; *ik ben gehaast* ich habe es eilig; **~ig** [-əx] eilig, hastig.
haat [ha:t] *m* Haß *m*; **~dragend** [-dra:ɣənt] nachtragend.
habitué [hɑbi·ty·'(ʋ)e:] (*-s*) *m* Stammgast *m*.
habitus ['ha:bɪtəs] *m* Verhalten *n*, Haltung *f*, Wesen *n*.
hachee [hɑ'ʃe:] *m u. n* Haschee *n*; Hackfleisch *n*; Gulasch *n u. m*.
hachelijk ['hɑxələk] mißlich, heikel, bedenklich.
hachje ['hɑxjə] (*-s*) *n*: *er het ~ bij inschieten* sein Leben dabei einbüßen.
had [hɑt], **hadden** ['hɑdə(n)] *s. hebben*.
hagedis [ha:ɣə'dɪs] (*-sen*) *f* Eidechse *f*.

hagedoorn (*-s*) *m s. haagdoorn.*
hagel ['ha:ɣ̊əl] *m* Hagel *m*; *mil.* Schrot *n*; **~bui** [-bəʏ] *f* Hagelschauer *m*; **~en** [-ə(n)] hageln; **~korrel** [-kɔrəl] (*-s*) *m* Hagelkorn *n*; Schrotkorn *n*; **~schade** [-sxa:də] *f* Hagelschaden *m*; **~slag** [-slɑx] *m* Hagelschlag *m*; Anisstreusel *n/pl.*, Schokoladenstreusel *n/pl.*; **~steen** [-ste:n] (*-stenen*) *m* Hagelkorn *n*, Schloße *f.*
Hagenaar ['ha:ɣ̊əna:r] (*-s*) *m* Haager *m.*
hak [hɑk] (*-ken*) *m* Hieb *m*; Holzfällen *n*; *f* Ferse *f*; Hacken *m*, Absatz *m*; (*Gerät*) Hacke *f*, Haue *f*; *van de ~ op de tak springen* ohne Zusammenhang reden; **~bijl** [-bɛĭl] *f* Hackbeil *n*; **~blok** [-blɔk] (*-ken*) *n* Hackblock *m*, Hackklotz *m*; **~bord** [-bɔrt] *n* Hackbrett *n.*
haken ['ha:kə(n)] haken; häkeln; *~ naar* sich sehnen nach; *blijven ~* hängenbleiben; **~kruis** [-krəʏs] *n* Hakenkreuz *n.*
hakhout ['hɑkhaut] *n* Unterholz *n.*
hakke|laar ['hɑkəla:r] (*-s*) *m* Stotterer *m*; **~len** [-lə(n)] stottern, stammeln.
hak|ken ['hɑkə(n)] hacken, hauen; **~mes** [-mɛs] (*-sen*) *n* Hackmesser *n*; **~sel** [-səl] *n*, **~stro** [-stro:] *n* Häcksel *n*; **~vlees** [-fle:s] *n* Hackfleisch *n.*
hal [hɑl] (*-len*) *f* Halle *f*; Diele *f*, Flur *m.*
halen ['ha:lə(n)] holen; ziehen; gleichkommen, aufwiegen; *erbij ~* hinzuziehen, herbeirufen; *een akte ~* ein Diplom erwerben; *de trein ~* den Zug erreichen; *zich op de hals ~* sich *etw.* auf den Hals laden, sich zuziehen.
half [hɑlf] halb, Halb-; *~ en ~* halbe halbe; *ten halve* zur Hälfte; **~back** [-bɑk] (*-s*) *m Sp.* Läufer *m*; **~bakken** [-'bɑkə(n)] halbfertig, halbgar; **~bloed** [-blu·t] *m* Mischling *m*; **~jaarlijks** [-'ja:rləks] halbjährlich; **~klinker** [-klɪŋkər] (*-s*) *m Gr.* Halbvokal *m*; **~pension** [-pɛnsĭɔn] (*-s*) *n* Halbpension *f*; **~rond** [-'rɔnt] *Adj.* halbrund; *Su. n* Halbkugel *f*, Hemisphäre *f*; **~slachtig** [-'slɑxtəx] unschlüssig; zwitterhaft; **~stok** [-'stɔk] halbmast; **~-time** [-'tɛĭm] *m u. n Sp.* Halbzeit *f*, Spielpause *f*; **~vasten** [-fɑstə(n)] *m* Mittfasten *n*; **~wassen** [-ʋɑsə(n)] halbwüchsig; **~weg** [-ʋɛx] halbwegs, auf halbem Wege; **~zuster** [-sy·stər] (*-s*) *f* Halbschwester *f.*
hallo [hɑ'lo:] hallo.
hallucinatie [hɑly·si·'na:si:] (*-s*) *f* Halluzination *f.*
halm [hɑlm] *m* Halm *m.*
hals [hɑls] (*halzen*) *m* Hals *m*; Kehle *f*; *onnozele ~* armer Tropf; **~ader** [-a:dər] (*-s u. -en*) *f* Halsschlagader *f*; **~band** [-bɑnt] *m* Halsband *n*; **~boord** [-bo:rt] *m u. n* Halskragen *m*; **~brekend** [-bre:kənt] halsbrecherisch; **~doek** [-du·k] *m* Halstuch *n*, Halsbinde *f*; **~ketting** [-kɛtɪŋ] *m u. f* (Hals-)Kette *f*; **~kraag** [-kra:x] (*-kragen*) *m* Halskragen *m*; **~spier** [-spi:r] *f* Halsmuskel *m.*
halsstarrig [hɑl'stɑrəx] halsstarrig, störrisch.
halster ['hɑlstər] (*-s*) *m* Halfter *f.*
halswervel ['hɑlsʋɛrv̊əl] (*-s*) *m* Halswirbel *m.*
halt [hɑlt] halt.
halte ['hɑltə] (*-n u. -s*) *f* Haltestelle *f.*
halter ['hɑltər] (*-s*) *m* Hantel *f.*
halvemaan [hɑlv̊ə'ma:n] (*-manen*) *f* Halbmond *m.*
halveren [hɑl'v̊e:rə(n)] halbieren.
halverwege [hɑlv̊ər'ʋe:ɣ̊ə] halbwegs.
ham [hɑm] (*-men*) *f* Schinken *m.*
hamel ['ha:məl] (*-s*) *m* Hammel *m*; **~bout** [-baut] *m* Hammelkeule *f.*
hamer ['ha:mər] (*-s*) *m* Hammer *m*; **~en** [-ə(n)] hämmern, klopfen; *op iets ~* auf etw. (*A*) drängen; **~slag** [-slɑx] *m* Hammerschlag *m*; **~steel** [-ste:l] (*-stelen*) *m* Hammerstiel *m.*
hamster ['hɑmstər] (*-s*) *f* Hamster *m*; **~aar** [-a:r] (*-s*) *m* Hamsterer *m*; **~en** [-ə(n)] hamstern, aufspeichern.
hand [hɑnt] *f* Hand *f*; Handschrift *f*; *van de ~ wijzen* ablehnen; *aan de ~ doen* besorgen, beschaffen; *van de ~ doen* verkaufen, wegtun, wegschaffen; *iemand onder ~en nemen fig.* sich j-n vornehmen; *voor de ~ liggen* auf der Hand liegen; *de ~en uit de mouw steken* tüchtig mit anfassen; *op eigen ~* auf eigene Faust; *wat is er aan de ~?* was ist los?; *veel om ~en hebben* viel zu tun haben; *het zijn twee ~en op één buik fig.* sie stecken unter einer Decke.
hand|bagage ['hɑndbɑɣ̊a·ʒə] *f* Handgepäck *n*; **~boei** [-bu·ĭ] *f*

Handschelle *f*; **~boek** [-bu·k] *n* Handbuch *n*; **~breedte** [-bre:tə] (*-n u. -s*) *f* Handbreite *f*; **~camera** [-ka:məra·] (*-'s*) *f* Handkamera *f*; **~doek** [-du·k] *m* Handtuch *n*; **~druk** [-drək] (*-ken*) *m* Händedruck *m*.

handel[1] ['handəl] (*-s*) *n u. m* Griff *m*, Hebel *m*.

handel[2] (*kein pl.*) *m* Handel *m*; Handlung *f*, Geschäft *n*; ~ *en wandel* Tun und Treiben; **~aar** [-a:r] (*-s u. -aren*) *m* Händler *m*, Kaufmann *m*; **~baar** [-ba:r] (*Person*) gefügig; (*Gerät*) handlich; **~en** [-ə(n)] handeln; Handel treiben; vorgehen, verfahren; ~ *over* behandeln; **~ing** [-ɪŋ] *f* Handlung *f*, Tat *f*; *de ~en der apostelen* Apostelgeschichte *f*.

handels|agentschap ['handəlsaɣɛntsxap] (*-pen*) *n* Handelsagentur *f*; **~bank** [-baŋk] *f* Handelsbank *f*; **~bediende** [-bədi:ndə] (*-n u. -s*) *m u. f* kaufmännische(r) Angestellte(r) *m u. f*; **~bekwaam** [-bəkʋa:m] geschäftsfähig; **~gebruik** [-xəbrəʏk] *n* Handelsbrauch *m*; **~marge** [-marʒə] (*-s*) *f* Handelsspanne *f*; **~merk** [-mɛrk] *n* Warenzeichen *n*; **~overeenkomst** [-o:v̊ər'e:nkɔmst] *f* Handelsvertrag *m*, Handelsabkommen *n*; **~reiziger** [-rɛĭzəɣ̊ər] (*-s*) *m* Geschäftsreisende(r) *m*, Vertreter *m*; **~relatie** [-rə'la:si:] (*-s*) *f* Geschäftsverbindung *f*; **~school** [-sxo:l] (*-scholen*) *f* Handelsschule *f*; **~verkeer** [-fərke:r] *n* Geschäftsverkehr *m*; **~wetenschap** [-ʋe:tə(n)sxap] (*-pen*) *f* Wirtschaftswissenschaft *f*; **~zaak** [-sa:k] (*-zaken*) *f* Geschäft *n*.

handelwijze ['handəlʋɛĭzə] (*-n*) *f* Handlungsweise *f*.

handenarbeid ['handə(n)arbɛĭt] *m* Handarbeit *f*; (*Schule*) Werkunterricht *m*.

hand|gebaar ['hantxəba:r] (*-baren*) *n* Handbewegung *f*; **~geklap** [-xəklap] *n* Händeklatschen *n*; **~geld** [-xɛlt] *n* Handgeld *n*; **~gemeen** [-xəme:n] *Adj.* handgemein; *Su. n* Handgemenge *n*; **~gewricht** [-xəv̊rɪxt] *n* Handgelenk *n*; **~gift** [-xɪft] *f* Handgeld *n*; **~greep** [-xre:p] (*-grepen*) *f u. m* Handgriff *m*.

handhaven ['hantha:v̊ə(n)] *Ordnung*, *Preise* aufrecht erhalten; *Gesetz* einhalten; *Recht* wahren; *Zustand* beibehalten; *zich* ~ sich behaupten.

handig ['handəx] gewandt, geschickt; (*Gerät*) handlich; **~heid** [-hɛĭt] (*-heden*) *f* Gewandtheit *f*, Geschicklichkeit *f*, Geschick *n*.

handje ['hantjə] (*-s*) *n* Händchen *n*; *een ~ helpen* mit Hand anlegen; nachhelfen *D*; *hij heeft er een ~ van weg* das ist so s-e Gewohnheit; das hat er im Griff.

hand|kar ['hantkar] (*-ren*) *f* Handwagen *m*; **~koffer** [-kɔfər] (*-s*) *m* Handkoffer *m*, Handtasche *f*; **~kus** [-kəs] (*-sen*) *m* Handkuß *m*; **~langer** [-laŋər] (*-s*) *m* Helfer *m*; Hilfsarbeiter *m*, Helfershelfer *m*, Mitschuldige(r) *m*; **~leiding** [-lɛĭdɪŋ] *f* Anleitung *f*, Leitfaden *m*; **~lichting** [-lɪxtɪŋ] *f* Volljährigkeitserklärung *f*; **~palm** [-palm] *m* Handfläche *f*; **~reiking** [-rɛĭkɪŋ] *f* Hilfeleistung *f*; **~rem** [-rɛm] (*-men*) *f* Handbremse *f*; **~s** [-s] *Sp.* Hand *f*; **~schoen** [-sxu:n] *m u. f* Handschuh *m*; **~schrift** [-sxrɪft] *n* Handschrift *f*; Manuskript *n*; **~slag** [-slax] *m* Handschlag *m*; **~spuit** [-spəʏt] *f* Spritze *f*; Handfeuerlöscher *m*; **~tas** [-tas] (*-sen*) *f*, **~tasje** [-taʃə] (*-s*) *n* Handtasche *f*; **~tastelijk** [-'tastələk] handgreiflich; **~tekening** [-te:kənɪŋ] *f* Unterschrift *f*; **~vat** [-fat] (*-ten*) *n* Griff *m*; Handhabe *f*; **~vatsel** [-fatsəl] (*-s*) *n* Griff *m*, Henkel *m*, Stiel *m*; **~vest** [-fɛst] *n* Urkunde *f*; Satzung *f*; **~vleugeligen** [-flø:ɣ̊əlɪɣ̊ə(n)] *pl. Zool.* Handflügler *m/pl.*; **~vol** [-fɔl] (*-len*) *f* Handvoll *f*; **~vormig** [-fɔrməx] handförmig; **~werk** [-ʋɛrk] *n* Handarbeit *f*; Handwerk *n*, Gewerbe *n*; *een ~ uitoefenen* ein Gewerbe treiben; **~werksgezel** [-ʋɛrksxəzɛl] (*-len*) *m* Handwerksgeselle *m*; **~werksman** [-ʋɛrksman] (*-werksluiden u. -werkslui*) *m* Handwerker *m*; Handarbeiter *m*; **~wijzer** [-ʋɛĭzər] (*-s*) *m* Wegweiser *m*; **~woordenboek** [-ʋo:rdə(n)bu·k] *n* Handwörterbuch *n*; **~wortel** [-ʋɔrtəl] (*-s*) *m* Handwurzel *f*; **~zaag** [-sa:x] (*-zagen*) *f* Handsäge *f*; **~zaam** [-sa:m] handlich; (*Person*) gefügig.

hane|balk ['ha:nəbalk] *m* Hahnenbalken *m*; **~gekraai** [-ɣ̌əkra:ĭ] *n* Hahnenschrei *m*; **~kam** [-kɑm] (*-men*) *m* Hahnenkamm *m*; **~ngevecht** [-(n)ɣ̌əv̌ɛxt] *n* Hahnenkampf *m*; **~poot** [-po:t] (*-poten*) *m* Hahnenfuß *m*; *fig.* Krähenfuß *m*; **~veer** [-v̌e:r] (*-veren*) *f* Hahnenfeder *f*; **~vraag** [-v̌ra:x] (*-vragen*) *f* entscheidende Frage.

hanga(a)r [ˈhɑŋɣ̌a:r] (*-s*) Schuppen *m*; Flugzeughalle *f*.

hang|brug [ˈhɑŋbrөx] (*-gen*) *f* Hängebrücke *f*; **~buik** [-bəʏk] *m* Hängebauch *m*.

hangen [ˈhɑŋə(n)] (*hing, gehangen*) *v/t* hängen; aufhängen; *v/i* hängen; *zich ~* sich erhängen; *het hoofd laten ~* den Kopf hängenlassen; **~d** [-t] schwebend; *de zaak is* (*nog*) *~* die Angelegenheit ist noch in der Schwebe; *~ geschil* Streitigkeit *f*.

hanger [ˈhɑŋər] (*-s*) *m* Hänger *m*; (*Schmuck*) Anhänger *m*; (Kleider-) Bügel *m*.

hangerig [ˈhɑŋərəx] lustlos; schläfrig.

hang|ijzer [ˈhɑŋɛĭzər] (*-s*) *n* Eisenhaken *m*; *heet ~* Streitfrage *f*; **~kast** [-kɑst] *f* Hängeschrank *m*; **~klok** [-klɔk] (*-ken*) *f* Wanduhr *f*; **~lamp** [-lɑmp] *f* Hängelampe *f*; **~mat** [-mɑt] (*-ten*) *f* Hängematte *f*; **~slot** [-slɔt] *n* Vorhängeschloß *n*.

hannes [ˈhɑnəs] *m* Tropf *m*, Stümper *m*.

hansop [hɑnˈsɔp] (*-pen*) *m* Hemdhose *f*.

hansworst [ˈhɑnsʊɔrst] *m* Hanswurst *m*.

hanteren [hɑnˈte:rə(n)] handhaben, hantieren; (*Schwert usw.*) führen.

Hanze [ˈhɑnzə] *f* Hansa *f*, Hanse *f*; **~stad** [-stɑt] (*-steden*) *f* Hansestadt *f*.

hap [hɑp] (*-pen*) *m* Bissen *m*, Happen *m*.

haperen [ˈha:pərə(n)] fehlen; stokken; *hier hapert er iets* etwas stimmt hier nicht.

hapje [ˈhɑpjə] (*-s*) *n* Bissen *m*; *een lekker ~* ein Leckerbissen.

hap|pen [ˈhɑpə(n)] schnappen; beißen; **~pig** [-pəx] (be)gierig, erpicht (*op*/auf *A*).

hard [hɑrt] hart; hartherzig, unbarmherzig; *~ werken* tüchtig arbeiten; *~ schreeuwen* laut schreien; *~ lopen* schnell laufen, rennen; *~ rijden* schnell fahren; *het waait ~* es weht stark; *~ ziek* schwer krank; *het valt hem ~* es fällt ihm schwer; **~draven** [-dra:v̌ə(n)] *n*, **~draverij** [-dra:v̌əˈrɛĭ] *f* Trabrennen *n*.

harden [ˈhɑrdə(n)] (ab)härten; *het niet kunnen ~* es nicht aushalten können.

hard|handig [hɑrtˈhɑndəx] rauh, derb; unsanft; **~heid** [-hɛĭt] (*-heden*) *f* Härte *f*; **~horig** [-ho:rəx] schwerhörig; **~leers** [-ˈle:rs] ungelehrig; begriffsstutzig; **~lijvigheid** [-ˈlɛĭv̌əxhɛĭt] *f* Hartleibigkeit *f*; **~loper** [-lo:pər] (*-s*) *m* Schnellläufer *m*; **~nekkig** [-ˈnɛkəx] hartnäckig; **~op** [-ˈɔp] laut; **~rijderij** [-rɛĭdəˈrɛĭ] *f Sp.* Wettlauf *m*, Wettrennen *n*; Pferderennen *n*; **~steen** [-ste:n] *n u. m* Quader(stein) *m*; **~vochtig** [-ˈfɔxtəx] hartherzig; unempfindlich; **~vochtigheid** [-hɛĭt] *f* Hartherzigkeit *f*.

harem [ˈha:rəm] (*-s*) *m* Harem *m*.

haren [ˈha:rə(n)] *Adj.* hären, aus Haar; Haar-.

harentwil(le) [ˈha:rəntʊɪl(ə)]: *om ~* um ihretwillen.

harerzijds [ˈha:rərzɛĭts] ihrerseits.

harig [ˈha:rəx] haarig; behaart.

haring [ˈha:rɪŋ] *m* Hering *m*; *gezouten ~* Salzhering *m*; **~net** [-nɛt] (*-ten*) *n* Heringsnetz *n*; **~sla** [-sla:] *f* Heringssalat *m*; **~ton** [-tɔn] (*-nen*) *f* Heringstonne *f*; **~vangst** [-v̌ɑŋst] *f* Heringsfang *m*; **~visser** [-v̌ɪsər] (*-s*) *m* Heringsfischer *m*; **~vloot** [v̌lo:t] (*-vloten*) *f* Heringsflotte *f*.

hark [hɑrk] *f* Rechen *m*, Harke *f*; *fig. een ~ van een vent* Dickkopf *m*; **~en** [-ə(n)] harken, rechen.

harle|kijn [hɑrləˈkɛĭn] (*-s*) *m* Harlekin *m*, Hanswurst *m*; **~kinade** [-ki·ˈna:də] (*-s*) *f* Harlekinade *f*.

har|monie [hɑrmo·ˈni:] (*-s u. -ën*) *f* Harmonie *f*; **~moniëren** [-mo·n-ˈje:rə(n)] harmonieren; **~monika** *a.* **-nica** [-ˈmo·ni·kɑ] (*-'s*) *f* Harmonika *f*; Schifferklavier *n*; **~monisch** [-ˈmo:ni·s] harmonisch; **~monium** [-ˈmo·ni·өm] (*-s*) *n* Harmonium *n*.

harnas [ˈhɑrnɑs] (*-sen*) *n* Harnisch *m*; Panzer *m*; *in 't ~ jagen fig. j-n* in Harnisch bringen.

harp [hɑrp] *f* Harfe *f*; **~ist** [-ˈi·st], *a.* **~enist** [-əˈni·st] *m* Harfenspieler *m*.

harpoen [hɑrˈpuːn] *m* Harpune *f*; **~ier** [-ˈiːr] (*-s*) *m* Harpunierer *m*.
harrewarren [ˈhɑrəʋɑrə(n)] zanken, streiten; sich zanken.
hars [hɑrs] *n u. m* Harz *n*; **~achtig** [-ɑxtəx] harzartig, harzig; **~houdend** [-hɑudənt] harzhaltig, harzig.
hart [hɑrt] *n* Herz *n*; *zijn ~ ophalen* sich erfreuen; *iemand iets op het ~ drukken* j-m etw. ans Herz legen; *iemand een ~ onder de riem steken* j-m Mut machen; *zijn ~ vasthouden* das Schlimmste befürchten; *het ~ hebben* es wagen, den Mut haben; **~aandoening** [-aːnduːnɪŋ] *f* Herzleiden *n*; **~ader** [-aːdər] (*-s u. -en*) *f* Herzkranzgefäß *n*; **~brekend** [-breːkənt] herzzerreißend.
harte|bloed [ˈhɑrtəbluˑt] *n* Herzblut *n*; **~lap** [-lɑp] (*-pen*) *m* Liebling *m*, *fig.* Herzblatt *n*; **~leed** [-leːt] *n* Herzeleid *n*; **~lijk** [-lək] herzlich, innig; **~loos** [-loːs] herzlos; **~lust** [-løst] *m* Herzenslust *f*.
harten [ˈhɑrtə(n)] (*id. u. -s*) *f* Herz *n*; Coeur *n*; **~aas** [-ˈaːs] *m u. n* Herzas *n*; **~boer** [-ˈbuːr] *m* Herzbube *m*; **~heer** [-ˈheːr] (*-heren*) *m* Herzkönig *m*; **~negen** [-ˈneːɣ̊ə(n)] (*-s*) *f* Herzneun *f*; **~vrouw** [-ˈv̊rɑu] *f* Herzdame *f*.
harte|pijn [ˈhɑrtəpɛĭn] *f* Kummer *m*; **~wens** [-ʋɛns] *m* Herzenswunsch *m*.
hartgrondig [hɑrtˈxrɔndəx] von Herzen, herzlich.
hartig [ˈhɑrtəx] herzhaft, kräftig; gewürzt, pikant.
hart|kamer [ˈhɑrtkaːmər] (*-s*) *f* Herzkammer *f*; **~klep** [-klɛp] (*-pen*) *f* Herzklappe *f*; **~klopping** [-klɔpɪŋ] *f* Herzklopfen *n*; **~kwaal** [-kʋaːl] (*-kwalen*) *f* Herzleiden *n*; **~roerend** [-ˈruːrənt] herzergreifend, erschütternd.
hartsterkend [ˈhɑrtstɛrkənt] herzstärkend.
hartstocht [ˈhɑrtstɔxt] *m* Leidenschaft *f*; **~elijk** [-ˈtɔxtələk] leidenschaftlich; **~elijkheid** [-ˈtɔxtələkhɛĭt] (*-heden*) *f* Leidenschaftlichkeit *f*.
hartsvanger [ˈhɑrtsfɑŋər] (*-s*) *m* Hirschfänger *m*.
hartsvriend [ˈhɑrtsfriˑnt] *m* Herzensfreund *m*.
hart|verkwikkend [ˈhɑrtfərkʋɪkənt] herzerquickend; **~verlamming** [-fərlɑmɪŋ] *f* Herzschlag *m*; **~verscheurend** [-fərsxøːrənt] herzzerreißend; **~versterking** [-fərstɛrkɪŋ] *f* Herzstärkung *f*; **~verwijding** [-fərʋɛĭdɪŋ] *f* Herzerweiterung *f*; **~vormig** [-fɔrməx] herzförmig; **~zeer** [-seːr] *n* Herzeleid *n*; **~ziekte** [-siˑktə] (*-n u. -s*) *f* Herzleiden *n*, Herzkrankheit *f*.
haschisch, *a.* **hasjisch, hasjiesj** [ˈhɑʃiˑs] *n* Haschisch *n*.
haspel [ˈhɑspəl] (*-s u. -en*) *m* Haspel *f*; **~arij** [-ɑˈrɛĭ] *f* Zankerei *f*; **~en** [-ə(n)] haspeln; *fig.* sich zanken, sich streiten.
ha|telijk [ˈhaːtələk] gehässig; **~telijkheid** [-tələkhɛĭt] (*-heden*) *f* Gehässigkeit *f*; **~ten** [-tə(n)] hassen.
hausse [ˈhoːsə] (*-s*) *f* Hausse *f*.
hauw [hɑu] *f* Schote *f*.
have [ˈhaːv̊ə] *f* Habe *f*; *~ en goed* Hab und Gut; **~loos** [-loːs] zerlumpt, schäbig; zerfallen.
haven [ˈhaːv̊ə(n)] (*-s*) *f* Hafen *m*; **~bedrijf** [-bədrɛĭf] *n* Hafenbetrieb *m*.
havenen [ˈhaːv̊ənə(n)] beschädigen; übel zurichten; *deerlijk gehavend* übel zugerichtet.
haven|hoofd [ˈhaːv̊ə(n)hoːft] *n* Hafendamm *m*, Mole *f*; Landungsbrücke *f*; **~kantoor** [-kɑntoːr] (*-toren*) *n* Hafenamt *n*; **~licht** [-lɪxt] *n* Leuchtfeuer *n*; **~meester** [-meːstər] (*-s*) *m* Hafenmeister *m*; **~mond** [-mɔnt] *m* Hafeneinfahrt *f*; **~reglement** [-reˑɣ̊ləmɛnt] *n* Hafenordnung *f*; **~recht** [-rɛxt] *n* Hafengebühr *f*; **~stad** [-stɑt] (*-steden*) *n* Hafenstadt *f*; **~staking** [-staːkɪŋ] *f* Hafenarbeiterstreik *m*.
haver [ˈhaːv̊ər] *f* Hafer *m*; *van ~ tot gort* in allen Einzelheiten; **~meel** [-meːl] *n* Hafermehl *n*; **~mout** [-mɑut] *n* Haferflocken *f/pl.*; **~stro** [-stroː] *n* Haferstroh *n*; **~zak** [-zɑk] (*-ken*) *m* Hafersack *m*.
havik [ˈhaːv̊ək] *m* Habicht *m*; **~sneus** [-snøːs] (*-neuzen*) *m* Hakennase *f*.
hazard [hɑˈzaːr] (*-s*) *m* Hasard *n*; **~spel** [-spɛl] *n* Glücksspiel *n*, Hasardspiel *n*.
haze|hart [ˈhaːzəhɑrt] *n fig.* Hasenherz *n*; **~jacht** [-jɑxt] *f* Hasenjagd *f*.
hazel|aar [ˈhaːzəlaːr] (*-s u. -aren*) *m* Haselstrauch *m*; **~hoen** [-huːn] (*-ders*) *n* Haselhuhn *n*.

hazelip ['ha:zəlɪp] (*-pen*) *f* Hasenscharte *f*.
hazelnoot ['ha:zəlno:t] (*-noten*) *f* Haselnuß *f*.
haze|mond ['ha:zəmɔnt] *m* Hasenscharte *f*; **~pad** [-pɑt] *n*: *het ~ kiezen fig.* das Hasenpanier ergreifen; **~peper** [-pe:pər] *m* Hasenpfeffer *m*, Hasenklein *n*; **~poot** [-po:t] (*-poten*) *m* Hasenpfote *f*; **~vel** [-v̊ɛl] (*-len*) *n* Hasenbalg *m*; **~wind** [-'ʋɪnt] *m* Windhund *m*, Windspiel *n*.
he! [he:] he!, heda!, hei!, heißa!
hebbelijkheid ['hɛbələkhɛĭt] (*-heden*) *f* Angewohnheit *f*.
hebben ['hɛbə(n)] (*had, gehad; hij heeft; jij* (*U*) *hebt; jij* (*U*) *heeft*) haben; *het heeft er veel van weg* es sieht danach aus; *het ~ over* reden von; *ik wil het niet ~* ich dulde es nicht, ich verbitte mir das; *veel van iemand ~* j-m ähnlich sehen.
hebberig ['hɛbərəx] habsüchtig, habgierig.
He|breeën [he·'bre:(j)ə(n)] *pl.* Hebräer *pl.*; **~breeër** [-'bre:(j)ər] (*-s*) *m* Hebräer *m*; **~breeuws** [-'bre:ŭs] *Adj.* hebräisch.
heb|zucht ['hɛpsəxt] *f* Habsucht *f*, Habgier *f*; **~zuchtig** [-'səxtəx] habsüchtig, habgierig.
hecht[1] [hɛxt] *n* Heft *n*, Griff *m*.
hecht[2] fest, stark; dauerhaft; **~draad** [-dra:t] (*-draden*) *m* Heftfaden *m*; **~en** [-ə(n)] heften; verbinden; *ik hecht er geen waarde aan* ich lege keinen Wert darauf; *zich aan iemand ~* sich an j-n hängen.
hechtenis ['hɛxtənɪs] *f* Haft *f*, Gefängnisstrafe *f*; *in ~ nemen* verhaften.
hechtpleister ['hɛxtplɛĭstər] (*-s*) *f* Heftpflaster *n*.
hectare *a.* **hek-** [hɛkta:r] (*-n*) *f* Hektar *n*.
hecto|graaf *a.* **hekto-** [hɛkto·'ɣ̊ra:f] (*-grafen*) *m* Hektograph *m*; **~graferen** [-ɣ̊rɑ'fe:rə(n)] hektographieren; **~gram** ['hɛkto·ɣ̊rɑm] (*-men*) *n* Hektogramm *n*; **~liter** [-li·ter] (*-s*) *m* Hektoliter *n*; **~meter** [-me:tər] (*-s*) *m* Hektometer *n*.
heden ['he:də(n)] heute; *van ~ af* von heute an; **~avond** [-'a:v̊ɑnt] heute abend; **~daags** [-'da:xs] heutig, jetzig; in unserer Zeit; zeitgenössisch, gegenwärtig; **~middag** [-'mɪdɑx] heute mittag, heute nachmittag; **~morgen** [-'mɔrɣ̊ə(n)] heute morgen; **~nacht** [-'nɑxt] heute nacht.
heeft [he:ft] *s. hebben*.
heel [he:l] ganz; unversehrt, heil; sehr; *~ de dag* den ganzen Tag; *~ het jaar* das ganze Jahr; **~al** [-'ɑl] *n* Weltall *n*; **~huids** [-həʏts] unversehrt, mit heiler Haut.
heel|kunde ['he:lkəndə] *f* Heilkunde *f*, Chirurgie *f*; **~meester** [-me:stər] (*-s*) *m* Chirurg *m*.
heem [he:m] (*hemen*) *n* Hof *m*; Heimat *f*; **~kunde** [-kəndə] *f* Heimatkunde *f*.
heen [he:n] hin; *~ en weer* hin und her; *~ en terug* hin und zurück; *ach, loop ~!* ach was!, geh mir!; **~gaan** [-ɣ̊a:n] hingehen; weggehen, fortgehen; **~komen** [-ko:mə(n)] *n*: *een goed ~ zoeken* sich aus dem Staube machen; **~reis** [-rɛĭs] (*-reizen*) *f* Hinreise *f*, Hinfahrt *f*; **~ en terugreis** [ɛn tə'rəxrɛĭs] *f* Hin- und Rückfahrt *f*; **~weg** [-ʋɛx] *m* Hinweg *m*.
heer[1] [he:r] (*-heren*) *n* Heer *n*, Armee *f*; Herrschaft *f*.
heer[2] *m* Herr *m*; (*Spielkarte*) König *m*; *mijn oude ~* F mein Alter; *~ en meester spelen* nach Belieben schalten und walten; *zijn eigen ~ en meester zijn* sein eigner Herr sein; *Dames en Heren!* (*Anrede*) Meine Damen und Herren!
heerlijk ['he:rlək] herrlich; köstlich; **~heid** [-hɛĭt] (*-heden*) *f* Herrlichkeit *f*; Landgut *n*.
heerschap ['he:rsxɑp] (*-pen*) *n* Herrschaft *f*; Herr *m*; *een raar ~* ein sonderbarer Kauz.
heer|schappij [he:rsxɑ'pɛĭ] *f* Herrschaft *f*, Gewalt *f*; **~sen** [-sə(n)] herrschen, regieren; **~ser** [-sər] (*-s*) *m* Herrscher *m*; **~szucht** [-səxt] *f* Herrschsucht *f*; **~szuchtig** [-'səxtəx] herrschsüchtig.
hees[1] [he:s] *s. hijsen*.
hees[2] heiser; **~heid** [-hɛĭt] *f* Heiserkeit *f*.
heester ['he:stər] (*-s*) *m* Strauch *m*, Staude *f*; **~hout** [-hɑut], **~s** *n* Gebüsch *n*, Gestrüpp *n*, Unterholz *n*.
heet [he:t] heiß; hitzig; *~ van de naald* brühwarm; *kokend ~* siedend heiß; **~hoofd** [-ho:ft] *m u. f* Hitz-

kopf *m*, Heißsporn *m*; **~hoofdig** [-ˈhoːv̥dəx] auffahrend, jähzornig; **~hoofdigheid** [-hoːv̥dəxɛĭt] *f* Jähzorn *m*, *fig.* Hitze *f*.
hef|boom [ˈhɛv̥boːm] (*-bomen*) *m* Hebel *m*, Hebebaum *m*; **~brug** [-brɵx] (*-gen*) *f* Hubbrücke *f*; (*Garage*) Hebebühne *f*; **~fen** [-fə(n)] (*hief*, *geheven*) (auf)heben; (*Steuern usw.*) erheben; **~fing** [-fɪŋ] *f* Erhebung *f*, Steuer *f*, Abgabe *f*; ~ *en daling* Hebung und Senkung; **~schroefvliegtuig** [-sxruːffliːxtəʏx] *n* Hubschrauber *m*.
heft [hɛft] *n s. hecht*[1].
heftig [ˈhɛftəx] heftig, aufbrausend, leidenschaftlich, stürmisch; **~heid** [-hɛĭt] *f* Heftigkeit *f*, Ungestüm *n*.
hefvermogen [ˈhɛffərmoːɣ̊ə(n)] *n* Hubvermögen *n*.
heg(ge) [hɛx], [ˈhɛɣ̊ə] (*-gen*) *f* Hecke *f*; Zaun *m*; *over* ~ *en steg* über Stock und Stein.
hegemonie [heˑɣ̊əmɔˈniː] *f* Hegemonie *f*, Vorherrschaft *f*.
hegschaar [ˈhɛxsxaːr] (*-scharen*) *f* Heckenschere *f*.
hei [hɛĭ] *s. heide*.
heibel [ˈhɛĭbəl] (*-s*) *m* P Lärm *m*, Krach *m*; Zank *m*.
heiblok [ˈhɛĭblɔk] (*-ken*) *n* Ramme *f*, Rammbär *m*.
heide [ˈhɛĭdə] (*-n*) *f* Heide *f*; **~grond** [-grɔnt] *m* Heideboden *m*.
heiden [ˈhɛĭdə(n)] (*-s*) *m* Heide *m*; **~dom** [-dɔm] *n* Heidentum *n*; **~s** [-s] heidnisch; ~ *lawaai* Heidenlärm *m*; ~ *genot* (*plezier*) Heidenspaß *m*.
heien [ˈhɛĭ(j)ə(n)] (ein)rammen.
heiig [ˈhɛĭəx] neblig, dunstig.
heil [hɛĭl] *n* Heil *n*, Wohl *n*; Seligkeit *f*; *het Leger des Heils* Heilsarmee *f*.
Heiland [ˈhɛĭlɑnt] *m* Heiland *m*.
heilbede [ˈhɛĭlbeːdə] (*-n*) *f* Segenswunsch *m*.
heilbot [ˈhɛĭlbɔt] (*-ten*) *m* Heilbutt *m*.
heil|dronk [ˈhɛĭldrɔŋk] *m* Trinkspruch *m*; *een* ~ *instellen* e-n Trinkspruch ausbringen; **~gymnastiek** [-ˈgɪmnɑˈstiˑk] *f* Heilgymnastik *f*.
heilig [ˈhɛĭləx] heilig; **~dom** [-dɔm] (*-men*) *n* Heiligtum *n*; **~e** [-ə] (*-n*) *m u. f* Heilige(r *m*) *f*; **~en** [-ə(n)] heiligen; **~enbeeld** [-ənbeːlt] *n* Heiligenbild *n*; **~heid** [-hɛĭt] *f* Heiligkeit *f*; **~ing** [-ɪŋ] *f* Heiligung *f*; **~schennis** [-sxɛnɪs] (*-sen*) *f* Sakrileg *n*, Entweihung *f*; **~verklaring** [-fərklaːrɪŋ] *f* Heiligsprechung *f*.
heil|loos [ˈhɛĭloːs] heillos; **~soldaat** [-sɔldaːt] (*-daten*) *m* Heilsarmeesoldat *m*; **~wens** [-ʋɛns] *m* Segenswunsch *m*, Glückwunsch *m*; **~zaam** [-zaːm] heilsam.
heimachine [ˈhɛĭmɑʃiˑnə] (*-s*) *f* Rammaschine *f*.
heim|elijk [ˈhɛĭmələk] heimlich, verstohlen; **~wee** [-ʋeː] *n* Heimweh *n*.
Hein [hɛĭn] *m* Heinz *m*, Heinrich *m*; *magere* ~ Freund Hein.
heining [ˈhɛĭnɪŋ] *f* Zaun *m*, Umzäunung *f*.
heipaal [ˈhɛĭpaːl] (*-palen*) *m* Rammpfahl *m*.
hek [hɛk] (*-ken*) *n* Gitter *n*, Gitterzaun *m*; Lattenzaun *m*; Gartentür *f*, Gittertür *f*; *mar.* Heck *n*; *de ~ken zijn verhangen fig.* das Blatt hat sich gewendet.
hek- *s. a. hec-*.
hekel[1] [ˈheːkəl] (*-s*) *m* Hechel *f*; *iemand over de* ~ *halen fig.* j-n durchhecheln.
hekel[2] *m* Widerwille *m*; *een* ~ *aan iemand hebben* j-n nicht mögen.
hekel|dicht [ˈheːkəldɪxt] *n* Spottgedicht *n*, Satire *f*; **~dichter** [-dɪxtər] (*-s*) *m* Satiriker *m*; **~en** [-ə(n)] hecheln; *fig.* durchhecheln, persiflieren.
hek|licht [ˈhɛklɪxt] *n* Schlußlicht *n*; Rückstrahler *m*; **~motor** [-moˑtɔr] (*-en u. -s*) *m* Heckmotor *m*; **~(ke)-sluiter** [-slœʏtər] (*-s*) *m* Letzte(r) *m* (e-r Reihe), *fig.* Schlußlicht *n*; (*Kind*) Nesthäkchen *n*.
heks [hɛks] *f* Hexe *f*; **~enmeester** [-əmeːstər] (*-s*) *m* Hexenmeister *m*; **~enproces** [-əprɔˈsɛs] (*-sen*) *n* Hexenprozeß *m*; **~ensabbat** [-əsɑbɑt] (*-ten*) *m* Hexensabbat *m*; **~enwerk** [-əʋɛrk] *n* Hexerei *f*.
hekwerk [ˈhɛkʋɛrk] *n* Geländer *n*, Gitterwerk *n*.
hel [hɛl] *Adj.*, *Adv.* hell; grell; *Su. f* Hölle *f*.
hela! [ˈheːlɑ] holla!, heda!
helaas [heˑˈlaːs] leider.
held [hɛlt] *m* Held *m*.
helden|daad [ˈhɛldə(n)daːt] (*-daden*) *f* Heldentat *f*; **~dichter**

[-dɪxtər] (-*s*) *m* Heldendichter *m*; **~moed** [-mu·t] *m* Heldenmut *m*; **~zang** [-zɑŋ] *m* Heldenlied *n*.
helder ['hɛldər] hell, klar; heiter; rein; **~heid** [-hɛĭt] *f* Helligkeit *f*; Klarheit *f*; Reinlichkeit *f*, Sauberkeit *f*; **~ziend** [-'zi·nt] hellseherisch, hellsichtig; **~ziende** [-'zi·ndə] (-*n*) *m u. f* Hellseher(in *f*) *m*.
heldhaftig [hɛlt'hɑftəx] heldenhaft; **~heid** [-hɛĭt] *f* Heldenmut *m*.
helemaal ['he:ləma:l] ganz, total, ganz und gar, völlig; ~ *niet* gar nicht; ~ *gek* total verrückt.
he|len[1] ['he:lə(n)] heilen, kurieren; genesen; **~ling** [-lɪŋ] *f* Heilung *f*.
he|len[2] hehlen; **~ler** [-lər] (-*s*) *m* Hehler *m*; *de* ~ *is zo goed als de steler* Hehler sind Stehler; **~ling** [-lɪŋ] *f* Hehlerei *f*.
helft [hɛlft] *f* Hälfte *f*.
helhond ['hɛlhɔnt] *m* Höllenhund *m*.
helikopter *a.* **-cop-** [he·li·'kɔptər] (-*s*) *m* Helikopter *m*.
helio|t(h)erapie [he·li·o·te·rɑ'pi:] *f* Lichtkur *f*; **~troop** [-tro:p] (-*tropen*) *f* Heliotrop *n*; Sonnenwende *f*.
heliport ['he·li·po·rt] *f* Hubschrauberlandeplatz *m*.
hellebaard ['hɛləba:rt] *m* Hellebarde *f*.
hellen ['hɛlə(n)] überhängen; sich neigen, sich senken, abschüssig sein.
helle|pijn ['hɛləpɛĭn] *f* Höllenqual *f*; **~veeg** [-ve:x] (-*vegen*) *f* Hexe *f*; böse Sieben *f*; Höllendrachen *m*.
helling ['hɛlɪŋ] *f* Abhang *m*; Gefälle *n*, Neigung *f*, Senkung *f*; (*Berg*) Halde *f*; *mar.* Helling *f*; *een plan op de* ~ *zetten* ein Projekt revidieren.
helm[1] [hɛlm] *f* Strandhafer *m*, Helmgras *n*.
helm[2] *m* Helm *m*; **~dak** [-dɑk] *n* Helmdach *n*; **~draad** [-dra:t] (-*draden*) *m* Staubfaden *m*; **~hoed** [-hu·t] Tropenhelm *m*; **~pluim** [-plœym] *f* Helmbusch *m*.
hel|pen ['hɛlpə(n)] (*hielp*, *geholpen*) helfen *D*; *j-m* verhelfen (*aan*/zu *D*); nützen; *Kunden* bedienen; *ik kan het niet* ~ ich kann nichts dafür; *daar is geen* ~ (*meer*) *aan* da nützt nichts; *help mij onthouden* erinnere mich an *A*; **~per** [-pər] (-*s*) *m* Helfer *m*, Beistand *m*; Gehilfe *m*.
hels [hɛls] höllisch, teuflisch; *iemand* ~ *maken* j-n fuchsteufelswild machen.
hem ['hɛm] *u.* [həm] ihm; ihn.
hemd [hɛmt] *n* Hemd *n*; *nat tot op het* ~ naß bis auf die Haut; **~broek** [-bru·k] *f* Hemdhose *f*; **~rok** [-rɔk] (-*ken*) *m* Unterjacke *f*.
hemds|boord ['hɛmdzbo:rt] *n* Hemdkragen *m*; **~knoop** [-kno:p] (-*knopen*) *m* Hemd(en)knopf *m*; **~mouw** [-mɑu] *f* Hemdsärmel *m*; **~slip** [-slɪp] (-*pen*) *f* Hemdzipfel *m*.
hemel ['he:məl] (-*en*) *m* Himmel *m*, Firmament *n*; (-*s*) *m* (*Bett usw.*) Himmel *m*; **~bestormer** [-bəstɔrmər] (-*s*) *m* Himmelsstürmer *m*; **~bol** [-bɔl] (-*len*) *m* Himmelskugel *f*; **~boog** [-bo:x] (-*bogen*) *m* Himmelsgewölbe *n*; **~hoog** [-ho:x] himmelhoch; **~lichaam** [-lɪxa:m] (-*chamen*) *n* Himmelskörper *m*; **~poort** [-po:rt] *f* Himmelspforte *f*; **~rijk** [-rɛĭk] *n* Himmelreich *n*.
hemels ['he:məls] himmlisch; **~blauw** [-blɑu] himmelblau; **~breed** [-bre:t] himmelweit; **~breedte** [-bre:tə] *f* Himmelsbreite *f*.
hemel|streek ['he:məlstre:k] (-*streken*) *f* Himmelsrichtung *f*, Himmelsgegend *f*; **~tergend** [-tɛrɣ̊ənt] himmelschreiend; **~tje** [-tjə]: ~ *lief!* du lieber Himmel!; **~vaart** [-v̊a:rt] *f* Himmelfahrt *f*; **Śvaartsdag** [-v̊a:rdzdɑx] *m* Himmelfahrtstag *m*; **~vuur** [-v̊y:r] *n* Wetterleuchten *n*, Blitz *m*; **~waarts** [-ʋa:rts] himmelwärts.
hemisfeer [he:mɪs'fe:r] (-*sferen*) *f* Hemisphäre *f*, Halbkugel *f*.
hen[1] [hɛn] sie *pl*.
hen[2] (-*nen*) *f* Henne *f*, Huhn *n*.
hendel ['hɛndəl] (-*s*) *n u. m s.* *handel*[1].
Hendrik ['hɛndrɪk] *m* Heinrich *m*; **~a** [hɛn'dri·kɑ] *f* Henriette *f*, Jettchen *n*.
Henegouwen ['he:nəgɑu(ʋ)ə(n)] *n* Hennegau *m*.
hengel ['hɛŋəl] (-*s*) *m* Angel *f*, Angelrute *f*; **~aar** [-a:r] (-*s*) *m* Angler *m*; **~en** [-ə(n)] angeln; **~roede** [-ru·də] (-*n*) *f* Angelrute *f*; **~snoer** [-snu:r] *n* Angelschnur *f*.
hengsel ['hɛŋsəl] (-*s*) *n* Henkel *m*; Türangel *f*; **~mand** [-mɑnt] *f* Henkelkorb *m*.
hengst [hɛŋst] *m* Hengst *m*.

hengsten ['hɛŋstə(n)] F büffeln, ochsen.
hennep ['hɛnəp] *m* Hanf *m*; **~zaad** [-sa:t] (*-zaden*) *n* Hanfsamen *m*; **~zeel** [-se:l] (*-zelen*) *n* Hanfseil *n*.
hens [hɛns]: *alle ~ aan dek* alle Mann an Deck.
her [hɛr] her; *van ouds ~* von alters her; *~ en der* hierhin und dorthin; **~ademen** [-'a:dəmə(n)] wieder aufatmen.
heraldiek [hɛrɑl'di·k] *f* Heraldik *f*.
heraut [he·'rɑut] *m* Herold *m*.
herbarium [hɛr'ba:rĭ(j)əm] (*-s u. -baria*) *n* Herbarium *n*.
herbebossing [hɛrbə'bɔsɪŋ] *f* Wiederaufforstung *f*.
herbe|ginnen [hɛrbə'ɣɪnə(n)] wieder (von neuem) anfangen; **~noemen** [-'nu·mə(n)] wieder ernennen.
herberg ['hɛrbɛrx] *f* Wirtshaus *n*, Wirtschaft *f*, Schenke *f*, F Kneipe *f*; Jugendherberge *f*; **~en** [-ə(n)] beherbergen; aufnehmen; **~ier** [-'i:r] (*-s*) *m* Wirt *m*, Gastwirt *m*; **~zaam** [-sa:m] gastlich, gastfreundlich.
herbewapening [hɛrbə'ʋa:pənɪŋ] *f* Wiederbewaffnung *f*.
herboren [hɛr'bo:rə(n)] neugeboren.
herbouwen [hɛr'bɑu(ʋ)ə(n)] wiederaufbauen.
herden|ken [hɛr'dɛŋkə(n)] gedenken *G*; (zurück)denken an *A*; feiern; *iemand ~* j-m e-n Nachruf widmen; **~king** [-kɪŋ] *f* Gedächtnisfeier *f*, Gedenkfeier *f*; Erinnerung *f*.
herder ['hɛrdər] (*-s*) Hirt *m*, Schäfer *m*.
herders|dicht ['hɛrdərzdɪxt] *n* Hirtengedicht *n*, Schäfergedicht *n*; **~fluit** [-flœyt] *f* Hirtenflöte *f*; **~hond** [-hɔnt] *m* Schäferhund *m*; **~lied** [-li:t] (*-eren*) *n* Hirtenlied *n*; **~spel** [-spɛl] *n* Schäferspiel *n*; **~staf** [-stɑf] (*-staven*) *m* Hirtenstab *m*.
herdruk ['hɛrdrək] (*-ken*) *m* Neudruck *m*, Neuauflage *f*.
hereboer ['he:rəbu:r] *m* Gutsbesitzer *m*.
(h)eremiet [(h)e:rə'mi·t] *m* Eremit *m*, Einsiedler *m*.
heren|dienst ['he·rə(n)di:nst] *m* Frondienst *m*; **~huis** [-hœys] (*-huizen*) *n* herrschaftliche Wohnung *f*.
hereni|gen [hɛr'e:nəɣə(n)] wiedervereinigen; wieder zusammenbringen; **~ging** [-ɣɪŋ] *f* Wiedervereinigung *f*.
heren|kleding ['he:rə(n)kle:dɪŋ] *f* Herrenkleidung *f*; **~knecht** [-'knɛxt] (*-en u. -s*) *m* Lakai *m*, Diener *m*.
herexamen *a.* **-eks-** ['hɛrɛksa:mə(n)] (*-s*) *n* Nachprüfung *f*, Wiederholungsprüfung *f*.
herfst [hɛrfst] *m* Herbst *m*; **~achtig** [-ɑxtəx] herbstlich; **~dag** [-dɑx] *m* Herbsttag *m*; **~draden** [-dra:də(n)] *m/pl.* Altweibersommer *m*, Herbstfäden *m/pl.*; **~maand** [-ma:nt] *m* Herbstmonat *m*; **~vakantie** *a.* **-can-** [-v̊ɑ'kɑnsi·] *f* Herbstferien *pl.*
hergroepering [hɛrɣ̊ru·'pe:rɪŋ] *f* Neugruppierung *f*; Umgestaltung *f*.
herhaaldelijk [hɛr'ha:ldələk] wiederholt, zu wiederholten Malen.
herha|len [hɛr'ha:lə(n)] wiederholen; **~ling** [-lɪŋ] *f* Wiederholung *f*; *jur.* Rückfall *m*; *Thea.* Probe *f*; **~lingsonderwijs** [-lɪŋs'ɔndərʋɛĭs] *n* Fortbildungsunterricht *m*.
herinne|ren [hɛr'ɪnərə(n)] erinnern; mahnen; *zich iets ~* sich an etw. (*A*) erinnern; **~ring** [-rɪŋ] *f* Erinnerung *f*; Andenken *n*; **~ringsvermogen** [-rɪŋsfərmo:ɣ̊ə(n)] *n* Erinnerungsvermögen *n*.
herkan|sen [hɛr'kɑnsə(n)] *etw.* noch einmal versuchen; **~sing** [-sɪŋ] *f* *Sp. zweiter* (*dritter*) Versuch *m*; **~singswedstrijd** [-sɪŋsʋɛtstrɛĭt] *m* *Sp.* Hoffnungslauf *m*.
herkau|wen [hɛr'kɑu(ʋ)ə(n)] wiederkäuen; **~wer** [-(ʋ)ər] (*-s*) *m* Wiederkäuer *m*.
herken|nen [hɛr'kɛnə(n)] wiedererkennen; **~ningsteken** [-nɪŋste:kə(n)] (*-s*) *n* Erkennungszeichen *n*, Erkennungsmarke *f*.
herkiesbaarheid [hɛr'ki:zba:rhɛĭt] *f* Wiederwählbarkeit *f*.
herkie|zen [hɛr'ki:zə(n)] wiederwählen; **~zing** [-zɪŋ] *f* Wiederwahl *f*; Neuwahl *f*; Stichwahl *f*.
herkomst ['hɛrkɔmst] *f* Herkunft *f*; *bewijs van ~* Ursprungszeugnis *n*; **~ig** [-əx] aus (von) ... herstammend, gebürtig.
herlei|den [hɛr'lɛĭdə(n)] zurückführen; umrechnen; reduzieren; **~ding** [-dɪŋ] *f* Rückführung *f*; Umrechnung *f*; Reduktion *f*.
herle|ven [hɛr'le:v̊ə(n)] wieder auf-

leben; *doen* ~ beleben; **~ving** [-vɪŋ] *f* Wiederaufleben *n*.
hermelijn [hɛrmə'lɛin] *n* (*Pelz*) Hermelin *m*; *m* (*Tier*) Hermelin *n*.
hermetisch [hɛr'me:ti·s] hermetisch.
hermunten [hɛr'møntə(n)] umprägen.
hernemen [hɛr'ne:mə(n)] zurücknehmen; *Stellung* wiedererobern; *Stelle* wieder einnehmen; *das Wort* wieder aufnehmen; (*antworten*) erwidern, versetzen.
hernieu|wen [hɛr'ni·ŭ(ʋ)ə(n)] erneuern; **~wing** [-ʋɪŋ] *f* Erneuerung *f*.
heroïne [hero·'inə] *f* Heroin *n*; **~spuitje** [hero·'(ʋ)i·nspəʏtjə] (*-s*) *n* Heroinspritze *f*; *zich ~s geven* F fixen.
herope|nen [hɛr'o:pənə(n)] wiedereröffnen; wieder öffnen; **~ning** [-nɪŋ] *f* Wiedereröffnung *f*.
heroveren [hɛr'o:v̇ərə(n)] erobern.
herrie ['hɛri:] *f* Krach *m*, Trubel *m*, Krawall *m*, Lärm *m*; ~ *schoppen* Krach schlagen, Radau machen.
herrijzen [hɛr'ɛizə(n)] wieder auferstehen; sich wieder erheben.
herroe|pen [hɛr'u·pə(n)] widerrufen; **~ping** [-pɪŋ] *f* Widerruf *m*.
herschapen [hɛr'sxa:pə(n)] umgewandelt; neugeboren.
herschep|pen [hɛr'sxɛpə(n)] umwandeln; neugestalten; **~ping** [-pɪŋ] *f* Neugestaltung *f*, Umwandlung *f*; Verwandlung *f*.
herscholing [hɛr'sxo:lɪŋ] *f* Umschulung *f*.
hersenen ['hɛrsənə(n)], *a.* **hersens** ['hɛrsəns] *pl.* Gehirn *n*, Hirn *n*; Verstand *m*; Kopf *m*; *de grote* ~ Großhirn *n*.
hersen|gymnastiek ['hɛrsə(n)-ɣi·mnɑs'ti·k] *f* Quiz *n*, Denkaufgaben *f/pl.*; **~loos** [-lo:s] kopflos, hirnlos; **~ontsteking** [-ɔnt'ste:kɪŋ] *f* Gehirnentzündung *f*; **~pan** [-pɑn] (*-nen*) *f* Hirnschale *f*; **~schim** [-sxɪm] (*-men*) *f* Hirngespinst *n*; **~schudding** [-sxødɪŋ] *f* Gehirnerschütterung *f*; **~spoeling** [-spu:-lɪŋ] *f fig.* Gehirnwäsche *f*; **~verweking** [-v̇ərʋe:kɪŋ] *f* Gehirnerweichung *f*; **~vlies** [-v̇li:s] (*-vliezen*) *n* Hirnhaut *f*; **~vliesontsteking** [-v̇li:zɔntste:kɪŋ] *f* Hirnhautentzündung *f*.
herstel [hɛr'stɛl] *n* Wiederherstellung *f*; Genesung *f*, Besserung *f*; **~baar** [-ba:r] wiederherstellbar; ersetzbar; **~betaling** [-bə'ta:lɪŋ] *f* Reparationszahlung *f*; **~len** [-ə(n)] wiederherstellen, ausbessern; *Fehler* berichtigen; *Gebäude* restaurieren; (*Ehre*) rehabilitieren; *von e-r Krankheit* genesen, sich erholen; **~ling** [-lɪŋ] *f* Ausbesserung *f*, Reparatur *f*; **~lingsoord** [-lɪŋso:rt] *n* Erholungsort *m*; Erholungsheim *n*, Heilanstalt *f*, Sanatorium *n*; **~lingswerk** [-lɪŋsʋɛrk] *n* Reparaturarbeit *f*; *~en* (*Gebäude*) Instandsetzungsarbeiten *f/pl.*
herstemming [hɛr'stɛmɪŋ] *f* erneute Abstimmung *f*; engere Wahl *f*; Stichwahl *f*.
herstructurering *a.* **-struk-** [hɛr-strøkty·'re:rɪŋ] *f* Neugliederung *f*.
hert [hɛrt] *n* Hirsch *m*; *vliegend* ~ Hirschkäfer *m*; **~ebout** [-əbɑut] *m* Hirschkeule *f*; **~ejacht** [-əjɑxt] *f* Hirschjagd *f*; **~enkamp** [-ə(n)-kɑmp] *n* Hirschpark *m*.
hertog ['hɛrtɔx] *m* Herzog *m*; **~dom** [-dəm] (*-men*) *n* Herzogtum *n*; **~elijk** [hɛr'to:ɣələk] herzoglich.
's-Hertogenbosch [sɛrto:ɣən'bɔs] *n* Herzogenbusch *n*.
hertrouwen [hɛr'trɑu(ʋ)ə(n)] sich wieder verheiraten.
hertshoorn ['hɛrtsho:rn] *m u. n* Hirschhorn *n*.
heruitzending ['hɛr-] *a.* [hɛr-'əʏtsɛndɪŋ] *f* Übertragung *f*.
hervat|ten [hɛr'v̇atə(n)] wiederaufnehmen; wieder anfangen; **~ting** [-ɪŋ] *f* Wiederbeginn *m*; Wiederaufnahme *f*.
herverkaveling [hɛrvər'ka:v̇əlɪŋ] *f* Flurbereinigung *f*.
herverzekering [hɛrv̇ər'ze:kərɪŋ] *f* Rückversicherung *f*.
hervor|mt [hɛr'v̇ɔrmt] reformiert; **~men** [-mə(n)] umbilden, verändern; verbessern; reformieren; **~mer** [-mər] (*-s*) *m* Verbesserer *m*, Reformer *m*; *Rel.* Reformator *m*; **~ming** [-mɪŋ] *f* Umbildung *f*, Umgestaltung *f*; Reform *f*; *Rel.* Reformation *f*.
herwaardering [hɛrʋa:r'de:rɪŋ] *f* Neubewertung *f*, Umwertung *f*.
herwinnen [hɛr'ʋɪnə(n)] wiedergewinnen; wiedererobern.
herwissel ['hɛrʋɪsəl] (*-s*) *m* Rückwechsel *m*.

herzien [hɛrˈziːn] revidieren, berichtigen; ~*e druk* verbesserte Auflage; **~ing** [-ɪŋ] *f* Revision *f*; Reform *f*.
Hes [hɛs] (*-sen*) *m* Hesse *m*.
het [ət] das; es; ~ *kind* das Kind; ~ *regent* es regnet; *ik heb* ~ *gezien* ich habe es gesehen.
heten[1] [ˈheːtə(n)] (*heette, geheten*) heißen, sich nennen; *naar het heet* wie man sagt; *een man, X geheten* ein Mann, namens X.
heten[2] (*heette, geheet*) heiß machen, erhitzen.
heterogeen [heˑtəroˑˈɣ̊eːn] heterogen; ungleichartig, fremdartig.
hetgeen [ətˈxeːn] dasjenige; *Pron.* was.
hetwelk [ətˈʋɛlk] das, welches.
hetzelfde [ətˈsɛlv̊də] dasselbe; *dat is mij* ~ das ist mir egal.
hetzij [ətˈsɛĭ] sei es.
heug [høːx]: *tegen* ~ *en meug* widerwillig, mit Widerwillen.
heu|gen [ˈhøɣ̊ə(n)] erinnerlich sein, sich erinnern; *het heugt mij* ich erinnere mich; **~genis** [-xənɪs] *f* Erinnerung *f*.
heuglijk [ˈhøːxlək] erfreulich; denkwürdig.
heul[1] [høːl] *n* Heil *n*, Hort *m*, Zuflucht *f*; Hilfe *f*.
heul[2] *m* Mohn *m*.
heulen [ˈhøːlən]: *met iemand* ~ *fig.* mit j-m unter e-r Decke stecken; ~ *met* es halten mit.
heulsap [ˈhøːlsɑp] (*-pen*) *n* Opium *n*, Mohnsaft *m*.
heup [høːp] *f* Hüfte *f*; **~been** [-beːn] (*-deren u. -benen*) *n* Hüftbein *n*; **~fles** [-flɛs] *f* (*-sen*) P Flachmann *m*; **~gewricht** [-xəv̊rɪxt] *n* Hüftgelenk *n*.
heus [høːs] wirklich, tatsächlich; im Ernst; *Adj.* höflich, zuvorkommend, liebenswürdig.
heuvel [ˈhøːv̊əl] (*-s u. -en*) *m* Hügel *m*; Anhöhe *f*; **~achtig** [-ɑxtəx] hügelig.
hevel [ˈheːv̊əl] (*-s*) *m* Heber *m*.
hevig [ˈheːv̊əx] heftig, gewaltig; **~heid** [-hɛĭt] *f* Heftigkeit *f*, Gewalt *f*.
hexameter [hɛˈksaːmeːtər] (*-s*) *m* Hexameter *m*.
hiaat [hiˑˈ(j)aːt] (*-aten*) *m u. n* Hiat(us) *m*, Lücke *f*.
hiel [hiːl] *m* Ferse *f*, Hacken *m*; Absatz *m*; *de hielen lichten fig.* Fersengeld geben; sich aus dem Staube machen.
hield [hiːlt] *s. houden.*
hielp [hiːlp] *s. helpen.*
hier [hiːr] hier; ~ *en ginds* hier und dort; ~ *en daar* stellenweise; ~ *en aan de overkant* hüben und drüben; **~aan** [-ˈaːn] hieran; **~achter** [-ˈɑxtər] hier hinten.
hiërarchie [hiˑ(jə)ˈrɑrxiː] (*-ën*) *f* Hierarchie *f*; Dienstweg *m*; Rangordnung *f*.
hier|beneden [hiːrbəˈneːdə(n)] hier unten; **~bij** [-ˈbɛĭ] hierbei; dazu; anbei; **~door** [-ˈdoːr] hierdurch; **~heen** [-heːn] hierher; **~langs** [-lɑŋs] hier entlang; **~mede** [-ˈmeːde] hiermit, hierdurch; **~na** [-ˈnaː] hiernach; **~naast** [-ˈnaːst] nebenan; **~namaals** [-ˈnaːmaːls] *n* Jenseits *n*; im Jenseits; **~om** [-ˈɔm] hierum, darum; **~op** [-ˈɔp] hierauf, darauf; **~over** [-ˈoːvər] herüber; darauf; hiervon; **~tegen** [-ˈteːɣ̊ə(n)] hiergegen; **~toe** [-ˈtuː] hierzu; *tot* ~ bis hierher, bis jetzt; **~tussen** [-ˈtøsə(n)] dazwischen; **~van** [-ˈv̊ɑn] hiervon; **~voor** [-ˈv̊oːr] hierfür; davor; dazu.
hieuw [hiˑŭ] *s. houwen.*
hij [hɛĭ] *a.* [iː] er.
hijgen [ˈhɛĭɣ̊ə(n)] keuchen.
hijs|en [ˈhɛĭsə(n)] hissen, hochziehen; **~kraan** [-kraːn] (*-kranen*) *f* Kran *m*; **~toestel** [-tuˑstɛl] (*-len*) *n* Hebevorrichtung *f*.
hik [hɪk] *m* Schluckauf *m*, Schlucken *m*; **~ken** [-ə(n)] den Schluckauf haben; schlucken.
hilariteit [hiˑlɑriˑˈtɛĭt] *f* Heiterkeit *f*.
hinde [ˈhɪndə] *f* Hirschkuh *f*.
hinder [ˈhɪndər] (*kein pl.*) *m* Ungemach *n*, Störung *f*; Hindernis *n*; Belästigung *f*; **~en** [-ə(n)] hindern (*in*/an *D*); schaden *D*; belästigen, stören; *dat hindert niet* das macht nichts; **~laag** [-laːx] (*-lagen*) *f* Hinterhalt *m*; **~lijk** [-lək] hinderlich, störend, ärgerlich; **~nis** [-nɪs] (*-sen*) *f* Hindernis *n*; *wedstrijd met* ~*sen* Hindernislauf *m*, Hindernisrennen; **~paal** [-paːl] (*-palen*) *m* Hindernis *n*, Hemmnis *n*.
Hindoe [ˈhɪnduˑ] (*-s*) *m* Hindu *m*.
hinkelen [ˈhɪŋkələ(n)] hüpfen; hinken.

hink|en ['hɪŋkə(n)] hinken; **~-stapsprong** ['hɪŋk stɑp sprɔŋ] *m Sp.* Dreisprung *m.*
hinniken ['hɪnəkə(n)] wiehern; *fig.* (laut) lachen.
historicus [hi·'sto:rɪkəs] (*-rici*) *m* Historiker *m.*
historie [hi·'sto:ri:] (*-s u. -ën*) *f* Historie *f*, Geschichte *f*; **~schrijver** [-sxrεĭv̂ər] (*-s*) *m* Geschichtsschreiber *m.*
historisch [hi·'sto:ri·s] historisch, geschichtlich.
hit [hɪt] (*-ten*) *m* Pony *n*; *f* F (*junges*) Dienstmädchen *n.*
hitte ['hɪtə] *f* Hitze *f*; **~golf** [-γ̂ɔlf] (*-golven*) *f* Hitzewelle *f.*
ho! [ho:] ho!, halt!
hobbel ['hɔbəl] (*-s*) *m* Unebenheit *f*; **~en** [-ə(n)] holpern; *Kinder*: schaukeln; **~ig** [-əx] holperig; **~paard** [-pa:rt] *n* Schaukelpferd *n.*
hobby ['hɔbi·] (*-'s*) *m* Hobby *n*, *fig.* Steckenpferd *n.*
hobo ['ho:bo:] (*-'s*) *m* Oboe *f.*
hockey ['hɔki·] *n* Hockey *n*; **~veld** [-v̂εlt] *n* Hockeyplatz *m.*
hocus-pocus ['ho:kəs'po:kəs] *m u. n* Hokuspokus *m.*
hoe [hu:] wie; *~ dan ook* wie dem auch sei; irgendwie; *~ zo?* wieso?; *~ eerder ~ beter* je eher, desto besser; *het werd ~ langer ~ slechter* es wurde immer schlechter.
hoed [hu·t] *m* Hut *m.*
hoedanig [hu·'da:nəx] wie?, was für ein?; **~heid** [-hεĭt] (*-heden*) *f* Eigenschaft *f*, Qualität *f*, Beschaffenheit *f.*
hoede ['hu·də] *f* Hut *f*, Obhut *f*; *op zijn ~ zijn* auf der Hut sein; **~doos** [-do:s] (*-dozen*) *f* Hutschachtel *f*; **~lint** [-lɪnt] *n* Hutband *n.*
hoe|den ['hu·də(n)] hüten; *zich ~ voor* sich hüten vor *D*, sich in acht nehmen vor *D*; **~der** [-dər] (*-s*) *m* Hüter *m.*
hoedenwinkel ['hu·də(n)ʋɪŋkəl] (*-s*) *m* Hutgeschäft *n.*
hoef [hu:f] (*-hoeven*) *m* Huf *m*; **~beslag** [-bəslɑx] *n* Hufbeschlag *m*; **~ijzer** [-εĭzər] (*-s*) *n* Hufeisen *n*; **~slag** [-slɑx] *m* Hufschlag *m*; **~smid** [-smɪt] (*-smeden*) *m* Hufschmied *m.*
hoegenaamd [hu·γ̂ə'na:mt]: *~ niet* gar nicht, durchaus nicht.
hoek [hu·k] *m* Ecke *f*; *Math.* Winkel *m*; *Sp.* Haken *m*; *een rechte* (*stompe, scherpe*) *~* ein rechter (stumpfer, spitzer) Winkel; *in de ~ gaan staan* sich in die Ecke stellen; *een eenzame ~* ein entlegener Winkel; *~ van de straat* Straßenecke *f.*
hoek|bal ['hugbɑl] (*-len*) *m Sp.* Eckball *m*; **~huis** [-hœʏs] (*-huizen*) *n* Eckhaus *n*; **~ig** [-əx] eckig; wink(e)lig; **~schop** [-sxɔp] (*-pen*) *m Sp.* Eckstoß *m*; **~tand** [-tɑnt] *m* Eckzahn *m.*
hoelang [hu·'lɑŋ] wie lange?; *tot ~* bis wann?
hoen [hu:n] (*-ders u. -deren*) *n* [Huhn *n.*]
hoender|dief ['hu:ndərdi:f] (*-dieven*) *m* Hühnerdieb *m*; **~ei** [-εĭ] (*-eren*) *n* Hühnerei *n*; **~hok** [-hɔk] (*-ken*) *n* Hühnerstall *m*; **~kwekerij** [-kʋe:kə'rεĭ] *f* Hühnerfarm *f*, Geflügelhof *m*; **~park** [-pɑrk] *n* Hühnerhof *m.*
hoepel ['hu·pəl] (*-s*) *m* Reifen *m*; **~rok** [-rɔk] (*-ken*) *m* Reifrock *m.*
hoer [hu:r] *f* Hure *f*, Dirne *f.*
hoera! [hu:'ra:] hurra!
hoes [-hu:s] (*-hoezen*) *f* Überzug *m.*
hoest [hu:st] *m* Husten *m*; **~bui** [-bœʏ] *f* Hustenanfall *m*; **~en** [-ə(n)] husten; **~middel** [-mɪdəl] *n* Hustenmittel *n.*
hoeve ['hu:v̂ə] (*-n*) *f* Hof *m*, Bauernhof *m*, Gehöft *n*; *~ en land* Anwesen *n.*
hoeveel [hu'v̂e:l] wieviel?; **~heid** [-hεĭt] (*-heden*) *f* Menge *f*, Quantität *f*; Quantum *n*; **~ste** [-stə] wievielte.
hoeven ['hu:v̂ə(n)] brauchen, notwendig sein; *dat hoeft niet* das ist nicht nötig.
hoever [hu·'v̂εr] wie weit?; *in ~(re)* (in)wieweit, (in)wiefern.
hoewel [hu·'ʋεl] obwohl, obgleich, obschon; wiewohl.
hoezee! [hu·'ze:] hurra!
hoezeer [hu·'ze:r] wie sehr; obwohl.
hof[1] [hɔf] (*hoven*) *m* Garten *m*; *huis en ~* Haus und Hof, Anwesen *n.*
hof[2] *n* (Bauern-)Hof *m*, Gehöft *n*; Hof *m* (*e-s Fürsten*); *jur.* Gerichtshof *m*; *iemand het ~ maken* j-m den Hof machen; *aan het ~* am (bei) Hofe; *jur. ~ van beroep* (*appel*) Berufungsgericht *n*; *~ van cassatie* (*a. kassatie*) Kassationshof *m.*
hof|bal ['hɔv̂bɑl] (*-s*) *n* Hofball *m*; **~dame** [-da:mə] (*-s*) *f* Hofdame *f.*

hoffelijk ['hɔfələk] höflich, galant; artig; höfisch; **~heid** [-hɛĭt] (*-heden*) *f* Höflichkeit *f*; Artigkeit *f*; feine Manieren *f/pl.*
hof|gebruik ['hɔfxəbrəʏk] *n* Hofsitte *f*; **~houding** [-haudɪŋ] *f* Hofhaltung *f*, Hofstaat *m*; **~kringen** [-krɪŋə(n)] *m/pl.* Hofkreise *m/pl.*; **~leverancier** [-le:v̊əran'si:r] (*-s*) *m* Hoflieferant *m*; **~meester** [-me:stər] (*-s*) *m* Steward *m*; Hofmeister *m*; **~nar** [-nar] (*-ren*) *m* Hofnarr *m*; **~prediker** [-pre:dɪkər] (*-s*) *m* Hofprediger *m*; **~stede** [-ste:də] (*-n*) *f* Bauernhof *m*, Gehöft *n*; **~stoet** [-stu·t] *m* Hofstaat *m*.
hogepriester ['ho:-] *a.* [ho:ɣ̊ə'pri·stər] (*-s*) *m* Hohepriester *m*.
hoger|hand [ho:ɣ̊ər'hant]: *van ~* auf höheren Befehl; höhern Ortes; **~huis** ['-hɔʏs] *n Pol.* Oberhaus *n*; **~op** [-'ɔp] höher, weiter hinauf.
hogeschool [ho:ɣ̊ə'sxo:l] (*-scholen*) *f* Universität *f*, Hochschule *f*.
hok [hɔk] (*-ken*) *n* Schuppen *m*; Abstellraum *m*; Verschlag *m*; (*für Tiere*) Stall *m*, Hütte *f*; (*für Vögel, wilde Tiere*) Käfig *m*; Gefängnis *n*, P Knast *m*; **~je** [-jə] (*-s*) *n* Fach *n*; Kabine *f*.
hokken ['hɔkə(n)] hocken; *fig.* stocken.
hokus-pokus ['ho:kəs'po:kəs] *m u. n s. hocus-pocus.*
hol[1] [hɔl] *n* Höhle *f*; *Adj.* hohl; konkav; *een ~le lens* Hohllinse *f*; *in het ~st van de nacht* in tiefster Nacht.
hol[2] *m*: *op ~ gaan (slaan)* durchgehen; *iemand het hoofd op ~ brengen fig.* j-m den Kopf verdrehen.
hola ['ho:la] holla!
holbewoner ['hɔlbəʋo:nər] (*-s*) *m* Höhlenbewohner *m*.
holderdebolder ['hɔldərdə'bɔldər] holterdiepolter.
holheid ['hɔlhɛĭt] *f* Hohlheit *f*, Leere *f*.
Holland ['hɔlant] *n* Holland *n*; **~er** [-ər] (*-s*) *m* Holländer *m*; **~s** [-s] *Adj.* holländisch; **~se** [-sə] (*-n*) *f* Holländerin *f*.
hollen ['hɔlə(n)] rennen, laufen; *Pferde*: durchgehen.
hol|ogig ['hɔlo:ɣ̊əx] hohläugig; **~rond** [-rɔnt] gewölbt; konkav.
holster ['hɔlstər] (*-s*) *m* Halfter *f*.
holte ['hɔltə] (*-n u. -s*) *f* Hohlraum *m*; Höhlung *f*, Vertiefung *f*; *de ~ van de hand* die hohle Hand.
hom [hɔm] (*-men*) *f* (*im Fisch*) Milch *f*; **~bokking** [-bɔkɪŋ] *m* Milchbückling *m*.
homeo|paat [ho·me·(j)o·'pa:t] (*-paten*) *m* Homöopath *m*; **~pat(h)ie** [-pa·'ti:] *f* Homöopathie *f*; **~pat(h)isch** [-'pa:ti·s] homöopathisch.
homerisch [hɔ'me:ri·s] (*in der Art Homers*) homerisch; *ein ~ gelach* ein homerisches Gelächter; (*von Homer*) Homerisch.
hommel ['hɔməl] (*-s*) *f* Hummel *f*; Drohne *f*.
hommeles ['hɔmələs]: P *het is daar ~* da gibt's Krach.
homo|geen [ho·mo·'ɣ̊e:n] homogen, gleichartig; **~geniteit** [-ɣ̊e·ni·'tɛĭt] *f* Homogenität *f*, Gleichartigkeit *f*; **~logatie** [-lo·'ɣ̊a:si:] (*-s*) *f* Bestätigung *f*, Genehmigung *f*.
homoniem [ho·mo·'ni:m] *n* Homonym *n*; *Adj.* homonym, gleichnamig.
homoseksueel *a.* **-sexueel** [ho·mo·sɛksy·'(ʋ)e:l] homosexuell, gleichgeschlechtlich.
homp [hɔmp] *f* Brocken *m*.
hompelen ['hɔmpələ(n)] humpeln.
hond [hɔnt] *m* Hund *m*; *de rode ~* Röteln *pl.*
honde|hok ['hɔndəhɔk] (*-ken*) *n* Hundehütte *f*; **~kar** [-kar] (*-ren*) *f* Hundekarren *m*; **~kot** [-kɔt] *n* Hundehütte *f*; **~leven** [-le:v̊ə(n)] *n* Hundeleben *n*; **~penning** [-pɛnɪŋ] *m* Hundemarke *f*; **~ras** [-ras] (*-sen*) *n* Hunderasse *f*.
honderd ['hɔndərt] hundert; *Su. n* Hundert *n*; *bij ~en* zu Hunderten; *~e mensen* Hunderte von Menschen; *dat loopt in het ~* das geht schief; *6 ten ~* sechs Prozent, sechs vom Hundert; *bij de ~* etwa hundert ...; **~jarig** [-ja:rəx] hundertjährig; **~maal** [-ma:l] hundertmal; **~ste** [-stə] hundertste; **~voudig** [-faudəx] hundertfach.
honde|slee ['hɔndəsle:] (*-sleden*) *f* Hundeschlitten *m*; **~trouw** [-traŭ] *f* Hundetreue *f*; **~weer** [-ʋe:r] *n* Hundewetter *n*; **~ziekte** [-zi·ktə] *f* Hundekrankheit *f*, Staupe *f*.
honds [hɔnts] F hundsgemein; grob, rücksichtslos.
honds|dagen ['hɔndzda:ɣ̊ə(n)] *pl.*

Hundstage *m/pl.*; **~dolheid** [-dɔlhɛĭt] *f* Tollwut *f*; **~vot** [-fɔt] (*-ten*) *f u. n* Hundsfott *m*, Schuft *m*.

honen [ˈhoːnə(n)] verhöhnen, verspotten.

Hon|gaar [hɔŋˈɣaːr] (*-garen*) *m* Ungar *m*; **~gaars** [-ˈɣaːrs] *Adj.* ungarisch; **~gaarse** [-ˈɣaːrsə] (*-n*) *f* Ungarin *m*; **~garije** [-ɣaˑˈrɛĭ(j)ə] *n* Ungarn *n*.

honger [ˈhɔŋər] *m* Hunger *m*; **~dood** [-doːt] *m* Hungertod *m*; **~en** [-ə(n)] hungern; **~ig** [-əx] hungrig; **~kuur** [-kyːr] (*-kuren*) *f* Hungerkur *f*; **~lijder** [-lɛĭdər] (*-s*) *m* Hungerleider *m*; **~snood** [-snoːt] *f* Hungersnot *f*; **~staking** [-staːkɪŋ] *f* Hungerstreik *m*; *in ~ gaan* in den Hungerstreik treten.

honi(n)g [ˈhoːnɪŋ] *m* Honig *m*; *iemand ~ om de mond smeren fig.* j-m um den Bart gehen; (zo) *zoet als ~* süß, wie Honig, honigsüß; **~bij** [-bɛĭ] *f* Honigbiene *f*; **~drank** [-drɑŋk] *m* Met *m*; **~raat** [-raːt] (*-raten*) *f* Honigwabe *f*; **~zeem** [-seːm] *n u. m* Honig *m*; **~zoet** [-suˑt] honigsüß.

honk [hɔŋk] *n*: *bij ~ blijven* daheim bleiben; *ver van ~* weit vom Haus; *fig.* weit vom Ziel; **~bal** [-bɑl] *n* Baseball *m*.

hono|rair [hoˑnoˑˈrɛːr]: *~ lid* Ehrenmitglied *n*; **~rarium** [-ˈraːrɪəm] (*-s u. -raria*) *n* Honorar *n*; **~reren** [-ˈreːrə(n)] honorieren; *e-n Wechsel* einlösen.

hoofd [hoːft] *n* Kopf *m*, Haupt *n*; Spitze *f* (*e-s Heeres usw.*); Hafendamm *m*, Mole *f*; (*Zeitung*) Schlagzeile *f*, Überschrift *f*; Rubrik *f*; Geschäftsführer *m*; *het ~ bieden fig.* die Stirn bieten; *het ~ in de schoot leggen* sich unterwerfen; *iemand iets uit het ~ praten* j-m etw. ausreden; *aan het ~ van de tafel* am oberen Ende des Tisches; *uit het ~ kennen* auswendig können; *iets over 't ~ zien* etw. übersehen; *uit ~e van wegen G*, mit Rücksicht auf *A*; *naar het ~ stijgen* zu Kopfe steigen; *van het ~ tot de voeten* von Kopf bis Fuß.

hoofd|aanval [ˈhoːftaːnvɑl] (*-len*) *m* Hauptangriff *m*; **~agent** [-ɑɣɛnt] *m* Hauptvertreter *m*; (*Polizei*) Wachtmeister *m*; **~agentuur** [-ɑɣəntyːr] (*-turen*) *f* Generalvertretung *f*, Hauptagentur *f*; **~akte** [-ɑktə] (*-n u. -s*) *f* Hauptlehrerdiplom *n*; **~artikel** [-ɑrtiˑkəl] (*-en u. -s*) *n* Leitartikel *m*; **~beginsel** [-bəɣɪnsəl] (*-en u. -s*) *n* Hauptprinzip *n*; **~bestuur** [-bəstyːr] (*-sturen*) *n* Vorstand *m*, Generaldirektion *f*, Hauptverwaltung *f*; **~bezigheid** [-beːzəxhɛĭt] *f* Hauptbeschäftigung *f*; **~breken** [-breːkə(n)] *n* Kopfzerbrechen *n*; **~conducteur** *a.* **-konduk-** [-kɔndəktøːr] (*-s*) *m* Zugführer *m*; **~deksel** [-dɛksəl] (*-s*) *n* Kopfbedeckung *f*; **~deugd** [-døːxt] *f* Kardinaltugend *f*; **~doek** [-duˑk] *m* Kopftuch *n*; **~doel** [-duːl] *n* Hauptzweck *m*.

hoofdelijk [ˈhoːvdələk] persönlich; *~e stemming* namentliche Abstimmung.

hoofdeloos [ˈhoːvdəloːs] kopflos.

hoofd|gedachte [ˈhoːftxədɑxtə] (*-n*) *f* Grundgedanke *m*; **~geld** [-xɛlt] *n* Kopfsteuer *f*; **~ig** [-əx] eigensinnig, starrköpfig; **~kaas** [-kaːs] *m* Sülze *f*, Preßkopf *m*; **~kabel** [-kaːbəl] (*-s*) *m* Hauptkabel *n*; **~kantoor** [-kɑntoːr] (*-toren*) *n* Hauptamt *n*, Hauptstelle *f*; **~kraan** [-kraːn] (*-kranen*) *f* Haupthahn *m*; **~kussen** [-kəsə(n)] *n* Kopfkissen *n*; **~kwartier** [-kʋɑrtiːr] *n* Hauptquartier *n*; **~letter** [-lɛtər] (*-s*) *f* Majuskel *f*, Großbuchstabe *m*; **~onderwijzer** [-ɔndərʋɛĭzər] (*-s*) *m* Schulleiter *m*; **~pijn** [-pɛĭn] *f* Kopfschmerzen *m/pl.*; **~plaats** [-plaːts] *f* Hauptstadt *f*; Hauptort *m*; **~prijs** [-prɛĭs] (*-prijzen*) *m* Haupttreffer *m*, Hauptgewinn *m*; **~redacteur** *a.* **-dak-** [-rədɑktøːr] (*-en u. -s*) *m* Chefredakteur *m*, Hauptschriftleiter *m*; Herausgeber *m*; **~sieraad** [-siːraːt] (*-raden*) *n* Kopfschmuck *m*; **~stad** [-stɑt] (*-steden*) *f* Hauptstadt *f*; **~stedelijk** [-steːdələk] hauptstädtisch; **~stuk** [-stək] (*-ken*) *n* Kapitel *n*; **~telwoord** [-tɛlʋoːrt] *n Gr.* Grundzahl *f*; **~tooisel** [-toːĭsəl] (*-s*) *n* Hauptschmuck *m*; **~vereiste** [-fərˈɛĭstə] (*-n*) *f u. n* Haupterfordernis *n*; **~verkeersweg** [-fərkeːrsʋɛx] *m* Hauptverkehrsstraße *f*; **~werk** [-ʋɛrk] *n* Hauptarbeit *f*; Hauptwerk *n* (*e-s Künstlers*); (*Geistesarbeit*) Kopfarbeit *f*; **~zakelijk** [-ˈsaːkələk] hauptsächlich; **~zeer** [-seːr] *n* Kopfgrind *m*; **~zetel**

[-se:təl] (*-s*) *m* Hauptsitz *m*; **~zonde** [-sɔndə] (*-n*) *f* Todsünde *f*.

hoofs [ho:fs] höfisch.

hoog [ho:x] (*hoger, hoogst*) hoch; erhaben; sehr; *het is ~ tijd* es ist höchste Zeit; *hoge druk(gebied)* Hoch *n*; **~achting** [-ɑxtɪŋ] *f* Hochachtung *f*; **~altaar** [-ɑlta:r] (*-taren*) *n u. m* Hochaltar *m*; **~bejaard** [-bəja:rt] hochbejahrt; **~dravend** [-ˈdra:v̊ənt] hochtrabend; (*Stil*) schwülstig; **~druk** [-drøk *m* Hochdruck *m*.

Hoogduits [ˈho:ɣ̊dəʏts] *Adj.* hochdeutsch; *Su. n* Hochdeutsch *n*.

hoog|frequentie *a.* **-kwen-** [-fre·kʋɛnsi:] *f* Hochfrequenz *f*; **~geacht** [-xəɑxt] hochgeachtet; **~gebergte** [-xəbɛrxtə] (*-n u. -s*) *n* Hochgebirge *n*; **~geplaatst** [-xəpla:tst] hochgestellt; **~hartig** [-hɑrtəx] hochmütig; **~hartigheid** [-hɑrtəxhɛĭt] *f* Hochmut *m*; **~heid** [-hɛĭt] (*-heden*) *f* Hoheit *f*; **~lander** [-lɑndər] (*-s*) *m* Hochländer *m*; **~leraar** [-ˈle:ra:r] (*-raren u. -s*) *m* Professor *m*; *gewoon ~* ordentlicher Professor; **~leraarschap** [-le:ra:rsxɑp] (*-pen*) *n* Professur *f*.

Hooglied [-ho:xli:t] *n* Hohelied *n*.

hoog|lopend [ˈho:xlo:pənt] heftig; **~mis** [-mɪs] (*-sen*) *f* Hochamt *n*; **~moed** [-mu·t] *m* Hochmut *m*; **~moedig** [-ˈmu·dəx] hochmütig; **~oven** [-o:v̊ə(n)] (*-s*) *m* Hochofen *m*; **~ovenbedrijf** [-bədrɛĭf] *n* Hüttenwerk *n*; **~rood** [-ro:t] hochrot; **~schatten** [-sxɑtə(n)] hochschätzen, hochachten; **~seizoen** [-sɛĭzu:n] *n* Hochsaison *f*; **~spanningsnet** [-spɑnɪŋsnɛt] (*-ten*) *n* Hochspannungsnetz *n*; **~springen** [-sprɪŋə(n)] *n* Hochsprung *m*.

hoogst [ho:xst] höchst; *~ belangrijk* höchst wichtig; *ten ~e* höchstens; **~biedende** [-bi·dəndə] (*-n*) *m u. f* Meistbietende(r) *m*; **~eigen** [-ɛĭɣ̊ə(n)]: *in ~ persoon* persönlich; **~ens** [-əns] höchstens.

hoogte [ˈho:xtə] (*-n u. -s*) *f* Höhe *f*; Anhöhe *f*; *iemand op de ~ houden* j-n auf dem Laufenden halten; *op de ~ brengen* unterrichten, verständigen; *zich op de ~ stellen* (*van iets*) sich erkundigen über *A*; *op de ~ zijn* unterrichtet sein, Bescheid wissen; *tot op zekere ~* im gewissen Sinne; *uit de ~ neerzien* (*behandelen*) geringschätzend begegnen *D*, von oben herab behandeln; **~grens** [-ɣ̊rɛns] (*-grenzen*) *f Flgw.* Maximalhöhe *f*; **~meting** [-me:tɪŋ] *f* Höhenmessung *f*; **~punt** [-pənt] *n* Höhepunkt *m*; Gipfelpunkt *m*; **~roer** [-ru:r] *n* Höhenruder *n*; **~verschil** [-v̊ərsxɪl] (*-len*) *n* Höhenunterschied *m*; **~vrees** [-v̊re:s] *f* Schwindel *m*; **~zon** [-zɔn] *f* Höhensonne *f*.

hoog|veen [ˈho:xfe:n] *n* Hochmoor *n*; **~verraad** [-fəra:t] *n* Hochverrat *m*; **~vlakte** [-flɑktə] (*-n u. -s*) *f* Hochebene *f*; **~vlieger** [-fli:ɣ̊ər] (*-s*) *m*: *hij is geen ~* er ist kein Genie; **~vogel** [-fo:ɣ̊əl] (*-s*) *m*: *de ~ afschieten* e-e Spitzenleistung vollbringen; F e-e Dummheit begehen; **~waardig** [-ˈʋa:rdəx] hochwürdig; **~waardigheidsbekleder** [-ˈʋa:rdəxhɛĭdzbəkle:dər] (*-s*) *m* Würdenträger *m*.

hooi [ho:ĭ] *n* Heu *n*; *te ~ en te gras* von Zeit zu Zeit, dann und wann; *te veel ~ op zijn vork nemen* zu viel unternehmen, sich zu viel aufbürden; **~berg** [-bɛrx] *m* Heuschober *m*; **~en** [-(j)ə(n)] Heu machen; **~kist** [-kɪst] *f* Kochkiste *f*; **~koorts** [-ko:rts] *f* Heufieber *n*; **~land** [-lɑnt] *n* Grasland *n*; **~maand** [-ma:nt] *f* Heumonat *m*, Juli *m*; **~mijt** [-mɛĭt] *f* Heuhaufen *m*, Heuschober *m*; **~schelf** [-sxɛlf] (*-schelven*) *f* Heuschober *m*; **~schuur** [-sxy:r] (*-schuren*) *f* Heuscheune *f*, Heuspeicher *m*; **~vork** [-v̊ɔrk] *f* Heugabel *f*; **~wagen** [-ʋa:ɣ̊ə(n)] (*-s*) *m* Heuwagen *m*; *Zool.* (*Spinne*) Weberknecht *m*; **~zolder** [-zɔldər] (*-s*) *m* Heuboden *m*, Heuspeicher *m*.

hoon [ho:n] *m* Hohn *m*, Schmach *f*; **~gelach** [-ɣ̊əlɑx] *n* Hohngelächter *n*.

hoop[1] [ho:p] (*hopen*) *m* Haufen *m*, Menge *f*; (*Holz usw.*) Stapel *m*.

hoop[2] *f* Hoffnung *f*; **~vol** [-fɔl] hoffnungsvoll.

hoor|apparaat [ˈho:rɑpɑra:t] (*-raten*) *n* Hörgerät *n*; **~baar** [-ba:r] hörbar, vernehmlich; **~buis** [-bəʏs] (*-buizen*) *f* Hörrohr *n*; **~der** [-dər] (*-s*) *m* Hörer *m*, Zuhörer *m*; **~fout** [-fɑut] *f* Hörfehler *m*.

hoorn [ho:rn] (*-s u. -en*) *m* Horn *n*; *Tel.* Hörer *m*; Sprechmuschel *f*;

de ~ ofnemen den Hörer abheben; **~blazer** [-bla:zər] (-*s*) *m* Hornist *m*; **~en** [-ə(n)] *Adj.* hörnern; Horn-; **~vee** [-ve:] *n* Hornvieh *n*; **~vlies** [-vli:s] (*-vliezen*) *n* Hornhaut *f*; **~weefsel** [-ʋe:fsəl] *n* Hornhautgewebe *n*.
hoorspel ['ho:rspɛl] *n* Hörspiel *n*.
hoos [ho:s] (*hozen*) *f* Wasserhose *f*; Windhose *f*; **~gat** [-xɑt] *n mar.* Gatt *n*; **~vat** [-fɑt] *n* Schöpfschaufel *f*.
hop[1] [hɔp] *f* Hopfen *m*.
hop[2] (*-pen*) *m* Wiedehopf *m*.
ho|peloos ['ho:pəlo:s] hoffnungslos, aussichtslos; *om ~ te worden* zum Verzweifeln; *een hopeloze warboel* ein heilloser Wirrwarr.
hopen[1] ['ho:pə(n)] (auf)häufen.
hopen[2] hoffen; *~ op* hoffen auf *A*; *het is te ~* hoffentlich, es ist zu hoffen; *naar ik hoop* wie ich hoffe.
hopman ['hɔpmɑn] (*-s u. hoplieden*) *m* Hauptmann *m*.
hoppe ['hɔpə] *f s. hop*[1].
hop|staak ['hɔpsta:k] (*-staken*) *m* Hopfenstange *f*; **~teelt** [-te:lt] *f* Hopfenanbau *m*.
hor [hɔr] (*-ren*) *f* Drahtständer *m*, (Fenster-)Vorsatz *m*.
horde[1] ['hɔrdə] (*-n u. -s*) *f* Horde *f*, Schar *f*, Bande *f*.
horde[2] *f* Hürde *f*; **~nloop** [-ə(n)lo:p] *m* Hürdenrennen *n*.
horecabedrijf [hɔ're:kɑbədrɛif] *n* Beherbergungs- und Gaststättengewerbe *n*.
horen[1] ['ho:rə(n)] *m s. hoorn.*
horen[2] hören; *~ bij* gehören zu (*D*); *naar iemand ~* auf j-n hören; *~ zeggen* sagen hören; *dat hoort niet hier* das gehört nicht hierher; **~swaardig** [-s'ʋa:rdəx] hörenswert.
horige ['ho:rəɣə] (*-n*) *m u. f* Hörige(r *m*) *f*.
horizon(t) ['ho:-] *a.* [ho:ri·'zɔn(t)] (*-zonnen u. -zonten*) *m* Horizont *m*; **~taal** [-'ta:l] horizontal, waagerecht.
horloge [hɔr'lo:ʒə] (*-s*) *n* Uhr *f*; **~armband** [-ɑrmbɑnt] *m* Uhrarmband *n*; **~kast** [-kɑst] *f* Uhrgehäuse *n*; **~ketting** [-kɛtɪŋ] *f* Uhrkette *f*; **~maker** [-ma:kər] (*-s*) *m* Uhrmacher *m*; **~veer** [-ve:r] (*-veren*) *f* Uhrfeder *f*; **~wijzer** [-ʋɛizər] (*-s*) *m* Uhrzeiger *m*.
hormo(o)n [hɔr'mo:n] (*-s u. -monen*) *n* Hormon *n*.
horoscoop *a.* **-skoop** [hɔrɔs'ko:p] (*-scopen*) *m* Horoskop *n*; *iemands ~ trekken* j-m das Horoskop stellen.
horrelvoet ['hɔrəlvu·t] *m* Klumpfuß *m*.
horst [hɔrst] *m* Horst *m*.
horten ['hɔrtə(n)] stoßen; stocken; *met ~ en stoten* stoßweise, ruckweise.
hortensia [hɔr'tɛnsi·(j)a·] (*-'s*) *f* Hortensie *f*.
horzel ['hɔrzəl] (*-s*) *f* Hornisse *f*.
hosanna [ho:'zɑnɑ] (*-'s*) *n* Hosianna *n*.
hos|pes ['hɔspəs] (*-sen*) *m* Wirt *m*; **~pita** [-pi·tɑ] (*-'s*) *f* Wirtin *f*.
hospitaal ['hɔspi·ta:l] (*-talen*) *n* Hospital *n*; **~schip** [-sxɪp] (*-schepen*) *n* Lazarettschiff *n*; **~trein** [-trɛin] *m* Lazarettzug *m*.
hospitant [hɔspi·'tɑnt] *m* Hospitant *m*, Gasthörer *m*.
hospitium [hɔs'pi·s(j)əm] (*-s u. -pitia*) *n* Hospiz *n*.
hossen ['hɔsə(n)] springen und tanzen; *Wagen*: rumpeln.
hostie ['hɔsti:] (*-s u. -ën*) *f* Hostie *f*.
hotel [ho·-] *a.* [hɔ'tɛl] (*-s*) *n* Hotel *n*; Gasthof *m*, Gasthaus *n*; **~capaciteit** [-kɑpɑsi·'tɛit] *f* Hotelkapazität *f*; **~gids** [-ɣɪts] *m* Hotelliste *f*; Unterkunftsverzeichnis *n*; **~houder** [-hɑudər] (*-s*) *m* Hotelbesitzer *m*, Hotelier *m*; **~inrichting** [-ɪnrɪxtɪŋ] *f* Hotelausstattung *f*; **~kamer** [-ka:mər] (*-s*) *f* Hotelzimmer *n*; **~-, restaurant- en cafébedrijf** [- rɛsto:'rɑ̃: ɛn kɑ'fe:bədrɛif] *n* (*Abkürzung*: horeca) Beherbergungs- und Gaststättengewerbe *n*.
hotsen ['hɔtsə(n)] rütteln, rumpeln.
houdbaar ['hɑudba:r] haltbar; **~heid** [-hɛit] *n* Haltbarkeit *f*.
hou|den ['hɑudə(n)] (*hield, gehouden*) halten; behalten; abhalten; festhalten; *het bed ~ fig.* das Bett hüten; *een vergadering ~* e-e Versammlung abhalten; *van iemand ~* j-n lieben; *niet ~ van iets* etw. nicht mögen; *iemand gezelschap ~* j-m Gesellschaft leisten; *staande ~* (nach wie vor) behaupten; *iemand er buiten ~ fig.* j-n aus dem Spiel lassen; **~der** [-dər] (*-s*) *m* Träger *m*; Halter *m*; Inhaber *m*, Besitzer *m*; **~ding** [-dɪŋ] *f* Haltung *f*, Stellung *f*; Auftreten *n*, Benehmen *n*; Standpunkt *m*, Einstellung *f*; *in de ~*

staan strammstehen; *de ~ aannemen* Haltung annehmen.
houdstermaatschappij ['hautstərma:tsxa'peĭ] *f* Treuhandgesellschaft *f*, Holdinggesellschaft *f*, Dachgesellschaft *f*.
hout [haut] *n* Holz *n*; **~aankap** [-a:nkap] *m* Holzschlag *m*; **~aanplant** [-a:nplant] *m* Aufforstung *f*; **~achtig** [-axtəx] holzartig; **~blok** [-blɔk] (*-ken*) *n* Holzklotz *m*; **~draaier** [-dra:ĭ(j)ər] (*-s*) *m* Drechsler *m*; **~duif** [-dəʏf] (*-duiven*) *f* Ringeltaube *f*.
houten ['hautə(n)] *Adj.* hölzern; Holz-.
houterig ['hautərəx] hölzern.
hout|gewas [hautxəʊas] *n* Gehölz *n*; **~gravure** [-xravy:rə] (*-s u. -n*) *f* Holzstich *m*; Holzschnitt *m*; **~hakker** [-hakər] (*-s*) *m* Holzfäller *m*; **~handel** [-handəl] *m* Holzhandel *m*.
houtje ['hautjə] (*-s*) *n* Hölzchen *n*; *op eigen ~ fig.* auf eigene Faust.
hout|kever ['hautke:v̂ər] (*-s*) *m* *Zool.* Holzbock *m*; **~koper** [-ko:pər] *m* Holzhändler *m*; **~mijt** [-mɛĭt] *f* Holzstoß *m*; **~schroef** [-sxru:f] (*-schroeven*) *f* Holzschraube *f*; **~skool** [-sko:l] (*-kolen*) *f* Holzkohle *f*; **~snede** [-sne:də] (*-n*) *f* Holzschnitt *m*; **~snijwerk** [-snɛĭʊɛrk] *n* Holzschnitzerei *f*; **~snip** [-snɪp] (*-pen*) *f* Waldschnepfe *f*; **~veiling** [-fɛĭlɪŋ] *f* Holzauktion *f*, Holzversteigerung *f*; **~vester** [-fɛstər] (*-s*) *m* Förster *m*, Forstmeister *m*; **~vlot** [-flɔt] (*-ten*) *n* Holzfloß *n*; **~werk** [-ʊɛrk] *n* Holzarbeit *f*; Holzwaren *f/pl.*; **~zagerij** [-sa:ɣ̂ə'rɛĭ] *f* Sägewerk *n*.
houvast [hau'vast] *n* Griff *m*, Krampe *f*, Klammer *f*; Handhabe *f*; *fig.* Halt *m*; Anhaltspunkt *m*.
houw [hau] *m* Hieb *m*, Schlag *m*; **~blok** [-blɔk] (*-ken*) *n* Hackblock *m*, Hackklotz *m*; **~degen** [-de:ɣ̂ə(n)] (*-s*) *m* Haudegen *m*; **~eel** [-'(ʊ)e:l] (*-welen*) *n* Spitzhacke *f*, Hacke *f*, Pickel *m*; **~en** [-ə(n)] (*hieuw, gehouwen*) hauen; hacken.
houwitser [hau'ʊɪtsər] (*-s*) *m* Haubitze *f*.
hovaar|dig [ho·'va:rdəx] hochmütig, dünkelhaft; **~dij** [-'dɛĭ] *f* Hochmut *m*, Überheblichkeit *f*, Dünkel *m*.
hoveling ['ho:v̂əlɪŋ] *m* Höfling *m*, Hofmann *m*.
hovenier [hɔv̂ə'ni:r] (*-s*) *m* Gärtner *m*; **~en** [-ə(n)] im Garten arbeiten; Gartenbau betreiben.
hozen ['ho:zə(n)] ausschöpfen.
hugenoot [hy·ɣ̂ə'no:t] (*-noten*) *m* Hugenotte *m*.
huichel|aar ['həʏxəla:r] (*-s*) *m* Heuchler *m*; **~achtig** [-axtəx] heuchlerisch; **~arij** [-a·'rɛĭ] *f* Heuchelei *f*; **~en** [-ə(n)] heucheln.
huid [həʏt] *f* Haut *f*; Fell *n*; Balg *m*; **~arts** [-arts] *m* Hautarzt *m*; **~crème** [-krɛ:mə] (*-s*) *f* Hautcreme *f*; **~enkoper** [-ə(n)ko:pər] (*-s*) *m* Fellhändler *m*.
huidig ['həʏdəx] heutig; *ten ~en dage* heutzutage.
huid|kleur ['həʏtklø:r] *f* Hautfarbe *f*; **~uitslag** [-əʏtslax] *m* Hautausschlag *m*; **~verzorging** [-fərzɔrɣ̂ɪŋ] *f* Hautpflege *f*; **~ziekte** [-si·ktə] (*-n u. -s*) *f* Hautkrankheit *f*.
huif [həʏf] (*-huiven*) *f* Haube *f*, Mütze *f*, Kappe *f*; (*Wagen*) Plane *f*; **~kar** [-kar] (*-ren*) *f* Planwagen *m*.
huig [həʏx] *f* Zäpfchen *n*.
huik [həʏk] *f* Mantel *m*, Umhang *m*; *de ~ naar de wind hangen fig.* den Mantel nach dem Wind hängen.
huil|bui ['həʏlbəʏ] *f* Weinkrampf *m*; **~ebalk** [-əbalk] *m* F Heulpeter *m*; **~en** [-ə(n)] weinen; *Tier*: heulen; *Wind*: pfeifen; *Sturm*: heulen; **~erig** [-ərəx] weinerlich; **~toon** [-to:n] (*-tonen*) *m* Heulton *m*.
huis [həʏs] (*huizen*) *n* Haus *n*; *aan ~ brengen* ins Haus bringen; *van ~ zijn* nicht zu Hause sein; *het ~ van Oranje* das Haus Oranien; *van goeden huize* aus guter Familie; **~arrest** [-arɛst] *n* Hausarrest *m*; **~arts** [-arts] *m* Hausarzt *m*; **~baas** [-ba:s] (*-bazen*) *m* Hauseigentümer *m*, Hausherr *m*, Hauswirt *m*; **~bakken** [-'bakə(n)] hausbacken; **~bediende** [-bədi:ndə] (*-n u. -s*) *m u. f* Hausdiener *m*, Hausangestellte(r *m*) *f*; **~bewaarder** [-bəʊa:rdər] (*-s*) *m* Hausverwalter *m*, Hauswart *m*; **~bezoek** [-bəzu·k] *n* Hausbesuch *m*; **~bezoekster** [-bəzu·kstər] (*-s*) *f* Fürsorgerin *f*; **~brand** [-brant] *m* Hausbrandkohle *f*; **~deur** [-dø:r] *f* Haustür *f*; **~dier** [-di:r] *n* Haustier *n*; **~dokter** [-dɔktər] (*-s*) *m* Hausarzt *m*.

huiselijk ['hœysələk] häuslich; ~ *gebruik* Hausgebrauch *m*; *zich* ~ *voelen* sich heimisch fühlen.
huis|genoot ['hœysxəno:t] (*-genoten*) *m* Hausgenosse *m*; **~gerief** [-xəri:f] *n* Hausgerät *n*; **~gezin** [-xəzɪn] (*-nen*) *n* Familie *f*; **~houdboek** [-haudbu·k] *n* Haushaltungsbuch *n*; **~houdelijk** [-haudələk] häuslich; haushälterisch, wirtschaftlich, sparsam; *voor* ~ *gebruik* für den täglichen Gebrauch; **~houden** [-haudə(n)] *v/i* haushalten, wirtschaften; *fig.* hausen; *Su.* (*-s*) *n* Haushalt *m*, Familie *f*, Hausstand *m*; **~houdgeld** [-hautxəlt] *n* Wirtschaftsgeld *n*; **~houding** [-haudɪŋ] *f* Haushalt *m*, Haushaltung *f*; **~houdkunde** [-hautkəndə] *f* Wirtschaftskunde *f*, Ökonomie *f*; **~houdster** [-hautstər] (*-s*) *f* Haushälterin *f*, Wirtschafterin *f*; **~huur** [-hy:r] (*-huren*) *f* Miete *f*; **~jas** [-jɑs] (*-sen*) *m u. f* Hausrock *m*, Hausjacke *f*; **~je** ['hœyʃə] (*-s*) *n* Häuschen *n*; (*Brille*) Futteral *n*; (*Schnecke*) Haus *n*.
huis|kamer ['hœyska:mər] (*-s*) *f* Wohnzimmer *n*; **~knecht** [-knɛxt] (*-n u. -s*) *m* Hausdiener *m*, Hausknecht *m*; **~krekel** [-kre:kəl] (*-s*) *m* Hausgrille *f*, Heimchen *n*; **~mus** [-məs] (*-sen*) *f fig.* Stubenhocker *m*; **~onderwijzer** [-ɔndərʋɛizər] (*-s*) *m* Hauslehrer *m*; **~raad** [-ra:t] *n* Hausgerät *n*, Hausrat *m*; **~schilder** [-sxɪldər] (*-s*) *m* Anstreicher *m*, Maler *m*; **~sleutel** [-slø·təl] (*-s*) Hausschlüssel *m*; **~vader** [-fa:dər] (*-s*) *m* Hausvater *m*, Familienvater *m*; **~vesten** [-fɛstə(n)] *v/t* beherbergen, unterbringen; *v/i* wohnen; *zich* ~ sich niederlassen, sich aufhalten; **~vesting** [-fɛstɪŋ] *f* Wohnung *f*; Obdach *n*, Unterkommen *n*; **~vlijt** [-flɛit] *f* Heimarbeit *f*; **~vrouw** [-fraŭ] *f* Hausfrau *f*; **~waarts** [-ʋa:rts] heimwärts, heim, nach Hause; **~werk** [-ʋɛrk] *n* Hausarbeit *f*; Schulaufgaben *f/pl.*; **~zoeking** [-su·kɪŋ] *f*: ~ *doen* Haussuchung machen.
huive|ren ['hœyvərə(n)] schaudern, frösteln; **~ring** [-rɪŋ] *f* Schauder *m*; Frösteln *n*; **~ringwekkend** [-rɪŋ'ʋɛkənt] schauderhaft, schauerlich, grausig.
huizen ['hœyzə(n)] wohnen; *Tiere*, [*Räuber*: hausen.]
hulde ['həldə] *f* Huldigung *f*; ~ *betonen j-m* Ehre erweisen; **~betoging** [-bəto:ɣɪŋ] *f* Huldigung *f*; **~betoon** [-bəto:n] (*kein pl.*) *n* Huldigung *f*, Ehrenbezeigung *f*; **~blijk** [-blɛik] *n* Huldigung *f*; Ehrengeschenk *n*.
huldi|gen ['həldəɣə(n)] *j-m* huldigen; **~ging** [-ɣɪŋ] *f* Huldigung *f*.
hullen ['hələ(n)] (ein)hüllen.
hulp [həlp] *f* Hilfe *f*; Beistand *m*; *eerste* ~ erste Hilfe(leistung); **~behoevend** [-bəhu·vənt] hilfsbedürftig; **~betoon** [-bəto:n] *n* Hilfeleistung *f*; Unterstützung *f*; *maatschappelijk* ~ soziale Fürsorge; *bureau voor maatschappelijk* ~ Wohlfahrtsamt *n*; **~eloos** [-əlo:s] hilflos.
hulp|middel ['həlpmɪdəl] *n* Hilfsmittel *n*; **~onderwijzer** [-ɔndərʋɛizər] (*-s*) *m* Hilfslehrer *m*; **~post** [-pɔst] *m* Unfallstation *f*; **~postkantoor** [-pɔstkɑnto:r] (*-toren*) *n* (*Post*) Nebenstelle *f*; **~vaardig** [-fa:rdəx] hilfsbereit, dienstfertig; **~werkwoord** [-ʋɛrkʋo:rt] *n* Hilfszeitwort *n*.
huls [həls] (*hulzen*) *f* Hülse *f*.
hulsel ['həlsəl] (*-s*) *n* Hülle *f*.
hulst [həlst] *m* Stechpalme *f*.
hum (*a.* **hm** *od.* **h'm**!) [həm] hem!, hm!
humaan [hy·'ma:n] human.
huma|nisme [hy·mɑ'ni·smə] *n* Humanismus *m*; **~nist** [-'ni·st] *m* Humanist *m*; **~niteit** [-ni·'tɛit] *f* Humanität *f*.
humbug ['həmbəx] *m* Humbug *m*, Schwindel *m*.
humeur [hy·'mø:r] *n* Stimmung *f*, Laune *f*; Temperament *n*; *in een goed* ~ *zijn* gutgelaunt sein; *in een slecht* ~ *zijn, uit zijn* ~ *zijn* schlechtgelaunt sein; **~ig** [-əx] launenhaft, launisch.
hummel ['həməl] (*-s*) *m* Knirps *m*, Dreikäsehoch *m*.
humor ['hy·mɔr] *m* Humor *m*.
humo|reske [hy·mɔ'rɛskə] (*-n*) *f* Humoreske *f*; **~rist** [-'ri·st] *m* Humorist *m*; **~ristisch** [-'ri·sti·s] humoristisch.
humus ['hy·məs] *m* Humus *m*; **~laag** [-la:x] (*-lagen*) *f* Humusschicht *f*.
hun [hən] ihr(e); (*D*) ihnen.
Hun [hən] (*-nen*) *m* Hunne *m*.

hunebed ['hɵnəbɛt] (*-den*) *n* Hünengrab *n*.
hunkeren ['hɵŋkərə(n)]: ~ *naar* sich sehnen nach.
hunnent ['hɵnənt]: *te* ~ in ihrem Haus, bei ihnen; **~wille** [-ʋɪlə]: *om* ~ um ihretwillen.
huppelen ['hɵpələ(n)] hüpfen, tänzeln.
hups [hɵps] nett.
huren ['hy:rə(n)] mieten; *mar.* heuern, chartern; *Flgw.* chartern.
hurken ['hɵrkə(n)] kauern; sich hinkauern.
hut [hɵt] (*-ten*) *f* Hütte *f*; *mar.* Kabine *f*; Kajüte *f*; **~indeling** [-ɪnde:lɪŋ] *f* Kabinenplan *m*; **~koffer** [-kɔfər] (*-s*) *m* Kabinenkoffer *m*.
huts(e)pot ['hɵts(ə)pɔt] *m* Eintopfgericht *n*, Eintopf *m*; *fig. hij maakt er* ~ *van* er bringt alles durcheinander.
huur [hy:r] (*huren*) *f* Miete *f*; *mar.* Heuer *f*; *kamers te* ~ Zimmer zu vermieten; *de* ~ *opzeggen* kündigen; **~auto** [-o:to·] (*-'s*) *m* Mietwagen *m*, Leihwagen *m*; **~ceel** [-se:l] (*-clen*) *n*, **~contract** *a.* **~kontrakt** [-kɔntrɑkt] *n* Mietvertrag *m*; **~der** [-dər] (*-s*) *m* Mieter *m*; **~huis** [-hɵʏs] (*-huizen*) *n* Mietshaus *n*, Mietswohnung *f*; **~kazerne** [-kɑzɛrnə] (*-s u. -n*) *f* Mietskaserne *f*; **~koetsier** [-ku·tsi:r] (*-s*) *m* Droschkenkutscher *m*; **~koop** [-ko:p] *m* Abzahlungskauf *m*.
huur|leger ['hy:rle:ɣ̊ər] (*-s*) *n* Söldnerheer *n*, Söldnertruppen *f/pl.*; **~ling** [-lɪŋ] *m* Söldner *m*.
huur|prijs ['hy:rprɛĭs] (*-prijzen*) *m* Miete *f*; **~rijtuig** [-rɛĭtəʏx] *n* Droschke *f*; Mietwagen *m*; **~ster** [-stər] (*-s*) *f* Mieterin *f*; **~waarde** [-ʋa:rdə] *f* Mietwert *m*.
huwbaar ['hy·ŭba:r] heiratsfähig; **~heid** [-hɛĭt] *f* Heiratsfähigkeit *f*, Mannbarkeit *f*.
huwelijk ['hy·ʋələk] *n* Heirat *f*, Vermählung *f*; Ehe *f*; *burgerlijk* ~ Zivilehe *f*; *kerkelijk* ~ Trauung *f*; *in het* ~ *treden* heiraten; *ten* ~ *vragen e-n* Heiratsantrag machen.
huwelijks|aanzoek ['hy·ʋələksa:nzu·k] *n* Heiratsantrag *m*; **~advertentie** [-ɑtfərtɛnsi:] (*-s*) *f* Heiratsanzeige *f*; **~afkondiging** [-ɑfkɔndəɣ̊ɪŋ] *f* Aufgebot *n*; **~akte** [-ɑktə] (*-n u. -s*) *f* Heiratsurkunde *f*; **~beloofte** [-bəlɔftə] (*-n*) *f* Eheversprechen *n*; **~bureau** [-by·ro:] (*-s*) *n* Heiratsbüro *n*, Institut *n* für Heiratsvermittlung; **~contract** *a.* **~kontrakt** [-kɔntrɑkt] *n* Ehevertrag *m*; **~feest** [-fe:st] *n* Hochzeit *f*, Hochzeitsfest *n*; **~geschenk** [-xəsxɛŋk] *n* Hochzeitsgeschenk *n*; **~gift** [-xɪft] *f* Mitgift *f*; **~leven** [-le:v̊ə(n)] *n* Eheleben *n*; **~makelaar** [-ma:kəla:r] (*-s*) *m* Heiratsvermittler *m*; **~nacht** [-nɑxt] *m* Hochzeitsnacht *f*; **~plechtigheid** [-plɛxtəxhɛĭt] (*-heden*) *f* Hochzeitsfeier *f*, (*Kirche*) Trauung *f*; **~reis** [-rɛĭs] (*-reizen*) *f* Hochzeitsreise *f*; **~uitzet** [-əʏtsɛt] *m u. n* Aussteuer *f*.
huwen ['hy·ʋə(n)] heiraten; sich verheiraten, sich vermählen.
huzaar [hy·'za:r] (*-zaren*) *m* Husar *f*.
hyacint [hi·ɑ'sɪnt] *f* Hyazinthe *f*.
hydra ['hi·drɑ] (*-'s*) *f* Hydra *f*.
hydraulisch [hi·'drɑuli·s] hydraulisch.
hydro|statica *a.* **-tika** [hi·dro·'sta:ti·kɑ] *f* Hydrostatik *f*; **~statisch** [-'sta:ti·s] hydrostatisch; **~t(h)erapie** [-te·rɑ'pi:] Hydrotherapie *f*, Wasserheilverfahren *n*.
hyena [hi·'(j)e·nɑ] (*-'s*) *f* Hyäne *f*.
hygi|ëne [hi·ɣ̊i·'(j)e:nə] *f* Hygiene *f*; **~ënisch** [-'(j)e:ni·s] hygienisch.
hygrometer ['hi·ɣ̊ro·me:tər] *m* Hygrometer *n*. [*n*.]
hymen ['hi·mən] (*-s*) *m u. n* Hymen
hymne ['hi·mnə] (*-n*) *f* Hymne *f*.
hyperbool [hi·pər'bo:l] (*-bolen*) *f* Hyperbel *f*.
hyper|gevoelig ['hi·pərɣ̊əv̊u·ləx] überempfindlich; **~modern** [-mo·'dɛrn] supermodern.
hypno|se [hi·p'no:zə] *f* Hypnose *f*; **~tisch** [-ti·s] hypnotisch; **~tiseren** *a.* **-zeren** [-ti·'ze:rə(n)] hypnotisieren.
hypo|criet *a.* **~kriet** [hi·po·'kri·t] *m* Hypokrit *m*, Heuchler *m*; **~t(h)ecair** [-te·'kɛ:r] hypothekarisch; Hypotheken-; *~e schuld* Hypothekenschuld *f*; **~t(h)eek** [-'te:k] (*-t[h]eken*) *f* Hypothek *f*; **~t(h)eekbank** [-'te:kbɑŋk] *f* Hypothekenbank *f*; **~tenusa** [-te·'ny·zɑ] (*-'s*) *f* Hypotenuse *f*; **~t(h)ese** [-'te:zə] (*-n u. -s*) *f* Hypothese *f*; **~t(h)etisch** [-'te:ti·s] hypothetisch.
hyste|rie [hɪste·'ri:] *f* Hysterie *f*; **~risch** [hɪ'ste:ri·s] hysterisch.

I

i, I [ɪ] (*i's*) *f* i, I *n*.
Iberisch [i·ˈbe:ri·s] *Adj.* iberisch; ~ *schiereiland* Iberische Halbinsel.
ibis [ˈi·bɪs] (*-sen*) *m* Ibis *m*.
ide|aal [i·de·ˈ(j)a:l] *Adj.* ideal; *Su.* (*-alen*) *n* Ideal *n*; **~aliseren** *a.* **-zeren** [-ɑli·ˈze:rə(n)] idealisieren; **~alisme** [-ɑˈli·smə] *n* Idealismus *m*; **~alist** [-ɑˈlɪst] *m* Idealist *m*; **~alistisch** [-ɑˈlɪsti·s] idealistisch.
idee [i·ˈde:] (*-ën u. -s*) *f u. n* Idee *f*; *geen flauw* ~ keine blasse Ahnung; *op het* ~ *komen* auf den Gedanken kommen; *naar mijn* ~ meiner Meinung nach.
ideëel [i·de·ˈ(j)e:l] ideell.
idee-fixe [i·de:ˈfi·ks] (*-n*) *n u. f* Wahnidee *f*, fixe Idee.
iden|tiek [i·dən'ti·k] identisch; **~tificeren** [-ti·fi·ˈse:rə(n)] identifizieren; **~titeit** [-ti·ˈtɛĭt] *f* Identität *f*; **~titeitsbewijs** [-ti·ˈtɛĭdzbəʋɛĭs] (*-wijzen*) *n* Identitätsnachweis *m*; Personalausweis *m*, Kennkarte *f*.
idioom [i·di·ˈ(j)o:m] (*-omen*) *n* Idiom *n*, Mundart *f*.
idioot [i·di·ˈ(j)o:t] (*-oten*) *m* Idiot *m*, Schwachsinnige(r) *m*; *Adj.* schwachsinnig, verrückt, idiotisch; F bekloppt.
idool [i·ˈdo:l] (*-dolen*) *n* Idol *n*, Abgott *m*.
idyl|le [i·ˈdi·lə] (*-n u. -s*) *f* Idyll *n*; **~lisch** [-li·s] idyllisch.
ieder [ˈi·dər] jede(r, -s), jedermann.
iedereen [ˈi·-] *a.* [i·dərˈe:n] jedermann, ein jeder.
iemand [ˈi·mɑnt] jemand, einer; *een zeker* ~ ein gewisser Jemand.
i(e)mker [ˈi·mkər] (*-s*) *m* Imker *m*, Bienenzüchter *m*.
iep [i:p] *m* Ulme *f*.
Ier [i:r] *m* Ire *m*, Irländer *m*; **~land** [-lɑnt] *n* Irland *n*; **~s** [-s] irisch; ~*e Vrijstaat* Irischer Freistaat *m*; **~se** [-sə] (*-n*) *f* Irländerin *f*.
iets [i:ts] etwas, ein wenig; ~ *of wat* einigermaßen.
ietwat [ˈi:tʋɑt] etwas, ein wenig; einigermaßen.
i(e)zegrim [ˈi·zəgrɪm] (*-men*) *m* Isegrim *m*; *fig.* Griesgram *m*.
ijdel [ˈɛĭdəl] eitel, selbstgefällig; leer; umsonst, vergeblich; ~*e beloften* leere Versprechungen *f/pl.*; ~*e praat* leeres Geschwätz; **~heid** [-hɛĭt] (*-heden*) *f* Eitelkeit *f*; **~tuit** [-tœyt] *f* eitles Mädchen; Zierpuppe *f*.
ijk [ɛĭk] *m* Eichung *f*; **~en** [-ə(n)] eichen; **~kantoor** [-kɑnto:r] (*-toren*) *n* Eichamt *n*; **~maat** [-ma:t] (*-maten*) *f* Eichmaß *n*; **~merk** [-mɛrk] *n* Eichstempel *m*.
ijl[1] [ɛĭl] leer; (*Luft*) dünn; (*Laut*) schwach, flüchtig.
ijl[2] *f* Eile *f*, Hast *f*; *in aller* ~ in aller Eile; **~bode** [-bo:də] (*-n u. -s*) *m* Eilbote *m*; **~en**[1] (*-ə(n)*) irre reden, phantasieren; **~en**[2] eilen; **~goed** [-ɣu·t] *n* Eilgut *n*; **~koorts** [-ko:rts] *f* Delirium *n*; **~ings** [-ɪŋs] eilends, eiligst.
ijs [ɛĭs] *n* Eis *n*; Gefrorene(s) *n*; **~baan** [-ba:n] (*-banen*) *f* Eisbahn *f*; **~beer** [-be:r] (*-beren*) Eisbär *m*; **~beren** [-be:rə(n)] auf- und abgehen; **~breker** [-bre:kər] (*-s*) *m* Eisbrecher *m*; *Flgw.* Enteiser *m*; **~co** [-ko:] (*-'s*) *m* Eiswaffel *f*; **~coman** [-ko:mɑn] (*-nen*) *m* Eisverkäufer *m*.
IJsel [ˈɛĭsəl] *m* IJssel *f*.
ijselijk [ˈɛĭsələk] scheußlich, fürchterlich, schrecklich.
ijs|emmer [ˈɛĭsɛmər] (*-s*) *m* Eiskübel *m*; **~gang** [-xɑŋ] *m* Eisgang *m*; **~hockey** [-hɔki·] *n* Eishockey *n*; **~kast** [-kɑst] *f* Kühlschrank *m*; **~kegel** [-ke:ɣəl] (*-s*) *m* Eiszapfen *m*; **~kelder** [-kɛldər] (*-s*) *m* Eiskeller *m*; **~klomp** [-klɔmp] *m* Eisklumpen *m*; **~korst** [-kɔrst] *f* Eisdecke *f*; **~koud** [-kɑut] eiskalt; *fig.* eisig.
IJsland [ˈɛĭslɑnt] *n* Island *n*; **~er** [-ər] (*-s*) *m* Isländer *m*; **~s** [-s] isländisch.
ijs|salon [ˈɛĭssalɔn] (*-s*) *m u. n* Eisdiele *f*; **~schol** [-sxɔl] (*-len*) *f*, **~schots** [-sxɔts] *f* Eisscholle *f*; **~slede** [-sle:də] (*-n*) *f* Eisschlitten *m*; **~taart** [-ta:rt] *f* Eistorte *f*, Eisbombe *f*; **~tijd** [-tɛĭt] *m* Eiszeit *f*;

~vogel [-foːɣəl] (*-s*) *m* Eisvogel *m*; **~zak** [-sɑk] (*-ken*) *m* Eisbeutel *m*; **~zee** [-seː] (*-ën*) *f* Eismeer *n*, Polarmeer *n*.
ijver [ˈɛĭvər] *m* Fleiß *m*; Eifer *m*; **~aar** [-aːr] (*-s u. -aren*) *m* Eiferer *m*; **~en** [-ə(n)] eifern; **~ig** [-əx] fleißig, eifrig; **~zucht** [-zəxt] *f* Eifersucht *f*; **~zuchtig** [-ˈzəxtəx] eifersüchtig.
ijzel [ˈɛĭzəl] *m* Glatteis *n*; Reif *m*, Rauhreif *m*.
ijzen [ˈɛĭzə(n)] schaudern, erschaudern; *het is om van te ~* es ist schauderhaft (schaurig); *ik ijs* mich schaudert.
ijzer [ɛĭzər] (*-s*) *n* Eisen *n*; *gegolfd ~* Wellblech *n*; **~achtig** [-ɑxtəx] eisenartig; **~draad** [-draːt] (*-draden*) *m* Eisendraht *m*.
ijzeren [ˈɛĭzərə(n)] eisern; Eisen-; *het ~ gordijn* der Eiserne Vorhang; *een ~ gestel* e-e eiserne Konstitution.
ijzer|erts [ˈɛĭzərɛrts] *n* Eisenerz *n*; **~gieterij** [-ɣiːtəˈrɛĭ] *f* Eisengießerei *f*; **~hard** [-hɑrt] eisenhart; **~houdend** [-hɑudənt] eisenhaltig; **~roest** [-ruˑst] *m u. n* Rost *m*; **~smelterij** [-smɛltəˈrɛĭ] *f* Eisenhütte *f*; **~sterk** [-stɛrk] eisenfest; **~vijlsel** [-vɛĭlsəl] (*kein pl.*) *n* Eisenfeilspäne *m/pl.*; **~vreter** [-vreːtər] (*-s*) *m* F Eisenfresser *m*; **~waren** [-ʋaːrə(n)] *pl.* Eisenwaren *f/pl.*; **~werk** [-ʋɛrk] *n* Eisenwaren *f/pl.*; **~winkel** [-ʋɪŋkəl] (*-s*) *m* Eisenhandlung *f*, Eisenwarengeschäft *n*.
ijzig [ˈɛĭzəx] eisig; *fig.* grausig.
ijzing [ˈɛĭzɪŋ] *f* Schauder *m*, Grauen *n*; **~wekkend** [-ˈʋɛkənt] grauenhaft, grauenerregend.
ik [ɪk] ich; **~zucht** [-səxt] *f* Egoismus *m*.
ille|gaal [iˑleˑˈɣaːl] illegal; **~galiteit** [-ɣɑliˑˈtɛĭt] *f* Illegalität *f*.
illumi|natie [iˑlyˑmiˑˈnaːsiː] (*-s*) *f* Illumination *f*; **~neren** [-ˈneːrə(n)] illuminieren.
illusie *a.* **-zie** [iˑˈlyːziː] (*-s*) *f* Illusion *f*.
illus|tratie [iˑlyˑˈstraːsiː] (*-s*) *f* Illustration *f*; **~treren** [-ˈtreːrə(n)] illustrieren.
imaginair [iˑmɑɣiˑˈnɛːr] imaginär, eingebildet.
imbeciel [ɪmbeˑˈsiˑl] schwachsinnig.
imi|tatie [iˑmiˑˈtaːsiː] (*-s*) *f* Imitation *f*, Nachahmung *f*; **~teren** [-ˈteːrə(n)] nachahmen.
immer [ˈɪmər] immer, stets.
immers [ˈɪmərs] ja doch; denn, da.
immi|grant [iˑmiˑˈɣrɑnt] *m* Einwanderer *m*; **~gratie** [-ˈɣraːsiː] *f* Einwanderung *f*; **~greren** [-ˈɣreːrə(n)] einwandern, immigrieren.
immoreel [ɪmoˑˈreːl] unmoralisch, unsittlich.
immortelle [ɪmɔrˈtɛlə] (*-s*) *f* Immortelle *f*, Strohblume *f*.
immuniteit [iˑmyˑniˑˈtɛĭt] *f* Immunität *f*.
imperatief [ˈiˑmpeˑrɑtiːf] (*-tieven*) *m Gr.* Imperativ *m*, Befehlsform *f*; *Adj.* imperativ(isch).
imperium [ɪmˈpeːriəm] (*-s u. -ria*) *n* Imperium *n*.
imponeren [ɪmpoˑˈneːrə(n)] imponieren.
import [ɪmˈpɔrt] *m* Import *m*, Einfuhr *f*; **~eren** [-ˈeːrə(n)] importieren, einführen; **~eur** [-ˈøːr] (*-s*) *m* Importeur *m*.
imposant [Impoˑˈzɑnt] imposant, imponierend; großartig, mächtig.
impressario [ɪmprɛˈsaːriˑ(j)oˑ] (*-'s*) *m* Impresario *m*.
impres|sie [ɪmˈprɛsiː] (*-s*) *f* Impression *f*, Eindruck *m*; **~sionisme** [-sɪ(j)oˑˈniˑsmə] *n* Impressionismus *m*.
improduktief *a.* **-duc-** [ɪmproˑdəkˈtiːf] unproduktiv.
improvi|satie *a.* **-zatie** [ɪmproˑviˑˈzaːsiː] (*-s*) *f* Improvisation *f*; Stegreifrede *f*; **~sator** *a.* **~zator** [-ˈzaːtɔr] (*-s u. -en*) *m* Improvisator *m*; **~seren** *a.* **~zeren** [-ˈzeːrə(n)] improvisieren.
impuls [ɪmˈpəls] *f* Impuls *m*, Antrieb *m*, Drang *m*; **~ief** [-ˈiːf] impulsiv, draufgängerisch.
in [ɪn] in; innerhalb; binnen; *~ mei* im Mai; *~ geen geval* auf keinen Fall; *~ uw plaats* an Ihrer (deiner) Stelle; *~ leven* am Leben; *~ het Duits* auf Deutsch, im Deutschen; *~ het zwart* in Schwarz; *dag ~ dag uit* tagaus, tagein; *dat is nu ~ fig.* das ist (jetzt) der letzte Schrei; *ˈ~ zijn* in sein.
inachtneming [ɪnˈɑxtneːmɪŋ] *f*: *met ~* unter Berücksichtigung (*G*).
inade|men [ˈɪnaːdəmə(n)] einatmen; **~ming** [-mɪŋ] *f* Einatmung *f*.
inbakeren [ˈɪnbaːkərə(n)] einwikkeln.

nbeel|den ['ɪnbe:ldə(n)] *v/r* sich einbilden; **~ding** [-dɪŋ] *f* Einbildung *f*.

nbegrip ['ɪnbəɣrɪp]: *met ~ van* einschließlich *G*; inklusive.

nbeslagneming [ɪnbə'slɑxne:mɪŋ] *f* Beschlagnahme *f*.

nbezitneming [ɪnbə'zɪtnə:mɪŋ] *f* Inbesitznahme *f*, Besitzergreifung *f*.

nbijten ['ɪnbɛĭtə(n)] ätzen, beizen.

nbinden ['ɪnbɪndə(n)] *Bücher* binden; *fig.* einlenken, sich mäßigen.

nblazen ['ɪnbla:zə(n)] einhauchen, einblasen; *Böses* einflüstern; *Mut* einflößen; *leven ~* beleben.

nboedel ['ɪnbu:dəl] (*-s*) *m* Mobiliar *n*, Hausgerät *n*; Inventar *n*.

nboeten ['ɪnbu·tə(n)] einbüßen.

nboezemen ['ɪnbu:zəmə(n)] einflößen; *Furcht* einjagen.

nboorling ['ɪnbo:rlɪŋ] *m* Eingeborene(r) *m*.

nborst ['ɪnbɔrst] *f* Gemüt *n*; Charakter *m*, Gesinnung *f*.

nbraak ['ɪnbra:k] (*-braken*) *f* Einbruch *m*.

nbranden ['ɪnbrɑndə(n)] einbrennen.

nbre|ken ['ɪnbre:kə(n)] einbrechen; **~ker** [-kər] (*-s*) *m* Einbrecher *m*.

nbreng ['ɪnbrɛŋ] *m* Beitrag *m*; (*Heirat*) Mitgift *f*; (*Sparkasse, Geschäft*) Einlage *f*; **~en** [-ə(n)] hereinbringen, hereinführen; *Geld* einbringen, einzahlen; *Beschuldigungen* vorbringen; *iets in te brengen hebben* etw. einzuwenden haben.

nbreuk ['ɪnbrø:k] *f* Verstoß *m*; Eingriff *m*; Verletzung *f* (*e-s Vertrages*); Einbruch *m* (auch *fig.*).

ncarnatie *a.* **-kar-** [i·nkɑr'na:si:] (*-s*) *f* Inkarnation *f*, Verkörperung *f*, Fleischwerdung *f*.

ncas|seerder *a.* **-kas-** [i·nkɑ'se:rdər] (*-s*) *m* Kassenbote *m*; **~seren** [-'se:rə(n)] einkassieren, einziehen, eintreiben; *Schläge* einstecken.

ncasso [i·n'kaso:] (*-'s*) *n* Inkasso *n*, Einkassierung *f*; **~bank** [-bɑŋk] *f* Inkassobank *f*; Inkassogeschäft *n*.

ncident [i·nsi·'dɛnt] *n* Zwischenfall *m*.

ncluis *a.* **-kluis** [ɪn'klœys] einschließlich *G*; inklusive.

nclusief [i·nkly·'zi:f] einschließlich *G*; *alle prijzen zijn ~* Inklusivpreise *m/pl*.

incognito [i·n'kɔxni·to·] inkognito.

inconse|quent *a.* **-konsekw-** [i·nkɔnsə'kʋɛnt] inkonsequent; **~quentie** *a.* **-kwen-** [-'kʋɛnsi:] (*-s*) *f* Inkonsequenz *f*, Folgewidrigkeit *f*.

incorrect *a.* **-korrekt** [i·nkɔ'rɛkt] inkorrekt, unrichtig, fehlerhaft.

incourant [i·nku·'rɑnt] schwer verkäuflich, nicht absetzbar; (*Wertpapiere*) nicht notiert.

incubatietijd *a.* **inku-** [i·nky·'ba:si·tɛĭt] *m* Inkubationszeit *f*.

indachtig [ɪn'dɑxtəx] eingedenk ([*aan*] *iets/G*).

indam|men [ɪn'dɑmə(n)] eindeichen; eindämmen; **~ming** [-mɪŋ] *f* Eindeichung *f*; Eindämmung *f*.

inde|len ['i·nde:lə(n)] einteilen; **~ling** [-lɪŋ] *f* Einteilung *f*.

indenken ['ɪndɛŋkə(n)] *v/r* sich vorstellen, sich denken; sich in *etw.* (*A*) hineindenken (hineinversetzen).

inderdaad [ɪndər'da:t] tatsächlich, in der Tat, wirklich.

indertijd [ɪndər'tɛĭt] damals, früher, seinerzeit.

indeuken ['ɪndø:kə(n)] eindrücken; einbeulen.

index ['i·ndɛks] (*-en u. -dices*) *m* Index *m*; **~cijfer** [-sɛĭfər] (*-s*) *n* Indexziffer *f*.

Indiaan [i·ndi·'(j)a:n] (*-anen*) *m* Indianer *m*; **~s** [-s] indianisch; **~se** [-sə] (*-n*) *f* Indianerin *f*.

indicatief *a.* **-ka-** [i·ndi·kɑ'ti:f] (*-tieven*) *m Gr.* Indikativ *m*; (*Radio usw.*) Erkennungsmelodie *f*.

Indië ['i·ndi·(j)ə] *n* Indien *n*.

indien [ɪn'di:n] wenn, falls.

indienen ['i·ndi:nə(n)] einreichen, einschicken, einsenden; *een voorstel ~* e-n Vorschlag machen, e-n Antrag stellen.

indiensttreding [i·n'di:nstre:dɪŋ] *f* Amtsantritt *m*, Dienstantritt *m*.

Indiër ['i·ndi·(j)ər] (*-s*) *m* Inder *m*.

indigestie [i·ndi·'ɣɛsti:] (*-s*) *f Med.* Indigestion *f*, Verdauungsstörung *f*.

indigo ['i·ndi·ɣo:] *m u. n.*

indijken ['ɪndɛĭkə(n)] eindeichen; eindämmen.

indirect *a.* **-rekt** ['ɪndi·rɛkt] indirekt.

Indisch ['ɪndi·s] indisch.

indiscreet *a.* **-kreet** [i·ndi·s'kre:t] indiskret, unbescheiden.

individu [ɪndi·vi·ˈdy·] (*-en u. -'s*) *n* Individuum *n*; Einzelwesen *n*; **~aliteit** [-(ʋ)ɑli·ˈtɛĭt] *f* Individualität *f*, Eigenart *f*; **~eel** [-ˈ(ʋ)e:l] individuell.

Indo [ˈi·ndo·] (*-'s*) *m* Indoeuropäer *m*, Eurasier *m*; Mischling *m*; **~-europeaan** [-ø:ro·pe:(j)a:n] (*-anen*) *m* Indoeuropäer *m*; **~-europees** [-ø:ro·ˈpe:s] indoeuropäisch; **~germaan** [-ɣɛrˈma:n] (*-manen*) *m* Indogermane *m*; **~germaans** [-ɣɛrˈma:ns] indogermanisch.

indommelen [ˈɪndɔmələ(n)] einnicken, einschlummern.

indompelen [ˈɪndɔmpələ(n)] eintauchen; untertauchen.

Indonesië [i·ndo·ˈne:zi·(j)ə] *n* Indonesien; **~r** [-r] (*-s*) *m* Indonesier *m*.

Indonesisch [i·ndo·ˈne:zi·s] indonesisch.

indopen [ˈɪndo:pə(n)] eintauchen.

indraaien [ˈɪndra:ĭ(j)ə(n)] (hin)eindrehen; einschrauben; *Auto*: *v/i* einbiegen; *zich ergens ~* sich irgendwo einnisten; *de gevangenis ~* F einlochen; einsperren.

indrijven [ˈɪndrɛĭvə(n)] (hin)eintreiben; einklopfen, einschlagen.

indrin|gen [ˈɪndrɪŋə(n)] (hin)eindringen; *v/t* drängen in *A*; **~ger** [-ər] (*-s*) *m* Eindringling *m*; **~gerig** [-ərəx] zudringlich.

indrogen [ˈɪndro:ɣə(n)] eintrocknen.

indruisen [ˈɪndrəʏsə(n)] widerstreben, widerstreiten.

indruk [ˈɪndrøk] (*-ken*) *m* Eindruck *m*; **~ken** [-ə(n)] eindrücken; *de kop ~* unterdrücken; **~wekkend** [-ˈʋɛkənt] imponierend, mächtig; ergreifend, eindrucksvoll.

inductie *a.* **-duk-** [i·nˈdøksi:] (*-s*) *f* Induktion *f*; **~f** [-døkˈti:f] induktiv.

indus|trialiseren *a.* **-zeren** [ɪndøstri·(j)ɑli·ˈze:rə(n)] industrialisieren; **~trie** [-ˈtri:] (*-ën*) *f* Industrie *f*; **~trieafval** [-ˈtri:ɑfɑl] *n u. m* Industriemüll *m*; **~trieel** [-tri·ˈ(j)e:l] (*-triëlen*) *m* Industrielle(r) *m*; *Adj.* industriell, gewerblich.

indutten [ˈɪndøtə(n)] einnicken, einschlummern.

ineen [ɪˈne:n] ineinander; zusammen; **~gedoken** [-ɣədo:kə(n)] zusammengekauert; **~gedrongen** [-ɣədrɔŋə(n)] gedrungen; (*Gestalt*) untersetzt; **~grijpen** [-ɣrɛĭpə(n)] ineinandergreifen; **~krimpen** [-krɪmpə(n)] sich krümmen (*z.B. vor Schmerz*); **~smelten** [-smɛltə(n)] zusammenschmelzen, verschmelzen; **~zakken** [-zɑkə(n)] zusammenbrechen; einsinken.

inen|ten [ˈɪnɛntə(n)] (ein)impfen; **~ting** [-tɪŋ] *f* Impfung *f*; *bewijs van ~* Impfschein *m*.

inertie [i·ˈnɛrsi:] *f* Trägheit *f*.

infaam [ɪnˈfa:m] infam, niederträchtig.

infante|rie [ɪnfɑntəˈri:] *f* Infanterie *f*; **~rist** [-ˈri·st] *m* Infanterist *m*.

infec|teren *a.* **-fek-** [ɪnfɛkˈte:rə(n)] infizieren, anstecken; **~tie** [ɪnˈfɛksi:] (*-s*) *f* Infektion *f*, Ansteckung *f*; **~tiehaard** [ɪnˈfɛksi·ha:rt] *m* Infektionsherd *m*.

infinitief [i·nfi·ni·ˈti:f] (*-tieven*) *m Gr.* Infinitiv *m*.

inflatie [i·nˈfla:si:] (*-s*) *f* Inflation *f*.

influenza [i·nfly·ˈ(ʋ)ɛnzɑ] *f* Grippe *f*, Influenza *f*.

influisteren [ˈɪnfləʏstərə(n)] einflüstern, zuflüstern.

infor|matie [i·nfɔrˈma:si:] (*-s*) *f* Information *f*, Auskunft *f*; Erkundigung *f*; *~s inwinnen* Erkundigungen einziehen; *~s geven* Auskunft erteilen; **~matiebureau** [-ˈma:si·by·ro·] (*-s*) *n* Auskunftsstelle *f*; Auskunftsbüro *n*, Auskunftei *f*; **~meren** [-ˈme:rə(n)] *v/t* informieren *A*, unterrichten *A*; *~ naar* sich erkundigen nach.

ingaan [ˈɪnɣa:n] (hin)eingehen; *Gesetz, Vertrag*: in Kraft treten; **~de** [-də] eingehend; beginnend; *~ rechten* Einfuhrzölle *m/pl.*

ingang [ˈɪŋɣɑŋ] *m* Eingang *m*, Eintritt *m*; *met ~ van 1 januari* ab 1. Januar.

ingebeeld [ˈɪŋɣəbe:lt] eingebildet; fingiert.

ingeboren [ˈɪŋɣəbo:rə(n)] angeboren; eingeboren.

ingekankerd [ˈɪŋɣəkɑŋkərt] eingewurzelt.

ingenaaid [ˈɪŋɣəna:ĭt] geheftet, broschiert.

ingenieur [i·ŋɣən-] *a.* [i·nʒəˈn(j)ĭø:r] (*-s*) *m* Ingenieur *m*; *landbouwkundig ~* Diplomlandwirt *m*; *scheikundig ~* Diplomchemiker *m*.

ingenomen [ˈɪŋɣəno:mə(n)] ingenommen; *er erg mee ~ zijn* sich (sehr) freuen über *A*.

ingeschreven [ˈɪŋɣ̊əsxreːv̊ə(n)] eingetragen, eingeschrieben; ~ *bagage* aufgegebenes Gepäck.
ingesloten [ˈɪŋɣ̊əsloːtə(n)] eingeschlossen; (*Brief*) beiliegend, anbei, in der Anlage.
ingetogen [ˈɪŋɣ̊ətoːɣ̊ə(n)] zurückgezogen; sittsam.
ingeval [ɪŋɣ̊əˈv̊ɑl] falls.
inge|ven [ˈɪŋɣ̊eːv̊ə(n)] eingeben; **~ving** [-v̊ɪŋ] *f* Eingebung *f*.
ingevolge [ɪŋɣ̊əˈv̊ɔlɣ̊ə] infolge *G*, gemäß *D*, zufolge *D*, *G*.
ingewand [ˈɪŋɣ̊əʋɑnt] *n* Eingeweide *n*; *fig.* Innere(s) *n*; *~en* Innereien *f/pl.*
ingewijde [ˈɪŋɣ̊əʋɛidə] (*-n*) *m u. f* Eingeweihte(r) *m*.
ingewikkeld [ˈɪŋɣ̊əʋɪkəlt] verwikkelt, kompliziert; verworren.
ingeworteld [ˈɪŋɣ̊əʋɔrtəlt] verwurzelt; (*schlechte Sitten*) eingerissen; bodenständig.
ingezetene [ˈɪŋɣ̊əzeːtənə] (*-n*) *m u. f* Einwohner *m*, Eingesessene(r) *m*; Insasse *m*.
ingieten [ˈɪŋɣ̊iːtə(n)] eingießen; eintrichtern.
ingooien [ˈɪŋɣ̊oːĭ(j)ə(n)] einwerfen.
ingraven [ˈɪŋɣ̊raːv̊ə(n)] eingraben.
ingrediënt [iˑŋɣ̊reˑdiˑˈ(j)ɛnt] *n* Ingredienz *f*, Zutat *f*.
ingrijpen [ˈɪŋɣ̊rɛĭpə(n)] eingreifen; *Polizei*: einschreiten; *diep ~de veranderingen* (tief) einschneidende Veränderungen *f/pl.*
inhaalverbod [ˈɪnhaːlv̊ərbɔt] *n* Überholverbot *n*.
inhaken [ˈɪnhaːkə(n)] einhaken.
inhakken [ˈɪnhɑkə(n)] einhauen, einhacken.
inhalen [ˈɪnhaːlə(n)] einholen; (*e-n Wagen*) überholen; *mar.* einholen, einziehen; *Versäumtes* nachholen; *Kosten* wieder einbringen; *Rückstand* aufholen.
inhaleren [ɪnhɑˈleːrə(n)] inhalieren, einatmen.
inhalig [ɪnˈhaːləx] habgierig; **~heid** [-hɛĭt] *f* Habgier *f*, Habsucht *f*.
inham [ˈɪnhɑm] (*-men*) *m* Meerbusen *m*, Bai *f*, Bucht *f*.
inhechtenisneming [ɪnˈhɛxtənɪsneːmɪŋ] *f* Verhaftung *f*; *bevel tot ~* Haftbefehl *m*.
inheems [ˈɪn-] *a.* [ɪnˈheːms] einheimisch.
inheien [ˈɪnhɛĭ(j)ə(n)] einrammen; *fig.* einpauken.
inhoud [ˈɪnhɑut] *m* Inhalt *m*; *korte ~* Zusammenfassung *f*.
inhouden [ˈɪnhɑudə(n)] (ent)halten; zurückhalten; unterdrücken; einhalten; anhalten; bezwingen; *hij kan zich niet langer ~* er kann nicht länger an sich halten, er kann sich nicht (mehr) beherrschen; *met ingehouden adem* mit angehaltenem Atem; *tranen ~* Tränen zurückhalten; *van het loon ~* vom Lohn einbehalten.
inhouds|maat [ˈɪnhɑutsmaːt] (*-maten*) *f* Hohlmaß *n*; **~opgave** [-ɔpxaːv̊ə] (*-n*) *f* Inhaltsverzeichnis *n*, Inhaltsangabe *f*.
inhouwen [ˈɪnhɑu(ʋ)ə(n)] einhauen, einhacken.
inhuldi|gen [ˈɪnhəldəɣ̊ə(n)] huldigen *D*; *etw.* (*A*) einweihen; **~ging** [-ɣ̊ɪŋ] *f* Huldigung *f*; (*Gebäude usw.*) Einweihung *f*; Eröffnungsfeierlichkeit *f*.
initiaal [iˑniˑsiˑˈ(j)aːl] (*-alen*) *f* Initiale *f*, Anfangsbuchstabe *m*.
initiatief [iˑniˑsiˑ(j)ɑˈtiːf] (*-tieven*) *n* Initiative *f*; *het ~ nemen* die Initiative ergreifen; *op ~ van* auf Anregung *G*.
in|jectie, ~jektie [iˑnˈjɛksiː] (*-s*) *f* Injektion *f*, Einspritzung *f*, Spritze *f*.
ink- *s. inc-*.
inkeer [ˈɪŋkeːr] *m* Einkehr *f*; Bekehrung *f*.
inkepen [ˈɪŋkeːpə(n)] einkerben, einschneiden.
inkerven [ˈɪŋkeˑrv̊ə(n)] einkerben.
inkijk [ˈɪnkɛĭk] *m* Einblick *m*; **~en** [-ə(n)] hereinsehen, hineinsehen; durchsehen.
inklaren [ˈɪnklaːrə(n)] deklarieren, verzollen.
inkleden [ˈɪnkleːdə(n)] einkleiden.
inklimmen [ˈɪnklɪmə(n)] hineinklettern; einsteigen.
inkom [ˈɪnkoˑm] *m* Eingang *m*; Anfang *m* (*e-r Ortschaft*).
inkomen[1] [ˈɪnkoːmə(n)] hereinkommen; *Bestellungen usw.*: eingehen; *daar komt niets van (in)* daraus wird nichts; *~de rechten* Einfuhrzölle *m/pl.*; *ingekomen post* Posteingang *m*.
inkomen[2] (*-s*) *n* Einkommen *n*, Gehalt *n*.
inkomst [ˈɪnkɔmst] *f* Einzug *m*.
inkomsten [ˈɪnkɔmstə(n)] *pl.* Ein-

künfte *pl.*; ~ *en uitgaven* Einnahmen und Ausgaben; **~belasting** [-bə-ˈlɑstɪŋ] *f* Einkommensteuer *f*.
inkoop [ˈɪŋko:p] (*-kopen*) *m* Einkauf *m*; ~ *doen* Einkäufe machen; **~(s)prijs** [-(s)prεĭs] (*-prijzen*) *m* Einkaufspreis *m*; **~rekening** [-re:-kənɪŋ] *f* (Einkaufs-)Rechnung *f*, Faktur *f*.
inkopen [ˈɪŋko:pə(n)] einkaufen; *gaan* ~ Einkäufe machen.
inkorten [ˈɪŋkɔrtə(n)] kürzen, kürzer machen; *Rede* abkürzen; *Macht* einschränken; *Rechte* schmälern.
inkrijgen [ˈɪnkrεĭɣ̂ə(n)] hereinbekommen, hineinbekommen.
inkrimpen [ˈɪnkrɪmpə(n)] *v/i* eingehen; (ein)schrumpfen; *Stoffe*: einlaufen; *v/t* einschränken; *Personal* abbauen; *v/r* sich einschränken, sich verringern.
inkruipen [ˈɪnkrəʏpə(n)] hereinkriechen, hineinkriechen; sich einschleichen.
inkt [ɪŋk(t)] *m* Tinte *f*; *Oostindische* (*Chinese*) ~ Tusche *f*; **~fles** [-flεs] (*-sen*) *f* Tintenflasche *f*; **~koker** [-ko:kər] (*-s*) *m* Tintenfaß *n*; **~lap** [-lɑp] (*-pen*) *m* Tintenwischer *m*; **~pot** [-pɔt] (*-ten*) *m* Tintenfaß *n*; **~vis** [-fɪs] (*-sen*) *m* Tintenfisch *m*; **~vlek** [-flεk] (*-ken*) *f* Tintenklecks *m*.
inkwartie|ren [ˈɪnkʋɑrti:rə(n)] einquartieren; **~ring** [-rɪŋ] *f* Einquartierung *f*.
inlaat [ˈɪnla:t] (*-laten*) *m* Einlaß *m*; Einlauf *m*; **~pijp** [-pεĭp] *f* Einlaßrohr *n*; **~ventiel** [-fənˈti:l] *n*; Einlaßventil *n*.
inladen [ˈɪnla:də(n)] verladen, einladen.
inland|er [ˈɪnlɑndər] (*-s*) *m* Einheimische(r) *m*; Eingeborene(r) *m*; **~s** [-s] inländisch, einheimisch.
inlas|sen [ˈɪnlɑsə(n)] einfügen, einschalten; **~sing** [-sɪŋ] *f* Einfügung *f*, Einschaltung *f*; (*Holz*) Intarsie *f*.
inlaten [ˈɪnla:tə(n)] einlassen, hereinlassen, hineinlassen; *v/r* sich einlassen (*met*/auf *etw.*, mit *j-m*); sich abgeben, sich befassen (mit).
inleg [ˈɪnlεx] *m* Einlage *f*; Einsatz *m*; (*Kleid*) Falte *f*, Umschlag *m*; **~boekje** [-bu·kjə] (*-s*) *n* Sparkassenbuch *n*; **~geld** [-xεlt] *n* Einlage *f*, Einsatz *m*; **~gen** [-ɣ̂ə(n)] einlegen; einnähen; einschlagen; *Obst usw.* einmachen; **~zool** [-so:l] (*-zolen*) *m* Einlegesohle *f*.
inlei|den [ˈɪnlεĭdə(n)] einleiten, einführen; **~der** [-dər] (*-s*) *m* Referent *m*; **~ding** [-dɪŋ] *f* Einleitung *f*, Einführung *f*.
inleveren [ˈɪnle:v̂ərə(n)] einliefern, abliefern; einreichen, einsenden.
inlich|ten [ˈɪnlɪxtə(n)] *j-m* Auskunft geben (*over*/über *A*); *j-n* unterrichten; **~ting** [-tɪŋ] *f* Aufschluß *m*, Auskunft *f*; Aufklärung *f*; ~*en inwinnen* Erkundigungen einziehen; *betrouwbare* ~*en* zuverlässige Auskünfte; **~tingsbureau** [-zby·ˈro·] (*-s*) *n* Auskunftsstelle *f*, Auskunftei *f*; Verkehrsbüro *n*; **~tingsdienst** [-zdi:nst] *m* Nachrichtendienst *m*.
inliggend [ˈɪnlɪɣ̂ənt] anbei, in der Anlage, beiliegend.
inlijsten [ˈɪnlεĭstə(n)] einrahmen.
inlij|ven [ˈɪnlεĭv̂ə(n)] einverleiben; *mil.* einteilen; **~ving** [-v̂ɪŋ] *f* Einverleibung *f*; *mil.* Einteilung *f*.
inloodsen [ˈɪnlo:tsə(n)] einlotsen.
inlopen [ˈɪnlo:pə(n)] einlaufen; *Rückstand* aufholen; *fig.* hereinfallen; *iemand er laten* ~ *fig.* j-n hereinlegen.
inlos|sen [ˈɪnlɔsə(n)] einlösen; **~sing** [-sɪŋ] *f* Einlösung *f*.
inluiden [ˈɪnləʏdə(n)] einläuten.
inmaak [ˈɪnma:k] *m* Einmachen *n*, Einlegen *n*; **~glas** [-ɣ̂lɑs] (*-zen*) *n* Einweckglas *n*; **~groente** [-xru:ntə] *f* eingemachtes Gemüse *n*.
inmen|gen [ˈɪnmεŋə(n)] (hin)einmengen, einmischen; **~ging** [-ɪŋ] *f* Einmischung *f*.
inmetselen [ˈɪnmεtsələ(n)] einmauern.
inmiddels [ɪnˈmɪdəls] unterdessen, inzwischen, mittlerweile.
innaaien [ˈɪna:ĭ(j)ə(n)] einnähen; *Buch* heften, broschieren.
innemen [ˈɪne:mə(n)] einnehmen; **~d** [-t] einnehmend, gewinnend.
inneming [ˈɪne:mɪŋ] *f* Einnahme *f*, Eroberung *f*.
innen [ˈɪnə(n)] einziehen, eintreiben, einkassieren; *Steuern* einnehmen.
innerlijk [ˈɪnərlək] innerlich; innere.
innig [ˈɪnəx] innig, herzlich; ~*e deelneming* innige Anteilnahme, inniges (herzliches) Beileid.
inning [ˈɪnɪŋ] *f* Einziehung *f*, Inkasso *n*; Einnahme *f*.

noogsten [ˈɪnoːxstə(n)] ernten, Ernte einbringen.

npakken [ˈɪnpɑkə(n)] einpacken, einwickeln; *fig. hij kan* ~ er muß verschwinden.

npalmen [ˈɪnpɑlmə(n)] sich aneignen, an sich reißen, einstecken; *iemand* ~ j-n für sich gewinnen, j-n betören.

npekelen [ˈɪnpeːkələ(n)] einpökeln.

npeperen [ˈɪnpeːpərə(n)] pfeffern; *iemand iets* ~ j-m etw. eintränken, vergelten.

npressen [ˈɪnprɛsə(n)] einpressen.

npikken [ˈɪnpɪkə(n)] F stibitzen, sich aneignen; *fig.* einfädeln.

nplanten [ˈɪnplɑntə(n)] einpflanzen.

npompen [ˈɪnpɔmpə(n)] einpumpen, (*a. fig.*) eintrichtern; *fig.* einpauken.

npraten [ˈɪnpraːtə(n)] einreden; *zich er* ~ F sich verplappern.

nprenten [ˈɪnprɛntə(n)] einprägen, einschärfen.

nproppen [ˈɪnprɔpə(n)] einpfropfen.

nqui|siteur [iˑnkʋiˑziˑˈtøːr] (*-s*) *m* Inquisitor *m*; **~sitie** [-ˈziːsiː] *f* Inquisition *f*.

nregenen [ˈɪnreːɣənə(n)] einregnen, hereinregnen.

nrekenen [ˈɪnreːkənə(n)] festnehmen, verhaften.

nrich|ten [ˈɪnrɪxtə(n)] einrichten, herrichten; regeln; **~ting** [-tɪŋ] *f* Einrichtung *f*; Anordnung *f*; (*Apparat*) Vorrichtung *f*; (*Gebäude*) Anstalt *f*; (*Apparatur*) Anlage *f*.

nrij [ˈɪnrɛi] *m* Einfahrt *f*; *verboden* ~ Einfahrt verboten; **~den** [-də(n)] (hin)einreiten; (hin)einfahren; *niet* ~*!* keine Einfahrt!, Einfahrt verboten!

nrijgen [ˈɪnrɛiɣə(n)] einschnüren.

nrijpoort [ˈɪnrɛipoːrt] *f* Einfahrtstor *n*.

nrit [ˈɪnrɪt] (*-ten*) *m* Einritt *m*; Einfahrt *f*.

nroepen [ˈɪnruˑpə(n)] hereinrufen; anrufen, herbeirufen; *hulp* ~ Hilfe in Anspruch nehmen.

nroesten [ˈɪnruːstə(n)] einrosten.

nrollen [ˈɪnrɔlə(n)] einrollen, hereinrollen, hineinrollen.

nruilen [ˈɪnrəʏlə(n)] eintauschen, umtauschen.

nrui|men [ˈɪnrəʏmə(n)] einräumen; **~ming** [-mɪŋ] *f* Einräumung *f*.

inrukken [ˈɪnrəkə(n)] einrücken; *ingerukt! mil.* weggetreten!

inschakelen [ˈɪnsxaːkələ(n)] einschalten.

inschenken [ˈɪnsxɛŋkə(n)] einschenken.

insche|pen [ˈɪnsxeːpə(n)] einschiffen; **~ping** [-pɪŋ] *f* Einschiffung *f*; **~pingskaart** [-pɪŋskaːrt] *f* Bordkarte *f*.

inscheuren [ˈɪnsxøːrə(n)] einreißen.

inschieten [ˈɪnsxitə(n)] einschießen; *Brot* einschieben; *er bij* ~ einbüßen, verlieren; *het leven er bij* ~ das Leben dabei einbüßen; *Sp. een bal* ~ e-n Ball einschießen; *daar schiet mij iets in* da fällt mir etw. ein.

inschikkelijk [ɪnˈsxɪkələk] nachgiebig, nachsichtig; **~heid** [-hɛit] *f* Nachgiebigkeit *f*.

inschrift [ˈɪnsxrɪft] *n* Inschrift *f*.

inschoppen [ˈɪnsxɔpə(n)] eintreten, einstoßen.

inschrijfgeld [ˈɪnsxrɛifxɛlt] *n* Einschreibegebühr *f*.

inschrij|ven [ˈɪnsxrɛiʋə(n)] einschreiben, eintragen; *Gepäck* aufgeben; (*Universität*) immatrikulieren; *op een lening* ~ e-e Anleihe zeichnen, subskribieren; **~ver** [-ʋər] (*-s*) *m* Submittent *m*; (*Anleihe*) Zeichner *m*, Subskribent *m*; *laagste* ~ Mindestfordernde(r) *m*; *hoogste* ~ Höchstbietende(r) *m*; **~ving** [-ʋɪŋ] *f* Einschreibung *f*, Eintragung *f*; Angebot *n*; Zeichnung *f*, Subskription *f*; (*Schule*) Anmeldung *f*; *verkoop bij* ~ Verkauf *m* durch Subskription; **~vingsbiljet** [-ʋɪŋzbɪljɛt] (*-ten*) *n* Anmeldeformular *n*, Zeichnungsformular *n*; **~vingskoers** [-ʋɪŋskuːrs] *m* Emissionskurs *m*; **~vingsprijs** [-ʋɪŋsprɛis] *m* Subskriptionspreis *m*.

inschroeven [ˈɪnsxruːʋə(n)] einschrauben.

inschuif|blad [ˈɪnsxəʏʋblɑt] *n* Einlegeblatt *n*; **~tafel** [-taːfəl] (*-s*) *f* Ausziehtisch *m*.

inschuiven [ˈɪnsxəʏʋə(n)] (hin)einschieben.

inscriptie *a.* **-skrip-** [ɪnsˈkriˑpsiː] (*-s*) *f* Inschrift *f*; Aufschrift *f*; Eintragung *f*, Anmeldung *f*.

insect *a.* **-sekt** [ɪnˈsɛkt] *n* Insekt *n*;

~eneter [-(n)e:tər] (-*s*) *m* Insektenfresser *m*; **~enpoeder** [-(n)pu·dər] (-*s*) *n* Insektenpulver *n*.
insgelijks ['ɪns-] *a*. [ɪnsxə'lɛiks] gleichfalls, ebenfalls.
insigne [i·n'si·njə] (-*s*) *n* Abzeichen *n*.
insijpelen ['ɪnsɛïpələ(n)] einsickern.
insinu|atie [i·nsi·ny·'(ʋ)a:si:] (-*s*) *f jur*. Zustellung *f*; Anzüglichkeit *f*; **~eren** [-'(ʋ)e:rə(n)] *jur*. zustellen; anzüglich werden.
inslaan ['ɪnsla:n] einschlagen, zerbrechen; *Ware, Güter* einkaufen, auf Vorrat nehmen; sich *mit Waren* versehen; *een straat* ~ in e-e Straße einbiegen.
inslag ['ɪnslɑx] *m* Einschlag *m*; Einkauf *m*; *schering en* ~ gang und gäbe.
inslapen ['ɪnsla:pə(n)] einschlafen.
inslepen ['ɪnsle:pə(n)] hereinschleppen, (hin)einschleppen.
inslikken ['ɪnslɪkə(n)] verschlucken, hinunterschlucken.
insluimeren ['ɪnsləʏmərə(n)] einschlummern.
insluipen ['ɪnsləʏpə(n)] hineinschlüpfen; sich einschleichen.
insluiten ['ɪnsləʏtə(n)] einschließen; umfassen; *e-m Brief* beifügen, beilegen; (*in e-n Raum*) einsperren.
insmelten ['ɪnsmɛltə(n)] einschmelzen, zusammenschmelzen.
insmeren ['ɪnsme:rə(n)] einschmieren.
insmijten ['ɪnsmɛïtə(n)] einwerfen, F einschmeißen.
insmokkelen ['ɪnsmɔkələ(n)] einschmuggeln.
insnij|den ['ɪnsnɛïdə(n)] einschneiden; **~ding** [-dɪŋ] *f* Einschnitt *m*.
insnuiven ['ɪnsnəʏv̊ə(n)] einatmen, einsaugen.
insol|vent [i·nsɔl'v̊ɛnt] insolvent, zahlungsunfähig; **~ventie** [-'v̊ɛnsi:] *f* Insolvenz *f*, Zahlungsunfähigkeit *f*.
inspan|nen ['ɪnspɑnə(n)] *Pferde* anspannen; *v/r* sich anstrengen; **~ning** [-nɪŋ] *f* Anspannen *n*; Anstrengung *f*.
inspec|teren *a*. **-spek-** [i·nspɛk-'te:rə(n)] inspizieren; besichtigen; beaufsichtigen; *mil*. mustern; *de erewacht* ~ die Front abschreiten; *een machine* ~ e-e Maschine nachsehen; **~teur** [-'tø:r] (-*s*) *m* Inspektor *m*; **~tie** [-'spɛksi:] (-*s*) *f* Inspektion *f*; Musterung *f*; Heerschau *f*; **~trice** [-'tri·sə] (-*s*) *f* Inspektorin *f*, Aufseherin *f*.
inspijkeren ['ɪnspɛïkərə(n) einnageln.
inspi|ratie [i·nspi·'ra:si:] (-*s*) *f* Inspiration *f*, Eingebung *f*; Anregung *f*; **~reren** [-'re:rə(n)] inspirieren (*tot iets*/*zu etw*.); anregen, begeistern.
inspraak ['ɪnspra:k] *f* Diskussion *f*, Mitspracherecht *n*.
inspreken ['ɪnspre:kə(n)] *j-m etw*. zusprechen; einflößen.
inspringen ['ɪnsprɪŋə(n)] hereinspringen, (hin)einspringen; (*Schreibmaschine*) *e-e* Zeile einrücken; *voor iemand* ~ für j-n eintreten; j-n vertreten.
inspui|ten ['ɪnspəʏtə(n)] einspritzen; **~ting** [-tɪŋ] *f* Einspritzung *f*, Spritze *f*, Injektion *f*.
instaan ['ɪnsta:n] einstehen, haften, bürgen (*voor*/für); verbürgen.
instal|latie [ɪnstɑ'la:si:] (-*s*) *f* Installation *f*; (*Apparatur*) Anlage *f*; **~leren** [-'le:rə(n)] installieren; anlegen; *in ein Amt* einsetzen; *Büro* einrichten.
instampen ['ɪnstɑmpə(n)] einstampfen; einpauken.
instandhouding [ɪn'stɑnthaudɪŋ] *f* Aufrechterhaltung *f*; Erhaltung *f*, Instandhaltung *f*.
instantie [ɪn'stɑnsi:] (-*s*) *f* Instanz *f*.
instappen ['ɪnstɑpə(n)] einsteigen, zusteigen.
insteken ['ɪnste:kə(n)] (hin)einstekken; *Faden* einfädeln.
instel|len ['ɪnstɛlə(n)] einsetzen, festsetzen; stiften; beginnen, einleiten, einführen; *Prozeß* anstrengen; *Trinkspruch* ausbringen; **~ling** [-lɪŋ] *f* Einsetzung *f*; Einrichtung *f*; (*Gebäude*) Institut *n*, Anstalt *f*; (*Foto*) Einstellung *f*.
instem|men ['ɪnstɛmə(n)] einstimmen; zustimmen; beitreten; **~ming** [-mɪŋ] *f* (*met*) Übereinstimmung *f* (mit *D*); Zustimmung *f* (zu *D*), Beifall *m*.
instijgen ['ɪnstɛïɣ̊ə(n)] einsteigen.
instinct, *a*. **-stinkt** [ɪn'stɪŋkt] *n* Instinkt *m*; **~matig** [-'ma:təx] instinktiv.
instituut [ɪnsti·'ty:t] (-*tuten*) *n* Institut *n*, Anstalt *f*.

instoppen [ˈɪnstɔpə(n)] hineinstopfen.
instormen [ˈɪnstɔrmə(n)] hereinstürmen, (hin)einstürmen.
instor|ten [ˈɪnstɔrtə(n)] zusammenstürzen; hereinstürzen, (hin)einstürzen; **~ting** [-tɪŋ] *f* Einsturz *m*; Rückfall *m* (*bei Krankheit*).
instoten [ˈɪnsto:tə(n)] (hin)einstoßen.
instromen [ˈɪnstro:mə(n)] hereinströmen, (hin)einströmen.
instruc|teur *a.* **-struk-** [ɪnstrəkˈtø:r] (*-s*) *m* Instrukteur *m*; Lehrer *m*; **~tie** [ɪnˈstrəksi:] (*-s*) *f* Instruktion *f*, Unterricht *m*; Belehrung *f*; Unterweisung *f*; Vorschrift *f*; Voruntersuchung *f*, Beweisaufnahme *f*; *rechter van ~* Untersuchungsrichter *m*; **~tief** [-ˈti:f] instruktiv, belehrend.
instrument [ɪnstryˑˈmɛnt] *n* Instrument *n*; Werkzeug *n*; **~aal** [-ˈa:l] instrumental; **~enbord** [-(n)-bɔrt] *n* Armaturenbrett *n*.
instuderen [ˈɪnstyˑde:rə(n)] einstudieren, einüben.
instuif [ˈɪnstəʏf] (*-stuiven*) *m* geselliger Abend *m*; zwangloser Empfang *m*.
intact *a.* **-takt** [ɪnˈtɑkt] intakt, unverletzt.
inteelt [ˈɪnte:lt] *f* Inzucht *f*.
integendeel [ɪnˈte:ɣə(n)de:l] im Gegenteil.
integraalrekening [ɪnteˑˈɣra:lreˑkənɪŋ] *f* Integralrechnung *f*.
inte|gratie [ɪnteˑˈɣra:si:] *f* Integration *f*; Vereinigung *f*; Zusammengehen *n*; **~greren** [-ˈɣre:rə(n)] integrieren; vereinigen; ergänzen; *~d deel* wesentlicher Bestandteil.
inteke|naar [ˈɪnte:kəna:r] (*-s u. -naren*) *m* Subskribent *m*, Zeichner *m*; **~nen** [-nə(n)] subskribieren, zeichnen; **~ning** [-nɪŋ] *f* Subskription *f*, Zeichnung *f*; **~nlijst** [-(n)lɛist] *f* Subskriptionsliste *f*; Sammelliste *f*.
intel|lect *a.* **~lekt** [ɪntəˈlɛkt] *n* Intellekt *m*; **~lectueel** *a.* **~lek-** [-lɛktyˑˈ(ʋ)e:l] intellektuell; geistig; verstandesmäßig; **~ligent** [-liˑˈɣɛnt] intelligent, vernünftig; **~ligentie** [-liˑˈɣɛnsi:] *f* Intelligenz *f*; Einsicht *f*.
intendant [ɪntənˈdɑnt] *m* Intendant *m*; Verwalter *m*.
intens [ɪnˈtɛns], **~ief** [-i:f] intensiv; stark; **~iteit** [-iˑˈtɛit] *f* Intensität *f*, Heftigkeit *f*.
intercommunaal *a.* **-kom-** [ɪntərkɔmyˑˈna:l] interkommunal; *~ gesprek* Ferngespräch *n*.
interen [ˈɪnte:rə(n)] verzehren; *zijn kapitaal ~* das Kapital einbüßen (angreifen).
interes|sant [ɪntərɛˈsɑnt] interessant; **~se** [-sə] *n* Interesse *n*; **~seren** [-ˈse:rə(n)] interessieren.
int(e)rest [ˈɪntrɛst] *m* Zinsen *m/pl.*; Interesse *n*; *samengestelde ~* Zinseszinsen *m/pl.*; *~ opbrengen* Zinsen bringen; *met vaste ~* festverzinslich.
interieur [ɪntəriˑˈ(j)ø:r] (*-s*) *n* Interieur *n*; Innere(s) *n*; Innenansicht *f*.
interim [ˈɪntərɪm] (*-s*) *n* Interim *n*; **~air** [-ˈɛ:r] interimistisch.
interlandwedstrijd [ɪntərˈlɑntʋɛtstrɛit] *m* Ländertreffen *n*, Länderspiel *n*, Länderkampf *m*.
interlinie [ɪntərˈlɪni:] (*-s*) *f Typ.* Durchschuß *m*.
intermezzo [ɪntərˈmɛdzo:] (*-'s*) *n* Intermezzo *n*.
intern [ɪnˈtɛrn] intern; *~e geneeskunde* innere Medizin; **~aat** [-ˈna:t] (*-naten*) Internat *n*, Schülerheim *n*.
internationaal [ɪntərnɑ(t)siˑɔˈna:l] international; *~nale wedstrijd* Länderkampf *m*, Länderspiel *n*.
interne|ren [ɪntərˈne:rə(n)] internieren; **~ring** [-rɪŋ] *f* Internierung *f*; **~ringskamp** [-rɪŋskɑmp] *n* Internierungslager *n*.
internist [ɪntərˈniˑst] *m* Internist *m*, Facharzt *m* für innere Krankheiten.
interpel|latie [ɪntərpəˈla:si:] (*-s*) *f* Interpellation *f*, Anfrage *f*, Zwischenfrage *f*; *een ~ richten tot e-e* Anfrage richten an *A*; **~leren** [-ˈle:rə(n)] interpellieren, anfragen, e-e Anfrage richten an *A*.
interplanitair [ɪntərplɑniˑˈtɛ:r] interplanetarisch, Weltraum-; *~e vlucht* Weltraumflug *m*.
interpo|latie [ɪntərpɔˈla:si:] (*-s*) *f* Interpolation *f*; **~leren** [-ˈle:rə(n)] interpolieren, einschieben.
interpre|tatie [ɪntərprəˈta:si:] (*-s*) *f* Interpretation *f*, Deutung *f*, Auslegung *f*; **~teren** [-ˈte:rə(n)] interpretieren, auslegen.
inter|punctie, **~punktie** [ɪntərˈpəŋksi:] *f* Interpunktion *f*, Zeichensetzung *f*.

interregnum [ɪntər'rɛxnəm] (*-s u. -regna*) *n* Interregnum *n*.

interruptie [ɪntə'rəpsi:] (*-s*) *f* Unterbrechung *f*; Zwischenruf *m*.

interval [ɪntər'vɑl] (*-len*) *n* Intervall *n*; Zwischenraum *m*; kurze Pause (Unterbrechung).

interview ['ɪntər-] *a.* [ɪntər'v̊ju:] (*-s*) *n* Interview *n*; **~en** [ɪntər'v̊ju:(ʊ)ə(n)] interviewen.

interzonentrein [ɪntər'zo:nə(n)-trɛĭn] *m* Interzonenzug *m*.

intiem [ɪn'ti:m] intim, vertraut.

intijds [ɪn'tɛĭts] (recht)zeitig; frühzeitig.

intimideren [ɪnti·mi·'de:rə(n)] einschüchtern.

intimiteit [ɪnti·mi·'tɛĭt] *f* Intimität *f*, Vertraulichkeit *f*.

intimus ['ɪnti·məs] (*-timi*) *m* vertrauter Freund, Intimus *m*.

intocht ['ɪntɔxt] *m* Einzug *m*.

intolerant [ɪnto·lə'rɑnt] intolerant, unduldsam.

intomen ['ɪnto:mə(n)] zügeln.

intoneren [ɪnto·'ne:rə(n)] intonieren, anstimmen.

intransitief [ɪntrɑnzi·'ti:f] *Gr.* intransitiv.

intrappen ['ɪntrɑpə(n)] eintreten; *Sp.* ins Tor schießen; *fig. er ~ auf etw.* hereinfallen.

intrede ['ɪntre:də] *f* Eintritt *m*; Einzug *m*; (*Amt*) Antritt *m*; **~n** [-ə(n)] eintreten.

intrek ['ɪntrɛk] *m* absteigen, einkehren; Wohnung nehmen; **~baar** [-ba:r] einziehbar; **~ken** [-ə(n)] (hin)einziehen; annulieren, aufheben; widerrufen; **~king** [-kɪŋ] *f* Einziehen *n*; Zurücknahme *f*; Widerruf *m*; Aufhebung *f*.

intri|gant [ɪntri·'ɣ̊ɑnt] *m* Intrigant *m*; **~ge** [ɪn'tri:ɣ̊ə] (*-s*) *f* Intrige *f*; *pl.* Ränke *pl.*; (*Drama*) Knoten *m*, Verwicklung *f*; **~geren** [-'ɣ̊e:rə(n)] intrigieren.

intrinsiek [ɪntri·n'si·k] wesentlich, innerlich.

intro|duceren [ɪntro·'dy·se:rə(n)] einleiten, einführen; **~ductie** *a.* **~duk-** [-'dəksi:] (*-s*) *f* Introduktion *f*, Einführung *f*; Empfehlung *f*.

intuïtie [ɪnty·'(ʊ)i·(t)si:] (*-s*) *f* Intuition *f*; *uit* (*bij*) *~* durch Intuition, intuitiv.

intussen [ɪn'təsə(n)] inzwischen; indessen, unterdessen.

invaart ['ɪnv̊a:rt] *f* Einfahrt *f*.

inval ['ɪnv̊ɑl] (*-len*) *m* Einfall *m*.

invali|de [ɪnv̊ɑ'li:də] (*-n*) *m u. f* Invalide *m*; Kriegsbeschädigte(r *m*) *f*; Arbeitsunfähige(r *m*) *f*; *Adj.* invalide; arbeitsunfähig, dienstunfähig; **~diteit** [-di·'tɛĭt] *f* Invalidität *f*.

inval|en ['ɪnv̊ɑlə(n)] einfallen; *Mus.* einsetzen; *Tauwetter*: eintreten; *Gebäude*: einstürzen; *Nacht*: hereinbrechen; *voor iemand ~* für j-n einspringen, j-n vertreten; **~ler** [-ər] (*-s*) *m* Vertreter *m*; *Sp.* Ersatzmann *m*.

invaren ['ɪnv̊a:rə(n)] (hin)einfahren.

invasie [ɪn'v̊a:zi:] (*-s*) *f* Invasion *f*.

inven|taris [ɪnv̊ən'ta:rəs] (*-sen*) *m* Inventar *n*; *de ~ opmaken* den Bestand aufnehmen, Inventur machen; **~tariseren** *a.* **-zeren** [-tɑri·'ze:rə(n)] inventarisieren, den Bestand aufnehmen.

inversie [ɪn'v̊ɛrsi:] (*-s*) *f Gr.* Inversion *f*.

inves|teren [ɪnv̊ɛs'te:rə(n)] investieren, Geld anlegen; **~tering** [-ɪŋ] *f* Investition *f*; **~tituur** [-ti·'ty:r] (*-turen*) *f* Investitur *f*.

invetten ['ɪnv̊ɛtə(n)] einfetten, ölen.

invi|tatie [ɪnv̊i·'ta:si:] (*-s*) *f* Einladung *f*; **~teren** [-'te:rə(n)] einladen.

invlechten ['ɪnv̊lɛxtə(n)] einflechten.

invliegen ['ɪnv̊li:ɣ̊ə(n)] hereinfliegen, (hin)einfliegen; *er ~* hereinfallen.

invloed ['ɪnv̊lu·t] *m* Einfluß *m*.

invloeien ['ɪnv̊lu·ĭ(j)ə(n)] hereinfließen, (hin)einfließen.

invoer ['ɪnv̊u:r] *m* Einfuhr *f*, Import *m*; Einführung *f*; **~en** [-ə(n)] einführen, importieren; **~handel** [-hɑndəl] *m* Importhandel *m*; **~heffing** [-hɛfɪŋ] *f* Importabgabe *f*; **~rechten** [-rɛxtə(n)] *pl.* Einfuhrzölle *m/pl.*

invorder|baar ['ɪnv̊ɔrdərba:r] eintreibbar, einziehbar; **~en** [-ə(n)] eintreiben, einziehen; **~ing** [-ɪŋ] *f* Einziehung *f*, Eintreibung *f*.

invreten ['ɪnv̊re:tə(n)] sich einfressen.

invrijheidstelling [ɪn'v̊rɛĭhɛĭt-stɛlɪŋ] *f* Entlassung *f*, Freilassung *f*.

invul|len ['ɪnvələ(n)] ausfüllen; *Datum, Namen* eintragen; *Satz* ergänzen; **~ling** [-ɪŋ] *f* Ausfüllung *f*; Ergänzung *f*.

inwaarts [ˈɪnʋaːrts] einwärts, nach innen.
inwachten [ˈɪnʋɑxtə(n)] entgegensehen *D*; *aanbiedingen worden ingewacht* Angebote sind einzureichen.
inwendig [ˈɪnʋɛndəx] inwendig, innen, von innen.
inwer|ken [ˈɪnʋɛrkə(n)] einwirken (*op*/auf *A*); *zich ~ in* sich in *etw.* (*A*) einarbeiten; **~king** [-kɪŋ] *f* Einwirkung *f*; **~kingtreding** [ɪnˈʋɛrkɪŋtreːdɪŋ] *f* Inkrafttreten *n*.
inwerpen [ˈɪnʋɛrpə(n)] (hin)einwerfen.
inweven [ˈɪnʋeːv̊ə(n)] einweben.
inwij|den [ˈɪnʋɛĭdə(n)] einweihen; **~ding** [-dɪŋ] *f* Einweihung *f*; feierliche Eröffnung *f*.
inwikke|len [ˈɪnʋɪkələ(n)] einwickeln, einhüllen; verwickeln; **~ling** [-lɪŋ] *f* Einwicklung *f*; Einhüllung *f*.
inwilli|gen [ˈɪnʋɪləɣ̊ə(n)] einwilligen; gewähren, genehmigen, bewilligen; *een verzoek* (*bede*) *~* e-r Bitte entsprechen; **~ging** [-ɣ̊ɪŋ] *f* Einwilligung *f*; Bewilligung *f*, Genehmigung *f*; Zustimmung *f*.
inwinnen [ˈɪnʋɪnə(n)]: *inlichtingen ~* Erkundigungen einziehen; *advies ~* sich Rat holen; ein Gutachten einholen; *verloren tijd ~* (verlorene) Zeit wieder einbringen.
inwisselen [ˈɪnʋɪsələ(n)] umtauschen, (ein)wechseln; *Kupons* einlösen.
inwo|nen [ˈɪnʋoːnə(n)]: *~ bij* bei *j-m* wohnen; **~ner** [-nər] (*-s*) *m* Einwohner *m*; Mitbewohner *m*; **~ning** [-nɪŋ] *f* Wohnung *f*; Bewohnen *n*; *kost en ~* Unterkunft und Verpflegung *f*.
inwortelen [ˈɪnʋɔrtələ(n)] einwurzeln.
inzage [ˈɪnzaːɣ̊ə] (*-n*) *f* Einsicht *f*, Durchsicht *f*; Kenntnisnahme *f*; *ter ~* zur Ansicht, zur Einsicht.
inzak|ken [ˈɪnzɑkə(n)] einsinken, einstürzen; zusammenbrechen; **~king** [-ɪŋ] *f* Einsinken *n*; Einsturz *m*.
inzame|len [ˈɪnzaːmələ(n)] (ein-)sammeln; **~ling** [-lɪŋ] *f* (Ein-)Sammlung *f*, Kollekte *f*.
inzege|nen [ˈɪnzeːɣ̊ə(n)] einsegnen, einweihen; *Ehepaar* trauen; **~ning** [-nɪŋ] *f* Einsegnung *f*, Einweihung *f*; Trauung *f*.
inzen|den [ˈɪnzɛndə(n)] einsenden; *ingezonden stuk* Einsendung *f*, Sendung *f*; **~der** [-dər] (*-s*) *m* Einsender *m*; **~ding** [-dɪŋ] *f* Einsendung *f*; (*Zeitschrift usw.*) Beitrag *m*; (*Ausstellung*) Beschickung *f*.
inzepen [ˈɪnzeːpə(n)] einseifen.
inzet [ˈɪnzɛt] (*-ten*) *m* Einsatz *m*, Einlage *f*; (*Versteigerung*) Erstgebot *n*, Angebot *n*; **~ten** [-ə(n)] einsetzen; (an)bieten; *Lied* anstimmen; **~ting** [-ɪŋ] *f* Einsetzen *n*; Satzung *f*.
inzicht [ˈɪnzɪxt] *n* Einsicht *f*; Verständnis *n*; (*Meinung*) Ansicht *f*; *tot ~ komen* zur Einsicht gelangen; *tot ander ~ komen* zu e-r anderen Ansicht (Meinung) kommen.
inzien [ˈɪnziːn] durchsehen, hereinsehen, (hin)einsehen; anerkennen; *iemand iets doen ~* j-m etw. klarmachen; *mijns ~s* meines Erachtens, meiner Ansicht nach; *bij nader ~* bei näherer Betrachtung *f*.
inzin|ken [ˈɪnzɪŋkə(n)] einsinken; (*Krankheit*) *e-n* Rückfall bekommen; **~king** [-kɪŋ] *f* Einsinken *n*; (*Boden, Straße*) Einsenkung *f*; (*Krankheit*) Rückfall *m*; *Sp.* Schwäche *f*, Zusammenbruch *m*.
inzonderheid [ɪnˈzɔndərhɛĭt] insbesondere; besonders, namentlich, hauptsächlich.
inzouten [ˈɪnzɑutə(n)] einsalzen.
inzuigen [ˈɪnzəʏɣ̊ə(n)] einsaugen.
inzwelgen [ˈɪnzʋɛlɣ̊ə(n)] verschlingen.
ion [ˈiˑ(j)oˑn] *n* Ion *n*; **~ensplitsing** [-ə(n)splɪtsɪŋ] *f* Ionenspaltung *f*; **~ent(h)eorie** [-ə(n)teˑoˑriː] *f* Ionentheorie *f*.
Ionisch [iˑˈ(j)oˑniˑs] ionisch; *~e Zee* Ionisches Meer; *~e stijl* ionischer Stil.
Iraaks [iˑˈraːks], *a.* **Irakees** irakisch.
Iraans [iˑˈraːns] iranisch.
Irak [iˑˈrɑk] *n* Irak *m*; **~iër** [iˑˈraːkiˑ(j)ər] (*-s*) *m* Iraker *m*.
Iran [iˑˈrɑn] *n* Iran *m*; **~iër** [iˑˈraːniˑ(j)ər] (*-s*) *m* Iraner *m*, Perser *m*.
iris [ˈiˑrɪs] (*-sen*) *f* (*Auge*) Iris *f*; (*Blume*) Schwertlilie *f*.
iro|nie [iˑroˑˈniː] *f* Ironie *f*; **~nisch** [iˑˈroˑniˑs] ironisch; **~niseren** *a.* **-zeren** [-niˑˈzeːrə(n)] ironisieren.
irrationeel [iˑrɑsiˑ(j)ɔˈneːl] irrational; irrationell, vernunftwidrig, unbegreiflich.

irreëel [i·re·ˈ(j)e:l] irreal, unwirklich.
irrigatie [i·ri·ˈɣa:si:] (*-s*) *f Med.* Irrigation *f*; Bewässerung *f*, Berieselung *f*; **~werk** [-ʋɛrk] *n* Bewässerungsanlage *f*, Berieselungsanlage *f*.
irriteren [i·ri·ˈte:rə(n)] reizen, irritieren.
is [ɪs] *s. zijn.*
islam [ˈɪslɑm] *a.* [ɪsˈla:m] *m* Islam *m*; **~iet** [-ˈmi·t] *m* Islamit *m*; **~itisch** [-ˈmi·ti·s] islamitisch.
isobaar [i·zo·ˈba:r] (*-baren*) *m* Isobare *f*.
iso|latie [ɪzo·ˈla:si:] (*-s*) *f* Isolierung *f*, Isolation *f*; **~latielint** [-ˈla:si·lɪnt] *n* Isolierband *n*; **~lator** [-ˈla:tɔr] (*-en u. -s*) *m* Isolator *m*; **~leren** [-ˈle:rə(n)] isolieren.
Israël [ˈɪsra:ɛl] *n* Israel *n*; **~i** [ɪsra·ˈe·li·] (*-'s*) Israeli *m*; **~iet** [-ˈi·t] *m* Israelit *m*, Jude *m*; **~isch** [ɪsra·ˈe:li·s] israelisch; **~itisch** [-ˈi·ti·s] israelitisch, jüdisch.
istmus [ˈɪstməs] (*-sen*) *m* Isthmus *m*, Landenge *f*.
Istrië [ˈɪstri·(j)ə] *n* Istrien *n*.
Ital|iaan [i·tɑlˈja:n] (*-ianen*) *m* Italiener *m*; **~iaans** [-ˈja:ns] italienisch; *Su. n* Italienisch *n*; **~iaanse** [-ˈja:nsə] (*-n*) *f* Italienerin *f*; **~ië** [i·ˈta:l(j)ə] *n* Italien *n*.
italieken [i·tɑˈli·kə(n)] *pl. Typ.* Kursivschrift *f*.
ivoor [i·ˈvo:r] *m u. n* Elfenbein *n*; **~draaier** [-dra:ĭ(j)ər] (*-s*) *m* Elfenbeindrechsler *m*.
Ivoorkust [i·ˈvo:rkəst] *f* Elfenbeinküste *f*.
ivoren [i·ˈvo:rə(n)] elfenbeinern; Elfenbein-; ~ *toren fig.* Elfenbeinturm *m*.
Iza(a)k [ˈi·za:(ɑ)k] *m* Isaak *m*.
izabelkleurig *a.* **isa-** [i·zɑˈbɛlklø:rəx] isabellfarbig, bräunlichgelb.

J

ZIE OOK **Y**

j, J [je:] (*j's*) *f* j, J *n*.
ja [ja:] ja.
jaag|lijn ['ja:xlɛĭn] *f* Treidelleine *f*; **~weg** [-ʋɛx] *m* Treidelweg *m*, Treidepfad *n*.
Jaap¹ [ja:p] *m* Jakob *m*.
jaap² (*japen*) *m* F Schmiß *m*, Schnitt *m*, Schmarre *f*.
jaar [ja:r] (*jaren*) *n* Jahr *n*; *~ in ~ uit* jahraus, jahrein; *~ op ~* Jahr für Jahr; *van ~ tot ~* von Jahr zu Jahr; *om de twee ~* alle zwei Jahre, jedes zweite Jahr; *hij is reeds op jaren* er ist schon bei Jahren; *verleden ~* voriges Jahr; *van verleden ~* letztjährig; *van dit ~* diesjährig; *toekomend(e)* (*volgend*) *~* nächstes Jahr; *op zijn twintigste ~* mit zwanzig Jahren; *over een ~* in e-m Jahr; *binnen een ~* innerhalb e-s Jahres.
jaar|beurs ['ja:rbø:rs] (*-beurzen*) *f* Messe *f*; **~boek** [-bu·k] *n* Jahrbuch *n*; **~dag** [-dɑx] *m* Jahrestag *m*; **~feest** [-fe:st] *n* Jahresfeier *f*; **~gang** [-ɣɑŋ] *m* Jahrgang *m*; **~getijde** [-ɣətɛĭdə] (*-n*) *n* Jahreszeit *f*; **~kring** [-krɪŋ] *m* Jahr *n*; Jahresring *m* (*des Baumes*).
jaarlijks ['ja:rləks] (all)jährlich; *~e balans* Jahresbilanz *f*; *~ inkomen* Jahreseinkommen *n*.
jaar|markt ['ja:rmɑr(k)t] *f* Jahrmarkt *m*; **~tal** [-tɑl] [-tɑl] (*-len*) *n* Jahreszahl *f*; **~telling** [-tɛlɪŋ] *f* Zeitrechnung *f*; **~verslag** [-v̥ərslɑx] *n* Jahresbericht *m*; **~wedde** [-ʋɛdə] (*-n*) *f* Jahresgehalt *n*.
jabot [ʒɑ'bo:] (*-s*) *m u. n* Jabot *n*.
jabroer ['ja:bru:r] (*-s*) *m* Jasager *m*.
jacht¹ [jɑxt] *n mar.* Jacht *f*.
jacht² *f* Jagd *f*; **~akte** [-ɑktə] (*-n u. -s*) *f* Jagdschein *m*; **~bommenwerper** [-bɔmə(n)ʋɛrpər] (*-s*) *m* Jagdbomber *m*.
jachten ['jɑxtə(n)] eilen; treiben; hetzen.
jacht|gebied ['jɑxtxəbi:t] *n* Jagdrevier *n*; **~geweer** [-xəʋe:r] (*-weren*) *n* Jagdgewehr *n*.
jachthaven ['jɑxtha:v̥ə(n)] (*-s*) *f* Jachthafen *m*.
jacht|hond ['jɑxthɔnt] *m* Jagdhund *m*; **~hoorn** *a.* **~horen** [-ho:rə(n)] *m* Jagdhorn *n*.
jachtig ['jɑxtəx] rastlos, hitzig.
jacht|misdrijf ['jɑxtmɪzdrɛĭf] (*-drijven*) *n* Jagdfrevel *m*; **~opziener** [-ɔpsi:nər] (*-s*) *m* Jagdaufseher *m*, Wildhüter *m*; **~partij** [-pɑrtɛĭ] *f* Jagd *f*; **~recht** [-rɛxt] *n* Jagdrecht *n*; **~reservaat** [-rəzɛr'v̥a:t] (*-vaten*) *n* Jagdrevier *n*.
jachtsneeuw ['jɑxtsne:ŭ] *f* Schneegestöber *n*.
jacht|stoet ['jɑxtstu·t] *m* Jagdgefolge *n*; **~tijd** [-tɛĭt] *m* Jagdzeit *f*; *gesloten jacht(tijd)* Schonzeit *f*; **~vliegtuig** [-fli:xtəyx] *n* Jagdflugzeug *n*; **~wachter** [-ʋɑxtər] (*-s*) *m* Jagdaufseher *m*.
jachtwiel ['jɑxtʋi:l] *n* Schwungrad *n*.
jacquet [ʒɑ'kɛt] (*-s u. -ten*) *n u. f* Jackett *n*, Cut *m*.
jagen¹ ['ja:ɣə(n)] (*jaagde, gejaagd*) jagen, auf der Jagd sein.
jagen² (*joeg, gejaagd*) fortjagen, hetzen, treiben; eilen; *op de vlucht ~* in die Flucht jagen (schlagen); *op kosten ~* in Kosten stürzen; *iemand de schrik op het lijf ~* j-m e-n Schrecken einjagen; *geld er door* (*erdoor*) *~* Geld verschwenden; *een wetsvoorstel erdoor* (*er door*) *~* e-e Gesetzesvorlage durchpeitschen.
jager ['ja:ɣər] (*-s*) *m* Jäger *m*; **~meester** [-me:stər] (*-s*) *m* Jägermeister *m*; **~slatijn** [-slatɛĭn] *n* Jägerlatein *n*.
jaguar ['ja·ɣu·(ʋ)ɑr] *m* Jaguar *m*.
jak¹ [jɑk] (*-ken*) *n* Jacke *f*.
jak² *m* (*Büffel*) Jak *m*.
jakhals ['jɑkhɑls] (*-halzen*) *m* Schakal *m*.
jakkeren ['jɑkərə(n)] hetzen, jagen.
jaknikker ['ja:knɪkər] (*-s*) *m* Jasager *m*.

Jakob ['ja:kɔb] *m* Jakob *m*.
jakobijn *a.* **-co-** [jako·'bɛĭn] *m* Jakobiner *m*.
jaloers [ja·'lu:rs] neidisch, eifersüchtig; **~heid** [-hɛĭt] *f* Eifersucht *f*.
jaloezie [ja·lu·'zi:] (*-ën*) *f* Jalousie *f*, Rolladen *m*.
jam [ʒɑm] (*-s*) *m u. f* Marmelade *f*.
jambe ['jɑmbə] (*-n*) *f* Jambus *m*.
jammer ['jɑmər] *n u. m* Jammer *m*; *het is ~* es ist schade; **~en** [-ə(n)] jammern, wehklagen; **~geschrei** [-ɣəsxrɛĭ] *n* Jammergeschrei *n*; **~klacht** [-klɑxt] *f* Wehklage *f*; **~lijk** [-lək] jämmerlich.
Jan [jɑn] *m* Johann *m*, Hans *m*; *St.-~* Johanni(s), Johannistag *m*, Johannisfest *n*; *de grote ~ uithangen* prahlen, angeben; *voor ~ en alleman* für Hinz und Kunz.
jan|boel ['jɑnbu:l] *m* Lotterwirtschaft *f*; **~hagel** [-ha:ɣəl] *n* Pöbel *m*, Lumpenpack *n*.
janken ['jɑŋkə(n)] winseln, heulen; F maulen.
janklaassen [-'kla:sə(n)] (*-s*) *m* Hanswurst *m*; **~spel** [-'kla:sə(n)-spɛl] (*-len*) *n* Kasperletheater *n*.
janmaat [jɑn'ma:t] (*-s*) *m* Matrose *m*, Seemann *m*.
janplezier [jɑnplə'zi:r] (*-en u. -s*) *m* Kremser *m*.
jansalie [jɑn'sa:li:] (*-s*) *m* Schlafmütze *f*.
jantje ['jɑntjə] (*-s*) *n* Matrose *m*.
januari [jɑny·'(ʋ)a:ri·] *m* Januar *m*.
Japan [ja:'pɑn] *n* Japan *n*; **~nees** [-'ne:s] (*-nezen*) *m*, **~ner** [-'pɑnər] (*-s*) *m* Japaner *m*; **~s** [-s] japanisch; *Su. n* Japanisch *n*; *~e zee* Japanisches Meer; **~se** [-sə] (*-n*) *f* Japanerin *f*.
japon [ja·'pɔn] (*-nen*) *m* Kleid *n*.
jarenlang ['ja:rə(n)lɑŋ] jahrelang, Jahre hindurch.
jargon [ʒɑr'ɣɔ̃:] (*-s*) *n* Jargon *m*; Rotwelsch *n*, Gaunersprache *f*.
jarig ['ja:rəx]: *ik ben ~* ich habe Geburtstag; *de ~e* das Geburtstagskind.
jarretel(le) [ʒɑr'tɛl] (*-s*) *f* Strumpfhalter *m*.
jas [jɑs] (*-sen*) *m u. f* Mantel *m*; Rock *m*; Jacke *f*; *geklede ~* Gehrock *m*; **~je** ['jɑʃe·] (*-s*) *n* Jacke *f*, Sakko *m u. n*; **~zak** [-sɑk] (*-ken*) *m* Manteltasche *f*, Jackentasche *f*.
jasmijn [jɑs'mɛĭn] *f* Jasmin *m*.
jaspis ['jɑspəs] (*-sen*) *n u. m* Jaspis *m*.
jassehanger ['jɑsəhɑŋər] (*-s*) Kleiderbügel *m*.
jassen ['jɑsə(n)] *v/i* (*Kartenspiel*) jassen; *v/t* Kartoffeln schälen.
jatten ['jɑtə(n)] F klauen, stibitzen.
Ja|va ['ja:ṽa·] *n* Java *n*; **~vaan** [-'va:n] (*-vanen*) *m* Javaner *m*; **~vaans** [-ṽa:ns] javanisch.
jawoord ['ja:ʋo:rt] *n* Jawort *n*.
jazzband [dʒɑzbɑnt] *m* Jazzband *f*.
je [jə] du, dir, dich; euch; Sie, Ihnen; dein; Ihr; ihr.
jegens ['je:ɣəns] gegen (*A*), gegenüber (*D*).
Jehova [je·'ho:ṽɑ] *m* Jehova *m*.
jekker ['jɛkər] (*-s*) *m* Joppe *f*.
jelui [jə'lœy] *s. jullie*.
jenever [jə'ne:ṽər] (*-s*) *m* Genever *m*; Schnaps *m*, Branntwein *m*; **~bes** [-bɛs] (*-sen*) *f* Wacholderbeere *f*; **~glas** [-ɣlɑs] (*-glazen*) *n* Schnapsglas *n*; **~stokerij** [-sto:kə'rɛĭ] *f* Branntweinbrennerei *f*, Schnapsbrennerei *f*; **~struik** [-strœyk] *m* Wacholder *m*.
jeremiade [je·rəmi·'(j)a:də] (*-s u. -n*) *f* Klagelied *n*.
Jeruzalem [je·'ru:za·lɛm] *n* Jerusalem *n*.
jeugd [jø:xt] *f* Jugend *f*; **~beweging** [-bəʋe:ɣɪŋ] *f* Jugendbewegung *f*; **~herberg** [-hɛrbɛrx] *f* Jugendherberge *f*; **~herberghouders** [-hɛrbɛrxhɑudərs] *pl.* Herbergseltern *pl.*; **~ig** [-əx] jugendlich; **~werk** [-ʋɛrk] *n* Jugendarbeit *f*; **~zorg** [-sɔrx] *f* Jugendfürsorge *f*, Jugendpflege *f*.
jeuk [jø:k] *m* Jucken *n*; **~en** [-ə(n)] jucken; *fig. zijn vingers ~* er wird ungeduldig.
jezuïet [jəz'ʋi·t] *m* Jesuit *m*; **~enorde** [-ənɔrdə] *f* Jesuitenorden *m*, Gesellschaft *f* Jesu.
Jezus ['je:zəs] *m* Jesus *m*.
jicht [jɪxt] *f* Gicht *f*; **~lijder** [-lɛĭdər] (*-s*) *m* Gichtkranke(r) *m*.
jij [jɛĭ] du; **~en** [-ə(n)] duzen; *~ en jouen* duzen.
Job [jɔp] *m* Hiob *m*, Job *m*.
jobs|bode ['jɔbzbo:də] (*-n u. -s*) *m* Hiobsbote *m*; **~tijding** [-tɛĭdɪŋ] Hiobsbotschaft *f*.
Jochem ['jɔxəm] *m* Joachim *m*.
joch(ie) ['jɔx(i:)] (*-s*) *n* Bub *m*, Knirps *m*.
jockey ['ʒɔki·] (*-s*) *m* Jockei *m*.

jodelen ['jo:dələ(n)] jodeln.
joden|buurt ['jo:də(n)by:rt] *f* Judenviertel *n*; **~dom** [-dɔm] *n* Judentum *n*; **~vervolging** [-v̇ərv̇ɔlɣɪŋ] *f* Judenverfolgung *f*; **~wijk** [-ʋɛĭk] *f* Judenviertel *n*.
jodium ['jo:di·(j)əm] *n* Jod *n*; **~tinctuur** *a*. **-tink-** [-tɪŋkty:r] *f* Jodtinktur *f*.
jokken ['jɔkə(n)] lügen; scherzen.
jol [jɔl] (*-len*) *f* Jolle *f*.
jolig ['jo:ləx] lustig, heiter; **~heid** [-hɛĭt] *f* Lustigkeit *f*, Heiterkeit *f*.
jong [jɔŋ] jung; jugendlich; *Su*. *n* Junge(s) *n*, junges Tier; *van ~s af* von jung auf, von Jugend an; *~ in jaren* jung an Jahren.
jonge|dame [jɔŋə'da:mə] (*-s*) *f* (junges) Mädchen *n*; **~dochter** [-'dɔxtər] (*-s*) *f* Jungfrau *f*; **~heer** [-'he:r] (*-heren*) *m* junge(r) Herr; **~juffrouw** [-'jəfrɑŭ] *f* Fräulein *n*.
jongeling ['jɔŋəlɪŋ] *m* Jüngling *m*; **~schap** [-sxɑp] *f* Jugend *f*; **~sjaren** [-sja:rə(n)] *pl*. Jünglingsjahre *n/pl*.
jongelui [jɔŋə'ləʏ] *pl*. junge Leute *pl*.
jongeman [jɔŋə'mɑn] (*-nen*) *m* Junggeselle *m*.
jongen[1] ['jɔŋə(n)] (*Tiere*) jungen, Junge werfen.
jongen[2] (*-s*) *m* Junge *m*, Knabe *m*; *fig. oude ~!* F altes Haus!
jongens|achtig ['jɔŋəsɑxtəx] jungenhaft; **~school** [-sxo:l] (*-scholen*) *f* Knabenschule *f*; **~streek** [-stre:k] (*-streken*) *m u. f* Knabenstreich *m*; **~zot** [-sɔt] (*-ten*) *f* verliebter Backfisch.
jong|gehuwd ['jɔŋɣəhy·ʋt] neuvermählt; **~gezel** [-ɣəzɛl] (*-len*) *m* Junggeselle *m*; **~maatje** [-'ma:tjə] (*-s*) *n* Lehrling *m*; Jungmatrose *m*; **~mens** [-mɛns] (*kein pl.*) *n* junge(r) Mann.
jongstleden [jɔŋst'le:də(n)]: *~ zondag* vorigen Sonntag, am letzten Sonntag; *de 3de maart ~* am 3. März dieses Jahres.
jonk [jɔŋk] *m u. f* Dschunke *f*.
jonker ['jɔŋkər] (*-s*) *m* Junker *m*; *mil*. Kadett *m*, Fahnenjunker *m*.
jonkheer ['jɔŋkhe:r] (*-heren*) *m* Junker *m*; (*Titel*) Freiherr *m*.
jonkheid ['jɔŋkhɛĭt] *f* Jugendzeit *f*, Jugend *f*.
jonkman ['jɔŋkmɑn] (*-s*) *m* junge(r) Mann; Junggeselle *m*.
jonkvrouw ['jɔŋkfrɑŭ] *f* Jungfrau *f*; (*Titel*) Freiin *f*, Freifräulein *n*; Fräulein *n* von ...; **~elijk** [-ələk] jungfräulich.
jood [jo:t] (*joden*) *m* Jude *m*; **~s** [-s] jüdisch.
Joost [jo:st] *m* Justus *m*; *dat mag ~ weten* das weiß der Teufel.
Joris ['jo:rəs] *m* Georg *m*, Jürgen *m*, Jörg *m*.
jota ['jo:ta] (*-'s*) *f* Jota *n*.
jou [jɑŭ] dich, dir.
journaal [ʒu·r'na:l] (*-nalen*) *n* Journal *n*, Tagebuch *n*; Tagesschau *f*; Wochenschau *f*.
journa|list [ʒu·rnɑ'li·st] *m* Journalist *m*; **~listiek** [-lɪs'ti·k] *f* Journalistik *f*, Zeitungswissenschaft *f*.
jouw [jɑŭ] dein.
jouwen ['jɑŭə(n)] schreien; schimpfen.
jovi|aal [ʒo·v̇i·'(j)a:l] jovial, leutselig; lustig, heiter; **~aliteit** [-a·li·'tɛĭt] *f* Jovialität *f*; Heiterkeit *f*.
Jozef ['jo:zɛf] *m* Joseph *m*, Josef *m*.
jubel ['jy:bəl] (*kein pl.*) *m* Jubel *m*; **~en** [-ə(n)] jubeln, jauchzen; **~feest** [-fe:st] *n* Jubelfeier *f*, Jubiläumsfeier *f*; **~jaar** [-ja:r] (*-jaren*) *n* Jubeljahr *n*; **~kreet** [-kre:t] (*-kreten*) *m* Jauchzer *m*, Jubelruf *m*; **~zang** [-zɑŋ] *m* Jubelgesang *m*.
jubi|laris [jy·bi·'la:rəs] (*-sen*) *m* Jubilar *m*; **~leren** [-'le:rə(n)] jubilieren; **~leum** [-'le:(j)əm] (*-s u. -lea*) *n* Jubiläum *n*.
juchtle(d)er ['jəxtle:dər] *od*. [-le:r] *n* Juchtenleder *n*, Juchten *n*.
Judas[1] ['jy·dɑs] *m* Judas *m*.
judas[2] (*-sen*) *m* Piesacker *m*, Peiniger *m*; **~kus** [-kəs] (*-sen*) *m fig*. Judaskuß *m*; **~sen** [-ə(n)] F piesacken, zwiebeln.
Judea [jy·'de:(j)a·] *n* Judäa *n*.
juf [jəf] (*-s u. fen*) *f* Fräulein *n*; **~fer** [-fər] (*-s u. -en*) *f* Fräulein *n*, Jungfrau *f*.
juffershondje ['jəfərshɔntjə] (*-s*) *n* Schoßhündchen *n*.
juffrouw ['jəfrɑŭ] *f* (*Anrede*) Fräulein *n*.
juich|en ['jəʏxə(n)] jauchzen, jubeln; **~kreet** [-kre:t] (*-kreten*) *m* Jauchzer *m*.
juist [jəʏst] richtig; gerade, genau, recht; **~heid** [-hɛĭt] *f* Richtigkeit *f*.
juk [jək] (*-ken*) *n* Joch *n*; **~been** [-be:n] (*-deren u. -benen*) *n* Jochbein *n*.

juke-box ['dʒu:kbɔks] *f* Musikbox *f.*
juli ['jy:li·] *m* Juli *m.*
jullie ['jəli·] ihr, euch; Sie, Ihnen; euer.
jungle ['ʒəŋəl] (*-s*) *f* Dschungel *m.*
juni ['jy:ni·] *m* Juni *m.*
junior ['jy·ni·ɔr] junior; *Su.* (*-en u. -es*) *m* der Jüngere; **~es** *pl.* Junioren *pl.*, Jungmannschaft *f.*
juridisch [jy·'ri·di·s] juristisch.
jurisdictie *a.* **-dik-** [jy·rɪs'di·ksi:] (*-s u. -ën*) *f* Jurisdiktion *f*, Gerichtsbarkeit *f*, Rechtsprechung *f.*
jurist [jy·'ri·st] *m* Jurist *m*, Rechtsgelehrte(r) *m.*
jurk [jərk] *f* Kleid *n*, Kleidchen *n.*
jury ['ʒy:ri·] (*-'s*) *f* Jury *f*; Schwurgericht *n*; *Sp.* Kampfgericht *n*; **~lid** [-lɪt] (*-leden*) *n* Geschworene(r) *m*; *Sp.* Kampfrichter *m.*
jus [ʒy·] *m* Soße *f*; Brühe *f*; **~kom** [-kɔm] (*-men*) *f* Soßenschüssel *f.*
justitie [jy·s'ti·(t)si:] *f* Justiz *f*, Gericht *n*; Justizbehörde *f*; *ministerie van ~* Justizministerium *n*; *officier van ~* Staatsanwalt *m*; *paleis van ~* Justizpalast *m*, Gerichtshof *m.*
Jut [jət] *m* Jobst *m.*
jute ['jy·tə] *f* Jute *f*; **~garen** [-ɣa:rə(n)] (*-s*) *n* Jutegarn *n*; **~zak** [-zɑk] (*-ken*) *m* Jutesack *m.*
Jutland ['jətlɑnt] *n* Jütland *n*; **~er** [-ər] (*-s*) Jütländer *m*, Jüte *m*; **~s** [-s] jütländisch.
juttepeer ['jətəpe:r] (*-peren*) *f* Butterbirne *f.*
ju|weel [jy·'ʋe:l] (*-welen*) *n* Juwel *n*, Kleinod *n*; **~welendoosje** [-'ʋe:lə(n)do:ʃə] (*-s*) *n*, **~welenkistje** [-'ʋe:lə(n)kɪʃə] (*-s*) *n* Juwelenkästchen *n*; **~welier** [-ʋə'li:r] (*-s*) *m* Juwelier *m*, Juwelenhändler *m*; **~welierswinkel** [-ʋə'li:rsʋɪŋkəl] (*-s*) *m* Juweliergeschäft *n.*

K

ZIE OOK C *EN* Q

k, K [ka·] (*k's*) *f*, k, K *n*.

kaai [ka:ĭ] *f*, *a*. **ka**(**de**) (*kaden*) *f* Kai *m*; **~geld** [-ɣɛlt] *n* Kaigeld *n*, Kaigebühr *f*.

kaaiman [ˈka:ĭmɑn] (*-s u. -nen*) *m* Kaiman *m*, Alligator *m*.

kaak¹ [ka:k] (*kaken*) *f* Pranger *m*, Schandpfahl *m*; *aan de ~ stellen* an den Pranger stellen.

kaak² *f* Kiefer *m*, Kinnlade *f*; Wange *f*; *met beschaamde kaken staan* beschämt dastehen; **~been** (*a*. **kaaks-, kake-**) [-be:n] (*-deren u. -benen*) *n* Kinnlade *f*; Backenknochen *m*.

kaakje [ˈka:kjə] (*-s*) *n* Keks *m u. n*.

kaakslag [ˈka:kslɑx] *m* Backpfeife *f*, Backenstreich *m*.

kaal [ka:l] kahl; *fig*. nackt, bloß; arm; schäbig; *een kale jas* ein abgetragener Rock; *een kale meneer* ein armer Schlucker, ein schäbiger Kerl; *een kale boel* e-e armselige Wirtschaft; **~hoofdig** [-ˈho:v̊dəx] kahlköpfig; **~kop** [-kɔp] (*-pen*) *m* Kahlkopf *m*.

kaan¹ [ka:n] (*kanen*) *f* Griebe *f*.

kaan² *f* Kahn *m*.

kaap [ka:p] (*kapen*) *f* Kap *n*; *Kaap de Goede Hoop* Kap der Guten Hoffnung.

Kaapstad [ˈka:pstɑt] *f* Kapstadt *n*.

kaapstander [ˈka:pstɑndər] (*-s*) *m mar*. Gangspill *n*, Schiffswinde *f*, Ankerwinde *f*.

kaar [ka:r] (*karen*) *f* Fischkasten *m*, Fischbehälter *m*.

kaard|(**e**) [ˈka:rdə] (*-[e]n*) *f* Karde *f*, Kardätsche *f*, Kratze *f*; **~en** [-(n)] kratzen, kämmen, kardätschen.

kaars [ka:rs] *f* Kerze *f*, Licht *n*; **~licht** [-lɪxt] *n* Kerzenlicht *n*; **~recht** [-rɛxt] kerzengerade; **~vet** [-fɛt] *n* Talg *m*, Stearin *n*.

kaart [ka:rt] *f* Karte *f*; *de ~en schudden* die Karten mischen; *met open ~en spelen fig*. mit offenen Karten spielen; *doorgestoken ~* abgekartetes Spiel; *in jemands ~en spelen fig*. j-m *etw*. in die Hände spielen; **~en** [-ə(n)] Karten spielen.

kaarten|**bak** [ˈka:rtə(n)bɑk] (*-ken*) *m* Kartothek *f*, Kartei *f*, Karteikasten *m*; **~huis** [-hɶʏs] (*-huizen*) *n* Kartenhaus *n*.

kaartje [ˈka:rtjə] (*-s*) *n* Eintrittskarte *f*; Fahrschein *m*, Fahrkarte *f*; Visitenkarte *f*; *een ~ nemen* e-e Fahrkarte lösen; *een ~ leggen* ein Spielchen machen; **~sknipper** [-sknɪpər] (*-s*) *m* (*Zange*) Fahrkartenlocher *m*; (*Person*) Schaffner *m*.

kaart|**legster** [ˈka:rtlɛxstər] (*-s*) *f* Kartenlegerin *f*; **~spel** [-spɛl] *n* Kartenspiel *n*; **~speler** [-spe:lər] (*-s*) *m* Kartenspieler *m*; **~systeem** [-si·ste:m] (*-temen*) *n* Kartothek *f*, Kartei *f*.

kaas [ka:s] (*kazen*) *m* Käse *m*; *hij laat zich de ~ niet van het brood eten fig*. er läßt sich die Butter nicht vom Brot nehmen; **~achtig** [-ɑxtəx] käseartig, käsig; **~boer** [-bu:r] *m* Käsehändler *m*; **~handel** [-hɑndəl] *m* Käsehandel *m*.

kaasjeskruid [ˈka:ʃəskrɶʏt] *n* Malve *f*.

kaas|**korst** [ˈka:skɔrst] *f* Käserinde *f*; **~lucht** [-lɵxt] *f* Käsegeruch *m*; **~markt** [-mɑr(k)t] *f* Käsemarkt *m*; **~stolp** [-stɔlp] *f* Käseglocke *f*; **~winkel** [-ʋɪŋkəl] (*-s*) *m* Käseladen *m*.

Kaatje [ˈka:tjə] *n* Käthe *f*, Käthchen *n*.

kaats|**baan** [ˈka:dzba:n] (*-banen*) *f* Ballspielplatz *m*; Ballhaus *n*; **~bal** [-bɑl] (*-len*) *m* Schlagball *m*; **~en** [-ə(n)] Ball spielen; **~er** [-ər] (*-s*) *m* Ballspieler *m*; **~net** [-nɛt] (*-ten*) *n* (Ball-)Netz *n*; **~spel** [-spɛl] *n* Ballspiel *n*.

kabaal [kɑˈba:l] *n* Lärm *m*, Radau *m*.

kabbelen [ˈkɑbələ(n)] rieseln; plätschern; *Milch*: gerinnen.

kabel ['ka:bəl] (*-s*) *m* Kabel *n*; **~baan** [-ba:n] (*-banen*) *f* Drahtseilbahn *f*; **~ballon** [-balɔn] (*-s*) *m* Fesselballon *m*.
kabeljauw [ka·bəl'jau] *m* Kabeljau *m*.
kabel|lengte ['ka:bəlɛŋtə] (*-n u. -s*) *f* Kabellänge *f*; **~spoor** [-spo:r] (*-sporen*) *n* Drahtseilbahn *f*; **~telegram** [-te·ləɣram] (*-men*) *n* Kabeltelegramm *n*; **~touw** [-tau] *n* Kabeltau *n*.
kabinet [kabi·'nɛt] (*-ten*) *n* Kabinett *n*; Sammlung *f*; Galerie *f*; Schrank *m*; Toilette *f*; **~scrisis** *a.* **-kri-** [-kri·zəs] (*-sen u. -crises*) *f* Kabinettskrise *f*; **~skwestie** [-skʋɛsti:] (*-s*) *f* Kabinettsfrage *f*.
kabouter [ka'bautər] (*-s*) *m* Heinzelmännchen *n*; Kobold *m*; *fig.* Knirps *m*, Zwerg *m*.
kachel ['kaxəl] (*-s*) *f* Ofen *m*; **~pijp** [-pɛĭp] *f* Ofenrohr *n*.
kadaster [ka'dastər] *n* Kataster *m u. n*, Grundbuch *n*; Katasteramt *n*, Grundbuchamt *n*.
kadas|traal [kadas'tra:l] Kataster-, Grundbuch-; ~ *inkomen* Mietwert *m*; **~treren** [-'tre:rə(n)] katastrieren, ins Grundbuch eintragen.
kader ['ka:dər] (*-s*) *n* Kader *m*; Rahmen *m*; **~wet** [-ʋɛt] (*-ten*) *f* Rahmengesetz *n*.
kadetje [ka'dɛtjə] (*-s*) *n* Semmel *f*, Brötchen *n*.
kadi ['ka:di·] (*-'s*) *m* Kadi *m*.
kaf [kaf] *n* Spreu *f*.
kaffer ['kafər] (*-s*) *m* Kaffer *m*.
kaft [kaft] *n u. f* Umschlag *m*.
kaftan ['kaftan] (*-s*) *m* Kaftan *m*.
kaften ['kaftə(n)] *ein Buch* einschlagen.
kajuit [ka·'jəʏt] *f* Kajüte *f*, Kabine *f*; **~klasse** [-klasə] *f* Kabinenklasse *f*.
kak [kak] *m* Kot *m*, Dreck *m*.
kakelaar ['ka:kəla:r] (*-s*) *m* Schwätzer *m*; **~ster** [-stər] (*-s*) *f* Plapperliese *f*, Schwätzerin *f*.
kakelbont ['ka:kəlbɔnt] kunterbunt, buntscheckig.
kakelen ['ka:kələ(n)] *Hühner*: gakkern; *fig.* schwatzen, plappern.
kaken ['ka:kə(n)] *Heringe* kaaken, kehlen.
kaketoe [kakə'tu:] (*-s*) *m* Kakadu *m*.
kakkerlak ['kakərlak] (*-ken*) *m* Kakerlak *m*, Schabe *f*.

kalander [ka'landər] (*-s*) *m* Kornwurm *m*, Kornkäfer *m*.
kalebas [kalə'bas] (*-sen*) *f* Kalebasse *f*.
kalender [ka'lɛndər] (*-s*) *m* Kalender *m*; **~jaar** [-ja:r] (*-jaren*) *n* Kalenderjahr *n*.
kalf [kalf] (*kalveren*) *n* Kalb *n*; *een onnozel* ~ ein Einfaltspinsel *m*.
kal(e)fat(er)en [kal'fa:t(ər)ə(n)] kalfatern, (ab)dichten; *fig.* deichseln.
kalfs|biefstuk ['kalv̂zbi·fstøk] (*-ken*) *m* Kalbssteak *n*; **~fricassee** *a.* **-kas-** [-fri·kase:] (*-s*) *f* Kalbsfrikassee *n*; **~leer** [-le:r] *n* Kalbsleder *n*; **~leren** [-le:rə(n)] *Adj.* kalbsledern; **~oester** [-u·stər] (*-s*) *f* Kalbsschnitzel *n*; **~vlees** [-fle:s] *n* Kalbfleisch *n*; **~zwezerik** [-sʋe:zərɪk] *m* Kalbsdrüse *f*, Kalbsmilch *f*.
kaliber [ka'li·bər] (*-s*) *n* Kaliber *n*; *fig.* Sorte *f*; Schlag *m*.
ka|lief [ka:'li:f] *m* Kalif *m*; **~lifaat** [-li·'fa:t] *n* Kalifat *n*.
kalk [kalk] *m* Kalk *m*, Mörtel *m*; **~achtig** [-axtəx] kalkartig; **~bak** [-bak] (*-ken*) *m* Kalktrog *m*, Mörteltonne *f*; **~branderij** [-brandə'rɛĭ] *f* Kalkbrennerei *f*; Kalkofen *m*; **~en** [-ə(n)] kalken, (über)tünchen; verputzen; **~kuil** [-kəʏl] *m* Kalkgrube *f*.
kalkoen [kal'ku·n] *m* Truthahn *m*, Puter *m*; *~se haan* Truthahn *m*; *~se hen* Pute *f*.
kalk|oven ['kalko:v̂ə(n)] (*-s*) *m* Kalkofen *m*; **~water** [-ʋa:tər] *n* Kalkwasser *n*, Kalkmilch *f*.
kalli|graaf *a.* **cal-** [kali·'ɣra:f] (*-grafen*) *m* Kalligraph *m*; **~grafie** [-ɣra·'fi:] (*-ën*) *f* Kalligraphie *f*.
kalm [kalm] ruhig, still; gelassen; **~eren** [-'e:rə(n)] beruhigen; *Schmerz* lindern; **~pjes** [-pjəs] ruhig, gemächlich; ~ *aan!* nur langsam!; *de markt is maar* ~ der Markt ist flau; **~te** [-tə] *f* Ruhe *f*, Gelassenheit *f*; *zijn* ~ *verliezen* die Fassung verlieren.
kalot [ka'lɔt] (*-ten*) *f* Käppchen *n*.
kam [kam] (*-men*) *m* Kamm *m*; (*Geige*) Steg *m*; *fijne* ~ Staubkamm *m*.
kameel [ka'me:l] (*-melen*) *m* Kamel *n*; **~drijver** [-drɛĭv̂ər] (*-s*) *m* Kameltreiber *m*.
kameleon [ka·'me:-] *a.* [ka·me·le·'jɔn] (*-s*) *n u. m* Chamäleon *n*

kamenier [ka·mə'ni:r] (*-s*) *f* Zofe *f*.

kamer ['ka:mər] (*-s*) *f* Zimmer *n*, Stube *f*, Kammer *f*; *donkere* ~ Dunkelkammer *f*; ~ *van koophandel* Handelskammer *f*; *op* ~*s wonen* möbliert wohnen; *de* ~ *doen* das Zimmer (reine)machen; *de* ~ *houden* das Zimmer hüten; *de* ~ *van afgevaardigden* das Abgeordnetenhaus.

kameraad [kamə'ra:t] (*-raden u. -s*) *m* Kamerad *m*, Gefährte *m*; Gefährtin *f*; Genosse *m*; **~schappelijk** [-'sxapələk] kameradschaftlich.

kamer|arrest ['ka:mərarɛst] *n* Stubenarrest *m*; **~concert** *a.* **~konconcert** [-kɔnsɛrt] *n* Kammerkonzert *n*; **~deur** [-dø:r] *f* Zimmertür *f*, Stubentür *f*; **~dienaar** [-di:na:r] (*-naren u. -s*) *m* Kammerdiener *m*; **~gymnastiek** [-gi·mnasti·k] *f* Zimmergymnastik *f*; **~heer** [-he:r] (*-heren*) *m* Kammerherr *m*; **~huur** [-hy:r] (*-huren*) *f* Zimmermiete *f*; **~meisje** [-mɛiʃə] (*-s*) *n* Zimmermädchen *n*; **~plant** [-plant] *f* Zimmerpflanze *f*; **~pot** [-pɔt] (*-ten*) *m* Nachttopf *m*; **~zanger** [-zaŋər] (*-s*) *m* Kammersänger *m*.

kamfer ['kamfər] *m* Kampfer *m*; **~lucht** [-lœxt] *f* Kampfergeruch *m*; **~olie** [-o·li:] *f* Kampferöl *n*.

kamgaren ['kamɣa:rə(n)] *n* Kammgarn *n*.

kamille [ka'mɪlə] (*-n*) *f* Kamille *f*; **~t(h)ee** [-te:] *m* Kamillentee *m*.

kammen ['kamə(n)] kämmen; *Pferd* striegeln.

kamp[1] [kamp] *n* Lager *n*.

kamp[2] *m* Kampf *m*, Gefecht *n*.

kampanje [kam'panjə] (*-s*) *f mar.* Kampanje *f*; Kampagne *f*.

kampeerder [kam'pe:rdər] (*-s*) *m* Camper *m*.

kampeer|kaart [kam'pe:rka:rt] *f* Campingausweis *m*; **~terrein** [-tɛrɛin] *n* Zeltplatz *m*, Campingplatz *m*; **~wagen** [-ʋa:ɣə(n)] (*-s*) *m* Wohnwagen *m*.

kampen ['kampə(n)] kämpfen.

kamperen [kam'pe:rə(n)] lagern, kampieren; zelten.

kamperfoelie [kampər'fu·li:] (*-s*) *f* Geißblatt *n*.

kampioen [kampi·'ju:n] *m Sp.* Meister *m*; Kämpfer *m*; **~schap** [-sxap] (*-pen*) *n Sp.* Meisterschaft *f*.

kampvechter ['kampfɛxtər] (*-s*) *m* Kämpfer *m*.

kampvuur ['kampfy:r] (*-vuren*) *n* Lagerfeuer *n*.

kam|rad ['kamrat] (*-eren*) *n* Kammrad *n*; **~wol** [-ʋɔl] *f* Kammwolle *f*.

kan[1] [kan] *s. kunnen*; *'t kan verkeren fig.* das Blatt kann sich wenden.

kan[2] (*-nen*) *f* Kanne *f*, Krug *m*; *het is in* ~*nen en kruiken* es ist geregelt, es ist unter Dach und Fach.

kanaal [ka'na:l] (*-nalen*) *n* Kanal *m*; *het Kanaal* der Ärmelkanal; **~vak** [-vak] (*-ken*) *n* Kanalabschnitt *m*.

Kanaän ['ka:na·an] *n* Kanaan *n*.

kanali|satie *a.* **~zatie** [kanali·'za:si:] (*-s*) *f* Kanalisation *f*; **~seren** *a.* **~zeren** [-'ze:rə(n)] kanalisieren.

kanarie [ka'na:ri:] (*-s*) *m* Kanarienvogel *m*.

kandelaar ['kandəla:r] (*-s u. -laren*) *m* Leuchter *m*.

kandelaber *a.* **can-** [kandə'la:bər] (*-s*) *m* Kandelaber *m*.

kandi|daat *a.* **can-** [kandi·'da:t] (*-daten*) *m* Kandidat *m*; Prüfling *m*; Anwärter *m*, Bewerber *m*; ~ *in de rechten* Kandidat der Rechte (cand. jur.); **~daat-notaris** [-nɔ'ta:rəs] (*-sen*) *m* Notariatskandidat *m*; **~datuur** [-da'ty:r] (*-turen*) *f* Kandidatur *f*.

kaneel [ka'ne:l] *m u. n* Zimt *m*; **~stokje** [-stɔkjə] (*-s*) *n* Zimtstange *f*.

kangoeroe ['kaŋgu·ru·] (*-s*) *m* Känguruh *n*.

kanjer ['kanjər] (*-s*) *m* F Prachtexemplar *n*; Kerl *m*, Riese *m*; *Sp.* Bombenschuß *m*.

kanker ['kaŋkər] *m* Krebs *m*; Krebsschaden *m*; **~achtig** [-axtəx] krebsartig; **~bestrijding** [-bəstrɛidɪŋ] *f* Krebsbekämpfung *f*.

kankeren ['kaŋkərə(n)] nörgeln, quengeln.

kankergezwel ['kaŋkərɣəzʋɛl] (*-len*) *n* Krebsgeschwulst *f*.

kannibaal [kani·'ba:l] (*-balen*) *m* Kannibale *m*; **~s** [-s] kannibalisch.

kano ['ka:no·] (*-'s*) *m* Kanu *n*; Paddelboot *n*, Faltboot *n*.

kanon [ka'nɔn] (*-nen*) *n* Kanone *f*, Geschütz *n*; **~nade** [-'na:də] (*-s*) *f* Kanonade *f*; **~neerboot** [-'ne:rbo:t] (*-boten*) *m u. f* Kanonenboot *n*; **~nevlees** [-əvle:s] *n fig.* Kanonenfutter *n*; **~nier** [-ˈni:r] (*-s*) *m* Kanonier *m*; **~schot** [-sxɔt] *n* Kanonenschuß *m*; **~vuur** [-v̊y:r] *n* Geschützfeuer *n*.

kans [kɑns] *f* Gelegenheit *f*, Möglichkeit *f*; Chance *f*; Aussicht *f*; *er is veel ~ ...* es ist wahrscheinlich; *de ~ waarnemen* die Gelegenheit wahrnehmen; *iemand een ~ geven* j-m e-e Chance geben; *niet de minste ~ hebben* aussichtslos sein; *de ~en berekenen* die Möglichkeiten erwägen; *een verkeken ~* e-e verpaßte Gelegenheit.

kansel [ˈkɑnsəl] (*-s*) *m* Kanzel *f*; **~arij** [-a·ˈrɛi̯] *f* Kanzlei *f*; **~ier** [-ˈi:r] (*-en u. -s*) *m* Kanzler *m*; **~rede** [-re:də] (*-s*) *f* Kanzelrede *f*, Predigt *f*.

kans|rekening [ˈkɑnsre:kənɪŋ] *f* Wahrscheinlichkeitsrechnung *f*; **~spel** [-spɛl] *n* Hasardspiel *n*, Glücksspiel *n*.

kant¹ [kɑnt] *Adj.*: *~ en klaar* fix und fertig.

kant² *f* Spitzen *f/pl.*

kant³ *m* Seite *f*; Kante *f*, Rand *m*; Ufer *n*; *van alle ~en* von allen Seiten, allerseits; *aan deze en aan gene ~* hüben und drüben; *dat raakt ~ noch wal* das hat weder Sinn noch Verstand; *zich van ~ maken* Hand an sich legen, sich umbringen; *van vaders ~* väterlicherseits; *iets aan ~ doen* etw. erledigen; *van de ~ van* seitens *G.*

kanteel [kɑnˈte:l] (*-telen*) *n* Zinne *f*.

kantelen [ˈkɑntələ(n)] kanten; (um-) stürzen, (um)kippen; *niet ~!* nicht stürzen!

kanten [ˈkɑntə(n)] *Adj.* aus Spitzen, Spitzen-; *~ (hals)kraag m* Spitzenkragen *m*.

kantig [ˈkɑntəx] kantig, eckig.

kantine *a.* **can-** [kɑnˈti·nə] (*-s*) *f* Kantine *f*.

kantje [ˈkɑntjə] (*-s*) *n* Rändchen *n*; *op het ~ af* mit knapper Not.

kanton [kɑnˈtɔn] (*-s*) *n* Bezirk *m*; Kanton *m*; **~gerecht** [-ɣ̊ərɛxt] *n* Amtsgericht *n*; **~naal** [-ˈa:l] *Adj.* Bezirks-, Kreis-; **~nier** [-ˈni:r] (*-s*) *m* Wegwärter *m*, Straßenaufseher *m*; **~rechter** [-rɛxtər] (*-s*) *m* Amtsrichter *m*.

kantoor [kɑnˈto:r] (*-toren*) *n* Kontor *n*, Büro *n*, Geschäftszimmer *n*; **~bediende** [-bədi:ndə] (*-n u. -s*) *m u. f* Kontorist(in *f*) *m*, Angestellte(r *m*) *f*; **~behoeften** [-bəhu:ftə(n)] *pl.* Bürobedarf *m*; **~gebouw** [-ɣ̊əbaŭ] *n* Bürogebäude *n*; **~tijd** [-tɛĭt] *m*, **~uren** [-y:rə(n)] *pl.* Dienststunden *f/pl.*, Geschäftszeit *f*; **~werk** [-ʋɛrk] *n* Kontorarbeit *f*, Büroarbeiten *f/pl.*

kantspeler [ˈkɑntspe:lər] (*-s*) *m Sp.* Rechtsaußen *m*, Linksaußen *m*.

kanttekening [ˈkɑntte:kənɪŋ] *f* Randbemerkung *f*, Randglosse *f*.

kantwerk [ˈkɑntʋɛrk] *n* Spitzenarbeit *f*; **~ster** [-stər] (*-s*) *f* (Spitzen-)Klöpplerin *f*.

kanunnik [kɑˈnønək] *m* Kanoniker *m*, Kononikus *m*; Domherr *m*, Chorherr *m*.

kap¹ [kɑp] (*-pen*) *f* Kappe *f*; Mütze *f*, Kapuze *f*; (*Haus*) Dachstuhl *m*; (*Motor*) Haube *f*; (*Auto*) Dach *n*, Verdeck *n*; Decke *f*; (*Lampe*) Schirm *m*; (*Stiefel*) Stulpe *f*; *op mijn ~* auf meine Rechnung; *op iemands ~ zitten* j-n dauernd belästigen (kritisieren).

kap² *m* Schlag *m*, Hieb *m*; **~blok** [-blɔk] (*-ken*) *n* Hackblock *m*.

kapdoos [ˈkɑbdo:s] (*-dozen*) Toilettenkasten *m*.

kapel¹ [kɑˈpɛl] (*-len*) *f* Kapelle *f*.

kapel² *f u. m* Falter *m*, Schmetterling *m*.

kapelaan [kɑpəˈla:n] (*-s*) *m* Kaplan *m*.

kapelmeester [kɑˈpɛlme:stər] (*-s*) *m* Kapellmeister *m*.

ka|pen [ˈka:pə(n)] kapern; *fig.* stibitzen; **~per** [-pər] (*-s*) *m* Kaper *m*; *fig.* Dieb *m*; **~perschip** [-pərsxɪp] (*-schepen*) *n* Kaperschiff *n*.

kapitaal¹ [kɑpi·ˈta:l] *Adj.* kapital, großartig, bedeutend; *kapitale vergissing* Hauptirrtum *m*, Hauptfehler *m*.

kapitaal² (*-talen*) *n* Kapital *n*; **~belegging** [-bəlɛɣ̊ɪŋ] *f* Kapitalanlage *f*; **~krachtig** [-ˈkrɑxtəx] kapitalkräftig; **~vlucht** [-v̊løxt] *f* Kapitalflucht *f*; **~vorming** [-v̊ɔrmɪŋ] *f* Kapitalbildung *f*.

kapita|liseren *a.* **-zeren** [kɑpi·tɑli·ˈze:rə(n)] kapitalisieren; **~lisme** [-ˈli·smə] *n* Kapitalismus *m*; **~list** [-ˈli·st] *m* Kapitalist *m*.

kapiteel [kɑpi·ˈte:l] (*-telen*) *n* Kapitell *n*.

kapitein [kɑpi·ˈtɛĭn] (*-s*) *m* Haupt-

mann *m*; *mar.* Kapitän *m*; *Flgw.* Flugkapitän *m*.
kapittel [ka'pi·təl] (*-s u. -en*) *n* Abschnitt *m*, Kapitel *n*; Stiftsversammlung *f*; *ook een stem in 't ~ hebben* auch ein Wort mitzureden haben.
kapittelen [ka'pɪtələ(n)] *-j-n* abkanzeln.
kapittel|heer [ka'pi·təlhe:r] (*-heren*) *m* Domherr *m*, Stiftsherr *m*; **~kerk** [-kɛrk] *f* Domkirche *f*, Stiftskirche *f*.
kapittelsgewijs [ka'pɪtəlsxəʊɛ̈s] abschnittweise, nach Kapiteln.
kaplaars ['kapla:rs] (*-laarzen*) *f* Stulpenstiefel *m*, Schaftstiefel *m*.
kapmantel ['kapmantəl] (*-s*) *m* Kapuzenmantel *m*; Frisiermantel *m*, Frisierumhang *m*.
kapmes ['kapmɛs] (*-sen*) *n* Hackmesser *n*, Buschmesser *n*.
kapoen [ka'pu:n] *m* Kapaun *m*; *fig.* Schalk *m*, (kleiner) Taugenichts *m*.
kapot [ka'pɔt] kaputt, entzwei; vernichtet; zerschlagen; tot.
kapotjas [ka'pɔtjas] (*-sen*) *m u. f* Soldatenmantel *m*, Soldatenrock *m*.
kappen ['kapə(n)] fällen; schlagen; hauen; *die Trosse* kappen; *Haare* frisieren.
kapper[1] ['kapər] (*-s*) *m* Friseur *m*, Haarschneider *m*.
kapper[2] *m* Holzfäller *m*.
kapper[3] *m* (*Strauch, Frucht*) Kaper *f*.
kapperswinkel ['kapərsʊɪŋkəl] (*-s*) *m* Friseurladen *m*, Friseursalon *m*.
kappertjessaus ['kapərtjəssaus] *f* Kapernsoße *f*.
kapsalon ['kapsalɔn] (*-s*) *m u. n* Frisiersalon *m*.
kapseizen [kap'sɛizə(n)] kentern.
kapsel ['kapsəl] (*-s*) *n* Frisur *f*; *n* (*Hülle*) Kapsel *f*.
kap|spiegel ['kapspi:ɣəl] (*-s*) *m* Toilettenspiegel *m*; **~ster** [-stər] (*-s*) *f* Friseuse *f*.
kapstok ['kapstɔk] (*-ken*) *m* Kleiderhaken *m*, Kleiderständer *m*.
kaptafel ['kapta:fəl] (*-s*) *f* Toilettentisch *m*.
kapucijn *a.* **ca-** [kapy·'sɛin] *m* Kapuziner *m*; **~enklooster** [-ə(n)-klo:stər] (*-s*) *n* Kapuzinerkloster *n*.
kapucijners *a.* **ca-** [kapy·'sɛinərs] *pl.* grüne Erbsen *f/pl.*
kar [kar] (*-ren*) *f* Karren *m*, Karre *f*; F Fahrrad *n*, Wagen *m*.

karaat [ka'ra:t] (*-s u. -raten*) *n* Karat *n*; *goud van 24 ~* 24karätiges Gold.
karabijn [kara'bɛin] *f* Karabiner *m*.
karaf [ka'raf] (*-fen*) *f* Karaffe *f*.
karak|ter [ka'raktər] (*-s*) *n* Charakter *m*; **~teriseren** *a.* **-zeren** [-təri·'ze:rə(n)] charakterisieren; **~teristiek** [-təri·s'ti·k] *Adj.* charakteristisch; *Su. f* Charakteristik *f*; **~terloos** [-tərlo:s] charakterlos; **~tertrek** [-tərtrɛk] (*-ken*) *m* Charakterzug *m*.
karamel *a.* **ca-** [kara'mɛl] (*-s u. -len*) *f u. n* Karamel *m*, Karamelle *f*.
karavaan [kara'v̊a:n] (*-vanen*) *f* Karawane *f*; Gruppenreise *f*, Reisegesellschaft *f*.
karbies [kar'bi:s] (*-biezen*) *f* Einkaufstasche *f*; Henkelkorb *m*.
karbonade ['karbo·'na:də] (*-s u. -n*) *f* Karbonade *f*.
karbonkel [kar'bɔŋkəl] (*-s*) *m u. n* *Med.* Karbunkel *n*; (*Edelstein*) Karfunkel *m*.
kardinaal [kardi·'na:l] (*-nalen*) *m* Kardinal *m*; *Adj.* kardinal; **~schap** [-sxap] *n* Kardinalswürde *f*; **~shoed** [-shu·t] *m* Kardinalshut *m*.
kardoes [kar'du:s] (*-doezen*) *m* Pudel *m*; *f mil.* Kartusche *f*.
Karel ['ka:rəl] *m* Karl *m*.
kar(e)kiet [kar'ki·t] *m* Rohrspatz *m*, Rohrsänger *m*.
karig ['ka:rəx] karg, spärlich, dürftig; **~heid** [-hɛit] *f* Kargheit *f*.
karikatuur *a.* **carica-** [kari·ka-'ty:r] *f* Karikatur *f*, Zerrbild *n*.
Karinthië [ka'rɪnti·(j)ə] *n* Kärnten *n*.
karkas [kar'kas] (*-sen*) *n u. f* Gerippe *n*, Skelett *n*.
karmeliet [karmə'li·t] *m* Karmeliter *m*; **~es** [-'ɛs] (*-sen*) *f* Karmelit(er)in *f*.
karmijn [kar'mɛin] *n* Karmin *m*; **~rood** [-ro:t] karminrot.
karmozijn [karmo·'zɛin] *n* Karmesin *n*; **~rood** [-ro:t] karmesinrot.
karn [karn] *f* Butterfaß *n*; **~emelk** ['kar- *a.* -ə'mɛlk] *f* Buttermilch *f*; **~en** [-ə(n)] buttern; **~huis** [-hʌys] (*-huizen*) *n* Molkerei *f*.
karos [ka'rɔs] (*-sen*) *f* Karosse *f*, Kutsche *f*.
Karpathen [kar'pa:tə(n)] *pl.* Karpaten *pl.*
karper ['karpər] (*-s*) *m* Karpfen *m*.

karpet [kɑr'pɛt] (*-ten*) *n* Teppich *m*.
karre|paard ['kɑrəpa:rt] *n* Karrengaul *m*; **~spoor** [-spo:r] (*-sporen*) *n* Wagenspur *f*; **~tje** [-tjə] (*-s*) *n* Wägelchen *n*, Karren *m*; **~vracht** [-v̊rɑxt] *f* Fuhre *f*.
kartel *a.* **car-** [kɑr'tɛl] (*-s*) *n* Kartell *n*.
karte|len ['kɑrtələ(n)] kerben; rändern; **~ling** [-lɪŋ] *f* Rändelung *f*; (*Briefmarken*) Zähnung *f*.
kartets [kɑr'tɛts] *f* Kartätsche *f*.
karton [kɑr'tɔn] (*-s*) *n* Pappe *f*; Pappschachtel *f*, Karton *m*; **~nen** [-ə(n)] *Adj.* Papp-, Karton-; aus Karton; ~ *doos* Pappschachtel *f*, Karton *m*.
Kartuizer [kɑr'təʏzər] (*-s*) *m* Kartäuser *m*.
karwats [kɑr'ʋɑts] *f* Karbatsche *f*, Lederpeitsche *f*.
karwei [kɑr'ʋɛĭ] *f u. n* Arbeit *f*, Aufgabe *f*, Akkordarbeit *f*.
karwij [kɑr'ʋɛĭ] *f* Kümmel *m*.
kas [kɑs] (*-sen*) *f* Kasse *f*; Gewächshaus *n*, Treibhaus *n*; **~boek** [-bu·k] *n* Kassenbuch *n*; **~druiven** [-drəʏv̊ə(n)] *pl.* Treibhaustrauben *f/pl.*; **~houder** [-hɑudər] (*-s*) *m* Kassenwart *m*.
kasjmier *a.* **cachemir** [kɑʃ'mi:r] *n* (*Stoff*) Kaschmir *m*.
kas|plant ['kɑsplɑnt] *f* Treibhauspflanze *f*; **~rekening** [-re:kənɪŋ] *f* Kassenbuch *n*.
kassa *a.* **cas-** ['kɑsɑ] (*-'s*) *f* Kasse *f*; *per* ~ kontant, bar; **~bon** [-bɔn] (*-nen u. -s*) *m* Kassenzettel *m*.
kassaldo ['kɑsɑldo·] (*-'s*) *n* Kassenbestand *m*.
kassei [kɑ'sɛĭ] *m u. f* Pflasterstein *m*; **~legger** [-lɛɣ̊ər] (*-s*) *m* Pflasterer *m*.
kasserol [kɑsə'rɔl] (*-len*) *f* Kasserolle *f*.
kassier [kɑ'si:r] (*-s*) *m* Kassierer *m*; Kassenführer *m*.
kast [kɑst] *f* Schrank *m*, Kasten *m*; Gehäuse *n*; F Bude *f*; (*Gefängnis*) F Kittchen *n*.
kastanje [kɑs'tɑnjə] (*-s*) *f* Kastanie *f*; **~boom** [-bo:m] (*-bomen*) *m* Kastanienbaum *m*.
kaste ['kɑstə] (*-n*) *f* Kaste *f*.
kasteel [kɑs'te:l] (*-telen*) *n* Schloß *n*; (*Schachspiel*) Turm *m*.
kastegeest ['kɑstəge:st] *f* Kastengeist *m*, Standesdünkel *m*.
kastelein [kɑstə'lɛĭn] (*-s*) *m* (Gast-) Wirt *m*; Kastellan *m*.
kastij|den [kɑs'tɛĭdə(n)] sich kasteien; züchtigen; **~ding** [-dɪŋ] *f* Kasteiung *f*; Züchtigung *f*.
Kastilië [kɑs'ti·li·jə] *n* Kastilien *n*.
kastpapier ['kɑstpɑpi:r] *n* Schrankpapier *n*.
kastrol [kɑs'trɔl] (*-len*) *f* Kasserolle *f*.
kasvoorraad ['kɑsfo:ra:t] *f* Kassenbestand *m*.
kat [kɑt] (*-ten*) *f* Katze *f*; *als ~ en hond* wie Hund und Katze; *fig. de ~ uit de boom kijken* mal sehen, wie der Hase läuft; **~achtig** [-ɑxtəx] katzenhaft.
katafalk [kɑtɑ'fɑlk] *f* Katafalk *m*.
katapult *a.* **ca-** [kɑtɑ'pəlt] *m* Katapult *m u. n*; (*Spielzeug*) Schleuder *f*; **~installatie** [-ɪnstɑ'la:si:] (*-s*) *f* Katapultanlage *f*.
kater ['ka:tər] (*-s*) *m* Kater *m*; *een ~ hebben fig.* e-n Kater haben.
kat(h)eder [kɑ'te:dər] (*-s*) *m* Katheder *n*.
kat(h)edraal [kɑte·'dra:l] (*-dralen*) *f* Kathedrale *f*, Dom *m*, Münster *n*.
kat(h)olicisme [kɑto·li·'sɪzmə] *n* Katholizismus *m*.
kat(h)oliek [kɑto·'li:k] *m* Katholik *m*; *Adj.* katholisch.
katjesspel ['kɑtjəspɛl] *n* Katzbalgerei *f*.
katoen [kɑ'tu:n] *n* Baumwolle *f*; Kattun *m*; **~baal** [-ba:l] (*-balen*) *f* Baumwollballen *m*; **~draad** [-dra:t] (*-draden*) *m* Baumwollzwirn *m*, Baumwollfaden *m*; **~druk** [-drək] *m* Kattundruck *m*; **~en** [-ə(n)] *Adj.* baumwollen; kattunen; Baumwoll-, Kattun-; ~ *kleed* (*jurk*) Kattunkleid *n*; **~spinnerij** [-spɪnə'rɛĭ] *f* Baumwollspinnerei *f*.
katrol [kɑ'trɔl] (*-len*) *f* Rolle *f*; Flaschenzug *m*; Winde *f*.
kattebelletje ['kɑtəbɛlətjə] (*-s*) *n* Zettel *m*, Zettelchen *n*.
Kattegat ['kɑtəɣ̊ɑt] *n* Kattegat *n*.
kattekop ['kɑtəkɔp] (*-pen*) *m* Katzenkopf *m*.
kattekwaad ['kɑtəkʋa:t] *n* Unfug *m*; ~ *uithalen* Unfug treiben.
katte|muziek ['kɑtəmy·zi·k] *n* Katzenmusik *f*; **~rig** [-rəx]: *fig.* ~ *zijn* e-n Kater haben; **~staart** [-sta:rt] *m* Katzenschwanz *m*; **~vel** [-v̊ɛl] (*-len*) *n* Katzenfell *n*.
kattig ['kɑtəx] schnippisch, bissig.

katvis ['kɑtfɪs] (*-sen*) *m* Weißfisch *m*; kleiner Fisch *m*.
katwilg ['kɑtʋɪlx] *m* Korbweide *f*.
kauw [kɑŭ] *f* Dohle *f*.
kauw|en ['kɑŭə(n)] kauen; **~gom** [-ɣɔm] *m u. n* Kaugummi *m*; **~spier** [-spi:r] *f* Kaumuskel *m*.
kavel ['ka:ʋəl] (*-s u. -en*) *m* Parzelle *f*; **~en** [-ə(n)] parzellieren; **~ing** [-ɪŋ] *f Hdl.* Kaveling *f*, Partie *f*.
kaviaar [kaʋi·'(j)a:r] *m* Kaviar *m*.
kazemat [ka·zə'mɑt] (*-ten*) *f* Kasematte *f*.
kazer|ne [ka·'zɛrnə] (*-s u. -n*) *f* Kaserne *f*; **~neren** [-'ne:rə(n)] kasernieren.
kazuifel [ka·'zəʏfəl] (*-s*) *m* Kasel *f*, Meßgewand *n*.
keef [ke:f] *s. kijven*.
keek [ke:k] *s. kijken*.
keel¹ [ke:l] (*Heraldik*) rot.
keel² (*kelen*) *f* Kehle *f*, Gurgel *f*, Hals *m*; *een ~ opzetten* laut aufschreien, laut zu heulen anfangen; *schorre ~* rauher Hals; *droge ~* (*hebben*) durstig sein; *het hangt mij de ~ uit fig.* es hängt mir zum Hals heraus; *pijn in de ~ hebben* Halsschmerzen haben; **~gat** [-ɣɑt] *n* Schlund *m*, Gurgel *f*; *het verkeerde ~* die falsche Kehle; **~geluid** [-ɣələʏt] *n* Kehllaut *m*; **~gezwel** [-ɣəzʋɛl] (*-len*) *n* Kehlgeschwulst *f*; **~klank** [-klɑŋk] *m* Kehllaut *m*, Gutturallaut *m*; **~ontsteking** [-ɔntste:kɪŋ] *f* Halsentzündung *f*; **~pijn** [-pɛĭn] (*kein pl.*) *f* Halsschmerzen *m/pl.*; **~spiegel** [-spi:ɣəl] (*-s*) *m* Kehlkopfspiegel *m*; **~ziekte** [-zi·ktə] (*-n u. -s*) *f* Halskrankheit *f*, Halsleiden *n*.
keep [ke:p] *f* Kerbe *f*, Einschnitt *m*.
keeper ['ki:pər] (*-s*) *m Sp.* Torwart *m*.
keer [ke:r] (*keren*) *m* Wendung *f*; Mal *n*; *gedane zaken nemen geen ~* geschehene Sachen sind nicht zu ändern; *een ~ of vijf* etwa fünfmal; *te ~ gaan* toben; *de eerste ~* zum ersten Male; *de tweede ~* zum zweiten Male; *twee ~* zweimal; *~ op ~* einmal übers andere; *een enkele ~* dann und wann; **~kring** [-krɪŋ] *m* Wendekreis *m*; **~punt** [-pənt] *n* Wendepunkt *m*; **~rijm** [-rɛĭm] *n* Kehrreim *m*; **~zijde** [-zɛĭdə] (*-n*) *f* Kehrseite *f*, Rückseite *f*; *fig.* Schattenseite *f*.
Kees¹ [ke:s] *m* Kornelius *m*.
kees² (*kezen*) *m*, **~hond** ['ke:shɔnt] *m* Spitz *m*; *klaar is ~* fertig!
keet [ke:t] (*keten*) *f* Schuppen *m*, Bude *f*, Baracke *f*; Hütte *f*; *~ maken* (*schoppen*) P Krach (Radau) machen.
kef|fen ['kɛfə(n)] kläffen; **~fer** [-fər] (*-s*) *m* Kläffer *m*.
keg(ge) [kɛx], ['kɛɣə] (*keggen*) *f* Keil *m*; Bolzen *m*.
kegel ['ke:ɣəl] (*-s*) *m* Kegel *m*; *afgeknotte ~* Kegelstumpf *m*; **~aar** [-a:r] (*-s*) *m* Kegler *m*, Kegelspieler *m*; **~baan** [-ba:n] (*-banen*) *f* Kegelbahn *f*; **~bal** [-bɑl] (*-len*) *m* Kegelkugel *f*; **~club** *a.* **~klub** [-kləb] (*-s*) *f* Kegelverein *m*; **~en** [-ə(n)] kegeln; **~jongen** [-jɔŋə(n)] (*-s*) *m* Kegeljunge *m*, Kegelaufsetzer *m*; **~snede** [-sne:də] (*-n*) *f* Kegelschnitt *m*; **~vormig** [-ʋɔrməx] kegelförmig, konisch.
kei [kɛĭ] *m* Stein *m*, Kieselstein *m*; Pflasterstein *m*; **~hard** [-hɑrt] steinhart; **~steen** [-ste:n] (*-stenen*) *m* Pflasterstein *m*, *pl.* Pflaster *n*.
keizer ['kɛĭzər] (*-s*) *m* Kaiser *m*; **~lijk** [-lək] kaiserlich; **~rijk** [-rɛĭk] *n* Kaiserreich *n*; **~skroon** [-skro:n] (*-kronen*) *f* Kaiserkrone *f*; **~snede** [-sne:də] (*-n*) *f Med.* Kaiserschnitt *m*.
kelder ['kɛldər] (*-s*) *m* Keller *m*; *naar de ~ gaan* zugrunde gehen, *Schiff* untergehen, sinken; **~deur** [-dø:r] *f* Kellertür *f*.
kelderen ['kɛldərə(n)] einkellern; *fig.* versenken; stürzen; zugrunde richten.
kelder|gat ['kɛldərɣɑt] *n* Kellerloch *n*; **~luik** [-ləʏk] *n* Kellerluke *f*; **~meester** [-me:stər] (*-s*) *m* Kellermeister *m*; **~ruimte** [-rəʏmtə] (*-n u. -s*) *f* Kellerraum *m*; **~venster** [-ʋɛnstər] (*-s*) *n* Kellerfenster *n*; **~verdieping** [-vərdi·pɪŋ] *f* Kellergeschoß *n*.
kelen ['ke:lə(n)] den Hals abschneiden; schlachten.
kelk [kɛlk] *m* Kelch *m*; **~blad** [-blɑt] *n* Kelchblatt *n*.
kelner ['kɛlnər] (*-s*) *m* Kellner *m*, Ober *m*.
Kelten ['kɛltə(n)] *pl.* Kelten *pl.*
kemel ['ke:məl] (*-s*) *m* Kamel *n*; **~shaar** [-sha:r] *n* Kamelhaar *n*; **~sharen** [-sha:rə(n)] *Adj.* Kamelhaar-.

kemphaan ['kɛmpha:n] (*-hanen*) *m* Kampfhahn *m*.
ken|baar ['kɛnba:r] kenntlich; **~getal** [-ɣ̂ətɑl] (*-len*) *n* Kennzahl *f*; **~merk** [-mɛrk] *n* Kennzeichen *n*, Merkmal *n*; **~merken** [-mɛrkə(n)] kennzeichnen; bezeichnen; **~merkend** [-mɛrkənt] kennzeichnend, bezeichnend, charakteristisch.
kennel ['kɛnəl] (*-s*) *m* Hundezwinger *m*.
kennelijk ['kɛnələk] sichtlich, offenbar.
ken|nen ['kɛnə(n)] kennen; wissen; können, verstehen; erkennen; *zich doen ~ als* sich als ... erweisen; *van buiten ~* auswendig können; *hij kent Latijn* er kann Latein; *te ~ geven* zu erkennen geben; *zijn stiel ~* erfahren sein in (*D*); *fig.* wissen, was man tut; **~ner** [-nər] (*-s*) *m* Kenner *m*; Sachkundige(r) *m*, Sachverständige(r) *m*; **~soog** [-so:x] *n* Kennerblick *m*.
kennis[1] ['kɛnəs] (*kein pl.*) *f* Kenntnis *f*; Kenntnisse *pl.*, Wissenschaft *f*; Erkenntnis *f*; *in ~ stellen* in Kenntnis setzen, benachrichtigen; zu erkennen geben; *~ krijgen van* Kunde bekommen von; *grondige ~* gründliche Kenntnisse; *in ~ komen* Bekanntschaft machen; *buiten ~* bewußtlos; *buiten onze ~* ohne unser Wissen; *~ van zaken* Sachkenntnis *f*.
kennis[2] (*-sen*) *m u. f* Bekannte(r *m*) *f*.
kennis|geving ['kɛnəsxe:v̂ɪŋ] *f* Mitteilung *f*; Anzeige *f*, Nachricht *f*; Bekanntmachung *f*; **~making** [-ma:kɪŋ] *f* Bekanntschaft *f*; **~neming** [-ne:mɪŋ] *f* Kenntnisnahme *f*.
kenschetsen ['kɛnsxɛtsə(n)] kennzeichnen; **~d** [-t] bezeichnend, charakteristisch.
ken|spreuk ['kɛnsprø:k] *f* Devise *f*, Wahlspruch *m*; **~teken** [-te:kə(n)] (*-s u. -en*) *n* Kennzeichen *n*, Merkmal *n*; **~tekenen** [-te:kənə(n)] kennzeichnen.
kente|ren ['kɛntərə(n)] umschlagen; wechseln; *mar.* kentern; **~ring** [-rɪŋ] *f mar.* Kentern *n*; *fig.* Umschwung *m*, Wende *f*.
kenvermogen ['kɛnv̂ərmo:ɣ̂ə(n)] *n* Erkenntnisvermögen *n*.
keper ['ke:pər] (*-s*) *m* Köper *m*; *op de ~ beschouwd* genau betrachtet, bei Licht besehen; **~en** [-ə(n)] köpern.
kepie ['ke:-] *a.* [ke·'pi:] (*-s*) *m* Käppi *n*.
kerel ['ke:rəl] (*-s*) *m* Kerl *m*.
keren[1] ['ke:rə(n)] kehren, wenden, drehen; abwenden, verhüten; *per ~de post* postwendend, umgehend.
keren[2] fegen, kehren.
kerf [kɛrf] (*kerven*) *f* Kerbe *f*, Einschnitt *m*; **~stok** [-stɔk] (*-ken*) *m* Kerbholz *n*.
kerk [kɛrk] *f* Kirche *f*; *naar de ~ gaan* zur (in die) Kirche gehen; **~ban** [-bɑn] *m* Kirchenbann *m*; **~bank** [-bɑŋk] *f* Kirchenbank *f*; **~belasting** [-bəlɑstɪŋ] *f* Kirchensteuer *f*; **~bestuur** [-bəsty:r] (*-sturen*) *n* Kirchenvorstand *m*; **~boek** [-bu·k] *n* Kirchenbuch *n*; Gebetbuch *n*; **~dienst** [-di:nst] *m* Gottesdienst *m*; **~elijk** [-ələk] kirchlich; *~ inzegenen* trauen; kirchlich einsegnen; *het ~ jaar* das Kirchenjahr; *~e gebruiken* (*wetten*) Kirchensatzungen *f/pl*.
kerker ['kɛrkər] (*-s*) *m* Kerker *m*.
kerkeraad ['kɛrkəra:t] (*-raden*) *m* Kirchenrat *m*, Kirchenvorstand *m*.
kerkeren ['kɛrkərə(n)] einkerkern.
kerk(e)zakje ['kɛrk(ə)zɑkjə] (*-s*) *n* Klingelbeutel *m*.
kerk|fabriek ['kɛrkfɑbri·k] *f* Kirchenvorstand *m*; **~feest** [-fe:st] *n* Kirchenfest *n*; **~gang** [-ɣ̂ɑŋ] *m* Kirchgang *m*; **~ganger** [-ɣ̂ɑŋər] (*-s*) *m* Kirchgänger *m*; **~gebouw** [-xəbɑŭ] *n* Kirche *f*; **~genootschap** [-xəno:tsxɑp] (*-pen*) *n* Kirchengemeinde *f*; **~geschiedenis** [-xəsxi:dənɪs] *f* Kirchengeschichte *f*; **~gewelf** [-xəv̂ɛlf] (*-welven*) *n* Kirchengewölbe *n*; **~gezang** [-xəzɑŋ] *n* Kirchengesang *m*; **~hervorming** [-hɛrv̂ɔrmɪŋ] *f* Kirchenreform *f*; Reformation *f*; **~hof** [-hɔf] (*-hoven*) *n* Friedhof *m*; **~klok** [-klɔk] (*-ken*) *f* Kirchenglocke *f*; Turmuhr *f*; **~muziek** [-my·zi·k] *f* Kirchenmusik *f*; **~portaal** [-pɔrta:l] (*-talen*) *n* Kirchenportal *n*; **~raam** [-ra:m] (*-ramen*) *n* Kirchenfenster *n*.
kerks [kɛrks] kirchlich; fromm; **~gezind** [-xəzɪnt] kirchlich gesinnt.
kerk|sieraad ['kɛrksi:ra:t] (*-raden*) *n* Kirchenschmuck *m*; **~tijd** [-tɛĭt] *m*; *onder* (*de*) *~* während des Got-

tesdienstes; **~toren** [-to:rə(n)] (*-s*) *m* Kirchturm *m*; **~uil** [-əʏl] *m* Schleiereule *f*; **~vader** [-fa:dər] (*-s*) *m* Kirchenvater *m*; **~waarts** [-ʋa:rts] zur (in die) Kirche.

kermen [ˈkɛrmə(n)] wimmern, winseln.

kermis [ˈkɛrməs] (*-sen*) *f* Kirmes *f*; Jahrmarkt *m*; *het is niet alle dagen ~* es ist nicht alle Tage Sonntag; **~bed** [-bɛt] (*-den*) *n* Notlager *n*; Notbett *n*; **~drukte** [-drøktə] *f* Kirmestrubel *m*, Jahrmarktstrubel *m*; **~kraam** [-kra:m] (*-kramen*) *n u. f* Kirmesbude *f*, Jahrmarktsbude *f*; **~volk** [-fɔlk] *n* Kirmesleute *pl.*

kern [kɛrn] *f* Kern *m*; **~achtig** [-ɑxtəx] kernig, markig, kräftig; **~energie** [-eˑnɛrʒi:] *f* Kernenergie *f*; **~fysica** *a.* **-ka** [-fiˑziˑkɑ] *f* Kernphysik *f*; **~gezond** [-ɣ̊əzɔnt] kerngesund; **~hout** [-hɑut] *n* Kernholz *n*; **~lading** [-la:dɪŋ] *f* Kernladung *f*; **~splitsing** [-splɪtsɪŋ] *f* Kernspaltung *f*; **~vrucht** [-v̊røxt] *f* Kernobst *n*.

kerrie [ˈkɛri:] *m* Curry *m u. n*; **~rijst** [-rɛĭst] *m* Curryreis *m*.

kers [kɛrs] *f* Kirsche *f*; (*Kraut*) Kresse *f*.

kerse|boom [ˈkɛɪsəbo:m] (*-bomen*), **~laar** [-la:r] (*-s u. -laren*) *m* Kirschbaum *m*; **~pit** [-pɪt] (*-ten*) *f* Kirschkern *m*.

kerspel [ˈkɛrspɛl] (*-s u. -en*) *n* Kirchspiel *n*, Kirchensprengel *m*.

kersrood [ˈkɛrsro:t] kirschrot.

kerst|avond [ˈkɛrsta:v̊ɔnt] *m* Weihnachtsabend *m*, Heiligabend *m*; **~boom** [-bo:m] (*-bomen*) *m* Christbaum *m*, Weihnachtsbaum *m*; **~dag** [-dɑx] *m* Weihnachtstag *m*.

kerstenen [ˈkɛrstənə(n)] christianisieren; taufen.

kerst|feest [ˈkɛrstfe:st] *n* Weihnachtsfest *n*; **~geschenk** [-xəsxɛŋk] *n* Weihnachtsgeschenk *n*; *pl.* Weihnachtsbescherung *f*.

Kerstmis[1] [ˈkɛrstmɪs] *a.* [-məs] *m* Weihnachten (*n*) *pl.*

kerst|mis[2] [ˈkɛrstmɪs] (*-sen*) *f* Mitternachtsmesse *f*, Weihnachtsmesse *f*; **~nacht** [-nɑxt] *f* Christnacht *f*, Heilige Nacht *f*; **~tijd** [-tɛĭt] *m* Weihnachtszeit *f*; **~vakantie** *a.* **-can-** [-fɑkɑnsi:] (*-s*) *f* Weihnachtsferien *pl.*; **~week** [-ʋe:k] *f* Weihnachtswoche *f*; **~zang** [-sɑŋ] *m* Weihnachtsgesang *m*.

kersvers [ˈkɛrsfɛrs] ganz frisch; *fig.* brühwarm.

kervel [ˈkɛrvəl] *m* Kerbel *m*.

kerven [ˈkɛrv̊ə(n)] (*kerfde, gekerfd; a. korf, gekorven*) (ein)kerben, einschneiden; *Tabak* schneiden.

ketel [ˈke:təl] (*-s*) *m* Kessel *m*; **~lapper** [-lɑpər] (*-s*) *m* Kesselflicker *m*; **~muziek** [-myˑziˑk] *f* Katzenmusik *f*; **~steen** [-ste:n] *n u. m* Kesselstein *m*; **~trom** [-trɔm] (*-men*) *f* (Kessel-)Pauke *f*.

keten [ˈke:tə(n)] (*-en u. -s*) *f* Kette *f*; **~en** [-ə(n)] fesseln, in Ketten legen.

ketsen [ˈkɛtsə(n)] *Feuerwaffen*: versagen; *Billardstock*: kicksen.

ketter [ˈkɛtər] (*-s*) *m* Ketzer *m*; **~dom** [-dɔm] *n*, **~ij** [-ˈɛĭ] *f* Ketzerei *f*; **~s** [-s] ketzerisch.

ketting [ˈkɛtɪŋ] *m u. f* Kette *f*; **~breuk** [-brø:k] *f* Kettenbruch *m*; **~botsing** [ˈbɔtsɪŋ] *f* Massenkarambolage *f*; **~draad** [-dra:t] (*-draden*) *m* Kett(en)faden *m*; **~hond** [-hɔnt] *m* Kettenhund *m*; **~roker** [-ro:kər] (*-s*) *m* Kettenraucher *m*; **~zaag** [-za:x] (*-zagen*) *f* Bandsäge *f*.

keu [kø:] (*-s u. -en*) *f* Queue *n*, Billardstock *m*.

keuken [ˈkø:kə(n)] *f* Küche *f*; **~gereedschap** [-ɣ̊əre:tsxɑp] *n* Küchengerät *n*; **~lift** [-lɪft] *f u. m* Speisenaufzug *m*; **~meid** [-mɛĭt] *f* Köchin *f*; Küchenmädchen *n*; **~zout** [-zɑut] *n* Kochsalz *n*.

Keulen [ˈkø:lə(n)] *n* Köln *n*; *de dom van ~* der Kölner Dom.

Keuls [kø:ls] kölnisch.

keur [kø:r] *f* Auswahl *f*; (*Wein*) Auslese *f*; Elite *f*; Blüte *f*; (*Münze*) Stempel *m*; Freiheitsbrief *m*, Verordnung *f*; Fülle *f*; *te kust en te ~* in Hülle und Fülle; *de ~ der natie* der beste Teil des Landes; **~bende** [-bɛndə] (*-s u. -n*) *f* Kerntruppe *f*, Elitetruppe *f*; **~der** [-dər] (*-s*) *m* Prüfer *m*; Beschauer *m*; **~en** [-ə(n)] prüfen, untersuchen; *Fleisch* beschauen; *Speisen* kosten; *Tiere* kören; *geen blik waardig ~* keines Blickes würdigen; **~ig** [-əx] tadellos; sauber; hübsch, nett, elegant; **~ing** [-ɪŋ] *f* Prüfung *f*, Untersuchung *f*; Musterung *f*; Körung *f*.

keurings|commissie *a.* **-kom-** [ˈkø:rɪŋskɔmiˑsi:] (*-s*) *f* Prüfungs-

kommission *f*, Untersuchungskommission *f*; **~dienst** [-di:nst] *m* Prüfungsamt *n*, Untersuchungsamt *n*.
keur|korps ['kø:rkɔrps] *n* Elitekorps *n*; **~meester** [-me:stər] (-*s*) *m* Prüfer *m*; Beschauer *m*.
keurs [kø:rs] (*keurzen u. keursen*) *n* Mieder *n*; **~lijf** [-lɛĭf] (*-lijven*) *n s. keurs*; *fig.* Zwangsjacke *f*.
keurteken ['kø:rte:kə(n)] (-*s*) *n* (Probe-)Stempel *m*.
keur|vorst ['kø:rv̊ɔrst] *m* Kurfürst *m*; **~vorstendom** [-v̊ɔrstəndɔm] (*-men*) *n* Kurfürstentum *n*.
keus [kø:s] (*kein pl.*) *f* Wahl *f*; Auswahl *f*; *grote* ~ große Auswahl; *naar* ~ nach Wahl.
keutel ['kø:təl] (-*s*) *m* Dreck *m*; *fig.* Knirps *m*; **~achtig** [-ɑxtəx], **~ig** [-əx] kleinlich.
keuterboer ['kø:tərbu:r] *m* Kleinbauer *m*.
keuve|larij ['kø:vəla·'rɛĭ] *f* Plauderei *f*; **~len** [-lə(n)] plaudern.
keuze ['kø:zə] (*kein pl.*) *f s. keus*; *ter* ~ nach Wahl.
keuzevak ['kø:zəv̊ɑk] (*-ken*) *n* Wahlfach *n*.
kever ['ke:v̊ər] (-*s*) *m* Käfer *m*.
kibbel|aar ['kɪbəla:r] (-*s*) *m* Zänker *m*; **~achtig** [-ɑxtəx] zanksüchtig, zänkisch; **~arij** [-a·'rɛĭ] *f* Zank *m*, Zänkerei *f*; **~en** [-ə(n)] *v/i* sich zanken.
kiek [ki:k] *m* Aufnahme *f*.
kieken[1] [ki:kə(n)] knipsen, fotografieren, *e-e* Aufnahme machen.
kieken[2] (-*s*) *n* Küken *n*; Huhn *n*; *dom* ~ dumme Gans; **~borst** [-bɔrst] *f* Hühnerbrust *f*; *fig.* Gänsebrust *f*; **~dief** [-di:f] (*-dieven*) *m* Hühnergeier *m*, Weih *m*, Weihe *f*.
kiektoestel ['ki:ktu:stɛl] (*-len*) *n* Kamera *f*, Fotoapparat *m*.
kiel[1] [ki:l] *m* Kittel *m*; Bluse *f*.
kiel[2] *f* Kiel *m*; **~halen** [-ha:lə(n)] kielholen; **~zog** [-zɔx] *n* Kielwasser *n*.
kiem [ki:m] *f* Keim *m*; **~en** [-ə(n)] keimen; **~vrij** [-v̊rɛĭ] keimfrei.
kien|en ['ki:nə(n)] Lotto spielen; **~spel** [-spɛl] (*-len*) *n* Lotto *n*; Hasardspiel *n*.
kier [ki:r] *m u. f* Spalte *f*, Spalt *m*.
kies[1] [ki:s] (*kiezen*) *f* Backenzahn *m*.
kies[2] *n* Kies *m*.
kies[3] zart, delikat; rücksichtsvoll.
kies|baar ['ki:zba:r] wählbar; **~district** *a.* **-trikt** [-dɪstri·kt] *n* Wahlkreis *m*; **~gerechtigd** [-xərɛxtəxt] wahlberechtigt.
kieskauwen ['ki:skɑŭə(n)] ohne Appetit essen.
kieskeurig [ki:s'kø:rəx] wählerisch.
kiespijn ['ki:speĭn] *f* Zahnschmerzen *m/pl.*, Zahnweh *n*.
kiesrecht ['ki:srɛxt] *n* Wahlrecht *n*.
kiesschijf ['ki:ssxɛĭf] (*-schijven*) *f Tel.* Wählscheibe *f*.
kietelen ['ki·tələ(n)] kitzeln.
kieuw [ki·ŭ] *f* Kieme *f*.
kievi(e)t ['ki:v̊i·t] *m* Kiebitz *m*.
kiezel ['ki:zəl] *n u. m* Kiesel *m*; Kies *m*; **~steen** [-ste:n] (*-stenen*) *m* Kieselstein *m*; **~weg** [-ʋɛx] *m* Kiesweg *m*.
kie|zen ['ki:zə(n)] (*koos, gekozen*) (aus)wählen; sich entscheiden; *zee* ~ in See stechen; (*te*) ~ *of* (*te*) *delen* entweder ... oder; sich entscheiden; *partij* ~ Partei ergreifen; **~zer** [-zər] (-*s*) *m* Wähler *m*; **~zerskorps** *a.* **-corps** [-zərskɔrps] *n* Wählerschaft *f*.
kiffen ['kɪfə(n)] P Hasch(isch) rauchen.
kijf [kɛĭf]: *buiten* ~ zweifellos, ohne Frage.
kijflust [kɛĭfləst] *m* Zanksucht *f*.
kijk [kɛĭk] (*kein pl.*) *m* Blick *m*; Einblick *m*; Einsicht *f*; Schau *f*; *een* ~ *krijgen op* e-n Überblick bekommen über (*A*); *te* ~ *zetten* zur Schau stellen; *een goede* ~ *op iets hebben* e-n guten Blick für (auf) etw. haben; **~dichtheid** [-dɪxthɛĭt] *f Fs.* (Seh-)Beteiligung *f*; **~en** [-ə(n)] (*keek, gekeken*) sehen, schauen, blicken; *daar sta ik van te* ~ das überrascht (wundert) mich; **~er** [-ər] (-*s*) *m* Zuschauer *m*, Gaffer *m*; Fernglas *n*, Opernglas *n*; Fernrohr *n*; *in de* ~ *hebben* durch'schauen; **~gat** [-xɑt] *n* Guckloch *n*; **~geld** [-xɛlt] *n* Fernsehgebühr *f*.
kijkgrijpwinkel ['kɛĭkxrɛĭpʋɪŋkəl] (-*s*) *m* P Selbstbedienungsladen *m*.
kijkje ['kɛĭkjə] *n* Anblick *m*; (*even*) *een* ~ *nemen* sich mal ansehen.
kij|ven ['kɛĭv̊ə(n)] (*keef, gekeven*) keifen, (sich) zanken; **~ver** [-v̊ər] (-*s*) *m* Zänker *m*.
kik [kɪk] (*-ken*) *m* Muck(s) *m*; *geen* ~ *geven* keinen Laut von sich geben; **~ken** [-ə(n)] F mucksen.
kikker ['kɪkər] (-*s*) *m* Frosch *m*;

~bil [-bɪl] (*-len*) *f* Froschschenkel *m*; **~dril** [-drɪl] *f* Froschlaich *m*; **~poel** [-pu:l] *m* Froschpfuhl *m*, Tümpel *m*.
kikvors ['kɪkfɔrs] *m* Frosch *m*; **~man** [-mɑn] (*-nen*) *m* Froschmann *m*.
kil [kɪl] *fig.* frostig; feuchtkalt; **~heid** [-hɛĭt] *f* Frostigkeit *f*; **~lig** [-ləx] frostig; feuchtkalt.
kilo ['ki·lo·] (*-'s*) *n* Kilo *n*; **~gram** [-ɣrɑm] (*-men*) *n* Kilogramm *n*; **~liter** [-li·tər] (*-s*) *m* Kiloliter *m* (= *1000 Liter*); **~meter** [-me:tər] (*-s*) *m* Kilometer *m*; **~meterpaal** [-me:tərpa:l] (*-palen*) *m* Kilometerstein *m*; **~metervreter** [-me:tər-v̊re:tər] (*-s*) *m* F Kilometerfresser *m*; **~wattuur** [-ʋɑty:r] (*-uren*) *n* Kilowattstunde *f*.
kilte ['kɪltə] *f* feuchte Kälte *f*.
kim(me) [kɪm(ə)] *f* Horizont *m*; *mar.* Kimm *m u. f*, Kimme *f*; (*Faß*) Kimme *f*; **~duiking** [-dəʏkɪŋ] *f* Kimmtiefe *f*.
kimono ['ki·-] *a.* [ki·'mo:no·] (*-'s*) *m* Kimono *m*.
kin [kɪn] (*-nen*) *f* Kinn *n*.
kinabast ['ki·nabɑst] *m* Chinarinde *f*.
kind [kɪnt] (*-eren*) *n* Kind *n*; *het ~ van de rekening zijn* (*worden*) *fig. etw.* ausbaden müssen, die Zeche bezahlen müssen; *een aangenomen ~* Adoptivkind *n*.
kinder|achtig ['kɪndərɑxtəx] kindisch; **~achtigheid** [-ɑxtəxhɛĭt] *f* Kinderei *f*; **~bewaarplaats** [-bə-ʋa:rpla:ts] *f* Kindergarten *m*; **~bijslag** [-bɛĭslɑx] *m* Kindergeld *n*; **~goed** [-ɣu·t] *n* Kinderkleidung *f*; **~kamer** [-ka:mər] (*-s*) *f* Kinderstube *f*; **~krib** [-krɪb] (*-ben*) *f* Kinderhort *m*.
kinderlijk ['kɪndərlək] kindlich.
kinder|loos ['kɪndərlo:s] kinderlos; **~meid** [-mɛĭt] *f* Kindermädchen *n*; **~pokken** [-pɔkə(n)] *pl.* Windpocken *f/pl.*; **~praat** [-pra:t] *m* Kindergeplapper *n*; *fig.* läppisches Gerede (Zeug); **~rechter** [-rɛxtər] (*-s*) *m* Jugendrichter *m*; **~schoen** [-sxu:n] *m* Kinderschuh *m*; *de ~en ontwassen zijn* die Kinderschuhe ausgetreten haben; **~speelgoed** [-spe:lɣu·t] (*kein pl.*) *n* (Kinder-) Spielzeug *n*; **~tehuis** [-təhəʏs] (*-huizen*) *n* Kinderheim *n*; **~toelage** [-tu:la:ɣə] (*-n*) *f* Kinderzulage *f*; **~uurtje** [-y:rtjə] (*-s*) *n* Kinderstunde *f*, Kinderfunk *m*; **~verlamming** [-v̊ərlɑmɪŋ] *f* Kinderlähmung *f*; **~voeding** [-v̊u:dɪŋ] *f* Kindernahrung *f*; **~wagen** [-ʋa:ɣə(n)] (*-s*) *m* Kinderwagen *m*; **~werk** [-ʋɛrk] *n* Kinderarbeit *f*; *fig.* Kinderspiel *n*, Kinderei *f*; **~wet** [-ʋɛt] (*-ten*) *f* Jugendschutzgesetz *n*; **~ziekte** [-zi·ktə] (*-n u. -s*) *f* Kinderkrankheit *f*.
kinds [kɪnts] kindisch; **~been** [-be:n]: *van ~ af* von Jugend auf, von Kindheit an; **~heid** [-hɛĭt] *f* Kindheit *f*; Altersschwäche *f*, Verstandesschwäche *f*; **~gedeelte** [-xəde:ltə] (*-n u. -s*) *n* Pflichtteil *m*; **~kind** [-kɪnt] (*-eren*) *n* Enkel *m*, Enkelin *f*; **~korf** [-kɔrf] (*-korven*) *m* Kinderkorb *m*.
kinine [ki·'ni·nə] *f* Chinin *n*.
kink [kɪŋk] *f u. m mar.* Kink *f*; *er is een ~ in de kabel* die Sache hat e-n Haken.
kinkel ['kɪŋkəl] (*-s*) *m* Flegel *m*, Tölpel *m*, Lümmel *m*.
kinkhoest ['kɪŋkhu:st] *m* Keuchhusten *m*.
kinnebak ['kɪnəbɑk] (*-ken*) *f* Kinnlade *f*, Kinnbacken *m*.
kiosk [ki·'(j)ɔsk] *f* Kiosk *m*.
kip [kɪp] (*-pen*) *f* Huhn *n*, Henne *f*; *een ~ zonder kop fig.* e-e dumme Gans.
kipkar ['kɪpkɑr] (*-ren*) *f* Kippkarren *m*, Schubkarren *m*.
kippe|borst ['kɪpəbɔrst] *f* Hühnerbrust *f*; *fig.* Gänsebrust *f*; **~gaas** [-ɣa:s] *n* Drahtgeflecht *n*.
kippen ['kɪpə(n)] kippen.
kippen|fokkerij ['kɪpə(n)fɔkə'rɛĭ] *f* Hühnerzucht *f*; **~hok** [-hɔk] (*-ken*) *n* Hühnerstall *m*, Hühnerhaus *n*; **~ren** [-rɛn] (*-nen*) *f* Hühnerverschlag *m*.
kippe|pastei ['kɪpəpɑstɛĭ] *f* Hühnerpastete *f*; **~ragoût** [-rɑ'ɣu:] (*-s*) *m* Hühnerragout *n*; **~sla** [-sla:] *f* Geflügelsalat *m*; **~soep** [-su·p] *f* Hühnersuppe *f*; **~vel** [-v̊ɛl] *n* Hühnerhaut *f*; *fig.* Gänsehaut *f*; **~voer** [-v̊u:r] *n* Hühnerfutter *n*.
kippig ['kɪpəx] F kurzsichtig.
kirren ['kɪrə(n)] gurren.
kist [kɪst] *f* Kiste *f*; Koffer *m*; Kasten *m*; Sarg *m*; **~en** [-ə(n)] einsargen; **~ing** [-ɪŋ] *f* Einsargen *n*.

kit[1] [kɪt] (*-ten*) *f* Kanne *f*, Krug *m*; *fig.* Kneipe *f*; Kohleneimer *m*, Kohlenschütter *m*.

kit[2] *n* Kitt *m*, Leim *m*.

kittel|achtig ['kɪtəlɑxtəx] kitzlich; **~en** [-ə(n)] kitzeln; **~orig** [-'o:rəx] reizbar, empfindlich.

klaag|lied ['kla:xli:t] (*-eren*) *n* Klagelied *n*; Elegie *f*; **~muur** [-my:r] *m* Klagemauer *f*; **~toon** [-to:n] (*-tonen*) *m* Klagelaut *m*.

klaar [kla:r] (*klaarder, klaarst*) deutlich, klar, hell, rein; (*beendet*) fertig, bereit; *zo ~ als een klontje* sonnenklar; *kant en ~* fix und fertig; *klare onzin* reiner Unsinn; *een klare* ein Schnaps, ein Klarer; **~bassin** [-bɑsɛ̃:] (*-s*) *n* Kläranlage *f*, Klärbecken *n*; **~blijklijk** [-'blɛĭkələk] offenbar, augenscheinlich; **~heid** [-hɛĭt] *f* Helle *f*, Klarheit *f*, Deutlichkeit *f*; **~komen** [-ko:mə(n)] fertig werden; **~krijgen** [-'krɛĭɣ̂ə(n)] fertigbringen; **~licht** [-lɪxt] hellicht; **~maken** [-ma:kə(n)] fertigmachen; zubereiten, vorbereiten; in Ordnung bringen; **~overtje** [-'o:v̂ərtjə] (*-s*) *n* (kleiner) Überwurf *m*; **~spelen** [-spe:lə(n)] fertigbringen; **~zetten** [-zɛtə(n)] bereitstellen, zurechtstellen; hinstellen; *Essen* auftragen; **~ziend** [-zi:nt] scharfsichtig, hellsichtig.

Klaas [kla:s] *m* Nikolaus *m*, Klaus *m*.

klacht [klɑxt] *f* Klage *f*; Anklage *f*; Beschwerde *f*; *een ~ indienen* e-e Klage einreichen; Klage erheben; **~enboek** [-ə(n)bu·k] *n* Beschwerdebuch *n*.

klad[1] [klɑt] (*-den*) *f* Fleck *m*, Klecks *m*; *fig.* Schandfleck *m*, Makel *m*; *de ~ in iets brengen* etw. in Mißkredit bringen.

klad[2] *n* Kladde *f*; Konzept *n*, Entwurf *m*; **~boek** [-bu·k] *n* Kladde *f*, *Hdl.* Strazze *f*.

klad|den ['kla:də(n)] klecksen, sudeln, schmieren; **~der** [-dər] (*-s*) *m* Schmierfink *m*; Pfuscher *m*; **~papier** [-pɑpi:r] *n* Löschpapier *n*, Konzeptpapier *n*; **~schilder** [-sxɪldər] (*-s*) *m* Farbenkleckser *m*; **~werk** [-ʋɛrk] *n* Kladde *f*; Konzept *n*; Kleckserei *f*; Pfuscherei *f*.

kla|gen ['kla:ɣ̂ə(n)] klagen; sich beschweren, sich beklagen; **~ger** [-ɣ̂ər] (*-s*) Kläger *m*; Beschwerdeführer *m*.

klak [klɑk] (*-ken*) *f* Mütze *f*.

klakkeloos ['klɑkəlo:s] mir nichts dir nichts.

klam [klɑm] feuchtkalt; *het ~m… zweet* der kalte Schweiß.

klamp [klɑmp] *m u. f* Klammer *f*; **~en** [-ə(n)] klammern.

klamper ['klɑmpər] (*-s*) *m* Habich… *m.*

klandizie [klɑn'di:zi:] *f* Kund…schaft *f*.

klank [klɑŋk] *m* Klang *m*, Schall *m*… Laut *m*; **~beeld** [-be:lt] *n* Klang…bild *n*; Hörfolge *f*; **~bodem** [-bo:dəm] (*-s*) *m* Resonanzboden *m*; **~bord** [-bɔrt] *n* Schalldeckel *m*; **~film** [-fɪlm] (*-s*) *m* Tonfilm *m*; **~golf** [-xɔlf] (*-golven*) *f* Schallwelle *f*; **~leer** [-le:r] *f* Lautlehre *f*, Phoneti… *f*; Akustik *f*; **~nabootsend** [-na:bo:tsənt] lautmalend; **~rijk** [-rɛĭk] klangvoll; **~stelsel** [-stɛlsəl] (*-s*) … Lautsystem *n*; **~teken** [-te:kə(n)] (*-s*) *n* Lautzeichen *n*; **~verschuiving** [-fərsxəʏv̂ɪŋ] *f Gr.* Lautverschiebung *f*; **~wisseling** [-ʋɪsəlɪŋ] … Lautwechsel *m*.

klant [klɑnt] *m* Kunde *m*; *een rare* … ein sonderbarer Kauz; *een vaste* … Stammkunde *m*; *een vrolijke ~* ei… lustiger Geselle.

klap [klɑp] (*-pen*) *m* Schlag *m*, Hie… *m*; Maulschelle *f*; Klaps *m*.

klap|achtig ['klɑpɑxtəx] schwatz…haft; **~brug** [-brəx] (*-gen*) *f* Klapp…brücke *f*; **~loper** [-lo:pər] (*-s*) *m* Schmarotzer *m*; **~pei** [-'pɛĭ] … Klatschbase *f*; **~pen** [-pə(n)] plau…dern; schwatzen; (*mit der Zunge*) schnalzen; (*mit der Peitsche*) knal…len; (*in die Hände*) klatschen.

klapper ['klɑpər] (*-s*) *m* Schwätze… *m*; (*Feuerwerk*) Frosch *m*, Schwär…mer *m*; Kontrollbuch *n*, Register *n*; **~boom** [-bo:m] (*-bomen*) *m* Kokos…palme *f*; **~noot** [-no:t] (*-noten*) … Kokosnuß *f*; **~en** [-ə(n)] klappern; *Segel*: schlagen.

klappertanden ['klɑpərtɑndə(n)] mit den Zähnen klappern.

klap|roos ['klɑpro:s] (*-rozen*) *f Bo…* Klatschmohn *m*; **~stoel** [-stu:l] *m* Klappstuhl *m*; **~tafel** [-ta:fəl] (*-s*) … Klapptisch *m*; **~wieken** [-ʋi:kə(n)] mit den Flügeln schlagen.

klare ['kla:r] *m* Schnaps *m*, Brannt…wein *m*.

klaren ['kla:rə(n)] (ab)klären; *ma…*

klarieren; *ik zal het wel* ~ ich werde es in Ordnung bringen.

klarinet [klɑri·ˈnɛt] (*-ten*) *f* Klarinette *f*.

klas(se) [ˈklɑs(ə)] (*-sen*) *f* Klasse *f*; Klassenzimmer *n*; eerste ~ erstklassig, ausgezeichnet; *hotel van eerste* ~ Erster-Klasse-Hotel *n*; (*Zug*) erste Klasse *f*; *de hogere* ~*n* die höheren Stände *m/pl.*; *Sp.* Spitzenklasse *f*, Oberliga *f* (*Fußball*); **~bewustzijn** [-bəʋəstsɛin] *u* Klassenbewußtsein *n*; **~lokaal** [-lɔka:l] (*-kalen*) *n* Klassenzimmer *n*; **~ment** [-əˈmɛnt] *n Sp.* (Be-)Wertung *f*, Klassifizierung *f*.

klassen|haat [ˈklɑsə(n)ha:t] *m* Klassenhaß *m*; **~strijd** [-strɛit] *m* Klassenkampf *m*.

klasse|ren [klɑˈse:rə(n)] klassifizieren; **~ring** [-rɪŋ] *f* Klassifizierung *f*.

klassiek *a.* **clas-** [klɑˈsi·k] klassisch; **~en** [-ə(n)] *pl.* Klassiker *m/pl.*

klateren [ˈkla:tərə(n)] plätschern.

klatergoud [ˈkla:tərɣɑut] *m* Flitter-, Rauschgold *n*.

klauter|aar [ˈklɑutəra:r] (*-s*) *m* Kletterer *m*; **~en** [-ə(n)] klettern; steigen.

klauw [klɑŭ] *m u. f* Pranke *f*, Tatze *f*, Pfote *f*; (*Raubvogel*) Kralle *f*; (*Rind*, *Maschine*) Klaue *f*; **~en** [-ə(n)] krallen, kratzen; **~zeer** [-ze:r] *n* Klauenseuche *f*; *mond- en klauwzeer* Maul- und Klauenseuche *f*.

klaver [ˈkla:v̊ər] (*-s*) *f* Klee *m*; **~blad** [-blɑt] (*-en u. -eren*) *n* Kleeblatt *n*.

klaveren [ˈkla:v̊ərə(n)] *pl.* (*Kartenspiel*) Treff *n*, Kreuz *n*; **~aas** [-ˈa:s] (*-azen*) Treffas *n*, Kreuzas *n*; **~boer** [-ˈbu:r] *m* Treffbube *m*, Kreuzbube *m*.

klaverzaad [ˈkla:v̊ərza:t] *n* Kleesamen *m*.

klavier [klɑˈvi:r] *n* Klavier *n*; Tastatur *f*.

kleden [ˈkle:də(n)] (an)kleiden, bekleiden; *zich* ~ sich ankleiden, sich anziehen.

klederdracht [ˈkle:dərdrɑxt] *f* Tracht *f*.

kle|dij [kle:ˈdɛi] *f*, **~ding** [ˈ-dɪŋ] *f* Kleidung *f*; Anzug *m*.

kledingstuk [ˈkle:dɪŋstək] (*-ken*) *n* Kleidungsstück *n*.

kleed [kle:t] (*-eren u. kleden*) *n* Kleid *n*, Gewand *n*; (*pl. kleden*) *n* Teppich *m*, (*Tisch*, *Klavier*) Decke *f*; *de kleren maken de man* Kleider machen Leute; *dat raakt mijn koude kleren niet* das ist mir völlig egal; **~hokje** [-hɔkjə] (*-s*) *n* Ankleidekabine *f*; **~kamer** [-ka:mər] *f* Ankleideraum *m*, Ankleidegelegenheit *f*; Garderobe *f*; **~sel** [-səl] *f* Kleidung *f*.

Kleef [kle:f] *n* Kleve *n*.

kleef|middel [ˈkle:fmɪdəl] *n* Klebemittel *n*; **~pleister** [-plɛistər] (*-s*) *f* Heftpflaster *n*; **~stof** [-stɔf] (*-fen*) *f* Klebstoff *m*.

kleer|borstel [ˈkle:rbɔrstəl] (*-s*) *m* Kleiderbürste *f*; **~hanger** [-hɑŋər] (*-s*) *m* Kleiderbügel *m*; **~kast** [-kɑst] *f* Kleiderschrank *m*; **~maker** [-ma:kər] (*-s*) *m* Schneider *m*; **~winkel** [-ʋɪŋkəl] (*-s*) *m* Kleidergeschäft *n*.

klei [klɛi] *f* Ton *m*; (*Boden*) Klei *m*, Lehm *m*; **~aarde** [-a:rdə] *f* Tonerde *f*; **~achtig** [-ɑxtəx] tonig, lehmig, kleiig, tonartig; **~duif** [-dəʏf] (*-duiven*) *f* Tontaube *f*; **~groeve** [-ɣru:v̊ə] (*-n*) *f* Tongrube *f*; **~grond** [-ɣrɔnt] *m* Kleiboden *m*, Lehmboden *m*.

klein [klɛin] klein; *de* ~*e burger* Kleinbürger *m*; *een* ~*e 100* nicht ganz hundert; *verkoop in 't* ~ Kleinhandel *m*, Kleinverkauf *m*; *dat is maar* ~ *bier* das ist unbedeutend; *tot in de* ~*ste details* bis ins kleinste.

Klein-Azië [klɛinˈa:zɪ(j)ə] *n* Kleinasien *n*.

klein|burgerlijk [klɛinˈbərɣərlək] kleinbürgerlich, spießbürgerlich; **~dochter** [ˈklɛindɔxtər] (*-s*) *f* Enkelin *f*; **~duimpje** [-ˈdəʏmpjə] (*-s*) *n* Däumling *m*.

kleineren [klɛiˈne:rə(n)] herabsetzen, verkleinern.

klein|geestig [klɛinˈɣe:stəx] spießbürgerlich, kleinlich, engherzig; **~geld** [ˈklɛinɣɛlt] *n* Kleingeld *n*, Wechselgeld *n*, kleines Geld; **~gelovig** [-ɣəˈlo:v̊əx] kleingläubig; **~handel** [-hɑndəl] *m* Kleinhandel *m*, Einzelhandel *m*; **~handelaar** [-hɑndəla:r] (*-s*) *m* Kleinhändler *m*, Einzelhändler *m*; **~hartig** [-ˈhɑrtəx] engherzig, kleinlich.

kleinigheid [ˈklɛinəxhɛit] (*-heden*) *f* Kleinigkeit *f*, Lappalie *f*.

kleinkind [ˈklɛinkɪnt] (*-eren*) *n* Enkelkind *n*, Enkel *m*; Enkelin *f*.

klein|menselijk [klɛin'mɛnsələk] engherzig, kleinlich; egoistisch; **~moedig** [-'mu:dəx] kleinmütig; ängstlich, feige.

kleinood ['klɛĭno:t] (*-noden u. -nodiën*) *n* Kleinod *n*.

klein|schrift ['klɛĭnsxrɪft] *n* kleine Schrift *f*; **~smid** [-smɪt] (*-smeden*) *m* Schlosser *m*; **~steeds** [-'ste:ts] kleinstädtisch; **~zerig** [-'ze:rəx] wehleidig, empfindlich, weichlich; **~zielig** [-'zi:ləx] kleinlich, engherzig; lächerlich; **~zoon** [-zo:n] (*-s u. -zonen*) *m* Enkel *m*.

klem [klɛm] (*-men*) *f* Klemme *f*; Falle *f*; *fig.* Verlegenheit *f*; *met ~* nachdrücklich, mit Nachdruck; *~ bijzetten e-r S.* (*D*) Nachdruck verleihen, nachdrücklich betonen; *~ zitten* verklemmt sein; *in de ~ zitten fig.* in der Klemme sitzen; *~ rijden* einkeilen; **~haak** [-ha:k] (*-haken*) *m* Klammerhaken *m*, Bankeisen *n*; **~men** [-ə(n)] klemmen, drücken, pressen; **~mend** [-ənt] triftig, kräftig; *~ bewijs* triftiger (schlagender) Beweis; **~schroef** [-sxru:f] (*-schroeven*) *f* Klemmschraube *f*; **~toon** [-to:n] (*-tonen*) *m* Betonung *f*, Akzent *m*, Ton *m*.

klep [klɛp] (*-pen*) *f* Klappe *f*; (*Mütze*) Schirm *m*; (*Klavier*) Deckel *m*; (*Motor usw.*) Ventil *n*; *een grote ~ hebben* F ein großes Maul haben; *een grote ~ opzetten* zu schreien anfangen.

klepel ['kle:pəl] (*-s*) *m* Klöppel *m*, Schwengel *m*.

klepopening ['klɛpo:pənɪŋ] *f* Ventilöffnung *f*.

kleppen ['klɛpə(n)] klappern; *Glocke* läuten.

klepper ['klɛpər] (*-s*) *m* Roß *n*, Klepper *m*; *fig.* ein ganzer Kerl, ein tüchtiger Bursche.

klepper|en ['klɛpərə(n)] klappern; **~man** [-mɑn] (*-nen*) *m* Nachtwächter *m*.

kleptomanie [klɛpto·mɑ'ni:] *f* Kleptomanie *f*.

kleren- *s. kleer-*.

klerenhanger ['kle:rə(n)hɑŋər] (*-s*) *m* Kleiderbügel *m*.

klerikaal *a.* **clericaal** [kle·ri·'ka:l] klerikal.

klerk [klɛrk] *m* Schreiber *m*, Kontorist *m*.

klets [klɛts] *f* Schlag *m*, Klaps *m*; (*Gerede*) Geschwätz *n*; *~!* Quatsch!; *~en krijgen* Prügel bekommen; **~en** [-ə(n)] klatschen; schmeißen; schwatzen, faseln; **~er** [-ər] (*-s*) Schwätzer *m*, Quatschkopf *m*; **~erij** [-ə'rɛĭ] *f* Geschwätz *n*; **~koek** [-ku·k] (*kein pl.*) *m* Quatsch *m*; **~kop** [-kɔp] (*-pen*) *m* grindiger Kopf *m*; Glatze *f*; **~kous** [-kɑus] *f* Klatschbase *f*; **~praatje** [-pra:tjə] (*-s*) *n* Geschwätz *n*, dummes Zeug *n*, Klatscherei *f*.

kletteren ['klɛtərə(n)] *Waffen*: klirren; *Regen*: klatschen; *Hagel*: prasseln.

kleur [klø:r] *f* Farbe *f*, Färbung *f*; Anstrich *m*; Schamröte *f*; *een ~ krijgen* erröten; *~ krijgen* sich abzeichnen; **~boek** [-bu·k] *n* Malbuch *n*; **~doos** [-do:s] (*-dozen*) *f* Tuschkasten *m*, Malkasten *m*; **~en** [-ə(n)] *v/t* färben, kolorieren; *Wimpern* tuschen; *v/i* erröten.

kleuren|blind ['klø:rə(n)blɪnt] farbenblind; **~druk** [-drək] (*-ken*) *m* Farbendruck *m*; **~film** [-fɪlm] (*-s*) *m* Farbfilm *m*; **~foto** [-fo·to·] (*-'s*) Farbfoto *n*; **~pracht** [-prɑxt] *f* Farbenpracht *f*.

kleurhoudend ['klø:rhɑudənt] farbecht, waschecht.

kleurig ['klø:rəx] farbig.

kleurling ['klø:rlɪŋ] *m* Farbige(r) *m*

kleur|loos ['klø:rlo:s] farblos; **~middel** [-mɪdəl] *n* Färbemittel *n*; **~potlood** [-pɔtlo:t] (*-loden*) *n* Farbstift *m*, Buntstift *m*; **~rijk** [-rɛĭk] farbig, farbenfroh; **~schakering** [-sxɑke:rɪŋ] *f* Farbton *m*, Färbung *f*; **~sel** [-səl] (*-s*) *n* Färbemittel *n*; **~stof** [-stɔf] (*-fen*) *f* Farbstoff *m*; **~wisseling** [-ʋɪsəlɪŋ] *f* Farbwechsel *m*.

kleuter ['klø:tər] (*-s*) *m* Knirps *m*; **~school** [-sxo:l] (*-scholen*) *f* Kindergarten *m*, Vorschule *f*.

kle|ven ['kle:v̇ə(n)] *v/t* kleben; *v/i* haften; **~verig** [-v̇ərəx] klebrig.

kliek[1] [kli·k] *f* Rest *m*, Überbleibsel *n* (*von Speisen*).

kliek[2] *f* Clique *f*, Klüngel *m*, Sippschaft *f*; **~geest** [-xe:st] *m* Cliquengeist *m*.

klier [kli:r] *f* Drüse *f*; *pl.* Skrofeln *f/pl.*; **~achtig** [-ɑxtəx] skrofulös; **~ontsteking** [-ɔntste:kɪŋ] *f* Drüsenentzündung *f*.

klieven ['kli:v̇ə(n)] (*kliefde, gekliefd*) spalten, durchschneiden.

klik|ken ['klɪkə(n)] anbringen, *j-m etw.* hinterbringen, zutragen; (*in der Schule*) petzen; **~ker** [-kər] (*-s*) *m*, **~spaan** [-spa:n] (*-spanen*) *f u. m* Zuträger *m*; Petzer *m*.
klimaat [kli·'ma:t] (*-maten*) *n* Klima *n*; **~gordel** [-xɔrdəl] (*-s*) *m* Klimazone *f*.
klimato|logie [kli·mato·lo·'ɣi:] *f* Klimakunde *f*, Klimatologie *f*; **~logisch** [-'lo:ɣi·s] klimatologisch; *~e t(h)erapie* Klimatherapie *f*.
klim|boon ['klɪmbo:n] (*-bonen*) *f* Stangenbohne *f*; **~ijzer** [-ɛizər] (*-s*) *n* Steigeisen *n*, Klettereisen *n*; **~koord** [-ko:rt] *n u. f* Kletterseil *n*; **~men** [-ə(n)] (*klom, geklommen*) klettern; (auf)steigen; zunehmen; *bij het ~ der jaren* bei zunehmendem Alter; **~mer** [-ər] (*-s*) *m* Steiger *m*, Kletterer *m*; Kletterpflanze *f*, Schlingpflanze *f*.
klimop [klɪ'mɔp] *m u. n* Efeu *m*.
klim|paal ['klɪmpa:l] (*-palen*) *m* Kletterstange *f*; **~partij** [-partɛi] *f* Kletterpartie *f*, Klettertour *f*, Kletterei *f*; **~plant** [-plant] *f* Kletterpflanze *f*, Schlingpflanze *f*; **~spoor** [-spo:r] (*-sporen*) *f* Steigeisen *n*; **~touw** [-tau] *n* Klettertau *n*; **~vermogen** [-vərmo:ɣə(n)] *n Flgw.* Steigfähigkeit *f*; **~vogel** [-vo:ɣəl] (*-s*) *m* Klettervogel *m*.
kling [klɪŋ] *f* Klinge *f*; *over de ~ jagen fig.* über die Klinge springen lassen.
kliniek [kli·'ni·k] *f* Klinik *f*.
klink [klɪŋk] *f* Klinke *f*; (*an der Kleidung*) Zwickel *m*, Keil *m*.
klinkbout ['klɪŋlbaut] *m* Niet(bolzen) *m*, Niete *f*.
klinkdicht ['klɪŋkdɪxt] *n* Sonett *n*.
klinken[1] [klɪŋkə(n)] (*klonk, geklonken*) (ver)nieten.
klin|ken[2] klingen, tönen, schallen, hallen; (*mit den Gläsern*) anstoßen; *dat klinkt als* das lautet wie; **~ker** [-kər] (*-s*) *m Gr.* Vokal *m*, Selbstlaut *m*; (*Person*) Nieter *m*; (*Stein*) Klinker *m*; **~kerpad** [-kərpat] *n* Klinkerpfad *m*, Klinkerstraße *f*.
klink|hamer ['klɪŋkha:mər] (*-s*) *m* Niethammer *m*; **~klaar** [-kla:r] bar, rein; *~klare onzin* barer Unsinn; **~naad** [-na:t] (*-naden*) *m* Nietnaht *f*, Nietung *f*; **~nagel** [-na:ɣəl] (*-s*) *m* Nietnagel *m*, Niet *m*.
klip [klɪp] (*-pen*) *f* Klippe *f*; **~geit** [-xɛit] *f* Gemse *f*; **~zout** [-saut] *n* Steinsalz *n*.
klis [klɪs] (*-sen*) *f* Klette *f*; *een ~ haar* Haarknäuel *m u. n*.
klissen ['klɪsə(n)] F verhaften.
klisteerspuit [klɪ'ste:rspəyt] *f* Klistierspritze *f*.
klit [klɪt] (*-ten*) *f* Klette *f*.
klodder ['klɔdər] (*-s*) *m* Klumpen *m*; Klecks *m*.
kloef [klu:f] *m* Holzschuh *m*.
kloek[1] [klu·k] *f* Glucke *f*.
kloek[2] rüstig, stark; mutig, männlich; *een ~ besluit* ein mutiger Entschluß; **~moedig** [-'mu·dəx] tapfer, mutig, kühn.
klok [klɔk] *f* Glocke *f*; Uhr *f*; **~gelui** [-xələy] *n* Glockengeläut *n*; **~hen** [-hɛn] (*-nen*) *f* Glucke *f*; **~huis** [-həys] (*-huizen*) *n* Kerngehäuse *n*; **~kekast** [-kəkast] *f* Uhrkasten *m*, Uhrgehäuse *n*.
klokken ['klɔkə(n)] glucken, glucksen; **~d** [-t] (*Kleid*) glockenförmig; **~ist** [-'i·st] *m* Glockenspieler *m*; **~spel** [-spɛl] (*-len*) *n* Glockenspiel *n*.
klokke|stoel ['klɔkəstu:l] *m* Glokkenstuhl *m*; **~toren** [-to:rə(n)] (*-s*) *m* Glockenturm *m*.
klok|mantel ['klɔkmantəl] (*-s*) *m* Glockenmantel *m*; **~slag** [-slax] *m* Glockenschlag *m*; *~ tien* (*uur*) Schlag (Punkt) zehn; **~spijs** [-spɛis] (*kein pl.*) *f* Glockenspeise *f*; *het gaat er in als ~* das geht glatt; **~zeel** [-se:l] (*-zelen*) *n* Glockenstrang *m*, Glockenseil *n*; *iets aan het* (*grote*) *~ hangen* etw. ausposaunen.
klom [klɔm] *s. klimmen*.
klomp [klɔmp] *m* Klumpen *m*; Holzschuh *m*; **~endans** [-ə(n)dans] *m* Holzschuhtanz *m*; **~enmaker** [-ə(n)ma:kər] (*-s*) *m* Holzschuhmacher *m*; **~voet** [-fu·t] *m* Klumpfuß *m*.
klonk [klɔŋk] *s. klinken*.
klont [klɔnt] *m u. f* Klumpen *m*; Scholle *f*; Kloß *m*; **~er** [-ər] (*-s*) *m* (*in Flüssigkeiten*) Klümpchen *n*; (*Blut*) Gerinnsel *n*; (*Dreck*) Klunker *f*; **~eren** [-ərə(n)] klumpen, klumpig werden; **~je** [-jə] (*-s*) Klümpchen *n*, Stückchen *n*; (Zucker-)Würfel *m*; *zo klaar als een ~* sonnenklar; **~jessuiker** [-jəsəykər] *m* Würfelzucker *m*.
kloof[1] [klo:f] *s. kluiven*.
kloof[2] (*kloven*) *f* Kluft *f*; Spalte *f*,

Spalt *m*; Schlucht *f*; Ritze *f*; (*Haut*) Riß *m*; *handen vol kloven* rissige Hände *f/pl.*

klooster ['klo:stər] (*-s*) *n* Kloster *n*; **~broeder** [-bru:dər] (*-s*) *m* Klosterbruder *m*; **~gelofte** [-ɣəlɔftə] (*-n*) *f* (Kloster-)Gelübde *n*; **~kerk** [-kɛrk] *f* Klosterkirche *f*; **~ling** [-lıŋ] *m* Klosterbruder *m*, Mönch *m*; **~linge** [-lıŋə] (*-n*) *f* Klosterschwester *f*, Nonne *f*; **~tucht** [-tөxt] *f* Klosterzucht *f*.

kloot [klo:t] (*kloten*) *m* Kugel *f*, Ball *m*; P Hode *f*; **~jesvolk** [-jəsfɔlk] *n* Lumpenvolk *n*, Lumpengesindel *n*; **~zak** [-sɑk] (*-ken*) *m* P Hodensack *m*; *fig.* P Nichtsnutz *m*, Betrüger *m*.

klop [klɔp] (*-pen*) *m* Schlag *m*; ~ *krijgen* Prügel bekommen; *Sp.* geschlagen werden; **~geest** [-xe:st] *m* Klopfgeist *m*; **~jacht** [-jɑxt] *f* Treibjagd *f*; **~partij** [-pɑrtɛĭ] *f* Rauferei *f*, Prügelei *f*; F Keilerei *f*.

klop|pen ['klɔpə(n)] klopfen, pochen; prügeln; *er wordt geklopt* es klopft, man klopft; *eieren* ~ Eier rühren; *iemand het geld uit de zak* ~ j-m das Geld aus der Tasche lokken; *de cijfers* ~ die Zahlen stimmen; *dat klopt niet* das (es) stimmt nicht; *zijn hart klopt* sein Herz pocht; **~per** [-pər] (*-s*) *m* Klopfer *m*; **~ping** [-pıŋ] *f* Klopfen *n*, Pochen *n*; *fig.* Niederlage *f*; Prügel *pl.*

klos [klɔs] (*-sen*) *m u. f* Klöppel *m*; Klotz *m*; (*Spinnerei*) Spindel *f*, Spule *f*, Rolle *f*; *een* ~ *garen* e-e Rolle Zwirn, e-e Garnrolle; **~sen** [-sə(n)] *v/i* stampfen, trampeln; *v/t* aufwinden; *Spitzen* klöppeln.

klotsen ['klɔtsə(n)] *Wasser*: platschen, plätschern; *Wellen*: schlagen.

kloven ['klo:v̇ə(n)] (*kloofde, gekloofd*) spalten.

klucht [klөxt] *f* Spaß *m*; (*Theater*) Posse *f*, Schwank *m*; (*Vögel*) Schar *f*, Flug *m*, Zug *m*; **~ig** [-əx] komisch, spaßig, schnurrig; **~spel** [-spɛl] *n* Posse *f*, Possenspiel *n*; *fig.* Narretei *f*, Schwindel *m*.

kluif [kləʏf] (*-kluiven*) *f* Knochen (*mit Fleisch*) *m*; Eisbein *n*; *fig. een hele* ~ ein tüchtiges Stück Arbeit.

kluis [kləʏs] (*kluizen*) *f* Klause *f*, Zelle *f*; (*Geld*) Tresor *m*, Stahlkammer *f*; *mar.* Klüse *f*.

kluister ['kləʏstər] (*-s*) *f* Fessel *f*; **~en** ['-ə(n)] fesseln.

kluit [kləʏt] *m u. f* Klumpen *m*, (Erd-)Scholle *f*; *flink uit de* ~*en gewassen* (*gegroeid*) von stattlichem Wuchs; **~je** [-jə] (*-s*) *n* Klümpchen *n*; *met een* ~ *in het riet sturen* mit leeren Worten abspeisen.

kluiven ['kləʏv̇ə(n)] (*kloff, gekloven*) (ab)nagen; knabbern.

kluiver ['kləʏv̇ər] (*-s*) *m mar.* Klüver *m*.

kluizenaar ['kləʏzəna:r] (*-s u. -naren*) *m* Einsiedler *m*.

kluppel ['kløpəl] (*-s*) *m. s. knuppel.*

klusje ['kløʃə] (*-s*) *n* Kleinarbeit *f*, kleine Reparatur; **~sman** [-smɑn] (*-nen*) *m* Faktotum *n*, Aushelfer *m*.

kluts [kløts] *f*; *de* ~ *kwijt raken* (*zijn*) den Kopf verlieren, aus der Fassung kommen; **~ei** [-ɛĭ] (*-eren*) *n* geschlagenes (gequirltes) Ei; **~en** [-ə(n)] schlagen, quirlen.

kluwen ['kly:ʋə(n)] (*-s*) *n* Knäuel *m u. n.*

knaagdier ['kna:ɣdi:r] *n* Nagetier *n*.

knaap [kna:p] (*knapen*) *m* Knabe *m*, Bursche *m*, Kerl *m*.

knabbel|aar ['knɑbəla:r] (*-s*) *m* Knabbernde(r) *m*, Nager *m*; **~en** [-ə(n)] knabbern.

kna|gen ['kna:ɣə(n)] nagen; **~ging** [-ɣıŋ] *f* Nagen *n*; ~ *van het geweten* Gewissensbisse *m/pl.*

knak [knɑk] (*-ken*) *m* Knacks *m*, Knack *m*, Knick *m*; **~ken** [-ə(n)] knicken, brechen; knacken; *zijn gezondheid is geknakt* seine Gesundheit ist zerrüttet; **~worst** [-ʋɔrst] *f* Knackwurst *f*, Knacker *m*.

knal [knɑl] (*-len*) *m* Knall *m*; **~demper** [-dɛmpər] (*-s*) *m* Schalldämpfer *m*; **~effect** *a.* **~effekt** [-ɛfɛkt] *n* Knalleffekt *m*; **~gas** [-ɣɑs] *n* Knallgas *n*; **~len** [-ə(n)] knallen; **~pot** [-pɔt] (*-ten*) *m* Auspuff *m*; Auspufftopf *m*; Schalldämpfer *m*; **~rood** [-ro:t] knallrot.

knap [knɑp] tüchtig, gewandt; klug; fähig; (*Äußeres*) hübsch, fein, schmuck; sauber, nett; **~heid** [-hɛĭt] *f* Klugheit *f*; Tüchtigkeit *f*, Geschicklichkeit *f*, Gewandtheit *f*; Sauberkeit *f*.

knappen ['knɑpə(n)] knacken; prasseln, knistern; *een uiltje* ~ ein Schläfchen machen.

knapperd ['knɑpərt] (*-s*) *m* tüchtiger Mensch; kluger Kopf.

knapzak ['knɑpsɑk] (*-ken*) *m* Knappsack *m*; Tornister *m*.

knar|sen ['knɑrsə(n)] knirschen; *Rad, Türschloß*: knarren, quietschen; **~setanden** [-sətɑndə(n)] mit den Zähnen knirschen.
knaster ['knɑstər] (*-s*) *m* Knaster *m*.
knauw [knɑŭ] *m* Biß *m*; *fig.* Knacks *m*; **~en** [-ə(n)] beißen; nagen; kauen; *fig.* schinden.
knecht [knɛxt] (*-en u. -s*) *m* Knecht *m*; (*Handwerk*) Geselle *m*; (*im Hause*) Diener *m*; **~en** [-ə(n)] knechten; **~schap** [-sxɑp] *n* Knechtschaft *f*, Sklaverei *f*.
kneden ['kne:də(n)] kneten.
kneedbaar ['kne:dba:r] knetbar.
kneep[1] [kne:p] *s. knijpen.*
kneep[2] (*knepen*) *f* Kniff *m*, Pfiff *m*; *daar zit 'm de ~ fig.* da liegt der Hase im Pfeffer; das ist der richtige Dreh.
knekelhuis ['kne:kəlhəys] (*-huizen*) *n* Beinhaus *n*.
knel [knɛl] (*-len*) *f*: *in de ~ zitten* in der Klemme (Patsche) sitzen; **~len** [-ə(n)] klemmen; *Schuhe*: drücken; **~punt** [-pənt] *n* Engpaß *m*; Spannungsabfall *m*.
knetteren ['knɛtərə(n)] knattern; *Flammen*: knistern; *Kleidungsstücke*: knittern.
knettergek ['knɛtərɣ̊ɛk] total verrückt.
kneu [knø:] *f* Hänfling *m*.
kneukel ['knø:kəl] (*-s*) *m* Knöchel *m*; *iemand op de ~s tikken* j-m auf die Finger klopfen; **~ijzer** [-ɛĭzər] (*-s*) *n* Schlagring *m*.
kneu|zen ['knø:zə(n)] quetschen; **~zing** [-zɪŋ] *f* Quetschung *f*.
knevel ['kne:v̊əl] (*-s*) *m* Knebel *m*; Schnurrbart *m*; **~aar** [-a:r] (*-s*) *m* Erpresser *m*, Preller *m*; Knebler *m*; **~arij** [-a·'rɛĭ] *f* Erpressung *f*, Prellerei *f*; **~en** [-ə(n)] knebeln, fesseln; erpressen, prellen.
knibbel|aar ['knɪbəla:r] (*-s*) *m* Geizhals *m*, Knauser *m*, Feilscher *m*; **~arij** [-a·'rɛĭ] *f* Knauserei *f*; Gefeilsche *n*; **~en** [-ə(n)] knausern; feilschen.
knie [kni:] (*-ën*) *f* Knie *n*; *iets onder de ~ hebben (krijgen) etw.* meistern; *met knikkende ~ën* mit schlotternden Knien; **~broek** [-bru·k] *f* Kniehose *f*; **~buiging** [-bəyɣ̊ɪŋ] *f* *Sp.* Kniebeuge *f*; **~len** [-lə(n)] knien; **~pees** [-pe:s] (*-pezen*) *f* Kniesehne *f*; **~plaat** [-pla:t] (*-platen*) *f* Knieschiene *f*; **~riem** [-ri:m] *m* Knieriemen *m*; **~schijf** [-sxɛif] (*-schijven*) *f* Kniescheibe *f*.
kniesoor ['kni:so:r] (*-oren*) *m u. f* Griesgram *m*.
knie|stuk ['kni:stək] (*-ken*) *n* Kniestück *n*; **~val** [-v̊ɑl] (*-len*) *m* Kniefall *m*; **~viool** [-v̊i·(j)o:l] (*-violen*) *f* Kniegeige *f*, *bsd.* Gambe *f*; Violoncell(o) *n*.
knie|zen ['kni:zə(n)] sich grämen; *zich dood ~* sich zu Tode grämen, sich abhärmen; **~zer** [-zər] (*-s*) *m* Griesgram *m*; **~zerig** [-zərəx] griesgrämig, grämlich, mürrisch.
knijp|bril ['knɛĭbbrɪl] (*-len*) *m* Kneifer *m*, Zwicker *m*; **~en** [-ə(n)] (*kneep, geknepen*) kneifen, zwicken; placken; zwacken; **~per** [-pər] (*-s*) *m* Kneifer *m*, Zwicker *m*; (*Geizhals*) Knauser *m*; (*für Wäsche*) Klammer *f*; **~tang** [-tɑŋ] *f* Kneifzange *f*, Beißzange *f*.
knik [knɪk] (*-ken*) *m* Knick *m*; Nicken *n*; **~ken** [-kə(n)] nicken; *Blumen* knicken; *met ~de knieën* mit schlotternden Knien.
knikker ['knɪkər] (*-s*) *m* Murmel *f*; F *kale ~* Glatze *f*; **~spel** [-spɛl] *n* Murmelspiel *n*.
knip[1] [knɪp] (*-pen*) *f* Falle *f*; (*an der Tür*) Riegel *m*; Schlagfeder *f*; *de deur op de ~ doen* die Tür zuriegeln.
knip[2] *m* Schnippchen *n*; Einschnitt *m*; *hij is geen ~ voor de neus waard* er ist keinen Schuß Pulver wert.
knip|mes ['knɪpmɛs] (*-sen*) *n* Schnappmesser *n*, Klappmesser *n*; **~ogen** [-o:ɣ̊ə(n)] blinzeln, zwinkern; **~patroon** [-pɑtro:n] (*-tronen*) *n* Schnittmuster *n*; **~pen** [-pə(n)] schneiden; *Kleider* zuschneiden; *Fahrkarten* knipsen, lochen; (*mit den Fingern*) schnippen, schnalzen; (*mit den Augen*) blinzeln, zwinkern; *geknipt zijn voor* wie geschaffen sein für; **~perlicht** [-pərlɪxt] *n* Blinklicht *n*, Blinkfeuer *f*; (*Wagen*) Blinkleuchte *f*; **~sel** [-səl] (*-s*) *n* Schnitzel *n*; Ausschnitt *m*; **~tang** [-tɑŋ] *f* Kneifzange *f*, Beißzange *f*; Lochzange *f*, Knipszange *f*.
knobbel ['knɔbəl] (*-s*) *m* Beule *f*; Knoten *m*; Höcker *m*; Knollen *m*; *fig.* Anlage *f*, Talent *n*; **~achtig** [-ɑxtəx] knollenförmig; knotig; buck(e)lig; **~jicht** [-jɪxt] *f* Gicht *f*.

knoedel ['knu:dəl] (*-s*) *m* Knödel *m*, Kloß *m*.
knoei|boel ['knu·ibu:l] *m* Pfuscherei *f*, Sudelei *f*; **~en** [-ə(n)] pfuschen, stümpern; schieben, schwindeln; **~er** [-ər] (*-s*) *m* Pfuscher *m*, Stümper *m*; Schwindler *m*; **~erij** [-ə'rɛĭ] *f*, **~werk** [-ʋɛrk] *n* Pfuscherei *f*; Schwindel *m*.
knoest [knu:st] *m* Knorren *m*, Baumstumpf *m*; Knoten *m*; **~ig** [-əx] knorrig.
knoet [knu:t] *m* Knute *f*; *fig.* Grobian *m*, Flegel *m*.
knoflook ['knɔflo:k] *n u. m* Knoblauch *m*.
knokig ['kno:kəx] knochig.
knokkel ['knɔkəl] (*-s*) *m* Knöchel *m*; **~jicht** [-jɪxt] *f* Gicht *f* in den Knöcheln.
knok|ken ['knɔkə(n)] prügeln, sich raufen; **~partij** [-pɑrtɛĭ] *f* Schlägerei *f*, Prügelei *f*, Rauferei *f*; **~ploeg** [-plu:x] *f* Schlägergruppe *f*, Rollkommando *n*.
knol [knɔl] (*-len*) *m* Knolle *f*; Rübe *f*; *fig.* altes Pferd, Gaul *m*; *iemand ~len voor citroenen verkopen* j-m ein X für ein U vormachen; **~gewas** [-ɣ̊əʋɑs] (*-sen*) *n* Knollengewächs *n*; **~raap** [-ra:p] (*-rapen*) *f* Steckrübe *f*, Kohlrübe *f*.
knook [kno:k] (*knoken*) *m u. f* Knochen *m*.
knoop [kno:p] (*knopen*) *m* Knoten *m*; Knopf *m*; **~punt** [-pənt] *n* Knotenpunkt *m*; **~sgat** [-sxɑt] *n* Knopfloch *n*.
knop [knɔp] (*-pen*) *m* Knopf *m*; *Bot.* Knospe *f*; (*am Degen*) Knauf *m*.
knopen ['kno:pə(n)] (zu)knöpfen; knüpfen, befestigen, binden; **~maker** [-ma:kər] (*-s*) *m* Knopfmacher *m*.
knoppen ['knɔpə(n)] knospen, Knospen treiben.
knorhaan ['knɔrha:n] (*-hanen*) *m* Knurrhahn *m*.
knor|ren ['knɔrə(n)] *Hunde*: knurren; *Schweine*: grunzen; *fig.* brummen; **~repot** [-rəpɔt] (*-ten*) *m* Brummbär *m*, Griesgram *m*; **~rig** [-rəx] mürrisch, unwirsch.
knot [knɔt] (*-ten*) *f* (*Garn, Wolle*) Docke *f*; (*Haar*) Knoten *m*; Knäuel *m u. n*.
knots [knɔts] *f* Keule *f*; **~slag** [-slɑx] *m* Keulenschlag *m*.
knot|ten ['knɔtə(n)] stutzen, beschneiden, kappen; **~wilg** [-ʋɪlx] *m* Weide *f*.
knuffelen ['knəfələ(n)] F knutschen.
knuist [knəʏst] *m u. f* Faust *f*.
knul [knəl] (*-len*) *m* Lümmel *m*, Tölpel *m*, Flegel *m*.
knuppel ['knəpəl] (*-s*) *m* Knüppel *m*, Knüttel *m*; **~en** [-ə(n)] prügeln; **~vers** [-v̊ɛrs] *n* Knittelvers *m*.
knusjes ['knəʃəs] *Adv.* gemütlich, behaglich.
knutsel|aar ['knətsəla:r] (*-s*) *m* Bastler *m*; **~en** [-ə(n)] basteln; **~werk** [-ʋɛrk] *n* Bastelei *f*, Bastelarbeit *f*.
kobalt [ko·'bɑlt] *m* Kobalt *n*.
kobbe ['kɔbə] (*-n*) Spinne *f*.
kocht [kɔxt] *s. kopen*.
koddebeier ['kɔdəbɛĭ(j)ər] (*-s*) *m* Aufseher *m*, Feld-, Waldhüter *m*.
koddig ['kɔdəx] drollig, komisch.
koe [ku:] (*koeien*) *f* Kuh *f*; *oude ~ien uit de sloot (gracht) halen fig.* alten Kohl aufwärmen; *een waarheid als een ~* Binsenwahrheit *f*; **~handel** [-hɑndəl] *m* Kuhhandel *m*; **~(ie)mest** [-(jə)mɛst] *m* Kuhmist *m*; **~(ie)stal** [-(jə)stɑl] (*-len*) *m* Kuhstall *m*.
koeioneren [ku·jə-], *a.* [kujɔ'ne:rə(n)] schikanieren.
koek [ku·k] *m* Kuchen *m*; *~ en ei zijn* ein Herz und e-e Seele sein; **~(ken)bakkerij** [-(ə)bɑkə'rɛĭ] *f* Kuchenbäckerei *f*, Konditorei *f*; **~deeg** [-de:x] *n* Kuchenteig *m*.
koeke|bak ['ku·kəbɑk] (*-ken*) *m* Pfannkuchen *m*; **~brood** [-bro:t] *n* Korinthen-, Rosinenbrot *n*.
koekeloeren [ku·kə'lu:rə(n)] gukken, lauern; *te ~ zitten* untätig dasitzen, ins Leere schauen.
koekepan ['ku·kəpɑn] (*-nen*) *f* Pfannkuchenpfanne *f*; Kuchenform *f*, Backform *f*.
koekoek ['ku·ku·k] *m* Kuckuck *m*; Dachfenster *n*; Oberlicht *n*; **~sklok** [-sklɔk] (*-ken*) *f* Kuckucksuhr *f*.
koel [ku:l] kühl, kalt; frostig; **~bak** [-bɑk] (*-ken*) *m* Kühlfaß *n*, Kühlbottich *m*; **~bloedig** [-'blu:dəx] kaltblütig; **~bloedigheid** [-'blu:dəxhɛĭt] *f* Kaltblütigkeit *f*; **~en** [-ə(n)] kühlen; *Zorn, Kummer* auslassen (*aan*/an *D*); *met (door) lucht gekoeld* luftgekühlt; **~hartig** [-'hɑrtəx] kaltherzig; **~heid** [-hɛĭt] *f*

Kühle *f*; **~huisboter** [-hœysbo:tər] *f* Kühlhausbutter *f*.
koelie ['ku:li:] (*-s*) *m* Kuli *m*.
koel|installatie ['ku:lɪnstala:si:] (*-s*) *f* Kühl-, Gefrieranlage *f*; **~kamer** [-ka:mər] (*-s*) *f* Kühlkammer *f*, Kühlraum *m*; **~kast** [-kast] *f* Kühlschrank *m*; **~te** [-tə] *f* Kühle *f*, Frische *f*; *mar.* Kühlte *f*; **~techniek** [-tɛxni·k] *f* Kältetechnik *f*; **~tjes** [-tjəs] *Adv.*, *a. fig.* frostig.
koemelk ['ku:mɛlk] *f* Kuhmilch *f*.
Koen[1] [ku:n] *m* Konrad *m*.
koen[2] kühn, herzhaft; **~heid** [-hɛĭt] *f* Kühnheit *f*.
Koenraad ['ku:nra:t] *m* Konrad *m*.
koepel ['ku·pəl] (*-s*) *m* Kuppel *f*; **~dak** [-dak] *n* Kuppeldach *n*; **~gewelf** [-ɣə'ʋɛlf] (*-welven*) *n* Gewölbe *n*; **~kerk** [-kɛrk] *f* Kuppelkirche *f*.
koepokinenting ['ku·pɔkɪnɛntɪŋ] *f* Pockenschutzimpfung *f*.
koer [ku:r] *f* Hinterhof *m*, innere(r) Hof *m*; Abort *m*, Toilette *f*; Spielplatz (*für Schulkinder*) *m*.
koerier [ku·'ri:r] (*-s*) *m* Kurier *m*, (Eil-)Bote *m*.
Koerland ['ku:rlant] *n* Kurland *n*.
koers [ku:rs] *m* Kurs *m*; *f* Wettfahrt *f*, Wettlauf *m*, Wettrennen *n*, Rennen *n*; *~ zetten naar* Kurs nehmen nach *D* (*auf A*); *buiten ~ stellen* außer Kurs setzen; *~ van de dag* Tageskurs *m*; *uit de ~ raken* den Kurs verlieren; **~daling** [-da:lɪŋ] *f* Kursrückgang *m*, Kurssturz *m*; **~notering** [-nɔ'te:rɪŋ] *f* Kursnotierung *f*; **~schommeling** [-sxɔmәlɪŋ] *f* Kursschwankung *f*; **~stijging** [-stɛĭɣɪŋ] *f* Kurssteigerung *f*; **~uitslagen** [-œytsla:ɣə(n)] *m/pl.* Rennergebnisse *n/pl.*; **~verlies** [-fərli:s] *n* Kursverlust *m*; **~verschil** [-fərsxɪl] (*-len*) *n* Kursdifferenz *f*; **~waarde** [-ʋa:rdə] *f* Kurswert *m*.
koes(**t**) [ku:s(t)] ruhig; *zich ~ houden* sich kuschen; sich ruhig verhalten.
koesteren [ku:stərə(n)] (er)wärmen; hegen, pflegen; *zich ~ in de zon* sich in der Sonne wärmen, sich sonnen; *hoop* (*wrok*) *~* Hoffnung (Groll) hegen; *het voornemen ~* die Absicht haben, beabsichtigen.
koeterwaals [ku:tər'ʋa:ls] unverständlich; *n* Kauderwelsch *n*.
koets [ku·ts] *f* Kutsche *f*, Wagen *m*; **~huis** [-hœys] (*-huizen*) *n* Wagenschuppen *m*; **~ier** [-'i:r] (*-s*) *m* Kutscher *m*; **~paard** [-pa:rt] *n* Kutschpferd *n*; **~poort** [-po:rt] *f* Toreinfahrt *f*, Torweg *m*; Einfahrt *f*.
koevoet ['ku:vu·t] *m* Brechstange *f*, Brecheisen *n*.
koffer ['kɔfər] (*-s*) *m* Koffer *m*; **~grammofoon** [-ɣramo·fo:n] (*-s u. -fonen*) *m* Koffergrammophon *m*; **~ontvanger** [-ɔntfaŋər] (*-s*) *m* Kofferradio *n*.
koffie ['kɔfi:] *m* Kaffee *m*; *~ zetten* Kaffee kochen; *slappe ~* dünner Kaffee; **~baal** [-ba:l] (*-balen*) *f* Kaffeesack *m*; **~blad** [-blat] *n* Kaffeetablett *n*; **~dik** [-dɪk] *n* Kaffeesatz *m*; **~gerei** [-ɣərɛĭ] *n* Kaffeegeschirr *n*; **~huis** [-hœys] (*-huizen*) *n* Kaffeehaus *n*, Café *n*; **~kamer** [-ka:mər] (*-s*) *f Thea.* Foyer *n*, Wandelhalle *f*, Erfrischungsraum *m*; **~kan** [-kan] (*-nen*) *f* Kaffeekanne *f*; **~kleur** [-klø:r] *f* Kaffeefarbe *f*; **~kransje** [-kranʃə] (*-s*) *n* Kaffeekränzchen *n*; **~kopje** [-kɔpjə] (*-s*) *n* Kaffeetasse *f*; **~maaltijd** [-ma:ltɛĭt] *m* zweite(s) Frühstück *n*; **~molen** [-mo:lə(n)] (*-s*) *m* Kaffeemühle *f*; **~plantage** [-plan'ta:ʒə] (*-s*) *f* Kaffeeplantage *f*; **~pot** [-pɔt] (*-ten*) *m* Kaffeekanne *f*, Kaffeetopf *m*; **~praatje** [-pra:tjə] (*-s*) *n* Kaffeeklatsch *m*; **~servies** [-sɛrvi:s] (*-viezen*) *n* Kaffeegeschirr *n*, Kaffeeservice *n*; **~trommel** [-trɔməl] (*-s*) *f* Kaffeebüchse *f*; **~veiling** [-vɛĭlɪŋ] *f* Kaffeeauktion *f*, Kaffeeversteigerung *f*.
kogel ['ko:ɣəl] (*-s*) *m* Kugel *f*; *de ~ krijgen* erschossen werden; *de ~ is door de kerk fig.* die Würfel sind gefallen; wir haben es geschafft; **~baan** [-ba:n] (*-banen*) *f* Flugbahn *f*; **~gieterij** [-gi:tə'rɛĭ] *f* Kugelgießerei *f*; **~rond** [-rɔnt] kugelrund; **~stoten** [-sto:tə(n)] *n* Kugelstoßen *n*; **~vormig** [-vɔrməx] kugelförmig; **~vrij** [-vrɛĭ] kugelfest.
kog(**ge**) ['kɔx], *a.* ['kɔɣə] *f* (*koggen*) *mar.* Kogge *f*.
kohier [ko·'hi:r] *n* Lastschriftenbuch *n*; Steuerliste *f*.
kok [kɔk] (*-s*) *m* Koch *m*.
kokarde [ko·'kardə] (*-s*) *f* Kokarde *f*.
koken ['ko:kə(n)] kochen, sieden; *~ van woede* kochen vor Wut; *~d heet*

siedend heiß; *zijn bloed begon te* ~ *fig.* sein Blut geriet in Wallung.
koker ['ko:kər] (*-s*) *m* Behälter *m*, Futteral *n*; (*für Pfeile*) Köcher *m*; (*für Nadeln*) Büchse *f*; (*für Zigarren*) Etui *n*, Tasche *f*; *ik heb het in mijn* ~ F ich habe es kapiert.
kokerij [ko·kə'rɛĭ] *f* Kocherei *f*.
koket [kɔ'kɛt] kokett, eitel; **~te** [-ə] (*-s*) *f* Kokette *f*; **~teren** [-'te:rə(n)] kokettieren.
kokhalzen ['kɔkhɑlzə(n)] aufstoßen; *hij kokhalst* es würgt ihm im Halse.
kokkin [kɔ'kɪn] (*-nen*) *f* Köchin *f*.
kokos|boom ['ko·kɔzbo:m] (*-bomen*) *m* Kokosbaum *m*; **~noot** [-no:t] *f* Kokosnuß *f*; **~palm** [-pɑlm] *m* Kokospalme *f*.
koks|jongen ['kɔksjɔŋə(n)] (*-s*) *m* Küchenjunge *m*; **~maat** [-ma:t] (*-maten*) *m mar.* Koch(s)maat *m*.
kolbak [kɔl'bɑk] (*-s u. -ken*) *m* Kalpak *m*.
kolder ['kɔldər] (*-s*) *m* (*Kleidungsstück, a. Med.*) Koller *m*; **~en** [-ə(n)] kollern; toben, rasen.
kolen ['ko:lə(n)] *pl.* Kohlen *f/pl.*; Kohle *f*.
kolen|bak (*in Zssgn a.* **kool-**) ['ko:lə(n)bɑk], ['ko:lbɑk] (*-ken*) *m* Kohlenkasten *m*; **~brander** [-brɑndər] (*-s*) *m* Köhler *m*; **~damp** [-dɑmp] *m* Kohlenmonoxyd *n*, Kohlengas *n*; **~drager** [-dra:ɣər] (*-s*) *m* Kohlenträger *m*.
Kolen- en Staalgemeenschap ['ko:lə(n) ɛn sta:lɣəme:nsxɑp] *f* Kohle-Stahl-Union *f*; Montanunion *f*.
kolen|hok ['ko:lə(n)hɔk] (*-ken*) *n* Kohlenverschlag *m*, Kohlenschuppen *m*; **~kit** [-kɪt] (*-ten*) *f* Kohleneimer *m*; **~laag** [-la:x] (*-lagen*) *f* Kohlenschicht *f*; Kohlenflöz *n*; **~mijn** [-mɛĭn] *f* Kohlengrube *f*, Kohlenbergwerk *n*, Zeche *f*; **~schaarste** [-sxa:rstə] *f* Kohlenknappheit *f*; **~schop** [-sxɔp] (*-pen*) *f* Kohlenschaufel *f*; **~tip** [-tɪp] (*-s u. -pen*) *m* Kohlenkipper *m*; **~tremmer** *a.* **~trim-** [-trɛmər] (*-s*) *m* Kohlentrimmer *m*; **~vuur** [-vy:r] *n* Kohlenfeuer *n*; **~zak** [-zɑk] (*-ken*) *m* Kohlensack *m*; **~zeef** [-ze:f] (*-zeven*) *f* Kohlensieb *n*.
kolf [kɔlf] (*kolven*) *f* Kolben *m*; **~je** [-jə] (*-s*) *n*: *dat is een* ~ *naar zijn hand* das ist gerade etw. für ihn; **~vormig** [-fɔrməx] kolbenförmig.
kolibrie ['ko·li·bri:] (*-s*) *m* Kolibri *m*.
koliek [ko·'li·k] *n u. f* Kolik *f*.
kolk [kɔlk] *m u. f* Kolk *m*; Tümpel *m*; Strudel *m*; Schleusenkammer *f*; **~ken** [-kə(n)] wirbeln, strudeln.
kolom [ko·'lɔm] (*-men*) *f* Pfeiler *m*, Säule *f*; (*Zeitung*) Kolumne *f*; *Typ.* Spalte *f*; *in drie* ~*men* dreispaltig; **~kachel** [-kɑxəl] *f* Kanonenofen *m*.
kolonel [ko·lɔ'nɛl] (*-s*) *m* Oberst *m*.
kolo|niaal [ko·lo·ni·'(j)a:l] kolonial; (*-nialen*) *m* Kolonialsoldat *m*; Kolonist *m*; *koloniale waren* Kolonialwaren *f/pl.*; **~nie** [kɔ'lo:ni:] (*-s u. -ën*) *f* Kolonie *f*; (An-)Siedlung *f*, Niederlassung *f*; **~nisatie** *a.* **-zatie** [-ni·'za:si:] (*-s*) *f* Kolonisation *f*; **~niseren** *a.* **~nizeren** [-ni·ze:rə(n)] kolonisieren; besiedeln; **~nist** [-'ni·st] *m* Kolonist *m*; Ansiedler *m*.
koloriet [ko·lo·'ri·t] *n* Kolorit *n*, Färbung *f*.
kolos [kɔ'lɔs] (*-sen*) *m* Koloß *m*; **~saal** [-'sa:l] kolossal, riesig; großartig.
kom [kɔm] (*-men*) *f* Napf *m*, Schale *f*; (*Kaffee, Milch*) Tasse *f*; Becken *n*, Schüssel *f*, Bassin *n*; (*für Enten*) Pfuhl *m*; (*Vertiefung*) Mulde *f*, Senke *f*; ~ *van de gemeente* Gemeindezentrum *n*, Stadtzentrum *n*; *bebouwde* ~ geschlossene Ortschaft.
komaf [kɔ'mɑf] *m* Herkunft *f*; *van goede* ~ aus gutem Hause; *van kleine* ~ von niedriger Herkunft; ~ *maken* (resolut) beendigen.
kombuis ['kɔmbœys] (*-buizen*) Kochherd *m*; *mar.* Kombüse *f*.
kome|diant [ko·me·di·'(j)ɑnt] *m* Komödiant *m*, Schauspieler *m*; **~die** [kɔ'me:di:] (*-s*) *f* Theater *n*, Schauspielhaus *n*; Lustspiel *n*, Komödie *f*; *naar de* ~ *gaan* ins Theater gehen; *hij speelt maar* ~ *fig.* er macht nur Theater.
komeet [ko·'me:t] (*-meten*) *f* Komet *m*.
komen ['ko:mə(n)] (*kwam, gekomen*) kommen; *voor de dag* ~ zum Vorschein kommen; *achter iets* ~ etw. ausfindig machen; *hij kwam aanlopen* er kam gelaufen; *aan het bewind* ~ ans Ruder gelangen, die Macht ergreifen; *er komt regen* es

wird (bald) regnen; *daar komt niets van* daraus wird nichts; *daar komt ruzie van* das gibt Ärger; *hij komt er niet* er bringt es nicht fertig; *hij komt te zeggen* er hat soeben gesagt; *hij komt te sterven* er ist (soeben) gestorben; *ik kom u halen* ich komme Sie holen; *ik kom u zeggen dat* ich komme, Ihnen zu sagen, daß; *ik kom het boek even brengen* ich komme (vorbei), um das Buch zu bringen; *hij komt mij bezoeken* er kommt mich besuchen; *door het examen* ~ das Examen (die Prüfung) bestehen; ~*de week* kommende (nächste) Woche; *kom, kom!* ei was!, ach was!

omfoor [kɔmˈfoːr] (*-foren*) *n* Kocher *m*; Speisewärmer *m*.

omiek [koˑˈmiˑk] *Adj.* komisch; *Su. m* Komiker *m*.

omijn [koˑˈmɛĭn] *m* Kümmel *m*; **~ekaas** [-əkaːs] (*-kazen*) *m* Kümmelkäse *m*.

omisch [ˈkoˑmiˑs] komisch.

omkommer [kɔmˈkɔmər] (*-s*) *f* Gurke *f*; **~sla** [-slaː] *f* Gurkensalat *m*; **~tijd** [-tɛĭt] *m* Sauregurkenzeit *f*.

omma [ˈkɔmɑ] (*-'s*) *f u. n* Komma *n*, Beistrich *m*; **~punt** [-pənt] *f u. n* Semikolon *n*.

ommer [ˈkɔmər] *m* Kummer *m*; **~vol** [-v̊ɔl] kummervoll, sorgenvoll.

ompas [kɔmˈpɑs] (*-sen*) *n* Kompaß *m*; **~naald** [-naːlt] *f* Kompaßnadel *f*.

omplot [kɔmˈplɔt] (*-ten*) *n* Komplott *n*, Verschwörung *f*.

ompres [kɔmˈprɛs] (*-sen*) *n* Kompresse *f*, Umschlag *m*.

omst [kɔmst] *f* Ankunft *f*; Kommen *n*; Besuch *m*; Erscheinung *f*; *hij is op* ~ er wird bald kommen.

omvormig [ˈkɔmv̊ɔrməx] muldenförmig.

on [kɔn] *s. kunnen.*

ond [kɔnt]: ~ *doen* bekanntmachen; **~schap** [-sxɑp] (*-pen*) *f* Nachricht *f*.

onfijt [kɔnˈfɛĭt] *n* Konfitüren *f/pl.*; kandierte Früchte *f/pl.*

onijn [koˑˈnɛĭn] *n* Kaninchen *n*, F Karnickel *n*; **~ehok** [-əhɔk] (*-ken*) *n* Kaninchenstall *m*; Kaninchenkasten *m*; **~ehol** [-əhɔl] *n* Kaninchenbau *m*.

koning [ˈkoːnɪŋ] *m* König *m*; **~in** [koˑnɪˈŋɪn] (*-nen*) *f* Königin *f*; **~innedag** [-ɪnədɑx] *m* Geburtstag *m* der Königin; **~schap** [-sxɑp] (*-pen*) *n* Königtum *n*, Königswürde *f*.

konings|gezind [ˈkoːnɪŋsxəzɪnt] königstreu, royalistisch; **~kroon** [-kroːn] (*-kronen*) *f* Königskrone *f*; **~moord** [-moːrt] *m u. f* Königsmord *m*; **~tijger** [-tɛĭɣər] (*-s*) *m* Königstiger *m*; **~troon** [-troːn] (*-tronen*) *m* Königsthron *m*; **~zoon** [-soːn] (*-s u. -zonen*) *m* Königssohn *m*.

konink|je [ˈkoːnɪŋkjə] (*-s*) *n* kleine(r) König *m*; **~lijk** [-lək] königlich; **~rijk** [-rɛĭk] *n* Königreich *n*; *het Verenigd* ♀ das Vereinigte Königreich *n*.

konkel|aar [ˈkɔŋkəlaːr] (*-s*) *m* Intrigant *m*, Ränkeschmied *m*; **~en** [-ə(n)] intrigieren.

kont [kɔnt] *f* P Hintern *m*, Gesäß *n*.

konterfeitsel [kɔntərˈfɛĭtsəl] (*-s*) *n* Konterfei *n*, Bild(nis) *n*.

konvooi [kɔnˈv̊oːĭ] *n* Konvoi *m*, Geleitzug *m*, (Schutz-)Geleit *n*; **~schip** [-sxɪp] (*-schepen*) *n* Geleitschiff *n*.

kooi [koːĭ] *f* Käfig *m*, Bauer *n*; Stall *m*; Zwinger *m*; *mar.* Koje *f*.

kook [koːk] *m* Kochen *n*, Sieden *n*; *aan de* ~ *brengen* zum Kochen bringen; *van de* ~ *zijn* nicht mehr kochen; *fig.* aus der Fassung sein; **~eboek** [-buˑk] *n* Kochbuch *n*; **~gerei** [-xərɛĭ] Kochgeschirr *n*, Kochgerät *n*; **~hitte** [-hɪtə] *f* Siedehitze *f*; **~kachel** [-kɑxəl] (*-s*) *f* (Koch-)Herd *m*, Kochofen *m*; **~kunst** [-kənst] *f* Kochkunst *f*; **~pan** [-pɑn] (*-nen*) *f* Kochpfanne *f*, Kochtopf *m*; **~punt** [-pənt] *n* Siedepunkt *m*; **~toestel** [-tuːstɛl] (*-len*) *n* Kocher *m*.

kool [koːl] (*kolen*) *f* Kohl *m*; *rode* ~ Rotkohl *m*; *witte* ~ Weißkohl *m*; *iemand een* ~ *stoven* j-m e-n Streich spielen; **~blad** [-blɑt] (*-eren, -en u. -blaren*) *n* Kohlblatt *n*.

kooldraad [ˈkoːldraːt] (*-draden*) *m* Kohlefaden *m*.

kooldruk [ˈkoːldrək] (*-ken*) *m Typ.* Kohledruck *m*.

koolmees [ˈkoːlmeːs] (*-mezen*) *f* } [Kohlmeise *f*.]

kooloxyde [ˈkoːloˑksiˑdə] *n* Kohlenoxyd *n*.

kool|plant ['ko:lplɑnt] *f* Kohlpflanze *f*; **~raap** [-ra:p] (*-rapen*) *f* Kohlrabi *m*; Steckrübe *f*; **~rups** [-rəps] *f* Kohl(weißlings)raupe *f*.
koolstof ['ko:lstɔf] *f* Kohlenstoff *m*.
koolstronk ['ko:lstrɔŋk] *m* Kohlstrunk *m*.
kool|teer ['ko:lte:r] *m u. n* Kohlenteer *m*; **~waterstof** [-ʋa:tərstɔf] (*-fen*) *f* Kohlenwasserstoff *m*.
koolwitje ['ko:lʋɪtjə] (*-s*) *n* Kohlweißling *m*.
koolzaad ['ko:lza:t] (*kein pl.*) *n* Kohlsaat *f*, Raps *m*.
koolzuur ['ko:lzy:r] *n* Kohlensäure *f*; ~ *water* kohlensaures Wasser, Selterswasser *n*.
koolzwart ['ko:lzʋɑrt] kohlrabenschwarz.
koop [ko:p] (*kopen*) *m* Kauf *m*, Einkauf *m*; *te* ~ zum Verkauf, zu verkaufen; *door* ~ *verkrijgen* käuflich erwerben; *op de* ~ *toe* außerdem, extra; *op de* ~ *toe nemen* mit in Kauf nehmen; *te* ~ *lopen* zur Schau tragen; *te* ~ *gevraagd* zu kaufen gesucht; **~akte** [-ɑktə] (*-n u. -s*) *f* Kaufvertrag *m*; **~baar** [-ba:r] käuflich; **~brief** [-bri:f] (*-brieven*) *m* Kaufbrief *m*; **~handel** [-hɑndəl] *m* Handel *m*; *kamer van* ~ Handelskammer *f*.
koopje ['ko:pjə] (*-s*) *n* billiger Einkauf; Gelegenheitskauf *m*; *voor een* ~ für ein Spottgeld.
koop|lust ['ko:pləst] *m* Kauflust *f*; **~man** [-mɑn] (*-lieden u. -lui*) *m* Kaufmann *m*; **~order** [-ɔrdər] (*-s*) *f* Kauforder *f*, Kaufauftrag *m*; **~prijs** [-prɛĭs] (*-prijzen*) *m* Kaufpreis *m*; **~som** [-sɔm] (*-men*) *f* Kaufsumme *f*; **~vaardij** [-fa:r'dɛĭ] *f* Handelsschiffahrt *f*; **~vaardijschip** [-fa:r'dɛĭsxɪp] (*-schepen*) *n* Handelsschiff *n*; **~vrouw** [-frɑŭ] *f* Händlerin *f*; **~waar** [-ʋa:r] (*-waren*) *f* Handelsware *f*.
koor [ko:r] *n* Chor *m*; *in* ~ im Chor.
koord [ko:rt] *n u. f* Seil *n*, Strang *m*; Schnur *f*, Leine *f*; **~danser** [-dɑnsər] (*-s*) *m* Seiltänzer *m*.
koorde ['ko:rdə] (*-n*) *f* Sehne *f*.
koor|gestoelte ['ko:rɣəstu:ltə] (*-n u. -s*) *n* Chorgestühl *n*; **~hemd** [-hɛmt] *n* Chorhemd *n*; **~knaap** [-kna:p] (*-knapen*) *m* Chorknabe *m*.
koorts [ko:rts] *f* Fieber *n*; **~achtig** [-ɑxtəx] fieberhaft; **~ig** [-əx] fiebrig; **~lijder** [-lɛĭdər] (*-s*) *m* Fieberkranke(r) *m*; **~middel** [-mɪdəl] *n* Fiebermittel *n*; **~t(h)ermometer** [-tɛrmo·me:tər] (*-s*) *m* Fieberthermometer *n*; **~werend** [-ʋe:rənt] fiebersenkend.
koorzang ['ko:rzɑŋ] *m* Chorgesang *m*; **~er** [-ər] (*-s*) *m* Chorsänger *m*.
koos [ko:s] *s. kiezen*.
koot [ko:t] (*koten*) *f* Knöchel *m*; **~been** [-be:n] (*-benen u. -deren*) *n* Fesselgelenk *n*.
kop [kɔp] (*-pen*) *m* Kopf *m*, Haupt *n*; (*für Getränke*) Tasse *f*, Schale *f*; *Sp.* Spitze *f*; (*in der Zeitung*) Schlagzeile *f*; *een rode* ~ *krijgen* erröten; *op zijn* ~ *krijgen* verlieren; *e-n* Verweis bekommen; *op de* ~ (*af*) aufs Haar (genau); **~bal** [-bɑl] (*-len*) *m Sp.* Kopfball *m*.
kopen ['ko:pə(n)] (*kocht, gekocht*) kaufen.
koper[1] ['ko:pər] (*-s*) *m* Käufer *m*.
koper[2] *n* Kupfer *n*; *Mus.* Blech *n*; *geel* ~ Messing *n*; **~achtig** [-ɑxtəx] kupfern; **~draad** [-dra:t] *m u. n* Kupferdraht *m*; **~en** [-ə(n)] *Adj.* kupfern, aus Kupfer, Kupfer-; **~erts** [-ɛrts] *n* Kupfererz *n*; **~gieterij** [-ɣi:tə'rɛĭ] *f* Messinggießerei *f*; **~goed** [-ɣu·t] *n* Kupferware *f*, Kupfergeschirr *n*; **~gravure** [-ɣrɑvy:rə] (*-s u. -n*) *f* Kupferstich *m*; **~groen** [-ɣru:n] *n* Grünspan *m*; **~kleurig** [-klø:rəx] kupferfarbig; **~mijn** [-mɛĭn] *f* Kupferbergwerk *n*; **~slager** [-sla:ɣər] (*-s*) *m* Kupferschmied *m*; **~werk** [-ʋɛrk] *n* Kupfer-, Messingwaren *f/pl.*; Kupfergeschirr *n*, Kupfergerät *n*.
kopgroep ['kɔpxru·p] *f Sp.* Spitzengruppe *f*; Spitzenfahrer *m/pl.*
kopie *a.* **co-** [kɔ'pi:] (*-ën*) *f* Kopie *f*, Abschrift *f*; Manuskript *n*.
kopiëren *a.* **co-** [kɔpi·'(j)e:rə(n)] kopieren, abschreiben; nachmachen, nachbilden.
kopij [kɔ'pɛĭ] *f* Manuskript *n*; **~recht** [-rɛxt] *n* Urheberrecht *n*, Copyright *n*.
koplamp ['kɔplɑmp] *f* (*Auto*) Scheinwerfer *m*.
koppel[1] [kɔpəl] (*-s*) *n* Paar *n*; Koppel *f*, Rudel *n*; (*Rebhühner*) Volk *n*.
koppel[2] *m u. f* Koppel *n*, Leibriemen *m*.
koppel|aar ['kɔpəla:r] (*-s*) *m* Kuppler *m*; **~aarster** [-a:rstər] (*-s*)

Kupplerin *f*; **~arij** [-aːˈrɛi] *f* Kuppelei *f*.
koppel|baas [ˈkɔpəlbaːs] (*-bazen*) *m* (illegaler) Vermittler *m*; **~en** [-ə(n)] verbinden; *Hunde* koppeln; *Personen* verkuppeln; *Maschinenteile* ankoppeln, zusammenkoppeln; **~ing** [-ıŋ] *f* Kupplung *f*; **~stang** [-stɑŋ] *f* Kuppelstange *f*; **~teken** [-teːkə(n)] (*-s*) *n* Bindestrich *m*; **~woord** [-ʋoːrt] *n Gr.* Bindewort *n*, Konjunktion *f*.
koppen [ˈkɔpə(n)] *Sp.* köpfen.
koppensneller [ˈkɔpə(n)snɛlər] (*-s*) *m* Kopfjäger *m*.
koppig [ˈkɔpəx] starrköpfig, störrisch, trotzig; (*Wein*) feurig; **~heid** [-hɛit] *f* Starrköpfigkeit *f*, Trotz *m*.
kop|pijn [ˈkɔppɛin] *f* Kopfschmerzen *m/pl.*; **~stuk** [-støk] (*-ken*) *n* Kopfstück *n*; (An-)Führer *m*; **~telefoon** [-teˑləfoːn] (*-s u. -fonen*) *m* Kopfhörer *m*; **~werk** [-ʋɛrk] *n* Kopfarbeit *f*.
koraal[1] [koˑˈraːl] (*-ralen*) *n* Choral *m*.
koraal[2] *f* Koralle *f*; **~rif** [-rıf] (*-fen*) *n* Korallenriff *n*; **~visser** [-v̊ısər] (*-s*) *m* Korallenfischer *m*.
koran [koˑˈrɑn], *a.* [ˈkoˑrɑn] *m* Koran *m*.
kordaat [kɔrˈdaːt] tapfer, herzhaft, schneidig.
Ko|rea [kɔˈreː(j)aˑ] *n* Korea *n*; **~reaan** [-reˑˈ(j)aːn] (*-anen*) *m* Koreaner *m*.
koren [ˈkoːrə(n)] *n* Korn *n*, Getreide *n*; *dat is ~ op zijn molen* das ist Wasser auf seine Mühle; **~aar** [-aːr] (*-aren*) *f* (Korn-)Ähre *f*; **~beurs** [-bøːrs] (*-beurzen*) *f* Getreidebörse *f*; **~blauw** [-blɑŭ] kornblumenblau; **~mijt** [-mɛit] *f* Kornschober *m*; **~schoof** [-sxoːf] (*-schoven*) *f* (Korn-)Garbe *f*; **~schuur** [-sxyːr] (*-schuren*) *f* Kornscheune *f*; *fig.* Kornkammer *f*; **~zolder** [-zɔldər] (*-s*) *m* Kornspeicher *m*, Kornboden *m*.
korf[1] [kɔrf] *s. kerven.*
korf[2] (*korven*) *m* Korb *m*; **~bal** [-bɑl] *n Sp.* Korbball(spiel *n*) *m*.
korhoen [ˈkɔrhuːn] (*-ders*) *n* Birkhuhn *n*.
Korinthe [kɔˈriˑntə] *n* Korinth *n*.
korist [koˑˈriˑst] *m* Chorist *m*; **~e** [-ə] (*-n u. -s*) *f* Choristin *f*.
kornet[1] [kɔrˈnɛt] (*-ten*) *m Mil.* Kornett *m*.
kornet[2] *f Mus.* Kornett *n*.
kornet[3] [ˈkɔrnɛt] *n* (*Netz*) Kurre *f*.
kornis [kɔrˈnıs] (*-sen*) *f* Kreuzleiste *f*, Karnies *n*.
kornuit [kɔrˈnəʏt] *m* Geselle *m*, Kamerad *m*; Spießgeselle *m*.
korporaal [kɔrpaˑˈraːl] (*-s*) *m* Korporal *m*, Gefreite(r) *m*; Obergefreite(r) *m*.
korps [kɔrps] *n* Korps *n*.
korrel [ˈkɔrəl] (*-s*) *m* Korn *n*, Körnchen *n*; **~en** [-ə(n)] körnen; **~ig** [-əx] körnig.
korset [kɔrˈsɛt] (*-ten*) *n* Korsett *n*, Mieder *n*.
korst [kɔrst] *f* Rinde *f*; Kruste *f*; (*von Wunden*) Schorf *m*; **~mos** [-mɔs] (*-sen*) *n* Krustenflechte *f*.
kort [kɔrt] kurz; *aan het ~ste eind trekken* den kürzer(e)n ziehen; *~ van stof* kurz angebunden; *iemand te ~ doen* j-m schaden; *te ~ schieten* versagen; nicht ausreichen; *binnen ~* binnen kurzem; *sedert ~* seit kurzem; *~ geleden* nicht lange her, vor kurzer Zeit; *om ~ te gaan* (*in 't ~*) kurz; *~e golf* Kurzwelle *f*; **~ademig** [-aːdəməx] kurzatmig; **~af** [-ˈɑf] kurz angebunden, schroff; **~armig** [-ˈɑrməx] kurzarmig; **~benig** [-ˈbeːnəx] kurzbeinig; **~bondig** [-ˈbɔndəx] kurzgefaßt.
kortegolf|ontvanger [kɔrtəˈɣɔlfɔntfɑŋər] (*-s*) *m* Kurzwellenempfänger *m*; **~zender** [-sɛndər] (*-s*) *m* Kurzwellensender *m*.
kortelings [ˈkɔrtəlıŋs] neulich, kürzlich, vor kurzem.
korten [ˈkɔrtə(n)] *v/t* kürzen, beschneiden; abziehen; *v/i* kürzer werden; *de tijd begint te ~* die Zeit wird knapp; *de dagen ~* die Tage werden kürzer; *op het loon ~* den Lohn kürzen.
kort|harig [ˈkɔrthaːrəx] kurzhaarig; **~heid** [-hɛit] *f* Kürze *f*; **~heidshalve** [-hɛitsˈhɑlv̊ə] der Kürze wegen; um es kurz zu machen; **~ing** [-tıŋ] *f* Kürzung *f*, Abzug *m*; Rabatt *m*, Skonto *n*, Nachlaß *m*; **~om** [-ˈɔm] kurz, kurzum; **~sluiting** [-sləʏtıŋ] *f* Kurzschluß *m*; **~stondig** [-ˈstɔndəx] von kurzer Dauer; **~weg** [-ˈʋɛx] kurzerhand, kurzweg; **~wieken** [-ʋiːkə(n)] die Flügel stutzen; **~zichtigheid** [-ˈsıxtəxhɛit] *f* Kurzsichtigkeit *f*.
korvet [kɔrˈv̊ɛt] (*-ten*) *f mar.* Korvette *f*.

korzelig ['kɔrzələx] ärgerlich, verdrießlich.
kosmetiek *a.* **cos-** [kɔsme·'ti·k] *f* Kosmetik *f*.
kosmo|grafie *a.* **cos-** [kɔsmo·ɣra:'fi:] *f* Kosmographie *f*; **~poliet** [-pɔ'li·t] *m* Kosmopolit *m*.
kosmos *a.* **cos-** ['kɔsmɔs] *m* Kosmos *m*.
kost [kɔst] *m* Kost *f*, Essen *n*, Nahrung *f*; Unterhalt *m*; Pension *f*; *~ en inwoning* Unterkunft und Verpflegung; *de ~ verdienen* sein Brot verdienen; *in de ~ zijn* in Pension sein; *ten ~e van* auf Kosten von; *de ~en* Spesen *pl.*, Kosten *pl.*, Gebühren *f/pl.*; *plus de kosten jur.* kostenpflichtig; **~baar** [-ba:r] kostbar; kostspielig.
koste|lijk ['kɔstələk] köstlich; **~loos** [-lo:s] kostenlos, unentgeltlich.
kosten ['kɔstə(n)] kosten; *koste wat het wil* um jeden Preis.
koster ['kɔstər] (*-s*) *m* Küster *m*.
kost|ganger ['kɔstxaŋər] (*-s*) *m* Kostgänger *m*, Pensionär *m*; **~huis** [-hœys] (*-huizen*) *n* Pension *f*; **~prijs** [-prɛĭs] *m* Herstellungskosten *pl.*, Selbstkostenpreis *m*; **~school** [-sxo:l] (*-scholen*) *f* Internat *n*.
kostuum *a.* **cos-** [kɔs'ty:m] (*-s*) *n* (*Herren*) Anzug *m*; (*Damen*) Kleid *n*, Kostüm *n*.
kostwin|ner ['kɔstʋɪnər] (*-s*) *m* Ernährer *m*; **~ning** [-ɪŋ] *f* Broterwerb *m*, Erwerbsquelle *f*.
kot [kɔt] (*-en u. -ten*) *n* Loch *n*; Hütte *f*; F Kittchen *n*; Verschlag *m*
kotelet [kɔtə'lɛt] (*-ten*) *f* Kotelett *n*; Kotelette *f*.
kotsen ['kɔtsə(n)] F kotzen, sich erbrechen.
kotter ['kɔtər] (*-s*) *m* Kutter *m*.
kou [kaŭ] *f*: *~ vatten* sich erkälten.
koud [kaŭt] kalt; *het ~ hebben* frieren; *ik heb het ~* ich friere, mich friert; **~bloedig** [-blu·dəx] kaltblütig; **~e** [-ə] *f* Kälte *f*; **~egolf** [-əɣɔlf] (*-golven*) *f* Kältewelle *f*; **~vuur** [-'fy:r] *n* Gangräne *f*; **~waterkuur** [-'ʋa:tərky:r] (*-kuren*) *f* Kaltwasserkur *f*.
kous [kaŭs] *f* Strumpf *m*; *de ~ op de kop krijgen* mit Schimpf und Schande davonkommen; **~eband** [-əbɑnt] *m* Strumpfband *n*; **~ebroek** [-əbru·k] *f* Strumpfhose *f*; **~ophouder** [-ɔphaudər] (*-s*) *m* Strumpfhalter *m*, Straps *m*.
kout [kaut] *m* Geplauder *n*; **~en** [-ə(n)] plaudern.
kouter[1] ['kautər] (*-s*) *m* Plauderer *m*.
kouter[2] Acker *m*.
kouter[3] *n* Pflugeisen *n*, Pflugmesser *n*.
kouwelijk ['kau(ʋ)ələk] kälteempfindlich, fröst(e)lig.
kozak [kɔ'zɑk] (*-ken*) *m* Kosak *m*
ko|zen ['ko:zə(n)] kosen; *s. a kiezen*; **~zerij** [-zə'rɛĭ] *f* Kosen *n*, Petting *n*.
kozijn[1] [kɔ'zɛĭn] *n* Fenster-, Türrahmen *m*.
kozijn[2] (*-s*) *m* Vetter *m*.
kraag [kra:x] (*kragen*) *m* Kragen *m* Halskragen *m*; *een stuk in de (zijn) ~ hebben* e-n Schwips (Rausch) haben.
kraai [kra:ĭ] *f* Krähe *f*; *hij heeft kind noch ~* er hat weder Kind noch Kegel; **~en** [-(j)ə(n)] krähen; **~enest** [-jənɛst] *n* Krähennest *n*; **~epoot** [-jəpo:t] (*-poten*) *m* Krähenfuß *m*.
kraak [kra:k] (*kraken*) *m* Krach *m* Krachen *n*; *fig.* Einbruch *m*; **~been** [-be:n] (*-deren u. -benen*) *n* Knorpel *m*; **~pand** [-pɑnt] *n* (illegal) besetztes Haus (besetzte Wohnung); **~zindelijk** [-sɪndələk] blitzsauber
kraal[1] [kra:l] (*kralen*) *f* Kral *m*.
kraal [2] *f* Glasperle *f*; Koralle *f*.
kraam[1] [kra:m] (*kramen*) *n* Bude *f*
kraam[2] *f* Wochen-, Kindbett *n*; *in de ~ liggen* in den Wochen sein **~bed** [-bɛt] (*-den*) *n* Wochen-Kindbett *n*; **~inrichting** [-ɪnrɪxtɪŋ] *f* Entbindungsheim *n*; **~koorts** [-ko:rts] *f* Kindbettfieber *n*; **~vrouw** [-vraŭ] *f* Wöchnerin *f*.
kraan[1] [kra:n] (*kranen*) *f* (*Wasser, Gas*) Hahn *m*; (*Hebevorrichtung*) Kran *m*; *drijvende ~* Schwimmkran *m*.
kraan[2] *m* (*Vogel*) Kranich *m*; *een ~ van een vent* Matador *m*; *fig.* Hauptperson *f*.
kraan|arm ['kra:nɑrm] *m* Kranausleger *m*; **~drijver** [-drɛĭvər] (*-s*) *m* Kranführer *m*; **~tjeswater** [-tjəsʋa:tər] *n* Leitungswasser *n* **~vogel** [-vo:ɣəl] (*-s*) *m* Kranich *m* **~wagen** [-ʋa:ɣə(n)] (*-s*) *m* Kranwagen *m*, Abschleppwagen *m*.
krab[1] [krɑp] (*-ben*) *f* Krabbe *f*.

krab² *f* Schramme *f*, Ritz *m*, Kratzer *m*.

krabbel ['krabəl] (*-s*) *f* Gekritzel *n*; F Krakel *m*; Skizze *f*; **~aar** [-a:r] (*-s*) *m* Kritzelnde(r) *m*; *fig*. Pfuscher *m*, Nichtskönner *m*; **~en** [-ə(n)] kritzeln; kratzen.

krab|ben ['krabə(n)] kratzen; **~ber** [-bər] (*-s*) *m* Kratzeisen *n*; (*Person*) Kratzende(r) *m*; Nichtskönner *m*.

kracht [kraxt] *f* Kraft *f*; *van ~ geltend* in Kraft; *van ~ worden* in Kraft treten; **~dadig** [-'da:dəx] energisch, kräftig; **~eloos** [-əlo:s] kraftlos.

krachtens ['kraxtəns] kraft *G*, vermöge *G*.

kracht|ig ['kraxtəx] kräftig, wirksam; **~meter** [-me:tər] (*-s*) *m* Dynamometer *m*, Kraftmesser *m*; **~patser** [-patsər] (*-s*) *m* Kraftprotz *m*, Muskelprotz *m*; **~sinspanning** [-sınspanıŋ] *f* Kraftanstrengung *f*; **~voe(de)r** [-fu:(də)r] *n* Kraftfutter *n*.

krak [krak] (*-ken*) *m* Krach *m*; Knacks *m*, Bruch *m*, Riß *m*; *f* (*Pferd*) Kracke *f*.

krakeel [kra'ke:l] (*-kelen*) *n* Zank *m*, Streit *m*.

krakeling ['kra:kəlıŋ] *m* Brezel *f*, Kringel *m*.

kraken ['kra:kə(n)] krachen; knarren; *Schnee*: knirschen; *Nüsse* knacken; *Öl* kracken, spalten; *het vriest dat het kraakt* F es friert Stein und Bein; *een ~de stem* e-e knarrende Stimme.

kram [kram] (*-men*) *f* Klammer *f*, Krampe *f*.

kramer ['kra:mər] (*-s*) *m* Krämer *m*; **~slatijn** [-slatеĭn] *n* Küchenlatein *n*.

kramp [kramp] *f* Krampf *m*; **~achtig** [-'axtəx] krampfhaft, verkrampft.

kranig ['kra:nəx] tüchtig, schneidig; rüstig.

krankzinnig [kraŋk'sınəx] wahnsinnig, irrsinnig, verrückt; **~e** [-ə] (*-n*) *m u. f* Wahnsinnige(r) *m*, Irrsinnige(r) *m*; **~engesticht** [-ə(n)-ɣəstıxt] *n* Irrenanstalt *f*; **~heid** [-hеĭt] *f* Wahnsinn *m*, Irrsinn *m*; Verrücktheit *f*.

krans [krans] *m* Kranz *m*; Gebinde *n*; Kränzchen *n*; *goede wijn behoeft geen ~* gute Ware lobt sich selber; **~en** [-ə(n)] (be)kränzen.

krant [krant] *f* Zeitung *f*; **~eknipsel** [-əknıpsəl] (*-s*) *n* Zeitungsausschnitt *m*.

krap [krap] knapp, eng, gedrängt; *iemand ~ houden* j-n kurzhalten.

kras¹ [kras] *Su*. (*-sen*) *f* Kratzer *m*.

kras² *Adj*. rüstig; stark; derb, heftig; kühn; schroff; *dat is ~* das ist stark.

krassen ['krasən] kratzen, ritzen; *Vögel*: krächzen.

krat [krat] (*-ten*) *f* Lattenkiste *f*.

krater ['kra:tər] (*-s*) *m* Krater *m*.

krediet [krə'di·t] *n* Kredit *m*; *levering op ~* Lieferung auf Kredit; **~brief** [-bri:f] (*-brieven*) *m* Kreditbrief *m*; Akkreditiv *n*; **~kaart** [-ka:rt] *f* Kreditkarte *f*; **~verlening** [-fərle:nıŋ] *f* Kreditgewährung *f*; **~waardig** [-'ʋa:rdəx] kreditwürdig.

kreeft [kre:ft] *m u. f* Krebs *m*; *bsd*. Hummer *m*.

kreefte|gang ['kre:ftəɣaŋ] *m* Krebsgang *m*; **~sla** [-sla:] *f* Hummersalat *m*.

kreeftskeerkring ['kre:ftske:rkrıŋ] *m* Wendekreis *m* des Krebses.

kreeg [kre:x] *s. krijgen*.

kreek [kre:k] (*kreken*) *f* (Fahr-) Rinne *f*; Bucht *f*; (alter) Kanal *m*.

krees [kre:s] *s. krijsen*.

kreet¹ [kre:t] *s. krijten*.

kreet² (*kreten*) *m* Schrei *m*; Ruf *m*, Ausruf *m*; *een ~ slaken* e-n Schrei ausstoßen.

kregel ['kre:ɣəl] gereizt, ärgerlich.

krekel ['kre:kəl] (*-s*) *m* Grille *f*, Heimchen *n*.

Kremlin ['krεmlın] *n* Kreml *m*.

kreng [krεŋ] *n* Aas *n*; (*Schimpfwort*) Luder *n*.

kren|ken ['krεŋkə(n)] kränken; **~king** [-kıŋ] *f* Kränkung *f*.

krent [krεnt] *f* Korinthe *f*; **~enbrood** [-ə(n)bro:t] (*-broden*) *n* Rosinenbrot *n*, Korinthenbrot *n*; **~erig** [-ərəx] knaus(e)rig, knick(e)rig.

Kre|ta ['kre:ta] *n* Kreta *n*; **~tenzer** [-'tεnzər] (*-s*) *m* Kreter *m*.

kreuk [krø:k] *f*, **~el** [-əl] (*-s*) *f* Falte *f*; **~elen** [-ələ(n)] (zer)knittern, (zer)knüllen; **~elig** [-ələx] zerknittert, zerknüllt; **~en** [-ə(n)] (zer-)knittern, (zer)knüllen; **~vrij** [-frеĭ] knitterfrei.

kreunen ['krø:nə(n)] ächzen, stöhnen.

kreupel ['krø:pəl] verkrüppelt; lahm, hinkend; **~bos** [-bɔs] (*-sen*) *n* Dickicht *n*, Gebüsch *n*, Unterholz *n*, Gestrüpp *n*; **~e** [-ə] (*-n*) *m u. f* Krüppel *m*, Lahme(r) *m*; **~hout** [-haut] *n* Unterholz *n*, Gestrüpp *n*.
kreveling ['kre:v̂əlɪŋ] *f* Jucken *n*, Kribbeln *n*.
krib(be) [krɪp], ['krɪbə] (*-ben*) *f* Krippe *f*; **~bebijter** [-bəbɛĭtər] (*-s*) *m* (*Pferd*) Krippenbeißer *m*.
krib|ben ['krɪbə(n)] sich zanken; **~big** [-bəx] zänkisch, mürrisch.
kriebel ['kri:bəl] (*-s*) *m* Jucken *n*; **~en** [-ə(n)] kribbeln, jucken; kritzeln.
kriek [kri:k] *f* Knorpelkirsche *f*.
krieken ['kri:kə(n)] grauen, tagen, dämmern; *Su. n* Tagesanbruch *m*, Morgengrauen *n*.
krielhaan ['kri:lha:n] (*-hanen*) *m* Zwerghahn *m*.
krieuwelen ['kri·ŭ(ʋ)ələ(n)] kribbeln; wimmeln.
krijg [krɛĭx] (*kein pl.*) *m* Krieg *m*.
krijgen ['krɛĭɣ̂ə(n)] (*kreeg, gekregen*) bekommen, erhalten, empfangen; beziehen; F kriegen; gewinnen; *over 't hart ~* übers Herz bringen; *in 't oog ~* zu Gesicht bekommen, bemerken; *vaste voet ~* festen Fuß fassen; *gedaan ~* erreichen; gekündigt werden; *in orde ~* in Ordnung bringen.
krijger ['krɛĭɣ̂ər] (*-s*) *m* Krieger *m*, Soldat *m*; **~tje** [-tjə]: *~ spelen* Haschen spielen.
krijgs|auditeur ['krɛĭxsaudi·tø:r] (*-s*) *m* Vorsitzende(r) e-s Militärgerichts, Kriegsgerichtsrat *m*; **~eed** [-e:t] (*-eden*) *m* Fahneneid *m*; **~gevangenschap** [-xəv̂ɑŋə(n)sxɑp] *f* Kriegsgefangenschaft *f*; **~haftig** [-'hɑftəx] kriegerisch; **~list** [-lɪst] *f* Kriegslist *f*; **~raad** [-ra:t] (*-raden*) *m* Kriegsrat *m*; **~wet** [-ʋɛt] (*-ten*) *f* Kriegsgesetz *n*.
krijsen ['krɛĭsə(n)] (*krijste, gekrijst u. krees, gekresen*) kreischen; schreien.
krijt[1] [krɛĭt] *n* Kreide *f*; *in het ~ staan fig.* in der Kreide stehen.
krijt[2] *n* Kampfplatz *m*; *in het ~ treden fig.* in die Schranken treten.
krijten ['krɛĭtə(n)] (*kreet, gekreten*) schreien; weinen.
krijt|rots ['krɛĭtrɔts] *f* Kreidefelsen *m*; **~wit** [-ʋɪt] kreideweiß.

krimp [krɪmp] *m* Mangel *m*; **~en** [-ə(n)] (*kromp, gekrompen*) (ein-) schrumpfen, einlaufen; *Winde* krimpen; (*sich vor Schmerzen*) krümmen; **~vrij** [-frɛĭ] nicht einlaufend.
kring [krɪŋ] *m* Kreis *m*; Ring *m*; Verein *m*; *Astr.* Hof *m*; **~loop** [-lo:p] *m* Kreislauf *m*.
krioelen [kri·(j)'u:lə(n)] wimmeln.
krip [krɪp] *n* Flor *m*, Krepp *m*; **~floers** [-flu:rs] *n* Kreppflor *m*.
kris [krɪs] (*-sen*) *f* Kris *m*.
kriskras ['krɪskrɑs] kreuz und quer; **~abonnement** [-ɑbɔnəmɛnt] *n* Rundreisekarte *f*.
kristal [krɪ'stɑl] (*-len*) *n* Kristall *m u. n*; **~helder** [-hɛldər] kristallklar, kristallhell; **~lens** [-lɛns] (*-lenzen*) Kristallinse *f*; **~lijn** [-'lɛĭn] *n* Kristall *m u. n*; **~lijnen** [-'lɛĭnə(n)] *Adj.* kristallinisch, kristallen; **~liseren** *a.* **-zeren** [-lɪ'ze:rə(n)] kristallisieren.
kritiek [kri·'ti·k] *Adj.* kritisch, heikel, bedenklich; *Su. f* Kritik (*op/an*); *afbrekende ~* Verriß *m*; *dat is beneden alle ~* das ist unter aller Kritik.
kritiseren *a.* **cri-**, *a.* **-zeren** [kri·ti·'ze:rə(n)] kritisieren, (*msi* abfällig) beurteilen.
Kro|aat [kro·'(ʋ)a:t] (*-aten*) *m* Kroate *m*; **~atië** [-'a:si·(j)ə] Kroatien *n*.
krocht [krɔxt] *f* Höhle *f*; Krypta *f* baufällige Wohnung.
kroeg [kru:x] *f* Schenke *f*, Kneipe *f*; **~houder** [-haudər] (*-s*) *m* Schenk- Kneipwirt *m*.
kroep [kru·p] *m Med.* Krupp *m*.
kroes[1] [kru:s] (*kroezen*) *m* Becher *m*, Krug *m*; Schmelztiegel *m*.
kroes[2] kraus, gekräuselt; **~kop** [-kɔp] (*-pen*) *m* Krauskopf *m*.
kroe|zelen ['kru:zələ(n)], **~zen** [-zə(n)] kräuseln, sich kräuseln, kraus werden; *v/t* frisieren.
kroken ['kro:kən] *s. kreuken*.
krokodil [kro·kɔ'dɪl] (*-len*) *m u.* Krokodil *n*; **~letranen** [-ətra:nə(n)] *pl. fig.* Krokodilstränen *f/pl*.
krokus *a.* **crocus** ['kro·kəs] (*-sen*) *m* Krokus *m*.
krol [krɔl] *f s. krul*.
krom [krɔm] krumm; *~me lijn* krumme Linie, Kurve *f*; **~hout** [-haut] *n* Krummholz *n*; **~me** [-

(*-n*) *f* (*Linie*) Kurve *f*; **~men** [-ə(n)] krümmen, biegen, beugen; **~ming** [-ɪŋ] *f* Krümmung *f*; (*Weg*) Kurve *f*, Biegung *f*; **~neus** [-nø:s] (*-neuzen*) *m* Adlernase *f*; **~staf** [-stɑf] (*-staven*) *m* Krummstab *m*; **~-zwaard** [-zʋa:rt] *n* Krummschwert *n*.

romp [krɔmp] *s. krimpen.*

ronen [kro:nə(n)] krönen.

roniek [kro·ˈni:k] *f* Chronik *f*; **~schrijver** [-sxrɛĭvər] (*-s*) *m* Chronist *m*.

roning [ˈkro:nɪŋ] *f* Krönung *f*.

ronkel [ˈkrɔŋkəl] (*-s*) *m* Schlinge *f*, Verschlingung *f*; Krümmung *f*, Windung *f*; **~darm** [-dɑrm] *m* Grimmdarm *m*; **~en** [-ə(n)] sich winden, sich schlängeln; **~ig** [-əx] schlängelnd, gewunden, sich windend; **~ing** [-ɪŋ] *f* Windung *f*, Krümmung *f*; **~pad** [-pɑt] *n* gewundener Pfad, Schlängelpfad *m*.

roon [kro:n] (*kronen*) *f* Krone *f*; *de ~ spannen* alle (alles) übertreffen; *iemand naar de ~ steken* mit j-m wetteifern; **~domein** [-do·mɛĭn] *n* Krondomäne *f*; **~kurk** [-kərk] *f* Kronkorken *m*, Kronenverschluß *m*; **~kurkwipper** [-kərkʋɪpər] (*-s*) *m* Flaschenöffner *m*; **~lijst** [-lɛĭst] *f* Kranzgesims *n*; **~luchter** [-ləxtər] (*-s*) *m* Kronleuchter *m*; **~pretendent** [-pre·tənˈdɛnt] *m* Kronbewerber *m*; **~prinses** [-prɪnsɛs] (*-sen*) *f* Kronprinzessin *f*.

roop [kro:p] *s. kruipen.*

roos [kro:s] (*kein pl.*) *n* Entengrütze *f*, Wasserlinse *f*.

roost [kro:st] *n* Nachkommenschaft *f*, Nachkommen *pl.*; Familie *f*; Kinder *n/pl.*; **~rijk** [-rɛĭk] kinderreich.

root [kro:t] (*kroten*) *f* rote (Runkel-)Rübe *f*.

rop [krɔp] (*-pen*) *m* Kropf *m*; *een ~ sla* ein Kopf Salat.

rot [krɔt] (*kein pl.*) *f* Armut *f*; *in de ~ zitten* ohne Mittel (Geld) sein; (*-ten*) *n* **~woning** [-ʋo:nɪŋ] *f* alte Bude *f*; Elendswohnung *f*, Elendsquartier *n*.

ruchen [ˈkrəxə(n)] stöhnen, ächzen.

ruid [krəʏt] *n* Kraut *n*; **~boek** [-bu·k] *n* Kräuterbuch *n*; **~en** [-ə(n)] würzen.

kruidenier [krəʏdəˈni:r] (*-s*) *m* Kolonialwaren-, Gewürzhändler *m*; *fig.* Krämer *m*; **~swaren** [-sʋa:rə(n)] *pl.* Kolonialwaren *f/pl.*; **~swinkel** [-sʋɪŋkəl] (*-s*) *m* Kolonialwarenhandlung *f*.

kruident(h)ee [ˈkrəʏdə(n)te:] *m* Kräutertee *m*.

kruid|kunde [ˈkrəʏtkəndə] *f* Kräuterkunde *f*; Botanik *f*; **~nagel** [-na:ɣəl] (*-s*) *m* Gewürznelke *f*; **~noot** [-no:t] (*-noten*) *f* Muskatnuß *f*; **~tuin** [-təʏn] *m* botanischer Garten.

krui|en [krəʏ(j)ə(n)] karren, fortschaffen; *Schubkarren* schieben; *Eis*: sich stauen; **~er** [-(j)ər] (*-s*) *m* Gepäckträger *m*, Dienstmann *m*.

kruik [krəʏk] *f* Krug *m*; *een warme ~* e-e Wärmflasche.

kruim [krəʏm] (*kein pl.*) *f u. n* Krume *f*; *fig.* das Beste, die Besten; Elite *f*.

kruimel [ˈkrəʏməl] (*-s*) *m* Krümel *m*, Brosame *f*; **~en** [-ə(n)] krümeln; **~tje** [-tjə] (*-s*) *n* Körnchen *n*.

kruimig [ˈkrəʏməx] krümelig.

kruin [krəʏn] *f* (*Haare*) Scheitel *m*, Wirbel *m*; (*Berg*) Gipfel *m*; (*Baum*) Wipfel *m*; (*Wellen*) Kamm *m*; (*Deich, Baum*) Krone *f*.

kruip|dier [ˈkrəʏbdi:r] *n* Kriechtier *n*; **~en** [-ə(n)] (*kroop, gekropen*) kriechen; *fig.* sich ducken; **~er** [-ər] (*-s*) *m* Kriecher *m*; **~erij** [-əˈrɛĭ] *f* Kriecherei *f*; **~wagentje** [-ʋa:ɣəntjə] (*-s*) *n* Kleinstwagen *m*.

kruis [krəʏs] *n* Kreuz *n*; Kruzifix *n*; *~ of munt* Bild oder Wappen, Kopf oder Schrift; *een ~ slaan* ein Kreuz machen; **~afneming** [-ɑfne:mɪŋ] *f* Kreuzabnahme *f*; **~balk** [-bɑlk] *m* Kreuzbalken *m*; **~beeld** [-be:lt] *n* Kreuzesdarstellung *f*, Kruzifix *n*; **~bes** [-bɛs] (*-sen*) *f* Stachelbeere *f*; **~beuk** [-bø:k] *m u. f* (*Kirche*) Querschiff *n*; **~bloemigen** [-blu·məɣə(n)] *pl.* Kreuzblütler *m/pl.*, Kruziferen *f/pl.*; **~dagen** [-da:ɣə(n)] *pl.* Kreuztage *m/pl.*; **~boog** [-bo:x] (*-bogen*) *m* Kreuzbogen *m*.

kruiselings [ˈkrəʏsəlɪŋs] kreuzweise.

kruisen [ˈkrəʏsə(n)] kreuzen; *v/r* sich kreuzen; sich bekreuzigen; *met gekruiste armen* mit verschränkten Armen.

kruiser ['krəʏsər] (*-s*) *m mar.* Kreuzer *m.*

kruishout ['krəʏshaut] *n* Querholz *n.*

kruisi|gen ['krəʏsə(n)] kreuzigen; **~ging** [-ɣɪŋ] Kreuzigung *f.*

kruis|ing ['krəʏsɪŋ] *f* Kreuzung *f*; **~pas** [-pɑs] (*-sen*) *f Sp.* Flanke *f*; **~punt** [-pənt] *n* Straßenkreuzung *f*; (*Eisenbahn*) Knotenpunkt *m*; **~snelheid** [-snɛlhɛĭt] *f* Durchschnittsgeschwindigkeit *f*; Reisegeschwindigkeit *f*; **~spin** [-spɪn] (*-nen*) *f* Kreuzspinne *f*; **~tocht** [-tɔxt] *m* Kreuzzug *m*; **~vaarder** [-fa:rdər] (*-s*) Kreuzfahrer *m*; **~weg** [-ʋɛx] *m* Kreuzweg *m*; **~woordraadsel** [-ʋo:rtra:tsəl] (*-s*) *n* Kreuzworträtsel *n.*

kruit [krəʏt] *n* Pulver *n*; *met los ~ schieten* blind schießen; **~damp** [-dɑmp] *m* Pulverdampf *m*; **~kamer** [-ka:mər] (*-s*) *f* Pulverkammer *f.*

kruiwagen ['krəʏʋa:ɣə(n)] (*-s*) *m* Schubkarren *m*, Schubkarre *f*; *fig.* Gönner *m*, einflußreiche Verbindung.

kruk [krək] (*-ken*) *f* Krücke *f*; (Tür-)Griff *m*; (*Motor*) Kurbel *f*; (*zum Sitzen*) Hocker *m*, Schemel *m*; *fig.* Pfuscher *m*, Stümper *m*; **~as** [-ɑs] (*-sen*) *f* Kurbelwelle *f*; **~stang** [-stɑŋ] *f* Kurbel-, Pleuelstange *f.*

krul [krəl] (*-len*) *f* Locke *f*; (*Holz*) Hobelspan *m*; (*Linie*) Schnörkel *m*; **~haar** [-'ha:r] *n* krauses Haar, Kraushaar *n*; **~ijzer** [-ɛĭzər] (*-s*) *n* Brennschere *f*; **~lebol** [-əbɔl] (*-len*), **~lekop** [-əkɔp] (*-pen*) *m* Lockenkopf *m*, Krauskopf *m*; **~len** [-ə(n)] *v/t* kräuseln; frisieren; *v/i* sich kräuseln; **~staart** [-sta:rt] *m* Ringelschwanz *m.*

kubiek [ky·'bi·k] kubisch, Kubik-; *~e meter* Kubikmeter *m*; **~wortel** [-ʋɔrtəl] (*-s*) *m Math.* Kubikwurzel *f*, dritte Wurzel *f.*

kubus ['ky:bəs] (*-sen*) *m* Kubus *m.*

kuchen ['kəxə(n)] hüsteln.

kudde ['kədə] (*-n u. -s*) *f* Herde *f*; **~mens** [-mɛns] *m* Herdenmensch *m.*

kuieren ['kəʏ(j)ərə(n)] schlendern, spazierengehen, *e-n* Spaziergang (Bummel) machen.

kuif [kəʏf] (*kuiven*) *f* Schopf *m* (*von Vögeln*) Haube *f.*

kuiken ['kəʏkə(n)] Küken *n*; *fig* Schafskopf *m.*

kuil [kəʏl] *m* Grube *f*, Loch *n*; **~tj** [-tjə] (*-s*) *n* Grübchen *n.*

kuip [kəʏp] *f* Kübel *m*, Wanne *f* (*vom Brauer*) Bottich *m*; (*vom Fär ber*) Küpe *f*; **~en** [-ə(n)] *Fäss* binden; *fig. Ränke* schmieden, intrigieren; **~er** [-ər] (*-s*) *m* Böttche *m*; *fig.* Intrigant *m*; **~erij** [-ə'rɛĭ] Böttcherei *f*; *fig.* Ränke *pl.*, In trige *f.*

kuis [kəʏs] keusch, sittsam, züchtig *Su. m* Reinemachen *n*; *de grote* Großreinemachen *n*; **~en** [-ə(n) reinigen, saubermachen; **~hei** [-hɛĭt] *f* Keuschheit *f*, Sittsam keit *f.*

kuit[1] [kəʏt] *f* Rogen *m*, Laich *m.*

kuit[2] *f* Wade *f*; **~been** [-be:r (*-deren u. -benen*) *n* Wadenbein *n* **~broek** [-bru·k] *f* Kniehose *f* **~haring** [-ha:rɪŋ] *m* Rogenherin *m.*

kul [kəl] (*-len*) *m* F Unsinn *m* dummes Zeug *n*, Flausen *f/pl.*

kummel ['kəməl] *m* Kümmel *m.*

kun|de ['kəndə] (*kein pl.*) *f* Kenn nisse *f/pl.*; Wissenschaft *f*, Wisse *n*; **~dig** [-dəx] kundig; fähig, tüch tig; **~digheid** [-dəxhɛĭt] (*-heden*) Wissen *n*, Kenntnisse *f/pl.*; Fähig keit *f*, Geschick *n.*

kunne ['kənə] (*kein pl.*) *f* Ge schlecht *n*; *van beiderlei ~* beiderl Geschlechts.

kunnen ['kənə(n)] (*kon, gekund*; *kan, jij* (*gij, U*) *kunt, hij kan*) kön nen; *ergens niet tegen ~* etw. nich ertragen können; *dat kan niet* d geht nicht, das kann nicht sei *dat kan wel* das ist (wohl, gu möglich, das mag sein; *het kan zi* es mag (kann) sein.

kunst [kənst] *f* Kunst *f*; Kunststü *n*, Kunstgriff *m*; **~arm** [-ɑrm] künstlicher Arm, Armprothese

kunste|naar ['kənstəna:r] (*-s*) Künstler *m*; **~nares** [-na·'rɛs] (*-se* *f* Künstlerin *f.*

kunstenmaker ['kənstə(n)ma:k (*-s*) *m* Akrobat *m*; Gaukler *m.*

kunst|gebit ['kənstxəbɪt] (*-ten*) künstliches Gebiß *n*, Prothese **~gewrocht** [-xəʋrɔxt] *n* Kuns werk *n*; **~historicus** [-hɪsto·ri·k

(*-historici*) *m* Kunsthistoriker *m*; **~ig** [-əx] künstlich; **~je** [-jə] (*-s*) *n* Kunststück *n*; Kniff *m*, Trick *m*; **~kabinet** [-kɑbi·nɛt] (*-ten*) *n* Kunstsammlung *f*, Kunstkabinett *n*; **~licht** [-lɪxt] *n* künstliches Licht; **~matig** [-ˈmaːtəx] künstlich; **~nijverheid** [-nɛĭvərhɛĭt] *f* Kunstgewerbe *n*; **~rijden** [-rɛĭdə(n)] *n* (Eis-)Kunstlauf *m*; (*Pferde*) Kunstreiten *n*, Dressurreiten *n*; **~schilder** [-sxɪldər] (*-s*) *m* (Kunst-)Maler *m*; **~vaardig** [-faːrdəx] kunstfertig; **~voorwerp** [-foːrʋɛrp] *n* Kunstgegenstand *m*; **~zijde** [-sɛĭdə] *f* Kunstseide *f*.

uras [ky·ˈrɑs] (*-sen*) *n* Küraß *m*; **~sier** [-ˈsiːr] (*-s*) *m* Kürassier *m*.

urdirectie [ˈkyːrdi·rɛksiː] (*-s*) *f* Kurverwaltung *f*.

uren [ˈkyːrə(n)] *e-e* Kur machen.

urk [kərk] *n u. m* Kork *m*; Stöpsel *n*, Pfropfen *m*; **~droog** [-droːx] knochentrocken; **~en** [-ə(n)] *Adj.* Kork-; *v/t* verkorken; **~etrekker** [-ətrɛkər] (*-s*) *m* Korkenzieher *m*.

ursaal [ky·rˈsaːl] (*-salen*) *n* Kurhaus *n*.

us [kəs] (*-sen*) *m* Kuß *m*; **~sen** [-ə(n)] küssen.

ussen [ˈkəsə(n)] (*-s*) *n* Kissen *n*, Polster *n*; **~sloop** [-sloːp] (*-slopen*) *f u. n* Kissenbezug *m*, Kissenüberzug *m*.

ust[1] [kəst] *f* Küste *f*.

ust[2]: *te ~ en te keur* in Hülle und Fülle.

ust|bevolking [ˈkəzdbəv̊ɔlkɪŋ] *f* Küstenbevölkerung *f*; **~vaarder** [-faːrdər] (*-s*) Küstenfahrer *m*.

uur[1] [kyːr] (*kuren*) *f* Grille *f*, Laune *f*; *hij krijgt een ~* er hat e-n Anfall.

uur[2] *f* Kur *f*; *een ~ doen* e-e Kur machen; **~directie** *a.* **-rek-** [-di·rɛksiː] (*-s*) *f* Kurverwaltung *f*.

waad [kʋaːt] *Adj.* böse, übel, schlimm, schlecht; *Su.* (*kwaden*) *n* Böse(s) *n*, Übel *n*, Schaden *m*; Sünde *f*; *kwade wil* böser Wille; *dat is niet zo kwaad* das ist nicht übel, das ist nicht so schlimm; *het kan geen ~* es schadet nicht; *van ~ tot erger (worden)* immer schlimmer werden; *ten kwade duiden j-m etw.* übelnehmen; **~aardig** [-ˈaːrdəx] bösartig, boshaft; **~denkend** [-ˈdɛŋkənt] argwöhnisch, mißtrauisch; **~heid** [-hɛĭt] *f* Zorn *m*, Unwille *m*; **~spreken** [-spreːkə(n)] lästern, klatschen, verleumden; **~spreker** [-spreːkər] (*-s*) *m* Klatschmaul *n*, Verleumder *m*; **~willig** [-ˈʋɪləx] böswillig.

kwaal [kʋaːl] (*kwalen*) *f* Übel *n*, Leiden *n*; Krankheit *f*.

kwab(be) [kʋɑp], [ˈkʋɑbə] (*-ben*) *f* Quappe *f*; (*Verdickung*) Wulst *m*; (*Lunge*) Flügel *m*; (*Gehirn*) Lappen *m*.

kwa|draat *a.* **qua-** [kʋɑˈdraːt] (*-draten*) *n* Quadrat *n*; *Adj.* quadratisch, viereckig; **~dratuur** [-dra·ˈtyːr] *f* Quadratur *f*.

kwajongen [kʋa·ˈjɔŋə(n)] *m* Taugenichts *m*, Lausbub *m*, Schelm *m*; **~sstreek** [-streːk] (*-streken*) *m u. f* Schelmenstreich *m*, Schabernack *m*.

kwak [kʋɑk] (*-ken*) *m* dumpfer Schlag, Plumps *m*; (*Essen*) Schlag *m*.

kwaken [ˈkʋaːkə(n)] *Frösche*: quaken; *Enten*: schnattern.

kwaker [ˈkʋeːjkər] (*-s*) *m* Quaker *m*.

kwakkel [ˈkʋɑkəl] (*-s*) *m u. f* Wachtel *f*; *fig.* Falschmeldung *f*.

kwakkelig [ˈkʋɑkələx] kränkelnd; unbeständig, veränderlich.

kwakzalver [ˈkʋɑksɑlv̊ər] (*-s*) *m* Quacksalber *m*.

kwal [kʋɑl] (*-len*) *f* Qualle *f*; *fig.* eklige(r) Mensch *m*.

kwalifi|catie (*a.* **qua-**) *a.* **~katie** [kʋɑli·fi·ˈkaːsiː] (*-s*) *f* Qualifikation *f*; Bezeichnung *f*; *Sp.* Wertung *f*, Beurteilung *f*; **~ceren** [-ˈseːrə(n)] qualifizieren; *Sp.* werten; klassifizieren.

kwalijk [ˈkʋaːlək] schlecht, übel, schlimm; *neem mij (me) niet ~* entschuldigen Sie, bitte; erlauben Sie; *~ leesbaar* kaum lesbar; *iemand iets ~ nemen* j-m etw. übelnehmen.

kwaliteit [kʋa·li·ˈtɛĭt] *f* Qualität *f*, Güte *f*; *van eerste ~* erster Güte.

kwalm [kʋɑlm] *m* Qualm *m*.

kwam [kʋɑm] *s. komen*.

kwansel|aar [ˈkʋɑnsəlaːr] (*-s*) *m* Schacherer *m*; **~en** [-ə(n)] schachern.

kwansuis [kʋɑnˈsəys] zum Schein.

kwant [kʋɑnt] *m* Schalk *m*; *een vrolijke ~* ein fideler Kauz, ein lustiger Bursche.

kwanti|tatief *a.* **qua-** [kʊanti·ta-ˈti:f] quantitativ, mengenmäßig; **~teit** [-ˈtɛĭt] *f* Quantität *f*, Menge *f*.
kwart [kʊart] *f Mus.* Quarte *f*; Viertelnote *f*; *n* Viertel *n*; **~aal** [-ˈta:l] (*-talen*) *n* Quartal *n*, Vierteljahr *n*.
kwartel [ˈkʊartəl] (*-s*) *m u. f* Wachtel *f*.
kwartet [kʊarˈtɛt] (*-ten*) *n* Quartett *n*.
kwartfinale [ˈkʊartfi·na:lə] (*-s*) *f Sp.* Viertelfinale *n*.
kwartier [kʊarˈti:r] (*-en u. -s*) Viertel *n*; Viertelstunde *f*; Stadtviertel *n*; Wohnung *f*, Quartier *n*; **~arrest** [-arɛst] *n* Stubenarrest *m*; **~meester** [-me:stər] (*-s*) *m* Quartiermeister *m*.
kwartje [ˈkʊartjə] (*-s*) *n* Viertelgulden *m*; **~svinder** [-sfɪndər] (*-s*) *m* Gauner *m*.
kwarto *a.* **qua-** [ˈkʊarto·] viertens; *Su.* (*-s*) *n* Quartformat *n*.
kwarts [kʊarts] *n* Quarz *m*.
kwast [kʊast] *m* Quaste *f*; Wedel *m*; (*im Holz*) Knorren *m*, Ast *m*; (*zum Anstreichen*) Pinsel *m*; *fig.* Geck *m*, Narr *m*; **~ig** [-əx] knorrig, knotig.
kwee [kʊe:] (*-ën*) *f* Quitte *f*; *m* Quittenbaum *m*.
kweek[1] [kʊe:k] *f Bot.* Quecke *f*.
kweek[2] *m* Züchtung *f*, Aufzucht *f*; **~bed** [-bɛt] (*-den*) *n* (Pflanz-)Beet *n*; **~plaats** [-pla:ts] *f* Pflanzstätte *f*; **~school** [-sxo:l] (*-scholen*) *f* Bildungsanstalt *f*; ~ *voor de zeevaart* Seefahrtschule *f*; **~vijver** [-fɛĭvər] (*-s*) *m* Zuchtteich *m*, Brutteich *m*.
kweepeer [ˈkʊe:pe:r] (*-peren*) *f* (Birnen-)Quitte *f*.
kweet [kʊe:t] *s. kwijten*.
kwe|keling [ˈkʊe:kəlɪŋ] *m* Zögling *m*; **~ken** [-kə(n)] ziehen, züchten; erzeugen; **~ker** [-kər] (*-s*) *m* Züchter *m*.
kwelen [ˈkʊe:lə(n)] zwitschern, trillern.
kwel|geest [ˈkʊɛlɣe:st] *m* Quälgeist *m*; **~len** [-lə(n)] quälen, plagen; **~ling** [-lɪŋ] *f* Quälen *n*, Qual *f*; **~zucht** [-zəxt] *f* Sadismus *m*.
kwestie [ˈkʊɛsti:] (*-s*) *f* Frage *f*; Streit(punkt) *m*; *het punt in* ~ der fragliche Punkt; *de persoon in* ~ die betreffende Person; *geen* ~ *van!* ausgeschlossen!; kommt gar nicht in Frage!; ~ *krijgen* Streit bekommen; *dat is een* ~ *van gewoonte* das ist Gewohnheitssache.
kwets|baar [ˈkʊɛdzba:r] verwundbar, verletzbar; **~en** [-ə(n)] verwunden, verletzen; **~uur** [-ˈy:r] (*-uren*) *f* Verwundung *f*, Verletzung *f*.
kwetteren [ˈkʊɛtərə(n)] schwatzen, schnattern; *Vögel*: zwitschern.
kwezel [ˈkʊe:zəl] (*-s*) *f* Betschwester *f*; **~arij** [-a·ˈrɛĭ] *f* Frömmelei *f*, Scheinheiligkeit *f*.
kwibus *a.* **qui-** [ˈkʊi:bəs] (*-sen*) *m* Narr *m*, Kauz *m*.
kwiek [kʊi·k] F flink, lebhaft, flott, gewandt.
kwijl [kʊɛĭl] *f u. n* Geifer *m*, Speichel *m*; **~en** [-ə(n)] geifern, sabbern.
kwijnen [ˈkʊɛĭnə(n)] hinschwinden; *Menschen*: (da)hinsiechen; *Pflanzen*: verkümmern, hinwelken; *Handel*: abnehmen; **~d** [-t] schwach, matt, hinfällig; **~e ziekte** schleichende Krankheit.
kwijt [kʊɛĭt] verloren; quitt, los; *ik ben mijn portefeuille* ~ ich habe meine Brieftasche verloren.
kwijt|brief [ˈkʊɛĭdbri:f] (*-brieven*) *m* Quittung *f*, Empfangsschein *m*; **~en** [ˈkʊɛĭtə(n)] (*kweet, gekweten*) *Schuld* abtragen, bezahlen; *Aufgabe, Versprechen* erfüllen; *zich van een taak* ~ e-e Aufgabe erfüllen (lösen), sich e-r Aufgabe entledigen; **~ing** [-ɪŋ] *f* Quittung *f*; ~ *verlenen* e-e Quittung geben; **~raken** [-ra:kə(n)] verlieren, loswerden; **~schelden** [-sxɛldə(n)] schenken, erlassen; **~schelding** [-sxɛldɪŋ] *f* Erlaß *m*; ~ *van straf* Straferlaß *m*.
kwik [kʊɪk] *n* Quecksilber *n*; **~kolom** [-kɔlɔm] (*-men*) *f* Quecksilbersäule *f*.
kwikstaart [ˈkʊɪksta:rt] *m* Bachstelze *f*.
kwikzilver [ˈkʊɪksɪlv̊ər] *n* Quecksilber *n*.
kwinkeleren [kʊɪŋkəˈle:rə(n)] zwitschern, trillern.
kwinkslag [ˈkʊɪŋkslax] *m* Witz *m*, Kalauer *m*.
kwint *a.* **quint** [kʊɪnt] *f* Quinte *f*; *fig.* Grille *f*, Streich *m*, Kniff *m*; *hij is een* ~ *kwijt fig.* er hat nicht alle Tassen im Schrank.

kwintessens *a.* **qui-** [kʊɪntɛˈsɛns] *f* Quintessenz *f*.
kwintet *a.* **qui-** [kʊɪnˈtɛt] (*-ten*) *n* Quintett *n*.
kwis [kʊɪs] *m u. f* Quiz *n*, Frage- und Antwort-Spiel *n*.
kwispedoor [kʊɪspəˈdoːr] (*-s u. -doren*) *n u. m* Spucknapf *m*.
kwispel [ˈkʊɪspəl] (*-s*) *m* Büschel *n*; (Weih-)Wedel *m*.
kwispel|en [ˈkʊɪspələ(n)], **~staarten** [-staːrtə(n)] schwänzeln, wedeln.
kwistig [ˈkʊɪstəx] freigebig; verschwenderisch; *met ~e hand* mit offener Hand.
kwitantie [kʊiˑˈtɑnsiː] (*-s*) *f* Quittung *f*, Empfangsschein *m*; *tegen ~* gegen Quittung; **~boekje** [-buˑkjə] (*-s*) *n* Quittungsbuch *n*; **~zegel** [-zeːɣəl] (*-s*) *m* Quittungsmarke *f*.
kwiteren [kʊiˑˈteːrə(n)] quittieren.

L

l, L [ɛl] (*l's*) *f* l, L *n*.
la[1] [la·] (*-'s*) *f Mus.* A *n*.
la[2] [la:] (*-s u. laas*) *f* (Schub-)Lade *f*.
laad|brug ['la:dbrəx] (*-gen*) *f* (Ver-) Ladebrücke *f*; Ladebühne *f*; **~plaats** [-pla:ts] *f* Ladeplatz *m*, Ladestelle *f*; **~ruim** [-rəʏm] *n* Laderaum *m*; **~vermogen** [-fərmo:ɣə(n)] *n* Tragfähigkeit *f*, Kapazität *f*.
laag[1] [la:x] niedrig, niedere, gering; *fig.* gemein, niederträchtig; ~ *bij de grond* oberflächlich; trivial, platt; *het lager onderwijs* Elementarunterricht *m*; Grundschule *f*; *lage schoenen* Halbschuhe *m/pl.*; *lage druk* Tiefdruck *m*, Tief *n*.
laag[2] (*lagen*) *f* Schicht *f*, Flöz *n*, Lage *f*; *een ~ kolen* Kohlenschicht *f*, Kohlenflöz *n*; *de volle ~ krijgen fig.* sein Fett abbekommen; *iemand lagen leggen* j-m Schlingen legen.
laagfrequentie *a.* **-kwen-** ['la:xfre·kʋɛnsi:] *f* Niederfrequenz *f*.
laag|hartig [la:x'hartəx] niederträchtig; **~heid** ['la:xhɛit] (*-heden*) *f* Niedrigkeit *f*; *fig.* Niedertracht *f*, Niederträchtigkeit *f*; **~land** [-lɑnt] *n* Tiefland *n*, Niederung *f*; **~te** [-tə] (*-n u. -s*) *f* Niedrigkeit *f*; Niederung *f*, Tiefe *f*; **~vlakte** [-flɑktə] (*-n u. -s*) *f* Tiefebene *f*; **~water** [-'ʋa:tər] *n* Ebbe *f*, Niedrigwasser *n*; **~waterlijn** [-'ʋa:tərlɛin] *f* Niedrigwassermarke *f*.
laaien [la:ĭ(j)ə(n)] lodern; lichterloh brennen.
laakbaar ['la:gba:r] tadelnswert.
laan [la:n] (*lanen*) *f* Allee *f*; *iemand de ~ uitsturen* j-m den Laufpaß geben.
laars [la:rs] (*laarzen*) *f* Stiefel *m*.
laarze|knecht ['la:rzəknɛxt] (*-en u. -s*) *m* Stiefelknecht *m*; **~schacht** [-sxɑxt] *f* Stiefelschaft *m*.
laat [la:t] spät.
laatdunkend [la:'dəŋkɛnt] dünkelhaft.
laatst [la:tst] neulich; jüngst, vor kurzem; letzt-, spätest-; *het ~* zuletzt; **~genoemd** [-xənu·mt] letztgenannt; **~leden** [-'le:də(n)] neulich, vor kurzem; *~ maandag* am letzten (vorigen) Montag.
laattijdig [la:'tɛĭdəx] *Adj.*, *Adv.* mit Verspätung, zu spät.
labeur [lɑ'bø:r] *n* Schwerarbeit *f*, schwere Arbeit; **~werk** [-ʋɛrk] *n* Schwerstarbeit *f*.
labiaal [lɑbi·'(j)a:l] (*-bialen*) *f* Labiallaut *m*, Lippenlaut *m*.
laboratorium [lɑbo·ra·'to:riəm] (*-s u. -toria*) *n* Laboratorium *n*, Labor *n*.
laboreren [lɑbo·'re:rə(n)] laborieren (*aan*/an *D*).
labyrint [lɑbi·'ri·nt] *n* Labyrinth *n*.
lach [lɑx] *m* Lachen *n*; *in een ~ schieten* in Lachen ausbrechen, auflachen; **~bui** [-bəʏ] *f* Gelächter *n*, heftiges Lachen; **~ebek** [-(ə)bɛk] (*-ken*) *m u. f* Lacher *m*; Lachlustige(r) *m*; **~en** [-ə(n)] (*lachte, gelachen*) lachen; *in zijn vuistje ~ fig.* sich ins Fäustchen lachen; *om te ~* zum Lachen; *zich krom ~* sich biegen vor Lachen; *zich een bult (een aap, een ongeluk, een stuip) ~* sich krank lachen; **~spier** [-spi:r] *f* Lachmuskel *m*; **~stuip** [-stəʏp] *f* Lachkrampf *m*; **~wekkend** [-'ʋɛkənt] lustig; lächerlich.
laconiek *a.* **lak-** [la·ko·'ni·k] lakonisch.
lacune [lɑ'ky·nə] (*-s*) *f* Lücke *f*.
ladder ['lɑdər] (*-s*) *f* Leiter *f*; (*im Strumpf*) Laufmasche *f*; **~sport** [-spɔrt] *f* (Leiter-)Sprosse *f*; **~wagen** [-ʋa:ɣə(n)] (*-s*) *m* Leiterwagen *m*.
lade ['la:də] (*-n*) *f* (Schub-)Lade *f*; (*Gewehr*) Schaft *m*.
la|den ['la:də(n)] (*laadde, geladen*) laden, beladen; **~ding** [-dɪŋ] *f* Ladung *f*; **~dingskosten** [-dɪŋskɔstə(n)] *pl.* Ladegebühren *f/pl.*
laf [lɑf] feige; (*Speisen*) fade; (*Getränke*) schal; **~aard** [-a:rt] (*-s*) *m* Feigling *m*, Memme *f*.
lafenis ['la:fənɪs] (*-sen*) *f* Labsal *n*, Erquickung *f*.
laf|hartig [lɑf'hɑrtəx] feige; **~heid**

[-hɛĭt] (*-heden*) *f* Feigheit *f*; (*Geschmack*) Fadheit *f*, Schalheit *f*.
lager(bier) ['la:ɣərbi:r] *n* Lagerbier *n*.
Lagerhuis ['la:ɡərhəʏs] *n* Unterhaus *n*.
lagune [la'ɣy·nə] (*-n u. -s*) *f* Lagune *f*.
lak [lak] (*-ken*) *n u. m* Lack *m*; *ik heb er ~ aan fig.* ich pfeife darauf.
lakei [la'kɛĭ] *m* Lakai *m*.
laken¹ ['la:kə(n)] tadeln, rügen.
laken² (*-s*) *n* Tuch *n*; Bettuch *n*, Laken *n*; *de ~s uitdelen* zu befehlen haben, Herr sein; **~fabriek** [-fa-bri·k] *f* Tuchfabrik *f*; **~hal(le)** [-hal(ə)] *f* Tuchhalle *f*; **~ververij** [-vɛrvə'rɛĭ] *f* Tuchfärberei *f*.
lakken ['lakə(n)] lackieren; *e-n Brief* versiegeln.
lakmoes ['lakmu:s] *n* Lackmus *n*.
laks [laks] schlaff, lasch.
lak|schoen ['laksxu:n] *m* Lackschuh *m*; **~verf** [-fɛrf] (*-verven*) *f* Lack *m*, Lackfarbe *f*; **~vernis** [-fərnɪs] *n* Lackfirnis *m*.
lam¹ [lam] lahm, gelähmt; *een ~me geschiedenis* e-e vertrackte Geschichte.
lam² (*-meren*) *n* Lamm *n*.
lama ['la:ma·] (*-'s*) *m* Lama *n*.
lambrizering [lambri·'ze:rɪŋ] *f* Täfelung *f*, Wandverkleidung *f*.
lamenteren [lamən'te:rə(n)] *f* lamentieren, jammern.
lam|heid ['lamhɛĭt] *f* Lahmheit *f*; *met ~ geslagen* wie gelähmt; **~lendig** [-'lɛndəx] schlaff, lässig.
lammeling ['laməlɪŋ] *m* Lump *m*, elender Kerl.
lammenadig [lamə'na:dəx] lässig, schlaff, lasch.
lammergier ['lamərɣi:r] *m* Lämmergeier *m*, Bartgeier *m*.
lamp [lamp] *f* Lampe *f*; *tegen de ~ vliegen* erwischt (ertappt) werden; **~ekap** [-əkap] (*-pen*) *f* Lampenschirm *m*; **~epit** [-əpɪt] (*-ten*) *f* Docht *m*.
lampetkom [lam'pɛtkɔm] (*-men*) *f* Waschbecken *n*.
lampion [lampi·'(j)ɔn] (*-s*) *m* Lampion *m*, Papierlaterne *f*.
lamprei [lam'prɛĭ] *f* Lamprete *f*; *n* junges Kaninchen *n*.
lancet [lan'sɛt] (*-ten*) *n* Lanzette *f*.
land [lant] *n* Land *n*; Acker *m*; *het ~ hebben* verstimmt sein; *aan iemand het ~ hebben* Widerwillen gegen j-n haben; *het ~ van belofte* das Gelobte Land; *'s lands wijs, 's lands eer* ländlich, sittlich; andere Länder, andere Sitten; **~aard** [-a:rt] *m* Nationalcharakter *m*, Landesart *f*.
landbouw ['landbaŭ] *m* Landwirtschaft *f*; Ackerbau *m*; *ministerie van ~* Landwirtschaftsministerium *n*; **~er** [-ər] (*-s*) *m* Landwirt *m*, Bauer *m*; **~kunde** [-kəndə] *f* Landwirtschaftskunde *f*; **~politiek** [-pɔ-li·ti·k] *f* Agrarpolitik *f*, Landwirtschaftspolitik *f*; **~school** [-sxo:l] (*-scholen*) *f* Landwirtschaftsschule *f*; **~staat** [-sta:t] (*-staten*) *m* Agrarstaat *m*.
landdag ['landdax] *m* Landtag *m*; Tagung *f*.
landelijk ['landələk] ländlich.
landen ['landə(n)] landen; *Wasserflugzeug*: wassern.
landengte ['landɛŋtə] (*-n u. -s*) *f* Landenge *f*.
landen|klassement ['landə(n)-klasəmɛnt] *n* Länderwertung *f*; **~wedstrijd** [-ʋɛtstrɛĭt] *m* Ländertreffen *n*, Länderkampf *m*.
landerig ['landərəx] verstimmt, verdrießlich, ärgerlich.
landerijen [landə'rɛĭ(j)ə(n)] *pl.* Ländereien *f/pl.*
land|genoot ['lantxəno:t] (*-noten*) *m* Landsmann *m*; **~genote** [-xə-no:tə] (*-n*) *f* Landsmännin *f*; **~goed** [-xu·t] (*-eren*) *n* Gut *n*, Landsitz *m*; **~heer** [-he:r] (*-heren*) *m* Gutsherr *m*, Guts-, Grundbesitzer *m*; **~hoeve** [-hu:və] (*-n*) *f* Gehöft *n*, (Meier-)Hof *m*; **~huis** [-həʏs] (*-huizen*) *n* Landhaus *n*.
landing ['landɪŋ] *f* Landung *f*; **~sbaan** [-zba:n] (*-banen*) *f* Landebahn *f*; **~sgestel** [-sxəstɛl] (*-len*) *n* Fahrgestell *n*; **~splaats** [-spla:ts] *f* Landungsstelle *f*; *Flgw.* Landeplatz *m*.
land|jonker ['lantjɔŋkər] (*-s*) *m* Junker *m*; **~kaart** [-ka:rt] *f* Landkarte *f*; **~leger** [-le:ɣər] (*-s*) *n* Heer *n*; **~lieden** [-li·də(n)] *pl.* Landsleute *pl.*; **~loper** [-lo:pər] (*-s*) *m* Landstreicher *m*, Strolch *m*; **~man** [-man] (*-lieden*) *m* Landmann *m*, Bauer *m*; **~meter** [-me:tər] (*-s*) *m* Landmesser *m*; **~ontginning** [-ɔnt-xɪnɪŋ] *f* (*Boden*) Urbarmachung *f*, Kultivierung *f*.

landouw [lɑn'daŭ] *f* Flur *f*, Au(e) *f*.

land|plaag ['lɑntpla:x] (*-plagen*) *f* Landplage *f*; **~schap** [-sxɑp] (*-pen*) *n* Landschaft *f*; **~schapschilder** [-sxɑpsxɪldər] (*-s*) *m* Landschaftsmaler *m*.

lands|heer ['lɑntshe:r] (*-heren*) *m* Landesherr *m*; **~knecht** [-knɛxt] *m* Landsknecht *m*; **~man** [-mɑn] (*-lieden*) *m* Landsmann *m*; **~taal** [-ta:l] (*-talen*) *f* Landessprache *f*.

land|storm ['lɑntstɔrm] *m* Landsturm *m*; **~streek** [-stre:k] (*-streken*) *f* Gegend *f*, Landstrich *m*; **~tong** [-tɔŋ] *f* Landzunge *f*; **~verhuizer** [-fərhəʏzər] (*-s*) *m* Einwanderer *m*, Auswanderer *m*; **~verraad** [-fəra:t] *n* Landesverrat *n*; **~voogd** [-fo:xt] *m* Landvogt *m*, Statthalter *m*; **~waarts** [-ʋa:rts] landwärts; **~weg** [-ʋɛx] *m* Feldweg *m*; **~winning** [-ʋɪnɪŋ] *f* Landgewinnung *f*; **~ziek** [-si·k]: *~ zijn* Heimweh haben.

lang [lɑŋ] lang; (*Zeit*) lange; *op zijn ~st* höchstens, längstens; *al ~* schon lange; *~ zal hij leven!* er lebe hoch!, er soll leben!; *~ van stof* langatmig, weitschweifig; *bij ~e niet* bei weitem nicht; *op de ~ baan schuiven fig.* auf die lange Bank schieben; *met ~ tanden* ohne Appetit; *op ~e termijn* langfristig; **~dradig** [-'dra:dəx] weitschweifig; **~durig** [-'dy:rəx] langwierig, anhaltend.

lange-afstands|geschut [lɑŋə-'ɑfstɑntsxəsxət] *n* Ferngeschütz *n*; **~loper** [-lo:pər] (*-s*) *m* Langstreckenläufer *m*; **~raket** [-rɑ'kɛt] (*-ten*) *f* Fernrakete *f*; **~verkeer** [-fərke:r] *n* Fernverkehr *m*; **~vlucht** [-flœxt] *f* Langstreckenflug *m*; **~wapen** [-ʋa:pə(n)] (*-s*) *n* Fernwaffe *f*.

lang|gerekt ['lɑŋɣ̊ərɛkt] langgezogen; **~gewenst** [-ɣ̊əʋɛnst] lang erwünscht; **~harig** [-ha:rəx] langhaarig; **~levend** [-le:v̊ənt] langlebig; **~oor** [-o:r] (*-oren*) *m* Langohr *n*.

langs [lɑŋs] entlang (*A*, *D*); längs (*G*); an (*D*); *~ de weg* am Wege; *~ het water* am Wasser (entlang); *~ een omweg* auf e-m Umweg; *~ de huizen rijden* an den Häusern vorbeifahren; die Häuser entlang fahren.

lang|schedelig ['lɑŋsxe:dələx] langköpfig; **~scheeps** [-sxe:ps] längsschiffs.

langspeelplaat ['lɑŋspe:lpla:t] (*-platen*) *f* Langspielplatte *f*.

langstlevend ['lɑŋstle:v̊ənt] überlebend; *de ~e* der (die) Überlebende.

lang|uit ['lɑŋəʏt] der Länge nach; **~werpig** [-'ʋɛrpəx] länglich.

lang|zaam ['lɑŋza:m] langsam, träge; *~-aan-staking* Bummelstreik *m*; **~zamerhand** [-za·mər'hɑnt] allmählich, nach und nach.

lankmoedig [lɑŋk'mu·dəx] langmütig; **~heid** [-hɛĭt] *f* Langmut *f*, Langmütigkeit *f*.

lans [lɑns] *f* Lanze *f*; *een ~ breken voor fig.* e-e Lanze einlegen für; **~ier** [-'i:r] (*-s*) *m* Lanzer *m*, Lanzenreiter *m*.

lansknecht ['lɑnsknɛxt] *m* Landsknecht *m*.

lanssteek ['lɑnsste:k] (*-steken*) *m* Lanzenstich *m*.

lantaarn *a.* **-taren** [lɑn'ta:rə(n)] (*-s*) *m* Laterne *f*; Oberlicht *n*; **~paal** [-pa:l] (*-palen*) *m* Laternenpfahl *m*; **~plaatje** [-pla:tjə] (*-s*) *n* Lichtbild *n*, Diapositiv *n*.

lanterfanten ['lɑntərfɑntə(n)] faulenzen, müßig gehen.

lap[1] [lɑp] (*-pen*) *m* Lappen *m*; Stück *n*; Fetzen *n*, Lumpen *m*; Ohrfeige *f*.

Lap[2] *m* Lappe *m*; Lappländer *m*.

lapje ['lɑpjə] (*-s*) *n* Läppchen *n*; *een ~ grond* ein kleines Grundstück; ein kleiner Acker; *een ~ stof* ein kleines Stück Stoff, ein Rest; *een ~ vlees* ein (zu) kleines Schnitzel; *iemand voor het ~ houden* j-n hänseln, j-n foppen.

Lapland ['lɑplɑnt] *n* Lappland *n*; **~er** [-ər] (*-s*) *m* Lappländer *m*, Lappe *m*; **~s** [-s] lappländisch.

lap|middel ['lɑpmɪdəl] *n* Flickmittel *n*, Notbehelf *m*; **~pen** [-ə(n)] flicken; Fenster putzen; *het 'm ~* etw. fertigbringen; *iemand iets ~* j-m e-n Streich spielen; *wie heeft mij dat gelapt?* F wer hat mir diesen Streich gespielt?; **~mand** [-mɑnt] *f* Flickenkorb *m*; **~werk** [-ʋɛrk] *n* Flickwerk *n*; Pfuscherei *f*.

larderen [lɑr'de:rə(n)] spicken.

larf [lɑrf] (*-larven*) *f* Larve *f*.

larie ['la:ri:] *f* Unsinn *m*, Flausen *f/pl.*; *~ verkopen* Unsinn reden.

lariks ['la:rıks] *m* Lärche *f.*
larve ['la·rv̊ə] (*-n*) *f* Larve *f.*
las[1] [lɑs] *s. lezen.*
las[2] (*-sen*) *f* Lasche *f*, Naht *f*, Fuge *f*; Verbindung *f*; (An-)Schweißstelle *f*; **~naad** [-na:t] (*-naden*) *m* Schweißnaht *f*; **~sen** [-ə(n)] (an-)schweißen; **~sing** [-ıŋ] *f* Laschung *f*, Verbindung *f*, Schweißung *f.*
lasso ['lɑso:] (*-'s*) *m* Lasso *n.*
last [lɑst] *m* Last *f*, Bürde *f*; Schwierigkeiten *f/pl.*; Mühe *f*; Ladung *f*; Beschwerde *f*; *iemand ~ bezorgen* j-m Schwierigkeiten bereiten (machen); *~ met de spijsvertering* Verdauungsbeschwerden *f/pl.*; *op ~ van* im Auftrage von; *sociale ~en* Soziallasten *f/pl.*; **~brief** [-bri:f] (*-brieven*) *m* Mandat *n*, Auftrag *m.*
laster ['lɑstər] *m* Verleumdung *f*; Lästerung *f*; **~aar** [-a:r] (*-s*) *m* Verleumder *m*; Lästerer *m*; **~campagne** [-kɑmpɑnjə] (*-s*) *f* Verleumdungskampagne *f*; **~en** [-ə(n)] verleumden; (wider Gott) lästern; **~lijk** [-lək] verleumderisch; lästerlich; **~praat** [-pra:t] *m* Klatsch *m*; verleumderische Reden *f/pl.*; **~taal** [-ta:l] *f* Lästerrede *f.*
last|gever ['lɑstxe:v̊ər] (*-s*) *m* Auftraggeber *m*, Mandant *m*; **~hebber** [-hɛbər] *m* Beauftragte(r) *m*, Bevollmächtigte(r) *m.*
last|ig ['lɑstəx] lästig, beschwerlich; schwer, schwierig; mühselig; mißlich, heikel; unbequem; *dat zal ~ gaan* das wird schwer gehen; **~post** [-pɔst] *m* lästiges Kind, lästiger Mensch; Belastung *f.*
lat [lɑt] (*-ten*) *f* Latte *f.*
latafel ['la:ta:fəl] (*-s*) *f* Kommode *f.*
laten ['la:tə(n)] (*liet, gelaten*) lassen; *~ lopen* laufen lassen; *het er bij ~* es dabei bewenden lassen; *laat dat!* laß das sein!; *met rust ~* in Ruhe lassen; *dat zal hij wel ~* das wird er hübsch bleibenlassen; *~ wij op stap gaan* gehen wir.
latent [la·'tɛnt] verborgen; (*Krankheit*) latent.
Latijn [la·'tɛin] *n* Latein *n*; *in 't ~* auf Lateinisch; **~s** [-s] *Adj.* lateinisch.
latrine [lɑ'tri·nə] (*-s*) *f* Latrine *f.*
latuw ['la:ty·ŭ] *f* Lattich *m.*
latwerk ['lɑtʋɛrk] *n* Spalier *n*; Verschalung *f.*
Laurens ['lɑurəns] *m* Lorenz *m.*
laurier [lɑu'ri:r] *m* Lorbeer *m*; **~blad** [-blɑt] (*-eren, -en u. -blaren*) *n* Lorbeerblatt *n.*
lauw [lɑŭ] lau.
lauwer ['lɑŭər] *m* Lorbeer *m*; **~krans** [-krɑns] *m* Lorbeerkranz *m.*
lauwheid ['lɑŭhɛit] *f* Lauheit *f.*
lava ['la:v̊a·] *f* Lava *f.*
lavabo [lɑ'v̊a:bo·], *a.* [-'bo·] (*-'s*) *m* Waschbecken *n.*
lavement [la·v̊ə'mɛnt] *n* Klistier *n*; *een ~ zetten j-m* ein Klistier geben.
laven ['la:v̊ə(n)] laben, erquicken.
lavendel [la·'v̊ɛndəl] *f* Lavendel *m*; **~olie** [-o:li:] *f* Lavendelöl *n.*
laveren [lɑ'v̊e:rə(n)] lavieren, kreuzen; *fig.* torkeln.
lawaai [lɑ'ʋa:ĭ(j)] *n* Lärm *m*, Radau *m*; **~hinder** [-hındər] *m*, **~stoornis** [-sto:rnıs] *f* Lärmbelästigung *f*; **~maker** [-ma:kər] (*-s*) *m* Radaumacher *m.*
lawine [la·'ʋi·nə] (*-s u. -n*) *f* Lawine *f.*
laxeermiddel [lɑk'se:rmıdəl] *n* Abführmittel *n*, Laxativ *n.*
lazaret [la·za·'rɛt] (*-ten*) *n* Lazarett *n.*
lazuur [la·'zy:r] *n* (*Farbe*) Lasur *f*; Lasurstein *m*; **~blauw** [-blɑŭ] azurblau.
leb(be) ['lɛb(ə)] (*-ben*) *f* Lab *n*; **~maag** [-ma:x] (*-magen*) *f* Labmagen *m.*
lec|tor ['lɛktɔr] (*-s u. -en*) *m* Lektor *m*; **~tuur** [-'ty:r] *f* Lektüre *f.*
ledematen ['le:dəma:tə(n)] *pl.* Glieder *n/pl.*, Gliedmaßen *f/pl.*
leden|lijst ['le:də(n)lɛist] *f* Mitgliederverzeichnis *n*; **~pop** [-pɔp] (*-pen*) *f* Gliederpuppe *f*, Hampelmann *m.*
leder ['le:dər] *n* Leder *n*; *s. a. leer*[1].
ledig ['le:dəx] leer; **~en** [-ə(n)] (aus)leeren; **~gang** [-xɑŋ] *m* Müßiggang *m.*
ledikant [le·dı'kɑnt] *n* Bettstelle *f*, Bettgestell *n.*
leed[1] [le:t] *s. lijden.*
leed[2] *n* Leid *n*, Kummer *m*; *Adj.* bekümmert; neidisch; *iets met lede ogen aanzien* etw. mit scheelen Augen ansehen; **~vermaak** [-fərma:k] *n* Schadenfreude *f*; **~wezen** [-ʋe:zə(n)] *n* Leidwesen *n*, Bedauern *n*; *zijn ~ betuigen* sein Bedauern aussprechen.

leef|klimaat ['le:fkli·ma:t], **~milieu** [-mi·l(j)ø:] *n* Umweltbedingungen *f/pl.*; Lebenskreis *m*; **~regel** [-re:ɣəl] (*-s u. -en*) *m* Lebensregel *f*; **~tijd** [-tɛĭt] *m* Alter *n*; **~tijdsgrens** [-teĭtsxrɛns] (*-grenzen*) *f* Altersgrenze *f*; **~tocht** [-tɔxt] *m* Lebensmittel *n/pl.*, Proviant *m*; **~wijze** [-ʋɛĭzə] (*-n*) *f* Lebensweise *f*.

leeg [le:x] leer; **~lopen** [-lo:pə(n)] sich leeren; *fig.* müßig gehen, faulenzen; **~loper** [-lo:pər] (*-s*) *m* Müßiggänger *m*; **~te** [-tə] *f* Leere *f*; Lücke *f*.

leek¹ [le:k] *s. lijken.*

leek² (*leken*) *m* Laie *m*.

leem [le:m] *n u. m* Lehm *m*; **~kuil** [-kəʏl], **~put** [-pət] (*-ten*) *m* Lehmgrube *f*.

leemte ['le:mtə] (*-s u. -n*) *f* Lücke *f*; *zonder* (*enige*) *~* lückenlos.

leen [le:n] (*lenen*) *n* Lehen *n*; *te ~ geven* leihen, borgen; *ter ~ ontvangen* geliehen bekommen; **~bank** [-baŋk] *f* Darleh(e)nskasse *f*.

Leendert ['le:ndərt] *m* Leonhard *m*.

leen|dienst ['le:ndi:nst] *m* Lehnsdienst *m*; **~heer** [-he:r] (*-heren*) *m* Lehnsherr *m*; **~man** [-man] (*-nen*) *m* Lehnsmann *m*, Vasall *m*; **~roerig** [-ru:rəx] abhängig; **~stelsel** [-stɛlsəl] *n* Leh(e)nswesen *n*, Feudalsystem *n*, Feudalismus *m*.

leep [le:p] schlau, pfiffig, listig.

leer¹ [le:r] (*leren*) *n* Leder *n*; *van ~* aus Leder.

leer² *f* Lehre *f*; Leiter *f*; **~boek** [-bu·k] *n* Lehrbuch *n*; **~geld** [-ɣɛlt] *n* Lehrgeld *n*, Schulgeld *n*; **~gierig** [-ɣi:rəx] lernbegierig; **~jongen** [-jɔŋə(n)] (*-s*) *m* Lehrjunge *m*, Lehrling *m*; **~ling** [-lɪŋ] *m* Lehrling *m*; (*Schule*) Schüler *m*; *Rel.* Jünger *m*; (*Kunstschule*) Eleve *m*, Elevin *f*.

leerlooier ['le:rlo:ĭ(j)ər] (*-s*) *m* Gerber *m*.

leer|meester ['le:rme:stər] (*-s*) Lehrmeister *m*; **~plan** [-plan] (*-nen*) *n* Lehrplan *m*; **~plicht** [-plɪxt] *f* Schulpflicht *f*, Schulzwang *m*; **~school** [-sxo:l] (*-scholen*) *f* Lernschule *f*; Schule *f*; **~rede** [-re:də] (*-nen u. -s*) *f* Predigt *f*, Kanzelrede *f*; **~stelling** [-stɛlɪŋ] *f* Lehrsatz *m*, Dogma *n*; **~stoel** [-stu:l] *m* Professur *f*; **~stof** [-stɔf] (*-fen*) *f* Lehrstoff *m*; **~wijze** [-ʋɛĭzə] (*-n*) *f* Lehrmethode *f*; **~zaam** [-za:m] lehrreich; gelehrig, lernbegierig.

lees|baar ['le:zba:r] lesbar; (*Schrift*) leserlich; **~beurt** [-bø:rt] *f* Vortrag *m*; **~bibliot(h)eek** [-bi·bli·o·te:k] (*-t[h]eken*) *f* Leihbibliothek *f*; **~boek** [-bu·k] *n* Lesebuch *n*; **~gezelschap** [-xəzɛlsxap] (*-pen*) *n* Lesezirkel *m*, Lesering *m*; **~les** [-lɛs] (*-sen*) *f* Lesestück *n*; Lesestunde *f*, Leseübung *f*; **~map** [-map] (*-pen*) *f* Lesemappe *f*.

leest [le:st] *f* Leisten *m*; (*Wuchs*) Gestalt *f*, Figur *f*; Taille *f*; *op een andere ~ schoeien etw.* anderes machen; sich umstellen.

lees|teken ['le:ste:kə(n)] (*-s*) *n* Lesezeichen *n*; Satzzeichen *n*; **~zaal** [-sa:l] (*-zalen*) *m* Lesesaal *m*, Leseraum *m*.

leeuw [le:ŭ] *m* Löwe *m*.

leeuwe|aandeel ['le:ŭ(ʋ)əa:nde:l] (*-delen*) *n* Löwenanteil *m*; **~bek** [-bɛk] *m Bot.* Löwenmaul *n*; **~kuil** [-kəʏl] *m* Löwengrube *f*; **~moed** [-mu·t] *m* Löwenmut *m*.

leeuwentemmer ['le:ŭ(ʋ)ə(n)tɛmər] (*-s*) *m* Löwenbändiger *m*.

leeuwerik ['le:ŭ(ʋ)ərɪk], *a.* [-rək] *m* Lerche *f*.

leeuwin [le:ŭ'(ʋ)ɪn] (*-nen*) Löwin *f*.

leewater ['le:ʋa:tər] *n* Gelenkflüssigkeit *f*.

lef [lɛf] (*kein pl.*) *n u. m* Mut *m*, F Mumm *m*; *~ hebben* F den Mumm (Mut) haben.

leg [lɛx] (*-gen*) *m* Legezeit *f*; Legen *n*; *aan de ~ zijn* legen; **~doos** [-do:s] (*-dozen*) *f* Legespiel *n*.

legaat [lə'ɣa:t] (*-gaten*) *n* Legat *n*, Vermächtnis *n*; *m* Legat *m*, Bevollmächtigte(r) *m*.

legaliseren *a.* **-zeren** [le·ɣa·li·'ze:rə(n)] legalisieren, beglaubigen.

legatie [le·'ɣa:si:] (*-s*) *f* Legation *f*.

legen|darisch [le:ɣən'da:ri·s] legendär; **~de** [le·'ɣɛndə] (*-n u. -s*) *f* Legende *f*.

leger ['le:ɣər] (*-s*) *n* Heer *n*, Armee *f*; (*Bett*) Lager *n*; *~ des Heils* Heilsarmee *f*; **~bericht** [-bərɪxt] *m* Heeresbericht *m*.

legeren¹ ['le:ɣərə(n)] lagern.

lege|ren² [lə'ɣe:rə(n)] legieren, verbinden; **~ring** [-rɪŋ] *f* Legierung *f*.

leger|korps ['le:ɣərkɔrps] *n* Armeekorps *n*; **~stede** [-ste:də] (*-n*) *f* Lagerstätte *f*, Lager *n*; **~sterkte** [-stɛrktə] *f* Heeresstärke *f*; **~trein** [-trɛĭn] *m*, **~tros** [-trɔs] (*-sen*) *m* Troß *m*.

leges [ˈle:ɣ̌əs] *pl.* Gebühren *f/pl.*

leg|gen [ˈlɛɣ̌ə(n)] legen; *Kabel, Fußleiste usw.* verlegen; *Sp.* werfen (*beim Ringkampf*); *ter zijde* (*op zij*) ~ beiseitelegen; **~ger** [-ər] (*-s*) *m* (*Person*) Leger *m*; (*Sache*) Balken *m*, Schwelle *f*; Katasterblatt *n*, Register *n*, Grundbuch *n*; **~hen** [-hɛn] (*-nen*) *f* Legehenne *f*.

legioen [le·ɣ̌i·(j)ˈu:n] *n* Legion *f*.

legi|tiem [le·ɣ̌i·ˈti:m] legitim, gesetzmäßig, gesetzlich; **~timatie** [-ti·ˈma:si:] (*-s*) *f* Legitimation *f*; **~timatiebewijs** [-ti·ˈma:si·bəʋɛĭs] (*-wijzen*) *n* Ausweis *m*; Personalausweis *m*; **~timatiekaart** [-ti·ˈma:si·ka:rt] *f* Ausweis *m*; Berechtigungsausweis *m*; **~timeren** [-ti·ˈme:rə(n)] legitimieren; *zich* ~ sich ausweisen, sich legitimieren.

legkast [ˈlɛxkɑst] *f* Wäscheschrank *m*.

leguaan [leɣ̌y·ˈ(ʋ)a:n] (*-guanen*) *m* Leguan *m*.

lei [lɛĭ] *n* Schiefer *m*; (*-en*) *f* (*zum Schreiben*) Schiefertafel *f*; (*fürs Dach*) Schieferplatte *f*.

leiband [ˈlɛĭbɑnt] *m* Gängelband *n*; *aan de* ~ *lopen* am Gängelband gehen.

leiboom [ˈlɛĭbo:m] (*-bomen*) *m* Spalierbaum *m*.

leidekker [ˈlɛĭdɛkər] (*-s*) *m* Schieferdecker *m*.

lei|den [ˈlɛĭdə(n)] leiten, führen; **~der** [-dər] (*-s*) *m* Leiter *m*, Führer *m*; **~ding** [-dɪŋ] *f* Leitung *f*, Führung *f*; **~dingsbuis** [-dɪŋzbəʏs] (*-buizen*) *f* Leitungsrohr *n*; **~dingwater** [-dɪŋʋa:tər] *n* Leitungswasser *n*.

eidraad [ˈlɛĭdra:t] (*-draden*) *m* Leitfaden *m*.

Leids [lɛĭts]: **~e** *fles* Leidener Flasche *f*.

ei(d)sel [ˈlɛĭsəl] (*-s*) *n* Zügel *m*.

eidsman [ˈlɛĭtsmɑn] (*-lieden*) *m* Führer *m*.

eidster[1] *a.* **~star** [ˈlɛĭtstɛr] (*-ren*) *f* Leitstern *m*.

eids|ter[2] [ˈlɛĭtstər] (*-s*) *f*, **~vrouw** [-frɑŭ] *f* Führerin *f*.

eien [ˈlɛĭ(j)ə(n)] schiefern; Schiefer-; ~ *dak* Schieferdach *n*; *dat loopt van een* ~ *dakje fig.* das geht wie geschmiert.

lei|groeve [ˈlɛĭɣ̌ru:ʋ̌ə] (*-n*) *f* Schieferbruch *m*; **~kleurig** [-klø:rəx] schieferfarbig, schiefergrau.

lek [lɛk] leck; undicht; *Su.* (*-ken*) *n* Leck *n*; *een* **~ke** *band hebben* Reifenschaden haben.

leke|broeder [ˈle:kəbru:dər] (*-s*) *m* Laienbruder *m*; **~spel** [-spɛl] *n* Laienspiel *n*.

lekkage [lɛˈka:ʒə] (*-s*) *f* Leckage *f*, Leck *n*; Leckschaden *m*.

lekken [ˈlɛkə(n)] lecken; ein Leck haben.

lekker [ˈlɛkər] lecker, schmackhaft; behaglich, mollig; fein; *zich niet* ~ *voelen* sich nicht wohl fühlen; **~bek** [-bɛk] (*-ken*) *m* Leckermaul *n*; **~nij** [-ˈnɛĭ] *f* Leckerei *f*, Leckerbissen *m*, Delikatesse *f*; **~s** [-s] *n* Leckerei *f*, Süßigkeiten *f/pl.*; **~tjes** [-tjəs] *Adv.* behaglich, mollig, fein, gemütlich.

lektor [ˈlɛktɔr] (*-s u. -en*) *m* Lektor *m.*

lelie [ˈle:li:] (*-s u. -ën*) *f* Lilie *f*; **~blank** [-blɑŋk] lilienweiß; **~tje-van-dalen** [-tjəʋ̌ɑnda:lə(n)] (*lelietjes*) *n* Maiglöckchen *n*.

lelijk [ˈle:lək] häßlich; übel, böse; *een* **~e** *kwaal* ein schlimmes Leiden; *een* **~e** *geschiedenis* e-e dumme Geschichte; ~ *kijken* finster (böse) dreinschauen; *die jurk staat* ~ das Kleid sitzt schlecht; **~erd** [-ərt] (*-s*) *m* häßlicher Mensch, Scheusal *n*; **~heid** [-hɛĭt] *f* Häßlichkeit *f*.

lemen [ˈle:mə(n)] lehmig, Lehm-; *een* ~ *hut* e-e Lehmhütte.

lemm|er [ˈlɛmər] (*-s*) *n*, **~et** [-ət] *n* Klinge *f*.

lende [ˈlɛndə] (*-n u. -nen*) *f* Lende *f*; **~ndoek** [-(n)du·k] *n* Lendenschurz *m*; **~stuk** [-støk] (*-ken*) *n* Lendenstück *n*; (*Speise*) Lendenbraten *m*.

le|nen [ˈle:nə(n)] leihen, borgen; *het oor* ~ Gehör schenken; *zich tot iets* ~ sich zu etw. hergeben; *tegen rente* ~ auf Zinsen leihen; *zich* ~ *tot* sich eignen zu (*D*); **~ner** [-nər] (*-s*) *m* Verleiher *m*.

leng|en [ˈlɛŋə(n)] länger werden; **~te** [-tə] (*-n u. -s*) *f* Länge *f*; **~temaat** [-təma:t] (*-maten*) *f* Längenmaß *n*.

lenig [ˈle:nəx] geschmeidig, biegsam.

lenigen ['le:nəɣə(n)] lindern, mildern.
lenigheid ['le:nəxhɛĭt] *f* Geschmeidigkeit *f*, Biegsamkeit *f*.
leniging ['le:nəɣɪŋ] *f* Linderung *f*, Milderung *f*.
lening ['le:nɪŋ] *f* Anleihe *f*; Darlehen *n*; *een ~ sluiten (aangaan)* e-e Anleihe aufnehmen; *op een ~ inschrijven* e-e Anleihe zeichnen.
lens [lɛns] (*lenzen*) *f* Linse *f*, Objektiv *n*; **~opening** [-o:pənɪŋ] *f* Blende *f*.
lente ['lɛntə] (*-s*) *f* Frühling *m*, Lenz *m*; **~dag** [-dɑx] *m* Frühlingstag *m*; **~maand** [-ma:nt] *f* Frühlingsmonat *m*, März *m*; **~tijd** [-tɛĭt] *m* Frühlingszeit *f*.
lepel ['le:pəl] (*-s*) *m* Löffel *m*; **~aar** [-a:r] (*-s u. -aren*) *m* Löffelreiher *m*; **~en** [-ə(n)] löffeln.
leperd ['le:pərt] (*-s*) *m* Schlauberger *m*, Schlaumeier *m*.
lepra ['le:pra˙] *f* Lepra *f*, Aussatz *m*; **~lijder** [-lɛĭdər] (*-s*) *m* Leprakranke(r) *m*, Aussätzige(r) *m*.
ler|aar ['le:ra:r] (*-s u. -raren*) *m allg.* Lehrer *m*; Gymnasial-, Oberschullehrer *m*; Studienrat *m*; (*Kirche*) Prediger *m*; **~rarenkorps** [-ra:rə(n)kɔrps] *n* Lehrerschaft *f*; **~rares** [-ra:'rɛs] (*-sen*) *f* Lehrerin *f*; Studienrätin *f*, Oberschullehrerin *f*.
leren[1] ['le:rə(n)] lernen; lehren, unterrichten; *al doende leert men* Übung macht den Meister.
leren[2] ledern; Leder-; *een ~ riem* ein Lederriemen *m*.
lering ['le:rɪŋ] *f* Lehre *f*; Unterweisung *f*; Religionsunterricht *m*; *tot ~* zur Belehrung.
les [lɛs] (*-sen*) *f* Lektion *f*; Unterrichtsstunde *f*, Stunde *f*; (*Schularbeit*) Aufgabe *f*; (*Warnung*) Lehre *f*; *~ in het Duits* Deutschunterricht *m*, Deutschstunde *f*; *~ geven (nemen)* Stunden geben (nehmen); *iemand de ~ spellen (lezen)* j-m die Leviten lesen; **~gever** [-xe:v̊ər] (*-s*) *m* Lehrer *m*; **~(sen)rooster** [-(sə)ro:stər] (*-s*) *m u. n* Stundenplan *m*.
lessen ['lɛsə(n)] löschen, stillen.
lessenaar ['lɛsəna:r] (*-s*) *m* Pult *n*.
Let [lɛt] (*-ten*) *m* Lette *m*; **~land** [-lɑnt] *n* Lettland *n*; **~lands** [-lɑnts], **~s** [-s] lettisch.
letsel ['lɛtsəl] (*-s*) *n* Schaden *m*; Verletzung *f*; *zonder ~* unverletzt; *~ toebrengen* verletzen.
letten[1] ['lɛtə(n)] achtgeben, achten (*op*/auf *A*); beachten; *op iets ~* etw. berücksichtigen, Rücksicht nehmen auf *A*; *~ op!* aufgepaßt!, gib acht!, Achtung!; *~ wel* wohlgemerkt.
letten[2] hindern, abhalten.
letter ['lɛtər] (*-s*) *f* Buchstabe *m*; *Typ.* Letter *f*, Schrift *f*, Type *f*; *naar de ~* buchstäblich, wörtlich; *brieven onder ~ x* (*Zeitungsanzeige*) Briefe unter der Chiffre (Ziffer) x; (*-en*) *pl.* Literatur *f*; Philologie *f*; (*Brief*) Zeilen *f/pl.*; *doctor (Dr.) in de ~* Doktor der Philologie (*Dr. phil.*); **~dieverij** [-di:v̊ə'rɛĭ] *f* Plagiat *n*; **~gieterij** [-ɣi:tə'rɛĭ] *f* Schriftgießerei *f*; **~greep** [-ɣre:p] (*-grepen*) *f* Silbe *f*; **~kast** [-kɑst] *f Typ.* Schrift-, Setzkasten *m*; **~kunde** [-kəndə] *f* Literatur *f*; **~kundige** [-kəndəɣə] (*-n*) *m u. f* Literat *m*, Schriftsteller *m*.
letterlijk ['lɛtərlək] buchstäblich; *fig.* völlig, geradezu.
letter|slot ['lɛtərslɔt] *n* Vexierschloß *n*; **~soort** [-so:rt] Schrift *f*, Type *f*, Schriftart *f*; **~teken** [-te:kə(n)] (*-s*) *n* Schriftzeichen *n*; **~zetter** [-zɛtər] (*-s*) *m* (Schrift-) Setzer *m*; **~zifter** [-zɪftər] (*-s*) *m* Silbenstecher *m*, Wortklauber *m*.
leugen ['lø:ɣə(n)] *f* Lüge *f*; **~aar** [-na:r] (*-s*) *m* Lügner *m*; **~achtig** [-ɑxtəx] lügenhaft, lügnerisch.
leuk [lø:k] hübsch, nett, reizend; gelungen; *een ~ verhaal* e-e lustige Geschichte; *een ~e mop* ein gelungene(r) Witz; *ik vind het ~* ich finde es nett; **~weg** [-ʋɛx] unverfroren, gleichgültig, (ganz) gelassen.
leu|nen ['lø:nə(n)] lehnen; *op iets ~* sich stützen auf *A*; **~ning** [-nɪŋ] *f* Lehne *f*; (*Treppe, Brücke*) Geländer *n*; (*Treppe a.*) Handlauf *m*; **~n(ing)stoel** ['lø:n-], ['lønɪŋstu:l] *m* Lehnstuhl *m*, Lehnsessel *m*.
leur|der ['lø:rdər] (*-s*) *m* Hausierer *m*; **~en** [-ə(n)] hausieren (gehen).
leus [lø:s] (*leuzen*) *f* Losung *f*, Wahlspruch *m*; *voor de ~* zum Schein.
leut(e) [lø:t(ə)] *f* F Spaß *m*, Vergnügen *n*; *voor de ~* zur Kurzweil, zum Spaß.
leuteren ['lø:tərə(n)] trödeln; faseln, schwafeln.

leutig ['lø:təx] lustig, munter.
Leuven [lø:v̂ə(n)] *n* Löwen *n.*
leuze ['lø:zə] (*-n*) *f s. leus.*
Levantijn [ləvɑn'tɛĭn] *m* Levantiner *m.*
leven[1] ['le:v̂ə(n)] (*-s*) *n* Leben *n*, Dasein *n*; Lärm *m*; ~ *maken* Lärm machen; *nooit van mijn* ~ mein Lebtag nicht; *heb je van je* ~*!* du meine Güte!; *om het* ~ *brengen* umbringen, ums Leben bringen; *nog (steeds) in* ~ noch am Leben; *bij (zijn)* ~ zu (seinen) Lebzeiten.
leven[2] leben; existieren, bestehen; *leve de koning* es lebe der König; *lang zal hij* ~*!* er soll leben, er lebe hoch!; **~d** [-t] lebend, lebendig; *geen* ~*e ziel fig.* keine (lebende) Seele; ~*e talen* lebende Sprachen *f/pl.*; ~ *begraven* lebendig begraben; **~dig** [-dəx] lebhaft, belebt, rege, lebendig; **~loos** [-lo:s] leblos; **~maker** [-ma:kər] (*-s*) *m* Lärmmacher *m.*
levens|aanvaarding ['le:v̂ənsa:nv̂a:rdɪŋ] *f* Lebensbejahung *f*; **~behoud** [-bəhɑut] *n* Lebenserhaltung *f*; *zucht tot* ~ Selbsterhaltungstrieb *m*; **~beschouwing** [-bəsxɑu(ʋ)ɪŋ] *f* Lebensanschauung *f*; **~beschrijving** [-bəsxrɛĭv̂ɪŋ] *f* Lebensbeschreibung *f*, Biographie *f*; **~bron** [-brɔn] (*-nen*) *f* Lebensquell *m*; **~duur** [-dy:r] *m* Lebensdauer *f*; **~geesten** [-xe:stə(n)] *pl.* Lebensgeister *m/pl.*; **~genot** [-xənɔt] *n* Lebensgenuß *m*; **~gezel** [-xəzɛl] (*-len*) *m* Lebensgefährte *m*; **~kwestie** [-kʋɛsti:] (*-s*) *f* Lebensfrage *f*; **~lang** [-lɑŋ] lebenslänglich; **~licht** [-lɪxt] *n* Lebenslicht *n*; *het* ~ *aanschouwen* das Licht der Welt erblicken; **~loop** [-lo:p] *m* Lebenslauf *m*; **~lustig** [-løstəx] lebenslustig, lebensfroh, heiter; **~middelen** [-mɪdələ(n)] *pl.* Lebensmittel *pl.*; **~moede** [-mu:də] lebensmüde; **~onderhoud** [-ɔndərhɑut] *n* Lebensunterhalt *m*; **~teken** [-te:kə(n)] *n* Lebenszeichen *n*; **~verzekering** [-fərze:kərɪŋ] *f* Lebensversicherung *f*; **~wandel** [-ʋɑndəl] *m* Lebenswandel *m*; **~wijze** [-ʋɛĭzə] (*-n*) *f* Lebensweise *f.*
levenwekkend ['le:v̂ə(n)ʋɛkənt] belebend.
lever ['le:v̂ər] (*-s*) *f* Leber *f*; **~aandoening** [-a:ndu:nɪŋ] *f* Leberkrankheit *f.*
lever|ancier [le:v̂ara·n'si:r] (*-s*) *m* Lieferant *m*; **~antie** [-'a·nsi:] (*-s*) *f* Lieferung *f*; **~baar** [-ba:r] lieferbar; **~en** [-ə(n)] liefern; besorgen, verschaffen; *goed werk* ~ gute Arbeit leisten; F *hij zal het 'm wel* ~ er bringt es (schon) fertig; **~ing** [-ɪŋ] *f* Lieferung *f*; Besorgung *f*; *bewijs van* ~ Lieferschein *m*; **~ingstermijn** [-ɪŋstɛrmɛĭn] *m* Lieferfrist *f.*
lever|kwaal ['le:v̂ərkʋa:l] (*-kwalen*) *f* Leberkrankheit *f*; **~pastei** [-pɑstɛĭ] *f* Leberpastete *f.*
levertraan ['le:v̂ərtra:n] *m* Lebertran *m.*
Leviet [lə'v̂i·t] *m* Levit *m.*
lexicon ['lɛksi·kɔn] (*-s u. -ica*) *n* Lexikon *n.*
lezen ['le:zə(n)] (*las, gelezen*) lesen; *e-n* Vortrag halten; **~aar** [-a:r] (*-s*) *m* Lesepult *n.*
lezenswaard(ig) ['le:zənsʋa:rt], [-'ʋa:rdəx] lesenswert.
le|zer ['le:zər] (*-s*) *m* Leser *m*; **~zing** [-zɪŋ] *f* Lesen *n*, Lesung *f*; Vorlesung *f*, Vortrag *m*; (*Variante*) Lesart *f*, Auffassung *f*; *na* ~ *van uw schrijven* nach Durchsicht Ihres Schreibens.
liaan [li·'ja:n] (*-anen*) *f*, **liane** [li·'ja:nə] (*-n*) *f* Liane *f.*
Libanon ['li·bɑnɔn] *n* Libanon *m.*
Libanees [li·bɑ'ne:s] (*-nezen*) *m* Libanese *m*; *Adj.* libanesisch.
libel[1] [li·'bɛl] (*-len*) *n* Schmähschrift *f.*
libel[2] *f* Libelle *f*, Wasserjungfer *f.*
liber|aal [li·bər'a:l] (*-alen*) *m* Liberale(r) *m*; *Adj.* liberal; **~alisme** [-a·'li·smə] *n* Liberalismus *m*; **~tijn** [-'tɛĭn] *m* Freigeist *m.*
libero [li·'be·ro·] (*-'s*) *m Sp.* Libero *m.*
Libye ['li·bi·(j)ə] *n* Libyen *n*; **~r** [-r] (*-s*) *m* Libyer *m.*
licentie [li·'sɛnsi:] (*-s*) *f* Lizenz *f*, Erlaubnis *f*; **~houder** [-hɑudər] (*-s*) *m* Lizenzinhaber *m*, Lizenzträger *m*; Lizenznehmer *m.*
lichaam ['lɪxa:m] (*-chamen*) *n* Körper *m*, Leib *m*; Körperschaft *f*; *naar* ~ *en ziel* an Leib und Seele; *wetgevend* ~ gesetzgebende Körperschaft; *vreemd* ~ Fremdkörper *m.*
lichaams|beweging ['lɪxa:mzbəʋe:ɣɪŋ] *f* Körperbewegung *f*; **~-**

bouw [-baŭ] *m* Körperbau *m*; **~deel** [-de:l] (*-delen*) *n* Körperteil *m*; **~gestalte** [-xəstaltə] (*-n u. -s*) *f* Körpergestalt *f*; **~gestel** [-xəstɛl] (*-len*) *n* Körperbeschaffenheit *f*, Konstitution *f*; **~oefening** [-u:fənɪŋ] *f* Leibesübung *f*; **~verzorging** [-fərzɔrɣɪŋ] *f* Körperpflege *f*.

lichamelijk [lɪ'xa:mələk] körperlich.

licht[1] [lɪxt] *n* Licht *n*; *in het ~ geven* veröffentlichen, herausgeben; *in het ~ stellen* hervorheben; *aan het ~ brengen (komen)* an den Tag bringen (kommen); *het ~ zien* erscheinen.

licht[2] hell, licht; leicht; bequem; *~ over iets heenstappen* etw. (nur) flüchtig behandeln; **~beeld** [-be:lt] *n* Lichtbild *n*; **~blauw** [-blaŭ] hellblau; **~boei** [-bu·ĭ(j)] *f* Leuchtboje *f*; **~bron** [-brɔn] (*-nen*) *f* Lichtquelle *f*; **~bundel** [-bəndəl] (*-s*) *m* Lichtbündel *n*, Lichtgarbe *f*; **~druk** [-drək] (*-ken*) *m* Lichtdruck *m*.

lichtekooi ['lɪxtəko:ĭ] *f* Dirne *f*.

lichtelijk ['lɪxtələk] leicht; einigermaßen.

lichten ['lɪxtə(n)] leuchten, hell werden; *mar.* lichten, leichtern; heben; *e-e Schublade, den Briefkasten* leeren; *Truppen* ausheben; *die Kasse* berauben; *de hielen ~* sich aus dem Staube machen; *iemand uit het zadel ~ fig.* j-n verdrängen.

lichter ['lɪxtər] (*-s*) *m mar.* Lichter *m*, Leichter *m*; Lastkahn *m*.

lichterlaaie ['lɪxtərla:ĭ(j)ə] lichterloh; *in ~ staan* lichterloh brennen.

licht|gas ['lɪxtxas] *n* Leuchtgas *n*; **~geel** [-xe:l] hellgelb; **~gelovig** [-xə'lo:v̊əx] leichtgläubig; **~geraakt** [-xə'ra:kt] reizbar, leicht empfindlich; **~gevend** [-xe:v̊ənt] leuchtend; **~gevoelig** [-xəvu:ləx] lichtempfindlich; **~groen** [-xru:n] hellgrün; **~hartig** [-hartəx] leichtsinnig, unbesonnen; unbesorgt.

lichting ['lɪxtɪŋ] *f* (*Post*) Leerung *f*; *mil.* Aushebung *f*; *~ 1973* Jahrgang 1973; (*Schiff*) Hebung *f*.

licht|installatie ['lɪxtɪnstala:si:] (*-s*) *f* Licht *n*, Beleuchtungsanlage *f*; **~koker** [-ko:kər] *m* Lichtschacht *m*; **~krans** [-krans] *m* Lichthof *m*, Heiligenschein *m*, Aureole *f*; **~kroon** [-kro:n] (*-kronen*) *f* Kronleuchter *m*; **~matroos** [-ma'tro:s] (*-trozen*) *m* Leichtmatrose *m*; **~meter** [-me:tər] (*-s*) *m* Lichtmesser *m*, Belichtungsmesser *m*.

Lichtmis[1] ['lɪxtmɪs] *m* Mariä Lichtmeß *f*.

lichtmis[2] (*-sen*) *m* Wüstling *m*, Leichtfuß *m*.

licht|punt ['lɪxtpənt] *n* Lichtpunkt *m*; **~reclame** *a.* **-kla-** [-rəkla:mə] (*-s*) *f* Lichtreklame *f*; **~schakelaar** [-sxa:kəla:r] (*-s*) *m* Lichtschalter *m*; **~schip** [-sxɪp] (*-schepen*) *n* Feuerschiff *n*; **~schuw** [-sxy·ŭ] lichtscheu; **~vaardig** [-'fa:rdəx] leichtfertig; **~zinnigheid** [-'sɪnəxhɛĭt] *f* Leichtsinn *m*, Leichtfertigkeit *f*.

lid [lɪt] (*leden*) *n allg.* Glied *n*; (*Körper*) Glied *n*, Gelenk *n*; (*Paragraph*) Absatz *m*; (*Partei, Verein*) Mitglied *n*; (*Auge*) Lid *n*; (*Polizei*) Angehörige(r) *m*; (*Krug*) Deckel *m*; *Math.* Teil *m*; *een arm in het ~ zetten* e-n Arm (wieder) einrenken; **~maatschap** [-ma:tsxap] *n* Mitgliedschaft *f*; **~woord** [-wo:rt] *n Gr.* Artikel *m*, Geschlechtswort *n*.

lied [li:t] (*-eren*) *n* Lied *n*; *een ~ aanheffen* ein Lied anstimmen.

lieden ['li:də(n)] *pl.* Leute *pl.*

liederlijk ['li:dərlək] liederlich, sittenlos.

liedertafel ['li:dərta:fəl] (*-s*) *f* Liedertafel *f*, Gesangverein *m*.

liedje ['li:tjə] (*-s*) *n* Liedchen *n*; (*Kabarett*) Chanson *n*; Song *m*; *het oude (hetzelfde) ~ fig.* die alte Geschichte, das alte Lied; **~zanger** [-ssaŋər] (*-s*) *m* Lieder-, Bänkel-, Straßensänger *m*; (*im Kabarett*) Chansonnier *m*.

lief[1] [li:f] (*lieven*) *n* Geliebte(r *m*) *f*, Liebchen *n*, Schatz *m*.

lief[2] lieb, liebenswürdig; traut; reizend, hübsch, nett; *~ zijn* nett (artig) sein; **~dadigheid** [-da:dəxhɛĭt] *f* Wohltätigkeit *f*.

liefde ['li:vdə] (*-s u. -n*) *f* Liebe *f*; **~dienst** [-di:nst] *m* Liebesdienst *m*; **~gift** [-gɪft] *f* Liebesgabe *f*; **~rijk** [-rɛĭk] liebevoll.

liefdes|avontuur ['li:vdəsav̊ənty:r] (*-turen*) *n* Liebesabenteuer *n*; **~verklaring** [-fərkla:rɪŋ] *f* Liebeserklärung *f*.

lief(e)lijk ['li:f(ə)lək] lieblich, anmutig.

liefheb|ben ['li:fhɛbə(n)] lieben;

~ber [-bər] (-*s*) *m* Liebhaber *m*, Freund *m*; Bewerber *m*, Interessent *m*; Dilettant *m*; **~berij** [-ə'rɛĭ] *f* Liebhaberei *f*, Vorliebe *f*, Lieblingsbeschäftigung *f*; **~berstoneel** [-bərsto'ne:l] *n* Liebhaberbühne *f*, Liebhabertheater *n*; Heimatbühne *f*.
liefheid ['li:fhɛĭt] (-*heden*) *f* Liebenswürdigkeit *f*, Anmut *f*.
liefkozen ['li:fko:zə(n)] liebkosen.
liefst [li:fst] am liebsten; vorzugsweise; ~ *niet* lieber nicht.
lieftallig [li:f'tɑləx] anmutig, liebreizend; **~heid** [-hɛĭt] (-*heden*) *f* Liebreiz *m*, Anmut *f*.
liegen ['li:ɣ̊ə(n)] (*loog*, *gelogen*) lügen; *hij liegt dat hij zwart ziet* er lügt das Blaue vom Himmel herunter.
lier [li:r] *f* Aufzug *m*, Winde *f*; *Mus.* Leier *f*.
lies [li:s] (*liezen*) *f* Leiste *f*; **~breuk** [-brø:k] *f* Leistenbruch *m*; **~streek** [-stre:k] (-*streken*) *f* Leistengegend *f*.
liet [li:t] *s. laten*.
Lieveheer [li:v̊ə'he:r] *m* (unser lieber) Herrgott, der Herr.
lieveheersbeestje [li:v̊ə'he:rzbe:ʃə] (-*s*) *n* Marienkäfer *m*.
lieveling ['li:v̊əlɪŋ] *m* Liebling *m*; **~sboek** [-zbu·k] *n* Lieblingsbuch *n*; **~seten** [-se:tə(n)] *n* Leibgericht *n*.
liever ['li:v̊ər] lieber; eher.
lieverd ['li:v̊ərt] (-*s*) *m* Liebling *m*.
lieverlede [li·v̊ər'le:də]: *van* ~ allmählich, nach und nach.
Lievevrouw [li·v̊ə'v̊raŭ] *f*: *onze* ~ Unsere Liebe Frau.
lievevrouwe|bedstro [li·v̊əv̊raŭ-(ʋ)ə'bɛtstro:] *n Bot.* Waldmeister *m*; **~beeld** [li·v̊ə'v̊rɑu(ʋ)əbe:lt] *n* Marienbild *n*.
Lievevrouwekerk [li·v̊ə'v̊rɑu(ʋ)ə-kɛrk] *f* Liebfrauenkirche *f*.
lievigheid ['li:v̊əxhɛĭt] (-*heden*) *f* Liebenswürdigkeit *f*, Freundlichkeit *f*; *pej.* Schöntuerei *f*.
lift [lɪft] *m* Aufzug *m*, Lift *m*; **~en** [-ə(n)] per Anhalter fahren, trampen; **~jongen** [-jɔŋə(n)] (-*s*) *m* Fahrstuhlführer *m*; **~kooi** [-ko:ĭ(j)] *f* Fahrstuhl *m*; Förderkorb *m*.
lig|geld ['lɪxɛlt] *n* Liegegeld *n*; **~gen** ['lɪɣ̊ə(n)] (*lag*, *gelegen*) liegen; *gaan* ~ sich (hin)legen; *liggend geld* Bargeld *n*; *de hond lag te slapen* der Hund (lag und) schlief; *het lelijk laten* ~ s-e Sache schlecht machen; **~ging** [-ɪŋ] *f* Lage *f*; **~plaats** [-pla:ts] *f* Liegeplatz *m*; *mar.* Ankerplatz *m*; **~rijtuig** [-rɛĭtəʏx] *n* Liegewagen *m*; **~stoel** [-stu:l] *m* Liegestuhl *m*.
liguster [li·'ɣ̊østər] (-*s*) *m Bot.* Liguster *m*.
lij [lɛĭ] *f* Lee *f*, Leeseite *f*.
lijdelijk ['lɛĭdələk] passiv, untätig, müßig; ~ *verzet* passiver Widerstand.
lijden [lɛĭdə(n)] (*leed*, *geleden*) leiden, dulden; erdulden, ertragen; *het lijdt geen twijfel* es unterliegt keinem Zweifel; *hoe lang is het geleden?* wie lange ist es her?; *na langdurig* ~ nach langem Leiden; **~de** [-də] leidend; ~ *vorm Gr.* Passiv *n*, Leideform *f*; *lijdend voorwerp Gr.* Akkusativobjekt *n*.
lijdensgeschiedenis ['lɛĭdənsxə-sxi·dənɪs] (-*sen*) *f* Leidensgeschichte *f*.
lijder ['lɛĭdər] (-*s*) *m* Leidende(r *m*) *f*, Kranke(r *m*) *f*, Patient(in *f*) *m*.
lijdzaam ['lɛĭtssa:m] ergeben; gelassen, geduldig; **~heid** [-hɛĭt] *f* Ergebung *f*; Gelassenheit *f*, Geduld *f*.
lijf [lɛĭf] (*lijven*) *n* Leib *m*, Körper *m*; *dat heeft niet veel om het* ~ das hat nicht viel auf sich; **~arts** [-ɑrts] *m* Leibarzt *m*; **~eigene** [-ɛĭɣ̊ənə] (-*n*) *m* Leibeigene(r) *m*; **~je** [-jə] (-*s*) *n* Mieder *n*; **~rente** [-rɛntə] (-*n u.* -*s*) *f* Leibrente *f*.
lijfs|dwang ['lɛĭvzdʋɑŋ] *m* Schuldhaft *f*; **~gevaar** [-xəv̊a:r] (*kein pl.*) *n* Lebensgefahr *f*.
lijfspreuk ['lɛĭfsprø:k] *f* Wahlspruch *m*; **~straf** [-strɑf] (-*fen*) *f* Körperstrafe *f*; **~wacht** [-ʋɑxt] *f* (*Gruppe*) Leibwache *f*; Leibwächter *m*.
lijk[1] [lɛĭk] *s. gelijk*.
lijk[2] *n* Leichnam *m*, Leiche *f*; **~baar** [-ba:r] (-*baren*) *f* Totenbahre *f*; **~bidder** [-bɪdər] (-*s*) *m* Leichenbitter *m*; **~dienst** [-di:nst] *m* Totenamt *n*.
lijken ['lɛĭkə(n)] (*leek*, *geleken*) gleichen *D*, ähneln *D*; scheinen.
lijkenhuis ['lɛĭkə(n)həʏs] (-*huizen*) *n* Leichenhalle *f*.
lijk|kleur ['lɛĭklø:r] *f* Leichenfarbe *f*; **~rede** [-re:də] (-*s u.* -*redenen*) *f* Leichenrede *f*; **~schouwer** [-sxaŭ-

ər] (-*s*) *m* Leichenbeschauer *m*; **~schouwing** [-sxɑũɪŋ] *f* Obduktion *f*, Leichenschau *f*; (*Resultat*) Obduktionsbefund *m*; **~stoet** [-stu·t] *m* Leichenzug *m*, Leichenbegängnis *n*; **~verbranding** [-fərbrɑndɪŋ] *f* Leichenverbrennung *f*, Feuerbestattung *f*; **~wade** [-ʋa:də] (-*n*) *f* Leichentuch *n*; **~wagen** [-ʋa:ɣ̊ə(n)] (-*s*) *m* Leichenwagen *m*.

lijm [lɛĭm] *m* Leim *m*; **~achtig** [-ɑxtəx] leimig; **~en** [-ə(n)] (zusammen)leimen; *fig.* überreden; **~kwast** [-kʋɑst] *m* Leimpinsel *m*; **~stok** [-stɔk] (-*ken*) *m* Leimrute *f*; **~zieder** [-zi:dər] (-*s*) *m* Leimsieder *m*.

lijn [lɛĭn] *f* Linie *f*; (*Text*) Zeile *f*; Leine *f*, Seil *n*, Tau *n*; (*Verkehrsmittel*) Linie *f*; (*Eisenbahn*) Strecke *f*; *rechte* ~ gerade Linie, Gerade *f*; *kromme* ~ krumme Linie, Kurve *f*; *dat ligt niet in zijn* ~ das liegt ihm nicht; *in grote* ~*en* in großen Zügen; **~draaier** [-dra:ĭ(j)ər] (-*s*) *m* Seiler *m*; **~frequentie** *a.* **-kwen-** [-frə'kʋɛnsi:] (-*s*) *f* *Fs.* Zeilenfrequenz *f*.

lijn|koek ['lɛĭnku·k] *m* Leinkuchen *m*; **~olie** [-o:li:] *f* Leinöl *n*.

lijnrecht ['lɛĭnrɛxt] *Adj.* schnurgerade; *Adv.* schnurstracks.

lijntekenen ['lɛĭnte:kənə(n)] *n* Linearzeichnen *n*.

lijntje ['lɛĭntjə] (-*s*) *n* (kleine) Linie *f*; (kurzer) Strich *m*; *aan het* ~ *houden* *fig.* hinhalten, hinziehen, in der Schwebe halten.

lijntrekker ['lɛĭntrɛkər] (-*s*) *m* Faulenzer *m*; Drückeberger *m*.

lijn|vliegtuig ['lɛĭnv̊li:xtœyx] *n* Linienflugzeug *n*; **~vlucht** [-v̊ləxt] *f* Linienflug *m*.

lijn|waad ['lɛĭnʋa:t] (-*waden*) *n* Leinwand *f*, Leinen *n*; **~zaad** [-za:t] *n* Leinsamen *m*.

lijst [lɛĭst] *f* Liste *f*, Verzeichnis *n*, Register *n*; (*Gemälde*) Rahmen *m*; (*Rand*) Leiste *f*; **~aanvoerder** [-a:nv̊u:rdər] (-*s*) *m* Spitzenkandidat *m*; **~en** [-ə(n)] einrahmen, einfassen; **~enmaker** [-ə(n)ma:kər] (-*s*) *m* Rahmenmacher *m*.

lijster ['lɛĭstər] (-*s*) *f* Drossel *f*, Krammetsvogel *m*; **~bes** [-bɛs] (-*sen*) *f* Vogelbeere *f*; **~besseboom** [-bɛsəbo:m] (-*bomen*) *m* Eberesche *f*, Vogelbeerbaum *m*.

lijvig ['lɛĭv̊əx] beleibt, dick; stark.

lijzig ['lɛĭzəx] gedehnt, schleppend.

lijzijde ['lɛĭzɛĭdə] *f* *mar.* Leeseite *f*.

lik [lɪk] *m* Lecken *n*; *fig.* Maulschelle *f*, Ohrfeige *f*.

likdoren *a.* **-doorn** ['lɪgdo:rə(n)] (-*s*) *m* Hühnerauge *n*.

likeur [li·'kø:r] *f* Likör *m*; **~stokerij** [-sto:kə'rɛĭ] *f* Likörfabrik *f*.

likkebaarden ['lɪkəba:rdə(n)] *fig.* sich die Finger lecken nach *etw.*

likken ['lɪkə(n)] lecken; polieren, glätten; *Flammen*: züngeln.

lila ['li·la·] *n* Lila *n*.

lillen ['lɪlə(n)] zucken.

lilliputter ['lɪli·pətər] (-*s*) *m* Liliputaner *m*.

lim|iet [li·'mi·t] *f* Grenze *f*; *Hdl.* Limit *n*; **~iteren** [-i·'te:rə(n)] begrenzen; *Hdl.* *Preise* festsetzen, limitieren.

li|moen [li·'mu:n] *m* Zitrone *f*; **~monade** [-mo·'na:də] (-*s*) *f* Limonade *f*.

limousine [li·mu·'zi·nə] (-*s*) *f* Limousine *f*.

linde ['lɪndə] (-*n*) *f* Linde *f*; **~bloesem** [-blu·səm] (-*s*) *f* Lindenblüte *f*; **~hout** [-hɑut] *n* Lindenholz *n*.

lingerie [lɑ̃:ʒə'ri:] (-*s u. -ën*) *f* Weißwaren *f/pl.*; Damen-, Leibwäsche *f*; **~winkel** [-ʋɪŋkəl] (-*s*) *m* Weißwarengeschäft *n*.

liniaal [li·ni·'ja:l] (-*alen*) *f u. n* Lineal *n*.

li|nie ['li·ni:] (-*s*) *f* Linie *f*; *mar.* Äquator *m*; **~niëren** [-ni·'(j)e:rə(n)] lin(i)ieren; **~nieschip** [-ni·sxɪp] (-*schepen*) *n* Linienschiff *n*; **~nietroepen** [-ni·tru·pə(n)] *pl.* Linientruppen *f/pl.*, stehende(s) Heer *n*.

linker|arm ['lɪŋkərɑrm] *m* linke(r) Arm *m*; **~been** [-be:n] (-*benen*) *n* linke(s) Bein *n*.

linkerd ['lɪŋkərt] (-*s*) *m* Schlauberger *m*, Schlaumeier *m*; *pl.* die Gerüffelten.

linker|hand ['lɪŋkərhɑnt] *f* linke Hand *f*, Linke *f*; **~voet** [-v̊u·t] *m* linke(r) Fuß *m*.

links [lɪŋks] links; linkshändig; linkisch; *het* ~*e huis* das linke Haus; **~af** [-ɑf] nach links; **~binnen** [-'bɪnə(n)] (-*s*) *m* *Sp.* Halblinks *m*, linke(r) Innenstürmer *m*; **~buiten** [-'bœytə(n)] (-*s*) *m* *Sp.* Linksaußen *m*, linke(r) Außenstürmer *m*; **~voor**

[-ˈfoːr] (*-s*) *m Sp.* linke(r) Stürmer *m.*
linnen [ˈlɪnə(n)] (*kein pl.*) *n* Leinwand *f*, Leinen *n*; Leibwäsche *f*; **~kast** [-kɑst] *f* Wäscheschrank *m*; **~weverij** [-ʋeːv̊əˈrɛĭ] *f* Leinenweberei *f*.
linoleum [liˑˈnoˑleˑ(j)əm] *n u. m* Linoleum *m.*
lint [lɪnt] *n* Band *n*; **~worm** [-ʋɔrm] *m* Bandwurm *m.*
linze [ˈlɪnzə] (*-n*) *f* Linse *f*.
lip [lɪp] (*-pen*) *f* Lippe *f*; (*Tiere*) Lefze *f*; (*Wunde*) Rand *m*; *een ~ trekken* schmollen; **~penstift** [-pəstɪft] *f* Lippenstift *m.*
liqui|de [liˑˈkiːdə] flüssig; **~deren** [-ˈdeːrə(n)] liquidieren.
lis [lɪs] (*-sen*) *m u. n* Schwertlilie *f*, Iris *f*; **~dodde** [-dɔdə] (*-n*) *f* Rohrkolben *m.*
lispelen [ˈlɪspələ(n)] lispeln, flüstern.
list [lɪst] *f* List *f*; **~ig** [-əx] listig, schlau.
litanie [liˑtɑˈniː] (*-ën*) *f* Litanei *f*.
liter [ˈliˑtər] (*-s*) *m* Liter *n.*
lit(t)e|rator [liˑtəˈraːtɔr] *m* Literat *m*; **~ratuur** [-rɑˈtyːr] (*-turen*) *f* Literatur *f*.
lit(h)ograaf [liˑtoˑˈgraːf] (*-grafen*) *m* Lithograph *m.*
Litouw|en [ˈliˑtɑŭə(n)] *n* Litauen *n*; **~er** [-ər] (*-s*) *m* Litauer *m*; **~s** [-s] litauisch.
litteken [ˈlɪteːkə(n)] (*-s u. -en*) *n* Narbe *f*, Schmiß *m.*
liturgie [liˑtœrˈɣ̊iː] (*-s*) *f* Liturgie *f*.
live [laːĭv̊] *Rf., Fs.* live, direkt; *~-zending f* Live-Sendung *f*, Direktsendung *f*, Direktübertragung *f*.
livrei [liˑˈv̊rɛĭ] *f* Livree *f*.
lob [lɔp] (*-ben*) *f Bot.* Lappen *m*; *Sp.* Hochschlag *m.*
lobbes [ˈlɔbəs] *m* lieber Kerl *m.*
locomotief *a.* **loko-** [loˑkoˑmoˑˈtiːf] (*-tieven*) *f* Lokomotive *f*.
lodderig [ˈlɔdərəx] F schläfrig, dösig; matt.
loden [ˈloːdə(n)] bleiern, Blei-.
loden(mantel) [-mɑntəl] (*-s*) *m* Lodenmantel *m.*
Lodewijk [ˈloːdəʋɛĭk] *m* Ludwig *m.*
loeder [ˈluːdər] (*-s*) *n u. m* Luder *n*, Aas *n.*
loef [luːf] (*loeven*) *f* Luv *f*; *iemand de ~ afsteken* j-m den Rang ablaufen; **~waarts** [-ʋaːrts] luvwärts.
loei|en [ˈluˑĭ(j)ə(n)] *Kühe*: brüllen; *Wind, Sirene*: heulen; **~er** [-ər] (*-s*) *m Sp.* Bombenschuß *m.*
loens [luːns] schielend; verdächtig.
loep [luˑp] *f* Lupe *f*.
loer [luːr] *f* Lauer *f*; **~en** [-ə(n)] lauern, spähen.
loeven [ˈluːv̊ə(n)] *mar.* an- aufluven.
lof[1] [lɔf] *n* Nachmittagsandacht *f*.
lof[2] *n* Zichorie *f*.
lof[3] *m* Lob *n*; **~dicht** [-dɪxt] *n* Lobgedicht *n*; **~felijk** [-ələk] löblich; **~spraak** [-spraːk] (*-spraken*) *f* Lobspruch *m*; **~tuiting** [-tœʏtɪŋ] *f* Lobeserhebung *f*, Lobspruch *m*; **~zang** [-sɑŋ] *m* Lobgesang *m.*
log[1] [lɔx] schwerfällig, plump.
log[2] (*-gen*) *f* Log *n.*
logaritme [lɔɣ̊ɑˈrɪtmə] (*-n*) *f* Logarithmus *m*; **~ntafel** [-(n)taːfəl] (*-s*) *f* Logarithmentafel *f*.
loge [ˈloːʒə] (*-s*) *f* Loge *f*.
logé [lɔˈʒeː] (*-s*) *m*, **~e** [lɔˈʒeː] (*-s*) *f* Gast *m*, Logierbesuch *m.*
log|eerkamer [lɔˈʒeːrkaːmər] (*-s*) *f* Gastzimmer *n*, Fremdenzimmer *n*; **~ement** [-əˈmɛnt] *n* Gasthaus *n*, Gasthof *m.*
logenstraffen [ˈloˑɣ̊ə(n)strɑfə(n)] *j-n* Lügen strafen.
logeren [loˑˈʒeːrə(n)] logieren; (*als Gast*) wohnen.
logica *a.* **-ka** [ˈloˑɣ̊iˑkɑ] *f* Logik *f*.
logies [loˑˈʒiːs] *n* Logis *n*; *~ en (met) ontbijt* Unterkunft und Frühstück.
logisch [ˈloˑgiˑs] logisch.
lok [lɔk] (*-ken*) *f* (Haar-)Locke *f*.
lokaal [loˑˈkaːl] *Adj.* lokal, örtlich; *~ gesprek Tel.* Ortsgespräch *n*; *Su.* (*-kalen*) *n* Lokal *n*, Raum *m*; **~-trein** [-trɛĭn] *m* Vorortzug *m.*
lokaas [ˈlɔkaːs] (*-azen*) *n* Lockspeise *f*, Köder *m.*
lokali|seren *a.* **-ca-**, *a.* **~zeren** [lɔkɑlɪˈzeːrə(n)] lokalisieren; **~teit** [-ˈtɛĭt] *f* Raum *m.*
lokduif [ˈlɔgdœʏf] (*-duiven*) *f* Locktaube *f*.
loket [loˑˈkɛt] (*-ten*) *n* Schalter *m.*
lok|fluitje [ˈlɔkflœʏtjə] (*-s*) *n* Lockpfeife *f*; **~ken** [-ə(n)] locken, ködern.
lol [lɔl] (*kein pl.*) *f* Spaß *m*, Scherz *m*; *voor de ~* zum Spaß; **~lig** [-əx] lustig, heiter.
lolly [ˈlɔliˑ] (*-'s*) *m* Lutscher *m.*

Lombardije [lɔmbɑr'dɛĭ(j)ə] *n* Lombardei *f*.
lommer ['lɔmər] *n* Schatten *m*.
lommerd ['lɔmərt] (*-s*) *m* Leih-, Pfandhaus *n*, Leihamt *n*; **~briefje** [-bri:fjə] (*-s*) *n* Pfandschein *m*.
lommer|ig ['lɔmərəx] schattig; **~rijk** [-rɛĭk] schattenreich, schattig.
lomp [lɔmp] *Adj.* plump, grob, flegelhaft; schwerfällig, ungeschickt; *Su. f* Lumpen *m*, Fetzen *m*; **~erd** [-ərt] (*-s*) *m* Flegel *m*, Grobian *m*; Tölpel *m*.
London ['lɔndə(n)] *n* London *n*.
lonen ['lo:nə(n)] lohnen; **~d** [-t] lohnend, einträglich.
long [lɔŋ] *f* Lunge *f*; **~kwaal** [-kʋa:l] (*-kwalen*) *f* Lungenleiden *n*; **~kwab** [-kʋɑp] (*-ben*) *f* Lungenflügel *m*; **~pijp** [-pɛĭp] *f* Lungenröhre *f*.
lonken ['lɔŋkə(n)] (lieb)äugeln; *e-n* (verstohlenen) Blick werfen.
lont [lɔnt] *f* Lunte *f*.
loochenen ['lo:xənə(n)] leugnen, in Abrede stellen.
lood [lo:t] (*loden*) *n* Blei *n*; *mar.* Lot *n*, Senkblei *n*; Plombe *f*, Plombenverschluß *m*; *dat is ~ om oud ijzer fig.* das ist Jacke wie Hose; **~achtig** [-ɑxtəx] bleiartig; **~gieter** [-xi:tər] (*-s*) *m* Bleigießer *m*; Klempner *m*, Installateur *m*; **~je** [-jə] (*-s*) *n* (Blei-)Plombe *f*, Bleiverschluß *m*; *het ~ leggen* den kürzeren ziehen; sterben; *de laatste ~s wegen het zwaarst fig.* das dicke Ende kommt nach; **~kleurig** [-klø:rəx] bleifarben; **~lijn** [-lɛĭn] *f* Bleischnur *f*, Senklot *n*; *Math.* Senkrechte *f*, Lotrechte *f*; **~recht** [-rɛxt] senkrecht, lotrecht.
loods[1] [lo:ts] *f* Schuppen *m*.
loods[2] *m* Lotse *m*; *Flgw.* Fluglotse *m*.
loodschuim ['lo:tsxəʏm] *n* Bleiabstrich *m*, Bleiabzug *m*.
loods|dienst ['lo:dzdi:nst] *m* Lotsendienst *m*; *Flgw.* Flugleitung *f*; **~en** [-ə(n)] lotsen; **~wezen** [-ʋe:zə(n)] *n* Lotsenwesen *n*.
lood|vergiftiging ['lo:tfərgɪftəɣɪŋ] *f* Bleivergiftung *f*; **~wit** [-ʋɪt] *n* Bleiweiß *n*; **~zwaar** [-sʋa:r] bleischwer.
loof [lo:f] *n* Laub *n*; Blätter *n/pl.*; (Kartoffel-)Kraut *n*; **~rijk** [-rɛĭk] schattig; (*Baum*) belaubt.
loog[1] [lo:x] *s. liegen.*
loog[2] (*logen*) *f u. n* Lauge *f*; **~zout** [-sɑut] *n* Laugensalz *n*.
looi [lo:ĭ] *f* (Gerber-)Lohe *f*; **~en** [-ə(n)] lohen, gerben; **~er** [-ər] (*-s*) *m* Gerber *m*; **~erij** [-ə'rɛĭ] *f* Gerberei *f*; **~stof** [-stɔf] (*-fen*) *f* Gerbstoff *m*; **~zuur** [-zy:r] *n* Gerbsäure *f*.
look [lo:k] *n u. m* Lauch *m*.
loom [lo:m] müde; träge, matt; schwül; **~heid** [-hɛĭt] *f* Müdigkeit *f*, Mattigkeit *f*, Ermattung *f*; Schwüle *f*.
loon [lo:n] (*lonen*) *n* Lohn *m*; **~belasting** [-bəlɑstɪŋ] *f* Lohnsteuer *f*; **~schaal** [-sxa:l] (*-schalen*) *f* Lohnskala *f*; **~staat** [-sta:t] (*-staten*) *m* Lohnliste *f*; **~standaard** [-stɑnda:rt] *m* Lohnstufe *f*; **~trekkend** [-trɛkənt] besoldet.
loop [lo:p] (*lopen*) *m* Lauf *m*; (*Maschine*) Gang *m*; (*Sterne*) Bahn *f*; *op de ~ gaan* die Flucht ergreifen; **~baan** [-ba:n] (*-banen*) *f* Laufbahn *f*; **~graaf** [-xra:f] (*-graven*) *f* Schützengraben *m*; **~je** [-jə] (*-s*) *n*: *met iemand een ~ nemen* j-n zum besten haben; **~jongen** [-jɔŋə(n)] *m* Laufjunge *m*, Laufbursche *m*; **~plank** [-plɑŋk] *f* Trittbrett *n*; *mar.* Laufbrett *n*, Laufbrücke *f*.
loops [lo:ps] läufig, brünstig.
loopvogel ['lo:pfo:ɣəl] (*-s*) *m* Laufvogel *m*.
loos [lo:s] (*lozer, loost*) schlau, verschmitzt, schalkhaft; *loze noot* taube Nuß; *~ alarm* blinder Alarm; *~ gerucht* leeres Gerücht.
loot [lo:t] (*loten*) *f* Sproß *m*, Ableger *m*, Schößling *m*, Trieb *m*.
lopen ['lo:pə(n)] (*liep, gelopen*) laufen, gehen; *ik heb gelopen* ich bin gelaufen; *ik heb een uur gelopen* ich bin e-e Stunde spazierengegangen; *ik ben daarheen gelopen* ich bin dorthin gelaufen; *loop door*. geh(e) weiter!, gehen Sie weiter!; *hij loopt te denken* er geht und denkt nach; *er loopt een gerucht* es geht das Gerücht; *in het oog ~* auffallen, in die Augen springen; **~d** [-t] laufend, gehend; (*Wasser*) fließend; *~e schulden* laufende Schulden *f/pl.*; *aan de ~e band* am laufenden Band, ununterbrochen regelmäßig.
loper ['lo:pər] (*-s*) *m* Läufer *m*

Bote *m*; (Treppen-)Läufer *m*; Nachschlüssel *m*, Dietrich *m*.

lor [lɔr] *n u. f* Lumpen *m*, Lappen *m*; (*Schriftstück*) Wisch *m*; *geen ~ waard* keinen Deut (Pfifferling) wert.

lorgnet [lɔrn'jɛt] (*-ten*) *f u. n* Lorgnette *f*; Kneifer *m*, Zwicker *m*.

lorkeboom ['lɔrkəbo:m] (*-bomen*) *m* Lärche *f*.

lorrie ['lɔri:] (*-s*) *f* Draisine *f*, Lore *f*.

los[1] [lɔs] (*-sen*) *m* Luchs *m*.

los[2] lose, locker; frei, ungezwungen; flüchtig, leichtfertig; *~ werkman* Gelegenheitsarbeiter *m*; *~ nummer* Einzelnummer *f*; *~ geld* kleines Geld, Barschaft *f*, bares Geld; *erop ~ praten* ins Blaue hineinreden; **~bandig** [-'bɑndəx] zügellos, ausschweifend; **~barsten** [-bɑrstə(n)] aufbersten, los-, aufbrechen; **~bol** [-bɔl] (*-len*) *m fig.* lockerer Vogel; **~branden** [-brɑndə(n)] abfeuern, abschießen; **~geld** [-xɛlt] *n* Lösegeld *n*; **~gespen** [-xɛspə(n)] los-, aufschnallen; **~knopen** [-kno:pə(n)] los-, aufknöpfen; **~laten** [-la:tə(n)] loslassen, freilassen; *niets ~* nichts verlauten lassen; **~lopen** [-lo:pə(n)] frei umhergehen; *het zal wel ~* es wird schon gehen; **~maken** [-ma:kə(n)] auf-, losmachen, lösen; **~plaats** [-pla:ts] *f* Ausladeplatz *m*; **~prijs** [-prɛĭs] (*-prijzen*) *m* Lösegeld *n*; **~raken** [-ra:kə(n)] loskommen, sich lösen; *mar.* wieder flott werden; **~rukken** [-rəkə(n)] auf-, losreißen; **~schroeven** [-sxru:v̂ə(n)] losschrauben.

los|sen ['lɔsə(n)] aus-, abladen; (*Pfand*) einlösen; (*Gewehr*) abschießen, abfeuern; (*Schuß*) abgeben; **~sing** [-sɪŋ] *f* Ausladung *f*, Löschung *f*; **~tornen** [-tɔrnə(n)] auftrennen; **~weg** [-ʋɛx] leichthin; unüberlegt; **~zinnig** [-'sɪnəx] leichtsinnig; locker.

lot [lɔt] *n allg.* Los *n*; Geschick *n*, Schicksal *n*, Verhängnis *n*; *aan zijn ~ overlaten etw.* dem Schicksal überlassen.

lo|ten ['lo:tə(n)] losen; **~terij** [-tə'rɛĭ] *f* Lotterie *f*.

lot|genoot ['lɔtxəno:t] (*-noten*) *m* Schicksalsgenosse *m*; **~gevallen** [-xəv̂ɑlə(n)] *n/pl.* Erlebnisse *n/pl.*

Lotharingen ['lo:tarɪŋə(n)] *n* Lothringen *n*.

loting ['lo:tɪŋ] *f* Losung *f*, Losen *n*; *bij ~* durch das Los.

lot|je ['lɔtjə]: *van ~ getikt zijn fig.* e-n Sparren zuviel haben; **~sverbetering** [-sfərbe:tərɪŋ] *f* Besserstellung *f*.

louter ['lɑutər] rein, sauber; lauter, nur, bloß, nichts als; **~en** [-ə(n)] läutern; **~ring** [-'rɪŋ] *f* Läuterung *f*, Reinigung *f*.

louwmaand ['lɑuma:nt] *f* Januar *m*.

loven ['lo:v̂ə(n)] loben, preisen; *~ en bieden* feilschen.

lover ['lo:v̂ər] *n* Laub *n*.

loy|aal [lʋɑ'ja:l] loyal, treu; **~aliteit** [-ɑli·'tɛĭt] *f* Loyalität *f*, Treue *f*.

lo|zen ['lo:zə(n)] abführen, ableiten, ausstoßen; **~zing** [-zɪŋ] *f* Entwässerung *f*; Abführung *f*.

lucht [ləxt] *f* Luft *f*; Himmel *m*; Geruch *m*; *verandering van ~* Luftveränderung *f*; *uit de ~ vallen fig.* hereingeschneit kommen; erstaunt sein; *in de ~ doen vliegen* sprengen; **~aanval** [-a:nv̂ɑl] (*-len*) *m* Luftangriff *m*; **~afweer** [-ɑfʋe:r] *f* Luftabwehr *f*, Flak *f*; **~band** [-bɑnt] *m* Luftreifen *m*, Schlauch *m*; **~basis** [-ba:zɪs] (*-sen u. -bases*) *f* Flugzeugstützpunkt *m*; **~behandeling** [-bəhɑndəlɪŋ] *f* Klimaanlagen *f/pl.*, Luftreinigung *f*; **~bel** [-bɛl] (*-len*) *f* Luftblase *f*; **~bezoedeling** [-bəzu·dəlɪŋ] *f* Luftverschmutzung *f*; **~brug** [-brəx] (*-gen*) *f* Luftbrücke *f*; **~dicht** [-dɪxt] luftdicht, hermetisch; **~doelbatterij** [-du:lbɑtə'rɛĭ] *f* Flakbatterie *f*; **~druk** [-drək] *m* Luftdruck *m*; Hoch *n*; Tief *n*.

luchten ['ləxtə(n)] lüften; *zijn hart ~* s-m Herzen Luft machen; *iemand niet kunnen ~* j-n nicht ausstehen können.

luchter ['ləxtər] (*-s*) *m* Kronleuchter *m*, Leuchter *m*.

lucht|foto ['ləxtfo·to·] (*-'s*) *f* Luftaufnahme *f*; **~gat** [-xɑt] *n* Windloch *n*; **~haven** [-ha:v̂ə(n)] (*-s*) *f* Flughafen *m*.

luchtig ['ləxtəx] luftig; leicht, leichtsinnig; frisch.

lucht|kasteel ['ləxtkɑste:l] (*-stelen*) *n* Luftschloß *n*; **~kuur** [-ky:r] (*-kuren*) *f* Luftkur *f*; **~laag** [-la:x] (*-lagen*) *f* Luftschicht *f*; **~ledig** [-le:dəx] luftleer; *Su. n* luftleerer

Raum, Vakuum *n*; **~pijp** [-pɛĭp] *f* Luftröhre *f*; Luftrohr *n*, Luftkanal *m*, Luftschacht *m*; **~piraat** [-pi·-ra:t] (*-raten*) *m* Luftpirat *m*, Flugzeugentführer *m*; **~post** [-pɔst] *f* Luftpost *f*; **~ramp** [-rɑmp] *f* Flugzeugkatastrophe *f*; **~reis** [-rɛĭs] (*-reizen*) *f* Flugreise *f*; **~ruim** [-rəʏm] *n* Luftraum *m*; **~streek** [-stre:k] (*-streken*) *f* Himmelsgegend *f*, Zone *f*; **~strijdkrachten** [-strɛĭtkrɑxtə(n)] *f/pl.* Luftstreitkräfte *f/pl.*, Luftwaffe *f*; **~stroom** [-stro:m] (*-stromen*) *m* Luftzug *m*, Luftstrom *m*; **~vaart** [-fa:rt] *f* Luftfahrt *f*; **~vaartlijn** [-fa:rtlɛĭn] *f* Fluglinie *f*; **~verkeer** [-fərke:r] *n* Luftverkehr *m*; **~verontreiniging** [-fərɔntrɛĭnəɣɪŋ] *f* Luftverunreinigung *f*, Luftverschmutzung *f*; **~verversing** [-fərvɛrsɪŋ] *f* Lüftung *f*, Ventilation *f*; **~vloot** [-flo:t] *f* Luftflotte *f*; **~wacht** [-ʋɑxt] *f* Flugleitstelle *f*; **~ziek** [-si·k] luftkrank.

lucifer ['ly·si·fɛr] (*-s*) Streichholz *n*; **~sdoosje** [-zdo:ʃə] (*-s*) *n* Streichholzschachtel *f*.

lucratief *a.* **-kra-** [ly·krɑ'ti:f] lukrativ, ergiebig, einträglich.

luguber [ly·'ɣy:bər] unheimlich; düster.

lui[1] [ləʏ] *pl.* Leute *pl.*; *de oude* ~ F die Eltern.

lui[2] faul, träge; **~aard** [-(j)a:rt] (*-s*) *m* Faulenzer *m*, Faulpelz *m*; *Zool.* Faultier *n*.

luid [ləʏt] laut; **~en** [-ə(n)] lauten; (*Glocke*) läuten; **~keels** [-ke:ls] aus voller Kehle, aus vollem Halse; **~ruchtig** [-'rəxtəx] geräuschvoll, laut, lärmend; **~spreker** [-spre:-kər] (*-s*) *m* Lautsprecher *m*.

luier ['ləʏ(j)ər] (*-s*) *f* Windel *f*.

luieren ['ləʏ(j)ərə(n)] faulenzen.

luier|mand ['ləʏ(j)ərmɑnt] *f* Wäschekorb *m* für Kinder- u. Säuglingswäsche; **~stoel** [-stu:l] *m* Lehnsessel *m*.

luifel ['ləʏfəl] (*-s*) *f* Vordach *n*, Schutzdach *n*.

luiheid [-ləʏhɛĭt] *f* Faulheit *f*.

Luik[1] [ləʏk] *n* Lüttich *n*.

luik[2] *n* Luke *f*; (*Triptychon*) Flügel *m*; (Fenster-)Laden *m*.

luilak ['ləʏlɑk] (*-ken*) *m* Faulenzer *m*, Faulpelz *m*; **~ken** [-ə(n)] faulenzen.

luilekkerland [ləʏ'lɛkərlɑnt] *n* Schlaraffenland *n*.

luim [ləʏm] *f* Laune *f*; *in een goede* (*kwade*) ~ *zijn* guter (schlechter) Laune sein; **~ig** [-əx] launig, kurzweilig, witzig; launisch, launenhaft.

luipaard ['ləʏpa:rt] *m* Leopard *m*.

luis [ləʏs] (*luizen*) *f* Laus *f*.

luister ['ləʏstər] *m* Glanz *m*, Pracht *f*; Ruhm *m*.

luister|aar ['ləʏstəra:r] (*-s*) *m* Zuhörer *m*; Horcher *m*, Lauscher *m*; *Rf.* Hörer *m*; **~en** [-ə(n)] horchen, lauschen; *naar iemand* ~ auf j-n hören; j-m zuhören; **~post** [-pɔst] *m* Abhörposten *m*.

luisterrijk ['ləʏstərɛĭk] prachtvoll.

luister|spel ['ləʏstərspɛl] *n* Hörspiel *n*; **~vink** [-vɪŋk] *m u. f* Horcher *m*, Lauscher *m*.

luit [ləʏt] *f* Laute *f*.

luitenant ['ləʏtənɑnt] (*-s*) *m* Leutnant *m*; eerste ~ Oberleutnant *m*; **~-generaal** [-xənə'ra:l] (*-s*) *m* Generalleutnant *m*; **~-kolonel** [-ko·-lo·'nɛl] (*-s*) *m* Oberstleutnant *m*.

luitspeler ['ləʏtspe:lər] (*-s*) *m* Lautenspieler *m*.

luiwammes ['ləʏʋɑməs] *m* Faulenzer *m*, Faulpelz *m*.

lui|zen ['ləʏzə(n)] lausen; **~zenmarkt** [-zə(n)mɑr(k)t] *f* F Trödelmarkt *m*; **~zig** [-zəx] lausig, lumpig.

luk|ken ['ləkə(n)] gelingen, glükken; **~raak** [-ra:k] aufs Geratewohl, auf gut Glück.

lul|leman ['lələmɑn] (*-nen*) *m* F Schwätzer *m*; **~len** [-ə(n)] F schwatzen.

lummel ['ləməl] (*-s*) *m* Lümmel *m*, Flegel *m*.

lunch [lənʃ] (*-en u. -es*) *m* Lunch *m*, Gabelfrühstück *n*, zweites Frühstück; **~pakket** [-pɑkɛt] (*-ten*) *n* Lunchpaket *n*; **~room** [-ru:m] (*-s*) *f* Café *n*, Erfrischungsraum *m*.

lupine [ly·'pi·nə] (*-n*) Lupine *f*.

lurken ['lərkə(n)] F lutschen, schlürfen.

lurven ['lərvə(n)] *pl.*: *iemand bij de* ~ *pakken* j-n beim Kragen nehmen.

lus [ləs] *f* Schlinge *f*; Schleife *f*, Schlaufe *f*; (*zum Aufhängen*) Aufhänger *m*, Bändchen *n*.

lust [ləst] *m* Lust *f*; Neigung *f*; ~ *in iets hebben* Lust zu etw. haben; **~eloos** [-əlo:s] lustlos, unlustig, matt; **~en** [-ə(n)] mögen, gern

essen (trinken); Lust haben, Geschmack finden an *D*, gelüsten nach *D*; *ik lust dat niet* ich mag das nicht; *hij zal er van ~! fig.* er kriegt noch sein Fett.
luster ['løstər] (*-s*) *m* Kronleuchter *m*, Armleuchter *m*.
lust|hof ['løsthɔf] (*-hoven*) *m* Lustgarten *m*; **~ig** [-əx] lustig, munter, fröhlich; **~moord** [-mo:rt] *m u. f* Lustmord *m*; **~oord** [-o:rt] *n* Lustgarten *m*.
luther|aan [ly·tər'a:n] (*-anen*) *m* Lutheraner *m*; **~s** ['ly·tərs] lutherisch.
luttel ['løtəl] klein; wenig; winzig, gering.
luren ['ly:rə(n)] *f/pl.*: *iemand in de ~ leggen* j-n betrügen, hereinlegen.
luwen ['ly:(ʊ)ə(n)] abflauen, still werden, sich legen.
luxe [ly·ks] *a.* ['ly·ksə] *f* Luxus *m*; **~artikel** [-ɑrti·kəl] (*-en u. -s*) *n* Luxusartikel *m*; **~-editie** [-e·'di·si:] (*-s*) *f* Liebhaberausgabe *f*; **~hotel** [-ho·'tɛl] (*-s*) *n* Luxushotel *n*; **~hut** [-høt] (*-ten*) *f* Luxuskabine *f*.
luxueus [ly·ksy·'(ʊ)ø:s] luxuriös, üppig, prachtvoll.
lyceum [li·'se·(j)øm] (*-s u. lycea*) *n* höhere Mädchenschule *f*.
lymf(e) ['lɪmf(ə)] *f* Lymphe *f*; **~vaten** [-vа:tə(n)] *n/pl.* Lymphgefäße *n/pl.*
lynch|en ['li·nʃə(n)] lynchen; **~recht** [-rɛxt] *n* Lynchjustiz *f*.
lynx [li·ŋks] *m* Luchs *m*.
lyriek [li·'ri·k] *f* Lyrik *f*.
lyrisch ['li:ri·s] lyrisch.

M

m, M [ɛm] (*m's*) *f* m, M *n*.
ma [ma:] (-*'s*) *f s. mama.*
maag [ma:x] (*magen*) *f* Magen *m*; **~bitter** [-bɪtər] (-*s*) *n* Magenbitter *m*.
maagd [ma:xt] *f* Jungfrau *f*; (*Dienstbote*) Mädchen *n*, Magd *f*; **~elijk** [-ələk] jungfräulich; **~envlies** [-ə(n)v̊li:s] (-*vliezen*) *n* Jungfernhäutchen *n*, Hymen *n*; **~om** [-ɔm] *m* Jungfräulichkeit *f*.
maag|kwaal ['ma:xkʋa:l] (-*kwalen*) *f* Magenleiden *n*; **~zuur** [-sy:r] *n* Sodbrennen *n*; **~zweer** [-sʋe:r] (-*zweren*) *f* Magengeschwür *n*.
maai|dorsmachine ['ma:ĭdɔrsmaʃi·nə] (-*s*) *f* Mähdrescher *m*; **~en** [-(j)ə(n)] mähen, schneiden; **~er** [-(j)ər] (-*s*) *m* Mäher *m*, Schnitter *m*.
maak|loon ['ma:klo:n] (-*lonen*) *n* Arbeitslohn *m*; **~sel** [-səl] (-*s*) *n* Fabrikat *n*, Produkt *n*, Werk *n*; *pej.* Machwerk *n*.
maal[1] [ma:l] *n* Mahl *n*, Mahlzeit *f*.
maal[2] *f u. n* Mal *n*; *voor de eerste* ~ zum ersten Mal.
maalde ['ma:ldə] *s. malen*; **~rij** [-'rɛĭ] *f* Mühle *f*, Müllerei *f*.
maal|stroom ['ma:lstro:m] *m* Strudel *m*, Wirbel *m*; **~tand** [-tɑnt] *m* Backenzahn *m*.
maan [ma:n] (*manen*) *f* Mond *m*; *niewe* ~ Neumond *m*; *volle* ~ Vollmond *m*; *loop naar de* ~ geh zum Teufel.
maanbrief ['ma:nbri:f] (-*brieven*) *m* Mahnbrief *m*, Mahnschreiben *n*.
maand [ma:nt] *f* Monat *m*.
maandag ['ma:ndɑx] *m* Montag *m*.
maand|blad ['ma:ndblɑt] *n* Monatsschrift *f*, Monatsheft *n*; **~elijks** [-ələks] monatlich; **~kaart** [-ka:rt] *f* Monatskarte *f*; **~stonden** [-stɔndə(n)] *pl.* Menstruation *f*.
maan|eclips *a.* **~eklips** ['ma:nəklɪps] *f* Mondfinsternis *f*; **~gestalte** [-ɣ̊əstɑltə] (-*n u.* -*s*) *f* Mondphase *f*; **~lander** [-lɑndər] (-*s*) *m* Mondfähre *f*; **~landing** [-lɑndɪŋ] *f* Mondlandung *f*; **~ziek** [-zi:k], **~zuchtig** [-zøxtəx] mondsüchtig.
maar [ma:r] aber; jedoch; sondern; *Adv.* nur, bloß; *het is goed,* ~ *duur* es ist gut, aber teuer; *het is niet goed,* ~ *slecht* es ist nicht gut, sondern schlecht; *het kost* ~ *drie gulden* es kostet nur drei Gulden.
maarschalk ['ma:rsxɑlk] *m* Marschall *m*.
maart [ma:rt] *m* März *m*.
Maarten ['ma:rtə(n)] *m* Martin *m*.
maarts [ma:rts] März-; **~e** *buien* Märzschauer *m/pl.*, Aprilwetter *n*.
maas [ma:s] (*mazen*) *f* Masche *f*; **~bal** [-bɑl] (-*len*) *m* Stopfpilz *m*.
maat[1] [ma:t] (-*s*) *m* Kamerad *m*, Freund *m*, Genosse *m*; (*beim Spiel*) Partner *m*.
maat[2] (*maten*) *f* Maß *n*, (*Schuhe usw.*) Größe *f*; *Mus.* Takt *m*; *kostum op* (*naar*) ~ Maßanzug *m*; *iemand de* ~ *nemen* j-m Maß nehmen; *Mus. uit de* ~ *geraken* aus dem Takt kommen; **~glas** [-xlɑs] (-*glazen*) *n* Meßglas *n*.
maatjesharing ['ma:tjəsha:rɪŋ] *m* Matjeshering *m*.
maatregel ['ma:tre:ɣ̊əl] (-*en u.* -*s*) *m* Maßregel *f*, Maßnahme *f*.
maatschap|pelijk [ma:t'sxɑpələk] gesellschaftlich; *het* ~ *kapitaal* Aktienkapital *n*; **~e** *werkster* Fürsorgerin *f*; **~pij** [-'pɛĭ] *f* Gesellschaft *f*.
maat|staf ['ma:tstɑf] (-*staven*) *m* Maßstab *m*; **~stok** [-stɔk] (-*ken*) *m* Meßstock *m*, Meßlatte *f*; *Mus.* Taktstock *m*.
macaroni [mɑkɑ'ro:ni·] *m* Makkaroni *pl.*, Nudeln *f/pl.*
machinaal [mɑʃi·'na:l] maschinell, mechanisch; gedankenlos.
machine [mɑ'ʃi·nə] (-*s*) *f* Maschine *f*; **~kamer** [-ka:mər] (-*s*) *f* Maschinenhaus *n*, Maschinenraum *m*; **~schrift** [-sxrɪft] *f* Maschinenschrift *f*.
machinist [mɑʃi·'ni·st] *m* Maschinist *m*; (*Zug*) Lokomotivführer *m*.
macht [mɑxt] *f* Macht *f*, Gewalt *f*, Kraft *f*; *Math.* Potenz *f*; *uit alle* ~ aus Leibeskräften; *de uitvoerende* ~ Exekutive *f*; *niet bij* **~e** *zijn* nicht

imstande sein; **~hebber** [-hɛbər] (-*s*) *m* Machthaber *m*; **~ig** [-əx] mächtig; gewaltig, riesig; *een taal ~ zijn* e-e Sprache beherrschen; *~ worden* bekommen, *j-s* habhaft werden; **~igen** [-əɣə(n)] ermächtigen; **~iging** [-əɣɪŋ] *f* Ermächtigung *f*; Vollmacht *f*.

machts|betoon ['mɑgdzbəto:n] *n* Machtentfaltung *f*; **~positie** [-pɔzi·si:] *f* Machtstellung *f*.

machtspreuk ['mɑxtsprø:k] *f* Machtwort *n*.

machtsvertoon [mɑxtsfərto:n] *n* Machtentfaltung *f*.

made ['ma:də] (-*n*) *f* Made *f*.

madeliefje [ma:də'li:fjə] (-*s*) *n* Gänseblümchen *n*.

maffen ['mɑfə(n)] F pennen.

mag [mɑx] *s. mogen*.

magazijn [mɑɣɑ'zɛĭn] *n* Lager *n*, Lagerhaus *n*; (*Gewehr*) Magazin *n*; Geschäft *n*; **~ier** [-'i:r] (-*s*) *m* Lagerverwalter *m*.

mager ['ma:ɣər] mager, hager, dürr.

magi|straal [mɑɣı'stra:l] meisterhaft, großartig; **~straat** [-'stra:t] (-*straten*) *m* Magistrat *m*; **~stratuur** [-strɑ'ty:r] *f* (Justiz-)Behörde *f*.

magnaat [mɑx'na:t] (-*naten*) *m* Magnat *m*.

magneet [mɑx'ne:t] (-*neten*) *m* Magnet *m*; **~naald** [-na:lt] *f* Magnetnadel *f*.

magnesium [mɑx'ne:zi·(j)ɵm] *n* Magnesium *n*.

magne|tisch [mɑx'ne:ti·s] magnetisch; **~tiseur** [-ti·'zø:r], **~tizeur** (-*s*) *m* Magnetiseur *m*; **~tisme** [-'ti·smə] *n* Magnetismus *m*.

magnifiek [mɑnji·'fi·k] glänzend, prachtvoll.

magnolia [mɑx'no·li·a·] (-*s*) *f* Magnolie *f*.

Magyaar [mɑɣi·'(j)a:r] (-*aren*) *m* Magyar *m*, Ungar *m*.

mahoni [ma·'ho:ni·] *n*, **~hout** [-haut] *n* Mahagoniholz *n*.

mail [me:ıl] *f* Post *f*, *bsd.* Übersee-post *f*; **~boot** [-bo:t] (-*boten*) *m u. f* Postdampfer *m*.

maïs, mais ['ma·i·s] *m* Mais *m*; **~korrel** [-kɔrəl] (-*s*) *m* Maiskorn *n*.

majesteit ['ma·jəstɛĭt] *f* Majestät *f*.

majestueus [ma·jɛsty·'(ʋ)ø:s] majestätisch.

majoor [ma·'jo:r] (-*s*) *m* Major *m*.

mak [mɑk] zahm; fromm.

makelaar ['ma:kəla:r] (-*s u. -laren*) *m* Makler *m*; **~sloon** [-slo:n] *n* Maklergebühr *f*.

makelij [ma·kə'lɛĭ] *f* Machwerk *n*; Bauart *f*, Art *f*.

ma|ken ['ma:kə(n)] machen; (an-)fertigen, herstellen; schaffen; *hoe maakt U het?* wie geht es Ihnen?; *zich boos ~* böse werden; **~ker** [-kər] (-*s*) *m* Hersteller *m*; (*Kunstwerk*) Schöpfer *m*; (*Buch*) Verfasser *m*; *Mus.* Komponist *m*.

make-up [me:k'ɵp] (-*s*) *m* Make-up *n*.

makker ['mɑkər] (-*s*) Kamerad *m*, Gefährte *m*, Genosse *m*.

makreel [mɑ'kre:l] (-*krelen*) *m* Makrele *f*.

mak(a)ron [mɑ'krɔn] (-*s u. -en*) *m* Makrone *f*.

mal [mɑl] dumm, närrisch, toll, verrückt.

malaise [mɑ'lɛ:zə] *f* Unbehagen *n*; *Hdl.* Depression *f*.

Malei|er [mɑ'lɛĭ(j)ər] *m* Malaie *m*; **~s** [-s] malaiisch.

malen[1] ['ma:lə(n)] (*maalde, gemalen*) mahlen.

malen[2] (*maalde, gemaald*) irrereden; quengeln, nörgeln.

maling ['ma:lıŋ] *f*: *iemand in de ~ nemen* j-n zum besten haben; *ik heb er ~ aan* ich pfeife darauf, es ist mir schnuppe.

mal|kaar [mɑl'ka:r], **~kander** [-'kɑndər] einander.

malle|molen ['mɑləmo:lə(n)] (-*s*) *m* Karussell *n*; **~praat** [-pra:t] *m* Unsinn *m*.

malligheid ['mɑləxhɛĭt] (-*heden*) *f* dummes Zeug, Torheit *f*, Unsinn *m*.

mals [mɑls] saftig; mürbe; (*Fleisch*) zart; (*Luft*) mild; (*nicht hart*) weich.

maluwe ['ma:ly·ʋə], **malve** ['mɑlʋə] (-*n*) *f* Malve *f*.

mama [mɑ'ma:] (-'*s*) *f* Mama *f*.

mammoet ['mɑmu·t] (-*s u. -en*) *m* Mammut *n*.

mamzel [mɑm'zɛl] (-*s u. -len*) *f* Mamsell *f*.

man [mɑn] (-*nen*) *m* Mann *m*; Gatte *m*; *de kleine ~* die kleinen Leute; *~ en paard noemen* nichts verschweigen; *op de ~ af* offen, unumwunden.

manche [mã:ʃə] (*-s*) *f Sp.* Partie *f.*
manchet [mɑn'ʃɛt] (*-ten*) *f* Manschette *f*; **~knoop** [-kno:p] (*-knopen*) *m* Manschettenknopf *m.*
mand [mɑnt] *f* Korb *m*; *door de ~ vallen* sich verraten; gestehen.
mandaat [mɑn'da:t] (*-daten*) *n* Mandat *n*, Vollmacht *f*; Zahlungsanweisung *f.*
mandarijn [mɑnda·'rɛin] *m* Mandarin *m*; **~tje** [-tjə] (*-s*) *n Bot.* Mandarine *f.*
mandataris [mɑndɑ'ta:rəs] (*-sen*) *m* Beauftragte(r) *m.*
mand|enmaker ['mɑndə(n)ma:kər] (*-s*) *m* Korbflechter *m*, Korbmacher *m*; **~ewagen** [-əυa:ɣ̊ə(n)] (*-s*) *m* Korbwagen *m.*
mandoline [mɑndo·'li·nə] (*-s*) *f* Mandoline *f.*
manege [mɑ'nɛ:ʒə] (*-s*) *f* Manege *f*; Reitschule *f*; Reitbahn *f.*
manen[1] ['ma:nə(n)] *pl.* Mähne *f.*
manen[2] mahnen, einfordern.
maneschijn ['ma:nəsxɛin] *m* Mondschein *m.*
mangel[1] ['mɑŋəl] *n* Mangel *m*; *bij ~ van* in Ermangelung *G.*
mangel[2] (*-s*) *m* Mangel *f*, Rolle *f*; **~en** [-ə(n)] fehlen, mangeln; (*Wäsche*) mangeln, rollen.
manhaftig [mɑn'hɑftəx] mannhaft, männlich.
maniak [mɑn'jɑk] (*-ken*) *m* Fanatiker *m*, Monomane *m.*
manicure [mɑni·'ky:rə] (*-n*) *m u. f* Maniküre *f.*
manie [mɑ·'ni:] (*-ën*) *f* Manie *f.*
manier [mɑ'ni:r] Weise *f*, Art *f*, Manier *f*; Art und Weise *f*; Sitten *f/pl.*; *goede ~en* feine Sitten, gute Manieren; *geen ~en hebben* keinen Anstand haben; *bij ~ van spreken* sozusagen.
manifest [mɑni·'fɛst] *n* Manifest *n*; *mar.* Ladeplan *m*, Ladepapier *n*; **~atie** [-'a:si:] (*-s*) *f* Kundgebung *f*; **~atieëed** [-'a:si:e:t] (*-eden*) *m* Offenbarungseid *m*; **~eren** [-'e:rə(n)] manifestieren, *e-e* Kundgebung abhalten; bekunden; sichtbar werden.
maning ['ma:nɪŋ] *f* Mahnung *f.*
manipu|latie [mɑni·py·'la:si:] (*-s*) *f* Manipulation *f*; **~leren** [-'le:rə(n)] manipulieren.
mank [mɑŋk] hinkend, lahm; *~ gaan* hinken.
man|kement [mɑŋkə'mɛnt] *n* Fehler *m*, Gebrechen *n*; **~ken** [-kə(n)] hinken; **~keren** [-'ke:rə(n)] fehlen, mangeln.
manmoedig [mɑn'mu·dəx] mannhaft.
manna ['mɑna·] *n* Manna *n.*
man(ne)lijk ['mɑnələk] männlich, mannhaft.
mannen|koor ['mɑnəko:r] (*-koren*) *n* Männerchor *m*; **~moed** [-mu·t] *m* Mannesmut *m*; **~taal** [-ta:l] *f* mannhafte Sprache *f.*
mannequin [mɑnə'kã:] (*-s*) *m* Mannequin *n*, Vorführdame *f*; Dressman *m.*
mannetje ['mɑnətjə] (*-s*) *n* Männlein *n*; (*Tier*) Männchen *n.*
manoeuvre, *a.* **maneuver** [mɑ'nø:v̊ər] (*-s*) *f u. n* Manöver *n.*
manoeu-, *a.* **maneuvreren** [mɑnø·'v̊re:rə(n)] manövrieren.
manometer ['mɑno·me:tər] (*-s*) *m* Manometer *n.*
manschap ['mɑnsxɑp] (*-pen*) *f* Mannschaft *f.*
manslag ['mɑnslɑx] *m* Totschlag *m.*
mans|lengte ['mɑnslɛŋtə] (*-n u. -s*) *f* Manneslänge *f*; **~persoon** [-pərso:n] (*-personen*) *m* Mannsperson *f.*
mantel ['mɑntəl] (*-s*) *m* Mantel *m*; **~kraag** [-kra:x] *m* Mantelkragen *m*; **~pak** [-pɑk] (*-ken*) *n* Jackenkleid *n*, Kostüm *n.*
manufacturen *a.* **-fak-** [mɑny·fɑk'ty:rə(n)] *pl.* Manufakturwaren *f/pl.*
manuscript, *a.* **-skript** [mɑ·nəs'krɪpt] *n* Manuskript *n*, Handschrift *f.*
manusje (*-s*): *~* **van alles** ['ma:nəʃə v̊ɑnaləs] *n* Faktotum *n.*
man(s)volk ['mɑn(s)v̊ɔlk] *n* Männer *m/pl.*; Mannsvolk *n*, Mannsleute *pl.*
man|wijf ['mɑnwɛif] (*-wijven*) *n* Mannweib *n*; **~ziek** [-zi·k] mannstoll.
map [mɑp] (*-pen*) *f* Mappe *f.*
maquette [mɑ'kɛt] (*-s*) *f* Modell *n.*
maraboe [mɑ·ra·'bu·] (*-s*) *m* Marabu *m.*
maraskijn [mɑrɑs'kɛin] *m* Maraschino *m.*
marchanderen [mɑrʃɑn'de:rə(n)] feilschen.
marche [mɑrʃ] *m u. f* Marsch *m.*
marcheren [mɑr'ʃe:rə(n)] marschieren.

marechaussee [marəʃoˑ'se:] (-*s*) *m* Gendarm *m*; Landjäger *m*.
margarine [marɣa'riˑnə] *f* Margarine *f*.
marge ['marʒə] (-*s*) *f* Marge *f*, Spielraum *m*; (*Preise*) Verdienstspanne *f*, Preisspanne *f*.
margriet [mar'ɣriˑt] *f* (große) Gänseblume *f*; ♀ Margarete *f*.
Maria|beeld [maˑ'riˑ(j)abe:lt] *n* Marienbild *n*; **~-Hemelvaart** [-'he:məlva:rt] *f* Mariä Himmelfahrt *f*.
marine [ma'riˑnə] *f* Marine *f*; **~basis** [-ba:zəs] (-*sen u.* -*ses*) *f* Marinebasis *f*, Flottenstützpunkt *m*.
marineren [mariˑ'ne:rə(n)] marinieren.
marinier [mariˑ'ni:r] (-*s*) *m* Marinesoldat *m*, Marineinfanterist *m*.
marionet [mariˑ(j)oˑ'nɛt] (-*ten*) *f* Marionette *f*; **~tentheater** [-əteˑ-(j)a:tər] (-*s*) *n* Marionetten-, Puppen-, Kasperletheater *n*.
maritiem [mariˑ'ti:m] maritim.
mark[1] [mark] *f* (*Gebiet*) Mark *f*.
mark[2] *m* (*Geld*) Mark *f*.
mar|kant [mar'kant] markant, auffallend; **~keren** [-'ke:rə(n)] markieren; hervorheben.
marketentster [markə'ten(t)stər] (-*s*) *f* Marketenderin *f*.
markgraaf [markxra:f] (-*graven*) *m* Markgraf *m*.
markies[1] [mar'ki:s] (-*kiezen*) *m* Marquis *m*.
markies[2] *f* Markise *f*, Schutzdach *n*.
markiezin [markiˑ'zɪn] (-*nen*) *f* Marquise *f*.
markt [mar(k)t] *f* Markt *m*; *van alle ~en thuis zijn fig.* mit allen Wassern gewaschen sein; **~bericht** [-bərɪxt] *n* Marktbericht *m*; **~en** [-ə(n)] handeln; auf den Markt gehen; **~geld** [-xɛlt] *n* Marktgeld *n*, Standgeld *n*, Marktgebühren *f/pl.*; **~onderzoek** [-ɔndərzuˑk] *n* Marktforschung *f*; **~prijs** [-prɛĭs] (-*prijzen*) *m* Marktpreis *m*.
marmelade [marmə'la:də] (-*n u.* -*s*) *f* Marmelade *f*.
marmer ['marmər] (-*s*) *n* Marmor *m*; **~en** [-ə(n)] *Adj.* marmorn, Marmor-; **~groeve** [-ɣru:və] (-*n*) *f* Marmorbruch *m*.
marmot [mar'mɔt] (-*ten*) *f* Murmeltier *n*, Meerschweinchen *n*.
marokijnle(d)er [marɔ'kɛĭnle:dər] *od.* [-le:r] *n* (*Leder*) Maroquin *m*, Saffian *m*.
Ma|rokkaan [marɔ'ka:n] (-*kanen*) *m* Marokkaner *m*; **~rokkaans** [-rɔ'ka:ns] marokkanisch; **~rokko** [-'rɔkoˑ] *n* Marokko *n*.
marot [ma'rɔt] (-*ten*) *f* Marotte *f*, Laune *f*; Hobby *n*.
mars[1] [mars] *f* Korb *m*; *mar.* Mastkorb *m*, Mars *m*; ♀ *m* Mars *m*; *hij heeft heel wat in zijn ~* er hat große Kenntnisse.
mars[2] *m u. f* Marsch *m*.
marsepein [marsə'pɛĭn] *n* Marzipan *n*.
mars|kramer ['marskra:mər] (-*s*) *m* Hausierer *m*; **~zeil** [-sɛĭl] *n* Marssegel *n*.
marte|laar ['martəla:r] (-*s u.* -*laren*) *m* Märtyrer *m*; **~lares** [-laˑ'rɛs] (-*sen*) *f* Märtyrerin *f*; **~len** [-lə(n)] martern, foltern; **~ling** [-lɪŋ] *f* Marter *f*, Folter *f*.
marter ['martər] (-*s*) *m* Marder *m*.
martiaal [marsiˑ(j)'a:l] martialisch.
mascotte [mas'kɔtə] (-*s*) *f* Maskottchen *n*.
mas|ker ['maskər] (-*s*) *n* Maske *f*, Larve *f*; **~kerade** [-kə'ra:də] (-*s u.* -*n*) *f* Maskerade *f*; Maskenzug *m*; **~keren** [-'ke:rə(n)] maskieren, vermummen; *fig.* tarnen, verbergen, verdecken.
massa ['masaˑ] (-*'s*) *f* Masse *f*, Menge *f*, Haufe(n) *m*; *in ~'s* massenweise.
mas|sage [ma'saʒə] (-*s*) *f* Massage *f*; **~seren** [-'se:rə(n)] massieren; **~seur** [-'sø:r] (-*s*) *m* Masseur *m*; **~seuse** [-'sø:zə] (-*s*) *f* Masseuse *f*.
massief [ma'si:f] massiv.
mast [mast] *m* Mast *m*; **~boom** [-bo:m] (-*bomen*) *m* Kletterstange *f*; Tanne *f*; **~bos** [-bɔs] (-*sen*) *n* Tannenwald *m*; **~etop** [-ə'tɔp] (-*pen*) *m* Tannenzapfen *m*.
mastiek [mas'tiˑk] *m u. n* (*Harz*) Mastix *m*.
mat[1] [mat] (-*ten*) *f* Matte *f*.
mat[2] *Adj.* matt; *(schaak)mat* schachmatt.
mat[3] *s. meten.*
matador [mata'dɔr] (-*s*) *m* Matador *m*.
match [matʃ] (-*es u.* -*en*) *f u. m* Wettkampf *m*.
mate ['ma:tə] *f* Maß *n*, Grad *m*;

naar ~ *van* im Verhältnis zu; **~loos** [-lo:s] maßlos.
materiaal [mate·ri·(j)'a:l] (*-rialen*) *n* Material *n*.
materia|lisme [mate·ri·a'li·sme] *n* Materialismus *m*; **~list** [-'lɪst] *m* Materialist *m*; **~listisch** [-'lɪsti·s] materialistisch.
materie [ma'te:ri:] (*-s u. -ën*) *f* Materie *f*; Gegenstand *m*, Thema *n*.
materieel [matər'je:l] *Adj.* materiell; *Su. n* Material *n*; *rollend* ~ Wagen-, Fuhrpark *m*; rollendes Material.
mat|glas ['matxlas] *n* Mattglas *n*, Milchglas *n*; **~heid** [-hɛĭt] *f* (*Farbe*) Mattheit *f*; (*Müdigkeit*) Mattigkeit *f*.
mat(h)ema|ticus [mate·'ma:ti·kəs] (*-tici*) *m* Mathematiker *m*; **~tisch** [-ti·s] mathematisch.
mat(h)esis [ma'te:zɪs] *f* Mathematik *f*.
matig ['ma:təx] mäßig; **~en** [-ə(n)] mäßigen; **~heid** [-hɛĭt] *f* Mäßigkeit *f*; **~ing** [-ɪŋ] *f* Mäßigung *f*.
matinee [mati·'ne:] (*-s*) *f* Nachmittagsvorstellung *f*; Matinee *f*.
matineus [mati·'nø:s] früh aufstehend, früh auf.
matje ['matjə] (*-s*) *n* kleine Matte; *op het* ~ *moeten komen* zur Rechenschaft gezogen werden.
matras [ma'tras] (*-sen*) *f* Matratze *f*.
matrijs [ma'trɛĭs] (*-trijzen*) *f* Matrize *f*.
matrone [ma'tro:nə] (*-s*) *f* Matrone *f*.
matroos [ma'tro:s] (*-trozen*) *m* Matrose *m*.
matrozen|kroeg [ma'tro:zə(n)-kru:x] *f* Matrosenkneipe *f*; **~pak** [-pak] (*-ken*) *n* Matrosenanzug *m*.
matteklopper ['matəklɔpər] (*-s*) *m* Teppichklopfer *m*.
Mattheus [ma'te:(j)əs] *m* Matthäus *m*.
Maurits ['maurɪts] *m* Moritz *m*.
mausoleum [mauzo·'le:(j)əm] (*-s u. -solea*) *n* Mausoleum *n*.
Maximiliaan [maksi·mi·l'ja:n] *m* Maximilian *m*.
maximum ['maksi·məm] (*-ma*) *n* Maximum *n*, Höchstmaß *n*; **~snelheid** [-snɛlhɛĭt] *f* (zulässige) Höchstgeschwindigkeit *f*.
mazelen ['ma:zələ(n)] *pl.* Masern *pl.*

mazurka [ma·'zərka·] (*-'s*) *m u. f* Mazurka *f*.
me [mə] mich, mir.
mecanicien [me·kani·'si·(j)ɛ̃:] (*-s*) *m* Mechaniker *m*.
mechanica *a.* **-ika** [me·'xa:ni·ka] *f* Mechanik *f*.
mechaniek *a.* **-ka-** [me·xa·-], *a.* [me·ka·'ni·k] *f u. n* Mechanismus *m*, Mechanik *f*.
mecha|nisch [me·'xa:ni·s] mechanisch; **~niseren** *a.* **-zeren** [-ni·'ze:rə(n)] mechanisieren; **~nisme** [-'ni·smə] *n* Mechanismus *m*.
Mechelen ['mɛxələ(n)] *n* Mecheln *n*.
medail|le [me·'da:ĭ(j)ə] (*-s*) *f* Medaille *f*; **~lon** [-'jɔn] (*-s*) *n* Medaillon *n*.
mede[1] ['me:də] *f* Met *m*.
me(d)e[2] *a.* [me:] *Adv.* mit; ~ *in uw belang* auch in Ihrem Interesse.
mede|bestuur ['me:dəbəsty:r] *n* Mitbestimmung *f*; **~brengen** [-brɛŋə(n)], *a.* **mee-** mitbringen; **~delen** [-de:lə(n)], *a.* **mee-** mitteilen, benachrichtigen; melden, anzeigen; **~dingen** [-dɪŋə(n)], *a.* **mee-** sich mitbewerben, wetteifern, konkurrieren mit (*D*); **~dinger** [-dɪŋər] (*-s*) *m* Mitbewerber *m*, Konkurrent *m*; Nebenbuhler *m*; **~dogen** [-do:ɣə(n)] *n* Mitleid *n*; **~hulp** [-həlp] *f* Mithilfe *f*, Beihilfe *f*; **~klinker** [-klɪŋkər] (*-s*) *m* Mitlaut *m*, Konsonant *m*; **~lid** [-lɪt] (*-leden*) *n* Mitglied *n*; **~lijden** [-lɛĭdə(n)], *a.* **mee-** *n* Mitleid *n*; **~plichtig** [-'plɪxtəx] mitschuldig; **~plichtigheid** [-'plɪxtəxhɛĭt] *f* Mitschuld *f*; **~slepen** [-sle:pə(n)], *a.* **mee-** mitschleppen, mitschleifen; *fig.* hinreißen; **~werken** [-ʋɛrkə(n)], *a.* **mee-** mitwirken, mitarbeiten, mithelfen; **~weten** [-ʋe:tə(n)] *n* Mitwissen *n*; *met mijn* ~ mit meinem Wissen; **~zeggenschap** *n u. f* Mitspracherecht *n*, Mitbestimmung *f*.
medi|cament *a.* **~ka-** [me·di·ka·'mɛnt] *n* Medikament *n*; **~cijn** [-'sɛĭn] *f* Medizin *f*; Arznei *f*; *in de ~en studeren* Medizin studieren; *student in de ~en* Student der Medizin, Mediziner *m*; **~cus** [-kəs] (*-dici*) *m* Arzt *m*.
Mediër ['me:di·(j)ər] (*-s*) *m* Meder *m*.
medisch ['me:di·s] medizinisch, ärztlich.

nediteren [me:di·'te:rə(n)] meditieren.
nee|dogenloos [me·'do:ɣ̂ə(n)lo:s] unbarmherzig, rücksichtslos; **~gaand** ['me:ɣ̂a:nt] nachgiebig, gefügig; **~komen** ['me:ko:mə(n)] mitkommen.
neekrap ['me:krɑp] *f* Krapp *m*.
neekrijgen ['me:krɛĭɣ̂ə(n)] mitkriegen, mitbekommen.
neel [me:l] *n* Mehl *n*; **~achtig** [-ɑxtəx] mehlartig; **~bal** [-bɑl] (*-len*) *m* Mehlkloß *m*, Nudel *f*; **~draad** [-dra:t] (*-draden*) *m* Staubfaden *m*.
neeloper ['me:lo:pər] (*-s*) Mitläufer *m*.
neel|pap ['me:lpɑp] *f* Mehlbrei *m*; **~worm** [-ʋɔrm] *m* Mehlwurm *m*.
nee|maken ['me:ma:kə(n)] mitmachen; erleben; **~nemen** [-ne:-mə(n)] mitnehmen.
neer[1] [me:r] (*meren*) *n* See *m*.
neer[2] mehr; *s. veel*; *onder* ~ unter ander(e)m, unter ander(e)n; *zonder* ~ ohne weiteres; *te* ~ um so mehr.
neerder ['me:rdər] größer, höher; *de ~e waarde* Mehrwert *m*; *~e* mehrere; *Su.* (*-n*) *m* Vorgesetzte(r) *m*; Überlegene(r) *m*; *~e malen* öfters, des öfteren; **~heid** [-hɛĭt] (*-heden*) *f* Mehrheit *f*, Majorität *f*; *fig.* Überlegenheit *f*; *een ~ van 3* e-e Mehrheit von 3; *bij ~ van stemmen* mit Stimmenmehrheit; **~jarig** [-'ja:rəx] volljährig, mündig; *~ verklaren* mündigsprechen.
neergenoemd ['me:rɣ̂ənu·mt] (oft) genannt, (oft) erwähnt.
neerkoet ['me:rku·t] *m* Wasserhuhn *n*.
neerkol ['me:rkɔl] (*-len*) *m* Eichelhäher *m*.
neer|maals ['me:rma:ls], **~malen** [-ma:lə(n)] öfters, oft.
neer|min ['me:rmɪn] (*-nen*) *f* Meerweib *n*, Meerfrau *f*; **~schuim** [-sxəym] *n* Meerschaum *m*; **~schuimen** [-sxəymə(n)] Meerschaum-.
neer|slachtig ['me:rslɑxtəx] *Gr.* mehrgeschlechtig; **~voud** [-v̂ɑut] *n* Mehrzahl *f*, *Gr.* Plural *m*; **~waarde** [-ʋa:rdə] *f* Mehrwert *m*.
mees [me:s] (*mezen*) *f* Meise *f*.
meesmuilen ['me:sməylə(n)] schmunzeln.
meest [me:st] *s. veel*; *Adj.* meiste; größte; *Adv.* meist(ens); **~al** [-ɑl] meistens, meistenteils; **~biedend** [-bi:dənt] meistbietend.
meester ['me:stər] (*-s*) *m* Meister *m*; (*Besitzer*) Herr *m*; (*Schule*) Lehrer *m*; *~ in de rechten* Doktor der Rechte (Dr. jur.); *~ kleermaker* Schneidermeister *m*; *een taal ~ zijn* e-e Sprache beherrschen; *zich ~ maken van* sich bemächtigen *G*; **~es** [-'ɛs] (*-sen*) *f* Meisterin *f*, Herrin *f*, Gebieterin *f*; **~gast** [-ɣ̂ɑst] *m* Obergeselle *m*, Werkführer *m*, Werkmeister *m*; **~lijk** [-lək] meisterhaft, meisterlich; **~schap** [-sxɑp] *n* Herrschaft *f*; *Sp.* Meisterschaft *f*; **~werk** [-ʋɛrk] *n* Meisterwerk *n*.
meet [me:t] (*meten*) *f* Linie *f*, Strich *m*; *Sp.* Ziel *n*, Ziellinie *f*; *van ~ af aan* von Anfang an; **~baar** [-ba:r] meßbar.
meeting ['mi:tɪŋ] *f* Versammlung *f*, Treffen *n*, Volksversammlung *f*.
meet|kunde ['me:tkəndə] *f* Geometrie *f*; *vlakke ~* Planimetrie *f*; **~kundig** [-kəndəx] geometrisch; **~lat** [-lɑt] (*-ten*) *f* Meßlatte *f*; **~lijn** [-lɛĭn] *f* Meßschnur *f*.
meeval|len ['me:v̂ɑlə(n)] *die Erwartungen* übertreffen; *dat viel mee* das fiel besser aus als erwartet; *'t zal wel ~* es wird schon werden, es wird schon gehen; **~ler** [-ər] (*-s*) *m* Glücksfall *m*, Treffer *m*, (unerwarteter) Vorteil *m*.
meewarig [me:'ʋa:rəx] mitleidig, teilnahmsvoll.
megafoon [me·ɣ̂ɑ'fo:n] (*-fonen*) *m* Megaphon *n*.
mei [mɛĭ] *m* Mai *m*; *in ~* im Mai; **~klokje** [-klɔkjə] (*-s*) *n* Maiglöckchen *n*.
meid [mɛĭt] *f* Mädchen *n*; Dirne *f*; (*Gehilfin*) Hausmädchen *n*, Magd *f*.
mei|doorn *a.* **~doren** ['mɛĭdo:rə(n)] (*-s*) *m* Weißdorn *m*, Hagedorn *m*; **~kever** [-ke:v̂ər] (*-s*) *m* Maikäfer *m*; **~maand** [-ma:nt] *f* Mai *m*, Wonnemonat *m*.
mein|edig [mɛĭn'e:dəx] meineidig; **~eed** ['mɛĭne:t] (*-eden*) *m* Meineid *m*.
meisje ['mɛĭʃə] (*-s*) *n* Mädchen *n*; Verlobte *f*, Braut *f*; **~sachtig** [-sɑxtəx] mädchenhaft; **~sschool** [-sxo:l] (*-scholen*) *f* Mädchenschule *f*.

mei|tak ['mɛĭtɑk] (*-ken*) *m* Maienzweig *m*; **~veld** [-v̊ɛlt] *n* Maifeld *n*.

mejuf|fer [mə'jøfər] (*-s*), **~frouw** [-frɑŭ] *f* Fräulein *n*.

mekaar [mə'ka:r] einander.

mekk(er)en ['mɛkərə(n)], ['mɛkə(n)] meckern.

melaats [mə'la:ts] aussätzig; **~heid** [-hɛĭt] *f* Aussatz *m*.

melan|cholie [me·lɑnxo·-], *a.* [-ko·'li:] *f* Melancholie *f*; **~cholisch** [-'xo:-], *a.* [-ko:li·s] melancholisch.

melasse [me·'lɑsə] *f* Melasse *f*.

mel|den [mɛldə(n)] melden, mitteilen, anzeigen; *meld- en regelkamer* Umweltschutzamt *n*; **~ding** [-dɪŋ] *f* Meldung *f*, Anzeige *f*; Bericht *m*; *~ maken* erwähnen, berichten.

melig ['me:ləx] mehlig; *fig.* langweilig; schlapp, matt.

melissuiker ['me:lɪsəʏkər] *m* Melis(zucker) *m*.

melk [mɛlk] *f* Milch *f*; *verse ~* frische Milch; **~boer** [-bu:r] *m* Milchmann *m*; **~en** [-ə(n)] (*molk od. melkte, gemolken*) melken; **~er** [-ər] (*-s*) *m* Melker *m*, Schweizer *m*; **~erij** [-ə'rɛĭ] *f* Molkerei *f*; **~koe** [-u:] (*-ien*) *f* Milchkuh *f*; **~muil** [-məʏl] *m fig.* Grünschnabel *m*; **~pap** [-pɑp] (*-pen*) *f* Milchbrei *m*; **~poeder** [-pu·dər] (*-s*) *n* Milchpulver *n*, Trockenmilch *f*; **~salon** [-sɑ'lɔn] (*-s*) *m u. n* Milchbar *f*; **~weg** [-ʋɛx] *m Astr.* Milchstraße *f*; **~zuur** [-sy:r] *n* Milchsäure *f*.

melo|die [me·lo·'di:] (*-ën*) *f* Melodie *f*; **~dieus** [-djø:s] melodisch; **~drama** [-'dra:ma·] (*-'s*) *n* Melodrama *n*.

meloen [mə'lu:n] *m u. f* Melone *f*.

membraan [mɛm'bra:n] (*-branen*) *f u. n* Membran(e) *f*.

memo|randum [me·mo·'rɑndəm] (*-s u. -da*) *n* Memorandum *n*, Denkschrift *f*; **~riaal** [-ri·'(j)a:l] (*-rialen*) *n* Tagebuch *n*; (Vor-) Merkbuch *n*; **~rie** [me·'mo:ri:] (*-s*) *f* Gedächtnis *n*; Denkschrift *f*, Eingabe *f*; *~ van toelichting* Motivierung *f*, Begründung *f*.

men [mɛn] man.

menage [mə'na:ʒə] (*-s*) *f* Haushaltung *f*; Verpflegung *f*, Truppenküche *f*.

menagerie [məna:ʒə'ri:] (*-s u. -ën*) Menagerie *f*, Tierpark *m*.

meneer [mə'ne:r] (*-neren*) *m* *mijnheer*.

menen ['me:nə(n)] meinen, glauben; *het is ~s* es ist ernstlich gemeint; *ik meen het!* es ist m Ernst!

meng|bak ['mɛŋbɑk] (*-ken*) Mischtrog *m*; **~elen** [-ələ(n)] mengen, mischen; **~eling** [-əlɪŋ] Mischung *f*; vermischte Schrifte *f/pl.*, Vermischte(s) *n*; **~elmoe** [-əlmu:s] *n* Mischmasch *m*; **~e** [-ə(n)] mengen, mischen; sic (ein)mischen in *A*; **~sel** [-səl] (*-s*) Gemisch *n*, Mischung *f*.

menie [me·'ni:] *f* Mennige *f*.

menig ['me:nəx] manche(r, -s **~erlei** [-ərlɛĭ] mancherlei; **~ma** [-ma:l] oft, öfters.

menigte ['me:nəxtə] (*-n u. -s*) Menge *f*, Masse *f*, Haufe(n) *m*.

menigvuldig [me·nəx'føldəx] mannigfach, zahlreich; **~heid** [-hɛĭt] Mannigfaltigkeit *f*; Häufigkeit *f*.

mening ['me:nɪŋ] *f* Meinung *f*, Asicht *f*; *van ~ zijn* der Meinun sein; *volgens (naar) mijn ~* mein Erachtens; **~sverschil** [-sfərsxɪl] Meinungsverschiedenheit *f*.

men|nen ['mɛnə(n)] lenken, führe **~ner** [-ər] (*-s*) *m* Lenker *m*, Führ *m*.

mens [mɛns] *m* Mensch *m*; *dat* diese (jene) Frau; die Person; *de ~* dieser (jener) Mann; *de ~en zegen* die Leute sagen; *de grote ~* die Erwachsenen; **~aap** [-a: (*-apen*) *m* Menschenaffe *m*; **~do** [-dɔm] *n* Menschheit *f*.

menselijk ['mɛnsələk] mensclich.

mensen|eter ['mɛnsə(n)e:tər] (*-s*) Menschenfresser *m*; **~hater** [-hatər] (*-s*) *m* Menschenhasser **~heugenis** [-hø:ɣ̊ənɪs] *f* Meschengedenken *n*; **~schuw** [-sxy· menschenscheu; **~slag** [-slɑx] Menschenschlag *m*.

mens|heid ['mɛnshɛĭt] *f* Menscheit *f*; **~lievendheid** [-'li:v̊əntha *f* Menschenliebe *f*, Menschefreundlichkeit *f*.

menstruatie [mɛnstry·'(ʋ)a:si:] Menstruation *f*.

mens|waardig ['mɛns-], [mɛns'ʋa:rdəx] menschenwürd

~wording [-ʊɔrdɪŋ] *f* Menschwerdung *f*.
mentaliteit [mɛntɑliˑˈtɛĭt] *f* Mentalität *f*.
menu [məˈnyˑ] (*-'s*) *n u. m* Menü *n*; Speisekarte *f*; Speisenfolge *f*.
menuet [mənyˑˈ(ʊ)ɛt] (*-ten*) *n u. m* Menuett *n*.
mep [mɛp] (*-pen*) *m u. f* Ohrfeige *f*; Schlag *m*.
Mercurius [mɛrˈkyˑrˑ(j)ɵs] *m* Merkur *m*.
merel [ˈmeːrəl] (*-s*) *m u. f* Amsel *f*, Schwarzdrossel *f*.
meren [ˈmeːrə(n)] anbinden, festmachen; vertäuen.
merendeel [ˈmeːrə(n)deːl] *n* Mehrheit *f*, Mehrzahl *f*; *voor het ~* größtenteils.
merg [mɛrx] *n* Mark *n*.
mergel [ˈmɛrɣəl] *m* Mergel *m*.
mergpijp [ˈmɛrxpɛĭp] *f* Markknochen *m*.
meridiaan [meˑriˑdiˑˈ(j)aːn] (*-dianen*) *m* Meridian *m*.
merk [mɛrk] *n* Marke *f*; Zeichen *n*, Merkmal *n*; Schutzmarke *f*, Warenzeichen *n*; **~baar** [-baːr] merklich; bemerkbar; **~en** [-ə(n)] markieren, (be)zeichnen; (*spüren*) merken; *niets laten ~* sich nichts merken lassen; **~teken** [-teːkə(n)] (*-s*) *n* Merkzeichen *n*; **~waardig** [-ˈʋaːrdəx] merkwürdig, bemerkenswert; **~waardigheid** [-ˈʋaːrdəxhɛĭt] (*-heden*) *f* Sehenswürdigkeit *f*; Merkwürdigkeit *f*.
merrie [ˈmɛriː] (*-s*) *f* Stute *f*; **~veulen** [-v̊øːlə(n)] (*-s*) *n* Stutenfüllen *n*.
mes [mɛs] (*-sen*) *n* Messer *n*; *zijn ~ snijdt van (langs) twee kanten* doppelt verdienen; *aan 't ~ leveren j-n* ans Messer liefern.
messe|legger [ˈmɛsəlɛɣər] (*-s*) *m* Messerbänkchen *n*; **~nslijper** [-ə(n)slɛĭpər] (*-s*) *m* Messerschleifer *m*.
messing [ˈmɛsɪŋ] *n* Messing *n*.
mest [mɛst] *m* Mist *m*, Dung *m*; **~en** [-ə(n)] düngen; ausmisten; *Vieh* mästen; **~hoen** [-huːn] (*-ders*) *n* Masthuhn *n*; **~hoop** [-hoːp] (*-hopen*) *m* Misthaufen *m*; **~kar** [-kɑr] (*-ren*) *f* Mistkarren *m*; **~vaalt** [-faːlt] *f* Misthaufen *m*; **~voe(de)r** [-fuː(də)r] *n* Mastfutter *n*; **~vork** [-fɔrk] *f* Mistgabel *f*.
met [mɛt] mit *D*, samt *D*; mittels *G*; *~ Kerstmis* zu Weihnachten; *laat mij ~ rust* laß mich in Ruhe; *~ dat al* trotzdem, trotz alledem; *~ zijn drieën* zu dritt, zu dreien; (*Brief*) *~ deze* hiermit.
metaal [meˑˈtaːl] (*-talen*) *n* Metall *n*; **~bewerker** [-bəʋɛrkər] (*-s*) *m* Metallarbeiter *m*; P Metaller *m*; **~glans** [-ɣlɑns] *m* Metallglanz *m*.
metafoor [meˑtaˑˈfoːr] (*-foren*) *f* Metapher *f*.
metafysica *a.* **-ka** [meˑtɑˈfiˑziˑkaˑ] *f* Metaphysik *f*.
metalen [meˑˈtaːlə(n)] *Adj.* metallen; Metall-.
metalliek [meˑtɑˈliˑk] metallisch.
metamorfose *a.* **-foze** [meˑtɑmɔrˈfoːzə] (*-n u. -s*) *f* Metamorphose *f*.
meteen [mɛˈteːn] gleich, bald, sogleich; zugleich, zu gleicher Zeit.
meten [ˈmeːtə(n)] (*mat, gemeten*) messen; vermessen.
mete|oor [meˑteˑˈ(j)oːr] (*-oren*) *m* Meteor *m u. n*; **~orologisch** [-oˑroˑˈloːɣiˑs] meteorologisch; *~ instituut* Wetterwarte *f*, meteorologische(s) Institut *n*.
meter¹ [ˈmeːtər] *f* Patin *f*.
meter² (*-s*) *m* (*Maß*) Meter *n*; (*Person*) Messer *m*; (*Apparat*) Zähler *m*, Messer *m*; **~huur** [-hyːr] (*-huren*) *f* Zählermiete *f*.
metgezel [ˈmɛtxəzɛl] (*-len*) *m* Gefährte *m*; Genosse *m*, Kamerad *m*.
met(h)o|de [meˑˈtoːdə] (*-n u. -s*) *f* Methode *f*, Verfahren *n*; **~diek** [-ˈdiˑk] *f* Methodik *f*; **~disch** [-diˑs] methodisch, planmäßig.
meting [ˈmeːtɪŋ] *f* (Ver-)Messung *f*.
metriek [meˑˈtriˑk] *Adj.* metrisch; *Su. f* Metrik *f*; *~ stelsel* metrisches System.
metrum [ˈmeˑtrəm] (*-s u. -tra*) *n* Metrum *n*, Versmaß *n*.
metsel|aar [ˈmɛtsəlaːr] (*-s*) *m* Maurer *m*; **~arij** [-aˑˈrɛĭ] *f* Maurerhandwerk *n*, Maurerei *f*; **~en** [-ə(n)] mauern; **~steen** [-steːn] (*-stenen*) *m* Mauerstein *m*; **~werk** [-ʋɛrk] *n* Mauerwerk *n*; Maurerarbeit *f*.
met|sen [ˈmɛtsə(n)] *s. metselen*; **~ser** [-sər] (*-s*) *m s. metselaar*.
metten [ˈmɛtə(n)] *pl.* Mette *f*, Metten *f/pl.*; *korte ~ maken* kurzen Prozeß machen.
metter|daad [mɛtərˈdaːt] tatsächlich, wirklich; **~woon** [-ˈʋoːn]:

zich ~ vestigen sich niederlassen, s-n Wohnsitz nehmen.
metworst ['mɛtʋɔrst] *f* Mettwurst *f*.
meubel ['mø:bəl] *(-en u. -s) n* Möbel *n*; **~en** [-ə(n)] möblieren; **~maker** [-ma:kər] *(-s) m* Tischler *m*; **~winkel** [-ʋɪŋkəl] *(-s) m* Möbelgeschäft *n*.
meubi|lair [mø:bɪ'lɛ:r] *n* Mobiliar *n*, Möbel *n/pl.*; **~leren** [-'le:rə(n)] möblieren, ausstatten.
meug [mø:x] Lust *f*; Geschmack *m*; *tegen heug en ~* widerwillig.
mevrouw [mə'v̂rɑŭ] *f (Anrede)* gnädige Frau *f*; Frau ...
Mexi|caan [mɛksi·'ka:n] *(-kanen) m* Mexikaner *m*; **~co** ['mɛksi·ko·] *n* Mexiko *n*.
miauwen [mi·'(j)ɑu(ʋ)ə(n)] miauen.
mica *a.* **-ka** ['mi·ka·] *n u. m* Glimmer *m*.
Michiel [mi·'xi:l] *m* Michel *m*.
micro|be *a.* **-kro-** [mi·'kro:bə] *(-n) f* Mikrobe *f*; **~foon** [-'fo:n] *(-s u. -fonen) m* Mikrophon *n*; **~scoop**, *a.* **~skoop** [-'sko:p] *(-skopen) m* Mikroskop *n*.
middag ['mɪdɑx] *m* Mittag *m*, Nachmittag *m*; *van ~* heute nachmittag; **~maal** [-ma:l] *(-malen) n* Mittagessen *n*, Mittagsmahl *n*; **~malen** [-ma:lə(n)] zu Mittag essen; **~uur** [-y:r] *(-uren) n* Mittagsstunde *f*.
middel[1] ['mɪdəl] *(-s) n* Taille *f*, Hüfte *f*.
middel[2] *(-en) n* Mittel *n*; *~en van bestaan* Erwerbsmittel *n/pl.*; *zonder ~en van bestaan* erwerbslos; *~en van verkeer* Verkehrsmittel *n/pl.*; *door (bij) ~ van* mittels *G*; *verdovende ~en* Rauschgift *n*, Rauschgiftmittel *n/pl.*, Drogen *f/pl*.
middel|aar ['mɪdəla:r] *(-s) m* Vermittler *m*; Mittelsperson *f*.
middelbaar ['mɪdəlba:r] mittlere; *middelbare school* Mittel-, Oberschule *f*; *van middelbare leeftijd* mittleren Alters.
middel|eeuwen ['mɪdəle:ŭ(ʋ)ə(n)] *pl.* Mittelalter *n*; **~eeuws** [-e:ŭs] mittelalterlich.
middelerwijl [mɪdələr'ʋɛĭl] mittlerweile, unterdessen.
middelgebergte ['mɪdəlgəbɛrxtə] *(-n u. -s) n* Mittelgebirge *n*.
Middel|hoogduits [mɪdəlho:ɣ̂-dəʏts] *n* Mittelhochdeutsch *n*;
~lands [-lɑnts]: *~e zee* Mittelmeer *n*.
middel|lijk ['mɪdələk] mittelbar; **~lijn** [-lɛĭn] *f* Durchmesser *m*; **~matig** [-'ma:təx] mittelmäßig; **~puntvliedend** [-pəntfli:dənt] zentrifugal; **~soort** [-so:rt] *f* Mittelsorte *f*; **~ste** [-stə] mittelste, mittlere; **~vinger** [-v̂ɪŋər] *(-s) n* Mittelfinger *m*.
midden ['mɪdə(n)] *(-s) n* Mitte *f*; *iets in het ~ brengen* F etw. aufs Tapet bringen; *iets in het ~ laten* etw. dahingestellt sein lassen; *op het ~ van de dag* mitten am Tage; *in die ~s* in jenen (solchen) Kreisen, in solchem Milieu; *Adv.* mitten; *~ in de dertig* Mitte Dreißig; Mittdreißiger *m*; **~berm** [-bɛrm] *m* Mittelstreifen *m*; **~beuk** [-bø:k] *m u. f* Mittelschiff *n*; **~door** [-'do:r] mittendurch; entzwei; **~-Oosten** [-'o:stə(n)] *n* der Mittlere Osten; **~rif** [-rɪf] *(-fen) n* Zwerchfell *n*; **~stand** [-stɑnt] *m* Mittelstand *m*; **~veld** [-v̂ɛlt] *n Sp.* Mittelfeld *n*.
middernacht [mɪdər'nɑxt] *f* Mitternacht *f*; **~elijk** [-ələk] mitternächtlich; **~zon** [-sɔn] *(-nen)* Mitternachtsonne *f*.
mid|voor [mɪt'fo:r] *(-s) m Sp* Mittelstürmer *m*; **~zomer** [-so:mər] *(-s) m* Mittsommer *m*.
mier [mi:r] *f* Ameise *f*.
mieren|eter ['mi:rə(n)e:tər] *(-s) m* Ameisenbär *m*; **~hoop** [-ho:p] *(-hopen) m* Ameisenhaufen *m*; **~leeuw** [-le:ŭ] *m* Ameisenlöwe *m*.
mierik(s)wortel ['mi:rək(s)ʋɔrtəl] *(-s) m* Meerrettich *m*.
migraine [mi·'ɣ̂rɛ:nə] *f* Migräne *f*.
mij [mɛĭ] mich; mir.
mijden ['mɛĭdə(n)] *(meed, gemeden)* (ver)meiden.
mijl [mɛĭl] *f* Meile *f*; **~paal** [-pa:l] *(-palen) m* Meilenstein *m*; *fig* Markstein *m*.
mijme|ren ['mɛĭmərə(n)] träumen, sinnen; **~ring** [-rɪŋ] *f* Träumerei *f*.
mijn[1] [mɛĭn], *a.* [mən] mein; *de ~en* die Meinigen, die Meinen; *het (de) ~e* das (der, die) meine (meinige).
mijn[2] *f* Mine *f*, Zeche *f*, Grube *f*, Bergwerk *n*; **~bouw** [-bɑŭ] *m* Bergbau *m*; **~bouwschool** [-bɑŭsxo:l] *(-scholen) f* Bergakademie *f*.
mijn[3] *f (Sprengladung)* Mine *f*; *~en leggen* verminen, Minen legen.

mijnent ['mɛĭnənt]: *te* ~ bei mir zu Hause.

mijnent|halve ['mɛĭnənt'hɑlvə] meinethalben; **~wegen** [-'ʋe:ɣə(n)] meinetwegen.

mijnen|veger ['mɛĭnə(n)ve:ɣər] (*-s*) *m* Minenräumer *m*, Minensuchboot *n*; **~veld** [-vɛlt] *n* Minenfeld *n*.

mijnerzijds ['mɛĭnərzɛĭts] meinerseits.

mijn|galerij ['mɛĭnɣa·lə'rɛĭ] *f*, **~gang** [-ɣɑŋ] *m* Stollen *m*; **~gas** [-ɣɑs] *n* Grubengas *n*; *~gasontploffing* Schlagwetter *n*.

mijnheer [mə'ne:r] (*-heren*) *m* Herr *m*; ~ *Janssens* Herr Janssens; ~ *de burgemeester* (*professor, minister*) Herr Bürgermeister (Professor, Minister); *~!* mein Herr!; *ken* ~ *mij zeggen* können Sie mir sagen.

mijn|hout ['mɛĭnhɑut] *n* Grubenholz *n*; **~industrie** [-ɪndəstri:] *f* Montanindustrie *f*; **~ramp** [-rɑmp] *f* Grubenkatastrophe *f*; **~werker** [-ʋɛrkər] (*-s*) *m* Bergmann *m*, Knappe *m*, Kumpel *m*; **~werper** [-ʋɛrpər] (*-s*) *m* Minenwerfer *m*; **~wezen** [-ʋe:zə(n)] *n* Bergbau *m*.

mijt[1] [mɛĭt] *f* Milbe *f*.

mijt[2] *f* (*Stroh*) Miete *f*, (*Heu*) Schober *m*, (*Holz*) Stoß *m*, (*Getreide*) Feimen *m*, Dieme *f*.

mijter ['mɛĭtər] (*-s*) *m* Mitra *f*, Bischofshut *m*.

mijzelf [mɛĭ-], *a.* [mə'zɛlf] mich (mir) selbst.

mik [mɪk] (*-ken*) *f* Gabel *f*; F Brot *n*; **~ken** [-ə(n)] zielen; **~mak** [-mɑk] *m* Kram *m*; **~punt** [-pənt] *n* Ziel *n*, Zielpunkt *m*; *fig.* Zielscheibe *f*.

Mi|laan [mi·'la:n] *n* Mailand *n*; **~lanees** [-la·'ne:s] mailändisch.

mild [mɪlt] mild, sanft; mildtätig, freigebig; **~dadigheid** [-da:dəxhɛĭt] *f* Mildtätigkeit *f*, Milde *f*, Freigebigkeit *f*.

milicien [mi·li·'si·ɛ̃:] (*-s*) *m* Rekrut *m*, Soldat *m*.

milieu [mi·l'jø:] (*-s*) *n* Umwelt *f*, Umgebung *f*; Lebenskreis *m*, Milieu *n*; **~bescherming** [-bəsxɛrmɪŋ] *f* Umweltschutz *m*; **~bedreigend** [-bədrɛĭɣənt] umweltgefährdend; **~besmetting** [-bəsmɛtɪŋ] *f*, **~bevuiling** [-bəvœylɪŋ] *f*, **~bezoedeling** [-bə'zu·dəlɪŋ] *f* Umweltverschmutzung *f*; **~verpestend** [-vərpɛstənt] umweltverpestend.

mili|tair [mi·li·'tɛ:r] *Adj.* militärisch; *Su. m* Soldat *m*; *de ~en* das Militär; **~tarisme** [-ta·'ri·smə] *n* Militarismus *m*.

mil|jard [mi·l'jɑrt] *n* Milliarde *f*; **~joen** [-'ju:n] *n* Million *f*; **~jonair** [-jɔ'nɛ:r] (*-s*) *m* Millionär *m*.

millennium [mi·'lɛni·(j)əm] (*-nia*) *n* Jahrtausend *n*.

milli|gram ['mi·li·ɣrɑm] (*-men*) *n* Milligramm *n*; **~meter** [-me:tər] (*-s*) *m* Millimeter *n u. m*.

milt [mɪlt] *f* Milz *f*; **~klier** [-kli:r] *f* Milzdrüse *f*; **~vuur** [-fy:r] *n* Milzbrand *m*.

mimiek [mi·'mi·k] *f* Mimik *f*.

min[1] [mɪn] *f* Liebe *f*.

min[2] (*-nen*) *f* Amme *f*.

min[3] wenig, gering; winzig; ~ *of meer* mehr oder weniger; *vijf* ~ *twee is drie* fünf minus zwei ist drei; **~achten** [-ɑxtə(n)] geringschätzen, verachten; **~achting** [-ɑxtɪŋ] *f* Geringschätzung *f*.

minaret [mi·na·'rɛt] (*-ten*) *f* Minarett *n*.

minder ['mɪndər] *s. weinig*; weniger, geringer; schlechter; *in* ~ *dan geen tijd* im Nu; **~broeder** [-bru·dər] (*-s*) *m* Franziskaner *m*; **~e** [-ə] (*-n*) *m u. f* Untergebene(r) *m*; **~en** [-ə(n)] kürzen; abnehmen; *Sturm*: nachlassen; **~heid** [-hɛĭt] (*-heden*) *f* Minderheit *f*, Minderzahl *f*, Minorität *f*; *in de* ~ *zijn* in der Minderzahl sein; **~ing** [-rɪŋ] *f* Minderung *f*, Abzug *m*; **~jarig** [-'ja:rəx] minderjährig; **~waardig** [-'ʋa:rdəx] minderwertig; **~waardigheidscomplex** [-'ʋa:rdəxhɛĭtskɔmplɛks] *n* Minderwertigkeitskomplex *m*.

mine|raal [mi·nə'ra:l] *Adj.* mineralisch; *Su.* (*-ralen*) *n* Mineral *n*; **~raalwater** [-ʋa:tər] (*-s u. -en*) *n* Mineralwasser *n*; **~raloog** [-ra·'lo:x] (*-logen*) *m* Mineraloge *m*.

mineur [mi·'nø:r] *f* Moll *n*; *a-mineur* a-Moll; **~toon** [-to:n] *m* Molltonart *f*.

miniatuur [mi·ni·a·'ty:r] (*-turen*) *f* Miniatur *f*; *in* ~ im kleinen.

miniem [mi·'ni·m] minimal, klein, winzig, gering.

minimum ['mi·ni·məm] (*-ma*) *n* Minimum *n*, Mindestmaß *n*; **~loon** [-lo:n] (*-lonen*) *n* Mindestlohn *m*, Minimallohn *m*.

minister [mi·'ni·stər] (*-s*) *m* Minister *m*; *eerste* ~ Premier(minister) *m*; ~ *van Binnenlandse Zaken* Innenminister *m*; ~ *van Buitenlandse Zaken* Außenminister *m*; ~ *van Justitie* Justizminister *m*; ~ *van Financiën* Finanzminister *m*; ~ *van Economische Zaken* Wirtschaftsminister *m*; ~ *van Eredienst* Kultusminister *m*; ~ *van Onderwijs en Wetenschappen* Minister *m* für Bildung und Wissenschaften; ~ *zonder portefeuille* Minister *m* ohne Geschäftsbereich; ~ *voor (belast met) speciale opdrachten* Sonderminister *m*; ~ *voor Milieuproblemen* Sonderminister *m* für Umweltfragen.

mini|sterie [miˑniˑˈsteːriː] (*-s*) *n* Ministerium *n*; *het openbaar* ~ Staatsanwaltschaft *f*; Staatsanwalt *m*; **~sterieel** [-stərˈjeːl] ministeriell.

min|naar [ˈmɪnaːr] (*-s u. -naren*) *m* Geliebte(r) *m*, Liebhaber *m*; (*Bücher, Sp. usw.*) Liebhaber *m*, Freund *m*; **~nares** [-naˑˈrɛs] (*-sen*) *f* Geliebte *f*.

minne [ˈmɪnə] *f* Liebe *f*; *iets in der* ~ *schikken* etw. gütlich beilegen; **~drank** [drɑŋk] *m* Liebestrank *m*; **~kozen** [-ˈkoːzə(n)] kosen, herzen; **~lied** [-liːt] (*-eren*) *n* Liebeslied *n*; **~lijk** [-lək] gütlich, in Güte; **~e** *schikking* gütlicher Vergleich; **~n** [-ə(n)] lieben; **~nijd** [-nɛĭt] *m* Eifersucht *f*; **~zanger** [-zɑŋər] (*-s*) *m* Minnesänger *m*.

minst [mɪnst] *s. weinig*; mindeste, wenigste, geringste; *ten* ~*e* wenigstens; *niet in het* ~ nicht im geringsten; *op zijn* ~ mindestens; **~ens** [-əns] mindestens, wenigstens.

minutieus [miˑnyˑsiˑˈ(j)øːs] minuziös, peinlich genau.

minuut [miˑˈnyːt] (*-nuten*) *f* Minute *f*; Original *n*, Urkunde *f*; *een* ~*je* e-n Moment (Augenblick), bitte; **~wijzer** [-ʋɛĭzər] (*-s*) *m* Minutenzeiger *m*.

minzaam [ˈmɪnzaːm] freundlich, leutselig.

mirabel [miˑraˑˈbɛl] (*-len*) *f* Mirabelle *f*.

mira|culeus *a.* **~ku-** [miˑraˑkyˑˈløːs] wunderbar; **~kel** [miˑˈraːkəl] (*-s u. -en*) *n* Wunder *n*.

mirtekrans [ˈmɪrtəkrɑns] *m* Myrtenkranz *m*.

mis[1] [mɪs] (*-sen*) *f* Messe *f*; *gezongen* ~ Singmesse *f*; *gelezen* ~ stille Messe.

mis[2] verkehrt, verfehlt, falsch; *dat loopt* ~ das geht schief; *weer* ~ wieder nichts; *dat is niet* ~ das ist nicht ohne.

misant(h)roop [miˑzɑnˈtroːp] (*-t[h]ropen*) *m* Misanthrop *m*, Menschenfeind *m*.

misbaar [mɪzˈbaːr] (*kein pl.*) *n* Lärm *m*, Geschrei *n*, Geheul *n*.

misbaksel [ˈmɪzbɑksəl] (*-s*) *n fig* Mißgeburt *f*, Pfuscherwerk *n*.

mis|bruik [ˈmɪzbrəʏk] *n* Mißbrauch *m*; **~bruiken** [-ˈbrəʏkə(n)] mißbrauchen; **~daad** [ˈmɪzdaːt] (*-daden*) *f* Missetat *f*, Übeltat *f*, Verbrechen *n*; **~dadig** [-ˈdaːdəx] verbrecherisch, frevelhaft; **~dadigheid** [-daːdəxhɛĭt] *f* Kriminalität *f*; **~dadiger** [ˈmɪzdaːdəɣ̊ər] (*-s*) *m* Verbrecher *m*.

misdeeld [mɪzˈdeːlt] arm, bedürftig; unbegabt.

misdienaar [ˈmɪzdiːnaːr] (*-s*) *m* Meßdiener *m*, Ministrant *m*.

misdoen [ˈmɪzduːn] verkehrt (falsch) machen; [mɪzˈduːn] sündigen, freveln; *wat heb ik misdaan* was habe ich (denn) verbrochen

mis|dragen [mɪzˈdraːɣ̊ə(n)] *v/r* sich schlecht benehmen; **~drijf** [ˈmɪzdrɛĭf] (*-drijven*) *n* Freveltat *f*; **~druk** [ˈmɪzdrək] (*-ken*) *m* Fehldruck *m*; **~duiden** [-ˈdəʏdə(n)] mißdeuten.

miserabel [miˑzəˈraːbəl] miserabel, erbärmlich.

miserie [miˑˈzeːriː] (*-s*) *f* Elend *n*, Not *f*; *hij zit in de* ~ er hat (große) Schwierigkeiten.

misgeboorte [ˈmɪsxəboːrtə] (*-n*) Mißgeburt *f*, Fehlgeburt *f*.

misgewaad [ˈmɪsxəʋaːt] (*-waden*) Meßgewand *n*.

mis|gewas [ˈmɪsxəʋɑs] (*-sen*) Mißernte *f*; **~greep** [-xreːp] (*-grepen*) *m* Mißgriff *m*, Fehlgriff *m*; **~gunnen** [-ˈxənə(n)] mißgönnen; **~hagen** [-ˈhaːɣ̊ə(n)] mißfallen; **~handeling** [-ˈhɑndəlɪŋ] *f* Mißhandlung *f*; **~kennen** [-ˈkɛnə(n)] verkennen; **~kraam** [ˈmɪskraːm] (*-kramen*) *f u. n* Fehlgeburt *f*; **~leiding** [-ˈlɛĭdɪŋ] *f* Betrug *m*, Irreführung *f*, Täuschung *f*; **~lukken** [-ˈləkə(n)] mißlingen, mißglücken scheitern, fehlschlagen; **~maakt** [-ˈmaːkt] entstellt, verunstaltet; **~moedig** [-ˈmuːdəx] mißmutig, niedergeschlagen; **~noegd** [-ˈnuːxt] verstimmt, unzufrieden; **~noegen** [-nuːɣ̊ə(n)] *n* Mißvergnügen *n*, Unzufriedenheit *f*.

misoffer [ˈmɪsɔfər] (*-s*) *n* Meßopfer *n*.

misoogst [ˈmɪzoːxst] *m* Mißernte *f*.

mispel [ˈmɪspəl] (*-s u. -en*) *f* Mispel *f*; **~aar** [-aːr] (*-s u. -aren*) *m* Mispelbaum *m*.

mispakken [mɪsˈpɑkə(n)] *v/r* sich irren; schlecht abschneiden.

mis|plaatst [mɪsˈplaːtst] unpassend; **~prijzen** [-prɛizə(n)] *n* Verachtung *f*; **~punt** [-pənt] *n* ekelhafter Mensch, Lump *m*; **~rekenen** [ˈmɪsreːkənə(n)] falsch rechnen; [-ˈreːkənə(n)] *v/r* sich verrechnen.

missaal [mɪˈsaːl] (*-salen*) *n* Meßbuch *n*.

misschien [mɪ-], *a.* [məˈsxiːn] vielleicht, möglicherweise; etwa.

misschot [ˈmɪsxɔt] *n* Fehlschuß *m*; *fig.* Fehlanzeige *f*.

misselijk [ˈmɪsələk] übel, unpäßlich; ekelhaft, eklig, widerlich; *ik word ~* mir wird übel; *een ~e kerel* ein widerlicher Mensch.

missen [mɪsə(n)] *v/i* fehlen, (er-)mangeln; ausbleiben; *v/t* vermissen, entbehren; verfehlen.

missie [ˈmɪsiː] (*-s u. -ën*) *f* Mission *f*; **~hotel** [-hoˑˈtɛl] (*-s*) *n* Hospiz *n*; **~huis** [-hœys] (*-huizen*) *n* Missionshaus *n*.

missionaris [mɪsjɔˈnaːrəs] (*-sen*) *m* Missionar *m*.

missive [mɪˈsiˑv̊ə] (*-s u. -n*) *f* Schreiben *n*, Zuschrift *f*.

mis|slaan [ˈmɪslaːn] fehlschlagen; *de bal ~* sich irren; **~slag** [-slɑx] *m* Fehlgriff *m*; **~staan** [-ˈstaːn] (*Kleid*) übel stehen, schlecht kleiden; **~stap** [-stɑp] (*-pen*) *m* Fehltritt *m*; Verstoß *m*; Fehler *m*.

mist [mɪst] *m* Nebel *m*; **~bank** [-bɑŋk] *f* Nebelbank *f*; **~en** [-ə(n)] neblig sein, nebeln; **~hoorn**, *a.* **~horen** [-hoːrə(n)] (*-s*) *m* Nebelhorn *n*; **~ig** [-əx] neblig.

mis|troostig [-mɪsˈtroːstəx] mißmutig, niedergeschlagen; **~verstand** [-fərstɑnt] *n* Mißverständnis *n*; **~vormen** [-ˈfɔrmə(n)] verunstalten, entstellen.

mitrailleur [miˑtrɑˈjøːr] (*-s*) *m* Maschinengewehr *n*; **~snest** [-snɛst] *n* Maschinengewehrnest *n*.

mits [mɪts] vorausgesetzt, daß; unter der Bedingung, daß; **~dien** [-ˈdiːn] somit, folglich, deswegen; **~gaders** [-ˈxaːdərs] wie auch.

mixtuur [mɪksˈtyːr] (*-turen*) *f* Mixtur *f*.

mo|biel [moˑˈbiːl] mobil; **~bilisatie** *a.* **-zatie** [-biˑliˑˈzaːsiː] (*-s*) *f* Mobilmachung *f*; **~biliseren** *a.* **-zeren** [-biˑliˑˈzeːrə(n)] mobilisieren, mobil machen; **~bilofoon** [-biˑloˑˈfoːn] (*-s u. -fonen*) *m* Funksprechgerät *n*.

mochelen [ˈmɔxələ(n)] mogeln.

mocht [mɔxt] *s. mogen.*

modaliteit [moˑdɑliˑˈtɛit] *f* Modalität *f*.

modder [ˈmɔdər] *m* Schlamm *m*; Dreck *m*; **~aar** [-aːr] (*-s*) Pfuscher *m*; **~bad** [-bɑt] *n* Schlamm-, Moorbad *n*; **~ig** [-əx] schlammig; dreckig, schmutzig; **~kuil** [-kœyl] *m* Pfuhl *m*, Schlammgrube *f*; **~sloot** [-sloːt] (*-sloten*) *f* Schlammgraben *m*; **~spat** [-spɑt] (*-ten*) *f* Schlammspritzer *m*.

mode [ˈmoːdə] (*-s*) *f* Mode *f*; **~artikel** [-ɑrtiˑkəl] (*-s u. -en*) *n* Modeartikel *m*, Modeware *f*; **~gek** [-ɣ̊ɛk] (*-ken*) *m* Modenarr *m*, Stutzer *m*; **~journaal** [-ʒuˑrˈnaːl] (*-nalen*) *n* Modezeitung *f*.

model [moˑˈdɛl] (*-len*) *n* Modell *n*, Muster *n*; Fasson *f*; **~bedrijf** [-bədrɛif] (*-drijven*) *n* Musterbetrieb *m*; **~leren** [-ˈleːrə(n)] modellieren.

mode|maakster [ˈmoːdəmaːkstər] (*-s*) *f* Modistin *f*; **~magazijn** [-mɑɣ̊ɑzɛin] *n* Modegeschäft *n*, Modenhaus *n*; **~ontwerper** [-ɔntʋɛrpər] (*-s*) *m* Modeschöpfer *m*; **~pop** [-pɔp] (*-pen*) *f* Modepuppe *f*, Modedame *f*.

moderator [mɔdəˈraːtɔr] (*-s u. -en*) Moderator *m*.

modern [moˑˈdɛrn] modern, neuzeitlich, heutig; *~e tijd* Neuzeit *f*; *~e talen* neuere Sprachen *f/pl.*; *de ~e jeugd* die heutige Jugend; **~iseren** *a.* **-zeren** [-iˑˈzeːrə(n)] modernisieren.

mode(n)|show [ˈmoːdəʃaŭ] (*-s*) *m* Modenschau *f*; **~snufje** [-snœfjə] (*-s*) *n* letzte Neuheit *f*; **~zaak** [-zaːk] (*-zaken*) *f* Mode(n)geschäft *n*.

mo|dieus [moˑ'djø:s] modisch; **~diste** [-'diˑstə] (*-s u. -n*) *f* Modistin *f*.
moe[1] [mu:] *f* Mutter *f*, F Mutti *f*.
moe[2], *a.* **~de** müde; *wij zijn het ~ (beu)* wir haben es satt.
moed [muˑt] *m* Mut *m*; **~eloos** [-əlo:s] mutlos; **~eloosheid** [-ə'lo:s-hɛĭt] *f* Mutlosigkeit *f*.
moeder ['muˑdər] (*-s*) *f* Mutter *f*; **~koren** [-ko:rə(n)] *n* Mutterkorn *n*; **~liefde** [-li:v̊də] *f* Mutterliebe *f*; **~lijk** [-lək] mütterlich; **~maagd** [-ma:xt] *f* Jungfrau Maria; **~taal** [-ta:l] (*-talen*) *f* Muttersprache *f*; **~vlek** [-v̊lɛk] (*-ken*) *f* Muttermal *n*; **~ziel** [-zi:l] *f*: *~ alleen* mutterseelenallein; **~zorg** [-zɔrx] *f* mütterliche Fürsorge *f*.
moedig ['muˑdəx] mutig, tapfer.
moedwil ['muˑtʋıl] *m* Mutwille *m*; (böse) Absicht *f*; **~lig** [-'ʋılәx] böswillig, absichtlich.
moei|al [muˑi'jɑl] (*-len*) *m fig.* Hans Dampf (in allen Gassen); **~en** [-jə(n)] bemühen; belästigen; *zich in iets ~* sich in etw. (*A*) (ein-)mischen; *moei je (moeit u) niet!* halt dich raus!
moeilijk ['muˑĭlək] schwierig, schwer; mühsam, mühselig; **~heid** [-hɛĭt] (*-heden*) *f* Schwierigkeit *f*; Schererei *f*.
moeite ['muˑĭtə] (*-n*) *f* Mühe *f*, Mühewaltung *f*; *~ doen* sich Mühe geben; *de ~ niet waard* nicht der Mühe wert; *dank (bedankt) voor de (uw) ~* vielen Dank für Ihre Mühe; *verloren (vergeefse) ~ fig.* verlor(e)ne Liebesmühe.
moeizaam ['muˑiza:m] mühsam.
moer[1] [mu:r] *n* Morast *m*, Sumpf *m*; Moor *n*.
moer[2] *f* Schraubenmutter *f*.
moer[3] *f* Hefe *f*, Bodensatz *m*.
moer[4] *f* weibliches Wesen *n*; P Mutter *f*, Muttertier *n*.
moeras [muˑ'rɑs] (*-sen*) *n* Morast *m*, Sumpf *m*; **~koorts** [-ko:rts] *f* Sumpffieber *n*; **~sig** [-əx] morastig, sumpfig.
moer|bei ['mu:rbɛĭ] *f*, **~bes** [-bɛs] (*-sen*) *f*, **~bezie** [-be:zi:] (*-ën*) *f* Maulbeere *f*.
moer|haas ['mu:rha:s] (*-hazen*) *m* Setzhase *m*, Häsin *f*; **~vos** [-v̊ɔs] (*-sen*) *m* Füchsin *f*, Fähe *f*.
moes [mu:s] (*kein pl.*) *n* Mus *n*; **~hof** [-hɔf] (*-hoven*) *m* Gemüsegarten *m*.
moesson [muˑ'sɔn] (*-s*) *m* Monsun *m*.
moest [muˑst] *s. moeten.*
moestuin ['mu:stəʏn] *m* Gemüsegarten *m*.
moet[1] [muˑt] *f* Fleck *m*; Spur *f*.
moet[2] *m* (*Zwang*) Müssen *n*.
moeten ['muˑtə(n)] müssen, sollen; *wat moet ik doen?* was soll ich machen?; *hij moet heel rijk zijn* er soll sehr reich sein; *wat moet dat betekenen?* was soll das heißen?
Moezel ['mu:zəl] *f* Mosel *f*; **~wijn** [-ʋɛĭn] *m* Moselwein *m*.
mof[1] [mɔf] (*-fen*) *f* Muff *m*.
mof[2] *m* (*Schimpfname*) deutscher Muff *m*.
mogelijk ['mo:ɣ̊ələk] möglich; vielleicht; *zo lang ~* so lang wie möglich, möglichst lang; **~heid** [-hɛĭt] (*-heden*) *f* Möglichkeit *f*.
mogen ['mo:ɣ̊ə(n)] (*mocht, gemocht a. gemoogd od. gemogen; ik (hij) mag, jij (U) moogt*) dürfen; mögen; *mogen wij hier blijven?* dürfen wir (hier) bleiben?; *ik mag geen vis* ich mag keinen Fisch; *ik mag hem niet* ich mag ihn nicht (leiden); *dat mag niet* das darf nicht (sein *usw.*), das ist nicht erlaubt; *mocht het regenen, ...* sollte es regnen, ...
mogendheid ['moˑɣ̊əntheĭt] (*-heden*) *f* Macht *f*; *de grote mogendheden* die Großmächte.
mogol [moˑ'ɣ̊ɔl] (*-s*) *m hist.* Mogul *m*.
mohair [moˑ'hɛ:r] *n* Mohär *m*.
Mohammed ['moˑ-], *a.* [mo'hɑmɛt] *m* Mohammed *m*.
mohammedaan [moˑhɑmə'da:n] (*-danen*) *m* Mohammedaner *m*; **~s** [-s] mohammedanisch.
moker ['mo:kər] (*-s*) *m* Schmiedehammer *m*; **~slag** [-slɑx] *m* Hammerschlag *m*.
mokka ['mɔkɑ] *m* Mokka *m*.
mekken ['mɛkə(n)] schmollen.
mol [mɔl] (*-len*) *m* Maulwurf *m*.
Modavië [mɔl'da:viˑ(j)ə] *n* Moldau.
mole|culair [moˑleˑkyˑ'lɛ:r] molekular, Molekular-; **~culairgewicht** [-kyˑ'lɛ:rɣ̊əʋıxt] *n* Molekulargewicht *n*; **~cule**, *a.* **~kuul** [-'kyˑl(ə)] (*-[e]n*) *f u. n* Molekül *n*.
molen ['mo:lə(n)] (*-s*) *m* Mühle *f*; *dat is koren op zijn ~ fig.* das ...

Wasser auf s-e Mühle; **~aar** [-aːr] (*-s*) *m* Müller *m*; **~rad** [-rɑt] (*-eren*) *n* Mühlrad *n*; **~wiek** [-ʋiˑk] *f* Windmühlenflügel *m*.

molesteren [moˑlɛˈsteːrə(n)] belästigen.

mollegat [ˈmɔləɣɑt] *n* Maulwurfsloch *n*.

mollig [ˈmɔləx] mollig, weich; rundlich.

molm [mɔlm] *m u. n* Mulm *m*; **~ig** [-əx] mulmig.

Moloch [ˈmɔlɔx] *m* Moloch *m*.

molshoop [ˈmɔlshoːp] (*-hopen*) *m* Maulwurfshaufen *m*, Maulwurfshügel *m*.

molton [mɔlˈtɔn] *n* (*Stoff*) Molton *m*.

moltrein [ˈmɔltrɛi̯n] *m* P U-Bahn *f*.

mom [mɔm] (*-men*) *f u. n* Maske *f*; Vermummung *f*; **~bakkes** [-bɑkəs] *n* Maske *f*, Larve *f*.

moment [moˑˈmɛnt] *n* Moment *m*; **~eel** [-ˈeːl] momentan; **~opname** [-ɔpnaːmə] (*-n*) *f* Momentaufnahme *f*.

mompelen [ˈmɔmpələ(n)] munkeln, murmeln.

mo|narch [moˑˈnɑrx] *m* Monarch *m*; **~narchaal** [-nɑrˈxaːl] monarchisch; **~narchie** [-nɑrˈxiː] (*-ën*) *f* Monarchie *f*.

mond [mɔnt] *m* Mund *m*; (*Fluß*) Mündung; *iemand de ~ snoeren* j-m den Mund stopfen; *bij ~e van* durch (*A*); **~behoeften** [-bəhuːftə(n)] *pl.* Mundvorrat *m*; **~eling** [-əlɪŋ] mündlich.

mond- en klauwzeer [mɔnd ɛn klɑu̯zeːr] *n* Maul- und Klauenseuche *f*.

mondig [ˈmɔndəx] mündig, volljährig; **~verklaring** [-fərklaːrɪŋ] *f* Mündigsprechung *f*.

monding [ˈmɔndɪŋ] *f* Mündung *f*.

mond|stuk [ˈmɔntstək] *n* Mundstück *n*; **~voorraad** [-foːraːt] *m* Mundvorrat *m*.

Mon|golië [mɔnˈɣoːliˑ(j)ə] *n* Mongolei *f*; **~gool** [-ˈɣoːl] (*-golen*) *m* Mongole *m*; **~gools** [-ɣoːls] mongolisch.

monnik [ˈmɔnək] *m* Mönch *m*; **~enklooster** [-ə(n)kloːstər] (*-s*) *n* Mönchskloster *n*; **~enwerk** [-ə(n)-ʋɛrk] *n* Mönchsarbeit *f*; *fig.* unnütze Arbeit; *~ doen fig.* leeres Stroh dreschen; **~skap** [-skɑp] (*-pen*) Mönchskappe *f*; *Bot.* Eisenhut *m*, Akonit *m*.

mono|gram [moˑnoˑˈɣrɑm] (*-men*) *n* Monogramm *n*, Namenszug *m*; **~loog** [-ˈloːx] (*-logen*) *m* Monolog *m*; **~polie** [-ˈpoːliː] (*-s u. -ën*) *n* Monopol *n*.

monster¹ [ˈmɔnstər] (*-s*) *n* Probe *f*, Muster *n*.

monster² Ungetüm *n*, Scheusal *n*; **~achtig** [-ɑxtəx] scheußlich; ungeheuer; **~en** [-ə(n)] mustern; **~ing** [-ɪŋ] *f* Musterung *f*; **~kaart** [-kaːrt] *f* Musterkarte *f*; **~rol** [-rɔl] (*-len*) *f mar.* Musterrolle *f*.

monstrans [mɔnˈstrɑns] *f* Monstranz *f*.

monstrueus [mɔnstryˑˈ(ʋ)øːs] monströs, ungeheuerlich.

montage [mɔnˈtɑːʒə] (*-s*) *f* Montage *f*; (*Film*) Schnitt *m*.

monter [ˈmɔntər] munter, heiter, lustig.

mon|teren [mɔnˈteːrə(n)] montieren, aufstellen, ausrüsten; *Thea.* ausstatten; *Edelstein* einfassen; **~teur** [-ˈtøːr] (*-s*) *m* Monteur *m*, Mechaniker *m*; **~tuur** [-ˈtyːr] (*-turen*) *n u. f* (*Edelstein*) Fassung *f*; (*Brille*) Gestell *n*.

monument [moˑnyˑˈmɛnt] *n* Monument *n*, Denkmal *n*; **~aal** [-ˈaːl] monumental; **~enzorg** [-ə(n)zɔrx] *f* Denkmalpflege *f*.

moogt [moːxt] *s. mogen.*

mooi [moːi̯] schön, hübsch; *~ weer spelen* schöntun, schmeicheln; **~prater** [-praːtər] (*-s*) *m* Schönredner *m*; Schmeichler *m*.

moor¹ [moːr] (*moren*) *m* Wasserkessel *m*; (*Pferd*) Rappe *m*.

Moor² *m* Maure *m*; Mohr *m*.

moord [moːrt] *m u. f* Mord *m*; *~ met voorbedachten rade* vorsätzlicher Mord; *~ en brand schrreeuwen* Zeter und Mordio schreien; **~aanslag** [-aːnslɑx] Mordanschlag *m*, Attentat *n*; **~dadig** [-ˈdaːdəx] mörderisch; **~dadigheid** [-ˈdaːdəxhɛi̯t] *f* Mordlust *f*; **~en** [-ə(n)] morden; **~enaar** [-ənaːr] (*-s*) *m* Mörder *m*; **~enares** [-ənaˑˈrɛs] (*-sen*) *f* Mörderin *f*; **~kuil** [-kœy̆l] *m* Mördergrube *f*; **~zaak** [-saːk] (*-zaken*) *f* Mordprozeß *m*.

Moors [moːrs] maurisch.

moot [moːt] (*moten*) *f* Stück *n*, Scheibe *f* (*e-s Fisches*).

mop [mɔp] (*-pen*) *f* Backstein *m*; (*Gebäck*) Pfeffernuß *f*; (*Spaß*) Witz *m*; *~pen tappen* Witze reißen (machen); *een flauwe ~* ein fauler Witz; Kalauer *m*.

mopsneus [ˈmɔpsnøːs] (*-neuzen*) *m* Mops-, Stumpfnase *f*.

mopperen [ˈmɔpərə(n)] brummen, murren; F meckern.

mopsen [ˈmɔpsə(n)] F stehlen.

mo|raal [moˑˈraːl] *f* Moral *f*; **~raliseren** *a.* **-zeren** [-raˑliˑˈzeːrə(n)] moralisieren.

Mora|vië [moˑˈraːv̇iˑ(j)ə] *n* Mähren *n*; **~visch** [-v̇iˑs] mährisch.

moreel [moˑˈreːl] *Adj.* moralisch; *Su. n* Stimmung *f*; Gesinnung *f*.

morel [moˑˈrɛl] (*-len*) *f Bot.* Morelle *f*.

morfine [mɔrˈfiˑnə] *f* Morphium *n*, Morphin *n*; **~spuitje** [-spəʏtjə] (*-s*) *n* Morphiumspritze *f*.

morgen [ˈmɔrɣ̊ə(n)] *Adv.* morgen; *Su.* (*-s*) *m* Morgen *m*; *m u. n* (*Ackermaß*) Morgen *m*; *van ~* heute morgen; *van ~ vroeg* heute früh; *'s ~s vroeg* frühmorgens, am frühen Morgen; *~ brengen!* F prost Mahlzeit!; **~avond** [-aːv̇ənt] morgen abend; **~japon** [-jɑˈpɔn] (*-nen*) *m* Morgenkleid *n*; **~ochtend** [-ˈɔx(t)ənt] morgen früh; **~ster** [-stɛr] (*-ren*) *f* Morgenstern *m*; **~stond** [-stɔnt] *m* Morgenstunde *f*; Morgendämmerung *f*; *de ~ heeft goud in de mond fig.* Morgenstunde hat Gold im Munde; **~uur** [-yːr] (*-uren*) *n* Morgenstunde *f*.

mormel [ˈmɔrməl] (*-s*) *n* Murmeltier *n*; *fig.* Scheusal *n*; (*Hund*) Köter *m*.

mormoon [mɔrˈmoːn] (*-monen*) *m* Mormone *m*.

morren [ˈmɔrə(n)] murren, brummen.

morsdood [ˈmɔrzdoːt] mausetot.

morsen [ˈmɔrsə(n)] F manschen; schmieren, kleckern; verschütten.

morseteken [ˈmɔrsəteːkə(n)] (*-s*) *n* Morsezeichen *n*.

mors|ig [ˈmɔrsəx] schmutzig; **~pot** [-pɔt] (*-ten*) *m* Schmutzfink *m*.

mortier [mɔrˈtiːr] *m u. n* Mörser *m*.

mos [mɔs] (*-sen*) *n* Moos *n*.

moskee [mɔsˈkeː] (*-ën*) *f* Moschee *f*.

Mos|kou [ˈmɔskɑŭ] *n* Moskau *n*; **~koviet** [-koˑˈviˑt] *m* Moskowiter *m*.

moslem [ˈmɔslɛm] *a.* **-lim** [-lɪm] (*-s*) *m* Moslem *m*.

mossel [ˈmɔsəl] (*-s u. -en*) *f* Muschel *f*; **~schelp** [-sxɛlp] *f* Muschelschale *f*; **~vangst** [-v̇ɑŋst] *f* Muschelfang *m*.

most [mɔst] *m* Most *m*.

mosterd [ˈmɔstərt] *m* Senf *m*; **~gas** [-xɑs] *n* Senfgas *n*; **~zaad** [-saːt] *n* Senfsamen *m*.

mot [mɔt] (*-ten*) *f* Motte *f*; *de ~ zit er in* das ist vermottet; *fig.* das ist veraltet, das taugt nicht mehr (viel).

motel [moˑˈtɛl] (*-s*) *n* Motel *n*.

motet [moˑˈtɛt] (*-ten*) *n* Motette *f*.

motie [ˈmoːsiː] (*-s*) *f* Antrag *m*; *~ van wantrouwen* Mißtrauensantrag *m*.

mo|tief [moˑˈtiːf] (*-tieven*) *n* Motiv *n*, Tatmotiv *n*, Beweggrund *m*; **~tiveren** [-tiˑˈv̇eːrə(n)] motivieren, begründen.

motor [ˈmoːtɔr] (*-s u. -en*) *m* Motor *m*; Kraftrad *n*; **~fiets** [-fiːts] *m u. f* Motorrad *n*; **~jacht** [-jɑxt] *n* Motorjacht *f*; **~panne** [-pɑnə] (*-s*) *f* Motorpanne *f*, Motorstörung *f*; **~pech** [-pɛx] *n* Motorschaden *m*; **~rijder** [-rɛĭdər] (*-s*) *m* Kraftfahrer *m*; **~slede** [-sleːdə] (*-n*) *f* Motorschlitten *m*; **~voertuig** [-v̇uːrtəʏx] *n* Kraftfahrzeug *n*.

motregen [ˈmɔtreːɣ̊ə(n)] (*-s*) *m* Nieselregen *m*.

mottig [ˈmɔtəx] pockennarbig.

motvrij [ˈmɔtfrɛĭ] mottenecht.

mousseline [muˑsəˈliˑnə] *f* Musselin *m*.

mout [mɑut] *n u. m* Malz *n*; **~en** [-ə(n)] malzen, mälzen.

mouw [mɑŭ] *f* Ärmel *m*; *iemand iets op de ~ spelden fig.* j-m e-n Bären aufbinden; *er (ergens) een ~ aan passen* irgendeine Lösung finden; *de handen uit de ~en steken* rangehen, die Hände rühren; **~veger** [-v̇eːɣ̊ər] (*-s*) *m* Schmeichler *m*.

mozaïek [moˑzaˑˈ(j)iˑk] *n* Mosaik *n*; **~vloer** [-fluːr] *m* Mosaikfußboden *m*.

Mozes [ˈmoːzəs] *m* Moses *m*.

muf [məf], **~fig** [ˈməfəx] muffig, moderig; **~heid** [-hɛĭt] *f* Mief *m*.

mug [məx] (*-gen*) *f* Mücke *f*; **~gebeet** [-əbeːt] (*-beten*) *m* Mückenstich *m*; **~gezifter** [-ɣ̊əzɪftər] (*-s*) *m fig.* Haarspalter *m*, Kleinigkeitskrämer *m*.

muil[1] [məʏl] *f* Pantoffel *m*.

muil[2] *m* Maul *n*; **~band** [-bant] *m* Maulkorb *m*; **~banden** [-bandə(n)] *fig. j-m* das Maul stopfen; **~dier** [-di:r] *n* Maultier *n*; **~ezel** [-e:zəl] (*-s*) *m* Maulesel *m*; **~peer** [-pe:r] *f* Ohrfeige *f*.

muis [mɘʏs] (*muizen*) *f* Maus *f*; **~stil** [-tɪl] (mucks)mäuschenstill.

mui|teling ['mɘʏtəlɪŋ] *m* Meuterer *m*; **~ten** [-tə(n)] meutern; **~ter** [-tər] (*-s*) *m* Meuterer *m*; **~terij** [-tə'rɛĭ] *f* Meuterei *f*.

muize|nest ['mɘʏzənɛst] *n* Mäusenest *n*; **~nissen** [-nɪsə(n)] *pl. fig.* Grillen *f/pl.*; ~ *in het hoofd hebben fig.* Grillen im Kopf haben; **~val** [-vɑl] (*-len*) *f* Mausefalle *f*.

mul [møl] *Adj.* locker; *Su. f u. n* Mulm *m*, Staub *m*.

mulat [my·'lɑt] (*-ten*) *m* Mulatte *m*.

mummie ['my·mi:] (*-s u. -ën*) *f* Mumie *f*.

munitie [my·'ni·(t)si:] *f* Munition *f*.

munt[1] [mønt] *f* Minze *f*.

munt[2] *f* Münze *f*; *vreemde* ~ ausländische Währung; **~eenheid** [-e:nhɛĭt] *f* Währungseinheit *f*; **~en** [-ə(n)] münzen, (*Münzen*) prägen; **~enkabinet** [-ə(n)kɑbi·nɛt] (*-ten*) *n* Münzkabinett *n*; **~er** [-ər] (*-s*) *m* Münzer *m*; **~stelsel** [-stɛlsəl] (*-s*) *n* Währungssystem *n*; **~stuk** [-støk] (*-ken*) *n* Münze *f*; **~voet** [-fu·t] *m* Münzfuß *m*; **~wezen** [-ʋe:zə(n)] *n* Münzwesen *n*.

murmelen ['mørmələ(n)] murmeln, rieseln.

murw [mørʋ] mürbe.

mus [møs] (*-sen*) *f* Spatz *m*, Sperling *m*.

museum [my·'ze:(j)øm] (*-s u. -sea*) *n* Museum *n*.

musi|ceren [my·zi·'se:rə(n)] musizieren; **~cus** ['my·zi·køs] (*-ici*) *m* Musiker *m*.

muskaat|noot [møs'ka:tno:t] (*-noten*) *f* Muskatnuß *f*; **~wijn** [-ʋɛĭn] *m* Muskatwein *m*, Muskateller *m*.

musket [møs'kɛt] (*-ten*) *n* Muskete *f*; **~ier** [-'i:r] (*-s*) *m* Musketier *m*.

muskiet [møs'ki·t] *m* Moskito *m*; **~ennet** [-ənɛt] (*-ten*) *n* Moskitonetz *n*.

muskus ['møskøs] *m* Moschus *m*; **~geur** [-xø:r] *m* Moschusgeruch *m*.

mussenest ['møsənɛst] *n* Sperlings-, Spatzennest *n*.

mutatie [my·'ta:si:] (*-s*) *f* Mutation *f*, Veränderung *f*; Wechsel *m*, Versetzung *f*.

muts [møts] *f* Mütze *f*, Haube *f*, Kappe *f*.

muts|aard ['møtsa:rt] (*-s*), **~erd** [-ərt] (*-s*) *m* Reisigbündel *n*; Scheiterhaufen *m*.

muur [my:r] (*muren*) *m* Mauer *f*, Wand *f*; *tegen de* ~ *zetten* an die Wand drücken; **~bloempje** [-blu·mpjə] (*-s*) *n* Mauerblümchen *n*; **~krant** [-krɑnt] *f* Wandzeitung *f*; **~tegel** [-te:ɣ̊əl] (*-s*) *m* Wandplatte *f*, Wandfliese *f*, (Wand-) Kachel *f*; **~vast** [-v̊ɑst] mauerfest.

muze ['my:zə] (*-n*) *f* Muse *f*.

muzelman ['my·zəlmɑn] (*-nen*) *m* Muselman *m*.

muziek [my·'zi·k] *f* Musik *f*; (*gedruckt*) Musikalien *f/pl.*, Noten *f/pl.*; *op* ~ *zetten* vertonen; in Musik setzen; *met volle* ~ mit klingendem Spiel; **~blad** [-blɑt] (*-bladen*) *n* Notenblatt *n*; **~doos** [-do:s] (*-dozen*) *f* Spieldose *f*; **~korps** [-kɔrps] *n* Musikkorps *n*, Kapelle *f*; **~les** [-lɛs] (*-sen*) *f* Musikstunde *f*; **~lessenaar** [-lɛsəna:r] (*-s*) *m* Notenpult *n*; **~papier** [-pa·pi:r] *n* Notenpapier *n*; **~sleutel** [-slø:təl] (*-s*) *m* Notenschlüssel *m*; **~zaal** [-sa:l] (*-zalen*) *f* Konzert-, Musiksaal *m*.

muzi|kaal [my·zi·'ka:l] musikalisch; **~kant** [-'kɑnt] *m* Musikant *m*.

mys|terie [mi·s'te:ri:] (*-s u. -ën*) *n* Mysterium *n*, Geheimnis *n*; **~terieus** [-te:r'jø:s] mysteriös, geheimnisvoll; **~tiek** [-'ti·k] mystisch; *Su. f* Mystik *f*; **~tificatie** [-ti·fi·'ka:si:] (*-s*) *f* Mystifikation *f*, Täuschung *f*.

myt(h)e ['mi·tə] (*-n*) *f* Mythos *m*.

myt(h)o|logie [mi·to·lo·'ɣ̊i:] *f* Mythologie *f*; **~logisch** [-'lo:ɣ̊i·s] mythologisch.

N

n, N [ɛn] (-'s) *f* n, N *n*.

na [na:] *Präp.* nach (*D*); (*Rangordnung*) nächst; *Adv.* (*nader, naast*) nahe, dicht; ~ *ontvangst* nach Eingang (Empfang); *op één* ~ bis auf e-n; *voor en* ~ nach wie vor; ~ *dezen* nachher; ab heute; *iemand te* ~ *komen* j-m zu nahe treten (kommen); ~ *gezongen te hebben, ...* nachdem sie (er) gesungen hatte, ...; *op verre* ~ *niet* bei weitem nicht; *'t een* ~ *'t ander* eins ums andre.

naad [na:t] (*-naden*) *m* Naht *f*; *de* ~ *doen* nähen.

naaf [na:f] (*naven*) *f* Nabe *f*.

naai|en ['na:ĭ(j)ə(n)] nähen; **~garen** [-ɣ̊a:rə(n)] (*-s*) *n* Nähgarn *n*; **~goed** [-ɣ̊u·t] *n* Nähzeug *n*; **~machine** [-maʃi·nə] (*-s*) *f* Nähmaschine *f*; **~ster** [-stər] (*-s*) *f* Näherin *f*; Schneiderin *f*; **~werk** [-ʋɛrk] *n* Näharbeit *f*.

naakt [na:kt] nackt; *Su. n* (*Gemälde*) Akt *m*; **~heid** [-hɛĭt] *f* Nacktheit *f*; **~loper** [-lo:pər] (*-s*) *m* Nudist *m*; Nackte(r) *m*.

naald [na:lt] *f* Nadel *f*; Obelisk *m*; **~boom** [-bo:m] (*-bomen*) *m* Nadelbaum *m*; **~enkoker** [-ə(n)ko:kər] (*-s*) *m* Nadelbüchse *f*; **~hout** [-haut] *n* Nadelholz *n*.

naam [na:m] (*namen*) *m* Name *m*; Ruf *m*; *in* ~ *van de wet* im Namen des Gesetzes; *aandeel op* ~ Namensaktie *f*; *in* ~ dem Namen nach; *met name* namentlich; **~bord** [-bɔrt] *n* Namensschild *n*; **~dag** [-dɑx] *m* Namenstag *m*; **~genoot** [-ɣ̊əno:t] (*-noten*) *m* Namensvetter *m*; **~kaartje** [-ka:rtjə] (*-s*) *n* Visitenkarte *f*; **~lijst** [-lɛĭst] *f* Namenverzeichnis *n*; **~los** [-lo:s] namenlos; *~loze vennootschap* Aktiengesellschaft (AG) *f*; **~val** [-v̊ɑl] (*-len*) *m Gr.* Kasus *m*, Fall *m*; **~woord** [-ʋo:rt] *n Gr.* Nennwort *n*, Nomen *n*; *bijvoeglijk* ~ Adjektiv *n*, Eigenschaftswort *n*; *zelfstandig* ~ Substantiv *n*, Hauptwort *n*.

naäpen ['na:a:pə(n)] nachäffen, nachahmen.

naar[1] [na:r] *Präp.* nach, zu (*D*); an, in (*A*); *Konj.* wie; ~ *huis* nach Hause, heim; ~ *school* zur Schule; ~ *de kerk* in die Kirche; ~ *het front* an die Front; ~ *men zegt* wie man sagt.

naar[2] *Adj., Adv.* schlecht, übel; unangenehm, widerlich; ~ *weer* schlechtes Wetter; *een nare kerel* ein widerwärtiger Kerl; *zij werd er* ~ *van* ihr wurde übel dabei.

naardien [na:r'di:n] weil, da.

naargeestig [na:rɣ̊e:stəx] trübselig, trübsinnig.

naargelang [na:rɣ̊ə'lɑŋ] je nachdem; je nach.

naarheid ['na:rhɛĭt] (*-heden*) Elend *n*, Jammer *m*; Widerlichkeit *f*.

naarmate [na:r'ma:tə] je nach, in dem Maße; *al* ~ je nachdem.

naarstig ['na:rstəx] fleißig, emsig; **~heid** [-hɛĭt] *f* Fleiß *m*, Emsigkeit *f*.

naast [na:st] *s. na*; nächst; neben; *in de ~e toekomst* in nächster Zukunft; *ten ~e bij* nahezu, ungefähr, annähernd; **~e** [-ə] (*-n*) *m u. f* Nächste(r) *m*; Verwandte(r) *m*; **~en** [-ə(n)] an sich bringen (ziehen); verstaatlichen; **~enliefde** [-ə(n)li:v̊də] *f* Nächstenliebe *f*; **~ing** [-ɪŋ] *f* Verstaatlichung *f*.

nabetaling ['na:bəta:lɪŋ] *f* Nachzahlung *f*.

nabetrachting ['na:bətrɑxtɪŋ] Überlegung *f*, Erwägung *f*.

nabij [na'bɛĭ] nahe bei (an), in der Nähe *G*; **~gelegen** [-ɣ̊əle:ɣ̊ə(n)] nahe gelegen, nahe liegend.

nablijven ['na:blɛĭv̊ə(n)] (*Schule*) nachsitzen.

nabob ['na:bɔp] (*-s*) *m* Nabob *m*.

Naboechodonosor [na·bu·ko·do:'no:zɔr] *m* Nebukadnezar *m*.

naboot|sen ['na:bo:tsə(n)] nachahmen, nachbilden; **~sing** [-sɪŋ] Nachahmung *f*.

naburig [na·'by:rəx] benachbart, nahe, naheliegend.

nacht [nɑxt] *m* Nacht *f*; *van* ~ heute nacht; *op zekere* ~ e-s Nachts; **~asiel, ~asyl** [-ɑzi·l] *n* Nachtas *n*; **~bel** [-bɛl] (*-len*) *f* Nachtglocke *f*, Nachtklingel *f*; **~braker** [-bra:kər] (*-s*) *m* Nachtschwärmer *m*; **~café** [-kafe:] (*-s*) *n* Nachtlokal *n*; **~dienst** [-di:nst] *m* Nachtdienst *m*; **~igaal** [-əɣa:l] (*-galen*) *m* Nachtigall *f*; **~elijk** [-ələk] nächtlich; **~evening** [-e:v̊ənɪŋ] *f* Tagundnachtgleiche *f*; **~gewaad** [-xəʋa:t] (*-waden*) *n* Nachtgewand *n*; **~kaars** [-ka:rs] *f* Nachtkerze *f*; **~kijker** [-kɛĭkər] (*-s*) *m* Nachtglas *n*, Nachtfernrohr *n*; **~kus** [-kəs] (*-sen*) *m* Gutenachtkuß *m*; **~kwartier** [-kʋarti:r] *n* Schlafgelegenheit *f*, Obdach *n*; **~merrie** [-mɛri:] (*-s*) *f* Alpdrücken *n*; **~ploeg** [-plu:x] *f* Nachtschicht *f*; **~rust** [-rəst] *f* Nachtruhe *f*; **~schade** [-sxa:də] (*-n*) *f* Nachtschatten *m*; **~slot** [-slɔt] *n* Nachtschloß *n*; **~uil** [-əyl] *m* Nachteule *f*; *fig.* Nachtschwärmer *m*; **~verblijf** [-fərblɛĭf] (*-blijven*) *n* Unterkunft *f*, Obdach *n*, Schlafgelegenheit *f*; **~vlinder** [-flɪndər] (*-s*) *m* Nachtfalter *m*; **~vorst** [-fɔrst] *m* Nachtfrost *m*; **~wacht** [-ʋaxt] *m* Nachtwächter *m*; *f* Nachtwache *f*; **~waker** [-ʋa:kər] (*-s*) *m* Nachtwächter *m*; **~werk** [-ʋɛrk] *n* Nachtarbeit *f*.

nacijferen ['na:sɛĭfərə(n)] nachrechnen, nachprüfen.

nadat [na:'dat] nachdem.

nadeel ['na:de:l] (*-delen*) *n* Nachteil *m*, Schaden *m*; *pl.* Nachteile *pl.*; F Macken *f/pl.*; *tot ~ strekken* zum Nachteil gereichen; *dat liep (viel) in zijn ~ uit* er landete im Abseits.

nadelig [na·'de:ləx] nachteilig, schädlich; ungünstig; *~ saldo* Verlustsaldo *m*.

nadenken ['na:dɛŋkə(n)] nachdenken, sich überlegen; **~d** [-t] bedachtsam; nachdenklich.

nader ['na:dər] *s. na*; näher; genauer; **~bij** [-'bɛĭ] näher; **~en** [-ə(n)] *v/i* sich nähern, (heran-)nahen; **~hand** [-'hant] nachher, später; nachträglich; **~ing** [-ɪŋ] *f* Annäherung *f*.

nadoen ['na:du:n] nachtun, nachahmen, nachmachen.

nadruk ['na:drək] *m* Nachdruck *m*; Betonung *f*; *met ~* mit Nachdruck, nachdrücklich; *~ leggen op* Nachdruck legen auf *A*, betonen; **~kelijk** [na·'drəkələk] nachdrücklich.

nafta ['nafta·] *m* Naphtha *n u. f*.

nagaan ['na:ɣa:n] nachgehen, folgen; bedenken; untersuchen; überwachen, beaufsichtigen; kontrollieren, prüfen.

nagalm ['na:galm] *m* Nachhall *m*; **~en** [-ə(n)] nachhallen.

nageboorte ['na:ɣəbo:rtə] (*-n*) *f* Nachgeburt *f*.

nagedachtenis ['na:ɣədaxtənɪs] *f* Andenken *n*, Erinnerung *f*; *ter ~ van* zum Andenken, zur Erinnerung an *A*.

nagel ['na:ɣ̊əl] (*-s u. -en*) *m* Nagel *m*; Gewürznelke *f*; *~s met koppen slaan fig.* mit *j-m* Fraktur reden; **~borstel** [-bɔrstəl] (*-s*) *m* Nagelbürste *f*; **~en** [-ə(n)] nageln; **~lak** [-lak] (*-ken*) *n* Nagellack *m*; **~nieuw** [-ni·ŭ] nagelneu; **~vast** [-v̊ast] nagelfest.

nagemaakt ['na:ɣ̊əma:kt] nachgeahmt, nachgemacht.

nagenoeg ['na:-], *a.* [na·ɣə'nu:x] ungefähr, nahezu.

nagerecht ['na:ɣərext] *n* Nachtisch *m*.

nageslacht ['na:ɣ̊əslaxt] *n* Nachkommenschaft *f*; Nachkommen *pl.*; Nachwelt *f*.

nagewas ['na:ɣəʋas] (*-sen*) *n* Nachwuchs *m*.

nagras ['na:ɣras] *n* Nachmahd *f*, Grum(me)t *n*.

naherfst ['na:hɛrfst] *m* Spätherbst *m*.

nahooi ['na:ho:ĭ] *n* Grum(me)t *n*.

nahouden ['na:haudə(n)] nachsitzen lassen; *er op ~* halten; auf Lager halten; auf Lager haben.

na|ïef [na·'ji:f] naiv; **~ïeveling** [-'ji:v̊əlɪŋ] *m* F Naivling *m*.

naijver ['na:ɛĭv̊ər] *m* Neid *m*, Eifersucht *f*; **~ig** [-əx] eifersüchtig.

najaar ['na:ja:r] (*-jaren*) *n* Herbst *m*; **~sbeurs** [-zbø:rs] (*-beurzen*) *f* Herbstmesse *f*; **~sveiling** [-sfɛĭlɪŋ] *f*, Herbstauktion *f*.

najagen ['na:ja:ɣ̊ə(n)] nachjagen, nachsetzen *D*; verfolgen *A*.

najouwen ['na:jau(ʋ)ə(n)] nachschreien.

naken ['na:kə(n)] näher kommen, sich nähern; **~d** [-t] (heran)nahend.

nakijken ['na:kɛĭkə(n)] nachsehen, nachblicken; (nach)prüfen, nachschauen; *hij had het ~ fig.* er hatte das Nachsehen.

naklank [ˈnaːklɑŋk] *m* Nachklang *m*, Nachhall *m*.
nakomeling [ˈnaːkoːməlɪŋ] *m* Nachkomme *m*; *pl.* Nachkommenschaft *f*, Nachwelt *f*.
nakomen [ˈnaːkoːmə(n)] nachkommen; später kommen; *een belofte (verplichtingen)* ~ ein Versprechen halten; seinen Verpflichtungen nachkommen.
nakomer [ˈnaːkoːmər] (-*s*) *m* Nachzügler *m*; **~tje** [-tjə] (-*s*) *n* Nesthäkchen *n*.
nakroost [ˈnaːkroːst] *n* Nachkommenschaft *f*, Nachkommen *pl.*
nalaten [ˈnaːlaːtə(n)] hinterlassen; versäumen, unterlassen; nachlassen; *niet* ~ *kunnen* nicht umhin kommen (können); **~schap** [naˑˈlaːtə(n)sxɑp] (-*pen*) *f* Hinterlassenschaft *f*, Nachlaß *m*.
nalatig [naˑˈlaːtəx] nachlässig, fahrlässig; **~heid** [-hɛĭt] (-*heden*) *f* Nachlässigkeit *f*, Fahrlässigkeit *f*.
nale|ven [ˈnaːleːv̊ə(n)] befolgen, erfüllen, (*Bestimmungen*) einhalten; **~ving** [-v̊ɪŋ] *f* Befolgung *f*; Erfüllung *f*.
nale|zen [ˈnaːleːzə(n)] nachlesen, noch einmal lesen; **~zing** [-zɪŋ] *f* Nachlesen *n*, nochmaliges Lesen *n*.
nalopen [ˈnaːloːpə(n)] *j-m* nachlaufen, nachgehen, folgen.
nam [nɑm] *s. nemen.*
namaak [ˈnaːmaːk] *f* Nachahmung *f*; Kopie *f*; *opgepast voor* ~ vor Nachahmung wird gewarnt; **~sel** [-səl] (-*s*) *n s. namaak.*
namaken [ˈnaːmaːkə(n)] nachahmen, nachmachen.
name|lijk [ˈnaːmələk] nämlich; **~loos** [-loːs] namenlos; unsäglich, unaussprechlich.
namens [ˈnaːməns] im Namen, im Auftrag *G.*
nameten [ˈnaːmeːtə(n)] nachmessen.
namiddag [naˑˈmɪdɑx] *m* Nachmittag *m*; *'s* ~*s* nachmittags.
nanoen [ˈnaːnuːn] *m* Nachmittag *m.*
naogen [ˈnaːoːɣ̊ə(n)] nachblicken, nachschauen *D.*
naoogst [ˈnaːoːxst] *m* Nachernte *f*, Nachlese *f*.
naoorlogs [ˈnaːoːrlɔxs] Nachkriegs-; ~*e tijd* Nachkriegszeit *f.*
nap [nɑp] (-*pen*) *m* Napf *m.*
napalmbom [ˈnaːpɑlmbɔm] (-*men*) *f* Napalmbombe *f.*
napeinzen [ˈnaːpɛĭnzə(n)] nachsinnen, nachdenken, nachgrübeln (über *A*).
Napels [ˈnaːpəls] *n* Neapel *n.*
napijn [ˈnaːpɛĭn] *f* Nachschmerzen *m/pl.*
napluizen [ˈnaːplœyzə(n)] nachforschen, genau untersuchen.
Napolitaan [naˑpɔliˑˈtaːn] (-*tanen*) *m* Neapolitaner *m.*
napra|ten [ˈnaːpraːtə(n)] nachsprechen, nachplappern, nachbeten; **~ter** [-tər] (-*s*) *m* Nachsprecher *m*, Nachbeter *m.*
napret [ˈnaːprɛt] *f* Nachvergnügen *n*, Nachfeier *f.*
nar [nɑr] (-*ren*) *m* Narr *m.*
narcis [nɑrˈsɪs] (-*sen*) *f* Narzisse *f.*
narco|se [nɑrˈkoːzə] *f* Narkose *f*; **~ticum** [-tɪkəm] (-*tica*) *n* Narkotikum *n.*
narede [ˈnaːreːdə] (-*s*) *f* Schlußwort *n*; Nachwort *n.*
nareizen [ˈnaːrɛĭzə(n)] nachreisen.
narekenen [ˈnaːreːkənə(n)] nachrechnen; nachprüfen.
narigheid [ˈnaːrəxhɛĭt] (-*heden*) Widerwärtigkeit *f*; Elend *n*, Jammer *m.*
narijden [ˈnaːrɛĭdə(n)] nachfahren, nachreiten; antreiben.
naroepen [ˈnaːruˑpə(n)] nachrufen.
narren|kap [ˈnɑrə(n)kɑp] (-*pen*) Narrenkappe *f*; **~pak** [-pɑk] (-*ken*) *n* Narrenkleid *n.*
narukken [ˈnaːrœkə(n)] nachrücken, nachmarschieren.
narwal [ˈnɑrʋɑl] (-*s u.* -*len*) *m Zoo.* Narwal *m.*
nasaal [nɑˈzaːl] *Adj.* nasal; *Su.* (-*salen*) *f* Nasallaut *m.*
naschilderen [ˈnaːsxɪldərə(n)] nachmalen.
naschreeuwen [ˈnaːsxreːŭ(ʋ)ə(n)] nachschreien.
naschrift [ˈnaːsxrɪft] *n* Nachschrift *f*, Postskriptum *n.*
naschrijven [ˈnaːsxrɛĭv̊ə(n)] nachschreiben, kopieren; abschreiben.
nasi [ˈnɑsiˑ] *m* gekochte(r) Reis *m*; **~goreng** [-ɣ̊oːrɛŋ] *m in Öl gebackener Reis.*
naslaan [ˈnaːslaːn] nachschlagen; *Münzen* nachprägen.
nasleep [ˈnaːsleːp] *m* Gefolge *n*; *met alle* ~ *van dien* F mit allem Drum und Dran.
naslepen [ˈnaːsleːpə(n)] nachschleppen.

nasluipen ['na:sləʏpə(n)] nachschleichen.
nasmaak ['na:sma:k] (*-smaken*) *m* Nachgeschmack *m*.
naspel ['na:spɛl] *n* Nachspiel *n*; **~en** [-ə(n)] nachspielen.
naspellen ['na:spɛlə(n)] nachbuchstabieren.
naspeuren ['na:spø:rə(n)] nachspüren, nachforschen.
naspoelen ['na:spu:lə(n)] nachspülen.
naspo|ren ['na:spo:rə(n)] nachspüren, nachforschen; **~ring** [-rɪŋ] *f* Nachforschung *f*.
naspreken ['na:spre:kə(n)] nachsprechen.
nastreven ['na:stre:v̇ə(n)] nachstreben *D*; *ein Ziel* verfolgen.
nasturen ['na:sty:rə(n)] nachschicken.
nat [nɑt] *Adj*. naß; *Su*. *n* Naß *n*; Nässe *f*; *kort* ~ Schnaps *m*.
natafelen ['na:ta:fələ(n)] (noch) bei Tisch sitzen bleiben.
natellen ['na:tɛlə(n)] nachzählen, nachrechnen.
natie ['na:si:] (*-s u. -ën*) *f*; *s. veem*; Lagerhausgesellschaft *f*; *de Verenigde Naties* die Vereinten Nationen *f/pl*.
natio|naal [nɑ(t)si·(j)ɔ'na:l] national; National-; ~ *feest* Nationalfeier *f*; ~ *elftal Sp*. Nationalelf *f*; *~nale kampioen Sp*. Landesmeister *m*; **~naliteit** [-na·li·'tɛĭt] *f* Nationalität *f*, Staatsangehörigkeit *f*.
natrium ['na:tri·(j)əm] *n* Natrium *n*.
natron ['na:trɔn] *n* Natron *n*.
nattigheid ['nɑtəxhɛĭt] *f* Nässe *f*, Feuchtigkeit *f*.
naturalisatie *a*. **-zatie** [nɑty·rɑli·'za:si:] (*-s*) *f* Naturalisation *f*, Einbürgerung *f*.
natuur [nɑ'ty:r] (*-turen*) *f* Natur *f*; Naturell *n*; **~bescherming** [-bəsxɛrmɪŋ] *f* Naturschutz *m*; **~getrouw** [-ɣ̇ətrɑŭ] naturgetreu; **~kunde** [-kəndə] *f* Naturkunde *f*, Physik *f*; Naturlehre *f*; **~kundige** [-kəndəɣ̇ə] (*-n*) *m u. f* Physiker *m*.
natuurlijk [na·'ty:rlək] *Adj*. natürlich; *Adv*. natürlich, selbstverständlich; *~e wetenschappen* Naturwissenschaften *f/pl*.
natuur|reservaat [nɑ'ty:rəzərva:t] (*-vaten*) *n* Naturschutzgebiet *n*; **~wet** [-ʋɛt] (*-ten*) *f* Naturgesetz *n*.
nauw [nɑŭ] *Adj*. eng, knapp, gedrängt; *Adv*. genau; *Su*. *n* Enge *f*; *fig*. Bedrängnis *f*; *iets ~ nemen* etw. genau nehmen; *dat steekt niet zo ~* es nicht so genau nehmen; *iemand in 't ~ drijven* j-n in die Enge treiben; *in 't ~ zitten fig*. in der Klemme (Patsche) sitzen; *het Nauw van Calais* Straße *f* von Calais.
nauwelijks ['nɑŭələks] kaum.
nauw|gezet [nɑŭɣ̇ə'zɛt] pünktlich, gewissenhaft; **~keurig** [-'kø:rəx] genau, pünktlich; **~keurigheid** [-'kø:rəxhɛĭt] *f* Pünktlichkeit *f*, Gewissenhaftigkeit *f*; **~lettend** [-'lɛtənt] aufmerksam, genau; **~sluitend** [-sləʏtənt] eng anliegend, eng anschließend; **~te** [-tə] *f* (Meer-) Enge *f*; (*Gebirge*) Engpaß *m*, Paß *m*.
navel ['na:v̇əl] (*-s*) *m* Nabel *m*; **~streng** [-strɛŋ] *f* Nabelschnur *f*.
navenant [na·v̇ə'nɑnt] je nachdem, dementsprechend.
navertellen ['na:v̇ərtɛlə(n)] nacherzählen.
naviga|tie [nɑv̇i·'ga:si:] *f* Navigation *f*; **~tor** [-tɔr] (*-s*) *m* Navigator *m*.
navoelen ['na:v̇u:lə(n)] nachempfinden.
navol|gen ['na:v̇ɔlɣ̇ə(n)] nachfolgen; nachahmen, nachbilden; **~gend** [-ɣ̇ənt] nachstehend; (nach)folgend; **~ger** [-ɣ̇ər] (*-s*) *m* Nachfolger *m*; Nachahmer *m*, Epigone *m*; **~ging** [-ɣ̇ɪŋ] *f* Nachfolge *f*, Nachahmung *f*, Nachbildung *f*.
navor|sen ['na:v̇ɔrsə(n)] nachforschen; **~sing** [-sɪŋ] *f* Nachforschung *f*.
navraag ['na:v̇ra:x] *f* Nachfrage *f*.
navragen ['na:v̇ra:ɣ̇ə(n)] nachfragen; sich erkundigen.
naweeën ['na:ʋe:(j)ə(n)] *pl*. Nachwehen *pl*.
nawegen ['na:ʋe:ɣ̇ə(n)] nachwiegen.
nawer|ken ['na:ʋɛrkə(n)] nachwirken; nacharbeiten, Überstunden machen; **~king** [-kɪŋ] *f* Nachwirkung *f*.
nawijzen ['na:ʋɛĭzə(n)]: *iemand met de vinger ~* mit dem Finger auf j-n zeigen.
nazaat ['na:za:t] (*-zaten*) *m* Nachkomme *m*.
Nazarener [na·za·'re:nər] *m* Nazaräer *m*, Nazarener *m*.
nazeggen ['na:zɛɣ̇ə(n)] nachsagen, nachsprechen.

nazenden ['na:zɛndə(n)] nachschicken, nachsenden.
nazetten ['na:zɛtə(n)] nachsetzen.
nazien ['na:zi:n] nachsehen, durchsehen, prüfen.
nazin ['na:zɪn] (*-nen*) *m* Nachsatz *m.*
nazoeken ['na:zu·kə(n)] nachsuchen; nachschlagen.
nazomer ['na:zo:mər] (*-s*) *m* Nachsommer *m*, Spätsommer *m.*
necessaire [ne·sɛ'sɛ:rə] (*-s*) *m* Necessaire *n.*
necrologie *a.* **-kro-** [ne·kro·lɔ'gi:] (*-ën*) (*Nachruf*) Nekrolog *m*; (*Totenverzeichnis*) Nekrologium *n.*
nectar *a.* **nek-** ['nɛktɑr] *m* Nektar *m.*
neder ['ne:dər] nieder; herab, hinab; herunter, hinunter.
Nederduits ['ne:dərdəʏts] *Adj.* niederdeutsch; *Su. n* Niederdeutsch *n.*
nederig ['ne:dərəx] bescheiden, demütig; einfach; **~heid** [-hɛĭt] *f* Bescheidenheit *f*, Demut *f.*
nederlaag ['ne:dərla:x] (*-lagen*) *f* Niederlage *f.*
Nederland ['ne:dərlɑnt] *n* Niederlande *pl.*; Holland *n*; **~er** [-dər] (*-s*) *m* Niederländer *m*, Holländer *m*; **~s** [-s] *Adj.* niederländisch; *Su. n* Niederländisch *n.*
Neder-Rijn ['ne:dərrɛĭn] *m* Niederrhein *m.*
ne(d)erwaarts ['ne:dər-], *a.* ['ne:rʋa:rts] abwärts.
nederzetting ['ne:dərzɛtɪŋ] *f* Niederlassung *f*, Ansiedlung *f*, Siedlung *f.*
nee(n) [ne:(n)] nein; ~ *maar!* nein so was!
neef [ne:f] (*neven*) *m* Neffe *m.*
neeg [ne:x] *s. nijgen.*
neep[1] [ne:p] *s. nijpen.*
neep[2] (*nepen*) *f* Kniff *m.*
neer [ne:r] nieder; *s. a. neder*; *op en* ~ auf und ab.
neer|bliksemen ['ne:rblɪksəmə(n)] niederdonnern; *fig.* niederschmettern; **~buigen** [-bəʏɣə(n)] niederbeugen; **~buigend** [-t] herablassend; **~dalen** [-da:lə(n)] niedersteigen, herab-, hinabsteigen; niedersinken; **~drukken** [-drəkə(n)] nieder-, hinabdrücken; **~duwen** [-dy:(ʋ)ə(n)] niederdrücken, niederstoßen; **~gooien** [-ɣo:ĭ(j)ə(n)] niederwerfen; **~halen** [-ha:lə(n)] herunterholen; herabziehen; herablassen; **~hangen** [-hɑŋə(n)] *v/i u. v/t* herunterhängen.
neerhof ['ne:rhɔf] (*-hoven*) *n* Hühnerhof *m.*
neer|hurken ['ne:rhəkə(n)] niederhocken, niederkauern; **~kijken** [-kɛĭkə(n)] nieder-, herabblicken, niedersehen; **~knielen** [-kni:lə(n)] niederknien; **~komen** [-ko:mə(n)] herunterkommen, niederfallen; *dat komt op hetzelfde neer* das läuft auf eins hinaus; **~laten** [-la:tə(n)] niederlassen, herunter-, herablassen; **~leggen** [-lɛɣə(n)] niederlegen; *die Arbeit* einstellen; *die Waffen* strekken; töten, erschießen; *zich bij iets* ~ sich in etw. (*A*) fügen, sich mit etw. (*D*) abfinden; **~liggen** [-lɪɣə(n)] daniederliegen; **~ploffen** [-plɔfə(n)] niederstürzen; **~schieten** [-sxi·tə(n)] abschießen, niederschießen, erlegen; **~schrijven** [-sxrɛĭʋə(n)] nieder-, hinschreiben; **~slaan** [-sla:n] niederschlagen, niederstrecken.
neerslachtig [ne:r'slɑxtəx] niedergeschlagen; schwermütig.
neerslag ['ne:rslɑx] *m* Niederschlag *m*; *m u. n Chem.* Präzipitat *n*, Bodensatz *m*; *geen* ~ niederschlagsfrei.
neer|strijken ['ne:rstreɛĭkə(n)] niedersinken; glattstreichen; sich niederlassen; **~trekken** [-trɛkə(n)] herab-, herunterziehen; **~vallen** [-ʋɑlə(n)] herab-, herunter-, niederfallen; **~vellen** [-ʋɛlə(n)] niederschlagen, zu Boden strecken; **~vlijen** [-ʋlɛĭ(j)ə(n)] *v/r* sich hinlegen; **~werpen** [-ʋɛrpə(n)] niederwerfen; **~zetten** [-zɛtə(n)] niedersetzen, hinsetzen; *v/r* sich (nieder)setzen; sich ansiedeln, sich niederlassen; **~zien** [-zi:n] nieder-, herabsehen, hinabsehen (*op*/auf *A*); **~zitten** [-zɪtə(n)] sich setzen.
neet [ne:t] (*neten*) *f* Nisse *f*; *kale* ~ armer Schlucker *m*; schäbiger Ker[l] *m.*
negatief [ne·ga·'ti:f] negativ; *Su* (*-tieven*) *n* Negativ *n.*
negen ['ne:ɣə(n)] neun; *Su.* (*-s*) Neun *f*; *alle* ~ alle neun(e); **~de** [-də] neunte; **~honderd** [-hɔndərt] neunhundert; **~maal** [-ma:l] neunmal; **~oog** [-o:x] (*-ogen*) *f* Karbunkel *m*, Furunkel *m*; *Zool.* Neunauge *n*; **~tien** [-ti:n] neunzehn; **~tig** [-təx] neunzig; **~tiger** [-təɣər] (*-s*) *m* Neunziger *m.*
neger ['ne:ɣər] (*-s*) *m* Neger *m.*

negeren[1] ['ne:ɣ̊ərə(n)] quälen.
negeren[2] [nə'ɣ̊e:rə(n)] negieren, verneinen; ignorieren.
neger|ij [ne:ɣ̊ə'rɛĭ] *f* Nest *n*, Loch *n*; **~slaaf** [-sla:f] (*-slawen*) *m* Negersklave *m*.
negligé [ne·gli·'ʒe:] (*-s*) *n* Negligé *n*, Hauskleid *n*, Morgenrock *m*.
negotie [ne·'ɣ̊o:si:] (*-s*) *f* Handel *m*, Geschäft *n*.
nei|gen ['nɛĭɣ̊ə(n)] neigen; **~ging** [-ɣ̊ɪŋ] *f* Neigung *f*; Hang *m*, Tendenz *f*.
nek [nɛk] (*-ken*) *m* Nacken *m*, Genick *n*; *iemand in de ~ zien* j-n betrügen, F j-n übers Ohr hauen; *stijve ~* steifer Hals; *de ~ breken* den Hals (das Genick) brechen; **~slag** [-slɑx] *m* Nackenschlag *m*.
nemen ['ne:mə(n)] (*nam, genomen*) nehmen; *die Flucht* ergreifen; *Erkundigungen* einziehen; *het ervan ~* sich etw. gönnen; *een besluit ~* e-n Entschluß fassen.
neologisme [ne·(j)o·lɔ'gi·smə] *n* Neologismus *m*, Neubildung *f*.
neonbuis [ne·'(j)ɔnbɛʏs] (*-buizen*) *f* Neonröhre *f*.
Neptunus [nɛp'ty:nəs] *m* Neptun *m*.
nerf [nɛrf] (*nerven*) *f* Nerv *m*; (*Leder, Blatt usw.*) Ader *f*, Narbe *f*.
nergens nirgends, nirgendwo; *zij zijn nog ~* sie haben noch nichts erreicht.
nering ['ne:rɪŋ] *f* Geschäft *n*, Handel *m*, Gewerbe *n*; Erwerbszweig *m*; *de tering naar de ~ zetten fig.* sich nach der Decke strecken; **~doende** [-du:ndə] (*-n*) *m u. f* Gewerbetreibende(r *m*) *f*; Kleinhändler *m*; Ladenbesitzer *m*.
nerveus [nɛr'v̊ø:s] nervös; F fickerig; **~heid** [-hɛĭt] *f* Nervosität *f*.
nest [nɛst] *n* Nest *n*; (*Raubvogel*) Horst *m*; *fig.* (*Mädchen*) hochnäsiges Ding; **~ei** [-ɛĭ] (*-eren*) *n* Nestei *n*.
nestel ['nɛstəl] (*-s*) *m* (Schnur *f*; Schnürsenkel *m*.
nestelen[1] ['nɛstələ(n)] binden, schnüren.
nestelen[2] nisten; *zich ~* sich einnisten.
nest|kuiken ['nɛstkəʏkə(n)] (*-s*) *n* Nestküken *n*; *fig.* Nesthäkchen *n*; **~veren** [-fe:rə(n)] *pl.* Nestfedern *f/pl.*
net[1] [nɛt] *Adj. Adv.* anständig; nett, hübsch, schmuck; sauber; *Adv.* genau; gerade, eben; *~ hetzelfde* genau dasselbe; *~ van pas* gerade recht; *dat is ~ iets voor hem* das sieht ihm ähnlich; *~ zo goed* ebenso gut.
net[2] (*-ten*) *n* Netz *n*; *~ten spannen* Netze stellen; *achter het ~ vissen* das Nachsehen haben.
netel ['ne:təl] (*-s u. -en*) Brennessel *f*; **~doek** [-du·k] *n* Nesseltuch *n*, Mull *m*.
netelig ['ne:tələx] heikel, mißlich, knifflig.
netelkoorts ['ne:təlko:rts] *f* Nesselfieber *n*.
netjes ['nɛtjəs] *Adv.* anständig; ordentlich, sauber; fein; nett, hübsch.
net|kaart ['nɛtka:rt] *f* Netzkarte *f*; **~nummer** [-nəmər] (*-s*) *n* Kennzahl *f*; *Tel.* Vorwählnummer *f*.
netschrift ['nɛtsxrɪft] *n* Reinschrift *f*.
netspanning ['nɛtspɑnɪŋ] *f* Netzspannung *f*.
nettowinst ['nɛto·ʋɪnst] *f* Nettogewinn *m*, Reingewinn *m*.
net|vleugeligen ['nɛtfløɣ̊ələɣ̊ə(n)] *pl.* Netzflügler *m/pl.*; **~vlies** [-fli:s] (*-vliezen*) *n* Netzhaut *f*.
Neurenberg ['nø:rənbɛrx] *n* Nürnberg *n*.
neuriën ['nø·ri·(j)ə(n)] summen, trällern.
neus [nø:s] (*neuzen*) *m* Nase *f*; (*Schuh*) Spitze *f*; *iemand bij de ~ nemen fig.* j-n an der Nase herumführen; *iets in de ~ krijgen* etw. wittern; *een wassen ~* zum Schein; *langs zijn ~ weg* (so) ganz nebenbei; *zijn ~ optrekken voor* die Nase rümpfen über *A*; **~been** [-be:n] (*-deren u. -benen*) *n* Nasenbein *n*; **~bloeding** [-blu·dɪŋ] *f* Nasenbluten *n*; **~gat** [-xɑt] *n* Nasenloch *n*; (*Tiere*) Nüster *f*; **~hoorn, ~horen** [-ho:rə(n)] (*-s*) *m* Nashorn *n*; **~klank** [-klɑŋk] *m* Nasallaut *m*; **~vleugel** [-flø:ɣ̊əl] (*-s*) *m* Nasenflügel *m*; **~wijs** [-ʋɛĭs] naseweis, vorwitzig, vorlaut.
neutraal [nø:tra:l] neutral.
neutrali|seren, ~zeren [nø·tra·li·'ze:rə(n)] neutralisieren; **~teit** [-'tɛĭt] *f* Neutralität *f*; *de ~ schenden* die Neutralität verletzen.
nevel ['ne:v̊əl] (*-s u. -en*) *m* Nebel *m*; **~achtig** [-ɑxtəx] neblig; nebelhaft; **~vlek** [-v̊lɛk] (*-ken*) *f* Nebelfleck *m*.

neven|bedrijf ['ne:v̊ə(n)bədrɛif] (*-drijven*) *n* Zweigbetrieb *m*, Zweiggeschäft *n*; **~geschikt** [-ɣ̊əsxɪkt] beigeordnet.

nevens ['ne:v̊əns] nebst *D*.

neven|schikking ['ne:v̊ə(n)sxɪkɪŋ] *f* Koordination *f*; Beiordnung *f*; **~staand** [-sta:nt] nebenstehend.

New-Foundland [nju·'fauntlənt] *n* Neufundland *n*.

nicht [nɪxt] *f* Nichte *f*; Kusine *f*.

nicotine [ni·ko·'ti·nə] *f* Nikotin *n*; **~vergiftiging** [-vərɣ̊ɪftəɣ̊ɪŋ] *f* Nikotinvergiftung *f*.

niemand ['ni:mɑnt] niemand, keiner.

niemendal ['ni·məndɑl] gar nichts.

nier [ni:r] *f* Niere *f*; **~steen** [-ste:n] (*-stenen*) *m* Nieren-, Harnstein *m*; **~stuk** [-støk] (*-ken*) *n* Nierenbraten *m*, Nierenstück *n*.

niesbui ['ni:zbəʏ] *f* Niesanfall *m*; **~en** [-ən] niesen; **~kruid** [-krəʏt] *n* *Bot.* Nieswurz *f*; **~poeder** [-pu·dər] (*-s*) *n* Niespulver *n*.

niet[1] [ni:t] *m* Nietnagel *m*, Niete *f*.

niet[2] nicht; *Su. n* Nichts *n*; *voor* ~ umsonst; kostenlos.

nieten ['ni:tə(n)] (ver)nieten.

nietig ['ni:təx] nichtig, ungültig; wertlos; unwirksam; winzig; **~heid** [-hɛĭt] (*-heden*) *f* Nichtigkeit *f*, Geringfügigkeit *f*; Ungültigkeit *f*; **~verklaring** [-fərkla:rɪŋ] *f* Nichtigkeitserklärung *f*.

niet-roker [ni:t'ro:kər] (*-s*) *m* Nichtraucher *m*.

niets [ni:ts] nichts; *voor* ~ umsonst, vergebens; ~ *dan* nichts als; *er zit* ~ *anders op* es bleibt nichts anderes übrig; *een vent van* ~ *fig.* e-e Null; *'t is* ~ das macht nichts; **~betekenend** [-bə'te:kənənt] unbedeutend; **~doener** [-du:nər] (*-s*) *m* Nichtstuer *m*; **~nut** [-nøt] (*-ten*) *m* Nichtsnutz *m*; **~waardig** [-'ʋa:rdəx] nichtswürdig.

niettegenstaande [ni:te:ɣ̊ə(n)'sta:ndə] ungeachtet *G*; trotz *G*, *D*; ~ *dat* dessenungeachtet; obgleich, obschon.

niettemin [ni:tə'mɪn] nichtsdestoweniger, trotzdem, dennoch.

nieuw [ni·ŭ] neu; Neu-; ~*e maan* Neumond *m*; ~ *gebouw* Neubau *m*; *iets* ~*s* etwas Neues; ~*e groente*(*n*) frisches Gemüse.

nieuweling ['ni·ŭ(ʋ)əlɪŋ] *m* Neuling *m*.

nieuwigheid ['ni·ŭ(ʋ)əxhɛĭt] (*-heden*) *f* Neuigkeit *f*, Novität *f*, Neuheit *f*; Neuerung *f*.

nieuwjaar ['ni·ŭja:r] *n* Neujahr *n*; *gelukkig* ~! pros(i)t Neujahr!; *met* ~ zu Neujahr; **~swens** [-sʋɛns] *m* Neujahrswunsch *m*.

nieuw|kuis ['ni·ŭkəʏs] *m* chemische Reinigung *f*; **~lichter** [-lɪxtər] (*-s*) *m* Neuerer *m*; **~modisch** [-'mo:di·s] neumodisch.

nieuws [ni·ŭs] *n* Neue(s) *n*; (*Zeitung, Radio*) Nachrichten *f/pl.*; (*Sachen*) Neuigkeiten *f/pl.*; (*Geschehen*) Ereignis *n*; *goed* ~ gute Nachricht; *wat is er voor* ~? was gibt's Neues?; *niets* ~ nichts Neues; **~agentschap** [-ɑgɛntsxɑp] (*-pen*) *n* Nachrichtenagentur *f*; **~bericht** [-bərɪxt] *n* Nachricht *f*; **~blad** [-blɑt] *n* Zeitung *f*; **~gierig** [-'xi:rəx] neugierig; **~gierigheid** [-'xi:rəxhɛĭt] *f* Neugier(de) *f*; **~tijding** [-tɛĭdɪŋ] *f* Nachricht *f*.

nieuwtje ['ni·ŭtjə] (*-s*) *n* Neuigkeit *f*; Neuheit *f*; **~sjager** [-sja:ɣ̊ər] (*-s*) *m* Neuigkeitsjäger *m*.

Nieuw-Zeeland [ni·ŭ'ze:lɑnt] *n* Neuseeland *n*.

niezen ['ni:zə(n)] niesen.

nihilist [ni·hi·'li·st] *m* Nihilist *m*.

nijd [nɛĭt] *m* Neid *m*; **~as** [-ɑs] (*-sen*) *m* Griesgram *m*, Nörgler *m*; **~ig** [-əx] böse, ärgerlich, grimmig; **~igaard** [-əɣ̊a:rt] (*-s*) *m s. nijdas*; **~igheid** [-əxhɛĭt] *f* Neid *m*.

nij|gen ['nɛĭɣ̊ə(n)] (*neeg, genegen*) sich (ver)neigen; sich verbeugen; **~ging** [-ɣ̊ɪŋ] *f* Verneigung *f*, Verbeugung *f*; (*Kind, Mädchen*) Knicks *m*.

Nijl [nɛĭl] *m* Nil *m*.

nijlpaard ['nɛĭlpa:rt] *n* Nilpferd *n*, Flußpferd *n*.

Nijmegen ['nɛĭme:ɣ̊ə(n)] *n* Nim- [wegen *n*.]

nij|pen ['nɛĭpə(n)] (*neep, genepen*) kneifen, zwicken, klemmen; ~*de kou* beißende Kälte; ~*de armoe* bittere Not; **~per** [-pər] (*-s*) *m* Kneifer *m*; (*Hummer*) Schere *f*.

nijptang ['nɛĭptɑŋ] *f* Beiß-, Kneifzange *f*.

nijver|aar ['nɛĭvəra:r] (*-s*) *m* Industrielle(r) *m*; **~heid** [-hɛĭt] *f* Industrie *f*; **~heidsschool** [-hɛĭtsxo:l] (*-scholen*) *f* Gewerbe-, Fachschule *f*

nikkel ['nɪkəl] *n* Nickel *n*; *m* (*-s*) (Nickel-)Münze *f*.
nikker ['nɪkər] (*-s*) *m* F Neger *m*; Nix *m*, Teufel *m*.
Nikolaas ['ni·ko·la:s] *m* Nikolaus *m*.
niks [nɪks] F nichts.
nimbus ['nɪmbəs] (*-sen*) *m* Nimbus *m*, Heiligenschein *m*, Strahlenkranz *m*.
nimpf [nɪmpf] *f* Nymphe *f*.
nimmer ['nɪmər] nie, nimmer.
nippen ['nɪpə(n)] nippen.
nippertje ['nɪpərtjə] *n*: *op het* ~ im letzten Augenblick, mit knapper Not, gerade zur rechten Zeit.
nis [nɪs] (*-sen*) *f* Nische *f*.
nitraat [ni·'tra:t] *n* Nitrat *n*.
nitroglycerine ['ni·tro·ɣli·səri·nə] *f* Nitroglyzerin *n*.
niveau [ni·'vo:] (*-s*) *n* Niveau *n*.
nivelleren [nɪvə'le:rə(n)] nivellieren, ebnen.
Noach ['no:ɑx] *m* Noah *m*.
nobel ['no:bəl] nobel.
Nobelprijs [no·'bɛlprɛis] (*-prijzen*) *m* Nobelpreis *m*; **~winnaar** [-ʋɪna:r] (*-s*) *m* Nobelpreisträger *m*.
noch [nɔx] noch; ~ ... ~ weder ... noch; ~ *het een* ~ *het ander* weder das eine, noch das andre; **~tans** [-'tɑns] gleichwohl, dennoch, trotzdem.
nocturne [nɔk'ty·rnə] (*-s*) *f Mus.* Nokturne *f*.
node ['no:də] ungern, zögernd; *van* ~ *hebben* bedürfen; **~loos** [-lo:s] unnötig.
noden ['no:də(n)] einladen, bitten.
nodig ['no:dəx] nötig, notwendig, erforderlich; ~ *hebben* brauchen, bedürfen, nötig haben; *zo* (*indien*) ~ nötigenfalls; wenn nötig; *het* ~*e* das Nötige; **~en** [-ə(n)] einladen, bitten.
noe|men [nu:mə(n)] nennen, namhaft machen, bezeichnen; **~mer** [-mər] (*-s*) *m Math.* Nenner *m*.
noen|maal ['nu:nma:l] (*-malen*) *n* Mittagsmahl *n*; **~malen** [-ma:lə(n)] zu Mittag essen.
noest [nu:st] emsig, unermüdlich.
nog [nɔx] noch; *tot* ~ *toe* bis jetzt; *zij zijn er* ~ sie sind immer noch da.
noga ['no:ɣɑ] *m* Nugat *m*.
nogal [nɔ'ɣɑl] ziemlich.
nogmaals ['nɔxma:ls] nochmals, abermals.
nok [nɔk] (*-ken*) *f* First *m*; Gipfel *m*, Spitze *f*; **~balk** [-bɑlk] *m* Firstbalken *m*.
noma|den [no·'ma:də(n)] *pl.* Nomaden *pl.*; **~disch** [-di·s] nomadisch.
nomi|naal [no·mi·'na:l] nominell; ~*nale waarde* Nennwert *m*; **~natie** [-'na:si:] (*-s*) *f* Kandidatenliste *f*.
nominatief ['nɔmi·nɑti:f] (*-tieven*) *m Gr.* Nominativ *m*, Werfall *m*, Nennfall *m*.
non [nɔn] (*-nen*) *f* Nonne *f*.
non-activiteit *a.* **-ak-** ['nɔnɑkti·-vi·'tɛit] *f*: *op* ~ zur Disposition.
non-agrassiepact *a.* **-pakt** ['nɔn-ɑ'ɣrɛsi·pɑkt] *n* Nichtangriffspakt *m*.
non-comformist ['nɔnkɔmfɔr'mist] *m* Nonkonformist *m*.
nonkel ['nɔŋkəl] (*-s*) *m* Onkel *m*.
nonnenklooster ['nɔnə(n)klo:stər] (*-s*) *n* Nonnenkloster *n*.
nonsens ['nɔnsəns], *a.* [-sɛns] *m* Blödsinn *m*, Unsinn *m*.
non-stopvlucht [nɔn'stɔpfləxt] *f* Nonstopflug *m*.
non-valeur ['nɔnvɑ'lø:r] (*-s*) *f* Nonvaleur *m*; nicht realisierbare Außenstände; *m* unfähige(r) Mensch *m*.
nood [no:t] (*noden*) *m* Not *f*; ~ *breekt wet* Not kennt kein Gebot; *in geval van* ~ im Notfall; **~anker** [-ɑŋkər] (*-s*) *n* Notanker *m*; **~druft** [-drəft] *m u. f* Notdurft *f*; Mangel *m*; **~gedwongen** [-xədʋɔŋə(n)] zwangsweise; **~hulp** [-həlp] *f* Notbehelf *m*; Aushilfe *f*; Lückenbüßer *m*; **~kreet** [-kre:t] (*-kreten*) *m* Notschrei *m*; **~landing** [-lɑndɪŋ) *f* Notlandung *f*; **~lot** [-lɔt] *n* Schicksal *n*, Geschick *n*, Verhängnis *n*; **~lottig** [-'lɔtəx] verhängnisvoll; **~rem** [-rɛm] (*-men*) *f* Notbremse *f*; **~sein** [-sɛin] *n* Notsignal *n*; **~toestand** [-tu:stɑnt] *m* Notlage *f*, Notstand *m*; *de* ~ *uitroepen* den Notstand ausrufen; **~wendig** [-'ʋɛndəx] notwendig; **~zaak** [-sa:k] *f* Notwendigkeit *f*; *uit* ~ notgedrungen; **~zakelijk** [-'sa:kələk] notwendig; **~zaken** ['no:tsa:-kə(n)] nötigen, zwingen.
nooit [no:it] niemals, nie.
Noor [no:r] (*Noren*) *m* Norweger *m*.
noord [no:rt]: *de wind is* ~ es ist Nordwind.
Noord-Ameri|ka [no:rdɑ·'me:ri·-kɑ] *n* Nordamerika *n*; **~kaan** [-'ka:n] (*-kanen*) *m* Nordamerikaner *m*.

noor|delijk [ˈnoːrdələk] nördlich; ~ *halfrond* Nordhalbkugel *f*; **~den** [-də(n)] *n* Norden *m*; *in (naar) het* ~ im (nach) Norden; **~denwind** [-də(n)ʋɪnt] *m* Nordwind *m*.

noorder|breedte [ˈnoːrdərbreːtə] *f* nördliche Breite *f*; **~licht** [-lɪxt] *n* Nordlicht *n*; **~zon** [-zɔn] *f* Mitternachtssonne *f*; *met de* ~ *vertrekken (verdwijnen)* F durchbrennen, bei Nacht und Nebel verschwinden.

noord|kust [ˈnoːrtkøst] *f* Nordküste *f*; **~oost(elijk)** [-ˈoːst(ələk)] nordöstlich; **~oosten** [-ˈoːstə(n)] *n* Nordost(en) *m*; **~pool** [-poːl] *f* Nordpol *m*; **~poolcirkel** [-poːlsiˑrkəl] *m* nördlicher Polarkreis; **~poolreiziger** [-poːlrɛĭzəɣ̊ər] (-*s*) *m* Nordpolfahrer *m*; **~ster** [-stɛr] (-*ren*) *f* Polarstern *m*; **~waarts** [-ʋaːrts] nordwärts; **~west(elijk)** [-ˈʋɛst(ələk)] nordwestlich; **~westen** [-ʋɛstə(n)] *n* Nordwest(en) *m*; **~zee** [ˈnoːrtseː], *a.* [-ˈseː] *f* Nordsee *f*.

Noorman [ˈnoːrmɑn] (-*nen*) *m* Normanne *m*.

Noor|s [noːrs] norwegisch; *Su. n* Norwegisch *n*; **~wegen** [-ʋeːɣ̊ə(n)] *n* Norwegen *n*.

noot[1] [noːt] (*noten*) *f* Note *f*; *op noten spelen* nach Noten spielen; *veel noten op zijn zang hebben* sehr anspruchsvoll sein; *achtste* ~ Achtelnote *f*.

noot[2] *f* Nuß *f*.

nootmuskaat [ˈnoːtmøskaːt] *f* Muskatnuß *f*.

nopen [ˈnoːpə(n)] veranlassen, zwingen, nötigen; bewegen zu.

nopjes [ˈnɔpjəs]: *in zijn* ~ *zijn* guter Dinge sein, sehr erfreut sein.

nor [nɔr] (-*ren*) *f* F Loch *n*, Bau *m*, Kittchen *n*; *in de* ~ *draaien* F einsperren, einlochen.

norm [nɔrm] *f* Norm *f*.

normaal [nɔrˈmaːl] normal; Normal-; *de* ~*male prijs* der Normalpreis; **~school** [-sxoːl] (-*scholen*) *f* Normalschule *f*; Lehrerseminar *n*.

normali|satie, ~zatie [noˑrmɑliˑˈzaːsiː] *f* Norm(ier)ung *f*; Normalisierung *f*; **~seren, ~zeren** [-ˈzeːrə(n)] normalisieren; normen; regulieren.

Normandië [nɔrˈmɑndiˑ(j)ə] *n* Normandie *f*.

nors [nɔrs] störrisch, unwirsch, mürrisch.

nota [ˈnoːtaˑ] (-*'s*) *f* Nota *f*, Rechnung *f*; Denkschrift *f*, Note *f*; ~ *nemen van* Notiz nehmen von *D*.

notabelen [noˑˈtaːbələ(n)] *pl.* Würdenträger *m/pl.*, Honoratioren *pl.*

notari|aat [noˑtaˑriˑˈ(j)aːt] *n* Notariat *n*; **~eel** [-ˈ(j)eːl] notariell.

notaris [noˑˈtaːrəs] (-*sen*) *m* Notar *m*; **~kantoor** [-kɑntoːr] (-*toren*) *n* Notariat *n*; Notariatskanzlei *f*.

note|boom [ˈnoːtəboːm] (-*bomen*) *m* Nußbaum *m*; **~dop** [-dɔp] (-*pen*) *m* Nußschale *f*; **~hout** [-hɑut] *n* Nußbaumholz *n*; **~kraker** [-kraːkər] (-*s*) *m* Nußknacker *m*; **~laar** [-laːr] (-*s*) *m* Nußbaum *m*.

notenbalk [ˈnoːtə(n)bɑlk] *m* Notenlinien *f/pl.*

note|ren [noˑˈteːrə(n)] notieren, vormerken; **~ring** [-rɪŋ] *f* Notierung *f*; Kurs *m*.

notie [ˈnoːsiː] (-*s*) *f* Begriff *m*, Idee *f*; Ahnung *f*; *niet de minste* ~ keine blasse Ahnung.

notitie [noˑˈtiˑ(t)siː] (-*s*) *f* Notiz *f*, Aufzeichnung *f*, Vermerk *m*; *geen* ~ *nemen van* keine Notiz nehmen von, nicht beachten; **~boekje** [-buˑkjə] (-*s*) *n* Notizbuch *n*.

notulen [ˈnoːtyˑlə(n)] *pl.* Protokoll *n*; ~ *houden* Protokoll führen.

novelle [noˑˈvɛlə] (-*n*) *f* Novelle *f*.

november [noˑˈvɛmbər] *m* November *m*.

novice [noˑˈviˑsə] (-*n u.* -*s*) *m u. f* Novize *m*, Novizin *f*.

nozem [ˈnoːzɔm] (-*s*) *m* Halbstarke(r) *m*, Gammler *m*.

nu [nyˑ] nun, jetzt; ~ *en dan* dann und wann, ab und zu.

nuan|ce [nyˑˈ(ʋ)ɑ̃ːsə] (-*s u.* -*n*) *f* Nuance *f*; **~ceren** [-ˈseːrə(n)] nuancieren, abstufen.

nuchter [ˈnøxtər] nüchtern; **~heid** [-hɛĭt] *f* Nüchternheit *f*.

nuf [nøf] (-*fen*) *f* Kokette *f*, Zierpuppe *f*; **~fig** [-əx] geziert, zimperlich, spröde; ~ *doen* sich zieren, zimperlich sein.

nuk [nøk] (-*ken*) *f* Laune *f*; F Grille *f*, Mucken *pl.*; **~kig** [-əx] launisch, launenhaft.

nul [nøl] (-*len*) *f* Null *f*; ~ *op het rekest krijgen* abschlägig beschieden werden; *van 't jaar* ~ von Anno dazumal; *van* ~ *en gener* (*geen*) *waarde* null und nichtig; **~punt** [-pənt] *n* Nullpunkt *m*; **~tarief** [-ta·ri:f] (*-rieven*) *n* Nulltarif *m*.

numeriek [ny·me·ˈri·k] numerisch, zahlenmäßig.

numero [ˈny·məro·] (*-'s*) *n* Nummer *f*.

numismatiek [ny·mi·smaˈti·k] *f* Numismatik *f*, Münzenkunde *f*.

nummer [ˈnəmər] (*-s*) *n* Nummer *f*; (*Anzeige*) Kennziffer *f*; (*Programm*) Darbietung *f*; **~en** [-ə(n)] numerieren; **~plaat** [-pla:t] (*-platen*) *f* Nummernschild *n*; **~schijf** [-sxɛif] (*-schijven*) *f Tel.* Wählscheibe *f*.

nuntius [ˈnənsi·(j)əs] (*-sen u. -tii*) *m* Nuntius *m*.

nurks [nərks] unwirsch, mürrisch.

nut [nət] *n* Nutzen *m*; **~teloos** [-əlo:s] nutzlos, unnütz; **~tig** [-əx] nützlich; Nutz-; ~*e last* (~ *gewicht*) Nutzlast *f*; *het* ~ *oordelen* es (*etw.*) für nützlich halten.

nutti|gen [ˈnətəɣ̊ə(n)] zu sich nehmen, einnehmen, genießen; **~ging** [-ɣ̊ɪŋ] *f* Genuß *m*; Kommunion *f*, Opfermahl *n*.

nylon [ˈnɛilɔn] *n u. m* Nylon *n*; **~kous** [-kaus] *f* Nylonstrumpf *m*.

O

o, O [o:] (*-'s*) *f* o, O *n.*
o! o!, oh! o weh!; ~ *zo!* ach so!; ~ *ja?* wirklich?
oa|se, ~ze [o·'(ʋ)a:zə] (*-n u. -s*) *f* Oase *f.*
obelisk [o·bə'li·sk] *m* Obelisk *m.*
o-benen ['o·be:nə(n)] *pl.* O-Beine *n/pl.*
objec|tief *a.* **-jek-** [ɔbjɛk'ti:f] objektiv; *Su.* (*-tieven*) *n* Objektiv *n*; **~tiviteit** [-ti·v̇i'tɛĭt] *f* Objektivität *f*, Sachlichkeit *f.*
oblaat [o·'bla:t] (*-blaten*) *f* Hostie *f*, Oblate *f*; (*Person*) *m* Oblate *m.*
obligatie [o·bli·'ɣ̇a:si:] (*-s*) *f* Obligation *f*, Schuldverschreibung *f*, Schuldbrief *m.*
obsceen [ɔp'se:n] obszön.
obscurantisme *a.* **-ku-** [ɔpsky·rɑn-'ti·smə] *n* Obskurantismus *m.*
obscuur *a.* **-kuur** [ɔps'ky:r] obskur, dunkel; verdächtig.
obser|vatie [ɔpsər'v̇a:si:] (*-s*) *f* Observation *f*, Beobachtung *f*; **~vatorium** [-v̇a·'to:ri·əm] (*-s u. -ria*) *n* Observatorium *n*, Sternwarte *f*; **~veren** [-'v̇e:rə(n)] beobachten.
obstructie *a.* **-struk-** [ɔp'stry·ksi:] (*-s*) *f* Obstruktion *f*; *Med.* Verstopfung *f*; ~ *voeren* obstruieren.
ocarina *a.* **oka-** [ɔka·'ri·na·] (*-'s*) *f* Okarina *f.*
occult *a.* **okk-** [ɔ'kəlt] okkult, geheim; **~isme** [-'i·smə] *n* Okkultismus *m*, Geheimlehre *f.*
oceaan [o·se·'(j)a:n] (*-anen*) *m* Ozean *m*; **~vlucht** [-vləxt] *f* Ozeanflug *m*, *Flgw.* Ozeanüberquerung *f.*
och! [ɔx] ach!; ~ *arme!* leider!; ~ *wat!* ach was!
ochtend ['ɔx(t)ənt], *a.* ['əx-] *m* Morgen *m*; **~editie** [-e·di:si:] (*-s*) *f* Morgenausgabe *f*; **~gloren** [-xlo:-rə(n)] *n* Morgenrot *n.*
octaaf *a.* **ok-** [ɔk'ta:f] (*-taven*) *n u. f* Oktave *f.*
octavo [ɔk'ta:v̇o:] (*-'s*) *n* Oktav *n.*
octrooi *a.* **ok-** [ɔk'tro:ĭ] *n* Patent *n*; **~aanvraag** [-a:nv̇ra:x] (*-vragen*) *f* Patentanmeldung *f*, Patentgesuch *n.*
oculist *a.* **oku-** [o·ky·'li·st] *m* Augenarzt *m.*
ode ['o:də] (*-n u. -s*) *f* Ode *f.*
odeur [o·'dø:r] (*-s*) *m* Wohlgeruch *m*; Parfüm *n.*
oecumenisch [ø·ky·'me·ni·s] ökumenisch.
oedeem [ø·'de:m] (*-demen*) *n* Ödem *n.*
oef! [u·f] uff!
oefen|en ['u:fənə(n)] üben; *geduld* ~ sich gedulden; **~ing** [-ɪŋ] *f* Übung *f*; (*Schule*) Aufgabe *f*; **~meester** [-me:stər] (*-s*) *m* *Sp.* Trainer *m*, Coach *m*; **~school** [-sxo:l] (*-scholen*) *f* Übungsschule *f*; **~terrein** [-tɛ-rɛĭn] *n* Übungsgelände *n.*
oekaze [u·'ka:zə] (*-n u. -s*) *f* *hist.* Ukas *m*; Verordnung *f.*
oer|mens ['u:rmɛns] *m* Urmensch *m*; **~os** [-ɔs] (*-sen*) *m* Auerochse *m*; **~woud** [-ʋaut] *n* Urwald *m.*
oester ['u·stər] (*-s*) *f* Auster *f*; **~bank** [-bɑŋk] *f* Austernbank *f*; **~schelp** [-sxɛlp] *f* Austernschale *f.*
oever ['u:v̇ər] (*-s*) *m* Ufer *n*; Gestade *n*; *buiten de ~s treden* über die Ufer treten; **~bewoner** [-bəʋo:-nər] (*-s*) *m* Uferbewohner *m*; **~zand** [-zɑnt] *n* (Ufer-)Sand *m.*
of [ɔf] ob; oder; ~ ... ~ entweder ... oder; ~ *hij wil ~ niet* ob er will oder nicht; *een gulden ~ vijf* etwa fünf Gulden; *nu ~ nooit* jetzt oder nie; *nauwelijks was ik thuis, of ...* kaum war ich zu Hause, da ...
offensief [ɔfən'si:f] offensiv; *Su.* (*-sieven*) *n* Offensive *f*; *het ~ nemen* die Offensive ergreifen; ~ *en defensief verbond* Schutz- und Trutzbündnis *n.*
offer ['ɔfər] (*-s*) *n* Opfer *n*; **~ande** [-ɑndə], *a.* [-'ɑndə] (*-n u. -s*) *f* Opfergabe *f*; **~blok** [-blɔk] (*-ken*) *n* Opferstock *m*; **~dier** [-di:r] *n* Opfertier *n*; **~en** [-ə(n)] opfern; **~geld** [-ɣ̇ɛlt] *n* Opfergeld *n*; **~lam** [-lɑm] (*-meren*) *n* Opferlamm *n.*
offerte [ɔ'fɛrtə] (*-n u. -s*) *f* Offerte *f*, Angebot *n*; *een ~ doen* ein Angebot machen.

offer|vaardig [ɔfər'ṿa:rdəx] opferwillig; **~vaardigheid** [-'ṿa:rdəxhɛĭt] *f* Opferwilligkeit *f*, Opferbereitschaft *f*; **~wijn** [-ʋɛĭn] *m* Opferwein *m*.

officie [ɔ'fi·si:] (*-s*) *n* Amt *n*.

officieel [ɔfi·s'je:l] offiziell, amtlich.

officier [ɔfi·'si:r] (*-en u. -s*) *m* Offizier *m*; ~ *van justitie* Staatsanwalt *m*; ~ *van gezondheid* Militärarzt *m*; Sanitätsoffizier *m*.

officieus [ɔfi·s'jø:s] offiziös.

offreren [ɔ'fre:rə(n)] offerieren, anbieten.

offsetdruk ['ɔfsɛdrək] *m* Offsetdruck *m*, Flachdruckverfahren *n*.

offside ['ɔfsɛĭt] *Sp.* abseits.

ofschoon [ɔf'sxo:n] obschon, obgleich, obwohl.

ogenblik ['o:ɣ̇ə(n)blɪk] (*-ken*) *n* Augenblick *m*, Moment *m*; **~kelijk** [-kələk] sofort; **~dienaar** [-di:na:r] (*-s u. -naren*) *m* Schmeichler *m*; **~schijnlijk** [-'sxɛĭnlək] scheinbar, anscheinend; **~schouw** [-sxɑu]: *in* ~ *nemen* in Augenschein nehmen.

ok- *s. oc-*.

oker ['o:kər] *m* Ocker *m*; **~geel** [-ɣ̇e:l] ockergelb.

okkernoot ['ɔkərno:t] (*-noten*) *f* Walnuß *f*.

oksel ['ɔksəl] (*-s*) *m* Achselhöhle *f*.

okshoofd ['ɔksho:ft] *n* Oxhoft *n*.

oktober [ɔk'to:bər] *m* Oktober *m*.

oleander [o·le·'jɑndər] (*-s*) *m* Oleander *m*.

oleografie [o·le·(j)o·ɣ̇ra·'fi:] (*-s*) *f* Öldruck *m*.

olie ['o:li·] (*-s u. -ën*) *f* Öl *n*; **~achtig** [-ɑxtəx] ölig; **~bol** [-bɔl] (*-len*) *m* Krapfen *m*, Beignet *m*; (Öl-)Strudel *m*; **~dom** [-dɔm] saudumm; **~jas** [-jɑs] (*-sen*) *m u. f* Öljacke *f*; **~koek** [-ku·k] *m* Ölkuchen *m*; **~kruik** [-krəyk] *f* Ölkrug *m*; **~leiding** [-lɛĭdɪŋ] *f* Ölleitung *f*.

oliën ['o:li·(j)ə(n)] ölen; *geolied papier* Ölpapier *n*.

olie|noot ['o:li·no:t] (*-noten*) *f* Erdnuß *f*; **~pijp** [-pɛĭp] *f* Ölleitung *f*; **~pit** [-pɪt] (*-ten*) *f* Lampendocht *m*.

oliesel ['o:li·səl] *n*: *het laatste* (*heilig*) ~ die letzte Ölung.

olie|slager ['o:li·sla:ɣ̇ər] (*-s*) *m* Ölschläger *m*; **~spuitje** [-spəytjə] (*-s*) *n* Ölkännchen *n*; Ölspritze *f*; **~verf** [-ṿɛrf] (*-verven*) *f* Ölfarbe *f*; **~zaad** [-za:t] (*-zaden*) *n* Ölsaat *f*.

olifant ['o:li·fɑnt] *m* Elefant *m*; **~stand** [-s-tɑnt] *m* Elefantenzahn *m*, Elfenbein *n*; **~stromp** [-s-trɔmp] *f* Elefantenrüssel *m*.

olijf [o·'lɛĭf] (*-lijven*) *f* Olive *f*; **~berg** [-bɛrx] *m* Ölberg *m*; **~boom** [-bo:m] (*-bomen*) *m* Olivenbaum *m*, Ölbaum *m*; **~kleur** [-klø:r] *f* Olivenfarbe *f*; **~olie** [-o:li:] *f* Olivenöl *n*; **~tak** [-tɑk] (*-ken*) *m* Ölzweig *m*.

olijk ['o:lək] pfiffig, schalkhaft; **~erd** [-ərt] (*-s*) *m* Schalk *m*, F Schlauberger *m*.

olm [ɔlm] *m* Ulme *f*.

Olympus [o·'li·mpəs] *m* Olymp *m*.

om [ɔm] *Präp.* um *A*; wegen *G*; um ... (*G*) willen; umher; herum; ~ te (um) zu; ~ *en bij* ungefähr, etwa; ~ *den brode* um des Brotes willen, ums Brot; ~ *het geld* wegen des Geldes; ~ *de dokter sturen* nach dem Arzt schicken; ~ *de tafel* um den Tisch herum; ~ *te spelen* zum Spielen; ~ *de week* jede Woche; ~ *het uur* stündlich.

om|armen [ɔm'ɑrmə(n)] umarmen; **~binden** ['ɔmbɪndə(n)] umbinden; **~bladeren** ['-bla:dərə(n)] umblättern; **~bouwen** ['-bɑu(ʋ)ə(n)] umbauen; **~brengen** ['-brɛŋə(n)] verbringen, zu-, hinbringen; töten, umbringen; **~buigen** ['-bəyɣ̇ə(n)] umbiegen.

omdat [ɔm'dɑt] weil.

om|doen ['ɔmdu:n] umtun, antun; **~draai** [dra:ĭ] *m* Umdrehung *f*, Umwendung *f*, Umkehr *f*; (*Straße*) Biegung *f*; **~draaien** [-dra:ĭ(j)ə(n)] umdrehen, umwenden; **~dwalen** [-dʋa:lə(n)] umherirren.

omelet [ɔmə'lɛt] (*-ten*) *f* Omelett *n*, Eierkuchen *m*.

omfunctioneren *a.* **-funk-** ['ɔmfənksi·o·'ne:rə(n)] umfunktionieren.

omgaan ['ɔmɣ̇a:n] umgehen; *met iemand* ~ mit j-m verkehren; *de tijd gaat om* die Zeit vergeht; *even* ~ e-n kleinen Spaziergang machen; **~d** [-t]: *per* ~*e* umgehend, postwendend.

om(me)gang ['ɔm(ə)ɣ̇ɑŋ] *m* Umgang *m*, Verkehr *m*; Umzug *m*, Prozession *f*.

omge|ven [ɔm'ɣ̇e:ṿə(n)] umgeben, umschließen, umhüllen; **~ving** [-ṿɪŋ] *f* Umgebung *f*; Umwelt *f*, Milieu *n*.

om|gooien ['ɔmgo:ĭ(j)ə(n)] umwerfen; **~gorden** ['ɔmɣ̊ɔrdə(n)] 'umgürten; [ɔm'ɣ̊ɔrdə(n)] um'gürten; **~grenzen** [-'ɣ̊rɛnzə(n)] um'grenzen.
omhaal ['ɔmha:l] *m* Weitschweifigkeit *f*; Umstände *m/pl.*; *met veel ~* umständlich; *zonder veel ~* ohne Umschweife.
om|hakken ['ɔmhɑkə(n)] umhakken, umhauen; **~halen** [-ha:lə(n)] um-, niederreißen; **~hebben** [-hɛbə(n)] umhaben, anhaben.
omheen [ɔm'he:n] herum.
omhei|nen [ɔm'hɛĭnə(n)] umzäunen, umhegen; **~ning** [-nɪŋ] *f* Zaun *m*, Umzäunung *f*.
omhel|zen [ɔm'hɛlzə(n)] umarmen; *fig.* sich erkennen; **~zing** [-zɪŋ] *f* Umarmung *f*.
omhoog [ɔm'ho:x] empor, in die Höhe; *daar ~* dort oben.
om|hullen [ɔm'hølə(n)] umhüllen; **~hulsel** ['ɔm-], *a.* [ɔm'hølsəl] (*-s*) *n* Hülle *f*, Umhüllung *f*.
om(me)keer ['ɔm(ə)ke:r] *m* Umschwung *m*; Wendung *f*; Umschlag *m*; Wandlung *f*; Umwälzung *f*, Umbruch *m*.
om|keren ['ɔmke:rə(n)] umkehren, umdrehen; wenden; **~kijken** [-kɛĭkə(n)] umschauen, sich umsehen.
omkleden ['ɔmkle:də(n)]: *zich ~* sich umkleiden, sich umziehen; [ɔm'kle:də(n)] um'kleiden, umhüllen; *een voorstel met redenen ~* e-n Antrag begründen.
omkleedsel [ɔm'kle:tsəl] (*-s*) *n* Hülle *f*, Bekleidung *f*; Kleid *n*.
omklemmen [ɔm'klɛmə(n)] umklammern.
omkomen ['ɔmko:mə(n)] umkommen, sterben.
omkoopbaar [ɔm'ko:ba:r] bestechlich, käuflich.
omko|pen ['ɔmko:pə(n)] bestechen; **~perij** [-pə'rɛĭ] *f* Bestechung *f*.
omkransen [ɔm'krɑnsə(n)] umkränzen.
omkrullen, *a.* **-krollen** ['ɔmkrələ(n)] umbiegen; sich aufrollen.
omlaag [ɔm'la:x] herab, nach unten, hinunter; unten.
omleg|gen ['ɔmlɛɣ̊ə(n)] umlegen, umleiten; **~ging** [-ɣ̊ɪŋ] *f* Umleitung *f*; Umgehungsstraße *f*.
omlei|den ['ɔmlɛĭdə(n)] *s. omleggen*; **~ding** [-dɪŋ] *f s. omlegging*.
omliggend ['ɔmlɪɣ̊ənt] umliegend.
omlijst|en [ɔm'lɛĭstə(n)] einrahmen; **~ing** [-ɪŋ] *f* Einrahmung *f*; Rahmen *m*; *fig.* Aufmachung *f*.
omloop ['ɔmlo:p] (*-lopen*) *m* Umlauf *m*, Zirkulation *f*; (*Turm, Mühle*) Umgang *m*; (*Blut*) Kreislauf *m*; *Sp.* Rennstrecke *f*; *in ~ brengen* in Umlauf setzen, *Gerüchte* verbreiten, *Geld, Aktien* ausgeben, emittieren; **~(s)tijd** [-(s)tɛĭt] *m* (*Sterne*) Umlaufzeit *f*; (*Wechsel*) Laufzeit *f*, Lauffrist *f*.
omme- *s. om-*.
omme|zien ['ɔməzi:n] *n*: *in een ~* im Nu, im Handumdrehen; **~zijde** [-zɛĭdə] (*-n*) *f* Rückseite *f*; *zie ~* bitte wenden.
om|muren [ɔm'my:rə(n)] ummauern; **~nevelen** [-'ne:v̊ələ(n)] umnebeln.
omnibus ['ɔmni·bəs] (*-sen*) *m u. f* Omnibus *m*; Bahnbus *m* (*der Bundesbahn*).
om|ploegen ['ɔmplu:ɣ̊ə(n)] umpflügen; **~praten** [-pra:tə(n)] überreden, beschwatzen.
omranden [ɔm'rɑndə(n)] umranden; einfassen.
omrijden ['ɔmrɛĭdə(n)] umfahren; umherreiten, umherfahren.
omringen [ɔm'rɪŋə(n)] umringen, umgeben.
omroep ['ɔmru·p] *m* Rundfunk *m*; **~er** [-ər] (*-s*) *m* Ausrufer *m*; *Rf* Ansager *m*; **~gebouw** [-xəbɑu] *n* Funkhaus *n*; **~leider** [-lɛĭdər] (*-s*) *m* Sendeleiter *m*; **~orkest** [-ɔrkɛst] *n* Rundfunkorchester *n*; **~station** [-stɑsjɔn] (*-s*) *n* Rundfunkstation *f*, Sender *m*.
om|roeren['ɔmru:rə(n)] umrühren; **~ruilen** [-rəɣlə(n)] umtauschen; **~ruiling** [-rəɣlɪŋ] *f* Umtausch *m*.
omschakelen ['ɔmsxa:kələ(n)] umschalten.
omschrij|ven [ɔm'sxrɛĭv̊ə(n)] umschreiben; *nader ~* näher um'schreiben; **~ving** [-v̊ɪŋ] *f* Umschreibung *f*.
omsingelen [ɔm'sɪŋələ(n)] umzingeln, einkreisen.
omslaan ['ɔmsla:n] *v/i* umstürzen, umfallen; *mar.* kentern; *v/t* umschlagen, (um)wenden, umklappen, umbiegen; *de hoek ~* um die Ecke biegen.
omslachtig [ɔm'slɑxtəx] weit

schweifig, umständlich; **~heid** [-hɛĭt] *f* Weitschweifigkeit *f*, Umständlichkeit *f*.

omslag ['ɔmslɑx] *m* Umschlag *m*; (*Buch*) Umschlag *m*, Decke *f*, Deckel *m*; Steuer *f*; *hoofdelijke ~* Kopfsteuer *f*; *zonder veel ~* ohne viele Umstände; **~doek** [-du·k] *m* Umschlagtuch *n*; **~tekst** [-tɛkst] *m* Klappentext *m*.

om|sluieren [ɔm'sləʏ(j)ərə(n)] verschleiern; **~sluiten** [-'sləʏtə(n)] umschließen, einschließen.

omsmelten ['ɔmsmɛltə(n)] umschmelzen.

omspannen [ɔm'spɑnə(n)] umspannen.

om|spitten ['ɔmspɪtə(n)] umgraben; **~spoelen** [-spu:lə(n)] umspülen, ausspülen; **~springen** [-sprɪŋə(n)] herum-, umherspringen; (*mit Geld*) wirtschaften; *met iemand ~* mit j-m umgehen.

omstanders ['ɔmstɑndərs] *m/pl.* die Umstehenden.

omstandig [ɔm'stɑndəx] ausführlich, umständlich; **~heid** [-hɛĭt] (*-heden*) *f* Umstand *m*; Verhältnis *n*; *bezwarende omstandigheden* gravierende (erschwerende) Umstände; *al naar de omstandigheden* unter (je nach den) Umständen.

om|storten ['ɔmstɔrtə(n)] umstürzen; **~stoten** [-sto:tə(n)] umstoßen.

omstreeks [ɔm'stre:ks] um, gegen, etwa, ungefähr.

omstreken ['ɔmstre:kə(n)] *pl.* Umgebung *f*.

omstrengelen [ɔm'strɛŋələ(n)] umschlingen.

omtoveren ['ɔmto:v̊ərə(n)] verzaubern.

omtrek ['ɔmtrɛk] (*-ken*) *m* Umgebung *f* (*e-r Stadt*); (*e-r Figur, e-r Zeichnung usw.*) Umriß *m*, Kontur *f*; Peripherie *f* (*e-s Kreises*); *in de ~* in der Umgebung; *in ~* im Umkreis; *drie km in ~* drei Kilometer im Umkreis.

omtrekken ['ɔmtrɛkə(n)] umgehen, umziehen; um-, niederreißen.

omtrent [ɔm'trɛnt] *Adv.* in der Nähe; ungefähr, etwa; *Präp.* um *A*; in bezug auf *A*; hinsichtlich *G*, betreffs *G*, bezüglich *G*; gegen *A*; *~ de plaats* in der Nähe der Stelle; *~ 100* etwa (ungefähr, an die) 100.

omvallen ['ɔmv̊ɑlə(n)] umfallen, umstürzen; *fig. Meinung* ändern.

omvang ['ɔmv̊ɑŋ] *m* Umfang *m*.

omvang|en [-'v̊ɑŋə(n)] umfangen, umfassen; **~rijk** [-'rɛĭk] umfangreich.

omver [ɔm'v̊ɛr] um, über den Haufen, nieder-; **~halen** [-ha:lə(n)] niederreißen, niederholen; **~werpen** [-ʋɛrpə(n)] umwerfen, umstürzen.

om|vliegen ['ɔmv̊li:ɣ̊ə(n)] um-, umherfliegen; *Zeit*: enteilen, dahinfliegen; **~waaien** [-ʋa:ĭ(j)ə(n)] umwehen.

omweg ['ɔmʋɛx] *m* Umweg *m*; *langs een ~* auf Umwegen; *zonder ~en* ohne Umschweife.

omwenden ['ɔmʋɛndə(n)] umwenden, umdrehen; wenden.

om|wentelen ['ɔmʋɛntələ(n)] umwälzen; umdrehen, rotieren; **~wenteling** [-ʋɛntəlɪŋ] *f* Umwälzung *f*; Umdrehung *f*, Rotation *f*; Umschwung *m*; (*im Staat*) *a.* [ɔm'ʋɛntəlɪŋ] Revolution *f*, Umsturz *m*; **~wentelingsas** [-ʋɛntlɪŋs-ɑs] (*-sen*) *f* Rotationsachse *f*.

om|werken ['ɔmʋɛrkə(n)] umarbeiten; **~werpen** [-ʋɛrpə(n)] umwerfen, umstürzen.

omwindsel [ɔm'ʋɪntsəl] (*-s*) *n* Umwick(e)lung *f*, Umhüllung *f*.

omwisselen ['ɔmʋɪsələ(n)] umwechseln, abwechseln; *Geld* wechseln.

omwoelen ['ɔmʋu:lə(n)] umwühlen, aufwühlen; [ɔm'ʋu:lə(n] umwikkeln.

omwo|nend ['ɔmʋo:nənt] benachbart; **~ners** [-nərs] *pl.* Nachbarn *m/pl.*

omwroeten ['ɔmv̊ru·tə(n)] umwühlen.

omzendbrief ['ɔmzɛndbri:f] (*-brieven*) *m* Rundschreiben *n*.

omzet ['ɔmzɛt] (*-ten*) *m* Umsatz *m*; **~belasting** [-bəlɑstɪŋ] *f* Umsatzsteuer *f*; **~ten** [-ə(n)] umsetzen, *e-n* Umsatz haben; 'umstellen; verwandeln; *Chem.* verwandeln, umwandeln in *A*.

omzichtig [ɔm'zɪxtəx] umsichtig, behutsam; **~heid** [-hɛĭt] *f* Umsicht *f*, Behutsamkeit *f*.

omzien ['ɔmzi:n] umsehen; *niet ~ naar* sich nicht kümmern um.

omzomen ['ɔmzo:mə(n)] umsäumen.

omzwaai ['ɔmzʋa:ĭ] *m* Umschwung

m; Wendung *f*; **~en** [-(j)ə(n)] herumschwingen; wenden; *fig.* umsatteln.
omzwachtelen [ɔm'zʋɑxtələ(n)] umwickeln.
omzwerven ['ɔmzʋɛrv̥ə(n)] umherirren, umherschweifen.
onaandachtig [ɔna:n'dɑxtəx] unaufmerksam.
onaandoenlijk [ɔna:n'du:nlək] unempfindlich.
onaangekleed [ɔn'a:ŋɣ̊əkle:t] unangekleidet, unangezogen.
onaangenaam [ɔn'a:ŋɣ̊əna:m] unangenehm, unliebsam, unerfreulich, widerwärtig; **~heid** [-hɛĭt] (*-heden*) *f* Unannehmlichkeit *f*.
onaannemelijk [ɔna:n'ne:mələk] unannehmbar; unzulässig.
onaanzienlijk [ɔna:n'zi:nlək] unansehnlich; unscheinbar, unbedeutend.
onaardig [ɔn'a:rdəx] unartig; unfreundlich; *dat is niet* ~ das ist nicht übel.
onachtzaam [ɔn'ɑxtsa:m] unachtsam, fahrlässig; **~heid** [-hɛĭt] *f* Unachtsamkeit *f*, Fahrlässigkeit *f*, Nachlässigkeit *f*.
onafgebroken [ɔn'ɑfxəbro:kə(n)] ununterbrochen, unablässig, unausgesetzt.
onafgewerkt [ɔn'ɑfxəʋɛrkt] unvollendet, unfertig, Halb-; ~*e goederen* Halbfabrikate *n/pl*.
onafhankelijk [ɔnɑf'hɑŋkələk] unabhängig; **~heid** [-hɛĭt] *f* Unabhängigkeit *f*.
onaflosbaar [ɔnɑf'lɔzba:r] unablöslich; (*Schuld*) untilgbar.
onafscheidelijk [ɔnɑf'sxɛĭdələk] untrennbar, unzertrennlich, unlöslich.
onaf|wijsbaar [ɔnɑf'ʋɛĭzba:r] unabweislich; **~zetbaar** [-'sɛdba:r] unabsetzbar; **~zienbaar** [-'si:nba:r] unabsehbar.
onbaatzuchtig [ɔnba:t'sɵxtəx] uneigennützig, selbstlos; **~heid** [-hɛĭt] *f* Uneigennützigkeit *f*.
onbarmhartig [ɔnbɑrm'hɑrtəx] unbarmherzig.
onbeantwoord [ɔnbə'ɑntʋo:rt] unbeantwortet, unerwidert.
onbebouwd [ɔnbə'baut] unbebaut.
onbedaarlijk [ɔnbə'da:rlək] unaufhaltsam, unbezwingbar.
onbedacht [ɔnbə'dɑxt] unbedacht, unüberlegt; **~zaam** [-sa:m] unbedachtsam, unüberlegt; **~zaamheid** [-sa:mhɛĭt] *f* Unüberlegtheit *f* Unbedachtsamkeit *f*.
onbedekt [ɔnbə'dɛkt] unbedeckt.
onbederfelijk [ɔnbə'dɛrfələk] unverderblich.
onbedorven [ɔnbə'dɔrv̥ə(n)] unverdorben.
onbedreven [ɔnbə'dre:v̥ə(n)] unerfahren, ungeübt; **~heid** [-hɛĭt] *f* Unerfahrenheit *f*.
onbedrieglijk [ɔnbə'dri:xlək] untrüglich.
onbeduidend [ɔnbə'dəʏdənt] unbedeutend, geringfügig; (*Summe*) unerheblich.
onbedwingbaar [ɔnbə'dʋɪŋba:r] unbezwinglich, unbezwingbar.
onbeëdigd [ɔnbə'e:dəxt] unvereidigt.
onbegaanbaar [ɔnbə'ɣ̊a:nba:r] unwegsam.
onbegonnen [ɔnbə'ɣ̊ɔnə(n)] unausführbar, vergeblich; ~ *moeite* verlorene (Liebes-)Mühe; *dat is* ~ *werk* das ist aussichtslos; das ist ein hoffnungsloses Unternehmen.
onbegrensd [ɔnbə'ɣ̊rɛnst] unbegrenzt, unbeschränkt; sehr groß.
onbegrijpelijk [ɔnbə'ɣ̊rɛĭpələk] unbegreiflich, unfaßlich.
onbehaaglijk [ɔnbə'ha:xlək] unbehaglich, unangenehm; **~heid** [-hɛĭt] *f* Unbehagen *n*; Unbehaglichkeit *f* *een gevoel van* ~ ein unbehagliches Gefühl.
onbeheerd [ɔnbə'he:rt] herrenlos.
onbehendig [ɔnbə'hɛndəx] ungeschickt; **~heid** [-hɛĭt] *f* Ungeschicklichkeit *f*.
onbeholpen [ɔnbə'hɔlpə(n)] unbeholfen, ungeschickt.
onbehoorlijk [ɔnbə'ho:rlək] ungebührlich, ungehörig, unpassend.
onbehouwen [ɔnbə'hau(ʋ)ə(n)] unbehauen; *fig.* plump, ungeschliffen, ungehobelt.
onbekend [ɔnbə'kɛnt] unbekannt; **~e** [-ə] (*-n*) *m u. f* (*Person*) Unbekannte(r *m*) *f*; *f Math.* Unbekannte *f*; **~heid** [-hɛĭt] *f* Unbekanntheit *f* Unkenntnis *f*.
onbekleed [ɔnbə'kle:t] unbekleidet.
onbekommerd [ɔnbə'kɔmərt] unbekümmert, unbesorgt.
onbekookt [ɔnbə'ko:kt] unbesonnen, unüberlegt.

onbekrompen [ɔnbə'krɔmpə(n)] freigebig, mild, reichlich.
onbekwaam [ɔnbə'kʋa:m] unfähig; ungeschickt; **~heid** [-hɛĭt] *f* Unfähigkeit *f*, Ungeschicklichkeit *f*.
onbelangrijk [ɔnbə'lɑŋrɛĭk] unbedeutend, unwesentlich, unwichtig.
onbelast [ɔnbə'lɑst] unbeschwert; steuerfrei.
onbeleefd [ɔnbə'le:ft] unhöflich.
onbelemmerd [ɔnbə'lɛmərt] ungehemmt, ungehindert.
onbemand [ɔnbə'mɑnt] unbemannt.
onbemerkt [ɔnbə'mɛrkt] unbemerkt.
onbemiddeld [ɔnbə'mɪdəlt] unbemittelt, unvermögend.
onbemind [ɔnbə'mɪnt] unbeliebt.
onbeminnelijk [ɔnbə'mɪnələk] unliebenswürdig.
onbenullig [ɔnbə'nələx] unbedeutend; albern, ungeschickt.
onbepaald [ɔnbə'pa:lt] unbestimmt; unbeschränkt; ~ *vertrouwen* unbegrenztes Vertrauen; *voor ~e tijd* auf unbestimmte Zeit; ~ *lidwoord Gr.* unbestimmte(r) Artikel *m*.
onbeperkt [ɔnbə'pɛrkt] unbegrenzt, unbeschränkt, unumschränkt.
onbeproefd [ɔnbə'pru:ft] unversucht.
onberaden [ɔnbə'ra:də(n)] unbesonnen, unüberlegt.
onberedeneerd [ɔnbəre·də'ne:rt] unüberlegt.
onbereikbaar [ɔnbə'rɛĭgba:r] unerreichbar.
onberekenbaar [ɔnbə're:kənba:r] unberechenbar.
onberijdbaar [ɔnbə'rɛĭdba:r] (*Weg*) unbefahrbar.
onberispelijk [ɔnbə'rɪspələk] tadellos, untadelig.
onbeschaafd [ɔnbə'sxa:ft] ungebildet, ungeschliffen, ungehobelt, roh; **~heid** [-hɛĭt] *f* Unbildung *f*, Roheit *f*, Ungeschliffenheit *f*.
onbeschaamd [ɔnbə'sxa:mt] unverschämt, frech; **~heid** [-hɛĭt] *f* Unverschämtheit *f*, Frechheit *f*.
onbeschadigd [ɔnbə'sxa:dəxt] unbeschädigt.
onbescheiden [ɔnbə'sxɛĭdə(n)] unbescheiden, indiskret.
onbeschoft [ɔnbə'sxɔft] roh, frech, grob, flegelhaft.
onbeschreven [ɔnbə'sxre:v̊ə(n)] unbeschrieben.
onbeschrijf(e)lijk [ɔnbə'sxrɛĭf(ə)lək] unbeschreiblich.
onbeschroomd [ɔnbə'sxro:mt] freimütig, furchtlos.
onbeslist [ɔnbə'slɪst] unentschieden.
onbesmet [ɔnbə'smɛt] unbefleckt, rein; ansteckungsfrei, unangesteckt; **~telijk** [-ələk] nicht ansteckend.
onbesproken [ɔnbə'spro:kə(n)] unbesprochen; unbescholten; ~ *gedrag* unbescholtener Ruf.
onbestaanbaar [ɔnbə'sta:nba:r] unmöglich; ~ *met* unvereinbar mit.
onbestelbaar [ɔnbə'stɛlba:r] unbestellbar.
onbestemd [ɔnbə'stɛmt] unbestimmt.
onbestendig [ɔnbə'stɛndəx] unbeständig, veränderlich.
onbestorven [ɔnbə'stɔrv̊ə(n)] (*Fleisch*) frisch (geschlachtet); ~ *weduwe* ['ʋe:dy·ʋə] (*-n*) *f*, ~ *weduwnaar* ['ʋe:dy·ʋna:r] (*-s*) *m* Strohwitwe(r *m*) *f*.
onbesuisd [ɔnbə'səʏst] unbesonnen, übereilt.
onbetaal|baar [ɔnbə'ta:lba:r] unbezahlbar; köstlich, herrlich; **~d** [-t] unbezahlt.
onbetamelijk [ɔnbə'ta:mələk] ungebührlich, unschicklich; **~heid** [-hɛĭt] (*-heden*) *f* Ungebührlichkeit *f*, Unschicklichkeit *f*; Unfug *m*.
onbetekenend [ɔnbə'te:kənənt] unbedeutend, geringfügig.
onbeteugeld [ɔnbə'tø·ɣ̊əlt] zügellos, ungezügelt.
onbetrouwbaar [ɔnbə'trɑuba:r] unzuverlässig.
onbetuigd [ɔnbə'təʏxt]: *zich niet ~ laten* mitmachen, Partei ergreifen (für *A*); nicht zurückbleiben.
onbetwist [ɔnbə'tʋɪst] unbestritten, unangefochten; **~baar** [-ba:r] unstreitig, unbestreitbar, unanfechtbar.
onbevaarbaar [ɔnbə'v̊a:rba:r] unschiffbar.
onbevangen [ɔnbə'v̊ɑŋə(n)] unbefangen; **~heid** [-hɛĭt] *f* Unbefangenheit *f*.
onbevattelijk [ɔnbə'v̊ɑtələk] ungelehrig; unbegreiflich.
onbevlekt [ɔnbə'v̊lɛkt] unbefleckt, rein, makellos; *~e ontvangenis* unbefleckte Empfängnis *f*.

onbevoegd [ɔnbəˈv̥u:xt] unbefugt, unberechtigt; *jur.* unzuständig, inkompetent; **~heid** [-hɛĭt] *f* Unzuständigkeit *f* (*e-s Richters*).
onbevooroordeeld [ɔnbəv̥o:rˈo:rde:lt] unbefangen, vorurteilsfrei.
onbevreesd [ɔnbəˈv̥re:st] furchtlos, unverzagt.
onbewaakt [ɔnbəˈʋa:kt] unbewacht; (*Bahnübergang*) unbeschrankt.
onbeweeglijk [ɔnbəˈʋe:xlək] unbeweglich, regungslos; *fig.* unerschütterlich.
onbewerkt [ɔnbəˈʋɛrkt] unbearbeitet, roh; *~e stoffen* Rohstoffe *m/pl.*
onbewijsbaar [ɔnbəˈʋɛĭzba:r] unbeweisbar.
onbewimpeld [ɔnbəˈʋɪmpəlt] unumwunden.
onbewolkt [ɔnbəˈʋɔlkt] unbewölkt, wolkenlos.
onbewoon|baar [ɔnbəˈʋo:nba:r] unbewohnbar; **~d** [-t] unbewohnt.
onbewust [ɔnbəˈʋəst] unbewußt; unwissentlich; unwissend.
onbezet [ɔnbəˈzɛt] unbesetzt.
onbezield [ɔnbəˈzi:lt] unbeseelt, unbelebt, leblos.
onbezoldigd [ɔnbəˈzɔldəxt] unbesoldet.
onbezonnen [ɔnbəˈzɔnə(n)] unbesonnen, unüberlegt; **~heid** [-hɛĭt] *f* Unbesonnenheit *f*.
onbezorgd [ɔnbəˈzɔrxt] unbesorgt, sorgenfrei, sorglos.
onbezwaard [ɔnbəˈzʋa:rt] unbeschwert, unbelastet; schuldenfrei.
onbillijk [ɔnˈbɪlək] unbillig, ungerecht.
onbrandbaar [ɔnˈbrɑndba:r] unbrennbar; feuersicher.
onbreekbaar [ɔnˈbre:gba:r] unzerbrechlich.
onbruik [ˈɔnbrəʏk]: *in ~ raken* außer Gebrauch kommen; **~baar** [-ba:r] unbrauchbar.
onbuigzaam [ɔnˈbəʏxsa:m] unbeugsam.
onchristelijk [ɔnˈkrɪstələk] unchristlich.
ondank [ˈɔndɑŋk] *m* Undank *m*; *zijns ~s* wider Willen, gegen s-n Willen; **~baar** [-ba:r] undankbar, unerkenntlich; **~baarheid** [-ba:rhɛĭt] *f* Undankbarkeit *f*, Unerkenntlichkeit *f*; **~s** [-s] trotz *G*, *D*; ungeachtet *G*.
ondeelbaar [ɔnˈdel:ba:r] unteilbar.
ondenkbaar [ɔnˈdɛŋba:r] undenkbar, undenklich.
onder [ˈɔndər] *Präp.* (*Ort*) unter *D*, *A*; (*Zeit*) während *G*; *Adv.* unten; *de jongen kroop ~ de tafel* der Knabe kroch unter den Tisch; *de jongen zat ~ de tafel* der Knabe saß unter dem Tisch; *~ de oorlog* während des Krieges; *~ wonen* unten wohnen; *~ andere* unter anderem, unter andern; *naar ~* nach unten; hinunter, herunter; *ten ~ brengen* unterwerfen, vernichten; *~ het eten* bei Tische; *van ~* von unten; *er op of er ~* alles oder nichts; **~aan** [-ˈa:n] unten (an).
onder|aannemer [ˈɔndəra:ne:mər] (*-s*) *m* Teilunternehmer *m*; **~aards** *Adj.* [-a:rts], *Adv.* [-ˈa:rts] unterirdisch; **~afdeling** [-ɑv̥de:lɪŋ] *f* Unterabteilung *f*; **~arm** [-ɑrm] *m* Unterarm *m*; **~baas** [-ba:s] (*-bazen*) *m* Vorarbeiter *m*, Werkführer *m*; **~bed** [-bɛt] (*-den*) *n* Unterbett *n*; **~belicht** [-bəlɪxt] (*Foto*) unterbelichtet; **~bevelhebber** [-bəv̥ɛlhɛbər] (*-s*) *m* Unterbefehlshaber *m*; **~bewust** [-bəʋəst] unterschwellig; *de ~e* (*niet opvallende*) *verschuiving* die unterschwellige Verschiebung; **~bewustzijn** [-bəʋəstsɛĭn] *n* Unterbewußtsein *n*; **~binden** [-bɪndə(n)] ˈunterbinden; [-ˈbɪndə(n)] unterˈbinden; **~bouw** [-bɑu] *m* Unterbau *m*; (*Schule*) Unterstufe *f*; *fig.* Basis *f*; **~breking** [-ˈbre:kɪŋ] *f* Unterbrechung *f*; **~brengen** [-brɛŋə(n)] unterbringen; **~broek** [-bru·k] *f* Unterhose *f*; **~buik** [-bəʏk] *m* Unterbauch *m*, Unterleib *m*; **~daan** [-da:n] (*-danen*) *m* Untertan *m*; **~dak** [-dɑk] *n* Unterkunft *f*, Obdach *n*; *iemand ~ verschaffen* (*geven, verlenen*) j-n unterbringen; **~danig** [-ˈda:nəx] untertänig, untertan; **~deel** [-de:l] (*-delen*) *n* Unterteil *n*, *m*; Einzelteil *n*; Teil *n*, *m*, Teilstück *n*; *~delen* Zubehör *n*, Ersatzteile *n/pl.*; **~directeur** *a.* **-rek-** [-di·rɛktø:r] (*-s u -en*) *m* stellvertretender Direktor; **~doen** [-du:n]: *voor iemand ~* j-m nachstehen; *niet ~* nicht nachstehen, nicht zurückstehen; **~dompelen** [-dɔmpələ(n)] untertauchen; **~door** [-ˈdo:r] unten durch; *hij is er ~* F er ist pleite; **~drukken** [-ˈdrøkə(n)] unterdrücken; nieder-

halten, zurückdrängen; dämpfen; *Gefühle* niederkämpfen; **~drukking** [-'drøkɪŋ] *f* Unterdrückung *f*; **~duiken** [-dəʏkə(n)] untertauchen; **~een** [-'e:n] untereinander; durcheinander; **~einde** [-ɛində] (*n*) *n* untere(s) Ende *n*.

onderen ['ɔndərə(n)] unten; *van ~, naar ~ s. onder*; *zich ten ~ geven* sich unterwerfen, sich geschlagen geben.

onder|gaan ['ɔndərɣa:n] untergehen; zugrundegehen; [-'ɣa:n] erleiden, erdulden; **~gang** [-ɣɑŋ] *m* Untergang *m*; Verderben *n*; Zusammenbruch *m*; **~geschikt** [-ɣəsxɪkt], *a.* [-ɣə'sxɪkt] untergeordnet; *~e ambtenaar* subalterne(r) Beamte(r) *m*; *de ~en* die Untergebenen; **~geschoven** [-ɣəsxo:və(n)] untergeschoben; **~getekende** [-ɣə'te:kəndə] (*-n*) *m u. f* Unterzeichnete(r *m*) *f*; *de ~* der Unterzeichnete; **~goed** [-ɣu·t] *n* (Leib-)Wäsche *f*, Unterkleider *n/pl.*, Unterwäsche *f*; **~graven** [-'ɣra:və(n)] untergraben; **~gronds** [-'ɣrɔnts] unterirdisch; *fig.* geheim, illegal; *~e werken* Tiefbau *m*; *~e pers* Untergrundpresse *f*; *de ~e* Untergrundbahn (U-Bahn) *f*; *fig.* Widerstandsbewegung *f*; Widerstand *m*; Untergrundkämpfer *m/pl.*; **~handelaar** [-'hɑndəla:r] (*-s u. -laren*) *m* Unterhändler *m*; **~handelen** [-'hɑndələ(n)] verhandeln; **~handeling** [-'hɑndəlɪŋ] *f* Verhandlung *f*; **~handen** [-hɑndə(n)]: *iemand (iets) ~ nemen* sich j-n (etw.) vornehmen; F sich j-n vorknöpfen; **~hands** [-hɑnts] unter der Hand; *~ akkoord (a. accoord)* gütliche(r) Vergleich *m*; **~havig** [-'ha:vəx]: *in het ~ geval* im vorliegenden Fall; **~hevig** [-'he:vəx] ausgesetzt; unterworfen *D*; *het is aan geen twijfel ~* es unterliegt keinem Zweifel; **~horig** [-'ho:rəx] *s. ondergeschikt*.

onderhoud ['ɔndərhaut] *n* (*Pflege*) Unterhalt *m*, Unterhaltung *f*; Instandhaltung *f*; (*Gespräch*) Unterredung *f*, Aussprache *f*, Unterhaltung *f*; *kosten van ~* Unterhaltungskosten *pl.*; *met iemand een ~ hebben* sich mit j-m besprechen; *in het ~ voorzien* ernähren; **~en** [-'haudə(n)] unterhalten, instandhalten, aufrechterhalten; erhalten, ernähren; *gemakkelijk te ~* pflegeleicht; *zich ~ over* sich unterhalten über (*A*); *~* ['ɔndərhaudə(n)] niederhalten, 'unterhalten; bezwingen; **~end** [-ənt] unterhaltend, unterhaltsam; **~houdskosten** [-hautskɔstə(n)] *pl.* (*für Personen*) Unterhaltskosten *pl.*, Alimente *pl.*; (*für Gebäude*) Unterhaltungskosten *pl.*; **~huis** [-həʏs] (*-huizen*) *n* Unterhaus *n*; Parterrewohnung *f*, Erdgeschoß *n*; Kellergeschoß *n*; **~huur** [-hy:r] (*-huren*) *f* Untermiete *f*; **~huurder** [-hy:rdər] (*-s*) *m* Untermieter *m*; **~in** [-ɪn], *a.* [-'ɪn] unten (drin); unten hinein; **~kaak** [-ka:k] (*-kaken*) *f* Unterkiefer *m*; **~kant** [-kɑnt] *m* Unterseite *f*; **~kennen** [-'kɛnə(n)] unterscheiden; erkennen; **~kin** [-kɪn] (*-nen*) *f* Unterkinn *n*, Doppelkinn *n*; **~komen** [-ko:mə(n)] unterkommen; *Su. n* Unterkunft *f*, Obdach *n*, Unterkommen *n*; **~koning** [-ko:nɪŋ] *m* Vizekönig *m*; **~krijgen** [-krɛiɣə(n)] unterkriegen; **~kruipen**[1] [-krəʏpə(n)] unterkriechen; **~kruipen**[2] [-'krəʏpə(n)] unterbieten; ausstechen; **~kruiper** [-'krəʏpər] (*-s*) *m* Preisverderber *m*; Streikbrecher *m*; unehrlicher Mitbewerber; Intrigant *m*; **~kruiperij** [-krəʏpə'rɛi] *f* Streikbruch *m*; Intrigen *f/pl.*; **~laag** [-la:x] (*-lagen*) *f* Unterschicht *f*; Unterlage *f*; **~laken** [-la:kə(n)] (*-s*) *n* Unterlaken *n*; **~legd** [-'lɛxt] beschlagen (*in*/in, auf *D*), geschult, vorgebildet; versiert; **~legger** [-lɛɣər] (*-s*) *m* Unterlage *f*; (*Balken*) Träger *m*; **~liggen** [-lɪɣə(n)] unterliegen, unten liegen; unter'liegen; **~liggend** [-lɪɣənt] unterliegend; besiegt, schwächer; **~lijf** [-lɛif] (*-lijven*) *n* Unterleib *m*; **~lijfje** [-lɛifjə] (*-s*) *n* Leibchen *n*.

onderling ['ɔndərlɪŋ] gegenseitig, untereinander; *~ ziekenfonds* Krankenkasse *f*; Krankenkasse auf Gegenseitigkeit; *~e bijstand* gegenseitige Hilfe.

onder|lip ['ɔndərlɪp] (*-pen*) *f* Unterlippe *f*; **~maans** [-'ma:ns] irdisch; *het ~ leven* Erdenleben *n*, Diesseits *n*; **~mijnen** [-'mɛinə(n)] unterminieren; *fig.* unter'graben; **~nemen** [-'ne:mə(n)] unternehmen; auf sich nehmen; **~nemer** [-'ne:mər] (*-s*) *m* Unternehmer *m*; **~nemingsgeest**

[-ˈneːmɪŋsxeːst] *m* Unternehmungsgeist *m*; **~officier** [-ɔfiˑsiːr] (*-en u. -s*) *m* Unteroffizier *m*; **~ontwikkeld** [-ɔntˈʊɪkəlt] unterentwickelt; **~pand** [-pɑnt] *n* (Unter-)Pfand *n*; **~richt** [-rɪxt] *n* Unterricht *m*; **~richten** [-ˈrɪxtə(n)] unterrichten; belehren; benachrichtigen, in Kenntnis setzen; **~richting** [-ˈrɪxtɪŋ] *f* Unterricht *m*; Belehrung *f*; *~en* Anweisung *f*, Richtlinien *f/pl.*; **~rok** [-rɔk] (*-ken*) *m* Unterrock *m*; **~schatten** [-ˈsxɑtə(n)] unterschätzen, zu gering veranschlagen; **~scheid** [-sxɛĭt] *n* Unterschied *m*; **~scheiden**[1] [-ˈsxɛĭdə(n)] unterscheiden; *zich ~* sich unterscheiden; **~scheiden**[2] *Adj.* verschieden, unterschieden; mehrere; **~scheiding** [-ˈsxɛĭdɪŋ] *f* Unterscheidung *f*; *eervolle ~* (ehrenvolle) Auszeichnung *f*; **~scheppen** [-ˈsxɛpə(n)] auf-, abfangen; unterschlagen; **~schikken** [-sxɪkə(n)] unterordnen; **~schikkend** [-sxɪkənt] *Gr.* unterordnend, subordinierend; **~schrift** [-sxrɪft] *n* Unterschrift *f*; **~spit** [-spɪt] *n*: *het ~ delven* unterliegen, den kürzeren ziehen; **~spitten** [-spɪtə(n)] untergraben.

onderst [ˈɔndərst] unter, unterst; niedrigst.

onderstaand [ˈɔndərstaːnt] untenstehend, nachstehend.

onderstand [ˈɔndərstɑnt] *m* Unterstützung *f*, Beistand *m*; *openbare ~* Fürsorge *f*; *~ genieten* Fürsorge bekommen; *Commissie* (*a. kom-*) *van de Openbare* ♀ (*KOO od. COO*) Fürsorgeamt *n*.

onderst(e)boven [ɔndərst(ə)ˈboːvə(n)] durcheinander, das Unterste zuoberst; *~ gooien fig.* über den Haufen werfen.

onder|steek [ˈɔndərsteːk] (*-steken*) *m* Bettpfanne *f*, (Unter-)Schieber *m*; **~stel** [-stɛl] (*-len*) *n* Untergestell *n*; *Flgw.* Fahrgestell *n*.

onder|stellen [ɔndərˈstɛlə(n)] voraussetzen, annehmen; **~stelling** [-ˈstɛlɪŋ] *f* Voraussetzung *f*; **~steunen** [-ˈstøːnə(n)] (unter)stützen, helfen; **~steuning** [-ˈstøːnɪŋ] *f* Unterstützung *f*, Beistand *m*; **~strepen** [-ˈstreːpə(n)] unterstreichen; **~stroom** [-stroːm] (*-stromen*) *m* Unterströmung *f*; **~stuk** [-støk] (*-ken*) *n* Unterstück *n*, Untersatz *m*; **~tekenaar** [-ˈteːkənaːr] (*-s u. -naren*) *m* Unterzeichner *m*, Unterzeichnete(r) *m*; **~tekenen** [-ˈteːkənə(n)] unterzeichnen, unterschreiben; **~tekening** [-ˈteːkənɪŋ] *f* Unterzeichnung *f*; Unterschrift *f*; **~trouw** [-trɑŭ] *m* Aufgebot *n*; **~trouwen** [-trɑu(ʊ)ə(n)] aufgeboten werden.

onder|tussen [ɔndərˈtøsə(n)] inzwischen, indessen, unterdessen; **~uit** [-ˈəyt] unten heraus; *~!* Achtung!, mach Platz!

onder|verdeling [ˈɔndərv̊ərdeːlɪŋ] *f* Unterteilung *f*; **~vinden** [-ˈv̊ɪndə(n)] erfahren; erleben; **~vinding** [-ˈv̊ɪndɪŋ] *f* Erfahrung *f*; *bij ~* aus Erfahrung; *een man van ~* ein erfahrener Mann; **~voed** [-ˈv̊uˑt] unterernährt; **~voorzitter** [-v̊oːrzɪtər] (*-s*) *m* Vizepräsident *m*; stellvertretende(r) Vorsitzende(r) *m*; **~vragen** [-ˈvraːɣ̊ə(n)] befragen, ausfragen, vernehmen, verhören; **~vraging** [-ˈvraːɣ̊ɪŋ] *f* Befragung *f*, Verhör *n*, Vernehmung *f*.

onderweg [ɔndərˈʊɛx] unterwegs.

onder|wereld [ˈɔndərʊeːrəlt] *f* Unterwelt *f*; **~werp** [-ʊɛrp] *n* Gegenstand *m*, Thema *n*; *Gr.* Subjekt *n*; *van het ~ afdwalen* vom Thema abkommen; **~werpen** [-ˈʊɛrpə(n)] unterwerfen; *zich ~* sich unterwerfen, sich fügen, sich ergeben; *~ aan* erliegen *D.*

onderwijl [ɔndərˈʊɛĭl] *Ko.* indem, während; *Adv.* währenddessen, unterdessen.

onderwijs [ˈɔndərʊɛĭs] *n* Unterricht *m*; Unterweisung *f*; *lager ~* Elementarunterricht *m*; Volksschulwesen *n*; *middelbaar* (*secundair*) *~* höhere(r) Unterricht *m*; *hoger ~* Hochschul-, Universitätsunterricht *m*; *~ geven* Unterricht geben, lehren, unterrichten.

onder|wijzen [ɔndərˈʊɛĭzə(n)] unterrichten, lehren; *~wijzend personeel* Lehrkörper *m*, Lehrerschaft *f*; **~wijzer** [-ˈʊɛĭzər] (*-s*) *m* Lehrer *m*; **~wijzeres** [-ʊəĭzəˈrɛs] (*-sen*) *f* Lehrerin *f*.

onder|worpen [ɔndərˈʊɔrpə(n)] unterworfen; ergeben, gelassen, unterwürfig; **~zeeboot** [-ˈzeːboːt] (*-boten*) *m u. f*, **~zeeër** [-ˈzeː(j)ər] (*-s*) *m* Unterseeboot (U-Boot) *n*; **~zees** [-ˈzeːs] unterseeisch; **~zijde**

['ɔndərzɛĭdə] (-*n*) *f* Unterseite *f*; **~zoek** ['ɔndərzuˑk] *n* Untersuchung *f*, Prüfung *f*; Forschung *f*; *jur.* Ermittlung *f*; **~zoeken** [-'zuˑkə(n)] untersuchen, prüfen; (nach-) forschen; ermitteln; *een zaak nader ~* e-r Sache nachgehen; **~zoeker** [-'zuˑkər] (-*s*) *m* Untersucher *m*; Forscher *m*; *jur.* Ermittlungsbeamte(r) *m*; **~zoeksrechter** [-'zuˑksrɛxtər] (-*s*) Untersuchungsrichter *m*.

ondeugd ['ɔndøːxt] *f* Untugend *f*, Laster *n*; *m* (*Person*) Taugenichts *m*, Nichtsnutz *m*; **~elijk** [ɔn'døːɣdələk] untauglich.

ondeugend [ɔn'døːɣənt] unartig, ungezogen; **~heid** [-hɛĭt] (-*heden*) *f* Unartigkeit *f*, Ungezogenheit *f*.

ondicht [ɔn'dɪxt] undicht; wasserdurchlässig.

ondiep [ɔn'diˑp] seicht, flach; **~te** ['ɔndiˑptə] (-*n u.* -*s*) *f* Untiefe *f*, seichte Stelle.

ondier ['ɔndiːr] *n* Untier *n*, Ungeheuer *n*, Ungetüm *n*.

onding ['ɔndɪŋ] *n* Unding *n*.

ondoelmatig [ɔnduːl'maːtəx] unzweckmäßig; unangemessen.

ondoenlijk [ɔn'duːnlək] untunlich.

ondoordacht [ɔndoːr'dɑxt] unüberlegt, unbesonnen.

ondoor|dringbaar [ɔndoːr'drɪŋbaːr] undurchdringlich; **~grondelijk** [-'ɣrɔndələk] unergründlich; **~zichtig** [-'zɪxtəx] undurchsichtig.

ondraag|baar [ɔn'draːɣbaːr] untragbar; **~lijk** [-lək] unerträglich, unausstehlich.

ondubbelzinnig [ɔndəbəl'zɪnəx] unzweideutig.

onduidelijk [ɔn'dəydələk] undeutlich, unklar; **~heid** [-hɛĭt] (-*heden*) *f* Undeutlichkeit *f*.

onduldbaar [ɔn'dəldbaːr] unerträglich, unduldsam.

onduleren [ɔndyˑ'leːrə(n)] ondulieren, wellen.

onecht [ɔn'ɛxt] unecht, falsch; **~elijk** [-ələk]: *~ kind* uneheliches Kind.

onedel [ɔn'eːdəl] unedel.

oneens ['ɔn-], *a.* [ɔn'eːns] uneinig, uneins; unterschieden; *het ~ zijn met* nicht einverstanden sein mit.

oneer ['ɔneːr] *f* Unehre *f*; **~biedig** [-'biːdəx] unehrerbietig, ehrfurchtslos; **~lijk** [ɔn'eːrlək] unehrlich, unredlich; unlauter; *~e concurrentie* unlautere(r) Wettbewerb *m*.

oneetbaar [ɔn'eːdbaːr] ungenießbar, uneßbar.

oneffen [ɔn'ɛfə(n)] uneben, ungleich; holprig; **~heid** [-hɛĭt] (-*heden*) *f* Unebenheit *f*.

oneigenlijk [ɔn'ɛĭɣə(n)lək] uneigentlich; *fig.* bildlich, übertragen.

oneindig [ɔn'ɛĭndəx] unendlich; **~heid** [-hɛĭt] *f* Unendlichkeit *f*.

onenig ['ɔn-], *a.* [ɔn'eːnəx] uneinig; **~heid** [-hɛĭt] (-*heden*) *f* Uneinigkeit *f*, Zwiespalt *m*, Zwietracht *f*, Zwist *m*.

onervaren [ɔnɛr'v̊aːrə(n)] unerfahren, unbewandert.

oneven [ɔn'eːv̊ə(n)] uneben, ungerade; *~ getal* ungerade Zahl; **~matig** [-'maːtəx] ungleichmäßig; **~redig** [-'reːdəx] unverhältnismäßig; unharmonisch; **~wichtig** [-'ʋɪxtəx] unausgeglichen.

onfatsoenlijk [ɔnfɑt'suːnlək] unanständig.

onfeilbaar [ɔn'fɛĭlbaːr] unfehlbar; **~heid** [-hɛĭt] *f* Unfehlbarkeit *f*.

onfortuinlijk [ɔnfɔr'təynlək] unglücklich; *~ zijn* Pech haben.

onfraai ['ɔnfraːĭ] unschön.

onfris ['ɔnfrɪs] nicht frisch; unsauber.

ongaarne [ɔn'ɣaːrnə] ungern.

ongeacht [ɔŋɣə'ɑxt] *Präp.* ungeachtet (*G*).

ongebaand [ɔŋɣə'baːnt] ungebahnt, unwegsam.

ongebleekt [ɔŋɣə'bleːkt] ungebleicht.

ongeblust [ɔŋɣə'bləst] ungelöscht.

ongebonden [ɔŋɣə'bɔndə(n)] ungebunden; uneingebunden; (*Leben*) zügellos, locker.

ongebruikelijk [ɔŋɣə'brəykələk] ungebräuchlich, unüblich.

ongebruikt [ɔŋɣə'brəykt] ungebraucht, unbenutzt.

ongedaan [ɔŋɣə'daːn] ungetan, ungeschehen, unerledigt; *iets ~ maken* etw. rückgängig machen; *niets ~ laten* nichts unversucht lassen.

ongedeerd [ɔŋɣə'deːrt] unversehrt, unverletzt.

ongedierte ['ɔŋɣədiːrtə] *n* Ungeziefer *n*.

ongeduld ['ɔŋɣədəlt] *n* Ungeduld *f*; **~ig** [ɔŋɣə'dəldəx] ungeduldig.

ongedurig [ɔŋɣ̊əˈdyːrəx] unbeständig; unruhig; **~heid** [-hɛĭt] *f* Unruhe *f*, Unbeständigkeit *f*.
ongedwongen [ɔŋɣ̊əˈdʋɔŋə(n)] ungezwungen, ungekünstelt, ungeniert.
ongeëvenaard [ɔŋɣ̊əeˑv̊əˈnaːrt] unerreicht; ohnegleichen, beispiellos.
ongefrankeerd [ɔŋɣ̊əfrɑŋˈkeːrt] unfrankiert.
ongegeneerd [ɔŋɣ̊əʒəˈneːrt] ungeniert; zwanglos.
ongegrond [ɔŋɣ̊əˈɣ̊rɔnt] unbegründet; unberechtigt; grundlos.
ongehinderd [ɔŋɣ̊əˈhɪndərt] ungehindert, unbehindert, ungehemmt.
ongehoord [ɔŋɣ̊əˈhoːrt] ungehört, unerhört; *dat is ~!* das ist unverschämt!
ongehoorzaam [ɔŋɣ̊əˈhoːrzaːm] ungehorsam, unfolgsam; **~heid** [-hɛĭt] (*-heden*) *f* Ungehorsam *m*.
ongehuwd [ɔŋɣ̊əˈhyˑüt] unverheiratet, ledig; *~e staat* Ehelosigkeit *f*.
ongekend [ɔŋɣ̊əˈkɛnt] ungekannt; beispiellos; namenlos.
ongekleed [ɔŋɣ̊əˈkleːt] unbekleidet, unangezogen.
ongekookt [ɔŋɣ̊əˈkoːkt] ungekocht, roh.
ongekunsteld [ɔŋɣ̊əˈkənstəlt] ungekünstelt.
ongekwetst [ɔŋɣ̊əˈkʋɛtst] unverwundet, unverletzt.
ongeldig [ɔŋˈɣ̊ɛldəx] ungültig; *~ verklaren* für ungültig erklären.
ongeleed [ɔŋɣ̊əˈleːt] ungegliedert.
ongelegen [ɔŋɣ̊əˈleːɣ̊ə(n)] ungelegen, unerwünscht, unbequem; **~heid** [-hɛĭt] *f* Ungelegenheit *f*, Verlegenheit *f*; *iemand in ~ brengen* j-m Ungelegenheiten bereiten.
ongeletterd [ɔŋɣ̊əˈlɛtərt] ungebildet, ungelehrt.
ongelijk [ˈɔŋɣ̊əlɛĭk] *n* Unrecht *n*; *~ hebben* unrecht haben, im Unrecht sein; *in 't ~ stellen* ins Unrecht setzen; [ɔŋɣ̊əˈlɛĭk] *Adj.*, *Adv.* ungleich, verschieden; uneben; **~heid** [-hɛĭt] (*-heden*) *f* Ungleichheit *f*; **~matig** [-ˈmaːtəx] ungleichmäßig; **~namig** [-ˈnaːməx] ungleichnamig; **~slachtig** [ˈslɑxtəx] ungleichartig; **~soortig** [-ˈsoːrtəx] ungleichartig; **~vormig** [-ˈfɔrməx] ungleichförmig; **~zijdig** [-ˈsɛĭdəx] ungleichseitig.
ongelijnd [ɔŋɣ̊əˈlɛĭnt] unliniiert.
ongelikt [ɔŋɣ̊əˈlɪkt] ungeschliffen, ungeschlacht.
ongeloof [ˈɔŋɣ̊əloːf] *n* Unglaube *m*; **~lijk**, *a.* **~lofelijk** [-(ə)lək] unglaublich; **~waardig** [-ˈʋaːrdəx] unglaubwürdig, unglaubhaft.
ongelovig [ɔŋɣ̊əˈloːv̊əx] ungläubig; **~e** [-ə] (*-n*) *m u. f* Ungläubige(r *m*) *f*; **~heid** [-hɛĭt] *f* Ungläubigkeit *f*.
ongeluk [ˈɔŋɣ̊ələk] (*-ken*) Unglück *n*, Unfall *m*; Unglücksfall *m*; Pech *n*, Mißgeschick *n*; Widerwärtigkeit *f*; *bij (per) ~* aus Versehen; unglücklicherweise; *doe geen ~ken* sei (äußerst) vorsichtig; *iemand een ~ (aan)doen (slaan)* j-n arg zurichten; *verzekering tegen ~ken* Unfallversicherung *f*; **~kig** [ɔŋɣ̊əˈləkəx] unglücklich; **~kigerwijs**, *a.* **-wijze** [-ˈləkəɣ̊ərʋɛĭs], *a.* [-ʋɛĭzə], **~kiglijk** [-ˈləkəxlək] *Adv.* unglücklicherweise; **~sbode** [-zboːdə] (*-n*) *m* Unglücksbote *m*; **~skind** [-skɪnt] (*-eren*) *n* Unglückskind *n*; **~svogel** [-sfoːɣ̊əl] (*-s*) *m* Pechvogel *m*.
ongemak [ˈɔŋɣ̊əmɑk] (*-ken*) *n* Ungemach *n*; Beschwerde *f*; *pl.* Gebrechen *n/pl.*; **~kelijk** [-ˈmɑkələk] unbequem; lästig, schwierig.
ongemanierd [ɔŋɣ̊əmɑˈniːrt] unmanierlich, unanständig.
ongemaskerd [ɔŋɣ̊əˈmɑskərt] unmaskiert.
ongemeen [ɔŋɣ̊əˈmeːn] außerordentlich, ungemein, außergewöhnlich.
ongemerkt [ɔŋɣ̊əˈmɛrkt] unbemerkt; unvermerkt; unmerklich.
ongemoeid [ɔŋɣ̊əˈmuˑĭt] unbehelligt, ungeschoren.
ongenaakbaar [ɔŋɣ̊əˈnaːgbaːr] unzugänglich, unnahbar.
onge|nade [ˈɔŋɣ̊ənaːdə] *f* Ungnade *f*; **~nadig** [-ˈnaːdəx] ungnädig, mitleidlos, unbarmherzig; gehörig, tüchtig. [bar]
ongeneeslijk [ɔŋɣ̊əˈneːslək] unheil-
ongenegen [ɔŋɣ̊əˈneːɣ̊ə(n)] ungeneigt; abgeneigt.
ongenietbaar [ɔŋɣ̊əˈniːdbaːr] ungenießbar.
ongenoegen [ˈɔŋɣ̊ənuːɣ̊ə(n)] Unzufriedenheit *f*, Mißvergnügen *n*; *~ hebben* uneinig sein, sich zanken.
ongenoemd [ɔŋɣ̊əˈnuːmt] ungenannt.
ongenood [ɔŋɣ̊əˈnoːt] ungeladen, ungebeten.

ongenummerd [ɔŋɣ̊əˈnəmərt] unnumeriert.
ongeoefend [ɔŋɣ̊əˈuːfənt] ungeübt; unerfahren.
ongeoorloofd [ɔŋɣ̊əˈoːrloːft] unerlaubt, unstatthaft, unzulässig.
ongeopend [ɔŋɣ̊əˈoːpənt] ungeöffnet.
ongepast [ɔŋɣ̊əˈpɑst] unpassend, unziemlich, ungebührlich, unschicklich; **~heid** [-hɛĭt] Unschicklichkeit *f*.
ongepeld [ɔŋɣ̊əˈpɛlt] ungeschält.
ongepermitteerd [ɔŋɣ̊əpɛrmiˑˈteːrt] unerlaubt; *het is ~!* es ist e-e Schande!
ongepoetst [ɔŋɣ̊əˈpuˑtst] ungeputzt.
ongerechtigheid [ɔŋɣ̊əˈrɛxtəxhɛĭt] (*-heden*) *f* Ungerechtigkeit *f*; *pl.* Unfug *m*, Ungebührlichkeiten *f/pl.*
ongerede [ɔŋɣ̊əˈreːdə]: *in het ~ geraken* in Unordnung geraten.
ongeregeld [ɔŋɣ̊əˈreːɣ̊əlt] ungeregelt, regellos, unregelmäßig, unordentlich; **~heid** [-hɛĭt] *f* Unordnung *f*, Unregelmäßigkeit *f*; *pl.* Unruhen *f/pl.*, Zwischenfälle *m/pl.*
ongerekend [ˈɔŋɣ̊əreːkənt] ungerechnet, nicht (mit)gerechnet.
ongerept [ɔŋɣ̊əˈrɛpt] unbefleckt, unberührt, rein.
ongerief [ˈɔŋɣ̊əriːf] Ungemach *n*, Unbequemlichkeit *f*; **~(e)lijk** [ɔŋɣ̊əˈriːf(ə)lək] unbequem; ohne Komfort.
ongerijmd [ɔŋɣ̊əˈrɛĭmt] ungereimt, widersinnig; *bewijs uit het ~e* indirekte(r) Beweis *m*; **~heid** [-hɛĭt] (*-heden*) *f* Ungereimtheit *f*, Widersinn *m*.
ongerust [ɔŋɣ̊əˈrəst] unruhig; besorgt; aufgeregt; *~ zijn* besorgt sein, in Sorge sein, Sorgen haben; *zich ~ maken* sich Sorgen machen, sich aufregen über *A*; **~heid** [-hɛĭt] *f* Besorgnis *f*, Unruhe *f*.
ongeschikt [ɔŋɣ̊əˈsxɪkt] unfähig, untauglich; ungeeignet.
ongeschokt [ɔŋɣ̊əˈsxɔkt] unerschüttert.
ongeschonden [ɔŋɣ̊əˈsxɔndə(n)] unversehrt, unverletzt; unbeschädigt.
ongeschoold [ɔŋɣ̊əˈsxoːlt] ungelernt; ungeschult.
ongeschoren [ɔŋɣ̊əˈsxoːrə(n)] unrasiert; (*Schafe*; *a. fig.*) ungeschoren.
ongeschreven [ɔŋɣ̊əˈsxreːv̊ə(n)] ungeschrieben; *~ recht* Gewohnheitsrecht *n*.
ongeslepen [ɔŋɣ̊əˈsleːpə(n)] ungeschliffen.
ongestadig [ɔŋɣ̊əˈstaːdəx] unbeständig, unstet, veränderlich.
ongesteld [ɔŋɣ̊əˈstɛlt] unwohl, unpäßlich; **~heid** [-hɛĭt] (*-heden*) *f* Unwohlsein *n*, Unpäßlichkeit *f*.
ongestoord [ɔŋɣ̊əˈstoːrt] ungestört.
ongestraft [ɔŋɣ̊əˈstrɑft] ungestraft, straflos.
ongetekend [ɔŋɣ̊əˈteːkənt] nicht unterschrieben; anonym, ohne Unterschrift.
ongeteld [ɔŋɣ̊əˈtɛlt] ungezählt.
ongetemd [ɔŋɣ̊əˈtɛmt] ungezähmt, ungebändigt.
ongetroost [ɔŋɣ̊əˈtroːst] ungetröstet.
ongetrouw [ɔŋɣ̊əˈtrɑŭ] ungetreu, untreu, treulos.
ongetrouwd [ɔŋɣ̊əˈtrɑŭt] unverheiratet, ledig.
ongetwijfeld [ɔŋɣ̊əˈtʋɛĭfəlt] zweifellos, unstreitig.
ongeval [ˈɔŋɣ̊əv̊ɑl] (*-len*) *n* Unfall *m*; Unglücksfall *m*; *per ~* unglücklicherweise; **~lenwet** [-ə(n)ʋɛt] (*-ten*) *f* Unfallversicherungsgesetz *n*.
ongevallig [ɔŋɣ̊əˈv̊ɑləx] unangenehm, unlieb.
ongeveer [ɔŋɣ̊əˈv̊eːr] ungefähr, etwa, annähernd, fast; überschlägig.
ongeveinsd [ɔŋɣ̊əˈv̊ɛĭnst] ungeheuchelt, unverstellt.
ongeverfd [ɔŋɣ̊əˈv̊ɛrft] ungefärbt.
ongevoelig [ɔŋɣ̊əˈv̊uːləx] unempfindlich, gefühllos; **~heid** [-hɛĭt] *f* Unempfindlichkeit *f*, Gefühllosigkeit *f*.
ongevraagd [ɔŋɣ̊əˈv̊raːxt] ungebeten, unaufgefordert.
ongewapend [ɔŋɣ̊əˈʋaːpənt] unbewaffnet; *~ verzet* passive(r) Widerstand *m*.
ongewassen [ɔŋɣ̊əˈʋɑsə(n)] ungewaschen; *fig.* unverblümt, ungeschminkt.
ongewenst [ɔŋɣ̊əˈʋɛnst] unerwünscht, nicht gewünscht.
ongewerveld [ɔŋɣ̊əˈʋɛrv̊əlt] wirbellos.
ongewettigd [ɔŋɣ̊əˈʋɛtəxt] unberechtigt; unbegründet.
ongewild [ɔŋɣ̊əˈʋɪlt] ungewollt; unerwünscht; (*Ware*) wenig verlangt.

ongewis [ɔŋɣ̊əˈʋɪs] ungewiß, unsicher; *in het ~se* unwissend, im ungewissen.
ongewoon [ɔŋɣ̊əˈʋo:n] ungewöhnlich, selten; (*nicht gewohnt*) ungewohnt.
ongewroken [ɔŋɣ̊əˈʋ̊ro:kə(n) ungerächt.
ongezadeld [ɔnɣ̊əˈza:dəlt] ungesattelt.
ongezegeld [ɔnɣ̊əze:gəlt] ungestempelt; unversiegelt.
ongezellig [ɔŋɣ̊əˈzɛləx] ungemütlich, ungesellig; unbehaglich.
ongezien [ɔŋɣ̊əˈzi:n] ungesehen, unbemerkt.
ongezond [ɔŋɣ̊əˈzɔnt] ungesund, schädlich; *fig.* krankhaft.
ongezoomd [ɔŋɣ̊əˈzo:mt] ungesäumt.
ongezouten [ˈɔn-], *a.* [ɔŋɣ̊əˈzɑutə(n)] ungesalzen; fade; *fig.* ungeschminkt; derb; gehörig; *~ taal* derbe Sprache *f*.
ongezuiverd [ɔŋɣ̊əˈzœʏʋ̊ərt] ungereinigt, ungeläutert.
ongezuurd [ˈɔŋɣ̊əzy:rt] ungesäuert.
ongodsdienstig [ɔnɣ̊ɔdzˈdi:nstəx] irreligiös.
ongrondwettig [ɔŋɣ̊rɔntˈʋɛtəx] verfassungswidrig.
ongunstig [ɔŋˈgənstəx] ungünstig; *~ oordeel* abfällige(s) Urteil *n*.
onguur [ˈɔn-], *a.* [ɔnˈɣ̊y:r] unheimlich; widerlich; rauh; *ongure elementen* unlautere Elemente *n/pl.*; *~ weer* rauhe(s) Wetter *n*.
onhandelbaar [ɔnˈhɑndəlba:r] (*Sache*) unhandlich; (*Person*) widerspenstig, ungehorsam.
onhandig [ɔnˈhɑndəx] (*Sache*) unhandlich, unbequem; (*Person*) ungeschickt, unbeholfen; taktlos; **~heid** [-hɛĭt] (*-heden*) *f* Unbeholfenheit *f*, Ungeschicklichkeit *f*; Taktlosigkeit *f*.
onhebbelijk [ɔnˈhɛbələk] grob, plump; unmanierlich; **~heid** [-hɛĭt] (*-heden*) *f* Unart *f*; Grobheit *f*.
onheil [ˈɔnhɛĭl] *n* Unheil *n*; **~brengend** [-brɛŋənt] unheilvoll; **~sdag** [-zdɑx] *m* Unglückstag *m*; **~spellend** [-ˈspɛlənt] unheilverkündend, unheimlich; **~zaam** [-za:m] unheilvoll; schädlich.
onher|bergzaam [ɔnhɛrˈbɛrxsa:m] unwirtlich, ungastlich; **~kenbaar** [-ˈkɛnba:r] unkenntlich; **~leidbaar** [-lɛĭdba:r] nicht reduzierbar, irreduzibel; **~roepelijk** [-ˈru·pələk] unwiderruflich; unwiederbringlich; **~stelbaar** [-ˈstɛlba:r] (*Krankheit*) unheilbar; (*Sache*) unersetzbar; irreparabel; unersetzlich; unwiederbringlich.
onheuglijk [ɔnˈhø:xlək] undenklich; *sedert ~e tijden* seit undenklichen Zeiten.
onheus [ˈɔn-], *a.* [ɔnˈhø:s] unhöflich, unfreundlich.
onhoffelijk [ɔnˈhɔfələk] unhöflich, grob.
onhoorbaar [ɔnˈho:rba:r] unhörbar.
onin|gepakt [ɔnˈɪŋɣ̊əpɑkt] unverpackt; **~gewijd** [-ɣ̊əʋɛĭt] uneingeweiht; *Su.* **~e** [-ə] (*-n*) *m u. f* Laie *m*.
onjuist [ˈɔn-], *a.* [ɔnˈjœʏst] unrichtig, ungenau; unzutreffend; **~heid** [-hɛĭt] (*-heden*) *f* Unrichtigkeit *f*; Ungenauigkeit *f*; Unwahrheit *f*.
onkenbaar [ɔnˈkɛnba:r] unkenntlich.
onkies [ɔnˈki:s] unfein, grob; **~heid** [-hɛĭt] (*-heden*) *f* Unzartheit *f*; Unanständigkeit *f*; Grobheit *f*.
onklaar [ˈɔnkla:r] unklar, undeutlich.
onkosten [ˈɔŋkɔstə(n)] *pl.* Unkosten *pl.*, Kosten *pl.*; Spesen *pl.*; *zonder ~* spesenfrei; *~ vergoeden* Spesen ersetzen; **~rekening** [-re:kənɪŋ] *f* Unkostenrechnung *f*, Spesenrechnung *f*; **~vergoeding** [-ʋ̊ərɣ̊u:dɪŋ] *f* Kostenerstattung *f*.
onkreukbaar [ɔŋˈkrø:gba:r] unbestechlich; unerschütterlich.
onkruid [ˈɔnkrœʏt] *n* Unkraut *n*; *~ vergaat niet fig.* Unkraut vergeht nicht.
onkuisheid [ɔnˈkœʏshɛĭt] (*-heden*) *f* Unkeuschheit *f*, Unkeusche(s) *n*.
onkund|e [ˈɔnkəndə] *f* Unkenntnis *f*, Unwissenheit *f*; **~ig** [ɔŋˈkəndəx] unkundig, unwissend.
onkwetsbaar [ɔŋˈkʋɛdzba:r] unverwundbar, unverletzbar, unverletzlich.
onlangs [ˈɔnlɑŋs] kürzlich, vor kurzem, neulich, jüngst.
onledig [ˈɔn-], *a.* [ɔnˈle:dəx] beschäftigt; *zich ~ houden met* sich beschäftigen, sich befassen mit.
onleesbaar [ɔnˈle:zba:r] (*Schrift*) unleserlich; (*Inhalt*) unlesbar, ungenießbar.

nlekker ['ɔn-], *a.* [ɔn'lɛkər] unwohl, unbehaglich.
nlogisch [ɔn'lo:gi·s] unlogisch.
nloochenbaar [ɔn'lo:xənba:r] unleugbar, unverkennbar.
nlust ['ɔnləst] *m* Unlust *f*; ~*en pl.* Unruhen *f/pl.*, Zwischenfälle *m/pl.*, Wirren *pl.*
nmaatschappelijk [ɔnma:t'sxapələk] unsozial.
nmacht ['ɔnmaxt] *f* Unvermögen *n*, Machtlosigkeit *f*, Ohnmacht *f*, Unfähigkeit *f*; *in* ~ *vallen* in Ohnmacht fallen, ohnmächtig werden; **~ig** [ɔn'maxtəx] machtlos, nicht imstande; ohnmächtig.
nmatig ['ɔn-], *a.* [ɔn'ma·təx] unmäßig.
nmeedogend [ɔnme:'do:ɣənt] unbarmherzig, erbarmungslos, rücksichtslos, schonungslos.
nmeetbaar [ɔn'me:dba:r] nicht meßbar; ~ *getal Math.* Irrationalzahl *f*.
nmens ['ɔnmɛns] *m* Unmensch *m*, Ungeheuer *n*; **~elijk** [ɔn'mɛnsələk] unmenschlich.
nmerkbaar [ɔn'mɛrgba:r] unmerklich.
nmetelijk [ɔn'me:tələk] unermeßlich.
nmiddellijk [ɔn'mɪdələk] direkt, unmittelbar; (*Zeit*) sofort, (so-)gleich, unverzüglich.
nmin ['ɔnmɪn] *f* Uneinigkeit *f*, Unfriede(n) *m*; *in* ~ *leven* in Unfrieden leben; *in* ~ *(ge)raken* sich mit j-m überwerfen; sich entzweien.
nmisbaar [ɔn'mɪzba:r] unentbehrlich; (*Person*) unabkömmlich.
nmiskenbaar [ɔnmɪs'kɛnba:r] unverkennbar.
nmogelijk [ɔn'mo:ɣələk] unmöglich; **~heid** [-hɛĭt] (*-heden*) *f* Unmöglichkeit *f*.
nmondig [ɔn'mɔndəx] unmündig, minderjährig; **~heid** [-hɛĭt] *f* Minderjährigkeit *f*.
nnadenkend [ɔna·'dɛŋkənt] unüberlegt, gedankenlos.
nnaspeurbaar [ɔna·'spø:rba:r] unerforschlich, unergründlich.
nnatuur ['ɔnaty:r] *f* Unnatur *f*; **~lijk** [ɔna'ty:rlək] unnatürlich.
nnauwkeurig [ɔnaŭ'kø:rəx] ungenau; **~heid** [-hɛĭt] (*-heden*) *f* Ungenauigkeit *f*.
onnavolgbaar [ɔna·'v̥ɔlɣ̊ba:r] unnachahmlich.
onneembaar [ɔ'ne:mba:r] uneinnehmbar.
onnodig [ɔ'no:dəx] unnötig, zwecklos, überflüssig; *Adv.* unnötigerweise.
onnoemelijk [ɔ'nu·mələk] unnennbar, unaussprechlich.
onnozel [ɔ'no:zəl] einfältig, albern; unschuldig, harmlos; naiv; *Onnozele-kinderen(dag)* Tag *m* der unschuldigen Kinder; **~aar** [-a:r] (*-s*) *m* Einfaltspinsel *m*; **~heid** [-hɛĭt] (*-heden*) *f* Einfalt *f*, Einfältigkeit *f*; Unschuld *f*, Harmlosigkeit *f*.
onomkoopbaar [ɔnɔm'ko:ba:r] unbestechlich.
onomstotelijk [ɔnɔm'sto:tələk] unumstößlich, unwiderruflich.
onontbeerlijk [ɔnɔnd'be:rlək] unentbehrlich.
onontbindbaar [ɔnɔnd'bɪndba:r] unlöslich, unauflöslich; unzerlegbar (in Faktoren).
onontwikkeld [ɔnɔnt'ʋɪkəlt] unentwickelt; ungebildet.
onooglijk [ɔn'o:xlək] unschön, häßlich; unscheinbar.
onopgemerkt [ɔn'ɔpxəmɛrkt] unbemerkt, unbeachtet, verstohlen.
onopgevoed [ɔn'ɔpxəv̥u·t] unerzogen.
onophoudelijk [ɔnɔp'haudələk] unaufhörlich, unausgesetzt, unablässig.
onoplettend [ɔnɔp'lɛtənt] unaufmerksam; **~heid** [-hɛĭt] (*-heden*) *f* Unaufmerksamkeit *f*.
onoplosbaar [ɔnɔp'lɔzba:r] un(auf)löslich.
onoprecht [ɔnɔp'rɛxt] unaufrichtig.
onopzettelijk [ɔnɔp'sɛtələk] unabsichtlich.
onordelijk [ɔn'ɔrdələk] unordentlich.
onover|gankelijk [ɔno:v̥ər'ɣ̊aŋkələk] *Gr.* intransitiv; **~komelijk** [-'ko:mələk] unüberwindlich; **~troffen** [-'trɔfə(n)] unübertroffen; **~winnelijk** [-'ʋɪnələk] unüberwindlich, unbesiegbar; **~wonnen** [-'ʋɔnə(n)] ungeschlagen.
onpaar ['ɔnpa:r] unpaarig; ungerade.
onpartijdig [ɔnpar'tɛidəx] unparteiisch, unparteilich; **~heid** [-hɛĭt] (*-heden*) *f* Unparteilichkeit *f*.

onpas ['ɔnpɑs]: te ~ ungelegen, bei unpassender Gelegenheit.
onpasselijk [ɔn'pɑsələk] unpäßlich, unwohl; *hij wordt* ~ ihm wird übel; **~heid** [-hɛĭt] (*-heden*) *f* Übelkeit *f*, Unpäßlichkeit *f*.
onpedagogisch [ɔnpe·dɑ'ɣo:ɣi·s] unpädagogisch.
onpeilbaar [ɔn'pɛĭlba:r] unergründlich, unermeßlich.
onpersoonlijk [ɔnpər'so:nlək] unpersönlich.
onplezierig [ɔnplə'zi:rəx] unangenehm.
onpraktisch *a.* **-prac-** [ɔn'prɑkti·s] unpraktisch.
onraad ['ɔnra:t] (*kein pl.*) *n* Gefahr *f*; ~ *merken* (*speuren*) Verdacht schöpfen, Unheil kommen sehen.
onraadzaam [ɔn'ra:tsa:m] unratsam.
onrecht ['ɔnrɛxt] *n* Unrecht *n*; *ten ~e* zu Unrecht; **~matig** [-'ma:təx] unrechtmäßig; **~vaardig** [-'fa:rdəx] ungerecht; **~vaardigheid** [-fa:rdəxhɛĭt] (*-heden*) *f* Ungerechtigkeit *f*; **~zinnig** [-'sɪnəx] unaufrichtig.
onredelijk [ɔn're:dələk] unbillig, ungerecht.
onregelmatig [ɔnre:ɣəl'ma:təx] unregelmäßig; **~heid** [-hɛĭt] (*-heden*) *f* Unregelmäßigkeit *f*.
onrein ['ɔnrɛĭn] unrein, unsauber; unkeusch.
onrijp ['ɔn-], *a.* [ɔn'rɛĭp] unreif.
onroerend ['ɔnru:rənt] unbeweglich; *~e goederen* Immobilien *pl.*, Liegenschaften *f/pl.*
onrust ['ɔnrøst] *f* Unruhe *f*, Unrast *f*; Aufregung *f*; **~barend** [-'ba:rənt] beunruhigend; **~ig** [-əx] unruhig; **~stoker** [-sto:kər] (*-s*) *m* Aufwiegler *m*, Unruhestifter *m*.
ons[1] [ɔns] (*-sen u. onzen*) *n* Unze *f*; Hektogramm *n*.
ons[2] *Pron.* uns; unser; *wij waren met ~ drieën* wir waren zu dritt.
onsamenhangend [ɔn'sa:mənhɑŋənt] unzusammenhängend.
onschadelijk [ɔn'sxa:dələk] unschädlich.
onschatbaar [ɔn'sxɑdba:r] unschätzbar.
unscheidbaar [ɔn'sxɛĭdba:r] untrennbar, unzertrennlich.
onschendbaar [ɔn'sxɛndba:r] unverletzlich; **~heid** [-hɛĭt] *f* Unverletzlichkeit *f*.

onschuld ['ɔnsxəlt] *f* Unschuld ;
~ig [ɔn'sxəldəx] unschuldig; ur schädlich, harmlos.
onsmakelijk [ɔn'sma:kələk] u appetitlich.
onsmeltbaar [ɔn'smɛldba:r] ur schmelzbar.
onstandvastig [ɔnstɑnt'fɑstəx] u beständig, unstet; **~heid** [-hɛĭt] Unbeständigkeit *f*.
onsterfelijk [ɔn'stɛrfələk] unster lich; **~heid** [-hɛĭt] *f* Unsterblic keit *f*.
onstoffelijk [ɔn'stɔfələk] unkörpe lich, immateriell.
onstuimig [ɔn'stəʏməx] ungestür stürmisch, heftig; **~heid** [-hɛĭt] Ungestüm *n*, Heftigkeit *f*.
onsympat(h)iek [ɔnsi·mpɑ'ti·k] u sympathisch.
ontaard [ɔnt'a:rt] entartet; ung raten, mißraten; **~en** [-ə(n)] en arten, ausarten; **~ing** [-ɪŋ] *f* En artung *f*, Ausartung *f*.
ontbeerlijk [ɔnd'be:rlək] entbeh lich.
ontbe|ren [ɔnd'be:rə(n)] entbe ren; **~ring** [-rɪŋ] *f* Entbehrung
ontbieden [ɔnd'bi·də(n)] entbiete berufen; *iemand* (*de dokter*) ~ j (den Arzt) (herbei)rufen, nach j- (dem Arzt) schicken.
ontbijt [ɔnd'bɛĭt] *n* Frühstück
~en [-ə(n)] frühstücken; **~ko** [-ku·k] *m* Honigkuchen *m*.
ontbin|den [ɔnd'bɪndə(n)] losbi den, auslösen; zergliedern, zer gen; (*Ehe usw.*) auflösen; **~di** [-dɪŋ] *f* Auflösung *f*; Zergliederu *f*, Zerlegung *f*; (*Sitten*) Zersetzu *f*; (*Fäulnis*) Verwesung *f*; **~ding proces** [-dɪŋspro·'sɛs] (*-sen*) Zersetzungsprozeß *m*.
ontbladeren [ɔnd'bla:dərə(n)] en blättern.
ontbloot [ɔnd'blo:t] entblößt; *n van middelen ~* nicht mittellos; *v alle grond ~* völlig unbegründet.
ontboezeming [ɔnd'bu:zəmɪŋ] (Herzens-)Erguß *m*.
ontbranden [ɔnd'brɑndə(n)] e brennen, sich entzünden.
ontbreken [ɔnd'bre:kə(n)] fehle mangeln (*aan*/an *D*); *dat ontbr er nog* (*maar*) *aan* das fehlte noc
ontcijferen [ɔnt'sɛĭfərə(n)] entz fern.
ontdaan [ɔnd'da:n] bestürzt; en

stellt, verstört; ~ *van* frei (entblößt) von.

ntdek|ken [ɔnd'dɛkə(n)] entdecken; ausfindig machen; **~king** [-ɪŋ] *f* Entdeckung *f*; **~kingsreiziger** [-ɪŋsrɛĭzəɣ̌ər] (*-s*) *m* Entdeckungsreisende(r) *m*.

ntdoen [ɔnd'du:n] befreien; *zich* ~ *van* sich *G* entledigen, sich *A* vom Halse schaffen.

ntdooien [ɔnd'do:ĭ(j)ə(n)] auftauen.

ntdui|ken [ɔnd'dəʏkə(n)] umgehen; (*D*) entgehen, ausweichen; *belastingen* ~ Steuern hinterziehen; **~king** [-kɪŋ] *f* Umgehen *n*, Umgehung *f*; (Steuer-)Hinterziehung *f*.

ntegen|sprekelijk [ɔnte·ɣ̌ə(n)-'spre:kələk] unwiderruflich, unwiderlegbar; unstreitig; **~zeglijk** [-zɛxlək] unstreitig, unbestreitbar.

nteige|nen [ɔnt'ɛĭɣ̌ənə(n)] enteignen; **~ning** [-nɪŋ] *f* Enteignung *f*.

ntelbaar [ɔn'tɛlba:r] unzählbar, zahllos.

ntembaar [ɔn'tɛmba:r] unzähmbar.

nteren [ɔnt'e:rə(n)] entehren; schänden; *een ~de behandeling* e-e schimpfliche Behandlung.

nterven [ɔnt'ɛrv̌ə(n)] enterben.

ntevreden [ɔntə'v̌re:də(n)] unzufrieden; **~heid** [-hɛĭt] *f* Unzufriedenheit *f*; schlechte Stimmung *f*.

ntfermen [ɔnt'fɛrmə(n)] *v/r* sich erbarmen; *zich* ~ *over* sich erbarmen *G*.

ntfutselen [ɔnt'føtsələ(n)] (*heimlich*) entwenden.

ntgaan [ɔnt'xa:n] entgehen; entrinnen, entwischen; vergessen, entfallen.

ntgelden [ɔnt'xɛldə(n)] entgelten; *etw.* ausbaden.

ntgin|nen [ɔnt'xɪnə(n)] urbar machen; ausbeuten, in Betrieb setzen; **~ning** [-ɪŋ] *f* Urbarmachung *f*; Ausbeutung *f*; Abbau *m*; (*Wald*) Rodung *f*.

ntglippen [ɔnt'xlɪpə(n)] entwichen, entschlüpfen; entgehen.

ntgloeien [ɔnt'xlu·ĭ(j)ə(n)] erglühen; *fig.* sich begeistern.

ntgooche|len [ɔnt'xo:xələ(n)] enttäuschen; **~ling** [-lɪŋ] *f* Enttäuschung *f*.

ntgroeien [ɔnt'xru·ĭ(j)ə(n)] entwachsen.

ontgroening [ɔnt'xru:nɪŋ] *f fig.* Fuchstaufe *f*.

ont|haal [ɔnt'ha:l] *n* Aufnahme *f*, Empfang *m*; Bewirtung *f*; **~halen** [-'ha:lə(n)]: ~ *op* bewirten mit.

onthalzen [ɔnt'hɑlzə(n)] enthaupten, köpfen.

ontharingsmiddel [ɔnt'ha:rɪŋsmɪdəl] *n* Enthaarungsmittel *n*.

onthechten [ɔnt'hɛxtə(n)] loslösen (von *D*).

ontheemde [ɔnt'he:mdə] (*-n*) *m u. f* Heimatvertriebene(r *m*) *f*.

onthef|fen [ɔnt'hɛfə(n)] erlassen; befreien von; entlassen, absetzen; *von e-m Eid* entbinden; **~fing** [-ɪŋ] *f* Befreiung *f*, Erlassung *f*; (*Strafe, Steuern*) Erlaß *m*.

ontheiligen [ɔnt'hɛĭləɣ̌ə(n)] entheiligen, entweihen.

onthoofding [ɔnt'ho:v̌dɪŋ] *f* Enthauptung *f*, Köpfen *n*.

onthou|den [ɔnt'hɑudə(n)] vorenthalten; (*im Gedächtnis*) behalten; *zich* ~ (*Abstimmung*) sich der Stimme enthalten; *helpen* ~ daran erinnern; *onthoud het goed* (*wel*)! merk(e) dir das!; **~ding** [-dɪŋ] *f* Vorenthaltung *f*; (Stimm-)Enthaltung *f*; Abstinenz *f*, Enthaltsamkeit *f*.

onthul|len [ɔnt'hølə(n)] enthüllen; **~ling** [-ɪŋ] *f* Enthüllung *f*.

onthutst [ɔnt'høtst] bestürzt, verdutzt.

ontij ['ɔntɛĭ]: *bij* ~ bei schlechten Wetterbedingungen; *bij nacht en* ~ in tiefer Nacht; *ten ~de* zur unpassenden Zeit; ungelegen; **~dig** [ɔn'tɛĭdəx] ungelegen, nicht rechtzeitig.

ontken|nen [ɔnt'kɛnə(n)] verneinen; leugnen, in Abrede stellen; **~nend** [-nt] verneinend; **~ning** [-ɪŋ] *f* Verneinung *f*; Ableugnung *f*.

ontketenen [ɔnt'ke:tənə(n)] entfesseln.

ontkiemen [ɔnt'ki:mə(n)] keimen.

ontkleden [ɔnt'kle:də(n)] entkleiden, auskleiden, ausziehen.

ontkleuren [ɔnt'klø:rə(n)] entfärben.

ontkno|pen [ɔnt'kno:pə(n)] losknöpfen, aufknöpfen; entknoten, aufknüpfen; *fig.* auflösen; **~ping** [-pɪŋ] *f* Losknöpfen *n*; Aufknüpfen *n*; *Thea.* Lösung *f*, Ende *n*.

ontkomen [ɔnt'ko:mə(n)] entkommen, entgehen, entrinnen.
ontkoppelen [ɔnt'kɔpələ(n)] auskuppeln, loskuppeln.
ontkurken [ɔnt'kørkə(n)] entkorken.
ontladen [ɔnt'la:də(n)] entladen, ausladen; *mar.* löschen.
ontlas|ten [ɔnt'lɑstə(n)] (sich) entlasten; *Flüsse*: sich ergießen, münden; **~ting** [-tıŋ] *f* Entlastung *f*; *Med.* Stuhlgang *m*.
ontle|den [ɔnt'le:də(n)] analysieren, zergliedern, zerlegen; **~ding** [-dıŋ] *f* Analyse *f*, Zergliederung *f*; (*Leiche*) Sezieren *n*, Obduktion *f*.
ontleed|kunde [ɔnt'le:tkøndə] *f* Anatomie *f*; **~kundige** [-køndəɣ̌ə] (*-n*) *m* Anatom *m*.
ontlenen [ɔnt'le:nə(n)] entnehmen; entlehnen.
ontlokken [ɔnt'lɔkə(n)] entlocken.
ont|loken [ɔnt'lo:kə(n)], **~look** [-'lo:k] *s. ontluiken*.
ontlopen [ɔnt'lo:pə(n)] entlaufen, entrinnen; weglaufen.
ontluiken [ɔnt'ləʏkə(n)] (*ontlook, ontloken*) aufblühen; sich öffnen, sich entfalten, sich erschließen.
ontluisteren [ɔnt'ləʏstərə(n)] des Glanzes berauben, den Glanz verdunkeln.
ontluizing [ɔnt'ləʏzıŋ] *f* Entlausung *f*.
ontmannen [ɔnt'mɑnə(n)] entmannen, kastrieren.
ontmanteling [ɔnt'mɑntəlıŋ] *f* Demontage *f*.
ontmaskeren [ɔnt'mɑskərə(n)] entlarven.
ontmoedi|gen [ɔnt'mu·dəɣ̌ə(n)] entmutigen; **~ging** [-ɣ̌ıŋ] *f* Entmutigung *f*.
ontmoe|ten [ɔnt'mu·tə(n)] antreffen; begegnen *D*; treffen auf *A*; *iemand toevallig* ~ j-m über den Weg laufen; *wij hebben hem ontmoet* wir sind ihm begegnet; **~ting** [-tıŋ] *f* Begegnung *f*, Zusammenkunft *f*; *vriendschappelijke* ~ *Sp.* Freundschaftsspiel *n*, Freundschaftskampf *m*.
ontnemen [ɔnt'ne:mə(n)] (ent-) nehmen; abnehmen; *das Wort* entziehen.
ontnuchtering [ɔnt'nøxtərıŋ] *f* Ernüchterung *f*, Enttäuschung *f*.
ontoe|gankelijk [ɔntu·'ɣ̌ɑŋkələk] unzugänglich; **~laatbaar** [-'la:d ba:r] unzulässig, unstatthaft; **~rei kend** [-'rɛĭkənt] unzureichend, un zulänglich; ungenügend; **~reken baar** [-'re:kə(n)ba:r] unzurech nungsfähig.
ontoonbaar [ɔn'to:nba:r] schmut zig; schändlich, schrecklich; *er uitzien* sich nicht sehen lasse können.
ontplof|baar [ɔnt'plɔv̌ba:r] explo siv; *~bare stof(fen)* Explosivstoff *m* explosive Stoffe *m/pl.*; Sprengsto *m*; **~fing** [-fıŋ] *f* Explosion *f* **~fingsgeluid** [-fıŋsxələʏt] *n* G Verschlußlaut *m*, Explosivlaut *m* **~fingsgevaar** [-fıŋsxəv̌a:r] (*-geva ren*) *n* Explosionsgefahr *f*; **~fings motor** [-fıŋsmo:tɔr] (*-en u. -s*) Verbrennungsmotor *m*.
ontplooien [ɔnt'plo:ĭ(j)ə(n)] ent falten.
ontpoppen [ɔnt'pɔpə(n)] *v/r* sic entpuppen.
ontraadselen [ɔnt'ra:tsələ(n)] en rätseln.
ontraden [ɔnt'ra:də(n)] abraten.
ontredderen [ɔnt'rɛdərə(n)] ze rütten, beschädigen.
ontrieven [ɔnt'ri:v̌ə(n)] belästiger stören; *j-m etw.* ausmachen.
ontroer|d [ɔnt'ru:rt] gerührt, b wegt; erschüttert; **~en** [-ə(n rühren, ergreifen; gerührt werder erschüttern; **~ing** [-ıŋ] *f* Rührur *f*; Erregung *f*; Ergriffenheit *f*.
ontrollen [ɔnt'rɔlə(n)] entrolle aufrollen.
ontromen [ɔnt'ro:mə(n)] entra men, abrahmen.
ontroostbaar [ɔn'tro:zdba:r] u tröstlich.
ontrouw ['ɔntrɑŭ] untreu, treulo *Su. f* Untreue *f*, Treulosigkeit *f*.
ontroven [ɔnt'ro:v̌ə(n)] raube entwenden.
ontrui|men [ɔnt'rəʏmə(n)] (aus räumen, ausleeren; *mil. e-e B setzung* aufheben; **~ming** [-mıŋ] (Aus-)Räumung *f*; Evakuierung
ontrukken [ɔnt'røkə(n)] entreiße
ontsche|pen [ɔnt'sxe:pə(n)] ausl den, ausschiffen; an Land gehe **~ping** [-pıŋ] *f* Ausladung *f*, Au schiffung *f*; Landung *f*.
ontschieten [ɔnt'sxi·tə(n)] entgle ten, entschlüpfen; entfallen, ve gessen.

ntsieren [ɔnt'si:rə(n)] verunzieren, verunstalten, entstellen.

ntslaan [ɔnt'sla:n] entlassen; erlassen; *e-s Auftrags* entbinden; *der Verantwortung* entheben.

ntslag [ɔnt'slɑx] (*kein pl.*) *n* Entlassung *f*; Abschied *m*; ~ *nemen (indienen) als* zurücktreten; *s-e* Entlassung nehmen (einreichen); **~brief** [-bri:f] (*-brieven*) *m* Entlassungsschreiben *n*; **~neming** [-ne:mɪŋ] *f* Rücktritt *m*.

ntslapen [ɔnt'sla:pə(n)] entschlafen, sterben.

ntsluieren [ɔnt'slœʏ(j)ərə(n)] entschleiern, enthüllen.

ntsluiten [ɔnt'slœʏtə(n)] öffnen, aufschließen; erschließen.

ntsmet|ten [ɔnt'smɛtə(n)] desinfizieren; **~ting** [-tɪŋ] *f* Desinfektion *f*.

ntsnap|pen [ɔnt'snɑpə(n)] entschlüpfen, entwischen, entfliehen, entspringen, entrinnen; *hij kan aan de gevolgen niet* ~ an den Folgen kommt er nicht vorbei; **~ping** [-pɪŋ] *f* Entweichen *n*; Ausweichen *n*; Flucht *f*; **~pingspoging** [-pɪŋspo:ɣɪŋ] *f* Fluchtversuch *m*.

ntspan|nen [ɔnt'spɑnə(n)] entspannen, abspannen; *zich* ~ sich erholen; **~ning** [-ɪŋ] *f* Entspannung *f*, Erholung *f*; Unterhaltung *f*; *Phys.* Dehnung *f*, Expansion *f*; **~ningslectuur** *a.* **-lek-** [-ɪŋslɛky:r] *f* Unterhaltungslektüre *f*.

ntsporen [ɔnt'spo:rə(n)] entgleisen.

ntspringen [ɔnt'sprɪŋə(n)] entspringen; entkommen, entlaufen.

ntspruiten [ɔnt'sprœʏtə(n)] entsprießen, hervorsprießen; *Sträucher usw.*: ausschlagen.

ntstaan [ɔnt'sta:n] entstehen; *doen* ~ veranlassen, hervorbringen, zustande bringen; *Su. n* Entstehung *f*; Ursprung *m*.

ntste|ken [ɔnt'ste:kə(n)] *v/t* anzünden; *v/i* entbrennen; (*Wunde*) sich entzünden; **~king** [-kɪŋ] *f* Entzündung *f*; (*Motor*) Zündung *f*; **~kingsbougie** [-kɪŋsbu:ʒi:] (*-s*) *f* Zündkerze *f*.

ntsteld [ɔnt'stɛlt] erschreckt, erschrocken; bestürzt, entsetzt.

ntstelen [ɔnt'ste:lə(n)] stehlen, entwenden.

ntstel|len [ɔnt'stɛlə(n)] erschrecken; sich entsetzen; **~tenis** [-tənɪs] *f* Bestürzung *f*, Entsetzen *n*.

ontstem|d [ɔnt'stɛmt] verstimmt; **~men** [-ən] verstimmen; **~ming** [-ɪŋ] *f* Verstimmung *f*.

ontstentenis [ɔnt'stɛntənɪs] *f* Abwesenheit *f*; *bij* ~ *van* mangels *G*; in Abwesenheit *G*.

ontstoken [ɔnt'sto:kə(n)] (*Wunde*) entzündet; *in woede* ~ wutentbrannt, zornentbrannt.

onttakelen [ɔn'ta:kələ(n)] *mar.* abtakeln.

onttrekken [ɔn'trɛkə(n)] entziehen.

onttronen [ɔn'tro:nə(n)] entthronen.

ontucht ['ɔntɵxt] *f* Unzucht *f*; ~ *plegen* (*bedrijven*) Unzucht treiben; *huis van* ~ Bordell *n*, Freudenhaus *n*; **~ig** [-əx] unzüchtig.

ontvallen [ɔnt'fɑlə(n)] entfallen, entgleiten; *zich geen woord laten* ~ kein Wort fallen lassen, verlauten lassen.

ontvang [ɔnt'fɑŋ] *m* Empfang *m*; **~bewijs** [-bəʋɛĭs] (*-bewijzen*) *n* Empfangsschein *m*; **~en** [-ə(n)] empfangen; bekommen, erhalten; (*Geld*) einnehmen; **~enis** [-ənɪs] *f* Empfängnis *f*; **~er** [-ər] *m* Empfänger *m*; (*Steuern*) Steuereinnehmer *m*; **~erskantoor** [-ərskɑnto:r] (*-kantoren*) *n* Steueramt *n*, Finanzamt *n*; **~kamer** [-ka:mər] (*-s*) *f* Empfangszimmer *n*.

ontvangst [ɔnt'fɑŋst] *f* Empfang *m*; (*Geld*) Einnahme *f*; *datum van* ~ Eingangsdatum *n*; *bruto-*~ Bruttoeinnahme *f*; **~bewijs** [-bəʋɛĭs] (*-bewijzen*) *n* Empfangsschein *m*; **~dienst** [-di:nst] *m* Empfangsdienst *m*.

ontvangtoestel [ɔnt'fɑŋtu:stɛl] (*-len*) *n Tech.* Empfänger *m*, Empfangsgerät *n*.

ontvankelijk [ɔnt'fɑŋkələk] empfänglich; zulässig; empfindlich; *niet* ~ *verklaren* als unzulässig zurückweisen.

ontveinzen [ɔnt'fɛĭnzə(n)] verhehlen, verbergen; *niet* ~ nicht verhehlen, sich nicht der Einsicht verschließen.

ontvettingskuur [ɔnt'fɛtɪŋsky:r] *f* Entfettungskur *f*.

ontvlam|baar [ɔnt'flɑmba:r] entzündbar, entzündlich; *fig.* reizbar, erregbar; **~men** [-ə(n)] entzünden, entflammen; *fig.* entbrennen.

ontvlieden [ɔnt'fli:də(n)] entfliehen.
ontvliegen [ɔnt'fli:ɣ̊ə(n)] entfliegen.
ontvluch|ten [ɔnt'fløxtə(n)] (ent-)fliehen; **~ting** [-tɪŋ] *f* Flucht *f*; **~tingspoging** [-tɪŋspo:ɣ̊ɪŋ] *f* Fluchtversuch *m*.
ontvoer|der [ɔnt'fu:rdər] (-*s*) *m* Entführer *m*, Kidnapper *m*; **~en** [-ə(n)] entführen, kidnappen; **~ing** [-ɪŋ] *f* Entführung *f*, Kidnapping *n*.
ontvolken [ɔnt'fɔlkə(n)] entvölkern.
ontvonken [ɔnt'fɔŋkə(n)] entflammen, entzünden.
ontvoog|den [ɔnt'fo:ɣ̊də(n)] mündig sprechen; die Selbständigkeit gewähren; **~ding** [-dɪŋ] *f* Mündigsprechung *f*.
ontvou|wen [ɔnt'fɑŭ(ʋ)ə(n)] entfalten, entwickeln; darlegen; **~wing** [-ʋɪŋ] *f* Entfaltung *f*, Entwicklung *f*.
ontvreemden [ɔnt'fre:mdə(n)] entwenden; entfremden.
ontwaken [ɔnt'ʋa:kə(n)] aufwachen.
ontwape|nen [ɔnt'ʋa:pənə(n)] entwaffnen; abrüsten; **~ning** [-nɪŋ] *f* Entwaffnung *f*; Abrüstung *f*; **~ningsconferentie** *a.* **-kon-** [-nɪŋskɔnfə'rɛnsi:] (-*s*) *f* Abrüstungskonferenz *f*.
ontwaren [ɔnt'ʋa:rə(n)] gewahren, gewahr werden.
ontwarren [ɔnt'ʋɑrə(n)] entwirren.
ontwassen [ɔnt'ʋɑsə(n)] entwachsen.
ontwatering [ɔnt'ʋa:tərɪŋ] *f* Entwässerung *f*.
ontwellen [ɔnt'ʋɛlə(n)] entquellen, entspringen.
ontwen|nen [ɔnt'ʋɛnə(n)] entwöhnen, verlernen, (sich) abgewöhnen; **~ningskuur** [-nɪŋsky:r] *f* Entziehungskur *f*.
ontwerp [ɔnt'ʋɛrp] *n* Entwurf *m*, Skizze *f*; Konzept *n*; Projekt *n*; ~ *van wet* Gesetzentwurf *m*; (Gesetzes-)Vorlage *f*; **~en** [-ə(n)] entwerfen; planen; **~er** [-ər] (-*s*) *m* Entwerfer *m*; (*Mode, Innenarchitektur usw.*) Designer *m*.
ontwijden [ɔnt'ʋɛĭdə(n)] entweihen, entheiligen.
ontwijfelbaar [ɔn'tʋɛĭfəlba:r] unzweifelhaft, zweifelsohne.
ontwijken [ɔnt'ʋɛĭkə(n)] ausweichen *D*; entweichen.
ontwikkel|aar [ɔnt'ʋɪkəla:r] (-*s*) *m Foto*: Entwickler *m*; **~d** [-t] entwickelt; *fig.* gebildet; **~en** [-ə(n) entwickeln; bilden; entfalten; **~in** [-ɪŋ] *f* Entwicklung *f*; Ausbildun *f*; Bildung *f*; *algemene* ~ Allgemeinbildung *f*; **~ingshulp** [-ɪŋs hølp] *f* Entwicklungshilfe *f*; **~ings leer** [-ɪŋsle:r] *f* Entwicklungslehr *f*.
ontworstelen [ɔnt'ʋɔrstələ(n)] ent ringen; abgewinnen; *zich* ~ sic losreißen von *D*.
ontwortelen [ɔnt'ʋɔrtələ(n)] ent wurzeln.
ontwrich|ten [ɔnt'vrɪxtə(n)] ve renken; *fig.* zerrütten; **~ting** [-tɪŋ *f* Verrenkung *f*; *fig.* Zerrüttung
ontzag [ɔnt'sɑx] *n* Respekt *m*, Ach tung *f*; Ehrfurcht *f*; **~lijk** [-lə gewaltig, ungeheuer; imposan **~wekkend** [-'ʋɛkənt] Ehrfurch gebietend (einflößend).
ontzeg|gen [ɔnt'sɛɣ̊ə(n)] *j-m et* versagen, verweigern, untersage absprechen; *iemand zijn huis* ~ j- das Haus verbieten; *iemand h recht* ~ j-m ein Recht streitig m chen; **~ging** [-ɪŋ] *f* Abweisung Verweigerung *f*.
ontzeilen [ɔnt'sɛĭlə(n)] umsegel *fig.* meiden.
ontzenuwen [ɔnt'se:ny·(ʋ)ə(n)] en nerven; *fig.* entkräften.
ontzet [ɔnt'sɛt] *Adj.* entsetzt; *Su.* Entsatz *m*; Befreiung *f*; **~ten** [-ə(r entsetzen; absetzen; **~tend** [-ər entsetzlich, schrecklich, furchtba **~ting** [-ɪŋ] *f* Entsatz *m*; Befreiu *f*; (*aus dem Amt*) Entlassung *f*, A setzung *f*; (*Schrecken*) Entsetzen
ontzield [ɔnt'si:lt] entseelt.
ontzien [ɔnt'si:n] schonen; scheue Rücksicht nehmen auf *A*; *niets* rücksichtslos. [entfaller
ontzinken [ɔnt'sɪŋkə(n)] sinke
onuit|blusbaar [ɔnəʏd'bløzba unauslöschlich; **~gegeven** [ɔ 'əʏtxəɣ̊e:ʋ̊ə(n)] unveröffentlic nicht herausgegeben; **~gesprok** [ɔn'əʏtxəspro:kə(n)] unausgesp chen; **~puttelijk** [-'pøtələk] un schöpflich; **~roeibaar** [-'ru·iba unausrottbar; **~sprekelijk** [-'spr kələk] unaussprechlich, unsäglic **~staanbaar** [-'sta:nba:r] una stehlich, unerträglich; **~voerba** [-'fu:rba:r] unausführbar; **~wi baar** [-'ʋɪzba:r] unauslöschli unverwischbar.

nvaderlands [ɔn'v̂a:dərlɑnts] unpatriotisch.
nvast ['ɔnv̂ɑst] locker, unsicher; (*Boden*) weich; (*Kurs*) schwankend; (*Charakter*) unbeständig; *~e slaap* leichter (unruhiger) Schlaf *m*.
nvatbaar [ɔn'v̂ɑdba:r] unempfindlich, unempfänglich.
nveilig [ɔn'v̂ɛiləx] unsicher; *zich ~ voelen* Gefahr wittern; sich unsicher fühlen; **~heid** [-hɛit] (*kein pl.*) Unsicherheit *f*; Gefahr *f*.
nveran|derd [ɔnv̂ər'ɑndərt] unverändert; **~derlijk** [-dərlək] unveränderlich, unwandelbar.
nverantwoordelijk [ɔnv̂ərɑnt'ʋo:rdələk] unverantwortlich.
nver|basterd [ɔnv̂ər'bɑstərt] unverdorben, echt; **~beterlijk** [-'be:tərlək] unverbesserlich; **~biddelijk** [-'bɪdələk] unerbittlich, rücksichtslos; **~bloemd** [-'blu:mt] unverblümt; unumwunden; **~dedigbaar** [-'de:dəŷba:r] unhaltbar, nicht zu verteidigen; **~deeld** [-'de:lt] ungeteilt; einmütig; **~deeldheid** [-'de:lthɛit] (*kein pl.*) Ganzheit *f*, Einheit *f*; Einmütigkeit *f*; **~delgbaar** [-'dɛlŷba:r] untilgbar; unvertilgbar, unverwüstlich, unausrottbar; **~derfelijk** [-'dɛrfələk] unverderblich; **~diend** [-'di:nt] unverdient; **~dorven** [-'dɔrv̂ə(n)] unverdorben; **~draaglijk** [-'dra:xlək] unerträglich; **~draagzaam** [-'dra:xsa:m] unverträglich, unduldsam, intolerant; **~draagzaamheid** [-'dra:xsa:mhɛit] *f* Unverträglichkeit *f*; Unduldsamkeit *f*, Intoleranz *f*; **~droten** [-'dro:tə(n)] unverdrossen, unermüdlich.
nver|enigbaar [ɔnv̂ər'e:nəŷba:r] unvereinbar, unverträglich; **~gankelijk** [-'ŷɑŋkələk] unvergänglich; **~geeflijk**, **~gefelijk** [-'ŷe:f(ə)lək] unverzeihlich; **~gelijkelijk** [-'ŷəɛikələk] unvergleichlich; **~getelijk** [-'ŷe:tələk] unvergeßlich; **~hoeds** [-'hu·ts] unerwartet, plötzlich, unversehens; **~holen** [-'ho:lə(n)] unverhohlen, unumwunden; **~hoopt** [-'ho:pt] unverhofft, unerwartet; **~klaarbaar** [-'kla:rba:r] unerklärbar, unerklärlich; **~koopbaar** [-'ko:ba:r] unverkäuflich; **~kwikkelijk** [-'kʋɪkələk] unerfreulich, unangenehm.
verlaat ['ɔnv̂ərla:t] (*-laten*) *m* Bösewicht *m*; Elende(r) *m*, Verruchte(r) *m*.
onverlet [ɔnv̂ər'lɛt] ungehindert, ungestört.
onver|mengd [ɔnv̂ər'mɛŋt] unvermischt; **~mijdelijk** [-'mɛidələk] unvermeidlich, unumgänglich; **~minderd** [-'mɪndərt] unvermindert, ungeschmälert; *Präp.* unbeschadet *G*; **~moed** ['ɔnv̂ərmut] unversehens; unvorhersehbar; **~moeid** [-'mu·ɪt] unermüdlich, unentwegt.
onvermogen ['ɔnv̂ərmo:ŷə(n)] *n* Unvermögen *n*; Bedürftigkeit *f*, Insolvenz *f*; Impotenz *f*; *bewijs van ~* Armutszeugnis *n*.
onver|mogend [ɔnv̂ər'mo:ŷənt] unvermögend, unbemittelt, mittellos; **~murwbaar** [-'mərʋba:r] unerbittlich, unerweichlich; **~pakt** [-'pɑkt] unverpackt, lose; **~plicht** [-'plɪxt] unverpflichtet; **~poosd** [-'po:st] unablässig, ununterbrochen; **~richt** [-'rɪxt]: *~er zake* unverrichteter Dinge; **~saagd** [-'sa:xt] unverzagt, furchtlos; **~schillig** [-'sxɪləx] gleichgültig; nachlässig, fahrlässig; *~ wie* (*waar*) gleichviel wer (wo); *het is mij ~* es ist mir egal; **~schilligheid** [-'sxɪləxhɛit] *f* Gleichgültigkeit *f*; **~schoonbaar** [-'sxo:nba:r] unverzeihlich; **~schrokken** [-'sxrɔkə(n)] unerschrocken, unverzagt; **~slijtbaar** [-'slɛidba:r] unverwüstlich; **~sneden** [-'sne:də(n)] unverschnitten, unvermischt; **~staanbaar** [-'sta:nba:r] unverständlich.
onverstand ['ɔnv̂ərstɑnt] *n* Unverstand *m*, Unvernunft *f*; **~ig** [ɔnv̂ər'stɑndəx] unverständig, unvernünftig; töricht.
onver|stoorbaar [ɔnv̂ər'sto:rba:r] unerschütterlich, unentwegt; **~taalbaar** [-'ta:lba:r] unübersetzbar; **~teerbaar** [-'te:rba:r] unverdaulich; **~togen** [-'to:ŷə(n)] unanständig; **~vaard** [-'v̂a:rt] unverzagt, furchtlos; **~valst** [-'v̂ɑlst] unverfälscht; **~vreemdbaar** [-'v̂re:mdba:r] unveräußerlich; **~vuld** [-'v̂əlt] unerfüllt.
onverwacht [ɔnv̂ər'ʋɑxt] unerwartet; unversehens; **~s** [-s] *Adv.* unerwartet, plötzlich.
onverwijld [ɔnv̂ər'ʋɛilt] unverzüglich.
onver|woestbaar [ɔnv̂ər'ʋu:zd-

ba:r] unverwüstlich; **~zadelijk** [-ˈza:dələk] unersättlich; **~zadigd** [-ˈza:dəxt] ungesättigt; unbefriedigt; **~zettelijk** [-ˈzɛtələk] unbeugsam, unerschütterlich; **~zoenlijk** [-ˈzu:nlək] unversöhnlich; **~zorgd** [-ˈzɔrxt] unversorgt; ungepflegt; **~zwakt** [-ˈzʋɑkt] ungeschwächt.
onvindbaar [ɔnˈvɪndba:r] unauffindbar, verschollen.
onvoegzaam [ɔnˈvu:xsa:m] unschicklich, unanständig.
onvoldaan [ɔnvɔlˈda:n] unbefriedigt; unbezahlt.
onvoldoende [ɔnvɔlˈdu:ndə] ungenügend, unzulänglich, mangelhaft.
onvoldragen [ɔnvɔlˈdra:ɣə(n)] zu früh geboren; *fig.* unreif.
onvolkomen [ɔnvɔlˈko:mə(n)] unvollkommen, unvollständig.
onvolledig [ɔnvɔlˈle:dəx] unvollständig; mangelhaft.
onvolmaakt [ɔnvɔlˈma:kt] unvollkommen; **~heid** [-hɛĭt] (*-heden*) *f* Unvollkommenheit *f*.
onvolprezen [ɔnvɔlˈpre:zə(n)] über alles Lob erhaben.
onvoltallig [ɔnvɔlˈtɑləx] unvollzählig.
onvoltooid [ɔnvɔlˈto:ĭt] unvollendet; *~ verleden tijd Gr.* Imperfekt *n*.
onvolwassen [ɔnvɔlˈʋɑsə(n)] nicht erwachsen.
onvoorbereid [ɔnˈvo:rbərɛĭt] unvorbereitet.
onvoor|delig [ɔnvo:rˈde:ləx] unvorteilhaft; **~ingenomen** [-ˈɪŋɣəno:mə(n)] unvoreingenommen, unbefangen; **~komend** [-ˈko:mənt] unzuvorkommend; **~spoedig** [-ˈspu·dəx] unglücklich; unvorteilhaft; **~waardelijk** [-ˈʋa:rdələk] unbedingt; **~zichtig** [-ˈzɪxtəx] unvorsichtig; **~zichtigheid** [-ˈzɪxtəxhɛĭt] (*-heden*) *f* Unvorsichtigkeit *f*.
onvoorzien [ɔnvo:rˈzi:n] unvorhergesehen, unerwartet; **~s** [-s] *Adv.* unversehens, unerwartet; *op het ~* plötzlich.
onvrede [ˈɔn-], *a.* [ɔnˈvre:də] *m u. f* Unfriede(n) *m*.
onvriendelijk [ɔnˈvri:ndələk] unfreundlich; **~heid** [-hɛĭt] (*-heden*) *f* Unfreundlichkeit *f*.
onvriendschappelijk [ɔnvri:ntˈsxɑpələk] unfreundschaftlich.
onvrij [ˈɔnvrɛĭ] unfrei, nicht frei; unsicher; **~willig** [-ˈʋɪləx] unfreiwillig; unabsichtlich.
onvrouwelijk [ɔnˈvrɑu(ʋ)ələk] unweiblich.
onvruchtbaar [ɔnˈvrøɣdba:r] unfruchtbar; **~heid** [-hɛĭt] *f* Unfruchtbarkeit *f*.
onwaar [ˈɔnʋa:r] unwahr; **~achtig** [-ˈɑxtəx] unwahrhaftig.
onwaarde [ˈɔnʋa:rdə] *f* Unwert *m*; *van ~ verklaren* für ungültig erklären.
onwaardeerbaar [ɔnʋa:rˈde:rba:r] unschätzbar.
onwaardig [ɔnˈʋa:rdəx] unwürdig.
onwaar|heid [ɔnˈʋa:rhɛĭt] (*-heden*) Unwahrheit *f*; **~schijnlijk** [-ˈsxɛĭnlək] unwahrscheinlich.
onwankelbaar [ɔnˈʋɑŋkəlba:r] unerschütterlich.
onweer [ˈɔnʋe:r] (*onweren*), **onweder** [ˈɔnʋe:dər] (*-s*) *n* Gewitter *n*; Unwetter *n*; **~achtig** [-ɑxtəx] gewitt(e)rig.
onweerlegbaar [ɔnʋe:rˈlɛɣba:r] unwiderleglich, unwiderlegbar.
onweersbui [ˈɔnʋe:rzbəi] *f* Gewitterschauer *m*.
onweerstaanbaar [ɔnʋe:rˈsta:nba:r] unwiderstehlich; unaufhaltsam.
onweers|vlaag [ˈɔnʋe:rsfla:x] (*-vlagen*) *f* Gewitterschauer *m*; **~wolk** [-ʋɔlk] *f* Gewitter-, Wetterwolke *f*.
onwel [ˈɔnʋɛl] unwohl; unpäßlich.
onwel|levend [ɔnʋɛlˈle:vənt] unhöflich, unmanierlich; **~luidend** [-ˈlœydənt] mißklingend, disharmonisch, mißtönend; **~willend** [-ˈʋɪlənt] ungefällig, unfreundlich.
onwennig [ɔnˈʋɛnəx]: *zich ~ voelen* sich nicht heimisch fühlen.
onweren [ˈɔnʋe:rə(n)] wettern, donnern, blitzen.
onwerkzaam [ɔnˈʋɛrksa:m] unwirksam; untätig.
onwetend [ɔnˈʋe:tənt] unwissend; *Adv.* unwissentlich; **~heid** [-hɛĭt] Unwissenheit *f*, Unkenntnis *f*.
onwetenschappelijk [ɔnʋe:təˈsxɑpələk] unwissenschaftlich.
onwettig [ɔnˈʋɛtəx] ungesetzlich, gesetzwidrig; (*Kind*) unehelich.
onwezenlijk [ɔnˈʋe:zənlək] unwirklich; unwesentlich.
onwijs [ˈɔnʋɛĭs] unvernünftig, unklug, töricht.
onwil [ˈɔnʋɪl] *m* Widerwilligkeit

Widerspenstigkeit *f*; **~lekeurig** [-əˈkøːrəx] unwillkürlich; **~lig** [ɔnˈʋɪləx] widerwillig; widerspenstig.

onwrikbaar [ɔnˈv̊rɪɣbaːr] unerschütterlich, unwandelbar.

onyx [ˈoːniks] *n u. m* Onyx *m*.

onzacht [ˈɔnzɑxt] unsanft.

onzalig [ɔnˈzaːləx] unselig.

onze [ˈɔnzə] unser, unsere; *het ~* das Unsrige, das Unsere; *de ~n* die Unsrigen; *het Onze Vader* das Vaterunser.

onze|delijk [ɔnˈzeːdələk] unsittlich, unmoralisch; **~delijkheid** [-dələkhɛĭt] (*-heden*) Unsittlichkeit *f*; **~dig** [-dəx] unsittsam, unzüchtig; unanständig.

onzeker [ɔnˈzeːkər] unsicher, ungewiß; **~heid** [-hɛĭt] *f* Ungewißheit *f*.

onzelfstandig [ɔnzɛlfˈstɑndəx] unselbständig.

onze-lieve-heersbeestje [ɔnzəliːv̊əˈheːrzbeːʃə] (*-s*) *n* Marienkäfer *m*.

Onze-Lieve-Vrouw [ɔnzəliːv̊əˈv̊raŭ] *f Rel.* Unsere Liebe Frau; **~e-kerk** [-əkɛrk] *f* Liebfrauenkirche *f*.

onzent [ˈɔnzənt]: *ten ~* bei uns; hier; *om ~wil(le)* um unsertwillen.

onzerzijds [ˈɔnzərzɛĭts] unserseits.

onzichtbaar [ɔnˈzɪɣ̊dbaːr] unsichtbar; **~heid** [-hɛĭt] Unsichtbarkeit *f*.

onzijdig [ɔnˈzɛĭdəx] unparteiisch, unparteilich; neutral; *Gr.* sächlich; *~ blijven* neutral bleiben; **~heid** [-hɛĭt] *f* Neutralität *f*.

onzin [ˈɔnzɪn] *m* Unsinn *m*, Blödsinn *m*; dummes Zeug.

onzindelijk [ɔnˈzɪndələk] unsauber, unreinlich, schmutzig.

onzinnig [ɔnˈzɪnəx] unsinnig; dumm.

onzuiver [ɔnˈzəʏv̊ər] unsauber, unrein; unlauter; *~e opbrengst* Rohertrag *m*; *~e bedoelingen* unlautere Absichten *f/pl.*; **~heid** [-hɛĭt] (*-heden*) *f* Unreinheit *f*, Unsauberkeit *f*, Unreinlichkeit *f*.

ooft [oːft] *n* Obst *n*; **~boom** [-boːm] (*-bomen*) *m* Obstbaum *m*.

oog [oːx] (*ogen*) *n* Auge *n*; Blick *m*; (*Nadel*) Öhr *n*; (*Haken*) Öse *f*; *in het ~ vallen* in die Augen fallen; *in het ~ vallend* augenfällig; *uit het ~ uit het hart* aus den Augen aus dem Sinn; *in het ~ krijgen* ansichtig werden (*G*); *onder het ~ brengen* aufmerksam machen auf *A*; *een ~ in 't zeil houden* achtgeben auf *A*; *in het ~ houden* im Auge behalten; *met het ~ op* mit Rücksicht auf *A*, im Hinblick auf *A*; *door het ~ van een naald kruipen* mit knapper Not davonkommen; *haken en ogen* Haken und Ösen.

oog|appel [ˈoːɣ̊apəl] (*-s*) *m* Augapfel *m*; **~getuige** [ˈoːxətəʏɣ̊ə] (*-n*) *m, f* Augenzeuge *m*, Augenzeugin *f*; **~heelkunde** [-heːlkəndə] *f* Augenheilkunde *f*; **~hoek** [-huˑk] *m* Augenwinkel *m*; **~holte** [-hɔltə] (*-n u. -s*) *f* Augenhöhle *f*.

oog|klep [ˈoːxklɛp] (*-pen*) *f* Scheuklappe *f*; **~kwaal** [-kʋaːl] (*-kwalen*) *f* Augenleiden *n*; **~lap** [-lɑp] (*-pen*) *m* Scheuklappe *f*; **~lid** [-lɪt] (*-leden*) *n* Augenlid *n*; **~lijder** [-lɛĭdər] (*-s*) *m* Augenkranke(r) *m*; **~lijdersgesticht** [-lɛĭdərsxəstɪxt] *n* Augenklinik *f*.

ooglijk [ˈoːxlək] hübsch, nett, schön.

oogluikend [ˈoːxləʏkənt]: *iets ~ toelaten fig.* bei etw. ein Auge zudrücken.

oogmeester [ˈoːxmeːstər] (*-s*) *m* Augenarzt *m*.

oog|merk [ˈoːxmɛrk] *n* Augenmerk *n*; Absicht *f*; **~ontsteking** [-ɔntsteːkɪŋ] *f* Augenentzündung *f*; **~opslag** [-ɔpslɑx] *m* Blick *m*; *in een ~* im Nu; **~punt** [-pənt] *n* Standpunkt *m*, Gesichtspunkt *m*.

oogst [oːxst] *m* Ernte *f*; **~en** [-ə(n)] ernten; **~er** [-ər] (*-s*) *m* Erntende(r) *m*, Erntearbeiter *m*; Schnitter *m*; **~feest** [-feːst] *n* Erntefest *n*; **~maand** [-maːnt] *f* Erntemonat *m*; **~tijd** [-tɛĭt] *m* Erntezeit *f*.

oog|tand [ˈoːxtɑnt] *m* Augenzahn *m*; **~vlies** [-fliːs] (*-vliezen*) *n* Bindehaut *f*; **~verblindend** [-fərblɪndənt] blendend; **~water** [-ʋaːtər] *n* Augenwasser *n*; **~wenk** [-ʋɛŋk] *m* Wink *m*; *in een ~* im Nu, im Handumdrehen; **~wit** [-ʋɪt] *n* das Weiße (im Auge); *fig.* Augenmerk *n*; **~zenuw** [-seːnyˑŭ] *f* Augennerv *m*; **~ziekte** [-siˑktə] (*-n u. -s*) *f* Augenkrankheit *f*.

ooi [oːĭ] *f* Mutterschaf *n*.

ooievaar [ˈoːĭ(j)əv̊aːr] (*-s u. -varen*) *m* Storch *m*; **~sbek** [-zbɛk] (*-ken*) *m* Storchschnabel *m*; **~snest** [-snɛst] *n* Storchnest *n*.

ooit [o:ĭt] je, jemals.
ook [o:k] auch, ebenfalls, gleichfalls.
oom [o:m] (*-s*) *m* Onkel *m*; *een hoge ome* F ein großes Tier; **~zegger** [-zɛɣ̊ər] (*-s*) *m* Neffe *m*; **~zegster** [-zɛxstər] (*-s*) *f* Nichte *f*.
oor [o:r] (*oren*) *n* Ohr *n*; (*Tasse, Korb usw.*) Henkel *m*; *iemand oren aannaaien* j-m e-n Bären aufbinden; *iemand de oren wassen fig.* j-m den Kopf waschen; *in zijn oren knopen fig.* hinter die Ohren schreiben; *een open ~ vinden* ein geneigtes Ohr finden; *op twee oren slapen* sich verlassen auf *A*, ganz beruhigt sein, Vertrauen haben zu *D*.
oor|arts ['o:rɑrts] *m* Ohrenarzt *m*; **~biecht** [-bi·xt] *f* (Ohren-)Beichte *f*.
oord [o:rt] *n* Gegend *f*, Land *n*; Ort *m*.
oor|deel ['o:rde:l] (*-delen*) *n* Urteil *n*; Ansicht *f*, Meinung *f*; *het laatste ~ Rel.* das Jüngste Gericht; **~deelkundig** [-de:l'køndəx] verständig, einsichtig; sachverständig; **~delen** [-de:lə(n)] urteilen; meinen, *etw.* für ratsam halten.
oor|hanger ['o:rhɑŋər] (*-s*) *m* Ohrringe *m/pl.*; **~heelkunde** [-he:l-køndə] *f* Ohrenheilkunde *f*; **~klep** [-klɛp] (*-pen*) *f* Ohrenklappe *f*, Ohrenschützer *m*.
oorkonde ['o:rkɔndə] (*-n*) *f* Urkunde *f*, Dokument *n*.
oorkussen ['o:rkøsə(n)] (*-s*) *n* Kopfkissen *n*.
oor|lap ['o:rlɑp] (*-pen*) *f* Ohrenklappe *f*, Ohrenschützer *m*; **~lapje** [-lɑpjə] (*-s*) *n*, **~lel** [-lɛl] (*-len*) *f* Ohrläppchen *n*; **~lijder** [-lɛĭdər] (*-s*) *m* Ohrenkranke(r) *m*.
oorlog ['o:rlɔx] *m* Krieg *m*; *staat van ~* Kriegszustand *m*; *preventieve ~* Präventivkrieg *m*; *in tijden van ~* in Kriegszeiten; *op voet van ~* auf (dem) Kriegsfuß; *bij het uitbreken van de ~* bei Kriegsausbruch; **~en** [-ə(n)] Krieg führen, kämpfen.
oorlogs|begroting ['o:rlɔɣ̊zbəɣ̊ro:-tɪŋ] *f* Militäretat *m*, Militärhaushaltsplan *m*; **~belasting** [-bəlɑstɪŋ] *f* Kriegssteuer *f*; **~bodem** [-bo:-dəm] (*-s*) *m* Kriegsschiff *n*; **~invalide** [-ɪnv̊ɑli:də] (*-n*) *m* Kriegsversehrte(r) *m*, Kriegsbeschädigte(r) *m*; **~misdadiger** [-mɪzda:də-ɣ̊ər] (*-s*) *m* Kriegsverbrecher *m*; **~schade** [-sxa:də] *f* Kriegsschaden *m*; **~schip** [-sxɪp] (*-schepen*) *n* Kriegsschiff *n*; **~terrein** [-tɛrɛin] *n* Kriegsschauplatz *m*; **~verklaring** [-fərkla:rɪŋ] *f* Kriegserklärung *f*; **~verminkte** [-fərmɪŋktə] (*-n*) *m* Kriegsbeschädigte(r) *m*; **~wet** [-ʋɛt] (*-ten*) *f* Kriegsgesetz *n*.
oorlogvoerend ['o:rlɔxfu:rənt] kriegführend.
oor|ontsteking ['o:rɔntste:kɪŋ] *f* Ohrenentzündung *f*; **~pijn** [-pɛĭn] *f* Ohrenschmerzen *m/pl.*; **~ring** [-rɪŋ] *m* Ohrring *m*; **~schelp** [-sxɛlp] *f* Ohrmuschel *f*; **~smeer** [-sme:r] *n* Ohrenschmalz *n*; **~spiegel** [-spi:ɣ̊əl] (*-s*) *m* Ohrenspiegel *m*.
oorsprong ['o:rsprɔŋ] *m* Ursprung *m*; *land van ~* Herkunftsland *n*; *bewijs (certifikaat) van ~* Ursprungszeugnis *n*.
oorspronkelijk [o:r'sprɔŋkələk] ursprünglich.
oor|spuitje ['o:rspəʏtjə] (*-s*) *n* Ohrenspritze *f*; **~suizen** [-səʏzə(n)] *n* Ohrensausen *n*; **~veeg** [-v̊e:x] (*-vegen*) *f* Ohrfeige *f*, F Maulschelle *f*; **~verdovend** [-v̊ərdo:v̊ənt] ohrenbetäubend; **~vijg** [-veĭx] *f s.* oorveeg; **~worm** [-ʋɔrm] *m Zool.* Ohrwurm *m*.
oor|zaak ['o:rza:k] (*-zaken*) *f* Ursache *f*, Grund *m*, Veranlassung *f*; **~zakelijk** [-'za:kələk] ursächlich, kausal; *~ verband, ~e samenhang* Kausalzusammenhang *m*.
oost [o:st] *Adj.* östlich; ♀ *Su.* Ostindien *n*.
Oost-Azië [o:st'a:zi·(j)ə] *n* Ostasien *n*.
oosten ['o:stə(n)] *n* Osten *m*; Orient *m*, Levante *f*; *het verre ~* der Ferne Osten; *het nabije ~* der Nahe Osten, Nahost.
Oostenrijk ['o:stənrɛĭk] *n* Österreich *n*; **~er** [-ər] (*-s*) *m* Österreicher *m*; **~s** [-s] österreichisch.
oostenwind ['o:stə(n)ʋɪnt] *m* Ostwind *m*.
ooster|grens ['o:stərɣ̊rɛns] (*-grenzen*) Ostgrenze *f*; **~lengte** [-lɛŋtə] östliche Länge *f*; **~ling** [-lɪŋ] Morgenländer *m*, Orientale *m*; **~s** [-s] orientalisch, morgenländisch; **~zon** [-zɔn] (*-nen*) *f* Ostersonne
Oost-Europa [o:stø:'ro:pɑ] *n* Osteuropa *n*.
Oost-Indië [o:st'ɪndi·(j)ə] *n* Ostindien *n*.

Oostindisch [o:st'ɪndi·s] ostindisch.
oost|kust ['o:stkøst] *f* Ostküste *f*; **~waarts** [-ʋa:rts] ostwärts.
Oostzee ['o:st-], *a.* [o:st'se:] *n* Ostsee *f*; **~handel** [-hɑndəl] *m* Ostseehandel *m*.
oostzijde ['o:stsɛĭdə] *f* Ostseite *f*.
ootje [o:tjə]: *iemand in het ~ nemen* j-n zum besten haben.
ootmoed ['o:tmu·t] *m* Demut *f*; **~ig** [-'mu·dəx] demütig; **~igheid** [-əxhɛĭt] *f* Demut *f*.
op [ɔp] auf; *~ zekere dag* e-s Tages; *~ zijn Duits* auf deutsch; *~ dit ogenblik* in diesem Augenblick, jetzt, zur Zeit; *~ het gehoor spelen* nach dem Gehör spielen; *ik ben ~* ich bin erschöpft; *mijn geld is ~* mein Geld ist alle; *mijn geduld is ~* meine Geduld ist zu Ende; *~ het punt staan* im Begriff sein; *~ het nippertje* mit knapper Not, im letzten Augenblick; *~ het eerste gezicht* beim ersten Anblick, auf den ersten Blick; *~ ('t) goed valle 't uit* (*~ goed geluk*) aufs Geratewohl; *~ de hoek* (*van de straat*) an der (Straßen-)Ecke; *~ school* in der Schule; während des Unterrichts; *~ (de) proef* zur Probe, probeweise; *~ de loop gaan* sich davonmachen; *~ verre na* bei weitem.
opa ['o:pa·] (*-'s*) *m* Opa *m*, Großvater *m*.
opaal [o·'pa:l] (*-palen*) *m* Opal *m*.
opbakken ['ɔbɑkə(n)] aufbacken, aufbraten.
opbellen ['ɔbɛlə(n)] anrufen.
opbergen ['ɔbɛrɣ̊ə(n)] aufheben, weglegen; aufräumen.
opbeuren ['ɔbø:rə(n)] ermutigen, aufheitern; (auf)heben.
opbieden ['ɔbi:də(n)] höher bieten; überbieten; (*Kartenspiel*) reizen.
opblazen ['ɔbla:zə(n)] aufblasen, aufbauschen, aufblähen; sprengen.
opblijven ['ɔblɛĭv̊ə(n)] aufbleiben, (noch) nicht ins Bett gehen.
opbloeien ['ɔblu·ĭ(j)ə(n)] erblühen; heranwachsen.
opbod ['ɔbɔt] *n* höheres Gebot; Aufgebot *n*; *per (bij) ~ verkopen* versteigern; meistbietend verkaufen.
opbouw ['ɔbɑŭ] *m* Aufbau *m*; *fig.* Förderung *f*; **~en** [-ə(n)] aufbauen; *fig.* erbauen.
opbranden ['ɔbrɑndə(n)] aufbrennen; verbrennen.
opbreken ['ɔbre:kə(n)] aufbrechen; aufreißen; auflösen; fortgehen, sich aufmachen; *Belagerung* aufheben; *zuur (lelijk) ~* teuer zu stehen kommen.
opbrengen ['ɔbrɛŋə(n)] aufbringen; hinaufbringen; *Polizei*: festnehmen; *Speisen* auftischen; *Farben* auftragen; *Vorteil* einbringen; *Zinsen* tragen; *Kinder, Tiere* großziehen.
opbrengst ['ɔbrɛŋst] *f* Ertrag *m*; (*Geld*) Erlös *m*; (*Zinsen*) Rendite *f*; *zuivere ~* Reinertrag *m*, Reinerlös *m*.
opbruisen ['ɔbrəʏsə(n)] aufbrausen; aufsprudeln.
opcentiemen ['ɔpsənti:mə(n)] *pl.* Zuschläge *m/pl.*; Zuschlagsteuer *f*; Gemeindesteuer *f*.
opdagen ['ɔbda:ɣ̊ə(n)] erscheinen; sich zeigen, zum Vorschein kommen.
opdat [ɔb'dɑt] damit; daß.
opdelven ['ɔbdɛlv̊ə(n)] auf-, ausgraben.
opdienen ['ɔbdi:nə(n)] auftragen, servieren.
opdiepen ['ɔbdi:pə(n)] auffinden, aufstöbern, ausfindig machen; hervorziehen.
opdirken ['ɔbdɪrkə(n)] F aufdonnern.
opdissen ['ɔbdɪsə(n)] auftischen.
opdoemen ['ɔbdu:mə(n)] auftauchen, erscheinen.
opdoen ['ɔbdu:n] *Geld* ausgeben; *die Erfahrung* machen; *Kenntnisse* erwerben; *Vorräte* anlegen; sich *e-e Erkältung* zuziehen; *das Essen* auftragen.
opdokken ['ɔbdɔkə(n)] F blechen, berappen.
opdonder ['ɔbdɔndər] (*-s*) *m* Schlag *m*, Puff *m*, Stoß *m*.
opdonderen ['ɔbdɔndərə(n)] P sich zum Teufel scheren.
opdraaien ['ɔbdra:ĭ(j)ə(n)] aufdrehen; *voor iets ~ fig.* etw. ausbaden müssen.
opdracht ['ɔbdrɑxt] *f* Auftrag *m*; (*Buch*) Widmung *f*; *~ krijgen* beauftragt werden; *iemand een ~ geven* e-m e-n Auftrag geben (erteilen), e-n ins Brot setzen.
opdragen ['ɔbdra:ɣ̊ə(n)] auftragen; beauftragen; widmen; *een offer ~* ein Opfer darbringen.

opdreunen [ˈɔbdrø:nə(n)] herunter-, herleiern.
opdrijven [ˈɔbdrɛĭv̊ə(n)] in die Höhe treiben, hinauftreiben; *Wild* auftreiben.
op|dringen [ˈɔbdrɪŋə(n)] *v/i* herandringen; *v/t* aufdrängen, aufzwingen; **~drinken** [-drɪŋkə(n)] austrinken, leeren; **~drukken** [-drəkə(n)] aufdrucken, prägen; **~duiken** [-dəʏkə(n)] auftauchen; **~dwingen** [-dʊɪŋə(n)] aufzwingen, aufnötigen, aufbürden.
opeen [ɔpˈe:n] aufeinander; zusammen; **~gepakt** [-ɣ̊əpɑkt] zusammengepfercht; **~hopen** [-ho:pə(n)] auf-, anhäufen; **~hoping** [-ho:pɪŋ] *f* Anhäufung *f*.
opeens [ɔpˈe:ns] plötzlich, auf einmal.
opeen|stapelen [ɔpˈe:nsta:pələ(n)] auftürmen, aufeinanderschichten; **~volgen** [-v̊ɔlɣ̊ə(n)] aufeinanderfolgen; **~volging** [-v̊ɔlɣ̊ɪŋ] *f* Aufeinanderfolge *f*.
opeis|baar [ˈɔpɛĭzba:r] einforderbar; **~en** [-ə(n)] beanspruchen; auffordern; einfordern; **~ing** [-ɪŋ] *f* Aufforderung *f*; Einforderung *f*.
open [o:pən] offen, auf; *fig.* offenherzig; *in de ~ lucht* im Freien; *in het ~ veld* auf freiem Felde; *in ~ zee* auf hoher See; *~ lettergreep Gr.* offene Silbe; *de winkels zijn lang ~* die Läden haben lange geöffnet.
openbaar [o·pənˈba:r] *Su. n*: *in het ~* öffentlich; *Adj., Adv.* [ˈo:pənba:r] öffentlich; *~ ministerie* Staatsanwaltschaft *f*; (*Beamter*) Staatsanwalt *m*; *openbare school* Gemeinschaftsschule *f*; *openbare vergadering* öffentliche Versammlung *f*; **~heid** [-hɛĭt] *f* Öffentlichkeit *f*; **~making** [-ma:kɪŋ] *f* Veröffentlichung *f*.
open|baren [o·pənˈba:rə(n)] offenbaren; **~baring** [-ba:rɪŋ] *f* Offenbarung *f*.
open|barsten [ˈo·pənbɑrstə(n)] bersten, aufplatzen; **~breken** [-bre:kə(n)] aufbrechen; **~doen** [-du:n] auftun, aufmachen, öffnen; **~draaien** [-dra:ĭ(j)ə(n)] aufdrehen; **~duwen** [-dy·ŭə(n)] (auf)drücken.
openen [ˈo·pənə(n)] öffnen, aufmachen; *Schule usw.* eröffnen.
open|gaan [ˈo·pə(n)ɣ̊a:n] aufgehen; sich öffnen.
openhartig [o·pənˈhɑrtəx] offenherzig, offen; **~heid** [-hɛĭt] *f* Offenherzigkeit *f*.
open|houden [ˈo:pənhɑudə(n)] offenhalten; **~ing** [-ɪŋ] *f* Öffnung *f*; Eröffnung *f*; **~ingsfeest** [-ɪŋsfe:st] *n* Eröffnungsfeier *f*; **~ingskoers** [-ɪŋsku:rs] *m* Eröffnungskurs *m*; **~krijgen** [-krɛĭɣ̊ə(n)] aufbekommen, aufkriegen; **~leggen** [-lɛɣ̊ə(n)] aufschlagen; enthüllen; **~lijk** [-lək] öffentlich; offen, unverdeckt.
openlucht [o:pənˈləxt] *f*: *in de ~* im Freien; **~bad** [-bɑt] *n* Freibad *n*, Schwimmbad *n*; **~museum** [-my·ze:(j)əm] (*-s u. -musea*) Freiluftmuseum *n*; **~t(h)eater** [-te·(j)a:tər] (*-s*) *n* Freilichtbühne *f*, Freilichttheater *n*.
open|maken [ˈo:pənma:kə(n)] aufmachen, öffnen; **~slaan** [-sla:n] aufschlagen, aufklappen; *~de rame*[n] Flügelfenster *n/pl.*; **~snijden** [-snɛĭdə(n)] aufschneiden; **~sperren** [-spɛrə(n)] aufsperren, aufreißen; **~stellen** [-stɛlə(n)] eröffnen; *voor het verkeer ~* dem Verkehr übergeben; **~stelling** [-stɛlɪŋ] *f* Eröffnung *f*; Freigabe *f*.
op-en-top [ˈɔpəntɔp] ganz und gar, durchaus, vollkommen.
openzetten [ˈo:pənzɛtə(n)] öffnen, aufmachen, auftun.
opera [ˈo:pəra·] (*-'s*) *m* Oper *f*, Opernhaus *n*; **~muziek** [-my·zi·k] Opernmusik *f*.
ope|rateur [o·pəra·ˈtø:r] (*-s*) *m* Operateur *m*; **~ratie** [-ˈra:si:] (*-s*) Operation *f*; **~ratief** [-ra·ˈti:f] operativ; **~ratiezaal** [-ˈra:si·za:l] (*-zalen*) *f* Operationssaal *m*.
opera|voorstelling [ˈo:pəra·vo:rstɛlɪŋ] *f* Opernaufführung *f*; **~zangeres** [-zɑŋərɛs] (*-sen*) *f* Opernsängerin *f*; Diva *f*.
opereren [o·pəˈre:rə(n)] operieren.
operette [o·pəˈrɛtə] (*-s*) *f* Operette *f*; **~gezelschap** [-ɣ̊əzɛlsxɑp] (*-pen*) *n* Operettenensemble *n*.
opeten [ˈɔpe:tə(n)] aufessen, verspeisen; (auf)fressen.
op|fleuren [ˈɔpflø:rə(n)] auffrischen, aufmuntern; *v/i* sich erholen, wieder aufleben, wieder munter werden; **~flikkeren** [-flɪkərə(n)] aufflackern; **~flitsen** [-flɪtsə(n)] aufblitzen; **~fokken** [-f

kə(n)] aufziehen, züchten; **~frissing** [-frɪsɪŋ] *f* Auffrischung *f*; Erfrischung *f*.
opgaaf [ˈɔpxa:f] (*-gaven*) *f* (*Mitteilung*) Angabe *f*; (*Auftrag*) Aufgabe *f*; *Sp.* Einstellung *f* (*e-s Kampfes*); Aufgabe *f*; ~ *van prijs* Preisangabe *f*.
opgaan [ˈɔpxa:n] aufgehen; hinaufgehen, steigen; sich erheben; zu Ende gehen, F alle werden; *Su. n* Aufgang *m*; *het gaat niet op* es geht nicht an; es trifft nicht zu.
opgang [ˈɔpxɑŋ] *m* Aufgehen *n*, Aufgang *m*; Emporkommen *n*, Aufschwung *m*; ~ *maken* Beifall (Anklang) finden, Erfolg haben.
opgave [ˈɔpxa:v̊ə] *f s. opgaaf*.
opge|blazen [ˈɔpxəbla:zə(n)] aufgeblasen; **~bruiken** [-brəʏkə(n)] verbrauchen; **~jaagd** [-ja:xt] gehetzt.
opgeld [ˈɔpxɛlt] *n* Aufgeld *n*, Agio *n*; ~ *doen* Beifall finden, gesucht sein.
opge|propt [ˈɔpxəprɔpt] zusammengedrängt; ~ *vol* gedrängt voll; **~ruimd** [-rəʏmt] aufgeräumt, munter, heiter; **~scheept** [-sxe:pt]: *met iemand ~ zitten fig.* j-n auf dem Halse haben; **~schoten** [-sxo:tə(n)] aufgeschossen, aufgewachsen; **~schroefd** [-sxru:ft] übertrieben; **~sloten** [-slo:tə(n)] eingeschlossen, eingesperrt; **~smukt** [-smɵkt] aufgeputzt; geziert, gekünstelt.
opgetogen [ˈɔpxəto:ɣ̊ə(n)] entzückt; **~heid** [-hɛĭt] *f* Entzücken *n*.
opgeven [ˈɔpxe:v̊ə(n)] aufgeben; (*melden*) angeben; verzichten auf *A*; versagen; *e-n Kampf* einstellen; *Blut* auswerfen; *als reden ~* als Grund anführen.
opgewassen [ˈɔpxəʋɑsə(n)]: *niet ~ zijn tegen e-r Sache, j-m* nicht gewachsen sein.
opgewekt [ˈɔpxəʋɛkt] lebhaft, heiter, munter; **~heid** [-hɛĭt] *f* Munterkeit *f*, Lebhaftigkeit *f*.
opgewonden [ˈɔpxəʋɔndə(n)] aufgeregt, erregt.
op|gieten [ˈɔpxi:tə(n)] aufgießen; **~graven** [-xra:v̊ə(n)] aufgraben, ausgraben; **~graving** [-xra:v̊ɪŋ] *f* Aufgrabung *f*, Ausgrabung *f*; **~groeien** [-xru·ĭ(j)ə(n)] aufwachsen, heranwachsen.
ophaal [ˈɔpha:l] (*-halen*) *m* Aufstrich *m*; Haarstrich *m*; **~bak** [-bɑk] (*-ken*) *m* Aufzug *m*; Förderkorb *m*; **~brug** [-brɵx] (*-gen*) *f* Zug-, Klappbrücke *f*; **~machine** [-mɑʃi·nə] (*-s*) *f* Aufzug *m*, Fördermaschine *f*; **~net** [-nɛt] (*-ten*) *n* Zugnetz *n*.
ophak|ken [ˈɔphɑkə(n)] aufschneiden, prahlen; **~ker** [-kər] (*-s*) *m* Aufschneider *m*, Prahler *m*.
ophalen [ˈɔpha:lə(n)] aufholen; auffischen; *e-e Brücke* aufziehen; *Geld* (ein)sammeln; *e-e Laufmasche* aufnehmen; *e-e alte Geschichte* wieder aufrühren; *de schouders ~* die (mit den) Achseln zucken; *een drenkeling ~* e-n Ertrunkenen aus dem Wasser ziehen; *de neus ~ voor* die Nase rümpfen.
ophanden [ɔpˈhɑndə(n)]: ~ *zijn* bevorstehen.
ophang|en [ˈɔphɑŋə(n)] aufhängen; henken, hängen; *zich ~* sich erhängen; *een tafereel van iets ~* e-e Schilderung von etw. geben; **~punt** [-pɵnt] *n* Aufhängepunkt *m*.
ophef [ˈɔphɛf] *m* Aufheben *n*; *veel ~ maken* viel Aufhebens machen von *D*, viel Staub aufwirbeln.
ophef|fen [ˈɔphɛfə(n)] (auf)heben, erheben; beseitigen; *Schwierigkeiten* beheben; *Unterschiede* ausgleichen; *de zitting ~* die Sitzung schließen; **~fing** [-ɪŋ] *f* Aufhebung *f*, Hebung *f*, Erhebung *f*; Beseitigung *f*.
ophelde|ren [ˈɔphɛldərə(n)] sich aufklären, aufhellen; *fig.* erläutern, erklären; **~ring** [-rɪŋ] *f* Aufklärung *f*, Erläuterung *f*, Erklärung *f*; Auskunft *f*.
op|helpen [ˈɔphɛlpə(n)] aufhelfen *D*; **~hemelen** [-he:mələ(n)] anheimeln; übermäßig loben, sehr schwärmen für; **~hitsen** [-hɪtsə(n)] (auf)hetzen, aufwiegeln; *~de woorden (rede)* Hetzrede *f*; **~hoepelen** [-hu·pələ(n)] F sich trollen, sich packen; **~hogen** [-ho:ɣ̊ə(n)] erhöhen, aufschütten; **~hoging** [-ho:ɣ̊ɪŋ] *f* Erhöhung *f*, Aufschüttung *f*; **~hopen** [-ho:pə(n)] auf-, anhäufen, aufschichten; **~hoping** [-ho:pɪŋ] *f* Häufung *f*; Aufhäufung *f*, Anhäufung *f*.
ophoren [ˈɔpho:rə(n)] sich wundern; *daar hoorde hij van op* das wunderte ihn, darüber wunderte er sich.
ophouden [ˈɔphɑudə(n)] aufhören,

nachlassen, Schluß machen; *v/t* aufhalten; hinhalten; *Hut usw.* aufbehalten; *Preise* hochhalten, aufrechthalten; ~ *te bestaan* eingehen; *zich* ~ *met* sich beschäftigen mit; *zich ergens* ~ sich irgendwo aufhalten; *zonder* ~ unaufhörlich, pausenlos; *het (hij) is opgehouden met* ... es (er) hat aufgehört, zu ...

opinie [o·ˈpi·ni:] (*-s*) *f* Meinung *f*; *naar mijn* ~ meiner Meinung nach; **~onderzoek** [-ɔndərzu·k] *n*, **~peiling** [-pɛilɪŋ] *f* Meinungsumfrage *f*, Meinungsforschung *f*, Demoskopie *f*.

opium [ˈo:pi·(j)əm] *m u. n* Opium *n*; **~schuiver** [-sxəʏv̈ər] (*-s*) *m* Opiumraucher *m*.

opjagen [ˈɔpja:γ̈ə(n)] aufjagen; *Wild* hetzen; *Staub* aufwirbeln; *Preise* hinauftreiben.

opkijken [ˈɔpkɛikə(n)] aufsehen, aufblicken, aufschauen; *hij zal vreemd* ~ er wird (große) Augen machen.

opkikker|en [ˈɔpkɪkərə(n)] *v/i* sich erholen; *v/t* erquicken; ermuntern; auffrischen; **~tje** [-tjə] (*-s*) *n* Erfrischung *f*; kleiner Schnaps.

opklap|baar [ˈɔpklɑba:r] aufklappbar; **~bed** [-bɛt] (*-den*) *n* Klappbett *n*.

op|klaren [ˈɔpkla:rə(n)] aufklären; *Himmel, Wetter*: aufheitern; sich aufhellen, sich aufklären; **~klimmen** [-klɪmə(n)] hinauf-, heraufklettern; hinauf-, (her)aufsteigen; emporsteigen; befördert werden, aufsteigen; vorrücken; *~de reeks* (auf)steigende Reihe; **~knappen** [-knɑpə(n)] aufputzen; auffrischen; sich erholen; *dat heb je netjes opgeknapt* das hast du fein gemacht; **~knopen** [-kno:pə(n)] aufknüpfen, henken; **~koken** [-ko:kə(n)] aufkochen.

op|komen [ˈɔpko:mə(n)] aufkommen; aufgehen; hinauf-, herauf-, emporkommen; *Nebel, Wolken usw.*: aufsteigen; *Gewitter*: aufziehen; sich erholen; ~ *voor een mening* e-e Meinung vertreten; *de vloed komt op* die Flut steigt; *moeten* ~ erscheinen, sich stellen, sich einfinden müssen; *Thea.* auftreten; *tegen iets* ~ protestieren gegen *A*, widersprechen (*D*), Einspruch erheben; *het opkomende geslacht* die heranwachsende Generation; **~komst** [-kɔmst] *f* Aufkommen *n*; Aufgang *m*; Emporkommen *n*; Aufschwung *m*; *mil.* Einberufung *f*; *Thea.* Auftritt *m*; (*Versammlung*) Besuch *m*, Teilnahme *f*; (*Wahl*) Beteiligung *f*.

opko|pen [ˈɔpko:pə(n)] einkaufen, an-, aufkaufen; **~per** [-pər] (*-s*) *m* Althändler *m*, Trödler *m*; Aufkäufer *m*.

op|krijgen [ˈɔpkrɛiγ̈ə(n)] aufkriegen, aufbekommen; *Essen* bewältigen, herunterkriegen; **~kroppen** [-krɔpə(n)] verbergen; verschlukken; verschmerzen; *opgekropte woede* aufgespeicherte Wut; **~krullen** [-krөlə(n)] sich kräuseln; *v/t* frisieren; kräuseln; **~kunnen** [-kөnə(n)] hinauf-, heraufkönnen; *niet* ~ (*Speise*) nicht aufessen (bewältigen) können; *tegen iemand niet* ~ j-m nicht gewachsen sein; **~kweken** [-kʋe:kə(n)] aufziehen, (groß-) ziehen.

oplaag [ˈɔpla:x] *f* (*oplagen*) *f* Auflage *f*.

op|laaien [ˈɔpla:ĭ(j)ə(n)] auflodern; **~laden** [-la:də(n)] aufladen; aufbürden; **~lappen** [-lɑpə(n)] flikken; **~laten** [-la:tə(n)] auflassen; (*aus dem Bett*) aufbleiben lassen; *een vlieger* ~ e-n Drachen (auf-) steigen lassen.

oplage [ˈɔpla:γ̈ə] *f* Auflage *f*.

oplawaai [ˈɔplɑʋa:ĭ] *m* F Maulschelle *f*, Ohrfeige *f*.

opleg [ˈɔplɛx] (*kein pl.*) *m* Mehrpreis *m*, Aufpreis *m*.

opleg|gen [ˈɔplɛγ̈ə(n)] auflegen; auferlegen; *e-e Strafe* verhängen; *s-n Willen* aufzwingen; *het er dik* ~ *fig. etw.* dick auftragen; **~ger** [-ər] (*-s*) Aufleger *m*; (*Traktor usw.*) Anhänger *m*; Sattelschlepper *m*; Lastzug *m*; **~sel** [-səl] (*-s*) *n* Besatz *m*.

oplei|den [ˈɔplɛidə(n)] hinaufführen; *Polizei*: sistieren; *fig.* vorbereiten, ausbilden, schulen; **~ding** [-dɪŋ] *f* Ausbildung *f*; Vorbereitung *f*; Heranbildung *f*; **~dingsschip** [-dɪŋsxɪp] (*-schepen*) *n* Schulschiff *n*, Kadettenschiff *n*; **~dingsschool** [-dɪŋsxo:l] (*-scholen*) *f* Ausbildungsschule *f*, Bildungsanstalt *f*.

opletten [ˈɔplɛtə(n)] aufmerken, achtgeben, aufmerksam sein, auf-

passen; *opgelet!* Achtung!, Obacht!; **~d** [ɔp'lɛtənt] aufmerksam; **~dheid** [ɔp'lɛtəntheĭt] *f* Aufmerksamkeit *f*.
opleven ['ɔple:v̊ə(n)] (wieder)aufleben; *doen* ~ neu beleben.
opleve|ren ['ɔple:v̊ərə(n)] liefern; *Gewinne, Zinsen usw.* (ein)tragen, einbringen; *Vorteil* gewähren; *Arbeit* abliefern; **~ring** [-rɪŋ] *f* Lieferung *f*, Ablieferung *f*; Übergabe *f*; **~stermijn** [-stɛrmɛĭn] *m* Lieferfrist *f*.
oplich|ten ['ɔplɪxtə(n)] aufheben; sich aufhellen, sich aufklären; *fig. den Schleier* lüften; (*in Geldsachen*) betrügen, beschwindeln, prellen; **~ter** [-tər] (*-s*) *m* Schwindler *m*, Hochstapler *m*, Preller *m*; **~terij** [-tə'rɛĭ] *f* Schwindel *m*, Hochstapelei *f*, Prellerei *f*; **~ting** [-tɪŋ] *f* Aufhebung *f*; Schwindel *m*.
oploop ['ɔplo:p] (*-lopen*) *m* Auflauf *m*, Tumult *m*.
oplopen ['ɔplo:pə(n)] hinauflaufen; *Gesicht*: anschwellen; *Schulden*: auflaufen; *Preise*: anziehen; *een verkoudheid* ~ sich e-e Erkältung zuziehen (holen); *bij iemand* ~ bei j-m vorsprechen; *een boete* ~ e-e Geldstrafe bekommen; *schade* ~ Schaden erleiden; *een pak slaag* (F *rammel*) ~ Prügel bekommen; **~d** [-t] auflaufend; *fig.* aufbrausend, auffahrend, jähzornig.
oplos|baar ['ɔplɔzba:r], *a.* [ɔp'lɔzba:r] (auf)lösbar; löslich; **~koffie** ['ɔplɔskɔfi:] (*-s*) *m* Instantkaffee *m*; **~middel** ['ɔplɔsmɪdəl] *n* Lösungsmittel *n*; **~sen** [-ə(n)] auflösen; sich lösen; *Rätsel* lösen; **~sing** [-ɪŋ] *f* Auflösung *f*; Lösung *f*.
opluchting ['ɔpløxtɪŋ] *f* Erleichterung *f*.
opluiste|ren ['ɔpløʏstərə(n)] schmücken; verschönern, Glanz verleihen; **~ring** [-rɪŋ] *f* Ausschmückung *f*; Verschönerung *f*.
opmaak ['ɔpma:k] (*-maken*) *m* Aufmachung *f*; (*Zeitung*) Umbruch *m*.
opmaken ['ɔpma:ken] aufmachen; *Geld* ausgeben, verschwenden, durchbringen; *Inventar* aufnehmen; *een verslag* ~ *e-n* Bericht abfassen; *de balans* ~ die Bilanz ziehen; *een verdrag* ~ *e-n* Vertrag aufsetzen; *zich* ~ sich aufmachen, sich anschicken.
opmer|kelijk [ɔp'mɛrkələk] auffallend; bemerkenswert; **~ken** ['ɔpmɛrkə(n)] bemerken, beobachten, wahrnehmen; *doen* ~ aufmerksam machen auf *A*; **~kenswaardig** [-kəns'ʋa:rdəx] bemerkenswert; merkwürdig; **~king** [-kɪŋ] *f* Bemerkung *f*; Beobachtung *f*; (*Notiz*) Anmerkung *f*; **~kzaam** [-'mɛrksa:m] aufmerksam.
op|meten ['ɔpme:tə(n)] vermessen; **~meting** [-me:tɪŋ] *f* Vermessung *f*; **~monteren** [-mɔntərə(n)] aufmuntern, aufheitern; **~naaien** [-na:ĭ(j)ə(n) aufnähen. [*f*.]
opname ['ɔpna:mə] (*-n*) Aufnahme
opnemen ['ɔpne:mə(n)] aufnehmen; *Fußboden* aufwischen; *Temperatur* messen, ablesen; *Stimmen* sammeln; *het voor iemand* ~ für j-n eintreten; *scherp* (*aandachtig*) ~ mustern, beobachten.
opnieuw [ɔp'ni·ŭ] aufs neue, von neuem.
op|noemen ['ɔpnu:mə(n)] nennen, hersagen; **~offeren** [-ɔfərə(n)] (auf)opfern; **~offering** [-ɔfərɪŋ] *f* Opfer *n*; **~onthoud** [-ɔntaut] *n* Aufenthalt *m*; Verzögerung *f*; **~pakken** [-pakə(n)] aufpacken; aufheben; anfassen; verhaften, festnehmen.
oppas ['ɔpas] *m* Pflege *f*; Aufpasser *m*; Kinderwärter(in *f*) *m*, Babysitter *m*; **~sen** [-ə(n)] aufpassen, achtgeben auf *A*; bedienen, versorgen, pflegen; sich hüten, sich vorsehen; *pas op!* Achtung!, Vorsicht!, aufgepaßt!; **~send** [-ənt] brav, tüchtig, ordentlich; **~ser** [-ər] (*-s*) *m* Wärter *m*; Krankenpfleger *m*, Krankenwärter *m*; *mil.* Bursche *m*.
opper ['ɔpər] (*-s*) *m* Schober *m*.
opper|arm ['ɔpərarm] *m* Oberarm *m*; **~best** [-bɛst] vorzüglich, vortrefflich; **~bevel** [-bəv̊ɛl] *n* Oberbefehl *m*; **~bevelhebber** [-bə'v̊ɛlhɛbər] (*-s*) *m* Oberbefehlshaber *m*; **~commando** *a.* **-kom-** [-kɔmando·] *n* Oberkommando *n*.
Opper-Egypte [ɔpəre·'ɣ̊i·ptə] *n* Oberägypten *n*.
opperen ['ɔpərə(n)] äußern, vorschlagen, vorbringen.
opper|gezag ['ɔpərɣ̊əzax] *n* Obergewalt *f*; **~heerschappij** [-he:rsxapɛĭ] *f* Oberherrschaft *f*; **~hoofd**

[-ho:ft] *n* Oberhaupt *n*; Häuptling *m* (*e-s Stammes*); **~houtvester** [-hautfɛstər] (*-s*) *m* Oberförster *m*; **~huid** [-hœyt] *f* Oberhaut *f*; **~kleed** [-kle:t] (*-klederen*) *n* Oberbekleidung *f*; **~kok** [-kɔk] (*-s*) *m* Oberkoch *m*, (Ober-)Küchenmeister *m*; **~macht** [-maxt] *f* Obergewalt *f*; **~machtig** [-'maxtəx] allmächtig; **~man** [-man] (*-lui*, *-lieden*, *-mannen*) *m* Handlanger *m*; **~rabbijn** [-rabɛĭn] *m* Oberrabbiner *m*; **~rechter** [-rɛxtər] (*-s*) *m* Oberrichter *m*.

opperst ['ɔpərst] oberst, höchst.

opper|toezicht ['ɔpərtu:zɪxt] *n* Oberaufsicht *f*; **~vlak** [-v̊lak] (*-ken*) *n* (Ober-)Fläche *f*; **~vlakkig** [-'v̊lakəx] oberflächlich; **~vlakte** [-v̊laktə] (*-n u. -s*) *f* Fläche *f*, Oberfläche *f*; *bebouwde* ~ Anbaufläche *f*; **~wezen** [-ʋe:zə(n)] das höchste Wesen, Gott *m*.

op|peuzelen ['ɔpø·zələ(n)] mit Appetit aufessen, verschmausen, aufknabbern; **~pikken** [-pɪkə(n)] aufpicken; aufgabeln; verhaften, festnehmen; **~plakken** [-plakə(n)] aufkleben; **~poetsen** [-pu·tsə(n)] aufputzen; **~poken** [-po:kə(n)] schüren; **~pompen** [-pɔmpə(n)] aufpumpen.

oppo|nent [ɔpo·'nɛnt] *m* Opponent *m*, Gegner *m*; **~neren** [-'ne:rə(n)] opponieren; entgegnen, widersprechen; sich widersetzen; gegenüberstellen.

opportu|nist [ɔpɔrty·'ni·st] *m* Opportunist *m*; **~niteit** [-ni·'tɛĭt] *f* Opportunität *f*, Gelegenheit *f*.

oppo|sant [ɔpo·'zant] *m* Gegner *m*; **~sitie** [-'zi:si:] (*-s*) *f* Opposition *f*; **~sitiepartij** [-'zi:si:partɛĭ] *f* Oppositionspartei *f*.

op|potten ['ɔpɔtə(n)] zusammensparen, zurücklegen; horten, aufspeichern; **~proppen** [-prɔpə(n)] vollpropfen, vollstopfen; **~rakelen** [-ra:kələ(n)] *Feuer* schüren; *fig. alte Geschichten* aufwärmen; **~raken** [-ra:kə(n)] aufgehen, zu Ende gehen, alle werden; **~rapen** [-ra:pə(n)] aufheben, aufnehmen.

oprecht [ɔp'rɛxt] aufrichtig; rechtschaffen; richtig, echt, wirklich; **~heid** [-hɛĭt] *f* Aufrichtigkeit *f*; Rechtschaffenheit.

opredderen ['ɔprɛdərə(n)] aufräumen.

oprich|ten ['ɔprɪxtə(n)] aufrichten; gründen, errichten, stiften; erheben; *ein Geschäft* eröffnen; *zich* ~ sich aufrichten; **~ter** [-tər] (*-s*) *m* Errichter *m*, Gründer *m*, Stifter *m*; **~tersaandeel** [-tərza:nde:l] (*-aandelen*) *n* Gründeraktie *f*; **~ting** [-tɪŋ] *f* Errichtung *f*, Gründung *f*; **~tingskapitaal** [-tɪŋskapi·ta:l] (*-talen*) *n* Grundkapital *n*; **~tingskosten** [-tɪŋskɔstə(n)] *pl.* Gründungskosten *pl.*

oprij ['ɔprɛĭ] (*kein pl.*) *m* Auffahrt *f*; Rampe *f*; **~den** [-də(n)] hinauf-, herauf-, her-fahren (reiten); **~laan** [-la:n] (*-lanen*) *f* Anfahrt *f*, Zufahrtsweg *m*.

op|rijzen ['ɔprɛĭzə(n)] aufstehen, sich erheben; auf-, emporsteigen; **~rispen** [-rɪspə(n)] aufstoßen; **~risping** [-rɪspɪŋ] *f* Aufstoßen *n*; **~rit** [-rɪt] (*-ten*) *m* Auffahrt *f*, Rampe *f*.

oproe|pen ['ɔpru·pə(n) aufrufen; *Zeugen* vorladen; *Versammlung* einberufen; *mil.* einziehen, einberufen; *Namen* verlesen, abrufen; *Geister* heraufbeschwören; wecken, wachrufen; **~ping** [-pɪŋ] *f* Aufruf *m*; Vorladung *f*; Einberufung *f*; **~pingsbevel** [-pɪŋzbəv̊ɛl] *n* Gestellungsbefehl *m*; **~pingsbrief** [-pɪŋzbri:f] (*-brieven*) *m* Ladung(sschreiben *n*) *f*.

oproer ['ɔpru:r] *n* Aufruhr *m*, Rebellion *f*; **~ig** [-ɔp'ru:əx] aufrührerisch; **~kraaier** [-kra:ĭ(j)ər] (*-s*) Aufwiegler *m*, Aufrührer *m*; **~ling** [-lɪŋ] *m* Rebell *m*, Aufständische(r) *m*.

op|roken ['ɔpro:kə(n)] aufrauchen; **~rollen** [-rɔlə(n)] auf-, zusammenrollen; **~ruien** [-rœy(j)ə(n)] aufwiegeln, aufhetzen; **~ruier** [-rœy(j)ər] (*-s*) *m* Aufwiegler *m*, Aufhetzer *m*; **~ruimen** [-rœymə(n)] auf-, abräumen; **~ruiming** [-rœymɪŋ] *f* (Auf-)Räumung *f*; (Räumungs-)Ausverkauf *m*; **~rukken** [-rəkə(n)] aufrücken, vorstoßen; F abhauen, sich wegscheren.

op|scharrelen ['ɔpsxarələ(n)] auftreiben, F aufgabeln; **~schenken** [-sxɛŋkə(n)] aufgießen; **~scheppen** [-sxɛpə(n)] aufschöpfen, aufschaufeln; *fig.* prahlen, angeben; **~schieten** [-sxi·tə(n)] aufschießen; aufwachsen; Fortschritte machen vorwärtskommen; sich beeilen; glatt (gut) vonstatten gehen; *goed met elkaar* (*kunnen*) ~ gut miteinander auskommen.

op|schik ['ɔpsxɪk] (*kein pl.*) *m* Schmuck *m*; Putz *m*; **~schikken** [-sxɪkə(n)] (aus)schmücken, (auf-)putzen; auf-, zusammenrücken; **~schilderen** [-sxɪldərə(n)] neu anstreichen, aufmalen; **~schorten** [-sxɔrtə(n)] aufschürzen; *Zahlung, Entscheidung* ver-, aufschieben; *Strafe* aussetzen; *zijn oordeel* ~ mit s-m Urteil zurückhalten; **~schorting** [-sxɔrtɪŋ] *f* Aufschub *m*, Verschiebung *f*, Zurückstellung *f*; (*Kleider*) Aufschürzung *f*.

opschrift ['ɔpsxrɪft] *n* Aufschrift *f*; Inschrift *f*; Überschrift *f*.

opschrijfboekje ['ɔpsxrɛi̯vbu·kjə] (*-s*) *n* Notizbuch *n*.

op|schrijven ['ɔpsxrɛi̯v̊ə(n)] aufschreiben, notieren; **~schrikken** [-sxrɪkə(n)] aufschrecken; **~schroeven** [-sxru:v̊ə(n)] aufschrauben; *fig.* übertreiben; **~schudden** [-sxədə(n)] aufschütteln, aufrütteln; **~schudding** [-sxədɪŋ] *f* Aufregung *f*, Tumult *m*; ~ *verwekken* Staub aufwirbeln; **~schuiven** [-sxəʏv̊ə(n)] aufschieben; auf-, weiterrücken; **~schuren** [-sxy:rə(n)] (auf)scheuern; **~sieren** [-si:rə(n)] (aus)schmücken; **~sjorren** [-ʃɔrə(n)] auf-, hochziehen; aufzerren.

op|slaan ['ɔpsla:n] aufschlagen, aufklappen; *Waren* speichern, lagern; *Preise* erhöhen, aufschlagen; **~slag** [-slɑx] *m* Aufschlag *m*; Preissteigerung *f*; Lohnaufbesserung *f*; Lohnerhöhung *f*; **~slagkosten** [-slɑxkɔstə)n)] *pl.* Lagergeld *n*, Lagerkosten *pl.*, Lagerungskosten *pl.*; **~slagloods** [-slɑxlo:ts] *f* Lagerschuppen *m*; **~slagplaats** [-slɑxpla:ts] *f*, **~slagruimte** [-slɑxrəʏmtə] (*-n u. -s*) *f* Lagerraum *m*.

op|slobberen ['ɔpslɔbərə(n)] aufschlürfen; **~slokken** [-slɔkə(n)] verschlucken; **~slorpen** [-slɔrpə(n)] aufsaugen, aufschlürfen; absorbieren; **~sluiten** [-sləʏtə(n)] ein-, verschließen; einsperren, einstekken; **~sluiting** [-sləʏtɪŋ] *f* Verschließung *f*, Einschließung *f*; Haft *f*, Haftstrafe *f*; **~smeren** [-sme:rə(n)] darauf schmieren; **~smuk** [-smək] *m* Schmuck *m*, Putz *m*; **~smukken** [-smǝkə(n)] ausschmücken; **~smullen** [-sməlǝ(n)] aufschmausen.

opsnij|den ['ɔpsnɛi̯də(n)] aufschneiden; prahlen, flunkern; **~der** [-dər] (*-s*) *m* Aufschneider *m*, Prahler *m*; **~derij** [-də'rɛi̯] *f* Aufschneiderei *f*, Prahlerei *f*.

op|spannen ['ɔpspɑnə(n)] aufspannen; *Saiten* aufziehen; **~spelden** [-spɛldə(n)] aufstecken; **~spelen** [-spe:lə(n)] ausspielen; wettern, schimpfen; **~speuren** [-spø:rə(n)] aufstöbern, aufspüren.

opspo|ren ['ɔpspo:rə(n)] aufspüren; fahnden, ermitteln; **~ring** [-rɪŋ] *f* Fahndung *f*, Ermittlung *f*; **~ringsbrigade** [-rɪŋzbri·ga:də] (*-s u. -n*) *f* Fahndungsbrigade *f*; **~ringsdienst** [-rɪŋzdi:nst] Fahndungsdienst *m*; **~ringslijst** [-rɪŋslɛi̯st] *f* Fahndungsliste *f*.

opspraak ['ɔpspra:k] (*kein pl.*) *f* üble Nachrede *f*; *in* ~ *brengen* (*komen*) ins Gerede bringen (kommen).

op|springen ['ɔpsprɪŋə(n)] aufspringen; auffahren, aufschrecken; **~spuiten** [-spəʏtə(n)] aufspritzen; (*Schlamm usw.*) aufspülen; **~staan** [-sta:n] aufstehen, sich erheben; auferstehen; ~*d boordje* Stehkragen *m*; **~stal** [-stɑl] (*-len*) *m* Baulichkeiten *f/pl.*; *recht van* ~ Erbbaurecht *n*.

opstand ['ɔpstɑnt] *m* Aufstand *m*, Aufruhr *n*, Empörung *f*; *in* ~ *komen* sich empören; aufstehen; **~eling** [-əlɪŋ] *m* Aufständische(r) *m*, Aufrührer *m*; **~ig** [-'stɑndəx] aufständisch, rebellisch, aufsässig; **~ing** ['ɔpstɑndɪŋ] *f* Auferstehung *f*.

op|stapelen ['ɔpsta:pələ(n)] aufstapeln, aufschichten, anhäufen; **~stappen** [-stɑpə(n)] hinauf-, herauftreten; einsteigen; weitergehen, fortgehen.

opsteken ['ɔpste:kə(n)] aufstecken; heben, in die Höhe stecken; *Zigarre usw.* anzünden, anbrennen; *die Ohren* spitzen, aufrichten; *Wind, Sturm*: sich erheben; *het hoofd* ~ sich erheben, sich rühren, sich empören; *zijn licht* ~ sich erkundigen, Auskunft holen; *er niet veel bij* ~ nicht viel (dabei) lernen.

opstel ['ɔpstɛl] (*-len*) *n* Aufsatz *m*;

~len [-ə(n)] aufstellen, aufsetzen; *e-e Schrift* abfassen; *e-n Vertrag* aufsetzen, entwerfen; *e-e Maschine* aufstellen, montieren; **~ler** [-ər] (*-s*) *m* Verfasser *m*; **~ling** [-ɪŋ] *f mil.* Aufstellung *f*.

op|stijgen ['ɔpstɛĭɣə(n)] auf-, emporsteigen; **~stijging** [-stɛĭɣɪŋ] *f* Aufstieg *m*, Aufsteigen *n*; **~stoken** [-sto:kə(n)] verbrennen; schüren; *fig.* (auf)hetzen; **~stoker** [-sto:kər] (*-s*) *m* (Auf-)Hetzer *m*; Anstifter *m*; **~stootje** [-sto:tjə] (*-s*) *n* Auflauf *m*, Krawall *m*; *pl.* Wirren *pl.*; **~stopper** [-stɔpər] (*-s*) *m* F Puff *m*, Hieb *m*; **~stopping** [-stɔpɪŋ] *f* Verkehrsstockung *f*; **~stormen** [-stɔrmə(n)] hinausrennen; **~stoven** [-sto:v̊ə(n)] schmoren; **~strijken** [-strɛ̆ĭkə(n)] aufstreichen; *Geld* einstreichen; *Kleider* bügeln; **~stropen** [-stro:pə(n)] aufkrempeln, aufstreifen, aufschürzen; **~stuiven** [-stəʏv̊ə(n)] aufwirbeln; *fig.* aufbrausen; **~sturen** [-sty:rə(n)] schicken; (ein)senden; **~takelen** [-ta:kələ(n)] *mar.* auf-, betakeln; *fig.* aufdonnern; **~tekenen** [-te:kənə(n)] aufzeichnen, aufschreiben, notieren; **~teren** [-'te:rə(n)] optieren, sich entscheiden für (*A*).

optica *a.* **-ka** ['ɔpti·ka·] *f* Optik *f*.

optie ['ɔpsi:] *f* Wahl *f*, Option *f*; Reservierung *f* mit Vorbehalt; *in ~ hebben* (*nemen*) die erste Wahl (das Vorkaufsrecht) haben; **~recht** [-rɛxt] *n* Optionsrecht *n*.

optillen ['ɔptɪlə(n)] aufheben, aufnehmen.

optimis|me [ɔpti·'mi·smə] *n* Optimismus *m*; **~t** [-t] *m* Optimist *m*; **~tisch** [-ti·s] optimistisch.

optisch ['ɔpti·s] optisch; *~ bedrog* optische Täuschung *f*.

optocht ['ɔptɔxt] *m* Zug *m*; Aufzug *m*; Umzug *m*.

op|tomen ['ɔpto:mə(n)] aufzäumen; **~tooien** [-to:ĭ(j)ə(n)] ausschmücken; **~tornen** [-tɔrnə(n)]: *tegen iets ~* gegen etw. ankämpfen; **~treden** [-tre:də(n)] auftreten; einschreiten, vorgehen gegen *A*; *Su. n* Auftritt *m*; **~trekken** [-trɛkə(n)] aufziehen; emporziehen; *v/i* aufmarschieren; *Motor*: anziehen; *die Nase* rümpfen; *e-e Mauer* aufführen, errichten; *Nebel*: aufsteigen; **~tuigen** [-təʏɣə(n)] *ein Pferd* (an)schirren; *mar.* auftakeln.

opvaart ['ɔpfa:rt] *f* Auffahrt *f*.

op|vallen ['ɔpfɑlə(n)] auffallen; **~vallend** [-'fɑlənt] auffallend; **~vangen** [-fɑŋə(n)] auffangen; **~varen** [-fa:rə(n)] *mar.* hinauffahren; **~varende** [-fa:rəndə(n)] (*-n*) *m u. f mar.* Passagiere *m/pl.* und Bemannung *f*; **~vatten** [-fɑtə(n)] auffassen, aufnehmen; *Liebe* empfinden für *A*; *das Wort* ergreifen; **~vatting** [-fɑtɪŋ] *f* Auffassung *f*; Meinung *f*, Anschauung *f*, Ansicht *f*; *breed van ~* großzügig, vernünftig; **~vegen** [-fe:ɣə(n)] *Staub* aufnehmen; (aus)kehren, (aus)fegen; **~vissen** [-fɪsə(n)] auffischen; hervorziehen; **~vlammen** [-flɑmə(n)] aufflammen, auflodern; **~vliegen** [-fli:ɣə(n)] auffliegen; *fig.* auffahren, aufbrausen; **~vliegend** [-fli:ɣənt] auffahrend, aufbrausend, hitzig, heftig; **~vliegendheid** [-'fli:ɣənthɛĭt] *f* Jähzorn *m*; **~voeden** [-fu·də(n)] erziehen; **~voeding** [-fu·dɪŋ] *f* Erziehung *f*; *recht op (de) ~* Sorgerecht *n*; *lichamelijke ~* Körpererziehung *f*; *gebrek aan ~ tonen* sich unmanierlich benehmen; **~voedingsstelsel** [-fu·dɪŋstɛlsəl] (*-s*) Erziehungssystem *n*; **~voedkunde** [-fu·tkəndə] *f* Pädagogik *f*; **~voedkundige** [-fu·tkəndəɣə] (*-n*) *m* Pädagoge *m*; **~voedster** [-fu·tstər] (*-s*) *f* Erzieherin *f*.

opvoe|ren ['ɔpfu:rə(n)] aufführen; *Preise* steigern; **~ring** [-rɪŋ] *f* Aufführung *f*.

opvol|gen ['ɔpfɔlɣə(n)] (nach)folgen *D*; befolgen *A*; Folge leisten *D*; **~ger** [-ɣər] -*s*) *m* Nachfolger *m*; **~ging** [-ɣɪŋ] *f* Nachfolge *f*; Befolgung *f*; Reihenfolge *f*.

opvorder|baar ['ɔpfɔrdərba:r] einziehbar; **~en** [-ə(n)] zurückfordern; *Geld* einfordern; *mil.* requirieren; **~ing** [-ɪŋ] *f* Anforderung *f*; Zurückforderung *f*; *mil.* Requisition *f*.

opvouwbaar ['ɔpfɑŭba:r] faltbar; Klapp-; *~bare stoel* Klappstuhl *m*.

op|vouwen ['ɔpfɑu(ʋ)ə(n)] (zusammen)falten; **~vrolijken** [-fro:ləkə(n)] aufheitern, aufmuntern; **~vullen** [-fələ(n)] (auf)füllen, vollpfropfen; *Tiere* ausstopfen; **~vulling** [-fəlɪŋ] *f* Auffüllung *f*;

Polsterung *f*; **~vulsel** [-fəlsəl] (*-s*) *n* Füllsel *n*, Füllung *f*; **~waaien** [-ʋaːĭ(j)ə(n)] aufwirbeln.

opwaarts [ˈɔpʋaːrts] nach oben, empor, hinauf, aufwärts.

op|wachten [ˈɔpʋɑxtə(n)] erwarten; auflauern; **~wachting** [-ʋɑxtɪŋ] *f* Aufwartung *f*; **~warmen** [-ʋɑrmə(n)] aufwärmen; *fig.* begeistern; **~wassen** [-ʋɑsə(n)] aufwaschen; aufwachsen; *tegen iemand opgewassen zijn* j-m gewachsen sein; **~wegen** [-ʋeːɣ̊ə(n)] aufwiegen; die Waage halten, sich ausgleichen; **~wekken** [-ʋɛkə(n)] aufwecken; *fig.* ermuntern, anregen, reizen; **~wekkend** [-ˈʋɛkənt] anregend; heiter; **~wekking** [-ʋɛkɪŋ] *f* Wecken *n*; Auferweckung *f*; *fig.* Ermunterung *f*, Anregung *f*; **~wellen** [-ʋɛlə(n)] aufquellen; aufwallen; **~welling** [-ʋɛlɪŋ] *f* Aufquellen *n*; Anwandlung *f*, Anflug *m*; **~werken** [-ʋɛrkə(n)] aufarbeiten; *Erz* fördern; *zich ~* sich emporarbeiten, sich hocharbeiten; **~werpen** [-ʋɛrpə(n)] aufwerfen; *bezwaren ~* Bedenken äußern, Einwürfe erheben; **~werping** [-ʋɛrpɪŋ] *f* Aufwerfen *n*; Einwurf *m*, Einrede *f*; **~winden** [-ʋɪndə(n)] aufwinden; aufwickeln; *Uhr* aufziehen; *zich ~* sich ereifern, sich erregen; **~winding** [-ʋɪndɪŋ] Aufregung *f*, Erregung *f*; **~wippen** [-ʋɪpə(n)] aufschnellen, aufspringen; **~wrijven** [-v̊rɛĭv̊ə(n)] aufreiben; putzen, polieren.

opzeg [ˈɔpsɛx] (*kein pl.*) *m* Kündigung *f*; *zijn ~ krijgen* gekündigt werden; **~baar** [-baːr] kündbar; **~gen** [-ə(n)] (auf)kündigen; *Gedicht* aufsagen; *tot ~s toe* (bis) auf Widerruf; **~ging** [-ɪŋ] *f* Kündigung *f*; **~gingstermijn** [-ɪŋstɛrmɛĭn] *m* Kündigungsfrist *f*.

opzenden [ˈɔpsɛndə(n)] schicken, (ein)senden; nachschicken, nachsenden.

opzet[1] [ˈɔpsɛt] (*kein pl.*) *n* Vorsatz *m*; Vorhaben *n*, Absicht *f*; **~**[2] (*-ten*) *m* Entwurf *m*; (*Möbel usw.*) Aufsatz *m*; *met ~* vorsätzlich, absichtlich; **~telijk** [-ˈsɛtələk] vorsätzlich, absichtlich; eigens; **~ten** [-ə(n)] aufstellen, aufrichten, aufsetzen; *Tiere* ausstopfen; *Stachel* sträuben; *Federn* aufplustern; *een grote mond ~ fig.* e-n großen Mund haben; *breed ~* großzügig anlegen; *komen ~ Sp.* aufrücken; *Gewitter*: (her)aufziehen; *een opgezet gezicht* ein geschwollenes Gesicht.

opzicht [ˈɔpsɪxt] *n* Aufsicht *f*; *het ~ hebben* die Aufsicht führen; *in dit ~* in dieser Hinsicht; *te mijnen ~e* mir gegenüber; *ten ~e van* bezüglich, hinsichtlich *G*; in bezug auf *A*; *in alle ~en* in jeder Hinsicht; **~er** [-ər] (*-s*) *m* Aufseher *m*, Inspektor *m*; **~ig** [-ˈsɪxtəx] auffallend, auffällig; grell.

opzien [ˈɔpsiːn] aufsehen, aufblikken, aufschauen zu *D*; *Su. n* Aufsehen *n*; *er van ~* sich wundern, erstaunen, große Augen machen über *A*; *er tegen ~* scheuen, sich scheuen vor *D*, mit Angst entgegensehen *D*; *naar iemand ~* j-n hochschätzen; *~ baren* Aufsehen erregen; **~barend** [-ˈbaːrənt] aufsehenerregend; **~er** [-ər] (*-s*) *m* Aufseher *m*.

opzitten [ˈɔpsɪtə(n)] aufsitzen; *Sp. e-n Angriff* abwehren; *er zit niets anders op* es bleibt nichts anderes übrig.

op|zoeken [ˈɔpsuˑkə(n)] aufsuchen; nachschlagen; besuchen; **~zuigen** [-sœɣ̊ə(n)] aufsaugen; **~zuipen** [-sœʏpə(n)] aufsaufen; **~zwellen** [-sʋɛlə(n)] anschwellen; sich aufblasen; **~zwelling** [-sʋɛlɪŋ] *f* (An-)Schwellung *f*; **~zwepen** [-sʋeː-pə(n)] aufpeitschen; aufhetzen, aufwiegeln.

oraal [oˑˈraːl] oral, mündlich.

orakel [oˑˈraːkəl] (*-s u. -en*) *n* Orakel *n*; **~spreuk** [-sprøːk] *f* Orakelspruch *m*.

orang-oetan(g) [ˈoˑrɑŋˈuːtɑŋ] (*-s*) *m* Orang-Utan *m*.

Oranje[1] [oˑˈrɑnjə] *n* Oranien *n*.

oranje[2] orange, orangefarben.

oranje|appel [oˑˈrɑnjəɑpəl] (*-s u. -en*) *m* Orange *f*, Apfelsine *f*; **~bloesem** [-bluːsəm] (*-s*) *m* Orangenblüte *f*; **~boom** [-boːm] (*-bomen*) *m* Orangenbaum *m*; **~schil** [-sxɪl] (*-len*) *f* Orangenschale *f*.

ora|torisch [oˑraˑˈtoːriˑs] oratorisch; **~torium** [-ˈtoˑriˑ(j)ʏm] (*-s u. -toria*) *n* Oratorium *n*.

orchidee [ɔrxiˑˈdeː] (*-ën*) *f* Orchidee *f*.

orde [ˈɔrdə] (*-n u. -s*) *f* Ordnung *f*; (*Ritter, Geistliche*) Orden *m*; *in ~*

brengen in Ordnung bringen; *de* ~ *handhaven* die Ordnung aufrechterhalten; *tot de* ~ *roepen* zur Ordnung rufen; *voor de goede* ~ ordnungshalber; *aan de* ~ *van de dag* an der Tagesordnung; ~ *van advocaten* (*a.* -*katen*) Anwaltskammer *f*, Anwaltsverband *m*; *een* ~ *schenken* e-n Orden verleihen; **~broeder** [-bru·dər] (-*s*) *m* Ordensbruder *m*; **~kleed** [-kle:t] (-*klederen u.* -*kleren*) *n* Ordenskleid *n*, Ordenstracht *f*; **~lievend** [-li:v̊ənt] ordnungsliebend; **~lijk** [-lək] ordnungsmäßig, regelmäßig; ordentlich; **~lint** [-lɪnt] *n* Ordensband *n*; **~loos** [-lo:s] nicht ordentlich; unordentlich; **~nen** [-nə(n)] ordnen; *Rel.* ordinieren.

ordentelijk [ɔr'dɛntələk] ordentlich, anständig; gehörig.

order ['ɔrdər] (-*s*) *f* Befehl *m*; Auftrag *m*; *op* ~ *van* im Auftrag *G*; *tot nader* ~ bis auf weiteres; ~ *geven* beauftragen; ~*s geven* befehlen; *check aan* ~ Orderscheck *m*; *wissel aan eigen* ~ Wechsel *m* an eigene Order; *een* ~ *intrekken* (*afzeggen*) e-n Auftrag widerrufen; *bevestiging van* (*een*) ~ Auftragsbestätigung *f*; **~briefje** [-bri:fjə] (-*s*) *n* Bestellzettel *m*; Zahlungsanweisung *f*; Solawechsel *m*, Eigenwechsel *m*.

orde|ridder ['ɔrdərɪdər] (-*s*) *m* Ordensritter *m*; **~teken** [-te:kə(n)] (-*s u.* -*en*) *n* Ordenszeichen *n*; **~verstoring** [-v̊ərsto:rɪŋ] *f* Ordnungswidrigkeit *f*; Unfug *m*.

ordinair [ɔrdi·'nɛ:r] gewöhnlich, alltäglich; gemein, ordinär.

ordonnans [ɔrdɔ'nans] *m mil.* Ordonnanz *f*, Meldegänger *m*; **~officier** [-ɔfi·si:r] *m* Ordonnanzoffizier *m*.

ordon|nantie [ɔrdɔ'nansi:] (-*s u.* -*ën*) *f* Verordnung *f*, Erlaß *m*; **~neren** [-'e:rə(n)] verordnen, befehlen.

oreren [o·'re:rə(n)] reden, diskutieren; schwadronieren.

or|gaan [ɔr'ɣa:n] (-*ganen*) *n* Organ *n*; **~ganisatie** *a.* **-zatie** [-ɣani·'za:si:] (-*s*) *f* Organisation *f*, Veranstaltung *f*; Verband *m*; Verbindung *f*; **~ganisch** [-'ɣa:ni·s] organisch; **~ganiseren** *a.* **-zeren** [-ɣani·'ze:rə(n)] organisieren, veranstalten, einrichten; **~ganisme** [-ɣa'ni·smə] (-*s u.* -*n*) *n* Organismus *m*.

organist [ɔrɣa'ni·st] *m* Organist *m*.

orgel ['ɔrɣəl] (-*s*) *n* Orgel *f*; **~draaier** [-dra:ĭ(j)ər] (-*s*) *m* Leierkastenmann *m*; **~ist** [-'i·st] *m* Orgelspieler *m*; **~maker** [-ma:kər] (-*s*) *m* Orgelbauer *m*; **~pijp** [-pɛĭp] *f* Orgelpfeife *f*; **~punt** [-pənt] *n Mus.* Orgelpunkt *m*.

oriënte|ren [o·rjɛn'te:rə(n)] *v/r* orten; sich orientieren, sich zurechtfinden; **~ring** [-rɪŋ] *f* Ortung *f*, Orientierung *f*.

origi|naliteit [o·ri·ʒi·nali·'tɛĭt] *f* Originalität *f*; **~neel**[1] [-'ne:l] *Adj.* originell, urwüchsig; *de originele uitgave* Originalausgabe *f*; *de originele tekst* Originaltext *m*, Urtext *m*; **~neel**[2] *Su.* (-*nelen*) *n* Original *n*; Urtext *m*; *een* ~ Sonderling *m*; ein sonderbarer Kauz.

orkaan [ɔr'ka:n] (-*kanen*) *m* Orkan *m*.

orkest [ɔr'kɛst] *n* Orchester *n*; **~bak** [-bak] (-*ken*) *m* Orchesterraum *m*; **~meester** [-me:stər] (-*s*) *m* Kapellmeister *m*; Konzertmeister *m*; **~reren** [-'re:rə(n)] orchestrieren, instrumentieren.

ornaat [ɔr'na:t] *n* Ornat *m*.

orna|ment [ɔrna·'mɛnt] *n* Ornament *n*; **~mentiek** [-mɛn'ti·k] *f* Ornamentik *f*.

ort(h)o|dox [ɔrto·'dɔks] orthodox, rechtgläubig; **~grafie** [-ɣra·'fi:] *f* Orthographie *f*, Rechtschreibung *f*; **~pedisch** [-'pe:di·s] orthopädisch.

os [ɔs] (-*sen*) *m* Ochse *m*.

osse|haas ['ɔsəha:s] *m* Filetbraten *m*, Rinderfilet *n*; **~leer** [-le:r] *n* Rindsleder *n*; **~staartsoep** [-sta:rtsu·p] *f* Ochsenschwanzsuppe *f*; **~tong** [-tɔŋ] *f* Ochsenzunge *f*.

ostentatief [ɔstɛnta·'ti:f] ostentativ; herausfordernd; prahlerisch.

otter ['ɔtər] (-*s*) *m u. f* Otter *f*.

oud [aut] alt; ehemalig; *hoe ouder, hoe gekker* (*hoe zotter*) Alter schützt vor Torheit nicht; **~bakken** [-'bakə(n)] altbacken; **~burgemeester** [-bərɣə'me:stər] (-*s*) *m* ehemalige(r) Bürgermeister.

oude ['audə] (-*n*) *m u. f* Alte(r *m*) *f*, alte(r) Mann, alte Frau; **~jaar** [audə'ja:r], *a.* [auʋə'ja:r] *n* Silvester *m*; **~jaarsavond** [-ja:rs'a:v̊ənt] *m* Silvesterabend *m*; **~lui** [-lʏɪ] *pl.* F Eltern *pl.*; **~mannenhuis** [-'manə(n)hʏys] (-*huizen*) *n* Altersheim *n*.

ouder ['ɑudər] (-s) *m* Vater *m*, Mutter *f*; **~s** [-s] Eltern *pl.*; **~avond** [-a:v̊ənt] *m* Elternabend *m*; **~dom** [-dɔm] *m* Alter *n*; *in de ~ van ...* im Alter von ..., mit ... Jahren; **~domsgrens** [-dɔmsxrɛns] (*-grenzen*) *f* Altersgrenze *f*; **~domspensioen** [-dɔmspənsi·(j)u:n] *n*, **~domsrente** [-dɔmsrɛntə] *f* (Alters-)Rente *f*; **~lijk** [-lək] elterlich; *~ huis* Elternhaus *n*; **~ling** [-lɪŋ] *m* Kirchenälteste(r) *m*; **~loos** [-lo:s] elternlos, verwaist; **~wets** [-'ʋɛts] altmodisch.

oudewijvenpraat [ɑudə-], *a.* [ɑuʋə'ʋɛĭv̊ə(n)pra:t] *m* Altweibergeschwätz *n*, Altweiberklatsch *m*.

oudgediende [ɑutxə'di:ndə] (*-n*) *m u. f* Veteran *m*.

oudheid ['ɑuthɛĭt] *f* Altertum *n*; (*Sache*) Antiquität *f*; ♀ *f* Antike *f*; *~heden* Altertümer *n/pl.*, Antiquitäten *f/pl.*; **~kunde** [-kөndə] *f* Altertumskunde *f*, Archäologie *f*.

oudje ['ɑutjə] (-s) *n* der (die) Alte; Mütterchen *n*.

oud-leerling [ɑut'le:rlɪŋ] *m* ehemalige(r) Schüler *m*.

oudnederlands [ɑut'ne:dərlɑnts] altniederländisch; ♀ *Su. n* Altniederländisch *n*.

oud|oom ['ɑut-], *a.* [ɑut'o:m] (*-s*) *m* Großonkel *m*; **~roest** [-'ru:st] *n* altes Eisen, Alteisen *n*.

ouds [ɑuts]: *van ~* von alters her, von jeher.

oud-soldaat [ɑutsɔl'da:t] (*-daten*) *m* ehemalige(r) Soldat *m*.

oud-strijder [ɑut'strɛĭdər] (*-s*) *m* ehemalige(r) (Front-)Kämpfer *m*; **~sbond** [-zbɔnt] *m* (Alt-)Kriegerverein *m*.

Oud Testament [ɑutɛsta·'mɛnt] *n* Alte(s) Testament *n*; *oudtestamentisch* alttestamentarisch.

oud|tante ['ɑu-], *a.* [ɑu'tɑntə] (*-s*) *f* Großtante *f*; **~tijds** ['ɑutɛĭts] in alten Zeiten, vormals, ehemals, früher.

ouverture [uv̊ər'ty:rə] (*-n u. -s*) *f* Ouvertüre *f*.

ouwehoeren [ɑuʋə'hu:rə(n)] F [schwatzen.]

ouwel ['ɑuʋəl] (*-s*) *m* Oblate *f*.

ouwelijk ['ɑuʋələk] ältlich.

ovaal [o·'v̊a:l] *Adj.* oval; *Su.* (*-valen*) *n* Oval *n*.

ovatie [o·'v̊a:si:] (*-s*) *f* Ovation *f*, tosender Beifall; Huldigung *f*.

oven ['o:v̊ə(n)] (*-s*) *m* Backofen *m*, Ofen *m*; Bratröhre *f*; **~plaat** [-pla:t] (*-platen*) *f* Ofenplatte *f*.

over ['o:v̊ər] *Präp.* über *D*, *A*; *Adv.* übrig; noch einmal, wieder; vorbei, vorüber, hinüber; *ik heb nog 2 DM ~* ich habe noch 2 DM übrig; *~ en weer* hin und her; gegenseitig; *te ~* im Überfluß; *~ iets spreken* über etw. sprechen; etw. besprechen.

overal[1] [o·v̊ər'ɑl] überall, allenthalben, allerorts.

overal(l)[2] (*-s*) *m* Overall *m*; Schutzanzug *m*.

over|belast ['o:v̊ərbəlɑst] überlastet; **~beleefd** [-bəle:ft] äußerst höflich; **~bevolking** [-bəv̊ɔlkɪŋ] *f* Übervölkerung *f*; **~bevolkt** [-bəv̊ɔlkt] übervölkert; **~blijfsel** [-blɛĭfsəl] (*-s u. -en*) *n* Überbleibsel *n*, Rest *m*; **~blijven** [-blɛĭv̊ə(n)] (übrig)bleiben.

over|bluffen [o·v̊ər'bløfə(n)] verblüffen; **~bodig** [-'bo:dəx] überflüssig, unnötig.

overboe|ken ['o:v̊ərbu·kə(n)] übertragen; überweisen; **~king** [-kɪŋ] *f* Übertragung *f*; Überweisung *f*.

overboord [o·v̊ər'bo:rt] über Bord.

over|brengen ['o:v̊ərbrɛŋə(n)] überbringen; hinüberbringen; übertragen; zustellen, übermitteln; *fig.* zutragen, ausplaudern, hinter'bringen; **~brenger** [-brɛŋər] (*-s*) *m* Überbringer *m*; Träger *m*; *fig.* Zuträger *m*; **~brieven** [-bri:v̊ə(n)] hinter'bringen, angeben; **~brugging** [-'brøɣ̊ɪŋ] *f* Überbrückung *f*; **~buur** [-by:r] (*-buren*) *m* Gegenüber *n*; Nachbar *m*; **~daad** [-da:t] *f* Überfluß *m*; Verschwendung *f*; **~dadig** [-da:dəx] unmäßig, verschwenderisch; **~dag** [-'dɑx] tagsüber, am Tage; **~dekken** [-'dɛkə(n)] verdecken, überdecken; **~denken** [-'dɛŋkə(n)] überdenken, überlegen; **~denking** [-'dɛŋkɪŋ] *f* Überlegung *f*, Erwägung *f*; **~doen** [-du:n] noch einmal tun; über'lassen, abtreten; **~donderen** [-'dɔndərə(n)] verblüffen; **~dracht** [-drɑxt] *f* Übertragung *f*, Abtretung *f*; **~drachtelijk** [-'drɑxtələk] figürlich, bildlich; **~dragen** [-dra:ɣ̊ə(n)] hinüber-, herübertragen; abtreten, über'tragen; **~dreven**

[-'dre:v̂ə(n)] übertrieben; **~drijven**[1] ['-drɛĭv̂ə(n)] sich verziehen, hinübertreiben; **~drijven**[2] [-'drɛĭv̂ə(n)] über'treiben; **~drijving** [-'drɛĭv̂ɪŋ] *f* Übertreibung *f*; **~druk** [-drək] *m* Abdruck *m*, Separatdruck *m*; **~duidelijk** [-dəʏdələk] überdeutlich; **~dwars** [-dʋɑrs] quer.

overeen|brengen [o·v̂ər'e:nbreŋə(n)] in Einklang bringen; **~komen** [-ko:mə(n)] übereinkommen, vereinbaren; entsprechen *D*, stimmen, übereinstimmen mit; **~komst** [-kɔmst] *f* Übereinkunft *f*, Übereinkommen *n*; Vereinbarung *f*; Ähnlichkeit *f*; **~komstig** [-'kɔmstəx] gemäß *D*, entsprechend *D*; übereinstimmend mit; **~stemming** [-stɛmɪŋ] *f* Übereinstimmung *f*; Einklang *m*.

overeind [o·v̂ər'ɛĭnt] aufrecht; aufgerichtet.

over|erving ['o:v̂ərɛrvɪŋ] *f* Vererbung *f*; **~gaan** [-ga:n] übergehen; aufhören, vergehen; vorübergehen; **~gang** [-v̂ɑŋ] *m* Übergang *m*; Übertritt *m*; Versetzung *f*; *Sp.* Aufstieg *m*; **~gangsbepaling** [-ɣ̂ɑŋzbəpa:lɪŋ] *f* Übergangsbestimmung *f*; **~gangsexamen** *a.* **-eks-** [-ɣ̂ɑŋsɛksa:mə(n)] (*-s*) *n* Versetzungsprüfung *f*; **~gangswedstrijd** [-ɣ̂ɑŋsʋɛtstrɛĭt] *m Sp.* Aufstiegsspiel *n*; **~gankelijk** [-'ɣ̂ɑŋkələk] *Gr.* transitiv, zielend.

over|gave ['o:v̂ərɣ̂a:v̂ə] *f* Übergabe *f*, Aushändigung *f*, Einhändigung *f*; Übertragung *f*; *fig.* Hingabe *f*, Hingebung *f*; **~gelukkig** [-ɣ̂ələkəx] überglücklich; **~geven** [-ɣ̂e:v̂ə(n)] einhändigen, aushändigen, über'geben, über'reichen; brechen, sich über'geben; **~gevoelig** [-ɣ̂əv̂u:ləx] überempfindlich; **~gewicht** [-ɣ̂əʋɪxt] *n* Übergewicht *n*; **~gieten**[1] ['-ɣ̂i:tə(n)] umfüllen, 'umgießen; **~gieten**[2] [-'gi:tə(n)] über'gießen, begießen; **~gordijn** [-ɣ̂ɔrdɛĭn] *n* Vorhang *m*; **~grootvader** [-ɣ̂ro:tfa:dər] (*-s*) *m* Urgroßvater *m*.

overhaast [o·v̂ər'ha:st] übereilt.

over|halen[1] ['o:v̂ərha:lə(n)] herüberholen, herüberführen; *Chem.* destillieren; (*Gewehr*) spannen; **~halen**[2] [-'ha:lə(n)] über'reden, bereden; **~hand** [-hɑnt] *f* Oberhand *f*; **~handigen** [-'hɑndəɣ̂ə(n)] überreichen, zustellen, aushändigen; **~hebben** [-hɛbə(n)] übrig haben; opfern; **~heen** [-'he:n] darüber hin; **~heerlijk** [-he:rlək] entzückend, wunderschön; **~heersen** [-'he:rsə(n)] beherrschen; vorherrschen; **~heid** [-hɛĭt] (*-heden*) Obrigkeit *f*, Behörde *f*; *militaire* ~ Militärbehörde *f*; **~heidspersoon** [-hɛĭtspɛrso:n] (*-sonen*) *m* Verwaltungsbeamte(r) *m*; **~hellen** [-hɛlə(n)] sich neigen; überhängen; **~hemd** [-hɛmt] *n* Oberhemd *n*; **~hoop** [-'ho:p] durcheinander, in Unordnung; über den Haufen; *met iemand ~ liggen* mit j-m zerfallen sein; **~horen** [-'ho:rə(n)] abhören; über'hören; **~houden** [-hɑudə(n)] übrig behalten; sparen.

overig ['o:v̂ərəx] übrig; *al het ~* alles übrige, alles weitere; *voor het ~e* im übrigen, übrigens; **~ens** [-əns] übrigens.

over|ijld [o·v̂ər'ɛĭlt] verfrüht; **~ijlen** [-'ɛĭlə(n)] übereilen; **~jarig** [-'ja:rəx] mehrjährig, älter; *~e planten* winterfeste Pflanzen *f/pl*.

over|jas ['o:v̂ərjɑs] (*-sen*) *m u.* Überzieher *m*, Mantel *m*; **~jurk** [-jərk] *f* Überkleid *n*, Oberbekleidung *f*.

over|kant ['o:v̂ərkɑnt] *m* and(e)re Seite *f*; *aan de ~* drüben; *aan de ~ van* jenseits *G*; *hier en aan de ~* hüben und drüben; **~kapping** [-'kɑpɪŋ] *f* Überdachung *f*; (*Bahnhof*) Halle *f*; **~kleden** [-'kle:də(n)] bekleiden, über'kleiden; **~klimmen** [-klɪmə(n)] (hin)übersteigen, (hin)überklettern; **~koepelen** [-'kupələ(n)] über'kuppeln; (*fig.*) beherrschen, verwalten; zusammenfassen; *~d orgaan* Dachverband *m*; **~koken** [-ko:kə(n)] 'überkochen; **~komelijk** [-'ko:mələk] überwindlich.

over|komen[1] ['o:v̂ərko:mə(n)] herüber-, hinüberkommen; zurückkommen, zurückkehren; (richtig) verstanden werden; F zahlen, blechen; **~komen**[2] [-'ko:mə(n)] geschehen, passieren; begegnen *D*, widerfahren *D*; **~komst** [-kɔmst] Rückkehr *f*; Rückreise *f*; Besuch *m*; **~laden**[1] [-la:də(n)] umladen; **~laden**[2] [-'la:də(n)] über'laden, überbürden; **~lappen** [-'lɑpə(n)] über lappen; **~last** [-lɑst] *m* Belästigung *f*; ~ *aandoen* belästigen; **~leden** [-'le:də(n)] gestorben; **~leg** [-'lɛx] *m* Überlegung *f*; ~ *plegen* sich beraten; besprechen; **~leggen**[1] ['-lɛɣ̊ə(n)] zurücklegen, sparen; vorlegen; **~leggen**[2] [-'lɛɣ̊ə(n)] überlegen, erwägen; **~leven** [-'le:v̊ə(n)] über'leben; *de ~den* die Überlebenden; **~levering** [-'le:v̊ərɪŋ] *f* Überlieferung *f*, Tradition *f*; **~lezen** [-le:zə(n)] noch einmal lesen; flüchtig lesen; **~lijden** [-lɛĭdə(n)] sterben, verscheiden, hinscheiden; *Su. n* Hinscheiden *n*; *bij* ~ im Todesfall; *akte van* ~ Sterbeurkunde *f*; **~lommeren** [-'lɔmərə(n)] überschatten; **~loop** [-lo:p] (*-lopen*) *m* (*Wasser*) Überlauf *m*; (*Treppe*) Absatz *m*; (*Gang*) Flur *m*, Vorplatz *m*; **~lopen**[1] [-lo:pə(n)] überlaufen, überschwappen; überqueren; **~lopen**[2] [-'lo:pə(n)] über'fliegen, flüchtig lesen; **~loper** [-lo:pər] (*-s*) *m* Überläufer *m*; Fahnenflüchtige(r) *m*; Abtrünnige(r) *m*.

over|maat ['o:v̊ərma:t]: *tot ~ van ramp fig.* um das Maß vollzumachen; **~macht** [-mɑxt] *f* Übermacht *f*; *in de ~ zijn* die Übermacht haben; **~maken** [-ma:kə(n)] senden, schicken; überweisen; **~mannen** [-'mɑnə(n)] übermannen, überwältigen; **~matig** [-'ma:təx] übermäßig, unmäßig, übertrieben; **~meesteren** [-'me:stərə(n)] bezwingen, überwältigen; **~moed** [-mu·t] *m* Übermut *m*; **~moedig** [-'mu·dəx] übermütig; **~nachten** [-'nɑxtə(n)] übernachten, nächtigen; **~nemen** [-ne:mə(n)] übernehmen; *e-m Buch* entnehmen.

over|pakken ['o:v̊ərpɑkə(n)] umpacken; 'übernehmen; über'nehmen; **~peinzen** [-'pɛĭnzə(n)] nachdenken über *A*; **~peinzing** [-'pɛĭnzɪŋ] *f* Betrachtung *f*, Nachdenken *n*; **~plaatsen** [-pla:tsə(n)] versetzen; **~planten** [-plɑntə(n)] umpflanzen, verpflanzen; **~produktie** *a.* **-duc-** [-prɔdəksi:] *f* Überproduktion *f*; **~reden** [-'re:də(n)] überreden, bereden; **~reiken** [-rɛĭkə(n)] (über)reichen; **~rijden** [-'rɛĭdə(n)] über'fahren; **~rijp** [-rɛĭp] überreif; **~rompeling** [-'rɔmpəlɪŋ] *f* Überrumpelung *f*.

over|schaduwen [o·v̊ər'sxa:dy·υə(n)] über'schatten; *fig.* in den Schatten stellen; **~schatten** [-'sxɑtə(n)] über'schätzen; **~schieten** ['o:v̊ərsxi·tə(n)] übrigbleiben; **~schilderen**[1] [-sxɪldərə(n)] noch einmal malen; **~schilderen**[2] [-'sxɪldərə(n)] über'malen.

over|schoen ['o:v̊ərsxu:n] *m* Überschuh *m*, Galosche *f*, Gummischuh *m*; **~schot** [-sxɔt] (*-ten*) *n* (Über-) Rest *m*; Überschuß *m*, Saldo *m*; (*Speisen*) Reste *m/pl.*; *het stoffelijk ~* irdische Hülle *f*.

over|schreeuwen [o·v̊ər'sxre:ŭ(υ)ə(n)] über'schreien; **~schrijden** [-'sxrɛĭdə(n)] über'schreiten.

overschrij|ven ['o:v̊ərsxrɛĭv̊ə(n)] noch einmal schreiben; umschreiben; abschreiben; über'tragen, über'weisen; kopieren; **~ver** [-v̊ər] (*-s*) *m* Kopist *m*; Abschreiber *m*; **~ving** [-v̊ɪŋ] *f* Umschreibung *f*, Abschreibung *f*; Überweisung *f*, Übertragung *f*; *kosten van ~* Übertragungskosten *pl.*, Überweisungsgebühren *f/pl.*

over|seinen ['o:v̊ərsɛĭnə(n)] telegrafieren, drahten; funken; **~slaan** [-sla:n] über'schlagen, übersehen, über'gehen; *e-e Stufe* (*Klasse*) über'springen; auslassen; **~slag** [-slɑx] *m* Überschlag *m*; (*Güter*) Umschlag *m*; **~spannen** [-'spɑnə(n)] überspannen; *Adj.* überarbeitet; überreizt; *zich ~* sich überanstrengen, sich überarbeiten; **~spel** [-spɛl] *n* Ehebruch *m*; **~speler** [-spe:lər] (*-s*) *m* Ehebrecher *m*; **~springen** [-sprɪŋə(n)] (hin)überspringen; **~staan** [-sta:n]: *ten ~ van* in Gegenwart *G*, im Beisein *G*; **~stag** [-'stɑx] *mar.* über Stag; **~stapje** [-stɑpjə] (*-s*) *n*, **~stapkaartje** [-stɑpka:rtjə] (*-s*) *n* Umsteig(e)karte *f*; F Umsteiger *m*; **~stappen** [-stɑpə(n)] (hin)überschreiten; umsteigen.

overste ['o:v̊ərstə] (*-n*) *m mil.* Oberst *m*, Oberstleutnant *m*; (*Kloster*) *m* Superior *m*; *f* Oberin *f*, Superiorin *f*.

over|steek ['o:v̊ərste:k] (*steken*) *m*, **~steekplaats** [-ste:kpla:ts] *f* Straßenübergang *m*, Fußgängerüberweg *m*; **~steken** [-ste:kə(n)] hinüberfahren; *Straße* überqueren; **~stelpen** [-'stɛlpə(n)] überhäufen, überschütten; **~stemmen** [-'stɛmə(n)] überstimmen; **~storten**

[-stɔrtə(n)] überschütten; **~stroming** [-ˈstroːmɪŋ] *f* Überschwemmung *f*; **~stuur** [-ˈstyːr]: ~ *zijn* aus der Fassung sein; *mijn maag is* ~ mein Magen ist nicht in Ordnung; **~tallig** [-tɑləx] überzählig; **~tappen** [-tɑpə(n)] umzapfen; *Blut* überragen; **~tocht** [-tɔxt] *m* Überfahrt *f*; Überflug *m*; **~tollig** [-ˈtɔləx] überflüssig, unnütz; **~treden** [-ˈtreːdə(n)] überˈtreten, verstoßen gegen *A*, verletzen; zuwiderhandeln *D*; **~treder** [-ˈtreːdər] (*-s*) Übertreter *m*; Verkehrssünder *m*; **~treding** [-ˈtreːdɪŋ] *f* Übertretung *f*, Zuwiderhandlung *f*; *in geval van* ~, *bij* ~ im Übertretungsfall(e); **~treffen** [-ˈtrɛfə(n)] übertreffen, übersteigen; *~de trap Gr.* Superlativ *m*; **~trek** [-trɛk] *m* Überzug *m*, Bezug *m*; Futteral *n*; **~trekken**[1] [-trɛkə(n)] hinüber-, herüberziehen; sich verziehen; vorüberziehen; **~trekken**[2] [-ˈtrɛkə(n)] bekleiden, überˈziehen; **~troeven** [-truːv̊ə(n)] übertrumpfen; **~tuigen** [-ˈtəʏɣ̊ə(n)] überzeugen; **~tuiging** [-təʏɣ̊ɪŋ] *f* Überzeugung *f*.

overuren [ˈoːv̊əryːrə(n)] *pl.* Überstunden *f/pl.*

over|vaart [ˈoːv̊ərvaːrt] *f* Überfahrt **~val** [-v̊ɑl] (*-len*) *m* Überfall *m*; **~vallen** [-ˈv̊ɑlə(n)] überˈfallen; befallen; **~verfijnd** [-v̊ərfɛi̯nt] überfeinert; **~verhitting** [-v̊ərhɪtɪŋ] *f* Überhitzung *f*; **~vermoeid** [-v̊ərmuˑi̯t] übermüdet; **~verzadiging** [-v̊ərzaːdəɣ̊ɪŋ] Übersättigung *f*; **~vleugelen** [-ˈvløːɣ̊ələ(n)] überflügeln; **~vloed** [-v̊luˑt] *m* Überfluß *m*; *in* ~ in Hülle und Fülle; *ten ~e* zum Überfluß; **~vloedig** [-v̊luˑdəx] reichlich, im Überfluß, ausgiebig; **~vloeien** [-v̊luˑi̯(j)ə(n)] überfließen; **~vol** [-v̊ɔl] übervoll, überfüllt; **~vragen** [-ˈv̊raːɣ̊ə(n)] überˈfordern, überˈteuern; **~waaien** [-ʋaːi̯(j)ə(n)] herüber-, hinüberwehen; verwehen; vorübergehen, sich geben; **~waarde** [-ʋaːrdə] *f* Mehrwert *m*.

over|weg[1] [ˈoːv̊ərʋɛx] *m* Bahnübergang *m*, Übergang *m*; **~weg**[2] [-ˈʋɛx]: ~ *kunnen met* (*Sache*) mit *etw.* zurechtkommen; (*Personen*) sich (sehr gut) vertragen; **~wegen** [-ˈʋeːɣ̊ə(n)] sich überlegen, erwägen; **~wegend** [-ˈʋeːɣ̊ənt] überwiegend, vorwiegend, ausschlaggebend; **~weging** [-ˈʋeːɣ̊ɪŋ] *f* Erwägung *f*, Betrachtung *f*; *in* … *nemen* in Erwägung ziehen; *pl.* (*Urteil*) Entscheidungsgründe *m/pl.* **~weldigen** [-ˈʋɛldəɣ̊ə(n)] überwältigen; **~welving** [-ˈʋɛlv̊ɪŋ] *f* Überwölbung *f*; **~werk** [-ʋɛrk] *n* Mehrarbeit *f*; Überstunden *f/pl.*; **~werken**[1] [-ʋɛrkə(n)] Überstunden machen; **~werken**[2] [-ˈʋɛrkə(n)]: *zic*… ~ sich überˈarbeiten; *overwerk*… überarbeitet, erschöpft; **~wich**… [-ʋɪxt] *n* Übergewicht *n*, Mehrgewicht *n*; *fig.* Überlegenheit … **~winnaar** [-ˈʋɪnaːr] (*-s u. -naren*) Sieger *m*; Besieger *m*; **~winne**… [-ˈʋɪnə(n)] überwinden, besiegen *v/i* siegen über *A*; **~winnin**… [-ˈʋɪnɪŋ] *f* Überwindung *f*, Besiegung *f*; Sieg *m*; *de* ~ *behalen* de… Sieg davontragen; **~winningsroe**… [-ˈʋɪnɪŋsruːs] *m* Siegestaumel *m* **~wintering** [-ʋɪntərɪŋ] *f* Überwinterung *f*; **~woekeren** [-ˈʋuˑkərə(n)] überwuchern; **~wonnelin**… [-ˈʋɔnəlɪŋ] *m* Besiegte(r) *m*.

over|zees [oːv̊ərˈzeːs] überseeisch… Übersee-; **~zenden** [ˈ-zɛndə(n… (über)senden, zuschicken; her… hinübersenden; **~zet** [ˈ-zɛt] (*-te*… *m*, **~zetboot** [ˈ-zɛdboːt] (*-boten*)… *u. f* Fähre *f*, Fährschiff *n*; **~zette**… [ˈ-zɛtə(n)] (hin)übersetzen; über… ˈtragen, überˈsetzen; **~zicht** [ˈ-zɪx… *n* Übersicht *f*; **~zichtelijk** [-ˈzɪ… tələk] übersichtlich; **~zien**[1] [ˈ-ziː… nach-, durchsehen; **~zien**[2] [-ˈziː… überˈsehen, überˈblicken; *niet te* … unabsehbar; **~zijde** [ˈ-zɛi̯də] (-… gegenüberliegende (andere) Seite … *aan de* ~ auf der anderen Seite, jen… seits *G*; drüben; **~zitten** [-zɪtə(n… sitzen bleiben; **~zwemmen** [-zʋ… mə(n)] hinüber-, herüberschwimmen.

Ovidius [oˑˈv̊iˑdiˑ(j)əs] *m* Ovid …

oweeër [oˑˈʋeː(j)ər] (*-s*) *m* Kriegsgewinnler *m*; Neureiche(r) *m*.

oxy|datie [ɔksiˑˈdaːsiː] (*-s*) *f* Oxydation *f*; **~de** [-də] (*-n u. -s*) *n* Oxy… *n*; **~deren** [-deːrə(n)] oxydiere…

ozon [oˑˈzɔn] *n u. m* Ozon … **~houdend** [-hɑu̯dənt] ozonhalti…

P

p, P [peː] *f* p, P *n*.
pa [paː] (-ˑ*s*) *m* Papa *m*.
paaien [ˈpaːĭ(j)ə(n)] beschwichtigen, hinhalten.
paal [paːl] (*palen*) *m* Pfahl *m*; *als een ~ boven water* absolut sicher (wahr *usw.*); **~woning** [-ʋoːnɪŋ] *f* Pfahlbau *m*; **~worm** [-ʋɔrm] *m* Pfahlwurm *m*, Bohrwurm *m*.
paap [paːp] (*papen*) *m* Pfaffe *m*; **~s** [-s] pfäffisch, papistisch.
paar [paːr] einige, ein paar ...; *Su*. (*paren*) *n* Paar *n*; *een ~ appelen* einige (ein paar) Äpfel; *een ~ schoenen* ein Paar Schuhe; (*bij*) *het ~* paarweise, das Paar; *~ of onpaar* paar *od*. unpaar, eben *od*. uneben.
paard [paːrt] *n* Pferd *n*, Roß *n*, Gaul *m*; (*Schach*) Springer *m*; *Sp*. Bock *m*; *man en ~ noemen* mit Namen und Zunamen nennen; *over 't ~ tillen* zu hoch einschätzen.
paarde|bek [ˈpaːrdəbɛk] (*-ken*) *m* Pferdemaul *n*; **~drek** [-drɛk] *m* Pferdemist *m*; **~haren** [-haːrə(n)] *Adj*. Roßhaar-; **~kracht** [-kraxt] *f* Pferdestärke *f*; **~middel** [-mɪdəl] (-*s u*. -*en*) *n* Kraftmittel *n*, Pferdekur *f*.
paarden|koper [ˈpaːrdə(n)koːpər] (-*s*) *m* Pferde-, Roßhändler *m*; **~slachter** [-slaxtər] (-*s*) *m* Pferde-, Roßschlächter *m*; **~slede** [-sleːdə] (-*n*) *f* Pferdeschlitten *m*; **~teelt** [-teːlt] *f* Pferdezucht *f*; **~volk** [-v̊ɔlk] *n* Kavallerie *f*, Reiterei *f*.
paarde|poot [ˈpaːrdəpoːt] (-*poten*) *m* Pferdefuß *m*; **~sport** [-spɔrt] *f* Pferdesport *m*; Pferderennen *n*; **~sprong** [-sprɔŋ] *m* Sprung *m* e-s Pferdes; (*Schach*) Rösselsprung *m*; **~staart** [-staːrt] *m* Pferdeschwanz *m*, Roßschweif *m*; **~stal** [-stal] (-*len*) *m* Pferdestall *m*; **~tuig** [-tœyx] *n* Pferdegeschirr *n*; **~vijg** [-v̊ɛĭx] *f* Pferdeapfel *m*; **~voer** [-v̊uːr] *n* Pferdefutter *n*; **~voet** [-v̊uˑt] *m* Pferdefuß *m*; Klumpfuß *m*.
paard|rijden [ˈpaːrtrɛĭdə(n)] *n* Reiten *n*; **~rijder** [-rɛĭdər] (-*s*) *m* Reiter *m*; **~springen** [-sprɪŋə(n)] *n* Springturnier *n*; Reitturnier *n*.
paarlemoer [paːrəlˈmuːr] *n* Perlmutter *f*.
paars [paːrs] violett, veilchenblau.
paarsgewijs [ˈpaːrsxəʋɛĭs], *a*. **-wijze** [~ʋɛĭzə] paarweise.
paas|bloem [ˈpaːtbluːm] *f* Osterblume *f*; **~dag** [-dax] *m* Ostertag *m*; **~feest** [-feːst] *n* Osterfest *n*, Ostern *n*; **~vakantie** *a*. **~can-** [-fakansiː] (-*s*) *f* Osterferien *pl*.
Paas|zaterdag [paːˈsaːtərdax] *m* Karsamstag *m*; **~zondag** [-ˈsɔndax] *m* Ostersonntag *m*.
pacht [paxt] *f* Pacht *f*; Pachtzins *m*; **~brief** [-briːf] (-*brieven*) *m* Pachtvertrag *m*; **~en** [-ə(n)] pachten; **~er** [-ər] (-*s*) *m* Pächter *m*; Landmann *m*; **~geld** [-xɛlt] *n* Pachtzins *m*; **~hoeve** [-huːv̊ə] (-*n*) *f* Pachthof *m*, Meierhof *m*.
pacifist [pasiˑˈfiˑst] *m* Pazifist *m*.
pact [pakt] *n* Pakt *m*, Vertrag *m*.
pad [pat] *n* Pfad *m*.
pad [pat], **padde** [ˈpadə] (*padden*) *f* Kröte *f*.
padde|bloot [ˈpadəbloːt] splitternackt; **~gif(t)** [-ɣɪf(t)] *n* Krötengift *n*; **~stoel** [-stuːl] *m* Pilz *m*.
padvinder [ˈpatfɪndər] (-*s*) *m* Pfadfinder *m*.
paf [paf] (-*fen*) *m* Knall *m*, Puff *m*; *Adv*. *~ staan* baff sein, baß erstaunt sein; *paf! paf!* piff paff!
paf|fen [ˈpafə(n)] paffen, schmauchen; **~ferig** [-fərəx] matt; aufgebläht.
pagaai [paˈɣ̊aːĭ] *m* Paddel *n*, Pagaie *f*; **~en** [-ə(n)] paddeln.
paganist [paɣ̊aˈniˑst] Heide *m*.
page [ˈpaːʒə] (-*s*) *m* Page *m*; **~kop** [-kɔp] (-*pen*) *m* Pagenkopf *m*, Bubikopf *m*.
pagina [ˈpaːɣ̊iˑnaˑ] (-'*s*) *f* Seite *f*.
pagode [paˑˈɣ̊oːdə] (-*n u*. -*s*) *f* Pagode *f*.
pak [pak] (-*ken*) *n* Pack *m*, Bündel *n*; Paket *n*; (*Kleider*) Anzug *m*; (*Sp*. *usw*.) Dreß *m*; *dat is een ~ van mijn hart fig*. mir fällt ein Stein vom

Herzen; een ~ *slaag* e-e Tracht Prügel; *bij de ~ken neerzitten fig.* die Hände in den Schoß legen; nichts tun; **~ezel** [-e:zəl] (*-s*) *m* Packesel *m*; **~huis** [-həys] (*-huizen*) *n* Lagerhaus *n*, Speicher *m*; **~ken** [-ə(n)] (ein)packen, einwickeln; anfassen, angreifen; fangen; *te ~ krijgen* erwischen; auf den Dreh kommen; *~d fig.* fesselnd, ergreifend; **~ker** [-kər] (*-s*) *m* Packer *m*; **~kerd** [-kərt] (*-s*) F Kuß *m*.

pakket [pɑ'kɛt] (*-ten*) *n* Paket *n*; Päckchen *n*; **~boot** [-bo:t] (*-boten*) *m u. f* Postdampfer *m*; **~kaart** [-ka:rt] *f* Paketkarte *f*.

pak/kist ['pɑkɪst] *f* Packkiste *f*; **~linnen** [-lɪnə(n)] *n* Packleinwand *f*, Packtuch *n*; **~loon** [-lo:n] *n* Packerlohn *m*; **~naald** [-na:lt] *f* Packnadel *f*; **~schuit** [-sxəyt] *f* Lastschiff *n*, Lastkahn *m*; **~touw** [-taŭ] *n* Bindfaden *m*, Packschnur *f*; **~zolder** [-sɔldər] (*-s*) *m* Packboden *m*, Waren-, Lagerspeicher *m*.

pal[1] [pɑl] fest, unerschütterlich; ~ *staan* standhalten.

pal[2] (*-len*) *m* Sperrklinke *f*, Sperrhaken *m*.

palacehotel [pɑ'lasho·tɛl] (*-s*) *n* Schloßhotel *n*.

paladijn [pɑla·'dɛĭn] *m* Paladin *m*.

paleis [pɑ'lɛĭs] (*-leizen*) *n* Palast *m*; Schloß *n*; ~ *van justitie* Justizpalast *m*; Gerichtshof *m*.

palen ['pa:lə(n)] grenzen (*aan*/an *A*).

Pales|tijn [pɑlɛs'tɛĭn] *m* Palästiner *m*; **~tijns** [-tɛĭns] palästinensisch; **~tina** ['ti:na·] *n* Palästina *n*.

palet [pɑ'lɛt] (*-ten*) *n* Palette *f*.

oaletot [pɑl'to:] (*-s*) *m* Mantel *m*, Überzieher *m*.

palfrenier [pɑlfrə'ni:r] (*-s*) *m* Kutschergehilfe *m*, Lakai *m*.

paling ['pa:lɪŋ] *m* Aal *m*; *zo glad als een ~* aalglatt; **~fuik** [-fəyk] *f* Aalreuse *f*; **~vel** [-v̂ɛl] (*-len*) *n* Aalhaut *f*.

palissade [pɑli·'sa:də] (*-n u. -s*) *f* Palisade *f*.

palissander [pɑli·'sɑndər] *n* Palisander(holz *n*) *m*.

paljas [pɑl'jɑs] (*-sen*) *m* Hanswurst *m*, Possenreißer *m*, Bajazzo *m*.

palm [pɑlm] *m* Handfläche *f*, Handteller *m*; (*Maß*) Palm *m*; (*Baum*) Palme *f*; **~boom** [*-bomen*) *m* Palme *f*; **~olie** [-o:li:] *f* Palmöl *n*; **~struik** [-strəyk] *m* Buchsbaum *m*; **~tak** [-tɑk] (*-ken*) *m* Palm(en)zweig *m*, Palmwedel *m*; **℞zondag** [-'zɔndɑx] *m* Palmsonntag *m*.

Palts [pɑlts] *f* Pfalz *f*.

paltsgraaf ['pɑlzsxra:f] (*-graven*) *m* Pfalzgraf *m*.

pamflet [pɑm'flɛt] (*-ten*) *n* Pamphlet *n*.

pampelmoes ['pɑmpəlmu:s] *s. pompelmoes*.

pan [pɑn] (*-nen*) *f* (Brat-)Pfanne *f*, Kasserolle *f*; (Dach-)Ziegel *m*, Dachpfanne *f*; *in de ~ hakken* niedermetzeln; F in die Pfanne hauen.

panacee [pɑnɑ'se:] (*-s u. -ën*) *f* Panazee *f*, Allheilmittel *n*.

pand [pɑnt] *n* (Unter-)Pfand *n*; Gebäude *n*, Haus *n*; (Rock-)Schoß *m*; (*Kloster*) Kreuzgang *m*; (*Weg*) Strecke *f*; (*Kanal*) Verlauf *m*; **~brief** [-bri:f] (*-brieven*) *m* Pfandbrief *m*; **~jeshuis** [-jəshəys] (*-huizen*) *n* Pfandhaus *n*, Leihhaus *n*.

pandoer [pɑn'du:r] (*-s*) *m* F Pandur *m*, Gendarm *m*; **~en** [-ə(n)] Pandur spielen; **~ing** [-ɪŋ] *f* F *e-e* Tracht Prügel.

pand|recht ['pɑntrɛxt] *n* Pfandrecht *n*; **~spel** [-spɛl] *n* Pfänderspiel *n*.

paneel [pɑ'ne:l] (*-nelen*) *n* Füllung *f*, Paneel *n*; Podiumsgespräch *n*; **~werk** [-ʋɛrk] *n* Fachwerk *n*; Täfelung *f*.

pa|neermeel [pɑ'ne:rme:l] *n* Paniermehl *n*; **~neren** [-ne:rə(n)] panieren.

panharing ['pɑnha:rɪŋ] *m* Brathering *m*.

pa|niek [pɑ'ni·k] *f* Panik *f*; **~nisch** ['pa:ni·s] panisch.

panklaar ['pɑnkla:r] bratfertig, kochfertig.

panlat ['pɑnlɑt] (*-ten*) *f* Dachlatte *f*.

panne ['pɑnə] (*-s*) *f* Panne *f*.

panne|koek ['pɑnəku·k] *m* Pfannkuchen *m*; **~likker** [-lɪkər] (*-s*) *m* Schmarotzer *m*.

pannen|bakker ['pɑnəbɑkər] (*-s*) *m* Ziegelbrenner *m*; **~bakkerij** [-bɑkə'rɛĭ] *f* Ziegelei *f*; **~dak** [-dɑk] *n* Ziegeldach *n*.

panopticum [pɑ'nɔpti·kəm] (*-s u. -tica*) *n* Panoptikum *n*.

panorama [pɑno·'ra:ma·] (*-'s*) *n* Panorama *n*.

Panslavisme [pɑnsla·'v̂i·smə] *n* Panslawismus *m*.

pantalon [panta'lɔn] (-*s*) *m* Hose *f*.
panter ['pantər] (-*s*) *m* Panther *m*; **~vel** [-v̊ɛl] (-*len*) *n* Pantherfell *n*.
pant(h)e|isme [pante·'(j)i·smə] *n* Pantheismus *m*; **~ist** [-'(j)i·st] *m* Pantheist *m*.
pantoffel [pan'tɔfəl] (-*s*) *f* Pantoffel *m*; **~held** [-hɛlt] *m* Pantoffelheld *m*.
pantomime [panto·'mi·mə] (-*n u.* -*s*) *f* Pantomime *f*.
pantser ['pantsər] (-*s*) *n* Panzer *m*; (*Kabel*) Armierung *f*; *m* Panzer (-wagen) *m*; **~schip** [-sxɪp] (-*schepen*) *n* Panzerschiff *n*.
pap [pap] (-*pen*) *f* Brei *m*, Milchsuppe *f*; Kleister *m*.
papa [pa'pa:] (-*'s*) *m* Papa *m*.
papachtig ['papaxtəx] breiig.
papaver [pa'pa:v̊ər] (-*s*) *f* (Klatsch-) Mohn *m*; **~bol** [-bɔl] (-*len*) *m* Mohnkopf *m*.
papegaai [papə'ɣ̊a:ĭ] *m* Papagei *m*.
paperassen [papə'rasə(n)] *pl.* Papiere *n/pl.*; Papierkram *m*.
papier [pa'pi:r] *n* Papier *n*; Schriftstück *n*; *op ~ zetten* zu Papier bringen, aufschreiben, niederschreiben; *~ aan toonder* Inhaberpapier *n*; *goede ~en hebben* gute Zeugnisse haben; gut angeschrieben sein; **~en** [-ə(n)] papieren, Papier-; *~ geld* Papiergeld *n*; *~ zak* Papiertüte *f*; **~fabriek** [-fabri·k] *f* Papierfabrik *f*; **~klem** [-klɛm] (-*men*) *f*, **~knijper** [-knɛĭpər] (-*s*) *m* Büroklammer *f*; **~snipper** [-snɪpər] (-*s*) *m* Papierschnitzel *n*; **~vezel** [-v̊e:zəl] (-*s*) *m* Papierfaser *f*; **~winkel** [-ʋɪŋkəl] (-*s*) *m* Papierhandlung *f*.
papillot [papi·l'jɔt] (-*ten*) *f* Papillotte *f*, Haarwickel *m*.
papist [pa·'pi·st] *m* Papist *m*.
pap|je ['papjə] (-*s*) *n* Süppchen *n*; *Med.* Breiumschlag *m*; **~kind** [-kɪnt] (-*eren*) *n* Päppelkind *n*; *fig.* Pimpelfritze *m*, Schwächling *m*.
Papoea ['pa:pu·(ʋ)a·] (-*'s*) *m* Papua *m*.
pappen ['papə(n)] kleistern, leimen; appretieren.
papyrus *a.* **-pi-** [pa·'pi:rəs] (-*sen u.* -*ri*) Papyrus *m*.
papzak ['papsak] (-*ken*) *m* Dickwanst *m*; F Dickerchen *n*.
paraaf [pa'ra:f] (-*rafen*) *m* Paraphe *f*.
parabel [pa'ra:bəl] (-*s u.* -*en*) *f* Parabel *f*, Gleichnis *n*.
parabool [para'bo:l] (-*bolen*) *f* *Math.* Parabel *f*.
para|chute [para'ʃy·t] (-*s*) *f* Fallschirm *m*; **~chutist** [-ʃy·'ti·st] *m* Fallschirmspringer *m*; *~en* Luftlandetruppe *f/pl.*
para|de [pa'ra:də] (-*s*) *f* Parade *f*; **~depas** [-dəpas] (-*sen*) *m* Paradeschritt *m*, Stechschritt *m*; **~deren** [-'de:rə(n)] paradieren.
paradijs [para'dɛĭs] (-*dijzen*) *n* Paradies *n*; *Thea.* Olymp *m*; **~vogel** [-fo:ɣ̊əl] (-*s*) *m* Paradiesvogel *m*.
paradox *a.* **-doks** [para'dɔks] *m* Paradoxon *n*; **~aal** [-'sa:l] paradox.
paraferen [para·'fe:rə(n)] paraphieren.
paraffine [para'fi·nə] *f* Paraffin *n*.
parafrase *a.* **-fraze** [para'fra:zə] (-*n u.* -*s*) *f* Paraphrase *f*, Umschreibung *f*.
paragraaf [para'ɣ̊ra:f] (-*grafen*) *m* Paragraph *m*, Abschnitt *m*, Absatz *m*.
parallel [para'lɛl] (-*len*) Parallele *f*; *Adj.* parallel.
paraplu [para'ply·] (-*'s*) *m* (Regen-) Schirm *m*; **~bak** [-bak] (-*ken*) *m*, **~stander** [-standər] (-*s*) *m* Schirmständer *m*.
para|siet [para'zi·t] *m* Parasit *m*, Schmarotzer *m*; **~sitisch** [-'zi·ti·s] parasitisch, schmarotzerhaft.
parasol [para'sɔl] (-*s*) *m* Sonnenschirm *m*.
paratroepen ['paratru·pə(n)], *a.* **para's** ['paras] *pl.* Luftlandetruppen *f/pl.*
pardoes [par'du:s] pardauz; ohne Umstände.
pardon [par'dɔn] (*kein pl.*) *n* Verzeihung *f*; Begnadigung *f*; *~!* entschuldigen Sie!; *pardon, pardon!* aber nein!; **~neren** [-'ne:rə(n)] verzeihen.
parel ['pa:rəl] (-*s u.* -*en*) *f* Perle *f*; **~duiker** [-dəykər] (-*s*) *m* Perlenfischer *m*; **~gerst** [-ɣ̊ɛrst] *f* Perlgraupen *f/pl.*; **~mossel** [-mɔsəl] (-*s*) *f* Perlmuschel *f*; **~snoer** [-snu:r] *n* Perlenschnur *f*, Perlenkette *f*; **~visserij** [-v̊ɪsə'rɛĭ] *f* Perlenfischerei *f*.
paren ['pa:rə(n)] paaren, verbinden; (*Tiere*) sich paaren.
parent(h)ese [parən'te:zə] (-*n u.* -*s*) *f* Parenthese *f*.
pareren [pa're:rə(n)] parieren.
parfum [parfœ̃:] (-*s*) *n u. m* Parfüm *n*; **~eren** [parfy·'me:rə(n)] parfü-

mieren; **~erie** [parfy·mə'ri:] (-*s u. -ën*) *f* Parfümerie *f*.
pari ['pa:ri·] pari; *Su. n* Nennwert *m*.
paria ['pa:ri·(j)a·] (-'*s*) *m u. f* Paria *m*.
Pa|rijs [pa·'rɛĭs] *n* Paris *n*; **~rijse** [-'rɛĭsə] *Adj*. Pariser; *Su. f* Pariserin *f*, **~rijzenaar** [-'rɛĭzəna:r] (-*s*) *m* Pariser *m*.
paring ['pa:rɪŋ] *f* Paarung *f*.
pariteit [pari·'tɛĭt] *f* Parität *f*.
park [park] *n* Park *m*.
parkeer|garage [par'ke:rɣ̂ara:ʒə] (-*s*) *f* Parkhaus *n*; **~licht** [-lɪxt] *n* Standlicht *n*; **~meter** [-me:tər] (-*s*) *m* Parkuhr *f*; **~plaats** [-pla:ts] *f* Parkplatz *m*; **~schijf** [-sxeĭf] (-*schijven*) *f* Parkscheibe *f*; **~strook** [-stro:k] (-*stroken*) *f* Parkstreifen *m*; **~tegel** [-te:ɣ̂əl] (-*s*) *m* (*für Fahrräder*) Parkplatte *f*; **~verbod** [-v̂ərbɔt] *n* Parkverbot *n*.
parkeren [par'ke:rə(n)] parken.
parket [par'kɛt] (-*en*) *n* Parkett *n*; *jur*. Staatsanwaltschaft *f*; **~vloer** [-flu:r] *m* Parkettboden *m*.
parkiet [par'ki:t] *m* (Edel-)Sittich *m*, Zwergpapagei *m*.
par|cours *a*. **-koers** [par'ku:rs] *n Sp*. Parcours *m*, (Renn-)Strecke *f*.
parlement [parlə'mɛnt] *n* Parlament *n*; **~air** [-'ɛ:r] *Adj*. parlamentarisch; *Su*. (-*s u. -en*) *m* Parlamentär *m*, Unterhändler *m*; **~slid** [-slɪt] (-*leden*) *n* Parlamentsmitglied *n*.
parlofoon [parlo·'fo:n] (-*s u. -fonen*) *m* Haustelefon *n*.
parmantig [par'mantəx] keck, stolz; stattlich; selbstsicher.
parochie [pa'rɔxi:] (-*s u. -ën*) *f* Kirchspiel *n*, Pfarrei *f*; **~kerk** [-kɛrk] *f* Parochialkirche *f*, Pfarrkirche *f*.
parodie [oa·ro·'di:] (-*s u. -ën*) *f* [Parodie *f*.]
parool [pa'ro:l] (-*rolen*) *n* Parole *f*, Losung *f*.
part [part] *n* Anteil *m*, Teil *m*; *f* Streich *m*; *voor mijn ~* meinetwegen; *~ noch deel hebben aan* keinen Anteil haben an *D*; *iemand ~en spelen* j-m e-n Streich spielen.
parterre [par'tɛ:rə] (-*s*) *n u. m* Parterre *n*, Erdgeschoß *n*.
participatie [parti·si·'pa:si:] (-*s*) *f* Teilnahme *f*, Partizipation *f*.
participium [parti·'si'pi·(j)əm] (-*s u. -pia*) *n Gr*. Partizip *n*, Mittelwort *n*.
particu|larisme *a*. **-ku-** [parti·ky·la·'ri'smə] (-*n*) *n* Partikularismus *m*; **~lier** [-'li:r] *Su. m* Privatperson *f*, Privatier *m*; *Adj*. privat, partikular, Privat-; *~e woning* Privatwohnung *f*; *~e eigendom* Privatbesitz *m*; *da is iets ~s* das ist etw. Besonderes.
partieel [pa·r'sje:l] par'tiell, teilweise.
partij [par'tɛĭ] *f* Partei *f*; (*Menge*) Partie *f*; *Thea*. Rolle *f*; (*Konzert*) Partie *f*; (*Spiel*) Partie *f*; *~ kiezen* (*trekken*) Partei ergreifen; *~ trekken uit* (*van*) benutzen, sich zunutze machen; *van de ~ zijn* mitmachen, dabei sein; **~bestuur** [-bəsty:r] (-*sturen*) *n* Parteivorstand *m*; **~dig** [-dəx] parteiisch, parteilich; **~genoot** [-ɣ̂əno:t] (-*noten*) *m* (Partei-)Genosse *m*; **~tucht** [-təxt] *f* Parteidisziplin *f*; **~zucht** [-zəxt] *f* Parteigeist *m*.
partikel [par'ti·kəl] (-*s*) *n Gr*. Partikel *f*.
partituur [parti·'ty:r] (-*turen*) . Partitur *f*.
partizaan [parti·'za:n] (-*zanen*) *m* Partisan *m*.
parvenu [parv̂ə'ny·] (-'*s*) *m* Parvenü *m*, Emporkömmling *m*.
pas[1] [pas] (so)eben, kaum; erst neulich, jüngst; *~ dan* (*dan ~*) erst dann; *~ geverfd* frisch gestrichen.
pas[2] (-*sen*) *n*: *van ~ komen* gerade recht (zur rechten Zeit) kommen, (gut) zustatten kommen.
pas[3] *m* Schritt *m*; Engpaß *m*, Paß *m*, Ausweis *m*, Reisepaß *m*, Paß *m*; *Sp*. Flanke *f*, Vorlage *f*, Paß *m*; *in de ~ blijven* Schritt halten; *iemand de ~ afsnijden* j-m den Weg abschneiden; *versnelde ~* Eilschritt *m*; *collective ~* Sammelpaß *m*.
Pasen ['pa:sə(n)] *m* Ostern *n*; *met ~* zu Ostern; *omtrent ~* um Ostern; *beloken ~* Weiße(r) Sonntag *m*.
pasfoto ['pasfo·to·] (-'*s*) *f* Paßbild *n*.
pasgeboren ['pasxə'bo:rə(n)] neugeboren.
pas|kamer ['paska:mər] (-*s*) *f* Anproberaum *m*; **~klaar** [-kla:r] gebrauchsfertig; zur Anprobe fertig.
paskwil [pas'kʊɪl] (-*len*) *n* Pasquill *n*, Schmäh-, Spottschrift *f*.
pas|lood ['paslo:t] *n* Senkblei *n*; **~munt** [-mənt] *f* Scheidemünze *f*; **~poort** [-po:rt] *n* Ausweis *m*, Paß *m*.

passaatwind [pa'sa:tʋɪnt] *m* Passat (-wind) *m*.
passabel [pa'sa:bəl] passabel, erträglich, leidlich.
passa|ge [pa'sa:ʒə] (*-s*) *f* Passage *f*; Durchgang *m*; Galerie *f*; (Buch-) Stelle *f*, Passus *m*; *~ bespreken e-n* Platz (*e-e* Kajüte) belegen; **~gebureau** [-ʒəby·ro:] (*-s*) *n* Reisebüro *n*; **~gier** [-'ʒi:r] (*-s*) *m* Passagier *m*, Fahrgast *m*, Fluggast *m*; **~giersschip** [-'ʒi:rsxɪp] (*-schepen*) *n* Passagierdampfer *m*, Passagierschiff *n*.
passant [pa'sant] *m* Passant *m*, Durchreisende(r) *m*; *en ~* [ã: pasã:] nebenbei; (*Schach*) im Vorbeigehen.
passement [pasə'mɛnt] *n* Posament *n*, Borte *f*, Schnur *f*.
passen ['pasə(n)] passen; gelegen kommen; sich eignen für; *Kleider* anprobieren; *Geld* abzählen; *het pak past mij* der Anzug paßt mir; *het past hem niet te ...* es schickt sich nicht für ihn, zu ...; *op de kinderen ~* auf die Kinder aufpassen; *op het huis ~* das Haus hüten; *gepast geld* abgezähltes Geld; *op het gepaste moment* gerade zur rechten Zeit, im richtigen Augenblick.
passe-partout [paspar'tu:] (*-s*) *m* Passepartout *m*; Hauptschlüssel *m*, Dietrich *m*.
passer ['pasər] (*-s*) *m* Zirkel *m*; **~doos** [-do:s] (*-dozen*) *f* Reißzeug *n*.
passeren [pa'se:rə(n)] passieren, vorbeigehen; sich ereignen, geschehen; *het kan ~* es kommt (mal) vor; *een akte ~* e-e Urkunde ausstellen; *iemand ~* j-n über'gehen; *een wagen ~* e-n Wagen über'holen; *de tijd ~* die Zeit verbringen mit.
passie ['pasi:] (*-s*) Passion *f*; Leidenschaft *f*; Zorn *m*.
passief [pa'si:f] passiv; *Su.* (*-sieven*) *n* Passiva *n/pl.*; *Gr.* Passiv *n*.
passie|preek ['pasi:pre:k] (*-preken*) *m* Passionspredigt *f*; **~spel** [-spɛl] *n* Passionsspiel *n*; **~week** [-ʋe:k] (*-weken*) *f* Karwoche *f*, Passionswoche *f*; **2zondag** [-'zɔndax] *m* Passionssonntag *m*.
pastei [pas'tɛi] *f* Pastete *f*; **~bakker** [-bakər] (*-s*) *m* Pastetenbäcker *m*; Konditor *m*.
pastel [pas'tɛl] (*-len*) *n* Pastellstift *m*; Pastellzeichnung *f*.
pasteurisieren *a.* **-zeren** [pastø·ri·'ze:rə(n)] pasteurisieren.
pastille [pas'ti·(j)ə] (*-s*) *f* Pastille *f*, Kügelchen *n*, Plätzchen *n*.
pastoor [pas'to:r] (*-s*) Pfarrer *m*, Pastor *m*.
pastoraal [pasto·'ra:l] pastoral, Pastoral-.
pastorale [pasto·'ra:lə] (*-n u. -s*) *f* Hirtenbrief *m*; Pastorale *f*.
pastorie [pasto·'ri:] (*-ën*) *f* Pfarrhaus *n*, Pfarre *f*.
pat [pat] (*Schach*) patt; *Su.* (*-ten*) *f* Patte *f*.
Patagonië [pa·ta'ɣo:ni·(j)ə] *n* Patagonien *n*.
patat [pa'tat] (*-ten*) *m u. f* Kartoffel *f*; *gebakken ~ten* Bratkartoffeln *pl.*; *in de ~ten zitten fig.* in der Patsche sitzen.
patates frites [patat'fri·t] *pl.* Pommes frites *pl.*; **~kraam** [-kra:m] (*-kramen*) *n* Imbißstand *m*.
paté [pa'te:] (*-'s*) *f* Pastete *f*; *~ van de chef* Pastete nach Art des Hauses.
pateen [pa'te:n] (*-tenen*) *f* Patene *f*, Hostienteller *m*.
patent [pa'tɛnt] ausgezeichnet, vorzüglich; *Su. n* Patent *n*; *~ aanvragen* zum Patent anmelden; *~ verlenen* (*toekennen*) ein Patent erteilen; **~bescherming** [-bəsxɛrmɪŋ] *f* Patentschutz *m*; **~eren** [-'te:rə(n)] patentieren; **~nemer** [-ne:mər] (*-s*) *m* Patentinhaber *m*.
pater ['pa:tər] (*-s*) *m* Pater *m*; **~noster**[1] [-nɔstər] (*-s*) *n* Vaterunser *n*, Paternoster *n*; Rosenkranz *m*; **~noster**[2] *m* Handfessel *f*, Handschelle *f*; Paternoster(aufzug) *m*.
patersvaatje ['pa:tərsfa:tjə] (*-s*) *n fig.* das Beste; *van 't ~* vom Besten (*im Keller*).
pat(h)etisch [pa'te:ti·s] pathetisch; leidenschaftlich, erregt.
pat(h)ologie [pato·lo·'ɣi:] *f* Pathologie *f*, Krankheitslehre *f*.
pat(h)os ['pa:tɔs] *n* Pathos *n*, Leidenschaft *f*.
patiënt [pa'sjɛnt] *m* Patient *m*.
patisserie [pati·sə'ri:] (*-ën*) *f* feine(s) Gebäck *n*; (*Geschäft*) Konditorei *f*.
patriarch [patri·'(j)arx] *m* Patriarch *m*; **~aal** [-'xa:l] patriarchalisch.
patriciër [pa'tri·si·(j)ər] (*-s*) *m* Patrizier *m*.

pa|trijs [pɑ'trɛïs] (*-trijzen*) *m u. f* Rebhuhn *n*; Patrize *f*; **~trijshond** [-trɛïshɔnt] *m* Hühnerhund *m*; **~-trijspoort** [-'trɛïspo:rt] *f mar.* Bullauge *n*; **~trijzejacht** [-'trɛïzə-jɑxt] *f* Rebhuhnjagd *f*.

patriot [pɑtri·'jɔt] (*-ten*) *m* Patriot *m*; **~tisch** [-ti·s] patriotisch.

patronaat [pɑtro·'na:t] (*-naten*) *n* Patronat *n*, Schirmherrschaft *f*; Jugendverein *m*; Jugendklubhaus *n*.

patroon[1] [pɑ'tro:n] (*-s u. -tronen*) *m* Patron *m*, Schutzheilige(r) *m*; Gönner *m*; Vorgesetzte(r) *m*, Meister *m*.

patroon[2] (*-tronen*) *n* Muster *n*, Modell *n*; Schnittmuster *n*; Schablone *f*.

patroon[3] (*-tronen*) *f* Patrone *f*; *losse* ~ Platzpatrone *f*; **~tas** [-tɑs] (*-sen*) *f* Patronentasche *f*.

patrouil|le [pɑ'tru:jə] (*-s*) *f* Patrouille *f*, Streife *f*; Spähtrupp *m*; **~leren** [-'je:rə(n)] patrouillieren; **~lewagen** [-jəʋa:ɣ̊ə(n)] (*-s*) *m* Streifenwagen *m*.

patser ['pɑtsər] (*-s*) *m* Protz *m*.

pauk [pɑuk] *f* Pauke *f*; **~enist** [-ə-'ni·st] *m*, **~eslager** [-əsla:ɣ̊ər] (*-s*) *m* Paukenschläger *m*.

pauperisme [pɑupə'ri·smə] *n* Massenelend *n*.

paus [pɑus] *m* Papst *m*; **~dom** [-dɔm] *n* Papsttum *n*; **~elijk** [-ələk] päpstlich; **~keuze** [-kø:zə] (*-n*) *f* Papstwahl *f*.

pauw [pɑu] *m* Pfau *m*; **~(e)oog** [-(ə)o:x] (*-ogen*) *m* (*Schmetterling*) Pfauenauge *n*; **~estaart** [-əsta:rt] *m* Pfauenschwanz *m*; **~staart** [-sta:rt] *m* Pfauenschwanztaube *f*.

pau|ze ['pɑuzə] (*-n u. -s*) *f* Pause *f*; **~zeren** [-ze:rə(n)] pausieren.

paviljoen [pɑʋ̊əl'ju:n] *n* Pavillon *m*, Gartenhaus *n*.

pech [pɛx] *m* Pech *n*; **~vogel** [-fo:-ɣ̊əl] (*-s*) *m fig.* Pechvogel *m*.

pecuniair [pe·ky·n'jɛ:r] pekuniär, finanziell.

pedaal [pə'da:l] (*-dalen*) *n u. m* Pedal *n*, Fußhebel *m*; **~emmer** [-ɛmər] (*-s*) *m* Treteimer *m*.

pedagogie(k) [pe·da·ɣ̊o·'ɣ̊i:(k)] *f* Pädagogik *f*.

peda|gogisch [pe·da·'ɣ̊o:ɣ̊i·s] pädagogisch; **~goog** [-'ɣ̊o:x] (*-gogen*) *m* Pädagoge *m*.

pedant [pə'dɑnt] eingebildet, dünkelhaft.

pedel [pə'dɛl] (*-s u. -len*) *m* Pedell *m*

pedestal [pe·də'stɑl] (*-s u. -len*) *n u. m* Piedestal *n*, Sockel *m*, Fußgestel *n*.

pee[1] [pe:] (*-ën u. -s*) *m*: *een oude (ouwe)* ~ F ein alter Knacker.

pee[2] (*-ën*) *f s. peen*; **~koffie** [-kɔfi:] *m* Malzkaffee *m*, Kaffee-Ersatz *m*

peen [pe:n] (*penen*) *f* Möhre *f* Mohrrübe *f*.

peer [pe:r] (*peren*) *f* Birne *f*; *met de gebakken peren zitten fig.* in der Patsche (Klemme) sitzen.

pees [pe:s] (*pezen*) *f* Sehne *f*; **~achtig** [-ɑxtəx] sehnig.

peet [pe:t] (*peten*) *m u. f* Pate *m* Patin *f*; **~oom** [-o:m] (*-s*) *m* Pate *m* **~tante** [-tɑntə] (*-s*) *f* Patin *f*.

peignoir [pɛŋ'ʋa:r] (*-s*) *m* Morgenrock *m*.

peil [pɛïl] *n* Pegel *m*, Wasserstand *m* Stand *m*, Niveau *n*; *beneden* ~ unter dem Niveau, auf niedriger Stufe *op hoog* ~ auf hohem Niveau; *het* ~ *te boven gaan* das Maß überschreiten; **~en** [-ə(n)] peilen; loten; *Flgw.* orten; (*Radio*) anpeilen; *Med.* sondieren; *mil.* visieren; **~glas** [-ɣ̊lɑs] (*-glazen*) *n* Wasserstandsmesser *m* **~ing** [-ɪŋ] *f* Peilung *f*, Lotung *f* Ortung *f*, Sondierung *f*; *fig.* Ergründung *f*; **~lood** [-lo:t] (*-loden*) *n* Senkblei *n*, Lot *n*; **~loos** [-lo:s] bodenlos, unergründlich; **~schaal** [-sxa:l] (*-schalen*) *f* Pegelskala *f* Pegel *m*; **~stok** [-stɔk] (*-ken*) *m* Peilstange *f*.

peinzen ['pɛïnzə(n)] sinnen, nachdenken, grübeln.

pek [pɛk] *n u. m* Pech *n*; **~draad** [-dra:t] (*-draden*) *m* Pechdraht *m*.

pekel ['pe:kəl] *m* Pökel *m*, (Salz-) Lake *f*; **~haring** [-ha:rɪŋ] *m* Salzhering *m*, Pökelhering *m*; **~nat** [-nɑt] *n* Salzlake *f*; *fig.* Meer *n*; **~zonde** [-zɔndə] (*-n*) *f* verzeihbare Sünde; alte Sünde.

pekzwart [pɛksʋɑrt] pechschwarz.

pel [pɛl] (*-len*) *f* Schale *f*; Haut *f* Häutchen *n*; Hülse *f*, Schote *f*.

pelerine [pɛlə'ri·nə] (*-s*) *f* Pelerine *f* Umhang *m*.

pelgrim ['pɛlɣ̊rɪm] (*-s*) Pilger *m*; **~sgewaad** [-sxəʋa:t] (*-waden*) *n* Pilgerkleid *n*; **~stocht** [-stɔxt] *m* Pilgerfahrt *f*, Wallfahrt *n*.

elikaan [pe·lɪ'ka:n] (*-kanen*) *m* Pelikan *m*.

ellen ['pɛlə(n)] schälen; *met iemand een eitje te ~ hebben fig.* mit j-m ein Hühnchen zu rupfen haben.

eloton [pɔlə'tɔn] (*-s*) *n mil.* Zug *m*, Abteilung *f*.

els [pɛls] (*-zen*) *m* Pelz *m*; **~dier** [-di:r] *n* Pelztier *n*; **~muts** [-məts] *f* Pelzmütze *f*; **~werk** [-ʋɛrk] *n* Pelzwerk *n*; Pelz-, Rauchwaren *f/pl*.

eluw ['pe:ly·ŭ] (*-s u. -en*) *f* (Kopf-) Kissen *n*, Keilkissen *n*.

elzen ['pɛlsə(n)] *Adj*. Pelz-; *~ kraag* Pelzkragen *m*.

en [pɛn] (*-nen*) *f* Schreibfeder *f*; Feder *f*; Nagel *m*, Pflock *m*, Zwecke *f*; (*Stachelschwein*) Stachel *m*.

enalty ['pɛnɑlti·] (*-'s*) *m Sp*. Elfmeter *m*.

enarie [pə'na:ri:] *f*: *in de ~ zitten fig.* in der Klemme (Patsche) sitzen.

endant [pã:'dã:] *n u. m* Pendant *n*, Gegenstück *n*.

endel|aar ['pɛndəla:r] (*-s*) Pendler *m*; **~dienst** [-di:nst] *m* Pendeldienst *m*, Pendelverkehr *m*.

endule [pɛn'dy·l(ə)] (*-s*) *f* Pendeluhr *f*.

ene|trant [pe·nə'trɑnt] durchdringend, scharf, beißend; **~tratie** [-'tra:si:] (*-s*) *f* Durchdringung *f*; *mil*. Einbruch *m*.

enibel [pe·'ni:bəl] peinlich.

enis ['pe:nɪs] (*-sen*) *m* Penis *m*.

enitentie [pe·ni·'tɛnsi:] (*-s u. -ën*) *f* Buße *f*.

enne|houder ['pɛnəhɑudər] (*-s*) *m* Federhalter *m*; **~likker** [-lɪkər] (*-s*) *m* Federfuchser *m*; **~mes** [-mɛs] (*-sen*) *n* Taschenmesser *n*.

ennen ['pɛnə(n)] kritzeln, schreiben; **~doos** [-do:s] (*-dozen*) *f* Federkasten *m*.

enne|strijd ['pɛnəstrɛĭt] *m* Polemik *f*; **~trek** [-trɛk] (*-ken*) *m* Federzug *m*; **~vrucht** [-vrəxt] *f* schriftstellerische Arbeit (Leistung) *f*.

enning ['pɛnɪŋ] *m* Pfennig *m*; Heller *m*; Medaille *f*, Gedenkmünze *f*; (*Polizei*) Marke *f*; (*Hund*) Steuermarke *f*; *tot de laatste ~* auf Heller und Pfennig; **~meester** [-me:stər] (*-s*) *m* Kassenwart *m*, Schatzmeister *m*.

ens [pɛns] *f* Pansen *m*; F Bauch *m*, Wanst *m*; (*Küche*) Kaldaunen *f/pl*., Kutteln *f/pl*.

penseel [pɛn'se:l] (*-selen*) *n* Pinsel *m*; **~trek** [-trɛk] (*-ken*) *m* Pinselstrich *m*.

penselen [pɛn'se:lə(n)] malen; [(ein)pinseln.]

pensioen [pɛns'ju:n] *n* Pension *f*, Ruhegehalt *n*; (*zijn*) *~ nemen, op* (*met*) *~ gaan* sich pensionieren lassen, in den Ruhestand treten; **~fonds** [-fɔnts] *n*, **~kas** [-kɑs] (*-sen*) *f* Pensionskasse *f*; **~gerechtigd** [-ɣərɛxtəxt] pensionsberechtigt.

pensioens|aanvraag [pɛns'ju:nsa:nvra:x] (*-vragen*) *f* Pensionsgesuch *n*; **~bijdrage** [-bɛĭdra:ɣə] (*-n*) *f* Pensionsbeitrag *m*.

pensioenwet [pɛns'ju:nʋɛt] (*-ten*) *f* Pensionsgesetz *n*.

pension [pe·ns'jɔn] (*-s*) Pension *f*, Fremdenheim *n*; Verpflegung *f*.

pensionaat [pe·nsjɔ'na:t] (*-naten*) *n* Pensionat *n*.

pensionprijs [pe·ns'jɔnprɛĭs] (*-prijzen*) *m* Pensionspreis *m*.

pensjager ['pɛnsja:ɣər] (*-s*) *m* Wilderer *m*.

pentekening ['pɛnte:kənɪŋ] *f* Federzeichnung *f*.

peper ['pe:pər] *m* Pfeffer *m*; **~bus** [-bəs] (*-sen*) *f* Pfefferbüchse *f*; **~-duur** [-dy:r] *fig*. gepfeffert, sehr teuer; **~en** [-ə(n)] pfeffern; **~- en zoutstel** [- ɛnzɑutstɛl] (*-len*) *n* Gewürzständer *m*; **~- en zoutkleurig** [- ɛnzɑutklø:rəx] graumeliert; **~-koek** [-ku·k] *m* Pfefferkuchen *m*; **~korrel** [-kɔrəl] (*-s*) *m* Pfefferkorn *n*; **~munt** [-'mənt] *n* Pfefferminze *f*; **~noot** [-no:t] (*-noten*) *f* Pfeffernuß *f*.

pepmiddel ['pɛpmɪdəl] *n* Aufputsch-, Reizmittel *n*; *~en* Anregungsmittel *n/pl*.

pepsine [pɛp'si·nə] *f* Pepsin *n*.

per [pɛr] per, durch; *~ postwissel* per Postanweisung; *~ uur* (für) die Stunde, in der Stunde, je Stunde; *~ dag* pro Tag, täglich; *~ omgaande* postwendend, umgehend; *~ spoor* per Bahn.

per|ceel [pɛr'se:l] (*-celen*) *n* Parzelle *f*, Grundstück *n*; Haus *n*, Gebäude *n*; **~cent** [-'sɛnt] *n* Prozent *n*; *tegen 5 ~* zu 5 Prozent; **~centage** [-sɛn'ta:ʒə] (*-s*) *n* Prozentsatz *m*.

percussie *a.* **-kus-** [pɛr'kəsi:] (*-s*) *f* Perkussion *f*.

pere|boom ['pe:rəbo:m] (*-bomen*) *m*, **~laar** [-la:r] (*-s*) *m* Birnbaum *m*.

perfect *a.* **-fekt** [pɛr-], *a.* [pər'fɛkt] perfekt; **~ie** [-'fɛksi:] *f*: *in de ~* vollkommen.
perfectum [pɛr'fɛktəm] (*-s u. -ta*) *n Gr.* Perfekt *n.*
perfide [pɛr'fi·də] perfid(e); treulos, verräterisch.
perfo|ratie [pɛrfo·'ra:si:] (*-s*) *f* Perforation *f*, Durchlöcherung *f*, Durchbohrung *f*; Durchbruch *m*; Reißlinie *f*; **~rator** [-'ra:tɔr] (*-s u. -en*) *m* Perforator *m*; **~reren** [-'re:rə(n)] perforieren; durchbohren, durchlöchern; lochen.
periferie [pe·ri·fə'ri:] (*-ën*) *f* Peripherie *f*; Kreisumfang *m*; (*Stadt*) Randgebiet *n.*
perikel [pe·'ri·kəl] (*-s u. -en*) *n* Gefahr *f.*
perio|de [pe:r'jo:də] (*-s u. -n*) *f* Periode *f*, Zeitabschnitt *m*, Zeitraum *m*; **~diek** [-di·k] periodisch; *Su. f u. n* Zeitschrift *f.*
perk [pɛrk] *n* Grenze *f*, Schranke *f*; (Blumen-)Beet *n*; Parterre *n*; *alle ~en te buiten gaan* alle Schranken durchbrechen; (stark) übertreiben.
perkament [pɛrka·'mɛnt] *n* Pergament *n.*
permanent [pɛrma·'nɛnt] permanent, fortdauernd; *Su. m* Dauerwellen *f/pl.*
permissie [pɛr'mi·si:] (*-s*) *f* Erlaubnis *f*; Urlaub *m*; *hij is met ~ mil.* er ist auf Urlaub; *met uw ~* gestatten Sie, mit Verlaub.
permitteren [pɛrmi·'te:rə(n)] erlauben; *zich iets kunnen ~* sich etw. leisten können.
perplex [pɛr'plɛks] perplex, bestürzt, verwirrt.
perron [pɛ'rɔn] (*-s*) *n* Bahnsteig *m*; **~kaartje** [-ka:rtjə] (*-s*) *n* Bahnsteigkarte *f.*
Pers[1] [pɛrs] *m* Perser *m.*
pers[2] *f* Presse *f*; *ter ~e* im Druck; *buitenlandse ~* Auslandspresse *f*; **~agentschap** [-ɑɣ̊ɛntsxɑp] (*-pen*) *n* Nachrichten-, Presseagentur *f*; **~berichten** [-bərɪxtə(n)] *pl.* Pressenachrichten *f/pl.*, (*Radio*) Nachrichtendienst *m*; **~bureau** [-by·ro·] (*-s*) *n* Nachrichtenbüro *n*, Pressestelle *f*; Nachrichtendienst *m*; **~campagne** [-kɑmpɑnjə] (*-s*) *f* Pressekampagne *f*; **~conferentie** *a.* **-kon-** [-kɔnfərɛnsi:] (*-s*) Pressekonferenz *f*; **~delict** *a.* **-likt** [-de·li·kt] *n* Pressevergehen *n.*
persen ['pɛrsə(n)] pressen; zwingen; bügeln.
persiflage [pɛrsi·'fla:ʒə] (*-s*) *f* Persiflage *f*, Verspottung *f.*
persijzer ['pɛrsɛĭzər] (*-s*) *n* Bügeleisen *n.*
pers|kaart ['pɛrska:rt] *f* Pressekarte *f*; **~klaar** [-kla:r] druckfertig, druckreif.
perso|nage [pɛrso·'na:ʒə] (*-s*) Person *f*; **~nalia** [-'na:li·(j)a·] *pl.* Personalien *pl.*; **~naliteit** [-na·li·'tɛĭt] *f* Personalität *f*; **~neel** [-'ne:l] persönlich; *Su. n* Personal *n*, Belegschaft *f*; *personele belasting* Personal-, Kopfsteuer *f.*
personen|auto [pɛr'so:nə(n)ɑuto] (*-'s*) *m* Personen(kraft)wagen (Pkw) *m*; **~trein** [-trɛĭn] *m* Personenzug *m*; **~vervoer** [-v̊ərv̊u:r] *n* Personenbeförderung *f.*
personi|ficatie *a.* **-katie** [pɛrso·ni·fi·'ka:si:] (*-s*) *f* Personifikation *f*, Verkörperung *f*; **~fiëren** [-'fje:rə(n)] personifizieren, verkörpern.
persoon [pɛr'so:n] (*-sonen*) *m* Person *f*; **~lijk** [-lək] persönlich; (*Brief*) vertraulich; **~lijkheid** [-ləkhɛĭt] (*-heden*) *f* Persönlichkeit *f.*
persoons|beschrijving [pɛr'so:nzbəsxrɛĭv̊ɪŋ] *f* Personalbeschreibung *f*; **~bewijs** [-bəʊɛĭs] (*-wijzen*) Personalausweis *m*; Kennkarte *f*; **~naam** [-na:m] (*-namen*) *m* Personenname *m.*
perspectief *a.* **-pek-** [pɛrspɛk'ti:f] (*-tieven*) *n* Perspektive *f*, Ausblick *m.*
pers|pomp ['pɛrspɔmp] *f* Druckpumpe *f*; **~overzicht** [-o:v̊ərzɪxt] Presseschau *f*; **~vrijheid** [-frɛĭhɛĭt] *f* Pressefreiheit *f.*
pertinent [pɛrti·'nɛnt] entschieden, bestimmt; *~e leugen* unverschämte Lüge.
Perzië ['pɛrzi·(j)ə] *n* Persien *n.*
perzik ['pɛrzɪk] *f* Pfirsich *m*; **~bloesem** [-blu:səm] (*-s*) *m* Pfirsichblüte *f*; **~bowl** [-bo:l] (*-s*) *m* Pfirsichbowle *f.*
Perzisch [-pɛrzi·s] persisch; *~ tapijt* Perser(teppich) *m.*
pessi|misme [pɛsi·'mɪsmə] *n* Pessimismus *m*; **~mist** [-'mi·st] *m* Pessimist *m*; **~mistisch** [-mi·sti·s] pessimistisch; *~e beschrijving* Schwarzmalerei *f.*
pest [pɛst] *f* Pest *f*, Pestilenz *f*; F *de*

in hebben verstimmt sein; F *de ~ hebben aan* nicht ausstehen können, hassen wie die Pest; **~buil** [-bœyl] *f* Pestbeule *f*; **~en** [-ə(n)] piesacken, quälen; **~ilentie** [-i·ˈlɛnsi:] (*-s u. -ën*) *f* Pestilenz *f*; **~pokken** [-pɔkə(n)] *pl.* Blattern *f/pl.*; **~vogel** [-fo:ɣəl] (*-s*) *m* Pestvogel *m*, Seidenschwanz *m*; **~ziekte** [-si·ktə] *f* Pest (-seuche) *f*.

pet [pɛt] (*-ten*) *f* Mütze *f*, Schirmmütze *f*; *dat gaat boven mijn ~* das geht über meinen Horizont; *Jan met de ~ fig.* die kleinen Leute, der kleine Mann.

pete|kind [ˈpe:təkɪnt] (*-eren*) *n* Patenkind *n*; **~moei** [-mu·ĭ] *f* Patin *f*.

peter [ˈpe:tər] (*-s*) *m* Pate *m*; **~schap** [-sxɑp] *n* Patenschaft *f*.

peterselie [pe·tərˈse:li:] *f* Petersilie *f*.

petitie [pəˈti:si:] (*-s u. -ën*) *f* Petition *f*, Gesuch *n*; Bittschrift *f*; *een ~ indienen* ein Gesuch einreichen.

petro|chemie [pe·tro·xe·ˈmi:] *f* Petrochemie *f*; **~chemisch** [-ˈxe:mi·s] petrochemisch.

petroleum [pe·ˈtro:le·(j)əm], *a.* **petrolie** [pe·ˈtro:li:] *m* Petroleum *n*; Erdöl *n*, Mineralöl *n*; *ruwe ~* Rohöl *n*; *naar ~ boren* nach (Erd-)Öl bohren; **~aandeel** [-a:nde:l] (*-delen*) *n* Ölaktie *f*; **~aanvoer** [-a:nvu:r] *m* Ölzufuhr *f*; Ölnachschub *m*; **~blik** [-blɪk] (*-ken*) *n* Petroleumkanister *m*; Ölkanne *f*; **~bron** [-brɔn] (*-nen*) *f* (Erd-)Ölquelle *f*; **~crisis** [-kri·zɪs] (*-sen u. -crises*) *f* Ölkrise *f*; **~expert** [-ɛkspɛrt] *m* Ölexperte *m*; **~fabriek** [-fɑbri·k] *f* Raffinerie *f*; **~haven** [-ha:və(n)] (*-s*) *f* Ölhafen *m*; **~houdend** [-hɑudənt] ölhaltig; **~kachel** [-kɑxəl] (*-s*) *f* Ölofen *m*; **~kraan** [-kra:n] (*-kranen*) *f* Ölhahn *m*; **~krisis** *s. petroleumcrisis*; **~land** [-lɑnt] *n* Öl(förder)land *n*; **~lucht** [-lœxt] *f* Petroleumgeruch *m*; **~maatschappij** [-ma:tsxɑpɛĭ] *f* Ölgesellschaft *f*; Ölkonzern *m*; **~producerend** [-prody·se:rənt] ölproduzierend; **~produktie** *a.* **-duc-** [-pro·dəksi:] *f* Ölproduktion *f*; **~raffinaderij** [-rɑfi·na·dəˈrɛĭ] *f* Ölraffinerie *f*; **~schaarste** [-sxa:rstə] *f* Ölknappheit *f*; **~tank** [-tɑnk] (*-s*) Ölbehälter *m*, Öltank *m*; **~tanker** [-tɑŋkər] (*-s*) *m*, **~tankschip** [-tɑŋksxɪp] (*-schepen*) *n* (Öl-)Tanker *m*; **~tekort** [-təkɔrt] *n* Öldefizit *n*; **~veld** [-v̊ɛlt] *n*, **~vindplaats** [-v̊ɪntpla:ts] *f* (Erd-)Ölfeld *n*, Erdölgebiet *n*; Erdölvorkommen *n*; **~vorst** [-v̊ɔrst] *m* Ölscheich *m*; **~waarden** [-ʋa:rdən] *pl.* Ölwerte *m/pl.*; **~winning** [-ʋɪnɪŋ] *f* (Erd-)Ölgewinnung *f*, (Erd-)Ölförderung *f*.

peukje [ˈpø:kjə] (*-s*) *n* Zigarren-, Zigarettenstummel *m*, Kippe *f*.

peul [pø:l] *f* Schote *f*, Hülse *f*; *s. a. peluw*; **~erwt** [-ɛrt] *f* Zuckererbse *f*; **~gewassen** [-ɣəʋɑsə(n)] *pl.* Hülsenfrüchte *f/pl.*; **~schil** [-sxɪl] *f* Schale *f*, Hülse *f*; *fig.* Bagatelle *f*, Kleinigkeit *f*.

peuter [ˈpø:tər] (*-s*) *m* kleine(r) Junge *m*, Knirps *m*; Pfeifenräumer *m*; **~aar** [-a:r] (*-s*) *m* Bastler *m*; Kleinigkeitskrämer *m*; **~en** [-ə(n)] basteln, tüfteln; herumstochern; in der Nase bohren; **~ig** [-əx] kleinlich; **~klasje** [-klɑʃə] (*-s*) *n* Klein(st)kinderklasse *f*; **~werk** [-ʋɛrk] *n* Tüftelei *f*, Kleinarbeit *f*; Kleinkram *m*.

peuzelen [ˈpø:zələ(n)] knabbern, knuspern; schmausen.

pezig [ˈpe:zəx] sehnig; muskulös.

piama *s. pyjama*.

piano [pi·ˈja:no·] (*~'s*) *f* Piano *n*, Klavier *n*; **~les** [-lɛs] (*-sen*) *f* Klavierstunde *f*.

piccolo [ˈpi·ko·lo·] (*-'s*) *m* Pikkolo *m*, Kellnerlehrling *m*; Pikkoloflöte *f*.

picknick [ˈpi·kni·k] (*-s*) *m* Picknick *n*.

pick-up [pi·ˈkəp] (*-s*) *m* Tonabnehmer *m*.

piek [pi:k] *f* Pike *f*, Spieß *m*; (*Berg*) Spitze *f*, Pik *m*.

piekeren [ˈpi:kərə(n)] grübeln, F spintisieren; nachdenken.

piekfijn [ˈpi·kfɛĭn] piekfein.

piekuren [ˈpi:ky:rə(n)] *pl.* Spitzenstunden *f/pl.*

pienter [ˈpi·ntər] klug, gescheit, schlau.

pie|pen [ˈpi:pə(n)] piepen, piepsen, quieken; zwitschern; *mar.* schlafen; **~per** (*-s*) *m* Pieper *m*; kleine Kartoffel *f*; P Kuß *m*; **~perig** [-pərəx] piep(s)end, fein; dünn.

piep|jong [ˈpi:pjɔŋ] blutjung; **~stem** [-stɛm] (*-men*) *f* piepsige (quiekende) Stimme; **~zak** [-sɑk]: *in de ~ zitten* in tausend Ängsten sein.

pier [pi:r] *m* Regenwurm *m*; Pier (-wurm) *m*; *zo dood als een* ~ mausetot; **~ewaaier** [-əʊa:ĭ(j)ər] (-*s*) *m* Bummler *m*; *fig.* ein lockerer Vogel.
Piet [pi:t] *m* Peter *m*.
piëteit [pi·jə'tɛĭt] *f* Pietät *f*.
Pieter ['pi·tər] *m* Peter *m*.
pieterig ['pi:tərəx] winzig; schwächlich.
pieterman ['pi:tərmɑn] (-*nen*) *m* *Zool.* Petermännchen *n*, Drachenfisch *m*.
pieterselie [pi·tər'se:li:] *f* Petersilie *f*.
piëtisme [pi·je·'ti·smə] *n* Pietismus *m*.
Pietje ['pi·tjə] *n* Peterchen *n*; ~ *de dood m* Freund Hein *m*.
pietluttig [pi·t'lətəx] kleinlich, kleinkrämerisch, pedantisch.
pigment [pɪx'mɛnt] *n* Pigment *n*.
pij [pɛĭ] *f* Kutte *f*.
pijama *s. pyjama*.
pijl [pɛĭl] *m* Pfeil *m*; **~(en)bundel** [-(ən)bəndəl] (-*s*) *m* Pfeilbündel *n*; **~er** [-ər] (-*s*) *m* Pfeiler *m*; **~koker** [-ko:kər] (-*s*) *m* Köcher *m*; **~snel** [-snɛl] pfeilschnell; **~staart** [-sta:rt] *m* Pfeilschwanz *m*; **~vormig** [-v̊ɔrməx] pfeilförmig.
pijn[1] [pɛĭn] *m* Kiefer *f*, Föhre *f*; Pinie *f*; **~**[2] *f* Schmerzen *m/pl.*, Weh *n*, Schmerz *m*; *het doet* ~ es tut weh; ~ *in het hoofd* Kopfschmerzen *pl.*, Kopfweh *n*; **~appel** [-ɑpəl] (-*s*) *m* Kiefern-, Tannenzapfen *m*; **~bank** [-bɑŋk] *f* Folterbank *f*; *op de* ~ *leggen* auf die Folter spannen; **~boom** [-bo:m] (-*bomen*) *m s. pijn m*; **~igen** [-əɣ̊ə(n)] peinigen, martern, foltern; **~lijk** [-lək] schmerzlich; *fig.* empfindlich, peinlich; **~stillend** [-stɪlənt] schmerzstillend, (schmerz-) lindernd.
pijp [pɛĭp] *f* Pfeife *f*; Leitung *f*, Röhre *f*, Rohr *n*; (*Dampfer*) Schlot *m*; (*Lakritze*) Stange *f*; *een lelijke* ~ *roken* übel (schlecht) wegkommen; *stenen* ~ Tonpfeife *f*; **~aarde** [-a:rdə] *f* Tonerde *f*.
pijpe|kop ['pɛĭpəkɔp] (-*pen*) *m* Pfeifenkopf *m*; **~nrek** [-(n)]rɛk] (-*ken*) *n* Pfeifenbrett *n*; **~steel** [-ste:l] (-*stelen*) *m* Pfeifenstiel *m*; *het regent* ~*stelen fig.* es regnet Bindfäden.
pijp|kaneel ['pɛĭpkane:l] *m u. n* Zimtstange *f*; **~leiding** [-lɛĭdɪŋ] *f* Rohrleitung *f*, Pipeline *f*.

pik[1] [pɪk] *n u. m s. pek*; **~**[2] *m* F Pik *m* Groll *m*; *een* ~ *op iemand hebbe*[n] e-n Pik auf j-n haben; **~**[3] *f* (-*ken*) Spitzhacke *f*, Picke *f*.
pikant [pi·'kɑnt] pikant, gewürzt prickelnd; **~erie** [-ə'ri:] (-*ën*) *f* Pi[-] kanterie *f*; Neid *m*, Mißgunst *f*.
pik|broek [pɪgbru·k] *m mar.* Teer[-] jacke *f*; **~(ke)donker** [-(kə)dɔŋkər] stockfinster; **~draad** [-dra:t] (-*dra*[-] *den*) *m* Pechdraht *m*.
pikeren [pi·'ke:rə(n)] pikieren; ge[-] *pikeerd zijn* pikiert, gekränkt sein
piket [pi·'kɛt] (-*ten*) *n* Feldwache *f* Pikett(spiel) *n*; **~paal** [-pa:l] (-*pa*[-] *len*) *m* Absteckpfahl *m*.
pikeur [pi·'kø:r] (-*s*) *m* Pikör *m*.
pikhouweel ['pɪkhɑu(ʊ)e:l] (-*welen*) *n* Spitzhacke *f*.
pikken ['pɪkə(n)] *Nadeln*: stechen *Vögel*: hacken, picken; (*mit Worten*) sticheln; F klauen.
piknik *s. picknick*.
pil [pɪl] (-*len*) *f* Pille *f*.
pilaar [pi·la:r] (-*laren*) *m* Pfeiler *n* Säule *f*; **~bijter** [-bɛĭtər] (-*s*) Frömmler *m*.
pilaster [pi·'lɑstər] (-*s*) *m* Pilaster *m* Wandpfeiler *m*.
pillendoos ['pɪlədo:s] (-*dozen*) Pillenschachtel *f*.
piloot [pi·'lo:t] (-*loten*) *m* Pilot *m* Flugzeugführer *m*.
pils [pɪls] *m u. n*: *een* (*glas*) ~ ei[n] (Glas) Pilsener, ein Helles.
pimpe|laar ['pɪmpəla:r] (-*s*) *m* Säu[-] fer *m*, Zechbruder *m*; **~len** [-lə(n)] saufen, zechen.
pimpelmees ['pɪmpəlme:s] (-*me*[-] *zen*) *f* Blaumeise *f*.
pin [pɪn] (-*nen*) *f s. a. pen*; Pflock *m* Nagel *m*; Zwecke *f*; Stift *m*; Dübe[l] *m*. [fer *m*.
pince-nez [pɑns'ne:] (-*s*) *m* Knei[-]
pincet [pɪn'sɛt] (-*ten*) *n u. m* Pi[n-] zette *f*.
pinda ['pɪnda·] (-'*s*) *f* Erdnuß *f*; ~ **kaas** [-ka:s] *m* Erdnußbutter *f*.
pingelen ['pɪŋələ(n)] feilsche[n] kanusern.
pingpong ['pɪŋpɔŋ] *n* Pingpong Tischtennis *n*; **~raket** [-rɑkɛ[t]] (-*ten*) *n u. f* Kelle *f*.
pinguïn *a.* **-goein** ['pɪŋgʊɪn] (-*s*) Pinguin *m*.
pink[1] [pɪŋk] *m* der kleine Finger; [~[2]] *m mar.* Fischerboot *n*; **~**[3] *m u.* Jungstier *m*; Färse *f*.

pinke [pɪŋkə] *f* F Pinkepinke *f*; Geld *n*.
pinken ['pɪŋkə(n)] blinzeln, zwinkern; *bij de ~ zijn* gewandt (gerieben) sein.
Pinksteren ['pɪŋkstərə(n)] *m* Pfingsten *n*.
pinkster|roos ['pɪŋkstəro:s] (*-rozen*) *f* Pfingstrose *f*; **~week** [-ʋe:k] (*-weken*) *f* Pfingstwoche *f*.
Pingsterzondag ['piŋstər'zɔndɑx] *m* Pfingstsonntag *m*.
pinnen ['pɪnə(n)] zwecken.
pint [pɪnt] *f* Pinte *f*; *een ~ bier* ein Glas Bier.
pioen [pi·'ju:n] *f* Pfingstrose *f*.
pion [pi·'jɔn] (*-s u. -nen*) (*Schach*) Bauer *m*; *fig.* Strohmann *m*.
pionier [pi·jo·'ni:r] (*-s*) *m* Pionier *m*; Bahnbrecher *m*; **~swerk** [-sʋɛrk] *n* Pionierarbeit *f*.
piot [pi·'jɔt] (*-ten*) *m* Soldat *m*.
pip [pɪp] *f* F Pips *m*.
pipet [pi·'pɛt] (*-ten*) *f u. n* Pipette *f*, Saugröhre *f*.
piraat [pi·'ra:t] (*-raten*) *m* Pirat *m*, Seeräuber *m*.
pirami|daal [pi·ra·mi·'da:l] riesig; **~de** [-'mi:də] (*-n u. -s*) *f* Pyramide *f*.
pis [pɪs] *m* P Urin *m*, Harn *m*; P Pisse *f*; **~blaas** [-bla:s] (*-blazen*) *f* Harnblase *f*; **~bloem** [-blu:m] *f* P Löwenzahn *m*; **~buis** [-bəʏs] (*-buizen*) *f* Harnröhre *f*; **~pot** [-pɔt] (*-ten*) *m* P Nachttopf *m*, Nachtgeschirr *n*; **~sebed** [-səbɛt] (*-den*) *f* Bettnässer *m*; *Zool.* (Keller-)Assel *f*; **~sen** [-sə(n)] harnen; P pissen, pinkeln.
piston [pi·s'tɔn] (*-s*) *m* Piston *n*, Kolbenstange *f*.
pistool [pi·s'to:l] (*-tolen*) *n* Pistole *f*; **~schot** [-sxɔt] *n* Pistolenschuß *m*.
pit [pɪt] (*-ten*) *f* Kern *m*, Stein *m*; (*Lampe usw.*) Docht *m*; (*Gas*) Brenner *m*, Flamme *f*; *er zit ~ in die man* der Mann hat Schneid; **~tig** [-təx] kernig, markig; (*Getränke*) prickelnd.
pittoresk [pi·to·'rɛsk] pittoresk, malerisch.
pitvrucht ['pɪtfrəxt] *f* Kernfrucht *f*.
plaag [pla:x] (*plagen*) *f* Plage *f*, Qual *f*; **~geest** [-xe:st] *m* Quälgeist *m*; **~ziek** [-si·k] quälerisch; (*scherzhaft*) neckisch.
plaat [pla:t] (*platen*) *f* Platte *f*; Gedenktafel *f*, Tafel *f*; (*Metall, bsd. Eisen*) Blech *n*; (*Abbildung*) Bild *n*; *zinken ~* Zinkblech *n*; *marmeren ~* Marmorplatte *f*; *de ~ poetsen* Reißaus nehmen; *een ~ opleggen* e-e Schallplatte auflegen; *op de gevoelige ~ brengen* fotografieren; **~druk** [-drək] *m* Kupferdruck *m*; **~ijzer** [-ɛĭzər] *n* Eisenblech *n*; *gegolfd ~* Wellblech *n*.
plaats [pla:ts] *f* Platz *m*; Ort *m*, Stelle *f*, Stätte *f*; Raum *m*, Zimmer *n*; Stellung *f*, Stelle *f*; *in ~ van* (anstatt; *ter ~e* an Ort und Stelle; vor Ort; *in uw ~* an Ihrer Stelle; *in de eerste ~* an erster Stelle, vor allen Dingen; *genummerde (besproken) ~* Platzkarte *f*; *~ van het ongeval (ongeluk)* Unfallstelle *f*; *~ van de misdaad (het misdrijf)* Tatort *m*; *niet op zijn ~ zijn* fehl am Platz sein; nicht am Platz sein; *iemand op zijn ~ zetten* j-n zurechtweisen; *op de ~ rust!* rührt euch!
plaats|beschrijving ['pla:dzbəsxrɛĭʋɪŋ] *f* Ortsbeschreibung *f*; **~bespreking** [-bəspre:kɪŋ] *f* (Platz-)Reservierung *f*; Vorverkauf *m*; **~bureau** [-by·ro·] (*-'s*) *n* (Theater-, Tages-)Kasse *f*; Kartenausgabe *f*; **~elijk** [-ələk] örtlich, lokal; *~e tijd* Ortszeit *f*; *~e verdoving* örtliche Betäubung; **~en** [-ə(n)] setzen, stellen; unterbringen; *Aktien* ausgeben; *Maschine, Leiter usw.* aufstellen; *Anzeige* aufgeben, einrücken lassen; *zich ~* sich placieren; **~gebrek** [-xəbrɛk] *n* Raum-, Platzmangel *m*.
plaats|grijpen ['pla:tsxrɛĭpə(n)], **~hebben** [-hɛbə(n)] stattfinden.
plaatsing ['pla:tsɪŋ] *f* Hinstellen *n*; Unterbringung *f*; (*Geld*) Anlage *f*; **~sbureau** [-zby·ro·] (*-'s*) *n* Stellenvermittlung *f*.
plaats|kaartje ['pla:tska:rtjə] (*-s*) *n* Fahrkarte *f*; Platzkarte *f*; **~ruimte** [-rəʏmtə] *f* Raum *m*, Platz *m*; **~vervanger** [-fərʋɑŋər] (*-s*) *m* Stellvertreter *m*; **~vinden** [-fɪndə(n)] stattfinden, geschehen.
placht [plɑxt] *s. plegen*; gewohnt sein.
plafond [plɑ'fɔn] (*-s*) *n* Decke *f*; **~licht** [-lɪxt] *n* Deckenbeleuchtung *f*.
plag(ge) [plɑx] (*-gen*), ['plɑɣ̊ə] (*-n*) *f* Plagge *f*, Rasenstück *n*.
pla|gen ['pla:ɣ̊ə(n)] plagen, quälen; necken; **~gerij** [-ɣ̊ə'rɛĭ] *f* Quälerei *f*; Neckerei *f*.

plagi|aat [plaɣiˑ'ja:t] (*-aten*) *n* Plagiat *n*; **~aris** [-'ja:rəs] (*-sen*) *m*, **~ator** [-'ja:tɔr] (*-s*) *m* Plagiator *m*.

plak [plak] (*-ken*) *f* Schnitte *f*; (*Schokolade*) Tafel *f*; *onder de ~ zitten (staan) fig.* unterm Pantoffel stehen.

plak|band ['plagbant] *n* Klebeband *n*, Klebestreifen *m*; **~brief** [-bri:f] (*-brieven*) *m* Plakat *n*, Anschlag *m*; **~briefje** [-bri:fjə] (*-s*) *n* Etikett *n*; **~kaat** [-'ka:t] (*-katen*) *n* Plakat *n*, Anschlag *m*; **~ken** [-ə(n)] kleben, an-, aufkleben; kleistern; *blijven ~* sitzenbleiben; lange (da)bleiben; **~zegel** [-se:ɣəl] (*-s*) *m* Quittungsstempel *m*, Quittungsmarke *f*; Klebemarke *f*.

pla|muren [plaˑ'my:rə(n)] grundieren; **~muur** [-'my:r] *n u. m* Grundiermasse *f*.

plan[1] [plan] (*-nen*) *n* Vorhaben *n*, Absicht *f*; **~**[2] (*-s u. -nen*) *n* Skizze *f*, Plan *m*, Entwurf *m*; *op een hoger ~* auf e-m höheren Niveau; *iets van ~ zijn* etw. vorhaben; *~nen beramen (smeden)* Pläne machen; *een ~ opvatten* e-n Plan fassen; *volgens (het) vastgesteld ~* planmäßig.

planeet [pla'ne:t] (*-neten*) *f* Planet *m*.

planeren [pla'ne:rə(n)] planieren, ebnen, glätten; *Vögel, Flgw.*: schweben.

plank [plaŋk] *f* Brett *n*; Bohle *f*, Diele *f*; Regal *n*; *mar.* Planke *f*; *iets van de bovenste ~* etw. Vortreffliches; *op de ~en komen Thea.* die Bühne betreten; *fig.* zeigen, zum Vorschein kommen; *de ~ mis zijn (slaan) fig.* auf dem Holzweg sein, sich irren.

planken ['plaŋkə(n)] *Adj.* brettern, Bretter-; *~ vloer* Bretterboden *m*; **~koorts** [-ko:rts] *f* Lampenfieber *n*.

planning ['planıŋ] *f* Planwirtschaft *f*.

plant [plant] *f* Pflanze *f*; **~aarde** [-a:rdə] *f* Pflanzenerde *f*; Muttererde *f*; **~aardig** [-'a:rdəx] pflanzenartig; pflanzlich; *~ vet* Pflanzenfett *n*.

plantage [plan'ta:ʒə] (*-s*) *f* Plantage *f*.

plante|boter ['plantəbo:tər] *f* Pflanzenbutter *f*; **~leven** [-le:v̊ə(n)] *n* Pflanzenleben *n*.

planten ['plantə(n)] pflanzen; aufstellen, anpflanzen; **~etend** [-e:tənt] pflanzenfressend; **~groe** [-ɣruˑi] *m* Pflanzenwuchs *m*; **~kenner** [-kɛnər] (*-s*) *m* Pflanzenkenne *m*, Botaniker *m*; **~tuin** [-təʏn] *n* botanischer Garten.

planter ['plantər] (*-s*) *m* Pflanzer *m* Plantagenbesitzer *m*.

plant|goed ['plantxuˑt] *n* Pflanzgu *n*; **~kunde** [-kəndə] *f* Botanik *f*; **~soen** [-'su:n] *n* (kleiner) (Stadt-Park *m*; (Grün-)Anlagen *f/pl.*

plas [plas] *m* Pfuhl *m*, Pfütze *f* Tümpel *m*; *een vuile ~* Lache *f*; *ee ~ bloed* Blutlache *f*; *de grote ~* Mee *n*; **~je** [-jə] (*-s*) *n* kleine Pfütze; *ee ~ doen* F Pipi machen; **~regen** [-re:ɣə(n)] (*-s*) *m* Platzregen *m*; **~se** [-ə(n)] plätschern; p(l)anschen harnen, F pinkeln; *in de ~de rege* im strömenden Regen.

plasticiteit [plastiˑsiˑ'teĭt] *f* Plastizität *f*, Formbarkeit *f*.

plastiek [plas'tiˑk] (*-en u. plastic [für Kunststoffe]*) *f* Plastik *f*; Bild hauerkunst *f*; Bildwerk *n*; **~e** [-ə(n)] *Adj.* Plastik-, Kunststoff-; *folio (blad)* Plastikfolie *f*.

plastisch ['plastiˑs] plastisch; bild sam, knetbar; anschaulich, einpräg sam; bildend; *~e kunst* Bildhaue kunst *f*.

plat [plat] platt, flach; niedrig, ge mein; *~ vlak* ebene Fläche; *~ da* flaches Dach; *~ op de grond valle* der Länge nach hinfallen; *Su.* (*-ten* *n* Plattform *f*, Terrasse *f*; Mundar *f*, Platt *n*.

plataan [pla'ta:n] (*-tanen*) *m* Platane *f*.

plataf ['plataf] rund heraus.

Platduits [pla'dəʏts] plattdeutsch niederdeutsch; *Su. n* Plattdeutsc *n*, Niederdeutsch *n*.

plateel [pla'te:l] (*-telen*) *n* Fayence, Steingut *n*.

platenwisselaar ['pla:tə(n)ʋısəla: (*-s*) *m* Plattenwechsler *m*.

platform [plat'fɔrm] *n* (*-s u. -en* Plattform *f*.

platheid ['platheĭt] *f* Plattheit Flachheit *f*; (*-heden*) *fig.* Gemein heit *f*, Trivialität *f*.

platina [pla'tiˑnaˑ] *n* Platin *n*.

platneus ['platnø:s] (*-neuzen*) Plattnase *f*.

platonisch [pla'to:niˑs] platonisc

platte|grond [platə'ɣrɔnt] Grundriß *m*, Plan *m*; **~land** [-lan *n* Flachland *n*; **~lands** [-lɑnts] vom Lande; **~landsbevolking** [-ˈlɑndzbəv̊ɔlkɪŋ] *f* Landvolk *n*; **~landsgeneesheer** [-ˈlɑntsxəneːsheːr] (*-heren*) *m* Landarzt *m*.

plat|vis [ˈplɑtfɪs] (*-sen*) *m* Plattfisch *m*, Scholle *f*; **~voet** [-fu·t] *m* Plattfuß *m*; **~weg** [-ʋɛx] rundheraus, schlankweg; **~zak** [-ˈsɑk]: *~ zijn* pleite sein; *Adv.* mit leeren Taschen.

plausibel [plɑuˈziːbəl] plausibel, überzeugend; annehmbar.

plavei [plɑˈv̊ɛĭ] *m* Pflasterstein *m*; **~en** [-ə(n)] pflastern; **~sel** [-səl] (*-s*) *n* Pflaster *n*; **~steen** [-steːn] (*-stenen*) *m* Pflasterstein *m*.

plavuis [plɑˈv̊əʏs] (*-vuizen*) *m* Fliese *f*, Platte *f*.

plebejer [pləˈbeː(j)ər] (*-s*) *m* Plebejer *m*.

plebisciet [pleːbi·ˈsi·t] *n* Plebiszit *n*, Volksentscheid *m*, Volksbeschluß *m*.

plebs [plɛps] *n* Plebs *m*, Pöbel *m*.

plecht [plɛxt] *f mar.* Plicht *f*.

plecht|ig [ˈplɛxtəx] feierlich; **~igheid** [-əxhɛĭt] (*-heden*) *f* Feierlichkeit *f*, Feier *f*; **~statig** [-ˈstaːtəx] feierlich, würdevoll.

plee [pleː] (*-s*) *m* P Abort *m*, Abtritt *m*.

pleeg|kind [ˈpleːxkɪnt] (*-eren*) *n* Pflegekind *n*; Adoptivkind *n*; **~ouders** [-ɑudərs] *pl.* Pflegeeltern *pl.*; Adoptiveltern *pl.*; **~zuster** [-søstər] (*-s*) Adoptivschwester *f*; Krankenschwester *f*.

plegen [ˈpleːɣ̊ə(n)] (*pleegde, gepleegd = verüben*; *placht = gewohnt sein*) pflegen, gewohnt sein; *Mord usw.* begehen, verüben; *Verrat* üben; *overleg ~ (met)* sich beraten (mit); *hij placht aldus te doen* er pflegte so zu tun; *hij placht vroeg op te staan* er war gewohnt, früh aufzustehen.

pleidooi [plɛĭˈdoːĭ] *n* Plädoyer *n*; Verteidigung(srede) *f*.

plein [plɛĭn] *n* Platz *m*.

pleister [ˈplɛĭstər] *n* Gips *m*; Putz *m*; (*-s*) *f* (Wund-)Pflaster *n*; **~afgietsel** [-ɑfɣ̊i·tsəl] (*-s*) *n* Gipsabguß *m*; **~beeld** [-beːlt] Gipsbild *n*; **~en** [-ə(n)] *v/t* gipsen; (ver)putzen, abputzen; *v/i* einkehren, sich aufhalten, haltmachen; *Adj.* Gips-; **~kalk** [-kɑlk] *m* Mörtel *m*; **~plaats** [-plaːts] *f* Halteplatz *m*, Absteigeplatz *m*, Station *f*; (*Autobahn*) Raststätte *f*; **~werk** [-ʋɛrk] *n* Stuck *m*; Stukkatur *f*, Stuckarbeit *f*; Gipsarbeit *f*; Gipswaren *f/pl.*

pleit [plɛĭt] *n* Prozeß *m*, Rechtssache *f*, (Rechts-)Streit *m*; **~bezorger** [-bəzɔrɣ̊ər] (*-s*) *m* Rechtsbeistand *m*, (Rechts-)Anwalt *m*; **~en** [-ə(n)] plädieren (*voor*/für *etw.*); *etw.* befürworten; *dat pleit voor heem* das spricht für ihn; **~er** [-ər] (*-s*) *m* Advokat *m*, Verteidiger *m*.

plek [plɛk] (*-ken*) *f* Platz *m*, Stelle *f*; (*Schmutz*) Fleck *m*, Klecks *m*.

plengen [ˈplɛŋə(n)] *Tränen* vergießen; *Wein* opfern.

plenum [ˈpleːnəm] *n* Vollversammlung *f*, Plenarsitzung *f*.

pleonasme [ple·(j)o·ˈnɑsm] (*-n*) *n* Pleonasmus *m*.

plet|hamer [ˈplɛthaːmər] (*-s*) Eisenhammer *m*; **~machine** [-mɑʃi·nə] (*-s*) *f* Plättmaschine *f*; Walzwerk *n*; **~molen** [-moːlə(n)] (*-s*) *m* Walzwerk *n*; **~rol** [-rɔl] (*-len*) *m* Walze *f*, Walzzylinder *m*; **~terij** [-əˈrɛĭ] *f* Walzwerk *n*.

pleuris [ˈpløːrəs] (*-sen*) *f u. n Med.* Pleuritis *f*.

plevier [pləˈv̊iːr] *m* Regenpfeifer *m*.

plezant [pləˈzɑnt] fröhlich, lustig; angenehm.

plezier [pləˈziːr] *n* Vergnügen *n*, Lust *f*, Freude *f*; *dat doet mij ~* das freut mich; *doe mij dat (het) ~* tun Sie mir den Gefallen; *~ beleven (hebben) aan* Freude haben an *D*; **~boot** [-boːt] *m u. f* Ausflugsdampfer *m*, Ausflugsboot *n*; Vergnügungsdampfer *m*; **~ig** [-əx] vergnüglich, fröhlich, lustig; angenehm; ergötzlich; **~reis** [-rɛĭs] (*-reizen*) *f* Vergnügungsreise *f*; **~tochtje** [-tɔxtjə] (*-s*) Ausflug *m*.

plicht [plɪxt] *m u. f* Pflicht *f*, Obliegenheit *f*, Schuldigkeit *f*; **~matig** [-ˈmaːtəx] pflichtgemäß; pflichtschuldig.

plicht(s)|besef [ˈplɪɣ̊d(z)bəsɛf] *n* Pflichtgefühl *n*; **~getrouw** [-xətraŭ] pflichtgetreu.

plichts|halve [plɪxtsˈhɑlv̊ə] pflichtgemäß; **~verzuim** [-fərzəʏm] *n* Pflichtverletzung *f*.

plichtvergeten [ˈplɪxtfərɣ̊eːtə(n)] pflichtvergessen.

plint [plɪnt] *f* Wandleiste *f*; Fußleiste *f*, Scheuerleiste *f*.

plissieren [plɪ'se:rə(n)] plissieren, fälteln.

ploeg[1] [plu:x] *m u. f* Pflug *m*; **~**[2] *f* Gruppe *f*, Abteilung *f*; Schicht *f*; *Sp.* Mannschaft *f*; **~baas** [-ba:s] (*-bazen*) *m* Werkführer *m*, Schichtmeister *m*; **~en** [-ə(n)] pflügen; **~enklassement** [-əklɑsəmɛnt] *n Sp.* Mannschaftswertung *f*; **~ijzer** [-ɛĭzər] *n* Pflugschar *f*; **~mes** (*-sen*) *n* Pflugmesser *n*, Kolter *n*; **~rijden** [-rɛĭdə(n)] *n Sp.* Mannschaftsrennen *n*; **~schaar** [-sxa:r] (*-scharen*) *f* Pflugschar *f*; **~staart** [-sta:rt] *m* Pflugsterz *m*.

ploert [plu:rt] *m* Schuft *m*, Lump *m*; **~endoder** [-(n)do:dər] (*-s*) *m* Totschläger *m*; **~enstreek** [-əstrə:k] (*-streken*) *m u. f* Gemeinheit *f*; **~ig** [-əx] gemein, niederträchtig.

ploeteren ['plu:tərə(n)] planschen; sich abmühen, sich plagen, sich abrackern.

plof [plɔf] (*-fen*) *m* Plumps *m*; Knall *m*; dumpfer Schlag; **~fen** [-ə(n)] plumpsen; dumpf aufschlagen, prallen.

plom|be ['plɔmbə] (*-s*) *f* Plombe *f*, Bleiverschluß *m*; (Zahn-)Füllung *f*; **~beren** [-'be:rə(n)] plombieren.

plomp [plɔmp] plump, schwerfällig, ungeschlacht; *Su. m* Plumps *m*; *f* Wasserrose *f*, Wasserlilie *f*, Teichrose *f*; **~en** [-ə(n)] plumpsen; **~heid** [-hɛĭt] (*-heden*) *f* Plumpheit *f*; **~weg** [-ʋɛx] unumwunden, unverblümt, geradeheraus.

plonzen ['plɔnzə(n)] plumpsen; planschen.

plooi [plo:ĭ] *f* Falte *f*; (Stirn-)Runzel *f*; **~baar** [-ba:r] biegsam; *fig.* fügsam, gefügig; geschmeidig; **~en** [-(j)ə(n)] falten; *Stirn* runzeln; **~muts** [-møts] *f* Faltenhaube *f*; **~rok** [-rɔk] (*-ken*) *f* Faltenrock *m*; **~sel** [-səl] (*-s*) *n* Rüsche *f*, Krause *f*; **~tang** [-tɑŋ] *f* Plissiereisen *n*.

ploos ['plo:s] *s. pluizen.*

plots [plɔts] unerwartet; **~eling** [-əlɪŋ] plötzlich.

pluche ['ply·ʃə] *n u. m* Plüsch *m*.

plug [pløx] (*-gen*) *f* Zapfen *m*, Spund *m*, Pfropfen *m*; (Spreiz-)Dübel *m*.

pluim [plœym] *f* Feder *f*; Federbusch *m*; *Bot.* Rispe *f*; *Zool.* (*Hase, Fuchs*) Blume *f*; *iemand een ~ op de hoed steken* j-m Lob spenden, j-m etw. Schmeichelhaftes sagen; **~age** [-'a:ʒə] (*-s*) *f* Gefieder *n*, Feder *f/pl.*; **~gedierte** [-ɣ̊ədi:rtə] *n* pluimvee; **~strijkerij** [-strɛĭkə'rɛĭ] Lobhudelei *f*; **~vee** [-v̊e:] *n* Federvieh *n*, Geflügel *n*; **~veeteelt** [-v̊e te:lt] *f* Geflügelzucht *f*.

pluis[1] [plœys]: *niet ~* verdächtig nicht geheuer, nicht richtig; *het z daar niet ~* es ist dort nicht geheue die Sache hat e-n Haken; *het is b hem niet ~ fig.* bei ihm stimmt nicht ganz.

pluis[2] *n* Werg *n*; (*pluizen*) *f* Flöck chen *n*, Fäserchen *n*; **~achti** [-ɑxtəx] flockig, faserig; **~je** [-ʃ (*-s*) *n* Flöckchen *n*, Fäserchen *n*.

pluizen ['plœyzə(n)] *v/i* (*pluisde, g pluisd*) abfasern; fasern, flocke *v/t* (*ploos, geplozen*) pflücken; *Wol* zupfen; austüfteln.

pluk [pløk] *m* Ernte *f*, Lese Pflücken *n*; (*Haar, Wolle*) Büsch *n*, Flausch *m*; **~haren** [-ha:rə(n sich raufen, sich balgen, sich in de Haaren liegen; **~ken** [-ə(n)] pflü ken; *Federvieh* rupfen; *Wolle* zu fen; *Blumen* pflücken, brechen; *f* ernten; **~tijd** [-tɛĭt] *m* Pflückzeit Weinlese *f*.

plumeau [ply·'mo:] (*-s*) *m* Fede besen *m*, Federwedel *m*.

plunde|raar ['pløndəra:r] (*-s*) Plünderer *m*; **~ren** [-rə(n)] plü dern; *iemand ~* j-n ausnehmen; ring [-rɪŋ] *f* Plünderung *f*.

plunje ['pløɲə] *f* Kleider *n/p* Siebensachen *pl.*; **~zak** [-zɑk] (*-ke m* Seesack *m*, Kleidersack *m*.

pluralisme [ply·ra·'li·smə] *n* Plu lismus *m*.

plus [pløs] plus; und; zuzüglich *Su. n u. m* Plus *n*, Mehr *n*; Übe schuß *m*, Gewinn *m*; Vorteil *m*.

plusfour [pløsfɔ:r] (*-s*) *m* Knick bocker *pl.*

plusminus [pløs'mi·nøs] ungefä

pluvier *s. plevier.*

poch|en ['pɔxə(n)] prahlen, a schneiden; **~er** [-ər] (*-s*) *m* Prah *m*, Aufschneider *m*.

podium ['po:di·(j)øm] (*-s u. -dia* Podium *n*; **~gesprek** [-ɣ̊əspr (*-ken*) *n* Podiumsgespräch *n*.

poedel ['pu:dəl] (*-s*) *m* Pudel **~naakt** [-na:kt] splitternackt.

poeder ['pu·dər] *a.* ['pu·ĭ(j)ər] (- *u. f* Pulver *n*; Puder *m*; **~do** [-do:s] (*-dozen*) *f* Puderdose *f*; **~**

[-ə(n)] pudern; **~kwast** [-kʊast] *m* Puderquaste *f*; **~suiker** [-sœykər] *m* Puderzucker *m*; **~vormig** [-v̊ɔr-məx] pulv(e)rig.

poëet [po'e:t] (*-ëten*) *m* Poet *m*.

poeier ['pu·ĭ(j)ər] (*-s*) *m* Zuhälter *m*.

poel [pu:l] *m* Pfuhl *m*, Sumpf *m*; Pfütze *f*.

poelier [pu·'li:r] (*-s*) *m* Geflügelhändler *m*.

poen [pu:n] *m* F Moos *n*, Pinke *f*, Moneten *f/pl.*; Lump *m*, Protz *m*.

poep [pu:p] *f* P Arsch *m*, Hintern *m*; *m* Furz *m*, Wind *m*; P *op zijn ~ krijgen* Prügel bekommen.

poes [pu:s] (*-en u. poezen*) *f* Katze *f*, Mieze *f*; *dat is niet voor de ~ fig.* das ist nicht von Pappe, das ist kein Pappenstiel.

poesjenel [pu·ʃə'nɛl] (*-len*) *m* Hanswurst *m*, Kasperle *m u. n*; **~lenkelder** [-əkɛldər] (*-s*) *m* Kasperletheater *n*.

poeslief ['pu:sli:f] katzenfreundlich.

poespas ['pu:spɑs] *m* Mischmasch *m*.

poesta ['pu:sta·] (*-'s*) *f* Pußta *f*.

poesten ['pu:stə(n)] pusten, blasen.

poëtisch [po'e:ti·s] poetisch.

poets [pu·ts] *f* Streich *m*; Possen *m*; *iemand een ~ bakken* j-m e-n Streich spielen; **~en** [-ə(n)] putzen; *de plaat ~ fig.* sich aus dem Staub machen, Reißaus nehmen; **~goed** [-xu·t] *n* Putzzeug *n*; **~lap** [-lɑp] (*-pen*) *m* Putzlappen *m*; **~vrouw** [-frɑŭ] *f* Putzfrau *f*, Raumpflegerin *f*.

poezelig ['pu:zələx] mollig.

poëzie [po·e:'zi:] *f* Poesie *f*, Dichtkunst *f*; **~album** [-ɑlbəm] (*-s*) *n* Poesiealbum *n*.

pof[1] [pɔf] (*-fen*) *m* Puff *m*, Stoß *m*; **~**[2] *f* Bausch *m*; *op de ~* F auf Pump; **~broek** [-bru·k] *f* Pumphose *f*; **~fen** [-fə(n)] puffen; pumpen, borgen; *Kastanien* braten; **~fer** [-fər] (*-s*) *m* Kräpfchen *n*, Puffer *m*; **~mouw** [-mɑŭ] *f* Puffärmel *m*.

pogen ['po:ɣ̊ə(n)] versuchen; sich bemühen; **~ging** [-ɣ̊ɪŋ] *f* Versuch *m*; Bemühung *f*; *~ tot moord* Mordversuch *m*.

pok [pɔk] (*-ken*) Pocke *f*, Blatter *f*; **~achtig** [-ɑxtəx] pocken-, blatterartig; **~dalig** [-'da:ləx] pocken-, blatternarbig.

poken ['po:kə(n)] (an)schüren.

pokken ['pɔkə(n)] *pl.* Pocken *f/pl.*, Blattern *f/pl.*; **~briefje** [-bri:fjə] (*-s*) *n* Impfschein *m*; **~epidemie** [-e·pi·de·'mi:] (*-ën*) *f* Pockenepidemie *f*.

pol [pɔl] (*-len*) *m* Büschel *n*.

polair [po·'lɛ:r] polar; Polar-; *~e luchtstromingen* Polarluft *f*, Polarwind *m*.

polari|satie *a.* **-zatie** [po·la·ri·'za:-si:] (*kein pl.*) *f* Polarisation *f*; **~seren** *a.* **-zeren** [-'ze:rə(n)] polarisieren.

polder ['pɔldər] (*-s*) *m* Polder *m*; **~gemaal** [-ɣ̊əma:l] (*-malen*) *n*, **~molen** [-mo:lə(n)] (*-s*) *m* Poldermühle *f*.

polemiek [pɔle·'mi·k] *f* Polemik *f*.

Polen ['po:lə(n)] *n* Polen *n*.

poliep [pɔ'li·p] *f* Polyp *m*; *~en* Nasenpolyp *m*, Nasenwucherung *f*; *de ~en wegnemen (snijden)* Polypentfernung *f*.

polijst|en [pɔ'lɛĭstə(n)] polieren, glätten; **~steen** [-ste:n] (*-stenen*) *m* Polierstein *m*, Schleifstein *m*.

polis ['po:ləs] (*-sen*) *f* Police *f*; *een ~ opmaken* e-e Police ausstellen; *~ tegen alle schade* Kaskoversicherung *f*.

politicus [pɔ'li·ti·kəs] (*-tici*) *m* Politiker *m*; *fig.* ein schlauer Fuchs.

politie [pɔ'li·si:] *f* Polizei *f*; **~agent** [-ɑɣ̊ɛnt] *m* Polizist *m*, Schutzmann *m*; **~blad** [-blɑt] *n* Fahndungsblatt *n*; **~bureau** [-by·ro·] (*-'s*) *n* Polizeiamt *n*, Polizeirevier *n*.

politiek [pɔli·'ti·k] politisch; *fig.* schlau, klug; *Su. f* Politik *f*; *~e gevangene* politische(r) Gefangene(r) *m*.

politie|omroep [pɔ'li·si·ɔmru·p] *m* Polizeifunk *m*; **~patrouille** [-pa·-tru·ĭjə] (*-s*) *f* (Polizei-)Streife *f*; **~penning** [-pɛnɪŋ] *m* Polizeimarke *f*; **~post** [-pɔst] *m* Polizeiwache *f*; **~rechter** [-rɛxtər] (*-s*) *m* Untersuchungsrichter *m*; Schnellrichter *m*; **~toezicht** [-tu:zɪxt] *n* Polizeiaufsicht *f*; **~verordening** [-v̊ərɔrdənɪŋ] *f* Polizeiverordnung *f*; **~wagen** [-ʋa:ɣ̊ə(n)] (*-s*) *m* Streifenwagen *m*, Funkwagen *m*.

politoeren [pɔli·'tu:rə(n)] polieren.

polka ['pɔlka·] (*-'s*) *m u. f* Polka *f*.

pollepel ['pɔle:pəl] (*-s*) *m* Koch-, Schöpflöffel *m*.

pollutie [pɔ'ly:si:] (*-s*) *f* Pollution *f*;

Verschmutzung *f*, Verunreinigung *f*.

polohemd ['po:lo·hɛmt] *n* Polohemd *n*, Polobluse *f*.

polonaise [pɔlɔ'nɛ:zə] (-*s*) *f* Polonäse *f*.

pols [pɔls] *m* Puls *m*; Handgelenk *n*; **~ader** [-a:dər] (-*s*) *f* Pulsader *f*; **~en** [-ə(n)] den Puls fühlen; *fig.* nachfragen, herausfinden; *iemand ~ fig.* bei j-m auf den Busch klopfen, j-m auf den Zahn fühlen; **~horloge** [-hɔrlo:ʒə] (-*s*) *n* Armbanduhr *f*; **~slag** [-slɑx] *m* Pulsschlag *m*; **~stok** [-stɔk] (-*ken*) *m* Stab *m*, Springstange *f*; **~stokspringen** [-stɔksprıŋə(n)] Stabhochsprung *m*.

poly|chrom [pɔli·'kro:m] bunt, vielfarbig; **~ester** [-'jɛstər] *n* Polyester *n*; **~fonie** [-fo·'ni:] *f* Polyphonie *f*, Mehrstimmigkeit *f*; **~gaam** [-'ɣa:m] polygam; **~glot** [-'ɣlɔt] (-*ten*) *m* Polyglotte *m*; **~goon** [-'ɣo:n] (-*gonen*) *m* Polygon *n*, Vieleck *n*; **~meer** [-'me:r] polymer; **~merisatie** *a.* **~zatie** [-me·ri·'za:-si:] (-*s*) *f* Polymerisation *f*.

Poly|nesiër [pɔli·'ne:zi·(j)ər] (-*s*) *m* Polynesier *m*; **~nesisch** [-'ne:zi·s] polynesisch.

poly|technisch [pɔli·'tɛxni·s] polytechnisch; **~t(h)eïsme** [-te·(j)i·smə] *n* Polytheismus *m*.

pomerans [pɔmə'rɑns] *f* Pomeranze *f*; Queueleder *n*.

pommade [pɔ'ma:də] (-*s*) *f* Pomade *f*.

pommes [pɔm]: *~ frites* [-fri·t] *a.* [[fri·ts] *pl.* pommes frites, Pommes frites *pl.*; *~ sautées* [-so:'te:] *pl.* Röstkartoffeln *pl.*

pomp [pɔmp] *f* Pumpe *f*; *loop naar de ~* scher dich zum Teufel!; **~bak** [-bɑk] (-*ken*) *m* Pumpenkasten *m*; **~bediende** [-bədi:ndə] (-*n u.* -*s*) *m* Tank(stellen)wart *m*.

pompelmoes ['pɔmpəlmu:s] (-*moezen*) *f* Pampelmuse *f*.

pompen ['pɔmpə(n)] pumpen.

pompernikkel [pɔmpər'nıkəl] (-*s*) *m* Pumpernickel *n*.

pompeus [pɔm'pø:s] pompös.

pompier [pɔm'pi:r] (-*s*) *m* Feuerwehrmann *m*; *de ~s* Feuerwehr *f*.

pompklep ['pɔmpklɛp] (-*pen*) *f* Pumpenventil *n*.

pompoen [pɔm'pu:n] *m* Kürbis *m*.

pomp|station ['pɔmpstɑs'jən] (-*s*) *n* Wasserwerk *n*, Pumpstation *f*, Tankstelle *f*, Zapfsäule *f*; **~water** [-ʋa:tər] *n* Brunnenwasser *n*; **~zuiger** [-səyɣər] (-*s*) *m* Pumpenkolben *m*; **~zwengel** [-sʋɛŋəl] (-*s*) *m* Pumpenschwengel *m*.

pon [pɔn] (-*nen*) *m* Nachthemd *n*.

pond [pɔnt] *n* Pfund *n*; *~ sterling* Pfund Sterling *n*; *het ~*, *per ~ ...* das Pfund, je Pfund; pfundweise.

ponjaard ['pɔŋja:rt] (-*s u.* -*en*) *m* Dolch *m*.

pons [pɔns] *m* Stanze *f*; **~en** [-ə(n)] stanzen, punzen; **~kaart** [-ka:rt] Lochkarte *f*.

pont [pɔnt] *f* Fähre *f*, Fährschiff *n*.

pontificaal *a.* **-kaal** [pɔnti·fi·'ka:l] in vollem Ornat.

ponton [pɔn'tɔn] (-*s*) *m* Ponton *m*; **~brug** [-brɵx] (-*gen*) *f* Pontonbrücke *f*.

pony ['pɔni·] (-*'s*) *m* Pony *m*; **~haar** [-ha:r] *n* Ponyhaar *n*, Ponylocke *f*/*pl.*

pook [po:k] (*poken*) *m u. f* Schüreisen *n*.

pool[1] [po:l] (*polen*) *f* Pol *m*.

Pool[2] *m* Pole *m*.

pool [pu:l] (-*s*) *m* Kartell *n*.

pool|cirkel ['po:lsi·rkəl] (-*s*) *m* Polarkreis *m*; **~reiziger** [-rɛĭzəɣər] (-*s*) *m* Polarforscher *m*.

Pools [po:ls] polnisch; *Su. n* Polnisch *n*; **~e** [-ə] (-*n*) *f* Polin *f*.

poolshoogte ['po:lsho:xtə] *f* Polhöhe *f*; *~ nemen fig.* sich erkundigen, auf den Busch klopfen.

pool|ster ['po:lstɛr] *f* Polarstern *m*; **~streek** [-stre:k] (-*streken*) *f* Polargegend *f*; **~zee** [-ze:] (-*ën*) *f* Polarmeer *n*.

poort [po:rt] *f* Tor *n*, Pforte *f*; **~er** [-ər] (-*s*) *m* Städter *m*, Bürger *m*; **~geld** [-xɛlt] *n* Torgeld *n*; **~wachter** [-ʋɑxtər] (-*s*) *m* Torwächter *m*.

poos [po:s] (*pozen*) *f* Weile *f*; *een hele ~* e-e geraume Zeit; *bij pozen* dann und wann; **~je** [-ʃə] (-*s*) Weilchen *n*; *het duurt nog een ~* es dauert noch e-e Weile.

poot[1] [po:t] (*poten*) *m* Pfote *f*; Fuß *m*, Tatze *f*; (*Stuhl*) Bein *n*; *op zijn achterste poten spelen* schimpfen, aufbegehren; poltern; *op zijn poten staan fig.* Hand und Fuß haben; *op zijn poten zetten* F in Ordnung bringen; **~**[2] *f* Setzling *m*, Steckling *m*; **~aardappel** [-a:rdɑpəl] (-*s u.* -*en*) *m* Pflanz-

Saatkartoffel *f*; **~je** [-jə] (*-s*) *n* Pfötchen *n*; *het ~ hebben* die Podagra haben; *met hangende ~s* demütig; **~ziekte** [-si·ktə] *f* Maul- und Klauenseuche *f*.

pop[1] [pɔp] (*-pen*) *f* Puppe *f*; (*Insekt*) Larve *f*; (*Vogel*) Weibchen *n*; **~**[2] *m* F Gulden *m*; *toen gingen de ~pen aan 't dansen* da ging der Spektakel los.

pope ['po:pə] (*-n u. -s*) *m* Pope *m*.

popelen ['po:pələ(n)] zittern, beben; *Herz*: klopfen, schlagen.

poppe|goed ['pɔpəɣu·t] *n* Puppenzeug *n*; **~nkast** [-(n)kɑst] *f* Puppen-, Marionetten-, Kasperletheater *n*; (*Schimpfwort*) Zirkus *m*, Theater *n*.

populair [pɔpy·'lɛ:r] populär, beliebt, volkstümlich.

populier [pɔpy·'li:r] *m* Pappel *f*.

por [pɔr] (*-ren*) *m* Stoß *m*, Puff *m*; (*Studentensprache*) Mädchen *n*.

poreus [pɔ'rø:s] porös, porig.

porfier [pɔr'fi:r] *n* Porphyr *m*.

porie ['po:ri:] (*-ën*) *f* Pore *f*.

porno|grafie [pɔrno·ɣra·'fi:] *f* Pornographie *f*, Porno *m*; **~grafisch** [-'ɣra:fi·s] pornographisch; Porno-; obszön, unzüchtig.

porren ['pɔrə(n)] schüren, stochern; anstacheln.

porselein [pɔrsə'lɛin] *n* Porzellan *n*; **~en** [-ə(n)] porzellanen, Porzellan-; **~winkel** [-ʋɪŋkəl] (*-s*) *m* Porzellanladen *m*.

port[1] [pɔrt] *n u. m* Porto *n*, Postgebühr *f*.

port[2] *m* Portwein *m*.

portaal [pɔr'ta:l] (*-talen*) *n* Portal *n*; Diele *f*, Vestibül *n*, Flur *m*; Treppenabsatz *m*.

portefeuille [pɔrtə'fœi(j)] (*-s*) *m* Brief-, Geldtasche *f*; *Hdl.* Portefeuille *n*; Mappe *f*; *minister zonder ~* Minister *m* ohne Geschäftsbereich.

portemonnaie *a.* **-nee** [pɔrtəmɔ'ne:] (*-s*) *m* Portemonnaie *n*, Geldbörse *f*, Geldtasche *f*.

portie ['pɔrsi:] (*-s*) *f* Portion *f*; Teil *m u. n*, Anteil *m*; *ik heb mijn ~ gehad* mir reicht's.

portiek [pɔr'ti·k] *f* Torbogen *m*; Portal *n*; Säulengang *m*.

portier[1] [pɔr'ti:r] (*-s*) *m* Portier *m*, Pförtner *m*, Hausmeister *m*.

portier[2] (*-en*) *n* Wagenschlag *m*, Wagentür *f*; (*Magen*) Pförtner *m*.

portière [pɔrt'jɛ:rə] (*-s*) *f* Portiere *f*, (Tür-)Vorhang *m*.

portiers|hokje [pɔr'ti:rshɔkjə] (*-s*) *n*, **~loge** [-lo:ʒə] (*-s*) *f* Pförtnerloge *f*.

porto ['pɔrto:] (*-'s u. -ti*) *n u. m* Portwein *m*.

portret [pɔr'trɛt] (*-ten*) *n* Fotografie *f*, Bild *n*; (*gemalt*) Bildnis *n*, Porträt *n*; **~schilder** [-sxɪldər] (*-s*) Porträtmaler *m*; **~teren** [-'te:rə(n)] fotografieren; porträtieren.

Portugees [pɔrty·'ɣe:s] portugiesisch; *Su. n* Portugiesisch *n*; *Su.* (*-gezen*) *m* Portugiese *m*.

portvrij ['pɔrtfrɛi] portofrei, gebührenfrei.

pose ['po:zə] (*-s u. -n*) *f* Pose *f*, Stellung *f*, Haltung *f*; **~ren** [po·'ze:rə(n)] posieren, Haltung annehmen; *e-m Maler* sitzen.

positie [po·'zi·si:] (*-s*) *f* Position *f*, Stellung *f*, Lage *f*; (*Amt*) Stelle *f*; *in ~ zijn* in anderen Umständen sein; **~oorlog** [-o:rlɔx] *m* Stellungskrieg *m*.

posi|tief [po·zi'ti:f] positiv; *Su.* (*-tieven*) *m Gr.* Positiv *m*; *n* Positiv (-bild) *n*; **~tieven** [-'ti:v̥ə(n)] *pl.*: *niet bij zijn ~ zijn* bewußtlos sein; *weer bij zijn ~ komen* wieder zu sich kommen.

post[1] [pɔst] *m* Amt *n*, Stellung *f*, Posten *m*; *mil. u. Hdl.* Posten *m*; (*Tür usw.*) Pfosten *m*; **~**[2] *f* Post *f*, Postamt *n*; Briefpost *f*; **~bestuur** [-bəsty:r] (*-sturen*) *n* Postverwaltung *f*; **~bode** [-bo:də] (*-n u. -s*) *m* Postbote *m*, Briefträger *m*; **~bus** [-bəs] (*-sen*) *f* Postfach *n*; **~cheque** *a.* **-check** [-ʃɛk] (*-s*) *m* Postscheck *m*; *per ~* durch Postscheck; **~checkambt** [-ʃɛkɑmt] *n* Postscheckamt *n*; **~checkdienst** [-ʃɛgdi:nst] *m* Postscheck- und Giroverkehr *m*; **~en** [-ə(n)] in den (Brief-)Kasten werfen; auf die Post tragen; Streikposten stehen; **~erijen** [-ə'rɛi(j)ə(n)] *pl.* Postdirektion *f*, Postwesen *n*.

postiljon [pɔsti·l'jɔn] (*-s*) *m* Postillion *m*.

postjesjagerij [pɔʃəsja:ɣə'rɛi] *f* Postenklüngel *m*.

post|kantoor ['pɔstkɑnto:r] (*-toren*) *n* Postamt *n*; **~kwitantie** [-kʋi·tɑnsi:] (*-s*) *f* Postauftrag *m*; **~liggend** [-lɪɣənt] postlagernd; **~merk** [-mɛrk] *n* Postzeichen *n*, Poststempel *m*; *datum als ~* Postdatum *n*,

Datum des Poststempels; **~nummer** [-nømər] (*-s*) *n* Postleitzahl *f*; **~pakket** [-pɑkɛt] (*-ten*) *n* Postpaket *n*; **~papier** [-pɑpi:r] *n* Briefpapier *n*; **~scriptum** [-skrɪptøm] (*-s u. -ta*) *n* Postskriptum *n*; **~tarief** [-tɑri:f] (*-rieven*) *n* Posttarif *m*; **~unie** [-y:ni:] *f* Weltpostverein *m*.

postuum [pɔs'ty:m] postum, nachgelassen.

postuur [pɔs'ty:r] (*-turen*) *n* Gestalt *f*, Figur *f*, Wuchs *m*; *van flink ~* von stattlicher Gestalt; *zich in ~ zetten* sich in Positur setzen; *in een raar (vies) ~ zijn* e-e traurige Figur spielen.

post|wissel ['pɔstʋɪsəl] (*-s*) *m* Postanweisung *f*; **~zegel** [-se:ɣ̑əl] (*-s*) *m* Briefmarke *f*, Freimarke *f*; **~zegelverzameling** [-se:ɣ̑əlv̑ərza:məlɪŋ] *f* Briefmarkensammlung *f*.

pot [pɔt] (*-ten*) *m* Topf *m*; (*Spiel*) Einsatz *m*, Stamm *m*; (*für Getränke*) Schoppen *m*; **~aarde** [-a:rdə] *f* Tonerde *f*.

potas ['pɔtɑs] *f* Potasche *f*.

pot|dicht ['pɔdɪxt] fest verschlossen; **~doof** ['pɔdo:f] stocktaub.

poten ['po:tə(n)] pflanzen, setzen.

poten|taat [pɔtən'ta:t] (*-taten*) *m* Potentat *m*; **~tie** [pɔ'tɛnsi:] *f* Potenz *f*; **~tieel** [pɔtəns'je:l] potentiell; Potential-.

poteren ['po:tərə(n)] F mogeln.

potig ['po:təx] robust, stämmig.

pot|kachel ['pɔtkɑxəl] (*-s*) *f* Kanonenofen *m*; **~kijker** [-kɛĭkər] (*-s*) *m* Topfgucker *m*.

potlood ['pɔtlo:t] (*-loden*) *n* Bleistift *m*; Ofenschwärze *f*; **~slijper** [-slɛĭpər] (*-s*) *m* Bleistiftspitzer *m*.

potpourri [pɔ(t)pu·'ri·] (*-'s*) *n u. m* Potpourri *n*.

pot|scherf ['pɔtsxɛrf] (*-scherven*) *f* Topfscherbe *f*; **~schrapper** [-sxrɑpər] (*-s*) *m* Topfkratzer *m*.

potsierlijk [pɔt'si:rlək] possierlich.

potten ['pɔtə(n)] eintopfen; *fig. Geld* zurücklegen, horten; **~bakkerij** [-bɑkə'rɛĭ] *f* Töpferei *f*; **~winkel** [-ʋɪŋkəl] (*-s*) *m* Eisenladen *m*, Haushaltwaren(geschäft *n*) *f*/*pl*.

potvis ['pɔtfɪs] (*-sen*) *m* Pottfisch *m*.

poularde [pu·'lɑrdə] (*-s*) *f* Poularde *f*, Masthuhn *n*.

pover ['po:v̑ər] ärmlich, dürftig.

pozen ['po:zə(n)] verweilen, rasten.

Praag [pra:x] *n* Prag *n*; **~s** [-s] Prager ...

praaien ['pra:ĭ(j)ə(n)] *mar.* (anpreien.

praal [pra:l] *f* Pracht *f*, Prunk *m*, Pomp *m*; **~gewaad** [-ɣ̑əʋa:t] (*-waden*) *n* Staatskleid *n*; **~graf** [-ɣ̑rɑf] (*-graven*) *n* Grabmal *n*; **~hans** [-hɑns] (*-hanzen*) *m* Prahlhans *m*; **~vertoon** [-v̑ərto:n] *n* Prachtaufwand *m*.

praam [pra:m] (*pramen*) *f* Prahm *m*.

praat [pra:t] *m* Geplauder *n*, Geschwätz *n*; *dat is ~ voor de vaak* alles Flausen!; *iemand aan de ~ houden* j-n hinhalten; **~graag** [-xra:x] geschwätzig; **~je** [-jə] (*-s*) *n* Plauderei *f*; Gerede *f*; *een ~ voeren* gemütlich plaudern, sich gemütlich unterhalten; *~s!* Ausflüchte!; dummes Zeug!, Klatsch!; **~paal** [-pa:l] (*-palen*) *m* Notrufsäule *f*; **~ziek** [-si·k] geschwätzig; **~zucht** [-søxt] Geschwätzigkeit *f*.

pracht [prɑxt] *f* Pracht *f*; **~band** [-bɑnt] *m* Prachteinband *m*, Prachtausgabe *f*; **~ig** [-əx] prachtvoll, wundervoll, herrlich; prächtig; **~uitgave** [-əʏtxa:v̑ə] (*-n*) *f* Prachtausgabe *f*.

prac|ticum ['prɑktɪkøm] (*-s u. -tica*) *n* Praktikum *n*; Übungsstunde *f*; **~tijk** *s. praktijk.*

prae- *s. a. pre-.*

praeadvies *s. preadvies.*

praedicaat *s. predikaat.*

praeses ['pre:zəs] (*-sen u. praesides*) *m* Präses *m*; Vorstand *m*; Vorsitzende(r) *m*, Präsident *m*.

prairie ['prɛ:ri·] (*-ën u. -s*) *f* Prärie *f*.

prakkezeren *a.* **prakkizeren** [prɑkə'ze:rə(n)] (nach)sinnen, grübeln.

prak|tijk]prɑk'tɛĭk] *f* Praxis *f*; *~en* Intrigen *f*/*pl.*; Umtriebe *m*/*pl.* Kniffe *m*/*pl.*; *in de ~ brengen* in Anwendung bringen; *uit de ~* aus Erfahrung, erfahrungsgemäß; **~tisch** [-ti·s] praktisch; **~tizeren** [-tɪ'ze:rə(n)] praktizieren; *~d geneesheer* praktischer Arzt.

pra|len ['pra:lə(n)] prahlen, großtun; renommieren; glänzen; **~lerij** [-lə'rɛĭ] *f* Prahlerei *f*, Großtuerei *f*.

pramen ['pra:mə(n)] anmahnen, auffordern; *fig.* wiederholt aufs Tapet bringen.

prangen ['prɑŋə(n)] drücken, pressen.

prat [prɑt]: ~ *gaan op* stolz sein auf *A*.
praten ['pra:tə(n)] reden, sprechen; plaudern, schwatzen; *je hebt mooi* ~ du hast gut reden.
prauw [prɑŭ] *f mar*. Prau *f*.
preadvies ['pre·(j)ɑdv̂i:s] (*-viezen*) *n* vorläufiges Gutachten *n*.
prebende [pre·'bɛndə] (*-n*) *f* Pfründe *f*.
precair [pre·'kɛ:r] prekär; bedenklich, schwierig; unsicher.
precedent [pre·se·'dɛnt] *n* Präzedens *n*, Präzedenzfall *m*.
precies [prə'si:s] genau; pünktlich.
precisiewerk [prə'si·zi·ʋɛrk] *n* Präzisionsarbeit *f*.
predestinatie [pre·dɛsti·'na:si:] *f* Prädestination *f*, Vorbestimmung *f*.
predikaat [pre·di·'ka:t] (*-katen*) *n* Prädikat *n*; Satzaussage *f*; Titel *m*.
predi|kant [pre·di·'kɑnt] *m* Prediger *m*; Pfarrer *m*, Pastor *m*; **~katie** [-'ka:si:] (*-s u. -ën*) *f* Predigt *f*.
predik|en ['pre·dəkə(n)] predigen; **~heer** [-he:r] (*-heren*) *m* Dominikaner *m*.
preek [pre:k] (*preken*) *f* Predigt *f*; **~stoel** [-stu:l] *m* Kanzel *f*.
prees [pre:s] *s. prijzen*.
prefab ['pre:fɑp] (*-s*) *n* Fertighaus *n*.
prefect *a.* **-fekt** [pre·-], *a.* [prəfɛkt] *m* Präfekt *m*; Athenäums-, Lyzeumsdirektor *m*.
prefe|rent [pre·fə'rɛnt] bevorzugt; *~e lening* Prioritätsanleihe *f*; **~rentie** [-'rɛnsi:] (*-s*) *f* Präferenz *f*, Vorrecht *n*; **~reren** [-'re:rə(n)] vorziehen.
prefix [pre·'fi·ks] *n Gr*. Präfix *n*, Vorsilbe *f*.
pregnant [prɛx'nɑnt] prägnant; sinnvoll.
prei [prɛĭ] *f* Porree *m*.
prelaat [prə'la:t] (*-laten*) *m* Prälat *m*.
preludium [pre·'ly:di·(j)əm] (*-s u. -dia*) *n* Präludium *n*, Vorspiel *n*.
premie ['pre:mi·] (*-s*) *f* Prämie *f*; **~handel** [-hɑndəl] *m* Prämienhandel *m*, Prämiengeschäft *n*; **~trekking** [-trɛkıŋ] *f* Prämienziehung *f*.
premier [prəm'je:] (*-s*) *m* Premier *m*, Premierminister *m*; Ministerpräsident *m*.
première [prəm'jɛ:rə] (*-s*) Premiere *f*, Uraufführung *f*, Erstaufführung *f*.
premisse [pre·'mısə] (*-n*) *f* Prämisse *f*, Voraussetzung *f*.
prent [prɛnt] *f* Bild *n*; (Kupfer-) Stich *m*; **~briefkaart** [-bri:fka:rt] *f* Ansichtskarte *f*.
prenten ['prɛntə(n)] drucken; *in 't geheugen* ~ einprägen; **~boek** [-bu·k] *n* Bilderbuch *n*; **~kabinet** [-kɑbi·nɛt] (*-ten*) *n* Kupferstichkabinett *n*; **~verhaal** [-v̂ərha:l] (*-halen*) *n* Bilderfolge *f*, Comics *pl.*, Comic strips *pl.*
prepa|raat [pre·pɑ'ra:t] (*-raten*) *n* Präparat *n*; **~reren** [-'re:rə(n)] präparieren, vorbereiten; zurechtmachen.
present *a.* **-zent** [prə'zɛnt] *n* Geschenk *n*; **~abel** [-'ta:bəl] präsentabel, ansehnlich, stattlich; **~eren** [-'te:rə(n)] präsentieren, anbieten; vorstellen, vorzeigen; **~exemplaar** [-ɛksɛm'pla:r] *n* Freiexemplar *n*.
presentie *a.* **-zen-** [prə'zɛnsi:] *f* Präsenz *f*, Anwesenheit *f*; **~geld** [-ɣ̂ɛlt] *n* Tagegeld *n*; Diäten *pl.*
preses *s. praeses*.
presi|dent [pre·zı'dɛnt] *m* Präsident *m*, Vorsitzende(r) *m*; **~deren** [-'de:rə(n)] den Vorsitz haben, präsidieren.
presseren [prɛ'se:rə(n)] drängen, eilen.
pressie ['prɛsi:] (*-s*) *f* Druck *m*, Zwang *m*; **~groep** [-ɣ̂ru·p] *f* Lobby *f u. m.*
pres|tatie [prɛs'ta:si:] (*-s*) *f* Leistung *f*; *verplichte* (*zucht naar*) ~ Leistungsdruck *m*; **~tatiesport** [-'ta:si·spɔrt] *f* Leistungssport *m*; **~teren** [-'te:rə(n)] leisten; **~tige** [-'ti:ʒə] *n* Ansehen *n*, Geltung *f*.
pret [prɛt] *f* Spaß *m*, Freude *f*; *voor de* ~ zum Spaß.
pretendent [pre·tən'dɛnt] *m* Prätendent *m*.
pretentieus [prəten'sjø:s] anmaßend; anspruchsvoll.
prettig ['prɛtəx] angenehm; fröhlich; gemütlich; *ik vind het* ~ ich finde es herrlich; *ik voel mij niet erg* ~ mir ist nicht recht wohl.
preuts [prø:ts] prüde, geziert, zimperlich.
prevelen ['pre:v̂ələ(n)] murmeln.
preventief [pre·v̂ən'ti:f] präventiv, vorbeugend, zuvorkommend; *preventieve oorlog* Präventivkrieg *m*; *preventieve hechtenis* Untersuchungshaft *f*.
prieel [pri·'je:l] (*priëlen*) *n* Laube *f*.

priem [priːm] *m* Pfriem *m*, Ahle *f*.
priemgetal [priːmɣ̂ətɑl] (*-len*) *n* Primzahl *f*.
priester ['priːstər] (*-s*) *m* Priester *m*; **~wijding** [-ʋɛĭdıŋ] *f* Priesterweihe *f*.
prijken ['prɛĭkə(n)] prangen, prunken; prahlen.
prijs [prɛĭs] (*prijzen*) *m* Preis *m*; (*Lotterie*) Treffer *m*, Gewinn *m*; *mar*. Prise *f*, Beute *f*; *dalende prijzen* sinkende Preise; *tegen kostende prijzen* zum Selbstkostenpreis; **~bederver** [-bədɛrv̂ər] (*-s*) *m* Preisverderber *m*, Preisbrecher *m*; **~daling** [-daːlıŋ] *f* Preissenkung *f*; Preissturz *m*; **~lijst** [-lɛĭst] *f* Preisliste *f*; **~opgave** [-ɔpxaːv̂ə] (*-n*) *f* Preisangabe *f*; Offerte *f*; **~stijging** [-stɛĭɣıŋ] *f* Preiserhöhung *f*, Preissteigerung *f*; **~uitdeling** [-əʏdeːlıŋ] *f* Preisverteilung *f*; **~vermindering** [-fərmındərıŋ] *f* Preisermäßigung *f*; **~verschil** [-fərsxıl] (*-len*) *n* Preisunterschied *m*; **~vraag** [-fraːx] (*-vragen*) *f* Preisaufgabe *f*, Preisausschreiben *n*; **~winnaar** [-ʋınaːr] (*-s*) *m* Preisgewinner *m*, Preisträger *m*; Sieger *m*.
prijzen[1] [prɛĭzə(n)] (*prijsde, geprijsd*) den Preis angeben.
prijzen[2] (*prees, geprezen*) loben, preisen, rühmen; *zich gelukkig ~* sich glücklich schätzen; **~swaardig** [-s'ʋaːrdəx] lobenswert, rühmenswert.
prik[1] [prık] *f* Spitze *f*, Stachel *m*; **~**[2] *m* Stich *m*; **~je** [-jə] (*-s*) *n*: een *~* ein wenig, ein bißchen; *voor een ~* spottbillig; *fig*. für ein Butterbrot.
prikkel ['prıkəl] (*-s u. -en*) *m* Stachel *m*; Reiz *m*; Ansporn *m*; **~baar** [-baːr] reizbar, empfindlich; **~draad** [-draːt] *n u. m* Stacheldraht *m*; **~draadversperring** [-draːtfərspɛrıŋ] *f* Drahtverhau *m*; **~en** [-ə(n)] prickeln; *fig*. reizen, anregen; **~ing** [-ıŋ] *f* Prickeln *n*; *fig*. Reiz *m*, Kitzel *m*; **~lectuur** *a*. **-lek-** [-lɛktyːr] *f* Schundliteratur *f*.
prik|ken ['prıkə(n)] stechen; **~klok** [-klɔk] (*-ken*) *f* Kontrolluhr *f*, Stechuhr *f*; **~tol** [-tɔl] (*-len*) *m* Kreisel *m*.
prima ['priːmaˑ] prima, erstklassig.
primaat [priˑ'maːt] (*-maten*) *m* Primas *m*.
prima-donna [priˑmɑ'dɔnɑ] (*-'s*) *f* Primadonna *f*.
primair [priˑ'mɛːr] primär, Primär-; *~e graad* Grundstufe *f*; *~e kleuren* Grundfarben *f/pl*.; *~e energie* Primärenergie *f*; *~ net* Hochspannungsnetz *n*.
primeurs [priˑ'møːrs] *f/pl*. Frühjahrsfrüchte *f/pl*., erste(s) Gemüse *n*.
primitief [priˑmiˑ'tiːf] primitiv; urtümlich; einfach, dürftig.
primula ['priˑmyˑlaˑ] (*-'s*) *f* Primel *f*, Schlüsselblume *f*.
principaal [prınsiˑ'paːl] (*-palen*) *m* Chef *m*; Auftraggeber *m*.
prin|ciep [prın'siˑp] *n*, **~cipe** [-'siˑpə] (*-s*) *n* Prinzip *n*, Grundsatz *m*; *in ~* grundsätzlich; **~cipiëel** [-siˑ'pjeːl] prinzipiell, grundsätzlich.
prins [prıns] *m* Prinz *m*; **~es** [-'sɛs] (*-sen*) *f* Prinzessin *f*.
princessenbonen [prın'sɛsə(n)boːnə(n)] *pl*. Brech-, Prinzeßbohnen *f/pl*.
prins-regent ['prınsrə'ɣɛnt] *m* Prinzregent *m*.
prioriteitsrecht [priˑ(j)ɔriˑ'tɛĭtsrɛxt] *n* Vorrecht *n*.
privaat [priˑ'v̂aːt] privat; *Su*. (*-vaten*) *n* Toilette *f*, *bsd*. Klosett *n*, Abort *m*; **~docent** [-doˑsɛnt] *m* Privatdozent *m*.
privé [priˑ'v̂eː] privat, Privat-; **~les** [-lɛs] (*-sen*) *f* Privatstunde *f*; **~rekening** [-reːkənıŋ] *f* Privatkonto *n*.
probaat [proˑ'baːt] erprobt, bewährt.
proberen [proˑ'beːrə(n)] probieren, versuchen.
probleem [proˑ'bleːm] (*-blemen*) *n* Problem *n*, Frage *f*, Aufgabe *f*.
procédé [proˑ'seːdeː] (*-s*) *n* Verfahren *n*.
proce|deren [proˑseˑ'deːrə(n)] prozessieren, e-n Prozeß anstrengen, führen; **~dure** [-'dyːr(ə)] (*-d*) *f* Prozedur *f*, Verfahren *n*; (Prozeß-) Verhandlung *f*.
procent [proˑ'sɛnt] *n* Prozent *n*.
proces [proˑ'sɛs] (*-sen*) *n* Prozeß *m*, Vorgang *m*, Verlauf *m*; *jur*. Prozeß *m*, Rechtsstreit *m*, Gerichtsverfahren *n*; **~kosten** [-kɔstə(n)] *pl*. Verfahrenskosten *pl*., Prozeß-, Gerichtskosten *pl*.
processie [proˑ'sɛsiː] (*-s*) *f* Prozession *f*.
proces|stuk [proˑ'sɛstøk] (*-ken*) *n* Prozeßakte *f*; **~verbaal** [-fər'ba

(*-balen*) *n*, **~-verbaal** (*processen-verbaal*) *n* Protokoll *n*; een ~ *krijgen* aufgeschrieben werden.
procla|matie *a.* **-kla-** [pro·kla·ˈma:si:] (*-s*) *f* Proklamation *f*; **~meren** [-ˈme:rə(n)] proklamieren.
procuratie *a.* **-ku-** [pro·ky·ˈra:si:] (*-s*) *f* Prokura *f*; **~houder** [-haudər] (*-s*) *m* Prokurist *m*.
procureur *a.* **-ku-** [pro·ky·ˈrø:r], *a.* [-ˈrœ:r] (*-s*) *m* Prozeßbevollmächtigte(r) *m*; Staatsanwalt *m*; **~-generaal** [-ɣe·nəˈra:l] (*-reurs-generaal*) *m* Oberstaatsanwalt *m*.
pro deo [pro·ˈde:jo·] unentgeltlich, kostenfrei; armenrechtlich; *Su.* (*-'s*) *n* Pflichtmandat *n*; **~-advocaat** *a.* **-kaat** [-ɑtfo·ka:t] (*-katen*) *m* Pflichtverteidiger *m*.
produ|ceren [pro·dy·ˈse:rə(n)] produzieren, herstellen, erzeugen; **~cent** [-ˈsɛnt] *m* Produzent *m*, Erzeuger *m*, Hersteller *m*.
produkt *a.* **-duct** [pro·ˈdɵkt] *n* Produkt *n*, Erzeugnis *n*; **~ie** [-ˈdɵksi:] *f* Produktion *f*, Erzeugung *f*, Herstellung *f*; **~ief** [-ˈti:f] produktiv; ergiebig; **~iviteit** [-i·vi·ˈtɛit] *f* Produktivität *f*.
proef [pru:f] (*proeven*) *f* Probe *f*; *Phys. usw.* Experiment *n*, Versuch *m*; (*Ware*) Muster *n*; *op* ~ auf Probe, zur Probe; **~balans** [-bɑlɑns] *f* Rohbilanz *f*; **~ballon** [-bɑlɔn] (*-s*) *m* Versuchsballon *m*; **~beetje** [-be:tjə] (*-s*) *n* Kostprobe *f*; **~blad** [-blɑt] *n Typ.* Probeabzug *m*, Korrekturbogen *m*; **~dier** [-di:r] *n* Versuchstier *n*; **~neming** [-ne:mɪŋ] *f* Versuch *m*, Experiment *n*; **~nummer** [-nɵmər] (*-s*) *n* Probenummer *f*, Probeheft *n*, Probeexemplar *n*.
proefondervindelijk [pru:fɔndərˈṽɪndələk] experimentell, Experimental-; erfahrungsgemäß.
proef|rit [ˈpru:frɪt] (*-ten*) *m* Probefahrt *f*; **~schrift** [-sxrɪft] *n* Dissertation *f*, Doktorarbeit *f*; **~station** [-sta·sjɔn] (*-s*) *n* Versuchsstation *f*; **~steen** [-ste:n] (*-stenen*) *m* Probierstein *m*; **~tijd** [-tɛit] *m* Probezeit *f*, Bewährungsfrist *f*; **~vlucht** [-flɵxt] *f* Probeflug *m*; **~werk** [-ʋɛrk] *n* Probearbeit *f*; Klassenarbeit *f*; **~en** *pl.* Examen *n*.
prof [prɔf] (*-s u. -fen*) *m* Professor *m*; *Sp.* Profi *m*.
proesten [ˈpru:stə(n)] prusten.
proeven [ˈpru:ṽə(n)] prüfen; schmecken, abschmecken, kosten.
pro|faan [pro·ˈfa:n] profan, weltlich; **~faneren** [-fa·ˈne:rə(n)] profanieren, entweihen.
profeet [prɔˈfe:t] (*-feten*) *m* Prophet *m*.
professional [prɔˈfɛʃənəl] (*-s*) *m Sp.* Berufssportler *m*, Berufsspieler *m*; F Profi *m*.
professor [pro·ˈfɛsər] (*-s u. -en*) *m* (Universitäts-)Professor *m*; ~ *in de medicijnen* Professor der Medizin; **~aat** [-ˈra:t] (*-raten*) *n* Professur *f*, Lehrstuhl *m*; een ~ *aanbieden* *j-n* berufen.
profe|teren [pro·fəˈte:rə(n)] prophezeien, weissagen; **~tes** [prɔfe·ˈtɛs] (*-sen*) *f* Prophetin *f*; **~tie** [-ˈsi:] (*-ën*) *f* Prophezeiung *f*; **~tisch** [-ˈfe:ti·s] prophetisch.
profiel [pro·ˈfi:l] *n* Profil *n*.
profijt [pro·ˈfɛit] *n* Profit *m*, Vorteil *m*, Gewinn *m*; Nutzen *m*; **~elijk** [-ələk] vorteilhaft; einträglich, ergiebig; ~ *met iets omgaan* (*omspringen*) schonend (sparsam) mit etw. umgehen.
profiteren [pro·fi·ˈte:rə(n)] profitieren (*van*/von), *etw.* benutzen, genießen; *van de gelegenheid* ~ die Gelegenheit ausnutzen.
pro forma [pro·ˈfɔrma·] pro forma, Proforma-; zum Schein; der Form wegen; anstandshalber.
profylactisch *a.* **-lak-** [pro·fi·ˈlɑkti·s] prophylaktisch, vorbeugend, verhütend.
prognose [prɔxˈno:zə] (*-s*) *f* Prognose *f*; (*Krankheitsverlauf*, *Wetter usw.*) Vorhersage *f*.
program|ma [pro·ˈɣrɑma·] (*-'s*) *n* Programm *n*; **~meur** [-ˈmø:r] (*-s*) *m* (*Computer*) Programmierer *m*.
progressief [prɔɣrɛˈsi:f] progressiv; fortschrittlich; stufenweise, gestaffelt.
project *a.* **-jekt** [pro·ˈjɛkt] *n* Projekt *n*, Entwurf *m*, Plan *m*; **~eren** [-ˈte:rə(n)] entwerfen, planen; (*Bilder, Film*) projizieren, vorführen; **~ie** [-ˈjɛksi:] (*-s*) *f* Projektion *f*; Vorführung *f*; **~ieapparaat** [-ˈjɛksi·ɑpɑra:t] (*-raten*) *n* Vorführgerät *n*, Projektionsapparat *m*.
pro|leet [pro·ˈle:t] (*-leten*) *m* Prolet *m*; **~letariaat** [-le·ta·ri·ˈja:t] *n* Pro-

letariat *n*; **~letariër** [-le·'ta:ri·(j)ər] (*-s*) *m* Proletarier *m*.
prolon|gatie [pro·lɔŋ'ɣa:si:] (*-s*) *f* Prolongation *f*, Verlängerung *f*; **~geren** [-'ɣe:rə(n)] prolongieren.
proloog [pro·'lo:x] (*-logen*) *m* Prolog *m*.
promesse [pro·'mɛsə] (*-n u. -s*) *f* Promesse *f*, Schuldverschreibung *f*; Solawechsel *m*, Eigenwechsel *m*.
promotie [pro·'mo:si:] (*-s*) *f* Promotion *f*; Aufstieg *m*, Beförderung *f*; **~wedstrijd** [-ʋɛtstrɛĭt] *m Sp.* Aufstiegsspiel *n*.
promoveren [pro·mo·'ʋe:rə(n)] promovieren; *Sp.* aufsteigen; *hij is gepromoveerd* er hat promoviert.
prompt [prɔmt] prompt, pünktlich.
pronk [prɔŋk] *m* Prunk *m*, Schmuck *m*, Zierde *f*, Pracht *f*; *te ~ staan (lopen)* zur Schau stehen (tragen); **~en** [-ə(n)] prunken, prahlen, prangen; renommieren; **~kamer** [-ka:mər] (*-s*) *f* Prunk-, Staatszimmer *n*; **~zucht** [-søxt] *f* Prunksucht *f*.
pronomen [pro·'no:mə(n)] (*-mina*) *n Gr.* Pronomen *n*, Fürwort *n*.
prooi [pro:ĭ] *f* Beute *f*; *een ~ der vlammen* ein Raub der Flammen; *ten ~ zijn aan* anheimfallen *D*.
proost [pro:st] *m* Probst *m*.
proost! [pro:st] *s. prosit.*
prop [prɔp] (*-pen*) Pfropf(en) *m*; Knebel *m*; *ik heb een ~ in de keel* es würgt mir im Halse; *op de ~pen komen met iets* etw. zur Sprache bringen, mit etw. auftauchen.
propaganda [pro·pa·'ɣanda·] *f* Propaganda *f*, Werbung *f*; **~kosten** [-kɔstə(n)] *pl.* Werbungskosten *pl.*; **~nummer** [-nømər] (*-s*) *n* Werbenummer *f*; **~tekst** [-tɛkst] *m* Werbetext *m*.
proper ['pro:pər] sauber, nett, reinlich; *~ en netjes* sauber und nett; *dat is niet heel ~ fig.* das ist nicht ganz in Ordnung.
propor|tie [pro·'pɔrsi:] (*-s*) *f* Proportion *f*, Verhältnis *n*; *naar (in) ~* verhältnismäßig; **~tioneel** [pro·pɔrsjɔ'ne:l] proportional, Proportional-; verhältnismäßig; *~ kiesstelsel* Verhältniswahl(system *n*) *f*.
propositie [pro·po·'zi:si:] (*-s*) *f* Vorschlag *m*, Antrag *m*.
proppeschieter ['prɔpəsxi:tər] (*-s*) *m* Blasrohr *n*; Klatschbüchse *f*.
propvol ['prɔpfɔl] gepfropft (gedrängt) voll.
proseliet [pro·zə'li·t] *m* Proselyt *m*.
prosit! ['pro·zi·t] prosit! (sehr) zum Wohle!
prosodie [pro·zo·'di:] *f* Prosodie *f*.
prospectus *a.* **-pek-** [prɔ'spɛktəs] (*-sen*) *n u. m* Prospekt *m*, Werbeschrift *f*.
prosti|tuée [prɔsti·ty·'ʋe:] (*-s*) *f* Prostituierte *f*, Dirne *f*; **~tutie** [-'ty:si:] *f* Prostitution *f*.
protec|tie *a.* **-tek-** [pro·'te·ksi:] *f* Protektion *f*, Schutz *m*; Gönnerschaft *f*; **~tionisme** [-si·jɔ'ni·smə] *n* Protektionismus *m*, Schutzzollsystem *n*; **~toraat** [-to·'ra:t] (*-raten*) *n* Protektorat *n*.
protest [pro·'tɛst] *n* Protest *m*, Einspruch *m*, Verwahrung *f*; *~ aantekenen tegen Hdl.* protestieren; **~ant** [-'tant] *m* Protestant *m*; **~antisme** [-tan'ti·smə] *n* Protestantismus *m*; **~ants** [-'tants] protestantisch; evangelisch; *~e kerk* evangelische Kirche; **~eren** [-'te:rə(n)] protestieren; aufbegehren; Einspruch erheben, Verwahrung einlegen (*tegen*/gegen *A*).
protocol *a.* **-kol** [pro·to·'kɔl] (*-len*) *n* Protokoll *n*.
Provençaals [pro·ʋɑn'sa:ls] provenzalisch.
proviand [pro·ʋi·'jant] *n u. m* Proviant *m*, Mundvorrat *m*.
provin|ciaal [pro·ʋɪns'ja:l] Provinzial-; provinziell; *Su.* (*-cialen*) *m* Kleinstädter *m*; F Provinzler *m*; Provinzial *m* (*e-r Ordensprovinz*); **~cie** [-'ʋɪnsi:] (*-s u. -ën*) Provinz *f*; **~ciestad** [-'ʋɪnsi·stat] (*-steden*) *f* Provinzstadt *f*.
provisie [pro·'vi:zi:] (*-s*) *f* Vorrat *m*; *Hdl.* Provision *f*; *~ voor de winter* Winterbedarf *m*; **~kelder** [-kɛldər] (*-s*) *m* Vorratskeller *m*.
provisorisch [pro·ʋɪ'zo:ri·s] provisorisch, vorläufig.
provo ['pro:ʋo·] (*-'s*) *m* Provo *m*, Gammler *m*.
provo|cateur [pro·vo·ka'tø:r] (*-s*) *m* Provokateur *m*, Herausforderer *m*; **~ceren** [-'se:rə(n)] provozieren, herausfordern.
provoost[1] [pro·'ʋo:st] *m* Profos *m*; **~**[2] *f* Arreststube *f*, Arrestlokal *n*; Arrest *m*.
proza ['pro:za·] *n* Prosa *f*; **~isch** [-(j)i·s] prosaisch.

pruik [prɔʏk] *f* Perücke *f*; *een ou(d)e ~ fig.* ein alter Zopf; **~enmaker** [-ə(n)ma:kər] (*-s*) *m* Perückenmacher *m*; **~entijd** [-ə(n)tɛit] *m* Zopfzeit *f*.

pruil|en [ˈprɔʏlə(n)] schmollen, maulen; **~mondje** [-mɔntjə] (*-s*) *n* F Schmollmäulchen *n*.

pruim [prɔʏm] *f* Pflaume *f*, Zwetsche *f*; (*Tabak*) Priem *m*; **~elaar** [-əla:r] (*-s*) *m* Pflaumenbaum *m*; **~en** [-ə(n)] priemen; **~enjam** [-ə(n)ʒɑm] *m u. f* Pflaumenmarmelade *f*; **~entaart** [-əta:rt] *f* Pflaumenkuchen *m*; **~tabak** [-tabɑk] *m* Kautabak *m*.

Pruis [prɔʏs] *m* Preuße *m*; **~en** [-ə(n)] *n* Preußen *n*; **~isch** [-i·s] preußisch.

prul [prəl] (*-len*) *n* Lappen *m*, Lumpen *m*; wertloses Ding, Wisch *m*; (*Person*) Stümper *m*, Pfuscher *m*; **~dichter** [-dɪxtər] (*-s*) *m* Verseschmied *m*, Dichterling *m*.

prulle|boel [ˈprələbu:l] *m* Plunder *m*, Kram *m*; **~man** [-mɑn] (*-nen*) *m* Stümper *m*, Pfuscher *m*, Nichtsnutz *m*.

prul(le)werk [ˈprəl(ə)ʋɛrk] *n* Stümperarbeit *f*, Stümperei *f*.

pruts [prəts] *f* Lappalie *f*; **~er** [-ər] (*-s*) *m* Bastler *m*; **~werk** [-ʋɛrk] *n* Pfusch-, Stümperarbeit *f*; Bastelei *f*.

pruttel|aar [ˈprətəla:r] (*-s*) *m* Brummbär *m*, Nörgler *m*; **~en** [-ə(n)] murren, nörgeln; (*in der Pfanne*) brutzeln.

psalm [psɑlm] *m* Psalm *m*; **~boek** [-bu·k] *n* Psalmbuch *n*; **~odie** [-o·ˈdi:] (*-ën*) *f* Psalmodie *f*.

pseudoniem [psø·do·ˈni:m] *n* Pseudonym *n*.

psychi|ater [psi·xi·ˈja:tər] (*-s*) *m* Psychiater *m*, Nervenarzt *m*; **~atrie** [-ja·ˈtri:] *f* Psychiatrie *f*.

psycho|analyse [psi·xo·ɑna·ˈli:zə] *f* Psychoanalyse *f*; **~logisch** [-ˈlo:ɣi·s] psychologisch; **~paat** [-ˈpa:t] (*-paten*) *m* Psychopath *m*; **~pat(h)isch** [-ˈpa:ti·s] psychopathisch.

puber [ˈpy:bər] (*-s*) *m u. f* Pubertierende(r) *m*; **~teit** [-ˈtɛit] *f* Pubertät *f*, Geschlechtsreife *f*; **~teitsjaren** [-ˈtɛitsja:rə(n)] *pl.* Pubertätszeit *f*.

publi|ceren [py·bli·ˈse:rə(n)] publizieren, veröffentlichen, bekanntmachen; **~citeit** [-si·ˈtɛit] *f* Publizität *f*, Öffentlichkeit *f*; Werbung *f*, Reklame *f*; **~citeitsagent** [-si·ˈtɛitsɑɣɛnt] *m* Werbefachmann *m*.

publiek [py·ˈbli·k] publik, öffentlich; offenkundig, allgemein bekannt; *Su. n* Publikum *n*, Zuschauer *m/pl.*; Besucher *m/pl.*; die Umstehenden *pl.*; *~e veiling* öffentliche Versteigerung *f*; *~ geheim* offenes Geheimnis; **~rechtelijk** [-rɛxtələk] öffentlich-rechtlich; ... des öffentlichen Rechts.

publikatie *a.* **-ca-** [py·bli·ˈka:si:] (*-s*) *f* Veröffentlichung *f*, Bekanntmachung *f*; Publikation *f*.

pudding [ˈpədɪŋ] (*-en u. -s*) *m* Pudding *m*; **~poeder** [-pu·dər] *n u. m* Puddingpulver *n*.

puffen [ˈpəfə(n)] blasen; schnaufen.

pui [pɔʏ] *f* Freitreppe *f*; Front *f*, Fassade *f*.

puik [pɔʏk] prima, vortrefflich; *Su. n* Auslese *f*, das Allerbeste; die Besten; **~best** [-bɛst] piekfein; *op zijn ~* im Sonntagsstaat; allervortrefflichst.

puimsteen [ˈpɔʏmste:n] *n u. m* Bimsstein *m*.

puin [pɔʏn] *n* Schutt *m*; Trümmer *pl*; *onder het ~ bedolven* verschüttet; *in ~ vallen* zerfallen; **~hoop** [-ho:p] (*-hopen*) Schutt-, Trümmerhaufen *m*; Ruine *f*; **~weg** [-ʋɛx] *m* Schotterstraße *f*, Steinschlagstraße *f*.

puist]pɔʏst] *f* Pustel *f*.

pukkel [ˈpəkəl] (*-s*) *f* Pickel *m*, Finne *f*, Mitesser *m*; **~ig** [-əx] pick(e)lig.

pul [pəl] (*-len*) *f* Krug *m*; (*Bier*) Flasche *f*.

pulken [ˈpəlkə(n)] klauben; *in de neus ~* in der Nase bohren.

pullover [pu·ˈlo:v̂ər] (*-s*) *m* Pullover *m*, F Pulli *m*.

pulp [pəlp] *f* Pulpe *f*, Pülpe *f*.

pulseren [pəlˈse:rə(n)] pulsieren, schlagen, klopfen; *El.*, *Verkehr*: fließen, strömen.

pulver [ˈpəlv̂ər] *n* Pulver *n*; **~isator** *a.* **-za-** [-i·ˈza:tɔr] (*-s*) *m* Pulverisator *m*, Zerstäuber *m*; **~iseren**, *a.* **~izeren** [-i·ˈze:rə(n)] pulverisieren, zerstäuben.

pummel [ˈpəməl] (*-s*) *m* Lümmel *m*, Tölpel *m*; **~ig** [-əx] tölpelhaft.

punaise [py·ˈnɛ:zə] (*-s*) *f* Reißbrettnagel *m*, Heftzwecke *f*.

punch [pənʃ] *m* Punsch *m*.
punctueel *a.* **punk-** [pənkty·ˈʋe:l] pünktlich, genau.
punt [pənt] *f u. n* (*Satzzeichen*) Punkt *m*; *m* Spitze *f*; *n* Punkt *m*, Stelle *f*; (*Tuch*) Zipfel *m*; *op het ~ zijn* (*staan*) im Begriff sein; *~ van aanraking* Berührungspunkt *m*; *overwinning op ~en Sp.* Punktsieg *m*; **~baard** [-ba:rt] *m* Spitzbart *m*; **~dicht** [-dɪxt] *n* Sinngedicht *n*, Epigramm *n*; **~en** [-ə(n)] (an)schärfen, (zu)spitzen; *Haare* stutzen, schneiden; **~enverdeling** *Sp.* Punkteteilung *f*; **~eslijper** [-əslɛĭpər] (*-s*) *m* Bleistiftspitzer *m*; **~gevel** [-xe:v̇əl] (*-s*) *m* Spitzgiebel *m*; **~helm** [-hɛlm] *m* Pickelhaube *f*; **~ig** [-əx] spitz, scharf; **~je** [-jə] (*-s*) *n* Pünktchen *n*; Spitze *f*; Zipfelchen *n*; *de ~s op de i zetten* das Tüpfelchen auf das i setzen; *in de ~s* tadellos, in feinster Ordnung; (*Kleidung*) geschniegelt und gebügelt; *als ~ bij paaltje komt* in der Stunde der Wahrheit; wenn's d(a)rauf ankommt; **~komma** [-kɔma·] (*-'s*) *f u. n* Semikolon *n*; **~speler** [-spe:lər] (*-s*) *m Sp.* Stürmer *m*, Spitze *f*; **~zak** [-sɑk] (*-ken*) *m* Tüte *f*.
pupil[1] [py·ˈpɪl] (*-len*) *m u. f* (*Person*) Mündel *n*.
pupil[2] *f* (*Auge*) Pupille *f*.
puree [py·ˈre:] *f* Püree *n*.
pur|gatie [pərˈɣa:si:] (*-s*) *f Med.* Abführung *f*; **~geermiddel** [-ˈɣe:rmɪdəl] *n* Abführmittel *n*, Purgativ *n*, Laxativ *n*; **~geren** [-ˈɣe:rə(n)] purgieren, abführen.
purist [py·ˈri·st] *m* Purist *m*, Sprachreiniger *m*.
puriteins [py·ri·ˈtɛĭns] puritanisch.
purper [pərpər] *n* Purpur *m*; **~en** [-ə(n)] purpurn; **~kleurig** [-klø·rəx] purpurfarben, purpurfarbig.
put [pət] (*-ten*) *m* Brunnen *m*; (*Kohlen, Sand*) Grube *f*; *in de ~ zitten* niedergeschlagen sein; keinen Rat wissen; **~emmer** [-ɛmər] (*-s*) *m* Schöpfeimer *m*; **~je** [-jə] (*-s*) *n* kleine Grube *f*; Narbe *f*; (*Wange, Kinn*) Grübchen *n*; *in 't ~ van de winter* mitten im (tiefsten) Winter.
puts(e) [pəts(ə)] (*-[e]n*) *f* Schiffseimer *m*, Pütze *f*.
putter [ˈpətər] (*-s*) *m* Wasserschöpfer *m*; *Zool.* Distelfink *m*, Stieglitz *m*.
putwater [ˈpətʋa:tər] *n* Brunnenwasser *n*.
puur [py:r] rein, lauter; *Adv.* lediglich, lauter.
puzzel, puzzle [ˈpəzəl] (*-s*) *m* Puzzle *n*; Vexierbild *n*; Vexierrätsel *n*.
pygmee [pɪxˈme:] (*-ën*) *m u. f* Pygmäe *m*; Zwerg *m*.
pyjama [pi·ˈdʒa:ma·], *a.* [pi·ˈja:ma·] (*-'s*) *m* Pyjama *m*, Schlafanzug *m*.
Pyreneeën [pi·rəˈne:jə(n)] *pl.* Pyrenäen *pl.*
pyriet [pi·ˈri·t] *n* Pyrit *m*.
pyro|manie [pi·ro·ma·ˈni:] *f* Pyromanie *f*, Brandstiftungstrieb *m*; **~meter** [-ˈme:tər] (*-s*) *m* Pyrometer *n*, Hitzemesser *m*; **~technisch** [-ˈtɛxni·s] pyrotechnisch.
pyt(h)on [ˈpi·tɔn] (*-s*) *m* Python *m*.

Q

ZIE OOK **K, Kw**

q, Q [ky:] (-'*s*) *f* q, Q *n*.
quadrille [k(ʋ)ɑ'dri·jə] (-*s*) *m u. f* Quadrille *f*.
quaestor *a.* **kwe-** ['kʋɛstɔr] (-*s u.* -*es*) *m* Quästor *m*.
quaestuur *a.* **kwe-** [kʋe·s'ty:r] (-*turen*) *f* Quästur *f*.
quantum *a.* **kw-** ['kʋɑntəm] (-*s u.* -*ta*) *n* Quantum *n*, Menge *f*.
quarantaine [ka·rɑn'tɛ:nə] (-*s*) *f* Quarantäne *f*.
quartair *a·* **kw-** [kʋɑr'tɛ:r] quartär, Quartär-; *Su. n* Quartär *n*.
quasi *a.* **kw-** ['kʋa:zi·] quasi, gewissermaßen, sozusagen.
quatertemper *a.* **kw-**, **~(dag)** [kʋa·tər'tɛmpər(dɑx)] (-*s*), (-*dagen*) *m* Quatember *m*.
quatre-mains [kɑtrə'mɑ̃:] (*id.*) *m Mus.* vierhändiges Stück.
querulant *a.* **kw-** [kʋɛry·'lɑnt] *m* Querulant *m*, Quengler *m*.
queue [kø:] (-*s u.* -*ën*) *f* (lange) Reihe *f*; ~ *vormen* (*maken*) Schlange stehen, anstehen.
quidam *a.* **kw-** [kʋi·dɑm] (-*s*) *m* (*ein gewisser*) Quidam *m*.
quiëtisme *a.* **kwië-** [k(ʋ)i·je·'ti·smə] *n* Quietismus *m*.
quiproquo [kʋi·pro·'po:] (-'*s*) *n* Ersatz *m*; Verwechslung *f*.
quitte *a.* **kiet** [ki·t(ə)]: ~ *zijn* quitt sein.
qui-vive [ki·'vi:və] *n* Quivive *n*; *op zijn* auf der Hut sein.
quorum *a.* **kw-** ['kʋo:rəm] *n* Quorum *n*.
quota *a.* **kw-** ['kʋo:ta·] (-'*s*) *f* Quote *f*, Anteil *m*.
quoteren *a.* **kw-** [kʋo·'te:rə(n)] *den Preis* angeben; *den Anteil*, *die Quote* bestimmen; numerieren.
quotiënt *a.* **ko-** [ko:s'jɛnt] *n* Quotient *m*.
quotisatie *a.* **kw-**, **-zatie** [kʋo·ti·'za:si·] *f* Quotenbestimmung *f*.
quotiseren *a.* **kw-**, **-zeren** [kʋo·ti·'ze:rə(n)] quotisieren, in Quoten aufteilen.
quotum *a.* **kw-** ['kʋo:təm] (-*s u.* -*ta*) *n* Quote *f*, Anteil *m*.

R

r, R [ɛr] (-'*s*) *f* r, R *n*.
ra [ra:] (-'*s u. raas*) *f* Rahe *f*.
raad [ra:t] (*raden*) *m* Rat *m*; *ten einde ~ zijn* sich keinen Rat mehr wissen; *~ van beheer* Verwaltungsrat *m*; *~ van commissarissen* Aufsichtsrat *m*; *~ van eer* Ehrengericht *n*; *~ van State* Staatsrat *m*; *≗ van Europa* Europarat *m*; *met voorbedachte(n) ~* (*a. rade*) mit Vorbedacht; vorsätzlich, absichtlich; **~gevend** [-xe:v̊ənt] beratend; **~geving** [-xe:v̊ɪŋ] *f* Rat *m*, Ratschlag *m*.
raadplegen ['ra:tple:ɣ̊ə(n)] (*raadpleegde, geraadpleegd*) (*iemand*/*j-n*) befragen, zu Rate ziehen; *ein Buch* nachschlagen.
raadsel ['ra:tsəl] (-*s u.* -*en*) *n* Rätsel *n*; **~achtig** [-ɑxtəx] rätselhaft.
raads|heer ['ra:tshe:r] (-*heren*) *m* Justizrat *m*; (*Gemeinde*) Ratsherr *m*; (*Schach*) Läufer *m*; **~lid** [-lɪt] (-*leden*) *n* Rat *m*, Ratsmitglied *n*; Stadtverordnete(r) *m*; **~man** [-mɑn] (-*lieden*) *m* Ratgeber *m*, Berater *m*; **~zitting** [-sɪtɪŋ] *f* Ratsversammlung *f*, Ratssitzung *f*.
raad|zaal ['ra:tsa:l] (-*zalen*) *f* Ratssaal *m*; **~zaam** [-sa:m] ratsam, geraten.
raaf [ra:f] (*raven*) *f* Rabe *m*.
raagbol [ra:ɣ̊bɔl] (-*len*) *m* Eule *f*.
raak [ra:k] treffend; getroffen; *~ schieten* (*gooien*) treffen; *ieder schot* (*woord*) *was ~* jede Kugel (jedes Wort) traf; *dat is ~* das sitzt; **~lijn** [-lɛin] *f* Berührungslinie *f*, Tangente *f*; **~vlak** [-flɑk] (-*ken*) *n* Berührungsfläche *f*, Tangentenfläche *f*.
raam [ra:m] (*ramen*) *n* Rahmen *m*, Einfassung *f*; Fenster *n*; *het ~ openen* (*openzetten*) das Fenster öffnen; **~antenne** [-ɑntɛnə] (-*s u.* -*n*) *f* Rahmenantenne *f*.
raap [ra:p] (*rapen*) *f* Rübe *f*; **~kool** [-ko:l] (-*kolen*) *f* Kohlrabi *m*; Kohlrübe *f*; **~zaad** [-sa:t] *n* Rapssaat *f*.
raar [ra:r] seltsam, sonderbar, wunderlich; *een rare kwast fig.* ein sonderbarer Kauz; *~ van iets opkijken* große Augen machen.
raaskallen ['ra:skɑlə(n)] faseln, irrereden.
raat [ra:t] (*raten*) *f* (Honig-)Wabe *f*.
rabarber [rɑ'bɑrbər] *f* Rhabarber *m*.
rabat [rɑ'bɑt] *n* Rabatt *m*, Nachlaß *m*.
rabbijn [rɑ'bɛin] *m* Rabbiner *m*.
race [re:s] (-*s*) *f* Rennen *n*.
rad [rɑt] schnell, flink, behende; *Su.* (-*eren*) *n* Rad *n*; *een ~de tong* ein gutes Mundwerk; *iemand een ~ voor ogen draaien* j-m Sand in die Augen streuen; *het ~ van avontuur* Glücksrad *n*.
radar ['rɑdɑr] *m* Radar *m u. n*; Funkmessen *n*, Funkorten *n*; **~installatie** [-ɪnstɑla:si:] (-*s*) *f* Radaranlage *f*, Radargerät *n*.
radbraken ['rɑdbra:kə(n)] rädern, aufs Rad flechten; *e-e Sprache* radebrechen.
raddraaier ['rɑdra:ĭ(j)ər] (-*s*) *m* Rädelsführer *m*, Aufwiegler *m*.
ra|deloos ['ra:dəlo:s] ratlos; **~deloosheid** [ra·də'lo:shɛit] *f* Ratlosigkeit *f*; **~den** [-də(n)] (*ried od. raadde, geraden*) (er)raten.
radenrepubliek ['ra:də(n)re·py·-bli·k] *f* Räterepublik *f*.
rader|as ['ra:dərɑs] (-*sen*) *f* Radachse *f*; **~werk** [-ʋɛrk] *n* Räderwerk *n*, Getriebe *n*.
radheid ['rɑthɛit] *f* Raschheit *f*, Gewandtheit *f*; *~ van tong* Zungenfertigkeit *f*.
radiator [rɑdi·'(j)a:tɔr] (-*s u.* -*en*) *m* Radiator *m*, Heizkörper *m*; (*Auto*) Kühler *m*.
radicaal *a.* **-kaal** [rɑdi·'ka:l] radikal.
radijs [rɑ'dɛis] (*radijzen*) Radieschen *n*.
radio ['ra:di·jo·] (-'*s*) *m* Radio *n*, (Rund-)Funk *m*; Strahlen-, (Rund-)Funk-; **~actief,** *a.* **~ak-** [-ɑkti:f] radioaktiv; **~bericht** [-bərɪxt] *n* Funkmeldung *f*; **~distributie** [-dɪstri·by·si:] *f* Drahtfunk *m*;

~grafie [-ɣra·'fi:] (*-ën*) *f* Radiographie *f*; **~loog** [-'lo:x] (*-logen*) *m* Radiologe *m*; **~-omroep** [-ɔmru·p] *m* Rundfunk *m*; **~peiling** [-pɛilɪŋ] *f* Radio-, Funkpeilung *f*; **~station** [-stɑs'jɔn] (*-s*) *n* Sendestation *f*; **~-toestel** [-tu:stəl] (*-len*) *n* Radioapparat *m*, Rundfunkapparat *m*, Empfänger *m*; *draagbaar* ~ Kofferradio *n*; **~uitzending** [-əʏtsɛndɪŋ] *f* Rundfunksendung *f*; **~wagen** [-ʋa:-ɣə(n)] (*-s*) (*Polizei*) Funkstreifenwagen *m*; **~zender** [-zɛndər] (*-s*) *m* Sender *m*, Sendestation *f*.

ra|dium ['ra:di·(j)əm] *n* Radium *n*; **~dius** [-di·(j)əs] (*-sen u. -dii*) *m* Radius *m*; Strahl *m*; *Flgw.* Flugbereich *m*.

radja ['rɑdʒa·] (*-'s*) *m* Radscha *m*.

rafel ['ra:fəl] (*-s*) *f* Faser *f*; **~en** [-ə(n)] (sich) fasern.

raffi|naderij [rɑfi·na·də'rɛi] *f* Raffinerie *f*; **~neren** [-'ne:rə(n)] raffinieren.

rag [rɑx] *n* Spinnengewebe *n*; **~fijn** [-fɛin] fein wie Spinnengewebe, hauchdünn.

rage ['ra:ʒə] (*-s*) *f* Wut *f*, Rage *f*; *fig.* Manie *f*, Vernarrtheit *f*.

ragebol *s. raagbol.*

raglan [rɑ'ɣlɑ̃:], *a.* ['rɑɣlɑn] (*-s*) *m* Raglan *m*; **~mouw** [-mɑŭ] *f* Raglanärmel *m*.

ragoût [rɑ'ɣu·] (*-s*) *m* Ragout *n*.

rail [re:l] (*-s*) *f* Schiene *f*.

rakel|en ['ra:kələ(n)] schüren, stochern; **~ijzer** [-ɛizər] (*-s*) *n* Schüreisen *n*, Schürhaken *m*.

rakelings ['ra:kəlɪŋs] dicht bei, hart an; *iemand* ~ *voorbijgaan* j-n streifen.

raken ['ra:kə(n)] treffen, berühren; betreffen, angehen; *v/i* geraten, gelangen; *dat raakt mij niet* das geht mich nichts an; *aan de drank* ~ dem Trunk verfallen; *in oorlog* ~ in e-n Krieg verwickelt werden; *verliefd* ~ sich verlieben; *zoek* ~ verlorengehen; *uit de mode* ~ aus der Mode kommen; *grond* ~ den Boden berühren; *aan de grond* ~ stranden, scheitern.

raket[1] [rɑ'kɛt] (*-ten*) *f* Rakete *f*; **~**[2] *n u. f* (Tennis-)Schläger *m*, Rakett *n*; (*Tischtennis*) Kelle *f*; **~basis** [-ba:zɪs] (*-sen u. -bases*) *f* Raketenbasis *f*; (Raketen-)Abschußrampe *f*.

rakker ['rɑkər] (*-s*) *m* Lausbub *m*, Taugenichts *m*.

rally ['rɑli·] (*-'s*) *m* Sternfahrt *f*.

ram 'rɑm] (*-men*) *m* Widder *m*; Rammbock *m*, Ramme *f*.

ra|men ['ra:mə(n)] veranschlagen, berechnen, schätzen (auf *A*); **~-ming** [-mɪŋ] *f* (Vor-)Anschlag *m*, Schätzung *f*; Kostenanschlag *m*; *brekend volgens een vlugge* ~ überschlägig berechnet.

rammeien [rɑ'mɛĭ(j)ə(n)] einrammen.

rammel|aar ['rɑməla:r] (*-s*) *m* Rassel *f*, Klapper *f*; Plappermaul *n*, Schwätzer *m*; *Zool.* Rammler *m*; **~en** [-ə(n)] klappern, rattern; scheppern; *Glas usw.*: klirren; (*reden*) schwätzen, schnattern; ~ *van de honger* e-n Bärenhunger haben; **~ing** [-ɪŋ] *f* Tracht *f* Prügel; *een* ~ *geven* durchprügeln; **~kast** [-kɑs(t)] *f* F (*Klavier*) Klimperkasten *m*; (*Wagen*) Rumpelkasten *m*.

rammenas [rɑmə'nɑs] (*-sen*) *f* Rettich *m*.

ramp [rɑmp] *f* Unheil *n*, Katastrophe *f*; **~spoed** [spu·t] *m* Unglück *n*, Widerwärtigkeit *f*, Mißgeschick *n*; **~spoedig** [-'spu·dəx] unheilvoll, unglücklich, unselig; **~zalig** [-'sa:-ləx] jämmerlich, elend, unglückselig; **~zaligheid** [-'sa:ləxhɛĭt] (*-heden*) *f* Elend *n*.

rancune [rɑŋ'ky·nə] (*-s*) *f* Groll *m*.

rand [rɑnt] *m* Rand *m*; (*Hut*) Krempe *f*; (*Tapete*) Borte *f*; **~glosse** [-xlɔsə] (*-n*) *f* Glosse *f*, (Rand-)Bemerkung *f*.

rang [rɑŋ] *m* Rang *m*.

rangeer|station [rɑŋ'ʒe:rstɑsjɔn] (*-s*) *n* Verschiebebahnhof *m*; **~wissel** [-ʋɪsəl] (*-s*) *m u. n* Rangierweiche *f*.

rangeren [rɑŋ'ʒe:rə(n)] rangieren.

rang|nummer ['rɑŋnəmər] (*-s*) *n* Rangnummer *f*; **~schikken** [-sxɪ-kə(n)] ordnen; ~ *onder* einreihen unter *A*, zählen unter *A*, zählen (rechnen) zu; **~schikking** [-sxɪkɪŋ] *f* Rangordnung *f*; *Sp.* Tabelle *f*, Wertung *f*; *algemene* ~ Gesamtwertung *f*; *plaats in de* ~ Tabellenplatz *m*; **~telwoord** [-tɛlʋo:rt] *n* Ordnungszahl *f*.

rank [rɑŋk] *f* Ranke *f*; *Adj.* rank, schlank.

ranonkel [rɑˈnɔŋkəl] (*-s*) *f Bot.* Ranunkel *f*, Hahnenfuß *m*.
rans [rɑns] ranzig.
ransel [ˈrɑnsəl] (*-s*) *m* Ranzen *m*; *mil.* Tornister *m*; Prügel *pl.*; een *pak* ~ Tracht *f* Prügel; **~en** [-ə(n)] prügeln, hauen.
ransig *a.* **-zig** [ˈrɑnsəx] ranzig.
rantsoen [rɑntˈsuːn] *n* Ration *f*, Portion *f*; Lösegeld *n*; **~eren** [-ˈeːrə(n)] rationieren, zuteilen; **~ering** [-eːrɪŋ] *f* Rationierung *f*, Zuteilung *f*.
rap [rɑp] behende, rasch.
rapaille [rɑˈpaĭ(j)ə] *n* Gesindel *n*, Pöbel *m*.
rapen [ˈraːpə(n)] einsammeln; raffen; pflücken.
rapier [rɑˈpiːr] *n* Rapier *n*, Degen *m*.
rapport [rɑˈpɔrt] *n* Bericht *m*; Zeugnis *n*, Zensur *f*; Gutachten *n*; *mil.* Meldung *f*; ~ *uitbrengen over* Bericht erstatten über *A*; **~eren** [-ˈteːrə(n)] berichten; *mil.* Meldung machen; **~eur** [-ˈtøːr] (*-s*) *m* Berichterstatter *m*.
rapsodie [rɑpsoˑˈdiː] (*-s u. -ën*) *f* Rhapsodie *f*.
rariteit [raˑriˑˈtɛĭt] *f* Seltenheit *f*, Rarität *f*; **~enkamer** [-ə(n)kaːmər] (*-s*) *f* Raritätenkabinett *n*.
ras[1] [rɑs] *Adj.*, *Adv.* rasch, schnell, geschwind.
ras[2] (*-sen*) *n* Rasse *f*; *gemengd* ~ Mischrasse *f*; *van* ~ rassig; *van zuiver* ~ rasserein; **~hond** [-hɔnt] *m* Rassehund *m*.
rasp [rɑsp] *f* Raspel *f*; (*Küche*) Reibe *f*; **~en** [-ə(n)] raspeln, reiben, schaben.
rasse|haat [ˈrɑsəhaːt] *m* Rassenhaß *m*; **~nvraagstuk** [-(n)v̊raːxstøk] (*-ken*) *n* Rassenfrage *f*.
raster [ˈrɑstər] (*-s*) *m u. n* Latte *f*; Gitter *n*, Gatter *n*; (Holz-)Zaun *m*; **~druk** [-drøk] *m* Autotypie *f*; **~werk** [-ʋɛrk] Gitterwerk *n*; Gitter-, Lattenzaun *m*.
rat [rɑt] (*-ten*) *f* Ratte *f*; F Streikbrecher *m*.
ratel [ˈraːtəl] (*-s*) *m* Rassel *f*, Klapper *f*; F (*Mund*) Klappe *f*; **~aar** [-aːr] (*-s*) *m* (*Person*) Schwätzer *m*, Plappermaul *n*; (*Baum*) Espe *f*, Zitterpappel *f*; **~en** [-ə(n)] rasseln, plappern; *Wagen*: rattern; *Person*: schwatzen, plappern; **~slang** [-slɑŋ] *f* Klapperschlange *f*.
ratificatie *a.* **-ka-** [rɑtiˑfiˑˈkaːsiː] (*-s*) Ratifizierung *f*, Ratifikation *f*, Bestätigung *f*.
ratio|nalisme [raˑsjoˑnaˑˈliˑsmə] *n* Rationalismus *m*; **~neel** [-ˈneːl] rationell.
ratjetoe [rɑtjəˈtuː] *n* Mischmasch *m*.
ratiné [rɑtiˑˈneː] *n* Ratiné *m*.
rats [rɑts] *m* Soldatenkost *f*; *in de* ~ *zitten fig.* in der Tinte sitzen.
ratten [ˈrɑtə(n)] F stibitzen, klauen.
rat|tenvergif(t) [ˈrɑtə(n)v̊ərɣ̊ɪf] *n* Rattengift *n*; **~testaart** [-əstaːrt] *m* Rattenschwanz *m*.
rauw [raŭ] (*Eßwaren*) roh; (*Wunde*) offen; (*Haut*) wund; (*Hals*, *Schrei usw.*) rauh; **~kost** [-kɔst] *m* Rohkost *f*.
ravage [rɑˈv̊aːʒə] (*-s*) *f* Verwüstung *f*.
ravijn [raˑˈv̊ɛĭn] *n* Schlucht *f*.
ravitaillering [raˑviˑtaˑˈjeːrɪŋ] *f* Versorgung *f*; Verpflegung *f*; Nachschub *m*.
ravotten [raˑˈv̊ɔtə(n)] sich balgen, sich tummeln.
rayon [reˑˈjɔn] (*-s*) *n u. m* Umkreis *m*; Bezirk *m*; (*kein pl.*) (*Kunstseide*) Rayon *m*.
ra|zen [ˈraːzə(n)] rasen, toben; tosen, wüten; **~zend** [-zənt] rasend, toll, wütend; *om* ~ *te worden* zum Tollwerden; **~zernij** [-zərˈnɛĭ] *f* Raserei *f*, Tobsucht *f*.
reac|tie, *a.* **-ak-** [reˑˈ(j)ɑksiː] (*-s*) *f* Reaktion *f*; *Hdl.* Rückschlag *m*; Rückwirkung *f*; **~tiemotor** [-siˑmoˑtɔr] (*-s u. -en*) *m* Reaktionsmotor *m*; **~tionair** [-sjɔˈnɛːr] reaktionär; *Su. m* Reaktionär *m*.
rea|geerbuisje [reˑ(j)ɑˈɣ̊eːrbəʏʃə] (*-s*) *n* Reagenzglas *n*; **~geermiddel** [-ˈɣ̊eːrmɪdəl] *n* Reagens *n*; **~geren** [-ˈɣ̊eːrə(n)] reagieren (auf *A*).
realiseren, *a.* **-zeren** [reˑ(j)aˑliˑˈzeːrə(n)] realisieren, verwirklichen; *Hdl.* realisieren, zu Geld machen; *zich* ~ sich vergegenwärtigen, sich vorstellen.
rea|lisme [reˑ(j)aˑˈliˑsmə] *n* Realismus *m*; **~list** [-ˈliˑst] *m* Realist *m*; **~liteit** [-liˑˈtɛĭt] *f* Realität *f*, Wirklichkeit *f*.
rebel [rəˈbɛl] (*-len*) *m* Rebell *m*, Aufrührer *m*; **~leren** [-ˈleːrə(n)] rebellieren, sich empören; **~lie** [-ˈliː] (*-ën*) *f* Rebellion *f*; **~s** [-s] rebellisch, aufrührerisch.
rebus [ˈreːbøs] (*-sen*) *m* Rebus *m u. n*, Bilderrätsel *n*.

recapituleren, *a.* **-ka-** [re·kapi·ty·ˈleːrə(n)] rekapitulieren, (kurz) zusammenfassen, wiederholen.

recensent [rəsɛnˈsɛnt] *m* Rezensent *m.*

recensie [rəˈsɛnsiː] (*-s*) *f* Rezension *f*, Besprechung *f.*

recent [rəˈsɛnt] rezent, kürzlich geschehen, neu, frisch.

recept [rəˈsɛpt] *n* Rezept *n.*

receptie [rəˈsɛpsiː] (*-s u. -ën*) *f* Empfang *m*; Aufnahme *f.*

recherche [rəˈʃɛrʃə] *f* Nachforschung *f*; Fahndung *f*; Fahndungsdienst *m*, Kriminalpolizei *f*, Kripo *f.*

recht[1] [rɛxt] gerade; recht, richtig; *hij heeft het bij het ~e eind* er hat recht.

recht[2] *n* Recht *n*, Gerechtigkeit *f*; Zoll *m*; Steuer *f*, Abgabe *f*; *burgerlijk ~* Zivilrecht *n*; *~ van bestaan* Existenzberechtigung *f*; *vrij van ~en* zollfrei, steuerfrei; *doctor in de ~en* Doktor der Rechte, Doktor Juris (Dr. jur.); *~ hebben op* ein (An-) Recht haben auf *A*; *zijn ~ doen (laten) gelden* sein Recht geltend machen, Rechtsansprüche erheben; *inkomende ~en* Einfuhrzölle *m/pl.*; **~bank** [-baŋk] *f* Gericht *n*, Tribunal *n*; *~ van eerste aanleg* Gericht(shof *m*) *n* erster Instanz.

rechtdoor [rɛɣˈdoːr] geradeaus.

rech|ten [ˈrɛxtə(n)] richten; **~ter** [-tər] (*-s*) *m* Richter *m.*

rechterhand [ˈrɛxtərhɑnt] *f* die rechte Hand, die Rechte.

rechterlijk [ˈrɛxtərlək] richterlich, gerichtlich; *de ~e macht* richterliche Macht, richterliche Gewalt; Justizbehörde *f.*

rechterzijde [ˈrɛxtərzɛidə] (*-n*) *f* rechte Seite; (*im Parlament usw.*) Rechte *f.*

recht|geaard [ˈrɛxtxaːrt] rechtschaffen; **~gelovig** [-xəloːvəx] rechtgläubig; **~hebbend** [-hɛbənt] berechtigt.

recht|hoek [ˈrɛxthu·k] *m* Rechteck *n*; **~hoekig** [-ˈhu·kəx] rechteckig, rechtwink(e)lig; **~lijnig** [-ˈlɛinəx] geradlinig; **~matig** [-ˈmaːtəx] rechtmäßig; **~op** [-ˈɔp] aufrecht.

rechts [rɛx(t)s] rechts; *~ houden* rechts fahren; **~binnen** [-ˈbɪnə(n)] (*-s*) *m* Sp. Halbrechts *m*; **~buiten** [-ˈbəʏtə(n)] (*-s*) *m Sp.* Rechtsaußen *m.*

rechtschapen [rɛxtˈsxaːpə(n)] rechtschaffen, redlich.

rechts|gebied [ˈrɛxtsxəbiːt] *f* Gerichtsbarkeit *f*; Gerichtsstand *m*; Sprengel *m*; **~geding** [-xədɪŋ] *n* Prozeß *m*, Rechtsstreit *m*; **~geldig** [-ˈxɛldəx] rechtskräftig, rechtsgültig; **~geleerde** [-xəleːrdə] (*-n*) *m* Jurist *m*, Rechtsgelehrte(r) *m*; **~geleerdheid** [-xəleːrthɛit] *f* Rechtswissenschaft *f.*

rechtsom [ˈrɛx(t)sɔm], *a.* [-ˈɔm] [rechtsum.]

rechts|persoon [ˈrɛxtspərsoːn] (*-sonen*) *m* juristische Person *f*; **~persoonlijkheid** [-pərsoːnləkhɛit] *f* Rechtsfähigkeit *f*; *de ~ verkrijgen* die Rechtsfähigkeit erlangen.

rechtspraak [ˈrɛxtspraːk] *f* Rechtsprechung *f*, Rechtspflege *f.*

rechtstreeks [ˈrɛxtstreːks] direkt, geradewegs, unmittelbar; *~e belastingen* direkte Steuern *f/pl.*

rechts|vervolging [ˈrɛxtsfərvɔlɣɪŋ] *f* gerichtliche Verfolgung *f*; Gerichtsverfahren *n*; *van ~ ontslaan* das Verfahren einstellen; **~vordering** [-fɔrdərɪŋ] *f* Rechtsforderung *f*; **~wege** [-ʋeːɣə]: *van ~* von Rechts wegen; **~zaak** [-saːk] (*-zaken*) *f* Rechtssache *f.*

rechtuit [ˈrɛxtəʏt], *a.* [-ˈəʏt] geradeaus; *fig.* unumwunden, geradezu, geradeheraus.

rechtvaardig [rɛxtˈfaːrdəx] gerecht; **~en** [-ə(n)] rechtfertigen; **~heid** [-hɛit] *f* Gerechtigkeit *f*; **~ing** [-ɪŋ] *f* Rechtfertigung *f.*

rechtzinnig [rɛxtˈsɪnəx] aufrichtig; rechtgläubig, orthodox.

recidivist [re·si·di·ˈvɪst] *m* Rückfällige(r) *m.*

recitatief [re·si·ta·ˈtiːf] (*-tieven*) *n* Rezitativ *n*, Sprechgesang *m.*

reclamatie *a.* **-kla-** [rəkla·ˈmaːsiː] (*-s*) *f* Beschwerde *f*; Beanstandung *f.*

reclame, *a.* **-kla-** [rəˈklaːmə] (*-s*) *f* Reklame *f*, Werbung *f*; Beschwerde *f*, Mängelrüge *f*, Reklamation *f*; **~campagne** [kɑmpɑŋə] (*-s*) *f* Werbefeldzug *m*; **~doeleinden** [-duːlɛində(n)] *pl.* Werbezwecke *m/pl.*; **~ren** [rəkla·ˈmeːrə(n)] reklamieren, sich beschweren; (*iets/etw.*) zurückfordern.

reclassering, *a.* **-klas-** [rəklɑˈseːrɪŋ] *f* Entlassenenfürsorge *f.*

recommanderen, *a.* **-kom-** [rəkɔmɑnˈdeːrə(n)] empfehlen.

record, *a.* **-kord** [rə'kɔrt], *a.* [rə-'kɔ:r] (*-s*) *n* Rekord *m*; Höchst-, Bestleistung *f*; *het bestaande* (*huidige*) ~ der bisherige Rekord; *het* ~ *verbeteren* (*slaan*) den Rekord brechen; **~houder** [-hɑudər] (*-s*) *m* Rekordinhaber *m*; **~poging** [-po:-ɣɪŋ] *f* Rekordversuch *m*; **~tijd** [-tɛit] *m* Rekord-, Bestzeit *f*.

recreatiegebied, *a.* **-kre-** [rəkre·-'(j)a:si·ɣəbi·t] *n* Erholungsgebiet *n*.

rectificatie [rɛkti·fi·'ka:si:] (*-s*) *f* Berichtigung *f*; *Chem.* Rektifikation *f*.

rector, *a.* **rek-** ['rɛktɔr] (*-s u. -en*) *m* Oberstudiendirektor *m*; (*Universität*) Rektor *m*.

reçu [rə'sy·] (*-'s*) *n* Empfangsschein *m*; Bescheinigung *f*.

redac|teur, *a.* **-dak-** [rədɑk'tø:r] (*-s u. -en*) *m* Schriftleiter *m*, Redakteur *m*; **~tie** [rə'dɑksi:] (*-s*) *f* Schriftleitung *f*, Redaktion *f*; Abfassung *f* (*e-s Artikels*); **~trice** [-'tri·sə] (*-s*) *f* Redakteurin *f*.

red|deloos ['rɛdəlo:s] rettungslos; **~den** [-ə(n)] retten; **~der** [-ər] (*-s*) Retter *m*; **~ding** [-ɪŋ] *f* Rettung *f*, Errettung *f*; **~ding(s)boei** [-dɪŋz-bu·i] *f* Rettungsboje *f*; **~ding(s)-sloep** [-dɪŋslu·p] *f* Rettungsboot *n*.

rede[1] ['re:də] (*-s*) *f* Reede *f*, Ankerplatz *m*.

rede[2] (*-s*) *f* Vernunft *f*; Vortrag *m*, Rede *f*; *iemand in de* ~ *vallen* j-m ins Wort fallen; *iemand tot* ~ *brengen* j-n zur Vernunft bringen; *hij is niet tot* ~ *te brengen* er will keine Vernunft annehmen; **~kaveling** [-ka:v̥əlɪŋ] Geplauder *n*; Gerede *n*; **~kunde** [-kəndə] *f* Rhetorik *f*, Redekunst *f*; **~kundig** ['re·-], *a.* [re:-də'kəndəx] logisch; ~*e ontleding* logische Analyse *f*; **~kunst** [-kənst] *f* Logik *f*; **~lijk** [-lək] vernünftig; geziemend; ziemlich; *een* ~ *voorstel* ein vernünftiger Vorschlag; ~ *goed* ziemlich gut; *wees* (*toch*) ~ sei vernünftig; nehmen Sie doch Vernunft an; *een* ~*e prijs* ein annehmbarer Preis; **~lijkerwijze** [-ləkər'ʋɛizə] vernünftigerweise, billigerweise; **~loos** [-lo:s] unvernünftig.

reden[1] ['re:də(n)] (*-s*) *f* Verhältnis *n*, Proportion *f*; ~[2] (*-en*) *f* Grund *m*, Veranlassung *f*, Ursache *f*.

reden|aar ['re:dəna:r] (*-s*) *m* Redner *m*; **~eren** [-'e:rə(n)] (vernünftig) reden; diskutieren; **~ering** [-'e:rɪŋ] *f* Beweisführung *f*; Gedankengang *m*.

reder ['re:dər] (*-s*) *m* Reeder *m*; **~ij** [re:də'rɛi] *f* Reederei *f*.

rederijker ['re:dərɛikər] (*-s*) *m* Rhetoriker *m*.

rede|twist ['re:dətʋɪst] *m* Wortstreit *m*; **~twisten** [-tʋɪstə(n)] disputieren, (sich) streiten; **~voering** [-v̥u:rɪŋ] *f* Rede *f*.

redmiddel ['rɛtmɪdəl] *n* Rettungsmittel *n*.

reductie, *a.* **-duk-** [rə'dəksi:] (*-s*) *f* (Preis-)Nachlaß *m*, Abzug *m*; Reduktion *f*; **~middel** [-mɪdəl] *n* *Chem.* Reduktionsmittel *n*; **~prijs** [-prɛis] (*-prijzen*) *m* herabgesetzte(r) Preis *m*; **~tabel** [-ta·'bɛl] (*-len*) *f* Umrechnungstabelle *f*.

ree[1] [re:] (*-ën*) *f s. rede*[1].

ree[2] (*-ën*) *n u. f* Reh *n*; **~bout** [-bɑut] *m* Rehkeule *f*.

reed [re:t] *s. rijden*.

reeds [re:ts] schon, bereits.

reëel [re·'je:l] reell, wirklich.

reeg [re:x] *s. rijgen*.

ree|geit ['re:ɣɛit] *f* Ricke *f*, Rehgeiß *f*; **~kalf** [-kɑlf] (*-kalveren*) *n* (Reh-)Kitz *n*.

reeks [re:ks] *f* Reihe *f*; Serie *f*.

reel *s. rail*.

reep [re:p] (*repen*) *m* Streifen *m*; (*Schokolade*) Riegel *m*, Stange *f*; (*Spielzeug*) Reifen *m*; *mar.* Reep *n*.

rees [re:s] *s. rijzen*.

reet[1] [re:t] *s. rijten*.

reet[2] (*reten*) *f* Ritze *f*, Spalte *f*.

refe|raat [rəfə'ra:t] (*-raten*) *n* Referat *n*, Bericht *m*, Vortrag *m*; **~rendaris** [-rən'da:rəs] (*-sen*) *m* Referendar *m*; **~rendum** [-'rɛndəm] (*-s u. -da*) *n* Referendum *n*, Volksentscheid *m*, Volksbegehren *n*.

refe|rent [rəfə'rɛnt] *m* Referent *m*, Berichterstatter *m*; **~rentie** [-'rɛnsi:] (*-s u. -ën*) *f* Referenz *f*, Empfehlung *f*; **~reren** [-'re:rə(n)] referieren, Bericht erstatten; sich beziehen (*aan, naar*/auf *A*); ~*d aan* (*naar*) unter Bezugnahme auf *A*.

reflex [rə'flɛks] *m* Reflex *m*; **~ief** [-'i:f] *Gr.* reflexiv, rückbezüglich.

reform [rə'fɔrm] *f* Reform *f*; Verbesserung *f*; Neuordnung *f*.

reforma|tie [rəfɔr'ma:si:] *f* Reformation *f*; **~tor** [-tɔr] (*-s u. -en*) *m* Reformator *m*.

efrein [rə'frɛĭn] *n* Refrain *m.*
egatta [rə'ɣata·] *(-'s) f* Regatta *f*, Wettrudern *n*, Wettsegeln *n.*
egeerder [rə'ɣe:rdər] *(-s) m* Regierende(r) *m.*
egel ['re:ɣəl] *(-s u. -en) m* Regel *f*, Richtlinie *f*; Zeile *f*; *zich tot ~ stellen* sich etw. zur Regel machen; *~s* Menstruation *f*; *nieuwe (andere) ~* neuer Absatz; *~ van drieën Math.* Dreisatzrechnung *f*, Regeldetri *f*; **~baar** [-ba:r] regulierbar; **~ing** [-ɪŋ] *f* Regulierung *f*; Anordnung *f*, Verordnung *f*; **~kamer** [-ka:mər] *(-s) f*: *meld- en ~* Umweltschutzamt *n*; **~maat** [-ma:t] *f* Regelmäßigkeit *f*; **~recht** [-rɛxt] schnurgerade; *fig.* geradeaus, direkt.
egen ['re:ɣə(n)] *(-s) m* Regen *m*; **~achtig** [-ɑxtəx] regnerisch; **~boog** [-bo:x] *(-bogen) m* Regenbogen *m*; **~boogvlies** [-bo:xfli:s] *(-vliezen) n Anat.* Regenbogenhaut *f*, Iris *f*; **~bui** [-bəʏ] *f* Regenschauer *m*; **~-droppel** [-drɔ-], **~druppel** [-drəpəl] *(-s) m* Regentropfen *m*; **~en** [-ə(n)] regnen; **~jas** [-jɑs] *(-sen) m u. f* Regenmantel *m*; **~put** [-pət] *(-ten) m* Zisterne *f.*
egent [rə'ɣɛnt] *m* Regent *m*; Landes-, Reichsverweser *m*; Verwalter *m (e-s Instituts)*; *(in Belgien)* Mittelschullehrer *m*; **~schap** [-sxɑp] *(-pen) n* Regentschaft *f.*
egen|vlaag ['re:ɣə(n)vla:x] *(-vlagen) f* Regenschauer *m*, Regenguß *m*; **~worm** [-ʋɔrm] *m* Regenwurm *m.*
ege|ren [rə'ɣe:rə(n)] regieren; **~-ring** [-rɪŋ] *f* Regierung *f.*
egerings|beleid [rə'ɣe:rɪŋzbəlɛĭt] *n* Regierungspolitik *f*, Amtsführung *f*; **~persdienst** [-pɛrzdi:nst] *m* Presseamt *n*; **~zaak** [-sa:k] *(-zaken) f* Regierungsangelegenheit *f*, Regierungssache *f.*
egie [re·'ʒi:] *(-s) f* Regie *f*; *Thea.* Spielleitung *f*; Verwaltung *f (e-s Staatsmonopols).*
egime [rə'ʒi·mə] *(-s) n* Regime *n*; *op ~ staan* diät leben.
egiment [re·ʒi·-] *od.* [re·ɣi·'mɛnt] *n* Regiment *n.*
egisseur [re·ʒi·'sø:r] *(-s) m* Regisseur *m*, Spielleiter *m.*
egis|ter [rə'ɣɪstər] *(-s) n* Register *n*; Verzeichnis *n*; **~tratie** [-'tra:si:] *(-s)* Registrierung *f*; Einschreibung *f*; Registratur *f*; **~tratiekosten** [-'tra:si:kɔstə(n)] *pl.* Registraturkosten *pl.*; **~treren** [-'tre:rə(n)] registrieren; eintragen, einschreiben, notieren.
reglement [re·ɣlə'mɛnt] *n* (Dienst-)Ordnung *f*; Vorschrift *f*; Statuten *n/pl.*; *~ van inwendige orde* Hausordnung *f*; **~eren** [-'te:rə(n)] reglementieren; verordnen.
regres [rə'ɣrɛs] *n* Regreß *m*, Rückgriff *m*, Ersatzanspruch *m.*
reguleren [re·ɣy·'le:rə(n)] regulieren, regeln.
regulier [re·ɣy·'li:r] regulär, regelmäßig; vorschriftsmäßig; üblich.
rehabilitatie [re·ha·bi·li·'ta:si:] *(-s) f* Rehabilitation *f*, Ehrenrettung *f.*
rei [rɛĭ] *f* Reigen *m*; *Thea.* Chor *m*; **~dans** [-dɑns] *m* Reigen *m*, Reihentanz *m.*
reiger ['rɛĭɣər] *(-s)* Reiher *m*; *blauwe ~* Fischreiher *m*; **~sbek** *(-ken) m Bot.* Reiherschnabel *m.*
reiken ['rɛĭkə(n)] reichen *(tot aan/* bis an *A).*
reikhalzen ['rɛĭkhɑlzə(n)] sich sehnen *(naar/*nach); **~d** [-t] sehnsüchtig.
rein [rɛĭn] rein.
Reinaert ['rɛĭna:rt]: *~ de Vos* Reineke Fuchs.
Reindert ['rɛĭndərt] *m* Reinhard *m.*
reinheid ['rɛĭnhɛĭt] *f* Reinheit *f.*
Reinier [rɛĭ'ni:r] *m* Reinhard *m.*
reini|gen ['rɛĭnəɣə(n)] reinigen; **~-ging** [-ɣɪŋ] *f* Reinigung *f.*
Reinoud ['rɛĭnɑut] *m* Reinhold *m.*
reis [rɛĭs] *(reizen) f* Reise *f*; *forfaitaire ~* Pauschalreise *f*; *~ voor zaken* Geschäftsreise *f*; *~ naar (in) het buitenland* Auslandsreise *f*; *op ~* verreist; *op ~ gaan* auf Reisen gehen, verreisen; *op ~ zijn* auf der Reise (verreist) sein; *enkele ~, Keulen* einmal einfach nach Köln; *Keulen, heen en terug* Köln, hin und zurück, eine Rückfahrkarte nach Köln; **~benodigdheden** [-bəno:dəxthe:də(n)] *pl.* Reisebedarf *m*, Reiseartikel *m/pl.*; **~beurs** [-bø:rs] *(-beurzen) f* Reisestipendium *n*; **~-biljet** [-bɪljɛt] *(-ten) n* Fahrkarte *f*; **~bureau** [-by·ro·] *(-s) n* Reisebüro *n*; **~cheque**, *a.* **~check** [-ʃɛk] *(-s) m* Reisescheck *m*; **~geld** [-xɛlt] *n* Reisegeld *n*; **~gids** [-xɪts] *m (Person, Buch)* (Reise-)Führer *m*; *(Bahn)*

Kursbuch *n*, Fahrplan *m*; (*Person a.*) Fremdenführer *m*; **~goed** [-xu·t] (*kein pl.*) *n* (Reise-)Gepäck *n*; **~kosten** [-kɔstə(n)] *pl.*, *a. reis- en verblijfkosten* Reise- und Aufenthaltskosten *pl.*; **~pas** [-pɑs] (*-sen*) *m* Reisepaß *m*; **~plan** [-plɑn] (*-nen*) *n* Reiseplan *m*; **~route** [ru·tə] (*-s u. -n*) *f* Reiseplan *m*, Reiseprogramm *n*; **~vaardig** [-ˈfa:rdəx] reisefertig; **~zak** [-sɑk] (*-ken*) *m* Reisesack *m*, Reisetasche *f*.

reizen [ˈrɛĭzə(n)] reisen; *per trein ~* mit der Eisenbahn reisen; *te voet ~* wandern; *~d* reisend, fahrend, wandernd; *reizend gezelschap Thea.* Wanderbühne *f*; *reizend beroep* (*bedrijf*) Wandergewerbe *n*, ambulantes Gewerbe.

reiziger [ˈrɛĭzəɣ̊ər] (*-s*) *m* Reisende(r) *m*; Fahrgast *m*, Passagier *m*; *Hdl.* (Reise-)Vertreter *m*, Handlungs-, Geschäftsreisende(r) *m*; **~s-verkeer** [-sfərke:r] *n* Personenverkehr *m*.

rek- *s. a. rec-*.

rek[1] [rɛk] (*-ken*) *m* Dehnung *f*, Dehnen *n*; Elastik *f*; Elastizität *f*, Spannkraft *f*; **~**[2] *n* (*Turngerät*) Reck *n*; Gestell *n*, Gerüst *n*; (Bücher-) Regal *n*; (Flaschen-, Reller-)Brett *n*; *vliegend ~* Trapez *n*; *een hele ~* ein langer Weg, e-e ziemlich lange Strecke; e-e lange Zeit; **~baar** [-ba:r] dehnbar, elastisch.

rekel [ˈre:kəl] (*-s*) *m* Rüde *m*; *fig.* Grobian *m*, Flegel *m*.

reken|aar [ˈre:kəna:r] (*-s*) *m* Rechner *m*; **~bord** [-bɔrt] *n* Rechentafel *f*; Rechenbrett *n*; **~en** [-ə(n)] rechnen; *op iemand ~* sich auf j-n verlassen; *uit het hoofd ~* im Kopf rechnen, kopfrechnen; *buiten de waard ~ fig.* die Rechnung ohne den Wirt machen; *er op ~* sich auf *etw.* (darauf) verlassen; **~centrum** [-sɛntrəm] *n* (*-s u. -centra*) Rechenzentrum *n*, elektronische Datenverarbeitung (EDV); **~fout** [-fɑut] *f* Rechenfehler *m*; **~hof** [-hɔf] *n* Rechnungshof *m*.

rekening [ˈre:kənɪŋ] *f* Rechnung *f*; Konto *n*; *dat is voor mijn ~* das nehme ich auf mich, das übernehme ich; *~ houden met* etw. berücksichtigen; e-r Sache Rechnung tragen; *~ houdend* (*gehouden*) *met* aus (mit) Rücksicht auf; *per slot van ~* zu guter Letzt, am Ende; **~-courant** [-ku·ˈrɑnt] (*rekeningen-*) *f* laufende Rechnung *f*, Kontokorrent *n*; **~houder** [-hɑudər] (*-s*) *m* Kontoinhaber *m*.

reken|kamer [ˈre:kə(n)ka:mər] (*-s*) *f* Rechnungsamt *n*, Rechnungshof *m*; **~kunde** [-kəndə] *f* Arithmetik *f*, Rechenkunst *f*; **~kundig** [-ˈkəndəx] arithmetisch; **~lat** [-lɑt] (*-ten*) Rechenschieber *m*; **~les** [-lɛs] (*-sen*) *f* Rechenstunde *f*; **~plichtig** [-plɪxtəx] rechnungspflichtig; **~plichtige** [-plɪxtəɣ̊ə] (*-n*) *m* Rechnungsführer *m*; **~schap** [-sxɑp] *f* Rechenschaft *f*; *~ geven over* (*aangaande*) Rechenschaft ablegen über *A*; *iemand om ~ vragen* j-n zur Rechenschaft ziehen; **~som** [-sɔm] (*-men*) *f* Rechenaufgabe *f*, Rechenexempel *n*.

rek(w)est [rəˈkɛst] *u.* [rəˈkʋɛst] Bittschrift *f*, Eingabe *f*, Petition *f*.

rek|ken [ˈrɛkə(n)] (sich) dehnen, strecken; *Zeit* gewinnen; *een onderhoud ~* ein Gespräch in die Länge ziehen; **~ker** [-ər] (*-s*) *m* Strumpfband *n*, Strumpfhalter *m*; **~verband** [-fərbɑnt] *n* Streckverband *m*.

rektifikatie *s. rectificatie*.

rel [rɛl] (*-len*) *m* Auflauf *m*, Krawall *m*.

relaas [rəˈla:s] (*-lazen*) *n* Bericht *m*, Erzählung *f*.

relais [rəˈlɛ] *n* Relais *n*; **~schakeling** [-sxa:kəlɪŋ] *f* Relaisschaltung *f*.

rela|tie [rəˈla:si:] (*-s*) *f* Verbindung *f*, Beziehung *f*; **~tief** [-ˈti:f] relativ, verhältnismäßig; **~tiviteit** [-ti·v̊iˈtɛĭt] *f* Relativität *f*.

releveren [rələˈv̊e:rə(n)] hervorheben.

reliëf [rəlˈjɛf] (*-s*) *n* Relief *n*; **~druk** [-drək] (*-ken*) *m* Relief-, Hochdruck *m*.

reliek [rəˈli·k] *f u. n* Reliquie *f*.

religie [rəˈli·ʒi:] (*-s u. -ën*) *f* Religion *f*.

reli|gieus [rəlɪgˈjø:s] religiös; *S* (*-gieuzen*) *m* Ordensbruder *m*; **~gieuze** [rəlɪgˈjø:zə] (*-n u. -s*) *f* Ordensschwester *f*.

relikwie [rəlɪˈkʋi:] (*-ën*) *f* Reliquie *f*.

reling [ˈre:lɪŋ] *f* Reling *f*.

rem [rɛm] (*-men*) *f* Bremse *f*; *fig.* Hemmung *f*; **~block** [-blɔk] *m* Bremsklotz *m*, Bremsschuh *m*.

rembours [rɑmˈbu:rs], **~ement** [-əˈmɛnt] *n* Nachnahme *f*.

remedie [rəˈmeːdiː] (*-s*) *f* Heilmittel *n*.
remgeld [ˈrɛmɣɛlt] *n* Aufgeld *n* (*vom Kassenpatienten zu zahlen*).
reminiscentie [reˑmiˑniˑˈsɛnsiː] (*-s*) Reminiszenz *f*.
remise [rəˈmiːzə] (*-s*) *f* Geräte-, Wagenschuppen *m*; (*Schach*) Remise *f*; *Adj.*, *Adv.* remis, unentschieden.
remitteren [rəmɪˈteːrə(n)] *Hdl.* remittieren.
rem|licht [ˈrɛmlɪxt] *n* Bremslicht *n*; **~men** [-ə(n)] bremsen; *fig.* hemmen; **~spoor** [-spoːr] (*-sporen*) *n* Bremsspur *f*; **~toestel** [-tuːstɛl] (*-len*) *n* Bremsvorrichtung *f*; **~weg** [-ʋɛx] *m* Bremsweg *m*.
ren¹ [rɛn] *m* Rennen *n*, Lauf *m*; **~**² (*-nen*) *f* (Hühner-, Fasanen-)Lauf *m*, Hühnerverschlag *m*.
renaissance [rənɛˈsɑ̃ːsə] *f* Renaissance *f*; Wiedergeburt *f*.
ren|baan [ˈrɛnbaːn] (*-banen*) *f* Rennbahn *f*; **~bode** [-boːdə] (*-s u. -n*) *m* Eilbote *m*.
ren|dabel [rən-], *a.* [rɛnˈdaːbəl] lohnend, rentabel, einträglich; **~dement** [-dəˈmɛnt] *n* Ertrag *m*, Verzinsung *f*; (*Maschine usw.*) Wirkungsgrad *m*, Nutzeffekt *m*, Nutzleistung *f*; **~deren** [-ˈdeːrə(n)] sich rentieren, Gewinn abwerfen, *etw.* einbringen.
rendez-vousuis [rɑndeˑˈʋuˑhəys] (*-huizen*) *n* Absteige *f*.
rendier [ˈrɛndiːr] *n* Ren *n*, Rentier *n*; **~slede** [-sleːdə] (*-n*) *f* Rentierschlitten *m*.
renet [rəˈnɛt] (*-ten*) *f* Renette *f*.
ren|nen [ˈrɛnə(n)] rennen, schnell laufen; galoppieren; **~paard** [-paːrt] *n* Rennpferd *n*.
renommee [rənɔˈmeː] (*kein pl.*) *f* Renommee *n*, Leumund *m*, (guter) Ruf *m*.
rentabiliteit [rɛntaˑbiˑliˑˈtɛĭt] *f* Rentabilität *f*.
rente [ˈrɛntə] (*-n u. -s*) *f* Zinsen *m/pl.*, Zins *m*; Rente *f*; Zuwendung *f*; papieren met vaste ~ festverzinsliche Papiere *n/pl.*; **~gevend** [-ɣeː-ʋənt] zinstragend; **~loos** [-loːs] zinslos, unverzinslich, zinsfrei; **~nier** [-ˈniːr] (*-s*) *m* Rentner *m*, Rentier *m*; **~nieren** [-ˈniːrə(n)] von der Rente (den Zinsen) leben; **~standaard** [-stɑndaːrt] *m*, **~voet** [-ʋuˑt] *m* Zinssatz *m*, Zinsfuß *m*; **~zegel** [-zeːɣəl] (*-s*) *m* Renten-, Versicherungsmarke *f*.
rentmeester [ˈrɛntmeːstər] (*-s*) *m* (Guts-)Verwalter *m*.
reorgani|satie, *a.* **~zatie** [reˑjɔrɣɑniˑˈzaːsiː] (*-s*) Reorganisation *f*, Neugestaltung *f*, Umgestaltung *f*; **~seren**, *a.* **~zeren** [-ˈzeːrə(n)] reorganisieren, neugestalten, umgestalten.
rep [rɛp]: in ~ en roer in (größter) Aufregung, in Verwirrung.
repa|ratie [reˑpɑˈraːsiː] (*-s*) *f* Reparatur *f*; **~reren** [-ˈreːrə(n)] reparieren, wiederherstellen, ausbessern; niet (meer) te ~ irreparabel.
repatriëring [rəpɑtriˑˈjeːrɪŋ] *f* Repatriierung *f*.
repertoire [rəpɛrˈtʋaːr] (*-s*) *n* Repertoire *n*, Spielplan *m*.
repe|teren [rəpəˈteːrə(n)] wiederholen; *Thea.* proben; **~titie** [-ˈtiːsiː] (*-s*) *f* Wiederholung *f*; (*Schule*) Probearbeit *f*; *Thea.* Probe *f*; generale ~ Generalprobe *f*; **~titor** [-ˈtiˑtɔr] (*-s u. -en*) *m* Repetitor *m*, F Pauker *m*.
repliek [rəˈpliˑk] *f* Erwiderung *f*, Gegenrede *f*; van ~ dienen widersprechen, entgegnen (*D*).
repor|tage [rəpɔrˈtaːʒə] (*-s*) *f* Reportage *f*, Berichterstattung *f*; **~ter** [rəˈpɔrtər] (*-s*) *m* Reporter *m*, Berichterstatter *m*; **~teren** [-ˈteːrə(n)] übertragen.
reppen [ˈrɛpə(n)] erwähnen (van iets/*etw.*); zich ~ sich beeilen.
represailles [rəprɛˈsaːĭ(j)əs] *pl.* Repressalien *f/pl.*, Vergeltungsmaßnahmen *f/pl.*
representatiekosten [rəprəzənˈtaːsiːkɔstə(n)] *pl.*: vergoeding voor ~ Aufwandsentschädigung *f*.
reproduktie, *a.* **-duc-** [rəproˑˈdəksiː] *f* Reproduktion *f*; Wiedergabe *f*; (*Kunstwerk*) Nachbildung *f*, Vervielfältigung *f*.
reptiel [rɛpˈtiːl] *n* Reptil *n*.
repu|bliek [reˑpyˑˈbliˑk] *f* Republik *f*; **~blikein** [-bliˑˈkɛĭn] *m* Republikaner *m*; **~blikeins** [-bliˑˈkɛĭns] republikanisch.
reputatie [reˑpyˑˈtaːsiː] (*-s*) *f* Ruf *m*; Ansehen *n*, guter Ruf.
requiëm [ˈreˑkʋiˑjəm] (*-s*) *n* Requiem *n*, Totenmesse *f*.
requisi|toir [reˑkʋiˑziˑˈtʋaːr] (*-s u.*

-*en*), **~toor** [-ˈtɔr] (*-toren*) *n* Strafantrag *m*, Plädoyer *n* des Staatsanwalts.

reseda [ˈreː-], *a.* [reˑˈzeˑdaˑ] (*-'s*) *f* Reseda *f*, Resede *f*.

reserve [rəˈzɔrvə] (*-s*) *f* Reserve *f*; Vorrat *m*; Zurückhaltung *f*, Vorbehalt *m*, Rückhalt *m*; *Hdl.* Rücklage *f*; *zonder* ~ ohne Rückhalt; **~band** [-bɑnt] *m* Ersatzreifen *m*; **~delen** [-deːlə(n)] *pl.* Ersatzteile *pl.*; **~fonds** [-fɔns] *n* Reservefonds *m*, Rücklage *f*; **~kader** [-kaːdər] (*-s*) *n mil.* Ersatztruppen *f/pl.*, Reservekader *m*.

reser|veren [rəzərˈveːrə(n)] reservieren, vorbestellen, *Plätze* belegen; **~vering** [-ˈveːrɪŋ] *f* Reservierung *f*; ~ *onder voorbehoud* Bestellung *f* mit Vorbehalt; **~voir** [-ˈvʋaːr] (*-s*) *n* Behälter *m*; Sammelbecken *n*; Reservoir *n*.

resi|dent [reˑziˑˈdɛnt] *m* Resident *m*; **~dentie** [-ˈdɛnsiː] (*-s*) *f* Residenz *f*; **~du** [-ˈdyː] (*-'s u. -en*) *n* Rest *m*; Rückstand *m*.

reso|lutie [reˑzoˑˈlyːsiː] (*-s*) Resolution *f*, Entschließung *f*, Beschluß *m*; **~luut** [-ˈlyːt] entschlossen, resolut.

respect, *a.* **-pekt** [rɛˈspɛkt] *n* Respekt *m*, Achtung *f*; Ehrerbietung *f*; **~abel** [-ˈtaːbəl] respektabel, achtenswert, ansehnlich; **~eren** [-ˈteːrə(n)] respektieren, (hoch)achten; Rücksicht nehmen auf *A*; **~ief** [-ˈtiːf] jeweilig; **~ievelijk** [-ˈtiːvələk] respektive, beziehungsweise.

responsabel [rɛspɔnˈsaːbəl] verantwortlich.

ressort¹ [rəˈsɔːr] (*-s*) *n* Sprungfeder *f*.

ressort² [rɛˈsɔrt] (*-s*) *n* Geschäftsbereich *m*, Amtsbereich *m*.

rest [rɛst] *f* Rest *m*, Überrest *m*; *voor de* ~ im übrigen, übrigens; **~ant** [-ˈtɑnt] *n* Rest *m*, Überrest *m*; *Hdl.* Restbestand *m*; (*Schulden*) Rückstand *m*.

restau|rant [rɛstoˑˈrɑnt], *a.* [-ˈrɑ̃ː] (*-s*) *n* Restaurant *n*, Gaststätte *f*; **~rateur** [-rɑˈtøːr] (*-s*) *m* Wirt *m*, Gastwirt *m*; **~ratie** [-ˈraːsiː] (*-s*) *f* Restauration *f*, Wiederherstellung *f* (*e-s Kunstwerks*); **~ratiewagen** [-ˈraːsiˑʋaːɣə(n)] (*-s*) *m* Speisewagen *m*; **~reren** [-ˈreːrə(n)] restaurieren, wiederherstellen.

rest|en [ˈrɛstə(n)], [rɛsˈteːrə(n)] übrigbleiben; verbleiben; *resterend bedrag* Restbetrag *m*.

resti|tueren [rɛstiˑtyˑˈʋeːrə(n)] ersetzen, vergüten; **~tutie** [-ˈtyːsiː] (*-s*) *f* Ersatz *m*, Restitution *f*.

restrictie, *a.* **-trik-** [rɛsˈtriˑksiː] (*-s*) *f* Einschränkung *f*; Vorbehalt *m*.

resultaat [reˑsəlˈtaːt] (*-taten*) *n* Resultat *n*, Ergebnis *n*.

resumé [reˑzyˑˈmeː] (*-'s*) *n* (kurze) Zusammenfassung *f*.

resumeren [reˑzyˑˈmeːrə(n)] zusammenfassen.

retirade [rətiˑˈraːdə] (*-s*) *f* Abort *m*, Abtritt *m*.

re|toriek [reˑtoˑˈriˑk] *f* Rhetorik *f*, Redekunst *f*; **~torisch** [-ˈtoːriˑs] rhetorisch; bombastisch.

retort [rəˈtɔrt] *f* Retorte *f*.

retouche [rəˈtuˑʃə] (*-s*) *f* Retusche *f*, Nachbessern *n*.

retour [rəˈtuːr] zurück; *Su.* (*-s*) *n* Rückfahrkarte *f*; *m* Rückfracht *f*, Rückreise *f*.

reu [røː] *m* Rüde *m*.

reuk [røːk] *m* Geruch *m*; Geruchssinn *m*; Parfüm *n*; **~(e)loos** [-(ə)loːs] geruchlos; **~flesje** [-flɛʃə] (*-s*) *n* Riechfläschchen *n*; **~orgaan** [-ɔrɣaːn] (*-ganen*) *n* Geruchsorgan *n*; **~verfrissend** [-fərfrɪsənt] Deodorant-; **~zeep** [-seːp] (*-zepen*) *f* parfümierte Seife; **~zenuw** [-seːnyˑŭ] Geruchsnerv *m*.

reuma [ˈrøːmaˑ] *n*, **~tiek** [-ˈtiˑk] Rheuma *n*, Rheumatismus *m*; **~tisch** [røˑˈmaːtiˑs] rheumatisch.

reünie [reˑˈjyːniː] (*-s*) *f* Vereinigung *f*, Zusammenkunft *f*; Gesellschaft *f*.

reus [røːs] (*reuzen*) *m* Riese *m*; **~achtig** [-ˈɑxtəx] riesig, Riesen-, riesenhaft.

reüsseren [reˑ(j)yˑˈseːrən] gelingen, Erfolg (Glück) haben.

reutel [ˈrøːtəl] (*-s*) Röcheln *n*; **~en** [-ə(n)] röcheln; murren.

reuzel [ˈrøːzəl] *m* Schmalz *m*.

reuzen|gestalte [ˈrøːzə(n)ɣəstɑltə] (*-n u. -s*) *f* Riesengestalt *f*; **~slang** [-slɑŋ] *f* Riesenschlange *f*; **~werk** [-ʋɛrk] *n* Riesenarbeit *f*.

revaloriseren, *a.* **-zeren** [reˑvaloˑriˑˈzeːrə(n)] (wieder)aufwerten.

revanche [rəˈvɑ̃ːʃə] (*-s*) *f* Revanche *f*.

reven [ˈreːvə(n)] *mar.* reffen.

revenu [rəvəˈnyˑ] (*-'s u. -en*) *n* Einkommen *n*, Einkünfte *pl.*

revi|seren, *a.* **~zeren** [rəviˈzeːrə(n)]

nachprüfen; ausbessern; **~sie** [rə'v̊i:zi:] (*-s*) *f* Nachprüfung *f*, Durchsicht *f*, Revision *f*.
evolu|tie [re·v̊ɔ'ly:si:] (*-s*) *f* Revolution *f*; **~tionair** [-sjɔ'nɛ:r] revolutionär; *Su.* (*-en*) *m* Revolutionär *m*, F Revoluzzer *m*.
evolver [rə'v̊ɔlvər] (*-s*) *m* Revolver *m*.
evue [rə'v̊y:] (*-s*) *f* Revue *f*; Truppenschau *f*; (*Zeitschrift*) Rundschau *f*; **~danseres** [-dɑnsərɛs] (*-sen*) *f* Revuegirl *n*.
iant [ri·'jɑnt] reizend.
ib [rɪp] (*-ben*), **~be** ['rɪbə] (*-n*) *f* Rippe *f*.
ibbebreuk ['rɪbəbrø:k] *f* Rippenbruch *m*.
ibbel ['rɪbəl] (*-s*) *f* Rille *f*, Riefe *f*.
ibbenkast ['rɪbə(n)kɑst] *f* Brustkorb *m*.
ibfluweel ['rɪpfly·ʋe:l] *n* Rippensamt *m*, Kord *m*.
ib(be)stuk ['rɪp-], *a.* ['rɪbəstøk] (*-ken*) *n* Rippenstück *n*.
ichel ['rɪxəl] (*-s*) *f* Gesims *n*; Rand *m*, Leiste *f*.
ich|ten ['rixtə(n)] richten, lenken; wenden; *zich ~ tot* sich wenden an *A*; *zich ~ op S.* sich richten auf *A*; **~ting** [-tɪŋ] *f*. Richtung *f*; **~tingwijzer** [-tɪŋʋɛizər] (*-s*) *m* (*Auto*) Blinker *m*; **~lijn** [-lɛin] *f* Richtlinie *f*; Leitlinie *f*; **~snoer** [-snu:r] *n* Richtschnur *f*.
idder ['rɪdər] (*-s*) *m* Ritter *m*; **~goed** [-ɣ̊u·t] (*-eren*) *n* Rittergut *n*; **~kruis** [-krəʏs] *n* Ritterkreuz *n*; **~lijk** [-lək] ritterlich; **~orde** [-ɔrdə] (*-n u. -s*) *f* Ritterorden *m*; **~spoor** [-spo:r] (*-sporen*) *f* Rittersporn *m*.
idicuul, *a.* **-kuul** [ri·dɪ'ky·l] lächerlich.
ied [ri·t] *s. raden*.
iek [ri:k] *m* (Grab-)Gabel *f*.
ieken ['ri:kə(n)] (*rook, geroken*) riechen.
iem [ri:m] *m* Riemen *m*; Gurt *m*, Gürtel *m*; (*Papier*) Ries *n*.
iep [ri·p] *s. roepen*.
iet [ri·t] *n* Rohr *n*, Schilfrohr *n*; Dachstroh *n*; **~dekker** [-dɛkər] (*-s*) *m* Rohrdachdecker *m*; **~en** [-ə(n)] Rohr-; *~ dak* Strohdach *m*; **~je** [-jə] (*-s*) *n* Röhrchen *n*; Trinkhalm *m*; **~suiker** [-səʏkər] *m* Rohrzucker *m*.
if[1] [rɪf] (*-fen*) *n* Riff *n*; **~**[2] (*reven*) *n* *mar.* Reff *n*.
ij [rɛi] *f* Reihe *f*; *in de ~ staan* in Reih und Glied stehen; Schlange stehen, anstehen; *op ~ van drie* in Dreierreihen.
rij|baan ['rɛiba:n] (*-banen*) *f* Reitbahn *f*; Fahrbahn *f*; Eisbahn *f*; **~bewijs** [-bəʋɛis] (*-bewijzen*) *n* Führerschein *m*; *het verbeuren* (*verbeuring*) *van het ~* Führerscheinentzug *m*; **~broek** [-bru·k] *f* Reithose *f*; **~costuum** *s. rijkostuum*; **~den** [-də(n)] (*reed, geraden*) (*Wagen usw.*) fahren; reiten; (*Schlittschuh*) laufen; **~dier** [-di:r] *n* Reittier *n*; **~examen**, *a.* **eks-** [-ɛksa:mə(n)] (*-s u. -examina*) *n* Fahrprüfung *f*.
rijf [rɛif] (*rijven*) *f* Harke *f*.
rijgen ['rɛiɣ̊ə(n)] (*reeg, geregen*) schnüren; an-, aufreihen.
rijg|laars ['rɛixla:rs] (*-laarzen*) *f* Schnürstiefel *m*; **~veter** [-fe:tər] *m* Schnürband *n*, Schnürsenkel *m*.
rijk [rɛik] reich (*aan*/an *D*); *Su.* *n* Reich *n*, Staat *m*; **~aard** [-a:rt] (*-s*) *m* Reiche(r) *m*; **~dom** [-dɔm] (*-men*) *m* Reichtum *m*; **~e** [-ə] (*-n*) *m* Reiche(r) *m*; **~elijk** [-ələk] reichlich; **~elui** [-ələʏ] *pl.* reiche Leute *pl.*, Reiche(n) *pl.*
rij|kleed ['rɛikle:t] (*-klederen*) *n* Reitkleid *n*; **~kostuum** [-kɔsty·m] (*-s*) *n* Reitanzug *m*.
rijks|ambt ['rɛiksɑmt] *n* Reichsamt *n*, Staatsamt *n*; **~ban** [-bɑn] *m* Reichsacht *f*; **~bestuur** [-bəsty:r] *n* Reichs-, Staatsverwaltung *f*; **~daalder** [-'da:ldər], F *a.* [rɪks] (*-s*) *m* Reichstaler *m* (= $2^1/_2$ Gulden); **~dag** [-dɑx] *m* Reichstag *m*; **~gebouw** [-xəbɑŭ] *n* öffentliches Gebäude; **~kanselier** [-kɑnsəli:r] (*-s u. -en*) *m* Reichskanzler *m*; **~stad** [-stɑt] (*-steden*) *f* Reichsstadt *f*; **~subsidie** [-səpsi·di:] (*-s*) *f u. n* Regierungsbeihilfe *f*, (öffentliche) Subvention *f*; **~wacht** [-ʋɑxt] *f* (*in Belgien*) Gendarmerie *f*; **~wege** [-ʋe:ɣ̊ə]: *van ~* von Staats wegen.
rij|laars ['rɛila:rs] (*-laarzen*) *f* Reitstiefel *m*; **~les** [-lɛs] (*-sen*) *f* Reitstunde *f*; Fahrstunde *f*.
rijm[1] [rɛim] *m* (Rauh-)Reif *m*; **~**[2] (*-en*) *n* Reim *m*; **~elaar** [-əla:r] (*-s*) *m* Verseschmied *m*; **~woord** [-ʋo:rt] *n* Reimwort *n*.
Rijn [rɛin] *m* Rhein *m*.
rijn|aak [rɛina:k] (*-aken*) *m u. f* Rheinkahn *m*; **~boot** [-bo:t] (*-boten*) *m u. f* Rheindampfer *m*.

Rijnland ['rɛĭnlɑnt] *n* Rheinland *n*; **~er** [-ər] (*-s*) Rheinländer *m*; **~s** [-s] rheinländisch.
rijnwijn [rɛĭnʋɛĭn] *m* Rheinwein *m*.
rijp[1] [rɛĭp] reif; reiflich; ~ *voor beslissing* beschlußreif.
rijp[2] *m* (Rauh-)Reif *m*.
rijpaard ['rɛĭpa:rt] *n* Reitpferd *n*.
rijp|elijk ['rɛĭpələk] reiflich; **~en** [-pə(n)] reifen; **~heid** [-hɛĭt] *f* Reife *f*.
rij|prestatie ['rɛĭprɛsta:si:] (*-s*) *f* Reit-, Fahr-, Laufleistung *f*; **~school** [-sxo:l] (*-scholen*) *f* Reitschule *f*; Fahrschule *f*.
rijshout ['rɛĭshɑut] *n* Reisig *n*.
rij|snelheid ['rɛĭsnɛlhɛĭt] *f* Fahrgeschwindigkeit *f*; **~spoor**[1] [-spo:r] (*-sporen*) *f* Reitsporn *m*; **~spoor**[2] Gleis *n*; Wagenspur *f*.
rijst [rɛĭs(t)] *m* Reis *m*; ~ *met ham* Schinkenreis *m*; **~ebrij** [-əbrɛĭ] *m* Reisbrei *m*; **~korrel** [-kɔrəl] (*-s*) *m* Reiskorn *n*; **~oogst** [-o:xst] *m* Reisernte *f*; **~(e)pap** [-(ə)pɑp] *f* Reisbrei *m*; **~tafel** [-ta:fəl] (*-s*) *f* Reistafel *f*.
rijten ['rɛĭtə(n)] (zer)reißen.
rij|toer ['rɛĭtu:r] *m* Spazierfahrt *f*; Spazierritt *m*; Tour *f*; **~tuig** [-tœyx] *n* Wagen *m*; **~weg** [-ʋɛx] *m* Fahrdamm *m*, Fahrstraße *f*, Fahrweg *m*.
rijwiel ['rɛĭʋi:l] *n* Fahrrad *n*; **~pad** [-pɑt] *n* Radfahrweg *m*; **~stalling** [-stɑlıŋ] *f* Fahrradabstellplatz *m*; **~toerisme** [-tu:ri·smə] *n* Radfahrtourismus *m*.
rij|zen ['rɛĭzə(n)] (*rees, gerezen*) steigen, aufgehen; *fig.* sich erheben, aufkommen; *de vraag rijst* die Frage drängt sich auf, es stellt sich die Frage, man fragt sich; **~zig** [-zəx] hochgewachsen, schlank.
rijzweep ['rɛĭzʋe:p] (*-zwepen*) *f* Reitgerte *f*, Reitpeitsche *f*.
riksja ['ri·kʃa·] (*-'s*) *f* Rikscha *f*.
ril|len ['rılə(n)] zittern, beben; ~ *van koude*; frösteln; *om van te* ~ schauderhaft; **~ling** [-lıŋ] *f* Frostschauer *m*, Frösteln *n*; (*im Fieber*) Schüttelfrost *m*; *ik krijg een* ~ es überläuft mich kalt.
rimpel ['rımpəl] (*-s*) *m* Runzel *f*; Furche *f*; Falte *f*; **~en** [-ə(n)] *Wasser usw.* kräuseln; *Stoffe* fälteln, kräuseln; *die Sitrn* runzeln; **~ig** [-əx] runzlig, faltig; gekräuselt.
ring [rıŋ] *m* Ring *m*; Kreis *m*; Bezirk *m*; (*Mond*) Hof *m*; **~baan** [-ba:n] (*-banen*) *f* Ringbahn *f*; **~baard** [-ba:rt] *m* Vollbart *m*; **~(el)duif** [-(əl)dœyf] (*-duiven*) *f* Ringeltaube *f*.
ringeloren ['rıŋəlo:rə(n)] maßregeln; streng behandeln; F schurigeln.
ringen ['rıŋə(n)] beringen; ringeln.
ring|muur ['rıŋmy:r] (*-muren*) *n* Ringmauer *f*; **~slang** [-slɑŋ] Ringelnatter *f*; **~spier** [-spi:r] Schließmuskel *m*; **~steken** [-'ste·kə(n)] *n* Ring-, Ringelstechen *n*; **~vinger** [-vıŋər] (*-s*) *m* Ring-, Goldfinger *m*; **~vormig** [-vɔrməx] ringförmig; **~worm** [-ʋɔrm] *m* Ringelwurm *m*; (*Hautkrankheit*) Flechte *f*.
rinkelen ['rıŋkələ(n)] *Gläser*: klirren; *Geld*: klappern, klimpern; *Schelle*: klingeln.
rinoceros [ri·'nɔsərɔs] (*-sen*) *r* Rhinozeros *m*, Nashorn *n*.
rins [rıns] herb, säuerlich.
riolering [ri·jo·'le:rıŋ] *f* Kanalisation *f*.
riool [ri·'jo:l] (*riolen*) *f u. n* (Abwasser-)Kanal *m*; **~buis** [-bœys] (*-buizen*) *f* Kanalrohr *n*; **~deksel** [-dɛksəl] (*-s*) *n* Kanaldeckel *m*; **~water** [-ʋa:tər] *n* Abwasser *n*.
risico ['ri·zi·ko·] (*-'s*) *n u. m* Risiko *n*, Gefahr *f*.
riskeren [rıs'ke:rə(n)] riskieren, aufs Spiel setzen, wagen.
rit [rıt] (*-ten*) *m* Ritt *m*; (*mit e-m Wagen usw.*) Fahrt *f*; Tour *f*; *Sp.* Etappe *f*; *een* ~ *bergaf* Talfahrt *f*; *een* ~ *bergop* Bergfahrt *f*.
ritme ['rıtmə] (*-n*) *n* Rhythmus *m*.
ritmeester ['rıtme:stər] (*-s*) *m* Rittmeister *m*.
rit|misch ['rıtmi·s] rhythmisch; **~miek** [-'mi·k] *f* Rhythmik *f*.
ritselen ['rıtsələ(n)] *Blätter*: rascheln; *Papier, Flammen*: knistern; *Seide*: rauschen.
ritsig ['rıtsəx] brünstig.
ritssluiting ['rıtslœytıŋ] *f* Reißverschluß *m*.
ritu|aal ['ri·ty·'ʋa:l] (*-alen*) *n* Ritual *n*; **~eel** [-'ʋe:l] (*-elen*) *n* Ritus *m*; *Adj.* rituell, Ritual-; **~s** ['ri·te… (*-sen*) *m* Ritus *m*.
ritzege ['rıtse:ɣə] (*-s*) *f Sp.* Etappensieg *m*.
ri|vaal [ri·'va:l] (*-valen*) *m* Rivale *m*

Nebenbuhler *m*, Mitbewerber *m*; **~valiteit** [-vaˑliˑtεit] *f* Rivalität *f*.

rivier [riˑˈvi:r] *f* Fluß *m*, Strom *m*; **~dijk** [-dεĭk] *m* Flußdeich *m*, Flußdamm *m*; **~mossel** [-mɔsəl] (*-s*) *f* Flußmuschel *f*; **~politie** [-poˑliˑsi:] *f* Wasserpolizei *f*; **~zand** [-zɑnt] *n* Flußsand *m*.

roastbeef *s. rosbief.*

rob [rɔp] (*-ben*) *m* Robbe *f*, Seehund *m*.

robbedoes [ˈrɔbədu:s] (*-doezen*) *m u. f* Wildfang *m*.

robberen [ˈrɔbərə(n)] F stibitzen, klauen.

robbevel [ˈrɔbəv̊εl] (*-len*) *n* Robbenfell *n*.

robijn [roˑˈbεĭn] *m* Rubin *m*.

robot [rɔˈbɔt] (*-s*) *m* Roboter *m*.

robuust [rɔˈby:st] stämmig, robust, vierschrötig.

rochade *s. rokade.*

rochelen [ˈrɔxələ(n)] röcheln; qualstern.

rocheren *s. rokeren.*

rococo [ˈroˑkoˑkoˑ] *n* Rokoko *n*.

roddelen [ˈrɔdələ(n)] klatschen; lästern.

rodehond [ro:dəˈhɔnt] *m* Röteln *pl.*

rodel|baan [ˈro:dəlba:n] (*-banen*) *f* Rodelbahn *f*; **~en** [-ə(n)] rodeln; **~slee** [-sle:] (*-ën*) *f* Rodel(schlitten) *m*.

rododendron [roˑdoˑˈdεndrɔn] (*-s*) *m* Rhododendron *m*.

roebel [ˈru:bəl] (*-s*) *m* Rubel *m*.

roe(de) [ru:(də)] (*roes u. roeden*) *f* Rute *f*, Gerte *f*; Stange *f*.

roef [ru:f] (*roeven*) *mar.* Roof *m u. n*.

roei|boot [ˈruˑĭbo:t] (*-boten*) *m u. f* Ruderboot *n*; **~en** [-jə(n)] rudern; **~er** [-jər] (*-s*) *m* Ruderer *m*; **~spaan** [-spa:n] (*-spanen*) *f* Riemen *m*, Ruder *n*; **~wedstrijd** [-υεtstrεit] *m* Wettrudern *n*.

roek [ruˑk] *m* Saatkrähe *f*.

roekeloos [ˈruˑkəlo:s] leichtsinnig; kühn, verwegen, tollkühn.

roekoeken [ruˑˈkuˑkə(n)] girren, gurren.

Roelof [ˈru:lɔf] *m* Rudolf *m*.

roem [ru:m] *m* Ruhm *m*, Ehre *f*.

Roemeen [ruˑˈme:n] (*-menen*) *m* Rumäne *m*; **~s** rumänisch; *Su. n* Rumänisch *n*; **~se** [-sə] (*-n*) *f* Rumänin *f*.

roemen [ˈru:mə(n)] rühmen, loben, preisen.

Roemenië [ruˑˈme:niˑ(j)ə] *n* Rumänien *n*.

roemer [ˈru:mər] (*-s*) *m* (*Person*) Prahler *m*; (*Sache*) Becher *m*, Römer *m*.

roem|rijk [ˈru:mrεĭk] ruhmreich; **~zuchtig** [-ˈzəxtəx] ruhmsüchtig.

roep [ruˑp] *m* Ruf *m*; *de ~ gaat, dat* man sagt, daß; **~en** [-ə(n)] (*riep, geroepen*) rufen; schreien; **~er** [-ər] (*-s*) *m* Rufer *m*, Rufende(r) *m*; **~hoorn, ~horen** [-ho:rə(n)] (*-s*) *m* Sprachrohr *n*; Lautsprecher *m*; **~ing** [-ıŋ] *f* Beruf *m*; Ruf *m*, Bestimmung *f*; *een ~ voelen (krijgen, hebben)* sich berufen fühlen zu *D*; **~naam** [-na:m] (*-namen*) *m* Rufname *m*.

roer [ru:r] (*-en u. -s*) *n* Ruder *n*; *mil.* Flinte *f*.

roerdomp [ˈru:rdɔmp] *m* Rohrdommel *f*.

roer|ei [ˈru:rεĭ] (*-eren*) *n* Rührei *n*; **~en** [-ə(n)] rühren; *zijn snater (mondje) ~* sein Mundwerk gehen lassen; **~end** [-ənt] rührend (*a. fig.*); beweglich; *~e goederen* bewegliche Güter *n/pl.*, Mobilien *pl.*, bewegliche Habe *f*; **~ig** [-əx] rührig; unruhig; **~ing** [-ıŋ] *f* Rührung *f*; Unruhe *f*; **~loos** [-lo:s] regungslos, unbeweglich; **~sel** [-səl] (*-s u. -en*) *n* Regung *f*, Trieb *m*; **~spaan** [spa:n] (*-spanen*) *f* Spatel *m*, Rührkelle *f*; **~vink** [-v̊ıŋk] *m u. f* Lockvogel *m*; *fig.* Aufwiegler *m*, Rädelsführer *m*.

roes [ru:s] (*roezen*) *m* Rausch *m*; (*Droge*) Trip *m*.

roest[1] [ru:st] *m* (*Pflanzenkrankheit*) Rost *m*, Brand *m*; (*Metall usw.*) Rost(ansatz) *m*; **~**[2] (*-en*) *m u. n* (Hühner-)Stange *f*; **~en** [-ə(n)] rosten; **~ig** [-əx] rostig; **~vrij** [-frεĭ] rostfrei; **~werend** [-ˈυe:rənt] Rostschutz-.

roet [ruˑt] *n* Ruß *m*; (*bij*) *iemand ~ in 't eten gooien fig.* j-m die Suppe versalzen.

roffel [ˈrɔfəl] (*-s*) *m* (Trommel-) Wirbel *m*; (*Schelte*) Rüffel *m*; (*Gerät*) Schrupp-, Schropphobel *m*; **~en** [-ə(n)] wirbeln, e-n Wirbel schlagen.

rog [rɔx] (*-gen*) *m* Rochen *m*.

rogge [ˈrɔγ̊ə] *f* Roggen *m*; **~brood** [-bro:t] (*broden*) *n* Roggenbrot *n*; **~veld** [-v̊εlt] *n* Roggenfeld *n*.

rok [rɔk] (*-ken*) *m* (*Damen*) Rock *m*; (*Herren*) Frack *m*.

rokade [rɔˈka:də] (*-s*) *f* Rochade *f*.
rokbroek [ˈrɔkbru·k] *f* Rockhose *f*.
ro|ken [ˈro·kə(n)] rauchen; *Eßware* räuchern; *gerookte paling* Räucheraal *m*; **~ker** [-kər] (*-s*) *m* Raucher *m*.
rokeren [rɔˈke:rə(n)] rochieren.
rokpand [ˈrɔkpɑnt] *n* Frackschoß *m*; **~zak** [-sɑk] (*-ken*) *m* Fracktasche *f*; Rocktasche *f*.
rol [rɔl] (*-len*) *m* Rolle *f*; Walze *f*; **~baan** [-ba:n] (*-banen*) *f Flgw.* Rollbahn *f*, Rollfeld *n*; **~bezetting** [-bəzɛtɪŋ] *f Thea.* Rollenbesetzung *f*; **~gordijn** [-ɣ̊ɔrdɛĭn] *n* Rollvorhang *m*; Rollo *n*; **~lade** [rɔˈla:də] (*-n u. -s*) *f* Roulade *f*; **~len** [-ə(n)] rollen; purzeln, sich wälzen; (*Turnen*) grätschen; F stibitzen; *~d materieel* rollendes Material, Wagenpark *m*; **~letjes** [-lətjəs] *pl.*: *het loopt op ~* F es geht wie geschmiert; **~luik** [-ləʏk] *n* Rolladen *m*; **~mops** [-mɔps] *m* Rollmops *m*; **~prent** [-prɛnt] *f* Film *m*; **~schaats** [-sxa:ts] *f* Rollschuh *m*; **~trap** [-trɑp] *f* Rolltreppe *f*; **~verdeling** [-v̊ərde:lɪŋ] *f Thea.* Rollenverteilung *f*; **~vormig** [-v̊ɔrməx] rollen-, walzenförmig.
Romaans [ro·ˈma:ns] romanisch; *~e talen* romanische Sprachen *f/pl.*
roman [ro·ˈmɑn] (*-s*) *m* Roman *m*; **~achtig** [-ɑxtəx] romanhaft.
romance [ro·ˈma:nsə] (*-s u. -n*) *f* Romanze *f*.
roman|esk [ro·mɑˈnɛsk] romanhaft, phantastisch; **~held** [ro·ˈmɑnhɛlt] *m* Romanheld *m*; **~schrijver** [-sxrɛĭv̊ər] (*-s*) *m* Romanschriftsteller *m*; **~tiek** [-ˈti·k] Romantik *f*; *Adj. a.* **~tisch** [-ti·s] romantisch.
Ro|me [ˈro:mə] *n* Rom *n*; **~mein** [-ˈmɛĭn] *m* Römer *m*; **~meins** [-ˈmɛĭns] römisch; **~meinse** [-ˈmɛĭnsə] (*-n*) *f* Römerin *f*.
rommel [ˈrɔməl] (*kein pl.*) *m* Rummel *m*; Plunder *m*, Ramsch *m*, Kram *m*; Kitsch *m*; Schund *m*; *de hele ~* der ganze Krempel, der ganze Schwindel; **~en** [-ə(n)] (herum-) stöbern, kramen; *Donner*: rollen; *Magen*: knurren; **~ig** [-əx] unordentlich; **~kamer** [-ka:mər] (*-s*) *f* Rumpelkammer *f*; **~zo(oi)** [-zo:], *a.* [-zo:ĭ] (*-zooien*) *f* Mischmasch *m*; **~zolder** [-zɔldər] (*-s*) *m* Rumpelboden *m*.
romp [rɔmp] *m* Rumpf *m*; **~buiging** [-bəʏɣ̊ɪŋ] *f* Rumpfbeuge *f*; **~parlement** [-pɑrləmɛnt] *n hist.* Rumpfparlament *n*; **~slomp** [-slɔmp] *m* Plunder *m*, Kram *m*; Scherereien *f/pl.*
rond[1] [rɔnt] *Adj.* rund, Rund-; *fig.* unumwunden; *Präp.* um (herum); *een ~e kerel* ein offenherziger Kerl; *een ~e bank* Rundbank *f*; *~ de tafel* um den Tisch (herum).
rond[2] *n* Rund *n*; Runde *f*, Kreis *m*, Rundung *f*; **~as** [-ˈɑs] (*-sen*) *f* Rundschild *m*, Tartsche *f*; **~bazuinen** [-bɑzəʏnə(n)] ausposaunen; **~borstig** [-ˈbɔrstəx] offen, aufrichtig; *Adv.* rundheraus; **~brengen** [-brɛŋə(n)] herumtragen; austragen; **~draaien** [-dra:ĭ(j)ə(n)] herumdrehen; **~dwalen** [-dʋa:lə(n)] umherirren.
ronde [ˈrɔndə] (*-s u. -n*) *f* Runde *f*; *Sp.* Tour *f*; Rundfahrt *f*; *de ~ doen* die Runde machen; *geruchten doen de ~* es gehen Gerüchte (um); *op twee ~n Sp.* zwei Runden zurück; **~dans** [-dɑns] *m* Ringelreihen *m*; Rundtanz *m*.
rondeel [rɔnˈde:l] (*-delen*) *n* Rondell *n*; Rundbeet *n*; (*Gedicht*) Rondo *n*; Rundgesang *m*.
ronden [ˈrɔndə(n)] runden, rund machen.
ronde-tafelconferentie, *a.* **-kon** [rɔndəˈta:fəlkɔnfərɛnsi:] (*-s*) *f* Konferenz *f* am runden Tisch.
rond|gaan [ˈrɔntxa:n] herumgehen; *laten ~* herumreichen; **~geven** [-xe:v̊ə(n)] herumreichen; **~ing** [-ɪŋ] *f* Rundung *f*; **~komen** [-ko:mə(n)] herumkommen; *fig.* auskommen; **~leiden** [-lɛĭdə(n)] herum-, umherführen; **~leiding** [-lɛĭdɪŋ] *f* Führung *f*; **~lopen** [-lo:pə(n)] herum-, umherlaufen; *loop rond!* sei (doch) nicht blöd'!, ach was Unsinn!; **~om** [-ˈɔm] rundum ringsum; **~ombekleding** [-ˈɔmbəkle:dɪŋ] *f* (*Reifen*) Runderneuerung *f*; **~reis** [-rɛĭs] (*-reizen*) *f* Rundreise *f*; **~reizen** [-rɛĭzə(n)] herum-, umherreisen; *~d gezelschap Thea.* Wandertruppe *f*, Wanderbühne *f*; **~rit** [-rɪt] *m* Rundfahrt *f*; **~schrijven** [-sxrɛĭv̊ə(n)] (*kein pl.*) *n* Rundschreiben *n*.
rondsel [ˈrɔntsəl] (*-s*) *n* Ritzel *n*; (*kleines*) Zahnrad *n*.
rondstrooien [ˈrɔntstro:ĭ(j)ə(n

herum-, ausstreuen; *Gerüchte* verbreiten.
ond|sturen ['rɔntsty:rə(n)] herum-, umherschicken; **~tasten** [-tɑstə(n)] herumtasten; *fig.* zweifelnd versuchen.
ondte ['rɔndə], *a.* ['rɔntə] (*-s u. -n*) Runde *f*; Umkreis *m*; Rundheit *f*.
ond|trekken ['rɔndtrɛkə(n)] umherziehen, wandern; **~uit** [-dəʏt] rundheraus, unumwunden; **~venten** [-fɛntə(n)] hausieren; **~vlucht** [-fləxt] *f* Rundflug *m*; **~vraag** [-fra:x] (*-vragen*) *f* Umfrage *f*; **~waren** [-ʋa:rə(n)] umhertreiben; (*Gespenster*) 'umgehen; **~wentelen** [-ʋɛntələ(n)] *v/t* umwälzen; *v/i* sich herumwälzen; **~zien** [-si:n] umherschauen, um sich schauen; *naar iets ~* sich nach etw. umsehen; etw. suchen; **~zwerven** [-sʋɛrʋ̊ə(n)] umher-, herumirren; umherschweifen.
onken ['rɔŋkə(n)] schnarchen; *Motor*: rattern.
onse|laar ['rɔnsəla:r] (*-s*) *m* Werber *m*; **~len** [-lə(n)] werben; pressen.
öntgenstralen ['rəntxənstra:lə(n)] *pl.* Röntgenstrahlen *m/pl.*, X-Strahlen *m/pl.*
ood¹ [ro:t] rot; *~ potlood n* Rotstift *n*.
ood² *n* Rot *n*, Röte *f*.
ood|aarde ['ro:ta:rdə] *f* Rotstein *n*, Rötel *m*; **~achtig** [-dɑxtəx] rötlich; **~borstje** [-bɔrs(t)jə] (*-s*) *n* Rotkehlchen *n*; **~harig** [-ha:rəx] rothaarig; **~huid** [-həʏt] *m* Rothaut *f*, Indianer *m*.
oodkapje ['ro:tkɑpjə] *n* Rotkäppchen *n*.
ood|kleurig ['ro:tklø:rəx] rot; **~krijttekening** [-'krɛĭte:kənɪŋ] *f* Rötelzeichnung *f*; **~staartje** [-sta:rtjə] (*-s*) *n* Rotschwanz *m*; **~vonk** [-fɔŋk] *f u. n* Scharlach *m*, Scharlachfieber *n*; **~wangig** [-ʋɑŋəx] rotbäckig.
oof¹ [ro:f] (*roven*) *f* Schorf *m*; **~²** (*kein pl.*) *m* Raub *m*; **~bouw** [-bɑŭ] *n* Raubbau *m*; **~dier** [-di:r] *n* Raubtier *n*; **~gierig** [-'xi:rəx] raubgierig; **~moord** [-mo:rt] *m u. f* Raubmord *m*; **~vogel** [-'fo:ɣ̊əl] (*-s*) *m* Raubvogel *m*; **~ziek** [-si·k] räuberisch; **~zucht** [-səxt] *f* Raubgier *f*.
ooi|en ['ro:ĭ(j)ə(n)] richten, zielen; schätzen; *Kartoffeln* ausgraben, ausmachen; *Acker* roden; *Bäume* ausroden; *hij zal het wel ~* er schafft es schon, er wird es schon schaffen; **~lijn** [-lɛĭn] *f* Richtlinie *f*; Fluchtlinie *f*.
rook¹ [ro:k] *s. rieken, ruiken.*
rook² *m* Rauch *m*; *in ~ vervliegen* (*vergaan*) *fig.* in Rauch aufgehen; **~coupé** [-ku·pe:] (*-s*) *m u. n* Raucherabteil *m*; **~gordijn** [-xɔrdɛĭn] *n* Rauchwolke *f*; Nebelschleier *m*; *een ~ leggen* einnebeln; **~kamer** [-ka:mər] (*-s*) *f* Rauchzimmer *n*; (*Fleisch*) Räucherkammer *f*; (*Lokomotive*) Rauchkammer *f*; **~kolom** [-ko·lɔm] (*-men*) *f* Rauchsäule *f*; **~lucht** [-ləxt] *f* Rauchgeruch *m*; **~pluim** [-pləʏm] *f* Rauchfahne *f*; **~scherm** [-sxɛrm] *n s. rookgordijn*; **~vlees** [-'fle:s] *n* Rauchfleisch *n*; **~vorming** [-fɔrmɪŋ] *f* Rauchbildung *f*; **~wolk** [-ʋɔlk] *f* Rauchwolke *f*; Dunstglocke *f*; **~zwart** [-sʋɑrt] *n* Kienruß *m*.
room [ro:m] *m* Rahm *m*, Sahne *f*; **~boter** [-bo:tər] *f* Sahnenbutter *f*; **~hoorn, ~horen** [-ho:rə(n)] (*-s*) *m* Schillerlocke *f*; **~ijs** [-ɛĭs] *n* Sahneeis *n*; **~kaas** [-ka:s] (*-kazen*) *m* Rahm-, Sahnenkäse *m*; **~kleurig** [-klø:rəx] cremefarbig.
rooms [ro:ms] katholisch; **~gezind** [-xəzɪnt] katholisch gesinnt; **~-kat(h)oliek** [-kɑto·'li·k] römisch-katholisch.
room|soep ['ro:msu·p] *f* Cremesuppe *f*; **~soes** [-su:s] (*-soezen*) *f* Windbeutel *m* mit Schlagsahne; **~taart** [-ta:rt] *f*, **~vla** [-ʋ̊la:] (*-'s u. -vlaas*) *f* Sahnentorte *f*.
roos [ro:s] (*rozen*) *f* Rose *f*; (*Diamant*) Rosette *f*; *Med.* Rotlauf *m*, Rose *f*; (*Kopfhaut*) Schuppen *f/pl.*; *~ schieten, de ~ treffen* ins Schwarze treffen; **~kleurig** [-'klø:rəx] rosenfarbig, rosa; rosig (*a. fig.*).
roos|ten ['ro:stə(n)] rösten; **~ter** [-tər] (*-s*) *m u. n* (Brat-)Rost *m*; Gitter *n*; Liste *f*, Rolle *f*; Stundenplan *m*; Tagesordnung *f*; *iemand op de ~ leggen fig.* j-m die Hölle heiß machen, auf j-n Druck ausüben; j-n unaufhörlich vernehmen.
rooster|en ['ro:stərə(n)] rösten; **~ing** [-ɪŋ] *f* Rost *m*; Grundbau *m*; **~stroom** [-stro:m] *m* Gitterstrom *m*; **~weerstand** [-ʋe:rstɑnt] *m* Git-

terwiderstand *m*; **~werk** [-ʋɛrk] *n* Rost *m*; Gitterwerk *n*; *mar.* Gräting *f*.
ros[1] [rɔs] (*-sen*) *m* Roß *n*, Pferd *n*.
ros[2] rötlich, fuchsrot, rot.
ros[3]: *~ krijgen* Prügel bekommen; P *zij is een ~* sie ist e-e zanksüchtige Frau; **~achtig** [-ɑxtəx] rötlich.
rosbief [ˈrɔsbiˑf] (*-s*) *m* Roastbeef *n*, Rostbraten *m*.
rosharig [ˈrɔshaːrəx] rothaarig.
roskam [ˈrɔskɑm] (*-men*) *m* Striegel *m*; **~men** [-ə(n)] striegeln.
ros|sig [ˈrɔsəx] rötlich; *de ~se buurt* Dirnenviertel *n*; **~vaal** [-faːl] rötlich grau.
rot[1] [rɔt] (*-ten*) *n* Rotte *f*; (*Gewehre*) Pyramide *f*.
rot[2] faul, verdorben, vermodert; *fig.* elend, schlecht.
rotatie [roˑˈtaːsiː] (*-s*) *f* Rotation *f*, Drehung *f*, Umdrehung *f*, Umlauf *m*; **~druk** [-drɵk] *m* Rotationsdruck *m*; **~snelheid** [-snɛlhɛĭt] (*-heden*) *f* Umdrehungsgeschwindigkeit *f*.
roten [ˈroːtə(n)] (*Flachs*) rotten, rösten.
rotgans [ˈrɔtxɑns] (*-gansen*) *f* Ringelgans *f*.
rotonde [roˑˈtɔndə] (*-s u. -n*) *f* Rotunde *f*, Rundbau *m*.
rots [rɔts] *f* Felsen *m*, Fels *m*; Felsen-; **~achtig** [-ɑxtəx] felsig, felsenartig; **~blok** [-blɔk] (*-ken*) *n* Felsblock *m*; **~kloof** [-kloːf] (*-kloven*) *f* Felsenkluft *f*, Felsenschlucht *f*; **~laag** [-laːx] (*-lagen*) *f* Gesteinsschicht *f*; **~punt** [-pɵnt] *m* Felsenspitze *f*, Felsspitze *f*; **~spleet** [spleːt] (*-spleten*) *f* Felsenspalt *m*; **~tuin** [-tœyn] *m* Steingarten *m*; **~vast** [-fɑst] felsenfest; **~zout** [-sɑut] *n* Steinsalz *n*.
rot|ten [ˈrɔtə(n)] zusammenrotten; verfaulen, vermodern; **~tig** [-təx] vermodert, verfault; *fig.* verlottert; **~tigheid** [-təxhɛĭt] *f* Verfaulung *f*, Vermoderung *f*; Fäulnis *f*, Verwesung *f*; **~zak** [-sɑk] (*-ken*) *m* Eichelhäher *m*; (*Schimpfwort*) Arschloch *n*, Scheißkerl *m*; **~zooi** [-soːĭ] *f* Rummel *m*; Kram *m*; Schweinerei *f*.
rouge [ˈruːʒə] *m u. n* Rouge *n*.
roulade [ruˑˈlaːdə] (*-s*) *f* Roulade *f*.
roulettetafel [ruˑˈlɛtətaːfəl] (*-s*) *f* Roulettetisch *m*.
route [ˈruˑtə] (*-s u. -n*) *f* Route *f*, Linie *f*, Strecke *f*, Kurs *m*; Marschrichtung *f*.
routine [ruˑˈtiˑnə] *f* Routine *f*, Fertigkeit *f*, Gewandtheit *f*.
rouw [rɑŭ] *m* Trauer *f*; *in de ~ zij… over* trauern um *A*; *in de ~ zijn* i… Trauer sein; *in ~ dompelen* i… Trauer versetzen; *een brief van* … Kondolenz-, Beileidsschreiben *n*; **~beklag** [-bəklɑx] (*kein pl.*) Beilei… *n*, Beileidsbezeigung *f*; *geen ~* vo… Beileidsbesuchen bitten wir abzu… sehen; **~drager** [-draːɣ̊ər] (*-s*) … Leidtragen(r) *m*, Trauernde(r) *n*… **~en** [-ʋə(n)] trauern; Trauer tra… gen; *dat zal je ~!* das wirst du be… reuen!; **~floers** [-fluːrs] *n* Trauer… flor *m*; **~ig** [-əx]: *ik ben er niet ~ o*… ich bedaure es nicht; **~kleren** [-kle… rə(n)] *pl.* Trauerkleidung *f*; **~koo**… [-koːp] *m* Reukauf *m*; *recht van* … Rücktrittsrecht *n*; **~plechtighei**… [-plɛxtəhɛĭt] (*-heden*) *f* Trauerfei… *f*; **~sluier** [-slœy(j)ər] (*-s*) *m* Trauer… schleier *m*.
roven [ˈroːv̊ə(n)] rauben.
rover [ˈroːv̊ər] (*-s*) *m* Räuber *m*… **~(s)bende** [-(z)bɛndə] (*-s u. -n*) Räuberbande *f*; **~(s)hol** [-(s)hɔl] Räuberhöhle *f*.
royaal [rʋaˑˈjaːl] freigebig, ausgi… big; nobel; *fig.* unumwunden; *het* … *~ van nemen* leben wie die Fürste… *iets ~ toegeven* etw. offen gestehe… *zich ~ tonen* sich nicht lumpe… lassen.
royalty [ˈrɔjəltiˑ] (*-'s*) *f* Lizenzg… bühr *f*; Gewinnanteil *m*.
roze [ˈrɔːzə] rosa(farben).
roze|blad [ˈroːzəblɑt] (*-eren u. -e*… *a. -blaren*) *n* Rosenblatt *n*; **~bott**… [-bɔtəl] (*-s*) *f* Hagebutte *f*; **~kno**… [-knɔp] (*-pen*) *m u. f* Rosenknospe … **~laar** [-laːr] (*-s*) *m* Rosenbaum … Rosenstrauch *m*.
rozemarijn [roːzəmɑˈrɛĭn] *m* Ro… marin *m*.
rozen|bed [ˈroːzə(n)bɛt] (*-den*) … Rosenbeet *n*; **~hoedje** [-ˈhuˑtj… (*-s*) *n* kleiner Rosenkranz *m*; **~kra**… [-krɑns] *m* Rosenkranz *m*; **~tui**… [-tœyn] *m* Rosengarten *m*; **~wat**… [-ʋaːtər] *n* Rosenwasser *n*.
roze|struik [ˈroːzəstrœyk] *m* Rose… strauch *m*; **~tak** [-tɑk] (*-ken*) Rosenzweig *m*.
rozijn [roˑˈzɛĭn] *f* Rosine *f*; **~enko**… [-ə(n)kuˑk] *m* Rosinenkuchen *m*.

rubber [ˈrøbər] *m u. n* Gummi *n u. m*, Kautschuk *m*; **~zool** [-zo:l] (*-zolen*) *m* Gummi-, Kreppsohle *f*.
rubriek [ry·ˈbri·k] *f* Rubrik *f*, Abteilung *f*; Klasse *f*.
ruche [ˈry·ʃə] (*-s*) *f* Rüsche *f*.
ruchtbaar [ˈrøɣ̊dba:r] ruchbar, bekannt; **~heid** [-hɛĭt] *f* Ruchbarkeit *f*; ~ *geven aan* verlautbaren, bekanntmachen.
rudimentair [ry·di·mənˈtɛ:r] rudimentär.
rug [røx] (*-gen*) *m* Rücken *m*; **~biefstuk** [-bi·fstøk] *m* Rückenstück *n*, Rumpsteak *n*; **~dekking** [-dɛkɪŋ] *f* Rückendeckung *f*.
rugge|graat [ˈrøɣ̊əɣ̊ra:t] (*-graten*) *f* Rückgrat *n*; **~lings** [-lɪŋs] rücklings; **~merg** [-mɛrx] *n* Rückenmark *n*; **~spraak** [-spra:k] *f* Rücksprache *f*; ~ *houden* Rücksprache nehmen.
rug|korf [ˈrøxkɔrf] (*-korven*) *m* Tragkorb *m*, Kiepe *f*; **~leuning** [-lø:nɪŋ] *f* Rückenlehne *f*; **~waarts** [-ʋa:rts] rückwärts; **~zak** [-sɑk] (*-ken*) *m* Rucksack *m*.
rui [rəʏ] *m* Mauser *f*; **~en** [-(j)ə(n)] sich mausern.
ruif [rəʏf] (*ruiven*) *f* Raufe *f*.
ruig [rəʏx] rauh, haarig, zottig; *fig.* roh; *een ~e beer* ein zottiger Bär; *een ~e baard* ein struppiger Bart; **~heid** [-hɛĭt] *f* Rauheit *f*.
ruiken [ˈrəʏkə(n)] (*rook, geroken*) riechen; *Tiere*: wittern; *fig.* spüren, wittern; *onheil* ~ Unheil wittern; *slecht* ~ übel riechen.
ruiker [ˈrəʏkər] (*-s*) *m* (Blumen-) Strauß *m*.
ruil [rəʏl] *m* Tausch *m*, Austausch *m*; *in ~ voor* im Tausch gegen; **~baar** [-ba:r] umtauschbar; **~en** [-ə(n)] (um)tauschen, aus-, vertauschen; **~handel** [-hɑndəl] *m* Tauschhandel *m*, Tauschgeschäft *n*; **~ing** [-ɪŋ] *f* Umtausch *m*, Tausch *m*; **~professor** [-profɛsər] (*-s u. -en*) *m* Austauschprofessor *m*; **~verkaveling** [-v̊ərka:v̊əlɪŋ] *f* Flurbereinigung *f*; **~waarde** [-ʋa:rdə] *f* Tauschwert *m*.
ruim¹ [rəʏm] geräumig; weit; reichlich, ausgiebig; ~ *van opvatting zijn* großzügig sein, zugänglich sein für; *het niet ~ hebben* sich einschränken müssen; ~ *100 DM* gut (reichlich) 100 Mark; ~ *een uur* reichlich e-e Stunde, e-e gute Stunde; *een ~ gebruik maken* ausgiebigen Gebrauch machen von (*D*).
ruim² (*-en*) *n mar.* (Schiffs-)Raum *m*; (*Kirche*) Schiff *n*.
ruim|en [ˈrəʏmə(n)] räumen; aufräumen; weg-, ausräumen; *iemand uit de weg ~* j-n beiseite schaffen, j-n umbringen; **~ing** [-ɪŋ] *f* Räumen *n*, Aufräumung *f*; **~schoots** [-sxo:ts] reichlich, im Überfluß, mehr als genügend.
ruimte [ˈrəʏmtə] (*-s u. -n*) *f* Raum *m*; Weltraum *m*; Platz *m*; ~ *genoeg* Platz genug; **~besparing** [-bəspa:rɪŋ] *f* Raumersparnis *f*; **~gebrek** [-ɣ̊əbrɛk] *n* Raummangel *m*, Raumnot *f*; **~maat** [-ma:t] (*-maten*) *f* Kubikmaß *n*, Hohlmaß *n*; **~pak** [-pɑk] (*-ken*) *n* (Welt-)Raumanzug *m*; **~onderzoek** [-ɔndərzu·k] *n* Weltraumforschung *f*; **~schip** [-sxɪp] (*-schepen*) *n* Raumschiff *n*; **~vaarder** [-v̊a:rdər] (*-s*) *m* (Welt-) Raumfahrer *m*, Astronaut *m*; **~vaart** [-v̊a:rt] *f* (Welt-)Raumfahrt *f*; **~vaartuig** [-v̊a:rtəʏx] *n* Raumschiff *n*; **~vlucht** [-v̊løxt] *f* (Welt-) Raumflug *m*; **~vrees** [-v̊re:s] *f* Platzangst *f*.
ruin [rəʏn] *m* Wallach *m*.
ruï|ne [ru·ˈ(ʋ)i·nə] (*-s u. -n*) *f* Ruine *f*; *fig.* Ruin *m*, Untergang *m*; **~neren** [-ne:rə(n)] ruinieren.
ruisen [rəʏsə(n)] rauschen; brausen; *Ohren*: sausen; *Su. n* Rauschen *n*, Brausen *n*.
ruit [rəʏt] *f* Raute *f*, Rhombus *m*; (Fenster-)Scheibe *f*; (*in Stoffen*) Würfel *m*, Karo *n*; (*Schach, Dame usw.*) Feld *n*.
ruiten [ˈrəʏtə(n)] *pl.* (*Kartenspiel*) Karo *n*; **~aas** [-ˈa:s] (*-azzen*) *m u. n* Karo-As *n*; **~boer** [-ˈbu:r] *m* Karo-Bube *m*; **~vier** [-ˈv̊i:r] *f* Karo-Vier *f*.
ruiter [ˈrəʏtər] (*-s*) Reiter *m*; **~ij** [-ˈrɛĭ] *f* Reiterei *f*; *mil.* Kavallerie *f*; **~lijk** [-lək] offen, unverhohlen, ehrlich; **~pad** [-pɑt] *n* Reitpfad *m*, Reitweg *m*.
ruitijd [ˈrəʏtɛĭt] *m* Mauserzeit *f*.
ruitjesgoed [ˈrəʏtjəsxu·t] *n* karierte(r) Stoff *m*.
ruk [røk] (*-ken*) *m* Ruck *m*; Zug *m*; **~ken** [-ə(n)] ziehen, zerren; reißen; *mil.* rücken, marschieren; **~wind** [-ʋɪnt] *m* Windstoß *m*.

rul [rəl] rauh, uneben; locker.
rum [rəm] *m* Rum *m*.
rumoer [ru·ˈmuːr] *n* Lärm *m*, Getöse *n*; **~en** [-ə(n)] rumoren, lärmen, tosen; **~maker** [-maːkər] (*-s*) *m* Lärmmacher *m*.
run[1] [rən] (*kein pl.*) *f* (Gerber-)Lohe *f*; **~**[2] (*-s*) *m* Ansturm *m*; Zulauf *m*.
rund [rənt] (*-eren*) *n* Rind *n*.
runder|gebraad [ˈrəndərɣəbraːt] *n* Rinderbraten *m*; **~haas** [-haːs] (*-hazen*) *m*, **~harst** [-hɑrst] *m* Rinderfilet *n*, Filetbraten *m*; **~horzel** [-hɔrzəl] (*-s*) *f Zool.* Rinderbremse *f*; **~teelt** [-teːlt] *f* Rinderzucht *f*.
rund|vee [ˈrəntfeː] *n* Rindvieh *n*; **~veestapel** [-feːstaːpəl] (*-s*) *m* Rinderbestand *m*; **~vlees** [-fleːs] *n* Rindfleisch *n*.
rune [ˈry·nə] (*-n*) *f* Rune *f*; **~n-schrift** [-(n)sxrɪft] *n* Runenschrift *f*.
rups [rəps] *f* Raupe *f*; **~(en)band** [-(ə)bɑnt] *m* Raupenkette *f*; *trekker* (*traktor, traktor*) *op* *~en* Raupenschlepper *m*; **~ennest** [-ənɛst] *n* Raupennest *n*; **~klaver** [-klaːv̊ər] *f* Luzerne *f*, Schneckenklee *m*.
ruraal [ry·ˈraːl] ländlich.
rus[1] [rəs] (*-sen*) *m* Binse *f*.
Rus[2] *m* Russe *m*; **~land** [-lɑnt] *n* Rußland *n*; **~sisch** [-si·s] russisch; *Su. n* Russisch *n*.
rust [rəst] *f* Ruhe *f*; Rast *f*; *Mus.* Pause *f*; *Sp.* Halbzeit *f*, Pause *f*; *iemand met ~ laten* j-n in Ruhe lassen; **~bank** [-bɑŋk] *f* Ruhebank *f*; Couch *f*; **~bed** [-bɛt] (*-den*) *n* Ruhebett *n*; **~dag** [-dɑx] *m* Ruhetag *m*.
rusteloos [ˈrəstəlos:] ruhelos, rastlos; **~heid** [-ˈloːshɛĭt] *f* Ruhelosigkeit *f*, Rastlosigkeit *f*; Unruhe *f*.
rusten[1] [ˈrəstə(n)] (zu)rüsten.
rusten[2] ruhen, ausruhen; (*kurz*) rasten; *iets laten ~* etw. auf sic[h] beruhen lassen; *het werk laten ~* di[e] Arbeit ruhenlassen, Feieraben[d] machen; *wel te ~!* gute Nach[t]; schlafen Sie wohl!; **~d** außer Diens[t] (a.D.); im Ruhestand.
rust|geld [ˈrəstxɛlt] *n* Ruhegehalt *n*; **~huis** [-həʏs] (*-huizen*) *n* Erholungsheim *n*; Altersheim *n*.
rustiek [rəsˈti·k] rustikal, ländlich.
rust|kuur [ˈrəstkyːr] (*-kuren*) *f* Ruhekur *f*, Liegekur *f*; **~oord** [-oːrt] Ruheplatz *m*; Rastplatz *m*; Erholungsheim *n*; **~plaats** [-plaːts] Raststelle *f*, Ruheplatz *m*; *zi[jn] laatste ~* seine letzte Ruhestätt[e]; **~punt** [-pənt] *n* Ruhepunkt *m*; **~teken** [-teːkə(n)] (*-s*) *n Mus.* Pau[se] *f*; Gedankenstrich *m*; **~tijd** [-tɛĭt] Feierabend *m*; **~verstoring** [-fəstoːrɪŋ] *f* Ruhestörung *f*.
ruw [ry·ŭ] derb, grob, barsch; (*uneben*) rauh; (*unbearbeitet*) ro[h]; (*Wetter*) rauh; *~ ijzer* Roheisen *n*; *~e olie* Rohöl *n*; *~ werk* grobe Arbeit; **~heid** [-hɛĭt] (*kein pl.*) *f* Grobheit *f*, Rauheit *f*, Roheit *f*; **~weg** [-ʋɛx] grob; *~ geschat* grob geschätzt.
ruzie [ˈryːziː] (*-s*) *f* Streit *m*, Zank *m*; **~maker** [-maːkər] (*-s*) *m*, **~zoeker** [-zu·kər] (*-s*) *m* Krakeeler *m*, Zänk[er] *m*.

S

, S [ɛs] (-'s u. -'en) f s, S n.
aai[1] [saːĭ] fade, öde, langweilig.
aai[2] n u. m Serge f, Sersche f; **~en** [-(j)ə(n)] aus Serge, Serge-.
aam|horigheid [saːm'hoːrəxheĭt] f Zusammengehörigkeit f; **~pjes** [-pjəs] beisammen, zusammen; zu zweit.
abbat ['sabat] (-ten) m Sabbat m; **~(s)jaar** [-(s)jaːr] (-jaren) n Sabbatjahr n; **~(s)viering** [-(s)fiːrɪŋ] f Sabbatfeier f.
abel[1] ['saːbəl] (-s) m Säbel m.
abel[2] n Zobel m, Zobelpelz m.
abel[3] n (Heraldik) Schwarz n; **~dier** [-diːr] n Zobel m; **~houw** [-hau] m Säbelhieb m; **~kwast** [-kʋast] m Säbelquaste f.
abo|tage [sa·bo·'taːʒə] f Sabotage f; **~teren** [-'teːrə(n)] sabotieren; **~teur** [-tøːr] (-s) m Saboteur m.
acharine [saxa'ri·nə] f Saccharin n, Süßstoff m.
acrament [sakra'mɛnt] n Sakrament n; **~sdag** [-zdax] m Fronleichnamstag m.
acristie [sakrɪs'tiː] (-ën) f Sakristei f.
adis|me [sa'di·smə] n Sadismus m; **~t** [-t] m Sadist m.
afari [sa'faːri·] (-'s) f Safari f; **~jas** [-jas] (-sen) m u. f Safarijacke f; **~park** [-park] n Safari-Park m.
afe [seːf] (-s) m Safe m, Schließfach n, Stahlkammer f, Geldschrank m.
affier [sa'fiːr] m Saphir m.
affraan [sa'fraːn] m Safran m; **~geel** [-ɣeːl] safrangelb; Su. n Safrangelb n.
age ['saːɣə] (-n) f Sage f.
ago ['saːɣo·] m Sago m; **~bloem** [-blu·m] f, **~meel** [-meːl] n Sagomehl n.
jet [sa'jɛt] m Strickwolle f, Strickgarn n; **~ten** [-ə(n)] Adj. wollen, Woll-.
kkerloot [sakər'loːt] sackerlot!, sapperlot!
kr- s. sacr-.
ks [saks] m Sachse m; **~en** [-ə(n)] Sachsen n; **~er** [-ər] (-s) m Sachse m; **~isch** [-i·s] sächsisch; Su. n Sächsisch n; **~ische** [-i·sə] (-n) f Sächsin f.
salade [sa'laːdə] f Salat m.
salamander [sa·la·'mandər] (-s) m Salamander m, Molch m.
salaris [sa'laːrəs] (-sen) n Gehalt n, Lohn m; Besoldung f; **~vermindering** [-fərmɪndərɪŋ] f Gehaltskürzung f.
saldo ['saldo·] (-'s) n Saldo m; batig ~ Gewinnsaldo m; nadelig ~ Verlustsaldo m.
salie ['saːli·] f Salbei f u. m.
salmiak [salmi·'(j)ak] m Salmiak m.
salon [sa'lɔn] (-s) n u. m Salon m; **~boot** [-boːt] (-boten) m u. f Salon-, Ausflugsdampfer m; **~rijtuig** [-rɛĭtəʏx] n, **~wagen** [-ʋaːɣə(n)] (-s) m Salonwagen m.
salpeter [sal'peːtər] m u. n Salpeter m; **~zuur** [-zyːr] n Salpetersäure f.
salto-mortale [salto·mɔr'taːlə] (-'s) m Salto mortale m.
sa|lueren [saly·'(ʋ)eːrə(n)] grüßen; mil. salutieren; **~luut** [-'ly·t] (kein pl.) n Gruß m; mil. Salut m; **~lu(u)t!** [-'ly·] Adieu!, Wiedersehen!, F Tschüß!
salvo ['salvo·] (-'s) n Salve f.
samaritaan [samari·'taːn] (-tanen) m Samaritaner m, Samariter m.
samen ['saːmə(n)] zusammen, miteinander.
samen- s. a. saam-.
samen|ballen ['saːmə(n)balə(n)] zusammenballen; **~gaan** [-ɣaːn] zusammengehen; fig. einig sein; sich vertragen; **~hang** [-haŋ] m Zusammenhang m; **~komen** [-koːmə(n)] zusammenkommen, sich treffen; **~komst** [-kɔmst] f Zusammenkunft f, Treffen n, Versammlung f; **~leving** [-leːʋɪŋ] f Gesellschaft f; gesellschaftliche(s) Leben n; **~loop** [-loːp] m Zusammenlauf m; Zusammentreffen n; (Flüsse) Zusammenfluß m; **~raapsel** [-raːpsəl] (-s) n Mischmasch m, Sammelsurium n; **~roepen** [-ru·pə(n)] einberufen; **~scholing**

[-sxo:lɪŋ] *f* Zusammenrottung *f*, Ansammlung *f*; **~smelten** [-smɛltə(n)] zusammenschmelzen, verschmelzen; **~spannen** [-spɑnə(n)] gemeinschaftliche Sache machen, sich vereinigen; sich verschwören; **~spraak** [-spra:k] (*-spraken*) *f* Zwiegespräch *n*, Unterredung *f*; Dialog *m*.

samen|stel ['sa:mə(n)stɛl] *n* Gefüge *n*, Komplex *m*; **~stellen** [-stɛlə(n)] zusammensetzen; verfertigen; bilden; **~steller** [-stɛlər] (*-s*) *m* Verfertiger *m*; (*Schriften*) Verfasser *m*; **~tellen** [-tɛlə(n)] zusammenzählen, addieren; **~trekken** [-trɛkə(n)] zusammenziehen; **~vatting** [-v̊ɑtɪŋ] *f* Zusammenfassung *f*; **~vloeien** [-v̊lu·ĭ(j)ə(n)] zusammenfließen; **~weefsel** [-ʋe:fsəl] (*-s*) *n* Gewebe *f*; *~ van leugens* Lügengewebe *n*, Lügengespinst *n*; **~werking** [-ʋɛrkɪŋ] *f* Zusammenarbeit *f*, Zusammenwirkung *f*; Mitwirkung *f*; **~zijn** [-zɛĭn] *n* Beisammensein *n*, Zusammensein *n*; **~zwering** [-zʋe:rɪŋ] *f* Verschwörung *f*.

sanatorium [sa·na·'to:ri·(j)ɵm] (*-s u. -ria*) *n* Sanatorium *n*, Heilstätte *f*, Heilanstalt *f*.

sanc|tie ['sɑŋksi:] (*-s*) *f* Sanktion *f*; Bestätigung *f*; *pl.* Sanktionen *f/pl.*, Zwangsmaßnahmen *f/pl.*; **~tioneren** [-si·jɔ'ne:rə(n)] sanktionieren, bestätigen, gutheißen.

sandaal [sɑn'da:l] (*-dalen*) *f* Sandale *f*.

sandelhout ['sɑndəlhɑut] *n* Sandelholz *n*.

sandwich [sɑntʋɪtʃ] (*-es*) *m* Sandwich *n*; *~ met ham* Schinkenbrot *n*, Schinkenbrötchen *n*.

sa|neren [sa·'ne:rə(n)] sanieren; **~nitair** [-ni·'tɛ:r] sanitär, gesundheitlich; *Su. n* sanitäre Anlage *f*.

Sanskriet [sɑns'kri·t] *n* Sanskrit *n*.

santen|boetiek [sɑntə(n)bu·'ti·k] *f*, **~kraam** [-kra:m] *f u. n*: *de hele ~* der ganze Kram.

sap [sɑp] (*-pen*) *n* Saft *m*; **~pen** [-ə(n)]: *hout ~* (*Holz*) grundieren; **~pig** [-əx] saftig; **~rijk** [-rɛĭk] saftig; **~verf** [-v̊ɛrf] (*-verven*) *f* Lasurfarbe *f*.

Saraceen [sa·ra·'se:n] (*-cenen*) *m* [Sarazene *m*.]

sarcastisch [sɑr'kɑsti·s] sarkastisch.

sar|dien [sɑr'di·n] *f*, **~dine** [-'di·nə] (*-s*) *f* Sardine *f*.

sar|dienenblikje, **~dineblikj**[e] [-blɪkjə] (*-s*) *n* Sardinenbüchse *f*.

Sardinië [sɑr'di·ni·(j)ə] *n* Sardinie[n] *n*.

sarong ['sa:rɔŋ] (*-s*) *m* Sarong *m*.

sarren ['sɑrə(n)] quälen, (auf)reizen

sas [sɑs] (*-sen*) *n* Schleuse *f*, Schleusenkammer *f*; *in zijn ~ zijn* gu[t] aufgelegt sein; **~deur** [-dø:r] Schleusentor *n*; **~meester** [-me:stər] (*-s*) *m*, **~senier** [-ə'ni:r] (*-s*) *m* Schleusenwärter *m*.

satan ['sa:tɑn] (*-s*) *m* Satan *m*; **~isc**[h] [sa·'ta:ni·s] satanisch, teuflisch; **~skind** [-skɪnt] (*-eren*) *n* Teufelskind *n*.

satelliet [sɑtə'li·t] *m* Satellit *m*, Trabant *m*; **~stad** [-stɑt] (*-steden*) Satellitenstadt *f*, Trabantenstadt

sater ['sa:tər] (*-s*) *m* Satyr *m*, Waldgott *m*.

sa|tijn [sɑ'tɛĭn] *n* Satin *m*, Atlas *m*; **~tijnen** [-'tɛĭnə(n)] Satin-; **~tine**[t] [-tɪ'nɛt] *n* Kunstseide *f*.

sa|tire [sɑ'ti·rə] (*-s u. -n*) *f* Satire *f*; **~tiriek** [-ti·'ri·k], **~tirisch** [-ti:ri·s] satirisch.

satisfactie [sɑtɪs'fɑksi:] (*-s*) *f* Satisfaktion *f*, Genugtuung *f*.

satraap [sɑ'tra:p] (*-trapen*) Satrap *m*.

Saturnus [sɑ'tɛrnɵs] *m* Saturn *m*.

saucijs [so:'sɛĭs] (*-cijzen*) *f* Würschen *n* (gewürzt), Saucischen *n*.

saus [sɑus] *f* Soße *f*, Tunke *f*; (*Tabak*) Beize *f*; *honger is de beste* [saus] *fig.* Hunger ist der beste Koch; *iemand zijn ~ geven* j-m (tüchtig) die Meinung sagen; **~en** [-ə(n)] mit Soße übergießen, in Soße eintunken; *Tabak* beizen; **~kom** [-kɔm] (*-men*) *f*, **~pan** [-pɑn] (*-nen*) Soßenschüssel *f*, Sauciere *f*.

sauzen *s. sausen*.

savanne [sɑ'v̊ɑnə] (*-s u. -n*) *f* Savanne *f*.

savooi [sɑ'v̊o:ĭ] *f*, **~(e)kool** [-ko:l] (*-kolen*) *f* Wirsing(kohl) *m*.

Savoye [sɑ'v̊o:ĭ(j)ə] *n* Savoyen *n*.

saxofoon [sɑkso·'fo:n] (*-s u. -fone*[n]) *m* Saxophon *n*.

scalperen *a.* **skal-** [skɑl'pe:rə(n)] skalpieren.

scanderen *a.* **skan-** [skɑn'de:rə(n)] skandieren.

Scandina|vië *a.* **Skan-** [skɑnd…

'na:v̂i·(j)ə] *n* Skandinavien *n*; **~viër** [-vi·(j)ər] (*-s*) *m* Skandinavier *m*; **~visch** [-v̂i·s] skandinavisch.
cenario [se·'na:ri·(j)o·] (*-'s*) *n* Szenar *n*; (*Film*) Drehbuch *n*; **~schrijver** [-sxrɛi̯v̂ər] (*-s*) *m* Drehbuchautor *m*.
cène ['sɛ:nə] (*-s*) *f* Szene *f*; Auftritt *m*; Zank *m*.
cepter *a.* **skep-** ['sɛptər] (*-s*) *m* [Zepter *n*.]
cep|ticus *a.* **skep-** ['sɛptɪkəs] (*-tici*) *m* Skeptiker *m*; **~tisch** [-ti·s] skeptisch.
cha [sxa:] *f s. schade.*
chaaf [sxa:f] (*schaven*) *f* Hobel *m*; **~krul** [-krəl] (*-len*) *f* Hobelspan *m*; **~mes** [-mɛs] (*-sen*) *n* Schabeisen *n*; Hobelmesser *n*, Hobeleisen *n*; **~sel** [-səl] (*-s*) *n* (Ab-)Schabsel *n*; Hobelspäne *m/pl.*; **~wonde** [-ʋɔndə] (*-n*) Schürfwunde *f*.
chaak [sxa:k] *n* Schach(spiel) *n*; *~ zetten* schachmatt setzen; **~bord** [-bɔrt] *n* Schachbrett *n*; **~mat** [-'mɑt] schachmatt; **~stuk** [-stək] (*-ken*) *n* Schachfigur *f*; **~to(e)rnooi** [-tɔr-], *a.* [-tu·rno:i̯] *n* Schachturnier *n*.
chaal [sxa:l] (*-schalen*) *f* Schale *f*, Schüssel *f*; Waagschale *f*; (*Karte*) Maßstab *m*, Maßeinteilung *f*; *op grote ~* in großem Maßstab; **~dier** [-di:r] *n* (*Muschel usw.*) Schaltier *n*.
chaam|delen ['sxa:mde:lə(n)] *n/pl.* Schamteile *m/pl.*; **~rood** [-ro:t] schamrot; *Su. n* Schamröte *f*; **~te** [-tə] *f* Scham *f*; **~teblos** [-təblɔs] *m* Schamröte *f*; **~teloos** [-təlo:s] schamlos; **~teloosheid** [-tə'lo:sheĭt] *f* Schamlosigkeit *f*, Unverschämtheit *f*.
chaap [sxa:p] (*schapen*) *n* Schaf *n*; *onnozel ~* Einfaltspinsel *m*; Schafkopf *m*; **~herder** [-hɛrdər] (*-s*) *m* Schafhirt *m*, Schäfer *m*; **~je** [-jə] (*-s*) *n* Schäfchen *n*, Schäflein *n*; *hij heeft zijn ~s op het droge fig.* er hat sein Schäfchen im Trocknen; **~skooi** [-sko:i̯] *f* Schafstall *m*, Schafhürde *f*.
chaar[1] [sxa:r] (*scharen*) *f* Schere *f*.
chaar[2] *f* Schar *f*, Menge *f*; **~hout** [-hɑut] *n* Dickicht *n*.
chaarde ['sxa:rdə] (*-n*) *f* Scharte *f*; *de ~n uitslijpen fig.* die Scharte auswetzen.
chaars [sxa:rs] selten; knapp; **~heid** [-heĭt] *f* Knappheit *f*; **~te** [-tə] *f* Knappheit *f*; Not *f*; *er heerst ~ aan ... ...* ist knapp.
schaats [sxa:ts] *f* Schlittschuh *m*; **~en** [-ə(n)] Schlittschuh laufen; **~enrijder** [-ə(n)rɛi̯dər] (*-s*) *m* Schlittschuhläufer *m*.
schabel [sxa·'bɛl] (*-len*) *f* Schemel *m*, Fußbank *f*.
schacht[1] [sxɑxt] *f* (*Stiefel, Lanze*) Schaft *m*; (*Grube, Lift*) Schacht *m*; (Feder-)Kiel *m*; **~**[2] *m* (*Person*) Grünschnabel *m*; *mil.* Rekrut *m*; (*Student*) Fuchs *m*; **~kooi** [-ko:i̯] *f* Förderkorb *m*; **~le(d)er** [-le:dər], *a.* [-le:r] *n* Schaftleder *n*.
schade [sxa:də] *f* Schade(n) *m*; Nachteil *m*; Beschädigung *f*; Verlust *m*; *materiële ~* Sachschaden *m*; *zijn ~ inhalen* das Versäumte nachholen; *tot ~ van* zum Schaden *G*; *de ~ vergoeden* den Schaden ersetzen, entschädigen; **~lijk** [-lək] schädlich; nachteilig; *~ insekt* (*a. insect*) Schädling *m*; **~loos** [-lo:s] schadlos; unschädlich; *iemand ~ stellen voor* j-n entschädigen für; **~loosstelling** [-lo:stɛlɪŋ] *f* Entschädigung *f*; *~ betalen* Schadenersatz leisten; *recht op ~* Schadenersatzanspruch *m*; **~n** [-ə(n)] schaden *D*; schädigen *A*; **~post** [-pɔst] *m* Verlustposten *m*; **~vergoeding** [-v̂ərɣu·dɪŋ] *f* Schadenersatz *m*; *s. a. schadeloosstelling*; **~verhaal** [-v̂ərha:l] (*-halen*) *n* Regreß *m*, Entschädigung *f*; Regreß-, Ersatzanspruch *m*.
schaduw [sxa:dy·ŭ] *f* Schatten *m*; **~beeld** [-be:lt] *n* Schattenbild *n*, Schattenriß *m*, Silhouette *f*; **~en** [-ə(n)] schattieren; *iemand ~* j-m heimlich folgen, j-n bespitzeln; **~zijde** [-zɛi̯də] (*-n*) *f* Schattenseite *f*.
schaffen [sxɑfə(n)] schaffen; besorgen; *eten wat de pot ~* essen, was es gibt; *raad ~* Rat schaffen.
schaft|en [sxɑftə(n)] essen; essen gehen; *mar.* schaffen; **~tijd** [-tɛĭt] *m* Arbeitspause *f*; Essenszeit *f*; Ruhestunde *f*.
schakel ['sxa:kəl] (*-s*) *m u. f* Kettenglied *n*, Glied *n*, Ring *m*; **~aar** [-a:r] (*-s*) *m El.* Schalter *m*, Schalthebel *m*; **~bord** [-bɔrt] *n* Schaltbrett *n*, Schalttafel *f*; **~en** [-ə(n)] *El.* schalten, einschalten; **~ing** [-ɪŋ] *f* Schaltung *f*.

scha|ken ['sxa:kə(n)] entführen; Schach spielen; **~ker** [-kər] (*-s*) Entführer *m*; Schachspieler *m*.
schake|ren [sxa·'ke:rə(n)] schattieren; abstufen, nuancieren; **~ring** [-rɪŋ] *f* Schattierung *f*; Abstufung *f*, Nuance *f*.
schaking ['sxa:kɪŋ] *f* Entführung *f*.
schal [sxɑl] *m* Schall *m*.
schalk [sxɑlk] *m* Schalk *m*, Schelm *m*; **~achtig** [-ɑxtəx], **~s** [-s] schalkhaft, schelmisch.
schalie ['sxa:li:] (*-s u. -ën*) *f* Schiefer *m*; **~dak** [-dɑk] *n* Schieferdach *n*; **~dekker** [-dɛkər] (*-s*) *m* Schieferdachdecker *m*.
schallebijter ['sxɑləbɛĭtər] (*-s*) *m* Laufkäfer *m*.
schallen ['sxɑlə(n)] schallen.
schalmei [sxɑl'mɛĭ] *f* Schalmei *f*, Hirtenflöte *f*.
schamel ['sxa:məl] dürftig, ärmlich, kärglich.
schamen ['sxa:mə(n)]: *zich ~ over* sich schämen für.
schampen ['sxɑmpə(n)] schrammen, streifen.
schamper ['sxɑmpər] höhnisch, bitter, scharf; **~heid** [-hɛĭt] (*-heden*) *f* Bitterkeit *f*, Schärfe *f*.
schampschot [sxɑmpsxɔt] *n* Streifschuß *m*.
schan|daal [sxɑn'da:l] (*-dalen*) *n* Skandal *m*; **~dalig** [-'da:ləx] schändlich; anstößig; scheußlich.
schand|e ['sxɑndə] *f* Schande *f*; **~elijk** [-lək] schändlich; *het is een echte ~* es ist die reinste Schande; **~paal** [-pa:l] (*-palen*) *m* Schandpfahl *m*, Pranger *m*; **~teken** [-te:kə(n)] (*-s u. -en*) *n*, **~vlek** [-flɛk] (*-ken*) *f* Schandmal *n*, Schandfleck *m*; **~vlekken** [-flɛkə(n)] schänden, entehren.
schans [sxɑns] *f* Schanze *f*.
schap [sxɑp] (*-pen*) *n u. f* Brett *n*.
schape|bout ['sxa:pəbɑut] *m* Hammelkeule *f*; **~kaas** [-ka:s] (*-kazen*) *m* Schafkäse *m*; **~le(d)er** *s. schaapsle(d)er*; **~nfokker** [-(n)fɔkər] (*-s*) *m* Schafzüchter *m*; **~ras** [-rɑs] (*-sen*) *n* Schafrasse *f*; **~wol** [-ʋɔl] *f* Schafwolle *f*.
schappelijk ['sxɑpələk] billig, mäßig; ziemlich, leidlich, anständig; glimpflich.
schar [sxɑr] (*-ren*) *f* Flunder *f*.
schare ['sxa:rə] *f s. schaar*.
scharen ['sxa:rə(n)] sich scharen; ordnen, aufstellen.
scharen|sliep [sxa:rə'sli·p] *m*, **~slijper** [-slɛĭpər] (*-s*) *m* Scherenschleifer *m*.
scharlaken [sxɑr'la:kə(n)] scharlachfarbig, Scharlach-; *Su.* *n* Scharlach *m*; **~rood** [-ro:t] scharlachrot.
scharminkel [sxɑr'mɪŋkəl] (*-s*) *n u. m fig.* (*Person*) Bohnenstange *f*; (*Tier*) Gerippe *n*.
scharnier [sxɑr'ni:r] *n* Scharnier *n*.
scharrebijter ['sxɑrəbɛĭtər] (*-s*) *m* Laufkäfer *m*.
scharrel|en ['sxɑrələ(n)] stöbern, wühlen, kramen; scharren; schachern; *met een meisje ~* mit e-m Mädchen flirten; **~tje** [-tjə] (*-s*) *n* Liebchen *n*.
schat [sxɑt] (*-ten*) *m* Schatz *m* (*a. fig.*); **~baar** [-ba:r] schätzbar; **~bewaarder** [-bəʋa:rdər] (*-s*) *m* Schatzmeister *m*.
schater|en ['sxa:tərə(n)] ~ (*van 't lachen*) laut (auf)lachen; **~lach** [-lɑx] *m* schallende(s) Gelächter *n*; **~lachen** [-lɑxə(n)] *s. schateren*.
schat|kamer ['sxɑtka:mər] (*-s*) Schatzkammer *f*; **~kist** [-kɪst] Staatskasse *f*, Fiskus *m*; **~meester** [-me:stər] (*-s*) *m* Schatzmeister *m*; **~plichtig** [-plɪxtəx] tribut-, zinspflichtig; **~rijk** [-rɛĭk] steinreich.
schattebout ['sxɑtəbɑut] *m* F Liebling *m*, Schatz *m*, Schätzchen *n*.
schat|ten ['sxɑtə(n)] (ein)schätzen, veranschlagen; *geschatte waarde* Schätzwert *m*; *te laag ~* unterschätzen; *te hoog ~* überschätzen, überbewerten; **~ter** [-tər] (*-s*) *m* Schätzer *m*, Taxator *m*.
schattig ['sxɑtəx] niedlich, reizend.
schatting ['sxɑtɪŋ] *f* Schätzung *f*, Abschätzung *f*, Taxierung *f*; Voranschlag *m*; *hist.* Tribut *m*; *naar ~* schätzungsweise; überschlägig.
schaven ['sxa:v̊ə(n)] hobeln; *Fell* schaben; sich *die Haut* schürfen, schrammen; *fig.* (herum)feilen.
schavot [sxa·'v̊ɔt] (*-ten*) *n* Schafott *n*.
schavuit [sxa·'v̊əʏt] *m* Spitzbube *m*, Schurke *m*, Schuft *m*, Halunke *m*; **~enstreek** [-ə(n)stre:k] *m u. f* Bubenstreich *m*, Bubenstück *n*, Schelmenstück *n*.
sche(d)e [sxe:(də)] (*-n u. scheeën*) Scheide *f*.

schedel [ˈsxe:dəl] (*-s*) *m* Schädel *m*; **~breuk** [-brø:k] *f* Schädelbruch *m*.
scheed [sxe:t]: *~ uit s. uitscheiden*.
scheef [sxe:f] schief; **~bloem** [-blu:m] *f* Schleifenblume *f*; **~-hoekig** [-ˈhu·kəx] schiefwink(e)lig; **~slaan** [-sla:n] F mopsen, stehlen.
scheel [sxe:l] schielend; scheel; *~ zien* schielen; *schele hoofdpijn* Migräne *f*, halbseitiger Kopfschmerz *m*; *iemand met schele ogen bekijken* (*aanzien*) j-n beneiden, j-n mit scheelen Augen ansehen; **~ogig** [-ˈo:ɣəx] schielend; scheelblickend.
scheen[1] [sxe:n] *s. schijnen*.
scheen[2] (*schenen*) *f* Schienbein *n*; Schiene *f*; *een blauw ~ (op)lopen* (*krijgen*) *fig.* e-n Korb bekommen; **~been** [-be:n] (*-deren u. -benen*) *n* Schienbein *n*; **~stuk** [-støk] (*-ken*) *n* Beinschiene *f*.
scheep [sxe:p]: *~ gaan* an Bord gehen; *~ zijn* sich an Bord befinden; abgefahren (schon unterwegs) sein.
scheeps|behoeften [ˈsxe:bzbəhu:ftə(n)] *pl.* Schiffsbedarf *m*; **~bouw** [-baŭ] *m* Schiffsbau *m*; **~dokter** [-dɔktər] (*-s*) *m* Schiffsarzt *m*; **~lading** [-la:dıŋ] *f* Schiffsladung *f*; **~lengte** [-lɛŋtə] (*-n u. -s*) *f* Schiffslänge *f*; **~makelaar** [-ma:kəla:r] (*-s*) *m* Schiffsmakler *m*; **~recht** [-rɛxt] *n* Seerecht *f*; **~ruimte** [-rəʏmtə] (*kein pl.*) *f* Schiffsraum *m*; **~timmerwerf** [-tımərʋɛrf] (*-werven*) *f* Schiffswerft *f*; **~volk** [-fɔlk] *n* Schiffsmannschaft *f*; Schiffsvolk *n*, Seeleute *pl.*; **~vracht** [-frɑxt] *f* Schiffsfracht *f*; **~want** [-ʋɑnt] *n* Schiffstauwerk *n*; **~werf** [-ʋɛrf] (*-werven*) *f* Schiffswerft *f*.
scheepvaart [ˈsxe:pfa:rt] *f* Schifffahrt *f*; **~lijn** [-lɛĭn] *f* Schiffahrtslinie *f*; **~maatschappij** [-ma:tsxɑpɛĭ] *f* Schiffahrtsgesellschaft *f*.
scheer|apparaat [ˈsxe:rɑpɑra:t] (*-raten*) *n* Rasierapparat *m*, Trockenrasierer *m*, Elektrorasierer *m*; **~crème** [-krɛ:mə] (*-s*) *f* Rasierkrem *f*; **~der** [-dər] (*-s*) *m* Barbier *m*; (*Schafe*) Scherer *m*.
scheer|gereedschap [ˈsxe:rɣəre:tsxɑp] *n*, **~gerei** [-ɣərɛĭ] *n* Rasierzeug *n*; **~kwast** [-kʋɑst] *m* Rasierpinsel *m*.
scheerling [ˈsxe:rlıŋ] *f* Schierling *m*.
scheerlings [ˈsxe:rlıŋs] dicht bei, hart an; *~ raken* fast berühren.
scheer|mes [ˈsxe:rmɛs] (*-sen*) *n* Rasiermesser *n*; **~mesje** [-mɛʃə] (*-s*) *n* Rasierklinge *f*; **~riem** [-ri:m] *m* Streichriemen *m*.
scheervlucht [ˈsxe:rv̊løxt] *f* Tiefflug *m*.
scheer|wol [ˈsxe:rʋɔl] *f* Schurwolle *f*; **~zeep** [-ze:p] *f* Rasierseife *f*.
scheerzolder [ˈsxe:rzɔldər] (*-s*) *m* Dachboden *m*.
scheet [sxe:t] *s. schijten*; *Su.* (*scheten*) *m* Furz *m*.
scheid|baar [ˈsxɛĭdba:r] trennbar; **~heid** [-hɛĭt] *f* Trennbarkeit *f*.
schei|den [ˈsxɛĭdə(n)] trennen, scheiden; *Haare* scheiteln; **~ding** [-dıŋ] *f* Scheidung *f*, Trennung *f*; (*Haare*) Scheitel *m*; *~ van goederen* Gütertrennung *f*; **~dingslijn** [-dıŋslɛĭn] *f* Scheide(linie) *f*.
scheids|gerecht [ˈsxɛĭtsxərɛxt] *n* Schiedsgericht *n*; **~muur** [-my:r] (*-muren*) *m* Scheidewand *f*; **~rechter** [-rɛxtər] (*-s*) Schiedsrichter *m*; **~rechterlijk** [-ˈrɛxtərlək] schiedsrichterlich.
schei|kunde [ˈsxɛĭkøndə] *f* Chemie *f*; **~kundig** [ˈsxɛĭ-] *u.* [sxɛĭˈkøndəx] chemisch; *~ ingenieur* Diplomchemiker *m*; **~kundige** [-køndəɣə] (*-n*) *m* Chemiker *m*.
schei|sloot [ˈsxɛĭslo:t] (*-sloten*) *f* Grenzgraben *m*; **~weg** [-ʋɛx] *m* Scheideweg *m*.
schel [sxɛl] schrill, gellend, grell; *Su.* (*-len*) *f* Schelle *f*, Klingel *f*.
scheld|en [ˈsxɛldə(n)] (*schold, gescholden*) schimpfen, schelten, schmähen; **~naam** [-na:m] (*-namen*) *m* Schimpfname *m*; **~woord** [-ʋo:rt] *n* Schimpfwort *n*.
schele [ˈsxe:lə] (*-n*) *m* Schieler *m*.
schelen [ˈsxe:lə(n)] verschieden sein, differieren; fehlen; *wat kan u dat ~?* was kümmert es Sie?; *wat scheelt u?* was haben Sie?, was ist mit Ihnen los?; *dat kan mij niet ~* das ist mir einerlei; *het scheelde weinig* es fehlte wenig, ...
schelf [sxɛlf] (*schelven*) *f* Heuschober *m*.
schellak [ˈsxɛlɑk] *n u. m* Schellack *m*.
schellen [ˈsxɛlə(n)] klingeln, schellen, läuten.
schelm [sxɛlm] *m* Schelm *m*; **~ach-**

tig [-ɑxtəx], **~s** [-s] schelmisch; **~stuk** [-stək] (*-ken*) *n* Schelmenstück *n*, Schelmenstreich *m*.
schelp [sxɛlp] *f* Muschel *f*, Schale *f*; (*Schnecke*) Gehäuse *f*; **~achtig** [-ɑxtəx] muschelartig, muschelähnlich; **~dier** [-di:r] *n* Muschel *f*; **~kalk** [-kɑlk] *m* Muschelkalk *m*.
schelvis ['sxɛlvɪs] (*-sen*) *m* Schellfisch *m*.
schema ['sxe:ma·] (*-'s u. schemata*) *n* Schema *n*.
schemer ['sxe:mər] *m* Dämmerung *f*, Zwielicht *n*; **~en** [-ə(n)] dämmern; *het schemert mij voor de ogen* es flimmert mir vor den Augen; **~ig** [-əx] dämm(e)rig; **~ing** [-ɪŋ] *f* Dämmerung *f*, Zwielicht *n*, Halbdunkel *n*; **~lamp** [-lɑmp] *f* Stehlampe *f*, Schirmlampe *f*; **~licht** [-lɪxt] *n* Dämmerlicht *n*, Halbdunkel *n*.
schen|den ['sxɛndə(n)] (*schond, geschonden*) schänden, entehren; *Gesetz* verletzen, übertreten; *Eid* brechen; *das Heilige* entweihen, entheiligen; **~der** [-dər] (*-s*) *m* Schänder *m*, Entehrer *m*; **~ding** [-dɪŋ] *f* Schändung *f*, Entehrung *f*; Verletzung *m*, Bruch *m*, Übertretung *f*; Beschädigung *f*; Entweihung *f*.
schenkel [sxɛŋkəl] *m* Schenkel *m*.
schen|ken [sxɛŋkə(n)] (*schonk, geschonken*) schenken; *Kaffee usw.* einschenken; *e-n Beitrag* spenden; **~ker** [-kər] (*-s*) *m* (Mund-)Schenk *m*; Spender *m*, Schenker *m*, Geber *m*; **~king** [-kɪŋ] *f* Schenkung *f*; **~kan** [-kɑn] (*-nen*) *f* Kanne *f*; **~tafel** [-ta:fəl] (*-s*) *f* Schanktisch *m*, Tresen *m*.
schennis ['sxɛnəs] (*-sen*) *f* Schändung *f*, Entehrung *f*, Entweihung *f*.
schep[1] [sxɛp] (*-pen*) *f* Kelle *f*, Schaufel *f*, Löffel *m*; *een ~ soep* ein Löffel(voll) Suppe; *een ~ kolen* e-e Schaufel(voll) Kohlen; **~**[2] *m* Menge *f*, Haufe(n) *m*; *een ~ geld* ein Haufen Geld.
schepel ['sxe:pəl] *n u. m* Scheffel *m*.
schepeling ['sxe:pəlɪŋ] *m* Passagier *m*; *~en* Schiffsmannschaft *f*, Schiffsvolk *n*.
schepemmer ['sxɛpɛmər] (*-s*) *m* Schöpfeimer *m*.
schepen ['sxe:pə(n)] *m* Schöffe *m*; **~bank** [-bɑŋk] *f* Schöffenbank *f*; Schöffengericht *n*; **~college** *a* **-kol-** [-kɔleʒə] (*-s*) *n* Gemeinde vorstand *m*; Magistrat *m*.
schep|pen[1] ['sxɛpə(n)] (*schiep, ge schapen*) (er)schaffen, hervorbrin gen, zustande bringen; **~pen** (*schepte, geschept*) schöpfen; *moe ~* Mut fassen; *vermaak in iets ,* Freude an etw. (*D*) haben; *ge schept papier* handgeschöpfte(s Papier *n*, Büttenpapier *n*; **~pe** [-pər] (*-s*) *m* Schöpfer *m*; **~pin** [-pɪŋ] *f* Schöpfung *f*; **~rad** [-rɑt (*-eren*) *n* Schaufelrad *n*; **~sel** [-sə (*-s u. -en*) *n* Geschöpf *n*, Kreatur *f*
scheren[1] [sxe:rə(n)] (*schoor, ge schoren*) rasieren; scheren; **~** (*scheerde, gescheerd*) streifen, strei chen, fast berühren; *met iemand d gek ~* j-n zum besten haben.
scherf [sxɛrf] (*scherven*) *f* Scherbe *f* Splitter *m*.
schering ['sxe:rɪŋ] *f* (*Weberei*) Kett *f*; (*Schafe*) Schur *f*, Scheren *n*; *~ e inslag* Kette und Einschlag; *dat is en inslag* das ist gang und gäbe das kommt regelmäßig vor.
scherm [sxɛrm] *n* Schirm *m*; (*Kin* Leinwand *f*; *Fs.* Bildschirm *m* Mattscheibe *f*; *Thea.* Vorhang *m* *Thea. ~en* Kulissen *f/pl.*; **~bloemi gen** [-blu:məɣə(n)] *pl.* Dolden blütler *m/pl.*; **~degen** [-de:ɣə(n (*-s*) *m* Florett *n*, Rapier *n*, (Fecht Degen *m*; **~en** [-ə(n)] fechten *Studenten*: pauken; *met argumen ten ~* mit Argumenten streiten; *m de armen ~* mit den Armen herum fuchteln; **~er** [-ər] (*-s*) *m* Fechte *m*; (*Student*) Paukant *m*; **~scho** [-sxo:l] (*-scholen*) *f* Fechtschule
schermutseling [sxɛr'mətsəlɪŋ] Scharmützel *n*, Geplänkel *n*.
scherp [sxɛrp] *n* Schärfe *f*; Schne de *f*; *Adj.* scharf; (*Flüssigkei* ätzend; *met ~ schieten* scha schießen; *een ~e hoek* ein spitz Winkel; **~en** [-ə(n)] schärfen; *Me ser usw.* wetzen, schleifen; *Bleist* (an)spitzen; **~rechter** [-rɛxtər] (*m* Scharfrichter *m*; **~schutte** [-sxətər] (*-s*) *m* Scharfschütze *m* **~te** [-tə] *f* Schärfe *f*; Bitterkeit **~ziend** [-si:nt] scharfsichtig; **~zin nigheid** [-sɪnəxhɛit] (*-heden*) Scharfsinn *m*.
scherts [sxɛrts] *f* Scherz *m*, Spaß *m* **~en** [-ə(n)] scherzen, spaßen, Spa

machen; *~d* scherzend, scherzhaft, spaßhaft; zum (im) Scherz.

schets [sxɛts] *f* Skizze *f*, Abriß *m*; Entwurf *m*, Konzept *n*; *~ van de geschiedenis* Abriß der Geschichte; **~boek** [-bu·k] *n* Skizzenbuch *n*; **~en** [-ə(n)] skizzieren, entwerfen; (kurz) schildern, (kurz) beschreiben; **~matig** [-ˈmaːtəx] skizzenhaft.

schetteren [sxɛtərə(n)] schmettern.

scheur [sxøːr] *f* Riß *m*; **~buik** [-bəʏk] *m u. n* Skorbut *m*; **~en** [-ə(n)] (zer)reißen; zerren; e-n Riß bekommen; *~ van de honger* F e-n Bärenhunger haben; **~ing** [-ɪŋ] *f* Zerreißung *f*; Schisma *n*; Spaltung *f*; **~kalender** [-ka·lɛndər] (*-s*) Abreißkalender *m*; **~maker** [-maːkər] (*-s*) *m* Schismatiker *m*; Aufwiegler *m*; **~papier** [-pa·piːr] *n* Altpapier *n*; *Typ.* Makulatur *f*.

scheut [sxøːt] *m Bot.* Schößling *m*, Sproß *m*; Ausläufer *m*; (*Flüssigkeit*) Schuß *m*; (*Schmerz*) Stich *m*; **~ig** [-əx] begierig, verlangend; freigebig.

schicht [sxɪxt] *m* Pfeil *m*; Blitzstrahl *m*; **~ig** [-əx] scheu, schreckhaft; *~ worden* scheuen.

schielijk [ˈsxiːlək] schnell, jäh.

schier [sxiːr] beinahe, fast; **~eiland** [-ɛĭlant] *n* Halbinsel *f*.

schiet|baan [ˈsxiːdbaːn] (*-banen*) *f* Schießstand *m*, Schießplatz *m*.

schiet|en [ˈsxiːtə(n)] (*schoot, geschoten*) schießen; *Strahlen* aussenden; *Funken* sprühen; *Netze* auswerfen; *kuit ~* laichen; *wortel ~* Wurzeln schlagen; *met spek ~ fig.* aufschneiden; *met los kruit ~* blind schießen; *in een lach ~* (laut) auflachen; *te binnen ~* einfallen; *zich voor de kop ~* sich erschießen; *te kort ~* nicht ausreichen; *er naast ~* danebenschießen, *fig. a.* fehlschlagen; **~gat** [-xat] *n* Schießscharte *f*; **~gebed** [-xəbɛt] *n* Stoßgebet *n*; **~lood** [-loːt] (*-loden*) *n* Senkblei *n*, Richtblei *n*; **~schijf** [-sxɛĭf] (*-schijven*) *f* Schießscheibe *f*; **~stoel** [-stuːl] *m* Schleudersitz *m*; **~tent** [-tɛnt] *f* Schießbude *f*; **~terrein** [-tɛrɛĭn] *n* Schießplatz *m*.

schif|ten [ˈsxɪftə(n)] sortieren, sondern, sichten; *v/i* gerinnen, zusammenlaufen; *Seide*: ausfasern; **~ting** [-tɪŋ] *f* Sortieren *n*, Sichtung *f*, Sonderung *f*; Gerinnen *n*; *Sp.* Ausscheidung *f*; **~tingskamp** [-tɪŋskamp] *m Sp.* Ausscheidungs(wett)kampf *m*.

schijf [-sxɛĭf] (*schijven*) *f* Scheibe *f*; *Tech.* Rolle *f*, Trommel *f*; (*Brettspiel*) Stein *m*; **~schieten** [-sxiːtə(n)] *n* Scheibenschießen *n*; **~werper** [-ʋɛrpər] (*-s*) *m* Diskuswerfer *m*.

schijn [sxɛĭn] *m* Schein *m*; Anschein *m*; *de ~ aannemen* sich den Anschein geben; *~ bedriegt* der Schein trügt; *geen ~ van een kans* nicht die geringste Aussicht (auf Erfolg); *voor de ~* zum Schein; **~baar** [-baːr] scheinbar; **~deugd** [-døːxt] *f* Scheintugend *f*; **~dood** [-doːt] scheintot; **~en** [-ə(n)] (*scheen, geschenen*) scheinen; *het schijnt (dunkt) mij* mir scheint; **~heilig** [-ˈhɛĭləx] scheinheilig; **~heiligheid** [-ˈhɛĭləxhɛĭt] *f* Scheinheiligkeit *f*; **~sel** [-səl] (*-s*) *n* Schimmer *m*, Licht *n*, Schein *m*; **~tje** [-tjə] (*-s*) Schimmer *m*; *iets voor een ~ kopen* etw. spottbillig kaufen (erwerben); **~werper** [-ʋɛrpər] (*-s*) *m* Scheinwerfer *m*; *Flgw.* Landescheinwerfer *m*.

schijt [sxɛĭt] *m u. n* P Scheiße *f*, Kot *m*; **~en** [-ə(n)] (*scheet, gescheten*) P scheißen; **~er** [-ər] (*-s*) P Scheißer *m*; *fig.* Angsthase *m*; **~huis** [-həʏs] (*-huizen*) *n* F Abort *m*; (*Schimpfwort*) Scheißhaus *n*, Scheißkerl *m*; **~kont** [-kɔnt] *f* F zimperliches Mädchen; (*Schimpfwort*) Scheißkerl *m*.

schik [sxɪk] *m*: *in zijn ~ zijn* erfreut sein; *ik heb er ~ in* ich habe meine Freude daran, es macht mir Spaß; **~godin** [-xo·dɪn] (*-nen*) *f* Schicksalsgöttin *f*, Parze *f*; **~kelijk** [-ələk] redlich; nachsichtig; **~ken** [-ə(n)] (an)ordnen, in Ordnung bringen; *in der minne ~* gütlich beilegen; *het schikt nog al* es geht so ziemlich; *zich ~ naar* sich fügen in *A*; sich richten nach; *schikt het u dat ...* paßt es Ihnen, daß ...; *ten beste ~* zum besten wenden; **~king** [-kɪŋ] *f* Anordnung *f*, Ordnung *f*; Vereinbarung *f*; *een minnelijke ~* ein gütlicher Vergleich.

schil [sxɪl] (*-len*) *f* Schale *f*.

schild [sxɪlt] *n* Schild *m*; Schild *n*.

schilder [ˈsxɪldər] (*-s*) *m* Maler *m*; Anstreicher *m*; **~achtig** [-ɑxtəx]

malerisch; **~en** [-ə(n)] malen; anstreichen; (*mit Worten*) schildern, beschreiben; te ~ *staan* umsonst warten; **~es** [-ˈɛs] (*-sen*) *f* Malerin *f*; **~huisje** [-hɔʏʃə] (*-s*) *n* Schilderhäuschen *n*; **~ij** [-ˈɛĭ] *n u. f* Gemälde *n*; **~ijententoonstelling** [-ˈɛĭ(j)ə(n)tɛnto:nstɛlɪŋ] *f* Gemäldeausstellung *f*; **~ing** [-ɪŋ] *f* Schilderung *f*, Darstellung *f*.
schilderkunst [ˈsxɪldərkənst] *f* Malerei *f*.
schildersambacht [ˈsxɪldərsɑmbɑxt] *n* Malerhandwerk *n*.
schilderschool [ˈsxɪldərsxo:l] (*-scholen*) *f* Malerschule *f*.
schilders|ezel [ˈsxɪldərse:zəl] (*-s*) *m* Staffelei *f*; **~gereedschap** [-xəre:tsxɑp] (*-pen*) *n* Mal(er)gerät *n*; **~kist** [-kɪst] *f* Malkasten *m*; **~palet** [-pa·lɛt] (*-ten*) *n* (Maler-)Palette *f*; **~penseel** [-pɛnse:l] (*-selen*) *n* (Maler-)Pinsel *m*.
schilderstuk [ˈsxɪldərstək] (*-ken*) *n* Gemälde *n*.
schilders|verdriet [ˈsxɪldərsfərdri·t] *n Bot.* Porzellanblume *f*; **~werkplaats** [-ʋɛrkpla:ts] *f* Malerwerkstatt *f*, Atelier *n*; **~winkel** [-ʋɪŋkəl] (*-s*) *m* Farbengeschäft *n*; Atelier *n*.
schilderwerk [ˈsxɪldərʋɛrk] *n* Anstrich *m*; Malerarbeiten *f/pl*.
schild|klier [ˈsxɪltkli:r] *f* Schilddrüse *f*; **~knaap** [-kna:p] (*-knapen*) *m* Schildknappe *m*; Page *m*; **~luis** [-ləʏs] (*-luizen*) Schildlaus *f*; **~pad** [-pɑt] (*-den*) *f* Schildkröte *f*; *n* Schildpatt *n*; **~padden** [-pɑdə(n)] *Adj.* Schildpatt-; **~padsoep** [-pɑtsu·p] *f* Schildkrötensuppe *f*; Mockturtlesuppe *f*, Kalbskopfsuppe *f*; **~vleugeligen** [-flø:ɣələɣə(n)] *pl.* Deckflügler *m*, Käfer *m*; **~vormig** [-fɔrməx] schildförmig; **~wacht** [-ʋɑxt] (*-en u. -s*) *m* (*Person*) Schildwache *f*; *s. f* (*kein pl.*) Schildwache *f*; *op* ~ *staan* Schildwache (Posten) stehen; **~wachthuisje** [-ʋɑxthəʏʃə] (*-s*) *n* Schilderhaus *n*.
schilfer [ˈsxɪlfər] (*-s*) *m* Splitter *m*; (*Haut*) Schuppe *f*; (*Gestein*) Schiefer *m*; (*Mauer usw.*) Abblätterung *f*; Blättchen *n*; (*Kopfhaut*) Schinne *f*; **~achtig** [-ɑxtəx] splitterig, schuppenförmig, schieferartig; **~en** [-ə(n)] abschilfern, abblättern, sich abschuppen; **~ing** [-ɪŋ] *f* Abblätterung *f*, Abschilferung *f*, Abschuppung *f*.
schillen [ˈsxɪlə(n)] schälen.
schim [sxɪm] (*-men*) *f* Schatten *m*; Schemen *n*; Einbildung *f*, Hirngespinst *n*; Geist *m*, Gespenst *n*.
schimmel[1] [ˈsxɪməl] (*-s*) *m* (*Pferd*) Schimmel *m*.
schimmel[2] *m* (*auf Eßwaren*) Schimmel *m*; **~ig** [-əx] schimm(e)lig; **~plant** [-plɑnt] *f* Schimmelpilz *m*.
schimmenrijk [ˈsxɪmə(n)rɛĭk] *n* Schattenreich *n*.
schimp [sxɪmp] *m* Schimpf *m*; Schimpfwort *n*; Hohn *m*; Schmähung *f*; Schmach *f*; **~en** [-ə(n)] schimpfen; schmähen; **~scheut** [-sxø:t] *m* Seitenhieb *m*; **~schrift** [-sxrɪft] *n* Schmähschrift *f*; **~woord** [-ʋo:rt] *n* Schimpfwort *n*.
schip [sxɪp] (*schepen*) *n* Schiff *n*; *schoon* ~ *maken fig.* reinen Tisch machen; **~breuk** [-brø:k] *f* Schiffbruch *m*; ~ *lijden* Schiffbruch erleiden; *fig. a.* scheitern; **~breukeling** [-brø:kəlɪŋ] *m* Schiffbrüchige(r) *m*; **~brug** [-ˈbrəx] (*-gen*) *f* Schiffbrücke *f*; **~per** [-ər] (*-s*) *m* Schiffer *m*, Kapitän *m*.
schipper|aar [ˈsxɪpəra:r] (*-s*) *m* Kompromißler *m*; **~en** [-ə(n)] ausweichen, sich nicht festlegen, Kompromisse suchen; *een beetje* ~ Zeit gewinnen.
schippers|haak [ˈsxɪpərsha:k] (*-haken*) *m* Bootshaken *m*; **~knecht** [-knɛxt] (*-en u. -s*) *m* Schifferknecht *m*; **~vrouw** [-frɑŭ] *f* Schifferfrau *f*.
schisma [ˈsxɪsma·] (*-'s u. -mata*) *n* Schisma *n*, Spaltung *f*; **~tiek** [-ˈti·k] schismatisch; *Su. m* Schismatiker *m*.
schitter|en [ˈsxɪtərə(n)] schimmern; glänzen, leuchten; glitzern; **~end** [-ənt] glänzend, leuchtend; *fig.* hervorragend, ausgezeichnet; **~ing** [-ɪŋ] *f* Glanz *m*; **~licht** [-lɪxt] *n* Glanzlicht *n*; (*Leuchtturm*) Blinkfeuer *n*.
schizofrenie [sxi·zo·fre·ˈni:] *f* Schizophrenie *f*, Bewußtseinsspaltung *f*.
schmink [ʃmɪŋk] *m* Schminke *f*; **~en** [-ə(n)] schminken; **~er** [-ər] (*-s*) *m Thea.* Maskenbildner *m*.
schobbejak [ˈsxɔbəjɑk] (*-ken*) *m* Schubbejack *m*, Halunke *m*, Schuft *m*.
schoei|en [ˈsxu·ĭ(j)ə(n)] beschuhen

(*mit Holz usw.*) verkleiden; **~ing** [-ɪŋ] *f* Holzverkleidung *f*, Bretterverkleidung *f*; **~sel** [-səl] (-*s*) *n* Fußbekleidung *f*, Schuhwerk *n*.

schoelje [ˈsxu:ljə] (-*s*) *m* Schuft *m*, Schurke *m*.

schoen [sxu:n] *m* Schuh *m*; *de ~ nijpt* der Schuh drückt; *zijn stoute ~en aantrekken* sich ermannen; *vast in zijn ~en staan* s-r Sache gewiß sein; **~(aan)trekker** [-(a:n)trɛkər] (-*s*) *m* Schuhanzieher *m*; **~borstel** [-bɔrstəl] (-*s*) *m* Schuhbürste *f*.

schoener [ˈsxu:nər] (-*s*) *m* Schoner *m*.

schoen|(en)fabriek [ˈsxu:nə(n)-fɑbri·k] *f* Schuhfabrik *f*; **~gesp** [-ɣ̊ɛsp] *f* Schuhschnalle *f*; **~lapper** [-lɑpər] (-*s*) *m* Flickschuster *m*; (*bunter*) Schmetterling *m*; **~leest** [-le:st] *f* Schuhleisten *m*; **~maker** [-ma:kər] (-*s*) *m* Schuhmacher *m*, Schuster *m*; **~smeer** [-sme:r] (*kein pl.*) *n u. m* Schuhkrem *f*; **~spijker** [-spɛĭkər] (-*s*) *m* Schuhnagel *m*; **~(en)winkel** [-(ən)ʋɪŋkəl] (-*s*) *m* Schuhgeschäft *n*; **~zool** [-zo:l] (-*zolen*) *f u. m* Schuhsohle *f*.

schoep [sxu·p] *f* Schaufel *f*.

schoffel [ˈsxɔfəl] (-*s*) *f* Hacke *f*; Schaufel *f*; **~en** [-ə(n)] schaufeln.

schof|feren [sxɔˈfe:rə(n)] vernichten; schänden; vergewaltigen; **~fering** [-ˈfe:rɪŋ] *f fig.* Standpauke *f*.

schoft[1] [sxɔft] *m* Schuft *m*, Lump *m*; **~**[2] *f* Widerrist *m*; **~**[3] *f s. schaft, schafttijd.*

schok [ˈsxɔk] (-*ken*) *m* Stoß *m*, Zusammenstoß *m*; Erschütterung *f*; *El.* Schlag *m*; **~beton** [-bətɔn] *n* Rüttelbeton *m*; **~breker** [-bre:kər] (-*s*) *m* Stoßstange *f*, Stoßdämpfer *m*; Puffer *m*; **~buis** [-bəʏs] (-*buizen*) *f* Aufschlagzünder *m*; **~ken** [-ə(n)] stoßen; erschüttern; *Wagen*: rumpeln; *fig.* Anstoß erregen; *diep geschokt* tief erschüttert; **~schouderen** [-sxɑudərə(n)] mit den Achseln zucken; **~vast** [-fɑst] stoßfest; **~vrij** [-frɛĭ] stoßsicher.

schol[1] [sxɔl] (-*len*) *f* Scholle *f*, Eisscholle *f*, Erdscholle *f*.

schol[2] *m Zool.* Scholle *f*.

scholastiek [sxɔlɑsˈti·k] *f* Scholastik *f*.

schold [sxɔlt] *s. schelden.*

scholier [sxoˈli:r] *m* Schüler *m*; **~ster** [-stər] (-*s*) *f* Schülerin *f*.

scholing [ˈsxo:lɪŋ] *f* Schulung *f*.

schol|levaar [ˈsxɔləv̊a:r] (-*s*), **~ver(d)** [-v̊ər(t)] (-*s*) *m* Kormoran *m*, Scharbe *f*.

schommel [ˈsxɔməl] *m u. f* Schaukel *f*; **~en** [-ə(n)] schaukeln; *Beine*: baumeln, schlenkern; *Werte*: schwanken; *Pendel*: pendeln, schwingen; **~ing** [-ɪŋ] *f* (*Pendel*) Schwingung *f*; (*Preise*) Schwankung *f*; (*Schaukel*) Schaukeln *n*; **~stoel** [-stu:l] *m* Schaukelstuhl *m*.

schond [sxɔnt] *s. schenden.*

schonk [sxɔŋk] *s. schenken.*

schoof[1] [sxo:f] *s. schuiven.*

schoof[2] (*schoven*) *f* Garbe *f*.

schooi|en [sxo:ĭ(j)ə(n)] betteln; **~er** [-ər] (-*s*) *m* Bettler *m*; Strolch *m*, Vagabund *m*; *fig.* Nichtsnutz *m*, Nichtstuer *m*; **~erij** [-əˈrɛĭ] *f* Bettelei *f*.

school[1] [sxo:l] *s. schuilen.*

school[2] (*scholen*) *f* Schule *f*; (*Fische usw.*) Zug *m*, Schar *f*; Menge *f*; *lagere ~* Elementar-, Grundschule *f*; *gemeenschappelijke (neutrale) ~* Gemeinschaftsschule *f*; *~ voor uitgebreid lager onderwijs (ulo, ULO)* Mittelschule *f*; *middelbare ~* Mittelschule *f*; Oberschule *f*; höhere Schule *f*; *naar ~ gaan* zur (in die) Schule gehen; *de ~ verzuimen* die Schule schwänzen; *op ~* in der Schule; **~behoeften** [-bəhu:ftə(n)] *pl.* Schulmaterialien *n/pl.*; **~bestuur** [-bəsty:r] (-*sturen*) *n* Schulbehörde *f*, Schulverwaltung *f*, Schulvorstand *m*; Schulamt *n*; **~blijven** [-blɛĭv̊ə(n)] nachsitzen; **~feest** [-fe:st] *n* Schulfeier *f*, Schulfest *n*; **~geleerdheid** [-ɣ̊əle:rthɛĭt] *f* Schulgelehrsamkeit *f*; **~hoofd** [-ho:ft] *n* Schulleiter *m*, Schulvorsteher *m*; **~juffrouw** [-jəfrɑŭ] *f* Schullehrerin *f*; **~kennis** [-kɛnɪs] (*kein pl.*) *f* Schulkenntnisse *f/pl.*; (*Person*) (-*sen*) *m u. f* Schulbekanntschaft *f*; **~lokaal** [-lo·ka:l] (-*kalen*) *n* Schulzimmer *n*; **~makker** [-mɑkər] (-*s*) *m* Schulkamerad *m*; **~meester** [-me:stər] (-*s*) *m* Volksschullehrer *m*; (*geringschätzend*) Schulmeister *m*; **~meesterachtig** [-me:stərɑxtəx] schulmeisterlich, pedantisch; **~meesteren** [-me:stərə(n)] schulmeistern; **~onderwijs** [-ɔndərʋɛĭs] *n* Schulunterricht *m*; **~opziener** [-ɔpsi:nər] (-*s*) *m* Schulinspektor *m*, Schulrat *m*; **~radio** [-ra:di·jo·] *m* Schulfunk *m*; **~reis** [-rεis] (*-reizen*) *f* Schulausflug *m*.

schoolrijden [ˈsxo:lrεidə(n)] *n* Schulreiterei *f*.

schools [sxo:ls] schulmäßig, schulisch; *pej.* schulmeisterlich.

schoolschip [ˈsxo:lsxɪp] (*-schepen*) *n* Schulschiff *n*.

schoolslag [sxo:lslɑx] (*kein pl.*) *m* Brustschwimmen *n*.

school|strijd [ˈsxo:lstrεit] *m* Schulstreit *m*; **~televisie** [-te·le·ˈvi·zi:] *f* Schulfernsehen *n*; **~toezicht** [-tu:zɪxt] *n* Schulaufsicht *f*; **~uur** [-y:r] (*-uren*) *n* Schulstunde *f*; **~vakantie** *a.* **-can-** [-vɑkɑnsi:] (*-s*) *f* Schulferien *pl.*; **~verzuim** [-vərzœym] *n* Schulversäumnis *n*; **~voeding** [-vu·dɪŋ] *f* Schulspeisung *f*; **~vos** [-vɔs] (*-sen*) *m* Pedant *m*; **~werk** [-ʋεrk] *n* Schularbeiten *f/pl.*; **~wijsheid** [-ʋεisheit] *f* Schulweisheit *f*; **~ziek** [-zi·k] schulkrank.

schoon [sxo:n] schön; rein, sauber (*a. fig.*) *Ko.* obschon, obwohl; *de schone kunsten* die schönen Künste *f/pl.*; *~ linnen* saubere Wäsche; *een ~ geweten* ein reines Gewissen; *alles ~ opeten* alles (sauber) aufessen; *het* (*de*) *schone* das (der, die) Schöne; *dat vind ik niet ~ van hem* das war nicht anständig von ihm; da hat er mich enttäuscht; *het is niet ~, dat* es ist nicht schön, daß ...; **~broe(de)r** [-bru:(də)r] (*-s*) *m* Schwager *m*; **~dochter** [-dɔxtər] (*-s*) *f* Schwiegertochter *f*; **~heidsgevoel** [-hεitsxəvu:l] *n* Schönheitssinn *m*; **~houden** [-hɑudə(n)] rein halten; **~maak** [-ma:k] (*-maken*) *m* Reinemachen *n*, Hausputz *m*; *algemene (grote) ~* Großreinemachen *n*; **~maakster** [-ma:kstər] (*-s*) *f* Putzfrau *f*, Raumpflegerin *f*; **~moeder** [-mu·dər] (*-s*) *f* Schwiegermutter *f*; **~ouders** [-ɑudərs] *pl.* Schwiegereltern *pl.*; **~rijden** [-rεidə(n)] *n* Eiskunstlauf *m*, Kunstlaufen *n*; **~schrijver** [-sxrεivər] (*-s*) Schönschreiber *m*; **~springen** [-sprɪŋə(n)] *n* Kunstspringen *n*; **~vader** [-va:dər] (*-s*) *m* Schwiegervater *m*; **~zoon** [-zo:n] (*-s u. -zonen*) *m* Schwiegersohn *m*; **~zuster** [-zəstər] (*-s*) *f* Schwägerin *f*.

schoor[1] [sxo:r] *s. scheren.*

schoor[2] (*schoren*) *m* Stütze *f*, Stützpfeiler *m*; (*waagerecht*) Träger *m*, Tragbalken *m*; (*schräg*) Strebe *f*, Strebepfeiler *m*, Strebemauer *f*; **~hout** [-hɑut] *n* Strebeholz *n*; **~steen** [-ste:n] (*-stenen*) *m* Schornstein *m*; Esse *f*; Kamin *m* (*mst offen*); (*Fabrik, Schiff*) Schlot *m*; **~steenmantel** [-ste:nmɑntəl] (*-s*) *m* Kaminsims *m u. n*; **~steenveger** [-ste:nve:ɣər] (*-s*) *m* Schornsteinfeger *m*.

schoorvoetend [ˈsxo:rvu·tənt] zögernd, zaudernd; widerwillig.

schoot[1] [sxo:t] *s. schieten.*

schoot[2] (*schoten*) *m* Schoß *m*; *Bot* Schößling *m*; *mar.* Schote *f*; (*am Schloß*) Riegel *m*; **~hondje** [-hɔntjə] (*-s*) *n* Schoßhündchen *n*; **~shoek** [-shu·k] *m* Schußwinkel *m*; **~svel** [-sfεl] (*-len*) Schurzfell *n*.

schop[1] [sxɔp] (*-pen*) *f* Schaufel *f*, Schippe *f*; **~**[2] *m* Fußtritt *m*; *Sp.* Stoß *m*; *vrije ~* Freistoß *m*.

schoppen[1] [sxɔpə(n)] treten; *e-n* (Fuß-)Tritt geben; *Sp.* stoßen.

schoppen[2] (*-s od. idem*) *f mst.* Pik *n*; **~aas** [-ˈa:s] (*-azen*) *m u. n* Pik-As *n*; **~acht** [-ˈɑxt] *f* Pik-Acht *f*; **~vrouw** [-vrɑu] *f* Pik-Dame *f*.

schor [sxɔr] *Adj.* heiser; rauh; *Su.* (*-ren*) *f* (*mst. pl.*) Vorland *n* (*vor Deichen*), Groden *m*.

schoren [ˈsxo:rə(n)] stützen.

schorpioen [sxɔrpi·ˈju:n] *m* Skorpion *m*.

schorre *f s. schor.*

schorremorrie [sxɔrəˈmɔri·] *n* Gesindel *n*, Pöbel *m*, Lumpenpack *n*.

schors [sxɔrs] *f* Borke *f*, Rinde *f*.

schorsen [sxɔrsə(n)] *Sitzung, Urteil* aufschieben, zeitweilig aufheben; *Zahlung* einstellen; (*vom Dienst*) suspendieren.

schorse|neel [sxɔrsəˈne:l] (*-nelen*) **~neer** [-ˈne:r] (*-neren*) *f* Schwarzwurzel *f*.

schorsing [ˈsxɔrsɪŋ] *f* Aufhebung *f*, Einstellung *f*; Aufschub *m*; Suspension *f*, Dienstenthebung *f*.

schort [sxɔrt] *f* Schürze *f*; Schurz *m*; **~en** [-ə(n)] schürzen; *fig.* fehlen F hapern; *schort er iets?* fehlt et was?, ist etwas nicht in Ordnung

schot[1] [sxɔt] *n* Schuß *m*; *buiten ~* außer Schußweite, außer Gefahr; **~**[2] (*-ten*) *n* Scheidewand *f*, Verschlag *m*; *mar.* Schotte *f*; *er komt ~ in* es geht los; *er komt ~ in het werk* die Arbeit kommt in Fluß.

Schot³ (*-ten*) *m* Schotte *m*.
schotel ['sxo:təl] (*-s*) *m u. f* Schüssel *f*; *vliegende* ~*s* fliegende Untertassen *f/pl.*; ~**doek** [-du·k] *n* Geschirrtuch *n*, Wischtuch *n*; ~**water** [-ʋa:tər] *n* Spülwasser *n*.
Schotland ['sxɔtlɑnt] *n* Schottland *n*.
Schots¹ [sxɔts] schottisch; ~**e** [-ə] (*-n*) *f* Schottin *f*.
schots² *f* (Eis-)Scholle *f*; *Adv.* ~ *en scheef* kreuz und quer.
schot|schrift ['sxɔtsxrɪft] *n* Schmähschrift *f*, Pamphlet *n*; ~**vrij** [-frɛĭ] schußfrei; außer Schußweite; *fig.* außer Verfolgung; ~**wond(e)** [-ʋɔnt, -ʋɔndə] (*-en*; *-n*) *f* Schußwunde *f*.
schouder ['sxɑudər] (*-s*) *m* Schulter *f*; Achsel *f*; *de* ~*s ophalen* mit den Achseln zucken; ~**band** [-bɑnt] *m* Schulterband *n*; ~**bandje** [-bɑntjə] (*-s*) Träger *m* (*e-s Kleides*); ~**blad** [-blɑt] *n* Schulterblatt *n*; ~**en** [-ə(n)] *Gewehr* schultern; *schouder(t) (het) geweer!* das Gewehr ... über!; ~**mantel** [-mɑntəl] (*-s*) *m* Umhang *m*, Poncho *m*; ~**ophalen** [-ɔpha:lə(n)] *n* Achselzucken *n*; ~**riem** [-ri:m] *m* Schulterriemen *m*; ~**tas** [-tɑs] *f* Schulter-, Umhängetasche *f*.
schout [sxɑut] *m* Schultheiß *m*; ~**-bij-nacht** [-bɛĭ'nɑxt] (*schouten- u. -s*) *m* Konteradmiral *m*.
schouw¹ [sxɑŭ] *f* Kamin *m*; Kaminsims *n u. m*; Schornstein *m*; Herd *m*; *mar.* Fähre *f*; ~² *m* Schau *f*, Inspektion *f*, Besichtigung *f*; ~**brand** [-brɑnt] *m* Kaminfeuer *n*; ~**burg** [-bərx] *m* Schauspielhaus *n*, Theater *n*; ~**burgpubliek** [-bərxpy·bli·k] *n* Theaterpublikum *n*, Theaterbesucher *m/pl.*
schouw|en ['sxɑu(ʋ)ə(n)] schauen; besichtigen; *de troepen* ~ e-e Truppenschau abnehmen; ~**ing** [-ɪŋ] *f* Schau *f*, Besichtigung *f*; ~**plaats** [-pla:ts] *f* Schauplatz *m*; ~**spel** [-spɛl] *n* Schauspiel *n*; ~**toneel** [-to·ne:l] (*-nelen*) *n* Schaubühne *f*; Schauplatz *m* (*a. fig.*).
schraag [sxra:x] (*schragen*) *f* Schragen *m*, Gestell *n*.
schraal [sxra:l] hager, mager, dürr; (*Bier, Stimme usw.*) dünn; (*Lohn*) spärlich, dürftig; (*Trost*) schwach; (*Wind*) rauh; (*Boden*) karg, unfruchtbar; ~**hans** [-hɑns] (*-hanzen*) *m* Schmalhans *m*; Knauser *m*; ~**heid** [-hɛĭt] *f*, ~**te** [-tə] *f* Magerkeit *f*, Dürre *f*, Dürftigkeit *f*; Rauheit *f*.
schraap|achtig ['sxra:pɑxtəx] knaus(e)rig; ~**achtigheid** [-ɑxtəxhɛĭt] *f* Knaus(e)rigkeit *f*, Filzigkeit *f*.
schraap|ijzer ['sxra:pɛĭzər] (*-s*) *n* Schab-, Kratzeisen *n*, Schaber *m*; ~**sel** [-səl] (*-s*) *n* Schabsel *n*, Span *m*.
schrab [sxrɑp] (*-ben*) *f* Schramme *f*, Kratzer *m*; ~**ben** schrammen, ritzen, kratzen; schaben.
schra|gen ['sxra:ɣ̊ə(n)] (unter)stützen; ~**ging** [-ɣ̊ɪŋ] *f* Unterstützung *f*, Stützen *n*.
schram [sxrɑm] (*-men*) *f* Schramme *f*, Kratzer *m*; ~**men** [-ə(n)] schrammen, ritzen, kratzen.
schrander ['sxrɑndər] klug, gescheit, begabt; ~**heid** [-hɛĭt] Klugheit *f*, Intelligenz *f*.
schran|sen ['sxrɑnsə(n)], ~**zen** [-zə(n)] schmausen.
schrap¹ [sxrɑp] *Adv.*: *zich* ~ *zetten* sich in Positur setzen; sich widersetzen; *zich* ~ *zetten tegen* sich anstemmen gegen.
schrap² (*-pen*) *f* Strich *m*.
schra|pen ['sxra:pə(n)] schaben, kratzen; *Geld* zusammenscharren; knausern; *de keel* ~ sich räuspern; ~**per** [-pər] (*-s*) *m* Kratzeisen *n*, Schaber *m*; Geizhals *m*, Knauser *m*; ~**perig** [-pərəx] knaus(e)rig.
schrappen ['sxrɑpə(n)] durchstreichen, ausstreichen, streichen.
schrede ['sxre:də] (*-n*) *f* Schritt *m*.
schreed [sxre:t] *s. schrijden.*
schreef¹ [sxre:f] *s. schrijven.*
schreef² (*schreven*) *f* Strich *m*, Linie *f*; *dat gaat buiten (over) de* ~ das geht zu weit; *buiten de* ~ *lopen* sich nicht fügen.
schreeuw [sxre:ŭ] *m* Schrei *m*, Aufschrei *m*; ~**bek** [-bɛk] (*-ken*) *m* Schreihals *m*; ~**en** [-ə(n)] schreien, kreischen; (laut) weinen; ~**er** [-ər] (*-s*) *m* Schreier *m*, Schreihals *m*; weinerliches Kind; Prahler *m*; ~**erig** [-ərəx] schreiend; (*Farben*) grell; ~**lelijk** [-le:lək] *m* Schreihals *m*; ~**vogel** [-ʋo:ɣ̊əl] (*-s*) *m* *Zool.* Schreivogel *m*.
schrei|en [sxrɛĭ(j)ə(n)] weinen; ~**erig** [-ərəx] weinerlich.

schriel [sxri:l] dürr, dünn; knaus(e)rig.

Schrift¹ [sxrɪft] *f* die (Heilige) Schrift.

schrift² (*-en*) *n* Schrift *f*, Handschrift *f*; Heft *n*; **~elijk** [-ələk] schriftlich; **~geleerde** [-xəle:rdə] (*-n*) *m* Schriftgelehrte(r) *m*; **~kunde** [-kɵndə] *f* Graphologie *f*; Paläographie *f*, Handschriftenkunde *f*.

schrijden [ˈsxrɛĭdə(n)] (*schreed, geschreden*) schreiten.

schrijf|behoeften [ˈsxrɛĭv̊bəhu:ftə(n)] *pl.* Schreibbedarf *m*, Schreibwaren *f/pl.*; **~boek** [-bu·k] *n* (Schreib-)Heft *n*; **~coupé** [-ku·pe:] (*-s*) *m u. n* Schreibabteil *n*; **~fout** [-fɑut] *f* Schreibfehler *m*; **~letter** [-lɛtər] (*-s*) *f* Kursivbuchstabe *f*; **~lint** [-lɪnt] *n* Farbband *n*; **~machine** [-mɑʃi·nə] (*-s*) *f* Schreibmaschine *f*; **~taal** [-ta:l] (*-talen*) *f* Schriftsprache *f*; **~tafel** [-ta:fəl] (*-s*) *f* Schreibtisch *m*; **~teken** [-te:kə(n)] (*-s*) *n* Schriftzeichen *n*; **~trant** [-trɑnt] *m* Stil *m*, Schreibart *f*; **~werk** [-ʋɛrk] *n* Schreibarbeit *f*; **~wijze** [-ʋɛĭzə] (*-n*) *f* Schreibweise *f*, Schreibart *f*; Orthographie *f*, Rechtschreibung *f*.

schrijlings [ˈsxrɛĭlɪŋs] rittlings.

schrijn [sxrɛĭn] *n u. m* Schrein *m*, Kästchen *n*; Truhe *f*; Schrank *m*; **~en** [-ə(n)] schrammen, ritzen; *die Haut* aufschürfen; *Wunde*: brennen; **~end** [-ənt] schmerzerregend; *fig.* erregend; *een ~ leed* ein bitteres Leid; *~e woorden* verletzende Worte *n/pl.*; *~e armoede* bittere Armut; **~werker** [-ʋɛrkər] (*-s*) *m* Schreiner(meister) *m*, Tischler *m*.

schrij|ven [ˈsxrɛĭv̊ə(n)] (*schreef, geschreven*) schreiben; *Su.* (*kein pl.*) *n* Schreiben *n*, Brief *m*, Zeilen *f/pl.*; **~ver** [-v̊ər] (*-s*) *m* Schreiber *m*; (*Buch usw.*) Verfasser *m*; (*literarisch*) Autor *m*, Schriftsteller *m*; *~ dezes* Schreiber *m* dieser Zeilen; **~verij** [-v̊əˈrɛĭ] *f* Schreiberei *f*; Schriftstellerei *f*.

schrik [sxrɪk] *m* Schreck(en) *m*; *beven van ~* vor Schrecken zittern; **~aanjagend** [-a:nja:ɣ̊ənt] schrekkenerregend; **~achtig** [-ɑxtəx] schreckhaft; **~barend** [-ˈba:rənt] schreckenerregend, schrecklich; **~beeld** [-be:lt] *n* Schreckbild *n*; **~bewind** [-bəʋɪnt] *n* Schreckensherrschaft *f*, Terror *m*.

schrikkel|dag [ˈsxrɪkəldɑx] *m* Schalttag *m*; **~dans** [-dɑns] *m* Damenwahl *f*.

schrikkelijk [ˈsxrɪkələk] schrecklich, fürchterlich, entsetzlich.

schrikkel|jaar [ˈsxrɪkəlja:r] (*-jaren*) *n* Schaltjahr *n*.

schrikken¹ [ˈsxrɪkə(n)] (*schrok, geschrokken*) *v/i* erschrecken, Angst bekommen; *Pferd*: scheuen; **~**² (*schrikte, geschrikt*) *v/t*: *iemand doen ~* j-n erschrecken, j-n ängstigen, j-m Angst machen; *Eisen, Kalk usw.* plötzlich (ab)kühlen, abschrecken.

schrikwekkend [sxrɪkˈʋɛkənt] schreckenerregend.

schril [sxrɪl] (*Laut*) schrill, gellend; (*Farbe*) grell; (*Kontrast*) schroff.

schrob|ben [ˈsxrɔbə(n)] schrubben, scheuern; **~ber** [-bər] (*-s*) *m* Schrubber *m*, Scheuerbürste *f*.

schrobbering [sxrɔˈbe:rɪŋ] *f* Verweis *m*, Rüffel *m*.

schroef [sxru:f] (*schroeven*) *f* Schraube *f*; Propeller *m*; *Tech.* Schraubstock *m*; *het staat op losse schroeven* es steht auf schwachen Füßen; es ist (bleibt) ungewiß; es schwebt in der Luft; **~as** [-ɑs] (*-sen*) *f* Schraubenwelle *f*; **~bank** [-bɑŋk] *f* Schraubstock *m*; Werkbank *f*; **~blad** [-blɑt] *n* Schrauben-, Propellerflügel *m*; **~boor** [-bo:r] (*-boren*) *f* Gewindebohrer *m*; **~dop** [-dɔp] (*-pen*) *m* Schraubkappe *f*; **~draad** [-dra:t] (*-draden*) *m* Schraubengewinde *f*; **~lijn** [-lɛĭn] *f* Schraubenlinie *f*, Schneckenlinie *f*; **~moer** [-mu:r] *f* Schraubenmutter *f*; **~oog** [-o:x] (*-ogen*) *n* Schraubenring *m*; **~sleutel** [-slø:təl] (*-s*) *m* Schraubenschlüssel *m*; **~vormig** [-fɔrməx] schraubenförmig.

schroeien [ˈsxru·ĭ(j)ə(n)] sengen.

schroevedraaier [ˈsxru:v̊ədra:ĭ(j)ər] (*-s*) *m* Schraubenzieher *m*.

schroeven [ˈsxru:v̊ə(n)] schrauben.

schrok¹ [sxrɔk] *s. schrikken.*

schrok² (*-ken*) *m* Fresser *m*, Vielfraß *m*; **~ken** [-ə(n)] fressen, schlingen; **~ker(d)** [-ər, -ərt] (*-s*) *m s. schrok*²; **~k(er)ig** [-(ər)əx] gefräßig; habgierig; **~op** [-ˈɔp] (*-pen*) *m s. schrok*².

schro|melijk [ˈsxro:mələk] arg, furchtbar, schlimm; gewaltig; **~**

men [-ə(n)] scheuen, sich scheuen vor *D*, sich fürchten vor *D*.
schrompe|len ['sxrɔmpələ(n)] zusammenschrumpfen; **~lig** [-ləx] runzlich; zusammengeschrumpft.
schrooien [sxroːĭ(j)ə(n)] schroten.
schroom [sxroːm] (*kein pl.*) *m* Scheu *f*, Ängstlichkeit *f*; **~achtig** [-ɑxtəx] scheu, furchtsam, zaghaft, schüchtern; **~vallig** [-'v̊ɑləx] schüchtern, ängstlich.
schroot [sxroːt] (*kein pl.*) *n* Schrott *m*, Eisenabfälle *m/pl.*, Alteisen *n*; Schrot *n*; **~²** (*schroten*) *m* Schalbrett *n*, (*langer*) Holzspan *m*.
chub(be) [sxøp], ['sxøbə] (*-ben*; *-n*) *f* Schuppe *f*; **~big** [-əx] schuppig; **~dier** [-diːr] *n* Schuppentier *n*.
chuchter ['sxøxtər] schüchtern; **~heid** [-hɛĭt] *f* Schüchternheit *f*.
chud|debollen ['sxødəbɔlə(n)] mit dem Kopf wackeln; **~den** [-ə(n)] schütteln, rütteln; erschüttern; *v/i* (er)beben; (*Spiel-*)*Karten* mischen; *iemand wakker ~* j-n aufrütteln; *~ van 't lachen* sich schütteln vor Lachen; **~ding** [-ɪŋ] *f* Schütteln *n*; Rütteln *n*; Beben *n*; Erschütterung *f*; *iemand een ~ geven* j-n (tüchtig, gehörig) aufrütteln.
chuier [sxəʏ(j)ər] (*-s*) *m* (Scheuer-) Bürste *f*; **~en** [-ə(n)] (ab)bürsten; schrubben.
chuif [sxəʏf] (*schuiven*) *f* Schieber *m*, Riegel *m*; (*Schleuse*) Schütz *n*; Schublade *f*; (Ofen-)Klappe *f*; **~dak** [-dɑk] *n* (*am Wagen*) Schiebedach *n*; **~deur** [-døːr] *f* Schiebetür *f*.
chuifelen ['sxəʏfələ(n)] pfeifen; *Schlange*: zischen; (*mit den Füßen*) scharren, schlurfen.
chuif|raam ['sxəʏfraːm] (*-ramen*) *n* Schiebefenster *n*; **~tafel** [-taːfəl] (*-s*) *f* Ausziehtisch *m*; **~trompet** [-trɔmpɛt] (*-ten*) *f* Zugposaune *f*.
chuilen ['sxəʏlə(n)] (*schuilde, geschuild od. school, gescholen*) sich verstecken; Schutz suchen; (*wenn es regnet*) unterstehen, sich unterstellen; *daar schuilt iets achter* es steckt etw. dahinter.
chuil|hoek ['sxəʏlhu·k] *m* Schlupfwinkel *m*, Versteck *n*; **~houden** [-hɑudə(n)]: *zich ~* sich versteckt halten; **~kelder** [-kɛldər] (*-s*) *m* Luftschutzkeller *m*, Luftschutzraum *m*; **~naam** [-naːm] (*-namen*) *m* Deckname *m*, Pseudonym *n*; **~plaats** [-plaːts] *f* Versteck *n*, Zufluchtsort *m*, Zufluchtsstätte *f*; *mil.* Unterstand *m*; Luftschutzraum *m*; Asyl *n*, Obdach *n*, Heim *n*, Heimstätte *f*.
schuim [sxəʏm] *n* Schaum *m*; (*Metall*) Schlacke *f*; (*Ei*) Schnee *m*, Schaum *m*; *fig.* Abschaum *m*, Hefe *f*; **~bekken** [-'bɛkə(n)]: *~ van woede* vor Wut schäumen; **~blustoestel** [-bløstuːstɛl] (*-len*) *n* Schaumlöscher *m*; **~en** [-ə(n)] schäumen; *v/t* abschäumen; stehlen, rauben; **~er** [-ər] (*-s*) *m* Räuber *m*, Dieb *m*; Seeräuber *m*; *fig.* Schmarotzer *m*; **~klopper** [-klɔpər] (*-s*) *m* Schneebesen *m*; **~rubber** ['røbər] *m u. n* Schaumgummi *m*; **~spaan** [-spaːn] (*-spanen*) *f* Schaumkelle *f*; **~vlok** [-v̊lɔk] (*-ken*) *f* Schaumflocke *f*; **~wijn** [-ʋɛĭn] *m* Schaumwein *m*; Sekt *m*.
schuin [sxəʏn] schräg; schief; *fig.* schlüpfrig; *~e mop* Zote *f*; **~s** [-s] schräg; schief; **~te** [-tə] (*kein pl.*) (*Hügel*) Abhang *m*, Böschung *f*; Schräge *f*; Schiefheit *f*.
schuit [sxəʏt] *f* Kahn *m*, Boot *n*; **~evracht** [-əv̊rɑxt] *f* Kahnfracht *f*; **~je** [-jə] (*-s*) *n* Schiffchen *n*; *in éen ~ varen fig.* unter e-r Decke stecken.
schuiven ['sxəʏv̊ə(n)] (*schoof, geschoven*) (fort)schieben; (*Bretterspiel*) ziehen; *Opium* rauchen; *zich iets van de hals ~* sich etw. vom Halse schaffen.
schuld [sxølt] *f* Schuld *f*; *uitstaande ~* Außenstände *m/pl.*; **~bekentenis** [-bəkɛntənis] (*-sen*) *f* Schuldschein *m*; Geständnis *f*; **~besef** [-bəsɛf] *n* Schuldbewußtsein *n*; **~brief** [-briːf] (*-brieven*) *m* Schuldschein *m*; Schuldtitel *m*; Schuldverschreibung *f*, Obligation *f*; **~delging** [-dɛlɣ̊ɪŋ] *f* Schuldentilgung *f*, Amortisation *f*; **~eiser** [-ɛĭsər] (*-s*) *m* Gläubiger *m*.
schulde|loos ['sxøldəloːs] schuldlos; **~naar** [-naːr] (*-s u. -naren*) *m* Schuldner *m*; **~nares** [-naː'rɛs] (*-sen*) *f* Schuldnerin *f*.
schuldenlast ['sxøldə(n)lɑst] *m* Schuldenlast *f*.
schuldig ['sxøldəx] schuldig; *zich ~ maken aan* sich *etw.* zuschulden kommen lassen; *hoeveel (wat) ben ik u ~?* wieviel (was) bin ich Ihnen schuldig?
schuld|kwestie ['sxøltkʋɛstiː] (*-s*) *f*

Schuldfrage *f*; **~vereffening** [-fɛrɛfənɪŋ] *f* Schuldenbegleichung *f*; **~vordering** [-fɔrdərɪŋ] *f* Schuldforderung *f*; Schuldtitel *m*; **~vraag** [-fraːx] (*-vragen*) *f* Schuldfrage *f*.
schulp [sxəlp] *f* Muschelschale *f*; Auszackung *f*; *in zijn ~ kruipen* sich ducken, die Hörner einziehen; **~en** [-ə(n)] auskehlen, auszacken; **~zaag** [-saːx] (*-zagen*) *f* Baumsäge *f*; Brettsäge *f*.
schunnig [ˈsxənəx] schäbig; gemein, schlüpfrig, obszön.
schuren [sxyːrə(n)] scheuern; schaben, reiben.
schurft [sxərft] *f u. n* Krätze *f*, Räude *f*; Grind *m*; **~ig** [-əx] räudig, grindig; **~kruid** [-rəʏt] *n* Grindkraut *n*; **~mijt** [-mɛĭt] *f* Krätzmilbe *f*.
schuring [ˈsxyːrɪŋ] *f* Scheuern *n*, Reiben *n*, Reibung *f*; **~sgeluid** [-sxələʏt] *n* Reibelaut *m*.
schurk [sxərk] *m* Schurke *m*, Schuft *m*; **~enstreek** [-ə(n)streːk] (*-streken*) *m u. f* Schurkenstreich *m*.
schut [sxət] (*-ten*) *n* Schirm *m*; Bretterwand *f*, Verschlag *m*; spanische Wand *f*; (*Damm*) Stau *m*; *voor ~ staan* beschämt dastehen, zum Gespött werden.
schut|blad [ˈsxədblɑt] *n* Deckblatt *n*; (*Buch*) Vorsatzblatt *n*, Umschlag *m*; **~dak** [-dɑk] *n* Schutzdach *n*; **~deur** [-døːr] *f* Schleusentor *n*; **~geld** [-xɛlt] *n* Schleusengebühr *f*, Schleusengeld *n*; **~kolk** [-kɔlk] *f* Schleusenkammer *f*.
schutsel [ˈsxətsəl] (*-s*) *n* Bretterzaun *m*.
schuts|engel [ˈsxətsɛŋəl] *m* Schutzengel *m*; **~heer** [-heːr] (*-heren*) *m* Schutz-, Schirmherr *m*; **~heilige** [-hɛĭləɣ̊ə] (*-n*) *m* Schutzheilige(r) *m*.
schutsluis [ˈsxətsləʏs] (*-sluizen*) *f* Schiffsschleuse *f*.
schuts|patroon [ˈsxətspɑtroːn] (*-s u. -tronen*) *m* Schutzpatron *m*, Schutzheilige(r) *m*; **~vrouw** [-frɑŭ] *f* Schutzherrin *f*, Patronin *f*.
schutten [ˈsxətə(n)] schützen; *mar.* durchschleusen; *Vieh* einsperren, zusammenpferchen.
schutter [sxətər] (*-s*) *m* Schütze *m*; *hist.* Bürgerwehrsoldat *m*, Milizmann *m*; (*jetzt*) Mitglied *n* e-s Schützenvereins; **~ij** [-ˈɛĭ] *hist.* Bürgerwehr *f*, Bürgermiliz *f*.

schutters|doelen [ˈsxətərzduːlə(n)] *pl.* Schützenhof *m*; **~gilde** [-xɪldə] (*-n*) *n u. f* Schützenverein *m*; **~hof** [-ˈhɔf] (*-hoven*) *n* Schützenhof *m*; **~koning** [-koːnɪŋ] *m* Schützenkönig *m*; **~stuk** [-stək] (*-ken*) *n* Schützengemälde *n*, Schüttenstück *n*.
schutting [ˈsxətɪŋ] *f* Bretterzaun *m*, Zaun *m*; Bauzaun *m*.
schuur [sxyːr] (*schuren*) *f* Scheune *f*
schuurborstel [ˈsxyːrbɔrstəl] (*-s*) *m* Scheuerbürste *f*.
schuurdeur [ˈsxyːrdøːr] *f* Scheunentor *n*.
schuurpaal [ˈsxyːrpaːl] (*-palen*) *m* Reibepfahl *m*.
schuurpapier [ˈsxyːrpɑpiːr] *n* Schmirgelpapier *n*.
schuurpoort [ˈsxyːrpoːrt] *f* Scheunentor *n*.
schuw [sxy·ŭ] scheu, furchtsam; **~en** [-ə(n)] scheuen, meiden; ausweichen; **~heid** [-hɛĭt] *f* Scheu *f*, Furchtsamkeit *f*.
sclerose [skle·ˈroːzə] *f* Sklerose *f*, Verkalkung *f*.
scoliose [ˈsko·li·ˈoːzə] *Med.* Skoliose *f*.
scooter [ˈskuːtər] (*-s*) *m* Motorroller *m*.
score [ˈskoːrə] *f Sp.* Spielergebnis *n*, Stand *m*; **~n** [-(n)] *Sp.* ein Tor schießen; *Punkte* verzeichnen.
scru|pule [skry·ˈpy·lə] (*-s*) *f* Skrupel *m*, Bedenken *n*; **~puleus** [-py·ˈløːs] skrupulös, gewissenhaft, peinlich genau.
sculptuur [skəlpˈtyːr] *f* Skulptur *f*, Bildhauerkunst *f*; (*Holz*) Schnitzarbeit *f*.
seance [se·ˈjɑ̃ːsə] (*-s*) *f* Sitzung *f*.
sec [sɛk] (*Wein*) herb.
secessie [se·ˈsɛsiː] *f* Sezession *f*, Absonderung *f*, Trennung *f* (*von e-r Gemeinschaft*); **~oorlog** [-oːrlɔx] *m* Sezessionskrieg *m*.
secondair [səkɔnˈdɛːr] sekundär, Neben-.
secon|dant [səkɔnˈdɑnt] *m* Sekundant *m*; **~de** [-də] (*-n*) *f* Sekunde *f*; **~dewijzer** [-dəʋɛĭzər] (*-s*) *m* Sekundenzeiger *m*.
secreta|resse [səkrəta·ˈrɛsə] (*-n*) Sekretärin *f*; **~riaat** [-ri·ˈ(j)aːt] (*-aten*) *n* Sekretariat *n*, Geschäftsstelle *f*; Kanzlei *f*; **~rie** [-ˈriː] (*-ën*) Kanzlei *f*; Sekretariat *n*; **~ri**

[-ˈtaːrəs] (*-sen*) *m* Sekretär *m*, Schriftführer *m*.
sectie [ˈsɛksiː] (*-s u. -ën*) *f* Sektion *f*; Obduktion *f*; (*Straßenbahn*) Fahrstrecke *f*, Teilstrecke *f*; Abteilung *f*; (*Polizei*) Revier *n*; *mil.* Zug *m*.
sector [ˈsɛktɔr] (*-s u. -en*) *m* Sektor *m*; (Kreis-)Ausschnitt *m*.
seculariseren [se·ky·la·ri·ˈzeːrə(n)] säkularisieren.
secundair *s. secondair*.
secuur [səˈkyːr] sicher, gewiß; gewissenhaft, genau.
sedert [ˈseːdərt] seit *D*; seitdem; **~dien** [-ˈdiːn] seither, seitdem.
sediment [se·di·ˈmɛnt] *n* Sediment *n*, Bodensatz *m*.
segment [sɛxˈmɛnt] *n* Segment *n*, Kreis-, Kugelabschnitt *m*.
segrijnleer [səˈɣrɛĭnleːr] *n* Chagrin *n*, Narbenleder *n*.
sein [sɛĭn] *n* Signal *n*; **~en** [-ə(n)] signalisieren; drahten; (*drahtlos*) funken; (*mit Licht*) blinken; (*mit Flaggen*) winken; **~fluit** [-flœyt] *f* Signalpfeife *f*; **~huis** [-hœys] (*-huizen*) *n* Stellwerk *n*; **~paal** [paːl] (*-palen*) *m* Signalmast *m*; **~post** [-pɔst] *m* Semaphor *m u. n*.
seintje [ˈsɛĭntjə] (*-s n*: *een ~ geven* von sich hören lassen.
sein|toestel [ˈsɛĭntuːstɛl] (*-len*) *n* Signalapparat *m*; *Rf.* Sender *m*; **~wachter** [-ʋɑxtər] (*-s*) *m* Signalwärter *m*, Stellwerksmeister *m*.
seismograaf [sɛĭsmo·ˈɣraːf] (*-grafen*) *m* Seismograph *m*.
seizoen [sə-], *a.* [sɛĭˈzuːn] *n* Jahreszeit *f*; (*Tourismus, Sp.*) Saison *f*; **~hotel** [-ho·tɛl] (*-s*) *n* Saisonhotel *n*; **~opruiming** [-ɔprœymɪŋ] *f* Saisonausverkauf *m*; (Winter-, Sommer-) Schlußverkauf *m*.
sek- *s. a. sec-*.
sekreet [səˈkreːt] (*-kreten*) *n* Geheimnis *n*; P Abort *m*.
seks- *s. a. sex-*.
sekse [ˈsɛksə] (*-n*) Geschlecht *n*, Sexus *m*.
seksu|aliteit [sɛksy·(ʋ)ɑli·ˈtɛĭt] *f* Sexualität *f*; **~eel** [-ˈ(ʋ)eːl] sexuell, Sexual-; *~ele voorlichting* sexuelle Aufklärung *f*; *~ele moord* Lustmord *m*; *~ele misdaad* Sexualverbrechen *n*, Sittlichkeitsverbrechen *n*.
sekte [ˈsɛktə] (*-n*) *f* Sekte *f*; **~geest** [-ɣeːst] *m* Sektengeist *m*.
sekularizeren *s. seculariseren*.
sekwes|ter [səˈkʋɛstər] (*-s*) *m* Sequester *m*, Zwangsverwalter *m*; **~tratie** [-ˈtraːsiː] (*-s*) *f* Beschlagnahme *f*; **~treren** [-ˈtreːrə(n)] sequestrieren, mit Beschlag belegen.
selder [ˈsɛldər] (*-s*) *m*, **~ie** [-ˈriː], **~ij** [-ˈrɛĭ] *m* Sellerie *m u. f*.
selec|tie, *a.* **-lek-** [səˈlɛksiː] (*-s*) *f* Selektion *f*, Auslese *f*, Auswahl *f*; **~tief** [-ˈtiːf] selektiv, auswählend; *Rf.* trennscharf; **~tiviteit** [-ti·vi·ˈtɛĭt] *f* Selektivität *f*; *Rf.* Trennschärfe *f*.
semester [səˈmɛstər] (*-s*) *n* Semester *n*, Halbjahr *n*.
Semiet [səˈmi·t] *m* Semit *m*.
seminarie [se·mi·ˈnaːriː] (*-s*) *n* Seminar *n*.
se|naat [səˈnaːt] (*-naten*) *m* Senat *m*; **~nator** [-ˈnaːtɔr] (*-s u. -en*) *m* Senator *m*.
senior [ˈseːn(i·)jɔr] (*-s u. -en*) *m* Senior *m*.
sensatie [sɛnˈsaːsiː] (*-s*) *f* Sensation *f*, Aufsehen *n*; *belust op ~* sensationslüstern; **~film** (*-s*) *m* Sensationsfilm *m*; **~pers** [-pɛrs] *f* Sensationspresse *f*, Boulevard-, Regenbogenpresse *f*.
sensationeel [sɛnsɑsjɔˈneːl] sensationell, aufsehenerregend.
sensibel [sɛnˈsiːbəl] sensibel, empfindsam, feinfühlig.
sensitief [sɛnzi·ˈtiːf] sensitiv, überempfindlich; feinnervig.
sententie [sɛnˈtɛnsiː] (*-s u. -ën*) *f* Urteil *n*, Spruch *m*.
sentimen|taliteit [sɛnti·mɛnta·li·ˈtɛĭt] *f* Empfindsamkeit *f*, Rührseligkeit *f*, Sentimentalität *f*; **~teel** [-ˈteːl] sentimental, empfindsam, rührselig.
sepa|raat [se·pɑˈraːt] separat, Separat-; abgesondert; einzeln; *~rate afdruk* Separatabdruck *m*, Sonderdruck *m*; *~ kamertje* (*vertrek*) Séparée *n*; **~ratisme** [-rɑˈti·smə] (*-n*) *n* Separatismus *m*.
september [sɛpˈtɛmbər] *m* September *m*.
sequentie [se·ˈkʋɛnsiː] (*-s*) *f* Sequenz *f*.
seques- *s. sekwes-*.
seraf [ˈseːrɑf] (*-s*) *m*, **~ijn** [se·ra·ˈfɛĭn] *m* Seraph *m*.
serail [se·ˈraːĭ] (*-s*) *n* Serail *n*.
serenade [sərəˈnaːdə] (*-s*) *f* Serenade *f*, Ständchen *n*.

serge ['sɛrʒə] *f* Serge *f*, Sersche *f*.
sergeant [sər'ʒɑnt] (*-s u. -en*) *m* Sergeant *m*; Unteroffizier *m*; **~-majoor** [-ma·'jo:r] (*-s*) *m* Feldwebel *m*.
serie ['se:ri:] (*-s u. -ën*) *f* Serie *f*, Reihe *f*, Folge *f*; *Sp.* Vorlauf *m*, Vorrunde *f*, Durchgang *m*; *in ~* serienweise; **~fabricage**, *a.* **-kage** [-fɑbri·'ka:ʒə] *f* Serienherstellung *f*, Serienproduktion *f*, Serienbau *m*; **~schakelaar** [-sxa:kəla:r] (*-s*) *m* Serien-, Reihenschalter *m*.
serieus [se:r'jø:s] seriös, ernsthaft.
sering [sə'rɪŋ] *f* Flieder *m*; **~estruik** [-əstrəyk] *m* Fliederstrauch *m*.
sermoen [sər'mu:n] *n* Predigt *f*; Rede *f*.
serpent [sɛr'pɛnt] *n* Schlange *f*; *fig.* böse(s) Weib *n*; **~ine** [-'ti·nə] (*-s*) *f* Serpentine *f*; Papierschlange *f*.
serre ['sɛ:rə] (*-s*) *f* Gewächs-, Treibhaus *n*; **~plant** [-plɑnt] *f* Treibhauspflanze *f*.
serum ['se:rəm] (*-s. u. sera*) *n* Serum *n*.
ser|veren [sɛr'v̊e:rə(n)] servieren, bedienen; (*Tennis*) aufschlagen; **~vet** [-'v̊ɛt] (*-ten*) *n* Serviette *f*; **~vetring** [-'v̊ɛtrɪŋ] *m* Serviettenring *m*; **~vice** ['sœ:rv̊ɪs] *m* Service *m*, Kundendienst *m*; (*Tennis*) Aufschlag(ball) *m*.
Servië ['sɛrv̊i·(j)ə] *n* Serbien *n*; **~r** [-r] (*-s*) *m* Serbe *m*.
servies [sɛr'v̊i:s] (*-viezen*) *n* Tafelgeschirr *n*, Service *n*.
Servisch ['sɛrvi·s] serbisch; *Su. n* Serbisch *n*.
servituut [sɛrv̊i·'ty:t] (*-tuten*) *n* Servitut *n*, Reallast *f*, Grundlast *f*; Dienstbarkeit *f*.
sesam ['se:zɑm] *m* Sesam *m*.
sessie ['sɛsi:] (*-s*) *f* Session *f*, Sitzung *f*.
set [sɛt] (*-s*) *m Sp.* Satz *m*.
sex- *s. a. seks-*.
sex [sɛks] *m* Sex *m*; **~boetiek**, *a.* **~-boutique** [-bu·ti·k] (*-en; -s*) *f* Sexboutique *f*; **~bom** [-bɔm] (*-men*) *f* F Sexbombe *f*; **~film** [-fɪlm] (*-s*) *m* Sexfilm *m*; Pornofilm *m*.
sextant [sɛks'tɑnt] *m* Sextant *m*.
sfeer [sfe:r] (*sferen*) *f* Sphäre *f*; Umwelt *f*; Stimmung *f*; Atmosphäre *f*; *in hogere sferen (zweven)* in höheren Regionen (verweilen), nicht realistisch sein.
sferisch ['sfe:ri·s] sphärisch.

sfinks, sfinx [sfɪŋks] *m* Sphinx *f*.
's-Gravenhage [sxra:v̊ən'ha:ɣ̊ə] (Den) Haag *n*; *in ~* im Haag, in Den Haag.
shampoo [ʃɑm'pu:] (*kein pl.*) *m* Shampoo *n*.
sherry ['ʃɛri] (*kein pl.*) *m* Sherry *m*.
shilling ['ʃɪlɪŋ] (*-s*) *m* Schilling *m*.
show [ʃɑŭ] (*-s*) *m u. f* Schau *f*; Ausstellung *f*; **~-room** [ru:m] (*-s*) *m* Ausstellungsraum *m*.
Siam ['si·(j)ɑm] *n* Siam *n*; **~ees** [-'me:s] (*-mezen*) *m* Siamese *m*; (*Sprache*) *n* Siamesisch *n*; *Adj.* siamesisch; **~ese** [-'me:sə] (*-n*) *f* Siamesin *f*.
Sibe|rië [si·'be:ri·(j)ə] *n* Sibirien *n*; **~risch** [-ris] sibirisch.
Siciliaan [si·si·l'ja:n] (*-janen*) *m* Sizilianer *m*, Sizilier *m*; **~s** [-s] sizilianisch; *Su. n* Sizilianisch *n*; **~se** [-sə] (*-n*) *f* Sizilianerin *f*, Sizilierin *f*.
Sicilië [si·'si·li·(j)ə] *n* Sizilien *n*.
sidder|aal ['sɪdəra:l] (*-alen*) *m* Zitteraal *m*; **~en** [-ə(n)] zittern, beben; **~ing** [-ɪŋ] *f* Zittern *n*, Beben *n*; **~rog** [-ɔx] (*-gen*) *m* Zitterrochen *m*.
sier [si:r] (*kein pl.*) *f* Zierde *f*, Schmuck *m*; *goede ~ maken* sich gütlich tun; verschwenderisch leben; **~aad** [-a:t] (*-aden*) *f* Zierde *f*; Zierat *m*, Schmuck *m*; *pl.* Schmucksachen *pl.*; **~en** [-ə(n)] zieren, schmücken; **~lijk** [-lək] zierlich, fein, elegant; **~lijkheid** [-ləkhɛĭt] (*kein pl.*) Zierlichkeit *f*, Eleganz *f*; **~plant** [-plɑnt] *f* Zierpflanze *f*.
siërra ['sjɛra·] (*-'s*) *f* Sierra *f*.
sier|sel ['si:rsəl] (*-s*) *n* Zierat *m*; Verzierung *f*; **~tuin** [-təyn] *m* Ziergarten *m*.
siësta ['sjɛsta] (*-'s*) *f* Siesta *f*, Mittagsschläfchen *n*.
sifon [si·'fɔn] (*-s*) *m* Siphon *m*.
sigaar [si·'ɣ̊a:r] (*-garen*) *f* Zigarre *f*; *fig. iemand een ~ geven* j-n tadeln.
sigarebandje [si·'ɣ̊a:rəbɑntjə] (*-s*) *n* Zigarrenbändchen *n*.
sigaren|koker [si·'ɣ̊a:rəko:kər] (*-s*) *m* Zigarrentasche *f*; **~magazijn** [-mɑɣ̊ɑzɛĭn] *n* Zigarrengeschäft *n*.
sigare|peukje [si·'ɣ̊a:rəpø:kjə] (*-s*) *n*, **~stompje** [-stɔmpjə] (*-s*) *n* Zigarrenstummel *m*.
sigaret [si·ɣ̊ɑ'rɛt] (*-ten*) *f* Zigarette *f*; (*Haschisch*) Joint *m*; *een doosje ~ten* e-e Schachtel Zigaretten; **~tenkoker** [-əko:kər] (*-s*) Zigaretten-

etui *n*; **~tepeukje** [-əpø:kjə] (*-s*) *n* Zigarettenstummel *m*, Kippe *f*; **~tepijpje** [-əpɛipjə] (*-s*) *n* Zigarettenspitze *f*; **~terook** [-əro:k] *m* Zigarettenrauch *m*.

signaal [si·n'ja:l] (*-jalen*) *n* Signal *n*; Zeichen *n*; **~hoorn, ~horen** [-ho:rə(n)] (*-s*) *m* (*Wagen*) Hupe *f*.

signa|lement [si·nja·lə'mɛnt] *n* Signalement *n*, Personenbeschreibung *f*; **~leren** [-'le:rə(n)] signalisieren, ein Signal (das Signalement) geben; ankündigen; *Schiff* sichten; **~tuur** [-'ty:r] (*-turen*) *f* Signatur *f*, Unterschrift *f*, Namenszug *m*; Künstlerzeichen *n*.

sijpelen ['sɛipələ(n)] sickern.

sijs [sɛis] (*sijzen*) *f*, **~je** ['sɛiʃə] (*-s*) *n* Zeisig *m*.

sik [sɪk] (*-ken*) *f* Ziege *f*; Spitzbart *m*, Kinnbart *m*.

sikkel ['sɪkəl] (*-s*) *f* Sichel *f*; **~vormig** [-v̊ɔrməx] sichelförmig.

sikke|neurig [sɪkə'nø:rəx] mürrisch, brummig; **~pit** [pɪt] (*kein pl.*) *f* Quentchen *n*, Körnchen *n*; *dat is geen ~ waard* das hat (überhaupt) keine Bedeutung; das hat nicht den geringsten Wert; *hij verstaat er geen ~ van* F er kapiert es (gar) nicht, er versteht nicht die Bohne.

Sile|zië [si·'le:zi·(j)ə] *n* Schlesien *n*; **~zisch** [-zi·s] schlesisch.

silhouet [si·lhu·'ʋɛt] (*-ten*) *f u. n* Silhouette *f*, Schattenriß *m*.

sili|caat, ~kaat [si·li·'ka:t] *n* Silikat *n*.

silo ['si·lo·] (*-'s*) *m* Silo *n*, Großspeicher *m*, Gärfutterbehälter *m*.

simpel ['sɪmpəl] bloß, einfach; simpel; *Adv.* bloß; (*Person*) einfältig, albern.

simplistisch [sɪm'pli·sti·s] zu einfach; *al te ~* gar zu einfach.

simu|lant [si·my·'lɑnt] *m* Simulant *m*, Heuchler *m*; **~latie** [-la:si:] (*-s*) *f* Simulation *f*, Verstellung *f*, Vortäuschung *f*; **~leren** [-'le:rə(n)] simulieren, vorgeben, sich verstellen.

simultaanspeler [si·məl'ta:nspe:lər] (*-s*) *m* Simultanspieler *m*.

sinaasappel ['si·na:sɑpəl] (*-s u. -en*) *m* Apfelsine *f*, Orange *f*; **~sap** [-sɑp] *n* Apfelsinen-, Orangensaft *m*.

sinds [sɪnts], *a.* [sɪns] seit *D*; **~dien** [-'di:n] seitdem.

singel ['sɪŋəl] (*-s*) *m* Ringgraben *m*, Ringwall *m*; Ring *m*; (*Riemen*) Gurt *m*; Gürtel *m* (*a. für Stadt*); Ringbahn *f*.

single ['sɪŋgəl] (*-s*) *m* (*Tennis*) Einzelspiel *n*; *f* (*Schallplatte*) Single *f*.

sinister [si·'ni·stər] unheimlich, unheilvoll.

sinjeur [sɪn'jø:r] (*-s*) *m* Herr *m*.

sinjo ['sɪnjo·] (*-'s*) *m* Mischling *m*.

sinjoor [sɪn'jo:r] (*-joren*) *m* Antwerpener *m*.

Sinksen ['sɪnsə(n)] *m* Pfingsten *n*; [*s. Pinksteren.*]

sinoloog [si·no·'lo:x] (*-logen*) *m* Sinologe *m*.

sint [sɪnt] Sankt ...; heilig; *Su. m* Heilige(r) *m*; de ~ Sankt Niklas *m*, Sankt Nikolaus *m*.

sint-bernardshond [sɪnt'bɛrna·rtshɔnt] *m* Bernhardiner(hund) *m*.

sintel ['sɪntəl] (*-s*) *m* (*Metall*) Schlacke *f*; (*Kohle*) Zinder *m*; **~baan** [-ba:n] (*-banen*) *f* *Sp.* Aschenbahn *f*.

Sinterklaas [sɪntər'kla:s] (*-klazen*), **Sint-Nicolaas** [sɪnt'ni·kɔla:s] *m* Sankt Nikolaus *m*; **~avond** [-a:v̊ɔnt] *m* (Sankt) Niklasabend *m*, Nikolausabend *m*.

sint-jansvuur [sɪntjɑns'fy:r] (*-vuren*) *n* Sonnenwendfeuer *n*.

sint|-veitsdans [-v̊ɛidzdɑns], **~-vitusdans** [-'v̊i·təs-] *m* Veitstanz *m*.

sip [sɪp[bestürzt, verdrießlich; *~ kijken fig.* ein langes Gesicht machen.

sirene [si·'re:nə] (*-n u. -s*) Sirene *f*; (*Polizei*) Martinshorn *n*; *mar.* Nebelhorn *n*; **~ngeloei** [-(n)ɣ̊əlu·i] *n* Sirenengeheul *n*; **~nzang** [-(n)zɑŋ] *m* Sirenengesang *m*.

siroop [si·'ro:p] (*-open*) *f* Sirup *m*.

sis|klank ['sɪsklɑŋk] *m* Zischlaut *m*; **~sen** [-ə(n)] zischen; **~ser** [-ər] (*-s*) *m* Zischer *m*; (*Feuerwerk*) Frosch *m*; *op een ~ uitlopen* im Sand(e) verlaufen, auf nichts hinauslaufen.

sit-down-staking [si·'daunsta:kɪŋ] *f* Sitzstreik *m*.

sit-in [si·t'i·n] (*-s*) *n* Protestversammlung *f*.

sits [sɪts] *m* Kattun *m*; **-en** [-ə(n)] *Adj.* kattunen, Kattun-.

situ|atie [si·ty·'(ʋ)a:si:] (*-s*) *f* Situation *f*, Lage *f*, Zustand *m*, Stellung *f*; **~atieplan** [-'(ʋ)a:si·plɑn] (*-nen*) *n* Lageplan *m*; **~eren** [-'(ʋ)e:rə(n)] die genaue Lage (Stellung) angeben.

sjaal [ʃa:l] (-*s*) *m* Schal *m*.
sjabrak [ʃa·ˈbrak] (-*ken*) *f u. n* Schabracke *f*.
sjache|laar [ˈʃaxəla:r], **~raar** [-ra:r] (-*s*) *m* Schacherer *m*; **~ren** [-rə(n)] schachern.
sjah [ʃa:] (-*s*) *m* Schah *m*.
sjako [ʃaˈko:] (-*'s*) *m* Tschako *m*.
sjalot [ʃaˈlɔt] (-*ten*) *f* Schalotte *f*.
sjees [ʃe:s] (-*sjezen*) *f* (halbverdeckter) Wagen *m*.
sjeik [ʃɛĭk] (-*s*) *m* Scheich *m*.
sjerp [ʃɛrp] *m* Schärpe *f*.
sjiek [ʃi·k] *f* Priem *m*; **~en** [-ə(n)] priemen.
sjilpen [ˈʃɪlpə(n)] zwitschern; *Sperling*: schilpen.
sjirpen [ˈʃɪrpə(n)] zirpen.
sjofel [ˈʃo:fəl] F schofel, schäbig.
sjorren [ˈʃɔrə(n)] *mar.* zurren.
sjou|wen [ˈʃau(ʋ)ə(n)] *v/t* schleppen, tragen; *v/i* sich abrackern, sich abmühen; **~wer** [-(ʋ)ər] (-*s*) *m* Schauermann *m*, Lastträger *m*, Hafenarbeiter *m*; **~werlui** [-(ʋ)ərləʏ] *pl.* Schauerleute *pl.*; **~werstruitje** [-(ʋ)ərstrəʏtjə] (-*s*) *n* F (*ärmelloser*) Pulli *m.*)
sk- *s. sc-*.
skelet [skəˈlɛt] (-*ten*) *n* Skelett *n*, Gerippe *n*.
ski [ski·] (-*'s*) *m* Ski *m*, Schi *m*; **~ën** [-(j)ə(n)] Ski laufen; **~lift** [-lɪft] *m u. f* Skilift *m*; **~loper** [-lo:pər] (-*s*) *m* Skifahrer *m*; **~piste** [-pɪstə] (-*s u. -n*) *f* Skipiste *f*, Skigelände *f*.
sla [sla:] *f* Salat *m*.
Slaaf[1] [sla:f] (*slaven*) *m* Slawe *m*.
slaaf[2] *m* Sklave *m*; **~s** [-s] sklavisch.
slaag [sla:x]: *een pak ~* e-e Tracht Prügel; *~ krijgen* Prügel bekommen; **~s** [-s]: *~ raken* handgemein werden.
slaan [sla:n] (*sloeg, geslagen; ik sla, gij* [*jij, U, zij*] *slaat*) schlagen; *Münzen* prägen; *op hol ~* durchgehen; *op de vlucht ~* die Flucht ergreifen; in die Flucht schlagen; *dat slaat op* das bezieht sich auf *A*; *uit het veld geslagen, uit zijn lood geslagen* verdutzt, außer Fassung sein; *aan het werk ~* Hand anlegen; *met ~de trom* mit klingendem Spiel.
slaap [sla:p] (*slapen*) *m* Schläfe *f*; Schlaf *m*, Schlafen *n*; *in ~ sussen* einschläfern; **~coupé** [-ku·pe:] (-*s*) *m u. n* Schlafabteil *n*; **~dorp** [-dɔrp] *n* Satelliten-, Trabantenstadt *f*; **~dronken** [-drɔŋkə(n)] schlaftrunken; **~kamer** [-ka:mər] (-*s*) *f* Schlafzimmer *n*; **~kop** [-kɔp] (-*pen*) *m fig.* Schlafmütze *f*, Langschläfer *m*, schwerfälliger Mensch; **~middel** [-mɪdəl] *n* Schlafmittel *n*; **~mutsje** [-mətsjə] (-*s*) *n fig.* Schnaps *m*; **~plaats** [pla:ts], **~stee** [-ste:] (-*ën*) *f* Schlafstätte *f*, Schlafstelle *f*; **~wagen** [-ʋa:ɣ̊ə(n)] (-*s*) *m* Schlafwagen *m*; **~wagenconducteur**, *a.* **-konduk-** [-ʋa:ɣ̊ə(n)kɔndəktø:r] (-*s*) Schlafwagenschaffner *m*; **~wandelaar** [-ʋandəla:r] (-*s*) *m* Nacht-, Schlafwandler *m*; **~zak** [-sak] (-*ken*) *m* Schlafsack *m*; **~ziekte** [-si·ktə] *f* Schlafkrankheit *f*.
slabakken [slaˈbakə(n)] faulenzen, trödeln; erschlaffen, nachlassen.
slabbetje [ˈslabətjə] (-*s*) *n* (Schlabber-)Latz *m*.
slacht|bank [ˈslaɣ̊dbaŋk] *f* Schlachtbank *f*; **~en** [-ə(n)] schlachten; *~ naar* nacharten *D*, ähnlich sein *D*; **~er** [-ər] (-*s*) Schlächter *m*; Metzger *m*, Fleischer *m*; **~erij** [-əˈrɛĭ] *f* Schlächterei *f*, Metzgerei *f*; **~huis** [-həʏs] (-*huizen*) *n* Schlachthaus *n*, Schlachthof *m*; **~ing** [-ɪŋ] Schlachten *n*; Blutbad *n*, Gemetzel *n*; **~vee** [-fe:] *n* Schlachtvieh *n*.
slag[1] [slax] *m* Schlag *m*, Hieb *m*; (*Krieg*) Schlacht *f*; (*Kartenspiel*) Stich *m*; *zonder ~ of stoot* ohne Mühe; *er ~ van hebben etw.* verstehen, *etw.* im Griff haben; *vrije ~ Sp.* Freistil *m*, Kraulstil *m*; *zijn ~ slaan* die Gelegenheit ausnutzen; *e-n* Coup landen; *twee vliegen in één ~ fig.* zwei Fliegen mit e-r Klappe; *een zware ~* ein harter Schlag; *hij doet geen ~* er tut gar nichts; **~**[2] Art *f*, Schlag *m*; (Tauben-)Schlag *m*; *lieden van dat ~* derartige Leute; *van allerlei ~* aller Art.
slag|ader [ˈslaxa:dər], *a.* [ˈslaɣ̊...] (-*s. u. -en*) *f* Schlagader *f*, Pulsader *f*; Arterie *f*; **~aderlijk** [-a:dərlək] arteriell; **~boom** [-bo:m] (-*bomen*) Schlagbaum *m*, Sperre *f*; **~deur** [-dø:r] *f* Falltür *f*.
slagen [ˈsla:ɣ̊ə(n)] gelingen, glücken, Erfolg haben; *Examen* bestehen.
sla|ger [ˈsla:ɣ̊ər] (-*s*) *m* Fleischer *m*, Metzger *m*; **~gerij** [-ɣ̊əˈrɛĭ] *f* Metzgerei *f*, Fleischerei *f*; **~gersjongen** [-gərsjɔŋə(n)] (-*s*) *m* Fleischergeselle *m*.

slag|hamer ['slɑxha:mər] (*-s*) *m* Schlaghammer *m*; Plätthammer *m*; **~hoedje** [-hu·tjə] (*-s*) *n* Zündhütchen *n*; **~instrument** [-ɪnstry·mɛnt] *n* Schlagzeug *n*; **~linie** [-lɪni:] (*-s*) *f* Schlachtlinie *f*, Schlachtordnung *f*; **~net** [-nɛt] (*-ten*) *n* Fangnetz *n*; **~orde** [-ɔrdə] (*-n*) *f* Schlachtordnung *f*; **~pen** [-pɛn] (*-nen*) *f* Schwungfeder *f*; **~pin** [-pɪn] (*-nen*) *f* Schlagbolzen *m*; **~regen** [-re:ɣ̊ə(n)] (*-s*) *m* Platzregen *m*; **~room** [-ro:m] *m* Schlagsahne *f*; **~schaduw** [-sxa:dy·ŭ] *f* Schlagschatten *m*; **~schip** [-sxɪp] (*-schepen*) *n* Schlachtschiff *n*; **~stok** [-stɔk] (*-ken*) *m* Schlagstock *m*; **~tand** [-tɑnt] *m* Hauer *m*, Eckzahn *m*; **~vaardig** [-'fa:rdəx] schlagfertig; *mil.* schlachtbereit; **~veld** [-fɛlt] *n* Schlachtfeld *n*; **~vloot** [-flo:t] (*-vloten*) *f* Hochseeflotte *f*; **~werk** [-ʋɛrk] *n Mus.* Schlagzeug *n*; **~zij** [-sɛĭ], **~zijde** [-sɛĭdə] (*kein pl.*) *f* Schlagseite *f*; **~zwaard** [-sʋa:rt] *n* (Schlacht-)Schwert *n*.

slak [slɑk] (*-ken*) *f Zool.* Schnecke *f*; (*Metall*) Schlacke *f*.

slaken [sla:kə(n)]: *een zucht ~* aufseufzen; *een gil ~* aufschreien.

slakke|gang ['slɑkəɣɑŋ] *m* Schneckengang *m*, Schneckentempo *n*; **~huis** [-hœʏs] (*-huizen*) *n* Schneckenhaus *n*; **~steker** [-ste:kər] (*-s*) *m* (*ironisch*) Zahnstocher *m*; Flederwisch *m*; Messer *n*.

sla|kom ['sla:kɔm] (*-men*) *f* Salatschüssel *f*; **~lepel** [-le:pəl] (*-s*) *m* Salatlöffel *m*.

slalom ['sla:lɔm] (*-s*) *m* Slalom *m*, Torlauf *m*.

slampamper [slɑm'pɑmpər] (*-s*) *m* Nichtsnutz *m*, Faulenzer *m*; Zecher *m*, Zechbruder *m*; Schlemmer *m*.

slang[1] [slɑŋ] *f Zool.* Schlange *f* (*a. fig.*); (*Rohr*) Schlauch *m*.

slang[2] (*kein pl.*) *n* Slang *m*, Jargon *m*, (niedere) Umgangssprache *f*.

slange|beet ['slɑŋəbe:t] (*-beten*) *m* Schlangenbiß *m*; **~gebroed** [-ɣ̊əbru·t] *n* Schlangenbrut *f*; **~gif(t)** [-ɣɪf(t)] *n* Schlangengift *n*; **~huid** [-hœʏt] *f* Schlangenhaut *f*; **~le(d)er** [-le:(də)r] *n* Schlangenleder *n*.

slangenbezweerder ['slɑŋə(n)bəzʋe:rdər] (*-s*) *m* Schlangenbeschwörer *m*.

slange|tong ['slɑŋətɔŋ] *f* Schlangenzunge *f*; *Bot.* Pfeilkraut *n*; **~vel** [-v̊ɛl] (*-len*) *n* Schlangenhaut *f*.

slang|swijze ['slɑŋsʋɛĭzə] schlangenartig; **~vormig** [-v̊ɔrməx] schlangenförmig.

slank [slɑŋk] schlank.

slaolie ['sla:o·li:] *f* Salatöl *n*.

slap [slɑp] schlaff; (*kraftlos*) schlapp, müde, abgespannt; (*Getränke*) dünn, fade; (*Geschäfte*) matt, flau, still; *een ~pe hoed* ein weicher Hut; Schlapphut *m*; *het ~pe koord* Schlappseil *n*; *zich ~ lachen* sich krank (schief) lachen.

slapeloos ['sla:pəlo:s] schlaflos; **~heid** [-'lo:shɛĭt] *f* Schlaflosigkeit *f*.

sla|pen ['sla:pə(n)] (*sliep*, *geslapen*) schlafen; übernachten; **~per** [-pər] (*-s*) *m* Schläfer *m*; **~perig** [-pərəx] schläfrig, verschlafen.

slap|jes ['slɑpjəs]: *zich maar ~ voelen* sich abgespannt fühlen; **~peling** [-əlɪŋ] *m* Schlappschwanz *m*; **~te** [-tə] *f* Schlaffheit *f*; Geschäftsstille *f*, Flaute *f*.

slaven ['sla:v̊ə(n)] sich abrackern, sich (ab)plagen; **~handel** [-hɑndəl] *m* Sklavenhandel *m*; **~werk** [-ʋɛrk] *n* Sklavenarbeit *f*.

slavernij [sla:v̊ər'nɛĭ] *f* Sklaverei *f*.

Slavonië [sla·'v̊o:ni·(j)ə] *n* Slawonien *n*; **~r** [-r] (*-s*) *m* Slawonier *m*.

slecht [slɛxt] schlecht, böse, übel, schlimm; **~aard** [-a:rt] (*-s*) *m* böse(r), schlechte(r) Mensch *m*.

slechten [slɛxtə(n)] abtragen; niederreißen; *Festung* schleifen; *Streit* schlichten.

slechterik ['slɛxtərɪk] *m* böse(r), schlechte(r) Mensch *m*.

slechtheid ['slɛxthɛĭt] (*-heden*) *f* Schlechtigkeit *f*.

slechts [slɛxs] lediglich, bloß, nur.

slechtvalk ['slɛxtfɑlk] *m u. f* Wanderfalke *m*.

slede ['sle:də] (*-n*) *f*, **slee**[1] [sle:] (*-ën*) *f* Schlitten *m*; F (*großer Personenwagen*) Schlitten *m*, Straßenkreuzer *m*.

slee[2] *m*, **~doorn, ~doren** [-do:rə(n)] (*-s*) *m* Schlehdorn *m*, Schwarzdorn *m*.

sleelift ['sle:lɪft] *m u. f* Schlittenaufzug *m*.

sleep[1] [sle:p] *s. slijpen.*

sleep[2] (*slepen*) *m* Schleppe *f*; *mar.* Schleppzug *m*; *fig.* Anhang *m*, Gefolge *n*; **~boot** [-bo:t] (*-boten*) *m u. f*

Schleppdampfer *m*, Schlepper *m*; **~dienst** [-di:nst] *m* Schleppdienst *m*.

sleeperette [sli:pə'rɛtə] (*-s*) *f* Liegewagen *m*.

sleep|japon ['sle:pja·'pɔn] (*-nen*) *m* Schleppkleid *n*; **~net** [-nɛt] (*-ten*) *n* Schlepp-, Zugnetz *n*; **~touw** [-taŭ] Schlepptau *n*; *op ~ nemen* ins Schlepptau nehmen; **~tros** [-trɔs] (*-sen*) *m* Schlepptrosse *f*; **~vaart** [-fa:rt] *f* Schleppschiffahrt *f*.

Sleeswijk ['sle:sʋɛĭk] *n* Schleswig *n*.

sleet¹ [sle:t] *s. slijten.*

sleet² (*kein pl.*) *f* Verschleiß *m*; *er zit ~ op* es ist verschlissen, es ist abgewetzt; *de ~ zit er in* es geht abwärts, es funktioniert nicht mehr (richtig).

slem [slɛm] *n u. m* Schlamm *m*.

slemp|er ['slɛmpər] (*-s*) *m* Schlemmer *m*, Prasser *m*; **~partij** [-pɑrtɛĭ] *f* Schlemmerei *f*, Prasserei *f*.

slenter ['slɛntər] (*-s*) *m* Schlendrian *m*; *de oude sleur en ~* der alte Schlendrian, der alte Trott, das ewige Einerlei; **~aar** [-a:r] (*-s*) *m* Schlenderer *m*, Trendler *m*; **~en** [-ə(n)] schlendern; **~gang** [-ɣ̊ɑŋ] *m* Schlendergang *m*, Schlendrian *m*.

slepen¹ [sle:pə(n)] *s. slijpen.*

slepen² schleppen; *Schiff a.* bugsieren; schleifen; *een ~de ziekte* e-e schleichende Krankheit; *iets ~de houden etw.* hinausziehen, *etw.* in die Länge ziehen.

sleper ['sle:pər] (*-s*) *m* (*Schiff, Traktor*) Schlepper *m*; (*Beruf*) Rollfuhrmann *m*.

slepers|bedrijf ['sle:pərzbədrɛĭf] (*-drijven*) *n* Rollfuhrunternehmen *n*; Rollfuhrgewerbe *n*; **~loon** [-lo:n] (*-lonen*) *n* Rollgeld *n*; **~paard** [-pa:rt] *n* Lastpferd *n*, Karrengaul *m*; **~wagen** [-ʋa:ɣ̊ə(n)] (*-s*) *m* Rollwagen *m*.

slet [slɛt] (*-ten*) *f* Dirne *f*; (*Schimpfname*) Luder *n*.

sleuf [slø:f] (*sleuven*) *f* Nute *f*, Rinne *f*, Rille *f*; Spalt *m*, Schlitz *m*, Einwurf *m*.

sleur [slø:r] *m* Schlendrian *m*, Schlamperei *f*.

sleuren ['slø:rə(n)] zerren, schleppen.

sleutel ['slø:təl] (*-s*) *m* Schlüssel *m*; **~been** [-be:n] (*-eren u. -benen*) *n* Schlüsselbein *n*; **~bloem** [-blu:m] *f* Schlüsselblume *f*, Primel *f*; **~bos** [-bɔs] (*-sen*) *m* Schlüsselbund *m*; **~gat** [-ɣ̊ɑt] *n* Schlüsselloch *n*; **~industrie** [-ɪndəstri:] (*-ën*) *f* Schlüsselindustrie *f*.

slib [slɪp] *n* Schlamm *m*; **~beren** [-ərə(n)] ausgleiten; **~berig** [-ərəx] glitsch(e)rig.

sliep [sli·p] *s. slapen.*

sliep! sliep! F ätsch!

slier [sli:r] *m u. f* Reihe *f*; *een ~ van een vent fig.* Bohnenstange; **~asperge** [-ɑspɛrʒə] (*-s*) *f* Stangenspargel *m*; **~baan** [-ba:n] (*-banen*) *f* Gleitbahn *f*, Rutschbahn *f*, Schlitterbahn *f*.

sliert [sli:ert] *m u. f s. a. slier*; Reihe *f*; *een lange ~ fig.* (*Wagen*) Schlange *f*; *met een hele ~* mit großem Gefolge.

slijk [slɛĭk] *n* Schlamm *m*, Dreck *m*; *door het ~ halen* (*sleuren*) *fig.* in den Dreck ziehen; F durch den Kakau ziehen; **~achtig** [-ɑxtəx] schlammig; **~bord** [-bɔrt] *n* Kotflügel *m*; **~erig** [-ərəx] schlammig; **~lap** [-lɑp] (*-pen*) *m* Schmutzfänger *m*.

slijm [slɛĭm] *n u. m* Schleim *m*; **~achtig** [-ɑxtəx] schleimig; **~klier** [-kli:r] *f* Schleimdrüse *f*; **~vlies** [-v̊li:s] (*-vliezen*) *n* Schleimhaut *f*.

slijp|en ['slɛĭpə(n)] (*sleep, geslepen*) schleifen, schärfen, wetzen; *de straat ~* das Pflaster treten, sich herumtreiben; *een geslepen tong* e-e scharfe Zunge; *een geslepen kerel* ein schlauer Bursche; **~er** [-pər] (*-s*) *m* Schleifer *m*, *bsd.* Diamantschleifer *m*; **~molen** [-mo:lən] (*-s*) *m* Schleifmaschine *f*; **~sel** [-səl] *n* Schleifspäne *m/pl.*; **~steen** [-ste:n] (*-stenen*) *m* Schleifstein *m*, Wetzstein *m*.

slij|tage [slɛĭ'ta:ʒə] (*kein pl.*) *f* Abnutzung *f*, Verschleiß *m*; **~ten** ['slɛĭtə(n)] abnutzen, verschleißen; *Zeit* verbringen; *Ware* verkaufen, vertreiben; *v/i* sich abnutzen, schwinden; **~ter** [-tər] (*-s*) *m* Kleinhändler *m*; Spirituosenhändler *m*; **~terij** [-tə'rɛĭ] *f* Spirituosenhandlung *f*.

slik [slɪk] *n* Schlick *m*; **~bord** [-bɔrt] *n* Kotflügel *m*, Schutzblech *n*.

slikken ['slɪkə(n)] schlucken, schlingen; *een belediging ~* e-e Beleidigung einstecken; *ik wil* (*kan*) *dat niet ~ fig.* das lasse ich nicht auf mir sitzen.

slim [slɪm] schlau, klug, gescheit; verschlagen, pfiffig; **~merd** [-ərt] (*-s*) *m*, **~merik** [-ərɪk] *m* Schlauberger *m*, Schlaumeier *m*.
slinger ['slɪŋər] (*-s*) *m* Schleuder *f*; (*Uhr*) Pendel *n*; (*Pumpe*) Schwengel *m*; (*Blumen*) Girlande *f*; **~en** [-ə(n)] schleudern; schwingen; *Schiff*: schlingern; *Pfad*, *Fluß*: sich schlängeln; *Efeu*: (sich) ranken; (*mit den Beinen*) schlenkern, baumeln; *laten ~* (*Sachen*) herumliegen lassen; **~ing** [-ɪŋ] *f* Schwingung *f*; Schleudern *n*; *mar*. Schlingern *n*; Schwankung *f*; **~pad** [-pɑt] *n* Schlingenpfad *m*; **~plant** [-plɑnt] *f* Schlingpflanze *f*; **~tijd** [-tɛĭt] *m* Schwingungsdauer *f*; **~uurwerk** [-y:rʋɛrk] *n* Pendeluhr *f*; **~wijdte** [-ʋɛĭtə] (*kein pl.*) *f* Schwingungsweite *f*, Ausschlag *m*, Amplitude *f*.
slinken ['slɪŋkə(n)] (*slonk*, *geslonken*) einschrumpfen, abnehmen; schwinden.
slinks [slɪŋks] listig, betrügerisch, (heim)tückisch.
slip [slɪp] (*-pen*) *f* Zipfel *m*; (Rock-) Schoß *m*; *Rf*. Schlupf *m*; **~gevaar** [-xəv̊a:r] *n* Rutsch-, Schleudergefahr *f*; **~-over** [-'o:v̊ər] (*-s*) *m* Schlüpfer *m*; **~pedrager** [-ədra:ɣ̊ər] (*-s*) *m* Schleppenträger *m*; **~pen** [-ə(n)] (ent)schlüpfen; *Fahrzeug*: rutschen, gleiten, schleudern; ins Schleudern (Rutschen) kommen; *Anker*: schlippen; *een kans laten ~* sich e-e Gelegenheit entgehen lassen; **~pertje** [-ərtjə] (*-s*) *n* Seitensprung *m*.
slob|beren ['slɔbərə(n)] schlürfen; *Kleider*: schlottern; **~kous** [-kɑus] *f* Gamasche *f*.
sloeber ['slu·bər] (*-s*) *m* Schuft *m*, Lump *m*.
sloeg [slu:x] *s. slaan*.
sloep [slu:p] *f* Schaluppe *f*; Rettungsboot *n*; **~endek** [-ə(n)dɛk] (*-ken*) *n* Bootsdeck *n*.
sloerie ['slu:ri:] (*-s*) *f* F Schlampe *f*.
slof [slɔf] (*-fen*) *m* Latsche *f*; (*Person*) Schlappschwanz *m*; (*Zigaretten*) Stange *f*; *uit zijn ~fen schieten* energisch werden; *op zijn ~fen* ganz bequem; ohne viel Aufsehens, fast unbemerkt; **~fen** [-ə(n)] schlurfen, latschen.
slogan ['slo:ɣ̊ɑn] (*-s*) *m* Slogan *m*, Werbeschlagwort *n*.

slok [slɔk] (*-ken*) *m* Schluck *m*, Zug *m*; **~darm** [-dɑrm] *m* Speiseröhre *f*, Schlund *m*; **~je** [-jə] (*-s*) *n* Schlückchen *n*; Schnaps *m*; **~ken** [-ə(n)] schlucken, schlingen; **~ker** [-ər] (*-s*) *m* Schlucker *m*; *arme ~* armer Schlucker, armer Teufel; **~op** [-'ɔp] (*-pen*) *m* Vielfraß *m*, Nimmersatt *m*.
slonk [slɔŋk] *s. slinken*.
slons [slɔns] (*slonzen*) *f* Schlampe *f*.
slon|zen ['slɔnzə(n)] schlampen, schludern; *met iets ~ etw*. vernachlässigen; **~zig** [-zəx] schlampig; (*Kleider*) schlottrig.
sloof [slo:f] (*sloven*) *f* Schürze *f*; (*Person*) abgearbeitete Frau.
sloom [slo:m] träge, schläfrig.
sloop[1] [slo:p] *s. sluipen*.
sloop[2] (*slopen*) *f* Kissenüberzug *m*, Kissenbezug *m*.
sloot[1] [slo:t] *s. sluiten*.
sloot[2] [slo:t] (*sloten*) *f* Graben *m*; *van de wal in de ~* vom Regen in die Traufe (*kommen*).
slop [slɔp] (*-pen*) *n* Sackgasse *f*; Gasse *f*; Elendsviertel *n*.
slo|pen ['slo:pə(n)] abbrechen, niederreißen, schleifen; *Kräfte* aufreiben, erschöpfen; **~per** [-pər] (*-s*) *m* Abbrucharbeiter *m*, Abrißunternehmer *m*.
slordig ['slɔrdəx] unordentlich, nachlässig; schlampig; *een ~e buurt* Armenviertel *n*; **~heid** [-hɛĭt] (*-heden*) *f* Nachlässigkeit *f*, Unordentlichkeit *f*; Schlamperei *f*.
slorpen ['slɔrpə(n)] schlürfen.
slot [slɔt] *n* Schloß *n*; Burg *f*, Schloß *n*; Ende *n*, Schluß *m*; *achter ~* unter Verschluß; *achter ~ en grendel* hinter Schloß und Riegel; *de deur is op ~* die Tür ist verschlossen; *per ~ van rekening, ten ~te* schließlich, zum Schluß; *batig ~* Gewinnsaldo *m*; **~bewaarder** [-bəʋa:rdər] (*-s*) *m* Kastellan *m*, Schloßvogt *m*.
slotenmaker ['slo:tə(n)ma:kər] (*-s*) *m* Schlosser *m*.
slot|gracht ['slɔtxrɑxt] *f* Schloß-, Burggraben *m*; **~koers** [-ku:rs] *f* Schlußkurs *m*; **~som** [-sɔm] (*-men*) *f* Ergebnis *n*, Resultat *n*; Schlußfolgerung *f*, Schluß *m*; **~woord** [-ʋo:rt] *n* Schlußwort *n*.
sloven ['slo:v̊ə(n)] sich abmühen, sich abrackern, sich abquälen.
sluier [slœy(j)ər] (*-s*) *m* Schleier *m*;

~effect, *a.* **-fekt** [-ɛfɛkt] *n Rf.* Schwund(effekt) *m*, Fading *n*.
sluik [slœyk] (*Haar*) glatt, schlicht.
sluik|goed ['slœykxu·t] (*kein pl.*) *n* Schmuggelware *f*; **~handel** [-hɑndəl] *m* Schmuggel *m*, Schleichhandel *m*; **~pers** [-pɛrs] *f* Untergrundpresse *f*; **~waar** [-ʋa:r] *f* Schmuggelware *f*.
sluimer|en ['slœymərə(n)] schlummern; **~ing** [-ɪŋ] *f* Schlummer *m*.
sluip|en ['slœypə(n)] (*sloop, geslopen*) schleichen; schlüpfen; **~hoek** [-hu·k] *m* Schlupfwinkel *m*, Schlupfloch *n*; **~moord** [-mo:rt] *m u. f* Meuchelmord *m*; **~wesp** [-ʋɛsp] *f* Schlupfwespe *f*.
sluis [slœys] (*sluizen*) *f* Schleuse *f*; **~deur** [-dø:r] *f* Schleusentor *n*; **~wachter** [-ʋɑxtər] (*-s*) *m* Schleusenwärter *m*.
sluit|baar ['slœydba:r] verschließbar; **~boom** [-bo:m] (*-bomen*) *m* Schlagbaum *m*, Schranke *f*.
slui|ten ['slœytə(n)] (*sloot, gesloten*) schließen, verschließen; zumachen; beenden, beschließen; *Anleihe, Versicherung, Hypothek usw.* abschließen; *Zufahrt, Grenze usw.* sperren; *Sitzung* aufheben; *de rekening sluit niet* die Rechnung stimmt nicht; *dat sluit als een bus* das stimmt, das klappt; **~ting** [-tɪŋ] *f* Verschluß *m*; Abschluß *m*; Schließung *f*; **~tingstijd** [-tɪŋstɛĭt] *m* Polizeistunde *f*; Feierabend *m*.
sluit|rede ['slœytre:də] (*-s u. -nen*) *f* Schlußrede *f*; Syllogismus *m*; **~speld** [-spɛlt] *f* Sicherheitsnadel *f*; **~spier** [-spi:r] *f* Schließmuskel *m*; **~steen** [-ste:n] (*-stenen*) *m* Schlußstein *m*; **~stuk** [-stək] (*-ken*) *n* Verschluß *m*; Schlußstück *n*.
slungel ['sləŋəl] (*-s*) *m* Schlingel *m*.
slurf [slərf] (*slurven*) *f* Rüssel *m*.
slurpen ['slərpə(n)] schlürfen.
sluw [sly·ŭ] schlau, verschlagen, verschmitzt; **~heid** [-hɛĭt] (*-heden*) *f* Schlauheit *f*, Verschlagenheit *f*.
smaad [sma:t] *m* Schmach *f*, Schmähung *f*; **~rede** [-re:də] (*-s u. -nen*) *f* Schmährede *f*; **~schrift** [-sxrɪft] *n* Schmähschrift *f*.
smaak [sma:k] (*smaken*) *m* Geschmack *m*; *in de ~ vallen* Beifall finden, Erfolg haben; *met ~ eten* mit Appetit essen; *naar de laatste ~* nach der neu(e)sten Mode; *een kwestie van ~* Geschmackssache *f*; *hij heeft er de ~ van te pakken* er hat angebissen; das ist so recht nach s-m Geschmack; **~vol** [-fɔl] geschmackvoll, fein, elegant.
smachten ['smɑxtə(n)] schmachten, sich sehnen (*naar*/nach *D*).
sma|delijk ['sma:dələk] schmählich, schimpflich; **~den** [-də(n)] schmähen, verhöhnen.
smak [smɑk] (*-ken*) *m* Fall *m*, Stur[z] *m*; Schnalzer *m*, Schnalzlaut *m*.
sma|kelijk ['sma:kələk] schmackhaft, appetitlich; *fig.* herzlich, köstlich; *~!, ~ eten!* guten Appetit!; **~keloos** [-kəlo:s] geschmacklos; *fig.* abgeschmackt; **~keloosheid** [-kə'lo:shɛĭt] (*-heden*) *f* Geschmacklosigkeit *f*; **~ken** [-kə(n)] schmekken, munden.
smakken ['smɑkə(n)] werfen; schnalzen, schmatzen.
smal [smɑl] schmal; **~deel** [-de:l] (*-delen*) *n* Geschwader *n*, Flotille *f*.
smalen ['sma:lə(n)] schmähen, schimpfen; **~d** [-t] verächtlich.
smal|film ['smɑlfɪlm] (*-s*) *m* Schmalfilm *m*; **~spoor** [-spo:r] *n* Schmalspur *f*; **~te** [-tə] *f* Schmalheit *f*.
smaragd [smɑ'rɑxt] *n u. m* Smaragd *m*.
smart [smɑrt] *f* Schmerz *m*; Leid *n*, Kummer *m*; *Moeder van Smarten* Schmerzensmutter *f*; **~geld** [-xɛlt] *n* Schmerzensgeld *n*; **~elijk** [-ələk] schmerzlich, schmerzhaft; **~en** [-ə(n)] schmerzen; betrüben; **~kreet** [-kre:t] (*-kreten*) *m* Schmerzensschrei *m*; **~lap** [-lɑp] (*-pen*) *m* rührseliges Lied, Schnulze *f*.
sme|den ['sme:də(n)] schmieden; *Verschwörung* anstiften, anzetteln; **~derij** [-də'rɛĭ] *f* Schmiede *f*.
smeed|baar ['sme:dba:r] schmiedbar; **~ijzer** [-ɛĭzər] *n* Schmiedeeisen *n*; **~werk** [-ʋɛrk] *n* Schmiedearbeit *f*.
smeek|schrift ['sme:ksxrɪft] *n* Bittschrift *f*, Bittgesuch *n*.
smeer [sme:r] *n u. m* Schmiere *f*, Fett *n*; *fig.* Prügel *m*; **~boel** [-bu:l] *m* Schweinerei *f*, Sauerei *f*; Schmiererei *f*; **~buik** [-bœyk] *m* Schmerbauch *m*; **~kaars** [-ka:rs] *f* Talglicht *n*; **~lap** [-lɑp] (*-pen*) *m* Schmutzlappen *m*; *fig.* Schweinigel *m*, Schmutzfink *m*; Schuft *m*; ~

lapperij [-lɑpəˈrɛɪ] *f* Sauerei *f*, Schweinerei *f*; **~olie** [-o:li:] *f* Schmieröl *n*; **~poe(t)s** [-pu:s] *f* Schmutzfink *m*; **~sel** [-səl] (*-s*) *n* Schmiermittel *n*, Schmiere *f*; **~vet** [-v̊ɛt] (*-ten*) *n* Schmierfett *n*; **~-wortel** [-ʋɔrtəl] (*-s*) *m* Schwarzwurz *f*; **~zalf** [-zɑlf] (*-zalven*) *f* Salbe *f*.

smeet [sme:t] *s. smijten*.

sme|keling [ˈsme:kəlɪŋ] *m* Bittsteller *m*, Flehende(r) *m*; **~ken** [-kə(n)] flehen.

smelt|baar [ˈsmɛltba:r] schmelzbar; **~en** [-tə(n)] (*smolt*, *heeft* [*is*] *gesmolten*) schmelzen; *in tranen* ~ in Tränen zerfließen; *gesmolten boter* zerlassene Butter; **~erij** [-təˈrɛɪ] *f* Schmelzhütte *f*, Gießerei *f*, Schmelzerei *f*; **~kroes** [-kru:s] (*-kroezen*) *f* Schmelztiegel *m*; **~-punt** [-pɵnt] *n* Schmelzpunkt *m*.

smeren [ˈsme:rə(n)] schmieren, bestreichen; *Maschine* ölen; *fig*. *'m* ~ sich aus dem Staube machen; *alles (ver)liep gesmeerd* es ging (alles) wie geschmiert; *een paar handen* ~ Schmiergelder zahlen.

mergel [ˈsmɛrɣ̊əl] *m* Schmirgel *m*.

me|rig [ˈsme:rəx] schmierig, schmutzig; *fig*. faul, gemein, anrüchig; **~ring** [-rɪŋ] *f* Schmierung *f*, Ölung *f*; *fig*. *u*. *Sp*. Niederlage *f*; *een* ~ *krijgen Sp*. geschlagen werden.

meris [ˈsme:rəs] (*-sen*) *m* Polizist [*m*; F Polyp *m*.]

met [smɛt] (*-ten*) *f* Flecken *m*; Makel *m*; **~stof** [-stɔf] (*-fen*) *f* Infektionserreger *m*; **~teloos** [-əlo:s] fleckenlos; makellos.

meulen [ˈsmø:lə(n)] glimmen, schwelen.

mid [smɪt] (*smeden*) *m* Schmied *m*; **~se** [ˈsmɪtsə] (*-n*) *f* Schmiede *f*.

mids|hamer [ˈsmɪtsha:mər] (*-s*) *m* Schmiedehammer *m*; **~vuur** [-fy:r] (*-vuren*) *n* Schmiedefeuer *n*.

mijten [ˈsmɛɪtə(n)] (*smeet*, *gesmeten*) schmeißen.

mikkelen [ˈsmɪkələ(n)] lutschen; schlemmen.

misse [ˈsmɪsə] (*-n*) *f* Schmiede *f*.

moel [smu:l] *m* F Maul *n*, Schnabel *m*; ~ (*dicht*)! halt's Maul!, halt' die Klappe!; **~entrekker** [-ə(n)trɛkər] (*-s*) *m* (*Schimpfwort*) Fratzenschneider *m*, Komödiant *m*, unzuverlässige(r) Mensch *m*.

smoezelig [ˈsmu:zələx] schmutzig, schmuddelig.

smoezen [ˈsmu:zə(n)] schmusen; tuscheln, flüstern.

smog [smɔg] *m* Smog *m*; **~alarm** [-ɑˈlɑrm] *m* Smogalarm *m*, Smogwarnung *f*; Smogwarnsystem *n*.

smoking [smo:kɪŋ] (*-s*) *m* Smoking *m*.

smokkel|en [ˈsmɔkələ(n)] schmuggeln; **~goed** [-ɣ̊u·t] (*-eren*) *n* Schmuggelware *f*; **~handel** [-hɑndəl] *m* Schmuggel *m*, Schleichhandel *m*.

smolt [smɔlt] *s. smelten*.

smook [smo:k] *m* Rauch *m*, Qualm *m*.

smoor [smo:r] *m* Rauch *m*, Qualm *m*; Nebel *m*; **~dronken** [-drɔŋkə(n)] total besoffen, sternhagelvoll; **~heet** [-he:t] drückend heiß; **~lijk** [-lək]: ~ *verliefd* unsterblich verliebt.

smoren [ˈsmo:rə(n)] ersticken; *Motor* drosseln; *Speisen* schmoren; *in de kiem* ~ im Keim ersticken.

smous [smɑus] (*-en u. smouzen*) *m* Jude *m*; **~hond** [-hɔnt] *m* Pudel *m*.

smout [smɑut] *n* Schmalz *n*; **~(e)-bol** [-əbɔl] (*-len*) *m* Krapfen *m*.

smul|baard [ˈsmɵlba:rt] *m* Leckermaul *n*, Schlemmer *m*; **~kroeg** [-kru:x] *f* Schlemmerlokal *n*; **~len** [-ə(n)] schmausen; **~paap** [-pa:p] (*-papen*) Schlemmer *m*; **~partij** [-pɑrtɛɪ] *f* Schmaus *m*, Schlemmerei *f*.

snaak [sna:k] (*snaken*) *m* Schelm *m*, Schalk *m*, Spaßvogel *m*; **~s** [-s] schelmisch.

snaar [sna:r] (*snaren*) *f* Saite *f*; **~-instrument** [-ɪnstry·mɛnt] *n* Saiteninstrument *n*; **~kwartet** [-kʋɑrtɛt] (*-ten*) *n s. strijkkwartet*.

snackbar [ˈsnɑgba:r] (*-s*) *m u. f* (Schnell-)Imbißstube *f*.

snakken [ˈsnɑkə(n)] (*naar*) schnappen (nach *D*); sich sehnen (nach *D*); *naar adem (lucht)* ~ nach Atem ringen, nach Luft schnappen.

snap|pen [ˈsnɑpə(n)] schnappen, haschen, erwischen; verstehen, F kapieren; schwatzen, plaudern; **~-shot** [-ʃɔt] (*-s*) *n* Schnappschuß *m*, Momentaufnahme *f*.

snaren|maker [ˈsna:rə(n)ma:kər] (*-s*) *m* Saitenhersteller *m*; **~spel** [-spɛl] *n* Saitenspiel *n*.

snars [snɑrs]: *geen* ~ nicht das Geringste; F nicht die Bohne, keinen Pfifferling, keinen blauen Dunst.
snater ['sna:tər] (*-s*) *m* Schnabel *m*; F Maul *n*, Mundwerk *n*; **~aar** [-a:r] (*-s*) *m* Schnatterer *m*, Schwätzer *m*; **~en** [-ə(n)] Ente *usw.*: schnattern (*a. fig.*); schwatzen.
snauw [snɑŭ] *m* Anschnauzer *m*; **~en** [-ə(n)] anschnauzen.
snavel ['sna:v̊əl] (*-s*) *m* Schnabel *m*; F Nase *f*.
sneb(**be**) [snɛp], [snɛbə] (*-ben*), (*-n*) *f* (Schiffs-)Schnabel *m*; **~ber** [-bər] (*-s*) *m* F Mundwerk *n*; **~berig** [-bərəx] schnippisch, bissig.
sne(**d**)**e** [sne:(də)] (*-ën*), (*-n*) *f* Schnitt *m*; (*Brot usw.*) Schnitte *f*, Scheibe *f*; (*Fleisch*) Schnitzel *n*; (*Narbe im Gesicht*) Schmarre *f*, Schmiß *m*; (*Messer usw.*) Schneide *f*; *verguld op snee* mit Goldschnitt.
snedig ['sne:dəx] witzig, scharfsinnig; geschickt, treffend.
sneed [sne:t] *s. snijden.*
sneeuw [sne:ŭ] *f* Schnee *m*; *fig. a. n* Rauschgift *n*, *bsd.* Kokain *n*; **~bal** [-bɑl] (*-len*) *m* Schneeball *m*; *met ~len gooien* schneeballen; **~baleffect**, *a.* **-fekt** [-bɑlɛfɛkt] *n* Kettenreaktion *f*; **~balsysteem** [-bɑlsi·ste:m] (*-temen*) *n* Schneeballsystem *n*; **~blank** [-blɑŋk] schneeweiß; **~blind** [-blɪnt] schneeblind; **~jacht** [-jɑxt] *f* Schneegestöber *n*; **~en** [-ə(n)] schneien; **~klokje** [-klɔkjə] (*-s*) *n* Schneeglöckchen *n*; **~schop** [-sxɔp] (*-pen*) *f* Schneeschaufel *f*; **~val** [-v̊ɑl] *m* Schneefall *m*; **~verstuiving** [-vərstəʏv̊ɪŋ] *f* Schneewehe *f*; **~wit** [-ʋɪt] schneeweiß, schlohweiß; **2witje** [-'ʋɪtjə] *n* Schneewittchen *n*.
snel [snɛl] schnell, geschwind, rasch; **~heid** [-hɛĭt] (*-heden*) *f* Geschwindigkeit *f*, Schnelligkeit *f*; Tempo *n*; *gemiddelde ~* Durchschnittsgeschwindigkeit *f*; *hoogste* (*maximum*) *~* Höchstgeschwindigkeit *f*; *een ~ van 100 km per uur* e-e Stundengeschwindigkeit von 100 km; Tempo 100; *~ boven* (*groter dan*) *het geluid* Überschallgeschwindigkeit *f*; **~heidsbeperking** [-hɛĭdzbəpɛrkɪŋ] *f*, **~heidsgrens** [-hɛĭtsxrɛns] (*-grenzen*) *f* Geschwindigkeitsbeschränkung *f*; **~heidsmeter** [-hɛĭtsme:tər] (*-s*) *m* Geschwindigkeitsmesser *m*, Tachometer *n*; **~koker** [-ko:kər] (*-s*) *m* Schnellkocher *m*; **~len** [-ə(n)] eilen; **~pers** [-pɛrs] *f* Schnellpresse *f*; **~schrift** [-sxrɪft] *n* Kurzschrift *f*, Stenographie *f*; **~trein** [trɛĭn] *m* Schnellzug *m*, Eilzug *m*; *doorgaande ~* FD-Zug *m*; **~vuur** [-v̊y:r] *n* Schnellfeuer *n*; **~weg** [-ʋɛx] *m* Schnellstraße *f*, Fernstraße *f*; Autobahn *f*.
snep [snɛp] (*-pen*) Schnepfe *f*; **~pejacht** [-əjɑxt] *f* Schnepfenjagd *f*.
snerpen ['snɛrpə(n)] *Wind, Kälte*: schneiden; *Wunde*: brennen.
snert [snɛrt] *f* Erbsensuppe *f*; *dat is ~* das ist Unsinn; **~kerel** [-ke:rəl] (*-s*) *m*, **~vent** [-fɛnt] *m* (schäbiger) Kerl *m*.
sneu [snø:]: *dat vind ik ~* schade.
sneuvelen ['snø:v̊ələ(n)] *mil.* fallen.
snibbig ['snɪbəx] schnippisch.
snij|bloem ['snɛĭblu:m] *f* Schnittblume *f*; **~boon** [-bo:n] (*-bonen*) *f* Schnittbohne *f*; *fig. een rare ~* ein komischer Kauz; **~den** [-də(n)] (*sneed, gesneden*) schneiden; *Holz* schnitzen; *Linien, Wege*: sich kreuzen; *Tiere* kastrieren; **~ding** [-dɪŋ] *f* Schneiden *n*, Einschnitt *m*; (*Geometrie*) Schnitt *m*; **~kamer** [-ka:mər] (*-s*) *f* Anatomie(saal *m*) *f*; **~kunst** [-kənst] *f* (*Holz*) Schnitzkunst *f*; **~lijn** [-lɛĭn] *f* Schnittlinie *f*; **~mes** [-mɛs] (*-sen*) *n* (Schneide-)Messer *n*; (*Holz*) Schnitzmesser *n*; **~plank** [-plɑŋk] *f* Schneidebrett *n*; **~punt** [-pənt] *n* Schnittpunkt *m*; **~tafel** [-ta:fəl] (*-s*) *f* Seziertisch *m*; **~tand** [tɑnt] *m* Schneidezahn *m*; **~werk** [-ʋɛrk] *n* Schnitzwerk *n*, Schnitzerei *f*; **~wond**(**e**) [-ʋɔnt], [-ʋɔndə] (*-*[*e*]*n*) *f* Schnittwunde *f*.
snik [snɪk] (*-ken*) *m* Schluchzer *m*; *Adj. niet goed ~ zijn* nicht recht bei Trost sein; **~heet** [-he:t] drückend heiß; **~ken** [-ə(n)] schluchzen.
snip [snɪp] (*-pen*) *f s. snep.*
snippel [snɪpəl] (*-s*) *m s. snipper.*
snipper ['snɪpər] (*-s*) *m* Schnitzel *n*, Papierfetzen *m*; **~dag** [-dɑx] *m* Wahlurlaubstag *m*; **~en** [-ə(n)] schnippeln, schnitzeln; **~mand** [-mɑnt] *f* Papierkorb *m*; **~uur** [-y:r] (*-uren*) *n* Mußestunde *f*.
snipverkouden ['snɪpfərkɑudə(n)] *~ zijn* e-n argen Schnupfen haben.

snit [snɪt] (*-ten*) *m u. f* Schnitt *m*, Fasson *f*.
snoei|en [snuˑĭ(j)ə(n)] beschneiden, stutzen; **~mes** [-mɛs] (*-sen*) *n* Hippe *f*, Gartenmesser *n*; **~schaar** [sxaːr] (*-scharen*) *f* Baumschere *f*.
snoek [snuˑk] *m* Hecht *m*; **~baars** [-baːrs] (*-baarzen*) *m* Zander *m*; **~sprong** [sprɔŋ] *m Sp.* Hechtsprung *m*.
noep|en [snuːpə(n)] naschen; **~er** [-ər] (*-s*) *m* Nascher *m*; *fig.* Schürzenjäger *m*; **~erig** [-ərəx] niedlich, reizend; **~goed** [-xuˑt] (*kein pl.*) *n* Naschwerk *n*, Süßigkeiten *f/pl.*, Bonbons *pl.*, Zuckerzeug *n*; **~je** [-jə] (*-s*) *n* Bonbon *m u. n*; Betthupferl *n*.
noer [snuːr] *n* Schnur *f*; **~en** [-ə(n)] schnüren; *iemand de mond* ~ j-m den Mund (das Maul) stopfen.
noes [snuːs] (*snoezen*) *m u. f* Liebling *m*, Schätzchen *n*; *een* ~ *van een jurk* ein entzückendes Kleid; **~haan** [-haːn] (*-hanen*) *m* Prahler *m*; *een rare* ~ ein sonderbarer Kauz.
noet [snuːt] *m* Schnauze *f*; **~je** [-jə] (*-s*) *n* Mäulchen *n*.
noe|ven [ˈsnuːvə(n)] prahlen, aufschneiden; **~ver** [-vər] (*-s*) *m* Prahler *m*, Aufschneider *m*; **~verij** [-vəˈrɛĭ] *f* Prahlerei *f*, Aufschneiderei *f*, Angeberei *f*.
noezig [ˈsnuːzəx] niedlich, reizend.
nol [snɔl] (*-len*) *f* Dirne *f*; **~len** [-ə(n)] F heimlich untersuchen.
nood [snoːt] schnöde, frevelhaft, ruchlos, niederträchtig; **~aard** [-aːrt] (*-s*) *m* Bösewicht *m*, Frevler *m*; **~heid** [-hɛĭt] (*-heden*) *f* Bosheit *f*, Niederträchtigkeit *f*, Niedertracht *f*.
noof [snoːf] *s. snuiven*.
noot [snoːt] *s. snuiten*.
nor [snɔr] (*-ren*) *m u. f* Schnurrbart *m*; **~(re)baard** [-baːrt] *m* Schnurrbart *m*; *fig.* Haudegen *m*.
norken [ˈsnɔrkə(n)] schnarchen; *fig.* prahlen.
norren [snɔrə(n)] schnurren; *Pfeil, Kugel, Vogel*: schwirren.
not [snɔt] *n u. m* Nasenschleim *m*; F Rotz *m* (*a. Tierkrankheit*); **~aap** [-aːp] (*-apen*) *m*, **~jongen** [-jɔŋə(n)] (*-s*) *m* Rotzbengel *m*, Rotzbube *m*; **~neus** [-nøːs] (*-neuzen*) *m* Rotznase *m*, naseweises Kind; Lümmel *m*, Schlingel *m*; **~teren** [-ərə(n)] weinen, flennen.
snuffel|aar [ˈsnəfəlaːr] (*-s*) *m* Schnüffler *m*; **~en** [-ə(n)] schnüffeln, schnuppern; *fig.* stöbern; **~paal** [-paːl] (*-palen*) *m* (*Umweltschutz*) Warnsäule *f*.
snufje [ˈsnəfjə] (*-s*) *n* Neuheit *f*; *het laatste* ~ der letzte Schrei, die neu(e)ste Mode.
snugger [ˈsnəɣ̊ər] klug, gescheit; *niet bijster* ~ nicht recht gescheit.
snuif [snəʏf] *m* Schnupftabak *m*; **~je** [-jə] (*-s*) *n* Prise *f*; ein (klein) wenig, etwas.
snuisterij [snəʏstəˈrɛĭ] *f* Tand *m*, Flitterkram *m*; *~en* Nippes *pl.*, Nippsachen *f/pl.*
snuit [snəʏt] *m* Schnauze *f*; Rüssel *m*; *een grote* ~ F e-e große Schnauze.
snui|ten [ˈsnəʏtə(n)] (*snoot, gesnoten*) schneuzen, putzen; *Kerze* putzen; **~ter** [-tər] (*-s*) *m* (*Sache*) Putzschere *f*, Lichtschere *f*; (*Person*) *een rare* ~ ein sonderbarer Kauz.
snui|ven [ˈsnəʏv̊ə(n)] (*snoof, gesnoven*) schnauben; schnupfen; schnobern; **~ver** [-v̊ər] (*-s*) *m* Schnupfer *m*; (*U-Boot*) Schnorchel (-apparat) *m*.
snurken [ˈsnərkə(n)] *s. snorken*.
sober [ˈsoːbər] mäßig, einfach; dürftig; schlicht; **~heid** [-hɛĭt] *f* Mäßigkeit *f*, Einfachheit *f*; Dürftigkeit *f*; **~tjes** [-tjəs] *Adv.* dürftig, ärmlich; *maar* ~ *leven* sehr einfach leben.
sociaal [soːsˈjaːl] gesellschaftlich, sozial; Sozial-, Gemeinschafts-, Gesellschafts-; ~ *werk* Wohlfahrtspflege *f*; ~ *produkt* Sozialprodukt *n*; *sociale lasten* Soziallasten *f/pl.*; *sociale partner* Sozialpartner *m*; *sociale politiek* Sozialpolitik *f*; *sociale wetenschap(pen)* Sozialwissenschaften *f/pl.*, Soziologie *f*; *sociale kritiek* Gesellschaftskritik *f*; *sociale verzekering* Sozialversicherung *f*; **~-democraat,** *a.* **-kraat** [-deˑmoˑˈkraːt] (*-kraten*) *m* Sozialdemokrat *m*.
sociabel [soːsˈjaːbəl] soziabel, umgänglich.
socia|lisme [soːsjaˑˈliˑsmə] *n* Sozialismus *m*; **~list** [-ˈliˑst] *m* Sozialist *m*; **~listisch** [-ˈliˑstiˑs] sozialistisch.
sociëteit [soːsiˑjeˑˈtɛĭt] *f* Gesellschaft *f*, Klub *m*.

sociologie [so·si·(j)o·lo·'ɣi:] *f* Soziologie *f*.
soda ['so:da·] *m u. f* Soda *f*; **~water** [-ʋa:tər] *n* Sodawasser *n*.
sodemieter [so:də'mi·tər] (*-s*) *m* Schuft *m*, Lump *m*.
Soedan ['su:dan] *m* Sudan *m*; **~ees** [-'ne:s] (*-nezen*) *m* Sudaner *m*, Sudanese *m*; *Adj.* sudanesisch.
soep [su·p] *f* Suppe *f*; *fig.* een echte ~ Tohuwabohu *n*, Wirrwarr *m*, Durcheinander *n*; ~ *met balletjes* (*met soldaatjes*) Suppe *f* mit Einlage; **~balletje** [-balətjə] (*-s*) *n* Suppenklößchen *n*; **~blokje** [-blɔkjə] (*-s*) *n* Suppenwürfel *m*; **~bord** [-bɔrt] *n* Suppenteller *m*.
soepel ['su·pəl] geschmeidig, biegsam, elastisch.
soep|groente ['su·pxru:ntə] (*-n u. -s*) *f* Suppengrün *n*; **~vlees** [-fle:s] *n* Suppenfleisch *n*.
soes [su:s] (*soezen*) *f* (*Gebäck*) Windbeutel *m*.
soe|zen ['su:zə(n)] dösen, duseln; **~zerig** [-zərəx] dösig, duselig, schläfrig.
sofa ['so'fa·] (*-'s*) *m* Sofa *n*.
so|fisme [so·'fi·smə] *n* Sophismus *m*; **~fist** [-'fi·st] *m* Sophist *m*.
soiree [sʋa·'re:] (*-s*) *f* Soiree *f*, Abendgesellschaft *f*; *Thea.* (feierliche) Abendvorstellung *f*.
sojaboon ['so:ja·bo:n] (*-bonen*) *f* Sojabohne *f*.
sok [sɔk] (*-ken*) *f* Socke *f*; *op (zijn) sokken* ganz leise, unauffällig; **~ophouder** [-ɔphaudər] (*-s*) *m* Sockenhalter *m*.
soldaat [sɔl'da:t] (*-daten*) *m* Soldat *m*; *een fles ~ maken fig.* F e-r Flasche den Hals brechen.
soldaten|brood [sɔl'da:tə(n)bro:t] (*-broden*) *n* Kommißbrot *n*; **~leven** [-le:v̊ə(n)] *n* Soldatenleben *n*; **~muts** [-məts] *f* Feldmütze *f*, Käppi *n*.
soldatesk [sɔlda·'tɛsk] soldatisch; **~a** [-a·] *f* Soldateska *f*.
soldeer|bout [sɔl'de:rbaut] *m* Lötkolben *m*; **~sel** [-səl] (*-s*) *n* Lot *n*.
soldenier [sɔldə'ni:r] (*-s*) *m* Söldner *m*.
solderen [sɔl'de:rə(n)] löten.
soldij [sɔl'dɛĭ] *f* Sold *m*.
solemneel [sɔləm'ne:l] feierlich, festlich.
solfer ['sɔlfər] *n u. m* Schwefel *m*.
soli|dair [sɔli·'dɛ:r] solidarisch; **~dariteit** [-da·ri·'tɛĭt] *f* Solidarität *f*.
solide [sɔ'li·də] solide, gediegen; zuverlässig; fest, haltbar.
solist [so·'li·st] *m* Solist *m*.
sollen ['sɔlə(n)] herumzerren; *met iemand ~* j-n hänseln.
sollici|tant [sɔli·si·'tant] *m* Bewerber *m*; **~tatie** [-'ta:si:] (*-s*) *f* Bewerbung *f*; **~teren** [-'te:rə(n)] sich bewerben (*naar*/um *A*).
solo ['so:lo·] (*-'s*) *m u. n* Solo *n*.
sol|vabel [sɔl'v̊a:bəl], **~vent** [-'v̊ɛnt] zahlungsfähig, solvent.
som [sɔm] (*-men*) *f* Summe *f*, Betrag *m*; Rechenaufgabe *f*, Exempel *n*.
somber ['sɔmbər] finster, düster; *fig.* schwermütig.
som|matie [sɔ'ma:si:] (*-s*) *f* Mahnung *f*, Aufforderung *f*; *jur.* Vorladung *f*; **~meren** [-'me:rə(n)] mahnen, auffordern; *jur.* vorladen.
sommige ['sɔməɣ̊ə] einige, etliche, manche.
som|s [sɔms], **~tijds** ['sɔm-], *a* [sɔm'tɛĭts], **~wijlen** [-'ʋɛĭlə(n)] zuweilen, dann und wann, mitunter, bisweilen, manchmal; vielleicht, etwa; *het is ~ vervelend* es ist manchmal langweilig; *was hij ~ niet daar?* war er etwa nicht da?
sona|te [so·'na:tə] (*-s u. -n*) *f* Sonate *f*; **~tine** [-'ti·nə] (*-s*) *f* Sonatine *f*.
son|de ['sɔndə] (*-s*) *f* Sonde *f*; **~deren** [-'de:rə(n)] sondieren, untersuchen.
sonnet [sɔ'nɛt] (*-ten*) *n* Sonett *n*.
sonoor [sɔ'no:r] sonor, klangvoll.
Sont [sɔnt] *f* Sund *m*.
soort [so:rt] *f u. n* Sorte *f*; (*Abteilung*) Sparte *f*; Gattung *f*, Art *f*; *~ zoekt ~* gleich und gleich gesellt sich gern; *lieden van dat ~* Leute dieser Art; *enig in zijn ~* einzig in s-r Art; **~elijk** [-ələk]: *~ gewicht* spezifische(s) Gewicht *n*; **~gelijk** [-xəlɛĭk] derartig; ähnlich; **~genoot** [-xəno:t] (*-noten*) *m* Artgenosse *m*; **~naam** [-na:m] (*-namen*) *m* Gattungsname *m*.
soos [so:s] (*kein pl.*) *f* F *s. sociëteit.*
sop [sɔp] (*-pen*) *n* Brühe *f*, Soße *f*; Seifenwasser *n*; *het ruime ~* offene See; *het ruime ~ kiezen* in See stechen; *in zijn eigen ~ laten koken* im eigenen Saft schmoren lassen; *het ~ is de kool niet waard* das lohnt sich nicht, es ist nicht der Mühe wert.

~pen [-ə(n)] eintunken, eintauchen.
opraan [so·'pra:n] (*-pranen*) *f* Sopran *m*; Sopransängerin *f*; Sopranstimme *f*.
orbet [sɔr'bɛt] (*-s*) *m* Sorbett *n u. m*.
or|teerder [sɔr'te:rdər] (*-s*) *m* Sortierer *m*; **~teren** [-'te:rə(n)] sortieren; **~tering** [-'te:rıŋ] *f* Sortierung *f*, Auswahl *f*.
ouf|fleren [su·'fle:rə(n)] soufflieren, einflüstern; **~fleur** [-'flœ:r] (*-s*) *m Thea.* Souffleur *m*.
ouper [su·'pe:] (*-s*) *n* Souper *n*, Abendessen *n*; **~en** [-rə(n)] zu Abend essen, soupieren.
outane [su·'ta:n] (*-s*) *f* Soutane *f*.
outeneur [su·tə'nœ:r] (*-s*) *m* Zuhälter *m*.
outerrain ['su·tɛrɑ̃:] (*-s*) *n* Kellergeschoß *n*, Souterrain *n*.
ouvenir [su·v̊ə'ni:r] (*-s*) Andenken *n*, Souvenir *n*.
ouverein [su·v̊ə'rɛĭn] souverän; **~iteit** [-i·'tɛĭt] *f* Souveränität *f*, Unabhängigkeit *f*; Landes-, Oberhoheit *f*; **~iteitsrechten** [-i·'tɛĭtsrɛxtə(n)] *pl.* Hoheitsrechte *n/pl.*
vjet, sowjet [sɔv̊'jɛt] (*-s*) *m* Sowjet *m*; **~stelsel** [-stɛlsəl] (*-s*) *n* Rätesystem *n*.
a [spa:] *f* Mineralwasser *n*.
a(de) ['spa:(də)] (*spaden*) *f* Spaten *n*.
aak [spa:k] (*spaken*) *f* Speiche *f*; *mar.* Spake *f*; Hebel *m*; *iemand een ~ in het wiel steken D* in die Speichen greifen; *Adv. dat loopt ~* das geht schief; **~been** [-be:n] (*-eren u. -benen*) *n* Speiche *f*.
aan [spa:n] (*spanen*) *f* Span *m*; Ruderriemen *m*; **~der** [-dər] (*-s*) *m* (Holz-)Span *m*; *aan ~s slaan* zertrümmern.
paans [spa:ns] spanisch; *Su. n* Spanisch *n*; *een ~e* Spanierin *f*.
aar|bank ['spa:rbaŋk] *f* Sparkasse *f*; **~boekje** [-bu·kjə] (*-s*) *n* Spar(kassen)buch *n*; **~der** [-dər] (*-s*) *m* Sparer *m*; **~duit** [-dəʏt] *f* Sparpfennig *m*, Spargroschen *m*; *en* Ersparnisse *pl.*; **~geld** [-ɣ̊ɛlt] *n* Spargeld *n*, Sparbetrag *m*, Ersparnisse *pl.*; **~pot** [-pɔt] (*-ten*) *m* Sparbüchse *f*; Sparschwein *n*; **~zaam** [-za:m] sparsam; wirtschaftlich; *~ vuur* Sparbrenner *m*; *spaarzame vlam* Sparflamme *f*; **~zegel** [-ze:ɣ̊əl] (*-s*) *m* Sparmarke *f*.
spaat [spa:t] *n* Spat *m*.
spalier [spɑ'li:r] *n* Spalier *n*.
spalk [spɑlk] *f* Schiene *f*; **~en** [-ə(n)] schienen; **~hout** [-haut] *n* Sperrholz *n*.
span[1] [spɑn] (*-nen*) *f* Spanne *f*; **~**[2] *n* Gespann *n*.
spanderen [spɑn'de:rən] *s. spenderen.*
span|doek [-du·k] *n u. m* Spruchband *n*, Transparent *n*; **~draad** [-dra:t] (*-draden*) *m* (Spann-)Draht *m*.
spang [spɑŋ] *f* Spange *f*.
Span|jaard [spɑnja:rt] (*-s u. -en*) *m* Spanier *m*; **~je** [-jə] *n* Spanien *n*.
spanjolet [spɑŋjo·'lɛt] (*-ten*) *f* Espagnolette *f*, Drehstangenverschluß *m*.
Spanjool [spɑŋ'jo:l] (*-jolen*) *m* Spanier *m*.
span|kracht ['spɑnkrɑxt] *f* Spannkraft *f*; **~nen** [-ə(n)] (*spande, gespannen*) spannen; *het zal er ~* es wird hart zugehen; *de kroon ~ fig.* die Palme davontragen; **~ning** [-ıŋ] *f* Spannung *f*; **~riem** [-ri:m] *m* (Spann-)Riemen *m*; *van de ~ krijgen* Prügel beziehen.
spant [spɑnt] *n* Dachsparren *m*; *mar.* Spant *n*.
spanwijdte ['spɑnʋɛĭtə] (*-s u. -n*) *f* Spannweite *f*.
spar [spɑr] (*-ren*) *m* Fichte *f*; Tanne *f*; (*Dach*) Sparren *m*; **~appel** [-'ɑpəl] (*-s u. -en*) *m* Tannenzapfen *m*.
sparen ['spa:rə(n)] (er)sparen; aufbewahren, aufheben; schonen; *zijn ogen ~* seine Augen schonen.
sparkelen [spɑrkələ(n)] Funken sprühen.
sparre|groen ['spɑrəɣ̊ru:n] *n* Fichten-, Tannenzweige *m/pl.*; **~nbos** [-(n)bɔs] (*-sen*) *n* Fichten-, Tannenwald *m*.
Spartaan [spɑr'ta:n] (*-tanen*) *m* Spartaner *m*; **~s** [-s] spartanisch.
spartelen ['spɑrtələ(n)] zappeln.
spat [spɑt] (*-ten*) *f* Fleck *m*; Spritzer *m*; **~ader** [-a:dər] (*-s u. -en*) *f* Krampfader *f*; **~bord** [-bɔrt] *n* Kotflügel *m*, Schutzblech *n*.
spatel ['spa:tɛl] (*-s*) *f* Spatel *m*.
spa|tie ['spa:si:] (*-s*) *f* Zwischenraum *m*; *Typ.* Spatium *n*; **~tiëren**

[spa:s'je:rə(n)] *Typ.* spationieren, sperren; **~tiëring** [-s'je:rɪŋ] *f* Sperrdruck *m*; Sperrung *f*.
spat|lap ['spαtlαp] *(-pen) m* Spritzleder *n*, Schmutzfänger *m*; **~ten** [-ə(n)] spritzen; *Funken*: sprühen.
specerij [spe:sə'rɛĭ] *f* Gewürz *n*, Spezereien *f/pl.*; **~handel** [-hαndəl] *m* Spezereihandel *m*.
specht [spɛxt] *m* Specht *m*.
speciaal [spe:s'ja:l] spezielle, eigens, besonders; Spezial-, Sonder-; *speciale aanbieding* Sonderangebot *n*; *speciale stempel* Sonderstempel *m*; *speciale prijs* Vorzugspreis *m*; *speciale kleur* Spezialfarbe *f*; *~ gebied* Spezialgebiet *n*; *in het ~* im speziellen, im einzelnen.
specia|list [spe:sja·'li·st] *m* Fachmann *m*, Facharbeiter *m*; Facharzt *m*; **~liteit** [-li·'tεĭt] *f* Spezialität *f*, Besonderheit *f*; Fachgebiet *n*, Hauptfach *n*; Liebhaberei *f*; (*Person*) Fachmann *m*, Sachverständige(r) *m*.
specie ['spe:si:] *(-s u. -ën) f* Bargeld *n*; Münze *f*; Mörtel *m*; Materie *f*; Gattung *f*.
speci|ficatie, *a.* **-katie** [spe·si·fi·'ka:si:] *(-s u. -ën) f* Spezifizierung *f*, Einzelaufzählung *f*; Beschreibung *f*; Verzeichnis *n*; **~ficeren** [-fi·'se:rə(n)] spezifizieren, detaillieren, einzeln aufzählen; **~fiek** [-'fi·k] spezifisch.
spec|traalanalyse [spɛk'tra:la·na·li:zə] *(-s u. -n) f* Spektralanalyse *f*; **~trum** ['spɛktrəm] *(-s u. -tra) n* Spektrum *n*.
speculaas [spe·ky·'la:s] *(-lazen) n u. m* Spekulatius *m*.
specu|lant [spe·ky·'lαnt] *m* Spekulant *m*; **~latie** [-'la:si:] *(-s)* Spekulation *f*; **~leren** [-'le:rə(n)] spekulieren (*op*/auf *A*); Geschäfte machen.
speech [spi:tʃ] *(-es u. -en) m* Rede *f*.
speeksel ['spe:ksəl] *n* Speichel *m*; **~klier** [-kli:r] *f* Speicheldrüse *f*.
speel|bal ['spe:lbαl] *(-len) m* Spielball *m*; **~genoot** [-ɣ̊əno:t] *(-noten) m* Spielkamerad *m*; **~genote** [-ɣ̊əno:tə] *(-n) f* Gespielin *f*; **~goed** [-ɣ̊u:t] *n* Spielzeug *n*; **~goederen** [-ɣ̊u·dərə(n)] *pl.* Spielwaren *f/pl.*; **~hol** [-hɔl] *n* Spielhölle *f*; **~man** [-mαn] *(-lieden u. -lui) m* Spielmann *m*, Musikant *m*; *de ~ zit (nog) op het dak* die leben (noch) ohne Sorge; **~plaats** [-pla:ts] *f* Spielplatz *m*, Schulhof *m*; **~reis** [-rɛĭs] *(-reizen)* Vergnügungsreise *f*; **~ruimte** [-rəʏmtə] *f* Spielraum *m*.
speels [spe:ls] spielerisch; ausgelassen; **~heid** [-hɛĭt] *f* Munterkeit *f*, Verspieltheit *f*.
speel|tafel ['spe:lta:fəl] *(-s) f* Spieltisch *m*; **~tuig** [-təʏx] *n* Spielzeug *n*; Musikinstrument *n*; **~tuin** [-təʏn] *m* Spielplatz *m*; Lustgarten *m*; **~uur** [-y:r] *(-uren) n* Spielstunde *f*, Erholungsstunde *f*; **~zucht** [-zəxt] *f* Spielleidenschaft *f*.
speen[1] [spe:n] (*kein pl.*) *n* Hämorrhoiden *f/pl.*
speen[2] (*spenen*) *f* Zitze *f*; Sauger *m*, Schnuller *m*, Lutscher *m*; **~kruid** [-krəʏt] *n Bot.* Feigwurz *f*; **~varken** [-v̊αrkə(n)] *(-s) n* Spanferkel *n*.
speer [spe:r] (*speren*) *f* Speer *m*, Spieß *m*; **~punt** [-pənt] *m* Speerspitze *f*; *Sp.* Stürmer *m*; **~werpen** [-ʋɛrpə(n)] *n Sp.* Speerwerfen *n*.
speet [spe:t] *s. spijten.*
spek- *s. a. spec-.*
spek [spɛk] *n* Speck *m*; *een zij* Speckseite *f*; *met ~ schieten* aufschneiden; lügen; **~achtig** [-αxtə] speckartig; **~buik** [-bəʏk] Schmerbauch *m*, Wanst *m*; **~ken** [-ə(n)] spicken; **~kerig** [-ərə] speckig; **~naald** [-na:lt] *f* Spicknadel *f*; **~nek** [-nɛk] *(-ken) m* speckiger Nacken *m*; **~pannekoek** [-pənəku·k] *m* Speckpfannkuchen *m*; **~slager** [-sla:ɣ̊ər] *(-s) m* Schweineschlächter *m*; **~steen** [-ste:n] *(-stenen) n u. m* Speckstein *m*.
spektakel [spɛk'ta:kəl] *(-s) n* Spektakel *m*, Krach *m*, Lärm *m*; **~stuk** [-stək] *(-ken) n* Spektakelstück *n*.
spekvet ['spɛkfɛt] *n* Schweinefett
spel [spɛl] *n* Spiel *n*; *(-len) n (ei... Partie)* Spiel *n*; ein Spiel Karten; (Kirmes-)Bude *f*; *gelijk ~ Sp.* Unentschieden *n*; **~breker** [-bre:kər] *(-s) m* Spielverderber *m*, Störenfried *m*.
speld [spɛlt] *f* Stecknadel *f*; A... stecknadel *f*; **~eknop** [-əknɔp] *(-pen) m* (Steck-)Nadelkopf *m*; **~** [-ə(n)] feststecken; *iemand iets ... de mouw ~ fig.* j-m e-n Bären aufbinden, j-m etw. weismachen.
spelden|koker ['spɛldə(n)ko:kər] *(-s) m* Nadelbüchse *f*; **~kuss...**

[-kesə(n)] *n* Nadelkissen *n*; **~werk** [-ʋɛrk] *n* Klöppelarbeit *f*, Spitzenklöppelei *f*; **~werkster** [-ʋɛrkstər] (*-s*) *f* Spitzenklöpplerin *f*.

peld|eprik ['spɛldəprɪk] (*-ken*) *m* Nadelstich *m*; **~je** [-jə] (*-s*) *n* Anstecknadel *f*; Abzeichen *n*.

pe|len ['spe:lə(n)] spielen; *op zijn* *oot* ~ schimpfen, Spektakel machen; **~ler** [-lər] (*-s*) *m* Spieler *m*; **levaren** [-ləva:rə(n)] gondeln, Kahn fahren; **~lfout** [-fɑut] *f* Schreibfehler *m*; **~ling** [-lɪŋ] *f* Spielraum *m*; *Zool. usw.* Spielart *f*; Abart *f*.

el|len ['spɛlə(n)] buchstabieren; **ling** [-ɪŋ] *f* Rechtschreibung *f*, Orthographie *f*; **~met(h)ode** [-me:-o:də] (*-n u. -s*) *f* Buchstabiermethode *f*.

elonk [spə'lɔŋk] *f* Spelunke *f*, Höhle *f*.

elt [spɛlt] *f* Spelt *m*, Spelz *m*, Dinkel *m*.

enderen [spɛn'de:rə(n)] spendieren, spenden.

enen ['spe:nə(n)] entwöhnen; *Kalb* absetzen; *zich ~ van* verzichten auf *A*.

er|ren ['spɛrə(n)] sperren; **~vuur** [-vy:r] *n* Sperrfeuer *n*.

erwer ['spɛrʋər] (*-s*) *m* Sperber *m*.

erzieboon ['spɛrzi:bo:n] (*-bonen*) Prinzeß-, Brechbohne *f*.

eur|der ['spø:rdər] (*-s*) *m* Detektiv *m*; Geheimpolizist *m*; Ermittlungsbeamter *m*; **~en** [-ə(n)] spüren, wittern; **~hond** [-hɔnt] *m* Spürhund *m*.

ichtig ['spɪxtəx] hager, schmächtig.

e [spi:] (*-ën*) *f* Pflock *m*, Keil *m*; F Geld *n*.

eden ['spi'də(n)] spähen, spionieren.

egel ['spi:ɣəl] (*-s*) *m* Spiegel *m*; *mar.* Heck *n*; **~beeld** [-be:lt] *n* Spiegelbild *n*; **~blank** [-blɑŋk] spiegelblank; **~ei** [-ɛĭ] (*-eren*) *n* Spiegelei *n*; **~en** [-ə(n)] spiegeln; **~evecht** [-ɣə'vɛxt] *n* Spiegelfechterei *f*; **~glas** [-ɣlɑs] (*-glazen*) *n* Spiegelglas *n*; **~ing** [-ɪŋ] *f* Spiegelung *f*; **~ruit** [-rəʏt] *f* Spiegelscheibe *f*; **~telescoop**, *a.* **-koop** [-te:ləsko:p] (*-kopen*) *m* Spiegelteleskop *n*.

ek|briefje ['spikbri:fjə] (*-s*) *n* Spickzettel *m*; **~en** [-ə(n)] abschreiben, F abgucken, spicken; betrügen.

spier [spi:r] *f* Muskel *m*; *mar.* Spier(e *f*) *m*; (Gras-)Halm *m*; *geen ~ vertrekken* nicht mit der Wimper zucken; *fig. geen ~* keinen Pfifferling, nicht das kleinste bißchen; **~ing** [-ɪŋ] *m Zool.* Stint *m*; **~kracht** [-krɑxt] *f* Muskelkraft *f*; **~naakt** [-na:kt] splitternackt; **~pees** [-pe:s] (*-pezen*) *f* Sehne *f*; **~vezel** [-ve:zəl] (*-s*) *f* Muskelfaser *f*; **~weefsel** [-ʋe:fsəl] (*-s*) *n* Muskelgewebe *n*; **~wit** [-ʋɪt] schneeweiß, schlohweiß.

spie|(t)s [spi:(t)s] *f* Spieß *m*; **~tsen** ['spi:tsə(n)] spießen.

spijbe|laar ['spɛĭbəla:r] (*-s*) *m* Schwänzer *m*; **~len** [-lə(n)] *die Schule* schwänzen.

spijker ['spɛĭkər] (*-s*) *m* Nagel *m*; *~s met koppen slaan* durchschlagende Argumente anführen; **~broek** [-bru·k] *f* Niet(en)hose *f*; **~en** [-ə(n)] nageln; **~schrift** [-sxrɪft] *n* Keilschrift *f*; **~vast** [-vɑst] niet- und nagelfest.

spijs [spɛĭs] (*spijzen*) *f* Speise *f*; Mus *n*, Brei *m*; **~buis** [-bəʏs] (*-buizen*) *f* Speiseröhre *f*; **~vertering** [-fərte:rɪŋ] Verdauung *f*; *moeilijke* (*lastige*) *~* Verdauungsbeschwerden *pl.*; **~verteringsstelsel** [-fərte:rɪŋstɛlsəl] *n* Verdauungsapparat *m*.

spijt [spɛĭt] *f* Bedauern *n*, Leidwesen *n*; Unwille *m*, Ärger *m*; *tot mijn ~* zu meinem Bedauern, leider; *~ van iets hebben etw.* bedauern, *etw.* bereuen; **~en** [-ə(n)] (*speet, gespeten*) leid tun; verdrießen, ärgern; *het spijt mij* es tut mir leid, ich bedaure (es); **~ig** [-əx] verdrießlich, ärgerlich; *~!* schade!; **~s** [-s] trotz *G*, *D*, ungeachtet *G*.

spijz|en ['spɛĭzə(n)], **~igen** [~əɣə(n)] speisen; **~iging** [-əɣɪŋ] *f* Speisung *f*.

spikkel ['spɪkəl] (*-s*) *m* Tüpfel *m*, Sprenkel *m*.

spiksplinternieuw ['spɪksplɪntərni·ŭ] funkelnagelneu.

spil[1] [spɪl] (*-len*) *n mar.* Spill *n*, (Anker-)Winde *f*; **~**[2] *f* Achse *f*; Spindel *f*; *Sp.* Mittelläufer *m*; *hij is de ~ van het bedrijf fig.* er schmeißt den (ganzen) Laden; **~lebroek** [-əbru·k] *f* Keilhose *f*;

~len [-ə(n)] vergeuden, verschwenden; ~ziek [-ziˑk] verschwenderisch; ~zucht [-zøxt] *f* Verschwendungssucht *f*.
spin [spɪn] (*-nen*) *f* Spinne *f*; F böses Weib.
spinazie [spɪˈnaːziː] *f* Spinat *m*.
spinde [ˈspɪndə] (*-n*) *f* Spind *m u. n*, (Kleider-)Schrank *m*.
spinet [spiˑˈnɛt] (*-ten*) *n* Spinett *n*.
spin|huis [ˈspɪnhəʏs] (*-huizen*) *n* Zuchthaus *n*; **~machine** [-maʃiˑnə] (*-s*) *f* Spinnmaschine *f*.
spinnekop [ˈspɪnəkɔp] (*-pen*) *f* Spinne *f*.
spin|nen [ˈspɪnə(n)] (*spon, gesponnen*) spinnen; *Katze*: spinnen, schnurren; **~ner** [-ər] (*-s*) Spinner *m*.
spinne|rij [spɪnəˈrɛĭ] *f* Spinnerei *f*; **~web** [-ʋɛp] (*-ben*) *n* Spinn(en)gewebe *n*, Gespinst *n*; **~wiel** [-ʋiːl] *n* Spinnrad *n*.
spin|nijdig [ˈspɪnɛĭdəx] giftig, spinnefeind; ~ *op iemand zijn* j-m spinnefeind sein; **~rag** [-rɑx] (*kein pl.*) *n* Spinn(en)gewebe *n*, Gespinst *n*; **~rokken** [-rɔkə(n)] (*-s*) *n* Spinnrocken *m*; **~ster** [-stər] (*-s*) *f* Spinnerin *f*.
spion [spiˑˈjɔn] (*-nen*) *m* Spion *m*; Fensterspiegel *m*; **~eren** [-ˈeːrə(n)] spionieren.
spiraal [spiˑˈraːl] (*-ralen*) *f* Spirale *f*.
spiritisme [spiˑriˑˈtiˑsmə] *n* Spiritismus *m*.
spiritualiën [spiˑriˑtyˑˈʋaːlɪ(j)ə(n)] *pl.* Spirituosen *pl*.
spiritus [ˈspiˑriˑtəs] *m* Spiritus *m*, Sprit *m*.
spit [spɪt] (*-ten*) *n* (Brat-)Spieß *m*; (*Kreuzschmerzen*) Hexenschuß *m*; *kip van 't* ~ Hähnchen vom Grill.
spits[1] [spɪts] spitz, spitzig; *hij heeft het* ~ F er hat es kapiert.
spits[2] *m* (*Hunderasse*) *m* Spitz *m*.
spits[3] *f* Spitze *f*; (*Berg*) Gipfel *m*; *de ~ afbijten* den ersten Schritt tun; den ersten Angriff abschlagen; die schwerste Arbeit erledigen; **~boef** [-buːf] (*-boeven*) *m* Spitzbube *m*; **~boog** [-boːx] (*-bogen*) *m* Spitzbogen *m*; **~boor** [-boːr] (*-boren*) *f* Spitzbohrer *m*; **~broeder** [-bruˑdər] (*-s*) *m* Spießgeselle *m*, Mittäter *m*; **~en** [-ə(n)] (an)spitzen, schärfen; **~hoekig** [-huˑkəx] spitzwinklig; **~kar** [-kɑr] (*-ren*) *f*: *door de ~ lopen* Spießruten laufen; **~roede** [-ruːdə] (*-n*) *f* Spießrute; **~uren** [-yːrə(n)] *pl.* Spitzenzeit, Berufsverkehr *m*; Hauptgeschäftszeit *f*; **~vondig** [-ˈfɔndəx] spitzfindig.
spit|ten [ˈspɪtə(n)] graben; **~ter** [-ər] (*-s*) *m* Gräber *m*.
spleet[1] [spleːt] *s. splijten*.
spleet[2] (*spleten*) *f* Spalt *m*, Spalte, Riß *m*, Schlitz *m*.
splijt|baar [ˈsplɛĭdbaːr] spaltbar; **~en** [ˈsplɛĭtə(n)] (*spleet, gespleten*) spalten; **~ing** [-ɪŋ] *f* Spaltung, Spalten *n*; **~zwam** [-sʋɑm] (*-men*) Spaltpilz *m*.
splint [splɪnt] *n* F Moneten *f/pl*.
splinter [ˈsplɪntər] (*-s*) *m* Splitter; **~en** [-ə(n)] splittern; **~ig** [-əx] splitterig; **~nieuw** [-niˑŭ] (funkel)nagelneu.
split [spɪlt] *n* Schlitz *m*; **~erwt** [-ɛ…] *f* Splitterbse *f*; **~sen** [-sə(n)] teilen, zerlegen; *mar.* splissen, spleißen; *Atome* spalten; *Weg*: sich gabeln, sich verzweigen; **~sing** [-sɪŋ] (Zer-)Teilung *f*; *mar.* Splissen, Spaltung *f*; (*Weg*) Gabelung *f*.
spoed [spuːt] *m* Eile *f*, Schnelligkeit *f*; ~ *zetten achter iets* etw. beschleunigen; **~bestelling** [-bəstɛlɪŋ] Eilbestellung *f*; (*auf Briefumschl…*) durch Eilboten; **~cursus** [-kərz…] (*-sen*) *m* Kurzlehrgang *m*, Schnellkurs *m*; **~eisend** [-ɛĭsənt] dringend; **~en** [-ə(n)] eilen; *zich ~* sich beeilen, eilen; **~geval** [-xəv̊ɑl] (*-len*) dringende(r) Fall *m*; *in ~len* in dringenden Fällen; **~ig** [-əx] *A…* schleunig, baldig; *Adv.* beschleunig; *zo ~ mogelijk* möglichst bald, so bald wie möglich; **~kur…** *s. spoedcursus*; **~zending** [-sɛnd…] *f* Eilsendung *f*.
spoel [spuːl] *f* Spule *f*; **~bak** [-b…] (*-ken*) *m* Spülbecken *n*; **~en** [-ə…] (*reinigen*) spülen; *Mund* ausspülen; (*wickeln*) (auf)spulen; **~ing** [-ɪ…] Aus-, Abspülung *f*, Spülen; (*Viehfutter*) Schlempe *f*; **~sel** [-…] (*-s*) *n* Spülwasser *n*, Spülicht *n*; **~worm** [-ʋɔrm] *m* Spulwurm *m*.
spog [spɔx] *n* Speichel *m*, Geifer.
spo|ken [ˈspoːkə(n)] spuken; **~k…** [-kəˈrɛĭ] *f* Spuk *m*, Spukerei *f*.
spon[1] [spɔn] *s. spinnen*.
spon[2] (*-nen*) *f* Spund *m*, Zapfen; **~gat** [-ɣ̊ɑt] *n* Spundloch *n*.

ponning ['spɔnɪŋ] *f* Nut(e) *f*, Falz *m*; **~schaaf** [-sxa:f] (*-schaven*) *f* Nuthobel *m*.
pons [spɔns] (*-en u. sponzen*) *f* Schwamm *m*; **~achtig** [-ɑxtəx] schwammig; **~en** [-ə(n)] *mit e-m Schwamm* abwaschen; *Adj.* schwammig; Frottee-, Frottier-; *~ kleed* Frotteekleid *n*; *~ handdoek* (*sponshanddoek*) Frottier(hand)tuch *n*.
ponsor ['spɔnsɔr] (*-s*) *m Sp.* Förderer *m*, Gönner *m*.
pon|taan [spɔn'ta:n] spontan; **~taneïteit** [-ta·ne:(j)i·'tɛit] *f* Spontaneität *f*.
poog [spo:x] *s. spugen.*
pook [spo:k] (*spoken*) *n* Gespenst *n*, Spuk *m*; **~achtig** [-ɑxtəx] gespenstisch, geisterhaft.
poor[1] [spo:r] (*sporen*) *f* Sporn *m*; *zijn sporen verdienen* sich die Sporen verdienen.
poor[2] *f Bot.* Spore *f*.
poor[3] *n* Fährte *f*, Spur *f*; Gleis *n*; Zug *m*, Eisenbahn *f*; *het ~ bijster zijn* die Spur verlieren; *per ~* per Bahn, mit der Bahn; *uit het ~ geraken* entgleisen; **~baan** [-ba:n] (*-banen*) *f* Eisenbahn *f*; **~breedte** [-bre:tə] (*-n u. -s*) *f* Spurweite *f*; **~boekje** [-bu·kjə] (*-s*) *n* Kursbuch *n*; **~brug** [-brøx] (*-gen*) *f* Eisenbahnbrücke *f*; **~kaartje** [-ka:rtjə] (*-s*) *n* Fahrkarte *f*; **~lijn** [-lɛin] *f* Eisenbahnlinie *f*; **~loos** [-lo:s] spurlos; **~slags** [-slɑxs] spornstreichs; **~staaf** [-sta:f] (*-staven*) *f* Schiene *f*; **~trein** [-trɛin] *m* Zug *m*; **~wagen** [-ʋa:ɣə(n)] (*-s*) *m* Eisenbahnwagen *m*, Waggon *m*; **~weg** [-ʋɛx] *m* (Eisen-)Bahn *f*; **~wegongeluk** [-ʋɛɔŋɣəløk] (*-ken*) *n* Eisenbahnunfall *m*; **~wegreis** [-ʋɛxrɛis] (*-reizen*) *f* (Eisen-)Bahnreise *f*; **~wegstatie** [-ʋɛxsta:si:] (*-s*) *f*, **~wegstation** [-ʋɛxstɑsjɔn] (*-s*) *n* (Eisen-)Bahnstation *f*, Bahnhof *m*; **~wegverkeer** [-ʋɛxfərke:r] *n* Eisenbahnverkehr *m*; **~wegvervoer** [-ʋɛxfərvu:r] *n* (Eisen-)Bahntransport *m*; **~wijdte** [-ʋɛitə] (*-n u. -s*) *f* Spurweite *f*.
poot [spo:t] *s. spuiten.*
pore ['spo:rə] *f* (*-n*) *Bot.* Spore *f*.
poren ['spo:rə(n)] spornen, die Sporen geben; mit der (Eisen-)Bahn fahren; **~elementen** [-e·lə-mɛntə(n)] *pl.* Spurenelemente *n/pl.*
sporeplant ['spo:rəplɑnt] *f* Sporenpflanze *f*.
sport[1] [spɔrt] *f* Sprosse *f*; Staffel *f*.
sport[2] *f* Sport *m*; *aan ~ doen* Sport treiben; **~bericht** [-bərɪxt] *n* Sportnachricht *f*; Sportbericht *m*; **~club** [-kløp] (*-s*) *f* Sportverein *m*, Sportklub *m*; **~hemd** [-hɛmt] *n* Sporthemd *n*; **~ief** [-'ti:f] sportlich; **~klub** *f s. sportclub*; **~liefhebber** [-li:fhɛbər] (*-s*) *m* Sportfreund *m*; **~man** [-mɑn] (*-nen*) *m* Sportler *m*; **~nieuws** [-ni·ŭs] (*kein pl.*) *n* Sportnachrichten *f/pl.*; (*in der Zeitung*) Sportrubrik *f*; **~terrein** [-tɛrɛin] *n* Sportplatz *m*; **~vereniging** [-fəre:-nəɣɪŋ] *f* Sportverein *m*; **~vliegtuig** [-fli:xtəʏx] *n* Sportflugzeug *n*.
spot [spɔt] *m* Spott *m*; *tot ~ worden* zum Gespött werden; **~achtig** [-ɑx-təx] spöttisch; **~dicht** [-dɪxt] *n* Spottgedicht *n*; **~goedkoop** [-xu·t-ko:p] spottbillig; **~lach** [-lɑx] *m* Hohngelächter *n*, spöttisches Lachen; **~lust** [-løst] *f* Spottsucht *f*; **~naam** [-na:m] (*-namen*) *m* Spitzname *m*; **~prent** [-prɛnt] *f* Spottbild *n*; **~prijs** [-prɛis] (*-prijzen*) *m* Spottpreis *m*; **~schrift** [-sxrɪft] *n* Schmähschrift *f*; **~ten** [-ə(n)] spotten (*met iets*/*über A*); witzeln, scherzen; spötteln; *met iemand ~* j-n verspotten; *niet met zich laten ~* nicht mit sich scherzen lassen; **~tend** [-ənt] spöttisch; **~tenderwijs** [-əndərʋɛis] spöttisch; **~ter** [-ər] (*-s*) *m* Spötter *m*; **~ternij** [-ər'nɛi] *f* Spötterei *f*, Spott *m*; **~ziek** [-si·k] spottsüchtig.
spouw|en ['spɑu(ʋ)ə(n)] (*spouwde, gespouwen*) spalten; **~muur** [-my:r] (*-muren*) *m* Hohlmauer *f*.
spraak [spra:k] (*kein pl.*) *f* Sprache *f*; Sprachvermögen *n*; Sprechweise *f*; *aan zijn ~ te horen* s-r Sprechweise nach; **~gebrek** [-xəbrɛk] *n* Sprachfehler *m*; **~gebruik** [-xə-brəʏk] *n* Sprachgebrauch *m*; **~kunst** [-kønst] *f*, **~leer** [-le:r] (*kein pl.*) *f* Grammatik *f*, Sprachlehre *f*; **~makend** [-ma:kənt] sprachschöpferisch; **~orgaan** [-ɔrɣa:n] (*-ganen*) *n* Sprachorgan *n*; **~zaam** [-sa:m] gesprächig, redselig.
sprak [sprɑk] *s. spreken.*
sprake [spra:kə] *f*: *er is ~ van* es ist die Rede davon; *ter ~ brengen* erörtern, zur Sprache bringen; (*daar*

is) *geen ~ van!* davon ist keine Rede; **~loos** [-lo:s] sprachlos, stumm; *ik ben ~* ich bin sprachlos; F mir bleibt die Spucke weg.
sprank [sprɑŋk] *f*, **~el** [-əl] (*-s*) *f* Funke(n) *m*, Fünkchen *n*; *geen sprankel(tje) hoop* kein Funke Hoffnung; nicht die geringste Hoffnung.
spraybus ['spre:ĭbəs] (*-sen*) *f* Spraydose *f*.
spreek|beurt ['spre:gbø:rt] *f* Vortrag *m*; **~buis** [-bɔʏs] (*-buizen*) *f* Sprachrohr *n*; **~gestoelte** [-xəstu:ltə] (*-n u. -s*) *n* Rednerbühne *f*, Tribüne *f*; (*Kirche*) Kanzel *f*; (*Hochschule*) Katheder *n u. m*; Pult *n*; **~hoorn, ~horen** [-ho:rə(n)] (*-s*) *m* Sprachrohr *n*; Schalltrichter *m*; *Tel.* Sprechmuschel *f*; **~kamer** [-ka:mər] (*-s*) *f* Sprechzimmer *n*; **~kamerhulp** [-ka:mərhəlp] *f* Sprechstundenhilfe *f*; Vorzimmerdame *f*; **~taal** [-ta:l] (*-talen*) *f* Umgangssprache *f*; **~trant** [-trɑnt] *m* Redeweise *f*, Sprechart *f*; **~trompet** [-trɔmpɛt] (*-ten*) *f* Sprachrohr *n*; *mar.* Rufer *m*; **~uur** [-y:r] (*-uren*) *n* Sprechstunde *f*; **~woordelijk** [-'ʋo:rdələk] sprichwörtlich.
spreeuw [spre:ŭ] *m u. f* Star *m*.
sprei [sprɛĭ] *f* (Über-)Decke *f*.
spreid|en ['sprɛĭdə(n)] ausbreiten; *Finger, Flügel usw.* spreizen; *ten toon ~* zur Schau stellen; *het bed ~* das Bett (zurecht)machen; **~ing** [-ɪŋ] *f* Streuung *f*, Verteilung *f*; **~stand** [-stɑnt] *m* Grätschstellung *f*, Spreize *f*.
spre|ken ['spre:kə(n)] (*sprak, gesproken*) sprechen, reden; (*Kartenspiel*) melden; *dat spreekt vanzelf* das ist selbstverständlich; *horen ~* reden hören; *het gesproken dagblad* (*nieuws*) *Rf.* Nachrichten *f/pl.*; **~kend** [-kənt] sprechend; *een ~ bewijs* ein schlagender Beweis; *~e film* Tonfilm *m*; *~ gelijken op j-m* (*etw. D*) sehr ähnlich sein; **~ker** [-kər] (*-s*) *m* Redende(r) *m*, Sprecher *m*, Redner *m*; *de vorige ~* Vorredner *m*.
spreng|kwast ['sprɛŋkʋɑst] *m* Weihwedel *m*; **~vat** [-v̊ɑt] *n* Weihwasserbecken *n*; **~water** [-ʋa:tər] *n* Weihwasser *n*.
sprenkel ['sprɛŋkəl] (*-s*) *f* Sprenkel *m*, Fleck *m*; **~en** [-ə(n)] bespritzen, besprengen; sprenkeln.

spreuk [sprø:k] *f* Spruch *m*; **~en-boek** [-ənbu·k] *n* Spruchbuch *n*.
spriet [spri:t] *m* Fühler *m*; (*Gra*... Halm *m*; *mar.* Spriet *n*.
spring|bok ['sprɪŋbɔk] (*-ken*) Springbock *m*; *Sp.* Bock *m*; **~e**... [-ə(n)] (*sprong, gesprongen*) spri... gen; hüpfen; *Reiter*: aufsitze... *Schlauch*: platzen; *Glas usw.*: be... sten, zerspringen; *Wasser*: spr... deln, hervorquellen; *doen ~* spre... gen; *in 't oog ~* auffallen, *fig.* in d... Augen springen; *in 't oog ~d* au... fallend, auffällig; **~er** [-ər] (*-s*)... Springer *m*; **~lading** [-la:dɪ... Sprengladung *f*; **~levend** [-le:v̊ən... springlebendig, kerngesund; ... plank [-plɑŋk] *f* Sprungbrett *n*; ... schans [-sxɑns] *f* Sprungschanze... **~stof** [-stɔf] (*-fen*) *m* Sprengstoff ... **~tij** [-tɛĭ] *n* Flut *f*; Springflut *f*; ... toernooi [-tu:rno:ĭ] *n* Springtu... nier *n*; **~touw** [-tɑŭ] *n* Springseil ... **~veer** [-v̊e:r] (*-veren*) *f* Sprun... feder *f*; **~verenmatras** [-ve:rə(n... matras] (*-sen*) *f* Sprungfede... matratze *f*; **~zeil** [-zɛĭl] *n* Sprun... tuch *n*, Fangtuch *n*.
sprinkhaan ['sprɪŋkha:n] (*-han*... *m* Heuschrecke *f*, Grashüpfer *m*.
sprint [sprɪnt] (*-en u. -s*) *m* Sprint ... Kurzstreckenlauf *m*, Kurzstrecke... rennen *n*; **~er** [-ər] (*-s*) *m* Sprint... *m*, Kurzstreckenläufer *m*; (*Ren*... *fahrer*) Flieger *m*.
sproei|en [spru·ĭ(j)ə(n)] bespritze... (be)sprengen, (be)gießen; **~er** [-j... (*-s*) *m* Zerstäuber *m*; (*Motor us*... Düse *f*; (*Schlauch*) Spritze *f*; (*Gie*... *kanne*) Brause *f*, Sprenger *m*; **~w**... **gen** [-ʋa:ŷə(n)] (*-s*) *m* Sprengwag... *m*, Sprenger *m*.
sproet [spru·t] *f* Sommersprosse... **~erig** [-ərəx] sommersprossig.
sprokkel|en ['sprɔkələ(n)] Rei... sammeln; **~hout** [-hɑut] *n* Reisig...
sprong[1] [sprɔŋ] *s. springen.*
sprong[2] [sprɔŋ] *m* Sprung *m*, S... *m*; *op stel en ~* sofort, (auf) Kn... und Fall; *met* (*grote*) *~en* sprun... haft; *Sp. verplichte ~* Pflichtspru... *m*; **~sgewijs** [-sxəʋɛĭs] sprungh... sprungweise.
sprookje ['spro:kjə] (*-s*) *n* Märch... *n*; *vertel* (*ons*) *geen ~s* F mach ke... Witze; **~sachtig** [-sɑxtəx] m... chenhaft.
sproot [spro:t] *s. spruiten.*

prot [sprɔt] (*-ten*) *m* Sprotte *f*.
pruit [sprəʏt] *m u. f* Nachkomme *m*, Sprößling *m*; *f Bot.* Sproß *m*, Trieb *m*, Schößling *m*; **~en** [-ə(n)] (*sproot, gesproten*) sprossen, sprießen.
pruitjes ['sprəʏtjəs] *pl.* Rosenkohl *m*.
ugen ['spy:ɣ̊ə(n)] (*spoog, gespogen*; *u. spuugde, gespuugd*) speien, spukken.
ui [spəʏ] *n* Schleuse *f*, Siel *n*; **~en** [-(j)ə(n)] Wasser ablassen; lüften, ventilieren; **~gat** [-ɣ̊ɑt] *n* Speigatt *n*; *dat loopt de ~en uit* das geht entschieden zu weit.
uit [spɛʏt] *f* Spritze *f*; (*ironisch*) Gewehr *n*, Knarre *f*; **~en** [-ə(n)] (*spoot, gespoten*) spritzen; **~er** [-ər] (*-s*) *m* Witzbold *m*; **~fles** [-flɛs] (*-sen*) *f* Spritzflasche *f*, Siphon *m*; **gast** [-xɑst] *m* Feuerwehrmann *m*; **je** [-jə] (*-s*) *n* Spritze *f*; Einspritzung *f*; **~water** [-ʋa:tər] *n* Mineralwasser *n*, Sprudel *m*.
ul [spøl] *n* Zeug *n*; *~len* Kleider *f/pl.*, Sachen *f/pl.*
urrie ['spøri:] *f Bot.* Spark *m*.
urt [spørt] (*-en u. -s*) *m Sp.* Spurt *m*; **~en** [-ə(n)] spurten; (*Wagen*) beschleunigen.
utteren ['spøtərə(n)] spritzen, sprudeln; *fig.* nörgeln; *Braten*: brutzeln.
utum ['spy·tøm] (*kein pl.*) *n* Auswurf *m*, Sputum *n*.
uug [spy:x] *n*, **~sel** [-səl] *n* Speichel *m*, Spucke *f*.
uw|bak ['spy·ŭbɑk] (*-ken*) *m* Spucknapf *m*; **~en** [-ə(n)] speien, spucken; sich erbrechen; **~sel** [-səl] *n* Auswurf *m*, Sputum *n*.
af [sta:f] (*staven*) *f* Stab *m*; (*Eisen*) Stange *f*; (*Gold*) Barren *m*; **~ijzer** [-ɛĭzər] *n* Stab-, Stangeneisen *n*; **~lamp** [-lɑmp] *f* Stablampe *f*.
ak [sta:k] (*staken*) *m* Stange *f*, Pfahl *m*; **~boon** [-bo:n] (*-bonen*) *f* Stangenbohne *f*; **~klimmen** [-klɪmə(n)] *n* Mastklettern *n*.
al [sta:l] (*stalen*) *n* Stahl *m*; Probe *f*, Muster *n*; **~boek** [-bu·k] *n* Musterbuch *n*; **~draad** [-dra:t] (*-draden*) *n u. m* Stahldraht *m*; **~gravure** [-ɣ̊raʋy:rə] (*-s u. -n*) *f* Stahlstich *m*; **~kaart** [-ka:rt] *f* Musterkarte *f*; **~vijlsel** [-ʋ̊ɛĭlsəl] *n* Eisenfeilspäne *m/pl.*

staan [sta:n] (*stond, gestaan*; *ik sta, jij* [*gij, U, hij, zij*] *staat*) stehen; *hij staat te lachen* er steht da und lacht; *hij stond te kijken* er stand da und sah zu; *gaan ~* aufstehen; sich stellen; *iemand te woord ~* j-m Rede stehen; *hij staat er op, dat ...* er besteht darauf, daß ...; *op het punt ~* im Begriff sein; *op vertrekken ~* gleich abfahren; *iemand naar het leven ~* j-m nach dem Leben trachten; *te boek ~* im Ruf stehen; *tot ~ brengen* anhalten, zum Stehen bringen; *~ tot* sich verhalten; halten von; **~de** [-də] stehend; gelegen; *zich ~ houden* sich behaupten; *~ houden* behaupten, dabei bleiben; *~ lamp* Stehlampe *f*; *~ hond* Vorstehhund *m*; *op ~ voet* sofort, unvermittelt; *~ de vergadering* während der Sitzung; **~der** [-dər] (*-s*) *m* Ständer *m*; **~plaats** [-pla:ts] *f Thea.* Stehplatz *m*; (*Markt*) Stand *m*, Standort *m*; (*Wagen*) Parkplatz *m*.
staar [sta:r] *f* (*Augenkrankheit*) Star *m*.
staart [sta:rt] *m* Schwanz *m*, Schweif *m*; (*Pflug*) Sterz *m*; (*Haar*) Zopf *m*; *met de ~ tussen de benen* mit eingezogenem Schwanz; **~been** [-be:n] (*-deren u. -benen*) *n* Steißbein *n*; **~je** [-jə] (*-s*) *n* Schwänzchen *n*; Zöpfchen *n*; *die zaak krijgt (zeker) nog een ~* diese Sache (Angelegenheit) ist noch (lange) nicht aus; es kommt bestimmt noch mehr; *aan het ~ eindigen (komen)* als letzter durch das Ziel gehen, ferner liefen; **~pen** [-pɛn] (*-nen*) *f* Schwanzfeder *f*; **~pruik** [-prəʏk] *f* Zopfperücke *f*; **~ster** [-stɛr] (*-ren*) *f* Komet *m*; **~stuk** [-støk] (*-ken*) *n* Schwanzstück *n*; **~vin** [-fɪn] (*-nen*) *f* Schwanzflosse *f*; **~vlakken** [-flɑkə(n)] *pl. Flgw.* Leitwerk *n*.
staat [sta:t] (*staten*) *m* Staat *m*; Zustand *m*, Stand *m*, Lage *f*; Pracht *f*; Liste *f*, Register *n*, Verzeichnis *n*; *in goede ~* in gutem Zustand; *in ~ van oorlog* im Kriegszustand; *~ van beleg* Belagerungszustand *m*; *in ~ zijn* in der Lage sein; *hij is tot alles in ~* er ist zu allem fähig; *iemand in ~ achten* j-m (*etw.*) zumuten; *~ maken op* sich verlassen auf (*A*); *in ~ stellen* instand setzen; *iemand in ~ stellen* j-m die Gelegenheit (Möglichkeit) geben; *de ongehuwde ~*

Ehelosigkeit *f*; *de Verenigde Staten* die Vereinigten Staaten; *de Gedeputeerde Staten* Provinzialausschuß *m*; **~huishoudkunde** [-hɔʏshɑutkendə] *f* Nationalökonomie *f*, Volkswirtschaftslehre *f*; **~huishoudkundige** [-hɔʏshɑutkendəɣə] (*-n*) *m* Nationalökonom *m*, Volkswirtschaftler *m*; **~kundig** [-ˈkendəx] politisch, staatsmännisch; **~loos** [-lo:s] staatenlos.

staats|ambtenaar [ˈsta:tsɑmtəna:r] (*-s u. -naren*) *m* Staatsbeamte(r) *m*; **~begroting** [-bəɣro:tɪŋ] *f* Haushaltsplan *m*, Etat *m*; **~belang** [-bəlɑŋ] *n* Staatsinteresse *n*; **~bestel** [-bəstɛl] *n* Staatswesen *n*, Regime *n*, System *n*; **~bestuur** [-bəsty:r] (*-sturen*) *n* Staatsverwaltung *f*; **~betrekking** [-bətrɛkɪŋ] *f* Staatsamt *n*; **~blad** [-blɑt] *n* Staatsanzeiger *m*, Gesetzblatt *n*; **~burger** [-berɣər] (*-s*) *m* Staatsbürger *m*, Staatsangehörige(r) *m*; **~examen**, *a.* **-eks-** [-ɛksa:mə(n)] (*-s*) *n* Staatsexamen *n*, staatliche Prüfung *f*; **~fondsen** [-fɔn(t)sə(n)] *pl.* Staatspapiere *n/pl.*; **~geheim** [-xəhɛĭm] *n* Staatsgeheimnis *n*; **~greep** [-xre:p] (*-grepen*) *m* Staatsstreich *m*; **~(grond)bezit** [-(xrɔnd)bəzɪt] *n* Domäne *f*, Staatsbesitz *m*; **~hoofd** [-ho:ft] *n* Staatsoberhaupt *n*.

staatsie [ˈsta:tsi:] (*-s*) *f* Staat *m*, Pomp *m*, Pracht *f*; **~hut** [-het] (*-ten*) *f* Luxuskabine *f*; **~kleed** [-kle:t] (*-klederen u. -kleren*) *n* Festkleid *n*; **~koets** [-ku·ts] *f* Gala-, Staatswagen *m*.

staats|kas [ˈsta:tskɑs] (*-sen*) *f* Staatskasse *f*, Tresor *m*; **~lening** [-le:nɪŋ] *f* Staatsanleihe *f*; **~man** [-mɑn] (*-lieden*) *m* Staatsmann *m*; **~raad** [-ra:t] (*-raden*) *m* Staatsrat *m*; **~recht** [-rɛxt] *n* Staatsrecht *n*; **~rechtskundige** [-rɛxtskendəɣə] (*-n*) *m* Politologe *m*, Staatsrechtler *m*; **~schuld** [-sxelt] *f* Staatsschuld *f*; **~toezicht** [-tu:zɪxt] *n* Staatsaufsicht *f*; **~wege** [-ʋe:ɣə]: *van ~* von Staats wegen; **~zaak** [-sa:k] (*-zaken*) *f* Staatsangelegenheit *f*.

sta|biel [sta·ˈbi:l] stabil; **~bilisatie**, *a.* **-zatie** [-bi·li·ˈza:si:] (*-s*) *f* Stabilisierung *f*; **~bilisatievlak**, *a.* **-zatie-** [-bi·li·za:si·v̊lɑk] (*-ken*) *n Flgw.* Stabilisierungsfläche *f*; **~biliseren**, *a.* **-zeren** [-bi·li·ˈze:rə(n)] stabilisieren; **~biliteit** [-bi·li·ˈtɛĭt] *f* Stabilität *f*, (Stand-)Festigkeit *f*.

stad [stɑt] (*steden*) *f* Stadt *f*; **~bewoner** [-bəʋo:nər] (*-s*) *m* Stadtbewohner *m*, Städter *m*.

sta(de) [ˈsta:(də)]: *te sta(de) komen* zustatten kommen.

stad|genoot [ˈstɑtxəno:t] (*-noten*) Mitbürger *m*; *wij zijn stadgenoten* wir sind aus derselben Stadt; **~guerrilla** [-gɛri·lɑ], *a.* [-ri·lj (*-'s*) *f* Stadtguerilla *f*; **~houder** [-hɑudər] (*-s*) *m* Statthalter *m*; **~huis** [-ˈhɔʏs] (*-huizen*) *n* Rathaus; **~huistaal** [-hɔʏsta:l] (*-talen*) Kanzleisprache *f*; **~huiswoord** [-hɔʏsʋo:rt] *n* hochtrabendes Wort, Kanzleiausdruck *m*.

stadig [ˈsta:dəx] beständig.

stadion [ˈsta:di·(j)ɔn] (*-s*) *n* Stadion *n*.

stadium [ˈsta:di·(j)em] (*-s u. -dia*) Stadium *n*.

stads [stɑts] städtisch; Stadt-; **~bestuur** [-bəsty:r] (*-sturen*) Stadtverwaltung *f*, Stadtbehörde *f*, Magistrat *m*; **~park** [-pɑ: *n* Stadtpark *m*; **~schouwburg** [-sxɑŭberx] *f* Stadttheater *n*; **~wal** [-ʋɑl] (*-len*) *m* Stadtwall *m*; **~wapen** [-ʋa:pən] (*-s*) *n* Stadtwappen *n*; **~wijk** [-ʋɛĭk] *f* Stadtviertel *n*, Stadtteil *m*.

stadwaarts [ˈstɑtʋa:rts] stadtwärts.

staf [stɑf] (*staven*) *m* Stab *m*; *generale ~* Generalstab *m*; **~officier** [-ɔfisi:r] *m* Generalstabsoffizier; **~rijm** [-rɛĭm] *n* Stabreim *m*.

stag [stɑx] *n* Stag *n*; **~zeil** [-sɛĭl] Stagsegel *n*.

stage [ˈsta:ʒə] (*-s*) *f* Probezeit *f*.

stak [stɑk] *s. steken.*

sta|ken [ˈsta:kə(n)] einstellen, aufhören; streiken, in den Ausstand treten, die Arbeit niederlegen; **~ker** [-kər] (*-s*) *m* Streikende(r) *m*.

staketsel [sta·ˈkɛtsəl] (*-s*) *n* Lattenzaun *m*, Staket *n*.

staking [ˈsta:kɪŋ] *f* Arbeitsniederlegung *f*, Streik *m*, Ausstand *m*; *~ van stemmen* bei Stimmengleichheit; *in ~ gaan* in den Ausstand treten, streiken, die Arbeit niederlegen; *algemene ~* Generalstreik; *dreiging met ~* Streikdrohung *f*; **~aanzeg** [-sa:nzəx] *m* Streikankündigung *f*; **~fonds** [-sfɔn(t)s] *n* Streikfonds *m*; **~spiket** [-spi·kɛt] (*-te*

Streikposten *m*; **~srecht** [-srɛxt] *n* Streikrecht *n*.
:akker(d) ['stakər(t)] (*-s*) *m* Stümper *m*, Tropf *m*, arme(r) Schlukker *m*.
:al¹ [stal] *s. stelen.*
:al² (*-len*) *m* Stall *m*.
:a|lactiet, *a.* **-lak-** [sta·lak'ti:t] *m* Stalaktit *m*; **~lagmiet** [-lax'mi:t] *m* Stalagmit *m*.
:alen ['sta:lə(n)] stählen, härten; *Adj.* stählern, Stahl-; ~ *plaat* Stahlplatte *f*; ~ *wil* eiserne(r) Wille *m*;
~boek [-bu·k] *n* Musterbuch *n*.
alhouder ['stalhaudər] (*-s*) *m* Wagenvermieter *m*.
aling ['sta:lɪŋ] *f* Stählen *n*, Härtung *f*.
al|knecht ['stalknɛxt] (*-en u. -s*) *m* Stallknecht *m*; **~len** [-ə(n)] *Wagen, Rad* unterstellen, unterbringen.
alles [stal(ə)s] *pl. Thea.* Sperrsitz *m*.
al|letje ['staləṭjə] (*-s*) *n* kleiner Stall; (Verkaufs-)Stand *m*; **~ling** [-ɪŋ] *f* Unterstell-, Abstellraum *m*; *(Vieh)* Stallung *f*, Stall *m*.
am [stam] (*-men*) *m* Stamm *m*;
~boek [-bu·k] *n* Stammbuch *n*, Register *n*; *(Vieh)* Zuchtstammbuch *n*; *(Pferde)* Gestütbuch *n*, Stutbuch *n*; *mil.* Stammrolle *f*;
~boeknummer [-bu·knəmər] (*-s*) *mil.* Matrikelnummer *f*; **~boom** [-bo:m] (*-bomen*) *m* Stammbaum *m*.
ame|laar ['sta:məla:r] (*-s*) *m* Stammler *m*; **~len** [-lə(n)] stammeln.
am|gast ['stamɣast] *m* Stammgast *m*; **~hoofd** [-ho:ft] *n* Häuptling *m*; **~houder** [-haudər] (*-s*) *m* Stammhalter *m*; **~kapitaal** [-kapi·ta:l] (*-talen*) *n* Stammkapital *n*; **~klinker** [-klɪŋkər] (*-s*) *m* Stammvokal *m*; **~kroeg** [-krux] *f* Stammkneipe *f*; **~men** [-ə(n)] stammen.
amp|en [stampə(n)] (auf)stampfen; zerstampfen; stoßen; *Schiff*: stampfen; *e-n* (Fuß-)Tritt geben; *iemand iets in het hoofd* ~ j-m etw. einpauken; **~er** [-ər] (*-s*) *m* Stampfer *m*; *(Pflaster)* Stampfe *f*, Ramme *f*, Mörserkeule *f*, Stößel *m*; *Bot.* Pistill *n*, Stempel *m*; **~pot** [-pɔt] (*-ten*) *m* Eintopf *m*, Eintopfgericht *n*; **~voeten** [-fu·tə(n)] (*stampvoette, gestampvoet*) aufstampfen; trampeln; **~vol** [-fɔl] gedrängt voll.
am|vader ['stamva:dər] (*-s*) *m* Stammvater *m*; **~woord** [-ʋo:rt] *n* Stammwort *n*.
Stan [stan] *m* Konstantin *m*.
stand¹ ['stant] (*-s*) *m* (Ausstellungs-)Stand *m*; Bude *f*; **~²** (*-en*) *m* Stand *m*; Stellung *f*, Lage *f*; *burgerlijke* ~ Standesamt *n*; *tot* ~ *brengen* zustande bringen; ~ *van zaken* Sachlage *f*, Geschäftslage *f*.
standaard ['standa:rt] (*-s u. -en*) *m mil.* Standarte *f*; Ständer *m*, Gestell *n*; *(Geld)* Währung *f*; Norm *f*; *gouden* ~ Goldwährung *f*; **~formaat** [-fɔrma:t] (*-maten*) *n* Normalformat *n*, Normalmaß *n*; **~gewicht** [-xɛʋɪxt] *n* Normalgewicht *n*; **~isatie, ~izatie** [-di·'za:si:] Standardisierung *f*, Normung *f*; **~loon** [-lo:n] (*-lonen*) *n* Grundlohn *m*; **~maat** [-ma:t] (*-maten*) *f* Normalmaß *n*, Normalgröße *f*; **~prijs** [-prɛis] (*-prijzen*) *m* Grundpreis *m*; Richtpreis *m*; **~werk** [-ʋɛrk] *n* Standardwerk *n*.
standbeeld ['standbe:lt] *n* Statue *f*, Standbild *n*; Denkmal *n*.
standenvertegenwoordiging ['standə(n)vərte·ɣənwo:rdəɣɪŋ] *f* ständische Volksvertretung *f*, Ständeordnung *f*, Ständekammer *f*.
stander(d) ['standər(t)] (*-s*) *m* Ständer *m*; Gestell *n*.
stand|houden ['stanthaudə(n)] standhalten, sich behaupten; **~je** [-jə] (*-s*) *n* Streit *m*; Rüffel *m*, Verweis *m*; **~plaats** [-pla:ts] *f* Standort *m*; Halteplatz *m*; Stand *m*; Amtssitz *m*; *(Jäger)* Anstand *m*; **~punt** [-pənt] *n* Standpunkt *m*; **~rechtelijk** [-'rɛxtələk] standrechtlich; **~vastig** [-'fastəx] standhaft, beharrlich, fest; **~wild** [-ʋɪlt] *n* Standwild *n*.
stang [staŋ] *f* Stange *f*, Stab *m*; *op* ~ *jagen* hetzen, aufbringen.
stank [staŋk] *m* Gestank *m*.
stap [stap] (*-pen*) *m* Schritt *m*; *op* ~ *gaan* fortgehen, sich auf den Weg machen; *fig.* ~*pen doen* Schritte unternehmen.
stapel ['sta:pəl] (*-s*) *m* Stapel *m*, Haufe(n) *m*; *(Papier)* Stoß *m*; *van* ~ *lopen* vom Stapel laufen; *fig.* vonstatten gehen; **~en** [-ə(n)] aufstapeln, aufschichten, aufhäufen.
stapel(gek) ['sta:pəl(ɣɛk)] total verrückt.
stapel|huis ['sta:pəlhəys] (*-huizen*)

n Lagerhaus *n*; **~meubelen** [-mø:bələ(n)] *pl.* Anbaumöbel *pl.*; **~plaats** [pla:ts] *f* Stapelplatz *m*; Lagerhaus *n*; **~waar** [-ʋa:r] (*-waren*) *f* Stapelware *f*; **~wolk** [ʋɔlk] *f* Haufenwolke *f*, Kumulus *m*.

stap|pen [ˈstɑpə(n)] schreiten, gehen; marschieren; *aan wal ~* an Land gehen; **~voets** [-fu·ts] im Schritt; *~ rijden* im Schritt fahren.

star [stɑr] starr, fest; *een ~re houding aannemen* strammstehen; *fig.* unversöhnlich sein (bleiben).

staren [ˈsta:rə(n)] starren, stieren, starr ansehen; *zich blind ~ op* sich verrennen in *A*.

starogen [ˈstɑro:ɣ̊ə(n)] (*staroogde, gestaroogd*) starren, stieren.

start [stɑrt] (*-s*) *m* Start *m*; **~baan** [-ba:n] (*-banen*) *f* Startbahn *f*; *Flgw.* Rollbahn *f*, Rollfeld *n*; **~en** [-ə(n)] starten; beginnen lassen; *etw.* losgehen lassen; *Motor* anlassen; **~er** [-ər] (*-s*) *m* Starter *m*; (*Auto*) Anlasser *m*; **~knop** [-knɔp] (*-pen*) *m* Anlaßschalter *m*; **~schot** [-sxɔt] *n* Startschuß *m*; **~signaal** [-ˈsɪŋja:l] (*-signalen*) *n* Startzeichen *n*.

Staten-Generaal [sta:tənɣ̊e·nəˈra:l] *pl.* Generalstaaten *m/pl.*

statica, *a.* **-tika** [ˈsta:ti·kɑ] *f* Statik *f*.

statie [ˈsta:si:] (*-s u. -ën*) *f s. station, staatsie*; Station *f*; **~geld** [-ɣ̊ɛlt] *n* Einsatz *m*; Flaschenpfand *n*.

statief [sta·ˈti:f] (*-tieven*) *n* Stativ *n*, Gestell *n*.

statig [ˈsta:təx] stattlich, feierlich.

station [stɑsˈjɔn] (*-s*) *n* Bahnhof *m*; (*Haltestelle*) Station *f*; **~air** [-ˈɛ:r] stationär, stillstehend; **~eren** [-ˈe:rə(n)] stationieren.

stations|chef [stɑsˈjɔnʃɛf] (*-s*) *m* Bahnhofsvorsteher *m*; **~plein** [-plɛĭn] *n* Bahnhofsplatz *m*; **~restauratie** [-rɛsto·ra:si:] (*-s*) *f* Bahnhofsgaststätte *f*, Bahnhofsrestaurant *n*.

sta|tisch [ˈsta:ti·s] statisch.

statis|ticus [sta·ˈti·sti·kəs] (*-tici*) *m* Statistiker *m*; **~tiek** [-ˈti·k] *f* Statistik *f*; **~tisch** [-ti·s] statistisch; *~ onderzoek* statistische Erhebung *f*; *~ onderzoeken* statistische Erhebungen anstellen.

statuut [sta·ˈty:t] (*-tuten*) *n* Statut *n*, Satzung *f*.

staven [ˈsta:v̊ə(n)] bestätigen, bekräftigen, befestigen.

stawagen [ˈsta:ʋa:ɣ̊ə(n)] (*-s*) *m* Caravan *m*, Reisewohnwagen *m*.

stayer [ˈsta:ĭ(j)ər] (*-s*) *m Sp.* Steh*m*.

stearine [ste·ja·ˈri·nə] *f* Stearin *n*.

stede [ˈste:də]: *ter ~* in dieser Stad *in ~ van* anstatt *G*; **~bouw** [-bɑŭ] Städtebau *m*; **~bouwkundig** [-bɑˈkəndəx] städtebaulich; **~houde**[-hɑudər] (*-s*) *m* Stellvertreter *n***~lijk** [-lək] städtisch, Stadt-; **~lin**[-lɪŋ] *m* Stadtbewohner *m*, Städt*m*.

steeds[1] [ste:ts] städtisch, nach stätischer Art.

steeds[2] *Adv.* stets, immer.

steef [ste:f] *s. stijven.*

steeg[1] [ste:x] *s. stijgen.*

steeg[2] (*stegen*) *f* Gasse *f*; Sacgasse *f*.

steek [ste:k] (*steken*) *m* Stich *n*(Strick-)Masche *f*; *~ onder wat*Seitenhieb *m*; *dat houdt geen ~* dist nicht stichhaltig; *hij is een ~ kw*er ist nicht ganz da; *hij laat ve**steken vallen* er arbeitet stümpehaft; **~bekken** [-bɛkə(n)] (*-s*)Stechbecken *n*, Bettschieber *m*; **houdend** [-hɑudənt] stichhalti**~kaart** [-ka:rt] *f* (Kartei-)Karte Zettel *m*; **~kaartenbak** [-ka:rtəbɑk] (*-ken*) *m* Zettelkasten *m*, Katothek *f*; **~proef** [-pru:f] (*-proeve**f* Stichprobe *f*; **~sleutel** [-slø:t(*-s*) *m* Dietrich *m*; **~spel** [-spɛl]Turnier *n*; **~vlam** [-flɑm] (*-men*Stichflamme *f*; **~vlieg** [-fli:x]Stechfliege *f*; **~wapen** [-ʋa:pə(n)(*-s*) *n* Stichwaffe *f*, Stoßwaffe *f*.

steel [ste:l] (*stelen*) *m* Stiel *m*; Stegel *m*.

steels [ste:ls] diebisch; verstohle**~(ge)wijs** [-(xə)ʋɛĭs] heimlich, vestohlen.

steelzucht [ˈste:lzəxt] *f* Klepmanie *f*.

steen [ste:n] (*stenen*) *m* Stein (*Obst*) Kern *m*; *eerste ~* Grunstein *m*.

steen|aarde [ˈste:na:rdə] *f* Toner*f*; **~achtig** [-ɑxtəx] steinartig; stnig; **~bakker** [-bɑkər] (*-s*) *m* Zgelbrenner *m*; **~bakkerij** [-bɑkˈrɛĭ] *f* Ziegelei *f*, Ziegelbrennere**~bokskeerkring** [-bɔkske:rkrɪŋ]Wendekreis *m* des Steinbocks; **dood** [-do:t] mausetot; **~dru**[-drək] *m* Steindruck *m*, Lithog

phie *f*; **~groef** [-ɣru:f], **~groeve** [-ɣru:ʋə] (*-groeven*) *f* Steinbruch *m*; **~hoop** [-ho:p] (*-hopen*) *m* Steinhaufe(n) *m*; **~houwer** [-hɑu(ʋ)ər] (*-s*) *m* Steinhauer *m*, Steinmetz *m*; **~houwerij** [-hɑu(ʋ)ə'rɛĭ] *f* Steinhauerwerkstatt *f*; **~klaver** [-kla:ʋər] *f* Steinklee *m*, Weißklee *m*; **~klomp** [-klɔmp] *m* Steinblock *m*.
teenkolen ['ste:nko:lə(n)] *pl.* Steinkohlen *f/pl.*; **~bekken** [-bɛkə(n)] (*-s*) *n* Steinkohlenbecken *n*; **~gebied** [-ɣəbi:t] *n* (Stein-)Kohlenrevier *n*; **~mijn** [-mɛĭn] *f* Steinkohlengrube *f*, Grube *f*, Zeche *f*; **~produktie**, *a.* **-duc-** [-prodəksi:] *f* (Stein-)Kohlenförderung *f*.
teenkool ['ste:nko:l] *f* Steinkohle *f*.
teen|laag ['ste:nla:x] (*-lagen*) *f* Gesteinsschicht *f*; **~puist** [-pəʏst] *f* Furunkel *m*; **~soort** [-so:rt] *f* Gesteinsart *f*; **~uil** [-əʏl] *m* Steineule *f*, Kauz *m*; **~vrucht** [-ʋrəxt] *f* Steinfrucht *f*; *~en* Kernobst *n*; **~worp** [-ʋɔrp] *m* Steinwurf *m*; **~zwaluw** [-zʋa:ly·ŭ] *f* *Zool.* Mauersegler *m*, Mauerschwalbe *f*; **~zweer** [-zʋe:r] (*-zweren*) *f* Furunkel *m*.
eg [stɛx]: *over ~ en steen* querfeldein, über Stock und Stein.
eiger ['stɛĭɣər] (*-s*) *m* Gerüst *n*; Landungsbrücke *f*.
eigeren ['stɛĭɣərə(n)] *Pferde*: bäumen sich.
eil [stɛĭl] steil; schroff; jäh; *fig.* starr, starrköpfig; **~te** [-tə] (*-s u. -n*) Steilheit *f*, Schroffheit *f*; steiler Abhang.
ek [stɛk] (*-ken*) *m* Steckling *m*, Ableger *m*, Setzling *m*; *voet bij ~ houden* nicht nachgeben, beharren auf (*D*), verharren.
ekeblind ['ste:kəblɪnt] stockblind.
ekel ['ste:kəl] (*-s*) *m* Stachel *m*; **bes** [-bɛs] (*-sen*) *f* Stachelbeere *f*; **ig** [-əx] stachelig; *fig.* scharf, beißend; anzüglich; **~varken** [-ʋɑrə(n)] (*-s*) *n* Stachelschwein *n*.
eken ['ste:kə(n)] (*stak, gestoken*) *mit e-m Messer, e-r Gabel usw.*) stechen; (*sich befinden*; *hineintun*) stecken; *blijven ~* stocken, steckenbleiben; *in zijn zak ~* in die Tasche stecken; *in zee ~* in See stechen; *de zon steekt* die Sonne sticht; *de trompet ~* die Trompete blasen; *er steekt niets achter* es steckt nichts dahinter; *in brand ~* in Brand stecken; *niet onder stoelen of banken ~* nicht verheimlichen, kein Hehl aus etw. machen.
stekker ['stɛkər] (*-s*) *m* *El.* Stecker *m*, Steckkontakt *m*.
stel [stɛl] (*-len*) *n* (*Werkzeug*, *Kochtöpfe usw.*) Satz *m*; (*Zierat*, *Wäsche*) Garnitur *f*; Gewürzständer *m*, Menage *f*; Gestell *n*; (*Gemälde*) Sammlung *f*; *een aardig ~* ein hübsches Paar; *op ~ en sprong* augenblicklich, auf der Stelle.
ste|len ['ste:lə(n)] stehlen; *om te ~* entzückend; **~ler** [-lər] (*-s*) *m* Dieb *m*.
stelkunde [stɛlkəndə] *f* Algebra *f*.
stellage [stɛ'la:ʒə] (*-s*) *f* Gerüst *n*, Gestell *n*; Tribüne, Bühne *f*.
stellen ['stɛlə(n)] stellen, legen, setzen; festsetzen; voraussetzen; *stel ... dat* nehmen Sie einmal an, daß; *gesteld dat ...* vorausgesetzt, daß ...; *op prijs ~* schätzen, würdigen; *ter hand ~* aushändigen, zur Verfügung stellen; *in kennis ~* in Kenntnis setzen; *in de gelegenheid ~* die Gelegenheit verschaffen; *zich kandidaat ~* kandidieren, sich bewerben um; *in het licht ~* hervorheben; *~de trap Gr.* Positiv *m*, Grundstufe *f*.
steller ['stɛlər] (*-s*) *m*: *~ dezes* Schreiber *m* dieses (Briefes); Verfasser *m* (*e-s Briefes*).
stellig ['stɛləx] gewiß, sicher(lich), bestimmt.
stelling ['stɛlɪŋ] *f* Stellung *f*; Gerüst *n*, Gestell *n*; These *f*, Behauptung *f*, Hypothese *f*; *Math.* Lehrsatz *m*.
stelpen ['stɛlpə(n)] *Blut* stillen.
stelregel ['stɛlre:ɣəl] (*-s*) *m* Grundsatz *m*, Prinzip *n*.
stelsel ['stɛlsəl] (*-s*) *n* System *n*; *tientallig ~* Dezimalsystem *n*; **~loos** [-lo:s] planlos; **~matig** [-'ma:təx] planmäßig; systematisch.
stelt [stɛlt] *f* Stelze *f*; **~(en)loper** [-(ən)lo:pər] (*-s*) *m* Stelzenläufer *m*.
stem [stɛm] (*-men*) *f* Stimme *f*; *met algemene ~men* einstimmig; *met meerderheid van ~men* mit Stimmenmehrheit; **~band** [-bɑnt] *m* Stimmband *n*; **~biljet** [-bi·ljɛt] (*-ten*) *n* Stimm-, Wahlzettel *m*; **~buiging** [-bəʏɣɪŋ] *f* Modulation *f*; **~bureau** [-by·ro·] (*-'s*) *n* Wahlamt *n*; **~bus** [-bəs] (*-sen*) *f* Wahlurne *f*; **~gerechtigd** [-ɣərɛxtəxt] stimm-

berechtigt, wahlberechtigt; **~hebbend** [-hɛbənt] stimmberechtigt; (*Laut*) stimmhaft; **~hokje** [-hɔkjə] (*-s*) *n* Wahlzelle *f*; **~men** [-ə(n)] (ab)stimmen; (*voor, op*) *iemand ~* j-n wählen, für j-n stimmen; *over iets ~* über etw. abstimmen; **~mencijfer** [-ə(n)sɛĭfər] (*-s*) *n* Stimmenanzahl *f*; **~mer** [-ər] (*-s*) *m* Wähler *m*; (*Klavier*) Stimmer *m*.

stemmig [ˈstɛməx] schlicht; sittsam; (*Lokal*) gemütlich.

stem|ming [ˈstɛmɪŋ] *f* Stimmung *f*, Gemütsverfassung *f*; Abstimmung *f*; *Hdl.* Tendenz *f*; *bij de eerste ~* im ersten Wahlgang; *ter ~ leggen* zur Abstimmung bringen; *tot ~ overgaan* zur Abstimmung schreiten; *zich van ~ onthouden* sich der Stimme enthalten; *hoofdelijke ~, ~ bij naamafroeping* namentliche Abstimmung; **~opnemer** [-ɔpneːmər] (*-s*) *m* Stimmensammler *m*.

stempel [ˈstɛmpəl] (*-s*) *m u. n* Stempel *m*; (*Münze*) Gepräge *n*; *Bot.* Stigma *n*, Narbe *f*; (*zum Siegeln*) Petschaft *n*; *fig. zijn ~ drukken op* (nachhaltig) beeinflussen, das Gepräge geben; *speciale ~* Sonderstempel *m*; **~band** [-bɑnt] *m* (*Buch*) Einbanddecke *f*; **~en** [-ə(n)] stempeln; F (*Arbeitslose*) stempeln gehen; *Münzen* prägen.

stem|recht [ˈstɛmrɛxt] *n* Stimmrecht *n*, Wahlrecht *n*; **~spleet** [-spleːt] (*-spleten*) *f* Stimmritze *f*; **~vork** [-v̊ɔrk] *f* Stimmgabel *f*; **~wisseling** [-ʋɪsəlɪŋ] *f* Stimmwechsel *m*.

stencil [ˈstɛnsəl] (*-s*) *n u. m* Schablone *f*; Abzug *m*; **~machine** [-mɑʃiˑnə] (*-s*) *f* Vervielfältigungsapparat *m*.

stenen [ˈsteːnə(n)] steinern, Stein-; *~ tijdperk* Steinzeit *n*.

steng [stɛŋ] *f mar.* Stenge *f*.

stengel [ˈstɛŋəl] (*-s*) *m* Stengel *m*.

stenig [ˈsteːnəx] steinig; **~en** [-ə(n)] steinigen; **~ing** [-ɪŋ] *f* Steinigung *f*.

steno|graaf [steˑnoˑˈɣ̊raːf] (*-grafen*) *m* Stenograph *m*; **~graferen** [-ɣ̊raˑˈfeːrə(n)] stenographieren; **~grafie** [-ɣ̊raˑˈfiː] *f* Stenographie *f*; **~gram** [-ˈɣ̊rɑm] (*-men*) *n* Stenogramm *n*; **~typiste** [-tiˑˈpiˑstə] (*-n u. -s*) *f* Stenotypistin *f*.

step [stɛp] (*-s u. -pen*) *m* (*Tanz*) Step *m*; (*Spielzeug*) Roller *m*.

steppe [ˈstɛpə] (*-n*) *f* Steppe *f*; **~** [-(n)] Step tanzen, steppen.

ster [stɛr] (*-ren*) *f* Stern *m*, Gestir *n*; (*Film*) Star *m*; *vroegere* (*reed oudere*) *~* (*Film*) Altstar *m*; *vallend ~* Sternschnuppe *f*.

stère [ˈsteːrə] (*-s u. -n*) *f* Raummete *m*.

stereo [ˈsteːreˑ(j)oˑ]: *in ~* in Stere in Stereophonie; **~scoop**, **~skoo** [-ˈskoːp] (*-scopen*) *m* Stereoskop *n* **~tiep** [-ˈtiˑp] stereotyp(isch), unver änderlich; leer, abgedroschen.

sterf|bed [ˈstɛrv̊bɛt] (*-den*) *n* Sterbe bett *n*; **~dag** [-dɑx] *m* Todestag *n* **~(e)lijk** [-(ə)lək] sterblich; **~gev** [-xəv̊ɑl] (*-len*) *n* Todesfall *m*; **~lijs** [-lɛĭst] *f* Totenliste *f*; **~te** [-t Sterblichkeit *f*; Sterben *n*; *~ ond het vee* Viehsterben *n*; **~tecijfe** [-təsɛĭfər] (*-s*) *n* Sterblichkeitsziff *f*, Sterblichkeit *f*; **~uur** [-yːr] (*- ren*) *n* Sterbestunde *f*, Todesstund *f*.

ste|riel [steˑˈriːl] steril, unfruchtba **~rilisatie**, *a.* **-zatie** [-riˑliˑzaːsi (*-s*) *f* Sterilisation *f*; **~riliseren**, **-zeren** [-riˑliˑˈzeːrə(n)] sterilisiere **~riliteit** [-riˑliˑˈtɛĭt] *f* Sterilität Keimfreiheit *f*.

sterk [stɛrk] stark, kräftig; fe dauerhaft; sehr; *~ gelijken op* se ähnlich sein *D*; *ik maak mij ~* i nehme es auf mich; *hij is er ~ vo* er ist sehr dafür; *~ water* Scheid wasser *n*; *~e boter* ranzige Butte *dat is* (*al te*) *~* F das ist stark Tobak; een *~ verhaal* e-e spannen Geschichte; **~en** [-ə(n)] stärke **~stroom** [-stroːm] *m El.* Star strom *m*; **~te** [-tə] (*-s u. -n*) *f* Stär *f*, Kraft *f*; *mil.* Festung *f*; Effekti stärke *f* (*e-r Armee*).

sterrekijker [ˈstɛrəkɛĭkər] (*-s*) Teleskop *n*.

sterren|beeld [ˈstɛrəbeːlt] *n* Ster bild *n*, Gestirn *n*; **~hemel** [-heːm *m* Sternenhimmel *m*; **~kijker** [-k kər] (*-s*) *m* Sterngucker *m*, Ster deuter *m*; **~kunde** [-kəndə] *f* Astr nomie *f*, Sternkunde *f*; **~licht** [-li *n* Sternenlicht *n*; **~regen** [reːɣ̊ə((*-s*) *m* Sternschnuppenregen *m*; **wacht** [-ʋɑxt] *f* Sternwarte *f*, O servatorium *n*; **~wichelarij** [-ʋɪ laˑˈrɛĭ] *f* Astrologie *f*, Sterndeutu *f*.

sterrit [ˈstɛrɪt] (*-ten*) *m* Sternfahr

ster|veling ['stɛrv̊əlɪŋ] *m* Sterbliche(r) *m*; **~ven** [-v̊ə(n)] (*stierf, gestorven*) sterben; *op ~ liggen* im Sterben liegen; *van honger ~* vor Hunger sterben.

stet(h)oscoop, *a.* **-koop** [ste·tɔs-'ko:p] (*-scopen*) *m* Stethoskop *n*.

steun [stø:n] *m* Stütze *f*; Unterstützung *f*; Fürsorge *f*; *~ trekken (krijgen)* Unterstützung empfangen; *~ van het gezin* (Familien-)Ernährer *m*; **~beer** [-be:r] (*-beren*) *m* Strebepfeiler *m*; **~boog** [-bo:x] (*-bogen*) *m* Stützbogen *m*; **~comité** [-kɔmi·te:] (*-s*) *n* Wohlfahrtsausschuß *m*; Hilfskomitee *n*; **~en** [-ə(n)] stützen; unterstützen; *v/i* sich lehnen; stöhnen, ächzen; *~ op* sich verlassen auf *A*; **~fonds** [-fɔn(t)s] *n* Hilfsfonds *m*, Untterstützungskasse *f*; **~komitee** *s. steuncomité*; **~pilaar** [-pi:la:r] (*-laren*) *m* Stützsäule *f*, Stützpfeiler *m*; *fig.* Stütze *f*; **~punt** [-pənt] *n* Stützpunkt *m* (*a. mil.*); *fig.* Halt *m*; Anhaltspunkt *m*; **~troepen** [-tru·-pə(n)] *pl.* Hilfstruppen *f/pl.*; **~verlening** [-v̊ərle:nɪŋ] *f* Unterstützung *f*; Fürsorge *f*; **~zool** [-zo:l] (*-zolen*) *m* Schuheinlage *f*.

steur [stø:r] *m* Stör *m*.

Steven[1] *m* Stephan *m*.

steven[2] ['ste:v̊ə(n)] (*-s*) *m* Steven *m*; **~en** [-ə(n)] steuern, segeln.

stevig ['ste:v̊əx] tüchtig; fest, kräftig; solide; prall.

steward ['stju·ʋərt] (*-s*) *m* Steward *m*; **~ess** [-'dɛs] (*-sen*) *f* Stewardeß *f*; (*Messe, Flgw.*) Hostess *f*.

sticht [stɪxt] *n* Stift *n*.

sticht|telijk ['stɪxtələx] erbaulich; fromm; **~ten** [-tə(n)] stiften, gründen; *fig.* erbauen; **~ter** [-tər] (*-s*) *m* Stifter *m*, Gründer *m*; **~ting** [-tɪŋ] *f* Stiftung *f*, Gründung *f*; Erbauung *f*; **~tingskapitaal** [-tɪŋskapi·ta:l] (*-talen*) *n* Gründungskapital *n*.

stief|broe(de)r ['sti:v̊bru:(də)r] (*-s*) *m* Stiefbruder *m*; **~zoon** [-so:n] (*-s u. -zonen*) *m* Stiefsohn *m*; **~zuster** [-səstər] (*-s*) Stiefschwester *f*.

stiekem ['sti:kəm] heimlich; **~erd** [-ərt] (*-s*) *m* Leisetreter *m*.

stiel [sti:l] *m* Gewerbe *n*, Handwerk *n*; *een ~ uitoefenen* ein Handwerk (Gewerbe) ausüben; **~man** [-mɑn] (*-nen*) *m* Facharbeiter *m*, Fachmann *m*, Fachkraft *f*.

stier [sti:r] *m* Stier *m*; **~egevecht** [-əɣ̊əv̊ɛxt] *n* Stierkampf *m*; **~enek** [-ənɛk] (*-ken*) *m* Stiernacken *m*; **~envechter** [-ə(n)v̊ɛxtər] (*-s*) *m* Stierkämpfer *m*; **~lijk** [-lək] furchtbar.

Stiermarken ['sti:rmɑrkə(n)] *n* Steiermark *f*.

stift [stɪft] *n s. sticht*; *f* Stift *m*; Stichel *m*.

stijf [stɛĭf] steif, starr; **~heid** [-hɛĭt] *f* Steifheit *f*; **~hoofdig** [-'ho:v̊dəx], **~koppig** [-'kɔpəx] starrköpfig; **~kop** [-kɔp] (*-pen*) *m* Starrkopf *m*; **~sel** [-səl] *n u. m* Stärke *f*; (*Klebemittel*) Kleister *m*; **~te** [-tə] (*kein pl.*) Steifheit *f*.

stijg|beugel ['stɛĭɣ̊bø:ɣ̊əl] (*-s*) *m* Steigbügel *m*; **~en** [-ə(n)] (*steeg, gestegen*) steigen; *fig.* wachsen, zunehmen; *doen ~* steigern; **~kracht** [-krɑxt] *f* Auftrieb *m*; **~vermogen** [-fərmo:ɣ̊ə(n)] *n* Steigfähigkeit *f*.

stijl [stɛĭl] *m* Stil *m*; Pfosten *m*; *Bot.* Griffel *m*; **~bloempje** [-blu:mpjə] (*-s*) *n* Stilblüte *f*; **~leer** [-le:r] *f* Stilistik *f*.

stijven ['stɛĭv̊ə(n)] (*stijfde, gestijfd*; [*mit Stärke*] *steef, gesteven*) steifen, stärken; *fig.* bestärken, verstärken.

stik|donker ['stɪgdɔŋkər] stockfinster; **~garen** [-ɣ̊a:rə(n)] (*-s*) *n* Stickgarn *n*; **~gas** [-xɑs] (*-sen*) *n* Stickstoff *m*; **~heet** [-he:t] drükkend heiß; **~ken** [-kə(n)] ersticken; (*Handarbeit*) sticken, stopfen, steppen; *~ van het lachen fig.* platzen vor Lachen; *hij kan (mag) ~!* F er verrecke!; *stik!* F hol' dich der Teufel!; basta!; **~sel** [-səl] (*-s*) *n* Stepperei *f*, Stickerei *f*, Stickarbeit *f*; **~ster** [-stər] (*-s*) *f* Stepperin *f*, Stickerin *f*; **~stof** [-stɔf] *f* Stickstoff *m*; **~stofmest** [-stɔfmɛst] *m* Stickstoffdünger *m*.

stil [stɪl] still, ruhig; *~le agent* Geheimpolizist *m*; *~le week* Karwoche *f*; *~le mis* stille Messe; *met (de) ~le trom* ohne Sang und Klang; *zo ~ als een muisje* (mucks)mäuschenstill.

stileren [sti·'le:rə(n)] stilisieren.

stilet [sti·'lɛ]t (*-ten*) *n* Stilett *n*.

stilhouden ['stɪlhɑudə(n)] stillhalten, *fig.* verschweigen; (an)halten, haltmachen.

stilist [sti·'li·st] *m* Stilist *m*; **~isch** [-i·s] stilistisch.

stille ['stɪlə] (*-n*) *m* schweigsame(r) Mensch *m*; Geheimpolizist *m*.

stil|leggen ['stɪlɛɣ̊ə(n)] stillegen; *het werk* ~ die Arbeit niederlegen, streiken; *een machine* ~ e-e Maschine anhalten; **~len** [-ə(n)] stillen; beruhigen, befriedigen; *Aufruhr* dämpfen; **~letje** [-ətjə] (*-s*) *n* Nachtstuhl *m*; **~letjes** [-lətjəs] ganz leise; heimlich; *het is* (*maar*) ~ das Geschäft geht nicht (gut); **~leven** [-'le:v̊ə(n)] (*-s*) *n* Stilleben *n*; **~liggen** [-lɪɣ̊ə(n)] stilliegen; **~staan** [-sta:n] (*stond stil*, *stilgestaan*) stillstehen; stocken, stagnieren; **~staand** [-sta:nt] stillstehend; ~ *water* stehende(s) Gewässer *n*; *bij* (*met*) ~ *vertrek* (*Wagen*, *Sp.*) aus dem Stand; **~stand** [-stɑnt] *m* Stillstand *m*; Stockung *f*, Stagnation *f*, *Hdl.* Flaute *f*; *verboden* ~, ~ *verboden* Halteverbot *n*; **~te** [-tə] (*-n u. -s*) *f* Stille *f*, Schweigen *n*, Ruhe *f*; *in* ~ im stillen, in der Stille; heimlich; ~*!* Ruhe!; **~zwijgen** [-'zʋɛĭɣ̊ə(n)] stillschweigen; *Su. n* (Still-)Schweigen *n*; Verschwiegenheit *f*, Diskretion *f*.

stimuleren [sti·my·'le:rə(n)] stimulieren, anregen; reizen; ~*de middelen n/pl.* Anregungsmittel *n/pl.*, Aufputschmittel *n/pl.*

stink|dier ['stɪŋgdi:r] *n* Stinktier *n*; **~en** [-kə(n)] (*stonk*, *gestonken*) stinken; **~erd** [-ərt] (*-s*) *m* Stänker *m*, Schweinehund *m*.

stip [stɪp] *f* Punkt *m* Flecken *m*, Tüpfel *m*.

stipendium [sti·'pɛndi·əm] (*-s u. -dia*) *n* Stipendium *n*.

stippel ['stɪpəl] (*-s*) *f s. stip*; **~en** [-ə(n)] punktieren, tüpfeln; **~lijn** [-ɛĭn] *f* punktierte Linie *f*.

stipt [stɪpt] pünktlich; **~heid** [-hɛĭt] *f* Pünktlichkeit *f*.

stoeien [stu·ĭ(j)ə(n)] schäkern; tollen, sich balgen; sich tummeln.

stoel [stu:l] *m* Stuhl *m*; *niet onder* ~*en of banken steken* kein Hehl aus etw. machen; **~gang** [-ɣ̊ɑŋ] *m* Stuhlgang *m*; **~tjeslift** [-tjəslɪft] *m* Sessellift *m*.

stoep [stu·p] *f u. m* Bürgersteig *m*, Gehweg *m*; **~band** [-bɑnt] *m* Bordstein *m*.

stoer [stu:r] stämmig, rüstig, vierschrötig; *Adv.* stur, hartnäckig.

stoet [stu:t] *m* Aufzug *m*, Zug *m*; Gefolge *n*.

stoeterij [stu·tə'rɛĭ] *f* Gestüt *n*.

stof[1] [stɔf] (*kein pl.*) *n* Staub *m*; ~ *afdoen* Staub wischen; **~**[2] (*-fen*) *f* Stoff *m*, Materie *f*; Zeug *n*; **~bril** [-brɪl] (*-len*) *m* Schutzbrille *f*; **~doek** [-du·k] *m* Staub-, Wischtuch *n*.

stoffeerder [stɔ'fe:rdər] (*-s*) *m* Polsterer *m*; Staffierer *m*.

Stoffel[1] ['stɔfəl] *m* Christoph *m*.

stoffel[2] (*-s*) *m* Tölpel *m*, Schafskopf *m*; **~achtig** [-ɑxtəx] tölpelhaft.

stof|felijk ['stɔfələk] materiell, stofflich; ~ *overschot* irdische Hülle *f*, die sterblichen Reste *m/pl.*; **~fen** [-ə(n)] abstauben, staubwischen; *Adj.* Stoff-, aus Stoff; ~ *op* (*met*) prahlen (sich brüsten) mit; **~fenwinkel** [-ə(n)ʋɪŋkəl] (*-s*) *m* Stoffgeschäft *n*; **~fer** [-ər] (*-s*) *m* Handfeger *m*; Tischbesen *m*; Prahler *m*, Aufschneider *m*; **~feren** [-'fe:rə(n)] schmücken; möblieren; polstern; *Gemälde usw.* staffieren.

stof|fig ['stɔfəx] staubig; **~goud** [-xɑut] *n* Goldstaub *m*; **~hagel** [-ha:ɣ̊əl] *m* Graupelhagel *m*; **~jas** [-jɑs] (*-sen*) *m u. f*, **~mantel** [-mɑntəl] (*-s*) *m* Staubmantel *m*; **~naam** [-na:m] (*-namen*) *m* Stoffname *m*; **~wisseling** [-ʋɪsəlɪŋ] *f* Stoffwechsel *m*; **~zuiger** [-sœyɣ̊ər] (*-s*) Staubsauger *m*.

stoïciin [sto:i·'sɛĭn] *m* Stoiker *m*; **~s** [-s] stoisch.

stok [stɔk] (*-ken*) *m* Stock *m*, Stecken *m*, Stab *m*; (*Hühner*) Stange *f*; (*Golf*) Schläger *m*; *het met iemand aan de* ~ *krijgen* sich mit j-m anlegen, Streit mit j-m bekommen; *alle gekheid op een* ~*je* Spaß beiseite; **~doof** [-do:f] stocktaub.

sto|kebrand ['sto:kəbrɑnt] *m* Unruhestifter *m*, Aufwiegler *m*; **~ken** [-kə(n)] (ein)heizen; *Branntwein* brennen; *fig.* hetzen; *kwaad* ~ hetzen, Zwietracht stiften; **~ker** [-kər] (*-s*) Heizer *m*; Branntweinbrenner *m*; *fig.* Hetzer *m*; **~kerij** [-kə'rɛĭ] (Branntwein-)Brennerei *f*; *fig.* Hetzerei *f*.

stokken ['stɔkə(n)] stocken; stekkenbleiben.

stok|oud ['stɔkɑut] steinalt; **~paardje** [-pa:rtjə] (*-s*) *n* Steckenpferd *n*; **~roos** [-ro:s] (*-rozen*) *f* Stockrose *f*; **~slag** [-slɑx] *m* Stockschlag *m*; **~stijf** [-stɛĭf] stocksteif; **~vis** [-fɪs] (*-sen*) *m* Stockfisch *m*.

stola ['sto:la·] (-'s) *f* Stola *f*.
stollen ['stɔlə(n)] gerinnen, stocken; erstarren.
stolp [stɔlp] *f* (Glas-)Glocke *f*.
stom [stɔm] stumm, sprachlos; dumm; *geen* ~ *woord* kein Sterbenswörtchen; **~dronken** [-drɔŋkə(n)] total betrunken (F besoffen).
sto|men ['sto:mə(n)] dampfen; *mar.* mit Volldampf fahren; *Speise* dämpfen; *Kleider* chemisch reinigen; **~mer** [-mər] (-*s*) *m* Dampfer *m*, Dampfschiff *n*; **~merij** [-mə'rɛĭ] *f* chemische Reinigung *f*.
stom|heid ['stɔmhɛĭt] (-*heden*) *f* Stummheit *f*; Dummheit *f*; *met* ~ *geslagen* verdutzt dastehen; **~kop** [-kɔp] (-*pen*) *m* Schafskopf *m*, Dummkopf *m*.
stomme ['stɔmə] (-*n*) *m u. f* Stumme(r *m*) *f*; *Thea.* Statist *m*, (*Film a.*) Komparse *m*; **~knecht** [-'knɛxt] (-*s*) *m* Serviertisch *m*.
stommelen ['stɔmələ(n)] poltern, lärmen.
stom|meling ['stɔməlɪŋ] *m*, **~merd** [-ərt] (-*s*) *m*, **~merik** [-ərɪk] *m* Dummkopf *m*, Dummerjan *m*, Schafskopf *m*; **~migheid** [-əxhɛĭt] (-*heden*) *f*, **~miteit** [-ɪ'tɛĭt] *f* Dummheit *f*, F Eselei *f*.
stomp [stɔmp] stumpf; *Su. m* Stumpf *m*, Stummel *m*; (Faust-) Schlag *m*, Stoß *m*, Puff *m*; **~en** [-ə(n)] stoßen, puffen, boxen; **~hoekig** [-hu·kəx] stumpfwinklig; **~zinnig** [-'sɪnəx] stumpfsinnig.
stom|verbaasd [stɔmvər'ba:st] höchst erstaunt; verständnislos; **~vervelend** ['-v̊ərv̊e:lənt] furchtbar langweilig.
stond[1] [stɔnt] *s. staan.*
stond[2] *m*, **~e** ['stɔbdə] (*stonden*) *f* Augenblick *m*; Stunde *f*; *te dezer* ~*e* zur Stunde.
stonk [stɔŋk] *s. stinken.*
stoof[1] [sto:f] *s. stuiven.*
stoof[2] (*stoven*) *f* Ofen *m*; Fußwärmer *m*.
stookplaats ['sto:kpla:ts] *f* Heizraum *m*; Herd *m*.
stoom [sto:m] *m* Dampf *m*; *fig. onder* ~ *zetten* Druck ausüben; **~boot** [-bo:t] *m u. f* Dampfschiff *n*, Dampfer *m*; **~fluit** [-flœyt] *f* Dampfpfeife *f*; **~ketel** [-ke:təl] (-*s*) *m* Dampfkessel *m*; **~klep** [-klɛp] (-*pen*) *f* Dampfventil *n*; **~kraan** [-kra:n] *f* Dampfkran *m*; (*Verschluß*) Dampfhahn *m*; **~kracht** [-krɑxt] *f* Dampfkraft *f*; **~machine** [-mɑʃi·nə] (-*s*) *f* Dampfmaschine *f*; (*Eisenbahn*) Dampflokomotive *f*; **~vaartlijn** [-v̊a:rtlɛĭn] *f* Dampferlinie *f*, Dampfschiffahrtslinie *f*; **~wals** [-ʋɑls] *f* Dampfwalze *f*.
stoor|nis ['sto:rnɪs] (-*sen*) *f* Störung *f*; **~zender** [-zɛndər] (-*s*) *m* Störsender *m*.
stoot [sto:t] (*stoten*) *m* Stoß *m*; *fig.* Anstoß *m*, Anlaß *m*, Anregung *f*; *zonder slag of* ~ ohne Mühe; **~kracht** [-krɑxt] *f* Stoßkraft *f*; *Flgw.* Schubkraft *f*; **~kussen** [-kəsə(n)] *n* Puffer *m*; **~vrij** [-frɛĭ] stoßfest, hiebfest.
stop [stɔp] Korken *m*, Stöpsel *m*, Pfropfen *m*; *El.* Sicherung *f*; Stekker *m*; (*Telegraf*) Punkt *m*; *af-, opschroefbare* ~ Schraubdeckelverschluß *m*; **~contact** [-kɔntɑkt] *n* Steckdose *f*; **~garen** [-xa:rə(n)] (-*s*) *n* Stopfgarn *n*; **~kontakt** *s. stopcontact*; **~lap** [-lɑp] (-*pen*) *m* Flicken *m*; *fig.* Lückenbüßer *m*; **~licht** [-lɪxt] *n* Stopplicht *n*; (Verkehrs-)Ampel *f*.
stoppel ['stɔpəl] (-*en u.* -*s*) *m* Stoppel *f*; **~baard** [-ba:rt] *m* Stoppelbart *m*; **~ig** [-əx] stopp(e)lig, struppig.
stop|pen ['stɔpə(n)] (an)halten, stoppen; *Zeit* (ab)stoppen; stopfen, ausbessern; stecken, hineintun; *Motor usw.* abstellen; **~per** [-ər] (-*s*) *m Sp.* Stopper *m*, Mittelläufer *m*.
stop|plaats ['stɔpla:ts] *f* Haltestelle *f*; Zwischenaufenthalt *m*; **~sein** [-sɛĭn] *n* Haltesignal *n*; **~verf** [-fɛrf] *f* Glaserkitt *m*; **~wol** [-ʋɔl] *f* Stopfgarn *n*; **~woord** [-ʋo:rt] *n* Flickwort *n*; Lückenbüßer *m*; **~zetten** [-sɛtə(n)] stoppen, stillegen, abstellen, einstellen.
store ['sto:rə] (-*s*) *f* Store *m*.
sto|ren ['sto:rə(n)] stören; unterbrechen; sich kümmern um *A*; **~ring** [-rɪŋ] *f* Störung *f*; *zonder* ~*en* störungsfrei.
storm [stɔrm] *m* Sturm *m*; **~achtig** [-ɑxtəx] stürmisch; **~en** [-ə(n)] stürmen; *het zal er* ~ es wird da stürmisch hergehen; **~enderhand** [-əndər'hɑnt] im Sturm; **~ig** [-əx] stürmisch; **~klok** [-klɔk] (-*ken*) *f*

Sturmglocke *f*; **~pas** [-pɑs] *m* Sturmschritt *m*; **~vogel** [-vo:ɣəl] (*-s*) *m* Sturmvogel *m*; **~weer** [-ʋe:r] *n* Sturm *m*.

stor|neren [stɔr'ne:rə(n)] *Hdl.* stornieren; rückgängig machen; **~no** ['stɔrno:] (*-'s*) *m* Storno *m*, Berichtigung *f*, Rückbuchung *f*, Löschung *f*.

stort [stɔrt] *n* Müllabladeplatz *m*, Deponie *f*; *speciaal* ~ Sonderdeponie *f*; **~bad** [-bɑt] *n* Dusche *f*, Brause *f*; Guß *m*; **~beek** [-be:k] (*-beken*) *f* Sturzbach *m*; **~bui** [-bəʏ] *f* Regenschauer *m*; **~en** [-ə(n)] stürzen; *Tränen* vergießen; *Geld* einzahlen; *Geld auf ein Postscheckkonto* überweisen; *Flüssigkeit* (ver-)schütten; *Schutt* abladen; *verboden te* ~ Schutt abladen verboten; **~goederen** [-xu·dərə(n)] *pl.* Sturzgut *n*; **~ing** [-ɪŋ] *f* Einzahlung *f*; *tegen* ~ *van* gegen Zahlung *G*; ~ *voor pensioen* Pensionsbeitrag *m*; **~ingsbiljet** [-ɪŋzbɪljɛt] (*-ten*) *n* Zahlkarte *f*; Einzahlungsschein *m*; **~kar** [-kɑr] (*-ren*) *f* Kippkarren *m*; Müllkarren *m*, Müllkipper *m*; **~plaats** [-pla:ts] *f* Abladeplatz *m*; **~regen** [-re:ɣə(n)] (*-s*) *m* Platzregen *m*; **~vloed** [-flu·t] *m* Flut *f*, Strom *m*; **~zee** [-se:] (*-ën*) *f* Sturzwelle *f*, Sturzsee *f*, Brecher *m*.

stoten ['sto:tə(n)] (*stootte od. stiet, gestoten*) stoßen; *zich* ~ *aan* sich stoßen an *A*; *fig.* Anstoß nehmen an *D*; **~d** [-t] anstößig.

stotter|aar ['stɔtəra:r] (*-s*) *m* Stotterer *m*; **~en** [-ə(n)] stottern; **~geld** [-ɣɛlt] *n* F Teilzahlung *f*.

stout[1] [stɑut] *m u. n* Stout *m*.

stout[2] kühn, verwegen; (*Kinder*) unartig, ungezogen; **~erd** [-ərt] (*-s*) *m*, **~erik** [-ərɪk] *m* unartige(s) Kind *n*; Taugenichts *m*; **~heid** [-hɛĭt] *f* Kühnheit *f*, Verwegenheit *f*; **~igheid** [-əxhɛĭt] (*-heden*) *f* Unartigkeit *f*, Ungezogenheit *f*; **~moedig** [-'mu·dəx] kühn, herzhaft; **~weg** [-ʋɛx] dreist, unverfroren.

stou|wen ['stɑu(ʋ)ə(n)] stauen; **~wer** [-ʋər] (*-s*) *m* Stauer *m*.

stoven ['sto:ʋə(n)] schmoren, dämpfen; *iemand een kool* ~ j-m e-n Streich spielen.

straal [stra:l] (*stralen*) *m u. f* Strahl *m*; Radius *m*, Halbmesser *m*; *Adv.* völlig, absolut; ~ *bezopen* F völlig besoffen, sternhagelvoll; *iemand* ~ *ne'geren fig.* j-n schneiden, j-m die kalte Schulter zeigen; **~aandrijving** [-a:ndrɛĭʋɪŋ] *f* Düsenantrieb *m*; **~breking** [-bre:kɪŋ] *f* Strahlenbrechung *f*; **~jager** [-ja:ɣər] (*-s*) *m* Düsenjäger *m*; **~motor** [-mo:tɔr] (*-s u. -en*) *m* Düsenmotor *m*; **~vliegtuig** [-vli:xtəʏx] *n* Düsenflugzeug *n*.

straat [stra:t] (*straten*) *f* Straße *f*, Fahrdamm *m*; *mar.* Meerenge *f*; **~deuntje** [-dø:ntjə] (*-s*) *n* Gassenhauer *m*; **~gevecht** [-xəvɛxt] *n* Straßenkampf *m*; **~jongen** [-jɔŋə(n)] (*-s*) *m* Gassenjunge *m*; **~rumoer** [-ry·mu:r] *n* Straßenlärm *m*.

Straatsburg ['stra:dzbərx] *n* Straßburg *n*.

straat|slijper ['stra:tslɛĭpər] (*-s*) *m* Müßiggänger *m*, Pflastertreter *m*; **~steen** [-ste:n] (*-stenen*) *m* Pflasterstein *m*; **~veger** [-fe:ɣərt] (*-s*) *m* Straßenkehrer *m*; **~verlichting** [-fərlɪxtɪŋ] *f* Straßenbeleuchtung *f*; **~vuil** [-fəʏl] *n* Straßenkehricht *m*; **~weg** [-ʋɛx] *m* Chaussee *f*, Landstraße *f*; **~zanger** [-sɑŋər] (*-s*) *m* Straßensänger *m*, Bänkelsänger *m*.

straf[1] [strɑf] straff, streng; *dat vind ik* ~ das finde ich übertrieben; F *dat is ~fe tabak* (*toebak*) *fig.* das ist starker Tobak.

straf[2] (*-fen*) *f* Strafe *f*; *op* ~ *van boet*(*e*) bei e-r Geldstrafe von …; wird mit … bestraft; *een* ~ *opleggen* e-e Strafe auferlegen (verhängen); **~baar** [-ba:r] strafbar; **~feloos** [-əlo:s] straflos, ungestraft; nicht vorbestraft; **~fen** [-ə(n)] strafen, ahnden; ~ *tot 15 jaar* auf 15 Jahre erkennen.

straf|inrichting ['strɑfɪnrɪxtɪŋ] Strafanstalt *f*; **~plaats** [-pla:ts] Richtplatz *m*; **~port** [-pɔrt] (*kein pl.*) *n u. m* Strafporto *n*, Nachporto *n*, Nachgebühr *f*; **~procedure** [-pro·sədy:rə] (*-s*) *f* Strafprozeßordnung *f*; Strafverfahren *n*; **~recht** [-rɛxt] *n* Strafrecht *n*; *wetboek van* ~ Strafgesetzbuch *n*; **~rechter** [-rɛxtər] (*-s*) *m* Strafrichter *m*; **~schop** [-sxɔp] (*-pen*) *m Sp.* Strafstoß *m*, Elfmeter *m*; **~schopgebied** [-sxɔpxəbi:t] *n Sp.* Strafraum *m*; **~vordering** [-fɔrdərɪŋ] *f*; *wetboek van* ~ Strafprozeßordnung *f*; **~waardig** [-'ʋa:rdəx] strafwürdig, strafbar; **~werk** [-ʋərk]

Strafarbeit *f*; **~zaak** [-sa:k] (*-zaken*) *f* Strafsache *f*, Strafverfahren *n*.

strak [strɑk] straff, prall; starr; **~jes** [-jəs], **~s** [-s] bald, gleich nachher, gleich; *tot ~* bis gleich (nachher).

stra|len [ˈstra:lə(n)] strahlen; *~ van vreugd(e)* vor Freude strahlen; **~lend** [-lənt] strahlend; *~e zon* pralle Sonne; **~lenkrans** [-lənkrɑns] *f* Strahlenkranz *m*, Heiligenschein *m*; **~ling** [-lɪŋ] *f* Strahlung *f*; **~lingsgevaar** [-lɪŋsxəv̊a:r] *n* Strahlungsgefahr *f*; **~lingshinder** [-lɪŋshɪndər] *m* Strahlenbelastung *f*.

stram [strɑm] starr, steif.

stramien [straˑˈmi:n] *n* Stramin *m*; *op (naar) hetzelfde ~* wie gehabt, wie schon bekannt, in gleicher Form (Art).

strand [strɑnt] *n* Strand *m*; Badeplatz *m*; **~bewoner** [-bəʋo:nər] (*-s*) *m* Strandbewohner *m*; **~en** [-ə(n)] stranden; *fig.* scheitern; **~jutter** [-jøtər] (*-s*) *m* Stranddieb *m*; **~stoel** [-stu:l] *m* Strandkorb *m*; **~voogd** [-fo:xt] *m* Strandaufseher *m*.

stras [strɑs] (*-sen*) *n u. m* Straß *m*, Bleiglas *n*.

strate|gie [straˑteˑˈɣ̊i:], *a.* [-ˈʒi:] *f* Strategie *f*; **~gisch** [-ˈte:ɣ̊iˑs] strategisch.

stratennet [ˈstra:tə(n)nɛt] (*-ten*) *n* Straßennetz *n*.

strato|sfeer [straˑtoˑˈsfe:r] *f* Stratosphäre *f*; **~sfeervlucht** [-ˈsfe:rvløxt] *f* Stratosphärenflug *m*.

streed [stre:t] *s. strijden.*

streek[1] [stre:k] *s. strijken.*

streek[2] (*streken*) *m u. f* Streich *m*.

streek[3] Strich *m*; Gegend *f*, Landstrich *m*; *van ~ zijn* unwohl sein, außer Fassung sein; *weer op ~ komen* sich erholen; **~plan** [-plɑn] (*-nen*) *n* Regionalplan *m*; **~roman** [-roˑˈmɑn] (*-s*) *m* Heimatroman *m*; **~taal** [-ta:l] (*-talen*) *f* Mundart *f*.

streep [stre:p] (*strepen*) *f* Strich *m*; (*auf Kleiderstoff, Fahrdamm usw.*) Streifen *m*; (*auf Ärmel*) (Ärmel-) Tresse *f*, Streifen *m*, Borte *f*; *een ~ halen door* ausstreichen, durchstreichen; *een ~ zetten onder* unterstreichen; beenden, abschließen, beschließen; *er loopt bij hem een ~ door* F *fig.* er hat e-n Sparren zuviel; **~je** [-jə] (*-s*) *n* Strichelchen *n*, Strichlein *n*; gestreiftes Zeug; (*Kleider*) *een fijn ~* Nadelstreifen *m*; **~jesgoed** [-jəsxuˑt] *n* gestreiftes Zeug.

strek|ken [ˈstrɛkə(n)] strecken, dehnen; *fig.* dienen, gereichen zu; *tot eer ~* zur Ehre gereichen; *zolang de voorraad strekt* solange der Vorrat reicht; *tot voorbeeld ~* als Beispiel dienen; **~king** [-kɪŋ] *f* Strecken *n*, Streckung *f*; *fig.* Tendenz *f*, Zweck *m*, Ziel *n*; **~spier** [-spi:r] *f* Streckmuskel *m*.

strelen [ˈstre:lə(n)] streicheln; *fig.* schmeicheln *D*, reizen.

strem|men [ˈstrɛmə(n)] hemmen, hindern; stocken; *Milch usw.*: gerinnen; **~sel** [-səl] (*-s*) *n* Gerinnsel *n*; (Käse-)Lab *n*.

streng[1] [strɛŋ] streng; stramm.

streng[2] *f* Strang *m*, Strähne *f*; **~elen** [-ələ(n)] schlingen, flechten.

strengheid [ˈstrɛŋhɛĭt] (*-heden*) *f* Strenge *f*.

stress [strɛs] (*kein pl.*) *m* Streß *m*, Belastung *f*.

streven [ˈstre:v̊ə(n)] streben, bestrebt sein, sich bemühen um (*A*); *Su. n* Bestreben *n*, Streben *n*.

stribbeling [ˈstrɪbəlɪŋ] *f s. strubbeling.*

striem [stri:m] *f* Strieme *f*, Striemen *m*; **~en** [-ə(n)] schlagen, peitschen; *een ~d antwoord* e-e beißende (verletzende) Erwiderung.

strijd [strɛĭt] *m* Kampf *m*; (*mit Worten*) Streit *m*; Zwist *m*; *in ~ met de wet* gesetzeswidrig; *om ~* um die Wette; *ten ~e trekken* in den Krieg ziehen; *in strijd (zijn) met* im (in) Widerspruch zu; verstoßen gegen (*A*); **~baar** [-ba:r] streitbar; kampffähig; **~en** [-ə(n)] (*streed, gestreden*) kämpfen; streiten, zanken; **~er** [-ər] (*-s*) *m* Kämpfer *m*; Streiter *m*; **~ig** [-əx] streitig; entgegengesetzt; *~ met* im Widerspruch zu.

strijd|krachten [ˈstrɛĭtkrɑxtə(n)] *f/pl.* Streitkräfte *f/pl.*; **~kreet** [-kre:t] (*-kreten*) *m* Schlachtruf *m*; **~perk** [-pɛrk] *n* Kampfplatz *m*; *in het ~ treden fig.* in die Schranken treten; **~ros** [-rɔs] (*-sen*) *n* Streitroß *n*; **~vaardig** [-ˈfa:rdəx] kampfbereit; **~vraag** [-fra:x] (*-vragen*) *f* Streitfrage *f*.

strijk|age [ˈstrɛĭkˈa:ʒə] (*-s*) *f* Reverenz *f*, Ehrerbietung *f*; *~s maken* Komplimente machen; **~en** [-ə(n)]

(*streek, gestreken*) streichen; streicheln; *Wäsche* bügeln, plätten; *Boot* aussetzen; *gaan ~ met* einstreichen, einstecken; *de vlag ~* die Flagge streichen; *fig.* nicht mehr weiterkämpfen, sich ergeben; **~ijzer** [-ɛĭzər] (*-s*) *n* Bügel-, Plätteisen *n*; **~je** [-jə] (*-s*) *n* (*kleines*) Streichorchester *n*; Kapelle *f*; **~kwartet** [-kʋartɛt] (*-ten*) *n* Streichquartett *n*; **~plank** [-plaŋk] *f* Bügel-, Plättbrett *n*; **~ster** [-stər] (*-s*) *f* Büglerin *f*, Plätterin *f*; **~stok** [-stɔk] (*-ken*) *m* *Mus.* Bogen *m*.
strik [strɪk] Strick *m*; Strang *m*; (*Band*) Schleife *f*; Schlinge *f*; **~das** [-das] (*-sen*) *f* Krawatte *f*; **~je** [-jə] (*-s*) *n* Schleife *f*; Binde *f*; **~ken** [-ə(n)] in der Schlinge fangen; (*Band*) e-e Schleife binden; *Krawatte* binden; **~kenzetter** [-ə(n)-zɛtər] (*-s*) *m* Schlingenleger *m*; **~knoop** [-kno:p] (*-knopen*) *m* Schleife *f*, Knoten *m*.
strikt [strɪkt] strikt, genau; streng; *het ~ noodzakelijke* das unbedingt Notwendige.
strikvraag ['strɪkfra:x] (*-vragen*) *f* [Fangfrage *f*.]
strip [strɪp] (*-pen*) *m* (*Metall*) Lasche *f*; Streifen *m*; (*-s*) *m* Bild(er)streifen *m*; **~goed** [-xu·t] (*kein pl.*) *n* Ausripptabak *m*; **~lokaal** [-lo·ka:l] (*-kalen*) *n* Stripteaselokal *n*; **~naad** [-na:t] (*-naden*) *m u. f* Laschennietung *f*; **~pen** [-ə(n)] (*Tabak*) ausrippen; (*Variété*) sich entkleiden, sich ausziehen; **~ster** [-stər] (*-s*) *f* Ausripperin *f*; (*Variété*) Stripteasetänzerin *f*, F Stripperin *f*; **~verhaal** [-fərha:l] (*-halen*) *n* Bildserie *f*, Comics *pl*.
stro [stro·] *n* Stroh *n*; (*im Stall*) Streu *f*; **~bed** [-bɛt] (*-den*) *n* Strohlager *n*, Streu *f*; **~bloem** [-blu:m] *f* Strohblume *f*; **~dak** [-dak] *n* Strohdach *n*; **~dekker** [-dɛkər] (*-s*) *m* Strohdecker *m*.
stroef [stru:f] schroff; rauh, hart; schwerfällig; mürrisch.
strofe ['stro:fə] (*-s*) *f* Strophe *f*.
stro|halm ['stro:halm] *m* Strohhalm *m*; **~hoed** [-hu·t] *m* Strohhut *m*.
stroken ['stro·kə(n)] (überein)stimmen; entsprechen *D*.
stro|kleurig ['stro:klø:rəx] strohfarbig; **~man** [-man] (*-nen*) *m fig.* Strohmann *m*; **~matras** [-matras] (*-sen*) *f* Strohmatratze *f*.
stro|men ['stro:mə(n)] strömen; fließen; *~d water* fließendes Wasser; **~ming** [-mɪŋ] *f* Strömung *f*; *fig.* Tendenz *f*, Trend *m*.
strompel|en ['strɔmpələ(n)] stolpern; humpeln; **~rok** [-rɔk] (*-ken*) *m* F Maxikleid *n*.
stronk [strɔŋk] *m* Stumpf *m*; (*Kohl*) Strunk *m*.
stront [strɔnt] *m* Kot *m*, Dreck *m*; **~je** [-jə] (*-s*) *n* (*am Auge*) Gerstenkorn *n*; **~jongen** [-jɔŋə(n)] (*-s*) *m* Lausbub *m*, Grünschnabel *m*; **~kever** [-ke:v̂ər] (*-s*) *m* Mistkäfer *m*; **~vent** [-fɛnt] *m* Dreckkerl *m*, Dreckspatz *m*; Schweinehund *m*; F Arschloch *n*; **~zat** [-sat] F sternhagelvoll, total besoffen.
strooi|biljet ['stro:ĭbɪljɛt] (*-ten*) *n* Flugblatt *n*; Zettel *m*; **~bus** [-bɵs] (*-sen*) *f* Streubüchse *f*.
strooien[1] [stro:ĭ(j)ə(n)] aus Stroh, strohern, Stroh-; *~ hoed* Strohhut *m*.
strooi|en[2] (aus)streuen; **~mandje** [-mantjə] (*-s*) *n* Blumenkörbchen *n*; **~meisje** [-mɛĭʃə] (*-s*) *n* Brautjungfer *f*; **~mijn** [-mɛĭn] *f* Treibmine *f*; **~sel** [-səl] (*-s*) *n* Streusel *n*; (*im Stall*) Streu *f*; **~suiker** [-sœykər] *m* Streuzucker *m*; **~zand** [-zant] *n* Streusand *m*.
strook [stro:k] (*stroken*) *f* Streifen *m*; (*Zahlkarte usw.*) Abschnitt *m*; (*an Kleidungsstücken*) Besatz *m*; Falbel *f*, Volant *m*.
stroom [stro:m] (*stromen*) *m* Strom *m*; Fluß *m*; Lauf *m*; *fig.* Flut *f*; **~af** [-'af] stromab(wärts); **~gebied** [-ɣ̂əbi·t] *n* Flußgebiet *n*; **~keten** [-ke:tə(n)] (*-s*) *f* Stromkreis *m*; **~lijn** [-lɛĭn] *f* Stromlinie *f*; **~net** [-nɛt] (*-ten*) *n* Stromnetz *n*.
stroom|op [stro:m'ɔp] stromauf(-wärts); **~sterkte** [-stɛrktə] (*-s u. -n*) *f* Stromstärke *f*; **~verbruik** [-v̂ərbrœyk] *n* Stromverbrauch *m*; **~versnelling** [-v̂ərsnɛlɪŋ] *f* Stromschnelle *f*.
stroop [stro:p] (*stropen*) *f* Sirup *m*; **~achtig** [-axtəx] sirupartig, sirupähnlich; **~likker** [-lɪkər] (*-s*) *m fig* Speichellecker *m*.
strooptocht ['stro:ptɔxt] *m* Streifzug *m*.
strop [strɔp] (*-pen*) *m u. f* Strang *m*; Strick *m*; *mar.* Stropp *m*; Schlinge *m*, Taugenichts *m*; Krawatte *f*

Halteriemen *m*; *dat was een* ~ das ging glatt daneben; *er een* ~ *aan halen* sich verrechnet haben; **~das** [-dɑs] (*-sen*) *f* Halsbinde *f*.

stro|pen [ˈstro:pə(n)] wildern; marodieren; **~per** [-pər] (*-s*) *m* Wilderer *m*, Wilddieb *m*; Marodeur *m*, Plünderer *m*.

stroperig [ˈstro:pərəx] sirupartig; seimig, sämig.

stropop [ˈstro:pɔp] (*-pen*) *f* Strohpuppe *f*; *fig.* Strohmann *m*.

strot [strɔt] (*-ten*) *m u. f* Gurgel *f*, Kehle *f*; *iemand de* ~ *afnijpen* j-n erdrosseln; *fig.* j-m keine Chance lassen; **~klepje** [-klɛpjə] (*-s*) *n* Kehlkopf *m*, Kehldeckel *m*; **~tehoofd** [-əho:ft] *n* Kehlkopf *m*.

stro|voer [ˈstro:vu:r] *n* Strohfutter *n*; **~vuur** [-vy:r] *n* Strohfeuer *n*; **~wis** [-ʋɪs] (*-sen*) *f* Strohwisch *m*; **~zak** [-zɑk] (*-ken*) *m* Strohsack *m*; F Matratze *f*. [*f*, Zank *m*.]

strubbeling [ˈstrəbəlɪŋ] *f* Schererei

struc|tuur [strək'ty:r] (*-turen*) *f* Struktur *f*, Bau *m*; **~turalisme** [-ty·ra·ˈli·smə] *n* Strukturalismus *m*.

struif [strəʏf] (*-struiven*) *f* Eierkuchen *m*.

struik [strəʏk] *m* Strauch *m*; Staude *f*; *pl.* Busch *m*, Gebüsch *n*.

struikel|blok [ˈstrəʏkəlblɔk] (*-ken*) *n* Hindernis *n*; **~draad** [-dra:t] (*-draden*) *m* Stolperdraht *m*; **~en** [-ə(n)] stolpern, straucheln.

struik|gewas [ˈstrəʏkxəʋɑs] *n* Gebüsch *n*, Gestrüpp *n*, Dickicht *n*; **~rover** [-ro:vər] (*-s*) *m* Strauchdieb *m*, Wegelagerer *m*.

struis[1] [strəʏs] *Adj.*, *Adv.* kräftig, stämmig, robust.

struis[2] *m* Strauß *m*; **~riet** [-ri:t] *n* Riedgras *n*, Schilfgras *n*; **~veer** [-fe:r] (*-veren*) *f* Straußenfeder *f*; **~vogel** [-fo:ɣəl] (*-s*) *m Zool.* Strauß *m*; **~vogelpolitiek** [-fo:ɣəlpo·li·ti·k] *f* Vogel-Strauß-Politik *f*.

struktuur *s. structuur.*

strychnine [stri·xˈni·nə] *f* Strychnin *n*.

stuc [stək] *n* Stuck *m*; **~werk** [-ʋɛrk] *n* Stuckarbeit *f*, Stukkateur *f*.

studeerkamer [sty·ˈde:rka:mər] (*-s*) *f* Studierzimmer *n*.

student [sty·ˈdɛnt] *m* Student *m*; **~e** [-tə] (*-n*) *f* Studentin *f*; ~ *in de rechten* Student *m* der Rechte, Jurastudent *m*.

studenten|corps, *a.* **-korps** [sty·ˈdɛntə(n)kɔr], *a.* [-kɔrps] (*-corpora u. -korpsen*) *n* Studentenverbindung *f*, Studentenkorps *n*; **~haver** [-ha:vər] *f* Studentenfutter *n*; Korinthenschokolade *f*; **~reis** [-rɛĭs] (*-reizen*) *f* Studentenreise *f*; **~taal** [-ta:l] (*-talen*) *f* Studentensprache *f*.

studentikoos [sty·dɛnti·ˈko:s] burschikos.

studeren [sty·ˈde:rə(n)] studieren; Student sein; *Mus.* üben; sich auf *etw.* (*A*) verlegen; sinnen auf *A*; *in de medicijnen* ~ Medizin studieren.

studie [ˈsty:rdi:] (*-s u. -ën*) *f* Studium *n*; (*Malerei*) Studie *f*; *een* ~ *van iets maken* etw. studieren; *er* ~ *van maken* sich befleißigen (*G*); *een* ~ *over iets maken* e-n Aufsatz (e-e Studie) über etw. schreiben; ~ *naar het naakt model* Aktstudie *f*; **~beurs** [-bø:rs] (*-beurzen*) *f* Stipendium *n*; **~boek** [-bu·k] *n* Lehrbuch *n*; **~jaren** [-ja:rə(n)] *n/pl.* Studienjahre *n/pl.*, Studentenjahre *pl.*; **~reis** [-rɛĭs] (*-reizen*) *f* Studienreise *f*; **~zaal** [-za:l] (*-zalen*) *f* Studierzimmer *n*.

studio [ˈsty·di·(j)o·] (*-'s*) *m u. n Rf.* Studio *n*, Aufnahmeraum *m*; (*Film*) Atelier *n*; Einzimmerwohnung *f*; **~concert**, *a.* **-kon-** [-kɔnsɛrt] *n* Studiokonzert *n*; **~film** [-fɪlm] (*-s*) *m* Studiofilm *m*.

stug [stəx] schroff, unwirsch; *Haar*: spröde; hart, steif; *een* ~*ge houding* ein unversöhnlicher Standpunkt.

stuif|duin [ˈstəʏvdəʏn] *f* Wanderdüne *f*; **~meel** [-me:l] *n* Blütenstaub *m*; (*Mehl*) Staubmehl *n*; **~zand** [-sɑnt] *n* Flugsand *m*.

stuip [stəʏp] *f* Krampf *m*, Konvulsion *f*; Staupe *f*; *zich een* ~ *lachen* sich halbtot lachen; **~trekking** [-trɛkɪŋ] *f* Zuckung *f*, Konvulsion *f*, Krampf *m*.

stuit [stəʏt] *f* Steiß *m*; **~been** [-be:n] (*-benen u. -eren*) *n* Steißbein *n*.

stuiten [stəʏtə(n)] hemmen, aufhalten, zum Stehen bringen; *v/i* zurückprallen; *op moeilijkheden* ~ auf Schwierigkeiten stoßen; *dat stuit mij tegen de borst* das ist mir zuwider, das empört mich; **~d** [-t] empörend, widerlich, anstößig.

stuiven [ˈstəʏvə(n)] (*stoff*, *gestoven*) stäuben, stieben; sausen, fliegen,

rasen; *het zal er ~!* es wird (da) heiß zugehen!
stuiver ['stœγvər] (*-s*) *m* (*Münze*) Stüber *m* (= *5 Cents*); Groschen *m*; *hij bezit geen ~* er hat keinen Groschen, er hat keinen roten Heller; *een aardige ~ verdienen* ein schönes Stück Geld verdienen.
stuk[1] [støk] (*-s*) *n* (*einzelnes*) Stück *n*, Exemplar *n*; *tien ~(s)* zehn Stück; (*-ken*) *n* Stück *n*, Teil *m*; Schriftstück *n*, Aufsatz *m*, Papier *n*; *jur.* Aktenstück *n*, Akte *f*; (*Schach*) Figur *f*; *mil.* Geschütz *n*; *een ~ grond* Grundstück *n*; *het (per) ~ verkopen* stückweise verkaufen; *van zijn ~ raken (zijn)* aus der Fassung kommen, die Fassung verlieren; *uit één ~* aus e-m Guß; *op ~ van* in Sachen *G*; *op ~ van zaken* schließlich, strenggenommen; *een stout ~* Wagnis *n*, kühne Tat; *een ~ of 10* etwa 10; *een ~ kleermaker* ein stümperhafter Schneider; *op zijn ~ blijven* beharren auf *D*, nicht wanken.
stuk[2] kaputt, gebrochen, entzwei.
stukadoor [sty·ka·'do:r] (*-s*) *m* Stukkateur *m*, Stuckarbeiter *m*.
stuk|gaan ['støkxa:n] (*ging stuk, stukgegaan*) entzweigehen, in Stükke gehen; **~goed** [-xu't] (*-eren*) *n* Stückgut *n*; **~je** [-jə] (*-s*) *n* Stückchen *n*; *bij ~s en brokjes (beetjes)* nach und nach; **~loon** [-lo:n] (*-lonen*) *n* Akkordlohn *m*; **~lopen** [-lo:pə(n)]: *zich de voeten ~* sich die Füße wund laufen; **~sgewijze** [-sxəυεĭzə] stückweise; **~trappen** [-trɑpə(n)] zertreten; **~werk** [-υεrk] *n* Stück-, Akkordarbeit *f*.
stulp [støIp] *f* (Glas-)Glocke *f*; Hütte *f*.
stumper(d) ['stømpər(t)] (*-s*) *m* armer Schlucker, Tropf *m*; Stümper *m*, Pfuscher *m*.
stumper(acht)ig ['stømpər(ɑxt)əx] stümperhaft, unbeholfen.
stuntelig ['støntələx] ungelenk, täppisch; schwächlich.
sturen ['sty:rə(n)] schicken, senden; *Wagen, Pferd* lenken; *mar.* steuern; *iets in de war ~* etw. verderben, etw. in Unordnung bringen.
stut [støt] (*-ten*) *m* Stütze *f*; **~balk** [-bɑlk] *m* Stützbalken *m*; Strebe *f*, Strebebalken *m*; **~ten** [-ə(n)] (unter)stützen.
stuur [sty:r] (*sturen*) *n* (*Wagen*) Lenkrad *n*; (*Fahrrad*) Lenkstange *f*; *mar.* Steuer *n*; **~boord** [-bo:rt] steuerbord; **~boordzijde** [-bo:rtsεĭdə] *f* Steuerbord *n*; **~knuppel** [-knøpəl] (*-s*) *m Flgw.* Steuerknüppel *m*; **~man** [-mɑn] (*-lieden u. -lui*) *m* Steuermann *m*; **~rad** [-rɑt] (*-eren*) *n* Lenkrad *n*.
stuurs [sty:rs] mürrisch, unwirsch; (*Wetter*) rauh.
stuur|stang ['sty:rstɑŋ] *f* Lenkstange *f*; *Flgw.* Steuerknüppel *m*; **~stoel** [-stu:l] *m* Steuersitz *m*; **~vlak** [-v̆lɑk] (*-ken*) *f* Steuerfläche *f*.
stuw [sty·ŭ] *m* Wehr *n*, Staustufe *f*, Staudamm *m*; Talsperre *f*; **~bekken** [-bεkə(n)] (*-s*) *n* Stausee *m*.
stuw|en ['sty:(υ)ə(n)] stauen; drängen; **~kracht** [-krɑxt] *f* Triebkraft *f* (*a. fig.*), Stoßkraft *f*, Schubkraft *f*.
sub|altern [søbɑl'tεrn] subaltern, untergeordnet; **~commissie** [-kɔmɪsi:] (*-s*) *f* Unterausschuß *m*.
subiet [sy·'bi·t] plötzlich, unerwartet; nicht lange; sofort; *het gebeurde ~* es kam plötzlich (unerwartet); *het was ~ gebeurd* es dauerte nicht lange, es war im Nu geschehen; *ik kom ~* (ich) komme sofort.
subject, *a.* **-jekt** ['søbjεkt], *a.* [søb'jεkt] *n* Subjekt *n*; **~ief** [-'ti:f] subjektiv; **~ivisme** [-i·'v̆i·smə] *n* Subjektivismus *m*; **~iviteit** [-i·v̆i·'tεĭt] *f* Subjektivität *f*.
subkommissie *s. subcommissie.*
subliem [sy·'bli:m] sublim, erhaben; großartig.
subli|maat [sy·bli·'ma:t] (*-maten*) *n* Sublimat *n*; **~meren** [-'me:rə(n)] sublimieren.
subsi|diair [søpsi·'djε:r] subsidiär, aushilfsweise, ersatzweise; **~die** [søp'si:di:] (*-s*) *f u. n* Subvention *f*, Zuschuß *m*, Unterstützung *f*, Beihilfe *f*; **~diëren** [-'dje:rə(n)] subventionieren, unterstützen.
substantie [søp'stɑnsi:] (*-s*) *f* Substanz *f*; Materie *f*, Stoff *m*.
substantief ['søpstɑnti:f] (*-tieven*) *n Gr.* Substantiv *n*, Hauptwort *n*.
substituut [søpsti·'ty:t] (*-tuten*) *m* Substitut *m*; *jur.* Beisitzer *m*; Stellvertreter *m*, Ersatzmann *m*.
subtiel [søp'ti:l] subtil, zart, fein, spitzfindig, scharfsinnig; nuanciert.
succes [søk'sεs] (*-sen*) *n* Erfolg *m*; *met ~* erfolgreich; *zonder ~* erfolglos; **~boek** [-bu·k] *n* Bestseller *m*

~nummer [-nəmər] (*-s*) *n Variété, Film, Chanson*) Schlager *m*, Hit *m*.
successie [sək'sɛsi:] (*-s*) *f* Nachfolge *f*, Erbfolge *f*; Sukzession *f*, Thronfolge *f*; **~belasting** [-bəlɑstɪŋ] *f* Erbschaftssteuer *f*; **~oorlog** [-o:rlɔx] (*-logen*) *m* Erbfolgekrieg *m*; **~recht** [-rɛxt] *n* Erbrecht *n*; **~rechten** [-rɛxtə(n)] *pl.* Erbschaftssteuer *f*.
successievelijk [səksɛ'si:v̊ələk] sukzessiv, allmählich, nach und nach.
succursale [sy·ky·r'sa:lə] (*-n*) *f* Zweiggeschäft *n*, Filiale *f*.
sudderen ['sədərə(n)] brutzeln.
suf [səf] duselig; stumpfsinnig; dämlich, albern; **~fer(d)** [-fər(t)] (*-s*) *m* Döskopf *m*, Träumer *m*; Blödian *m*.
sug|gereren [sy·ɣ̊ə're:rə(n)] suggerieren, anregen, vorschlagen; **~gestie** [sy·'ɣ̊ɛsti:] (*-s*) *f* Suggestion *f*, Vorschlag *m* (*over*/*zu D*).
suiker ['sʌykər] (*-s*) *m* Zucker *m*; *fijne ~* Streuzucker *m*; **~achtig** [-ɑxtəx] zuck(e)rig; **~beet** [-be:t] (*-beten*), **~biet** [-bi·t] *f* Zuckerrübe *f*; **~boon** [-bo:n], *a.* [-'bo:n] (*-bonen*) *f* Prinzeßbohne *f*; gebrannte Mandel *f*; **~brood** [-bro:t] (*-broden*) *n* Zuckerbrot *n*; Zuckerhut *m*; **~en** [-ə(n)] zuckern; **~goed** [-ɣ̊u·t] *n* Zuckergebäck *n*, Konfekt *n*; **~goedwinkel** [-ɣ̊u·tʋɪŋkəl] (*-s*) *m* Konditorei *f*; **~onkel** [-ɔŋkəl] (*-s*), **~oom** [-o:m] (*-s*) *m* Erbonkel *m*; **~plantage** [-plɑnta:ʒə] (*-s*) *f* Zuckerpflanzung *f*; **~raffinaderij** [-rɑfi·na·də'rɛi] *f* Zuckerraffinerie *f*; **~riet** [-ri·t] *n* Zuckerrohr *n*; **~ziekte** [-zi·ktə] *f* Zuckerkrankheit *f*, Diabetes mellitus *m*.
suite ['sʋi·tə] (*-s*) Gefolge *n*, Suite *f*; *Mus.* Suite *f*; Zimmerflucht *f*.
sui|zelen ['sʌyzələ(n)] säuseln; schwindlig werden; **~zelig** [-zələx] schwindlig; **~zen** [-zə(n)] sausen, rauschen; (*in den Ohren*) brausen, sausen.
sukade [sy·'ka:də] *m u. f* Sukkade *f*.
sukkel ['səkəl] (*-s*), **~aar** [-a:r] (*-s*) *m* Stümper *m*, Tropf *m*; arme(r) Schlucker *m*; kränkliche(r) Mensch *m*; *aan de sukkel zijn* kränkeln; *op de sukkel zijn* keine Bleibe haben, aus den Sorgen (Schwierigkeiten) nicht mehr herauskommen; **~drafje** [-drɑfjə] *n*: *op een ~* im Zuckeltrab; **~en** [-ə(n)] kränkeln; schlendern; (viel) Mühe mit etw. haben, schwach sein, nicht vorwärtskommen; seine liebe Not haben mit (*D*); **~straatje** [-stra:tjə] (*-s*) *n*: *hij zit in het ~* es geht abwärts mit ihm.
sukkursale *s. succursale*.
sukses [sək'sɛs] *s. succes*.
sul [səl] (*-len*) *m* Blödian *m*; Nichtskönner *m*.
sulfaat [səl'fa:t] (*-faten*) *n* Sulfat *n*.
sulfer ['səlfər] *n u. m s. solfer*.
sullig ['sələx] einfältig; F dösig.
sultan ['səltɑn] (*-s*) *m* Sultan *m*; **~aat** [-'na:t] (*-naten*) *n* Sultanat *n*.
superieur [sy·pe·r'jø:r] überlegen; vortrefflich, hervorragend; *Su. m* Vorgesetzte(r) *m*.
superlatief [sy·pərla·'ti:f], *a.* ['sy·pər-] (*-tieven*) *m Gr.* Superlativ *m*.
supermarkt ['sy·pərmɑrkt] *f* Supermarkt *m*.
supersonisch [sy·pər'so:ni·s]: *~e snelheid* Überschallgeschwindigkeit *f*.
supplement [səplə'mɛnt] *n* Supplement *n*, Ergänzung *f*, Nachtrag *m*.
surplus [sy·r'ply·s] *n* Überschuß *m*.
surrogaat [sy·ro·'ɣ̊a:t] (*-gaten*) *n* Ersatz *m*, Ersatzmittel *n*, Surrogat *n*.
surveillant [su·rve·'jɑnt] *m* Aufseher *m*; *Thea.* Inspizient *m*.
sussen ['səsə(n)] beschwichtigen, besänftigen, beruhigen.
suzerein [sy·zə'rɛin] *m* Lehnsherr *m*, Herrscher *m*.
swastika ['sʋɑsti·ka·] (*-'s*) *f* Hakenkreuz *n*.
syllabe [si·'la:bə] (*-n*) *f* Silbe *f*.
sym|boliek [si·mbo·'li·k] *f* Symbolik *f*; **~bolisch** [-'bo:li·s] symbolisch, sinnbildlich; **~bool** [-'bo:l] (*-bolen*) *n* Symbol *n*, Sinnbild *n*.
sym|fonie [si·m-], *a.* [si·nfo·'ni:] (*-ën*) *f* Symphonie *f*; **~fonisch** [-'fo:ni·s] symphonisch.
symmetrie [si·me·'tri:] *f* Symmetrie *f*.
sympa|t(h)ie [si·mpa·'ti:] (*-ën*) *f* Sympathie *f*, Zuneigung *f*; **~t(h)iseren**, *a.* **-zeren** [-ti·'ze:rə(n)] sympathisieren.
symptoom [si·n'to:m] (*-tomen*) *n* Symptom *n*.
synagoog, *a.* **-goge** [si·na·'ɣ̊o:x] (*-gogen*) *f* Synagoge *f*.

synchroniseren [si·nkro·ni·'ze:-rə(n)] synchronisieren.
syncope ['si·nko·pe:] (*-n u. -s*) *f* Synkope *f*.
syndi|caat, *a.* **~kaat** [si·ndi·'ka:t] (*-katen*) *n* Syndikat *n*, Konsortium *n*; Gewerkschaft *f*; **~cus** [-kəs] (*-dici*) *m* Syndikus *m*, Rechtsbeistand *m* (*e-r Körperschaft*).
synkope *s. syncope.*
synkronizeren *s. synchroniseren.*
synode [si·'no:d] (*-s u. -n*) *f* Synode *f*.
synoniem [si·no'ni:m] synonym, sinnverwandt; *Su. n* Synonym *n*, sinnverwandte(s) Wort *n*.
syntaxis [si·n'tɑksɪs] *f Gr.* Syntax *f*, Satzlehre *f*.
synt(h)e|se [si·n'te:zə] (*-n u. -s*) *f* Synthese *f*; *Chem.* Verbindung *f*; **~tisch** [-'te:ti·s] synthetisch, aus Kunststoff; Kunst-; *~ produkt* synthetisches Produkt, Kunststoff *m*; *~e zijde* Kunstseide *f*; *~e rubber* synthetischer Gummi *m*, Buna *n*.
Sy|rië ['si:ri·(j)ə] *n* Syrien *n*; **~riër** [-ri·(j)ər] (*-s*) *m* Syrier *m*, Syrer *m*; **~risch** [-ri·s] syrisch.
sys|teem [si·'ste:m] (*-temen*) *n* System *n*; **~tematisch** [-te·'ma:ti·s] systematisch.

T

T, t [te:] (-'s) *f* T, t *n*.
't [ət] *s. het*; das, es.
taai [ta:ĭ] zäh; zähflüssig; zählebig; kräftig, unverwüstlich; langweilig; *een oude* ~*e* ein zäher Mensch, ein unverwüstlicher (alter) Mann; ~*werk* langweilige Arbeit.
taak [ta:k] (*-taken*) *f* Aufgabe *f*, Arbeit *f*; *een* ~ *vervullen* e-e Arbeit erledigen; *etw.* auf sich nehmen.
taal [ta:l] (*talen*) *f* Sprache *f*; ~ *noch teken geven* nichts von sich hören lassen; **~eigen** [-εĭŷə(n)] *n* Idiom *n*, Spracheigentümlichkeit *f*; **~goed** [-ŷu·t] (*kein pl.*) *n* Sprachgut *n*; **~grens** [-ŷrεns] (*-grenzen*) *f* Sprachgrenze *f*; **~kunde** [-kəndə] *f* Sprachwissenschaft *f*; **~kundig** [-'kəndəx] sprachkundig; grammatisch; **~regel** [re:ŷəl] (*-s*) *m* Sprachregel *f*; **~vraagstuk** [-v̂ra:xstək] (*-ken*) *n* Sprachenfrage *f*; **~wet** [-υεt] (*-ten*) *f* Sprachgesetz *n*.
taankleurig ['ta:nklø:rəx] gelbbraun.
taart [ta:rt] *f* Torte *f*; Kuchen *m*; *fig.* Maulschelle *f*, Ohrfeige *f*.
tabak [tɑ'bɑk] (*-ken*) *m* Tabak *m*; ~ *pruimen* priemen.
tabaks|blaas [tɑ'bɑgzbla:s] (*-blazen*) *f* Tabaksbeutel *m*; **~planter** [-plɑntər] (*-s*) *m* Tabakpflanzer *m*; **~rook** [-ro:k] *m* Tabakrauch *m*; **~teelt** [-te:lt] *f* Tabakanbau *m*; **~zak** [-sɑk] (*-ken*) *m* Tabaksbeutel *m*.
tabb|aard ['tɑba:rt], **~erd** [-ərt] (*-s*) *m* (*Richter*) Robe *f*; Talar *m*.
tabel [tɑ'bεl] (*-len*) *f* Tabelle *f*; Tafel *f*; **~larisch** [-'la:ri·s] tabellarisch.
tabernakel [tɑbər'na:kəl] (*-s u. -en*) *n u. m* Tabernakel *n*.
tableau [tɑ'blo:] (*-s*) *n* Gemälde *f*, Bild *n*; Verzeichnis *n*; ~! Vorhang!, (und) sieh' da!
tablet [tɑ'blεt] (*-ten*) *n* Tablette *f*; Tafel *f*.
taboe [tɑ'bu·] tabu, unverletzlich; *Su.* (*-s*) *n u. m* Tabu *n*.
taboeret, *a.* **-bou-** [tɑbu·'rεt] (*-ten*) *n* Schemel *m*.
tachometer ['tɑxo·me:tər] (*-s*) *m* Tachometer *n*, Kilometerzähler *m*.
tachtig ['tɑxtəx] achtzig; **~ste** [-stə] achtzigste; *het* (*een*) ~ Achtzigstel *n*.
tact [tɑkt] *m* Takt *m*; **~iek** [-'ti·k] *f* Taktik *f*; **~isch** [-i·s] taktisch; **~vol** [-fɔl] taktvoll.
tafel ['ta:fəl] (*-s u. -en*) *f* Tisch *m*; Tafel *f*; *aan* ~ *gaan* zu Tisch gehen; *aan* ~ *zitten* bei Tisch sitzen (sein); ~ *van vermenigvuldiging* Einmaleins *n*; *opklapbare* ~ Klapptisch *m*; *alle kaarten op* ~ *leggen* alle Argumente anführen, offen reden; **~blad** [-blɑt] *n* Tischplatte *f*; **~kleed** [-kle:t] (*-kleden*) *n* Tischdecke *f*; **~laken** [-la:kə(n)] (*-s*) *n* Tischtuch *n*; **~schuimer** [-sxəʏmər] (*-s*) *m* Schmarotzer *m*; **~servies** [-sεrv̂i:s] (*-viezen*) *n* Tafelservice *n*; **~tennis** [-tεnɪs] *n* Tischtennis *n*; **~wijn** [-υεĭn] *m* Tischwein *m*; **~zilver** [-zɪlv̂ər] *n* Tafelsilber *n*, Silbergeschirr *n*; **~zuur** [-zy:r] (*kein pl.*) *n* Mixpickles *pl.*
tafereel [ta:f(e·)'re:l] (*-relen*) *n* Szene *f*, Bild *n*; Schilderung *f*.
taifoen ['ta:ĭfu:n] (*-s*) *m* Taifun *m*.
taill|le ['ta:jə] (*-s*) *f* Taille *f*; Hüfte *f*; **~leur** [-'jœ:r] (*-s*) Schneider *m*; Kostüm *n*.
tak [tɑk] (*-ken*) *m* Zweig *m*, Ast *m*; Branche *f*; Sparte *f*.
takel ['ta:kəl] (*-s*) *m u. n mar.* Takel *n*, Flaschenzug *m*; **~age** [-'a:ʒə] *f* Takelage *f*, Takelung *f*; **~en** [-ə(n)] takeln; **~wagen** [-υa:ŷə(n)] (*-s*) *m* Abschleppwagen *m*; **~werk** [-υεrk] *n* Takelage *f*.
takkenbos ['tɑkəbɔs] (*-sen*) *m* Reisigbündel *n*.
taks[1] [tɑks] *m* Dackel *m*, Teckel *m*; ~[2] *m u. f* Taxe *f*, Gebühr *f*; Schätzung *f*; Quantum *n*, Menge *f*.
takt *s. tact*.
tal [tɑl] (*-len*) *n* Zahl *f*, Anzahl *f*, Menge *f*; *zonder* ~ ohne Zahl, zahllos; *tal van* ... e-e Menge (von) ...; ~ *van mensen beweren* es gibt Leute (es gibt welche), die behaupten ...
talent [ta·'lεnt] *n* Talent *n*; **~vol** [-fɔl] talentvoll, talentiert.

talgklier [talxkli:r] *f* Talgdrüse *f.*
talisman ['ta:lısman] (*-s*) *m* Talisman *m.*
talk [talk] *m* Talg *m*; **~poeder** [-pu·dər], **~poeier** [-pu·ĭ(j)ər] (*-s*) *m* Talkumpuder *m.*
talloos ['talo:s] zahllos, unzählig.
talmen ['talmə(n)] zögern, zaudern.
tal|moed, ~mud ['ta·lmu:t] *m* Talmud *m.*
talon [ta·'lɔn] (*-s*) *m* Talon *m*, Erneuerungsschein *m.*
talrijk ['talrɛĭk] zahlreich.
talu(u)d [ta·'ly:(t)] (*-s*) *n* Böschung *f.*
tam [tam] zahm.
tamarinde [tama·'rındə] (*-n u. -s*) *f* Tamarinde *f.*
tamarisk [tama·'rısk] *m* Tamariske *f.*
tamboer [tam'bu:r] (*-s*) *m* Tambour *m*, Trommelschläger *m*; **~en** [-ə(n)] lärmen; **~eren** [-'re:rə(n)] tamburieren; bestehen auf *A*; **~ijn** [-'rɛĭn] *m u. f* Tamburin *n.*
tamelijk ['ta:mələk] ziemlich.
tampon [tam'pɔn] (*-s*) *m* Tampon *m*, Wattebausch *m.*
tand [tant] *m* Zahn *m*; (*Gabel usw.*) Zinke *f*; **~arts** [-arts] *m* Zahnarzt *m*; **~eloos** [-əlo:s] zahnlos.
tandem ['tandəm] (*-s*) *m* Tandem *n.*
tanden|borstel ['tandə(n)bɔrstəl] (*-s*) *m* Zahnbürste *f*; **~geknars** [-ɣəknars] *n* Zähneknirschen *n*; **~trekker** [-trɛkər] (*-s*) *m* Zahnzange *f.*
tandestoker ['tandəsto:kər] (*-s*) *m* Zahnstocher *m.*
tand|heelkundige ['tanthe:lkəndəɣə] (*-n*) *m* Zahnarzt *m*, Dentist *m*; **~letter** [-lɛtər] (*-s*) *f* Dental *m*; **~pijn** [-pɛĭn] *f* Zahnweh *n*, Zahnschmerzen *m/pl.*; **~rad** [-rat] (*-eren*) *n* Zahnrad *n*; **~radbaan** [-radba:n] (*-banen*) *f* Zahnradbahn *f*; **~wiel** [-ʋi:l] *n* Zahnrad *n*; **~wortel** [-ʋɔrtəl] (*-s*) *m* Zahnwurzel *f.*
tanen ['ta:nə(n)] erbleichen, erblassen; braun färben.
tang [taŋ] *f* Zange *f*; *fig.* böse(s) Weib *n.*
tangens ['taŋɣɛns] (*-en u. -genten*) *f* Tangente *f.*
tango ['taŋɣo·] (*-'s*) *m* Tango *m.*
tangversossing ['taŋvərlɔsıŋ] *f* *Med.* Kaiserschnitt *m.*
tank [taŋk] (*-s*) *m* Kessel *m*, Behälter *m*, Tank *m*; *mil.* Panzer(wagen) *m*; **~aanval** [-a:nval] *m* Panzerangrif[f] *m*; **~afdeling** [-avde:lıŋ] *f* Panzerverband *m*; **~afweergeschut** [-afʋe:rɣəsxət] (*kein pl.*) Panzerabwehrkanone *f*; **~en** [-ə(n)] tanken, mi[t] Treibstoff versorgen; *fig.* trinken; **~er** [-ər] (*-s*) *m*, **~schip** [-sxıp] (*-schepen*) *n* Tankschiff *n*, Tanke[r] *m*; **~station** [-stasjɔn] (*-s*) *n* Tankstelle *f*; **~wagen** [-ʋa:ɣə(n)] (*-s*) *m* Kessel-, Tankwagen *m*; **~wapen** [-ʋa:pə(n)] *n* Panzertruppe *f.*
tantaluskwelling ['tanta·ləskʋɛlıŋ] *f* Tantalusqualen *f/pl.*
tante ['tantə] (*-s*) *f* Tante *f.*
tantième [tan(t)s'jɛmə] (*-s*) *n* Tantieme *f*, Gewinnanteil *m.*
tap [tap] (*-pen*) *m* Zapfen *m.*
tapgat ['tapxat] *n* Spundloch *n.*
tapijt [ta·'pɛĭt] *n* Teppich *m*; **~werker** [-ʋɛrkər] (*-s*) *m* Teppichwirker *m.*
tapir ['ta·pi:r] (*-s*) *m* Tapir *m.*
tapisserie [ta·pi·sə'ri:] (*-ën*) *f* Tapisserie *f.*
tap|kast ['tapkast] *f* Schank-, Schenktisch *m*, Theke *f*; **~peling** [-əlıŋs] in Strömen; **~pen** [-ə(n)] zapfen; *moppen* ~ Witze reißen; *ui[t] een ander vaatje* ~ *fig.* aus e-m andern Loch pfeifen; **~perij** [-ə'rɛĭ] Schenk-, Schankwirtschaft *f.*
taptemelk ['taptəmɛlk] *f* Magermilch *f.*
taptoe [tap·tu:] (*-s*) *m* Zapfen[streich *m.*]
tapvergunning ['tapfərɣənıŋ] Schankkonzession *f.*
tarbot ['tarbɔt] (*-ten*) *m* Steinbutt *m*
tarief [ta'ri:f] (*-rieven*) *n* Tarif *m*; *volgens* ~ tariflich; *tegen vol* ~ zum vollen Preis; **~loon** [-lo:n] (*-lonen*) Tariflohn *m*; **~muren** [-my:rə(n)] *m/pl.* Zollmauern *f/pl.*, (erhöhte) Einfuhrzölle *m/pl.*
tarra ['tara] *f* Tara *f.*
Ta(r)taar [ta·(r)'ta:r] (*-taren*) *m* Tatar *m*; *biefstuk ta(r)taar* Tatarbeefsteak *n*; **~s** [-s] tatarisch; *Su.* Tatar *n.*
tarten ['tartə(n)] herausfordern trotzen *D.*
tarwe ['tarʋə] *f* Weizen *m*; *Spaans[e]* ~ Mais *m*; **~brood** [-bro:t] (*-broden*) *n* Weißbrot *n.*
tas[1] [tas] (*-sen*) *f* Tasche *f*; Schultasche *f*, Mappe *f*; **~**[2] *m* (*Stroh, He[u] usw.*) Haufen *m*; **~sen** [-ə(n)] häufen, schichten.

tast [tɑst] *m* Gefühl *n*; *op de ~* tastend; *fig.* blindlings; **~baar** [-ba:r] tastbar, fühlbar; greifbar; handgreiflich; **~en** [-ə(n)] tasten, tappen; **~zin** [-sɪn] *m* Tastsinn *m*.

tater|aar ['ta:təra:r] (*-s*) *m* Schwätzer *m*; **~en** [-ə(n)] plappern.

tatoeëren [ta·tu·'(ʋ)e:rə(n)] tätowieren.

taxatie [tɑk'sa:si:] (*-s u. -ën*) *f* Taxierung *f*, Abschätzung *f*; **~waarde** [-ʋa:rdə] *f* Taxwert *m*.

taxe ['tɑksə] *s. taks*[2].

taxi ['tɑksi·] (*-'s*) *m* Taxi *n*; **~ën** [-(j)ə(n)] *Flgw.* rollen; **~standplaats** [-stɑntpla:ts] *f* Taxistand *m*.

taxushaag ['tɑksəsha:x] (*-hagen*) *f* Taxushecke *f*.

te [tə] zu; nach; *~ negen uur* um neun Uhr; *~ weten* nämlich; *hij zit ~ lezen* er (sitzt und) liest; *hij staat ~ lachen* er (steht da und) lacht; *hij ligt ~ slapen* er (liegt da und) schläft; *de was hangt ~ drogen* die Wäsche hängt zum Trocknen; *de kachel staat (nog) ~ branden* der Ofen ist (noch) an.

teakhout ['ti:khɑut] *n* Teakholz *n*.

team [ti:m] (*-s*) *n Sp.* Mannschaft *f*; Arbeitsgruppe *f*; **~werk** [-ʋɛrk] *n* Teamwork *n*, Gemeinschafts-, Gruppenarbeit *f*.

tech|nicus ['tɛxnɪkəs] (*-nici*) *m* Techniker *m*; **~niek** [-ni·k] *f* Technik *f*; **~nisch** [-ni·s] technisch; *~e hogeschool* Technische Hochschule (TH) *f*; **~noloog** [-no·'lo:x] (*-logen*) *m* Technologe *m*.

teddybeer ['tɛdi·be:r] (*-beren*) *m* Teddybär *m*.

te(d)er ['te:dər], [te:r] zart; schwach, schwächlich; zärtlich, gefühlvoll; **~heid** [-hɛit] (*-heden*) Zartheit *f*, Zärtlichkeit *f*.

teef [te:f] (*teven*) *f* Hündin *f*; Dirne *f*; *fig.* böse Sieben *f*.

teek [te:k] (*teken*) *f* Zecke *f*.

teel|aarde ['te:la:rdə] *f* Mutter-, Pflanzenerde *f*; **~bal** [-bɑl] *m* Hode *f*; *pl.* F Eier *n/pl.*; **~deel** [-de:l] (*-delen*) *n* Geschlechtsteil *m*.

teelt [te:lt] *f* Zeugung *f*; (*Tiere, Pflanzen*) Zucht *f*; (*Pflanzen a.*) Anbau *m*, Bau *m*; **~keus** [-kø:s], **~keuze** [-'kø:zə] Zuchtwahl *f*.

teen[1] [te:n] (*tenen*) *f* Weidengerte *f*, Weidenzweig *m*.

teen[2] *m* Zehe *f*, Zeh *m*.

teer [te:r] *m u. n* Teer *m*.

teer|gevoelig [te:rɣ̊ə'vu·ləx] zartfühlend; empfindlich; **~hartig** [-'hɑrtəx] zärtlich, empfindsam, weichherzig.

teerkost ['te:rkɔst] *m* Mundvorrat [*m*.]

teerling ['te:rlɪŋ] *m* Würfel *m*; *de ~ is geworpen fig.* der Würfel ist gefallen.

TEE-trein ['te:treĭn] *m* TEE-Zug *m*, Trans-Europ-Express *m*.

tegel ['te:ɣ̊əl] (*-s*) *m* Fliese *f*, Platte *f*; (*Wand, Ofen*) Kachel *f*; **~bakkerij** [-bɑkə'rɛĭ] *f* Ziegelbrennerei *f*, Ziegelei *f*.

tegelijk(ertijd) [təɣ̊ə'lɛĭk], [-lɛĭkər'tɛĭt] gleichzeitig, zu gleicher Zeit.

tegelvloer ['te:ɣ̊əlv̊lu:r] *m* Fliesenfußboden *m*.

tegemoet [təɣ̊ə'mu·t] entgegen *D*; **~koming** [-ko:mɪŋ] *f* Entgegenkommen *n*; Beitrag *m*, Zuschuß *m*, Beihilfe *f*.

tegen ['te:ɣ̊ə(n)] gegen *A*; wider *A*; zuwider *D*; *~* 6% zu 6%; *~ de middag* gegen Mittag; *~ de 100* an die 100, etwa 100; *~ de prijs van* zum Preis von; *het voor en het ~* das Für und Wider; *ik kan er niet ~* ich vertrage das nicht; das ist mir zuwider; *dat sloeg ~* das ging schief; *~ gereed geld* gegen bar.

tegen|aanval ['te:ɣ̊ə(n)a:nv̊ɑl] (*-len*) *m* Gegenangriff *m*; **~bevel** [-bəv̊ɛl] *n* Gegenbefehl *m*; **~deel** [-de:l] *n* Gegenteil *n*; **~draads** [-'dra:ts] gegen den Strich; **~druk** [-drək] (*-ken*) *m* Gegendruck *m*; **~gaan** [-ɣ̊a:n] Einhalt tun *D*; sich widersetzen *D*; **~gesteld** [-ɣ̊əstɛlt] entgegengesetzt; **~hanger** [-hɑŋər] (*-s*) *m* Gegenstück *n*; Widerspiel *n*; **~houden** [-hɑudə(n)] aufhalten, hemmen; abhalten von (*D*); **~kammen** [-kɑmə(n)] toupieren; **~kanting** [-kɑntɪŋ] *f* Widerstand *m*; Anfeindung *f*; **~komen** [-ko:mə(n)] begegnen *D*; (erleben) widerfahren *D*; **~ligger** [-lɪɣ̊ər] (*-s*) *m* entgegenkommende(r) Wagen *m*; *~s* Gegenverkehr *m*.

tegennatuurlijk [te:ɣ̊ə(n)nɑ'ty:rlək] naturwidrig, unnatürlich.

tegen|offensief ['te:ɣ̊ə(n)ɔfənsi:f] (*-sieven*) *n* Gegenoffensive *f*; **~over** [-'o:v̊ər] gegenüber *D*; **~partij** [-pɑrtɛĭ] *f* Gegner *m*, Gegenpartei *f*, Gegenspieler *m*; **~slag** [-lɑx] *m*

Mißgeschick *n*; Enttäuschung *f*; **~spartelen** [-spartələ(n)] sich sträuben (gegen *A*); **~spoed** [-spu·t] *m* Mißgeschick *n*; Unglück *n*, Widerwärtigkeit *f*; **~spraak** [-spra:k] *f* Widerspruch *m*, Einrede *f*; *zonder ~* widerspruchslos; *in ~ met* im Widerspruch zu (*D*); **~spreken** [-spre:kə(n)] widersprechen *D*; in Abrede stellen, leugnen; dementieren; **~staan** [-sta:n] zuwider sein *D*; **~stand** [-stant] *m* Widerstand *m*; *op ~ stoten, ~ ondervinden* auf Widerstand stoßen; *~ bieden* Widerstand leisten; **~stander** [-standər] (*-s*) *m* Widersacher *m*, Widerpart *m*, Gegner *m*; **~stelling** [-stɛlıŋ] *f* Gegensatz *m*, Kontrast *m*; *in ~ met* im Gegensatz zu (*D*); **~stemmen** [-stɛmə(n)] gegen *etw.* stimmen; **~streven** [-stre:v̊ə(n)] widerstreben *D*; **~strever** [-stre:v̊ər] (*-s*) *m* Gegner *m*; **~strijdig** [-ˈstrɛĭdəx] widersprechend, entgegengesetzt; **~strijdigheid** [-ˈstrɛĭdəxhɛĭt] (*-heden*) *f* Widerspruch *m*; **~vallen** [-v̊alə(n)]: *dat viel* (*lelijk*) *tegen* da hatten wir uns (hatte ich mich *usw.*) aber ganz schön verrechnet; war das aber e-e Enttäuschung; *dat valt tegen* schade!; das hatte ich nicht erwartet; **~valler** [-v̊alər] (*-s*) *m* Enttäuschung *f*, Mißerfolg *m*; **~weer** [-ʋe:r] *f* Gegenwehr *f*; **~werken** [-ʋɛrkə(n)] entgegenarbeiten *D*; hindern an (*D*), durchkreuzen; **~werping** [-ʋɛrpıŋ] *f* Einwand *m*, Einwendung *f*; **~wicht** [-ʋıxt] *n* Gegengewicht *n*; **~woordig** [-ˈʋo:rdəx] anwesend; gegenwärtig, heutig; *Adv.* zur Zeit; *~e tijd Gr.* Präsens *n*; **~woordigheid** [-ˈʋo:rdəxhɛĭt] *f* Gegenwart *f*, Anwesenheit *f*, Präsenz *f*; *in ~ van* im Beisein *G*, vor *D*; *~ van geest* Geistesgegenwart *f*; **~zet** [-zɛt] (*-ten*) *m* Gegenzug *m*; **~zin** [-zın] *m* Widerwille *m*; *met ~* widerwillig; **~zitten** [-zıtə(n)] kein Glück haben; *het zal er ~!* F da wird es etw. setzen!, das gibt Zunder!

tegoed [təˈɣ̊u·t] *n* Guthaben *n*.

tehuis [təˈhəʏs] (*tehuizen*) *n* Heim *n*.

teisteren [ˈtɛĭstərə(n)] heimsuchen; verwüsten.

teil [tɛĭl] *f* Ton-, Holz-, Zinnschüssel *f*.

teken [ˈte:kə(n)] (*-s u. -en*) *n* Zeichen *n*; Merkmal *n*; **~aar** [-na:r] (*-s*) *m* Zeichner *m*; **~behoeften** [-bəhu:ftə(n)] *pl.* Zeichengerät *n*; **~doos** [-do:s] (*-dozen*) *f* Zeichenkasten *m*; **~en** [-nə(n)] zeichnen; unterschreiben, unterzeichnen; **~film** [-fılm] (*-s*) *m* Zeichenfilm *m*; **~ing** [-ıŋ] *f* Zeichnung *f*; **~pen** [-pɛn] (*-nen*) *f* Zeichen-, Reißfeder *f*; **~schrift** [-sxrıft] *n* Zeichenheft *n*.

tekort [təˈkɔrt] *n* Defizit *n*, Fehlbetrag *m*; Mangel *m*; *~ aan benzine* (*olie*) Treibstoffmangel *m*; **~koming** [-ko:mıŋ] *f* Pflichtverletzung *f*, Versäumnis *n*.

tekst [tɛkst] *m* Text *m*; Wortlaut *m*; Beschriftung *f*; Bibelstelle *f*; **~blaas** [-bla:s] (*-blazen*) *f* Sprechblase *f* (*in Comics*); **~er** [-ər] (*-s*) *m* Texter *m*.

tel [tɛl] (*-len*) *m* Zählen *n*; *van geen* (*niet van, niet in*) *~ zijn* nicht viel gelten; **~baar** [-ba:r] zählbar.

tele|foneren [te·le·fo·ˈne:rə(n)] telefonieren, anrufen; **~fonisch** [-ˈfo:ni·s] telefonisch, fernmündlich; **~foniste** [-fo·ˈni·stə] (*-n u. -s*) *f* Telefonistin *f*.

telefoon [te·le·ˈfo:n] (*-s u. -fonen*) *m* Telefon *n*, Fernsprecher *m*; Fernruf *m*; **~abonnee** [-abɔne:] (*-s*) *m u. f* Fernsprechteilnehmer *m*; **~automaat** [-auto·ma:t] (*-maten*) *m* Münzfernsprecher *m*; **~cel** [-sɛl] (*-len*) *f* Telefonzelle *f*; **~centrale** [-sɛntra:lə] (*-s*) *f* Fernsprechamt *n*, Telefonzentrale *f*; **~gids** [-ɣ̊ıts] *m* Telefonbuch *n*; **~kosten** [-kɔstə(n)] *pl.* Telefon-, Fernsprechgebühren *f/pl.*; **~nummer** [-nømər] (*-s*) *n* Telefonnummer *f*, Rufnummer *f*; **~tje** [-tjə] (*-s*) *n* Anruf *m*; **~toestel** [-tu:stɛl] (*-len*) *n* Fernsprechapparat, Telefon *n*; **~verbinding** [-v̊ərbındıŋ] *f* Telefon-, Fernsprechanschluß *m*.

telegraaf [te·le·ˈɣ̊ra:f] (*-grafen*) *m* Telegraf *m*; **~kantoor** [-kanto:r] (*-toren*) *n* Telegrafenamt *n*; **~paal** [-pa:l] (*-palen*) *m* Telegrafenstange *f*.

telegra|feren [te·le·ɣ̊ra·ˈfe:rə(n)] telegrafieren, drahten; *draadloos ~* funken; **~fist** [-ˈfi·st] *m* Telegrafist *m*, Funker *m*.

telegram [te·le·ˈɣ̊ram] (*-men*) *n* Telegramm *n*, Depesche *f*; Funk

bericht *m*, Funkmeldung *f*; **~stijl** [-stɛĭl] *m* Telegrammstil *m*.
elelens [ˈteːleˑlɛns] (*-lenzen*) *f* Teleobjektiv *n*.
elen [ˈteːlə(n)] zeugen; züchten, (*Pflanzen usw.*) ziehen.
elescoop, *a.* **-skoop** [teˑləˈskoːp] (*-scopen*) *m* Teleskop *n*.
eleurstel|len [təˈløːrstɛlə(n)] enttäuschen; **~ling** [-ɪŋ] *f* Enttäuschung *f*.
elevisie [teˑleˑˈv̊iˑziː] *f* Fernsehen *n*, Fernsehfunk *m*; *naar de ~ kijken* fernsehen; P in die Röhre gucken; **~camera** [-kaˑməraˑ] (*-'s*) *f* Fernsehkamera *f*; **~distributie** [-diˑstriˑbyˑsiː] (*-s*) *f* Kabelfernsehen *n*; **~kijker** [-kɛĭkər] (*-s*) *m* Fernsehteilnehmer *m*; **~kwis** (*a.* **-quiz**) [-kʋiˑs] *m u. f* Fernsehquiz *n*; **~reclame,** *a.* **-kla-** [-rəˈklaːmə] (*-s*) *f* Fernsehwerbung *f*; **~scherm** [-sxɛrm] *n* Bildschirm *m*, F Mattscheibe *f*; **~toestel** [-tuːstəl] (*-len*) *n* Fernsehapparat *m*; **~uitzending** [-əʏtsɛndɪŋ] *f* Fernsehübertragung *f*, Fernsehsendung *f*; *rechtstreekse ~* Live-Sendung *f*.
elex [ˈteːlɛks] *m* Fernschreiber *m*; **~bericht** [-bərɪxt] *n* Fernschreiben *n*.
elg [tɛlx] *m* Sproß *m*.
elkens [ˈtɛlkəns] jedesmal.
l|len [ˈtɛlə(n)] zählen; rechnen; berücksichtigen; *met iets ~* etw. berücksichtigen; *dat kan (nogal) ~* F das ist (aber) stark; **~ler** [-ər] (*-s*) *m* Zähler *m*; **~machine** [-maʃiˑnə] (*-s*) *f* Rechen-, Addiermaschine *f*.
loorgaan [təˈloːrɣ̊aːn] verlorengehen.
l|raam [ˈtɛlraːm] (*-ramen*) *n* Rechenbrett *n*; **~woord** [-ʋoːrt] *n* Gr. Zahlwort *n*, Numerale *n*; *rangschikkend ~* Ordnungszahl *f*.
m|baar [ˈtɛmbaːr] zähmbar; **~nen** [-ə(n)] zähmen.
mpel [ˈtɛmpəl] (*-s*) *m* Tempel *m*; **ier** [-ˈliːr] (*-s u. -en*) *m* Templer *m*; *drinken als een ~* F trinken (saufen) wie ein Loch.
mpera|ment [tɛmpəraˑˈmɛnt] *n* Temperament *n*; **~tuur** [-ˈtyːr] (*-turen*) *f* Temperatur *f*.
mperen [ˈtɛmpərə(n)] mäßigen; *Licht, Stimme* dämpfen; *Tech.* tempern.
mpo [tɛmpoː] (*-'s*) *n* Tempo *n*; *hoogste ~* Höchstgeschwindigkeit *f*.

temptatie [tɛmˈtaːsiː] (*-s*) *f* Qual *f*; Versuchung *f*.
ten [tɛn] *u.* [tən] zum, zur; *s. a.* te; *~ hoogste* höchstens; *~ vroegste* frühestens; *~ laatste* spätestens; zuletzt; *~ eerste* erstens; *~ einde* um, mit dem Zweck; *~ bedrage van* im Betrag von, über ...; *6 ~ honderd* 6 Prozent, 6 vom Hundert; *~ onrechte* zu Unrecht; *~ dele* teils, zum Teil; *~ slotte* schließlich.
tendens [tɛnˈdɛns] *f* Tendenz *f*; **~kunst** [-kənst] *f* Tendenzkunst *f*, engagierte Kunst.
tendentieus [tɛndɛnsˑjøːs] tendenziös; (partei)politisch gefärbt; engagiert.
tender [ˈtɛndər] (*-s*) *m* Tender *m*.
tenger [ˈtɛŋər] zart, fein; schmächtig, schwächlich; dünn.
tennis [ˈtɛnɪs] *n* Tennis *n*; **~raket** [-raˈkɛt] (*-ten*) *n u. f* Tennisschläger *m*; **~sen** [-ə(n)] Tennis spielen; **~terrein** [-tɛˈrɛĭn], **~veld** [-fɛlt] *n* Tennisplatz *m*.
tenor [ˈteːnɔr] (*-s u. -en*) *m* Tenor *m*, Tenorstimme *f*; Tenorsänger *m*.
tent [tɛnt] *f* Zelt *n*; (*Jahrmarkt*) Bude *f*; F Café *n*, (Nacht-)Lokal *n*; **~doek** [-duˑk] *n* Zelttuch *n*; Zeltplane *f*; **~enkamp** [-ə(n)kamp] *n* Zeltlager *n*, Zeltstadt *f*; Camping *n*, Campingplatz *m*.
tentoonspreiden [tɛnˈtoːmsprɛĭdə(n)] zur Schau tragen; entfalten.
tentoonstel|len [tɛnˈtoːnstɛlə(n)] ausstellen; zur Schau stellen; **~ling** [-ɪŋ] *f* Ausstellung *f*; **~lingspaviljoen** [-ɪŋspav̊aljuːn] *n* Ausstellungspavillon *m*; **~lingsterrein** [-ɪŋstɛrɛĭn] *n* Ausstellungsgelände *n*.
tent|paal [ˈtɛntpaːl] (*-palen*) *m* Zeltmast *m*, Zeltstange *f*; **~paaltje** [-paːltjə] (*-s*) *n*, **~pin** [-pɪn] (*-nen*) *f* Zeltpflock *m*.
tenue [təˈnyː] (*-s*) *n u. f* Uniform *f*; *groot (grote) ~* Galauniform *f*; Festkleidung *f*.
tenuitvoerlegging [tɛnˈəʏtfuːrlɛɣ̊ɪŋ] *f* Ausführung *f*; (*Urteil usw.*) Vollstreckung *f*.
ten|ware [tɛnˈʋaːrə], **~zij** [-ˈzɛĭ] es sei denn (daß).
tepel [ˈteːpəl] (*-s*) *m* Brustwarze *f*; (*Tiere*) Zitze *f*.
ter [tɛr] zu, zum, zur.

teraardebestelling [tɛr'a:rdəbəstɛlɪŋ] *f* Beerdigung *f*.
terbeschikkingstelling [tɛrbə'sxɪkɪŋstɛlɪŋ] *f* Zurverfügungstellung *f*; *jur.* Sicherungsverwahrung *f*, Zwangsaufenthalt *m* (*in e-r Anstalt*).
ter|deeg [ɛr'de:x], **~dege** [-'de:ɣ̊ə] [gehörig, tüchtig.]
teerdood|brenging [tɛr'do:dbrɛŋɪŋ] *f* Hinrichtung *f*; **~veroordeling** [-fəro:de:lɪŋ] *f* Todesurteil *n*.
terecht [tə'rɛxt] mit Recht; *~ beweren* mit Recht behaupten; *hij is nog niet ~* man hat ihn noch nicht gefunden; *dat komt wel ~* das wird sich schon finden, das wird sich schon machen lassen; **~staan** [-sta:n] vor Gericht erscheinen; **~stelling** [-stɛlɪŋ] *f* Hinrichtung *f*; **~wijzen** [-ʋɛĭzə(n)] zurechtweisen, tadeln; belehren.
teren[1] ['te:rə(n)] zehren; F feiern.
teren[2] teeren.
tergen ['tɛrɣ̊ə(n)] reizen, quälen; herausfordern.
terhandstelling [tɛr'hɑntstɛlɪŋ] *f* Zustellung *f*, Einhändigung *f*.
tering ['te:rɪŋ] *f* Schwindsucht *f*; Verbrauch *m*, Verzehr *m*; *de ~ naar de nering zetten fig.* sich nach der Decke strecken; *vliegende ~* galoppierende Schwindsucht; **~lijder** [-lɛĭdər] (*-s*) *m* Schwindsüchtige(r) *m*, Lungenkranke(r) *m*.
terloops [tɛr'lo:ps] nebenbei, beiläufig.
term [tɛrm] *m* Ausdruck *m*, Wort *n*; (*Gesetz*) Wortlaut *m*; (*Vertrag*) Klausel *f*; (*Abmachung*) Bedingung *f*; *Math.* Glied *n*.
termiet [tɛr'mi·t] *m u. f* Termite *f*.
termijn [tɛr'mɛĭn] *m* Termin *m*, Frist *f*; (*Abzahlung, Teilzahlung*) Rate *f*; *op korte ~* kurzfristig; *op lange ~* langfristig; *in ~en* ratenweise; **~handel** [-hɑndəl] *m* Terminhandel *m*.
terminal ['tə:mi·nəl] (*-s*) *m* Terminal *m* (*e-r Pipeline*).
terminologie [tɛrmi·no·lo·'ɣ̊i:] *f* Terminologie *f*, Fachsprache *f*; Jargon *m*.
ternauwernood [tərnɑu(ʋ)ər'no:t] mit knapper Not, kaum.
terneergeslagen [tər'ne:rɣ̊əsla:ɣ̊ə(n)] niedergeschlagen, entmutigt.
terpentijn [tɛrpən'tɛĭn] *m* Terpentin *n*.
terracotta [tɛra·'kɔta·] (*-'s*) *f u.* … Terrakotta *f*.
terras [tɛ'rɑs] (*-sen*) *n* Terrasse *f*.
terrein [tɛ'rɛĭn] *n* Gelände *n*, Plat… *m*, Grundstück *n*; Gebiet *n*; *fig* Gebiet *n*, Fach *n*; **~plooi** [-plo:ĭ] … Bodenwelle *f*; *Flgw.* (Gelände-Schwelle *f*.
terreur [tɛ'rœ:r], *a.* [tɛ'rø:r] *f* Terro… *m*; Schreckensherrschaft *f*.
terriër ['tɛri·(j)ər], *a.* [tɛr'je:] (*-s*) … Terrier *m*.
terrine [tɛ'ri·nə] (*-s*) *f* Terrine *f* … Suppenschüssel *f*.
territoriaal [tɛri·to·ri·'ja:l] territo… rial; *territoriale wateren* Territo… rial-, Hoheitsgewässer *n/pl.*
territorium [tɛri·'to:ri·(j)əm] (*-s u.* *-ria*) *n* Territorium *n*, Gebiet *n*.
tersluik(s) [tɛr'sløyk(s)] heimlich… verstohlen.
terstond [tɛr'stɔnt] sofort, sogleich… auf der Stelle.
tertiair [tɛrs'jɛ:r] tertiär; *Su. n* Ter… tiär *n*.
tertio ['tɛrsjo·] drittens.
terts [tɛrts] *f* Terz *f*.
terug [tə'rɵx] zurück; wieder… *Parijs heen en ~* Paris hin und zu… rück; *de vlucht ~* Rückflug *m*.
terug|betaalbaar [tə'rɵɣ̊bəta:lba:… rückzahlbar; **~betaling** [-bəta:lɪŋ… *f* Rückzahlung *f*; Rückerstattung *f*… **~blik** [-blɪk] *m* Rückblick *m*; **~deinzen** [-dɛĭnzə(n)] zurückfahre… zurückschrecken (*voor*/vor *D*)… **~eisen** [-ɛĭsə(n)] zurückforder… **~gaaf** [-xa:f], **~gave** [-xa:v̊ə] Rückgabe *f*, Rückerstattung *f*; **~gekeerde** [-xəke:rdə] (*-n*) *m* Heim… kehrer *m*; **~getrokken** [-xətrɔkə(n… zurückgezogen, einsam; **~houdend** [-hɑudənt] zurückhaltend, wor… karg, reserviert; **~kaatsen** [-'ka:… sə(n)] zurückschlagen, zurückwe… fen; *Licht*: reflektieren, zurück… strahlen; *Schall*: widerhallen; … *bal ~ fig.* (geschickt) erwider… (*beim Wortgefecht*) zum Gege… angriff übergehen; **~keer** [-ke:r] … Rückkehr *m*, Heimkehr *m*; **~komst** [-kɔmst] *f* Rückkehr *m*, Wiederke… *m*; **~krijgen** [-krɛĭɣ̊ə(n)] zurück… wiederbekommen; **~reis** [-rɛ… (*-reizen*) *f* Rückreise *f*; **~tocht** [-tɔxt] *m* Rückzug *m*; Rückfahrt … Rückflug *m*; **~vorderen** [-fɔrd… rə(n)] zurückfordern; **~weg** [-ʋɛ…

m Rückweg *m*; *s. a. terugtocht*; **~werkend** [-ʋɛrkənt] rückwirkend; *met ~de kracht* mit Rückwirkung; **~zending** [-sɛndɪŋ] *f* Rücksendung *f*.
erwijl [tɛrˈʋɛĭl] *Ko.* während; indem; *Adv.* währenddessen, unterdessen.
est [tɛst] (*-s*) *m* Test *m*, Prüfung *f*; Experiment *n*.
estament [tɛstaˑˈmɛnt] *n* Testament *n*; **~air** [-ˈtɛːr] testamentarisch.
esten [ˈtɛstə(n)] testen, prüfen, untersuchen.
esteren [tɛsˈteːrə(n)] testieren.
eug [tøːx] *m* Zug *m*, Schluck *m*, Trunk *m*.
eugel [ˈtøːɣ̊əl] (*-s*) *m* Zügel *m*, Zaum *m*; *vrije ~ laten* freie Hand lassen; **~loos** [-loːs] zügellos.
'eun(is) [ˈtøːnəs] *m* Anton *m*.
veel [təˈv̊eːl] zuviel; *Su. n* Zuviel *n*.
vens [ˈteːv̊əns] gleichzeitig, zugleich.
vergeefs [təv̊ərˈɣ̊eːfs] vergebens, umsonst; *Adj.* vergeblich.
voren [təˈv̊oːrə(n)] vorher, im voraus.
vreden [təˈv̊reːdə(n)] zufrieden; **~heid** [-hɛĭt] *f* Zufriedenheit *f*.
waterlating [təˈʋaːtərlaːtɪŋ] *f* Stapellauf *m*.
weegbrengen [təˈʋeːxbrɛŋə(n)] verursachen, herbeiführen.
werkstelling [təˈʋɛrkstɛlɪŋ] *f* Einstellung *f*, Beschäftigung *f*; *volledige ~* Vollbeschäftigung *f*.
xtiel [tɛksˈtiːl] *m u. n* Textilien *pl.*; **~industrie** [-ɪndəstriː] *f* Textilindustrie *f*; **~stoffen** [-stɔfə(n)], **~waren** [-ʋaːrə(n)] *pl.* Textilien *pl.*, Webstoffe *m/pl.*
ans [tɑns] jetzt; gegenwärtig, heutzutage.
h)eater [teˑˈ(j)aːtər] (*-s*) *n* Theater *n*, Schauspielhaus *n*; *~ maken* Spektakel machen; sich aufspielen.
h)eatraal [teˑjaˑˈtraːl] theatralisch.
é dansant [teː dɑnˈsɑ̃ː] (*-s -s*) *m* Tanztee *m*.
h)ee [teː] *m* Tee *m*; *~ zetten* Tee machen (kochen); **~blad**[1] [-blɑt] (*-eren, a. ~bladen, a. ~blaren*) *n* Teeblatt *n*; **~blad**[2] (*-bladen*) *n* Teebrett *n*, (Tee-)Tablett *n*; **~ketel** [-keːtəl] (*-s*) *m* Teekessel *m*.
heems [teːms] *f* Themse *f*.

t(h)ee|pot [ˈteːpɔt] (*-ten*) *m* Teekanne *f*; **~tante** [-tɑntə] (*-s*) *f* Klatschbase *f*; **~uurtje** [-yːrtjə] (*-s*) *n* Fünfuhrtee *m*.
t(h)ema [ˈteːmaˑ] (*-'s*) *n* Thema *n*; Aufgabe *f*.
t(h)eo|logie [teˑ(j)oˑloˑˈɣ̊iː] *f* Theologie *f*; **~loog** [-ˈloːx] *m* Theologe *m*.
t(h)eore|ticus [teˑ(j)oˑˈreˑtiˑkəs] (*-tici*) *m* Theoretiker *m*; **~tisch** [-tiˑs] theoretisch; *~e redenering* begriffliche(s) Denken *n*.
t(h)era|peut [teˑraˑˈpøːt] *m* Therapeut *m*, behandelnde(r) Arzt *m*; **~pie** [-ˈpiː] *f* Therapie *f*, Kranken-, Heilbehandlung *f*.
t(h)er|maal [tɛrˈmaːl] Thermal-, Warm-, Wärme-; *~male bron* Thermalquelle *f*; *~male kuur* Thermalkur *f*, Badekur *f*.
t(h)ermometer [ˈtɛrmoˑmeːtər] (*-s*) *m* Thermometer *n*.
t(h)ermosfles [ˈtɛrmɔsflɛs] (*-sen*) *f* Thermosflasche *f*.
t(h)esaurie [teˑzɑuˈriː] (*-ën*) *f* Schatzkammer *f*; Schatzamt *n*.
T(h)ijs [tɛĭs] *m* Matthäus *m*.
Thracië [ˈtraːsiˑ(j)ə] *n* Thrakien *n*.
thriller [ˈtriˑ-], *a.* [trɪlər] (*-s*) *m* (*Fs.*, *Film*) Thriller *m*, Krimi(nalfilm) *m*.
thuis [təʏs] zu Haus; **~komst** [-kɔmst] *f* Heimkehr *f*; **~krijgen** [-krɛĭɣ̊ə(n)] ins Haus bekommen; **~spel** [-spɛl] *n*, **~wedstrijd** [-ʋɛtstrɛĭt] *m Sp.* Heimspiel *n*.
tiara [tiˑˈjaːraˑ] (*-'s*) *f* Tiara *f*.
tichel [ˈtɪxəl] (*-s*) *m*, **~steen** [-steːn] (*-stenen*) *m* Ziegelstein *m*; Kachel *f*.
ticket [tiˑˈkɛt] (*-s u. -ten*) *n* Ticket *n*, Eintrittskarte *f*, Fahrkarte *f*.
tien [tiːn] zehn; **~de** [-də] zehnte; *het ~* Zehntel *n*; **~delig** [-ˈdeːləx] dezimal; **~duizend** [-dəʏzənt] zehntausend; **~kamp** [-kɑmp] *m Sp.* Zehnkampf *m*; **~tal** [-tɑl] (*-len*) *n Math.* Zehner *m*; **~tallig** [-tɑləx]: *~ stelsel* Dezimalsystem *n*; **~tje** [-tjə] (*-s*) *n* Zehnguldenschein *m*; **~voudig** [-v̊ɑudəx] zehnfach.
tiener [ˈtiːnər] (*-s*) *m u. f* Teenager *m*; **~klanken** [-klɑŋkə(n)] *m/pl.* Teenagermusik *f*; Sendung *f* für Teenager.
tierelieren [tiˑrəˈliːrə(n)] trillern, zwitschern.
tieren [ˈtiːrə(n)] gedeihen, üppig wachsen; lärmen, toben.
tierlantijntje [tiˑrlɑnˈtɛĭntjə] (*-s*) *n* Schnörkel *m*; Flitter *m*.

tiet [ti:t] *f* Brustwarze *f*; Zitze *f*; Brust *f*.
tij [tɛĭ] *n* Gezeiten *pl*.
tijd [tɛĭt] *m* Zeit *f*; *op* ~ rechtzeitig; termingerecht; *alles op zijn* ~ alles zu s-r Zeit; *het is hoog* ~ es ist höchste Zeit; *tegenwoordige* ~ *Gr.* Präsens *m*; *onvoltooid verleden* ~ *Gr.* Imperfekt *n*; *voltooid verleden* ~ Plusquamperfekt *n*; *toekomende* ~ *Gr.* Futur *n*; *ten* ~*e van* zur Zeit *G*, zu Zeiten *G*; *in* ~ *van oorlog* in Kriegszeiten; ~**besparing** [-bəspa:rɪŋ] *f* Zeitersparnis *f*, Zeitgewinn *m*; ~(s)**besteding** [-(s)bəste:dɪŋ] *f* Zeitvertreib *m*; Freizeitgestaltung *f*; ~**bom** [-bɔm] (*-men*) *f* Zeitbombe *f*.
tijdelijk ['tɛĭdələk] zeitweilig, einstweilen, vorläufig; provisorisch; zeitlich; *Su.* ~e *n* das Zeitliche; ~*e invoer* Einfuhr *f* unter Zollvermerk ~*e maatregel* provisorische Maßnahme.
tijdens ['tɛĭdəns] während *G*.
tijd|genoot ['tɛĭtxəno:t] (*-noten*) *m* Zeitgenosse *m*; ~**ig** [-əx] rechtzeitig, zeitig; früh.
tijding ['tɛĭdɪŋ] *f* Nachricht *f*.
tijd|korting ['tɛĭtkɔrtɪŋ] *f*, ~**passering** [-pɑse:rɪŋ] *f* Zeitvertreib *m*; ~**plan** [plɑn] (*-nen*) *n* Terminplan *m*; ~**perk** [-pɛrk] *n* Zeitraum *m*, Periode *f*; Zeitalter *n*, Ära *f*; ~**rekening** [-re:kənɪŋ] *f* Zeitrechnung *f*; ~**ruimte** [-rœymtə] (*-n u. -s*) *f*, ~**sbestek** [-zbəstɛk] (*kein pl.*) *n* Zeitraum *m*; ~**schrift** [-sxrɪft] *n* Zeitschrift *f*; ~**sein** [-sɛĭn] *n* Zeitzeichen *n*, Signal *n*; ~**somstandigheden** [-sɔmstɑndəxhe:də(n)] *pl.* Zeitverhältnisse *n/pl.*; ~**stip** [-stɪp] (*-pen*) *n* Zeitpunkt *m*; ~**vak** [-fɑk] (*-ken*) *n* Zeitraum *m*, Periode *f*; ~**verlies** [-fərli:s] *n* Zeitverlust *m*; ~**verspilling** [-fərspɪlɪŋ] *f* Zeitverschwendung *f*.
tijger [tɛĭɣ̌ər] (*-s*) *m* Tiger *m*; ~**vel** [-v̌ɛl] (*-len*) *n* Tigerfell *n*.
tijk[1] [tɛĭk] *n* Zwillich *m*; *een broek in* ~ *e-e* Zwillichhose *f*.
tijk[2] *m* Bezug *m*, Überzug *m*.
tijloos ['tɛĭlo:s] (*-lozen*) *f Bot.* Zeitlose *f*.
tijm [tɛĭm] *m*, ~**kruid** [-krœyt] *n* } [Thymian *m*.
tik [tɪk] (*-ken*) *m* Klaps *m*, leichte(r) Schlag *m*; Zucken *n*; Tick *m*, Schrulle *f*; ~**fout** [-fɑut] *f* Tippfehler *m*; ~**je** [-jə] (*-s*) *n* Klaps *m* ein bißchen, ein wenig; ~**juffrouw** [-jəfrɑŭ] *f* F Tippfräulein *n*; ~**ken** [-ə(n)] tippen, maschineschreiben ticken, klopfen; ~**schrift** [-sxrɪft] *n* Maschine(n)schreiben *n*.
til[1] [tɪl] (*-len*) *f* Taubenschlag *m*; ~ (*kein pl.*) *m*; *op* ~ *zijn* im Anzug sein
tillen ['tɪlə(n)] (auf)heben, emporheben; *zwaar aan iets* ~ in Sorg (bekümmert) sein.
timbre [tɛ̃:mbrə] (*-s*) *n* Timbre *n* Klangfarbe *f*.
timi|de [ti·'mi·də] schüchtern, zaghaft; ~**diteit** [-di·'tɛĭt] *f* Schüchternheit *f*.
timmer|en ['tɪmərə(n)] zimmern bauen; *fig.* pochen auf (*A*); ~**gereedschap** [-ɣ̌əre:tsxɑp] (*-pen*) Zimmermannsgerät *n*; ~**hout** [-hɑut] *n* Bauholz *n*; ~**man** [-mɑn] (*-lui u. -lieden*) *m* Zimmermann *m* Tischler *m*; ~**werk** [-ʋɛrk] *n* Zimmerarbeit *f*, Zimmerei *f*.
tin [tɪn] *n* Zinn *n*.
tinctuur, *a.* **-tink-** [tɪŋk'ty:r] (*-turen*) *f* Tinktur *f*.
tinfoelie ['tɪnfu·li:] (*-s*) *f* Zinnfolie *f*
tingeltangel [tɪŋəl'tɑŋəl] (*-s*) *n* Tingeltangel *n*.
tin|groeve ['tɪnɣ̌ru·v̌ə] (*-n*) *f*, ~**mijn** [-mɛĭn] *f* Zinngrube *f*, Zinnbergwerk *n*.
tinne ['tɪnə] (*-n*) *f* Zinne *f*.
tinne|gieter ['tɪnəɣ̌i:tər] (*-s*) Zinngießer *m*; *politieke* ~ *fig.* politische(r) Kannegießer *m*; ~**goed** [-ɣ̌u·t] (*kein pl.*) *n* Zinnware *f*; ~ [-ə(n)] zinnern, Zinn-; ~ *schotel* Zinnteller *m*, Zinnschüssel *f*.
tint [tɪnt] *f* Schattierung *f*, Farbton *m*; Gesichtsfarbe *f*, Teint *m*; ~**tje** [-tjə] *n* Anstrich *m*; Schimmer *m* Hauch *m*.
tintelen ['tɪntələ(n)] flimmern, funkeln; ~ *van kou* prickeln vor Kälte
tip[1] [tɪp] (*-pen*) *m* Zipfel *m*; ~[2] (*-s*) Wink *m*, (*Börse, Sp.*) Tip *m*.
tippel|aarster ['tɪpəla:rstər] (*-s*) Strichmädchen *n*; ~**en** [-ə(n)] tippeln; F auf den Strich gehen.
tirade [ti·'ra:də] (*-s*) *f* Tirade *f*.
tirailleurslinie [ti·ra·'jø:-], [-'jœ:rsli·ni:] (*-s*) *f* Schützenlinie
tiran [ti·'rɑn] (*-nen*) *m* Tyrann *m* ~**nie** [-'ni:] (*-ën*) *f* Tyrannei *f*; ~**niseren**, *a.* **-zeren** [-ni·'ze:rə(n)] tyrannisieren.

irol [ti·'rɔl] *n* Tirol *n*; **~er** [ti·'ro:-ər] (*-s*) *m* Tiroler *m*.
tan ['ti·tɑn] (*-s u. -en*) *m* Titan *m*; **,enwerk** [-ə(n)ʋɛrk] *n* Titanen-ɹrbeit *f*.
tel ['ti·təl] (*-s*) *m* Titel *m*; **~blad** -blɑt] (*-en*) *n* Titelblatt *n*; **~drager** -dra:ɣ̊ər] (*-s*), **~houder** [-hɑudər] -*s*) *m* Titelträger *m*; *Sp.* Titel-verteidiger *m*; **~rol** [-rɔl] (*-len*) *f* Titelrolle *f*.
ttel ['ti·təl] (*-s*) *m* Tüpfelchen *n*, 'unkt *m*.
tu|laris [ti·ty·'la:rəs] (*-sen*) *m* Titu-ar *m*; **~leren** [-'le:rə(n)] titulieren.
ast [to:st] *s. toost.*
bbe ['tɔbə] (*-n u. -s*) *f* Zuber *m*, Wasch-)Kübel *m*.
b|ben ['tɔbə(n)] grübeln; **~ber** -ər] (*-s*) *m* Grübler *m*.
ch [tɔx] doch; dennoch; *het is ~ al e laat* es ist ohnehin (sowieso) zu pät; *is het ~ waar?* ist es wirklich vahr?; *'t is misschien zo (waar), ~* ann schon sein, aber; *~ beweer ik* ennoch behaupte ich; *neen ~, ~* iet nicht doch.
cht [tɔxt] *m* Zug *m*; Fahrt *f*; Wan-ɪerung *f*, Expedition *f*, Reise *f*; *Wind*) Luftzug *m*; **~en** [-ə(n)] zie-ɪen; **~gat** [-xɑt] *n* Zugloch *n*; **~ge-noot** [-xəno:t] (*-noten*) *m* Reisege-ährte *m*; **~raam** [-ra:m] (*-ramen*) Doppelfenster *n*; **~scherm** -sxɛrm] *n* Wandschirm *m*.
e [tu:] zu; dicht, geschlossen, zu; *maar!* nur zu!; *tot nu ~* bis jetzt; *o de koop ~* obendrein; *~, zeg het aar* bitte, sag es nur (sagen Sie es ur); *dat doet de deur ~!* damit ist as Maß voll!; jetzt (ist) aber chluß!
ebe|delen ['tu·bəde:lə(n)] *Brief* ɹstellen; **~horen** [-ho:rə(n)] dazu ehören; *Su. n* Zubehör *n*; **~reid-elen** [-rɛĭtsələ(n)] *pl.* Vorbereitun-en *f/pl.*; *~ treffen (maken)* Anstal-n machen (treffen) zu ...; **~trou-wen** [-trɑu(ʋ)ə(n)] *j-m etw.* anver-auen.
e|bijten ['tu:bɛĭtə(n)] zubeißen; ıbeißen (*a. fig.*), F anschnauzen; sagen; **~brengen** [-brɛŋə(n)] *e-n chlag* versetzen; *Schaden* zufügen; *erlust* beibringen; **~dekken** [-dɛ-ə(n)] zudecken; **~dienen** [-di:-ə(n)] verabreichen; **~doen** [-du:n] ımachen, schließen; *Su. n* Zutun *n*; *door ~ van* mittels *G*; durch Zu-tun *G*, durch die Vermittlung *G*.
toedracht ['tu:drɑxt] (*kein pl.*) *f* Hergang *m*; *de ware ~* Tatbestand *m*; Sachverhalt *m*.
toe|dragen ['tu:dra:ɣ̊ə(n)] zutragen; *Achtung, Liebe* entgegenbringen, hegen für; *zich ~* sich zutragen, sich ereignen; **~drinken** [-drɪŋkə(n)] zutrinken *D*; **~duwen** [-dy:(ʋ)ə(n)] zustoßen; **~eigenen** [-ɛĭɣ̊ənə(n)]: *zich ~* sich an-, zueignen; **~fluiste-ren** [-fləʏstərə(n)] zuflüstern, zu-raunen; **~gaan** [-ɣ̊a:n] zugehen; sich ereignen, vor sich gehen, sich zutragen; *het gaat er raar (vrolijk) toe* es geht da sonderbar (lustig) zu.
toegang ['tu:ɣ̊ɑŋ] *m* Zugang *m*, Zu-tritt *m*, Eintritt *m*; *geen ~, ~ ver-boden* Zutritt verboten; **~sbewijs** [-zbəʋɛĭs] (*-wijzen*) *n*, **~skaart** [-ska:rt] *f* Eintrittskarte *f*; **~sweg** [-sʋɛx] *m* Zugang *m*, Zufahrt *f*; Zu-fahrtsstraße *f*.
toe|gankelijk [tu·'ɣ̊ɑŋkələk] zu-gänglich; **~geeflijk, ~gefelijk** [-'ɣ̊e:f(ə)lək] nachgiebig, nachsich-tig; **~geeflijkheid** [-'ɣ̊e:fləkhɛĭt] *f* Nachsicht *f*.
toege|laten ['tu:ɣ̊əla:tə(n)] erlaubt; *~ bagage* Freigepäck *n*; **~negen** [-ne:ɣ̊ə(n)] geneigt, gewogen, zuge-tan; *Uw ~e* Ihr ergebener ...; **~ne-genheid** [-ne:ɣ̊ə(n)hɛĭt] (*kein pl.*) *f* Zuneigung *f*, Geneigtheit *f*.
toegeven ['tu:ɣ̊e·v̊ə(n)] zugeben, nachgeben, einräumen, gestehen; *~d* nachsichtig, nachgiebig, will-fährig; *een ~de zin Gr.* Konzessiv-satz *m*; **~dheid** [-thɛĭt] *f* Nach-sicht *f*.
toegift ['tu:ɣ̊ɪft] *f* Zugabe *f*, Bei-gabe *f*.
toe|grijpen ['tu:ɣ̊rɛĭpə(n)] zugrei-fen; (*bei Tisch*) zulangen; **~groeien** [-ɣ̊ru·ĭ(j)ə(n)] zuwachsen; **~halen** [-ha:lə(n)] zuziehen, anziehen; *naar zich ~* an sich ziehen (*a. fig.*).
toe|hoorder ['tu:ho:rdər] (*-s*) *m* Zu-hörer *m*, Hörer *m*; **~horen** [-ho:-rə(n)] zu-, anhören.
toejui|chen ['tu:jəʏxə(n)] Beifall spenden, klatschen, applaudieren; **~ching** [-xɪŋ] *f* (*mst. pl.*) Beifall *m*, Applaus *m*.
toekennen ['tu:kɛnə(n)] zuerken-nen; prämiieren, verleihen; *jur.* zu-sprechen; *grote waarde aan iets ~*

e-r Sache großen Wert beilegen; *aan iemand* (*een prijs*) ~ j-m (e-n Preis) zuerkennen, verleihen.
toe|kijken ['tu:kɛĭkə(n)] zuschauen, zusehen; *Su.* *n* Zusehen *n*; **~knikken** [-knɪkə(n)] zunicken; **~knopen** [-kno:pə(n)] zuknöpfen; **~komen** [-ko:mə(n)] zukommen; gehören, ein Recht haben auf *A*; ankommen, landen; *doen* ~ (zu)senden, schikken, zukommen lassen; *met zijn geld* ~ mit s-m Geld auskommen; *ere wie ere toekomt* Ehre, wem Ehre gebührt; **~komend** [-'ko:mənt] (zu)künftig; *~e tijd* *Gr.* Futur *n*.
toekomst ['tu:kɔmst] *f* Zukunft *f*; **~ig** [tu·'kɔmstəx] (zu)künftig.
toelage ['tu:la:ɣ̊ə] (*-n*) *f* Zulage *f*, Zuschuß *m*; Unterstützung *f*.
toela|ten ['tu:la:tə(n)] zulassen, erlauben, gestatten; **~ting** [-tɪŋ] *f* Zulassung *f*; Einlaß *m*; Erlaubnis *f*; **~tingsexamen**, *a.* **-eks-** [-tɪŋsɛksa:mə(n)] (*-s*) *n* Aufnahmeprüfung *f*.
toeleg ['tu:lɛx] (*kein pl.*) *m* Absicht *f*, Plan *m*, Vorhaben *n*.
toeleggen ['tu:lɛɣ̊ə(n)] zulegen; zudecken; *zich* ~ *op* sich verlegen auf *A*; *geld op iets* ~ Geld zusetzen.
toelich|ten ['tu:lɪxtə(n)] erläutern, erklären; *Antrag* begründen; **~ting** [-tɪŋ] *f* Erläuterung *f*, Erklärung *f*; Begründung *f*, Motivierung *f*; *jur.* Schriftsatz *m*; *memorie van* ~ Begleitschreiben *n*.
toeloop ['tu:lo:p] (*kein pl.*) *m* Zulauf *m*; Andrang *m*; (*Laden*) Zuspruch *m*.
toemetselen ['tu:mɛtsələ(n)] zumauern.
toen [tu:n] *Ko.* als; *Adv.* dann, damals, da; ~ *hij kwam* als er kam; ~ *kwam hij* da kam er; dann (nachher) kam er; ~ *was alles beter* damals war alles besser; *van* ~ *af* von da an.
toenaam ['tu:na:m] (*-namen*) *m* Zuname *m*, Beiname *m*; Spitzname *m*.
toenadering ['tu:na:dərɪŋ] *f* Annäherung *f*.
toendra ['tu:ndra·] (*-'s*) *f* Tundra *f*.
toe|nemen ['tu:ne:mə(n)] zunehmen, wachsen; **~neming** [-ne:mɪŋ] *f* Zunahme *f*.
toen|maals ['tu:nma:ls] damals; **~malig** [-ma:ləx] damalig; **~tertijd** [-tər'tɛĭt] damals.
toepas|selijk [tu·'pɑsələk] anwendbar, passend; **~sen** ['tu:pɑsə(n)] anwenden; **~sing** ['tu:pɑsɪŋ] *f* Anwendung *f*.
toeperen [tu·'pe:rə(n)] toupieren.
toer [tu:r] *m* Tour *f*, Reise *f*, Ausflug *m*; Umdrehung *f*; *een hele* ~ ein ganzes Stück Arbeit; *een lep* (*slimme, fijne*) ~ *uithalen fig.* ei[n] Ding drehen; *op halve* (*volle*) ~[*en*] *draaien* (*lopen*) auf halben (vollen) Touren arbeiten (laufen); *op* (*zij*[n]) *hun*) ~ turnusmäßig; *ieder op zijn* ~ jeder der Reihe nach; *zijn* ~ *a*[*f*]*wachten* sich gedulden, auf die Gelegenheit warten; **~auto** [-auto·] (*-'s*) *m* Tourenwagen *m*.
toe|reiken ['tu·rɛĭkə(n)] hin-, darreichen; **~rekenbaar** [-re:kənba:r] zurechnungsfähig.
toer|en ['tu:rə(n)] e-e Tour (Spazierfahrt *usw.*) machen; **~entell**[**er**] [-ə(n)tɛlər] (*-s*) *m* Tourenzähler *m*; **~ingcar** [-ɪŋka:r] (*-s*) *f* Tourenwagen *m*, Rundreisewagen *m*; Autobus *n*; **~rijtuig** [-rɛĭtəʏx] *n s. toeringcar, toerwagen.*
toe|risme [tu·'ri·smə] *n* Tourismus *m*, Fremdenverkehr *m*, Reiseverkehr *m*; **~rist** [-'ri·st] *m* Tourist *m*, Reisende(r) *m*.
toeristen|bond [tu·'ri·stənbɔnt] Touristenverein *m*; **~kamer** [-ka:mər] (*-s*) *f* Fremdenzimmer *n*; **~klasse** [-klɑsə] *f* Touristenklasse *f*; **~logement** [-lo:ʒəmɛnt] *n* Fremden-, Touristenheim *n*; **~trein** [-trɛĭn] *m* Rundreisezug *m*; **~visum** [-vi·zəm] (*-visa u. -s*) *n* Touristenvisum *n*.
toeristisch [tu·'ri·sti·s] touristisch, Reise-, Fremdenverkehrs-; Fremden-; ~ *verkeer* Fremdenverkehr *m*, Touristenverkehr *m*; *~e gids* Fremdenführer *m*; *~e kaart* Touristenkarte *f*; ~(e) *prospectus* Reiseprospekt *m*. [Turnier *n*.]
to(e)rnooi [tu·r-] *od.* [tɔr'no:ĭ]
toertje ['tu:rtjə] (*-s*) *n* Ausflug *m*, Spazierfahrt *f*, Spazierritt *m*.
toeschietelijk [tu·sxi:tələk] entgegenkommend, gefällig.
toeschijnen ['tu:sxɛĭnə(n)] scheinen; vorkommen.
toeschou|wen ['tu:sxɑu(ʋ)ə(n)] zuschauen; **~wer** [-ər] (*-s*) *m* Zuschauer *m*; *pl.* Publikum *n*.
toeschrijven ['tu:sxrɛĭʋ̊ə(n)] zuschreiben; zurückführen auf *A*.

)e|slaan ['tu:sla:n] zuschlagen, zuklappen; **~slag** [-slɑx] *m* Zuschlag *m*; Unterstützung *f*, Zuschuß *m*.
e|snauwen ['tusnɑu(ʋ)ə(n)] anschnauzen; **~snellen** [-snɛlə(n)] herbeieilen.
espeling ['tu:spelɪŋ] *f* Anspielung *f*. [speise *f*.]
espijs ['tu:spɛĭs] (*-spijzen*) *f* Zu-
e|spraak ['tu:spra:k] (*-spraken*) *f* Ansprache *f*, (kurze) Rede *f*; Anrede *f*; **~spreken** [-spre:kə(n)] e-e Ansprache halten; anreden.
estaan ['tu:sta:n] zugestehen, bewilligen, gewähren, gestatten, erauben; *sta mij toe ...* gestatten Sie ...
estand ['tu:stɑnt] *m* Zustand *m*, Lage *f*; Verhältnisse *n/pl.*; *dat zijn en!* F aber so was!
esteken ['tu:ste:kə(n)]: *iemand de and ~* j-m die Hand reichen; *iemand een handje ~* j-m helfen, j-m achhelfen.
estel ['tu:stɛl] (*-len*) *n* Apparat *m*, Vorrichtung *f*, Gerät *n*.
estem|men ['tu:stɛmə(n)] zustimmen, bejahen; *in iets ~* etw. genehmigen; **~ming** [-ɪŋ] *f* Einwilligung *f*, Zustimmung *f*, Konsens *m*.
e|stoppen ['tu:stɔpə(n)] zustopfen; zudecken; *iemand iets ~* j-m etw. zustecken; **~stromen** [-stro:mə(n)] herbeiströmen; **~takelen** -ta:kələ(n)] übel zurichten; *hij was elijk toegetakeld* er sah erbärmlich us; **~tasten** [-tɑstə(n)] zugreifen, ulangen.
e|ten ['tu:tə(n)] tuten; *hij weet van noch blazen fig.* er hat von Tuten nd Blasen keine Ahnung; **~ter** -tər] (*-s*) *m* Hupe *f*; Tute *f*; **~teren** -tərə(n)] hupen; tuten.
etje ['tu:tjə] (*-s*) *n* Nachtisch *m*.
e|treden ['tu:tre·də(n)]: *~ op iemand* an j-n herantreten; *~ tot* beitreten *D*, sich anschließen *D*, eintreten in *A*; **~treding** [-tre:dɪŋ] *f* Beitritt *m* (zu), Anschluß *m* (an *A*), Eintritt *m* (in *A*).
ets [tu·ts] *m* Taste *f*; Probe *f*; (*Malerei*) Pinselstrich *m*; **~en** [-ə(n)] prüfen, probieren, auf die Probe stellen; **~enbord** [-ənbɔrt] *n* Klaviatur *f*; Tastatur *f*; **~steen** [-'ste:n] (*-stenen*) *m* Probierstein *m*; *fig.* Prüfstein *m*.

toeval[1] ['tu:v̊ɑl] (*-len*) *n* Zufall *m*; ~[2] *m u. n* epileptische(r) Anfall *m*; *bij ~* zufällig(erweise); **~len** [-ə(n)] zufallen; zuteil werden; **~lig** [-'v̊ɑləx] zufällig(erweise).
toeven ['tu:v̊ə(n)] verweilen.
toeverlaat ['tu:v̊ərla:t] (*kein pl.*) *m* Zuflucht *f*, Halt *m*.
toevertrouwen ['tu:v̊ərtrɑu(ʋ)ə(n)] anvertrauen.
toevloed ['tu:v̊lu:t] *m* Zuzug *m*, Zustrom *m*, Zufluß *m*, Zulauf *m*.
toevlucht ['tu:vlɵxt] *f* Zuflucht *f*, Asyl *n*; **~soord** [-so:rt] *n* Zufluchtsort *m*, Asyl *n*.
toe|voegen ['tu:v̊u:ɣ̊ə(n)] beifügen; *toegevoegd verdediger* Pflichtverteidiger *m*; **~voegsel** [-v̊u:xsəl] (*-s*) *n* Anhang *m*, Nachtrag *m*, Zusatz *m*.
toevoer ['tu:v̊u:r] (*kein pl.*) *m* Zufuhr *f*; **~en** [-ə(n)] zuführen; **~weg** [-ʋɛx] *m* Zufahrtsstraße *f*; *mil.* Nachschub-, Versorgungsstraße *f*.
toe|vriezen ['tu:v̊ri:zə(n)] zufrieren; **~wijden** [-ʋɛĭdə(n)] *j-m etw.* widmen; **~wijding** [-ʋɛĭdɪŋ] *f* Widmung *f*; Hingabe *f*; **~wijzen** [-ʋɛĭzə(n)] zuteilen; *jur.* zuerkennen; **~wijzing** [-ʋɛĭzɪŋ] *f* Zuteilung *f*; Zuerkennung *f*; **~wuiven** [-ʋəʏv̊ə(n)] zuwinken; **~zegging** [-zɛɣ̊ɪŋ] *f* Zusage *f*, Versprechen *n*; **~zenden** [-zɛndə(n)] zusenden, zuschicken; einsenden.
toezicht ['tu:zɪxt] *f* Aufsicht *f*; *~ houden op* beaufsichtigen; *raad (commissie) van ~* Aufsichtsrat *m*.
toezwaaien ['tu:zʋa:ĭə(n)] zuwehen; *lof ~* Lob spenden.
toga ['to:ɣ̊a·] (*-'s*) *f* Toga *f*; (*Richter*) Robe *f*; (*Professor*) Talar *m*.
toilet [tʋa·'lɛt] (*-ten*) *n* Toilette *f*; **~artikelen** [-ɑrti·kələ(n)] *n/pl.* Toilettenartikel *m/pl.*; **~benodigdheden** [-bəno·dəxthe·də(n)] *pl.* Toilettengegenstände *m/pl.*; **~doos** [-do:s] (*-dozen*) *f*, **~kastje** [-kɑʃə] (*-s*) *n* Toilettenkästchen *n*, Necessaire *n*; **~zeep** [-se:p] *f* Toilettenseife *f*.
tokkelen ['tɔkələ(n)] *Saiten* (an-) schlagen, erklingen lassen.
tol [tɔl] (*-len*) *m* Zoll *m*; Abgabe *f*; **~beambte** [-bəɑmtə] (*-n*) *m* Zollbeamte(r) *m*, Zöllner *m*; **~boom** [-bo:m] (*-bomen*) *m* Schlagbaum *m*, Zollschranke *f* (*a. fig.*).
tole|rantie [to·lə'rɑnsi:] *f* Toleranz

f, Duldsamkeit *f*; **~reren** [-'re:rə(n)] tolerieren, dulden.
tol|geld ['tɔlɣɛlt] *n* Zoll *m*; **~huis** [-hɔʏs] (*-huizen*) *n* Zollstation *f*.
tolk [tɔlk] *m* Dolmetscher(in *f*) *m*.
tolkantoor ['tɔlkɑnto:r] (*-toren*) *n* Zollamt *n*.
tollen ['tɔlə(n)] kreiseln, taumeln, torkeln.
tol|tarief ['tɔlta·ri:f] (*-rieven*) *n* Zolltarif *m*; **~unie** [-y:ni:] (*-s*) *f* Zollunion *f*; **~vrij** [-v̊rɛĭ] zollfrei.
tomaat [to·'ma:t] (*-maten*) *f* Tomate *f*.
tomatensoep [-ə(n)su·p] *f* Tomatensuppe *f*.
tombe ['tɔmbə] (*-n u. -s*) *f* Grabmal *n*.
tombola ['tɔmbo·la·] (*-'s*) *m* Tombola *f*.
to|meloos ['to:məlo:s] zügellos; **~men** [-mə(n)] zäumen; zügeln.
tompoes [tɔm'pu:s] (*-poezen*) *m* (*Schirm*) Knirps *m*.
ton [tɔn] (*-nen*) *f* Tonne *f*, Faß *n*; hunderttausend Gulden *m/pl.*; *mar.* Boje *f*.
tondeuse [tɔn'dø:zə] (*-s*) *f* Haarschneidemaschine *f*.
toneel [to·'ne:l] (*-nelen*) *n* Bühne *f*, Theater *n*; Szene *f*, Auftritt *m*; *draaibaar ~* Drehbühne *f*; *het ~ stelt voor* die Szene stellt ... dar; *een ~ van ellende* ein Bild des Elends; *het ~ van de oorlog* Kriegsschauplatz *m*; **~dichter** [-dɪxtər] (*-s*) *m* Dramatiker *m*; **~kijker** [-kɛĭkər] (*-s*) *m* Opernglas *n*; **~kring** [-krɪŋ] *m* Theaterverein *m*; **~leven** [-le:v̊ə(n)] *n* Theaterleben *n*; **~scherm** [-sxɛrm] *n* Vorhang *m*; *pl.* Kulissen *f/pl.*; **~schrijver** [-sxrɛĭv̊ər] (*-s*) *m* Theaterdichter *m*, Stückeschreiber *m*; **~speelster** [-spe:lstər] (*-s*) *f* Schauspielerin *f*; **~spel** [-spɛl] *n* Schauspiel *n*; (Theater-)Stück *n*; **~speler** [-spe:lər] (*-s*) *m* Schauspieler *m*; **~stuk** [-støk] (*-ken*) *n s. toneelspel*; **~vertoning** [-vərto·nɪŋ] *f* Theateraufführung *f*, Theatervorstellung *f*.
tonen ['to:nə(n)] zeigen, sehen lassen, vorzeigen.
tong [tɔŋ] *f* Zunge *f*; Seezunge *f*; **~been** [-be:n] (*-deren u. -benen*) *n* Zungenbein *n*; **~beslag** [-bəslɑx] *m* Zungenbelag *m*.
tongewelf ['tɔŋɣəvɛlf] (*-welven*) *n* Tonnengewölbe *n*.
tong|letter ['tɔŋlɛtər] (*-s*) *f* Zungenlaut *m*; **~riem** [-ri:m] *m* Zungenband *n*; *goed van de ~ gesneden zijn fig.* ein gutes Mundwerk haben; **~spier** [-spi:r] *f* Zungenmuskel *m*; **~val** [-vɑl] (*-len*) *m* Mundart *f*, Akzent *m*; **~zenuw** [-ze·ny·ŭ] Zungennerv *m*.
tonijn [to·'nɛĭn] *m* Thunfisch *m*.
ton|nage [tɔ'na:ʒə] *f*, **~nenmaat** [-nəma:t] *n* Tonnage *f*.
tonsuur [tɔn'sy:r] *f* Tonsur *f*.
toog [to:x] (*togen*) *m s. toga*; *s. toonbank*.
tooi [to:ĭ] *m* Schmuck *m*, Putz *m*; **~en** [-(j)ə(n)] schmücken, putzen; **~sel** [-səl] (*-s*) *n* Schmuck *m*; Haartracht *f*.
toom [to:m] (*tomen*) *m* Zaum *m*, Zügel *m*; (*Hühner*) Brut *f*.
toon[1] [to:n] *m* Ton *m*; Stimme *f*; *ten ~ stellen (spreiden)* ausstellen; zur Schau tragen; *de ~ aangeven f*... tonangebend sein.
Toon[2] *m* Anton *m*.
toon|aangevend ['to:na:ŋɣe·v̊ənt] tonangebend, maßgebend; **~aard** [-a:rt] *m* Tonart *f*; **~baar** [-ba:r] anständig (*aussehen*).
toon|bank ['to:nbɑŋk] *f* Schanktisch *m*, Schenktisch *m*, Ladentisch *m*, Theke *f*; Tresen *m*; **~beeld** [-be:lt] *n* Muster *n*, Vorbild *n*; **~demper** [-dɛmpər] (*-s*) *m* Sordine *f*, Dämpfer *m*.
toonder ['to:ndər] (*-s*) *m* Inhaber *m*; *cheque aan ~* Inhaberscheck *m*.
toondichter ['to:ndɪxtər] (*-s*) Tondichter *m*, Komponist *m*.
toon|kamer ['to:nka:mər] (*-s*) Vorführungsraum *m*; **~keuze** [-kø:zə] *f* Tongebung *f*; **~kleur** [-klø:r] Klangfarbe *f*; **~kunst** [-kønst] Tonkunst *f*; **~ladder** [-lɑdər] (*-s*) Tonleiter *f*, Skala *f*; **~sleutel** [-slø:təl] Notenschlüssel *m*; **~sterkte** [-stɛrktə] *f* Lautstärke *f*; **~tje** [-tjə] (*-s*) *n* Tönchen *n*; *een ~ lager zingen fig.* gelindere Saiten aufziehen, klein beigeben; **~zetter** [-zɛtər] (*-s*) *m* Tonsetzer *m*, Komponist *m*.
toorn ['to:rən] *m* Zorn *m*; **~en** [-ə(n)] zürnen; **~ig** [-əx] zornig; *~ worden* in Zorn geraten.
toorts [to:rts] *f* Fackel *f*; **~drager** [-dra:ɣər] (*-s*) *m* Fackelträger *m*; **~licht** [-lɪxt] *n* Fackelschein *m*.

oost [to:st] *m* Toast *m*, Trinkspruch *n*; Toast *m*, geröstete Weißbrot- scheibe; een ~ *instellen* e-n Toast Trinkspruch) ausbringen auf (*A*); **,er** [-ər] (*-s*) *m* Toaster *m*.

p [tɔp] (*-pen*) *m* Gipfel *m*; (*Baum*) Vipfel *m*; Spitze *f*; *mar.* Topp *m*; *Spielzeug*) Kreisel *m*; *van* ~ *tot teen* om Scheitel bis zur Sohle; *ten* ~ *drijven* auf die Spitze treiben; *ten* ~ *ijzen* den Höhepunkt erreichen.

paas [tɔ'pa:s] (*-pazen*) *n u. m* To- as *m*.

pografie [tɔpo·gra·'fi:] *f* Topo- raphie *f*, Ortsbeschreibung *f*.

p|ontmoeting ['tɔpɔntmu·tɪŋ] *f* Gipfeltreffen *n*; **~overleg** [-o:v̊ər- ɛx] *n* Gipfelbesprechung *f*.

p|prestatie ['tɔpprɛsta:si:] (*-s*) *f* Spitzenleistung *f*; **~punt** [-pənt] *n* Gipfelpunkt *m*, Zenit *m*, Scheitel- unkt *m*; *het* ~ *van* (*de*) *wijsheid* der Veisheit letzter Schluß; **~snelheid** snɛlhɛĭt] (*-heden*) *f* Spitzenge- chwindigkeit *f*; **~speler** [-spe:lər] *s*) *m Sp.* Spitzenspieler *m*; **~spin** spɪn] *n u. m* (*Tischtennis*) Drall , Effet *n*; **~uren** [-y:rə(n)] *pl.* Hauptverkehrszeit, Hauptge- häftsstunden *f*/*pl.*; **~verdiener** fərdi:nər] (*-s*) *m* Spitzenverdiener ; **~vlag** [-flɑx] (*-gen*) *f mar.* Topp- agge *f*; **~vorm** [-fɔrm] *m*: *in* ~ *Sp.* Hochform; **~zeil** [-sɛĭl] *n* Topp- gel *n*; **~zwaar** [-sʋa:r] kopflastig; *ar.* topplastig; F betrunken.

[tɔr] (*-ren*) *f* Käfer *m*.

en ['to:rə(n)] *m* Turm *m*; **~bouw** baŭ] *m* Turmbau *m*; **~gebouw** ɣ̊əbaŭ] *n* Hochhaus *n*; **~kraai** kra:ĭ] *f* Dohle *f*; **~spits** [-spɪts] *f* urmspitze *f*.

nen ['tɔrnə(n)] auftrennen; *fig.* tteln.

|pederen [tɔrpə'de:rə(n)] ver- nken; torpedieren (*a. fig.*); **~pedo** pe:do·] (*-'s*) *m* Torpedo *n*; **~pe- jager** [-'pe:do·ja:ɣ̊ər] (*-s*) *m* Zer- örer *m*.

s [tɔrs] *m* Torso *m*.

sen ['tɔrsə(n)] schleppen.

so ['tɔrso·] (*-'s*) *m* Torso *m*.

telduif ['tɔrtəldɛʏf] (*-duiven*) *f* urteltaube *f*.

ture [tɔr'ty:rə] (*-s*) *f*, **~tuur** ty:r] (*-turen*) *f* Tortur *f*, Folter *f*, ıal *f*.

kaans [tɔs'ka:ns] toskanisch.

toss [tɔs] *m Sp.* Seitenwahl *f*.

tot [tɔt] zu *D*; ~ *aan* bis; *tot de* bis zum, bis zur; ~ *en met* bis ein- schließlich; ~ *ziens* auf Wieder- sehen; ~ *nog toe* bis jetzt; ~ *dus- verre* bis dahin, bis heute; ~ *elke prijs* um jeden Preis.

totaal [to·'ta:l] total, ganz, gänzlich, völlig; Total-, Gesamt-; *Su.* (*-ta- len*) *n* Gesamtsumme *f*, Gesamt- betrag *m*; Ganze(s) *n*; *in het* ~, *in* ~ insgesamt; ~ *dronken* F total be- soffen; ~ *veranderd* gänzlich ver- ändert; ~ *bedrag* Gesamtbetrag *m*; *totale waarde* Gesamtwert *m*; *totale schade* Gesamtschaden *m*, Total- schaden *m*; ~ *uit zijn lood* (*in de war*) *fig.* völlig aus dem Häuschen; *de totale oorlog* der totale Krieg.

totali|sator, *a.* **-za-** [to·ta·li·'za:tɔr] (*-s*) *m* Totalisator *m*, (*Wettspiel*) Toto *m*; **~tair** [-'tɛ:r] totalitär; **~- teit** [-'tɛĭt] Totalität *f*, Gesamtheit *f*, Vollständigkeit *f*.

totdat ['tɔdɑt] bis.

totebel ['to:təbɛl] (*-len*) *f* Schlampe *f*.

totstand|brenging ['tɔtstɑndbrɛ- ŋɪŋ] *f* Zustandebringen *n*; **~ko- ming** [-'ko:mɪŋ] *f* Zustandekom- men *n*.

touringcar *s. toeringcar.*

tournee [tu:r'ne:] (*-s*) *m u. f* Rund- reise *f*; *Thea.* Gastspielreise *f*, Tour- nee *f*; (*in der Wirtschaft*) Runde *f*.

touw [taŭ] *n* Seil *n*, Strick *m*; *mar.* Tau *n*; (dünne) Schnur *f*, Bind- faden *m*; *op* ~ *zetten* planen; ver- anstalten, in Angriff nehmen; *ik kan er geen* ~ *aan vastknopen* ich werde nicht schlau daraus; **~lad- der** [-lɑdər] (*-s*) *f* Strickleiter *f*; **~slager** [-sla:ɣ̊ər] (*-s*) *m* Seiler *m*; **~trekken** [-trɛkə(n)] *n* Tauziehen *n*; **~werk** [-ʋɛrk] *n mar.* Tauwerk *n*, Takelage *f*.

tove|naar ['to:v̊əna:r] (*-s u. -naren*) *m* Zauberer *m*; **~naarster** [-na:r- stər] (*-s*), **~nares** [-na·'rɛs] (*-sen*) *f* Zauberin *f*; **~narij** [-na·'rɛĭ] *f* Zauberei *f*.

tover ['to:v̊ər] *m s. a. betovering*; Zauber *m*, Charme *m*; **~achtig** [-ɑxtəx] zauberhaft; **~drank** [-drɑŋk] *m* Zaubertrank *m*; **~en** [-ə(n)] zaubern; **~fluit** [-fləʏt] *f* Zauberflöte *f*; **~ij** [-'ɛĭ] *f* Zauberei *f*; **~kol** [-kɔl] (*-len*) *f* Hexe *f*; **~staf**

[-staf] (*-staven*) *m* Zauberstab *m*, Zauberrute *f*; **~werk** [-ʋɛrk] *n* Zauberei *f*, Zauberwerk *n*; **~zang** [-zaŋ] *m* Zaubergesang *m*.
toxi|cologie [tɔksi·ko·lo·ˈgi:] *f* Toxikologie *f*; **~ne** [-ˈi·nə] (*-n u. -s*) *f* Toxin *n*.
traag [tra:x] träge, langsam; **~zaam** [-sa:m] langsam.
traan[1] [tra:n] (*kein pl.*) *m* Tran *m*, Lebertran *m*.
traan[2] (*tranen*) *m u. f* Träne *f*; *in tranen badend* in Tränen aufgelöst; *geen ~ laten* keine Träne vergießen.
traan|achtig [ˈtra:naxtəx] tranig; **~gas** [-ɣas] (*-sen*) *n* Tränengas *n*; **~klier** [-kli:r] *f* Tränendrüse *f*; **~kokerij** [-ko·kəˈrɛi] *f* Transiederei *f*; **~wegen** [-ʋe:ɣə(n)] *pl.* Tränengänge *m/pl.*; **~zak** [-zak] (*-ken*) *m* Tränensack *m*.
trac- *s. a. trak-*.
tra|cé [traˈse:] (*-s*) *n* Trasse *f*; **~ceren** [-ˈse:rə(n)] trassieren.
trachten [ˈtraxtə(n)] versuchen; trachten nach *D*, streben nach *D*; sich bemühen um *A*; verlangen, sich sehnen nach *D*.
trac|tie [ˈtraksi:] *f* Antrieb *m*; Zug *m*; **~tor** [-tɔr] (*-en u. -s*) *m* Traktor *m*, Schlepper *m*, Zugmaschine *f*.
trad [trat] *s. treden*.
tradi|tie [tr·ˈdi·si:] (*-s*) *f* Tradition *f*, Überlieferung *f*; Brauch *m*; **~tioneel** [tra·dɪsjo·ˈne:l] traditionell, althergebracht; gebräuchlich, gewohnheitsmäßig.
trafiek [tra·ˈfi·k] *f u. m* (kleiner) Laden *m*; Handelsverkehr *m*; Verkehr *m*.
tra|gedie [tra·ˈɣe:di:] (*-s u. -ën*) *f* Tragödie *f* (*a. fig.*), Trauerspiel *n*; **~gisch** [ˈtra:gi·s] tragisch.
trai|nen [ˈtrɛ:nə(n)] trainieren; **~ner** [-nər] (*-s*) *m* Trainer *m*; **~neren** [-ˈne:rə(n)] in die Länge ziehen; *Sp.* trainieren; **~ning** [-nɪŋ] *f* Training *n*; **~ningspak** [-nɪŋspak] (*-ken*) *n* Trainingsanzug *m*.
traject, *a.* **-jekt** [tra·ˈjɛkt] *n* Strecke *f*, Teilstrecke *f*; *vlucht op het ~ Flgw.* Streckenflug *m*; **~kaart** [-ka:rt] *f* Streckenkarte *f*.
trak|taat, *a.* **trac-** [trakˈta:t] (*-taten*) *n* Vertrag *m*; Traktat *n*; **~tatie** [-ˈta:si:] (*-s*) *f* Bewirtung *f*; Leckerbissen *m*; **~teren** [-ˈte:rə(n)] bewirten (*op*/mit); spenden; freihalten; *de waard trakteert* F d Wirt gibt eine(n) aus; *hij was go (erg) getrakteerd* F er war übel dra
traktie [ˈtraksi:] *f s. tractie*.
tralie [ˈtra:li:] (*-s u. -ën*) *f* Gitter Gitterstab *m*; *hij zit achter de ~s* sitzt (hinter Gittern); **~we** [-ʋɛrk] *n* Gitterwerk *n*.
tram [tram] *u.* [trɛm] (*-s u. -men*) *u. m* Straßenbahn *f*; **~halte** [-hal (*-n u. -s*) *f* Straßenbahnhaltestelle **~lijn** [-lɛin] *f* Straßenbahnlinie Linie *f*; *~ 10* die 10.
tranendal [ˈtra:nə(n)dal] *n fig.* T nental *n*, Jammertal *n*.
trans|actie, *a.* **-aktie** [tranzˈaks (*-s u. -ën*) *f* Transaktion *f*, V gleich *m*; Geschäft *n*; **~atlantis** [-atˈlanti·s] transatlantisch; **~f** [-ˈfɛ:r] (*-s*) *m* Transfer *m*, Übe weisung *f*; **~formator** [-fɔrˈma:t (*-s u. -en*) *m* Transformator *m*, Umspanner *m*; **~formeren** [-f ˈme:rə(n)] umformen; **~fusie** [-ˈf zi:] *f* Transfusion *f*, Blutübert gung *f*.
transistor [tranˈzɪstɔr] (*-s u. -en*) Transistor *m*; **~radio** [-ra:di·(j) (*-'s*) *m* Transistor *m*, Transist gerät *n*, Kofferradio *n*.
transitief [ˈtranzi·ti:f] *Gr.* transit
transito [tranˈzi·to·] *n* Transit Durchfuhr *f*; Durchreise *f*; **~h** [-hal] (*-len*) *f Flgw.* Transitraum **~handel** [-handəl] *m* Trans handel *m*.
translateur [transla·ˈtø:r], [-ˈtœ:r] (*-s*) *m* Übersetzer *m*; *beëd ~* vereidigter Übersetzer.
trans|missie [transˈmi·si:] (*-s*) Transmission *f*, Kraftübertragu *f*; Übertragung *f*; **~parant** [-p ˈrant] *n* Transparent *n*, Spruchba *n*; **~pireren** [-pi·ˈre:rə(n)] trans rieren, schwitzen; **~planta** [-planˈta:si:] (*-s*) *f* Transplantat *f*; *Bot.* Okulation *f*.
transport [transˈpɔrt] *n* Transp *m*, Beförderung *f*; *Hdl.* Übert gung *f*, Übertrag *m*; **~abel** [-ˈta: versandfähig; transportabel, t bar; **~arbeider** [-arbɛidər] (*-s*) Transportarbeiter *m*; **~eren** [-ˈ rə(n)] transportieren, beförd spedieren; *Hdl.* übertragen; **kosten** [-kɔstə(n)] *pl.* Transp kosten *pl.*, Frachtkosten *pl.*, Fr *f*.

rant [trant] *m* Art *f*, Stil *m*, Weise *f*.
rap [trap] (*-pen*) *m* Fußtritt *m*, Tritt *m*; *Sp*. Stoß *m*; Stufe *f*; Treppe *f*, Stiege *f*; ~ *van beschaving* Bildungsstufe *f*; *de* ~*pen van vergelijking Gr*. Steigerungsstufen *f/pl*.; *stellende* ~ Positiv *m*; *vergelijkende* (*vergrotende*) ~ Komparativ *m*; *overtreffende* ~ Superlativ *m*; **~af** [-'af] treppab; **~deur** [-dø:r] *f* Treppentür *f*.
rapez|e [tra'ˈpɛ:zə] (*-s*) *f*, **~ium** [-'pe:zi·(j)əm] (*-s u. -zia*) *n* Trapez *n*.
rap|gans ['trapxans] (*-ganzen*) *f Zool*. Trappe *f*; **~gevel** [-xe:v̊əl] (*-s*) *m* Stufengiebel *m*; **~ladder** [-ladər] (*-s*) *f* Treppenleiter *f*, Stehleiter *f*; **~leuning** [-lø·nɪŋ] *f* Treppengeländer *n*; (*Oberseite*) Handlauf *m*; **~loper** [-lo:pər] (*-s*) *m* Treppenläufer *m*; **~pelen** [-ələ(n)] trappeln, trampeln; *Pferde*: stampfen; *Su*. *n* Trab *m*.
rappen ['trapə(n)] treten; *Sp*. stoßen; radfahren, radeln.
rapper ['trapər] (*-s*) *m* Pedal *n*; Trapper *m*, Pelzjäger *m*, Fallensteller *m*.
appist [tra'pi·st] *m* Trappist *m*; **~enbier** [-ənbi:r] *n* Trappistenbier *n*.
ap|portaal ['trapɔrta:l] (*-talen*) *n* Treppenflur *m*, Flur *m*; Treppenabsatz *m*; **~sgewijs** [-sxɛʋɛĭs] stufenweise, gestaffelt.
assant [tra'sant] *m* Trassant *m*, Aussteller *m* (*e-s Wechsels*).
auma ['trauma·] (*-s u. -mata*) *f u*. Trauma *n*.
awant [tra·'ʋant] *m* Trabant *m*.
echter ['trɛxtər] (*-s*) *m* Trichter *m*.
ed [trɛt] *m* Schritt *m*; *gelijke* ~ *houden* Schritt halten.
ede ['tre:də] (*-n*) *f* Stufe *f*.
eden ['tre:də(n)] (*trad*, *getreten*) treten.
edmolen ['trɛtmo:lə(n)] (*-s*) *m* Tretmühle *f*.
ee|plank ['tre:plaŋk] *f* Trittbrett *n*; **~rad** [-rat] (*-eren*) Tretrad *n*.
ef [trɛf] *m* Glücksfall *m*, Glück *n*; Treffer *m*; **~felijk** [-ələk] vortrefflich; **~fen** [-ə(n)] (*trof*, *getroffen*) treffen; *Su*. *n* Treffen *n*; Gefecht *n*; *hij heeft het goed getroffen* es geht ihm gut; F er hat Schwein gehabt; **~end** [-ənt] treffend; ergreifend, rührend; **~punt** [-pənt] *n* Treffpunkt *m*; **~woord** [-ʋo:rt] *n* Stichwort *n*.
treiler ['trɛĭlər] (*-s*) *m* Trawler *m*, Fischdampfer *m*.
trein [trɛĭn] *m* Zug *m*; *mil*. Troß *m*; *doorgaande* ~ Eilzug *m*, D-Zug *m*; *per* ~ mit dem Zug; (*Ware*) durch die Bahn; **~botsing** [-bɔtsɪŋ] *f* (Zug-)Zusammenstoß *m*; **~conducteur**, *a*. **-konduk-** [-kɔndək-tø:r] (*-s*) *m* Schaffner *m*; **~kaartje** [-ka:rtjə] (*-s*) *n* Fahrkarte *f*; **~reis** [-rɛĭs] (*-reizen*) *f* Eisenbahnreise *f*.
treiteren ['trɛĭ-], *a*. [trɛ:tərə(n)] quälen, F piesacken; necken.
trek [trɛk] (*-ken*) *m* Zug *m*; Neigung *f*, Hang *m*; Appetit *m*; Gesichtszug *m*, Charakterzug *m*; (*Auswanderung*) Treck *m*; *in* ~ *zijn* gesucht (beliebt, begehrt) sein; *in één* ~ in einem fort; **~bal** [-bal] (*-len*) *m* Rückzieher *m*; **~dier** [-di:r] *n* Zugtier *n*; **~gat** [-xat] *n* Zugloch *n*; **~harmonika**, *a*. **-ca** [-harmo·ni·ka·] (*-'s*) *f* Ziehharmonika *f*, Schifferklavier *n*; **~kebenen** [-əbe:nə(n)] das Bein nachziehen, hinken.
trek|ken ['trɛkə(n)] (*trok*, *getrokken*) ziehen, zerren; *ein Gehalt*, *e-e Pension* beziehen; *aan het kortste eind* ~ *fig*. den kürzeren ziehen; *lelijke gezichten* (F *smoelen*) ~ Grimassen schneiden; *partij* ~ Partei ergreifen (*voor*/für *A*); **~ker** [-ər] (*-s*) *m* Zieher *m*; Abzug *m*, Drücker *m*; Wanderer *m*; Traktor *m*; Zugmaschine *f*, Sattelschlepper *m*; **~king** [-ɪŋ] *f* (*Lotterie*) Ziehung *f*; (*Muskel usw*.) Zuckung *f*.
trek|kracht ['trɛkraxt] *f* Zugkraft *f*; **~lade** [-la:də] (*-n*) *f* Schublade *f*; **~lust** [-ləst] *f* Wanderlust *f*, Wandertrieb *m*; **~paard** [-pa:rt] *n* Zugpferd *n*; **~pad** [-pat] *n* Treidelpfad *m*; Leinpfad *m*; **~pen** [-pɛn] (*-nen*) *f* Reißfeder *f*; **~pleister** [-plɛĭstər] (*-s*) *n* Zugpflaster *n*; **~pot** [-pɔt] (*-ten*) *m* Teekanne *f*; **~proef** [-pru:f] (*-proeven*) *f* Zerreißprobe *f* (*a. fig*.); **~schuit** [-sxəʏt] *f* Schleppkahn *m*, Treckschute *f*; **~sel** [-səl] (*-s*) *n* Aufguß *m*; **~sluiting** [-sləʏtɪŋ] *f* Reißverschluß *m*; **~tang** [-taŋ] *f* (Zieh-)Zange *f*; **~tocht** [-tɔxt] *m* Wanderung *f*, Wanderfahrt *f*; **~vaart** [-fa:rt] *f* Kanal *m*; **~vogel** [-fo:ɣ̊əl] (*-s*) *m* Zugvogel *m*; *fig*.

Wandervogel *m*; **~zeel** [-se:l] (*-zelen*) *n* Zugriemen *m*, Strang *m*, Siele *f*.
trema [ˈtre:maˑ] (*-'s*) *n* Trema *n*, Trennpunkte *m/pl.*, Trennungszeichen *n*.
Trente [ˈtrɛntə] *n* Trient *n*.
tres [trɛs] (*-sen*) *f* Tresse *f*, Borte *f*, Besatz *m*; Zopf *m*, Zöpfchen *n/pl.*
treur|dicht [ˈtrø:rdɪxt] *n* Trauergedicht *n*, Elegie *f*; **~en** [-ə(n)] trauern; mißmutig sein; **~ig** [-əx] traurig; bedauerlich; **~spel** [-spɛl] *n* Trauerspiel *n*, Tragödie *f*; **~wilg** [-ʋɪlx] *m* Trauerweide *f*; **~zang** [-zɑŋ] *m* Trauergesang *m*.
treuze|laar [ˈtrø:zəla:r] (*-s*) *m* Trödler *m*; **~len** [-lə(n)] trödeln, trendeln.
trezorie [treˑzoˑˈri:] (*-ën*) *f* Schatzamt *n*; Schatzkammer *f*.
triangel [triˑˈ(j)ɑŋəl] (*-s*) *m* Triangel *m*.
tribunaal [triˑbyˑˈna:l] (*-nalen*) *n* Tribunal *n*.
tribune [triˑˈbyˑnə] (*-s*) *f* Tribüne *f*.
tribuun [triˑˈby:n] (*-bunen*) *m* Tribun *m*.
tribuut [triˑˈby:t] (*-buten*) *n u. m* Tribut *m*.
tricolore [triˑkoˑˈlo:rə], *a.* [-ˈlɔ:rə] (*-s*) *f* Trikolore *f*.
tricot [ˈtriˑkoˑ] *u.* [triˑˈko:] (*-s*) *m u. n* Trikot *n*; Wirkware *f*.
triest(ig) [ˈtriˑst(əx)] traurig; trübe; trübselig; *een ~e kerel* ein langweiliger Kerl.
trigonometrie [triˑɣoˑnoˑmeˑˈtri:] *f* Trigonometrie *f*, Dreiecksberechnung *f*.
trijp [trɛĭp] *n* Halbsamt *m*.
tril|len [ˈtrɪlə(n)] zittern, beben; *Phys.* schwingen; **~ler** [-ər] (*-s*) *m Mus.* Triller *m*; **~ling** [-ɪŋ] *f* Zittern *n*; *Phys.* Schwingung *f*.
trillioen [trɪlˈju:n] *n* Trillion *f*.
trim|men [ˈtrɪmə(n)] trimmen; **~mer** [-ər] (*-s*) *m* Kohlentrimmer *m*; F (Straßen-)Dirne *f*.
trio [ˈtriˑ(j)oˑ] (*-'s*) *n* Trio *n*.
triompf [triˑˈ(j)ɔmf] *m* Triumph *m*; **~antelijk** [-ˈfɑntələk] triumphierend; **~boog** [-bo:x] (*-bogen*) *m* Triumphbogen *m*; **~eren** [-ˈfe:rə(n)] triumphieren.
triool [triˑˈ(j)o:l] (*-olen*) *f* Triole *f*.
trip [trɪp] (*-s*) *m* Ausflug *m*; Rausch *m*, Trip *m*.
trippelen [ˈtrɪpələ(n)] trippeln.
trits [trɪts] *f* Dreizahl *f*; *een hele* ~ einige, e-e (kleine) Menge.
triptiek [trɪpˈtiˑk] *f* Triptik *n*; Triptychon *n*.
triviaal [triˑviˑˈ(j)a:l] trivial, alltäglich; platt, abgedroschen.
troebel [ˈtruˑbəl] trübe; *in ~ water vissen fig.* im Trüben fischen; **~en** [-ə(n)] *pl.* Unruhen *f/pl.*, Wirren *pl.*
troef [tru:f] (*troeven*) *f* Trumpf *m*; *armoede is ~* es herrscht Armut; *alle troeven in de hand hebben fig.* das Feld (die Situation) beherrschen; *~ krijgen* Prügel beziehen; **~kaart** [-ka:rt] *f* Trumpfkarte *f*; **~vrouw** [-frɑŭ] *f* Trumpfdame *f*.
troep [truˑp] *m* Trupp *m*, Truppe *f*, Schar *f*, Menge *f*; *hij is bij de ~* er ist Soldat; **~entransport** [-ə(n)trɑnspɔrt] *n* Truppentransport *m*; **~sgewijs** [-sxəʋɛĭs] truppweise.
troetelkind [ˈtru:təlkɪnt] (*-eren*) Schoßkind *n*.
troeven [ˈtru:v̊ə(n)] trumpfen, Trumpf spielen.
trof [trɔf] *s. treffen.*
trofee [troˑˈfe:] (*-ën*) *f* Trophäe *f*.
troffel [ˈtrɔfəl] (*-s*) *f* Kelle *f*.
trog [trɔx] (*-gen*) *m* Trog *m*.
Trojaan [troˑˈja:n] (*-janen*) *m* Trojaner *m*; *de ~se oorlog* der Trojanische Krieg.
Troje [ˈtro:ĭ(j)ə] *n* Troja *n*.
trojka [ˈtrɔĭˑkaˑ] (*-'s*) Troika *f*.
trok [trɔk] *s. trekken.*
trolleybus [ˈtroˑliˑbəs] *m u. f* Trolleybus *m*.
trom [trɔm] (*-men*) *f* Trommel *f*; *met (de) stille ~ verdwijnen fig.* ohne Sang und Klang verschwinden (abziehen).
trom|bone [trɔmˈbo:nə] (*-s*) Posaune *f*; **~bose** [-ˈbo:zə] Thrombose *f*.
tromgeroffel [ˈtrɔmɣ̊ərɔfəl] Trommelwirbel *m*.
trommel [ˈtrɔməl] (*-s*) *f* Trommel *f*, Dose *f*, Kasten *m*; **~en** [-ə(n)] trommeln, die Trommel rühren; **~slager** [-sla:ɣ̊ər] (*-s*) *m* Trommelschläger *m*; **~stok** [-stɔk] (*-ken*) Trommelschlegel *m*; **~vel** [-v̊…] (*-len*) *n* Trommelfell *n*; **~vlies** [-v̊li:s] (*-vliezen*) *n Anat.* Trommelfell *n*; **~vuur** [-v̊y:r] *n* Trommelfeuer *n*.
tromp [trɔmp] *f Mus.* Posaune

Horn *n*; *Zool.* Rüssel *m*; *mil.* Mündung *f*; (*Wagen*) F Hupe *f*.
trompet [trɔm'pɛt] (*-ten*) *f* Trompete *f*; **~geschal** [-xəsxɑl] *n* Trompetenschall *m*; **~ten** [-ə(n)] trompeten; schmettern; **~ter** [-ər] (*-s*) Trompeter *m*.
tronen ['tro:nə(n)] thronen; herrschen.
tronie ['tro:ni:] (*-s*) *f* Fratze *f*.
tronk [trɔŋk] *m* Stumpf *m*, Baumstumpf *m*.
troon [tro:n] (*tronen*) *m* Thron *m*; **~opvolger** [-ɔpfɔlɣ̊ər] (*-s*) *m* Thronerbe *m*, Thronfolger *m*; **~opvolging** [-ɔpfɔlɣ̊ɪŋ] *f* Thronfolge *f*; **~rede** [-re:də] (*-s*) *f* Thronrede *f*.
troons|afstand ['tro:nzɑfstɑnt] *m* Verzicht *m* auf den Thron; **~beklimming** [-bəklɪmɪŋ] *f* Thronbesteigung *f*.
troost [tro:st] *m* Trost *m*, Zuspruch *m*; **~elijk** [-ələk] tröstlich; **~en** [-ə(n)] trösten; **~prijs** [-prɛĭs] (*-prijzen*) *m* Trostpreis *m*.
tropen ['tro:pən] *pl.* Tropen *pl.*; **~koorts** [-ko:rts] *f* Tropenfieber *n*.
tropisch ['tro:pi·s] tropisch.
tros [trɔs] *m* Büschel *n*; Traube *f*; *mil.* Troß *m*, Wagenpark *m*; *mar.* Trosse *f*; *een ~ bomen* einige Bäume; *een ~ druiven* Weintraube *f*; **~druiven** [-drɔɣv̊ən] *pl.* Weintrauben *f/pl.*, (Wein-)Reben *f/pl.*
trots[1] [trɔts] *Präp.* trotz *G*, *D*; ungeachtet *G*.
trots[2] stolz, hochmütig; *Su. m* Stolz *m*.
trots|eren [trɔt'se:rə(n)] trotzen *D*; **~heid** [-hɛĭt] *f* Stolz *m*; Hochmut *m*.
trottoir [trɔt'ʋa:r] (*-s*) *n u. m* Bürgersteig *m*.
troubadour [tru·ba·'du:r] (*-s*) *m* Troubadour *m*, Minnesänger *m*.
trouw [trɑŭ] treu, getreu; *Su. m* Trauung *f*; Treue *f*; *te goeder ~* gutgläubig; in gutem Glauben; auf Treu und Glauben; *te kwader ~* in böser Absicht; *eed van ~* Treueid *m*, Treueschwur *m*; **~akte** [-ɑktə] (*-n u. -s*) *f* Heiratsurkunde *f*, Trauschein *m*; **~belofte** [-bəlɔftə] (*-n*) *f* Eheversprechen *n*; **~boekje** [-bu·jə] (*-s*) *n* Ehestandsbuch *n*; **~breuk** [-brø:k] *f* Treubruch *m*; **~dag** [-dɑx] *m* Hochzeitstag *m*; **~eloos** [-əlo:s] treulos; **~eloosheid** [-ə'lo:shɛĭt] *f* Treulosigkeit *f*.
trouwen ['trɑu(ʋ)ə(n)] verheiraten; trauen; *~ met* heiraten, sich verheiraten, sich vermählen mit; *hij is getrouwd met* er hat ... geheiratet; *hij is getrouwd* er ist verheiratet.
trouwens ['trɑu(ʋ)əns] übrigens; freilich.
trouw|getuige ['trɑŭɣ̊ətəɣɣ̊ə] (*-n*) *m* Trauzeuge *m*; **~hartig** [-'hɑrtəx] treuherzig; **~paar** [-pa:r] (*-paren*) *n* Hochzeits-, Ehepaar *n*; **~partij** [-pɑrtɛĭ] *f* Hochzeitsfest *n*; Hochzeitsgesellschaft *f*; **~ring** [-rɪŋ] *m* Trauring *m*; **~zaal** [-za:l] (*-zalen*) *m* Trauungssaal *m*.
truc [try·k] (*-s*) *m* Kunstgriff *m*, Kniff *m*, Trick *m*; *allemaal truken* (das ist) alles fauler Zauber.
truck [trək] (*-s*) *m* Lastkraftwagen *m*.
truffel ['trəfəl] (*-s*) *f* Trüffel *f*.
trui[1] [trəɣ] *f* Wolljacke *f*, Pullover *m*.
Trui[2] *f*, **~tje** ['trəɣtjə] *n* Trude *f*, Trudchen *n*.
trust [trəst] (*-s*) *m* Trust *m*, Konzern *m*.
truuk (*truken*) *m s.* truc.
tsaar [tsa:r] (*tsaren*) *m* Zar *m*.
Tsjech [tʃɛx] *m* Tscheche *m*; **~o-Slowakije** [-o·-slo·ʋɑ'kɛĭjə] *n* Tschechoslowakei *f*.
tuba ['ty:ba·] (*-'s*) *f* Tuba *f*.
tube ['ty:bə] (*-n*) *f* Tube *f*.
tuber|culeus, *a.* **-ku-** [ty·bɛrky·'lø:s] tuberkulös; **~culose**, *a.* **-ku-** [-ky·'lo:zə] *f* Tuberkulose *f*, Schwindsucht *f*; **~kel** [-kəl] (*-s*) *m* Tuberkel *m*.
tucht [təxt] *f* Disziplin *f*, Ordnung *f*, Zucht *f*; **~eloos** [-əlo:s] disziplinlos, zuchtlos; **~huis** [-həɣs] (*-huizen*) *n* Zuchthaus *n*; **~huisstraf** [-həɣstrɑf] (*-fen*) *f* Zuchthausstrafe *f*; **~igen** [-əɣ̊ə(n)] züchtigen; **~school** [-sxo:l] (*-scholen*) *f* Fürsorgeanstalt *f*, Erziehungsanstalt *f*.
tuffen ['təfə(n)] F Auto fahren.
tufsteen ['təfste:n] *n u. m* Tuff (-stein) *m*.
tuianker ['təɣɑŋkər] (*-s*) *n* Vertäuanker *m*.
tuig [təɣx] *n* Zeug *n*, Gerät *n*; *mar.* Tauwerk *n*, Takelage *f*; (*Personen*) Gesindel *n*, Pack *n*; (Pferde-)Geschirr *n*; (*schlechte Ware*) Schund *m*, Ramsch *m*; **~huis** [-həɣs] (*-huizen*) *n* Zeughaus *n*.

tuil [tœyl] *m* Strauß *m*, Blumenstrauß *m*.
tuimel ['tœymǝl] *m* Purzelbaum *m*; **~aar** [-a:r] (*-s*) Tümmlertaube *f*; (*Fisch*) Tümmler *m*; *Tech.* Kipphebel *m*; **~aartje** [-a:rtjǝ] (*-s*) *n* Stehaufmännchen *n*; **~en** [-ǝ(n)] purzeln; (hin)stürzen, herunterstürzen; **~ing** [-ɪŋ] *f* Purzelbaum *m*; *een ~ maken* e-n Purzelbaum schlagen; (herunter)stürzen; **~kar** [-kɑr] (*-ren*) *f* Kippkarren *m*; **~raam** [-ra:m] (*-ramen*) *n* Klappfenster *n*.
tuin [tœyn] *m* Garten *m*; *iemand om de ~ leiden fig.* j-n hinters Licht führen; **~aanleg** [-a:nlɛx] *m* Gartenanlage *f*; **~bed** [-bɛt] (*-den*) *n* Beet *n*; **~bouwschool** [-bausxo:l] (*-scholen*) *f* Gartenbauschule *f*; **~der** [-dǝr] (*-s*) *m* Gärtner *m*.
tuin|dorp ['tœyndɔrp] *n* Gartenstadt *f*, Siedlung *f*; **~gereedschap** [-ɣ̂ǝre:tsxɑp] (*-pen*) *n* Gartengerät *n*; **~gewas** [-ɣ̂ǝʋɑs] (*-sen*) *n* Gartenpflanze *f*; **~huisje** [-hœyʃǝ] (*-s*) *n* Gartenhäuschen *n*, Laube *f*.
tuinier [tœy'ni:r] (*-s*) *m* Gärtner *m*; **~derij** [-dǝ'rɛĭ] *f* Gärtnerei *f*; **~en** [-ǝ(n)] im Garten arbeiten, gärtnern.
tuin|man ['tœynmɑn] (*-lui u. -lieden*) *m* Gärtner *m*; **~schaar** [-sxa:r] (*-scharen*) *f* Gartenschere *f*; **~slang** [-slɑŋ] *f* Gartenschlauch *m*; **~sproeier** [-spru·ĭ(j)ǝr] (*-s*) *m* Rasensprenger *m*; **~stad** [-stɑt] (*-steden*) *f* Gartenstadt *f*; **~vrucht** [-vrɵxt] *f* Gartenfrucht *f*.
tuisen ['tœysǝ(n)] tauschen, handeln; schachern.
tuit [tœyt] *f u. m* Schnauze *f*, Tülle *f*; *tranen met ~en schreien* (*wenen*) heiße Tränen vergießen, in Tränen zerfließen; **~kan** [-kɑn] (*-nen*) *f* Kanne *f* mit e-r Tülle.
tuk [tɵk]: *~ zijn op* begierig sein nach *D*, erpicht (sein) auf *A*.
tukje ['tɵkjǝ] (*-s*) *n* Nickerchen *n*.
tulband ['tɵlbɑnt] *m* Turban *m*; (*Gebäck*) Napfkuchen *m*.
tule ['ty:lǝ] *f* Tüll *m*; **~n** [-(n)] Tüll-; *~ gordijn* Tüllvorhang *m*, Tüllgardine *f*.
tulp [tɵlp] *f* Tulpe *f*; **~ebol** [-ǝbɔl] (*-len*) *m* Tulpenzwiebel *f*; **~enkwekerij** [-ǝ(n)kʋe·kǝ'rɛĭ] *f* Tulpenzucht *f*.

tumor ['ty:mɔr] (*-s*) *m* Tumor *m* Geschwulst *f*.
tumult [ty·'mɵlt] *n* Tumult *m*.
Tu|nees [ty·'ne:s] (*-nezen*) *m* Tune ser *m*, Tunesier *m*; *Adj.* tunesisch *Su. n* Tunesisch *n*; **~nezië** [-'ne: zi·(j)ǝ] *n* Tunesien *n*.
tunica, *a.* **-ka** ['ty:ni·ka·] (*-'s*) *f* Tu nika *f*.
tuniek [ty·'ni·k] *f* Tunika *f*; *m* Uniform *f*.
Tunis ['ty:nɪs] *n* Tunis *n*; (*Land*) Tunesien *n*.
tunnel ['tɵnǝl] (*-s*) *m* Tunnel *m* Unterführung *f*.
turban ['ty·rbɑn] (*-s*) *m* Turban *m*
turbine [ty·r'bi·nǝ] (*-s*) *f* Turbine **~kamer** [-ka:mǝr] (*-s*) *f* Turbinen haus *n*.
turbovliegtuig ['ty·rbo·v̂li:xtœyx] Turbinenflugzeug *n*.
tureluurs [ty·rǝ'ly:rs] wütend; ve rückt.
turen ['ty:rǝ(n)] starren; spähen.
turf [tɵrf] (*turven*) *m* Torf *m*; **~aarde** [-a:rdǝ] *f* Torferde *f*; **~molm** [-mɔlm] *m u. n* Torfmull *m*; **~steker** [-ste:kǝr] (*-s*) *m* Torfstecher *m* **~strooisel** [-stro:ĭsǝl] (*-s*) *n* Tor streu *f*; **~veen** [-fe:n] (*-venen*) Torfmoor *n*.
Turijn [ty·'rɛĭn] *n* Turin *n*.
Turk [ty·rk] *m* Türke *m*; **~i** [-'kɛĭ(j)ǝ] *n* Türkei *f*.
turkoois [tɵr'ko:ĭs] (*-kooizen*) *n u.* Türkis *m*.
Turks [ty·rks] *Adj.* türkisch; *Su.* Türkisch *n*.
turn|en ['tɵrnǝ(n)] turnen; *Su.* Turnen *n*; Geräteturnen *n*; **~l** [-lɛs] (*-sen*) *f* Turnstunde *f*; **~l kaal** [-lo·ka:l] (*-kalen*) *n* Turnsa *m*, Turnhalle *f*; **~pak** [-pɑk] (*-ke n* Turnanzug *m*; **~(werk)tuig** [-(ʋɛrk)tœyɣ̂ǝ(n)] *pl.* Turngerä *n/pl.*
tussen ['tɵsǝ(n)] zwischen *D u.* **~bedrijf** [-bǝdrɛĭf] (*-drijven*) Zwischenspiel *n*; **~beide** [-'bɛĭ dann und wann; *~ komen* verm teln, schlichten; dazwischenko men; sich ereignen; **~dek** [-dɛ (*-ken*) *n* Zwischendeck *n*; **~do** [-'do:r] zwischendurch; **~door** [-'do:rtjǝ] (*-s*) *n* (kleine) Zwische mahlzeit *f*; **~gerecht** [-ɣ̂ǝrɛxt] Zwischengericht *n*; **~gevoegd** [-ɣ̂ v̂u:xt] eingefügt, eingeschoben; **~**

[-'ɪn] zwischendurch; in der Mitte; **~komst** [-kɔmst] *f* Vermittlung *f*; Einschreiten *n*; **~landing** [-lɑndɪŋ] *f* Zwischenlandung *f*; **~laag** [-la:x] (*-lagen*) *f* Zwischenschicht *f*; **~lassen** [-lɑsə(n)] einschalten; **~muur** [-my:r] (*-muren*) *m* Zwischenmauer *f*; Zwischenwand *f*, Scheidewand *f*; **~persoon** [-pɛrso:n] (*-sonen*) *m* Vermittler *m*; **~poos** [-po:s] (*-pozen*) *f* Pause *f*; Zwischenraum *m*; *bij tussenpozen* ab und zu, dann und wann, von Zeit zu Zeit; **~schot** [-sxɔt] (*-ten*) *n* Scheidewand *f*; *mar.* Querschott *n*; **~spel** [-spɛl] *n Thea.* Zwischenspiel *n*; **~tijds** [-tɛĭts] außer der gewöhnlichen Zeit; in der Zwischenzeit; vorläufig, einstweilig; Interims-; *~e verkiezing* Ersatzwahl *f*; *~ vonnis jur.* einstweilige Verfügung *f*; **~werpsel** [-ʋɛrpsəl] (*-s*) *n Gr.* Interjektion *f*; **~zang** [-zɑŋ] *m* Zwischengesang *m*; **~zetsel** [-zɛtsəl] (*-s*) *n* Einsatz *m*, Einsatzstück *n*.

tutoyeren [ty·tʋa·'je:rə(n)] duzen.

TV [te:'ʋ̊e:] *f s. televisie.*

T-vormig ['te:ʋ̊ɔrməx] T-förmig.

twaalf [tʋa:lf] zwölf; **~de** [-də] (der, die, das) zwölfte; *Su. n* Zwölftel *n*; **~jarig** [-ja:rəx] zwölfjährig; **~tal** [-tɑl] (*-len*) *n* etwa (ungefähr) zwölf; **~tallig** [-tɑləx]: *het ~ stelsel* Duodezimalsystem *n*; **~tonensysteem** [-'to:nə(n)si·ste:m] *n Mus.* Zwölftonsystem *n*, Zwölftonmusik *f*, Dodekaphonie *f*; **~uurtje** [-'y:rtjə] (*-s*) *n* zweite(s) Frühstück *n*; **~vingerig** [-'fɪŋərəx]: *~e darm* Zwölffingerdarm *m*; **~voudig** [-'fɑudəx] zwölffach.

twee [twe:] zwei; *Su.* (*-ën*) *f* Zwei *f*; *in ~, in tweeën* entzwei; *met zijn tweeën, met tweeën* zu zweit, zu zweien; *~ aan ~* zu zweit, zwei und zwei; **~armig** [-'ɑrməx] zweiarmig; **~benig** [-'be:nəx] zweibeinig; **~bladig** [-'bla:dəx] zweiblätt(e)rig.

tweed [tʋi:t] *n* Tweed *m*, Wollgewebe *n*.

tweedaags ['tʋe:da:xs] zweitägig.

tweede ['tʋe:də] (der, die, das) zweite; Zweit-; *~ wagen* Zweitwagen *m*; *~ woning* Zweitwohnung *f*; *~ huis* Zweithaus *n*; *uit de ~ hand* aus zweiter Hand; *ten ~* zweitens; **~hands** [-'hɑnts] aus zweiter Hand; antiquarisch; Gebraucht-; **~handswagen** [-'hɑntsʋa:ɣ̊ə(n)] (*-s*) *m* Gebrauchtwagen *m*; **~lig** [-'de:ləx] zweiteilig; **~rangs** [-'rɑŋs] zweitklassig, zweitrangig.

tweedracht ['tʋe:drɑxt] *f* Zwietracht *f*; *~ zaaien* Zwietracht stiften.

twee|duims ['tʋe:dɛʏms] zweizöllig; **~duizend** [-dəʏzənt] zweitausend.

tweeëntwintig ['tʋe:(j)ən'tʋɪntəx] zweiundzwanzig.

tweeërlei ['tʋe:-], *a.* [tʋe:(j)ər'lɛĭ] zweierlei.

twee|gevecht ['tʋe:ɣ̊əʋ̊ɛxt] *n* Zweikampf *m*, Duell *n*; **~handig** [-'hɑndəx] zweihändig; **~hoekig** [-hu·kəx] zweieckig; **~hoevig** [-'hu:ʋ̊əx] zweihufig; **~honderd** [-hɔndərt] zweihundert; **~hoofdig** [-ho:ʋ̊dəx] zweiköpfig; **~huizig** [-həʏzəx] zweihäusig; **~jaarlijks** [-ja:rləks] zweijährlich; **~jarig** [-ja:rəx] zweijährig; **~klank** [-klɑŋk] *m Gr.* Diphthong *m*, Zwielaut *m*; **~kwartsmaat** [-kʋɑrtsma:t] (*-maten*) *f Mus.* Zweivierteltakt *m*; **~ledig** [-le:dəx] zweigliedrig; *~e betekenis* zweideutig; **~lettergrepig** [-lɛtərɣ̊re:pəx] zweisilbig.

tweeling ['tʋe:lɪŋ] *m* Zwilling *m*; **~zuster** [-zøstər] (*-s*) *f* Zwillingsschwester *f*.

twee|lobbig [tʋe:'lɔbəx] zweilappig; **~loop** [-lo:p] (*-lopen*) *m*, **~loopsgeweer** [-lo:psxəʋe:r] (*-weren*) *n* Doppelflinte *f*; **~maal** [-ma:l] zweimal; **~maandelijks** [-ma:ndələks] zweimonatlich; **~motorig** [-mo·to·rəx] zweimotorig.

tweepersoons|bed [tʋe:pɛr'so:nzbɛt] (*-den*) *n* Doppelbett *n*; **~hut** [-høt] (*-ten*) *f* Doppelkabine *f*; **~kamer** [-ka:mər] (*-s*) *f* Doppelzimmer *n*, Zweibettzimmer *n*; **~wagen** [-ʋa:ɣ̊ə(n)] (*-s*) *m* Zweisitzer *m*.

tweepits [tʋe:'pɪts] mit 2 Koch-, Brennstellen; *een ~ (kook)vuur* Doppelbrenner *m*.

twee|potig ['tʋe:po:təx] zweifüßig; **~regelig** [-re:ɣ̊ələx] zweizeilig; **~riemsgiek** [-ri:msxi:k] *m* (*Ruderboot*) Zweier *m*; *~ zonder stuurman, twee zonder stuurman* Zweier *m* ohne Steuermann; **~slachtig** [-slɑxtəx], *a.* [-'slɑxtəx] zweigeschlechtig; *Zool.* amphibisch; *fig.* doppelsinnig, zweideutig; zwitterhaft; ~ *wezen* Zwitter *m*, Hermaphrodit *m*; **~snijdend** [-snɛĭdənt] zweischneidig.

twee|spalt [ˈtʊeːspɑlt] *f* Zwiespalt *m*; **~spraak** [-spraːk] (*-spraken*) *f* Zwiegespräch *n*, Dialog *m*; **~sprong** [-sprɔŋ] *m* Gabelung *f*; *fig.* Scheideweg *m*; **~stemmig** [-stɛməx] zweistimmig; **~strijd** [-strɛĭt] *m* Zwiespalt *m*; *in ~ zijn* uneinig sein; **~taktmotor** [-ˈtɑktmo·tɔr] (*-en u. -s*) *m* Zweitaktmotor *m*.

tweetal [ˈtʊeːtɑl] etwa zwei, ein paar; *Su.* (*-len*) *n* Paar *n*; Zwei *f*.

tweetalig [ˈtʊeːtaːləx] zweisprachig; **~heid** [-hɛĭt] *f* Zweisprachigkeit *f*.

tweeterm [ˈtʊeːtɛrm] *m* zweigliedrige Größe *f*, Binom *n*.

twee|vleugelig [ˈtʊeːv̊lø·ɣ̊ələx] zweiflügelig; **~voetig** [-v̊u·təx] zweifüßig; **~voudig** [-v̊ɑudəx] zweifach; **~wieler** [-ʊiːlər] (*-s*) *m* Zweirad *n*, Tandem *n*; **~woonst** [-ʊoːnst] *f* Zweifamilienhaus *n*; **~zadig** [-zaːdəx] zweikeimblättrig; **~zijdig** [-zɛĭdəx] zweiseitig; bilateral.

twen [tʊɛn] (*-s*) *m u. f* Twen *m*.

twijfel [ˈtʊɛĭfəl] (*-s*) *m* Zweifel *m* (*over*/an *D*); *zonder ~* ohne Zweifel, zweifelsfrei, zweifellos; *aan ~ onderhevig zijn* zweifelhaft sein; *geen ~ lijden* (*laten*) keinem Zweifel unterliegen; *er is geen* (*de minste*) *~ aan* es steht außer (allem) Zweifel; *~ koesteren* Zweifel hegen, zweifeln; **~aar** [-aːr] (*-s*) *m* Zweifler *m*; *in geval van ~* im Zweifelsfall; **~achtig** [-ˈɑxtəx] zweifelhaft, fraglich; **~en** [-ə(n)] zweifeln (*aan*/an *D*); *hij twijfelt nog* er ist (sich) noch unschlüssig, er zögert noch; **~geval** [-ɣ̊əv̊ɑl] (*-len*) *n* Zweifelsfall *m*.

twijg [tʊɛĭx] *m* Zweig *m*, Reis *n*.

twijn [tʊɛĭn] *m*, **~garen** [-ɣ̊aːrə(n)] *n* Zwirn *m*.

twintig [ˈtʊɪntəx] zwanzig; **~er** [-ər] (*-s*) *m* Zwanziger *m*; **~jarig** [-jaːrəx] zwanzigjährig; **~maal** [-maːl] zwanzigmal; **~ste** [-stə] (der, die, das) zwanzigste; *Su. n* Zwanzigstel *n*; **~tal** [-tɑl] (*-len*) *n* *een ~* etwa zwanzig, an die zwanzig.

twist [tʊɪst] *m* Zwist *m*, Streit *m*, Zank *m*; **~appel** [-ɑpəl] (*-s*) *m fig.* Zankapfel *m*; **~en** [-ə(n)] (sich) streiten, (sich) zanken; **~punt** [-pənt] *n* Streitpunkt *m*; **~stoker** [-stoːkər] (*-s*) *m* Zwietrachtstifter *m*; **~vraag** [-fraːx] (*-vragen*) *f* Streitfrage *f*; **~ziek** [-si·k] streitsüchtig.

tyfoon [ti·ˈfoːn] (*-s*) *m* Taifun *m*.

tyfus [ˈti·fəs] *m u. f* Typhus *m*.

type [ˈti·pə] (*-n u. -s*) *n* Type *f*, Letter *f*; Typ *m*; sonderbare(r) Kauz *m*, Original *n*, Sonderling *m*.

typen [ˈti·pə(n)] tippen, maschineschreiben.

typeren [ti·ˈpeːrə(n)] kennzeichnen, charakterisieren; **~d** [-t] charakteristisch, kennzeichnend.

typisch [ˈti·pi·s] typisch, bezeichnend; eigentümlich; üblich; ausgeprägt.

typist [ti·ˈpi·st] *m* Maschineschreiber *m*; **~e** [-ə] (*-s*) *f* Maschinschreiberin *f*, F Tippfräulein *n*.

typograaf [ti·po·ˈɣ̊raːf] (*-grafen*) Typograph *m*.

Tyroler [ti·ˈroːlər] (*-s*) *m* Tiroler *m*

Tyrools [ti·ˈroːls] tirolisch, Tiroler; **~e** [-ə] (*-n*) *f* Tirolerin *f*.

Tyrool [ti·ˈroːl] *n* Tirol *n*.

U

J, **u** [y·], *a.* [ɵ] (-'*s*) *f* U, u, ü *n.*

J, **u** [y·] Sie, Ihnen; ihr, euch; dich, dir, du.

chtend ['ɵx(t)ənt], *a.* ['ɔx(t)-] *m* Morgen *m.*

i [əʏ] *m* Zwiebel *f*; Witz *m*; **~ensoep** [-(j)əsu·p] *f* Zwiebelsuppe *f.*

ier ['əʏ(j)ər] (-*s*) *m* Euter *n.*

J-ijzer ['y:-ɛĭzər] (-*s*) *n* U-Eisen *n.*

il [əʏl] *m* Eule *f*; F Schafskopf *m.*

ilenspiegel ['əʏlə(n)spi:ɣ̂əl]: *Tijl* [tɛĭl] ~ Till Eulenspiegel; **2streek** [-stre:k] (-*streken*) *m u. f* Eulenspiegelei *f*, Ulk *m.*

ilskuiken ['əʏlskəʏkə(n)] (-*s*) *n* Schafskopf *m*, Dummkopf *m.*

it [əʏt] *Präp.* aus (*D*); *Adv.* aus, heraus, hinaus; *Int.* ~! aus!, Schluß!, Feierabend!; ~ *de stad* verreist; ~ *de hoogte* von oben herab; *fig.* herablassend; ~ *boosheid* böswillig; *er op* ~ *zijn* begehren, streben nach; ~ *eten* auswärts essen; ~ *hoofde van* wegen *G.*

it|ademen ['əʏta:dəmə(n)] ausatmen, aushauchen; **~baggeren** [-baɣ̂ərə(n)] ausbaggern; **~barsting** [-bɑrstɪŋ] *f* Ausbruch *m*; **~baten** [-ba:tə(n)] betreiben, nutzbar machen; **~beelden** [-be:ldə(n)] darstellen; gestalten; vorstellen; **~besteden** [-bəste:də(n)] verdingen; unterbringen, in Pflege geben; **~betalen** [-bəta:lə(n)] auszahlen; entlohnen; **~blazen** [-bla:zə(n)] ausblasen, (sich) verschnaufen; *de aatse adem* ~ den Geist aushauchen (aufgeben); **~blinken** [-blɪŋkə(n)] *fig.* glänzen, sich auszeichnen; **~bouw** [-baŭ] *m* Ausbau *m*, Vorbau *m*; **~bouwen** [-bɑu(ʋ)ə(n)] ausbauen, vergrößern; erweitern; **~braaksel** [-bra:ksəl] (-*s*) *n* Auswurf *m*; **~braken** [-bra:kə(n)] auswerfen, ausspeien; *fig.* ausstoßen; **~brander** [-brɑndər] (-*s*) *m fig.* Standpauke *f*, Verweis *m*, Rüffel *m*; **~breiding** [-brɛĭdɪŋ] *f* Ausbreitung Ausdehnung *f*; Erweiterung *f*, Ausbau *m*; **~breken** [-bre:kə(n)] ausbrechen; *Su. n* Ausbruch *m*; **~brengen** [-brɛŋə(n)] aus-, heraus-, hinausbringen; *fig.* ans Licht (an den Tag) bringen; *Geheimnis* verraten, ausplaudern; *Bericht* erstatten; *zijn stem* ~ seine Stimme abgeben; **~buiten** [-bəʏtə(n)] ausbeuten, ausnutzen; **~bundig** [-'bəndəx] übermäßig; überschwenglich, stürmisch; laut.

uit|daging ['əʏtda:ɣ̂ɪŋ] *f* Herausforderung *f*; **~deling** [-de:lɪŋ] *f* Austeilung *f*, Verteilung *f*; (*Preise, Auszeichnung*) Verleihung *f*; **~delgen** [-dɛlɣ̂ə(n)] (aus)tilgen; **~denken** [-dɛŋkə(n)] ausdenken, ersinnen; **~dijen** [-dɛĭ(j)ə(n)] anschwellen; (sich) ausdehnen; *uitgedijd* ausgedehnt; **~doen** [-du:n] ausmachen; *Kartoffeln* lesen; *e-n Posten* streichen; *Kleider* ablegen, ausziehen; *e-e Gefängnisstrafe* verbüßen; **~dossen** [-dɔsə(n)] herausputzen, (aus)schmücken; *uitgedost* F aufgedonnert; **~doven** [-do:v̂ə(n)] *v/t* löschen; *v/i* erlöschen; **~draaien** [-dra:ĭ(j)ə(n)] ausdrehen; *op niets* ~ zu nichts führen; **~drager** [-dra:ɣ̂ər] (-*s*) *m* Trödler *m*; **~drijven** [-drɛĭv̂ə(n)] austreiben; **~drogen** [-dro:ɣ̂ə(n)] austrocknen; versiegen.

uitdruk|kelijk [əʏ'drəkələk] nachdrücklich, ausdrücklich; **~ken** ['-ə(n)] ausdrücken, auspressen; *zich* ~ (sich) äußern; **~king** ['-ɪŋk] *f* Ausdruck *m*, Redensart *f*; Gesichtsausdruck *m*, Miene *f.*

uitdunnen ['əʏdənə(n)] lichten.

uiteen [əʏ'te:n] auseinander; **~drijven** [-drɛĭv̂ə(n)] auseinandertreiben; **~gaan** [-ɣ̂a:n] auseinandergehen; sich trennen; *Menge, Leute usw.*: sich verlaufen, sich zerstreuen; **~lopend** [-lo:pənt] verschieden, auseinandergehend; **~spatten** [-spɑtə(n)] platzen; **~zetting** [-zɛtɪŋ] *f* Auseinandersetzung *f*; Erörterung *f*, Darlegung *f.*

uiteinde ['əʏtɛĭndə] (-*n*) *n* Ende *n*, Ausgang *m*; Tod *m*; **~lijk** [-'tɛĭndələk] zum Schluß, schließlich; *Adj.* endgültig.

uiten ['əʏtən] (sich) äußern, sich aussprechen.
uiteraard [əʏtər'a:rt] selbstverständlich, natürlich.
uiterlijk ['əʏtərlək] äußerlich, äußere; höchstens; längstens; spätestens; *de ~e schijn* der äußere Schein; *Su. n* Aussehen *n*, Äußere(s) *n*.
uitermate [əʏtər'ma:tə] außerordentlich, äußerst, überaus.
uiterst ['əʏtərst] äußerst, höchst; *zijn ~e best doen* sein Äußerstes tun; *van het ene ~e in het andere vallen* von e-m Extrem ins andere fallen; *op het ~e liggen* in den letzten Zügen liegen; *~e wil* Testament *n*, letzte(r) Wille *m*.
uit|eten ['əʏte:tə(n)] ausessen; **~fluiten** [~fləʏtə(n)] auspfeifen; **~foeteren** [-fu·tərə(n)] (aus)schelten.
uitgaaf ['əʏtxa:f] (*-gaven*) *f* Ausgabe *f*; Herausgabe *f*; (*Buch*) Auflage *f*; *tweede ~* zweite Auflage.
uitgaan ['əʏtxa:n] ausgehen (*van/* von *D*); verlassen, hinausgehen; *~de rechten* Ausfuhrzölle *m/pl.*; **~sdag** [-zdɑx] *m* Ausgeh(e)tag *m*.
uit|galmen ['əʏtxɑlmə(n)] ausschreien; **~gang** [-xɑŋ] *m* Ausgang *m*; **~gangsdag** [-xɑŋzdɑx] (*-dagen*) *m* Ausgeh(e)tag *m*; **~gave** [-xa:v̊ə] (*-n*) *f s. uitgaaf.*
uitge|breid ['əʏtxəbrɛĭt] ausgebreitet, ausgedehnt; umfassend, ausführlich; **~dacht** [-dɑxt] erdacht, ersonnen; *zelf ~* selbsterdacht; **~hongerd** [-hɔŋərt] ausgehungert; **~laten** [-la:tə(n)] ausgelassen, wild.
uitgeleide ['əʏtxəlɛĭdə] *n* Geleit *n*; *~ doen* begleiten, das Geleit geben.
uitge|lezen ['əʏtxəle:zə(n)] auserlesen; **~maakt** [-ma:kt] ausgemacht; abgemacht, vereinbart; **~put** [-pət] erschöpft; **~slapen** [-sla:pə(n)] gerieben, gerissen, schlau, verschmitzt; **~strekt** [-strɛkt] ausgedehnt.
uitgever ['əʏtxe:v̊ər] (*-s*) *m* Verleger *m*, Herausgeber *m*; **~ij** [-'rɛĭ] *f* Verlag *m*; **~smaatschappij** [-sma:t-sxɑpɛĭ] *f* Verlag *m*, Verlagsgesellschaft *f*.
uitgewekene ['əʏtxəʋe:kənə] (*-n*) *m u. f* Flüchtling *m*, Emigrant *m*, Auswanderer *m*.
uitge|zocht ['əʏtxəzɔxt] ausgesucht, auserlesen, auserwählt; **~zonder**[t] [-zɔndərt] ausgenommen, mit Aus[-]nahme von.
uit|gieren ['əʏtxi:rə(n)]: *het ~ va[n] vreugde* aufschreien vor Freude; **~gieten** [-xi:tə(n)] ausgießen, er[-]gießen; **~gillen** [-xɪlə(n)]: *het ~ va[n] angst* aufschreien vor Angst.
uit|gifte ['əʏtxɪftə] (*-n*) *f* Ausgabe *f* (*Anleihe, Aktien usw.*) Emission *f*; **~gommen** [-xɔmə(n)] ausradieren; **~graven** [-xra:v̊ə(n)] ausgraben, ausheben.
uithalen ['əʏtha:lə(n)] ausholen, ausziehen; *dat haalt niets uit* da[s] führt zu nichts; *wat heb je nu wee[r] uitgehaald?* was hast du nun wiede[r] angestellt?; *kattekwaad (streken)* Streiche (Dummheiten) machen.
uithang|bord ['əʏthɑŋbɔrt] *n* Aus[-]hängeschild *n*; **~en** [-ə(n)] aushän[-]gen; *de grote heer ~* den große[n] Herrn spielen; *de grote Jan ~* prah[-]len, aufschneiden, den große[n] Herrn spielen; *waar kan hij nu we[er] ~?* wo steckt er bloß?
uitheems ['əʏt-], *mst.* [əʏt'he:m[s]] ausländisch, fremd, exotisch.
uithoek ['əʏthu·k] *m* abgelegene(r) Ort *m*.
uit|hollen ['əʏthɔlə(n)] aushöhle[n]; **~hongeren** [-hɔŋərə(n)] aushun[-]gern; **~horen** [-ho:rə(n)] ausfrage[n], aushorchen, ausforschen; **~hou[-]den** [-hɑudə(n)] aushalten, ausha[r]ren.
uithoudingsvermogen ['əʏthɑu[-]dɪŋsfərmo:ɣ̊ə(n)] *n* Ausdauer [*f*], Stehvermögen *n*.
uit|hozen ['əʏtho:zə(n)] ausschö[p]fen; **~huizig** [-'həʏzəx]: *hij is t[a]melijk ~* er ist selten zu Hause; **[~]huwelijken** [-hy·ʋələkə(n)] ve[r]mählen, verheiraten.
uiting ['əʏtɪŋ] *f* Äußerung *f*; Au[s]druck *m*; *tot ~ brengen (kome[n])* äußern, zum Ausdruck bringen.
uitke|ren ['əʏtke:rə(n)] ausfege[n], auszahlen, verteilen; *Dividende* au[s]schütten; **~ring** [-rɪŋ] *f* Auszahlu[ng] *f*, Verteilung *f*; Unterstützung [*f*], Ausschüttung *f*.
uitkienen ['əʏtki:nə(n)] ausknobe[ln].
uitkiezen ['əʏtki:zə(n)] auswähle[n]; *het voor het ~ hebben* (die) fre[ie] Wahl haben.
uitkijk ['əʏtkɛĭk] *m* Aussicht *f*, Au[s]blick *m*; *mar.* Ausguck *m*; *op de*

liggen (*staan*) auf der Lauer liegen; **~en** [-ə(n)] aussehen, ausschauen; achtgeben, sich vorsehen; ~ *naar* sich umsehen nach; **~post** [-pɔst] *m* Beobachtungsstelle *f*; (*Jagd*) Hochstand *m*, Hochsitz *m*; **~toren** [-toːrə(n)] (-*s*) *m* Aussichtsturm *m*.

itklaring ['əʏtklaːrɪŋ] *f mar.* Ausklarierung *f*; **~skosten** [-skɔstə(n)] *pl.* Klarierungskosten *pl.*

itkleden ['əʏtkleːdə(n)] aus-, entkleiden, ausziehen; *fig.* ausplündern.

it|knijpen ['əʏtknɛĭpə(n)] auspressen; (heimlich) verschwinden, sich drücken; **~knippen** [-knɪpə(n)] ausschneiden; **~knipsel** [-knɪpsəl] (-*s*) (*Zeitung*) Ausschnitt *m*.

it|komen ['əʏtkoːmə(n)] aus-, herauskommen; *Geld*: ausreichen; *Zeitung*, *Buch*: erscheinen; (*beim Spiel*) anspielen; *Pflanzen*: (hervor)sprießen, ausschlagen; *de berekening komt uit* die Berechnung stimmt; *hij kwam bedrogen uit* er hatte sich getäuscht, er hatte das Nachsehen; *iets doen* ~ etw. hervorheben, betonen; *voor iets* ~ etw. bekennen, etw. (offen) gestehen; *verkeerd* ~ mißlingen; *het zal wel* ~ es wird schon an den Tag (ans Licht) kommen; **~komst** [-kɔmst] *f* Resultat *n*, Ergebnis *n*; Aushilfe *f*, Rettung *f*; *zonder* ~ ausweglos; *ik zie geen* ~ ich sehe keinen Ausweg.

tkoopsom ['əʏtkoːpsɔm] (-*men*) *f* Abfindungssumme *f*.

t|kopen ['əʏtkoːpə(n)] loskaufen; abfinden, entschädigen; **~kraaien** [-kraːĭ(j)ə(n)] ausschreien; **~krabben** [-krɑbə(n)] auskratzen; ausradieren; **~kramen** [-kraːmə(n)] auskramen; **~krijgen** [-krɛĭɣ̊ə(n)] herausbekommen.

tlaat ['əʏtlaːt] (-*laten*) *m* Auslaß *m*; (*Motor*, *Dampf*) Auspuff *m*; (*Wasser*) Auslauf *m*; **~klep** [-klɛp] (-*pen*) *f* Auslaßventil *n*.

t|lachen ['əʏtlɑxə(n)] auslachen; **~laden** [-laːdə(n)] ausladen, löschen; **~laten** [-laːtə(n)] (her)auslassen, hinauslassen; begleiten; *zich* ~ sich äußern; **~lating** [-laːtɪŋ] *f* Auslassung *f*; Äußerung *f*.

tleg ['əʏtlɛx] (*kein pl.*) Auslegung *f*, Erklärung *f*; Glosse *f*, Randbemerkung *f*; Deutung *f*; ~ *moeten geven* Rede und Antwort stehen; **~gen** [-ə(n)] auslegen, erklären; deuten.

uit|lekken ['əʏtlɛkə(n)] lecken, auslaufen; *fig.* verlauten, bekanntwerden; **~lenen** [-leːnə(n)] aus-, verleihen; **~leveren** [-leːv̥ərə(n)] ausliefern; **~lezen** [-leːzə(n)] auslesen; **~lichten** [-lɪxtə(n)] ausheben; **~likken** [-lɪkə(n)] auslekken; schlecken; **~lokken** [-lɔkə(n)] herauslocken; hervorrufen, provozieren, reizen; herausfordern.

uit|loop ['əʏtloːp] *m* Auslauf *m*; (*Fluß*) Mündung *f*; **~lopen** [-loːpə(n)] auslaufen, zu Ende gehen; *Bot.* ausschlagen, *Knospen* treiben; **~loper** [-loːpər] (-*s*) *m* Ausläufer *m*.

uit|loten ['əʏtloːtə(n)] auslosen; **~loven** [-loːv̥ə(n)] aussetzen, ausschreiben, ausloben; **~luchten** [-lɵxte(n)] auslüften; **~luiden** [-ləʏdə(n)] ausläuten.

uitmaken ['əʏtmaːkə(n)] ausmachen; *een kwestie* (*zaak*) ~ e-e Frage (Angelegenheit) entscheiden; *dat is een uitgemaakte zaak* das ist beschlossene Sache; *het* ~, *een verloving* ~ e-e Verlobung (auf)lösen; *deel* ~ *van* gehören zu; *iemand* ~ j-n ausschimpfen, schelten.

uit|meten ['əʏtmeːtə(n)] ausmessen; *Land* vermessen; **~monden** [-mɔndə(n)] (aus)münden; **~muntend** [-'mɵntənt] ausgezeichnet, vortrefflich; **~nodigen** [-noːdəɣ̊ə(n)] einladen; bitten; auffordern; **~nodiging** [-noːdəgɪŋ] *f* Einladung *f*; Aufforderung *f*; **~oefening** [-uːfənɪŋ] *f* Ausübung *f*; **~pakken** [-pɑkə(n)] auspacken; loslegen; **~persen** [-pɛrsə(n)] auspressen; *fig.* ausbeuten; **~pikken** [-pɪkə(n)] *fig.* auswählen; **~pluizen** [-pləʏzə(n)] *fig.* ausklauben, zerlegen; **~praten** [-praːtə(n)] ausreden; *zich er* ~ sich herausreden; **~puilen** [-pəʏlə(n)] hervorquellen, hervorstehen; **~putten** [-pɵtə(n)] erschöpfen; (*Bergbau*) abbauen; **~putting** [-pɵtɪŋ] *f* Erschöpfung *f*; **~rafelen** [-raːfələ(n)] ausfasern; **~raken** [-raːkə(n)] ein Ende nehmen; **~razen** [-raːzə(n)] (sich) austoben; **~reiken** [-rɛĭkə(n)] verteilen, verabreichen, verabfolgen; *e-n Preis* überreichen; **~rekenen** [-reːkənə(n)] ausrechnen, berechnen; **~rekken** [-rɛkə(n)] ausrecken, ausstrecken, dehnen;

~richten [-rɪxtə(n)] ausrichten; erreichen; *er is niets met hem uit te richten* mit ihm ist nichts anzufangen; **~rijden** [-rɛĭdə(n)] ausreiten; ausfahren; **~roeien** [-ru·ĭ(j)ə(n)] ausroden; vertilgen, ausrotten; **~roeiing** [-ru·ĭ(j)ɪŋ] *f* Ausrottung *f*.

uitroep ['əʏtru·p] *m* Ausruf *m*, Schrei *m*; **~en** [-ə(n)] ausrufen; **~(ings)teken** [-(ɪŋs)te:kə(n)] (*-s*) *n* Ausrufezeichen *n*.

uit|rukken ['əʏtrəkə(n)] ausreißen; *mil.* ausrücken, ausmarschieren; **~rusten** [-rəstə(n)] *v/i* (sich) ausruhen; *v/t* (aus)rüsten, ausstatten; **~rusting** [-rəstɪŋ] *f* Ausrüstung *f*, Ausstattung *f*; **~schakelen** [-sxa:kələ(n)] ausschalten; **~schateren** [-sxa:tərə(n)]: *het ~* in ein schallendes Gelächter ausbrechen.

uitscheiden ['əʏtsxɛĭdə(n)] (*scheidde uit, uitgescheiden*) absondern, ausscheiden; (*a. scheed uit, uitgescheden*) aufhören; *schei uit!* hör' auf!

uit|schelden ['əʏtsxɛldə(n)] ausschimpfen, schelten; *iemand voor (een) ezel ~* j-n e-n Esel nennen; **~scheppen** [-sxɛpə(n)] ausschöpfen; **~scheuren** [-sxø:rə(n)] (her)ausreißen; **~schieten** [-sxi·tə(n)] ausschießen; aussondern; *Kleider* ausziehen, abwerfen; ausgleiten, ausrutschen; rufen, schreien, schimpfen.

uitschot ['əʏtsxɔt] (*-ten*) *n* Ausschuß *m*, Ausschußware *f*, Ramsch *m*; Schund *m*; (*Personen*) Abschaum *m*, Auswurf *m*.

uit|schrijven ['əʏtsxrɛĭv̥ə(n)] ausschreiben; erlassen; abschreiben; *e-e Versammlung* einberufen; **~schudden** [-sxədə(n)] auschütteln, auskippen; *fig.* ausplündern, ausnehmen.

uitslaan ['əʏtsla:n] *v/t* ausschlagen; *die Flügel* ausbreiten; *Teppiche* ausklopfen; *er onzin ~* dummes Zeug reden; *v/i* ausschlagen; *de muren slaan uit* die Wände schwitzen.

uitslag ['əʏtslɑx] *m* (*Haut*) Ausschlag *m*; Resultat *n*, Ausgang *m*, Ergebnis *n*; Erfolg *m*.

uit|slapen ['əʏtsla:pə(n)] (sich) ausschlafen; **~sliepen** [-sli·pə(n)] ätsch sagen; **~slijten** [-slɛĭtə(n)] (sich) abnutzen; **~sloven** [-slo:v̥ə(n)]: *zich ~* sich abmühen; **~sluiten** [-sləʏtə(n)] ausschließen; *Sp. ee speler ~* e-n Spieler des Feldes ver weisen; **~d** ausschließlich; **~slui ting** [-sləʏtɪŋ] *f* Ausschließung Ausschluß *m*; (*Arbeiter*) Ausspe rung *f*; **~sluitsel** [-sləʏtsəl] (*ke pl.*) Auskunft *f*, Aufschluß *m*.

uitsmijter ['əʏtsmɛĭtər] (*-s*) *m Br. mit Schinken und Spiegelei*; (*Perso* Rausschmeißer *m*, Türsteher *m*.

uit|snijding ['əʏtsnɛĭdɪŋ] *f* Au schneidung *f*; (*Kleid usw.*) Au schnitt *m*; **~spannen** [-spɑnə(n ausspannen, ausschirren; *zich* sich erholen.

uitspansel ['əʏtspɑnsəl] *n* Firm ment *n*, Himmelsgewölbe *f*.

uit|sparen ['əʏtspa:rə(n)] aussp ren; ersparen; **~spatting** [-spɑtɪ *f* (*mst. pl.*) Ausschweifung *f*, Exz *m*.

uitspraak ['əʏtspra:k] (*-spraken*) Aussprache *f*; Entscheidung Ausspruch *m*; *jur.* Urteilsverkü dung *f*, Urteil *n*.

uit|spreken ['əʏtspre:kə(n)] au sprechen, ausreden; *e-e Strafe* ve hängen, auf ... (*A*) erkennen; *e Meinung* äußern; *zich ~* sich au sprechen, mit *j-m* sich bereden üb *A*; **~springen** hervor-, herau springen; **~spuwen** [-spy:(ʋ)ə(n ausspeien, ausspucken; **~sta** [-sta:n] aushalten, ertragen; au stehen; **~de** *schuld(en)* Außenstän *pl.*; **~s** [-s]: *ik heb er geen ~s m* das geht mich (gar) nichts an.

uitstal|kast ['əʏtstɑlkɑst] *f* Scha fenster *n*, Auslage *f*; **~len** [-ə(auslegen, ausstellen; *fig.* zur Sch tragen.

uitstap ['əʏtstɑp] (*-pen*) *m* Wan rung *f*, Tour *f*, Ausflug *m*; Run fahrt *f*.

uitstappen ['əʏtstɑpə(n)] ausst gen.

uitsteeksel ['əʏtste:ksəl] (*-s*) *n* V sprung *m*; (*Knochen*) Fortsatz *wormvormig ~* Wurmfortsatz *m*.

uitstek ['əʏtstɛk] (*-ken*) *n* Vorspru *f*; *bij ~* außerordentlich, besonde vorzüglich; **~en** [-ste:kə(n)] a stechen; *die Hand* ausstrecken; *Fahne* heraushängen; *fig.* herv ragen, sich auszeichnen; **~e** [-'ste:kənt] hervorragend, aus zeichnet, vortrefflich.

uitstel ['əʏtstɛl] (*kein pl.*) *n* A

ɪchub *m*, Frist *f*; *zonder* ~ ohne Verzug, unverzüglich; ~ *van betaing* Stundung *f*; ~ *is geen afstel* aufgeschoben ist nicht aufgehoben; ~**en** [-ə(n)] auf-, hinaus-, verschieben; (*Schuld usw.*) aussetzen.

ıt|storten ['əʏtstɔrtə(n)] ausschüten, ausgießen; *zich* ~ sich ergießen; **storting** [-stɔrtɪŋ] *f* Ausschüttung , Ausgießung *f*; (*Blut*) Erguß *m*; **stoten** [-sto:tə(n)] ausstoßen; ~**traling** [-stra:lɪŋ] *f* Ausstrahlung ; ~**stralingsvermogen** [-stra:ɪŋsfərmo:ɣ̊ə(n)] *n* Strahlungsvernögen *n*; ~**strekken** [-strɛkə(n)] usstrecken, ausdehnen; *zich* ~ sich usdehnen, sich erstrecken; ~**strijen** [-strɛĭkə(n)] ausbügeln; ~**stronen** [-stro:mə(n)] ausfließen; *Fluß*: ch ergießen; ausströmen; ~**trooien** [-stro:'ĭ(j)ə(n)] ausstreun; *Gerücht* verbreiten; ~**sturen** stu:rə(n)] hinaussteuern; (hin-) usschicken; wegschicken.

t|tarten ['əʏtɑrtə(n)] herausforern; trotzen *D*; ~**tekenen** [-te:ənə(n)] zeichnen; beschreiben, :hildern; ~**teren** [-te:rə(n)] aus-, ɔzehren.

t|tocht ['əʏtɔxt] *m* Auszug *m*; ~**ap** [-trɑp] (-*pen*) *m Sp*. Abstoß *m*; **trappen** [-trɑpə(n)] *Sp*. abstoßen; *mand er* ~ j-n hinausschmeißen; **reden** [-tre:də(n)] austreten; *us e-r Firma usw.*) ausscheien.

trek|ken ['əʏtrɛkə(n)] ausziehen; *n Betrag* auswerfen; ~**sel** [-səl] *s*) *n* Auszug *m*; Extrakt *m*; ~**tafel** ta:fəl] (-*s*) *f* Ausziehtisch *m*.

vaagsel ['əʏtfa:xsəl] (*kein pl.*) *n* ehricht *m*; *fig*. Abschaum *m*, Ausurf *m*.

|vaardigen ['əʏtfa:rdəɣ̊ə(n)] erssen; ~**vaart** [-fa:rt] *f* Ausfahrt *f*; eichenbegängnis *n*.

|val ['əʏtfɑl] (-*len*) *m* Ausfall *m*; *chelte, Wut*) Ausbruch *m*; ~**valn** [-ə(n)] ausfallen; *Sp*. ausscheien; *tegen iemand* ~ gegen j-n losɪtzen, j-n anfahren; ~**varen** [-fa:n)] ausfahren; *tegen iemand* ~ anschnauzen, anschreien; ~**chten** [-fɛxtə(n)] ausfechten, skämpfen; ausmachen; ~**vegen** e:ɣ̊ə(n)] ausfegen, auskehren; swischen; ~**venten** [-fɛntə(n)] lbieten, hausieren.

uitver|kocht ['əʏtfərkɔxt] ausverkauft; (*Vorrat*) erschöpft; (*Buch*) vergriffen; ~**koop** [-ko:p] (-*kopen*) *m* Ausverkauf *m*; ~**koren** [-ko:rə(n)] (aus)erwählt.

uit|vinder ['əʏtfɪndər] (-*s*) *m* Erfinder *m*; ~**vinding** [-fɪndɪŋ] Erfindung *f*; ~**vindsel** [-fɪntsəl] (-*s*) Erfindung *f*, Ausrede *f*; ~**vissen** [-fɪsə(n)] *fig*. herausbekommen; ausforschen; ~**vliegen** [-fli:ɣ̊ə(n)] ausfliegen; *fig*. aufbrausen; ~**vloeien** [-flu·ĭ(j)ə(n)] ausfließen, ausströmen; ~**vloeisel** [-flu·ĭsəl] (-*s u. -en*) *n* Ausfluß *m*; *fig*. Folge *f*; ~**vlucht** [-fløxt] *f* Ausflucht *f*, Ausrede *f*; *dat zijn maar* ~*en* das sind (alles) Flausen.

uitvoer ['əʏtfu:r] *m* Ausfuhr *f*, Export *m*; *tijdelijke* ~ Ausfuhr unter Zollvermerk; *ten* ~ *leggen* (*brengen*) zur Ausführung bringen, durchführen; ~**artikel** [-ɑrti·kəl] (-*s u. -en*) *n* Ausfuhr-, Exportartikel *m*; ~**baar** [-ba:r] ausführbar; (*Urteil*) vollstreckbar; ~**der** [-dər] (-*s*) *m* Exporteur *m*; (*Urteil, Testament*) Vollstrecker *m*; ~**en** [-ə(n)] ausführen; exportieren; vollstrecken; erledigen; *wat voert hij nu weer uit?* was macht er bloß?, was richtet er (jetzt) wieder an?; ~**end** [-ənt] ausführend; *de* ~*e macht* ausführende Gewalt *f*, Exekutivgewalt *f*, Exekutive *f*; ~**handel** [-hɑndəl] *m* Außenhandel *m*, Export(handel) *m*; ~**ig** [-'fu:rəx] ausführlich, umständlich; ~**ing** [-ɪŋ] *f* Ausführung *f*, Vollzug *m*; Vollstreckung *f*; ~**premie** [-pre:mi:] (-*s*) *f* Ausfuhrprämie *f*; ~**rechten** [-rɛxtə(n)] *pl*. Ausfuhrzoll *m*, Ausfuhrzölle *m/pl*.; ~**vergunning** [-vərgənɪŋ] *f* Ausfuhrbewilligung *f*, Ausfuhrgenehmigung *f*.

uit|vorsen ['əʏtfɔrsə(n)] aus-, erforschen; ~**vragen** [-fra:ɣ̊ə(n)] ausfragen; einladen; ~**vreten** [-fre:tə(n)] ausfressen (*a. fig*.).

uit|waaien ['əʏtʋa:ĭ(j)ə(n)] auswehen; ~**waarts** [-ʋa:rts] auswärts; ~**was** [-ʋɑs] (-*sen*) *m u. n* Auswuchs *m*; ~**waseming** [-ʋa:səmɪŋ] *f* Ausdünstung *f*; ~**wassen** [-ʋɑsə(n)] auswaschen; auswachsen; ~**wateren** [-ʋa:tərə(n)] entwässern; *Fluß*: münden, sich ergießen; ~**wateringskanaal** [-ʋa:-

tərɪŋskɑna:l] (*-nalen*) *n* Entwässerungskanal *m*, Abzugskanal *m*.

uitwedstrijd ['əʏtʋɛtstrɛit] *m Sp.* Auswärtsspiel *n*.

uitweg ['əʏtʋɛx] *m* Ausweg *m*; **~en** [-ə(n)] auswiegen.

uitwei|den ['əʏtʋɛĭdə(n)] sich verbreiten, sich auslassen (*over*/über *A*); **~ding** [-dɪŋ] *f* (ausführliche) Auseinandersetzung *f*, Exkurs *m*; Abschweifung *f*.

uitwendig ['əʏt-], *a.* [-'ʋɛndəx] äußere, äußerlich; *voor ~ gebruik* zum äußerlichen Gebrauch.

uitwer|ken ['əʏtʋɛrkə(n)] ausarbeiten; ausrechnen; lösen; *v/i* (*Bier usw.*) (aus)gären; sich auswirken; *wat zal dat ~?* was wird (schon) dabei herauskommen?; **~king** [-kɪŋ] *f* Ausarbeitung *f*, Ausführung *f*; Resultat *n*, Wirkung *f*; **~sel** [-səl] (*-s u. -en*) *n* Wirkung *f*, Folge *f*.

uitwerp|en ['əʏtʋɛrpə(n)] auswerfen; **~sel** [-səl] (*-s u. -en*) *n* Auswurf *m*; *pl.* Exkremente *n*/*pl.*, Fäkalien *pl.*, Kot *m*.

uitwieden ['əʏtʋi:də(n)] ausjäten.

uitwijk|eling ['əʏtʋɛĭkəlɪŋ] *m* Auswanderer *m*, Flüchtling *m*, Emigrant *m*; **~en** [-ʋɛĭkə(n)] ausweichen; emigrieren, auswandern; *voor iemand ~* j-m aus dem Wege gehen; **~ing** [-ɪŋ] *f* Ausweichen *n*; Auswanderung *f*; **~plaats** [-pla:ts] *f* Ausweichstelle *f*.

uit|wijzen ['əʏtʋɛĭzə(n)] ausweisen; lehren; *dat wijst niets* (*niet veel*) *uit* das ist (noch) kein Beweis; *het veld ~ Sp.* des Feldes verweisen; **~wisselen** [-ʋɪsələ(n)] austauschen, auswechseln; *Geld* wechseln; **~wissen** [-ʋɪsə(n)] aus-, verwischen; tilgen; **~wrijven** [-v̂rɛĭv̂ə(n)] ausreiben; **~wringen** [-v̂rɪŋə(n)] auswringen.

uit|zeilen ['əʏtsɛĭlə(n)] *mar.* auslaufen, absegeln; **~zenden** [-sɛndə(n)] aussenden, ausschicken; *Rf.*, *Fs.* senden, übertragen; *rechtstreeks* (*direkt, live*) ~ live senden, übertragen.

uitzet ['əʏtsɛt] (*-ten*) *m u. n* Aussteuer *f*; Ausstattung *f*; **~baar** [-ba:r] dehnbar; **~ten** [-ə(n)] (sich) ausdehnen; *ein Boot* aussetzen; *Geld* anlegen; *Posten* aufstellen; *het land ~* ausweisen; *de deur ~* zur Tür hinauswerfen, an die Luft setzen.

uitzicht ['əʏtsɪxt] *n* Aussicht *f*, Au blick *m*; Äußere(s) *n*, Aussehen

uitzien ['əʏtsi:n] (hin)aussehe Ausschau halten; *~ naar* sich un sehen nach (*D*); *dat ziet er goed u* das sieht gut aus; *zie maar uit* s bloß vorsichtig.

uit|ziften ['əʏtsɪftə(n)] aussiebe *fig.* ausklügeln; **~zoeken** [-su·kə(r aussuchen, auswählen; **~zond ring** [-səndərɪŋ] *f* Ausnahme Aussonderung *f*; *bij ~* ausnahm weise; *zonder ~* ausnahmslos; **zuigen** [-səʏɣ̂ə(n)] aussaugen; *f*. schinden; **~zuiger** [-'səʏɣ̂ər] (*-s*) Aussauger *m*, Ausbeuter *m*, Schi der *m*; **~zuipen** [-səʏpə(n)] aussa fen; **~zweten** [-sʋe:tə(n)] au schwitzen; *het moeten ~* schwer d für büßen (müssen), beschuld werden.

ultimatum [əlti·'ma:təm] (*-s*) Ultimatum *n*.

ultra|kort ['əltra·kɔrt] ultrakur **~violet** [-v̂i·(j)o·lɛt] ultraviolett.

unaniem [y·na·'ni:m einstimm einmütig, einhellig.

unicum ['y·ni·kəm] (*-s u. unica*) Unikum *n*.

unie ['y:ni:] (*-s*) *f* Union *f*, Bund *~ van Zuid-Afrika* Südafrikanisc Union *f*; **~k** [y·'ni·k] einmalig.

uniform [y·ni·'fɔrm] einheitli uniform; *Su. f u. n* Uniform *f*.

univer|seel [y·ni·v̂ɛr'ze:l] univers universell, allgemein, Gesam Universal-; *~ erfgenaam* Univers erbe *m*, Gesamterbe *m*; **~sit** [-zi·'tɛ:r] akademisch, Unive täts-; **~siteit** [-zi·'tɛĭt] *f* Unive tät *f*.

uraan [y·'ra:n] *n*, **uranium** [- (j)əm] *n* Uran *n*.

urbanisatie, *a.* **-zatie** [y·rba·ni·'z si:] (*-s*) *f* Städtebau *m*; *met betr king tot de ~* städtebaulich.

urgent [ər'gɛnt] dringend, dri lich.

uri|naal [y·ri·'na:l] (*-nalen*) *n* U glas *n*; **~ne** [y·'ri·nə] *f* Urin Harn *m*; **~neren** [-ne:rə(n)] uri ren, harnen; F schiffen, pink **~noir** [-'nʋa:r] (*-s*) *n* Herrentoil *f*, Pissoir *n*.

urn [y·rn], **~e** ['y·rnə] (*urnen*) *f* ne *f*.

utiliteit [y·ti·li·'tɛĭt] *f* Nützlichke

utopie [y·to·'pi:] (*-s*) *f* Utopie *f*.

ur [yːr] (*uren*) *n* (*Zeitraum*) Stunde *f*; (*Zeitpunkt*) Uhr *f*; een *vol* ~ e-e geschlagene Stunde; *om het* ~, *alle uren* stündlich; *binnen het* ~ innerhalb e-r Stunde; *binnen een* ~, *over een* ~ in e-r Stunde; een ~ *gaans* eine Wegstunde; een ~ *rijdens* eine Autostunde; een ~ *vliegens* eine Flugstunde; ~ *van vertrek* Abfahrtszeit *f*; **~loon** [-loːn] (*-lonen*) *n* Stundenlohn *m*; **~werk** [-ʋɛrk] *n* Uhr *f*; **~wijzer** [-ʋɛĭzər] (*-s*) *m* Stundenzeiger *m*.

uw [y·ŭ] Ihr, dein, euer; *geheel de* ~e Ihr ergebener, Ihre ergebene; *de* ~*en* die Ihrigen, die Deinigen, die Eurigen.

uwent [ˈyːʋənt]: *te*(*n*) ~ bei dir, bei euch, bei Ihnen; in deinem (euerm, Ihrem) Hause; **~halve** [-hɑlv̊ə], **~wege** [-ʋeːɣ̊ə] deinetwegen, euretwegen, Ihretwegen; **~wil** [-ʋɪl]: *om* ~ um deinetwillen, euretwillen, Ihretwillen.

uwerzijds [ˈy·ʋərzɛĭts] deinerseits, eurerseits, Ihrerseits.

V

V, v [v̊e:] (-'s) *f* V, v *n*.
vaag [v̊a:x] unbestimmt, verschwommen; *een ~ vermoeden* e-e dunkle Ahnung.
vaak[1] [v̊a:k] öfters, oft, häufig.
vaak[2] (*kein pl.*) *m* Schlaf *m*; Schlaftrunkenheit *f*; *praat voor de ~* leeres Gerede.
vaalt [v̊a:lt] *f* Müll-, Schuttabladeplatz *m*; Misthaufen *m*.
vaam [v̊a:m] (*vamen*) *m* Faden *m*; (*Holz*) Klafter *n*.
vaan [v̊a:n] (*vanen*) *f*, **~del** [-dəl] (*-s*) *n* Fahne *f*; **~drig** [-drəx] (*-s*) *m* Fähnrich *m*.
vaardig ['v̊a:rdəx] geschickt, gewandt; **~heid** [-hɛit] (*-heden*) *f* Geschick *n*, Gewandtheit *f*.
vaargeul ['v̊a:rɣ̊ø:l] *f* Fahrrinne *f*.
vaars [v̊a:rs] *f* Färse *f*.
vaart [v̊a:rt] *f* Fahrt *f*; Geschwindigkeit *f*, Tempo *n*; Kanal *m*; *~ zetten achter iets* etw. beschleunigen; *het zal niet zo'n ~ lopen* so schlimm wird's wohl nicht.
vaartje ['v̊a:rtjə]: *hij heeft een aardje naar zijn ~* er artet s-m Vater nach.
vaar|tuig ['v̊a:rtəʏx] *n* Fahrzeug *n*; **~water** [-ʋa:tər] (*-s u. -en*) *n* Fahrwasser *n*; *iemand in het ~ zitten* j-m in die Quere kommen.
vaarwel [v̊a:r'ʋɛl] leben Sie wohl, lebe wohl; Lebewohl *n*.
vaas [v̊a:s] (*vazen*) *f* Vase *f*.
vaat [v̊a:t] (*kein pl.*) *f* Aufwasch *m*; *de ~ doen* aufwaschen, *Geschirr* spülen; **~doek** [-du·k] *m* Geschirrtuch *n*, Aufwaschlappen *m*; Waschlappen *m*; **~wasmachine** [-ʋɑsmɑʃi·nə] (*-s*) *f* Geschirrspülmaschine *f*; **~water** [-ʋa:tər] *n* Spülwasser *n*.
vacant [v̊ɑ'kɑnt] vakant, frei, offen; *~e betrekking* offene Stelle *f*, Vakanz *f*; **~ie** *f s. vakantie*.
vacci|natie [v̊ɑksi·'na:si:] (*-s*) *f* Impfung *f*; **~neren** [-'ne:rə(n)] impfen.
vacht [v̊ɑxt] *f* Fell *n*, Pelz *m*.
vacuüm ['v̊a:ky·(ʋ)əm] (*vacua*) *n* Vakuum *n*, luftleere(r) Raum *m*; **~buis** [-bəʏs] (*-buizen*) *f* Vakuum-röhre *f*.
vadem ['v̊a:dəm] (*-s*) *s. vaam*.
vademecum [v̊a·də'me:kəm] (*-s*) Vademekum *n*.
vader ['v̊a:dər] (*-s*) *m* Vater *m*; **~huis** [-həʏs] (*-huizen*) *n* Vaterha *m*; **~land** [-lɑnt] *n* Vaterland Heimat *f*; **~lands** [-lɑnts] vate ländisch, patriotisch; **~lijk** [-lə väterlich; **~schap** [-sxɑp] (*-pen*) Vaterschaft *f*; **~stad** [-stɑt] (*-st den*) *f* Vaterstadt *f*.
vadsig ['v̊ɑtsəx] faul, träge; **~hei** [-hɛit] *f* Faulheit *f*, Trägheit *f*.
vagebond ['v̊a:ɣ̊əbɔnt] *m* Vagabur *m*, Landstreicher *m*, Strolch *m*.
vagevuur ['v̊a:ɣ̊əv̊y:r] *n* Fegefeuer
vak [v̊ɑk] (*-ken*) *n* Fach *n*; *iema van 't zelfde ~* Kollege *m*.
vakant *s. vacant*.
vakantie [v̊ɑ'kɑnsi:] (*kein pl.*) (*Schule*) Ferien *pl.*; Urlaub *m*; **cursus**, *a.* **-kurs-** [-kərzəs] (*-se* *m* Ferienkurs *m*; **~fonds** [-fɔn(t)s] Ferienhilfskasse *f*; **~huis** [-həʏ (*-huizen*) *n* Ferienhaus *n*, Ferie heim *n*; **~toelage** [-tu:la·ɣ̊ə] (*-n*) Urlaubsgeld *n*; **~verblijf** [-v̊ə blɛif] (*-blijven*) *n* Ferienaufenth *m*, Urlaubsort *m*; **~woning** [-ʋo nɪŋ] *f* Ferienwohnung *f*; Zwe wohnung *f*.
vak|arbeider ['v̊ɑkɑrbɛidər] (*-s*) Facharbeiter *m*; **~bond** [-bɔnt] Gewerkschaft *f*; **~genoot** [-xəno (*-noten*) *m* Fachgenosse *m*, Kolle *m*; **~kennis** [-kɛnəs] (*kein pl.*) Fac kenntnisse *f/pl.*; **~kundig** [-'ke dəx] fachmännisch, fachkundig; **school** [-sxo:l] (*-scholen*) *f* Fac schule *f*; **~term** [-tɛrm] *m* Fac ausdruck *m*; **~vereniging** [-fər nəɣ̊ɪŋ] *f* Gewerkschaft *f*, Gewer schaftsbund *m*; Fachschaft *f*, Fac verband *m*; **~werk** [-ʋɛrk] *n* Fac arbeit *f*; Fachwerk *n*; *een huis i* Fachwerkhaus *n*.
val[1] [v̊ɑl] (*-len*) *f* Falle *f*; Falltür *f*; *de ~ lopen* in die Falle gehen; **~**

Fall *m*, Sturz *m*; ten ~ *brengen v/t* stürzen, zu Fall bringen; **~avond** [-a:v̊ənt] *m*: *bij* ~ in der Dämmerung; **~bijl** [-bɛĭl] *f* Fallbeil *n*, Guillotine *f*; **~brug** [-brəx] (*-gen*) Fallbrücke *f*, Zugbrücke *f*.

aleer [v̊a·ˈle:r] *m* Valerius *m*.

alentijn [ˈv̊a:ləntɛĭn] *m* Valentin *m*.

aleriaan [v̊a·le:rˈja:n] (*-ianen*) *f* Baldrian *m*.

alerius [v̊a·ˈle:ri·(j)əs] *m* Valerius *m*.

al|helm [ˈv̊alhɛlm] *m* Sturzhelm *m*; **~hoogte** [-ho:xtə] (*-n u. -s*) *f* Fallhöhe *f*.

ali|de [v̊aˈli·də] gesund, kräftig; arbeitsfähig; rechtsgültig; **~diteit** [-di·ˈtɛĭt] *f* Rechtsgültigkeit *f*.

lies [v̊a·ˈli:s] (*-liezen*) *f* Tasche *f*, Reisetasche *f*; Koffer *m*.

lk [v̊alk] *m* Falke *f*; **~ejacht** [-əxt] *f* Falkenjagd *f*; **~enier** [-əi:r] (*-s*) *m* Falkenier *m*, Falkner *m*.

llei [v̊aˈlɛĭ] *f* Tal *n*, Niederung *f*, bene *f*.

llen [ˈv̊alə(n)] (*viel, gevallen*) fallen, stürzen; *doen* ~ stürzen; *laten* ~ llen lassen; *mil.* fallen; *de avond valt* es wird Abend, es dämmert; *voor de mand* ~ ein Geständnis abgen; *iemand in de rede* ~ j-m ins Wort fallen; *iemand te voet* ~ j-m zu Füßen fallen; *daar valt niet mee* *rede) te lachen* das ist nicht zum Lachen; *dat valt nog te bezien* das eht noch dahin; *daar valt niet aan* *twijfelen* das ist außer allem Zweifel; *op hem valt niets te zeggen* (der) ist (schon) in Ordnung; *dat valt juist goed* es trifft sich gut; *al naar 't valt* je nachdem; **~d** [-t] llend; *~e ster* Sternschnuppe *f*; *~e* *ekte* Fallsucht *f*, Epilepsie *f*.

|licht [ˈv̊alɪxt] *n* Oberlicht *n*; **ing** [-ɪŋ] *f* Schnupfen *m*; **~luik** əʏk] *n* Falltür *f*.

orisatie, *a.* **-zatie** [v̊alo·ri·ˈza:-] (*-s*) *f* Aufwertung *f*, Valorisation Valorisierung *f*.

s [v̊als] falsch; böse, zornig; häsch, niederträchtig, tückisch; **ard** [-a:rt] (*-s*) *m* falsche(r) ensch *m*.

scherm [ˈv̊alsxɛrm] *n* Fallirm *m*.

selijk [ˈv̊alsələk] fälschlich, schlicherweise.

sheid [ˈv̊alshɛĭt] (*kein pl.*) *f* Falschheit *f*; ~ *in geschrifte* Urkundenfälschung *f*.

valsmunter [ˈv̊alsmøntər] (*-s*) *m* Falschmünzer *m*.

val|snelheid [ˈv̊alsnɛlhɛĭt] *f* Fallgeschwindigkeit *f*; **~strik** [-strɪk] (*-ken*) *m* Fallstrick *m*, Schlinge *f*.

valuta [v̊aˈly·ta·] (*-'s*) *f* Valuta *f*, Währung *f*; *Hdl.* Wert *m*; Fälligkeitstag *m*; *in vreemde* ~ in fremder Währung; **~fonds** [-fɔn(t)s] *n* Währungsfonds *m*; **~vraagstuk** [-v̊ra:xstøk] (*-ken*) *n* Währungsfrage *f*.

vampier [v̊amˈpi:r] (*-s*) *m* Vampir *m*.

van [v̊an] von *D*; *Genitivform*: (*Besitz*) *de tuin van mijn oom* der Garten meines Onkels; *de moraal* ~ *het verhaal* die Moral von der Geschichte; *het einde* ~ *het lied* das Ende vom Lied; *dat is* ~ *mij* das gehört mir; *één* ~ *ons* einer von uns (der unsrigen); *het beroep* ~ *geneesheer* der Beruf e-s Arztes; (*Herkunft*) aus, von: ~ *hout* aus (von) Holz; *tulpen* ~ *Holland* Tulpen aus Holland; (*Ursache*) vor: *beven* ~ *angst* zittern vor Angst; ~ *binnen* innen; ~ *buiten* außen; auswendig; ~ *de(n) buiten* vom Lande; *ik geloof* ~ *wel* (*neen*) ich glaube ja (nein, nicht); *wat is er* ~ *hem geworden?* was ist aus ihm geworden?; *een* *man*d ~ *eer* ein Ehrenmann; *iemand* ~ *zijn stuk brengen* j-n aus der Fassung bringen; *een sigaar* ~ *20* eine Zigarre zu 20; ~ ... *af* von ... an; ~ *maandag af* von Montag an.

van|af [v̊aˈnaf] ab; ~ *maandag* ab Montag; **~avond** [-ˈa:v̊ənt] heute abend; **~daag** [-ˈda:x] heute; **~daal** [-ˈda:l] (*-dalen*) *m* Wandale *m*; **~daan** [-ˈda:n] woher; dorther, daher; *waar haalt hij het* (*toch*) ~*?* wie kommt er (bloß) dazu?; **~dalisme** [-da·ˈli·smə] *n* Wandalismus *m*; **~een** [-ˈe:n] voneinander, auseinander; entzwei; *s. a. uiteen.*

vang [v̊aŋ] *m* Fang *m*; **~arm** [-arm] *m* Fangarm *m*, Greifarm *m*.

vangen [ˈv̊aŋə(n)] (*ving, gevangen*) fangen; (er)haschen; F nicht ganz bei Trost sein; *die vangt zeker!* F *fig.* der hat sie wohl nicht alle.

vang|lijn [ˈv̊aŋlɛĭn] *f* Fangleine *f*; **~net** [-nɛt] (*-ten*) *n* Fangnetz *n*; (*Feuerwehr*) Sprungtuch *n*; **~rail** [-re:l] (*-s*) *f* Leitplanke *f*.

vangst [v̊aŋst] *f* Fang *m*.
van|middag [v̊an'mɪdɑx] heute mittag; **~nacht** [-'nɑxt] heute nacht; **~ouds** [-'ɑuts] von alters her; *zoals* ~ wie gehabt; **~waar** [-'ʋa:r] woher; wo ... her?; **~wege** [-'ʋe:ɣ̊ə] seitens *G*, von seiten *G*.
vanzelf [v̊ɑn'zɛlf] von selbst; *dat spreekt* ~ das versteht sich; (das ist) selbstverständlich; *dat gaat* ~ das geht von selbst; **~sprekend** [-'spre:-kənt] selbstverständlich, selbstredend.
vaporisator, *a.* **-za-** [v̊ɑpɔri·'za:tɔr] (*-s u. -en*) *m* Zerstäuber *m*.
varen[1] ['v̊a:rə(n)] (*-s*) *m* Farn *m*.
varen[2] (*vaarde, gevaren*) gefallen, nicht gefallen; *er wel* (*slecht*) *bij* ~ gut (schlecht) wegkommen; *hoe vaart U?* wie geht's Ihnen?; *het vaart nog* (*een beetje*) es ist noch (etwas) fremd, ich bin es noch nicht gewohnt; ~[3] (*voer, gevaren*) fahren; schiffen, segeln; *laten* ~ (*ein Projekt*) fallenlassen, aufgeben; *we gaan bootje* ~ wir machen eine Spazierfahrt (Kahnfahrt); *op Rotterdam* ~ nach Rotterdam fahren; *laat dat* ~ F gib das auf; **~sgezel** [-sxəzɛl] (*-len*) *m* Matrose *m*; **~svolk** [-sfɔlk] (*kein pl.*) *n* Schiffsleute *pl.*, Schiffsvolk *n*.
varia ['v̊a:ri·(j)a·] *pl.* Varia *pl.*, Vermischte(s) *n*, Allerlei *n*.
vari|abel [v̊ari·'ja:bəl] variabel, veränderlich, (ab)wandelbar; **~ant(e)** [-'jɑnt(ə)] (*-anten*) *m u. f* Variante *f*, Abwandlung *f*, (verschiedene) Lesart *f*; **~atie** [-'ja:si:] (*-s*) *f* Abwechslung *f*; Abwandlung *f*, Abänderung *f*, (*bsd. Mus.*) Variation *f*; **~ëren** [-'je:rə(n)] variieren, verschieden sein, abweichen, verändern; **~été** [-je:'te:] (*-s*) *n* Varité (-theater) *n*.
varken ['v̊ɑrkə(n)] (*-s*) *n* Schwein *n*; P (*Erwachsener*) Schmutzfink *m*, Schwein *n*, Schweinehund *m*; F (*Kind*) Schmierfink *m*, Ferkel *n*.
varkens|fokker ['v̊ɑrkəsfɔkər] (*-s*) *m* Schweinezüchter *m*; **~gebraad** [-xəbra:t] *n* Schweinebraten *m*; **~kost** [-kɔst] *m* Schweinefutter *n*; Schweinefraß *m* (*a. fig.*); **~kot** [-kɔt] (*-en u. -ten*) *n* Schweinekoben *m*; **~leer** [-le:r] *n* Schweinsleder *n*; **~rib** [-rɪb] (*-ben*) *f* Schweinerippe *f*, Schweinskotelett *n*; (*gepökelt*) Rippenspeer *m*; **~vet** [-fɛt] *n* Schweinefett *n*.
vaseline [v̊ɑzə'li·nə] *f* Vaselin *n*, Vaseline *f*.
vast [v̊ɑst] fest; sicher; (be)ständig; ~ *weer* beständiges Wetter; *~e uitdrukking* stehender Ausdruck; *~ster* Fixstern *m*; ~ *goed*, *~e goederen*, *~goed* Immobilien *pl.*, Liegenschaften *f/pl.*; *~e feestdagen* unbewegliche Feiertage *m/pl.*; ~ *en zeker* gewiß; *een ~e positie* Dauerstellung, Lebensstellung *f*; **~beraden** [-bəra:də(n)] entschlossen; **~binden** [-bɪndə(n)] festbinden; **~eland** [-ə'lɑnt] *n* Festland *n*; **~elands** [-ə'lɑnts] festländisch, kontinental, Kontinental-, Festlands-.
vasten ['v̊ɑstə(n)] fasten; *Su.* (*kein pl.*) *m* Fasten *pl.*; **~avond** [-'a:v̊ənt] *m* Fastnacht *f*, Fasching *m*; **~brief** [-bri:f] (*-brieven*) *m* Fastenbrief *m*; **~dag** [-dɑx] *m* Fasttag *m*; **~tijd** [-tɛĭt] *m* Fastenzeit *f*.
vast|groeien ['v̊ɑstxru·ĭ(j)ə(n)] festwachsen, anwachsen; **~hechten** [-hɛxtə(n)] anheften; **~heid** [-hɛĭt] (*kein pl.*) *f* Festigkeit *f*; **~houdend** [-hɑudənt] zäh; geizig; konservativ; **~knopen** [-kno:pə(n)] festknöpfen, zuknöpfen; **~leggen** [-lɛɣ̊ə(n)] festlegen, anlegen; fixieren; **~lopen** [-lo:pə(n)] sich festlaufen; steckenbleiben; (*Wagen*; *Besprechungen*) festfahren; **~staan** [-sta:n] feststehen; **~stellen** [-stɛlə(n)] feststellen, bemerken; bestimmen, festsetzen; ermitteln; **~stelling** [-stɛlɪŋ] *f* Feststellung *f*; Festsetzung *f*, Schlußfolgerung *f*; **~varen** [-fa:rə(n)] sich festfahren; **~vriezen** [-fri:zə(n)] fest-, einfrieren; **~zitten** [-sɪtə(n)] festsitzen.
vat[1] [v̊ɑt] *n* Faß *n*, Tonne *f*; Gefäß *n*; (*Mineralöl*) Barrel *n*; *van het* ~ vom Faß; *bij het* ~, *met hele* ~*en* faßweise; *holle ~en klinken het hardst* leere Fässer klingen hohl.
vat[2] (*kein pl.*) Griff *m*; *fig.* Handhabe *f*; *geen* ~ *op iemand hebben* j-m nicht beikommen; **~baar** [-ba:r] empfänglich; empfindlich; zugänglich; *niet* ~ *zijn voor rede* keine Vernunft annehmen (wollen); ~ *voor koude* empfindlich gegen Kälte; ~ *zijn* fähig sein.
Vaticaan [v̊ati·'ka:n] *n* Vatikan *m*.
vatten ['v̊ɑtə(n)] fassen; verstehen

F kapieren; verhaften, festnehmen; *kou* ~ sich erkälten; *vuur* ~ Feuer fangen; *post* ~ sich aufstellen; *vat je?* verstanden?, F kapiert?
vazal [vɑ'zɑl] (*-len*) *m* Vasall *m*; **~staat** [-sta:t] (*-staten*) *m* Vasallenstaat *m*.
vech|ten ['vɛxtə(n)] (*vocht, gevochten*) kämpfen, streiten; sich raufen; **~ter** [-tər] (*-s*) *m* Kämpfer *m*; Raufer *m*.
vechters|baas ['vɛxtərzba:s] (*-bazen*) *m* Raufbold *m*, Kampfhahn *m*; **~ploeg** [-plu:x] *f* Schlägertrupp *m*.
vecht|jas ['vɛxtjɑs] (*-sen*) *m* Haudegen *m*; **~lust** [-ləst] *m* Kampflust *f*; **~partij** [-pɑrtɛĭ] *f* Schlägerei *f*, Keilerei *f*, Rauferei *f*.
veder ['ve:dər] (*-s u. -en*) *f* Feder *f*; **~gewicht** [-ɣəʊɪxt] *n Sp.* Federgewicht *n*; **~tooi** [-to:ĭ] *m* Federschmuck *m*.
vedette [və'dɛtə] (*-s u. -n*) *f* Vedette *f*.
vee [ve:] *n* Vieh *n*; **~arts** [-ɑrts] *m* Tierarzt *m*; **~artsenijschool** [-ɑrtsə'nɛĭsxo:l] (*-scholen*) *f* Veterinärhochschule *f*; **~fokkerij** [-fɔkə'rɛĭ] *f* Viehzucht *f*.
veeg[1] [ve:x] (*vegen*) *m u. f* Strich *m*; Hieb *m*, Schlag *m*; *een ~ uit de pan* Seitenhieb *m*.
veeg[2] schwach; schlimm, böse; *een ~ teken* ein böses (schlimmes) Zeichen.
veegsel ['ve:xsəl] (*-s*) *n* Kehricht *m u. n*.
vee|hoeder ['ve:hu·dər] (*-s*) *m* Viehhüter *m*; **~houder** [-hɑudər] (*-s*) *m* Tierhalter *m*; **~keuring** [-kø:rɪŋ] *f* Tierschau *f*; **~koper** [-ko:pər] (*-s*) *m* Tierhändler *m*; **~kudde** [-kədə] (*-s u. -n*) *f* Viehherde *f*.
veel [ve:l] (*meer, meest*) viel.
veel|al [ve:l'ɑl] meistens, häufig, öfters; **~belovend** [-bəlo:vənt] vielversprechend; **~betekenend** [-bə'te:kənənt] bedeutsam, bedeutungsvoll, vielsagend; **~bewogen** [-bəʊo:ɣə(n)] abwechslungsreich; **~eer** [-'e:r] vielmehr; **~eisend** [-ɛĭsənt] anspruchsvoll; **~godendom** [-'ɣo:də(n)dɔm] *n*, **~goderij** [-ɣo:də'rɛĭ] *f* Vielgötterei *f*; **~hoekig** [-hu·kəx] vieleckig; **~hoofdig** [-'ho:vdəx] vielköpfig; **~kleurig** [-klø:rəx] vielfarbig; **~soortig** [-'so:rtəx] vielfältig; **~vormig** [-vɔrməx] vielgestaltig; **~voud** [-vɑut] *n* Vielfache(s) *n*; **~vraat** [-vra:t] (*-vraten*) *m* Vielfraß *m*; **~vuldig** [-'vəldəx] vielfach, häufig; **~wijverij** [-ʊɛĭvə'rɛĭ] *f* Vielweiberei *f*; **~zijdig** [-'zɛĭdəx] vielseitig; Mehrzweck-; *machine met ~e toepassing* Mehrzweckmaschine *f*.
veem [ve:m] (*vemen*) *n* Lagerhausgesellschaft *f*; Lagerhaus *n*; Feme *f*, Femgericht *n*; **~baas** [-ba:s] (*-bazen*) *m* Lagerhalter *m*.
veen [ve:n] (*venen*) *n* Moor *n*, Torfmoor *n*; Moorboden *m*, Torf *m*; **~bes** [-bɛs] (*-sen*) *f* Moosbeere *f*; **~mol** [-mɔl] (*-len*) *m* Maulwurfsgrille *f*.
veepest ['ve:pɛst] (*kein pl.*) *f* Viehseuche *f*.
veer[1] [ve:r] (*veren*) *f s. veder*; Feder *f*; **~**[2] *n* Fähre *f*; **~boot** [-bo:t] (*-boten*) *m u. f* Fährboot *n*, Fährschiff *n*, Fähre *f*; **~kracht** [-krɑxt] *f* Federkraft *f*, Schwungkraft *f*, Spannkraft *f*; **~krachtig** [-'krɑxtəx] elastisch, federnd; **~pont** [-pɔnt] *f* Fähre *f*.
veertien ['ve:rti:n] vierzehn; **~daags** [-da:xs] vierzehntägig; **~de** [-də] (der, die das) vierzehnte.
veertig ['fe:rtəx] vierzig; **~er** [-ər] (*-s*) *m* Vierziger *m*; **~jarig** [-ja:rəx] vierzigjährig; **~ste** [-stə] (der, die, das) vierzigste; **~urenweek** [-'y:rə(n)ʊe:k] (*-weken*) *f* Vierzigstundenwoche *f*.
veest [ve:st] *m* Furz *m*; **~en** [-ə(n)] P e-n fahren lassen.
vee|stapel ['ve:sta:pəl] (*-s*) *m* Viehbestand *m*; **~teelt** [-te:lt] *f* Viehzucht *f*.
vegen ['ve:ɣə(n)] fegen, kehren; *hij veegt er zijn voeten* (*botten, laarzen, hielen*) *aan* F er tut gar nichts; er kümmert sich e-n Dreck um *A*.
vegeta|riër [ve:ge·'ta:ri·(j)ər] (*-s*) *m* Vegetarier *m*; **~risch** [-ri·s] vegetarisch.
veil [vɛĭl] käuflich; *zijn leven ~ hebben voor* sein Leben einsetzen für *A*; **~en** [-ə(n)] versteigern.
veilig ['vɛĭləx] sicher; *Adv.* ruhig, ohne Gefahr.
veiligheid ['vɛĭləxhɛĭt] (*-heden*) *f* Sicherheit *f*.
veiligheids|gordel ['vɛĭləxhɛĭtsxɔrdəl] (*-s*) *m* Sicherheitsgurt *m*; **~klep**

[-klɛp] (*-pen*) *f* Sicherheitsventil *n*; **~politie** [-po·li·si:] *f* Sicherheitspolizei *f*; **~raad** [-ra:t] (*-raden*) *m* Sicherheitsrat *m*; **~speld** [-spɛlt] *f* Sicherheitsnadel *f*.
veiling ['v̊ɛilɪŋ] *f* Versteigerung *f*, Auktion *f*.
vein|zaard ['v̊ɛĭnza:rt] (*-s*) *m* Heuchler *m*; **~en** [-ə(n)] *v/i* sich verstellen, heucheln.
vel [v̊ɛl] (*-len*) *n* Fell *n*, Haut *f*, Balg *m*, Pelz *m*; (*Papier*) Bogen *m*; *uit zijn ~ springen fig.* aus der Haut fahren.
veld [v̊ɛlt] *n* Feld *n*; *in het open ~* auf freiem Feld; *te ~e trekken* bekämpfen; *uit het ~ slaan fig.* aus der Fassung bringen.
veld|bed ['v̊ɛltbɛt] (*-den*) *n* Feldbett *n*; **~fles** [-flɛs] (*-sen*) *f* Feldflasche *f*; **~heer** [-he:r] (*-heren*) *m* Feldherr *m*; **~kers** [-kɛrs] (*kein pl.*) *f* (Wiesen-)Kresse *f*; **~keuken** [-kø:kə(n)] (*-s*) *f* Feldküche *f*, Gulaschkanone *f*; **~kijker** [-kɛĭkər] (*-s*) *m* Feldstecher *m*; **~leger** [-le:ɣ̊ər] (*-s*) *n* Heer *n*, Feldheer *n*; **~loop** [-lo:p] (*-lopen*) *m Sp.* Geländelauf *m*; **~maarschalk** [-ma:rsxɑlk] *m* Feldmarschall *m*; **~slag** [-slɑx] *m* Schlacht *f*; **~tocht** [-tɔxt] *m* Feldzug *m*; **~vruchten** [-frøxtə(n)] *pl.* Feldfrüchte *f/pl.*; **~wachter** [-ʋɑxtər] (*-s*) *m* Feldhüter *m*; Gendarm *m*.
velen ['v̊e:lə(n)] er-, vertragen, erdulden.
veler|hande ['v̊e:lərhɑndə], **~lei** [-lɛĭ] vielerlei, mancherlei.
velg [v̊ɛlx] *f* Felge *f*.
vellen ['v̊ɛlə(n)] fällen (*a. Urteil usw.*); *Wald* abholzen.
velodroom [v̊e·lo·'dro:m] (*-s*) *m u. n* Radrennbahn *f*.
velours [v̊ə'lu:r] *n u. m* Velours *m*; (*synthetisch*) Florgewebe *n*, Wirkflor *m*.
vendel ['v̊ɛndəl] (*-s*) *n* Fahne *f*; Fähnlein *n*.
vendu|huis [v̊ɛn'dy·hœys] (*-huizen*) *n* Auktionshaus *n*; **~tie** [-si:] (*-s*) *f* Versteigerung *f*, Auktion *f*.
Vene|tiaan [v̊e·ne·s'ja:n] (*-tianen*) *m* Venezianer *m*; **~tiaans** [-'ja:ns] venezianisch; **~tië** [v̊e·'ne:si·(j)ə] *n* Venedig *n*.
venijn [v̊ə'nɛĭn] *n* Gift *n*; **~ig** [-əx] giftig; *fig. a.* bösartig; tückisch.
venkel ['v̊ɛŋkəl] *f* Fenchel *m*.
vennoot ['v̊ɛ-], *mst.* [v̊ɛ'no:t] (*-noten*) *m* Teilhaber *m*, Gesellschafter *m*; *stille ~* Kommanditist *m*; **~schap** [v̊ɛ'no:tsxɑp] (*-pen*) *f* (Handels-)Gesellschaft *f*; *naamloze ~* Aktiengesellschaft (AG) *f*; (*personen*) *~ met beperkte aansprakelijkheid* (*pvba*) Gesellschaft mit beschränkter Haftung (GmbH) *f*.
venster ['v̊ɛnstər] (*-s*) *n* Fenster *n*; **~glas** [-ɣ̊lɑs] *n* Fensterglas *n*; **~luik** [-lœyk] *n* Fensterladen *m*; **~ruit** [-rœyt] *f* Fensterscheibe *f*; **~stijl** [-stɛĭl] *m* Fensterpfosten *m*.
vent [v̊ɛnt] *m* Kerl *m*; P Gatte *m*.
ven|ten ['v̊ɛntə(n)] hausieren; **~ter** [-tər] (*-s*) *m* Hausierer *m*.
ventiel [v̊ɛnt'ti:l] *n* Ventil *n*.
venti|latie [v̊ɛnti·'la:si:] (*kein pl.*) *f* Ventilation *f*, Lüftung *f*; **~lator** [-'la:tɔr] (*-s u. -en*) *m* Ventilator *m*; **~leren** [-'le:rə(n)] ventilieren, lüften; *fig.* sorgfältig erwägen.
ver [v̊ɛr] (*verder, verst*) fern, weit entfernt; *een ~re weg* ein weiter Weg; *in de ~ste verte niet* nicht im entferntesten; *~re bloedverwant* entfernte(r) Verwandte(r) *m*; *op ~re na niet* bei weitem nicht; *'t zij ~(re) van mij* es liegt mir fern.
veraangenamen [v̊ər'a:ŋɣ̊əna:mə(n)] (*-genaamde, -genaamd*) angenehmer machen, verschönern.
veracht [v̊ər'ɑxt] verachtet; **~elijk** [-ələk] verächtlich; **~en** [-ə(n)] verachten.
verademen [v̊ər'a:dəmə(n)] aufatmen; sich erholen.
veraf ['v̊ɛrɑf] entlegen, weit entfernt.
verafschuwen [v̊ər'ɑfsxy·ʋə(n)] verabscheuen.
veranda [v̊ə'rɑnda·] (*-'s*) *f* Veranda *f*.
verander|en [v̊ə'rɑndərə(n)] *v/t* ver-, ab-, umändern; ver-, umwandeln; *v/i* sich ändern, sich verwandeln; *van richting ~* die Richtung ändern; *van kleur ~* die Farbe wechseln; *hij is veranderd* er hat sich geändert; **~ing** [-ɪŋ] *f* Ver-, Umänderung *f*; Änderung *f*; Verwandlung *f*; Umänderung *f*; *~ van mening* (*opvatting*) Sinneswandel *m*; *~ van weer* Wetterumschlag *m*; *~ van richting* Richtungswechsel *m*; *~ van klimaat* Klimawechsel *m*; *voor de ~* zur Abwechslung; **~lijk** [-lək] veränderlich, unbeständig; *~e feestdagen* bewegliche Feste *n/pl.*

erantwoordelijk [v̊ərɑnt'ʋo:rdə-lək] verantwortlich; **~heid** [-hɛĭt] *f* Verantwortlichkeit *f*; **~heidsgevoel** [-hɛĭtsxəv̊u:l] *n* Verantwortungsgefühl *n*.
erant|woorden [v̊ər'ɑntʋo:rdə(n)] verantworten; haften für *A*; **~woording** [-ʋo:rdɪŋ] *f* Verantwortung *f*; Haftung *f*; Rechenschaft *f*; ~ *afleggen* Rechenschaft ablegen; *ter ~ roepen* zur Rechenschaft ziehen; *zonder ~* unverbindlich.
erassen [v̊ər'ɑsə(n)] einäschern.
erbaasd [v̊ər'ba:st] erstaunt; ~ *zijn* (*staan*) staunen über (*A*).
erbaliseren, *a.* **-zeren** [v̊ərba·li·'ze:rə(n)] *j-n* aufschreiben; protokollieren, ein Protokoll aufnehmen über *A*.
erband [v̊ər'bɑnt] *n* Zusammenhang *m*, Verbindung *f*; *Med.* Verband *m*; *in ~ met* infolge *G*, mit Rücksicht auf *A*; *oorzakelijk ~* Kausalzusammenhang *m*; **~gaas** [-xa:s] (*kein pl.*) *n* Verbandmull *m*; **~middelen** [-mɪdələ(n)] *n/pl.* Verbandzeug *n*.
erban|nen [v̊ər'bɑnə(n)] (*verbandde, verbannen*) verbannen; ausweisen, des Landes verweisen; **~ning** [-ɪŋ] *f* Verbannung *f*; Ächtung *f*.
erbasteren [v̊ər'bɑstərə(n)] entarten, ausarten; *Text* entstellen.
erba|zen [v̊ər'ba:zə(n)] *v/t* in Erstaunen setzen; *v/r* staunen, sich wundern; **~zend** [-zənt] erstaunlich; **~zing** [-zɪŋ] *f* Erstaunen *n*; ~ (*op*)*wekken* Staunen erregen.
erbedden [v̊ər'bɛdə(n)] umbetten.
erbeel|den [v̊ər'be:ldə(n)] dar-, vorstellen; *zich ~* sich einbilden, sich vorstellen; **~ding** [-dɪŋ] *f* Einbildung *f*; Phantasie *f*; *louter* (*puur*) ~ reine Einbildung (Phantasie); *dat spreekt tot de ~* das regt die Phantasie an.
erbeiden [v̊ər'bɛĭdə(n)] ersehnen, erwarten.
erbergen [v̊ər'bɛrɣ̊ə(n)] verbergen, verheimlichen; verstecken.
erbeter|en [v̊ər'be:tərə(n)] verbessern; *zich ~* sich bessern; *hij is verbeterd* er hat sich gebessert; **~huis** [-hœys] (*-huizen*) *n* Besserungsanstalt *f*; **~ing** [-ɪŋ] *f* Verbesserung *f*, Besserung *f*; **~ingsgesticht** [-ɪŋsxəstɪxt] *n* Besserungsanstalt *f*, Erziehungsanstalt *f*; Fürsorgeheim *n*.

verbeurdverkla|ren [v̊ər'bø:rtfər-kla:rə(n)] beschlagnahmen, konfiszieren, mit Beschlag belegen; **~ring** [-rɪŋ] *f* Konfiskation *f*, Beschlagnahme *f*, Einziehung *f*.
verbeuren [v̊ər'bø:rə(n)] einbüßen, verlieren; *Vertrauen* einbüßen, sich verscherzen; *Leben* verwirken.
verbeuzelen [v̊ər'bø:zələ(n)] vertrödeln.
verbieden [v̊ər'bi:də(n)] verbieten, untersagen; *verboden seizoen, verboden jacht*(*tijd*) Schonzeit *f*, Schonfrist *f*.
verbijs|terd [v̊ər'bɛĭstərt] verdutzt, bestürzt; baß erstaunt; **~teren** [-tərə(n)] verwirren; **~tering** [-tərɪŋ] *f* Bestürzung *f*, Verwirrung *f*.
verbijten [v̊ər'bɛĭtə(n)] sich verbeißen (*a. fig.*).
verbin|den [v̊ər'bɪndə(n)] verbinden; *zich ~ tot* sich verpflichten zu; **~ding** [-dɪŋ] *f* Verbindung *f*; **~dingsofficier** [-dɪŋsɔfi·si:r] *m* Verbindungsoffizier *m*; **~tenis** [-tənɪs] (*-sen*) *f* Verpflichtung *f*; *zonder ~* ohne Verbindlichkeit, ohne Gewähr, ohne Verpflichtung, unverbindlich; *schriftelijke ~* (schriftlicher) Kontrakt *m*.
verbitte|ren [v̊ər'bɪtərə(n)] er-, verbittern; **~ring** [-rɪŋ] *f* Erbitterung *f*.
verbleken [v̊ər'ble:kə(n)] erbleichen, erblassen; *Farben, Schrift, a. fig.*: verblassen.
verblijden [v̊ər'blɛĭdə(n)] erfreuen; *zich ~* sich erfreuen an (*D*), sich freuen über (*A*).
verblijf [v̊ər'blɛĭf] (*-blijven*) *n* Aufenthalt *m*; **~kosten** [-kɔstə(n)] *pl.* Aufenthaltskosten *pl.*; **~plaats** [-pla:ts] *f* Aufenthaltsort *m*; Wohnsitz *m*, Wohnort *m*; **~sbelasting** [-zbəlɑstɪŋ] *f* Aufenthaltsabgabe *f*; **~svergunning** [-sfərɣənɪŋ] *f* Aufenthaltsgenehmigung *f*, Aufenthaltserlaubnis *f*.
verblijven [v̊ər'blɛĭv̊ə(n)] sich aufhalten; wohnen; (*Briefstil*) verbleiben.
verblind [v̊ər'blɪnt] verblendet (*a. fig.*); (*durch Licht*) geblendet; **~heid** [-hɛĭt] *f* Verblendung *f*; **~en** [-ə(n)] (ver)blenden; *fig.* betören.
ver|bloeden [v̊ər'blu·də(n)] verbluten; **~bloemen** [-blu:mə(n)] be-

schönigen; **~bluffen** [-bløfə(n)] verblüffen.
verbod [v̊ər'bɔt] *n* Verbot *n*.
verbolgen [v̊ər'bɔlɣ̊ə(n)] zornig, ergrimmt, erzürnt; **~heid** [-hɛĭt] Zorn *m*, Grimm *m*.
verbond [v̊ər'bɔnt] *n* Bündnis *f*; Bund *m*, Verein *m*; *een ~ sluiten* ein Bündnis schließen.
verbonden [v̊ər'bɔndə(n)]: *~ zijn tot* (*aan*) verbunden sein mit (*D*); *de ~ mogendheden pl.* Alliierte(n) *pl.*
verborgen [v̊ər'bɔrɣ̊ə(n)] verborgen; heimlich.
verbouwen [v̊ər'bauʊə(n)] umbauen; *Pflanzen* anbauen.
verbouwereerd [v̊ərbauʊə're:rt] verdutzt, bestürzt; **~heid** [-hɛĭt] *f* Bestürzung *f*, Verwirrung *f*.
verbouwing [v̊ər'bauʊɪŋ] *f* Umbau *m*.
verbran|den [v̊ər'brɑndə(n)] verbrennen; **~ding** [-dɪŋ] *f* Verbrennung *f*; *~ van lijken* Feuerbestattung *f*; **~dingsgassen** [-dɪŋsxɑsə(n)] *n/pl.* Abgase *n/pl.*
ver|brassen [vər'brɑsə(n)] verprassen; **~breding** [-bre:dɪŋ] *f* Verbreiterung *f*; **~breiding** [-brɛĭdɪŋ] *f* Verbreitung *f*; **~breking** [-bre:kɪŋ] *f* Zerbrechen *n*, Zerreißen *n*; Unterbrechung *f*; *in ~ gaan jur.* Revision beantragen (einlegen); *hof van ~* Kassationshof *m*, Berufungsgericht *n*; **~brijzelen** [-brɛĭzələ(n)] zertrümmern, zerschmettern; **~broedering** [-bru:dərɪŋ] *f* Verbrüderung *f*; **~brokkelen** [-brɔkələ(n)] zerbröckeln, zerstückeln; **~bruien** [-'brəʏ(j)ə(n)] verderben, verpfuschen.
verbruik [v̊ər'brəʏk] (*kein pl.*) *n* Verbrauch *n*; Verzehr *m*, Konsum *m*; Konsumierung *f*; *verplicht ~* Verzehrzwang *m*; **~en** [-ə(n)] verbrauchen; **~er** [-ər] (*-s*) *m* Konsument *m*; Verbraucher *m*; **~ersbond** [-ərzbɔnt] *m* Konsumverein *m*, Verbrauchergenossenschaft *f*; **~sbelasting** [-zbəlɑstɪŋ] *f* Verbrauch(s)steuer *f*; **~scoöperatie**, *a.* **-ko-** [-sko·ɔpəra:si:] (*-s*) *f* Konsumgenossenschaft *f*; **~sgemeenschap** [-sxəme:nsxɑp] *f* Konsumgesellschaft *f*.
verbui|gen [v̊ər'bəʏɣ̊ə(n)] verbiegen; *Gr.* beugen, deklinieren; **~ging** [-ɣ̊ɪŋ] *f Gr.* Beugung *f*, Deklination *f*.
verdacht [v̊ər'dɑxt] verdächtig; *~ van diefstal* des Diebstahls verdächtig; **~e** [-ə] (*-n*) *m u. f* Beschuldigte(r) *m*; Angeschuldigte(r) *m* (*vor Gericht*).
ver|dagen [v̊ər'da:ɣ̊ə(n)] vertagen; **~dampen** [-'dɑmpə(n)] verdampfen, verdunsten.
verdedig|baar [v̊ər'de:dəɣ̊ba:r] vertretbar, haltbar; **~en** [-ə(n)] verteidigen; befürworten; **~er** [-ər] (*-s*) *m* Verteidiger *m*, Verfechter *m*; **~ing** [-ɪŋ] *f* Verteidigung *f*.
verdeeld [v̊ər'de:lt] geteilt; uneinig; **~heid** [-hɛĭt] (*kein pl.*) *f* Uneinigkeit *f*; Zwiespalt *m*, Zwietracht *f*.
verdeelnet [v̊ər'de:lnɛt] (*-ten*) *n El* Verteilernetz *n*.
verdekt [v̊ər'dɛkt] verdeckt.
verdelen [v̊ər'de:lə(n)] verteilen, (ein)teilen (*in, onder, over/*in *A* unter *A*, auf *A*); *verdeel en heers* teile und herrsche.
verdel|gen [v̊ər'dɛlɣ̊ə(n)] vertilgen, ausrotten; **~ging** [-ɣ̊ɪŋ] *f* Vertilgung *f*, Ausrottung *f*.
verdeling [v̊ər'de:lɪŋ] *f* Verteilung *f*, Einteilung *f*.
verden|ken [v̊ər'dɛŋkə(n)]: *iemand ~* j-n in Verdacht haben; **~king** [-kɪŋ] *f* Verdächtigung *f*; Verdacht *m*; *reden tot ~* Verdachtsmoment *n*; *~ van moord* Mordverdacht *m*.
verder [v̊ɛrdər] weiter, ferner; *hij ging ~* er entfernte sich; *fig.* (*im Gespräch usw.*) er fuhr fort; *~ dede mee Sp.* ferner liefen.
verderf [v̊ər'dɛrf] (*kein pl.*) *n* Verderben *n*; **~elijk** [-ələk] verderblich.
verder|ven [v̊ər'dɛrv̊ə(n)] (*verdierf, verdorven*) verderben; **~ver** [-v̊ər] (*-s*) *m* Verderber *m*.
verdicht|en [v̊ər'dɪxtə(n)] verdichten, kondensieren; ersinnen, fingieren, erdichten; **~sel** [-səl] (*-s*) *n* Phantasiebild *n*, Erfindung *f*, Märchen *n*; *louter ~s* lauter Märchen, lauter Lügen.
verdien|en [v̊ər'di:nə(n)] verdienen; **~ste** [-stə] (*-n*) *f* Verdienst *m*; *fig.* Verdienst *n*; *~ per* (*van een*) *jaar* Jahresverdienst *m*; *een man van ~* ein verdienstvoller Mann; **~stelijk** [-stələk] (*Tat*) verdienstlich, (*Person*) verdienstvoll.

verdiepen [vər'di·pə(n)] vertiefen; *zich ~ in* sich vertiefen in *A*.
verdieping [vər'di·pɪŋ] *f* Vertiefung *f*; Stockwerk *n*, Stock *m*, Etage *f*, Geschoß *n*; *een huis met 3 ~en* ein dreistöckiges (dreigeschossiges) Haus; *~en bijbouwen* ein Haus (Gebäude) aufstocken; *op de derde ~* im dritten Stock.
verdierf [vər'di:rf] *s. verderven*.
verdierlijking [vər'di:rləkɪŋ] *f* Vertierung *f*, Verrohung *f*.
verdikking [vər'dɪkɪŋ] *f* Verdikkung *f*; (*Nebel*) Verdichtung *f*.
verdisconteren, *a.* **-kon-** [vərdɪskɔn'te:rə(n)] diskontieren.
verdoemd [vər'du:mt] verdammt, verflucht, F verflixt; (*wel*) *~!*, (*wel*) *verdoeme!* [-'du·mə] verdammt (noch mal)!
verdoe|melijk [vər'du·mələk] verdammenswert; **~men** [-mə(n)] verdammen; **~menis** [-mənɪs] (*kein pl.*) *f* Verdammnis *f*, Verdammung *f*.
verdoen [vər'du:n] vertun, verschwenden; *zich ~* sich umbringen, sich ein Leid antun.
verdolen [vər'do:lə(n)] *v/i* sich verirren.
verdom|d [vər'dɔmt], **~me(n)** [-ə(n)] *s. verdoemd, verdoeme(n)*.
verdonke|remanen [vər'dɔŋkərəma:nə(n)] (*-maande, -maand*) unterschlagen, veruntreuen; **~ren** [-rə(n)] verdunkeln (*a. fig.*); **~ring** [-rɪŋ] *f* Verdunk(e)lung *f*.
verdorren [vər'dɔrə(n)] verdorren, verwelken.
verdorven [vər'dɔrvə(n)] *s. verderven*; (*Fleisch usw.*) verdorben; verderbt; **~heid** [-hɛit] (*-heden*) *f* Verdorbenheit *f*, Verderbtheit *f*; (Sitten-)Verderbnis *f*.
verdo|ven [vər'do:və(n)] betäuben; **~vend** [-vənt] *~de middelen* Betäubungsmittel *n/pl.*; Rauschgift *n*, Drogen *f/pl.*; **~ving** [-vɪŋ] Betäubung *f*; *plaatselijke ~* örtliche Betäubung.
verdraagzaam [vər'dra:xsa:m] verträglich, tolerant, duldsam; **~heid** [-hɛit] *f* Veträglichkeit *f*; Toleranz *f*.
verdraaid [vər'dra:ĭt] verdreht (*a. fig.*), verzwickt, vertrackt; *wel ~!* zum Henker!
verdraaien [vər'dra:ĭ(j)ə(n)] verdrehen; entstellen.
verdrag [vər'drɑx] *n* Vertrag *m*; (*Staaten*) Pakt *m*; Übereinkunft *f*, Abkommen *n*, Kontrakt *m*; *in strijd met het ~* vertragswidrig.
verdragen [vər'dra:ɣə(n)] vertragen; ertragen, dulden.
verdragend ['vɛrdra:ɣənt] weittragend.
verdriedubbelen [vərdri:'dəbələ(n)] verdreifachen.
verdriet [vər'dri:t] *n* Kummer *m*, Gram *m*; Verdruß *m*, Ärger *m*; *iemand ~ aandoen* (*bereiden* j-m Kummer machen; **~en** [-ə(n)] (*verdroot, verdroten*) verdrießen; **~ig** [-əx] betrübt, traurig; verdrießlich.
ver|drijven [vər'drɛĭvə(n)] vertreiben, verjagen; verscheuchen; **~dringen** [-'drɪŋə(n)] verdrängen; *zich ~* sich drängen; **~drinken** [-'drɪŋkə(n)] *v/i* ertrinken; *v/t Geld* vertrinken; *zich ~* sich ertränken; **~drogen** [-'dro:ɣə(n)] vertrocknen, austrocknen.
ver|droot [vər'dro:t], **~droten** [-'dro:tə(n)] *s. verdrieten*.
verdruk|ken [vər'drəkə(n)] bedrücken; unterdrücken; *Typ.* verdrucken; **~ker** [-ər] (*-s*) *m* Bedrücker *m*, Unterdrücker *m*; **~king** [-ɪŋ] *f* Bedrückung *f*, Unterdrückung *f*; *in (de) ~ komen* in Bedrängnis kommen, Schwierigkeiten (zu erwarten) haben.
ver|dubbelen [vər'dəbələ(n)] verdoppeln; **~duidelijken** [-'dəʏdələkə(n)] verdeutlichen, deutlich machen.
verduiste|ren [vər'dəʏstərə(n)] verfinstern, verdunkeln; *Geld* unterschlagen, veruntreuen; **~ring** [-rɪŋ] *f* Verdunk(e)lung *f*; (*Geld*) Unterschlagung *f*.
verdu(i)veld [vərdəʏvəlt, vər'dy·vəlt] verdammt, verdammt (noch mal)!, zum Teufel!
verdunnen [vər'dəŋə(n)] verdünnen; *Wein* panschen.
verduren [vər'dy:rə(n)] ertragen, erdulden; aushalten, ausharren; *hij krijgt het (zeker) ~ fig.* er wird es ausbaden müssen.
verduurzamen [vər'dy:rza:mə(n)] konservieren, haltbar machen; *verduurzaamde levensmiddelen* Konserven *f/pl*.
verdwaasd [vər'dʋa:st] verdutzt; unsicher; töricht, verblendet.

ver|dwalen [v̊ər'dʋa:lə(n)] sich verlaufen, sich verirren; *Flgw.* sich verfliegen; **~dwazen** [-'dʋa:zə(n)] *v/i* närrisch werden; *v/t* betören, närrisch machen.
ver|dween [v̊ər'dʋe:n], **~dwenen** [-'dʋe:nə(n)] *s. verdwijnen.*
verdwij|nen [v̊ər'dʋɛĭnə(n)] (*verdween, verdwenen*) verschwinden; **~ning** [-nɪŋ] *f* Verschwinden *n.*
veredelingsbedrijf [v̊ər'e:dəlɪŋzbədrɛĭf] (*-drijven*) *n* Vered(e)lungsbetrieb *m.*
vereelt [v̊ər'e:lt] schwielig.
vereen|voudigen [v̊əre:n'v̊audəɣ̊ə(n)] vereinfachen; **~zelvigen** [-'zɛlv̊əɣ̊ə(n)] identifizieren; *zich met iets ~* sich in etw. (*D*) einleben.
vereerder [v̊ər'e:rdər] (*-s*) *m* Verehrer *m*; *Sp., Film usw.* Fan *m.*
vereeuwigen [v̊ər'e:ŭ(ʋ)əɣ̊ə(n)] verewigen.
vereffe|nen [v̊ər'ɛfənə(n)] ausgleichen, begleichen; *Streit* beilegen, schlichten; **~ning** [-nɪŋ] *f* Ausgleich *m*, Begleichung *f*; Schlichtung *f*; *Hdl. ter ~* zur Begleichung; *in ~* in Liquidation.
vereis|en [v̊ər'ɛĭsə(n)] erfordern; **~t** [-t] erforderlich; **~te** [-tə] (*-n*) *n u.* Erfordernis *n*; *aan de ~n voldoen*; *aan de ~ beantwoorden* den Erfordernissen entsprechen.
veren ['v̊e:rə(n)] federn; *een ~ bed* Federbett *n*; *een ~ matras* Sprungfedermatratze *f.*
verenen [v̊ə're:nə(n)] vereinigen; *met vereende krachten* mit vereinten Kräften.
vereni|gen [v̊ə're:nəɣ̊ə(n)] vereinigen; *zich ~ met* einverstanden sein mit; *de Verenigde Staten* die Vereinigten Staaten; *de Verenigde Naties* (*VN, UNO*) die Vereinten Nationen; **~ging** [-ɣ̊ɪŋ] *f* Vereinigung *f*; Verein *m*, Verband *m*; (*Studenten*) Verbindung *f*; *coöperatieve ~* Genossenschaft *f*; *~ voor Vreemdelingenverkeer* (*VVV*) Verkehrsverein *m*, Verkehrsamt *n*; *in ~ met jur.* in Tateinheit mit.
vere|ren [v̊ə're:rə(n)] verehren; widmen *D*; **~ring** [-rɪŋ] *f* Verehrung *f.*
verergeren [v̊ə'rɛrɣ̊ərə(n)] *v/t* verschlimmern; *zich ~* schlimmer werden.
veretteren [v̊ə'rɛtərə(n)] vereitern.

verf [v̊ɛrf] (*verven*) *f* Farbe *f*; **~doos** [-do:s] (*-dozen*) *f* Farbkasten *m*, Tuschkasten *m*, Malkasten *m.*
ver|fijnen [v̊ər'fɛĭnə(n)] verfeinern; **~filmen** [-'fɪlmə(n)] verfilmen.
verfkwast ['v̊ɛrfkʋɑst] *m* Pinsel *m.*
ver|flauwen [v̊ər'flɑu(ʋ)ə(n)] abflauen, nachlassen; flau werden; **~foeien** [-'fu·ĭ(j)ə(n)] verabscheuen; **~foeilijk** [-'fu·ĭlək] abscheulich; **~fomfaaien** [-'fɔmfa:ĭ(j)ə(n)] F verhunzen.
verfpot ['v̊ɛrfpɔt] (*-ten*) *m* Farbentopf *m.*
ver|fraaien [v̊ər'fra:ĭ(j)ə(n)] verschönern; **~fransing** [-frɑnsɪŋ] *f* Französierung *f*; **~frissing** [-frɪsɪŋ] *f* Erfrischung *f*, Erquickung *f*; **~frommelen** [-'frɔmələ(n)] zerknittern, zerknüllen.
verf|stof ['v̊ɛrfstɔf] (*-fen*) *f* Farbstoff *m*; **~winkel** [-ʋɪŋkəl] *m* Farbengeschäft *n.*
vergaan [v̊ər'ɣ̊a:n] vergehen; *mar.* untergehen; *Holz usw.* vermodern, verfaulen; *~ van angst* in tausend Ängsten sein; *~ van kou(de)* vor Kälte (zittern) umkommen; *het ~ van de wereld* Weltuntergang *m.*
vergaarbak [v̊ər'ɣ̊a:rbɑk] (*-ken*) *m* Sammelbecken *n*, Reservoir *n*; Behälter *m*; Sammelkasten *m.*
vergade|ren [v̊ər'ɣ̊a:dərə(n)] versammeln; einsammeln; *v/i* sich versammeln, tagen; **~ring** [-rɪŋ] *f* Versammlung *f*; Tagung *f*, Sitzung *f*; Treffen *n*; *algemene ~* Generalversammlung *f*; (*Aktionäre*) Hauptversammlung *f*; (*Parlament*) Plenarversammlung *f*, Plenarsitzung *f*, Vollversammlung *f*, Plenum *n.*
vergader|plaats [v̊ər'ɣ̊a:dərpla:ts] *f* Sammelplatz *m*; Versammlungsort *m*; Sammelstelle *f*; **~zaal** [-za:l] (*-zalen*) *m* Versammlungssaal *m*, Sitzungssaal *m*; Versammlungslokal *n.*
ver|gallen [v̊ər'ɣ̊ɑlə(n)] *j-m etw* vergällen, verleiden; **~galopperen** [-ɣ̊ɑlɔ'pe:rə(n)] *v/r* sich vergaloppieren; **~gankelijk** [-'ɣ̊ɑŋkələk] vergänglich; **~gankelijkheid** [-'ɣ̊ɑŋkələkhɛĭt] (*kein pl.*) *f* Vergänglichkeit *f.*
ver|gapen [v̊ər'ɣ̊a:pə(n)] *v/r* F sich vergaffen in *A*; **~garen** [-'ɣ̊a:rə(n)] (ein)sammeln; **~gassen** [-'ɣ̊ɑsə(n)] vergasen; **~gasten** [-'ɣ̊a·stə(n)] be-

wirten (*op*/mit); *zich* ~ *aan* sich gütlich tun an *D*.
'ergat [v̊ər'ɣ̊ɑt] *s. vergeten.*
'ergeef|lijk [v̊ər'ɣ̊e:flək] verzeihlich; **~s** [-s] unnütz, vergeblich; *Adv.* umsonst, vergebens.
'ergeet|achtig [v̊ər'ɣ̊e:tɑxtəx] vergeßlich; **~hoek** [-hu·k] *m*: *in de* ~ *raken* in Vergessenheit geraten.
'ergeet-mij-niet, *a.* **-me-** [v̊ər-'ɣ̊e:tmɛini·t, -məni·t] *f* Vergißmeinnicht *n*.
ergel|den [v̊ər'ɣ̊ɛldə(n)] vergelten; **~ding** [-dɪŋ] *f* Vergeltung *f*; **~dingsmaatregel** [-dɪŋsma:tre:ɣ̊əl] *m* Vergeltungsmaßnahme *f*, Repressalie *f*.
'erge|leek [v̊ərɣ̊ə'le:k], **~leken** [-'le:kə(n)] *s. vergelijken.*
ergelijk [v̊ərɣ̊ə'lɛĭk] *n* Vergleich *m*; Ausgleich *m*; Verständigung *f*; **~baar** [-ba:r] vergleichbar *D* (mit *D*); ~ *met het statuut* dem Statut vergleichbar, vergleichbar mit dem Statut; **~en** [-ə(n)] (*vergeleek, vergeleken*) vergleichen; *~de trap Gr.* Komparativ *m*; **~ing** [-ɪŋ] *f* Vergleichung *f*; Gleichnis *n*; *Math.* Gleichung *f*; *de trappen van* ~ *Gr.* Steigerungsstufen *f/pl.*
ergemakkelijken [v̊ərɣ̊ə'mɑkələkə(n)] erleichtern, leichter machen.
'ergen ['v̊ɛrɣ̊ə(n)] fordern, verlangen; *iets van iemand* ~ j-m etw. zumuten; *dat is teveel gevergd* das ist e-e Zumutung.
ergenoegd [vərɣ̊ə'nu:xt] vergnügt, froh, munter; **~heid** [-hɛĭt] (*kein pl.*) Zufriedenheit *f*; Munterkeit *f*, Heiterkeit *f*.
erge|telheid [v̊ər'ɣ̊e:təlhɛĭt] *f* Vergessenheit *f*; **~ten** [-tə(n)] (*vergat, vergeten*) vergessen; *ik ben* (*heb*) *dat* ~ ich habe das vergessen; *ik ben het* ~ ich weiß (es) nicht mehr; *vergeet niet te* ... versäumen Sie nicht ...; *niet te* ~ (um) nicht zu vergessen, besonders.
erge|ven [v̊ər'ɣ̊e:v̊ə(n)] verzeihen, vergeben; entschuldigen; vergiften; **~vensgezind** [-v̊ənsxəzɪnt] versöhnlich; **~ving** [-v̊ɪŋ] *f* Verzeihung *f*, Vergebung *f*; Entschuldigung *f*.
ergevorderd ['v̊ɛrɣ̊əv̊ɔrdərt] vorgerückt, vorgeschritten; ~ *uur* vorgerückte Stunde.
erge|wissen [v̊ərɣ̊ə'ʋɪsə(n)] *v/r* sich vergewissern; **~zellen** [-'zɛlə(n)] begleiten.
vergiet [v̊ər'ɣ̊i·t] *n u. f* Durchschlag *m*; **~en** [-ə(n)] vergießen.
vergif(t) [v̊ər'ɣ̊ɪf(t)] (*-giften*) *n* Gift *n*.
vergiffenis [v̊ər'ɣ̊ɪfənɪs] *f* Verzeihung *f*, Vergebung *f*; *geen* ~*!* kein Pardon!
vergiftig [v̊ər'ɣ̊ɪftəx] giftig; **~en** [-ə(n)] vergiften; *vergiftigd* vergiftet; **~ing** [-ɣ̊ɪŋ] *f* Vergiftung *f*.
vergis|sen [v̊ər'ɣ̊ɪsə(n)] *v/r* sich irren; **~sing** [-ɪŋ] *f* Irrtum *m*, Versehen *n*; *bij* ~ aus Versehen, irrtümlicherweise; *er is een* ~ es liegt ein Irrtum vor.
verglaas|d [v̊ər'ɣ̊la:st] verglast; **~sel** [-əl] *n* Glasur *f*.
verglazen [v̊ər'ɣ̊la:zə(n) verglasen, glasieren.
vergoe|den [v̊ər'ɣ̊u·də(n)] vergüten, ersetzen, entschädigen; **~ding** [-dɪŋ] *f* Vergütung *f*, Ersatz *m*, Entschädigung *f*; **~lijken** [-ləkə(n)] bemänteln, beschönigen.
vergooien [v̊ər'ɣ̊o:ĭ(j)ə(n)] vergeuden; *v/r fig.* sich wegwerfen.
vergramd [v̊ər'ɣ̊rɑmt] ergrimmt, erzürnt.
vergrijp [v̊ər'ɣ̊rɛĭp] *n* Vergehen *n*, Verstoß *m*; Frevel *m*; **~en** [-ə(n)]: *zich* ~ *aan* sich vergreifen an *D*.
vergrijsd [v̊ər'ɣ̊rɛĭst] ergraut (*a. fig.*); graumeliert.
vergroeid [vər'ɣ̊ru·ĭt] verwachsen.
vergrootglas [v̊ər'ɣ̊ro:txlɑs] (*-glazen*) *n* Vergrößerungsglas *n*, Lupe *f*.
vergro|ten [v̊ər'ɣ̊ro:tə(n)] vergrößern; erweitern; **~ting** [-tɪŋ] *f* Vergrößerung *f*; Erweiterung *f*.
verguizen [v̊ər'ɣ̊əʏzə(n)] verhöhnen, schmähen; abfällig beurteilen.
verguld [v̊ər'ɣ̊əlt] vergoldet; ~ *op snee* mit Goldschnitt; **~en** [-ə(n)] vergolden; **~sel** [-səl] (*-s*) *n* Vergoldung *f*.
vergun|nen [v̊ər'ɣ̊ənə(n)] vergönnen; gestatten, erlauben, gewähren; *vergun mij* gestatten Sie; **~ning** [-ɪŋ] *f* Bewilligung *f*, Gewährung *f*; Erlaubnis *f*, Genehmigung *f*; *volle* (*volledige*) ~ unbeschränkte Schankkonzession *f* (*für alkoholische Getränke*); *een* ~ *aanvragen* e-e Genehmigung (Lizenz) beantragen.
verhaal [v̊ər'ha:l] (*-halen*) *n* Erzählung *f*, Geschichte *f*; Bericht *m*; *jur.*

Regreß *m*, Ersatzanspruch *m*; Entschädigung *f*, Vergütung *f*; *weer op zijn ~ komen* sich erholen, wieder zu Kräften kommen; *dat is zonder enig ~* daran ist nichts zu ändern, da läßt sich nichts machen.
verhaasten [v̊ər'ha:stə(n)] beschleunigen.
verhalen [v̊ər'ha:lə(n)] erzählen; *de schade op iemand ~* sich an j-m schadlos halten für *etw.*
verhande|len [v̊ər'hɑndələ(n)] verhandeln; **~ling** [-lɪŋ] *f* Verhandlung *f*; (*Schrift*) Abhandlung *f*.
verhard [v̊ər'hɑrt] verhärtet; *Tech.* gehärtet; (*körperlich*) abgehärtet; *fig.* verstockt, abgehärtet; **~en** [-də(n)] verhärten; erhärten; hart werden.
verharen [v̊ər'ha:rə(n)] sich haaren.
verheerlij|ken [v̊ər'he:rləkə(n)] verherrlichen, rühmen; *Rel.* verklären; **~king** [-kɪŋ] *f* Verherrlichung *f*; Verklärung *f*.
verheffen [v̊ər'hɛfə(n)] erheben, aufheben; zunehmen.
verhelderen [v̊ər'hɛldərə(n)] erhellen; heller werden; aufklären; aufheitern.
ver|helen [v̊ər'he:lə(n)] verhehlen, verheimlichen; **~helpen** [-'hɛlpə(n)] abhelfen (*D*); *ik kan het niet ~* ich kann nichts dafür (tun), ich kann's nicht ändern.
verhemelte [v̊ər'he:məltə] (*-n u. -s*) *n* Gaumen *m*.
verheugen [v̊ər'hø:ɣə(n)] erfreuen; *v/r* sich freuen; *ik verheug mij, het verheugt mij* es freut mich.
verheven [v̊ər'he:v̊ə(n)] erhaben; **~heid** [-hɛit] (*-heden*) *f* Erhöhung *f*, Anhöhe *f*; *fig.* Erhabenheit *f*.
ver|hinderen [v̊ər'hɪndərə(n)] verhindern, behindern; **~hitten** [-'hɪtə(n)] erhitzen; **~hitting** [-'hɪtɪŋ] *f* Erhitzung *f*; **~hoeden** [-'hu:də(n)] verhüten; vorbeugen *D*; **~hogen** [-'ho:ɣə(n)] erhöhen; steigern; anheben; *van klas ~* (*Schüler*) versetzt werden; *van graad* (*rang*) *~* befördert werden; **~hoging** [-ɣɪŋ] (*Rang*) Beförderung *f*; (*Preise*) Erhöhung *f*, (Preis-)Steigerung *f*; (Gehalts-)Erhöhung *f*; (Wert-) Zuwachs *m*; **~holen** [-'ho:lə(n)] verholen, heimlich, verborgen; **~hongeren** [-'hɔŋərə(n)] verhungern; *v/t* aushungern.
verhoor [v̊ər'ho:r] (*-horen*) *n* Verhör *n*, Vernehmung *f*.
verhoren [v̊ər'ho:rə(n)] verhören, vernehmen; *Bitte* erhören.
verhou|den [v̊ər'hɑudə(n)] *v/r* sich verhalten; **~ding** [-dɪŋ] *f* Verhältnis *n*; *naar ~* verhältnismäßig; *in ~ tot* im Verhältnis zu.
verhovaardigen [v̊ərho·'v̊a:rdəɣə(n)]: *zich ~ op* sich brüsten mit.
verhuis|biljet [v̊ər'həʏzbɪljɛt] (*-ten*) *n* Anmeldeschein *m*; Abmeldeschein *m*; **~kosten** [-kɔstə(n)] *pl* Umzugskosten *pl.*; **~wagen** [-ʋa:ɣə(n)] (*-s*) *m* Möbelwagen *m*.
verhui|zen [v̊ər'həʏzə(n)] (um)ziehen, übersiedeln (*naar*/nach, in *A*); **~zing** [-zɪŋ] *f* Umzug *m*; Übersied(e)lung *f*; *wegens ~, wegens verhuis* umzugshalber.
verhu|ren [v̊ər'hy:rə(n)] vermieten; *Bücher, Filme usw.* verleihen; **~ring** [-rɪŋ] *f* Vermietung *f*; (*Film usw.*) Verleih *m*.
verhuur|der [v̊ər'hy:rdər] (*-s*) *m* Vermieter *m*; Verleiher *m*; **~kantoor** [-kɑnto:r] (*-toren*) *n* Verleihbüro *n*; Stellenvermittlungsbüro *n*.
veri|ficateur, *a.* **-ka-** [v̊e·ri·fi·ka'tø:r] (*-s*) *m* Kontrolleur *m*; **~fiëren** [-'fje:rə(n)] verifizieren; (nach)prüfen.
verijdelen [v̊ə'rɛidələ(n)] vereiteln, hintertreiben.
vering ['v̊e:rɪŋ] *f* Federung *f*.
verjaard [v̊ər'ja:rt] verjährt.
verjaardag [v̊ər'ja:rdɑx] *m* Jahrestag *m*; Geburtstag *m*.
verja|ren [v̊ər'ja:rə(n)] verjähren; Geburtstag haben (feiern); **~ring** [-rɪŋ] *f* Verjährung *f*; Geburtstag *m*; **~ringsfeest** [-rɪŋsfe:st] *n* Jahresfeier *f*; Geburtstagsfeier *f*; **~ringsrecht** [-rɪŋsrɛxt] *n* Verjährungsrecht *n*.
verjonging [v̊ər'jɔŋɪŋ] *f* Verjüngung *f*; **~skuur** [-sky:r] (*-kuren*) *f* Verjüngungskur *f*.
ver|kalken [v̊ər'kɑlkə(n)] verkalken; **~kapt** [-'kɑpt] verkappt; **~kavelen** [-'ka:v̊ələ(n)] parzellieren.
verkeer [v̊ər'ke:r] *n* Verkehr *m*; (*Personen*) Umgang *m*; *met huiselijk ~* mit Familienanschluß.
verkeerd [v̊ər'ke:rt] falsch, unrichtig, verkehrt; *~ vliegen Flgw.* sich verfliegen; *~ rijden* sich verfahren; *iets ~ zeggen* sich versprechen; *da*

komt mij ~ *voor* das ist bestimmt nicht richtig; ~ *verstaan* mißverstehen; **~delijk** [-dələk] irrtümlicherweise.

verkeers|agent [v̊ər'ke:rzaɣ̊ɛnt] *m* Verkehrspolizist *m*; Schutzmann *m*; **~licht** [-lɪxt] *n* Verkehrsampel *f*, Ampel *f*; **~middelen** [-mɪdələ(n)] *n/pl.* Verkehrsmittel *n/pl.*; **~opstopping** [-ɔpstɔpɪŋ] *f* Verkehrsstockung *f*, Verkehrsstauung *f*; **~punt** [-pənt] *n* Verkehrsknotenpunkt *m*; **~regeling** [-re:ɣ̊əlɪŋ] *f* Straßenverkehrsordnung *f*; **~vliegtuig** [-fli:xtəyx] *n* Verkehrsflugzeug *n*, Linienflugzeug *n*; **~weg** [-ʋɛx] *m* Verkehrsstraße *f*, Verkehrsweg *m*; Fahrbahn *f*, Fahrdamm *m*; *grote* ~ Fernstraße *f*.

verken|nen [vər'kɛnə(n)] aufklären, erkunden; **~ner** [-ər] (*-s*) Kundschafter *m*; Pfadfinder *m*.

verkenning [v̊ər'kɛnɪŋ] *f* Aufklärung *f*, Erkundung *f*; *op* ~ *uitgaan* auskundschaften; **~spatrouille** [-pa·tru·jə] (*-s*) *f mil.* Spähtrupp *m*; **~svlucht** [-sfləxt] *f* Aufklärungsflug *m*, Erkundungsflug *m*.

verke|ren [v̊ər'ke:rə(n)] verkehren; umgehen; verlobt sein; *in de mening* ~ meinen, der Meinung sein; *in twijfel* ~ im Zweifel sein, Zweifel hegen; *in nood* ~ in Not sein; *'t kan* ~ es kann noch anders kommen; das Blatt kann sich wenden; **~ring** [-rɪŋ] *f* Umgang *m*; Liebschaft *f*, Verhältnis *n*.

ver|kerven [v̊ər'kɛrv̊ə(n)] (*verkorf, verkorven*) verderben; **~ketteren** [-'kɛtərə(n)] verketzern; **~kiesbaar** [-'ki:zba:r] wählbar; **~kieselijk** [-'ki:sələk] erwünscht, wünschenswert.

verkie|zen [v̊ər'ki:zə(n)] wählen; vorziehen; *niet* ~ *te* ... nicht wünschen, zu ...; es ablehnen, zu ...; *zoals je verkiest* wie du willst; **~zing** [-zɪŋ] *f* Wahl *f*; *nieuwe* ~ Neuwahl *f*; *tussentijdse* ~ Ersatzwahl *f*, Zwischenwahl *f*; ~ *van de gemeenteraad* Bürgerschaftswahl *f* (*in Städten*), Gemeinderatswahl *f* (*in Gemeinden*); **~zingscampagne** [-zɪŋskampɑnjə] (*-s*) *f* Wahlkampagne *f*; **~zingsstrijd** [-zɪŋstrɛĭt] *m* Wahlkampf *m*.

verkikkerd [v̊ər'kɪkərt] F verknallt, verliebt (*op/in A*).

verklaarbaar [v̊ər'kla:rba:r] erklärlich, erklärbar.

verklappen [v̊ər'klɑpə(n)] ausplaudern, verraten.

verkla|ren [v̊ər'kla:rə(n)] erklären, auslegen; *jur.* aussagen; e-e Erklärung abgeben; *iemand schuldig* ~ j-n für schuldig erklären; *heilig* ~ heiligsprechen; *meerderjarig* ~ mündigsprechen; *onder eed* ~ eidlich erklären, schwören; *schiftelijk* ~ bescheinigen; *zich ziek* ~ sich krank melden; *failliet* ~ den Konkurs eröffnen; *zich failliet* ~ den Konkurs anmelden; *een tekst* ~ e-n Text erläutern; **~ring** [-rɪŋ] *f* Erklärung *f*; Auslegung *f*, Erläuterung *f*; Zeugenaussage *f*, Aussage *f*; **~d** *woordenboek* Lexikon *n*.

verkleden [v̊ər'kle:də(n)] verkleiden, umkleiden; *v/r* sich umziehen; sich verkleiden, sich vermummen.

verkleefdheit [v̊ər'kle:fthɛĭt] *f* Anhänglichkeit *f*, Ergebenheit *f*.

verklein|en [v̊ər'klɛĭnə(n)] verkleinern, schmälern; **~ing** [-ɪŋ] *f* Verkleinerung *f*; **~woord** [-ʋo:rt] *n Gr.* Verkleinerungswort *n*, Diminutiv *n*.

ver|kleumen [v̊ər'kløːmə(n)] (*vor Kälte*) erstarren; **~kleuren** [-'klø:rə(n)] (*Farbe*) verschießen, sich verfärben; **~klikken** [-'klɪkə(n]) angeben; zutragen, hinterbringen; (*in der Schule*) (ver)petzen; **~klikker** [-'klɪkər] (*-s*) *m* Zuträger *m*, Angeber *m*; *fig.* Kontrollgerät *n*, Meldesignal *n*; **~kneukelen** [-knø:kələ(n)]: *zich* ~ sich heimlich freuen.

verknocht [v̊ər'knɔxt]: ~ *zijn* (*aan*) treu (verbunden, zugetan, ergeben) sein *D*.

ver|knoeien [v̊ər'knu·ĭ(j)ə(n)] verpfuschen; vergeuden; **~koelen** [-'ku:lə(n)] abkühlen; *fig.* erkalten, nachlassen.

verkondi|gen [v̊ər'kɔndəɣ̊ə(n)] verkündigen, verkünden; **~ging** [-ɣ̊ɪŋ] *f* Verkünd(ig)ung *f*.

verkoop [v̊ər'ko:p], *a.* ['v̊ɛrko:p] (*-kopen*) *m* Verkauf *m*; ~ *bij opbod* Versteigerung *f*; *voorafgaande* ~ Vorverkauf *m*; *gerechtelijke* ~ Zwangsverkauf *m*, Zwangsversteigerung *f*; **~akte** [-ɑktə] (*-n u. -s*) *f* Kaufvertrag *m*; **~baar** [-ba:r] verkäuflich; **~lokaal** [-lo·ka:l] (*-kalen*) *n* Versteigerungslokal *n*; **~(s)prijs** [-(s)prɛĭs] (*-prijzen*) *m* Verkaufs-

preis *m*; **~ster** [-stər] (*-s*) *f* Verkäuferin *f*.
verko|pen [v̊ər'ko:pə(n)] verkaufen; ~ *aan de meestbiedende* meistbietend verkaufen; *uit de* (*der*) *hand* ~ unter der Hand verkaufen; *onzin* ~ dummes Zeug reden; **~per** [-pər] (*-s*) *m* Verkäufer *m*; **~ping** [-pɪŋ] *f* Verkauf *m*; Versteigerung *f*, Auktion *f*.
ver|korf [v̊ər'kɔrf], **~korven** [-'kɔrvə(n)] *s. verkerven.*
ver|korten [v̊ər'kɔrtə(n)] verkürzen, abkürzen; **~kouden** [-'kaudə(n)] erkältet, verschnupft; **~koudheid** [-'kauthɛĭt] *f* Erkältung *f*, Schnupfen *m*; *een ~ opdoen* sich erkälten, sich e-n Schnupfen holen; **~krachten** [-'kraxtə(n)] vergewaltigen, schänden; notzüchtigen; *Gesetz* verletzen, übertreten, brechen; **~krachting** [-'kraxtɪŋ] Vergewaltigung *f*; Notzucht *n*; (*Gesetz*) Verletzung *f*, Übertretung *f*.
verkreukelen [v̊ər'krø:kələ(n)] zerknittern, zerknüllen, F zerknautschen.
verkrijg|baar [v̊ər'krɛĭɣ̊ba:r] erhältlich; **~en** [-ə(n)] erhalten, bekommen.
ver|kroppen [v̊ər'krɔpə(n)] verwinden, verschmerzen; *verkropte woede* unterdrückte Wut; **~kruimelen** [-'krəʏmələ(n)] zerkrümeln; **~kwanselen** [-'kʋansələ(n)] verschachern; verhökern; **~kwijnen** [-'kʋɛĭnə(n)] verkümmern; hinwelken.
verkwik|kelijk [v̊ər'kʋɪkələk] erquicklich; *fig.* erfreulich; **~ken** [-ə(n)] erquicken, erfrischen; erheitern; **~king** [-ɪŋ] *f* Erquickung *f*.
verkwis|ten [v̊ər'kʋɪstə(n)] verschwenden, vergeuden, durchbringen; **~ter** [-tər] (*-s*) *m* Verschwender *m*; **~ting** [-tɪŋ] *f* Verschwendung *f*, Vergeudung *f*.
ver|laden [v̊ər'la:də(n)] umladen, umschlagen, verladen; **~lagen** [-'la:ɣ̊ə(n)] ermäßigen; niedrig machen; *fig.* erniedrigen; *Preise* ermäßigen, herabsetzen; **~lakken** [-'lakə(n)] lackieren; *fig.* hereinlegen, F bemogeln, beschummeln.
verlam|d [v̊ər'lamt] gelähmt, lahm; **~men** [-ə(n)] lahmlegen, lähmen; *v/i* lahm werden, erlahmen; **~ming** [-ɪŋ] *f* Lähmung *f*.
verlang|en [v̊ər'laŋə(n)] *v/t* verlangen, wünschen; fordern; *v/i* sich sehnen (*naar*/nach); *Su.* (*-s*) *n* Wunsch *m*, Verlangen *n*; Sehnen *n*, Sehnsucht *f*; *wat verlangt U?* Sie wünschen?; *verlangt U nog iets?* sonst noch Wünsche?; *op ~* auf Wunsch; **~lijst** [-lɛĭst] *f u. m* Wunschzettel *m*, Wunschliste *f*.
verlaten [v̊ər'la:tə(n)] verlassen; hinausgehen; austreten, ausscheiden; im Stich lassen; *zich ~* sich verspäten; *zich ~ op* vertrauen auf *A*, sich verlassen auf *A*; *Adj.* leer, öde; einsam; **~heid** [-hɛĭt] *f* Verlassenheit *f*; Einsamkeit *f*.
verleden [v̊ər'le:də(n)] vergangen; *s. a. verlijden*; *~ week* vergangene (letzte, vorige) Woche *f*; *~ deelwoord Gr.* zweite(s) Partizip *n*; *onvoltooid ~ tijd Gr.* Imperfekt *n*; *voltooid ~ tijd Gr.* Plusquamperfekt *n*; *Su. n* Vergangenheit *f*; *in het ~* damals.
verlegen [ɣ̊ər'le:ɣ̊ə(n)] verlegen, schüchtern; *hij is er niet om ~* er wagt es (trotzdem); **~heid** [-hɛĭt] *f* Verlegenheit *f*, Schüchternheit *f*; Bestürzung *f*; *hij zit in ~* er hat es schwer.
verleg|gen [v̊ər'lɛɣ̊ə(n)] verlegen; umlegen; **~ging** [-ɪŋ] *f* Umleitung *f*.
verlei|delijk [v̊ər'lɛĭdələk] verführerisch; **~den** [-də(n)] verleiten, verführen; **~der** [-dər] (*-s*) *m* Verführer *m*; **~ding** [-dɪŋ] *f* Verleitung Verführung *f*.
verlenen [v̊ər'le:nə(n)] verleihen, gewähren; *Hilfe* leisten; *Einwilligung* geben, erteilen; *Kredit* gewähren; *Rabatt* zugestehen.
verleng|baar [v̊ər'lɛŋba:r] ausdehnbar, verlängerbar; **~en** [-ə(n)] verlängern; **~ing** [-ɪŋ] *f* Verlängerung *f*; **~stuk** [-støk] (*-ken*) *n* Verlängerungsstück *n*.
verlept [v̊ər'lɛpt] verblüht, welk.
verleren [v̊ər'le:rə(n)] verlernen.
verlet [v̊ər'lɛt] (*kein pl.*) *n* Verhinderung *f*; Aufschub *m*, Verzug *m*; Arbeitsausfall *m*; *zonder ~* unverzüglich, ohne Verzug; **~dag** [-dax] *m* ausgefallene(r) Arbeitstag *m*; **~ten** [-ə(n)] vernachlässigen, versäumen; nicht arbeiten gehen; **~sel** [-səl] (*-s*) *n* Hindernis *n*, Verhinderung *f*.
ver|leuteren [v̊ər'lø:tərə(n)] vertrö-

deln; **~levendigen** [-ˈleːv̊əndəɣ̊ə(n)] beleben.

verlicht [v̊ərˈlɪxt] beleuchtet, erleuchtet; aufgeklärt (*a. fig.*); **~en** [-ə(n)] beleuchten; *Geist* erleuchten; *Vernunft*: aufklären; *Schmerzen* lindern; *Zustand* mildern; **~ing** [-ɪŋ] *f* Beleuchtung *f*; (*feierlich*) Illumination *f*; Erleuchtung *f*; Erleichterung *f*, Milderung *f*, Linderung *f*; *hist.* Aufklärung *f*.

verliefd [v̊ərˈliːft] verliebt (*op/in A*); **~heid** [-hɛĭt] *f* Verliebtheit *f*.

verlies [v̊ərˈliːs] (*-liezen*) *n* Verlust *m*.

verliezen [v̊ərˈliːzə(n)] (*verloor, verloren*) verlieren; *uit het oog ~* außer acht lassen, aus den Augen verlieren.

verlijden [v̊ərˈlɛĭdə(n)] (*verleed, verleden*); *een akte ~* e-e Urkunde ausstellen; *verleden voor* (*notaris*) ... vollzogen in Anwesenheit *G*; notariell beurkundet, beglaubigt.

verlof [v̊ərˈlɔf] (*-loven*) *n* Urlaub *m*, *s. a.* vakantie; Erlaubnis *f*; *met ~ zijn* Urlaub haben (machen); *met ~ gaan* auf Urlaub gehen; *met uw ~* erlauben Sie, mit Verlaub; **~dag** [-dɑx] *m* Urlaubstag *m*; **~ganger** [-xɑŋər] (*-s*) *m* Urlauber *m*; **~tijd** [-tɛĭt] *m* Urlaubszeit *f*; Saison *f*, Hauptreisezeit *f*.

verlok|kelijk [v̊ərˈlɔkələk] verlockend, verführerisch; **~ken** [-ə(n)] verlocken; **~king** [-ɪŋ] *f* Verlockung *f*.

verlooche|nen [v̊ərˈloːxənə(n)] verleugnen; **~ning** [-nɪŋ] *f* Verleugnung *f*.

verloofde [v̊ərˈloːv̊də] (*-n*) *m u. f* Verlobte(r *m*) *f*; Bräutigam *m*; Braut *f*.

verloop [v̊ərˈloːp] (*kein pl.*) *n* Verlauf *m*, Hergang *m*; *na ~ van tijd* nach einiger Zeit, später.

verloor [v̊ərˈloːr] *s. verliezen.*

verlopen [v̊ərˈloːpə(n)] verlaufen, verfließen, vergehen; *Mietvertrag, Kontrakt*: ablaufen, erlöschen; *dat is (nog) goed ~* das ist (noch) ziemlich glattgegangen; *~ week* vorige (vergangene) Woche; *de zaak verloopt* das Geschäft geht schlecht; *een ~ vent* (*kerel*) ein verlotterter Kerl.

verloren [v̊ərˈloːrə(n)] *s. verliezen*; *hij is totaal ~* er ist ganz verwirrt; *dat is ~* F das ist flötengegangen; *~ maandag* blaue(r) Montag *m*.

verloskun|de [v̊ərˈlɔskөndə] *f* Geburtshilfe *f*; **~dige** [-ˈkөndəɣ̊ə] *m u. f* Geburtshelfer *m*; Hebamme *f*.

verlos|sen [v̊ərˈlɔsə(n)] befreien, erlösen; *e-e Frau* entbinden; **~ser** [-ər] (*-s*) *m* Befreier *m*, Erlöser *m*; *Jesus*: Heiland *m*; **~sing** [-ɪŋ] *f* Rettung *f*, Erlösung *f*, Befreiung *f*; Erleichterung *f*; (*Geburt*) Niederkunft *f*, Entbindung *f*.

verlo|ten [v̊ərˈloːtə(n)] verlosen; **~ting** [-tɪŋ] *f* Verlosung *f*.

verlo|ven [v̊ərˈloːv̊ə(n)] verloben; *zich ~* sich verloben; **~ving** [-v̊ɪŋ] *f* Verlobung *f*, Verlöbnis *n*.

verluch|ten [v̊ərˈlөxtə(n)] (aus)lüften; *Buch* illustrieren; **~ting** [-tɪŋ] *f* Ventilation *f*, Lüftung *f*; (*Buch*) Illustration *f*.

verluiden [v̊ərˈlөydə(n)] verlauten; *naar verluidt* wie verlautet.

verlummelen [v̊ərˈlөmələ(n)] verbummeln, vertrödeln.

verlustigen [v̊ərˈlөstəɣ̊ə(n)] ergötzen, belustigen; *zich ~ aan* (*met*) sich amüsieren über *A*, sich erfreuen, sich ergötzen an *D*.

vermaak [v̊ərˈmaːk] (*-maken*) *n* Amüsement *n*, Belustigung *f*, Vergnügen *n*, Freude *f*.

vermaard [v̊ərˈmaːrt] berühmt, namhaft; renommiert; **~heid** [-hɛĭt] *f* Berühmtheit *f*; *~ verwerven* sich e-n Namen machen.

vermage|ren [v̊ərˈmaːɣ̊ərə(n)] abmagern; **~ring** [-rɪŋ] *f* Abmagerung *f*; **~ringskuur** [-rɪŋskyːr] (*-kuren*) *f* Entfettungskur *f*.

vermakelijk [v̊ərˈmaːkələk] ergötzlich, unterhaltend; **~heden** [-heːdə(n)] *f/pl.* Lustbarkeiten *f/pl.*, Vergnügungen *f/pl.*; **~heidsbelasting** [-hɛĭdzbəlɑstɪŋ] *f* Vergnügungssteuer *f*.

vermaken [v̊ərˈmaːkə(n)] umändern, verändern; *Schuhe, Kleider* flicken; *Testament*: vermachen; amüsieren, unterhalten, ergötzen, belustigen; *zich ~* sich amüsieren über *A*, sich ergötzen an *D*.

ver|malen [v̊ərˈmaːlə(n)] zermalmen; *Mehl* vermahlen; **~manen** [-ˈmaːnə(n)] ver-, ermahnen; **~maning** [-ˈmaːnɪŋ] *f* Ermahnung *f*, Mahnung *f*; **~mannen** [-ˈmɑnə(n)]

meistern; *zich* ~ sich ermannen, sich ein Herz fassen.
ver|meed [v̊ər'me:t], **~meden** [-'me:də(n)] *s. vermijden.*
vermeend [v̊ər'me:nt] vermeintlich, angeblich.
vermeerderen [v̊ər'me:rdərə(n)] vermehren, steigern; *zich* ~ sich vermehren; zunehmen (*met*/*an D*).
vermeesteren [v̊ər'me:stərə(n)] erobern, sich bemächtigen *G*.
ver|meien [v̊ər'mɛĭ(j)ə(n)] *v/r* sich ergötzen, sich weiden (*in*/*an D*); **~melden** [-'mɛldə(n)] erwähnen, melden; **~melding** [-'mɛldɪŋ] *f* Erwähnung *f*, Meldung *f*; *met* ~ *van* mit Angabe *G*; *eervolle* ~ ehrenvolle (lobende) Erwähnung; **~mengen** [-'mɛŋə(n)] vermischen, vermengen.
vermenigvul|digen [v̊ərme·nəx-'fəldəɣ̊ə(n)] vervielfältigen; *Math.* multiplizieren; **~diging** [-dəɣ̊ɪŋ] *f* Vervielfältigung *f*; *Math.* Multiplikation *f*; **~digtal** [-dəxtɑl] (*-len*) *n Math.* Multiplikand *m*, Grundzahl *f*.
verme|tel [v̊ər'me:təl] vermessen, verwegen; **~telheid** [-təlhɛĭt] *f* Vermessenheit *f*, Verwegenheit *f*; Frechheit *f*; **~ten** [-tə(n)]: *zich* ~ falsch messen, sich vermessen; sich erdreisten, sich erkühnen, wagen.
vermicelli [v̊ɛrmi·'sɛli·] *m* Nudeln *f*/*pl.*, Fadennudeln *f*/*pl.*; **~soep** [-su·p] *f* Nudelsuppe *f*.
vermijden [v̊ər'mɛĭdə(n)] (*vermeed, vermeden*) vermeiden, verhüten.
vermiljoen [v̊ərmɪl'ju:n] *n* Zinnober *m*.
verminde|ren [v̊ər'mɪndərə(n)] vermindern, verringern; *Preise* herabsetzen, ermäßigen; *v*/*i* geringer werden, abnehmen, nachlassen; *zich* ~ sich einschränken; *verminderd tarief* ermäßigte(r) Tarif *m*; *in waarde* ~ an Wert verlieren; **~ring** [-rɪŋ] *f* Verminderung *f*, Verringerung *f*, Abnahme *f*; Herabsetzung *f*; (*Preis*, *Strafe*) Nachlaß *m*; (*Geschäft*) Rückgang *m*.
vermink|en [v̊ər'mɪŋkə(n)] verstümmeln; **~ing** [-ɪŋ] *f* Verstümmelung *f*; **~te** [-tə] (*-n*) *m* Krüppel *m*; Invalide *m*.
vermissen [v̊ər'mɪsə(n)] vermissen.
vermits [v̊ər'mɪts] da, weil.
vermoe|delijk [v̊ər'mu·dələk] vermutlich, mutmaßlich; voraussichtlich; schätzungsweise; *de* ~*e dader* der mutmaßliche Täter; **~den** [-ə(n)] vermuten, mutmaßen; ahnen; *Su.* (*-s*) *n* Vermutung *f*, Mutmaßung *f*; Verdacht *m*; *vaag* ~ Ahnung *f*, vage Vermutung; ~*s hebben* Verdacht hegen, in Verdacht haben.
vermoeid [v̊ər'mu·ĭt] müde, ermüdet; **~heid** [-hɛĭt] *f* Ermüdung *f*, Müdigkeit *f*.
vermoei|en [v̊ər'mu·ĭ(j)ə(n)] ermüden, müde machen; strapazieren; **~end** [-ənt] ermüdend; anstrengend, strapaziös; **~enis** [-ənɪs] (*-sen*) *f* Ermüdung *f*; Anstrengung *f*, Strapaze *f*.
vermoet *m s. vermout.*
vermo|gen [v̊ər'mo:ɣ̊ə(n)] vermögen; *Su.* (*-s*) *n* Vermögen *n*; *Tech.* Kapazität *f*, Leistung *f*; *fig.* Kraft *f*, Macht *f*; **~gend** [-ɣ̊ənt] vermögend, begütert, wohlhabend; **~gensbelasting** [-ɣ̊ənzbəlɑstɪŋ] *f* Vermögenssteuer *f*.
ver|molmen [v̊ər'mɔlmə(n)] vermodern, morsch werden; **~mommen** [-'mɔmə(n)] vermummen, verkleiden; **~moorden** [-'mo:rdə(n)] ermorden; **~morsen** [-'mɔrsə(n)] verschmieren; *Flüssigkeit* verschütten; *Zeit*, *Geld* vertun, verschwenden, F verplempern; **~morzelen** [-'mɔrzələ(n)] zermalmen, zertrümmern.
vermout [v̊ɛr'mu·t] *m* Wermut *m*.
vermurven [v̊ər'mərʋə(n)] erweichen, besänftigen.
ver|nachten [v̊ər'nɑxtə(n)] übernachten; **~nauwen** [-'nɑu(ʋ)ə(n)] verengern; *v*/*i* enger werden, sich verenge(r)n; **~nauwing** [-'nɑu(ʋ)ɪŋ] *f* Verengung *f*, Verengerung *f*.
vernede|ren [v̊ər'ne:dərə(n)] demütigen, erniedrigen, herabsetzen; **~ring** [-rɪŋ] *f* Demütigung *f*, Erniedrigung *f*, Herabsetzung *f*.
verneembaar [v̊ər'ne:mba:r] vernehmlich.
vernemen [v̊ər'ne:mə(n)] erfahren, in Erfahrung bringen.
vernie|len [v̊ər'ni:lə(n)] zerstören, vernichten; **~ling** [-lɪŋ] *f* Zerstörung *f*, Vernichtung *f*.
vernietigen [v̊ər'ni:təɣ̊ə(n)] vernichten, vertilgen; *Urteil* aufheben;

kassieren; für null und nichtig erklären.
vernieu|wen [v̊ər'ni·ŭ(ʋ)ə(n)] erneuern; **~wing** [-ʋɪŋ] *f* Erneuerung *f*, Reform *f*; Neugestaltung *f*; *~ van het hogeschoolwezen* Hochschulreform *f*.
vernis [v̊ər'nɪs] (*-sen*) *n u. m* Firnis *m*; *fig.* Tünche *f*; **~sen** [-ə(n)] firnissen.
vernoemen [v̊ər'nu:mə(n)] (be-)nennen; erwähnen.
vernuft [v̊ər'nøft] *n* Geist *m*, Erfindungsgabe *f*; **~ig** [-əx] sinnreich, scharfsinnig, erfinderisch; schlau; witzig.
veronachtzamen [v̊ərɔn'ɑxtsa:mə(n)] vernachlässigen.
veronder|stellen [v̊ərɔndər'stɛlə(n)] unterstellen, voraussetzen, annehmen; **~stelling** [-'stɛlɪŋ] Voraussetzung *f*, Unterstellung *f*; *in de ~* gesetzt den Fall, in der Annahme.
veron|gelijken [v̊ər'ɔŋɣəlɛĭkə(n)] zurücksetzen, beeinträchtigen; *j-m* Unrecht tun; **~gelukken** [-løkə(n)] verunglücken; mißlingen, fehlschlagen, scheitern; *bsd.* bei e-m Unfall umkommen.
veront|heiligen [v̊ərɔnt'hɛĭləɣə(n)] entheiligen, entweihen; **~reinigen** [-'rɛĭnəɣə(n)] verunreinigen, verschmutzen; **~reiniging** [-'rɛĭnəɣɪŋ] *f* Verunreinigung *f*, Verschmutzung *f*; **~rusten** [-'røstə(n)] beunruhigen; **~schuldigen** [-'sxøldəɣə(n)] entschuldigen; *iemand iets ~* j-m etw. verzeihen; **~schuldiging** [-'sxøldəɣɪŋ] *f* Entschuldigung *f*; **~waardigd** [-'ʋa:rdəxt] empört, entrüstet; **~waardiging** [-'ʋa:rdəɣɪŋ] *f* Empörung *f*, Entrüstung *f*.
veroor|delen [v̊ə'ro:rde:lə(n)] verurteilen; **~deling** [-de:lɪŋ] Verurteilung *f*; *~ met uitstel (van straf)* Verurteilung mit Strafaufschub; **~loven** [-lo:v̊ə(n)] erlauben, gestatten, bewilligen; *veroorloof mij* gestatten Sie; **~zaken** [-za:kə(n)] verursachen.
verootmoedigen [v̊əro:t'mu·də-ɣə(n)] demütigen.
ver|orberen [vər'ɔrbərə(n)] aufessen, verzehren; **~ordenen** [-'ɔrdənə(n)] verordnen, anordnen; **~ordening** [-'ɔrdənɪŋ] *f* Verordnung *f*, Anordnung *f*.
verouderd [v̊ər'ɑudərt] veraltet; F passé; (*Person*) gealtert.
verover|aar [v̊ər'o:v̊əra:r] (*-s*) *m* Eroberer *m*; **~en** [-ə(n)] erobern; **~ing** [-ɪŋ] *f* Eroberung *f*; **~ingsoorlog** [-ɪŋso:rlɔx] *m* Eroberungskrieg *m*.
verpach|ten [v̊ər'pɑxtə(n)] verpachten; **~ting** [-tɪŋ] *f* Verpachtung *f*.
verpak|ken [v̊ər'pɑkə(n)] verpakken, einpacken; umpacken; *met de hand verpakt* von Hand verpackt; **~king** [-kɪŋ] *f* Verpackung *f*; *originele ~* Originalverpackung *f*; **~kingsmateriaal** [-kɪŋsmɑtərja:l] (*kein pl.*) *n* Verpackungsmaterial *n*.
ver|panden [v̊ər'pɑndə(n)] verpfänden, versetzen; **~persoonlijken** [-pər'so:nləkə(n)] personifizieren, verkörpern; **~pesten** [-'pɛstə(n)] verpesten, verseuchen; *fig.* verderben.
verpinken [v̊ər'pɪŋkə(n)]: *zonder te ~ fig.* ohne mit der Wimper zu zucken.
verplaat|sen [v̊ər'pla:tsə(n)] versetzen; *Gegenstände* verstellen; *Geschäft* verlegen; *zich ~* sich an e-n anderen Ort begeben; *hij verplaatst zich in (met) een ...wagen* er fährt e-n ...wagen; **~sing** [-sɪŋ] *f* Versetzung *f*, Verlegung *f*; Fahrt *f*, Reise *f*; *het is de ~ waard* es lohnt die Reise; **~singskosten** [-sɪŋskɔstə(n)] *pl.* Reisekosten *pl.*; Umzugskosten *pl.*; **~singsteken** [-sɪŋste:kə(n)] (*-s*) *n Mus.* Versetzungszeichen *n*.
verplanten [v̊ər'plɑntə(n)] verpflanzen.
verpleegster [v̊ər'ple:xtər] (*-s*) *f* Krankenschwester *f*, Krankenpflegerin *f*.
verple|gen [v̊ər'ple:ɣə(n)] pflegen; verpflegen; **~ging** [-ɣɪŋ] *f* Pflege *f*; (*bes. mil.*) Verpflegung *f*.
verpletteren [v̊ər'plɛtərə(n)] zerschmettern, erdrücken; *Schiff*: zerschellen; *~de meerderheid* erdrückende Mehrheit; *~de (over)macht* erdrückende Übermacht; *~de nederlaag* vernichtende Niederlage; *~d nieuws* niederschmetternde Nachricht.
verplicht [v̊ər'plɪxt] verpflichtet; obligatorisch; Pflicht-; *~ vak* Pflichtfach *n*; *~e kuur (figuren) (Eiskunstlauf)* Pflichtkür *f*, Pflicht *f*; *~e verzekering* Pflichtversicherung *f*; *zich ~ zien* sich genötigt sehen; ge-

bruik, consumptie ~ Verzehrzwang *m*; *ik ben U ten zeerste* ~ (*Briefstil*) ich bin Ihnen sehr verbunden; **~en** [-ə(n)] verpflichten; nötigen; *ik laat mij niet* ~ ich lasse mich nicht zwingen; *ik zie mij niet verplicht, ...* ich sehe keinen Anlaß, ...; **~ing** [-ɪŋ] *f* Verpflichtung *f*; Verbindlichkeit *f*; *iemand van een* ~ *ontslaan* j-n s-r Verpflichtung entbinden; *aan de ~en voldoen* Verbindlichkeiten erfüllen.

ver|poten [v̊ər'po:tə(n)] verpflanzen; **~pozen** [-'po:zə(n)] ruhen, Pause machen, ausruhen; **~pozing** [-'po:zɪŋ] *f* Erholung *f*, Ruhe *f*, kurze Pause; **~praten** [-'pra:tə(n)] verplaudern; *zich* ~ F sich verplappern, sich verplaudern; sich versprechen; **~prutsen** [-'prətsə(n)] verpfuschen; **~pulveren** [-'pəlvərə(n)] verpulvern.

verraad [v̊ə'ra:t] (*kein pl.*) *n* Verrat *m*; ~ *plegen* Verrat begehen; **~ster** [-stər] (*-s*) *f* Verräterin *f*.

verra|den [və'ra:də(n)] verraten; **~der** [-dər] (*-s*) *m* Verräter *m*; **~derlijk** [-dərlək] verräterisch; heimtückisch.

verras|sen [v̊ə'rɑsə(n)] überraschen; **~sing** [-ɪŋ] *f* Überraschung *f*.

verre ['vɛrə] fern; *op* ~ *na niet* bei weitem nicht, weit entfernt; **~gaand** [-ɣ̊a:nt] weitgehend; maßlos; *dat is een ~e bewering* das ist maßlos übertrieben.

verreken|en [v̊ə're:kənə(n)] verrechnen; *sich* ~ sich verrechnen; **~ing** [-ɪŋ] *f* Verrechnung *f*, Abrechnung *f*; (*Post*) Nachnahme *f*; **~pakket** [-pɑkɛt] (*-ten*) *n* Nachnahmepaket *n*.

verrekijker ['v̊ɛrəkɛĭkər] (*-s*) *m* Fernglas *n*; Fernrohr *n*, Teleskop *n*; *Thea.* Opernglas *n*.

verrekken [v̊ə'rɛkə(n)] (*Gelenk usw.*) verrenken; F (*sterben*) verrecken; *Tiere*: krepieren; *hij kan* (*mag*) *~!* F er kann zum Teufel gehen!; *verrek!* F geh' zum Teufel!

verrekt [v̊ə'rɛkt] verflucht, verflixt; *die ~e vent* (*kerel*) dieser verfluchte Kerl; *een ~e geschiedenis* e-e verflixte Geschichte.

verreweg ['v̊ɛrəʋɛx] bei weitem, weitaus.

verrich|ten [v̊ə'rɪxtə(n)] ausrichten, verrichten; **~ting** [-tɪŋ] *f* Verrichtung *f*; Leistung *f*.

verrijken [v̊ə'rɛĭkə(n)] bereichern.

verrij|zen [v̊ə'rɛĭzə(n)] sich erheben; *fig.* auftauchen, erscheinen; auferstehen; **~zenis** [-sənɪs] *f* Auferstehung *f*.

ver|roeren [v̊ə'ru:rə(n)] bewegen; rühren; *geen vinger* ~ *fig.* keinen Finger rühren; **~roesten** [-'ru·stə(n)] verrosten; *verroest!* zum Henker!; **~rotten** [-'rɔstə(n)] verfaulen, vermodern, verwesen; **~rotting** [-'rɔtɪŋ] *f* Fäulnis *f*, Verwesung *f*; **~ruilen** [-'rəʏlə(n)] ver-, umtauschen; verwechseln; **~ruimen** [-'rəʏmə(n)] erweitern; *verruimd ademen* (*adem halen*) aufatmen, erleichtert atmen.

verruk|kelijk [v̊ə'rəkələk] entzückend, bezaubernd; zum Entzücken (*G*); **~ken** [-ə(n)] entzücken; **~king** [-ɪŋ] *f* Entzücken *n*.

vers[1] [v̊ɛrs] (*verzen*) *n* Vers *m*; Gedicht *n*.

vers[2] frisch, Frisch-; soeben, nicht lange her; ~ *fruit* frische(s) Obst *n*; ~ *brood* frischbackene(s) Brot *n*; ~ *gebakken brood* frisch gebackenes Brot; *het is* ~ *gebeurd* es ist soeben geschehen; ~ (*heet*) *van de naald* sofort, ohne Verzug; F brühwarm

ver|saagd [v̊ər'sa:xt] verzagt; **~sagen** [-sa:ɣ̊ə(n)] verzagen.

verschaffen [v̊ər'sxɑfə(n)] besorgen, verschaffen; **~schalen** [-'sxa:lə(n)] schal werden; **~schalken** [-'sxɑlkə(n)] überlisten, hintergehen; überraschen; betrügen; **~schansen** [-'sxɑnsə(n)] verschanzen; **~schansing** [-'sxɑnsɪŋ] *f* Verschanzung *f*; *mar.* Reling *f*.

verscheiden[1] [v̊ər'sxɛĭdə(n)] hin-, verscheiden, sterben.

verscheiden[2] mehrere, viele, manche; **~heid** [-hɛĭt] (*-heden*) *f* Mannigfaltigkeit *f*.

ver|schenken [v̊ər'sxɛŋkə(n)] verschenken; **~schepen** [-'sxe:pə(n)] verschiffen, verladen; **~scheuren** [-'sxø:rə(n)] zerreißen, zerfetzen; *~d dier* Raubtier *n*.

verschiet [v̊ər'sxi·t] *n* Ferne *f*; Horizont *m*; *in een ver* ~ in ferner Zukunft; *in het* ~ *hebben* in Aussicht haben.

verschiet|achtig [v̊ər'sxi·tɑxtəx]: ~ *zijn* leicht erschrecken; **~en** [-ə(n)] erblassen, sich verfärben, die Farbe wechseln; zusammenschrecken, erschrecken; *Pulver* verschießen; *Getreide* umschaufeln; *Geld* vorschießen, vorstrecken; *Farben*: verschießen; *verschiet niet* erschrecken Sie nicht.

'erschijn|dag [v̊ər'sxɛi̯ndɑx] *m* Verfall(s)tag *m*; **~en** [-ə(n)] erscheinen, zum Vorschein kommen; *Hdl.* fällig sein; sich melden; eintreffen; **~ing** [-ɪŋ] *f* Erscheinung *f*, Vision *f*; **~sel** [-səl] (*-en u. -s*) *n* Erscheinung *f*; Phänomen *n*.

erschil [v̊ər'sxɪl] (*-len*) *n* Unterschied *m*, Differenz *f*; Uneinigkeit *f*, Unstimmigkeit *f*, Differenzen *f/pl.*; Verschiedenheit *f*; *~ van mening* Meinungsverschiedenheit *f*; *~ van ouderdom* Altersunterschied *m*; *dat maakt (helemaal) geen ~* das ist (absolut) dasselbe; es bleibt dabei; **~len** [-ə(n)] verschieden sein, abweichen; differenzieren; *dat verschilt veel* das macht e-n großen Unterschied; *van mening ~* verschiedener Meinung sein; *van iemand (iets) ~* sich von j-m (etw.) unterscheiden; **~lend** [-ənt] verschieden, ungleich; **~punt** [-pənt] *n* Streitpunkt *m*.

er|schimmelen [v̊ər'sxɪmələ(n)] verschimmeln; **~scholen** [-'sxo:ə(n)] versteckt (*a. fig.*).

erscho|nen [v̊ər'sxo:nə(n)] verschönern, schöner machen (werden); schonen, verschonen; nicht belästigen; verzeihen, entschuldigen; *zich ~* reine Wäsche anziehen; *de bedden ~* die Betten frisch beziehen; *ik wil daarvan verschoond blijven* ich verbitte mir das; **~ning** [-nɪŋ] *f* Verschönerung *f*; *om ~ vragen* sich entschuldigen; um Entschuldigung (Verzeihung) bitten.

erschoonbaar [v̊ər'sxo:nba:r] verzeihlich.

erschop|peling [v̊ər'sxɔpəlɪŋ] *m* Verstoßene(r) *m*, Ausgestoßene(r) *m*; **~pelinge** [-lɪŋə] (*-n*) *f* Aschenbrödel *n*; **~pen** [-ə(n)] *fig.* von sich stoßen, ungerecht behandeln.

erschot [v̊ər'sxɔt] (*-ten*) *n* Vorschuß *m*, Auslagen *f/pl.*; Auswahl *f*, Vorrat *m*; Hexenschuß *m*; *~ten beim Schneider*) Zutaten *f/pl.*

er|schrijven [v̊ər'sxrɛi̯və(n)] verschreiben; *zich ~* sich verschreiben; **~schrikkelijk** [-'sxrɪkələk] schrecklich, furchtbar; gewaltig, übertrieben; **~schrikken** [-'sxrɪkə(n)] erschrecken; **~schroeien** [-'sxru·ĭ(j)ə(n)] (ver)sengen; *verschroeide aarde mil.* verbrannte Erde *f*; **~schrompelen** [-'sxrɔmpələ(n)] zusammen-, einschrumpfen; **~schuilen** [-'sxəʏlə(n)] verstecken, verbergen; *zich ~* sich verstecken (*a. fig.*); **~schuiven** [-sxəʏv̊ə(n)] verschieben, aufschieben; **~schuldigd** [-sxəldəxt] schuldig; *iemand veel ~ zijn* j-m viel verdanken.

versheid ['v̊ɛrshɛi̯t] *f* Frische *f*.

versie ['v̊ɛrsi:] (*-s*) *f* Version *f*, Lesart *f*, Darstellung *f*.

versier|en [v̊ər'si:rə(n)] (aus-)schmücken, verzieren; **~ing** [-ɪŋ] *f* Ausschmückung *f*, Schmuck *m*, Verzierung *f*; **~sel** [-səl] (*-s u. -en*) *n* Zierat *m*, Schmuck *m*.

versiert [v̊ər'si:rt] versiert, bewandert, erfahren.

ver|sjachelen [v̊ər'ʃɑxələ(n)], **~sjacheren** [-rə(n)] verschachern, verhökern; **~sjouwen** [-'ʃɑu(ʊ)ə(n)] verschleppen.

verslaafd [v̊ər'sla:ft] geknechtet; *fig.* ergeben, süchtig; *~ aan de drank* dem Trunk ergeben, trunksüchtig; **~heid** [-hɛi̯t] *f* Sucht *f*.

verslaan [v̊ər'sla:n] schlagen, (ob-)siegen, den Sieg davontragen; töten, erschlagen; *Durst* löschen; *Bericht* erstatten (über *A*); *v/i* schal werden.

verslag [v̊ər'slɑx] *n* Bericht *m*; *~ geven (uitbrengen)* Bericht erstatten; **~gever** [-xe:v̊ər] (*-s*) *m* Berichterstatter *m*, Reporter *m*; **~geving** [-xe:v̊ɪŋ] *f* Berichterstattung *f*.

ver|slapen [v̊ər'sla:pə(n)] verschlafen; **~slappen** [-'slɑpə(n)] erschlaffen; **~slechteren** [-'slɛxtərə(n)] verschlimmern, schlimmer werden; **~slepen** [-'sle:pə(n)] fort-, verschleppen; **~sleten** [-'sle:tə(n)] abgenutzt; abgetragen, verschlissen; abgewetzt; **~slijten** [-'slɛi̯tə(n)] abnutzen; *v/i* sich abnutzen; **~slikken** [-'slɪkə(n)] *v/r* sich verschlucken; **~slinden** [-'slɪndə(n)] (*verslond, verslonden*) verschlingen; **~slingeren** [-'slɪŋərə(n)] verschleudern, F verplempern; *zich ~* sich vernarren in *A*, sich *etw.* (*D*) ergeben; **~slond**

[-'slɔnt], **~slonden** [-'slɔndə(n)] *s. verslinden*; *verslonden in* vertieft in *A*; **~smaad** [-'sma:t] verschmäht, verachtet.

versmaat ['v̊ɛrsma:t] (*-maten*) *f* Versmaß *n*, Metrum *n*.

ver|smachten [v̊ər'smɑxtə(n)] verschmachten; **~smelten** [-'smɛltə(n)] ver-, umschmelzen; **~smoren** [-'smo:rə(n)] ersticken (*a. fig.*).

versnapering [v̊ər'sna:pərɪŋ] *f* Leckerbissen *m*, Leckerei *f*, Süßigkeit *f*.

versnel|len [v̊ər'snɛlə(n)] beschleunigen; *~d levend* schnellebig; *~de pas* Geschwindschritt *m*; Schnellgang *m*; *~de film* Film *m* im Zeitraffer (*Ggs.* in Zeitlupe); **~ling** [-ɪŋ] *f* Beschleunigung *f*; Stromschnelle *f*; (*Fahrrad*) Übersetzung *f*; (*Wagen*) Gang *m*; *in derde ~* im dritten Gang; **~lingsbak** [-ɪŋzbɑk] (*-ken*) *m* Getriebe *n*; Wechselgetriebe *n*; Getriebegehäuse *n*.

ver|snijden [v̊ər'snɛĭdə(n)] verschneiden; *Milch* verdünnen; *Wein* panschen; **~snipperen** [-'snɪpərə(n)] verschnippeln; *Kräfte* zersplittern; *Zeit* verzetteln; **~soberen** [-'so:bərə(n)] sparsamer wirtschaften (einrichten); **~somberen** [-'sɔmbərə(n)] verdüstern, verfinstern (*a. fig.*).

versper|ren [v̊ər'spɛrə(n)] (ver-) sperren; **~ring** [-ɪŋ] *f* Sperre *f*, Versperrung *f*; *~ van prikkeldraad* Drahtverhau *m*, Drahtsperre *f*; **~ringsvuur** [-ɪŋsfy:r] (*kein pl.*) *n* Sperrfeuer *n*.

verspieder [v̊ər'spi·dər] (*-s*) *m* Späher *m*, Kundschafter *m*; Spion *m*; (*Polizei*) Spitzel *m*.

ver|spillen [v̊ər'spɪlə(n)] verschwenden, vergeuden; verzetteln; **~spreiden** [-'sprɛĭdə(n)] verbreiten, ausbreiten; *Gerücht* verbreiten; *zich ~ Menge*: sich verlaufen; *Gerücht*: sich verbreiten; *allg.* sich ausbreiten; **~spreken** [-'spre:kə(n)] *v/r* sich versprechen; **~springen**[1] [-'sprɪŋə(n)] (*versprong, is versprongen*) rücken; *de wijzer verspringt* der Zeiger rückt vor; **~springen**[2] ['v̊ɛrsprɪŋə(n)] (*sprong ver, is [heeft] vergesprongen*) weitspringen; *Su.* (*kein pl.*) *n Sp.* Weitsprung *m*, Weitspringen *n*.

vers|regel ['v̊ɛrsre:ɣ̊əl] (*-s*) *m* Verszeile *f*, Vers *m*; **~snede** [-sne:də] (*-n*) *f* Verseinschnitt *m*, Zäsur *f*.

verstaan [v̊ər'sta:n] verstehen; *red ~* Vernunft annehmen; *zich me iemand ~* sich mit j-m verständigen gut auskommen mit j-m; *wel te ~* wohlgemerkt, wohlverstanden; **~baar** [-ba:r] verständlich, ve nehmlich; **~der** [-dər] (*-s*) *m* Höre *m*.

verstand [v̊ər'stɑnt] *n* Verstand *m* Vernunft *f*; Verständnis *n*; *dac heeft hij ~ van* darauf versteht e sich; *iemand iets aan het ~ brenge* j-m etw. klarmachen; *niet bij zijn zijn* von Sinnen sein; *met dien ~* in dem Sinne, unter der Bedingun *hij toonde geen ~* er hatte kein Ve ständnis (für); *een vlug ~* e-e gu Auffassungsgabe; **~elijk** [-ələk] geistig, intellektuell; *~e vermoge* Geisteskräfte *f/pl.*; *dat is ~* das ve steht sich, das ist klar; **~eloos** [-lo:s] unvernünftig, dumm; **~houding** [-hɑudɪŋ] *f* Einverständnis Einvernehmen *n*; **~ig** [-əx] vernün tig; verständig; gescheit, klu schlau; **~sverbijstering** [-sfərbɛĭtərɪŋ] *f* Geistesverwirrung *f*.

versteend [v̊ər'ste:nt] versteiner *fig.* erstarrt; verhärtet; verstockt.

verstek [v̊ər'stɛk] (*-ken*) *n* Versäun nis *n*; *~ laten gaan* nicht erscheine *bij ~ jur.* in Abwesenheit; *vonn bij ~* Versäumnisurteil *n*.

verstekeling [v̊ər'ste:kəlɪŋ] *m* bli de(r) Passagier *m*.

versteld [v̊ər'stɛlt] bestürzt, ve dutzt; *~ staan* verdutzt dastehen.

verstel|goed [v̊ər'stɛlɣ̊u:t] (*kein p n* Flickzeug *n*; **~len** [-ə(n)] verste len; *Kleidung* ausbessern, flicken

verstenen [v̊ər'ste:nə(n)] verste nern; *fig.* erstarren.

versterfrecht [v̊ər'stɛrfrɛxt] (*ke pl.*) *n* Erbrecht *n*.

verster|ken [v̊ər'stɛrkə(n)] ve stärken, befestigen; stärken, krä tigen; *j-n* (in der Überzeugung) b stärken; *~de middelen* Stärkung mittel *n/pl.*; *versterkte stad* Festu *f*; **~ker** [-kər] (*-s*) (*El.*, *Radio*) Ve stärker *m*; **~king** [-kɪŋ] *f* Verstä kung *f*, Befestigung *f*; Stärkung Kräftigung *f*; Festung *f*.

ver|stijven [v̊ər'stɛĭv̊ə(n)] erstarre *Tech.* versteifen; **~stikken** [-'st kə(n)] ersticken.

erstoken[1] [v̊ər'sto:kə(n)] verbrennen.
erstoken[2] entblößt, beraubt (*G*); ~ *zijn van* entblößt sein *G*.
erstokt [v̊ər'stɔkt] verstockt; ~*e zondaar* verstockter Sünder.
erstom|men [v̊ər'stɔmə(n)] verstummen; *verstomd staan* ganz verdutzt (sprachlos) sein; **~ming** [-ɪŋ] *f* Verstummung *f*; Erstaunen *n*; *dat sloeg mij met* ~ ich war sprachlos.
erstoord [v̊ər'sto:rt] böse, verstimmt, aufgebracht.
erstop|pen [v̊ər'stɔpə(n)] verstopfen; verstecken, verbergen; **~pertje** [-pərtjə]: ~ *spelen* Verstecken spielen; **~ping** [-ɪŋ] *f* Verstopfung *f*, Stauung *f*; Hartleibigkeit *f*; Schnupfen *m*.
erstoren [v̊ər'sto:rə(n)] stören; aufbringen, ärgern; *vreugde* ~ *j-m* die Freude trüben.
ersto|teling [v̊ər'sto:təlɪŋ] *m* Ausgestoßene(r) *m*, Verstoßene(r) *m*; **~ten** [-tə(n)] verstoßen; von sich stoßen.
er|stouten [v̊ər'stɑutə(n)] *v/r* sich erdreisten, sich erkühnen; sich unterstehen; **~strekken** [-'strɛkə(n)] liefern, verschaffen; gewähren; *Geld* (her)geben; *Hilfe* leisten; *Auskunft* erteilen; *Angaben* machen; *Lebensmittel* verteilen, austeilen.
erstrekkend ['v̊ɛrstrɛkənt] weitgehend, weitgreifend.
er|strengelen [v̊ər'strɛŋələ(n)] verschlingen; verfilzen; **~strijken** [-'strɛĭkə(n)] verstreichen; *Zeit*: verfließen, vergehen; *het termijn is verstreken* die (gesetzte, vereinbarte) Frist ist abgelaufen; **~strikken** [-'strɪkə(n)] verstricken, umgarnen; *verstrikt raken* sich verheddern.
erstrooid [v̊ər'stro:ĭt] zerstreut; *fig.* verträumt; **~heid** [-hɛĭt] (*-heden*) *f* Zerstreutheit *f*; Verträumtheit *f*; *uit* (*door*) ~ aus Versehen.
er|strooien [v̊ər'stro:ĭ(j)ə(n)] zerstreuen (*a. fig.*); *fig.* ablenken; **~stuiken** [-'stəʏkə(n)] verstauchen, verrenken; **~stuiven** [-'stəʏv̊ə(n)] zerstieben; zerstäuben; **~stuiver** [-'stəʏv̊ər] (*-s*) *m* Zerstäuber *m*; **~sturen** [-'sty:rə(n)] abschicken, (ver)senden.
ersuft [v̊ər'søft] stumpfsinnig, blödsinnig; dösig, duselig.
ersvoet ['v̊ɛrsfu·t] *m* Versfuß *m*.
vertaal|baar [v̊ər'ta:lba:r] übersetzbar; **~bureau** [-by·ro·] (*-s*) *n* Übersetzungsbüro *n*; **~recht** [-rɛxt] *n* Übersetzungsrecht *n*.
vertak|ken [v̊ər'tɑkə(n)] *v/r* sich verzweigen; abzweigen; **~king** [-ɪŋ] *f* Verästelung *f*, Verzweigung *f*; Abzweigung *f*; (*Straße*) Gabelung *f*, Abzweigung *f*; (*Verein*, *Partei*) Gliederung *f*; **~talen** [-'ta:lə(n)] übersetzen, übertragen; **~taling** [-'ta:lɪŋ] *f* Übersetzung *f*, Übertragung *f*.
verte ['v̊ɛrtə] (*-s u. -n*) *f* Ferne *f*; *in de verste* ~ *niet* bei weitem nicht.
vertede|ren [v̊ər'te:dərə(n)] erweichen, rühren; **~ring** [-rɪŋ] *f* Erweichung *f*, Rührung *f*.
verteerbaar [v̊ər'te:rba:r] verdaulich.
vertegenwoordi|gen [v̊ərte·ɣ̊ə(n)-'ʋo:rdəɣ̊ə(n)] vertreten; **~ger** [-ɣ̊ər] (*-s*) *m* Vertreter *m*; **~ging** [-ɣ̊ɪŋ] *f* Vertretung *f*.
vertel|len [v̊ər'tɛlə(n)] erzählen; *zich* ~ sich verzählen; **~ler** [-ər] (*-s*) *m* Erzähler *m*; **~ling** [-ɪŋ] *f* Erzählung *f*; **~sel** [-səl] (*-s*) *n* (kurze) Erzählung *f*; Märchen *n*; *dat zijn* ~*s fig.* das sind Märchen.
verte|ren [v̊ər'te:rə(n)] verzehren; konsumieren; *Geld* verschwenden; *Speisen* verdauen; *Fleischreste usw.*: verwesen; *Holz usw.*: vermodern; auszehren, sich verzehren; **~ring** [-rɪŋ] *f* Verzehrung *f*; Verzehr *m*, Konsum *m*; Zeche *f* (*im Wirtshaus*); Verdauung *f*; *grote* ~ *maken* großen Aufwand treiben; drauflosleben; **~ringsstelsel** [-rɪŋstɛlsəl] (*-s*) *n* Verdauungssystem *n*.
verticaal, *a.* **-kaal** [v̊ɛrti·'ka:l] vertikal, senkrecht.
vertier [v̊ər'ti:r] (*kein pl.*) *n* rege(r) Verkehr *m*, rege(s) Leben *n*; *veel* (*groot*) ~ viel Betrieb *m*.
vertikken [v̊ər'tɪkə(n)]: *hij vertikt het* er tut es nicht, er gibt auf, er weigert sich (*etw. zu tun*).
ver|tinnen [v̊ər'tɪnə(n)] verzinnen; **~toeven** [-'tu:v̊ə(n)] verweilen, sich aufhalten; **~tolken** [-'tɔlkə(n)] verdolmetschen, übersetzen, übertragen; *Meinung*, *Musik* wiedergeben; (*Thea.*, *Film*) darstellen; *een rol* ~ e-e Rolle spielen, e-e Person (Figur) darstellen; **~tolking** [-'tɔlkɪŋ] *f* *Mus.* Wiedergabe *f*; *Thea.* Rollen-

besetzung *f*; Darstellung *f*; **~tonen** [-ˈtoːnə(n)] (vor)zeigen; *Thea.* aufführen; *Film* vorführen; *zich* ~ sich zeigen, sich blicken lassen; **~toning** [-ˈtoːnɪŋ] *f* Vorzeigen *n*; *Thea.* Aufführung *f*; (*Film*) Vorführung *f*; *met veel* ~ mit großem Aufwand; *een vreemde* (*eingenaardige*) ~ ein sonderbares Schauspiel.

vertoog [v̊ərˈtoːx] (*-togen*) *n* Auseinandersetzung *f*; Beweisführung *f*, Darlegung *f*; **~schrift** [-sxrɪft] *n* Abhandlung *f*; *jur.* Schriftsatz *m*.

vertoon [v̊ərˈtoːn] (*kein pl.*) Vorzeigung *f*; *op* ~ *van* gegen Vorzeigung *G*; Aufwand *m*, Prunk *m*; *uiterlijk* ~ äußerer Prunk; **~dag** [-dɑx] *m Hdl.* Fälligkeitstag *m*.

vertoornen [v̊ərˈtoːrnə(n)] erzürnen.

vertra|gen [v̊ərˈtraːɣ̊ə(n)] verzögern, sich verspäten; langsamer werden; nachlassen; *~!* langsam fahren!; *vertraagde film* Film(aufnahme *f*) *m* in Zeitlupe; **~ging** [-ɪŋ] *f* Verzögerung *f*; (*Zug usw.*) Verspätung *f*; ~ *van tempo Mus.* Tempoverschleppung *f*.

ver|trappen [v̊ərˈtrɑpə(n)] zertreten; *fig.* ausstoßen; unterdrücken; **~treden** [-ˈtreːdə(n)] zertreten, mit Füßen treten; *v/r* sich die Beine vertreten.

vertrek[1] [v̊ərˈtrɛk] (*-ken*) *n* Raum *m*, Zimmer *n*, Stube *f*; Fortgang *m*, Abreise *f*, Abfahrt *f*, Abflug *m*; *Sp.* Start *m*; F Abort *m*, Lokus *m*; **~ken** [-ə(n)] weggehen, fortgehen, abreisen, abfahren; *Sp.*, *Flgw.* starten; **~schot** [-sxɔt] *n Sp.* Startschuß *m*.

ver|troetelen [v̊ərˈtruˑtələ(n)] (ver-)hätscheln; **~troosten** [-troːstə(n)] trösten; **~trouwbaar** [-trɑu̯baːr] zuverlässig.

vertrouw|d [v̊ərˈtrɑu̯t] vertraut; **~de** [-də] (*-n*) *m u. f* Vertraute(r *m*) *f*; **~elijk** [-ələk] vertraulich; *Adv.* im Vertrauen; *strikt* ~ streng vertraulich; **~en** [-ə(n)] (ver)trauen *D*; *op iemand* ~ auf j-n vertrauen; *Su. n* Vertrauen *n*, Zutrauen *n*; *op goed* ~ *Hdl.* auf Treu und Glauben; *misbruik van* ~ Vertrauensmißbrauch *m*; *motie van* ~ Vertrauensantrag *m*; *een motie van* ~ *indienen* e-n Vertrauensantrag stellen.

vertwijfe|len [v̊ərˈtʋɛi̯fələ(n)] verzweifeln; **~ling** [-lɪŋ] *f* Verzweiflung *f*.

vervaard [v̊ərˈv̊aːrt] furchtsam, bange; *wees niet* ~ keine Bange; *vo geen klein gerucht* ~ nicht einz schüchtern.

vervaardi|gen [v̊ərˈvaːrdəɣ̊ə(n verfertigen, anfertigen, herstelle **~ging** [-ɣ̊ɪŋ] *f* Anfertigung *f*, He stellung *f*.

vervaarlijk [v̊ərˈvaːrlək] furchtba gefürchtet.

verval [v̊ərˈv̊ɑl] (*-len*) *n* Verfall *r* Niedergang *m*; Abnahme *f* (*d Kräfte*); (*Fluß*) Gefälle *n*; **~da** [-dɑx] *m* Fälligkeitstag *m*, Fälli keitstermin *m*; **~len** [-ə(n)] verfa len, in Verfall geraten; *Hdl.* fäll sein; aus-, wegfallen, hinfällig we den; abnehmen; *Adj.* verfalle heruntergekommen; *Hdl.* fällig; *verklaren* verlustig erklären *G*.

verval|sen [v̊ərˈv̊ɑlsə(n)] (ver)fä schen; *Wein* panschen; *Milch* ve dünnen; *vervalste handtekening* gefälschte Unterschriften; **~se** [-sər] (*-s*) *m* Fälscher *m*; **~si** [-sɪŋ] *f* Fälschung *f*, Verfälschu *f*; ~ *in geschrifte*(*n*) Urkunde fälschung *f*.

vervang|en [v̊ərˈv̊ɑŋə(n)] ersetze *j-n* vertreten; **~er** [-ər] (*-s*) Stellvertreter *m*; **~ing** [-ɪŋ] *f* E satz *m*; Stellvertretung *f*; *in de voorzien* ersetzen, für Ersatz sorge **~ingsstuk** [-ɪŋstək] (*-ken*) *n* E satzteil *n*.

vervat [v̊ərˈv̊ɑt] enthalten (*in*/ir zusammengefaßt.

verve|len [v̊ərˈv̊eːlə(n)] langweile *vervelend werk* unangenehme A beit; *tot vervelens toe* bis zu Überdruß; **~ling** [-lɪŋ] *f* Lang weile *f*.

vervellen [v̊ərˈv̊ɛlə(n)] sich häute sich schälen.

ver|veloos [ˈv̊ɛrv̊əloːs] farblos; **~v** [-v̊ə(n)] anstreichen; *Stoffe* färbe *vers* (*pas*) *geverfd* frisch gestriche **~ver** [-v̊ər] (*-s*) Anstreicher Färber *m*; **~verij** [-v̊əˈrɛi̯] *f* Färb rei *f*.

ver|versen [v̊ərˈv̊ɛrsə(n)] erfrische erneuern; **~versing** [-ˈv̊ɛrsɪŋ] *f* E frischung *f*; **~vliegen** [-ˈv̊liːɣ̊ə(verfliegen; verdunsten, verdam fen; **~vloeien** [-ˈv̊luˑi(j)ə(n)] v fließen; **~vloeken** [-ˈv̊luˑkə(n)] v fluchen *A*, fluchen *D*; **~vloeki** [-ˈv̊luˑkɪŋ] Verfluchung *f*; Fluch

vluchtigen [-ˈvløxtəɣ̊ə(n)] verfliegen, sich verflüchtigen.
ervoe|gen [v̊ərˈv̊u:ɣ̊ə(n)] *Gr.* konjugieren, abwandeln; *zich ~ bij* sich wenden an *A*; **~ging** [-ɣ̊ɪŋ] *f Gr.* Konjugation *f*, Abwandlung *f*.
ervoer [v̊ərˈv̊u:r] (*kein pl.*) *n* Beförderung *f*, Transport *m*; *klaar voor ~ Hdl.* versandfertig; *kosteloos ~, ~ vrij (kosteloos)* (*Bahn usw.*) gebührenfreie, kostenlose Beförderung *f*, (*Straßenbahnbenutzung usw.*) Beförderung *f* zum Nulltarif; *~ per spoor* Transport *m* (Beförderung *f*) per Bahn; **~baar** [-ba:r] transportabel, beförderbar; **~en** [-ə(n)] befördern, transportieren; *zich laten ~ tg.* sich hinreißen lassen zu (*D*).
ervoering [v̊ərˈv̊u:rɪŋ] *f* Begeisterung *f*; Verzückung *f*; *in ~* begeistert.
ervoermiddel [v̊ərˈv̊u:rmɪdəl] *n* [Transportmittel *n*.]
ervolg [v̊ərˈv̊ɔlx] *n* Fortsetzung *f*; *in het ~* in Zukunft, künftig; *in ~ op* in Anschluß an *A*; **~en** [-ɣ̊ə(n)] verfolgen, nachsetzen; fortsetzen; *wordt vervolgd* Fortsetzung folgt; **~ens** [-ɣ̊əns] sodann; nachher; **~ing** [-ɪŋ] *f* Verfolgung *f*; *een ~ inspannen* e-n Prozeß anstrengen; e-e Strafsache anhängig machen; **~ingswaanzin** [-ɣ̊ɪŋsʋa:nzɪŋ] *m* Verfolgungswahn *m*.
ervolg|stuk [v̊ərˈv̊ɔlxstøk] (*-ken*) *n* Fortsetzung *f*; **~verhaal** [-fərha:l] (*-halen*) *n* Fortsetzungsroman *m*.
er|vormen [v̊ərˈv̊ɔrmə(n)] umformen, umbilden, umgestalten; **~vreemden** [-ˈv̊re:mdə(n)] veräußern; *zich van iemand ~* sich *j-m* entfremden; **~vreemding** [-ˈv̊re:mɪŋ] *f* Veräußerung *f*; Entfremdung *f*; **~vroegen** [-ˈv̊ru:ɣ̊ə(n)] beschleunigen; vorverlegen; vordatieren; **~vuilen** [-ˈv̊əʏlə(n)] verunreinigen, verschmutzen; **~vullen** [-ˈv̊ølə(n)] erfüllen; *Amt* bekleiden, versehen; *vervuld van angst* angsterfüllt.
er|waand [v̊ərˈʋa:nt] dünkelhaft, eingebildet; **~waandheid** [-ˈʋa:nthɛit] (*-heden*) *f* Dünkel *m*, Einbildung *f*; **~waardigen** [-ˈʋa:rdəɣ̊ə(n)] würdigen; *iemand met geen blik ~* j-n keines Blickes würdigen; *zich ~* sich herablassen; **~waarlozen** [-ˈʋa:rlo:zə(n)] verwahrlosen, vernachlässigen.

verwach|ten [v̊ərˈʋɑxtə(n)] erwarten; *het is te ~* es steht zu erwarten; *veel ~ van iets* sich viel von etw. versprechen; **~ting** [-tɪŋ] *f* Erwartung *f*; *in blijde ~ zijn* guter Hoffnung sein, in gesegneten Umständen sein; *tegen alle ~ in* gegen alle Erwartung.
verwant [v̊ərˈʋɑnt] verwandt; *Su.* [*m* Verwandte(r) *m*.]
verward [v̊ərˈʋɑrt] verwirrt, verworren; *het is alles (zeer) ~* es ist alles wie Kraut und Rüben.
verwar|men [v̊ərˈʋɑrmə(n)] erwärmen, heizen; *verwarmde lokalen ter beschikking stellen* Wärmestuben *f/pl.* zur Verfügung stellen; **~ming** [-mɪŋ] *f* Heizung *f*; Erwärmung *f*; *centrale ~* Zentralheizung *f*; **~mingsbuis** [-mɪŋzbəʏs] (*-buizen*) *f* Heizrohr *n*; **~mingstoestel** [-mɪŋstu:stɛl] (*-len*) *n* Heizapparat *m*, Heizkörper *m*.
verwar|ren [v̊ərˈʋɑrə(n)] verwirren; verwechseln; *Wolle usw.* verfilzen; **~ring** [-ɪŋ] *f* Verwirrung *f*; Verwechslung *f*; Verfilzung *f*.
ver|waten [v̊ərˈʋa:tə(n)] verwegen, vermessen; anmaßend, dünkelhaft; **~waterd** [-ˈʋa:tərt] verwässert; **~wedden** [-ˈʋɛdə(n)] verwetten; *~ om (onder)* wetten um (*A*).
verweer [v̊ərˈʋe:r] (*-weren*) *n* Widerstand *m*; Verteidigung *f*.
verweerd [v̊ərˈʋe:rt] verwittert.
verweer|der [v̊ərˈʋe:rdər] (*-s*) *m jur.* Beklagte(r) *m*; **~schrift** [-sxrɪft] *n* Verteidigungsschrift *f*.
verweesd [v̊ərˈʋe:st] verwaist.
verweet [v̊ərˈʋe:t] *s. verwijten.*
verwe|kelijken [v̊ərˈʋe:kələkə(n)] verweichlichen; **~ken** [-ə(n)] erweichen, weich werden (*a. fig.*).
verwek|ken [v̊ərˈʋɛkə(n)] erzeugen, erregen, hervorrufen; **~ker** [-ər] (*-s*) *m* Erzeuger *m*; Erreger *m*; Anstifter *m*.
verwel|ken [v̊ərˈʋɛlkə(n)] (ver)welken; **~komen** [-ko:mə(n)] begrüßen, bewillkommnen; **~koming** [-ko:mɪŋ] *f* Bewillkommnung *f*.
ver|wennen [v̊ərˈʋɛnə(n)] verwöhnen; verziehen; **~wensen** [-ˈʋɛnsə(n)] verwünschen, verfluchen; **~weren** [-ˈʋe·rə(n)] verteidigen; *zich ~* sich wehren; sich sträuben; (*durch die Witterung*) verwittern; **~werkelijken** [-ˈʋɛrkələkə(n)] verwirklichen; **~werken** [-ˈʋɛrkə(n)]

verarbeiten; *fig.* verschmerzen, verwinden.

verwer|pelijk [v̊ər'v̊ɛrpələk] verwerflich; **~pen** [-pə(n)] verwerfen; *Antrag* ablehnen; **~ping** [-pɪŋ] *f* Verwerfung *f*; Ablehnung *f*.

verwer|ven [v̊er'ʋɛrv̊ə(n)] erwerben; *bekendheid ~* bekannt werden; **~ving** [-v̊ɪŋ] *f* Erwerbung *f*.

verwezen [v̊ər'ʋe:zə(n)] geistesabwesend; fassungslos.

verwijden [v̊ər'ʋɛĭdə(n)] erweitern, weiter machen, ausweiten.

verwij|deren [v̊ər'ʋɛĭdərə(n)] entfernen; *ver verwijderd* weit entfernt; **~dering** [-dərɪŋ] *f* Entfernung *f*; *fig.* Entfremdung *f*; **~ding** [-dɪŋ] *f* Ausweitung *f*; Erweiterung *f*.

verwijfd [v̊ər'ʋɛĭft] weibisch; verweichlicht; **~heid** [-hɛĭt] (*-heden*) *f* Verweichlichung *f*.

verwijl [v̊ər'ʋɛĭl] (*kein pl.*) *n* Verzug *m*; *zonder ~* ohne Verzug.

verwijt [v̊ər'ʋɛĭt] *n* Vorwurf *m*, Schelte *f*; Verweis *m*; Vorhaltung *f*; **~en** [-ə(n)] (*verweet, verweten*) vorwerfen, schelten; verweisen; **~end** [-ənt] vorwurfsvoll.

verwij|zen [v̊ər'ʋɛĭzə(n)] verweisen; hinweisen (*naar*/auf *A*), Bezug nehmen auf *A*; *we ~ naar* wir nehmen Bezug auf, wir beziehen uns auf, unter Bezugnahme auf, unter Hinweis auf, mit Bezug auf (*A*); **~zing** [-zɪŋ] *f* Bezugnahme *f*, Hinweis *m*; Verweisung *f*.

verwikke|len [v̊ər'ʋɪkələ(n)] verwickeln (*in*/in *A*); **~ling** [-lɪŋ] *f* Verwicklung *f*; *daar komen ~en van* das gibt (bestimmt) Ärger, das führt zu Unruhen.

verwilderen [v̊ər'ʋɪldərə(n)] verwildern, entarten.

verwissel|baar [v̊ər'ʋɪsəlba:r] auswechselbar, umtauschbar; **~en** [-ə(n)] umtauschen; (*aus Versehen*) verwechseln; *de rollen ~* die Rollen tauschen; *van plaats ~* die Plätze wechseln; **~ing** [-ɪŋ] *f* Umtauschen *n*; Verwechslung *f*.

verwitti|gen [v̊ər'ʋɪtəɣ̊ə(n)] in Kenntnis setzen, benachrichtigen; **~ging** [-ɣ̊ɪŋ] *f* Benachrichtigung *f*; Mahnung *f*.

verwoed [v̊ər'ʋu·t] wütend; heftig; **~heid** [-hɛĭt] (*kein pl.*) Wut *f*; Heftigkeit *f*.

ver|woesten [v̊ər'ʋu:stə(n)] ve wüsten, zerstören, verheeren; **wonden** [-'ʋɔndə(n)] verwunde verletzen.

ver|wonderen [v̊ər'ʋɔndərə(n)] ve wundern, befremden; *zich ~* si (ver)wundern; *verwonderd sta* (*zijn*) staunen; **~wondering** [-'ʋɔ dərɪŋ] *f* Verwunderung *f*, Befre dung *f*; Erstaunen *n*; **~wonderli** [-'ʋɔndərlək] wunderbar; erstau lich; sonderbar, seltsam.

verwonding [v̊ər'ʋɔndɪŋ] *f* V wundung *f*, Verletzung *f*.

ver|wonen [v̊ər'ʋo:nə(n)] Miete b zahlen; **~worpeling** [-'ʋɔrpəlɪŋ] Verstoßene(r) *m*; **~wringen** [-'v̊ ŋə(n)] verdrehen (*a. fig.*); *Gesich züge* verzerren, entstellen; *v wrongen stijl* verschrobener Stil.

ver|zachten [v̊ər'zɑxtə(n)] milder *Schmerz usw.* lindern; *~de omstc digheden* mildernde Umstän *m/pl.*; **~zadigen** [-'za:dəɣ̊ə(n)] s tigen; *ik ben verzadigd* ich bin sa *een verzadigde oplossing Chem.* g sättigte Lösung *f*; **~zaken** [-'z kə(n)] verleugnen; (*Kartensp* nicht bekennen; *zijn geloof ~* s Glauben abschwören; *aan de v reld ~* der Welt entsagen; *zijn pli ~* s-e Pflicht verletzen; **~zakk** [-'zɑkə(n)] einsinken, sich senk **~zakking** [-'zɑkɪŋ] *f* Einsinken Versenkung *f*; *Med.* Senkung *f van de baarmoeder Med.* Geb mutterprolaps *m*; *~ van de gr* Bodensenkung *f*.

verzamel|aar [v̊ər'za:məla:r] *m* Sammler *m*; **~ing** [-ɪŋ] *f* Sam lung *f*; **~lijst** [-lɛĭst] *f* Sammelli *f*; **~naam** [-na:m] (*-namen*) *m* Sa melname *m*, Kollektivum *n*; **plaats** [-pla:ts] *f* Sammelplatz *n*

ver|zanden [v̊ər'zɑndə(n)] vers den; **~zegelen** [-'ze:ɣ̊ələ(n)] vers geln; **~zeilen** [-'zɛĭlə(n)] sich v segeln; *fig.* geraten; *waar is hij verzeild geraakt?* wo mag er b stecken?, wo ist er bloß hingerat

verzeker|aar [v̊ər'ze:kəra:r] (*-s* Versicherer *m*; **~en** [-ə(n)] v sichern.

verzekering [v̊ər'ze:kərɪŋ] *f* V sicherung *f*; *sociale ~* Sozialv sicherung *f*; **~scontract**, *a.* **-kontrakt** [-kɔntrɑkt] *n* Versic rungsvertrag *m*; **~smaatschap**

[-sma:tsxapɛi] *f* Versicherungsgesellschaft *f*; **~spolis** [-spo·lɪs] (*-sen*) *f* Versicherungspolice *f*, Versicherungsschein *m*; **~spremie** [-spre:-mi:] (*-s*) *f* Versicherungsprämie *f*.
erzen|den [v̊ər'zɛndə(n)] ver-, absenden, abschicken; (*größere Mengen*) spedieren; **~der** [-dər] (*-s*) *m* Versender *m*, Absender *m*; Spediteur *m*; **~ding** [-dɪŋ] *f* Versendung *f*, Absendung *f*, Versand *m*; *bericht van* ~ Versandanzeige *f*; *klaar* (*gereed*) *voor* ~ versandbereit, versandfertig; **~dingskosten** [-dɪŋskɔs-tə(n)] *pl.* Versandkosten *pl.*, Speditionskosten *pl.*
erzenmaker ['v̊ɛrzə(n)ma:kər] (*-s*) *n* Verseschmied *m*.
erzet [v̊ər'zɛt] (*kein pl.*) *n* Widerstand *m*, Auflehnung *f*; (*seelisch*) Empörung *f*; *in* ~ *komen* sich auflehnen; sich empören; *zonder enig* ~ ohne (jeden) Widerstand, widerstandslos; ohne (jeden) Einspruch; ~ *aantekenen jur.* Einspruch erheben; **~je** [-jə] (*-s*) *n* Zerstreuung *f*, Erholung *f*; Spaß *m*; **~sbeweging** [-zbəʋe:ɣɪŋ] *f* Widerstandsbewegung *f*; **~ten** [-ə(n)] versetzen; (*Schach*) ziehen; *zijn zinnen* ~ sich zerstreuen, die Gedanken ablenken; *geen voet* ~ keinen Schritt tun; *zich* ~ sich zerstreuen, sich erholen; *zich* ~ *tegen* sich widersetzen *D*, sich auflehnen gegen *A*; sich empören über *A*.
erzien [v̊ər'zi:n] über'sehen; *zich* ~ sich versehen; *het op iemand* ~ *hebben* es auf j-n abgesehen haben; *een kans* ~ e-e Gelegenheit verpassen.
erziend ['v̊ɛrzi:nt] weitsichtig; *fig.* weitblickend; **~heid** [-hɛit] *f* Weitsichtigkeit *f*.
er|zilveren [v̊ər'zɪlv̊ərə(n)] versilbern; **~zinken** [-'zɪŋkə(n)] *v/i* versinken; *v/t* versenken; mit Zink überziehen, verzinken.
erzin|nelijken [v̊ər'zɪnələkə(n)] versinnlichen; **~nen** [-ə(n)] ersinnen, erdenken; erdichten, erfinden; *verzonnen* ersonnen, (frei) erfunden; **~sel** [-səl] (*-s u. -en*) *n* Erfindung *f*; *louter* ~*s* lauter Lügen, das sind Märchen; **~zitten** [-'zɪtə(n)]: *gaan* ~ den Platz wechseln.
erzoek [v̊ər'zu·k] *n* Bitte *f*, Ersuchen *n*, Gesuch *n*, Anliegen *n*; *op* ~ *van* auf Wunsch (Antrag, Veranlassung) *G*; *op* ~ auf Wunsch, auf Anfrage, auf Verlangen; *een* ~ *indienen* (*doen*) beantragen, e-n Antrag stellen, bitten um *A*; **~en** [-ə(n)] bitten, ersuchen; auffordern; *Gott* versuchen; *om hulp* ~ um Hilfe bitten; *om audiëntie* (*gehoor*) ~ um e-e Audienz nachsuchen; *op een feestje* (*op de koffie*) ~ zu Feier (zum Kaffee) einladen; **~er** [-ər] (*-s*) *m* Bittsteller *m*; **~ing** [-ɪŋ] *f* Versuchung *f*; **~schrift** [-sxrɪft] *n* Bittschrift *f*; Eingabe *f*.
Verzoendag [v̊ər'zu:ndɑx] *m*: *de Grote* ~ der Große Versöhnungstag, Jom-Kippur(-Tag) *m*.
verzoe|nen [v̊ər'zu:nə(n)] versöhnen, aussöhnen (*met*/mit *D*); **~nend** [-nənt] versöhnlich; **~ning** [-nɪŋ] *f* Versöhnung *f*, Aussöhnung *f*.
ver|zoeten [v̊ər'zu·tə(n)] versüßen; **~zolen** [-'zo:lə(n)] (neu) besohlen.
verzor|gen [v̊ər'zɔrɣə(n)] versorgen; pflegen, betreuen; ernähren; unterstützen; **~ger** [-ɣər] (*-s*) *m* Versorger *m*; Ernährer *m*; Betreuer *m*; **~ging** [-ɣɪŋ] *f* Versorgung *f*, Verpflegung *f*; Pflege *f*; Fürsorge *f*, Betreuung *f*; **~gingshuis** [-ɣɪŋs-həʏs] (*-huizen*) *n* Pflegeheim *n*.
verzot [v̊ər'zɔt] versessen, erpicht (*op*/auf *A*); vernarrt (*in*/in *A*).
ver|zouten [v̊ər'zɑutə(n)] versalzen; **~zuchting** [-'zəxtɪŋ] *f* (Stoß-) Seufzer *m*; Klage *f*; **~zuim** [-'zəʏm] *n* Versäumnis *n*, Unterlassung *f*; *zonder* ~ unverzüglich; **~zuimen** [-'zəʏmə(n)] versäumen, unterlassen; verfehlen, verpassen.
verzui|len [v̊ər'zəʏlə(n)] vereinheitlichen; *fig. Meinungen* unter e-n Hut bringen; **~ling** [-lɪŋ] *f* Vereinheitlichung *f*; Monolithbildung *f*.
ver|zuipen [v̊ər'zəʏpə(n)] *v/t* versaufen; *v/i* ersaufen; **~zuren** [-'zy:-rə(n)] sauer machen, säuern; sauer werden (*a. fig.*); **~zwakken** [-'zʋɑ-kə(n)] *v/t* (ab)schwächen; *v/i* schwächer werden; **~zwaren** [-'zʋa:rə(n)] erschweren; schwer machen; *hij is veel* (*erg*) *verzwaard* er ist dicker geworden, er hat (stark) zugenommen; **~zwelgen** [-'zʋɛlɣə(n)] verschlingen; **~zweren** [-'zʋe:rə(n)] vereitern; **~zwijgen** [-'zʋɛiɣə(n)] verschweigen; **~-**

zwikken [-ˈzʋɪkə(n)] verstauchen, verrenken.
vesper [ˈv̊ɛspər] (*-s*) *f* Vesper *f*; **~klok** [-klɔk] (*-ken*) *f* Vesperglocke *f*.
vest[1] [v̊ɛst] *f* Wall *m*; (*Wasser*) Graben *m*; Festung *f*.
vest[2] *f* Weste *f*; Jacke *f*; **~iaire** [-ˈjɛ:rə] (*-s*) *m* Garderobe *f*; Kleiderablage *f*.
vestibule [v̊ɛstiˑˈbyˑl] (*-s*) *m* Vestibül *n*, (Haus-)Flur *m*, Diele *f*.
vesti|gen [ˈv̊ɛstəɣ̊ə(n)] gründen, errichten; *zich ~* sich niederlassen, sich etablieren; s-n Wohnsitz nehmen; *gevestigd zijn* wohnhaft sein; *gevestigd in* (*Firma usw.*) mit Sitz in; *de aandacht ~* die Aufmerksamkeit lenken (richten) auf *A*; *gevestigde hoop* begründete Hoffnung *f*; *de blik ~ op* den Blick heften auf *A*; **~ging** [-ɣ̊ɪŋ] *f* Gründung *f*, Errichtung *f*; Niederlassung *f*; **~gingsvergunning** [-ɣ̊ɪŋsfərɣ̊ønɪŋ] *f* Zuzugsgenehmigung *f*.
vesting [ˈv̊ɛstɪŋ] *f* Festung *f*; **~straf** [-strɑf] (*kein pl.*) *f* Festungsstrafe *f*.
vestzak [ˈv̊ɛstsɑk] (*-ken*) *m* Westentasche *f*.
Vesuvius [v̊əˈzy:viˑ(j)øs] *m* Vesuv *m*.
vet [v̊ɛt] fett; (*Tier*, *a. Person*) feist, dick; *Su.* (*-ten*) *n* Fett *n*; (*vom Schwein*) Schmalz *n*; *nog iets in 't ~ hebben* (noch) etw. in Aussicht haben; *hij is er ~ mee* damit kann er nichts anfangen; **~achtig** [-ɑxtəx] fettartig, fettig.
vete [ˈv̊e:tə] (*-s u. -n*) *f* Fehde *f*.
veter [ˈv̊e:tər] (*-s*) *m* (Schnür-)Senkel *m*; Schnur *f*.
veteraan [v̊eˑtəˈra:n] (*-ranen*) *m* Veteran *m*.
veterinair [v̊eˑtəriˑˈnɛ:r] (*-s*) *m* Tierarzt *m*, Veterinär *m*.
vet|gans [ˈv̊ɛtxɑns] (*-ganzen*) *f* Fettgans *f*; **~gehalte** [-xəhɑltə] (*-n u. -s*) *n* Fettgehalt *m*; **~gezwel** [-xəzʋɛl] (*-len*) *n* Fettwulst *f*; **~heid** [-hɛit] (*kein pl.*) *f* Fettheit *f*; **~jes** [-jəs]: *~ gedrukt* fettgedruckt; **~kaars** [-ka:rs] *f* Talglicht *n*; **~klier** [-kli:r] *f* Talgdrüse *f*; **~mesten** [-mɛstə(n)] mästen.
veto [ˈv̊e:to:] (-ʼs) *n* Veto *n*; *zijn ~ stellen* sein Veto einlegen.
vet|puistje [ˈv̊ɛtpəʏʃə] (*-s*) *n* Pickel *m*, Mitesser *m*; **~ten** [-ə(n)] (ein-)fetten; **~tig** [-əx] fettig; schmutzig; *een ~e vent* Schmutzfink *m*; **~tigheid** [-əxhɛit] (*-heden*) *f* Fettigkei *f*; **~vlek** [-flɛk] (*-ken*) *f* Fettfleck *m*; **~zak** [-sɑk] (*-ken*) *m* Schmerbauc *m*; **~zucht** [-søxt] *f* Fettsucht *f*.
veulen [ˈv̊ø:lə(n)] (*-s*) *n* Füllen *n*, Fohlen *n*.
vezel [ˈv̊e:zəl] (*-s*) *f* Faser *f*; **~achtig** [-ɑxtəx] faserig; **~en** [-ə(n)] fasern, flüstern, wispern; **~stof** [-stɔf] (*-fen*) *f* Faserstoff *m*, Fibrin *n*.
via [ˈv̊iˑ(j)aˑ] via, über.
viaduct, *a.* **-dukt** [v̊iˑ(j)aˑˈdøk(t)] *u. n* Viadukt *m*, Überführung *f*.
vi|bratie [v̊iˑˈbra:si:] (*-s*) *f* Vibratio *f*, Schwingung *f*, Erschütterung *f*; **~breren** [-ˈbre:rə(n)] vibrierer schwingen, beben.
vicaris [v̊iˑˈka:rəs] (*-sen*) *m* Vikar *m*.
vice-|admiraal [ˈv̊iˑsəɑdmiˑra:l] (*-s*) *m* Vizeadmiral *m*; **~president** [-preˑziˑdɛnt] *m* Vizepräsident *m*.
vicieus [v̊ɪsˈjø:s] lasterhaft; fehlerhaft.
victorie [v̊ɪkˈto:ri:] (*-s*) *f* Sieg *m*.
videocassette, *a.* **-kas-** [v̊iˑˈde:(j)o kɑsɛtə] (*-s u. -n*) *f* Videokassette *f*.
viel [v̊i:l] *s. vallen*.
vier [v̊i:r] vier; *Su. f* Vier *f*; *met vi deuren* viertürig; *wagen met ~ zi plaatsen* Viersitzer *m*; *met zijn ~* zu viert; *in ~en verdeeld* in vi Teile geteilt; *in ~en delen* viertel in vier Teile zerlegen; **~ben** [-be:nəx] vierbeinig; **~daa** [-da:xs] viertägig; **~de** [-də] d (die, das) vierte (Vierte); *ten ~ vie* tens; *een ~* ein Viertel *n*; **~del** [-de:ləx] vierteilig; **~duizer** [-dəʏzənt] viertausend.
vieren [ˈv̊i:rə(n)] feiern; *mar. T* fieren.
vieren|deel [ˈv̊i:rənde:l] (*-delen*) Viertel *n*; ein halbes Pfund; **~del** [-de:lə(n)] in vier Teile zerlege vierteln; *hist. Verbrecher* vierteile
vier|handig [v̊i:rˈhɑndəx] vierhä dig; **~hoek** [-huˑk] *m* Viereck *n*; **hoekig** [-ˈhuˑkəx] viereckig; **hoofdig** [-ˈho:v̊dəx] vierköpfig; **honderd** [-hɔndərt] vierhunde **~jarig** [-ja:rəx] vierjährig.
viering [ˈv̊i:rɪŋ] *f* Feier *f*; F Fete
vierjarenplan [v̊i:rˈja:rə(n)plɑ (*-nen*) *n* Vierjahresplan *m*.
vierkant [ˈv̊i:rkɑnt] *n* Quadrat *Adj.*, *Adv.* viereckig, quadratisc *een ~e boer* ein vierschrötig Bauer; ein plumper Kerl; *iemand*

de *waarheid zeggen* j-m unverblümt die Wahrheit sagen; *iemand ~ uitlachen* j-m (unverschämt) ins Gesicht lachen; *10 meter in het ~* 10 Meter im Quadrat; een *~e kilometer* ein Quadratkilometer; **~swortel** [-sʋɔrtəl] (*-s*) *m Math.* Quadratwurzel *f*.
ier|ledig ['vi:rle:dəx] viergliedrig; **~lettergrepig** [-'lɛtərɣ̊re:pəx] viersilbig; **~potig** [-po:təx] vierfüßig; **~schaar** [-sxa:r] (*-scharen*) *f* Gericht *n*, Tribunal *n*; **~span** [-spɑn] (*-nen*) *n* Verergespann *n*; (*Wagen*) Vierspänner *m*; **~sprong** [-sprɔŋ] *m* Kreuzweg *m*, Kreuzung *f*; **~stemmig** [-stɛməx] vierstimmig; **~taktmotor** [-'tɑktmo:tɔr] (*-s u. -en*) *m* Viertaktmotor *m*, Viertakter *m*; **~tal** [-tɑl] etwa vier; **~tallig** [-tɑləx] vierstellig; **~uurtje** [-'y:rtjə] (*-s*) *n* Vieruhrkaffee *m*, Vieruhrbrot *n*, Vieruhrtee *m*; **~voeter** [-v̊u·tər] (*-s*) *m* Vierfüßler *m*; **~voetig** [-v̊u·-əx] vierfüßig; **~voudig** [-v̊ɑudəx] vierfach; **~wielrem** [-ʋi:lrɛm] (*-men*) *f* Vierradbremse *f*.
ierwoudstedenmeer [v̊i:r'ʋɑutte·dəme:r] *n* Vierwaldstätter See *m*.
es [v̊i:s] ekelhaft, widerlich; unflätig, dreckig; schlüpfrig; wählerisch, zimperlich; *vieze lucht* Mief *m*; **~neus** [-nø:s] (*-neuzen*) *m* Naserümpfer *m*.
e|zerik ['vi:zərɪk] *m* Schmutzfink *m*, Ekel *n*; **~zigheid** [-zəxhɛĭt] (*-heden*) *f* Ekel *m*; Schmutz *m*; Widerwärtigkeit *f*.
geren [v̊i·'ɣ̊e:rə(n)] gelten, rechtskräftig sein.
gilante [v̊i·ɣ̊i·-], *a.* [vi·ʒi·'lɑntə] (*-s*) *f* (viersitzige) Droschke *f*.
gnet [vɪn'jɛt] (*-ten*) *n* Vignette *f*.
iand ['v̊ɛĭ(j)ɑnt] *m* Feind *m*.
ian|delijk [v̊ɛĭ'jɑndələk] feindlich; **~dig** [-dəx] feindlich, feindselig; **~digheid** [-dəxhɛĭt] (*-heden*) *f* Feindlichkeit *f*, Feindseligkeit *f*.
iandschap ['v̊ɛĭ(j)ɑntsxɑp] (*-pen*) Feindschaft *f*.
f [v̊ɛĭf] fünf; *Su.* (*vijven*) *f* Fünf *f*; *geef mij de ~* gib mir die Hand; *hij heeft ze niet alle ~ fig.* er hat nicht alle Tassen im Schrank; **~de** [-də] der (die, das) fünfte.
f|hoek ['v̊ɛĭfhu·k] *m* Fünfeck *n*; **~jarig** [-ja:rəx] fünfjährig; **~kamp** [-kɑmp] *m Sp.* Fünfkampf *m*; **~maal** [-ma:l] fünfmal; **~snarig** [-sna:rəx] fünfsaitig; **~tal** [-tɑl] etwa fünf; **~tien** [-ti:n] fünfzehn.
vijftig ['fɛĭftəx] fünfzig; *hij is in de ~* er ist über fünfzig; **~er** [-ɣ̊ər] (*-s*) *m* Fünfziger *m*.
vijg [v̊ɛĭx] *f* Feige *f*; F Schlappschwanz *m*; **~eblad** [-ɣ̊əblɑt] (*-eren, -en u. -blaren*) *n* Feigenblatt *n*; **~eboom** [-ɣ̊əbo:m] (*-bomen*) *m* Feigenbaum *m*; **~enmand** [-ɣ̊ə(n)mɑnt] *f* Feigenkorb *m*.
vijl [v̊ɛĭl] *f* Feile *f*; **~en** [-ə(n)] feilen; **~sel** [-səl] (*kein pl.*) *n* Feilstaub *m*.
vijver ['v̊ɛĭv̊ər] (*-s*) *m* Teich *m*, Weiher *m*.
vijzel[1] ['v̊ɛĭzəl] (*-s*) *m* Mörser *m*; **~**[2] *f* Schraubenwinde *f*; Wagenwinde *f*; **~en** [-ə(n)] aufwinden; **~stamper** [-stɑmpər] (*-s*) *m* Mörserkeule *f*.
vikaris *m s. vicaris.*
viking ['v̊i·kɪŋ] (*-s u. -en*) *m* Wikinger *m*.
viktorie *f s. victorie.*
vilder ['vɪldər] (*-s*) *m* Abdecker *m*, Schinder *m*.
villa ['v̊i·la·] (*-'s*) *f* Villa *f*; **~park** [-pɑrk] *n*, **~wijk** [-ʋɛĭk] *f* Villenviertel *n*.
villen ['v̊ɪlə(n)] abdecken, schinden (*a. fig.*).
vilt [v̊ɪlt] Filz *m*; **~en** [-ə(n)] *Adj.* Filz-; **~hoed** [-hu:t] *m* Filzhut *m*; **~je** [-jə] (*-s*) *n* Bierdeckel *m*; **~stift** [-stɪft] *f* Filzstift *m*.
vin [v̊ɪn] (*-nen*) *f* Flosse *f*; Pustel *f*; Finne *f*; *geen ~ verroeren fig.* keinen Finger rühren.
vijs [v̊ɛĭs] (*vijzen*) *f* Schraube *f*; *s. schroef.*
vin|den ['v̊ɪndə(n)] (*vond. gewonden*) finden; ausfindig machen; *~ van* halten von; *wat vin(d) je daarvan?* was hältst du davon?; *smaak in iets ~* Geschmack an etw. (*D*) finden; *voor iets te ~ zijn* für etw. zu haben sein; *het (goed) met iemand kunnen ~* sich gut mit j-m vertragen; **~der** [-dər] (*-s*) *m* Finder *m*.
vinding ['v̊ɪndɪŋ] *f* Erfindung *f*; Finden *n*; **~rijk** [-rɛĭk] erfinderisch.
vind|loon ['v̊ɪntlo:n] (*-lonen*) *n* Finderlohn *m*; **~plaats** [-pla:ts] *f* Fundstelle *f*, Fundort *m*; *fig.* Fundgrube *f*.
vinger ['v̊ɪŋər] (*-s u. -en*) Finger *m*; *de ~ opsteken* den Finger heben; *door de ~s zien fig.* ein Auge zudrücken; *met de ~s nawijzen* mit

Fingern auf j-n zeigen; *hij heeft lange* ~*s* er ist ein Dieb; er ist unehrlich (bestechlich); **~dik** [-dɪk] fingerdick; **~lid** [-lɪt] (*-leden*) *n* Fingerglied *n*; **~top** [-tɔp] (*-pen*) *m* Fingerspitze *f*; **~wijzing** [-ʋɛĭzɪŋ] *f* Fingerzeig *m*.

vink [v̊ɪŋk] *m u. f* Fink *m*; **~eslag** [-əslɑx] (*kein pl.*) *m* Finkenschlag *m*.

vinnig ['v̊ɪnəx] bissig, spitz, scharf; ~ *koud* grimmig kalt; *een* ~ *manneke(n)* ein lebhaftes Kerlchen.

violet [vi·(j)o·'lɛt] violett, veilchenblau.

violier [vi·(j)o·'li:r] *f* Levkoje *f*.

violist [vi·(j)o·'li·st] *m* Violinist *m*, Geigenspiel *m*, Geiger *m*.

violoncel [vi·(j)o·lɔn'sɛl] (*-s u. -cellen*) *f* Violoncello *n*.

viool [v̊i·'(j)o:l] (*violen*) *f* Geige *f*, Violine *f*; **~tje** [-tjə] (*-s*) *n* Veilchen *n*.

vir|tuoos [v̊ɪrty·'(ʋ)o:s] (*-tuozen*) *m* Virtuose *m*; **~tuositeit** [-ty·(ʋ)o·zi·'tɛĭt] *f* Virtuosität *f*.

virus ['v̊i:rəs] (*-sen*) *n* Virus *n*.

vis [v̊ɪs] (*-sen*) *m* Fisch *m*; *boter bij de* ~ hier Geld, hier Ware; **~angel** [-ɑŋəl] (*-s*) *m* Angel *f*; **~boer** [-bu:r] *m* Fischhändler *m*; **~graat** [-xra:t] (*-graten*) *f* (Fisch-)Gräte *f* (*a. Tech.*).

visie ['v̊i:zi:] (*-s*) *f* Einsicht *f*.

visioen [v̊ɪz'ju:n] *n* Vision *f*, Erscheinung *f*, Trugbild *n*.

visite [v̊i·'zi·tə] (*-s*) *f* Besuch *m*; Krankenbesuch *m*; *op* ~ *gaan* Visite machen; **~kaartje** [-ka:rtjə] (*-s*) *n* Visitenkarte *f*; **~uur** [-y:r] (*-uren*) *n* Besuchszeit *f*; (*beim Arzt*) Sprechstunde *f*.

vis|kaar ['v̊ɪska:r] (*-karen*) *f* Fischkasten *m*; **~net** [-nɛt] (*-ten*) *n* Fisch(er)netz *n*; **~mijn** [-mɛĭn] *f* Fischversteigerung *f*, Fischmarkt *m*; **~reservaat** [-rəzər'va:t] (*-vaten*) *n* Fischereischutzgebiet *n*; **~schotel** [-sxo:təl] (*-s*) *f* Fischschüssel *f*; Fischgericht *n*; **~ser** [-ər] (*-s*) Fischer *m*; **~serij** [-ə'rɛĭ] *f* Fischerei *f*; **~tuig** [-tœyx] *n* Fischgerät *n*.

visum ['v̊i:zəm] (*-s u. visa*) *n* Visum *n*; Sichtvermerk *m*.

vis|vangst ['v̊ɪsfɑŋst] *f* Fischfang *m*; **~wijf** [-ʋɛĭf] (*-wijven*) *n* Nixe *f*; F Klatschliese *f*.

vi|taal [v̊i·'ta:l] vital; lebenswichtig; **~taliteit** [-ta·li·'tɛĭt] *f* Vitalität *f*, Lebendigkeit *f*, Lebenskraft *f*.

vitamine [v̊i·ta·'mi·nə] (*-s u. -n*) Vitamin *n*; **~rijk** [-rɛĭk] vitaminreich.

vitlust ['v̊ɪtləst] *m* Tadelsucht *f*.

vitrage [v̊i·'tra:ʒə] (*-s*) *f u. n* Tüllgardine *f*; Zugvorhang *m*.

vitrine [v̊i·'tri·nə] (*-s*) *f* Vitrine *f*.

vitriool ['v̊i·tri·(j)o:l] *n u. m* Vitriol *n*.

vit|ten ['v̊ɪtə(n)] (be)kritteln, bemängeln, mäkeln; **~ter** [-ər] (*-s*) *m* Krittler *m*; **~terij** [-ə'rɛĭ] *f* Krittelei *f*.

vitusdans ['v̊i·təsdɑns] *m* Veitstanz *m*.

vivisectie, *a.* **-sektie** [v̊i·v̊i·'sɛksi:] Vivisektion *f*.

vizier[1] [v̊i·'zi:r] (*-s u. -en*) *m* (*Person*) Wesir *m*; **~**[2] (*-s*) *n* Zielvorrichtung Visier *n*; (*Helm*) Visier *n*.

vizioen *n s. visioen*.

vla [v̊la:] (*-'s u. vlaas*) *f* Creme Fladen *m*.

vlaag [v̊la:x] (*vlagen*) *f* Windstoß *m* (*Regen*) Schauer *m*; *een* ~ *van woede* Wutanfall *m*; *bij vlagen* dann und wann; *hij heeft vlagen* er ist launenhaft.

vlaai ['v̊la:ĭ] *f s. a. vla, vlade*; Creme-, Obstkuchen *m*.

Vlaams [v̊la:ms] flämisch; (*geographisch*) flandrisch; *de* ~*e kust* die flandrische Küste; *Su. n* Flämisch *n*; *in het* ~*s* auf Flämisch.

Vlaanderen ['vla:ndərə(n)] *n* Flandern *n*.

vlade ['v̊la:də] (*-n*) *f s. vla*.

vlag [v̊lɑx] (*-gen*) *f* Fahne *f*, Flagge **~gen** [-ɣ̊ə(n)] flaggen; **~gentooi** [-ɣ̊ə(n)to:ĭ] *m* Fahnenschmuck *m* Flaggengala *f*; **~geschip** [-ɣ̊əsxɪp] (*-schepen*) *n* Flaggschiff *n*; **~gestok** [-ɣ̊əstɔk] (*-ken*) *m* Fahnenmast Fahnenstange *f*; **~vertoon** [-fərto:n] *n* Flaggendemonstration Flaggenparade *f*.

vlak [v̊lɑk] *Adj.* flach, eben; *Adv.* gerade, hart an; *Su.* (*-ken*) *n* Fläche *f*; Ebene *f*; ~*ke hoek* flache(r) Winkel *m*; ~*ke meetkunde* Planimetrie *op het* ~*ke land* auf dem flachen Lande; auf freiem Felde; ~ *over het gemeentehuis* gerade dem Rathaus gegenüber; ~ *aan de weg* dicht am Wege; *hellend* ~ schiefe Ebene **~af** [-ɑf] rundheraus, unumwunden, ohne Umschweife; **~gom** [-xɔm] (*-men*) *m u. n* Radiergummi *m*; **~te** [-tə] (*-s u. -n*) *f* Fläche *f*, Ebene *f*; *zich op de ~ houden* nichts riskieren, keine präzise Antwort geben; **~temaat** [-təmaːt] (*-maten*) *f* Flächenmaß *n*; **~weg** [-ʋɛx] *s. vlakaf.*

vlam [v̊lɑm] (*-men*) *f* Flamme *f*; *~ vatten* auf-, entflammen (*a. fig.*).

Vlaming ['v̊laːmɪŋ] *m* Flame *m*.

vlam|men ['v̊lɑmə(n)] flammen; F schwatzen; *~ voor* sich verlieben in *A*; **~pijp** [-pɛĭp] *f* Kessel-, Heiz-, Flammrohr *n*.

vlas [v̊lɑs] (*kein pl.*) *n* Flachs *m*; **~aard** [-aːrt] (*-s*) *m*, **~akker** [-ɑkər] (*-s*) *m* Flachsfeld *n*; **~braak** [-braːk] (*-braken*) *f* Flachsbreche *f*; **~hekel** [-heːkəl] *m* Flachshechel *f*; **~kop** [-kɔp] (*-pen*) *m fig.* Flachskopf *m*; **~sen** [-ə(n)] *Adj.* flächse(r)n, Flachs-; (*Zeitwort*) *~ op* erpicht sein auf *A*; **~ser** [-ər] (*-s*) *m* Flachsbauer *m*, Flachshändler *m*; **~sig** [-əx] flachsartig; **~zaad** [-aːt] (*-zaden*) *n* Leinsamen *m*.

vlecht [v̊lɛxt] *f* Flechte *f*; Zopf *m*; **~en** [-ə(n)] (*vlocht*, *gevlochten*) flechten; **~werk** [-ʋɛrk] *n* Geflecht *n*, Flechtwerk *n*.

vlees [v̊leːs] (*vlezen*) *n* Fleisch *n*; **~etend** [-eːtənt] fleischfressend; **~houwer** [-hɑu(ʋ)ər] (*-s*) *m* Fleischer *m*, Metzger *m*, Schlächter *m*; **~keuring** [-køːrɪŋ] *f* Fleischbeschau *f*; **~klomp** [-klɔmp] *m* Fleischklumpen *m*; **~nat** [-nɑt] (*kein pl.*) *n* Fleischbrühe *f*, Kraftbrühe *f*, Bouillon *f*; **~pastei** [-pɑstɛĭ] *f* Fleischpastete *f*; **~wond(e)** [-ʋɔndə] *f* Fleischwunde *f*; **~wording** [-ʋɔrdɪŋ] *f* Menschwerdung *f*.

vleet [v̊leːt] *f* Heringsnetz *n*; *bij de ~* in Hülle und Fülle.

vlegel ['v̊leːɣəl] (*-s*) *m* Flegel *m* (*a. fig.*); *een troep ~s* Rasselbande *f*; **~achtig** [-ɑxtəx] flegelhaft, rüpelhaft; **~jaren** [-jaːrə(n)] *pl.* Flegeljahre *n/pl.*

vlei|en ['v̊lɛĭ(j)ə(n)] schmeicheln *D*; **~end** [-ənt] schmeichelhaft; (*ungünstig*) schmeichlerisch; **~erij** [-ərɛĭ] *f* Schmeichelei *f*.

vlek[1] [v̊lɛk] (*-ken*) *n* Dorf *n*, Flecken *m*; **~**[2] *f* Klecks *m*, Fleck *m*; *fig.* Makel *m*; **~keloos** [-əloːs] makellos; **~ken** [-ə(n)] schmutzig werden; *v/t* beflecken; **~koorts** [-koːrts] *f* Fleckfieber *n*; **~tyfus** [-tiːfəs] *m* Flecktyphus *m*.

vlerk [v̊lɛrk] *f* Flügel *m*, Fittich *m*; *fig.* Flegel *m*.

vleselijk ['v̊leːsələk] fleischlich, sinnlich; leibhaftig, leiblich; *~e broe(de)r* leibliche(r) Bruder *m*.

vlet [v̊lɛt] (*-ten*) *f* Jolle *f*.

vleugel ['v̊løːɣəl] (*-s u. -en*) *m* Flügel *m* (*a. Sp.*); **~adjutant** [-ɑdjy·dɑnt] *m* Flügeladjutant *m*; **~altaar** [-ɑltaːr] (*-taren*) *n u. m* Flügelaltar *m*; **~man** [-mɑn] (*-nen*) *m* Flügelmann *m*; **~piano** [-pi·(j)a·no·] (*-'s*) *f* Flügel *m*.

vleugje ['v̊lø·xjə] (*-s*) *n* Schimmer *m*, Anflug *m*, Hauch *m*.

vlezig ['v̊leːzəx] fleischig.

vlieden ['v̊li·də(n)] (*vlood*, *gevloden*) fliehen.

vlieg [v̊liːx] *f* Fliege *f*.

vlieg- *mst.* Flug-.

vlieg|basis ['v̊liːɣbaːzɪs] (*-sen*) *f* Luftstützpunkt *m*; **~bereik** [-bərɛĭk] *n Flgw.* Aktionsradius *m*, Reichweite *f*; **~boot** [-boːt] *m u. f* Flugboot *n*; **~dekschip** [-dɛksxɪp] (*-schepen*) *n* Flugzeugträger *m*; **~dienst** [-diːnst] *m* Flugdienst *m*; Flugleitstelle *f*.

vliegen ['v̊liːɣə(n)] (*vloog*; *gevlogen*) fliegen; eilen, sich beeilen; *in brand ~* Feuer fangen; *hij is gaan ~* er ist fort (weg); **~d** [-t] fliegend; *~ voorwerp* Flugkörper *m*; *~e schotel* fliegende Untertasse *f*; *~e tering* galoppierende Schwindsucht *f*; *~ vertrek Sp.* fliegende(r) Start *m*; **~ier** [-'niːr] (*-s*) *m* Flieger *m*.

vliegen|kast ['v̊liːɣə(n)kɑst] *f* Fliegenschrank *m*; **~klap** (*-pen*) *f* Fliegenklappe *f*; **~net** [-nɛt] (*-ten*) *n* Fliegennetz *n*; **~svlug** [-sfləx] eilends, in großer Eile; **~vanger** [-v̊ɑŋər] (*-s*) *m* Fliegenfänger *m*.

vlieger ['v̊liːɣər] (*-s*) *m* Flieger *m*; (*Spielzeug*) Drachen *m*; *die ~ gaat niet op* das wird nicht gelingen, auf diese Masche fällt keiner herein.

vlieg|gewicht ['v̊liːxəʋɪxt] *n Sp.* Fliegengewicht *n*; **~machine** [-mɑʃi·nə] (*-s*) *n* Flugzeug *n*; **~reis** [-rɛĭs] (*-reizen*) *f* Flugreise *f*; **~ticket** [-ti·kɛt] (*-s*) *n* Flugkarte *f*; **~tocht** [-tɔxt] *m* Flug *m*; **~toestel** [-tuːstɛl] (*-len*) *n* Flugapparat *m*, Flugkörper *m*.

vliegtuig ['v̊liːxtəyx] *n* Flugzeug *n*;

~bom [-bɔm] (*-men*) *f* (Flieger-) Bombe *f*; **~eskader** [-ɛskaːdər] (*-s*) *n* Fluggeschwader *n*; **~kaper** [-kaːpər] (*-s*) *m* Luftpirat *m*; **~kaping** [-kaːpɪŋ] *f* Flugzeugentführung *f*; **~kapitein** [-kɑpi·tɛĭn] (*-s*) *m* Flugkapitän *m*; **~moederschip** [-mu·dərsxɪp] (*-schepen*) *n* Flugzeugträger *m*; **~ongeluk** [-ɔŋv̊ələk] (*-ken*) *n*, **~ramp** [-rɑmp] *f* Flugzeugkatastrophe *f*.

vlieg|veld [ˈv̊liːxfɛlt] *n* Flugplatz *m*, Flugfeld *n*, Flughafen *m*; **~werk** [-ʋɛrk] *n*: *met kunst en ~* mit Ach und Krach; **~wiel** [-ʋiːl] *n* Schwungrad *n*.

vliem [v̊liːm] *f s. vlijm*.

vlier [v̊liːr] *m* Flieder *m*; Holunder *m*; **~bes** [-bɛs] (*-sen*) *f* Holunderbeere *f*.

vliering [ˈv̊liːrɪŋ] *f* Dachboden *m*, Dachgeschoß *n*, Mansarde *f*.

vlies [v̊liːs] (*vliezen*) *n* Fell *n*, Haut *f*, Häutchen *n*; *het Gulden ~* das Goldene Vlies; **~vleugeligen** [-flø·v̊ələv̊ə(n)] *pl.* Hautflügler *m/pl.*

vliet [v̊liːt] *m* Bach *m*.

vlieten [ˈv̊liːtə(n)] (*vloot, gevloten*) fließen, strömen.

vliezig [ˈvliːzəx] häutig.

vlijen [ˈv̊lɛĭ(j)ə(n)] ordnen; *zich ~* sich hinlegen, sich schmiegen (*aan*/an *A*).

vlijm [v̊lɛĭm] *f* Lanzette *f*; **~scherp** [-sxɛrp] haarscharf.

vlijt [v̊lɛĭt] *f* Fleiß *m*, Emsigkeit *f*; **~ig** [-əx] fleißig, emsig.

vlinder [ˈv̊lɪndər] (*-s*) *m* Schmetterling *m*, Falter *m*; **~bloemigen** [-bluːməv̊ə(n)] *pl.* Schmetterlingsblütler *m/pl.*

vlo [v̊loː] (*vlooien*) *f* Floh *m*.

vlocht [v̊lɔxt] *s. vlechten*.

vloed [v̊luːt] *m* Flut *f*; Strom *m*; *~ van woorden* Wortschwall *m*; **~golf** [-xɔlf] (*-golven*) *f* Flutwelle *f*.

vloei|baar [ˈv̊lu·ĭbaːr] flüssig; **~en** [-(j)ə(n)] fließen, strömen; rinnen; **~papier** [-pɑpiːr] *n* Löschpapier *n*; **~stof** [-stɔf] (*-fen*) *f* Flüssigkeit *f*.

vloek [v̊lu·k] *m* Fluch *m*; **~en** [-ə(n)] fluchen *D*; *fig.* schreien; nicht übereinstimmen (mit); **~er** [-ər] (*-s*) *m* Flucher *m*, Lästerer *m*; **~waardig** [-ˈʋaːrdəx] fluchwürdig; **~woord** [-ʋoːrt] *n* Fluch *m*, Lästerwort *n*.

vloer [v̊luːr] *m* Fußboden *m*; **~bedekking** [-bədɛkɪŋ] *f* Bodenbelag *m*; **~der** [-dər] (*-s*) *m* Fußboden(ver)leger *m*; **~kleed** [-kleːt] (*-kleden*) *n* Bodenbelag *m*; **~plank** [-plɑŋk] *f* Diele *f*; **~steen** [-steːn] (*-stenen*) *m* Fliese *f*; **~tegel** [-teːv̊əl] (*-s*) *m* Fliese *f*.

vlok [v̊lɔk] (*-ken*) *f* Flocke *f*; **~kig** [-əx] flockig; **~zij(de)** [-sɛĭ(də)] *f* Flockseide *f*.

vlonder [ˈv̊lɔndər] (*-s*) *m* Steg *m*.

vlood [v̊loːt] *s. vlieden*.

vloog [v̊loːx] *s. vliegen*.

vloot[1] [v̊loːt] *s. vlieten*.

vloot[2] (*vloten*) *f* Flotte *f*; **~basis** [-baːzɪs] (*-sen*) *f* Flottenstützpunkt *m*; **~je** [-jə] (*-s*) *n* Butterdose *f*; **~revue** [-rəv̊y·] (*-s*) *f*, **~schouwing** [-sxɑu(ʋ)ɪŋ] *f* Flottenparade *f*; **~voogd** [-foːxt] *m* Admiral *m*.

vlot [v̊lɔt] *Adj.*, *Adv.* flott; glatt; fließend; *Su.* (*-ten*) *n* Floß *n*; *~ spreken* fließend sprechen; *~ gaan* *fig.* wie geschmiert gehen; *~ maken* *mar.* flott machen; *een ~ verloop* ein glatter Verlauf; (*Ware*) *~ van de hand gaan* reißend abgehen; **~schuit** [-sxəʏt] *f* flaches Schiff *n*, Jolle *f*; **~ten** [-ə(n)] *Holz* flößen; *Arbeit*: gut vonstatten gehen; *Unterhandlung, Gespräch*: in Fluß kommen; **~tend** [-ənt] flottierend, schwebend; *~e schuld* flottierende Schuld *f*; *~de kiezers* fluktuierende Wähler *m/pl.*

vlucht [v̊ləxt] *f* Flucht *f*; Flug *m*; (*Vögel*) Schwarm *m*, Zug *m*; Strich *m*; *fig.* Aufschwung *m*; *~ met een lijnvliegtuig* Linienflug *m*; *op de ~ jagen* in die Flucht schlagen; *in de ~* im Vorbeigehen, schnell; *de ~ nemen* die Flucht ergreifen; *een hoge ~ nemen fig.* e-n bedeutsamen Aufschwung nehmen; **~eling** [-əlɪŋ] *m* Flüchtling *m*; **~elingenkamp** [-əlɪŋə(n)kɑmp] *n* Flüchtlingslager *n*; **~en** [-ə(n)] fliehen, sich flüchten (*voor*/vor *D*); **~haven** [-haːv̊ə(n)] (*-s*) *f* Zufluchtshafen *m*, Zufluchtsort *m*; **~heuvel** [-høːv̊əl] (*-s*) *m* Verkehrsinsel *f*; **~ig** [-əx] flüchtig; **~oord** [-oːrt] *n* Zufluchtsstätte *f*.

vlug [v̊ləx] schnell, rasch, geschwind; gewandt, klug; (*junge Vögel*) flügge; **~schrift** [-sxrɪft] Flugschrift *f*, Flugblatt *n*; **~zout** [-sɑut] *n* Riechsalz *n*.

vocaal [vo·ˈka:l] stimmlich; Vokal-; *Su.* (*-calen*) *f* Vokal *m*, Selbstlaut *m*.
vocaliseren *a.* **-zeren** [vo·ka·li·ˈze:rə(n)] vokalisieren.
vocht¹ [vɔxt] *s. vechten.*
vocht² *n* Flüssigkeit *f*; *n u. f* Feuchtigkeit *f*; **~ig** [-əx] feucht; **~igheid** [-əxhɛit] *f* Feuchtigkeit *f*; *~ van de lucht* Luftfeuchtigkeit *f*; **~maat** [-ma:t] (*-maten*) *f* Flüssigkeitsmaß *n*.
vod [vɔt] (*-den*) *f u. n* Lumpen *m*, Fetzen *m*; (*wertloses Zeug*) Wisch *m*, Schund *m*; (*Person*) Stümper *m*, Memme *f*; *dat zijn ~den* das ist wertlos; *ik wil geen ~den hier* kein Spektakel!; **~denraper** [-dəra:pər] (*-s*) *m* Lumpensammler *m*; **~dig** [-dəx] lumpig, elend.
voeden [vu:də(n)] (er)nähren; *hoop ~* Hoffnung hegen; *Tech.* speisen.
voeder [ˈvu·dər] (*kein pl.*) *n* Futter *n*; **~bak** [-bɑk] (*-ken*) *m* Futtertrog *m*; **~en** [-ə(n)] füttern; **~gewas** [-ɣəʋɑs] (*-sen*) *n* Futterpflanze *f*.
voeding [ˈvu:dɪŋ] *f* Ernährung *f*; Nahrung *f*; *Tech.* Speisung *f*.
voedings|kabel [ˈvu:dɪŋska:bəl] (*-s*) *m* Versorgungskabel *n*; **~middel** [-mɪdəl] *n* Nahrungsmittel *n*; **~waarde** [-ʋa:rdə] (*kein pl.*) *f* Nährwert *m*.
voedsel [ˈvu·tsəl] (*kein pl.*) *n* Nahrung *f*; **~voorziening** [-vo:rzi:nɪŋ] *f* Lebensmittelversorgung *f*.
voedster [ˈvu·tstər] (*-s*) *f* Amme *f*; (*Tier*) Muttertier *n*; **~kind** [-kɪnt] (*-eren*) *n* Pflegekind *n*; **~vader** [-va:dər] (*-s*) *m* Pflegevater *m*.
voedzaam [ˈvu·tsa:m] nahrhaft.
voeg [vu:x] *f* Fuge *f*; **~en** [-ə(n)] fügen; *e-e Mauer* (aus)fugen; *zich ~ naar* sich fügen in *A*; passen, sich geziemen, sich schicken; **~woord** [-ʋo:rt] *n Gr.* Konjunktion *f*, Bindewort *n*; **~zaam** [-sa:m] geziemend, anständig, passend, schicklich.
voel|baar [ˈvu:lba:r] fühlbar, spürbar; (*deutlich*) handgreiflich, klar; **~en** [-ə(n)] fühlen; spüren; *fig.* empfinden; **~er** [-ər] (*-s*) *m* Fühler *m*; **~hoorn, ~horen** [-ho:rə(n)] (*-s*) *m* Fühlhorn *n*; **~spriet** [-spri:t] *m* Fühler *m*.
voer¹ [vu:r] *s. varen.*
voer² (*-en*) *n* Fuhre *f* (*Wagenlast*); (*kein pl.*) *n* Futter *n*; **~bak** [-bɑk] (*-ken*) *m* Futtertrog *m*; *s. a. voederbak.*
voeren¹ [ˈvu:rə(n)] füttern; *s. a. voederen.*
voeren² (*Kleidung*) (aus)füttern.
voeren³ führen, leiten; *iets in het schild ~* etw. vorhaben; *het woord ~* e-e Rede halten.
voering [ˈvu:rɪŋ] *f* Futter *n* (*e-s Mantels usw.*).
voer|man [ˈvu:rmɑn] (*-lieden, -lui*) *m* Fuhrmann *m*; **~taal** [-ta:l] (*-talen*) *f* Umgangssprache *f*, Gemeinsprache *f*, Unterrichtssprache *f*; Verhandlungssprache *f*; **~tuig** [-təʏx] *n* Fuhrwerk *n*, Gefährt *n*; Wagen *m*.
voet [vu·t] *m* Fuß *m*; *dat heeft hand en ~ fig.* das hat Hand und Fuß; *op staande ~* unverzüglich, auf der Stelle, sofort; *op dezelfde ~* in derselben Weise; *iemand de ~ dwars zetten* j-m entgegenarbeiten; *zich uit de ~en maken* sich aus dem Staube machen; *dat had veel ~en in de aarde* das hat viel Mühe gekostet; *bij iemand een wit~je hebben fig.* bei j-m e-n Stein im Brett haben; *op de ~ volgen* auf dem Fuß folgen.
voetbal [ˈvu·dbɑl] *m* Fußball *m*; **~club** *a.* **~klub** [-kləb] (*-s*) *f* Fußballklub *m*, Fußballverein *m*; **~competitie** *a.* **~kom-** [-kɔmpe·ti:si:] *a.* [-pə-] (*-s*) *f* Verbands-, Ligaspiele *n/pl.*, Meisterschaftsspiele *n/pl.*; **~kampioen** [-kɑmpi·(j)u:n] *m* (Fußball-)Meister *m*; **~len** [-ə(n)] Fußball spielen; **~match** [-mɑtʃ] (*-en u. -es*) *m u. f* Fußballspiel *n*; *internationale ~* Länderspiel *n*; **~supporter** [-səpɔrtər] (*-s*) *m* Fußballfan *m*, Schlachtenbummler *m*; **~-toto** [-to·to:] *m* (Fußball-)Toto *m*; *uitslag(en) van de ~* Totoergebnisse *n/pl.*; **~uitslagen** [-əʏtsla:ɣə(n)] *m/pl.* (Fußball-)Spielergebnisse *n/pl.*; **~wedstrijd** [-vɛtstrɛit] *m s. voetbalmatch.*
voet|eind(e), ~eneind(e) [ˈvu·t(ən)ɛɪnd(ə)]: *aan het ~ van* zu Füßen *G*.
voet|ganger [ˈvu·txɑŋər] (*-s*) *m* Fußgänger *m*; **~je** [-jə] (*-s*) *n* Füßchen *n*; *~ voor ~* Schritt für Schritt; *iemand een ~ lichten* j-m ein Bein stellen; **~licht** [-lɪxt] *n Thea.* Rampe *f*; *voor het ~ treden* auf-

treten; **~pad** [-pɑt] *n* Fußpfad *m*, Fußweg *m*; **~reis** [-rɛi̯s] (*-reizen*) *f* Fußwanderung *f*; *een ~ doen* (*ondernemen*) wandern; **~rem** [-rɛm] (*-men*) *f* Fußbremse *f*; **~spoor** [-spo:r] (*-sporen*) *n* Fußspur *f*, Spur *f*; **~stap** [-stɑp] (*-pen*) *m* Fußstapfe *f* (*a. fig.*), Schritt *m* (*a. fig.*); **~stoots** [-sto:ts] ohne weiteres; unbesehen; **~stuk** [-stək] (*-ken*) *n* Sockel *m* (*a. fig.*); **~titel** [-tɪtəl] (*-s*) *m* (*Kupferstich, Film usw.*) Untertitel *m*; **~volk** [-fɔlk] (*kein pl.*) *n* Fußvolk *n*, Infanterie *f*; **~zoeker** [-su·kər] (*-s*) *m* Knallfrosch *m*, Schwärmer *m*.

vogel [ˈv̥o:ɣ̊əl] (*-s u. -en*) *m* Vogel *m*; **~aar** [-a:r] (*-s*) *m* Vogler *m*, Vogelfänger *m*; **~bekdier** [-bɛgdi:r] *n* Schnabeltier *n*; **~bescherming** [-bəsxɛrmɪŋ] *f* Vogelschutz *m*.

vogelen [ˈv̥o:ɣ̊ələ(n)] F vögeln, bumsen.

vogel|kooi [ˈv̥o:ɣ̊əlko:i̯] *f* Vogelkäfig *m*, Bauer *n*; **~lijm** [-lɛi̯m] (*kein pl.*) *m* Vogelleim *m*; *Bot.* Mistel *f*; **~nest** [-nɛst] *n* Vogelnest *n*; (*Raubvögel*) Horst *m*.

vogel|perspectief *a.* **-pek-** [ˈv̥o:ɣ̊əlpɛrspɛkti:f] *f* Vogelperspektive *f*, Vogelschau *f*; **~vanger** [-v̥ɑŋər] (*-s*) *m* Vogelfänger *m*, Vogelsteller *m*; **~verschrikker** [-v̥ərsxrɪkər] (*-s*) *m* Vogelscheuche *f*; **~vlucht** [-v̥ləxt] *f*: *in ~* in der Luftlinie; *in ~ gezien* aus der Vogelperspektive (gesehen); **~vrij** [-v̥rɛi̯] vogelfrei.

Vogezen [v̥o·ˈge:zə(n)] *pl.* Vogesen *pl.*

voile [ˈv̥ʋɑlə] (*-s*) *f* Schleier *m*.

vokaal *s. vocaal.*

vol [v̥ɔl] voll; *~le broer* leibliche(r) Bruder *m*; *~le melk* Vollmilch *f*; *~le maan* Vollmond *m*; *~le stoom* Volldampf *m*; *~ zorgen* sorgenvoll; *~ stoppen* vollstopfen; *~ gieten* vollgießen.

vol|bloed [ˈv̥ɔlblu·t] *m* Vollblut *n*; **~brengen** [-ˈbrɛŋə(n)] vollˈbringen, vollˈführen; **~daan** [-ˈda:n] befriedigt, zufrieden; (*unter e-r Rechnung*) Betrag erhalten; *~ zijn over* zufrieden sein mit.

voldoen [v̥ɔlˈdu:n] befriedigen; *Schuld* entrichten, begleichen; *Versprechen* halten, erfüllen; *Verbindlichkeiten* erfüllen; *den Bedingungen* entsprechen; **~de** [-də] genügend, hinlänglich, ausreichend, hinreichend; *~ maatregelen treffen* entscheidende (ausreichende) Maßnahmen ergreifen; *~ geld hebben* genügend Geld haben; *dat is ~* das genügt; *dat is zeker ~* das reicht vollkommen; **~ing** [-ɪŋ] *f* Genugtuung *f*; *Hdl.* Begleichung *f*, Bezahlung *f*.

vol|dongen [v̥ɔlˈdɔŋə(n)] vollendet; **~dragen** [-ˈdra:ɣ̊ə(n)] ausgetragen; **~eindigen** [-ˈɛi̯ndəɣ̊ə(n)] vollenden; **~gaarne** [ˈv̥ɔlɣ̊a:rnə] recht gern, sehr gern.

volgbriefje [ˈv̥ɔlɣ̊bri:fjə] (*-s*) *n* Begleitzettel *m*; Begleitschein *m*, Lieferschein *m*.

vol|geling [ˈv̥ɔlɣ̊əlɪŋ] *m* Anhänger *m*; Jünger *m*, Schüler *m*; **~gen** [-ɣ̊ə(n)] folgen *D*; erfolgen; befolgen; *Kampf* verfolgen; *daaruit volgt* daraus folgt; *het ~d jaar* nächstes Jahr; *de ~de week* nächste (kommende) Woche; *de ~de dag* am nächsten Tag; **~gende** [-d… (*kein pl.*) *n* (*Briefstil*) folgendes; das Folgende.

volgens [ˈv̥ɔlɣ̊əns] zufolge *G*, *D*, nach *D*; laut (*G*); gemäß *D*.

volg|nummer [ˈv̥ɔlxnəmər] (*-s*) … (*fortlaufende*) Nummer *f*; **~orde** [-ɔrdə] (*-n u. -s*) *f* Reihenfolge *f*, Folge *f*; *in (de) ~* der Reihe nach.

volgroeid [v̥ɔlˈgru·i̯t] ausgewachsen.

volgwagen [ˈv̥ɔlxʋa:ɣ̊ə(n)] (*-s*) … Anhänger *m*, Beiwagen *m*.

volgzaam [ˈv̥ɔlxsa:m] folgsam, gefügig, lenksam.

volhar|den [v̥ɔlˈhɑrdə(n)] beharren, ausharren; **~dend** [-dənt] beharrlich; **~ding** [-dɪŋ] *f* Ausdauer *f*, Beharrlichkeit *f*; **~dingsvermogen** [-dɪŋsfərmo:ɣ̊ə(n)] (*kein pl.*) *n* Ausdauer *f*, Beharrungsvermögen *n*; *Phys.* Festigkeit *f*.

volheid [ˈv̥ɔlhɛi̯t] (*kein pl.*) *f* Fülle *f*.

volhouden [ˈv̥ɔlhɑudə(n)] aushalten, ausharren; beharren auf (*D*), bei; durchhalten.

volière [v̥ɔlˈjɛ:rə] (*-s*) *f* Voliere *f*, Vogelhaus *n*.

volijverig [v̥ɔlˈɛi̯v̥ərəx] sehr eifrig.

volk [v̥ɔlk] (*-en u. -eren*) *n* Volk *n*, Nation *f*; die Leute *pl.*; *het gewone ~* das einfache Volk; *fig.* der kleine Mann; *gemeen ~* Pöbel *m*; *het Vlaamse ~* die Flamen.

volken|kunde ['v̊ɔlkə(n)kəndə] *f* Völkerkunde *f*; **~recht** [-rɛxt] *n* Völkerrecht *n*.
volke(re)nbond ['v̊ɔlkə(rə)(n)bɔnt] *m* Völkerbund *m*.
volkomen [v̊ɔl'ko:mə(n)] vollkommen; völlig, gänzlich, vollständig; **~heid** [-hɛĭt] (*kein pl.*) *f* Vollkommenheit *f*; Vollständigkeit *f*.
volkorenbrood [v̊ɔl'ko:rə(n)bro:t] (*-broden*) *n* Vollkornbrot *n*.
volkrijk ['v̊ɔlkrɛĭk] volkreich; dichtbevölkert.
volks [v̊ɔlks] (*dem Volkscharakter eigen*) völkisch; (*das Volk betreffend*) volklich; (*die Gesamtheit des Volkes betreffend*) national; (*allgemein bekannt od. beliebt*) populär; *in Zssgn.* volks-, Volks-; National-; (*selten*) Sozial-.
volks|aard ['v̊ɔlksa:rt] *m* Volkscharakter *m*; Volkstum *n*; **~beweging** [-bəʋe:ɣɪŋ] *f* Volksbewegung *f*; **~democratie** *a.* **-kra-** [-de·mo·kra·si:] (*-ën*) *f* Volksdemokratie *f*; **~dracht** [-draxt] *f* Volkstracht *f*, Nationaltracht *f*; **~feest** [-fe:st] *n* Volksfest *n*; **~gebruik** [-xəbrʏk] *n* Volkssitte *f*, Volksbrauch *m*; **~geloof** [-xəlo:f] *n* Volksglaube *m*; **~genoot** [-xəno:t] (*-noten*) *m* Volksgenosse *m*; **~gezondheid** [-xəzɔnthɛĭt] *f* Volksgesundheit *f*; **~huishoudkunde** [-hʏshautkəndə] *f* Volkswirtschaft *f*; **~leider** [-lɛĭdər] (*-s*) *m* Volksführer *m*; **~lied** [-li:t] (*-eren*) *n* Volkslied *n*; (*Kleinkunst*) Folksong *m*; (*Staat*) Nationalhymne *f*; **~ontwikkeling** [-ɔntʋɪkəlɪŋ] *f* Volksbildung *f*; **~partij** [-partɛĭ] *f* Volkspartei *f*; **~regering** [-rəɣe:rɪŋ] *f* Volksregierung *f*; **~stam** [-stam] (*-men*) *m* Volksstamm *m*; **~telling** [-tɛlɪŋ] *f* Volkszählung *f*; **~tuintje** [-tʏntjə] (*-s*) *n* Schrebergarten *m*; *pl.* Laubenkolonie *f*; **~uitgave** [-ʏtxa:v̊ə] (*-n*) *f* (*Buch*) Volksausgabe *f*; **~universiteit** [-y·ni·v̊ɛrzi·tɛĭt] *f* Volkshochschule *f*; **~verhuizing** [-fərhʏzɪŋ] *f* Völkerwanderung *f*; **~vermaak** [-fərma:k] (*-maken*) *n* Volksbelustigung *f*; **~vertegenwoordiger** [-fərte:ɣə(n)ʋo:rdəɣər] (*-s*) *m* Volksvertreter *m*, Abgeordnete(r) *m*, (*in Deutschland*) Mitglied *n* des Bundestages (MdB); **~vrouw** [-fraŭ] *f* Arbeiterin *f*; **~woede** [-ʋu·də] *f* Volkswut *f*; **~ziel** [-si:l] *f* Volksseele *f*.
volledig [v̊ɔ'le:dəx] vollständig, völlig; sämtlich, gesamt; ~ *uitgeput* völlig erschöpft; ~e *uitgave* Gesamtausgabe *f*.
volleerd [v̊ɔ'le:rt] ausgelernt.
vollen ['vɔlə(n)] walken.
volley ['v̊ɔli·], *a.* ['v̊ɔle·] (*-s*) *m* (*Tennis*) Schlagball *m*; **~bal** [-bal] (*kein pl.*) *n* Volleyball *m*.
volmaakt [v̊ɔl'ma:kt] vollkommen, vollendet; **~heid** [-hɛĭt] (*-heden*) *f* Vollkommenheit *f*, Vollendung *f*.
volmacht ['v̊ɔlmaxt] *f* Vollmacht *f*, Prokura *f*; *bij* ~ per procura (pp.), im Auftrag (i. A.); *iemand* ~ *geven* j-m Vollmacht erteilen, j-n bevollmächtigen.
vol|maken [v̊ɔl'ma:kə(n)] vervollkommnen; **~making** [-'ma:kɪŋ] *f* Vervollkommnung *f*; **~mondig** [-'mɔndəx] aufrichtig, offenherzig; *Adv.* rundheraus.
volontair [v̊olɔn'tɛ:r] (*-s*) *m Hdl.* Volontär *m*; *mil.* Freiwillige(r) *m*.
volop [v̊ɔ'lɔp] vollauf.
vol|prezen [v̊ɔl'pre:zə(n)] (*nach Verdienst*) gepriesen; **~slagen** [-'sla:ɣə(n)] völlig, vollständig, total; **~staan** [-'sta:n] genügen; (aus)reichen; **~standig** [-'standəx] vollständig, völlig; **~strekt** [-'strɛkt] absolut, unbedingt, durchaus; ~e *meerderheid* absolute Mehrheit *f*, Stimmenmehrheit *f*.
volt [v̊ɔlt] (*-s*) *m* Volt *n*.
voltallig [v̊ɔl'taləx] vollzählig; ~e *vergadering* (*zitting*) Vollversammlung *f*, Plenum *n*.
volte ['v̊ɔltə] (*-s*) *f* Volte *f*; Vollheit *f*, Fülle *f*.
voltekend [v̊ɔl'te:kənt] vollständig gezeichnet.
voltijds ['v̊ɔltɛits]: ~ *bezig zijn* vollbeschäftigt sein.
voltooi|en [v̊ɔl'to:ĭ(j)ə(n)] vollenden; *voltooid tegenwoordige tijd Gr.* Perfekt *n*; **~ing** [-ɪŋ] *f* Vollendung *f*, Fortsetzung *f* (*e-r Arbeit*), Fertigstellung *f* (*e-s Objektes*).
voltreffer ['v̊ɔltrɛfər] (*-s*) *m* Volltreffer *m*.
voltrekking [v̊ɔl'trɛkɪŋ] *f* Vollziehung *f*, Vollstreckung *f*; ~ *van een straf* Strafvollstreckung *f*, Strafvollzug *m*.
voluit [v̊ɔ'lʏt] vollständig, ganz;

(*Scheck usw.*, *nach Zahlen*) in Worten.

volume [v̊ɔ'ly·mə] (*-n u. -s*) *n* Volumen *n*; ~ *van het geluid Rf.* Lautstärke *f*.

voluptueus [v̊ɔləpty·'(ʊ)øːs] wollüstig.

volvet ['v̊ɔlv̊ɛt] vollfett.

vol|voeren [v̊ɔl'v̊uːrə(n)] vollziehen, vollführen; **~wassen** [-'ʊɑsə(n)] ausgewachsen; erwachsen; **~wassene** [-'ʊɑsənə] (*-n*) *m u. f* Erwachsene(r) *m*.

volzin ['v̊ɔlzɪn] (*-nen*) *m Gr.* Satz *m*.

vond [v̊ɔnt] *s. vinden.*

vondeling ['v̊ɔndəlɪŋ] *m* Findling *m*, Findelkind *n*.

vondst [v̊ɔnst] *f* Fund *m*; *fig.* glänzende Idee *f*; Entdeckung *f*; *een* ~ *doen* fündig werden.

vonk [v̊ɔŋk] *f* Funke *m*; **~elen** ['v̊ɔŋkələ(n)], *a.* ['fɔŋk-] funkeln; **~en** [-ə(n)] funkeln, glühen; **~vrij** [-frɛĭ] funkenfrei.

vonnis ['v̊ɔnəs] (*-sen*) *n* Urteil *n*, Urteilsspruch *m*; *een* ~ *vellen* ein Urteil fällen, erkennen auf (*e-e Strafe*); **~sen** [-ə(n)] verurteilen, ein Urteil sprechen.

vont [v̊ɔnt] *f* (Tauf-)Becken *n*.

voogd [v̊oːxt] *m*, **~es** [-'dɛs] (*-sen*) *f* Vormund *m*; (*Verwalter*) Vogt *m*; **~ij** [-'dɛĭ] *f*, **~ijschap** [-'dɛĭsxɑp] (*-pen*) *f* Vormundschaft *f*; **~ijraad** [-'dɛĭraːt] (*-raden*) *m* Vormundschaftsgericht *n*.

voois [v̊oːĭs] (*vooizen*) *f* Melodie *f*; Singweise *f*; *hij is van de* ~ er singt falsch.

voor[1] [v̊oːr] (*voren*) *f* Furche *f*.

voor[2] *Präp.* vor *A, D*; für *A* (*Ggs. gegen*); *Ko.* ehe, bevor; *Adv.* vorn; *het* ~ *en het tegen* das Für und Wider; ~ *altijd* für immer; *eens* ~ *altijd* ein für allemal; ~ *geen geld* um keinen Preis; *één* ~ *één* einer nach dem andern; *voor de eerste maal* (*keer*) zum erstenmal; ~ *en na* nach wie vor.

voor|aan [v̊oː'raːn] vorn, voran; **~aanstaand** [-'aːnstaːnt] bedeutend, prominent, maßgebend; **~af** [-'ɑf] vorher, zuvor, im voraus; **~afbetaling** [-'ɑv̊bətaːlɪŋ] *f* Voraus(be)zahlung *f*; **~afgaand** [-'ɑfxaːnt] vorherig, vorhergehend; **~al** [-'ɑl] besonders, vor allem, vorzugsweise; namentlich; **~aleer** [-ɑ'leːr] bevor, ehe; **~alsnog** [-ɑls'nɔx] vorläufig, einstweilen.

voor|arbeid ['v̊oːrɑrbɛĭt] *m* Vorarbeit *f*; **~arm** [-ɑrm] *m* Unterarm *m*; **~arrest** [-ɑrɛst] *n* Untersuchungshaft (U-Haft) *f*; **~as** [-ɑs] (*-sen*) *f* Vorderachse *f*; **~avond** [-aːv̊ənt] *m* Vorabend *m*.

voorbaat ['v̊oːrbaːt]: *bij* ~ im voraus. [reifen *m*.]

voorband ['v̊oːrbɑnt] *m* Vorder-

voorbarig [v̊oːr'baːrəx] voreilig vorschnell; vorlaut; (*Meldung*) verfrüht.

voorbedacht ['v̊oːrbədɑxt] vorbedacht, vorsätzlich; *met* ~*e raad met* ~*en rade jur.* vorsätzlich, mit Vorbedacht.

voorbeeld ['v̊oːrbeːlt] *n* Beispiel *n* Muster *n*, Vorbild *n*; (*Entwurf Schreiben*) Vorlage *f*, Vorlageblatt *n*; *bij* ~ (*bv.*) zum Beispiel (z.B.) *tot* ~ *nemen* zum Beispiel nehmen *een* ~ *stellen* ein Exempel statuieren *een goed* (*het goede*) ~ *geven* mit gutem Beispiel vorangehen; **~eloos** [-'beːldəloːs] beispiellos; **~ig** [-'beːldəx] musterhaft, mustergültig exemplarisch, beispielhaft.

voorbehoedmiddel ['v̊oːrbəhu·tmɪdəl] *n* Schutzmittel *n*, Präventivmittel *n*.

voorbehoud ['v̊oːrbəhaut] *n* Vorbehalt *m*; *onder* ~ unter (mit) Vorbehalt, vorbehaltlich *G*; **~en** [-ə(n)] vorbehalten.

voor|bereiden ['v̊oːrbərɛĭdə(n)] vorbereiten; **~bericht** [-bərɪxt] *n* Vorwort *n*, Vorrede *f*; Vorbericht *m*; **~beschikking** [-bəsxɪkɪŋ] Prädestination *f*, Vorherbestimmung *f*.

voorbij [v̊oːr'bɛĭ] vorüber, vorbei **~gaan** [-ɣ̊aːn] vorbei-, vorübergehen; *iemand* ~ an j-m vorbeigehen; *fig.* j-n übergehen; **~ganger** [-ɣ̊ɑŋər] (*-s*) *m* Vorübergehende(r) *m*, Passant *m*; **~streven** [-streːv̊ə(n)] überholen, überflügeln; (*über das Ziel*) hinausschießen; *dat is* (*al lang*) *voorbijgestreefd* das ist längst überholt, F das ist passé; **~trekken** [-trɛkə(n)] vorbei-, vorüberziehen **~zien** [-ziːn] übersehen.

voorbode ['v̊oːrboːdə] (*-n u. -s*) *m* Vorbote *m*.

voorbout ['v̊oːrbaut] *m* (*Tier*) Vorderkeule *f*.

voordat [ˈv̊oːrdɑt] ehe, bevor.
voor|deel [ˈv̊oːrdeːl] (*-delen*) *n* Vorteil *m*, Nutzen *m*; *in het ~ van* zugunsten *G*; **~delig** [-ˈdeːləx] vorteilhaft, einträglich.
voordeur [ˈv̊oːrdøːr] *f* Vordertür *f*.
voordien [v̊oːrˈdiːn] früher, einst.
voordoen [ˈv̊oːrduːn] vormachen; vorarbeiten; zeigen; *e-e Serviette* vorbinden; *ik zal het* (even) *~* ich werde es mal zeigen (wie man's macht); *zich goed ~* gute Manieren haben; *hij doet zich voor als* er gibt sich aus für; *indien zich zoiets voordoet* wenn das geschieht; sollte es sich ereignen.
voor|dracht [ˈv̊oːrdrɑxt] *f* Vortrag *m*; Rede *f*, Ansprache *f*; *op ~ van* auf Vorschlag (Antrag) *G*; **~dragen** [-draːɣə(n)] vortragen; *iemand ~ voor* j-n empfehlen für (*A*).
vooreerst [v̊oːrˈeːrst] fürs erste, einstweilen, vorläufig.
voor|gaan [ˈvoːrɣ̊aːn] vorangehen; den Vortritt haben; *Uhr*: vorgehen; **~ganger** [-ɣ̊ɑŋər] (*-s*) *m* Vorgänger *m*; Amtsvorgänger *m*.
voorgebergte [ˈv̊oːrɣ̊əbɛrxtə] (*-n u. -s*) *n* Vorgebirge *n*.
voorgemeld [ˈv̊oːrɣ̊əmɛlt] *s. voormeld*.
voor|gerecht [ˈv̊oːrɣ̊ərɛxt] *n* Vorspeise *f*, Vorgericht *n*; **~geslacht** [-ɣ̊əslɑxt] *n* Vorfahren *pl.*, Ahnen *pl.*; **~gevallene** [-ɣ̊əv̊ɑlənə]: *het ~* das Geschehene, Geschene(s) *n*.
voorgevel [ˈv̊oːrɣ̊eːv̊əl] (*-s*) *m* Vordergiebel *m*, Front *f*; Vorderseite *f*; F Nase *f*.
voorgeven [ˈv̊oːrɣ̊eːv̊ə(n)] vorgeben; vorschützen, vortäuschen.
voorgevoel [ˈv̊oːrɣ̊əv̊uːl] (*-ens*) *n* Ahnung *f*; *ik heb* (*er*) *een ~* (*van*) *dat ...* ich habe e-e Ahnung ...
voorgift [ˈv̊oːrɣ̊ɪft] *f Sp.* Vorgabe *f*; Vorsprung *m*.
voorgoed [v̊oːrˈɣ̊uˑt] endgültig; für immer.
voor|grond [ˈv̊oːrɣ̊rɔnt] *m* Vordergrund *m*; *op de ~ treden* in den Vordergrund treten; **~hamer** [-haːmər] (*-s*) *m* Vorschlaghammer *m*; **~hand** [-hɑnt] *f* Vorderhand *f*; (*Kartenspiel*) Vorhand *f*; *op ~* voraus, im voraus; *op ~ betalen* vorausbezahlen.
voorhanden [v̊oːrˈhɑndə(n)] *Adj.* vorhanden, vorrätig; *Hdl.* auf Lager.
voorhang|en [ˈv̊oːrhɑŋə(n)] vorhängen; **~sel** [-səl] (*-s*) *n* Vorhang *m*.
voorhebben [ˈv̊oːrhɛbə(n)] vorhaben; beabsichtigen; den Vorzug haben; *het goed met iemand ~* es gut mit j-m meinen.
voorheen [v̊oːrˈheːn] früher, ehemals.
voorhistorisch [ˈv̊oːrhɪstoːriˑs] vorgeschichtlich, prähistorisch.
voor|hoede [ˈv̊oːrhuˑdə] (*-n u. -s*) *f* Vorhut *f*; **~hof** [-hɔf] (*-hoven*) *n* Vorhof *m*; **~hoofd** [-hoːft] *n* Stirn *f*; **~houden** [-hɑudə(n)] vorhalten; **~huid** [-hœʏt] *f* Vorhaut *f*; **~huis** [-hœʏs] (*-huizen*) *n* Vorderhaus *n*; Hausflur *m*.
voorin [v̊oːrˈɪn] vorn.
Voor-Indië [ˈv̊oːrɪndiˑjə] *n* Vorderindien *n*.
Voorindisch [v̊oːrˈɪndiˑs] vorderindisch.
vooringenomen [v̊oːˈrɪŋɣ̊ənoːmə(n)] voreingenommen, parteiisch; **~heid** [-hɛit] (*kein pl.*) *f* Befangenheit *f*, Voreingenommenheit *f*; *uit vrees voor* (*wegens*) *~ jur.* wegen Befangenheit.
voorjaar [ˈv̊oːrjaːr] (*-jaren*) *n* Frühling *m*, Frühjahr *n*.
voor|kamer [ˈv̊oːrkaːmər] (*-s*) *f* Vorderzimmer *n*; (*im Büro*) Vorzimmer *n*; **~kauwen** [-kɑuʋə(n)] vorkauen; **~kennis** [-kɛnɪs] (*kein pl.*) *f* Vorkenntnisse *f/pl.*, Vorwissen *n*; *zonder mijn ~* ohne mein Vorwissen; **~keur** [-køːr] (*kein pl.*) *f* Vorzug *m*; *de ~ geven aan iets* etw. (*A*) vorziehen, etw (*D*) den Vorzug geben; *bij ~* vorzugsweise; *de ~ hebben* den Vorzug haben; *een* (*'n*) *~ hebben* e-e Vorliebe haben für (*A*); **~keurtarief** [-kørtɑriːf] (*-rieven*) *n* Sondertarif *m*.
voorkomen[1] [ˈv̊oːrkoːmə(n)] *v/i* vorkommen; *jur.* vor Gericht erscheinen; *zoiets kan ~* so was kann passieren; *v/t* zuvorkommen; *Su. n* Aussehen *n*, Äußere(s) *n*, Anschein *m*; *hij heeft een goed ~* er sieht gut aus; **~d** [-t] *Adj.* eintretend, vorkommend; *in ~ geval* vorkommendenfalls.
voorko|men[2] [v̊oːrˈkoːmə(n)] verhüten, verhindern; zuvorkommen, vorbeugen (*D*); **~mend** [-ˈkoːmənt] freundlich, gefällig, zuvorkom-

mend; **~ming** [-ˈkoːmɪŋ]: *ter ~* zur Verhütung (*G*).
voorlaatst [ˈv̊oːrlaːtst] zweite(r), vorletzte(r).
voor|leggen [ˈv̊oːrlɛɣ̊ə(n)] vorlegen; *Antrag, Entwurf* unterbreiten; **~lezen** [-leːzə(n)] vorlesen; verlesen; **~lezing** [-leːzɪŋ] *f* Vortrag *m*; (*Universität*) Vorlesung *f*.
voorlich|ten [ˈv̊oːrlɪxtə(n)] *j-n* (voran)leuchten *D*; *fig.* aufklären, belehren; **~ting** [-tɪŋ] *f* Aufklärung *f*, Belehrung *f*; Auskunft *f*; **~tingsdienst** [-tɪŋzdiːnst] *m* Informationsdienst *m*, Informationsamt *n*.
voorliefde [ˈv̊oːrliːv̊də] (*kein pl.*) *f* Vorliebe *f*.
voor|liegen [ˈv̊oːrliːɣ̊ə(n)] *j-m etw.* vorlügen; **~loper** [-loːpər] (*-s*) *m* Vorläufer *m*, Vorbote *m*; (*Gerät*) Schlichthobel *m*; **~lopig** [-ˈloːpəx] vorläufig, einstweilen; zeitweilig.
voor|maals [ˈv̊oːrmaːls] ehemals; **~malig** [-ˈmaːləx] ehemalig; bisherig.
voorman [ˈv̊oːrmɑn] (*-nen*) *m* Vorarbeiter *m*; Führer *m* (*e-r Bewegung*); (*der erste e-r Gruppe*) Vordermann *m*; *iemand op zijn ~ zetten* j-n auf Vordermann bringen.
voormeld [v̊oːrˈmɛlt] obenerwähnt, obengenannt; besagt.
voormiddag [v̊oːrˈmɪdɑx], *stark betont a.* [ˈv̊oːr-] (*-dagen*) *m* Vormittag *m*.
voorn [v̊oːrn] (*-s*) *m* Plötze *f*.
voornaam[1] [v̊oːrˈnaːm] vornehm, angesehen; wichtig, bedeutend; *een der ~ste firma's* e-e der führenden Firmen; *de ~ste reden* Hauptgrund *m*; *het ~ste is* (*blijft*) (sehr) wichtig ist ...; *het ~ste* das Wichtigste; *dat is het ~ste* das ist die Hauptsache.
voornaam[2] [ˈv̊oːrnaːm] (*-namen*) *m* Vorname *m*, Rufname *m*.
voornaamwoord [ˈv̊oːrnaːmʋoːrt] *n Gr.* Fürwort *n*, Pronomen *n*; *persoonlijk ~* Personalpronomen *n*; *betrekkelijk ~* Relativpronomen *n*; *aanwijzend* (*bepalend*) *~* Demonstrativpronomen *n*; *bezittelijk ~* Possessivpronomen *n*.
voornamelijk [v̊oːrˈnaːmələk] hauptsächlich, besonders; namentlich.
voornemen [ˈv̊oːrneːmə(n)]: *zich ~* planen, sich vornehmen, willens sein; *het voorgenomen uitstapje* der geplante Ausflug; *ik ben niet ~s* ich bin nicht gewillt; *Su.* (*-s*) *n* Vorhaben *n*, Absicht *f*, Vorsatz *m*; *het ~ koesteren* beabsichtigen; *met het stelligste ~* fest entschlossen; *goede ~s* gute Vorsätze *m/pl.*
voor|noemd [v̊oːrˈnuːmt] obengenannt, obenerwähnt; **~onder** [-ˈɔndər] (*-s*) *n mar.* Vorderraum *m*; **~oordeel** [-ˈoːrdeːl] (*-delen*) *n* Vorurteil *n*; vorgefaßte Meinung *f*; **~oorlogs** [ˈ-oːrlɔxs] Vorkriegs-; **~op** [-ˈɔp] voran, vorauf; vor allem.
voorouders [ˈv̊oːrɑudərs] *pl.* Vorfahren *pl.*, Ahnen *pl.*
voorover [v̊oːrˈoːv̊ər] vornüber.
voorpagina [ˈv̊oːrpaˑɣɪna] (*-'s*) *f* Vorsatzblatt *n*, Titelseite *f*, Titelblatt *n*.
voor|plaats [ˈv̊oːrplaːts] *f* Vordersitz *m*; Vorplatz *m*; Vorraum *m*; **~plecht** [-plɛxt] *f mar.* Vorplicht *f*; **~plein** [-plɛĭn] *n* Vorplatz *m*.
voor|poot [ˈv̊oːrpoːt] (*-poten*) *m* Vorderpfote *f*, Vorderfuß *m*; **~post** [-pɔst] *m* Vorposten *m*; **~pret** [-prɛt] (*kein pl.*) *f* Vorfreude *f*.
voorproef [ˈv̊oːrpruːf] (*-proeven*) *f* Kostprobe *f*, Probe *f*; Vorgeschmack *m*.
voorraad [ˈv̊oːraːt] (*-raden*) *m* Vorrat *m*; Bestand *m*; *in ~* vorrätig, auf Lager; **~kamer** [-kaːmər] (*-s*) *f* Vorratskammer *f*.
voorrang [ˈv̊oːrɑŋ] *m* Vorrang *m*, Vorfahrt *f*; *~ hebben boven* Vorrang haben vor *D*; *~ verlenen* vorfahren lassen; **~sbord** [-zbɔrt] *n* Vorfahrtszeichen *n*; **~sweg** [-sʋɛx] *m* Vorfahrtsstraße *f*.
voor|recht [ˈv̊oːrɛxt] *n* Vorrecht *n*, Priorität *f*, Vorzug *m*; **~rede** [-reːdə] (*-s*) *f* Vorrede *f*, Vorwort *n*; **~rekenen** [-reːkənə(n)] vorrechnen; **~rijden** [-rɛĭdə(n)] vorfahren, vorreiten; **~ronde** [-rɔndə] (*-n u. -s*) *f Sp.* Vorrunde *f*; Vorspiel *n*, Vorkampf *m*.
voorruit [ˈv̊oːrəʏt] *f* Windschutzscheibe *f*, Frontscheibe *f*.
voorschieten [ˈv̊oːrsxiˑtə(n)] vorschießen; *Geld* vorstrecken.
voorschijn [ˈv̊oːrsxɛĭn]: *te ~ halen* hervorziehen, zeigen; *te ~ komen* hervorkommen, zum Vorschein kommen.
voorschools [ˈv̊oːrsxoːls] Vor

schul-; *~e kinderen* Vorschulkinder *n/pl.*; *~ opvoeding* Vorschulerziehung *f.*

voorschoot ['vo:rsxo:t] (*-schoten*) *m u. n* Schürze *f.*

voorschot ['vo:rsxɔt] (*-ten*) *n* Anzahlung *f*, Vorschuß *m*; **~bank** [-baŋk] *f* Darlehenskasse *f.*

voor|schrift ['vo:rsxrɪft] *n* Vorschrift *f*; Rezept *n*; Verordnung *f*; *uitsluitend (slechts) tegen ~* rezeptpflichtig; **~schrijven** [-sxrɛivə(n)] vorschreiben; *Arznei* verschreiben, verordnen.

voor|slaan ['vo:rsla:n] vorschlagen (*a. fig.*); e-n Vorschlag machen; **~slag** [-slɑx] *m* Vorschlag *m*; *Sp.* Ausschlag *m*; *Mus.* Auftakt *m.*

voorsmaak ['vo:rsma:k] (*kein pl.*) *m* Vorgeschmack *m* (*a. fig.*); **~je** [-jə] (*-s*) *n* Kostprobe *f*, *fig. a.* Vorgeschmack *m.*

voorsnij|den ['vo:rsnɛidə(n)] vorschneiden; **~mes** [-mɛs] (*-sen*) *n* Vorlegemesser *n*; **~vork** [-vɔrk] *f* Vorlegegabel *f.*

voorsorteren ['vo:rsɔrte:rə(n)] vorsortieren, auslesen.

voorspel ['vo:rspɛl] *n* Vorspiel *n* (*a. fig.*); (*Film*) Vorspann *m*; **~en** [-spe:lə(n)] vorspielen.

voorspellen[1] ['vo:rspɛlə(n)] vorbuchstabieren.

voorspel|len[2] [-'spɛlə(n)] vorhersagen, weissagen, prophezeien; **~ling** [-ɪŋ] *f* (*Wetter*) Vorhersage *f*; Weissagung *f*, Prophezeiung *f.*

voorspiegelen ['vo:rspi:ɣələ(n)] vorspiegeln.

voorspijs ['vo:rspɛis] (*-spijzen*) *f* Vorspeise *f*, Vorgericht *n.*

voorspoed ['vo:rspu·t] *m* Wohlfahrt *f*; Glück *n*; **~ig** [-'spu·dəx] glücklich; günstig.

voor|spraak ['vo:rspra:k] (*-spraken*) *f* Fürsprache *f*, Fürbitte *f*; Empfehlung *f*; **~spreken** [-spre:kə(n)] vorsprechen; sprechen für (*A*), empfehlen, ein gutes Wort einlegen für (*A*).

voorsprong ['vo:rsprɔŋ] *m* Vorsprung *m*; *een ~ hebben Sp.* e-n Vorsprung haben; *een ~ geven Sp.* e-e Vorgabe gewähren.

voorstaan ['vo:rsta:n] verteidigen, vertreten, verfechten; *zich laten ~ op* sich (viel) einbilden auf *A*; sich brüsten mit, prahlen mit.

voorstad ['vo:rstɑt] (*-steden*) *f* Vorstadt *f*, Vorort *m.*

voorstander ['vo:rstɑndər] (*-s*) *m* Verfechter *m*, Vorkämpfer *m*; Förderer *m*, Verteidiger *m*, Freund *m.*

voorste ['vo:rstə] vordere(r); vorderste(r); *het ~* Vorderteil *m.*

voorstel ['vo:rstɛl] (*-len*) *n* Vorschlag *m*; Antrag *m*; (*Gesetz*) Vorlage *f*; *een ~ doen* e-n Vorschlag machen; **~len** [-ə(n)] vorschlagen; beantragen, e-n Antrag stellen (einbringen); *iemand ~* j-n vorstellen; *iets ~* etw. darlegen, darstellen, schildern; *zich ~* sich denken, sich vorstellen, sich vergegenwärtigen; **~ling** [-lɪŋ] *f* Vorstellung *f*; Darstellung *f*; *Thea.* Aufführung *f*; (*Idee*) Einbildung *f*; **~lingsvermogen** [-lɪŋsfərmo:ɣə(n)] (*kein pl.*) *n* Einbildungskraft *f.*

voor|steven ['vo:rste:və(n)] (*-s*) *m mar.* Vordersteven *m*; **~stoot** [-sto:t] (*-stoten*) *m* Vorstoß *m*; **~stopper** [-stɔpər] (*-s*) *m Sp.* Stopper *m*, Mittelläufer *m*; **~studie** [-sty:di:] (*-s u. -ën*) *f* Vorstudium *n*; Entwurf *m*, Konzept *n*, Skizze *f*; **~stuk** [-stək] (*-ken*) *n* Vorderstück *n*; *Thea.* Vorspiel *n.*

voort [vo:rt] fort, weiter; sofort, gleich; dahin; vorwärts.

voortaan [vo:r'ta:n] fortan, künftighin, in Zukunft.

voortand ['vo:rtɑnt] *m* Vorderzahn *m.*

voortbestaan ['vo:rdbəsta:n] (*kein pl.*) *n* Fortbestand *m*, Fortbestehen *n.*

voort|bewegen ['vo:rdbəʋe:ɣə(n)] fortbewegen; **~brengen** [-brɛŋə(n)] hervorbringen; erzeugen; **~brengsel** [-brɛŋsəl] (*-s u. -en*) *n* Erzeugnis *n*, Produkt *n*; **~drijven** [-drɛivə(n)] forttreiben.

voort|duren ['vo:rdy:rə(n)] fortdauern, fortwähren; **~durend** [-'dy:rənt] fortwährend, fortgesetzt, unausgesetzt, ununterbrochen; **~during** [-'dy:rɪŋ] *f* Fortdauer *f*; *bij ~* fortwährend, fortdauernd.

voortduwen ['vo:rdy:ʋə(n)] fortschieben, fortstoßen.

voorteken ['vo:rte:kə(n)] (*-s u. -en*) *n* Vorzeichen, Anzeichen *n.*

voortellen ['vo:rtɛlə(n)] vorzählen.

voort|gaan [ˈv̊oːrtxaːn] fortschreiten, weitergehen; fortfahren, fortsetzen; ~ *met* fortfahren zu; ~ *met werken* fortfahren zu arbeiten, weiterarbeiten; *hij is voortgegaan met werken* er hat fortgefahren zu arbeiten, er hat die Arbeit fortgesetzt; *hij ging voort* er entfernte sich; (*bei der Unterhaltung*) dann sagte er, er fuhr fort; **~gang** [-xɑŋ] *m* Fortgang *m*; ~ *maken met iets* etw. beschleunigen; ~ *hebben* stattfinden.
voortgezet [ˈv̊oːrtxəzɛt] fortgesetzt; ~ *onderwijs* Fortbildungsunterricht *m*.
voorthelpen [ˈv̊oːrthɛlpə(n)] beistehen *D*, behilflich sein; *iemand* ~ j-m weiterhelfen, j-m beistehen.
voortijd [ˈv̊oːrtɛĭt] *m* Vorzeit *f*; **~ig** [-əx] vorzeitig; verfrüht; **~s** [-s] ehemals.
voort|jagen [ˈv̊oːrtjaːɣ̊ə(n)] fortjagen; **~komen** [-koːmə(n)] fort-, weiterkommen; ~ *van* stammen aus, entstehen; **~lopen** [-loːpə(n)] fort-, weiterlaufen; **~maken** [-maːkə(n)] sich beeilen, sich sputen; ~ *met iets* etw. beschleunigen.
voortoveren [ˈv̊oːrtoːv̊ərə(n)] vorzaubern, beschwindeln.
voort|planten [ˈv̊oːrtplɑntə(n)] fortpflanzen; *fig.* verbreiten; **~planting** [-plɑntɪŋ] *f* Fortpflanzung *f*; Zeugung *f*; **~plantingsvermogen** [-plɑntɪŋsfərmoːɣ̊ə(n)] (*-s*) *n* Fortpflanzungsvermögen *n*; Zeugungsfähigkeit *f*.
voortreffelijk [v̊oːrˈtrɛfələk] vortrefflich, ausgezeichnet, vorzüglich.
voortreizen [ˈv̊oːrtrɛĭzə(n)] weiterreisen.
voor|trekken [ˈv̊oːrtrɛkə(n)] vorziehen; **~trekker** [-trɛkər] (*-s*) *m* Pionier *m*, Bahnbrecher *m*, Wegbereiter *m*.
voortrijden [ˈv̊oːrtrɛĭdə(n)] weiterfahren.
voorts [v̊oːrts] ferner, weiter, außerdem.
voort|schuiven [ˈv̊oːrtsxəʏv̊ə(n)] fort-, weiterschieben; **~spruiten** [-sprəʏtə(n)] hervorgehen aus (*D*); **~stappen** [-stɑpə(n)] einherschreiten; **~stuwen** [-styːʋə(n)] fort-, antreiben; **~sukkelen** [-sɵkələ(n)] kränkeln; fort-, weiterschlendern; **~trekken** [-trɛkə(n)] fort-, weiterziehen.

voortuintje [ˈv̊oːrtəʏntjə] (*-s*) *n* Vorgarten *m*.
voortvarend [v̊oːrtˈfaːrənt] eifrig, hastig; energisch, tatkräftig; **~heid** [-hɛĭt] (*kein pl.*) *f* Eifer *m*; Energie *f*, Tatkraft *f*.
voortvloeien [ˈv̊oːrtfluˑĭ(j)ə(n)] fortfließen; *fig.* hervorgehen aus (*D*), schließen; (er)folgen.
voortvluchtig [v̊oːrtˈflɵxtəx] flüchtig, auf der Flucht.
voort|woekeren [ˈv̊oːrtʋuˑkərə(n)] weiterwuchern; *fig.* um sich greifen; **~zetten** [-sɛtə(n)] fortführen, fortsetzen; **~zetting** [-sɛtɪŋ] *f* Fortsetzung *f*.
vooruit [v̊oːˈrəʏt] voraus, im voraus; vorher; voran; vorwärts!; **~betaling** [-bətaːlɪŋ] *f* Vorausbezahlung *f*; **~gaan** [-xaːn] voraus-, vorangehen; *fig.* Fortschritte machen; verbessern, sich bessern; **~gang** [-xɑŋ] *m* Fortschritt *m*, Besserung *f*; **~helpen** [-hɛlpə(n)] weiterhelfen *D*, fördern; **~komen** [-koːmə(n)] vorwärtskommen, fortkommen; **~lopen** [-loːpə(n)] vorauslaufen, vorausgehen; *fig.* ~ *op* vorgreifen *D*; **~steken** [-steːkə(n)] vorstrecken; *v/i* vorstehen, hervorragen, vorspringen; **~streven** [-streːv̊ə(n)] vorwärtsstreben; **~strevend** [-streːv̊ənt] fortschrittlich; **~zicht** [-sɪxt] *n* Aussicht *f*, Erwartung *f*; *in 't ~ stellen* in Aussicht stellen; *in 't ~ van* in Erwartung *G*; **~ziend** [-siːnt] vorausschend; vorsorglich, fürsorglich.
voorvader [ˈv̊oːrv̊aːdər] (*-s*) *m* Vorfahr *m*, Ahn *m*; **~lijk** [-lək] altväterlich.
voorval [ˈv̊oːrv̊ɑl] (*-len*) *n* Vorfall *m*, Ereignis *n*; Zwischenfall *m*; **~len** [-ə(n)] vorfallen, geschehen, sich ereignen.
voorvechter [ˈv̊oːrv̊ɛxtər] (*-s*) *m* Vorkämpfer *m*; *pej.* Raufbold *m*.
voorvoegsel [ˈv̊oːrv̊uˑxsəl] (*-s*) *n Gr.* Präfix *n*, Vorsilbe *f*.
voorwaar [v̊oːrˈʋaːr] fürwahr, wahrlich.
voorwaarde [ˈvoːrʋaːrdə] (*-n*) *f* Bedingung *f*; *op* ~ unter der Bedingung; **~lijk** [-ˈʋaːrdələk] *Adj.* bedingt; *Adv.* bedingungsweise; ~ *zin Gr.* Konditional-, Bedingungssatz *m*; *~e veroordeling* bedingte Verurteilung, bedingte Strafau…

setzung, bedingter Strafaufschub; *~e invrijheidsstelling* bedingter Straferlaß, bedingte Entlassung.
voorwaarts ['v̊o:rɒa:rts] vorwärts.
voorwend|en ['v̊o:rɒɛndə(n)] vorschützen, angeben; **~sel** [-səl] (*-en u. -s*) *n* Vorwand *m.*
voorwereld ['v̊o:rɒe:rəlt] *f* Vorwelt *f*; **~lijk** [-lək] vorweltlich.
voorwerk ['v̊o:rɒɛrk] *n* Vorarbeit *f*; **~en** [-ə(n)] vorarbeiten; **~er** [-ər] (*-s*) Vorarbeiter *m*, Polier *m*; (*beim Turnen*) Vorturner *m.*
voorwerp ['v̊o:rɒɛrp] *n* Gegenstand *m*; *Gr.* Objekt *n*; *lijdend ~ Gr.* Akkusativobjekt *n*; *meewerkend ~ Gr.* Dativobjekt *n*; *bureau der (van) gevonden ~en* Fundbüro *n*; **~szin** [-sɪn] (*-nen*) *m Gr.* Objektsatz *m.*
voorwiel ['v̊o:rɒi:l] *n* Vorderrad *n*; **~aandrijving** [-a:ndrɛiv̊ɪŋ] *f* Vorderradantrieb *m.*
voorwoord ['v̊o:rɒo:rt] *n* Vorwort *n.*
voorzaat ['v̊o:rza:t] (*-zaten*) *m* Vorfahr *m.*
voorzanger ['v̊o:rzɑŋər] (*-s*) *m* Vorsänger *m*, Kantor *m.*
voorzegd [v̊o:r'zɛxt] besagt.
voorzeggen ['v̊o:rzɛɣ̊ə(n)] vorsagen; [-'zɛɣ̊ə(n)] vorhersagen, weissagen, prophezeien.
voorzeker [v̊o:r'ze:kər] sicherlich.
voorzet ['v̊o:rzɛt] (*-ten*) *m Sp.* Vorlage *f*, Flanke *f*; **~sel** [-səl] (*-s*) *n Gr.* Präposition *f*, Verhältniswort *n*; **~ten** [-ə(n)] vorsetzen; *Uhr* vorstellen; *Sp.* vorlegen, flanken.
voorzichtig [v̊o:r'zɪxtəx] vorsichtig, behutsam, umsichtig; **~heid** [-hɛĭt] (*kein pl.*) Vorsicht *f*, Umsicht *f*, Behutsamkeit *f*; **~heidshalve** [-hɛĭtshɑlv̊ə] vorsichtshalber.
voorzien [v̊o:r'zi:n] voraus-, vorhersehen; *~ van* versorgen, versehen mit; *dat hadden wij niet ~* damit hatten wir nicht gerechnet; *dat was te ~* das war vorauszusehen (zu erwarten); *in een behoefte ~* ein Bedürfnis befriedigen; *in een tekort ~* e-m Mangel abhelfen; *het op iemand ~ hebben* es auf j-n abgesehen haben; *~ van de lidkaart* im Besitz der Mitgliedskarte; *daarin is reeds ~* das ist schon geregelt; **~igheid** [-əxhɛĭt] *f* Vorsehung *f*; **~ing** [-ɪŋ] *f* Befriedigung *f*, Versorgung *f*; *~ in beroep jur.* Berufung *f.*
voor|zijde ['v̊o:rzɛĭdə] (*-n*) *f* Vorderseite *f*; (*Saal*) Stirnseite *f*; **~zingen** [-zɪŋə(n)] vorsingen.
voorzit|ten ['v̊o:rzɪtə(n)] vorsitzen (*D*), präsidieren, den Vorsitz führen; **~ter** [-ər] (*-s*) *m* Vorsitzende(r) *m*, Präsident *m*; **~terschap** [-ərsxɑp] (*-pen*) *n* Vorsitz *m*, Präsidium *n.*
voorzomer ['v̊o:rzo:mər] (*-s*) *m* Vorsommer *m.*
voorzorg ['v̊o:rzɔrx] *f* Vorsorge *f*, Fürsorge *f*; *maatschappelijke ~* Sozialfürsorge *f*; **~smaatregel** [-sma:tre:ɣ̊əl] *m* Vorsichtsmaßnahme *f*, Vorkehrung *f.*
voos [v̊o:s] mürbe; schwammig; *fig.* faul, morsch.
vorde|ren ['v̊ɔrdərə(n)] (er)fordern, auffordern; *het werk vordert goed* die Arbeit geht gut voran; **~ring** [-rɪŋ] *f* Forderung *f*; Fortschritt *m*; *~en maken* Fortschritte machen; *een ~ op iemand hebben* e-e Forderung an j-n haben.
voren ['v̊o:rə(n)] vorn; *naar ~* nach vorn; (*van*) *te ~* zuvor, von vornherein.
vorig ['v̊o:rəx] vorig; obig; vorhergehend; *de ~e spreker* Vorredner *m.*
vork [v̊ɔrk] *f* Gabel *f*; *hoe de ~ in de steel zit* wie die Sache sich verhält; **~heftruck** [-hɛftrək] (*-s*) *m* Gabelstapler *m.*
vorm [v̊ɔrm] *m* Form *f*; *voor de ~* der Form halber; *onberispelijk van ~* formvollendet; *lijdende ~ Gr.* Passiv *n*, Leideform *f*; **~elijk** [-ələk] förmlich; formell; **~en** [-ə(n)] formen, bilden; *Rel.* firmen; **~ing** [-ɪŋ] *f* Formung *f*; Bildung *f*; *Rel.* Firmung *f*; **~leer** [-le:r] (*kein pl.*) *f* Formenlehre *f*; **~loos** [-lo:s] formlos; **~sel** [-səl] (*kein pl.*) *n Rel.* Firmung *f.*
vors [v̊ɔrs] *m* Frosch *m*; **~enpoel** [-ə(n)pu:l] *m* Froschpfuhl *m.*
vorsen ['vɔrsə(n)] forschen.
vorst[1] [v̊ɔrst] *f* First *m.*
vorst[2] *m* Frost *m.*
vorst[3] *m* Fürst *m*; **~elijk** [-ələk] fürstlich; **~endom** [-əndɔm] (*-men*) *n* Fürstentum *n.*
vos [v̊ɔs] *m* Fuchs *m*; *blauwe ~* Blaufuchs *m*; **~kleurig** [-klø:rəx] fuchsrot.

vosse|bont ['v̊ɔsəbɔnt] *n* Fuchspelz *m*; **~hol** [-hɔl] *n* Fuchsbau *m*; **~huid** [-hərt] *f* Fuchsbalg *m*; **~jacht** [-jɑxt] *f* Fuchsjagd *f*; **~staart** [-sta:rt] *m* Fuchsschwanz *m* (*a. Bot.*); **~val** [-v̊ɑl] (*-len*) *f* Fuchsgrube *f*, Fuchsfalle *f*; **~vel** [-v̊ɛl] (*-len*) *n* Fuchsfell *n*.

votiefsteen [v̊o·'ti:fste:n] (*-stenen*) *m* Gedenktafel *f*.

votum ['v̊o:təm] (*-s u. vota*) *n* Votum *n*; ~ *van vertrouwen* Vertrauensvotum *n*; ~ *van wantrouwen* Mißtrauensvotum *n*.

voute ['v̊ɑutə] (*-n*) *f* Gewölbe *n*; Oberzimmer *n*.

vouw [v̊ɑŭ] *f* Falte *f*; Bügelfalte *f*; **~been** [-be:n] (*-benen*) *n* Falzbein *n*; Papiermesser *n*; **~blad** [-blɑt] *n* Werbezettel *m*, Faltblatt *n*; **~boot** [-bo:t] (*-boten*) *m u. f* Faltboot *n*; **~deur** [-dø:r] *f* Flügeltür *f*; **~en** [-(ʋ)ə(n)] (*vouwde, gevouwen*) falten; falzen, einschlagen; **~fiets** [-fi·ts] *m* Klappfahrrad *n*; **~machine** [-mɑʃi·nə] (*-s*) *f* Falzmaschine *f*; **~mes** [-mɛs] (*-sen*) *n* Taschenmesser *n*, Klappmesser *n*; **~stoel** [-stu:l] *m* Klappstuhl *m*; **~tafel** [-ta:fəl] (*-s*) *f* Klapptisch *m*.

vraag ['vra:x] (*vragen*) *f* Frage *f*; (*Wunsch*) Bitte *f*; *Hdl.* Nachfrage *f*; (*um Auskunft*) Anfrage *f*; ~ *en aanbod* Angebot und Nachfrage; **~gesprek** [-xəsprɛk] (*-ken*) *n* Befragung *f*, Interview *n*; **~punt** [-pənt] *n* Frage *f*, Problem *n*; **~stuk** [-stək] (*-ken*) *n Math.* Aufgabe *f*; (Streit-)Frage *f*, Problem *n*; **~teken** [-te:kə(n)] (*-s*) *n* Fragezeichen *n*; **~ziek** [-si·k] wißbegierig.

vraatzucht ['v̊ra:tsəxt] *f* Gefräßigkeit *f*; *fig.* Habgier *f*; **~ig** [-'səxtəx] gefräßig; *fig.* habgierig.

vracht [v̊rɑxt] *f* Fracht *f*, Ladung *f*; Fuhre *f*; (*Last*) Bürde *f*; **~auto** [-ɑuto·] (*-'s*) *m* Last(kraft)wagen (LKW) *m*; ~ *voor lange afstanden* Fernlaster *m*; **~brief** [-bri:f] (*-brieven*) *m* Frachtbrief *m*; **~goed** [-xu·t] (*-eren*) *n* Frachtgut *n*; **~loon** [-lo:n] (*-lonen*) *n* Frachtgeld *n*, Fracht *f*; **~rijder** [-rɛĭdər] (*-s*) *m* Spediteur *m*; Fernfahrer *m*; **~schip** [-sxɪp] (*-schepen*) *n* Fracht-, Lastschiff *n*, Frachter *m*; **~vervoer** [-fərv̊u:r] *n* Güterbeförderung *f*; **~vrij** [-frɛĭ] frachtfrei, franko; ~*e bagage* Freigepäck *n*; **~wagen** [-wa:ɣ̊ə(n)] *m* (*-s*) *s.* ~auto.

vragen ['v̊ra:ɣ̊ə(n)] (*vroeg od. vraagde, gevraagd*) fragen; bitten; einladen; auffordern; ~ *naar* fragen nach; ~ *om* bitten um; *e-n Preis* fordern, verlangen; *naar binnen* ~ bitten lassen, bitten (einzutreten); *de heer N vraagt U naar binnen* Herr N. läßt bitten; *er werd mi gevraagd* ich wurde gefragt ... *zum Tanz* auffordern; **~bus** [-bəs] (*-sen*) *f* Fragekasten *m* (*in Zeitungen usw.*); **~derwijs** [-dərʋɛĭs] fragend; **~lijst** [-lɛĭst] *f* Fragebogen *m*.

vrager ['vra:ɣ̊ər] (*-s*) *m* Frager *m*, Fragende(r) *m*; Bittsteller *m*.

vrat [v̊rɑt] *s. vreten.*

vrede ['v̊re:də] (*kein pl.*) *m* Friede(n) *m*; *de* ♀ *van Munster* der Westfälische Friede; *de* ♀ *van Utrecht* der Utrechter Friede; **~breuk** [-brø:k] *f* Friedensbruch *m*; **~gerecht** [-ɣ̊ərɛxt] *n* Friedensgericht *n*; **~lievend** [-'li:v̊ənt] friedliebend, friedfertig; **~rechter** [-rɛxtər] (*-s*) *m* Friedensrichter *m*.

vredes|conferentie *a.* **-kon-** ['v̊re:dəskɔnfərɛnsi:] (*-s*) *f* Friedenskonferenz *f*; **~congres** *a.* **-kon** [-kɔŋɣ̊rɛs] (*-sen*) *n* Friedenskongreß *m*; **~naam** [-na:m]: *in* ~ in Gottes Namen; um Himmels willen; **~verdrag** [-fərdrɑx] *n* Friedensvertrag *m*.

vredig ['v̊re:dəx] friedlich.

vreedzaam ['v̊re:tsa:m] friedlich, friedfertig.

vreemd [v̊re:mt] fremd; ausländisch; befremdend; sonderbar, merkwürdig; *een* ~*e taal* Fremdsprache *f*; *het lijkt mij* ~ es erscheint mir sonderbar; *ergens* ~ *zijn* irgendwo nicht Bescheid wissen; irgendwo (völlig) unbekannt sein; *in de* ~*e* in der Fremde; *dat komt uit de* ~*e* das ist exotisch.

vreemdeling ['v̊re:mdəlɪŋ] *m* Fremde(r) *m*; Ausländer *m* (*mst. pej.*); *fig.* Laie *m*; Fremdling *m*; **~enboek** [-ə(n)bu·k] *n* Fremdenbuch *n*; **~enlegioen** [-ə(n)le:ɣ̊ju:n] *n* Fremdenlegion *f*; **~enverkeer** [-ə(n)v̊ərke:r] *n* Fremdenverkehr *m*; *vereniging voor* ~ (*VVV*) Verkehrsverein *m*.

vreemd|heid ['v̊re:mthɛĭt] (*-heden*) *f* Fremdheit *f*; **~soortig** [-'so:rtəx] fremdartig.

vrees [v̊re:s] (*vrezen*) *f* Furcht *f*; ~ *hebben* Furcht haben vor (*D*); *iemand* ~ *aanjagen* j-m Furcht einjagen, j-n einschüchtern; *uit* ~ *voor* aus Furcht vor *D*; **~achtig** [-ˈzɑxtəx] furchtsam; **~wekkend** [-ʋɛkənt] furchterregend, furchtbar.
vrek [v̊rɛk] (*-ken*) *m* Geizhals *m*; **~kig** [-əx] geizig.
vreselijk [ˈv̊re:sələk] fürchterlich, furchtbar.
vreten [ˈv̊re:tə(n)] (*vrat, gevreten*) fressen.
vreugd(**e**) [v̊rø:xt] *od.* [ˈv̊rø:ɣ̊də] (*-*[*e*]*n*) *f* Freude *f*; *lachen van* ~ vor Freude lachen.
vreugde|loos [ˈv̊rø:ɣ̊dəlo:s] freudlos; **~traan** [-tra:n] (*-tranen*) *m* Freudenträne *f*; **~vol** [-v̊ɔl] freudvoll, freudig; **~vuur** [-v̊y:r] (*-vuren*) *n* Freudenfeuer *n*.
vrezen [ˈv̊re:zə(n)] (be)fürchten; sich fürchten vor (*D*); *het ergste* ~ das Schlimmste befürchten.
vriend [v̊ri:nt] *m* Freund *m*; *kwade* ~*en worden* uneinig werden, sich mit *j-m* anlegen, sich entzweien; **~elijk** [-dələk] freundlich; gütig; **~elijkheid** [-dələkhɛĭt] (*-heden*) *f* Freundlichkeit *f*.
vrienden|dienst [ˈv̊ri:ndədi:nst] *m* Freundesdienst *m*; **~kring** [-krɪŋ] *m* Freundeskreis *m*; **~match** [-mɑtʃ] (*-es u. -en*) *m u. f Sp.* Freundschaftsspiel *n*.
vriendin [v̊ri:nˈdɪn] (*-nen*) *f* Freundin *f*.
vriendschap [ˈv̊ri:ntsxɑp] (*-pen*) *f* Freundschaft *f*; **~pelijk** [-ələk] freundschaftlich; ~*e ontmoeting Sp.* Freundschaftsspiel *n*; **~pelijkheid** [-ələkhɛĭt] (*-heden*) *f* Freundschaftlichkeit *f*; **~sband** [-zbɑnt] *m* Freundschaftsband *n*; **~sbetuiging** [-zbətəʏɣ̊ɪŋ] *f* Freundschaftsbezeigung *f*.
vries|kamer [ˈv̊ri:ska:mər] (*-s*) *f* Gefrierraum *m*; **~punt** [-pənt] *n* Gefrierpunkt *m*; **~weer** [-ʋe:r] *n* Frostwetter *n*.
vriezen [ˈv̊ri:zə(n)] (*vroor od. vroos, gevroren od. gevrozen*) frieren.
vrij [v̊rɛĭ] frei; *Adv.* ziemlich; *het is* ~ *duur* (*koud, laat*) es ist ziemlich teuer (kalt, spät); ~ *van tol* (*rechten*) zollfrei; ~ *van port* portofrei; ~ *van belasting* steuerfrei; ~ *van zorgen* sorgenfrei; ~*e loop* Freilauf *m*; ~*e tijd* Freizeit *f*; ~*e tijd*(*s*)*besteding* Freizeitgestaltung *f*; ~*e stijl Sp.* Freistil *m*; ~*e schop Sp.* Freistoß *m*; ~*e tafel* Freitisch *m*; ~ *aan huis* frei Haus; *nog* ~ *zijn* (*Sitz*) noch frei sein; (*Junggeselle*) noch ledig sein.
vrijaf [v̊rɛĭˈ(j)ɑf] frei (haben).
vrijage [v̊rɛĭˈ(j)a:ʒə] (*-s*) *f* Liebschaft *f*, Liebelei *f*.
vrij|biljet [ˈv̊rɛĭbɪljɛt] (*-ten*) *n* Freikarte *f*; **~blijvend** [-blɛĭv̊ənt], *a.* [-ˈblɛĭv̊ənt] *Hdl.* freibleibend; unverbindlich; **~brief** [-bri:f] (*-brieven*) *m* Freibrief *m*; **~buiter** [-bəʏtər] (*-s*) *m* Freibeuter *m*, Pirat *m*; **~dag** [-dɑx] *m* Freitag *m*; *Goede* ♀ Karfreitag *m*; **~denker** [-dɛŋkər] (*-s*) *m* Freigeist *m*, Freidenker *m*; **~dom** [-dɔm] (*-men*) *m* Freiheit *f*; ~ *van douanerechten* Zollfreiheit *f*.
vrijelijk [ˈv̊rɛĭ(j)ələk] frei.
vrij|en [ˈv̊rɛĭ(j)ə(n)] freien; verlobt sein; F ein Verhältnis haben; **~er** [-ər] (*-s*) *m* Freier *m*; Liebste(r) *m*, Liebhaber *m*; *oude* ~ alter Junggeselle *m*, Hagestolz *m*; **~erij** [-əˈrɛĭ] *f s. vrijage.*
vrij|geleide [ˈv̊rɛĭɣ̊əlɛĭdə] (*-n u. -s*) *n* freie(s) Geleit *n*; **~gevigheid** [-ɣ̊e:v̊əxhɛĭt] (*kein pl.*) *f* Freigebigkeit *f*; Freizügigkeit *f*; **~gezel** [-ɣ̊əzɛl], *a.* [v̊rɛĭɣ̊əˈzɛl] (*-len*) *m* Junggeselle *m*; **~handelstelsel** [-hɑndəlstɛlsəl] (*-s*) *n* Freihandelssystem *n*; **~haven** [-ha:v̊ə(n)] (*-s*) *m* Freihafen *m*.
vrijheid [ˈv̊rɛĭhɛĭt] (*-heden*) *f* Freiheit *f*; ~ *van* (*druk*)*pers* Pressefreiheit *f*; *in* ~ *stellen* freilassen, entlassen, auf freien Fuß setzen; **~lievend** [-li:v̊ənt] freiheitsliebend; **~soorlog** [-so:rlɔx] *m* Freiheitskrieg *m*.
vrij|houden [ˈv̊rɛĭhɑudə(n)] freihalten; **~kaart** [-ka:rt] *f* Freikarte *f*; Freifahrschein *m*; **~komen** [-ko:mə(n)] freikommen, entlassen werden; *Chem.* freiwerden; **~lating** [-la:tɪŋ] *f* Freilassung *f*, Entlassung *f*; Freigabe *f*.
vrij|maken [ˈv̊rɛĭma:kə(n)] freimachen; *Güter* verzollen; **~metselarij** [-mɛtsəla·ˈrɛĭ] *f* Freimaurerei *f*; **~moedig** [-ˈmu·dəx] freimütig, offen; **~moedigheid** [-ˈmu·dəxhɛĭt] (*-heden*) *f* Freimut *m*, Freimütigkeit *f*; **~plaats** [-pla:ts] *f* Freistätte *f*; **~pleiten** [-plɛĭtə(n)]

freisprechen; *zich* ~ sich herausreden; **~postig** [-ˈpɔstəx] dreist, keck, unverschämt; *hij is zeer* ~ F er hat e-e freche Schnauze; **~postigheid** [-ˈpɔstəxhɛĭt] (*kein pl.*) *f* Keckheit *f*, Unverschämtheit *f*, Frechheit *f*; **~spraak** [-spraːk] *f* Freispruch *m*; **~staan** [-staːn] freistehen; **~staat** [-staːt] *m* Freistaat *m*; **~stad** [-stɑt] (*-steden*) *f* Freistadt *f*; **~stellen** [-stɛlə(n)] freistellen; ~ *van* entheben von, befreien von.

vrijster [ˈv̊rɛĭstər] (*-s*) *f* Geliebte *f*; *oude* ~ alte Jungfer *f*.

vrijuit [v̊rɛĭˈ(j)əʏt] frei heraus, ganz offen.

vrij|vechten [ˈv̊rɛĭv̊ɛxtə(n)] *v/r* sich freikämpfen.

vrij|waren [ˈv̊rɛĭʋaːrə(n)] schützen, sichern, behüten, verwahren (*voor*/vor *D*; *tegen*/gegen *A*); **~waring** [-ʋaːrɪŋ]: *ter* ~ *tegen* zum Schutz vor *D* (gegen *A*); **~wel** [-ˈʋɛl] nahezu, fast; ziemlich; **~wiel** [-ʋiːl] *n* Freilauf *m*; **~willig** [-ˈʋɪləx] freiwillig; **~williger** [-ˈʋɪləɣ̊ər] (*-s*) *m* Freiwillige(r) *m*; **~zinnig** [-ˈzɪnəx] freisinnig.

vrille [ˈvriˑjə] (*-s*) *f* Trudeln *n*; *in een* ~ *(ge)raken Flgw.* trudeln, ins Trudeln kommen.

vroed [v̊ruːt] weise, klug; **~vrouw** [-frɑŭ] *f* Hebamme *f*, Geburtshelferin *f*.

vroeg[1] [v̊rux] *s. vragen*.

vroeg[2] früh; *ten* ~*ste, op zijn* ~*ste* frühestens; ~ *of laat* früher oder später, über kurz oder lang; **~er** [-ɣ̊ər] früher, damals, ehemals; *net als* ~ genau wie damals; **~mis** [-mɪs] (*-sen*) *f* Frühmesse *f*; **~rijp** [-rɛĭp] frühreif; **~te** [-tə] (*kein pl.*) Frühe *f*; *in de* ~ früh am Morgen; **~tijdig** [-ˈtɛĭdəx] frühzeitig.

vrolijk [ˈv̊roːlək] fröhlich, lustig, heiter, fidel; *een* ~*e kwant* (*kwast*) ein fideler Bursche; *zich* ~ *maken over* sich lustig machen über *A*; **~heid** [-hɛĭt] (*-heden*) *f* Fröhlichkeit *f*, Heiterkeit *f*; *algemene* ~ (*in e-m Zeitungsbericht*) Humor *m*.

vroom [v̊roːm] fromm; **~heid** [-hɛĭt] (*kein pl.*) *f* Frömmigkeit *f*; *voorgewende* (*valse*; *geveinsde*) ~ Frömmelei *f*.

vroondienst [ˈv̊roːndiːnst] *m* Fron *f*, Fronarbeit *f*, Frondienst *m*.

vroor [v̊roːr], **vroos** [v̊roːs] *s vriezen*.

vrouw [v̊rɑŭ] *f* Frau *f*, Weib *n* (*Kartenspiel*) Dame *f*; **~elijk** [-ələk weiblich (*a. Gr.*); frauenhaft; femi nin; **~elijkheid** [-ələkhɛĭt] (*kein pl. f* Weiblichkeit *f*.

vrouwen|aard [ˈv̊rɑu(ʋ)ə(n)aːrt (*kein pl.*) *m* Weiberart *f*; **~arbeid** [-ɑrbɛĭt] (*kein pl.*) *m* Frauenarbei *f*; **~arts** [-ɑrts] *m* Frauenarzt *m* Gynäkologe *m*; **~broekje** [-bruˑkjə (*-s*) *n* (Frauen-)Höschen *n*, Panty *f* **~emancipatie** [-eˑmɑnsiˑpaːsiː] Frauenemanzipation *f*; **~gek** [-ɣ̊ɛk (*-ken*) *m* Weibernarr *m*; **~haar** [-haːr] (*-haren*) *n* Frauenhaar *n* (*a Bot.*); **~hater** [-haːtər] (*-s*) *m* Wei berfeind *m*; **~kwestie** [-kʋɛstiˑ] Frauenfrage *f*; **~schender** [-sxɛn dər] (*-s*) *m* Frauenschänder *m* **~ziekte** [-ziˑktə] (*-n u. -s*) *f* Frauen leiden *n*.

vrouw|mens [ˈv̊rɑumɛns] (*-en u -lui*) *n*, **~spersoon** [-spərsoːn (*-sonen*) *n fig.* Frauenzimmer *n* **~volk** [-v̊ɔlk] (*kein pl.*) *n* Weiber volk *n*; **~ziek** [-ziˑk] weibertoll.

vrucht [v̊rəxt] *f* Frucht *f*; **~af drijving** [-ɑv̊drɛĭv̊ɪŋ] *f* Abtreibun *f*, Abortus *m*, Schwangerschafts unterbrechung *f*; **~baarheid** [-baːr hɛĭt] (*kein pl.*) *f* Fruchtbarkeit *f* **~beginsel** [-bəɣ̊ɪnsəl] (*-s*) *n Bo* Fruchtknoten *m*; **~boom** [-boːm (*-bomen*) *m* Obstbaum *m*; **~dra gend** [-draːɣ̊ənt] fruchttragend fruchtbringend (*mst. fig.*).

vruchte|loos [ˈv̊rəxtəloːs] frucht los, vergeblich; umsonst, verge bens; **~loosheid** [-ˈloːshɛĭt] (*kei pl.*) *f* Fruchtlosigkeit *f*; **~mesj** [-mɛʃə] (*-s*) *n* Obstmesser *n*.

vruchten|gelei [ˈv̊rəxtə(n)ʒəlɛ (*kein pl.*) *m u. f* Fruchtgelee *n* **~schaal** [-sxaːl] (*-schalen*) *f* Obst schale *f*; **~taart** [-taːrt] *f* Obst kuchen *m*; **~wijn** [-ʋɛĭn] (*kein pl m* Obstwein *m*.

vruchtesap [ˈv̊rəxtəsɑp] (*kein pl.*) Fruchtsaft *m*.

vrucht|gebruik [ˈv̊rəxtxəbrəʏk (*kein pl.*) *n* Nießbrauch *m*, Nutz nießung *f*; *in* ~ *hebben* die Nutz nießung haben von; **~knop** [-knɔp (*-pen*) *m* Fruchtknospe *f*, Frucht auge *n*; **~vorming** [-fɔrmɪŋ] Fruchtbildung *f*.

vuig [v̊əɣx] gemein, niederträchtig.
vuil[1] [v̊əɣl] schmutzig, dreckig; (*Sprache, Wort*) unflätig; *fig.* schlüpfrig; niederträchtig, gemein.
vuil[2] *n* Schmutz *m*, Unflat *m*, Dreck *m*, Kot *m*; **~afvoer** [-ɑfu:r] *m* Müllabfuhr *f*; **~afvoerbak** [-ɑfu:r-bɑk] (*-ken*) *m* Müllschlucker *m*; **~bak** [-bɑk] (*-ken*) *m* Mülleimer *m*, Müllkasten *m*; **~bek** [-bɛk] (*-ken*) *m* Zotenreißer *m*; **~blik** [-blɪk] (*-ken*) *n* Kehrichtschaufel *f*; **~hoop** [-ho:p] (*-hopen*) *m* Kehrichthaufen *m*; **~igheid** [-əxhɛit] (*-heden*) *f* Schmutzigkeit *f*, Schmutz *m* (*a. fig.*).
vuil|aard ['v̊əɣla:rt] (*-s*) *m*, **~ik** [-ək] *m* Schmutzfink *m*.
vuilkar ['v̊əɣlkɑr] (*-ren*) *f* Müllwagen *m*.
vuilnis ['v̊əɣlnɪs] (*kein pl.*) *f u. n* Kehricht *m*, Müll *m*; **~bak** [-bɑk] (*-ken*) *m* Müllkasten *m*; **~belt** [-bɛlt] *m u. f* Müllabladeplatz *m*, (Müll-)Deponie *f*, Müllkippe *f*; **~man** [-mɑn] (*-nen*) *m* Müllfahrer *m*; **~wagen** [-ʋa:ɣ̊ə(n)] (*-s*) *m* Müllwagen *m*.
vuiltje ['v̊əɣltjə] (*-s*) *n* Stäubchen *n*; *geen ~ aan de lucht* kein Wölkchen am Himmel.
vuil|verbranding ['v̊əɣlv̊ərbrandɪŋ] *f* Müllverbrennung *f*; **~verwerking** [-v̊ərʋɛrkɪŋ] *f* Müllverwertung *f*.
vuist [v̊əɣst] *f* Faust *f*; *op de ~ gaan* handgemein werden; **~gevecht** [-xəv̊ɛxt] *n* Faustkampf *m*; **~slag** [-slɑx] *m* Faustschlag *m*; **~vechter** [-fɛxtər] (*-s*) *m* Faustkämpfer *m*.
vulcaniseren [v̊əlkanɪ'ze:rə(n)] vulkanisieren; *gevulcaniseerde vezel* Vulkanfiber *f*.
vulgair [v̊əl'ɣ̊ɛ:r] vulgär, gemein; gewöhnlich.
vulkaan [v̊əl'ka:n] (*-kanen*) *m* Vulkan *m*.
vul|kachel ['v̊əlkɑxəl] (*-s*) *f* Dauerbrenner *m*; **~kanizeren** [-kɑni'ze:rə(n)] *s. vulcaniseren*; **~len** [-ə(n)] füllen; **~ling** [-ɪŋ] *f* Füllung *f*; **~pen** [-pɛn] (*-nen*) *f* Füllfeder *f*; **~penhouder** [-pɛnhɑudər] (*-s*) *m* Füllfederhalter *m*, Füller *m*; **~potlood** [-pɔtlo:t] (*-loden*) *n* Drehbleistift *m*; **~sel** [-səl] (*-s*) *n* Füllmasse *f*, Füllsel *n*; (*Pastete usw.*) Füllung *f*.
vun|s [v̊əns], **~zig** ['v̊ənzəx] muffig, modrig; *fig.* schmutzig; schlüpfrig.
vuren[1] ['v̊y:rə(n)] feuern, schießen.
vuren[2] *Adj.* Föhren-; *~ hout* Föhren-, Tannen-, Fichtenholz *n*.
vurig ['v̊y:rəx] feurig; *fig.* leidenschaftlich, inbrünstig; eifrig; (*Getreide usw.*) brandig; *~ verlangen* (*naar*) heiß ersehnen; *~ geliefd* heißgeliebt; *~ karakter* heißspornig; **~heid** [-hɛit] (*kein pl.*) *f* Feurigkeit *f*; Inbrunst *f*, Leidenschaft *f*.
vuur [v̊y:r] (*vuren*) *n* Feuer *n*; *fig.* Feuer *n*, Hitze *f*, Eifer *m*; *Bot.* Brand *m*, Rost *m*; *in het ~ van de bespreking* in der Hitze des (Wort-)Gefechts; *iemand het ~ aan de schenen leggen fig.* j-m die Hölle heiß machen; **~aanbidder** [-a:nbɪdər] (*-s*) *m* Feueranbeter *m*; **~baak** [-ba:k] (*-baken*) *f*, **~baken** [-ba:kə(n)] (*-s*) *n mar.* Feuerbake *f*, Küstenfeuer *n*; *fig.* Feuersbrunst *f*; **~doop** [-do:p] (*kein pl.*) *m mil.* Feuertaufe *f*; **~gloed** [-ɣ̊lu:t] (*kein pl.*) *m* (Feuer-)Glut *f*; Feuerschein *m*.
Vuurland ['v̊y:rlɑnt] *n* Feuerland *n*; **~er** [-ər] (*-s*) *m* Feuerländer *m*; **~s** [-s] feuerländisch.
vuur|lijn ['v̊y:rlɛin] *f*, **~linie** [-lɪni:] (*-s*) *f* Feuerlinie *f*; **~mond** [-mɔnt] *m* Geschütz *n*; **~pijl** [-pɛil] *m* Rakete *f*; **~poel** [-pu:l] *m* Feuersbrunst *f*; **~proef** [-pru:f] (*-proeven*) *f* Feuerprobe *f*; Feuertaufe *f*; **~rood** [-ro:t] feuerrot; **~schip** [-sxɪp] (*-schepen*) *n mar.* Feuerschiff *n*; **~spuwend** [-spy·ʋənt] feuerspeiend; **~steen** [-ste:n] (*-stenen*) *m* Feuerstein *m*, Flint *m*, Flintstein *m*; **~toren** [-to:rə(n)] (*-s*) *m* Leuchtturm *m*; **~vast** [-v̊ɑst] feuerbeständig, feuerfest; **~wapen** [-ʋa:pə(n)] (*-s u. -en*) *n* Feuerwaffe *f*; **~werk** [-ʋɛrk] *n* Feuerwerk *n*; *een stukje (deeltje van het ~* Feuerwerkskörper *m*; **~zee** [-ze:] (*-ën*) *f fig.* Feuermeer *n*; **~zuil** [-zəɣl] *f* Feuersäule *f*.

W

W, w [ʋeː] (-'*s*) *f* W, w *n*.

waag [ʋaːx] (*wagen*) *f* Waage *f*; *een hele* ~ Wagnis *n*; **~hals** [ˈʋaːxhɑls] (*-halzen*) *m* Wagehals *m*; (*Film*) Stuntman *m*; **~schaal** [-sxaːl] (*-schalen*) *f* Waagschale *f*, Waage *f*; *in de* ~ *stellen* aufs Spiel setzen, riskieren; **~stuk** [-støk] (*-ken*) *n* Wagnis *n*.

waaien [ˈʋaːĭ(j)ə(n)] (*waaide od. woei, gewaaid*) wehen.

waaier [ˈʋaːĭ(j)ər] (*-s*) *m* Fächer *m*; **~vormig** [-v̊ɔrməx] fächerförmig.

waak|hond [ˈʋaːkhɔnt] *m* Wachhund *m*, Hof-, Kettenhund *m*; **~zaam** [-saːm] wachsam.

Waal [ʋaːl] *f* (*Fluß*) Waal *f*; (*Walen*) *m* (*Person*) Wallone *m*; **~s** [-s] wallonisch.

waan [ʋaːn] (*kein pl.*) *m* Wahn *m*; *in de* ~ *verkeren* glauben, meinen; **~voorstelling** [-v̊oːrstɛlɪŋ] *f* Wahnidee *f*, Wahnvorstellung *f*; **~wijs** [-ʋɛĭs] eingebildet, dünkelhaft; **~zin** [-zɪn] (*kein pl.*) *m* Wahnsinn *m*, Irrsinn *m*; **~zinnig** [-ˈzɪnəx] wahn-, irrsinnig; F bekloppt, meschugge; **~zinnigheid** [-ˈzɪnəxhɛĭt] (*kein pl.*) Verrücktheit *f*.

waar¹ [ʋaːr] wo; wohin.

waar² wahr; richtig; *'t is* ~ es stimmt; *'t is wel* ~*!* doch! doch!; *wel is het* ~*, dat* Tatsache ist (bleibt), daß ...; *het ware geloof* der rechte Glaube; *een ware gebeurtenis* authentische Geschichte *f*; *de ware grootte* natürliche Größe *f*; **~aan** [-ˈaːn] woran; ~ *ligt het* wie kommt es; **~achtig** [-ˈɑxtəx] wahrhaft, wahrhaftig, wahr; **~bij** [-ˈbɛĭ] wobei.

waarborg [ˈʋaːrbɔrx] *m* Garantie *f*, Bürgschaft *f*, Kaution *f*; Gewähr *f*, Gewährleistung *f*, Bürgschaft *f*, Sicherheit *f*; **~en** [-ɣ̊ə(n)] garantieren, verbürgen; **~fonds** [-fɔns] *n* Sicherheits-, Garantiefonds *m*.

waard¹ [ʋaːrt] wert; lieb; ~*e Heer, ...* (*Briefstil*) Geehrter Herr!

waard² *m* (Gast-)Wirt *m*; *buiten de* ~ *rekenen fig.* die Rechnung ohne den Wirt machen.

waarde [ˈʋaːrdə] (*-n*) *f* Wert *m*; *van nul of geen* ~ null und nichtig; *naar* ~ nach Gebühr; *nominale* ~ Nominalwert *m*; *voorwerpen van* ~ Wertgegenstände *m/pl.*; *mijn* ~ F mein(e) Werteste(r); **~loos** [-loːs] wertlos.

waarde|ren [ʋaːrˈdeːrə(n)] schätzen (auf *A*); taxieren (auf *A*); *fig.* würdigen, anerkennen; *Uw gewaardeerd schrijven* Ihr geschätztes Schreiben; **~ring** [-rɪŋ] *f* Schätzung *f*; Wertung *f*, Bewertung *f*; *fig.* Würdigung *f*, Anerkennung *f*.

waarde|schaal [ˈʋaːrdəsxaːl] (*-schalen*) *f* Wertstufe *f*; **~vast** [-v̊ɑst] wertbeständig; **~vermeerdering** [-v̊ərmeːrdərɪŋ] *f* Wertzuwachs *m*, Wertsteigerung *f*; **~vermindering** [-v̊ərmɪndərɪŋ] *f* Wertminderung *f*; (*Geld*) Abwertung *f*, Devalvation *f*; **~vol** [-v̊ɔl] wertvoll; (*Brief*) geschätzt.

waardig [ˈʋaːrdəx] würdig; **~heid** [-hɛĭt] (*-heden*) *f* Würde *f*; **~heidsbekleder** [-hɛĭdzbəkleːdər] (*-s*) *m* Würdenträger *m*.

waar|din [ʋaːrˈdɪn] (*-nen*) *f* Wirtin *f*; **~door** [-ˈdoːr] wodurch?; **~heen** [-ˈheːn] wohin?

waarheid [ˈʋaːrhɛĭt] (*-heden*) *f* Wahrheit *f*; Wahrhaftigkeit *f*; *het zoeken naar* (*vinden van*) *de waarheid* Wahrheitsfindung *f*; **~lievend** [-liːv̊ənt] wahrheitsliebend; **~sliefde** [-sliːv̊də] (*kein pl.*) Wahrheitsliebe *f*.

waar|in [ˈʋaːrɪn] worin; [ʋaːˈrɪn] worein, in das (den, die); **~langs** [-ˈlɑŋs] wo vorbei, wo entlang; an (*D*) vorbei, entlang.

waarlijk [ˈʋaːrlək] wahrlich; wirklich.

waarmaken [ˈʋaːrmaːkə(n)] beweisen.

waar|mede [ˈʋaːr-], *a.* [ʋaːrˈmeːdə], **~mee** [ˈʋaːrmeː], *a.* [ʋaːrˈmeː] womit; mit wem.

waarmerk [ˈʋaːrmɛrk] *n* Stempe

m; **~en** [-ə(n)] beglaubigen, verifizieren; stempeln.
aar|na [ˈʋa:r-], *a.* [ʋa:rˈna:] wonach, worauf; **~naar** [ˈʋa:r-], *a.* [ʋa:rˈna:r] wonach; **~naast** [ˈʋa:r-], *a.* [ʋa:rˈna:st] neben (*D*).
aarneembaar [ʋa:rˈne:mba:r] wahrnehmbar.
aarne|men [ˈʋa:rne:mə(n)] beobachten, wahrnehmen; *Amt* ausüben; versehen; *Pflichten* erfüllen; *Flgw.* orten; *Gelegenheit* benutzen; *Interessen* vertreten, wahren; **~mend** [-mənt] stellvertretend; **~mer** [-mər] (*-s*) Beobachter *m*; Stellvertreter *m*; *Flgw.* Navigator *m*.
aarneming [ˈʋa:rne:mɪŋ] *f* Beobachtung *f*, Wahrnehmung *f*; Erfüllung *f*; Vertretung *f*; Benutzung *f*; **~svermogen** [-sfərmo:ɣ̊ə(n)] (*kein pl.*) *n* Beobachtungsgabe *f*.
aar|nevens [ʋa:rˈne:v̊əns] neben (*D*); **~om** [-ˈɔm] weshalb, warum; **~onder** [-ˈɔndər] worunter; **~op** [-ˈɔp] worauf; **~over** [-ˈo:v̊ər] vorüber.
aarschijnlijk [ʋa:rˈsxɛinlək] wahrscheinlich; **~heid** [-hɛit] (*-heden*) *f* Wahrscheinlichkeit *f*; *naar alle ~* aller Wahrscheinlichkeit nach.
aarschu|wen [ˈʋa:rsxy·(ʋ)ə(n)] (*waarschuwde, gewaarschuwd*) warnen (*tegen*/*vor D*); verwarnen; (*Feuerwehr*) alarmieren; benachrichtigen, (an)sagen; *tijdig ~* rechtzeitig benachrichtigen; **~wing** [-ʋɪŋ] *f* Warnung *f*; Verwarnung *f*; *eerste ~* erste Mahnung *f*; **~wingsschot** [-ʋɪŋsxɔt] *n* Warnschuß *m*; **~wingssignaal** [-ʋɪŋsɪnja:l) (*-signalen*) *n*, **~wingsteken** [-ʋɪŋte:kə(n)] (*-s*) *n* Warnsignal *n*, Warnzeichen *n*.
aar|tegen [ʋa:rˈte:ɣ̊ə(n)] wogegen; **~toe** [-ˈtu·] wozu; **~tussen** [-ˈtəə(n)] zwischen (*D*); **~uit** [-ˈəʏt] voraus; **~van** [ˈʋa:r-], *a.* [ʋa:rˈv̊ɑn] wovon; **~voor** [-ˈv̊o:r] wofür; (*Ort*) wovor.
aarzeg|gen [ˈʋa:rzɛɣ̊ə(n)] wahrsagen; **~ger** [-ər] (*-s*) *m* Wahrsager *m*; **~ging** [-ɪŋ] *f* Wahrsagerei *f*; Prophezeiung *f*.
aas [ʋa:s] (*kein pl.*) *n* (hauchdünne) Schicht *f*; Schleier *m*; *fig.* Hauch *m*, Duft *m*; (*Gemüt*) Anflug *m*.

wacht[1] [ʋɑxt] *f* Wache *f*; **~**[2] *m* Wächter *m*, Wachtposten *m*; *op ~ staan* Wache stehen; *op de ~ liggen* auflauern, erwarten, abwarten; *in de ~ slepen* ergattern, einheimsen; **~en** [-ə(n)] warten; erwarten; *te ~ staan* bevorstehen; *zich ~ voor* sich hüten vor *D*; **~er** [-ər] (*-s*) *m* Wächter *m*; (*Eisenbahn, Gefängnis*) Wärter *m*; *Astr.* Trabant *m*, Satellit *m*.
wacht|geld [ˈʋɑxtxɛlt] *n* Wartegeld *n*; **~kamer** [-ka:mər] (*-s*) *f* Wartezimmer *n*; **~lijst** [-lɛist] *f* Warteliste *f*, Vormerkliste *f*; **~meester** [-me:stər] (*-s*) *m* Wachtmeister *m*; **~post** [-pɔst] *m* Wachtposten *m*; **~woord** [-ʋo:rt] *n* Losung *f*, Losungswort *n*; Erkennungswort *n*; Kennwort *n*; *Thea.* Stichwort *n*.
wad [ʋɑt] (*-den*) *n* Watt *n*; **~deneiland** [-dənɛilɑnt] *n* Wattinsel *f*.
wade [ˈʋa:də] (*-n*) *f* Tuch *n*, Decke *f*, Kleid *n*; Leichentuch *n*.
waden [ˈʋa:də(n)] waten.
wafel [ˈʋa:fəl] (*-s u. -en*) *f* Waffel *f*; F Maul *n*; Maulschelle *f*; *hou je ~!* (halt' die) Schnauze!, halt's Maul!
wagen[1] [ˈʋa:ɣ̊ə(n)] wagen, riskieren, sich unterstehen, sich getrauen.
wagen[2] (*-s*) *m* Wagen *m*; *een (zeer) grote ~* Straßenkreuzer *m*; *een luxueuze ~* Luxuswagen *m*; **~maker** [-ma:kər] (*-s*) *m* Wagenbauer *m*, Stellmacher *m*; **~park** [-pɑrk] *n* Wagenpark *m*; Fuhrpark *m*; **~vracht** [-v̊rɑxt] *f* Fuhre *f*, Wagenlast *f*, Wagenfracht *f*; **~wijd** [-ʋɛit] sperrangelweit.
waggelen [ˈʋɑɣ̊ələ(n)] wackeln, schwanken, wanken; *Gans*: watscheln.
wagon [ʋɑˈɣ̊ɔn] (*-s*) *m* Eisenbahnwagen *m*, Waggon *m*; **~lading** [-la:dɪŋ] *f* Waggonladung *f*.
wak[1] [ʋɑk] (*Wetter*) feucht.
wak[2] (*-ken*) *n* Eisloch *n*.
wa|ken [ˈʋa:kə(n)] wachen (*over*/über *A*); *~ voor* sorgen für; *~ tegen* auf der Hut sein vor *D*; **~ker** [-kər] (*-s*) *m* Wächter *m*.
wakker [ˈʋɑkər] wach; wacker, munter; kräftig, tüchtig; *~ worden* auf-, erwachen; *~ maken* wecken.
wal [ʋɑl] (*-len*) *m* Erdaufschüttung *f*, Ringwall *m*, Wall *m*; Land *n*, Ufer *n*; *de ~len* Ring *m*, Ringstraße *f*, Boulevard *m*; *van ~ steken* abdampfen, absegeln, in See stechen;

fig. anfangen, loslegen; *aan lager* ~ *geraken* herunterkommen; *aan* ~ *gaan* an Land gehen.
Walachije [ʋa·laˈxɛĭ(j)ə] *n* Walachei *f.*
walbaas [ˈʋalba:s] (*-bazen*) *m* Kai-, Dockaufseher *m.*
wald|hoorn, ~horen [ˈʋaltho:rə(n)] (*-s*) *m* Waldhorn *n.*
wal|gelijk [ˈʋalɣələk] ekelhaft, widerlich, widerwärtig; **~gen** [-ɣə(n)] Ekel empfinden; *het doet mij* ~ es ekelt mich an; *ik walg er van* es ekelt mich (*od.* mir) davor; *tot* ~*s toe* bis zum Ekel; *het is om van te* ~ F es ist zum Kotzen.
walhalla *a.* **Wal-** [ʋalˈhala·] *n* Walhalla *f.*
walkapitein [ˈʋalkapɪtɛĭn] (*-s*) *m* Kaimeister *m.*
walk|en [ˈʋalkə(n)] walken; **~molen** [-mo:lə(n)] (*-s*) *m* Walkmühle *f.*
walkure *a.* **Wal-** [ʋalˈky:rə] (*-n*) *f* Walküre *f.*
wallebakken [ˈʋaləbakə(n)] bummeln, liederlich sein.
walm [ʋalm] *m* Qualm *m*; **~en** [-ə(n)] qualmen.
walnoot [ˈʋalno:t] (*-noten*) *f* Walnuß *f.*
walrus [ˈʋalrəs] (*-sen*) *m* Walroß *n.*
wals[1] [ʋals] *m u. f* (*Tanz*) Walzer *m*; ~[2] *f Tech.* Walze *f*; **~en** [-ə(n)] walzen; **~erij** [-əˈrɛĭ] *f* Walzwerk *n*; **~machine** [-maʃi·nə] (*-s*) *f* Walzmaschine *f*; **~tempo** [-tɛmpo·] (*kein pl.*) *n* Walzertakt *m.*
walvis [ˈʋalvɪs] (*-sen*) *m* Wal *m*; **~traan** [-tra:n] (*kein pl.*) *m* Tran *m*; **~vaarder** [-fa:rdər] (*-s*) *m* Walfänger *m*; Walfangboot *n*; **~vangst** [-faŋst] *f* Walfang *m.*
wam|buis [ˈʋambəʏs] (*-buizen*) *n*, **~mes** [-əs] *n* Wams *n.*
wan [ʋan] (*-nen*) *f* Wanne *f.*
wan|bedrijf [ˈʋanbədrɛĭf] (*-drijven*) *n* Freveltat *f*; **~begrip** [-bəɣrɪp] (*-pen*) *n* falsche(r) Begriff *m*; **~beheer** [-bəhe:r] (*kein pl.*) *n*, **~beleid** [-bəlɛĭt] (*kein pl.*) *n* Mißwirtschaft *f*, schlechte Verwaltung; **~betaler** [-bəta:lər] (*-s*) *m* Nichtzahler *m*, schlechte(r) Zahler *m*; **~bof** [-bɔf] (*-fen*) *m* Pech *n.*
wand [ʋant] *m* Wand *f.*
wandaad [ˈʋanda:t] (*-daden*) *f* Freveltat *f*, Missetat *f.*
wand|almanak [ˈʋandalmanak] (*-ken*) *m* Wandkalender *m*; **~be|kleding** [-bəkle:dɪŋ] *f* Wandb|kleidung *f*; Tapete *f.*
wandel [ˈʋandəl] *m*: *op* (*aan de*) *zijn* e-n Spaziergang machen; **~aa** [-a:r] (*-s*) *m* Spaziergänger *n* Wanderer *m*, Wandervogel *m*; **~e** [-ə(n)] spazieren (gehen); wander *de* ~*de Jood* der Ewige Jude; ~ *nier* Wanderniere *f*; **~ing** [-ɪŋ] Spaziergang *m*; *een korte* ~ Bu mel *m* (*durch die Stadt*); *in de* gewöhnlich, gemeinhin; **~kaa** [-ka:rt] *f* Wanderkarte *f*; **~ko tuum,** *a.* **~cos-** [-kɔsty·m] (*-s*) Straßenanzug *m*; Straßenkleid **~pad** [-pat] *n* Spazierweg *m*, Wa derweg *m*; Gehweg *m*, Fußweg *n* **~stok** [-stɔk] (*-ken*) *m* Spaziersto *m.*
wand|kast [ˈʋantkas(t)] *f* Wan schrank *m*; **~luis** [-ləʏs] (*-luize f* Wanze *f*; **~papier** [-papi:r] (*ke pl.*) *n* Tapete *f*; **~plaat** [-pla: (*-platen*) *f* Wandbild *n*; Wan platte *f*; **~rek** [-rɛk] (*-ken*) *n* Reg *n*; (*zum Turnen*) Wandreck **~schildering** [-sxɪldərɪŋ] *f* Wan gemälde *n*; **~tapijt** [-ta·pɛĭt] Wandteppich *m*, Gobelin *m*; **~teg** [-te:ɣəl] (*-s*) (Wand-)Fliese *f*, K chel *f*; **~versiering** [-fərsi:rɪŋ] Wandschmuck *m.*
wanen [ˈʋa:nə(n)] wähnen, meine glauben.
wang [ʋaŋ] *f* Wange *f*, Backe
wan|gedrag [ˈʋaŋɣədrax] (*-gedr gingen*) *n* schlechte(s) Benehmen **~gedrocht** [-ɣədrɔxt] *n* Ungeheu *n*; Mißgeburt *f*; **~gunst** [-ɣəns (*kein pl.*) *f* Mißgunst *f*, Neid *m.*
wan|hoop [ˈʋanho:p] (*kein pl.*) Verzweiflung *f*; **~hoopsdaa** [-ho:bzda:t] (*-daden*) *f* Verzwe lungstat *f*; **~hopen** [-ho:pə(n)] ve zweifeln (*aan*/an *D*); *om te* ~ zu Verzweifeln; **~hopig** [-ˈho:pə verzweifelt.
wankel [ˈʋaŋkəl] (*Adj.* wanken wack(e)lig; schwankend; **~ba** [-ba:r] wankend, unbeständig; **~** [-ə(n)] wanken, schwanken; wa keln; *Betrunkene*: torkeln; **~mo dig** [-ˈmu·dəx] wankelmütig; **moedigheid** [-ˈmu·dəxhɛĭt] (*ke pl.*) *f* Wankelmut *m*, Wankelmüti keit *f*; **~motor** [-mo:tɔr] (*-s u. -* *m* Wankelmotor *m.*

wan|klank [ˈʋaŋklaŋk] *m* Mißklang *m*, Mißton *m*; **~klinkend** [-klɪŋkənt] mißtönend.
wanneer [ʋaˈneːr] *Adv.* wann; *Ko.* wenn; *~ komt hij?* wann kommt er?; *~ hij komt* wenn (sobald) er kommt.
wannen [ˈʋanə(n)] schwingen.
wan|orde [ˈʋanɔrdə] (*kein pl.*) *f* Unordnung *f*; **~ordelijk** [-ˈɔrdələk] unordentlich; **~schapen** [-ˈsxaːpə(n)] mißgestaltet, unförmig; **~schepsel** [-sxɛpsəl] (*-s*) *n* Monstrum *n*, Ungeheuer *n*; Mißbildung *f*; **~smaak** [-smaːk] (*kein pl.*) *m* üble(r) Geschmack *m*; *fig.* Geschmacklosigkeit *f*; **~smakelijk** [-ˈsmaːkələk] abgeschmackt, geschmacklos (*a. fig.*); **~staltig** [-ˈstaltəx] mißgestaltet, monströs.
want[1] [ʋant] *Ko.* denn.
want[2] *f* Fäustling *m*, Fausthandschuh *m*.
want[3] *n* Fischergerät *n*, Netze *n/pl.*; Tauwerk *n*.
wantaal [ˈʋantaːl] (*kein pl.*) *f* dumme(s) Gerede *n*, Unsinn *m*; *hij spreekt (gebruikt) ~* er redet Unsinn.
wanten [ˈʋantə(n)]: *van ~ weten fig.* im Bilde sein, Bescheid wissen; *hij weet (wel) van ~* er weiß, was ihm blüht.
wantoestand [ˈʋantuˑstant] *m* Mißstand *m*; Mißwirtschaft *f*.
wantrou|wen [ˈʋantrau(ʋ)ə(n)] *j-m* mißtrauen; *Su. n* Mißtrauen *n*; *een motie van ~ indienen* e-n Mißtrauensantrag stellen; *stemming over een motie van ~* Mißtrauensvotum *n*; **~wig** [-ʋəx] mißtrauisch.
wan|verhouding [ˈʋanv̊ərhaudɪŋ] *f* Mißverhältnis *n*; **~voeglijk** [-ˈv̊uˑxlək] unanständig, unschicklich; **~vorm** [-v̊ɔrm] *m* Mißgestalt *f*.
wapen[1] [ˈʋaːpən] (*-s*) *n* Wappen *n*; **~**[2] (*-s u. -en*) *n* Waffe *f*; Waffengattung *f*; *te ~!* zu den Waffen!; *de ~s neerleggen* die Waffen strecken; *oproep(ing) onder de ~s* Gestellungsbefehl *m*; **~broeder** [-bruˑdər] Waffenbruder *m*; **~en** [-ə(n)] bewaffnen; *zich ~* rüsten; *gewapend beton* Eisenbeton *m*, armierte(r) Beton *m*; **~fabriek** [-fabriˑk] *f* Rüstungsbetrieb *m*; **~feit** [-fɛit] *n* Kriegstat *f*; **~ing** [-ɪŋ] *f* Bewaffnung *f*; *Tech.* Ausrüstung *f*; **~kamer** [-kaːmər] (*-s*) *f* Rüstkammer *f*; **~kunde** [-kəndə] *f* Wappenkunde *f*, Heraldik *f*; **~magazijn** [-maɣ̊azɛin] *n* Zeughaus *n*; **~rek** [-rɛk] (*-ken*) *n* Waffengestell *n*; **~schild** [-sxɪlt] *n* Wappenschild *n*; **~schouwing** [-sxau(ʋ)ɪŋ] *f* Waffenschau *f*; **~spreuk** [-sprøːk] *f* Wappenspruch *m*; **~stilstand** [-stɪlstant] *m* Waffenstillstand *m*; (*zeitweilig*) Waffenruhe *f*; **~tuig** [-tœyx] (*kein pl.*) *n* Kriegsgerät *n*.
wapperen [ˈʋapərə(n)] flattern, wehen.
war [ʋar]: *in de ~* verwirrt; *geheel in de ~* ganz vertrackt; *in de ~ brengen* verwirren; *in de ~ geraken* in Verwirrung geraten.
warande [ʋaˈrandə] (*-n u. -s*) *f* Park *m*, Anlagen *f/pl.*
warboel [ˈʋarbuːl] (*kein pl.*) *m* Wirrwarr *m*, Wust *m*.
ware [ˈʋaːrə] *s. zijn*[1].
warempel [ʋaˑˈrɛmpəl] wahrhaft(ig).
waren[1] [ˈʋaːrə(n)] *s. zijn*[1]*, wezen.*
waren[2] irren; *Geister:* umgehen, spuken.
waren|huis [ˈʋaːrə(n)hœys] (*-huizen*) *n* Kaufhaus *n*, Warenhaus *n*; **~kennis** [-kɛnəs] (*kein pl.*) *f* Warenkunde *f*.
war|geest [ˈʋarɣ̊eːst] *m* Wirrkopf *m*; **~klomp** [-klɔmp] *m* Wirrwarr *m*; **~kop** [-kɔp] (*-pen*) *m* Wirrkopf *m*; **~kruid** [-krœyt] *n Bot.* Teufelszwirn *m*.
warm [ʋarm] warm; *fig.* eifrig; *zich ~ maken fig.* sich ereifern; **~bloedig** [-ˈbluˑdəx], *a.* [ˈʋarm-] warmblütig; *fig.* hitzig, leidenschaftlich; **~en** [-ə(n)] warm machen, (er-) wärmen; *zich ~ aan* sich wärmen an *D.*
war|moes [ˈʋarmuːs] (*kein pl.*) *n* Gemüse *n*; **~moezenier** [-muˑzəˈniːr] (*-s*) *m* Gemüsegärtner *m*.
warmpjes [ˈʋarmpjəs]: er *~ in zitten* warm sitzen.
warmte [ˈʋarmtə] *f* Wärme *f*; **~bron** [-brɔn] (*-nen*) *f* Wärmequelle *f*; **~capaciteit** *a.* **-ka-** [-kapasiˑˈtɛit] *f* Wärmekapazität *f*; **~geleider** [-ɣ̊əlɛidər] (*-s*) *m* Wärmeleiter *m*; **~graad** [-ɣ̊raːt] (*-graden*) *m* Wärmegrad *m*; **~meter** [-meːtər] (*-s*) *m* Wärmemesser *m*, Wärmezähler *m*.
warmwater|- [ʋarmˈʋaːtər] Warm-

wasser-, Heißwasser-; **~apparaat** [-ɑpɑra:t] (*-raten*) *n* Warmwasserbereiter *m*, Durchlauferhitzer *m*; **~reservoir** [-rəzərv̂ʋa:r] (*-s*) *n* Warmwasserspeicher *m*, Heißwasserspeicher *m*; **~verwarming** [-v̂ərʋɑrmɪŋ] *f* Warmwasserheizung *f*.

warnet [ˈʋɑrnɛt] (*-ten*) *n* Wirrsal *f*, Wirrwarr *m*; ~ *van leugens* Lügengewebe *n*, Lügengespinst *n*.

warrel|en [ˈʋɑrələ(n)] wirbeln; *Masse, Menge*: wimmeln; **~wind** [-ʋɪnt] *m* Wirbelwind *m*.

wars [ʋɑrs] abgeneigt (*van/G*), abhold (*van/D*).

wartaal [ˈʋɑrta:l] (*kein pl.*) *f* Gewäsch *n*, Geschwätz *n*, Unsinn *m*.

was[1] [ʋɑs] *s. zijn*[1], *wezen*.

was[2] *m u. n* Wachs *n*.

was[3] *m* Wäsche *f*; *in de* ~ *doen* in die Wäsche geben; **~baar** [-ba:r] waschbar, waschecht; **~bak** [-bɑk] (*-ken*) *m* Waschbecken *n*.

wasdoek[1] [ˈʋɑzdu·k] *m* Waschlappen *m*; **~**[2] *n* Öltuch *n*, Wachstuch *n*.

wasdom [ˈʋɑzdɔm] (*kein pl.*) *m* Wachstum *n*, Wuchs *m*.

wasecht [ˈʋɑzɛxt] waschecht.

wasem [ˈʋa:səm] (*-s*) *m* Dampf *m*, Dunst *m*; *fig.* Hauch *m*, Duft *m*; **~en** [-ə(n)] dunsten, dampfen.

was- en strijkinrichting [ʋɑz ɛnˈstrɛĭkɪnrɪxtɪŋ] *f* Wasch- und Plättanstalt *f*.

was|goed [ˈʋɑsxu:t] (*kein pl.*) *n* Wäsche *f*; **~handje** [-hɑntjə] (*-s*) *n* Waschlappen *m*; **~hok** [-hɔk] (*-ken*) *n* Waschküche *f*; **~inrichting** [-ɪnrɪxtɪŋ] *f* Wäscherei *f*, Waschanstalt *f*.

waskaars [ˈʋɑska:rs] *f* Wachskerze *f*.

was|kom [ˈʋɑskɔm] (*-men*) *f* Waschbecken *n*; **~kuip** [-kəʏp] *f* Waschzuber *m*, Waschwanne *f*; **~lijst** [-lɛĭst] *f* Wäschezettel *m*; *een hele* (*een lange*) ~ e-e ganze Reihe, e-e Menge; **~machine** [-maʃi·nə] (*-s*) *f* Waschmaschine *f*, Waschautomat *m*; **~mand** [-mɑnt] *f* Wäschekorb *m*.

wassen[1] [ˈʋɑsə(n)] waschen; *zijn handen* ~ sich die Hände waschen; *melk* ~ *Milch* verdünnen; *iemand de oren* ~ *fig.* j-m den Kopf waschen; (*de*) *vaat* ~ Geschirr spülen.

wassen[2] wächsern, aus Wachs, Wachs-; ~ *beeld* Wachsfigur *f*; *'t is een* ~ *neus fig.* alles gespielt, alle nur Theater.

wassen[3] (*mit Wachs*) wachsen bohnern.

wassen[4] wachsen; steigen; *Pflanzen*: gedeihen; *~de maan* zunehmender Mond; *het water wast* das Wasser steigt.

wassenbeeldenspel [ʋɑsə(n)ˈbe:ldə(n)spɛl] (*-len*) *n* Wachsfigurenkabinett *n*.

wasse|rette [ʋɑsəˈrɛtə] (*-s u. -n*) Waschzentrum *n*; **~rij** [-ˈrɛĭ] Wäscherei *f*, Waschanstalt *f*.

was|tafel [ˈʋɑsta:fəl] (*-s*) *f* Waschtisch *m*; **~tobbe** [-tɔbə] (*-n*) *f* ... *waskuip*; **~vrouw** [-frɑŭ] *f* Wäscherin *f*, Waschfrau *f*.

wat [ʋɑt] was, welch; ein wenig, etwas; ~ *is dat?* was ist das?; ~ *een toeval!* welcher Zufall; welch ein Zufall!; *nog* ~ *zout* noch ein wenig Salz; ~ *is dat duur!* ist das aber teuer!; *dat is vrij* ~ das ist ziemlich viel; **~blief**? [ʋɑˈbli:f] wie bitte?

water [ˈʋa:tər] (*-s u. -en*) *n* Wasser *n*; *sterk* ~ *Chem.* Scheidewasser *n*; *zacht* ~ weiche(s) Wasser *n*; *territoriale ~en* Hoheitsgewässer *n/pl*; *geld als* ~ *fig.* Geld wie Heu; *te* ~ *laten* ins Wasser lassen; *Schiff* vom Stapel lassen; *in troebel* ~ *vissen fig.* im Trüben fischen; *op* ~ *en brood* bei Wasser und Brot; *op* ~ *landen Flgw.* wassern; *in* ~ *leggen*; *met* ~ *verdunnen* (*besprenkelen*, *vervalsen*) wässern, verdünnen.

water|afvoer [ˈʋa:tərafu:r] *m* Wasserabfluß *m*; Entwässerung *f*; **~bescherming** [-bəsxɛrmɪŋ] *f* Gewässerschutz *m*; *centrale voor* ~ Wasserwarte *f*; **~bouwkunde** [-bɑŭkəndə] *f* Wasserbaukunst *f*; **~buis** [-bəʏs] (*-buizen*) *f* Wasserrohr *n*; **~closet** [-klo·sɛt] (*-s*) Wasserklosett *n*, Toilette *f*; **~damp** [-dɑmp] *m* Wasserdampf *m*, Dunst *m*; **~dicht** [-dɪxt] wasserdicht; **~droppel** [-drɔpəl] (*-s*) *m*, **~druppel** [-drəpəl] (*-s*) *m* Wassertropfen *m*.

wateren [ˈʋa:tərə(n)] wässern; *Pferde* tränken; urinieren, F pinkeln; (*Kinder*) Pipi machen.

water|fles [ˈʋa:tərflɛs] (*-sen*) *f* Wasserflasche *f*; **~gas** [-ɣ̂ɑs] (*kein pl.*) Wassergas *n*.

watergeus ['ʋa:tərɣø:s] (*-geuzen*) *m* *hist.* Wassergeuse *m.*
water|golf ['ʋa:tərɣɔlf] (*-golven*) *f* (Wasser-)Woge *f*; (*Frisur*) Wasserwelle *f*; **~goot** [-ɣo:t] (*-goten*) *f* Wasserrinne *f*; **~hoen** [-hu:n] (*-ders*) *n* Wasserhuhn *n*, Bläßhuhn *n*; **~hoofd** [-ho:ft] *n* Wasserkopf *m*; **~hoos** [-ho:s] (*-hozen*) *f* Wasserhose *f*.
waterig ['ʋa:tərəx] wässerig; dünn; *fig.* verschwommen, undeutlich.
water|juffer ['ʋa:tərjəfər] (*-s*) *f* Wasserjungfer *f*, Libelle *f*; **~kan** [-kɑn] (*-nen*) *f* Wasserkanne *f*; **~kanon** [-kɑnɔn] (*-nen*) *n* Wasserwerfer *m*; **~kant** [-kɑnt] *m* Ufer *n*, Wasserseite *f*; Wasserkante *f*; **~karaf** [-karɑf] (*-fen*) *f* Wasserflasche *f*; **~kering** [-ke:rɪŋ] Wehr *n*, Stauanlage *f*; **~kloset** *n s. water-closet*; **~koeling** [-ku:lɪŋ] *f* Wasserkühlung *f*; **~kraan** [-kra:n] (*-kranen*) *f* Wasserhahn *m*; **~kruik** [-krəʏk] *f* Wasserkrug *m*; **~laars** [-la:rs] (*-laarzen*) *f* Wasserstiefel *m*; **~landers** [-lɑndərs] *pl.* Tränen *f/pl.*; **~leiding** [-lɛïdɪŋ] *f* Wasserleitung *f*; **~lelie** [-le:li:] (*-s u. -ën*) *f* Wasserlilie *f*; **~lijn** [-lɛïn] *f mar.* Wasserlinie *f*; **~linie** [-lini:] (*-s*) *f* *mil.* Wasserlinie *f*.
Waterman ['ʋa:tərmɑn] *m Astr.* Wassermann *m*.
water|merk ['ʋa:tərmɛrk] *n* Wasserzeichen *n*; **~molen** [-mo:lə(n)] (*-s*) *m* Wassermühle *f*; **~nimf** [-nɪmf] *f* Wassernymphe *f*, (Wasser-)Nixe *f*; **~nood** [-no:t] (*kein pl.*) *m* Wassermangel *m*, Wasserknappheit *f*; **~pas** [-pɑs] waag(e)recht, horizontal.
water|peil ['ʋa:tərpɛil] (*kein pl.*) *n* Pegel *m*; Wasserhöhe *f*, Wasserstand *m*; **~plaats** [-pla:ts] *f* Wasserstelle *f*; Tränke *f*; Bedürfnisanstalt *f*, Pissoir *n*; **~plant** [-plɑnt] *f* Wasserpflanze *f*; **~pokken** [-pɔkə(n)] *pl.* Windpocken *f/pl.*; **~polo** [-po·lo:] *n* *Sp.* Wasserpolo *n*.
water|proef[1] ['ʋa:tərpru:f] (*-proeven*) *f hist.* Wasserprobe *f*; **~proef**[2], **~proof** ['ʋɔ:tərpru:f] *Adj.* wasserdicht, wasserundurchlässig; *Su.* (*-s*) *n* (*Stoff*) Waterproof *m*; (*Mantel*) wasserdichte(r) Mantel *m*, Regenmantel *m*.
water|put ['ʋa:tərpət] (*-ten*) *m* Brunnen *m*, Zisterne *f*; **~rat** [-rɑt] (*-ten*) *f* Wasserratte *f*; **~reservoir** [-rəzɛrvʋa:r] (*-s*) *n* Wassertank *m*; **~rijk** [-rɛïk] wasserreich.
water|schaarste ['ʋa:tərsxa:rstə] (*kein pl.*) *f* Wasserknappheit *f*; **~schade** [-sxa:də] (*kein pl.*) *f* Wasserschaden *m*; **~scheiding** [-sxɛïdɪŋ] *f* Wasserscheide *f*; **~schout** [-sxɑut] *m* Angehöriger *m* der Wasserpolizei; **~schuw** [-sxy·ŭ] wasserscheu; **~slang** [-slɑŋ] *f* Wasserschlange *f*; (*Gerät*) Wasserschlauch *m*; **~ski** [-ski:] (*-'s*) *m* Wasserschi *m*; **~skiën** [-ski·(j)ə(n)] Wasserschi fahren; **~snood** [-sno:t] (*kein pl.*) *m* Überschwemmung *f*; **~spiegel** [-spi·ɣəl] (*-s*) *m* Wasserspiegel *m*; **~sport** [-spɔrt] *f* Wassersport *m*; **~staat** [-sta:t] (*kein pl.*) *m* Wasserbauverwaltung *f*, Wasseramt *n*; Wasserwirtschaft *f*; **~stand** [-stɑnt] *m* Wasserstand *m*; **~stof** [-stɔf] *f* Wasserstoff *m*; **~stofbom** [-stɔv̊bɔm] (*-men*) *f* Wasserstoffbombe *f*.
watertanden ['ʋa:tərtɑndə(n)] lüstern sein nach (*D*); *iemand doen ~* j-m den Mund wäßrig machen; *ik watertand (ervan) fig.* das Wasser läuft mir im Mund zusammen; *iets om (iemand) te doen ~ fig.* dabei läuft e-m das Wasser im Munde zusammen.
water|toevoer ['ʋa:tərtu·v̊u:r] *m* Wasserzufuhr *f*; **~tor** [-tɔr] (*-ren*) *m* Wasserkäfer *m*; **~val** [-v̊ɑl] (*-len*) *m* Wasserfall *m*; **~verf** [-v̊ɛrf] (*kein pl.*) *f* Wasserfarbe *f*; **~verftekening** [-v̊ɛrfte:kənɪŋ] *f* Wasserfarbenzeichnung *f*, Aquarell *n*; **~verplaatsing** [-v̊ərpla:tsɪŋ] *f* Wasserverdrängung *f*; **~verversing** [-v̊ərv̊ɛrsɪŋ] *f* Wassererneuerung *f*; **~verwarming** [-v̊ərʋɑrmɪŋ] *f* Wasserheizung *f*; **~vlak** [-v̊lɑk] (*kein pl.*) *n* Wasserfläche *f*; **~vliegtuig** [-v̊li:xtəʏx] *n* Wasserflugzeug *n*; **~vloed** [-v̊lu·t] *m* Wasserflut *f*; Überschwemmung *f*; **~vogel** [-v̊o:ɣəl] (*-s*) *m* Wasservogel *m*; **~voorziening** [-v̊o:rzi·nɪŋ] *f* Wasserversorgung *f*; Wasserhaushalt *m*; **~vrees** [-v̊re:s] (*kein pl.*) *f* Wasserscheu *f*; **~weg** [-ʋɛx] *m* Wasserweg *m*, Wasserstraße *f*; **~werk** [-ʋɛrk] *n* Wasserwerk *n*; **~zak** [-zɑk] (*-ken*) *m* Wassersack *m*; Wasserschlauch *m*;

~zo(oi) [-zo:] *od.* [-zo:ĭ] (*-zooien*) *f* Geflügelsuppe *f*; **~zuiveringsinstallatie** [-zəʏv̊ərɪŋsɪnstɑla:si:] (*-s*) *f* Kläranlage *f*, Filteranlage *f*.
watt [ʋɔt] *od.* [ʋɑt] (*-s*) *m* Watt *n*.
watten [ˈʋɑtə(n)] *pl.* Watte *f*; *een dotje (plukje)* ~ Wattebausch *m*.
watteren [ʋɑˈte:rə(n)] wattieren; *een gewatteerde deken (sprei)* Steppdecke *f*.
watt|uur [ˈʋɔt-] *od.* [ˈʋɑty:r] (*-uren*) *El. n* Wattstunde *f*; **~verbruik** [-fərbrəʏk] *n* Wattverbrauch *m*.
wauwe|laar [ˈʋɑuʋəla:r] (*-s*) *m* F Quatschkopf *m*; **~len** [-lə(n)] schwatzen, plappern, quatschen; *niet ~!* alles Quatsch!, red' keinen Quatsch!
wazig [ˈʋa:zəx] neblig, dunstig.
W.C. *od.* **WC** [ʋeˑˈse:] (*-'s*) *n u. f* Toilette *f*.
we [ʋə] wir.
web [ʋɛp] (*-ben*) *n*, **~be** [ˈʋɛbə] (*-n*) *f* Spinngewebe *n*, Spinnwebe *f*; ~ *van leugens* Lügengewebe *n*, Lügengespinst *n*.
wedde [ˈʋɛdə] (*-n*) *f* Gehalt *n*.
wed|den [ˈʋɛdə(n)] wetten; **~denschap** [-ə(n)sxɑp] (*-pen*) *f*, **~ding** [-ɪŋ] *f*, **~dingschap** [-ɪŋsxɑp] (*-pen*) *f* Wette *f*.
weder[1] [ˈʋe:dər] (*a.* **weer**) wieder, wiederum; zurück.
weder[2] (*a.* **weer**) *n* Wetter *n*, Witterung *f*.
weder|antwoord [ˈʋe:dərɑntʋo:rt] *n* Entgegnung *f*, Rückäußerung *f*; **~dienst** [-di:nst] *m* Gegendienst *m*, Gegenleistung *f*; **~doper** [-do:pər] (*-s*) *m* Wiedertäufer *m*; **~geboorte** [-ɣ̊əbo:rtə] (*-n*) *f* Wiedergeburt *f*; **~helft** [-hɛlft] *f* Ehehälfte *f*; **~inkoop** [-ˈɪnko:p] (*-kopen*) *m* Rückkauf *m*; *recht van* ~ Rückkaufsrecht *n*; **~kerend** [-ˈke:rənt] *Gr.* rückbezüglich, reflexiv; ~ *voornaamwoord* Reflexivpronomen *n*; **~kerig** [-ˈke:rəx] gegenseitig; **~komst** [-kɔmst] *f* Rückkehr *f*; Wiederkehr *f*; **~liefde** [-li:v̊də] (*kein pl.*) *f* Gegenliebe *f*; **~om** [-ˈɔm] wieder, zurück.
weder|opbouw [ʋe:dərˈɔbɑŭ] *m* Wiederaufbau *m*; **~oprichting** [-ˈɔprɪxtɪŋ] *f* Wiederherstellung *f*, Wiedererrichtung *f*; **~opstanding** [-ˈɔpstɑndɪŋ] *f* Auferstehung *f*; **~opvoeding** [-ˈɔpfuˑdɪŋ] *f* Umerziehung *f*; **~opzegging** [-ˈɔpsɛɣ̊ɪŋ] *f* Widerruf *m*; *tot* ~ bis auf Widerruf; **~rechtelijk** [-ˈrɛxtələk] widerrechtlich.
wedervaren[1] [ˈʋe:dər-], *a.* [ʋeˑdərˈv̊a:rə(n)] (*kein pl.*) *n* Erlebnis *n* Erlebnisse *n/pl.*
we(d)ervaren[2] [ʋe:(də)ˈva:rə(n)] widerˈfahren *D*; *iemand recht laten* ~ j-m Gerechtigkeit widerfahren lassen.
weder|vergelden [ˈʋe:dərv̊ərɣ̊ɛldə(n)] *j-m etw.* vergelten; **~verkoop** [-v̊ər-], *a.* [-v̊ɛrko:p] (*kein pl.*) *m* Wiederverkauf *m*.
we(d)er|vinden [ˈʋe:(də)rv̊ɪndə(n)] wiederfinden; **~vraag** [-v̊ra:x] (*-vragen*) *f* Gegenfrage *f*, Rückfrage *f*.
wederwaardigheid [ʋeˑdərˈʋa:rdəxheĭt] (*-heden*) *f* Erfahrung *f*; *p.* Erlebnisse *n/pl.*
wederzijds [ˈʋe:dərzɛĭts] gegenseitig.
wed|ijver [ˈʋɛdɛĭv̊ər] *m* Wetteifer *m*; **~ijveren** [-ɛĭv̊ərə(n)] wetteifern um (*A*); **~loop** [-lo:p] (*-lopen*) *m* Wettlauf *m*; **~ren** [-rɛn] (*-nen*) *m* Wettrennen *n*; ~ *met hindernissen* Hindernisrennen *n*; **~strijd** [-strɛĭt] *m* Wettstreit *m* Wettkampf *m*; *internationale* ~ *Sp* Länderkampf *m*, Länderspiel *n*.
weduwe [ˈʋe:dyˑʋə] (*-n*) *f* Witwe *f*; **~npensioen** [-(n)pɛnsju:n] *n*, **~nrente** [-(n)rɛntə] (*-n u. -s*) *f* Witwenpension *f*, Witwenrente *f*.
weduw|naar [ˈʋe:dyˑʋna:r] (*-s*) *m* Witwer *m*; **~schap** [-sxɑp] (*-pen*) Witwenstand *m*.
wee[1] [ʋe:] wehe!, ach!; ~ *mij!* wehe mir!
wee[2] (*-ën*) *n* Weh *n*; *in wel en* ~ in Freud und Leid; *de* ~*ën* Wehen *f/pl.*
weef|getouw [ˈʋe:fxətɑŭ] *n* Webstuhl *m*; **~sel** [-səl] (*-s u. -en*) Gewebe *n*; **~stoel** [-stu:l] *m* Webstuhl *m*.
weegbree [ˈʋe:ɣ̊bre:] (*-ën u. -s*) Wegerich *m*.
weegloon [ˈʋe:xlo:n] (*-lonen*) Wiegegeld *n*.
weegluis [ˈʋe:xləʏs] (*-luizen*) Wanze *f*.
weegschaal [ˈʋe:xsxa:l] (*-schalen*) Waage *f*.
week[1] [ʋe:k] weich; *Su.* (*kein pl.*) Weiche *f*, Weichheit *f*; *in de* ~ *leggen* einweichen.

eek[2] (*weken*) *f* Woche *f*; *de goede stille*) ~ Karwoche *f*; *van de* ~ noch) diese Woche; *door de* ~ (nur) n Wochentagen.
eek|been ['ʋe:gbe:n] (*-deren u. benen*) *n* Knorpel *m*; **~blad** [-blɑt] Wochenblatt *n*; *geïllustreerd* ~ llustrierte *f*; **~dier** [-di:r] *n* Weichier *n*, Molluske *f*; **~eind**(e) [-ɛĭnt] *d*. [-ɛĭndə] (*-einden*) *n*, **~end** 'ʋi:kɛnt] (*-s u. -en*) *n* Wochenende ; **~geld** [-xɛlt] *n* Wochengeld *n*, Vochenlohn *m*; **~hartig** [-'hɑrtəx] veichherzig; **~kaart** [-ka:rt] *f* Wochenkarte *f*.
e|klacht ['ʋe:klɑxt] *f* Wehklage *f*; **klagen** [-kla:ɣ̊ə(n)] wehklagen.
eek|loon ['ʋe:klo:n] (*-lonen*) *n* Wochenlohn *m*; **~overzicht** [-o:v̊ər-ɪxt] *n* *Rf.*, *Fs.* Wochenschau *f*; **staat** [-sta:t] (*-staten*) *m* *Hdl.* Vochenausweis *m*.
eelde ['ʋe:ldə] (*kein pl.*) *f* Luxus *m*, ufwand *m*, Üppigkeit *f*; Überfluß ; **~artikel** [-ɑrti·kəl] (*-en u. -s*) *n* uxusartikel *m*; **~belasting** [-bə-ɪstɪŋ] *f* Luxussteuer *f*; **~rig** [-rəx] uxuriös, üppig; ausgelassen, übermütig; (*Wachstum*) üppig.
eemoed ['ʋe:mu·t] (*kein pl.*) *m* Vehmut *f*; **~ig** [-əx] wehmütig; **igheid** [-əxhɛĭt] (*kein pl.*) *f* Wehnut *f*.
eens [ʋe:ns] wienerisch, Wiener; *worstje* Wiener Würstchen *n*; e [-ə] (*-n*) *f* Wienerin *f*.
er[1] [ʋe:r] *s. weder.*
er[2] (*weren*) *m* Widder *m*, Hamel *m*.
er[3] (*weren*) *m u. n* Schwiele *f*.
er[4] (*weren*) *f* Wehr *f*; *zich te* ~ etten (*stellen*) sich zur Wehr tzen; *druk in de* ~ *zijn* sehr beshäftigt sein; **~baar** [-ba:r] wehrift, streitbar; **~baarheid** [-ba:r-ɛĭt] (*kein pl.*) *f* Wehrhaftigkeit *f*; **arstig** [-'bɑrstəx] widerspenig.
erga ['ʋe:rɣ̊a:] (*kein pl.*) *f*: *zonder* ohnegleichen.
er|galm ['ʋe:rɣ̊ɑlm] *m* Widerll *m*, Echo *n*; **~galmen** [-'ɣ̊ɑl-ə(n)] widerhallen.
ergaloos ['ʋe:rɣ̊a·lo:s] ohnegleien, unvergleichlich.
er|gaaf ['ʋe:rɣ̊a:f], **~gave** [-ɣ̊a:v̊ə] *gaven*) *f* *Mus.* Wiedergabe *f*; **geven** [-ɣ̊e:v̊ə(n)] wiedergeben.

weerglans ['ʋe:rɣ̊lɑns] (*kein pl.*) *m* Abglanz *m*, Widerschein *m*.
weerglas ['ʋe:rɣ̊lɑs] (*-glazen*) *n* Barometer *n*.
weer|haak ['ʋe:rha:k] (*-haken*) *m* Widerhaken *m*; **~haan** [-ha:n] (*-hanen*) *m* Wetterfahne *f*, Wetterhahn *m*.
weer|houden [ʋe:r'hɑudə(n)] zurückhalten, abhalten (von); verhindern; **~kaart** ['-ka:rt] *f* Wetterkarte *f*; **~kaatsen** [-'ka:tsə(n)] zurückprallen; *Schall*: widerhallen; *Licht*: reflektieren, zurückstrahlen; **~klank** ['-klɑŋk] (*kein pl.*) *m* Widerhall *m*; ~ *vinden* Anklang finden; **~klinken** [-'klɪŋkə(n)] widerhallen, erschallen; **~kunde** ['-kəndə] *f* Wetterkunde *f*, Meteorologie *f*; **~kundig** [-'kəndəx] meteorologisch; *het* ~ *instituut* Wetterwarte *f*.
weerlegg|en [ʋe:r'lɛɣ̊ə(n)] widerlegen; **~ing** [-ɪŋ] *f* Widerlegung *f*.
weerlicht ['ʋe:rlɪxt] *n u. m* Wetterleuchten *n*; *snel als de* ~ (*m*) *fig.* wie ein geölter Blitz; *loop naar de* ~*!* scher dich zum Teufel!; **~en** [-ə(n)] wetterleuchten; blitzen.
weerloos ['ʋe:rlo:s] wehrlos; **~heid** [-hɛĭt] (*kein pl.*) *f* Wehrlosigkeit *f*.
weerom [ʋe:'rɔm] wieder, zurück; **~stuit** [-stəʏt] (*kein pl.*) *m* Rückschlag *m*, Rückprall *m*; *van de* ~ *iets doen* seinerseits etw. tun.
weeroverzicht ['ʋe:ro:v̊ərzɪxt] *n* Wetterbericht *m*.
weerplicht ['ʋe:rplɪxt] *f* Wehrpflicht *f*; **~ig** [-'plɪxtəx] wehrpflichtig.
weerprofeet ['ʋe:rprɔfe:t] (*-feten*) *m* Wetterprophet *m*.
weerschijn ['ʋe:rsxɛĭn] *m* Widerschein *m*, Abglanz *m* (*a. fig.*).
weersgesteldheid ['ʋe:rsxəstɛlt-hɛĭt] (*-heden*) *f* Wetterlage *f*, Witterung *f*, Witterungsverhältnisse *n/pl*.
weerskanten ['ʋe:rskɑntə(n)]: *van* ~ beiderseits, beiderseitig, von beiden Seiten.
weer|slag ['ʋe:rslɑx] *m* Rückschlag *m*, Rückwirkung *f*; **~smaak** [-sma:k] (*kein pl.*) *m* Beigeschmack *m*, Nachgeschmack *m* (*mst. pej.*); *fig.* Abneigung *f*, Widerwille *m*.
weersomstandigheden ['ʋe:rzɔm-stɑndəxhe:də(n)] *pl.* Witterungsverhältnisse *n/pl.*, Wetterlage *f*.

weer|spanneling [ʋe:r'spanəlɪŋ] *m* Aufständische(r) *m*, Rebell *m*; **~spannig** [-'spanəx] widerspenstisch, widersetzlich, rebellisch; **~spannigheid** [-'spanəxhɛĭt] (*kein pl.*) *f* Widerspenstigkeit *f*; **~spiegelen** [-'spi:ɣ̊ələ(n)] widerspiegeln; **~staan** [-'sta:n] widerstehen (*aan*/*D*); **~staanbaar** [-'sta:nba:r] unnachgiebig.

weerstand ['ʋe:rstant] *m* Widerstand *m*; ~ *bieden* Widerstand leisten (*D*); ~ *biedend* (*aan*, *tegen*) resistent; **~svermogen** [-sfərmo:ɣ̊ə(n)] (*kein pl.*) *n* Widerstandsfähigkeit *f*.

weerstreven [ʋe:r'stre:ʋ̊ə(n)] (*iemand*/j-m) widerstreben; (*iets*/e-r Sache) sich widersetzen.

weersverandering ['ʋe:rsfərandərɪŋ] *f* Wetterwechsel *m*, Witterungsumschlag *m*.

weer(s)verwachting ['ʋe:r(s)fərʋaxtɪŋ] *f* Wetteraussichten *f*/*pl*.

weerszij(den) ['ʋe:rsɛĭdə(n)]: *aan* (*van*) ~ auf beiden Seiten; beiderseits, beiderseitig.

weervoorspelling ['ʋe:rʋ̊o:rspɛlɪŋ] *f* Wettervorhersage *f*, Wettervoraussage *f*.

weerwil ['ʋe:rʋɪl] *m* Widerwille *m*; *in* ~ *van* trotz *G*, *D*; ungeachtet *G*.

weer|wolf ['ʋe:rʋɔlf] (*-wolven*) *m* Werwolf *m*; **~wraak** [-ʋ̊ra:k] *f* Vergeltung *f*, Rache *f*; **~zien** [-zi:n] wiedersehen; *Su. n* Wiedersehen *n*; *tot* ~*s* (auf) Wiedersehen!; **~zin** [-zɪn] (*kein pl.*) *m* Widerwille *m*; **~zinwekkend** [-zɪn'ʋɛkənt] widerwärtig.

wees[1] [ʋe:s] *s. wijzen*; *wezen*, *zijn*[1].

wees[2] (*wezen*) *f u. m* Waise *f*; **~huis** [-hɔʏs] (*-huizen*) *n* Waisenhaus *n*; **~jongen** [-jɔŋə(n)] (*-s*) *m* Waisenknabe *m*; **~kind** [-kɪnt] (*-eren*) *n* Waisenkind *n*, Waise *f*; **~meisje** [-mɛĭʃə] (*-s*) *n* Waisenmädchen *n*.

weet[1] [ʋe:t] *s. wijten*.

weet[2] *f* Wissen *n*; *'t is maar 'n* ~ wenn man es nur weiß; vorausgesetzt, man ist im Bilde; *te* ~ *komen* erfahren; *er geen* ~ *van hebben* von nichts wissen, nicht im Bilde sein; **~al** [-'al] (*-len*) *m* Alleswisser *m*.

weetgierig [ʋe:t'xi:rəx] wißbegierig; **~heid** [-hɛĭt] (*kein pl.*) *f* Wißbegierde *f*.

weet|graag ['ʋe:txra:x] wißbegierig; **~lust** [-løst] *m* Wißbegierde; **~niet** [-ni:t] *m* Nichtswisser *m*, Dummerjan *m*.

weg[1] [ʋɛx] weg, fort; ~ *zijn van ie*[...] begeistert (entzückt) sein von etw[...] (*D*); *hij is* ~ er ist verschwunde[...]; ~ *en weer* hin und zurück; hin u[...] her; ~ *wezen!* fort von hier!

weg[2] *m* Weg *m*; Straße *f*; Lan[...]straße *f*, Chaussee *f*; ~ *voor gro*[...] *verkeer* Fernstraße *f*; *als* (*er*) *nie*[...] *in de* ~ *komt* wenn nichts in d[...] Quere kommt; wenn alles na[...] Wunsch geht; *goed op* ~ *zijn* a[...] dem besten Wege sein; *moelij*[...] *heden in de* ~ *leggen* Schwieri[...]keiten bereiten.

weg(ge) ['ʋɛx], ['ʋɛɣ̊ə] (*weggen*) Stück *n*; (*Weißbrot*) Wecke Wecken *m*.

weg|aanduiding ['ʋɛxa:ndəʏdɪŋ] Wegmarkierung *f*; **~bereid**[...] [-bərɛĭdər] (*-s*) *m* Bahnbrecher [...]

weg|bergen ['ʋɛxbɛrɣ̊ə(n)] we[...]schließen, weglegen; aufbewahre[...]; **~blijven** [-blɛĭʋ̊ə(n)] weg-, au[...]bleiben; **~bonjouren** [-bɔ̃:ʒu:rə(n)] abfertigen; **~brengen** [-brɛŋə(n)] wegbringen; begleiten; **~cijfer**[...] [-sɛĭfərə(n)] ableugnen, verleugne[...]

weg|code ['ʋɛxko:də] (*-s*) *m* Str[...]ßenverkehrsordnung *f*; **~dek** [-dɛ[...]] (*-ken*) *n* Straßendecke *f*, Straße[...]belag *m*.

weg|doen ['ʋɛxdu:n] wegtun; ve[...]schwinden lassen; *iets niet* ~ et[...] aufbewahren; **~duiken** [-dəʏkə(n)] weg-, untertauchen; sich ducke[...]; **~duwen** [-dy:ʋə(n)] wegdrücke[...] abdrängen.

wege|doorn, **~doren** ['ʋe:ɣ̊əd[...]rə(n)] (*-s*) *m* Kreuzdorn *m*.

wegel ['ʋe:ɣ̊əl] (*-s*) *m* Pfad *m*.

wegen ['ʋe:ɣ̊ə(n)] (*woog*, *gewoge*[...]) wiegen; *fig*. wägen; *wikken en* [...] wägen und wiegen.

wegen|aanleg ['ʋe:ɣ̊əna:nlɛx] Straßenbau *m*; **~belasting** [-b[...]lastɪŋ] *f* Straßensteuer *f*, Weg[...]steuer *f*; **~hulp** [-hølp] *f* Straße[...]wacht *f*; **~is** [-ɪs] (*kein pl.*) *f* St[...]ßennetz *n*; **~kaart** [-ka:rt] *f* St[...]ßenkarte *f*; **~net** [-ənɛt] (*-ten*) Straßennetz *n*.

wegens ['ʋe:ɣ̊əns] wegen *G*, -halb[...] ~ *ziekte* krankheitshalber.

wegenwacht ['ʋe:ɣ̊ə(n)ʋaxt] *f* St[...]ßenwacht *f*.

eggaan ['ʋɛxa:n] weg-, fortgehen.
eg|gebruiker ['ʋɛxəbrəʏkər] (*-s*) *m* Verkehrsteilnehmer *m*; Wegbenutzer *m*; **~gedeelte** [-ɣ̊əde:ltə] (*-n u. -s*) *n* Wegstrecke *f*.
eggeven ['ʋɛxe:v̊ə(n)] weggeben; verschenken.
eggooi|en ['ʋɛxo:ĭ(j)ə(n)] wegwerfen; **~fles** [-flɛs] (*-sen*) *f* Einwegflasche *f*.
eg|graven ['ʋɛxra:v̊ə(n)] weg-, ausgraben; **~halen** [-ha:lə(n)] wegholen; **~hebben** [-hɛbə(n)]: *veel van iemand ~* j-m ähnlich sehen; **~helpen** [-hɛlpə(n)] *j-m* forthelfen; **~jagen** [-ja:ɣ̊ə(n)] vertreiben; **~kapen** [-ka:pə(n)] wegkapern.
egkode ['ʋɛxko:də] (*-s*) *m s. wegcode*.
egkomen ['ʋɛxko:mən] weg-, fortkommen.
egkruising ['ʋɛxkrəʏsɪŋ] *f* (Straßen-)Kreuzung *f*.
eg|kwijnen ['ʋɛxkʋɛĭnə(n)] kränkeln, hinsiechen; hinschwinden; *Pflanzen*: verkümmern; *~ van verdriet* sich abhärmen, sich abgrämen; **~laten** [-la:tə(n)] weg-, fortlassen; auslassen; **~latingsteken** [-la:tɪŋste:kə(n)] (*-s*) *n* Auslassungszeichen *n*, Apostroph *m*; **~leggen** [-lɛɣ̊ə(n)] weglegen; aufbewahren; *dat is niet voor iedereen weggelegd* das wird nicht jedem zuteil; **~leiden** [-lɛĭdə(n)] wegführen; *Polizei*: festnehmen, sistieren; **~lopen** [-lo:pə(n)] fortlaufen; ausreißen, F durchbrennen; *met iemand (iets) ~ fig.* für j-n (*od.* etw.) schwärmen; **~loper** [-lo:pər] (*-s*) *m* Ausreißer *m*; **~maaien** [-ma:ĭ(j)ə(n)] abmähen; **~maken** [-ma:kə(n)] wegmachen; **~moffelen** [-mɔfələ(n)] verstecken; verschwinden lassen; **~nemen** [-ne:nə(n)] wegnehmen; fortnehmen, *j-m etw.* abspenstig machen; *dat neemt niet weg (dat ...)* das ändert nichts daran, daß ...
eg|omlegging ['ʋɛxɔmlɛɣ̊ɪŋ] *f*, **~omleiding** [-ɔmlɛĭdɪŋ] *f* (*Weg*) Umleitung *f*.
eg|pesten ['ʋɛxpɛstə(n)] hinausekeln; **~pinken** [-pɪŋkə(n)]: *een traan ~* e-e Träne wegwischen; **~raken** [-ra:kə(n)] wegkommen; verlorengehen; **~redeneren** [-rədə'ne:rə(n)] ableugnen; **~rijden** [-rɛĭdə(n)] davonfahren, abfahren; *Reiter*: wegreiten; **~roepen** [-ru'pə(n)] weg-, abrufen; **~ruimen** [-rəʏmə(n)] wegräumen, beiseite schaffen, beseitigen; **~rukken** [-rəkə(n)] wegreißen, wegrücken.
wegscheiding ['ʋɛxsxɛĭdɪŋ] *f* Scheideweg *m* (*a. fig.*), Straßengabelung *f*; Kreuzung *f*, Kreuzweg *m*.
weg|schenken ['ʋɛxsxɛŋkə(n)] weg-, verschenken; **~scheren** [-sxe:rə(n)] wegscheren; abrasieren; *zich ~* sich fortscheren, sich packen; **~scheuren** [-sxø:rə(n)] weg-, fortreißen; **~schrappen** [-sxrɑpə(n)] wegkratzen, wegschaben; **~schuilen** [-sxəʏlə(n)] sich verstecken; **~schuiven** [-sxəʏv̊ə(n)] weg-, fortschieben; zurückschieben; **~slepen** [-sle:pə(n)] weg-, fortschleppen; verschleppen; *Wagen* abschleppen; **~slingeren** [-slɪŋərə(n)] weg-, fortschleudern; **~sluipen** [-sləʏpə(n)] sich fortstehlen; wegschleichen; **~sluiten** [-sləʏtə(n)] weg-, verschließen; **~smelten** [-smɛltə(n)] wegschmelzen; *in tranen ~* in Tränen zerfließen; **~smijten** [-smɛĭtə(n)] wegschmeißen; **~snijden** [-snɛĭdə(n)] wegschneiden; **~spoelen** [-spu:lə(n)] weg-, fortspülen, wegschwemmen; **~sterven** [-stɛrv̊ə(n)] weg-, absterben; *Geräusche, Worte*: verhallen, verklingen; **~stoppen** [-stɔpə(n)] weg-, verstecken; **~sturen** [-sty:rə(n)] weg-, fortschicken; *Arbeiter, Angestellte usw.* entlassen; **~trekken** [-trɛkə(n)] weg-, fortziehen; fortzerren; **~tronen** [-tro:nə(n)] weglocken; **~vagen** [-fa:ɣ̊ə(n)], *a.* **~vegen** [-fe:ɣ̊ə(n)] weg-, auswischen; auslöschen; völlig zerstören; verwischen (*Spuren usw.*); **~varen** [-fa:rə(n)] weg-, abfahren; absegeln, in See stechen; **~vegen** [-fe:ɣ̊ə(n)] *s. wegvagen*.
weg|verlegging ['ʋɛxfərlɛɣ̊ɪŋ] *f* (Verkehrs-)Umleitung *f*; **~versperring** [-fərspɛrɪŋ] *f* Straßensperre *f*; **~vertakking** [-fərtɑkɪŋ] *f* (Weg-)Gabelung *f*.
weg|vliegen ['ʋɛxfli:ɣ̊ə(n)] weg-, fortfliegen; **~voeren** [-fu:rə(n)] weg-, fortführen, abführen; entführen; **~vreten** [-fre:tə(n)] wegfressen; zerfressen; **~waaien** [-ʋa:ĭ(j)ə(n)] weg-, fortwehen; ~-

wassen [-ʋɑsə(n)] wegwaschen; *Flecke* entfernen.
wegwedstrijd ['ʋɛxʋɛtstrɛĭt] *m Sp.* Straßenrennen *n.*
weg|werker ['ʋɛxʋɛrkər] (*-s*) Straßenarbeiter *m*; (*Eisenbahn*) Streckenarbeiter *m*; **~wijzer** [-ʋɛĭzər] (*-s*) *m* Wegweiser *m*; *Buch*: (Reise-) Führer *m*; **~werpen** [-ʋɛrpə(n)] weg-, fortwerfen; **~zakken** [-sɑkə(n)] absacken; **~zenden** [-sɛndə(n)] weg-, fortschicken, absenden; **~zinken** [-sɪŋkə(n)] absinken.
wei¹ [ʋɛĭ] (*kein pl.*) *f* Molke *f*; Serum *n.*
wei² (*weien*) *f* Weide *f*; Wiese *f.*
weide ['ʋɛĭdə] (*-n*) *f s. wei²*; **~bloem** [-blu:m] *f* Wiesenblume *f*; **~n** [-də(n)] weiden.
weids [ʋɛĭts] pomphaft, pompös, prunkvoll; stattlich.
weife|len ['ʋɛĭfələ(n)] schwanken, wanken, unschlüssig sein; **~ling** [-lɪŋ] *f* Schwanken *n*, Wankelmut *m.*
weiger|achtig ['ʋɛĭɣərɑxtəx] ablehnend, abschlägig; **~en** [-ə(n)] verweigern, ablehnen; *v/i* sich weigern; *Maschine*: versagen; **~end** [-ənt] abschlägig, ablehnend; **~ing** [-ɪŋ] *f* Verweigerung *f*, Weigerung *f.*
weiland ['ʋɛĭlɑnt] *n* Weide *f*, Weideland *n*; Wiesenland *n.*
weinig ['ʋɛĭnəx] (*minder, minst*) wenig; *van ~ waarde* von geringem Wert; *van ~ betekenis* von geringer Bedeutung; *een ~* ein bißchen; *~ of niets* so gut wie nichts; *veel te ~* viel zu wenig, nicht ausreichend.
weitas ['ʋɛĭtɑs] (*-sen*) *f* Jagdtasche *f.*
wekelijks ['ʋe:kələks] wöchentlich; *~ overzicht* Wochenschau *f.*
wekeling ['ʋe:kəlɪŋ] *m* Weichling *m.*
weken ['ʋe:kə(n)] (ein)weichen.
wek|ken ['ʋɛkə(n)] (auf)wecken; *fig.* erwecken, erregen; **~ker** [-ər] (*-s*) *m* Wecker *m*, Weckuhr *f.*
wel¹ [ʋɛl] (*-len*) *f* Quelle *f.*
wel² (*kein pl.*) *n* Wohl *n*; *het ~ en wee* das Wohl und Weh.
wel³ (*beter, best*) wohl, gut, recht; zwar; *al ~* schon gut; *ik geloof van ~* ich glaube ja; *~ ja!* ja freilich; *~ nee(n)* nicht doch!, aber nein!; *~ zeker!* gewiß!; *het is mij ~* mir ist es recht; *als ik het ~ heb* wenn ich (mich) nicht irre; *hij is ~ rijk* (*maar*) er ist zwar begütert, aber ...; *~ thuis!* kommen Sie gut nach Hause gute Heimfahrt!; *~ te rusten* gut Nacht!; **~aan** [-'a:n] wohlauf wohlan; **~bedacht** [-bədɑxt] wohl bedacht, wohlerwogen; **~begrepen** [-bəɣre:pə(n)] wohlverstanden **~behagen** [-bəha:ɣə(n)] (*kein pl.*) Wohlgefallen *n*, Wohlbehagen *n* **~bekend** [-bəkɛnt] allgemein bekannt; **~beklant** [-bəklɑnt] stark besucht, gutgehend; **~bemint** [-bəmɪnt] vielgeliebt; **~beraamd** [-bəra:mt] wohlüberlegt; **~berekend** [-bəre:kənt] wohlberechnet **~bespraakt** [-bəspra:kt] beredt redegewandt, sprachgewandt; **~bespraaktheid** [-bəspra:kthɛĭt] (*kein pl.*) *f* Beredsamkeit *f.*
wel|daad ['ʋɛlda:t] (*-daden*) *f* Wohltat *f*; **~dadig** [-'da:dəx] wohltätig angenehm, wohltuend; **~dadigheid** [-'da:dəxhɛĭt] (*-heden*) Wohltätigkeit *f*; **~dadigheidsconcert** (*a.* **-kon-**) [-'da:dəxhɛĭtskɔnsɛrt] *n* Wohltätigkeitskonzert *n.*
wel|denkend ['ʋɛldɛŋkənt] rechtschaffen; **~doener** [-du:nər] (*-s*) Wohltäter *m*; Mäzen *m*, Gönner *m* **~doordacht** [-do:rdɑxt] wohlüberlegt.
weldra ['ʋɛl-], *a.* [ʋɛl'dra:] (als)bald
weledel [ʋɛl'e:dəl] wohlgeboren (*Briefstil*) *Weled. Heer* (*Anschrift*) Herrn ...; (*Anrede*) Sehr geehrter Herr! [sonst
weleer [ʋɛ'le:r] ehemals, einst
weleerwaard ['ʋɛle:rʋa:rt] hoch(ehr)würdig.
wel|gedaan ['ʋɛlɣəda:n] behäbig stattlich; **~gemanierd** [-ɣəmani:rt] manierlich, höflich, wohlerzogen; **~gemeend** [-ɣəme:nt] wohlgemeint; **~gemoed** [-ɣəmu·t] wohlgemut; wohlgesinnt; wohlgelaunt **~gesteld** [-ɣəstɛlt] wohlhabend begütert; **~gevallen** [-ɣəʋɑlə(n)] (*kein pl.*) *n* Wohlgefallen *n*; (*Ver*)*zich laten ~* sich gefallen lassen **~gevallig** [-ɣəʋɑləx] wohlgefällig **~gezind** [-ɣəzɪnt] wohlgesinnt wohlgelaunt.
welhaast ['ʋɛl-], *a.* [ʋɛl'ha:st] (als) bald; beinah(e).
welhebbend ['ʋɛl-], *a.* [ʋɛl'hɛbənt] begütert, wohlhabend.
welig ['ʋe:ləx] üppig.
weliswaar ['ʋɛl-], *a.* [ʋɛlɪs'ʋa:r] zwar; allerdings, freilich.

elk [ʋɛlk] welche(r, -s).
elken [ˈʋɛlkə(n)] (ver)welken.
elkom [ˈʋɛlkɔm] willkommen; *J is altijd* ~ Sie sind jeder Zeit ein willkommener Gast.
elkomst [ˈʋɛlkɔmst] *f* Willkomm *n*, Willkommen *n*; **~groet** [-xruˑt] *n* Willkommensgruß *m*; **~woord** -ʋoːrt] *n* Willkommenswort *n*, Begrüßungsrede *f*.
ellen [ˈʋɛlə(n)] quellen; *Tech.* chweißen.
elletjes [ˈʋɛlətjəs]: *het is al* ~ chon gut; genug davon.
el|levend [ʋɛˈleːv̊ənt] höflich, anständig; **~levendheid** [-ˈleːv̊əntɛĭt] (*kein pl.*) *f* Anstand *m*, Höflichkeit *f*; *de regels der* ~ Etikette *f*, Förmlichkeit *f*.
ellicht [ʋɛˈlɪxt] vielleicht.
el|luidend [ʋɛˈlœydənt] wohllautend, wohlklingend; **~luidendheid** -ˈlœydənthɛĭt] (*kein pl.*) *f* Wohllaut *n*, Wohlklang *m*; (*Stimme*) Schmelz *n*; **~lust** [ˈʋɛløst] *m* Wollust *f*; Wonne *f*, Entzücken *n*; **~lusteling** -ˈløstəlɪŋ] *m* Wollüstling *m*; **~lustig** [-ˈløstəx] wollüstig; **~menend** -ˈmeːnənt], *a.* [ˈʋɛl-] wohlmeinend.
elnu [ʋɛlˈnyˑ] also; wohlan; nun.
elopgevoed [ʋɛlˈɔpxəv̊uˑt] wohlerzogen.
elp [ʋɛlp] *m u. n* Welpe *m*.
el|put [ˈʋɛlpøt] (*-ten*) *m* Brunnen *m*; **~riekend** [-riːkənt] wohlriechend, duftend; **~slagen** [-slaːɣ̊ə(n)] (*kein pl.*) *n* Gelingen *n*; **~sprekend** -ˈspreːkənt] beredt; **~sprekendheid** [-ˈspreːkənthɛĭt] (*kein pl.*) *f* Beredsamkeit *f*; **~stand** [-stɑnt] *m* Wohlstand *m*, Wohlfahrt *f*; Gesundheit *f*, Wohlbefinden *n*; **~vaart** v̊aːrt] *f* Wohlfahrt *f*, Wohlstand *m*; *de stoffelijke* ~ das materielle Wohl; **~vaartspeil** [-v̊aːrtspɛĭl] *n* Wohlstandsniveau *n*; **~vaartstaat** v̊aːrtstaːt] (*-staten*) *m* Wohlfahrtsstaat *m*; (*kein pl.*) *m* Wohlstandsniveau *n*; Überflußgesellschaft *f*; **~varend** [-ˈv̊aːrənt] gesund; bemittelt, begütert, wohlhabend.
lven [ˈʋɛlv̊ə(n)] wölben.
l|versneden [ˈʋɛlv̊ərsneːdə(n)]: *n* ~ *pen fig.* e-e gewandte Feder; **~voeglijk** [-ˈv̊uːxlək] anständig; schicklich; **~voeglijkheid** [-ˈv̊uːxləkhɛĭt] (*kein pl.*) *f* Anständigkeit *f*; Schicklichkeit *f*; *om (ter) wille van de* ~ anstandshalber; **~voorzien** [-v̊oːrziːn] gut versorgt; wohlversehen; **~willend** [-ˈʋɪlənt] freundlich, wohlwollend; **~willendheid** [-ˈʋɪlənthɛĭt] (*-heden*) *f* Wohlwollen *n*; **~zijn** [-zɛĭn] *n* Wohl *n*, Wohlsein *n*; *het algemeen* ~ Gemeinwohl *n*; *op uw* ~*!* auf Ihr Wohl!
weme|len [ˈʋeːmələ(n)] wimmeln; **~ling** [-lɪŋ] *f* Wimmeln *n*, Gewimmel *n*.
wen|den [ˈʋɛndə(n)] wenden; *zich tot iemand* ~ sich an j-n wenden; **~ding** [-dɪŋ] *f* Wendung *f*.
Wenen [ˈʋeːnə(n)] *n* Wien *n*.
wenen [ˈʋeːnə(n)] weinen; ~ *als vermoord* heulen wie ein Schloßhund.
wenk [ʋɛŋk] *m* Wink *m*.
wenkbrauw [ˈʋɛŋbrɑŭ] *f* Augenbraue *f*.
wenken [ˈʋɛŋkə(n)] winken (*iemand*/j-m).
wennen [ˈʋɛnə(n)] (sich) gewöhnen [an *A.*]
wens [ʋɛns] *m* Wunsch *m*; *concert naar* ~ Wunschkonzert *n*; **~elijk** [-ələk] wünschenswert, erwünscht; **~en** [-ə(n)] wünschen (*iemand iets*/j-m etw.); verlangen; *het is gewenst* es ist erwünscht.
wentel|en [ˈʋɛntələ(n)] (sich) wälzen; **~ing** [-ɪŋ] *f* Umwälzung *f*; *Tech.* Umdrehung *f*; **~trap** [-trɑp] (*-pen*) *f* Wendeltreppe *f*; **~wiek** [-ʋiːk] *m* Hubschrauber *m*, Helikopter *m*.
werd [ʋɛrt] *s. worden.*
wereld [ˈʋeːrəlt] *f* Welt *f*; *de ondergang van de* ~ Weltuntergang *m*; *reis om de* ~ Weltreise *f*, Reise um die Welt; *vervreemd van de* ~ weltentrückt; weltfern; *een man van de* ~ ein Mann von Welt, Weltmann *m*; *naar de andere* ~ *sturen* (*jagen, helpen*) ins Jenseits befördern; *de derde* ~ (*politisch*) die dritte Welt, die blockfreien Staaten; *dat is uit de* ~ das ist erledigt; *afstand doen van de* ~ der Welt entsagen.
wereld|beroemd [ˈʋeːrəldbəruːmt] weltberühmt; **~beschouwing** [-bəsxɑu(ʋ)ɪŋ] *f* Weltanschauung *f*; **~bol** [-bɔl] (*-len*) *m* Weltkugel *f*, Erdkugel *f*; **~burger** [-børẙər] (*-s*) *m* Weltbürger *m*; **~congres** [-kɔŋɣ̊rɛs] (*-sen*) *n* Weltkongreß *m*; **~deel** [-deːl] (*-delen*) *n* Weltteil *m*, Erdteil *n*; **~handel** [-hɑndəl] *m* Welthandel *m*; **~heerschappij**

[-heːrsxɑpɛĭ] *f* Weltherrschaft *f*; **~hervormer** [-hɛrv̊ɔrmər] (*-s*) *m* Weltverbesserer *m*; **~kaart** [-kaːrt] *f* Weltkarte *f*; **~kampioen** [-kɑmpiˑ(j)uːn] *m* Weltmeister *m*; **~kongres** *s.* *wereldcongres*; **~kundig** [-ˈkøndəx] weltbekannt; **~lijk** [-lək] weltlich; **~oorlog** [-oːrlɔx] *m* Weltkrieg *m*; **~record** *a.* **-kord** [-rəkɔrt], *a.* [-rəkɔːr] (*-s*) *n* Weltrekord *m*, Weltbestleistung *f*; **~ruim** [-rəʏm] *n* Weltraum *m*.
werelds [ˈʋeːrəlts] weltlich; irdisch.
wereld|schokkend [ˈʋeːrəltsxɔkənt] welterschütternd; **~stad** [-stɑt] (*-steden*) *f* Weltstadt *f*; **~succes, ~sukses** [-søksɛs] *n* Welterfolg *m*; **~tentoonstelling** [-təntoːnstɛlɪŋ] *f* Weltausstellung *f*; **~vermaardheid** [-fərmaːrthɛĭt] *f* Weltruf *m*, Weltberühmtheit *f*; **~wonder** [-ʋɔndər] *n* Weltwunder *n*; **~zee** [-seː] (*-ën*) *f* Weltmeer *n*, Ozean *m*.
weren [ˈʋeːrə(n)] (sich) wehren.
werf [ʋɛrf] (*werven*) *f* Werft *f*.
werf|bureau [ˈʋɛrv̊byˑroˑ] (*-s*) *n*, **~kantoor** [-kɑntoːr] (*-toren*) *n* Werbebüro *n*, Werbestelle *f*; **~trom** [-trɔm] (*-men*) *f* Werbetrommel *f*.
wering [ˈʋeːrɪŋ] *f* Seedeich *m*; Verhütung *f*, Abwehr *f*.
werk [ʋɛrk] *n* Arbeit *f*; Werk *n*; Leistung *f*; *half* ~ Teilzeitarbeit *f*; Teilzeitstelle *f*; *dat is maar half* ~ die Arbeit (Leistung) ist ungenügend; *vast* ~ *hebben* e-r geregelten Arbeit nachgehen; *zonder* ~ *vallen* (*geraken*) arbeitslos werden; *iemand* ~ *geven* (*bezorgen*) (*a. fig.*) j-n beschäftigen; *heb je* (*nog*) *lang* ~? dauert es (noch) lange?; *er* ~ *van maken* dafür sorgen; *het* ~ *staken* die Arbeit niederlegen; streiken; *dat is geen* ~ so geht es nicht; so kann es nicht weitergehen; **~bank** [-bɑŋk] *f* Werkbank *f*; **~beest** [-beːst] *n* Lasttier *n*; *fig. a.* Arbeitstier *n*; **~bij** [-bɛĭ] *f* Arbeitsbiene *f*; **~dag** [-dɑx] *m* Werktag *m*, Arbeitstag *m*; Wochentag *m*; **~doos** [-doːs] (*-dozen*) *f* Gerätekasten *m*, Werkzeugkasten *m*; Nähkasten *m*.
werkelijk [ˈʋɛrkələk] wirklich, tatsächlich; **~heid** [-hɛĭt] (*kein pl.*) *f* Wirklichkeit *f*, Realität *f*; *in* (*de*) ~ tatsächlich.
werkeloos [ˈʋɛrkəloːs] wirkungslos untätig, müßig; *s. a. werkloos* **~heid** [-ˈloːshɛĭt] *f* Arbeitslosigkeit *f*.
werken [ˈʋɛrkə(n)] arbeiten; *fig.* a wirken, sich auswirken; *fig.* ran geln; *Holz*: arbeiten, sich werfen *Bier, Wein*: gären; **~d** [-t] arbeitend wirkend; berufstätig; tätig, aktiv wirksam; *een* ~ *lid* aktive(s) Mitglied *n*; *een* ~ *vennoot* aktive(r) Teilhaber *m*; *de* ~*e klas*(*se*) di Arbeiter; Arbeiterklasse *f*; di Berufstätigen, die Werktätigen die Arbeitnehmer.
werker [ˈʋɛrkər] (*-s*) *m* Arbeiter *m*; *hij is een* ~ er ist tüchtig.
werk|ezel [ˈʋɛrkeːzəl] (*-s*) *m* Arbeitstier *n*; Büffler *m*; **~gast** [-xɑs *m* Arbeiter *m*; Arbeitskraft *f*; Lehr junge *m*; **~gemeenschap** [-xə meːnsxɑp] (*-pen*) *f* Arbeitsgemeinschaft *f*; **~gever** [-xeːv̊ər], *Rf.*, F *a.* [-ˈxeːv̊ər] (*-s*) *m* Arbeitgeber *m* **~huis** [-həʏs] (*-huizen*) *n* Arbeitshaus *n*, Werkstatt *f*; *mst. pl.* Werkhalle *f*; Fabrik *f*, Betrieb *m*.
werking [ˈʋɛrkɪŋ] *f* Wirkung *f*, Erfolg *m*; *in volle* ~ in vollem Betrieb *in* ~ *stellen* in Betrieb setzen; *Maschine a.* anlassen; *in* ~ *treden* (*Gesetz, Vorschrift*) in Kraft treten *buiten* ~ *stellen* außer Betrieb setzen; außer Kraft setzen; **~ssfeer** [-sfeːr] (*kein pl.*) *f* Wirkungskreis *m*; *Flgw. usw.* Reichweite *f*, Aktionsradius *m*; Flugbereich *m*, Fahrbereich *m*.
werk|inrichting [ˈʋɛrkɪnrɪxtɪŋ] Arbeitsanstalt *f*; **~kapitaal** [-kɑpiˑtaːl] *n* Betriebskapital *n*; **~kracht** [-krɑxt] *f* Arbeitskraft *f*; **~kring** [-krɪŋ] *m* Wirkungskreis *m*; Stellung *f*; **~liedenbond** [-liˑdənbɔn *m*, **~liedenvereniging** [-liˑdə(n) v̊əreːnɪɣɪŋ] *f* Arbeiterverein *m* Arbeiterverband *m*; **~loon** [-loː (*-lonen*) *n* Arbeitslohn *m*; **~loos** [-loːs] arbeitslos, erwerbslos; **~loosheid** [-ˈloːshɛĭt] *f* Arbeitslosigkeit *f*, Erwerbslosigkeit *f*; **~(e)loze** [-(ə)loːzə] (*-n*) *m u. f* Arbeitslose(r *m*) *f*, Erwerbslose(r *m*) *f*; *gedeeltelijke* ~ Unterbeschäftigte(r) *m* **~(e)lozensteun** [-(ə)loːzə(n)støːn] *m* Arbeitslosenunterstützung **~man** [-mɑn] (*-lui u. -lieden*) Arbeiter *m*; *los* ~, *losse* ~ Gelege

heitsarbeiter *m*; *ongeschoold*(e) ~ ungelernte(r) Arbeiter *m*.
werkmandje [ˈʋɛrkmɑntjə] (*-s*) *n* Nähkorb *m*.
werkmanswoning [ˈʋɛrkmɑnsʋoːnɪŋ] *f* Arbeiterwohnung *f*.
werk|meid [ˈʋɛrkmɛĭt] *f* Hausmädchen *n*; Putzfrau *f*; (*auf dem Lande*) Magd *f*; **~met(h)ode** [-meˑtoːdə] (*-s u. -n*) *f* Verfahren *n*; Arbeitsmethode *f*; **~mier** [-miːr] *f* Arbeitsameise *f*; **~nemer** [-neːmər], *Rf., Fs. a.* [-ˈneːmər] (*-s*) *m* Arbeitnehmer *m*; **~pak** [-pɑk] (*-ken*) *n* Arbeitsanzug *m*; **~plaats** [-plaːts] *f* Werkstatt *f*; Werkstätte *f*; **~staking** [-staːkɪŋ] *f* Streik *m*, Ausstand *m*; *bedreiging met (van)* ~ Streikdrohung *f*; *aankondiging van (een)* ~ Streikansage *f*; *gedeeltelijke* ~ Teilstreik *m*; *algemene* ~ Generalstreik *m*; ~ *als waarschuwing* Warnstreik *m*.
werkster [ˈʋɛrkstər] (*-s*) *f* Arbeiterin *f*; (*im Haushalt*) Putzfrau *f*, Aushilfe(frau) *f*.
werk|student [ˈʋɛrkstyˑdɛnt] *m* Werkstudent *m*; **~tafel** [-taːfəl] (*-s*) Arbeitstisch *m*; **~tijd** [-tɛĭt] *m* Arbeitszeit *f*; **~tuig** [-tœʏx] *n* Gerät *n*, Werkzeug *n*; **~tuigkunde** [-tœʏxkɵndə] *f* Mechanik *f*; **~tuigkundige** [-tœʏxˈkɵndəv̊ə] (*-n*) *m* Mechaniker *m*; Schlosser(meister) *m*; Maschinenbauingenieur *m*.
werktuiglijk [ʋɛrkˈtœʏxlək] mechanisch, automatisch, unüberlegt, gedankenlos; gewohnheitsmäßig.
werk|uur [ˈʋɛrkyːr] (*-uren*) *n* Arbeitsstunde *f*; **~verdeling** [-fərdeːlɪŋ] *f* Arbeitseinteilung *f*; **~vergunning** [-fərɣɵnɪŋ] *f* Arbeitsgenehmigung *f*; **~verschaffing** [-fərsxɑfɪŋ] *f* Arbeitsbeschaffung *f*, Arbeitsvermittlung *f*; **~volk** [-fɔlk] (*kein pl.*) *n* Arbeiter *m/pl.*; **~vrouw** [-frɑŭ] *f* Putzfrau *f*; **~wijze** [-ʋɛĭzə] (*-n*) *f* Arbeitsweise *f*, Arbeitsmethode *f*; Anleitung *f*; **~winkel** [-ʋɪŋkəl] (*-s*) *m* Werkstatt *f*.
werkwoord [ˈʋɛrkʋoːrt] *n Gr.* Verb *n*, Zeitwort *n*; *zwak* ~ schwaches (regelmäßiges) Verb; *sterk (onregelmatig)* ~ starkes (unregelmäßiges) Verb; *wederkerend* ~ reflexives Verb; *(on)overgankelijk* ~ (in)transitives Verb; *vorm van het* ~ Verbform *f*; *oorzakelijk (causatief)* ~ Kausativum *n*, bewirkendes Zeitwort.
werk|zaam [ˈʋɛrksaːm] arbeitsam; tätig; fleißig, emsig; ~ *zijn* beschäftigt (tätig) sein; **~zaamheid** [-saːmhɛĭt] *f* (*-heden*) *f* Tätigkeit *f*; Arbeitsamkeit *f*; **~zaamheden** [-saːmheːdə(n)] *f/pl.* Arbeiten *f/pl.*; Geschäfte *n/pl.*, Beschäftigungen *f/pl.*; (*Fabrik*) Betrieb *m*; (*Versammlung*) Tagesordnung *f*.
werp|anker [ˈʋɛrpɑŋkər] (*-s*) *n* Schleppanker *m*, *mar. a.* Warpanker *m*; **~en** [-ə(n)] (*wierp, geworpen*) werfen; **~net** [-nɛt] (*-ten*) *n* Wurfnetz *n*; **~spies** [-spiːs] *f* Wurfspieß *m*.
wervel [ˈʋɛrv̊əl] (*-s*) *m* Wirbel *m*; **~dier** [-diːr] *n* Wirbeltier *n*; **~en** [-ə(n)] wirbeln; *Sp.* tänzeln; **~kolom** [-koˑlɔm] (*-men*) *f* Wirbelsäule *f*; **~wind** [-ʋɪnt] *m* Wirbelwind *m*.
wer|ven [ˈʋɛrv̊ə(n)] (*wierf, geworven*) (an)werben; **~ver** [-v̊ər] (*-s*) *m* Werber *m*; **~ving** [-v̊ɪŋ] *f* Werbung *f*; **~vingsdienst** [-v̊ɪŋzdiːnst] *m* Werbebüro *n*, Werbestelle *f*.
werwaarts [ˈʋɛrʋaːrts] wohin.
weshalve [ʋɛsˈhɑlv̊ə] weshalb, weswegen.
wesp [ʋɛsp] *f* Wespe *f*; **~ennest** [-ənɛst] *n* Wespennest *n*; **~esteek** [-əsteːk] (*-steken*) *m* Wespenstich *m*; **~etaille** [-ətaːjə] (*-s*) *f fig.* Wespentaille *f*.
west [ʋɛst] westlich; *Su.* ♀ *f* Westindien *n*.
West-Duitsland [ʋɛzˈdœʏtslɑnt] *n* Westdeutschland *n*.
west|elijk [ˈʋɛstələk] westlich; **~en** [-ə(n)] *n* Westen *m*, Abendland *n*; *buiten* ~ ohnmächtig, bewußtlos; F betrunken; **~enwind** [-ə(n)ʋɪnt] *m* Westwind *m*.
wester|lengte [ˈʋɛstərlɛŋtə] *f* westliche Länge; *20 graad (graden)* ~ 20 Grad westlicher Länge; **~ling** [-lɪŋ] *m* Abendländer *m*; **~s** [-s] abendländisch; *de* **~e** *mogendheden* die Westmächte.
West|faals [ʋɛstˈfaːls] westfälisch; **~falen** [-ˈfaːlə(n)] *n* Westfalen *n*; **~-Indië** [-ˈɪndiˑjə] *n* Westindien *n*.
west|kust [ˈʋɛstkɵst] *f* Westküste *f*; **~waarts** [-ʋaːrts] westwärts.
wet [ʋɛt] (*-ten*) *f* Gesetz *n*; *de* ~ *op* das Gesetz über *A*; *volgens de* ~

nach dem Gesetz; *de ~ overtreden* das Gesetz brechen (übertreten); **~boek** [-bu·k] *n* Gesetzbuch *n*; *~ van strafrecht* Strafgesetzbuch (StGB) *n*.

weten ['ʋe:tə(n)] (*wist, geweten*) wissen; kennen, verstehen; *Su. n* Wissen *n*; *te ~ komen* erfahren; *bij mijn ~* meines Wissens; *willens en ~s* wissentlich; *te ~: ...* namentlich ...; das heißt ...

wetenschap ['ʋe:tənsxɑp] (*-pen*) *f* Wissenschaft *f*; **~pelijk** [-ələk] wissenschaftlich; **~sbeleid** [-zbəlɛĭt] *n*: *het ministerie voor ~* Ministerium *n* für Bildung und Wissenschaft.

wetenswaardig [ʋe:təns'ʋa:rdəx] [wissenswert.]

wet|geleerde ['ʋɛtxəle:rdə] (*-n*) *m* Rechtsgelehrte(r) *m*; **~gevend** ['-xe:v̊ənt] gesetzgebend; **~gever** ['-xe:v̊ər] (*-s*) *m* Gesetzgeber *m*; **~geving** ['-xe:v̊ɪŋ] *f* Gesetzgebung *f*; **~houder** ['-hɑudər] (*-s*) *m* Beigeordnete(r) *m*; Stadtrat *m*; Schöffe *m*; **~matigheid** [-'ma:təxhɛĭt] (*-heden*) *f* Gesetzmäßigkeit *f*.

wetplank ['ʋɛtplɑŋk] *f* Schleifbank *f*.

wets|artikel ['ʋɛtsarti·kəl] (*-en u. -s*) *n*, **~bepaling** [-bəpa:lɪŋ] *f* Paragraph *m*; gesetzliche Bestimmung *f*; **~ontwerp** [-ɔntʋɛrp] *n* Gesetzesvorlage *f*, Gesetzentwurf *m*.

wetsteen ['ʋɛtste:n] (*-stenen*) *m* Wetzstein *m*.

wetsvorstel ['ʋɛtsfo:rstɛl] (*-len*) *n* Gesetzesvorlage *f*.

wette|lijk ['ʋɛtələk] gesetzlich; **~loos** [-lo:s] gesetzlos.

wetten ['ʋɛtə(n)] wetzen, schärfen, schleifen.

wettig ['ʋɛtəx] gesetzlich, gesetzmäßig; *de ~e eigenaar* (*bezitter*) rechtmäßige(r) Besitzer *m*; **~en** [-ɣ̊ə(n)] rechtfertigen; berechtigen; *Kinder* legitimieren; *gewettigde uitgaven* gerechtfertigte Ausgaben *f/pl.*; **~ing** [-ɣ̊ɪŋ] *f* Legitimation *f*; Rechtfertigung *f*.

we|ven ['ʋe:v̊ə(n)] weben; **~ver** [-v̊ər] (*-s*) *m* Weber *m*; **~verij** [-ərɛĭ] *f* Weberei *f*; **~versknoop** [-v̊ərskno:p] (*-knopen*) *m* Weberknoten *m*; **~versspoel** [-v̊ərspu:l] *f* Weberschiffchen *n*, Weberspule *f*.

wezel ['ʋe:zəl] (*-s*) *f* Wiesel *n*.

wezen[1] ['ʋe:zə(n)] (*was, waren; geweest*) *s. zijn*; *Imperativ*: wees sei seien Sie.

wezen[2] (*-s*) *n* Wesen *n*; Geschöpf *n* Äußere(s) *n*; Sein *n*, Wesen *n* Wirklichkeit *f*, Realität *f*; Wesentliche(s) *n*, Kern *m*; *schijn en ~* Schein und Sein; *in ~* in Wirklichkeit; tatsächlich; **~lijk** [-lək] wirklich; *een ~ verschil* ein merkbare (deutlicher) Unterschied; **~loos** [-lo:s] wesenlos, geistesabwesend betäubt; **~strek** [-strɛk] (*-ken*) *n* Wesenszug *m*, charakteristische(r) Zug *m*; Gesichtszug *m*, Miene *f*.

whisky ['ʋi·ski·] *m* Whisky *m*.

whist [ʋi·st] *n* Whist *n*.

wichel|aar ['ʋɪxəla:r] (*-s*) *m* Wahrsager *m*, Zeichendeuter *m*; **~arij** [-a:'rɛĭ] *f* Wahrsagerei *f*, Zeichendeuterei *f*; **~roede** [-ru·də] (*-n*) Wünschelrute *f*.

wicht[1] [ʋɪxt] *n* Gewicht *n*.

wicht[2] *n* Kind *n*, Knirps *m*, Mädchen *n*.

wie [ʋi:] wer; *~ is daar?* wer ist do (da)?; *~ zijn ...?* wer sind ...?; *aa ~* wem; *van ~ is dit boek?* wem gehört dieses Buch?; *~ heb je gezien* wen hast du gesehen?

wiebel|en ['ʋi:bələ(n)] wackel wippen; **~taks, ~taxe** [-tɑks(ə (*-taksen, -taxen*) *m u. f* Konjunkltursteuer *f*.

wieden ['ʋi:də(n)] jäten.

wieg [ʋi:x] *f* Wiege *f*.

wiege|druk ['ʋi:ɣ̊ədrək] (*-ken*) Wiegendruck *m*, Inkunabel **~kleed** [-kle:t] (*-kleden*) *n* Wiegedecke *f*; **~len** [-lə(n)] wiege schaukeln; **~lied** [-li·t] (*-eren*) Wiegenlied *n*; **~n** [-ə(n)] wiege **~wacht** [-ʋɑxt] *f u. m* Babysitter

wiek [ʋi:k] *f* Flügel *m*, Schwinge Fittich *m*; (*Lampe*) Docht *m*; *hij in zijn ~ geschoten* er ist beleidig *iemand in zijn ~en schieten* j-m die Quere kommen.

wiel [ʋi:l] *n* Rad *n*; *iemand in ~en rijden, iemand stokken in he steken* j-m in die Quere komme **~as** [-ɑs] (*-sen*) *f* (Rad-)Achse **~band** [-bɑnt] *m* (Rad-)Reifen **~basis** [-ba:zəs] (*-sen*) *f* Radsta *m*; **~belasting** [-bəlɑstɪŋ] *f* Ra druck *m*, Radbelastung *f*.

wieler|baan ['ʋi:lərba:n] (*-banen* Radrennbahn *f*; **~wedstrijd** [-ʋ strɛĭt] *m* Radrennen *n*.

vielewaal ['ʋiːləʋaːl] (*-walen*) *m* Pirol *m*, Goldamsel *f*.
viel|rennen ['ʋiːlrɛnə(n)] radfahren; **~renner** [-rɛnər] (*-s*) *m* Radrennfahrer *m*; **~rijden** [-rɛĭdə(n)] radfahren; radeln; **~rijder** [-rɛĭdər] (*-s*) *m* Radfahrer *m*; Radrennfahrer *m*; **~rijdersbond** [-rɛĭdərzbɔnt] *m* Rad(renn)fahrerverband *m*.
vier [ʋiːr] *n* Tang *m*, Seegras *n*.
vierf [ʋiːrf] *s. werven.*
vierook ['ʋiːroːk] (*kein pl.*) *m* Weihrauch *m*; *iemand ~ toezwaaien fig.* j-m Weihrauch streuen; **~geur** [-xøːr] *m* Weihrauchduft *m*; **~vat** [-fɑt] *n* Weihrauchfaß *n*.
vierp [ʋiːrp] *s. werpen.*
Vies [ʋiːs] *m* Alois(ius) *m*.
vig [ʋɪx], **wigge** ['ʋɪɣ̊ə] (*wiggen*) *f* Keil *m*; **~vormig** [-fɔrməx] keilförmig.
wij [ʋɛĭ] wir.
wijbisschop ['ʋɛĭbɪsxɔp] (*-pen*) *m* Weihbischof *m*.
wijd [ʋɛĭt] weit, geräumig; fern; *~ en zijd* weit und breit; **~beens** [-beːns] mit gespreizten Beinen; **~befaamd** [-bəfaːmt], **~beroemd** [-bəruːmt] weitberühmt.
wij|den ['ʋɛĭdə(n)] weihen; widmen; *zijn aandacht ~ aan iets* Aufmerksamkeit schenken *D*; *zorg ~ aan* Sorgfalt verwenden auf *A*; **~ding** [-dɪŋ] *f* Weihe *f*.
wijd|lopig [ʋɛĭt'loːpəx] weitläufig, weitschweifig; **~te** [-ə] (*-n u. -s*) *f* Weite *f*; **~vermaard** [-fərmaːrt] weitberühmt.
wijf [ʋɛĭf] (*wijven*) *n* Weib *n*; **~je** [-jə] (*-s*) *n* (*Tier*) Weibchen *n*; (*Kosewort*) Frauchen *n*.
wijfjes|dier ['ʋɛĭfjəzdiːr] *n* weibliche(s) Tier *n*; **~haas** [-haːs] (*-hazen*) *m* Setzhase *m*, Häsin *f*; **~hert** [-hɛrt] *n* Hindin *f*, Hirschkuh *f*; *jong ~* Schmaltier *n*; **~olifant** [-oˑliˑfɑnt] *m* Elefantenweibchen *n*; **~vos** [-fɔs] (*-sen*) *m* Füchsin *f*, Fähe *f*.
wijk[1] [ʋɛĭk] *f* Stadtviertel *n*; (*Post usw.*) Bezirk *m*; (*Polizei*) Revier *n*.
wijk[2] *f* Flucht *f*; Zuflucht *f*; Rückzug *m*; *de ~ nemen* fliehen.
wijk|agent ['ʋɛĭkaɣ̊ɛnt] *m* Bezirksvertreter *m*; **~comité** [-kɔmiˑteː] (*-s*) *n* Bezirksausschuß *m*; **~en** [-ə(n)] weichen, fliehen; **~komitee** = *wijkcomité*; **~plaats** [-plaːts] *f* Zufluchtsort *m*, Zufluchtsstätte *f*; **~verpleegster** [-fərpleːxstər] (*-s*) *f* Bezirksfürsorgerin *f*, Bezirksschwester *f*.
wijkwast ['ʋɛĭkʋɑst] *m* Weihwedel *m*.
wijl[1] [ʋɛĭl] weil, da.
wijl[2] *f* Weile *f*; **~en** [-ə(n)] früher, damals; *~ mijn vader* mein seliger Vater.
wijn [ʋɛĭn] *m* Wein *m*; *rode ~* Rotwein *m*; **~azijn** [-aˑzɛĭn] *m* Weinessig *m*; **~druif** [-drœyf] (*-druiven*) *f* Weintraube *f*; **~gaard** [-ɣ̊aːrt] *m* Weingarten *m*, Weinberg *m*; **~gaardenier** [-ɣ̊aːrdəˈniːr] (*-s*) *m* Weinbauer *m*, Winzer *m*; **~gaardluis** [-ɣ̊aːrtlœys] (*-luizen*) *f* Reblaus *f*; **~gaardslak** [-ɣ̊aːrtslɑk] (*-ken*) *f* Weinbergschnecke *f*; **~huis** [-hœys] (*-huizen*) *n* Weinstube *f*, Weinschenke *f*; **~kelder** [-kɛldər] (*-s*) *m* Weinkeller *m*; **~maand** [-maːnt] *f* Weinmonat *m*, Oktober *m*; **~oogst** [-oːxst] *m* Weinlese *f*, Weinernte *f*; **~pers** [-pɛrs] *f* Weinpresse *f*, Weinkelter *f*; **~rank** [-rɑŋk] *f* Weinranke *f*; **~steenzuur** [-steːnzyːr] *n* Weinsteinsäure *f*; **~stok** [-stɔk] (*-ken*) *m* Weinstock *m*, (Wein-)Rebe *f*; **~teelt** [-teːlt] *f* Weinbau *m*; **~tros** [-trɔs] (*-sen*) *m* Traube *f*.
wijs[1] [ʋɛĭs] (*wijzen*) *f* Weise *f*, Art *f*; *Mus.* Melodie *f*; *Gr.* Modus *m*; *aantonende ~ Gr.* Indikativ *m*.
wijs[2] weise, klug, gescheit; *er niet ~ uit worden* nicht klug (schlau) daraus werden, nichts verstehen von.
wijs|begeerte ['ʋɛĭzbəɣ̊eːrtə] *f* Philosophie *f*; **~elijk** [-ələk] (wohl-)weislich; **~geer** [-xeːr] (*-geren*) *m* Philosoph *m*; **~gerig** [-ˈxeːrəx] philosophisch; **~heid** [-hɛĭt] (*-heden*) *f* Weisheit *f*; *het toppunt van ~* der Weisheit letzter Schluß; **~maken** [-maːkə(n)] *j-m etw.* weismachen; *zich iets ~* sich etw. einreden; *maak mij toch niets wijs* machen Sie mir doch nichts vor; **~neus** [-nøːs] (*-nuezen*) *m* Naseweis *m*; **~vinger** [-fɪŋər] (*-s*) *m* Zeigefinger *m*.
wijten ['ʋɛĭtə(n)] (*weet, geweten*) zuschreiben; *dat is te ~ aan* das kommt von.
wijvenpraat ['ʋɛĭvə(n)praːt] (*kein pl.*) *m* Weibergeschwätz *n*.
wijwater ['ʋɛĭʋaːtər] *n* Weihwasser

n; **~kwast** [-kʋɑst] *m* Weihwasserwedel *m*.

wijze[1] ['ʋɛĭzə] *f s. wijs*[1]; ~ *van betaling* Zahlungsweise *f*; ~ *van gaan* Gangart *f*; *bij wijze van spreken* wie man so sagt; *op de gewone* ~ wie üblich; wie gehabt; in üblicher Weise.

wijze[2] (*-n*) *m* Weise(r) *m*.

wijzen ['ʋɛĭzə(n)] (*wees, gewezen*) weisen, zeigen; hindeuten; *een vonnis* ~ ein Urteil sprechen; *alles wijst er op dat* alles deutet darauf hin, daß; *als men hem (haar) er op wijst dat ..., na er op gewezen te zijn dat ...* auf Vorhaltung, er (sie) (habe) (sei) ...

wijzer ['ʋɛĭzər] (*-s*) *m* Zeiger *m*; **~plaat** [-pla:t] (*-platen*) *f* Zifferblatt *n*.

wijzi|gen ['ʋɛĭzəɣ̊ə(n)] (ab)ändern, umgestalten; **~ging** [-ɣ̊ɪŋ] *f* Änderung *f*, Abänderung *f*, Veränderung *f*.

wikke ['ʋɪkə] (*-n*) *f* Wicke *f*.

wikkelen ['ʋɪkələ(n)] (ein)wickeln.

wikken ['ʋɪkə(n)] (er)wägen; *de mens wikt, God beschikt* der Mensch denkt, Gott lenkt; ~ *en wegen* wägen und wiegen.

wil [ʋɪl] *m* Wille *m*; *met de beste* ~ beim besten Willen; *om der* ~*le van* um *G* willen; *uit vrije* ~ aus freiem Willen, aus freien Stücken; *om Gods* ~ um Gottes willen; *tegen* ~ *en dank* wider Willen, widerwillig.

wild [ʋɪlt] wild; ~ *te keer gaan* wüten; *Su. n* Wild *n*; Wildbret *n*; *in 't* ~*e weg* unüberlegt; (*zomaar*) *in 't* ~ auf Teufel komm (he)raus; *klein* ~ Niederwild *n*; *groot* (*grof*) ~ Hochwild *n*; *herten en ree*~ Rotwild *n*; *vliegend* ~ Federwild *n*; **~braad** [-bra:t] (*kein pl.*) *n* Wildbret *n*, Wildbraten *m*; **~dief** [-di:f] (*-dieven*) *m* Wilddieb *m*, Wilderer *m*.

wilde ['ʋɪldə] (*-n*) *m u. f* Wilde(r *m*) *f*; **~bras** [-brɑs] (*-sen*) *m* Wildfang *m*; **~man** [-mɑn] (*-nen*) *m* Wüstling *m*, Tollkopf *m*; (*im Märchen*) Menschenfresser *m*.

wildernis ['ʋɪldərnɪs] (*-sen*) *f* Wildnis *f*.

wild|reservaat ['ʋɪltrəzərva:t] (*-vaten*) *n* Wildschutzgebiet *n*; **~stand** [-stɑnt] *m* Wildbestand *m*; **~stroper** [-stro:pər] (*-s*) *m* Wilddieb *m*, Wilderer *m*; **~vreemd** [-fre:mt] wildfremd; **~zang** [-sɑŋ] *m* Wildfang *m*.

wilg ['ʋɪlx] *m* Weide *f*, Weidenbaum *m*; **~ekatje** [-əkɑtjə] (*-s*) *n* Weidenkätzchen *n*.

willekeur ['ʋɪləkø:r] *f* Willkür *f*; *naar* ~ willkürlich, nach Belieben; **~ig** [-əx] willkürlich; eigenmächtig; *een* ~ *lied* ein beliebiges Lied.

Willem ['ʋɪləm] *m* Wilhelm *m*.

willen ['ʋɪlə(n)] (*wilde od. wou, gewild*) wollen; *dat wil zeggen* das heißt; *hij heeft het* ~ *zeggen* er hat das (es) sagen wollen; *wil ik het* (*dat*) *doen?* soll ich das tun?; *ik zou* ~ *weten* ich möchte (wohl) wissen; *dat wil er bij hem niet in* das leuchtet ihm nicht ein, da kapiert er (gar) nicht; ~*s en weten* wissentlich, absichtlich; ~ *zijn* beabsichtigen; ~*s of niet* wohl oder übel.

wil|lig ['ʋɪləx] willig; **~loos** [-o:s] willenlos.

wils [ʋɪls]: *elk wat* ~ jedem das Seine.

wils|beschikking ['ʋɪlzbəsxɪkɪŋ] *f*; *laatste* (*uiterste*) ~ letztwillige Verfügung *f*, Testament *n*; **~kracht** [-krɑxt] *f* Willenskraft *f*, Energie *f*; **~zwakte** [-sʋɑktə] *f* Willensschwäche *f*.

Wim [ʋɪm] *m* Wilhelm *m*.

wimpel ['ʋɪmpəl] (*-s*) *m* Wimpel *m*.

wimper ['ʋɪmpər] (*-s*) *m* Wimper *f*.

wind [ʋɪnt] *m* Wind *m*; *het gaat hem voor de* ~ es geht ihm gut; *de* ~ *mee hebben* Glück haben; **~as** ['ʋɪndɑs] (*-sen*) *n* Winde *f*; *mar.* Spill *n*; **~buil** [-bəʏl] *m* Windbeutel *m*.

winde ['ʋɪndə] (*-n*) *f Bot.* Winde *f*.

windei ['ʋɪndɛĭ] (*-eren*) *n* Windei *n*.

win|del ['ʋɪndəl] (*-s u. -en*) *m* Windel *f*; **~den** [-də(n)] (*wond, gewonden*) winden; wickeln; **~erig** [-ərəx] windig.

wind|hond ['ʋɪnthɔnt] *m* Windhund *m*, Windspiel *n*; **~hoos** [-ho:s] (*-hozen*) *f* Windhose *f*; **~ig** [-əx] windig; **~kussen** [-kəsə(n)] (*-s*) *n* Luftkissen *n*; **~molen** [-mo:lə(n)] (*-s*) *m* Windmühle *f*; **~pokken** [-pɔkə(n)] *pl.* Windpocken *f/pl.*; **~roos** [-ro:s] (*-rozen*) *f* Windrose *f*; **~scherm** [-sxɛrm] *n*, **~scherm** [-sxɛt] (*-ten*) *n* Windschirm *m*; (*Wagen*) Windschutzscheibe *f*.

windsel ['υıntsəl] (-*s* u. -*en*) *n* Wickelband *n*, Binde *f*.
wind|stilte ['υıntstıltə] (-*n* u. -*s*) *f* Windstille *f*; **~streek** [-stre:k] (-*streken*) *f* Himmelsgegend *f*; Windrichtung *f*; **~tunnel** [-tønəl] (-*s*) *m* Windkanal *m*; **~vlaag** [-fla:x] (-*vlagen*) *f* Windstoß *m*; **~wijzer** [-υεizər] (-*s*) *m* Wetterfahne *f*; **~zak** [-sɑk] (-*ken*) *m* (*Person*) Windbeutel *m*; *Flgw.* Windsack *m*.
wingerd ['υıŋərt] (-*s* u. -*en*) *m* Weingarten *m*; Weinstock *m*.
wingewest ['υıŋɣəυεst] *n* erobertes(s) Gebiet *n*.
winkel ['υıŋkəl] (-*s*) *m* Laden *m*, Geschäft *n*, Handlung *f*; Werkstatt *f*; *er is werk op de ~* alle Hände voll zu tun haben; **~bediende** [-bədi:ndə] (-*n* u. -*s*) *m* u. *f* Ladengehilfe *m*, Ladengehilfin *f*; Verkäufer(in *f*) *m*; **~centrum** [-sεntrøm] (-*s* u. -*centra*) *n* Einkaufszentrum *n*; **~dochter** [-dɔxtər] (-*s*) *f mst. pl. fig.* Ladenhüter *m*.
winkelen ['υıŋkələ(n)] Einkäufe machen; *uit ~ gaan* e-n Einkaufsbummel machen.
winkel|galerij ['υıŋkəlɣa·lərεĭ] *f* Passage *f*, Galerie *f*.
winkelhaak ['υıŋkəlha:k] (-*haken*) *m Tech.* Winkel(haken) *m*; Winkelmaß *n*; (*im Kleidungsstück*) Dreieck *n*.
winkel|raam ['υıŋkəlra:m] (-*ramen*) *n* Schaufenster *n*; **~sluiting** [-sløyːtıŋ] *f* Ladenschluß *m*.
win|nen ['υınə(n)] (*won*, *gewonnen*) gewinnen; **~ner** [-ər] (-*s*) *m* Gewinner *m*, Sieger *m*.
winst [υınst] *f* Gewinn *m*; **~aandeel** [-a:nde:l] (-*delen*) *n* Gewinnanteil *n*; **~bejag** [-bəjɑx] (*kein pl.*) *n* Gewinnsucht *f*; *vereniging zonder ~* (*VzW*) Verein *m* ohne Erwerbszweck; **~belasting** [-bəlɑstıŋ] *f* Körperschaftssteuer *f*, Gewinnsteuer *f*; **~gevend** [-xe:v̊ənt] einträglich, gewinnbringend; **~marge** [-mɑrʒə] (-*s*) *f* Gewinnspanne *f*.
winter ['υıntər] *m* Winter *m*; *hij heeft de ~* er hat Frostbeulen; **~achtig** [-ɑxtəx] winterlich; **~dracht** [-drɑxt] (*kein pl.*) *f* Winterkleidung *f*; **~gewas** [-ɣəυɑs] (-*sen*) *n* Wintergewächs *n*; **~handen** [-hɑndə(n)] *pl.* Frostbeulen *f/pl.* (*an den Händen*); **~koninkje** [-ko:nıŋkjə] (-*s*) *n* Zaunkönig *m*; **~koren** [-ko:rə(n)] *n* Wintersaat *f*; **~maand** [-ma:nt] *f* Wintermonat *m*, Dezember *m*; **~provisie** [-pro·v̊i:zi:] (-*s*) *f* Winterbedarf *m*, Wintervorrat *m*; **~rogge** [-rɔɣə] *f* Winterroggen *m*; **~seizoen** [-səzu:n] *n* Wintersaison *f*; **~slaap** [-sla:p] *m* Winterschlaf *m*; **~sport** [-spɔrt] *f* Wintersport *m*; **~vermaak** [-v̊ərma:k] (-*maken*) *n* Wintervergnügen *n*; **~weer** [-υe:r] *n* Winterwetter *n*.
winzucht ['υınzøxt] *f* Gewinnsucht *f*.
wip[1] [υıp] (-*pen*) *f* Wippe *f*, Schaukelbrett *n*; *op de ~ zitten* das Zünglein an der Waage sein; e-e Schlüsselstellung einnehmen; *naar (op) de ~ schieten* Vogelschießen *n*; **~**[2] *m*: *in (op) een ~* im Handumdrehen; *~!* schwipp!, wips!, wupp!; **~brug** [-brøx] (-*gen*) *f* Zug-, Klappbrücke *f*; **~neus** [-nø:s] (-*neuzen*) *m* Stupsnase *f*; **~pen** [-ə(n)] wippen, schaukeln; *iemand ~* j-n ausschalten, stürzen; **~plank** [-plɑŋk] *f* Wippe *f*, Schaukelbrett *n*; *Sp. a.* Sprungbrett *n* (*a. fig.*); **~staart** [-sta:rt] *m* Bachstelze *f*; **~stoel** [-stu:l] *m* Schaukelstuhl *m*.
wirwar ['υırυɑr] *m* Wirrwarr *m*.
wis[1] [υıs] gewiß, bestimmt; *~ en zeker* ganz bestimmt.
wis[2] (-*sen*) *f* Rute *f*, Gerte *f*, Zweig *m*; *een ~ stro* Strohwisch *m*.
wis|kunde ['υıskøndə] *f* Mathematik *f*; **~kundig** [-'køndəx] mathematisch; **~kundige** [-'køndəɣə] (-*n*) *m* Mathematiker *m*.
wispelturig [υıspəl'ty:rəx] launenhaft, wetterwendisch, unbeständig.
wissel ['υısəl] (-*s*) *m* Wechsel *m*, *Hdl. a.* Tratte *f*; (*Eisenbahn*) *m* u. *n* Weiche *f*; **~agent** [-ɑɣεnt] *m* Wechselagent *m*, Makler *m*; **~beker** [-be:kər] (-*s*) *m Sp.* Wanderpokal *m*; **~bord** [-bɔrt] *n* Schaltbrett *n*; **~en** [-ə(n)] wechseln; (aus)tauschen; *van gedachten ~* Gedanken austauschen; **~geld** [-ɣεlt] *n* Wechselgeld *n*, kleines Geld; **~handel** [-hɑndəl] *m* Wechselgeschäft *n*; **~ing** [-ıŋ] *f* Wechsel *m*; Austausch *m*; **~kantoor** [-kɑnto:r] (-*toren*) *n* Wechselbüro *n*, Wechselstube *f*; Geldwechsel *m*; **~koers** [-ku:rs] *m* Wechselkurs *m*; **~oplossing** [ɔplɔsıŋ] *f* Ausweichlösung *f*, Aus-

weichplan *m*; *plan voor ~en* Weichenstellung *f*; **~provisie** [-pro·ṽi:zi:] (*kein pl.*) *f* Wechselprovision *f*; **~spoor** [-spo:r] (*-sporen*) *n* Weiche *f*; Ausweichgleis *n*; **~stand** [-stɑnt] *m* Weichenstellung *f*; **~stroom** [-stro:m] (*kein pl.*) *m* Wechselstrom *m*; **~stuk** [-stək] (*-ken*) *n* Ersatz-, Reservestück *n*; **~vallig** [-'ṽɑləx] unbeständig, veränderlich; **~wachter** [-ʋɑxtər] (*-s*) *m* Weichensteller *m*; **~werking** [-ʋɛrkɪŋ] *f* Wechselwirkung *f*.

wissen ['ʋɪsə(n)] wischen.

wissewasje ['ʋɪsəʋɑʃə] (*-s*) *n* Lappalie *f*, Kleinigkeit *f*.

wist [ʋɪst] *s. weten.*

wit [ʋɪt] weiß; *Su.* (*kein pl.*) *n* das Weiße; Weiß *n*; **~achtig** [-ɑxtəx] weißlich; **~boek** [-bu·k] *n* Weißbuch *n*; **~bont** [-bɔnt] schwarzweiß; **~harig** [-'ha:rəx] weißhaarig; **~heer** [-he:r] (*-heren*) *m* Norbertiner *m*, Prämonstratenser *m*; **~kalk** [-kɑlk] *m* Tünche *f*; **~kiel** [-ki:l] *m* Gepäckträger *m*; **~kwast** [-kʋɑst] *m* (Tünch-)Pinsel *m*; **~lo(o)f** [-lɔf], [-lo:f] *n* Zichorie *f*; **~maker** [-ma:kər] *m Tech.* Weißmacher *m*.

witsel ['ʋɪtsəl] (*kein pl.*) *n* Tünche *f*.

wittebrood ['ʋɪtəbro:t] (*-broden*) *n* Weißbrot *n*; **~sweken** [-sʋe:kə(n)] *pl.* Flitterwochen *f/pl.*

wit|ten ['ʋɪtə(n)] tünchen, weißen; **~ter** [-ər] (*-s*) *m* Tüncher *m*; **~vis** [-fɪs] (*-sen*) *m* Weißfisch *m*; **~zijden** [-sɛĭdə(n)] weißseiden.

wodka ['ṽɔtkɑ] *m* Wodka *m*.

woe|de ['ʋu:də] *f* Wut *f*; *ingehouden ~* verhaltene Wut; *uitbarsting van ~* Wutausbruch *m*, Wutanfall *m*; **~den** [-də(n)] wüten, toben, rasen; **~dend** [-dənt] wütend.

woei [ʋu:ĭ] *s. waaien.*

woeker ['ʋu·kər] *m* Wucher *m*; **~aar** [-a:r] (*-s*) *m* Wucherer *m*; **~en** [-ə(n)] wuchern; **~geld** [-ɣɛlt] *n* Wuchergeld *n*; **~plant** [-plɑnt] *f* Parasit *m*, Schmarotzerpflanze *f*; **~winst** [-ʋɪnst] *f* Wuchergewinn *m*.

woel|en ['ʋu:lə(n)] wühlen; herumkramen; sich wälzen; **~ig** [-əx] unruhig; **~ing** [-ɪŋ] *f* Unruhe *f*; *pl.* Unruhen *pl.*, Wirren *pl.*; **~muis** [-mœys] (*-muizen*) *f* Wühlmaus *f*; **~water** [-ʋa:tər] *m u. f* unruhige(r) Mensch; unruhige(s) Kind, Wildfang *m*; **~ziek** [-zi·k] wühlerisch.

woensdag ['ʋu:nzdɑx] *m* Mittwoch *m*; ('~) ~*s* am Mittwoch.

woerd [ʋu:rt] *m* Enterich *m*.

woest [ʋu:st] wüst; wild, wütend; *~ land* unbebautes Land; **~aard** [-a:rt] (*-s*) *m*, **~eling** [-əlɪŋ] *m* Wüstling *m*; Tollkopf *m*, Hitzkopf *m*; **~enij** [-ə'nɛĭ] *f* Wüstenei *f* Wildnis *f*, Einöde *f*; Wüstung *f*; **~heid** [-hɛĭt] (*-heden*) *f* Wildheit *f* Wut *f*.

woestijn [ʋu·s'tɛĭn] *f* Wüste *f*; **~vos** [-ṽɔs] (*-sen*) *m* Wüstenfuchs *m*; **~zand** [-zɑnt] *n* Wüstensand *m*.

wol [ʋɔl] *f* Wolle *f*; *onder de ~ kruipen* schlafen gehen; **~baal** [-ba:l] (*-balen*) *f* Wollballen *m*.

wolf [ʋɔlf] (*wolven*) *m* Wolf *m*; (*Gerät*) Papiermühle *f*, Fleischwolf *m*.

wolfs|hond ['ʋɔlfshɔnt] *m* Wolfshund *m*; **~honger** [-hɔŋər] *m* Bärenhunger *m*; **~kers** [-kɛrs] *f* Tollkirsche *f*.

wol(le)|gras ['ʋɔl(ə)ɣrɑs] *n* Wollgras *n*; **~haar** [-ha:r] (*-haren*) *n* Wollhaar *n*; **~industrie** [-ɪndəstri:] Wollindustrie *f*.

wolk [ʋɔlk] *f* Wolke *f*; *hij is in de ~en* er ist quietschvergnügt, er ist außer sich vor Freude; *een ~ van een kind* ein gesundes (pausbäckiges) Kind; **~breuk** [-brø:k] *f* Wolkenbruch *m*; **~eloos** [-əlo:s] wolkenlos.

wolkenkrabber ['ʋɔlkə(n)krɑbər] (*-s*) *m* Wolkenkratzer *m*.

wol|kig ['ʋɔlkəx] wolkig; **~koper** [-ko:pər] (*-s*) *m* Wollhändler *m*; **~len** [-ə(n)] *Adj.* wollen, aus Wolle, Woll-; **~lig** [-əx] wollig; **~spinnerei** [-spɪnə'rɛĭ] *f* Wollspinnerei *f*; **~ververij** [-ṽɛrṽə'rɛĭ] *f* Wollfärberei *f*.

wolvin [ʋɔl'ṽɪn] (*-nen*) *f* Wölfin *f*.

won [ʋɔn] *s. winnen.*

wond[1] [ʋɔnt] *s. winden.*

wond[2] *f*, **~e** ['ʋɔndə] (*wonden*) Wunde *f*.

wonden ['ʋɔndə(n)] verwunden, verletzen.

wonder ['ʋɔndər] *Adj.* wunderbar, sonderbar, seltsam; *Su. n* Wunder *n*; *een ~ geval* ein seltsamer Fall; *een ~e kerel* ein sonderbarer Kauz; **~baar** [-ba:r] wunderbar; **~doener** [-du:nər] (*-s*) *m* Wundertäter *m*

~dokter [-dɔktər] (*-s*) *m* Wunderdoktor *m*; **~lijk** [-lək] wunderlich, sonderbar; **~olie** [-o:li:] *f* Rizinusöl *n*; **~teken** [-te:kə(n)] (*-en u. -s*) *n* Wunderzeichen *n*; **~wel** [-ʋɛl] vorzüglich, ausgezeichnet.

wonen ['ʋo:nə(n)] wohnen; *in N gaan ~* nach N ziehen; *in een nieuw huis gaan ~* ein neues Haus beziehen; *op het derde ~* im dritten Stock wohnen; **~d** [-t] wohnhaft.

woning ['ʋo:nɪŋ] *f mst.* Haus *n*; Wohnung *f*; **~bouw** [-baŭ] *m* Wohnungsbau *m*; **~bureau** [-by·ro·] (*-s*) *n* Wohnungsvermittlung *f*; (*städtisch*) Wohnungsamt *n*; **~vraagstuk** [-v̊ra:xstək] (*-ken*) *n* Wohnungsfrage *f*.

woog [ʋo:x] *s. wegen.*

woon [ʋo:n] (*kein pl.*) *f* Wohnung *f*; **~achtig** [-'ɑxtəx] wohnhaft; **~kamer** [-ka:mər] (*-s*) *f* Wohnzimmer *n*; **~plaats** [-pla:ts] *f* Wohnort *m*; Wohnsitz *m*, Domizil *n*; **~schip** [-sxɪp] (*-schepen*) *n* Wohnschiff *n*; **~st** [-st] *f* Wohnung *f*; **~wijk** [-ʋɛĭk] *f* Wohnviertel *n*.

woord [ʋo:rt] *n* Wort *n*; *iemand te ~ staan* j-m Rede und Antwort stehen; *een goed ~ voor iemand doen* ein gutes Wort für j-n einlegen; *het hoogste ~ hebben* das große Wort führen; *het ~ is aan N* N hat das Wort; *iemand het ~ ontnemen* j-m das Wort entziehen; *van het ~ afzien* auf das Wort verzichten; *~ voor ~* wörtlich; *dat zijn maar ~en* das sind (nur) Redensarten; *~en krijgen* Streit bekommen; *een man van zijn ~* Ehrenmann *m*; **~breuk** [-brø:k] *f* Wortbruch *m*; **~elijk** [-ələk] wörtlich.

woorden|boek ['ʋo:rdə(n)bu·k] *n* Wörterbuch *n*; **~keus** [-kø:s] *f* Wortwahl *f*; **~rijk** [-rɛĭk] wortreich; **~schat** [-sxɑt] *m* Wortschatz *m*; **~stroom** [-stro:m] (*kein pl.*) *m* Wortschwall *m*; **~twist** [-tʋɪst] *m* Wortstreit *m*; **~vloed** [-vlu:t] (*kein pl.*) *m* Wortschwall *m*; **~wisseling** [-'ʋɪsəlɪŋ] *f* Wortstreit *m*, Wortwechsel *m*; **~zifter** [-zɪftər] (*-s*) *m* Wortklauber *m*, Haarspalter *m*.

woord|gevecht ['ʋo:rtxəv̊ɛxt] *n* Wortgefecht *n*; **~schikking** [-sxɪkɪŋ] *f* Wortfolge *f*; **~speling** [-spe:lɪŋ] *f* Wortspiel *n*; **~voerder** [-fu:rdər] (*-s*) *m* Wortführer *m*; **~vorming** [-fɔrmɪŋ] *f* Wortbildung *f*.

worden ['ʋɔrdə(n)] (*werd, geworden*) werden; *er wordt gebeld* es klingelt; *er wordt gezegd* es heißt, man sagt.

wording ['ʋɔrdɪŋ] *f* Werden *n*, Entstehen *n*; *in ~* im Werden; *dat is al in ~* das wird schon gemacht; *dat is reeds in ~* das wird schon vorbereitet; **~sgeschiedenis** [-sxəsxi·dənɪs] (*kein pl.*) *f* Entstehungsgeschichte *f*, Entwicklung *f*; **~sproces** [-spro·sɛs] (*kein pl.*) *n* Werdegang *m*.

worg|en ['ʋɔrɣ̊ə(n)] (er)würgen, erdrosseln; **~greep** [-xre:p] (*-grepen*) *m* Würgegriff *m*.

worm [ʋɔrm] *m* Wurm *m*; **~stekig** [-ste:kəx] wurmstichig.

worp [ʋɔrp] *m* Wurf *m*.

worst [ʋɔrst] *f* Wurst *f*; (*Schimpfwort*) Schlappschwanz *m*.

worstel|aar ['ʋɔrstəla:r] (*-s*) *m* Ringkämpfer *m*; **~en** [-ə(n)] ringen, kämpfen; **~ing** [-ɪŋ] *f* Ringen *n*; Ringkampf *m*; **~wedstrijd** [-ʋɛtstrɛĭt] *m* Ringkampf *m*.

wortel ['ʋɔrtəl] (*-s*) *m* Wurzel *f*; Möhre *f*, Mohrrübe *f*, Karotte *f*; *met ~ en tak* mit Stumpf und Stiel; *~ schieten* Wurzeln schlagen; **~en** [-ə(n)] wurzeln; **~teken** [-te:kən] (*-s*) *n Math.* Wurzelzeichen *n*; **~trekking** [-trɛkɪŋ] *f* Wurzelziehen *n*.

wou [ʋɑŭ] *s. willen.*

woud [ʋɑut] *n* Wald *m*; *s. a. bos, hout*; **~duif** [-dəʏf] (*-duiven*) *f* Holztaube *f*, Ringeltaube *f*.

Wouter ['ʋɑutər] *m* Walter *m*.

wouw [ʋɑŭ] *m* (*Vogel*) Weih *m*.

wraak [v̊ra:k] (*kein pl.*) *f* Rache *f*; *~ nemen op* Rache nehmen an *D*, sich rächen an *D*; *om ~ schreeuwen* nach Rache schreien; **~gierig** [-'xi:rəx] rachgierig; **~neming** [-ne:mɪŋ] *f* Rache *f*; **~zuchtig** [-'sʏxtəx] rachsüchtig.

wrak [v̊rɑk] *Adj.* schwach, hinfällig; schadhaft; *Su.* (*-ken*) *n* Wrack *n*.

wraken ['v̊ra:kə(n)] ablehnen, zurückweisen; verwerfen.

wrakstukken ['v̊rɑkstəkə(n)] *n/pl.* Schiffstrümmer *pl.*; Trümmer *pl.*

wrang [v̊rɑŋ] herb; *fig.* bitter.

wrat [v̊rɑt] (*-ten*) *f* Warze *f*; **~tig** [-əx] warzig.

wreed [v̊re:t] grausam; F *a.* sehr; *het is* ~ es ist schrecklich; ~ *koud* sehr (schrecklich) kalt; **~aard** [-da:rt] (*-s*) *m* grausame(r) Mensch *m*; **~aardig** [-'da:rdəx] grausam.
wreef[1] [v̊re:f] *s. wrijven.*
wreef[2] (*wreven*) *f* Spann *m*, Rist *m*.
wre|ken ['v̊re:kə(n)] (*wreekte, gewroken*) rächen; *zich op iemand* ~ sich an j-m rächen; **~ker** [-kər] (*-s*) *m* Rächer *m*.
wrevel ['v̊re:v̊əl] (*kein pl.*) *m* Ärger *m*, Unmut *m*; Unwille *m*; **~ig** [-əx] ärgerlich, unmutig; unwillig.
wriemelen ['v̊ri:mələ(n)] wimmeln; kribbeln.
wrijf|doek ['v̊rɛĭv̊du·k] *m* Frottiertuch *n*; Bohnerlappen *m*; **~paal** [-pa:l] (*-palen*) *m* Reibepfahl *m*.
wrij|ven ['v̊rɛĭv̊ə(n)] (*wreef, gewreven*) reiben; abreiben, frottieren; wichsen; bohnern; **~ving** [-v̊ɪŋ] *f* Reibung *f* (*a. Tech.*), Friktion *f*; Uneinigkeit *f*; *zonder* (*enige*) ~ reibungslos; **~vingsvlak** [-v̊ɪŋsflɑk] (*-ken*) *n* Reibungsfläche *f*, Reibfläche *f*; **~vingswarmte** [-v̊ɪŋsʋɑrmtə] *f* Reibungswärme *f*.
wrikken ['v̊rɪkə(n)] rütteln, schütteln; rudern, wricken.
wring|en ['v̊rɪŋə(n)] (*wrong, gewrongen*) (aus)wringen; ringen; *daar wringt hem het schoentje fig* da drückt ihn der Schuh; **~er** [-ər] (*-s*) *m* F Querkopf *m*; *Tech.* Wringmaschine *f*.
wrochten ['v̊rɔxtə(n)] (er)schaffen, zustande bringen.
wroeging ['v̊ru:ɣɪŋ] *f* Gewissensbisse *m/pl.*
wroeten ['v̊ru·tə(n)] (auf)wühlen; sich abrackern; *Hühner*: scharren.
wrok [v̊rɔk] (*kein pl.*) *m* Groll *m*; *tegen iemand* ~ *koesteren* j-m grollen; **~kig** [-əx] nachtragend.
wrong[1] [v̊rɔŋ] *s. wringen.*
wrong[2] *m* Wulst *m u. f*; Haarknoten *m*.
wrongel ['v̊rɔŋəl] (*kein pl.*) *f* Quark *m*.
wuft [ʋəft] leichtsinnig, frivol.
wuiven ['ʋəʏv̊ə(n)] winken; *Fähnchen, Taschentücher* schwingen, schwenken; *Bäume, Schilf usw* wehen.
wulp [ʋəlp] *m* Brachvogel *m*.
wulps [ʋəlps] üppig; wollüstig, lüstern; **~heid** [-hɛĭt] (*kein pl.*) Lüsternheit *f*; Wollust *f*.
wurgen ['ʋərɣə(n)] *s. worgen.*
wurm [ʋərm] *n* F kleines Kind, hilfloses Kind, *fig.* Wurm *n*.
wurmen ['ʋərmə(n)] sich abmühen, sich quälen; grübeln über *A*.

X

X, x [ɪks] (*x'en*) *f* X, x *n*.
xantippe [ksɑn'tɪpə] (*-s*) *f fig.* böse Sieben *f*; ♀ *f* Xanthippe *f*.
x-benen ['ɪgzbe:nə(n)] *pl.* X-Beine *n/pl.*
x-stralen ['ɪkstra:lə(n)] *pl.* X-Strahlen *m/pl.*
xylofoon [ksi·lo·'fo:n] (*-s*) *m* Xylophon *n*.

Y

Y, y ['ɪpsi·lo·n], *a.* [i·'ɣrɛk] (*y's*) *f* Ypsilon *n*.
yankee ['jɑŋki:] (*-s*) *m* Yankee *m*.
yard [ja:t] (*-s*) *m* Yard *n*.
yen [jɛn] (*-s*) *m* Yen *m*.
yoghurt ['jɔɣərt] *m* Joghurt *m*.
yuca ['ju·ka·] (*-'s*) *m Bot.* Yukka

Z

Z, z [zɛt] (*z's*) *f* Z, z *n.*

zaad [za:t] (*zaden*) *n* Same(n) *m*; Saat *f*; *op droog* (*op zwart*) *~ zitten* auf dem Trocknen sitzen; **~bakje** [-bɑkjə] (*-s*) *n* Futternäpfchen *n*; **~doos** [-do:s] (*-dozen*) *f* Samenkapsel *f*; **~handel** [-hɑndəl] *m* Samenhandel *m*; **~korrel** [-kɔrəl] (*-s*) *m* Samenkorn *n*; **~lob** [-lɔb] (*-ben*) *f Bot.* Keimblatt *n*; **~winkel** [-ʋɪŋkəl] (*-s*) *m* Samenhandlung *f*.

zaag [za:x] (*zagen*) *f* Säge *f*; *hij is een* (*echte*) *~* F er ist ein Langweiler; **~sel** [-səl] *n* Sägemehl *n*; **~vis** [-fɪs] (*-sen*) *m* Sägefisch *m.*

zaai|en [ˈza:ĭ(j)ə(n)] säen; **~er** [-ər] (*-s*) *m* Säer *m*; **~goed** [-ɣ̊u·t] (*kein pl.*) *n* Saatgut *n*; **~koren** [-ko:rə(n)] *n* Saatkorn *n*; **~ling** [-lɪŋ] *m* Sämling *m*; **~machine** [-mɑʃi·nə] (*-s*) *f* Sämaschine *f*; **~tijd** [-tɛĭt] *m* Saatzeit *f*, Säzeit *f*.

zaak [za:k] (*zaken*) *f* Sache *f*; Angelegenheit *f*; Geschäft *n*, Handlung *f*, Laden *m*; *jur.* (Straf-)Sache *f*, Prozeß *m*; *ministerie van Buitenlandse Zaken* Auswärtige(s) Amt *n*, Außenministerium *n*; *de minister van Binnenlandse Zaken* Innenminister *m*; *uitgemaakte ~* beschlossene Sache; *in zake* was (*A*) betrifft, in Sachen *G*; *dat zijn mijn zaken* das geht Sie (dich) nichts an; *de stand van zaken* Sachlage *f*, Sachverhalt *m*; *dat is een andere ~* das ist e-e Sache für sich; *op slot van zaken* schließlich; *ter zake dienend* sachdienlich; *de ~ in kwestie* die betreffende Angelegenheit; *dat is een lelijke ~* das ist e-e dumme Geschichte; **~gelastigde** [-xəlɑstəɣ̊də] (*-n*) *m u. f* Bevollmächtigte(r *m*) *f*; *Hdl.* Geschäftsführer *m*; Geschäftsträger *m*, Diplomat *m*; **~kennis** [-kɛnɪs] (*kein pl.*) Sachkenntnis *f*; **~kundig** [-ˈkөndəx] sachverständig; **~waarnemer** [-ʋa:rne:mər] (*-s*) *m* Sachwalter *m.*

zaal [za:l] (*zalen*) *f* Saal *m*; *Thea.* Zuschauerraum *m*, Haus *n*; **~sport** [-spɔrt] *f* Hallensport *m.*

zacht [zɑxt] sanft; weich; (*Laut*) leise; (*Klima*) mild; *een ~ ei* ein weiches Ei; *op zijn ~st uitgedrukt* gelinde gesagt; **~aardigheid** [-ˈa:rdəxhɛĭt] *f* Sanftmut *f*, Milde *f*; **~jes** [-jəs] allmählich; leise, sachte; *~ aan!* ganz sachte!, gemach!; **~moedigheid** [-ˈmu·dəxhɛĭt] *f* Sanftmut *f*; **~zinnig** [-ˈsɪnəx] sanftmütig, milde.

zadel [ˈza:dəl] (*-s*) *m u. n* Sattel *m*; **~en** [-ə(n)] satteln; **~maker** [-ma:kər] (*-s*) *m* Sattler *m*; **~riem** [-ri:m] *m* Sattelgurt *m.*

zag [zɑx] *s. zien.*

za|geman [ˈza:ɣ̊əmɑn] (*-nen*) *m* Langweiler *m*; **~gemeel** [-ɣ̊əme:l] *n* Sägemehl *n*; **~gen** [-ə(n)] sägen; quengeln, nölen; **~gerij** [-ɣ̊əˈrɛĭ] *f* Sägerei *f*, Sägewerk *n.*

zak [zɑk] (*-ken*) *m* Sack *m*; (*Papier*) Tüte *f*; (*in Kleidungsstücken*) Tasche *f*; **~almanak** [-ɑlmɑnɑk] (*-ken*) *m* Taschenkalender *m*; **~boekje** [-bu·kjə] (*-s*) *n* Notizbuch *n*; **~doek** [-du·k] *m* Taschentuch *n.*

zakelijk [ˈza:kələk] sachlich; wesentlich; **~heid** [-hɛĭt] *f* Sachlichkeit *f*.

zaken|kabinet [ˈza:kə(n)kɑbi·nɛt] (*-ten*) *n* Geschäftskabinett *n*; **~man** [-mɑn] (*-lieden u. -lui*) *m* Geschäftsmann *m*; **~reis** [-rɛĭs] (*-reizen*) *f* Geschäftsreise *f*; **~wereld** [-ʋe:rəlt] *f* Geschäftswelt *f*.

zakfles [ˈzɑkflɛs] *f* (*-sen*) Flachmann *m.*

zak|formaat [ˈzɑkfɔrma:t] (*kein pl.*) *n* Taschenformat *n*; **~geld** [-xɛlt] *n* Taschengeld *n*; **~horloge** [-hɔrlo·ʒə] (*-s*) *n* Taschenuhr *f*.

zakken [ˈzɑkə(n)] sinken, fallen; sich senken; (*im Examen*) durchfallen; *een gordijn laten ~* e-n Vorhang herunterlassen.

zakken|drager [ˈzɑkədra:ɣ̊ər] (*-s*) *m* Sackträger *m*; Docker *m*, Dockarbeiter *m*; **~goed** [-ɣ̊u·t] *n* Sackleinen *n*, Sackleinwand *f*; **~roller** [-rɔlər] (*-s*) *m* Taschendieb *m.*

zak|lamp ['zaklamp] *f* Taschenlampe *f*; **~mes** [-mɛs] (*-sen*) *n* Taschenmesser *n*; **~uitgave** [-əʏt-xa:v̊ə] (*-n*) *f* Taschenausgabe *f*; **~woordenboek** [-ʋo:rdə(n)bu·k] *m* Taschenwörterbuch *n*.

zal [zal] *s. zullen.*

zalf [zalf] *f* Salbe *f*; **~pot** [-pɔt] (*-ten*) *m* Salbentopf *m*.

zalig ['za:ləx] selig; **~er** [-ɣ̊ər] selig; verstorben; *~ nagedachtenis* seligen Andenkens; *mijn vader ~* mein seliger Vater; **~heid** [-hɛĭt] (*-heden*) *f* Seligkeit *f*; *iemand zijn ~ geven* (*zeggen*) j-m unverblümt die Meinung sagen; **≗maker** [-ma:kər] *m* Heiland *m*, Erlöser *m*.

zalm [zalm] *m* Lachs *m*, Salm *m*; *gerookte ~* Räucherlachs *m*, geräucherter Lachs; **~kleurig** [-klø:rəx] lachsfarben; **~teelt** [-te:lt] *f* Lachszucht *f*.

zal|ven ['zalv̊ə(n)] salben; **~vend** [-v̊ənt] salbungsvoll; **~ving** [-v̊ɪŋ] *f* Salbung *f*.

zamen ['sa:mə(n)]: *te ~* zusammen, beisammen.

zand [zant] *n* Sand *m*; *in 't ~ bijten fig.* ins Gras beißen; *~ erover* (*daarover*) Schwamm drüber; **~blad** [-blat] *n* Sandblatt *n*; **~erig** [-dərəx] sandig; **~grond** [-xrɔnt] *m* Sandboden *m*; **~kleur** [-klø:r] *f* Sandfarbe *f*; **~korrel** [-kɔrəl] (*-s*) *m* Sandkorn *n*; **~laag** [-la:x] (*-lagen*) *f* Sandschicht *f*; **~loper** [-lo:pər] (*-s*) *m* Sanduhr *f*; Stundenglas *n*; (*Vogel*) Sandpfeifer *m*; **~plaat** [-pla:t] (*-platen*) *f* Sandbank *f*; **~steen** [-ste:n] (*kein pl.*) *n u. m* Sandstein *m*; **~taart** [-ta:rt] *f* Sandkuchen *m*, Sandtorte *f*; **~verstuiving** [-fərstəʏvɪŋ] *f* Düne *f*; **~weg** [-ʋɛx] *m* Sandweg *m*, Sandpfad *m*; **~woestijn** [-ʋu·stɛĭn] *f* Sandwüste *f*; **~zee** [-se:] (*-ën*) *f* Sandmeer *n*.

zang [zaŋ] *m* Gesang *m*; **~boek** [-bu·k] *n* Gesangbuch *n*; (*Studenten*) Kommersbuch *n*; **~cursus** [-kərzəs] (*-sen*) *m* Singkurs *m*, Gesangskursus *m*.

zanger ['zaŋər] (*-s*) *m* Sänger *m*; **~es** [-'ɛs] (*-sen*) *f* Sängerin *f*; **~ig** [-əx] melodisch; **~igheid** [-əxhɛĭt] *f* Wohlklang *m*; **~sfeest** [-sfe:st] *n* Sängerfest *n*.

zang|koor ['zaŋko:r] (*-koren*) *n* Chor *m*; **~kunst** [-kənst] *f* Gesangskunst *f*; **~les** [-lɛs] (*-sen*) *f* Gesangstunde *f*; **~lijster** [-lɛĭstər] (*-s*) *f* Singdrossel *f*; **~onderwijs** [-ɔndərʋɛĭs] *n* Gesangsunterricht *m*; **~school** [-sxo:l] (*-scholen*) *f* Gesangschule *f*; **~spel** [-spɛl] *n* Singspiel *n*; **~stem** [-stɛm] (*-men*) *f* Singstimme *f*; **~vereniging** [-v̊ə-re:nəɣ̊ɪŋ] *f* Gesangverein *m*; **~vogel** [-v̊o:ɣ̊əl] (*-s*) *m* Singvogel *m*; **~wijs** [-ʋɛĭs], **~wijze** [-ʋɛĭzə] (*-wijzen*) *f* Melodie *f*.

zaniken ['za:nəkə(n)] quengeln, nölen.

zat[1] [zat] *s. zitten.*

zat[2] satt; überdrüssig; F betrunken; *hij is het ~* er hat es satt; F er hat die Schnauze voll; *hij heeft geld ~* er hat Geld wie Heu.

zaterdag ['za:tərdax] *m* Sonnabend *m*, Samstag *m*; *~s Adj.* sonnabendlich; *Adv. a.* ('s) *~s* sonnabends, am Sonnabend, am Samstag.

zatlap ['zatlap] (*-pen*) *m* Trunkenbold *m*, Säufer *m*; **~perij** [-pə'rɛĭ] *f* Sauferei *f*.

zavel ['za:v̊əl] (*kein pl.*) *m u. n* Tonsand *m*.

ze [zə] sie.

zebra ['ze:bra·] (*-'s*) *m* Zebra *n*.

zede ['ze:də] (*-n*) *f* (*mst. pl.*) Sitte *f*, Brauch *m*; *~n en gewoonten* Sitten und Gebräuche *pl.*; *vergrijp tegen de goede ~n* Sittlichkeitsverbrechen *n*; **~lijk** [-lək] sittlich, moralisch; **~lijkheid** [-ləkhɛĭt] *f* Sittlichkeit *f*, Moralität *f*; **~loos** [-lo:s] sittenlos; **~loosheid** [-'lo:shɛĭt] *f* Sittenlosigkeit *f*.

zeden|bederf ['ze:də(n)bədɛrf] (*kein pl.*) *n* Sittenverderbnis *f*; **~kunde** [-kəndə] *f*, **~leer** [-le:r] (*kein pl.*) *f* Sittenlehre *f*; Moral *f*; **~meester** [-me:stər] (*-s*) *m* Sittenlehrer *m*; Sittenprediger *m*, Moralist *m*; **~politie** [-po·li·si:] *f* Sittenpolizei *f*; (*Amt*) Sittendezernat *n*; **~preek** [-pre:k] (*-preken*) *f* Moralpredigt *f*; **~wet** [-ʋɛt] (*-ten*) *f* Sittengesetz *n*.

zedig ['ze:dəx] sittsam, züchtig; **~heid** [-hɛĭt] *f* Sittsamkeit *f*, Züchtigkeit *f*.

zee [ze:] (*-ën*) *f* Meer *n*, See *f*; *de Middellandse ≗* Mittelmeer *n*; *~ kiezen, in ~ steken* in See stechen; *in volle ~* auf hoher (offener) See; *recht door ~* offen und ehrlich; ee

~ *van licht* Lichtermeer *n*; **~arm** [-arm] *m* Meeresarm *m*; **~bad** [-bat] *n*, **~badplaats** [-batpla:ts] *f* Seebad *n*; **~bodem** [-bo:dəm] (*-s*) *m* Meeresboden *m*, Meeresgrund *m*; **~boezem** [-bu:zəm] (*-s*) *m* Meerbusen *m*; **~bonk** [-bɔŋk] *m fig.* Seebär *m*; **~dier** [-di:r] *n* Seetier *n*; **~dijk** [-dɛĭk] *m* Seedeich *m*; **~ëngte** [-ɛŋtə] (*-n u. -s*) *f* Meerenge *f*.

zeef [ze:f] (*zeven*) *f* Sieb *n*; **~doek** [-du·k] *m* Siebtuch *n*.

zeeg [ze:x] *s. zijgen*.

zee|gat ['ze:ɣ̊at] *n* Gatt *n*; *het ~ uitgaan* in See stechen; Seemann werden; **~gewas** [-ɣ̊əʋas] (*-sen*) *n* Seegewächs *n*; **~gezicht** [-ɣ̊əzɪxt] *n* (*Gemälde*) Seestück *n*; **~god** [-ɣ̊ɔt] *m* Meergott *m*; **~gras** [-ɣ̊ras] (*kein pl.*) *n* Seegras *n*, (See-)Tang *m*; **~haven** [-ha:v̊ə(n)] (*-s*) *f* Seehafen *m*; **~held** [-hɛlt] *m* Seeheld *m*; **~hond** [-hɔnt] *m* Seehund *m*; **~hoofd** [-ho:ft] *n* Mole *f*; **~kaart** [-ka:rt] *f* Seekarte *f*; **~klimaat** [-klɪma:t] (*kein pl.*) *n* Seeklima *n*; **~kreeft** [-kre:ft] *m u. f* Hummer *m*; **~kust** [-kəst] *f* Meeresküste *f*; **~kuur** [-ky:r] (*-kuren*) *f* Hochseekur *f*.

zeel [ze:l] (*zelen*) *n* Seil *n*.

Zeeland ['ze:lant] *n* Seeland *n*; **~s** [-s] seeländisch.

zeeldraaier ['ze:ldra:ĭ(j)ər] (*-s*) Seiler *m*.

zeeleeuw ['ze:le:ŭ] *m* Seelöwe *m*.

zeelt [ze:lt] *f* Schlei *m*, Schleie *f*.

zeelucht ['ze:ləxt] *f* Seeluft *f*.

zeem [ze:m] (*kein pl.*) *n u. m* (Honig-)Seim *m*; (*zemen*) *m u. n* Sämischleder *n*, Lederlappen *m*.

zee|macht ['ze:maxt] *f* Seemacht *f*; *mil.* Marine *f*; **~man** [-man] (*-lieden u. -lui*) *m* Seemann *m*; **~manshuis** [-manshəʏs] (*-huizen*) *n* Seemannsheim *n*; **~meermin** [-me:rmɪn] (*-nen*) *f* Meerweib *n*, Meerfrau *f*; Meerfräulein *n*; **~meeuw** [-me:ŭ] *f* Seemöwe *f*.

zeem|lap ['ze:mlap] (*-pen*) *m* Lederlappen *m*, Fensterleder *n*; **~le(d)er** [-le:(də)r] *n* Sämischleder *n*; **~leren** [-le:rə(n)] *Adj.* sämischledern.

zee|mogendheid ['ze:mo:ɣ̊əntheĭt] (*-heden*) *f* Seemacht *f*; **~monster** [-mɔnstər] (*-s*) *n* Seeungeheuer *n*, Meeresungeheuer *n*; **~oever** [-u:v̊ər] (*-s*) *m* Seeufer *n*, Meeresufer *n*; **~officier** [-ɔfi·si:r] *m* Seeoffizier *m*, Marineoffizier *m*; **~oorlog** [-o:rlɔx] *m* Seekrieg *m*.

zeep [ze:p] (*zepen*) *f* Seife *f*; *groen(e) ~* Schmierseife *f*, grüne Seife; *om ~ gaan* zugrunde gehen; *hij is om ~* es ist aus mit ihm; *alles om ~* alles umsonst.

zeepaardje ['ze:pa:rtjə] (*-s*) *n* Seepferdchen *n*.

zeepachtig ['ze:paxtəx] seifenartig.

zeepaling ['ze:pa:lɪŋ] *m* Seeaal *m*.

zeep|bakje ['ze:bakjə] (*-s*) *n* Seifennapf *m*; **~bel** [-bɛl] (*-len*) *f* Seifenblase *f*; **~doos** [-do:s] (*-dozen*) *f* Seifendose *f*; **~fabrikant** [-fabrɪkant] *m* Seifenfabrikant *m*; **~kwast** [-kʋast] *m* Rasierpinsel *m*; **~poeder** [-pu·dər], **~poeier** [-pu·ĭ(j)ər] *n u. m* Seifenpulver *n*; **~sop** [-sɔp] *n* Seifenwasser *n*, Seifenlauge *f*; **~zieder** [-si·dər] (*-s*) *m* Seifensieder *m*.

zeer[1] [ze:r] (*kein pl.*) *n* Übel *n*; *oud ~* altes Übel, alter Schaden; *dat doet ~* das schmerzt; das ist peinlich.

zeer[2] *Adv.* sehr, recht; *dank U (u) ~* danke sehr, vielen Dank; *~ goed* sehr gut; *~ schoon* sehr schön; *spoed U (u) ~* beeilen Sie sich; *~ gevraagd* vielgefragt; *al te ~* allzusehr; übertrieben; *Adj. zere ogen* entzündete Augen; *een zere plek* e-e empfindliche Stelle; *een zere vinger* ein schlimmer Finger; *een ~ hoofd* Kopfschmerzen *m/pl.*; *ik krijg er een ~ hoofd van* ich habe genug davon.

zee|ramp ['ze:ramp] *f* Seekatastrophe *f*, Seeunfall *m*; **~recht** [-rɛxt] *n* Seerecht *n*; **~reis** [-rɛĭs] (*-reizen*) *f* Seereise *f*; **~rob** [-rɔb] (*-ben*) *m*, **~rot** [-rɔt] (*-ten*) *m fig.* Seebär *m*, (alter) Seemann *m*; **~roverij** [-ro·v̊ə'rɛĭ] *f* Seeräuberei *f*.

zeerst [ze:rst]: *ten ~e* äußerst, in hohem Grade, aufs höchste; *om het ~* um die Wette; so schnell wie möglich.

zee|schade ['ze:sxa:də] (*kein pl.*) *f* Seeschaden *m*; **~slag** [-slax] *m* Seeschlacht *f*; **~spiegel** [-spi:ɣ̊əl] *m* Meeresspiegel *m*; **~strand** [-strant] *n* Meeresstrand *m*; **~stuk** [-stək] (*-ken*) *n* (*Gemälde*) Seestück *n*.

Zeeuw [ze:ŭ] *m* Seeländer *m*; **~s** [-s] seeländisch.

zeevaar|der [ˈze:v̊a:rdər] (*-s*) *m* Seefahrer *m*; **~dig** [-dəx] seeklar; seefähig, seemäßig.

zeevaart [ˈze:v̊a:rt] *f* Seefahrt *f*; **~kunde** [-kəndə] *f* Nautik *f*, Schifffahrtskunde *f*; **~school** [-sxo:l] (*-scholen*) *f* Seefahrtsschule *f*, Navigationsschule *f*.

zee|vast [ˈze:v̊ɑst] seefest; **~vis** [-v̊ɪs] (*-sen*) *m* Seefisch *m*; **~volk** [-v̊ɔlk] *n* Schiffsvolk *n*; **~waardig** [-ˈʋa:rdəx] seetüchtig; seefähig, seemäßig; **~water** [-ʋa:tər] *n* Seewasser *n*, Meereswasser *n*; **~wering** [-ʋe:rɪŋ] *f* Seedeich *m*; **~wezen** [-ʋe:zə(n)] *n* Seewesen *n*; **~ziek** [-ziˑk] seekrank; **~zwaluw** [-zʋa:lyŭ] *f* Seeschwalbe *f*.

zefier [ˈze:fi:r] (*-en u. -s*) *m* Zephir *m*.

zeg[1] [zɛx]: ~ *Piet!* du, Peter!; *aardig*, ~ hübsch, wie?, fein, was?

zeg[2] (*kein pl.*) *m*: *zij willen hun* ~ *hebben* sie wollen mitreden, sie bestehen auf das Mitspracherecht; sie verlangen (fordern) die Mitbestimmung; *ge krijgt wel uw* ~ dein Wunsch wird erfüllt.

zege [ˈze:ɣ̊ə] (*-s*) *f* Sieg *m*; *de* ~ *behalen* siegen, den Sieg davontragen; **~boog** [-bo:x] (*-bogen*) *m* Triumphbogen *m*; **~kreet** [-kre:t] (*-kreten*) *m* Siegesruf *m*, Siegesgeschrei *n*.

zegel[1] [ˈze:ɣ̊əl] (*-s*) (*zum Aufkleben*) *m* Freimarke *f*, Briefmarke *f*; Quittungsmarke *f*; **~**[2] *n* Siegel *n*; Stempel *m*; **~bewaarder** [-bəʋa:rdər] (*-s*) *m* Siegelbewahrer *m*; **~en** [-ə(n)] siegeln, stempeln.

zegelied [ˈze:ɣ̊əli:t] (*-eren*) *n* Sieges-, Triumphlied *n*.

zegel|kantoor [ˈze:ɣ̊əlkɑnto:r] (*-toren*) *n* Stempelamt *n*; **~kosten** [-kɔstə(n)] *pl.* Stempelgebühren *f/pl.*; **~lak** [-lɑk] *n u. m* Siegellack *m*; **~recht** [-rɛxt] *n* Stempelsteuer *f*; **~ring** [-rɪŋ] *m* Siegelring *m*; **~was** [-ʋɑs] *m u. n* Siegelwachs *n*.

zegen [ˈze:ɣ̊ə(n)] (*kein pl.*) *m* Segen *m*; **~en** [-nə(n)] segnen; *in gezegende toestand fig.* in anderen Umständen; **~ing** [-nɪŋ] *f* Segnung *f*; **~wens** [-ʋɛns] *m* Segenswunsch *m*.

zege|palm [ˈze:ɣ̊əpɑlm] *m* Siegespalme *f*; **~praal** [-pra:l] (*-pralen*) *m* Sieg *m*, Triumph *m*; **~pralen** [-pra:lə(n)] triumphieren, siegen; **~teken** [-te:kə(n)] (*-s u. -en*) *n* Siegeszeichen *n*; **~tocht** [-tɔxt] *m* Sieges-, Triumphzug *m*; **~vieren** [-v̊i:rə(n)] siegen, triumphieren; *doen* ~ *j-m* zum Sieg verhelfen; **~vierend** [-v̊i:rənt] siegreich; **~zeker** [-ze:kər] siegesgewiß.

zegge [ˈzɛɣ̊ə]: *Hdl.* ~ *50 gulden* in Worten: fünfzig Gulden.

zeggen [ˈzɛɣ̊ə(n)] (*zei od. zegde, gezegd; zeiden od. zegden, gezegd*) sagen, sprechen; *dat wil* ~ das heißt; *van horen* ~ vom Hörensagen; *om zo te* ~ sozusagen; *zo gezegd, zo gedaan* gesagt, getan; *dat wil niets* ~ das bedeutet (gar) nichts; das hat nicht die geringste Bedeutung; *daar valt niets op te* ~ daran ist nichts auszusetzen; *het voor het* ~ *hebben* das Verfügungsrecht besitzen; Herr und Meister sein; **~schap** [-sxɑp] (*kein pl.*) *f u. n* Verfügungsrecht *n*, Verfügung *f*.

zegs|man [ˈzɛxsmɑn] (*-lieden u. -lui*) *m* Gewährsmann *m*; **~wijs** [-ʋɛĭs] *f*, **~wijze** [-ʋɛĭzə] (*-wijzen*) *f* Redensart *f*.

zei [zɛĭ], **zeiden** [ˈzɛĭdə(n)] *s.* *zeggen*.

zeil [zɛĭl] *n* Segel *n*; (*Wagen*) Plane *f*, Decke *f*; (*Tisch*) Wachstuch *n*; (*Boden*) Belag *m*, Bodenbelag *m*, Linoleum *n*; *een oog in 't* ~ *houden* achtgeben, die Augen offen halten; sein Augenmerk richten auf etw. (*A*); **~boot** [-bo:t] (*-boten*) *m u. f* Segelschiff *n*, Segelboot *n*; **~doek** [-duˑk] Segel-, Öltuch *n*, Zelttuch *n*; **~en** [-ə(n)] segeln; **~schip** [-sxɪp] (*-schepen*) *n* Segelschiff *n*; **~slede** [-sle:də] (*-n*) *f* Segelschlitten *m*; **~sport** [-spɔrt] *f* Segelsport *m*; **~tocht** [-tɔxt] *m* Segelfahrt *f*; **~wedstrijd** [-ʋɛtstrɛĭt] *m* Segelregatta *f*, Wettsegeln *n*.

zeis [zɛĭs] (*zeisen*) *f*, **~en** [-ə(n)] (*-s*) *f* Sense *f*.

zeker [ˈze:kər] sicher, gewiß; bestimmt, entschieden; zuverlässig; *het is nog niet* ~ es steht noch dahin; *op* ~*e dag* eines Tages; *va... en* ~ ganz gewiß; *gij vergist u* ... Sie irren sich wohl; **~heid** [-hɛĭt] (*-heden*) *f* Sicherheit *f*, Gewißheit *f*; *een* ~ *stellen* e-e Kaution (Garantie) leisten; **~heidshalve** [-hɛĭtshɑlv̊ə] sicherheitshalber; **~heidsmaat**...

regel [-hɛĭtsma:tre:ɣ̊əl] *m* Sicherheitsmaßnahme *f*; **~ing** [-ıŋ] *f El.* Sicherung *f*; **~lijk** [-lək] sicherlich, gewiß.

zelden [ˈzɛldə(n)] selten.

zeldzaam [ˈzɛltsa:m] selten; **~heid** [-hɛĭt] (*-heden*) *f* Seltenheit *f*.

zelf [zɛlf] selbst, selber; *op zich ~* an und für sich; *hij ~* er selbst, er selber; *hij was buiten zich ~ van woede* er war außer sich vor Wut; *ik dacht bij mij ~* ich dachte bei mir; *doe het ~*, *doe-het-~* Bastel-, Heim-; *doe-het-~ werk* Bastel-, Heimarbeit *f*; Hobby *n*; **~bedieningsrestaurant** [-bədi:nıŋsrɛsto·rã:] *n* Selbstbedienungsgaststätte *f*; **~bedrog** [-bədrɔx] *n* Selbstbetrug *m*; **~behagen** [-bəha:ɣ̊ə(n)] *n* Selbstgefälligkeit *f*; **~behoud** [-bəhaut] *n* Selbsterhaltung *f*; *zucht tot ~* Selbsterhaltungstrieb *m*; **~beschikking** [-bəsxıkıŋ] *f* Selbstbestimmung *f*; **~beschikkingsrecht** [-bəsxıkıŋsrɛxt] *n* Selbstbestimmungsrecht *n*; **~bestuur** [-bəsty:r] (*kein pl.*) *n* Selbstverwaltung *f*; **~bewust** [-bəʋɵst] selbstbewußt; **~bewustzijn** [-bəʋɵstsɛin] *n* Selbstbewußtsein *n*.

zelfgenoegzaam [ˈzɛlfxənu·xsa:m] selbstgenügsam.

zelf|kant [ˈzɛlfkɑnt] *m* Salband *n*, Salkante *f*, Webkante *f*; *de ~ der samenleving fig.* der Abschaum der Gesellschaft; **~kastijding** [-kɑstɛĭdıŋ] *f* Selbstkasteiung *f*; **~kennis** [-kɛnıs] *f* Selbsterkenntnis *f*; **~kritiek** [-kri·ti·k] *f* Selbstkritik *f*; **~kwelling** [-kʋɛlıŋ] *f* Selbstquälerei *f*; **~moord** [-mo:rt] *m u. f* Selbstmord *m*, Freitod *m*; *~ plegen* Selbstmord begehen, Hand an sich legen; **~moordenaar** [-mo:rdəna:r] (*-s*) *m* Selbstmörder *m*; **~ontbranding** [-ɔndbrɑndıŋ] *f* Selbstentzündung *f*; **~opoffering** [-ɔpɔfərıŋ] *f* Selbstaufopferung *f*; **~overschatting** [-o:v̊ərsxɑtıŋ] *f* Selbstüberhebung *f*; **~overwinning** [-o:v̊ərʋınıŋ] *f* Selbstüberwindung *f*; **~portret** [-pɔrtrɛt] (*-ten*) *n* Selbstporträt *n*; **~respect** *a.* **-pekt** [-rɛspɛkt] *n* Selbstachtung *f*; **~rijzend** [-rɛĭzənt] selbstaufgehend; küchenfertig (*z.B. Mehl, Teig*).

zelfs [zɛlfs] selbst, sogar; *of ~* oder gar.

zelfstandig [zɛlfˈstɑndəx] selbständig, unabhängig; *~ naamwoord Gr.* Substantiv *n*, Hauptwort *n*; **~heid** [-hɛĭt] (*-heden*) *f* Selbständigkeit *f*; Unabhängigkeit *f*; Ding *n*, Sache *f*; Substanz *f*.

zelf|strijkend [ˈzɛlfstrɛĭkənt] bügelfrei; **~studie** [-sty:di:] *f* Selbststudium *n*; **~verdediging** [-fərde:dəɣ̊ıŋ] *f* Selbstverteidigung *f*; **~verloochening** [-fərlo:xənıŋ] *f* Selbstverleugnung *f*; **~vertrouwen** [-fərtrɑŭə(n)] *n* Selbstvertrauen *n*; **~verwijt** [-fərʋɛĭt] *n*, **~verwijtingen** [-v̊ərʋɛĭtıŋə(n)] *f/pl.* Gewissensbisse *pl.*; **~verzekerd** [-fərze:kərt] selbstsicher; **~verzorger** [-fərzɔrɣ̊ər] (*-s*) *m* Selbstversorger *m*; **~voldaan** [-fɔlda:n] selbstzufrieden; **~voldoening** [-fɔldu:nıŋ] *f* Selbstbefriedigung *f*; Genugtuung *f*; **~werkend** [-ʋɛrkənt] selbsttätig; automatisch; **~zuchtig** [-ˈsɵxtəx] selbstsüchtig.

zeloot [ze·ˈlo:t] (*-loten*) *m* Zelot *m*.

zemel|aar [ˈze:məla:r] (*-s*) *m* Leimsieder *m*, Nölpeter *m*; Salbader *m*, Faselhans *m*; **~achtig** [-ɑxtəx] kleiig; langweilig; **~en** [-ə(n)] (*Verb*) salbadern; langweilig sein; *Su. pl.* Kleie *f*; *een zak vol ~* F Geizhals *m*; **~knoper** [-kno:pər] (*-s*) *m fig.* Haarspalter *m*.

zend|antenne [ˈzɛndɑntɛnə] (*-s*) *f* Sendeantenne *f*; **~bode** [-bo:də] (*-n*) *m* Sendbote *m*; **~brief** [-bri:f] (*-brieven*) *m* Sendbrief *m*.

zendeling [ˈzɛndəlıŋ] *f* Missionar *m*; **~shuis** [-shɔʏs] (*-huizen*) *n* Missionshaus *n*; **~swerk** [-sʋɛrk] *n* Missionsarbeit *f*.

zen|den [ˈzɛndə(n)] (*zond, gezonden*) senden, schicken; **~der** [-dər] (*-s*) *m* (*Brief*) Absender *m*; *Rf., Fs.* Sender *m*; *geheime ~* Schwarzsender *m*, Geheimsender *m*.

zendgolf [ˈzɛntxɔlf] (*-golven*) *f* (Sende-)Welle *f*.

zending [ˈzɛndıŋ] *f* Sendung *f*; Mission *f*; **~swerk** [-sʋɛrk] *n* Missionsarbeit *f*.

zend|mast [ˈzɛntmɑst] *m* Sendemast *m*, Sendeantenne *f*; **~station** [-stɑsjɔn] (*-s*) *n* Sendestation *f*, Sender *m*; **~toestel** [-tu:stɛl] (*-len*) *n* Sendeapparat *m*.

zengen [ˈzɛŋə(n)] sengen.

zenit [ˈze:nıt] *n* Zenit *m*.

zenuw [ˈzeːny·ŭ] *f* Nerv *m*; *het op de* ~*en krijgen* nervös werden; *hij werkt op mijn* ~*en* er macht mich nervös; F er geht mir auf die Nerven; ~**achtigheid** [-ɑxtəxhɛĭt] *f* Nervosität *f*; ~**arts** [-ɑrts] *m* Nervenarzt *m*; ~**gestel** [-ɣ̊əstɛl] *n* Nervensystem *n*, Nerven *m/pl.*; ~**inrichting** [-ɪnrɪxtɪŋ] *f* Nervenheilanstalt *f*; ~**knoop** [-knoːp] (*-knopen*) *m* Nervenknoten *m*; (*Person*) Nervenbündel *n*; ~**lijder** [-lɛĭdər] (*-s*) *m* Nervenkranke(r) *m*; ~**oorlog** [-oːrlɔx] *m* Nervenkrieg *m*; ~**pijn** [-pɛĭn] *f* Nervenschmerzen *m/pl.*; ~**stelsel** [-stɛlsəl] (*-s*) *n* Nervensystem *n*; ~**trekking** [-trɛkɪŋ] Nervenzuckung *f*; ~**ziek** [-zi·k] nervenkrank.

ze|pen [ˈzeːpə(n)] seifen; ~**pig** [-pəx] seifig; (*Kartoffel*) schliefig.

zerk [zɛrk] *f* Grabstein *m*.

zes [zɛs] sechs; *Su. f* Sechs *f*; *van* ~*sen klaar fig.* mit allen Wassern gewaschen; *we waren met (ons) zes(sen)* wir waren zu sechst; ~**dagen** [-ˈdaːɣ̊ə(n)] *pl.* Sechstagerennen *n*; ~**de** [-də] (der, die, das) sechste; *ten* ~ sechstens; *Su.* (*-n*) *n* Sechstel *n*; (*-n u. -s*) *f* die sechste (Klasse); ~**delig** [-deːləx] (*Zahl*) sechsstellig; (*Buchausgabe*) sechsbändig.

zes|hoek [ˈzɛshu·k] *m* Sechseck *n*; ~**maal** [-maːl] sechsmal; ~**tal** [-tɑl] (*-len*) *n* Sechs *f*; *een* ~ etwa sechs; ~**tien** [-tiːn] sechzehn.

zestig [ˈsɛstəx] sechzig; ~**er** [-ɣ̊ər] (*-s*) *m* Sechziger *m*.

zesvoudig [ˈzɛsfɑudəx] sechsfach.

zet [zɛt] (*-ten*) *m* Satz *m*, Sprung *m*; (*Schach*) Zug *m*; *een fijne* ~ ein witziges Wort; *een geslaagde* ~ ein gelungener Einfall; *Hdl.* ein gelungener Coup; *een sluwe* ~ List *f*, Kniff *m*; ~**baas** [-baːs] (*-bazen*) *m fig.* Strohmann *m*; (*Landwirt*) Pächter *m*.

zetel [ˈzeːtəl] (*-s*) *m* Sessel *m*; (*Gesellschaft, Regierung, Bank*) Sitz *m*; ~**en** [-ə(n)] residieren; s-n Sitz haben; *Notar*: Sprechstunde abhalten; *Kabinett, Abordnung*: tagen.

zet|fout [ˈzɛtfɑut] *f* Setzfehler *m*; ~**machine** [-maʃi·nə] (*-s*) *f* Setzmaschine *f*; ~**meel** [-meːl] *n* Stärkemehl *n*; ~**pil** [-pɪl] (*-len*) *f* Zäpfchen *n*, Suppositorium *n*; ~**sel** [-səl] (*-s*) *n Typ.* Satz *m*.

zet|ten [ˈzɛtə(n)] setzen, stellen; (*Schach*) ziehen; *in goud* ~ in Gold fassen; *koffie* ~ Kaffee kochen; *op rente* ~ anlegen, verzinsen; *op schrift* ~ zu Papier bringen; *het op een lopen* ~ Reißaus nehmen; *iemand op zijn plaats* ~ *fig.* j-n in die Schranken verweisen; *zet U* setzen Sie sich; ~**ter** [-ər] (*-s*) *m Typ.* (Schrift-)Setzer *m*; ~**terij** [-əˈrɛĭ] *f* Setzerei *f*.

zeug [zøːx] *m* Sau *f*, Mutterschwein *n*.

zeur [zøːr] *f*, ~**der** [-dər] (*-s*) *m* Quengler *m*, Nörgler *m*; ~**en** [ˈzøːrə(n)] nörgeln, quengeln; (*beim Gesellschaftsspiel*) mogeln; ~**kous** [-kɑus] *f* Nölliese *f*.

zeven[1] [ˈzeːv̊ə(n)], *Rf., Fs., u. Tel.* [ˈzøːv̊ə(n)] sieben.

zeven[2] sieben; *Su.* (*-s*) *f* Sieben *f*; ~**de** [-də] (der, die, das) siebente.

Zevengebergte [ˈzeːv̊ə(n)ɣ̊əbɛrxtə] *n* Siebengebirge *n*.

zeven|gesternte [ˈzeːv̊ə(n)ɣ̊əstɛrntə] *n* Siebengestirn *n*, Plejaden *f/pl.*; ~**hoek** [-hu·k] *m* Siebeneck *n*; ~**honderd** [-hɔndərt] siebenhundert; ~**klapper** [-klɑpər] (*-s*) *m fig.* Schwärmer *m*, Knallfrosch *m*; ~**maal** [-maːl] siebenmal; ~**mijlslaarzen** [-ˈmɛĭlslaːrzə(n)] *pl.* Siebenmeilenstiefel *m/pl.*; ~**tal** [-tɑl] (*-len*) *n* Sieben *f*; *een* ~ etwa sieben.

zeven|tien [ˈzeːv̊ə(n)tiːn], *Rf. usw.* [ˈzøv̊ə(n)tiːn] siebzehn.

zeventig [ˈseːv̊ə(n)təx], *Rf. usw.* [ˈsøːv̊ə(n)təx] siebzig; *de jaren* ~ die siebziger Jahre; ~**er** [-ɣ̊ər] (*-s*) *m* Siebziger *m*.

zever [ˈzeːv̊ər] *m* Geifer *m*; Speichel *m*; ~ *verkopen* Unsinn reden; *dat is* ~ das ist Unsinn, das ist (nur) Geschwätz; ~**aar** [-aːr] F Quatschkopf *m*; ~**doek** [-du·k] *n* F Schlabberlatz *m*; ~**en** [-ə(n)] sabbern, geifern; *fig.* faseln, Unsinn reden; (*ge moet*) *niet* ~! red' kein' Unsinn.

zich [zɪx] sich.

zicht [zɪxt] (*kein pl.*) *n* Sicht *f*; *op lange* ~ auf lange Sicht; *op* ~ *zenden* zur Ansicht senden (schicken); *wissel op* ~ Sichtwechsel *m*; *op 't eerste* ~ auf den ersten Blick, beim ersten Anblick.

ziedaar [zi·ˈdaːr] siehe da, siehe.

zieden [ˈziːdə(n)] (*ziedde, gezoden*) sieden; *gezoden spijzen (vlees, worst usw.)* Gesottene(s) *n*; **~d** *van woede* wütend vor Zorn, wutschnaubend.

ziek [ziːk] krank; **~e** [-ə] (*-n*) *m u. f* Kranke(r *m*) *f*; **~elijk** [-ələk] kränklich; *fig.* krankhaft.

zieken|fonds [ˈziːkə(n)fɔn(t)s] *n* Krankenkasse *f*; *plaatselijk ~* Ortskrankenkasse *f*; *algemeen plaatselijk ~* Allgemeine Ortskrankenkasse (AOK) *f*; ... *van het ~* Kassen-; *arts (geneesheer) van het ~* Kassenarzt *m*; *patiënt van het ~* Kassenpatient *m*; *praktijk van het ~* Kassenpraxis *f*; **~huis** [-hœys] (*-huizen*) *n* Krankenhaus *n*; **~kamer** [-kaːmər] (*-s*) *f* Krankenzimmer *n*; **~kas** [-kɑs] (*-sen*) *f* Krankenkasse *f*; *s. a. ziekenfonds*; **~oppasser** [-ɔpɑsər] (*-s*) *m* Krankenwärter *m*; **~verpleegster** [-v̊ərpleːxstər] (*-s*) *f* Krankenpflegerin *f*, Krankenschwester *f*; **~verpleger** [-v̊ərpleːɣ̊ər] (*-s*) *m* Krankenpfleger *m*; **~zaal** [-zaːl] (*-zalen*) *f* Krankensaal *m*.

ziekte [ziˑktə] (*-n u. -s*) *f* Krankheit *f*; *vallende ~* Fallsucht *f*, Epilepsie *f*; *besmettelijke ~* ansteckende Krankheit *f*; *pijnlijke ~* schmerzhafte Krankheit *f*; *wegens ~* krankheitshalber; **~geval** [-ɣ̊əv̊ɑl] (*-len*) *n* Krankheitsfall *m*; **~leer** [-leːr] *f* Pathologie *f*; **~verschijnsel** [-v̊ərsxɛĭnsəl] (*-n u. -s*) *n* Krankheitserscheinung *f*; **~verlof** [-v̊ərlɔf] (*-loven*) *n* Krankenurlaub *m*; **~verwekker** [-v̊ərʋɛkər] (*-s*) *m* Krankheitserreger *m*; **~verzekering** [-vərzeːkərɪŋ] Krankenversicherung *f*.

ziel [ziːl] *f* Seele *f*; **~eadel** [-əaːdəl] *m* Seelenadel *m*; **~eheil** [-əhɛĭl] *n* Seelenheil *n*.

zielen|herder [ˈziːlə(n)hɛrdər] (*-s*) *m* Seelenhirt *m*, Seelsorger *m*; **~tal** [-tɑl] (*kein pl.*) *n* Einwohnerzahl *f*.

zielig [ˈziːləx] jämmerlich, bedauernswert; traurig.

zielkunde [ˈziːlkөndə] *f* Seelenkunde *f*, Psychologie *f*.

zielkundig [ziːlˈkөndəx] psychologisch, psychisch; seelisch.

ziel|loos [ˈziːloːs] seelenlos; entseelt; **~(e)mis** [-(ə)mɪs] (*-sen*) *f* Seelenmesse *f*.

ziels|blij [ˈziːlzblɛĭ] seelenvergnügt; **~lief** [-liːf] herzlieb, innig lieb; **~rust** [-rөst] *f* Seelenruhe *f*; **~verhuizing** [-fərhəʏzɪŋ] *f* Seelenwanderung *f*, Metempsychose *f*; **~verwant** [-fərʋɑnt] seelenverwandt.

ziel|togen [ˈziːltoːɣ̊ə(n)] im Sterben liegen; **~togend** [-toːɣ̊ənt] sterbend; **~zorger** [-zɔrɣ̊ər] (*-s*) *m* Seelsorger *m*.

zien [ziːn] (*zag, gezien; ik zie; jij [gij, U] ziet*) sehen, schauen, erblicken; *~ naar* beobachten; achtgeben auf *A*; *scheel ~* schielen; *bleek ~* blaß aussehen; *zwarte sneeuw ~* (ver)hungern; *ze ~ vliegen* F Hunger haben; *ik kan hem niet ~ fig.* ich mag ihn nicht; ich kann ihn nicht ausstehen; *Su. n* Sehen *n*; Anblick *m*; *tot ~s!* (auf) Wiedersehen!

zienderogen [ˈziːndəroːɣ̊ə(n)] zusehends.

ziener [ˈziːnər] (*-s*) *m* Seher *m*, Prophet *m*.

ziens|wijs [ˈziːnsʋɛĭs], **~wijze** [-ʋɛĭzə] (*-n*) *f* Ansicht *f*.

zier [ziːr] (*kein pl.*) *f*: *geen ~* nicht das geringste; *Adv.* nicht im geringsten; *het kan mij geen ~ schelen* F es ist mir Wurst, es ist mir schnuppe.

ziezo [ziːˈzoː] so.

zift [zɪft] *f* Sieb *n*; **~en** [-ə(n)] sieben; sichten; **~ing** [-ɪŋ] *f* Sieben *n*; Sichtung *f*; *Sp.* Ausscheiden *n*; **~ingswedstrijd** [-ɪŋsʋɛtstrɛĭt] *m Sp.* Ausscheidungsspiel *n*, Ausscheidungskampf *m*.

zigeuner [ziˑˈɣ̊øːnər] (*-s*) *m* Zigeuner *m*; **~kamp** [-kɑmp] *n* Zigeunerlager *n*.

zigzag [ˈzɪxsɑx] (*-s*) *m* Zickzack *m*; Hickhack *m*; **~sgewijze** [-sxəʋɛĭzə] im Zickzack.

zij[1] [zɛĭ] sie; *zij, die* diejenige(n), die.

zij[2] *s. zijde*[1] *u. zijde*[2].

zij[3] *s. zijn*[1]; *hoe het ook ~* wie dem auch sei; *het ~ zo* es sei so; es geschehe so.

zij|aanzicht [ˈzɛĭ(j)aːnzɪxt] *n* Seitenansicht *f*; **~altaar** [-ɑltaːr] (*-taren*) *n u. m* Seitenaltar *m*; **~beuk** [-bøːk] *m u. f* Seitenschiff *n*.

zijd [zɛĭt]: *wijd en ~* weit und breit.

zij(de)[1] [zɛĭ(də)] *f* Seide *f*.

zij(de)[2] (*zijden*) *f* Seite *f*; *van moeders zijde* mütterlicherseits; *ter zijde* beiseite; *ter zijde (op zij) laten* beiseite lassen; *ter zijde stelling* Beiseiteschaffung *f*, Beiseitestellung *f*; *iets op zij leggen* etw. sparen, aufbewahren; *iets ter zijde leggen* etw. (vorläufig) auf sich beruhen lassen; *van welingelichte zijde* aus zuverlässiger Quelle; *op zij!* mach Platz!; *ik van mijn zijde* ich meinerseits.

zijde|fabriek [ˈzɛĭdəfabri·k] *f* Seidenfabrik *f*; **~industrie** [-ɪndəstri:] *f* Seidenindustrie *f*.

zij(de)lings [ˈzɛĭ(də)lɪŋs] indirekt, von der Seite, Seiten-; *zij(de)lingse blik* Seitenblick *m*; *~e verwijten* versteckte Vorwürfe *m/pl.*; *~e beschuldiging* indirekte Beschuldigung *f*.

zijden [ˈzɛĭdə(n)] *Adj.* seiden, Seiden-; *~ kleed* Seidenkleid *n*.

zijde|rups [ˈzɛĭdərøps] *f* Seidenraupe *f*; **~teelt** [-te:lt] *f* Seidenraupenzucht *f*.

zijdeur [ˈzɛĭdø:r] *f* Seitentür *f*.

zijde|ververij [ˈzɛĭdəv̊ɛrv̊əˈrɛĭ] *f* Seidenfärberei *f*; **~worm** [-ʋɔrm] *m* Seidenraupe *f*.

zij|gang [ˈzɛĭɣ̊aŋ] *m* Seitengang *m*, Nebengang *m*; (*Grube*) Seitenstollen *m*; **~gebouw** [-ɣ̊əbau] *n* Seitenbau *m*, Nebenbau *m*.

zijgen [ˈzɛĭɣ̊ə(n)] (*zeeg*, *gezegen*) (durch)seihen; *v/i* hinsinken.

zij|gevel [ˈzɛĭɣ̊e:v̊əl] (*-s*) *m* Seitengiebel *m*, Brandgiebel *m*, Seitenfront *f*; **~leuning** [-lø:nɪŋ] *f* Seitenlehne *f*; **~lijn** [-lɛĭn] *f* Seitenlinie *f*; (*Eisenbahn*) Zweigbahn *f*; **~loge** [-lo:ʒə] (*-s*) *f* Seitenloge *f*; **~wand** [-ʋant] *m* Seitenwand *f*, Seitenmauer *f*.

zijn[1] [zɛĭn] *s. a.* *wezen*; (*was, waren; geweest; ik ben; gij [jij, U, je] zijt, a. jij [U] bent; hij [zij] is, a. U is; jullie zijn a. jullie bent; Konj. hij [het] weze; het ware ...; Imperativ: zij, wees*) sein; bestehen; *het ware te wensen* es wäre wünschenswert; *hoe het ook zij* wie dem auch sei; *er ~ mensen, die ...* es gibt Leute, die ...; *wat is er?* was ist los?; *er is geen brood meer* F (das) Brot ist alle; *zij (wees) rustig* sei ruhig, seien Sie ruhig.

zijn[2] [zɛĭn], *mst.* [zən] *Pron.* sein(e); seines, seiner, seinen, seinem; *het ~e* das Seine, das Seinige, seines; der (die) Seine *usw.*

zijn[3] *n* Sein *n*.

zijnent [ˈzɛĭnənt]: *te ~* in s-m Hause, bei ihm; **~halve** [-halv̊ə] seinethalben; **~wege** [-ʋe:ɣ̊ə] seinetwegen; **~wille** [-ʋɪlə] seinetwillen.

zijnerzijds [ˈzɛĭnərzɛĭts] seinerseits.

zij|paal [ˈzɛĭpa:l] (*-palen*) *m* *Sp.* Torpfosten *m*; **~pad** [-pat] *n* Seitenweg *m*, Nebenpfad *m*; **~raam** [-ra:m] (*-ramen*) *n* Seitenfenster *n*; **~rivier** [-rɪvi:r] *m* Nebenfluß *m*; **~span** [-span] (*-nen*) *n* Beiwagen *m*, Nebenwagen *m*; **~staak** [-sta:k] (*-staken*) *m* *Sp.* Torpfosten *m*; **~spoor** [-spo:r] (*-sporen*) *n* Nebengleis *n*; *fig.* falsche Spur *f*; **~straat** [-stra:t] (*-straten*) *f* Seitenstraße *f*; **~tak** [-tak] (*-ken*) *m* Seiten-, Nebenzweig *m*; **~waarts** [-ʋa:rts] seitwärts; *~e pas Sp.* Querpaß *m*.

zilt [zɪlt] salzig; *het ~e nat* Meer *n*, Salzflut *f*.

zilver [ˈzɪlv̊ər] *n* Silber *n*; **~draad** [-dra:t] (*-draden*) *m* Silberdraht *m*, Silberfaden *m*; **~en** [-ə(n)] *Adj.* silbern, Silber-; *~ bruiloft* silberne Hochzeit *f*; **~geld** [-ɣ̊ɛlt] *n* Silbergeld *n*; **~houdend** [-haudənt] silberhaltig; **~kleurig** [-klø:rəx] silberfarbig; **~munt** [-mənt] *f* Silbermünze *f*; **~oplossing** [-ɔplɔsɪŋ] *f* *Tech.* Silberlösung *f*; **~vos** [-v̊ɔs] (*-sen*) *m* Silberfuchs *m*; **~werk** [-ʋɛrk] *n* Silberzeug *n*, Silberware *f*; Silberarbeit *f*.

zin [zɪn] (*-nen*) *m* Bedeutung *f*, Sinn *m*; *Gr.* Satz *m*; *in zekere ~* gewissermaßen; *tegen zijn ~* gegen s-n Willen; *iets van ~ zijn* etw. vorhaben, beabsichtigen; *ik heb er geen ~ in* ich habe keine Lust dazu; *is het naar uw ~?* ist es Ihnen recht?; *één van ~* einträchtig; *samengestelde ~ Gr.* zusammengesetzte(r) Satz *m*; *oorzakelijke ~ Gr.* Kausalsatz *m*; **~(s)deel** [-(z)de:l] (*-delen*) *n* *Gr.* Satzteil *m*.

zindelijk [ˈzɪndələk] rein, reinlich sauber, säuberlich.

zingen [ˈzɪŋə(n)] (*zong*, *gezongen*) singen; *een toontje lager ~* klein beigeben.

zingenot [ˈzɪnɣ̊ənɔt] (*kein pl.*) *n* Sinnengenuß *m*.

zink [zɪŋk] *n* Zink *n*.
zinken[1] [ˈzɪŋkə(n)] *Adj.* Zink-; *~ dak* Zinkdach *n*.
zinken[2] (*zonk, gezonken*) sinken; *doen ~* senken; *laten ~* versenken; *de moed laten ~* den Mut sinken lassen; *Su. n*: *de snelheid van het ~ Flgw.* Sinkgeschwindigkeit *f*.
zink|laag [ˈzɪŋkla:x] (*-lagen*) *f* Zinkschicht *f*; **~lood** [-lo:t] (*-loden*) *n* Senkblei *n*; **~put** [-pɵt] (*-ten*) *m* Senkgrube *f*; **~zalf** [-sɑlf] *f* Zinksalbe *f*.
zin|ledig [ˈzɪnle:dəx], **~loos** [-lo:s] sinnlos, inhaltlos.
zinnebeeld [ˈzɪnəbe:lt] *n* Sinnbild *n*, Symbol *n*; **~ig** [-əx] sinnbildlich, symbolisch.
zinne|loos [ˈzɪnəlo:s] wahnsinnig; **~loosheid** [-ˈlo:sheĭt] *f* Wahnsinn *m*; **~loze** [-lo:zə] (*-n*) *m u. f* Wahnsinnige(r *m*) *f*.
zinnen [ˈzɪnə(n)] (*zon, gezonnen*) sinnen.
zinnespel [ˈzɪnəspɛl] *n* Allegorie *f*, Moralität *f*.
zinnia [ˈzɪnɪ(j)a˙] (*-'s*) *f Bot.* Zinnie *f*.
zinrijk [ˈzɪnrɛĭk] sinnvoll, sinnig.
zins|bedrog [ˈzɪnzbədrɔx] *n*, **~begoocheling** [-bəɣ̊o:xəlɪŋ] *f* Sinnestäuschung *f*; **~bouw** [-bɑŭ] *m Gr.* Satzbau *m*.
zinscheiding [ˈzɪnsxɛĭdɪŋ] *f Gr.* Interpunktion *f*, Zeichensetzung *f*.
zinsnede [ˈzɪnsne:də] (*-n*) *f* Passus *m*; Satz *m*.
zinsontleding [ˈzɪnzɔntle:dɪŋ] *f* [*Gr.* Satzanalyse *f*.
zin|spelen [ˈzɪnspe:lə(n)]: *~ op* anspielen auf *A*; **~spreuk** [-sprø:k] *f* Sinn-, Wahlspruch *m*, Devise *f*.
zins|verband [ˈzɪnsfərbɑnt] *n* Zusammenhang *m*; *Gr.* Satzverbindung *f*; **~verbijstering** [-fərbɛĭstərɪŋ] *f* Geistesverwirrung *f*; **~wending** [-ʋɛndɪŋ] *f* (Rede-)Wendung *f*.
zin|teken [ˈzɪnte:kə(n)] (*-s*) *n* Satzzeichen *n*; *fig.* Symbol *n*; Andeutung *f*; **~tuig** [-tœyx] *n* Organ *n*; *de vijf ~en* die fünf Sinne; **~verwant** [-v̊ərʋɑnt] sinnverwandt; gleichartig.
zionist [zi˙(j)o˙ˈni˙st] *m* Zionist *m*.
zit|bad [ˈzɪdbɑt] *n* Sitzbad *n*; **~dag** [-dɑx] *m* Sitzungstag *m*; *jur.* Gerichtstag *m*; **~indeling** [-ɪnde:lɪŋ] *f* Laufkarte *f*; **~kamer** [-ka:mər] (*-s*) *f* Wohnzimmer *n*; **~penning** [-pɛnɪŋ] *m* Tagegeld *n*, Diäten *pl.*; **~plaats** [-pla:ts] *f* Sitz *m*; Sitzplatz *m* (*im Stadion, Theater usw.*); *gereserveerde ~* reservierter Platz.
zitten [ˈzɪtə(n)] (*zat, gezeten*) sitzen; *gaan ~* sich setzen; *blijven ~* sitzen bleiben; (*in der Schule*) sitzenbleiben (nicht versetzt werden); *hij heeft het ~* er ist dran; es hat ihn erwischt; *hij heeft het lelijk ~* er ist übel dran; er ist schwer krank; F er ist besoffen; *het zit er* (*bovenarms*) *op!* es gibt Krach!; sie streiten sich heftig; *dàar zit het 'm* das ist es eben; *er zit niet(s) anders op* da bleibt nichts anderes übrig; es bleibt keine Wahl; *dat laat ik niet op mij ~* das lasse ich mir nicht (ohne weiteres) gefallen; *waar zit je toch?* wo steckst du denn (bloß)?; *hij zit te lezen* (*schrijven, lachen, tekenen, spelen usw.*) er (sitzt und) liest (schreibt, lacht, zeichnet, spielt *usw.*); *zij zat te wenen* sie weinte.
zit|tijd [ˈzɪtɛĭt] *m* (*Parlament, Gericht usw.*) Sitzungszeit *f*, Session *f*, Sitzung *f*; **~ting** [-tɪŋ] *f* (*Stuhl*) Sitz *m*; (*Versammlung, Parlament usw.*) Sitzung *f*; **~vlak** [-flɑk] (*-ken*) *n* Gesäß *n*; **~vlees** [-fle:s] *n*: *~ hebben fig.* Sitzfleisch haben.
zo[1] [zo:] *Adv.* so, auf diese Weise; *Ko.* wie; wenn; *is het goed ~?* ist es so richtig (in Ordnung)?; *goed ~!* ausgezeichnet!; *hoe ~?* warum?, wie?; *het is niet ~ koud* es ist nicht so kalt; *hij komt ~* er kommt sofort; *~ snel mogelijk* so schnell wie möglich; *om ~ te zeggen* sozusagen; *~ maar* ohne weiteres; *~ van het vuur* (*van de kachel*) direkt vom Feuer; *ik heb het ~ nog* (*~ pas*) *gehoord* ich habe es soeben gehört; (*Interjektion*) *~, dat is klaar!* so, fertig!; *~, is hij toch getrouwd?* ach was, hat er doch geheiratet?; *~, ~!* [zo˙ˈzo:] aber nein!; *~ ik verneem* wie ich höre; *~ neen* wenn nicht; *~ heer, ~ knecht* wie der Herr, so der Knecht; *~ gezegd, ~ gedaan* gesagt, getan; *~ tamelijk* so ziemlich; *~ nodig* wenn nötig, nötigenfalls; *nu is het zo dat ...* freilich ...; *~'n ezel!* der Esel!
zo[2] (*zooien*) *f s. zooi.*
zoals [zo˙ˈ(ʋ)ɑls] wie.
zocht [zɔxt] *s. zoeken.*
zo|danig [zo˙ˈda:nəx] derartig; solch; **~dat** [-ˈdɑt] so daß.

zode ['zo:də] (*-n*) *f* Grasscholle *f*, Rasenstück *n*.
zodiak [zo·di·'jɑk] *m* Tierkreis *m*.
zo|doende [zo·'du:ndə] in dieser Weise; derart, daß; **~dra** [-'dra:] sobald als; ~ *mogelijk* möglichst bald. [*m*.]
zoeaaf [zu·'ʋa:f] (*-waven*) *m* Zuave
zoek [zu·k] weg(gekommen), abhanden gekommen; *op* ~ *gaan* auf die Suche gehen; **~en** [-ə(n)] (*zocht, gezocht*) suchen; *wie zoekt (die) vindt* wer sucht, der findet; **~er** [-ər] (*-s*) *m* Sucher *m*; **~licht** [-lɪxt] *n* Scheinwerfer *m*.
zoel [zu:l] schwül; milde, lau; **~te** [-tə] (*kein pl.*) *f* Schwüle *f*.
zoem|en ['zu:mə(n)] summen; **~er** [-ər] (*-s*) *m* Summer *m*; **~toon** [-to:n] (*-tonen*) *m* Summ(er)ton *m*.
zoen [zu:n] *m* Kuß *m*; *veraltet für*: Sühne *f*; **~geld** [-ɣɛlt] *n* Bußgeld *n*.
zoet [zu·t] (*Geschmack*) süß; (*Benehmen*) artig, brav; **~achtig** [-ɑxtəx] süßlich; **~elief** [-əli:f] (*-lieven*) *m* Schatz *m*; **~hout** [-'hɑut] *n* Süßholz *n*; **~igheid** [-əxhɛĭt] (*-heden*) *f* Süßigkeit *f*; **~je** [-jə] (*-s*) *n* Bonbon *m u. n*; (*Kosename*) Herzchen *n*, Schätzchen *n*; **~jes** [-jəs] sachte; ~ *aan* leise, langsam, nach und nach; **~sappig** [-'sɑpəx] süßlich, abgeschmackt, fade; feige; **~stof** [-stɔf] (*-fen*) *f* Süßstoff *m*; **~vloeiend** [-flu·ĭ(j)ənt] melodisch, wohlklingend; **~watervis** [-'ʋa:tərvɪs] (*-sen*) *m* Süßwasserfisch *m*.
zoeven ['zu:və(n)] (*dumpf*) rauschen (*Wälder, Wind*).
zoëven [zo·'(ʋ)e:və(n)] soeben; vorhin.
zog [zɔx] (*kein pl.*) *n* (Mutter-)Milch *f*; *mar.* Sog *m*, Kielwasser *n*.
zogen ['zo:ɣə(n)] säugen.
zoge|naamd ['zo:-], *a.* [zo·ɣə'na:mt] sogenannt; angeblich; **~noemd** ['zo:ɣənu·mt] sogenannt; **~zegd** [-'zɛxt] sozusagen.
zo|haast [zo·'ha:st] sobald; **~lang** [-'lɑŋ] solang(e).
zolder ['zɔldər] (*-s*) *m* Boden *m*, Speicher *m*; Zimmerdecke *f*; **~ing** [-ɪŋ] *f* (Zimmer-)Decke *f*; **~kamer** [-ka:mər] (*-s*) *f* Dachkammer *f*, Mansarde *f*, Mansardenwohnung *f*; **~luik** [-lœyk] *n* Bodenluke *f*, Bodenfalltür *f*; **~raam** [-ra:m] (*-ramen*) *n*, **~venster** [-vɛnstər] (*-s*) *n* Boden-, Dachfenster *n*; **~verdieping** [-vərdi·pɪŋ] *f* Dachgeschoß
zolen ['zo:lə(n)] besohlen.
zomen ['zo:mə(n)] (um)säumen.
zomer ['zo:mər] (*-s*) Sommer *m*; *van de* ~ (*Zeitangabe*) in dieser Sommer; **~achtig** [-ɑxtəx] sommerlich; **~costuum** [-kɔsty·m] *zomerkostuum*; **~dienst** [-di:nst] Sommerfahrplan *m*; **~goed** [-ɣu· (*kein pl.*) *n* Sommerkleider *n/pl.* **~jurk** [-jørk] *f* Sommerkleid *n* **~kostuum** [-kɔsty·m] (*-s*) *n* Sommeranzug *m*; **~maand** [-ma:nt] Sommermonat *m*; **~pak** [-pɑk (*-ken*) *n* Sommeranzug *m*.
zomers ['zo:mərs] *Adj.* sommerlich; *'s* ~ im Sommer.
zomer|seizoen ['zo:mərsəzu:n] Sommersaison *f*; **~sproete** [-spru·tə(n)] *pl.* Sommersprosse *f/pl.*; **~vakantie** *a.* **-can-** [-vɑkan si:] (*-s*) *f* Sommerferien *pl.*; **~verblijf** [-vərblɛĭf] (*-blijven*) *n* (*Hau* Sommerwohnung *f*, Zweitwohnung *f*; (*Ort*) Sommerfrische **~verkoop** [-vərko:p] (*-kopen*) Sommerschlußverkauf *m*; **~we(d)e** [-ʋe:(də)r] *n* Sommerwetter *n*.
zomin [zo·'mɪn] so wenig.
zon[1] [zɔn] *s. zinnen*.
zon[2] (*-nen*) *f* Sonne *f*; *in de blakk* (*blakende*) ~ in der prallen Sonne **~aanbidder** [-a:nbɪdər] (*-s*) Sonnenanbeter *m*.
zond [zɔnt] *s. zenden*. [Sünder *m*.
zondaar ['zɔnda:r] (*-s u. -daren*) *m*
zondag ['zɔndɑx] *m* Sonntag *m* **~avond** [-'a:vənt] *m* Sonntagabend *m*; **~nacht** [-'nɑxt] *m* Sonntagnacht *f*.
zondags ['zɔndɑxs], *a.* ['sɔndɑx *Adj.* sonntäglich; Sonntags-; ('s) am Sonntag, sonntags.
zondags|blad ['zɔndɑɣzblɑt] Sonntagsblatt *n*; **~dienst** [-di:ns *m* Sonntagsdienst *m*; Sonntagsfahrplan *m*; Sonntagsmesse *f*; **~klere** [-kle:rə(n)] *pl.* Sonntagskleid *n/pl.*; *in* ~ im Sonntagsstaat **~rijder** [-rɛĭdər] (*-s*) *m* (*Wage* Sonntagsfahrer *m*; (*Pferd*) Sonntagsreiter *m*; **~rust** [-røst] *f* Sonntagsruhe *f*; **~school** [-xo:l] (*-sch len*) *f* Sonntagsschule *f*; **~wet** [-ʋɛ (*-ten*) *f* Sonntagsgesetz *n*.
zondares [zɔnda·'rɛs] (*-sen*) *f* Sünderin *f*.

on|de ['zɔndə] (*-n*) *f* Sünde *f*; *dagelijkse* (*kleine*; *vergeeflijke*) ~ äßliche Sünde; 't *is* ~ schade; **~debok** [-dəbɔk] (*-ken*) *m* Sündenbock *m*; **~denregister** [-dərəgɪstər] (*-s*) *n* Sündenregister *n*.
ong [zɔŋ] *s. zingen*.
onk [zɔŋk] *s. zinken*.
onder ['zɔndər] ohne; ~ *meer* ohne weiteres; **~ling** [-lɪŋ] *Adj.*, *Adv.* sonderbar; *Su. m* Sonderling *m*.
ondig ['zɔndəx] sündig, sündhaft; **~en** [-ɣ̊ə(n)] sündigen.
ondvloed ['zɔntflu·t] *m* Sintflut *f*.
one ['zo:nə] (*-n u. -s*) *f* Zone *f*.
one|clips, ~klips ['zɔnəklɪps] *f* Sonnenfinsternis *f*.
on|kant ['zɔnkɑnt] *m* Sonnenseite *f*; **~(ne)licht** [-(ə)lɪxt] *n* Sonnenlicht *n*.
onne|baan ['zɔnəba:n] (*-banen*) *f* Sonnenbahn *f*; **~bloem** [-blu:m] *f* Sonnenblume *f*; **~bril** [-brɪl] (*-len*) *n* Sonnenbrille *f*; **~hitte** [-hɪtə] *f* Sonnenhitze *f*; **~jaar** [-ja:r] (*-jaren*) *n* Sonnenjahr *n*; **~klopper** [-klɔpər] (*-s*) *m* Faulpelz *m*.
onnen ['zɔnə(n)] sonnen.
onne|rad ['zɔnərɑt] (*kein pl.*) *n* Sonnenrad *n*; **~scherm** [-sxɛrm] *n* Sonnenschirm *m*; (*vor dem Fenster*) Sonnendach *n*, Markise *f*; **~schijf** [-sxɛĭf] (*-schijven*) *f* Sonnenscheibe *f*; **~schijn** [-sxɛĭn] *m* Sonnenschein *m*; **~steek** [-ste:k] (*-steken*) *m* Sonnenstich *m*, Hitzschlag *m*; **~stelsel** [-stɛlsəl] (*-s*) *n* Sonnensystem *n*; **~straal** [-stra:l] (*-stralen*) *m u. f* Sonnenstrahl *m*; **~tijd** [-tɛĭt] *m* Sonnenzeit *f*; **~tje** [-tjə] (*-s*) *n*: *iemand in 't ~ zetten fig.* j-n zum besten haben; *van 't ~ genieten* (sich) sonnen; **~warmte** [-ʋɑrmtə] *f* Sonnenwärme *f*; **~wende** [-ʋɛndə] *f* Sonnenwende *f*; **~wijzer** [-ʋɛĭzər] (*-s*) *m* Sonnenuhr *f*.
onnig ['zɔnəx] sonnig.
ons|hoogte ['zɔnsho:xtə] *f* Sonnenhöhe *f*; **~ondergang** ['zɔn-], *a.* [zɔn'zɔndərɣ̊ɑŋ] *m* Sonnenuntergang *m*; **~opgang** ['zɔn-], *a.* [zɔn'ɔpxɑŋ] *m* Sonnenaufgang *m*; **~verduistering** [-fərdəʏstərɪŋ] *f* Sonnenfinsternis *f*.
oo [zo:] *m* Zoo *m*, zoologische(r) Garten *m*, Tiergarten *m*.
oog [zo:x] *s. zuigen*; **~dier** [-di:r] *n* Säugetier *n*; **~kind** [-kɪnt] (*-eren*) *n* Säugling *m*; **~ster** [-stər] (*-s*) *f* Amme *f*; **~zuster** [-søstər] (*-s*) *f* Milchschwester *f*.
zool [zo:l] (*zolen*) *f* Sohle *f*; **~le(d)er** [-le:(də)r] *n* Sohlleder *n*.
zoö|logie [zo·o·lo·'ɣ̊i:] *f* Zoologie *f*, Tierkunde *f*; Tiergarten *m*; **~logisch** [-'lo:ɣ̊i·s] zoologisch, tierkundlich; **~loog** [-'lo:x] (*-logen*) *m* Zoologe *m*.
zooi [zo:ĭ] (*zooien*) *f* Gesottene(s) *n* (*bsd. Geflügel-, od. Fischsuppe*).
zoom [zo:m] (*zomen*) *m* Saum *m*; (*Wald*) Rand *m*; Stadtrand *m*; **~lint** [-lɪnt] *n* Saumband *n*; **~naad** [-na:t] (*-naden*) *m* Saumnaht *f*.
zoopje ['zo:pjə] (*-s*) *n* Schlückchen *n*.
zoop [zo:p] *s. zuipen*.
zootje ['zo:tjə] (*-s*) *n* Häuflein *n*; *zo'n ~!* diese Bande!
zorg [zɔrx] *f* Sorge *f*; Besorgnis *f*; Sorgfalt *f*; ~ *dragen voor* Sorge tragen für (*A*); sorgfältig (auf)bewahren; achtgeben auf (*A*); *sociale* ~ Fürsorge *f*, Wohlfahrtspflege *f*; **~barend** [-ba:rənt] beunruhigend; **~dragend** [-dra:ɣ̊ənt] sorgsam.
zorge|lijk ['zɔrɣ̊ələk] sorgenvoll; bedenklich; **~loos** [-lo:s] sorglos; **~loosheid** [-'lo:shɛĭt] *f* Sorglosigkeit *f*.
zorgen ['zɔrɣ̊ə(n)] Sorge tragen, sorgen (*voor*/für *A*); besorgen, verschaffen; ~ *dat* dafür sorgen, daß.
zorg|vuldig [zɔrx'føldəx] sorgfältig; **~vuldigheid** [-'føldəxhɛĭt] *f* Sorgfalt *f*; **~wekkend** [-'ʋɛkənt] besorgniserregend; **~zaam** [-sa:m] sorgsam.
zot [zɔt] *Adj.*, *Adv.* närrisch, töricht; albern, dumm; verrückt; *ge zijt* (*je bent*) ~ du bist albern; du bist verrückt; *Su.* (*-ten*) *m* Tor *m*, Narr *m*; Irre(r *m*) *f*; *iemand voor de ~ houden* F j-n zum Narren halten; **~heid** [-hɛĭt] (*-heden*) *f* Torheit *f*, Narrheit *f*; **~huis** [-həʏs] (*-huizen*) *n* Irrenanstalt *f*.
zotskap ['zɔtskɑp] (*-pen*) *f* Narren-, Schellenkappe *f*.
zotten|klap ['zɔtəklɑp] *m*, **~praat** [-pra:t] (*kein pl.*) *m* Unsinn *m*, Geschwätz *n*, dumme(s) Zeug *n*.
zotternij [zɔtər'nɛĭ] *f* Torheit *f*, Albernheit *f*, Narretei *f*.
zottigheid ['zɔtəxhɛĭt] (*-heden*) *f* Dummheit *f*, Albernheit *f*; *bega*

geen ~*heden* mach keine Dummheiten. [*zullen*.}
zou [zaŭ], ~**den** ['zaudə(n)] *s.*}
zout [zaut] *Adj.* salzig; *Su. n* Salz *n*; ~**achtig** [-ɑxtəx] salzig; salzartig; ~**eloos** [-əlo:s] salzlos; *fig.* fade, abgeschmackt.
zouten ['zautə(n)] (*zoutte, gezouten*) salzen; *gezouten boter* gesalzene Butter.
zoutevis ['zautəv̊ɪs], *a.* [-'v̊ɪs] (*kein pl.*) *m* eingesalzener Kabeljau.
zoutgehalte ['zautxəhaltə] *n* Salzgehalt *m*.
zout|keet ['zautke:t] (*-keten*) *f* Salzwerk *n*; ~**korrel** [-kɔrəl] (*-s*) *m* Salzkorn *n*; ~**mijn** [-mɛĭn] *f* Salz(berg)werk *n*; ~**vat** [-fɑt] *n* Salzfaß *n*; ~**waterkuur** [-'ʋa:tərky:r] (*-kuren*) *f* Meerwasserkur *f*; ~**watervis** [-'ʋa:tərv̊ɪs] (*-sen*) *m* Seefisch *m*, Salzwasserfisch *m*; ~**ziederij** [-zi·də'rɛĭ] *f* Salzsiederei *f*; ~**zuur** [-sy:r] *n* Salzsäure *f*.
zo|veel ['zo:-], *a.* [zo:'v̊e:l] soviel; ~ *te meer* um so mehr; ~ *te beter* um so besser; ~**veelste** [-v̊e:lstə] (der, die, das) sovielte; *voor de* ~ *keer* zum sovielten Male; ~**ver(re)** [-'vɛr(ə)] soweit; *in* ~, *dat* dermaßen, daß; *voor* ~ *ik weet* soviel ich weiß; ~**waar** [-'ʋa:r] wahrlich; ~**wat** [-ʋɑt] ungefähr, etwa; ~**wel** [-'ʋɛl] sowohl; ~**zeer** [-'ze:r] dermaßen, derart; *niet* ~ ..., *maar* nicht so sehr ..., sondern.
zucht[1] [zøxt] *m* Atemzug *m*, Seufzer *m*; Luftzug *m*; *een* ~ *slaken* aufseufzen; ~[2] *f* Sucht *f*, Begierde *f*, Trieb *m*; ~ *tot zelfbehoud* Selbsterhaltungstrieb *m*; ~**en** [-ə(n)] seufzen; ~**ig** [-əx] wassersüchtig; ~**tje** [-tjə] (*-s*) *n* Lüftchen *n*; Hauch *m*.
zuid [zəʏt] südlich, aus Süden; *Su. om de* ~ *varen* nach Süden fahren (segeln).
Zuid-Afrika [zəʏ'da·frɪka·] *n* Südafrika *n*. [südafrikanisch.}
Zuidafrikaans [zəʏda·frɪ'ka:ns]}
Zuid-Amerika [zəʏda·'me:rɪka·] *n* Südamerika *n*.
Zuidamerikaans [zəʏda·me·rɪ'ka:ns] südamerikanisch.
zuidelijk ['zəʏdələk] südlich.
zuiden ['zəʏdə(n)] *n* Süden *m*; ~**wind** [-ʋɪnt] *m* Südwind *m*.
zuider|breedte ['zəʏdərbre:tə] *f* südliche Breite *f*; ~**grens** [-ɣrɛn (*-grenzen*) *f* Südgrenze *f*, südlich Grenze *f*; ~**keerkring** [-ke:rkrɪ *m* südliche(r) Wendekreis *r* ~**kruis** [-krəʏs] *n* südliche(Kreuz *n*; ~**ling** [-lɪŋ] *m* Südländ *m*; ~**zon** [-zɔn] *f* Südsonne *f*.
Zuiderzee [zəʏdər'ze:] *f* Zuidersee
Zuidnederlands [zəʏt'ne:dərlant *n* Südniederländisch *n*, Flämisch
zuidoost [zəʏ'do:st], ~**elijk** [-ələ südöstlich; ~**en** [-ə(n)] *n* Südost *r* ~**enwind** [-əʋɪnt] *m*, ~**er** [-ər] (- *m* Südostwind *m*.
zuidpool ['zəʏtpo:l] *m* Südpol *r* ~**cirkel** [-si·rkəl] *m* südliche(Polarkreis *m*; ~**landen** [-lɑndə(r *pl.* Südpolarländer *n/pl.*
zuid|vruchten ['zəʏtfrøxtə(n)] *f* Südfrüchte *f/pl.*; ~**waarts** [-ʋa:rt südwärts; ~**westelijk** [-'ʋɛstələ südwestlich; ~**westenwind** [-'ʋɛ tə(n)ʋɪnt] *m*, ~**wester** [-'ʋɛstər] Südwestwind *m*.
Zuidzee ['zəʏtse:] *f* Südsee *f*.
zuidzijde ['zəʏtsɛĭdə] *f* Südseite
zuig|eling ['zəʏɣəlɪŋ] *m* Säugli *m*; ~*ensterfte* Säuglingssterblic keit *f*; ~**en** [-ə(n)] (*zoog, gezoge* saugen; ~**er** [-ər] (*-s*) *m* Sauger *r* (*Pumpe*) Kolben *m*; ~**erslag** [-ə lɑx] *m* Kolbenhub *m*; ~**fles** [-flɛ (*-sen*) *f* Saugflasche *f*; ~**ing** [-ɪŋ] Saugen *n*; ~**klep** [-klɛp] (*-pen*) Saugventil *n*; ~**pomp** [-pɔmp] Saug-, Kolbenpumpe *f*; ~**toest** [-tu:stɛl] (*-len*) *n* Saugapparat Sauggerät *n*.
zuil [zəʏl] *f* Säule *f*; ~**enga** [-ə(n)ɣɑŋ] *m*, ~**enrij** [-ə(n)rɛĭ] Säulengang *m*, Säulenreihe *f*, K lonnade *f*, Säulenhalle *f*; ~**heili** [-hɛĭləɣə] (*-n*) *m* Säulenheilige(r)
zuinig ['zəʏnəx] sparsam, wi schaftlich; (*gering*) spärlich, dü tig; ~**heid** [-hɛĭt] *f* Sparsamkeit *Tech.* Wirtschaftlichkeit *f*; ~**heid** **maatregel** [-hɛĭtsma:tre:ɣəl] Einsparungsmaßnahme *f*; ~ [-jəs] sparsam; ~ *met iets omspr gen* möglichst sparsam mit et umgehen.
zuip [zəʏp] *m* F Suff *m*; *aan de zijn* dem Suff ergeben sein; ~ [-ə(n)] (*zoop, gezopen*) saufen; ~ [-ər] (*-s*) *m*, ~**lap** [-lɑp] (*-pen*) Säufer *m*, Saufbold *m*, Trunke bold *m*.

zuivel [ˈzəʏv̊əl] (*kein pl.*) *m u. n* Milchprodukte *n/pl.* (*bsd. Butter u. Käse*), Molkereiprodukte *n/pl.* (*auch Eier*); **~bereiding** [-bərɛĭdɪŋ] *f* Milchwirtschaft *f*; **~fabriek** [-fɑbriˑk] *f* Molkerei *f*; **~produkt** *a.* **-duct** [-proˑdəkt] *n* Molkereiprodukt *n*.

zuiver [ˈzəʏv̊ər] sauber, rein; ~ *toeval* reiner Zufall; ~ *inkomen* Nettoeinkommen *n*; ~*e winst* Netto-, Reingewinn *m*; ~*e opbrengst* Netto-, Reinerlös *m*; *dat zaakje is niet* ~ die Sache ist verdächtig; ~ *en alleen* einzig und allein, lediglich; *niet* ~ *op de graat* nicht ganz ehrlich; *van het* ~*ste water* ohne Fehler; ohne Gebrechen; (*Diamant*) lupenrein.

zuive|ren [ˈzəʏv̊ərə(n)] säubern, reinigen; *fig.* läutern.

zuiver|heid [ˈzəʏv̊ərhɛĭt] (*kein pl.*) *f* Sauberkeit *f*, Reinheit *f*; *fig.* Lauterkeit *f*; **~ing** [-ɪŋ] *f* Säuberung *f*, Reinigung *f*; **~ingsactie** *a.* **-aktie** [-ɪŋzɑksiː] (*-s*) *f* (*Staat, Partei, a. mil.*) Säuberungsaktion *f*; **~ingseed** [-ɪŋzeːt] (*-eden*) *m* Offenbarungseid *m*; **~ingszout** [-ɪŋsɑut] *n* Purgiersalz *n*.

zulk [zəlk] solch, solche(r, -s); **~s** [-s] das, solches, so etwas.

zullen [ˈzələ(n)] (*zou[de], zouden*; *kein Partizip*; *Futur*: *ik zal*; *jij* [*U*] *zal*, *jij* [*U*] *zult*; *hij* [*zij*] *zal*; *jullie zullen* [*zult*]) werden; (*Gebot*) sollen; (*vorhaben*) wollen; *hoe zou ik dat weten?* wie sollte ich das wissen?; *het zou goed zijn* es wäre gut (richtig); *gij zult niet stelen* du sollst nicht stehlen; *ik zal het zeggen* ich werde es sagen (ausrichten); *dat zal wel* sicherlich; *dat zal wel waar zijn* das wird schon stimmen; *wij* (*we*) *zouden een wandeling doen* wir wollten e-n Spaziergang machen.

zult[1] [zəlt] *s. zullen*; **~**[2] *n* Sülze *f*; **~spek** [-spɛk] *n* gesalzener Speck; **~vlees** [-fleːs] *n* gesalzenes Fleisch, Sülzfleisch *n*.

zuring [ˈzyːrɪŋ] *f* Sauerampfer *m*; **~zout** [-zɑut] *n* Kleesalz *n*.

zus[1] [zəs] so; ~ *of zo* so oder so.

zus[2] (*-sen*) *f* Schwester *f*; **~je** [ˈzəʃə] (*-s*) *n* Schwesterchen *n*.

zuster [ˈzəstər] (*-s*) *f* Schwester *f*; **~kind** [-kɪnt] (*-eren*) *n* Nichte *f*; **~lijk** [-lək] schwesterlich; **~-overste** [-ˈoːv̊ərstə] (*-n*) *f* Oberin *f*; **~school** [-sxoːl] (*-scholen*) *f* Schwesternschule *f*; **~vereniging** [-v̊əreːnəɣ̊ɪŋ] *f* Schwesternverein *m*.

zuur [zyːr] sauer; (*Boden, Wiese*) naß; *Adv.* schwer, unangenehm; *Su.* (*zuren*) *n* Saure(s) *n*; *Chem.* Säure *f*; *een* ~ *gezicht* e-e saure Miene; *die is* ~*!* der ist geliefert!; *augurken in 't* ~ saure Gurken *f/pl.*; *het* ~ *hebben* Sodbrennen haben; *het* ~ *hebben* (*in het leven*) es schwer im Leben haben; ~ *en zoet van 't leven* Freud und Leid des Lebens; ~ *worden* sauer werden; versauern; *Milch*: gerinnen; *Wein*: umschlagen; **~achtig** [-ɑxtəx] säuerlich; **~deeg** [-deːx] *n*, **~desem** [-deːsəm] (*kein pl.*) *m* Sauerteig *m*; **~gehalte** [-ɣ̊əhɑltə] (*-n u. -s*) *n* Säuregehalt *m*; **~kool** [-koːl] *f* Sauerkraut *n*; **~pruim** [-prəʏm] *f* Griesgram *m*; **~stel** [-stɛl] (*-len*) *n* Gewürzständer *m*.

zuurstof [ˈzyːrstɔf] Sauerstoff *m*, Oxygen *n*; **~apparaat** [-ɑpɑraːt] (*-raten*) *n* Sauerstoffapparat *m*; **~verbinding** [-fərbɪndɪŋ] *f* Sauerstoffverbindung *f*.

zuurtje [ˈzyːrtjə] (*-s*) *n* Bonbon *m u. n*; *n/pl.* Essiggurken *f/pl.*; **~s** [-s] *Adv.* enttäuscht; *hij keek maar* ~ er war (schien) enttäuscht.

zuur|vast [ˈzyːrv̊ɑst] säurebeständig, säurefest; **~zoet** [-zuˑt] süßsauer.

Zwaab [zʋaːp] (*Zwaben*) *m* Schwabe *m*.

zwaai [zʋaːĭ] *m* Schwung *m*; Schwenkung *f*; (*am Reck*) Welle *f*; **~en** [-jə(n)] schwenken; schwingen; *mar.* wenden, schwojen.

zwaan [zʋaːn] (*zwanen*) *m u. f* Schwan *m*.

zwaantjes [ˈzʋaːntjəs] *pl.* 22 (*beim Gänsespiel*); F motorisierte Verkehrspolizei *f*.

zwaar [zʋaːr] schwer; ~ *bier* Starkbier *n*; *zware grond* fetter Boden; *zware mist* dichter Nebel; ~ *vergift* starkes Gift; ~ *geval* (*a. jur.*) ein schwerer Fall; *Med.* e-e schwere Krankheit; *zware stem* tiefe Stimme; ~ *verkouden* stark erkältet.

zwaard [zʋaːrt] *n* Schwert *n*; **~leen** [-leːn] (*-lenen*) *n* Schwertlehen *n*; **~lelie** [-leːliː] (*-s u. -leliën*) *f* Schwertlilie *f*; **~slag** [-slɑx] *m*

Schwertstreich *m*; **~vechter** [-fɛxtər] (*-s*) *m* Schwertkämpfer *m*, Gladiator *m*; **~vis** [-fɪs] (*-sen*) *m* Schwertfisch *m*.

zwaar|gebouwd ['zʋa:rɣəbɑut] stämmig, vierschrötig, von kräftiger Gestalt; **~gewapend** [-ɣəʋa:pənt] schwerbewaffnet.

zwaargewicht ['zʋa:rɣəʋɪxt] *n* Schwergewicht *n*; Schwergewichtler *m*; *kampioen in (van) het ~* Schwergewichtsmeister *m*.

zwaar|hoofdig [zʋa:r'ho:vdəx] pessimistisch; **~lijvig** [-'lɛivəx] beleibt, korpulent, stark; **~moedig** [-'mu·dəx] schwermütig; **~moedigheid** [-'mu·dəxhɛit] *f* Schwermut *f*.

zwaarte ['zʋa:rtə] *f* Schwere *f*; Wucht *f*; Gewicht *n*; **~kracht** [-krɑxt] *f* Schwerkraft *f*, Anziehungskraft *f*, Gravitation *f*; *wet van de ~* Gravitationsgesetz *n*; **~punt** [-pənt] *n* Schwerpunkt *m*.

zwaar|tillend [zʋa:r'tɪlənt] pessimistisch; ängstlich; bedenklich; **~wichtig** [-'ʋɪxtəx] (*mst. ironisch*) gravitätisch, wichtigtuerisch.

zwabber ['zʋɑbər] (*-s*) *m* Schwabber *m*; *fig.* liederliche(r) Patron *m*; *op de ~ zijn* bummeln.

Zwa|ben ['zʋa:bə(n)] *n* Schwaben *n*; **~bisch** [-bi·s] schwäbisch; **~bische** [-bi·sə] (*-n*) *f* Schwäbin *f*.

zwachtel ['zʋɑxtəl] (*-s*) *m* Binde *f*, Verband *m*; **~en** [-ə(n)] verbinden, ein-, umwickeln.

zwadder ['zʋɑdər] (*kein pl.*) *m* Gift *n*, Geifer *m* (*a. fig.*).

zwager ['zʋa:ɣər] (*-s*) *m* Schwager *m*; **~in** [-'ɪn] (*-nen*) Schwägerin *f*; **~schap** [-sxɑp] (*-pen*) *n u. f* Schwägerschaft *f*.

zwak [zʋɑk] schwach; (*Laut, Stimme*) leise; *Su.* (*-ken*) *n* Schwäche *f*, Vorliebe *f*; *~ werkwoord Gr.* schwaches (regelmäßiges) Zeitwort; *~ van geest* geistesschwach; *~ van gezicht* schwachsichtig; *~ van adem* schwachatmig; *~ bevolkt* schwachbevölkert; *het ~ke punt fig.* schwache(r) Punkt *m*; *hij heeft een ~ voor* er hat e-e Schwäche für; **~heid** [-hɛit] (*-heden*) *f* Schwäche *f*, Schwachheit *f*; **~hoofd** [-ho:ft] *m u. f* Schwachkopf *m*; **~jes** [-jəs] schwach; kaum; *het is maar ~ te zien* es ist kaum spürbar; *hij verweerde zich maar ~* er leistete kaum Widerstand; **~keling** [-əlɪŋ] *m* Schwächling *m*; **~te** [-tə] (*kein pl.*) Schwäche *f*; *aanval van ~* Schwächeanfall *m*; **~zinnig** [-'sɪnəx] schwachsinnig.

zwalken ['zʋɑlkə(n)] sich herumtreiben; herumschwärmen; schwalken. [wogen.

zwalpen ['zʋɑlpə(n)] schwappen;

zwaluw ['zʋa:ly·ŭ] *f* Schwalbe *f*; **~nest** [-nɛst] *n* Schwalbennest *n*; **~staart** [-sta:rt] *m* Schwalbenschwanz *m*.

zwam [zʋɑm] (*-men*) *f* Schwamm *m*; **~achtig** [-ɑxtəx] schwammartig; **~men** [-ə(n)] faseln, Unsinn reden.

zwane|dons ['zʋa:nədɔns] *n* Schwanenflaum *m*; **~pen** [-pɛn] (*-nen*) Schwanenfeder *f*, Schwanenkiel *m*; **~zang** [-zɑŋ] *m* Schwanengesang *m*.

zwang [zʋɑŋ]: *in ~ zijn* im Schwange sein, Mode sein; *in ~ komen* aufkommen, Mode werden; (*Vergnügen*) in Schwung kommen.

zwanger ['zʋɑŋər] schwanger; *gaan van ...* sich mit (e-m Vor haben) tragen; **~schap** [-sxɑp] (*kein pl.*) *f* Schwangerschaft *f*; *s. vruchtafdrijving.* [Witz *m*.

zwans [zʋɑns] (*zwanzen*) *f* Jux *m*,

zwan|zen ['zʋɑnzə(n)] Possen reißen, flachsen; *j-n* auf die Schipp nehmen; **~zer** [-zər] (*-s*) *m* Spaßvogel *m*.

zwarigheid ['zʋa:rəxhɛit] (*-heden*) Bedenken *n*; Schwierigkeit *f*.

zwart [zʋɑrt] schwarz; *Su.* (*kein pl.*) *n* Schwarz *n*; *~ werk* Schwarzarbeit *f*; *~ werken* schwarzarbeiten; *~ rijden* schwarzfahren; *~e markt* Schwarzmarkt *m*; *~e lijster* Schwarzamsel *f*, Schwarzdrossel *f*; *~e piet m* (*Kartenspiel*) Pikbube *m*, Schwarze(r) Peter *m*; *Ƶe Piet* Knecht *m* Ruprecht; *het Zwarte Woud* Schwarzwald *m*; *de Zwarte Zee* Schwarze(s) Meer *n*; *de vloot van de Zwarte Zee* Schwarzmeerflotte *f*; *iemand ~ maken* j-n anschwärzen.

zwart|achtig ['zʋɑrtɑxtəx] schwärzlich; **~bont** [-bɔnt] schwarzweiß; **~e** [-ə] (*-n*) *m u. f* Schwarze(r *m*), Neger(in *f*) *m*; *fig.* Kollaborateur *m*; **~e-marktprijs** [-ə'mɑrktprɛis] (*-prijzen*) *m* Schwarzmarktpreis *m*; **~(e)handelaar** [-(ə)hɑndəla:r] (

u. -laren) *m* Schwarzhändler *m*; **~epieten** [-əˈpi·tə(n)] (*Kartenspiel*) *s. zwart*; **~gallig** [-ˈxɑləx] melancholisch, pessimistisch; **~kijker** [-kɛĭkər] (*-s*) *m* Schwarzseher *m*, Pessimist *m*; **~loner** [-lo:nər] (*-s*) *m* Schwarzarbeiter *m*; **~rijder** [-rɛĭdər] (*-s*) *m* Schwarzfahrer *m*; **~rok** [-rɔk] (*-ken*) *m* F Schwarzrock *m*; **~sel** [-səl] *n* Schwärze *f*.

wavel [ˈzʋa:v̊əl] *m* Schwefel *m*; **~achtig** [-ɑxtəx] schwefelartig; **~bad** [-bɑt] *n* Schwefelbad *n*; **~bloem** [-blu:m] *f* Schwefelblüte *f*; **~bron** [-brɔn] (*-nen*) *f* Schwefelquelle *f*; **~damp** [-dɑmp] *m* Schwefeldampf *m*; **~erts** [-ɛrts] *n* Schwefelerz *n*; **~ig** [-əx] schweflig; **~koolstof** [-ko:lstɔf] *f* Schwefelkohlenstoff *m*; **~waterstof** [-ʋa:tərstɔf] *f* Schwefelwasserstoff *m*; **~zuur** [-zy:r] *Adj.* schwefelsauer; *Su. n* Schwefelsäure *f*.

weden [ˈzʋe:də(n)] *n* Schweden *n*.

weed [zʋe:t] (*Zweden*) *m* Schwede *m*; **~s** [-s] schwedisch; *Su. n* Schwedisch *n*; **~se** [-sə] (*-n*) *f* Schwedin *f*.

weef|baan [ˈzʋe:v̊ba:n] (*-banen*) *f* Schwebebahn *f*; **~brug** [-brɵx] (*-gen*) *f* Hängebrücke *f*; **~molen** [-mo:lə(n)] (*-s*) *m* Karussell *n*; (*Turngerät*) Rundlauf *m*; **~spoor** [-spo:r] (*-sporen*) *n* Schwebebahn *f*; **~vlieger** [-fli:ɣər] (*-s*) *m* Segelflieger *m*; **~vliegtuig** [-fli:xtɵyx] *n* Segelflugzeug *n*; **~vlucht** [-flɵxt] *f* Segelflug *m*; Gleitflug *m*.

weeg [ˈzʋe:x] *s. zwijgen.*

weem [zʋe:m] (*kein pl.*) *m* Anstrich *m*; Anflug *m*, Hauch *m*; **~pje** [-pjə] *n*: geen ~ kein Hauch; nicht die geringste Spur.

weep [ˈzʋe:p] (*zwepen*) *f* Peitsche *f*; **~slag** [-slɑx] *m* Peitschenhieb *m*; **~touw** [-tɑŭ] *n* Peitschenschnur *f*.

weer [zʋe:r] (*zweren*) *m u. f* Geschwür *n*.

weet [zʋe:t] *n* Schweiß *m*; **~bad** [-bɑt] *n* Schwitzbad *n*; **~doek** [-du·k] *m* Schweißtuch *n*; **~droppel** [-drɔpəl], **~druppel** [-drɵ-] (*-s*) *m* Schweißtropfen *m*; **~kamer** [-ka:mər] (*-s*) *f* Schwitzkammer *f*; **~klier** [-kli:r] *f* Schweißdrüse *f*; **~kuur** [-ky:r] (*-kuren*) *f* Schwitzkur *f*; **~voeten** [-fu·tə(n)] *pl.* Schweißfüße *m/pl.*

zwelg|en [ˈzʋɛlɣ̊ə(n)] (*zwolg, gezwolgen*) schwelgen; schlingen; **~erij** [-əˈrɛĭ] *f*, **~partij** [-pɑrtɛĭ] *f* Schwelgerei *f*, Schlemmerei *f*.

zwel|len [ˈzʋɛlə(n)] (*zwol, gezwollen*) schwellen; *Holz, Tür:* quellen; doen ~ (*Wärme*) ausdehnen; **~ling** [-lɪŋ] *f* Anschwellung *f*, Schwellung *f*; Geschwulst *f*.

zwem|bad [ˈzʋɛmbɑt] *n* Schwimmbad *n*, Schwimmbecken *n*; overdekt ~ Hallenbad *n*; **~broek** [-bru·k] *f* Schwimmhose *f*, Badehose *f*; **~gordel** [-ɣ̊ɔrdəl] (*-s*) *m* Schwimmgürtel *m*; **~les** [-lɛs] (*-sen*) *f* Schwimmstunde *f*; **~men** [-ə(n)] (*zwom, gezwommen*) schwimmen; **~pak** [-pɑk] (*-ken*) *n* Badeanzug *m*; **~school** [-sxo:l] (*-scholen*) *f* Schwimmschule *f*; **~sport** [-spɔrt] *f* Schwimmsport *m*; **~ster** [-stər] (*-s*) *f* Schwimmerin *f*; **~vest** [-v̊ɛst] *n* Schwimmweste *f*; **~vin** [-v̊ɪn] (*-nen*) *f* Schwimmflosse *f*; **~vlies** [-v̊li:s] (*-vliezen*) *n* Schwimmhaut *f*; **~vogel** [-v̊o:ɣ̊əl] (*-s*) *m* Schwimmvogel *m*; **~wedstrijd** [-ʋɛtstrɛĭt] *m* Wettschwimmen *n*.

zwendel [ˈzʋɛndəl] *m* Schwindel *m*; **~aar** [-a:r] (*-s*) *m* Schwindler *m*; Hochstapler *m*; **~arij** [-a·ˈrɛĭ] *f* Schwindel *m*; Hochstapelei *f*; **~en** [-ə(n)] schwindeln.

zwengel [ˈzʋɛŋəl] (*-s*) *m* Schwengel *m*; Dreschflegel *m*; (*Wagen*) Kurbel *f*.

zwenk [zʋɛŋk] *m* Drehung *f*, Wendung *f*; **~en** [-ə(n)] schwenken, (um)drehen; *v/i* sich drehen; **~ing** [-ɪŋ] *f* Drehung *f*, Wendung *f*; (*Geschoß, Zwirn*) Drall *m*; ~ naar links *fig.* (*Überzeugung, Partei*) Linksdrall *m*.

zwepen [ˈzʋe:pə(n)] peitschen.

zweren[1] [ˈzʋe:rə(n)] (*zwoer, gezworen*) schwören; bij hoog en laag ~ hoch und teuer schwören; ik zweer het ich schwöre.

zweren[2] (*zwoor od. zweerde, gezworen*) schwären; eitern.

zwerf|blok [ˈzʋɛrv̊blɔk] (*-ken*) *n* Findling *m*; **~ster** [-stər] (*-s*) *f* Landstreicherin *f*, Herumstreicherin *f*; **~tijd** [-tɛĭt] *m Zool.* Strichzeit *f*; **~tocht** [-tɔxt] *m* Wanderung *f*, Streifzug *m*; Irrfahrt *f*; **~vogel** [-fo:ɣ̊əl] (*-s*) *m* Strichvogel *m*.

zwerk [zʋɛrk] (*kein pl.*) *n* Gewölk *n*; Himmel *m*, Firmament *n*.

zwerm [zʋɛrm] *m* Schwarm *m*; (*Bienen*) Schwarm *m*, Volk *n*; **~en** [-ə(n)] schwärmen (*a. fig.*); herumstreichen.
zwer|veling ['zʋɛrv̊əlɪŋ] *m* Wanderer *m*; *pej.* Landstreicher *m*; Heimatlose(r) *m*; **~ven** [-v̊ə(n)] (*zwierf, gezworven*) umherirren, umherschweifen; wandern; **~ver** [-v̊ər] (*-s*) *m* Wanderer *m*; Landstreicher *m*; **~versleven** [-v̊ərsle:v̊ə(n)] *n* unstete(s) Leben *n*; **~versstaf** [-v̊ərstɑf] (*-staven*) *m* Wanderstab *m*.
zweten ['zʋe:tə(n)] schwitzen.
zweterig ['zʋe:tərəx] schweißig; leicht schwitzend.
zwet|sen ['zʋɛtsə(n)] prahlen, aufschneiden; renommieren; **~ser** [-sər] (*-s*) *m* Prahler *m*, Aufschneider *m*; F Klatschmaul *n*, Quatschkopf *m*.
zweven ['zʋe:v̊ə(n)] schweben.
zwezerik [zʋe:zərək], *a.* [-rɪk] *m* Kalbsmilch *f*, Bröschen *n*, Bries *n*.
zwichten ['zʋɪxtə(n)] weichen (*voor/D*); nachgeben; unterliegen.
zwiep|en ['zʋi:pə(n)] schwingen; federn; **~plank** [-plɑŋk] *f* Laufplanke *f*, Laufbrett *n*.
zwier [zʋi:r] (*kein pl.*) *m* Schwung *m*; Eleganz *f*, Grazie *f*; *met ~* mit Schwung, mit Begeisterung; *met veel ~* sehr elegant; *op ~ zijn (gaan)* bummeln, e-n Bummel machen; **~bol** [-bɔl] (*-len*) *m* Bummler *m*, Nachtschwärmer *m*; **~en** [-ə(n)] schwingen; schweben; bummeln; (*Betrunkener*) schwanken, torkeln; **~ig** [-əx] elegant, graziös; schwungvoll; **~molen** [-mo:lə(n)] (*-s*) *m* Karussell *n*.
zwierf [zʋi:rf] *s. zwerven.*
zwijg|en ['zʋɛi̯ɣ̊ə(n)] (*zweeg, gezwegen*) schweigen; **~er** [-ər] (*-s*) *m* Schweiger *m*, Schweigsame(r) *m*; *Willem de ~* Wilhelm der Schweigsame; **~geld** [-xɛlt] *n* Schweigegeld *n*; *~ aannemen (aanvaarden)* sich bestechen lassen; **~plicht** [-plɪxt] *m u. f* Schweigepflicht *f*; **~zaam** [-sa:m] schweigsam; verschwiegen.
zwijm [zʋɛi̯m]: *in ~ vallen* ohnmächtig werden, in Ohnmacht fallen.
zwijmel ['zʋɛi̯məl] (*kein pl.*) *m* Taumel *m*, Schwindel *m*; **~en** [-ə(n)] schwindlig sein; wanken; ohnmächtig werden; (*Betrunkene*) torkeln.
zwijn [zʋɛi̯n] *n* Schwein *n*; *wild* ... Wildschwein *n*, Sau *f*; *wilde ~e*... Schwarzwild *n*, Schalentiere *n/pl.* *parelen voor de ~en werpen fig*... Perlen vor die Säue werfen.
zwijne|boel ['zʋɛi̯nəbu:l] *m* Sau... Schweinewirtschaft *f*; **~jach**... [-jɑxt] *f* Saujagd *f*, Jagd *f* au... Schwarzwild, Sauhatz *f*; **~kos**... [-kɔst] *m* Schweinefutter *n* (*a. fig.* Saufraß *m*; **~kot** [-kɔt] (*-en u. -te*... *n* Schweinestall *m*, Schweinekobe... *m*.
zwijnen ['zʋɛi̯nə(n)] *f fig.* Schwei... haben; **~hoeder** [-hu·dər] (*-s*) ... Schweinehirt *m*.
zwijne|rij [zʋɛi̯nə'rɛi̯] *f* Schweinere... *f*, Sauerei *f*; **~trog** ['-trɔx] (*-gen*) ... Schweinetrog *m*; **~vlees** [-v̊le:s] ... Schweinefleisch *n*.
zwijns|kop ['zʋɛi̯nskɔp] (*-pen*) ... Schweinskopf *m*; **~le(d)er** [-le... (də)r] *n* Schweinsleder *n*.
zwijntje ['zʋɛi̯ntjə] (*-s*) *n* Schwein... chen *n*, Ferkel *n*.
zwik [zʋɪk] (*-ken*) *m* Zapfen *m*; Ve... stauchung *f*; **~boor** [-bo:r] (*-bore*... *f* Lochbohrer *m*; **~gat** [-xɑt] ... Spundloch *n*; **~ken** [-ə(n)] verre... ken, verstauchen.
zwin [zʋɪn] (*-nen*) *n* Priel *m*.
zwing [zʋɪŋ] *f* Schwinge *f*, Flügel *n*...
zwingel ['zʋɪŋəl] (*-s*) *m* Brechsto... *m*; **~en** [-ə(n)] schwingen; *Flac*... brechen.
Zwitser ['zʋɪtsər] (*-s*) *m* Schweiz... *m*; **~land** [-lɑnt] *n* Schweiz *f*; ... [-s] schweizerisch; *~e kaas* Schwe... zerkäse *m*; **~se** [-sə] (*-n*) *f* Schwe... zerin *f*.
zwoe|gen ['zʋu:ɣ̊ə(n)] sich a... rackern, schuften, sich abmühe...; *al ~d werken* keuchend arbeite...; *verder ~* sich keuchend fortschle... pen; **~ger** [-ɣ̊ər] (*-s*) Schwe... arbeiter *m*, Arbeitssklave *m*.
zwoel [zʋu:l] schwül, drückend; **~heid** [-hɛi̯t] (*kein pl.*) *f*, **~te** [-t... (*kein pl.*) *f* Schwüle *f*.
zwoer [zʋu:r] *s. zweren*[1].
zwoerd [zʋu:rt] *n* (Speck-)Schwar... [te *f*
zwol [zʋɔl] *s. zwellen.*
zwolg [zʋɔlx] *s. zwelgen.*
zwom [zʋɔm] *s. zwemmen.*
zwoor [zʋo:r] *s. zweren*[2].
zwoord [zʋo:rt] *n s. zwoerd.*

Eigennamen

A

Aafjes ['aːfjəs], **Bertus** nied. Dichter.
Abeele [ɑ'beːlə], **Albijn van den** fl. Maler.
Adama van Scheltema ['aːdəmaˑ v̊an 'sxɛltəmɑ] nied. Dichter.
Ammers-Küller ['ɑmərs kylər], **Jo van** nied. Schriftstellerin.
Andriessen [ɑn'driːsən] nied. Komponist.
Antwerpen ['ɑntʋɛrpən] fl. Stadt.

B

Badings ['baːdɪŋs], **Henk** nied. Komponist.
Baekelmans ['baːkəlmɑns], **Lode** fl. Schriftsteller.
Bazel ['baːzəl], **de** nied. Architekt.
Beatrijs ['beˑjatrɛĭs] fl. mittelalterliches Epos.
Beets [beːts], **Nicolaas** nied. Schriftsteller.
Benoit [bə'nʋɑ], **Peter** fl. Komponist.
Berghe ['bɛrɣ̊ə], **Frits van den** fl. Maler.
Berlage ['bɛrlaːɣ̊ə] nied. Architekt.
Bilderdijk ['bɪldərdɛĭk] nied. Dichter.
Blaman ['blaːmɑn], **Anna** nied. Schriftstellerin.
Bloem [bluˑm] nied. Dichter.
Boon [boːn], **Louis Paul** fl. Schriftsteller.
Bosch [bɔs], **Hiëronymus** *od.* **Jeroen** nied. Maler.
Boudier-Bakker ['buːdiːr 'bɑkər], **Ina** nied. Schriftstellerin.
Boutens ['bautəns] nied. Dichter.
Bouts [bauts], **Dirk** fl. Maler.
Bouwman ['bauman] nied. Historiker.
Bredero ['breːdəroː] nied. Lustspieldichter.
Breughel ['brøːɣ̊əl], **Pieter** fl. Maler.
Brouwer ['brauʋər], **Adriaan** fl. Maler.
Brusselmans ['brəsəlmɑns], **Jan** fl. Maler.
Bruycker ['brəʏkər], **Jules de** fl. Maler u. Graphiker.
Busken Huet [bəskən y'ʋɛ] nied. Schriftsteller.
Buysse ['bəʏsə], **Cyriel** fl. Schriftsteller.

C

Campen ['kɑmpən], **Jacob van** nied. Architekt.
Cats [kɑts], **Jacob** nied. Dichter.
Claes [klaːs], **Ernest** fl. Schriftsteller.
Claus [klaus], **Emiel** fl. Maler.
Claus, Hugo fl. Dramatiker.
Conscience [kɔn'ʃaːns], **Hendrik** fl. Schriftsteller.
Coolen ['koːlən], **Anton** nied. Schriftsteller.
Coornhert ['koːrənhɛrt] nied. Dichter.
Couperus [kuˑ'peːrəs], **Louis** nied. Schriftsteller.
Courtens ['kuˑrtəns], **Franz** fl. Maler.
Cuyp [kəʏp] nied. Maler.
Cuypers ['kəʏpərs] nied. Architekt.

D

Damiaan [dɑmiˑ'(j)aːn], **Pater** fl. Missionar.
Deken ['deːkən], **Aagje** nied. Schriftstellerin.
Der Mouw [dɛr 'maŭ] nied. Philosoph u. Dichter.
Deyssel ['dɛĭsəl], **Lodewijk van** nied. Schriftsteller.
Diepenbrock ['diːpənbrɔk] nied. Komponist.
Dijk [dɛĭk], **Antoon van** fl. Maler.
Dodoens [dɔ'duˑns] fl. Botaniker.
Dongen ['dɔŋən], **Kees van** nied. Maler.
Doolaard ['doːlaːrt], **den** nied. Schriftsteller.
Dopper ['dɔpər] nied. Komponist.
Dudok ['dyːdɔk] nied. Architekt.
Duinkerken ['dəʏnkɛrkən], **Anton van** nied. Dichter.

E

Eeden [ˈeːdən], **Frederik van** nied. Dichter.
Elckerlyc [ˈɛlkərlək] mittelalterliches Mysterienspiel.
Elsschot [ˈɛlsxɔt], **Willem** fl. Schriftsteller.
Ensor [ɛnˈsɔːr], **James** fl. Maler.
Erasmus [eˑˈrɑsməs] nied. Humanist.
Evenepoel [ˈeˑv̥eˑnəˈpuːl], **Henri** fl. Maler.
Eyck [ɛĭk], **Hubert van** fl. Maler.
Eyck, Jan van fl. Maler.
Eyck, P. N. van nied. Dichter.

F

Fabricius [faˑˈbriˑsiˑəs], **Jan** nied. Dramatiker.
Fabritius, Carel nied. Maler.

G

Gezelle [ɣ̊əˈzɛlə], **Guido** [ˈɣ̊iːdoˑ] fl. Dichter.
Gilson [ʒiˑlˈsɔ̃], **Paul** fl. Komponist.
Goes [ɣ̊uːs], **Hugo van der** fl. Maler.
Gogh [ɣ̊ɔx], **Vincent van** nied. Maler.
Gorter [ˈɣ̊ɔrtər], **Herman** nied. Dichter.
Greshoff [ˈɣ̊rɛshɔf], **Jan** nied. Dichter.
Groot [ɣ̊roːt], **Hugo de** nied. Rechtsgelehrter u. Staatsmann.
Gysen [ˈɣ̊ɛĭzən], **Marnix** fl. Schriftsteller.

H

Hadewych [ˈhaːdəʊɛĭx] fl. Mystikerin.
Hals [hɑls], **Frans** nied. Maler.
Hartog [ˈhɑrtɔx], **Jan de** nied. Schriftsteller.
Helman [ˈhɛlmɑn], **Albert** nied. Schriftsteller.
Hobbema [ˈhɔbəmaˑ] nied. Maler.
Hooft [hoːft] nied. Dichter.
Hoogh [hoːx], **Pieter de** nied. Maler.
Huizinga [ˈhəʏzɪŋɣ̊aˑ] nied. Historiker.
Huygens [ˈhəʏɣ̊əns], **Constant** nied. Dichter u. Staatsmann.
Huygens, Christiaan nied. Physiker u. Astronom.

I

IJmuiden [ɛĭˈməʏdə(n)] nied. Hafen.
Israëls [ˈɪsraˑɛls], **Jozef** nied. Maler

J

Jonckheere [ˈjɔŋkheːrə], **Karel** fl Schriftsteller.
Jong [jɔŋ], **A. M. de** nied. Schriftsteller.
Jordaens [jɔrˈdaːns], **Jacob** fl Maler.

K

Karel ende Elegast [ˈkaːrəl ɛnd ˈeːləɣ̊ɑst] mittelalterliches Epos.
Keyser [ˈkɛĭzər], **Hendrick** nied Architekt.
Kloos [kloːs], **Willem** nied. Dichter.
Krop [krɔp], **Hildo** nied. Bildhauer

L

Lampo [ˈlɑmpoˑ], **Hubert** fl Schriftsteller.
Langendijk [ˈlɑŋəndɛĭk], **Pieter** nied. Lustspieldichter.
Leeuw [leːŭ], **Aart van der** nied Schriftsteller.
Lennep [ˈlɛnəp], **Jacob van** nied Schriftsteller.
Leopold [ˈleˑ(j)oˑpɔlt] nied. Dichter
Leuven [ˈløːv̥ən] fl. Stadt.
Leyden [ˈlɛĭdən], **Lucas van** nied Maler.
Lipsius [ˈlɪpsiˑəs], **Justus** fl. Linguist.
Luyken [ˈləʏkən] nied. Dichter.

M

Maerlant [ˈmaːrlɑnt], **Jacob va**[n] fl. Dichter.
Malfait [mɑlˈfɛ(t)], **Hubert** f[l]. Maler.
Mander [ˈmɑndər], **Karel va**[n] nied. Maler u. Schriftsteller.
Mariken van Nieumeghen [mɑ ˈriˑkən v̥ɑn ˈniˑmeːɣ̊ən] mittelalterliches Mysterienspiel.
Maris [ˈmaːrɪs] nied. Maler.
Marsman [ˈmɑrsmɑn] nied. Dichter.
Masereel [ˈmaːzəreːl], **Frans** f[l]. Maler u. Graphiker.
Matsijs [mɑtˈsɛĭs], **Quinten** f[l]. Maler.
Memlinc [ˈmɛmlɪŋk], **Hans** f[l]. Maler.

ercator [mɛrˈkaːtɔr] fl. Geograph.
esdag [ˈmɛzdɑx] nied. Maler.
inne [ˈmɪnə], **George** fl. Maler u. Bildhauer.
oens [muːns], **Wies** fl. Dichter.
ondriaan [mɔndriˑˈ(j)aːn] nied. Maler.
ultatuli [ˈməltaˑˈtyˑliˑ] nied. Schriftsteller.

N

ijhoff [ˈnɛĭhɔf], **Martinus** nied. Dichter.

O

stayen [ˈɔstaːĭən], **Paul van** fl. Dichter.
verijsel [ˈoːv̊ərˈɛĭsəl] nied. Provinz.

P

aaltjens [ˈpaːltjəns], **Piet** nied. Dichter.
erk [pɛrk], **Jacques** nied. Dichter.
ermeke [pɛrˈmeːkə], **Constant** fl. Maler.
erron [pɛˈrɔ̃], **du** nied. Dichter.
ijper [ˈpɛĭpər] nied. Komponist.
illecijn [ˈpɪləsɛĭn], **Filip de** fl. Schriftsteller.
antijn [planˈtɛĭn] fl. Drucker u. Verleger.
otgieter [ˈpɔtxiːtər] nied. Schriftsteller.
otter [ˈpɔtər] nied. Maler.

Q

uerido [ˈkʊeːriˑdoˑ] nied. Schriftsteller.

R

embrandt van Rijn [ˈrɛmbrɑnt ɑn ˈrɛĭn] nied. Maler u. Radierer.
evius [ˈreːv̊iˑ(j)əs] nied. Dichter.
odenbach [ˈroːdənbɑx], **Albrecht** . Dichter.
oland Holst [roˑlɑnt ˈhɔlst], **Adriaan** nied. Dichter.
oland Holst, Henriette nied. Dichterin.
oothaert [ˈroːthaːrt] nied. Schriftsteller.
otterdam [rɔtərˈdɑm] nied. Hafen.
ubens [ˈryˑbəns], **Pieter Paul** . Maler.
uyslinck [ˈrəʏslɪŋk], **Ward** fl. chriftsteller.

Ruysbroec(k) [ˈryːzbruˑk], **Jan van** fl. Mystiker.
Ruysdael [ˈrəʏzdaːl], **Jacob** nied. Maler.

S

Saedeleer [ˈzaːdəleːr], **Valerius de** fl. Maler.
Saverys [ˈsaːv̊ərɛĭs], **Albert** fl. Maler.
Schendel [ˈsxɛndəl], **Arthur van** nied. Schriftsteller.
Scheveningen [ˈsxeˑv̊ənɪŋən] nied. Stadt.
Scorel [skoˑˈrɛl] nied. Maler.
Servaes [ˈsɛrˈv̊aːs], **Albert** fl. Maler.
’s Hertogenbosch [sɛrtoˑɣ̊ənˈbɔs] nied. Stadt.
Sluyters [ˈsləʏtərs] nied. Maler.
Smet [smɛt], **Gustaaf de** fl. Maler.
Smits [smɪts], **Jacob** fl. Maler.
Spinoza [spɪˈnoːzaˑ] nied. Philosoph.
Steen [steːn], **Jan** nied. Maler.
Stevin [ˈsteːv̊ɪn, steˑˈv̊ɑ̃], **Simon** fl. Mathematiker u. Physiker.
Streuvels [ˈstrøːv̊əls], **Stijn** [stɛĭn] fl. Schriftsteller.
Swarth [sʊɑrt], **Hélène** nied. Dichterin.
Sweelinck [ˈsʊeːlɪŋk] nied. Komponist.

T

Tachtigers [ˈtɑxtəɣ̊ərs], **de** nied. Dichtergruppe um 1880.
Teirlinck [ˈtɛːrlɪŋk], **Herman** fl. Schriftsteller u. Dramatiker.
Teniers [təˈniːrs], **David** fl. Maler.
Tinel [tiˑˈnɛl], **Edgar** fl. Komponist.
Terborch [tɛrˈbɔrx] nied. Maler.
Timmermans [ˈtɪmərmɑns], **Felix** fl. Schriftsteller u. Maler.
Toorop [ˈtoːrɔp], **Jan** nied. Maler.
Tytgat [ˈtɛĭtxɑt], **Edgar** fl. Maler.

V

Van Nu en Straks [v̊ɑn ˈnyˑɛn strɑks] fl. Dichtergruppe um 1890—1900.
Velde [ˈv̊ɛldə], **Henri van de** fl. Architekt.
Veldeke [ˈv̊ɛldəkə], **Hendrik van** fl. mittelalterlicher Dichter.
Verbiest [v̊ərˈbiˑst], **Pater** fl. Missionar.

Vermeer [v̊ər'meːr], **Pieter** nied. Maler.
Vermeylen [v̊ər'mɛĭlən], **August** fl. Schriftsteller.
Verschaeve [v̊ər'sxaːv̊ə], **Cyriel** fl. Dichter u. Dramatiker.
Verwey [v̊ər'ʋeːĭ], **Albert** nied. Dichter.
Vesalius [v̊e·'za·li·(j)ɵs], **Andreas** fl. Arzt u. Anatom.
Vestdijk ['v̊ɛzdɛĭk], **Simon** nied. Schriftsteller.
Vlaamse Leeuw [v̊laːmsə 'leːŭ] fl. Nationalhymne; fl. Nationalfahne.
Vondel ['v̊ɔndəl], **Joost van den** nied. Dichter u. Dramatiker.
Vos Reinaerde [v̊ɔs 'rɛĭnaːrdə], **Van Den** fl. mittelalterliches Epos.

W

Wagenaar ['ʋaːɣ̊ənaːr] nied. Komponist.
Walschap ['ʋalsxɑp], **Gerard** fl. Schriftsteller.
Werumeus Buning [ʋe·ry·'me·(j)ɵ 'by·nɪŋ] nied. Dichter.
Weyden ['ʋɛĭdən], **Rogier van der** fl. Maler.
Wilhelmus [ʋɪl'hɛlmɵs] nied. Nationalhymne.
Woestijne ['ʋu·s'tɛĭnə], **Karel van de** fl. Dichter.
Wolff [ʋɔlf], **Betje** nied. Schriftstellerin.
Wolters ['ʋɔltərs], **Jan** nied. Schriftsteller.
Wolvens ['ʋɔlv̊əns] fl. Maler.
Wouters ['ʋɑutərs], **Rik** fl. Maler u. Bildhauer.

Y

Yoors [joːrs], **Eugeen** fl. Glasmaler.

Gebräuchliche Abkürzungen

Gebruikelijke Afkortingen

.B.(N.) Algemeen Beschaafd (Ne-lerlands) *Hochniederländisch*
b. als boven *wie oben*
BVV Algemeen Belgisch Vakver-ond *allgemeiner belgischer Gewerk-chaftsbund*
CV Algemeen christelijk Vakver-ond *allgemeiner christlicher Ge-verkschaftsbund*
d.z. als daar zijn *wie z.B., unter nderem* (*u.a.*)
l. aflevering *Lieferung*
h.w. als het ware *gleichsam, ge-vissermaßen*
i. ad interim *vorläufig, in der Zwischenzeit*
.N.P. Algemeen Nederlands Pers-ureau (*niederländisches*) *Nachrich-enbüro*
OW algemene ouderdomswet *na-ionales Altersfürsorgegesetz*
.R. Anti-Revolutionaire Partij (*po-tische Partei*)
r. arrondissement *Bezirk*
t. artikel *Paragraph* (*in Gesetz-üchern*)
s. aanstaande *nächst, künftig, be-orstehend*
u.b. alstublieft *bitte*
V.R.O. Algemene Vereniging Radio-Omroep (*Rundfunkgesell-haft*)

h. bustehouder *Büstenhalter*
v. bijvoorbeeld *zum Beispiel* (*z.B.*)
z. bijzonder *besonders, außeror-entlich*
z. bladzijde *Seite* (*S.*)
R.T. bruto registerton *Brutto-gistertonne* (*BRT*)
T Belgische Radio- en Televisie-endung (*belgischer Sender*)
P Belgische Socialistische Partij *olitische Partei*)
. bijvoorbeeld *zum Beispiel* (*z.B.*)
W. Burgerlijk Wetboek *Bürger-ches Gesetzbuch* (*BGB*)

B. en W. Burgermeestere en Wethouders *Magistrat* (*e-r Stadt*)

ca. circa *ungefähr, etwa*
cal. calorie *Kalorie*
cand. candidaat *Kandidat*
cao. collectieve Arbeidsovereenkomst *Kollektiver Tarifvertrag*
C.H.U. Christelijk Historische Unie (*politische Partei*)
cie. compagnie *Gesellschaft*
c.q. casu quo *gegebenenfalls*
ct., cts. cent, cents *Cent*
C.V. Commanditaire Vennootschap *Kommanditgesellschaft* (*KG*)
CVP Christelijke Volkspartij (*politische Partei*)

d.d. de dato (*datiert*) *vom* ...
Dep. Departement *Ministerium*
derg. dergelijke *dergleichen*
d.i. dat is (*das heißt* (*d.h.*)
d.m.v. door middel van (*ver*)*mittels*
do. dito *dito, gleichfalls*
Dr. doctor *Doktor* (*Dr.*)
Drs. doctorandus *Doktorand*
Ds. dominee *evangelischer Pfarrer*
dw. dienstwillig *ergeben*
d.w.z. dat wil zeggen *das heißt* (*d.h.*)

e.a. en andere *und andere* (*u.a.*)
E.C.G. Elektro-Cardiogram *Elektrokardiogramm* (*EKG*)
e.d. en dergelijke *und dergleichen*
E.E.G. Europese Economische Gemeenschap *Europäische Wirtschaftsgemeinschaft* (*EWG*)
Eerw. Eerwaarde *Ehrwürden*
e.g. eerstgenoemde *erstgenannt*
E.H.B.O. eerste hulp bij ongelukken *Rettungsdienst*
eig. eigenlijk *eigentlich*
e.k. eerstkomende *künftig, nächst*
enk. enkelvoud *Einzahl*
enz. enzovoort(s) *und so weiter* (*usw.*)
etc. etcetera *und so weiter* (*usw.*)
e.v. eerstvolgende *künftig, nächst*
en ville *am hiesigen Ort*
Exc. Excellentie *Exzellenz*

fa. firma *Firma* (*Fa.*)
fig. figuurlijk *figürlich*
fl. (florijn) gulden *Gulden*
fr. franco *franko*
Fr. frater *Ordensbruder*
frank, franc *Franc* (*fr*)

geb. geboren *geboren*
gebonden *gebunden*
Gebr. gebroeders *Gebrüder*
Ged. St. Gedeputeerde Staaten *Provinzialausschuß*
get. getekend *unterzeichnet*, *unterschrieben*
G.G. Gouverneur-generaal *Generalgouverneur*
gld. gulden *Gulden*
gym. gymnasium *Gymnasium*
gymnastiek *Turnen*

H. Heilige *Heilige*
H.B.S. Hogere Burgerschool *Höhere Schule*, *Oberschule*
h.c. honoris causa *ehrenhalber* (*h.c.*)
Hd. Hoogduits *hochdeutsch*
hfl. Hollandse (florijn) gulden *Gulden* (*hfl*)
H.H. Heren *Herren*
H.K.H. Hare Koninklijke Hoogheid *Ihre Königliche Hoheit*
H.M. Hare Majesteit *Ihre Majestät*
H.O. Hoger Onderwijs *Universitätsunterricht*
Hooggel. Hooggeleerde *hochgelehrt*(*er*)
Hr. Heer *Herr*
H.S. Heilige Schrift *Heilige Schrift*
hs. Handschrift *Manuskript*

i.c. in dit geval *in diesem Falle*
id. idem *derselbe*, *dasselbe*
i.e. id est *das heißt* (*d.h.*)
I.H.S. Jezus *Jesus*
incl. inclusief *einschließlich* (*inkl.*)
inf. infinitief *Infinitiv*
inl. inleiding *Einleitung*
inz. inzonderheid *insbesondere*, *namentlich*
i.p.v. in plaats van *anstatt*
I.Q. Intelligentiequotiënt *Intelligenzquotient* (*IQ*)
Ir. ingenieur *Diplomingenieur* (*Dipl.-Ing.*)
i.v.m. in verband met *mit Rücksicht auf*, *infolge*

jg. jaargang *Jahrgang*
Jhr. Jonkheer (*Adelstitel*)
jl. jongstleden *vorig*, *letzt*, *vergange*
Jr. junior *Junior* (*jun.*)

K.B. Koninklijk Besluit *königlich* *Erlaß*
KK kleinkunst *Kleinkunst*
K.L.M. Koninklijke Luchtvaar Maatschappij *KLM* (*Luftverkehr gesellschaft*) [*marine*
K.M. Koninklijke Marine (*Kriegs*-
K.N.A.C. Koninklijke Nederlands Automobiel-Club (*Automobilklu*
K.R.O. Katholieke Radio-Omroe (*Rundfunkgesellschaft*)
KSG. Kolen- en Staalgemeenscha *Montanunion*
KUL Kat(h)olieke Universiteit Leuven *Universität Leuven*
K.v.K. Kamer van Koophand *Handelskammer*
K.V.P. Katholieke Volkspartij (*politische Partei*)
kw kilowatt *Kilowatt* (*kW*)

lic. licentiaat *Lizentiat*
ll. laatstleden *vorig*, *vergangen*, *let*
L.O. Lager Onderwijs *Volksschu* *unterricht*
L.P. long playing *Langspielplatte*
L.S. lectori salutem *dem Leser H*
Lt. Luitenant *Leutnant*

M. Mijnheer *Herr*; *sehr geehrt* *Herr*
m.a.w. met andere woorden *m* *anderen Worten* (*m.a.W.*)
M.E. Middeleeuwen *Mittelalt* (*MA.*)
Mej. Mejuffrouw *Fräulein* (*Frl.*)
Mevr. Mevrouw *Frau*; *gnädige Fr*
M.E.T. Middeleuropese tijd *mitte* *europäische Zeit* (*MEZ*)
Mgr. Monseigneur (*Titel*)
m.i. mijns inziens *meines Erachte*
Mij. Maatschappij *Gesellschaft*
mil. militair *militärisch*
Min. minister *Minister*
m.i.v. met ingang van (15 Maa *vom* (*15. März*) *an*; *ab* (*15. Mär*
m.m.v. met medewerking van *un* *Mitwirkung von*
M.O. Middelbaar Onderwijs *höher* *Unterricht*
Mr. Meester in de rechten *Dok* *der Rechte* (*Dr. jur.*)
ms. Manuscript *Manuskript*
MS. motorschip *Dampfer*, *Mot* *schiff* (*MS*)

M.T.S. Middelbaar Technische School *höhere technische Fachschule, Technikum*
M.U.L.O. Meer Uitgebreid Lager Onderwijs *Mittelschulunterricht*
mv. meervoud *Plural*
Mw. Mevrouw (*gnädige*) *Frau*

n.a.v. naar aanleiding van *anläßlich*
NAVO Nord-Atlantische Verdragsorganisatie *NATO*
N.B. nota bene *beachte*
N.Br. Noord-Brabant *Nordbrabant*
N.C.R.V. Nederlandse Christelijke Radiovereniging (*Rundfunkgesellschaft*)
Ndl. Nederlands *niederländisch*
n. namelijk *nämlich*
No., Nr., nr. nummer(o) *Nummer* (*Nr.*)
NOS Nederlandse Omroep-Stichting (*niederländ. Sender*)
N.T. Nieuw Testament *Neues Testament* (*N.T.*)
N.V. Naamloze Vennootschap *Aktiengesellschaft* (*AG*)

o.a. onder andere *unter ander(e)m* (*u.a.*)
O.F.M. minderbroeder *Franziskaner*
o.i. onzes inziens *unseres Erachtens*
O.K. en W. Onderwijs, Kunsten en Wetenschappen *Unterrichtsministerium*
o.l.v. onder leiding van *unter der Führung* (*Leitung*) *von*
O.-L.-V. Onze-Lieve-Vrouw *Unsere Liebe Frau*
O.M. Openbaar Ministerie *Staatsanwaltschaft*
o.m. onder meer *unter anderm* (*u.a.*)
onz. onzijdig *sächlich*
O.P. dominicaan *Dominikaner*
opm. opmerking *Anmerkung* (*Anm.*)
O.T. Oude Testament *Altes Testament* (*A.T.*)
O.W.er oorlogswoekeraar *Kriegswucherer*

p.a. per adres *per Adresse*; *bei*
pag. pagina *Seite* (*S.*)
par. paragraaf *Absatz* (*Abs.*)
pct. percent *Prozent* (*v.H.*)
p.d. per dag *pro Tag, täglich*
P.G. Protestantse Godsdienst *evangelisches Bekenntnis*
p.j. per jaar *jährlich*
pk. paardekracht *Pferdestärke* (*PS*)
p.m. per maand *monatlich*
pro mille *vom Tausend*
pro memoria *zum Gedächtnis*
p.o. per omgaande *postwendend, umgehend*
per order *im Auftrag* (*i.A.*)
p.p. per procurationem *per procura* (*pp.*)
p.r. poste restante *postlagernd*
prk. postrekening *Postscheckkonto*
Prof. Professor *Universitätsprofessor*
Prov.St. Provinciale Staten *Provinzialstaaten*
P.S. postscriptum *Nachschrift* (*PS*)
ps. Psalm *Psalm*
P.T.T. Posterijen, Telegrafie, Telefonie *Postverwaltung*
P.v.d.A. Partij van de Arbeid (*politische Partei*)
PVV Partij van de Vrijheid en de Vooruitgang (*politische Partei*)

q.q. qualitate qua *in der Eigenschaft als*

rec. recensent *Rezensent*
ref. referent *Berichterstatter*
referentie *Referenz*
resp. respectievelijk *beziehungsweise* (*bzw.*)
R.K. Rooms-Katholiek *katholisch* (*kath.*)
RMZ Rijksinstituut voor Sociale Zekerheid *nationale Sozialversicherung*
r.s.v.p. réponse s'il vous plaît *um Antwort wird gebeten*
RUG Rijksuniversiteit Gent *Universität Gent*

s.g. soortelijk gewicht *spezifisches Gewicht*
S.J. Jezuiet *Jesuit*
s.s.t.t. salvis titulis *mit Vorbehalt der richtigen Titel*
St. Sint *Heilige*
Stbl. Staatsblad *Staatsanzeiger*
St.-Gen. Staten-Generaal *Generalstaaten*
s.v.p. s'il vous plaît *bitte*

t.a.v. ten aanzien van *in Hinsicht auf*
t.b. ter beschikking *zur Verfügung*
t.b., t.b.c. tuberculose *Tuberkulose* (*Tbc*)
t.b.v. ten behoeve van *zugunsten, für*
ter beschikking van *zur Verfügung*
t.d.e. te dien einde *zu diesem Zweck*

tel. telefoon *Telefon* (*Tel.*)
t.e.m. tot en met *bis einschließlich*
T.H. Technische Hogeschool *Technische Hochschule* (*TH*)
tit. titulair *Titular*
t.o.v. ten opzichte van *mit Rücksicht auf, in bezug auf*
t.t. totus tuus *Dein ...*
T.V. (**TV**) Televisie *Fernsehen*
t.w. te weten *nämlich*
t.z.t. te zijner tijd *irgendwann, zu seiner Zeit*

Ued., **UEd.** U-Edele *Sie, Ihnen*
U.L.O. Uitgebreid Lager Onderwijs *Mittelschulunterricht*
ult. ultimo *am letzten Tag des Monats*
U.N.O. united Nations Organisatien *Organisation der Vereinten Nationen* (*UNO*)
U.S.(**A.**) de Verenigde Staten *die Vereinigten Staaten* (*USA*)
U.S.S.R. Unie der Socialistische Sovjet-Republieken *UdSSR*

v. van *von* (*v.*)
vac. vacature *freie Stelle*
val. valuta *Währung*
V.A.R.A. Vereniging van Arbeiders-Radio-Amateurs (*Rundfunkgesellschaft*)
vb. voorbeeld *Beispiel*
v.C. voor Christus *vor Christi Geburt* (*v. Chr.*)
v.d. van de *Genitiv*: *des, der usw.*
Ver. St. Verenigde Staten *die Vereinigte*(*n*) *Staaten*
vert. vertaald door *übersetzt von* vertaling *Übersetzung*
v.g.l. vergelijk *vergleiche* (*vgl.*)
v.h. van het *von dem, des, der* voorheen *früher*
vlg. volgende *folgende* (*f.*)
v.l.n.r. van links naar rechts *von links nach rechts*
V.N. De Verenigde Naties *die Vereinten Nationen* (*UN*)
vnl. voornamelijk *namentlich, besonders* (*bes.*)
V.P.R.O. Vrijzinnig Protestants Radio-Omroep (*Rundfunkgesellschaft*)
vr. vrouwelijk *weiblich*
V.S. De Verenigde Staten *die Vereinigten Staaten*
VSO Vernieuwd Secundair Onderwijs *Neuer Sekundärunterricht* (*Gymnasium usw.*)
VU Volksunie (*politische Partei*)
VUB Vrije Universiteit Brussel *Universität Brüssel*
v.v. vice versa *hin und zurück*
V.V.V. Vereniging voor Vreemdelingenverkeer *Verkehrsverein*
VzW Vereniging zonder Winstbejag *Verein ohne Erwerbszweck*(*e*)

W.C. watercloset *Toilette, Abort* (*WC*)
wed. weduwe *Witwe*
Weled. Weledele *sehr geehrte*(*r*)
Weleerw. Weleerwaarde *Hochehrwürdige*(*r*)
w.g. was getekend *gezeichnet, unterschrieben* (*gez.*)
wnd. waarnemend *stellvertretend*
W.v.S. Wetboek van Strafrecht *Strafgesetzbuch* (*StGB*)

z.a. zie aldaar *sieh*(*e*) *da*, (*s.d.*) *am angeführten Ort* (*a.a.O.*)
z.g. zogenaamd *sogenannt* (*sog.*)
z.i. zijns inziens *seines Erachtens*
z.j. zonder jaartal *ohne Jahr*(*eszahl*) (*o.J.*)
Z.K.H. Zijne Koninklijke Hoogheid *Seine Königliche Hoheit*
z.o.z. zie ommezijde *bitte wenden* (*b.w.*)
zr. zuster *Schwester*

Zahlwörter

Grundzahlen		Ordnungszahlen	
0	nul		
1	één	**1**[e]	(de) eerste
2	twee	**2**[e]	tweede
3	drie	**3**[e]	derde
4	vier	**4**[e]	vierde
5	vijf	**5**[e]	vijfde
6	zes	**6**[e]	zesde
7	zeven	**7**[e]	zevende
8	acht	**8**[e]	achtste
9	negen	**9**[e]	negende
10	tien	**10**[e]	tiende
11	elf	**11**[e]	elfde
12	twaalf	**12**[e]	twaalfde
13	dertien	**13**[e]	dertiende
14	veertien	**14**[e]	veertiende
15	vijftien	**15**[e]	vijftiende
16	zestien	**16**[e]	zestiende
17	zeventien	**17**[e]	zeventiende
18	achttien	**18**[e]	achttiende
19	negentien	**19**[e]	negentiende
20	twintig	**20**[e]	twintigste
21	éénentwintig	**21**[e]	éénentwintigste
22	tweeëntwintig	**22**[e]	tweeëntwintigste
30	dertig	**30**[e]	dertigste
40	veertig	**40**[e]	veertigste
50	vijftig	**50**[e]	vijftigste
60	zestig	**60**[e]	zestigste
70	zeventig	**70**[e]	zeventigste
80	tachtig	**80**[e]	tachtigste
90	negentig	**90**[e]	negentigste
100	honderd	**100**[e]	honderdste
101	honderdéén	**101**[e]	honderdeerste
200	tweehonderd	**200**[e]	tweehonderdste
300	driehonderd	**300**[e]	driehonderdste
400	vierhonderd	**400**[e]	vierhonderdste
560	vijfhonderdzestig	**560**[e]	vijfhonderdzestigste
1000	duizend	**1000**[e]	duizendste
100000	honderdduizend	**100000**[e]	honderdduizendste
500000	vijfhonderdduizend	**500000**[e]	vijfhonderdduizendste
1000000	(één) miljoen	**1000000**[e]	miljoenste
10000000	tien miljoen	**10000000**[e]	tienmiljoenste
1000000000	(één) miljard	**1000000000**[e]	miljardste

Abriß der niederländischen Deklination und Konjugation

Deklination

A. Der Artikel

Der bestimmte Artikel

	m	*f*	*n*	*Plur.*
Nom.	de	de	het	de
Gen.	[des]	[der]	[des]	[der]
Dat.	de	de	het	de
Akk.	de	de	het	de

Der unbestimmte Artikel

Nom.	een	een	een
Gen.	[eens]	[ener]	[eens]
Dat.	een	een	een
Akk.	een	een	een

Anm. Die eingeklammerten Genitivformen kommen fast nicht mehr vor, sie sind durch die Konstruktion mit „*van*" ersetzt. Man sagt und schreibt nicht mehr „*des mans*" und „*eens kinds*", sondern „*van de man*" und „*van een kind*".

B. Mehrzahlbildung der Substantive

Die Mehrzahl wird meistens gebildet durch Anhängung von (**e**)**n** oder **s.**

Zu den Substantiven, die in der Mehrzahl (**e**)**n** annehmen:

1. Die Wörter auf **-heid** verändern diese Endsilbe in der Mehrzahl in **-heden**: *merkwaardigheid — merkwaardigheden.*

2. Einige Wörter haben in der Mehrzahl einen anderen Vokal: *stad — steden, smid — smeden, schip — schepen, lid — leden* und *ledematen*

3. **a, e, o** und **u** werden in offener Silbe immer einfach geschrieben: *raam — ramen, daad — daden, steen — stenen, kool — kolen, uur — uren*

4. Einige Wörter haben neben der Mehrzahlendung *-en* die Endung *-s*: *leraar — leraren* und *leraars*; *meubel — meubelen* und *meubels.*

5. Wenn ein Substantiv auf **f** oder **s** endet, ohne daß diesen Lauten ein anderer Konsonant vorangeht, und der Vokal zugleich lang ist oder in der Mehrzahl lang wird (siehe unter 8.), so wird das **f** zu **v**, das **s** gewöhnlich zu **z**: *graaf — graven, neef — neven, dief — dieven, duif — duiven, haas — hazen, neus — neuzen, roos — rozen, bewijs — bewijzen.* Das geschieht manchmal auch bei Wörtern auf **lf, ls, ms, ns, rf** und **rs.**

6. Ist der Vokal kurz und bleibt er dies in der Mehrzahl, so wird der Schlußkonsonant verdoppelt: *bed — bedden, slof — sloffen, eg — eggen, vel — vellen, stem — stemmen, plan — plannen, kop — koppen, kar — karren, mes — messen, kat — katten.*

Die hier gegebenen Regeln über die Verdoppelung und Veränderung der Schlußkonsonanten gelten auch für die Deklination der Adjektive und die Konjugation der Zeitwörter.

7. Viele Wörter auf *-ie* nehmen in der Mehrzahl *-n* oder *-en* an. Das *e* vor dem *-n* wird dann mit einem Trennungszeichen oder Trema (ë) versehen. Ist die letzte Silbe betont, so schreibt man **-eën**, sonst **-ën**; also *melodie — melodieën*, aber *porie — poriën*.

8. In manchen Wörtern wird der kurze Vokal in der Mehrzahl lang: *bad — baden, dag — dagen, dak — daken, gat — gaten, graf — graven, gebed — gebeden, weg — wegen, gebod — geboden, god — goden, hof — hoven, hol — holen.*

9. Einige der sächlichen Wörter, die im Deutschen ihre Mehrzahl auf **er** bilden, nehmen im Niederländischen **eren** an: *ei — eieren, gelid — gelederen, gemoed — gemoederen, goed — goederen, kind — kinderen, kalf — kalveren, lam — lammeren, lied — liederen, rad — raderen, rund — runderen. Hoen* lautet in der Mehrzahl *hoenders*.

Einige dieser Wörter haben bei verschiedener Bedeutung verschiedene Mehrzahlformen:

kleed = Kleid	wird	*klederen* oder *kleren*
kleed = Teppich	„	*kleden*
blad (eines Baumes)	„	*bladeren* (auch: *bladen*)
blad (eines Buches)	„	*bladen*
been = Knochen	„	*beenderen*
been = Bein	„	*benen*

In der Mehrzahl nehmen **s** an:

1. die Wörter auf **el, em, en, er**: *eikel, bezem, haven, akker*;
2. die Wörter auf **aar, aard, erd**: *redenaar, babbelaar, lessenaar, kandelaar, grijsaard, luiaard, standaard, lomperd, slimmerd*;
3. die Verkleinerungswörter, z. B.: *meisje, kindje, lammetje, bloempje*;
4. die Wörter: *broer, bruidegom, bunzing, kok, oom*;
5. Substantive, die noch als Fremdwörter empfunden werden: *chef, station, perron, bataljon, plafond*;
6. die meisten Namen (Fremdwörter) der Rangstufen im Heere: *korporaal, sergeant, luitenant, kapitein, majoor, kolonel*;
7. Wörter, die auf einen vollkommenen Vokal ausgehen: *ega — egaas*; sind diese Fremdwörter, so wird das **s** durch einen Apostroph abgetrennt: *massa — massa's*; ebenso bei Buchstabennamen: *f — f's*;
8. die Fremdwörter auf **age**: *plantage*;
9. die Berufsbezeichnungen auf **ier** und **eur**: *barbier, kassier, grenadier, acteur, directeur, inspecteur*.

Anm. Wo die beiden Mehrzahlformen — mit **s** und **en** — nebeneinander bestehen und gleichbedeutend sind, klingt erstere immer einfacher, letztere vornehmer.

C. Starke und schwache Deklination der Substantive

Eine Deklination im eigentlichen Sinne kommt wenig vor; der Genitiv hat zwar eine Deklinationsendung (*des zoons, der dochter, des huizes, der mensen*), wird aber in der Umgangssprache immer, in der Schriftsprache meistens, durch die Konstruktion mit „*van*" ersetzt: *van de zoon, van de dochter, van het huis, van de mensen.*

Die männlichen und sächlichen Substantive, von denen der Genitiv in gehobener Sprache vorkommt, nehmen **s** an (starke Deklination):

des zoons, des kinds. Die vor einem Substantiv stehenden weiblichen Wörter nehmen auch **s** an: *op moeders schoot, mijn zusters vriendin.*

Neben der starken Deklination besteht die schwache, die früher mit der deutschen schwachen Deklination übereinstimmte, aber die Endung **en** jetzt nur noch im *Gen. Sg.* hat. Zur schwachen Deklination gehören nur wenige männliche Wörter, nämlich: *graaf, heer, mens, prins, vorst, hertog, profeet,* und das sächliche *hart,* schließlich die männlichen Berufsbezeichnungen auf **e**: *getuige, bode, bediende.*

D. Pronomen und Adjektive

1. Persönliche Fürwörter

		1. Person *m, f, n*	2. Person *m, f, n*
Sg.	*Nom.*	ik	jij (je), u, gij (ge)
	Gen.	[mijns (*m, n*); mijner (*f*)]	[uws (*m, n*); uwer (*f*)]
	Dat.	mij (me)	jou (je), u
	Akk.	mij (me)	jou (je), u
Pl.	*Nom.*	wij (we)	jullie, u, gij
	Gen.	[onzer]	[uwer]
	Dat.	ons	u
	Akk.	ons	u

3. Person

		m	*f*	*n*		*m, f, n*
Sg.	*Nom.*	hij	zij (ze)	het ('t)	*Pl.*	zij (ze)
	Gen.	[zijns (*m, n*); zijner (*f*)]	[haars (*m, n*); harer (*f*)]	[zijns (*m, n*); zijner (*f*)]		[huns; hunner]
	Dat.	hem	haar	het ('t)		hun (ze)
	Akk.	hem	haar	het ('t)		hen (ze)

Anm. Die eingeklammerten Genitivformen kommen nur in archaisierender Schriftsprache vor.

2. Besitzanzeigende Fürwörter

1. Pers.	*Sg.*	mijn	*Pl.*	onze; ons
2. Pers.		je, jouw, uw		jullie, je, uw
3. Pers.		zijn; haar		hun; haar

Die Deklination der besitzanzeigenden Fürwörter stimmt übereir mit der des unbestimmten Artikels. Nur das Fürwort der 1. Persor Mehrzahl hat vollständige Endungen.

		m	*f*	*n*		*m, f, n*
Sg.	*Nom.*	onze	onze	ons	*Pl.*	onze
	Gen.	[onzes]	[onzer]	[onzes]		[onzer]
	Dat.	onze	onze	ons		onze
	Akk.	onze	onze	ons		onze

Anm. Die eingeklammerten Formen kommen nur noch in einige Wendungen vor.

Die besitzanzeigenden Fürwörter können wie im Deutschen ohn Substantiv vorkommen: *de (het) mijne, jouwe, uwe, zijne, hare, onze, hunne*

3. Hinweisende Fürwörter

Männlich und weiblich *deze, die*; sächlich *dit, dat*; männlich un weiblich *gene*; sächlich *ginds*; *zulk* (in der Umgangssprache *zo'n* in der Ein zahl); *dergelijk*; sie werden dekliniert wie der bestimmte Artikel, nur im Genitiv des Männlichen weicht *die* ab: *diens.*

Einen Genitiv von *dit* und *dat* gibt es nicht; der Genitiv des Männlichen (*dezes*) wird selten geschrieben und niemals gesprochen.

4. Bezügliche Fürwörter

Männlich und weiblich *die*, sächlich *dat*; *welke.*

		m	*f*	*n*		*m, f, n*
Sg.	*Nom.*	die	die	dat	*Pl.*	die
	Gen.	wiens	wier	welks		wier
	Dat.	die	die	dat		die
	Akk.	die (wie)	die (wie)	dat		die (wie)

Die eingeklammerten Formen werden nur nach einer Präposition gebraucht. Im Sächlichen wäre nach einer Präposition zu erwarten *wat*; statt *van wat, door wat* usw. sagt man jedoch *waarvan, waardoor* usw. Die Genitive *wiens* und *wier* dürfen nur angewendet werden, wenn das Beziehungswort eine Person bezeichnet; sonst immer: *waarvan de* oder *waarvan het*: *de jongen, wiens vader overleden is*; *de kinderen, wier ouders op reis zijn*; *de weg, waarvan de ene kant bebouwd is*; *het huis, waarvan het dak lek is*; *de firma's, waarvan de eigenaars in de kranten adverteren.*

welke ist als bezügl. Fürwort in der Umgangssprache ungebräuchlich.

		m	*f*	*n*		*m, f, n*
Sg.	*Nom.*	welke	welke	hetwelk	*Pl.*	welke
	Gen.	welks	welker	welks		welker
	Dat.	welke	welke	hetwelk		welke
	Akk.	welke	welke	hetwelk		welke

5. Fragende Fürwörter

Substantivisch: *m* und *f wie*; *n wat*; adjektivisch: *welke, welk*; *wat voor een.* Die Deklination von *wie* ist: *wie, wiens* (*f u. pl. wier*), *wie, wie*; das Wort *wat* bleibt unverändert.

6. Determinative Fürwörter

wie, die, degene, dezelfde, dergelijke, zulk, zodanig, dusdanig; *degene* wird nur selbständig gebraucht; sehr häufig gebraucht man das persönliche Fürwort der dritten Person dafür: *degene, die dat zegt, is een leugenaar* oder *hij, die dat zegt, is een leugenaar.*

wie wird dekliniert wie das fragende Fürwort; die Deklination von *die, zulk* stimmt überein mit den hinweisenden Fürwörtern.

degene wird dekliniert wie der bestimmte Artikel und das substantivische Adjektiv.

dezelfde hat die Deklination des bestimmten Artikels und des Adjektivs, und zwar, was den letzten Teil betrifft, nach Umständen wie das gewöhnliche oder wie das substantivische Adjektiv.

Die übrigen Determinativpronomen werden wie Adjektive dekliniert.

7. Unbestimmte Fürwörter

men, iemand, niemand, iets, niets, wat, alles, menigeen sind nur substantivisch; *zeker, enig* sind nur adjektivisch gebrauchte Fürwörter.

Die substantivischen Fürwörter bleiben unverändert, ausgenommen *iemand* und *niemand*, die im Genitiv s anhängen; *men* wird nicht dekliniert; es kommt nur im Nominativ vor.

zeker und *enig* werden wie Adjektive dekliniert.

E. Das Adjektiv

Schwache Deklination

		m	*f*	*n*
Sg.	*Nom.*	de goede man	de goede vrouw	het goede kind
	Gen.	[des goeden mans]	[der goede vrouw]	[des goeden kinds]
	Dat.	de goede man	de goede vrouw	het goede kind
	Akk.	de goede man	de goede vrouw	het goede kind
Pl.	*Nom.*	de goede mannen	vrouwen	kinderen
	Gen.	[der goede] „	„	„
	Dat.	de goede „	„	„
	Akk.	de goede „	„	„

Anm. Die eingeklammerten Genitivformen kommen nur selten vor man ersetzt sie durch die Konstruktion mit „*van*": *van de goede man* usw

Starke Deklination

		m	*f*	*n*		*m, f, n*
Sg.	*Nom.*	goede	goede	goed	*Pl.*	goede
	Gen.	[goeds]	[goeder]	[goeds]		[goeder]
	Dat.	[goede(n)]	[goede(r)]	[goed(en)]		[goede(n
	Akk.	goede	goede	goed		goede

Der Genitiv und der Dativ kommen nur noch in stehenden Aus drücken vor:

Genitiv männlich: *goedsmoeds, blootsvoets* usw.
Dativ „ : *met voorbedachten rade.*
Genitiv weiblich: *ouder gewoonte, onverrichter zake, langzamerhand.*
Dativ „ : *te goeder ure, op heter daad, van ganser harte, me luider stemme.*
Genitiv sächlich: *blootshoofds.*
Dativ „ : *van goeden huize, van vorstelijken bloede, in koele bloede, in goeden doen.*

Anm. Da alle diese Wendungen aus einer älteren Zeit stamme zeigen manche ein abweichendes Geschlecht und eine ungewöhnlic Form. Man achte darauf, daß in manchen alten Ausdrücken die Pr positionen noch mit dem Fall stehen, den sie früher hinter sich hatte

Die substantivisch gebrauchten Adjektive werden dekliniert w Substantive; z. B.:

männlich:

	Sg.	*Pl.*
Nom.	de arme	de armen
Gen.	[des armen]	der armen
Dat.	de arme	de armen
Akk.	de arme	de armen

Anm. Der Genitiv *Sg.* kommt kaum mehr vor. — Man verwechs die substantivisch gebrauchten Adjektive nicht mit solchen, die alle stehen, weil das dazugehörende Substantiv schon genannt worden ist oder später genannt wird. Demnach: *God laat zijn zon opgaan over bozen en goeden*; hingegen: *er zijn op de wereld meer arme mensen dan rijke.*

F. Steigerung der Adjektive, Adverbien und Zahlwörter

Musterbeispiele der Steigerung

Regelmäßig:	*Pos.*	*Komp.*	*Sup.*
	lang	langer	langst
	smal	smaller	smalst
	laag	lager	laagst
Wenn das Wort auf **r** ausgeht, wird im *Komp.* ein **d** eingeschoben.	duur	duurder	duurst
Geht das Wort auf einen Zischlaut aus, so nimmt es im *Sup.* nur **t** an.	fris	frisser	frist
Von Wörtern, die auf **st** enden, wird der *Sup.* durch **meest** umschrieben.	juist	juister	meest juist
Unregelmäßig:	goed (wel)	beter	best
	veel	meer	meest
	weinig	minder	minst
	graag, gaarne	liever	liefst
	gauw, spoedig	eer(der)	eerst
	dikwijls	meer	meest

Adverbien bilden den Komparativ und Superlativ wie die Adjektive. Adverbial wird aber **het** vor den Superlativ gestellt: *het best* am besten.

Konjugation

Man unterscheidet eine s c h w a c h e und eine s t a r k e Konjugation. Die s c h w a c h e n Zeitwörter lassen ihren Stammvokal in allen Konjugationsformen unverändert. Sie nehmen im Imperfekt **-de** oder **-te** an und im Partizip **-d** oder **-t**, je nachdem der Schlußkonsonant des Stammes stimmhaft oder stimmlos ist. Unter Schlußkonsonant des Stammes wird hier verstanden der Schlußkonsonant des Stammes, wie er im Infinitiv lautet. Beispiele: *noemen — noemde — genoemd, maken — maakte — gemaakt, leven — leefde — geleefd, passen — paste — gepast.* Im Zeitwort *leven* ist der Schlußkonsonant des Stammes im Infinitiv stimmhaft, daher **-de** und **-d** resp. im Imperfekt und im Partizip; im Zeitwort *passen* ist der Schlußkonsonant des Stammes stimmlos, daher **-te** und **-t** im Imperfekt und Partizip.

S t a r k e Zeitwörter bilden ihr Imperfekt und Partizip durch Ablaut, d. h. sie haben im Imperfekt immer und im Partizip oft einen andern Vokal als im Präsens und im Infinitiv. Ihr Partizip geht auf **-en** aus, z. B.: *binden — bond — gebonden, nemen — nam — genomen.*

Bei der Konjugation (sowohl starker als schwacher Verben) sind die für die Mehrzahlbildung der Substantiva gegebenen orthographischen Regeln zu beachten, *s.* B. 2.—8.

I. Hilfsverben

Zur vollständigen Konjugation eines Zeitworts ist notwendig die Konjugation der Zeitwörter: *hebben*, *zijn*, *zullen* (bildet die Zukunftsformen) und *worden* (bildet die Leideformen), die als Hilfszeitwörter verwendet werden.

zullen **Indikativ**

Präsens

Sg.	ik zal	je (u) zult	hij zal
Pl.	wij zullen	jullie zullen (u zult)	zij zullen

Imperfekt

Sg.	ik zou	je (u) zou	hij zou
Pl.	wij zouden	jullie zouden (u zoudt)	zij zouden

Die übrigen Formen fehlen.

hebben **Indikativ**

	Präsens			**Partizip Präsens**
Sg.	ik heb	je (u) hebt	hij heeft	hebbend(e)
Pl.	wij hebben	jullie hebben (u hebt)	zij hebben	
	Imperfekt			**Partizip Perfekt**
Sg.	ik had	je (u) had	hij had	gehad
Pl.	wij hadden	jullie hadden (u hadt)	zij hadden	

Perfekt
ik heb gehad *usw.*

Plusquamperfekt
ik had gehad *usw.*

1. Futur
ik zal hebben *usw.*

2. Futur
ik zal gehad hebben *usw.*

Konjunktiv

Der Konjunktiv ist in den meisten Fällen außer Gebrauch gekommen oder den entsprechenden Indikativformen angeglichen worden. Im Präsens ist nur noch die dritte Person der Einzahl vom Indikativ zu unterscheiden: sie entspricht bei allen Verben dem Infinitiv ohne das Schluß-**n**, also beim Zeitwort *hebben*: *hij hebbe.*

Konditional

1. ik had *usw. oder*: ik zou hebben *usw.*
2. ik had gehad *usw. oder*: ik zou gehad hebben *usw.*

Imperativ

Sg. heb *Pl.* hebt

zijn **Indikativ**

	Präsens			**Partizip Präsens**
Sg.	ik ben	je (u) bent	hij is	zijnde
Pl.	wij zijn	jullie zijn (u bent)	zij zijn	
	Imperfekt			**Partizip Perfekt**
Sg.	ik was	je (u) was	hij was	geweest
Pl.	wij waren	jullie waren (u was)	zij waren	

Perfekt	Plusquamperfekt
ik ben geweest *usw.*	ik was geweest *usw.*

1. Futur	2. Futur
ik zal zijn *usw.*	ik zal geweest zijn *usw.*

Konjunktiv

hij zij

Konditional

1. ik was *usw. oder*: ik zou zijn *usw.*
2. ik was geweest *usw. oder*: ik zou geweest zijn *usw.*

Imperativ

Sg. wees *Pl.* weest

worden

Indikativ

Präsens

Sg.	ik word	je (u) wordt	hij wordt	**Partizip Präsens** wordend
Pl.	wij worden	jullie worden (u wordt)	zij worden	

Imperfekt

Sg.	ik werd	je (u) werd	hij werd	**Partizip Perfekt** geworden
Pl.	wij werden	jullie werden (u werdt)	zij werden	

Perfekt	Plusquamperfekt
ik ben geworden *usw.*	ik was geworden *usw.*

1. Futur	2. Futur
ik zal worden *usw.*	ik zal geworden zijn *usw.*

Konjunktiv

hij worde

Konditional

1. ik werd *usw. oder*: ik zou worden *usw.*
2. ik zou geworden zijn *usw.*

Imperativ

Sg. word *Pl.* wordt

II. Schwache Konjugation

Mit **-de** bzw. **-d** im Imperfekt und Partizip.

Die zusammengesetzten Zeiten werden ebenso wie bei *hebben* gebildet.

wagen

Indikativ

Präsens

Sg.	ik waag	je (u) waagt	hij waagt
Pl.	wij wagen	jullie wagen (u waagt)	zij wagen

Imperfekt

Sg.	ik waagde	je (u) waagde	hij waagde
Pl.	wij waagden	jullie waagden (u waagde)	zij waagden

Partizip Präsens	Partizip Perfekt
wagend	gewaagd

Konjunktiv

hij wage

Imperativ

Sg. waag *Pl.* waagt

Mit **-te** bzw. **-t** im Imperfekt und Partizip.

hakken **Indikativ**

	Präsens			**Partizip Präsens**
Sg.	ik hak	je (u) hakt	hij hakt	hakkend
Pl.	wij hakken	jullie hakken (u hakt)	zij hakken	
	Imperfekt			**Partizip Perfekt**
Sg.	ik hakte	je (u) hakte	hij hakte	gehakt
Pl.	wij hakten	jullie hakten (u hakte)	zij hakten	

Konjunktiv

hij hakke

Imperativ

Sg. hak *Pl.* hakt

Verben, deren Stamm auf **t** endet:

achten **Indikativ**

	Präsens			**Partizip Präsens**
Sg.	ik acht	je (u) acht	hij acht	achtend
Pl.	wij achten	jullie achten (u acht)	zij achten	
	Imperfekt			**Partizip Perfekt**
Sg.	ik achtte	je (u) achtte	hij achtte	geacht
Pl.	wij achtten	jullie achtten (u achtte)	zij achtten	

Konjunktiv

hij achte

Imperativ

Sg. acht *Pl.* acht

III. Starke Konjugation

Über den Unterschied zwischen starker und schwacher Konjugation ist im Anfang dieses Kapitels das Nötige mitgeteilt; im übrigen gestalten sich die Formen der starken Zeitwörter auf gleiche Weise wie die der schwachen.

drinken **Indikativ**

	Präsens			**Partizip Präsens**
Sg.	ik drink	je (u) drinkt	hij drinkt	drinkend
Pl.	wij drinken	jullie drinken (u drinkt)	zij drinken	
	Imperfekt			**Partizip Perfekt**
Sg.	ik dronk	je (u) dronk	hij dronk	gedronken
Pl.	wij dronken	jullie dronken (u dronk)	zij dronken	

Konjunktiv

hij drinke

Imperativ

Sg. drink *Pl.* drinkt

Die starken Zeitwörter gruppieren sich nach dem Ablaut in folgende Klassen:

I.

Infinitiv	*Imperf. Sg.*	*Imperf. Pl.*	*Partizip Perfekt*
beginnen	begon	begonnen	begonnen
binden	bond	bonden	gebonden
blinken	blonk	blonken	geblonken
dringen	drong	drongen	gedrongen
drinken	dronk	dronken	gedronken
dwingen	dwong	dwongen	gedwongen
klinken	klonk	klonken	geklonken
schrikken	schrok	schrokken	geschrokken
spinnen	spon	sponnen	gesponnen
springen	sprong	sprongen	gesprongen
stinken	stonk	stonken	gestonken
verslinden	verslond	verslonden	verslonden
vinden	vond	vonden	gevonden
winden	wond	wonden	gewonden
winnen	won	wonnen	gewonnen
wringen	wrong	wrongen	gewrongen
zingen	zong	zongen	gezongen
zinken	zonk	zonken	gezonken
bergen	borg	borgen	geborgen
gelden	gold	golden	gegolden
melken	molk	molken	gemolken
schelden	schold	scholden	gescholden
delven	dolf	dolven	gedolven
schenken	schonk	schonken	geschonken
smelten	smolt	smolten	gesmolten
treffen	trof	troffen	getroffen
trekken	trok	trokken	getrokken
vechten	vocht	vochten	gevochten
vlechten	vlocht	vlochten	gevlochten
zenden	zond	zonden	gezonden
zwellen	zwol	zwollen	gezwollen
zwemmen	zwom	zwommen	gezwommen
scheren	schoor	schoren	geschoren
wegen	woog	wogen	gewogen
zweren	zwoor	zworen	gezworen

II.

bevelen	beval	bevalen	bevolen
breken	brak	braken	gebroken
nemen	nam	namen	genomen
spreken	sprak	spraken	gesproken
steken	stak	staken	gestoken
stelen	stal	stalen	gestolen
komen	kwam	kwamen	gekomen
helpen	hielp	hielpen	geholpen

Infinitiv	*Imperf. Sg.*	*Imperf. Pl.*	*Partizip Perfekt*
bederven	bedierf	bedierven	bedorven
sterven	stierf	stierven	gestorven
werpen	wierp	wierpen	geworpen
werven	wierf	wierven	geworven
zwerven	zwierf	zwierven	gezworven

Anm. Die Zeitwörter helpen, bederven, sterven, werpen, werven, zwerven sind, was ihr Imperfekt betrifft, in die Klasse VII übergetreten.

III.

eten	at	aten	gegeten
genezen	genas	genazen	genezen
geven	gaf	gaven	gegeven
lezen	las	lazen	gelezen
meten	mat	maten	gemeten
treden	trad	traden	getreden
vergeten	vergat	vergaten	vergeten
vreten	vrat	vraten	gevreten
bidden	bad	baden	gebeden
liggen	lag	lagen	gelegen
zitten	zat	zaten	gezeten
zien	zag	zagen	gezien

IV.

dragen	droeg	droegen	gedragen
graven	groef	groeven	gegraven
varen	voer	voeren	gevaren
slaan	sloeg	sloegen	geslagen
staan	stond	stonden	gestaan
zweren	zwoer	zwoeren	gezworen

V.

bezwijken	bezweek	bezweken	bezweken
bijten	beet	beten	gebeten
blijken	bleek	bleken	gebleken
blijven	bleef	bleven	gebleven
drijven	dreef	dreven	gedreven
glijden	gleed	gleden	gegleden
grijpen	greep	grepen	gegrepen
hijsen	hees	hesen	gehesen
kijken	keek	keken	gekeken
knijpen	kneep	knepen	geknepen
krijgen	kreeg	kregen	gekregen
kwijten	kweet	kweten	gekweten
lijden	leed	leden	geleden
(ge)lijken	(ge)leek	(ge)leken	geleken
(ver)mijden	(ver)meed	(ver)meden	(ver-, ge)meden
prijzen	prees	prezen	geprezen
rijden	reed	reden	gereden
rijgen	reeg	regen	geregen
rijzen	rees	rezen	gerezen
schijnen	scheen	scnenen	geschenen
schrijven	schreef	schreven	geschreven
slijpen	sleep	slepen	geslepen
slijten	sleet	sleten	gesleten
smijten	smeet	smeten	gesmeten

Infinitiv	*Imperf. Sg.*	*Imperf. Pl.*	*Partizip Perfekt*
snijden	sneed	sneden	gesneden
stijgen	steeg	stegen	gestegen
stijven	steef	steven	gesteven
strijden	streed	streden	gestreden
strijken	streek	streken	gestreken
verdwijnen	verdween	verdwenen	verdwenen
wijken	week	weken	geweken
wijten	weet	weten	geweten
wijzen	wees	wezen	gewezen
wrijven	wreef	wreven	gewreven
wijgen	zweeg	zwegen	gezwegen
		VI.	
bedriegen	bedroog	bedrogen	bedrogen
bieden	bood	boden	geboden
genieten	genoot	genoten	genoten
gieten	goot	goten	gegoten
kiezen	koos	kozen	gekozen
iegen	loog	logen	gelogen
schieten	schoot	schoten	geschoten
vliegen	vloog	vlogen	gevlogen
verliezen	verloor	verloren	verloren
vriezen	vroor	vroren	gevroren
buigen	boog	bogen	gebogen
druipen	droop	dropen	gedropen
duiken	dook	doken	gedoken
luiten	floot	floten	gefloten
kluiven	kloof	kloven	gekloven
kruipen	kroop	kropen	gekropen
uiken	rook	roken	geroken
chuiven	schoof	schoven	geschoven
luipen	sloop	slopen	geslopen
luiten	sloot	sloten	gesloten
nuiven	snoof	snoven	gesnoven
pruiten	sproot	sproten	gesproten
pugen	spoog	spogen	gespogen
tuiven	stoof	stoven	gestoven
uigen	zoog	zogen	gezogen
uipen	zoop	zopen	gezopen
		VII.	
lazen	blies	bliezen	geblazen
aten	liet	lieten	gelaten
cheppen	schiep	schiepen	geschapen
lapen	sliep	sliepen	geslapen
allen	viel	vielen	gevallen
assen	wies (waste)	wiesen (wasten)	gewassen
effen	hief	hieven	geheven
aan	ging	gingen	gegaan
angen	hing	hingen	gehangen
angen	ving	vingen	gevangen
pen	liep	liepen	gelopen
toten	stiet (stootte)	stieten (stoot-}	gestoten
epen	riep	riepen [ten)}	geroepen
ouden	hield	hielden	gehouden
ouwen	hieuw	hieuwen	gehouwen

IV. Unregelmäßige Verben

In den Reihen der starken Verben kommen einige vor, die in den Konjugationsformen von den anderen abweichen. Sie gehören eigentlich zu den unregelmäßigen Verben; da aber ihre Abweichungen sich auf einzelne Formen beschränken, pflegt man sie in die Klassen der regelmäßigen einzureihen und nur die erheblich abweichenden in der Rubrik „Unregelmäßige Verben" unterzubringen.

1.

Zeitwörter mit einem schwachen Imperfekt und einem starken Partizip

bakken	bakte	gebakken
braden	braadde	gebraden
barsten	barstte	gebarsten
lachen	lachte	gelachen
laden	laadde	geladen
malen	maalde	gemalen
raden	raadde[1]	geraden
wassen	waste[2]	gewassen
spannen	spande	gespannen
verbannen	verbande	verbannen
wreken	wreekte	gewroken
weven	weefde	geweven
brouwen	brouwde	gebrouwen
vouwen	vouwde	gevouwen
zouten	zoutte	gezouten
heten	heette	geheten
scheiden	scheidde	gescheiden

2.

Zeitwörter mit einem starken Imperfekt und einem schwachen Partizip

jagen	joeg[3]	gejaagd
vragen	vroeg	gevraagd
waaien	woei[4]	gewaaid
plegen	placht[5]	gepleegd

3.

brengen	bracht	gebracht
denken	dacht	gedacht
kopen	kocht	gekocht
zoeken	zocht	gezocht

---

[1] In der Bedeutung erraten wird gewöhnlich die schwache Forr gebraucht, in der Bedeutung Rat erteilen ist neben der schwache Form die starke (*ried*) üblich.

[2] Daneben auch *wies*.

[3] Die Form *joeg* ist nur richtig in der Bedeutung schnell reite oder fahren und verjagen, vertreiben; er jagte (das Wild) = *h jaagde*.

[4] Neben *woei* wird ohne Unterschied die schwache Form verwende

[5] *Hij placht* = er pflegte (= war gewohnt); aber: *hij pleegde ee misdaad* (er verübte ein Verbrechen), *zij verpleegde de zieke* (s pflegte den Kranken).

Infinitiv	Präsens	Imperfekt	Part. Perfekt
doen	doe, doet, doet; doen, doen (doet) doen	*Sg.* deed; deden, deden (deed), deden	gedaan
kunnen	kan, kunt, kan; kunnen, kunnen (kunt), kunnen	*Sg.* kon; konden, konden (kon), konden	gekund
mogen	mag, moogt, mag; mogen, mogen (moogt), mogen	*Sg.* mocht; mochten, mochten (mocht), mochten	gemoogd
moeten	*Sg.* moet; *Pl.* moeten, moeten (moet), moeten	*Sg.* moest; *Pl.* moesten, moesten, (moest), moesten	gemoeten
willen	wil, wilt, wil; willen, willen (wilt), willen	*Sg.* wilde (wou); *Pl.* wilden, wilden (wilde), wilden	gewild
weten	*Sg.* weet; *Pl.* weten, weten (weet), weten	*Sg.* wist; *Pl.* wisten, wisten (wist), wisten	geweten

Stehen diese Wörter neben einem andern Verb, so hat das Part. die Form des Infinitivs

LANGENSCHEIDTS
TASCHENWÖRTERBÜCHER

LANGENSCHEIDTS
ZAKWOORDENBOEK
VAN DE NEDERLANDSE EN DE DUITSE TAAL

Tweede Deel

Duits-Nederlands

door

LIC. FRANS BEERSMANS

Geheel herziene uitgave

LANGENSCHEIDT

BERLIJN · MUNCHEN · WENEN · ZURICH

LANGENSCHEIDTS TASCHENWÖRTERBUCH

DER NIEDERLÄNDISCHEN UND DEUTSCHEN SPRACHE

Zweiter Teil

Deutsch-Niederländisch

von

LIC. FRANS BEERSMANS

Neubearbeitung

LANGENSCHEIDT

BERLIN · MÜNCHEN · WIEN · ZÜRICH

Inhaltsverzeichnis/Inhoud

Auflage: 8. 7. 6. | *Letzte Zahlen*
Jahr: 1988 87 | *maßgeblich*

Druck: Graph. Betriebe Langenscheidt, Berchtesgaden/Obb.
Printed in Germany · ISBN 3-468-10236-4

Vorwort

In der vorliegenden Neubearbeitung wurden aus der Fülle des durch zahlreiche Zusammensetzungen gekennzeichneten deutschen Wortschatzes etwa 40 000 Stichwörter ausgewählt und ins Niederländische übersetzt. Neben den aus der Schrift- und Umgangssprache geschöpften Stichwörtern wurden Ausdrücke, Wendungen und Mustersätze aufgenommen, die man täglich liest und hört.

Häufig gebrauchte Fachwörter aus den Gebieten der Technik, des Sports, der Medizin, Psychologie, des Rechtswesens, der Mathematik, Physik, Soziologie und anderer Wissenschaften ergänzen den allgemeinen Wortschatz, zu dem heute Wörter wie Datenverarbeitung, Eigentumswohnung, Farbfernseher, Mehrwertsteuer, Umweltschutz usw. gehören.

Um dem Benutzer die Wahl der richtigen niederländischen Übersetzung zu erleichtern, wurden entsprechend den vom Verlag aus der Praxis gewonnenen Erfahrungen folgende lexikologische Mittel verwendet:

Abkürzungen, die das Wort einem begrenzten Bedeutungsfeld zuweisen:

Verband *Med.* (het) verband; *mil.* formatie;

Zusätze verschiedener Art (*Subjekt*, *Objekt usw.*), die das Wort in einen engeren Zusammenhang stellen:

verbessern: verbeteren; *Fehler*, *Aussage* corrigeren
wässern: *Speise* in het water leggen; *Film* spoelen;

Mittel der Wortverknüpfung (*Kasusangabe*, *Präpositionen*):

sich wenden an (gegen) (*A*) zich wenden tot (zich keren tegen).

Insbesondere dem niederländischen Benutzer sind zwei Hilfsmittel von Nutzen:

Der phonetische Apparat, der aus den genauen Ausspracheregeln und Hinweisen in der Lautschrift der API auf Abweichungen von der Regel besteht:

wüst [yː] Die Angabe in eckigen Klammern [yː] weist darauf hin, daß entgegen der Regel hier ein langes **ü** gesprochen wird.

Der grammatische Apparat, durch den die richtige Flexion jedes Wortes bezeichnet wird:

Zahn (*-ẹs*; *"e*), *d. h.* Genitiv: Zahnes od. Zahns; Plural: Zähne
würfeln (*-le*), *d. h.* ich würf(e)le
verfügen (-), *d. h.* Partizip ohne ge-, also (er hat) verfügt.

Als Norm für das Niederländische gilt das „Algemeen (Beschaafd) Nederlands (ABN)", d. h. die niederländische Hochsprache. Maßgebend für die Orthographie sind die Richtlinien und Empfehlungen der „Woordenlijst van de Nederlandse Taal" (1954), wobei nur die offizielle — und nicht die fakultative — Schreibweise übernommen wurde.

Die Darstellung der deutschen Phonetik nach dem System der Association Phonétique Internationale sowie des deutschen Flexionssystems stammt von Dr. Heinz F. Wendt, Verlagslektor bei der Langenscheidt KG.

Verfasser und Verlag

Voorwoord

In dit geheel herziene en vernieuwde woordenboek werden uit de enorme massa van de door talrijke samenstellingen gekenmerkte Duitse woordenschat ongeveer 40.000 trefwoorden uitgekozen en in het Nederlands vertaald. Aan de uit de geschreven en gesproken taal opgenomen trefwoorden werden uitdrukkingen, wendingen en voorbeeldzinnen toegevoegd zoals men ze dagelijks lezen en horen kan. Daardoor wordt de gebruiker in de gelegenheid gesteld kranteteksten, radio- en televisieuitzendingen te begrijpen.

Vaak gebruikte vakwoorden uit de gebieden techniek, sport, geneeskunde, psychologie, rechtswezen, wis- en natuurkunde, sociologie en andere vullen de algemene woordenschat aan, waartoe vandaag de dag woorden als Datenverarbeitung, Eigentumswohnung, Farbfernseher, Mehrwertsteuer, Umweltschutz enz. behoren.

Om de gebruiker de keuze van de juiste Nederlandse vertaling te vergemakkelijken werden in overeenstemming met de door de uitgeverij in de praktijk opgedane ervaringen volgende lexicologische hulpmiddelen gebruikt:

Afkortingen die het woord in een welbepaald betekenisveld plaatsen:

Verband *Med.* (het) verband; *mil.* formatie;

Toevoegingen van allerlei aard (*Subjekt*, *Objekt* enz.) die het woord in een enger verband plaatsen:

verbessern: verbeteren; *Fehler*, *Aussage* corrigeren
wässern: *Speise* in het water leggen; *Film* spoelen;

Middelen ter woordverbinding (naamvalsaanduiding, voorzetsels):

sich wenden an (gegen) (*A*) zich wenden tot (zich keren tegen).

In 't bijzonder voor de nederlandstalige gebruiker zijn twee hulpmiddelen nuttig:

Het fonetische apparaat, dat uit de precieze uitspraakregels en uit de aanduidingen in het fonetische transcriptiesysteem van het API van afwijkingen van de regels bestaat:

wüst [yː] De aanduiding tussen vierkante haakjes [yː] wijst erop dat in tegenstelling tot de regel hier een lange **ü** gesproken wordt.

Het grammaticale apparaat, waardoor de juiste flectie van elk woord aangegeven wordt:

Zahn (*-ẹs*; *"e*), *d.w.z.* genitief: Zahnes of Zahns; meervoud: Zähne
würfeln (*-le*), *d.w.z.* ich würf(e)le
verfügen (-), *d.w.z.* verleden deelwoord zonder ge-, dus (er hat) verfügt.

Als norm voor het Nederlands geldt het „Algemeen (Beschaafd) Nederlands" (ABN), d.w.z. de Nederlandse standaardtaal. Richtsnoer voor de spelling zijn de richtlijnen en aanbevelingen van de „Woordenlijst van de Nederlandse Taal" (1954), waarbij alleen de officiële — en niet de facultatieve — schrijfwijze opgenomen werd.

De presentatie van de Duitse fonetiek volgens het systeem van de Association Phonétique Internationale evenals van het Duitse flectiesysteem is van de hand van Dr. Heinz F. Wendt, lector bij Langenscheidt KG.

De auteur en de uitgeverij

Hinweise für die Benutzung des Wörterbuches

1. **Die alphabetische Reihenfolge** ist überall beachtet worden. Hierbei werden die Umlaute (ä, ö, ü) den Buchstaben a, o, u gleichgestellt.

   An ihrem alphabetischen Platz sind gegeben:
   a) die unregelmäßigen Steigerungsformen der Adjektive;
   b) die verschiedenen Formen der Pronomen;
   c) die wichtigsten geographischen Eigennamen, deren Bildung in beiden Sprachen verschieden ist;
   d) die wichtigsten Abkürzungen.

2. **Die Aussprachebezeichnung** in der Lautschrift der Association Phonétique Internationale ist in eckigen Klammern ([]) dort beigefügt worden, wo Aussprache und Betonung von den „Allgemeinen Regeln für die Aussprache des Deutschen" auf Seite 543 abweichen. Aus Gründen der Platzersparnis ist meist nur derjenige Teil des betreffenden Wortes phonetisch wiedergegeben, der von den allgemeinen Regeln der Aussprache abweicht.

3. **Die Betonung** der deutschen Wörter wird durch das Tonzeichen (ˈ) vor der betonten Silbe angegeben; ist jedoch die erste Silbe eines deutschen Wortes betont, wird das Tonzeichen nicht angegeben.

4. **Die Bedeutungsunterschiede** der verschiedenen Übersetzungen eines Stichwortes sind durch abgekürzte Bedeutungshinweise (siehe Verzeichnis auf Seite 541), durch Zusätze wie *Auto, Karte* usw. oder durch verwandte Ausdrücke (Synonyme) gekennzeichnet. Zwischen verschiedenartigen Begriffen steht ein Semikolon, zwischen verwandten Begriffen ein Komma.

5. **In runden Klammern** () stehende Bestandteile eines Stichwortes oder einer Übersetzung bedeuten, daß das betreffende Wort mit diesen Bestandteilen oder ohne sie gebraucht werden kann.

   Wegen -(**r**) siehe „Deklination der Adjektive" auf Seite 1052, Ziffer 4.

   Die in runden Klammern stehenden Hinweise hinter den deutschen Substantiven, Adjektiven und Verben beziehen sich auf die Formen der Deklination, Steigerung und Konjugation, deren Regeln auf den Seiten 1050—1067 zusammengefaßt sind.

6. **Der Punkt** (·) in Wörtern wie **gut·artig** deutet die Trennung der Sprechsilben an. (Vgl. Aussprache, Seite 545, E1.)

7. **Hochgestellte Ziffern** (^{1}, ^{2}) hinter einem Stichwort unterscheiden Wörter von gleicher Schreibung.

8. **Die Tilde (das Wiederholungszeichen)** (~) dient dazu, zusammengehörige und verwandte Wörter zu Gruppen zu vereinigen.

Die fette Tilde (**~**) vertritt das ganze voraufgegangene Wort oder den Wortteil vor dem senkrechten Strich (|).

Beispiel: **Abend** *m* avond; **~land** *n* (= Abendland) (het) avondland.

Die einfache Tilde (~) vertritt in den Anwendungsbeispielen das unmittelbar voraufgegangene Stichwort, das auch mit Hilfe der Tilde gebildet sein kann.

Beispiel: **will|ˈfahren:** *j-m* ~ (= willfahren) iem. ter wille zijn; **~fährig** (= willfährig) gewillig.

Die Tilde mit Kreis (2) weist darauf hin, daß sich die Schreibung des Anfangsbuchstabens des voraufgegangenen Wortes ändert (groß in klein oder umgekehrt).

Beispiele: **Empfang** *m*, **2en** (= empfangen);
allein, 2besitz *m* (= Alleinbesitz).

9. **Das grammatische Geschlecht** der Substantive (*m*, *f*, *n*) ist bei jedem deutschen Substantiv angegeben. Bei den niederländischen Substantiven wird nur das Neutrum gekennzeichnet, und zwar durch (het); die anderen, die sogenannten *de-woorden*, gelten heute durchweg als männlich. Nur weibliche Lebewesen und die Wörter auf *-heid*, *-nis*, *-de*, *-te*, *-ij*, *-ie*, *-iek*, *-theek*, *-teit*, *-tuur*, *-sis*, *-ade*, *-ide* oder *-ode* sowie die auf *-ing* oder *-st* nach einem Verbalstamm gelten noch als weiblich. Sie können durch **ze** (= Personalpronomen) bzw. **haar** (= Possessivpronomen) ersetzt werden.

10. **Die Rektion der Verben** wird nur dort angegeben,

a) wo das deutsche Verb ein Genitivobjekt oder ein alleinstehendes Dativobjekt hat;
b) wo das deutsche Verb zwei Akkusativobjekte hat;
c) wenn dies als Übersetzungshinweis dienlich ist.

11. **Feste Wortgruppen, idiomatische Ausdrücke und Wendungen** werden grundsätzlich nur einmal aufgenommen. Aus Platzgründen wurden Verweise weitgehendst vermieden.

Folgende Regeln sollen jedoch das Auffinden der betreffenden festen Einheiten erleichtern:

a) Wenn es ein Substantiv in der Gruppe gibt, ist sie grundsätzlich unter dem betreffenden Substantiv, bei mehreren Substantiven unter dem ersten, zu finden.

Beispiele: *freie Tankstelle* nur unter **Tankstelle** (bei **frei** kein Verweis); *j-m das Fell über die Ohren ziehen* nur unter **Fell** (sonst keine Verweise).

b) Sonst ist die Gruppe entweder unter dem Verb der Gruppe oder unter seinem ersten Element zu finden.

Beispiel: *für dumm verkaufen* nur unter **dumm** (bei **verkaufen** kein Verweis).

c) Ausnahmen hierzu wurden nach sorgfältiger Abwägung gemacht, wenn z. B. ein anderes Element prägnanter ist oder (fast) nur in der betreffenden Wendung vorkommt.

Beispiel: *abgekartetes Spiel* nur unter **abgekartet** (kein Verweis unter **Spiel**).

Aanwijzingen voor het gebruik van het woordenboek

1. **De alfabetische volgorde** is overal strikt in acht genomen. Hierbij worden de umlautvocalen (ä, ö, ü) als enkelvoudige letters a, o, u beschouwd.

   Op hun alfabetische plaats staan:

   a) de onregelmatige trappen van vergelijking der adjectieven;

   b) de verschillende vormen der voornaamwoorden;

   c) de belangrijkste geografische eigennamen, indien ze in beide talen verschillen;

   d) de belangrijkste afkortingen.

2. **De aanduiding van de uitspraak** in het klankschrift van de Association Phonétique Internationale is tussen vierkante haakjes ([]) op die plaatsen toegevoegd waar uitspraak en klemtoon van de „Algemene regels voor de uitspraak van het Duits" op blz. 543 afwijken. Om ruimte uit te sparen is meestal slechts dat deel van het betreffende woord fonetisch weergegeven dat van de algemene regels van de uitspraak afwijkt.

3. **De klemtoon** van de Duitse woorden wordt door het klemtoonteken of accent (ˈ) vóór de beklemtoonde lettergreep aangegeven; is echter de eerste lettergreep van een Duits woord beklemtoond, wordt het accent niet aangegeven.

4. **De betekenisverschillen** van de verschillende vertalingen van een trefwoord zijn door afgekorte betekenisverklaringen (zie de lijst op blz. 541), door toevoegingen als *Auto*, *Karte* enz. of door verwante uitdrukkingen (synoniemen) duidelijk gemaakt. Tussen van elkaar verschillende begrippen staat een kommapunt, tussen verwante begrippen een komma.

5. **Tussen ronde haakjes** () staande bestanddelen van een trefwoord of van een vertaling betekenen dat het betreffende woord zowel met als zonder deze bestanddelen gebruikt kan worden.

   Zie voor -(**r**) de „Regels voor de verbuiging van de adjectieven" op blz. 1052, nr. 4.

   De tussen ronde haakjes staande aanwijzingen achter de Duitse zelfstandige naamwoorden, bijvoeglijke naamwoorden en werkwoorden geven de vormen van de verbuiging, van de trappen van vergelijking en van de vervoeging, waarvan de regels op de blz. 1050—1067 samengevat zijn.

6. **De punt** (·) in woorden als **gut·artig** geeft de scheiding van de spreeksyllabes aan. (Vgl. Uitspraak, blz. 545, E1.)

7. **De hoog geplaatste cijfers** (^{1}, ^{2}) achter een trefwoord onderscheiden woorden met gelijke schrijfwijze.

8. **De tilde (het herhalingsteken)** (~) verenigt bij elkaar horende en verwante woorden in groepen.

De vetgedrukte tilde (**~**) vervangt het hele voorafgaande woord of het woorddeel vóór de verticale streep (|).

Voorbeeld: **Abend** *m* avond; **~land** *n* (= Abendland) (het) avondland.

De gewone tilde (~) vervangt in de aangeboden toepassingsmogelijkheden het onmiddellijk voorafgaande trefwoord, dat ook met behulp van de tilde kan gevormd zijn.

Voorbeeld: **will|'fahren:** *j-m* ~ (= willfahren) iem. ter wille zijn; **~fährig** (= willfährig) gewillig.

De tilde met kring (2) wijst erop dat de schrijfwijze van de beginletter van het voorafgaande woord hier anders wordt (hoofdletter wordt kleine letter of omgekeerd).

Voorbeelden: **Empfang** *m*, **2en** (= empfangen);
allein, 2besitz *m* (= Alleinbesitz).

9. **Het grammaticale geslacht** van de substantieven (*m*, *f*, *n*) is bij ieder Duits substantief aangegeven. Bij de Nederlandse substantieven wordt alleen het onzijdige geslacht aangegeven, en wel door middel van (het); de andere, de zogenaamde de-woorden, gelden heden ten dage in de regel als mannelijke woorden. Alleen vrouwelijke levende wezens en de woorden op *-heid*, *-nis*, *-de*, *-te*, *-ij*, *-ie*, *-iek*, *-theek*, *-teit*, *-tuur*, *-sis*, *-ade*, *-ide* of *-ode* evenals die op *-ing* of *-st* na een werkwoordstam gelden nog als vrouwelijke woorden. Deze kunnen vervangen worden door **ze** (= persoonlijk voornaamwoord) resp. **haar** (= bezittelijk voornaamwoord).

10. **De rectie van de werkwoorden** wordt alleen daar aangegeven

a) waar het Duitse werkwoord een genitiefobject of een alleenstaand datiefobject heeft;
b) waar het Duitse werkwoord twee accusatiefobjecten heeft;
c) waar ze als hulpmiddel bij de vertaling van nut is.

11. **Vaste woordgroepen, idiomatische uitdrukkingen en wendingen** worden in principe slechts eenmaal opgenomen. Om ruimte uit te sparen werden verwijzingen meestal weggelaten.

Volgende regels vergemakkelijken het naslaan van de betreffende vaste eenheden:

a) Als er een zelfstandig naamwoord in de groep voorkomt, is de groep in principe onder het betreffende zelfstandig naamwoord, bij meerdere zelfstandige naamwoorden onder het eerste, te vinden.

Voorbeelden: *freie Tankstelle* alleen onder **Tankstelle** (bij **frei** geen verwijzing); *j-m das Fell über die Ohren ziehen* alleen onder **Fell** (geen verwijzingen elders).

b) In de andere gevallen vindt men de groep onder het werkwoord van de groep of onder zijn eerste element.

Voorbeeld: *für dumm verkaufen* alleen onder **dumm** (geen verwijzing bij **verkaufen**).

c) Uitzonderingen hierop werden na zorgvuldige overweging gemaakt, indien b.v. een ander element typischer is voor de wending of (bijna) alleen in de betreffende wending voorkomt.

Voorbeeld: *abgekartetes Spiel* alleen onder **abgekartet** (geen verwijzing bij **Spiel**).

Erklärung der Zeichen und Abkürzungen

Verklaring der tekens en afkortingen

a.	auch, *ook*
A	Akkusativ, *accusatief*
Abk.	Abkürzung, *afkorting*
Adj.	Adjektiv, *bijvoeglijk naamwoord*
Adv.	Adverb, *bijwoord*
llg.	allgemein, *algemeen*
Anat.	Anatomie, *anatomie*
Arch.	Architektur, Baukunst, *architectuur, bouwkunst*
Art.	Artikel, *lidwoord*
Astr.	Astronomie, *astronomie*
Bgb.	Bergbau, *mijnbouw*
Bot.	Botanik, Pflanzenkunde, *botanie, plantkunde*
sd.	besonders, *vooral*
Chem.	Chemie, *scheikunde*
onj.	Konjunktiv, *conjunctief*
D	Dativ, *datief*
-e	eine, *een*
El.	Elektrizität, Elektrotechnik, *elektriciteit, elektrotechniek*
-m	einem, (*aan*) *een*
-n	einen, *een*
-r	einer, (*aan, van*) *een*
-s	eines, *van een*
Esb.	Eisenbahn, *spoorweg*
tw.	etwas, *iets*
	feminin, weiblich, *vrouwelijk*
	familiär, *gemeenzaam*
g.	figürlich, *figuurlijk*
Flgw.	Flugwesen, *vliegwezen*
	Genitiv, *genitief*
Geogr.	Geographie, *geografie, aardrijkskunde*
Geol.	Geologie, *geologie*
Ggs.	im Gegensatz zu ..., *in tegenstelling met ...*
Gr.	Grammatik, *grammatica*
Hdl.	Handel, *handel*
hist.	historisch, *historisch*
iem.	iemand, *jemand*(*en, -em*)
imp.	Imperativ, *imperatief, gebiedende wijs*
impf.	Imperfekt, *imperfectum, onvoltooid verleden tijd*
Inf.	Infinitiv, *infinitief*
j-m	jemandem, (*aan*) *iemand*
j-n	jemanden, *iemand*
jur.	juristisch, *juridisch*
Kfz.	Kraftfahrzeug(e), *voertuig*(*en*)
Ko.	Konjunktion, *voegwoord*
Komp.	Komparativ, *comparatief*
(*L*)	siehe Seite 1062, *zie pagina* 1062.
m	maskulin, männlich, *mannelijk*
mar.	maritim, *maritiem*
Math.	Mathematik, *wiskunde*
Med.	Medizin, *geneeskunde*
mil.	militärisch, *militair*
mst.	meist(ens), *meestal*
Mus.	Musik, *muziek*
n	Neutrum, sächlich, *onzijdig*
od.	oder, *of*
P	populär, *populair, volkstaal*
part.pt.	Partizip Perfekt, *participium perfectum, voltooid verleden deelwoord*
pej.	pejorativ, ungünstig, *pejoratief*
Pers.	Person, *persoon*
Phys.	Physik, *natuurkunde*
pl.	Plural, Mehrzahl, *meervoud*

poet.	poetisch, *poëtisch, dichterlijk*
Pol.	Politik, *politiek*
Präp.	Präposition, *voorzetsel*
pres.	Präsens, *presens, onvoltooid tegenwoordige tijd*
Pron.	Pronomen, *voornaamwoord*
Rel.	Religion, *godsdienst*
Rf.	Rundfunk, *radio*
s.	siehe, *zie*
S.	Sache, *zaak*
sg.	Singular, Einzahl, *enkelvoud*
s-m	seinem, (*aan*) *zijn*
s-n	seinen, *zijn*
Sp.	Sport, *sport*
s-r	seiner, (*aan, van*) *zijn*
s-s	seines, *van zijn*
Su.	Substantiv, substantivisch, *substantief, substantivisch*
Tech.	Technik, *techniek*
Tel.	Telefon, *telefoon*
Thea.	Theater, *theater*
Typ.	Typographie, *typografie*
u.	und, *en*
usw.	und so weiter, *enzovoort(s)*
V	vulgär, *vulgair*
v/i	intransitives Verb, *onovergankelijk werkwoord*
v/r	reflexives Verb, *wederkerend werkwoord*
v/t	transitives Verb, *overgankelijk werkwoord*
z.	zie, *siehe*
z.B.	zum Beispiel, *bijvoorbeeld*
Zool.	Zoologie, *dierkunde*
Zssgn	Zusammensetzungen, *samenstellingen*
=	gleich, *gelijk*
(*0*)	siehe Seite 1051, 1053, *zie pagina* 1051, 1053.

Algemene regels voor de uitspraak van het Duits

A 1. Het Duits heeft lange, korte en halflange vocalen.

2. De korte vocalen zijn altijd open: [ɛ] [œ] [ɪ] [ʏ] [ɔ] [ʊ]

3. De lange en halflange vocalen zijn met uitzondering van [ɛ] altijd gesloten: [eː] [øː] [iː] [yː] [oː] [uː]
[e·] [ø·] [i·] [y·] [o·] [u·]

Uitzondering: [ɛː] [ɛ·]

4. In vreemde woorden komen in natonige lettergreep (d.w.z. in de lettergreep na de beklemtoonde lettergreep) korte vocalen voor die bijna onsyllabisch worden (d.w.z. die geen eigen lettergreep vormen): [ĭ] [ŭ] [y̆] [ŏ]

5. De Duitse **a** is neutraal, d.w.z. zijn klank is, zowel in het geval van de lange als van de korte **a**, even ver van **o** en **e** verwijderd. Gewoonlijk echter wordt de lange **a** dieper uitgesproken als de korte.

Wij noteren de lange en halflange diepe (halfvelare) **a** als [ɑː] [ɑ·]
en de korte heldere (halfpalatale) **a** als [a]

6. In de prefixen **be-** en **ge-**, in de suffixen vóór **-l, -ln, -lst, -m, -n, -nd, -nt, -s,** evenals vóór **-r, -rm, -rn, -rt, -rst*** en op het einde van een woord (**-e**) wordt **e** als een zogenaamde mengklank met neutrale klankwaarde uitgesproken: [ə]

B De Duitse spelling volgt deels het historische en deels het fonetische principe.

Er kunnen echter toch regels opgesteld worden volgens dewelke veruit de meeste Duitse woorden correct uitgesproken kunnen worden:

1. Een vocaal is altijd kort vóór een dubbele consonant (b.v. **ff, mm, tt, ss**) en **ck** (in plaats van **kk**) en meestal kort vóór twee of meer consonanten.
offen [ˈɔfən]
lassen [ˈlasən]
Acker [ˈakɚ]
oft [ɔft]

Voor **ß** zie B 2e.

Uitzonderingen worden in het woordenboek door weergave van de lange vocaal gesignaleerd: Jagd [ɑː]

* Zie ook regel E 7c.

2. Een vocaal is lang

a) in open, beklemtoonde lettergreep: Ware [ˈvaːʀə]
Is de vocaal bij zwakke werkwoorden in de infinitief lang, dan blijft hij ook in de vervoegde vormen lang: sagen [ˈzaːgən] sagte [ˈzaːktə] gesagt [gəˈzaːkt]

b) als hij dubbel geschreven wordt: Paar [paːʁ]

c) als hij door een stomme **h** gevolgd wordt: Bahn [baːn]

d) als hij door één enkele consonant gevolgd wordt: Tag [taːk]

Uitzonderingen:

ab	[ap]	bis	[bɪs]	hin	[hɪn]
in	[ɪn]	man	[man]	mit	[mɪt]
ob	[ɔp]	um	[ʊm]	-nis	[nɪs]
ver-	[fɛʁ]	zer-	[tsɛʁ]		
bin	[bɪn]	zum	[tsʊm]	das	[das]
an	[an]	von	[fɔn]	un-	[ʊn]
wes	[vɛs]	was	[vas]	es	[ɛs]
des	[dɛs]	weg	[vɛk]		

en in enkele samenstellingen: barfuß [ˈbaːʁfuːs]

e) vóór intervocalische **ß** (d.w.z. een **ß** die tussen twee vocalen staat): grüßen [ˈgʀyːsən]

Op het einde van een woord wordt in correcte Duitse spelling nooit ss, maar steeds **ß** geschreven.

De lengte of kortheid van de vocaal vóór de op het einde van een woord staande **ß** kan men vaststellen door het meervoud van het betreffende substantief respectievelijk de vergrotende trap van het betreffende adjectief te vormen; blijft de **ß** ook in het meervoud of in de vergrotende trap behouden, dan is de vocaal lang.

Gruß — Grüße
[uː] [yː]
groß — größer
[oː] [øː]

Wordt het meervoud of de vergrotende trap met **ss** geschreven, dan is de vocaal zowel in het enkelvoud respectievelijk in de stellende trap als ook in het meervoud respectievelijk in de vergrotende trap kort.

naß — nässer
[a] [ɛ]
Faß — Fässer
[a] [ɛ]

f) Daar **ch** en **sch** nooit verdubbeld worden, kan men niet weten of de vóór deze lettergroep staande vocaal lang of kort is. Hij is meestal kort: Bach [bax] Wäsche [ˈvɛʃə]

Uitzonderingen worden in het woordenboek door weergave van de lange vocaal gesignaleerd: Buch [uː]

3. Halflange vocalen komen alleen in onbeklemtoonde lettergrepen voor, meestal in vreemde woorden: vielleicht [fiˑˈlaɪçt] monoton [moˑnoˑˈtoːn]

C Het Duits heeft drie diftongen: ai, ei, ey [aɪ], au [aʊ], eu, äu, oi [ɔʏ]

Het eerste element van de diftong is sterker beklemtoond dan het tweede.

Het tweede element is zeer open, d.w.z. de open **u** [ʊ] in **au** [aʊ] benadert de gesloten **o** [o], de open **i** [ɪ] in **ai, ei, ey** [aɪ] de gesloten **e** [e]; bij **äu, eu, oi** [ɔʏ] treedt een lichte ronding tot **ö** [ø] op. Om deze reden schrijven sommigen niet [aʊ], [aɪ], [ɔʏ], maar [ao], [ae], [ɔø].

D Nasale vocalen komen alleen in aan het Frans ontleende vreemde woorden voor; zij zijn in beklemtoonde positie — vaak in tegenstelling met het Frans — lang, in onbeklemtoonde positie halflang.

In alledaagse woorden worden ze heden ten dage door de overeenkomstige vocaal + de nasale occlusief [ŋ] vervangen. Wij geven de uitspraak van deze woorden weer zoals ze werkelijk in de mond van een beschaafde Duitstalige klinken, en niet zoals ze door normatieve werken geëist wordt:

Balkon [bal'kɔŋ]
[bal'kɔ̃ː]

De uitspraak van de vreemde woorden of van delen van vreemde woorden wordt, voor zover ze van de algemene regels afwijkt, in het woordenboek aangegeven.

E Verder worden enkele bijzonderheden beschreven die bepaalde Duitse consonanten en hun klankwaarde in afhankelijkheid van hun positie in het woord betreffen.

1. Vóór iedere beklemtoonde vocaal in het begin van het woord wordt in het Duits een lipplofklank gesproken, die ook strottenhoofdplofklank, *Knacklaut*, harde inzet (in het Engels *glottal stop*, in het Frans *coup de glotte*) genoemd wordt; hij staat zeer dicht bij de *stød* in het Deens en de *hamza* in het Arabisch. [ˀ]

In de Duitse spelling wordt hij niet weergegeven. Komt hij binnen in het woord voor (na prefixen), duiden wij hem in het woordenboek met een kort verbindingsteken of, bij fonetische transcriptie, met zijn fonetisch teken aan:

ab-ändern
['apˀɛndən̩]

2. De **h** wordt in het Duits uitgesproken:

a) in het begin van het woord: hinein [hɪ'naɪn]

b) vóór beklemtoonde vocalen; vóór vocalen die deel uitmaken van de stam (zij hebben dan een secundair accent):

Halt [halt]
anhalten ['ˀanhaltən]

c) in bepaalde woorden, vooral vreemde woorden:

Uhu ['ˀuːhuː]
Alkohol
['ˀalkʼoˑhoːl]
Sahara [zaˑ'haːʀaː]

In alle andere gevallen is de **h** stom:

gehen ['geːən]
sehen ['zeːən]
Ehe ['ˀeːə]

3. p — t — k

Deze stemloze occlusieven zijn in het Duits in de hieronder beschreven gevallen geaspireerd, d.w.z. zij zijn met een luchtstroom verbonden die men na het ploffen van de occlusief duidelijk hoort. Men spreekt van een „plof“ omdat de luchtstroom door de sluiting van de spreekorganen (lippen, tong) geblokkeerd wordt.

De geaspireerde consonanten staan:

a) aan het begin van een woord vóór vocaal: of vóór **l**, **n**, **r** en **v** (in **qu**):	Pech [pʻɛç] Plage [ˈpʻlɑːgə] Kreis [kʻʀaɪs] Quelle [ˈkʻvɛlə]
b) aan het begin van de beklemtoonde lettergreep binnen in het woord:	ertragen [ˀɛʀˈtʻrɑːgən]
c) in vreemde woorden vóór vocaal, ook in onbeklemtoonde lettergreep:	Krokodil [kʻʀoˑkʻoˑˈdiːl]
d) op het einde van een woord:	Rock [ʀɔkʻ]

In alle andere gevallen zijn deze klanken niet of slechts heel zwak geaspireerd.

4. b — d — g

Deze stemhebbende occlusieven worden op het einde van het woord stemloos:	ab [ˀap] und [ˀʊnt] Weg [veːk]
Hetzelfde geldt voor de consonantengroepen **-gd, -bt, -gt:**	Jagd [jɑːkt] gibt [giːpt] gesagt [gəˈzɑːkt]
Op het einde van een lettergreep, gevolgd door een consonant van de volgende lettergreep, spreekt men **b, d, g** zonder stemtrilling: Wij omschrijven dan ook:	b̥ d̥ g̊ ablaufen [ˈˀab̥laufən] endgültig [ˈˀɛnd̥g̊ʏltɪç]

5. Treffen gelijke stemloze occlusieven op elkaar die deel uitmaken van twee verschillende lettergrepen (b.v. **-tt-**), dan wordt er slechts één uitgesproken, die dan wel langer aangehouden wordt. Heeft men b.v. in „Bettuch“ de **-t-** gevormd, dan aarzelt men even vooraleer de sluiting te lossen en de volgende **-u-** uit te spreken. Er vindt dus slechts één ontploffing met daaropvolgende aspiratie plaats.

Bettuch [ˈbɛttʻuːx]
Handtuch [ˈhanttʻuːx]

6. Volgt op een stemloze consonant op het einde van een woord een stemhebbende consonant die aan het begin van de volgende lettergreep staat, vindt geen assimilatie plaats, d.w.z. noch de stemloze consonant op het einde van het woord maakt de volgende stemloos, noch beïnvloedt het stemhebbend zijn van de volgende beginconsonant de vorige stemloze consonant. De stemtrilling zet onmiddellijk na de uitspraak van de stemloze consonant in:

Absicht [ˈˀab̥zɪçt]
aussetzen [ˈˀauszɛtsən]

7. De beschaafde Duitstalige spreekt in het algemeen drie **r**-klanken, en wel

a) een huig-**r** aan het begin van een lettergreep en onmiddellijk na consonant. Hij ontstaat door trillingen van de huig: [ʀ]	rollen [ˈʀɔlən] Ware [ˈvɑːʀə] schreiben [ˈʃʀaɪbən]
b) een huig-**r** bijna zonder trillingen op het van een woord en vóór een consonant: [ʁ]	für [fyːʁ] stark [ʃtaʁk]
c) een sterk gevocaliseerde **r** in de onbeklemtoonde eindlettergreep **-er:** [ɚ]	Lehrer [ˈleːʀɚ]

Klankwaarde van de afzonderlijke letters en van de verschillende lettergroepen

Letter, letter-groep	Klank-waarde	Voorbeeld	Uitspraak volgens API	Overeenkomstige of gelijkaardige klank in het Nederlands
a, aa, ah	*z.* A 5			
	[ɑː]	Wagen	[ˈvɑːgən]	ban, lat, maar lang uitgesproken
		Saal	[zɑːl]	
		wahr	[vɑːʁ]	
a	[a]	Mann	[man]	baan, maar kort uitgesproken
	[ɑˑ]	radieren	[ʀɑˑˈdiːʀən]	manier
ai, ay	[aɪ] } *z.* C	Mai	[maɪ]	ai!
		Bayern	[ˈbaɪɐn]	
au	[aʊ] } *z.* C	Haus	[haʊs]	oud
ä, äh	[ɛː], F [eː]	Käse	[ˈkɛːzə], F [ˈkeːzə]	affaire, F been
		wählen	[ˈvɛːlən]	
ä	[ɛ]	Männer	[ˈmɛnɐ]	bed
	[ɛˑ]	Ägypten	[ˀɛˑˈgʏptən]	bed, maar iets langer uitgesproken
äu	[ɔʏ] *z.* C	läuten	[ˈlɔʏtən]	koine
b	[b]	Brot	[bʀoːtʻ]	brood
		Abend	[ˈˀɑːbəntʻ]	kabaal
	[p] *z.* E 4	halb	[halpʻ]	web
		(er) gibt	[giːptʻ]	
	[b̥]	abladen	[ˈˀab̥lɑːdən]	bijna de „b" zoal in opdoen
c	*alleen in vreemde woorden*			
	[k]	Café	[kʻaˈfeː]	kat
	[ts]	Celsius	[ˈtsɛlzĭʊs]	tsaar
ch	*na ä, e, i, ö, ü, äu, eu, ei, ai, ay en in het suffix -chen*			
	[ç]	Fächer	[ˈfɛçɐ]	kuchen, maar met vooruitgeschoven tong, in de richtin van „sj" (zoals i meisje)
		schlecht	[ʃlɛçtʻ]	
		ich	[ˀɪç]	
		Köchin	[ˈkʻøˑçɪn]	
		Bücher	[ˈbyːçɐ]	
		Sträucher	[ˈʃtʀɔʏçɐ]	
		euch	[ˀɔʏç]	
		leicht	[laɪçtʻ]	
		laichen	[ˈlaɪçən]	

Letter, letter-groep	Klank-waarde	Voorbeeld	Uitspraak volgens API	Overeenkomstige of gelijkaardige klank in het Nederlands
	na a, o, u, au			
	[x]	lachen	[ˈlaxən]	lachen (met het betreffende Hollandse schraapgeluid)
		Koch	[kʻɔx]	
		Buch	[buːx]	
		auch	[ˀaʊx]	
	in vreemde woorden			
	[k]	Charakter	[kʻɑ·ˈʀaktɘ̯]	kat
		Chronik	[ˈkʻʀoːnɪkʻ]	
	[ʃ]	Chauffeur	[ʃɔˈføːʁ]	chef
		Chef	[ʃɛf]	
	[tʃ]	Chile	[ˈtʃiːle·]	Nietzsche
ıs	[ks]	sechs	[zɛks]	luxe
	maar:	nächst	[nɛːçstʻ]	
	omdat näch-st, niet nächs-t; -st is hier superlatiefuitgang!			
k	[k] *z.* B 1	Brücke	[ˈbʀʏkə]	bukken
	[d]	Dank	[daŋkʻ]	dank
		leider	[ˈlaɪdɘ̯]	bevrijden
	[t] *z.* E 4	Bad	[bɑːtʻ]	bad
	[d̥]	endlich	[ˈˀɛnd̥lɪç]	bijna de „d" zoals in uitbloeien
	[t]	Stadt	[ʃtatʻ]	bad
		(*er*) sandte	[ˈzantə]	
ee, eh	[eː]	Weg	[veːkʻ]	week
		Meer	[meːʁ]	
		mehr	[meːʁ]	
	[ɛ]	weg	[vɛkʻ]	weg
	[e·]	Telefon	[tʻe·le·ˈfoːn]	telefoon
			F [ˈtʻeːle·foːn]	
	[ə] *z.* A 6	bitte	[ˈbɪtə]	beginnen, handelen
		bitten	[ˈbɪtən]	
		Handel	[ˈhandəl]	
ey	[aɪ]	klein	[kʻlaɪn]	ai!
		Meyer (*familienaam*)	[ˈmaɪɘ̯]	
	[ɔʏ]	heute	[ˈhɔʏtə]	koine
	[f]	Fall	[fal]	fiets
		fünf	[fʏnf]	
	[g]	Garten	[ˈgaʁtən]	grapefruit
		tragen	[ˈtʻʀɑːgən]	
		Gnade	[ˈgnɑːdə]	
	[g̊] *z.* E 4	Flugzeug	[ˈfluːg̊tsɔʏkʻ]	bijna de „k" zoals in zakdoek
	[k]	Tag	[tʻɑːkʻ]	buik
		Weg	[veːkʻ]	
		Berg	[bɛʁkʻ]	

Letter, lettergroep	Klankwaarde	Voorbeeld	Uitspraak volgens API	Overeenkomstige of gelijkaardige klank in het Nederlands
	Veel Duitsers spreken na donkere vocalen (a, o, u, enz.) (vgl. onder ch) [x] na heldere vocalen (ä, e, enz.) (vgl. onder ch) en na r [ç]			
	[x], [ç]	Tag	[tʻax]	
		Weg	[veːç]	
		Berg	[bɛʁç]	
		Flugzeug	[ˈfluːxtsɔʏç]	
	[ç] *in de uitgang -ig*			
		König	[ˈkʻøːnɪç]	
		wenig	[ˈveːnɪç]	
	noteer wel:	Könige	[ˈkʻøːniˑgə]	
	[ĝ]	Königreich	[ˈkʻøːnɪĝʀaɪç]	
		königlich	[ˈkʻøːnɪĝlɪç]	
h	[h] *z.* E 2	Haus hinein	[haʊs] [hɪˈnaɪn]	huis
i, ie, ih, ieh	[iː]	wir hier ihn Vieh	[viːʁ] [hiːʁ] [ʔiːn] [fiː]	bier
	[ɪ]	in	[ʔɪn]	in
	[iˑ] *z.* B 3	Minute	[miˑˈnuːtə]	minuut
	[ĭ] *z.* A 4	Ferien	[ˈfeːʀĭən]	koloniën
	Uitgang -ien in namen van landen, b.v.	Spanien	[ˈʃpaːnĭən]	
j	[j]	Jahr jeder	[jaːʁ] [ˈjeːdɐ̯]	jaar
	in vreemde woorden:			
	[ʒ]	Jalousie	[ʒaˑluˑˈziː]	genre
k	[k] *z.* E 3	Karte klein stark	[ˈkʻaʁtə] [kʻlaɪn] [ʃtaʁkʻ]	kaart, maar met een geaspireerde „k"
l	[l]	Land spielen viel	[lantʻ] [ˈʃpiːlən] [fiːl]	land
m	[m]	Mann Heim	[man] [haɪm]	man leem
n	[n]	nein nun	[naɪn] [nuːn]	neus non

Letter, lettergroep	Klankwaarde	Voorbeeld	Uitspraak volgens API	Overeenkomstige of gelijkaardige klank in het Nederlands
ng	[ŋ]	lang singen Endung	[laŋ] [ˈzɪŋən] [ˈˀɛndʊŋ]	lang, brengen
n-g	[ng]	*n en g worden afzonderlijk gesproken, indien ze bij verschillende delen van het woord horen:* eingreifen ungern	 [ˈˀaɪngʀaɪfən] [ˈʊngɛʁn]	 ingreep, maar met een „g“ zoals in grapefruit
nk	[ŋk]	Bank sinken	[baŋk] [ˈzɪŋkən]	zinken
		z. ook n-g		
	[nk] **maar:**	Unkenntnis	[ˈˀʊnkʽɛntnɪs]	onkunde
, oo, oh	[oː]	Tor Boot Ohr	[tʽoːʁ] [boːtʽ] [ˀoːʁ]	voor
	[ɔ]	Post	[pʽɔst]	post
	[ŏ]	Memoiren	[meˑmŏɑːʀən]	memoires
	[oˑ] *z.* B 3	monoton	[moˑnoˑˈtʽoːn]	monotoon
, oe, öh	[øː]	schön Goethe Höhle	[ʃøːn] [ˈgøːtə] [ˈhøːlə]	beuk
	[œ]	öffnen	[ˈˀœfnən]	bus, maar iets opener uitgesproken
	[øˑ] *z.* B 3	Ökonomie	[øˑkʽoˑnoˑˈmiː]	eufonisch
	[p] *z.* E 3	Post	[pʽɔst]	post, maar met een geaspireerde „p“
	[p]	Puppe	[ˈpʽʊpə]	pop
f	[pf]	*Enge verbinding van p en f; beide consonanten worden uitgesproken.* Pferd Kupfer stumpf	 [pfeːʁtʽ] [ˈkʽʊpfɐ] [ʃtʊmpf]	 opvallen
	[f]	*alleen in vreemde woorden; deze stammen bijna allemaal van het Grieks af.* Phonetik Philosophie	 [foˑˈneːtʽɪkʽ] [fiˑloˑzoˑˈfiː]	 filosofie
	[kv]	Quelle bequem Quadrat	[ˈkʽvɛlə] [bəˈkʽveːm] [kʽvɑˑˈdʀɑːtʽ]	kwaad, maar met een duidelijkere „v“

Letter, lettergroep	Klankwaarde	Voorbeeld	Uitspraak volgens API	Overeenkomstige of gelijkaardige klank in het Nederlands
r	[ʀ] *z.* E 7 [ɚ]	Lehrer	[ˈleːʀɚ]	in 't begin en in ' midden van he woord
	[ʁ]	stark	[ʃtaʁkʽ]	voor- of achteraar in de mond uitge- sproken „r"; op ' eind van het woorc bijna niet uitge- sproken „r".
	alleen in vreemde woorden:			
rh	[ʀ]	Rhythmus	[ˈʀʏd̥mʊs]	voor- of achteraa in de mond uitge- sproken „r".
s	[z]	*In het begin van het woord vóór vocalen, in het woord tussen vocalen en na m, n, l, r:*		
		See	[zeː]	zee
		Absicht	[ˈʔab̥zɪçt]	zee
		lesen	[ˈleːzən]	zee
		Linse	[ˈlɪnzə]	zee
	[s] *in alle andere gevallen:*			
		Haus	[haʊs]	huis, sussen
		ist	[ʔɪstʽ]	huis, sussen
		Erbse	[ˈʔɛʁb̥sə]	huis, sussen
sp	[ʃp]	*In het begin van het woord en na prefixen:*		
		sprechen	[ˈʃpʀɛçən]	[ʃ] zoals in chef plu een „p"
		Beispiel	[ˈbaɪʃpiːl]	[ʃ] zoals in chef plu een „p"
st	[ʃt]	*In het begin van het woord en na prefixen:*		
		stehen	[ˈʃteːən]	[ʃ] zoals in chef plu een „t"
		verstehen	[fɛʁˈʃteːən]	[ʃ] zoals in chef plu een „t"
		Op andere plaatsen en in het begin van het woord bij vele vreemde woorden, ook na vreemde prefixen als in-, dis-, re-:		
	[sp]	Knospe	[ˈkʽnɔspə]	respect, spelen
		Respekt	[ʀeˑˈspɛktʽ]	respect, spelen
	[st]	Fenster	[ˈfɛnstɚ]	venster, ster
		Star	[stɑːʁ]	venster, ster
		Industrie	[ʔɪndʊsˈtʽʀiː]	venster, ster
ss	[s] *z.* B 1, 2e			
		Wasser	[ˈvasɚ]	missen
		lassen	[ˈlasən]	missen
ß	[s] *z.* B 2e	*In het woord na lange vocaal en tweeklank, op het einde van het woord na lange en korte vocaal*		
		Größe	[ˈgʀøːsə]	missen
		heißen	[ˈhaɪsən]	missen
		Gruß	[gʀuːs]	missen
		muß	[mʊs]	missen

Letter, letter-groep	Klank-waarde	Voorbeeld	Uitspraak volgens API	Overeenkomstige of gelijkaardige klank in het Nederlands
sch	[ʃ] *z.* B 2f	schön waschen	[ʃøːn] [ˈvaʃən]	chef
	maar:	Häuschen	[ˈhɔʏsçən]	
	vgl. ook **ch**!			
t	[t] *z.* E 3	Tag Hut	[tʿaːkʿ] [huːtʿ]	tussen, maar met een geaspireerde „t“
th	[t] *alleen in vreemde woorden en eigennamen*:	Theater Theodor	[tʿeˑˈaːtɚ] [ˈtʿeːoˑdoːʁ]	theater, maar met een geaspireerde „t“
	z. A 4 *alleen in vreemde woorden*:			
-tion	[tsĭoːn]	Nation	[naˑˈtsĭoːn]	nationaal (met „ts“ en een lange „o“)
tsch	[tʃ]	deutsch Tscheche	[dɔʏtʃ] [ˈtʃɛçə]	kitsch
tz	[ts] *z.* B 1 *De vocaal vóór tz is altijd kort.*	sitzen Platz	[ˈzɪtsən] [pʿlats]	tseetseevlieg
u, uh	[uː]	Hut Uhr	[huːtʿ] [ʔuːʁ]	boer
u	[ʊ]	Mutter	[ˈmʊtɚ]	hoed
	[uˑ] *z.* B 3	Musik	[muˑˈziːkʿ]	boerin
	[ŭ] *z.* A 4	Statue	[ˈʃtaːtʿŭə]	tatoeëren
	[y̆]	Etui	[ʔeˑˈty̆iː]	etui
ü, üh	[yː]	Tür führen	[tʿyːʁ] [ˈfyːʀən]	duur
ü	[ʏ]	Glück	[glʏkʿ]	bruut
	[yˑ]	amüsieren	[ʔamyˑˈziːʀən]	duratief
v	[f]	Vater	[ˈfaːtɚ]	fiets
	Op het einde van het woord in vreemde woorden:	brav	[bʀaːf]	braaf
	[v] *In vreemde woorden in het begin en het midden van het woord*:	Vase November	[ˈvaːzə] [noˑˈvɛmbɚ]	vaas (met een stemhebbende „v“ zoals in het Zuidnederlands), afdoen
	variabel:	Pulver	[ˈpʿʊlvɚ], [ˈpʿʊlfɚ]	

Letter, lettergroep	Klankwaarde	Voorbeeld	Uitspraak volgens API	Overeenkomstige of gelijkaardige klank in het Nederlands
w	[v]	Welt	[vɛltʻ]	vergelijk [v] onder v
		Schwester	['ʃvɛstə̯]	
		ewig	['ʔeːvɪç]	
x	[ks]	Axt	[ʔakstʻ]	heks
		Hexe	['hɛksə]	
y	[yː]	Lyrik	['lyːrɪkʻ]	vergelijk **ü**
	[ʏ]	Rhythmus	['ʁʏd̥mʊs]	
	[y·]	Physik	[fy·'ziːkʻ]	
	variabel:	Ägypten	[ʔɛ·'gʏptən], [ʔɛ·'gɪptən]	
z	[ts]	Zahl	[tsaːl]	tseetseevlieg
		zwei	[tsvaɪ]	
		Herz	[hɛʁts]	

Het Duitse alfabet

	uitspraak		uitspraak
A, a	[aː]	**O, o**	[oː]
Ä, ä	[ɛː]	**Ö, ö**	[øː]
B, b	[beː]	**P, p**	[peː]
C, c	[tseː]	**Q, q**	[kuː]
D, d	[deː]	**R, r**	[ɛʁ]
E, e	[eː]	**S, s**	[ɛs]
F, f	[ɛf]	**ß**	[ɛs'tsɛt]
G, g	[geː]	**T, t**	[teː]
H, h	[haː]	**U, u**	[uː]
I, i	[iː]	**Ü, ü**	[yː]
J, j	[jɔt]	**V, v**	[faʊ]
K, k	[kaː]	**W, w**	[veː]
L, l	[ɛl]	**X, x**	[ɪks]
M, m	[ɛm]	**Y, y**	['ʏpsi·lɔn]
N, n	[ɛn]	**Z, z**	[tsɛt]

A

A, a *n* A, a; *von A bis Z* van a tot z; *wer A sagt, muß auch B sagen* wie a zegt, moet ook b zeggen.
. *Abk. für am, an; a. Rh. (am Rhein)* aan de Rijn.
Adv. à.
A *Abk. für Auswärtiges Amt; s. auswärtig.*
achen *n* Aken *n*, **~er** Akens; *Su. m* Akenaar.
al *m* (-*es*; -*e*) paling, aal; *sich winden wie ein ~* zich in allerlei bochten wringen; **2'glatt** zo glad als een aal.
.a.O. *Abk. für am angeführten Ort* ter aangehaalde plaatse (*Abk.* t.a.p.).
as *n* (-*es*; -*e*) (het) aas, (het) kreng; *fig.* (*Schlauer pej.*, *pl.* Äser) (het) loeder; **~fliege** *f* aasvlieg; **~geier** *m* aasgier.
b **1.** *Adv.* af; *der Glanz* (*Knopf* ...) *ist ~* de glans (knoop ...) is eraf; *~ und zu* af en toe, nu en dan; **2.** *Präp.* *D*) *~ heute* vanaf heden, vanaf vandaag; *~ 2 Mark* vanaf 2 Mark; *~ Berlin* van Berlijn af; *~ Werk* af fabriek; *Hdl.* (*hiervon*) *~* verminderd met, min.
b- *in Zssgn mst.* af-.
b·änder|lich veranderlijk; **~n** veranderen, wijzigen; (*verbessern*) verbeteren.
b·änderung *f* verandering, wijziging; verbetering; **~s·antrag** *m*, **~s·vorschlag** *m* (het) amendement.
·arbeiten afwerken, afmaken; *Schuld* door te werken afbetalen; *sich ~* zich afsloven.
b·art *f* variëteit; **2ig** ontaard; pervers.
bbau *m* (-*es*; *0*) vermindering; *Bgb.* ontginning; *Personal*: afvloeiing; *Abbruch, Vernichtung*: afbraak; **~en** verminderen; ontginnen; doen afvloeien; afbreken; **2würdig** exploitabel.
|beißen afbijten; **~bekommen** (*s-n Teil*) krijgen; *nichts ~* er goed (*od.* heelhuids) afkomen; F (*lösen*) loskrijgen.
beruf|en terugroepen; (*sterben*) tot zich roepen; **2ung** *f* terugroeping.
abbestell|en afbestellen; *Zeitung* opzeggen; **2ung** *f* afbestelling; opzegging.
ab|betteln afbedelen; **~bezahlen** afbetalen.
abbiegen *v/i*: (*nach*) *links ~* links afslaan; *in e-e Straße ~* een straat inslaan; *v/t* (af-, om)buigen.
Abbild *n* (het) evenbeeld; (*Bildnis*) (het) beeld, (het) portret; **2en** afbeelden; **~ung** *f* afbeelding.
abbinden (*losbinden*) losmaken, afdoen; *Med.* afbinden.
Abbitte *f* verontschuldiging; *~ leisten od. tun* om vergiffenis vragen; **2n:** *j-m etw. ~* iem. om vergiffenis voor iets vragen.
ab|blasen afblazen; F (*absagen*) afgelasten; **~blättern** *v/i* afbladeren; *v/t* ontbladeren.
abblend|en afdekken; *Auto* dimmen; *Foto* diafragmeren; **2licht** *n* (het) dimlicht.
ab|blitzen: F *j-n ~ lassen* iem. afschepen; *sie hat ihn ~ lassen* zij heeft hem een blauwtje laten lopen; **~blocken** *Sp. u. fig.* stoppen, afweren; **~blühen** uitbloeien; **~brausen** *v/i* er (razend)snel vandoor gaan; *sich ~* douchen.
abbrechen *v/i u. v/t* afbreken (*a. fig.*); *Lager* opbreken.
abbremsen (af)remmen; *scharf ~* krachtig remmen.
abbrennen *v/i u. v/t* afbranden; *Feuerwerk* afsteken; *Geschütz* afvuren.
abbringen: *j-n von etw. ~* iem. van iets afbrengen; *sich nicht ~ lassen von* (*D*) blijven bij.
abbröckel|n afbrokkelen; **2ung** *f* afbrokkeling.
Abbruch *m* afbraak; (*Beendigung*) (het) afbreken; (*Schaden*) afbreuk, schade; *e-r S. ~ tun* afbreuk doen aan iets; **2reif** rijp voor de sloop, bouwvallig.
ab|brühen broeien; *s. abgebrüht*; **~brummen** F *Strafe* uitzitten; **~**-

buchen afboeken; **~bürsten** afborstelen.

abbüß|en boeten (*v/t od.* voor); *Strafe* uitzitten; **2ung** *f* (het) boeten voor, boetedoening voor.

Abc *n* (-; -) (het) abc, (het) alfabet; *fig.* (het) abc, beginselen *n/pl.*; *er kennt nicht einmal das* ~ hij kent geen a voor een b; **~-Schütze** *m* leerling van de laagste klas, eersteklasser; beginneling.

ab|dachen hellend (*od.* glooiend) maken; **~dämmen** afdammen; **~dampfen** (*a. sn*) verdampen; (*sn*) F vertrekken; **~dämpfen** dempen.

abdank|en *v/t* afdanken; *v/i* aftreden; *Fürst*: afstand doen van de troon; **2ung** *f* afdanking; (het) aftreden; troonsafstand.

abdeck|en *Bett* afhalen; *Tisch* afruimen; *Vieh* villen; (*zudecken*) af-, be-, toedekken; **2e'rei** *f* vilderij.

abdicht|en afsluiten; *Tech.* dichten; *mar.* kalfat(er)en; **2ung** *f* afsluiting; dichting; kalfatering.

ab|dienen *mil.* uitdienen; **~drängen** opzij dringen, verdringen.

abdrehen *v/t* afdraaien; (*abschalten a.*) afsluiten; *v/i* (*Kurs ändern*) van koers veranderen; ~ *nach* (*D*) zwenken naar; (*umkehren*) rechtsomkeert maken.

abdrosseln *Zufuhr* afsnoeren; *den Motor* ~ gas minderen.

Abdruck *m* (-*s*; *"e*) afdruk; *Typ.* (*pl.* -*e*) druk; **2en** (af)drukken.

ab|drücken afdrukken; (*schießen a.*) (af)vuren; **~dunkeln** (-*le*) verduisteren; **~ebben** weg-, afebben.

Abece *n* (-; -) *s. Abc.*

Abend *m* (-*s*; -*e*) avond; (*Westen*) (het) westen; *am* ~, **2s** 's avonds; *gestern* 2 gisteravond; *heute* 2 vanavond, hedenavond; *morgen* 2 morgenavond; *Montag* 2 maandagavond; *gegen* ~ tegen de avond; *guten* ~! goeien avond!; *zu* ~ *essen* het avondeten gebruiken, souperen; *es ist noch nicht aller Tage* ~ wij zijn er nog lang niet.

Abend|- *in Zssgn mst.* avond-, *z.B.* **~andacht** *f* avonddienst, (het) avondgebed; **~anzug** *m* (het) avondkostuum; **~ausgabe** *f* avondeditie; **~blatt** *n* (het) avondblad; **~brot** *n* (-*es*; *0*) (het) avondeten; **~dämmerung** *f* avondschemering; **~essen** *n* (het) avondeten; **2füllend** avondvullend; **~gesellschaft** *f* (he avondje, soiree; **~kasse** *f* avond kassa; **~kleid** *n* avondjapon; **~kurs(us)** *m* avondcursus; **~land** (-*es*; *0*) (het) avondland, (het) wes ten; **2ländisch** (*0*) westers; **2lic** (*0*) in (*od.* van) de avond; **~mahl** (-*es*; *0*) (het) avondmaal; *Rel. da* (*heilige*) ~ het (Heilig) Avondmaal **~röte** *f* (het) avondrood.

abends 's avonds.

Abend|schule *f* avondschool; **~ständchen** *n* serenade; **~stern** (-*s*; *0*) avondster; **~stunde** *f* (he avonduur; **~toilette** *f* (het) avond toilet; **~vorstellung** *f* avondvoo stelling; **~zeitung** *f s. Abendblatt.*

Abenteuer *n* (het) avontuur; **2lic** avontuurlijk; **~roman** *m* avontu renroman.

Abenteurer(in *f*) *m* avonturier(ster

aber *am Anfang des Satzes*: maar *sonst*: echter; ~ *und* ~(*mals*) telker en telkens weer; *oder* ~ of we *tausend und* ~ *tausend* duizenden *das ist* ~ *schön* (*eine Überraschun* ...)! dat is mooi (een verrassing ...

Aber *n* (het) maar; *kein* ~! gee maren!

Aber|glaube *m* (het) bijgeloof; **2gläubisch** bijgelovig.

ab·erkenn|en ontzeggen; *Rech* ontzetten uit; **2ung** *f* ontzegging ontzetting.

aber|malig herhaald, tweede; **~mals** weer, nog eens, nogmaals.

ab·ernten (af)oogsten.

aberwitzig onzinnig.

abfahren *v/t* wegbrengen, wegri den; *Strecke, Bein* afrijden; *Reife* verslijten; *v/i* (*sn*) vertrekken, we rijden; *mit Schiff*: wegvaren.

Abfahrt *f* (het) vertrek; *Sp.* afd ling; **~s·lauf** *m Sp.* afdalingswe strijd; **~s·signal** *n* (het) vertreksei **~s·tag** *m* vertrekdag, dag van ve trek; **~s·zeit** *f* vertrektijd.

Abfall *m* afval; *der Blätter*: (het) a vallen; (*Rückgang*) daling, vermi dering; = *Abfälle pl.* afval; **~eime** *m* afvalemmer; **2en** afvallen; dale verminderen; *Gelände*: (af)helle *im Vergleich zu etw.*: ~ *gegen* (*A* moeten onderdoen voor.

abfällig afkeurend.

Abfallprodukt *n* (het) afvalproduk

ab|fälschen *Sp.* de bal van richtir doen veranderen; **~fangen** opva gen; (*stützen*) stutten, schragen; *Brief* onderscheppen; *Flugzeug* opvangen, optrekken; **~färben** afgeven; ~ *auf* (*A*) *fig.* beïnvloeden; **~fassen** opstellen, schrijven; **~faulen** afrotten; **~fegen** afvegen; **~feiern** F: *Überstunden* ~ voor overwerk vrij nemen; **~feilen** afvijlen; **~feilschen** afdingen.

abfertig|en afdoen, behandelen; *Gepäck* ter verzending in ontvangst nemen; *Kunden* helpen, bedienen; *Fahrzeug* klaarmaken; *an der Grenze*: controleren; *fig. kurz* ~ afschepen; **2ung** *f* behandeling, (het) afhandelen; verzending; bediening; voorbereiding; controle; *fig.* afscheping.

abfeuern afvuren.

abfinden *v/t* schadeloosstellen; *sich ~ mit j-m* iem. dulden; *sich ~ mit etw.* zich neerleggen bij, berusten in iets.

abfindung *f* schadeloosstelling, schikking; **~s·summe** *f* afkoopsom, schadeloosstelling.

ab|flachen vlak maken; *fig.* (*nachlassen*) (langzaam) afnemen; **~flauen** verflauwen, flauwer worden; **~fliegen** vertrekken; **~fließen** af-, wegvloeien.

abflug *m* (het) vertrek, start; **~zeit** *f* vertrektijd.

abfluß *m* (het) afvloeien, afvloeiing; (*Rohr*) riool; *fig.* (het) wegvloeien; **~graben** *m* afvoergreppel; **~rohr** *n* afvoerpijp.

abfolge *f* volgorde; *in rascher* ~ in snelle opeenvolging.

ab|fordern: *j-m etw.* ~ iets van iem. eisen; **~fragen** ondervragen; *Lektion* overhoren; **~fressen** afvreten, afeten; **~frieren** afvriezen.

abfuhr *f* afvoer, (het) vervoer; *Fechten*: nederlaag; *e-e ~ erleiden* een nederlaag lijden, op zijn nummer gezet worden; *j-m e-e ~ erteilen* iem. afschepen, iem. afwijzen.

abführ|en *v/t* (*j-n*) wegbrengen, wegvoeren; *Fechten*: buiten gevecht stellen; *Betrag* afdragen, betalen; *v/i Med.* purgeren, laxeren; **2mittel** *n* (het) laxeermiddel.

abfüll|en (over)tappen; *in Flaschen ~* bottelen; **2ung** *f* (het) (over)tappen; (het) bottelen.

abfüttern voeren.

abgabe *f* afgifte, levering; (*Verkauf*) verkoop; (*Steuer*) belasting, heffing; *Sp.* (het) afgeven; **2n·frei** vrij van belasting; **~pflicht** *f* verplichting tot betaling; belastingplicht.

Abgang *m* (*Abfahrt*) (het) vertrek; (*Verlust*) (het) verlies; *Thea.* (het) afgaan; *Med.* lozing, afscheiding; (*Tod*) dood; **~s·prüfung** *f* (het) eindexamen; **~s·zeugnis** *n* (het) einddiploma.

Abgase *n/pl.* verbrandingsgassen [*n/pl.*]

ab|gaunern *j-m A* ontfutselen; **~geben** afgeven, overhandigen; *Urteil, Meinung* te kennen geven; *Erklärung* afleggen; *Stimme* uitbrengen; *e-n guten Soldaten ~* een goed soldaat zijn; *sich ~ mit* (*D*) zich bezighouden met; *pej.* zich bemoeien (*od.* inlaten) met.

abge|brannt F (*ohne Geld*) platzak; **~brüht** doortrapt; (*unempfindlich*) onverschillig; *er ist gegen alles ~* hij heeft geen gevoel (van eer *od.* van schaamte) meer; hij is blasé; **~droschen** afgezaagd; **~feimt** doortrapt, sluw, geslepen; **~griffen** afgesleten; *Buch*: beduimeld; *Wort*: afgezaagd; **~hackt** *fig.* afgebroken; **~härtet** gehard.

abgehen *v/i u. v/t* afgaan; (*sich wegbewegen*) weggaan; (*abfahren*) vertrekken; (*ausscheiden*) heengaan; (*fehlen*) ontbreken.

abge|kämpft moe gestreden, uitgeput; **~kartet** afgesproken; *~es Spiel* doorgestoken kaart; **~klärt** (*gereift*) rijp; **~lagert** *Wein*: belegen; **~laufen** *Paß*: verlopen; **~legen** afgelegen, eenzaam; **~leiert** afgezaagd.

abgelten betalen; *Verlust* vergoeden.

abge|macht! afgesproken!; **~messen** afgemeten.

abgeneigt (*D*) afkerig van; **2heit** *f* (*0*) afkerigheid.

abgenutzt versleten.

Abge·ordnet|e(r) afgevaardigde, gedeputeerde; **~en·haus** *n*, **~en·kammer** *f* (het) huis (*od.* kamer) van afgevaardigden; **~en·wahl** *f* verkiezing van afgevaardigden.

abge|rissen *Kleidung*: haveloos; *Sprache*: onsamenhangend; **2sandte(r)** (af)gezant.

abgeschieden afgezonderd, eenzaam; **2heit** *f* (*0*) afzondering, eenzaamheid.

abge|schliffen afgeslepen; **~schlossen** afgesloten.
abgeschmackt smakeloos, flauw; **$heit** *f* (*0*) smakeloosheid, flauwiteit.
abgesehen: *es ~ haben auf* (*A*) het gemunt hebben op; *~ von* (*D*) afgezien van.
abgespannt uitgeput, afgemat; **$heit** *f* (*0*) afmatting, vermoeidheid.
abge|standen verschaald, bedorven; **~storben** gevoelloos, afgestorven.
abgestumpft afgestompt; **$heit** *f* (*0*) afstomping.
abge|takelt afgetakeld; **~tragen** versleten; **~winnen** winnen van; *e-r S. Geschmack ~* aardigheid vinden in iets; **~wirtschaftet** *System*: afgedaan.
abgewöhn|en *j-m A* afleren; *sich etw. ~* zich iets afwennen; **$ung** *f* (het) afleren; (het) afwennen.
abgezählt *Geld*: gepast.
ab|gießen afgieten; **$glanz** *m* (het) afschijnsel, weerkaatsing; **~gleiten** (*sn*) afglijden.
Abgott *m* afgod.
Abgött|e'rei *f* afgoderij; **$isch** afgodisch.
ab|graben afgraven; *Wasser* afleiden; *j-m das Wasser ~* iem. in zijn bestaan bedreigen; **~grasen** afgrazen (*a. fig.*); **~greifen** aftasten; *Buch* beduimelen; *s. a. abgegriffen.*
abgrenz|en afgrenzen, afbakenen; **$ung** *f* afbakening, begrenzing.
Ab|grund *m* afgrond; **$gründig, $grundtief** onpeilbaar, bodemloos.
abgucken afkijken.
Abguß *m* (het) afgietsel.
ab|haben af hebben; *fig.* (zijn portie) hebben; **~hacken** afhakken, afkappen; **~haken** afhaken; *Text* checken; **~halftern** af-, onttuigen; *fig.* aan de dijk zetten.
abhalt|en 1. *v/t Sitzung usw.* houden; *Kind* zijn behoefte laten doen; *j-n ~ von* (*D*) iem. afhouden van; *lassen Sie sich nicht ~!* laat U zich niet storen (*od.* ophouden)!; **2.** *v/i mar.* afhouden; **$ung** *f* (het) houden; (het) afhouden.
abhandeln afhandelen; *vom Preis* afdingen; (*kaufen*) kopen van.
ab'handen: *~ kommen* zoek raken, kwijtraken.
Ab|handlung *f* verhandeling; **~hang** *m* helling, glooiing.
abhängen *v/t* afhaken; (*j-n*) *Sp.* ı *fig.* achter zich laten; *Verfolger* va zich afschudden; *v/i* (af)hangen *Fleisch*: besterven; (*von D*) afhan gen (van), afhankelijk zijn (van).
abhängig afhankelijk; **$keit** *f* (*0*) afhankelijkheid.
abhärt|en (*sich*) (zich) harden; *s. abgehärtet*; **$ung** *f* harding.
ab|haspeln *fig.* afraffelen; **~haue** *v/t* afhakken, afhouwen; *v/i* F (*s* (*fliehen*) ophoepelen, 'm smeren
~häuten villen.
abheben *Geld* opnemen; *Karte* a nemen; *sich ~ von* (*D*) afsteke tegen.
ab|heilen *v/i* (*sn*) genezen; **~helfe** verhelpen; *dem ist nicht abzuhelfe* dat is niet te verhelpen; **~hetze** (*sich*) (zich) afjakkeren.
Abhilfe *f* (*0*): *~ schaffen* uitkom brengen, verhelpen.
ab|hobeln afschaven; **~hold** (*I* ongenegen tot, wars van, afker van.
Abhol|dienst *m* afhaaldienst; **$e** afhalen; **~ung** *f* (*0*) afhaling.
ab|holzen (*-t*) vellen, kappen; (*r den*) rooien; **~horchen** afluistere
abhör|en afluisteren; *Radio* b luisteren, luisteren naar; *Lektic* overhoren; **$gerät** *n* (het) luiste apparaat.
ab·irren (*sn*) afdwalen (*a. fig.*).
Abi'tur *n* (*-s*; *0*) (het) eindexamen *das ~ machen* eindexamen doe
~ient [-u·'rient] *m* (*-en*) abituriën
abjagen afjagen; *j-m A* afhandi maken; *sich ~* zich afjakkeren.
Abk. = *Abkürzung f* afkorting.
ab|kämmen afkammen; **~kante** afkanten; **~kanzeln** (*-le*) *fig.* kapi telen; **~kappen** afkappen; (*stutze* snoeien; **~kapseln** (*-le*): *sich ~* zic afzonderen; **~kaufen** *j-m A* k pen (van); *das kaufe ich dir nic ab! fig.* F ik geloof je niet!
Abkehr *f* (*0*) afwending; **$en:** *sich* (*von D*) zich afkeren (*od.* afwende (van); *s. abfegen.*
ab|klappern F aflopen; **~kläre** klaren; *sich ~* helder worden; *fi* ophelderen; *s. a. abgeklärt.*
Abklatsch *m* afdruk, (het) clich *fig.* kopie.
ab|klemmen afklemmen; **~klinge** wegsterven, wegebben, afnemer
~klopfen afkloppen; *Kleidung* ui

kloppen; *Med.* bekloppen; **~knabbern** afknabbelen; **~knallen** F neerschieten.
abknap|pen, ~sen afpingelen.
ab|kneifen afknijpen; **~knicken** knakken; **~knöpfen** af-, losknopen; *fig.* (*j-m A*) aftroggelen; **~knutschen** F knuffelen, pakken; **~kochen** *v/t* (af)koken; *Med.* uitkoken; *v/i* in de open lucht koken.
abkommandier|en detacheren, overplaatsen; **2ung** *f* detachering, overplaatsing.
Abkomme *m* (*-n*) afstammeling, nakomeling.
abkommen afkomen; *vom Wege ~* van de weg afraken; *vom Thema ~* van het thema afdwalen; *ich kann nicht ~* ik kan mij niet vrijmaken.
Abkommen *n* overeenkomst, (het) akkoord; (*Vertrag*) (het) verdrag.
abkömm|lich beschikbaar, vrij; **2ling** *m* (*-s; -e*) *s. Abkomme.*
ab|koppeln af-, loskoppelen; **~kratzen** *v/t* afkrabben; *v/i* F opkrassen; **~kriegen** F *s. abbekommen.*
abkühl|en *v/t u. v/i* afkoelen; *sich ~* afkoelen (*a. fig.*); (*sich erfrischen*) zich verfrissen; **2ung** *f* afkoeling.
Abkunft *f* (*0*) afkomst, oorsprong.
abkürz|en afkorten, verkorten; **2ung** *f* afkorting; **2ungs·zeichen** *n* (het) afkortingsteken.
abküssen afzoenen.
ablade|n af-, ontladen, lossen; *Schutt* storten; *fig.* (*bei j-m*) zijn hart uitstorten; **2platz** *m* losplaats.
Ablage *f* (*Akten2*) (het) archief; (*Kleider2*) garderobe, vestiaire.
ablager|n *v/t* opslaan, deponeren; *v/i ~ lassen* oud laten worden; *sich ~* zich afzetten; *s. a. abgelagert*; **2ung** *f* opslag; (het) storten; afzetting.
Ablaß *m* (*-sses; ⸗sse*) afloop, afwatering; *Rel.* aflaat; *Hdl.* korting; *ohne ~* zonder ophouden.
ablassen *v/t* aflaten; *Flüssigkeit* aflopen; *vom Preis* laten vallen; *v/i von* (*D*) afzien van.
Ablativ *m* (*-s; -e*) *Gr.* ablatief.
ablatschen F *Schuhe* af-, kapotlopen.
Ablauf *m* afloop (*a. fig.*); (*Verlauf*) (het) verloop, afloop; *Sp.* start; **2en** *v/t* aflopen; *v/i* (*sn*) aflopen (*a. fig.*); verlopen; starten; *s. a. abgelaufen*; **~rinne** *f* goot.
ablauschen afluisteren.
Ablaut *m Gr.* ablaut.
ableben overlijden; **2** *n* (*-s; 0*) (het) overlijden.
ablecken aflikken.
ableg|en (*weglegen*) wegleggen; (*ausziehen*) uitdoen; (*aufgeben*) afleggen; *Eid, Gelübde, Probe, Rechenschaft, Zeugnis* afleggen, doen; *bitte legen Sie ab!* doet U alstublieft Uw jas uit!; **2er** *m Bot.* loot, stek; *fig.* (het) filiaal.
ablehn|en afwijzen, verwerpen, weigeren; *Zeuge* wraken; (*bei Abstimmung*) verwerpen; *mit Dank ~* bedanken voor; **2ung** *f* afwijzing, verwerping, weigering; wraking.
ab|leiern opdreunen; *s. a. abgeleiert*; **~leisten** doen; *Wehrpflicht* vervullen.
ableit|en afleiden (*a. fig.*); **2ung** *f* afleiding; **2ungs·graben** *m* afwaterings-, afleidingsgreppel; **2ungssilbe** *f* afleidingslettergreep.
ablenk|en afleiden; *Verdacht* afwenden; *Gespräch* een andere richting geven; (*zerstreuen a.*) afleiding bezorgen; **2ung** *f* afleiding; afwending; **2ungs·manöver** *n* afleidingsmaneuver.
ab|lesen aflezen; **~leuchten** afzoeken; **~leugnen** loochenen, ontkennen; *Glauben* verzaken; **2lichtung** *f* fotocopie.
abliefer|n (af)leveren; **2ung** *f* (af-)levering; **2ungs·schein** *m* (het) volgbriefje.
ab|liegen afliggen; (*lagern*) liggen; *Fleisch*: besterven; **~listen** (*-e-*) *j-m A* aftroggelen; **~locken** ont-, aflokken; **~löschen** doven, blussen; (*mit Löschblatt*) afvloeien.
ablös|en losmaken, (af)halen (van); (*ersetzen*) aflossen; *sich ~* (*abgehen*) losgaan, loslaten; **2ung** *f* (het) losmaken; aflossing; (het) losgaan; **2ungs·summe** *f* afkoopsom.
ablutschen afzuigen.
abmach|en (*vereinbaren*) overeenkomen, afspreken; *s. a. abgemacht*; (*entfernen*) afhalen, losmaken; (*vollenden*) afmaken; **2ung** *f* overeenkomst, afspraak.
abmager|n (*-re; sn*) vermageren, afvallen; **2ung** *f* (*0*) vermagering; **2ungs·kur** *f* vermageringskuur.
ab|mähen afmaaien; **~malen** afschilderen.

Abmarsch *m* (*-es*; *0*) afmars, aftocht; *zum ~ blasen* de aftocht blazen; **ꝏieren** afmarcheren, aftrekken.
abmeld|en afzeggen, afmelden; *e-n Schüler ~* kennis geven dat een leerling de school verlaat; *sich ~* kennis geven van zijn vertrek; *mil.* zich afmelden; **ꝏung** *f* afzegging, afmelding; (*bei Umzug*) melding van vertrek.
abmess|en afmeten (*a. fig.*); *s. a. abgemessen*; **ꝏungen** *f/pl.* afmetingen *pl.*
ab|montieren demonteren; (*abmachen*) afhalen, afnemen; **~mühen:** *sich ~* zich aftobben, zich afsloven; **~murksen** F mollen; **~mustern** afmonsteren; **~nagen** afknagen; **~nähen** innemen.
Abnahme *f* (*0*) (het) afnemen, afneming; (*Verringerung*) afneming, vermindering; (*Entgegennahme*) afname, koop; *Chirurgie* amputatie; *e-s Baues*: aanneming; *~ finden* aftrek vinden; **~prüfung** *f* controle (bij overdracht).
abnehm|bar (*0*) afneembaar; **~en 1.** *v/t* af-, wegnemen; *Chirurgie* afzetten, amputeren; *Bau, Maschine* controleren; *Eid* afnemen; (*beim Stricken*) minderen; *j-m die Arbeit* (*die Verantwortung*) *~* het werk (de verantwoordelijkheid) van iem. overnemen; *s. a. abkaufen*; **2.** *v/i* afnemen, verminderen; *Pers.*: afvallen, vermageren; **ꝏer** *m* afnemer, koper.
Abneigung *f* (*gegen A*) afkeer (van), hekel (aan); tegenzin, antipathie.
ab'norm abnormaal; **ꝏi'tät** *f* abnormaliteit.
abnötigen afdwingen.
abnutz|en (*sich*) verslijten; *s. a. abgenutzt*; **ꝏung** *f* slijtage; **ꝏungskrieg** *m* uitputtingsoorlog.
Abonn|ement [-'maŋ, -'mɑ̃:] *n* (*-s*; *-s*) (het) abonnement; **~ent** [-'nɛnt] *m* (*-en*) abonnee; **ꝏieren** [-'ni:-] (-) (*A, auf A*) zich abonneren (op).
ab·ordn|en afvaardigen; **ꝏung** *f* afvaardiging, delegatie.
A'bort[1] *m* (het) toilet, W.C.
A'bort[2] *m Med.* miskraam, abortus.
ab|packen verpakken; **~passen** (af)passen; (*auflauern*) opwachten; *Gelegenheit* waarnemen; **~pfeifen** *Spiel* affluiten; **~pflücken** afplukken; **~placken, ~plagen:** *sic ~* zich afsloven; **~platten** afplatten
Abprall *m* (*-s*; *0*) terugkaatsing, (het) afketsen; **ꝏen** (*sn*) terugkaatsen, afstuiten; *fig. an j-m ~* iem. niet raken iem. koud laten.
ab|pressen afpersen; **~putzen** (afpoetsen; *Mauer* bepleisteren, bezetten.
ab|quälen: *sich ~* zich uitsloven zich afbeulen; **~quetschen** afklemmen.
ab|rackern: *sich ~* zich afbeulen **~rahmen** afromen; **~rasieren** af scheren; **~raten:** *j-m ~ von* (*D*) iem iets af-, ontraden.
Abraum *m* (*-es*; *0*) *Bgb.* deklaag (*Schutt*) (het) puin, afval.
abräumen afruimen.
abreagieren (*sich*) (zich) afreageren.
abrechn|en afrekenen (*a. fig.*); *gegeneinander ~* verrekenen; **ꝏung** afrekening; verrekening.
Abrede *f*: *etw. in ~ stellen* ie loochenen (*od.* ontkennen).
abreiben afwrijven; (*abtrockne* (*sich*) (zich) afdrogen.
Abreise *f* (*0*) (het) vertrek; **ꝏn** ve trekken.
abreiß|en *v/t* afscheuren, afrukke *Haus* afbreken, slopen; *v/i* (*sn*) a breken, afscheuren; *fig. nicht* niet ophouden; **ꝏkalender** scheurkalender.
abricht|en africhten, dressere *Tech.* vlak (*od.* effen) maken; **ꝏung** africhting; effening.
abrieg|eln afgrendelen (*a. mil* **ꝏ(e)lung** *f* afgrendeling.
abringen *j-m A* afdwingen.
Abriß *m* (*Abbruch*) afbraak; (*Skiz* schets; (*Entwurf*) (het) ontwerp.
ab|rollen *v/t* afrollen; *Film* a draaien; *v/i* (*sn*) weg-, afrollen; **~rücken** *v/t* wegrukken, wegschuiven; *v/i* (*sn*) *mil.* af-, wegtrekke *fig.* (*sich distanzieren*) zich distantiëren.
Abruf *m* (*-es*; *0*): *auf ~* op aanvraag **ꝏbar** (*0*) opvraagbaar; **ꝏen** afroepen; *Hdl. a.* opvragen; (*abberufen*) terugroepen.
abrund|en afronden (*a. fig.*); **ꝏung** afronding.
abrupfen aftrekken.
ab'rupt (*-est*) abrupt.
abrüst|en *v/t u. v/i* ontwapenen

Tech. demonteren; ꝰ**ung** *f* ontwapening; demontage.
b|rutschen (*sn*) afglijden; *fig.* (*sinken*) dalen; **~sacken** (*sn*) *fig.* dalen, (in)zakken; *Flgw.* hoogte verliezen.
bsage *f* afzegging, weigering; e-e ~ erteilen (*D*) afwijzen; ꝰ**n** afzeggen; *Einladung* bedanken voor.
b|sägen afzagen; *fig.* F aan de dijk zetten; **~sahnen** afromen (*a. fig.*); **~satteln** af-, ontzadelen.
bsatz *m Schuh*: hak; *Typ.* alinea; *Hdl.* (*-es*; *0*) afzet, aftrek; (*Unterbrechung*) pauze, onderbreking; cesuur; (*Ablagerung*) afzetting; ketelsteen; *Treppe*: (het) portaal, overloop; e-*n* ~ *machen* een nieuwe alinea beginnen; *reißenden* ~ *finden* grif van de hand gaan; ꝰ**fähig** gewild; **~gebiet** *n* (het) afzetgebied, markt; **~möglichkeit** *f* afzetmogelijkheid.
|saufen (*sn*) F verzuipen; **~saugen** af-, wegzuigen; *Teppich* zuigen; **~schaben** afschaven.
schaff|en afschaffen; ꝰ**ung** *f* afschaffing.
|schälen (af)schillen; *Rinde* ontschorsen; *sich* ~ losgaan; **~schalten** uitschakelen; *Motor a.* afzetten; F relaxen; **~schatten** *Mal.* schaduwen; nuanceren.
schätz|en schatten, ramen, taxeren; **~ig** geringschattend, minachtend; ꝰ**ung** *f* schatting, raming, taxatie.
|schaum *m* (*-es*; *0*) (het) schuim (*a. fig.*); ꝰ**schäumen** (af)schuimen.
|scheiden *v/t* afscheiden; *v/i* overlijden, sterven; **~scheren** (af-)scheren.
scheu *m* (*-es*; *0*) afschuw, (het) afgrijzen; ~ (*haben*) *vor* (*D*) een afschuw (hebben) van.
scheuern afschuren; *Kleidung* [slijten.]
scheulich afschuwelijk, afgrijselijk, akelig; ꝰ**keit** *f* afschuwelijkheid.
|schicken af-, verzenden; **~schieben** *v/t*: (*von sich*) ~ (van zich) afschuiven (*a. fig.*); (*ausweisen*) uit het land zetten; *v/i* (*sn*) F opstappen.
schied *m* (*-s*; *0*) (het) afscheid; (*Entlassung*) (het) ontslag; *s-n* ~ *nehmen* ontslag nemen; *den* ~ *geben* (*bekommen*) ontslaan (ontslagen worden).

Abschieds|- *in Zssgn mst.* afscheids-, *z.B.* **~besuch** *m* (het) afscheidsbezoek; **~feier** *f* (het) afscheidsfeest(je); **~gesuch** *n* (het) verzoek om ontslag, ontslagaanvraag.
ab|schießen afschieten; *Mensch, Wild, Flugzeug* neerschieten; *fig.* F (*j-n*) eruit werken; **~schilfern** (*sn*) afschilferen; **~schinden** (*sich*) (zich) afbeulen.
Abschirm|dienst *m* contraspionage; ꝰ**en** afschermen; *fig.* (*sich*) (zich) beschermen; **~ung** *f* (*0*) afscherming; bescherming.
abschlachten (af)slachten, afmaken (*a. fig.*).
Abschlag *m* (*Abholzung*) (het) vellen; *Sp.* de eerste slag; (*Vorschuß*) (het) voorschot; (*Preisnachlaß*) afslag, prijsverlaging; *Kurs*: (het) disagio; *auf* ~ in termijnen.
abschlagen afslaan (*a. fig.*); *Bau* afbreken; *Bäume* vellen.
abschlägig afwijzend, negatief; **~e** *Antwort* weigering.
Abschlag(s)zahlung *f* termijnbetaling; (*Vorschuß*) (het) voorschot.
abschleifen afslijpen (*a. fig.*); *sich* ~ afslijten; *s. a. abgeschliffen.*
Abschlepp|dienst *m* (het) takelbedrijf; ꝰ**en** (weg)slepen; *sich* ~ *mit* (*D*) sjouwen met; **~seil** *n* (het) sleeptouw; **~wagen** *m* takelwagen.
abschließ|en afsluiten; (*beenden a.*) beëindigen; *Vertrag* sluiten; *Wette* aangaan; *s. a. abgeschlossen*; **~end** resumerend, samenvattend.
Abschluß *m* (af)sluiting; (*Ende*) (het) einde; (*Vertrags*ꝰ) (het) sluiten; (*Jahres*ꝰ) balans; (*Kaufvertrag*) transactie, order; *zum* ~ (*des Abends*) tot slot (van de avond); *zum* ~ *bringen* (*kommen*) tot een einde brengen (komen); e-*n* ~ *tätigen* een order afsluiten; **~prüfung** *f* (het) eindexamen; **~rechnung** *f* balans.
ab|schmecken proeven; (*mit D*) smaak geven, kruiden (met); **~schmeicheln** afvleien.
Abschmier|dienst *m* doorsmeerbeurt; ꝰ**en** *Auto* doorsmeren.
ab|schminken afschminken; **~schmirgeln** afschuren; **~schnallen** af-, losgespen; **~schneiden** *v/t* afsnijden (*a. fig.*); (*mit Schere*) af-

knippen; *Kupons* knippen; *Ehre* ontroven; *v/i gut (schlecht)* ~ het er goed (slecht) afbrengen.

Abschnitt *m* (*Stück*) (het) gedeelte; (*Strecke*) (het) traject; (*Formular*~) strook; *mil.* sector; *Gesetz*: alinea; (*Kapitel*) (het) hoofdstuk, (het) kapittel; (*Zeit*~) periode.

ab|schnüren toesnoeren; *Med.* afbinden; (*markieren*) aflijnen; **~schöpfen** afscheppen; *fig.* afromen; **~schrauben** af-, losschroeven.

abschreck|en (*j-n von D*) afschrikken (van); *Metall* harden; *Speisen* schrikken; **~end** afschrikwekkend; **~ung** *f* afschrikking.

abschreib|en afschrijven; (*kopieren a.*) overschrijven; **~er** *m* afschrijver; **~ung** *f* (*Bilanz*) afschrijving.

abschreiten aflopen; *die Front* ~ de erewacht inspecteren.

Abschrift *f* (het) afschrift, kopie; *für gleichlautende* ~ voor eensluidend afschrift; **~lich** (*0*) in afschrift.

ab|schuften: *sich* ~ zich afsloven; **~schuppen:** *sich* ~ afschilferen.

abschürf|en schaven; **~ung** *f* schaafwond(e).

Abschuß *m* (*e-s Wildes*) (het) (neer-) schieten; (*Flugzeug*~) (het) neerschieten, (het) neerhalen; (*Treffer*) treffer; **~rampe** *f* (*Raketen*~) lanceerinrichting.

ab|schüssig sterk hellend, steil; **~schütteln** afschudden; *Verfolger* van zich afschudden; **~schwächen** (*mildern*) verzachten; (*schwächer machen, Foto*) verzwakken; *sich* ~ afnemen, verminderen, verflauwen; **~schwatzen** *j-m A* aftroggelen; **~schweifen** *v/i* (*sn*) (*von D*) afdwalen (van); **~schwenken** *v/t* afwassen, afspoelen; *v/i* (*sn*) (af)zwenken; **~schwindeln** *j-m A* aftroggelen; **~schwören** (*D*) afzweren.

Abschwung *m* afzwaai, afsprong.

absegeln afzeilen.

abseh|bar: (*nicht*) ~ *sein* (niet) te overzien zijn; *in* ~*er Zeit* binnen afzienbare tijd; **~en** *v/t* afzien; *Ende, Folgen* overzien; *v/i* ~ *von* (*D*) afzien van; *es ist noch nicht abzusehen* het is nog niet te overzien; *s. a. abgesehen.*

ab|seifen afzepen; **~seilen** aan een touw neerlaten; *sich* ~ met een touw afdalen.

abseits *Adv.* terzijde; ~ *stehen* a zijdig blijven (*a. fig.*); *Präp.* (G terzijde van; (*fern*) ver van.

Ab'seits *n* (-; *0*) *Sp.* (het) buitensp

absend|en af-, verzenden; **~er** afzender.

ab|sengen afzengen, afschroeien; **~senken** (*mit Senkblei*) loden; *sich* hellen.

absetz|bar afzetbaar, verkoopbaa *von der Steuer*: aftrekbaar; **~en** a zetten (*a. Hut, Fahrgast, Ware* (*hinstellen*) neerzetten; (*entlassen* ontslaan; *Reiter* afwerpen; *Ty* (geheel) zetten; (*annullieren* schrappen; *v/i* pauzeren; *ohne a zusetzen* zonder ophouden, in é adem; *sich* ~ zich afzetten, bezinke (*weggehen*) wegtrekken; (*heimli weggehen*) vluchten; *sich* ~ *geg* (*A*) zich afzetten tegen; **~ung** *f* a zetting; (het) aftrekken.

Absicht *f* bedoeling, (het) pla (het) voornemen; *die* ~ *haben* v plan zijn; *in der* ~ met het doel, m de bedoeling; *ohne* (*mit*) ~ zond (met) opzet; *in bester* ~ met beste bedoeling; (*ernste*) ~*en hab* F trouwplannen hebben; **~li** [-ˈzɪçt-] (*0*) opzettelijk; *Mord*: m voorbedachten rade.

ab|sinken zinken (*a. fig.*); **~sitz** *v/t Strafe* uitzitten; *Zeit* uitdiene *v/i* (*sn*) *vom Pferd* afzitten, afstijg

abso'lut (*-est*) absoluut, volstrel **~ion** [-ˈtsi̯oːn] *f* absolutie; **~ism** [-ˈtɪs-] *m* (-; *0*) (het) absolutism **~istisch** [-ˈtɪs-] absolutistisch.

Absol'v|ent *m* (*-en*) afgestudeerc **~ieren** (-) *Studium* afmaken, v tooien; *Schule* doorlopen.

ab'sonder|lich vreemd, zonderlir *Adv.* inzonderheid, vooral; [ˈap-] (*sich*) (zich) afzonder (zich) afscheiden; **~ung** [ˈap-] afzondering, afscheiding.

absor'bieren (-) absorberen, slorpen.

ab|spalten afsplijten; **~spann** *Pferde* uitspannen; *s. a. abgespan* **~sparen:** *sich etw. vom Mund* iets uit zijn mond sparen; **~speis** te eten geven; *fig.* (*j-n mit D*) schepen (met); *j-n mit leeren W ten* ~ iem. met een kluitje in het sturen.

abspenstig: *j-m etw.* (*A*) ~ *mac* iem. iets afhandig maken.

bsperr|en afsluiten; *Straße* voor het verkeer (af)sluiten; **2ung** *f* afsluiting, versperring; (*Postenkette*) afzetting.

b|spielen afspelen (*a. Tonband*); *Platte* draaien; *sich* ~ zich afspelen; **~splittern** *v/t u. v/i* (*sn*) afsplinteren.

.b|sprache *f* afspraak; **2sprechen** (*regeln*) afspreken; *j-m A* ontzeggen, betwisten; *wer wird ihm Mut* ~? wie zal ontkennen dat hij moed bezit?; *man spricht Vondel dieses Gedicht ab* men ontkent dat dit gedicht van Vondel is.

b|sprengen *v/t* doen (*od.* laten) afspringen; *Truppen* afsnijden, afzonderen; **~springen** (*sn*) afspringen; *Kugel*: terugkaatsen; (*mit Fallschirm*) omlaagspringen; *fig.* ~ *von* (*D*) verlaten, in de steek laten; **2sprung** *m* sprong; **~spülen** afspoelen; *Geschirr* afwassen.

bstamm|en (*von D*) afstammen (van); **2ung** *f* afstamming.

bstand *m* afstand; (*Zwischenraum a.*) tussenruimte; ~ *halten* afstand houden; ~ *nehmen von* (*D*) afzien van; ~ *gewinnen zu* (*D*) nuchterder gaan bekijken; *mit* ~ (*der beste*) verreweg (de beste); *in Abständen* (*zeitlich*) nu en dan.

b|statten (*-e-*) *Besuch* afleggen; *Dank* betuigen; **~stauben** afstoffen; F (*stehlen*) inpikken, jatten.

bstech|en *v/t* afsteken; *Tiere a.* kelen; *Teich* afleiden, doen aflopen; *Kupferstich* (na)graveren; *v/i* (*gegen A, von D*) afsteken (tegen); **2er** *m* (het) uitstapje; (het) bezoek.

bstecken afbakenen (*a. fig.*); (*lösen*) losmaken, losspelden.

bstehen (*sn*) (*von D*) afstaan (van); (*verzichten*) afzien (van); (*schal werden*) bederven, verschalen; *s. a. abgestanden*; *~de Ohren n/pl.* afstaande oren *n/pl.*

bsteige|n (*sn*) afstappen; (*bergab gehen*) afdalen; (*sinken*) dalen; *Sp.* degraderen; ~ *im Hotel* zijn intrek nemen in het hotel; **2quartier** *n* (het) pied-à-terre; *pej.* (het) verdacht lokaal (*od.* hotel).

bstell|bahnhof *m* (stations)werkplaats; **2en** (*wegstellen*) wegzetten; *Auto* parkeren; (*ausschalten*) afzetten; *Tech.* stopzetten; *Mißstand* afschaffen; *fig.* ~ *auf* (*A*) instellen op; **~gleis** *n* (het) zijspoor; **~platz** *m* bergplaats; (*Auto2*) parkeerplaats; **~raum** *m* bergruimte.

ab|stempeln afstempelen (*a. fig.*); **~sterben** afsterven; *Glieder*: geen gevoel meer hebben in; *s. a. abgestorben*.

Abstieg *m* (*-es; -e*) afdaling; (*Weg*) weg omlaag; *Sp.* degradatie; (*Rückgang*) achteruitgang.

abstimm|en **1.** *v/t* afstemmen; (*absprechen*) afspreken; *etw. aufeinander* ~ iets op elkaar afstemmen; *etw. miteinander* ~ iets met elkaar in overeenstemming brengen; **2.** *v/i* (*über A*) stemmen (over); **2ung** *f* afstemming; (*Wahl*) stemming; *zur* ~ *bringen* in stemming brengen; **2ungs·ergebnis** *n* (het) resultaat van de stemming.

Absti'nenz *f* (*0*) onthouding; (*von Alkohol*) geheelonthouding; **~ler** *m* geheelonthouder.

abstoppen *v/t u. v/i* (*a. Sp.*) stoppen; *Zeit* opnemen.

Abstoß *m Sp.* doelschop; **2en** *v/t* afstoten (*a. fig.*); *Ware* van de hand doen; *Sp.* het veld in trappen; *v/i* (*sn*) (*vom Ufer*) wegvaren; *sich* ~ slijten; **2end** afstotelijk.

abstottern F afbetalen.

abstra'hieren (-) abstraheren.

ab'strakt (*-est*) abstract; **2ion** [-'tsio:n] *f* abstractie.

abstreichen afstrijken; *Füße* ve-[gen.]

ab|streifen af-, uittrekken, afstropen; *fig.* afleggen; **~streiten** loochenen, betwisten; *es läßt sich nicht* ~ het valt niet te loochenen.

Abstrich *m* (het) afstrijken; (het) afgestrekene; *Med.* (het) afstrijksel; *von e-r Summe*: aftrek, vermindering.

ab'strus (*-est*) duister, verward.

abstuf|en *fig.* rangschikken, schakeren; *Farben* nuanceren; *Gehälter, Steuern* in klassen indelen; **2ung** *f* (*das Abstufen*) rangschikking, indeling, schakering; (*das Abgestuftsein*) gradatie, schakering, nuance.

abstumpfen afstompen (*a. fig.*); *s. a. abgestumpft*.

Absturz *m* (het) neerstorten (*a. Flgw.*); (*Abhang*) steilte, steile helling.

ab|stürzen neerstorten; steil hellen; **~stützen** stutten, schoren; **~suchen** afzoeken.

Absud *m* (het) afkooksel, (het) aftreksel.
ab'surd (*-est*) absurd, ongerijmd; **2i'tät** *f* absurditeit, ongerijmdheid.
Abszeß [aps'tsɛs] *m* (*-sses*; *-sse*) (het) abces.
Ab'szisse *f Math.* abscis.
Abt *m* (*-ęs*; *=e*) abt.
ab|takeln aftakelen (*a. fig.*); *s. a. abgetakelt*; **~tasten** aftasten; **~tauen** *v/t u. v/i* ontdooien.
Ab'tei *f* abdij.
Ab'teil *n Esb.* coupé; **2en** ['ap-] indelen; *Wort* in lettergrepen verdelen; **~ung** *f* **1.** ['ap-] (*0*) indeling; **2.** [ap'-] afdeling; **~ungs·leiter** [ap'-] *m* afdelingschef.
ab|telegrafieren aftelegraferen; **~teufen** *Bgb.* uitgraven, uitboren; **~tippen** F over-, aftikken.
Äb'tissin *f* abdis.
abtönen schakeren, nuanceren.
abtöt|en doden, vernietigen; (*das Fleisch*) kastijden; **2ung** *f* (het) doden, vernietiging; kastijding.
abtragen *Hügel* afgraven; *Kleidung* opdragen; *Haus* afbreken; *Schuld* aflossen, aanzuiveren; *Geschwulst* wegnemen; *Speisen* wegruimen; *s. a. abgetragen.*
abträglich: *e-r S. ~ sein* schadelijk (*od.* nadelig) zijn voor iets.
Abtragung *f* afgraving; afbraak; aflossing; *Geol.* erosie.
Abtransport *m* (het) transport; **2ieren** vervoeren, transporteren; wegvoeren.
abtreib|en *v/t* (*a. Med.*) *u. v/i* afdrijven; **2ung** *f* afdrijving.
abtrenn|bar afscheidbaar; **~en** afscheiden; *Genähtes* lostornen; *Glied* afzetten; **2ung** *f* afscheiding; (het) lostornen; (het) afzetten.
abtret|en *v/t* aftrappen; *Teppich* aflopen; (*überlassen*) afstaan, afstand doen van; *v/i* (*zurücktreten*) aftreden; *mil.* inrukken; **2er** *m* voetmat; **2ung** *f* afstand, overdracht.
Ab|trift *f* drift; **~tritt** *m* afgang; F W.C.
ab|trocknen *v/t* (*sich*) (zich) afdrogen; *v/i* drogen; **~tropfen, ~tröpfeln** afdruppelen; **~trotzen** *j-m A* afdwingen; **~trumpfen** aftroeven.
abtrünnig afvallig, ontrouw; **2e(r)** afvallige.
ab|tun afdoen, afmaken; *etw. ~ mit* (*D*) zich van iets afmaken met; *das ist damit noch nicht abgetan* daar mee is de zaak nog niet rond; **~tupfen** afbetten.
ab·urteil|en berechten, veroordelen; **2ung** *f* berechting, veroordeling.
ab|verlangen: *j-m etw. ~* iets va iem. eisen; **~wägen** afwegen; **~wählen** niet herkiezen; **~wälzen** afwentelen (*a. fig.*).
abwand|eln variëren, veranderen; **2(e)lung** *f* variatie.
abwander|n wegtrekken; *zur Konkurrenz ~* naar de concurrenti gaan; **2ung** *f* (het) wegtrekken.
abwarten afwachten; *warten Sie ab* wacht U maar af!; *~ und Tee trinken!* F we moeten maar afwachten; **~d** afwachtend.
abwärts naar beneden, omlaag, bergaf; *von (5) Jahren ~* van (5) jaar en minder; **2bewegung** *f* dalende beweging; *Hdl.* baisse; **~gehen** *fi* achteruitgaan.
Abwasch *m* (*-ęs*; *0*) afwas, vaat; **2bar** afwasbaar; **~becken** *n* goo steen; **2en** afwassen.
Abwässer *n/pl.* (het) riool-, afva water.
abwechseln afwisselen; *sich* (*od. einander*) *~* elkaar aflossen; **~d** a wisselend.
Abwechslung *f* afwisseling; *zur* ter afwisseling, voor de verand ring; **2s·reich** vol afwisseling.
Abweg *m* verkeerde weg; *auf ~e geraten* op het verkeerde pad rake *auf ~e bringen* op de verkeerde w brengen; **2ig** afwijkend, vreem (*falsch*) verkeerd; *~ sein* er naa zijn.
Abwehr *f* (*0*) afweer; weerstan *Sp.* verdediging; **~bereitschaft** weerbaarheid; **~bewegung** *f* weerbeweging; **~(dienst** *m*) *f* co traspionage; **2en** afweren; *Angr a.* afslaan; **~kampf** *m* defensie strijd; **~spieler** *m* verdediger; **stellung** *f* verdedigende stellin **~stoff** *m* antistof.
abweich|en *v/t* afweken; *v/i* (*von* afwijken (van) (*a. fig.*); **~end** afw kend; *~ von* (*D*) in afwijki van; **2ung** *f* (het) afweken; afw king.
ab|weiden afgrazen; **~weisen** wijzen; *Angriff* afslaan.
abwend|bar afwendbaar; **~en**

afwenden; *sich* ~ *(von D)* zich afwenden (van).
bwerb|en *Arbeitskräfte, Kunden* ronselen; **2ung** *f* (het) ronselen.
bwerfen afwerpen *(a. Reiter)*; *Gewinn* opbrengen; *Nutzen* opleveren; *Joch* afschudden; *Bomben* werpen, gooien.
bwert|en devalueren; **2ung** *f* devaluatie.
bwesen|d *(0)* afwezig *(a. fig.)*; **2de(r)** afwezige; **2heit** *f (0)* afwezigheid; *in* ~ *verurteilen* bij verstek veroordelen; *durch* ~ *glänzen* F door (zijn) afwezigheid schitteren.
bwick|eln afwikkelen *(a. fig.)*; **2-lung** *f* afwikkeling.
b|wiegen (af)wegen; **~wimmeln** F afschepen; **~winden** afwinden; **~winken** een afwijzend gebaar maken; *Esb.* het vertreksein geven; **~wirtschaften** *s. abgewirtschaftet*; **~wischen** afvegen, afwissen; **~wracken** slopen.
bwurf *m* (het) afwerpen; *Sp.* doelschop.
b|würgen wurgen, worgen; *Motor* laten afslaan; **~zahlen** afbetalen.
zähl|en aftellen; *s. a. abgezählt*; **2reim** *m* (het) aftelrijmpje.
bzahlung *f* afbetaling.
b|zapfen aftappen; **~zäumen** aftuigen.
zehr|en *v/i* uitteren, vermageren; **2ung** *f* uittering, vermagering; *(Schwindsucht)* tering.
bzeich|en *n* (het) onderscheidingsteken, (het) insigne; **2nen** aftekenen; *(unterschreiben a.)* ondertekenen; *sich* ~ *(gegen A)* zich aftekenen (tegen).
zieh|bild *n* (het) overdrukplaatje; **2en** *v/t u. v/i (a. Math.)* aftrekken; *Pharmazie* distilleren; *Typ.* aftrekken; afdrukken; *(abhäuten)* villen; *Schlüssel* uit het slot nemen; *Bett* afhalen; *Wein* bottelen; *Rauch*: wegtrekken; *(weggehen)* ~, wegtrekken; *zieh ab!* F hoepel op!
zielen: ~ *auf (A)* het gemunt hebben op, doelen op; *auf wen zielt das* ~? wie wordt daarmee bedoeld?
zirkeln afpassen, afmeten.
zug *m* (het) vertrek, (het) af-, wegtrekken; *mil.* aftocht; *(e-r Waffe)* trekker; *Foto, Typ.* afdruk; *(für Rauch usw.)* afvoer; *Hdl. nach* ~ *(G)* na aftrek van; *in* ~ *bringen* in mindering brengen; *Abzüge pl. (vom Lohn)* (loon)afhoudingen *pl.*
abzüglich *(G)* na aftrek van, verminderd met.
abzugsfähig aftrekbaar.
ab|zupfen afplukken; **~zwacken** afknijpen; *fig.* beknibbelen.
abzweig|en af-, vertakken; *Straße*: zich splitsen; *etw. für sich* ~ F iets inpikken; **2ung** *f* af-, vertakking.
ach: ~! ach!, och!; ~ *so!* zo!; ~ *ja!* o ja!, (ja) natuurlijk!; ~ *was?* o ja?; ~ *was!* kom, kom!; **2** *n*: *mit* ~ *und Krach* met (veel) pijn en moeite, met kunst- en vliegwerk.
A'chat *m (-es; -e)* (het) agaat.
A'chilles|ferse *f* achilleshiel; *fig. a.* zwakke plek; **~sehne** *f* achillespees.
Achs(en)- *in Zssgn mst.* as-.
Achs|druck *m* asbelasting; **~e** *f* as *(a. fig.)*; *Hdl. per* ~ per as, per wagen; *ständig auf (der)* ~ *sein* F voortdurend op stap zijn.
Achsel *f (-; -n)* oksel; *(Schulter)* schouder; *unter der* ~ onder de oksel(s *pl.*); *mit den* ~*n zucken* de schouders ophalen; *j-n über die* ~ *ansehen* uit de hoogte neerzien op iem.; **~höhle** *f* okselholte; **~klappe** *f* schouderklep; **~zucken** *n (-s; 0)* (het) schouderophalen.
Achsen|bruch *m* asbreuk; **~mächte** *f/pl.* asmogendheden *pl.*
Achs|lager *n* (het) aslager; **~last** *f* asbelasting; **~welle** *f* transmissie-as.
acht acht; **2** *f* acht.
Acht *f (0)* **1.** *(Bann)* ban; *in die* ~ *erklären (od. tun)* in de ban doen; **2.** *außer* **2** *lassen* buiten beschouwing laten, veronachtzamen; *sich in* **2** *nehmen* zich in acht nemen.
achtbar achtbaar, achtenswaardig; **2keit** *f (0)* achtbaarheid.
achte(r) achtste.
Acht·eck *n (-es; -e)* achthoek; **2ig** *(0)* achthoekig.
Achtel *n* (het) achtste (deel); **~liter** *n* achtste liter.
achten *(-e-) v/t* achten, eerbiedigen; *(halten für)* achten, beschouwen als; *v/i* ~ *auf (A)* letten op, acht geven op.
ächten *(-e-)* in de ban doen, uitstoten.
achtens ten achtste.
achtenswert achtbaar.
achter *mar.* achter.

Achter *m* (*Zahl*) acht; (*Boot*) achtriemsgiek; **~bahn** *f* achtbaan; **~deck** *n* (het) achterdek; **~schiff** *n* (het) achterschip.
acht|fach (*0*) achtvoudig; **≈füß(l)er** *m* (het) achtvoetig dier.
achtgeben opletten; ~ *auf* (*A*) letten op.
acht|hundert achthonderd; **~jährig** (*0*) achtjarig; **~kantig** (*0*) achtkantig.
achtlos (*-est*) achteloos; **≈igkeit** *f* (*0*) achteloosheid.
achtmal achtmaal, acht keren; **~ig** (*0*) achtmaal herhaald.
achtsam zorgvuldig, oplettend; **≈keit** *f* (*0*) zorg, oplettendheid.
acht|seitig (*0*) achtzijdig; **~stellig** (*0*) met acht cijfers; **≈'stundentag** *m* achturendag; **~stündig** (*0*) achturig; **~tägig** (*0*) achtdaags; **~'tausend** achtduizend.
Achtung *f* (*0*) achting, (het) respect; (*Aufmerksamkeit*) attentie, oplettendheid; *~!* opgepast!, opgelet!, attentie!; *mil.* geef(t) acht!; *alle ~!* alle respect!
Ächtung *f* (*0*) verbanning, uitstoting; boycot.
achtung|gebietend achting inboezemend (*od.* afdwingend); **≈s·erfolg** *m* (het) matig succes; **~s·voll** eerbiedig.
achtzehn achttien; **~te(r)** achttiende.
achtzig tachtig; **~er:** *die ~ Jahre n/pl.* de jaren *n/pl.* tachtig; **≈er** *m* tachtiger, tachtigjarige; **~jährig** (*0*) tachtigjarig; **~ste(r)** tachtigste.
Achtzylinder *m* achtcilindermotor; auto met achtcilindermotor.
ächzen (*-t*) kreunen, steunen.
Acker *m* (*-s*; *=*) akker, (het) veld; **~bau** *m* (*-es*; *0*) landbouw; **~bestellung** *f* (het) bewerken van de akker; **~boden** *m* grond; **~gaul** *m* F (het) boerenpaard; **~land** *n* (*-es*; *0*) (het) bouw-, akkerland.
ackern (*-re*) het land bebouwen; *fig.* zwoegen.
a.D. *Abk. für außer Dienst* gepensioneerd.
Adamsapfel *m* adamsappel.
adäquat (*-est*) adequaat.
ad'dier|en (-) optellen; **≈maschine** *f* telmachine.
Addi'tion *f* optelling, samentelling.
a'de! F adieu!, vaarwel!
Adel *m* (*-s*; *0*) adel (*a. fig.*); **≈n** (*-le* … adelen (*a. fig.*), in de adelstand ver… heffen.
Adels|- *in Zssgn mst.* adel-, *z.B.* **~brief** *m* adelbrief; **~herrschaft** … adelheerschappij; **~stand** *m* adel… stand.
Ader *f* (*-*; *-n*) ader; *zur ~ lasse…* aderlaten; *fig. poetische ~* dichter… lijke ader; e-e *~ haben für* (*A*) aan… leg hebben voor; **≈ig** geaderd; **~laß** *m* (*-sses*; *=sse*) aderlating (*a. fig.*…
Adhä'sion *f* adhesie.
a'dieu! = *ade!*
Adjektiv *n* (*-s*; *-e*) (het) adjectie… (het) bijvoeglijk naamwoord; **≈isch** adjectivisch, bijvoeglijk.
Adju'tant *m* (*-en*) adjudant.
Adler *m* arend, (*poet. a.*) adelaar.
Adler|- *in Zssgn mst.* arends-; **~blick** *m* adelaarsblik; **~nase** … arendsneus.
adlig adellijk; **≈e(r)** edelman.
Administra|'tion *f* administrati… **≈'tiv** administratief.
Admi'ral *m* (*-s*; *-e*) admiraal; **~i'tä…** *f* admiraliteit.
Admi'rals|- *in Zssgn mst.* adm… raals-, *z.B.* **~schiff** *n* (het) adm… raalsschip.
Admi'ral·stab *m* marinestaf.
adop|'tieren (-) adopteren, aa… nemen; **≈tion** [-'tsĭo:n] *f* adopti… **≈'tiveltern** *pl.* pleegouders *pl.*; … **'tivkind** *n* (het) aangenomen kin… **≈'tivsohn** *m* aangenomen zoon.
Adres's|ant *m* (*-en*) adressant, a… zender; **~at** *m* (*-en*) geadresseerd…
A'dreßbuch *n* (het) adresboek.
A'dres|se *f* (het) adres; *per ~* p… adres (*Abk.* p.a.); **≈'sieren** (… adresseren.
a'drett (*-est*) vlot, aardig, keurig.
Adri|a *f* Adriatische Zee; **≈'atis…** Adriatisch.
Ad'vent *m* (*-s*; *0*) advent; **~s·kra…** *m* adventskrans.
Ad'verb *n* (*-s*; *-ien*) (het) bijwoo… (het) adverbium; **≈ial** [-'bĭa:l] b… woordelijk, adverbiaal.
Advo'kat *m* (*-en*) advocaat.
aero|-, Aero|- *in Zssgn* aëro-, *z.* … **~dynamisch** aërodynamisch.
Af'färe *f* affaire; *sich aus der ~ z… hen* zich redden; er zich van … maken.
Äffchen *n* (het) aapje.
Affe *m* (*-n*) aap (*a. fig.*).

f'fekt *m* (-*ės*; -*e*) (het) affect, hartstocht; *im* ~ impulsief; **~handlung** *f* impulsieve daad.
ffek'tiert (-*est*) geaffecteerd, gemaakt.
ffen|artig aapachtig; **2brotbaum** *n* apebroodboom; **2liebe** *f* apeliefde; **2schande** *f* F (het) groot schandaal; **2theater** *n* F (het) gedonder, het) apenspel.
ffig aanstellerig.
ffin *f* apin.
ffront [a'fʀɔ̃:] *m* (-*s*; -*s*) (het) affront.
f'ghan|e *m* (-*n*) Afghaan; **~istan** *n* Afghanistan *n*.
fri|ka *n* Afrika *n*; **~'kaner(in** *f*) *m* Afrikaan(se *f*); **2'kanisch** Afrikaans.
fter *m* anus.
G *Abk. für Aktiengesellschaft* naamloze vennootschap (*Abk.* N.V.).
gäisch [-'gɛ:ɪʃ]: **2es** *Meer n* Egeïsche Zee.
'gent|(in *f*) *m* (-*en*) agent(e *f*); **~ur** [-'tu:ʁ] *f* (het) agentschap, agentuur.
ggre'gat *n* (-*ės*; -*e*) (het) aggregaat; **~zustand** *m* aggregatietoestand.
ggres|sion [-'sĭo:n] *f* agressie; **2siv** agressief; **~sor** [a'g-] *m* (-*s*; -*en* [-'so:-]) agressor.
gieren (-) ageren.
gil beweeglijk, agiel.
gio ['ɑ:dʒo:] *n* (-*s*; *0*) (het) agio, het) opgeld.
gi|tation [-'tsĭo:n] *f* agitatie; **2'tieren** (-) agiteren.
go'nie *f* agonie.
grar- *in Zssgn mst.* landbouw-.
grar|ier [-ʀĭə] *m* agrariër; **2isch** agrarisch; **~land** *n* landbouwgrond; het) agrarisch land; **~politik** *f* landbouwpolitiek.
gypt|en *n* Egypte *n*; **~er(in** *f*) *m* Egyptenaar *m*, Egyptische *f*; **2isch** Egyptisch.
! o!, ah!
ha! aha!, ha!
hle *f* els.
hn *m* (-*en*) voorvader; *dialektisch* grootvader; **~en** *pl.* voorouders *pl.*
hnden (-*e*-) straffen, vergelden, wreken.
hneln (-*le*) (*D*) lijken op.
hnen (*vermuten*) vermoeden, denken; (*vorausfühlen*) voorvoelen, een voorgevoel hebben van; *ich habe es doch geahnt!* had ik het niet gedacht!; *du ahnst es nicht!* je hebt er geen idee van!
Ahnenkult *m* voorouderverering.
Ahn|frau *f* stammoeder; **~herr** *m* stam-, voorvader.
ähnlich gelijksoortig, dergelijk; *Math.* gelijkvormig; *Adv.* op soortgelijke wijze; ~ *sehen* (*od. sein*) (*D*) lijken op; *das sieht ihm* (*ganz*) ~! dat is net iets voor hem!; *etwas* **2es** iets dergelijks, (ook) zoiets; *und* **~es** en dergelijke (*Abk.* e.d.); **2keit** *f* gelijkenis, overeenkomst; gelijkvormigheid.
Ahnung *f* (het) voorgevoel, (het) vermoeden; F (*Begriff*) (het) idee, (het) benul; *keine* (*blasse*) ~ *haben* geen (flauw) idee (*od.* benul) hebben; **2s·los** (-*est*) argeloos, niets vermoedend; F *ich war ja völlig* ~! ik wist van niks!; **2s·voll** vol vermoedens (*od.* voorgevoelens).
Ahorn *m* (-*s*; -*e*) esdoorn.
Ähre *f* aar; **~n·lese** *f* (het) arenlezen.
Airbus ['ʔɛ:-] *m* luchtbus.
Akade|'mie *f* academie; **~miker** [-'de:-] *m* academicus; **2misch** [-'de:-] academisch, universitair; **~es** *Viertel* (het) professoraal kwartiertje.
A'kazie [-tsĭə] *f* acacia.
Akklama'tion *f*: *durch* ~ bij acclamatie.
akklimati'sieren (-) (*sich*) (zich) acclimatiseren.
Ak'kord *m* (-*ės*; -*e*) (het) akkoord; *jur.* (het) vergelijk; (*Lohn*) (het) stukloon; *im* ~ *arbeiten* tegen stukloon werken; **~arbeit** *f* (het) stukwerk; **~arbeiter** *m* stukwerker.
Ak'kordeon [-de·ɔn] *n* (-*s*; -*s*) (het) accordeon.
Ak'kordlohn *m* (het) stukloon.
akkredi't|ieren (-) accrediteren; **2iv** *n* (-*s*; -*e*) kredietbrief; *Pol.* geloofsbrief.
Akku *m* (-*s*; -*s*), **~mu'lator** *m* (-*s*; -*en* [-'to:-]) accu(mulator).
Akkusativ *m* (-*s*; -*e*) accusatief.
Akne *f* acne.
A'kontozahlung *f* = *Abschlagszahlung.*
Akro'bat|(in *f*) *m* (-*en*) acrobaat *m*, acrobate *f*; **2isch** acrobatisch.
Ak'ryl- *in Zssgn* acryl-.
Akt *m* (-*ės*; -*e*) handeling, daad;

Thea. (het) bedrijf; *Malerei* (het) naakt.
Akte *f* akte; *~n pl.* (het) dossier; *zu den ~n legen* bij het dossier voegen; *fig.* ad acta leggen; **2n·kundig** geregistreerd, bekend; *~ machen* registreren; **~n·mappe** *f*, **~n·tasche** *f* aktenmap, aktentas; **~n·zeichen** *n* (het) dossiernummer.
Ak'teur *m* (-*s*; -*e*) acteur.
Aktfoto *n* naaktfoto.
Aktie ['aktsǐə] *f* (het) aandeel.
Aktien|- *in Zssgn mst.* aandelen-; **~gesellschaft** *f* naamloze vennootschap (*Abk.* N.V.); **~kapital** *n* (het) aandelenkapitaal.
Ak'tion *f* actie; *in ~ treten* in actie treden.
Aktio'när *m* (-*s*; -*e*) aandeelhouder.
Ak'tions|**art** *f Gr.* (het) aspect; **~radius** *m* actieradius.
ak'tiv actief.
Aktiv *n* (-*s*; *0*) *Gr.* (het) actief.
Ak'tiva *n/pl.* activa *n/pl.*
akti|**'vieren** (-) activeren; **2vi'tät** *f* activiteit.
Ak'tiv|**saldo** *m*, **~vermögen** *n* (het) actief (saldo, vermogen).
Aktstudie *f* naaktstudie.
Aktu|**ali'tät** *f* actualiteit; **2'ell** actueel.
Akupunk'tur *f* acupunctuur.
A'kust|**ik** *f* (*0*) akoestiek; **2isch** akoestisch.
a'kut (-*est*) acuut (*a. Med.*); **2** *m* (-*ěs*; -*e*) acutus.
Ak'zent *m* (-*ěs*; -*e*) (het) accent, klemtoon; **2u'ieren** (-) accentueren.
Ak'zept *n* (-*ěs*; -*e*) *Hdl.* (het) accept; **2abel** [-'tɑ:-] acceptabel; **2ieren** [-'ti:-] (-) accepteren.
Ala'baster *m* (het) albast.
A'larm *m* (-*s*; -*e*) (het) alarm; *blinder ~* loos alarm; **~bereitschaft** *f* staat van alarm; *in (höchste) ~ versetzen* alarmeren; **2ieren** [-'mi:-] (-) alarmeren; **~vorrichtung** *f* alarminstallatie.
A'laun *m* (-*s*; *0*) aluin; **2haltig** aluinhoudend.
Al'ban|**er**(**in** *f*) *m* Albanees *m*, Albanese *f*; **~ien** [-nǐən] *n* Albanië *n*; **2isch** Albanees.
albern dwaas, gek, onnozel; *~es Geschwätz* dom geklets; **2heit** *f* dwaasheid, domheid.
Album *n* (-*s*; *Alben*) (het) album.
Alchi'mie *f* (*0*) alchimie.
alemannisch Alemannisch.
Algebra *f* (*0*) algebra.
Algen *f/pl.* algen *pl.*, (het) wier.
Al'ger|**ien** *n* Algerije *n*; **~ier**(**in** *f*) Algerijn(se *f*); **2isch** Algerijns.
Algier ['-ʒi:ʀ] *n* Algiers *n.*
Alibi *n* (-*s*; -*s*) (het) alibi.
Ali'ment|**e** *n/pl.* alimentatie; **2ations·pflichtig** [-'tsǐo:-] verplic[ht] tot het betalen van alimentatie.
al'kalisch alkalisch.
Alkohol [-ho:l] *m* (-*s*; -*e*) alcohol.
Alkohol|- *in Zssgn mst.* alcohol *z.B.* **2frei** alcoholvrij; **~gegner** drankbestrijder; **~gehalt** *m* (he[t]) alcoholgehalte; **2haltig** alcoho[l]houdend; **~iker** [-'ho:-] *m* alcoh[o]list, drankzuchtige; **2isch** [-'ho:] alcoholisch; **~ismus** [-'lɪs-] *m* (-; [0]) (het) alcoholisme; **~spiegel** *m* (he[t]) alcoholgehalte.
all al de *m u. f*, al het *n*; *~e pl.* al[le] al de; *Su.* allemaal; *Pers.* alle[n] allemaal; *~e Tage* elke (*od.* ieder[e]) dag; *~e 14 Tage* om de veerti[en] dagen; *~e zusammen* allema[al] samen.
All *n* (-*s*; *0*) (het) heelal.
all|**'abendlich** elke avond; **~b[e]kannt** (*0*) alom bekend.
alle *Adv.* F: *~ sein (werden)* op zi[jn] (raken).
alledem: *bei ~* bij dat alles; *trotz* ondanks alles, en toch.
Al'lee *f* laan.
alle'gorisch allegorisch.
al'lein alleen (*a. Ko.*); *schon ~ (de[r] Gedanke)* (de gedachte) alleen [;] *von ~* vanzelf; **2besitz** *m* (het) u[it]sluitend bezit; **2herrscher** *m* [al]leenheerser; **~ig** enig, uitsluiten[d]; **2sein** *n* (-*s*; *0*) (het) alleenzijn; [~]**seligmachend** [-'se:-] alleenzali[g]makend; **~stehend** alleenstaan[d]; **2verkauf** *m* (-*ěs*; *0*) alleenverkoo[p]; **2vertretung** *f* alleenvertegenwoo[r]diging.
alle|**mal** altijd; *ein für ~* eens vo[or] al; **~n·falls** misschien, eventue[el] (*nötigenfalls*) desnoods; (*höchste[ns]*) hoogstens; **~nt'halben** over[al] alom.
aller|- *in Zssgn mst.* aller-, *z.B.* [**~**]**'best** allerbest; **~'dings** wel, wel[is]waar; (*bejahend*) *~!* (ja) zeke[r]. **~'erst** allereerst.
al'lergisch allergisch.

aller|hand *a.* [-'hant] allerhande, allerlei; F *das ist wirklich ~!* dat is niet mis!; (*unerhört*) dat is kras!; **2'heiligen** *n* (-; *0*) Allerheiligen.
aller'höchst allerhoogst; **~ens** op zijn allerhoogst.
aller|'lei allerlei; **~'letzt** allerlaatst; **~'liebst** allerliefst; **~'meist** allermeest; *am ~en* het allermeest; **~'orten, ~'orts** overal, allerwegen; **2'seelen** *n* (-; *0*) Allerzielen; **~'seits** van (*od.* aan) alle kanten.
Aller'welts|- *in Zssgn mst.* allemans-, *z.B.* **~freund** *m* allemansvriend.
aller|'wenigst (*a. am ~en*) allerminst; **2'werteste** *m* F (het) achterste.
alles alles; *~ in allem* al bij al; *wer ~?* wie allemaal?; *~ nur* (*Gerede* ...) allemaal maar (geklets ...); *s. a. all.*
alle'samt allemaal.
Alleskleber *m* F lijm voor alles.
alle'zeit altijd, steeds.
allgegen'wärtig alomtegenwoordig.
allge'mein algemeen; *im ~en* in (*od.* over) het algemeen; **2befinden** *n* algemene toestand; **2bildung** *f* (*0*) algemene ontwikkeling; **~gültig** algemeengeldig; **2gut** *n* (het) gemeengoed: **2heit** *f* (*0*) algemeenheid; **~verständlich** voor allen begrijpelijk.
All|gewalt *f* (*0*) almacht; **~'heilmittel** *n* (het) algemeen geneesmiddel, panacee.
All|ianz [a'liants] *f* alliantie, (het) bondgenootschap; **~i'ierte(r)** geallieerde.
all|'jährlich jaarlijks; **2macht** ['al-] *f* (*0*) almacht; **~'mächtig** almachtig; **~'mählich** geleidelijk; *Adv. a.* stilaan.
Allotria [a'lo:-] *pl.* bijzaken *pl.*; *~ treiben* (het) kattekwaad uithalen.
all|seitig alzijdig; **2tag** *m* weekdag; *fig.* (het) dagelijks leven, dagelijkse sleur; **~'täglich** alledaags; (*täglich*) dagelijks; **~umfassend** alomvattend.
all'wissen|d alwetend; **2heit** *f* (*0*) alwetendheid.
allzu al te; **~'mal** allemaal (samen); **~'sehr** al te zeer; **~'viel** al te veel.
Alm *f* bergweide.
Almanach *m* (-*s*; -*e*) almanak.
Almosen *n* aalmoes.
Alp(e) *f* alpen-, bergweide.
Alp *m* (-*s*; -*e*), **~drücken** *n* (-*s*; *0*) nachtmerrie.
Alpen *pl.* Alpen *pl.*
Alpen|- *in Zssgn mst.* alpen-, *z.B.* **~paß** *m* alpenpas; **~rose** *f* alpenroos.
Alpha'bet *n* (-*s*; -*e*) (het) alfabet; **2isch** alfabetisch.
al'pin alpien; **2ismus** [-'nɪs-] *m* (-; *0*) (het) alpinisme.
Alptraum *m* nachtmerrie.
Al'raun *m* (-*s*; -*e*), **~e** *f* alruin.
als (*wie*) als; (*nach Komp.*) dan, als; *Ko.* toen; *~ ob* alsof.
als'bald dadelijk, meteen; **~ig:** *zum ~en Gebrauch* voor direct gebruik.
als'dann dan, vervolgens; F nou dan.
also dus, bijgevolg; (*so*) zo; *~ gut* (*od. schön*)*!* vooruit dan maar!
alt (*=er*; *=est*) oud; *ich bin ... Jahre ~* ik ben ... jaar; *mein älterer Bruder* (*von zweien*) mijn oudste broer; *~er Freund* beste vriend; F *mein 2er* mijn oude heer; *beim ~en bleiben* (*lassen*) bij het oude blijven (laten).
Alt *m* (-*s*; *0*) alt.
Al'tar *m* (-*s*; *=e*) (het) altaar.
alt|backen oudbakken; **2bau** *m* (-*es*; -*ten*), **2bauwohnung** *f* (het) oud huis; **~be'währt** van ouds beproefd; **2e(r)** oude man *m* (*bzw.* vrouw *f*); **~'eingesessen** sinds generaties ingezeten; **2eisen** *n* (het) oud ijzer.
Altenteil *n*: *sich aufs ~ setzen* zich terugtrekken.
Alter *n* leeftijd; (*bsd. Lebensabend*) ouderdom; *im ~ von* (*D*) op de leeftijd van; *im hohen ~* op hoge leeftijd; *im besten ~* in zijn (*bzw.* haar *f*) jaren; *in meinem ~* op mijn leeftijd.
älter ouder; (*von zweien*) oudste; [*s. a. alt.*]
altern (-*re*; *sn*) oud worden, verouderen.
Alterna'tive *f* (het) alternatief.
alters: *von* (*od. seit*) *~ her* van ouds(her).
alters|bedingt door de ouderdom veroorzaakt, ouderdoms-; **2beschwerden** *f/pl.* ouderdomsklachten *pl.*; **2erscheinung** *f* (het) ouderdomsverschijnsel; **2genosse** *m* leeftijdgenoot; **2grenze** *f* leeftijdsgrens; **2heim** *n* (het) bejaardentehuis; **~schwach** afgeleefd; **2schwäche** *f* (*0*) ouderdomszwakte; **2versorgung** *f* pensioenregeling.

Alter|tum *n* (*-s*; *0*) oudheid; **~tümer** *pl.* antiquiteiten *pl.*; **2tümlich** ouderwets; (*antik*) antiek; **~tumskunde** *f* (*0*), **~tumswissenschaft** *f* oudheidkunde, archeologie.
ältest|e(r, -s) oudste; **2en·rat** *m Pol.* (het) seniorenconvent.
alt|ge'dient oudgediend; **2geselle** *m* meesterknecht; **~'hergebracht** traditioneel, van ouds gebruikelijk; **~hochdeutsch** Oudhoogduits; **~klug** vroegwijs, wijsneuzig.
ältlich oudachtig.
Alt|meister *m* grootmeester; **2modisch** ouderwets; **~papier** *n* (*-s*; *0*) (het) oud papier; **~philologe** *m* classicus; **~stadt** *f* oude (binnen-) stad.
Altstimme *f* alt(stem).
altväter|isch, ~lich ouderwets, aartsvaderlijk.
Alt|waren *f/pl.* tweedehands goederen *n/pl.*; **~'weibersommer** *m* nazomer; (*Spinnweben*) herfstdraden *pl.*
Alu'minium [-nĭum] *n* (*-s*; *0*) (het) aluminium; **~folie** *f* (het) aluminiumfoelie.
am = *an dem*; *~ liebsten* (*meisten, schönsten*) het liefst (meest, mooist); *~ Sonntag* zondags; F *~* + *Inf.* + *sein* aan 't + *Inf.* + zijn; *s. a. an.*
Ama'teur *m* (*-s*; *-e*) amateur; **~fotograf** *m* amateur-fotograaf; **~sportler** *m* amateur-sportbeoefenaar.
Ama'zone *f* amazone.
Ambiti|on [-'tsĭo:n] *f* ambitie; **2ös** (*-est*) ambitieus.
Amboß *m* (*-sses*; *-sse*) (het) aambeeld.
ambu'lan|t (*0*) rondtrekkend; *Med.* ambulant; **2z** *f* ambulance; (*Wagen*) ambulancewagen.
Ameise *f* mier.
Ameisen|- *in Zssgn mst.* mieren-, *z.B.* **~bär** *m* miereneter; **~haufen** *m* mierenhoop; **~säure** *f* (*0*) mierezuur.
Amen *n* (het) amen; *zu allem ja und 2 sagen* op alles ja en amen zeggen.
A'merik|a *n* Amerika *n*; **~aner(in** *f*) [-'ka:-] *m* Amerikaan(se *f*); **2anisch** [-'ka:-] Amerikaans.
Amme *f* zoogster, min; **~n·märchen** *n* (het) bakerssprookje.
Ammer *f* (*-*; *-n*) (*Vogel*) geelgors.
Ammoniak [-'nĭak] *n* (*-s*; *0*) ammoniak.

Amnes'tie *f* amnestie.
A'möbe *f* amoebe.
Amok: *~ laufen* amok maken.
Amorti|sa'tion *f* amortisatie; **2'sieren** (-) amortiseren.
Ampel *f* (*-*; *-n*) hanglamp; (*Verkehrs2*) (het) verkeerslicht.
Ampere [-'pɛ:ʀ] *n* (*-[s]*; *-*) ampère.
Amphibienfahrzeug [-'fi:bĭən-] *n* (het) amfibievoertuig.
Am'phitheater *n* (het) amfitheater.
Am'pulle *f* ampul.
ampu'tieren (-) amputeren.
Amsel *f* (*-*; *-n*) merel.
Amt *n* (*-es*; *"er*) (het) ambt, betrekking, post, functie; (*Gebäude*) (het) bureau, (het) kantoor, dienst; *Rel.* mis; *Tel.* (telefoon)centrale; *von ~ wegen* ambtshalve; *im ~ sein* (*bleiben*) in functie zijn (blijven); **2ieren** [-'ti:-] (-) fungeren, in functie zijn; **2lich** ambtelijk, officieel; **~mann** *m* (*-es*; *"er od. Amtleute*) *hist.* drost.
Amts|anmaßung *f* onbevoegde uitoefening van een openbaar ambt; **~arzt** *m* arts in openbare dienst; **~bezeichnung** *f* ambtstitel; **~diener** *m* bode; **~eid** *m* ambtseed; **~geheimnis** *n* (het) ambtsgeheim; **~gericht** *n* (het) kantongerecht; **~geschäfte** *n/pl.* ambtsbezigheden *pl.*; **2halber** ambtshalve; **~handlung** *f* ambtelijke verrichting; **~mißbrauch** *m* (het) ambtsmisbruik; **2müde** door het ambt vermoeid; **~pflicht** *f* ambtsplicht; **~richter** *m* kantonrechter; **~schimmel** *m* (*-s*; *0*) *fig.* F bureaucratie; **~schreiber** *m jur.* griffier; **~tätigkeit** *f* dienst, functie; **~tracht** *f* ambtskledij; **~weg** *m*: *auf dem ~* langs de officiële weg; **~zimmer** *n* (het) bureau, (het) kantoor.
Amu'lett *n* (*-es*; *-e*) amulet.
amü's|ant (*-est*) amusant; **~ieren** (-) (*sich*) (zich) amuseren.
an 1. *Präp.* (*A, D*) aan; (*zeitlich*) op; (*in der Nähe mst.*) bij; (*Richtung*) naar; *am Sonntag* zondags, op zondag; *am Morgen* op de morgen, 's morgens; *am kommenden Sonntag* (op) de volgende zondag; *am 1.* (*April*) (op) de eerste (april); *am Bahnhof warten* bij het station wachten; *~ die hundert* tegen de honderd; *s. a. am, entlang, vorbei.* **2.** *Adv.* *von heute* (*nun, Anfang*)

van vandaag (nu, het begin) af; *Licht* ~! licht aan!
an- *in Zssgn mst.* aan-.
Anachro'nismus *m* (-; -'*nismen*) (het) anachronisme.
Analo'gie *f* analogie.
An·alpha'bet *m* (-*en*) analfabeet.
Ana'lyse *f* analyse.
Ananas *f* (-; - *od.* -*se*) ananas.
Anar'chie *f* anarchie.
Ana|to'mie *f* anatomie; **ᘔ'tomisch** anatomisch.
an|backen aanbakken; **~bahnen** *fig.* de weg banen voor, voorbereiden; *sich* ~ beginnen; **~bandeln** (-*le*), **~bändeln** (-*le*) verkering krijgen; (*Streit anfangen*) ruzie zoeken.
Anbau *m* (-*ɇs*; *0*) *Landwirtschaft* teelt; *Arch.* (*pl.* -*ten*) (het) bijgebouw, uitbouw; **ᘔen** verbouwen, telen; bijbouwen; **ᘔfähig** geschikt voor de teelt; **~fläche** *f* bebouwde oppervlakte; **~küche** *f* aanbouwkeuken; **~möbel** *n/pl.* combinatiemeubelen *n/pl.*
Anbe|ginn *m* (-*ɇs*; *0*): *seit* (*od. von*) ~ *an* van het begin af; **ᘔhalten** aanhouden.
an'bei hierbij, ingesloten, bijgaand.
an|beißen aanbijten; *Fisch*: bijten; *fig.* F toehappen; **~belangen** betreffen, aangaan; *was mich anbelangt* wat mij betreft; **~bellen** aanblaffen.
anberaumen (-) *Termin* vaststellen, bepalen; *Versammlung* beleggen.
anbet|en aanbidden; *s. a.* Angebetete(r); **ᘔer** *m* aanbidder.
Anbe|tracht: *in* ~ (*G*) met het oog op; **ᘔtreffen** betreffen.
an|betteln bedelen bij; **ᘔbetung** *f* aanbidding.
anbieder|n (-*re*): *sich* ~ *bei* (*D*) aanpappen met; **ᘔung** *f* (het) aanpappen.
an|bieten aanbieden; **~binden** *v/t* vastbinden; *s. a.* angebunden; **~blasen** aanblazen, aanwakkeren; *fig.* F afblaffen.
Anblick *m* aanblik, (het) gezicht; *beim ersten* ~ op het eerste gezicht; **ᘔen** aanzien, aankijken.
an|blinzeln knipogen tegen; **~bohren** aanboren; *fig.* polsen; **~braten** even laten braden; **~brechen** *v/t u. v/i* aanbreken; *s. a.* angebrochen; **~brennen** *v/t* ont-, aansteken; *Zigarre* opsteken; *v/i* (*sn*) ontbranden, ontvlammen; *Essen*: aanbranden; *s. a.* angebrannt; **~bringen** aanbrengen; *Waren* aan de man brengen; *Klage*, *Bitte* indienen; *s. a.* angebracht; **ᘔbruch** *m* (-*ɇs*; *0*): *bei* ~ (*G*) met het aanbreken van; **~brüllen** bulderen tegen; **~brummen** brommen op.
An'chovis *f* (-; -) ansjovis.
An|dacht *f* devotie, aandacht; *Rel.* korte godsdienstoefening; (het) lof; **ᘔdächtig** eerbiedig; (*aufmerksam*) aandachtig.
andauern voortduren, aanhouden; **~d** voortdurend.
Anden *pl.* (het) Andesgebergte.
Andenken *n* (het) souvenir; (het) aandenken, herinnering, (na)gedachtenis; *zum* ~ *an* (*A*) ter herinnering aan; (*bei Toten*) ter nagedachtenis aan; **~laden** *m* souvenirswinkel.
ander ander; *alles* ~*e als* allesbehalve; *unter* ~*em* onder andere (*Abk.* o.a.); *am* ~*en Tag* de volgende dag; *s. a.* ein, eins; **~mal:** *ein* ~ een andere keer; **~(er)seits** aan de andere kant, anderzijds.
ändern (-*re*) veranderen, wijzigen; *Kleidung* vermaken; veranderen van; *ich kann es nicht* ~ ik kan er niets aan doen; *das läßt sich nicht* ~ daar is niets aan te doen; *sich* ~ veranderen.
andern|'falls anders; **~'orts** elders, ergens anders; **~'tags** de volgende dag; **~'teils** anderdeels.
anders anders; *jemand* ~ iem. anders; *es wird noch ganz* ~ *kommen* (*für uns, euch*) er staat (ons, jullie) nog wat te wachten; **~artig** van andere aard; **ᘔdenkende(r)** andersdenkende; **~herum** in de andere richting; ~ *gefragt* anders gevraagd; **~sprachig** anderstalig; **~wo** elders, ergens anders; **~wo'her** van elders; **~wo'hin** ergens anders heen.
andert'halb anderhalf.
Änderung *f* verandering, wijziging; **~s·antrag** *m* (het) amendement.
ander|wärts elders, ergens anders; **~weitig** ander.
andeut|en aanduiden; zinspelen op; **ᘔung** *f* toespeling; aanduiding; (*Vorzeichen*) (het) voorteken; **~ungs·weise** terloops, vluchtig.
an|dichten *j-m A* toedichten, toe-

schrijven; 2**drang** *m* (-*ės*; *0*) aandrang; (*Gedränge a.*) toeloop; **~drehen** aandraaien; F *j-m etw.* ~ iem. iets aansmeren.

androh|en: *j-m etw.* ~ iem. met iets (be)dreigen; 2**ung** *f* bedreiging.

An|druck *m* (-*ės*; -*e*) *Typ.* proefdruk; 2**drücken** aandrukken, aanduwen.

an·eign|en: *sich* ~ zich toeëigenen; (*lernen*) zich eigen maken; 2**ung** *f* toeëigening; (het) zich eigen maken.

an·ei'nander aan elkaar, aaneen; **~fügen** samenvoegen; **~geraten** *fig.* het aan de stok krijgen; **~reihen** aaneenrijgen; *sich* ~ in rijen naast elkaar staan; **~stoßen** botsen; aan elkaar grenzen.

Anek'dote *f* anekdote.

an·ekeln: ... *ekelt mich an* ik walg van.

Ane'mone *f* anemoon.

an|empfehlen aanbevelen; 2**erbieten** *n* (het) aanbod, aanbieding.

an·erkannt erkend; **~er'maßen** zoals algemeen erkend.

an·erkenn|en erkennen; (*loben*) waarderen; **~end** waarderend; **~ens·wert** prijzenswaardig; 2**ung** *f* (*0*) erkenning; waardering.

an·erziehen aankweken.

anfachen aanwakkeren (*a. fig.*).

anfahr|en *v/t* aanrijden; (*bringen*) aanvoeren; *fig.* (*j-n*) uitvallen tegen; *v/i* optrekken; *angefahren kommen* komen aanrijden; 2**t** *f* rit; *Kfz.* oprit, toegangsweg.

Anfall *m* aanval; *fig. a.* vlaag; (*Ertrag*) opbrengst; 2**en** aan-, overvallen; (*entstehen*) optreden, voorkomen.

anfällig (*gegen A*) vatbaar (voor).

Anfang *m* (-*ės*; *"e*) (het) begin, aanvang; *am* ~, *im* ~, *zu* ~ in het begin; ~ *Mai* (*nächster Woche*) begin mei (volgende week); *von* ~ *bis Ende* van het begin tot het einde; *von* ~ *an* van het begin af; 2**en** beginnen, aanvangen; *etw. geschickt* (*schlau*) ~ iets handig (sluw) aanpakken.

Anfänger *m* beginneling, beginner; **~kurs** *m* cursus voor beginnelingen.

anfänglich aanvankelijk.

anfangs aanvankelijk, in het begin.

Anfangs|- *in Zssgn mst.* begin-, *z.B.* **~buchstabe** *m* beginletter; **~gehalt** *n* (het) aanvangssalaris; **~gründe** *m/pl.* beginselen *n/pl.*; **~stadium** *n* (het) beginstadium.

an|fassen (aan-, vast)pakken; (*berühren*) aanraken; *fig.* (*behandeln*) aanpakken; *mit* ~ een handje helpen; **~fauchen** *fig.* F uitvaren tegen; **~faulen** beginnen te rotten; *angefaultes Obst* (het) aangestoken fruit.

anfecht|bar aanvechtbaar, betwistbaar; **~en** bestrijden, betwisten; *jur. Urteil* in beroep gaan tegen; (*beunruhigen*) verontrusten, bekommeren; 2**ung** *f* bestrijding; *fig.* aanvechting; 2**ungs·klage** *f* eis tot vernietiging.

anfeinden (-*e*-) vijandig bejegenen.

anfertig|en vervaardigen, fabriceren; maken; 2**ung** *f* vervaardiging, fabricage; (het) maken.

anfeuchten (-*e*-) bevochtigen.

anfeuer|n aansteken; *fig.* aanvuren; 2**ung** *f fig.* aanvuring.

an|flehen smeken; **~fliegen** *v/t Flughafen* aandoen; 2**flug** *m* (het) aanvliegen; *fig.* (*Hauch*) (het) vleugje, zweem.

anforder|n vorderen, aanvragen; 2**ung** *f* aanvraag; (*Anspruch*) eis; *hohe* ~*en stellen* hoge eisen stellen.

Anfrage *f* (aan)vraag; *Pol.* interpellatie; *auf* ~ op aanvraag; 2**n** informeren, vragen.

an|fressen aanvreten (*a. Phys.*); **~freunden** (-*e*-): *sich* ~ *mit* (*D*) vriendschap sluiten met; **~frieren** vastvriezen; **~fügen** bijvoegen; toevoegen; **~fühlen** (*sich*) aanvoelen (*a. fig.*); 2**fuhr** *f* aanvoer.

anführ|en aanvoeren, leiden; *Beispiel* aanhalen; *Gründe* opgeven; (*narren*) beetnemen, voor de gek houden; *s. a. a.a.O.*; 2**er** *m* aanvoerder, leider; 2**ung** *f* aanvoering; aanhaling; 2**ungs·zeichen** *n/pl* aanhalingstekens *n/pl.*

anfüllen vullen.

Angabe *f* opgave, aangifte; (*Anweisung*) aanwijzing; (*Tennis*) service; F (*Prahlerei*) opschepperij; *genaue* ~*n pl.* precieze gegevens *n/pl*

angaffen F aangapen.

angeb|en *v/t* opgeven; aangeven; *v/i* F (*prahlen*) opscheppen; 2**er** *m* F opschepper; 2**e'rei** *f* F opschepperij.

Angebetete(r) aangebedene.

angeblich *Adj.* zogenaamd, vermeend; *Adv.* naar men zegt.

ange|boren aangeboren; 2**bot** *n* (-*ės*; -*e*) aanbieding; *Hdl.* (het) aan bod, offerte; **~bracht** gepast; **~brannt** aangebrand; **~brochen** *Packung, Flasche*: aangebroken; **~bunden**: *kurz ~* kort aangebonden; **~deihen:** *~ lassen* geven, bieden; **~griffen** moe; *Gesundheit*: verzwakt; **~heiratet** aangetrouwd; **~heitert** aangeschoten.

ngehen *v/i Licht*: aangaan; *Radio*: beginnen te spelen; *Fleisch*: beginnen te bederven; (*leidlich sein*) (nogal) gaan; *v/t* (*betreffen*) aangaan, betreffen; *Feind* aanvallen; *Arbeit* aanvatten; *es geht nicht an, daß ...* het gaat niet aan dat ...; *das geht dich nichts an!* dat gaat je niet aan!; *~ gegen* (*A*) vechten tegen; *j-n ~ um* (*A*) iem. verzoeken om; **~d** aankomend.

ngehör|en (*D*) behoren tot (*od.* bij); *Verein, Partei bsd.* lid zijn van; **²ige(n)** *pl.* nabestaanden *pl.*, verwanten *pl.*; leden *n/pl.*; **²ig·keit** *f* (*0*) (het) behoren bij (*od.* tot); (het) lidmaatschap.

ngeklagte(r) verdachte, beklaagde.

ngel *f* (-; -*n*) hengel; (*Tür²*) (het) scharnier, (het) hengsel.

ngelegen: *sich etw. ~ sein lassen* iets ter harte nemen; **²heit** *f* aangelegenheid, zaak; **~t·lich** dringend, belangstellend; *Adv. a.* met nadruk.

ngel|haken *m* vishaak; **²n** (-*le*) hengelen (*a. fig.*); **~punkt** *m fig.* kern; **~rute** *f* hengel(roede).

ngelsächsisch Angelsaksisch.

nge|messen passend; *~* (*D*) in overeenstemming met; **~nehm** aangenaam, prettig; **~nommen:** *~, daß ...* aangenomen (*od.* gesteld) dat ...

nger *m* (*Wiese*) weide.

nge|regt levendig; **~schlagen** *fig.* gehavend; (*müde*) vermoeid; **~sehen** gezien, geacht.

ngesicht *n* (het) gelaat, (het) gezicht; **²s** (*G*) gezien, met het oog op.

nge|spannt gespannen; **~stammt** overgeërfd, aangeboren; traditioneel.

ngestellt|e(r) bediende, employé; **~en·versicherung** *f* verzekering voor bedienden.

nge|strengt ingespannen; **~tan** aangedaan; **~trunken** aangeschoten; **~wandt** toegepast; **~wiesen** (*auf A*) aangewezen (op); **~wöhnen** *j-m etw.* aanleren, aanwennen; *sich ~* zich aanwennen; **²wohnheit** *f* gewoonte; **~zeigt** raadzaam.

An'gina *f* (-; -*nen*) angina, keelontsteking.

angleichen gelijk maken aan, aanpassen.

Angler *m* hengelaar, visser.

anglieder|n aansluiten bij; opnemen in; annexeren; **²ung** *f* aansluiting, opname, annexatie.

angli'kanisch anglicaans.

An'glist *m* (-*en*) anglist.

anglotzen F met grote ogen aankijken, aanstaren.

An'gorawolle *f* angorawol.

angreif|bar aanvechtbaar; **~en** aangrijpen, aanvatten; *Feind, Meinung* aanvallen; (*unternehmen*) aanpakken; *Kapital* aanspreken; *Med., Chem., Phys.* aantasten; *sich ~ Stoff*: aanvoelen; *s. a. angegriffen*; **²er** *m* aanvaller.

angrenzen (*an A*) grenzen aan; **~d** aangrenzend.

Angriff *m* aanval (*a. fig.*); *etw. in ~ nehmen* iets ter hand nemen, beginnen met iets.

Angriffs|- *in Zssgn mst.* aanvals-, *z.B.* **~fläche** *f* (het) aanvalspunt; *fig.* zwakke plek; **~krieg** *m* aanvalsoorlog; **²lustig** agressief, vechtlustig; **~spieler** *m* aanvaller.

angrinsen aangrijnzen.

Angst *f* (-; ⸗*e*) angst, schrik, vrees; *~ haben* (*bekommen*) *vor* (*D*) bang zijn (worden) voor; *vor ~* van schrik; *in tausend Ängsten schweben* duizend angsten uitstaan; *mir ist ² und bange* ik ben in angst en vreze; **²erfüllt** vol angst, bang; **~gefühl** *n* (het) angstgevoel; **~hase** *m* F bangerd.

ängstigen bang maken; *sich ~ um* (*A*) ongerust zijn over; *sich zu Tode ~ wegen* (*G, D*) zich dodelijk ongerust maken over.

ängstlich bang, angstig; verlegen; *Adv.* angstvallig; **²keit** *f* (*0*) vrees(-achtigheid), angst.

Angstschweiß *m* (het) angstzweet.

an|gucken aankijken; **~haben** aan hebben; *keiner kann ihm etw. ~* niemand kan hem iets maken; **~haften** aankleven (*a. fig.*); **~haken** vast-, aanhaken; *in e-r Liste*: een haakje zetten bij.

Anhalt *m fig.* houvast; **2en** *v/t* aan-, tegenhouden; *Maschine* af-, stilzetten; *Auto* laten stoppen; *Ton* aanhouden; *Atem* inhouden; (*antreiben*) aansporen; *v/i* stoppen, stilhouden; (*dauern*) aanhouden; ~ *um* (*A*) verzoeken om; *um ein Mädchen* ~ de hand van een meisje vragen; **~er** *m*: *per* ~ *fahren* liften; **~s·punkt** *m* (het) aanknopingspunt, houvast.

an'hand (*G, von D*) aan de hand van.

Anhang *m* (het) aanhangsel; (*Gefolgschaft*) aanhang.

anhäng|en *v/t* ophangen, hangen aan; (*hinzufügen*) bijvoegen; *fig.* (*j-m etw.*) aanwrijven; *Last, Arbeit* op de hals schuiven; *Prozeß* aandoen; **2er** *m Pers.* aanhanger; (*Wagen*) aanhangwagen; (*Schmuck*) hanger; **2er·schaft** *f* (*0*) aanhang; **~ig:** ~ *machen* aanhangig maken; **~lich** aanhankelijk; **2sel** *n* (het) aanhangsel.

an|hauchen ademen (*od.* blazen) tegen; **~hauen** *fig.* P lastig vallen.

anhäuf|en (*sich*) (zich) ophopen, (zich) opstapelen; **2ung** *f* ophoping, opstapeling.

an|heben *v/t* opheffen; *Lohn, Preis* verhogen; **~heften** aan-, vasthechten; **~heilen** *v/i* aangroeien.

anheimeln (*-le*) gezellig aandoen; *es heimelt mich hier an* ik voel me hier thuis; **~d** gezellig, knus.

an'heim|fallen ten deel (*od.* te beurt) vallen; **~stellen:** *j-m etw.* ~ iets aan iem. overlaten.

an|heischig: *sich* ~ *machen* zich bereid verklaren, op zich nemen; **~heizen** aansteken; *fig.* aanwakkeren; **~heuern** aanmonsteren.

Anhieb: *auf* ~ van het begin af, meteen.

anhimmeln (*-le*) F dwepen met.

Anhöhe *f* hoogte, heuvel.

anhören (*sich*) luisteren naar, aanhoren; *das hört sich gut an* dat klinkt goed; *j-m etw.* ~ iets aan iem. horen.

ani'mier|en (-) animeren; **2mädchen** *n* (het) animeermeisje.

Anislikör [ɑ·'niːs-] *m* anijslikeur.

an|jagen: *angejagt kommen* komen aanjagen; **~kämpfen** (*gegen A*) strijden (*od.* vechten) tegen.

Ankauf *m* aankoop; **2en** aankopen; *sich* ~ grond (aan)kopen.

Anker *m* (het) anker; *vor* ~ *gehen* voor anker gaan.

Anker|- *in Zssgn mst.* anker-, *z.B.* **~gebühr** *f*, **~geld** *n* (het) havenankergeld; **~kette** *f* ankerketting; **2n** (*-re*) ankeren; **~platz** *m* ankerplaats; **~uhr** *f* (het) ankerhorloge.

an|ketten ketenen, aan de ketting leggen; **~kitten** (vast)kitten.

Anklage *f* aanklacht, beschuldiging; *unter* ~ *stellen* in staat van beschuldiging stellen; *unter* ~ *stehen* beschuldigd zijn; **~bank** *f* (-; **=e**) beklaagdenbank; **2n** aanklagen, beschuldigen.

Ankläger *m* aanklager.

Anklage|rede *f* (het) requisitoir; **~schrift** *f* akte van beschuldiging.

anklammern vasthechten; *sich* ~ zich vastklampen (*a. fig.*).

Anklang *m* (*Ähnlichkeit*) herinnering, reminiscentie; (*Beifall*) weerklank; ~ *finden* weerklank vinden.

ankleben *v/t* aanplakken; *v/i* vastplakken.

Ankleide|kabine *f* (het) kleedhokje; **2n** (aan)kleden; **~zimmer** *n* kleedkamer.

an|klingeln *Tel.* opbellen; **~klingen** *fig.* doorklinken; **~klopfen** aankloppen (*a. fig.*); **~knipsen** *Licht* aandoen; **~knöpfen** (vast)knopen.

anknüpf|en aanknopen (*a. fig.*); **2ungs·punkt** *m* (het) aanknopingspunt.

ankommen aankomen; (*Erfolg haben*) succes hebben; *es kommt auf* (*A*) *an* het komt op ... aan; *darauf kommt er bei mir nicht an* daarmee hoeft hij bij mij niet aan te komen; *ich will es darauf* ~ *lassen* ik zal het erop laten aankomen; *nicht* ~ *gegen* (*A*) niet opkunnen tegen.

Ankömmling *m* (*-s; -e*) nieuweling, nieuw-aangekomene.

an|koppeln aankoppelen; **~kotzen** V *fig.*: *das kotzt mich an* ik kots ervan; **~kreiden** (*-e-*) *fig.* (*j-m etw.*) kwalijk nemen; **~kreuzen** een kruisje zetten bij.

ankündig|en aankondigen; **2ung** *f* aankondiging.

Ankunft *f* (*0*) aankomst; **~s·tag** *m* dag van aankomst.

an|kurbeln aanzwengelen (*a. fig.*); **~lächeln** glimlachen tegen; **~**

lachen: *sich ein Mädchen* ~ F een meisje aan de haak slaan.
Anlage *f* (*das Anlegen*) aanleg; (*Geld*2) belegging; (*Gebautes*) (het) complex, installatie; (*Park*) (het) plantsoen; (*Plan*) (het) ontwerp; (*Beilage*) bijlage; (*Befähigung, a. Med.*) aanleg; **~kapital** *n* (het) belegd kapitaal; **~papiere** *n/pl.* beleggingsfondsen *n/pl.*
an|landen *v/t* aan land brengen; *v/i* aanlanden; **~langen** *v/t* betreffen, aangaan; *v/i* (*sn*) aankomen.
Anlaß *m* (*-sses; ¨sse*) aanleiding; gelegenheid; *aus* ~ (*G*) naar aanleiding van; *ohne allen* ~ zonder enige aanleiding.
anlass|en aanlaten; *Motor* starten, aanzetten; *sich* ~ beginnen; *die Sache läßt sich gut an* dat belooft veel; 2**er** *m* starter; *El.* aanzetweerstand.
anläßlich (*G*) naar aanleiding van (*Abk.* n.a.v.).
anlatschen V: *angelatscht kommen* komen aansloffen.
Anlauf *m* aanloop (*a. fig.*); 2**en** *v/i Metall*: aanlopen; *Glas*: beslaan; (*beginnen*) beginnen; ~ *lassen Motor* starten, aanzetten; ~ *gegen* (*A*) *fig.* stormlopen tegen, aanvallen; *v/t Hafen* aanlopen, aandoen.
Anlaut *m* (het) begin van een woord; 2**en** beginnen.
Anlege|brücke *f* aanlegsteiger; 2**n** *v/t u. v/i* aanleggen; *Geld* beleggen; *Kleidung* aandoen; (*entwerfen*) ontwerpen, opzetten; *Holz* op het vuur leggen; *Hund* vastleggen; *es* ~ *auf* (*A*) het aanleggen op; *sich* ~ *mit* (*D*) ruzie krijgen met; *groß angelegt* groots opgezet; **~stelle** *f* aanlegplaats.
anlehn|en aanleunen, zetten tegen; *Tür* op een kier laten staan; *sich* ~ *an* (*A*) aanleunen tegen; (*an ein Vorbild*) aansluiten bij; 2**ung** *f* (*Hilfe*) bescherming; *in* ~ *an* (*A*) in aansluiting op, in navolging van.
Anleihe *f* lening.
anleimen aan-, vastlijmen.
anleit|en leren, instrueren; 2**ung** *f* instructie; leiding; handleiding.
anlern|en opleiden, aanleren; 2**zeit** *f* opleidingstijd.
anliefern leveren.
anlieg|en (*beigefügt sein*) bijgaan; *Kleidung*: zitten; ~ *an* (*D*) grenzen aan, liggen aan; *es liegt mir viel daran* ik hecht er veel belang aan; 2**en** *n* (het) verzoek; 2**er** *m* aanwonende.
an|locken aanlokken; **~löten** solderen; **~lügen** voorliegen; **~machen** aanmaken; *Licht* aandoen; *Gerät* aanzetten; (*befestigen*) vastmaken; **~malen** schilderen, verven; *sich* ~ zich opmaken.
Anmarsch *m* (*-es; 0*) opmars; *im* ~ *sein* in aantocht zijn; 2**ieren** opmarcheren, aanrukken; **~weg** *m* opmarsweg.
anmaß|en: *sich etw.* ~ zich iets aanmatigen; **~end** aanmatigend; 2**ung** *f* aanmatiging.
Anmelde|formular *n* (het) aanmeldingsformulier; **~frist** *f* aanmeldingstermijn; **~gebühr** *f* inschrijfkosten *pl.*; 2**n** (*sich*) (zich) aanmelden; *Tel.* aanvragen; **~pflicht** *f* (*0*) aanmeldingsplicht; **~schluß** *m* (het) einde van de aanmeldingstermijn.
Anmeldung *f* aanmelding.
anmerk|en opmerken; noteren, aantekenen; *j-m etw.* ~ iets aan iem. zien; *sich nichts* ~ *lassen* niets laten merken; 2**ung** *f* opmerking, aantekening; voetnoot.
an|messen aanmeten, de maat nemen; *s. a. angemessen*; **~mustern** aanmonsteren.
Anmut *f* (*0*) bekoorlijkheid, lieftalligheid; 2**en** (*-e-*) aandoen, een indruk maken op; 2**ig** bekoorlijk, lieftallig.
an|nageln aanspijkeren, vastnagelen; **~nähen** aannaaien.
annäher|n (be)naderen; *sich* ~ elkaar naderen (*a. fig.*); **~nd** bij benadering; 2**ung** *f* toenadering; 2**ungs·politik** *f* toenaderingspolitiek.
Annahme *f* aanvaarding, aanneming; (*Vermutung*) veronderstelling; **~stelle** *f* (het) ontvangkantoor; **~verweigerung** *f* weigering van ontvangst, non-acceptatie.
annehm|bar aannemelijk, aanvaardbaar; **~en** aannemen, aanvaarden; (*voraussetzen*) aannemen, veronderstellen; *Wechsel* accepteren; *sich* ~ (*G*) zich het lot aantrekken van; 2**lichkeit** *f* (het) gemak, (het) genoegen.
annek'tieren (-) annexeren.
Anno: ~ *dazumal* F in het jaar nul.

Annon|ce [aˈnɔŋsə] *f* advertentie; **2ˈcieren** (-) adverteren.
Annuiˈtät *f* annuïteit.
annulˈlier|en (-) annuleren; **2ungs-gebühr** *f* annuleringsboete.
Aˈnode *f* anode.
an·öden (-*e*-) F vervelen.
anomal abnormaal, afwijkend.
anoˈnym anoniem; **2iˈtät** *f* (*0*) anonimiteit.
Anorak *m* (-*s*; -*s*) anorak.
an·ordn|en regelen, ordenen, schikken; (*befehlen*) bevelen, bepalen, verordenen; **2ung** *f* regeling, schikking; bepaling, (het) voorschrift, verordening; *in alphabetischer* ~ in alfabetische volgorde; *auf* ~ (*G*) op last van.
anormal abnormaal.
anpacken aanpakken (*a. fig.*).
anpass|en aanpassen; *Tech.* adjusteren, afstellen; *sich* ~ (*D*) zich aanpassen aan, zich schikken naar; **~ungs·fähig** in staat zich aan te passen; **2ungs·fähigkeit** *f*, **2ungs-vermögen** *n* (het) aanpassingsvermogen.
an|peilen peilen; **~pfeifen:** *das Spiel* ~ het aanvangssignaal geven voor de wedstrijd; *fig.* (*j-n*) uitkafferen; **2pfiff** *m Sp.* (het) aanvangssignaal; *fig.* uitbrander; **~pflanzen** aanplanten; **~pinseln** schilderen, penselen; **~pöbeln** (-*le*) lastig vallen; **~pochen** aankloppen.
Anprall *m* (-*s*; *0*) botsing, schok; **2en** (*an A*) botsen (tegen), stuiten (tegen).
an|prangern (-*re*) aan de kaak stellen; **~preisen** aanprijzen; **~pressen** aandrukken.
Anprob|e *f* (het) passen; **~e·raum** *m* paskamer; **2ieren** passen.
an|pumpen F lenen van; **2rainer** *m* = *Anlieger*; **~raten** aanraden; **~rechnen** aanrekenen (*a. fig.*), berekenen; **2recht** *n* (het) recht; aanspraak.
Anrede *f* aanspreking; aanspreekvorm; **2n** aanspreken.
anreg|en (*vorschlagen*) voorstellen, suggereren; (*beleben*) opwekken, stimuleren; *zum Nachdenken* ~ tot nadenken brengen; *s.a. angeregt*; **~end** opwekkend, animerend, stimulerend; **2ung** *f* (het) voorstel, suggestie, aansporing; opwekking, stimulering; **2ungs·mittel** *n* (het) opwekkend (*od.* stimulerend) middel.
an|reichern (-*re*) verrijken (*a. fig.*); **~reihen** aanrijgen; *sich* ~ (*anstehen*) in de rij gaan staan.
Anreise *f* aankomst; **2n**, *angereist kommen* aankomen; **~tag** *m* dag van aankomst.
anreißen (in)scheuren; *Vorrat, Summe* aanbreken.
Anreiz *m* stimulans, prikkel; **2en** opwekken, prikkelen, stimuleren.
an|rempeln opzettelijk aanbotsen tegen; *fig.* ruzie zoeken met; **~rennen:** *angerannt kommen* komen aanrennen; ~ *gegen* (*A*) *fig.* stormlopen tegen.
Anrichte *f* aanrecht; **2n** bereiden, klaarmaken; *Tisch* dekken; *fig.* (*verursachen*) aanrichten; *da hast du was Schönes angerichtet!* daar heb je wat moois uitgehaald!
an|rollen *v/i* aanrollen, aanrijden; beginnen te rollen (*od.* rijden); **~rüchig** berucht; (*nicht einwandfrei*) bedenkelijk; **~rücken** *v/t* bijschuiven; *v/i* aanrukken.
Anruf *m* (het) aanroepen, aanroeping; *Tel.* (het) telefoontje; **2en** aanroepen; *Tel.* opbellen; *j-n um Hilfe* ~ iemands hulp inroepen; **~ung** *f* aan-, inroeping.
anrühren aanraken; (*mischen*) mengen, aanmaken.
ans = *an das*.
Ansage *f* aankondiging; **2n** aankondigen; (*anmelden a.*) aanzeggen; *Rf.* omroepen; **~r(in** *f*) *m* omroeper *m*, omroepster *f*.
ansamm|eln verzamelen, ophopen; *sich* ~ zich verzamelen, zich ophopen; *Menschen*: samenscholen; **2lung** *f* verzameling, opeenhoping, samenscholing.
ansässig woonachtig, gevestigd.
Ansatz *m* (het) aanzetten; (het) begin; (*Zusatzstück*) (het) aanzet-, verlengstuk; (*Preis2*) bepaling; *Mus.* inzet; (*Rechenaufgabe*) opzet; (*Angesetztes*) (het) aanzetsel, (het) bezinksel; *in den Ansätzen stecken bleiben* niet verder komen dan het begin; *erste Ansätze zu* (*D*) eerste stappen in richting; **~punkt** *m* (het) uitgangspunt.
an|saufen V: *sich e-n* ~ zich bezuipen; **~saugen** aanzuigen; *sich* ~ zich vastzuigen.

anschaff|en (*sich*) (zich) aanschaffen; **2ung** *f* aanschaffing; **2ungskosten** *pl.* aanschaffingskosten *pl.*, kostende prijs.

anschalten *Motor* aanzetten; *El.* aandoen; (*verbinden*) aansluiten.

anschau|en aankijken, aanschouwen; *sich etw.* ~ iets bekijken; **~lich** aanschouwelijk; **2ung** *f* aanschouwing; opvatting, mening; **2ungsunterricht** *m* (-*ęs*; *0*) (het) aanschouwelijk onderwijs.

Anschein *m* (-*ęs*; *0*) schijn; *den* ~ *haben* er de schijn van hebben; *allem* ~ *nach* naar alle schijn, schijnbaar; **2end** blijkbaar.

an|schicken: *sich* ~ zich klaarmaken, aanstalten maken; **~schieben** duwen; **~schielen** scheel aankijken, begluren; **~schießen** aanschieten; *Gewehr* inschieten; **2schiß** *m* V uitbrander.

Anschlag *m* aanslag; (*Plakat*) affiche, (het) aanplakbiljet; (*Mitteilung*) mededeling; (*der Uhr*) slag; (*Schätzung*) raming; *ein* ~ *auf* (*A*) een aanslag op; *das Gewehr im* ~ het geweer in de aanslag; **2en** *v/t u. v/i* aanslaan; aanplakken; beschadigen; *fig.* meedelen; (*schätzen*) aanslaan, schatten; *Gewehr* aanleggen; *Glocke*: beginnen te slaan; *Arznei*: werken, helpen; *s. a. angeschlagen*; **~säule** *f* reclame-, aanplakzuil.

anschleichen: *sich* ~ aansluipen; *angeschlichen kommen* komen aansluipen.

anschließen *v/t* aansluiten; (*befestigen a.*) vastmaken; *sich* ~ (*folgen*) aansluiten, op elkaar volgen; *sich* ~ (*D*) zich aansluiten bij; *v/i Kleidung*: sluiten; **~d** (direct) daarna.

Anschluß *m* aansluiting; *Tel.* verbinding; *im* ~ *an* (*A*) in aansluiting op; *fig.* ~ *finden* (*suchen*) contact krijgen (zoeken); **~dose** *f* contactdoos; **~stelle** *f* oprit; **~zug** *m* aansluitende trein.

anschmieg|en: *sich* ~ *an* (*A*) zich vlijen tegen; **~sam** aanhalig.

anschmieren (aan-, be)smeren; F (*j-n*) bedotten.

anschnall|en (*sich*) (zich) vastgespen; **2gurt** *m* veiligheidsgordel.

an|schnauzen (-*t*) F uitkafferen; **~schneiden** aansnijden (*a. fig.*); **2schnitt** *m* (het) eerst afgesneden stuk; (*Schnittfläche*) (het) snijvlak.

An'schovis *f* (-; -) ansjovis.

an|schrauben aanschroeven; **~schreiben** *etw.* opschrijven; *j-n* aanschrijven; *gut angeschrieben sein* goed aangeschreven staan; **~schreien** schreeuwen tegen; **2schrift** *f* (het) adres.

anschuldig|en beschuldigen, betichten; **2ung** *f* beschuldiging.

an|schüren aanwakkeren (*a. fig.*); **~schwärmen** *j-n* dwepen met; **~schwärzen** zwart maken (*a. fig.*); **~schweißen** (aan)lassen; **~schwellen** (aan-, op)zwellen; **~schwemmen** aanspoelen; **~schwindeln** bedriegen; **~segeln** aanzeilen.

ansehen aanzien, aankijken, bekijken; *j-m A* aanzien; *etw. mit* ~ bij iets toekijken; ~ *als* (*für A*) aanzien als (voor); *sich* ~ (*A*) bekijken; **2** *n* (-*s*; *0*) (het) aanzien; (*Aussehen*) (het) uiterlijk; *in hohem* ~ *stehen* hoog in aanzien zijn; *ohne* ~ *der Person* zonder aanzien des persoons.

ansehnlich statig, imponerend; (*bedeutend*) aanzienlijk.

Ansehung *f* (*0*): *in* ~ (*G*) met het oog op.

anseilen (*sich*) (zich) vastbinden.

ansetzen *v/t* aanzetten; (*annähen*) aannaaien; *Preis, Termin* bepalen, vaststellen; (*veranschlagen*) ramen; *Bowle* maken; *Fett* ~ vet worden; *sich* ~ zich aanzetten; *v/i* aanzetten (*a. Sp.*), beginnen; *Pflanze*: vrucht zetten; *dreimal* ~ driemaal proberen.

Ansicht *f* (het) gezicht; (*Meinung*) mening, opvatting; *zur* ~ op zicht; *meiner* ~ *nach* naar mijn mening; **2ig:** ~ *werden* (*G*) in het oog krijgen.

Ansichts|karte *f* prentbriefkaart, ansichtkaart; **~sache** *f*: *das ist* ~ daarover kan men van mening verschillen; **~sendung** *f* zichtzending, zending op zicht.

ansied|eln (*sich*) (zich) vestigen; **2ler** *m* kolonist; **2lung** *f* vestiging; (*Siedlung a.*) nederzetting, kolonie.

Ansinnen *n* eis.

anspann|en inspannen (*a. fig.*); *s. a. angespannt*; **2ung** *f* inspanning.

anspeien bespuwen.

anspiel|en *v/t Sp.* de bal spelen naar; *v/i Kartenspiel* uitkomen; ~

auf (*A*) zinspelen op; **≈ung** *f* zin-, toespeling.
an|spinnen aanknopen; *sich* ~ ontstaan; **~spitzen** slijpen.
Ansporn *m* (*-es*; *0*) aansporing; **≈en** aansporen (*a. fig.*).
Ansprache *f* toespraak; (*Unterhaltung*) aanspraak.
ansprechen aanspreken (*a. fig.*); (*gefallen a.*) bevallen; ~ *auf* (*A*) reageren op; ~ *als* beschouwen als; **~d** innemend, aantrekkelijk.
an|sprengen: *angesprengt kommen* komen aangalopperen; **~springen** aanspringen; *Motor*: aanslaan; **~spritzen** besprenkelen.
Anspruch *m* aanspraak; (*Forderung*) eis; ~ *haben* (*erheben*) *auf* (*A*) aanspraak hebben (maken) op; *in* ~ *nehmen* in beslag nemen; *Ansprüche stellen* eisen stellen; **≈s·los** (*-est*) bescheiden, zonder pretenties; **≈s·voll** veeleisend.
an|spucken bespuwen; **~spülen** aanspoelen; **~stacheln** prikkelen, aanzetten.
Anstalt *f* inrichting, (het) instituut, instelling; (*keine*) *~en machen* (geen) aanstalten maken; **~s·erziehung** *f* (*0*) opvoeding in een inrichting; **~s·leiter** *m* (het) hoofd van de inrichting.
Anstand *m* (*-es*; *0*) (het) fatsoen, betamelijkheid; *Jagdwesen* (*pl.* ¨*e*) standplaats.
anständig fatsoenlijk; (*gut bsd.*) behoorlijk; **≈keit** *f* (*0*) (het) fatsoen.
Anstands|besuch *m* (het) beleefdheidsbezoek; **~dame** *f* chaperonne; **≈halber** fatsoenshalve; **≈los** (*0*) zonder bezwaar; **~regeln** *f/pl.* regels *pl.* van het fatsoen.
anstarren aanstaren.
an'statt (*G*; *zu* + *Inf.*) in plaats van.
an|stauen opstuwen; *sich* ~ zich ophopen; **~staunen** verwonderd aankijken; **~stechen** aansteken.
Ansteck|blume *f* corsage; **≈en** aansteken; (*befestigen a.*) vaststeken; *Med.* besmetten; *sich* ~ zich besmetten; **≈end** besmettelijk; **~nadel** *f* sierspeld; **~ung** *f* besmetting; **~ungs·gefahr** *f* (het) besmettingsgevaar.
an|stehen in de rij staan (*nach* [*D*] voor); **~steigen** stijgen (*a. fig.*).
anstell|en aanstellen; (*in Dienst nehmen a.*) benoemen, in dienst nemen; *Gerät* aanzetten; (*machen, tun*) doen; *Untersuchung* instellen; *was hat er angestellt?* wat heeft hij uitgehaald?; *sich* (*dumm*) ~ zich (dom) houden; *sich* ~ (*sich zieren*) zich aanstellen; *sich* ~ *nach* (*D*) in de rij gaan staan voor; **~ig** geschikt, bekwaam; **≈ung** *f* aanstelling, benoeming; (*Posten*) betrekking, plaats.
ansteuern aansturen (op).
An|stich *m* (het) aansteken; **~stieg** *m* (*-es*; *-e*) stijging.
anstift|en *etw.* uithalen; *Verschwörung* smeden; *j-n* aanstichten; **≈er** *m* aanstichter, aanstoker; **≈ung** *f* aanstichting, uitlokking.
anstimmen aanheffen.
Anstoß *m* stoot; *Sp.* aftrap; (*Anregung*) suggestie, aansporing; (*Ärgernis*) aanstoot; *Stein des ~es* steen des aanstoots; ~ *erregen* aanstoot geven; ~ *nehmen an* (*D*) zich ergeren aan; *den* ~ *geben zu* (*D*) de stoot geven tot (*od.* aan); **≈en** stoten tegen, aanstoten; grenzen aan; *Sp.* aftrappen; ~ *auf* (*A*) klinken op; *mit der Zunge* ~ lispelen.
an|stößig ergerlijk, aanstotelijk; **~strahlen** verlichten, bestralen; **~streben** streven naar.
anstreich|en schilderen, verven; *im Text*: aanstrepen; **≈er** *m* schilder.
anstreng|en inspannen; *Klage* indienen; *Prozeß* aandoen; *sich* ~ zich inspannen; **~end** vermoeiend; **≈ung** *f* inspanning.
An|strich *m* verf; *fig.* schijn, tint; **≈strömen** aan-, toestromen; **≈stücke(l)n** een stuk aanzetten; **~sturm** *m* (*-es*; *0*) stormloop (*a. fig.*); **≈stürmen** aanstormen; **≈suchen** ~ *um* (*A*) verzoeken om; **≈tanzen** ~ *bei* (*D*) opdraven bij.
ant'arktisch (*0*) antarctisch.
antasten aantasten.
Anteil *m* (het) aandeel; (*Mitgefühl*) deelneming, belangstelling; ~ *nehmen an* (*D*) deelnemen in; **≈ig** evenredig; **~nahme** *f* (*0*) deelneming.
antelefonieren opbellen.
An'tenne *f* antenne; **~n·mast** antennemast.
Anthra'zit *m* (*-s*; *-e*) antraciet.
anti-, Anti- *in Zssgn* anti-.
Anti|babypille *f* anti-babypil; **~biotikum** [-'bĭo:-] *n* (*-s*; *-ka*) (het) antibioticum.

an'tik antiek; **≈e** *f* (*0*) klassieke oudheid.
Antikörper *m* (het) antilichaam.
Anti'lope *f* antilope.
Anti'mon *n* (-*s*; *0*) (het) antimonium.
Anti|pa'thie *f* antipathie; **~'pode** *m* (-*n*) antipode.
antippen aantikken; *fig.* aanstippen.
An'tiqua *f* (*0*) antiqua, gewone (*od.* Latijnse) letter.
Antiquar [-'kvaːʁ] *m* (-*s*; -*e*) antiquaar; **~iat** [-'ʀĭaːt] *n* (-*es*; -*e*) (het) antiquariaat; **≈isch** (*0*) antiquarisch.
antiquiert [-'kviːʁt] (-*est*) verouderd.
Antiqui'tät *f* antiquiteit; **~en·händler** *m* antiquair; **~en·laden** *m* antiquair.
Anti|semi'tismus *m* (-; *0*) (het) antisemitisme; **≈'septisch** antiseptisch.
Antlitz *n* (-*es*; -*e*) (het) gelaat.
Antrag *m* (-*es*; ⸚*e*) (het) verzoek, aanvraag; (*Vorschlag*) (het) voorstel; *Pol.* motie; (*Heirats≈*) (het) (huwelijks)aanzoek; *e-n ~ stellen* (*auf A*) een voorstel doen (tot); een verzoek indienen (tot); **≈en** *j-m A* aanbieden, voorstellen; **~steller** *m* voorsteller; aanvrager.
an|trauen ten huwelijk geven; trouwen; **~treffen** aantreffen; **~treiben** aandrijven (*a. fig.*); **~treten** *v/i* (*sn*) aantreden; *v/t* aanvaarden; *Reise a.* beginnen; *Beweis* leveren; *Motorrad* aantrappen.
Antrieb *m Tech.* aandrijving; *fig.* aansporing, opwekking; *aus eigenem ~* uit eigen beweging; **~s·welle** *f* (aan)drijfas.
antrinken: *sich e-n ~* zich bedrinken; *s. a. angetrunken.*
Antritt *m* (-*es*; *0*) (het) aantreden; aanvaarding, (het) begin; (*Amts≈*) ambtsaanvaarding; **~s·besuch** *m* (het) eerste bezoek; **~s·vorlesung** *f* inaugurale rede.
antun aandoen; *es j-m ~* iem. betoveren; *Ehre* bewijzen; *sich etw. ~* zich iets aandoen; *es ist nicht gerade danach angetan* dat is nu niet bepaald geschikt; *s. a. angetan.*
Ant'werper Antwerps; *Su. m* Antwerpenaar.
Antwort *f* (het) antwoord; *um ~ wird gebeten* verzoeke antwoord; **≈en** (-*e*-) antwoorden; **~schein** *m* antwoordcoupon; **~schreiben** *n* (het) (schriftelijk) antwoord.
anvertrauen toevertrouwen; *sich j-m ~* iem. in vertrouwen nemen; (*in Obhut*) zich toevertrouwen aan iem.
anvisieren mikken op (*a. fig.*).
anwachsen aangroeien (*a. fig.*).
An|walt *m* (-*es*; ⸚*e*) advocaat; (*Bevollmächtigter*) gevolmachtigde; *fig.* pleitbezorger, voorvechter; **~wältin** *f* advocate; **~waltschaft** *f* advocatuur, balie.
anwand|eln overkomen, bekruipen; **≈lung** *f* bevlieging, vlaag.
an|wärmen (even) verwarmen; **≈wärter** *m* aspirant, kandidaat; (*auf den Thron*) pretendent; **~wehen** aan-, toewaaien.
anweis|en bevelen, opdragen; (*belehren*) instrueren, onderwijzen; (*zeigen*) aanwijzen; *Geld* overmaken; *s. a. angewiesen*; **≈ung** *f* opdracht; instructie; *Hdl.* cheque, postwissel; order tot uitbetaling.
anwend|bar bruikbaar, van toepassing; **~en** aanwenden, gebruiken; (*zur Wirkung bringen bsd.*) toepassen; *s. a. angewandt*; **≈ung** *f* (het) gebruik, aanwending; toepassing; **≈ungs·möglichkeit** *f* toepassingsmogelijkheid.
anwerb|en aanwerven, in dienst nemen; **≈ung** *f* aanwerving.
Anwesen *n* (het) groot huis; (*auf dem Land*) (het) erf, (het) goed; **≈d** (*0*) aanwezig, tegenwoordig; **~heit** *f* (*0*) aanwezigheid, tegenwoordigheid; **~heits·liste** *f* presentielijst.
anwidern (-*re*) = *anekeln.*
Anwohner *m* buur; (*Anlieger*) aanwonende.
An|wuchs *m* (-*es*; ⸚*e*) aanwas; **~wurf** *m Sp.* eerste worp; *fig.* verdachtmaking; **≈wurzeln:** *wie angewurzelt dastehen* als vastgenageld staan.
Anzahl *f* (*0*) (het) aantal; **≈en** een gedeelte vooruitbetalen; **~ung** *f* aanbetaling, (het) voorschot.
anzapfen *Faß* aansteken; *Baum* aftappen; *fig.* F lenen van.
Anzeich|en *n* (het) teken; (*Ankündigung bsd.*) (het) voorteken; **≈nen** noteren, aantekenen.
Anzeige *f* kennisgeving, mededeling; (*Zeitungs≈*) advertentie; (*bei der Polizei*) aangifte; (*im Verkehr*) be-

keuring, (het) proces-verbaal; ~ *erstatten* aangifte doen; 2**n** kennis geven van, aankondigen; adverteren; (*zeigen*) aanwijzen; *j-n* aangeven; *s. a. angezeigt*; **~n·blatt** *n* (het) advertentieblad; **~n·teil** *m* advertentiepagina's *pl.*; **~pflicht** *f* aangifteplicht; **~r** *m Tech.* aanwijzer; *Pers.* aangever, aanbrenger; (*Zeitung*) (het) dagblad.
anzetteln (*-le*) *fig.* op touw zetten.
anzieh|en *v/t* aantrekken (*a. fig.*); *Wasser* opnemen; *Schraube* aandraaien; *sich* ~ zich aankleden; *v/i* zich in beweging zetten; (*steigen*) stijgen; *Spiel*: beginnen; **~end** aantrekkelijk, bekoorlijk; 2**ung** *f* aantrekking; (*Anführung*) aanhaling; 2**ungs·kraft** *f* aantrekkingskracht.
Anzug *m* (het) kostuum, (het) pak; (*Anrücken*) aantocht, nadering; *Spiel*: eerste zet; *im ~ sein* in aantocht zijn, op komst zijn.
anzüglich hatelijk, stekelig; 2**keit** *f* hatelijkheid.
anzünd|en aansteken, in brand steken; 2**er** *m* aansteker.
anzweifeln betwijfelen.
AOK *f Abk. für Allgemeine Ortskrankenkasse* (het) ziekenfonds.
a'part (*-est*) bijzonder, apart.
Apartment [ə'pɑːʁtmənt] *n* (*-s*; *-s*) kleine flat, (het) (klein) appartement.
a'pathisch apathisch.
Apen'ninen *pl.* Apennijnen *pl.*
Aperi'tif *m* (*-s*; *-s*) (het) aperitief.
Apfel *m* (*-s*; ¨) appel; *in den sauren ~ beißen* door de zure appel heenbijten.
Apfel|- *in Zssgn mst.* appel-, *z.B.* **~baum** *m* appelboom.
Äpfelchen *n* (het) appeltje.
Apfel|kuchen *m* appeltaart; **~mus** *n* appelmoes; **~saft** *m* (het) appelsap.
Apfel'sine *f* sinaasappel.
Apfel|strudel *m* (het) appelgebak; **~wein** *m* appelwijn, cider.
apo|ka'lyptisch apocalyptisch; **~'kryph** apocrief; 2**lo'gie** *f* apologie.
A'postel *m* apostel; **~geschichte** *f* Handelingen *pl.* der Apostelen.
Apo'stroph *m* (*-s*; *-e*) apostrof.
Apo'theke *f* apotheek; **~r** *m* apotheker.
Appa'ra|t *m* (*-ẹs*; *-e*) (het) apparaat; **~'tur** *f* apparatuur.
Appartement [apaʁt(ə)'mɑ̃ː] *n* (*-s*; *-s*) flat, (het) appartement.
Ap'pell *m* (*-s*; *-e*) (het) appel; ~ *an* (*A*) (het) beroep op; **~a'tions·gericht** *n* (het) hof van appel; 2**ieren** [-'liː-] (-): ~ *an* (*A*) een beroep doen op.
Appe'tit *m* (*-ẹs*; *-e*) eetlust, trek; *guten ~!* smakelijk (eten)!; ~ *haben* (*auf A*) trek hebben (in); 2**anregend** eetlustopwekkend; 2**lich** smakelijk, lekker, appetijtelijk; **~losigkeit** *f* (*0*) (het) gebrek aan eetlust.
applau'dieren (-) applaudisseren.
Ap'plaus *m* (*-es*; *0*) (het) applaus.
appre'tieren (-) appreteren.
appro'biert erkend.
Après-Ski [a'prɛːʃiː] *n* (-; *0*) après-ski.
Apri'kose *f* abrikoos.
A'pril *m* (-[*s*]; *-e*): *der* ~ april; *j-n in den ~ schicken* iem. op één april voor de gek houden; **~scherz** *m* aprilmop.
Aqua'rell *n* (*-s*; *-e*) aquarel.
A'quarium [-ʀĭum] *n* (*-s*; *Aquarien*) (het) aquarium.
Ä'quator *m* (*-s*; *0*) evenaar.
äquiva'lent [-kviˑ-] (*0*) equivalent.
Ar *n* (*selten m*) (*-s*; *-e*; *nach Zahlen unverändert*) are.
Ära *f* (-; *Ären*) (het) tijdperk, era.
Araber(in *f*) *m* Arabier *m*, Arabische *f*.
A'rab|ien [-bĭən] *n* Arabië *n*; 2**isch** Arabisch.
Arbeit *f* (het) werk, arbeid; (*Aufgabe*) taak; *viel ~ kosten* veel moeite kosten; ~ *finden* werk vinden; *an die ~ gehen* aan het werk gaan; *in ~ geben* brengen om te laten maken; *in ~ sein* in de maak zijn; *in ~ haben* onder handen hebben; *in ~ nehmen etw.* onder handen nemen; *Pers.* in dienst nemen; *zur ~ gehen* naar zijn werk gaan.
arbeiten (*-e-*) *v/i* werken; *v/t* maken; *mit e-r Firma ~* zaken doen met een firma; *sich ~*: *es arbeitet sich* (*gut* ...) het is (goed ...) werken.
Arbeiter *m* arbeider, werkman.
Arbeiter|- *in Zssgn mst.* arbeiders-, *z.B.* **~bewegung** *f* arbeidersbeweging; **~in** *f* arbeidster; *Zool.* werkbij; **~klasse** *f* arbeidersklasse; **~schaft** *f* (*0*) arbeiders *pl.*
Arbeitgeber *m* werkgever; **~verband** *m* werkgeversorganisatie.

Arbeit|nehmer *m* werknemer; **2-sam** werkzaam.
Arbeits|- *in Zssgn mst.* werk-, arbeids-, *z.B.* **~amt** *n* (het) arbeidsbureau; **~anzug** *m* (het) werkpak; **~aufwand** *m* (het) werk; **~beschaffung** *f* werkverschaffing; **~biene** *f* werkbij; **~dienst** *m* arbeidsdienst; **~einstellung** *f* werkstaking; **~erlaubnis** *f* werkvergunning; **2fähig** in staat tot werken; **~gang** *m* (het) onderdeel van het werk; *in e-m ~* in één moeite; **~gebiet** *n* (het) werkgebied; **~gericht** *n* rechtbank voor arbeidszaken; **~kollege** *m* collega; **~kraft** *f* werk-, arbeidskracht (*a. Pers.*); **~kräftemangel** *m* (het) tekort aan werkkrachten.
rbeitslos (*0*) werk(e)loos; **2e(r)** werk(e)loze; **2en·unterstützung** *f* werklozensteun; **2ig·keit** *f* (*0*) werk(e)loosheid.
rbeits|markt *m* arbeidsmarkt; **~platz** *m* (*Ort*) werkplaats; (*Beschäftigung*) arbeidsplaats; **~recht** *n* het) arbeidsrecht; **2scheu** werkschuw; **~schutzbestimmungen** *f/pl.* bepalingen *pl.* ter beveiliging van de arbeid; **~tag** *m* werkdag; **~teilung** *f* werkverdeling; **~tier** *n* het) werkbeest (*a. fig.*); **2unfähig** ongeschikt om te werken; **~verhältnis** *n* (het) arbeidscontract; **~vermittlung** *f* arbeidsbemiddeling; **~vertrag** *m* (het) arbeidscontract; **~willige(r)** werkwillige; **~zeit** *f* werktijd.
rchäolo'gie [-çɛ·o·-] *f* (*0*) archeologie, oudheidkunde.
rchi'pel *m* (*-s; -e*) archipel.
rchi'tekt *m* (*-en*) architect; **~ur** -'tu:ʁ] *f* architectuur.
rchiv [-'çi:f] *n* (*-s; -e*) (het) archief; **ar** [-i·'v-] *m* (*-s; -e*) archivaris.
re'al *n* (*-s; -e*) (het) areaal.
'rena *f* (*-; Arenen*) arena.
g (*=er; =st*) erg; (*böse*) boos, kwaad; *sehr*) erg, heel; **2** *n* (*-s; 0*) (het) waad; *ohne ~* zonder erg; *im ~en liegen* zich in slechte toestand bevinden.
rgen'tin|ien [-nĭən] *n* Argentinië ; **~ier(in** *f*) *m* Argentijn(se *f*); **isch** Argentijns.
rger *m* (*-s; 0*) ergernis; (*Unannehmlichkeit*) narigheid, last; *es wird ~ geben* daar komt narigheid van; *j-m ~ machen* (*od. bereiten*) iem. tot last zijn; *~ haben* in de narigheid zitten; *~ haben mit* (*D*) last hebben van; *~ bekommen* narigheid krijgen; **2lich** (*verärgert*) wrevelig, boos; (*unangenehm*) vervelend, onaangenaam; **2n** (*-re*) ergeren; (*boshaft necken*) plagen; *sich ~* zich ergeren; **~nis** *n* (*-ses; -se*) ergernis, aanstoot; *öffentliches ~* (het) publiek schandaal.
Arglist *f* (*0*) arglist, boosaardigheid; **2ig** arglistig, boosaardig.
arglos (*-est*) argeloos; **2ig·keit** *f* (*0*) argeloosheid.
Argu'ment *n* (*-es; -e*) (het) argument.
Argwohn *m* (*-s; 0*) argwaan, achterdocht.
argwöhn|en *etw.* vermoeden; *~, daß ...* de verdenking koesteren dat; **~isch** achterdochtig, argwanend.
Arie ['ɑ:ʀĭə] *f* aria.
Aristo|kra'tie *f* aristocratie; **2'kratisch** aristocratisch.
Arith'metik *f* (*0*) rekenkunde.
arm (*=er; =st*) arm; *der Ärmste* de stakkerd.
Arm *m* (*-es; -e*) arm; *auf den ~ nehmen fig.* een loopje nemen met; *unter die ~e greifen fig.* een handje helpen.
Arm- *in Zssgn mst.* arm-.
Arma'turenbrett *n* (het) dashboard.
Armband *n* armband; **~uhr** *f* (het) polshorloge.
Arm|binde *f* band (om de arm); **~bruch** *m* armbreuk; **~brust** *f* hand-, voetboog.
Ärmchen *n* (het) armpje.
armdick armdik.
Ar'mee *f* (het) leger; *e-e ~ von (Journalisten ...)* een legertje (journalisten ...).
Ärmel *m* mouw; **~kanal** *m* (*-s; 0*) het Kanaal, het Nauw van Calais; **2los** (*0*) zonder mouwen.
Armenhaus *n* (het) arm(en)huis.
Ar'men|ien [-nĭən] *n* Armenië *n*; **2isch** Armeens.
Armenviertel *n* armenbuurt; *pej.* achterbuurt.
Arm|lehne *f* armleuning; **~leuchter** *m* kandelaber; (*Schimpfwort*) zak, stommeling.
ärmlich schamel, armoedig.
armselig armzalig.

Armsessel *m* arm-, leunstoel.
Armut *f (0)* armoede; **~s·zeugnis** *n fig.* (het) bewijs van onvermogen.
Armvoll *m* (-; -) armvol.
Arnheim *n* Arnhem *n.*
A'roma *n* (-*s*; *Aromen*) (het) aroma; **2tisch** [-'mɑ:-] aromatisch.
Arrang|ement [aʀɑ̃:ʒə'mɑ̃:] *n* (-*s*; -*s*) (het) arrangement; **2ieren** [-'ʒi:-] (-) arrangeren.
Ar'rest *m* (-*ẹs*; -*e*) (het) arrest; (*Beschlagnahme*) beslaglegging; *mit ~ belegen* beslag leggen op.
arro'gan|t (-*est*) arrogant; **2z** *f (0)* arrogantie.
Arsch *m* (-*es*; *⸚e*) V kont, (het) gat; *leck mich am ~!* V je kunt mijn reet likken!; **~kriecher** *m* V, **~lecker** *m* V gatlikker; **~loch** *n* V (*Schimpfwort*) kloot, rotzak.
Ar'sen *n* (-*s*; *0*) (het) arseen, (het) arsenicum.
Arse'nal *n* (-*s*; -*e*) (het) arsenaal.
Art [ɑ:ʁt] *f* manier, wijze; (*Wesen*) aard; (*Gattung*) soort; *eine ~ (Fliege ...)* een soort (vlieg ...); *aller ~* allerlei; (*auf*) *diese ~ (und Weise)* (op) die manier; *das ist keine ~!* dat is geen manier van doen!; *jeder nach seiner ~* ieder op zijn manier; **2eigen** karakteristiek, typisch; **2en** (-*e*-) (*nach D*) aarden (naar); *s. a. geartet.*
Ar'terie [-ʀĭə] *f* slagader; **~n·verkalkung** *f* aderverkalking.
Artgenosse *m* soortgenoot.
artig aardig, lief; *Kind*: *a.* zoet.
Ar'tikel *m* (het) artikel; *Gr.* (het) lidwoord.
Artikulation [-'tsĭo:n] *f* articulatie.
Artille'rie *f* artillerie.
Arti'schocke *f* artisjok.
Ar'tist(in *f*) *m* (-*en*) artiest(e *f*).
Arz'nei *f* (het) geneesmiddel, (het) medicament; **~kunde** *f (0)* artsenijleer, farmacologie; **~mittel** *n* = *Arznei.*
Arzt [ɑ:-] *m* (-*es*; *⸚e*) arts, dokter; *praktischer ~* huisarts.
Ärzt|in *f* vrouwelijke arts; **2lich** *(0)* geneeskundig.
As *n* **1.** (-*ses*; -*se*) (*Karte*) aas; **2.** (-; -) *Mus.* as.
As'best *m* (-*ẹs*; -*e*) (het) asbest.
asch|blond *(0)* asblond; **2e** *f* as; **2en·bahn** *f* sintelbaan; **2(en)·becher** *m* asbak; **2en·brödel** *n*, **2en·puttel** *n* assepoester (*a. fig.*).
Ascher *m* asbak; **~'mittwoch** *m* as woensdag.
asch|farben, ~grau asgrauw.
äsen (-*t*) eten, azen.
Asi'at|(in *f*) *m* (-*en*) Aziaat *n* Aziatische *f*; **2isch** Aziatisch.
Asien [-'zĭən] *n* Azië *n.*
asozial asociaal.
As'pekt *m* (-*ẹs*; -*e*) (het) aspect.
As'phalt *m* (-*ẹs*; -*e*) (het) asfalt.
Aspi'rin *n* (-*s*; *0*) aspirine.
Assel *f* (-; -*n*) pissebed.
As'sessor *m* (-*s*; -*en* [-'o:ʀən]) aan komend ambtenaar (*etwa*: juris leraar, ...).
Assimila'tion *f* assimilatie.
Assis'tent(in *f*) *m* (-*en*) assistent *f*).
Assis'tenz·arzt *m* assistent (in zi kenhuis).
Ast *m* (-*ẹs*; *⸚e*) tak; (*im Holz*) knoes (*Buckel*) bult; *den ~ absägen, a dem man sitzt* zijn eigen graf gr ven; *sich e-n ~ lachen* zich een bu lachen.
Aster *f* (-; -*n*) aster.
äs'thetisch esthetisch.
Asthma *n* (-*s*; *0*) astma.
astro-, Astro- *in Zssgn mst.* astro
Astro|lo'gie *f (0)* astrologie; **~'na** *m* (-*en*) astronaut; **~no'mie** *f* astronomie; **2'nomisch** astron misch.
A'syl *n* (-*s*; -*e*) (het) asiel; **~recht** (-*ẹs*; *0*) (het) asielrecht.
Atelier [-'lĭe:] *n* (-*s*; -*s*) (het) ateli
Atem *m* (-*s*; *0*) adem; *außer ~* buit adem; *~ holen* ademhalen; **2be·raubend** adembenemend; **~beschwerden** *f/pl.* ademhalingsmo lijkheden *pl.*; **~gymnastik** *f* ade halingsoefeningen *pl.*; **2los** ademloos; **~not** *f* benauwdhe ademnood; **~pause** *f* adempau (*a. fig.*); **~zug** *m* ademhaling, ade tocht; *in einem ~* in één adem.
Athe'ismus *m* (-; *0*) (het) atheïsm
A'then *n* Athene *n.*
Äther *m* (-*s*; *0*) ether.
Äthiop|ien [-'tĭo:pĭən] *n* Ethio *n*; **2isch** Ethiopisch.
Ath'let *m* (-*en*) atleet; **~ik** *f* atletiek.
At'lant|ik *m* (-*s*; *0*) Atlantisc Oceaan; **2isch** Atlantisch.
Atlas *m* (-*ses*; -*se*) (*Stoff*) (h atlas, (het) satijn; (*Karten2*) *a. Atlanten*) atlas.

atmen ['ɑː-] (*-e-*) ademen, ademhalen.
Atmosphär|e [-'fɛː-] *f* atmosfeer (*a. fig.*); **²isch** (*0*) atmosferisch.
Atmung *f* ademhaling; **~s·organe** *n/pl.* ademhalingsorganen *n/pl.*
Ätna *m* Etna.
A'tom *n* (*-s*; *-e*) atoom; **²'ar** (*0*) atomair; **~bombe** *f* atoombom; **~energie** *f* (*0*) atoomenergie; **~kraftwerk** *n* atoomcentrale; **~meiler** *m* atoomzuil; **~waffen** *f/pl.* atoomwapens *n/pl.*; **~zeitalter** *n* (*-s*; *0*) (het) atoomtijdperk.
ätsch! [ɛːtʃ] sliepuit!
Attaché [-'ʃeː] *m* (*-s*; *-s*) attaché.
At'tacke *f* aanval (*a. fig. u. Med.*).
Atten't|at *n* (*-es*; *-e*) aanslag; **~äter** *m* aanslagpleger, dader.
At'test *n* (*-es*; *-e*) (het) attest.
Attrak|tion [-'tsĭoːn] *f* attractie; **²'tiv** attractief.
At'trappe *f* nabootsing, fopperij; (*Schaupackung*) lege verpakking.
Attri'but *n* (*-es*; *-e*) (het) attribuut (*a. Gr.*).
ätzen (*-t*) bijten; *Typ.* etsen; *Med.* uitbijten; **~d** bijtend (*a. fig.*).
au! au!, ai!
auch ook, (*gehoben*) eveneens; *wirst du es ~ tun?* zul je het heus doen?
Audienz [-'dĭɛnts] *f* audiëntie.
audiovisu'ell audiovisueel.
Au(e) *f* beemd, weide.
Auer|hahn *m* auerhaan; **~ochse** *m* oeros.
auf 1. *Präp.* (*wohin? A, wo? D*) op; *~ deutsch* in het Duits; *~ kurze Zeit* voor korte tijd; (*3*) *~* (*ein Pfund*) in; *~ die Sekunde* (*Minute*) (*genau*) op de seconde (minuut) af; *Monat* (*Woche*) *~ Monat* (*Woche*) maand (week) na maand (week); **2.** *Adv.* op, naar boven; (*offen*) open; *~ und ab* op en neer; *das ² und Ab* het op- en neergaan; (*des Lebens*) wisselvalligheden *pl.*; *von* (*Jugend* ...) *~* van ... af; *~ und davon* weg.
auf|- *in Zssgn mst.* op-; **~arbeiten** bewerken; (*verschönern*) opknappen; (*nachholen*) bijwerken; **~atmen** diep ademhalen; *fig.* herademen; **~bahren** opbaren.
Aufbau *m* opbouw; (*Struktur*) bouw; *Auto*: carrosserie; *~ten pl. mar.* opbouw; **~arbeit** *f* (het) opbouwwerk; **²en** opbouwen; (*hinlegen*) klaarleggen; *~ auf* (*D*) *bsd.* baseren op.
auf|bäumen: *sich ~* steigeren; *fig. gegen* (*A*) in opstand komen, zich verzetten; **~bauschen** *fig.* opblazen.
Aufbauschule *f* middelbare school met verkorte opleiding.
aufbe|gehren kwaad worden; *gegen* (*A*) zich verzetten; **~halten** *Hut* ophouden; (*offen*) openhouden; **~kommen** (*öffnen*) openkrijgen; *Hausaufgaben* opkrijgen; **~reiten** *Chem.*, *Tech.* regenereren; *Wasser* zuiveren. [**²ung** *f* verhoging.]
aufbesser|n *Gehalt* verhogen;
aufbewahr|en bewaren; **²ung** *f* (het) bewaren; *Esb.* (het) bagagedepot; *j-m etw. zur ~ übergeben* iets aan iem. in bewaring geven; **²ungs·ort** *m* bewaarplaats.
auf|bieten oproepen; *Verlobte* in ondertrouw opnemen; *Kräfte* inspannen; *Einfluß* aanwenden; *mil.* inschakelen; *alles ~* alles in het werk stellen; **~binden** opbinden; (*lösen*) losmaken; *j-m etw.* (*od. e-n Bären*) *~* iem. iets op de mouw spelden.
aufbläh|en opblazen, doen zwellen; *sich ~* zwellen; *fig.* pochen; **²ung** *f* (het) opblazen; (het) zwellen.
auf|blasen opblazen; *s. a. aufgeblasen*; **~blättern** *Buch* doorbladeren; **~bleiben** opblijven; (*offenbleiben*) openblijven; **~blenden** weer vol licht laten schijnen; **~blicken** opkijken; *fig. zu j-m ~* opkijken naar iem.; **~blitzen** opflitsen; *Gedanke*: plotseling opkomen; **~blühen** ontluiken; *fig. Pers.*: opbloeien; *S.*: tot bloei komen; **~brauchen** opgebruiken, verbruiken; **~brausen** opbruisen; *fig.* opstuiven, opvliegen; *~d* opvliegend; **~brechen** *v/t* openbreken; *Schloß* forceren; *Pflaster* opbreken; *v/i* (*sich öffnen*) openbreken; (*weggehen*) opbreken, opstappen, vertrekken; **~bringen** *Tür* openkrijgen; *Geld* opbrengen; (*einführen*) invoeren; *Gerücht* verspreiden; *Schiff* opbrengen; (*aufziehen*) grootbrengen; *Farbe* aanbrengen; (*reizen*) kwaad maken; *den Mut nicht ~* er de moed niet toe hebben; (*ein gewisses*) *Verständnis ~ für* (*A*) (enig) begrip tonen voor; *s. a. aufgebracht*.

Aufbruch *m* (het) openbreken; (*das Weggehen*) (het) opbreken, (het) vertrek; *das Zeichen zum* ~ (het) vertreksein; *im* ~ *sein* ontwaken.

auf|brühen zetten; **~brummen** F *Strafe* opleggen; **~bügeln** opstrijken, oppersen; **~bürden** (-*e*-) te dragen geven; *fig. Schuld* geven; *j-m die Verantwortung* ~ *für* (*A*) iem. verantwoordelijk stellen voor.

auf|decken openleggen (*a. Karten*); (*enthüllen*) aan het licht brengen; *seine Karten* ~ *fig.* zijn kaarten op tafel leggen; **~donnern:** *sich* ~ F zich opdirken; *s. a. aufgedonnert*; **~drängen** opdringen; *sich* ~ (*D*) zich opdringen (aan); **~drehen** *v/t Hahn* opendraaien; *Schraube* losdraaien; *Uhr* opdraaien; *Radio* hard zetten; *v/i* (*beim Fahren*) gas geven, hard rijden; (*lustig werden*) in een vrolijke stemming komen.

aufdringlich opdringerig; **2keit** *f* opdringerigheid.

Aufdruck *m* opdruk; **2en** opdrukken.

aufdrücken opdrukken (*a. fig.*); (*öffnen*) openduwen, opendrukken; (*beim Schreiben*) drukken.

auf·ei'nander op elkaar, opeen; **~beißen:** *die Zähne* ~ op zijn tanden bijten.

Auf·ei'nanderfolge *f* (*0*) opeenvolging; **2n** op elkaar volgen.

auf·ei'nander|prallen, ~stoßen tegen elkaar botsen.

Aufenthalt *m* (-*es*; -*e*) (het) verblijf; (*Pause, a. Esb.*) (het) oponthoud; *der Zug hat fünf Minuten* ~ stopt vijf minuten.

Aufenthalts|dauer *f* verblijfsduur; **~genehmigung** *f* verblijfsvergunning; **~ort** *m* verblijfplaats; **~verlängerung** *f* verlenging van het verblijf.

auf·erlegen *j-m etw.* opleggen.

auf·ersteh|en (*sn*) opstaan, verrijzen; **2ung** *f* (*0*) opstanding, verrijzenis.

auf|erwecken opwekken, doen verrijzen; **~essen** opeten.

auffahr|en 1. *v/i Auto*: voorrijden; *Schiff*: vastlopen; (*gen Himmel*) opstijgen, naar de hemel gaan; *erregt*: opspringen; (*aufschrecken*) opschrikken; ~ *auf* (*A*) *Auto*: inrijden op; **2.** *v/t* aanvoeren; *Kanonen* in stelling brengen; **2t** *f* (het) oprijden; (het) voorrijden; weg omhoog; (*Autobahn2*) oprit; **2unfall** *m* (kettingbotsing.

auffallen *fig.* opvallen; (*aufschlagen*) vallen op; **~d** = *auffällig*.

auffällig opvallend, opmerkelijk; **2keit** *f* opmerkelijkheid.

auffang|en opvangen (*a. fig.*); *Brief* onderscheppen; **2lager** *n* (het) opvang-, doorgangskamp.

auffass|en opnemen; (*begreifen*) opvatten, opnemen; **2ung** *f* opvatting mening; *der* ~ *sein, daß* ... van mening zijn dat ...; *verschiedener* ~ *sein* van mening verschillen; **2ungs·gabe** *f*, **2ungs·vermögen** *n* (het) bevattingsvermogen.

auf|finden vinden, ontdekken; **~fischen** opvissen, oppikken (*a. fig.*); **~flackern** opflakkeren (*a. fig.*) **~flammen** opvlammen; *fig. bsd* oplaaien; **~fliegen** opvliegen; (*sich öffnen*) openvliegen; *Mine*: in de lucht vliegen; F *Verein*: uit elkaar vallen; *Verschwörung*: ontdekt worden; *Konferenz*: mislukken.

aufforder|n (*bitten*) uitnodigen vragen; (*ermahnen*) aanmanen dringend verzoeken; (*verlangen*) eisen, sommeren; **2ung** *f* uitnodiging; aanmaning; eis, (het) bevel.

auf|forsten (-*e*-) bebossen; **~fressen** opvreten (*a. fig.*); *Tiere*: opeten; **~frischen** (*sich*) (zich) opfrissen (*a. fig.*); *Wind*: toenemen.

aufführ|en *Thea.* opvoeren, spelen *Arch.* bouwen, optrekken; (*nennen*) noemen, opsommen; *sich* ~ zich gedragen; **2ung** *f* opvoering, voorstelling; bouw; (het) noemen, opsomming; (het) gedrag.

auf|füllen vullen; (*ergänzen*) aanvullen; **~füttern** grootbrengen, opkweken.

Aufgabe *f* opgave; (*Pflicht, Arbeit*) taak; (*Übung*) oefening; *Math.* (het) vraagstuk, som; (*Schließung*) opheffing, liquidatie; (*Verzicht*) (het) opgeven; *seine* ~*n machen* zijn huiswerk maken; *sich etw. zur* ~ *machen* zich iets tot taak stellen.

aufgabeln F *j-n* opscharrelen; *etw.* opdoen.

Aufgaben|kreis *m* (het) gebied van werkzaamheden, (het) ressort; **~teilung** *f* taakverdeling.

Aufgabe·ort *m* plaats van verzending.

Aufgang *m* opgang; (*Treppe bsd.*) trap; weg naar boven.

aufgeben opgeven (*a. Gepäck, Anzeige, verzichten, mitteilen usw.*); *Brief* posten, verzenden; (*auftragen*) opdragen, aanzeggen; *Amt* neerleggen.

aufgeblasen opgeblazen, verwaand.

Aufgebot *n* oproeping; *Ehe*: ondertrouw, huwelijksafkondiging; (*der Kräfte*) inspanning; (*Einsatz*) inzet; (*Wehrfähige*) manschappen *pl.*; *das letzte* ~ de laatste reserves *pl.*; *das* ~ *bestellen* aantekenen.

aufge|bracht woedend, boos; **~donnert** F opgedirkt; **~dunsen** opgezwollen.

aufgehen *Gestirn*: opgaan; (*sich öffnen*) opengaan; *Naht, Eis*: losgaan; *Teig*: rijzen; *Rechnung*: kloppen; *Saat*: opkomen; *in s-r Arbeit, in Rauch* opgaan.

aufgeilen V: *sich* ~ zich geil maken.

aufgeklärt verlicht; ruim denkend.

Aufgeld *n* (het) opgeld; (het) handgeld.

aufge|legt gestemd, geluimd, gemutst; ~ *sein zu* (*D*) in de stemming zijn voor; **~paßt**! opgepast!, opgelet!; **~räumt** opgeruimd; **~regt** opgewonden.

aufgeschlossen *fig.* open, ontvankelijk; ~ *sein* openstaan; **2heit** *f* (*0*) openheid, ontvankelijkheid.

aufge|schmissen F: ~ *sein* in de knoei zitten; **~weckt** pienter, intelligent.

auf|gießen opgieten; *Tee* zetten; **~gliedern** in-, verdelen; **~graben** opgraven; (*umgraben*) omspitten; (*öffnen*) uitgraven; **~greifen** *Dieb* oppakken, aanhouden; *Idee* opvatten.

Aufguß *m* (het) aftreksel.

auf|haben *Hut* ophebben; (*geöffnet sein*) open hebben; **~halten** (*hindern*) ophouden; (*anhalten*) stoppen, tegenhouden; (*offenhalten*) openhouden; *sich* ~ verblijven, zich ophouden, vertoeven; *sich* ~ *bei e-r S.* zich bezighouden met, lang stilstaan bij; *sich* ~ *über* (*A*) zich afkeurend (*od.* spottend) uitlaten over.

aufhäng|en (*sich*) (zich) ophangen; *j-m etw.* aansmeren; **2er** *m* (ophang)lus; *fig.* kapstok, (het) uitgangspunt; **2ung** *f* ophanging.

auf|hauen openhakken; *Feile* kappen; **~häufen** (*sich*) (zich) ophopen, (zich) opstapelen.

aufheb|en optillen, opheffen; (*vom Boden bsd.*) oprapen; (*aufbewahren*) bewaren; (*für ungültig erklären; beenden*) opheffen; *einander* ~ elkaar opheffen; *gut aufgehoben* goed geborgen, veilig; *hier ist man gut aufgehoben allg.* hier ben je veilig; *bsd.* hier is het goed, hier voel je je thuis; **2en** *n* ophef, drukte; *viel* ~*s machen von* (*D*) veel ophef (*od.* drukte) maken van; **2ung** *f* (*0*) opheffing; *jur.* (*der Verfolgung*) (het) ontslag.

aufheiter|n (*-re*) opvrolijken; *sich* ~ opklaren; **2ung** *f* opvrolijking; *Wetter*: opklaring.

auf|helfen (*D*) op de been helpen (*a. fig.*); **~hellen** ophelderen (*a. fig.*); (*heller machen a.*) licht(er) maken; *sich* ~ opklaren (*a. fig.*).

aufhetz|en ophitsen, opruien, opstoken (*a. fig.*); (*stören*) opjagen; **2ung** *f* (*0*) ophitsing, opruiing; (het) opjagen.

auf|holen *v/t* inhalen, inlopen; (*heraufziehen*) ophalen; *v/i* zijn achterstand inlopen; *Preise*: stijgen; **~horchen** zijn oren spitsen (*a. fig.*); **~hören** ophouden; *da hört doch alles auf!* dat is toch al te gek!, dat loopt de spuigaten uit!; **~jagen** opjagen; **~jauchzen, ~jubeln** luid beginnen te juichen, het uitjubelen; **~kämmen** (op)kammen.

Aufkauf *m* opkoop; **2en** opkopen.

Aufkäufer *m* opkoper.

auf|keimen ontkiemen (*a. fig.*); **~klappen** openslaan, openklappen; *Bett* opklappen; **~klaren** opklaren.

aufklär|en *j-n über* (*A*) voor-, inlichten; *Kind bsd.* voorlichten; *etw.* ophelderen; *mil.* verkennen; *sich* ~ = *aufklaren*; *etw. hat sich aufgeklärt* is opgehelderd; *s. a. aufgeklärt*; **2er** *m* (*Denker*) rationalist, verlichte geest; *mil.* verkenner; **~erisch** voorlichtend; vrijzinnig, verlicht; **2ung** *f* voorlichting; opheldering; verkenning; *hist.* Verlichting, (het) rationalisme; **2ungsfilm** *m* voorlichtingsfilm; **2ungsflugzeug** *n* (het) verkenningsvliegtuig.

aufkleb|en opplakken; **2er** *m* (het) etiket.

auf|knacken kraken; **~knöpfen** losknopen, de knopen losmaken van; **~knüpfen** losknopen; *j-n* opknopen; **~kochen** opkoken; even koken.

aufkommen opkomen (*a. fig.*); *Mode*: ingang vinden; *Summe*: bij elkaar komen; *für* (*A*) (*haften*) borg staan; (*ersetzen*; *verteidigen*) opkomen; *gegen* (*A*) opgewassen zijn, opkunnen; **2** *n* (*Ertrag*) opbrengst.

auf|kratzen open-, stukkrabben; *aufgekratzt* F *fig.* vrolijk, goedgehumeurd; **~krempeln** oprollen, opslaan; **~kriegen** = *aufbekommen*; **~kündigen** opzeggen; **~lachen** in lachen uitbarsten; **~laden** opladen (*a. El.*); *sich etw. ~ fig.* zich iets op de hals halen.

Auflage *f Typ.* oplage, druk; verplichting; (*Überzug*) (het) laagje; (*zum Stützen*) steun; *etw. zur ~ machen* iets als voorwaarde stellen; **~n·höhe** *f* (het) oplagecijfer; **~r** *n* (het) steunvlak.

auf|lassen (*offenlassen*) openlaten; *Hut* ophouden, op laten; *Kind* op laten; *Grundstück* overdragen; **~lasten:** *j-m etw. ~* iem. iets opdragen, iem. belasten met iets; **~lauern** (*D*) opwachten.

Auflauf (*Menge*) oploop; *pej.* (het) relletje; (*Speise*) soufflé; **2en** *Schiff*: vastlopen; *Wasser*: opkomen; (*wachsen*) opkomen, opzwellen; *Beträge*: oplopen.

auf|leben opleven (*a. fig.*), herleven; **~lecken** oplikken.

auflegen *etw. auf* (*A*) (neer)leggen; *Verpflichtung*, *Last* opleggen; *Buch*, *Anleihe* uitgeven; *Platte* opzetten; *Tel.* (*den Hörer*) *~* ophangen, de hoorn neerleggen; *neu ~ Buch* herdrukken; *s. a. aufgelegt*.

auf|lehnen leunen; *sich ~* zich verzetten, in opstand komen; **~lesen** oprapen, verzamelen; *fig. Krankheit* opdoen; *j-n* oppikken; **~leuchten** (op)lichten; **~liefern** ter verzending afgeven, verzenden; **~liegen** liggen (op); *zur Ansicht* ter inzage liggen; *Schiff*: opgelegd zijn; *sich ~* doorliggen.

auflocker|n losmaken, loswerken; *fig.* verluchtigen; **2ung** *f* (het) losmaken; verluchtiging; verslapping.

auflodern oplaaien; *fig.* opbruisen.

auflös|bar oplosbaar; **~en** oplossen (*a. Chem.*; *fig.*); *Knoten* losmaken; (*beenden*) ontbinden; *sich ~* losraken, losgaan; *sich ~ in* (*A*) oplossen in; *sich in nichts ~* in rook opgaan; **2ung** *f* oplossing; ontbinding.

aufmach|en (*öffnen*) openmaken; *Geschäft* openen; *Knoten* losmaken; (*aufhängen*) ophangen; (*verzieren*) afwerken, verzorgen; *Rechnung* opmaken; *sich ~* zich opmaken; **2ung** *f* opmaak.

Aufmarsch *m* opmars; **2ieren** opmarcheren.

aufmerk|en *v/i* opletten; **~sam** aandachtig, oplettend; (*zuvorkomend*) voorkomend, galant; *~ machen auf* (*A*) de aandacht vestigen op, attent maken op; **2samkeit** *f* aandacht, oplettendheid; voorkomendheid, attentie; (*Geschenk*) attentie, aardigheid; *e-r S. ~ widmen* aandacht besteden aan iets; *wir bitten um ~* wij vragen de aandacht.

aufmucken F tegenstribbelen, protesteren.

aufmunter|n (*-re*) opmonteren, opvrolijken; **2ung** *f* opmontering, opvrolijking.

aufnähen opnaaien.

Aufnahme *f* opname (*a. Foto usw.*); (*Empfang a.*) ontvangst, (het) onthaal; (*Zulassung a.*) toelating; *~ finden* opgenomen worden; **~bedingungen** *f/pl.* toelatingsvoorwaarden *pl.*; **2fähig** in staat om iets op te nemen; **~prüfung** *f* (het) toelatingsexamen.

aufnehmen opnemen (*a. Gäste*, *Geld*, *Foto*, *Mus.*; *fig.*); (*aufheben bsd.*) oprapen; *Protokoll* opmaken; (*aufschreiben*) noteren; *es mit j-m ~* het tegen iem. opnemen.

aufnötigen *j-m A* opdringen.

auf·opfer|n (*sich*) (zich) opofferen; **2ung** *f* opoffering.

aufpäppeln (*-le*) *fig.* er bovenop helpen.

aufpasse|n oppassen, opletten; (*probieren*) oppassen; *~ auf* (*A*) letten op; *s. a. aufgepaßt*; **2r** *m* oppasser.

auf|peitschen opzwepen (*a. fig.*); **~pflanzen** opstellen; (*aufstecken*) opzetten; **~picken** oppikken; (*öffnen*) openpikken; **~platzen** openspringen, barsten; **~polieren** (op)polijsten; **~polstern** opvullen; **~prägen** een stempel drukken op (*a. fig.*).

Aufprall *m* botsing; (*beim Sturz*) val, smak; **2en** (*stoßen*) botsen; (*stürzen*) vallen, smakken.
Aufpreis *m* toeslag.
auf|pumpen oppompen; **~putschen** opruien; (*reizen*) opzwepen, prikkelen; **~putzen:** *sich ~* zich tooien; *pej.* zich opdirken; **~quellen** opborrelen, opwellen (*a. fig.*); (*anschwellen*) (op)zwellen; **~raffen** oprapen, opgrabbelen; *sich ~ fig.* zich vermannen; **~ragen** oprijzen; **~rauchen** oproken; **~rauhen** ruw maken.
aufräum|en opruimen; *~ mit (D)* een einde maken aan; **2ungsarbeiten** *f/pl.* opruimingswerken *n/pl.*
aufrechnen optellen; *etw. ~ gegen (A)* iets verrekenen met.
aufrecht rechtop, overeind; *fig.* eerlijk, oprecht.
aufrecht·erhalt|en handhaven; *Behauptung* blijven bij; **2ung** *f* handhaving.
aufreg|en (*sich*) (zich) opwinden; *s. a. aufgeregt*; **2ung** *f* opwinding; *vor ~* van opwinding.
auf|reiben *Haut* stukwrijven; (*vernichten*) vernietigen, in de pan hakken; *fig.* afmatten, uitputten; **~reihen** op een rij zetten; (*auffädeln*) op-, aanrijgen; **~reißen** *v/t* openrukken, opentrekken; *Brief* openscheuren; *Straße* opbreken; *fig. Augen, Mund* wijd openen; *v/i* openscheuren; **~reizen** ophitsen.
aufricht|en (*sich*) (zich) oprichten; *fig.* opbeuren; **~ig** oprecht, eerlijk; **2ig·keit** *f (0)* oprechtheid; **2ung** *f (0)* oprichting; opbeuring.
auf|riegeln ontgrendelen; **2riß** *m* projectie, schets; **~rollen** oprollen (*a. mil.*); (*entrollen*) open-, ontrollen; *fig. Frage* op het tapijt brengen; **~rücken** (*vorrücken*) oprukken; (*zusammenrücken*) opschuiven; *in e-e höhere Stelle* bevorderd worden, promotie maken.
Aufruf *m* oproep; *jur.* dagvaarding; *amtlich* proclamatie; **2en** oproepen; *jur.* dagvaarden.
Aufruhr *m (-es; -e)* (het) oproer, opstand; (*Erregung*) beroering.
aufrühr|en (om)roeren; in oproer brengen; *Leidenschaften* oprakelen; **2er** *m* oproerling; opstandeling, rebel; **~erisch** oproerig, rebels.
aufrunden *Zahl* naar boven afronden.
aufrüst|en *Gerüst* oprichten; *mil.* zich sterker bewapenen; **2ung** *f* toenemende bewapening.
aufrütteln wakker schudden (*a. fig.*).
aufs = *auf das.*
auf|sagen opzeggen; **~sammeln** oprapen, bijeenbrengen.
aufsässig weerspannig, opstandig, koppig; **2keit** *f* weerspannigheid, opstandigheid, koppigheid.
Aufsatz *m* (*Aufbau*) (het) bovenstuk; (*Schul2*) (het) opstel; (*Zeitschriften2*) (het) artikel; (*Gewehr2*) opzet.
auf|saugen opzuigen (*a. fig.*); **~schauen** (*zu D*) opkijken (naar) (*a. fig.*); **~schäumen** schuimen, bruisen (*a. fig.*); **~scheuchen** opjagen (*a. fig.*); **~schichten** opstapelen; **~schieben** (*öffnen*) openschuiven; (*verzögern*) uitstellen, verschuiven; *aufgeschoben ist nicht aufgehoben* uitstel is geen afstel; **~schießen** (*sn*) opschieten.
Aufschlag *m* (*Aufprall*) smak; (*Tennis*) service; (*Ärmel2*) omslag; (*Preis2*) opslag; **2en 1.** *v/t* (*öffnen*) openslaan; *Preis, Zelt, Augen* opslaan; *Ärmel* omslaan; **2.** *v/i* (neer-) ploffen, neersmakken; (*Tennis*) serveren; *Preis, Flammen*: opslaan.
auf|schließen openen; *Mine* ontsluiten; *mil. Glieder* sluiten; *s. a. aufgeschlossen*; **~schlitzen** opensnijden; **~schluchzen** in snikken uitbarsten, het uitsnikken.
Aufschluß *m* opheldering, (het) uitsluitsel, inlichting.
aufschlüsseln in-, verdelen.
aufschlußreich interessant, leerzaam; (*vielsagend*) veelzeggend.
auf|schnallen (vast)gespen; (*öffnen*) losgespen; **~schnappen** opsnappen; (*sich öffnen*) openspringen; *fig. Nachricht* opvangen.
aufschneid|en (*öffnen*) opensnijden; (*schneiden*) snijden; *fig.* (*prahlen*) opscheppen, bluffen, snoeven; **2er** *m* opschepper, bluffer, snoever; **2e'rei** *f* opschepperij, snoeverij.
Aufschnitt *m (-es; 0)* (*Fleisch2*) (het) gesneden vlees.
auf|schnüren vastbinden; (*lösen*) losrijgen; **~schrauben** op-, vastschroeven; (*lösen*) losschroeven; **~-**

schrecken *v/t u. v/i* opschrikken.

Aufschrei *m* kreet, gil.

aufschreiben opschrijven; *sich etw.* ~ iets opschrijven; *j-m etw.* ~ iets voor iem. opschrijven.

aufschreien beginnen te gillen.

Auf|schrift *f* (het) opschrift; **~schub** *m* (het) uitstel.

auf|schütteln opschudden; **~schütten** ophopen, opstapelen; *Terrain* ophogen; **~schwatzen** F *j-m A* aanpraten; **~schwemmen** (*dick werden*) opzwellen, opzetten; **~schwingen:** *sich* ~ omhoog-, opvliegen; *fig. Gedanken*: zich verheffen; *sich* ~ *zu* (*D*) zich vermannen tot.

Aufschwung *m Sp.* opzwaai; *fig.* hoge vlucht, bloei.

aufseh|en opzien, opkijken; **2en** *n* (*-s; 0*) (het) opzien; ~ *erregen* opzien baren; **~en·erregend** opzienbarend; **2er** *m* opzichter, opziener.

auf|setzen *v/t* opzetten; *Brief, Rechnung* opstellen; *v/i Flgw.* landen; *sich* ~ zich oprichten; **~seufzen** zuchten, een zucht slaken.

Aufsicht *f* (het) toezicht; **~s·beamte(r)** inspecteur *m*, inspectrice *f*; (*Aufseher*) opzichter, opziener; **~s-behörde** *f* inspectie, controle; **~s-personal** *n* (het) bewakingspersoneel; **~s·pflicht** *f* verantwoordelijkheid; **~s·rat** *m* raad van toezicht; *Hdl.* raad van commissarissen; (*Mitglied*) commissaris.

auf|sitzen (*aufs Pferd*) te paard stijgen; *j-m* ~ door iem. bedrogen worden; *j-n* ~ *lassen fig.* iem. in de steek laten; **~spalten** (*sich*) (zich) splitsen; **~spannen** (op)spannen; **~sparen** opsparen; **~speichern** ophopen, opslaan; **~sperren** opensperren; (*aufschließen*) opendoen; **~spielen** *Mus.* muziek maken; *zum Tanz* ~ inzetten; *sich* ~ opscheppen, pochen; *sich* ~ *als* zich voordoen als; **~spießen** opprikken; doorboren; **~sprengen** doen springen; **~sprießen** op-, uitkomen, ontspruiten; **~springen** opspringen; (*sich öffnen*; *platzen*) openspringen; **~spritzen** opspuiten; **~spulen** opwinden; **~spüren** opsporen; **~stacheln** op-, aanzetten; **~stampfen:** *mit dem Fuß* ~ stampvoeten.

Aufstand *m* opstand, (het) oproer.

aufständisch opstandig, oproerig; **2e(r)** opstandeling, oproerling.

auf|stapeln opstapelen; **~stauen** opstuwen; *aufgestaut fig.* opgekropt; **~stechen** opensteken, openprikken; **~stecken** opsteken; *Haar, Kleid* opspelden; *fig.* (*aufgeben*) opgeven; **~stehen** opstaan (*a. fig.*); *Tür*: openstaan; **~steigen** opstijgen; *Sp.* promoveren.

aufstell|en opstellen, opzetten, oprichten; *Kandidaten* stellen; *Rekord* vestigen; *Rechnung, Verzeichnis* opmaken; *Beweis* aanvoeren; *sich* ~ zich opstellen; **2ung** *f* opstelling; plaatsing; oprichting; (*Liste*) lijst, staat; (*Kostenberechnung*) specificatie.

aufstemmen openbreken; *sich* ~ leunen op, steunen op.

Aufstieg *m* (*-es; -e*) stijging, (het) opstijgen; (*Berg2*) beklimming; *fig.* opkomst, opbloei; (*im Beruf*) promotie; **~s·möglichkeit** *f* promotiekans; **~s·spiel** *n* promotiewedstrijd.

auf|stöbern opjagen; opsnuffelen; **~stocken** *Haus* een verdieping erop zetten; *Kapital* verhogen; **~stoßen** *v/t* openstoten; *Glas* hard neerzetten; *v/i Speisen*: oprispen, opbreken; *mir stößt es auf* het breekt me op; **~streben** omhoogstreven; naar hoger trachten; **~streichen** opstrijken, opsmeren; **~streifen** opstropen, omslaan; **~streuen** strooien op.

Aufstrich *m* (*Brot2*) (het) (brood-)belegsel.

auf|stülpen opzetten; *Ärmel* opstropen; *aufgestülpte Nase* wipneus; **~stützen** (*sich*) leunen op; **~suchen** opzoeken; **~takeln** (op-)takelen, optuigen; *sich* ~ zich opdirken.

Auftakt *m Mus.* opslag; *fig.* (het) voorspel, inleiding.

auf|tanken bijtanken; **~tauchen** opduiken; *fig.* komen opdagen; *Zweifel*: opkomen; **~tauen** *v/t u. v/i* ontdooien (*a. fig.*).

aufteil|en verdelen, opdelen; **2ung** *f* verdeling.

auftischen opdienen, voorzetten; *fig.* opdissen.

Auftrag *m* (*-es; ⸗e*) opdracht, taak; *Hdl.* order, bestelling; (*Farb2*) laag; *im* ~ *von* (*D*) op last van; *im* ~ (*Abk. i.A.*) namens, voor; *etw. in* ~ *geben* opdracht geven voor iets, iets bestellen; ≈en *Farbe*, *Schminke* aanbrengen; *Speisen* opdienen; *Kleidung* opdragen; *j-m etw.* ~ iem. iets opdragen; *dick* ~ sterk overdrijven; **~geber** *m* opdrachtgever, lastgever; **~nehmer** *m* lasthebber; **~s·bestätigung** *f Hdl.* orderbevestiging; **≈s·gemäß** volgens opdracht (*od.* order).

uf|treffen: ~ *auf* (*A*) stoten op, neerkomen op; **~treiben** opjagen; F (*beschaffen*) opsnorren; **~trennen** lostornen, losmaken; **~treten** optreden (*a. Thea.*; *vorkommen*); *leise* ~ zachtjes lopen.

uf|trieb *m Phys.* stijgkracht; *fig.* ~ *erhalten* een opleving kennen, impulsen *pl.* krijgen; *j-m* ~ *geben* iem. impulsen *pl.* geven; **~tritt** *m* (het) optreden; (*Teil des Aktes*) scène, (het) toneel.

uf|trumpfen troef spelen; *fig.* opscheppen; **~tun** (*öffnen*) opendoen; *sich* ~ opengaan; **~türmen** opstapelen; **~wachen** wakker worden, ontwaken (*bsd. fig.*); **~wachsen** opgroeien; **~wallen** *fig.* opwellen.

ufwand *m* (*-es*; *0*) (*Einsatz*) inzet; *Mühe*) moeite; (*Ausgaben*) onkosten *pl.*, uitgaven *pl.*; (*Luxus*) weelde, luxe; **~s·entschädigung** *f* onkostenvergoeding.

uf|wärmen opwarmen (*a. fig.*); **≈wartefrau** *f* werkster; **~warten** *D*) bedienen; ~ *mit etw.* (*D*) zorgen oor iets (*a. fig.*); **≈wärter** *m* bediende.

ufwärts opwaarts, omhoog, naar boven; *von e-r Mark an* ~ vanaf één mark; **≈bewegung** *f* opwaartse beweging.

ufwartung *f* bediening, dienst; *Besuch*) opwachting.

ufwasch *m* (*-es*; *0*) vaat; *das geht n einem* ~ F dat gaat in één moeite door; **≈en** afwassen, de vaat doen; **schüssel** *f* afwasbak.

f|wecken opwekken (*a. fig.*); *s. a. ufgeweckt*; **~weichen** *v/t u. v/i* eken; *Regen*: doorweken; **~weien** vertonen; *etw. aufzuweisen aben* op iets kunnen bogen.

fwend|en aanwenden, gebruiken; *Mühe* doen; *Geld*, *Zeit* besteden; **ig** kostbaar, duur; **≈ung** *f* (het) ebruik, besteding; *~en pl.* uitaven *pl.*, kosten *pl.*

aufwerfen op-, omhooggooien; *Wall*, *Frage* opwerpen; *Lippen* optrekken; *sich* ~ *zu* (*D*) zich opwerpen als.

aufwert|en herwaarderen, verhogen; *Währung* revalueren; **≈ung** *f* revaluatie, herwaardering.

auf|wickeln opwinden, oprollen; (*loswickeln*) af-, loswikkelen, afrollen; **~wiegeln** (*-le*) opruien, ophitsen; **~wiegen** opwegen tegen.

Aufwiegler *m* opruier; **≈isch** opruiend.

Aufwind *m Flgw.* stijgwind.

auf|winden opwinden, oprollen; **~wirbeln** *v/t* opjagen; *Staub* doen opwaaien; *v/i* opdwarrelen.

aufwisch|en opvegen; *Boden* opnemen; **≈lappen** *m* dweil.

aufwühlen op-, omwoelen; *fig.* (*entfachen*) losslaan; (*erschüttern*) aangrijpen.

aufzähl|en opsommen, opnoemen; *Geld* tellen; **≈ung** *f* opsomming.

auf|zäumen optuigen; **~zehren** op-, verteren.

aufzeichn|en aan-, optekenen; *Plan*, *Weg* tekenen, schetsen; *Tonband*, *Film* opnemen; **≈ung** *f* aantekening; tekening; opname.

auf|zeigen aanwijzen, aantonen (*bsd. beweisen*); **~ziehen 1.** *v/t* optrekken; (*öffnen*) opentrekken; *Vorhang* ophalen; *Schleuse* openzetten; *Flagge* hijsen; *Uhr* opwinden; *Saiten* spannen; *Reifen* opleggen; (*erziehen*) grootbrengen; (*organisieren*) op touw zetten; (*verspotten*) plagen, voor de gek houden; *etw. groß* ~ iets groots opzetten; **2.** *v/i Gewitter*: komen opzetten; *Wache*: optrekken.

Auf|zucht *f* (*0*) (het) opkweken, teelt; **~zug** *m* stoet, optocht; (*Fahrstuhl*) lift; *Thea.* (het) bedrijf; (*Tracht*) kledij.

aufzwingen *j-m A* opdringen.

Aug·apfel *m* oogappel (*a. fig.*).

Auge *n* (*-s*; *-n*) (het) oog; *ein* ~ *zudrücken* een oogje dichtknijpen; *große ~n machen* grote ogen opzetten; *j-m schöne ~n machen* naar iem. lonken; *verliebte ~n machen* verliefd kijken; *j-m etw. an den ~n ablesen* iets in iemands ogen lezen; *das paßt wie die Faust aufs* ~ F dat slaat als een tang op een varken; *aus den ~n, aus dem Sinn* uit het oog, uit het hart; *j-n nicht aus den* ~*n lassen* iem. in het oog houden; *j-n aus den* ~*n verlieren* iem. uit het oog verliezen; *im* ~ *behalten* in het oog houden; *in die* ~*n fallen* (*od. springen*) in het oog springen; *etw. ins* ~ *fassen* iets bekijken; (*beabsichtigen*) iets op het oog hebben; ~ *um* ~ oog om oog; *j-m unter die* ~*n treten* iem. onder de ogen komen; *unter vier* ~*n* onder vier ogen.

Augen|- *in Zssgn mst.* oog-, *z.B.* **~arzt** *m* oogarts; **~blick** *m* (het) ogenblik; **2ˈblicklich** (*gegenwärtig*) van (*od.* op) dit ogenblik; (*vorübergehend*) voorbijgaand; (*sofort*) onmiddellijk, ogenblikkelijk; **~braue** *f* wenkbrauw; **~entzündung** *f* oogontsteking; **2fällig** duidelijk, in het oog lopend; **~höhle** *f* oogholte; **~klappen** *f/pl.* oogkleppen *pl.*; **~leiden** *n* oogkwaal; **~licht** *n* (-*es*; *0*) (het) licht der ogen, (het) gezichtsvermogen; **~lid** *n* (het) ooglid; **~maß** *n* (-*es*; *0*): *nach* ~ op het oog; *ein gutes* (*schlechtes*) ~ *haben* een goede (slechte) kijk hebben op; *politisches* ~ (het) politiek inzicht; **~merk** *n* (-*es*; *0*) (het) oogmerk, (het) doel; *sein* ~ *richten auf* (*A*) het oog hebben op; **~nerv** *m* oogzenuw; **~paar** *n* (het) ogenpaar.

Augenschein *m* (-*es*; *0*) (het) uiterlijk; ogenschouw, (het) onderzoek; *in* ~ *nehmen* in ogenschouw nemen; **2lich** klaarblijkelijk, duidelijk; (*anscheinend*) ogenschijnlijk.

Augen|täuschung *f* (het) gezichtsbedrog; **~tropfen** *m/pl.* oogdruppels *pl.*; **~weide** *f* (*0*) een lust voor het oog; **~wimper** *f* wimper; **~zahn** *m* oogtand; **~zeuge** *m* ooggetuige; **~zwinkern** *n* (-*s*; *0*) (het) knipoogje.

Auˈgust *m* (-[*s*]; -*e*): *der* ~ augustus.

Auktion [-ˈtsĭo:n] *f* veiling, publieke verkoping; **2ieren** [-ˈni:-] (-) veilen, bij opbod verkopen.

Aula *f* (-; *Aulen*) aula.

aus 1. *Präp.* (*D*) uit; ~ *Gold* (*Eisen*) van goud (ijzer); ~ *Liebe* (*Furcht*) uit liefde (angst); *was wird* ~ *ihm werden?* wat zal er van hem terechtkomen?; **2.** *Adv.* ~ *sein* uit zijn (*a. Licht*), afgelopen zijn; *von mir* ~ wat mij betreft, voor mijn part; *von sich* ~ uit zichzelf; ~ *sein auf* (*A*) uit zijn op.

Aus *n* (*0*) *Sp.*: *ins* ~ *gehen* (*od. flie*gen) uitgaan.

aus- *in Zssgn mst.* uit-.

aus·arbeit|en uitwerken; **2ung** uitwerking.

aus·art|en (*sn*) ontaarden; **2ung** ontaarding.

aus|atmen uitademen; **~baden** *etw.* ~ *müssen* voor iets moeten boeten, voor iets moeten opdraaien; **~baggern** uitbaggeren; **~baldo**wern (-*re*; -) F komen achter, uit vissen.

Ausbau *m* (-*es*; *0*) (*Fertigstellung*) voltooiing; (*Vergrößerung*) uitbrei ding, vergroting; *fig. a.* ontwikke ling; **2en** (*herausnehmen*) demon teren, halen uit; voltooien; uitbrei den, vergroten; ontwikkelen; *Stra ße* modernizeren, vernieuwen; **~strecke** *f* gemodernizeerde weg.

aus|bedingen: *sich etw.* ~ iets be dingen; **~beißen** uitbijten.

ausbesser|n herstellen, repareren *Kleidung* verstellen; **2ung** *f* (het) herstel, reparatie; (het) verstellen.

ausbeulen (*Beule beseitigen*) ui deuken.

Ausbeut|e *f* opbrengst; *Bgb.* ex ploitatie; *fig.* oogst; **2en** (-*e*-) ui buiten; (*Nutzen ziehen*) exploiteren ontginnen; **~ung** *f* uitbuiting; *Bg.* exploitatie.

ausbezahlen uitbetalen.

ausbild|en *etw.* ontwikkelen, vo men; *j-n* opleiden, vormen; *sich etw.*: zich ontwikkelen; **2er** *m* op leider, instructeur; **2ung** *f* vo ming; ontwikkeling; opleiding.

aus|bitten: *sich etw.* ~ *von j-m* ien dringend verzoeken om iets; **~bla**sen uitblazen; **~bleiben** uit-, weg blijven; **~blenden** langzaam h geluid (*Film*: het beeld) laten ve dwijnen.

Ausblick *m* (het) uitzicht; *fig.* (he vooruitzicht, (het) perspectief; **2e** uitkijken, uitzien.

aus|bluten uitbloeden; *s. a. au geblutet*; **~bohren** uitboren; **~bomben** door bombardement ve woesten; **~booten** (-*e*-) *fig.* F aan dijk zetten.

ausbrech|en *v/t u. v/i* uitbreken *Speisen* uitbraken; *in Gelächte Tränen* uitbarsten; **2er** *m* uit gevangenis ontsnapte.

ausbreit|en uitspreiden; *fig.* ui

breiden; *Gerücht* verspreiden; *sich* ~ zich verspreiden; *Landschaft*: zich uitstrekken; 2**ung** *f* verspreiding; uitbreiding.

aus|brennen *v/t u. v/i* uitbranden; ~**bringen** *Trinkspruch* uitbrengen; 2**bruch** *m* (het) uitbreken; (*Vulkan*2, *Gefühls*2) uitbarsting; (*Gefangenen*2) uitbraak, ontsnapping; *zum* ~ *kommen* uitbreken; ~**brüten** uitbroeden (*a. fig.*); ~**buchten** uitbuigen, buitenwaarts buigen; ~**buddeln** F uitgraven; ~**bügeln** (*bügeln*) strijken; (*glätten*) (op-)persen; 2**bund** *m* (-*es*; *0*) (het) toonbeeld, (het) model; ~**bürgern** (-*re*) het staatsburgerschap ontnemen; ~**bürsten** uitborstelen.

Ausdauer *f* (*0*) volharding, (het) uithoudingsvermogen; 2**nd** volhardend.

ausdehn|en uitbreiden; *Phys.* doen uitzetten; (*zeitlich*) verlengen; ~ *auf* (*A*) uitbreiden tot; *sich* ~ zich uitstrekken; *Phys.* uitzetten; *fig.* (*sich mehren*) zich uitbreiden; 2**ung** *f* uitgestrektheid; uitzetting; uitbreiding; 2**ungs·vermögen** *n* (het) uitzettingsvermogen.

aus|denken (*sich*) uit-, bedenken, verzinnen; *es ist nicht auszudenken* het is onvoorstelbaar; ~**deuten** uitleggen, verklaren; ~**dienen** uitdienen; *s. a. ausgedient*; ~**dorren** uit-, verdrogen; ~**drehen** uitdraaien.

Ausdruck *m* (-*es*; ⸚*e*) uitdrukking; (*Bezeichnung a.*) term; *zum* ~ *bringen* uitdrukken.

ausdrucken afdrukken.

ausdrück|en (*sich*) (zich) uitdrukken; (*auspressen*) uitpersen; ~**lich** uit-, nadrukkelijk.

Ausdrucks|kraft *f* uitdrukkingskracht; 2**los** (*0*) zonder uitdrukking; 2**voll** vol uitdrukking, krachtig; ~**weise** *f* uitdrukkingswijze, manier van uitdrukken.

ausdünst|en uitwasemen; 2**ung** *f* uitwaseming.

aus·ei'nander uit elkaar, uiteen; ~**bringen** uiteendrijven, scheiden; ~**fallen** uiteen-, uit elkaar vallen; ~**gehen** uiteen-, uit elkaar gaan; *Meinungen*: uiteenlopen; ~**halten** uit elkaar houden; ~**klamüsern** (-*re*) F ontwarren; (*darlegen*) verklaren; ~**nehmen** uit elkaar nemen.

aus·ei'nandersetz|en uiteenzetten, verklaren; *sich mit j-m* ~ discussiëren met iem.; *sich mit etw.* (*D*) ~ zich intensief met iets bezighouden; 2**ung** *f* bespreking, discussie; (*Streit*) ruzie, woordenwisseling.

aus·er|koren uitverkoren; ~**lesen** uitgezocht, uitgelezen; ~**sehen** uit-, verkiezen; ~ *zu* (*D*) bestemmen voor; ~**wählen** uit(ver)kiezen.

aus·essen leeg-, opeten.

ausfahr|en 1. *v/t j-n* gaan rijden met; *Rennen* uitrijden; (*zerfahren*) stukrijden; *Flgw. Fahrgestell* neerlaten; **2.** *v/i* uitrijden; *Schiff*: uitvaren; 2**t** *f* (het) uitrijden; (het) uitvaren; (*Spazierfahrt*) (het) tochtje; (*Ausgang*) uitrit; (*Autobahn*2) af-, uitrit; (*Hafen*2) uitgang.

Ausfall *m* uitval (*a. mil., Fechten*); (*Fehlbetrag*; *Lohn*2) (het) verlies, vermindering; (*Nichtstattfinden*) (het) uitvallen; 2**en** uitvallen; (*nicht stattfinden bsd.*) niet doorgaan; *der Unterricht fällt aus* er is geen les; *s. a. ausgefallen*; 2**end** grof, beledigend.

ausfällig = *ausfallend.*

Ausfallstraße *f* uitvalsweg.

aus|fasern uitrafelen; ~**fechten** uitvechten (*a. fig.*); ~**fegen** uit-, schoonvegen; ~**feilen** (uit)vijlen; *fig.* bijvijlen.

ausfertig|en opstellen, opmaken; 2**ung** *f* opstelling, (het) opmaken; *in zweifacher* ~ in duplo; *in dreifacher* (*vierfacher*) ~ in drie (vier) exemplaren.

aus|findig: ~ *machen* opsporen, ontdekken; ~**fliegen** uit-, wegvliegen; ~**fließen** uit-, wegvloeien, uitlopen.

Aus|flucht *f* (-; ⸚*e*) uitvlucht, (het) voorwendsel; ~**flug** *m* (het) uitvliegen; (*Reise*) (het) uitstapje, (het) tochtje, excursie; ~**flügler** *m* dagjesmens, deelnemer aan een excursie.

Ausflugs|programm *n* (het) excursieprogramma; ~**verkehr** *m* (het) toeristenverkeer; ~**ziel** *n* (het) doel van een uitstapje (*od.* excursie).

Aus|fluß *m* (het) wegstromen; (*Abzug*) afvoer, afwatering; (*Ergebnis*) (het) uitvloeisel, (het) gevolg; *Med.* vloeiing; 2**forschen** *j-n* uithoren, ondervragen; *etw.* onderzoeken.

ausfrag|en uitvragen, uithoren;

2**e'rei** *f* voortdurende uitvraging (*od.* uithoring).

aus|fransen rafelen; **⁓fressen** *Tier*: uit-, leegeten; *etw.* uitvreten; *fig.* F uithalen; **⁓fugen** voegen.

Ausfuhr *f* uitvoer, export.

Ausfuhr|- *in Zssgn mst.* uitvoer-, *z.B.* **⁓abgabe** *f* uitvoerheffing.

ausführbar uitvoerbaar, doenlijk; 2**keit** *f (0)* uitvoerbaarheid.

ausführen *Arbeit, Waren* uitvoeren; *j-n* uitgaan met, meenemen; (*darlegen*) uiteenzetten.

Ausfuhr|genehmigung *f* uitvoervergunning; **⁓handel** *m* uitvoer-, exporthandel.

aus'führlich uitvoerig, breedvoerig; 2**keit** *f (0)* uitvoerigheid.

Ausführung *f* uitvoering; uiteenzetting, verklaring; **⁓s·bestimmung** *f* uitvoeringsbepaling.

Ausfuhr|verbot *n* (het) uitvoerverbod; **⁓zoll** *m* uitvoerrechten *n/pl.*

ausfüll|en (op)vullen; *Formular* invullen; *Amt* bekleden, vervullen; *fig.* (*beanspruchen*) in beslag nemen, bezighouden; 2**ung** *f* (op)vulling; invulling; bekleding, vervulling.

Ausgabe *f* uitgave (*a. Buch*2); (*Verteilung*) uitdeling, afgifte; *Hdl.* uitgifte; (*Schalter*) (het) loket; **⁓stelle** *f* (het) kantoor, (het) loket.

Ausgang *m* (het) uitgaan; (*Öffnung*) uitgang; (*Ende*) afloop; (*Ergebnis*) (het) resultaat; (*Freizeit*) uitgaansdag, uitgaansavond; **⁓s·punkt** *m* (het) uitgangspunt; **⁓s·sperre** *f* (het) uitgaansverbod; **⁓s·stellung** *f* uitgangspositie.

ausgeben uitgeven; *Rationen* uitreiken; (*spendieren*) e-n ⁓ trakteren, een rondje geven; *sich* ⁓ *für* (*A*) zich uitgeven voor.

ausge|blutet *fig.* doodgebloed; **⁓bucht** (*voll besetzt*) volgeboekt.

Ausgeburt *f* (het) voortbrengsel, (het) produkt.

ausge|dient afgedankt; *⁓er Soldat* oud-soldaat; **⁓fallen** merkwaardig; extravagant.

ausgeglichen *fig.* evenwichtig; 2**heit** *f (0)* evenwichtigheid, (het) evenwicht.

ausgeh|en uitgaan (*a. Licht, Feuer*); (*enden*) aflopen, eindigen; (*alle werden*) opraken; *Farben*: doorlopen; *Haare*: uitvallen; ⁓ *auf* (*A*) eindigen op; *fig.* (*streben nach*) beogen; *pej.* uit zijn op; *frei* ⁓ vrij-uitgaan; *leer* ⁓ met lege handen blijven zitten, niets krijgen; 2**verbot** *n* (het) uitgaansverbod.

ausge|kocht *fig.* uitgekookt; **⁓lassen** uitgelaten; **⁓laugt** *fig.* uitgeput; **⁓leiert** *fig. Redensart*: afgezaagd; **⁓lernt** volleerd; **⁓macht** (*abgemacht*) uitgemaakt; (*sicher*) zeker; (*vollkommen*) volslagen, volmaakt; **⁓mergelt** uitgemergeld; **⁓nommen** (*A*) uitgezonderd, behalve; **⁓prägt** geprononceerd, sterk; **⁓pumpt** *fig.* F uitgeput; **⁓rechnet** juist, (nu) net; **⁓schlossen** uitgesloten, onmogelijk; **⁓schnitten** *Kleid*: gedecolleteerd; **⁓sprochen** geprononceerd, uitgesproken; *Adv.* echt, beslist.

ausgestalten organiseren.

ausge|storben uitgestorven; **⁓sucht** uitgezocht, uitgelezen; **⁓wachsen** volgroeid; **⁓wogen** evenwichtig; **⁓zeichnet** uitstekend.

aus|giebig uitvoerig, overvloedig, rijkelijk; **⁓gießen** uit-, weggieten; *e-e Form* volgieten; *fig. Herz, Zorn* uitstorten.

Ausgleich *m* (-*es*; -*e*) (het) evenwicht; compensatie; (*Versöhnung*) (het) vergelijk; *Sp.* gelijkmaker; *e-n* ⁓ *schaffen für* (*A*) compenseren; *zum* ⁓ *e-s Kontos* ter vereffening; 2**en** gelijk maken; compenseren; in evenwicht brengen; (*bezahlen*) vereffenen, betalen; (*versöhnen*) verzoenen; *Etat* sluitend maken; *sich* ⁓ tegen elkaar opwegen; *s. a. ausgeglichen*; **⁓s·abgabe** *f* vereveningsheffing; **⁓s·fonds** *m* (het) egalisatiefonds; **⁓s·treffer** *m* gelijkmaker.

ausgleiten uitglijden.

ausgrab|en uit-, opgraven; 2**ungen** *f/pl.* opgravingen *pl.*

ausgreifen (*ausholen*) uitweiden.

Ausguck *m* (-*es*; -*e*) uitkijk; ⁓ *halten* op de uitkijk staan; 2**en** uitkijken.

Ausguß *m* gootsteen; (*Rinne*) afvoerpijp.

aus|haben F uithebben; **⁓hacken** uithakken; **⁓haken** los-, afhaken; *fig.* (*nicht funktionieren*) het laten afweten; **⁓halten** uithouden; *Schmerzen* doorstaan; *Ton* aanhouden; (*unterhalten*) onderhouden; *es ist nicht zum* 2 het is niet uit te houden; **⁓handeln** door onderhandelingen bereiken.

aushändig|en overhandigen; **2ung** *f* overhandiging.
Aushang *m* (het) ophangen; (*Bekanntmachung*) affiche, (het) aanplakbiljet.
aushänge|n *v/t* aanplakken; *Ware* ophangen, te koop hangen; *Tür* uit de hengsels lichten; *v/i* uithangen; **2schild** *n* (het) uithangbord (*a. fig.*).
aus|harren volharden, volhouden; **~hauchen** uitblazen; *s-n Geist* (*od. sein Leben*) ~ de geest geven; **~hauen** uithouwen; *Wald* dunnen, lichten; **~heben** uithalen; *Tür* uit de hengsels lichten; (*ausgraben*) uitgraven; (*graben*) graven; *mil.* recruteren, lichten; *Verbrecher* oprollen, pakken; **~hecken** uitbroeden, verzinnen; **~heilen** geheel genezen; **~helfen** *j-m mit* (*D*) helpen.
Aushilf|e *f* hulp; *zur* ~ als noodhulp, als tijdelijke hulp; **~s·kraft** *f* noodhulp, tijdelijke hulp; **2s·weise** = *zur Aushilfe*.
aus|höhlen uithollen (*a. fig.*); **~holen** (*zum Schlag*) uithalen; (*zum Sprung*) een aanloop nemen; (*bei Erzählung*) teruggaan; **~horchen** uithoren; **~hungern** uithongeren (*a. fig.*); **~kämmen** uitkammen; **~kehren** uitvegen; **~kennen:** *sich* ~ *in* (*D*) op de hoogte zijn van; (*geographisch*) de weg weten; **~klammern** *fig.* buiten beschouwing laten.
Ausklang *m* (het) einde, (het) slot.
aus|kleiden *etw. mit* (*D*) bekleden; **~klingen** wegsterven; *fig.* eindigen; **~klopfen** uitkloppen; **~klügeln** (*-le*) uitkienen; **~kneifen** *fig.* F ervandoor gaan, de plaat poetsen; **~knipsen** uitdoen; **~knobeln** F dobbelen om; *fig.* F uitknobbelen, uitkienen; **~kochen** uitkoken; *s. a. ausgekocht*.
auskommen (*mit Geld*) rondkomen, toekomen; (*sich vertragen*) opschieten; ~ *ohne* (*A*) het klaarspelen zonder, het doen zonder; **2** *n* (het) bestaan, (het) inkomen; (*das Vertragen*) verstandhouding; *sein* ~ *haben* zijn kost verdienen, kunnen rondkomen; *sein gutes* ~ *haben* goed kunnen leven.
aus|kömmlich behoorlijk, toereikend; **~kosten** ten volle genieten van; **~kramen** uitruimen; *fig.* ophalen; **~kratzen** *v/t* uitkrabben; *v/i* (*sn*) F ervandoor gaan, 'em smeren; **~kühlen** *v/t u. v/i* afkoelen; **~kul'tieren** (-) ausculteren; **~kundschaften** (*-e-*) verkennen; *Geheimnis* ontdekken; *Stimmung* peilen.
Auskunft *f* (-; *⸚e*) inlichtingen *pl.*, informatie; (*Büro*) inlichtingen (-dienst); *nähere Auskünfte* nadere inlichtingen; **~ei** [-'taɪ] *f* (het) informatiebureau; **~s·beamte(r)** ambtenaar voor inlichtingen; **~s·büro** *n*, **~s·stelle** *f* (het) informatiebureau, inlichtingendienst.
aus|kuppeln ontkoppelen; **~kurieren** uitvieren; **~lachen** uitlachen.
auslade|n uitladen; *große Mengen bsd.* lossen; *Gäste* afzeggen; **~nd** breed; **2rampe** *f* verhoogde losplaats, losvloer.
Auslage *f* (*Schaufenster*) etalage; *Sp.* uitgangspositie; *~n pl.* (*Ausgaben*) onkosten *pl.*
auslagern in veiligheid brengen.
Ausland *n* (*-es; 0*) (het) buitenland.
Ausländ|er(in *f*) *m* buitenlander *m*, buitenlandse *f*; **2isch** buitenlands, uitheems.
Auslands|aufenthalt *m* (het) verblijf in het buitenland; **~gespräch** *n Tel.* (het) buitenlands telefoongesprek; **~korrespondent** *m* buitenlandse correspondent; **~reise** *f* buitenlandse reis.
auslassen uitlaten (*a. Kleid*); (*fließen lassen*) weg laten lopen; *Wort usw.* weglaten; *Butter* smelten; *fig.* ~ *an* (*D*) *Zorn* koelen op; *Laune* afreageren op; *sich* ~ zich uitlaten, zich uiten; *s. a. ausgelassen*.
Auslassung *f* weglating; (*Äußerung*) uitlating; **~s·zeichen** *n* apostrof, (het) weglatingsteken.
auslasten volledig belasten; *voll ausgelastet sein Pers.*: het druk hebben.
Auslauf *m* uitloop; (*e-s Schiffes*) (het) vertrek; **2en** uitlopen (*a. Farben*); *Gefäß*: leeglopen; *Schiff*: uitvaren; (*ablaufen bsd.*) aflopen.
Aus|läufer *m* (*Gebirgs2*) uitloper (*a. fig.*); *Bot.* loot; **2laugen** uitlogen; *s. a. ausgelaugt*.
Auslaut *m* slotklank, (het) einde van het woord; *im* ~ op het einde; **2en** uitgaan, eindigen.
aus|leben: *sich* ~ zich uitleven; **~**

lecken *v/t* uitlikken; **~leeren** legen, leegmaken.

ausleg|en *Waren* ten toon spreiden, uitstallen; *Geld* voorschieten; (*bedecken*) bekleden, beleggen; (*deuten*) uitleggen, verklaren; **2e·ware** *f* vloerbedekking; **2ung** *f* uitleg, verklaring. [*s. a. ausgeleiert.*]

ausleiern uitlubberen, uitslijten;

Ausleih|bibliothek *f* uitleenbibliotheek; **~e** *f* uitlening; **2en** uitlenen.

auslernen zijn leertijd voltooien; *man lernt nie aus* men raakt nooit uitgeleerd; *s. a. ausgelernt.*

Auslese *f* keuze, selectie; (*Wein*) bijzondere wijn; **2n** uitkiezen, selecteren; *Buch* uitlezen; **~verfahren** *n* selectieprocedure.

ausleuchten verlichten.

ausliefer|n *Waren* leveren; *j-n* uitleveren; (*aushändigen*) afleveren; *ausgeliefert sein* (*D*) overgeleverd zijn aan; **2ung** *f* levering; uitlevering.

aus|liegen uitgestald liggen; *Lektüre*: ter lezing liggen; **~löffeln** uitlepelen; *fig.* bezuren; **~löschen** blussen, doven; *Schrift* uitwissen; **~losen** verloten.

auslös|en *Pfand* inlossen; *Mechanismus* op gang brengen; *Gefangene* vrijkopen; *Verschluß* openen; (*veranlassen*) uitlokken, ontketenen, veroorzaken, verwekken; **2er** *m Foto*: ontspanner.

aus|loten peilen (*a. fig.*); **~lüften** (uit)luchten; **~machen** uitmaken; *Licht, Feuer* uitdoen; *Kartoffeln* rooien; (*betragen a.*) bedragen; (*verabreden*) afspreken; (*wahrnehmen*) waarnemen; *das macht nichts aus* dat geeft niets; *das macht mir nichts aus* ik geef er niks om; *wenn es Ihnen nichts ausmacht* als U er niets op tegen hebt; *s. a. ausgemacht*; **~mahlen** fijnmalen; **~malen** (be)schilderen; *fig. sich etw. ~* zich iets voorstellen.

Aus|marsch *m* afmars, (het) vertrek; **~maß** *n* omvang, afmeting(en *pl.*).

aus|mauern be-, dichtmetselen; **~meißeln** uitbeitelen; **~mergeln** uitmergelen; *s. a. ausgemergelt.*

ausmerz|en (*-t*) uitroeien; (*streichen*) schrappen; *Fehler* eruit halen; **2ung** *f* uitroeiing; (het) schrappen; verbetering.

aus|messen (op)meten; **~misten** uitmesten (*a. fig.*); **~münden** uitmonden, uitkomen; **~mustern** afkeuren (*a. mil.*).

Ausnahme *f* uitzondering; **~fall** *m* (het) uitzonderingsgeval; **~zustand** *m* staat van beleg.

ausnahms|los (*0*) zonder uitzondering; **~weise** bij wijze van uitzondering.

ausnehmen uitnemen, uitzonderen; *Nest* uithalen; *Tier* schoonmaken; (*verhören*) uithoren; (*berauben*) plunderen; *sich ~* eruitzien; *s. a. ausgenommen*; **~d** uitstekend, bij zonder.

Ausnüchterung *f* (*0*): *zur ~* te ontnuchtering.

aus|nutzen, ~nützen profiteren van; *Einfluß, Zeit* gebruiken, benutten; (*mißbrauchen*) misbruiken; *j-n* uitbuiten; **2nutzung** *f*, **2nützung** *f* (het) gebruik, benutting; (het) misbruik; uitbuiting.

aus|packen uitpakken; *fig.* F vertellen; (*verraten*) verraden, verklappen; **~peitschen** geselen, afranselen; **~pennen** F uitslapen; **~pfeifen** uitfluiten.

Auspizien [-ˈspi:tsiən] *n/pl.* auspiciën *pl.*

aus|plaudern verklappen; **~plündern** uitplunderen; **~polstern** opvullen, capitonneren; **~posaunen** uit-, rondbazuinen; **~prägen** *Münzen* munten, slaan; (*formen*) vormen; *sich ~* tot uitdrukking komen; *s. a. ausgeprägt*; **~pressen** uitpersen (*a. fig.*); **~probieren** proberen, beproeven.

Auspuff *m* (*-es*; *-e*) uitlaat; **~gase** *n/pl.* uitlaatgassen *n/pl.*; **~topf** knalpot.

aus|pumpen *Behälter, Magen* leegpompen; *Wasser, Luft* uitpompen; *s. a. ausgepumpt*; **~pusten** uitblazen; **~putzen** reinigen, schoonmaken; (*schmücken*) versieren, tooien; **~quartieren** (-) ergens anders onderbrengen; **~quatschen** F verraden, verklappen; **~radieren** uitgommen; (*vernichten*) wegvagen; **~rangieren** *fig.* F afdanken; **~rasieren** uitscheren; **~rasten** (*s*) openspringen, losschuiven; **~rauben** beroven; **~räuchern** uitroken (*a. fig.*).

ausräum|en uit-, ontruimen; *L*

tung, Magen legen; **2ung** *f* uit-, ontruiming; lediging.
;usrechnen uitrekenen; *s. a. ausgerechnet.*
Ausrede *f* uitvlucht, (het) voorwendsel; *faule* ~*n! pl.* F smoesjes! *n/pl.*; **2n** uitspreken, uitpraten; *j-n* ~ *lassen* iem. laten uitspreken; *j-m etw.* uit het hoofd praten.
usreiben (*sich*) uitwrijven.
usreichen voldoende zijn; ~ *mit (D)* rondkomen met; **~d** voldoende, genoeg.
Ausreise *f* (het) vertrek naar het buitenland, uitreis; **~erlaubnis** *f* uitreisvergunning; **2n** vertrekken naar het buitenland; **~visum** *n* (het) uitreisvisum.
usreiß|en *v/t* uitrukken, uittrekken; *Papier* uitscheuren; *v/i Naht*: uitscheuren, losgaan; F (*fliehen*) op de loop gaan, aan de haal gaan; **2er** *m* vluchteling.
us|reiten uitrijden; **~renken** ontwrichten; **~richten** (uit)richten; *Grüße* doen; *Botschaft* overbrengen; *Fest* geven; (*erreichen*) bereiken; ~ *auf (A)* afstemmen op.
usritt *m* rit te paard.
us|roden rooien; **~rollen** *Teig* plat rollen; *Flgw.* uitlopen; **~rotten** (*-e-*) uitroeien, verdelgen; **~rücken** uitrukken; (*fliehen*) ervandoor gaan, op de loop gaan.
usruf *m* uitroep; (*Schrei bsd.*) kreet; (*Ankündigung*) afkondiging; **2en** uitroepen; *Bekanntmachung* af-, omroepen; *Waren* uitventen; **~er** *m* omroeper; venter; **~ung** *f* uitroeping; **~ungs·zeichen** *n* (het) uitroepteken.
us|ruhen (*sich*) uitrusten; **~rupfen** uittrekken.
usrüst|en uitrusten; **2ung** *f* uitrusting.
usrutschen uitglijden.
ussaat *f* (het) uitzaaien; (*das Gesäte*) (het) gezaaide, (het) zaad.
ussage *f* verklaring; *jur. bsd.* getuigenis; (*Inhalt*) expressie, uitdrukking; *Gr.* (het) gezegde; **2n** verklaren; *jur.* getuigen; uitdrukken; (*mitteilen*) zeggen; **~verweigerung** *f* weigering tot getuigenis.
ussatz *m* (*-es; 0*) *Med.* melaatsheid, lepra.
ssätzig melaats; **2e(r)** melaatse.
s|saufen *Tier*: uit-, leegdrinken; P *Pers.*: uit-, leegzuipen; **~saugen** uitzuigen (*a. fig.*); **~schachten** (*-e-*) uitgraven.
ausschalt|en uitschakelen (*a. fig.*); *Licht bsd.* uitdoen; *Radio bsd.* afzetten; **2ung** *f* uitschakeling.
Ausschank *m* (*-es; *=*e*) verkoop van drank; (*Kneipe*) (het) café, kroeg.
ausscharren uitkrabben, uitgraven.
Ausschau *f* (*0*): ~ *halten* uitkijken; **2en** eruitzien; ~ *nach (D)* uitkijken naar.
ausscheid|en *v/t* afscheiden; *v/i* (*aus e-m Amt*) aftreden; (*aus e-m Verein, aus e-r Firma*) verlaten; *Sp.* uitgeschakeld worden, uitvallen; (*nicht in Betracht kommen*) niet in aanmerking komen; **2ung** *f* afscheiding; (*Kot, Harn bsd.*) uitwerpselen *n/pl.*; **2ungs·spiel** *n* afvalwedstrijd.
aus|schelten uitschelden; **~schenken** schenken; **~scheren** *v/i* (*aus e-r Kolonne*) de rij verlaten, uithalen; **~schicken** uitsturen, uitzenden; **~schiffen** ontschepen; *Waren* lossen; **~schimpfen** uitschelden; **~schlachten** *Wrack* slopen (met het oog op de nog bruikbare onderdelen); *fig.* exploiteren, uitbuiten; **~schlafen** *v/i u. v/t* uitslapen; *s. a. ausgeschlafen.*
Ausschlag *m Med.* uitslag; (*Pendel2*) (het) uitslaan; *fig. den* ~ *geben* de doorslag geven; **2en 1.** *v/t Zahn, Auge* uitslaan; *Bitte, Angebot* afslaan; (*mit Stoff*) bekleden; **2.** *v/i Pferd*: achteruitslaan; *Bot.* uitbotten; *Pendel, Uhr*: uitslaan; *zum Guten (Schlechten)* ~ goed (slecht) aflopen; **2gebend** doorslaggevend, beslissend.
ausschlämmen uitbaggeren.
ausschließ|en uitsluiten (*a. fig.*); *s. a. ausgeschlossen*; **~lich** (*0*) uitsluitend; *Präp.* (*G*) zonder, behalve.
aus|schlüpfen uitkomen; **~schlürfen** uitslurpen.
Ausschluß *m* uitsluiting; *unter* ~ *der Öffentlichkeit* met gesloten deuren.
aus|schmieren uitsmeren; **~schmücken** versieren; *Erzählung* opsmukken; **~schneiden** uitsnijden; (*mit Schere bsd.*) uitknippen; *Baum* snoeien; *s. a. ausgeschnitten.*
Ausschnitt *m* (het) uitsnijden; (het) uitknippen; (*Kleid2*) (het) decolleté; (*Zeitungs2*) (het) knipsel; *Math.*

sector; *fig.* (*Teil*) (het) fragment, (het) stuk.
aus|schnüffeln *v/t* uitvissen; **~schöpfen** uit-, leegscheppen; *fig.* uitputten; *Möglichkeit* ten volle benutten.
ausschreib|en uitschrijven; (*nicht abkürzen*) voluit schrijven; *Rechnung, Rezept* schrijven; **2ung** *f* uitschrijving; *öffentliche ~* openbare aanbesteding.
ausschreien uitschreeuwen; (*feilbieten*) uitventen.
ausschreit|en grote stappen nemen; *fig.* buiten de perken gaan, te ver gaan. **2ung** *f* (*mst. pl.* ~en) ongeregeldheden *pl.*
Ausschuß *m* (*Komitee*) commissie, (het) comité; (*defekte Ware*) (het) uitschot, afval; **~sitzung** *f* commissievergadering; **~ware** *f* (het) uitschot.
ausschütt|en uitgieten; *Korb, Herz* uitstorten; *Dividende* uitkeren; *sich vor Lachen ~* stikken van het lachen; **2ung** *f* uitkering.
ausschwärmen (*sn*) uitzwermen; *mil.* zich verspreiden.
ausschweif|en boogvormig uitsnijden; (*abschweifen*) afdwalen, uitweiden; (*moralisch*) losbandig leven; **~end** overdreven, buitensporig; losbandig; **2ung** *f* afdwaling, uitweiding; uitspatting.
aus|schweigen: *sich ~ über* (*A*) zwijgen over, niet willen spreken over; **~schwenken** *v/i* naar buiten draaien; *mil.* zwenken; **~schwitzen** uitzweten.
aussehen eruit zien; *gut* (*schlecht*) *~* er goed (slecht) uitzien; (*sich die Augen*) *~ nach* (*D*) uitkijken naar; *es sieht nach Regen* (*Schnee*) *aus* het ziet er naar uit of we regen (sneeuw) zullen krijgen; F *so siehst du aus!* (dat) had je gedacht!; **2** *n* (het) uiterlijk, (het) voorkomen; *dem ~ nach* schijnbaar.
aussein F uit zijn; (*zu Ende sein bsd.*) afgelopen zijn. [(af).]
außen buiten; *von ~ her* van buiten
Außen|- *in Zssgn mst.* buiten-, *z.B.* **~antenne** *f* buitenantenne; **~aufnahme** *f* buitenopname; **~bordmotor** *m* buitenboordmotor.
aussenden uitzenden.
Außen|dienst *m* buitendienst; **~hafen** *m* buitenhaven.
Außenhandel *m* buitenlandse handel; **~s·politik** *f* buitenlandse handelspolitiek.
Außenminister *m* minister van Buitenlandse Zaken; **~ium** [-'te:rĭum] *n* (het) ministerie van Buitenlandse Zaken.
Außenpolit|ik *f* buitenlandse politiek; **2isch** van de buitenlandse politiek.
Außenseite *f* buitenkant; *fig.* (het) uiterlijk; **~r** *m* outsider, buitenstaander.
Außen|stehende(r) buitenstaande; **~stürmer** *m Sp.* buitenspeler; **~temperatur** *f* temperatuur buiten; **~wand** *f* buitenmuur; **~welt** *f* (de) buitenwereld.
außer 1. *Präp.* (*D*) buiten; (*ausgenommen; darüber hinaus*) behalve; *sich sein* (*vor D*) buiten zichzelf zijn (van); **2.** *Ko. ~ daß* behalve dat; *wenn* tenzij.
außer|amtlich niet officieel, buitenambtelijk; **~dem** bovendien, daarenboven; **~dienstlich** buiten de dienst.
äußere uiterlijke; (*an der Oberfläche*) buitenste, uitwendige; *Pol.* buitenlandse; *der ~ Schein* de schijn; **2(s)** (het) uitwendige; (*Außenseite*) buitenkant; (*Aussehen*) (het) uiterlijk.
außer|ehelich buitenechtelijk, onwettig; **~europäisch** niet-Europees; **~gerichtlich** buitengerechtelijk; **~gewöhnlich** buitengewoon; *Adv. bsd.* ongewoon; **~halb** (*G*) buiten; **~irdisch** van andere planeten.
äußerlich uiterlijk; *Med.* uitwendig; **2keit** *f* uiterlijkheid.
äußern (*-re*) uiten; *sich ~* (*zu über A*) zijn mening te kennen geven (over).
außer|ordentlich buitengewoon (*a. Professor*), uitzonderlijk; **~parlamentarisch** buitenparlementair; **~planmäßig** *Zug*: extra.
äußerst *Adj. u. Adv.* uiterst; *aufs* (*erschrocken, gespannt, ...*) heel erg.
außerstande: *~ sein* (*zu*) niet in staat zijn (om te).
Äußerste|(s) *n* (het) uiterste; *auf* (*das ~*) *gefaßt* op het ergste voorbereid *sein*; *~s tun* zijn uiterste best doen; *bis zum ~n gehen* (*treiben*) tot het uiterste gaan (drijven); **2n·falls** in het uiterste geval.

Äußerung *f* uiting; (*Meinungs*⁀) uitlating, verklaring.
aussetzen 1. *v/t Belohnung* uitloven; *Kind* te vondeling leggen; (*der Sonne, Gefahr usw.*) blootstellen aan; (*unterbrechen*) opschorten; *Wache, Boot* uitzetten; etw. *auszusetzen haben an* (*D*) iets aan te merken hebben op; **2.** *v/i* (*mit e-r Arbeit*) pauzeren; *Motor*: afslaan, haperen; *Atem*: stokken; *Strom, Gerät*: uitvallen.
Aussicht *f* (het) uitzicht; *fig.* (het) vooruitzicht, kans; ~ *auf Erfolg* kans van slagen; *in ~ stellen* in het vooruitzicht stellen; ⁀**s·los** (*-est*) hopeloos, uitzichtloos; ⁀**s·reich** veelbelovend; ~**s·turm** *m* uitkijktoren.
aussiedeln uitdrijven.
aussöhn|en (*sich*) (zich) verzoenen; ⁀**ung** *f* verzoening.
aus|sondern afscheiden; schiften, (uit)sorteren; ~**spähen** *v/i* uitkijken; ~**spannen** *v/t* uitspannen; *Seil* strak spannen; F wegkapen; *v/i* (*sich erholen*) zich ontspannen, uitrusten; ~**sparen** uitsparen; ~**speien** uitspuwen (*a. fig.*).
aussperr|en buitensluiten; *Arbeiter* uitsluiten; ⁀**ung** *f* uitsluiting, lock-out.
aus|spielen uitspelen (*a. fig.*); *ausgespielt haben* afgedaan hebben; ~**spionieren** heimelijk onderzoeken.
Aussprache *f* uitspraak; *mit j-m*: gedachtenwisseling, discussie.
aussprech|bar uitspreekbaar; ~**en** uitspreken; *sich ~* zijn hart uitstorten; *sich ~ für* (*A*) (*gegen A*) zich uitspreken voor (tegen); *s. a. ausgesprochen*.
Ausspruch *m* uitspraak.
aus|spucken uitspuwen; ~**spülen** (uit)spoelen; ~**staffieren** stofferen, garneren, tooien.
Ausstand *m* (*Streik*) staking; *in den ~ treten* in staking gaan.
ausstatt|en (*-e-*) (*mit D*) voorzien (van); *Raum* inrichten; *Buch* verzorgen; ⁀**ung** *f* uitrusting; inrichting; verzorging; (*Aussteuer*) uitzet; *Thea.* kostuums en decors *pl.*
aus|stechen uitsteken; *fig.* (*übertreffen*) de loef afsteken; (*verdrängen*) verdringen, uit het zadel lichten; ~**stehen 1.** *v/t* uitstaan; *nicht ~ können* niet kunnen uitstaan; **2.** *v/i* (*fehlen*) ontbreken; *Geld, Entscheidung*: op zich laten wachten; ~**steigen** uitstappen.
ausstell|en tentoonstellen, uitstallen, exposeren; (*ausschreiben*) schrijven; *Wache* uitzetten; *Paß* afgeven; ⁀**er** *m* tentoonsteller, exposant; afgever; ⁀**ung** *f* tentoonstelling; afgifte; (*e-s Wechsels*) trekking.
Ausstellungs|- *in Zssgn mst.* tentoonstellings-, *z.B.* ~**gebäude** *n* (het) tentoonstellingsgebouw; ~**gelände** *n* (het) tentoonstellingsterrein.
aussterben uitsterven; *s. a. ausgestorben*.
Aussteuer *f* uitzet; ⁀**n** een uitzet geven; (*bei Versicherung*) van de lijst afvoeren.
Ausstieg *m* (*-es; -e*) uitgang.
ausstopfen (op)vullen; *Tier* opzetten.
Ausstoß *m* produktie; ⁀**en** uitstoten (*a. fig.*); *Auge* uitsteken; produceren.
aus|strahlen uitstralen (*a. fig.*); *Rf.* uitzenden; ~**strecken** (*sich*) (zich) uitstrekken; ~**streichen** uitstrijken; *Fugen* volstrijken; *Falten* gladstrijken; *Wort* doorhalen, schrappen; ~**streuen** uitstrooien (*a. fig.*); ~**strömen** *v/t* verspreiden; *v/i* uitstromen; ~**suchen** (*sich*) uitzoeken; *s. a. ausgesucht*.
Austausch *m* (*-es; 0*) ruil; (*Personen*⁀, *Gedanken*⁀) uitwisseling; ⁀**en** uitwisselen, ruilen; ~**motor** *m* ruilmotor; ~**student** *m* ruilstudent.
austeil|en uitdelen; ⁀**ung** *f* uitdeling.
Auster *f* (*-; -n*) oester.
Austern|- *in Zssgn mst.* oester-, *z.B.* ~**bank** *f* (*-; ⸚e*) oesterbank.
aus|tilgen uitwissen; (*ausrotten*) verdelgen, uitroeien; ~**toben** *v/t Wut* koelen; *sich ~* uitrazen; ~**tragen** *Post* rondbrengen, bestellen; *Spiel, Kampf* houden, doorvoeren; *Kind* tot de geboorte dragen; *Klatsch* verspreiden; *Streit* uitvechten.
Aus|träger *m* bezorger, besteller; (*von Klatsch*) verklikker; ~**tragung** *f* (het) houden, (het) spelen; (het) uitvechten.
Aus'tral|ien [-liən] *n* Australië *n*;

~ier(**in** *f*) *m* Australiër *m*, Australische *f*; **≈isch** Australisch.

austräumen uitdromen (*a. fig.*).

austreib|en uitdrijven; *Vieh* naar de weide drijven; **≈ung** *f* uitdrijving.

aus|treten 1. *v/i* (*aus e-r Partei usw.*) uittreden; (*heraustreten*) naar buiten treden, komen uit; F *ich muß* ~ ik wil de W.C. opzoeken; **2.** *v/t Feuer* uittrappen; *Schuhe* uitlopen; **~trinken** uit-, leegdrinken.

Austritt *m* uittreding; (het) komen uit; (het) klein balkon.

aus|trocknen uitdrogen; **~trompeten** uit-, rondbazuinen; **~tüfteln** uitdokteren, uitkienen.

aus·üb|en uitoefenen (*a. Beruf, Macht usw.*); *Rache* oefenen; **~de** *Gewalt* uitvoerende macht; **≈ung** *f* uitoefening.

aus·ufern (*-re*) buiten zijn oevers treden; *fig.* zich ontwikkelen, ontaarden.

Ausverkauf *m* uitverkoop; **≈en** uitverkopen.

aus|wachsen volgroeien; *s. a. ausgewachsen*; **≈wahl** *f* keuze, keus; (*Literatur≈*) keur, bloemlezing; **~wählen** uitkiezen.

Auswahl|mannschaft *f* selectieploeg; **~möglichkeit** *f* keuzemogelijkheid.

Auswander|er *m* emigrant; **≈n** emigreren; **~ung** *f* emigratie.

auswärt|ig buitenlands; (*aus e-m anderen Ort*) vreemd; (*von auswärts*) van buiten; **≈es** *Amt* (het) ministerie van Buitenlandse Zaken; **~s** (*wohin?*) naar buiten; (*wo?*) buiten; **≈s·spiel** *n Sp.* uitwedstrijd.

auswaschen uitwassen; *Ufer* weg-, onderspoelen.

auswechs|elbar verwisselbaar; **~eln** vervangen, vernieuwen; (*gegen A*) ver-, uitwisselen; **≈(e)lung** *f* vervanging; ver-, uitwisseling.

Ausweg *m* uitweg (*a. fig.*); **≈los** (*-est*) uitzichtloos.

ausweich|en (*D*) uitwijken voor, uit de weg gaan voor; *fig.* ontwijken; **~end** ontwijkend; **≈manöver** *n* uitwijkmanoeuvre; **≈möglichkeit** *f* uitwijkmogelijkheid; **≈stelle** *f* uitwijkplaats.

ausweinen: *sich* ~ zich uithuilen.

Ausweis *m* (*-es*; *-e*) (*Personal≈*) (het) legitimatiebewijs, identiteitskaart, pas; (*Mitglieds≈*; *Berechtigungs-nachweis*) kaart; **≈en** *j-n* het lan[d] uit zetten, uitwijzen; *sich* ~ zic[h] legitimeren; **~papiere** *n/pl.* legiti[-]matiepapieren *n/pl.*; **~ung** *f* uitwi[j-]zing; legitimatie.

ausweit|en verwijden, uitrekken; *Handschuhe* oprekken; *sich* ~ zic[h] uitbreiden; **≈ung** *f* uitbreiding, ver[-]groting.

aus|wendig van buiten, uit he[t] hoofd; ~ *können* (*lernen*) van buite[n] (*od.* uit het hoofd) kennen (leren); **~werfen** uitgooien, uitwerpen; *Blut, Feuer* uitbraken, spuwen; *Graben* uitgraven; *Summe* ui[t-]keren, uittrekken; *Gewinn* opleve[-]ren; *Produkte* produceren.

auswert|en (*verwerten*) benutte[n], gebruik maken van; (*Wert ermitteln*) evalueren; **≈ung** *f* (het) benutte[n], (het) gebruik maken van.

aus|wickeln *Paket* uitpakken; *Ki[nd]* de luiers *pl.* uitdoen; **~wiegen** af[-]uitwegen; *s. a. ausgewogen*.

auswirk|en: *sich* ~ invloed hebbe[n], zich doen gevoelen; **≈ung** *f* (he[t]) gevolg, (het) effect.

aus|wischen uitwissen, uitvege[n]; *j-m eins* ~ iem. een kool stoven; **~wringen** uitwringen.

Auswuchs [u:] *m* (*-es*; *⸗e*) uitwas (*fig.*); *Med.* woekering.

auswuchten *Rad* uitbalanceren.

Auswurf *m Med.* (het) sputu[m], (het) spuwsel; *fig.* (het) uitvaagse[l].

aus|zahlen uitbetalen; *sich* ~ re[n-]deren; **~zählen** tellen; *Sp.* uitte[l-]len; **≈zahlung** *f* uitbetaling; **~ze[h-]ren** uitteren; *sich* ~ wegteren.

auszeichn|en *Waren* tekenen, pr[ij-]zen; *j-n* onderscheiden; *sich* ~ zi[ch] onderscheiden, uitmunten; *s. ausgezeichnet*; **≈ung** *f* (het) tek[e-]nen; onderscheiding.

auszieh|bar (*0*) uittrekbaar; **~en** uittrekken (*a. Kleid*); *j-n* uitkled[en] (*a. fig.*); *v/i* (*sn*) vertrekken, we[g-]gaan; (*aus e-m Haus*) verhuize[n]; *sich* ~ zich uitkleden; **≈tisch** *m* u[it-]schuiftafel.

auszischen uitjouwen.

Auszug *m* uittocht; verhuizin[g]; (*Exzerpt*; *Konto≈*) (het) uittreks[el]; *Chem.* (het) extract; **≈s·weise** uittreksel(s).

auszupfen uittrekken.

au'tark autark.

u'thentisch authentiek.
uto *n* (-*s*; -*s*) auto; ~ *fahren* auto-
rijden.
uto- *in Zssgn mst.* auto-.
utobahn *f* autosnelweg; **~gebühr**
f wegentol; **~kreuz** *n* (het) klaver-
blad; **~raststätte** *f* (het) weg-
restaurant; **~zubringer** *m* weg naar
de autosnelweg.
utobiographie *f* autobiografie.
utobus *m* autobus; **~haltestelle** *f*
bushalte; **~verbindung** *f* busver-
binding.
utodi'dakt *m* (-*en*) autodidact.
uto|droschke *f* taxi; **~fähre** *f*
het) autoveer.
utofahr|er *m* automobilist, chauf-
eur; **~t** *f* autorit.
uto'gramm *n* (-*s*; -*e*) (het) auto-
gram.
uto|hilfe *f* wegenwacht; **~indu-**
trie *f* autoindustrie; **~karte** *f* au-
okaart; **~kino** *n* drive-in-bioscoop;
knacker *m* autodief.
utokra'tie *f* autocratie.
uto'mat *m* (-*en*) automaat; **~en-**
estaurant *n* automatiek; **~ik** *f*
utomatiek; *Auto*: met automa-
ische versnellingen; **²isch** auto-
natisch.
utominuten *f/pl.* minuten *pl.* met
e auto.
utomo'bil *n* (-*s*; -*e*) automobiel;
klub *m* automobielclub.
to'nom autonoom; **²ie** [-'mi:] *f*
utonomie.

Autop'sie *f* autopsie, lijkschouwing.
Autor *m* (-*s*; -*en* [-'to:ʀən]) auteur, schrijver.
Auto|reifen *m* autoband; **~reisezug** *m* autoslaaptrein; **~rennen** *n* autorace; **~reparaturwerkstatt** *f* garage.
Au'torin *f* schrijfster.
autori|'sieren (-) autoriseren; **~'tär** autoritair; **²'tät** *f* (het) gezag, autoriteit.
Autorschaft *f* (*0*) (het) auteurschap.
Auto|schlüssel *m* autosleutel; **~sport** *m* autosport; **~straße** *f* autoweg; **~stunde** *f* (het) uur rijden.
Autosugges'tion *f* autosuggestie.
Auto|unfall *m* (het) auto-ongeval; **~verkehr** *m* (het) autoverkeer; **~vermietung** *f* autoverhuring; **~zubehör** *n* auto-accessoires *pl.*
autsch!, **au'weh**! au!
avancieren [ɑ·vaŋ'si:-, ɑ·vã:-] (-) avanceren, bevorderd worden.
avi'sieren (-) op de hoogte brengen van.
A'xiom *n* (-*s*; -*e*) (het) axioma.
Axt *f* (-; ⸚*e*) bijl.
Azalee [-'le:ə] *f* azalea.
Azety'len *n* (-*s*; *0*) (het) acetyleen.
A'zoren *pl.* Azoren *pl.*
Az'tekenreich *n* (het) rijk der Azteken.
a'zurblau (*0*) azuurblauw.

B

B, b *n* B, b.

babbeln (*-le*) F kletsen.

Baby ['be:bi'] *n* (*-s*; *-s*) baby; **~ausstattung** *f* babyuitzet.

Baby'lonien *n* Babylonië *n*.

Babysitter *m* babysit(ter).

Bach *m* (*-es*; *⸚e*) beek.

Bache *f* wilde zeug.

Bachstelze *f* (het) kwikstaartje.

Backbord *n* (het) bakboord.

Backe *f* wang; (*Hinter*~) bil; (*Brems*~) (het) blok; (*e-s Werkzeugs*) klauw, grijper; *au ~!* F goeie genade!

backen (*L*) bakken; *s. a. gebacken*.

Backen|bart *m* bakkebaard; **~streich** *m* kaakslag; **~zahn** *m* kies.

Bäcker *m* bakker.

Bäcker|- *in Zssgn mst.* bakkers-; **~ei** [-'raɪ] *f* bakkerij; **~geselle** *m* bakkersknecht; **~meister** *m* meester-bakker.

Back|fisch *m* gebakken vis; *fig.* F bakvis; **~form** *f* (bak)vorm; **~hähnchen** *n*, **~huhn** *n* braadkip; **~obst** *n* (het) gedroogd fruit; **~ofen** *m* bakoven.

Backpfeife *f* muilpeer, oorveeg.

Back|pflaume *f* gedroogde pruim; **~pulver** *n* (het) bakpoeder; **~stein** *m* baksteen; **~trog** *m* baktrog; **~waren** *f/pl.* bakkerswaar; **~werk** *n* (*-es*; *0*) koekjes *n/pl.*, (het) gebak.

Bad *n* (*-es*; *⸚er*) (het) bad; (*Ort*) badplaats.

Bade|- *in Zssgn mst.* bad-, *z.B.* **~anstalt** *f* badinrichting, (het) zwembad; **~anzug** *m* (het) badpak; **~gast** *m* badgast; **~hose** *f* zwembroek; **~kappe** *f* badmuts; **~mantel** *m* badjas, badmantel; **~meister** *m* badmeester.

baden (*-e-*) *v/i* baden, een bad nemen; (*schwimmen*) zwemmen; *v/t* in het bad doen, een bad geven; *sich ~* baden, een bad nemen; *~ gehen fig.* F (*scheitern*) schipbreuk lijden.

Ba'denser *m* inwoner van Baden.

Bade|ort *m* badplaats; **~saison** *f* (het) badseizoen; **~salz** *n* (het) badzout; **~schuhe** *m/pl.* badschoenen *pl.*; **~strand** *m* (het) badstrand **~tuch** *n* bad(hand)doek; **~wanne** badkuip; **~zeug** *n* (het) badgoed **~zimmer** *n* badkamer.

baff F: *~ sein* paf (*od.* verstom staan.

Baga'tell|e *f* bagatel; **~i'sieren** (bagatelliseren.

Bagger *m* baggermachine; **~füh rer** *m* dragline-machinist; **~n** (*-r* baggeren.

bah!, bäh! ba(h)!

Bahn *f* baan; *Esb.* spoorweg; (*Str ßen*~) tram; (*Eisen*~) trein; (*Fahr* weg; *~ brechen* (*D*) veld doen wi nen; *sich ~ brechen* zich een we banen (*a. fig.*); *~ frei!* uit de weg *auf die schiefe ~ geraten* het ve keerde pad opgaan; *j-n an die bringen* naar het station brenge *bei der ~ arbeiten* bij het spo werken; *mit der ~, per ~* per spoo **~beamte(r)** spoorwegbeambte; **brechend** baanbrekend; **~bus** railbus; **~damm** *m* spoordijk.

bahnen *j-m od. sich* banen.

Bahn|fahrt *f* treinreis; **~gleis** (het) spoor; **~hof** *m* (het) station.

Bahnhofs|- *in Zssgn mst.* station *z.B.* **~halle** *f* stationshal; **~missi** *f* (het) stationswerk; **~restauran** stationsrestauratie; **~vorsteher** stationschef.

Bahn|körper *m* spoorbaan; **~l gernd** station-restante; **~linie** spoorlijn; **~polizei** *f* spoorwe politie.

Bahnsteig *m* (*-es*; *-e*) (het) perro **~karte** *f* (het) perronkaartje; **sperre** *f* controle.

Bahn|strecke *f* (*Abschnitt*) (h baanvak, sectie; **~überführung** spoorwegviaduct; **~übergang** spoorwegovergang, overweg; **~u terführung** *f* spoorwegtunnel; **verbindung** *f* spoorverbinding.

Bahnwärter *m* baanwachter; **häus·chen** *n* (het) baanwachte huisje.

Bahre *f* (draag)baar.

Bai *f* baai, inham.

Baiser [beˑ'zeː] *n* (*-s*; *-s*) (het) schuimgebakje.
Baisse ['bɛːsə] *f* baisse.
Bajo'nett *n* (*-ęs*; *-e*) bajonet; **~verschluß** *m* bajonetfitting.
Bake'lit *n* (*-s*; *0*) (het) bakeliet.
Bakkarat [-'ra] *n* (*-s*; *0*) (het) baccarat.
Bak'teri|e *f* bacterie; **≈ell** [-'ʀiɛl] (*0*) bacterieel; **~olo'gie** *f* (*0*) bacteriologie.
Balanc|e [-'laŋsə] *f* (het) evenwicht; **~e·akt** *m* evenwichtsoefening; **≈ieren** [-'siː-] (-) balanceren.
bald (*0*) gauw, weldra, spoedig; (*fast*) bijna, haast; ~ *darauf* kort daarop; ~ ... ~ nu eens ... dan weer; *so ~ wie möglich* zo gauw (*od.* spoedig) mogelijk.
Baldachin [-xiːn] *m* (*-s*; *-e*) baldakijn.
Bälde: *in ~* binnenkort.
bald|ig spoedig; **~igst, ~möglichst** zo gauw (*od.* spoedig) mogelijk.
Baldrian [-ʀiɑːn] *m*(*-s*; *0*) valeriaan.
Bale'aren *pl.* Balearen *pl.*
Balg *m* (*-ęs*; *⸚e*) huid, (het) vel; (*Luftbehälter*) balg; F *a. n* (*-ęs*; *⸚er*) (*Kind*) bengel; **≈en:** *sich ~* stoeien, ravotten.
Balkan *m* (*-s*; *0*) Balkan.
Balken *m* balk.
Balkon [-'kɔŋ] *m* (*-s*; *-s*) (het) balkon.
Ball *m* (*-ęs*; *⸚e*) bal; (*Tanz*) (het) bal.
Ball- *in Zssgn mst.* bal-.
Bal'lade *f* ballade.
Ballast *m* (*-ęs*; *-e*) ballast.
Bällchen *n* (het) balletje.
ballen ballen; *sich ~* pakken, ballen; *s. a. geballt.*
Ballen *m* (*Waren≈*) baal; *Anat.* bal.
ballern (*-re*) F knallen.
Bal'lett *n* (*-s*; *-e*) (het) ballet.
Bal'lett|- *in Zssgn mst.* ballet-, *z.B.* **~tänzer(in** *f*) *m* balletdanser(es *f*).
Bal'listik *f* (*0*) ballistiek.
Ball|junge *m* ballenjongen; **~kleid** *n* baljurk.
Ballon [-'lɔŋ] *m* (*-s*; *-s od. -e*) ballon; **~reifen** *m* ballonband.
Ball|saal *m* balzaal; **~spiel** *n* (het) balspel.
Ballung *f* opeenhoping; **~s·gebiet** *n* (het) dichtbevolkt (industrie)gebied.
Balsam *m* (*-s*; *-e*) balsem; **≈ieren** [-'miː-] (-) balsemen.
Balt|e *m* (*-n*) Balt; **≈isch** Baltisch.
Balu'strade *f* balustrade.

balzen (*-t*) balderen.
Bambus *m* (*-*; *-se*) (het) bamboe.
bammeln (*-le*) F bengelen.
ba'nal banaal; **≈i'tät** *f* banaliteit.
Ba'nane *f* banaan.
Ba'nause *m* (*-n*) bekrompen mens.
Band[1] *m* (*-ęs*; *⸚e*) (het) (boek)deel, band.
Band[2] *n* **1.** (*-ęs*; *⸚er*) band; (*Gewebe≈ bsd.*) (het) lint; *am laufenden ~* aan de lopende band; **2.** (*-ęs*; *-e*) band.
Ban'dage [-ʒə] *f* (het) verband; (*Bereifung*) band.
Band|aufnahme *f* bandopname; **~breite** *f* bandbreedte.
Bande *f* bende; (*Billard*) band.
Band·eisen *n* (het) bandijzer.
Bandenkrieg *m* bendenoorlog.
Bande'role *f* banderol.
bändig|en *Tier* temmen; *Mensch, Gemüt* intomen, beteugelen; **≈ung** *f* (*0*) temming; intoming, beteugeling.
Ban'dit *m* (*-en*) bandiet.
Band|maß *n* meetband; **~säge** *f* lintzaag.
Bandscheibe *f Anat.* tussenwervelschijf; **~n·schaden** *m* hernia.
Bandwurm *m* lintworm.
bange (*-er od. ⸚er*; *-st od. ⸚st*) bang; *mir ist ~* ik ben bang; **~n** bang zijn; *~ um* (*A*) zich ongerust maken over.
Bank *f* **1.** (*-*; *⸚e*) bank; *auf die lange ~ schieben* op de lange baan schuiven; *durch die ~* door de bank, in de regel; **2.** (*-*; *-en*) bank.
Bank|- *in Zssgn mst.* bank-, *z.B.* **~anweisung** *f* bankassignatie; **~beamte(r)** bankbeambte; **~direktor** *m* bankdirecteur.
Ban'kett *n* (*-s*; *-e*) (het) banket.
Bank|halter *m* bankhouder; **~ier** [baŋ'kieː] *m* (*-s*; *-s*) bankier; **~konto** *n* bankrekening; **~kredit** *m* (het) bankkrediet; **~note** *f* (het) bankbiljet.
bank'rott *Adj.* (*0*) bankroet, failliet; **≈** *m* (*-ęs*; *-e*) (het) bankroet, (het) faillissement; *~ machen* bankroet (*od.* failliet) gaan.
Bank|scheck *m* bankcheque; **~überweisung** *f* overschrijving via de bank; **~wesen** *n* (*-s*; *0*) (het) bankwezen.
Bann *m* (*-ęs*; *-e*) ban (*a. fig.*); *mit dem ~ belegen* in de ban doen; *in s-n ~ ziehen* (*od. zwingen*) weten te biologeren; **≈en** verbannen; in de

ban doen; (*fesseln*) betoveren, boeien; (*festhalten*) vastleggen; *Not, Gefahr* verdrijven; *s. a. gebannt.*
Banner *n* banier, (het) vaandel.
Bann|fluch *m* banvloek; **~meile** *f* verboden zone; *hist.* banmijl.
Bantu *m* (-[*s*]; -[*s*]) bantoe.
Bap'tist *m* (*-en*) baptist.
bar naakt, bloot; *Geld*: contant; (*ohne*) zonder; (*lauter*) zuiver; *in ~* contant; *gegen ~* à contant; *~er Unsinn* klinkklare (*od.* je reinste) onzin.
Bar *f* (-; *-s*) bar.
Bär *m* (*-en*) beer.
Ba'racke *f* barak.
Bar'bar *m* (*-en*) barbaar; **~ei** [-'ʀaɪ] *f* barbaarsheid; **2isch** barbaars.
Barbe *f* barbeel.
bärbeißig nors, nijdig.
Barbestand *m* (het) geld in kas.
Bar'bier *m* (*-s*; *-e*) barbier.
Bardame *f* (het) barmeisje.
Bären|dienst *m*: *e-n ~ leisten* een slechte dienst bewijzen; **~haut** *f* berehuid; *auf der ~ liegen* luilakken; **~hunger** *m* F reuzehonger; **~mütze** *f* beremuts.
Ba'rett *n* (*-es*; *-e*) baret.
barfuß (*0*) barrevoets, blootsvoets.
Barfüß|er *m* franciscaan; **2ig** (*0*) op blote voeten.
Bargeld *n* (*-es*; *0*) (het) contant geld; **2los**: *~er Zahlungsverkehr* (het) giroverkeer.
bar|haupt (*0*), **~häuptig** (*0*) blootshoofds.
Barhocker *m* barkruk.
Bärin *f* berin.
Bar'kasse *f* barkas.
Barke *f* bark.
Barkeeper [-ki:-] *m* barkeeper, barman.
barm'herzig barmhartig; **2keit** *f* (*0*) barmhartigheid.
ba'rock *Adj.* barok; **2** *m od. n* (*-s*; *0*) barok; **2stil** *m* barokstijl.
Baro'met|er *n* barometer; **~erstand** *m* barometerstand; **2risch** (*0*) barometrisch.
Ba'ron *m* (*-s*; *-e*) baron; **~in** *f* barones.
Barras *m* (-; *0*) F militaire dienst.
Barren *m* (*Metall2*) baar, staaf; *Sp.* brug.
Barriere [-'ʀiɛ:-] *f* barrière.
Barri'k|ade *f* barricade; **2a'dieren** (-) barricaderen.
barsch bars.
Barsch [ɑ:] *m* (*-es*; *-e*) baars.
Bar|schaft *f* contanten *pl.*, (het) contant geld; **~scheck** *m* betaal cheque.
Barschheit *f* barsheid.
Bart [ɑ:] *m* (*-es*; *⸚e*) baard; (*Schnurr2*) snor; *der ~ ist ab fig.* F het is af gelopen.
Bärt|chen *n* (het) baardje; (het) snorretje; **2ig** gebaard.
bart|los (*0*) baardeloos; **2tracht** baarddracht.
Barzahlung *f* contante betaling.
Ba'salt *m* (*-es*; *-e*) (het) basalt.
Ba'sar *m* (*-s*; *-e*) bazaar.
Base *f* nicht; *Chem.* base.
Baseball ['be:sbɔ:l] *m* (*-s*; *0*) (het) base-ball, (het) honkbal.
Basel *n* Bazel *n.*
ba'sieren (-) gebaseerd zijn.
Ba'silika *f* (-; *Basiliken*) basiliek.
Basi'lisk *m* (*-en*) basilisk.
Basis *f* (-; *Basen*) basis.
Bask|e *m* (*-n*) Bask; **~en·mütze** alpino, (het) alpinomutsje; **2isc** Baskisch.
Baß *m* (*-sses*; *⸚sse*) bas; **~geige** contrabas.
Bassin [ba'sɛ̃:, -'sɛŋ] *n* (*-s*; *-s*) (het) bassin.
Bas'sist *m* (*-en*) bassist.
Bast *m* (*-es*; *-e*) bast.
basta! basta!
Bastard *m* (*-es*; *-e*) bastaard.
Bastel|arbeit *f* (het) knutselwerk; **2n** (*-le*) knutselen.
Bas'tion *f* (het) bastion.
Bastler *m* knutselaar.
Bataillon [-tal'jo:n] *n* (*-s*; *-e*) (het) bataljon.
Ba'tist *m* (*-es*; *-e*) (het) batist.
Batte'rie *f* batterij (*a. El.*); **~zündung** *f* batterijontsteking.
Batzen *m* (*Haufen*) hoop.
Bau *m* (*-es*; *0*) bouw; *mil.* (het) arrest; (*-es*; *-ten*) (*Gebäude*) (het) gebouw; (*-es*; *-e*) (*von Tieren*) (het) hol; *Bbg.* mijngang; (*noch*) *im* (nog) in aanbouw.
Bau- *in Zssgn mst.* bouw-.
Bau·arbeite|n *f/pl.* bouwwerken *n/pl.*; **~r** *m* bouwvakker, bouwvak arbeider.
Bau|art *f* constructie, (het) type, bouwstijl; **~aufsichtsbehörde** (het) bouw- en woningtoezicht.
Bauch *m* (*-es*; *⸚e*) buik.

Bauch|- *in Zssgn mst.* buik-, *z.B.* **~decke** *f* buikwand.
Bauchfell *n* (het) buikvlies; **~entzündung** *f* buikvliesontsteking.
Bauch|gegend *f* (*0*) buikstreek; **~höhle** *f* buikholte; **2ig** buikig; **~lage** *f* ligging op de buik; **~landung** *f* buiklanding.
bäuchlings op de buik.
Bauch|muskel *m* buikspier; **~redner** *m* buikspreker; **~schmerzen** *m/pl.* buikpijn; **~speicheldrüse** *f* alvleesklier; **~tanz** *m* buikdans.
Baude *f* (*im Gebirge*) berghut.
Bau·element *n* (het) bouwelement.
bauen 1. *v/t* bouwen; *Straße* aanleggen; *Ldw.* verbouwen; *Examen* doen; *Unfall* veroorzaken; **2.** *v/i auf j-n ~* op iem. bouwen.
Bau·entwurf *m* (het) bouwontwerp.
Bauer[1] *m* **1.** (*-n*) boer; *Schach:* pion; **2.** (*Verfertiger*) bouwer.
Bauer[2] *n* vogelkooi.
Bäuerin *f* boerin.
Bau·erlaubnis *f* bouwvergunning.
bäuerlich landelijk, boeren-.
Bauern|aufstand *m* boerenopstand; **~fänger** *m* oplichter; **~frühstück** *n* gebakken aardappelen *pl.* met ham (*od.* worst) en ei; **~haus** *n* boerderij; **~hochzeit** *f* boerenbruiloft; **~hof** *m* boerderij, hoeve; **~mädchen** *n* boerendochter; **~regel** *f* boerenregel; **~schaft** *f* (*0*) boeren *pl.*; **~stand** *m* (*-es; 0*) boerenstand.
Bauers|frau *f* boerin; **~mann** *m* (*-es; Bauersleute*) boer.
baufällig bouwvallig; **2keit** *f* (*0*) bouwvalligheid.
Bau|führer *m* opzichter; **~gelände** *n* (het) bouwterrein; (*Bauland*) bouwgrond; **~genehmigung** *f* bouwvergunning; **~gerüst** *n* steiger; **~gewerbe** *n* bouwnijverheid; **~herr** *m* opdrachtgever; **~hof** *m* timmerwerf; **~holz** *n* (het) timmerhout; **~ingenieur** *m* bouwkundig ingenieur; **~jahr** *n* (het) bouwjaar; **~kasten** *m* bouwdoos; **~kosten** *pl.* bouwkosten *pl.*; **~land** *n* (*-es; 0*) bouwgrond; **2lich** architectonisch, bouw-.
Baum *m* (*-es; ~e*) boom.
Baum- *in Zssgn mst.* boom-.
Bau·material *n* (het) bouwmateriaal.
Baumbestand *m* bomen *pl.*
Bäumchen *n* (het) boompje.
baumeln (*-le*) slingeren, bungelen.
bäumen: *sich ~* steigeren (*a. fig.*).
Baum|grenze *f* (*0*) boomgrens; **~schule** *f* boomkwekerij; **~stamm** *m* boomstam.
Baumwoll|e *f* (het) katoen; **~spinnerei** *f* katoenspinnerij.
Baumwuchs *m* boomgroei.
Bau|ordnung *f* bouwverordeningen *pl.*; **~platz** *m* (het) bouwterrein; **~polizei** *f* bouwpolitie.
Bausch *m* (*-es; ~e*) (het) kussentje; (*Knäuel*) prop; (*Watte2 a.*) dot; *in ~ und Bogen* en bloc, in zijn geheel; **2en** opblazen, opbollen; *sich ~* bol staan, zich bollen; **2ig** bol.
Bau|sparkasse *f* bouwspaarkas; **~stelle** *f* (het) bouwterrein; *Achtung ~!* werk in uitvoering!; **~stoff** *m* bouwstof; **~werk** *n* (het) bouwwerk.
Bau'xit *m* (*-s; 0*) (het) bauxiet.
Bayer ['baɪɐ] *m* (*-n*) Beier; **2isch** Beiers; **~n** *n* Beieren *n.*
Ba'zillus *m* (*-; -'zillen*) bacil.
be'absichtigen (-) van plan zijn, beogen; (*mit Absicht*) bedoelen.
be'acht|en (-) (*wahrnehmen*) letten op; (*befolgen*) nakomen; **~enswert, ~lich** opmerkelijk; **2ung** *f* (*0*) inachtneming; *zur ~!* ter attentie!; *~ finden* de aandacht trekken; *~ schenken* (*D*) aandacht schenken aan.
be'ackern (-) bewerken, bebouwen.
Be'amt|e(r) beambte, ambtenaar; **~en·beleidigung** *f* belediging van een ambtenaar; **~en·schaft** *f* (*0*) de ambtenaren *pl.*; **~in** *f* vrouwelijke beambte, ambtenares.
be'ängstigend angstaanjagend.
be'anspruch|en (-) (*fordern*) aanspraak maken op, eisen; *Platz, Zeit* in beslag nemen; *Tech.* belasten; *stark beansprucht sein Pers.:* het erg druk hebben; **2ung** *f* eis; inbeslagneming; belasting.
be'anstand|en (*-e-; -*) kritiseren; (*sich beschweren*) bezwaar maken tegen; *Waren* afkeuren; **2ung** *f* kritiek; afkeuring.
be'antragen (-) aanvragen, verzoeken; (*vorschlagen*) voorstellen.
be'antwort|en (-) beantwoorden; **2ung** *f* beantwoording.
be'arbeit|en (-) bewerken (*a. fig.*); *neu ~ Auflage* geheel herzien; **2er** *m*

bewerker; **2ung** *f* bewerking; **2ungs·gebühr** *f* administratiekosten *pl.*
be'argwöhnen (-) argwaan hebben tegen.
Be'atmung *f*: *künstliche ~* kunstmatige ademhaling.
be'aufsichtig|en (-) toezicht uitoefenen op; **2ung** *f* (*0*) (het) toezicht, controle.
be'auftrag|en (-) belasten; **2te(r)** gevolmachtigde.
be'äugen (-) bekijken.
be'bau|en (-) bebouwen; **2ung** *f* (*0*) bebouwing.
beben (*vor D*) beven (van), trillen (van).
be'bildern (*-re*; -) illustreren.
be'brillt gebrild.
Becher *m* beker; **2n** (*-re*) F pimpelen.
Becken *n* (het) bekken (*a. Geogr., Anat., Mus.*).
be'dachen (-) van een dak voorzien.
be'dacht *Adj.* attent, bedachtzaam; **2** *m* (*-ęs*; *0*) bedachtzaamheid, (het) overleg; *mit* (*gutem*) *~* met overleg.
be'dächtig bedachtzaam.
be'danken (-): *sich bei j-m für etw.* (*A*) *~* iem. voor iets (be)danken.
Be'darf *m* (*-ęs*; *0*) behoefte; *je nach ~* al naar de behoefte; **~s·artikel** *m/pl.* benodigdheden *pl.*; **~s·haltestelle** *f* halte op verzoek.
be'dauerlich betreurenswaardig, beklagenswaardig; **~er'weise** helaas.
be'dauern (-) *v/t* betreuren; *j-n* beklagen; *ich bedau*(e)*re* het spijt mij; **2** *n* (*-s*; *0*) (het) leedwezen, spijt; *zu meinem ~* tot mijn spijt; **~s·wert** betreurenswaardig.
be'deck|en (-) bedekken; *mil.* escorteren; **2ung** *f* bedekking; *mil.* (het) escorte; (*Kleidung*) kleding.
be'denk|en (-) *etw., j-n* bedenken; *etw. a.* overdenken; *die Folgen* denken aan; *sich ~* zich bedenken; **2en** *n* bedenking; (*Einwendung bsd.*) (het) bezwaar; *~ haben* (*od. tragen*) aarzelen; *ohne ~* zonder te aarzelen; zonder bezwaar; **~en·los** (*-est*) zonder bezwaar; (*skrupellos*) gewetenloos; **~lich** bedenkelijk; (*nachdenklich*) nadenkend, bezorgd; **2zeit** *f* bedenktijd.
be'deut|en (-) (*D, für A*) betekenen (voor); *j-m etw.* te verstaan geven; *das hat nichts zu ~* dat heeft niets te betekenen; **~end** belangrijk; (*umfangreich; sehr*) aanzienlijk; **~sam** veelbetekenend; **2ung** *f* betekenis; *von ~ sein* van belang zijn; **~ungslos** (*-est*) onbetekenend; **~ungsvoll** veelbetekenend.
be'dien|en (-) bedienen (*a. Tech.*); *sich ~* (*G*) zich bedienen van; **2stete(r)** ambtenaar.
Be'dienung *f* (*0*) bediening; *~* (*nicht*) *inbegriffen* met (zonder) bediening; **~s·anleitung** *f* gebruiksaanwijzing; **~s·geld** *n* (het) bedieningsgeld.
be'ding|en (-) **1.** (*starkes Verb*) bedingen; **2.** (*schwaches Verb*) vereisen, veronderstellen; (*verursachen*) veroorzaken; **~t** voorwaardelijk; (*abhängig*) afhankelijk; **2ung** *f* voorwaarde; **~ungs·los** (*0*) onvoorwaardelijk.
be'dräng|en (-) in 't nauw brengen; *bedrängte Lage* hachelijke positie; **2nis** *f* (-; *-se*) nood, benarde toestand.
be'droh|en (-) bedreigen; **~lich** dreigend; *Adv.* gevaarlijk; **2ung** *f* bedreiging.
be'drucken (-) bedrukken.
be'drück|en (-) bedrukken; (*quälen*) kwellen; **~end** drukkend; **2ung** *f* verdrukking.
Beduine [-du'ˈi:-] *m* (*-n*) bedoeïen
be'dürfen (-) (*G*) nodig hebben, (*im Negativsatz bsd.*) (be)hoeven.
Be'dürfnis *n* (*-ses*; *-se*) behoefte (*Erfordernis*) vereiste, eis; **~anstalt** *f* (het) openbaar toilet, openbare W.C.; **2los** (*-est*) bescheiden.
be'dürftig behoeftig; *~* (*G*) *sein* nodig hebben; **2keit** *f* (*0*) behoeftigheid, behoefte.
Beefsteak ['bi:fste:k] *n* (*-s*; *-s*) biefstuk; (*Tatar2*) (biefstuk à la) tartare; *deutsches ~* (het) gebraden gehakt.
be'ehren (-) vereren; *sich ~* de eer hebben.
be'eiden (*-e-*; -) *etw.* bezweren.
be'eifern (-): *sich ~* zich beijveren.
be'eilen (-): *sich ~* zich haasten.
be'eindruck|en (-) indruk maken op; **~end** indrukwekkend; **~t**: *~ sein* onder de indruk zijn.
be'einfluss|en (*-ßt*; -) beïnvloeden; **2ung** *f* beïnvloeding.
be'einträchtig|en (-) schaden, af

breuk doen aan; (*verringern*) verminderen; **2ung** *f* benadeling, afbreuk; vermindering.
e'end(ig)|en (-) beëindigen, een einde maken aan; (*vollenden*) voltooien; **2ung** *f (0)* beëindiging; voltooiing.
e'eng|en (-) benauwen (*a. fig.*); **2theit** *f (0)* bekrompenheid.
e'erben (-) erven van, beërven.
e'erdig|en (-) begraven, ter aarde bestellen; **2ung** *f* begrafenis, teraardebestelling; **2ungs·anstalt** *f* begrafenisonderneming.
eere *f* bes; **~n·wein** *m* bessenwijn.
eet *n (-ęs; -e)* (het) bed; (*Blumen2 a.*) (het) (bloem)perk.
e'fähig|en (-) bekwamen, geschikt maken; ~ *zu (D)* in staat stellen tot; **~t** bevoegd, bekwaam; **2ung** *f* geschiktheid, bekwaamheid; (*Begabung*) aanleg; **2ungs·nachweis** *m* proeve van bekwaamheid.
e'fahr|bar berijdbaar; *mar.* bevaarbaar; **~en** (-) berijden; *mar.* bevaren; *stark ~ Adj.* druk.
e'fallen (-) overvallen, treffen, overkomen.
e'fangen verlegen, bevangen; (*parteiisch*) vooringenomen, partijdig; **2heit** *f (0)* verlegenheid; vooringenomenheid.
e'fassen (-): *sich ~ mit (D)* zich bezighouden met.
e'fehden (*-e-*; -): *sich ~* elkaar beoorlogen.
e'fehl *m (-ęs; -e)* (het) bevel, order; *zu ~! mil.* tot Uw orders!; *auf höheren ~* van hogerhand; **2en** (*L*; -) bevelen; **2igen** (-) bevelen, commanderen.
e'fehls|ausgabe *f* bekendmaking der orders; **~form** *f Gr.* gebiedende wijs; **~haber** *m* bevelhebber; **~verweigerung** *f* insubordinatie; **2widrig** in strijd met de orders.
e'festig|en (-) bevestigen; (*an [D] a.*) vastmaken; (*stärken, a. mil. u. fig.*) versterken; *befestigt Straße*: verhard; **2ung** *f* bevestiging; versterking; **2ungs·anlage** *f* versterkingen *pl.*
e'feuchten (*-e-*; -) natmaken, bevochtigen.
effchen *n* (het) befje.
e'find|en (-) bevinden, oordelen; *~ über (A)* beoordelen; *für gut (schlecht) ~* goed (slecht) vinden; *sich ~* zich bevinden, zijn; (*enthalten sein*) staan, zijn; (*sich fühlen*) zich voelen; *wie ~ Sie sich?* hoe maakt U het?; **2en** *n (-s; 0)* (gezondheids)toestand; (*Urteil*) mening; **~lich** *(0)* aanwezig, zich bevindend.
be'|flaggen (-) met vlaggen tooien; **~flecken** (-) bevlekken; (*fig. a.*) bezoedelen; **~fleißigen** (-): *sich ~ (G)* zich toeleggen op, beoefenen; (*trachten a.*) streven naar; **~flissen** ijverig; *~ sein um (A)* zich inzetten voor; **~flügeln** (*-le*; -) bevleugelen (*a. fig.*); (*beschleunigen*) bespoedigen.
be'folg|en (-) opvolgen, (na)volgen; **2ung** *f (0)* op-, navolging.
Be'förder|er *m* vervoerder; (*Gönner*) bevorderaar; **2n** (-) vervoeren, transporteren; (*im Rang; fördern*) bevorderen; **~ung** *f* (het) vervoer, (het) transport; bevordering; **~ungs·mittel** *n* (het) vervoermiddel.
be'frag|en (-) ondervragen, vragen naar (iets); (*konsultieren*) raadplegen; *sich ~* informeren; **2ung** *f* ondervraging; raadpleging.
be'frei|en (-) bevrijden; (*von Abgaben, Pflichten*) vrijstellen; **2er** *m* bevrijder; (*Retter*) verlosser; **2ung** *f* bevrijding; vrijstelling, dispensatie; **2ungs·kampf** *m* vrijheidsstrijd.
be'fremd|en (*-e-*; -) bevreemden, vreemd voorkomen; **2en** *n (-s; 0)* bevreemding; **~end, ~lich** bevreemdend.
be'freund|en (*-e-*; -): *sich ~ mit j-m* vriendschap sluiten met iem.; *mit etw.* zich vertrouwd maken met iets, kunnen inkomen in iets; **~et** bevriend.
be'frieden (*-e-*; -) pacificeren.
be'friedig|en (-) bevredigen, voldoen, tevredenstellen; *Hunger* stillen; *Durst* lessen; **~end** *Note*: voldoende; **~t** (*zufrieden*) tevreden; **2ung** *f* bevrediging; (*Zufriedenheit*) voldoening; (*Genugtuung*) voldoening.
be'frist|en (-) een termijn bepalen voor; **~et** tijdelijk; *~ auf (A)* voor een termijn van.
be'frucht|en (-) bevruchten (*a. fig.*); **2ung** *f* bevruchting.
Be'fug|nis *f (-; -se)* bevoegdheid; *seine ~se überschreiten* zijn boekje

te buiten gaan; **≈t** (*zu D*) bevoegd (tot); (*berechtigt*) gerechtigd (tot).

be'|fühlen (-) bevoelen, betasten; **~fummeln** (-) F frunniken aan; (*erledigen*) regelen.

Be'fund *m* bevinding; *Med.* diagnose; *nach* ~ naar bevind van zaken.

be'fürcht|en (-) vrezen, (*selten*) duchten; **≈ung** *f* (*a.* ~*en pl.*) vrees.

be'fürwort|en (-*e*-; -) pleiten voor, spreken ten gunste van; (*empfehlen*) bepleiten; **≈ung** *f* bepleiting.

be'gab|t begaafd; **≈ung** *f* begaafdheid, gave, aanleg.

be'|gaffen (-) aangapen; **~gatten** (-*e*-; -): *sich* ~ paren; **~gaunern** (-) F bedriegen, foppen.

be'geben (-) *Hdl.* (*ausgeben*) uitgeven; (*verkaufen*) verhandelen; *sich* ~ zich begeven; *sich* ~ *an* (*A*) beginnen met; *sich* ~ (*G*) afstand doen van, afzien van; *sich* ~ (*geschehen*) gebeuren, geschieden; **≈heit** *f* gebeurtenis, (het) voorval.

be'gegn|en (-*e*-; -; *sn*) *j-m* ontmoeten, tegenkomen; (*behandeln*) bejegenen, behandelen; (*vorkommen*) voorkomen; (*zustoßen*) overkomen; (*entgegentreten*) optreden tegen, voorkomen; *sich* ~ elkaar ontmoeten; **≈ung** *f* ontmoeting (*a. Sp.*); (*Zusammentreffen bsd.*) samenkomst.

be'gehen (-) doorlopen, begaan; *Fest* vieren; (*tun*) begaan; *Verbrechen a.* plegen, bedrijven.

be'gehr|en (-) begeren, verlangen; **~ens·wert** begerenswaardig; **~lich** begeerlijk; **≈lichkeit** *f* begerigheid; **~t** begeerd.

be'geister|n (-) in geestdrift brengen, verrukken, bezielen; *sich* ~ *für* (*A*) geestdriftig worden voor; **~t** geestdriftig, enthousiast; **≈ung** *f* geestdrift, (het) enthousiasme.

Be'gier|de *f* begeerte, (het) verlangen; **≈ig** begerig, verlangend.

be'gießen (-) begieten, besproeien.

Be'ginn *m* (-*ęs*; *0*) (het) begin; *zu* ~ (*G*) bij het begin van; **≈en** (*L*; -) beginnen.

be'glaubig|en (-) (*amtlich*) legaliseren; (*bestätigen*) bevestigen; **≈ung** *f* legalisatie; bekrachtiging; (*e-s Diplomaten*) (het) accrediteren; **≈ungs·schreiben** *n* geloofsbrieven *pl.*

be'gleich|en (-) *Rechnung* vereffenen; **≈ung** *f* vereffening.

Be'gleit|adresse *f* adreskaart; **~brief** *m* begeleidende brief; **≈en** (-*e*-; -) begeleiden (*a. Mus.*), vergezellen; **~er(in** *f*) *m* begeleider *m* begeleidster *f*; **~erscheinung** (het) bijverschijnsel; **~schein** *n* (het) geleibiljet; **~schreiben** *n* (het) begeleidend schrijven; **~umständ**[e] *m/pl.* begeleidende omstandighede[n] *pl.*; **~ung** *f* begeleiding; *in* ~ (*vo*[n] [*D*] *od. G*) vergezeld (van), in gezel[-] schap (van).

be'glück|en (-) gelukkig maken verblijden; **≈er** *m* brenger van he[t] geluk, weldoener; **~wünschen** (-) (*zu D*) gelukwensen (met), felici[-] teren (met).

be'gnadig|en (-) gratie verlene[n] aan, begenadigen; **≈ung** *f* gratie **≈ungs·gesuch** *n* (het) verzoek o[m] gratie.

be'gnügen (-): *sich* ~ *mit* (*D*) zic[h] vergenoegen met, genoegen neme[n] met.

Be'gonie [-nĭə] *f* begonia.

be'graben (-) begraven (*a. fig.*).

Be'gräbnis *n* (-*ses*; -*se*) begrafeni[s] (*Grab*) (het) graf.

be'gradigen (-) rechtmaken.

be'greif|en (-) begrijpen; *in sich* omvatten; *s. a. begriffen*; **~lich** be[-] grijpelijk; ~ *machen* duidelijk ma[-] ken; **~licher'weise** begrijpelijke[r-] wijze.

be'grenz|en (-) begrenzen; *fig.* (*a[uf]* *A*) beperken (tot); **≈t·heit** *f* (*0*) be[-] perktheid; **≈ung** *f* begrenzing; be[-] perking.

Be'griff *m* (het) begrip; (*Ahnun[g]*) (het) idee; *nach unseren* ~*en* volge[ns] onze opvattingen; *im* ~ *sein zu* [...] het punt staan te; *schwer von* ~ traag van begrip; **≈en:** ~ *sein in* ([*D*]) *Pers.*: bezig zijn met; *etw.*: in [...] zijn; **≈lich** (*0*) abstract, theoretisc[h] **~s·bestimmung** *f* begripsbepalin[g] **~s·vermögen** *n* (-*s*; *0*) (het) be[-] gripsvermogen; **~s·verwirrung** begripsverwarring.

be'gründ|en (-) oprichten, stichte[n] (*erklären*) motiveren; **≈er** *m* stic[h-] ter, oprichter; **≈ung** *f* stichting, o[p-] richting; motivering.

be'grüß|en (-) begroeten, verwe[l-] komen; *etw.* toejuichen; **~ens-wert** zeer toe te juichen; **≈ung** *f* be[-] groeting, verwelkoming.

be'gucken (-) F bekijken.

be'günstig|en (-) begunstigen; (*j-n a.*) bevoordelen; **2ung** *f* begunstiging (*a. jur.*), bevoordeling.
be'gutacht|en (*-e-*; -) (het) advies uitbrengen over; **2er** *m* adviseur; **2ung** *f* beoordeling; (het) advies.
be'güt|ert bemiddeld, vermogend; **~igen** (-) kalmeren.
be'|haart behaard; **~häbig** sloom; *Adv.* op zijn gemak; **~haftet** (*mit D*) behept (met); *Schulden* belast (met).
be'hag|en (-) behagen, bevallen; **2en** *n* (*-s*; *0*) (het) behagen; **~lich** behaaglijk; (*anheimelnd bsd.*) knus; **2lichkeit** *f* (*0*) behaaglijkheid.
be'halten (-) (be)houden; *fig.* (*sich merken*) onthouden; (*aufbewahren*) bewaren.
Be'hälter *m* (het) reservoir, bak, kan.
be'handeln (-) behandelen (*a. Med.*).
Be'handlung *f* behandeling; **~s-methode** *f* behandelingswijze.
Be'hang *m* (*Wand2*) (het) wandtapijt.
be'hängen (-) (*sich*) (zich) behangen.
be'harr|en (-) (*auf D*) blijven (bij); **~lich** volhardend, standvastig; **2lichkeit** *f* volharding, standvastigheid; **2ungs·vermögen** *n Phys.* traagheid.
be'hauchen (-) beademen; *Laut* aspireren.
be'haupt|en (*-e-*; -) beweren; (*behalten*) (*sich*) (zich) handhaven; **2ung** *f* bewering; handhaving.
Be'hausung *f* behuizing, woning.
be'heben (-) *Schaden* verhelpen; *Schwierigkeit* uit de weg ruimen.
be'heimatet: ~ *sein in* (*D*) woonachtig zijn in; (*heimisch*) thuis zijn in.
be'heizen (-) verwarmen.
Be'helf *m* (*-es*; *-e*) (het) hulpmiddel; (*Ersatz*) (het) surrogaat; (*Ausrede*) uitvlucht; **2en** (-): *sich* ~ (*mit D*) zich behelpen (met); **~s·brücke** *f* noodbrug; **2s·mäßig** voorlopig, nood-.
be'helligen (-) lastig vallen.
be'hend|(e) behendig, handig; **2igkeit** *f* (*0*) behendigheid, handigheid.
be'herberg|en (-) herbergen; **2ung** *f* (*0*) (het) herbergen.
be'herrsch|bar beheersbaar; **~en** (-) (*sich*) (zich) beheersen; *Leidenschaft* beteugelen; **2er** *m* (be)heerser; **2t·heit** *f* (*0*) beheerstheid; **2ung** *f* (*0*) beheersing; beteugeling.
be'herzig|en (-) behartigen, ter harte nemen; **2ung** *f* (*0*) behartiging.
be'herzt moedig, kordaat, vastberaden; **2heit** *f* (*0*) moed, kordaatheid.
be'hilflich: *j-m* ~ *sein* iem. behulpzaam zijn.
be'hinder|n (-) hinderen; *Aussicht* belemmeren; **2ung** *f* (het) hinderen; belemmering.
Be'hörd|e [ø:] *f* overheid, (het) bestuur, autoriteit; *zuständige* ~ bevoegde instantie; **2lich** (*0*) van de overheid (*od.* het bestuur), officieel.
be'hufs (*G*) ten behoeve van.
be'hüten (-) (*vor D*) behoeden (voor), bewaren (voor); *behüt dich Gott!* God behoede je!; *Gott behüte!* God beware me (ons, ...)!
be'hutsam behoedzaam; **2keit** *f* (*0*) behoedzaamheid.
bei (*D*) bij; (~ *Nordwind*; ~ *s-n Fähigkeiten*) met; ~ *der Arbeit* (*beim Waschen*) *sein* aan 't werken (wassen) zijn.
bei- *in Zssgn mst.* bij-.
beibehalt|en (-) behouden, vasthouden aan; **2ung** *f* (*0*) (het) behoud; *unter* ~ (*G*) met behoud van.
Beiblatt *n* bijlage.
beibringen *Beweise, Gründe, Zeugen* aanvoeren; *Arznei* toedienen; *Wunde, Niederlage, Stoß* toebrengen; (*lehren*) bijbrengen; (*mitteilen*) voorzichtig meedelen.
Beicht- *in Zssgn mst.* biecht-.
Beicht|e *f* biecht; **2en** (*-e-*) biechten; **~geheimnis** *n* (*-ses*; *0*) (het) biechtgeheim; **~kind** *n* biechteling; **~stuhl** *m* biechtstoel.
beide beide(n); (*alle*) ~ alle twee, allebei.
beider|lei beiderlei; ~ *Geschlechts* van beiderlei kunne; **~seitig** (*0*) wederzijds; (*auf den zwei Seiten*) aan beide zijden; **~seits** (*G*) aan weerskanten van; *Adv.* wederzijds, wederkerig.
beidrehen *mar.* bijdraaien.
bei·ei'nander bij elkaar, bijeen.
Beifahrer *m* bijrijder.
Beifall *m* (*-es*; *0*) bijval; (*Hände-*

klatschen a.) (het) applaus; (*Billigung a.*) instemming; ~ *klatschen* applaudisseren.
beifällig instemmend, goedkeurend.
Beifallsbezeigung *f* (het) applaus; betoning van instemming.
Beifilm *m* bijfilm.
beifolgen bijgaan.
beifüg|en bij-, toevoegen; (*e-r Sendung bsd.*) insluiten; **2ung** *f* bijlage.
Bei|fuß *m* (*-es*; *0*) *Bot.* alsem; **~gabe** *f* toegift.
beige [bɛːʃ] (*0*) beige.
beigeben toevoegen, geven; *klein* ~ bakzeil halen, bijdraaien.
Bei|ge·ordnete(r) wethouder; **~geschmack** *m* (*-es*; *0*) bijsmaak (*a. fig.*); **2gesellen** (-) toevoegen; *sich* ~ (*D*) zich voegen bij; **~hilfe** *f* hulp, bijstand; *jur.* medeplichtigheid; **~klang** *m* bijklank; **2kommen** (*D*) te pakken krijgen; *e-r S.* onder de knie krijgen; *ihm ist nicht beizukommen* men kan geen vat op hem krijgen.
Beil *n* (*-es*; *-e*) bijl.
bei|laden bijladen; **2lage** *f* bijlage; (*Gemüse2*) groente; **~läufig** *Adv.* terloops; *Adj.* bijkomstig.
beileg|en *Streit* bijleggen; (*beifügen*) bijvoegen, insluiten; (*beimessen*) geven, schenken; **2ung** *f* bijlegging; bijvoeging.
bei'leibe: ~ *nicht* beslist niet.
Beileid *n* (*-s*; *0*) deelneming, (het) rouwbeklag; *herzliches* ~! van harte gecondoleerd!; **~s·bezeigung** *f* betuiging van deelneming; **~s·karte** *f* (het) condoléancekaartje.
beiliegen ingesloten zijn; *mar.* bijliggen; **~d** (*0*) ingesloten, bijgaand.
beim = *bei dem.*
bei|mengen bijmengen; **~messen** toekennen, toeschrijven, geven; *Bedeutung, Wert* hechten aan.
beimisch|en bijmengen, mengen onder; **2ung** *f* bijmenging.
Bein *n* (*-es*; *-e*) (het) been; (*Stuhl2, Tisch2*) poot; *sich die ~e nach etw.* (*D*) *ablaufen* zich het vuur uit de sloffen lopen om iets; *sich auf die ~e machen* opstappen; *ein ~ stellen* een beentje lichten (*a. fig.*); *auf die ~e bringen* op de been brengen (*a. fig.*); *sich die ~e vertreten* zijn benen uitstrekken; *gut auf den ~en sein* goed ter been zijn; *sich kein ~ ausreißen* zich niet doodwerken.

beinah(e) bijna, haast.
Beiname *m* bijnaam.
bein|amputiert met een geamputeerd been; **2bruch** *m* beenbreuk (het) gebroken been; **~ern** (*0*) benen, van been.
be'inhalten (*-e-*; -) inhouden.
Bein|kleid *n*, **~kleider** *pl.* broek; **~prothese** *f* (het) kunstbeen; **~schiene** *f Med.* spalk.
bei|ordnen toevoegen; *s. a. Beigeordnete(r)*; **~packen** bijpakken; **~pflichten** (*-e-*) (*D*) instemmen met; *j-m bsd.* gelijk geven, het eens zijn met; **2programm** *n* (het) bijprogramma; **2rat** *m* adviseur, raadsman; (*Körperschaft*) commissie (van advies).
be'irren (-): *sich (nicht) ~ lassen* zich (niet) van de wijs laten brengen.
bei'sammen bijeen, bij elkaar; **2sein** *n* (*-s*; *0*) (het) samenzijn.
Bei|schlaf *m* bijslaap; *den ~ ausüben* gemeenschap hebben; **~sein** *n* (*-s*; *0*) (het) bijzijn, tegenwoordigheid; *im ~ von* (*D*) in (het) bijzijn van; **2'seite** opzij; ~ *schaffen* doen verdwijnen; *Spaß ~!* alle gekheid op een stokje!
beisetz|en bijzetten; **2ung** *f* bijzetting.
beisitz|en bijzitter zijn bij; **2er** *m* bijzitter.
Beispiel *n* (het) voorbeeld; *zum ~* bijvoorbeeld (*Abk.* b.v.); **2haft** (*-est*) voorbeeldig; **2los** (*-est*) weergaloos, ongeëvenaard; **2s·weise** bij voorbeeld.
beispringen (*D*) bijspringen.
beiß|en (*L*) bijten (*a. fig.*); *sich Farben*: met elkaar vloeken; **2zahn** *m* snijtand; **2zange** *f* nijptang.
Bei|stand *m* bijstand, hulp; (*Person*) helper; *jur.* adviseur; **2stehen** (*D*) bijstaan; **2steuern** (*zu D*) bijdragen (voor); **2stimmen** (*D*) instemmen met.
Beitrag *m* (*-es*; *=e*) bijdrage; (*Mitglieds2 a.*) contributie; **2en** (*zu D*) bijdragen (tot); **2s·pflichtig** verplicht tot een bijdrage; **~s·zahlung** *f* betaling van de bijdrage.
bei|treten (*D*) toetreden tot, zich aansluiten bij; (*zustimmen*) instemmen met; *j-m a.* bijvallen; **2tritt** toetreding; **2wagen** *m* zijspan (*Straßenbahn2*) aanhangwagen; 2

werk *n* bijkomende versiering; (*Unwichtiges*) bijzaak; **~wohnen** (*D*) bijwonen; **2wort** *n* (-*ẹs*; *=er*) *Gr.* (het) bijvoeglijk naamwoord.
Beize *f* beits; marinade; (*von Saat*) (het) ontsmettingsmiddel; jacht met roofvogels.
bei'zeiten bijtijds, tijdig.
beizen (-*t*) beitsen; met roofvogels jagen.
be'jahen (-) bevestigen; (*positiv eingestellt sein*) positief staan tegenover; **~d** bevestigend; positief.
be'jahrt bejaard.
Be'jahung *f* bevestiging; (*Zustimmung*) aanvaarding; (het) optimisme.
be'jammern (-) bejammeren, betreuren; **~s·wert** betreurenswaardig.
be'jubeln (-) toejuichen.
be'kämpf|en (-) bestrijden; **2ung** *f* (*0*) bestrijding.
be'kannt (-*est*) bekend; *j-n mit j-m ~ machen* iem. aan iem. voorstellen; *mit j-m ~ sein* elkaar kennen; *mit j-m ~ werden* met iem. kennis maken; **2e(r)** kennis; **2en·kreis** *m* kennissenkring; **2gabe** *f* bekendmaking; **~geben** bekendmaken; **~lich** (*0*) zoals men weet, zoals bekend.
be'kanntmach|en bekendmaken, officieel meedelen; **2ung** *f* bekendmaking, kennisgeving.
Be'kanntschaft *f* (*Bekannte*) kennissen *pl.*; (*Person*) kennis; (*mit e-r S.*) kennis (van); *seine ~ mit ihm ist schon alt* zij kennen elkaar allang.
be'kehr|en (-) bekeren; **2ung** *f* bekering.
be'kenn|en (-) bekennen (*a. Farbe*); *sich zu e-r Religion ~* een godsdienst belijden; *sich ~ zu e-r Lehre, Partei* zich uitspreken voor; *sich ~ zu j-m* het opnemen voor; **2tnis** *n* (-*ses*; -*se*) bekentenis; (*Bezeugung*) belijdenis, getuigenis; (*Religion*) godsdienst.
be'klag|en (-) beklagen, betreuren; *sich ~ über (A)* klagen over; **~enswert** beklagenswaardig; **2te(r)** gedaagde.
be'|klatschen (-) applaudisseren voor; F (*verleumden*) kletsen over; **~kleben** (-) beplakken; **~klecksen** (-) bemorsen, bekladden.
be'kleid|en (-) bekleden (*a. Amt*); (*leicht*) *bekleidet sein* (licht) gekleed zijn; *bekleidet sein mit (D)* aan hebben; **2ung** *f* bekleding; (*Kleidung*) kleding; **2ungs·industrie** *f* confectie-industrie, kledingindustrie.
be'klemm|en (-) beklemmen, benauwen; **~end** beklemmend; **2ung** *f* beklemming, benauwdheid.
be'klommen benauwd, gedrukt; **2heit** *f* (*0*) benauwdheid.
be'|klopfen (-) bekloppen (*a. Med.*); **~kloppt** F gek.
be'kommen (-) **1.** *v/t* krijgen (*a. Hunger, Krankheit*); *Brief, Mitteilung bsd.* ontvangen; *zu essen (hören) ~* te eten (horen) krijgen; **2.** *v/i* (*sn*) *j-m gut (schlecht) ~* iem. goed (slecht) bekomen; *wohl bekomm's!* wel bekome het U!
be'|kömmlich goed bekomend, gezond; *~ sein* verteerbaar zijn; **~köstigen** (-) de kost geven, onderhouden; **~kräftigen** (-) bekrachtigen; **~kränzen** (-*t*; -) bekransen, versieren; **~kreuzigen** (-): *sich ~* een kruis slaan; **~kriegen** (-) beoorlogen; **~kritteln** (-) bekritiseren; **~kritzeln** (-) bekrassen, knoeien op.
be'kümmer|n (-) bedroeven, verdriet doen; (*Sorge bereiten*) zorg baren, bezorgd maken; *sich ~ um (A)* zich bekommeren om; zorgen voor; **~t** bekommerd, bezorgd.
be'|kunden (-*e*-; -) laten blijken; *jur.* verklaren; **~lächeln** (-) glimlachen om; **~laden** (-) beladen.
Be'lag *m* (-*ẹs*; *=e*) bedekking; (*auf Zunge, Spiegel*) aanslag; (*Brems2*) voering; (*Brot2*) (het) belegsel.
Be'lager|er *m* belegeraar; **2n** (-) belegeren (*a. fig.*); **~ung** *f* (het) beleg, belegering; **~ungs·zustand** *m* staat van beleg.
Be'lang *m* (-*ẹs*; -*e*) (het) belang; *von ~* van belang; **2en** (-) betreffen; *j-n ~ wegen (G)* iem. vervolgen wegens; **2los** (-*est*) onbelangrijk.
be'lassen (-) laten.
be'last|en (-) belasten (*a. fig. u. Hdl.*); *jur.* bezwarende verklaringen *pl.* afleggen voor; **~end** *jur.* bezwarend.
be'lästig|en (-) lastig vallen; **2ung** *f* (het) lastig vallen; storing.
Be'lastung *f* belasting (*a. fig.*); *Hdl.* debitering; **~s·probe** *f* belastingsproef; **~s·zeuge** *m* getuige à charge.
be'|lauern (-) beloeren, bespieden;

~laufen (-): *sich ~ auf (A)* bedragen, belopen; **~lauschen** (-) afluisteren.
be'leb|en (-) doen herleven, opwekken; *fig. bsd.* verlevendigen; *sich ~* opleven; *Verkehr*: druk(ker) worden; **~end** opwekkend; **~t** levend; *Straße*: druk, levendig; **2ung** *f (0)* opwekking, verlevendiging; **2ungs·mittel** *n* (het) opwekkend middel.
be'lecken (-) belikken.
Be'leg *m (-es; -e)* (het) bewijs, (het) bewijsstuk; (*Rechnungs2*) kwitantie; (*Belegstelle*) bewijsplaats; **2en** (-) beleggen (*a. Brot*); (*beweisen*) bewijzen; (*reservieren*) bespreken; (*besetzen*) bezetten; *Kursus* zich inschrijven voor; *mit Strafe (Steuern) ~* straf (belastingen) opleggen; **~schaft** *f* (het) personeel; **2t** *Brötchen*: belegd; *Zunge*: beslagen; *Stimme*: dof; (*besetzt*) bezet; *~ sein Wort*: voorkomen.
be'lehr|en (-) onderrichten; inlichten; *j-n e-s Besseren ~* iem. uit de droom helpen; **2ung** *f* onderrichting, inlichting, raad.
be'leibt *(-est)* (zwaar)lijvig, gezet.
be'leidig|en (-) beledigen; **~end** beledigend; **2er** *m* belediger; **2ung** *f* belediging.
be'leihen (-) belenen.
be'lesen belezen; **2heit** *f (0)* belezenheid.
be'leucht|en (-) verlichten; *fig.* belichten; **2ung** *f* verlichting; belichting; **2ungs·anlage** *f* verlichtingsinstallatie.
Belg|ien [-gĭən] *n* België *n*; **~ier(in** *f) m* Belg(ische *f*); **2isch** Belgisch.
Belgrad *n* Belgrado *n*.
be'licht|en (-) *Foto* belichten; **2ung** *f* belichting; **2ungs·messer** *m* belichtingsmeter; **2ungs·zeit** *f* belichtingstijd.
be'lieb|en (-) believen, wensen, willen; *Sie ~ zu scherzen!* dat meent U niet!; **2en** *n (-s; 0)* (het) believen, (het) goeddunken; **~ig** willekeurig; *Adv.* naar verkiezing; *~ lange (oft)* zo lang (dikwijls) als men (*od.* je, wij ...) wil (*od.* willen); **~t** *(-est)* geliefd, populair; **2t·heit** *f (0)* populariteit, geliefdheid.
be'liefer|n (-) leveren aan; (*mit D*) voorzien (van); **2ung** *f* levering.
bellen blaffen.
Belle'tristik [bɛle·-] *f (0)* belletrie.
be'lohn|en (-) belonen; **2ung** *f* beloning.
Be'lüftung *f* ventilatie.
be'lügen (-) beliegen.
be'lustig|en (-) vermaken, amuseren; **~end** vermakelijk; **2ung** *f* (het) vermaak, (het) amusement.
be'|mächtigen (-): *sich ~ (G)* zich meester maken van; **~malen** (-) beschilderen; **~mängeln** *(-le; -)* vitten op, aanmerkingen *pl.* maken op.
be'mann|en (-) bemannen; **~t** bemand; **2ung** *f (0)* bemanning.
be'mänteln *(-le; -)* verbloemen, bemantelen.
be'merk|bar merkbaar, zichtbaar; *sich ~ machen* zich vertonen, de aandacht trekken; **~en** (-) (be-) merken, waarnemen; (*sagen*) opmerken, zeggen; (*Notiz nehmen*) noteren; **~ens·wert** opmerkelijk; **2ung** *f* opmerking; waarneming.
be'|messen (-) vaststellen, afmeten; **~mitleiden** *(-e-; -)* medelijden hebben met; **~mittelt** bemiddeld, gegoed; **~mogeln** (-) F bedotten, foppen; **~moost** bemost; *fig.* (*alt*) oud.
be'müh|en (-) lastig vallen; *sich ~ (um A)* moeite (*od.* zijn best) doen (voor), zich inspannen (voor); *um e-e Stelle* solliciteren naar; *an e-n Ort* gaan (*od.* zich begeven) naar; *~ Sie sich nicht!* doet U geen moeite!; **~t:** *~ sein* zijn best doen; **2ung** *f* (*mst. -en pl.*) moeite, poging(en *pl.*)
be'|mustern (-) monsters *pl.* zenden van; **~muttern** *(-re; -)* bemoederen; **~nachbart** [-'naxbɑ:rt] naburig, nabijgelegen; (*angrenzend*) belendend.
benachrichtig|en [-'nɑ:x] (-) op de hoogte brengen, inlichten, waarschuwen; **2ung** *f* waarschuwing, (het) bericht.
be'nachteilig|en [ɑ:] (-) benadelen; **2ung** *f* benadeling.
be'|nagen (-) beknagen; **~nebelt** beneveld.
bene'deien (-) benedijen, zegenen.
Benedik'tiner *m* benedictijn; (*Likör*) benedictine.
be'nehmen (-) be-, ontnemen; *sich ~* zich gedragen; **2** *n (-s; 0)* (het) gedrag, manier van doen; *sich mit j-m ins ~ setzen* met iem. overleggen.

be'neiden (-) (*j-n um A*) benijden (om); **~s·wert** benijdenswaardig.
be'|nennen (-) noemen, een naam geven; **~netzen** (-) bevochtigen.
Bengal|en [bɛŋ'gɑ:-] *n* Bengalen *n*; **²isch** Bengaals.
Bengel *m* bengel.
be'nommen versuft, verdoofd; **²heit** *f (0)* versuftheid, verdoving.
be'nötig|en (-) nodig hebben; **~t:** *~ werden* nodig zijn; *das ²e* het nodige, het benodigde.
be'nutz|bar bruikbaar; **~en** (-) gebruiken, gebruik maken van; **²er** *m* gebruiker; **²ung** *f (0)* (het) gebruik, gebruikmaking; **²ungs·gebühr** *f* vergoeding voor het gebruik.
Ben'zin *n (-s; 0)* benzine.
Benzin|- *in Zssgn mst.* benzine-, *z.B.* **~gutschein** *m* benzinebon; **~kanister** *m* (het) benzineblik, benzinebus; **~motor** *m* benzinemotor; **~pumpe** *f* benzinepomp; **~tank** *m* benzinetank; **~uhr** *f* benzinemeter.
Ben'zol *n (-s; 0)* benzol.
be'obacht|en (*-e-*; -) gadeslaan; waarnemen; (*befolgen, einhalten*) in acht nemen; **²er** *m* waarnemer; **²ung** *f* waarneming, observatie; inachtneming; **²ungs·gabe** *f (0)* (het) waarnemingsvermogen; **²ungs-posten** *m* waarnemingspost.
be'|ordern (-) bevelen; *zu sich ~* ontbieden; **~packen** (-) bepakken, beladen; **~pflanzen** (-) beplanten; **~pinseln** (-) beschilderen; **~pudern** (-) (be)poederen.
be'quem (ge)makkelijk; *Pers.*: gemakzuchtig; **~en** (-): *sich ~* (ongaarne) overgaan; (*sich herablassen*) zich verwaardigen, zo goed zijn; **²lichkeit** *f* (het) gemak; (*Faulheit*) gemakzucht.
be'rappen (-) F dokken voor.
be'rat|en (-) *j-n* raadgeven, adviseren; *etw.* bespreken; *sich ~* beraadslagen, overleggen; **~end** raadgevend, adviserend; **²er**(**in** *f*) *m* raadgever *m*, adviseur *m*, raadgeefster *f*; **~schlagen** (-) beraadslagen; **²ung** *f* beraadslaging; (het) advies; *Arzt*: consultatie, (het) consult; **²ungs·stelle** *f* (het) consultatiebureau.
be'raub|en (-) beroven; **²ung** *f* beroving.
be'rauschen (-) (*sich*) (zich) bedwelmen; (*sich betrinken bsd.*) zich bedrinken; **~d** bedwelmend.

be'rech|enbar berekenbaar; **~nen** (-) berekenen (*a. fig.*); **~nend** berekenend; **²nung** *f* berekening (*a. fig.*).
be'rechtig|en (-) (*zu D*) het recht geven (tot); **~t** gerechtigd; (*begründet*) gerechtvaardigd; **²ung** *f (0)* (het) recht; *mit voller ~* met het volste recht.
be'red|en (-) bespreken; (*überreden*) overhalen, overreden; **~sam** welbespraakt, welsprekend; **²samkeit** *f (0)* welbespraaktheid, welsprekendheid; **~t** welsprekend.
Be'reich *m u. n (-ęs; -e)* (het) bereik; (*Gebiet*) (het) gebied (*a. fig.*); *Tech.* radius.
be'reicher|n (*-re*; -) (*sich*) (zich) verrijken; **²ung** *f* verrijking.
be'reifen[1] (-) *Frost*: met rijp bedekken.
be'reif|en[2] (-) van banden *pl.* voorzien; **²ung** *f* banden *pl.*
be'reinig|en (-) in het reine brengen; *Schwierigkeiten* uit de weg ruimen; **²ung** *f (0)* (het) in het reine brengen; (het) uit de weg ruimen.
be'reisen (-) bereizen.
be'reit *(0)* (*gewillt*) bereid; (*fertig*) klaar, gereed.
be'reiten[1] (*-e-*; -) bereiden, klaar-, gereedmaken; *Kummer* veroorzaken; *Freude* geven.
be'reiten[2] (-) *Pferd* berijden; *s. a. beritten*.
be'reithalten gereedhouden.
be'reits al, reeds.
Be'reitschaft *f* gereedheid; *mil.* paraatheid; (*Geneigtheit*) bereidwilligheid; **~s·dienst** *m* dienst.
be'reit|stellen klaarzetten; *Geld* beschikbaar stellen; **²ung** *f (0)* bereiding.
be'reitwillig bereidwillig; **²keit** *f (0)* bereidwilligheid.
be'|rennen (-) bestormen; **~reuen** (-) berouwen, spijt (*od.* berouw) hebben van (*od.* over).
Berg *m (-ęs; -e)* berg; *über den ~ sein* het ergste achter de rug hebben; *über alle ~e sein* ervandoor zijn; *mit etw. (D) hinter dem ~e halten* iets geheimhouden, iets verzwijgen; *die Haare stehen mir zu ~e* de haren rijzen mij te berge.
Berg|- *in Zssgn mst.* berg-, *z.B.* **²'ab** bergaf (*a. fig.*); **²'an** bergop; **~arbeiter** *m* mijnwerker; **²'auf**

bergop; **~bahn** *f* (het) bergspoor; **~bau** *m* (-*és*; *0*) mijnbouw; **~bewohner** *m* bergbewoner.

Bergelohn *m* (het) bergloon.

bergen (*L*) bergen; verbergen; *in sich ~* bevatten; *s. a. geborgen*.

Berg|fahrt *f* bergtocht; vaart stroomopwaarts; **~führer** *m* berggids; **~hütte** *f* berghut; **2ig** bergachtig; **~knappschaft** *f* (het) mijnpersoneel; **~kristall** *m* (het) bergkristal; **~kuppe** *f* bergtop; **~mann** *m* (-*és*; *Bergleute*) mijnwerker; **2männisch** mijnwerkers-; **~predigt** *f* (*0*) Bergrede; **~rutsch** *m* aardverschuiving; **~schule** *f* mijnbouwschool; **~station** *f* (het) bergstation; **~steiger(in** *f*) *m* bergbeklimmer *m*, bergbeklimster *f*; **~tour** *f* bergtocht.

Bergung *f* berging; **~s·gesellschaft** *f* bergingsmaatschappij.

Berg|volk *n* (het) bergvolk; **~wand** *f* bergwand; **~werk** *n* mijn; **~wesen** *n* (-*s*; *0*) (het) mijnwezen.

Beˈricht *m* (-*és*; -*e*) (het) verslag; (*Kurz2*) (het) bericht, mededeling; **2en** (-) (*mitteilen*) mededelen, melden; *über etw.* (*A*) *~* (*an A*) over iets verslag uitbrengen (aan).

Beˈricht·erstatt|er *m* verslaggever; **~ung** *f* verslaggeving.

beˈrichtig|en (-) verbeteren; **2ung** *f* verbetering.

beˈriechen (-) beruiken; *sich ~ fig.* om elkaar heendraaien.

beˈriesel|n (-) besproeien; *fig.* bewerken; **2ung** *f* besproeiing; bewerking; **2ungs·anlage** *f* besproeiingsinstallatie.

beˈritten (*0*) bereden.

Berˈlin *n* Berlijn *n*; **~er(in** *f*) *m* Berlijner *m*, Berlijnse *f*; (*Krapfen*) Berlijnse bol; **2isch** Berlijns.

Bernharˈdiner *m* bernardijn; *~* (-**hund** *m*) sint-bernard(shond).

Bernstein *m* (-*és*; *0*) (het) barnsteen.

bersten (*L*; *sn*) barsten; *zum 2 voll* tot barstens toe vol.

beˈrüchtigt (-*est*) berucht.

beˈrücken (-) betoveren.

beˈrücksichtig|en (-) rekening houden met, in aanmerking nemen; **2ung** *f* (*0*) inachtneming, (het) rekening houden met; *unter ~* (*des Umstandes*, ...) (de omstandigheid, ...) in aanmerking genomen.

Beˈruf *m* (het) beroep; (*Berufung*) roeping; *im ~ stehen* een beroep uitoefenen; **2en 1.** (-) (*ernennen*) benoemen, aanstellen; *Versammlung* bijeenroepen; *sich ~ auf* (*A*) zich beroepen op; *zu sich ~* tot zich roepen, ontbieden; **2.** *Adj.* voorbestemd; (*geeignet*) bevoegd; *sich ~ fühlen* zich geroepen voelen; **2lich** (*0*) van het beroep, beroeps-.

Beˈrufs|- *in Zssgn mst.* beroeps-, *z.B.* **~ausbildung** *f* beroepsopleiding; **~beratung** *f* beroepsoriëntering, -voorlichting; **~bezeichnung** *f* naam van het beroep, beroepsaanduiding; **~geheimnis** *n* (het) beroepsgeheim; **~genossenschaft** *f* officiële ongevallenverzekering; **~heer** *n* (het) beroepsleger; **~krankheit** *f* beroepsziekte; **~leben** *n* (-*s*; *0*) (het) beroepsleven; **2mäßig** (*0*) beroeps-, van het beroep; **~schule** *f* vakschool (in het kader van het leerlingenstelsel); **~sportler** *m* prof(essional).

beˈrufstätig (*0*) werkend, in een beroep werkzaam; **2e(r)** werkende.

Beˈrufs|verbot *n* (het) verbod tot uitoefening van een beroep; **~wahl** *f* (*0*) beroepskeuze.

Beˈrufung *f* roeping; benoeming; bijeenroeping; *jur.* (het) beroep; *~ einlegen* in (hoger) beroep gaan; **~s-gericht** *n* (het) hof van appel.

beˈruhen (-) (*auf D*) berusten (op); *etw. auf sich ~ lassen* het erbij laten.

beˈruhig|en (-) geruststellen, kalmeren; *sich ~* bedaren, kalmeren; **~end** geruststellend, kalmerend; **~t** gerustgesteld; *~ sein mst.* gerust zijn; **2ung** *f* (*0*) kalmering; (*Gefühl*) geruststelling; *zu Ihrer ~* om U gerust te stellen; **2ungs·mittel** *n* (het) kalmeringsmiddel.

beˈrühmt (-*est*) beroemd; **2heit** *f* beroemdheid.

beˈrühr|en (-) aanraken; (*erwähnen*) aanroeren, aanstippen; (*aneinandergrenzen*; *angehen*) raken; **2ung** *f* aanraking, (het) contact; **2ungspunkt** *m* (het) aanrakingspunt (*a fig.*).

besäen [-ˈzɛːən] (-) bezaaien.

beˈsag|en (-) zeggen, luiden; (*bedeuten*) betekenen, zeggen; **~t** genoemd.

Beˈsamung *f* bevruchting.

beˈsänftig|en (-) kalmeren, sussen; **2ung** *f* (*0*) kalmering, (het) sussen

Be'satz *m* garnering.

Be'satzung *f* bezetting; (*Mannschaft*) bemanning; **~s·macht** *f* bezettende mogendheid; **~s·zone** *f* bezettingszone.

be'saufen (-) P: *sich ~* zich bezuipen; *s. a. besoffen.*

be'schädig|en (-) beschadigen; (*verletzen*) verwonden; **~t** beschadigd; gewond; **≈ung** *f* beschadiging.

be'schaff|en 1. (-) bezorgen, verschaffen; *etw. ist nicht zu ~* te krijgen; **2.** *Adj.* geaard, van die aard, zo; *wie ist es ~ mit* (*D*) gesteld met; **≈en·heit** *f* (*0*) gesteldheid, aard; **≈ung** *f* (*0*) aanschaffing.

be'schäftig|en (-) werk geven aan, tewerkstellen; (*zu denken geben; unterhalten*) bezighouden; *sich ~* (*mit D*) zich bezighouden (met); **~t** bezig; (*bei D*) werkzaam; (*sehr*) *~ sein* het (erg) druk hebben; **≈ung** *f* bezigheid, (het) werk; (*von Personal*) tewerkstelling; **≈ungs·grad** *m* bezettingsgraad.

be'schäm|en (-) beschamen; **~end** beschamend; **≈ung** *f* (*0*) beschaming.

be'schatt|en (*-e-*; -) be-, overschaduwen; *fig. j-n* schaduwen; **≈ung** *f* (*0*) (het) beschaduwen; (het) schaduwen.

be'schau|en (-) (be)schouwen; (*prüfen*) keuren; **~lich** beschouwend, contemplatief; (*friedlich*) rustig.

Be'scheid *m* (*-es; -e*) (*Antwort*) (het) antwoord, beslissing; (*Auskunft*) inlichting; *~ wissen* (*sagen*) *über* (*A*) op de hoogte zijn (brengen) van; er *weiß ~* hij weet er alles van, hij weet het.

be'scheiden[1] (-): *zu sich ~* ontbieden; *es ist mir* (*nicht*) *beschieden* het is mij (niet) gegund; *sich ~* zich tevredenstellen, genoegen nemen.

be'scheiden[2] *Adj.* bescheiden; **≈heit** *f* (*0*) bescheidenheid.

be'scheinen (-) beschijnen.

be'scheinig|en (-) attesteren, bevestigen; (*erklären*) schriftelijk verklaren; **≈ung** *f* (het) attest, (het) bewijs, verklaring.

be'|scheißen (-) V beschijten; *fig.* bedonderen; *s. a. beschissen*; **~schenken** (-): *j-n ~ mit* (*D*) iem. iets schenken.

be'scher|en (-) schenken, cadeau geven; *beschert bekommen* (ten geschenke) krijgen; *was hat Ihnen das Christkind beschert?* wat hebt U met Kerstmis gekregen?; **≈ung** *f* (uitdeling van kerst)geschenken *n/pl.*; *fig.* F *da haben wir die ~!* daar heb je het al!; *das ist ja eine schöne ~!* dat is me wat moois!

be'|schichten (-) van een laag voorzien; **~schicken** (-) afgevaardigden *pl.* zenden naar; **~schießen** (-) beschieten; **~schildern** (-) bewegwijzeren (en markeren).

be'schimpf|en (-) uitschelden, beledigen; **≈ung** *f* belediging.

be'|schirmen (-) beschermen; **~schissen** V rot.

be'schlafen (-) *Frau* gemeenschap hebben met; *e-e S.* een nachtje slapen over.

Be'schlag *m* (het) beslag; (*Niederschlag*) aanslag; *in ~ nehmen, mit ~ belegen* in beslag nemen; **≈en 1.** (-) *v/t* beslaan (*a. Pferd*); *Tier* bevruchten; *v/i* (*sn*) beslaan; **2.** *Adj. gut ~ sein* goed thuis zijn.

Be'schlagnahme *f* inbeslagneming; **≈n** (-) in beslag nemen, beslag leggen op.

be'schleichen (-) besluipen; *fig.* bekruipen.

be'schleunig|en (-) versnellen; *Ablauf a.* bespoedigen; *Auto*: optrekken; **≈ung** *f Auto*: (het) optrekken, acceleratie.

be'schließen (-) besluiten (*a. beenden*).

Be'schluß *m* (het) besluit; *e-n ~ fassen* een besluit nemen, besluiten; **≈fähig** in staat besluiten *pl.* te nemen.

be'schmieren (-) besmeren; (*beschmutzen*) besmeuren; (*bemalen*) bekladden.

be'schmutz|en (-) bevuilen, vuil maken; *fig.* bevlekken; **≈ung** *f* bevuiling; bevlekking.

be'|schneiden (-) be-, afsnijden; *Baum* snoeien; *fig.* besnoeien, beknotten; **~schnüffeln** (-), **~schnuppern** (-) besnuffelen; *fig.* snuffelen aan.

be'schönig|en (-) vergoelijken, goedpraten; **≈ung** *f* (*0*) vergoelijking.

be'schränk|en (-) beperken; *sich ~ auf* (*A*) zich beperken tot; **~t** beperkt; (*geistig bsd.*) bekrompen.

be'schrankt (*0*) *Esb.* bewaakt.
Be'schränkung *f* beperking.
be'schreib|en (-) beschrijven (*a. schildern*; *Kreis*); **≈ung** *f* beschrijving.
be'schreiten (-) betreden (*a. fig.*).
be'schrift|en (*-e-*; -) beschrijven; **≈ung** *f* (het) beschrijven; (het) opschrift.
be'schuldig|en (-) beschuldigen; **≈te(r)** *jur.* verdachte; **≈ung** *f* beschuldiging.
be'schummeln (*-le*; -) F bedonderen.
Be'schuß *m* (*-sses*; *0*) beschieting; *unter ~* onder vuur.
be'schütz|en (-) (*vor D*) beschermen (tegen); **≈er** *m* beschermer.
be'schwatzen (-) *etw., j-n* bepraten.
Be'schwerde *f* klacht, grief, (het) bezwaar; (*Mühe*) last, moeite; *~n pl. Med.* klachten *pl.*; *e-r Reise* ongemakken *n/pl.*; **~buch** *n* (het) klachtenboek; **~führer** *m* klager, reclamant.
be'schwer|en (-) belasten (*a. fig.*), bezwaren (*bsd. fig.*); *sich ~ über* (*A*) zich beklagen over; **~lich** bezwaarlijk, lastig; *j-m ~ fallen* lastig vallen; **≈lichkeit** *f* (het) ongemak, last.
be'schwichtig|en (-) kalmeren; *Gewissen* sussen; **≈ung** *f* kalmering; sussing.
be'|schwindeln (-) bedriegen; (*belügen*) beliegen; **~schwingt** *fig.* zwierig, bezield; **~schwipst** F aangeschoten.
be'schwör|en (-) *etw., j-n* bezweren; **≈er** *m* bezweerder; **≈ung** *f* bezwering; **≈ungs·formel** *f* bezweringsformule.
be'|seelen (-) bezielen; **~sehen** (-) bezien, bekijken; *bei Lichte ~ Inf.* op de keper beschouwen.
be'seitig|en (-) uit de weg ruimen (*a. fig.*); *Schmutz* opruimen; **≈ung** *f* (*0*) (het) uit de weg ruimen; opruiming.
be'seligen (-) gelukkig stemmen.
Besen *m* bezem; *neue ~ kehren gut* nieuwe bezems vegen goed; **~binder** *m* bezembinder.
be'sessen bezeten.
be'setz|en (-) bezetten (*a. Amt, Platz usw.*); **~t** bezet; *Tel.* in gesprek; **≈t·zeichen** *n Tel.* bezettoon; **≈ung** *f* bezetting (*a. Thea.*).
be'sichtig|en (-) bezichtigen; **≈ung** *f* bezichtiging.

be'sied|eln (-) bevolken, koloniseren; *dicht besiedelt* dichtbevolkt; **≈lung** *f* kolonisatie.
be'siegeln (-) bezegelen (*a. fig.*).
be'sieg|en (-) overwinnen; **≈te(r)** overwonnene.
be'singen (-) bezingen.
be'sinnen (-): *sich ~* (*auf A*) (*überlegen*) (goed) nadenken (over), zich bezinnen (over); (*sich erinnern*) zich (iets) herinneren; *sich anders ~* van gedachte(n) veranderen, tot andere gedachten komen; *s. a. besonnen*; *n* (*-s*; *0*) (het) nadenken.
be'sinnlich beschouwelijk.
Be'sinnung *f* (*0*) bezinning; (*Bewußtsein*) (het) bewustzijn; *zur ~ kommen* tot bewustzijn (*fig.* bezinning) komen; **≈s·los** (*0*) bewusteloos; (*von Sinnen*) onbeheerst; **~slosigkeit** *f* (*0*) bewusteloosheid; onbeheerstheid.
Be'sitz *m* (*-es*; *0*) (het) bezit; *~ ergreifen von* (*D*) iets in bezit nemen; **≈anzeigend** *Gr.* bezittelijk; **≈en** (-) bezitten; **~er** *m* bezitter; **~ergreifung** *f* inbezitneming; **≈los** (*0*) zonder bezit, bezitloos; **~stand** *m* (*-es*; *0*) bezittingen *pl.*; **~tum** *n* (*-er*), **~ung** *f* bezitting.
be'soffen P bezopen, dronken.
be'sohlen (-) (ver)zolen.
be'sold|en (*-e-*; -) bezoldigen, salariëren; *Soldaten* soldij geven; **≈ung** *f* (*0*) bezoldiging, salariëring; soldij.
be'sonder|- bijzonder; *etw.* **≈es** iets bijzonders; **≈heit** *f* bijzonderheid; **~s** bijzonder; (*getrennt*) afzonderlijk; (*vor allem*) in 't bijzonder, vooral.
be'sonnen *Adj.* bezonnen, bedachtzaam; **≈heit** *f* (*0*) bezonnenheid, bedachtzaamheid.
be'sorg|en (-) (*beschaffen*) bezorgen; (*erledigen*) doen; (*betreuen*) zorgen voor, verzorgen; (*fürchten*) bezorgd zijn over; **≈nis** *f* (-; *-se*) bezorgdheid, zorg; **~nis·erregend** zorgwekkend; **~t** bezorgd; *~ sein um* (*A*) bezorgd (*od.* ongerust) zijn over; **≈ung** *f* bezorging; (het) doen; verzorging; (*Einkauf*) boodschap; *~en pl. machen* boodschappen doen.
be'|spannen (-) bespannen; **~speien** (-) bespuwen; **~spickt** *fig.* bezaaid; **~spielen** (-) bespelen; **~spitzeln** (-) bespioneren.

be'sprech|en (-) bespreken; *Krankheit* belezen, bezweren; **2ung** *f* bespreking (*a. Buch2*).
be'|sprengen (-) besprenkelen, besproeien; **~springen** (-) bespringen; **~spritzen** (-) bespatten; **~spucken** (-) bespuwen; **~spülen** (-) bespoelen.
besser beter; *um so* (*od. desto*) ~ des te beter; **2e(s):** (etw.) ~s iets beters; e-e *Wendung zum* ~n een wending ten goede; **~n** (-*re*) verbeteren; *sich* ~ beter worden; **2ung** *f* (*0*) verbetering; *gute* ~! veel beterschap!; *auf dem Wege der* ~ aan de beterhand; **2ungs·anstalt** *f* (het) jeugdtehuis; **2wisser** *m* betweter.
best|- best; *am* ~*en* 't best; *der erste* ~*e* de eerste de beste; *zum* ~*en halten* de draak steken met; *zum* ~*en geben* ten beste geven; *nicht zum* ~*en stehen* niet al te best zijn; *s. a.* Beste(s).
be'stallen (-) benoemen.
Be'stand *m* duurzaamheid, bestendigheid; (*Waren2*) voorraad; (*Kassen2*) (het) saldo; (*Inventar*) inventaris; (*Baum2*) bomen *pl.*; *von* ~ *sein*, ~ *haben* bestendig (*od.* van duur) zijn; *eiserner* ~ onaantastbare voorraad.
be'ständig bestendig, duurzaam; (*widerstandsfähig*) bestand tegen; *Adv.* voortdurend; **2keit** *f* (*0*) bestendigheid, duurzaamheid; (*Ausdauer*) volharding.
Be'stand|s·aufnahme *f* inventarisatie (*a. fig.*); **~s·liste** *f* voorraadlijst; **~teil** *m* (het) bestanddeel.
be'stärken (-) stijven, sterken.
be'stätig|en (-) bevestigen; *sich* ~ bevestigd worden; **2ung** *f* bevestiging.
be'statt|en (-*e*-; -) begraven, ter aarde bestellen; **2ung** *f* begrafenis; **2ungs·institut** *n* begrafenisonderneming.
be'stäuben (-) bestuiven.
Beste|(s) (het) beste; *sein* ~*s tun* zijn best doen; *zu seinem* ~*n* voor zijn bestwil; *das* ~ *vom* ~*n* het neusje van de zalm; *zum* ~*n* (*G, von D*) ten bate (van); *s. a.* best-.
be'stech|en (-) omkopen; (*für sich einnehmen*) voor zich innemen, bekoren; **~end** innemend; **~lich** omkoopbaar, corrupt; **2lichkeit** *f* (*0*) omkoopbaarheid, corruptheid; **2ung** *f* omkoperij, omkoping; **2ungs·gelder** *n/pl.* steekpenningen *pl.*
Be'steck *n* (-*es*; -*e*) (het) bestek (*a. mar.*), (het) couvert; *Med.* instrumenten *n/pl.*; **2en** (-) besteken; (*mit Blumen*) versieren.
be'stehen 1. (-) *v/i* (*existieren*) bestaan; (*sich behaupten*) zich handhaven; ~ *aus* (*D*) bestaan uit; ~ *auf* (*D*) staan op; **2.** *v/t Prüfung* slagen in; *Kampf*, *Abenteuer* doorstaan, het er goed afbrengen; **2** *n* (-*s*; *0*) (het) bestaan; (het) slagen in; **~de(s)** (het) bestaande.
be'|stehlen (-) bestelen; **~steigen** (-) bestijgen, beklimmen.
be'stell|en (-) *Ware* bestellen; *Feld* bewerken; *Grüße* doen, overbrengen; *Brief* bestellen; (*ausrichten*) zeggen, meedelen; *j-n* (*zu sich*) ~ ontbieden; *sein Haus* ~ orde op zijn zaken stellen; *es ist schlecht um ihn* (*od. mit ihm*) *bestellt* het gaat slecht met hem; **2er** *m* besteller; **2gebühr** *f* bezorgingskosten *pl.*; **2nummer** *f* (het) bestelnummer; **2schein** *m* bestelbon; **2ung** *f* bestelling; *Hdl. a.* order; bewerking; (*Ernennung*) benoeming.
besten|falls in het gunstigste geval; **~s** heel goed, opperbest; *ich danke Ihnen* ~ zeer.
be'steuer|n (-) belasten; **2ung** *f* belastingheffing.
bestiali|sch [bɛs'tĭɑ:-] beestachtig; **2'tät** *f* beestachtigheid, bestialiteit.
be'sticken (-) borduren.
Bestie ['-tĭə] *f* (het) beest (*a. fig.*).
be'stimm|bar bepaalbaar; **~en** (-) bepalen; *Pflanzen* determineren; (*überreden*) overhalen; ~ *für* (*A od. zu D*) bestemmen voor; ~ *über* (*A*) (*entscheiden*) beslissen over; *hier bestimme ich!* hier heb ik het voor het zeggen!; **~t** bepaald (*a. Gr.*), zeker; (*entschieden*) beslist, vastbesloten; *Adv.* zeker, beslist; **2t·heit** *f* (*0*) beslistheid, zekerheid; **2ung** *f* bepaling; (*Ziel*) bestemming; (*Schicksal*) (het) lot.
Be'stimmungs|land *n* (het) land van bestemming; **~ort** *m* plaats van bestemming; **~wort** *n* (-*es*; *ʺer*) (het) bepalend deel van een samenstelling.
Best|leistung *f Sp.* (het) record; **2'möglich** zo goed mogelijk.

be'straf|en (-) (be)straffen; **⁓ung** *f* bestraffing, straf.
be'strahl|en (-) bestralen (*a. Med.*); **⁓ung** *f* bestraling.
be'streb|en (-): *sich ~ u. bestrebt sein* trachten, streven, zich beijveren; **⁓** *n* (*-s; 0*) (het) streven, poging; **⁓ung** *f* poging.
be'|streichen (-) bestrijken; *Brot* besmeren; **~streiken** (-) door staking verlammen; **~streiten** (-) bestrijden (*a. Kosten*); (*anzweifeln bsd.*) betwisten; (*sorgen für*) zorgen voor, voorzien in; **~streuen** (-) bestrooien; **~stricken** (-) betoveren; **~stücken** (-) uitrusten.
be'stürm|en (-) bestormen (*a. fig.*); **⁓ung** *f* (*0*) bestorming.
be'stürz|en (-) ontstellen; **~t** ontsteld, ontdaan; **⁓ung** *f* (*0*) ontsteltenis.
Bestzeit *f Sp.* recordtijd.
Be'such [u:] *m* (*-es; -e*) (het) bezoek; *zu ~* op bezoek; *e-n ~ machen* (*od. abstatten*) een bezoek brengen (*od.* afleggen); **⁓en** (-) bezoeken (*a. Schule*); **~er** *m* bezoeker; **~s·zeit** *f* bezoektijd.
be'|sudeln (*-le*; -) bezoedelen (*a. fig.*); **~tagt** [a:] bejaard, oud; **~tasten** (-) betasten, bevoelen.
be'tätig|en (-) in daden omzetten; *Tech.* hanteren; *Maschine* bedienen; *sich ~* werkzaam zijn, zich bezighouden; **⁓ung** *f* werkzaamheid; activiteit; hantering, bediening; **⁓ungs·feld** *n* (het) arbeidsveld.
be'täub|en (-) verdoven (*a. Med. u. fig.*); **⁓ung** *f* verdoving; **⁓ungsmittel** *n* (het) verdovingsmiddel.
Bete *f*: *rote ~* rode biet.
be'teilig|en (-) (*an D*) doen delen (in), deelgenoot maken (van); *sich ~* (*an D*) deelnemen (aan); **~t:** *~ sein an* (*D*) aandeel hebben aan, betrokken zijn bij; **⁓te(r)** betrokkene, deelnemer; (*Interessierter*) belanghebbende; **⁓ung** *f* deelneming.
beten (*-e-*) bidden.
be'teuer|n (*-re*; -) betuigen; *+ Inf., Satz* verzekeren; **⁓ung** *f* betuiging; verzekering.
be'|titeln (*-le*; -) betitelen, tituleren; **~tölpeln** (*-le*; -) beetnemen, om de tuin leiden.
Beton [-'tɔŋ] *m* (*-s; -s*) (het) beton.
be'tonen (-) de nadruk leggen op, beklemtonen; *Wort, Silbe a.* accentueren.
Be'tonie [-nĭə] *f Bot.* betonie.
beto'nieren (-) betonneren.
Be'tonmischmaschine *f* betonmolen.
be'ton|t (*auffallend; besonders*) bijzonder, opvallend; **⁓ung** *f* (het) accent, klemtoon (*a. fig.*); (*das Betonen*) beklemtoning; (*e-s Wortes, e-r Silbe a.*) accentuering.
be'tören (-) misleiden, verblinden; (*verführen*) verleiden, betoveren.
betr. *Abk. für betreffend, betrifft.*
Be'tracht *m* (*-es; 0*): *außer ~ lassen* (*bleiben*) buiten beschouwing laten (blijven); *in ~ ziehen* (*kommen*) in aanmerking nemen (komen); **⁓en** (-): (*sich*) *etw. ~* iets bekijken; *~ als* beschouwen als; **~er** *m* toeschouwer, waarnemer.
be'trächtlich aanmerkelijk, aanzienlijk.
Be'trachtung *f* (het) bekijken; (*Gedanke*) beschouwing, overdenking.
Be'trag *m* (*-es; ⁓e*) (het) bedrag; *~* (*dankend*) *erhalten* voldaan; *im ~(e) von* (*D*) ten bedrage van.
be'tragen (-) bedragen; *sich ~* zich gedragen; **⁓** *n* (*-s; 0*) (het) gedrag.
be'|trauen (-): *j-n mit etw.* (*D*) *~* iem. iets opdragen (*od.* toevertrouwen); **~trauern** (-) rouwen over; (*nachtrauern*) betreuren.
be'treffen (-) betreffen; (*treffen*) overkomen, treffen; *was ... betrifft* wat ... betreft; *s. a. betroffen*; **~d** bewust, bedoeld; *Behörde*: bevoegd; **⁓de(r)** betrokkene.
be'treffs (*G*) wat ... betreft, met betrekking tot.
be'treiben (-) (*ausüben*) uitoefenen; *Arbeit, Studien* doen; *Geschäft* drijven; *Maschine* bedienen; (*vorantreiben*) bespoedigen, verhaasten; *auf ⁓ von* (*D*) op aansporing (*pej. bsd.* instigatie) van.
be'treten 1. (-) betreden; **2.** *Adj. Weg*: begaan; *fig.* bedremmeld, verlegen; **⁓heit** *f* (*0*) verlegenheid.
be'treu|en (-) verzorgen, zorgen voor; **⁓er** *m* verzorger; helper, begeleider; **⁓ung** *f* (*0*) verzorging, hulp, begeleiding.
Be'trieb *m* **1.** (*-es; -e*) (het) bedrijf; **2.** (*-es; 0*) werking; (*Antrieb*) aandrijving; (*starker*) *~* (grote) drukte; *außer* (*in*) *~ sein* buiten (in) werking zijn; *außer ~ setzen* buiten werking stellen; *den ~ aufnehmen* beginnen

te werken; **?lich** (*0*) bedrijfs-; **?sam** werkzaam, bedrijvig; **?samkeit** *f* (*0*) werkzaamheid, bedrijvigheid.

Be'triebs|- *in Zssgn mst.* bedrijfs-, *z.B.* **~arzt** *m* bedrijfsarts; **?fähig** geschikt voor exploitatie; *Maschine*: in staat om te werken; **~ferien** *pl.* bedrijfsvakantie; **?fertig** bedrijfsklaar; **~führung** *f* bedrijfsleiding; **~geheimnis** *n* (het) fabrieksgeheim; **~jahr** *n* (het) boekjaar; **~kapital** *n* (het) bedrijfskapitaal; **~klima** *n* sfeer in het bedrijf; **~leiter** *m* bedrijfsleider; **~ordnung** *f* bedrijfsregeling; **~rat** *m* bedrijfsraad; *Pers.*: lid van de bedrijfsraad; **~sicherheit** *f* (*0*) bedrijfsveiligheid; **~unfall** *m* (het) bedrijfsongeval; **~wirt** *m* bedrijfseconoom.

be'trinken (-): *sich* ~ zich bedrinken; *s. a. betrunken.*

be'troffen (*bestürzt*) onthutst; (*betreten*) bedremmeld; ~ *von* (*D*) getroffen door; **?heit** *f* (*0*) onthutstheid; verlegenheid.

be'trüb|en (-) bedroeven, verdriet doen; **~lich** bedroevend; **?nis** *f* (-; -*se*) droefenis, droefheid; **~t** bedroefd, treurig.

Be'trug *m* (-*es*; *0*) (het) bedrog.

be'trüg|en (-) bedriegen; vals spelen; *j-n* ~ *um* (*A*) (*Geld*) oplichten voor; **?er** *m* bedrieger; oplichter; **?e'rei** *f* bedriegerij; **~erisch** bedrieglijk.

be'trunken dronken, beschonken; **?e(r)** dronken man; **?heit** *f* (*0*) dronkenschap.

Betstuhl *m* bidstoel.

Bett *n* (-*es*; -*en*) (het) bed; (*Fluß?*) bedding; *zu* (*od. ins*) ~ *gehen* naar bed gaan; *im* ~ (*liegen*) in bed; *das* ~ *hüten* het bed houden; **~chen** *n* (het) bedje; **~couch** *f* slaapbank; **~decke** *f* deken; (*als Zierde*) bedsprei.

Bettel|'arm (*0*) straatarm; **?brief** *m* bedelbrief; **?ei** [-'laɪ] *f* bedelarij, (het) gebedel; **?mönch** *m* bedelmonnik; **~n** (-*le*) bedelen (*a. fig.*); **?orden** *m* bedelorde.

betten (-*e*-) in bed leggen; *er ist nicht auf Rosen gebettet* hij wandelt niet op rozen.

Bett|gestell *n* (het) bedframe; **~kante** *f* bedrand; **?läg(e)rig** bedlegerig; **~laken** *n* (het) (bedde)laken.

Bettler(in *f*) *m* bedelaar *m*, bedelares *f*.

Bett|nässen *n* (-*s*; *0*) (het) bedwateren; **~ruhe** *f* bedrust; **~schüssel** *f* bedpan, ondersteek; **~überzug** *m* bedovertrek.

Bettuch [ɛ] *n* (het) (bedde)laken.

Bett|vorleger *m* (het) slaapkamermatje; **~wäsche** *f* (het) beddegoed.

be'|tulich vriendelijk-bezorgd; **~tupfen** (-) aantippen; (*abtupfen*) betten.

Beug|e·muskel *m* buigspier; **?en** buigen; *Gr.* verbuigen; *Verb* vervoegen; *sich* ~ (*D*) zich buigen voor (*a. fig.*); **~ung** *f* buiging; *Gr.* verbuiging; vervoeging.

Beule *f Haut*: buil, bult; *Material*: deuk, bluts; **~n·pest** *f* builenpest.

be'unruhig|en (-) verontrusten, ongerust maken; *sich* ~ zich ongerust maken; **?ung** *f* verontrusting; onrust, zorg.

be'urkunden (-*e*-; -) (*beweisen*) documenteren; (*bescheinigen*) verklaren.

be'urlaub|en (-) met verlof zenden; *jur.* suspenderen, schorsen; *sich* ~ afscheid nemen; **?ung** *f* (het) verlof; schorsing.

be'urteil|en (-) beoordelen (*a. Buch usw.*); **?ung** *f* beoordeling.

Beute *f* (*0*) buit; (*Opfer bsd.*) prooi.

Beutel *m* zak, (*selten*) buidel; (*klein*: *Tee? usw.*) (het) zakje; (*Geld?*) beurs, portemonnee; **?n** (-*le*) schudden, kloppen; *j-n* door elkaar schudden; **~tier** *n* (het) buideldier.

Beutezug *m* rooftocht.

be'völker|n (-*re*; -) bevolken; **?ung** *f* bevolking.

Be'völkerungs|- *in Zssgn* bevolkings-, *z.B.* **~dichte** *f* bevolkingsdichtheid.

be'vollmächtig|en (-) machtigen, volmacht geven; **?te(r)** ge(vol)machtigde; **?ung** *f* (*0*) machtiging.

be'vor voor(dat), eer, alvorens.

be'vormund|en (-*e*-; -) voogd zijn over, bevoogden (*bsd. fig.*); *fig. a.* betuttelen; **?ung** *f* voogdijschap, curatele; bevoogding, betutteling.

be'vor|raten (-*e*-; -) bevoorraden; **~rechten** (-*e*-; -) bevoorrechten.

be'vorstehen (-) voor de deur staan, op komst zijn; *j-m etw.* te wachten staan; **~d** aanstaand.

be'vorteilen (-) bevoordelen.

be'vorzug|en (-) verkiezen, prefereren; bevoorrechten, voortrekken; **~t** bevoorrecht; *Lage*: gunstig; *Adv.* met voorrang; **2ung** *f* bevoorrechting.
be'wach|en (-) bewaken; **2er** *m* bewaker.
be'wachsen *Adj.* begroeid.
Be'wachung *f* (*0*) bewaking.
be'waffn|en (*-e-*; -) (be)wapenen; **~et** gewapend; *bis an die Zähne ~* tot de tanden gewapend; **2ung** *f* bewapening.
Be'wahr|anstalt *f* bewaarplaats; **2en** (-) bewaren; *j-n ~* (*vor D*) iem. behoeden (voor); *Gott bewahre!* de hemel beware mij!
be'währen (-): *sich ~* goed blijken te zijn, voldoen, aan de verwachtingen beantwoorden; *Pers. bsd.*: zich waarmaken; *s. a. bewährt.*
Be'wahrer *m* bewaarder.
be'wahrheiten (*-e-*; -): *sich ~* waar blijken te zijn, bewaarheid worden.
be'währt beproefd.
Be'wahrung *f* bewaring.
Be'währung *f* (het) bewijs van geschiktheid; *jur.* voorwaardelijke veroordeling; *auf* (*od. mit*) *~* voorwaardelijk; *ohne ~* onvoorwaardelijk; *zur ~ aussetzen* voorwaardelijk opleggen; **~s·frist** *f* proeftijd (*a. jur.*); *s. a. Bewährung.*
be'waldet bebost.
be'wältig|en (-) overweldigen; (*fertig werden*; *ausführen*) aankunnen; *Schwierigkeiten, Vergangenheit* overwinnen; **2ung** *f* (*0*) overweldiging; (het) aankunnen; overwinning.
be'wandert ervaren; (*kenntnisreich*) goed thuis, doorkneed.
Be'wandtnis *f* (*-; -se*) gesteldheid, toedracht; *damit hat es folgende ~* het is er zo mee gesteld, dat zit zo.
be'wässer|n (-) bevloeien; **2ung** *f* irrigatie, bevloeiing; **2ungs·anlagen** *f/pl.* irrigatiewerken *n/pl.*
be'weg|bar (*0*) beweegbaar; **~en** (-) **1.** (*sich*) (zich) bewegen (*a. fig.*); *Erde* verplaatsen; **2.** (*L*) (*veranlassen*) bewegen; **2grund** *m* beweegreden; **~lich** beweeglijk (*a. fig.*); (*bewegbar*) beweegbaar; *Güter*: roerend; **2lichkeit** *f* (*0*) beweeglijkheid; beweegbaarheid; **~t** bewogen (*a. fig.*); **2ung** *f* beweging (*a. fig.*); *sich ~ machen* beweging nemen; *sich in ~ setzen* zich in beweging zetten.
Be'wegungs|freiheit *f* bewegingsvrijheid (*a. fig.*); **2los** (*0*) roerloos.
be'|weihräuchern (-) bewieroken; **~weinen** (-) bewenen, betreuren.
Be'weis *m* (*-es*; *-e*) (het) bewijs; *unter ~ stellen* bewijzen; **~aufnahme** *f* (het) vooronderzoek, instructie; **2bar** bewijsbaar; **2en** (-) bewijzen; **~führung** *f* bewijsvoering; **~grund** *m* (het) argument, bewijsgrond; **~kraft** *f* bewijskracht; **2kräftig** bewijskrachtig; **~stück** *n* (het) bewijsstuk.
be'wenden: es *~ lassen bei* (*D*) het laten bij; *2 n* (*-s*; *0*): *dabei hat es sein ~* daarbij blijft het.
be'werb|en (-): *sich ~ um* (*A*) solliciteren naar; kandideren voor; *Pol. u. fig.* dingen naar, trachten te winnen; **2er** *m* sollicitant; kandidaat; **2ung** *f* sollicitatie; kandidatuur; **2ungs·schreiben** *n* sollicitatiebrief.
be'|werfen (-) begooien, gooien naar; *Mauer usw.* bepleisteren; **~werkstelligen** (-) bewerkstelligen.
be'wert|en (-) beoordelen; (*würdigen*) waarderen; (*Wert schätzen*) schatten; **2ung** *f* beoordeling; waardering; schatting.
be'willig|en (-) toestaan; *Pol.* goedkeuren; **2ung** *f* (*0*) (het) toestaan; goedkeuring.
be'|willkommnen (*-e-*; -) verwelkomen; **~wirken** (-) veroorzaken, bewerken.
be'wirt|en (*-e-*; -) onthalen; *~ mit* (*D*) onthalen (*od.* trakteren) op; **~schaften** (*-e-*; -) exploiteren, beheren; *Waren* distribueren; *Devisen* controleren; **2ung** *f* (*0*) (het) onthaal, (gastvrije) ontvangst; bediening.
be'wohn|bar bewoonbaar; **2barkeit** *f* (*0*) bewoonbaarheid; **~en** (-) bewonen; **2er** *m* bewoner; **2erschaft** *f* (*0*) de bewoners *pl.*
be'wölk|en (-): *sich ~* betrekken (*a. fig.*); **~t** bewolkt, betrokken; **2ung** *f* (*0*) bewolking.
Be'wuchs *m* begroeiing.
Be'wunder|er *m* bewonderaar; **~in** *f* bewonderaarster; **2n** (-) bewonderen; **2ns·wert, 2ns·würdig** bewonderenswaardig; **~ung** *f* (*0*) bewondering.
Be'wurf *m* bepleistering.
be'wußt (*-est*) bewust (*a. bekannt*)

sich ~ sein (*G*) zich bewust zijn van; *dir ist nicht ~ ...* jij bent je er niet van bewust ...; **~los** (*0*) bewusteloos; *~ werden* het bewustzijn verliezen; **2losigkeit** *f* (*0*) bewusteloosheid; **2sein** *n* (*-s*; *0*) (het) bewustzijn.

e'zahl|bar betaalbaar; **~en** (-) betalen; *fig.* (*büßen*) bekopen; *sich bezahlt machen* de moeite lonen; **2ung** *f* betaling.

e'zähmen (-) temmen; *fig.* beteugelen.

e'zauber|n (-) betoveren; *fig. bsd.* bekoren, verrukken; **~nd** verrukkelijk, charmant; *Adv. bsd.* geweldig; **2ung** *f* (*0*) betovering; bekoring.

e'zeichn|en (-) aanduiden; (*charakterisieren*) kenmerken, typeren; *~ als* aanduiden als, noemen; **~end** kenmerkend, typisch, karakteristiek; **~ender'weise** typisch genoeg; **2ung** *f* aanduiding; (*Name bsd.*) benaming.

e'|zeigen (-) betonen; *Dankbarkeit, Teilnahme* betuigen; **~zeugen** (-) be-, getuigen; *j-m etw. ~* iets van iem. bevestigen.

e'zichtig|en (-) (*j-n e-r S. G*) betichten (iem. van iets); **2ung** *f* betichting.

e'zieh|en (-) betrekken; *Rente, Gehalt* ontvangen; *Zeitung* geabonneerd zijn op; *Bett* overtrekken; *Prügel* krijgen; *Posten* bezetten; *Geige* bespannen; *~ auf* (*A*) laten slaan op, in verband brengen met; *sich ~ Himmel*: betrekken; *sich ~ auf* (*A*) slaan op, betrekking hebben op; *Pers.*: verwijzen naar; (*sich berufen*) zich beroepen op; **2er** *m* afnemer; (*e-s Wechsels*) trekker; (*e-r Zeitung*) abonnee.

e'ziehung *f* betrekking; (het) verband, samenhang; *~en pl.* F relaties *pl.*; *in dieser* (*gewisser ...*) *~* in dit (zeker ...) opzicht; *in* (*od. mit*) *~ auf* (*A*) met betrekking tot; *etw. in ~ bringen mit* (*D*) iets in verband brengen met; *in ~ stehen zu* (*D*) *j-m* in contact staan met; *etw.* in verband staan met; **2s·weise** respectievelijk (*Abk.* resp.).

e'ziffern (*-re*; -) nummeren; *sich ~ auf* (*A*) bedragen.

e'zirk *m* (*-es*; *-e*) (het) district; *Pol. a.* (het) arrondissement; (het) gebied (*a. fig.*).

e'zug *m* (*-es*; *=e*) (*Bett2*) overtrek; (*Kauf*) (het) betrekken, aankoop; (*e-r Zeitung*) (het) abonnement; (*Hinsicht*) betrekking, (het) opzicht; *Bezüge pl.* (*Gehalt*) (het) salaris; *in 2 auf* (*A*) met betrekking tot; *~ nehmen auf* (*A*) verwijzen naar, refereren aan.

be'züglich betrekkelijk; *Präp.* (*G*) met betrekking tot.

Be'zug|nahme *f* betrekking, referte; *unter ~ auf* (*A*) met referte aan; **~(s)schein** *m* (*bei Rationierung*) (distributie)bon; **~s·preis** *m* inkoopsprijs; (*e-r Zeitung*) abonnementsprijs; **~s·quelle** *f* leverancier; **~s·system** *n* (het) referentiesysteem.

be'|zuschussen (*-ßt*; -) subsidiëren; **~zwecken** (-) beogen; **~zweifeln** (-) betwijfelen; **~zwingen** (-) bedwingen; *Gegner* overwinnen; *Berg* beklimmen.

BGB *Abk. für Bürgerliches Gesetzbuch* (het) Burgerlijk Wetboek.

Bibel *f* (*-*; *-n*) bijbel.

Bibel|- *in Zssgn mst.* bijbel-, *z.B.* **2fest** bijbelvast; **~spruch** *m* bijbelspreuk.

Biber *m Zool.* bever; (*Pelz*) (het) beverbont; **~fell** *n* (het) bevervel.

Biblio|gra'phie *f* bibliografie; **2'phil** bibliofiel; **~'thek** *f* bibliotheek; **~the'kar(in** *f*) *m* (*-s*; *-e*) bibliothecaris *m*, bibliothecaresse *f*.

biblisch bijbels.

Bidet [-'de:] *n* (*-s*; *-s*) (het) bidet.

bieder braaf, rechtschapen; *pej.* naïef; **2keit** *f* (*0*) braafheid, rechtschapenheid; naïviteit; **2mann** *m* brave (*od.* rechtschapen) kerel (*od.* man); *pej.* goeie (*od.* brave) burgerman; **2meier** *n* (*-[s]*; *0*) (het) biedermeier.

bieg|bar buigbaar; **~en** (*L*) buigen; *um die Ecke ~* de hoek omslaan; *sich ~* (zich) buigen; *s. a.* gebogen; **~sam** buigzaam; *Körper*: lenig; *fig.* handelbaar, gedwee; **2samkeit** *f* (*0*) buigzaamheid; lenigheid; handelbaarheid; **2ung** *f* buiging; (*Kurve*) kromming, bocht.

Biene *f* bij; F (*Mädchen*) mooie meid.

Bienen|- *in Zssgn mst.* bijen-, *z.B.* **~honig** *m* bijenhoni(n)g; **~königin** *f* bijenkoningin; **~korb** *m* bijenkorf; **~stich** *m* bijesteek; (*Kuchen*) (het) soort gebak; **~stock** *m* bijenkorf; **~züchter** *m* bijenhouder.

Bier *n* (-*ẹs*; -*e*) (het) bier; *helles* (*dunkles*) ~ licht (donker) bier.

Bier|- *in Zssgn mst.* bier-, *z.B.* **~brauerei** *f* bierbrouwerij; **~deckel** *m* (het) bierviltje; **~faß** *n* (het) biervat; **~flasche** *f* bierfles; **~glas** *n* (het) bierglas.

Biest *n* (-*ẹs*; -*er*) F (het) beest; *Pers.*: (het) kreng.

bieten (*L*) bieden; *Hand* reiken (*a. fig.*); *das lasse ich mir nicht ~!* dat neem ik niet!

Bi|ga'mie *f* bigamie; **2'gott** (-*est*) bigot, kwezelachtig; schijnheilig; **~'kini** *m* (-*s*; -*s*) bikini.

Bi'lanz *f* balans (*a. fig.*); *die ~ ziehen* de balans opmaken.

Bild *n* (-*ẹs*; -*er*) (het) beeld; (*Abbildung*) prent, plaat; (*Foto*) foto; (*Gemälde*) schilderij; *im ~e sein* op de hoogte zijn; *sich ein ~ machen* zich een voorstelling maken; **~band** *m* (*Buch*) (het) platenboek.

bilden (-*e*-) vormen; *fig. a.* ontwikkelen; *sich ~* zich vormen, zich ontwikkelen; *s. a. gebildet*; **~d** vormend; *Kunst*: beeldend.

Bilder|bogen *m* (het) blad met plaatjes; **~buch** *n* (het) prentenboek; **~rätsel** *n* (het) beeldraadsel, rebus; **~sammlung** *f* schilderijenverzameling; **~sturm** *m* (-*ẹs*; *0*) beeldenstorm.

Bild|fläche *f* (het) beeldvlak; *auf* (*von*) *der ~ erscheinen* (*verschwinden*) op (van) het toneel verschijnen (verdwijnen); **~format** *n* (het) beeldformaat; **~funk** *m* beeldtelegrafie; **2haft** (-*est*) *fig.* plastisch, beeldend.

Bildhauer *m* beeldhouwer; **~ei** [-'raɪ] *f* (*0*) beeldhouwkunst.

bild|'hübsch (*0*) beeldschoon, beeldig; **~lich** in beeld, figuratief; *fig.* figuurlijk, overdrachtelijk; **2ner** *m* vormer; (*Bildhauer*) beeldhouwer; **2nis** *n* (-*ses*; -*se*) (het) portret, beeltenis; **2prospekt** *m* geïllustreerde brochure; **~sam** vorm-, kneedbaar; *fig.* leerzaam; **2schärfe** *f* beeldscherpte; **2schirm** *m* (het) beeldscherm; **2schnitzer** *m* beeldsnijder; **~'schön** (*0*) beeldschoon; **2streifen** *m* film; **2telegrafie** *f* beeldtelegrafie; **2ung** *f* vorming; *fig. a.* ontwikkeling.

Bildungs|anstalt *f* onderwijsinstelling; **~gang** *m* ontwikkelingsgang; **2hungrig** weetgierig; **~stufe** graad van ontwikkeling; (*e-s Volkes* trap van beschaving.

Bild|werfer *m* (het) projectietoe stel; **~werk** *n* (*Skulptur*) (het) beeld houwwerk.

Billard ['bɪljart] *n* (-*s*; -*e od.* - (het) biljart; *~ spielen* biljarten; **~ball** *m* biljartbal; **~stock** *m* biljart keu.

Billett [bɪl'jɛt] *n* (-*s*; -*s*) (het) bilje

billig goedkoop (*a. fig.*); (*gerecht* billijk, redelijk; **~en** goedkeuren billijken; **~er'weise** redelijker billijkerwijze; **2keit** *f* (*0*) goed koopte; billijkheid; **2ung** *f* goed keuring, billijking.

Billion [-'lɪoːn] *f* (het) biljoen.

bim|bam bimbam; **2** *m* (*0*): *ach heiliger ~!* F goeie grutjes!; **~mel** (-*le*) F tingel(ing)en.

bims|en (-*t*) puimen; **2stein** puimsteen.

Binde *f* band; *Med.* (het) verband *die ~ fiel ihm von den Augen* schellen vielen hem van de ogen **~gewebe** *n* (het) bindweefsel; **~glied** *n* schakel; **~haut** *f* (he bindvlies; **~mittel** *n* (het) bind middel.

binden (*L*) binden (*a. fig. u. Buch Schlips* strikken; *sich ~* zich binden *s. a. gebunden*; **~d** bindend, ve plichtend.

Bind|er *m* binder; (*Schlips*) (strop das; **~e·strich** *m* (het) koppelteken **~e·wort** *n* (-*ẹs*; *"er*) (het) voeg woord; **~faden** *m* (het) touw(tje **~ung** *f* binding (*a. fig.*); (het) bin den; verbinding; band; (*Schi* gesp. [binnenkort

binnen (*D od. G*) binnen; *~ kurzem*

Binnen|- *in Zssgn mst.* binnen-, *z.B.* **~handel** *m* binnenlandse hande **~land** *n* (het) binnenland; **~meer** binnenzee; **~schiffahrt** *f* binnen scheepvaart; **~verkehr** *m* (he binnenlands verkeer.

Binse *f* bies, rus; *in die ~n gehen* o zeep gaan; **~n·wahrheit** *f* waarhe als een koe.

Bio|- *in Zssgn mst.* bio-, *z.B.* **~che'mie** [bi·o·çe·-] *f* biochemie.

Bio'graph *m* (-*en*) biograaf; **~** [-'fiː] *f* biografie; **2isch** (*0*) biogra fisch.

Bio'log|e *m* (-*n*) bioloog; **~ie** [-'giː] (*0*) biologie; **2isch** (*0*) biologisch.

Birke *f* berk.
Birkhahn *m* korhaan.
Bir'man|e *m* (*-n*) Birmaan; **⁀isch** Birmaans.
Birne *f* peer; *El.* lamp; F (*Kopf*) kop.
bis 1. *Präp.* (*A*) tot; ~ *auf* (*A*) (*ausgenommen*) op ... na; ~ *nach Berlin* tot Berlijn; ~ *zu* (*D*) tot; ~ *dahin* tot zover; (*zeitlich*) tegen die tijd; ~ *jetzt* tot nu toe; ~ *einschließlich* tot en met; ~ *wohin?* to vaar?; **2.** *Ko.* tot(dat).
Bisam *m* (*-s*; *-e*) (*Pelz*) (het) bisambont; *s. Moschus*; **~ratte** *f* bisamrat.
Bischof *m* (*-s*; *⸚e*) bisschop.
bischöflich bisschoppelijk.
Bischofs|- *in Zssgn mst.* bisschops-, *z.B.* **~hut** *m* bisschopshoed; **~würde** *f* bisschoppelijke waardigheid.
bis'her tot nu toe; **~ig** (*0*): *die* ~*en Nachrichten f/pl.* de tot nu toe ontvangen berichten *n/pl.*; *die* ~*en Minister m/pl.* de tot nu toe regerende ministers *pl.*
Biskaya [-'ka:ja·] *f*: *Golf von* ~ Golf van Biskaje.
Biskuit [-'kvi:t] *n* (*-s*; *-s od. -e*) (het) biscuit.
bis'lang tot nu toe.
Bison *m* (*-s*; *-s*) bizon.
Biß *m* (*-sses*; *-sse*) beet.
bißchen: *ein* ~ een beetje, wat.
Bissen *m* hap, beet.
bissig bijtachtig; *fig.* bits; **⁀keit** *f* (*0*) bijtachtigheid; bitsheid.
Bistum *n* (*-s*; *⸚er*) (het) bisdom.
bis'weilen soms, somtijds.
Bittbrief *m* (het) verzoekschrift.
bitte: ~ (*sehr!*) (*beim Siezen*) alstublieft (*Abk.* a.u.b. *od.* s.v.p.); (*beim Duzen*) asjeblief(t); (*Wunsch*) ja, (heel) graag; (*wie*) ~? pardon?, wat zegt U?, (*beim Duzen*) wat zeg je?
Bitte *f* (het) verzoek, vraag; **⁀n** (*L*) (*um A*) vragen (om), verzoeken (om); *ich bitte Sie!* gaat U Uw gang!; (*kaum zu glauben*) maar, maar!; ~ *lassen* (*erwarten*) verwachten; *ich lasse* ~ laat ... binnen; *darf ich um Ihren Namen* ~? mag ik Uw naam weten?
bitter bitter (*a. fig.*); **~'böse** (*0*) erg kwaad, nijdig; **~'kalt** (*0*) bitter koud; **⁀keit** *f* bitterheid (*a. fig.*); **~lich** bitter (*a. fig.*); **⁀nis** *f* (*-*; *-se*) bitterheid; **~süß** (*0*) bitterzoet; **⁀wasser** *n* (het) bitterwater.
Bitt|e·schön *n* (*-s*; *0*) (het) alstublieft; **~gang** *m* processie, omgang; **~schrift** *f* (het) verzoekschrift, (het) rekest; **~steller** *m* indiener van een rekest, rekwestrant.
Bi'tumen *n* (*-s*; *0*) (het) bitumen.
Biwak *n* (*-s*; *-s od. -e*) (het) bivak; **⁀ieren** [-'ki:-] (-) bivakkeren.
bi'zarr bizar.
Bizeps *m* (*-[es]*; *-e*) biceps.
bläh|en ['blɛ:ən] *v/t* opblazen, doen zwellen; *v/i u. sich* ~ opzetten; *fig.* opgeblazen zijn; **⁀ung(en** *pl.*) *f* wind.
Bla'm|age [-ʒə] *f* blamage; **⁀ieren** (-) (*sich*) (zich) blameren.
blank (*-est*) blinkend, blank; F platzak, blut; (*bloß*) naakt.
blanko blanco; **⁀akzept** *n* (het) blanco accept; **⁀scheck** *m* blancocheque; **⁀vollmacht** *f* blancovolmacht.
Bläs·chen *n* (het) blaasje.
Blase *f* blaas; (*Fuß⁀*, *Brand⁀*) blaar; (*Luft⁀*) bel; *Chem.* destilleerketel; **~balg** *m* blaasbalg.
blasen (*L*) blazen (*a. Mus.*).
Blasen|entzündung *f* blaasontsteking; **~stein** *m* blaassteen.
Bläser *m* blazer.
bla'siert (*-est*) blasé.
blas|ig vol blazen; **⁀instrument** *n* (het) blaasinstrument; **⁀kapelle** *f* blaaskapel; **~rohr** *n* blaaspijp.
blaß (*-ssest*) bleek; *fig.* flauw; *Erinnerung*: vaag.
Blässe *f* (*0*) bleekheid.
Blatt *n* (*-es*; *⸚er*) (het) blad (*a. Zeitung, Tech. usw.*); *das steht auf e-m andern* ~ dat is wat anders.
Blättchen *n* (het) blaadje.
blätt(e)rig dicht gebladerd; *Teig*: feuilleté.
Blattern *f/pl.* pokken *pl.*
blätter|n (*-re*) *Geldscheine* neertellen; *v/i* (*in D*) bladeren (in); **⁀teig** *m* (het) bladerdeeg; **⁀werk** *n* (*-es*; *0*) (het) bladwerk.
Blatt|gold *n* (het) bladgoud; **~grün** *n* (het) bladgroen; **~laus** *f* bladluis; **⁀los** (*0*) bladerloos.
blau *Adj.* blauw; *fig.* F dronken; ~ *machen* (*nicht arbeiten*) niet werken; **⁀** *n* (het) blauw; *ins* ~*e hineinreden* in het wilde weg praten; *Fahrt ins* ~*e* tocht met onbekende bestemming; *das* ~*e vom Himmel herunterlügen* er maar op los liegen.

blau|äugig blauwogig; **2bart** *m* blauwbaard; **2beere** *f* blauwe bosbes.
Bläue *f* (*0*) (het) blauw, blauwe kleur; **2n** blauw maken, blauwen.
Blaufuchs *m* blauwe vos.
bläulich blauwachtig.
Blau|licht *n* (het) (blauw) zwaailicht, blauwe lamp; **~säure** *f* (*0*) (het) blauwzuur; **~stift** *m* (het) blauw potlood; **~sucht** *f* (*0*) blauwzucht.
Blech *n* (-es; -e) (het) blik; *Mus.* (het) koper; F onzin, nonsens; **~büchse** *f*, **~dose** *f* (het) blik; **2en** F (*für A*) dokken voor; **2ern** (*0*) blikken, van blik; **~instrumente** *n/pl.* koperen muziekinstrumenten *n/pl.*; **~schaden** *m* blikschade.
blecken: *die Zähne ~* de tanden laten zien.
Blei[1] *m* (-es; -e) (*Fisch*) bliek.
Blei[2] *n* (-es; -e) (het) lood (*a. fig.*); (*Lot*) (het) peillood.
Bleibe *f* (het) onderdak.
bleiben (*L*; *sn*) blijven; *es bleibt dabei!* daar blijft het bij!; *Inf.* + ~ blijven + *Inf.*; *dabei ~* erbij blijven; **~d** blijvend; **~lassen** laten; *laß das ~!* laat dat!
bleich bleek; **2e** *f* bleekheid; (*Bleichplatz*) bleek, (het) bleekveld; **~en** **1.** *v/t* bleken; **2.** *v/i* (*L*; *sn*) verbleken; **2gesicht** *n* (het) bleekgezicht; **2sucht** *f* (*0*) bleekzucht.
blei|ern (*0*) loden, van lood; **2erz** *n* (het) looderts; **~farbig** loodkleurig; **2gießen** *n* (-s; *0*) (het) loodgieten; **~haltig** loodhoudend; **2hütte** *f* loodgieterij; **2kugel** *f* loden kogel; **2lot** *n* (het) peil-, schietlood; **2rohr** *n* loden buis (*od.* pijp); **~schwer** loodzwaar; **2soldat** *m* loden soldaat.
Bleistift *m* (het) potlood; **~(an-)spitzer** *m* potloodslijper; **~zeichnung** *f* potloodtekening.
Blei|vergiftung *f* loodvergiftiging; **~verschluß** *m* plombe; **~weiß** *n* (het) loodwit.
Blend|e *f* *Foto*: (het) diafragma; *Arch.* (het) loos venster *od.* loze deur; (*Augen2*) oogklep; *mil.* blindering; (*Mineral*) blende; **2en** (-e-) verblinden (*a. fig.*); (*blind machen*) blindmaken; *mil.* blinderen; **2end** *fig.* schitterend, betoverend; *Adv. bsd.* fantastisch; **2frei** niet verblindend; **~rahmen** *m* (het) raamko[…] zijn; **~schutzscheibe** *f* (het) anti[…]-verblindingsscherm; **~ung** *f* ver[…]blinding; *fig.* oogverblinding; (he[…]) blind maken; *mil.* blindering; **~werk** *n* (oog)verblinding, begoo[…]cheling.
Blesse *f* bles.
Blick *m* (-es; -e) blik; *e-n ~ habe[…] für* (*A*) kijk hebben op; *auf de[…] ersten ~* op het eerste gezicht; *m[…] e-m ~* met één oogopslag; **2e[…]** kijken; *~ auf* (*A*) kijken naar, aa[…]kijken; *sich ~ lassen* zich vertone[…] zich laten zien; *das läßt tief ~* d[…] geeft te denken; **~fang** *m* blikvan[…]ger; **~feld** *n* (het) gezichtsveld; **~punkt** *m* (het) oogpunt; *im ~ fig.* […] de volle belangstelling; **~winkel** […] gezichtshoek; *fig.* (het) oogpunt.
blind (*0*) blind (*a. fig.*); *Alarm*: loo[…] *auf e-m Auge ~* aan één oog blin[…] **2darm** *m* blinde darm; **2darm[…]entzündung** *f* blindedarmontst[…]king; **2e·kuh** *f* (*0*): *~ spielen* (he[…]) blindemannetje spelen.
Blinden|anstalt *f* (het) blinde[…]instituut; **~hund** *m* (blinden)gele[…]dehond; **~schrift** *f* (het) blinden[…]brailleschrift.
Blind|e(r) blinde; **~flug** *m* (he[…]) blindvliegen; **~gänger** *m* blin[…]ganger; **~heit** *f* (*0*) blindheid; […]**lings** blindelings; **~schleiche** […] hazelworm; **2wütig** in blin[…]woede.
blink|en blinken, schitteren; (*Z[…]chen geben*) lichtsignalen *n/pl.* geve[…] *Auto*: knipperen; **2er** *m* (*Auto2*), […]**feuer** *n* (het) knipperlicht; **2ger[…]** *n* signaallamp; **2licht** *n* (het) kni[…]perlicht; **2zeichen** *n* (het) lich[…]signaal.
blinzeln (-*le*) knipogen; (*rasch z[…] machen*) knipperen.
Blitz *m* (-es; -e) bliksem; *wie ein[…] aus heiterem Himmel* als een do[…]derslag uit heldere hemel; **~able[…]ter** *m* bliksemafleider (*a. fig.*); **2a[…]tig** bliksemsnel; **~besuch** *m* (h[…]) bliksembezoek; **2'blank** bran[…]schoon; **2en** (-*t*) bliksemen; *Fo[…]* flitsen; **~gerät** *n* *Foto*: (het) fli[…]apparaat; **~gespräch** *n* (het) […]gesprek; **~krieg** *m* bliksemoorl[…] **~lampe** *f* (*Birne*) flitslamp; **~lic[…]** *n* (het) flitslicht; **~licht·aufnahm[…]** *f* flitslichtopname; **~schlag** *m* bli[…]

seminslag; 2'**schnell** (*0*) bliksem-snel; **~schutz** *m* bliksembeveiliging; **~strahl** *m* bliksemstraal; **~-telegramm** *n* (het) ijltelegram; **~-würfel** *m Foto*: (het) flitsblokje.
Block *m* (-*es*; *-e od. -s*) (het) blok (*a. Häuser*2, *Pol. usw.*); **~ade** [blɔ'kɑ:-] *f* blokkade; **~flöte** *f* blokfluit; 2**frei** *Staat*: neutraal, niet-gebonden; 2**ieren** [-'ki:-] (-) blokkeren; **~-schrift** *f* (het) blokschrift.
blöd|(**e**) onnozel, idioot, dom; **~eln** (*-le*) flauwe kul verkopen; 2**heit** *f* (*0*) stompzinnigheid; 2**sinn** *m* (-*es*; *0*) stompzinnigheid, onnozelheid; (*Unsinn*) onzin; **~sinnig** idioot.
blöken *Kalb*: loeien; *Schaf*: blaten.
blond (*-est*) blond; **~haarig** blond (-harig); 2**ine** [-'di:-] *f* blondine, blonde.
bloß [o:] **1.** *Adj.* (*0*) bloot; (*alleinig*) alleen al; (*nichts weiter als*) alleen maar; *auf ~en Füßen* bloots-, barrevoets; *mit ~em Auge* met het blote oog; **2.** *Adv.* (*nur*) alleen, maar, enkel; (*ja*) toch.
Blöße [ø:] *f* blootheid, naaktheid; (*Lichtung*) open plek; *sich e-e ~ geben* zich blootgeven.
bloßlegen blootleggen.
bloßstell|**en** compromitteren; blootstellen; *sich ~* zich blootgeven; 2**ung** *f* compromittering.
blubbern (*-re*) klokken, klotsen; F brabbelen.
Blue jeans ['blu: 'dʒi:ns] *pl.* spijkerbroek.
bluffen bluffen; *j-n* overbluffen.
blühen bloeien (*a. fig.*); *was uns noch (alles) blüht* wat ons nog allemaal te wachten staat.
Blümchen *n* (het) bloempje.
Blume *f* bloem; (*vom Wein*) (het) boeket; *künstliche ~* kunstbloem.
Blumen|**beet** *n* (het) bloembed; **~erde** *f* bladaarde; **~freund** *m* liefhebber van bloemen, bloemenliefhebber; **~geschäft** *n* bloemenwinkel; **~händler** *m* bloemist; **~-kohl** *m* bloemkool; **~kranz** *m* bloemkrans; **~stand** *m* (het) bloemenstalletje; **~strauß** *m* bos bloemen, ruiker, (het) boeket; **~topf** *m* bloempot; **~vase** *f* bloemenvaas; **~-zucht** *f* bloementeelt; **~zwiebel** *f* bloembol.
blumig *Wiese*: vol bloemen; *Wein*: met heerlijk boeket.
Bluse *f* blouse.
Blut *n* (-*es*; *0*) (het) bloed (*a. fig.*); *das macht böses ~* dat zet kwaad bloed; *bis aufs ~* tot bloedens toe; *fig.* tot het uiterste; *ruhig ~!* kalmpjes aan!
Blut|- *in Zssgn mst.* bloed-, *z.B.* **~-andrang** *m* bloedaandrang; 2**arm** bloedarm; **~armut** *f* bloedarmoede; **~bad** *n* (het) bloedbad; 2**befleckt** met bloed bevlekt; **~bild** *n* (het) bloedbeeld; 2**bildend** bloedvormend; **~druck** *m* (-*es*; *0*) bloeddruk; *erhöhter ~* verhoogde bloeddruk; 2**dürstig** bloeddorstig.
Blüte *f* bloesem; (*das Blühen*) bloei; *fig.* bloem (*a. Stil*2); *~n treiben* in bloei staan; *seltsame ~n treiben* tot excessen leiden; *in der ~ s-r Jahre* in de bloei der jaren.
bluten (*-e-*) bloeden (*a. fig.*).
Blüten|**lese** *f* bloemlezing; **~staub** *m* (het) stuifmeel; 2'**weiß** helder-, sneeuwwit.
Blut|**entnahme** *f* bloedaftapping; **~er** *m* bloeder; **~erguß** *m* bloeduitstorting.
Blütezeit *f* bloeitijd; *fig.* (het) bloeitijdperk.
Blut|**fleck** *m* bloedvlek; **~gefäß** *n* (het) bloedvat; **~gerinnung** *f* bloedstolling; **~gruppe** *f* bloedgroep; **~hund** *m* bloedhond (*a. fig.*); 2**ig** bloedig; *Laie, Anfänger*: volslagen; *Ernst*: bitter; 2'**jung** piepjong; **~konserve** *f* kolf bloed; **~körperchen** *n* (het) bloedlichaampje; **~lache** *f* bloedplas; 2**leer** bloedeloos; **~mangel** *m* (*-s*; *0*) (het) gebrek aan bloed; **~probe** *f* bloedproef; **~rache** *f* bloedwraak; 2**reinigend** bloedzuiverend; 2'**rot** (*0*) bloedrood; 2**rünstig** bloeddorstig; **~sauger** *m* bloedzuiger (*a. fig.*); **~s-bruder** *m* bloedbroeder; **~schande** *f* (*0*) bloedschande; **~schuld** *f* (*0*) bloedschuld; **~spender** *m* donor, bloedgever; 2**stillend** bloedstelpend; **~sturz** *m* bloedspuwing.
bluts·verwandt verwant; 2**e**(**r**) bloedverwant(e *f*); 2**schaft** *f* bloedverwantschap.
Blut|**tat** *f* bloedige daad; **~transfusion** *f* bloedtransfusie; **~ung** *f* bloeding; 2**unterlaufen** met bloed belopen; **~untersuchung** *f* (het) bloedonderzoek; **~vergießen** *n* (*-s*; *0*) (het) bloedvergieten; **~vergif-**

tung *f* bloedvergiftiging; **~verlust** *m* (het) bloedverlies; **~wurst** *f* bloedworst.
Bö *f* vlaag, rukwind, bui.
Boa ['bo:aˑ] *f* (-; -*s*) boa.
Bob *m* (-*s*; -*s*) bobslee; **~bahn** *f* bobsleebaan.
Bock *m* (-*es*; ⁼*e*) bok (*a. Sp. u. Fehler*); (*Gestell*) schraag; *den ~ zum Gärtner machen* de kat op het spek binden; **~bier** *n* (het) bockbier; **≈en** *Tier*: bronstig zijn; *fig.* (*trotzen*) mokken, bokkig zijn; **≈ig** bokkig, koppig; **~s·horn** *n*: *ins ~ jagen* vrees aanjagen; **~sprung** *m* bokkesprong.
Boden *m* (-*s*; ⁼) bodem (*a. fig.*); (*Fuß≈, Gefäß≈*) grond; (*e-s Raumes*) vloer; (*Dach≈*) zolder; *am* (*od. auf dem*) *~ liegen* op de grond liggen; *zu ~* op de grond; *dem ~ gleich machen* met de grond gelijk maken; *~ gewinnen* veld winnen; *an ~ verlieren* terrein verliezen.
Boden|belag *m* vloerbedekking; **~beschaffenheit** *f* bodemgesteldheid; **~fenster** *n* (het) dakvenster; **~fläche** *f* oppervlakte; **~gymnastik** *f* grondoefeningen *pl.*; **~kammer** *f* zolderkamer; **≈los** (-*est*) bodemloos (*a. fig.*); **~nebel** *m* laag hangende mist, grondmist; **~nutzung** *f* (het) grondgebruik; **~personal** *n* (het) grondpersoneel; **~recht** *n* (het) grondeigendomsrecht; **~reform** *f* hervorming van het grondbezit; **~satz** *m* (het) bezinksel, droesem; **~schätze** *m/pl.* bodemschatten *pl.*
Bodensee *m*: *der ~* het Bodenmeer, het Meer van Constanz.
Boden|spekulation *f* grondspeculatie; **≈ständig** eigen, autochtoon, oorspronkelijk.
Bodme'rei *f* bodemerij.
Bogen *m* (-*s*; - *od.* ⁼) boog (*a. Waffe*); *Mus.* strijkstok; (*Papier≈*) (het) vel; *e-n ~ machen um* (*A*) uit de weg gaan; *den ~ heraushaben* de weg weten; **~fenster** *n* (het) boogvenster; **≈förmig** boogvormig; **~gang** *m* arcaden *pl.*, bogengaanderij; **~lampe** *f* booglamp; **~schießen** *n* (-*s*; *0*) (het) boogschieten; **~schütze** *m* boogschutter; **~strich** *m* streek; **~weite** *f* spanwijdte.
bogig boogvormig.
Bohle *f* (dikke) plank.

Böhm|en *n* Bohemen *n*; **≈isch** Bo heems; *das sind für mich ~e Dörfe* ik snap er niets van.
Bohne *f* boon; *nicht die ~!* F hele maal niet!
Bohnen|kaffee *m* bonenkoffie; **~stange** *f* bonestaak (*a. fig.*); **~sup pe** *f* bonensoep.
Bohner|maschine *f* boenmachin **≈n** (-*re*) boenen; **~wachs** *n* boen was.
bohr|en boren; *fig.* (*drängen*) aan dringen; **≈er** *m* boor; *Pers.*: boo der; **≈gestänge** *n* boorstangen *pl* **≈loch** *n* (het) boorgat; *groß*: boor put; **≈maschine** *f* boormachine **≈turm** *m* boortoren; **≈ung** *f* borin **≈wurm** *m* boorworm.
bö·ig winderig; *~er Wind* ruk wind(en *pl.*).
Boiler *m* boiler.
Boje *f* boei.
boliv|ianisch [-'vi̯a:-] Boliviaan **≈ien** [-'li:vi̯ən] *n* Bolivië *n*.
Bolle *f* (*Zwiebel*) bol.
Böller *m* mortier.
Bollwerk *n* (het) bolwerk (*a. fig.*).
Bolsche'wi|k *m* (-*en*) bolsjewie **~s·mus** *m* (-; *0*) (het) bolsjewism
Bolzen *m* bout; (*Pflock*) pin, pen.
Bombar|dement [-'mã:] *n* (-*s*; - (het) bombardement; **≈'dieren** bombarderen.
Bom'bast *m* (-*es*; *0*) bombas **≈isch** bombastisch.
Bombe *f* bom.
Bomben|abwurf *m* (het) werp van bommen; **~angriff** *m* bomaa val; **~anschlag** *m* bomaansla **~er'folg** *m* F (het) reuzesucces; **~fest** bomvrij; *fig.* vast en zeker; **~flugzeug** *n* bommenwerper; **≈ge schädigt** die schade door bomba dementen geleden heeft; **~ge 'schäft** *n* F reuzenzaak; **≈sich** bomvrij; *fig.* vast en zeker; **~spli ter** *m* bomscherf; **~teppich** *m* (h bommentapijt; **~trichter** *m* bo trechter.
Bomb|er *m* bommenwerper; **≈ig** reusachtig.
Bon [bɔŋ] *m* (-*s*; -*s*) bon.
Bonbon [bɔŋ'bɔŋ] *m od. n* (-*s*; bonbon; (het) snoepje; **~nie** [-'niɛ:ʀə] *f* bonbonnière.
Bonze *m* (-*n*) bonze (*a. fig.*).
Boom [bu:m] *m* (-*s*; -*s*) boom.
Boot *n* (-*es*; -*e*) boot, (het) boot

schuit; *im gleichen ~ sitzen* in hetzelfde schuitje zitten.
oots|anhänger *m* boottrailer; **~anker** *m* bootsanker; **~fahrt** *f* boottocht; **~haken** *m* bootshaak; **~mann** *m* (-*es*; *Bootsleute*) bootsman; (*Feldwebel*) sergeant-majoor; **~verleih** *m* bootverhuring.
or *n* (-*s*; *0*) (het) boor.
orax *n* (-*es*; *0*) borax.
ord[1] *m* (-*es*; -*e*) boord; *an* (*von*) ~ aan (van) boord; *über* ~ overboord.
ord[2] *n* (-*es*; -*e*) plank.
or'dell *n* (-*s*; -*e*) (het) bordeel.
ord|funk *m* vliegtuigradio; *Schiffs*≈) scheepsradio; **~kanone** *f* het) boordkanon; **~kante** *f* trottoirrand; **~kapelle** *f* muziekkapel aan boord; **~karte** *f* (het) ticket; **~schwelle** *f*, **~stein** *m* trottoirrand; **~verpflegung** *f* (het) eten aan boord; **~waffen** *f/pl.* boordwapens *n/pl.*; **~wand** *f* buitenwand.
org *m* (*0*): *auf* ~ op krediet; **≈en** *sich*) lenen.
orke *f* schors.
orn *m* (-*es*; -*e*) bron.
or'niert (-*est*) bekrompen (van geest), geborneerd; **≈heit** *f* (*0*) bekrompenheid (van geest), geborneerdheid.
or|salbe *f* (*0*) boorzalf; **~säure** *f* het) boorzuur.
örse *f* beurs (*a. Hdl.*).
örsen|- *in Zssgn mst.* beurs-, *z.B.* **bericht** *m* (het) beursbericht; **~geschäft** *n* beurshandel; **~kurs** *m* beurskoers; **~makler** *m* beursmakelaar; **~notierung** *f* beursnotering; **~papiere** *n/pl.* beurspapieren *n/pl.*; **~spekulation** *f* beursspeculatie.
orst|e *f* borstel (van een varken); *Haar*) (het) stug haar; **~en·vieh** *n* varkens *n/pl.*; **≈ig** stekelig (*a. fig.*); *zerzaust*) verward.
orte *f* rand, (het) boordsel.
s·artig boos-, kwaadaardig (*a. Med.*); **≈keit** *f* boos-, kwaadaardigheid.
schung *f* berm, (het) talud; (*Abhang*) glooiing, helling.
se *Adj.* kwaad, boos; (*schlimm*) echt, erg; (*krank*) pijnlijk, zeer; *m ~ sein* kwaad zijn op iem.; *~ an sein* er erg aan toe zijn; **≈(s)** het) kwaad; **≈wicht** *m* (-*es*; -*er od.*) booswicht.

bos|haft (-*est*) boos-, kwaadaardig; **≈heit** *f* boos-, kwaardaardigheid.
Bosnien ['bɔsnĭən] *n* Bosnië *n*.
Bosporus ['bɔspo·-] *m* Bosporus.
böswillig kwaadwillig; *Adv. bsd.* met kwaad opzet; **≈keit** *f* kwaadwilligheid, boosaardigheid.
Bo'tan|ik *f* (*0*) botanie, plantkunde; **≈isch** (*0*) botanisch, plantkundig; *~er Garten* plantentuin.
Bote *m* (-*n*) bode; *durch ~n* per bode; **~n·gang** *m* boodschap; **~n·lohn** *m* fooi (voor een bode).
botmäßig (*D*) onderworpen (aan).
Botschaft *f* boodschap, tijding; (*Amt*) ambassade; **~er**(**in** *f*) *m* ambassadeur *m*, ambassadrice *f*; **~s·rat** *m* ambassaderaad.
Böttcher *m* kuiper.
Bottich *m* (-*es*; -*e*) kuip, tobbe.
Bouillon [bʊl'jɔŋ] *f* (-; -*s*) bouillon; **~würfel** *m* (het) bouillonblokje.
Boulevard [bu·lə'vaːʁ] *m* (-*s*; -*s*) boulevard; **~zeitung** *f* boulevardkrant.
Bourgeois [bu·ʁ'ʒva·] *m* (-; -) bourgeois.
Bowle ['boː-] *f* bowl.
Bowling ['boːŭ-] *n* (-*s*; -*s*) bowling.
Box *f* box.
box|en boksen; **≈er** *m* bokser; **≈handschuh** *m* bokshandschoen; **≈kampf** *m* bokswedstrijd; **≈meister** *m* bokskampioen; **≈sport** *m* bokssport.
Boy [bɔʏ] *m* (-*s*; -*s*) boy, loopjongen.
Boykott [bɔʏ'-] *m* (-*s*; -*e*) boycot; **≈ieren** [-'tiː-] (-) boycotten.
Bra'bant *n* Brabant *n*; **≈isch** Brabants.
brach [ɑː] braak; **≈feld** *n* (het) braakland.
Brachialgewalt [brɑ·'xĭɑːl-] *f* (*0*) (het) (ruw *od.* bruut) geweld.
Brach|land *n* (het) braakland; **≈liegen** braak liggen (*a. fig.*).
Bracke *m* (-*n*) *Zool.* brak, jachthond.
brack|ig brak; **≈wasser** *n* (-*s*; -) (het) brak water.
Brah'mane *m* (-*n*) brahmaan.
bramarba'sieren (-) snoeven, opscheppen.
Bramsegel *n* (het) bramzeil.
Branche ['braŋʃə] *f* branche; **~nkenntnis** *f* kennis van de branche; **~n·verzeichnis** *n* (het) adresboek (voor het) bedrijfsleven.
Brand *m* (-*es*; *"e*) brand; (*das Bren-*

nen) (het) branden; *Med.* (het) koudvuur; F (*Durst*) dorst; *in ~ geraten* beginnen te branden; *in ~ stehen* (*stecken*) in brand staan (steken).

Brand|- *in Zssgn mst.* brand-; **~binde** *f* (het) verband voor brandwonden; **~blase** *f* brandblaar; **~bombe** *f* brandbom; **~brief** *m* brandbrief; **²'eilig** heel gehaast.

branden (*-e-*) breken, slaan; *fig.* woeden.

Brand|fackel *f* brandfakkel; **~gasse** *f* brandgang; **~geruch** *m* brandlucht; **~herd** *m* brandhaard; **~leiter** *f* brandladder; **~mal** *n* (het) brandmerk; **²marken** brandmerken (*a. fig.*); **²'neu** gloednieuw; **~opfer** *n* (het) brandoffer; *Pers.*: (het) slachtoffer van brand; **~salbe** *f* brandzalf; **²schatzen** (*-t*) brandschatten; **~stifter** *m* brandstichter; **~stiftung** *f* brandstichting.

Brandung *f* branding.

Brandwunde *f* brandwonde.

Branntwein *m* brandewijn; **~brennerei** *f* brandewijnstokerij.

Brasil|ianer(in *f*) [-ˈlĭɑ:-] *m* Braziliaan(se *f*); **²ianisch** Braziliaans; **~ien** [-ˈzi:lĭən] *n* Brazilië *n*.

brassen (*-ßt*) brassen.

Brat·apfel *m* gebraden appel.

braten (*L*) *v/t u. v/i* braden (*bsd. Fleisch, Apfel*), bakken (*bsd. Fisch, Kartoffeln*); *s. a. gebraten.*

Braten *m* (het) gebraad, (het) gebraden vlees; *ein fetter ~ fig.* een buitenkansje; *den ~ riechen fig.* lont ruiken; **~soße** *f* jus (van het gebraad).

Brat|fisch *m* gebakken vis; **~hendl** *n* braadkip; **~hering** *m* panharing; **~huhn** *n* braadkip; **~kartoffeln** *f/pl.* gebakken aardappelen *pl.*; **~pfanne** *f* braadpan; **~rost** *m* braadrooster.

Bratsche [ɑ:] *f* altviool.

Brat|spieß *m* (het) braadspit; **~wurst** *f* braadworst.

Brauch *m* (*-es*; *⸗e*) (het) gebruik; (*Sitte a.*) gewoonte; **²bar** bruikbaar; **~barkeit** *f* (*0*) bruikbaarheid; **²en** nodig hebben; *im Negativsatz*: hoeven; (*gebrauchen*) gebruiken; *du brauchst nur zu rufen* je hoeft maar te roepen; **~tum** *n* (*-s*; *⸗er*) gebruiken *n/pl.* en gewoonten *pl.* van een volk.

Braue *f* wenkbrauw.

brau|en brouwen; **²er** *m* brouwer; **²e'rei** *f*, **²haus** *n* brouwerij; **²meister** *m* brouwmeester.

braun bruin; **~äugig** bruinogig.

Bräune *f* (*0*) bruinheid; *Med.* angina; **²n** (*sich*) bruinen; *v/t a.* brui[n] maken; *v/i u. sich ~ a.* bruin wor[den]; *s. a. gebräunt.*

Braun|e(r) (*Pferd*) bruine; (*Bä*[r]) (het) Bruintje; **~fisch** *m* bruinvis; **²gebrannt** bruingebrand; **~kohle** bruinkool. [bruinering.

bräun|lich bruinachtig; **²ung** *f*

Brause *f* sproeier; (*Bad*) douche; (*Limonade*) limonade (gazeuse o[f] met prik); **~kopf** *m* driftkop; **~li|monade** *f s. Brause*; **²n** (*-t*) bruisen; (*eilen*) stuiven; *sich ~* douchen; **~pulver** *n* (het) bruispoeder.

Braut *f* (-; *⸗e*) bruid; (*Verlobte*) ver|loofde.

Braut|- *in Zssgn mst.* bruids-, *z.*[*B.*] **~bukett** *n* (het) bruidsboeket; **~führer** *m* bruidsjonker.

Bräutigam *m* (*-s*; *-e*) bruidegom; verloofde.

Braut|jungfer *f* (het) bruidsmeisje; **~kleid** *n* bruidsjapon; **~leute** *p*[*l.*] jonggehuwden *pl.*, (het) bruidspaa[r], verloofden *pl.*; **~mutter** *f* moede[r] van de bruid; **~paar** *n* (het) bruid[s]paar; **~schau** *f* (*0*): *auf* (*die*) *~ geh*[*en*] een vrouw gaan zoeken; **~schlei**[*er*] *m* bruidssluier; **~werbung** *f* (he[t]) dingen naar de hand van een meis[je].

brav [-f] braaf; *Kind a.*: zoet; (*ta*[*p*]*fer*) dapper; **²heit** *f* (*0*) braafhei[d], dapperheid.

bravo! [-v-] bravo!; **²rufe** *m/*[*pl.*] (het) bravogeroep.

Bravour [-ˈvu:ʁ] *f* (*0*) bravoure.

BRD *Abk. für Bundesrepub*[*lik*] *Deutschland* Duitse Bondsrep[u]bliek.

brech|bar breekbaar; **²bohn**[**en**] *f/pl.* sperziebonen *pl.*; **²durchfa**[**ll**] *m* maag-darmcatarre; **²eisen** [*n*] (het) breekijzer, koevoet.

brechen (*L*) **1.** *v/t* breken (*a. fig*[.]); *Papier* vouwen; *Med.* opgeve[n,] braken; *Eis, Lanze usw.* breken [(]*fig.*); *das Schweigen* verbreke[n;] **2.** *v/i Med.* braken, overgeven; *mit j-m* breken met iem.; (*sn*) br[e]ken; **3.** *sich ~* breken; *sich ein Be*[*in*] (*e-n Arm*) *~* zijn been (zijn ar[m]) breken; *s. a. gebrochen.*

Brech|er *m* (*Welle*) breker; **~mittel** *n* (het) braakmiddel; **~reiz** *m* braakneiging; **~ung** *f* breking.
Bredouille [-ˈdulĭə] *f* (*0*) F penarie.
Brei *m* (*-es*; *-e*) brij; (*zum Essen*) pap; (*Kartoffel*2) puree; *zu ~ schlagen fig.* F tot moes slaan; **2ig** brijachtig; *fig.* (*unklar*) verward.
breit (*-est*) breed; **~beinig** wijdbeens; **2e** *f* breedte; (*Stoff*2) baan; (*Weitschweifigkeit*) breedsprakigheid; *nördliche ~* noorderbreedte; *in unseren ~n* in onze streken; *der ~ nach* in de breedte; **~en** (*-e-*) spreiden; **2en·grad** *m* breedtegraad; **2en·kreis** *m* breedtecirkel; **~machen:** *sich ~* veel plaats innemen; *fig.* gewichtig doen; **~nasig** met een brede (*od.* platte) neus; **~schlagen** F overhalen; **~schult(e)rig** breedgeschouderd; **2seite** *f* langszijde; **2spur** *f* (het) breed spoor; **~spurig** met breed spoor; *fig.* verwaand; **~treten** *fig.* tot vervelens toe behandelen; **2wand** *f* cinemascope.
Brems|backe *f* (het) remblokje; **~belag** *m* remvoering; **~e** *f* rem (*a. fig.*); *Zool.* horzel; *die ~ (an)ziehen* remmen; **2en** (*-t*) remmen; *fig. j-n* stoppen; **~er** *m* remmer; **~flüssigkeit** *f* remvloeistof; **~hebel** *m* remhandel; **~klotz** *m* (het) remblok; **~kraft** *f*, **~leistung** *f* remkracht; **~licht** *n* (het) stoplicht; **~spur** *f* (het) remspoor; **~vorrichtung** *f* rem(installatie); **~weg** *m* remweg.
brennbar brandbaar; **2keit** *f* (*0*) brandbaarheid.
Brenn|dauer *f* brandtijd; **~eisen** *n* (het) brandijzer; (*Haar*2) krultang.
brennen (*L*) *v/t u. v/i* branden; *Branntwein* stoken; *Haar* krullen; *Ziegel* bakken; es *brennt!* (er is) brand!; *~ vor etw.* (*D*) branden van iets; **~d** brandend; *fig.* gloeiend; *Problem*: dringend; *Schmerz*: stekend.
Brenner[1] *m Geogr.* Brenner.
Brenn|er[2] *m* brander; (*Branntwein*2) stoker; **~eˈrei** *f* stokerij; (*Kaffee*2) branderij.
Brennessel *f* (*-*; *-n*) brandnetel.
Brenn|glas *n* (het) brandglas; **~holz** *n* (*-es*; *0*) (het) brandhout; **~material** *n* brandstof; **~punkt** *m* (het) brandpunt; **~schere** *f* krultang; **~spiritus** *m* brandspiritus.
Brennstoff *m* brandstof; **~verbrauch** *m* (het) brandstofverbruik.
Brenn|weite *f* brandpuntsafstand; **~wert** *m* calorische waarde.
brenzlig branderig; *fig.* hachelijk.
Bresche *f* bres; *e-e ~ schlagen* een bres slaan (*a. fig.*); *in die ~ springen* in de bres springen.
Breˈton|e *m* (*-n*) Breto(e)n; **2isch** Breto(e)ns.
Brett *n* (*-es*; *-er*) plank; (*Tablett*) (het) (dien)blaadje; (*Spiel*2) (het) bord; *Schwarzes ~* (het) mededelingenbord; *~er pl. Thea.* planken *pl.*; (*Schier*) ski's *pl.*
Bretter|bude *f* houten keet; **~verschlag** *m* (het) kamertje (achter een houten beschot); **~wand** *f* (het) houten beschot.
Brettspiel *n* (het) bordspel.
Bre|vet [-ˈveː] *n* (*-s*; *-s*) (het) brevet; **~ˈvier** [-v-] *n* (*-s*; *-e*) (het) brevier.
Brezel *f* (*-*; *-n*) krakeling.
Bridge [brɪdʒ] *n* (*-*; *0*) (het) bridge.
Brief *m* (*-es*; *-e*) brief; **~beschwerer** *m* presse-papier; **~bogen** *m* (het) vel schrijfpapier; **~einwurf** *m* (gleuf van de) brievenbus; **~geheimnis** *n* (het) briefgeheim; **~kasten** *m* brievenbus; **~kopf** *m* (het) briefhoofd; **2lich** (*0*) per brief, schriftelijk; **~marke** *f* postzegel.
Briefmarken|- *in Zssgn mst.* postzegel-, *z.B.* **~album** *n* (het) postzegelalbum; **~sammlung** *f* postzegelverzameling.
Brief|öffner *m* briefopener, (het) vouwbeen; **~ordner** *m* brievenordener; **~papier** *n* (*-s*; *0*) (het) postpapier; **~porto** *n* (het) briefport; **~post** *f* brievenpost; **~stil** *m* (*-es*; *0*) briefstijl; **~tasche** *f* portefeuille; **~taube** *f* postduif; **~telegramm** *n* (het) brieftelegram; **~träger** *m* postbode, brievenbesteller; **~umschlag** *m* envelop(pe), (het) couvert; **~waage** *f* brieveweger; **~wechsel** *m* briefwisseling, correspondentie.
Briˈgad|e *f* brigade; **~e·general** *m* brigadegeneraal; **~ier** [-ˈdieː] *m* brigadier.
Briˈkett *n* (*-s*; *-s*) briket.
brillan|t [-ˈlĭant] (*-est*), **2** *m* (*-en*) briljant; **2z** *f* (*0*) glans.
Brille *f* bril.
Brillen|fassung *f* (het) brilmon-

tuur; **~futteral** *n* brilledoos; **~gläser** *n/pl.* brilleglazen *n/pl.*; **~schlange** *f* brilslang; **~träger(in** *f*) *m* brildrager *m*, brildraagster *f*.
Brim'borium *n* (-*s*; *0*) F (het) geklets, onzin.
bringen (*L*) brengen; *Gewinn* opleveren; (*veröffentlichen*) publiceren; F (*schaffen*) opbrengen; *an sich* ~ in zijn bezit krijgen; *mit sich* ~ met zich meebrengen; *j-n um etw.* (*A*) ~ iem. van iets beroven.
bri'sant (-*est*) brisant, explosief.
Brise *f* bries.
Brit|annien [-'tanĭən] *n* Brittannië *n*; **~e** *m* (-*n*) Brit; **~in** *f* Britse; **2isch** Brits.
Bröck|chen *n* (het) brokje; **2(e)lig** brokkelig, bros; **2eln** (-*le*) brokkelen; *Brot* kruimelen.
Brocken *m* brok, (het) stuk; *ein paar ~ Deutsch können* een paar woorden Duits kennen; **2** *v/t* brokk(el)en; **2weise** broksgewijze.
brodeln (-*le*) borrelen, pruttelen.
Bro'kat *m* (-*es*; -*e*) (het) brokaat.
Brom *n* (-*s*; *0*) (het) broom.
Brombeer|e [ɔ] *f* braambes; **~strauch** *m* braamstruik.
Brom|kalium *n* (het) broomkalium; **~silber** *n* (het) broomzilver.
Bronch|ialkatarrh [-'çĭɑ:l-] *m* catarre van de bronchiën; **~ien** ['-çĭən] *f/pl.* bronchiën *pl.*; **~itis** [-'çi:-] *f* (*0*) bronchitis.
Bronz|e ['bʀɔŋsə] *f* (het) brons; (*Gegenstand*) (het) bronzen voorwerp; **2en** (*0*) bronzen; **~e·zeit** *f* (*0*) bronstijd; **2ieren** [-'zi:-] (-) bronzen.
Brosame *f* (brood)kruimel.
Brosche *f* broche.
bro'sch|ieren (-) innaaien; **2üre** *f* brochure.
Brot *n* (-*es*; -*e*) (het) brood (*a. fig.*).
Brot|- *in Zssgn mst.* brood-, *z.B.* **~bäcker** *m* broodbakker; **~beutel** *m* (het) broodzakje.
Brötchen [ø:] *n* (het) broodje; *belegtes ~* (het) belegd broodje.
Brot|erwerb *m* broodwinning; **~getreide** *n* (het) broodgraan; **~herr** *m* broodheer, patroon; **~korb** *m* broodmand; **~krume** *f* broodkruimel; **~laib** *m* (het) brood; **2los** (*0*) brodeloos; **~maschine** *f* broodmachine; **~neid** *m* broodnijd; **~rinde** *f* broodkorst; **~röster** *m* broodrooster; **~schnitte** *f* boterham; **~teig** *m* (het) brooddeeg.
Bruch[1] *n u. m* (-*es*; ¨*e*) (het) broek, (het) moerasland.
Bruch[2] *m* (-*es*; ¨*e*) breuk (*a. Med. Math. u. fig.*); (*Stein2*) steengroeve; (*im Papier*) vouw; *zu ~* (*od. in di[e] Brüche*) *gehen* kapotgaan; *fig.* mislukken, in duigen vallen; **~band** *[m]* breukband; **2fest** onbreekbaar; **~fläche** *f* (het) breukvlak.
brüchig breekbaar; gebroken; *fig[.]* bros; *Moral*: wrak.
Bruch|landung *f* landing waarbi[j] brokken gemaakt worden; **~rechnung** *f* (*0*) rekening met breuken; **~stück** *n* (het) fragment, (het) brokstuk; **~teil** *m* fractie, (het) klein gedeelte; **~zahl** *f* breuk.
Brücke *f* brug (*a. Kommando2*); (*Landungs2*) steiger; (*Teppich*) (het) klein tapijt; *alle ~n hinter sich abbrechen* zijn schepen achter zich verbranden.
Brücken|bau *m* bruggebouw; **~kopf** *m* (het) bruggehoofd; **~pfeiler** *m* brugpijler; **~waage** *f* bascul[e].
Bruder *m* (-*s*; ¨) broer; (*Rel. u. fig.*) broeder; *lustiger ~* vrolijke klant; *warmer ~* V flikker.
Bruder|- *in Zssgn mst.* broeder-.
Brüder|chen *n* (het) broertje; **2lic[h]** broederlijk; **~lichkeit** *f* (*0*) broederlijkheid; **~schaft** *f* broederscha[p]; *~ trinken* op goede vriendschap drin[-]ken en elkaar met jij en jou aan[-]spreken.
Brügge *n* Brugge *n*.
Brüh|e *f* bouillon, (het) (vlees)na[t]; (*Tunke*) jus, saus; (*trübe Flüssigkei[t]*) (het) sop; **2en** met heet water b[e]gieten; (*kochen*) koken; **2'hei[ß]** kokend heet; **~würfel** *m* (he[t]) bouillonblokje.
Brüll|affe *m* brulaap; **2en** brulle[n]; *Vieh*: loeien.
Brumm|bär *m* F brombeer; **2e[n]** brommen (*a.* F *sitzen*); *Insekte[n]*: gonzen; **~er** *m* bromvlieg; *M[…]* brommer; F (*Lastwagen*) zwa[re] vrachtwagen; **~kreisel** *m* bromt[ol]; **~schädel** *m* F (het) zwaar hoofd.
Brü'nette *f* brunette.
Brunft *f* (-; ¨*e*) bronst(tijd).
Brunnen *m* bron, put; (*Spring[…]*) fontein; (*Mineralwasser*) (het) bro[n]water; *artesischer ~* artesische p[ut]; *den ~ zudecken, wenn das Kind hi[…]*

eingefallen ist de put dempen als het kalf verdronken is; **~kresse** *f* waterkers; **~kur** *f* kuur met bronwater; **~vergiftung** *f* vergiftiging van een bron; *fig.* laster.
Brunst *f* (-; ⸗e) bronst(tijd).
brünstig bronstig, tochtig; (*leidenschaftlich*) vurig, hartstochtelijk.
Brunstzeit *f* bronsttijd.
brüsk (-*est*) bruusk; **~ieren** [-'ki:-] (-) bruuskeren.
Brüssel *n* Brussel *n*; **~er 1.** *m* Brusselaar; **2.** *Adj.* Brussels.
Brust *f* (-; ⸗e) borst (*a. Busen*); *sich in die ~ werfen* een hoge borst opzetten.
Brust|- *in Zssgn mst.* borst-, *z.B.* **~bein** *n* (het) borstbeen; **~bild** *n* (het) borstbeeld; **~drüse** *f* borstklier.
brüsten (-*e*-): *sich ~ mit* (*D*) pochen op.
Brustfell *n* (het) borstvlies; **~entzündung** *f* borstvliesontsteking.
Brust|flosse *f* borstvin; **~höhe** *f* (*0*): *in ~* op borsthoogte; **~korb** *m* borstkas; **~krebs** *m* borstkanker; **~schwimmen** *n* schoolslag, (het) borstzwemmen; **~stück** *n* (het) borststuk; **~tasche** *f* borstzak; **~ton** *m* borststem; *im ~ der Überzeugung* op een toon van zelfverzekerdheid; **~umfang** *m* borstomvang.
Brüstung *f* leuning, balustrade.
Brust|warze *f* tepel; **~wehr** *f* borstwering.
Brut *f* (het) broeden; (*die Jungen*) (het) broedsel; *fig.* (het) gebroed.
bru'tal ruw, bruut; **߸i'tät** *f* ruwheid, bruutheid.
Brut|anstalt *f* broedinrichting; **~apparat** *m* broedmachine.
brüten (-*e*-) broeden; *Sonne*: broeien; *fig.* (*über A*) tobben (over).
Brut|henne *f* broedkip; **~kasten** *m* *Med.* couveuse; F *hier ist es wie im ~!* het is hier om te stikken!; **~ofen** *m* broedoven; **~stätte** *f* broedplaats.
brutto bruto.
Brutto|- *in Zssgn mst.* bruto-, *z.B.* **~einkommen** *n* (het) bruto-inkomen; **~ertrag** *m* bruto-opbrengst; **~gewicht** *n* (het) brutogewicht; **~registertonne** *f* (bruto-)registerton; **~sozialprodukt** *n* (het) brutosociaalprodukt.
Brutzeit *f* broedtijd.

Bube *m* (-*n*) jongen, knaap; *pej.* boef, schelm; (*Karte*) boer; **߸n·haft** (-*est*) jongensachtig; **~n·streich** *m* kwajongensstreek.
Bubikopf *m* (het) pagekopje.
Buch [u:] *n* (-*es*; ⸗*er*) (het) boek; *~ führen* boekhouden.
Buch|- *in Zssgn mst.* boek-, *z.B.* **~besprechung** *f* boekbespreking.
Buchbinder *m* boekbinder; **~ei** [-'RAI] *f* boekbinderij.
Buchdeckel *m* boekband.
Buchdruck *m* (-*es*; *0*) boekdrukkunst; **~er** *m* boekdrukker; **~e'rei** *f* boekdrukkerij.
Buch|e [u:] *f* beuk(eboom); **~ecker** *f* (het) beukenootje.
buchen[1] [u:] *Adj.* (*0*) beuken.
buchen[2] [u:] boeken (*a. Flug, Reise*).
Bücher|abschluß *m* afsluiting van de boeken; **~brett** *n* boekenplank.
Büche'rei *f* boekerij.
Bücher|freund *m* boekenliefhebber; **~gestell** *n* (het) boekenrek; **~kunde** *f* (*0*) bibliografie; **~markt** *m* boekenmarkt; **~narr** *m* boekengek; **~regal** *n* (het) boekenrek; **~revisor** *m* accountant; **~schrank** *m* boekenkast; **~stütze** *f* boekensteun; **~verzeichnis** *n* boekenlijst, catalogus; bibliografie; **~weisheit** *f* boekenwijsheid; **~wurm** *m* boekworm; *fig.* boekenwurm.
Buchfink *m* vink.
Buch|führer *m*, **~halter** *m* boekhouder; **~führung** *f*, **~haltung** *f* boekhouding; **߸halterisch** (*0*) boekhoudkundig; **~handel** *m* boekhandel; **~händler** *m* boekhandelaar; **~handlung** *f* boekhandel; **~macher** *m* bookmaker; **~messe** *f* boekenbeurs; **~prüfer** *m* accountant; **~rücken** *m* rug van een boek.
Buchsbaum [ks] *m* buksboom.
Büchse ['-ksə] *f* bus, doos; (*Konserven߸*) (het) blik; (*Flinte*) buks.
Büchsen|fleisch *n* (het) vlees in blik; **~milch** *f* melk in blik; **~öffner** *m* blikopener.
Buchstab|e *m* (-*ns od.* -*n*; -*n*) letter; *großer ~* hoofdletter; *kleiner ~* kleine letter; **~en·folge** *f* alfabetische volgorde; **~en·rätsel** *n* (het) letterraadsel; **߸ieren** [-'bi:-] (-) spellen.
buchstäblich letterlijk (*a. fig.*).
Bucht *f* inham; (*Meeres߸ bsd.*) baai; **߸ig** met (veel) inhammen, bochtig.
Buchtitel *m* boektitel.

Buchung *f* boeking; **~s·gebühr** *f* boekingsonkosten *pl.*
Buchverleih *m* uitlening van boeken; bibliotheek.
Buchweizen *m* boekweit.
Buch|wert *m* boekwaarde; **~wesen** *n* (-*s*; *0*) (het) boekwezen; **~zeichen** *n* bladwijzer.
Buck|el *m* bochel, bult; F *er kann mir den ~ 'runterrutschen!* hij kan naar de maan lopen!; **2(e)lig** gebocheld.
bücken: *sich ~* zich bukken.
Bückling[1] *m* (-*s*; -*e*) (*Fisch*) bokking.
Bückling[2] *m* (-*s*; -*e*) buiging.
Budapest *n* Boedapest *n.*
Buddel|ei [-'laɪ] *f* F (het) gewroet; (het) gewoel; **~kasten** *m* zandbak; **2n** (-*le*) F woelen, wroeten.
Bud'dhis|mus *m* (-; *0*) (het) boeddhisme; **~t** *m* (-*en*) boeddhist.
Bude *f* keet, barak (*a. altes Haus*); (*Verkaufs2*) kraam; (*Kirmes2*) (kermis)tent; F (*Studenten2*) kast.
Budget [by·'dʒeː] *n* (-*s*; -*s*) (het) budget, begroting.
Büfett [by·'feː] *n* (-*ës*; -*s*) (het) buffet; *kaltes ~* (het) koud buffet; **~dame** *f* buffetjuffrouw; **~wagen** *m* buffetwagen.
Büff|el *m* buffel; **~e'lei** *f* F (het) geblok; **2eln** (-*le*) F blokken; **~ler** *m* F blokker.
Bug *m* (-*ës*; -*e*) boeg (*a. beim Tier*).
Bügel *m* beugel; (*Kleider2*) klerenhanger; **~anstalt** *f* strijkinrichting; **~brett** *n* strijkplank; **~eisen** *n* (het) strijkijzer; **~falte** *f* (scherpe) vouw; **2frei** zelfstrijkend; **2n** (-*le*) strijken; *Wollenes u. Hose* persen.
Büglerin *f* strijkster.
bug|'sieren (-) boegseren, slepen; *fig.* loodsen; **2spriet** *n u. m* (-*ës*; -*e*) boegspriet; **~welle** *f* boeggolf.
buhen F jouwen.
buhl|en (*mit j-m*) (iem.) liefkozen; *pej.* vrijen (met iem.); (*um etw. A*) dingen naar (iets); **2er(in** *f*) *m* minnaar *m*, minnares *f*; *pej.* vrijer *m*, vrijster *f*.
Buhne *f* krib, (het) kribwerk.
Bühne *f* (het) toneel; *auf die ~ bringen* opvoeren; *von der ~ abtreten fig.* van het toneel verdwijnen.
Bühnen|bild *n* (het) decor; **~bildner** *m* decorontwerper; **~dichter** *m* toneeldichter; **~effekt** *m* (het) toneeleffect; **~festspiele** *n/pl.* (het) theaterfestival; **~künstler(in** *f*) *m* toneelkunstenaar *m*, toneelkunstenares *f*; **~loge** *f* toneelloge; **~maler** *m* toneeldecorateur; **~stück** *n* (het) toneelstuk; **~vorhang** *m* (het) toneelgordijn.
Buhruf(e *pl.*) *m* (het) gejouw.
Bukarest *n* Boekarest *n.*
Bu'kett *n* (-*ës*; -*e*) (het) boeket (*a. von Wein*).
Bu'lette *f* gehaktbal, frikadel.
Bul'gar|e *m* (-*n*) Bulgaar; **~ien** [-rĭən] *n* Bulgarije *n*; **~in** *f* Bulgaarse; **2isch** Bulgaars.
Bull|auge *n* patrijspoort; **~dogge** *f* buldog; **~dozer** *m* bulldozer.
Bulle[1] *m* (-*n*) stier; F (*Polizist*) smeris.
Bulle[2] *f* bul.
bum! boem!
Bumerang *m* (-*s*; -*e od.* -*s*) boemerang.
Bummel *m* wandeling; *auf e-m ~ sein* een wandeling(etje) maken, flaneren; **~ei** [-'laɪ] *f* (het) gelanterfant; **2ig** traag, lui; **~leben** *n* (-*s*; *0*) (het) lui leventje; **2n** (-*le*) (*schlendern*) (rond)slenteren; (*trödeln*) lanterfanten; (*leichtsinnig leben*) pierewaaien; **~streik** *m* langzaam-aan-actie; **~zug** *m* boemel-, stoptrein.
Bummler *m* lanterfanter; (*Nachtschwärmer*) boemelaar; (*Spaziergänger*) wandelaar.
bums! bons!, boem!
bumsen (-*t*) bonzen; V neuken, naaien.
Bund[1] *n* (-*ës*; -*e*) bundel; *Schlüssel, Gemüse*: bos.
Bund[2] *m* (-*ës*; ⸚*e*) (het) verbond, bond; *Kleidung*: band; (*Bündnis*) (het) bondgenootschap; (*Staaten2*) confederatie.
Bündel *n* bundel, bos, (het) pak(je); **2n** (-*le*) in bossen binden; *fig.* bundelen.
Bundes|anstalt *f* federale dienst; **~bahn** *f*: *Deutsche ~* Westduitse Spoorwegen *pl.*; **~behörde** *f* federale instantie (*od.* dienst); **~ebene** *f*: *auf ~* op federaal niveau, nationaal (gezien); **~genosse** *m* bondgenoot; **~gerichtshof** *m* (het) federaal gerechtshof; **~gesetz** *n* federale wet; **~grenzschutz** *m* federale grenswacht; **~haus** *n* (het) federale parlement; **~kanzler** *m* bondskans…

lier; **~land** *n* deelstaat; **~liga** *f* Westduitse eredivisie; **~minister** *m* bondsminister; **~präsident** *m* Bondspresident; **~rat** *m* bondsraad; **~regierung** *f* bondsregering; **~republik (Deutschland)** *f* (Duitse) Bondsrepubliek, West-Duitsland; **~staat** *m* bondsstaat; **~straße** *f* rijksweg; **~tag** *m* bondsdag; **~ver'fassungs·gericht** *n* (het) constitutioneel gerechtshof; **~wehr** *f (0)* (het) Westduitse leger.

bündig bondig, beknopt; *Bretter*: gelijk liggend; *Beweis*: afdoend, overtuigend; *kurz und ~* kort en bondig; **keit** *f (0)* bondigheid; *(Beweiskraft)* geldigheid.

Bündnis *n (-ses; -se)* (het) bondgenootschap, (het) verbond.

Bungalow ['buŋga·lo:] *m (-s; -s)* bungalow.

Bunker *m* bunker; **n** *(-re)* bunkeren.

bunt *(-est)* bont *(a. fig.)*; *es zu ~ treiben* het (al) te bont maken; *etw. wird mir zu ~* iets wordt mij te gortig; **druck** *m (-es; -e)* kleurendruk; **~gefleckt** gevlekt; **~gestreift** met bonte strepen; **heit** *f (0)* bontheid; **metall** *n* (het) non-ferrometaal; **~scheckig** bont(kleurig), veelkleurig; **stift** *m* (het) kleurpotlood.

Bürde *f* last *(a. fig.)*, vracht.

Buren *m/pl.* Boeren *pl.*

Burg *f* burcht *(a. fig.)*, (het) slot, (het) kasteel; *(Sand als Loch)* kuil, put.

Bürge *m (-n)* borg; **n** *(für A)* borg staan (voor), instaan (voor).

Bürger|(in *f) m* burger(es *f*); **~krieg** *m* burgeroorlog; **lich** burgerlijk *(a. fig.)*.

Bürgermeister *m* burgemeester; **~amt** *n* (het) burgemeestersambt; *(Gebäude)* (het) gemeentehuis.

Bürgerrecht *n* (het) burgerrecht; **~ler(in** *f) m* strijder (strijdster *f*) voor de burgerrechten.

Bürger|schaft *f* burgerij; *(Parlament)* (het) parlement; **~sinn** *m (-es; 0)* burgerzin; **~steig** *m* stoep; **~tum** *n (-s; 0)* burgerij, burgerstand; **~wehr** *f* burgerwacht.

Burg|friede *m fig. Pol.* wapenstilstand; **~graf** *m* burggraaf; **~herr** *m* burchtheer.

Bürgschaft *f* borg(tocht); *~ leisten* borg staan.

Bur'gund *n* Bourgondië *n*; **~er** *m* Bourgondiër; *(Wein)* bourgogne.

bur'lesk *(-est)* burlesk, potsierlijk.

bur'mesisch = *birmanisch.*

Büro *n (-s; -s)* (het) bureau, (het) kantoor; *ins ~ gehen* naar kantoor gaan; *im ~ arbeiten* op kantoor werken.

Büro|- *in Zssgn mst.* bureau-, kantoor-, *z.B.* **~artikel** *m/pl.*, **~bedarf** *m* kantoorbenodigdheden *pl.*, kantoorbehoeften *pl.*; **~klammer** *f* papierklem, paperclip; **~kraft** *f* kantoorbediende.

Büro'krat *m (-en)* bureaucraat; **~ie** [-'ti:] *f* bureaucratie; **isch** bureaucratisch.

Büro|möbel *n/pl.* kantoormeubelen *n/pl.*; **~schluß** *m (-sses; 0)*: *nach ~* na kantoortijd; **~stunden** *f/pl.* kantooruren *n/pl.*; **~vorsteher** *m* bureauchef.

Bürschchen *n* (het) knaapje, (het) snaakje; *pej.* kerel.

Bursch|e *m (-n)* knaap, jongeman; *pej.* kerel; *(Lauf)* jongen; *mil.* oppasser; *(Geselle)* knecht; *ironisch* snuiter; **~en·schaft** *f* studentenvereniging; **i'kos** *(-est)* studentikoos.

Bürste *f* borstel; **n** *(-e-)* borstelen; **~n·binder** *m* borstelmaker.

Bus *m (-ses; -se)* bus.

Busch *m (-es; ⸗e)* struik, heester; *(Gebüsch)* (het) struikgewas; *(Urwald)* (het) oerwoud; *(Büschel)* (het) bosje, bos; *auf den ~ klopfen fig.* polsen, een balletje opgooien.

Büschel *n* (het) bosje, bos; *Math.* bundel.

busch|ig ruig; *Wald*: met struikgewas begroeid; **mann** *m* Bosjesman; **wald** *m* (het) kreupelhout.

Busen *m* boezem *(a. fig.)*; *(Meer)* baai; **~freund** *m* boezemvriend.

Busfahrer *m* buschauffeur.

Bussard *m (-s; -e)* buizerd.

Buße [u:] *f* boete *(a. Geld)*.

büß|en [y:] *(-ßt) für etw.* boeten voor; *etw.* bekopen; **er** *m* boeteling.

buß|fertig boetvaardig; **geld** *n* boete; **prediger** *m* boetprediker; **- und Bettag** *m* boet- en biddag.

Büste *f* buste; **~n·halter** *m* bustehouder, BH.

Butt *m* (*-es*; *-e*) *Zool.* bot.
Bütte *f* kuip, tobbe; (*Faschings*≈) buut.
Bütten|papier *n* (het) geschept papier; **~rede** *f* carnavalsspeech.
Butter *f* (*0*) boter; *sich die ~ vom Brot nehmen lassen* zich de kaas van het brood laten eten.
Butter|- *in Zssgn mst.* boter-, *z.B.* **~blume** *f* boterbloem; (*Löwenzahn*) paardebloem; **~brot** *n* boterham; **~dose** *f* (het) botervlootje; **~fach** *n* (het) botervakje; **~faß** *n* boterton, (het) botervat; **~milch** *f* karnemelk; **≈n** (*-re*) boter maken; **≈'weich** boterzacht.
Butzemann *m* kabouter; (*Kinderschreck*) boeman.
Butzen *m* (het) klokhuis; (*in Glas*) verdikking; *Bgb.* klomp.
by|zan'tinisch Byzantijns; **≈'zanz** *n* Byzantium *n*.
bzw. *Abk. für beziehungsweise* respectievelijk (*Abk.* resp.).

C

Mit **Ca, Ch, Cl, Cr, Cu** *anfangende, hier nicht aufgeführte Wörter suche man unter* **K**; *mit* **Ch** *beginnende zum Teil auch unter* **Sch**; *mit* **Ce, Ci, Cy** *anfangende unter* **Z** *oder unter* **K**.

Zie voor de met **Ca, Ch, Cl, Cr, Cu** *beginnende woorden die hier niet opgenomen zijn, ook onder* **K**; *voor de met* **Ch** *beginnende gedeeltelijk ook onder* **Sch**; *voor de met* **Ce, Ci, Cy** *beginnende onder* **Z** *of onder* **K**.

C, c *n* C, c.
C *Abk. für Celsius* Celsius.
c *n* (-; -) *Mus.* do.
ca. *Abk. für zirka* circa.
Café [ka'fe:] *n* (*-s*; *-s*) lunch-, tearoom.
Camping ['kɛm-] *n* (*-s*; *0*) (het) kamperen; (*Platz*) camping; **~ausrüstung** *f* kampeeruitrusting; **~ausweis** *m* (het) kampeerpaspoort; **~platz** *m* (het) kampeerterrein, camping.
Cape [ke:p] *n* (*-s*; *-s*) cape.
Catcher ['kɛtʃɚ] *m* catcher.
cbm *Abk. für Kubikmeter* kubieke meter, m³.
ccm *Abk. für Kubikzentimeter* kubieke centimeter, cm³.
C-Dur *n Mus.* C grote terts.
Cell|ist(in *f*) [tʃɛ'-] *m* (*-en*) cellist(e *f*); **~o** ['tʃɛ-] *n* (*-s*; *-s od. -i*) cello.
Celsius ['tsɛlzĭ-] *m* Celsius; *20° C* twintig graden Celsius.
Ceylo'nes|e [tsaɪ-] *m* (*-n*) Ceylonees; **≗isch** Ceylons.
Chaiselongue [ʃɛs'lɔŋ] *f* (-; *-s od. -n*) chaise-longue.
Chamäleon [kaˑ'mɛ:leˑɔn] *n* (*-s*; *-s*) kameleon (*a. fig.*).
Champagner [ʃam'panĭɚ] *m* champagne.
Champignon ['ʃampɪnĭɔŋ] *m* (*-s*; *-s*) champignon.
Chance ['ʃɑ̃:sə, 'ʃaŋ-] *f* kans.
Chanson [ʃɑ̃:'sɔ̃:] *n* (*-s*; *-s*) (het) chanson.
Chaos ['kɑ:ɔs] *n* (-; *0*) chaos.
cha'otisch chaotisch.
Cha'rakter [k] *m* (*-s*; *-e* [-'te:-]) (het) karakter (*a. fig.*).
Cha'rakter|- *in Zssgn mst.* karakter-, *z.B.* **~darsteller** *m* karakterspeler; **~eigenschaft** *f* karaktereigenschap; **≗fest** vast van karakter; **≗i'sieren** (-) karakteriseren; **≗istisch** [-ə'rɪs-] karakteristiek; **≗lich** (*0*) qua karakter, karakter-; **≗los** (*-est*) karakterloos; **~losigkeit** *f* karakterloosheid; **~schwäche** *f* karakterzwakte; **~zug** *m* karaktertrek.
Charge ['ʃaʁʒə] *f* charge (*a. Amt*); *mil.* graad; *Thea.* kleine typerol.
Charter|flug ['(t)ʃaʁ-] *m* chartervlucht; **~maschine** *f* (het) chartervliegtuig; **≗n** (*-re*) charteren.
Chassis [ʃa'si:] *n* (-; -) (het) chassis.
Chauffeur [ʃɔ'fø:ʁ] *m* (*-s*; *-e*) chauffeur.
Chaussee [ʃɔ'se:] *f* straatweg.
Chauvi'nis|mus [ʃoˑviˑ-] *m* (-; *0*) (het) chauvinisme; **~t(in** *f*) *m* (*-en*) chauvinist(e *f*).
Chef [ʃɛf] *m* (*-s*; *-s*) chef; **~arzt** *m* geneesheer-directeur; **~in** *f* (vrouwelijke) chef, cheffin; **~ingenieur** *m* hoofdingenieur; **~redakteur** *m* hoofdredacteur.
Che'mie [ç] *f* (*0*) chemie, scheikunde; **~faser** *f* kunstvezel.
Chemi|'kalien [-lĭən] *pl.* chemicaliën *pl.*; **~ker** *m* chemicus, scheikundige; **≗sch** (*0*) chemisch, scheikundig.
Chicorée [ʃiˑkɔ're:] *f* (-; *0*) *u. m* (*-s*; *0*) cichorei; (*Gemüse*) (het) witlof, (het) Brussels lof.
Chiffre ['ʃɪfɚ] *f* (het) getal; (*Geheimzeichen*) (het) geheim teken; (*in Zeitungen*) (het) nummer; **~schrift** *f* (het) geheimschrift; **~telegramm** *n* (het) cijfertelegram.
chif'frieren (-) coderen, in geheimschrift schrijven.
Chile ['tʃi:leˑ] *n* Chili *n*.

Chi'len|e *m* (*-n*) Chileen; **²isch** Chileens.
China [ç] *n* China *n.*
Chinchilla [tʃɪn'tʃɪlaˑ] *f* (*-; -s*) *od. n* (*-s; -s*) (*Pelz*: het) chinchilla.
Chi'nes|e *m* (*-n*) Chinees; **~in** *f* Chinese; **²isch** Chinees.
Chi'nin [ç] *n* (*-s; 0*) kinine.
Chi'rurg [ç] *m* (*-en*) chirurg; **~ie** [-'gi:] *f* chirurgie; **²isch** (*0*) chirurgisch.
Chlor [k] *n* (*-s; 0*) (*a.* het) chloor; **²en** chloren; **²haltig** chloorhoudend; **~id** [-'ʀi:t] *n* (*-s; -e*) (het) chloride.
Chloro'form *n* (*-s; 0*) chloroform; **²ieren** [-'mi:-] (-) chloroformeren.
Chlorophyll [kloˑʀoˑ'fʏl] *n* (*-s; 0*) (het) chlorofyl.
Cholera ['ko:lə-] *f* (*0*) cholera; **~bazillus** *m* cholerabacil.
Cho'leri|ker *m* cholericus; **²sch** cholerisch, opvliegend.
Chor [k] *m u. n* (*-ęs; ⸗e*) (het) koor; *Thea.* rei; *im ~* in koor.
Cho'ral *m* (*-s; ⸗e*) (het) koraal, koorzang.
Chor·altar *m* (het) hoogaltaar.
Choreo'graph *m* (*-en*) choreograaf; **~ie** [-'fi:] *f* choreografie.
Chor|führer *m* koorleider; **~gang** *m* kooromgang; **~hemd** *n* (het) koorhemd; **~herr** *m* kanunnik, domheer; **~ist(in** *f*) [koˑ'ʀ-] *m* (*-en*) korist(e *f*); **~knabe** *m* koorknaap.
Chrestoma'thie [k] *f* chrestomathie.
Christ [k] *m* (*-en*) christen; Christus; **~abend** *m* kerstavond; **~baum** *m* kerstboom.
Christen|heit *f* (*0*) christenheid; **~mensch** *m* christenmens; **~pflicht** *f* christenplicht; **~tum** *n* (*-s; 0*) (het) christendom.
Christ|fest *n* (*-ęs; 0*) (het) kerstfeest; **~in** *f* christenvrouw, christin; **~kind** *n* (*-ęs; 0*) (het) Kindje Jezus, (het) Kerstkindje; **²lich** christelijk; **~lichkeit** *f* (*0*) christelijkheid.
Christus *m* Christus; *vor* (*nach*) *Christi Geburt* vóór (na) Christus; **~bild** *n* (het) Christusbeeld.
Chrom [k] *n* (*-s; 0*) (het) chroom; **²atisch** [-'mɑ:-] (*0*) chromatisch (*a. Phys.*); **~o'som** *n* (*-s; -en*) (het) chromosoom; **~stahl** *m* (het) chroomstaal.
Chron|ik [k] *f* kroniek; **²isch** (*0*) chronisch; **~ist** [-'nɪst] *m* (*-en*) kroniekschrijver.
Chrono|lo'gie [k] *f* (*0*) chronologie; **²'logisch** (*0*) chronologisch; **~'meter** *n* chronometer.
Chrysantheme [kryˑzan'-] *f* chrysant.
Clique ['klɪkə] *f* kliek.
Clou [klu:] *m* (*-s; -s*) clou.
Clown [klaʊn] *m* (*-s; -s*) clown.
cm *Abk. für Zentimeter* centimeter (*Abk.* cm).
Cockpit [k] *n* (*-s; -s*) cockpit (*a. mar.*).
Cocktail ['kɔkte:l] *m* (*-s; -s*) cocktail; **~party** *f* cocktailpartij.
Code [ko:d] *m* (*-s; -s*) code.
Computer [kɔm'pĭu:-] *m* computer.
Conférencier [kõfeˑʀɑ̃:'sĭe:] *m* (*-s; -s*) conférencier.
Container [kɔn'te:nə̯] *m* container.
contra ['kɔn-] contra.
Couch [kaʊtʃ] *f* (*-; -es*) divan, couch.
Coup [ku:] *m* (*-s; -s*) coup.
Coupé [kuˑ'pe:] *n* (*-s; -s*) coupé.
Couplet [kuˑ'ple:] *n* (*-s; -s*) (het) couplet.
Coupon [kuˑ'pɔŋ] *m* (*-s; -s*) coupon.
couragiert [kuˑʀaˑ'ʒi:ʁt] (*-est*) dapper, moedig.
Cousin [kuˑ'zɛ̃:] *m* (*-s; -s*) neef; **~e** [-'zi:nə] *f* nicht.
Creme [krɛ:m, kre:m] *f* (*-; -s*) crème (*a. fig.*); **²farben** (*0*) crèmekleurig.

D

D, d *n* D, d.
da 1. *Ko.* (*als*) toen, terwijl; (*weil*) daar, omdat; **2.** *Adv.* (*dort*) daar, er; (*dann*) dan, toen; *hier und ~, ~ und dort* hier en daar; *von ~ an* van toen af; *~ haben wir's!* daar heb je het nou!
dabehalten (-) (bij zich) houden.
da'bei daarbij, erbij; *es ist nichts ~* het heeft niets te betekenen; *~ sein etw. zu tun* op het punt staan; (*schon begonnen haben*) bezig zijn; *es bleibt ~* daar blijft het bij; *ich finde nichts ~* ik zie er niets verkeerds in; **~bleiben** (erbij) blijven; **~sein** erbij zijn, meedoen; **~sitzen** erbij zitten; **~stehen** erbij staan.
dableiben blijven.
Dach *n* (-*ęs*; ⸗*er*) (het) dak; (*Wagen*⩪) kap; F (*Kopf*) kop; *eins aufs ~ bekommen fig.* F op zijn kop krijgen; *unter ~ und Fach sein* in kannen en kruiken zijn.
Dach|- *in Zssgn mst.* dak-, *z.B.* **~balken** *m* dakbalk; **~boden** *m* zolder; **~decker** *m* dak-, leidekker; **~fenster** *n* (het) dakvenster; **~first** *m* nok van het dak; **~garage** *f* garage op het dak; **~garten** *m* daktuin; **~kammer** *f* dak-, zolderkamer; **~luke** *f* (het) dakvenster; **~organisation** *f* (het) overkoepelend orgaan; **~pappe** *f* (het) dakvilt; **~rinne** *f* dakgoot.
Dachs [ks] *m* (-*es*; -*e*) das; *fig.* F (*Bursche*) onervaren knaap; **~bau** *m* (-*ęs*; -*e*) (het) dassehol; **~hund** *m* dashond.
Dach|stuhl *m* dakstoel; **~werk** *n* (-*ęs*; *0*) (het) dakwerk; **~wohnung** *f* woning (*od.* flat) onder het dak; **~ziegel** *m* dakpan.
Dackel *m* dashond.
da'durch daardoor; *~, daß* door te + *Inf.* (*wenn gleiches Subjekt wie im Hauptsatz*), *sonst*: daardoor dat.
da'für daar-, ervoor; *~ sein* ervoor zijn; *er ist klein, ~ aber ...* hij is klein, maar daartegenover staat dat ...; **⩪halten** *n*: *nach meinem ~* naar mijn mening; **~können:** *nichts ~* er niets aan kunnen doen.
da'gegen daar-, ertegen; (*im Vergleich*) daarbij vergeleken; (*im Gegensatz*) daarentegen; (*jedoch*) evenwel; *~ sein* ertegen zijn; *etw. ~ haben* er iets tegen hebben; **~halten** ernaast leggen, ermee vergelijken; (*antworten*) antwoorden.
da'heim thuis (*a. fig.*); **⩪gebliebene(r)** thuisblijver.
daher 1. *Adv.* vandaar, daarvandaan; **2.** *Ko.* daarom, dus; *~ kommt es ...* daardoor komt het ...
Da'her|gelaufene(r) schooier, nietsnut; **⩪kommen** er aankomen; **⩪reden** erop los praten.
da'hin daar-, erheen; (*vergangen*) voorbij; *~ und dorthin* overal heen; *wir sind ~ übereingekommen, daß ...* wij zijn het zover (*od.* daarover) eens geworden dat ...; *es ~ bringen, daß ...* het zover brengen dat ...; *sich ~ äußern* zich in die zin uitlaten; *meine Meinung geht ~, daß ...* ik ben van mening dat ...; *s. a. bis.*
dahin|ab, ~auf, ~aus daarheen.
da'hin·eilen voortsnellen (*a. fig.*).
dahinein daarin, daar naar binnen.
da'hin|fahren (weg-, voorbij)rijden; *Schiff*: (weg-, voorbij)varen; **~fliegen** (weg-, voorbij)vliegen.
dahingegen daarentegen.
da'hingehen voorbijgaan, verlopen; (*sterben*) heengaan; **~d** ['dɑ:-] in die zin.
da'hin|gehören erbij horen; **~gestellt:** *es ~ sein lassen* het in het midden laten; *es bleibt ~* daargelaten; **~leben** er op los leven; vegeteren; **~siechen** wegkwijnen.
da'hinten daarachter.
da'hinter daar-, erachter; **~kommen** erachter komen; **~stecken** erachter steken.
dahin|über, ~unter daarheen.
Dahlie ['-liə] *f* dahlia.
da|lassen achterlaten; **~liegen** (er) liggen.
damal|ig (*0*) toenmalig; **~s** toen, destijds.

Da'mast *m* (-*es*; -*e*) (het) damast; **~en** (*0*) damasten.
Dame *f* dame; (*Karte*) vrouw; (*Damespiel*) (het) damspel; ~ *spielen* dammen; *meine* ~*n und Herren!* dames en heren!
Damen|- *in Zssgn mst.* dames-, *z.B.* **~binde** *f* (het) dames-, maandverband; **~doppel** *n* (het) damesdubbel; **~friseur** *m* dameskapper; **~haft** (-*est*) damesachtig; **~handtasche** *f* dameshandtas; **~mannschaft** *f* damesploeg; **~toilette** *f* (het) damestoilet; **~wahl** *f* (*0*) schrikkeldans.
Dame|spiel *n* (het) damspel; **~stein** *m* damsteen.
Damhirsch *m* (het) damhert.
da'mit 1. *Adv.* daar-, ermee; *heraus* ~! geef op!; **2.** *Ko.* opdat.
dämlich F stom, dom; **~keit** *f* (*0*) F domheid.
Damm *m* (-*es*; ⸗*e*) dam (*a. Med. u. fig.*), dijk; (*Hafen*~) pier; (*Fahr*~) rijweg; *j-n wieder auf den* ~ *bringen* iem. er weer bovenop helpen; **~bruch** *m* dijkbreuk.
dämmen af-, indammen; *fig.* tegengaan.
dämmer|ig schemer(acht)ig; **~licht** *n* (-*es*; *0*) (het) schemerlicht; **~n** (-*re*) (*halb schlafen*) dommelen; *es dämmert* het schemert; *der Morgen* (*Abend*) *dämmert* het wordt licht (donker); *fig. es dämmert mir* er gaat me een licht op; **~ung** *f* schemering; **~zustand** *m* schemertoestand.
Damoklesschwert ['da:mo·klɛs-] *n* (-*es*; *0*) (het) zwaard van Damocles.
Dämon *m* (-*s*; -*en* [-'mo:nən]) demon; **~isch** [-'mo:-] demonisch, duivels.
Dampf *m* (-*es*; ⸗*e*) stoom; (*Dunst*) damp; ~ *dahinter machen* er vaart achter zetten.
Dampf|- *in Zssgn mst.* stoom-, *z.B.* **~bad** *n* (het) stoombad; **~boot** *n* stoomboot; **~druckmesser** *m* stoomdrukmeter; **~en** dampen, roken; *fahren u. Wasser*: stomen.
dämpf|en dempen; *Gefühle* intomen; *Licht* temperen; *Essen* stoven; *Kleidung* stomen; *s. a. gedämpft*; **~er** *m* demper; *fig.* domper; *Mus.* sourdine.
Dampfer *m* stoomboot; **~fahrt** *f* tocht met een stoomboot; **~linie** *f* stoombootlijn.
Dampf|hammer *m* stoomhamer; **~heizung** *f* stoomverwarming; **~ig** dampig; **~kessel** *m* stoomketel; **~kochtopf** *m* snelkookpan, stoompan; **~lokomotive** *f* stoomlocomotief; **~maschine** *f* stoommachine; **~schiff** *n* (het) stoomschip, stoomboot.
Dämpfung *f* demping; tempering; intoming; (het) stoven; (het) stomen.
Dampfwalze *f* stoomwals.
Damwild *n* damherten *n/pl.*
da'nach (*nach etw.*) daar-, ernaar; (*hierauf*) daar-, erna, daarop; (*gemäß*) volgens dat; *er ist nicht der Mann* ~ hij is er de man niet naar; *mir ist nicht* ~ mijn hoofd staat er niet naar; *er (es) sieht nicht* ~ *aus* hij (het) ziet er niet naar uit.
Dandy ['dɛndi·] *m* (-*s*; -*ies*) dandy.
Däne *m* (-*n*) Deen.
da'neben daarnaast (*a. außerdem*), ernaast; **~fallen** ernaast vallen; **~gehen** ernaast gaan; (*mißlingen*) mislukken; **~hauen** *fig.* F de bal misslaan.
Dänemark *n* Denemarken *n.*
da'nieder (ter)neer; **~liegen** in bed liggen; *fig.* stilliggen.
Däni|n *f* Deense; **~sch** Deens.
dank (*D*) dank zij.
Dank *m* (-*es*; *0*) dank; (*haben Sie*) *besten* (*od. vielen*) ~! dank U wel! *mit bestem* ~ met hartelijke dank *Gott sei* ~! Goddank!; *zu großem* ~ *verpflichtet* zeer erkentelijk, zeer veel dank verschuldigd.
Dank-, dank- *in Zssgn mst.* dank-
dankbar dankbaar (*a. ergiebig*) **~keit** *f* (*0*) dankbaarheid.
dank|en (*D*) (be)danken; *j-m etw.* iem. voor iets danken; (*verdanken*) iets aan iem. te danken hebben *danke schön* (*od. sehr*)! (*beim Siezen*) dank U wel!; (*beim Duzen*) dank je wel!; *dankend erhalten* in dank ontvangen; **~sagen** dankzeggen; **~schreiben** *n* bedankbrief.
dann dan; (*außerdem a.*) toen; ~ *und wann* nu en dan, af en toe.
dannen: *von* ~ *gehen* weggaan.
da'ran daar-, eraan; *ich bin* ~ ik ben aan de beurt; *er war übel* ~ hij was er slecht aan toe; *ich war nahe* ~ *abzureisen* ik stond op het punt te vertrekken; *es ist etw.* (*Wahres*) ~ er zit wel iets (waars) in; **~geben**

eraan geven; **~gehen** beginnen; **~kommen** aan de beurt komen; **~machen:** *sich ~* beginnen; **~setzen** op het spel zetten; *alles ~ um zu + Inf.* alles in het werk stellen om te.
da'rauf daar-, erop; (*danach bsd.*) daarna; *kurz ~* kort daarna (*od.* daarop); *viel ~ geben* er veel aan hechten; *es kommt ~ an + zu + Inf.* het komt erop aan; *~ soll es nicht ankommen* daaraan zal het niet liggen; *s. a. drauf*; **~folgend** daaropvolgend; **~hin** daarop.
da'raus daar-, eruit; *~ wird nichts* daar komt niets van (terecht).
darben nood (*od.* gebrek) lijden.
darbiet|en aanbieden, presenteren; (*vorführen*) vertonen; *sich ~* zich vertonen; *Gelegenheit*: zich voordoen; **2ung** *f Thea.* vertoning, opvoering.
darbringen aanbieden; *Opfer* brengen.
da'rein daar-, erin; **~finden:** *sich ~* zich erin schikken; **~reden** onderbreken; (*sich einmischen*) zich bemoeien met.
da'rin daar-, erin; **~stehen** erin staan.
darleg|en uiteenzetten, betogen; **2ung** *f* uiteenzetting, (het) betoog.
Darleh(e)**n** *n* lening.
Darm *m* (*-es; ⸚e*) darm.
Darm|- *in Zssgn mst.* darm-, *z.B.* **~entzündung** *f* darmontsteking; **~geschwür** *n* darmzweer; **~katarrh** *m* darmcatarre; **~verengung** *f* darmvernauwing; **~verschlingung** *f* darmkronkel.
Darre *f* (het) drogen, (het) eesten; (*Raum*) drooginrichting; *Med.* tering.
darreichen aanreiken, aanbieden.
darren drogen, eesten.
darstell|en (*schildern*) schetsen; (*anschaulich machen*) voorstellen, afbeelden; (*zeigen*) vertonen; *Thea.* voorstellen; *Rolle* vertolken, spelen; **2er(in** *f*) *m* acteur *m*, actrice *f*; **2ung** *f* beschrijving; voorstelling; vertoning; vertolking.
dartun bewijzen, aantonen.
da'rüber daar-, erover; *örtlich*: *liegen, stehen, sein*: daar-, erboven; (*mehr*) meer; *~ hinaus* bovendien; *~ hinaus sein* eroverheen zijn; **~schreiben** erboven schrijven.

da'rum daar-, erom; (*deshalb*) daarom; (*örtlich*) eromheen; *s.a. drum*.
da'runter daar-, eronder; *es geht alles drunter und drüber* de boel loopt in het honderd; **~bleiben** eronder blijven; **~fallen** daaronder vallen, erbij horen; **~schreiben** eronder schrijven.
Darwi'nismus *m* (-; *0*) (het) darwinisme.
das 1. *Art.* het; **2.** *Relativ-, Demonstrativpronomen* dat; *Personalpronomen* (= *es*) het.
dasein er (*od.* aanwezig) zijn; (*bestehen*) bestaan; **2** *n* (*-s; 0*) (het) bestaan; **2s·berechtigung** *f* (het) recht van bestaan, (het) bestaansrecht; **2s·kampf** *m* strijd om het bestaan.
da|'selbst daar, aldaar; **~sitzen** (er zomaar) zitten.
dasjenige hetgeen, datgene; *vor Su.* dat.
daß dat; *so ~* zodat; *es sei denn, ~* tenzij.
das'selbe hetzelfde.
dastehen staan; (*herumstehen*) er (zomaar) staan.
Daten *n/pl.* gegevens *n/pl.*, feiten *n/pl.*; *s.a. Datum*; **~verarbeitung** *f* informatieverwerking.
da'tieren (-) dateren.
Dativ *m* (*-s; -e*) datief, derde naamval; **~objekt** *n* (het) datiefobject, (het) meewerkend voorwerp.
dato dato; *bis ~* tot heden.
Dattel *f* (*-; -n*) dadel; **~palme** *f* dadelpalm.
Datum *n* (*-s; Daten*) datum; *s.a. Daten*; **~stempel** *m* datumstempel.
Daube *f* duig.
Dauer *f* (-; *0*) duur; *auf die ~* op de duur; *von kurzer ~* van korte duur; **~ausstellung** *f* doorlopende tentoonstelling; **~flug** *m* non-stopvlucht; **~geschwindigkeit** *f* kruissnelheid.
dauerhaft (*-est*) duurzaam; (*solide a.*) degelijk, stevig; **2ig·keit** *f* (*0*) duurzaamheid; degelijkheid.
Dauer|karte *f* doorlopende kaart; **~lauf** *m* wedloop op de lange baan; **~marsch** *m* (lange-)afstandsmars.
dauern (*-re*) **1.** *v/i* duren; *es dauert* (*mir*) *zu lange* het duurt (mij) te lang; **2.** *v/t es dauert mich ...* ik heb er spijt van ...; *er dauert mich* ik

heb medelijden met hem; **~d** voortdurend; (*solide*) degelijk, duurzaam.

Dauer|parker *m* langparkeerder; **~regen** *m* aanhoudende regen; **~schlaf** *m* slaapkuur; **~sitzung** *f* langdurige vergadering; **~welle** *f* permanent; **~zustand** *m* blijvende toestand.

Daumen *m* duim; *j-m den ~ halten* voor iem. duimen.

Daumen|- *in Zssgn mst.* duim-, *z.B.* **~abdruck** *m* duimafdruk; **~schrauben** *f/pl.* duimschroeven *pl.* (*a. fig.*).

Däumling *m* (*-s*; *-e*) duim; *Märchen*: Klein Duimpje *n*.

Daune *f* donsveer; *~n pl.* (het) dons; **~n·bett** *n* (het) donzen dekbed; **~n·decke** *f* donzen deken.

da'von daar-, ervan; (*darüber*) daar-, erover; *was habe ich ~?* wat heb ik eraan?; **~fahren** wegrijden; *Schiff*: wegvaren; **~kommen** er afkomen; **~lassen** er afblijven met; **~laufen** weglopen; *es ist zum* ♀*!* het is om je dood te ergeren!; **~machen:** *sich ~* aan de haal gaan, ervandoor gaan; **~tragen** wegdragen; *Sieg* behalen; *Krankheit* opdoen.

da'vor daar-, ervoor; **~liegen** ervoor liggen; **~stehen** ervoor staan.

da'wider = *dagegen*.

da'zu (*überdies*) daar-, erbij; (*zu diesem Zweck*) daar-, ertoe; *~ bin ich nicht hier* daarvoor ben ik niet hier.

da'zugehör|en erbij horen; **~ig** erbij (be)horend.

da'zukommen erbij komen.

dazumal toenmaals.

da'zu|schreiben erbij schrijven; **~tun** erbij doen.

da'zwischen daar-, ertussen; **~kommen** ertussen komen; (*sich einmischen*) tussenbeide komen; **~liegen** ertussen liggen; **~liegend** tussenliggend; **~reden** (*D*) in de rede vallen; **~rufen** ertussendoor schreeuwen; **~treten** tussenbeide komen.

DDR *Abk. für Deutsche Demokratische Republik* Duitse Democratische Republiek.

De'bakel *n* debâcle (*a.* het).

De'batt|e *f* (het) debat; *zur ~ stehen* aan de orde zijn; ♀**ieren** [-'ti:-] (-) debatteren.

Debet ['de:bɛt] *n* (*-s*; *-s*) (het) debet; **~saldo** *m* (het) debetsaldo.

de'bil debiel, achterlijk.

Debüt [-'by:] *n* (*-s*; *-s*) (het) debuut; **~ant(in** *f*) [-y·'ta-] *m* (*-en*) debutant(e *f*); ♀**ieren** [-'ti:-] (-) debuteren.

dechiffrieren [de·ʃɪ'fʀi:-] (-) decoderen, ontcijferen.

Deck *n* (*-s*; *-s*) (het) dek; **~adresse** *f* (het) schuiladres; **~aufbauten** *m/pl.* installaties *pl.* op het dek; **~bett** *n* (het) dekbed; **~blatt** *n* (het) dekblad; **~chen** *n* (het) dekentje.

Decke *f Arch.* (het) plafond, zoldering; (*Bett*♀) deken; (*Tisch*♀) (het) kleed; (*Schicht*) laag; (*Reifen*♀) buitenband; (*Haut*) huid; *mit j-m unter e-r ~ stecken* samen onder één deken liggen; *an die ~ gehen* uit zijn slof schieten.

Deckel *m* (het) deksel; (*Buch*♀) band; *eins auf den ~ kriegen* op zijn kop krijgen.

decken dekken (*a. Tisch*; *Pferd*; *schützen usw.*).

Decken|beleuchtung *f* plafondverlichting; **~gemälde** *n* plafondschildering; **~lampe** *f* plafonnière.

Deck|farbe *f* dekverf; **~hengst** *m* dekhengst; **~ladung** *f* deklading; **~mantel** *m* dekmantel; **~name** *m* schuilnaam; **~offizier** *m* dekofficier; **~schicht** *f* deklaag; **~ung** *f* dekking (*a. Hdl.*, *mil. usw.*); (*Schicht*) bedekking.

Dedu|ktion [-'tsĭo:n] *f* deductie; ♀**k'tiv** deductief; ♀**'zieren** (-) afleiden.

defä'tistisch defaitistisch.

de'fekt (*0*) defect; ♀ *m* (*-es*; *-e*) (het) defect; (*bei Lebewesen*) (het) gebrek; *Hdl.* (het) tekort.

defen'siv defensief, verdedigend; ♀**e** [-və] *f* (het) defensief, verdediging.

defi'lieren (-) defileren.

defi'n|ieren (-) definiëren, bepalen; ♀**ition** [-'tsĭo:n] *f* definitie; **~i'tiv** definitief.

Defizit ['de:fi·tsɪt] *n* (*-s*; *-e*) (het) [defici(e)t.]

De|flation [-'tsĭo:n] *f* deflatie; **~flora'tion** *f* defloratie.

deftig krachtig; (*grob*) grof, ruw; *Witz*: schuin.

Degen *m* degen; *Pers.*: (krijgs)held.

Degene|ration [-'tsĭo:n] *f* degeneratie; ♀**'rieren** (-) degenereren.

lehn|bar rekbaar (*a. fig.*), elastisch; **~en** rekken; *sich* ~ uitzetten; *Pers.*: zich uitrekken; *fig.* lang duren; **2ung** *f* rekking (*a. Gr.*), uitzetting.
)eich *m* (*-es*; *-e*) dijk; **~bruch** *m* dijkbreuk; **2en** een dijk (*od.* dijken *pl.*) leggen; **~graf** *m* dijkgraaf.
)eichsel *f* (-; *-n*) dissel(boom); **2n** (*-le*) F voor mekaar krijgen.
lein jouw, je; **~(er)** (= *G von du*) van jou; **~er·seits** van jouw kant; **~es'gleichen** iem. zoals jij; **~et-wegen** terwille (*od.* om) jou; **~ige:** *der, die, das* ~ de (*n/sg.*: het) jouwe.
)e'ismus *m* (-; *0*) (het) deïsme.
)e'kade *f* decade.
.eka'den|t (*-est*) decadent; **2z** *f* (*0*) decadentie.
)e'kan *m* (*-s*; *-e*) deken (*a. Rel.*); **~at** [-ˈnaːt] *n* (*-es*; *-e*) (het) faculteitsbestuur; *Rel.* (het) decanaat.
)ekla|mation [-ˈtsi̯oːn] *f* declamatie; **~'mator** *m* (*-s*; *-en* [-ˈtoː-]) declamator; **2ma'torisch** declamatorisch; **2'mieren** (-) declameren, voordragen; **~ration** [-ˈtsi̯oːn] *f* declaratie; **2'rieren** (-) declareren.
)ekli|nation [-ˈtsi̯oːn] *f* declinatie; *Gr. a.* verbuiging; **2'nierbar** (*0*) declineerbaar; **2'nieren** (-) verbuigen, declineren.
ekolle|té [-kɔlˈteː] *n* (*-s*; *-s*) (het) decolleté; **2'tiert** (*0*) gedecolleteerd.
)e'kor *m od. n* (*-s*; *-s od. -e*) (het) decor; **~a'teur** [øː] *m* (*-s*; *-e*) decorateur; **~ation** [-ˈtsi̯oːn] *f* decoratie (*a. Orden*); **2ieren** [-ˈʀiː-] (-) decoreren.
e'kre|t *n* (*-es*; *-e*) (het) decreet, (het) besluit; **2'tieren** (-) decreteren.
ele|gation [-ˈtsi̯oːn] *f* delegatie; **'gieren** (-) delegeren; **~'gierte(r)** gedelegeerde.
li'kat (*-est*) delicaat; (*lecker a.*) lekker, fijn.
elika'tesse *f* delicatesse; (*Takt*) iesheid; **~n·geschäft** *n* delicatessenzaak.
e'likt *n* (*-es*; *-e*) (het) delict, (het) misdrijf.
e'lirium [-ʀĭ-] *n* (*-s*; *Delirien*) (het) delirium.
elle *f* deuk; *Geol.* laagte.
elphin [-ˈfiːn] *m* (*-s*; *-e*) dolfijn.
elta *n* (*-s*; *-s od. -ten*) delta.
m (= *D von der, das*); *wie* ~ *auch sei* hoe dan ook; *wenn* ~ *so ist* als dat zo is.
Dema'go|ge *m* (*-n*) demagoog; **~'gie** *f* demagogie; **2gisch** demagogisch.
Demarkationslinie [-ˈtsi̯oːns-] *f* demarcatielijn.
demas'kieren (-) (*a. fig*) demaskeren, ontmaskeren; *sich* ~ het masker afnemen (*a. fig.*).
De'men|ti *n* (*-s*; *-s*) (het) dementi, ontkenning; **2'tieren** (-) logenstraffen, ontkennen.
dem|entsprechend dienovereenkomstig, daaraan beantwoordend; **~gegen'über** daartegenover, daarentegen.
Demissio|n [-ˈsi̯oːn] *f* (het) ontslag; **2'nieren** (-) aftreden.
dem|nach dus, derhalve, bijgevolg; **~nächst** binnenkort, eerstdaags.
demobili'sier|en (-) demobiliseren; **2ung** *f* demobilisatie.
Demo'krat *m* (*-en*) democraat; **~ie** [-ˈtiː] *f* democratie; **2isch** democratisch; **2i'sieren** (-) democratiseren.
demo'lieren (-) vernielen, verwoesten.
Demon'str|ant *m* (*-en*) demonstrant; (*Pol. a.*) betoger; **~ation** [-ˈtsi̯oːn] *f* demonstratie; (*Pol. a.*) betoging; **~a'tivpronomen** *n* (het) aanwijzend voornaamwoord; **2ieren** (-) demonstreren; betogen.
Demon't|age [-ʒə] *f* demontage; (*Industrie2 bsd.*) ontmanteling; **2ieren** (-) demonteren; ontmantelen.
demorali'sieren (-) demoraliseren.
Demosko'pie *f* demoscopie.
Demut *f* (*0*) deemoed, nederigheid.
demütig nederig, deemoedig; **~en** vernederen; **2ung** *f* vernedering.
demzufolge dientengevolge.
den *A m sg. von der u. D pl. von der, die, das*; **~en** *D pl. von der, die, das.*
Denk|arbeit *f* (het) denkwerk; **~art** *f* denkwijze; **2bar** denkbaar; *Adv.* (*äußerst*) uiterst; (*möglichst*) zo ... mogelijk; **2en** (*L*) (*an A*) denken (aan); *sich* ~ zich voorstellen; *das hast du dir gedacht!* dat dacht je maar!; *das hätte ich mir* ~ *können!* dat had ik kunnen verwachten!; **~er** *m* denker; **~fähigkeit** *f* (het) denkvermogen; **~fehler** *m* denkfout; **~freiheit** *f* (*0*) vrijheid van gedachte.

Denkmal *n* (*-s*; *⸗er od. -e*) (het) monument; **~pflege** *f* (*0*), **~schutz** *m* monumentenzorg.
Denk|schrift *f* memorie (van toelichting), (het) memorandum; **~sport** *m* denksport; **~spruch** *m* zinspreuk, (het) motto; **~weise** *f* denkwijze.
denkwürdig gedenkwaardig, heuglijk; **2keit** *f* gedenkwaardigheid.
Denkzettel *m fig.* afstraffing, (het) lesje, les.
denn (*begründend*) want; (*als*) dan, als; (*also*) dan, toch; *wann ~?* wanneer dan (wel)?; *mehr ~ je* meer dan ooit; *s. a. daß.*
dennoch toch, nochtans.
Den'tal(laut) *m* (*-s*; *-e*) dentaal.
Denun'z|iant [-tsĭ-] *m* (*-en*) verklikker, aanbrenger; **2ieren** (-) verklikken, denunciëren.
Dependance [de'pã'dã:s] *f* (*Gebäude*) dependance.
De'pesche *f* (het) telegram.
deplaciert [-'si:ʁt] (*-est*) misplaatst.
Depo'n|ent *m* (*-en*) deponent; **~ie** *f* stortplaats, (het) stortterrein; **2ieren** (-) deponeren.
depor'tier|en (-) deporteren; **2te(r)** gedeporteerde; **2ung** *f* deportatie.
Depo'sit|enbank *f* (-; *-en*) depositobank; **~um** [-'po:-] *n* (*-s*; *-ta od. -ten* [-'si:-]) (het) deposito.
Depot [-'po:] *n* (*-s*; *-s*) (het) depot.
Depp *m* (*-en*) F idioot, onnozele hals.
Depressi|on [-'sĭo:n] *f* depressie; **2v** depressief.
depri'mieren (-) deprimeren, ontmoedigen.
Depu't|at *n* (*-es*; *-e*) (het) loon in natura; (*Anteil*) (het) toekomend deel; **~ation** [-'tsĭo:n] *f* deputatie; **~ierte(r)** gedeputeerde, afgevaardigde.
der *Art.* de; (*G pl. u. f sg.*) van de, der; *Pron.* die; = *a. D f sg. von die; s. a. das u. die.*
der·art zo(danig); **~ig** (*0*) dergelijk, zulk, zodanig.
derb grof; (*kräftig*) hard, flink; **2heit** *f* grofheid; hardheid, kracht.
der'einst eens, eenmaal.
dere|n *Relativpronomen G pl. u. f sg. Pers.*: van wie, wier; *S.*: waarvan; *Demonstrativpronomen G pl. Pers.*: hun; *S.*: er-, daarvan; *G f sg. Pers.*: haar; *S.*: er-, daarvan; **~nt·wegen** *Relativpronomen* om wie; *Demonstrativpronomen* or hunnentwille; **~r** van hen, va diegenen.
der|gestalt zo(danig); **~'gleiche** dergelijk; *und ~ mehr* en dergelijk meer.
Deri'vat *n* (*-es*; *-e*) (het) derivaa
der|jenige de-, diegene; *vor S* die; *s. a. das- u. diejenige*; **~'maße** [ɑ:] dermate, in die mate, zodani
Dermato'lo|ge *m* (*-n*) dermato loog; **~'gie** *f* (*0*) dermatologie.
der|'selbe dezelfde; **~'weil(en** onderwijl, ondertussen.
der'zeit thans, nu; (*damals*) destijd toen(maals); **~ig** (*0*) huidig, teger woordig; (*damalig*) toenmalig.
des *G von der u. das.*
des·avouieren [-ɑ'vu'i:-] (-) desa voueren.
Deser't|eur [ø:] *m* (*-s*; *-e*) deserteu **2ieren** (-) deserteren; **~ion** [-'tsĭo:n *f* desertie. [**~halb** daarom
des|'gleichen evenzo, desgelijks
Des·infek'tion *f* desinfectie, on smetting; **~s·mittel** *n* (het) on smettingsmiddel.
des·infi'zieren desinfecteren.
Des·interes|se *n* (*-s*; *0*) (het) gebre aan interesse; **2'siert** ongeïntere seerd; (*gleichgültig*) onverschilli (*unparteiisch*) onpartijdig.
Des·o'dorans *n* (-; *-'ranzien* [-tsĭən (het) deodorans.
deso'lat (*-est*) desolaat.
Des|organisa'tion *f* desorganisati **2orien'tieren** verwarren; **2pe 'tierlich** oneerbiedig, minachten
Des'pot *m* (*-en*) despoot; **2isch** de potisch; **~ismus** [-'tɪs-] *m* (-; (het) despotisme.
dessen *Demonstrativpronomen* dien *Relativpronomen Pers.*: wiens, v wie; *S.*: waarvan; **~unge'acht** desondanks, desniettegenstaande.
Dessert [dɛ'sɛ:ʁ] *n* (*-s*; *-s*) (het) de sert; **~teller** *m* (het) dessertbord(je **~wein** *m* dessertwijn.
Destillation [-'tsĭo:n] *f Chem.* di tillatie.
Desti'llier|apparat *m* (het) dist leerapparaat; **2bar** (*0*) distilleerba **2en** (-) distilleren; **~kolben** *m* di tilleerkolf.
desto des te; *~ mehr* des te mee
destruk'tiv destructief.
des|unge'achtet desondanks; **~w gen** daarom, derhalve.

Detail [-ˈtaɪ] *n* (*-s*; *-s*) (het) detail; *im* ~ *Hdl.* en detail; **2lieren** [-taˑˈjiː-] (-) detailleren.
Detekˈtei *f* (het) detectivebureau.
Detekˈtiv *m* (*-s*; *-e*) detective; **~büro** *n* (het) detectivebureau.
Deˈtektor *m* (*-s*; *-en* [-ˈtoː-]) detector.
Deto|nation [-ˈtsi̯oːn] *f* ontploffing; **2ˈnieren** (-) ontploffen.
Deut *m*: *keinen* ~ geen cent (*od.* zier).
deut|eln (*-le*) spitsvondig (*od.* kleingeestig) uitleggen; **~en** (*-e-*) uitleggen, verklaren; (*auf A*) wijzen (op), aanwijzen.
deutlich duidelijk; **2keit** *f* (*0*) duidelijkheid; *mit aller* ~ ondubbelzinnig.
deutsch Duits; *auf* ~ in het Duits; ~ *sprechen mit j-m fig.* ronduit (*od.* openhartig) spreken met iem.; *auf gut* ~ *fig.* ronduit gezegd.
Deutsch *n* (*-[s]*; *0*) (het) Duits; *sprechen Sie* ~? spreekt U Duits?; **~e(r** *m*) *f* Duitser *m*, Duitse *f*; **2feindlich** anti-Duits; **2freundlich** pro-Duits.
Deutschland *n* Duitsland *n*; **~politik** *f* politiek met betrekking tot Duitsland.
Deutsch|lehrer *m* leraar Duits; **~stunde** *f* Duitse les; **2sprachig** (*0*) Duitstalig; **~tum** *n* (*-s*; *0*) Duitse aard (*od.* nationaliteit); **~unterricht** *m* (het) onderwijs in het Duits.
Deutung *f* verklaring, interpretatie.
Deˈvise *f* (het) devies, leus; **~n** *pl.* deviezen *pl.*
Deˈvisen|- *in Zssgn mst.* deviezen-, *z.B.* **~bestimmungen** *f/pl.* deviezenbepalingen *pl.*; **~bewirtschaftung** *f* deviezencontrole; **~geschäft** *n* deviezenhandel; **~schmuggel** *m* deviezensmokkel; **~sperre** *f* deviezenbeperking.
deˈvot (*-est*) devoot; (*unterwürfig*) onderworpen.
Deˈzember *m*: *der* ~ december.
deˈzent (*-est*) decent, fatsoenlijk; *Mus.*: gedempt.
dezentraliˈsier|en decentraliseren; **2ung** *f* decentralisering.
Dezerˈn|at *n* (*-es*; *-e*) afdeling; **~ent** *m* (*-en*) afdelingschef; (*bei Gemeinden*) wethouder.

Dezi|- *in Zssgn mst.* deci-, *z.B.* **~ˈgramm** *n* (het) decigram.
deziˈmal (*0*) decimaal, tiendelig; **2system** *n* (*-s*; *0*) (het) tiendelig stelsel.
Deziˈmeter *n* decimeter.
deziˈmier|en (-) decimeren; **2ung** *f* decimering.
d.h. *Abk. für das heißt* dat wil zeggen (*Abk.* d.w.z.).
Dia [ˈdiˑɑˑ] *n* (*-s*; *-s*) dia.
Diaˈbet|es *m* (*-*; *0*) diabetes, suikerziekte; **~iker** *m* suikerzieke.
Diaˈdem *n* (*-s*; *-e*) (*a.* het) diadeem.
Diaˈgnos|e *f* diagnose; **~tik** [ɔ] *f* diagnostiek; **2tisch** [ɔ] (*0*) diagnostisch; **2tiˈzieren** [ɔ] (-) diagnostiseren.
Dia|goˈnale *f* diagonaal; **~ˈgramm** *n* (*-s*; *-e*) (het) diagram; **~ˈkon** *m* (*-s*; *-e*) diaken; **~koˈnissin** *f* diacones.
Diaˈlekt *m* (*-es*; *-e*) (het) dialect; **~ausdruck** *m* dialectische uitdrukking; **~ik** *f* (*0*) dialectiek; **2isch** dialectisch.
Diaˈlog *m* (*-es*; *-e*) dialoog.
Diaˈmant *m* (*-en*) diamant.
Diaˈmant|- *in Zssgn mst.* diamant-, *z.B.* **~bohrer** *m* diamantboor; **2en** (*0*) diamanten; **~schmuck** *m* diamanten sieraden *n/pl.*
dia|meˈtral diametraal; **2posiˈtiv** *n* (*-s*; *-e*) dia, (het) diapositief; **2projektor** *m* diaprojector; **2rähmchen** *n* (het) diaraampje.
Diät [diˑˈɛːt] *f* (het) dieet; **~en** *pl.* (het) presentiegeld; (*Reise2*) reis- en verblijfkosten *pl.*; **~küche** *f* dieetkeuken; **~kur** *f* dieetkuur.
dich (*A von du*) je, (*betont*) jou.
dicht (*-est*) dicht; ~ *an* (*D*) dichtbij, vlakbij; **~behaart** (*0*) sterk behaard; **~bevölkert** (*0*) dichtbevolkt; **~bewölkt** (*0*) zwaar bewolkt; **2e** *f* (*0*) dichtheid.
dichten[1] (*-e-*) dichten, verzen maken; *fig.* uitdenken, fantaseren.
dichten[2] (*-e-*) *Tech.* dichten, stoppen.
Dichter *m* schrijver; (*von Poesie*) dichter; **~in** *f* schrijfster; dichteres; **2isch** dichterlijk.
dicht|gedrängt (*0*) dicht op elkaar gedrongen; **~halten** zwijgen, zijn mond houden; **2heit** *f* (*0*) dichtheid.
Dichtkunst *f* (*0*) dichtkunst.

dichtmachen dichtmaken.
Dichtung[1] *f* dichtkunst; (*Dichtwerk*) (het) dichtwerk, (het) gedicht.
Dichtung[2] *f Tech.* dichting.
dick dik (*a. fig.*); *Geschäft, Auftrag*: groot; *durch ~ und dünn* door dik en dun; **~bändig** dik; **≈bauch** *m* dikbuik; **≈darm** *m* dikke darm; **≈e** *f* dikte; **~fellig** dikhuidig (*a. fig.*); **~flüssig** dikvloeibaar; **≈häuter** *m* dikhuid(ige); **≈icht** *n* (*-s; -e*) (het) kreupelhout, (het) struikgewas; **≈kopf** *m* stijf-, dikkop.
dickköpfig stijfhoofdig, koppig; **≈keit** *f* koppigheid.
dick|leibig zwaar-, diklijvig; **≈tu·er** *m* opsnijder, pocher.
Di'dakt|ik *f* (*0*) didactiek; **≈isch** didactisch.
die (*sg. u. pl.*) *Art.* de; *Pron.* die.
Dieb *m* (*-es; -e*) dief; **~e'rei** *f* dieverij.
Diebes|bande *f* dievenbende; **~gut** *n* (het) gestolen goed.
Dieb|in *f* dievegge; **≈isch** diefachtig; (*sehr groß*) F reusachtig.
Diebstahl *m* (*-es; ¨e*) diefstal; **~versicherung** *f* verzekering tegen diefstal.
diejenige(n *pl.*) de-, diegene(n *pl.*); (*vor Su.*) die (*a. pl.*).
Diele *f* (*Brett*) plank; (*Fußboden*) (houten) vloer; (*Vorraum*) hal; (*Eis≈*) salon; (*Tanzlokal*) dancing; **≈n** bevloeren.
dien|en (*D*) dienen; *wozu dient das?* waartoe dient dat?; *womit kann ich Ihnen ~?* waarmee kan ik U van dienst zijn?; *s. a. gedient*; **≈er(in** *f*) *m* bediende *f u. m*, dienaar *m*, dienares *f*; **≈er·schaft** *f* bedienden *pl.*, (het) personeel; **~lich** dienstig, nuttig.
Dienst *m* (*-es; -e*) dienst; *außer ~* buiten dienst; *ich stehe zu Ihren ~en* ik ben tot Uw dienst; *was steht zu Ihren ~en?* wat is er van Uw dienst?; *im ~ sein* in dienst zijn; *~ haben* dienst hebben.
Dienstag *m* dinsdag; **≈s** dinsdags.
Dienst|- *in Zssgn mst.* dienst-, *z.B.* **~alter** *n* anciënniteit, diensttijd; **~älteste(r)** oudste in dienst; **~antritt** *m* indiensttreding.
dienstbar dienstbaar; **≈keit** *f* dienstbaarheid; *jur.* erfdienstbaarheid.
dienst|bereit dienstwillig; **≈bezüge** *m/pl.* (het) salaris; **≈bote** *m* dienstbode; **≈eid** *m* ambtseed; **≈eifer** *m* dienstijver; **~eifrig, ~fertig** gedienstig, dienstvaardig; **~frei** vrij van dienst; **≈geheimnis** *n* (het) ambts-, dienstgeheim; **≈grad** *m* rang; **~habend** dienstdoend; **≈jahre** *n/pl.* dienstjaren *n/pl.*
Dienstleistung *f* dienst; **~s·gewerbe** *n* dienstensector.
dienst|lich (*0*) *Adj.* ambtelijk, officieel; *Adv.* door de dienst; **≈mädchen** *n* (het) dienstmeisje; **≈mann** *m* (*-es; ¨er od. -leute*) (*Gepäckträger*) kruier; **≈ordnung** *f* (het) dienstreglement; **≈pflicht** *f* dienstplicht; **≈reise** *f* dienstreis; **≈stelle** *f* (het) bureau, (het) kantoor; (*Behörde*) instantie, overheidsdienst; **≈stunden** *f/pl.* dienst-, werkuren *n/pl.*; **~tauglich** geschikt voor de dienst; **~unfähig, ~untauglich** ongeschikt voor de dienst; **≈vorschrift** *f* (het) dienstvoorschrift; **≈weg** *m* officiële weg; **≈zeit** *f* diensttijd.
dies dit; *~ und das* een en ander; **~bezüglich** (*0*) *Adj.* hierop betrekking hebbend; *Adv.* ten aanzien hiervan, hieromtrent.
die'selbe(n *pl.*) dezelfde (*a. pl.*).
Diesel|- *in Zssgn* diesel-, *z.B.* **~(motor)** *m* diesel(motor); **~kraftstoff** *m*, **~öl** *n* dieselolie.
dies|er, ~e (*a. pl.*) deze (*a. pl.*); **~(es)** dit.
diesig nevelig.
dies|jährig (*0*) van dit jaar; **~mal** ditmaal, deze keer; **~seitig** (*0*) aan (*od.* van) deze kant (*od.* zijde); **~seits** *Adv.* (*G*) aan deze kant van; **≈seits** *n* (*-; 0*) (het) aards leven.
Dietrich *m* (*-es; -e*) loper, valse sleutel.
Diffa'mierung *f* laster, belastering.
Differential [-əʀɛn'tsĭ-] *n* (*-s; -e*), **~getriebe** *n* (het) differentieel.
Diffe'ren|z *f* (het) verschil, (het) onderscheid; (*Uneinigkeit*) onenigheid, (het) geschil; **≈'zieren** (-) differentiëren.
dif'fus (*-est*) diffuus.
Dikta'phon *n* (*-s; -e*) dictafoon.
Dik'tat *n* (*-es; -e*) (het) dictaat; (*Schulübung*) (het) dictee.
Dik'ta|tor *m* (*-s; -en* [-'to:-]) dictator; **≈'torisch** dictatorisch; **~'tur** *f* dictatuur.

dik'tier|en (-) dicteren; **²gerät** *n* dicteermachine.
Di'lemma *n* (-*s*; -*s*) (het) dilemma.
Dilet'tant *m* (-*en*) dilettant, amateur; **~in** *f* dilettante; **²isch** dilettantisch.
Dill *m* (-*s*; *0*) dille.
Dimension [-'zĭo:n] *f* dimensie, afmeting.
Diminu'tiv *n* (-*s*; -*e*) (het) diminutief.
DIN [di·n] *Abk. für Deutsche Industrie-Norm* Duitse Industrienorm.
Diner [-'ne:] *n* (-*s*; -*s*) (het) diner.
Ding *n* (-*ės*; -*e*, F -*er*) (het) ding (*a. Mädchen*), zaak; *vor allen ~en* voor alles, vooral; *das ist ein ~ der Unmöglichkeit* dat is onmogelijk; *guter ~e sein* goedgemutst zijn; *unverrichteter ~e* onverrichter zake; *das geht nicht mit rechten ~en zu* dat is niet pluis.
dingen (*L*) *Mörder* huren.
ding|fest: *j-n ~ machen* iem. arresteren; **~lich** zakelijk.
Dings|(bums, ~da) *m*, *f*, *n* (-; -) F dinges; *Herr ~* meneer Dinges.
Dino'saurier [-ʀĭə] *m* dinosaurus.
Di'ode *f* diode.
Diö'zese [diø:-] *f* (het) diocees.
Diphthe'rie [dɪftə-] *f* difterie.
Diphthong [dɪf'-] *m* (-*s*; -*e*) diftong.
Di'plom *n* (-*s*; -*e*) (het) diploma.
Diplo'ma|t *m* (-*en*) diplomaat; **~'tie** *f* (*0*) diplomatie; **²tisch** diplomatiek.
Di'plom|ingenieur *m* ingenieur met diploma van een technische hogeschool; **~kaufmann** *m* koopman met hogeschoolopleiding; **~volkswirt** *m* econoom met hogeschoolopleiding.
dir (*D von du*) je, (*betont*) jou.
di'rekt (-*est*) direct, rechtstreeks; (*geradezu*) gewoonweg; **²flug** *m* rechtstreekse vlucht; **²ion** [-'tsĭo:n] *f* directie; **²or** *m* (-*s*; -*en* [-'to:-]) directeur; **²orium** [-'to:ʀĭ-] *n* (-*s*; *Direktorien*) (het) directorium; **²übertragung** *f* rechtstreekse uitzending.
Diri'g|ent *m* (-*en*) dirigent; **²ieren** (-) dirigeren, leiden.
Dirn|dlkleid *n* Zuidduitse jurk; **~e** *f* (*Hure*) prostituée, slet.
Dis|'agio *n* (-*s*; *0*) (het) disagio; **~'countladen** *m* discount.

Dis'kon|t *m* (-*s*; -*e*) (het) disconto; **²'tieren** (-) disconteren.
diskontinu'ierlich discontinu.
Dis'kont|o *m* (-*s*; -*s*) (het) disconto; **~satz** *m* discontovoet.
Disko'thek *f* discotheek.
dis|kredi'tieren (-) in diskrediet brengen; **²kre'panz** *f* discrepantie.
dis'kret (-*est*) discreet; **²ion** [-'tsĭo:n] *f* (*0*) discretie, geheimhouding.
diskrimi'nier|en (-) discrimineren; **²ung** *f* discriminatie.
Diskus *m* (-; -*se od. Disken*) discus.
Diskussion [-'sĭo:n] *f* discussie; *zur ~ stellen* aan de orde stellen, in discussie brengen.
Diskuswerfer *m* discuswerper.
disku't|abel discutabel; **~ieren** (-) discussiëren.
Dis'pen|s *m* (-*es*; -*e*) dispensatie; **²'sieren** (-) dispenseren, ontheffen.
dispo|'nieren (-) disponeren; **²sition** [-'tsĭo:n] *f* dispositie; *zur ~* ter beschikking.
Dis'put *m* (-*ės*; -*e*) (het) dispuut.
disqualifi'zier|en (-) diskwalificeren; **²ung** *f* diskwalificatie.
Dis|sertation [-'tsĭo:n] *f* dissertatie, (het) proefschrift; **~si'dent** *m* (-*en*) dissident; **~so'nanz** *f* dissonant (*a. fig.*).
Dis'tan|z *f* afstand (*a. fig.*); **²'zieren** (-): *sich ~ von* (*D*) zich distantiëren van.
Distel *f* (-; -*n*) distel; **~fink** *m* putter, distelvink.
Distichon *n* (-*s*; *Distichen*) (het) distichon.
distinguiert [-tɪŋ'gi:-] (-*est*) gedistingeerd.
Distribution [-'tsĭ-] *f* distributie.
Dis'trikt *m* (-*ės*; -*e*) (het) district.
Diszi'plin *f* discipline (*a. Fach*), tucht.
diszipli'nar|isch (*0*) disciplinair; **²strafe** *f* disciplinaire straf; **²verfahren** *n* disciplinaire rechtszaak.
Diszi'plinlosigkeit *f* tuchteloosheid.
dito dito.
diver'gieren (-) divergeren.
Divi|'dende [v] *f* (het) dividend; **²'dieren** (-) delen; **~'sion** *f Math.* deling; *mil.* divisie.
Diwan *m* (-*s*; -*e*) divan.
d.J. *Abk. für dieses Jahres* van dit jaar.

DM *Abk. für Deutsche Mark* Duitse mark.
doch toch, nochtans; *~!* toch (wel)!; *nicht ~!* wel nee(n)!, nee(n) toch!; *(laß das!)* laat dat!
Docht *m* (*-ẹs*; *-e*) (het) kousje, pit.
Dock *n* (*-s*; *-s*) (het) dok.
Docke *f* (*Garn*) streng; *Tech.* spil, rol.
dock|en *mar.* dokken; **⁀er** *m* dokwerker.
Dogge *f* dog.
Dogma *n* (*-s*; *Dogmen*) (het) dogma; **⁀tisch** [-ˈmɑ:-] dogmatisch.
Dohle *f* kauw.
doktern (*-re*) dokteren.
Doktor [ˈdɔktɔʁ] *m* (*-s*; *-en* [-ˈto:-]) doctor; (*Arzt*) dokter; *~ der Med., Rechte usw.* doctor in de; *den ~ machen* promoveren; **~arbeit** *f* (het) proefschrift.
Dokto'rand *m* (*-en*) promovendus; **~in** *f* promovenda.
Doktor|examen *n* (het) examen bij de promotie; **~in** [-ˈto:-] *f* vrouwelijke doctor (*od.* arts); **~titel** *m* doctorstitel.
Dok'tri|n *f* doctrine; **⁀'när** doctrinair.
Doku'men|t *n* (*-ẹs*; *-e*) (het) document; **~'tarfilm** *m* documentaire; **⁀'tarisch** (*0*) documentair; **⁀'tieren** (-) documenteren.
Dolch *m* (*-ẹs*; *-e*) dolk; **~stoß** *m* dolkstoot.
Dolde *f* (het) bloemscherm.
Dollar *m* (*-s*; *-s*) dollar.
Dolle *f* roeipen.
dolmetsch|en tolken, vertalen; **⁀er** *m* tolk.
Dolo'miten *pl.* Dolomieten *pl.*
Dom *m* (*-ẹs*; *-e*) dom(kerk), kathedraal.
Do|'mäne *f* (het) domein (*a. fig.*); **⁀mi'nieren** (-) domineren.
Domini'kaner *m* dominicaan.
Domino **1.** *m* (*-s*; *-s*) domino; **2.** (*~spiel*) *n* (*-s*; *-s*) (het) domino (-spel).
Domi'zil *n* (*-s*; *-e*) (het) domicilie.
Dom|kapitel *n* (het) domkapittel; **~pfaff** *m* (*-en*) goudvink.
Donau *f*: *die ~* de Donau.
Donner *m* donder; **⁀n** (*-re*) donderen; (*schelten*) uitvaren, razen; **~schlag** *m* donderslag.
Donnerstag *m* donderdag; **⁀s** donderdags.
Donner|stimme *f* bulderstem; **~wetter** *n* (het) onweer; *~!* potverdorie!
doof F stom (*a. langweilig*), dom.
dop|en *Sp.* dopen; **⁀ing** *n* (*-s*; *-s*) doping.
Doppel *n* (*Kopie*) (het) duplicaat (*Spiel*) (het) dubbel; **~bett** *n* (het) lits-jumeaux; **~decker** *m* tweedekker; **⁀deutig** dubbelzinnig; **~fenster** *n* (het) dubbel raam; **~gänger** *m* dubbelganger; **~hochzeit** *f* (het) dubbel huwelijk; **~kinn** *n* dubbelkin; **~kopf** *m* (*-ẹs*; *0*) (het) soort kaartspel; **~laut** *m* tweeklank; **~punkt** *m* dubbelepunt; **⁀seitig** (*0*) aan twee kanten; **⁀sinnig** dubbelzinnig; **~stecker** *m* dubbele stekker.
doppelt (*0*) dubbel (*a. Buchführung*); *Adv. a.* tweemaal; *das ⁀* het dubbele; *~ soviel* tweemaal zoveel.
Doppel|tür *f* tochtdeur; **~zentner** *m* honderd kilo; **~zimmer** *n* tweepersoonskamer; **⁀züngig** dubbeltongig.
Dorf *n* (*-ẹs*; *⁼er*) (het) dorp.
Dorf|- *in Zssgn mst.* dorps-, *z.B.* **~bewohner** *m* dorpsbewoner.
Dörfler *m* dorpeling.
Dorn *m* **1.** (*-ẹs*; *-en*) doorn (*a. fig.*); *ein ~ im Auge* een doorn in het oog; **2.** (*-ẹs*; *-e*) *Tech.* stift; (*Schnallen⁀*) tong.
Dornen|krone *f* doornenkroon; **~strauch** *m* doornstruik; **⁀voll** doornig (*a. fig.*).
dorn|ig doornig; **⁀'rös·chen** [ø:] Doornroosje *n*, de Schone Slaapster.
dorren (*sn*) (uit)drogen, verdorren.
dörr|en (laten) drogen; **⁀fleisch** (het) gedroogd vlees, (het) rookvlees; **⁀gemüse** *n* gedroogde groente.
Dorsch *m* (*-es*; *-e*) dors, jonge kabeljauw.
dort daar, ginds; **~her:** *von ~* daar vandaan, vandaar; **~hin** daarheen; **~ig** (*0*) van die plaats, aldaar.
Dose *f* doos; (*Konserven⁀*) (het) blik; (*Zucker⁀*) pot, (het) potje; (*Dosis*) dosis.
dösen (*-t*) dommelen, soezen.
Dosen·öffner *m* blikopener.
do'sieren (-) doseren.
Dosis *f* (*-*; *Dosen*) dosis.

do'tieren (-) begiftigen, doteren.
Dotter *m od. n* dooier.
Double [du:bl] *n* (*-s*; *-s*) *Film*: double, dubbelganger.
Do'zent *m* (*-en*) docent.
Dr. *Abk. für Doktor* doctor (*Abk.* dr.).
Drache *m* (*-n*) draak.
Drachen *m* (*Papier*2) vlieger; *Pers.*: draak.
Dragée [-'ʒe:] *n* (*-s*; *-s*) *Med.* pastille.
Dra'goner *m* dragonder (*a. fig.*).
Draht *m* (*-es*; *⸚e*) draad, (het) snoer; *per* ~ telegrafisch; *auf* ~ *sein* flink zijn; **~antwort** *f* (het) telegrafisch antwoord; **~auslöser** *m* draadontspanner; **~bürste** *f* draadborstel; **2en** (*-e-*) telegraferen; **~funk** *m* radiodistributie; **~geflecht** *n* (het) vlechtwerk van metaaldraad; **~glas** *n* (*-es*; *0*) (het) draadglas; **2ig** *fig.* gespierd; **2los** (*0*) draadloos; **~meldung** *f* (het) telegram; **~puppe** *f* ledepop, marionet; **~seil** *n* draadkabel; **~seilbahn** *f* kabelbaan, kabelspoorweg; **~verhau** *m* (prikkel)draadversperring; **~zange** *f* draadtang; **~zaun** *m* afrastering (van ijzerdraad); **~zieher** *m* draadtrekker; *fig.* figuur achter de schermen.
dra'konisch draconisch, zeer streng.
drall stevig, ferm.
Drall *m* (*-es*; *-e*) draaiing; (*Windung*) schroefdraad; *fig.* neiging.
Drama *n* (*-s*; *Dramen*) (het) drama (*a. fig.*).
Dra'ma|tik *f* (*0*) dramatische kunst; *fig.* dramatiek; **2tisch** dramatisch; **2ti'sieren** (-) dramatiseren; **~tur'gie** *f* (*0*) dramaturgie.
dran = *daran.*
Drä'nage [-ʒə] *f* drainering.
Drang *m* (*-es*; *⸚e*) drang (*a. fig.*); (*Gedränge*) (het) gedrang; (*Bedrängnis*) druk.
dräng|eln (*-le*) F dringen; *fig.* aandringen, zeuren; **~en** dringen; (*drücken*) drukken; (*antreiben*) aanzetten, aandrijven; ~ *auf* (*A*) aandringen op; *die Zeit drängt* de tijd dringt; *sich* ~ dringen; (*einander*) elkaar verdringen; *s. a. gedrängt.*
Drangsa|l *f* (*-*; *-e*) kwelling, (het) lijden; **2'lieren** (-) kwellen, treiteren.
drä'nieren (-) draineren.

Dra|pe'rie *f* draperie; **2'pieren** (-) draperen.
drastisch drastisch.
drauf = *darauf*; ~ *und dran sein* op het punt staan; **2gänger** *m* (het) haantje-de-voorste; **~geben** toegeven; *j-m eins* ~ iem. een klap geven; **~gehen** *S.*: erbij verloren gaan; *Pers.*: eraan gaan.
drauf'los erop los; **~gehen** erop losgaan.
draufzahlen erop toeleggen.
draus = *daraus.*
draußen buiten.
Drechsel|bank [ks] *f* (*-*; *⸚e*) draaibank; **2n** (*-le*) draaien; *Gedicht* fabriceren; *s. a. gedrechselt.*
Drechsler *m* (kunst)draaier.
Dreck *m* (*-es*; *0*) (het) vuil, drek; F (*Plunder*) rommel; *e-n* ~ geen snars; **~fink** *m* smeerpoes; **2ig** vuil, vies; *fig.* gemeen, smerig.
Dreh *m* (*-es*; *-e*) draai; *den* ~ *heraushaben* de slag te pakken hebben.
Dreh|- *in Zssgn mst.* draai-; **~arbeiten** *f/pl.* (film)opnamen *pl.*; **~bank** *f* (*-*; *⸚e*) draaibank; **2bar** (*0*) draaibaar; **~bleistift** *m* (het) vulpotlood; **~brücke** *f* draaibrug; **~buch** *n* (het) draaiboek; **~buchautor** *m* schrijver van het draaiboek; **~bühne** *f* (het) draaibaar toneel.
drehen draaien; *Film* maken; (*winden*) winden, vlechten; *sich* ~ draaien; *sich* ~ *und winden* zich in alle bochten wringen.
Dreh|er *m* draaier; **~knopf** *m* (draai)knop; **~kran** *m* draaikraan; **~moment** *n* (het) draaiingsmoment; **~orgel** *f* (het) draaiorgel; **~punkt** *m* (het) draaipunt; **~scheibe** *f* draaischijf; **~strom** *m* (*-es*; *0*) draaistroom; **~stuhl** *m* draaistoel; **~tür** *f* draaideur; **~ung** *f* draai, draaiing; (*Umdrehung bsd.*) omwenteling; **~zahl** *f* (het) toerental; **~zahlmesser** *m* toerenteller.
drei drie; **2** *f* drie.
drei|- *in Zssgn mst.* drie-, *z.B.* **~armig** (*0*) driearmig; **~beinig** (*0*) met drie poten; **~dimensional** (*0*) driedimensionaal; **2eck** *n* (*-es*; *-e*) driehoek; **~eckig** (*0*) driehoekig; **~ein'halb** drie-en-een-half; **~'einig** (*0*) drieënig.
dreier|lei (*0*) drieërlei; **2pakt** *m* (het) pact van drie mogendheden.

drei|fach (*0*), **~fältig** (*0*) drievoudig; **2'faltigkeit** *f* (*0*) Drievuldigheid; **2'farbendruck** *m* driekleurendruk; **~farbig** (*0*) driekleurig; **2fuß** *m* drievoet; **~gliedrig** (*0*) drieledig; **~'hundert** driehonderd; **~jährig** (*0*) driejarig; **~jährlich** (*0*) driejaarlijks; **2'käsehoch** *m* (*-s*; *-s*) dreumes; **2'königsfest** *n* Driekoningen; **~köpfig** (*0*) driehoofdig; **~mal** driemaal, drie keer; **~malig** (*0*) driemaal herhaald; **2'meilenzone** *f* driemijlszone; **~monatig** (*0*) driemaands.

drein = *darein*; **~blicken** kijken.

drei|prozentig (*0*) van (*od.* met) drie procent; **2rad** *n* driewieler; **~seitig** (*0*) driezijdig; **~silbig** (*0*) drielettergrepig; **~sprachig** (*0*) drietalig; **2sprung** *m* hink-stap--sprong.

dreißig dertig; **2er** *m* dertiger; **~jährig** (*0*) dertigjarig; **~ste(r)** dertigste.

dreist (*-est*) driest, vrijpostig, brutaal; **2ig·keit** *f* driestheid, vrijpostigheid, onbeschaamdheid.

drei|stimmig (*0*) driestemmig; **~stöckig** (*0*) met drie verdiepingen; **~stufig** (*0*) met drie trappen; **~stündig** (*0*) van drie uur (lang); **~tägig** (*0*) driedaags; **~'tausend** drieduizend.

dreiteil|en in drie(ën) verdelen; [**~ig** (*0*) driedelig.]

dreiviertel driekwart; **2'stunde** *f* drie kwartier; **2takt** [-'f-] *m* driekwartsmaat.

drei|wöchig (*0*) van drie weken; **2zack** *m* (*-es*; *-e*) drietand.

dreizehn dertien; **~te(r)** dertiende.

Drei'zimmerwohnung *f* driekamerwoning (*od.* -flat).

Dresch|e *f* (*0*) (het) pak slaag; **2en** (*L*) dorsen; F (*prügeln*) afranselen; **~er** *m* dorser; **~flegel** *m* dorsvlegel; **~maschine** *f* dorsmachine.

Dresdner [e:] *Adj.* Dresdens.

dres's|ieren (-) dresseren; **2ur** *f* dressuur.

dribbeln (*-le*) dribbelen.

Drift *f* drift.

Drill *m* (*-es*; *0*) *mil. u. fig.* (het) drillen; **~bohrer** *m* drilboor; **2en** drillen (*a. mil. u. fig.*).

Drillich *m* (*-es*; *-e*) (het) dril.

Drilling *m* (-s; *-e*) *Tech.* (het) drijfrad; (*Gewehr*) (het) drieloopsgeweer; **~(e** *pl.*) *m* drieling.

drin = *darin*.

Dr.-Ing. *Abk. für Doktoringenieur* doctor-ingenieur.

dring|en (*L*) dringen; *in etw.* (*A*) ~ iets binnendringen; *in j-n* ~ (er) bij iem. (op) aandringen; ~ *auf* (*A*) aandringen op; **~end, ~lich** dringend, urgent; *Verdacht*: ernstig.

Dringlichkeit *f* (*0*) urgentie, haast; **~s·antrag** *m* (het) voorstel tot urgentieverklaring.

Drink *m* (*-s*; *-s*) (het) glas, (het) glaasje; cocktail.

drinnen (daar)binnen.

dritt: *zu* ~ met z'n drieën; **~e(r)** derde; **2el** *n* (het) derde (deel); **~eln** (*-le*) in drieën delen; **~ens** ten derde; **~letzte(r)** op twee na de laatste.

Dr. jur. *Abk. für Doktor juris* doctor in de rechten.

Dr. med. *Abk. für Doktor medicinae* doctor in de medicijnen.

droben (daar)boven.

Dro|ge *f* (het) kruid, drogerij; *pej.* (het) verdovend middel; **2gen·abhängig** verslaafd aan verdovende middelen; **~ge'rie** *f* drogisterij; **~'gist** *m* (*-en*) drogist.

Droh|brief *m* dreigbrief; **2en** (*D*) dreigen; **2end** dreigend.

Drohne *f* dar, hommel; *fig.* nietsnut, parasiet.

dröhnen dreunen, daveren.

Drohung *f* bedreiging, (het) dreigement.

drollig koddig, grappig.

Drome'dar *n* (*-s*; *-e*) dromedaris.

Drops *m/pl.* zuurtjes *n/pl.*

Droschke *f* (het) huurrijtuig; (*Taxi*) taxi.

Drossel *f* (-; *-n*) *Zool.* lijster.

Drossel|klappe *f* smoor-, gasklep; **2n** (*-le*) wurgen; (ver)minderen, *fig. a.* beperken; *Motor* gas minderen; **~ung** *f* vermindering, beperking.

drübe|n aan de overkant, ginds; **~r** = *darüber*.

Druck *m* (*-es*; *-e*; *Tech.* ⸗*e*) druk (*a. Buch2 u. fig.*); *in* ~ *geben* in druk geven; *im* ~ *sein* (*in Bedrängnis*) in nood zitten; (*in Eile*) in tijdnood zitten.

Druck|- *in Zssgn mst.* druk-, *z.B.* **~ausgleichskabine** *f* drukcabine; **2bar** (*0*) geschikt om gedrukt te worden; **~buchstabe** *m* drukletter.

Drückeberger *m* luiaard; (*Feigling*) lafaard.

rucken drukken.
rücken drukken (*a. fig.*); (*schieben a.*) duwen; *Schuh*: knellen; *j-n ~ fig.* drukken op iem.; *sich ~* (*weggehen*) ertussenuit trekken; *sich ~ vor* (*D*) trachten te ontsnappen aan, zich (trachten te) onttrekken aan; *s. a. gedrückt*; **~d** drukkend, *fig. a.* moeilijk.
rucker *m* drukker.
rücker *m* klink; (*Knopf*) knop, (het) knopje; (*am Gewehr*) trekker.
ruck|e'rei *f* drukkerij; **~erlaubnis** *f* (het) imprimatur.
rucker|presse *f* drukpers; **~schwärze** *f* (*0*) drukinkt.
ruck|farbe *f* drukinkt; **~fehler** *m* drukfout; **2fertig** (*0*) persklaar; **~knopf** *m* drukknoop; *El., Tech.* drukknop; **~kosten** *pl.* drukkosten *pl.*
ruckluft *f* (*0*) perslucht; **~bremse** *f* luchtdrukrem.
ruck|messer *m* manometer; **~mittel** *n* (het) middel om druk uit te oefenen; **~presse** *f* drukpers; **~pumpe** *f* perspomp; **~sache** *f* (het) drukwerk; **~schrift** *f* (het) drukschrift, drukletters *pl.*; (*Text*) (het) gedrukt stuk; **~seite** *f* gedrukte bladzijde.
rucksen (*-t*) aarzelen.
ruck|taste *f* drukknop; **2technisch** (*0*) druktechnisch; **~verband** *n* (het) drukverband; **~verbot** *n* (het) drukverbod; **~walze** *f* drukrol; **~werk** *n* (het) gedrukt stuk.
rum = *darum*; *das 2 und Dran* F alles wat erbij hoort; *das* (*ganze*) *2 herum* F de (hele) poespas, de (hele) toestand. [**~r** = *darunter.*]
runte|n daar beneden, daarginds;
rüse *f* klier; **~n·krankheit** *f* klierziekte.
schungel [dʒ] *m* (*od. n*) jungle.
tzd. *Abk. für Dutzend* (het) dozijn.
u jij, je; *mit j-m auf ~ und ~ stehen* iem. met jij en jou aanspreken.
ualismus [du·ɑ·ˈ-] *m* (-; *0*) (het) dualisme.
ubel *m* plug; **2n** (*-le*) pluggen.
ubios [-ˈbĭoːs] (*-est*) dubieus.
u'blette *f* (het) doublet.
uck|en neerdrukken; *fig.* kleineren; *sich ~* zich bukken; *fig.* in zijn schulp kruipen; **2mäuser** *m* stille en schuchtere man; (*Heuchler*) kiekemerd, huichelaar.
dudel|n (*-le*) doedelen, op de doedelzak spelen; slechte muziek maken; **2sack** *m* doedelzak.
Duel|l [du·ˈɛl] *n* (*-s*; *-e*) (het) duel, (het) tweegevecht; **2'lieren** (-): *sich ~* duelleren.
Duett [du·ˈɛt] *n* (*-es*; *-e*) (het) duet.
Duft *m* (*-es*; *⸚e*) geur, reuk; (*Hauch*) (het) waas; **2e** F tof, mieters; **2en** (*-e-*) (*nach D*) geuren (*od.* ruiken) (naar); *pej.* stinken; **2end, 2ig** geurig, geurend.
Du'katen *m* dukaat.
duld|en (*-e-*) dulden; *Schmerzen u. v/i* lijden; **2er** *m* lijder, dulder; **~sam** lijdzaam; (*tolerant*) verdraagzaam; **2samkeit** *f* (*0*) verdraagzaamheid; **2ung** *f* (*0*) (het) dulden.
dumm (*⸚er*; *⸚st*) dom; (*unangenehm*) stom, vervelend; (*idiotisch*) onnozel, stom; *für ~ verkaufen* voor de gek houden; *sich ~ stellen* zich van den domme houden; **2heit** *f* domheid; (*Fehler*) stommiteit, flater, blunder; **2kopf** *m* domoor, sukkel.
dumpf dof; *Luft*: muf, benauwd; *Gefühl*: vaag; **2heit** *f* (*0*) dofheid; mufheid; **~ig** duf, bedompt.
Düne *f* duin.
Dung *m* (*-es*; *0*) mest(stof).
Düng|e·mittel *n* (het) bemestingsmiddel; **2en** (be)mesten; **~er** *m* mest(stof); **~ung** *f* bemesting.
dunkel (*-kl-*) *Adj.* donker (*a. Stimme*); (*geheimnisvoll*) duister; (*unklar, vage*) vaag, onduidelijk; *etw. im ~n lassen* iets niet ophelderen; **2** *n* (*-s*; *0*) (het) donker, duisternis.
Dünkel *m* (*-s*; *0*) eigendunk, verwaandheid.
dunkel|- *in Zssgn mst.* donker-, *z.B.* **~blau** (**~braun, ...**) (*0*) donkerblauw (donkerbruin, ...); **2heit** *f* (*0*) duisternis, donkerheid; **2kammer** *f* donkere kamer; **2mann** *m* duisterling; **~n:** *es dunkelt* het wordt donker; **2ziffer** *f* (het) aantal onbekend gebleven gevallen.
dünken (*sich*) (zich) dunken; *es dünkt mich* (*od. mir*), *mich* (*od. mir*) *dünkt* mij dunkt.
Dünkirchen *n* Duinkerken *n.*
dünn dun; *Luft*: ijl; **2darm** *m* dunne darm; **2druck** *m* dundruk; **~e·machen:** *sich ~* F ervandoor gaan; **~flüssig** dunvloeibaar.
Dunst *m* (*-es*; *⸚e*) damp, wasem; (*Qualm*) nevel; *davon hat er keinen*

(blassen) ~ daarvan heeft hij geen flauw begrip; ≗**en** (*-e-*) dampen, uitwasemen.

dünsten (*-e-*) *v/t* stoven; *v/i* = *dunsten.*

Dunst|glocke *f* smog(wolk); ≗**ig** wazig, dampig; *Wetter*: mistig, nevelig; ~**kreis** *m* dampkring.

Dünung *f* deining.

Duo ['du:o·] *n* (*-s*; *-s*) (het) duo.

Dupli'kat *n* (*-es*; *-e*) (het) duplicaat.

Dur *n* (*-*; *0*) grote terts.

durch 1. *Präp.* (*A*) door; (*mittels a.*) door middel van; (*zeitlich bsd.*) gedurende; *fünf Uhr* ~ over vijven; ~ *die Post* per post; **2.** *Adv.* door; ~ *und* ~ door en door; *er ist* ~ hij is erdoor.

durch|- *in Zssgn mst.* door-, *z.B.* ~**arbeiten** doorwerken; *Teig* goed kneden; *sich* ~ zich door ... heenwerken; ~'**aus** geheel, volkomen; (*unter allen Umständen*) beslist, volstrekt, absoluut; ~ *nicht* helemaal niet; ~**backen** door en door bakken; ~**beißen** doorbijten; *sich* ~ zich erdoorheen slaan; ~**biegen** doorbuigen; ~**bilden** trainen; ~**blasen** doorblazen; ~**blättern** doorbladeren; ~**bleuen** afranselen.

Durchblick *m* doorkijk, (het) uitzicht; *fig.* (het) overzicht; ≗**en** kijken door; ~ *lassen* laten doorschemeren; *ich blicke nicht mehr durch* F ik snap het niet meer; (*ohne Ausweg*) ik zie het niet meer zitten.

durch'blut|et doorbloed; ≗**ung** *f* bloedcirculatie.

durch|bohren 1. ['d-] *u.* **2.** [-'bo:-] (-) doorboren; ~**boxen:** *sich* ~ zich erdoorheen slaan; ~**braten** doorbraden; ~**brechen 1.** ['d-] *v/t u. v/i u.* **2.** [-'bʀɛ-] (-) doorbreken; *Gesetz, Vorschrift* overtreden; ~**brennen** doorbranden; *fig.* ervandoor gaan; ~**bringen** *etw.* erdoor krijgen; *j-n* erdoor helpen; *Geld* verkwisten; *sich nur mühsam* ~ er nauwelijks van kunnen komen; ≗**bruch** *m* doorbraak (*a. fig.*); ~'**denken** (-) doordenken, overwegen; ~**drängen**; *sich* ~ erdoorheen dringen; ~**drehen** *v/t* erdoor draaien; *v/i* (*sn*) *Motor*: doordraaien; *Pers.*: over zijn toeren raken.

durchdring|en 1. ['d-] (*sn*) doordringen; *fig.* ingang (doen) vinden, aanvaard worden; *mit etw.* (*D*) ~ iets erdoor krijgen; **2.** [-'dʀɪŋ-] *etw* dringen door; *j-n* doordringen ~**end** doordringend; ≗**ung** [-'dʀɪ- *f* doordringing.

durch|drücken doordrukken; *fig* erdoor drukken; ~'**drungen** doordrongen; ~'**eilen** (-) doorlopen (*a. fig.*).

durch·ei'nander door elkaar, overhoop; *ganz* ~ *sein* helemaal overstuur zijn; ≗ *n* verwarring, chaos; ~**bringen** *etw.* overhoopgooien; *j-* verwarren; ~**laufen** door elkaar lopen. [(-) doorrijden

durchfahren 1. ['d-] *u.* **2.** [-'fa:-]

Durchfahrt *f* doortocht; *auf der* *sein* op doortocht zijn; ~**s·straße** grote weg, weg voor het doorgaand verkeer.

Durchfall *m Med.* diarree, buikloop; *fig.* (het) fiasco, mislukking; ≗**e** door iets heen vallen; *fig.* misluk ken; (*Prüfung*) zakken; *Thea.* vallen; *Pol.* niet verkozen worden.

durch|faulen doorrotten; ~**fechte** erdoor halen; *sich* ~ zich erdoor slaan; ~**feilen** doorvijlen; ~**finde** *sich* ~ de weg vinden (*a. fig.*); ~'**flechten** (-) doorvlechten; ~**fliegen 1.** ['d-] *u.* **2.** [-'fli:-] (-) doorvliegen; ~**fließen 1.** ['d-] *u.* **2.** [-'fli: (-) doorstromen; ≗**flug** *m* (het) overvliegen; ≗**fluß** *m* doorstroming; ~'**forschen** (-) doorvorsen, doorgronden; ~**fragen** rondvragen; *sic* ~ met veel te vragen komen in (*o* bij); ~**fressen** doorvreten; *sich* ~ zich volvreten; ~(**ge**)**froren** (door en door) verkleumd; ≗**fuhr** *f* doorvoer, (het) transito.

durchführ|bar uitvoerbaar; ~ doorvoeren; *fig.* uitvoeren, ten uitvoer brengen, ondernemen; *Sitzu* houden; ≗**ung** *f* doorvoering; uitvoering; (het) houden; ≗**ungsbestimmungen** *f/pl.* uitvoeringsbepalingen *pl.*

Durchgang *m* doorgang, doortocht; *Hdl.* doorvoer.

durchgängig algemeen (geldend); *Adv. bsd.* altijd.

Durchgangs|bahnhof *m* (het) doorgangsstation; ~**lager** *n* (het) doorgangskamp; ~**verkehr** *m* (het) doorgaand verkeer; ~**zug** *m* -trein.

durchgehen 1. *v/i* (*sn*) doorgaan, passeren; erdoor gaan; *Pferd*:

hol slaan; *Antrag*: aangenomen worden; (*fliehen*) ervandoor gaan; *i-m etw.* ~ *lassen* bij iem. iets door de vingers zien; **2.** *v/t Thema, Buch* nagaan; **~d** doorgaand; ~ *geöffnet* de hele dag geopend.
urch|gießen doorgieten, erdoor gieten; **~glühen 1.** ['d-] *u.* **2.** [-'gly:-] (-) doorgloeien.
urchgreifen erdoor(heen) grijpen; *fig.* doortasten, krachtig optreden; **~d** doortastend, energiek.
urch|halten vol-, uithouden; **~hauen** doorhakken, doorhouwen; *(prügeln)* afranselen; **~hecheln** *fig.* over de hekel halen, erdoor halen; **~heizen** doorstoken; **~helfen** (*D*) erdoor helpen, uit de narigheid helpen; *sich* ~ zich erdoorheen slaan; **~'irren** (-) dolen door; **~jagen 1.** ['d-] erdoor jagen, jagen door; **2.** [-'jɑ:-] (-) doorjagen; **~kämmen** uitkammen (*a. fig.*); **~kämpfen:** *sich* ~ zich erdoorheen slaan; **~kauen** goed kauwen; *fig.* herkauwen; **~klingen 1.** ['d-] *u.* **2.** [-'kl-] (-) doorklinken; **~kneten** doorkneden; **~kommen** komen door, erdoor komen; *fig.* het halen; *mit Geld*: rondkomen; **~können** erdoor kunnen; **~kosten** *fig.* geheel doorstaan, ondergaan; **~kreuzen 1.** ['d-] *u.* **2.** [-'kʀ-] (-) doorkruisen.
urchla|ß *m* (-*sses*; *¨sse*) doorlaat; *(Durchgang)* doorgang; **2ssen** doorlaten (*a. Wasser*).
urch|lässig poreus; **2laucht** *f* (*0*) Doorluchtigheid.
urchlauf|en 1. ['d-] doorlopen; *Schuhe a.* stuklopen; **2.** [-'l-] (-) doorlopen (*a. fig.*); **2erhitzer** *m* geiser.
urch|'leben (-) door-, beleven; **~lesen** doorlezen.
urchleucht|en 1. ['d-] doorschijnen; **2.** [-'l-] (-) doorlichten (*a. Med.*); *fig.* onder de loep nemen; **2ung** [-'l-] *f* doorlichting (*a. Med.*).
urch|liegen: *sich* ~ doorliggen; **~lochen** (-) ponsen, perforeren; *Fahrkarte* knippen; **~'löchern** (-) doorboren, perforeren; *fig.* uithollen; **~lüften** luchten; **~machen** door-, meemaken; *Schule* doorlopen; *Nacht* doorbrengen.
urchmarsch *m* doormars, doortocht; P diarree; **2ieren** doormarcheren, doortrekken.

durchmess|en 1. ['d-] doormeten; **2.** [-'m-] (-) doorlopen, lopen door; **2er** *m* middellijn, diameter.
durch|müssen erdoor moeten; **~'näßt** doornat; **~nehmen** doornemen; **~numerieren** doornummeren; **~peitschen** met de zweep afranselen; *fig.* erdoor jagen; **~probieren** (-) stuk voor stuk proberen; **~prügeln** afranselen, afrossen.
durch'quer|en (-) (dwars) doortrekken; **2ung** *f* (het) doortrekken.
durch|rasseln (*sn*) F zakken; **~rechnen** narekenen; **~regnen** doorregenen; *es regnet durch* het regent door; **~reiben** (*sich*) stukwrijven.
Durchreiche *f* (het) doorgeefluik; **2n** doorgeven.
Durchreise *f* doorreis, doortocht; *auf der* ~ op doorreis; **2n 1.** ['d-] *u.* **2.** [-'ʀaɪ-] (-) doorreizen; **~nde(r)** iem. op doorreis; **~visum** *n* (het) doorreisvisum.
durch|reißen *v/t u. v/i* door-, stukscheuren; **~reiten 1.** ['d-] doorrijden; **2.** [-'ʀaɪ-] (-) rijden door; **~'rieseln** (-): *es durchrieselt mich kalt* er gaat een koude rilling door mij heen; **~ringen:** *sich* ~ *zu* (*D*) eindelijk besluiten tot; **~rosten** doorroesten; **~rühren** doorroeren.
durchs = *durch das.*
Durchsage *f* mededeling, (het) bericht; **2n** doorgeven.
durch|sägen doorzagen; **~schauen 1.** ['d-] doorkijken, kijken door; (*verstehen*) snappen; **2.** [-'ʃaʊ-] (-) doorzien, door hebben.
durchscheinen doorschijnen; **~d** doorschijnend.
durch|scheuern doorschuren; **~schießen 1.** ['d-] doorschieten, schieten door; **2.** [-'ʃi:-] (-) doorschieten (*a. Buch*); **~'schiffen** (-) bevaren, varen door; **~schimmern** doorschijnen; **~schlafen** doorslapen.
Durchschlag *m* (het) doorslaan, opening; (*Kopie*) doorslag; (*Sieb*) (het) vergiet; *Tech.* doorslag, drevel; **2en 1.** ['d-] *v/i* (*sn*) doorslaan; (*Erfolg haben*) werken, een uitwerking hebben; (*hervortreten*) te voorschijn komen; *Argument*: overtuigen; *v/t* door-, stukslaan; (*sieben*) zeven; *sich* ~ zich erdoorheen slaan;

2. [-ˈʃlɑː-] doorboren; **2end** doorslaand; **~papier** *n* (het) doorslagpapier; **~s·kraft** *f* (*0*) (het) penetratievermogen; *fig.* overtuigingskracht.

durch|schlängeln: *sich* ~ kronkelen door; **~schleichen** erdoor sluipen, doorsluipen; **~schleppen** erdoor slepen (*a. fig.*), doorslepen; **~schleusen** schutten; *fig.* erdoor loodsen; **~schlüpfen** erdoor kruipen, kruipen door; *fig.* ontsnappen, ontglippen; **~schmelzen** doorsmelten; **~schneiden 1.** [ˈd-] *u.* **2.** [-ˈʃnaɪ-] (-) doorsnijden.

Durchschnitt *m* doorsnee; (*Mittelwert*) (het) gemiddelde; *im* ~, **2lich** gemiddeld; **~s·bürger** *m* doorsneeburger; **~s·einkommen** *n* (het) gemiddeld inkomen; **~s·geschwindigkeit** *f* gemiddelde snelheid; **~s·mensch** *m* alledaags (*od.* gewoon) mens; **~s·wert** *m* gemiddelde waarde.

durch|schnüffeln doorsnuffelen; **~schreiben** doorschrijven; **~ˈschreiten** (-) stappen door, doorschrijden; **2schrift** *f* doorslag, (het) afschrift; **2schuß** *m* (het) schot ergens doorheen; (*Gewebe2*) inslag; (*~linie*) interlinie; (*~blatt*) (het) tussengevoegd papier; **~schütteln** *etw.* (door)schudden; *j-n* door elkaar schudden; **~schwitzen** doorzweten; **~sehen** doorkijken (*a. fig.*); **~sein** erdoor zijn; **~setzen 1.** [ˈd-] doordrijven, doorzetten; *Antrag* erdoor krijgen; *sich* ~ zijn wil doordrijven, het klaarspelen; *Ansichten usw.*: veld winnen, ingang vinden; **2.** [-ˈzɛts-] (-) vermengen; *fig. bsd.* doorspekken.

Durchsicht *f* (*0*) doorkijk; (*Prüfung*) controle, inzage; **2ig** doorzichtig (*a. fig.*).

durch|sickern doorsijpelen; *fig.* uitlekken; **~sieben** (door)zeven; **~sitzen** doorzitten; **~spielen** doorspelen; **~sprechen** grondig bespreken; **~stechen 1.** [ˈd-] *u.* **2.** [-ˈʃt-] (-) doorsteken; **~stecken** erdoor steken, steken door; **~stehen** doorstaan, doormaken; **~stellen** *Tel.* doorverbinden; **2stich** *m* (het) doorsteken; (*Öffnung*) opening, (het) gat; **~ˈstöbern** (-) doorsnuffelen; **~stoßen 1.** [ˈd-] doorstoten, stoten (*od.* steken) door; *mil.* doorbreken, breken door; **2.** [-ˈʃtoː-] (-) doorsteken, doorstoten; **~streichen** schrappen, doorstrepen, doorhalen; **~ˈstreifen** (-) zwerven door; **~strömen 1.** [ˈd-] *u.* **2.** [-ˈʃtʀ-] (-) doorstromen.

durchˈsuch|en (-) doorzoeken; **2ung** *f* doorzoeking; (*Haus2*) huiszoeking.

durch|tanzen 1. [ˈd-] *u.* **2.** [-ˈt-] (-) doordansen; **~ˈtränken** (-) doordrenken; **~ˈtrieben** doortrapt, sluw; **~ˈwachen** (-) (door)waken; **~ˈwachsen** *Adj. Fleisch*: doorregen; **~wählen** *Tel.* in één keer doordraaien, zelf draaien; **~ˈwandern** (-) trekken door; **~wärmen 1.** [ˈd-] *u.* **2.** [-ˈv-] (-) door en door verwarmen; **~waten 1.** [ˈd-] waden door; **2.** [-ˈv-] (-) doorwaden.

durchweg allemaal, zonder uitzondering; (*durchgehends*) doorgaans, geregeld, altijd.

durch|ˈwehen (-) doorwaaien; **~weichen 1.** [ˈd-] doorweekt worden; **2.** [-ˈv-] (-) doorweken; **~wichsen** F afranselen; **~winden:** *sich* ~ zich erdoor werken (*a. fig.*); **~ˈwirken** (-) doorwerken; **~wollen** erdoor willen; **~ˈwühlen** (-) doorwoelen, doorsnuffelen; **~zählen** natellen; **~zechen 1.** [ˈd-] *u.* **2.** [-ˈts-] (-) drinkend doorbrengen; **~zeichnen** door-, overtrekken; **~ziehen 1.** [ˈd-] doortrekken; *v/t* trekken door; **2.** [-ˈts-] (-) doortrekken; **~ˈzucken** (-) doorschieten, doorflitsen; *der Gedanke durchzuckt ihn* de gedachte schoot door zijn brein; **2zug** *m* doortocht; (*Luft2*) tocht.

dürfen (*L*) mogen; *ausgehen* (*schwimmen*) ~ mogen uitgaan (zwemmen); *darf ich ...?* mag ik ...; *wenn ich bitten darf* als ik vragen mag; (*bitte*) alstublieft; *es dürfte bekannt* (*möglich*) *sein* het zal wel.

dürftig schraal, armoedig, armzalig; **2keit** *f* (*0*) armoede, armzaligheid, schraalheid.

dürr (*trocken*) dor, verdord; (*mager*) schraal, mager; **2e** *f* dorheid, droogte; schraalheid.

Durst *m* (-*es*; *0*) dorst; *fig. a.* zucht; ~ *auf* (*A*) zin in.

dursten (-*e*-), **dürsten** (-*e*-) (*nach D*) dorsten (naar) (*a. fig.*), dorst hebben.

durstig dorstig.
Dusch|e *f* douche, (het) stortbad; **≗en** douchen; **~nische** *f* douchecel; **~raum** *m* (het) douchelokaal.
Düse *f* sproeier; (*zum Blasen*) (het) mondstuk.
Dusel *m* (*-s*; *0*) doezeligheid, duizeligheid; F (*Glück*) (het) geluk; **≗ig** suf, dromerig.
Düsen|- *in Zssgn mst.* straal-, *z.B.* **~antrieb** *m* straalaandrijving; **~flugzeug** *n* (het) straalvliegtuig; **~jäger** *m* straaljager; **~triebwerk** *n* straalmotor.
Dussel *m* F sufferd.
Düsseldorf *n* Dusseldorp *n*.
düster [y:] duister; *fig. bsd.* somber; **≗keit** *f* (*0*) duisterheid; somberheid.
Dutzend *n* (*-es*; *-e*) (het) dozijn; *12 auf ein ~* twaalf in een dozijn; **~ware** *f* (*0*) (het) goedkoop spul; **≗weise** bij het dozijn; *fig.* bij dozijnen.
duz|en [u:] (*-t*): *j-n ~* iem. tutoyeren; **≗freund** *m* intiem vriend.
Dy'na|mik *f* (*0*) dynamica; *fig.* dynamiek; **≗misch** dynamisch; **~'mit** *n* (*-s*; *0*) (het) dynamiet; **~mo** *m* (*-s*; *-s*) dynamo.
Dynas'tie *f* dynastie.
D-Zug ['de:tsu:k] *m* D-trein, sneltrein.

E

E, e *n* E, e.
Ebbe *f* eb(be).
ebd. *Abk. für ebenda (s. dort).*
eben 1. *Adj.* (*flach*) vlak, effen; (*gleichmäßig*) even-, gelijkmatig; *zu ~er Erde* gelijkvloers; **2.** *Adv.* (*genau das*) juist, precies, net; (*gerade noch*) (nog) net; (*zeitlich*) net, juist; (*nun einmal*) nu eenmaal; (*besonders*) bepaald; *das ist es ~* dat is 't 'm juist.
Eben|bild *n* (het) evenbeeld; **2bürtig** van gelijke geboorte (*od.* stand); *fig.* gelijkwaardig; **2'da** (al)daar; (*bei Zitaten*) ter aangehaalde plaatse (*Abk.* t.a.p.); **2'darum** juist daarom; **~e** ['e:bənə] *f* vlakte; *Math.* (het) plat vlak; *fig.* (het) niveau, (het) vlak; **2erdig** (*0*) gelijkvloers; **2falls** eveneens; (*danke,*) *~!* insgelijks!; **~heit** *f* (*0*) effenheid.
Ebenholz *n* (het) ebbehout.
Eben|maß *n* gelijkmatigheid, symmetrie; **2mäßig** even-, gelijkmatig.
ebenso (even)zo; *vor Adj.* even; *~ (alt, ...) wie* even ... als; **~gut** evengoed; **~oft** even dikwijls; **~viel** evenveel; **~wenig** even weinig; *~ wie* net zomin als.
Eber *m* beer; (*wild*) (het) everzwijn.
Eber·esche *f* lijsterbes.
ebnen (*-e-*) effenen (*a. fig.*), gelijkmaken.
Echo *n* (*-s; -s*) echo; **~lot** *n* (het) echolood.
echt (*-est*) echt; **2heit** *f* (*0*) echtheid.
Eck|- *in Zssgn mst.* hoek-, *z.B.* **~ball** *m* hoekschop; **~e** *f* hoek; *Sp.* hoekschop, corner; *um die ~ biegen* de hoek omslaan; *an allen ~n und Enden* van (*od.* aan) alle kanten.
Ecker *f* (*-; -n*) (het) beukenootje.
Eck|fenster *n* (het) hoekvenster; **~haus** *n* (het) hoekhuis; **2ig** hoekig; (*unbeholfen*) onbeholpen; **~lohn** *m* (het) basisloon; **~pfeiler** *m* hoekpijler (*a. fig.*); **~platz** *m* hoekplaats; **~stein** *m* hoeksteen (*a. fig.*); **~zahn** *m* hoektand; **~zimmer** *n* hoekkamer.
edel (*-dl-*) edel (*a. fig.*).
Edel|- *in Zssgn mst.* edel-, *z.B* **~gase** *n/pl.* edelgassen *n/pl.*; **~mann** *m* (*-es; -leute*) edelman; **~metall** *n* (het) edel metaal; **~mut** edelmoedigheid; **2mütig** edel moedig; **~stahl** *m* (het) roestvr staal; **~stein** *m* edelsteen; **~tanne** zilverspar; **~weiß** *n* (*-[es]; -e*) (het edelweiss; **~wild** *n* (het) rood wild
E'dikt *n* (*-es; -e*) (het) edict.
Efeu *m* (*-s; 0*) klimop.
Eff'eff *n* (*-; 0*): *aus dem ~* op zij duimpje.
Ef'fekt *m* (*-es; -e*) (het) effect; **~e** *pl.* effecten *pl.*; **~en·börse** *f* effec tenbeurs; **~hasche'rei** *f* jacht o effect.
effek'tiv effectief; **2wert** *m* reë waarde.
ef'fektvoll vol effect.
e'gal (*0*) gelijk; *... ist mir (ganz) ~* ... kan mij niets schelen.
Egel *m* bloedzuiger.
Egge *f* eg(ge); **2n** eggen.
Ego'is|mus *m* (*-; Egoismen*) (he egoïsme; **~t(in** *f*) *m* (*-en*) egoïst *f*); **2tisch** egoïstisch.
eh: *wie ~ und je* zoals altijd; **~e** ['e: voor(dat), eer(dat).
Ehe ['e:ə] *f* (het) huwelijk, (*selte* echt; *in den Stand der ~ treten* in h huwelijk treden; *die ~ schließen* h huwelijk voltrekken; *wilde ~* (he vrij huwelijk; *Kind aus (erster, ...)* uit het (eerste, ...) huwelijk.
Ehe|- *in Zssgn mst.* huwelijks-, *z.* **~anbahnung** *f* huwelijksbemidd ling; **~beratung** *f* huwelijksvoo lichting; **~betrug** *m* huwelijk zwendel; **~bett** *n* (het) huwelijk bed.
ehebreche|n (*ich breche die Eh* echtbreuk plegen; **2r** *m* echtbreke **~risch** overspelig.
Ehe|bruch *m* (het) overspel, ech breuk; **~bund** *m* echt(verbinteni
ehedem eertijds, vroeger.
Ehe|frau *f* echtgenote; **~gatte** echtgenoot; **~gattin** *f* echtgenot **~hälfte** *f* wederhelft; **~hindernis** (het) huwelijksbeletsel; **~krach**

ruzie in het huwelijk; **~leben** *n* (*-s*; *0*) (het) huwelijksleven; **~leute** *pl.* echtelieden *pl.*
helich (*0*) echtelijk; **~en** huwen (met).
helos (*0*) ongehuwd.
hemal|ig (*0*) voormalig, vroeger, gewezen; **~s** weleer, vroeger, eertijds.
he|mann *m* echtgenoot; **~paar** *n* (het) echtpaar.
her eerder; (*früher a.*) vroeger; *lieber a.*) liever.
he|recht *n* (*-ẹs*; *0*) (het) huwelijksrecht; **~ring** *m* trouwring.
hern ['eːəʁn] ijzeren (*a. fig.*), metalen.
hescheidung *f* echtscheiding; **~sklage** *f* eis tot echtscheiding.
heschließung *f* voltrekking van het huwelijk.
est: *am ~en* het eerst, het vroegst; *am leichtesten*) het gemakkelijkst.
hestand *m* (*-ẹs*; *0*) (het) huwelijk, echtelijke (*od.* gehuwde) staat.
estens op zijn vroegst.
he|versprechen *n* trouwbelofte; **vertrag** *m* (het) huwelijkscontract.
hr·abschneider *m* eerrover.
rbar eerbaar; **&keit** *f* (*0*) eerbaarheid.
hre *f* eer; *die ~ haben* de eer hebben; *j-m* (*die letzte*) *~ erweisen* iem. de laatste) eer bewijzen; *in allen ~n* in alle eer en deugd; *in ~n halten* in ere; *mit ~n bestehen* eervol; *zu ~n* (*G*) ter ere van.
ren eren; (*verehren*) vereren; *s. a.* geëhrt.
ren|- *in Zssgn mst.* ere-, *seltener* er-, *z.B.* **~amt** *n* (het) ereambt; **amtlich** ere-, honorair; **~bürger** *m* ereburger; **~doktor** *m* doctor honoris causa; **~erklärung** *f* rehabilitatie, (het) eerherstel; **~gericht** *n* ereraad; **&haft** (*-est*) eervol, (achtens)waardig; **~mal** *n* (het) gedenkteken; **~mann** *m* man van eer; **mitglied** *n* (het) erelid; **~platz** *m* ereplaats; **~preis** *m* ereprijs (*a. Bot.*); **~rechte** *n/pl.*: *bürgerliche ~* burgerlijke en politieke rechten *pl.*; **&rührig** beledigend, krenkend; **~runde** *f* ereronde; **~sache** *f* zaak (*od.* (het) punt) van eer; *~!* op mijn woord van eer!, beloofd!; **~titel** *m* eretitel; **&voll** eervol; **&wert** achtbaar, waardig; **~wort** *n* (*-ẹs*; *-e*) (het) erewoord; *auf ~* op mijn woord van eer.
ehr·erbiet|ig eerbiedig; **&ung** *f* (*0*) eerbied.
Ehr|furcht *f* (*0*) eerbied, (het) ontzag; **&fürchtig** eerbiedig; **~gefühl** *n* (*-ẹs*; *0*) (het) eergevoel.
Ehrgeiz *m* eerzucht; **&ig** eerzuchtig.
ehrlich eerlijk; **&keit** *f* (*0*) eerlijkheid.
ehrlos (*-est*) eerloos; **&ig·keit** *f* (*0*) eerloosheid.
ehr|sam eerzaam, achtbaar; **~süchtig** eerzuchtig; **&ung** *f* huldiging, (het) eerbetoon.
Ehrwürd|en Eerwaarde; **&ig** eer(bied)waardig.
ei! wel!
Ei *n* (*-ẹs*; *-er*) (het) ei; *weiches ~* (het) zacht(gekookt) eitje; *wie aus dem ~ gepellt aussehen* om door een ringetje te halen; *sich gleichen wie ein ~ dem andern* als twee druppels water.
Eibe *f* taxus.
Eibisch *m* (*-es*; *-e*) *Bot.* heemst.
Eich·amt *n* (het) ijkkantoor.
Eiche *f* eik(eboom).
Eichel *f* (*-*; *-n*) eikel (*a. Anat.*); **~häher** *m* Vlaamse gaai.
eichen[1] (*0*) *Adj.* eiken.
eichen[2] ijken.
Eich|enholz *n* (het) eikehout; **~hörnchen** *n*, **~kätzchen** *n* (het) eekhoorntje.
Eichmaß *n* ijk-, standaardmaat.
Eid *m* (*-ẹs*; *-e*) eed; *an ~es Statt* plechtig; *unter ~* onder ede; **~bruch** *m* eedbreuk.
Eidechse [ks] *f* hagedis.
Eiderdaunen *f/pl.* (het) eiderdons.
Eides|formel *f* eed(s)formule; **~leistung** *f* eed(s)aflegging; **&stattlich** (*0*) plechtig; **~verweigerung** *f* eedsweigering.
Eidge|nosse *m* eedgenoot; **~nossenschaft** *f* (*0*) (het) eedgenootschap; *Pol. a.* bond; **&nössisch** (*0*) van het eedgenootschap; (*schweizerisch*) Zwitsers.
eidlich (*0*) onder ede.
Eidotter *m od. n* eierdooier.
Eidschwur *m* eed.
Eier|becher *m* (het) eierdopje; **~briketts** *n/pl.* eierbriketten *pl.*; **~kuchen** *m* omelet; **~likör** *m* advocaat; **~löffel** *m* (het) eierlepeltje; **~schale** *f* eierschaal; **~speise** *f* (het)

eiergerecht; **~stock** *m* eierstok; **~tanz** *m* eierdans (*a. fig.*); **~uhr** *f* eierwekker.
Eifer *m* (*-s*; *0*) ijver; (*Heftigkeit*) (het) vuur; *in ~ geraten* in vuur raken; **~er** *m* ijveraar; **≗n** (*-re*) ijveren; (*sich erregen*) zich opwinden; *~ gegen* (*A*) zich (fel) kanten tegen; **~sucht** *f* (*0*) jaloezie, jaloersheid; **~süchte'lei** *f* kleingeestige jaloezie; **≗süchtig** jaloers.
eiförmig eivormig.
eifrig ijverig; (*heftig*) vurig; (*erregt*) opgewonden, druk.
Eigelb *n* (*-s*; *-e*) (het) eigeel.
eigen eigen; (*sonderbar*) eigenaardig, bijzonder; (*genau*) precies, zorgvuldig; (*wählerisch*) kieskeurig; *sich etw. zu ~ machen* zich iets eigen maken; *j-m, etw. ~ sein* (*typisch*) typisch zijn voor.
Eigen|art *f* bijzondere aard, eigenaardigheid; **≗artig** eigenaardig; (*kennzeichnend*) bijzonder, kenmerkend; **~bedarf** *m* eigen behoefte, (het) eigen gebruik; **~besitz** *m* (het) eigen bezit; **~brötler** *m* zonderling; (*Einzelgänger*) eigengereid mens; **~dünkel** *m* eigendunk; **~gewicht** *n* (het) eigen gewicht; **≗händig** (*0*) eigenhandig; **~heim** *n* (het) eigen huis; **~heit** *f* bijzonderheid, eigenaardigheid; **~leben** *n* (*-s*; *0*) (het) eigen leven; **~liebe** *f* (*0*) eigenliefde; **~lob** *n* eigen lof; **≗mächtig** eigenmachtig; **~name** *m* eigennaam; **~nutz** *m* (*-es*; *0*) (het) eigenbelang; **≗nützig** baatzuchtig; **≗s** speciaal, opzettelijk.
Eigenschaft *f* eigenschap, hoedanigheid; *in s-r ~ als* in zijn hoedanigheid van; **~s·wort** *n* (*-ẹs*; *⸚er*) (het) bijvoeglijk naamwoord.
Eigensinn *m* (*-ẹs*; *0*) eigenzinnigheid; **≗ig** eigenzinnig.
eigenständig zelfstandig, op zichzelf staand.
eigentlich (*0*) eigenlijk.
Eigentum *n* (*-s*; *0*) eigendom.
Eigentüm|er(in *f*) *m* eigenaar *m*, eigenares *f*; **≗lich** eigenaardig; (*typisch*) typisch, karakteristiek; **~lichkeit** *f* eigenaardigheid, bijzonderheid.
Eigentums|recht *n* (het) eigendomsrecht; **~vergehen** *n* (het) eigendomsdelict; **~wohnung** *f* (eigen) flat; (*zu kaufen*) koopflat.

Eigenwill|e *m* eigen wil; *pej.* eigen zinnigheid; **≗ig** eigenzinnig.
eign|en (*-e-*): *sich ~* (*zu D, für A*) geschikt zijn (voor); *s. a.* geeigne **≗ung** *f* geschiktheid; **≗ungs·prü fung** *f* (het) onderzoek naar de ge schiktheid, keuring.
Ei·land *n* (*-ẹs*; *-e*) (het) eiland.
Eil|auftrag *m* spoedopdracht; **~bote** *m* ijlbode, koerier; *durch ~* per expresse; **~brief** *m* expresbrie **~e** *f* (*0*) haast, spoed; *in ~ sein* haa hebben; *es hat* (*keine*) *~* er is (gee haast bij.
Ei·leiter *m* eileider.
eilen zich haasten, haast maken; (*s* (*laufen*) snellen, zich haasten; *ei mit Weile* haast U langzaam; *es e* er is haast bij; *eilt!* spoed!; **~d** ijlings, haastig.
eil|fertig gehaast, haastig; **≗ge spräch** *n* (het) ijlgesprek; **≗gut** (het) ijlgoed.
eilig haastig, gehaast; (*dringen* dringend, spoedeisend; *es ~ hab* haast hebben; **~st** ijlings, in alleri
Eil|marsch *m* geforceerde mars; **schritt** *m* versnelde pas; **~sendu** *f* spoedzending; **~zug** *m* sneltrei
Eimer *m* emmer; *im ~ sein* F naar bliksem zijn; **≗weise** in emmers.
ein[1] **1.** *Zahlwort*: ~(er), ~e, ~(es) éé *der, die, das ~e* de, het ene; *s. eins*; **2.** *Art.*: ~, ~e, ~ een; **3.** *Pro* ~e(r) (*jemand*) iemand; (*man*) me ~s het ene, één ding; ~e(*r*), ~s (*od. von* (*D*) een (*od.* één) van; *nach dem andern* één voor één; *und dasselbe* hetzelfde.
ein[2] *Adv.* in, naar binnen; *weder noch aus wissen* geen raad m weten.
ein- *in Zssgn mst.* **1.** een-; **2.** in-.
Ein·akter *m* éénakter.
ei'nander elkaar, mekaar.
ein|arbeiten: *sich ~* (*in A*) zich werken (in); **~armig** (*0*) eenarm
ein·äscher|n (*-re*) *j-n* cremere *etw.* in de as leggen; **≗ung** *f* crem tie; (het) in de as leggen.
ein|atmen inademen; **~äugig** eenogig; **≗bahnstraße** *f* straat m eenrichtingsverkeer; **~balsamieren** balsemen; **≗band** *m* (boe band; **~bändig** (*0*) in één band (deel).
Einbau *m* verbouwing; (*Einfügu* (het) inbouwen; **≗en** verbouwe

inbouwen; **~küche** *f* ingebouwde keuken; **~schrank** *m* ingebouwde kast.

inbe|greifen meerekenen; **~griffen** inbegrepen, erin begrepen; **~halten** inhouden.

inberuf|en *mil.* oproepen; *Versammlung* bijeenroepen; **²ung** *f* oproeping; bijeenroeping.

inbett|en (*in A*) *Tech.* verzinken (in); **²zimmer** *n* eenpersoonskamer.

in|beziehen (*in A*) betrekken (in); **~biegen** *v/t* naar binnen buigen, krommen; *v/i in e-e Straße ~* een straat inslaan.

inbild|en: *sich ~* zich verbeelden, zich inbeelden; *sich etw. auf (A) ~* zich iets laten voorstaan op; *s. a. eingebildet*; **²ung** *f* in-, verbeelding (*a. Phantasie*); **²ungs·kraft** *f* (*0*) verbeeldingskracht.

n|binden inbinden (*a. Buch*); *Waren* inpakken; **~blenden** *Rf. u. Film* infaden; **~bleuen** F met slaag inprenten.

inblick *m* (het) inzicht, kijk, blik; *in (A) Papiere usw.* (het) inzien an; *e-n ~ bekommen* een inzicht krijgen; *j-m e-n ~ gewähren in (A)* iem. inzage verlenen van.

nbrech|en 1. *v/t* openbreken; *Wand* afbreken; **2.** *v/i* instorten, inzakken; *Dieb*: inbreken; *Heer*: binnenvallen; (*plötzlich beginnen*) aanbreken, invallen; *ins Eis*: door het ijs zakken; **²er** *m* inbreker.

n|brennen inbranden; *Faß* uitbranden; **~bringen** in-, binnenbrengen, binnenhalen; *Antrag u. Klage* indienen; *Gewinn* opleveren; *in die Ehe*: meebrengen; *wieder ~* goedmaken, inhalen; **~brocken** inbrokk(el)en; *fig. j-m etw. ~* iem. iets leveren; *sich etw. (Schönes) ~* zich onaangenaamheden *pl.* op de hals halen.

nbruch *m* inbraak; *mil.* inval; *Vorstoß*) bres, doorbraak; (*Beginn*) (het) aanbreken; (*Einsturz*) instorting; *bei ~ der Nacht usw.* bij het inbreken (*od.* invallen) van; **~(s)diebstahl** *m* diefstal met (in)braak; **~(s)sicher** inbraakvrij.

n|buchtung *f* bocht, inham; **²bürgern** (*-re*) naturaliseren; *sich ~* het burgerrecht verkrijgen; *fig.* zich inburgeren; **~buße** *f* (het) verlies, schade; **²büßen** verliezen, erbij inschieten; **²dämmen** indammen; *fig.* tegengaan.

eindeck|en: *sich ~ mit (D)* (een voorraad ...) inslaan; **²er** *m Flgw.* ééndekker.

ein|deichen indijken; **~deutig** ondubbelzinnig (*a. derb*), overduidelijk; *Adv. bsd.* duidelijk; **~deutschen** verduitsen, Duits maken; **~drängen** induwen, indrukken; *sich ~* zich indringen; **~drehen** (*sich*) indraaien.

eindring|en (*sn*): *~ in etw. (A)* iets binnendringen, in iets (in)dringen; *fig.* zich inwerken in iets; *auf j-n ~* bij iem. aandringen; **~lich** nadrukkelijk, met aandrang; **²ling** *m* (*-s; -e*) indringer.

Ein|druck *m* (*-es; ⸚e*) indruk (*a. fig.*); *e-n ~ gewinnen (machen)* een indruk krijgen (maken); **²drücken** indrukken; *Spuren*: drukken in; **²drucks·voll** indrukwekkend.

eine *s. ein*[1].

ein·ebnen egaliseren, effenen.

ein|ei·ig (*0*) eeneiïg; **~ein'halb** anderhalf; **~en** *Verb = einigen.*

einer *s. ein*[1]; **²** *m Math.* eenheid; **~'lei** (*gleich*) de-, hetzelfde; (*eintönig*) eender; (*gleichgültig*) om het even, onverschillig; **~'seits** enerzijds, aan de ene kant.

einfach eenvoudig; (*leicht a.*) gemakkelijk; (*schlicht a.*) gewoon; (*nicht doppelt*) enkel(voudig); *Reise*: enkel; *Adv.* (*geradezu*) gewoon (-weg); **²heit** *f* (*0*) eenvoud; *der ~ halber* gemakshalve.

einfädeln in de naald steken; *fig.* op touw zetten; *sich ~ Verkehr*: zich invoegen.

einfahr|en 1. *v/t* (*zertrümmern*) stukrijden; *Auto* inrijden; *Ernte* binnenbrengen; **2.** *v/i* binnenrijden; *Bgb.* afdalen; **²t** *f* (*das Einfahren*) (het) binnenrijden; *Schiff*: (het) binnenvaren; (*Eingang*) inrit, ingang; (*Hafen²*) ingang; *Bgb.* afdaling.

Einfall *m* inval (*a. mil.*); (*Einsturz*) (het) invallen; **²en** invallen (*a. Licht*), (*einstürzen a.*) instorten; *Feind*: binnenvallen; *Gedanke*: te binnen schieten; (*unterbrechen*) in de rede vallen; *was fällt Ihnen ein?* wat denkt U wel?; *das fällt mir gar nicht ein!* ik denk er niet aan!; *s. a.*

eingefallen; ♀**s·reich** rijk aan ideeën; ⁓**s·winkel** *m* invalshoek.

Ein|falt *f* (*0*) eenvoud; *pej.* onnozelheid; ♀**fältig** argeloos, eenvoudig; *pej.* onnozel, dom; ⁓**falts·pinsel** *m* onnozele hals, sul; ⁓**familienhaus** *n* eengezinswoning; ♀**fangen** vangen; *fig.* beschrijven; ♀**farbig** (*0*) effen.

einfass|en (*umgeben*) omgeven, omsluiten; (*umrahmen*) omlijsten; (*nähen*) boorden; *Edelsteine* zetten in; ♀**ung** *f* (het) omgeven; omlijsting; boord; zetting; (*Brillen*♀) (het) montuur.

ein|fetten invetten; ⁓**finden:** *sich* ⁓ aankomen, verschijnen; ⁓**flechten** in(een)vlechten; *fig.* inlassen; ⁓**fliegen** *v/t* invliegen; *v/i* binnenvliegen; ⁓**fließen** instromen; *Geld*: binnenstromen; *fig.* ⁓ *lassen* eraan toevoegen; ⁓**flößen** ingieten; *Med.* ingeven; *fig.* inboezemen; *Abneigung* opwekken; *Furcht* aanjagen.

Einflug *m* (*-es*; *0*) (het) binnenvliegen; ⁓**schneise** *f* aanvliegroute.

Einfluß *m* (het) instromen; (*Mündung*) monding; *fig.* invloed; ⁓**bereich** *m* invloedssfeer; ⁓**nahme** *f* beïnvloeding; ♀**reich** invloedrijk.

ein|flüstern influisteren; ⁓**fordern** invorderen; ⁓**förmig** eenvormig, eentonig; ⁓**fried(ig)en** omheinen; ⁓**frieren** *v/i* (*sn*) bevriezen (*a. Geld*); *im Eis*: in-, vastvriezen; *v/t* invriezen.

einfüg|en invoegen; *Worte a.* inlassen; *sich* ⁓ *in* (*A*) zich aanpassen aan; ♀**ung** *f* invoeging; inlassing.

einfühl|en: *sich* ⁓ *in* (*A*) zich inleven in; *in j-n* meeleven met, aanvoelen; ⁓**sam** meelevend, aanvoelend; ♀**ungs·vermögen** *n* (*-s*; *0*) de gave iets te kunnen aanvoelen, (het) begrip.

Einfuhr *f* invoer, import; ⁓*en pl.* [importen *pl.*]

Einfuhr|- *in Zssgn mst.* invoer-, *z.B.* ⁓**beschränkungen** *f/pl.* invoerbeperkingen *pl.*; ⁓**bestimmungen** *f/pl.* invoerbepalingen *pl.*

einführen invoeren (*a. Mode usw.*); (*importieren a.*) importeren; (*einleiten*) inleiden; *Leute* introduceren; (*hineinschieben*) brengen (*od.* steken) (in).

Einfuhr|genehmigung *f* invoervergunning; ⁓**land** *n* (het) invoerend land.

Einführung *f* invoering; inleiding; introductie; (het) aanbrengen; ⁓**s·preis** *m* introductieprijs.

Einfuhr|verbot *n* (het) invoerverbod; ⁓**zoll** *m* invoerrechten *n/pl.*

ein|füllen vullen; *Flüssigkeit* ingieten, indoen; ♀**gabe** *f* (*Gesuch*) (het) verzoekschrift, (het) adres.

Eingang *m* ingang; (*Zugang*) toegang; (*Ankunft*) aankomst, ontvangst; (*Anfang*) (het) begin; *Eingänge pl.* ingekomen zendingen *pl.* ♀**s** in het begin; ⁓**s·datum** *n* datum van ontvangst; ⁓**s·formel** *f* beginformule; ⁓**s·tür** *f* ingang.

eingeben ingeven; *Gesuch* indienen.

eingebildet verwaand, ingebeeld; (*phantasiert*) denkbeeldig, ingebeeld.

eingeboren (*0*) (*einheimisch*) inheems; ♀**e(r)** inboorling, inlander.

Eingebung *f* ingeving.

einge|denk (*G*) indachtig; ⁓**fallen** ingevallen (*a. Anat.*); ⁓**fleischt** verstokt, onverbeterlijk.

eingehen 1. *v/i* (*sn*) in-, binnengaan; *Brief, Geld*: binnenkomen; *Firma, Zeitung*: ophouden te bestaan; *Tier*: sterven, doodgaan; *Pflanze*: afsterven, uitdrogen; *Stoff*: krimpen; ⁓ *auf* (*A*) ingaan op; **2.** *v/t* aangaan (*a. Ehe, Wette usw.*); *Risiko* (op zich) nemen; *Vertrag* sluiten; ⁓ grondig, uitvoerig.

Einge|machte(s) (het) inmaaksel, inmaak; ♀**meinden** (*-e-*; -) bij een grotere gemeente voegen; ♀**nommen:** ⁓ *für* (*gegen*) (*A*) ingenomen met (tegen); *von sich* ⁓ met zichzelf ingenomen; ⁓**schränktheit** *f* (*0*) beperktheid; ♀**schrieben** *Brief* aangetekend; ♀**sessen** ingezeten, gevestigd; ⁓**ständnis** *n* bekentenis; ♀**stehen** bekennen, toegeven; ⁓**weide** *n/pl.* ingewanden *pl.*; ⁓**weihte(r)** ingewijde; ♀**wöhnen:** *sich* ⁓ (*in D*) gewennen (aan), acclimatiseren (in); ♀**wurzelt** ingeworteld; ♀**zogen** teruggetrokken, ingetogen.

ein|gießen ingieten; *Getränke* inschenken; ⁓**gipsen** *Med.* in het gips zetten; ⁓**gleisig** (*0*) met enkel spoor.

einglieder|n opnemen (in het verband), inschakelen; *sich* ⁓ zi-

voegen, passen; 2ung *f* inschakeling, integratie; (het) passen.
in|graben (*sich*) (zich) ingraven; (*einritzen*) (in)graveren; (*ins Herz*) inprenten; **~gravieren** ingraveren; **~greifen** ingrijpen; *fig. a., in ein Gespräch bsd.* tussenbeide komen; *Zahnrad*: in elkaar grijpen; **2griff** *m Med.* ingreep; ~ *in* (*A*) inbreuk op; **~haken** in elkaar haken; *sich* ~ *bei j-m* iem. een arm geven.
inhalt *m* (*-es*; *0*) (het) tegenhouden, (het) stuiten; ~ *gebieten* doen ophouden, tegenhouden; *e-r S. a.* een einde maken aan, beteugelen; **2en 1.** *v/t* zich houden aan, nakomen; *Stoff* inhouden; **2.** *v/i* (*mit D*) ophouden (met).
in|handeln inkopen; (*tauschen*) (in)ruilen; **~händig** (*0*) eenhandig; **~hängen** (in)hangen; *Tel.* ophangen, de hoorn op de haak leggen; **~hauchen** inblazen, inademen; **~hauen 1.** *v/t* inslaan (*a. Fenster*), inhakken; *Loch* uithouwen; **2.** *auf* (*A*) inslaan; F (*beim Essen*) schransen; **~heften** innaaien.
inheimisch (*0*) inheems (*a. S.*); **2e(r)** ingezetene.
in|heimsen (*-t*) oogsten; *Geld* inpikken; **~heiraten** introuwen.
inheit *f* eenheid (*a. mil.*); **2lich** uniform; (*zusammengehörig*) één geheel vormend, eenheids-; **~lichkeit** *f* (*0*) uniformiteit; eenheid.
inheits|- *in Zssgn mst.* eenheids-, *z.B.* **~bestrebungen** *f/pl.* eenheidsgedachten *pl.*; **~klasse** *f* eenheidsklasse; **~preis** *m* eenheidsprijs.
nheizen stoken; *fig. j-m* de waarheid zeggen.
nhellig eenstemmig, eensgezind, eenparig; **2keit** *f* (*0*) eenstemmigheid, eenparigheid.
n'her voort; aan; **~fahren** voortrijden; (*heran*) komen aanrijden; **~gehen** voortgaan, voortlopen; (*heran*) komen aanstappen; ~ *mit* (*D*) gepaard gaan met.
nhol|en inhalen; *Rat, Auskunft* inwinnen; *Erlaubnis* vragen; (*einkaufen*) boodschappen *pl.* doen; **2ung** *f* inhaling; inwinning.
n|horn *n* eenhoorn; **2hüllen** inhullen; (*in Papier*) inwikkelen.
nig (*0*) (*geeint*) eensgezind; *sich* ~ *sein* (*werden*) *über* (*A*) het eens zijn (worden) over.

einige *sg.* enige, een beetje; *pl.* enkele *pl.*, enige *pl.*; ~ *Zeit* enige tijd, een tijdje; *s. a. einiges*; **~mal** soms, somtijds.
einig|en verenigen; *sich* ~ (*auf, über A*) het eens worden (over); **~er'maßen** [ɑː] enigszins, tamelijk; (*leidlich*) tamelijk goed, een beetje; **~es** een en ander, iets; **2keit** *f* (*0*) eensgezindheid, eendracht; **2ung** *f* vereniging; (*Übereinstimmung*) overeenstemming, (het) akkoord.
ein|impfen inenten, vaccineren; **~jagen** aanjagen; **~jährig** (*0*) eenjarig; **~kalkulieren** meerekenen, rekening houden met; **~kapseln** (*sich*) (zich) inkapselen (*a. fig.*).
Einkauf *m* inkoop; *Einkäufe pl. machen* boodschappen *pl.* doen; **2en** *v/t* inkopen; *v/i* boodschappen *pl.* doen.
Einkäufer *m* inkoper.
Einkaufs|preis *m* inkoopsprijs; **~tasche** *f* boodschappentas; **~zentrum** *n* (het) winkelcentrum.
Einkehr *f* (*0*) intrek; (*Herberge*) herberg; *fig.* ~ *in sich selbst* inkeer; **2en** (*sn*) zijn intrek nemen; *bei Freunden* aanlopen; *in e-m Gasthaus* ~ naar een restaurant gaan; *in sich* ~ tot zichzelf inkeren.
ein|keilen in-, vastklemmen; **~kellern** (*-re*) in de kelder opslaan, inkelderen; **~kerben** inkerven, inkepen; **~kerkern** (*-re*) gevangenzetten, opsluiten; **~kesseln** (*-le*) omsingelen; **~klagen** gerechtelijk opeisen; **~klammern** *Satz, Wort* tussen haakjes zetten.
Ein|klang *m* overeenstemming; *Mus.* unisono; *in* ~ *bringen* (*stehen*) *mit* (*D*) in overeenstemming brengen (zijn) met; **2kleben** inplakken.
einkleid|en inkleden (*a. fig.*); *mil.* kleden; **2ung** *f* inkleding; kleding.
ein|klemmen in-, vastklemmen; *Finger* knellen; **~klinken** *Tür* op de klink doen; **~knicken** *v/t u. v/i* (*sn*) knakken, ombuigen; **~kochen** *v/t* inkoken, inmaken; *v/i* (*sn*) verkoken.
einkommen binnenkomen; 2 *n* (het) inkomen, inkomsten *pl.*; **2steuer** *f* inkomstenbelasting.
einkreis|en omsingelen; **2ung** *f* omsingeling.
Ein|künfte *f/pl.* inkomsten *pl.*; **2kremen** insmeren; **2kuppeln** *Auto*: de koppeling indrukken.

einlad|en inladen; *Gäste* uitnodigen; **~end** aanlokkelijk; **℞ung** *f* (het) inladen; uitnodiging.

Einlage *f* (het) inleggen; (*Spar℞*) inleg, (het) deposito; (*Brief℞*) bijlage, (het) ingesloten stuk; (*Spiel℞*) inleg; (*Kapital℞*) inbreng; *der Zigarre*: (het) binnengoed; (*Schuh℞*) steunzool; *Kleider*: opvulling, tussenvoering; *Thea.* (het) extranummer; *Suppe mit ~* soep met balletjes, groenten *usw.*

einlager|n opslaan; **℞ung** *f* (het) opslaan, opslag.

Ein|laß *m* (*-sses*; *"sse*) toegang; (*Pforte*) (het) poortje; **℞lassen** binnenlaten; *Wasser* inlaten, in laten lopen; (*einfügen*) inlaten, verzinken; *sich ~ auf* (*A*) ingaan op; *sich mit j-m ~* zich met iem. inlaten; **~laßkarte** *f* toegangskaart; **~lassung** *f* *jur.* weerlegging.

Einlauf *m* (het) binnenkomen; *Schiff*: (het) binnenlopen; *Post*: ingekomen post; *Med.* (het) lavement; **℞en** binnen-, inkomen; *Schiff*: binnenlopen; *Stoff*: krimpen; *Wasser*: inlopen; *sich ~* zich inlopen.

ein|läuten inluiden; **~leben:** *sich ~ an e-m Ort* zich inburgeren, wennen; *in* (*D*) zich inleven.

einlege|n inleggen, indoen; (*einschieben*) inlassen; *Lebensmittel* inmaken; *Tech.* inleggen; *Geld* storten; *Protest* aantekenen; *Beschwerde* indienen; *etw. in e-n Brief* insluiten; *Ehre ~ mit* (*D*) eer behalen met; *ein gutes Wort ~ für* (*A*) een goed woordje doen voor; **℞r** *m* inlegger; **℞sohle** *f* inlegzool.

einleit|en inleiden; *Prozeß* beginnen; *Untersuchung* instellen; **℞ung** *f* inleiding; (het) begin.

einlenken *fig.* bijdraaien, van toon veranderen; *in e-n Weg ~* een weg inslaan.

einleuchten (*D*) duidelijk zijn; *das will mir nicht ~* dat zie ik niet in; **~d** duidelijk, plausibel.

einliefer|n inleveren, afgeven; *~ in* (*A*) (*Krankenhaus, Gefängnis*) brengen naar; **℞ung** *f* inlevering; (het) vervoer; **℞ungs·schein** *m* (het) bewijs van afgifte, (het) reçu.

ein|liegend ingesloten; **~lochen** F in de gevangenis gooien.

einlös|en inlossen (*a. Wort*); *Scheck* innen; *Gutschein* inwisselen; **℞ung** inlossing; inning; inwisseling.

einlullen in slaap zingen (*fig.* sus sen).

einmach|en inmaken, inleggen *s. a. Eingemachte(s)*; **℞glas** *n* (het inmaakglas.

einmal eens, éénmaal, één keer (*erstens*) ten eerste; (*mal*) eens; *au ~* ineens; (*zugleich a.*) tegelijk (*plötzlich a.*) opeens; *nicht ~* nie eens; **℞'eins** *n* (-; *0*) tafel van ve menigvuldiging.

einmalig uniek; voor (*od.* van) éé keer; **℞keit** *f* (*0*) unieke waard (het) unieke; (het) één keer voo komen.

Einmann|- *in Zssgn mst.* eenmans *z.B.* **~betrieb** *m* (het) eenman bedrijf; **~wagen** *m* eenmanswage

Einmarsch *m* intocht; (*Invasio* inval; **℞ieren** binnenrukken, bi nentrekken.

Ein|master *m* eenmaster; **℞ma ern** inmetselen; (*Mauern baue* ommuren; **℞mengen** = *einm schen*; **℞mieten:** *sich ~* kamers huren.

einmisch|en inmengen, meng in; *sich ~* (*in A*) zich mengen (in zich bemoeien (met); **℞ung** *f* i menging.

ein|motorig (*0*) eenmotorig; **motten** (*-e-*) tegen de mot beha delen; *Schiffe* opleggen; **~mu me(l)n** inpakken, instoppen.

einmünd|en uitmonden, uitlope **℞ung** *f* monding; (*Straßen℞*) u monding.

einmütig eensgezind, eenstemmi **℞keit** *f* (*0*) eensgezindheid, ee stemmigheid.

einnähen innaaien.

Einnahme *f* inneming (*a. Med* *Hdl.* ontvangst; **~quelle** *f* bron v inkomsten.

ein|nebeln een rookgordijn legge **~nehmen** innemen (*a. Med., Pla mil. usw.*); *Geld* ontvangen, in o vangst nemen, innen; *Mahlzeit* g bruiken; *Stelle* bekleden; *Haltu* aannemen; *~d* innemend; *s. a.* e *genommen*; **~nicken** (*sn*) indutt indommelen; **~nisten:** *sich ~* zi nestelen (*a. fig.*); **℞öde** *f* woeste **~ölen** oliën, met olie insmeren.

ein·ordn|en rangschikken; indele *sich ~ im Verkehr*: voorsorter

2**ung** *f* rangschikking; indeling; (het) voorsorteren.

ein|packen inpakken (*a. fig.*); F zijn biezen pakken; **~passen** inpassen, invoegen; **~pauken** (*sich*) erin pompen; **~pferchen** bij elkaar drijven; *fig.* opeenpakken; **~pflanzen** inplanten; *Organ* transplanteren; *fig.* inprenten; **~pfropfen** (in)enten; *j-m etw.* instampen; **~phasig** (*0*) eenfasig; **~planen** in de planning opnemen, voorzien; **~pökeln** inpekelen, inzouten.

einpräg|en (*sich*) (zich) inprenten (*a. fig.*); *dem Gedächtnis ~* in het geheugen prenten; **~sam** gemakkelijk te onthouden.

einpressen inpersen; (*zusammenpressen*) samenpersen.

einquartier|en (-) inkwartieren; 2**ung** *f* inkwartiering.

ein|rahmen inlijsten; (*umgeben*) omlijsten, encadreren (*a. fig.*); **~rammen** inslaan, inheien; **~rasten** (in elkaar) grijpen; **~räuchern** beroken.

einräum|en in-, opruimen; *Wohnung* inrichten; *Recht*, *Vorrang* geven, afstaan; *Kredit* verlenen; (*zugeben*) toegeven; 2**ung** *f* in-, opruiming; inrichting; verlening; toegeving, concessie.

einrechnen mee-, erbij rekenen; *mit eingerechnet* meegerekend, inclusief.

Einrede *f* tegenwerping, (het) protest; *jur.* (het) verweer; 2**n** *j-m etw.* wijsmaken; *Mut* inspreken; *auf j-n ~* iem. trachten over te halen.

ein|reiben inwrijven; **~reichen** indienen; *Gesuch a.* aanbieden; (*bitten um*) aanvragen.

einreih|en in-, aan(een)rijgen; *mil.* indelen; **~ig** (*0*) van één rij (*od.* gelid); *Anzug*: met één rij knopen.

Einreise *f* (het) binnenreizen, (het) binnenkomen (in een land); **~bestimmungen** *f/pl.* bepalingen *pl.* omtrent toelating (in een land); **~erlaubnis** *f*, **~visum** *n* (het) visum, inreisvergunning; 2**n** binnen-, inreizen.

ein|reißen 1. *v/t* inscheuren; *Haus* afbreken, omverhalen; **2.** *v/i* (in-) scheuren; *fig.* zich verspreiden, toenemen; **~reiten** *Pferd* afrijden; *v/i* (*sn*) binnenrijden; **~renken** *Glied* zetten; *fig.* in 't reine brengen; **~rennen** in-, openrennen, openbeuken.

einricht|en inrichten (*a. Wohnung*); (*arrangieren a.*) regelen; *Glied* zetten; *sich ~ Haus* zijn huis inrichten; *sich ~ auf* (*A*) zich instellen op; 2**er** *m* inrichter; 2**ung** *f* inrichting (*a. Institution*); (*Maßnahme*) regeling; *Tech.* installatie.

ein|riegeln opsluiten; **~ritzen** inkrassen, griffen in; **~rollen** inrollen; **~rosten** (in)roesten; *fig.* in-, vastroesten; **~rücken** *v/t Zeile* laten inspringen; *v/i* (*sn*) *mil.* opkomen; *in ein Land* binnenrukken; *in die Kaserne* inrukken; **~rühren** *Ei* roeren; *Gips*, *Teig* mengen.

eins *Zahlwort* één; *Adv.* (*gleichgültig*) om het even; = *einig*; = *eines*: *s. ein*[1]; 2 *f* één.

ein|sacken *v/t* in zijn zak steken; **~salzen** inzouten.

einsam eenzaam; 2**keit** *f* (*0*) eenzaamheid.

einsammeln inzamelen, ophalen.

Einsatz *m* inzet (*a. mil. u. Spiel*2); (*eingesetztes Stück*) (het) tussenzetsel; *Mus.* (het) inzetten; *im ~ stehen* ingezet worden; **~bereitschaft** *f* bereidheid tot volle medewerking; *mil.* paraatheid; 2**fähig** *Pers.*: beschikbaar; *S.*: bruikbaar.

ein|saugen inzuigen; **~säumen** zomen; *fig.* omzomen.

einschalt|en inschakelen (*a. fig.*); (*einfügen*) invoegen, inlassen; *Licht* aandoen; *Radio*, *Motor* aanzetten; *sich ~* (*eingreifen*) in actie komen, tussenbeide komen; 2**ung** *f* inschakeling; invoeging, inlassing; (het) aandoen; (het) aanzetten.

einschärfen op het hart drukken, inprenten.

einschätz|en taxeren (*a. j-n*), schatten; *Steuer*: aanslaan; 2**ung** *f* taxatie, schatting; aanslag.

ein|schenken inschenken; **~schikken** (in)zenden, insturen.

einschieb|en inschuiven, induwen; *Wort usw.* inlassen; 2**sel** *n* (het) in-, tussenvoegsel.

ein|schienen *Med.* spalken; **~schießen** inschieten (*a. Gewehr*); *Brot* in de oven schuiven; *Geld* storten, inleggen.

einschiff|en (*sich*) (zich) inschepen; 2**ung** *f* inscheping.

einschl. *Abk. für einschließlich.*

ein|schlafen (*sn*) inslapen; *mein*

Arm ist eingeschlafen slaapt; **~schläfern** (*-re*) in slaap doen vallen, slaperig maken; *fig.* in slaap wiegen.
Einschlag *m* inslag (*a. fig.*); (*Geschoß*) (het) inslaand projectiel (granaat *usw.*); (*Stelle*) trechter; (*Kugel2*) (het) kogelgat; (*Geschoß2, Blitz2*) (het) inslaan; **2en 1.** *v/t* inslaan (*a. Tür, Kurs, Weg usw.*); (*einwickeln*) inpakken; *Buch* kaften; *Saum* omslaan; *Räder* draaien; **2.** *v/i* inslaan (*a. fig.*); (*zustimmen*) toeslaan; ~ *auf* (*A*) afranselen; *es hat eingeschlagen Blitz*: de bliksem is ingeslagen.
ein|schlägig desbetreffend, erbij horend; **~schleichen:** *sich* ~ binnensluipen (*a. fig.*); **~schleifen** inslijpen; *Ventil* slijpen; **~schleppen** naar binnen slepen; *Krankheit* binnenbrengen; **~schleusen** *fig.* binnenloodsen.
einschließ|en insluiten (*a. umzingeln*); (*einsperren*) *j-n* opsluiten; (*enthalten a.*) inhouden; *in Klammern* ~ tussen haakjes zetten; **~lich** (*G*) met inbegrip van, inclusief; *s. a. bis*; **2ung** *f* insluiting; (het) opsluiten.
ein|schlummern (*sn*) insluimeren; **2schluß** *m* (het) insluiten, insluiting; *mit* ~ = *einschließlich*; **~schmeicheln:** *sich* ~ zich in de gunst dringen; **~schmelzen** *v/t u. v/i* (in)smelten; **~schmieren** insmeren; **~schmuggeln** binnensmokkelen; **~schnappen** dichtspringen, toeknippen; *bei jeder Kleinigkeit* ~ over elke kleinigheid vallen; *er ist eingeschnappt* hij is op zijn tenen getrapt.
einschneiden insnijden; *v/i bsd.* snijden; **~d** diepgaand, ingrijpend.
ein|schneien insneeuwen; **2schnitt** *m* insnijding; (*Absatz*) cesuur (*a. fig.*); (*Phase*) fase; **~schnüren** insnoeren, vastbinden; *sich* ~ zich insnoeren, zich inrijgen.
einschränk|en beperken; *sich* ~ bezuinigen; **~end** *Adv.* met de beperking dat; **2ung** *f* beperking; bezuiniging; (*Vorbehalt*) (het) voorbehoud.
einschrauben in-, vastschroeven.
Einschreibe|brief *m* aangetekende brief; **~gebühr** *f* inschrijfkosten *pl.*; *Post*: (het) aantekengeld.
einschreib|en *Brief* aantekenen; (*sich*) ~ (zich) inschrijven; *per* 2 aangetekend; *s. a. eingeschrieben*; **2ung** *f* inschrijving (*a. Hdl.*); *Post*: aantekening.
ein|schreiten tussenbeide komen, ingrijpen, optreden; **~schrumpfen** (in)krimpen, verschrompelen; **2schub** *m* inschuiving.
einschüchter|n (*-re*) intimideren, vrees aanjagen, bang maken; **2ung** *f* intimidatie; **2ungs·versuch** *m* poging tot intimidatie.
ein|schulen op school doen; **2schuß** *m Weberei*: inslag; *e-s Geschosses*: plaats waar het projectie binnengedrongen is; **~schütten** ingieten; *Material* instorten; **~schwenken** zwenken (naar), indraaien.
einsegn|en inzegenen; (*weihen*) wijden; *Kind* kerkelijk aannemen; **2ung** *f* inzegening; wijding; aanneming; (*römisch-katholisch*) communie.
einsehen in-, doorzien, inkijken; (*begreifen*) inzien, begrijpen; 2 *n* (*-s; 0*) (het) inzicht, inzage; *ein* ~ *haben* meevoelen, begrip hebben.
einseifen inzepen; F bedotten.
einseitig eenzijdig (*a. fig.*); **2keit** eenzijdigheid.
einsend|en inzenden; **2er** *m* inzender; **2ung** *f* inzending.
einsenken laten zinken in, neerlaten.
einsetz|en inzetten; (*anfangen a.*) beginnen; (*ernennen*) benoemen, aanwijzen; *in ein Amt* installeren; *Anzeige* plaatsen, zetten; *Leben* op het spel zetten; *Arbeiter a.* tewerkstellen; *sich* ~ *für* (*A*) zich inzetten voor, opkomen voor; **2ung** *f* inzetting; benoeming, aanwijzing; installatie; plaatsing.
Einsicht *f* (het) inzicht; (*Einblick*) inzage, (het) inzien; (*Verständnis*) (het) begrip; **2ig** verstandig; (*verständlich*) begrijpelijk; **~nahme** inzage; controle; **2s·los** (*-est*) onredelijk; **2s·voll** oordeelkundig, verstandig.
einsickern binnensijpelen.
Einsied|e'lei *f* kluizenaarswoning, kluis; **~ler** *m* kluizenaar.
ein|silbig éénlettergrepig; *fig.* weinig spraakzaam, stil; *Sprache*: ko

aangebonden; **~sinken** in-, wegzakken, inzinken.

insitz|en in de gevangenis zitten; *s. a.* eingesessen; **2er** *m* (het) éénpersoonsvoertuig; (*Insasse*) inzittende; **~ig** (*0*) éénpersoons-.

in|spannen inspannen; *in e-n Rahmen* spannen; **2spänner** *m* (het) rijtuig met één paard.

inspar|en besparen; **2ung** *f* besparing, bezuiniging.

in|sperren opsluiten; *Gefangene a.* gevangenzetten; **~spielen** (sich) (zich) inspelen; *Geld* opbrengen; **~spinnen:** sich ~ zich inspinnen; **~sprechen:** auf j-n ~ dringend tot iem. spreken; **~springen** (*sn*) inspringen; *für j-n a.* invallen; **~spritzen** inspuiten.

in·spruch *m* (het) protest, tegenwerping; (*Beschwerde*) klacht, (het) bezwaar; *jur.* (het) verzet; ~ erheben protesteren; *jur.* verzet doen.

in·spurig (*0*) met enkel spoor.

inst eens.

in|stampfen instampen; *Bücher usw.* vernietigen; **2stand** *m Tennis*: deuce; s-n ~ geben tracteren bij de ndiensttreding; **~stechen** insteken; **~stecken** insteken, indoen; (*in die Tasche*) in zijn zak stoppen; (*mitnehmen*) op zak steken; (*hinnehmen*) slikken; *Niederlage* lijden; *Brief* in de brievenbus stoppen; **~stehen** (*für A*) instaan (voor); **~steigen** instappen; *in ein Haus* naar binnen klimmen; *in ein Geschäft* deelnemen.

nstell|en plaatsen, zetten in; *Personal* aannemen, aanstellen; *Radio* fstemmen; *Rekord* evenaren; (*aufhören mit*) staken, stopzetten; (*regulieren*) af-, instellen; sich ~ komen, verschijnen; sich ~ auf (*A*) zich nstellen op; *konservativ usw.* eingestellt georiënteerd; eingestellt ein auf (*A*) ingesteld zijn op; *S. a.*: erekend zijn voor; eingestellt sein egen (*A*) afwijzend staan tegenover; **~ig** (*0*) uit één cijfer bestaanle; **2ung** *f* aanstelling; afstemming; taking, stopzetting; af-, instelling; (*Gesinnung*) houding, mentaliteit.

n|stich *m* (het) insteken; (*Stelle*) teek; **~stieg** *m* (*-es*; *-e*) (het) instappen; opening; (*Eingang*) ingang.

einstig (*0*) vroeger; (*künftig*) toekomstig.

einstimm|en *Mus.* mee aanheffen; *fig.* in etw. (*A*) ~ instemmen met iets, iets toestemmen; **~ig** éénstemmig (*a. Mus.*); *fig. bsd.* eenparig; **2ig·keit** *f* (*0*) eenparigheid.

einstmals eens, eertijds.

ein|stöckig (*0*) van één verdieping; **~stoßen** instoten, induwen; **~streichen** instrijken, insmeren; *Geld* opstrijken; **~streuen** instrooien; *fig.* inlassen; **~strömen** binnenstromen; **~studieren** instuderen; **~stufen** indelen; *in e-e Besoldungsklasse* inschalen; **~stündig** (*0*) van één uur; **~stürmen** (*sn*): ~ auf (*A*) afstormen op (*a. fig.*); **2sturz** *m* instorting; **~stürzen** (*sn*) instorten, invallen; *Erdreich*: in-, verzakken; **2sturzgefahr** *f* (het) gevaar voor instorting.

einst'weil|en *Adv.* voorlopig, ondertussen, vooralsnog; **~ig** (*0*) voorlopig; *jur.* in kort geding.

ein|tägig (*0*) eendags-, eendaags, van één dag; **2tags·fliege** *f* eendagsvlieg (*a. fig.*); **~tauchen** *v/t* indopen, indompelen; *v/i* (onder-) duiken.

Eintausch *m* ruil, inruiling; **2en** inruilen, inwisselen.

ein'tausend duizend.

einteil|en in-, verdelen; **~ig** (*0*) ééndelig; **2ung** *f* in-, verdeling.

eintönig eentonig; **2keit** *f* (*0*) eentonigheid.

Ein|topf(gericht *n*) *m* eenpansmaaltijd; (*mit Kartoffeln*) stamppot; **~tracht** *f* (*0*) eendracht, eensgezindheid; **2trächtig** eendrachtig, eensgezind.

Eintrag *m* (*-es*; *⸚e*) inschrijving; (*Buchung*) boeking; (*Schaden*) (het) nadeel, schade; **2en** inschrijven; boeken; (*einbringen*) opleveren, opbrengen; eingetragen *Marke*: gedeponeerd; *Verein*: officieel (goedgekeurd).

ein|träglich winstgevend, voordelig, lucratief; **2tragung** *f* inschrijving; boeking, registratie; **~träufeln** indruppelen; **~treffen** (*sn*) aankomen; (*sich erfüllen*) uitkomen; **~treiben** indrijven, inslaan; *Vieh* naar binnen drijven; *Geld* innen, incasseren; **~treten 1.** *v/t* in-, stuktrappen, in elkaar trappen; **2.** *v/i* (*sn*) binnenkomen, binnentreden; (*sich ereignen*) gebeuren, voorvallen; (*beginnen*) opkomen, optreden; ~ *für* (*A*) opkomen voor; *für j-n a.* het opnemen voor; (*vertreten*) vervangen; ~ *in* (*A*) *Partei, Verein* lid worden van; *Geschäft* komen in; **~trichtern** (*-re*) ingieten (met een trechter); *fig.* inpompen, inprenten.

Eintritt *m* (het) binnenkomen, intrede; (*Zugang*) toegang; (*Beitritt*) aansluiting, (het) lid worden van; (*Anfang*) intrede, (het) begin; **~s-geld** *n* entree(prijs), toegangsprijs; **~s·karte** *f* toegangs-, entreekaart.

ein|trocknen (*sn*) in-, uitdrogen; **~tröpfeln** indruppelen.

eintrüb|en: *sich* ~ betrekken; **2ung** *f* toenemende bewolking.

ein|trudeln komen binnenwaaien; **~tunken** indopen, soppen.

ein·üb|en instuderen; **2ung** *f* (het) instuderen, oefening.

einverleib|en (-) inlijven bij; **2ung** *f* inlijving, annexatie.

Einver|nehmen *n* (*-s*; *0*) overeenstemming; (*Verständigung*) verstandhouding; *im* ~ *mit* (*D*) in overleg met; **2standen** (*0*): ~ *sein mit* (*D*) het eens zijn met, akkoord gaan met; ~*!* akkoord!; **~ständnis** *n* overeenstemming, verstandhouding; (*Zustimmung*) toestemming, (het) akkoord; *im* ~ *mit* (*D*) in overleg met.

ein|wachsen *v/t* in de was zetten; **2wand** *m* (*-es*; *"e*) tegenwerping, bedenking; (*Protest*) (het) bezwaar.

Einwander|er *m* immigrant; **2n** immigreren; **~ung** *f* immigratie.

ein|wandfrei onberispelijk; (*überzeugend*) onweerlegbaar; *Adv. bei S. bsd.* zonder moeilijkheden, gesmeerd; **~wärts** binnenwaarts, naar binnen; **~weben** inweven (*a. fig.*); **~wechseln** inwisselen, inruilen.

einweck|en wecken, inmaken; **2-glas** *n* (het) weckglas.

Ein|wegflasche *f* wegwerpfles; **2-weichen** weken, in de week zetten.

einweih|en (*a. fig.*: *in A*) inwijden (in); *s. a.* Eingeweihte(r); **2ung** *f* inwijding.

einweis|en (*anleiten*) instrueren; ~ *in ein Krankenhaus* verwijzen naar; *in ein Amt* ~ installeren; **2ung** *f* instructie; verwijzing; installatie.

einwend|en opwerpen, inbrengen; **2ung** *f* tegenwerping, bedenking, (het) bezwaar.

einwerfen ingooien (*a. Sp.*); *Brief* posten; *fig.* tegenwerpen.

einwickel|n inwikkelen; *in Papier* inpakken; *fig.* verschalken, in de luren leggen; **2papier** *n* (het) (in-) pakpapier.

einwillig|en (*in A*) toestemmen (in) inwilligen; **2ung** *f* toestemming inwilliging.

einwirk|en inwerken; **2ung** *f* (in-) werking.

einwöchig (*0*) van één week.

Einwohner|(in *f*) *m* inwoner *m*, in woonster *f*; **~melde·amt** *n* (het) bevolkingsbureau; **~schaft** *f* in woners *pl.*; **~zahl** *f* (het) aantal in woners.

Ein|wurf *m* (*e-s Briefes*) (het) posten; (*Schlitz*) gleuf; *Sp.* inworp ingooi; *fig.* tegenwerping; **2wurzeln** (*sn*) (*sich*) wortel schieten; *fig.* inwortelen; *s. a. eingewurzelt*; **~zahl** *f* (*0*) (het) enkelvoud.

einzahl|bar (*0*) betaalbaar; **~en** betalen, storten; **2er** *m* storter; **2ung** storting; **2ungs·schalter** *m* (het) loket waar men kan betalen.

einzäun|en omheinen; **2ung** *f* omheining.

einzeichnen tekenen op, aangeven op; *sich* ~ *in* (*A*) zich inschrijven in

Einzel *n Sp.* (het) enkelspel; **~abkommen** *n* (het) speciaal akkoord **~behandlung** *f* speciale behandeling; **~fall** *m* (het) afzonderlijk geval; **~gänger** *m* eenling, individualist; **~haft** *f* eenzame opsluiting; **~handel** *m* kleinhandel, detailhandel; **~heit** *f* (het) detail, bijzonderheid; **~kabine** *f* eenpersoonskajuit **~kampf** *m Sp.* individuele wedstrijd.

einzellig (*0*) eencellig.

einzeln (*0*) afzonderlijk, apart, alleenstaand, één voor één; *im* ~*en* in bijzonderheden; *im* ~*en handelt sich usw.* met name; *bis ins* ~*e* tot in bijzonderheden; *der* ~*e* de enkeling, het individu.

Einzel|reisende(r) individuele reiziger; **~spiel** *n* (het) enkelspel; **~teile** *n/pl.* onderdelen *n/pl.*; **~verkauf** *m* verkoop in het klein; **~wesen** *n* (het) individu, enkeling.

Einzelzimmer *n* eenpersoons

mer; **~zuschlag** *m* toeslag voor een eenpersoonskamer.

einzieh|bar (*0*) intrekbaar; *jur.* invorderbaar; **~en 1.** *v/t* intrekken; (*kassieren*) innen, incasseren; (*konfiszieren*) verbeurd verklaren; *Auskunft* inwinnen; *Truppen* onder de wapens roepen, oproepen; *Luft* inademen; *Segel, Flagge* inhalen; **2.** *v/i* (*sn*) binnentrekken; (*eindringen*) intrekken; *Stimmung usw.*: komen; ~ *in e-e Wohnung* betrekken; *s. a. eingezogen*; **2ung** *f* intrekking; inning; verbeurdverklaring; inwinning; oproeping; inhaling.

einzig enig; (*hervorragend a.*) uniek; *Adv.* (*nur*) alleen; ~ *und allein* enkel en alleen; *kein* ~*er* geen enkele; **~artig** uniek, enig.

Ein|zimmerappartement *n* éénkamerflat, studio; **2zuckern** insuikeren.

Einzug *m* intocht; (*in e-e Wohnung*) (het) betrekken; *Hdl.* inning; **~sgebiet** *n* (het) economisch gebied, regio; (*e-s Flusses*) (het) stroomgebied.

einzwängen inklemmen, inpersen.

eirund (*0*) ovaal, eirond.

Eis *n* (*-es*; *0*) (het) ijs (*a. Speise*2 *u. fig.*); *auf* ~ *legen fig.* in de ijskast zetten.

Eis|- *in Zssgn mst.* ijs-, *z.B.* **~bahn** *f* ijsbaan; **~bär** *m* ijsbeer; **~becher** *m* ijsbeker; **~bein** *n* (het) varkenspootje; **~berg** *m* ijsberg; **~beutel** *m* ijszak; **~bombe** *f* ijstaart; **~brecher** *m* ijsbreker; **~decke** *f* ijskorst; **~diele** *f* ijssalon.

Eisen *n* (het) ijzer; *ein heißes* ~ een heet hangijzer.

Eisen- *in Zssgn mst.* ijzer-; *bei Material aus Eisen mst.* ijzeren (*Adj.*).

Eisenbahn *f* spoorweg; (*Zug*) trein; *höchste* ~ F hoog tijd.

Eisenbahn|- *in Zssgn mst.* spoorweg-; **~brücke** *f* spoorbrug; **~er** *m* spoorwegman, spoorwegbeambte; **~fähre** *f* spoorboot; **~fahrplan** *m* dienstregeling; **~gesellschaft** *f* spoorwegmaatschappij; **~linie** *f* spoorlijn; **~netz** *n* (het) spoorwegnet; **~schaffner** *m* treinconducteur; **~tarif** *m* (het) spoorwegtarief; **~unglück** *n* (het) spoorwegongeluk; **~verkehr** *m* (het) treinverkeer; **~wagen** *m* wagon, spoorwagen.

Eisen|band *n* ijzeren band; **~bergwerk** *n* ijzermijn; **~beschlag** *m* (het) ijzeren beslag; **~beton** *m* (het) gewapend beton; **~blech** *n* (het) plaatstaal; **~draht** *m* ijzerdraad; **~erz** *n* (het) ijzererts; **~gehalt** *m* (het) ijzergehalte; **~gießerei** *f* ijzergieterij; **~guß** *m* (het) gieten van ijzer; **2haltig** ijzerhoudend; **2hart** ijzerhard; *fig.* spijkerhard; **~hütte** *f* ijzersmelterij; **~industrie** *f* ijzerindustrie; **~späne** *m/pl.* (het) ijzervijlsel; **~waren** *f/pl.* ijzerwaren *pl.*; **~werk** *n* (het) ijzerwerk; (*Fabrik*) ijzersmelterij, ijzergieterij.

eisern (*0*) ijzeren (*a. fig.*).

eis|frei (*0*) ijsvrij; **2gang** *m* (*-es*; *0*) ijsgang; **~gekühlt** (*0*) met ijs gekoeld; **2getränk** *n* drank met ijs; **2heilige** *pl.* ijsheiligen *pl.*; **2hockey** *n* (het) ijshockey; **~ig** ijzig (*a. fig.*); **2kaffee** *m* koffie met ijs; **~kalt** (*0*) ijskoud (*a. fig.*); **2keller** *m* ijskelder (*a. fig.*); **2kunstlauf** *m* (het) kunstrijden; **2lauf** *m* (het) schaatsenrijden; **2läufer** *m* schaatsenrijder, schaatser; **2meer** *n* IJszee; **2pickel** *m* (het) ijshouweel.

Ei·sprung *m* eisprong.

Eis|schießen *n* (*-s*; *0*) curling, (het) werpen met houten schijven; **~schokolade** *f* chocolade met ijs; **~scholle** *f* ijsschol, schots; **~schrank** *m* ijskast; **~sport** *m* ijssport; **~verkäufer** *m* ijsverkoper; **~würfel** *m* (het) ijsblokje; **~zapfen** *m* ijskegel; **~zeit** *f* ijstijd.

eitel (*-tl-*) ijdel; (*nichtig*) nietig; (*bloß*) louter, enkel; **2keit** *f* ijdelheid.

Eiter *m* (*-s*; *0*) etter; **~beule** *f* etterzweer.

eit(e)rig (*0*) etterend, etterig.

eitern (*-re*) etteren.

Eiweiß *n* (*-es*; *-e*) (het) eiwit; **~bedarf** *m* behoefte aan eiwitten; **~gehalt** *m* (het) eiwitgehalte; **~mangel** *m* (het) gebrek aan eiwitten.

Ekel 1. *m* (*-s*; *0*) walg(ing), afkeer; ~ *vor* (*D*) afkeer van; **2.** *n* F naarling, (het) mispunt; **2haft** (*-est*) walgelijk, vies, weerzinwekkend; **2n** (*-le*): *sich* ~ *vor* (*D*) walgen van, een afkeer hebben van; *es ekelt mich* (*od. mir*) *vor* (*D*) ik heb een afkeer van, ik walg van.

ekla'tant (*-est*) eclatant.

eklig [e:] walgelijk, vies; (*beschwerlich*) naar, lastig.

Ek'sta|se [st] *f* extase, verrukking; **²tisch** extatisch.
Ek'zem *n* (*-s*; *-e*) (het) eczeem.
Elan [e·'lɑ̃:] *m* (*-s*; *0*) (het) elan.
e'lasti|sch elastisch, veerkrachtig (*a. fig.*); **²zi'tät** *f* (*0*) elasticiteit, veerkracht (*a. fig.*).
Elch *m* (*-ẹs*; *-e*) eland.
Ele'fant *m* (*-en*) olifant; *wie ein* ~ *im Porzellanladen* erg lomp; **~en-rüssel** *m* olifantssnuit.
ele'gan|t (*-est*) elegant; **²z** *f* (*0*) elegantie, zwier.
Ele'gie *f* elegie, (het) klaaglied.
elektrifi'zieren (-) elektrificeren.
E'lektri|ker *m* elektricien; **²sch** (*0*) elektrisch; **²'sieren** (-) elektriseren; **~zi'tät** *f* (*0*) elektriciteit.
Elektrizi'täts|- *in Zssgn mst.* elektriciteits-, *z.B.* **~versorgung** *f* elektriciteitsvoorziening; **~werk** *n* elektrische centrale; **~zähler** *m* elektriciteitsmeter.
E'lektro|- *in Zssgn mst.* elektro-, *z.B.* **~chemie** *f* elektrochemie.
Elek'trode *f* elektrode.
E'lektro|geschäft *n* elektrotechnische winkel; **~herd** *m* (het) elektrisch fornuis; **~industrie** *f* elektrotechnische industrie; **~kardio-'gramm** *n* (het) elektrokardiogram; **~magnet** *m* elektromagneet; **~monteur** *m* elektromonteur; **~-motor** *m* elektromotor.
E'lektron *n* (*-s*; *-en* [-'tʀo:-]) (het) elektron.
Elek'tronen|gehirn *n* (het) elektronisch geheugen; **~mikroskop** *n* elektronenmicroscoop; **~röhre** *f* elektronenbuis.
Elek'troni|k *f* (*0*) elektronica; **²sch** (*0*) elektronisch.
E'lektroschock *m* elektroshock.
Elektro'techni|k *f* (*0*) elektrotechniek; **~ker** *m* elektrotechnicus; **²sch** (*0*) elektrotechnisch.
Ele'ment *n* (*-ẹs*; *-e*) (het) element.
elemen'tar elementair; **²buch** *n* eerste beginselen *n/pl.*; (het) eerste boek; **²gewalt** *f* natuurkracht; **²-unterricht** *m* (het) lager onderwijs.
elend ellendig (*a. gemein*); (*ärmlich a.*) erbarmelijk, armzalig.
Elend *n* (*-ẹs*; *0*) ellende; **~s·viertel** *n* achterbuurt; **~s·wohnung** *f* (het) krot, krotwoning.
elf elf; **²** *f* elf; *Sp.* (het) elftal.
Elf *m* (*-en*), **Elfe** *f* elf.
Elfenbein *n* (*-ẹs*; *0*) (het) ivoor; **²ern** (*0*) ivoren.
elf|fach (*0*) elfvoudig; **~hundert** elfhonderd; **~jährig** (*0*) elfjarig; **~mal** elfmaal; **²'meter** *m* strafschop; **~te(r)** elfde; **²tel** *n* (het) elfde (deel).
elimi'nieren (-) elimineren.
E'lite *f* elite; **~mannschaft** *f* selectieploeg.
Elixier [-'ksi:ʀ] *n* (*-s*; *-e*) (het) elixir.
Elle *f* el.
Ell(en)bogen *m* elleboog.
el'liptisch (*0*) elliptisch.
Elsaß *n*: *das* ~ de Elzas.
Elster [st] *f* (*-*; *-n*) ekster.
elterlich (*0*) ouderlijk.
Eltern *pl.* ouders *pl.*; **~beirat** *m* (het) oudercomité; **~haus** *n* (het) ouderlijk huis; **²los** (*0*) ouderloos.
Email [e·'maɪ(l)] *n* (*-s*; *-s*) (het) email; **²lieren** [-mal'ji:-] (-) emailleren.
Emanzi|pation [-'tsĭo:n] *f* emancipatie; **²'piert** (*-est*) geëmancipeerd.
Em'bargo *n* (*-s*; *-s*) (het) embargo.
Em'blem *n* (*-s*; *-e*) (het) embleem.
Embo'lie *f* embolie.
Embryo ['-bʀi·o:] *m* (*-s*; *-s*) (het) embryo.
emeri'tiert (*0*) emeritus.
Emi'gr|ant(in *f*) *m* (*-en*) emigrant(e *f*); **~ation** [-'tsĭo:n] *f* emigratie; **²ieren** (-) emigreren.
Emi'nenz *f* eminentie.
Emission [-'sĭo:n] *f* emissie, uitgifte; **~s·kurs** *m* emissiekoers.
Emotio|n [-'tsĭo:n] *f* emotie; **²'nal** emotioneel.
Em'pfang *m* (*-ẹs*; *⸗e*) ontvangst (*a. Rf.*); (*Rezeption*) receptie; *in* ~ *nehmen* in ontvangst nemen; *den* ~ *bescheinigen* voor ontvangst tekenen; **²en** (*L*; -) ontvangen, krijgen.
Em'pfäng|er *m* ontvanger; *Rf.* (het) ontvangtoestel; **²lich** ontvankelijk, vatbaar.
Em'pfängnis *f* (*-*; *-se*) ontvangenis; **~verhütung** *f* geboortenbeperking, anticonceptie.
Em'pfangs|antenne *f* ontvangantenne; **~berechtigte(r)** rechthebbende; **~bestätigung** *f* ontvangstbevestiging; **~chef** *m* chef de réception; **~dame** *f* receptioniste; **~gerät** *n* (het) ontvangtoestel; **~halle** *f* ontvangsthal; **~schein**

(het) ontvangstbewijs, (het) reçu; **~tag** *m* ontvangdag.

em'pfehl|en (*L*; -) aanbevelen; + *Inf. mst.* aanraden; *sich ~* zich aanbevelen; (*Abschied nehmen*) afscheid nemen; (*grüßen*) groeten, de groeten doen aan; *ich empfehle mich* (*Ihnen*) ik heb de eer (U te groeten); *es empfiehlt sich* het verdient aanbeveling; **~ens·wert** aanbevelenswaardig; **2ung** *f* aanbeveling; (*Gruß*) groeten *pl.*, complimenten *n/pl.*; **2ungs·schreiben** *n* (het) aanbevelingsschrijven.

em'pfind|en (*L*; -) voelen; *Durst, Hunger, Mitleid, Achtung* hebben; **~lich** (*gegen A*) gevoelig (voor); (*reizbar*) lichtgeraakt, prikkelbaar; **2lichkeit** *f* gevoeligheid; lichtgeraaktheid; **~sam** (over)gevoelig, sentimenteel; **2samkeit** *f* (over)gevoeligheid, sentimentaliteit; **2ung** *f* gewaarwording; (*Gefühl*) (het) gevoel.

em'pfindungs|los (*-est*) gevoelloos, ongevoelig; **2vermögen** *n* (*-s*; *0*) vatbaarheid voor gewaarwordingen *od.* gevoelens, (het) sensitief vermogen.

Empi'r|ie *f* (*0*) empirie; **2isch** [[-'pi:-] (*0*) empirisch.]

em'por omhoog, naar boven, in de hoogte, op(waarts); **~arbeiten:** *sich ~* zich omhoog-, opwerken; **~bringen** omhoogbrengen (*a. fig.*); **2e** *f* galerij.

em'pören (-): *das empört mich* ik ben daar verontwaardigd over; *sich ~* in woede ontsteken; (*meutern*) in opstand komen; *s. a. empört*; **~d** stuitend, weerzinwekkend.

em'por|fliegen op-, omhoogvliegen; **~heben** opheffen; **~kommen** omhoogkomen; (*entstehen*) opkomen; (*reich werden*) fortuin maken; **2kömmling** *m* (*-s*; *-e*) parvenu; **~ragen** omhoogsteken; *fig.* uitsteken (boven); **~schwingen:** *sich ~* zich verheffen; *fig.* zich opwerken; **~steigen** omhoog-, opstijgen; *fig.* opklimmen.

em'pör|t verontwaardigd, woedend; **2ung** *f* verontwaardiging; (*Aufstand*) (het) oproer, opstand.

emsig naarstig, ijverig, nijver; **2keit** *f* (*0*) naarstigheid, ijver.

End|- *in Zssgn mst.* eind-, *z.B.* **~bahnhof** *m* (het) eindstation; **~chen** *n* (het) eindje, (het) stukje.

Ende *n* (*-s*; *-n*) (het) eind(e); (*Aufhören a.*) (het) slot; (*Stück*) (het) eind, (het) stuk; *am ~* tenslotte; *letzten ~s* tenslotte, per slot van rekening; *am ~ der Straße* op het eind(e) van; *~ Mai* (*nächsten Monats*) eind mei (volgende maand); *zu ~ gehen* (*führen*) ten einde lopen (brengen); *zu dem ~* te dien einde; *das dicke ~ kommt noch* de laatste loodjes *n/pl.* wegen het zwaarst; *ich bin mit meiner Geduld am ~* mijn geduld is op; *zu ~ lesen, erzählen* helemaal; *zu ~ sein* afgelopen zijn, eindigen.

enden (*-e-*) eindigen, ophouden.

End|ergebnis *n* (het) eindresultaat; **2gültig** (*0*) definitief; *Adv. a.* voorgoed; **2igen** = *enden*.

En'divie [-vĭə] *f* andijvie.

End|kampf *m* eindstrijd; **~lauf** *m Sp.* finale; **2lich** (*0*) eindig (*a. Math.*), begrensd; *Adv.* eindelijk; **2los** (*0*) eindeloos; *Tech.* (*ohne Ende*) zonder einde; **~punkt** *m* (het) eindpunt; **~reim** *m* (het) eindrijm; **~runde** *f Sp.* finale; **~silbe** *f* laatste lettergreep; **~spiel** *n Sp.* finale; **~spurt** *m* eindspurt; **~station** *f* (het) eindpunt; **~summe** *f* (het) totaal; **~ung** *f* uitgang; **~urteil** *n* (het) eindoordeel, (het) eindvonnis; **~ziffer** *f* (het) eindcijfer.

Ener'gie *f* energie (*a. fig.*).

Ener'gie|- *in Zssgn* energie-, *z.B.* **~krise** *f* energiecrisis; **~politik** *f* energiepolitiek; **~träger** *m* vorm van energie; **~versorgung** *f* energievoorziening.

e'nergisch krachtig, energiek, kordaat, vinnig.

eng eng; (*innig u. schmal bsd.*) nauw; (*innig a.*) intiem; (*beschränkt*) beperkt, bekrompen; *~er machen* enger maken.

Engag|ement [ɑ̃ga3(ə)'mɑ̃:] *n* (*-s*; *-s*) (het) engagement; **2ieren** [-'3i:-] (-) engageren.

eng|befreundet (*0*) intiem bevriend; **~brüstig** (*0*) met smalle borst; astmatisch; **2e** *f* engte (*a. Land2, Meer2*), nauwheid; *fig.* (het) nauw.

Engel *m* engel; **~chen** *n* (het) engeltje; **~s·geduld** *f* (het) engelengeduld.

Engerling *m* (*-s*; *-e*) engerling, larve.

engherzig kleinzielig, bekrompen.

Eng|land *n* Engeland *n*; **~länder(in** *f*) *m* Engelsman *m*, Engelse *f*; (*Schlüssel*) Engelse sleutel; **~lisch** *n* (het) Engels; **2lisch** Engels.
eng|maschig fijnmazig; **2paß** *m* pas, bergengte; *fig.* (het) knelpunt; **~stirnig** bekrompen, kleinzielig.
Enkel|(in *f*) *m* kleinzoon *m*, kleindochter *f*; **~kind** *n* (het) kleinkind.
En'klave *f* enclave.
e'norm enorm.
Ensemble [ã·'sã:bl] *n* (*-s*; *-s*) (het) ensemble.
ent'art|en (-) ontaarden; **2ung** *f* ontaarding.
ent'äußern (-): *sich* ~ (*G*) zich ontdoen van, afstand doen van.
ent'behr|en (-) missen, ontberen; **~lich** ontbeerlijk, te missen, overbodig; ~ *sein* gemist kunnen worden; **2ung** *f* ontbering, (het) gemis.
ent'bieten (-) ontbieden.
ent'bind|en (-) *v/t j-n G* ontheffen van, ontslaan van; *Frau* verlossen; *v/i* bevallen; **2ung** *f* (het) ontslag, vrijstelling; *Med.* bevalling, verlossing; **2ungs·anstalt** *f* kraaminrichting.
ent'blättern (-) ontbladeren.
ent'blöß|en [ø:] (*-t*; -) ontbloten; *fig. a.* ontdoen, beroven; **2ung** *f* ontbloting; beroving.
ent'deck|en (-) ontdekken; **2er(in** *f*) *m* ontdekker *m*, ontdekster *f*; **2ung** *f* ontdekking; **2ungs·reise** *f* ontdekkingsreis.
Ente *f* eend; F (*Lüge*) canard, (het) verzonnen bericht.
ent'ehr|en (-) onteren; **2ung** *f* ontering.
ent'eign|en (-) onteigenen; **2ung** *f* onteigening.
ent|'eilen (-; *sn*) wegsnellen, ontvluchten; **~'eisen** (*-t*; -) ijsvrij maken.
Entenbraten *m* gebraden eend.
ent'erben (-) onterven.
Enterhaken *m* enterhaak.
Enterich *m* (*-s*; *-e*) woerd, mannetjeseend.
entern (*-re*) enteren.
ent|'fachen (-) doen ontvlammen; *fig.* aanwakkeren; **~'fallen** (-) ontvallen, ontgaan; (*ausfallen*) vervallen, wegvallen; ~ *auf* (*A*) vallen op, toekomen.
ent'falt|en (-) ontplooien, ontvouwen (*a. fig.*); *sich* ~ zich ontplooien; *Knospen*: ontluiken; **2ung** *f* ontplooiing; ontluiking.
ent'färben (-) verkleuren; *sich* ~ verbleken, verschieten.
ent'fern|en (-) (*sich*) (zich) verwijderen; **~t** ver (*a. Verwandter*), afgelegen, veraf; *nicht im ~esten* in de verste verte niet; **2ung** *f* afstand, (*das Entfernen*) verwijdering; *in einiger, ...* ~ op ... afstand; **2ungs·messer** *m* afstandsmeter.
ent'fessel|n (-) *fig.* ontketenen; **2ung** *f* ontketening.
ent'fett|en (-) ontvetten; *Pers.* vermageren; **2ung** *f* (*0*) ontvetting, vermagering; **2ungs·kur** *f* vermageringskuur.
ent|'flammen (-) *v/t* ontsteken (*a. fig.*); *v/i* (*sn*) ontvlammen (*a. fig.*); **~'flechten** (-) *Hdl.* ontbinden; **~'fliehen** (-) (*D*) ontvluchten; **~'fremden** (*-e-*; -) vervreemden.
ent'führ|en (-) ontvoeren; *j-n a.* schaken; **2er(in** *f*) *m* ontvoerder *m*, ontvoerster *f*; **2ung** *f* ontvoering, schaking.
ent'gegen (*D*) (*in Richtung*) tegemoet; (*zuwider*; *gegen*) tegen, in tegenspraak met; **~bringen** (toebrengen; *Liebe, Achtung* toedragen; *Vertrauen* schenken; *Interesse* (*D*) hebben (voor); **~fahren** (*sn*) (*D*) tegemoet rijden; **~gehen** (*D*) tegemoet gaan; **~gesetzt** tegen(over)gesteld; **~halten** stellen tegenover; **~kommen** (*D*) tegemoetkomen (*a. fig.*) (*e-r S.*: aan); **~d** tegemoetkomend (*a. fig.*); **2kommen** *n* (*-s*; *0*) tegemoetkoming; **~nehmen** aannemen, in ontvangst nemen; **~sehen** (*D*) tegemoetzien; **~setzen** tegenoverstellen; *s. a. entgegengesetzt*; **~stehen** (*D*) in de weg staan; **~stellen** tegenoverstellen; *sich* ~ (*D*) de weg versperren (*a. fig.*); **~treten** (*sn*) (*D*) bestrijden; *j-m* weerstaan; **~wirken** (*D*) tegenwerken, tegengaan.
ent'gegn|en (*-e-*; -) antwoorden; **2ung** *f* (het) antwoord.
ent|'gehen (*D*) ontgaan; (*entkommen*) ontsnappen aan, ontkomen aan; **~'geistert** (*0*) verbijsterd, wezenloos; **2'gelt** *n* (*-es*; *0*) vergoeding; **~'giften** (*-e-*; -) ontgiften.
ent'gleis|en (*-t*; -; *sn*) ontsporen (*a. fig.*); **2ung** *f* ontsporing.
ent|'gleiten (-) (*D*) ontglippen; **~'gräten** (*-e-*; -) ontgraten.

ent'haar|en (-) ontharen; **≗ungs-mittel** *n* (het) ontharingsmiddel.

ent'halt|en (-) bevatten; ~ *sein in* (*D*) zich bevinden in, staan in; *im Preis* inbegrepen zijn in; *sich* ~ (*G*) zich onthouden van; *sich* (*der Stimme*) ~ zich onthouden, blanco stemmen; **~sam** matig, sober; **≗-samkeit** *f* (*0*) matigheid, soberheid; **≗ung** *f* onthouding.

ent|'härten (-) ontharden; **~'haup-ten** (-*e*-; -) onthoofden; **~'häuten** (-) villen.

ent'heb|en (-) *j-n G* ontheffen van, vrijstellen van; *e-s Amtes* ontslaan uit; **≗ung** *f* ontheffing, vrijstelling; (het) ontslag.

ent|'heiligen (-) ontheiligen, ontwijden; **~'hemmen** (-) ongeremd maken.

ent'hüll|en (-) onthullen (*a. fig.*); **≗ung** *f* onthulling.

Enthusias|mus [ɛntu·'zi̯as-] *m* (-; *0*) (het) enthousiasme; **≗tisch** enthousiast.

ent|'jungfern (-*re*; -) ontmaagden; **~'keimen** (-) *v/t* ontsmetten; *v/i* (*sn*) ontkiemen; **~'kernen** (-) van de pit(ten) ontdoen; **~'kleiden** (-) ont-, uitkleden; *fig.* (*G*) ontdoen van, beroven van; **~'kommen** (-) (*D*) ontkomen aan, ontsnappen aan; **~'korken** (-) ontkurken; **~-'kräften** (-*e*-; -) *j-n* verzwakken, uitputten; *etw.* ontzenuwen, weerleggen.

ent'lad|en (-) ontladen (*a. El.*); *Wagen* lossen, afladen; *sich* ~ *Gewehr*: afgaan; *Gewitter*: losbarsten; *El. u. fig.* zich ontladen; **≗ung** *f* ontlading; lossing; (het) afgaan; losbarsting.

ent'lang langs; *das* (*od. am*) *Ufer* ~ langs de oever; (*hindurch*) *Straße, Tal*: *Su.* + uit, door; **~fahren** *etw.* rijden over; *an etw.* (*D*) rijden langs; *Schiff*: varen langs.

ent'larv|en (-) ontmaskeren (*a. fig.*); **≗ung** *f* ontmaskering.

ent'lass|en (-) ontslaan (*a. Med. u. Gefangene*), afdanken; (*verabschieden*) laten gaan; **≗ung** *f* (het) ontslag, afdanking; (*von Gefangenen*) invrijheidstelling; **≗ungs·gesuch** *n* ontslagaanvrage; (het) verzoek om invrijheidstelling.

ent'last|en (-) ontlasten (*a. fig. u. jur.*); **≗ung** *f* ontlasting; *jur. bsd.* decharge.

Ent'lastungs|angriff *m* afleidingsaanval; **~straße** *f* parallelweg (ter ontlasting); **~zeuge** *m* getuige à decharge; **~zug** *m* extratrein.

ent|'laufen (-) (*D*) weglopen uit (*od.* van), ontvluchten; **~'lausen** (-) ontluizen; **~'ledigen** (-): *sich* ~ (*G*) zich ontdoen van; (*ausführen*) zich kwijten van.

ent'leer|en (-) ledigen, legen, leegmaken; **≗ung** *f* lediging, (het) leegmaken.

ent|'legen afgelegen; *Gedanke*: vergezocht; **~'lehnen** (-), **~'leihen** (-) lenen; (*übernehmen*) ontlenen; **~-'loben** (-): *sich* ~ de verloving verbreken; **~'locken** (-) ontlokken.

ent'lohn|en (-) (het loon) uitbetalen; **≗ung** *f* (het) loon; (*Auszahlung*) uitbetaling van het loon.

ent'lüft|en (-) ventileren, luchten; **≗ung** *f* ventilatie.

ent|'machten (-*e*-; -) uit de macht ontzetten; **~'mannen** (-) ontmannen; **~'menscht** (*0*) onmenselijk, dierlijk; **~militari'sieren** (-) demilitariseren; **~'minen** (-) van mijnen vrijmaken; **~'mündigen** (-) onder curatele stellen; **~'mutigen** (-) ontmoedigen; **≗'nahme** *f* (het) nemen, (het) uitnemen, onttrekking; (*aus e-m Buch*) ontlening; **~'nehmen** (-) nemen uit, ontnemen; *fig.* (*ersehen*) concluderen (uit), opmaken (uit); (*beziehen von*) betrekken (van); (*aus e-m Buch*) ontlenen (aan); **~'nerven** (-) ontzenuwen; **~'puppen** (-): *sich* ~ zich ontpoppen (*a. fig.*); **~'rahmen** (-) afromen; **~'rätseln** (-) ontraadselen; **~'rechten** (-) ontrechten, rechteloos maken; **~'reißen** (-) ontrukken; **~'richten** (-) betalen, voldoen; **~'riegeln** (-) ontgrendelen; **~'rinnen** (-) (*D*) lopen uit; (*entkommen*) ontkomen aan; **~'rollen** (-) *v/t* ontrollen; **~'rücken** (-) ontrukken.

ent'rümpel|n (-*le*; -) de rommel weghalen (van); **≗ung** *f* (*bei Müllabfuhr*) (het) ophalen van het grof vuil.

ent'rüst|en (-) verontwaardigd (*od.* boos) maken; *sich* ~ verontwaardigd (*od.* boos) worden; **~et** verontwaardigd; **≗ung** *f* verontwaardiging.

ent'sag|en (-) (*D*) afstand doen van, afzien van; **≗ung** *f* afstand; *pl. bsd.* verzaking(en *pl.*).

ent|'salzen (-) ontzouten; **𝔖satz** *m* (*-es*; *0*) (het) ontzet.
ent'schädig|en (-) schadeloosstellen; **𝔖ung** *f* schadeloosstelling.
ent'schärfen (-) *Geschoß* onschadelijk maken; *fig.* minder scherp maken, kalmeren.
ent'scheid|en (-) (*sich*) beslissen; *sich* ~ *a.* een beslissing nemen; *sich* ~ *für* (*A*) kiezen (voor); *s. a. entschieden*; **~end** beslissend; **𝔖ung** *f* beslissing; **𝔖ungs·spiel** *n* beslissende wedstrijd.
ent'schieden beslist; *Adj. bsd.* vastbesloten; *auf das* ~*ste* ten stelligste; **𝔖heit** *f* (*0*) beslistheid.
ent|'schlafen (-; *sn*) inslapen; (*sterben*) ontslapen; **~'schleiern** (*-re*; -) ontsluieren (*a. fig.*).
ent'schließ|en (-): *sich* ~ (*zu D*) besluiten (tot); **𝔖ung** *f* (het) besluit; (*Resolution*) resolutie.
ent'schlossen vastberaden, vastbesloten, beslist; **𝔖heit** *f* (*0*) vastberadenheid, beslistheid.
ent|'schlüpfen (-) (*D*) ontsnappen aan, ontglippen aan; **𝔖'schluß** *m* (het) besluit, beslissing; **~'schlüsseln** (-) decoderen; *fig.* ontraadselen; **𝔖'schlußkraft** *f* (*0*) besluitvaardigheid.
ent'schuldig|en (-) (*sich*) (zich) verontschuldigen; ~ *Sie!* pardon!, neemt U mij niet kwalijk!; **𝔖ung** *f* verontschuldiging, (het) excuus; *ich bitte um* ~*!* neem (*beim Siezen*: neemt U) mij niet kwalijk!
ent|'schwefeln (-) ontzwavelen; **~'schwinden** (-) verdwijnen.
ent'send|en (-) sturen, zenden; (*als Vertreter*) afvaardigen; **𝔖ung** *f* (het) sturen; afvaardiging.
ent'setz|en (-) (*des Amtes*) ontslaan, zetten uit; *Festung* ontzetten; (*erschrecken*) ontstellen; *sich* ~ ontstellen, ontzet zijn; **𝔖en** *n* (*-s*; *0*) ontzetting, ontsteltenis; **~lich** ontzettend, vreselijk; **~t** ontzet, ontsteld; **𝔖ung** *f* afzetting, (het) ontslag; (het) ontzet.
ent|'sichern (-) spannen; **~'sinnen** (-): *sich* ~ (*G*) zich herinneren.
ent'spann|en (-) (*sich*) (zich) ontspannen; **𝔖ung** *f* ontspanning.
ent'spinnen (-): *sich* ~ zich ontspinnen.
ent'sprech|en (-) (*D*) beantwoorden aan; (*übereinstimmen a.*) overeenstemmen met; *Zweck a.* voldoen aan; **~end** overeenstemmend (met), overeenkomstig, in overeenstemming met; (*angemessen*) behoorlijk, passend; *Ihrem Wunsch* ~ volgens Uw wens, naar wens; **𝔖ung** *f* (het) overeenstemmende; overeenstemming.
ent|'sprießen (-; *sn*) (*D*) ont-, voortspruiten uit; **~'springen** (-; *sn*) *Fluß*: ontspringen; *Dieb*: ontsnappen; (*Ursprung haben*) voortkomen; **~'stammen** (-) (*D*) *Pers.*: afstammen van; *S.*: stammen uit; **~'stauben** (-) afstoffen, van stof ontdoen.
ent'steh|en (-; *sn*) ontstaan; **𝔖ung** *f* (het) ontstaan.
ent'steigen (-) (*D*) opstijgen uit; (*dem Wagen*) stappen uit.
ent'stell|en (-) misvormen, mismaken; (*fälschen*) verdraaien, vervalsen; **𝔖ung** *f* misvorming; verdraaiing.
ent|'stören (-) ontstoren; **~'strömen** (-; *sn*) (*D*) stromen uit.
ent'täusch|en (-) teleurstellen; (*nicht gefallen a.*) tegenvallen; **~t** teleurgesteld; **𝔖ung** *f* teleurstelling, ontgoocheling.
ent|'thronen (-) onttronen; **~'völkern** (*-re*; -) ontvolken; **~'wachsen** (-) (*D*) *fig.* ontgroeien; **~'waffnen** (-) ontwapenen; **~'warnen** (-) het einde van het luchtalarm aangeven; **~'wässern** (-) droogleggen, draineren.
entweder: ~ ... *oder* of(wel) ... of.
ent|'weichen (-) ontsnappen (*a. Pers.*); **~'weihen** (-) ontwijden; **~'wenden** (*-e-*; -) ontvreemden, ontfutselen; **~'werfen** (-) ontwerpen, schetsen.
ent'wert|en (-) waardeloos maken; *Briefmarken* afstempelen; *Fahrkarte usw.* knippen, ongeldig maken; **𝔖ung** *f* ontwaarding, waardevermindering; (het) afstempelen; (het) knippen.
ent'wick|eln (-) (*sich*) (zich) ontwikkelen (*a. Foto*); **𝔖ler** *m* ontwikkelaar; **𝔖lung** *f* ontwikkeling.
Ent'wicklungs|- *in Zssgn mst.* ontwikkelings-, *z.B.* **~geschichte** *f* ontwikkelingsgeschiedenis; **~helfer** *m* werker in een ontwikkelingsland; **~stufe** *f* ontwikkelingstrap.
ent|'winden (-) ontwringen; **~'wir-**

ren (-) ontwarren; **~'wischen** (-; *sn*) (*D*) ontsnappen aan, ontglippen; **~'wöhnen** (-) ont-, afwennen; *Kind* spenen; **~'würdigen** (-) vernederen, verlagen; **2'wurf** *m* (het) ontwerp, schets, (het) plan.

ent'wurzel|n (-) ontwortelen (*a. fig.*); **2ung** *f* ontworteling.

ent|'zaubern (-) onttoveren; **~'zerren** (-) de juiste vorm (*fig.* verhoudingen *pl.*) herstellen van.

ent'zieh|en (-) onttrekken, ontnemen, wegnemen van; *Blut* aftappen; *sich* ~ (*D*) zich onttrekken aan; *der Berechnung* ontsnappen aan; *das entzieht sich s-r Kenntnis* dat weet hij niet; **2ung** *f* (*0*) onttrekking; ontwenning; **2ungs·kur** *f* ontwenningskuur.

ent'ziffer|n (*-re*; -) ontcijferen; **2ung** *f* ontcijfering.

ent'zück|en (-) in verrukking brengen, verrukken; **2en** *n* (*-s*; *0*) verrukking, vervoering; **~end** verrukkelijk, prachtig; **~t** opgetogen, verrukt.

ent'zünd|bar ontvlambaar (*a. fig.*), ontbrandbaar; **~en** (-) ontsteken (*a. Med.*), aansteken, in brand steken; *fig.* (*verursachen*) doen ontvlammen; *sich* ~ ontvlammen, ontbranden; *Streit*: uitbreken; *Med.* ontsteken; **~lich** *Med.* met ontsteking; **2ung** *f* ontsteking.

ent'zwei stuk, kapot, in stukken; **~brechen** stukbreken; **~en** (-) verdelen, tweedracht zaaien tussen; *sich* ~ kwade vrienden worden, ruzie krijgen; **~gehen** stukgaan; **2ung** *f* verdeeldheid, onenigheid.

Enzian [-tsĭ-] *m* (*-s*; *-e*) gentiaan.

Enzyklo|pä'die *f* encyclopedie; **2'pädisch** (*0*) encyclopedisch.

Epi|de'mie [e·pi·de·-] *f* epidemie; **2'demisch** (*0*) epidemisch.

Epi|'gone *m* (*-n*) epigoon, navolger; **~'gramm** *n* (*-s*; *-e*) (het) epigram, (het) puntdicht.

Epik *f* (*0*) epiek.

Epi|lep'sie *f* (*0*) epilepsie, vallende ziekte; **~'leptiker** *m* epilepticus; **~'log** *m* (*-s*; *-e*) epiloog.

episch (*0*) episch, verhalend.

Epi'sode *f* episode.

E'pistel *f* (-; *-n*) (het) epistel.

E'poche *f* (het) tijdperk; **2machend** baanbrekend.

Epos *n* (-; *Epen*) (het) epos.

Equip|age [e·k(v)i·'pɑːʒə] *f* equipage (*a. mar.*); **~e** [-'ki·p(ə)] *f* equipe, ploeg.

er [eːʁ] hij.

er|'achten (-) achten, houden voor, menen; **2'achten** *n* (*-s*; *0*) mening, (het) inzicht; *meines* ~*s* mijns inziens; **~'ahnen** (-) een voorgevoel hebben van; **~'arbeiten** (-) door werken verkrijgen; *Plan*, *Studie* uitwerken, maken.

Erb|adel *m* erfelijke adel; **~anteil** *m* (het) erfdeel.

er'barmen (-) medelijden opwekken; *sich* ~ (*G*) zich ontfermen over; **2** *n* (*-s*; *0*) ontferming, (het) medelijden.

er'bärmlich erbarmelijk, beroerd; **2keit** *f* erbarmelijkheid.

er'barmungslos (*-est*) meedogenloos; **2ig·keit** *f* (*0*) meedogenloosheid.

er'bau|en (-) bouwen, oprichten; *fig.* stichten; *sich* ~ *an* (*D*) gesticht worden door; **2er** *m* bouwer, stichter; **~lich** stichtend, stichtelijk, verheffend; **2ung** *f* (*0*) oprichting; *fig.* stichting.

erbberechtigt (*0*) erfgerechtigd.

Erbe[1] *n* (*-s*; *0*) erfenis.

Erbe[2] *m* (*-n*) erfgenaam.

er'beben (-; *sn*) beven, trillen.

erben erven.

er|'beten (-) afbidden; **~'betteln** (-) afbedelen; **~'beuten** (*-e-*; -) buitmaken.

Erb|fehler *m* (het) erfelijk gebrek; *fig.* familiekwaal; **~feind** *m* erfvijand; **~folge** *f* (*0*) erfopvolging; **~gut** *n* (het) erfgoed.

er'bieten (-): *sich* ~ zich aanbieden, zich bereid verklaren.

Erbin *f* erfgename.

er'bitten (-) verzoeken om; (*erlangen*) (door verzoeken) verkrijgen.

er'bitter|n (*-re*; -) verbitteren; **~t** verbitterd; **2ung** *f* verbittering.

Erbkrankheit *f* erfelijke ziekte.

er'blassen (*-ßt*; -; *sn*) verbleken.

Erb·lasser *m* erflater, testateur.

erblich (*0*) erfelijk; **2keit** *f* (*0*) erfelijkheid.

er'blicken (-) zien, aanschouwen.

er'blind|en (*-e-*; -; *sn*) blind worden; **2ung** *f* (het) blind worden.

er'bosen (*-t*; -): *sich* ~ boos worden, zich boos maken.

Erbpacht *f* erfpacht.

er'brechen (-) openbreken; *sich ~* braken, overgeven; 2 *n* (-*s*; *0*) (het) openbreken; (het) braken.
Erb·recht *n* (-*es*; *0*) (het) erfrecht.
Erbschaft *f* erfenis; **~s·steuer** *f* successierechten *n/pl.*
Erbse ['ɛʁpsə] *f* erwt; *junge ~* doperwt; **~n·suppe** *f* erwtensoep.
Erb|sünde *f* erfzonde; **~teil** *n* (het) erfdeel.
Erd|- *in Zssgn mst.* aard-, *z.B.* **~achse** *f* (*0*) aardas; **~apfel** *m* aardappel; **~arbeiter** *m* grondwerker; **~bahn** *f* aardbaan; **~beben** *n* aardbeving.
Erdbeer- *in Zssgn* aardbeien-.
Erdbeer|e *f* aardbei; **~eis** *n* (het) aardbeienijs.
Erd|bewohner *m* aardbewoner; **~boden** *m* (-*s*; *0*) aardbodem; **~e** *f* aarde (*a. Erdreich u. El.*); (*Fußboden*) grond; *auf ~n* op aarde; *zur ~ fallen* op de grond vallen; 2**en** (-*e*-) aarden; **~en·bürger** *m* wereldburger.
er'denk|en (-) uit-, bedenken; **~lich** denkbaar, mogelijk.
erd|fahl (*0*) aardkleurig, vaal; 2**ferne** *f* (*0*) grootste aardafstand; 2**gas** *n* (het) aardgas.
Erdgas|- *in Zssgn* aardgas-, *z.B.* **~preis** *m* aardgasprijs.
Erd|geist *m* aardgeest; **~geschoß** *n* benedenverdieping, begane grond; *im ~ wohnen* beneden (*od.* gelijkvloers) wonen.
er'dicht|en (-) verzinnen, uitdenken; 2**ung** *f* (het) verzinnen; (het) verzinsel.
erd|ig (*0*) vol aarde; (*wie Erde*) aardachtig; 2**kabel** *n* grondkabel; 2**klumpen** *m* aardklomp; 2**kruste** *f* aardkorst; 2**kugel** *f* aardbol; 2**kunde** *f* (*0*) aardrijkskunde; 2**leitung** *f* aardleiding; 2**nähe** *f* aardnabijheid; 2**nüsse** *f/pl.* aardnoten *pl.*, apenootjes *n/pl.*; 2**oberfläche** *f* (het) aardoppervlak; 2**öl** *n* aardolie.
er'dolchen (-) met een dolk neersteken.
Erd·reich *n* (-*es*; *0*) grond, (het) aardrijk.
er|'dreisten (-*e*-; -): *sich ~* zich verstouten, zich vermeten; **~'drosseln** (-) wurgen.
er'drücken (-) verpletteren (*a. fig.*), plat-, dooddrukken; **~d** verpletterend.
Erd|rutsch *m* aardverschuiving (*a fig.*); **~satellit** *m* aardsatelliet; **~scholle** *f* aardkluit; **~stoß** *m* aard schok; **~teil** *m* (het) werelddeel.
er'dulden (-) dulden, verduren *Strafe* ondergaan.
Erd|umkreisung *f* omwenteling om de aarde; **~ung** *f* (het) aarden **~wall** *m* aarden wal; **~wärme** aardwarmte.
er'eifern (-): *sich ~* zich opwinden zich driftig maken.
er'eig|nen (-): *sich ~* gebeuren voorvallen; 2**nis** *n* (-*ses*; -*se*) gebeurtenis, (het) voorval; **~nis·reich** bewogen.
er'eilen (-) achterhalen, overvallen.
Erektion [-'tsio:n] *f* erectie.
Ere'mit *m* (-*en*) (h)eremiet.
er'erben (-) (over)erven.
er'fahren 1. (-) *v/t* vernemen, t weten komen, horen; (*erleben*) on dervinden; (*erleiden*) ondergaan **2.** *Adj.* ervaren; 2**heit** *f* (*0*) ervarenheid, ervaring.
Er'fahrung *f* ervaring, ondervinding; *aus ~* bij ondervinding; *in bringen* te weten komen; 2**s·gemä** zoals de ervaring leert, volgens d ervaring.
er'fass|en (-) (aan)grijpen; (*begreifen*) begrijpen, vatten, beseffen (*registrieren*) registreren; 2**ung** *f* (*0* (het) (aan)grijpen; (het) begrip registratie.
er'fechten (-) bevechten, behalen
er'find|en (-) uitvinden; (*lügen* verzinnen; 2**er**(**in** *f*) *m* uitvinder *m* uitvindster *f*; **~erisch** vindingrijk
Er'findung *f* uitvinding, vinding (*Lüge*) (het) verzinsel, fictie; **~s gabe** *f* vindingrijkheid; 2**s·reic** vindingrijk.
er'flehen (-) afsmeken.
Er'folg *m* (-*es*; -*e*) (het) succes (*Folge*) (het) resultaat; *~ haben* suc ces hebben, slagen; 2**en** (-) volgen (voort)komen; (*stattfinden*) plaats hebben, gebeuren; 2**los** (-*est*) zon der resultaat, vruchteloos; **~losig keit** *f* (*0*) vruchteloosheid; 2**reic** succesrijk, met succes; 2**ver sprechend** veelbelovend.
er'forder|lich vereist, noodzakelij nodig; **~n** (-) vereisen, vergen; 2**ni** *n* (-*ses*; -*se*) vereiste, eis.
er'forsch|en (-) onderzoeken; (*er gründen*) doorgronden; *Land* ex

ploreren; ≈**er** *m* onderzoeker; ≈**ung** *f (0)* (het) onderzoek, navorsing; exploratie.

er'fragen (-) door vragen te weten komen; *zu ~ bei (D)* te bevragen bij.

er'freu|en (-) verheugen, verblijden; *sich ~* zich verheugen (*an D* over; *G* in); **~lich** verheugend, heuglijk; **~licher'weise** gelukkig, tot mijn (zijn, ...) blijdschap.

er'frieren (-; *sn*) bevriezen; doodvriezen.

er'frisch|en (-) (*sich*) (zich) verfrissen; ≈**ung** *f* verfrissing (*a. Getränk*); ≈**ungs·raum** *m* cafetaria, kantine.

er'füll|bar *(0)* vervulbaar; **~en** (-) vervullen; *Pflicht a.* nakomen; *Bitte* inwilligen; *sich ~* uitkomen, vervuld worden; ≈**ung** *f* vervulling; inwilliging; (*Verwirklichung a.*) verwezenlijking; ≈**ungs·ort** *m* plaats van levering (*bei Bezahlung*: van betaling).

er'gänz|en (*-t*; -) aanvullen; ≈**ung** *f* aanvulling; (*Zusatz a.*) (het) toevoegsel, (het) supplement; *Gr.* (het) voorwerp; ≈**ungs·band** *m* (het) supplement; ≈**ungs·stück** *n* (het) aanvulsel; (*lose*) (het) toebehoren.

er|'gattern (*-re*; -) te pakken krijgen, op de kop tikken; **~'gaunern** (-): *sich ~* aftroggelen.

er'geb|en 1. (-) leiden tot, geven, opleveren, tot gevolg hebben; (*hervorgehen*) blijken, volgen; *sich ~* (*folgen aus*) blijken, voortvloeien; (*zustande kommen*) ontstaan, tot stand komen; *mil.* zich overgeven; **2.** *Adj.* (*D*) toegedaan; onderdanig; *in Briefen*: dienstwillig; ≈**en·heit** *f (0)* toegenegenheid, gehechtheid; (*Fügsamkeit*) berusting; ≈**nis** *n* (*-ses*; *-se*) uitslag, (het) resultaat; **~nis·los** *(0)* zonder resultaat; ≈**ung** *f (0)* onderworpenheid, berusting.

er'gehen (-) *Befehl, Einladung usw.*: uitgaan; *~ lassen* uitvaardigen; *über sich ~ lassen* geduldig verdragen, over zich heen laten gaan; *sich ~* een luchtje scheppen; *sich ~ in (D)* zich te buiten gaan aan, zich overgeven aan; (*reden*) uitweiden over, uitvoerig spreken over; *es ergeht mir ...* het gaat mij ...; *wie wird es ihm ~?* hoe zal het hem vergaan?; ≈ *n* (*-s*; *0*) (gezondheids)toestand.

er'giebig vruchtbaar; (*ertragreich*) rijk, overvloedig, voordelig; ≈**keit** *f (0)* vruchtbaarheid; rijkdom, overvloedigheid, opbrengst.

er|'gießen (-) uitstorten, uitgieten; *sich ~* stromen, zich uitstorten; *in (A)* uitmonden; **~'glühen** (-; *sn*) ontbranden (*a. fig.*); (*vor Scham*) rood worden.

er'götz|en (*-t*; -) vermaken; *sich ~ an (D)* zich verlustigen in; ≈**en** *n* (*-s*; *0*) (het) vermaak; **~lich** vermakelijk.

er'grauen (-; *sn*) vergrijzen, grijs worden.

er'greif|en (-) grijpen, pakken; *fig.* aangrijpen (*a. rühren*; *Angst*; *Gelegenheit*); *Wort*, *Flucht*, *Maßnahmen* nemen; *Besitz ~ von etw. (D)* iets in bezit nemen; **~end** aandoenlijk; ≈**ung** *f* (*Festnahme*) arrestatie.

er'griffen ontroerd, aangedaan; ≈**heit** *f (0)* ontroering.

er'gründ|en (-) doorgronden, peilen; ≈**ung** *f* doorgronding.

Er'guß *m* uitstorting; *fig.* ontboezeming.

er'haben verheven, groots; ≈**heit** *f (0)* verhevenheid, grootsheid.

er|'halten (-) krijgen, ontvangen; (*bewahren*) bewaren; (*unterhalten*) onderhouden (*a. j-n*), in stand houden; *am Leben ~* in leven houden; *gut ~ (sein)* in goede staat (zijn); *sich ~* blijven bestaan, bewaard blijven, zich staande houden; **~'hältlich** *(0)* verkrijgbaar, te koop.

Er'haltung *f* instandhouding, (het) behoud, handhaving; (het) onderhoud; ontvangst, verkrijging; **~s·trieb** *m* zucht tot zelfbehoud.

er|'hängen (-) (*sich*) (zich) ophangen; **~'härten** (-) hard maken, verharden; *fig.* bewijzen, staven; **~'haschen** (-) snappen, te pakken krijgen.

er'heb|en (-) opheffen; (*preisen*; *Stimme*; *in (A)*, *zu (D)*; *erbauen*) verheffen; (*anstimmen*) aanheffen; *Zoll*, *Gebühr*, *Steuer* heffen; *Klage* indienen; *Einwand* opperen; *Protest* aantekenen; *Anspruch* maken; *sich ~* zich verheffen, oprijzen; (*aufstehen a.*) opstaan; *Sturm*: opsteken; *Volk*: in opstand komen; *Zweifel*, *Streit*: ontstaan; *es erhebt sich die Frage* de vraag rijst; **~lich** aanzienlijk, belangrijk; ≈**ung** *f* (het) opheffen; verheffing; heffing; op-

stand; (*Untersuchung*) (het) onderzoek; (*Umfrage*) enquête.
er|'heischen (-) (ver)eisen, vorderen; **~'heitern** (*-re*; -) opvrolijken; **~'hellen** (-) verlichten; *fig.* ophelderen; *~ aus* (*D*) blijken uit; *sich ~* opklaren (*a. fig.*); *Fenster*: verlicht worden; **~'hitzen** (*-t*; -) (*sich*) (zich) verhitten (*a. fig.*); **~'hoffen** (-) (*sich*) hopen.
er'höh|en (-) verhogen; *Damm, Mauer bsd.* ophogen; *j-n* verheffen; *sich ~ auf* (*A*) stijgen tot; **2ung** *f* verhoging; ophoging; verheffing; (*Anhöhe*) hoogte.
er'hol|en (-): *sich ~* bijkomen, herstellen, opknappen; (*entspannen*) zich ontspannen; **~sam** verkwikkend, ontspannend; **2ung** *f* (het) herstel; ontspanning, (het) verzet(je).
Er'holungs|aufenthalt *m* (het) verblijf voor herstel (van gezondheid); **~heim** *n* (het) herstellingsoord; **~ort** *m* (het) recreatieoord; **~reise** *f* plezierreis; **~zentrum** *n* (het) recreatiecentrum.
er'hören (-) verhoren.
er'inner|lich (*0*): *es ist mir nicht ~* ik herinner het mij niet; **~n** (*-re*; -) (*an A*) herinneren (aan); *sich e-r S.* (*G*) *od. an* (*A*) *~* zich iets herinneren; **2ung** *f* herinnering; **2ungsvermögen** *n* (*-s*; *0*) (het) herinneringsvermogen.
er'kalten (*-e-*; -; *sn*) koud worden, afkoelen; *fig. bsd.* bekoelen.
er'kält|en (*-e-*; -): *sich ~* kou vatten, verkouden worden; **~et** verkouden; **2ung** *f* verkoudheid.
er|'kämpfen (-) bevechten; *fig. bsd.* behalen; **~'kaufen** (-) (aan)kopen; *fig. bsd.* (duur) betalen.
er'kenn|bar (*0*) (her)kenbaar, duidelijk; **~en** (-) (*wiedererkennen*) herkennen; (*einsehen*) beseffen, erkennen, inzien; (*sehen*) zien, onderscheiden; *~ auf* (*A*) *jur.* veroordelen tot; *zu ~ geben, ~ lassen* te kennen geven, laten blijken.
er'kennt|lich: *sich ~ zeigen* zich erkentelijk tonen; **2lichkeit** *f* (*0*) erkentelijkheid; **2nis 1.** *f* (-; *-se*) (het) inzicht, (het) besef, kennis; **2.** *n* (*-ses*; *-se*) *jur.* (het) vonnis, uitspraak.
Er'kennung *f* herkenning; erkenning; onderscheiding; (het) inzicht; **~s·dienst** *m* identificatieafdeling; **~s·zeichen** *n* (het) herkenningsteken.
Erker *m* erker.
er'klär|bar (*0*) verklaarbaar; **~en** (-) verklaren (*a. Krieg usw.*); (*erläutern a.*) uitleggen; **2er** *m* verklaarder, uitlegger; **~lich** (*0*) verklaarbaar; **2ung** *f* verklaring; uitlegging; (*Steuer2*) (belasting)aangifte; *amtliche ~* officiële mededeling.
er|'klecklich aanzienlijk, belangrijk; **~'klettern** (-), **~'klimmen** (-) beklimmen (*a. fig.*); *Baum* klimmen in; **~'klingen** (-; *sn*) (weer)klinken; **~'koren** (*0*) uitverkoren.
er'krank|en (-; *sn*) ziek worden; *erkrankt sein an* (*D*) lijden aan, hebben; **2ung** *f* ziekte.
er'kund|en (*-e-*; -) verkennen; **~igen** (-): *sich ~* (*nach D*) informeren (naar), inlichtingen *pl.* inwinnen (over); **2igung** *f* inlichting, informatie; **2ung** *f* verkenning.
er'lahmen (-; *sn*) verslappen (*a fig.*).
er'lang|en (-) verkrijgen, verwerven; **2ung** *f* verkrijging, verwerving.
Er'la|ß *m* (*-sses*; *-sse*) (*Straf2*) kwijtschelding; (*Beschluß*) verordening (het) besluit, (het) decreet; **2ssen** (-) kwijtschelden; uitvaardigen.
er'laub|en (-) veroorloven, toestaan toelaten, gedogen; *~ Sie?* met Uw verlof!, pardon!; *~ Sie mal!* hoe komt U erbij!; *sich ~* zich veroorloven, de vrijheid nemen; *pej.* zich permitteren; **2nis** *f* (*0*) toelating vergunning, (het) verlof.
er'laucht (*-est*) doorluchtig, verheven.
er'läuter|n (-) verklaren, toelichten uitleggen; **2ung** *f* verklaring, uitlegging, (het) commentaar.
Erle *f* els, elzeboom.
er'leb|en (-) beleven; **2nis** *n* (*-ses -se*) belevenis; (*Liebschaft*) ervaring; **~se** *pl. a.* wederwaardigheden *pl.*, lotgevallen *n/pl.*; **2nis·bericht** *m* (het) verhaal uit eigen ervaring.
er'ledig|en (-) afdoen, afmaken *Aufgabe* zich kwijten van; *Auftrag* uitvoeren; *Geschäft* afdoen, in orde brengen; *Formalitäten* vervullen *Brief, Post*; *etw. für j-n* afhandelen *Besorgung, Bestellung* doen; *j-n* uit de weg ruimen (*a. fig.*); **~t** afgedaan

afgehandeld; (*erschöpft*) doodop; ~ *sein* (*geschafft sein*) *Pers.*: afgedaan hebben; **2ung** *f* afdoening, afwikkeling, afhandeling; vervulling; (het) uit de weg ruimen.

er'legen (-) doden, neerschieten; (*bezahlen*) betalen; (*hinterlegen*) deponeren.

er'leichter|n (*-re*; -) verlichten, vergemakkelijken; *Gewissen* opluchten; **~t** *fig.* opgelucht; **2ung** *f* verlichting, vergemakkelijking; *Pol. bsd.* (~*en pl.*) faciliteit(en *pl.*); (*das Erleichtertsein*) opluchting.

er|'leiden (-) ondergaan (*a. fig.*); *Niederlage, Verlust* lijden; **~'lernen** (-) (aan)leren; **~'lesen** *Adj.* uitgelezen, uitgezocht.

er'leucht|en (-) verlichten (*a. fig.*); **2ung** *f* verlichting; *fig. bsd.* (het) inzicht.

er'|liegen (-; *sn*) (*D*) bezwijken (voor; *Krankheit*: aan); *zum* 2 *kommen* (*bringen*) tot stilstand komen (brengen); **~logen** (*0*) gelogen, verzonnen; **2lös** *m* (*-es*; *-e*) opbrengst; **~löschen** (*L*; -; *sn*) uitgaan; *fig. Gefühl*: verflauwen; (*aussterben*) uitsterven; (*ungültig werden*) vervallen.

er'lös|en (-) (*einnehmen*) ontvangen; (*befreien*) (*von D*) verlossen (van), bevrijden (van); **2er** *m* bevrijder; *Rel.* Verlosser; **2ung** *f* (*0*) verlossing, bevrijding.

er'mächtig|en (-) machtigen; **2ung** *f* machtiging, volmacht.

er'mahn|en (-) aan-, vermanen; (*warnen*) waarschuwen; **2ung** *f* vermaning, aansporing.

er'mangel|n (-) (*G*) ontberen; *j-m* ontbreken; **2ung** *f* (*0*): *in* ~ (*G*) bij gebrek aan.

er'mannen (-): *sich* ~ zich vermannen.

er'mäßig|en (-) verminderen, verlagen; **2ung** *f* vermindering, verlaging.

er'matten (*-e-*; -) *v/t* afmatten, vermoeien; *v/i* (*sn*) moe worden, verzwakken.

er'messen (-) beoordelen, overzien, peilen; 2 *n* (*-s*; *0*) (het) oordeel, (het) gevoelen, mening; *nach meinem* 2 naar mijn mening; *nach menschlichem* 2 naar menselijke berekening, menselijkerwijs gesproken; *es ist in Ihr* 2 *gestellt* het staat U vrij, ik laat het aan U over.

er'mitt|eln (*-le*; -) vaststellen, vinden, achterhalen; (*fahnden*) opsporen; *jur.* (*gegen A*) een onderzoek instellen (tegen); **2lung** *f* vaststelling, (het) vinden; opsporing; (het) onderzoek.

er'möglichen (-) mogelijk maken.

er'mord|en (-) vermoorden; **2ung** *f* moord (op), (het) vermoorden.

er'müd|en (*-e-*; -) *v/t* vermoeien; *v/i* (*sn*) moe worden; **~end** vermoeiend; **2ung** *f* (*0*) vermoeidheid, vermoeienis, moeheid.

er'munter|n (*-re*; -) opvrolijken, opmonteren; (*j-n zu D*) aanmoedigen (tot), opwekken (tot); **2ung** *f* aanmoediging, opwekking.

er'mutig|en (-) aanmoedigen; **2ung** *f* aanmoediging.

er'nähr|en (-) voeden; (*unterhalten*) onderhouden; *sich* ~ zich voeden; (*leben*) in zijn onderhoud voorzien, zijn brood (*od.* de kost) verdienen; **2er** *m* kostwinner; **2ung** *f* voeding; (het) onderhoud; **2ungs·lage** *f* voedselpositie.

er'nenn|en (-) benoemen; **2ung** *f* benoeming.

Er'neuer|er(in *f*) *m* vernieuwer *m*, vernieuwster *f*; **2n** (*-re*; -) vernieuwen; (*wiederholen*) herhalen; **2ung** *f* vernieuwing; herhaling.

er'neut (*0*) vernieuwd; herhaald; *Adv.* opnieuw.

er'niedrig|en (-) vernederen; *Preis* verlagen; **2ung** *f* vernedering; verlaging.

ernst (*-est*) *Adj.* ernstig; ~ *nehmen j-n* au sérieux nemen; *etw.* ernstig opnemen; *es* ~ *meinen* het ernstig (*od.* serieus) menen; 2 *m* (*-es*; *0*) ernst; *es ist mir* ~! ik meen het (in ernst)!; *das ist nicht Ihr* ~! dat meent U niet!; *im* ~ ernstig; *allen* ~*es* in alle ernst; **2fall** *m*: *im* ~ als het ernstig wordt; *mil.* in geval van oorlog; **~haft** (*-est*), **~lich** ernstig, serieus.

Ernte *f* oogst (*a. fig.*).

Ernte|- *in Zssgn mst.* oogst-, *z.B.* **~(dank)fest** *n* (het) oogstfeest.

ernten (*-e-*) oogsten (*a. fig.*).

er'nüchter|n (*-re*; -) ontnuchteren (*a. fig.*); **2ung** *f* ontnuchtering.

Er'ober|er(in *f*) *m* veroveraar(ster *f*); **2n** (*-re*; -) veroveren (*a. fig.*);

~ung *f* verovering; **~ungs·krieg** *m* veroveringsoorlog.
er'öffn|en (-) openen (*a. Sitzung usw.*); *j-m etw.* meedelen, te kennen geven; *sich j-m ~* zijn gevoelens *n/pl.* aan iem. bekendmaken; **2ung** *f* opening; mededeling, bekendmaking, openbaring.
er'örter|n (*-re*; -) (uitvoerig) bespreken, discussiëren over; (*erläutern*) uiteenzetten, toelichten; **2ung** *f* (uitvoerige) bespreking, discussie; uiteenzetting, (het) betoog, toelichting; *zur ~ stehen* op de agenda staan.
e'rotisch erotisch.
er'picht (*0*): *~ auf (A)* belust (*od.* tuk, dol) op.
er'press|en (-) *j-n* chanteren; *etw. von j-m* afpersen; **2er(in** *f*) *m* afperser *m*, chanteur *m*, afperster *f*; **~erisch** (*0*) afpersend, chanterend, chantage-; **2ung** *f* afpersing, chantage.
er'proben (-) op de proef stellen, beproeven, toetsen.
er'quick|en (-) (*sich*) (zich) verkwikken, (zich) verfrissen; **~lich** verkwikkend, verfrissend; **2ung** *f* verkwikking, verfrissing.
er|'raten (-) raden; **~'rechnen** (-) be-, uitrekenen.
er'reg|bar prikkelbaar; (*sensibel*) gevoelig; **2barkeit** *f* (*0*) prikkelbaarheid; gevoeligheid; **~en** (-) opwinden, prikkelen; (*verursachen*) veroorzaken, doen ontstaan; *Mitleid, Interesse, Appetit, Staunen* wekken; *Neid, Strom* opwekken; **2er** *m Med.* verwekker; *Tech.* generator; **2t·heit** *f* (*0*) opgewondenheid, opwinding; **2ung** *f* opwinding, opgewondenheid; (*Erzeugung*) opwekking.
er'reich|bar (*0*) bereikbaar, binnen het bereik; **~en** (-) bereiken (*a. fig.*).
er'retten (-) redden.
er'richt|en (-) oprichten; **2ung** *f* oprichting.
er|'ringen (-) behalen; **~'röten** (-; *sn*) (*vor D*) blozen (van), rood worden (van); **2'rungenschaft** *f* verworvenheid; *der Tech.*: verovering, vordering; (*Anschaffung*) aanwinst.
Er'satz *m* (*-es*; *0*) (*Vergütung*) vergoeding, schadeloosstelling; (*Austausch*) vervanging; (*Stoff*) (het) surrogaat; *mil.* reserve; **~anspruch** *m* aanspraak op schadevergoeding; **~dienst** *m* vervangende dienstplicht; **~mann** *m* plaatsvervanger; **~mittel** *n* (het) surrogaat, (het) vervangend middel; **2pflichtig** (*0*) verplicht tot schadevergoeding; **~rad** *n* (het) reservewiel; **~spieler** *m* reservespeler; **~teil** *n* (het) reserveonderdeel; **~truppen** *f/pl.* reservetroepen *pl.*; **2weise** ter vervanging; *jur.* subsidiair.
er|'saufen (-) F *v/i* (*sn*) *u. v/t* verzuipen; **~'schaffen** (-) scheppen; **~'schallen** (-; *sn*) (weer)klinken; **~'schaudern** (-) huiveren, rillen.
er'schein|en (-; *sn*) verschijnen; (*vorkommen*) toeschijnen, lijken; **2en** *n* (*-s*; *0*) (het) verschijnen, verschijning; **2ung** *f* verschijning; (*Phänomen*) (het) verschijnsel; *in ~ treten* verschijnen, zich vertonen; **2ungs·ort** *m* plaats van verschijnen.
er'schieß|en (-) dood-, neerschieten; **2ung** *f* (het) doodschieten.
er|'schlaffen (-) *v/t u. v/i* (*sn*) verslappen, verzwakken; **~'schlagen** (-) doodslaan; **~'schleichen** (-) op slinkse wijze bemachtigen.
er'schließ|en (-) openen; *Gegend, Märkte, Quelle, Bgb., Herz* (*fig.*) ontsluiten; (*feststellen*) afleiden, opmaken; **2ung** *f* (*0*) opening; ontsluiting.
er'schöpf|en (-) uitputten (*a. fig., Vorräte usw.*); *Thema* volledig behandelen; **~end** *Darstellung*: volledig; **~t** (*0*) uitgeput; **2ung** *f* (*0*) uitputting.
er'schrecken (-) *v/t* doen schrikken, verschrikken; *v/i* (*L*; *sn*) schrikken; **~d** schrikbarend.
Er'schrockenheit *f* (*0*) verschriktheid.
er'schütter|n (*-re*; -) schokken; *fig a.* hevig aandoen, ontroeren; **2ung** *f* schok; ontroering.
er'schwer|en (-) bemoeilijken; *jur* bezwaren; **2nis** *f* (-; *-se*) moeilijkheid; **2ung** *f* bemoeilijking, verzwaring.
er'schwindeln (-) door oplichterij verkrijgen, bij elkaar zwendelen.
er'schwing|en (-) *Geld* opbrengen betalen; **~lich** op te brengen.
er|'sehen (-) zien, waarnemen; (*aus D*) opmaken (uit); **~'sehnen** (-) smachten naar, hevig verlangen.
er'setz|bar herstelbaar, vervang-

baar; te vergoeden; **~en** (-) (*vergüten*) vergoeden, schadeloosstellen voor; (*austauschen*) vervangen.
er|'sichtlich duidelijk (te zien), zichtbaar; *daraus wird* ~ daaruit blijkt; **~'sinnen** (-) verzinnen, bedenken; **~'spähen** (-) bespeuren, ontdekken.
er'spar|en (-) besparen (*a. fig.*); (*Geld zurücklegen*) sparen; **2nis** *f* (-; *-se*) besparing; **~se** *pl.* (het) spaargeld, spaarpenningen *pl.*, spaarcenten *pl.*
er'sprießlich voordelig, nuttig, bevorderlijk.
erst [e:] eerst; (*soeben; nur*) pas, eerst; (*vorher a.*) vooraf; *eben* ~ pas, net; *jetzt* ~ nu pas; ~ *einmal* eerst; ~ *recht wenn* ... zeker; *nun* ~ *recht!* nu zeker!, nu pas goed!; *s. a.* *erst|e*, *~er*, *~es*.
er'starken (-; *sn*) sterker worden; *Pers. a.*: aansterken.
er'starr|en (*vor D*) verstijven (van) (*a. fig.*); *etw.* (*fig.*): verstarren; **2ung** *f* verstijving; verstarring.
er'statt|en (*-e-*; -) *Auslagen* teruggeven; (*entschädigen*) vergoeden; *Anzeige* doen; *Bericht* ~ verslag geven (*od.* uitbrengen); **2ung** *f* teruggave; vergoeding; (het) doen; (het) uitbrengen.
Erst·aufführung *f* première.
er'staun|en (-) *v/t* verbazen, verwonderen; *v/i* (*sn*) zich verbazen, verbaasd zijn; **2en** *n* (*-s*; *0*) verbazing, verwondering; **~lich** verbazend, verbazingwekkend; **~t** verbaasd, verwonderd.
Erst|ausgabe *f* eerste uitgave; **2beste:** *der, die* (*das*) ~ de (het) eerste de (het) beste.
erst|e, ~er, ~es eerste; *fürs erste* vooreerst, voorlopig; *am ersten* (*des Monats*) (op) de eerste (van de maand); *s. a.* erst.
er|'stechen (-) doodsteken; **~'stehen** (-) *v/t* kopen; *v/i* (*sn*) verrijzen, opstaan; **~'steigen** (-) bestijgen, beklimmen; **~'stellen** (-) bouwen; (*anfertigen*) maken, opstellen; (*bereitstellen*) klaarzetten.
erste|mal: *das* ~ de eerste keer; **~nmal:** *zum* ~ voor de eerste keer; **~ns** ten eerste; **~re(r, -s):** ~ ..., (*letztere*[*r, -s*] ...) de (het) eerste ..., (de [het] tweede ...).
erst|geboren (*0*) eerstgeboren; **2geburt** *f* eerstgeboorte; **~genannt** (*0*) eerstgenoemd.
er'sticken (-) *v/t* smoren, verstikken, doen stikken; *v/i* (*sn*) stikken.
erst|klassig eerste klas, eersterangs, prima; **2ling** *m* (*-s*; *-e*) eersteling; **~malig** (*0*) eerst, voor de eerste keer; **~mals** voor de eerste keer; **~rangig** (*0*) eersterangs.
er'streben (-) nastreven, streven naar; **~s·wert** gewenst, waard nagestreefd te worden.
er|'strecken (-): *sich* ~ (*auf A*) zich uitstrekken (over); *fig.* betrekking hebben (op), betreffen; **~'stunken** (*0*) F: *das ist* ~ *und erlogen* dat is een gemene leugen.
er'stürm|en (-) bestormen; (*nehmen*) stormenderhand nemen; **2ung** *f* bestorming.
er|'suchen (-) (*um A*) verzoeken (om); **2'suchen** *n* (*-s*; *0*) (het) verzoek; **~'tappen** (-) betrappen.
er'teil|en (-) geven (*a. Rat, Unterricht, Wort usw.*), (*selten*) verstrekken, verlenen; **2ung** *f* (*0*) (het) geven, verstrekking, verlening.
er'tönen (-; *sn*) (weer)klinken.
Er'trag *m* (*-es*; *¨e*) opbrengst; *Ldw. a.* oogst; *Hdl.* (*Gewinn*) winst; **2en** (-) verdragen; *e-e S. a.* uithouden; **2fähig** rendabel, produktief, winstgevend.
er'träglich draaglijk, uit te houden.
er'trag|reich voordelig, winstgevend; **2s·lage** *f* rentabiliteit; **2s-steigerung** *f* verhoging van de produktiviteit *od.* rentabiliteit.
er|'tränken (-) (doen) verdrinken; **~'träumen** (-): *sich* ~ dromen.
er'trinken (-; *sn*) verdrinken; **2de(r), Ertrunkene(r)** drenkeling.
er|'tüchtigen (-) harden, trainen (*a. Sp.*); **~'übrigen** (-) overhouden; *Zeit a.* vrijmaken; *sich* ~ overbodig zijn.
Eruption [-'tsĭo:n] *f* eruptie, uitbarsting.
er'wachen (-; *sn*) wakker worden, ontwaken (*a. fig.*).
er'wachsen 1. (-) opgroeien; (*entstehen*) voortspruiten, ontstaan; **2.** *Adj.* volwassen; **2e(r)** volwassene.
er'wäg|en (-) overwegen, nagaan; **~ens·wert** het overwegen waard; **2ung** *f* overweging; *in* ~ *ziehen* in aanmerking (*od.* overweging) nemen.

er'wählen (-) (uit-, ver)kiezen.
er'wähn|en (-) vermelden, melding (*od.* gewag) maken van; **~ens·wert** vermeldenswaard; **2ung** *f* vermelding.
er'wärm|en (-) (*sich*) (zich) verwarmen; **2ung** *f (0)* verwarming.
er'wart|en (-) verwachten (*a. Baby usw.*), (*selten*) (af)wachten; *wider (alles)* 2 tegen alle verwachting in; **2ung** *f* verwachting; *in* ~ (*G*) in afwachting van; **~ungs·voll** vol verwachting, hoopvol.
er|'wecken (-) wekken (*a. fig.*); **~'wehren** (-): *sich* ~ (*G*) zich te weer stellen tegen, zich verdedigen tegen; *der Tränen, des Lachens* bedwingen, inhouden; *des Gedankens, des Gefühls* van zich afzetten; **~'weichen** (-) *v/t* week maken, weken; *fig. bsd.* vertederen, vermurwen, roeren; **~'weisen** (-) bewijzen (*a. Dienst usw.*); *sich* (*dankbar, ...*) ~ zich (...) betonen; *sich* ~ *als* blijken (te zijn); *sich* ~, *daß* ... blijken dat ...
er'weiter|n (*-re*; -) (*a. fig.*) uitbreiden, vergroten; *Blutgefäße, Rock* verwijden; *Horizont fig.* verruimen; *in erweitertem Sinne* in ruimere zin; **2ung** *f* uitbreiding, vergroting; verwijding; verruiming.
Er'werb *m* (*-es*; *-e*) (het) verwerven, (het) verkrijgen; (*Verdienst*) verdienste, (het) profijt; (*Kauf*) aankoop; (*Beruf*) brood-, kostwinning; *e-m* ~ *nachgehen* een beroep uitoefenen, voor zijn levensonderhoud werken; **2en** (-) (*sich*) verwerven (*a. Vertrauen usw.*), verkrijgen; verdienen; aankopen; **~er** *m* verkrijger; koper.
er'werbs|fähig in staat tot werken, valide; **~los** (*0*) werkeloos; **2quelle** *f* bron van inkomsten; **~tätig** (*0*) werkend; **~unfähig** invalide, niet in staat tot werken; **2zweig** *m* tak van nijverheid; (het) beroep.
Er'werbung *f* (*Erworbenes*) aanwinst.
er'wider|n (*-re*; -) (*beantworten*) beantwoorden (*a. Besuch usw.*); (*entgegnen*) antwoorden; **2ung** *f* beantwoording; (het) antwoord; *in* ~ (*G*) in antwoord op.
er|wiesener'maßen [ɑ:] zoals gebleken (*od.* bewezen) is, blijkbaar; **~'wirken** (-) verkrijgen, gedaan krijgen; **~'wischen** (-) betrappen; (*greifen*) snappen, pakken; *Bus, Zug* halen; (*durch Zufall erlangen*) op de kop tikken; *es hat mich erwischt* het heeft mij te pakken; **~'wünscht** (*-est*) gewenst, wenselijk; **~'würgen** (-) wurgen.
Erz [e:] *n* (*-es*; *-e*) (het) erts.
Erz- [e:] *in Zssgn mst.* erts-.
Erz- [ɛ] (*in bezug auf Pers.*) *in Zssgn* aarts- (*a. pej.*).
er'zähl|en (-) vertellen; **2er(in** *f*) *m* verteller *m*, vertelster *f*; **~erisch** (*0*) qua vertelkunst (*od.* vertelling); **2ung** *f* (het) verhaal, vertelling.
Erz|bischof *m* aartsbisschop; **~bistum** *n* (het) aartsbisdom; **~engel** *m* aartsengel.
er'zeug|en (-) verwekken (*a. Kind u. fig.*); (*produzieren*) produceren, voortbrengen; *Energie* opwekken; **2er** *m* verwekker, vader; producent; **2nis** *n* (*-ses*; *-se*) (het) produkt, (het) voortbrengsel; **2ung** *f* (*0*) verwekking; produktie, fabricage; opwekking.
Erzfeind *m* aartsvijand.
Erz|förderung *f* ertswinning; **~gebirge** *n* (het) Ertsgebergte; **~gießerei** *f* metaalgieterij; **2haltig** ertshoudend.
Erzherzog(in *f*) *m* aartshertog(in *f*).
er'zieh|en (-) opvoeden; **2er(in** *f*) *m* opvoeder *m*, opvoedster *f*; pedagoog *m*, pedagoge *f*; **~erisch** (*0*) opvoedkundig, pedagogisch; **2ung** *f* opvoeding.
Er'ziehungs|anstalt *f* inrichting voor opvoeding en onderwijs; *pej.* (het) opvoedingsgesticht; **~berechtigte(r)** verantwoordelijke (opvoeder); **~methode** *f* opvoedingsmethode; **~wesen** *n* (*-s*; *0*) opvoeding en onderwijs.
er|'zielen (-) behalen, (*selten*) verkrijgen, bereiken; *Tor* maken; **~'zittern** (-; *sn*) trillen, sidderen, beven.
er'zürnen (-) vertoornen, boos maken; *sich* ~ zich boos maken.
Erzvater *m* aartsvader.
er'zwingen (-) afdwingen.
es [ɛs] het; ~ *war einmal* er was eens; ~ *wurde* (*getanzt, ...*) er werd; *s. a geben.*
Esche *f* es.
Esel *m* ezel (*a. Schimpfwort*); **~chen** *n* (het) ezeltje; **~ei** [-'laɪ] *f* stommiteit, domheid; **~in** *f* ezelin; **~s-**

brücke *f* ezelsbrug; **~s·ohr** *n* (het) ezelsoor.
Eskimo *m* (*-s*; *-s*) Eskimo.
Es'kor|te *f* (het) escorte, (het) geleide; **2'tieren** (-) escorteren.
Espe *f* esp(eboom), ratelpopulier; **~n·holz** *n* (het) espehout.
Es'pressobar *f* espressobar.
Essay [ɛ'se:] *m od. n* (*-s*; *-s*) (het) essay.
eßbar eetbaar.
Esse *f* schoorsteen; F hoge hoed, kachelpijp.
essen (*L*) eten; *zu Mittag* (*Abend*) ~ het middagmaal (avondmaal) gebruiken.
Essen *n* (het) eten; (*Mahlzeit a.*) maaltijd; *zum ~ einladen* te eten vragen; **~s·zeit** *f* etenstijd.
Es'senz *f* essence, (het) extract; *fig.* essentie.
Esser *m* eter.
Eßgeschirr *n* borden en schotels *pl.*
Essig *m* (*-s*; *-e*) azijn; *damit ist es* ~ F dat is mis(gelopen); **~gurke** *f* augurk (in azijn); **~säure** *f* (*0*) (het) azijnzuur; **~- und Ölständer** *m* (het) olie- en azijnstelletje.
Eß|löffel *m* eetlepel; **~lust** *f* (*0*) eetlust; **~saal** *m* eetzaal; **~stäbchen** *n* (het) eetstokje; **~tisch** *m* eettafel; **~waren** *f/pl.* eetwaren *pl.*, etenswaar; **~zimmer** *n* eetkamer.
Estrich *m* (*-s*; *-e*) vloer.
Eta'bl|ieren (-) vestigen; **2issement** [-blɪs(ə)'mã:] *n* (*-s*; *-s*) (het) etablissement.
E'tage [-ʒə] *f* etage, verdieping.
E'tagen|bett *n* (het) stapelbed; **~kellner** *m* kelner op de etage; **~wohnung** *f* flat, (het) appartement.
E'tappe *f* etappe (*a. mil.*); **~n·dienst** *n* etappedienst (achter het front); **2n·weise** in etappes.
Etat [-'tɑ:] *m* (*-s*; *-s*) begroting, (het) budget; **~posten** *m* begrotingspost.
etepetete [e·təpə'te:tə] (*0*) F aanstellerig; (*prüde*) preuts.
Ethi|k *f* (*0*) ethiek, ethica; **2sch** ethisch.
ethn|isch (*0*) etnisch; **2olo'gie** *f* (*0*) etnologie, volkenkunde.
Eti'kett *n* (*-es*; *-e od. -s*) (het) etiket; **~e** *f* (*Sitte*) etiquette.
etliche ettelijke, enige, sommige; **~s** een en ander, allerlei.
Etui [e'tŷi:] *n* (*-s*; *-s*) (het) etui.
etwa (*vielleicht*) misschien, soms; (*ungefähr*) zowat, ongeveer; (*zum Beispiel*) bijvoorbeeld; ~ (*zwei Tage*) *a.* een (dag) of (twee); **~ig** ['-aɪç] (*0*) eventueel, mogelijk.
etwas iets; (*ein wenig*) *vor Su.* een beetje, wat; *vor Adj. a.* iets.
Etymo|lo'gie *f* etymologie; **2'logisch** (*0*) etymologisch.
euch jullie; (*einander*) elkaar; *Reflexivpronomen oft* je.
Eucharis'tie *f* (*0*) eucharistie.
euer jullie; (*wenn ‚jullie' schon im Satz*) je; *das ist* ~ van jullie.
Eule *f* uil; **~n·spiegel** *m* uilespiegel, grappenmaker; *Till* ~ Tijl Uilenspiegel.
Eunuch [-'nu:x] *m* (*-en*) eunuch.
Euphe'mismus *m* (-; *Euphemismen*) (het) eufemisme, verzachtende omschrijving.
eure jullie; **~r·seits** van jullie kant; **~s·gleichen** mensen zoals jullie, uwsgelijke; **~t·halben, ~t·wegen** ter wille van jullie, om uwentwille.
eurige: (*der, die, das*) ~ (de, het) van jullie; *die 2n* die van jullie, de uwen.
Eu'ro|pa *n* Europa *n*; **~päer(in** *f*) [-'pɛ:ɐ] *m* Europeaan *m*, Europese *f*; **2'päisch** Europees.
Eu'ropa|- *in Zssgn mst.* Europees (*Adj.*), *z.B.* **~meister** *m* Europees kampioen.
Euter *n* uier.
e.V., E.V. *Abk. für eingetragener Verein, s. eintragen.*
evaku'ieren (-) evacueren.
evan'ge|lisch (*0*) evangelisch; (*Kirche, Bekenntnis*) protestants; **2'list** *m* (*-en*) evangelist; **2lium** [-lĭʊm] *n* (*-s*; *Evangelien*) (het) evangelie.
eventu'ell (*0*) eventueel, mogelijk.
evi'dent (*-est*) evident.
Evolution [-'tsĭo:n] *f* evolutie.
E(W)G *Abk. für Europäische (Wirtschafts-)Gemeinschaft* Europese (Economische) Gemeenschap (*Abk.* E.(E.)G.).
ewig (*0*) eeuwig; *auf* ~ voor eeuwig; **2keit** *f* eeuwigheid.
Ex- (*ehemalig*) *in Zssgn* ex-.
ex|akt [ɛ'ksakt] (*-est*) exact, nauwkeurig; **~al'tiert** (*-est*) geëxalteerd.
E'xamen *n* (*-s*; *- od. Examina*) (het) examen; **~s·arbeit** *f* (het) examenwerk; (*bei Staatsexamen*) scriptie.
Exami'n|ator *m* (*-s*; *-en* [-'to:-]) examinator; **2ieren** (-) examineren.
exeku't|ieren (-) executeren; **2ivgewalt** *f* uitvoerende macht.

E'xempel *n* (het) voorbeeld; (*Rechen*♀) rekensom; *ein* ~ *statuieren* een voorbeeld stellen.
Exem'plar *n* (*-s*; *-e*) (het) exemplaar; ♀**isch** bij wijze van voorbeeld.
exer'zier|en (-) exerceren; ♀**platz** *m* (het) exercitieplein.
Exhibitio'nist(in *f*) [-tsĭo·-] *m* (*-en*) exhibitionist(e *f*).
E'xil *n* (*-s*; *-e*) ballingschap.
Exi'stenz *f* existentie, (het) bestaan; e-e *gesicherte* ~ *haben* een verzekerd bestaan hebben; *gescheiterte* ~*en pl.* mislukk(el)ingen *pl.*; ~**berechtigung** *f* reden (*od.* [het] recht) van bestaan; ~**frage** *f* levenskwestie; ~**kampf** *m* strijd om het bestaan; ~**minimum** *n* (het) bestaansminimum.
exis'tieren (-) bestaan, (er) zijn.
exklu'siv, ~**e** exclusief.
ex|kommuni'zieren (-) excommuniceren; ♀**kre'mente** *n/pl.* excrementen *n/pl.*, uitwerpselen *n/pl.*; ♀**kursion** [-'sĭo:n] *f* excursie; ~**matriku'lieren** (-) afschrijven, van de lijst schrappen.
e'xotisch exotisch.
Expansion [-'sĭo:n] *f* expansie; *Phys. bsd.* uitzetting; ~**s·politik** *f* expansiepolitiek.
Expedition [-'tsĭo:n] *f* expeditie.
Experi'men|t *n* (*-ęs*; *-e*) (het) experiment; ♀'**tieren** (-) experimenteren.
Ex'perte *m* (*-n*) expert.
explo'dieren (-) ontploffen.
Explosion [-'sĭo:n] *f* ontploffing explosie; ~**s·motor** *m* explosiemotor.
explo'siv explosief.
Expo'nent *m* (*-en*) exponent.
Ex'port *m* (*-ęs*; *-e*) export, uitvoer
Ex'port|- *in Zssgn* export-, *z.B* ~**artikel** *m* (het) exportartikel ~**eur** [-'tø:ʀ] *m* exporteur; ~**geschäft** *n* (*Firma*) exportzaak; ~**handel** *m* exporthandel; ♀**ieren** [-'ti:-] (-) exporteren, uitvoeren.
Ex|pressionismus [-sĭo·'-] *m* (-; *0*) (het) expressionisme; ♀**territorial** [-'ʀĭɑ:l] (*0*) exterritoriaal.
extra, Extra- extra, extra-.
Extrablatt *n* extra-editie, (het) extrablad.
Ex'trakt *m* (*-ęs*; *-e*) (het) extract
Extrava'ganz *f* buitensporigheid.
ex'tre|m extreem, uiterste; ♀'**mist(in** *f*) *m* (*-en*) extremist(e *f*)
Ex|zel'lenz *f* excellentie; ♀'**zentrisch** excentriek (*a. fig.*); ~'**zerpt** *n* (*-ęs*; *-e*) (het) excerpt; ~'**zeß** *m* (*-sses*; *-sse*) (het) exces, uitspatting.

F

F, f *n* F, f.
Fabel *f* (-; *-n*) fabel; **~dichter** *m* fabeldichter; **⁓haft** (*-est*) fantastisch, fabelachtig, F reuze; **⁓n** (*-le*) verzinnen, fabels *pl.* vertellen; (*faseln*) onzin vertellen, kletsen.
Fa'brik *f* fabriek.
Fa'brik|- *in Zssgn mst.* fabrieks-, *z.B.* **~anlagen** *f/pl.* fabrieksgebouwen *n/pl.*
Fabri'kant(in *f*) *m* (*-en*) fabrikant(e *f*).
Fa'brik|arbeiter(in *f*) *m* fabrieksarbeider *m*, fabrieksarbeidster *f*; **~at** [-'k-] *n* (*-es*; *-e*) (het) fabrikaat; **~ation** [-'tsio:n] *f* fabricage; **~besitzer** *m* fabriekseigenaar, fabrikant; **⁓neu** (*0*) gloednieuw (van de fabriek); **~waren** *f/pl.* fabrieksgoederen *n/pl.*; **~zeichen** *n* (het) fabrieksmerk.
fabri'zieren (-) fabriceren.
fabu'lieren (-) met fantasie vertellen.
Fach *n* (*-es*; *¨er*) (het) vak (*a. im Schrank usw.*); *ein Mann vom ~* een man van 't vak; *vom ~ sein* van 't vak zijn.
Fach|- *in Zssgn mst.* vak-; **~arbeiter** *m* geschoold werkman; **~arzt** *m* specialist; **~ausbildung** *f* vakopleiding; **~ausdruck** *m* vakterm; **~bibliothek** *f* vakbibliotheek.
fäch|eln (*-le*) waaieren; **⁓er** *m* waaier; **~ern** (*-re*) *fig.* spreiden.
Fach|gebiet *n* (het) vakgebied; **~gelehrte(r)** vakgeleerde; **⁓gerecht** vakkundig; **~geschäft** *n* speciale zaak; **~kenntnisse** *f/pl.* vakkennis; **⁓kundig** deskundig, vakkundig; **⁓lich** op het gebied van het vak; **~literatur** *f* vakliteratuur; **~mann** *m* (*-es*; *¨er od. Fachleute*) vakman; **⁓männisch** vakkundig; **~schaft** *f* vakgroep; **~schule** *f* vakschool; **⁓simpeln** (*-le*) voortdurend over zijn vak praten; **~sprache** *f* vaktaal; **~werk** *n* (het) vakwerk.
Fackel *f* (-; *-n*) fakkel; **⁓n** (*-le*) F (*zögern*) aarzelen; **~zug** *m* fakkeloptocht.
fad(e) flauw (*a. fig.*), laf.
Faden *m* (*-s*; *¨*) draad (*a. fig.*); (*Längenmaß*) vadem; **~nudeln** *f/pl.* vermicelli; **⁓scheinig** kaal, versleten (tot op de draad); *fig.* futiel, doorzichtig.
Fadheit *f* (*0*) flauwheid (*a. fig.*).
Fading ['fe:-] *n* (*-s*; *0*) *Rf.* fading.
Fa'gott *n* (*-es*; *-e*) fagot.
fähig bekwaam, knap; (*imstande*) in staat; **⁓keit** *f* bekwaamheid; *~en pl. e-r Pers. bsd.* capaciteiten *pl.*
fahl vaal, grauw.
Fähnchen *n* (het) vlaggetje.
fahnd|en (*-e-*) (*nach D*) opsporen; **⁓ung** *f* opsporing; **⁓ungs·buch** *n* (het) politieblad.
Fahne *f* vlag; (*Vereins⁓, Kriegs⁓ bsd.*) (het) vaandel, banier; *Typ.* (het) blad van de drukproef; (*Rauch⁓*) pluim.
Fahnen|flucht *f* (*0*) desertie; **~flüchtige(r)** deserteur; **~stange** *f* vlaggestok; **~träger** *m* vaandeldrager.
Fähnrich *m* (*-es*; *-e*) vaandrig.
Fahr|bahn *f* rijweg; **⁓bar** (*0*) berijdbaar; *Schiff*: bevaarbaar; **⁓bereit** startklaar; **~damm** *m* rijweg; **~dienstleiter** *m* treindienstleider.
Fähre *f* (veer)pont, (het) veer.
fahren (*L*) **1.** *v/t* rijden; (*befördern a.*) vervoeren; **2.** *v/i* (*sn*) rijden; *Schiff*: varen; *allgemein bsd.* gaan; (*e-e schnelle Bewegung machen*) schieten, springen; *mit der Fünf* (*Acht ...*) *~* met lijn vijf (acht ...) gaan; *~ lassen* (*verzichten*) laten varen, opgeven, laten schieten; *in die Kleider pl. ~* zijn kleren *pl.* aanschieten; *wir ~ morgen* we gaan morgen op reis, we vertrekken morgen; *in die Höhe ~* opspringen; *der Gedanke fuhr mir durch den Kopf* schoot mij door het hoofd; *gut ~ bei* (*D*) varen bij; *wann fährt der Zug?* vertrekt; **~d** dolend, reizend, trekkend.
Fahrer *m* bestuurder; (*Auto⁓ bsd.*) chauffeur; **~ei** [-'rai] *f* (*0*) (het) gerij; **~flucht** *f* (*0*) (het) vluchtmisdrijf.

Fahr|erlaubnis *f* rijvergunning; **~gast** *m* passagier, reiziger; **~gastschiff** *n* (het) passagiersschip; **~geld** *n* (het) reisgeld; (*Straßenbahn*~, *Bus*~) (het) tram-, busgeld; (*Schiffs*~) passage; **~gelegenheit** *f* (*mit j-m*) meerijgelegenheid; **~geschwindigkeit** *f* rijsnelheid; **~gestell** *n* *Flgw.* (het) landingsgestel; *Auto*: (het) chassis; ~**ig** onrustig; *fig.* onvast; (*zerstreut*) verstrooid.

Fahrkarte *f* (het) kaartje, (het) plaatsbewijs; **~n·schalter** *m* (het) (plaatskaarten)loket.

Fahrkunst *f* rijvaardigheid.

fahrlässig onachtzaam, achteloos, slordig; *jur.* door schuld; ~**keit** *f* onachtzaamheid, achteloosheid, slordigheid.

Fahrlehrer *m* rijinstructeur.

Fährmann *m* (-*es*; ¨*er od. Fährleute*) veerman.

Fahrplan *m* dienstregeling; (*Ausgabe der Esb.*) (het) spoorboekje; ~**mäßig** (*0*) volgens dienstregeling.

Fahrpreis *m* (het) (reis)tarief; **~ermäßigung** *f* tariefverlaging.

Fahr|prüfung *f* (het) rijexamen; **~rad** *n* fiets, (het) rijwiel; **~rinne** *f* vaargeul; **~schein** *m* (het) kaartje, (het) (reis)biljet.

Fährschiff *n* veerboot.

Fahr|schule *f* (auto)rijschool; **~spur** *f* rijstrook; **~stuhl** *m* lift; (*Rollstuhl*) rolstoel; **~stunde** *f* rijles.

Fahrt *f* reis, rit; (*Ausflug, Wanderung*) tocht; (*Geschwindigkeit*) vaart; **~dauer** *f* reisduur.

Fährte *f* (het) spoor.

Fahrtenschreiber *m* tachograaf.

Fahrtrichtung *f* rijrichting; **~s·anzeiger** *m* richting(aan)wijzer.

Fahrt·unterbrechung *f* onderbreking van de reis (*od.* tocht).

Fahr|vorschrift *f* verkeersregel; **~wasser** *n* (-*s*; *0*) (het) vaarwater (*a. fig.*); **~weg** *m* rijweg; **~werk** *n* *Flgw.* (het) landingsgestel; **~zeit** *f* rijtijd; (*mit e-m Schiff*) duur van de overtocht; **~zeug** *n* (het) voertuig; (*Schiff*) (het) vaartuig.

fair [ɛ:] fair.

fak|tisch (*0*) feitelijk; *Adv. a.* in feite; ~**tor** *m* (-*s*; -*en* [-'to:-]) factor (*a. fig.*); *Pers.*: agent; (*in e-r Setzerei*) opzichter; ~**tum** *n* (-*s*; *Fakta od. Fakten*) (het) feit; **~tu'rieren** (-) factureren.

Fakul|'tät *f* faculteit; ~**ta'tiv** (*0*) facultatief.

Falk|e *m* (-*n*) valk; **~ner** *m* valkenier.

Fall *m* (-*es*; ¨*e*) val, (het) vallen; (*Untergang*) ondergang; (*Gefälle*) (het) verval; (*Angelegenheit; Vorfall*) (het) geval; *Gr.* naamval; *jur* zaak; *das ist* (*nicht*) *der* ~ dat is (niet) zo; *auf jeden* (*keinen*) ~ in ieder (geen) geval; *für alle Fälle* voor alle zekerheid; *für den* ~, *daß* ... voor het geval dat ...; *im* ~*e* (*G*) in geval van; *gesetzt den* ~ verondersteld; *von* ~ *zu* ~ van geval tot geval.

Fall|beil *n* valbijl; **~brücke** *f* ophaalbrug.

Falle *f* val (*a. fig.*); *j-m e-e* ~ *stellen* iem. een strik spannen; *in die* ~ *gehen* in de val (*od.* erin) lopen.

fallen (*L*; *sn*) vallen; (*niedriger werden a.*) dalen, zakken; *Krieger* sneuvelen; *es fällt mir schwer* het valt mij moeilijk; *es fiel ein Schuß* ... er viel ...

fällen vellen (*a. j-n, Baum, Urteil*) *e-e Senkrechte* neerlaten.

fall|enlassen laten vallen; ~**gatter** *n* (het) valhek; ~**geschwindigkeit** *f* valsnelheid; ~**grube** *f* valkuil.

fällig (*0*) (*zu bezahlen*) betaalbaar *die Zahlung ist morgen* ~ moet morgen plaatshebben; *der Dampfer ist morgen* ~ moet morgen vertrekken *bzw.* aankomen; ~**keit** *f* (het) vervallen.

Fall·obst *n* afgevallen vruchten *pl*

falls ingeval, als, indien; ~ *nicht* indien niet.

Fallschirm *m* (het) valscherm, parachute; **~springer(in** *f*) *m* parachutist(e *f*).

Fall|strick *m* valstrik; *j-m* ~*e pl. legen* iem. (val)strikken *pl.* spannen **~sucht** *f* (*0*) vallende ziekte, epilepsie; **~tür** *f* (het) valluik.

falsch (-*est*) (*unrichtig*) verkeerd fout; (*unecht, a. fig.*) vals.

fälsch|en vervalsen; ~**er** *m* vervalser.

Falsch|geld *n* (het) vals geld; **~heit** *f* (*0*) valsheid; (*Unrichtigkeit*) verkeerdheid.

fälschlich (*0*) valselijk; (*irrtümlich a.*) ten onrechte.

Falsch|meldung *f* (het) onjuis

bericht; **~münzer** *m* vals(e)munter; **~spieler** *m* valse speler.
Fälschung *f* vervalsing.
Falt|blatt *n* (het) vouwblad, folder; **~boot** *n* opvouwbare boot; **~e** *f* vouw, plooi; (*Runzel*) rimpel; *die Stirn in ~n ziehen* het voorhoofd fronsen; **2en** (*-e-*) vouwen (*a. Hände*), plooien; *Stirn* fronsen.
Falten|los (*0*) zonder vouw (*od.* plooi); zonder rimpel(s *pl.*); **~reich** vol vouwen (*od.* plooien); gerimpeld; **2rock** *m* geplisseerde rok; **2wurf** *m* val van de plooien.
Falter *m* vlinder, kapel.
Falt|ig geplooid; gerimpeld; **2prospekt** *m* folder.
Falz *m* (*-es*; *-e*) vouw; voeg; (*Vertiefung*) groef, keep; **~bein** *n* (het) vouwbeen; **2en** (*-t*) vouwen; (*einkerben*) groeven, inkepen; *Metall* omslaan; **~maschine** *f* vouwmachine.
Famili|är [-ˈliɛːʁ] familiaar, gemeenzaam; **2e** [-ˈmiːli̯ə] *f* familie; (*Eltern + Kinder bsd.*) (het) gezin.
Fa'milien|angehörige(r) (het) familielid; (het) gezinslid; **~anschluß** *m*: *mit ~* met huiselijk verkeer; **~fest** *n* (het) familiefeest; **~glück** *n* (het) huiselijk geluk; **~kreis** *m* huiselijke kring; familiekring; **~leben** *n* (het) gezinsleven; **~name** *m* familie-, achternaam; **~oberhaupt** *n* (het) gezinshoofd; **~stand** *m* (*-ės*; *0*) burgerlijke staat; **~vater** *m* huisvader; **~versicherung** *f* verzekering voor het hele gezin; **~zulage** *f* gezinstoelage; **~zuwachs** *m* gezinsuitbreiding.
Fa'mos (*-est*) prachtig, fameus, kolossaal.
Fan [fɛn] *m* (*-s*; *-s*) fan.
Fa'na|tiker *m* fanaticus; **2tisch** fanatiek; **~'tismus** *m* (*-*; *0*) (het) fanatisme.
Fan'fare *f* fanfare.
Fang *m* (*-ės*; *⸚e*) vangst; (*Beute a.*) buit; (*Falle*) val; *Fänge pl.* (*Krallen*) klauwen *pl.*; **~arm** *m* vangarm; **~ball** *m* (*-ės*; *0*) vangbal; **~eisen** *n* klem, voetangel; **2en** (*L*) vangen; (*packen a.*) pakken, grijpen; *Feuer* (*a. fig.*) vatten; *sich ~ Rauch, Wind*: stuiten; (*sich zusammennehmen*) zich vermannen, (weer) tot zichzelf komen; *s. a. gefangen.*
Fänger *m* vanger (*a. Gerät*).
Fang|frage *f* strikvraag; **~leine** *f* vanglijn; **~netz** *n* (het) vangnet; **~schuß** *m* (het) dodelijk schot; **~zahn** *m* slagtand.
Fanta'sie *f* fantasie.
Farb|band *n* (het) schrijflint; **~e** *f* kleur (*a. Kartenspiel*); (*Lack*) verf; *die ~ wechseln* van kleur verschieten; *fig.* van partij veranderen; *~ bekennen* kleur bekennen (*a. fig.*); **2echt** kleurecht; **2empfindlich** kleurgevoelig.
färben kleuren (*a. fig.*), verven; *s. a. gefärbt.*
farben|blind kleurenblind; **2druck** *m* kleurendruk; **~freudig** kleurrijk, fleurig; **2kasten** *m* verfdoos; **2pracht** *f* kleurenpracht; **~prächtig** kleurrijk; **2sinn** *m* (*-ės*; *0*) (het) kleurgevoel.
Färbe|r *m* verver; **~'rei** *f* ververij.
Farbfernseh|en *n*, **~gerät** *n* kleurentelevisie; **~übertragung** *f* uitzending in kleuren.
Farb|film *m* kleurenfilm; **~foto** *n* kleurenfoto; **~gebung** *f* (*0*) (het) koloriet, kleurgeving.
farbig kleurig, gekleurd; **2e(r)** kleurling.
Farb|kombination *f* kleurencombinatie; **2los** (*-est*) kleurloos (*a. fig.*); **~stift** *m* (het) kleurpotlood; **~stoff** *m* kleurstof; **~ton** *m* tint.
Färbung *f* tint (*a. fig.*), nuance; (*das Färben*) (het) kleuren, (het) verven.
Farce [-sə] *f* farce, klucht.
Farm *f* farm, hoeve; **~er** *m* farmer, boer.
Farn(kraut *n*) *m* (*-ės*; *-e*) varen.
Fa'san *m* (*-ės*; *-e od. -en*) fazant; **~e'rie** *f* (het) fazantenpark.
Fasching *m* (*-s*; *-e*) (het) carnaval.
Fa'schis|mus *m* (*-*; *0*) (het) fascisme; **~t(in** *f*) *m* (*-en*) fascist(e *f*); **2tisch** fascistisch.
Fase'l|ei *f* F (het) geleuter, (het) gebazel; **~hans** [ˈf-] *m* (*-[es]*; *-e od. ⸚e*) F leuteraar; **2n** [ˈf-] (*-le*) F zwammen, leuteren, bazelen.
Faser *f* (*-*; *-n*) vezel, draad; **2ig** (*0*) vezelachtig, draderig; **2n** (*-re*) (uit)rafelen; **2nackt** (*0*) spiernaakt.
Faß *n* (*-sses*; *⸚sser*) (het) vat, ton.
Fas'sade *f* (voor)gevel, façade; *alles nur ~* allemaal maar schijn; **~nkletterer** *m* gevelartiest.
faßbar begrijpelijk, te vatten.

Faß|bier *n* (het) bier van het vat; **~binder** *m* kuiper.
Fäßchen *n* (het) vaatje, (het) tonnetje.
fassen (*-ßt*) vatten, vangen; (*Raum bieten*) (kunnen) bevatten; (*verstehen*) begrijpen; *Edelsteine* zetten; *Plan* opvatten; *Beschluß* nemen; *Essen, Vertrauen* krijgen; *sich ~* zich herstellen, kalm worden, bedaren; *sich ein Herz ~* moed vatten; *sich kurz ~* kort zijn; *in Worte ~* onder woorden brengen; *s. a. gefaßt*.
faßlich begrijpelijk, te vatten.
Fasson [-'sɔŋ] *f* (-; *-s*) vorm; manier; (*Zuschnitt*) snit, coupe.
Fassung *f* (*Ein*~) zetting; *El.* fitting; (*e-r Brille*) (het) montuur; (*Ruhe*) kalmte, bedaardheid; (*Text*) redactie; (*Wortlaut*) versie; *aus der ~ bringen* (*kommen*) van zijn stuk brengen (raken); *die ~ verlieren* zijn kalmte verliezen.
Fassungs|kraft *f* (*0*) (het) bevattings-, begripsvermogen; **~los** (*-est*) sprakeloos, overstuur, in de war; **~losigkeit** *f* (*0*) sprakeloosheid, verbijstering; **~vermögen** *n* (het) bevattingsvermogen; (*räumlich*) inhoud, volume.
faßweise bij vaten, per vat.
fast bijna, haast.
fasten (*-e-*) vasten; ~ *n/pl.*, **~zeit** *f* vastentijd.
Fastnacht *f* (*0*) vastenavond; **~s-narr** *m* vastenavondsgek; **~s·zeit** *f* carnavalstijd.
Fasttag *m* vastendag.
faszi'nieren [fastsi·-] (-) fascineren.
fa'ta|l fataal, noodlottig; **~'lismus** *m* (-; *0*) (het) fatalisme; **~'list(in** *f*) *m* (*-en*) fatalist(e *f*).
fauchen sissen, blazen; *Pers.*: briesen.
faul (*träge*) lui; (*verdorben, a. fig.*) rot, verrot, bedorven; *an der S.* (*D*) *ist etw. ~* daar zit een luchtje aan.
Fäule *f* (*0*) = *Fäulnis*.
faulen (ver)rotten, bederven.
faulenz|en luieren, luilakken; **~er** *m* luiaard, luilak; **~e'rei** *f* (*0*) (het) geluier.
Faul|heit *f* (*0*) luiheid, traagheid; **~ig** (*0*) rottend, bedorven.
Fäulnis *f* (*0*) verrotting, (het) bederf.
Faul|pelz *m* luiaard, luilak; **~tier** *n* luiaard (*a. fig.*).
Faun *m* (*-es*; *-e*) faun.
Fauna *f* (-; *Faunen*) fauna.
Faust *f* (-; *⸗e*) vuist; *auf eigene ~* op eigen houtje.
Fäustchen *n* (het) vuistje; *sich ins ~ lachen* in zijn vuistje lachen.
faust|dick (*0*) zo dik als een vuist; *er hat es ~ hinter den Ohren* hij heeft het (lelijk) achter de elleboog; **~groß** (*0*) vuistgroot; **~handschuh** *m* want; **~kampf** *m* (het) vuistgevecht; **~pfand** *n* (het) vuistpand; **~recht** *n* (*-es*; *0*) (het) vuistrecht; **~regel** *f* algemene regel, vuistregel; **~schlag** *m* vuistslag.
Favo'rit(in *f*) *m* (*-en*) favoriet(e *f*).
Faxen *f/pl.* flauwe grappen *pl.* onzin; *~ machen* onzin verkopen; *keine ~!* geen onzin!, geen complimenten!; **~macher** *m* grappenmaker.
Fazit *n* (*-s*; *-e od. -s*) uitkomst, (het) resultaat.
FD-Zug *m* (internationale) exprestrein.
Februar ['fe:bʀu·ɑ:ʀ] *m* (-[*s*]; *-e*) *der ~* februari.
fecht|en (*L*) schermen; (*betteln*) bedelen; **~en** *n* (*-s*; *0*) (het) schermen; **~er** *m* schermer; **~kunst** *f* (*0*) schermkunst; **~meister** *m* schermkampioen.
Feder *f* (-; *-n*) veer (*a. Spiral*~); pluim; (*Schreib*~) pen; **~ball** *m* (*Spiel*) (het) badminton; **~besen** *m* plumeau; **~bett** *n* (het) veren bed; **~büchse** *f* pennenkoker; **~busch** *m* pluim; (*vom Vogel*) kuif; **~fuchser** *m* pennelikker; **~führend** (*0*) verantwoordelijk; **~gewicht** *n* (het) vedergewicht; **~halter** *m* penhouder; **~kissen** *n* (het) veren kussen; **~'leicht** (*0*) licht als een veer; **~lesen** *n* (*-s*; *0*): *ohne viel ~s* zonder veel complimenten; **~messer** *n* (het) pennemes; **~n** (*-re*) *v/i* veren; *v/t Bett* met veren vullen; (*sich*) *Vogel*: ruien, veren verliezen; **~strich** *m* pennestreek, haal; **~ung** *f* vering; **~vieh** *n* (*-es*; *0*) (het) pluimvee, (het) gevogelte; **~zeichnung** *f* pentekening.
Fee *f* fee; **~n·haft** ['fe:ən-] (*0*) feeëriek, toverachtig.
Fege|feuer *n* (*-s*; *0*) (het) vagevuur; **~n** vegen; (*sausen*) stuiven, jagen; **~r** *m* veger.
Fehde *f* vete.

ehl *Adv.*: ~ *am Platz* misplaatst, niet op zijn plaats; ♀ *m*: *ohne* ~ zonder gebreken; ♀**anzeige** *f* negatieve aangifte; (het) vals bericht; ~**bar** feilbaar; ♀**betrag** *m* (het) tekort; ♀**diagnose** *f* verkeerde diagnose.

ehlen ontbreken; (*unrecht handeln*) zondigen, verkeerd handelen; *etw., jemand fehlt mir* (*ihm*) *bsd.* ik mis (hij mist) iets, iem.; *unpersönlich* ~ *an* (*D*) ontbreken aan; *es fehlt etw., Pers.*: er ontbreekt; *was fehlt Ihnen?* wat scheelt (er) U?; *das fehlte gerade noch!* dat ontbrak er nog maar aan!; *weit gefehlt!* glad mis!

'ehler *m* fout; (*Charakter*♀ *a.*) (het) gebrek; ♀**frei** (*0*) zonder fouten; zonder gebreken; ♀**haft** (*0*) verkeerd, fout(ief); ♀**los** (*0*) = *fehlerfrei*; ~**quelle** *f* bron van fouten.

'ehl|farbe *f* miskleur; (*Kartenspiel*) ontbrekende kleur, renonce; ~**geburt** *f* miskraam; ♀**gehen** verkeerd lopen, mislopen; *fig.* zich vergissen; ~**gewicht** *n* (het) tekort; ~**griff** *m* misgreep; ~**leistung** *f* wanprestatie; ♀**leiten** in de verkeerde richting sturen; *Post* verkeerd doorsturen; ~**paß** *m Sp.* slechte pas; ♀**schießen** misschieten.

ehlschlag *m* mislukking, misslag; ♀**en** (*sn*) mislukken.

ehl|schuß *m* (het) misschot; ~**start** *m* valse start; ♀**treten** misstappen; ~**tritt** *m* misstap (*a. fig.*); ~**urteil** *n* (het) verkeerd oordeel; *'ur.* (het) verkeerd vonnis; ~**zündung** *f Motor*: (het) overslaan.

eier *f* (-; -*n*) (*Fest*) (het) feest; (*öffentlich*) plechtigheid; (*das Feiern*) viering; ~**abend** *m* rust (na het werk); ~ *machen* ophouden met werken; *nun ist aber* ~! F (en) nu is het afgelopen!

ierlich plechtig; (*festlich*) feestelijk; ♀**keit** *f* plechtigheid, feestelijkheid.

ier|n (-*re*) *v/t* vieren; *j-n bsd.* huldigen, eren; *v/i* niet werken; *krank* ~ ziek vieren; ♀**schicht** *f* rustende ploeg; ♀**stunde** *f* (*Veranstaltung*) plechtigheid; ♀**tag** *m* feestdag.

ige laf.

eige *f* vijg.

eigen|- *in Zssgn mst.* vijge-, *z.B.* ~**baum** *m* vijgeboom; ~**blatt** *n* (het) vijgeblad.

Feig|heit *f* laf(hartig)heid; ~**ling** *m* (-*s*; -*e*) lafaard.

feil (*0*) te koop, veil; ~**bieten** te koop aanbieden, rondventen.

Feile *f* vijl; ♀**n** vijlen; ~ *an* (*D*) *bsd. fig.* bijvijlen.

feilschen (*um A*) marchanderen (om), afpingelen (op).

Feilspäne *m/pl.* (het) vijlsel.

fein fijn (*a. fig.*); (*vornehm*) voornaam, deftig; (*erfreulich*) aardig, leuk; ~! prima!, wat leuk!; ♀**arbeit** *f* (het) precisiewerk; ♀**bäckerei** *f* banketbakkerij, luxebroodbakkerij.

Feind *m* (-*es*; -*e*) vijand.

Feindes|hand *f* (*0*): *in* ~ in de handen van de vijand; ~**land** *n* (-*es*; *0*) (het) vijandelijk land.

feind|lich vijandig; *mil.* vijandelijk; ♀**schaft** *f* vijandschap; ~**selig** vijandig; ♀**seligkeit** *f* vijandigheid; ~*en pl. mil.* vijandelijkheden *pl.*

Fein|einstellung *f* precieze in-, afstelling; ♀**fühlig** fijngevoelig, kies; ~**gebäck** *n* (het) fijn gebak; ~**gefühl** *n* (-*s*; *0*) fijngevoeligheid; ~**gehalt** *m* (het) gehalte; ♀**glied**(**e**)**rig** tenger; ~**gold** *n* (het) fijn goud; ~**heit** *f* fijnheid; voornaamheid; (*Einzelheit*) (het) detail; ♀**körnig** fijnkorrelig.

Feinkost *f* (*0*) delicatessen *pl.*; ~**handlung** *f* delicatessenzaak.

Fein|mechaniker *m* instrumentmaker; ~**schmecker** *m* fijnproever, lekkerbek; ~**schnitt** *m* (-*es*; *0*) shag; ♀**sinnig** fijngevoelig; ~**waschmittel** *n* (het) wasmiddel voor de fijne was.

feist (-*est*) dik en stevig.

feixen (-*t*) F grijnzen, grinniken.

Feld *n* (-*es*; -*er*) (het) veld (*a. fig. u. Spiel*♀); *Sp.* gesloten groep; *Radrennen*: (het) peloton; (*Arbeitsgebiet bsd.*) (het) gebied; *auf freiem* ~ in het open veld; *das* ~ *behaupten fig.* zich handhaven; *ins* ~ *führen fig.* te berde brengen, aanvoeren; *ins* ~ *ziehen* te velde trekken.

Feld|- *in Zssgn mst.* veld-, *z.B.* ~**arbeit** *f* (het) werk op het land, veldarbeid; ♀**'aus**: ~, *feldein* kriskras door het land; ~**bett** *n* (het) veldbed; ~**blume** *f* veldbloem; ~**bohne** *f* tuinboon, grote boon; ~**dienst** *m* (-*es*; *0*) velddienst;

2'**ein** *s. feldaus*; ~**flasche** *f* veldfles; ~**früchte** *f/pl.* veldgewassen *n/pl.*; 2**grau** (*0*) veldgrijs, grijsgroen; ~**herr** *m* veldheer; ~**küche** *f* veldkeuken; ~**lazarett** *n* (het) veldlazaret; ~**marschall** *m* veldmaarschalk; 2**marschmäßig** (*0*) in gevechtstenue; ~**maus** *f* veldmuis; ~**messer** *m* landmeter; ~**post** *f* veldpost; ~**salat** *m* veldsla; ~**schlacht** *f* veldslag; ~**spat** *m* (het) veldspaat; ~**stecher** *m* veldkijker, verrekijker; ~**stuhl** *m* vouwstoel; ~**webel** *m* sergeant-majoor; ~**weg** *m* landweg; ~**zug** *m* veldtocht.

Felge *f* velg.

Fell *n* (-*ℯs*; -*e*) (het) vel, huid; *ein dickes ~ haben fig.* een dikke huid hebben; *j-m das ~ über die Ohren ziehen* iem. het vel over de oren halen.

Fels *m* (-*en*) rots (*a. fig.*); ~**block** *m* (het) rotsblok; ~**en** *m* rots.

Felsen|- *in Zssgn mst.* rots-, *z.B.* 2**fest** (*0*) rotsvast; ~**höhle** *f* grot, (het) hol in de rots(en *pl.*); ~**klippe** *f* rotsklip; ~**masse** *f* rotsmassa; ~**vorsprung** *m* vooruitspringende rots.

fels|ig rotsachtig; 2**sturz** *m* vallende rotsblokken *n/pl.*; 2**wand** *f* rotswand; 2**zeichnungen** *f/pl.* holentekeningen *pl.*

Feme|(gericht *n*) *f* (het) veemgericht; ~**mord** *m* veemmoord.

femi'nin vrouwelijk (*a. Gr.*); (*weibisch*) verwijfd; 2**um** *n* (-*s*; *Feminina*) (het) femininum, (het) vrouwelijk geslacht.

Fenchel *m* (-*s*; *0*) venkel.

Fenn *n* (-*ℯs*; -*e*) (het) moerasland.

Fenster *n* (het) venster; (het) raam; ~**bank** *f* (-; *⁼e*), ~**brett** *n* vensterbank; ~**chen** *n* (het) venstertje, (het) raampje; ~**gitter** *n* (het) traliewerk (voor een raam); ~**glas** *n* (het) vensterglas; ~**laden** *m* (het) vensterluik, (het) vensterblind; ~**leder** *n* zeemlap; ~**platz** *m* plaats aan het raam; ~**putzer** *m* glazenwasser; ~**rahmen** *m* (het) raamkozijn; ~**scheibe** *f* ruit.

Ferien ['-ʀĭən] *pl.* vakantie; *in die ~ fahren* met vakantie gaan.

Ferien|- *in Zssgn mst.* vakantie-, *z.B.* ~**aufenthalt** *m* (het) vakantieverblijf; ~**dorf** *n* (het) bungalowpark; ~**gast** *m* vakantieganger; ~**heim** *n* (het) vakantietehuis; ~**kolonie** *f* vakantiekolonie; ~**lager** *n* (het) vakantiekamp; ~**reise** *f* vakantiereis; ~**zeit** *f* vakantietijd.

Ferke|l *n* big; F *Pers.*: viezerd; ~'**lei** *f* F smeerlapperij.

Fer'ment *n* (-*s*; -*e*) (het) ferment.

fern ver; *von ~* van verre; 2**amt** *n* (het) telefoonkantoor; 2**anschluß** *m Tel.* aansluiting op het intercommunale telefoonnet; 2**bahnhof** *m* (het) station voor de grote lijnen; ~**bleiben** (*D*) wegblijven (van); 2-**D-Zug** *m* = *FD-Zug*; 2**e** *f* verte; *aus der ~* van verre; *in der ~* in de verte; *in weiter ~* op een grote afstand; *fig.* in een ver verschiet.

ferner verder; (*außerdem a.*) voorts; ~**hin** voortaan; *auch ~* ook in de toekomst.

Fernfahr|er *m* chauffeur voor lange afstanden; ~**t** *f* lange-afstandrit (*a. Sp.*).

Fern|flug *m* lange-afstandvlucht; 2**gelenkt** (*0*) draadloos bestuurd, tele-geleid; ~**gespräch** *n* (het) interlokaal telefoongesprek; ~**glas** *n* verrekijker; 2**halten** op een afstand houden; *j-m von e-r S.* (*D*) ~ iem. afhouden (*od.* verre houden) van; ~**heizung** *f* stadsverwarming; ~**lastwagen** *m* vrachtauto voor lange afstanden, grote (*od.* zware) vrachtwagen; ~**leitung** *f* lange-afstandleiding; ~**lenkwaffen** *f/pl.* geleide projectielen *n/pl.*; ~**licht** *n* (-*ℯs*; *0*) *Auto*: (het) groot licht; 2**liegen** (*D*) *es liegt mir fern, zu + Inf.* verre van mij om te + *Inf.*, ik denk er in de verste verte niet aan om te + *Inf.*; ~**melde·amt** *n* (het) telefoon- en telegraafkantoor; ~**meldewesen** *n* (-*s*; *0*) telecommunicatie.

fern|mündlich (*0*) telefonisch; ~'**östlich** (*0*) van het Verre Oosten; 2**rohr** *n* verrekijker; 2**ruf** *m* (het) telefoongesprek; (*Nummer*) (het) telefoonnummer; 2**schnellzug** *m* exprestrein; 2**schreiber** *m* telex.

Fernseh|- *in Zssgn mst.* televisie-, *z.B.* ~**ansager(in** *f*) *m* televisieomroeper *m*, -omroepster *f*; ~**apparat** *m* (het) televisietoestel; ~**en** *n* (-*s*; *0*) televisie (*Abk.* T.V.); 2**en** *Verb*: naar de televisie kijken; ~**er** *m* F televisie, T.V.; ~**film** *m* televisiefilm; ~**programm** *n* (het) televisieprogramma; ~**schirm** *m* (het

beeldscherm; **~sendung** *f* televisie-uitzending; **~spiel** *n* (het) televisie-spel; **~studio** *n* televisiestudio; **~zuschauer** *m* televisiekijker.
ernsicht *f* (het) vergezicht; (*klare Sicht*) (het) zicht op grote afstand.
'ernsprech|- *in Zssgn mst.* tele-foon-, *z.B.* **~amt** *n* telefooncen-trale; **~anschluß** *m* telefoonaan-sluiting; **~automat** *m* telefoonauto-maat; **~buch** *n* telefoongids; **~er** *m* telefoon; **~gebühr** *f* (het) telefoon-tarief; **~teilnehmer** *m* telefoon-abonnee; **~zelle** *f* telefooncel; *s. a. Telefon-.*
rn|stehen (*D*) vreemd zijn; **♀-steuerung** *f* draadloze besturing; **♀studium** *n* studie via schriftelijk onderwijs.
ernverkehr *m* (het) lange-af-tandsverkeer; **~s·straße** *f* grote weg.
ernweh *n* (-*s*; *0*) (het) verlangen naar de verte.
erse *f* hiel, hak; *j-m auf den ~n sein* em. op de hielen zitten.
rtig (*0*) klaar, gereed; (*erschöpft*) dood)op; *~ werden mit* (*D*) *etw.* klaarkrijgen, klaarkomen met; *Schmerz, Niederlage* te boven omen; *j-m* aankunnen; *mit j-m ~ ein* niets meer te maken (willen) hebben met iem.; **♀bauweise** *f* geprefabriceerde bouw; **~bringen** klaarkrijgen, klaarspelen; *fig.* over ijn hart krijgen; **~en** vervaardigen, maken; **♀gericht** *n* (het) kant-en-klaar-menu; **♀haus** *n* (het) gepre-fabriceerd huis; **♀keit** *f* vaardig-heid; (*Geschicklichkeit bsd.*) handig-heid; **~machen** klaarmaken; *j-n fig.* kraken, op zijn nummer zetten; *physisch*) afmaken; *sich ~* zich klaarmaken.
rtigstell|en voltooien; **♀ung** *f* voltooiing.
rtig|ung *f* fabricatie, vervaardi-ging; **~ware** *f* (het) afgewerkt pro-dukt.
sch (-*est*) F vlot; elegant.
ssel *f* (-; -*n*) (*a. fig.*) boei, keten, kluister; (*der Pferde*) koot; **~ballon** kabelballon; **♀n** (-*le*) boeien *a. fig.*), ketenen, kluisteren; **♀nd** boeiend; **~ung** *f* (*0*) (het) boeien; het) geboeid zijn.
st (-*est*) vast (*a. Freundschaft usw.*); *stabil, kräftig bsd.*) stevig; (*stand-haft a.*) standvastig.

Fest *n* (-*es*; -*e*) (het) feest.
Fest|- *in Zssgn mst.* feest-, *z.B.* **~abend** *m* feestavond.
fest|- *in Zssgn mst.* vast-, *z.B.* **~an-gestellt** (*0*) vast aangesteld; **~bin-den** vastbinden.
Fest·essen *n* (het) feestmaal, (het) banket.
fest|fahren: *festgefahren sein, sich festgefahren haben* vastzitten; *fig. bsd.* vastgelopen zijn; **~halten** *v/t, v/i u. sich ~* (*an D*) (zich) vasthou-den (aan).
festig|en verstevigen, versterken; **♀keit** *f* (*0*) vastheid; (*Stabilität*) stevigheid; (*Standhaftigkeit*) stand-vastigheid; **♀ung** *f* versterking, versteviging.
Festival *n* (-*s*; -*s*) (het) festival.
fest|kleben vastplakken; **♀land** *n* (-*es*; *0*) (het) vasteland; **~legen** (*sich*) (zich) vastleggen (*a. fig.*).
festlich feestelijk; *~ begehen* vieren; **♀keit** *f* feestelijkheid, (het) feest.
fest|liegen *Geld*: vastliggen; *Ter-min*: vaststaan; *Schiff*: vastzitten; **~machen** vastmaken; *Schiff* me-ren.
Festmahl *n* (het) feestmaal, (het) banket.
fest|nageln vastspijkeren; **♀nahme** *f* arrestatie, gevangenneming; **~-nehmen** arresteren, gevangen-nemen.
Festplatz *m* (het) feestterrein.
Festpreis *m* vaste prijs.
Festred|e *f* feestrede; **~ner** *m* feestredenaar.
fest|schnallen (*sich*) (zich) vast-gespen; **~schrauben** vastschroe-ven.
Festschrift *f* feestbundel.
festsetz|en vaststellen, bepalen; (*einsperren*) gevangenzetten; *sich ~ Schmutz*: zich vastzetten; **♀ung** *f* vaststelling, bepaling; gevangen-zetting.
festsitzen vastzitten; *Schiff a.*: aan de grond zitten; *fig.* (*nicht weiter können*) niet verder kunnen.
Festspiel|e *n/pl.* (het) festival; **~haus** *n* (het) feestgebouw.
feststehen vaststaan.
feststell|en vaststellen, constateren; **♀ung** *f* vaststelling.
Festtag *m* feestdag.
Festung *f* vesting; **~s·wall** *m* ves-tingmuur, vestingwal.

Fest|wiese *f* (het) feestterrein; **~zug** *m* (feestelijke) optocht.
Fetisch *m* (*-es*; *-e*) fetisj.
fett (*-est*) vet (*a. fig.*), dik.
Fett *n* (*-es*; *-e*) (het) vet.
Fett|- *in Zssgn mst.* vet-, *z.B.* **~ansatz** *m* vetvorming; **2arm** vetarm; **~auge** *n* (het) oog (op de soep); **~bauch** *m* dikbuik; *Pers.*: dikzak; **~druck** *m Typ.* vette letters *pl.*; **2en** (*-e-*) *v/t* invetten; **~fleck** *m* vetvlek; **~gehalt** *m* (het) vetgehalte; **2ig** vettig; **2leibig** corpulent, zwaarlijvig; **~polster** *n* (het) vetkussen, vetlaag; **~sucht** *f* (*0*) vetzucht.
Fetzen *m* vod, lap; *pl.* flarden *pl.*; (*Papier2*) *pl.* snippers *pl.*
feucht (*-est*) vochtig.
Feuchtigkeit *f* (*0*) vochtigheid; **~smesser** *m* vochtigheidsmeter.
feucht|kalt (*0*) kil, natkoud; **~warm** (*0*) warm en vochtig.
feu'da|l feodaal; *fig.* F deftig, chic; **2'lismus** *m* (*-*; *0*) (het) feodalisme.
Feuer *n* (het) vuur (*a. mil. u. fig.*); (*Brand*) brand; *~ legen* brandstichten; *~ und Flamme sein für* (*A*) vuur en vlam zijn voor; *mit ~ und Schwert* te vuur en te zwaard; **~alarm** *m* (het) brandalarm; **~ball** *m* vuurbol; **2beständig** (*0*) vuurvast; **~bestattung** *f* crematie, lijkverbranding; **2fest** (*0*) vuurvast; **2gefährlich** licht ontvlambaar, brandbaar; **~gefecht** *n* (het) vuurgevecht; **~haken** *m* brandhaak; (*Schüreisen*) pook; **~herd** *m* vuurhaard; **~leiter** *f* brandladder; **~löscher** *m* brandblusser, (het) brandblusapparaat; **~melder** *m* (het) brandsignaal, brandschel.
feuern (*-re*) stoken; *mil.* vuren; *j-n* ontslaan.
Feuer|probe *f* vuurproef; **2rot** (*0*) vuurrood; **~s·brunst** *f* brand; **~schiff** *n* (het) lichtschip; **~schutz** *m* brandbeveiliging; **2speiend** (*0*) vuurspuwend; **~spritze** *f* brandspuit; **~stein** *m* vuursteen; **~tod** *m* vuurdood; **~ung** *f* verwarming, (het) stoken; (*Brennmaterial*) brandstof; (*Feuerstelle*) stookplaats; **~versicherung** *f* brandverzekering; **~waffe** *f* (het) vuurwapen.
Feuerwehr *f* brandweer; **~mann** *m* (*-es*; *"er od. Feuerwehrleute*) brandweerman.

Feuerwerk *n* (het) vuurwerk; **~s**körper** *m* (het) stuk vuurwerk.
Feuer|zange *f* vuurtang; **~zeug** aansteker.
Feuilleto|n [fœĭə'tɔŋ] *n* (*-s*; *-s*) (he feuilleton; **~'nist(in** *f*) *m* (*-en*) [feuilletonist(e *f*).
feurig vurig.
ff. *Abk. für folgende* (*Seiten*) e volgende (*Abk.* e.v.).
Fi'asko *n* (*-s*; *-s*) (het) fiasco.
Fibel *f* (*-*; *-n*) (*Buch*) handleiding (*Schul2*) (het) eerste leesboekje.
Fiber *f* (*-*; *-n*) vezel.
Fichte *f* spar.
Fichten|holz *n* (het) vurehou **~nadel·extrakt** *m* (het) denn naalden-extract.
ficken V naaien, neuken.
fi'del fideel, vrolijk, jolig.
Fieber *n* koorts (*a. fig.*).
Fieber|- *in Zssgn mst.* koorts-, *z.* **~anfall** *m* koortsaanval; **2frei** (koortsvrij; **2haft** (*0*) koortsig; *fi* koortsachtig; **~messung** *f* (he meten van de koorts; **~mittel** (het) koortsmiddel; **2n** (*-re*) koo hebben; *fig.* (*nach D*) hunkeren; *vor* (*D*) (t)rillen van; **~thermometer** *n* koortsthermometer; **wahn** *m* ijlkoorts.
fiebrig (*0*) = *fieberhaft.*
Fiedel *f* (*-*; *-n*) viool, vedel; **2n** (- fiedelen, krassen.
Fi'gu|r *f* figuur; **~'rant(in** *f*) (*-en*) figurant(e *f*).
Fi'gür|chen *n* (het) figuurtje; **2li** (*0*) figuurlijk, overdrachtelijk.
Fiktion [-'tsĭo:n] *f* fictie.
Filet [-'le:] *n* (*-s*; *-s*) filet (*a.* he *Kochkunst a.* (het) lendestuk, ha
Filial|e [-'lĭɑ:-] *f* (het) filia **~leiter** *m* bedrijfsleider.
Film *m* (*-es*; *-e*) film.
Film|- *in Zssgn mst.* film-, *z.* **~atelier** *n* (het) filmatelier; **~au nahme** *f* filmopname; **2en** filme **~festspiele** *n/pl.* (het) filmfestiv **2isch** (*0*) filmisch, film-; **~kame** *f* filmcamera; **~kassette** *f* filmca sette; **~projektor** *m* filmproject **~regisseur** *m* filmregisseur; **~ro** *f* film; (*Gestalt*) filmrol; **~schauspieler(in** *f*) *m* filmacteur filmactrice *f*; **~star** *m* (*-s*; *-s*) fil ster; **~theater** *n* bioscoop; **~ve leih** *m* (het) verhuren van film (*Firma*) (het) filmverhuurkanto **~vorführung** *f* filmvertoning.

Filter *m* filter; **~kaffee** *m* filterkoffie; **2n** (*-re*) filteren, filtreren; **~papier** *n* (het) filterpapier; **~zigarette** *f* filtersigaret.
fil'trieren (-) filtreren, filteren.
Filz *m* (*-es*; *-e*) (het) vilt; **2en** (*-t*) F *j-n* fouilleren; **~hut** *m* vilten hoed; **2ig** (*0*) viltachtig; vrekkig; **~laus** *f* viltluis; **~schreiber** *m* viltstift; **~schuh** *m* vilten pantoffel.
Fimmel *m* F manie; e-n ~ *haben* gek zijn.
Fi'nale *n* (*-s*; *-s*) finale.
Fi'nanz|amt *n* (het) belastingkantoor; **~beamte(r)** belastingambtenaar; **~en** *f/pl.* financiën *pl.*; **2iell** [-'tsĭɛl] (*0*) financieel.
finan'zier|en (-) financieren; **2ung** *f* financiering.
Fi'nanz|jahr *n* (het) begrotingsjaar; **~lage** *f* financiële toestand; **~minister** *m* minister van financiën; **~politik** *f* financiële politiek; **~wesen** *n* (*-s*; *0*) financiën *pl.*, (het) geldwezen.
Findel|haus *n* (het) vondelingenhuis; **~kind** *n* vondeling(e *f*).
finden (*L*) vinden; *sich* ~ (*Freunde werden*) elkaar vinden; *zur Besinnung* tot bezinning komen; *das wird sich* ~ dat zal wel in orde komen; *es fand sich, daß* ... het bleek dat ...; *sich in etw.* (*A*) ~ zich in iets schikken.
Finder *m* vinder; **~lohn** *m* (het) vindloon.
find|ig schrander, vindingrijk; **2ling** *m* (*-s*; *-e*) vondeling(e *f*); *Geol.* (het) zwerfblok.
Finger *m* vinger; *kleiner* ~ pink; *sich etw. an den (fünf)* ~*n abzählen* iets op zijn vingers natellen.
Finger|- *in Zssgn mst.* vinger-, *z.B.* **~abdruck** *m* vingerafdruk; **~breit** *m*: *um keinen* ~ geen duimbreed; **~chen** *n* (het) vingertje; **2dick** (*0*) vingerdik; **~fertigkeit** *f* (*0*) vingervlugheid; **~hut** *m* vingerhoed; **~ling** *m* (*-s*; *-e*) vingerling; **2n** (*-re*) *v/i* vingeren; *v/t* F flikken; **~nagel** *m* nagel; **~satz** *m Mus.* vingerzetting.
Fingerspitze *f* vingertop; **~n·gefühl** *n* (*-es*; *0*) fijngevoeligheid.
Finger|übung *f* vingeroefening; **~zeig** *m* (*-es*; *-e*) vingerwijzing.
fin'giert gefingeerd; ~*e Rechnung* fonto finto.

Fink *m* (*-en*) vink.
Finne[1] *f* (*Ausschlag*) puist, pukkel; (*Flosse*) vin.
Finn|e[2] *m* (*-n*) Fin; **~in** *f* Finse; **2isch** Fins; **~land** *n* Finland *n*.
finster donker, duister; *fig.* onheilspellend, obscuur; (*drohend bsd.*) dreigend; (*verdrossen*) somber; **2ling** *m* (*-s*; *-e*) duisterling; **2nis** *f* (-; *-se*) duisternis, (het) donker; *Astr.* verduistering.
Finte *f fig.* kunstgreep, (het) foefje, list.
Firlefanz [-lə-] *m* (*-es*; *-e*) onzin, beuzelarij; (*Tand*) (het) spul.
Firma *f* (-; *Firmen*) firma.
Firma'ment *n* (*-es*; *-e*) (het) firmament, (het) uitspansel.
firmen vormen.
Firmen|schild *n* (het) naambord van de firma; **~zeichen** *n* (het) handelsmerk.
Firn *m* (*-es*; *-e*) (eeuwige) sneeuw.
Firnis *m* (*-ses*; *-se*) vernis (*a. fig.*); **2sen** (*-ßt*) vernissen.
First *m* (*-es*; *-e*) nok; *Bgb.* zoldering.
Fisch *m* (*-es*; *-e*) vis.
Fisch|- *in Zssgn mst.* vis-, *z.B.* **~adler** *m* visarend; **2arm** (*0*) arm aan vis; **~behälter** *m* visbak; **~bein** *n* (*-es*; *0*) balein; **~besteck** *n* (het) viscouvert; **~brut** *f* pootvis; (*Laich*) viskuit; **~chen** *n* (het) visje; **2en** vissen; *im trüben* ~ in troebel water vissen.
Fischer *m* visser; **~boot** *n* vissersschuit; **~dorf** *n* (het) vissersdorp.
Fisch|e'rei *f*, **~fang** *m* visserij, visvangst; **~gabel** *f* visvork; **~gericht** *n* (het) visgerecht; **~geschäft** *n* viswinkel; **~gräte** *f* visgraat; **~händler** *m* vishandelaar, viskoopman; **~konserven** *f/pl.* visconserven *pl.*; **~laich** *m* (vis)kuit; **~markt** *m* vismarkt; **~mehl** *n* (het) vismeel; **~messer** *n* (het) vismes; **~netz** *n* (het) visnet; **~otter** *m* visotter; **2reich** visrijk; **~reiher** *m* blauwe reiger; **~salat** *m* vissla; **~suppe** *f* vissoep; **~teich** *m* visvijver; **~tran** *m* walvistraan; **~vergiftung** *f* visvergiftiging; **~zucht** *f* visteelt; **~zug** *m* (vis)vangst.
fis'kalisch (*0*) fiscaal.
Fiskus *m* (-; *0*) fiscus.
Fistel *f* (-; *-n*) fistel; **~stimme** *f Mus.* falset, kopstem.
Fittich *m* (*-es*; *-e*) vlerk, wiek; *unter*

seine ~e nehmen onder zijn hoede nemen.

fix (*-est*) vast; (*flink*) flink, handig, knap; *Bursche*: kwiek; *~ und fertig* kant en klaar; F (*erschöpft*) doodop, bekaf.

Fi'xier|bad *n* (het) fixeerbad; **2en** (-) fixeren (*a. Foto u. j-n*); **~ung** *f* fixering.

Fix|punkt *m* (het) vast punt; **~stern** *m* vaste ster; **~um** *n* (*-s*; *Fixa*) (het) fixum.

flach vlak, plat; (*seicht*) ondiep; (*uninteressant bsd.*) oppervlakkig; **2bau** *m* laagbouw.

Fläche *f* (het) vlak (*a. Math.*); (*Ebene*) vlakte.

Flächen|inhalt *m* (het) oppervlak; **~messung** *f* vlaktemeting.

Flach|heit *f* vlakheid, platheid; oppervlakkigheid; **~land** *n* (*-es*; *0*) (het) vlak (*od.* laag) land; **~relief** *n* (het) bas-reliëf.

Flachs [ks] *m* (*-es*; *0*) (het) vlas; **2blond** (*0*) vlasblond; **~haar** *n* (het) vlashaar; **~spinnerei** *f* vlasspinnerij.

flackern (*-re*) flakkeren, flikkeren.

Fladen *m* (platte) koek; (*Kuh2*) vlade, koeiedrek.

Flagg|e *f* vlag; **2en** vlaggen; (*Zeichen geben*) seinen; **~en·hissen** *n* (*-s*; *0*) (het) hijsen van de vlag; **~schiff** *n* (het) vlaggeschip.

Flak(artillerie) *f* (*0*) luchtdoelartillerie.

flam'bieren (-) flamberen.

Flam|e *m* (*-n*) Vlaming; **~in** *f*, **Flämin** *f* Vlaamse.

Flamingo [-'mɪŋgo·] *m* (*-s*; *-s*) flamingo.

flämisch Vlaams.

Flamme *f* vlam (*a. fig.*); **2n** vlammen, flikkeren; *s. a. geflammt*; **~nmeer** *n* vlammenzee; **~n·werfer** *m* vlammenwerper.

Flandern *n* Vlaanderen *n*.

Fla'nell *m* (*-s*; *-e*) (het) flanel.

fla'nieren (-) flaneren.

Flank|e *f* flank (*a. mil.*); *im Ballspiel*: zijdelingse voorzet; **~enschutz** *m* flankdekking; **2ieren** [-ŋ'ki:-] (-) flankeren.

Fläschchen *n* (het) flesje.

Flasche *f* fles; *Tech.* katrol; *Pers.*: F knoeier.

Flaschen|bier *n* (het) flessebier; **~hals** *m* flessehals (*a. fig.*); **~öffner** *m* flesopener; **~wein** *m* wijn o[p] flessen; **~zug** *m* katrol.

flatter|haft (*-est*) onbestendig, wis[pel]turig; **~n** (*-re*) fladderen; wispel[]turig zijn; *Räder*: slingeren.

flau flauw, zwak, mat; *das Geschä[ft] ist ~* de zaken gaan slecht, het i[s] slap in zaken.

Flaum *m* (*-es*; *0*) (het) dons; **~fede[r]** *f* donzen veer; **2ig** donzen, zach[t] als dons.

Flaus(ch) *m* (*-es*; *-e*) dikke wolle[n] stof.

Flausen *f/pl.* F smoesjes *n/pl.*; (*Ge[]schwätz*) praatjes *n/pl.*; **~macher** *[m]* praatjesmaker.

Flaute *f* windstilte; *Hdl.* slapte.

Flecht|e *f* (*Zopf*) vlecht; *Med.* huid[]uitslag; *Bot.* (het) korstmos; **2e[n]** (*L*) vlechten; **~werk** *n* (*-es*; *0*) (he[t]) vlechtwerk.

Fleck *m* (*-es*; *-e*) vlek (*a. fig.*) (*Stelle*) plek, plaats; (*Flicken*) la[p] (het) stuk; *nicht vom ~ kommen fi[g.]* niet opschieten; **~chen** *n* (he[t]) vlekje; (het) plekje.

flecken *v/i* vlekken; **2** *m* (*Dorf*) (he[t]) (groot) dorp; *s. a. Fleck*; **~los** (*0*) vlekkeloos (*a. fig.*); **2reiniger** *[m]* **2wasser** *n* (het) vlekkenwater.

Fleck|fieber *n* (*-s*; *0*) vlektyfus; **2i[g]** gevlekt; (*schmutzig*) morsig, vui[l]; **~seife** *f* vlekkenzeep; **~typhus** *[m]* vlektyfus.

Fleder|maus *f* vleermuis; **~wisc[h]** *m* plumeau.

Flegel *m* vlegel (*a. Pers.*); **~ei** [-'la[i]] *f* lompheid, vlegelachtigheid; **2ha[ft]** (*-est*) vlegelachtig, lomp; **~jahr[e]** *n/pl.* vlegeljaren *n/pl.*

flehen smeken; **~t·lich** (*0*) smeken[d].

Fleisch *n* (*-es*; *0*) (het) vlees.

Fleisch|- *in Zssgn mst.* vlees-, *z.[B.]* **~beschau** *f* (*0*) vleeskeuring; **~brü[]he** *f* (het) vleesnat, bouillon; **~er** [*m*] slager; **~e'rei** *f*, **~er·laden** *m* sl[a]gerij; **~es·lust** *f* vleselijke lust; **~ex[]trakt** *m* (het) vleesextract; **2farbe[n]** (*0*) vleeskleurig; **2fressend** ([*0*]) vleesetend; **~gericht** *n* (het) vlee[s]gerecht; **2ig** vlezig; **~klößchen** [*n*] (het) vleesballetje; **~konserve[n]** *f/pl.* vleesconserven *pl.*, (het) vle[es] in blik; **2lich** (*0*) vleselijk, zinn[e]lijk; **~salat** *m* vleessla; **~vergi[f]tung** *f* vleesvergiftiging; **~ware[n]** *f/pl.* vleeswaren *pl.*; **~werdung** [*f*] vleeswording; **~wolf** *m* vleesmole[n]

~wunde *f* vleeswonde; **~wurst** *f* vleesworst.
leiß *m* (*-es*; *0*) vlijt, ijver; **2ig** vlijtig, ijverig.
lek'tieren (-) verbuigen; *Verb* vervoegen.
lennen F grienen.
letschen *Zähne* laten zien.
lexion [-'ksĭo:n] *f* flectie.
lick|arbeit *f* (het) lapwerk, (het) verstelwerk; **2en** verstellen, lappen; *Strumpf* stoppen; *Reifen* plakken; **~en** *m* (het) stuk, lap; **~e'rei** *f* (het) lappen, (het) verstellen; *fig.* (het) lap-, knoeiwerk; **~schneider** *m* kleermaker voor verstelwerk; **~schuster** *m* schoenlapper; **~werk** *n* (*-es*; *0*) (het) verstelwerk; *fig.* (het) lap-, knoeiwerk; **~wort** *n* (het) stopwoord.
lieder *m* sering.
liege *f* vlieg; (*Querbinder*) (het) vlinderdasje.
liegen (*L*; *sn*) vliegen; **~d** vliegend.
liegen|- *in Zssgn mst.* vliegen-, *z.B.* **~fänger** *m* vliegenvanger; **~gewicht** *n* (*-es*; *0*) (het) vlieggewicht; **~klappe** *f* vliegemepper; **~pilz** *m* vliegenzwam.
lieger *m* vliegenier, piloot; (*Renner*) sprinter; **~abwehr** *f* luchtafweer; **~alarm** *m* (het) luchtalarm; **~angriff** *m* luchtaanval; **~in** *f* vliegster, vliegenierster; **~schule** *f* vlieg-, luchtvaartschool.
lieh|en (*L*) *v/i* (*sn*) *u. v/t* vluchten; *v/t a.* ontvluchten; **2kraft** *f* middelpuntvliedende kracht.
liese *f* vloertegel; (*Wand2*) (muur-)egel.
ließ|arbeit *f* (het) werk aan de opende band; **~band** *n* lopende band; **2en** (*L*; *sn*) stromen, vloeien; **end** stromend; *fig.* vloeiend.
limmer *m* flikkering, (het) schijnel; *s.* Flitter; **~kiste** *f* F kijkkast; **2n** -*re*) flikkeren, glinsteren.
ink vlug, behendig, rap; **2heit** *f* *0*) vlugheid, behendigheid.
inte *f* (het) geweer; *die ~ ins Korn werfen* het bijltje erbij neerleggen.
irren flikkeren; (*surren*) trillen.
irt [flœ(:)ʁt] *m* (*-es*; *-s*) flirt; **2en** -*e*-) flirten.
ittchen *n* snol.
itter *m* (het) lovertje, glinsterende maar onechte) sieraden *n/pl.*; *fig.* het) klatergoud, schone schijn; **~glanz** *m* schone schijn; **~gold** *n* (het) klatergoud; **~wochen** *f/pl.* wittebroodsweken *pl.*
flitzen (*-t*) flitsen, schieten.
Flock|e *f* vlok; **2ig** (*0*) vlokkig.
Floh *m* (*-es*; *ᵘe*) vlo; **~zirkus** *m* (het) vlooientheater.
Flor *m* (*-s*; *-e*) (het) krip, (het) floers; (*Band*) rouwband; *Bot.* bloei.
Flora *f* (-; *Floren*) flora.
floren|'tinisch Florentijns; **2z** [-'ʀɛnts] *n* Florence *n.*
Flo'rett *n* (*-es*; *-e*) floret, schermdegen.
flo'rieren (-) floreren, bloeien.
Flo'rin *m* (*-s*; *-e od. -s*) florijn, gulden.
Floskel *f* (-; *-n*) frase, (het) gezegde zonder inhoud.
Floß [o:] *n* (*-es*; *ᵘe*) (het) vlot.
Flosse *f* vin; *Flgw.* (het) horizontaal stabilisatievlak; (*Hand*) F poot.
flöße|n [ø:] (*-t*) vlotten; **2r** *m* vlotter.
Flöte *f* fluit; **2n** (*-e-*) fluiten, op de fluit spelen.
flöten|gehen F *etw.*: naar de knoppen gaan; *Pers.*: 'm smeren; **2spieler(in** *f*) *m* fluitist(e *f*).
flott (*-est*) vlot (*a. mar. u. fig.*).
Flott|e *f* vloot; **~en·abkommen** *n* (het) vlootakkoord; **~en·stützpunkt** *m* vlootbasis; **~ille** [-'tɪlĭə] *f* (het) flottielje; **2machen** *mar.* vlot krijgen; *fig.* weer op gang brengen.
Flöz [ø:] *n* (*-es*; *-e*) laag, bedding.
Fluch [u:] *m* (*-es*; *ᵘe*) vloek (*a. Kraftwort*), vervloeking; **2en** vloeken; *j-m* vervloeken.
Flucht *f* vlucht; (*Reihe*) rij, reeks; (*gerade Linie*) rooilijn; *auf der ~* op de vlucht; *die ~ ergreifen* op de vlucht slaan; **2artig** (*0*) pijlsnel, op een vlucht gelijkend.
flüchten (*-e-*) *v/i* (*sn*) *u. sich ~* vluchten.
Fluchthelfer *m* helper bij een vlucht.
flüchtig vluchtig (*a. Chem. u. fig.*); (*ungenau a.*) slordig, oppervlakkig; (*vergänglich bsd.*) vergankelijk; (*auf der Flucht*) voortvluchtig; **2keit** *f* (*0*) vluchtigheid; slordigheid, oppervlakkigheid; vergankelijkheid.
Flüchtling *m* (*-s*; *-e*) vluchteling; **~s·lager** *n* (het) vluchtelingenkamp.

Fluchtversuch *m* ontvluchtingspoging.

Flug *m* (-*ės*; *⁼e*) vlucht (*a. fig.*); (*Schwarm*) zwerm; *im ~e* in de vlucht (*a. fig.*); **~abwehr** *f* luchtafweer; **~bahn** *f* kogelbaan; **~bereich** *m* (het) vliegbereik; **~blatt** *n* (het) vlugschrift, (het) pamflet; (*Werbe2*) (het) strooibiljet; **~boot** *n* vliegboot; **~dauer** *f* duur van de vlucht.

Flügel *m* vleugel (*a. Mus.*); **~adjutant** *m* vleugeladjudant; **2förmig** (*0*) vleugelvormig; **2lahm** (*0*) vleugellam; **~mann** *m* (-*ės*; *⁼er od. Flügelleute*) vleugelman; **~mutter** *f* (-; -*n*) vleugelmoer; **~schlag** *m* vleugelslag; **~stürmer** *m Sp.* vleugelspeler; **~tür** *f* vleugeldeur, porte-brisée.

Fluggast *m* passagier.

flügge in staat om te vliegen; *fig.* zelfstandig, volwassen; *~ sein Vogel*: kunnen vliegen.

Flug|gesellschaft *f* luchtvaartmaatschappij; **~hafen** *m* luchthaven; **~kapitän** *m* gezagvoerder; **~karte** *f* (het) ticket, (het) vliegbiljet; **~körper** *m* (het) vliegend voorwerp; **~lehrer** *m* vlieger--instructeur; **~linie** *f* lucht(vaart)-lijn; **~lotse** *m* verkeersleider; **~plan** *m* luchtdienstregeling; **~platz** *m* (het) vliegveld; **~preis** *m* prijs voor een vlucht; **~reise** *f* vliegreis.

flugs [u:] fluks, gauw.

Flug|schrift *f* (het) vlugschrift; **~strecke** *f* (het) vliegtraject; **~stunde** *f* vlieguur; **~technik** *f* (*0*) vliegtechniek; **~verbindung** *f* luchtverbinding; **~verkehr** *m* (het) luchtverkeer; **~wesen** *n* (-*s*; *0*) (het) vliegwezen, vliegerij; **~zeit** *f* vliegtijd.

Flugzeug *n* (het) vliegtuig; **~führer** *m* piloot; **~geschwader** *n* (het) eskader vliegtuigen; **~halle** *f* hangar, vliegtuigloods; **~träger** *m* (het) vliegdekschip.

Fluidum ['flu:i·-] *n* (-*s*; *Fluida*) (het) fluïdum.

fluktu'ieren (-) fluctueren.

Flunder *f* (-; -*n*) bot.

Flunke|'rei *f* opschepperij; **2rn** (-*re*) flikkeren; (*schwindeln*) opscheppen, snoeven.

Fluor ['flu:ɔʁ] *n* (-*s*; *0*) (het) fluor; **2es'zieren** (-) fluoresceren.

Flur¹ *m* (-*ės*; -*e*) gang, hal.

Flur² *f* (het) veld, beemd; **~bereinigung** *f* ruilverkaveling.

Fluß *m* (-*sses*; *⁼sse*) rivier, stroom (*das Fließen*) stroming, vloeiing (*flüssiger Zustand*) gesmolten toestand; *Med.* reumatiek; (*Rede2*) vloed; *in ~ bringen fig.* op gan[g] brengen; **2'abwärts** stroomaf[-]waarts; **~arm** *m* rivierarm; **2'auf[-]wärts** stroomopwaarts; **~bett** [*n*] (het) rivierbed, bedding; **~gebiet** [*n*] (het) rivier-, stroomgebied.

flüssig vloeibaar; *fig.* vloeiend; *~e[s] Geld* liquide middelen *n/pl.*; **2gas** [*n*] (het) vloeibaar gas; **2keit** *f* vloeisto[f,] (het) vocht; (*das Flüssigsein*) vloei[-]baarheid; **~machen** *Geld* opbren[-]gen; (*in Geld umwandeln*) te geld maken.

Fluß|lauf *m* loop van een rivie[r;] **~pferd** *n* (het) nijlpaard; **~tal** [*n*] (het) rivierdal.

flüster|n (-*re*) fluisteren; **2propa[-]ganda** *f* fluistercampagne; **2[-]stimme** *f* fluisterstem.

Flut *f* vloed; *fig. a.* stroom; (*beweg[te] Wassermasse*) golf, (het) wate[r;] (*Überschwemmung*) overstromin[g;] **2en** (-*e*-) *v/t* laten vollopen; *v/i* (*s[n]*) golven, stromen (*a. fig.*); *es flut[et]* de vloed komt op; **~licht** *n* (he[t]) floodlight; **~welle** *f* vloedgol[f;] **~zeit** *f* vloed(tijd).

Fock|mast *m* fokkemast; **~segel** [*n*] (het) fokkezeil.

Födera'lis|mus *m* (-; *0*) (het) fed[e]ralisme; **2tisch** federalistisch.

Fohlen *n* (het) veulen.

Föhn *m* (-*ės*; -*e*) föhn, droge warm[e] zuidenwind.

Föhre *f* grove den, pijnboom.

Folge *f* (het) gevolg; (*Fortsetzun[g]*) (het) vervolg; (*Reihe*) reeks; (*Au[f-] einanderfolge*) volgorde; *~ leist[en]* (*D*) gevolg geven aan; *zur ~ hab[en]* tot gevolg hebben; **~erscheinun[g]** nawerking; **~leistung** *f* opvolgin[g]

folgen (*sn*) (*D*) volgen (*a. fig.*); *~ a[uf]* (*A*) volgen op; *wie folgt* als volg[t;] *daraus folgt* daaruit volgt; **~d** v[ol-]gend; **~der'maßen** [ɑ:] als vol[gt,] aldus, op de volgende wijze; **~[los]** (*0*) zonder gevolg(en); **~reich** [b]elangrijk voor de toekomst; [~]**schwer** met ernstige gevolge[n;] (*katastrophal*) noodlottig.

folge·richtig logisch, conseque[nt]

juist; ≈keit *f* (*0*) logica, consequentie, juistheid.
folger|n (*-re*) (*aus D*) afleiden (uit), concluderen (uit); ≈**ung** *f* gevolgtrekking, conclusie.
folge|widrig inconsequent, onlogisch; ≈**zeit** *f* (het) vervolg, toekomst.
folglich zodoende, bijgevolg, dus.
folgsam volgzaam, gedwee; ≈**keit** *f* (*0*) volgzaamheid, gedweeheid.
Foli|e ['-liə] *f* foelie; **~o** ['-lio·] *n* (*-s*; *-s od. Folien*) (het) folio, (het) groot formaat.
Folklore *f* (*0*) folklore.
Folter *f* (*-*; *-n*) foltering, marteling; (*Gerät*) (het) folterwerktuig, pijnbank; **~bank** *f* pijnbank; **~kammer** *f* folterkamer; ≈**n** (*-re*) folteren, martelen; **~qual** *f* folterkwelling; **~ung** *f* foltering, marteling.
Fön *m* (*-es*; *-e*) föhn.
Fond [fɔ̃:, fɔŋ] *m* (*-s*; *-s*) grondslag; (*Rücksitz*) achterbank.
Fonds [fɔ̃:, fɔŋ] *m* (*-*; *-*) (het) fonds.
fönen föhnen.
Fon'täne *f* fontein.
foppe|n foppen, plagen; ≈'**rei** *f* fopperij, plagerij.
forcieren [-'si:-] (*-*) forceren.
Förder|band *n* transportband; **~er** *m* bevorderaar, begunstiger, beschermer; **~korb** *m* liftkooi; ≈**lich** bevorderlijk, voordelig, nuttig.
fordern (*-re*) eisen, vorderen, verlangen; *Preis* vragen; *zum Zweikampf*: uitdagen; *vor Gericht* ~ dagvaarden.
förder|n (*-re*) bevorderen; *j-n* steunen, vooruithelpen; *Bgb.* delven, naar boven brengen; ≈**seil** *n* ophaalkabel.
Forderung *f* eis, vordering; uitdaging; dagvaarding.
Förderung *f* bevordering, steun, begunstiging; *Bgb.* produktie.
Fo'relle *f* forel; **~n·zucht** *f* forellenkweek.
Form *f* vorm (*a. Sp.*).
for'ma|l (*0*) formeel; ≈'**lismus** *m* (*-*; *0*) (het) formalisme; ≈**li'tät** *f* formaliteit; ≈**t** *n* (*-es*; *-e*) (het) formaat.
form|beständig vormvast; ≈**blatt** *n* (het) formulier, (het) model.
Formel *f* (*-*; *-n*) formule; ≈**haft** (*0*) als een formule; (*starr*) star; (*allgemein üblich*) geijkt.

for'mell formeel.
formen vormen; ≈**lehre** *f* vormleer; **~reich** rijk aan vormen.
Form|er *m* vormer, gieter; **~fehler** *m* fout tegen de vorm; (*im Umgang*) fout tegen de goede vormen; **~gebung** *f* vormgeving; ≈**gerecht** in de goede vorm; ≈**ieren** [-'mi:-] (*-*) formeren, vormen.
förmlich vormelijk, formeel; (*buchstäblich*) letterlijk; (*geradezu*) gewoonweg, bepaald; ≈**keit** *f* vormelijkheid; ~(*en pl.*) plichtpleging(en *pl.*), formaliteit(en *pl.*).
formlos (*-est*) vormloos; (*ungeschliffen*) ongegeneerd; ≈**ig·keit** *f* (*0*) vormloosheid; ongegeneerdheid.
Formsache *f* vormkwestie.
Formu'l|ar *n* (*-s*; *-e*) (het) formulier; ≈**ieren** (*-*) formuleren.
Form|ung *f* vorming; ≈**vollendet** (*-est*) onberispelijk, volmaakt van vorm.
forsch (*-est*) fors, krachtig; (*energisch*) flink, kranig.
forsch|en onderzoeken; ~ *nach* (*D*) onderzoek doen naar; ≈**er** *m* onderzoeker.
Forschung *f* (het) onderzoek, navorsing; **~s·reise** *f* ontdekkingsreis; **~s·stelle** *f* (het) research-instituut.
Forst *m* (*-es*; *-e od. -en*) (het) woud, (het) bos; **~amt** *n* (het) bureau van het bosbeheer; **~beamte(r)** bosbouwkundig ambtenaar.
Förste|r *m* boswachter; **~'rei** *f* boswachterij.
Forst|revier *n* (het) bosdistrict; **~schule** *f* bosbouwschool; **~verwaltung** *f* (het) bosbeheer; **~wirtschaft** *f* (*0*) bosbouw.
Fort [fo:ʁ] *n* (*-s*; *-s*) (het) fort.
fort (*weiter*) voort, verder, door; (*weg*) weg; *in e-m* ~ aan één stuk door.
fort|- *in Zssgn*: *weiter- mst.* voort-, door-; *weg- mst.* weg-, *z.B.* **~'ab**, **~'an** voortaan, in het vervolg; **~begeben**: *sich* ~ weggaan; ≈**bestand** *m* (het) voortbestaan; **~bestehen** voortbestaan.
fortbeweg|en: *sich* ~ zich voortbewegen; ≈**ung** *f* voortbeweging.
fortbild|en: *sich* ~ zich verder ontwikkelen; ≈**ung** *f* verdere ontwikkeling; (het) voortgezet onderwijs; (*nach dem Studium*) her- en bij-

scholing; ②**ungs·kurs** *m* vervolmakingscursus.
fort|blasen wegblazen; **~bleiben** wegblijven; **~bringen** wegbrengen; (*durchbringen*) verder brengen, voorthelpen.
Fortdauer *f* duur, (het) voortduren; ②**n** voortduren, aanhouden.
fort|dürfen weg mogen; **~eilen** wegsnellen; **~fahren** *v/t* wegbrengen; *v/i* (*sn*) wegrijden, vertrekken; (*weitermachen*) doorgaan, voortgaan.
Fortfall *m* (*-es; 0*) (het) wegvallen; ②**en** weg-, vervallen.
fortführ|en wegvoeren, wegleiden; voortzetten; ②**ung** *f* wegvoering; voortzetting.
Fort|gang *m* (*-es; 0*) (het) vertrek, (het) weggaan; voortgang, vooruitgang; ②**gehen** weggaan; voortduren; ②**geschritten** gevorderd; ②**gesetzt** voortdurend; ②'**hin** voortaan; ②**kommen** wegkomen; vooruitkomen; ②**können** weg kunnen; ②**lassen** laten weggaan; weglaten.
fortlaufen weglopen; **~d** doorlopend.
fortmüssen weg moeten.
fortpflanz|en (*sich*) (zich) voortplanten; ②**ung** *f* (*0*) voortplanting.
fort|schaffen wegbrengen; **~scheren:** *sich ~* zich wegscheren; **~schicken** wegzenden, wegsturen; (*absenden*) verzenden; **~schreiten** vorderen, voortschrijden; (*zunehmen*) toenemen; *s. a. fortgeschritten.*
Fortschritt *m* vooruitgang; **~e** *pl.* vorderingen *pl.*; ②**lich** vooruitstrevend, progressief.
fortsetz|en vervolgen, voortzetten; *s. a. fortgesetzt*; ②**ung** *f* voortzetting; (*Abschnitt*) (het) vervolg; *~ folgt* wordt vervolgd.
fort|tragen wegdragen; **~treiben** *v/i* (*sn*) *u. v/t* wegdrijven; **~während** voortdurend, aanhoudend; **~werfen** weggooien; **~wollen** weg willen; **~ziehen** *v/i* (*sn*) *u. v/t* wegtrekken; *vgl. a.* weg-.
Forum *n* (*-s; Foren od. Fora*) (het) forum.
Fos'sil *n* (*-s; -ien* [-lĭən])(het) fossiel.
Foto *n* (*-s; -s*) foto, F (het) kiekje.
Foto|- *in Zssgn mst.* foto-, *z.B.* **~album** *n* (het) foto-album; **~apparat** *m* (het) fototoestel; ②'**gen** fotogeniek; **~geschäft** *n* fotohandel; **~'graf** *m* (*-en*) fotograaf; **~gra'fie** *f* fotografie; (*Lichtbild*) foto; ②**gra'fieren** (-) fotograferen; ②'**grafisch** (*0*) fotografisch.
Fotoko'pie *f* fotokopie; ②**ren** (-) fotokopiëren.
Foto|modell *n* (het) fotomodel; **~mon'tage** *f* fotomontage; **~sa'fari** *f* foto-safari; **~zelle** *f* fotocel.
Fötus *m* (*-ses; -se*) foetus.
Foul [faʊl] *n* (*-s; -s*) overtreding.
Foyer [fŏa'je:] *n* (*-s; -s*) foyer.
Fracht *f* vracht (*a. Preis*).
Fracht|- *in Zssgn mst.* vracht-, *z.B.* **~brief** *m* vrachtbrief; **~er** *m* bevrachter; (*Schiff*) (het) vrachtschip; ②**frei** (*0*) vrachtvrij; **~gut** *n* (het) vrachtgoed; **~schiff** *n* (het) vrachtschip; **~stück** *n* (het) vrachtstuk, (het) collo; **~tarif** *m* (het) vrachttarief.
Frack *m* (*-es; -s od. ¨e*) rok.
Frage *f* vraag; (*Problem*) kwestie (het) vraagstuk; *ohne ~* ongetwijfeld *in ~ stellen* in twijfel trekken; *in ~ kommen* in aanmerking komen **~bogen** *m* vragenlijst; ②**n** *j-n etw* (*A*) vragen; *~ nach* (*D*) vragen naar *es fragt sich* het is de vraag; *etw ist sehr gefragt* er is veel vraag naar iets; **~stellung** *f* (het) stellen van de vraag; probleemstelling; **~zeichen** *n* (het) vraagteken.
frag|lich (*zweifelhaft*) twijfelachtig (*erwähnt*) bedoeld, bewust, in kwestie; **~los** (*0*) ongetwijfeld zonder twijfel.
Frag'men|t *n* (*-es; -e*) (het) fragment; ②'**tarisch** fragmentarisch.
fragwürdig twijfelachtig.
Frak|tion [-'tsĭo:n] *f* fractie; **~'tur** Duitse drukletter; (*Bruch*) fractuur breuk.
Frank *m* (*-en*) (*Münze*) frank.
Franke *m* (*-n*) Frank.
Franken(land) *n* Frankenland *n.*
Franken *m* = *Frank.*
Frankfurt *n* Frankfort *n.*
fran'kieren (-) frankeren.
fränkisch Frankisch.
franko (*0*) franco, portvrij.
Frankreich *n* Frankrijk *n.*
Fransen *f/pl.* franjes *pl.*
Franzbranntwein *m* Franse brandewijn.
Franzis'kaner *m* franciscaan, minderbroeder.

'ran'z|ose *m* (*-n*) Fransman; **~ösin** *f* Française, Franse; **~ösisch** *n* (het) Frans; **2ösisch** Frans.
räs|e *f* frees; **2en** (*-t*) fresen; **~er** *m* :rezer; (*Gerät*) frees; **~maschine** *f* freesmachine.
raß [ɑː] *m* (*-es*; *0*) (het) voer; *pej.* *bsd.* (het) vreten.
ratz *m* (*-es*; *-e*) (*Mädchen*) (het) euk ding; (*ungezogenes Kind*) (het) ondeugend kind, kwajongen; (*Geck*) kwast.
ratze *f* grimas, (het) vertrokken gezicht; (het) gezicht; (*Posse*) frats; *~n pl. schneiden* grimassen *pl.* ma-ken; **~n·macher** *m* grimassen-maker.
rau *f* vrouw (*a. Ehe2*); *mit Namen* *d. Titel u. in der Anrede* Mevrouw *Abk.* Mevr.); *gnädige ~* Mevrouw.
rauen|- *in Zssgn mst.* vrouwen-, *.B.* **~arzt** *m* vrouwenarts; **~bewe-gung** *f* vrouwenbeweging; **~eman-cipation** *f* vrouwenemancipatie; **haar** *n* (het) vrouwenhaar; **2haft** *-est*) vrouwelijk; **~krankheit** *f* rouwenziekte; **~rechtlerin** *f* fe-ministe; **~stimmrecht** *n* (het) rouwenkiesrecht; **~zeitschrift** *f* het) damesblad; **~zimmer** *n pej.* het) vrouwspersoon.
äulein *n* juffrouw (*a. Anrede*); *im* *Schriftverkehr*: Mejuffrouw (*Abk.* Mej.).
ech brutaal, onbeschaamd; (*ver-wegen*) vermetel; **2heit** *f* onbe-schaamdheid, brutaliteit; vermetel-heid.
e'gatte *f* (het) fregat.
i vrij (*a. Adv.*); (*kostenlos a.*) gratis; *Post*: franco; *Arbeitsstelle*: vacant; *~ werden* vrijkomen; *ich* *n so ~* ik ben zo vrij; *s. a. Freie.*
ei|- *in Zssgn mst.* vrij-; **~bad** *n* et) openluchtzwembad; **2be-kommen** vrij krijgen; (*Urlaub*) rijaf krijgen; **2beruflich:** *~ tätig* *in* een vrij beroep uitoefenen; **euter** *m* vrijbuiter (*a. fig.*); **rief** *m* vrijbrief; **~denker** *m* rijdenker; **~e** *n*: *ins ~* naar buiten; *~n* in de open lucht, buiten; **n:** *~ um* (*A*) dingen naar de hand n.
eier *m* vrijer, minnaar, aanstaan-; **~s·füße** *m/pl.*: *auf ~n gehen* vrijersvoeten gaan.
ei|exemplar *n* (het) present-exemplaar; **~fahrschein** *m* (het) vrijbiljet; **~frau** *f* barones; **~gabe** *f* (het) vrijgeven; (*Freilassung*) vrijla-ting; **2geben** vrijgeven; (*beurlauben* *a.*) vrijaf geven; *j-n* vrijlaten; **2ge-big** vrijgevig, gul, goedgeefs; **~ge-bigkeit** *f* (*0*) vrijgevigheid; **~geist** *m* vrijdenker; **~gepäck** *n* vracht-vrije bagage; **2haben** vrijaf heb-ben; **~hafen** *m* vrijhaven; **2halten** vrijhouden (*a. j-n*); **~handel** *m* vrijhandel; **2händig** (*0*) los, zonder handen.
Freiheit *f* vrijheid; (*Unabhängigkeit* *a.*) onafhankelijkheid; (*von Abga-ben*) vrijdom; **2lich** vrijheidlievend; vrij.
Freiheits|- *in Zssgn mst.* vrijheids-, *z.B.* **~beraubung** *f* vrijheidsbero-ving; **~kampf** *m* vrijheidsstrijd; **~liebe** *f* vrijheidsliefde; **~strafe** *f* vrijheidsstraf.
frei|he'raus vrij-, ronduit; **2herr** *m* baron; **2karte** *f* vrijkaart, (het) vrijbiljet; **~kommen** vrijkomen; **2körperkultur** *f* (*0*) naaktcultuur.
freilass|en vrijlaten, in vrijheid stellen; **2ung** *f* vrijlating.
Frei|lauf *m* vrijloop; **2legen** bloot-, openleggen; **2lich** (*einräumend*) weliswaar, echter; (*bejahend*) wel zeker, ja zeker.
Freilicht|bühne *f* (het) openlucht-theater; **~kino** *n* openluchtbios-coop; **~museum** *n* (het) open-luchtmuseum.
Freilos *n* (het) gratis lot.
freimach|en *Brief* frankeren; *sich ~* zich vrijmaken (*a. ausziehen*); **2ung** *f* frankering; vrijmaking.
Freimaure|r *m* vrijmetselaar; **~'rei** *f* (*0*) vrijmetselarij.
Frei|mut *m* vrijmoedigheid; **2mü-tig** vrijmoedig; **~schärler** *m* parti-zaan; **~schwimmer** *m* zwemmer in het bezit van het eerste zwemdi-ploma; **2sinnig** vrijzinnig, liberaal; **2sprechen** vrijspreken; **~spruch** *m* vrijspraak; **~staat** *m* vrijstaat; **2stehen** vrijstaan (*a. Haus*); **2stel-len** (*von D*) vrijstellen (van); *j-m* *etw. ~* iets aan iem. overlaten; **~stil-ringen** *n* (*-s*; *0*) (het) vrij worstelen; **~stoß** *m Sp.* vrije schop.
Freitag *m* vrijdag; *am ~*, **2s** vrijdags.
Frei|tod *m* vrijwillige dood, zelf-moord; **~treppe** *f* (het) bordes; **~übungen** *f/pl.* vrije oefeningen

pl.; **~wild** *n fig.* (het) vogelvrij wild.

freiwillig (*0*) vrijwillig; **≈e(r)** vrijwilliger.

Freizeit *f* vrije tijd; **~beschäftigung** *f* bezigheid in de vrije tijd; **~gestaltung** *f* vrijetijdsbesteding.

freizügig vrij om zich te bewegen (*od.* om zich te vestigen); **≈keit** *f* (*0*) vrijheid van beweging; vrijheid van vestiging.

fremd (*-est*) vreemd; (*unbekannt a.*) onbekend; **~artig** vreemd(soortig), ongewoon; **≈e** *f* (*0*) vreemde, (het) buitenland; **≈e(r)** vreemdeling.

Fremden|buch *n* (het) vreemdelingen-, gastenboek; **~führer** *m* toeristengids; **~verkehr** *m* (het) vreemdelingenverkeer; **~verkehrsamt** *n* Vereniging voor Vreemdelingenverkeer (*Abk.* V.V.V.); (*in Belgien a.*) Dienst voor Toerisme; **~zimmer** *n* logeerkamer.

fremd|gehen F vreemd gaan; **≈heit** *f* (*0*) vreemdheid, (het) vreemde; **≈herrschaft** *f* (*0*) vreemde overheersing; **≈körper** *m* (het) vreemd voorwerp; **~ländisch** (*0*) buitenlands, uitheems.

Fremdsprach|e *f* vreemde taal; **~en·unterricht** *m* (het) vreemdetalenonderwijs; **≈ig** (*0*) een vreemde taal sprekend; (*in fremden Sprachen*) vreemdtalig; **≈lich** (*0*) in vreemde talen; over een vreemde taal.

Fremdwort *n* (*-es*; *⸚er*) (het) vreemd woord.

fre'netisch frenetiek, razend.

fre'quen|t (*-est*) frequent; **≈z** *f* frequentie (*a. Phys.*).

Freske *f*, **Fresko** *n* (*-s*; *Fresken*) (het) fresco.

Fres'salien [-liən] *pl.* F (het) eten.

Fresse *f* P bek, smoel; *j-n in die ~ hauen* iem. op zijn smoel slaan; **≈n** (*L*) vreten (*a. P*); (*ätzen a.*) bijten; *Tier*: eten; **~n** *n* (*-s*; *0*) (het) vreten; (het) eten; (*Futter*) (het) voer; **~r** *m* eter; P *Pers.*: veelvraat; **~'rei** *f* P vreterij.

Freßgier *f* (*0*) vraatzucht.

Frettchen *n Zool.* (het) fret.

Freude *f* vreugde, (het) plezier, blijdschap, (het) genoegen; *j-m ~ machen* iem. genoegen doen, iem. verheugen; *j-m e-e ~ machen* iem. een plezier doen; *vor ~* van plezier, van vreugde; *mit ~n!* graag!, me genoegen!

Freuden|- *in Zssgn mst.* vreugde- *z.B.* **~fest** *n* (het) vreugdefeest **~feuer** *n* (het) vreugdevuur; **~hau** *n* (het) bordeel; **~mädchen** *n* prostituée, lichtekooi; **≈reich** vreugdevol; **~taumel** *m* vreugderoes **~tränen** *f/pl.* tranen *pl.* van vreugde.

freude|strahlend stralend va vreugde; **~trunken** (*0*) dronke van vreugde.

freud|ig blij, vreugdevol; *ein ~ Ereignis* een blijde gebeurtenis **~los** (*-est*) vreugdeloos; **~vo** vreugdevol.

freuen verheugen, verblijden, pl zier doen; *sich ~* (*über, auf A*) zic verheugen (over, op); (*es*) *fre mich!* aangenaam!

Freund *m* (*-es*; *-e*) vriend; *kein sein von etw.* (*D*) niet houden va iets; **~es·kreis** *m* vriendenkrin **~in** *f* vriendin.

freundlich vriendelijk (*zu j-m* vo iem.); **≈keit** *f* vriendelijkheid.

Freundschaft *f* vriendschap; **≈li** vriendschappelijk; **~s·bande** *n/* vriendschapsbanden *pl.*; **~s·ve trag** *m* (het) vriendschapsverdra

Frevel *m* overtreding, (het) ve grijp; (*Verbrechen*) misdaad; **≈ha** (*-est*) misdadig; (*sündhaft*) zond goddeloos; **≈n** (*-le*) misdoen, e misdaad begaan; zondigen, ove treden; **~tat** *f* misdaad, euveldaa

Frevler *m* misdadiger, boosdoen overtreder.

Friede *m* (*-ns*; *-n*), **~n** *m* vre *fauler ~* schijnvrede; *laß mich ~n!* laat me met rust!

Friedens|- *in Zssgn mst.* vrede *z.B.* **~bedingungen** *f/pl.* vred voorwaarden *pl.*; **~bewegung** vredesbeweging; **~bote** *m* vre bode; **~bruch** *m* vredebreuk; **~e gel** *m* vredesengel; **~konferen** vredesconferentie; **~no'belprei** Nobelprijs voor de Vrede; **~pfei** vredespijp; **~richter** *m* vredere ter; **~schluß** *m* (het) sluiten van vrede; **~stifter** *m* vredesticht **~störer** *m* verstoorder van vrede; *fig.* spelbreker; **~taub** vredesduif; **~verhandlungen** *f* vredesonderhandelingen *pl.*; **~v trag** *m* (het) vredesverdrag; **~wi**

n wil tot vrede; **~zeit** *f* vredes-
tijd.
iedfertig vreedzaam, vredelie-
vend; **ℒkeit** *f* (*0*) vreedzaamheid,
vredelievendheid.
ried|hof *m* (het) kerkhof; **ℒlich**
vreedzaam, verdraagzaam; **ℒlie-
bend** vredelievend.
ieren (*L*) het koud hebben, kou
lijden; (*sn*) bevriezen; *mich friert,
ch friere* ik heb het koud; *es friert*
het vriest.
ries *m* (*-es*; *-e*) *Arch.* fries; (*Ge-
webe*) baai.
ries|e *m* (*-n*) Fries; **~in** *f* Friezin,
Friese; **ℒisch** Fries; **~land** *n* Fries-
land *n*.
i'gide frigide.
ika'delle *f* frikadel, bal gehakt.
ikas'see *n* (*-s*; *-s*) fricassee.
isch (*-est*) (*neu*) vers; (*kühl*) fris;
munter) levendig, vlot; (*sauber*)
schoon; *Luft*, *Wasser*: fris, vers;
Wind: krachtig; *Adv.* pas; *in ~er
Erinnerung* vers in het geheugen;
e *f* (*0*) frisheid; versheid; levendig-
heid; **~en** *Metall* frissen; **ℒfleisch** *n*
het) vers vlees; **ℒhaltebeutel** *m*
koelverpakking; **ℒling** *m* (*-s*; *-e*)
het) jong wild zwijn; **ℒwasser** *n*
s; *0*) (het) drinkwater; **~'weg**
onder aarzeling, kortweg, vast-
eraden.
i'seu|r [øː] *m* (*-s*; *-e*) kapper; **~se**
kapster.
'sier|en (-) kappen; **ℒsalon** *m*
apsalon (*a.* het); **ℒtoilette** *f* kap-
ilettafel.
ist *f* termijn; (*Aufschub*) (het)
tstel; *j-m e-e ~ gewähren* iem.
tstel geven; **ℒen** (*-e-*) verlengen,
tstellen; *Leben* rekken; **ℒgerecht**
) binnen de gestelde termijn, op
d; **ℒlos** (*0*): *~ entlassen* op staande
et ontslaan.
'sur *f* (het) kapsel.
'türe *f* (*Fett*) (het) frituurvet.
vol frivool, lichtzinnig.
. *Abk. für Fräulein.*
h blij, vrolijk; *~ sein* (*über A*)
ij zijn (over *od.* om).
hlich vrolijk, blij; **ℒkeit** *f* (*0*)
olijkheid, blijheid.
h|'locken juichen, jubelen; **ℒ-
n** *m* (*-ės*; *0*) blijmoedigheid,
lijkheid.
mm vroom, godvruchtig; (*zahm*)
k, gedwee.

Frömme|'lei *f* schijnvroomheid,
kwezelarij; **ℒln** (*-le*) vroom doen, de
vrome uithangen.
frommen (*D*) baten, helpen.
Frömmigkeit *f* (*0*) vroomheid.
Fron(arbeit *f*, **~dienst** *m*) *f* heren-
dienst.
frönen (*D*) botvieren; *Laster* zich
overgeven aan.
Fron'leichnam *m* (*-ės*; *0*) Sacra-
mentsdag.
Front *f* (het) front (*a. fig.*); *Arch.*
voorgevel, voorzijde; **~abschnitt** *m*
frontsector; **ℒal** [-'tɑːl] (*0*) frontaal;
~antrieb *m* voorwielaandrijving;
~dienst *m* frontdienst, dienst aan
het front; **~kämpfer** *m* frontstrijder;
~wechsel *m* verandering van front
(*a. fig.*).
Frosch *m* (*-es*; *⸗e*) kikker, kikvors;
(*Feuerwerk*) voetzoeker; **~mann** *m*
kikvorsman; **~perspektive** *f*: *aus
der ~* van de grond af; *fig.* met een
beperkte blik; **~schenkel** *m/pl.* kik-
kerbilletjes *n/pl.*; **~test** *m* kikker-
proef.
Frost *m* (*-ės*; *⸗e*) vorst; (*Kältegefühl*)
kou(de); **~beulen** *f/pl.* (*an den
Händen*) winterhanden *pl.*; (*an den
Füßen*) wintervoeten *pl.*
frösteln (*-le*) rillen, huiveren.
frost|ig vriezend, koud; *fig.* ijzig,
koel; **ℒperiode** *f* vorstperiode;
ℒschaden *m* vorstschade; **ℒschutz-
mittel** *n* (het) anti-vriesmiddel;
ℒwetter *n* (het) vriesweer.
Frot'tee *n* (*-s*; *-s*) badstof; **~tuch** *n*
badhanddoek.
frot'tier|en (-) wrijven; **ℒtuch** *n* =
Frotteetuch.
Frucht *f* (*-*; *⸗e*) vrucht (*a. fig.*).
fruchtbar vruchtbaar; **ℒkeit** *f* (*0*)
vruchtbaarheid.
Frucht|baum *m* vruchtboom; **ℒ-
bringend** vruchtdragend; *fig.*
vruchtbaar; **~eis** *n* (het) vruchten-
ijs; **ℒen** (*-e-*) baten, helpen, uit-
halen; **~fleisch** *n* (het) vrucht-
vlees; **ℒlos** (*-est*) vruchteloos, nutte-
loos; **~presse** *f* vruchtepers; **ℒreich**
rijk aan vruchten; **~saft** *m* (het)
vruchtesap; **ℒtragend** vruchtdra-
gend; **~wasser** *n* (*-s*; *0*) (het)
vruchtwater.
früh vroeg (*a. Adv.*), vroegtijdig;
heute ~ vanmorgen (vroeg); *morgen
~* morgenochtend; *~ am Morgen*
vroeg in de morgen; *von ~ bis
abends* van 's morgens vroeg tot 's

avonds laat; *zu* ~ te vroeg; **~auf:** *von* ~ van kindsbeen af; **2aufsteher** *m* iem. die steeds vroeg opstaat; **2e** *f* (*0*) vroegte; *in aller* ~ heel in de vroegte; **~er** vroeger (*a. Adv.*); **~estens** op zijn vroegst; **2geburt** *f* ontijdige geboorte; **2jahr** *n* (het) voorjaar; **2kartoffel** *f* vroege aardappel; **2ling** *m* (*-s*; *-e*) lente, (het) voorjaar.

Frühlings|- *in Zssgn mst.* lente-; **~anfang** *m* (het) begin van de lente; **~gefühl** *n* lentestemming; **2haft** (*-est*) lenteachtig.

Früh|messe *f* vroegmis; **2'morgens** vroeg in de morgen; **2reif** vroegrijp; **~reife** *f* (*0*) vroegrijpheid; **~schicht** *f* ochtendploeg; **~schoppen** *m* (het) biertje (*od. Schnaps*: borreltje) 's morgens.

Frühstück *n* (het) ontbijt; *zweites* ~ (het) tweede ontbijt; (*um 12 Uhr*) lunch; **2en** ontbijten; **~s·raum** *m* ontbijtkamer, -zaal.

früh|zeitig vroegtijdig; **2zug** *m* vroege trein; **2zündung** *f* voorontsteking.

frus'triert gefrustreerd.

Fuchs [ks] *m* (*-es*; *⸗e*) vos (*a. Pferd u. fig.*); *schlauer* ~ slimme vos; **~bau** *m* (*-ęs*; *-e*) (het) vossehol; **~eisen** *n* vosseval; **2en** (*-t*) ergeren.

Fuchsie ['-ksĭə] *f Bot.* fuchsia.

Fuchs|schwanz *m* vossestaart; (*Säge*) handzaag; **2teufels'wild** (*0*) woest, razend.

Fuchtel *f* (*-*; *-n*) brede degen; *unter jemands* ~ *stehen* F onder de plak zitten van iem.; **2n** (*-le*) zwaaien; *mit den Armen* ~ gesticuleren.

Fuder *n* wagenvracht, (het) voer; (*Maß*) (het) groot wijnvat.

Fug *m* (*-ęs*; *0*): *mit* ~ *und Recht* terecht, met recht.

Fuge *f Mus.* fuga; *Tech., Arch.* voeg (*a. fig.*), sponning; **2n** voegen, verbinden.

fügen voegen, passen, verbinden; (*bewirken*) beschikken; *sich* ~ (*D*) zich schikken (*od.* voegen) naar; *wie es sich gerade fügt* zoals het uitkomt; *es fügte sich, daß ...* het toeval wilde dat ...

fugenlos (*0*) zonder voegen.

füg|lich gevoeglijk; **~sam** meegaand, handelbaar; **2samkeit** *f* (*0*) meegaandheid, handelbaarheid; **2ung** *f* verbinding, (samen)voeging; *fig.* schikking, bestiering, beschik- king.

fühl|bar voel-, tastbaar; **~en** voele (*a. Schmerz usw.*), tasten; *sich* zich voelen; **2er** *m* voelhoorn (*. fig.*), (voel)spriet; **~los** (*-est*) g voelloos; **2ung** *f* voeling, (het) co tact; ~ *suchen* (*nehmen*) conta zoeken (opnemen); **2ung·nahme** (*0*) (het) contact(zoeken).

Fuhre *f* wagenlading, wagenvrach (*Wagen*) kar, (het) rijtuig.

führen 1. *v/t* leiden (*a. Leben, G schäft usw.*); (*lenken*) besturen *Krieg, Gespräch, Verhandlunge Namen, Prozeß, Wort, Polit* voeren; *mil.* aanvoeren; *im M seum*: rondleiden; *Haushalt* doe *Artikel* verkopen, hebben; *A sicht* houden; *Beweis* leveren; *e Fremden* de weg wijzen, als gi optreden voor; *mit sich* ~ bij zi hebben; **2.** *v/i* leiden; *Sp.* de leidi hebben; *das würde zu weit* ~ d zou te ver voeren; *das führt nichts* dat leidt tot niets; **3.** *sich* zich gedragen; **~d** vooraanstaan leidend; *Stelle*: leidinggevend.

Führer *m* leider; (*Fremden2*) gi *mil.* aanvoerder; *Flgw.* pilo (*Buch*) gids, handleiding; **~in** leidster; gidse; aanvoerster; **2** (*0*) zonder bestuurder; **~schaf** (*0*) leiding, (het) bestuur; **~sche** *m* (het) rijbewijs.

Fuhr|lohn *m* vracht; **~mann** (*-ęs*; *Fuhrleute*) voerman; **~park** (het) wagenpark.

Führung *f* leiding; (*Rundga* rondleiding; (*Benehmen*) (het) drag; *der Bücher*: (het) bijhoud (*Straßen2*) (het) tracé; *e-s P zesses*: (het) voeren; *in* ~ *liegen* leiding hebben; **~s·zeugnis** *n* (bewijs van goed gedrag.

Fuhr|unternehmen *n* (het) ex ditiebedrijf; **~werk** *n* (het) v tuig, (het) rijtuig, wagen.

Fülle *f* (*0*) overvloed, rijkd (*Vollsein*) volheid; (*Dicke*) zw lijvigheid; **2n** vullen; *auf Flasche* bottelen; *s. a. gefüllt.*

Füllen *n* (het) veulen.

Füll|er *m*, **~(feder)halter** *m* pen; **~horn** *n* hoorn des overvlo **2ig** gevuld; **~sel** *n* (het) vu vulling; **~ung** *f* vulling (*a. K kunst*).

fummeln (*-le*) F friemelen, frunniken.
Fund *m* (*-es*; *-e*) vondst; (*Fundsache*) (het) gevonden voorwerp.
Funda'ment *n* (*-es*; *-e*) (het) fundament.
Fund|büro *n* (het) bureau voor gevonden voorwerpen; **~grube** *f fig.* rijke bron, goudmijn.
fun'dieren (-) funderen.
Fund|ort *m* vindplaats; **~sache** *f* (het) gevonden voorwerp.
fünf, **2** *f* vijf.
fünf|- *in Zssgn mst.* vijf-, *z.B.* **2eck** *n* (*-es*; *-e*) vijfhoek; **~eckig** (*0*) vijfhoekig; **~ein'halb** vijf en een half; **2er** *m* (*Münze*) (het) stuk van vijf Pfennig; **~fach** (*0*) vijfvoudig; **~'hundert** vijfhonderd; **2'jahresplan** *m* (het) vijfjarenplan; **~jährig** (*0*) vijfjarig; **2kampf** *m Sp.* vijfkamp; **~mal** vijfmaal; **2'markschein** *m* (het) biljet van vijf mark; **~seitig** (*0*) vijfzijdig; **~stimmig** (*0*) vijfstemmig; **~stöckig** (*0*) met vijf verdiepingen; **~tägig** (*0*) vijfdaags; **~'tausend** vijfduizend; **~te(r)** vijfde; **2tel** *n* (het) vijfde (deel); **~tens** ten vijfde.
fünfzehn vijftien; **~te(r)** vijftiende.
fünfzig vijftig; **2er** *m* (het) stuk van vijftig Pfennig; *Pers.*: vijftiger; **~jährig** (*0*) vijftigjarig; **~ste(r)** vijftigste.
fun'gieren (-) fungeren.
Funk *m* (*-s*; *0*) (draadloze) omroep; radio; **~amateur** *m* radioamateur; **~bild** *n* radiofoto.
Funke *m* (*-n*) vonk; *fig. a.* sprank.
funkel|n (*-le*) fonkelen, schitteren, blinken; *Augen bsd.*: tintelen; **~'nagel'neu** (*0*) (spik)splinternieuw.
funken vonken, fonkelen; (*senden*) (draadloos) seinen; **2** *m* = *Funke*; **2fänger** *m* vonkenvanger; **~sprühend** (*0*) vonkenspattend.
Funk|er *m* marconist, seiner; **~gerät** *n* radioinstallatie; **~meldung** *f* (het) radiobericht; **~peilung** *f* radiopeiling; **~sprechverkehr** *m* (het) radioverkeer; **~spruch** *m* (het) radiotelegram; **~stille** *f* radiopauze; **~streifenwagen** *m* surveillancewagen met mobilofoon; **~taxi** *n* taxi met mobilofoon.
Funktio|n [-'tsĭo:n] *f* functie; **~'när** *m* (*-s*; *-e*) functionaris; **2'nell** functioneel; **2'nieren** (-) functioneren.
Funk|turm *m* radiomast; **~verkehr** *m* (het) radioverkeer; **~zeichen** *n* (het) radiosein.
Funzel *f* (-; *-n*) F slecht brandende lamp.
für *Präp.* (*A*) voor; ~ *zwei Mark, ...* voor; ~ *sich betrachten* op zichzelf; ~ *sich* (*allein*) voor zich alleen; *an und* ~ *sich* op zichzelf (beschouwd); *was* ~ *ein* wat voor een; **2** *n*: *das* ~ *und Wider* het voor en tegen.
Fürbitte *f* voorspraak; **~r** *m* voorspraak, voorspreker.
Furche *f* voor, groef; (*Runzel bsd.*) rimpel; **2n** voren maken, groeven; rimpelen.
Furcht *f* (*0*) vrees; **2bar** vreselijk, ontzettend (*a. fig.*); **~barkeit** *f* (*0*) verschrikkelijkheid.
fürcht|en (*-e-*) vrezen; (*Angst haben a.*) bang zijn voor; *sich* ~ (*vor D*) bang zijn (voor); **~er·lich** verschrikkelijk, vreselijk (*a. fig.*).
furcht|los (*-est*) onbevreesd, zonder vrees; **2losigkeit** *f* (*0*) onbevreesdheid; **~sam** bang(elijk), vreesachtig; **2samkeit** *f* (*0*) vreesachtigheid.
Furie ['-ʀĭə] *f* furie.
Fur'nier *n* (*-s*; *-e*) (het) fineer; **2en** (-) fineren.
fürs = *für das.*
Fürsorge *f* (*0*) (voor)zorg, verzorging; (*allgemein*) (het) maatschappelijk werk, (het) hulpbetoon; *soziale* ~ sociale zorg, (het) sociaal werk; **~amt** *n* dienst voor sociale zaken; **~anstalt** *f* (het) rijksjeugdinternaat; **~r(in** *f*) *m* maatschappelijk werker *m* (*od.* werkster *f*).
für|sorglich liefderijk; **2sprache** *f* voorspraak; **2sprecher** *m* voorspraak.
Fürst *m* (*-en*) vorst; **~en·tum** *n* (*-s*; *⸗er*) (het) vorstendom; **~in** *f* vorstin; **2lich** vorstelijk (*a. fig.*).
Furt *f* doorwaadbare plaats.
Fu'runkel *m* steenpuist.
für|'wahr voorwaar, waarlijk; **2wort** *n* (*-es*; *⸗er*) (het) voornaamwoord.
Furz *m* (*-es*; *⸗e*) P scheet, wind; **2en** (*-t*) P een scheet (*od.* wind) laten.
fuschen F (*pfuschen*) knoeien.
Fusel *m* foezel.
Fusio|n [-'sĭo:n] *f* fusie, samensmelting; **2'nieren** (-) fuseren.
Fuß [u:] *m* (*-es*; *⸗e*) voet; *Tiere u. Möbel*: poot; *zu* ~ te voet; *auf gro-*

ßem ~ leben op grote voet leven; *gut zu ~ sein* goed ter been; *am ~ der Berge, ...* aan de voet van; *auf eigenen Füßen stehen* op zijn eigen benen staan; *j-m zu Füßen fallen* iem. te voet vallen; *auf freien (freiem) ~* op vrije voeten.

Fuß|- *in Zssgn mst.* voet-, *z.B.* **~abtreter** *m* (*Kratzeisen*) voetenschrapper; **~angel** *f* voetangel; **~bad** *n* (het) voetbad.

Fußball *m* voetbal; *~ spielen* voetballen; **~er** *m* F voetballer; **~mannschaft** *f* voetbalploeg; **~spiel** *n* voetbalwedstrijd; **~spieler** *m* voetballer; **~toto** *m od. n* voetbaltoto.

Fuß|bank *f* (-; *"e*) voetenbank; **~boden** *m* vloer; **~bodenbelag** *m* vloerbedekking; **~bremse** *f* voetrem.

Füßchen [y:] *n* (het) voetje.

Fussel *f* (-; *-n*) (het) pluisje, (het) draadje.

fußen (*-t*) (*auf D*) steunen (op), berusten (op).

Fuß|ende *n* (het) voeteneind(e); **~fall** *m* voetval.

Fußgänger *m* voetganger; **~tunnel** *m* voetgangerstunnel; **~überweg** *m* (het) zebrapad, voetgangersoversteekplaats; **~zone** *f* voetgangerszone.

Fuß|gelenk *n* (het) voetgewricht; **~gestell** *n* (het) voetstuk; **~hebel** *m* (het) pedaal; **2krank** (*0*) met kapotte voeten; **~leiden** *n* kwaal aan de voeten; **~leiste** *f* plint, voetlijst.

Füßling [y:] *m* (*-s*; *-e*) voet van een kous (*od.* sok).

Fuß|matte *f* voetmat; **~note** *f* voetnoot; **~pfad** *m* (het) voetpad; **~pflege** *f* voetverzorging, pedicure; **~reise** *f* voetreis; **~schemel** *m* voetschabel; **~sohle** *f* voetzool; **~spitze** *f* punt van de voet; **~spur** *f* (het) voetspoor; **~stapfe** *f* voetstap; **~tritt** *m* (*Stoß*) trap, schop; **~volk** *n* (*-es*; *0*) (het) voetvolk (*a. fig.*); **~wanderung** *f* voettocht; **~weg** *m* (het) voetpad; **~wurzel** *f* voetwortel.

futsch F naar de maan, kapot; (*verloren*) foetsie, verdwenen.

Futter *n* (*-s*; *0*) (het) voer, (het) eten; *Kleid*: voering.

Futte'ral *n* (*-s*; *-e*) (het) foedraal, koker.

Futter|getreide *n* (het) voedergraan; **~krippe** *f* ruif, voederkrib; **~mittel** *n* (het) voer, (het) voedermiddel.

futtern (*-re*) F bikken, smikkelen.

füttern (*-re*) voeren (*a. Kleid*).

Futter|neid *m* broodnijd; **~pflanzen** *f/pl.* groenvoedergewassen *n/pl.*; **~rübe** *f* voederbiet.

Futterstoff *m* voeringstof.

Futtertrog *m* (voeder)trog, voederbak.

Fütterung *f* (het) voeren; *Kleid* voering; (*Raufe*) voederplaats.

Fu'tu|r *n* (*-s*; *-e*) toekomende tijd (het) futurum; *zweites ~* voltooic toekomende tijd; **2'ristisch** futuristisch; **~rum** *n* (*-s*; *Futura*) = *Futur*.

G

G, g *n* G, g.
Gabe *f* (*Geschenk*) gift; (*Almosen*) aalmoes; (*Begabung*) gave; *Med.* dosis.
Gabel *f* (-; -*n*) vork (*a. am Fahrrad*); *Tel.* haak; (*Abzweigung*) splitsing; **~deichsel** *f* gaffeldissel, (het) lemoen; **2förmig** gaffelvormig, gevorkt; **~frühstück** *n* (warme) lunch; **2n** (-*le*) *v/t* op de vork nemen; *sich ~* zich splitsen, zich vertakken; **~stapler** *m* vorkheftruck; **~ung** *f* splitsing, aftakking.
gackern (-*re*) kakelen (*a. fig.*).
gaffe|n gapen; **2r** *m* gaper.
Gage ['-ʒə] *f* gage.
gähnen geeuwen, gapen.
Gala *f* (*0*) (het) gala(kostuum).
ga'lant (-*est*) galant, hoffelijk.
Galante'rie [-tə-] *f* galanterie, hoffelijkheid; **~waren** *f/pl.* galanterieën *pl.*
Gala·uniform *f* (het) gala-uniform.
Ga'leere *f* galei; **~n·sklave** *m* galeislaaf.
Gale'rie [-lə-] *f* galerij (*a. Gemälde2*).
Galgen *m* galg; **~frist** *f* (het) uitstel van executie; **~humor** *m* galgehumor; **~strick** *m*, **~vogel** *m* galgebrok, (het) galgenaas.
Galions·figur [-'li̯o:ns-] *f* (het) boegbeeld.
Ga'lizien [-tsi̯ən] *n* Galicië *n.*
Gall|apfel *m* galnoot, galappel; **~e** *f* gal (*a. fig.*); *die ~ läuft ihm über* hij wordt razend.
gallen|'bitter (*0*) bitter als gal; **2blase** *f* galblaas; **2kolik** *f* galkoliek; **~steine** *m/pl.* galstenen *pl.*
Gallert *n* (-*ęs*; -*e*) gelatine, gelei, dril.
Gallien [-li̯ən] *n* Gallië *n.*
gallig galachtig; *fig. a.* bitter.
Galli'zismus *m* (-; *Gallizismen*) (het) gallicisme.
Ga'lopp *m* (-*s*; -*e od.* -*s*) galop; **2ieren** [-'pi:-] (-; *sn*) galopperen.
Ga'losche *f* overschoen.
galvani'sieren (-) galvaniseren.
Ga'masche *f* slobkous.
gamm|eln (-*le*) rondhangen, zijn tijd verlummelen; **2ler** *m* nietsnut, nozem, beatnik.
Gang *m* (-*ęs*; ⸚*e*) gang (*a. Kochkunst*); *Auto*: versnelling; *Sp.* ronde; (*Boten2*) boodschap; (*Spazier2*) wandeling; *Bgb.* mijnader; *s-n letzten ~ tun* zijn laatste tocht aanvaarden; *den dritten ~ einlegen* (*od. einschalten*) in de derde versnelling zetten; *im ~e sein* aan de gang zijn; *in vollem ~e sein* volop bezig zijn; *in ~ kommen* op gang komen; *in ~ bringen Motor* aanzetten; *fig.* op gang brengen.
gang: *~ und gäbe* algemeen gebruikelijk, schering en inslag.
Gang|art *f Pferd*: gang, loop, manier van lopen; *Bgb.* gangsteen; **2bar** begaanbaar; *fig.* gangbaar.
Gängel|band *n* (-*ęs*; *0*) leiband; *am ~ führen*, **2n** (-*le*) aan de leiband laten lopen.
gängig gangbaar; *Weg*: begaanbaar.
Gangschaltung *f* schakeling.
Gangster ['gɛŋstə] *m* gangster.
Gangway ['gɛŋwe:ĭ] *f* (-; -*s*) gangway.
Ga'nove *m* (-*n*) boef, schurk.
Gans *f* (-; ⸚*e*) gans; *dumme ~* domme gans.
Gäns·chen *n* (het) gansje (*a. fig.*).
Gänse|blümchen *n* (het) madeliefje; **~braten** *m* gebraden gans; **~füßchen** *n/pl.* aanhalingstekens *n/pl.*; **~haut** *f* (*0*): *e-e ~ bekommen* kippevel krijgen; **~klein** *n* (-*s*; *0*) ganzepeper; **~leberpastete** *f* ganzeleverpastei; **~marsch** *m* (-*es*; *0*): *im ~* in ganzenmars; **~rich** *m* (-*s*; -*e*) gent, mannetjesgans.
ganz (*0*) heel, (*selten*) geheel; (*unbeschädigt a.*) gaaf, ongeschonden; *Adv.* (*sehr*) heel; (*gänzlich*) helemaal; *~e 50 Mark, 2 Minuten ...* volle; *~e 2 Mann* maar; *~ der Vater sein* precies zijn vader; *ein ~er Mann* een flinke kerel; *im* (*großen und*) *~en* over 't geheel, in het algemeen; *~ und gar* geheel en al; *~ und gar nicht* helemaal niet; **2e(s)** (het)

geheel; *aufs Ganze gehen* recht op het doel afgaan, alles willen; *es geht ums Ganze* het gaat erom, het is erop of eronder.
Ganzheit *f* (*0*) (het) geheel, totaliteit; **~s·methode** *f* globale methode.
gänzlich (*0*) volkomen, geheel, [totaal.]
gar *Speise*: gaar; *Adv.* helemaal, in 't geheel; (*sogar*) zelfs; (*etwa*) soms; (*sehr*) heel; *~ zu schön, oft usw.* maar al te; *~ nichts* helemaal niets.
Garage [-ˈʀɑːʒə] *f* garage.
Gaˈrant *m* (*-en*) garant, borg.
Garanˈtie *f* garantie, waarborg; **~frist** *f* garantietijd; **≗ren** (-) garanderen; **~schein** *m* (het) garantiebewijs.
Gar·aus *m* (-; *0*): *j-m den ~ machen* iem. van kant maken.
Garbe *f* garve, schoof; (*Schuß≗*) (het) salvo.
Garde *f* garde.
Gardeˈrobe *f* garderobe; (*Raum a.*) vestiaire; **~n·frau** *f* vestiairejuffrouw; **~n·marke** *f* (het) nummer van de vestiaire.
Garˈdine *f* gordijn (*a.* het); **~n-stange** *f* gordijnroede.
gären (*L*) gisten (*a. fig.*).
Garküche *f* gaarkeuken.
Garn *n* (*-es*; *-e*) (het) garen; (*Netz*) (het) net.
Garˈnele *f* garnaal.
garˈnieren (-) garneren.
Garniˈson *f* (het) garnizoen.
Garniˈtur *f* (het) garnituur; (*Satz a.*) (het) stel.
Garn|knäuel *n* (het) kluwen garen; **~rolle** *f* (het) klosje garen.
garstig naar; (*ekelhaft a.*) akelig; (*häßlich a.*) lelijk.
Gärtchen *n* (het) tuintje.
Garten *m* (*-s*; *⸚*) tuin.
Garten|- *in Zssgn mst.* tuin-; **~anlage** *f* (het) plantsoen; (*das Anlegen*) tuinaanleg; **~bau** *m* (*-es*; *0*) tuinbouw; **~baubetrieb** *m* tuinderij; **~erde** *f* tuinaarde; **~fest** *n* (het) tuinfeest; **~gerät** *n* (het) tuingereedschap; **~haus** *n* (het) tuinhuisje; **~laube** *f* (het) prieel; **~möbel** *n/pl.* tuinmeubelen *n/pl.*; **~restaurant** *n* (het) restaurant met tuin; **~schlauch** *m* tuinslang; **~stadt** *f* stad in het groen, tuinstad; **~zaun** *m* tuinschutting, (het) tuinhek; **~zwerg** *m* tuinkabouter.
Gärtne|r *m* tuinman, tuinier; **~ˈrei** *f* (*Betrieb*) bloemisterij, tuinderij, kwekerij.
Gärung *f* gisting (*a. fig.*); **~s·prozeß** *m* (het) gistingsproces.
Gas *n* (*-es*; *-e*) (het) gas; *~ geben* gas geven.
Gas|- *in Zssgn mst.* gas-, *z.B.* **~alarm** *m* (het) gasalarm; **~anzünder** *m* gasaansteker; **~behälter** *m* gashouder; **~brenner** *m* gasbrander; **~druck** *m* gasdruk, gasspanning; **~erzeuger** *m* gasgenerator; **~flamme** *f* gasvlam; **~flasche** *f* gasfles; **≗förmig** (*0*) gasvormig; **~hahn** *m* gaskraan; **≗haltig** gashoudend; **~hebel** *m* (het) gaspedaal; **~heizung** *f* gasverwarming; **~herd** *m* (het) gasfornuis; **~kammer** *f* gaskamer; **~kocher** *m* (het) gaskomfoor; **~kohle** *f* (*0*) gaskool; **~lampe** *f* gaslamp; **~leitung** *f* gasleiding; **~maske** *f* (het) gasmasker; **~messer** *m* gasmeter.
Gaso|ˈlin *n* (*-s*; *0*) gasoline; **~ˈmeter** *m* gashouder.
Gaspedal *n* (het) gaspedaal.
Gäßchen *n* (het) steegje, (het) straatje.
Gasse *f* steeg, (het) straatje; (*Stadtstraße*) straat; (*Durchgang*) doorgang; **~n·junge** *m* straatjongen.
Gast *m* (*-es*; *⸚e*) gast; (*zum Übernachten*) logé(e *f*); *zu ~ sein* (*bei D*) te gast zijn (bij); (*übernachten*) logeren (bij); *zu ~ bitten* te gast vragen; *ungebetener ~* ongenode gast; **~arbeiter** *m* gastarbeider.
Gäste|betreuung *f* (het) onthaal der gasten; **~buch** *n* (het) vreemdelingenboek; **~haus** *n* (het) huis voor gasten; **~zimmer** *n* logeerkamer.
gast|frei, ~freundlich gastvrij; **≗freundschaft** *f* gastvrijheid; **≗geber(in** *f*) *m* gastheer *m*, gastvrouw *f*; **≗haus** *n*, **≗hof** *m* (het) logement, (het) hotel; (*Gaststätte*) (het) restaurant; **≗hörer** *m* toehoorder.
gasˈtieren (-) *Thea.* als gast optreden.
gast|lich gastvrij; **≗professor** *m* gasthoogleraar; **≗recht** *n* (*-es*; *0*) (het) gastrecht; **≗rolle** *f* gastrol.
Gastroˈno|m *m* (*-en*) gastronoom; **~ˈmie** *f* (*0*) gastronomie.
Gast|spiel *n* gastrol; (*Stück*) gastvoorstelling; *ein ~ absolvieren* al-

gast optreden; **~stätte** *f* (het) restaurant, (het) eethuis; **~stättengewerbe** *n* (het) horecabedrijf; **~stube** *f* gelagkamer; **~wirt(in** *f*) *m* waard(in *f*), herbergier(ster *f*); **~wirtschaft** *f* (het) café; (het) restaurant; **~zimmer** *n* gelagkamer; (*Fremdenzimmer*) logeerkamer.

Gas|uhr *f* gasmeter; **~vergiftung** *f* vergiftiging door gas; **~versorgung** *f* gasvoorziening; **~werk** *n* gasfabriek; **~zähler** *m* gasmeter.

Gatte *m* (-*n*) echtgenoot, man.

Gatter *n* (het) hek-, traliewerk; (*Zaun*) (het) hek.

Gattin *f* echtgenote, eega, vrouw.

Gattung *f* soort (*a. Biol.*); klasse; (*Literatur*≗) (het) genre; **~s·name** *m* soortnaam.

Gau *m* (-*ẹs*; -*e*) (land)streek, gouw, (het) gewest.

Gaudium [-dĭʊm] *n* (-*s*; *0*) (het) plezier, vreugde.

Gaukel|bild *n* hersenschim, begoocheling; **~ei** [-'laɪ] *f* begoocheling, (het) boerenbedrog; (*Zauberei*) goochelarij; ≗**n** (-*le*) goochelen, bedriegen; (*flattern*) dartelen; **~spiel** *n* goochelarij, (het) goochelkunstje.

Gaukler *m* kunstenmaker; (*Zauberer*) goochelaar.

Gaul *m* (-*ẹs*; ⸗*e*) (het) paard; *pej.* knol; e-*m geschenkten* ~ *schaut man nicht ins Maul* een gegeven paard moet men niet in de bek kijken.

Gaumen *m* (het) gehemelte; **~kitzel** *m* streling van het gehemelte; **~spalte** *f* gehemeltespleet.

Gauner *m* schurk; (*Betrüger*) bedrieger, afzetter; **~ei** [-'ʀaɪ] *f* schurkenstreek, (het) bedrog; ≗**n** (-*re*) schurkenstreken *pl.* uithalen; bedriegen, afzetten; **~sprache** *f* boeven-, dieventaal; **~streich** *m* schurkenstreek.

Gaze [-zə] *f* (het) gaas.

Ga'zelle *f* gazel.

Ge'ächtete(r) vogelvrijverklaarde, uitgestotene.

Ge'ächze [-'ɛçtsə] *n* (-*s*; *0*) (het) gekreun, (het) gesteun.

ge|'ädert geaderd; **~'artet** geaard, van aard.

Ge'äst *n* (-*ẹs*; *0*) (het) takwerk, takken *pl.*

Ge|'bäck *n* (-*ẹs*; -*e*) (het) gebak; (*Keks*) koekjes *n*/*pl.*; ≗**'backen** gebakken; ≗**'ballt** gebald; **~'bälk** *n* (-*ẹs*; -*e*) (het) balkwerk, balken *pl.*; ≗**'bannt** geboeid.

Ge'bärde [ɛ:] *f* (het) gebaar; ≗**n** (-*e*-; -): *sich* ~ zich voordoen, zich gedragen; **~n·sprache** *f* gebarentaal.

ge'baren (-): *sich* ~ zich gedragen, te werk gaan; ≗ *n* (-*s*; *0*) (het) gedrag, manier van doen.

ge'bären (*L*; -) baren, ter wereld brengen; *s. a. geboren.*

Ge'bärmutter *f* baarmoeder; **~entzündung** *f* baarmoederontsteking.

Ge'bäude *n* (het) gebouw; **~komplex** *m* (het) gebouwencomplex.

gebefreudig vrijgevig.

Ge|'bein *n* (het) gebeente; **~'bell** *n* (-*ẹs*; *0*) (het) geblaf.

geben (*L*) geven; es *gibt sg.* er is; *pl.* er zijn; *was gibt es?* wat is er (aan de hand)?; *das gibt's* (*doch*) *nicht!* dat bestaat (*od.* kan) (toch) niet!; *es wird Regen* (*ein Gewitter*) ~ we krijgen regen (onweer); *das gibt's bei uns nicht* dat kennen wij niet; *viel* (*nichts*) ~ *auf* (*A*) veel (geen) waarde hechten aan; etw. *auf sich* ~ zichzelf respecteren; *sich geschlagen* ~ zich gewonnen geven; *sich* ~ (*sich verhalten*) zich gedragen; *Schmerzen*: verdwijnen; *Fieber*: afnemen; *das wird sich schon* ~ dat komt wel terecht (*od.* in orde); *sich* ~ *in* (*A*) zich schikken in.

Geber *m* gever, schenker.

Ge'bet *n* (-*ẹs*; -*e*) (het) gebed; *j-n ins* ~ *nehmen* iem. goed onder handen nemen; **~buch** *n* (het) gebedenboek; **~s·mühle** *f* gebedsmolen.

Ge'bettel *n* (-*s*; *0*) (het) gebedel.

Ge'biet *n* (-*ẹs*; -*e*) (het) gebied (*a. fig.*).

ge'biet|en (-) gebieden, bevelen; *geboten sein* geboden zijn; ≗**er(in** *f*) *m* gebieder *m*, gebiedster *f*, meester(es *f*); **~erisch** gebiedend, bevelend.

Ge'biets|- *in Zssgn mst.* gebieds-; **~anspruch** *m* aanspraak op een gebied; **~teil** *m* (het) gebiedsdeel.

Ge'bilde *n* (het) complex, constructie; compositie.

ge'bildet ontwikkeld, beschaafd; ≗**e(r)** beschaafd mens; intellectueel.

Ge|'bimmel *n* (-*s*; *0*) (het) gebeier, (het) gelui; **~'binde** *n* bundel, bos;

(*Garn*2) streng; (*Getreide*2) korenschoof; (*Faß*) (het) vat, (het) fust; (*Blumen*2) krans.
Ge'birg|e *n* (het) gebergte; **2ig** bergachtig.
Ge'birgs|- *in Zssgn mst.* berg-, *z.B.* **~bach** *m* bergbeek; **~dorf** *n* (het) bergdorp; **~kette** *f* bergketen; **~klima** *n* (het) bergklimaat; **~paß** *m* bergpas; **~zug** *m* bergketen.
Ge|'biß *n* (*-sses; -sse*) (het) gebit (*a. Prothese*); *künstliches* ~ (het) kunstgebit; **~'bläse** *n* (het) blaastoestel; ventilator; **~'blöke** *n* (*-s; 0*) (het) geblaat, (het) gebulk (*a. fig.*).
ge'blümt (*0*) gebloemd.
Ge'blüt *n* (*-es; 0*) (het) bloed (*a. fig.*).
ge|'bogen gebogen, krom; **~'boren:** ~ *sein* (*werden*) (*an D*) geboren zijn (worden) (op); ~*e* ... met meisjesnaam ..., haar meisjesnaam is ...
ge'borgen geborgen; **2heit** *f* (*0*) geborgenheid.
Ge'bot *n* (*-es; -e*) (het) gebod (*a. Rel.*); (*Befehl bsd.*) (het) bevel; (*Preisangebot*) (het) bod; *die Zehn* ~*e pl.* de tien geboden *pl.*; *j-m zu* ~*e stehen* iem. ten dienste staan; **~s-schild** *n* (het) gebodsbord.
ge'braten gebraden; gebakken.
Ge'bräu *n* (*-es; -e*) (het) brouwsel.
Ge'brauch *m* (het) gebruik; (*Sitte a.*) gewoonte, zede; *im* ~ *sein* in gebruik zijn; *außer* ~ *kommen* in onbruik raken; *zum eigenen* ~ voor eigen gebruik; ~ *machen von* (*D*) gebruik maken van; **2en** (-) gebruiken; *zu nichts zu* ~ waardeloos.
ge'bräuchlich gebruikelijk.
Ge'brauchs|- *in Zssgn mst.* gebruiks-, *z.B.* **~anweisung** *f* gebruiksaanwijzing; **~artikel** *m* (het) gebruiksvoorwerp; **2fertig** gebruiksklaar; **~güter** *n/pl.* gebruiksgoederen *n/pl.*; **~wert** *m* gebruikswaarde.
Ge'brauchtwagen *m* tweedehandsauto.
ge'bräunt gebruind.
Ge'brause *n* (*-s; 0*) (het) gebruis; (*Wind*2 *bsd.*) (het) gesuis.
ge'brech|en (-): *es gebricht j-m an* (*D*) het ontbreekt iem. aan; **2en** *n* (het) gebrek; **~lich** gebrekkig (*a. fig.*); (*altersschwach*) zwak; **2lichkeit** *f* (*0*) gebrekkigheid; zwakheid.
ge'brochen gebroken (*a. fig.*).

Ge|'brüder *pl.* gebroeders *pl.*; **~'brüll** *n* (*-es; 0*) (het) gebrul.
Ge'bühr *f* (*Tarif*) (het) tarief; (*Beitrag*) bijdrage; (*Kosten*) kosten *pl.*; (*Vergütung*) (het) honorarium, (het) loon; (*Schuldigkeit*) (het) verschuldigde; (*Schicklichkeit*) betamelijkheid; *nach* ~ naar verdienste; *über* ~ overmatig; ~*en pl.* (het) verschuldigd recht, kosten *pl.*; tarieven *pl.*; **2en** (-) (*D*) toekomen, passen; *sich* ~ passen, betamen; **2end** passend, behoorlijk.
Ge'bühren|erlaß *m* vrijstelling van kosten (*od.* leges); **2frei** (*0*) kosteloos, gratis; **~ordnung** *f* vastgestelde tarieven *n/pl.*; **2pflichtig** tegen betaling, aan rechten onderworpen; ~*e Verwarnung* bekeuring.
Ge'bumse *n* (*-s; 0*) (het) gebons.
ge'bunden gebonden; **2heit** *f* (*0*) gebondenheid.
Ge'burt *f* geboorte (*a. fig.*); (*Abstammung*) afkomst.
Ge'burten|- *in Zssgn mst.* geboorte(n)-, *z.B.* **~beschränkung** *f* geboortenbeperking; **~regelung** *f* geboortenregeling; **~rückgang** *m* geboortendaling; **~überschuß** *m* (het) geboortenoverschot; **~ziffer** *f* (het) geboortencijfer.
ge'bürtig (*0*): ~ *aus* (*D*) geboortig uit, afkomstig uit; ~*er Berliner* Berlijner van geboorte.
Ge'burts|anzeige *f* geboorte-aankondiging, -advertentie; (*amtlich*) geboorte-aangifte; **~datum** *n* geboortedatum; **~fehler** *m* (het) aangeboren gebrek; **~haus** *n* (het) geboortehuis; **~helfer(in** *f*) *m* verloskundige (*a. f*); (*Hebamme*) vroedvrouw; **~hilfe** *f* (*0*) verloskunde; **~jahr** *n* (het) geboortejaar; **~land** *n* (het) geboorteland; **~ort** *m* geboorteplaats; **~register** *n* (het) geboortenregister; **~schein** *m* (het) geboortebewijs.
Ge'burts·tag *m* verjaardag; (*der Geburt selbst*) geboortedag; ~ *haben* jarig zijn; **~s·feier** *f* (het) verjaardagsfeest(je); **~s·geschenk** *n* (het) verjaarsgeschenk; **~s·kind** *n* jarige.
Ge'burts|urkunde *f* geboorteakte, (het) geboortebewijs; **~wehen** *f/pl.* (barens)weeën *pl.*
Ge'büsch *n* (*-es; -e*) (het) struikgewas, (het) kreupelhout.
Geck *m* (*-en*) fat, kwast; (*Narr*) gek

Ge'dächtnis *n* (*-ses*; *-se*) (*Vermögen*) (het) geheugen; (*Andenken*) nagedachtenis, herinnering; **~feier** *f* (het) herdenkingsfeest, (het) jubileum; **~schwund** *m* (het) geheugenverlies.

ge'dämpft gedempt (*a. Stimme*).

Ge'danke *m* (*-ns*; *-n*) gedachte; (*Idee a.*) (het) denkbeeld; *auf den ~n verfallen* op de gedachte komen; *der bloße ~ daran* alleen het idee al; *der ~ fuhr mir durch den Kopf* de gedachte schoot door mijn hoofd; *sich ~n pl. machen* (*über A*) ongerust (*od.* bezorgd) zijn (over).

Ge'danken|austausch *m* gedachtenwisseling; **~freiheit** *f* (*0*) vrijheid van gedachte; **~gang** *m* gedachtengang; **2leer** zonder gedachten; **~leser** *m* gedachtenlezer.

ge'dankenlos (*-est*) gedachteloos, verstrooid; **2ig·keit** *f* gedachteloosheid, verstrooidheid.

Ge'danken|strich *m* gedachtenstreep; **~übertragung** *f* gedachtenoverbrenging; **2voll** in gedachten verzonken, peinzend; (*gedankenreich*) vol gedachten.

ge'danklich als gedachte, abstract; theoretisch.

Ge'därm *n* (*-es*; *-e*) darmen *pl.*, ingewanden *pl.*

Ge'deck *n* (*-es*; *-e*) (het) couvert; (*Menü a.*) (het) menu.

Ge'deih *m* (*-s*; *0*): *auf ~ und Verderb* in voor- en tegenspoed; (*bedingungslos*) onvoorwaardelijk; **2en** (*L*; *-*; *sn*) gedijen (*a. fig.*); **2lich** vruchtbaar; (*vorteilhaft*) voorspoedig, voordelig.

ge'denk|en (-) (*G*) gedenken; (*beabsichtigen*) denken, van plan zijn; **2en** *n* (*-s*; *0*) gedachtenis, (het) herdenken; **2feier** *f* herdenkingsplechtigheid; **2marke** *f* herdenkingspostzegel; **2minute** *f* minuut stilte; **2münze** *f* gedenkpenning; **2stätte** *f* gedenkplaats; **2stein** *m* gedenksteen; **2tafel** *f* (het) gedenkbord; **2tag** *m* gedenkdag, herdenkingsdag.

Ge'dicht *n* (*-es*; *-e*) (het) gedicht; **~sammlung** *f* bundel gedichten.

ge'diegen degelijk; *fig. a.* gedegen; **2heit** *f* (*0*) degelijkheid.

ge'dient oud-, ex-.

Ge'dräng|e *n* (*-s*; *0*) (het) gedrang, drukte; *fig.* (het) nauw; **2t** gedrongen, dicht opeen; *fig.* beknopt, bondig; *Stil a.*: kernachtig; *~ voll* propvol; **~t·heit** *f* (*0*) gedrongenheid; beknoptheid.

ge'drechselt *fig.* goed gebouwd.

Ge'dröhn *n* (*-es*; *0*) (het) gedreun.

ge'drückt *fig.* be-, gedrukt, neerslachtig; **2heit** *f* (*0*) gedruktheid, neerslachtigheid.

ge'drungen (*klein*) gedrongen.

Ge'duld *f* (*0*) (het) geduld; *die ~ geht mir aus* ik verlies mijn geduld; **2en** (-): *sich ~* geduld hebben, wachten; **2ig** geduldig; **~s·faden** *m*: *mir reißt der ~* mijn geduld is op; **~(s)·spiel** *n* (het) geduldspel(letje).

ge|'dunsen (op)gezwollen, opgezet; **~'ehrt** geëerd, geacht; *Brief*: (*sehr*) *~er Herr* (zeer) geachte Heer; **~'eignet** (*für A*) geschikt (voor).

Geest *f*, **~land** *n* (*-es*; *0*) geest (-grond).

Ge'fahr *f* (het) gevaar; *auf eigene ~* op eigen risico; *auf die ~ hin* op gevaar af; *außer ~* buiten gevaar.

ge'fährd|en (*-e-*; *-*) in gevaar brengen, aan gevaar blootstellen, bedreigen; **2ung** *f* bedreiging.

Ge'fahren|quelle *f* oorzaak van gevaren; **~stelle** *f* gevaarlijke plaats; **~zulage** *f* gevarentoeslag.

ge'fährlich gevaarlijk; **2keit** *f* gevaarlijkheid.

ge'fahrlos (*-est*) gevaarloos, ongevaarlijk; **2ig·keit** *f* (*0*) ongevaarlijkheid.

Ge'fährt *n* (*-es*; *-e*) (het) voer-, rijtuig.

Ge'fährt|e *m* (*-n*) metgezel, makker, kameraad; **~in** *f* metgezellin.

ge'fahrvoll gevaarvol.

Ge'fälle *n* (*-s*; *0*) (*Fluß2*) (het) verval; (*Straßen2*) helling.

ge'fallen (-) (*D*) bevallen, aanstaan, behagen; *sich ~ lassen* zich laten welgevallen; **2** *m* (het) genoegen, (het) plezier; *j-m e-n ~ tun* iem. een plezier doen; **2** *n* (*-s*; *0*) (het) plezier; *~ finden an* (*D*) plezier hebben in, behagen scheppen in.

Ge'fallene|(r) gesneuvelde; **~ndenkmal** *n* (het) monument voor de gesneuvelden.

ge'fällig gedienstig, dienstwillig, vriendelijk; (*ansprechend*) bevallig; (*erfreulich*) prettig; **2keit** *f* gedienstigheid, dienstvaardigheid; (*Dienst*) dienst, (het) plezier; **~st** a(l)sjeblieft (*a. pej.*).

Ge'fall|sucht *f* (*0*) behaagzucht, koketterie; **♒süchtig** behaagziek, koket.

ge'fangen gevangen; **♒e(r)** gevangene; **♒en·lager** *n* (het) gevangen(en)kamp; **~halten** gevangen houden; **♒nahme** *f* (*0*) gevangenneming; **~nehmen** gevangennemen; **♒schaft** *f* (*0*) gevangenschap.

Ge'fängnis *n* (*-ses*; *-se*) gevangenis; **~strafe** *f* gevangenisstraf.

ge'färbt gekleurd (*a. fig.*).

Ge|'fasel *n* (*-s*; *0*) (het) geleuter, (het) gebazel; **~'fäß** [ɛ:] *n* (*-es*; *-e*) (het) vat (*a. Anat.*), bak.

ge'faßt kalm, bedaard; ~ *auf* (*A*) voorbereid op; *sich ~ machen auf* (*A*) zich voorbereiden op; **♒heit** *f* (*0*) kalmte, bedaardheid.

Ge'fecht *n* (*-ęs*; *-e*) (het) gevecht, strijd; *außer ~ setzen* buiten gevecht stellen; **~s·stand** *m* commandopost.

ge'feit (*gegen A*) gevrijwaard (tegen).

Ge'fieder *n* (het) gevederte, pluimage; **♒t** gevederd.

Ge'filde *n* (het) veld, akker; (*Gegend*) landstreek.

ge'flammt gevlamd.

Ge|'flatter *n* (*-s*; *0*) (het) gefladder; **~'flecht** *n* (*-ęs*; *-e*) (het) vlechtwerk.

ge'fleckt gevlekt, gestippeld.

Ge'flimmer *n* (*-s*; *0*) (het) geflikker.

ge'flissentlich (*absichtlich*) opzettelijk, met opzet.

Ge'fluche *n* (*-s*; *0*) (het) gevloek.

Ge'flügel *n* (*-s*; *0*) (het) gevogelte, (het) pluimvee; **~farm** *f* pluimveehouderij; **~handlung** *f* poelier; **♒t** gevleugeld (*a. fig.*); **~zucht** *f* pluimveefokkerij.

Ge|'flunker *n* (*-s*; *0*) snoeverij, opschepperij; **~'flüster** *n* (*-s*; *0*) (het) gefluister.

Ge'folg|e *n* (het) gevolg; *im ~ haben* tot gevolg hebben; **~schaft** *f* (*0*) aanhangers *pl.*, volgelingen *pl.*; **~smann** *m* (*-ęs*; *⸚er od. Gefolgsleute*) aanhanger.

ge'fräßig vraatzuchtig, gulzig; **♒keit** *f* (*0*) vraatzucht, gulzigheid.

Ge'freite(r) soldaat eerste klasse, korporaal.

Ge'frier|anlage *f* diepvriesinstallatie; **♒en** (*-*; *sn*) bevriezen; **~fach** *n* (*im Kühlschrank*) (het) diepvrieskastje; **~fleisch** *n* (het) bevroren vlees; **~punkt** *m* (het) vriespunt.

Ge'frorene(s) (het) ijs.

Ge'füg|e *n* bouw, samenstelling, structuur, constructie; **♒ig** gedwee, meegaand, plooibaar; **~ig·keit** *f* (*0*) plooibaarheid, meegaandheid.

Ge'fühl *n* (*-ęs*; *-e*) (het) gevoel; *ein ~ der Freude, des Hasses ...* een gevoel van ...; **♒los** (*-est*) gevoelloos (*a. fig.*); **~losigkeit** *f* gevoelloosheid.

Ge'fühls|- *in Zssgn mst.* gevoels-; **♒-betont** (*0*) met gevoel; **~duse'lei** *f* (overdreven) sentimentaliteit; **~leben** *n* (*-s*; *0*) (het) gevoelsleven; **~mensch** *m* gevoelsmens; **~sache** *f* gevoelszaak; **~sinn** *m* (het) gevoel; **~wert** *m* gevoelswaarde.

ge'fühlvoll gevoelig, gevoelvol; (*liebevoll*) hartelijk.

ge'füllt gevuld (*a. Kochkunst*).

Ge|'funkel *n* (*-s*; *0*) (het) gefonkel, fonkeling; **~'gacker** *n* (*-s*; *0*) (het) gekakel.

ge'geben|en'falls eventueel, zo nodig, al dan niet; **♒heit** [-'ge:-] *f* (het) gegeven, omstandigheid, (het) feit.

gegen (*A*) tegen; *in der Haltung zu gütig, hart usw.* voor, jegens; *~ Abend* tegen de avond; *~ Westen* (*Osten*) naar het westen (oosten), in westelijke (oostelijke) richting; *etw. haben ~* iets hebben tegen; *~ etw. j-n sein* tegen ... zijn.

Gegen|- *in Zssgn mst.* tegen-, *z.B.* **~angebot** *n* (het) tegenaanbod; **~angriff** *m* tegenaanval; **~antrag** *m* (het) tegenvoorstel; **~befehl** *n* (het) tegenbevel; **~besuch** *m* (het) tegenbezoek; **~bewegung** *f* tegenbeweging; **~beweis** *m* (het) tegenbewijs; **~bild** *n* tegenhanger, (het) pendant; (*ähnlich*) (het) evenbeeld.

Gegend *f* streek; (*Umgebung*) buurt; (*Landschaft*) (het) landschap; (*Himmels♒*) wind-, luchtstreek.

Gegen|dienst *m* wederdienst; **~druck** *m* (*-ęs*; *0*) tegendruk.

gegen·ei'nander tegen elkaar (*of* mekaar); **~halten** tegen elkaar houden, vergelijken; **~stellen** tegenover elkaar stellen.

Gegen|erklärung *f* tegenverklaring, weerlegging; **~forderung** *f* tegeneis; **~frage** *f* wedervraag; **~füßler** *m* tegenvoeter; **~geschenk** *n* (het) tegengeschenk; **~gewicht** *n* (het) tegenwicht (*a. fig.*); **~gift** *n* (het) tegengif(t); **~kandidat** *m* tegenkandidaat; **~klage** *f* tegeneis; **~leistung** *f* tegenprestatie; **~licht** *n* (het) tegenlicht; **~liebe** *f* wederliefde; **~maßnahme** *f* tegenmaatregel; **~meinung** *f* tegenovergestelde mening; **~mittel** *n* (het) tegenmiddel; **~offensive** *f* (het) tegenoffensief; **~partei** *f* tegenpartij; **~probe** *f* controleproef; **~rede** *f* repliek, (het) wederwoord; **~reformation** *f* Contrareformatie; **~revolution** *f* contrarevolutie; **~richtung** *f* tegenovergestelde richting; **~satz** *m* tegenstelling, (het) contrast; *im ~ zu* (*D*) in tegenstelling met.

gegensätzlich tegen(over)gesteld; **²keit** *f* tegenstelling, tegengesteldheid.

Gegenschlag *m*: *zum ~ ausholen* tot de tegenaanval overgaan.

Gegenseit|e *f* tegenoverliggende kant; (*Kehrseite*) keerzijde; (*Gegenpartei*) tegenpartij; **²ig** (*0*) wederzijds, wederkerig; **~ig·keit** *f* (*0*) wederkerigheid; *Vertrag usw. auf ~* op basis van wederkerigheid; *auf ~ beruhen* wederkerig zijn.

Gegen|spieler *m* tegenspeler; **~spionage** *f* contraspionage; **~stand** *m* (het) voorwerp; (*Thema*) (het) onderwerp; *zum ~ haben* tot onderwerp hebben; **²ständlich** concreet; **²stands·los** (*0*) ongegrond; *~ geworden sein* vervallen zijn, overbodig geworden zijn; **~stimme** *f* tegenstem; **~stoß** *m* tegenstoot; *mil.* tegenaanval; **~strömung** *f* tegenstroming; **~stück** *n* tegenhanger, (het) pendant.

Gegenteil *n* (het) tegendeel; *im ~* integendeel; **²ig** (*0*) tegengesteld; *~er Meinung sein* van tegengestelde mening zijn.

gegen'über (*D*) tegenover; *er wohnt mir ~* hij woont tegenover mij; **²** *n Haus*: (het) huis aan de overkant; *Pers.*: overbuur; **~liegend** (*0*) tegenoverliggend; *~e Seite* overkant; **~stehen** staan tegenover (*od.* voor); *sich ~* tegenover elkaar staan; **~stellen** tegenoverstellen; *j-m j-n ~* iem. met iem. confronteren; **²stellung** *f* confrontatie; (*Vergleich*) vergelijking.

Gegen|verkehr *m* tegenliggers *pl.*, (het) tegemoetkomend verkeer; **~versicherung** *f Hdl.* herverzekering; **~vorschlag** *m* (het) tegenvoorstel; **~wart** *f* (*0*) tegenwoordige tijd (*a. Gr.*); (*Anwesenheit*) tegenwoordigheid; **²wärtig** (*0*) tegenwoordig; *Adv. a.* nu, thans; *das ist mir nicht ~* dat staat mij niet meer voor de geest; **~wehr** *f* verdediging, weerstand; **~wert** *m* tegenwaarde; **~wind** *m* tegenwind; **~wirkung** *f* reactie; **²zeichnen** contrasigneren; **~zug** *m* tegenzet (*a. fig.*); *Esb.* trein uit de tegenovergestelde richting; (*Luft²*) tocht.

Gegner [eː] *m* tegenstander; (*Feind a.*) vijand; **²isch** (*0*) van de tegenpartij, tegenoverstaand; **~schaft** *f* (*0*) tegenpartij; (*Feindschaft*) vijandschap.

Ge|'gröle *n* (*-s*; *0*) (het) gebulk, (het) gebrul; **~'grunze** *n* (*-s*; *0*) (het) geknor; **~'habe** *n* (*-s*; *0*) aanstellerij, gemaaktheid; **~'hackte(s)** (het) gehakt.

Ge'halt 1. *m* (*-es*; *-e*) (het) gehalte (*a. fig.*); **2.** *n* (*-es*; *⸚er*) (het) salaris, bezoldiging, wedde.

ge'halten: *~ sein* gehouden (*od.* verplicht) zijn.

ge'haltlos (*-est*) *fig.* waardeloos, onbeduidend.

Ge'halts|ansprüche *m/pl.* salariseisen *pl.*; **~erhöhung** *f* salarisverhoging; **~zulage** *f* salaristoeslag.

Ge'hänge *n* (*Degen²*) riem; (*Blumen²*) guirlande; (*Uhr²*, *Ohr²*) hanger.

ge|'harnischt geharnast (*a. fig.*); **~'härtet** gehard.

ge'hässig hatelijk; **²keit** *f* hatelijkheid.

Ge|'häuse *n* (het) omhulsel, koker; (*Uhr²*, *Geräte²*) kast; (*Schnecken²*) (het) (slakke)huis; (*Kern²*) (het) klokhuis; **~'hege** *n* (het) terrein, (het) park; (*Jagdrevier*) (het) jachtterrein; *j-m ins ~ kommen* onder iemands duiven schieten.

ge'heim geheim; *im ~en* in het geheim; **²bericht** *m* (het) geheim rapport; **²bund** *m* geheime vereniging, (het) geheim verbond; **²dienst** *m* geheime (inlichtingen-) dienst.

ge'heimhalt|en geheimhouden; **²ung** *f* geheimhouding.

Ge'heimnis *n* (*-ses*; *-se*) (het) geheim; *öffentliches ~* publiek geheim; **~krämer** *m* iem. die geheimzinnig doet; **~kräme'rei** *f* (het) ge-

heimzinnig gedoe; **~träger** *m* persoon met vertrouwelijke functie; **~verrat** *m* (het) verraad van geheimen; **2voll** geheimzinnig.
Ge'heim|polizei *f* geheime politie; **~polizist** *m* rechercheur, (stille) agent; **~rat** *m Titel*: geheimraad; **~schrift** *f* (het) geheimschrift; **~sender** *m* geheime zender; **~sprache** *f* geheimtaal.
Ge'heiß *n* (*-es*; *0*) (het) bevel.
gehen (*L*; *sn*) gaan (*a. fig.*); (*laufen a.*) *u. Uhr*: lopen; *schlafen* (*betteln, spazieren*) ~ gaan slapen (bedelen, wandelen); *wie geht es?* hoe gaat het?; *wie geht es Ihnen?* hoe maakt U het?; *das geht nicht* dat gaat (*od.* kan) niet; *so gut es geht* zo goed en zo kwaad als het gaat; *nicht ~ können* niet kunnen lopen; *das Fenster geht auf die Straße* ziet op de straat uit; *das geht auf mich* dat doelt op mij; *es geht auf acht* (*Mittag*) het loopt tegen achten (de middag); *in die Tausende* (*Millionen*) ~ in de duizenden (miljoenen) lopen; *in sich* ~ in zichzelf keren; *über s-n Verstand* (*seine Kräfte*) ~ zijn verstand (zijn krachten) te boven gaan; *vor sich* ~ gebeuren, gaan, zich afspelen.
Ge'henkte(r) gehangene.
gehenlassen (*sich*) (zich) laten gaan.
ge'heuer (*0*): *es ist hier nicht* ~ het is hier niet pluis; *mir ist das nicht* ~ ik vertrouw dat zaakje niet.
Ge'heul *n* (*-es*; *0*) (het) gehuil.
Ge'hilf|e *m* (*-n*) hulp, helper; assistent; (*Komplize*) medeplichtige; **~in** *f* hulp, helpster; assistente; medeplichtige.
Ge'hirn *n* (*-es*; *-e*) hersenen *pl.*, hersens *pl.*; (*Verstand a.*) (het) brein.
Ge'hirn|- *in Zssgn mst.* hersen-, *z.B.* **~erschütterung** *f* hersenschudding; **~haut** *f* (het) hersenvlies; **~schlag** *m* beroerte; **~tumor** *m* hersentumor; **~wäsche** *f* hersenspoeling.
gehn = *gehen.*
ge'hoben *fig.* verheven, plechtig; *Beamter, Beruf*: hoger.
Ge|'höft *n* (*-es*; *-e*) hoeve, boerderij; **~'hölz** *n* (*-es*; *-e*) (het) struikgewas; (*Wäldchen*) (het) bosje, (het) klein bos; **~'hör** *n* (*-es*; *0*) (het) gehoor (*a. fig.*); *nach dem* ~ op het gehoor.
ge'horchen (-) (*D*) gehoorzamen, luisteren naar.
ge'hör|en (-) (*D*) (*zukommen*) toekomen, gaan naar; (*Besitz sein*) toebehoren; *etw. gehört mir* iets is van mij; ~ *zu* (*D*) behoren tot, horen bij, deel uitmaken van; *das gehört nicht hierher* dat hoort hier niet thuis; *sich* ~ (be)horen, passen; *wie sich's gehört* zoals het (be)hoort; **2gang** *m* gehoorgang; **~ig** toebehorend; (*gebührend*) passend, vereist; (*gründlich*) behoorlijk, flink; ~ *zu* (*D*) behorend bij.
Ge'hörn *n* (*-es*; *-e*) horens *pl.*, (het) gewei; **2t** (*0*) gehoornd.
Ge'hör·organ *n* (het) gehoororgaan.
ge'horsam [oː] gehoorzaam; **2** *m* (*-s*; *0*), **2keit** *f* (*0*) gehoorzaamheid.
Geh|rock *m* geklede jas; **~steig** *m* (het) voetpad, stoep; **~versuch** *m* loopoefening; **~weg** *m* (het) voetpad; **~werk** *n* (het) raderwerk, (het) lopend werk.
Geier ['gaɪɐ] *m* gier.
Geifer *m* (*-s*; *0*) (het) speeksel, kwijl; *fig.* (het) venijn; **2n** (*-re*) kwijlen; razen.
Geige *f* viool; **2n** viool spelen; **~nbogen** *m* strijkstok; **~n·kasten** *m* vioolkist; **~r(in** *f*) *m* violist(e *f*).
Geigerzähler *m* geigerteller.
geil geil; *Boden a.*: vet; **~en** geilen, geil zijn; **2heit** *f* (*0*) geilheid.
Geisel *f* (*-*; *-n*) gijzelaar(ster *f*); **~nahme** *f* gijzeling.
Geiß *f* geit; **~blatt** *n* (*-es*; *0*) kamperfoelie; **~bock** *m* geitebok.
Geißel *f* (*-*; *-n*) gesel (*a. fig.*); (*Peitsche*) zweep, karwats; **2n** (*-le*) geselen, kastijden; **~ung** *f* geseling.
Geist *m* (*-es*; *-er*) geest (*a. Spuk usw.*); (*Witzigkeit bsd.*) esprit, (het) vernuft; *den ~ aufgeben* de geest geven; *der Heilige* ~ de Heilige Geest; *er ist von allen guten ~ern verlassen* hij luistert niet meer naar rede.
Geisterbeschwör|er *m* geestenbezweerder; **~ung** *f* geestenbezwering.
Geister|erscheinung *f* geestverschijning; **~geschichte** *f* (het) spookverhaal; **2haft** (*-est*) spookachtig; **2n** (*-re*) spoken, rondwaren; **~schiff** *n* (het) spookschip; **~seher** *m* geestenziener; **~stunde** *f* (het) spookuur; **~welt** *f* geestenwereld.

geistes·abwesen|d afwezig, verstrooid; **2heit** *f* verstrooidheid, afwezigheid (van geest).
Geistes|arbeiter *m* hoofdarbeider; **~armut** *f* armoede van geest; **~blitz** *m* (geestige) inval; **~gegenwart** *f* tegenwoordigheid van geest; **2gegenwärtig** met tegenwoordigheid van geest; **2gestört** (*0*) geestelijk gestoord, achterlijk; (*irrsinnig*) krankzinnig.
geistes·krank geestesziek, krankzinnig; **2e(r)** geesteszieke, krankzinnige; **2heit** *f* geestesziekte, krankzinnigheid.
geistes·verwandt geestverwant; **2schaft** *f* geestverwantschap.
Geistes|wissenschaften *f/pl.* geesteswetenschappen *pl.*; **~zustand** *m* geestestoestand.
geistig geestelijk; (*Vernunfts- bsd.*) verstandelijk; (*nicht materiell*) onstoffelijk; *Getränke*: geestrijk.
geistlich geestelijk; *Mus.* gewijd; **2e(r)** geestelijke; **2keit** *f* (*0*) geestelijkheid.
geist|los (*-est*) geesteloos (*a. fig.*); **~reich** geestrijk; (*witzig*) geestig; **~tötend** geestdodend; **~voll** = *geistreich*.
Geiz *m* (*-es*; *0*) gierigheid; **2en** (*-t*) gierig zijn; *mit Worten ~* weinig spraakzaam zijn; **~hals** *m* gierigaard, vrek; **2ig** gierig.
Ge|'jammer *n* (*-s*; *0*) (het) gejammer, (het) geklaag; **~'johle** *n* (*-s*; *0*) (het) gejoel; **~'keife** *n* (*-s*; *0*) (het) gekijf; **~'kicher** *n* (*-s*; *0*) (het) gegiechel; **~'kläffe** *n* (*-s*; *0*) (het) gekef, (het) geblaf; **~'klapper** *n* (*-s*; *0*) (het) geklepper, (het) gerammel; **~'klatsche** *n* (*-s*; *0*) (het) (hand)geklap; (*Geschwätz*) (het) geklets; **~'klimper** *n* (*-s*; *0*) (het) getingel; **~'klingel** *n* (*-s*; *0*) (het) gebel; **~'klirr** *n* (*-s*; *0*) (het) gekletter, (het) gerammel; *der Gläser*: (het) gerinkel; **~'klopfe** *n* (*-s*; *0*) (het) geklop; **~'knatter** *n* (*-s*; *0*) (het) geknetter; **~'knirsche** *n* (*-s*; *0*) (het) geknars; **~'knister** *n* (*-s*; *0*) (het) geritsel; (*Feuer2*) (het) geknetter.
ge|'kocht gekookt; **~'koppelt** (*mit D*) gekoppeld (aan).
Ge|'krächze *n* (*-s*; *0*) (het) gekraai, (het) gekras; **~'kratze** *n* (*-s*; *0*) (het) gekrab; *S.*: (het) gekras; **~'kreisch** *n* (*-es*; *0*) (het) gekrijs, (het) geschreeuw; **~'kritzel** *n* (*-s*; *0*) (het) gekrabbel; **~'kröse** *n* plooien *pl.* van het buikvlies; (*Eingeweide*) ingewanden *pl.*
ge|'krümmt gekromd, krom; **~'künstelt** (*-est*) gemaakt, gekunsteld.
Ge|'lächter *n* (het) gelach; *schallendes ~* (het) schaterend gelach, (het) geschater; **~'lage** *n* (het) gelag, (het) maal.
ge'lähmt verlamd.
Ge'lände *n* (het) terrein; **2gängig** geschikt voor alle terreinen; **~lauf** *m* veldloop, cross-country.
Ge'länder *n* leuning, balustrade.
Ge'lände|ritt *m* terreinrit; **~spiel** *n* (het) terreinspel.
ge'langen (*-*; *sn*) komen, geraken.
ge'lassen gelaten, kalm; **2heit** *f* (*0*) gelatenheid, kalmte.
Gelatine [ʒe·la·'ti:nə] *f* (*0*) gelatine.
ge'läufig (*vertraut*) vertrouwd; (*üblich*) gebruikelijk; (*fließend*) vlot, vloeiend; (*fingerfertig*) vlug, vaardig; *diese Sprache ist ihm ~* hij spreekt die taal vloeiend; **2keit** *f* (*0*) vaardigheid, vlotheid; gebruikelijkheid.
ge'launt (*0*) geluimd, gehumeurd, gezind.
Ge'läut *n* (*-es*; *0*) (het) gelui; (*Läutwerk*) klokken *pl.*, klokjes *n/pl.*
gelb geel; **2** *n* (*-s*; *-s*) (het) geel; **~braun** geelbruin; **2filter** *m* geelfilter; **~lich** geelachtig, gelig; **2schnabel** *m fig.* melkmuil; **2sucht** *f* (*0*) geelzucht; **~süchtig** (*0*) aan geelzucht lijdend.
Geld *n* (*-es*; *-er*) (het) geld; *kleines ~* (het) kleingeld; *zu ~ kommen* geld krijgen, vermogend worden; *zu s-m ~ kommen* aan zijn geld komen.
Geld|- *in Zssgn mst.* geld-, *z.B.* **~adel** *m* geldadel; **~angelegenheit** *f* geldkwestie; **~anlage** *f* geldbelegging; **~anweisung** *f* (het) mandaat; **~beutel** *m* geldbuidel, portemonnee; **~buße** *f* geldboete; **~entwertung** *f* waardevermindering van het geld, inflatie; **~geber** *m* geldschieter; **~geschenk** *n* (het) geschenk in geld; **~gier** *f* geldzucht; **~heirat** *f* (het) huwelijk om het geld; **~knappheit** *f* geldschaarste; **~mangel** *m* (het) geldgebrek; **~markt** *m* geldmarkt; **~mittel** *n/pl.* geldmid-

delen *n/pl.*; **~sache** *f* geldzaak; *in ~n hört die Freundschaft auf* koopmanschap scheidt de vriendschap; **~schein** *m* (het) bankbiljet; **~schrank** *m* brandkast, safe; **~sendung** *f* zending met geld(swaarde); **~strafe** *f* (geld)boete; **~stück** *n* (het) geldstuk; **~summe** *f* geldsom; **~umlauf** *m* geldomloop; **~verkehr** *m* (het) geldverkeer; **~verlegenheit** *f* geldverlegenheid; **~verleiher** *m* geldschieter; **~wechsel** *m* (het) wisselen van geld; (*Büro*) (het) wisselkantoor; **~wechsler** *m* geldwisselaar; **~wert** *m* (-*es*; *0*) waarde van het geld; **~wesen** *n* (-*s*; *0*) (het) geldwezen.

Gelee [ʒə'le:] *n* (-*s*; -*s*) gelei.

ge'legen gelegen; (*passend a.*) geschikt, van pas; *es ist mir viel daran ~* er is mij veel aan gelegen; **♀heit** *f* gelegenheid; (*Möglichkeit a.*) mogelijkheid, kans; *die ~ verpassen* (*beim Schopfe fassen*) de gelegenheid verzuimen (aangrijpen).

Ge'legenheits|- *in Zssgn mst.* gelegenheids-; **~arbeit** *f* (het) los werk; **~arbeiter** *m* los werkman; **~dichter** *m* gelegenheidsdichter; **~gedicht** *n* (het) gelegenheidsgedicht; **~kauf** *m* (het) koopje.

ge'legentlich 1. (*0*) toevallig; *Adv. bsd.* bij gelegenheid, soms; **2.** *Präp.* (*G*) bij gelegenheid van.

ge'lehr|ig goedleers, leergierig, leerzaam; **♀samkeit** *f* (*0*) geleerdheid; **~t** (-*est*) geleerd; **♀te(r)** geleerde.

Ge'leise *n* (het) spoor; (*Trott*) sleur; *ins rechte ~ bringen* in het goede spoor brengen.

Ge'leit *n* (-*es*; -*e*) (het) geleide; *mil. bsd.* (het) escorte; *mar. bsd.* (het) konvooi; *j-m das ~ geben* iem. uitgeleide doen; *freies ~* (het) vrijgeleide; **~brief** *m* geleibrief; **♀en** (-) (be)geleiden; escorteren; **~schiff** *n* (het) konvooischip; **~wort** *n* (-*es*; -*e*) (het) woord vooraf; **~zug** *m* (het) konvooi.

Ge'lenk *n* (-*es*; -*e*) (het) gewricht; *Tech.* (het) scharnier; (*Ketten♀*) schakel; **~entzündung** *f* gewrichtsontsteking; **♀ig** lenig, soepel, buigzaam; **~ig·keit** *f* (*0*) lenigheid, soepelheid; **~rheumatismus** *m* gewrichtsreumatiek.

ge'lernt (*0*) *Arbeiter*: geschoold.

Ge'liebte *f* geliefde, beminde; (*Mätresse*) minnares, maîtresse; **~(r)** *m* geliefde; minnaar.

ge'linde zacht, matig, licht; *~ gesagt* zacht uitgedrukt.

ge'lingen (*L*; -; *sn*) (ge)lukken, + *zu* + *Inf. bsd.* slagen; *es ist mir nicht gelungen, ...* ik ben er niet in geslaagd ...; *s. a. gelungen.*

Ge'lispel *n* (-*s*; *0*) (het) gelispel, (het) gefluister.

gell(e)? F *s. gelt?*

gellen gillen, galmen; **~d** schel, scherp.

ge|'loben (-) plechtig beloven; *das Gelobte Land* het Beloofde Land; **♀'löbnis** *n* (-*ses*; -*se*) gelofte.

gelt? F niet (waar)?

gelten (*L*) gelden; (*gültig sein*) geldig zijn; (*wert sein*) waard zijn; (*betreffen*) betreffen; (*gehalten werden*) doorgaan, gehouden worden; *~ als* gelden als; *das gilt nicht* dat telt niet; *was gilt die Wette?* waarom gewed?; *etw. ~ lassen* iets laten gelden, iets ook goed vinden; **~d** geldend; (*sich*) *~ machen* (zich) doen gelden.

Geltung *f* waarde, geldigheid; *zur ~ bringen* doen gelden, doen uitkomen; **~s·bedürfnis** *n* (-*ses*; *0*) geldingsdrang; **~s·dauer** *f* geldigheidsduur.

Ge'lübde [y] *n* gelofte.

ge'lungen geslaagd; (*drollig*) grappig, leuk.

Ge'lüst *n* (-*es*; -*e*) lust, trek, begeerte; **♀en** (-*e*-; -): *es gelüstet mich* (*nach D*) ik heb zin (in), i. begeer. [trek, kamer.]

Ge'mach [ɑ:] *n* (-*es*; ¨*er*) (het) ver-

ge'mächlich gezapig, kalm; *Adv. bsd.* op zijn gemak; **♀keit** *f* (*0*) gezapigheid, (het) gemak.

Ge'mahl *m* (-*es*; -*e*) gemaal, echtgenoot; *Ihr Herr ~* Uw echtgenoot; **~in** *f* gemalin, echtgenote; *Ihre Frau ~* Uw echtgenote.

ge'mahnen (-) (*an A*) herinneren (aan).

Ge'mälde [ɛ:] *n* schilderij (*a.* het)

Ge'mälde|- *in Zssgn mst.* schilderijen-, *z.B.* **~ausstellung** *f* schilderijententoonstelling; **~galerie** schilderijenverzameling.

Ge'markung *f* grens; (*Gemeinde♀*) (het) gemeentegebied.

ge'mäß [ɛ:] (*D*) volgens, overeenkomstig; *j-m ~ sein* passen bij iem.

Ihrem Wunsche ~ volgens Uw wens; **Ωheit** *f (0)* (het) passen.
ge'mäßigt gematigd.
Ge'mäuer *n* muren *pl.*; ruïne.
ge'mein (al)gemeen; (*gemeinsam*) gemeenschappelijk; (*niederträchtig*) gemeen; (*einfach*) gewoon; *etw. mit j-m ~ haben* iets met iem. gemeen hebben; *s. a. Gemeine(r).*
Ge'meinde *f* gemeente (*a. Rel.*); *römisch-katholisch*: parochie.
Ge'meinde|- *in Zssgn mst.* gemeente-, *z.B.* **~abgaben** *f/pl.* gemeentebelastingen *pl.*; **~amt** *n* (het) gemeentehuis; **~haus** *n* (het) gemeente-, raadhuis; (het) parochiehuis; **~mitglied** *n* (het) gemeentelid; parochiaan; **~rat** *m* gemeenteraad; *Pers.*: (het) gemeenteraadslid; **~versammlung** *f* gemeenteraadsvergadering; **~vorsteher** *m* burgemeester; **~wahlen** *f/pl.* gemeenteraadsverkiezingen *pl.*
ge'meindlich (*0*) gemeentelijk.
Ge'mein|eigentum *n* (het) gemeenschappelijk bezit; (*staatlich*) staatseigendom; **~e(r)** *mil.* gemeen soldaat, soldaat tweede klas; **Ωgefährlich** publiek gevaar opleverend, gevaarlijk voor de openbare veiligheid; **Ωgültig** algemeen geldig; **~gut** *n (-es; 0) fig.* (het) gemeengoed; **~heit** *f* gemeenheid; **Ωhin** gemeenlijk, gewoonlijk; **Ωnützig** (*0*) van algemeen nut, tot nut van het algemeen; **~platz** *m* gemeenplaats; **Ωsam** (*0*) gemeenschappelijk; *Adv. a.* samen; **~samkeit** *f* gemeenschappelijkheid.
Ge'meinschaft *f* gemeenschap; (*Umgang*) omgang; **Ωlich** (*0*) gemeenschappelijk.
Ge'meinschafts|antenne *f* (het) centraal antennesysteem; **~arbeit** *f* (het) gemeenschappelijk werk; **~küche** *f* centrale keuken; **~verpflegung** *f* gemeenschappelijke kost.
Ge'mein|sinn *m (-es; 0)* gemeenschapszin; **Ωverständlich** (*0*) algemeen begrijpelijk; **~wesen** *n (-s; 0)* (volks)gemeenschap, (het) gemenebest; **~wohl** *n* (het) algemeen welzijn.
Ge'meng|e *n* (het) mengsel; (*Gewühl*) (het) gedrang, (het) gewoel; **~sel** *n* (het) mengsel; (*Mischmasch*) mengelmoes, wirwar.
ge'messen (*würdig*) waardig, afgemeten, ernstig; (*ruhig*) kalm, bedaard; **Ωheit** *f (0)* waardigheid; kalmte.
Ge|'metzel *n* slachting, (het) bloedbad; **~'misch** *n (-es; -e)* (het) mengsel.
ge'mischt gemengd; *~es Doppel n Sp.* (het) gemengd dubbel; **Ωwarenhandlung** *f* kruideniersz aak.
Gemme *f* gemme, gesneden steen.
Gems|e *f* gems; **~leder** *n* (het) gemsle(d)er.
Ge|'munkel *n (-s; 0)* (het) gemompel, (het) geklets; **~'murmel** *n (-s; 0)* (het) gemurmel, (het) gemompel; **~'murre** *n (-s; 0)* (het) gemor.
Ge'müse *n* groente.
Ge'müse|- *in Zssgn mst.* groente-, *z.B.* **~anbau** *m* groenteteelt; **~beilage** *f* groente (bij het eten); **~garten** *m* moestuin; **~händler** *m* groenteboer, -man; **~konserven** *f/pl.* groente in blik; **~suppe** *f* groentesoep.
Ge'müt *n (-es; -er)* (het) gemoed; (*Gefühl bsd.*) (het) gevoel, (het) hart; *j-m etw. zu ~e führen* iem. iets onder het oog brengen; **Ωlich** gezellig (*a. Raum*); (*umgänglich*) gemoedelijk; *Sessel*: gemakkelijk; *machen Sie es sich ~!* maak het U gemakkelijk!; **~lichkeit** *f (0)* gezelligheid; gemoedelijkheid; **Ωlos** (*-est*) gevoelloos, ongevoelig.
ge'müts|arm arm aan gevoel; **Ωart** *f* inborst, gemoedsgesteldheid; **Ωbewegung** *f* gemoedsbeweging; **~krank** zielsziek; **Ωkrankheit** *f* zielsziekte; **Ωleben** *n (-s; 0)* (het) gemoedsleven; **Ωmensch** *m* gevoelsmens; **Ωruhe** *f* gemoedsrust; **Ωstimmung** *f* gemoedsstemming; **Ωzustand** *m* gemoedstoestand.
ge'mütvoll gevoelvol.
gen (*A*): *~ (Osten, ...)* naar het (Oosten, ...); = *gegen.*
Gen [e:] *n (-s; -e)* (het) gen.
ge'nannt genoemd.
ge'nau precies, nauwkeurig; *zeitlich a.* stipt; *es nicht ~ nehmen* het niet zo nauw nemen; *~!* precies!; **~genommen** strikt genomen; **Ωigkeit** *f (0)* nauwkeurigheid, precisie; stiptheid; **~so** net zo; + *Adj. od. Adv. a.* even.
Gendarm [ʒan'daʁm] *m (-en)* gendarm; wachtmeester van de rijkspo-

litie; **~e'rie** *f* marechaussee; rijkspolitie; *in Belgien*: gendarmerie, rijkswacht.
Genea|lo'gie [ge·ne·ɑ·-] *f* genealogie; **2'logisch** (*0*) genealogisch.
ge'nehm aangenaam, welkom; *~ sein* gelegen komen, schikken, aangenaam zijn; **~igen** (-) toestaan, inwilligen; (*billigen*) goedkeuren; *sich e-n ~* F er eentje pakken; **2igung** *f* inwilliging, vergunning; goedkeuring.
ge'neigt [-kt] hellend; *fig.* genegen, geneigd; (*wohlwollend*) genegen, goedgunstig; **2heit** *f* (*0*) helling; geneigdheid; genegenheid, welwillendheid.
General [ge·nə'ʀ-] *m* (-*s*; *⁼e od.* -*e*) generaal; **~adjutant** *m* vleugeladjudant; **~agentur** *f* hoofdvertegenwoordiging; **~bevollmächtigte(r)** algemeen gevolmachtigde; **~direktor** *m* directeur-generaal; **~i'tät** *f* (*0*) generaliteit, algemeenheid; *mil.* de generaals *pl.*; **~konsulat** *n* (het) consulaat-generaal; **~leutnant** *m* luitenant-generaal; **~major** *m* generaal-majoor; **~nenner** *m* algemene noemer; **~probe** *f* generale repetitie; **~staaten** *m/pl.* Staten-Generaal *pl.*; **~'staatsanwalt** *m* procureur-generaal; **~stab** *m* generale staf; **~stabs·karte** *f* stafkaart; **~streik** *m* algemene staking; **~überholung** *f* *Auto*: grote beurt; **~versammlung** *f* algemene vergadering; **~vertreter** *m* hoofdvertegenwoordiger; **~vollmacht** *f* algemene volmacht.
Generation [-'tsĭo:n] *f* generatie.
Gene'rator *m* (-*s*; -*en* [-'to:-]) generator.
gene'rell algemeen; *Adv.* in het algemeen.
gene'r|ös (-*est*) edelmoedig, genereus; **2osi'tät** *f* (*0*) generositeit.
ge'nesen (*L*; -; *sn*) genezen.
Genesis *f* (*0*) Genesis.
Ge'nesung *f* (*0*) genezing, (het) herstel; **~s·prozeß** *m* (het) genezingsproces.
Genf *n* Genève *n*; **~er:** *~ See* (het) Meer van Genève.
genial [-'nĭɑ:l] geniaal; **2i'tät** *f* (*0*) genialiteit.
Ge'nick *n* (-*ės*; -*e*) nek; hals; *sich das ~ brechen* zijn nek breken (*a. fig.*); **~schuß** *m* (het) nekschot; **~starre** *f* nekkramp.

Genie [ʒe·'-] *n* (-*s*; -*s*) (het) genie
genieren [ʒe·'-] (-): *sich ~* zich generen.
ge'nieß|bar genietbaar (*a. fig.*); **~en** (*L*; -) genieten (*Anblick*, *Natur* van); *Speisen* eten; *Getränke* drinken.
Geni'talien [-lĭən] *n/pl.* geslachtsdelen *n/pl.*
Genitiv ['ge:ni·ti:f] *m* (-*s*; -*e*) genitief, tweede naamval.
Genius ['-nĭʊs] *m* (-; *Genien*) genius
ge'normt genormeerd.
Ge'nosse *m* (-*n*) makker, kameraad (*a. Anrede*); (*Partei2*) partijgenoot
Ge'nossen·schaft *f* coöperatieve vereniging, coöperatie; **2lich** (*0*) coöperatief.
Ge'nossin *f* kameraad (*a. fig.*) partijgenote.
Genre ['ʒɑ̃:ʀə] *n* (-*s*; -*s*) (het) genre
ge'nug genoeg; *ich habe ~ davon* ik heb er genoeg van!
Ge'nüg|e *f* (*0*): *zur ~* voldoende genoeg; *~ tun od. leisten* (*D*) voldoen aan; **2en** (-) (*D*) (*ausreichen*) volstaan, voldoende zijn; (*erfüllen*) voldoen aan; *sich ~ lassen an* (*D*) tevreden zijn met; **2end** voldoende **2sam** sober, matig; **~samkeit** *f* (*0*) soberheid, matigheid; (*Bescheidenheit*) bescheidenheid.
ge'nug|tun (*D*) voldoening geven voldoen aan; **2tuung** *f* (*0*) voldoening, genoegdoening.
Genus ['ge·nʊs] *n* (-; *Genera*) (het) genus, (het) geslacht.
Ge'nuß *m* (-*sses*; *⁼sse*) (het) genot *von Speisen usw.*: (het) gebruik *Genüsse pl.* genietingen *pl.*
ge'nüßlich met genot.
Ge'nuß|mittel *n* (het) genotmiddel; **~sucht** *f* (*0*) genotzucht.
ge'öffnet geopend, open.
Geo|- [ge·o·-] *in Zssgn* geo-, *z.B.* **~'graph** *m* (-*en*) geograaf; **~graphie** [-'fi:] *f* (*0*) aardrijkskunde geografie; **2'graphisch** (*0*) aardrijkskundig, geografisch; **~'loge** *m* (-*n*) geoloog; **~lo'gie** *f* (*0*) geologie **2'logisch** (*0*) geologisch; **~'meter** *m* landmeter; **~me'trie** *f* (*0*) meetkunde; **2'metrisch** (*0*) meetkundig, geometrisch.
Geor'gine [ge·ɔ-] *f* dahlia.
Ge'päck *n* (-*ės*; *0*) bagage.
Ge'päck|- *in Zssgn mst.* bagage- *z.B.* **~annahme** *f* (het) bagage

bureau; **~aufbewahrung** *f* (het) bagagedepot; **~ausgabe** *f* (het) bagagebureau; **~halter** *m* bagagedrager; **~kontrolle** *f* controle van de bagage; **~netz** *n* (het) bagagenet; **~raum** *m* bagageruimte; **~schein** *m* (het) bagagereçu; **~schließfach** *n* bagagekluis; **~stück** *n* (het) stuk bagage; **~träger** *m* kruier, witkiel; (*Fahrrad*2) bagagedrager; **~versicherung** *f* bagageverzekering; **~wagen** *m* bagagewagen.

ge|'panzert gepantserd; **~'pfeffert** gepeperd (*a. fig.*).

Ge'pfeife *n* (*-s; 0*) (het) gefluit.

ge'pflegt verzorgd; *Garten*: goed onderhouden; **2heit** *f* (*0*) verzorgdheid.

Ge|'pflogenheit *f* gewoonte; **~'plänkel** *n* schermutseling (*a. fig.*); **~'plapper** *n* (*-s; 0*) (het) geklets; **~'plärr** *n* (*-es; 0*) (het) gegrien, (het) gehuil; **~'plätscher** *n* (*-s; 0*) (het) geklater, (het) gekletter; **~'plauder** *n* (*-s; 0*) (het) gepraat, (het) gebabbel.

ge'pökelt gepekeld.

Ge|'polter *n* (*-s; 0*) (het) geraas, (het) spektakel (*a. fig.*); **~'präge** *n* (*-s; 0*) stempel (*a. fig.*); **~'pränge** *n* (*-s; 0*) pronk, staatsie; **~'prassel** *n* (*-s; 0*) (het) geknetter; (*Regen*2) (het) gekletter.

ge'punktet gestippeld.

Ge|'quake *n* (*-s; 0*) (het) gekwaak; **~'quassel** *n* (*-s; 0*) (het) gezwam, (het) geklets; **~'quatsche** *n* (*-s; 0*) (het) geklets, (het) gebazel.

ge'rade 1. *Adj.* recht; (*aufrichtig*) eerlijk; *Zahl*: paar, even; *fünf ~ sein lassen* het niet zo nauw nemen; **2.** *Adv.* juist, net; *nicht ~ angenehm, viel, ...* (nou) niet bepaald; *das ist es ja ~!* dat is het hem nou net!; *~ beim Lesen (Schreiben) sein* net aan 't lezen (schrijven) zijn; **3. 2** *f* rechte lijn; **~'aus** rechtuit, rechtdoor; **~biegen** rechtbuigen; *fig.* recht trekken; **~her'aus** ronduit; **~(n)wegs** rechtstreeks, direct; **~sitzen** recht zitten; **~stellen** rechtzetten; **~'zu** ronduit, op de man af; (*beinahe*) gewoonweg, bepaald, in één woord.

Ge'rad|heit *f* (*0*) rechtheid; *fig.* rondborstigheid, oprechtheid; **2linig** rechtlijnig.

Ge'ranie [-nĭə] *f* geranium.

Ge'rassel *n* (*-s; 0*) (het) gerammel, (het) geratel.

Ge'rät *n* (*-es; -e*) (het) apparaat, (het) toestel; (*Werkzeug*) (het) gereedschap; (*Utensilien*) (het) gerei.

ge'raten 1. (*-; sn*) (ge)raken, komen; (*gelingen*) gelukken, slagen; (*gedeihen*) uitvallen; *an j-n ~* bij iem. terechtkomen; *aneinander ~* slaags raken; **2.** *Adj.* geraden, raadzaam.

Ge'räte|schuppen *m* (het) gereedschapshok; **~turnen** *n* (het) turnen aan de toestellen.

Gerate'wohl *n*: *aufs ~* op goed geluk, lukraak.

Ge'rätschaften *f/pl.* (het) gereedschap.

ge'räuchert gerookt.

ge'raum: *~e Zeit* geruime tijd.

ge'räumig ruim, groot; **2keit** *f* (*0*) ruimte, grootte.

Ge'raune *n* (*-s; 0*) (het) gefluister.

Ge'räusch *n* (*-es; -e*) (het) geluid, (het) geruis; (*Lärm*) (het) gedruis; **2arm** geluidsarm; **2los** (*0*) geruis-, geluidloos; **~losigkeit** *f* (*0*) geruis-, geluidloosheid; **2voll** luidruchtig, druk.

Ge'räusper *n* (*-s; 0*) (het) schrapen.

gerb|en looien; **2er** *m* (leer)looier; **2e'rei** *f* (leer)looierij; **2säure** *f* (het) looizuur.

ge'recht (*-est*) rechtvaardig, billijk; *~ werden (D) j-m* recht laten wedervaren; *etw.* voldoen aan, beantwoorden aan; **~fertigt** gerechtvaardigd; **2ig·keit** *f* (*0*) rechtvaardigheid, gerechtigheid.

Ge'rede *n* (*-s; 0*) (het) geklets (*a. Klatsch*), (het) gepraat; *ins ~ bringen (kommen)* in opspraak brengen (komen).

ge'reichen (-) (*zu D*) strekken (tot).

ge'reizt geprikkeld; **2heit** *f* (*0*) geprikkeldheid.

Ge'renne *n* (*-s; 0*) (het) geren.

ge'reuen (-): *es gereut mich* het spijt mij.

Ge'richt *n* (*-es; -e*) (het) gerecht (*a. Speise*); *jur. a.* rechtbank; (*Gebäude*) (het) rechtsgebouw; *das Jüngste ~* (het) Laatste Oordeel; *~ halten, zu ~ sitzen über (A)* recht spreken over; *vor ~ erscheinen* voor de rechter verschijnen; **2lich** (*0*) gerechtelijk; *~ belangen* in rechten aanspreken.

Ge'richts|- *in Zssgn mst.* gerechts-; **~akten** *f/pl.* stukken *n/pl.*, (het) dossier; **~barkeit** *f (0)* jurisdictie; **~behörde** *f* rechterlijke macht, rechtbank; **~beschluß** *m* (het) rechterlijk besluit; **~bote** *m* gerechtsbode; **~diener** *m* gerechtsdienaar; **~gebäude** *n* (het) rechtsgebouw; **~hof** *m* (het) gerechtshof; **~kosten** *pl.* gerechts-, proceskosten *pl.*; **~medizin** *f* gerechtelijke geneeskunde; **~ordnung** *f* rechterlijke organisatie; **~person** *f* rechterlijk ambtenaar; **~referendar** *m* referendaris aan het gerecht; **~saal** *m* (ge)rechtszaal; **~schreiber** *m* griffier; **~stand** *m* bevoegde rechtbank; **~termin** *m* rechtszitting; **~verfahren** *n* (het) proces; **~verhandlung** *f* (het) proces, gerechtelijke behandeling, (het) debat; **~vollzieher** *m* (gerechts)deurwaarder; **~wesen** *n (-s; 0)* (het) rechtswezen.

ge'rieben *fig.* geslepen, gewiekst.

ge'ring gering; (*wenig a.*) weinig; (*klein a.*) klein; *Preis bsd.*: laag; *~er Komp. bsd.* minder; *~ste Superlativ bsd.* minste; *kein 2erer als* niemand minder dan; *nicht im ~sten* helemaal niet, niet in het minst.

ge'ringfügig onbeduidend, nietig; **2keit** *f* nietigheid, onbeduidendheid.

ge'ringschätz|en geringschatten, minachten; **~ig** geringschattend, minachtend; **2ung** *f* geringschatting, minachting.

ge'rinn|bar stolbaar; **~en** (-) stollen, stremmen; **2sel** *n* gestolde (*od.* geronnen) massa; (*Rinnsal*) (het) beekje, (het) stromend water.

Ge'ripp|e *n* (het) geraamte (*a. fig.*); **2t** geribd.

ge'rissen *fig.* F doortrapt, uitgeslapen, gehaaid; **2heit** *f (0)* doortraptheid, gehaaidheid.

Ger'man|e *m (-n)* Germaan; **2isch** Germaans; **2i'sieren** (-) germaniseren.

Germa'nis|mus *m (-; Germanismen)* (het) germanisme; **~t(in** *f*) *m (-en)* germanist(e *f*); **~tik** *f (0)* germanistiek.

gern(e) graag, gaarne; *~ haben j-n* mogen, sympathiek vinden; (*lieben*) houden van; *etw.* graag hebben; *~ geschehen!* graag gedaan!

Gernegroß *m (-; -e)* wijsneus, (het) eigenwijs ventje.

Ge|'röchel *n (-s; 0)* (het) gerochel, (het) gereutel; **~'röll** *n (-s; -e)* losse stenen *pl.*

ge'röstet geroosterd; *Kaffee*: gebrand.

Gerste *f (0)* gerst.

Gersten|- *in Zssgn mst.* gerste- *z.B.* **~bier** *n* (het) gerstebier; **~korn** *n* gerstekorrel; *Med.* (het) strontje (aan het oog); **~saft** *m (-es; 0)* (het) bier.

Gerte *f* gard(e), twijg, buigzame tak.

Ge'ruch *m (-es; ⸚e)* reuk (*a. Sinn*), geur (*a. fig.*); **2los** *(0)* reukloos; **~s·organ** *n* (het) reukorgaan; **~s·sinn** *m (-es; 0)* reukzin.

Ge'rücht *n (-es; -e)* (het) gerucht.

ge'ruh|en (-) zich verwaardigen, goedvinden; *Seine Majestät haben geruht* het heeft Z.M. behaagd; **~sam** rustig, kalm; (*behaglich*) gemoedelijk.

Ge'rümpel *n (-s; 0)* oude rommel.

Gerundium [ge'RUNDĭ-] *n (-s; Gerundien)* (het) gerundium.

Ge'rüst *n (-es; -e)* steiger, stelling, stellage; *fig.* (*Entwurf*) (het) geraamte.

Ge'rüttel *n (-s; 0)* (het) geschok, (het) geschud; **2t:** *~ (voll)* boordevol.

ge'salzen gezouten; *fig. Preis*: gepeperd; *Witz*: aangebrand.

ge'samt *(0)* (ge)heel, totaal; *die ~en ... pl.* alle *pl.*, al de *pl.*; *meine (seine) ~en ... pl.* al mijn (zijn) *pl.* **2ausfuhr** *f* totale uitvoer; **2ausgabe** *f* volledige uitgave; **2betrag** *m* (het) totaal (bedrag); **2bild** *n* (het) globaal beeld; **~deutsch** heel Duitsland betreffend; **2eindruck** *m* globale (*od.* totale) indruk; **2einkommen** *n* (het) totaal inkomen; **2ergebnis** *n* (het) eindresultaat; **2ertrag** *m* totale opbrengst; **2gewicht** *n* (het) totaal gewicht; **2heit** *f (0)* (het) geheel, (het) totaal; **2kosten** *pl.* (het) totaal der kosten; **2lage** *f* algemene toestand; **2schaden** *m* totale schade; **2summe** *f* (het) totaal; **2übersicht** *f* (het) globaal overzicht; **2umsatz** *m* totale omzet; **2verband** *m* (het) algemeen verbond, algemene bond; **2wert** *m* totale waarde; **2zahl** *f* (het) totaal.

Ge'sandt|e(r) gezant; **~schaft** *f* (het) gezantschap, legatie.
Ge'sang *m* (het) gezang, zang; **~buch** *n* (het) gezangboek; **~s·lehrer** *m* zangleraar; **~stunde** *f* zangles; **~verein** *m* zangvereniging.
Ge'säß [ɛ:] *n* (*-es*; *-e*) (het) zitvlak, (het) achterste; **~tasche** *f* achterzak.
Ge|'sause *n* (*-s*; *0*) (het) gesuis; **~'säusel** *n* (*-s*; *0*) (het) gesuizel, (het) zacht geruis.
Ge'schäft *n* (*-es*; *-e*) zaak; (*Laden a.*) winkel; (*Büro*) (het) kantoor; (*Absatz*) zaken *pl.*; (*Notdurft*) *ein ~ verrichten* een boodschap doen; *ein ~ eröffnen* een zaak openen; *~ ist ~* zaken zijn zaken *pl.*; *wie geht das ~?* hoe gaan de zaken *pl.*?; **2ig** druk, bedrijvig, bezig; **~ig·keit** *f* (*0*) drukte, werkzaamheid, bedrijvigheid; **2lich** (*0*) zaken-, de zaak betreffend, op de zaak; (*dienstlich*) officieel, zakelijk.
Ge'schäfts|abschluß *m* transactie; **~angelegenheit** *f* zaak, handelsaangelegenheid; **~aufgabe** *f* opheffing van de zaak; **~bedingung** *f* handelsvoorwaarde; **~bericht** *m* (het) (jaar)verslag; **~betrieb** *m* (het) (handels)bedrijf; (*Tätigkeit*) handelsbedrijvigheid; **~beziehungen** *f/pl.* handelsbetrekkingen *pl.*; *Pers.*: zakenrelaties *pl.*; **~brief** *m* zaken-, handelsbrief; **~buch** *n* (het) koopmansboek; **~freund** *m* zakenvriend.
ge'schäfts·führ|end waarnemend, beherend, dienstdoend; **2er** *m* zaakwaarnemer, gerant, bedrijfsleider, chef; (*Verein*s2) secretaris; **2ung** *f* (het) beheer, leiding.
Ge'schäfts|gang *m* gang van zaken; (*Besorgung*) boodschap; **~geheimnis** *n* (het) handelsgeheim; **~haus** *n* (het) handelshuis; **~inhaber** *m* eigenaar van de zaak; **~jahr** *n* (het) boekjaar; **~lage** *f* toestand in zaken; (*Gegend*) handelswijk; **~leben** *n* (*-s*; *0*) (het) bedrijfsleven; **~leute** *pl.* zakenmensen *pl.*; **~mann** *m* (*-es*; *⸗er od. Geschäftsleute*) zakenman; **~ordnung** *f* (het) reglement (van orde); **~reise** *f* zakenreis; **~reisende(r)** handelsreiziger, vertegenwoordiger; **~schluß** *m* winkelsluiting; **~stelle** *f* (het) bureau, (het) kantoor; **~stunden** *f/pl.* kantooruren *n/pl.*; **~träger** *m* zaakgelastigde; **2tüchtig** bekwaam (*od.* handig) in zaken; **~verkehr** *m* (het) handelsverkeer; (*am Schalter*) drukte; **~viertel** *n* zaken-, handelswijk; **~welt** *f* zakenwereld; **~zeit** *f* kantooruren *n/pl.*; **~zimmer** *n* (het) kantoor, (het) secretariaat; **~zweig** *m* bedrijfstak, branche.
ge|'schätzt *Pers.*: gezien, gewaardeerd; *Brief*: geacht; **~'scheckt** (*0*) gevlekt, bont.
ge'scheh|en (*L*; *-*; *sn*) gebeuren, (*selten*) geschieden; *j-m bsd.* overkomen; *Unrecht*: aangedaan worden; *~ lassen* toelaten, niet beletten; *ihm geschieht recht* hij heeft zijn verdiende loon; *es ist um ihn ~* het is met hem gedaan; **2en** *n* (*-s*; *0*) (het) gebeuren; **2nis** *n* (*-ses*; *-se*) gebeurtenis.
ge'scheit (*-est*) verstandig, schrander, snugger; *~er Kopf* schrandere kop, pientere kerel; **2heit** *f* (*0*) (het) verstand, schranderheid.
Ge'schenk *n* (*-es*; *-e*) (het) geschenk, (het) cadeau; *j-m ein ~ machen* iem. een geschenk (*od.* cadeau) geven; *j-m etw. zum ~ machen* iem. iets ten geschenke geven; **~artikel** *m* (het) geschenkartikel; **~packung** *f* geschenkverpakking.
Ge'schicht|e *f* geschiedenis; (*Erzählung bsd.*) (het) verhaal, vertelling; (*Erlebnis*) gebeurtenis, (het) voorval; (*Angelegenheit*) zaak, affaire; *e-e dumme ~* een vervelende geschiedenis (*od.* zaak); *mach keine ~n!* stel je niet aan!; (*keine Dummheiten*) doe geen domme dingen!; **2lich** (*0*) historisch (*a. bedeutungsvoll*), geschiedkundig.
Ge'schichts|buch *n* (het) geschiedenisboek; **~forschung** *f* geschiedvorsing; **~schreiber** *m* geschiedschrijver; **~unterricht** *m* (het) geschiedenisonderwijs; **~werk** *n* (het) geschiedkundig werk.
Ge'schick **1.** *n* (*-es*; *0*) bekwaamheid, handigheid; **2.** *n* (*-es*; *-e*) (het) lot; (*Verhängnis*) (het) noodlot; **~lichkeit** *f* handigheid, vaardigheid, behendigheid; **2t** (*-est*) handig, vaardig, behendig, knap.
ge'schieden gescheiden.
Ge'schimpfe *n* (*-s*; *0*) (het) gescheld.
Ge'schirr *n* (*-es*; *-e*) (het) servies;

(*Küchen*⁀) (het) vaatwerk; (*Pferde*⁀) (het) (paarde)tuig; (*Geräte*) (het) gerei, (het) gereedschap; **~spülmaschine** *f* vaatwasmachine; **~tuch** *n* theedoek.

Ge'schlecht *n* (-*es*; -*er*) (het) geslacht (*a. Familie u. Gr.*); **⁀lich** (*0*) geslachtelijk.

Ge'schlechts|- *in Zssgn mst.* geslachts-, *z.B.* **~akt** *m* geslachtsdaad; **~krankheit** *f* geslachtsziekte; **⁀los** (*0*) geslachtloos; **~merkmal** *n* (het) geslachtskenmerk; **~name** *m* geslachtsnaam; **~organ** *n* (het) geslachtsorgaan; **⁀reif** geslachtsrijp; **~teile** *m/pl.* geslachtsdelen *n/pl.*; **~trieb** *m* geslachtsdrift; **~verkehr** *m* sexuele omgang; **~wort** *n* (-*es*; ⁼*er*) (het) lidwoord.

ge|'schliffen geslepen; *fig.* gepolijst; **~'schlossen** gesloten.

Ge'schluchze *n* (-*s*; *0*) (het) gesnik.

Ge'schmack *m* (-*es*; ⁼*e od.* F ⁼*er*) smaak (*a. fig.*); *für meinen* ~ naar mijn smaak; ~ *finden an* (*D*) kunnen waarderen; **⁀lich** (*0*) qua smaak; **⁀los** (-*est*) smakeloos (*a. fig.*); *Speisen bsd.* flauw; **~losigkeit** *f* smakeloosheid; **~(s)sache** *f* kwestie van smaak; **~s·sinn** *m* (-*es*; *0*) smaakzin; **⁀voll** smaakvol.

Ge'schmeid|e *n* (het) sieraad, juwelen *n/pl.*; **⁀ig** soepel (*a. fig.*), buigzaam; *Körper bsd.*: lenig; **~igkeit** *f* (*0*) soepelheid, buigzaamheid; lenigheid.

Ge|'schmeiß *n* (-*es*; *0*) (het) ongedierte; (*Pack*) (het) gespuis, (het) uitschot; (*Kot*) (het) vuil; **~'schmetter** *n* (-*s*; *0*) (het) geschal; **~'schmiere** *n* (-*s*; *0*) (het) geklad, (het) geknoei, (het) gemors.

ge'schmort gestoofd, gesmoord.

Ge|'schmuse *n* (-*s*; *0*) (het) gesmoes; **~'schnatter** *n* (-*s*; *0*) (het) gesnater, (het) gekakel.

ge'schniegelt keurig, in de puntjes; *pej. bsd.* opgedoft.

Ge'schöpf *n* (-*es*; -*e*) (het) schepsel (*a. Pers.*).

Ge'schoß *n* (-*sses*; -*sse*) (het) projectiel; *Arch.* verdieping, etage.

ge'schraubt *fig.* geaffecteerd; *Stil a.*: opgeschroefd.

Ge'schrei *n* (-*es*; *0*) (het) geschreeuw.

Ge'schütz *n* (-*es*; -*e*) (het) geschut (*a. fig.*); **~donner** *m* (het) kanongebulder; **~turm** *m* geschuttoren.

Ge|'schwader *n* (het) eskader; *Flgw. bsd.* wing; **~'schwafel** *n* (-*s*; *0*) F (het) gewauwel, (het) geleuter.

Ge'schwätz *n* (-*es*; *0*) (het) geklets; **⁀ig** praatziek; **~ig·keit** *f* (*0*) babbelachtigheid.

ge'schweige: ~ *denn* laat staan.

ge'schwind (-*est*) vlug, snel, gauw; **⁀igkeit** *f* snelheid; (*Schnelligkeit a.*) vlugheid.

Ge'schwindigkeits|- *in Zssgn mst.* snelheids-, *z.B.* **~begrenzung** *f* snelheidsbeperking; **~messer** *m* snelheidsmeter; **~überschreitung** *f* snelheidsovertreding.

Ge'schwister *pl.* broer(s *pl.*) en zus(sen *pl.*) *pl.*; **⁀lich** (*0*) broederlijk; **~paar** *n* broer en zus *pl.*

ge'schwollen *fig. Pers.*: verwaand; **⁀heit** *f* (*0*) verwaandheid.

Ge'schworen|e(r) gezworene, (het) jurylid; ~*e pl.* jury; **~en·gericht** *n* rechtbank van gezworenen.

Ge|'schwulst *f* (-; ⁼*e*) (het) gezwel; **~'schwür** *n* (-*es*; -*e*) zweer.

Ge'sell|e *m* (-*n*) gezel, knecht; (*Bursche*) kerel; (*Kamerad*) makker, gezel; **⁀en** (-): *sich* ~ (*D, zu D*) zich voegen (bij); *dazu gesellt sich* daarbij komt; **~en·jahre** *n/pl.* leerjaren *n/pl.*, jaren *n/pl.* als handwerksgezel doorgebracht; **~enprüfung** *f* (het) gezellenexamen.

ge'sellig gezellig; *Tier*: in kudden (*od.* troepen) levend; ~*er Mensch* iem. die van gezelligheid houdt; **⁀keit** *f* (*0*) gezelligheid.

Ge'sellschaft *f* maatschappij (*a. Hdl.*), samenleving; (*Verein*) (het) genootschap, maatschappij; (*geselliger Kreis, Begleitung*) (het) gezelschap; *die vornehme* ~ de hogere (*od.* voorname) kringen *pl.*; *in geschlossener* ~ in besloten kring; ~ *mit beschränkter Haftung* vennootschap met beperkte aansprakelijkheid; ~*en pl. geben* partijen *pl.* geven; ~ *leisten* (*D*) gezelschap houden; **~er** *m* (met)gezel, compagnon; *Hdl.* deelgenoot, vennoot; *ein guter* ~ een onderhoudende (*od.* gezellige) man; **~erin** *f* (met)gezellin; deelgenote; (*Angestellte*) dame van gezelschap; **⁀lich** (*0*) maatschappelijk; gezellig, gemeenschappelijk; (*gebildet*) beschaafd; ~*es Ereignis* (*Leben*) gebeurtenis ([het] leven) in de society (*od.* in de mondaine wereld).

Ge'sellschafts|abend *m* soirée, ontvangst; **~anzug** *m* (het) avondkostuum; **~dame** *f* gezelschapsdame; **~ordnung** *f Pol.* maatschappelijke orde; **~reise** *f* gezelschapsreis; **~spiel** *n* (het) gezelschapsspel; **~wissenschaften** *f/pl.* sociale wetenschappen *pl.*

Ge'setz *n* (*-es*; *-e*) wet; **~buch** *n* (het) wetboek; **~entwurf** *m* (het) wetsontwerp.

Ge'setzes|kraft *f* (*0*) kracht van wet; **~novelle** *f* wetswijziging; **~übertretung** *f* wetsovertreding.

ge'setzgeb|end (*0*) wetgevend; **≗er** *m* wetgever; **≗ung** *f* wetgeving.

ge'setz|lich (*0*) wettelijk, wettig; *auf ~em Wege* langs wettelijke weg; *~ geschützt* wettig gedeponeerd; **≗lichkeit** *f* (*0*) wettelijkheid, wettigheid; **~los** (*0*) wetteloos; **≗losigkeit** *f* (*0*) wetteloosheid; **~mäßig** (*0*) wettig, wettelijk, overeenkomstig de wet.

ge'setzt bezadigd, bedaard; *~ den Fall* gesteld het geval.

ge'setzwidrig in strijd met de wet, onwettig; **≗keit** *f* onwettigheid.

Ge'seufze *n* (*-s*; *0*) (het) gezucht.

Ge'sicht **1.** *n* (*-ęs*; *-er*) (het) gezicht; (*Antlitz a.*) (het) gelaat; *j-m etw. am ~ ablesen* iets op iemands gezicht lezen; *zu ~ bekommen* te zien krijgen; *~er pl. schneiden* (lelijke) gezichten *pl.* trekken; **2.** *n* (*-ęs*; *-e*) (het) visioen, verschijning, (het) droomgezicht.

Ge'sichts|- *in Zssgn mst.* gezichts-; **~ausdruck** *m* gelaatsuitdrukking; **~farbe** *f* gelaatskleur; **~feld** *n* (het) gezichtsveld; **~kreis** *m* horizon; *fig. a.* gezichtskring; **~maske** *f* (het) gezichtsmasker; **~massage** *f* gezichtsmassage; **~punkt** *m* (het) gezichtspunt; **~sinn** *m* (*-ęs*; *0*) (het) gezichtsvermogen; **~winkel** *m* gezichtshoek; *fig.* (het) gezichtspunt; **~züge** *m/pl.* gelaatstrekken *pl.*

Ge|'sims *n* (*-es*; *-e*) (kroon)lijst, rand, richel; **~'sinde** *n* (*-s*; *0*) (het) personeel, bedienden *pl.*; **~'sindel** *n* (*-s*; *0*) (het) gespuis, (het) gepeupel.

ge'sinn|t (*0*) gezind; **≗ung** *f* gezindheid, overtuiging; (*Charakter*) (het) karakter; *niedrige ~* laaghartigheid.

Ge'sinnungs|genosse *m* geestverwant, gelijkdenkende; **≗los** (*0*) zonder overtuiging; karakterloos; **≗treu** zijn overtuiging trouw blijvend, standvastig.

ge'sitt|et (*-est*) zedig; (*gebildet*) beschaafd, welgemanierd; **≗ung** *f* (*0*) zedigheid; beschaving.

Ge'söff *n* (*-ęs*; *-e*) F *pej.* (het) brouwsel.

ge|'sondert afzonderlijk; *Adj. a.* speciaal; **~'sonnen:** *~ sein, etw. zu tun* van plan (*od.* zins) zijn; **~'sotten** gekookt. [(*a. Pers.*).]

Ge'spann *n* (*-ęs*; *-e*) (het) span

ge'spannt gespannen; (*neugierig*) nieuwsgierig; *~ sein auf* (*A*) benieuwd zijn naar; **≗heit** *f* (*0*) spanning; gespannen toestand.

Ge'spenst *n* (*-ęs*; *-er*) (het) spook; **~er·geschichte** *f* (het) spookverhaal; **≗isch** spookachtig.

ge'spickt gelardeerd; *fig.* gespekt.

Ge'spiel|e *m* (*-n*) speelmakker; **~in** *f* speelgenote.

Ge|'spinst *n* (*-ęs*; *-e*) (het) weefsel (*a. fig.*); (*in Netzform*) (het) web; **~'spött** *n* (*-ęs*; *0*) (het) gespot, spot; *zum ~ machen* aan de spot overleveren.

Ge'spräch [ɛː] *n* (*-ęs*; *-e*) (het) gesprek; **≗ig** spraakzaam; **~ig·keit** *f* (*0*) spraakzaamheid.

Ge'sprächs|- *in Zssgn mst.* gespreks-, *z.B.* **~partner** *m* gesprekspartner; **~stoff** *m* gespreksstof; **~ton** *m* conversatietoon; **≗weise** bij wijze van samenspraak; in de loop van het gesprek.

ge'spreizt gespreid; (*geziert*) aanstellerig; *Stil*: hoogdravend, bombastisch; *mit ~en Beinen* wijdbeens.

Ge|'spür *n* (*-s*; *0*) (het) gevoel, neus; **~'stade** *n* oever; kust; (het) strand.

Ge'stalt *f* gestalte, gedaante; (*Form a.*) vorm; **≗en** (*-e-*; *-*) vormen, een vorm geven; (*organisieren*) organiseren; *Programm* opstellen; *sich ~* een vorm aannemen, zich ontwikkelen, worden; **~er** *m* schepper, maker; (*Formgeber*) vormgever; **≗los** (*0*) vormloos; **~ung** *f* (*0*) vorming, samenstelling; vormgeving; ontwikkeling.

Ge|'stammel *n* (*-s*; *0*) (het) gestamel; **~'stampfe** *n* (*-s*; *0*) (het) gestamp, (het) getrappel.

ge'ständ|ig (*0*): *~ sein* bekennen; **≗nis** *n* (*-ses*; *-se*) bekentenis.

Ge'stank *m* (-*es*; *0*) stank.
ge'statten (-*e*-; -) toestaan, veroorloven, toestaan; ~ *Sie?* pardon!, mag ik?
Geste ['gɛstə] *f* geste, (het) gebaar.
ge'steh|en (-) bekennen (*a. Liebe usw.*); *offen gestanden* eerlijk gezegd; 2**ungs·kosten** *pl.* produktiekosten *pl.*, kostprijs.
Ge|'stein *n* (-*es*; -*e*) (het) gesteente; ~**'stell** *n* (-*es*; -*e*) (*Stütz*2) (het) onderstel, (het) voetstuk; (*Rahmen*) (het) frame, lijst; (*Regal*) (het) rek; *Auto*: (het) chassis.
gestern gisteren; ~ *abend* gister(en)avond.
ge|'stiefelt (*0*) gelaarsd; *der* 2*e Kater* de gelaarsde kat; ~**'stielt** (*0*) gesteeld.
Gestik [st] *f* (*0*) gebaren *n*/*pl.*, (het) gebarenspel; 2**u'lieren** (-) gesticuleren.
Ge'stirn *n* (-*es*; -*e*) (het) gesternte, (het) sterrenbeeld; (*Himmelskörper*) (het) hemellichaam, ster; 2**t** (*0*) gesternd, met sterren bezaaid.
Ge|'stöber *n* sneeuwjacht; ~**'stöhne** *n* (-*s*; *0*) (het) gesteun.
ge'stört gestoord (*a. fig.*).
Ge|'stotter *n* (-*s*; *0*) (het) gestotter; ~**'strampel** *n* (-*s*; *0*) (het) getrappel; (*Fahrrad*2) (het) getrap; ~**'sträuch** *n* (-*es*; *0*) (het) struikgewas, struiken *pl.*
ge'streift gestreept, met strepen.
ge'streng gestreng.
ge'strich|elt gearceerd; ~*e Linie* stippellijn; ~**en**: *frisch* ~! nat! geverfd!
gestrig (*0*) van gisteren; *am* ~*en* [*Tag* gisteren.]
Ge|'strüpp *n* (-*es*; -*e*) (het) kreupelhout; ~**'stüt** *n* (-*es*; -*e*) stoeterij.
Ge'such *n* (-*es*; -*e*) (het) verzoek (-schrift); 2**t** gezocht; *Hdl. a.* veelgevraagd.
Ge'summe *n* (-*s*; *0*) (het) gezoem, (het) gegons.
ge'sund (*=er od. -er, =est od. -est*) gezond (*a. fig.*); 2**brunnen** *m* geneeskrachtige bron; ~**en** (-*e*-; -; *sn*) gezond worden, herstellen (*a. fig.*).
Ge'sundheit *f* (*0*) gezondheid; ~! gezondheid!; *bei guter* ~ in goede gezondheid; 2**lich** (*0*) wat de gezondheid betreft, gezondheids-; hygiënisch.
Ge'sundheits|amt *n* geneeskundige dienst; 2**halber** om gezondheidsredenen; ~**lehre** *f* gezondheidsleer; ~**paß** *m* gezondheidspas; ~**pflege** *f* (*0*) gezondheidszorg, hygiëne; 2**schädlich** schadelijk voor de gezondheid; ~**wesen** *n* (-*s*; *0*) (het) gezondheidswezen; ~**zeugnis** *n* medische verklaring; ~**zustand** *m* (-*es*; *0*) gezondheidstoestand.
ge'sund|pflegen verplegen (tot iem. weer gezond is); 2**ung** *f* (*0*) (het) herstel, gezondmaking; *fig. a.* sanering.
Ge|'surre *n* (-*s*; *0*) (het) gegons, (het) gebrom; ~**'täfel** *n* (-*s*; *0*) lambrizering, betimmering; ~**'tändel** *n* (-*s*; *0*) (het) gebeuzel, (het) gespeel; (*Flirt*) (het) geflirt.
ge'tarnt gecamoufleerd; *fig. bsd.* bedekt, verkapt.
Ge'töse *n* (-*s*; *0*) (het) geraas, (het) gebulder, (het) lawaai.
ge'tragen *fig.* gedragen, plechtig.
Ge|'trampel *n* (-*s*; *0*) (het) getrappel; ~**'tränk** *n* (-*es*; -*e*) drank.
Ge'tränke|automat *m* drankenautomaat; ~**steuer** *f* belasting op het gedistilleerd; ~**zwang** *m* (-*es*; *0*) verplichte consumptie.
ge'trauen (-): *sich* ~ durven, wagen; *etw. a.* aandurven.
Ge'treide *n* (het) graan, (het) koren.
Ge'treide|- *in Zssgn mst.* graan-, *z.B.* ~**ausfuhr** *f* graanuitvoer; ~**bau** *m* (-*es*; *0*) graanbouw; ~**boden** *m* (*Speicher*) graanzolder; ~**handel** *m* graanhandel.
ge'trennt gescheiden.
ge'treu(lich) (ge)trouw.
Ge'triebe *n Tech.* transmissie, (het) overbrengingsmechanisme; *Auto*: versnellingsbak; (*reges Leben*) drukte.
ge'trost [o:] (*0*) getroost, gerust.
Getto *n* (-*s*; -*s*) (het) getto.
Ge|tue [-'tu:ə] *n* (-*s*; *0*) (het) gedoe, drukte; (*Ziererei*) aanstellerij; ~**'tümmel** *n* (-*s*; *0*) (het) gewoel, (het) tumult.
ge'übt geoefend, bedreven; 2**heit** *f* (*0*) geoefendheid, bedrevenheid.
Ge'vatter *m* (-*s od.* -*n*; -*n*) (*Pate*) peetoom; (*Freund*) vriend; (*Nachbar*) buurman; ~**in** *f* peettante; vriendin; buurvrouw.
Ge|'viert *n* (-*es*; -*e*) (het) vierkant, (het) kwadraat; ~**'wächs** [-ks] *n* (-*es*; -*e*) (het) gewas; (*Wein*) wijn; *Med.* uitwas.

e'wachsen gegroeid, gewassen; ~ *sein* (*D*) opgewassen zijn tegen; *Pers. a.*: aankunnen.

;e'wächs·haus *n* serre, (broei)kas.

e|'wagt gewaagd, gedurfd; **~'-wählt** gekozen; *Sprache*: verzorgd; *Gesellschaft*: keurig, select; (*unna-:ürlich*) geaffecteerd, gemaakt; **~'-wahr:** ~ *werden* gewaarworden.

;e'währ *f* (*0*) waarborg, garantie; *(Bürgschaft)* borg(tocht); *ohne* ~ ›nder voorbehoud.

e'wahren (-) gewaarworden, waar-ıemen, merken.

e'währen (-) toestaan, inwilligen; *zukommen lassen, leisten*) verlenen, ;even, verschaffen; ~ *lassen* laten ›egaan.

e'währleist|en (-) waarborgen, ;aranderen; **2ung** *f* waarborging; *ur.* vrijwaring.

e'wahrsam 1. *m* (*-s*; *-e*) bewaring, het) toezicht; **2.** *n* (*-s*; *-e*) gevange-ıis; *in polizeilichem* ~ in verzekerde ›ewaring; *in* ~ *nehmen* in verze-:erde bewaring stellen.

e'währ|s·mann *m* (*-es*; *"er od. Gewährsleute*) zegsman; **~ung** *f* in-villiging, (het) toestaan; verlening.

e'walt *f* (het) geweld; (*Macht*) nacht; (*Obrigkeit, Autorität*) (het) ;ezag, autoriteit; *die väterliche* ~ ıet vaderlijk gezag; *höhere* ~ over-nacht; ~ *anwenden* geweld gebrui-:en; ~ *antun* (*D*) geweld aandoen; **.akt** *m* gewelddaad; **~en·teilung** *f* nachtenscheiding; **~haber** *m* nachthebber; **~herrschaft** *f* tiran-ıie, dwingelandij; **2ig** geweldig; **:sam** gewelddadig; *Adv.* met ge-veld; **~tat** *f* gewelddaad, geweld-ladigheid; **~täter** *m* gebruiker van ;eweld; **2tätig** gewelddadig, balda-lig.

e'wand *n* (*-es*; *"er*) (het) gewaad *a. fig.*).

'wandt (*-est*) handig, behendig, lug; (*weltmännisch*) vlot, gemak-elijk, ervaren; **2heit** *f* (*0*) handig-ıeid, behendigheid, vlugheid; vlot-eid, (het) gemak.

'wärtig (*0*): ~ *sein* (*G*), **~en** (-) erwachten, voorbereid zijn op.

e|'wäsch *n* (*-es*; *0*) (het) geklets, het) gepraat; **~'wässer** *n* (het) vater; *pl.* wateren *pl.*; **~'webe** *n* het) weefsel; (*fig. u. Spinnen*2) het) web.

ge'weckt levendig, pienter.

Ge'wehr *n* (*-es*; *-e*) (het) geweer; ~ *ab!* zet af het geweer!; *das* ~ *über!* over het geweer!

Ge'wehr|- *in Zssgn mst.* geweer-; **~abzug** *m* trekker (aan het geweer); **~feuer** *n* (het) geweervuur; **~kolben** *m* geweerkolf.

Ge'weih *n* (*-es*; *-e*) (het) gewei.

Ge'werbe *n* nijverheid, (het) bedrijf; (*Beruf*) (het) beroep, (het) ambacht; **~aufsicht** *f* arbeidsinspectie; **~ausstellung** *f* nijverheidstentoonstelling; **~fleiß** *m* nijverheid; **~freiheit** *f* (*0*) vrijheid van beroep; **~gericht** *n* rechtbank van handel en industrie; **~ordnung** *f* arbeidswet; **~schein** *m* (het) patent; **~schule** *f* nijverheidsschool; **~steuer** *f* bedrijfsbelasting; **~treibende(r)** neringdoende.

ge'werb|lich (*0*) als beroep, van beroep; industrieel; **~s·mäßig** (*0*) als beroep, beroeps-.

Ge'werkschaft *f* vakvereniging, vakbond; **~(l)er** *m* (het) vakbondslid; **2lich** (*0*) syndicalistisch.

Ge'werkschafts|- *in Zssgn mst.* vakbonds-, *z.B.* **~bewegung** *f* vakbondsbeweging; **~bund** *m* (het) verbond van vakverenigingen.

Ge'wicht *n* (*-es*; *-e*) (het) gewicht; *fig. a.* (het) belang; *ins* ~ *fallen* van invloed zijn; **~heben** *n* (*-s*; *0*) (het) gewichtheffen; **2ig** zwaar; *fig.* gewichtig, belangrijk.

Ge'wichts|- *in Zssgn mst.* gewichts-, *z.B.* **~abnahme** *f* gewichtsvermindering; **~klasse** *f* gewichtsklasse; **~zunahme** *f* gewichtstoeneming.

ge|'wieft (*-est*) F gewiekst, gehaaid; **~'wiegt** (*-est*) ervaren, gewiekst.

Ge'wieher *n* (*-s*; *0*) (het) gehinnik.

ge'willt: ~ *sein* genegen (*od.* van zins) zijn.

Ge'wimm|el *n* (*-s*; *0*) (het) gekrioel, (het) gewemel; **~er** *n* (*-s*; *0*) (het) gekerm, (het) geklaag.

Ge'winde *n* krans; (*Schrauben*2) (schroef)draad; **~bohrer** *m* (schroef)snijtap.

Ge'winn *m* (*-es*; *-e*) winst; (*Lotterie*2) prijs; **~anteil** *m* (het) winstaandeel, (het) dividend; **~beteiligung** *f* (het) aandeel in de winst; **2bringend** winstgevend.

ge'winnen (*L*; -) winnen (*a. fig.*); *Vorteil* behalen; *es über sich* ~ het over zijn hart (ver)krijgen; **~d** *fig.* innemend.

Ge'winn|er(in *f*) *m* winnaar *m*, winnares *f*; **~liste** *f* lijst van de prijzen, loterijlijst; **~spanne** *f* winstmarge; **~sucht** *f* (*0*) (het) winstbejag; **2süchtig** op winstbejag uit; **~ung** *f* (*0*) *Bgb.* winning.

Ge|'winsel *n* (*-s*; *0*) (het) gejank, (het) gekerm; **~'wirr** *n* (*-es*; *-e*) wirwar; (*fig. a.*) warboel, verwarring; (*Stimmen2*) (het) geroezemoes.

ge'wiß (*-sser*; *-ssest*) zeker; *Adv.* (voor)zeker, stellig, vast; e-r S. (*G*) *~ sein* kunnen rekenen op iets; *sich e-r S.* (*G*) *~ sein* zeker zijn van iets; *ein gewisser ...* een zekere ...; *~!* (ja) zeker!

Ge'wissen *n* (het) geweten; *etw. auf dem ~ haben* iets op zijn geweten hebben; *mit gutem ~* met een goed geweten; **2haft** (*-est*) gewetensvol, consciëntieus, nauwgezet; **~haftigkeit** *f* (*0*) nauwgezetheid, stiptheid; **2los** (*-est*) gewetenloos; **~losigkeit** *f* (*0*) gewetenloosheid.

Ge'wissens|- *in Zssgn mst.* gewetens-, *z.B.* **~angst** *f* gewetensangst; **~bisse** *m/pl.* gewetenswroeging; **~frage** *f* gewetensvraag; **~freiheit** *f* (*0*) gewetensvrijheid; **~zwang** *m* (*-es*; *0*) gewetensdwang.

gewisser'maßen [ɑ:] in zekere zin, om zo te zeggen.

Ge'wißheit *f* zekerheid.

Ge'witt|er *n* (het) onweer (*a. fig.*); **2(e)rig** onweerachtig; **2er·schwer** onweerszwanger, dreigend; **~er-wolke** *f* onweers-, donderwolk.

ge'witzt (*-est*) gewiekst, slim.

ge'wogen *fig.* (*D*) genegen, welgezind; **2heit** *f* (*0*) genegenheid, welgezindheid.

ge'wöhnen (-) (*sich*) (*an A*) wennen (aan); *daran bin ich gewöhnt* dat ben ik gewend.

Ge'wohnheit *f* gewoonte; **2s·mäßig** volgens gewoonte, gewoonte-; *Adv.* uit gewoonte; **~s·mensch** *m* slaaf der gewoonte, sleurmens; **~s·recht** *n* (*-es*; *0*) (het) gewoonterecht; **~s-verbrecher** *m* gewoontemisdadiger.

ge|'wöhnlich gewoon, alledaags; ordinair; *Adv.* gewoonlijk; **~'wohnt** (*0*) gewoon; (es) *~ sein, zu + Inf.* gewoon (*od.* gewend) zijn te + *Inf.*; *zur ~en Zeit* op de gewon tijd.

Ge'wöhnung *f* (*0*) (het) wenner gewenning.

Ge'wölb|e *n* (het) gewelf; **2t** ge welfd.

Ge'wühl *n* (*-es*; *0*) (het) gewoel.

ge|'wunden kronkelig, kronkelend *fig.* omslachtig; **~'würfelt** gerui

Ge'würm *n* (*-es*; *-e*) wormen *pl* (het) kruipend gedierte.

Ge'würz *n* (*-es*; *-e*) specerij; *~e pl.* kruiden *n/pl.*; **~gurke** *f* augurk **~nelke** *f* kruidnagel; **2t** gekrui (*a. fig.*).

ge|'zackt (*0*) getand, puntig; **~'zahnt** (*0*) getand.

Ge|'zänk *n* (*-es*; *0*) (het) getwis (het) gekibbel; **~'zappel** *n* (*-s*; ((het) gespartel; **~'zeiten** *pl.* eb e vloed, getijden *pl.*; **~'zerre** *n* (*-s*; (het) getrek; **~'zeter** *n* (*-s*; *0*) (he geschreeuw.

ge'ziemen (-) (*D*) passen, toek men; *sich ~* passen, (be)horen; ~ betamelijk, behoorlijk.

Ge'zier|e *n* (*-s*; *0*) aanstellerij; 2 aanstellerig; gemaakt, geaffecteer (*prüde*) preuts.

Ge|'zisch *n* (*-es*; *0*) (het) gesi (*Publikums2*) (het) gejouw; **~'züch** *n* (*-es*; *-e*) (het) gebroed; **~'zwi scher** *n* (*-s*; *0*) (het) getjilp, (he gesjilp.

ge'zwungen gedwongen (*a. fig.*).

Ghanaer [-nɑ:ɚ] *m* Ghanees.

Gicht *f* (*0*) jicht; **2isch** (*0*) jichti

Giebel *m* punt-, topgevel; **~dach** (het) (puntig) geveldak; **~fenster** (het) raampje in de puntgevel.

Gier *f* (*0*) begerigheid, hebzuch **2en** (*nach D*) begerig zijn (naar hunkeren (naar); **2ig** begerig, gr tig.

Gieß|bach *m* stort-, bergbeek; **2e** (*L*) gieten (*a. Blumen u. Metall* *es gießt* het giet; **~er** *m* giete **~e'rei** *f* gieterij; **~form** *f* gietvorm **~kanne** *f* gieter; **~kelle** *f* gietlepe

Gift *n* (*-es*; *-e*) (het) (ver)gif(t) (*fig.*); (*Schädliches*) (het) vergi *darauf kannst du ~ nehmen* F da kun je donder op zeggen.

Gift|- *in Zssgn mst.* gif(t)-, *z.* **~becher** *m* gif(t)beker; **~gas** *n* (he gif(t)gas; **2ig** (ver)giftig; *fig.* gifti venijnig; **~mischer(in** *f*) *m* gif(menger *m*, -mengster *f*; **~pfeil**

giftige pijl; **~pflanze** *f* giftige plant; **~pilz** *m* giftige paddestoel; **~schlange** *f* gif(t)slang; **~stoffe** *m/pl.* giftige stoffen *pl.*; **~zahn** *m* gif(t)tand.

i'gant *m* (*-en*) gigant, reus; **2isch** gigantisch, reusachtig.

ilde *f* (het) gilde.

impel *m* goud-, bloedvink; *fig.* onnozele hals, sul.

in [dʒɪn] *m* (*-s*; *-s*) gin.

inster *m* brem.

ipfel *m* top; (*Baum2*) kruin; (*Hö-hepunkt*) (het) toppunt; **~konferenz** *f* topconferentie; **2n** (*-le*) culmineren, zijn hoogtepunt bereiken; **~punkt** *m* (het) toppunt.

ips *m* (*-es*; *-e*) (het) gips, (het) pleister.

ips|- *in Zssgn mst.* gips-, *z.B.* **~abguß** *m* (het) gipsafgietsel; **~bild** *n* (het) gipsbeeld; **2en** (*-t*) pleisteren, gipsen; **~figur** *f* (het) gipsbeeldje; **~verband** *m* (het) gipsverband.

i'raffe *f* giraf.

'rieren (-) gireren.

ir'lande *f* guirlande.

iro ['ʒi:-] *n* (*-s*; *-s*) giro; **~bank** *f* -; *-en*) girobank; **~konto** *n* girorekening; **~verkehr** *m* (het) giroverkeer.

rren kirren.

ischt *m* (*-es*; *-e*) (het) schuim.

i'tarre *f* gitaar; **~n·spieler(in** *f*) *m* gitaarspeler *m*, -speelster *f*.

itter *n* (het) traliewerk, tralies *pl.*; *Zaun*) (het) hek; *El.* rooster (*a.* net); **2artig** tralieachtig; **~stab** *m* tralie; **~tor** *n* (het) (tralie)hek; **werk** *n* (het) traliewerk.

lacéhandschuhe [-'se:-] *m/pl.* lacéhandschoenen *pl.*

ladiole [-'dĭo:lə] *f* gladiool.

lanz *m* (*-es*; *0*) glans (*a. Politur*); *g. bsd.* luister.

änzen (*-t*) glanzen (*a. v/t*), schitteren (*bsd. fig.*), blinken; **~d** glanzend, blinkend; *fig.* schitterend.

lanz|leder *n* (het) verlakt leder; **leistung** *f* schitterende prestatie; **los** (*-est*) glansloos, zonder glans; **papier** *n* (het) glanspapier; **~-unkt** *m* (het) glanspunt; **~seide** *f* lanzende zijde; **~stück** *n* (het) lansstuk; **2voll** glansrijk, schitterend; **~zeit** *f* glansperiode.

as *n* (*-es*; *=er*) (het) glas; (*Konserven2*) (het) potje, pot; (*Fern2*) kijker; *ein ~ Bier* een glas bier.

Glas|- *in Zssgn mst.* glas-; *bei Material aus Glas oft* glazen (*Adj.*), *z.B.* **~arbeit** *f* (het) glaswerk; **2artig** glasachtig; **~auge** *n* (het) glazen oog; **~bläser** *m* glasblazer.

Gläs·chen *n* (het) glaasje.

Glas|dach *n* (het) glazen dak; **~er** *m* glazenmaker.

gläsern (*0*) glazen.

Glas|fabrik *f* glasfabriek; **~faser** *f* glasvezel; **~fenster** *n* (het) glasraam; **~geschirr** *n* (het) glaswerk; **~haus** *n* broeikas; **~hütte** *f* glasblazerij.

gla'sieren (-) glaceren.

glas|ig glazig (*a. fig.*); **2kasten** *m* glazen kast, vitrine; (*Frühbeet*) kas; **2kolben** *m* glazen kolf; **2malerei** *f* glasschilderkunst; **2papier** *n* (het) glaspapier; **2perle** *f* (glas)kraal; **2scheibe** *f* ruit; **2scherbe** *f* glasscherf; **2schrank** *m* glazen kast; (*für Geschirr*) glazenkast; **2tür** *f* glazendeur.

Gla'sur *f* (het) glazuur.

Glas|versicherung *f* glasverzekering; **~wand** *f* glazen wand; **~waren** *f/pl.* glaswaren *pl.*, (het) glaswerk; **~wolle** *f* glaswol.

glatt (*-er od. =er*; *-est od. =est*) glad (*a. fig.*), effen; (*reibungslos*) vlot; (*rundheraus*) glad-, rondweg, totaal; (*offensichtlich*) totaal, compleet, direct; *Lüge*: flagrant; (*einschmeichelnd*) vleiend.

Glätte *f* gladheid.

Glatt·eis *n* ijzel; *aufs ~ führen* erin laten lopen.

glätten (*-e-*) gladmaken, gladstrijken; (*polieren*) polijsten (*a. fig.*).

glatt|machen gladmaken; (*bezahlen*) betalen; **~rasiert** glad geschoren.

Glättung *f* (*0*) (het) gladmaken; (het) polijsten.

glattweg gladweg, ronduit.

Glatz|e *f* (het) kaal hoofd, kale kruin; **2ig** kaalhoofdig; **~kopf** *m* kaalkop.

Glaube *m* (*-ns*; *0*), **~n** *m* (*-s*; *0*) (het) geloof (*a. Rel.*); *~n schenken* (*D*) geloof schenken aan.

glauben (*an A*) geloven (in, *selten* aan); *das will ich ~* dat zou ik geloven; *ich glaube ja* ik geloof van wel; *ich glaube es ihm* (*nicht*) ik geloof hem (niet); *das kannst du mir ~* dat kun je van mij aannemen.

Glaubens|- *in Zssgn mst.* geloofs-, *z.B.* **~bekenntnis** *n* geloofsbelijdenis; **~eifer** *m* geloofsijver; **~freiheit** *f (0)* geloofsvrijheid; **~gemeinschaft** *f* geloofsgemeenschap; **~lehre** *f* geloofsleer; **~sache** *f* geloofskwestie; **~satz** *m* (het) geloofsartikel.

glaubhaft (*-est*) geloofwaardig; **♀ig·keit** *f (0)* geloofwaardigheid.

gläubig gelovig; **♀e(r)** gelovige; **♀er** *m* schuldeiser, crediteur; **♀er·versammlung** *f* vergadering van crediteuren.

glaublich te geloven.

glaubwürdig geloofwaardig, betrouwbaar; **♀keit** *f (0)* geloofwaardigheid, betrouwbaarheid.

gleich 1. *Adj.* gelijk; *mit dem Art. oft*: dezelfde, *n/sg.* hetzelfde; *mit dem unbestimmten Art. oft*: een zelfde; (*eben a.*) effen; (*gleichgültig*) om 't even, onverschillig; *~* (*D*) (*ähnlich*) gelijk aan; *~ und ~ gesellt sich gern* soort zoekt soort; **2.** *Adv.* (*sofort*) meteen, dadelijk, zo; *~ um die Ecke* vlak om de hoek; *wie hieß er doch ~?* hoe heette hij ook al weer?; **3.** *Ko. ~ groß, schnell, ...* even; *ganz ~, wie ...* hoe ... ook ...; **4.** **♀e(s)** hetzelfde; *Gleiches mit Gleichem vergelten* met gelijke munt betalen.

gleich|- *in Zssgn oft* gelijk-; **~altrig** even oud, van dezelfde leeftijd; **~artig** gelijksoortig; **~bedeutend** van gelijke betekenis, synoniem.

gleichberechtig|t gelijkberechtigd; **♀ung** *f (0)* gelijkheid, rechtsgelijkheid.

gleich|bleibend gelijk blijvend; **~en** (*L*) (*D*) lijken (op); *j-m ~ an* (*D*) op iem. lijken in; *sich ~* op elkaar lijken; **♀e(s)** *s. gleich*; **~er'maßen** [ɑ:], **~er'weise** evenzo, eveneens, in dezelfde mate; **~falls** eveneens, evenzo; *~!* insgelijks!; **~förmig** gelijkvormig, van gelijke vorm; (*eintönig*) eentonig; **~geschlechtlich** homoseksueel; **~gesinnt** gelijkgezind.

Gleichgewicht *n* (*-es; 0*) (het) evenwicht (*a. fig.*); **~s·organ** *n* (het) evenwichtsorgaan.

gleichgültig onverschillig; *es ist mir ~* het is mij om 't even; **♀keit** *f (0)* onverschilligheid.

Gleich|heit *f* gelijkheid; **~klang** *m* gelijkluidendheid; *fig.* (het) akkoord, harmonie; **♀kommen** (*D*) evenaren; **♀lautend** gelijk-, eensluidend; **♀machen** gelijkmaken; *dem (Erd-)Boden ~* met de grond gelijkmaken; **~maß** *n* gelijkmatigheid, evenredigheid, symmetrie; **♀mäßig** gelijkmatig, evenredig; **~mut** *m* bedaardheid, kalmte, gelijkmoedigheid; **♀mütig** bedaard, kalm; **♀namig** gelijknamig; **~nis** *n* (*-ses; -se*) gelijkenis, vergelijking; *Bibel*: parabel; **~richter** *m El.* gelijkrichter; **♀sam** als het ware (*Abk.* a.h.w.); **♀schalten** gelijkschakelen (*a. fig.*); **~schritt** *m*: *im ~* in de pas; **♀seitig** gelijkzijdig; **♀setzen** (*mit D*) gelijkstellen (met); **♀stehen** gelijkstaan (*a. Sp.*).

gleich·stell|en: *j-n* (*mit*) *j-m ~* iem. met iem. gelijkstellen; **♀ung** *f* gelijkstelling.

Gleich|strom *m* gelijkstroom; **♀tun:** *es j-m ~* iem. evenaren; **~ung** *f* vergelijking; **♀'viel** onverschillig, om 't even; **♀wertig** gelijkwaardig; **♀'wie** evenals, zoals; **♀'wohl** (en) toch, nochtans, evenwel.

gleichzeitig (*0*) gelijktijdig; *Adv.* tegelijk(ertijd); **♀keit** *f (0)* gelijktijdigheid.

Gleis *n* (*-es; -e*) (het) spoor; *s.* *Geleise*.

gleißen (*L*) glanzen, glinsteren.

Gleit|- *in Zssgn mst.* glij-, *z.B.* **~bahn** *f* glijbaan; **~boot** *n* glijboot; **♀en** (*L; sn*) glijden; *Auto a.*: slippen; **~flug** *m* glij-, zweefvlucht; **~flugzeug** *n* (het) zweefvliegtuig; **~schutz** *m* anti-slip.

Gletscher *m* gletsjer; **~spalte** *f* gletsjerspleet.

Glied *n* (*-es; -er*) (het) lid (*a. Penis usw.*); (*Ketten♀ u. fig.*) schakel; (*Reihe*) (het) gelid; *Math.* term.

glieder|lahm lam, verlamd; **♀lähmung** *f* verlamming; **~n** (*-re*) indelen, geleden, verdelen; *sich ~* ingedeeld zijn; **♀puppe** *f* ledepop; **♀reißen** *n* (*-s; 0*) gewrichtsreumatiek; **♀tiere** *n/pl.* gelede dieren *n/pl.*; **♀ung** *f* indeling; (*Ordnung, Plan bsd.*) geleding, structuur, bouw.

Glied|maßen [ɑ:] *pl.* ledematen

n/pl.; **⁓weise** lid voor lid, in geledingen; in gelederen.
glimm|en (*L*) smeulen (*a. fig.*), glimmen; **⁓er** *m* (het) (zwak) schijnsel; *Bgb.* (het) glimmer; **⁓stengel** *m* F stinkstok.
glimpflich zacht, mild, schappelijk; *Adv.* (*gerade noch*) op het nippertje; ⁓ *davonkommen* er genadig (*od.* nog schappelijk) afkomen.
glitsch(er)ig glibberig, glad.
glitzern (*-re*) glinsteren, flonkeren.
glo'bal de (hele) aarde omvattend; *fig.* globaal.
Globus *m* (*- od. -ses*; *Globen od. -se*) globe.
Glöckchen *n* (het) klokje; (het) belletje.
Glocke *f* klok; (*Klingel*) bel; (*Schutzhülle*) stolp; (*Lampen⁓*) ballon.
Glocken|blume *f* (het) klokje, campanula; **⁓förmig** klokvormig; **⁓geläut(e)** *n* (het) klokgelui; **⁓gießer** *m* klokkengieter; **⁓schlag** *m* klokslag; **⁓spiel** *n* (het) klokkenspel; **⁓turm** *m* klokketoren.
Glöckner *m* klokkeluider.
Glorie [-ʀĭə] *f* glorie, roem; **⁓nschein** *m* (het) aureool, nimbus.
glorreich luister-, roemrijk.
Glos|'sar *n* (*-s*; *-e*) (het) glossarium; **⁓se** *f* glosse.
Glotz|auge *n* (het) koeieoog, (het) puiloog; **⁓en** (*-t*) wezenloos staren, met koeieogen staan te kijken.
Glück *n* (*-ęs*; *0*) (het) geluk; ⁓ *haben* geluk hebben; *auf gut* ⁓ op goed geluk; *von* ⁓ *sagen können* van geluk kunnen spreken; *zum* ⁓ gelukkig; ⁓ *auf!* veel geluk!; **⁓bringend** gelukaanbrengend.
Glucke *f* klokhen, kloek; **⁓n** klokken, kakelen.
glück|en (*sn*) (ge)lukken; **⁓lich** gelukkig; **⁓licher'weise** gelukkig; **⁓'selig** gelukzalig; **⁓'seligkeit** *f* gelukzaligheid.
glucksen (*-t*) klokken; (*lachen*) hikken.
Glücks|fall *m* (het) geluk(je), buitenkans, meevaller; **⁓göttin** *f* geluksgodin; **⁓kind** *n* (het) gelukskind; **⁓pilz** *m* geluksvogel; **⁓rad** *n* (het) rad van avontuur; **⁓ritter** *m* gelukzoeker, avonturier; **⁓sache** *f* (*0*) (het) geluk; **⁓spiel** *n* (het) kansspel; **⁓stern** *m* (het) gelukkig gesternte; **⁓tag** *m* geluksdag.
glück·strahlend stralend van geluk.
Glückwunsch *m* gelukwens, felicitatie; *herzlichen* ⁓*!* van harte gefeliciteerd!; **⁓karte** *f* (het) felicitatiekaartje; **⁓telegramm** *n* (het) gelukstelegram.
Glüh|birne *f* (gloei)lamp; **⁓en** *v/i* gloeien (*a. fig.*; *vor* [*D*] van); **⁓end** gloeiend; **⁓'heiß** gloeiend heet; **⁓hitze** *f* gloeihitte; **⁓lampe** *f* gloeilamp; **⁓licht** *n* (het) gloeilicht; **⁓strumpf** *m* (het) gloeikousje; **⁓wein** *m* warme wijn; **⁓würmchen** *n* (het) glimwormpje.
Glut *f* gloed (*a. fig.*); **⁓rot** (*0*) vuurrood.
Glyzerin [glʏtsə'-] *n* (*-s*; *0*) glycerine.
GmbH *Abk. für Gesellschaft mit beschränkter Haftung s. Gesellschaft.*
Gnade *f* genade (*a. Rel.*); *allg. a.* goedertierenheid, gunst; (*Straferlaß bsd.*) gratie; *Euer* ⁓*n* Uwe Hoogheid; **⁓n** (*-e-*): *gnade uns Gott!* God zij ons genadig!
Gnaden|akt *m* begenadiging; **⁓brot** *n* (*-ęs*; *0*) (het) genadebrood; **⁓frist** *f* (het) uitstel (van executie); **⁓gesuch** *n* (het) verzoek om gratie; **⁓stoß** *m* genadestoot, -slag.
gnädig genadig, goedertieren; (*leutselig*) minzaam; *s. a. Frau.*
Gnom *m* (*-en*) gnoom, kabouter, (het) aardmannetje.
Gnu *n* (*-s*; *-s*) gnoe.
Gobelin [gɔbə'lɛ̃ː] *m* (*-s*; *-s*) gobelin.
Gold *n* (*-ęs*; *0*) (het) goud.
Gold|- *in Zssgn mst.* goud-; *bei Material aus Gold oft* gouden (*Adj.*), *z. B.* **⁓ader** *f* goudader; **⁓ammer** *f* geelgors; **⁓barren** *m* gouden staaf, baar goud; **⁓bestand** *m* goudvoorraad; **⁓brokat** *m* (het) goudbrokaat; **⁓deckung** *f* gouddekking.
golden (*0*) gouden (*a. Farbe*); *Regel, Schnitt*: gulden; *j-m* ⁓*e Berge pl. versprechen* iem. gouden bergen *pl.* beloven; *die* ⁓*e Mitte* de gulden middenweg.
Gold|fasan *m* goudfazant; **⁓fisch** *m* goudvis; **⁓füllung** *f* goudvulling; **⁓gelb** (*0*) goudgeel; **⁓gräber** *m* gouddelver; **⁓grube** *f* goudmijn (*a. fig.*); **⁓haltig** goudhoudend; **⁓ig** gouden, gulden; *fig.* lief, snoezig; **⁓kind** *n* (het) schattig kind, engel van een kind; **⁓macher** *m* goudmaker, alchimist; **⁓mark** *f* goud-

mark; ~münze *f* gouden munt; ~papier *n* (het) goudpapier; ~regen *m Bot.* goudenregen; ~ring *m* gouden ring; ~schmied *m* goudsmid; ~schnitt *m*: *mit* ~ verguld op snee; ~stück *n* (het) goudstuk; ~waage *f* (het) goudschaaltje; ~währung *f* gouden standaard; ~waren *f/pl.* gouden werken *n/pl.*

Golf[1] *m* (-*ẹs*; -*e*) golf.

Golf[2] *n* (-*s*; *0*) (*Spiel*) (het) golf (-spel); ~**platz** *m* (het) golfterrein; ~**schläger** *m* golfstick.

Golf·strom *m* (-*ẹs*; *0*) golfstroom.

Gondel *f* (-; -*n*) gondel; ≗**n** (-*le*; *sn*) gondelen; (*Kahn fahren*) schuitje-, spelevaren.

Gong *m* (-*s*; -*s*) gong.

gönnen *j-m etw.* gunnen.

Gönner *m* beschermer, patroon; ≗**haft** (-*est*) beschermend; (*herablassend*) minzaam neerbuigend; ~**schaft** *f* (*0*) bescherming, (het) patronaat; (*die Gönner*) beschermers *pl.*

Gonorrhöe [-nɔ'ʀø:] *f* gonorroea.

Göpel *m* kaapstander.

Gör *n* (-*ẹs*; -*en*), ~**e** *f* (het) kind; *pej.* blaag, (het) wicht.

Go'rilla *m* (-*s*; -*s*) gorilla.

Gosse *f* goot (*a. fig.*).

Got|en *m/pl.* Goten *pl.*; ~**ik** *f* (*0*) gotiek; ≗**isch** Gotisch.

Gott *m* (-*es*; ⸚*er*) God, god; ~ *sei Dank!* goddank!; *allmächtiger* ~! F god allemachtig!; *um* ~*es willen!* in godsnaam!; *leider* ~*es!* helaas!

Götter|bild *n* (het) afgodsbeeld; ~**dämmerung** *f* godenschemering.

gott·ergeben ootmoedig, berustend.

götter|gleich godgelijk, goddelijk; ≗**speise** *f* godenspijs; ≗**trank** *m* godendrank, nectar.

Gottes|dienst *m* eredienst, (kerk-) dienst; ~**furcht** *f* godsvrucht; ≗**fürchtig** godvruchtig, godvrezend; ~**gericht** *n* (het) godsgericht; ~**haus** *n* (het) godshuis, kerk; ~**lästerer** *m* godslasteraar; ~**lästerung** *f* godslastering; ~**leugner** *m* godloochenaar; ~**mutter** *f* Moeder Gods; ~**reich** *n* (het) Godsrijk; ~**sohn** *m* (-*ẹs*; *0*) Godszoon; ~**urteil** *n* (het) godsoordeel; ~**verehrung** *f* godsverering. [≗**heit** *f* godheid.]

gott|gefällig Gode welgevallig;

Gött|in *f* godin; ≗**lich** goddelijk (*a. fig.*).

gott|'lob goddank; ~**los** (-*est*) goddeloos; ≗**losigkeit** *f* (*0*) goddeloosheid; ≗**mensch** *m* (-*en*; *0*) Godmens; ~'**selig** godzalig, vroom; ~**vergessen** godvergeten, goddeloos; ~**verlassen** van God verlaten vervloekt.

Götze *m* (-*n*) afgod; ~**n·bild** *n* (het) afgodsbeeld; ~**n·diener** *m* afgodendienaar.

Gouver'n|ante [gu'v-] *f* gouvernante; ~**eur** [-'nø:ʀ] *m* (-*s*; -*e*) gouverneur.

Grab *n* (-*ẹs*; ⸚*er*) (het) graf; *zu* ~ *tragen* ten grave dragen.

Grab|- *in Zssgn mst.* graf-, *z.B.* ~**denkmal** *n* (het) grafmonument

graben (*L*) graven; *im Garten bsa* spitten; (*gravieren*) graveren; (*einprägen*) griffen.

Graben *m* (-*s*; ⸚) sloot, gracht, greppel; *mil.* loopgraaf.

Gräber *m* graver; (*Toten*≗) doodgraver.

Grabes|ruhe *f* rust van het graf ~**stille** *f* doodse stilte; ~**stimme** grafstem.

Grab|gewölbe *n* (het) grafgewelf ~**hügel** *m* grafheuvel; ~**inschrift** (het) grafschrift; ~**mal** *n* (het) grafmonument; ~**rede** *f* grafrede ~**schändung** *f* grafschennis; ~**stein** *m* grafsteen, zerk; ~**urne** grafurn.

Gracht *f* gracht.

Grad *m* (-*ẹs*; -*e*) graad (*a. Tit usw.*); *bis zu e-m gewissen* ~ tot c zekere hoogte; *im höchsten* ~*e* in d hoogste graad; *minus zehn, ...* min(us) ... graden *pl.*

grade *s. gerade.*

Grad|einteilung *f* graadverdeling ~**messer** *m* graadmeter.

Gradu'ierte(r) gegradueerde.

Graf *m* (-*en*) graaf.

Gräf|in *f* gravin; ≗**lich** (*0*) grafelij

Grafschaft *f* (het) graafschap.

gram: *j-m* ~ *sein* boos op iem. zij ≗ *m* (-*ẹs*; *0*) (het) (knagend) ve driet, (het) hartzeer.

gräm|en verdrieten; *sich* ~ verdri hebben, treuren, kniezen; ~**lic** somber, kniezerig, nurks, zuur.

Gramm *n* (-*s*; -*e*) (het) grar *hundert* ~ (het) ons, honderd gra

Gram'mati|k *f* grammatic spraakkunst; ≗('**kali**)**sch** (*0*) grar maticaal; ~**ker** *m* grammaticus.

Grammo'phon *n* (*-s*; *-e*) grammofoon.
Gran *n* (*-es*; *-e*), **Grän** *n* (*-es*; *-e*) (het) grein.
Gra'nat *m* (*-es*; *-e*) (*Stein*) granaat; *Zool.* garnaal; **~apfel** *m* granaatappel; **~e** *f* granaat; **~feuer** *n* (het) granaatvuur; **~splitter** *m* granaatscherf; **~trichter** *m* granaattrechter; **~werfer** *m* granaatwerper.
grandios [-'dĭo:s] (*-est*) grandioos, groots.
Gra'nit *m* (*-s*; *-e*) (het) graniet.
Granne *f* stekel, (het) bovenhaar; (*Ähren*~) baard.
Grapefruit ['gre:pfʀu:t] *f* (*-*; *-s*) grapefruit.
Graphi|k *f* grafiek; **~ker** *m* graficus, grafisch kunstenaar; **~sch** (*0*) grafisch.
Gra'phit *m* (*-s*; *-e*) (het) grafiet.
grapsen (*-t*) F graaien, grabbelen.
Gras *n* (*-es*; *⸗er*) (het) gras; *ins ~ beißen* F in het zand bijten; **~artig** (*0*) grasachtig; **~en** (*-t*) grazen; **~fläche** *f* (het) grasveld; **~fressend** (*0*) grasetend; **~'grün** (*0*) grasgroen; **~halm** *m* (het) grasprietje; **~hüpfer** *m* sprinkhaan; **~ig** (*0*) grazig, grasrijk; **~land** *n* (*-es*; *0*) (het) grasland; **~mähmaschine** *f* grasmaaimachine; **~mücke** *f* grasmus; **~platz** *m* (het) grasperk.
gras'sieren (-) woeden, heersen.
gräßlich afgrijselijk, gruwelijk; **~keit** *f* afgrijselijkheid, gruwel.
Grat *m* (*-es*; *-e*) scherpe kant; (*Berg*~) (scherpe) bergkam.
Gräte *f* graat.
Gratifikation [-'tsĭo:n] *f* gratificatie.
grätig vol graten, graterig.
gratis gratis; **~beilage** *f* (het) gratis bijvoegsel.
Gratu|'lant *m* (*-en*) gelukwenser; **~lation** [-'tsĭo:n] *f* gelukwens, felicitatie; **~'lieren** (-) (*j-m zu D*) feliciteren (met), gelukwensen (met).
grau grijs, (*bsd. fig.*) grauw; **~bart** *m* grijze baard; *Pers.*: grijskop; **~brot** *n* (het) grof brood, (het) kropbrood; **~chen** *n* (*Esel*) (het) grauwtje.
grauen[1] *Morgen*: grauwen.
grauen[2]: *mir graut vor* (*D*) ik huiver voor, ik griezel van; *sich ~ vor* (*D*) huiveren voor; ~ *n* (*-s*; *0*) (het) afgrijzen, huivering.
grauen|erregend, **~haft** (*-est*), **~voll** afgrijselijk, huiveringwekkend.
grauhaarig grijs(harig).
graulen: *sich ~ vor* (*D*) huiveren voor.
gräulich grijsachtig, grijzig.
Graupe *f* gepelde gerst; (*Metall*) (het) erts in korrels.
graupeln (*-le*) zeer fijn hagelen; ~ *f/pl.* stofhagel, fijne hagel.
Graus *m* (*-es*; *0*) verschrikking.
grausam wreed(aardig); *Frost*: bar; **~keit** *f* wreedheid.
Grau·schimmel *m* grauwschimmel.
graus|en (*-t*): *mir graust vor* (*D*) ik huiver voor, ik griezel van; *sich ~ vor* (*D*) huiveren voor; **~en** *n* (*-s*; *0*) huivering, (het) afgrijzen; **~ig** huiveringwekkend, afgrijselijk.
Graveur [-'vø:ʀ] *m* (*-s*; *-e*) graveur.
gra'vieren (-) graveren; **~d** ernstig; (*belastend*) bezwarend.
Gravitation [-'tsĭo:n] *f* gravitatie.
Grazi|e [-tsĭə] *f* gratie, bevalligheid; **~l** [-'tsi:l] teer, broos; **~ös** [-'tsĭø:s] (*-est*) gracieus, bevallig.
Greif *m* (*-es od. -en*; *-e od. -en*) (*Sagentier*) griffioen.
greif|bar tastbaar (*a. fig.*), grijpbaar; *Ware*: direct leverbaar; **~en** (*L*) (*nach D, zu D*) grijpen (naar), pakken (naar); *~ zu Mitteln, Maßnahmen* zijn toevlucht nemen tot; *um sich ~* om zich heen grijpen, terrein winnen; **~er** *m* grijper.
greinen huilen.
Greis *m* (*-es*; *-e*) grijsaard; ~ (*-est*) *Adj.* grijs, oud en eerbiedwaardig; **~en·alter** *n* hoge leeftijd, ouderdom; **~en·haft** (*-est*) aan de ouderdom eigen, ouwelijk; **~in** *f* oude grijze vrouw.
grell schel (*a. Licht*), schril (*a. Gegensatz*); **~e** *f* (*0*) schelheid, schrilheid.
Gremium [-mĭum] *n* (*-s*; *Gremien*) (het) comité, (het) college; (*Körperschaft*) vereniging, bond.
Grena'dier *m* (*-s*; *-e*) grenadier.
Grenz|- *in Zssgn mst.* grens-, *z.B.* **~bahnhof** *m* (het) grensstation; **~bewohner** *m* grensbewoner; **~dorf** *n* (het) grensdorp.
Grenze *f* grens (*a. fig.*); *die ~n pl. überschreiten fig.* alle grenzen *pl.* te buiten gaan; *~n pl. setzen* (*D*) paal en perk stellen aan.

grenzen (*-t*) (*an A*) grenzen (aan) (*a. fig.*); **~los** (*0*) grenzeloos, onbegrensd.

Grenz|er *m* douanebeambte; (*Wache*) grenswacht; (*Bewohner*) grensbewoner; **~fall** *m* (het) grensgeval; **~gänger** *m* (*Arbeiter*) grensarbeider; **~gebiet** *n* (het) grensgebied; **~linie** *f* grenslijn; **~ort** *m* grensplaats; **~posten** *m* grenspost; **~schutz** *m* grensbewaking; **~sperre** *f* grensversperring; sluiting van de grens; **~stein** *m* grenssteen; **~stelle** *f* (het) grenskantoor; **~streitigkeit** *f* (het) grensgeschil; **~übergang(sstelle** *f*) *m* grenspost; **~verkehr** *m* (het) grensverkeer; **~zwischenfall** *m* (het) grensincident.

Greuel *m* gruwel; **~märchen** *n* (het) verzonnen gruwelverhaal; **~tat** *f* gruweldaad.

greulich gruwelijk, afschuwelijk.

Griebe *f* kaan.

Griech|e *m* (*-n*) Griek; **~en·land** *n* Griekenland *n*; **~in** *f* Griekse; **≈isch** Grieks.

Gries|gram *m* (*-ẹs*; *-e*) knorrepot, kniesoor; **≈grämig** knorrig, brommerig.

Grieß *m* (*-es*; *-e*) (het) gruis, korrelige massa; (het) grof zand; (*~mehl*) (het) griesmeel; **~brei** *m* griesmeelpap.

Griff *m* (*-ẹs*; *-e*) greep; (*Koffer≈*) (het) handvat; (*Tür≈*) knop; (*Degen≈*) (het) gevest; (*Klaue*) klauw; **≈bereit** bij de hand; **~brett** *n* toets; *am Klavier*: (het) toetsenbord.

Griffel *m* griffel; *Bot.* stijl.

grif|fest stevig; **~fig** handig.

Grill *m* (*-s*; *-s*) grill.

Grill|e *f* krekel; *fig.* gril, kuur; **≈enhaft** (*-est*), **≈ig** humeurig, nukkig; (*sonderbar*) grillig, zonderling.

Gri'masse *f* grimas; *~n pl. schneiden* grimassen *pl.* maken.

Grimm *m* (*-ẹs*; *0*) grimmigheid, woede; **≈ig** grimmig (*a. Kälte*), nijdig, woest.

Grind *m* (*-ẹs*; *-e*) (*Schorf*) schurft.

grinsen (*-t*) grijnzen, grinniken.

Grippe *f* griep; **~epidemie** *f* griepepidemie; **~schutzimpfung** *f* inenting tegen griep.

Grips *m* (*-es*; *-e*) F hersens *pl.*

grob (*=er*; *=st*) grof (*a. fig.*); *Mensch a., See*: ruw; *j-n ~ anfahren* iem. bars toesnauwen; **≈heid** *f* grofheid (*a. Beschimpfung*); (*Unhöflichkeit a.*) onbeschoftheid; **≈ian** [-bĭa:n] *m* (*-ẹs*; *-e*) lomperd, kinkel; **~körnig** grofkorrelig.

gröblich erg, ernstig.

Grog [ɔ] *m* (*-s*; *-s*) grog.

grölen bulken, brullen.

Groll *m* (*-ẹs*; *0*) wrok; **≈en** *Donner*: rollen; (*D od. mit D*) wrok koesteren (tegen).

Grön|land *n* Groenland *n*; **~länder** *m* Groenlander; **≈ländisch** Groenlands.

Gros 1. [gʀo:] *n* (-; -) *u.* **2.** [gʀɔs] *n* (*-ses*; *-se*) (het) gros.

Groschen *m* 10 Pfennig, (het) tien-pfennigstuk; *in Österreich*: $^1/_{10}$ Schilling; *in niederländischer Währung*: (het) dubbeltje; *meine paar ~ pl.* die paar centjes *n/pl.* van mij

groß [o:] (*=er*; *=t*) groot (*a. fig.*); *fig a.* voornaam, aanzienlijk, groots (*erstaunt*) met grote ogen; *ein ~e Mann* een grote (*fig.* groot) man *s. a. größer, größte(r, -s)*; **≈admiral** *m* admiraal.

groß·artig fantastisch, groots grootscheeps; **≈keit** *f* (*0*) grootsheid, verhevenheid.

Groß|aufnahme *f* close-up; **~betrieb** *m* (het) grootbedrijf; **~bri'tannien** [-nĭən] *n* Groot-Brittannië *n*; **~buchstabe** *m* hoofdletter

Größe [ø:] *f* grootte; *Kleidung Schuhe*: maat; *fig. u. Math.* grootheid.

Groß|eltern *pl.* grootouders *pl.* **~enkel(in** *f*) *m* achterkleinzoon *m* achterkleindochter *f*.

Größen·ordnung *f* rang; *fig.* orde van grootte.

großenteils grotendeels.

Größe|nwahn *m* grootheidswaanzin; **≈r** groter; (*von zweien*) grootste (*ziemlich groß*) vrij (*od.* nogal) groot; = *Komp. von groß.*

Groß|fahndung *f* grootscheepse opsporingsactie; **~familie** *f* grote familie; **~feuer** *n* grote brand **~fürst** *m* grootvorst; **~grundbesitzer** *m* grootgrondbezitter; **~handel** *m* groothandel; **~händler** *m* groothandelaar, grossier; **~handlung** *f* groothandel; **≈herzig** edel grootmoedig.

Großherzog|(in *f*) *m* groothertog(in *f*); **~tum** *n* (het) groothertogdom

Groß|hirn *n* grote hersenen *pl.*; **~industrie** *f* grootindustrie.
Gros'sist *m* (*-en*) grossier.
groß|jährig (*0*) meerderjarig; **2ka-pital** *n* (het) grootkapitaal; **2macht** *f* grote mogendheid; **~mama** *f* grootmama, oma; **2manns·sucht** *f* (*0*) grootdoenerij; **2maul** *n* F opschepper, brutale vlegel; **~mäulig** met een grote mond; **2mut** *f* (*0*) groot-, edelmoedigheid; **~mütig** groot-, edelmoedig; **2mutter** *f* grootmoeder; **2onkel** *m* oudoom; **2papa** *m* grootpapa, opa; **2'reine-machen** *n* (*-s*; *0*) grote schoonmaak; **2schreibung** *f* (het) schrijven met hoofdletters; **~spreche-risch** grootsprekerig; **~spurig** arrogant; **2stadt** *f* grote stad; **2städter** *m* grotestadsbewoner; **~städtisch** grootstedelijk; **2tante** *f* oudtante.
größt|e(r, -s) grootste; = *Superlativ von groß*; **~en'teils** grotendeels; **~'möglich** zo groot mogelijk.
Groß|tuer [-tu:ə] *m* grootdoener, opschepper; **2tun** opscheppen; **~vater** *m* grootvader; **~wetterlage** *f* algemene weersgesteldheid; **~wild** *n* (het) grof wild; **2ziehen** grootbrengen.
großzügig royaal; *weiträumig a.* weids; **2keit** *f* (*0*) (het) royale; weidsheid; (*Freigebigkeit*) goedgeefsheid.
gro'tesk (*-est*) grotesk; **2e** *f* groteske.
Grotte *f* grot.
Grübchen *n* (het) kuiltje.
Grube *f* kuil, put; (*Höhle*) (het) hol; *Bgb.* mijn.
Grübe|'lei *f* (het) gepieker, (het) getob; **2ln** (*-le*) piekeren, tobben.
Gruben|arbeiter *m* mijnwerker; **~bau** *m* (*-es*; *-e*) mijnbouw; **~kata-strophe** *f* mijnramp; **~lampe** *f* mijnlamp.
Grübler *m* piekeraar, tobber.
Gruft *f* (*-*; *⸗e*) groeve, (het) graf.
Grum(me)t *n* (*-s*; *0*) (het) nagras.
grün groen (*a. fig.*); *~ werden* groen worden; *j-n ~ und gelb schlagen* iem. bont en blauw slaan; **2** *n* (*-s*; *-*) (het) groen; *im ~en* op de buiten, in de vrije natuur; *ins ~e* naar buiten; **~anlage** *f* (het) plantsoen.
Grund *m* (*-es*; *⸗e*) grond; (*Tal*) (het) dal; (*Ursache*) reden; (*Grundlage*) grondslag; *aus diesem ~* om die reden; *allen ~ haben zu* (*D*; + *Inf.*) alle reden hebben tot (+ *Inf.*: om te); *e-r S.* (*D*) *auf den ~ gehen* iets grondig nagaan; *im ~e* (*genommen*) eigenlijk; *in ~ und Boden verderben* in de grond bederven.
Grund|- *in Zssgn mst.* grond-; **~aus-bildung** *f* basisopleiding; **~bau** *m* grondslag, fundering; **~bedeutung** *f* grondbetekenis; **~begriff** *m* (het) grondbegrip.
Grundbesitz *m* (het) grondbezit; **~er** *m* grondbezitter.
Grund|buch *n* (het) kadaster; **2'ehrlich** doodeerlijk.
gründ|en (*-e-*) stichten, oprichten; *sich ~ auf* (*A*) berusten op, steunen op; **2er** *m* stichter, oprichter.
Grund|erwerb *m* (het) kopen van grond; **2'falsch** totaal verkeerd; **~farbe** *f* grondverf; **~fläche** *f* (het) grondvlak; **~form** *f* grondvorm; *Gr.* infinitief; **~gebühr** *f* (het) vast recht; **~gedanke** *m* grondgedachte; **~gehalt** *n* (het) grondsalaris; **~ge-setz** *n* grondwet; **2ieren** [-'di:-] (-) in de grondverf zetten; **~kapital** *n* (het) stamkapitaal; **~lage** *f* grondslag, (het) grondbeginsel; **2legend** fundamenteel; **~legung** *f* grondlegging, fundering.
gründlich grondig (*a. sehr*); **2keit** *f* (*0*) grondigheid.
Grund|linie *f* grondlijn, basis; **2los** (*0*) grondeloos, onpeilbaar; *fig.* ongegrond; **~mauer** *f* grondmuur.
Grün'donnerstag *m* Witte Donderdag.
Grund|pfeiler *m* steunpilaar (*a. fig.*); **~rechte** *n/pl.* grondrechten *n/pl.*; **~regel** *f* grondregel; **~riß** *m* plattegrond; *fig.* schets; **~satz** *m* (het) (grond)beginsel, (het) principe; **2sätzlich** principieel; **~-schule** *f* basisschool; **~stein** *m* grondsteen, eerste steen; *fig.* grondslag; **~steuer** *f* grondbelasting; **~stoff** *m* grondstof; **~stoff-industrie** *f* grondstoffenindustrie.
Grund·stück *n* (het) stuk grond, (het) perceel; **~s·makler** *m* makelaar in onroerende goederen.
Grund|stufe *f Gr.* stellende trap; **~ton** *m* grondtoon; **~übel** *n* (het) ergste kwaad.
Gründung *f* stichting, oprichting; *Arch.* fundering; **~s·kapital** *n* (het) stichtingskapitaal.
grund|ver'schieden totaal ver-

schillend; 2**vertrag** *m* (het) basisverdrag; 2**wasser** *n* (het) grondwater; 2**zahl** *f* (het) hoofdtelwoord; 2**zug** *m* grond-, hoofdtrek.

Grün|e(s) *s. grün*; 2**en** groenen, groen worden; ~**kohl** *m* (*-es*; *0*) boerenkool; 2**lich** groenachtig; ~**schnabel** *m* melkmuil; ~**span** *m* (*-es*; *0*) (het) kopergroen; ~**specht** *m* groene specht; ~**streifen** *m* (beplante) middenberm.

grunzen (*-t*) knorren.

Gruppe *f* groep.

Gruppen|- *in Zssgn mst.* groeps-, *z.B.* ~**aufnahme** *f* groep(s)foto; ~**ermäßigung** *f* vermindering voor groepen; ~**führer** *m* groepsleider; *mil.* groepscommandant; ~**reise** *f* groepsreis; 2**weise** groepsgewijze.

grup'pier|en (-) groeperen; 2**ung** *f* groepering.

Grus *m* (*-es*; *-e*) (het) gruis.

grusel|ig griezelig; 2**kabinett** *n* (het) gruwelkabinet; ~**n** (*-le*) griezelen, rillen, ijzen.

Gruß [u:] *m* (*-es*; *⸗e*) groet; *herzliche Grüße pl.* hartelijke groeten *pl.*

grüßen [y:] (*-t*) groeten; *grüß Gott!* goeiendag!, goeiemorgen!, goeienavond!

Grütz|brei *m* gort(e)pap; ~**e** *f* grutten *pl.*, gort.

guck|en kijken; 2**fenster** *n* (het) kijkraampje; 2**loch** *n* (het) kijkgat.

Guerilla [geˑ'ʀɪl(j)aˑ] *f* (*-*; *-s*) guerilla; ~**krieg** *m* guerillaoorlog.

Guillotine [giˑjoˑ'ti:nə] *f* guillotine.

Gulasch *n od. m* (*-es*; *-e od. -s*) goelasj.

Gulden *m* gulden (*Abk.* fl.).

gülden (*0*) gulden, gouden.

Gully *m* (*-s*; *-s*) rioolput.

gültig geldig.

Gültigkeit *f* (*0*) geldigheid; ~**sdauer** *f* geldigheidsduur.

Gummi *n od. m* (*-s*; *- od. -s*) rubber, gummi (*a.* het); (*Klebstoff u. Radier*2) gom; ~**absatz** *m* rubberhak; 2**artig** (*0*) rubberachtig; ~**ball** *m* gummibal; ~**band** *n* (het) elastiek; ~**baum** *m* rubberboom, ficus; ~**dichtung** *f* rubberpakking.

gum'mieren (-) gommen.

Gummi|handschuhe *m/pl.* rubberhandschoenen *pl.*; ~**knüppel** *m* gummiknuppel; ~**mantel** *m* gummiregenjas; ~**puppe** *f* rubberen pop; ~**reifen** *m* rubberband; ~**schuhe** *m/pl.* overschoenen *pl.*; ~**sohle** *f* rubberzool; ~**stiefel** *m/p*[l.] rubberlaarzen *pl.*; ~**strumpf** *n* elastieken kous; ~**tier** *n* (het) rub[beren] beren beest; ~**unterlage** *f* rubbere[n] onderlegger; ~**waren** *f/pl.* rubber-gummiartikelen *n/pl.*; ~**zug** *m* elastieken band, (het) elastiek.

Gunst *f* (*0*) gunst; *zu meinen* ~*e* te mijnen gunste; ~**beweis** *m* (het) gunstbewijs.

günst|ig gunstig; 2**ling** *m* (*-s*; *-*[*e*]) gunsteling.

Gurgel *f* (*-*; *-n*) keel, strot; 2**n** (*-l*[*e*]) gorgelen; ~**wasser** *n* gorgeldran[k].

Gurke *f* komkommer; (*kleine*) augurk; ~**n·salat** *m* komkommersl[a].

gurren kirren.

Gurt *m* (*-es*; *-e*) gordel, riem; (*H*[*o*]*sen*2) buikriem, ceintuur.

Gürtel *m* gordel (*a. Zone*), rie[m], ceintuur; ~**reifen** *m* radiaalban[d]; ~**schnalle** *f* gesp van riem (*od.* v[an] ceintuur); ~**tier** *n* (het) gordeldie[r].

gürten (*-e-*) om-, aangorden.

Guß *m* (*-sses*; *⸗sse*) (het) giete[n]; (*Erzeugnis*) (het) gietsel; (*Rege*[*n*]...) stortbui; *aus e-m* ~ uit één stu[k]; ~**abdruck** *m* (het) cliché; ~**eisen** (het) gietijzer; ~**form** *f* gietvor[m]; ~**stahl** *m* (het) gietstaal.

gut (*besser*; *best-*) goed; *schon* ~*!* ('t al) goed!; *so* ~ *wie* zo goed als; ... ~*en* vriendschappelijk; *hier ist* ~ *se*[*in*] hier is het goed; (*es*) ~ *haben* (h[et]) goed hebben; *alles* 2*e!* het best[e]; 2*es und Böses* (het) goed en kwaa[d]; *des* 2*en zuviel* teveel van het goed[e]; *s. a. besser, best-.*

Gut *n* (*-es*; *⸗er*) (het) goed (*a. fig*[*.*]...); (*Habe a.*) (het) bezit, bezittin[g]; *(un)bewegliche Güter pl.* (on)r[oe]rende goederen *pl.*

Gut·achte|n *n* (het) rapport, (h[et]) advies; ~**r** *m* rapporteur, advise[ur], expert.

gut|artig goedaardig; ~'**bürgerli**[**ch**] *Küche*: Duits; 2**dünken** *n* (*-s*; ...) (het) goeddunken, (het) goedvind[en].

Güte *f* (*0*) goedheid; (*Quali*[*tät*]) deugdelijkheid, kwaliteit; *du me*[*ine*] ~*!* lieve deugd!; *in* ~ in der min[ne], langs minnelijke weg.

Güter|- *in Zssgn mst.* goedere[n-], *z.B.* ~**abfertigung** *f* (het) goe[de]renbureau; ~**bahnhof** *m* (h[et]) goederenstation; ~**gemeinscha**[**ft**] gemeenschap van goederen; ~**tr**...

nung *f* scheiding van goederen; **~verkehr** *m* (het) goederenverkeer; **~wagen** *m* goederenwagen; **~zug** *m* goederentrein.

Gütezeichen *n* (het) waarmerk.

gut|gelaunt goedgeluimd, goedgehumeurd; **~gemeint** goed bedoeld; **~gesinnt** goedgezind; **~gläubig** te goeder trouw; (*naiv*) goedgelovig; **2haben** *n* (het) tegoed; **~heißen** goedkeuren; **~herzig** goedhartig.

güt|ig goedig, welwillend; *sehr ~ sein* heel vriendelijk zijn; **~lich** minnelijk, vriendelijk; *sich ~ tun* zich tegoed doen.

gut|machen goedmaken; **~mütig** goedmoedig, goedig; **~sagen** borg staan, instaan; **2s·besitzer** *m* landgoedeigenaar; **2schein** *m* bon; **~schreiben** crediteren; **2schrift** *f* creditering; **2s·hof** *m* grote boerderij, (het) landgoed; **~situiert** in goede bedoening; **2s·verwalter** *m* rentmeester, administrateur; **~tun** goeddoen; **~willig** gewillig, goedwillig.

Gymnasial|bildung [-na·ˈzǐa:l-] *f* gymnasiale opleiding; **~lehrer** *m* leraar, docent.

Gymnasi|ast [-ˈzǐast] *m* (*-en*) gymnasiast; **~um** [-ˈna:zǐum] *n* (*-s*; *Gymnasien*) (het) gymnasium, (het) atheneum.

Gymˈnasti|k *f* (*0*) gymnastiek; **2sch** (*0*) gymnastisch.

Gynäkoˈlo|ge *m* (*-n*) gynaecoloog; **~ˈgie** *f* (*0*) gynaecologie.

H

H, h *n* H, h; *Mus.* B, b.
ha *Abk. für Hektar.*
ha! ha!
Haag *n*: *Den* ~ Den Haag *n*, *offiziell*: 's-Gravenhage *n*.
Haar *n* (-*es*; -*e*) (het) haar; *sich das* ~ *machen* zijn haar doen; *sich in den* ~*en liegen* elkaar in de haren zitten; *etw. an den* ~*en herbeiziehen* iets met de haren erbij slepen; ~*e pl. auf den Zähnen haben* haar op zijn tanden hebben; *aufs* ~ als twee druppels water; *um ein* ~ het scheelde maar een haar of ...
Haar|- *in Zssgn mst.* haar-, *z.B.* **~ausfall** *m* haaruitval; **~band** *n* (het) haarlint; **~breit** *n* (-*s*; *0*) (het) haarbreed; *nicht ein* ~ geen haarbreed; **~bürste** *f* haarborstel; **2en:** *sich* ~ verharen; **~es·breite** *f* (*0*): *nicht um* ~ geen haarbreed; *um* ~ het scheelde maar een haar of ...; **~farbe** *f* haarkleur; **~färbemittel** *n* (het) haarkleurmiddel; **2fein** (*0*) haarfijn; **~festiger** *m* haarversteviger; **2ge'nau** (*0*) haarfijn; **2ig** harig, behaard; **~kamm** *m* haarkam; **2klein** (*0*) haarfijn; **~locke** *f* haarlok, krul; **~nadel** *f* haarspeld; **~nadelkurve** *f* haarspeldbocht; **~netz** *n* (het) haarnetje; **2scharf** (*0*) vlijmscherp; (*sehr genau*) haarfijn; (*ganz nahe*) rakelings; **~schneiden** *n* (-*s*; *0*) (het) haarknippen; **~schnitt** *m* (het) kapsel; haarsnit; **~spalter** *m* haarklover, muggezifter; **~spalte'rei** *f* haarkloverij; **~spray** *n* hairspray; **~strähne** *f* haarvlecht; **2sträubend** verschrikkelijk, vreselijk, ergerlijk; **~teil** *n* toupet, (het) toupetje; **~tracht** *f* haardracht; **~trockner** *m* haardroger; **~waschmittel** *n* (het) haarwasmiddel; **~wasser** *n* (haar)lotion; **~wickel** *m* krulspeld; **~wild** *n* (het) haarwild; **~wuchs** *m* haargroei; (*Bestand*) haardos; **~wurzel** *f* haarwortel.
Hab *n*: ~ *und Gut* have en goed; **~e** *f* (*0*) have, (het) bezit, bezitting.
haben (*L*) hebben; *es ist nicht zu* ~ het is niet te krijgen; *das hat nichts auf sich* dat heeft niets te betekenen; *das hat viel für sich* daar is ve[...] voor; *nichts davon* ~ er niets aa[...] hebben; *zu* ~ *in* (*D*) verkrijgbaar in; *sich* ~ zich aanstellen, zich gedra[...]gen; **2** *n* (-*s*; *0*) *Hdl.* (het) credi[...]
Habenichts *m* (-*es*; -*e*) arme drom[...]mel.
Habgier *f* (*0*) hebzucht; **2ig** heb[...]zuchtig.
habhaft: ~ *werden* (*G*) in hande[...] krijgen, te pakken krijgen.
Habicht *m* (-*s*; -*e*) havik.
Habili|tation [-ˈtsĭo:n] *f* habilitati[...]
2'tieren (-): *sich* ~ zich habilitere[...]
Ha'bit *m od. n* (-*s*; -*e*) (het) habi[...]
Hab|seligkeiten *f/pl.* bezitting[...] *pl.*; *pej.* spullen *n/pl.*, (het) hebbe[...]en houden; **~sucht** *f* (*0*) hebzuch[...] **2süchtig** hebzuchtig.
Hack|beil *n* hakbijl, (het) hakme[...] **~block** *m* (-*es*; *⸗e*) (het) hakblo[...] **~braten** *m* (het) (gebraden) gehak[...] **~brett** *n* (het) hakbord; *Mus.* (he[...]) hakkebord.
Hacke *f* **1.** (*Werkzeug*) (het) ho[...]weel; **2.** (*Schuh2*) hak; (*Strumpf*[...]) hiel.
hack|en hakken; *Vogel*: pikke[...]; *Erde* ophakken; *s. a. Gehackte*([...] **2fleisch** *n* (het) gehakt; **2früch**[...] *f/pl.* hakvruchten *pl.*; **2messer** [...] (het) hakmes.
Häcksel *m od. n* (-*s*; *0*) (het) hakst[...] (*Futter*) (het) haksel.
Hader *m* (-*s*; *0*) (*Streit*) twist, ru[...] (het) gekijf; **2n** (-*re*) twisten; [...] *Gott* ~ in opstand komen tegen G[...]
Hafen *m* (-*s*; *⸗*) haven (*a. fig*[...]) (*Gefäß*) pot.
Hafen-| *in Zssgn mst.* haven-, *z.*[...] **~amt** *n* havendienst; **~arbeiter** [...] havenarbeider; **~damm** *m* (h[...]) havenhoofd, pier; **~einfahrt** [...] haveningang; **~gebühr** *f* (h[...]) havengeld; **~polizei** *f* havenpoli[...] **~rundfahrt** *f* havenrondvaart; [...] **stadt** *f* havenstad; **~viertel** *n* [...]venwijk, (het) havenkwartier.
Hafer *m* (-*s*; *0*) haver; **~brei** [...] havergortpap; **~flocken** *f/pl.* hav[...]

mout; **~grütze** *f* havergort; **~schleim** *m* dunne havermoutpap.

Haff *n* (*-es*; *-s od. -e*) (het) haf, (het) strandmeer.

Haft *f* (*0*) hechtenis; *in ~ nehmen* in hechtenis nemen; *aus der ~ entlassen* uit de gevangenis ontslaan; **≗bar** (*für A*) aansprakelijk (voor), verantwoordelijk (voor); **~befehl** *m* (het) arrestatiebevel.

haften (*-e-*) (*an D*) kleven (aan), vastzitten (aan); *Blick*: gericht blijven (op); (*für A*) instaan (voor), aansprakelijk zijn (voor); **~bleiben** blijven zitten; *im Gedächtnis ~* in herinnering blijven.

Haft·entlassung *f* invrijheidstelling.

Häftling *m* (*-s*; *-e*) arrestant; (*Verurteilter*) gevangene.

Haftpflicht *f* (*0*) wettelijke aansprakelijkheid (*Abk.* W.A.); **≗ig** (*0*) aansprakelijk; **~versicherung** *f* verzekering tegen wettelijke aansprakelijkheid, W.A.-verzekering.

Haftung *f* (*0*) aansprakelijkheid.

Hage|buche *f* haagbeuk; **~butte** *f* rozebottel; **~dorn** *m* hagedoorn.

Hagel *m* (*-s*; *0*) hagel (*a. fig.*); (*Schrot a.*) (het) schroot; **≗dicht** (*0*) hageldicht; **~korn** *n* hagelkorrel; **≗n** (*-le*) hagelen (*a. fig.*); **~schauer** *m* hagelbui; **~schlag** *m* hagelslag; **~versicherung** *f* verzekering tegen hagelschade.

hager mager, schraal; **≗keit** *f* (*0*) magerheid, schraalheid.

Häher ['hɛːɐ̯] *m* Vlaamse gaai.

Hahn *m* (*-es*; *⸗e*) haan (*a. Gewehr≗*); *Tech.* kraan; *~ im Korbe sein* de lieveling zijn.

Hähnchen *n* (het) haantje; *Kochkunst bsd.* kip.

Hahnen|balken *m* hanebalk; **~fuß** *m* (*-es*; *0*) *Bot.* boterbloem; **~kamm** *m* hanekam; **~kampf** *m* (het) hanengevecht; **~schrei** *m* (het) hanegekraai; **~sporn** *m* hanespoor.

Hahnrei *m* (*-es*; *-e*) hoorndrager.

Hai *m* (*-es*; *-e*), **~fisch** *m* haai.

Hain *m* (*-es*; *-e*) (het) bos(je).

Häkchen [ɛː] *n* (het) haakje; *Gr.* apostrof; cedille.

Häkel|arbeit *f* (het) haakwerk; **~ei** [-'laɪ] *f* (het) haakwerk; *fig.* (het) geharrewar; **≗n** (*-le*) haken; **~nadel** *f* haakpen.

haken (vast)haken.

Haken *m* haak; *die S. hat e-n ~* er is een maar bij, er is een kink in de kabel; **~kreuz** *n* (het) hakenkruis.

halb (*0*) half (*a. Adv.*).

Halb|- *in Zssgn mst.* half-, *z.B.* **~affe** *m* halfaap; **≗amtlich** officieus; **≗automatisch** halfautomatisch; **~blut** *n* halfbloed; **~bruder** *m* halfbroer; **~drehung** *f* halve draai; **~dunkel** *n* (het) halfdonker.

halber (*G*): *Su.* + *~* wegens *od.* om + *Su.*

Halb|fabrikat *n* (het) halffabrikaat; **≗fertig** half klaar; **≗gar** halfgaar; **~geschwister** *pl.* halfbroers en -zusters *pl.*; **~gott** *m* halfgod; **~heit** *f* halfheid.

hal'bier|en (-) halveren; **≗ung** *f* halvering.

Halb|insel *f* (het) schiereiland; **~jahr** *n* (het) halfjaar; **≗jährig** (*0*) halfjarig; **≗jährlich** (*0*) halfjaarlijks; **~kreis** *m* halve cirkel; **~kugel** *f* halve bol, (het) halfrond; **≗lang** (*0*) halflang; **≗laut** (*0*) halfluid; **~lederband** *m* halfleren band; **~leinen** *n* (het) halflinnen; **≗mast** halfstok; **~messer** *m* straal; **~mond** *m* halve maan; **≗nackt** (*0*) halfnaakt; **≗offen** halfopen; **≗part**: *~ machen* half om half doen; **~pension** *f* (*0*) (het) demi-pension; **~produkt** *n* (het) halffabrikaat; **≗rund** (*0*) halfrond; **~schlaf** *m* dommel, toestand tussen waken en slapen; **~schuh** *m* lage schoen; **~schwergewicht** *n* (het) halfzwaargewicht; **~schwester** *f* half-, stiefzuster; **~seide** *f* halfzijde; **≗seitig** (*0*) aan één kant; **~starke(r)** nozem; **≗stündig** (*0*) van een half uur; **≗stündlich** (*0*) om het half uur; **≗tägig** (*0*) van (*od.* voor) een halve dag, voor halve dagen; **~tagsarbeit** *f* (het) werk voor halve dagen; **~tags·ausflug** *m* (het) uitstapje van een halve dag; **≗tot** (*0*) halfdood; **~vokal** *m* halfvocaal; **≗voll** (*0*) halfvol; **~waise** *f* halve wees; **≗wegs** halverwege; (*ungefähr*) min of meer, tamelijk; **~zeit** *f* speelhelft; (*Rast*) rust, halftime.

Halde *f* berghelling; (*Schutt≗*) berg, heuvel.

Hälfte *f* helft; *zur ~* voor de helft; *seine bessere ~* zijn betere helft, zijn wederhelft.

Halfter *f* (*-*; *-n*) (*Pistolen≗*) holster.

Hall *m* (-*es*; -*e*) galm, klank, toon.
Halle *f* hal; (*großer Schuppen*) loods; (*Säulen*♀) zuilengalerij; (*Turn*♀) turnzaal.
Halle'luja *n* (-*s*; -*s*) (het) halleluja.
hallen (weer)klinken, galmen.
Hallen|bad *n* (het) overdekt zwembad; **~handball** *m* (het) zaalhandbal; **~sport** *m* zaalsport.
Hallig *f* (het) niet bedijkt waddeneiland.
hallo! hallo!
Halluzination [-'tsĭo:n] *f* hallucinatie.
Halm *m* (-*es*; -*e*) halm; (*Trink*♀) (het) rietje.
Halo'gen·scheinwerfer *m* halogeenlamp.
Hals *m* (-*es*; ⸚*e*) hals, keel; *aus vollem ~e* uit volle borst; *es geht ihm an den ~* zijn leven staat op het spel; *sich etw. vom ~e schaffen* zich van iets afmaken; *j-m den ~ abschneiden fig.* iem. ruïneren; *es hängt mir zum ~e heraus* het hangt mij de keel uit; *~ über Kopf* hals over kop.
Hals|- *in Zssgn mst.* hals-; **~abschneider** *m* afzetter, woekeraar; **~ausschnitt** *m* (het) decolleté; **~band** *n* (het) collier; (*Hunde*♀) halsband; **~binde** *f* (strop)das; ♀**brecherisch** halsbrekend; **~entzündung** *f* keelontsteking; **~kette** *f* halsketen; **~kragen** *m* boord; **~krankheit** *f* keelziekte; **~muskel** *m* halsspier; **~-'Nasen-'Ohren-Arzt** *m* hals-, neus- en oorspecialist; **~schlagader** *f* halsslagader; **~schmerzen** *m/pl.* keelpijn; **~schmuck** *m* (het) halssieraad; ♀**starrig** halsstarrig, hardnekkig; **~tuch** *n* halsdoek; **~-und-'Beinbruch**! veel succes!; **~weite** *f* halswijdte; **~wirbel** *m* halswervel.
halt[1] **1.** *Adv.* (*süddeutsch*) nu eenmaal, nu juist; **2.** *~!* halt!, stop!
Halt[2] *m* (-*es*; -*e*) halte, stopplaats; (*Stütze*) (het) houvast, (het) steunpunt; *ein Mensch ohne inneren ~* een onevenwichtig mens; *den ~ verlieren* zijn evenwicht verliezen (*a. fig.*).
haltbar houdbaar; ♀**keit** *f* (*0*) houdbaarheid.
halten (*L*) **1.** *v/t* houden (*a. Rede usw.*); *etw. für gut* (*falsch*) *~* iets goed (verkeerd) vinden; *was ~ Sie davon?* wat denkt U ervan?; *nicht viel ~ von* (*D*) geen hoge dunk hebben van; **2.** *v/i* (*fest sein*) houden; (*stillstehen*) stoppen; *zu j-m ~* aan de zijde van iem. staan; **3.** *sich ~* zich houden; (*sich behaupten*) standhouden; *sich etw. od. j-n ~* iets *od.* iem. hebben, er iets *od.* iem. op na houden; *sich ~ an etw.* (*A, D*) zich houden aan iets; (*sich festhalten*) zich vasthouden aan iets; *s. a. gehalten.*
Halte|platz *m* halte; **~r** *m* houder (*a. Pers.*); **~schild** *n* (het) stopbord; **~signal** *n* (het) stopsignaal, (het) stopsein; **~stelle** *f* halte; **~verbot** *n* (het) stopverbod.
haltlos (-*est*) onhoudbaar; *Pers.*: stuurloos, onevenwichtig; ♀**ig·keit** *f* (*0*) onhoudbaarheid; stuurloosheid.
halt|machen halt houden, stoppen; ♀**ung** *f* houding (*a. fig.*); (*Vieh*♀) (het) houden.
Ha'lunke *m* (-*n*) schurk, schoelje.
Hamburg|er(in *f*) *m* Hamburger *m*, Hamburgse *f*; ♀**isch** Hamburgs.
hämisch boos-, kwaadaardig, vals.
Hammel *m* hamel, gesneden ram; (*Dummkopf*) ezel, stommeling; **~braten** *m* (het) gebraden schapevlees; **~fleisch** *n* (het) schapevlees; **~keule** *f* schapebout.
Hammer *m* (-*s*; ⸚) hamer (*a. Anat.*).
Hämmerchen *n* (het) hamertje.
Hammerfisch *m* hamervis.
hämmern (-*re*) hameren.
Hammer|schlag *m* hamerslag; **~werfen** *n* (-*s*; *0*) (het) kogelslingeren; **~werk** *n* smederij, ijzersmelterij.
Hämoglo'bin *n* (-*s*; *0*) hemoglobine.
Hämorrhoiden [hɛ:mɔʀo'ˈi:dən] *f/pl.* aambeien *pl.*
Hampelmann *m* marionet (*a. fig.*), draadpop; *fig. a.* hansworst.
Hamster *m* hamster; **~er** *m* F hamsteraar; ♀**n** (-*re*) F *fig.* hamsteren.
Hand *f* (-; ⸚*e*) hand; *alle Hände pl. voll zu tun haben* de handen *pl.* vol hebben; *~ anlegen, ~ ans Werk legen* de hand aan het werk slaan; *~ an sich legen* de hand aan zichzelf slaan; *etw. hat ~ und Fuß* iets zit goed in elkaar; *j-m an die ~ gehen* iem. een handje helpen; *auf der ~ liegen* voor de hand liggen; *von der*

~ *in den Mund leben* van de hand in de tand leven; *etw. in die ~ nehmen fig.* iets ter hand nemen; *unter der ~ Hdl.* onderhands; *zu Händen des Herrn X.Y.* ter attentie van (*Abk.* t.a.v.) De Heer (*Abk.* Dhr.) X.Y.; *s. a. anhand.*

Hand|- *in Zssgn mst.* hand-, *z.B.* **~arbeit** *f* handenarbeid; (*Nadel*♀) (het) handwerk; **~arbeiter** *m* handarbeider, handwerksman; **~auflegen** *n* (-*s*; *0*) handoplegging; **~ausgabe** *f* zakeditie.

Handball *m* (-*es*; *0*) (het) handbal; **~er** *m* handballer.

Hand|bewegung *f* handbeweging; **~bohrer** *m* handboor; **~brause** *f* handdouche; **~breit** *f* (-; -) (het) handbreed; **~bremse** *f* handrem; **~buch** *n* (het) handboek; **~bürste** *f* (het) nagelborsteltje.

Händchen *n* (het) handje.

Hände|druck *m* handdruk; **~klatschen** *n* (-*s*; *0*) (het) handgeklap, (het) applaus.

Handel *m* (-*s*; *0*) handel; (*Kauf bsd.*) koop, transactie; ~ *mit* (*D*) handel in.

Händel *m/pl.* (*Streit*) ruzie, twist; ~ *suchen* ruzie zoeken.

handeln (-*le*) handelen (*a. Hdl.*); (*feilschen*) afdingen; ~ *mit etw.* (*D*) handeldrijven in; ~ *von* (*D*) handelen (*od.* gaan) over; *sich ~ um* (*A*) betreffen, gaan om.

Handels|- *in Zssgn mst.* handels-, *z.B.* **~abkommen** *n* (het) handelsverdrag; **~artikel** *m* (het) handelsartikel; **~attaché** *m* handelsattaché; **~beschränkung** *f* handelsbeperking; **~beziehungen** *f/pl.* handelsbetrekkingen *pl.*; **~bilanz** *f* handelsbalans; **~brauch** *m* (het) handelsgebruik, usance; ♀**einig:** ~ *sein* (*werden*) het eens zijn (worden); **~firma** *f* handelsfirma; **~flagge** *f* handelsvlag; **~flotte** *f* handels-, koopvaardijvloot; **~freiheit** *f* (*0*) vrijheid van handel, handelsvrijheid; **~gesellschaft** *f* vennootschap; **~gesetzbuch** *n* (het) wetboek van koophandel; **~hochschule** *f* handelshogeschool; **~kammer** *f* kamer van koophandel; **~korrespondenz** *f* handelscorrespondentie; **~krieg** *m* handelsoorlog; **~mann** *m* (-*es*; *=er od. Handelsleute*) handels-, koopman; **~marine** *f* koopvaardijvloot; **~marke** *f* (het) handelsmerk; **~minister** *m* minister van handel; **~mission** *f* handelsmissie; **~politik** *f* handelspolitiek; **~register** *n* (het) handelsregister; **~reisende(r)** handelsreiziger; **~schiff** *n* (het) koopvaardijschip; **~schule** *f* handelsschool; **~spanne** *f* winstmarge; **~sperre** *f* (het) handelsverbod, (het) embargo; **~sprache** *f* handelstaal; **~stadt** *f* handelsstad; **~statistik** *f* handelsstatistiek; ♀**üblich** (*0*) in de handel gebruikelijk.

händel·süchtig twistziek.

Handels|unternehmen *n* handelsonderneming; **~vertrag** *m* (het) handelsverdrag; **~vertreter** *m* handelsvertegenwoordiger; **~vertretung** *f* handelsvertegenwoordiging; **~ware** *f* handelswaar; **~wert** *m* handelswaarde; **~wesen** *n* (-*s*; *0*) (het) handelswezen; **~zeitschrift** *f* (het) commercieel tijdschrift; **~zentrum** *n* (het) handelscentrum; **~zweig** *m* handelstak, branche.

handeltreibend (*0*) handeldrijvend.

hände|ringend (*0*) handenwringend; ♀**waschen** *n* (-*s*; *0*) (het) wassen van de handen.

Hand|feger *m* handveger, stoffer; **~fertigkeit** *f* handvaardigheid; **~fesseln** *f/pl.* handboeien *pl.*; ♀**fest** stevig, sterk; *Lüge*: grof; **~feuerwaffe** *f* (het) handvuurwapen; **~fläche** *f* handpalm, vlakke hand; ♀**gearbeitet** (*0*) met de hand vervaardigd; **~geld** *n* (het) handgeld; **~gelenk** *n* (het) handgewricht, pols; ♀**gemein** (*0*): ~ *werden* handgemeen worden; **~gemenge** *n* (het) handgemeen, vechtpartij.

Handgepäck *n* handbagage; **~aufbewahrung** *f* (het) depot voor handbagage.

hand|geschrieben (*0*) met de hand geschreven; **~gewebt** (*0*) met de hand geweven; ♀**granate** *f* handgranaat; **~greiflich** voor de hand liggend, duidelijk, tastbaar; ~ *werden* handtastelijk worden; ♀**griff** *m* handgreep; (*Kunstgriff*) kunstgreep; *e-s Gefäßes, Koffers*: (het) handvat(sel); *e-s Degens*: (het) gevest; **~groß** (*0*) zo groot als een hand.

Handhab|e *f fig.* aanleiding, mogelijkheid, (het) aanknopingspunt;

2**en** hanteren, behandelen; *Gesetz, Recht* toepassen, uitoefenen; **~ung** *f* hantering, behandeling; toepassing. [handicap.]
Handikap ['hɛndi·kɛp] *n* (*-s*; *-s*)
Hand-in-'Hand-Gehen *n* (*-s*; *0*) (het) hand-in-hand-gaan.
Hand|karren *m* handkar; **~koffer** *m* handkoffer; **~korb** *m* hengselmand; **~kuß** *m* handkus; **~langer** *m* opperman; (*Helfer*) handlanger (*a. pej.*).
Händler *m* handelaar.
Hand|leser *m* handlezer; 2**lich** handig, praktisch; **~linie** *f* handlijn.
Handlung *f* handeling, daad; (*Laden*) handel, zaak.
Handlungs|freiheit *f* (*0*) vrijheid van handelen; **~reisende(r)** handelsreiziger; **~vollmacht** *f* volmacht; **~weise** *f* handelwijze, (het) optreden.
Hand|reichung *f* hulp, kleine dienst; **~säge** *f* handzaag; **~schellen** *f/pl.* handboeien *pl.*; **~schlag** *m* handslag.
Handschrift *f* (het) handschrift; (*Schriftzüge a.*) hand; 2**lich** (*0*) eigenhandig geschreven; in manuscript.
Handschuh *m* handschoen; **~größe** *f* maat van de handschoenen.
Hand|spiegel *m* handspiegel; **~stand** *m* handstand; **~streich** *m* verrassende overval; *Pol. bsd.* coup; **~tasche** *f* handtas.
Handtuch *n* handdoek; **~halter** *m* (het) handdoekenrek.
Hand|umdrehen *n*: *im ~* in een ommezien; **~voll** *f* (-; -) handvol.
Handwerk *n* (het) ambacht, (het) handwerk, (het) vak; *j-m das ~ legen* een eind maken aan de praktijken van iem.; **~er** *m* ambachts-, handwerksman; **~s·bursche** *m* handwerksgezel; **~s·kammer** *f* kamer van ambacht; **~s·zeug** *n* (het) gereedschap.
Hand|wurzel *f* handwortel; **~zeichnung** *f* tekening uit de hand; **~zettel** *m* (het) strooibiljet.
hanebüchen (*0*) ruw, grof; (*unerhört*) kras, ongehoord.
Hanf *m* (*-es*; *0*) hennep.
Hänfling *m* (*-s*; *-e*) (het) kneutje.
Hang *m* (*-es*; *⸗e*) helling; *fig.* neiging, zucht.
Hangar ['haŋgaːʁ] *m* (*-s*; *-s*) hangar.
Hänge|bauch *m* hangbuik; **~brükke** *f* hangbrug; **~lampe** *f* hanglamp; **~matte** *f* hangmat.
hangen (*L*) *selten für hängen.*
hängen *v/i* (*L*) *u. v/t* hangen (*a. fig.*); *v/t a.* ophangen (*bsd. töten*); **~bleiben** blijven hangen; **~lassen** laten hangen.
Hänger *m* (*Kleid*) overgooier.
Hänge|schloß *n* (het) hangslot; **~schrank** *m* hangkast.
Hannove'raner(in *f*) [-v-] *m* Hannoveraan(se *f*).
Hans|e *f* (*0*) Hanze, Hansa; 2**e'atisch** hanzeatisch.
Hänse|'lei *f* (het) geplaag; 2**ln** (*-le*) plagen, foppen.
Hans'wurst *m* (*-es*; *-e*) hansworst.
Hantel *f* (-; *-n*) halter.
han'tier|en (-) bezig zijn; *~ mit* (*D*) omgaan met, hanteren; 2**ung** *f* bezigheid; (het) omgaan met, hantering.
hapern (*-re*) haperen.
Häppchen *n* (het) hap.
Happen *m* hap, beet.
Happening ['hɛpə-] *n* (*-s*; *-s*) happening.
happig gulzig; *fig.* sterk, veel; *Preis*: overdreven, hoog.
Happy-End [hɛpi·'ɛnd] *n* (*-s*; *-s*) (het) happy-end.
Härchen *n* (het) haartje.
Harem *m* (*-s*; *-s*) harem.
Häre'sie *f* heresie, ketterij.
Harfe *f* harp; **~'nist(in** *f*) *m* (*-en*) harpist(e *f*).
Harke *f* hark; 2**n** harken.
Harlekin [-ləkiːn] *m* (*-s*; *-e*) harlekijn.
Harm *m* (*-es*; *0*) (het) knagend verdriet, kommer, smart; (*Kränkung*) krenking.
härmen: *sich ~* treuren, kniezen.
harmlos (*-est*) onschuldig; (*weltfremd*) naïef, argeloos; 2**ig·keit** *f* onschuld, argeloosheid, naïveteit.
Harmo'n|ie *f* harmonie; 2**ieren** (-) harmoniëren; **~ika** [-'moː-] *f* (-; *-s*) harmonika; 2**isch** [-'moː-] harmonisch; **~ium** [-'moːnĭ-] *n* (*-s*; *Harmonien*) (het) harmonium.
Harn *m* (*-es*; *0*) urine; **~blase** *f* urineblaas; **~drang** *m* urinedrang; 2**en** urineren, wateren.
Harnisch *m* (*-es*; *-e*) (het) harnas.
Harn|röhre *f* urineleider; **~ruhr** *f*

suikerziekte, diabetes; **~zwang** *m* (*-es*; *0*) moeilijke urinelozing.
Har'pu|ne *f* harpoen; **2'nieren** (-) harpoeneren.
harren (*G*, *auf A*) wachten (op), verbeiden.
Harsch *m* (*-es*; *0*) bevroren sneeuw, sneeuwkorst.
hart (*"er*; *"est*) hard; (*streng*) hardvochtig; (*dicht*) vlak(bij), dicht; *Zeit*: moeilijk; *~ vorbei an* (*D*) rakelings (*od.* vlak) langs; *~ grenzen an* (*A*) dicht grenzen aan (*a. fig.*).
Härte *f* hardheid; hardvochtigheid, gestrengheid; (*Ungerechtigkeit*) onbillijkheid; **2n** (*-e-*) harden; *s. a. gehärtet.*
Hart|geld *n* (*-es*; *0*) munten *pl.*, (het) hard geld; **2gesotten** hardgekookt; *fig.* verstokt; **~gummi** *m* (het) eboniet, harde rubber; **2herzig** hardvochtig; **2hörig** hardhorig.
hartnäckig hardnekkig, halsstarrig; **2keit** *f* (*0*) hardnekkigheid.
Härtung *f* (*0*) harding.
Harz[1] [aː] *m*: *der ~* de Harz, het Harzgebergte.
Harz[2] [aː] *n* (*-es*; *-e*) hars (*a.* het); **2ig** (*0*) harsachtig.
Ha'sardspiel *n* (het) hazardspel, (het) kansspel.
Ha'schee *n* (*-s*; *-s*) hachee (*a.* het).
haschen *v/t u. v/i* (*nach D*) grijpen (naar), pakken (naar); *fig.* speculeren (op), belust zijn (op); (*Haschisch rauchen*) F hasjiesj roken.
Häs·chen *n* (het) haasje.
Haschisch *n* (-; *0*) hasjiesj.
Hase *m* (*-n*) haas; *da liegt der ~ im Pfeffer* daar zit 'm de kneep, daar zit 't hem; *mein Name ist ~* ik weet nergens van.
Hasel *f* (-; *-n*) hazelaar; **~huhn** *n* (het) hazelhoen; **~maus** *f* hazelmuis; **~nuß** *f* hazelnoot; **~nußstrauch** *m* hazelaar.
Hasen|braten *m* gebraden haas; **~fuß** *m* hazepoot; *fig.* bangerd; **~klein** *n* (*-s*; *0*) hazepeper; **~panier** *n* (*-s*; *0*): *das ~ ergreifen* het hazepad kiezen; **~pfeffer** *m* hazepeper; **~scharte** *f* hazelip.
Häsin *f* wijfjeshaas.
Haspe *f* (het) (deur)hengsel.
Haspel *f* (-; *-n*) haspel; (*Winde*) windas, lier; **2n** (*-le*) haspelen (*a. fig.*); (*hochwinden*) ophijsen.
Haß *m* (*-sses*; *0*) haat.
hass|en (*-ßt*) haten; **~ens·wert** verfoeilijk; **2er** *m* hater.
haß·erfüllt vol haat.
häßlich lelijk; **2keit** *f* lelijkheid.
Hast *f* (*0*) haast, gejaagdheid; **2en** (*-e-*; *sn*) zich haasten, jagen; **2ig** haastig, gehaast; **~ig·keit** *f* (*0*) gejaagdheid.
Hätschel|kind *n* (het) troetelkind; **2n** (*-le*) vertroetelen, knuffelen.
hat'schi! hatsjie!
Hatz *f* drijfjacht; *fig.* dolle boel, (het) jachten.
Häubchen *n* (het) mutsje.
Haube *f* muts, kap (*a. Tech.*); *unter die ~ bringen* aan de man brengen; **~n·lerche** *f* kuifleeuwerik.
Hau'bitze *f* houwitser.
Hauch *m* (*-es*; *-e*) adem; (*Luftzug*) (het) zuchtje; (*Duft*) geur; (*Dunst, Schicht*) (het) waas; (*kaum Merkliches*) (het) spoor, zweem; **2'dünn** ragfijn; **2en** ademen, blazen; (*flüstern*) zachtjes fluisteren; (*aspirieren*) aspireren; **~laut** *m* geaspireerde klank.
Haudegen *m* houwdegen (*a. fig.*); (*Soldat*) ijzervreter.
Haue[1] *f* (het) houweel.
Haue[2] *f* (*0*) (*Prügel*) slaag.
hauen (*L*) slaan (*a. prügeln*), houwen; *Holz, Bäume* kappen; *Gras* maaien; *um sich ~* om zich heen slaan; *sich ~* (*schlagen*) elkaar slaan, vechten.
Hauer *m* (*Eckzahn*) slagtand; *Bgb.* houwer.
Häuf|chen *n* (het) hoopje; **2eln** (*-le*) aanaarden.
Haufen *m* hoop, stapel; (*Schar*) troep, bende; *über den ~* omver, overhoop, ondersteboven.
häufen opstapelen, ophopen; *sich ~* zich ophopen, zich opstapelen; (*mehr werden*) toenemen, stijgen.
haufenweise bij hopen; (*in Mengen*) in menigte, massaal.
häufig *Adj.* talrijk, veelvuldig; *Adv.* dikwijls, vaak; **2keit** *f* frequentie, veelvuldigheid.
Häufung *f* opeenhoping (*a. fig.*).
Haupt *n* (*-es*; *"er*) (het) hoofd (*a. fig.*).
Haupt|- *in Zssgn mst.* hoofd-, *z.B.* **~abschnitt** *m* (het) hoofddeel; **~achse** *f* hoofdas; **~ader** *f* hoofdader; **~altar** *m* (het) hoofdaltaar;

~amtlich als hoofdbetrekking; **~anziehungspunkt** *m* voornaamste attractie; **~augenmerk** *n* (het) hoofddoel; **~bahnhof** *m* (het) centraalstation (*Abk.* C.S.); **~bestandteil** *m* (het) hoofdbestanddeel; **~darsteller(in** *f*) *m* hoofdrolspeler *m*, -speelster *f*; **~deck** *n* (het) hoofd-, opperdek; **~eigenschaft** *f* hoofdeigenschap; **~eingang** *m* hoofdingang; **~fach** *n* (het) hoofdvak; **~fehler** *m* voornaamste fout; **~feind** *m* voornaamste vijand, hoofdvijand; **~film** *m* hoofdfilm; **~gebäude** *n* (het) hoofdgebouw; **~gericht** *n* (het) hoofdgerecht; **~geschäftszeit** *f* (het) spitsuur.

Hauptgewinn *m* hoofdprijs; **~er** *m* winnaar van de hoofdprijs.

Häuptling *m* (-*s*; -*e*) (het) opperhoofd; **~s** met het hoofd vooruit, voorover.

Haupt|linie *f* hoofdlijn; **~mahlzeit** *f* hoofdmaaltijd; **~mann** *m* (-*es*; *Hauptleute*) hoofdman; (*Offizier*) kapitein; **~merkmal** *n* (het) hoofdkenmerk; **~mieter** *m* (eigenlijke) huurder; **~nenner** *m* algemene noemer; **~person** *f* hoofdpersoon; **~post** *f* (*0*), **~postamt** *n* (het) hoofdpostkantoor; **~probe** *f* generale repetitie; **~punkt** *m* (het) hoofdpunt; **~quartier** *n* (het) hoofdkwartier; **~regel** *f* hoofdregel; **~reisezeit** *f* (het) toeristisch hoogseizoen; **~rolle** *f* hoofdrol; **~sache** *f* hoofdzaak; **~sächlich** (*0*) voornaamst; *Adv.* hoofdzakelijk; **~saison** *f* (het) hoogseizoen; **~satz** *m* hoofdzin; **~schlüssel** *m* hoofdsleutel, loper; **~schuld** *f* (*0*) voornaamste schuld, hoofdschuld; **~sicherung** *f* hoofdzekering; **~stadt** *f* hoofdstad; **~städtisch** (*0*) hoofdstedelijk; **~straße** *f* hoofdstraat; (*über Land*) hoofdweg; **~teil** *m* (het) hoofddeel; **~ursache** *f* hoofdoorzaak; **~verfahren** *n* openbare behandeling.

Hauptverkehrs|straße *f* hoofdstraat, hoofdweg; **~zeit** *f* (het) spitsuur.

Haupt|versammlung *f* algemene vergadering; **~verwaltung** *f* (het) hoofdbestuur; **~werk** *n* (het) hoofdwerk; **~wort** *n* (-*es*; *¨er*) (het) zelfstandig naamwoord, (het) substantief.

hau ˈ**ruck**! haal op!; (*beim Ziehen*) trekken!

Haus *n* (-*es*; *¨er*) (het) huis; (*Firma*) handelshuis, firma, zaak; (het) hotel; *Thea.* schouwburg; *nach* ~*e* naar huis; *zu* ~*e* thuis; *außer* ~(*e*) buitenshuis; *frei* (*ins*) ~ franco thuis; *nach* ~*e kommen* thuiskomen; *aus gutem* ~*e* van goeden huize; *altes* ~*!* F ouwe jongen!; *bei uns zu* ~*e* (*in unserem Land*) bij ons, in ons land; *von* ~ *aus* van huis uit.

Haus|- *in Zssgn mst.* huis-; **~angestellte(r)** *weiblich*: (het) dienstmeisje; *pl. bsd.* (het) personeel; **~apotheke** *f* huisapotheek; **~arbeit** *f* (het) huishoudwerk, (het) werk in huis; (*von Schülern*) (het) huiswerk; **~arrest** *m* (het) huisarrest; **~arzt** *m* huisarts; **~aufgaben** *f/pl.* (het) huiswerk; **~backen** *fig.* alledaags; **~bar** *f* huisbar; **~besitzer** *m* huiseigenaar; **~besuch** *m* visite; **~bewohner** *m* huisbewoner; **~boot** *n* woonark; **~brandkohle** *f* huisbrandkolen *pl.*

Häus·chen *n* (het) huisje; *aus dem* ~ *sein* overstuur zijn; (*vor Freude*) uitgelaten zijn, opgewonden zijn.

Haus|diener *m* huisknecht, huisbediende; **~en** (-*t*) huizen, wonen; (*verwüsten*) huishouden.

Häuser|block *m* (-*es*; -*s*) (het) huizenblok; **~flucht** *f* huizenrij; **~meer** *n* huizenzee.

Haus|flur *m* hall, vestibule; **~frau** *f* huisvrouw; **~freund** *m* huisvriend; **~friedens·bruch** *m* huisvredebreuk; **~gebrauch** *m* (het) huiselijk gebruik; **~gemacht** (*0*) eigengemaakt, zelf bereid; **~genosse** *m* huisgenoot; **~gerät** *n* (het) huishoudelijk artikel; *Tech.* (het) huishoudelijk apparaat; **~gericht** *n* spécialité de la maison.

Haushalt *m* (-*es*; -*e*) (het) huishouden; (*Tätigkeit a.*) huishouding; (*Etat*) begroting; **~en** (-*e*-) huishouden.

Haushälter|in *f* huishoudster; **~isch** huishoudelijk; (*sparsam*) zuinig, spaarzaam.

Haushalt(s)|jahr *n* (het) begrotingsjaar; **~plan** *m* begroting.

Haushaltung *f s. Haushalt*; **~sbuch** *n* (het) huishoudboek(je).

Haus|herr *m* heer des huizes;

2'hoch (*0*) *fig.* huizehoog; **~hund** *m* waakhond.
hau'sier|en (-) (*mit D*) venten (met), leuren (met); **2er** *m* venter, marskramer.
Haus|kleid *n* huisjapon; **~lehrer** *m* huisleraar, -onderwijzer.
häuslich huiselijk; (*gemütlich a.*) gezellig; (*wirtschaftlich*) huishoudelijk; **2keit** *f* huiselijkheid; (*Wohnung*) (het) tehuis.
Haus|macherwurst *f* eigengemaakte worst; **~mädchen** *n* (het) dienstmeisje; **~manns·kost** *f* dagelijkse pot, burgerpot; **~marke** *f* (het) huismerk; **~meister** *m* conciërge; **~mittel** *n* (het) huismiddel(tje); **~nummer** *f* (het) huisnummer; **~ordnung** *f* (het) huisreglement; **~rat** *m* (-*ẹs*; *0*) (het) huisraad; **~ratversicherung** *f* verzekering voor inboedels; **~recht** *n* (-*ẹs*; *0*) (het) huisrecht; **~schlüssel** *m* huissleutel; **~schuhe** *m/pl.* pantoffels *pl.*
Hausse ['ho:s(ə)] *f* hausse.
Haus|stand *m* (-*ẹs*; *0*) (het) huishouden, (het) gezin; **~suchung** *f* huiszoeking; **~tier** *n* (het) huisdier; **~tür** *f* huis-, voordeur; **~vater** *m* huisvader; **~wart** *m* conciërge, huisbewaarder; **~wesen** *n* (-*s*; *0*) huishouding; **~wirt(in** *f*) *m* huisbaas *m*, -bazin *f*; **~wirtschaft** *f* huishouding; (*Schulfach*) huishoudkunde.
Haut *f* (-; ⸗*e*) huid, (het) vel; (*Häutchen*) (het) vlies; *aus der ~ fahren* uit zijn vel springen; *bis auf die ~* tot op zijn huid; *sich s-r ~ wehren* zijn huid duur verkopen; *mit heiler ~ davonkommen* er heelhuids afkomen; *er ist nichts als ~ und Knochen* hij is vel over been; *mit ~ und Haar*(en) met huid en haar; *e-e ehrliche ~* een goede (*od.* brave) ziel.
Haut|- *in Zssgn mst.* huid-; **~abschürfung** *f* schaafwonde, ontvelling; **~arzt** *m* huidarts; **~ausschlag** *m* huiduitslag.
Häutchen *n* (het) vliesje; (het) huidje, (het) velletje.
Hautcreme *f* huidcrème.
häuten (-e-) villen; *sich ~* vervellen.
haut|eng nauwsluitend; **2farbe** *f* huid(s)kleur; **2krankheit** *f* huidziekte; **2pflege** *f* huidverzorging.
Häutung *f* (het) villen; vervelling.
Hava'rie [-v-] *f* averij.
ha'wai·isch Hawaïaans.
Haxe *f* knieboog.
Hazienda [-'tsǐɛn-] *f* (-; -*s*) haciënda.
Hbf. *Abk. für Hauptbahnhof.*
he! he(e)!
Hearing ['hi:ʀ-] *n* (-*s*; -*s*) hoorzitting.
Heb·amme *f* vroedvrouw.
Hebe|baum *m*, **~l** *m* hefboom; **2n** (*L*) (op)heffen, optillen; *Hand, Finger* opsteken; (*steigern*) verhogen, vergroten; *Schätze* opgraven; *Math.* elimineren; (*hervorheben*) doen uitkomen; *Stimme* verheffen; *Glas* heffen; *Schiff, aus den Angeln, aus dem Sattel* lichten; *Geld* opnemen; *sich ~* stijgen; *fig. a.* toenemen; e-*n ~* F er eentje pakken; *s. a. gehoben*; **~r** *m* hevel.
hebräisch [he·'bʀɛ:ɪʃ] Hebreeuws.
Hebung *f* (ver)heffing; (het) lichten; *Geogr.* hoogte; bevordering; (het) opgraven; verhoging, vergroting; (*Silbe*) heffing.
Hechel *f* (-; -*n*) hekel; **2n** (-*le*) (*atmen*) hijgen; (*Flachs u. fig.*) hekelen.
Hecht *m* (-*ẹs*; -*e*) snoek; **~sprung** *m* snoeksprong.
Heck *n* (-*ẹs*; -*e od.* -*s*) *mar.* achtersteven; *Auto*: achterkant; (*Tür*) (het) hek.
Hecke *f* heg, haag; **2n** paren; **~nrose** *f* wilde roos; **~n·schere** *f* tuin-, heggeschaar; **~n·schütze** *m* sluipschutter.
Heck|motor *m* motor vanachter; **~scheibe** *f* achterruit.
heda! hee daar!, hola!
Hederich [-də-] *m* (-*ẹs*; -*e*) *Bot.* knopherik.
Heer *n* (-*ẹs*; -*e*) (het) leger (*a. fig.*); *mil. bsd.* landmacht.
Heeres|bericht *m* (het) legercommuniqué; **~dienst** *m* (-*ẹs*; *0*) militaire dienst, krijgsdienst; **~leitung** *f* legerleiding.
Heer|führer *m* legeraanvoerder; **~schar** *f* heer-, legerschaar; **~schau** *f* wapenschouwing, parade; **~straße** *f* heerweg, -baan; **~wesen** *n* (-*s*; *0*) (het) leger, legerzaken *pl.*
Hefe *f* gist; (*Bodensatz*) droesem; (*Abschaum*) (het) schuim; **~kuchen** *m* gegiste pannekoek; **~teig** *m* gistdeeg.

Heft *n* (*-ęs*; *-e*) (het) schrift; (*Lieferung*) (het) nummer, aflevering; (*Fahrschein*2, *Büchlein*) (het) boekje; (*Griff*) steel; (*fig. u. Degen*2) (het) heft; **~el** *n* haak en oog; (*Häkchen*) (het) haakje, kram; **2en** (*-e-*) (*befestigen*) vastmaken, vasthechten; (*nähen*) rijgen; *Buch* innaaien; *Blick* vestigen, richten.
heftig heftig, hevig; (*aufbrausend*) heftig, vinnig, fel; *Schmerz u. Wettererscheinungen*: hevig; **2keit** *f* heftigheid, hevigheid; vinnigheid, felheid.
Heft|klammer *f* papierklem, paperclip; **~naht** *f* rijgnaad; **~pflaster** *n* hechtpleister; **~zwecke** *f* punaise.
Hege *f* (*0*) verzorging; ~ *und Pflege* verzorging en verpleging.
Hegemo'nie *f* hegemonie.
hegen (*schützen*) beschermen, omheinen; (*hätscheln u. fig.*: *Bedenken, Plan usw.*) koesteren.
Hehl *n* (*-ęs*; *0*) (het) geheim; *kein ~ machen aus* (*D*) geen geheim maken van; *ohne ~* zonder omwegen, ronduit; **2en** helen; **~er** *m* heler; **~e'rei** *f* heling.
hehr hoog, verheven, heilig.
hei! hei!
Heide[1] *m* (*-n*) heiden.
Heide[2] *f* hei(de) (*a. Bot.*); **~kraut** *n* (*-ęs*; *0*) hei, (het) heidekruid; **~land** *n* (*-ęs*; *0*) (het) heideland.
Heidelbeere *f* blauwe bosbes.
Heiden|angst *f* doodsangst; **~arbeit** *f* (het) reuzenwerk; **~geld** *n* (*-ęs*; *0*): *ein ~* een hoop (*od.* bom) geld; **~lärm** *m* (het) hels lawaai (*od.* spektakel); **~spaß** *m* reuzelol; **~tum** *n* (*-s*; *0*) (het) heidendom.
Heide(n)röschen *n* fumana, (het) duinroosje.
hei'di! hup!, heisa!
Heid|in *f* heidin; **2nisch** heidens.
heikel (*-kl-*) netelig, hachelijk; (*wählerisch*) kieskeurig.
heil (*0*) heel, gaaf, ongeschonden; (*geheilt bsd.*) genezen.
Heil *n* (*-ęs*; *0*) (het) heil (*a. Rel.*); (*Glück a.*) (het) geluk; *sein ~ versuchen* zijn geluk beproeven; *es geschah zu deinem ~* voor je bestwil.
Heiland *m* (*-ęs*; *0*) Heiland, Verlosser.
Heil|anstalt *f* (het) herstellingsoord, (het) sanatorium; **~bad** *n* badplaats; **2bar** (*0*) geneeslijk, te genezen; **2bringend** heilzaam; *Rel.* gelukbrengend, zegenrijk; **2en** *v/i* (*sn*) *u. v/t* genezen, helen (*bsd. fig.*); **2'froh** (*0*) dol-, inblij; **~gymnastik** *f* heilgymnastiek.
heilig heilig; *S. a.*: gewijd; **2'abend** *m* kerstavond; **~en** heiligen (*a. Mittel*); wijden; **2en·bild** *n* (het) heiligenbeeld; **2en·schein** *m* stralenkrans, aureool; **2e(r)** heilige; **~halten** heiligen, in ere houden; **2keit** *f* (*0*) heiligheid; *Seine ~* Zijne Heiligheid; **~sprechen** heilig verklaren; **2sprechung** *f* heiligverklaring; **2tum** *n* (*-s*; *"er*) (het) heiligdom; **2ung** *f* heiliging; wijding.
Heil|klima *n* (het) gezond klimaat; **~kraft** *f* geneeskracht; **~kunde** *f* (*0*) geneeskunde; **2los** (*-est*) schandelijk, gemeen, snood; (*verhängnisvoll*) noodlottig, verderfelijk; (*abscheulich*) ontzettend; **~methode** *f* geneesmethode; **~mittel** *n* (het) geneesmiddel; **~pflanze** *f* geneesplant, geneeskrachtige plant; **~praktiker** *m* geneeskundige; **~quelle** *f* geneeskrachtige bron; **2sam** heilzaam (*a. fig.*), gezond.
Heils|armee *f* (het) Leger des Heils; **~botschaft** *f* blijde boodschap.
Heil|serum *n* (het) (heil)serum; **~s·lehre** *f* (*0*) heilsleer; **~stätte** *f* (het) sanatorium.
Heilung *f* genezing, heling; **~s-prozeß** *m* (het) genezingsproces.
Heil|verfahren *n* geneesmethode, therapie; **~wirkung** *f* geneeskracht.
heim naar huis; (*~kommen, zu* [*Hause*) thuis.]
Heim *n* (*-ęs*; *-e*) (het) tehuis; (*Familien*2) woonplaats, thuis; (*Vereins*2) (het) gebouw, (het) huis; **~arbeit** *f* (het) thuiswerk, huisindustrie.
Heimat *f* (*0*) geboortegrond, geboortestreek; (*Land*) (het) geboorte-, vaderland; *fig.* bakermat; **~anschrift** *f* (het) thuisadres; **~dichter** *m* streekschrijver; **~fest** *n* (het) folkloristisch feest; **~hafen** *m* thuishaven; **~kunde** *f* (*0*) heemkunde; **~land** *n* (het) geboorte-, vaderland; **2lich** (*0*) van de geboortegrond, zoals thuis; vaderlands; **2los** (*0*) zwervend, ontheemd; zonder nationaliteit, staatloos; **~lose(r)** ont-

heemde; **~museum** *n* (het) heemkundig museum, (het) streekmuseum; **~recht** *n* (het) burgerrecht; **~vertriebene(r)** ontheemde.

heim|begeben: *sich* ~ naar huis gaan; **~bringen** naar huis brengen; **≗chen** *n* huiskrekel, (het) heimpje.

heimfahr|en naar huis rijden (*Schiff*: varen); **≗t** *f* thuis-, terugreis; *auf der* ~ *a.* op weg naar huis.

heim|finden: *sich* ~ de weg naar huis vinden; **~führen** naar huis brengen; (*heiraten*) tot vrouw nemen, trouwen met; **≗gang** *m* (*-es*; *0*) terugkeer; (*Tod*) (het) heengaan, (het) overlijden; **~gehen** naar huis gaan; (*sterben*) heengaan, overlijden; **~isch** inheems, binnenlands; (*vertraut*) thuis, op zijn gemak; *sich* ~ *fühlen* zich thuis voelen.

Heimkehr *f* (*0*) terugkeer; (*Ankunft*) thuiskomst; **≗en** (*sn*) (naar huis) terugkeren; thuiskomen; **~er** *m* terugkerend krijgsgevangene; (*zivil*) repatriant.

Heim|kino *n* huisbioscoop; **≗kommen** thuiskomen; **~leiter** *m* leider van een tehuis; **≗leuchten** (*D*) *fig.* er van langs geven.

heimlich heimelijk, geheim, stiekem F; (*gemütlich*) huiselijk, gezellig; **≗keit** *f* geheimzinnigheid; (*Geheimnis*) (het) geheim; huiselijkheid, gezelligheid; **≗tuer** [-tu:ɐ] *m* iem. die geheimzinnig doet.

Heim|reise *f* terug-, thuisreis; **≗schicken** naar huis sturen; **~stätte** *f* (het) eigen huis (en hof); *fig.* bakermat.

heimsuch|en bezoeken; *pej.* (*treffen*) teisteren, treffen; **≗ung** *f* bezoeking; beproeving, plaag.

Heimtück|e *f* geniepigheid, valsheid, arglist; **≗isch** geniepig, vals, gemeen; *Krankheit*: verraderlijk.

heim|wärts huiswaarts; **≗weg** *m* weg naar huis, terugweg; **≗weh** *n* (*-s*; *0*) (het) heimwee; **~zahlen** betaald zetten.

Hein *m*: *Freund* ~ magere Hein.

Heinzelmännchen *n* kabouter.

Heirat *f* (het) huwelijk; **≗en** (*-e-*) trouwen (*od.* huwen) met.

Heirats|antrag *m* (het) huwelijksaanzoek; **~anzeige** *f* huwelijksaankondiging; **~büro** *n* (het) huwelijksbureau; **≗fähig** (*0*) huwbaar; **~kandidat** *m* huwelijkskandidaat; **≗lustig** trouwlustig; **~pläne** *m/pl.* trouwplannen *n/pl.*; **~schwindler** *m* huwelijkszwendelaar; **~urkunde** *f* trouwakte; **~vermittlung** *f* huwelijksbemiddeling; **~versprechen** *n* huwelijksbelofte.

heisa! heisa!, hop!

heischen eisen, vorderen; (*bitten*) vragen, (*dringend*) verzoeken.

heiser hees, schor; **≗keit** *f* (*0*) heesheid, schorheid.

heiß (*-est*) heet (*a. fig.*); (*inbrünstig*) vurig; (*aufbrausend*) driftig; *was ich nicht weiß, macht mich nicht* ~ wat niet weet, wat niet deert; **~blütig** warmbloedig, driftig.

heißen (*L*) **1.** *v/i* heten; (*bedeuten*) betekenen; (*lauten*) luiden, staan, zijn; *wie heißt das auf ...?* hoe zeg je dat in het ...?; *was soll das ~?* wat moet dat betekenen?; *es heißt* men zegt, er wordt gezegd, ze zeggen; *hier heißt es aufgepaßt* oppassen is de boodschap; *das heißt* dat wil zeggen (*Abk.* d.w.z.), dat is (*Abk.* d.i.); **2.** *v/t* noemen; (*befehlen*) bevelen, heten.

heiß|geliebt vurig bemind; **≗hunger** *m* geeuwhonger; **~laufen:** (*sich*) ~ heetlopen; **≗luft** *f* hete lucht; **≗luftheizung** *f* heteluchtverwarming; **≗sporn** *m* (het) heethoofd; **~umstritten** heftig omstreden; **≗'wasserspeicher** *m* boiler.

heiter helder, klaar; (*froh*) vrolijk, opgeruimd; **≗keit** *f* (*0*) helderheid, klaarheid; vrolijkheid, opgeruimdheid; (*Gelächter*) hilariteit, (het) gelach.

Heiz|anlage *f* verwarmingsinstallatie; **~apparat** *m* (het) verwarmingstoestel; **≗bar** (*0*) waar gestookt kan worden; **≗en** (*-t*) *Ofen* stoken; *Zimmer* verwarmen; **~er** *m* stoker; **~fläche** *f* (het) verwarmingsoppervlak; **~kessel** *m* verwarmingsketel; **~kissen** *n* (het) verwarmingskussen; **~körper** *m* radiator; (het) verwarmingselement, kachel; **~kraftwerk** *n* warmtecentrale; **~lüfter** *m* ventilatorkachel; **~material** *n* brandstof; **~öl** *n* stookolie; **~platte** *f* verwarmingsplaat; **~sonne** *f* straalkachel.

Heizung *f* verwarming; **~s·monteur** *m* verwarmingsmonteur; **~s-zuschlag** *m* verwarmingstoeslag.

Heizwert *m* verbrandingswaarde.

Hek'tar *n od. m* (*-s*; *-e*) hectare.
hektisch teringachtig; *fig.* koortsachtig, jachtig.
Hekto|- *in Zssgn mst.* hecto-, *z.B.* **~'gramm** *n* (het) hectogram; **2gra'phieren** (-) hectograferen; **~'liter** *n od. m* hectoliter.
Held *m* (*-en*) held.
Helden|- *in Zssgn mst.* helden-, *z.B.* **~dichtung** *f*, **~gedicht** *n* (het) heldendicht; **2haft** (*-est*) heldhaftig; **~mut** *m* heldenmoed, heldhaftigheid; **~rolle** *f* heldenrol; **~sage** *f* heldensage; **~tat** *f* heldendaad; **~tod** *m* heldendood; **~tum** *n* (*-s*; *0*) (het) heldendom.
Heldin *f* heldin
helf|en (*L*) (*D*) helpen; *ihm ist nicht zu ~* hij is niet te helpen; *so wahr mir Gott helfe!* zo waarlijk helpe mij God!; *sich zu ~ wissen* zich weten te behelpen; **2er(in** *f*) *m* helper *m*, helpster *f*; **2ers·helfer** *m* handlanger, medeplichtige.
Helium [-lĭum] *n* (*-s*; *0*) (het) helium.
hell helder (*a. Klang*), licht (*a. Farbe*); (*gescheit*) pienter, schrander; *Begeisterung*: laaiend; *Gelächter*: schaterend; *Tag*: klaarlicht; *Empörung*: hevig; *es wird schon ~* het wordt al licht; **~auf** *lachen* luid; **~äugig** met heldere ogen; **~blau** (*0*) lichtblauw; **~blond** (*0*) lichtblond; **2dunkel** *n* (*-s*; *0*) (het) licht en schaduw, (het) clair-obscur; **2e** *f* (*0*) helderheid, (het) licht, glans.
Helle'barde *f* hellebaard.
Hel'lene *m* (*-n*) Helleen.
Heller *m* penning; *er hat keinen roten ~* geen rooie duit; *auf ~ und Pfennig* tot de laatste cent.
helleuchtend (helder) schitterend.
hell|grün (*0*) lichtgroen; **~hörig** *Pers.*: scherp horend; *S.*: gehorig; *~ werden fig.* zijn oren spitsen.
hellicht: *am ~en Tag* op klaarlichte dag.
Hell|igkeit *f* (*0*) helderheid, (het) licht; **2rot** (*0*) lichtrood.
Hellseh|en *n* (*-s*; *0*) helderziendheid; **~er(in** *f*) *m* helderziende (*a. f*).
hellsichtig scherpziend.
Helm *m* (*-es*; *-e*) helm; (*Kuppel a.*) koepel; (*Stiel*) steel; **~busch** *m* helmpluim; **~dach** *n* (het) koepeldak.
hel'vetisch Zwitsers.
Hemd *n* (*-es*; *-en*) (het) hemd **~bluse** *f* overhemdblouse; **~chen** (het) hemdje; **~hose** *f* combination combinaison; **~s·ärmel** *m* hemdsmouw; **2s·ärmelig** (*0*) in hemdsmouwen (*a. fig.*).
Hemi'sphäre *f* (het) halfrond.
hemm|en tegenhouden, stuiten remmen, hinderen; *fig. j-n* remmen, frustreren; **2nis** *n* (*-ses*; *-se*) (het) beletsel, hindernis; **2schuh** remschoen; *fig.* rem; **2ung** *f* remming (*a. fig.*); (*Hindernis*) belemmering, (het) beletsel.
hemmungslos (*-est*) ongeremd *pej. bsd.* bandeloos; **2ig·keit** *f* ongeremdheid; bandeloosheid.
Hengst *m* (*-es*; *-e*) hengst.
Henkel *m* (het) hengsel, (het) oor *am Mantel*: lus; **~korb** *m* hengselmand.
henke|n ophangen; *s. a. Gehenkte(r)*; **2r** *m* beul.
Henkers|beil *n* beulsbijl; **~knecht** *m* beulsknecht; **~mahlzeit** *f* (het) galgemaal.
Henne *f* hen, kip.
Hennegau *m* Henegouwen *n*.
her hier(heen); *in Verbindung mit von wird ~ mst. nicht übersetzt*: *von dort ~* van die kant; *von oben ~* van boven; *wo ist er ~?* waar is (*of* komt) hij vandaan?; *es ist lang (ein Jahr, ...) ~* het is lang (een jaar ...) geleden; *nur ~ damit!* voor de dag ermee!; *hinter j-m ~ sein* iem achterna zitten; *Mädchen* achter iem. aanzitten; *nicht weit ~ sei* niet veel bijzonders (*od.* zaaks) zijn *komm ~!* kom!
he'rab omlaag, naar beneden, neer *von oben ~ fig.* uit de hoogte.
he'rab *in Zssgn mst. Pers.*: naar beneden, omlaag-; *S.*: neer-, omlaag-; *z.B.* **~bemühen:** *sich ~* naar beneden komen; **~blicken** (*zu D auf A*) neerkijken (op), neerzien (op) (*a. pej.*); naar beneden zien **~bringen** naar beneden brengen omlaagbrengen; **~fahren** omlaag rijden, naar beneden rijden; **~fließen** naar beneden stromen, neer stromen; **~hängen** neerhangen **~kommen** naar beneden komen neerkomen; *fig.* aan lager wal geraken.
he'rablass|en naar beneden laten

neerlaten, laten zakken; *sich* ~ *zu j-m* af-, neerdalen tot; + *Inf.* zich verwaardigen te + *Inf.*; **~end** minzaam; *pej.* neerbuigend, uit de hoogte; **2ung** *f* (*0*) *fig.* minzaamheid; neerbuigendheid.

he'rab|rufen (*zu D*) (van boven) toeroepen; **~sehen** = *herabblicken*.

he'rabsetz|en neer-, afzetten; (*mindern*) verlagen; *j-n* (*kränken*) kleineren, neerhalen; **2ung** *f* neer-, afzetting; verlaging; kleinering.

he'rab|steigen af-, neerdalen; **~stürzen** *v/i* neerstorten, vallen; **~tropfen** neerdruppelen.

he'rabwürdig|en vernederen, kleineren, verlagen; in diskrediet brengen; **2ung** *f* vernedering, kleinering.

he'rabziehen *v/t* neerhalen, naar beneden trekken; *s. a. herunter-*.

He'raldik *f* (*0*) heraldiek, wapenkunde.

he'ran nader(bij), hierheen, aan, naar deze kant; *näher* ~ dichterbij; **~arbeiten:** *sich* ~ *an* (*A*) zich toewerken naar; **~bilden** vormen, opleiden, ontwikkelen; **~brausen** komen aanrazen; **~bringen** aanbrengen; *fig.* (*an A*) vertrouwd maken (met); **~fahren** komen aanrijden (*Schiff*: aanvaren); **~gehen** naderen; ~ *an* (*A*) *fig.* aanpakken, beginnen met; **~holen** erbij halen, naderbij halen; **~kommen** naderen, naderkomen; **~machen:** *sich* ~ *an* (*A*) *j-n* aanklampen; *etw.* aanpakken, beginnen met; **~nahen** naderen; **~reifen** rijpen, rijp worden; **~rücken** *v/i* (*sn*) *u. v/t* aanschuiven, dichterbij schuiven; *aus der Ferne*: aanrukken; **~schaffen** aanvoeren, aanbrengen; **~schleichen** komen aansluipen; **~schleppen** aanslepen; **~schwimmen** komen aanzwemmen; **~tragen** aandragen; *fig. etw. an j-n* ~ iem. iets voorleggen; **~treten** nadertreden, naderen; *an j-n* ~ iem. benaderen; *bitte, treten Sie näher heran!* komt U maar!; **~wachsen** opgroeien; **~wagen:** *sich* ~ *an* (*A*) durven komen bij, dichterbij durven komen; *fig.* aandurven, zich wagen aan; **~winken** naderbij wenken; **~ziehen 1.** *v/t* aantrekken, aanhalen; (*großziehen*) opvoeden; *Pflanze* kweken; (*ausbilden*) opleiden; (*zu Rate ziehen*) erbij halen; (*beteiligen*) (*zu D*) doen deelnemen (aan), verplichten (tot); **2.** *v/i* naderen; *s. a. herbei-*.

he'rauf naar boven, omhoog, op(waarts).

he'rauf|- *in Zssgn mst.* op-, omhoog-, naar boven, *z.B.* **~arbeiten:** *sich* ~ zich opwerken; **~beschwören** bezweren, oproepen; (*verursachen*) veroorzaken; **~bitten** vragen naar boven te komen; **~bringen** naar boven brengen; **~fahren** *v/t u. v/i* naar boven rijden; *Schiff*: opvaren; **~führen** *v/t u. v/i* naar boven leiden; **~holen** omhooghalen, naar boven brengen; **~klettern** omhoogklimmen, naar boven klimmen (*od.* klauteren); **~kommen** naar boven komen; **~schauen** (*zu D*) omhoog-, opkijken (naar); **~schicken** naar boven sturen; **~tragen** naar boven dragen; **~ziehen** *v/t* op-, omhoogtrekken, ophalen; *v/i* opkomen, naderen; *Gewitter*: komen opzetten.

he'raus eruit, naar buiten, uit; *von innen* ~ van binnen uit; *aus etw.* (*D*) ~ van iets uit; ~ *mit!* (*D*) voor de dag met!; ~ *damit!* voor de dag ermee!

he'raus|- *in Zssgn mst.* eruit, uit-, naar buiten; *in Zssgn mit Verben mit folgendem aus mst. nicht übersetzt*; *z.B.* **~arbeiten** uitwerken; **~bekommen** eruit krijgen (*a. Fleck*), naar buiten krijgen; *Geld* terugkrijgen; (*erfahren*) te weten komen; **~brechen** uitbreken; **~bringen** buitenbrengen, naar buiten brengen; *Erzeugnis* op de markt brengen; *Buch* uitgeven, publiceren; *Geheimnis* aan het licht brengen; *Wort* eruit krijgen; **~drücken** naar buiten drukken; **~dürfen** eruit mogen; **~fahren** naar buiten rijden (*Schiff*: varen); *Wort*: ontvallen; **~fallen** eruit vallen, vallen uit; **~finden** de weg (naar buiten) vinden; *fig.* een uitweg vinden; (*herausbekommen*) te weten komen, ontdekken; **~fließen** eruit stromen, stromen uit.

He'rausforder|er *m* uitdager; **2n** (*zu D*) uitdagen (tot); *Geld* terugvorderen, terugeisen; **2nd** uitdagend; **~ung** *f* uitdaging.

he'raus|führen *v/t u. v/i* naar buiten leiden; **≗gabe** *f (0)* teruggave, restitutie; (*Buch≗*) uitgave.

he'rausgeb|en aangeven; (*zurückgeben*) teruggeven; *Buch* uitgeven; *Gefangene* uitleveren; **≗er** *m* uitgever; *e-r Zeitschrift*: redacteur.

he'raus|gehen naar buiten gaan, uitgaan; *Fleck*: eruit gaan; **~greifen** nemen (uit); **~haben** eruit hebben; *ich hab's heraus!* ik ben erachter (gekomen)!; **~halten:** *sich ~* zich erbuiten houden; **~hängen** uithangen; **~hauen** loshakken; *j-n* bevrijden; **~heben** eruit lichten (*od.* halen); *fig.* (*betonen*) doen uitkomen; **~holen** eruit halen, halen uit (*a. fig.*); **~kommen** eruit komen, naar buiten komen; *Erzeugnis, Buch*: uitkomen, verschijnen; *Geheimnis*: bekend worden; *aus dem Staunen, ... nicht ~* alsmaar (moeten) + *Inf.*; *dabei kommt nichts heraus* dat leidt tot niets; **~kriechen** eruit kruipen, kruipen uit; **~lassen** eruit laten; **~lesen** opmaken; **~locken** weglokken; lokken uit; **~lügen:** *sich ~* zich eruit liegen; **~machen** (*entfernen*) eruit halen; **~nehmen** eruit nemen, nemen uit; *sich etw. ~* zich iets aanmatigen, zich iets veroorloven; **~platzen** (*mit D*) eruit flappen; **~putzen** (*sich*) (zich) mooi maken, (zich) tooien; **~ragen** uitsteken; **~reden:** *sich ~* zich eruit praten; **~reißen** uitscheuren, uittrekken; *fig.* uit de moeilijkheden helpen; **~rücken** *v/t* naar buiten halen; *Geld* geven, te voorschijn halen; *v/i* (*mit D*) voor de dag komen (met); **~rufen** naar buiten roepen; *Thea.* terugroepen; **~sagen** zeggen; **~schaffen** naar buiten brengen; **~schälen** blootleggen; *sich ~* aan het licht komen; **~schauen** (*aus D*) kijken (uit); **~schlüpfen** eruit kruipen; **~schmeißen** eruit gooien (*a. fig.*); **~schmuggeln** buitensmokkelen; **~schneiden** uitsnijden; **~schrauben** eruit schroeven; **~schreiben** (*aus D*) overschrijven (uit); **~sein** (*feststehen*) vaststaan, bekend zijn; *Buch*: uit(gekomen) zijn; *fein ~* goed af zijn; *aus e-r S. ~ fig.* van iets af zijn, door iets heen zijn; **~springen** springen uit; *fig.* opbrengen; **~stellen** buiten plaatsen, buiten zetten; (*betonen*) uiteenzetten; *sich ~* blijken; *es stellte sic heraus, daß ...* het bleek dat ...; *es stellte sich als falsch heraus* he bleek verkeerd te zijn; **~strecker** uitsteken; **~streichen** schrappen, wegstrepen; (*hervorheben*) doen uitkomen; (*rühmen*) ophemelen **~stürzen** naar buiten stormen **~suchen** uitzoeken; **~tragen** naa buiten dragen; **~treten** eruit ko men; (*aus dem Glied*) naar voren treden; **~tun** eruit halen; **~woller** eruit willen; **~zerren** eruit (*od.* naa buiten) sleuren; **~ziehen** uittrek ken, eruit halen; (*exzerpieren*) over schrijven, excerperen; *s. a. hinaus-*

herb wrang, zuur, bitter; *Wein* rins, sec; *Mensch*: stug, gesloten *Leid*: schrijnend, bitter; *Geschick* hard; *Duft*: scherp, pittig.

her'bei hier(heen), erbij, naderbi

her'bei|- *in Zssgn oft* toe-, erbi *z.B.* **~eilen** toesnellen, toeschieten **~führen** *fig.* teweegbrengen, aan leiding geven tot, veroorzaken **~holen** erbij halen; **~komme** erbij (*od.* naderbij) komen; **~lassen:** *sich ~* zich verwaardigen **~schaffen** bezorgen, verschaffen **~sehnen** verlangen naar; **~winke** naderbij wenken; **~ziehen** erbi halen; *s. a. heran-*.

her·be|kommen (hier) krijgen; *w ... ~?* waar ... vandaan halen? **~mühen** (hierheen) laten komen *sich ~* (zelf) komen, zich de moeit geven te komen.

Herberg|e *f* herberg (*a. Jugend≗*) (het) logement; **~s·vater** *m* vade van een jeugdherberg.

her|bestellen ontbieden, laten ko men; **~beten** afratelen.

Herbheit *f (0)* wrangheid, zuurheic bitterheid.

her|bitten laten komen, uitnodiger **~bringen** (naar hier *od.* hierheer brengen, aanbrengen; *s. a. herge bracht*.

Herbst *m* (*-es; -e*) herfst.

Herbst|- *in Zssgn mst.* herfst-, *z.* **~abend** *m* herfstavond; **~farbe** *f/pl.* herfstkleuren *pl.*; **~ferien** *p* herfstvakantie; **≗lich** (*0*) herfstach tig, herfst-; **~messe** *f* najaarsbeurs **~zeitlose** *f* herfsttijloos.

Herd [eː] *m* (*-es; -e*) haard (*a. fig.* (*Koch≗*) (het) fornuis.

Herde *f* kudde; **~n·mensch** *m* kuc

demens, (het) kuddedier; **~n·trieb** *m* (-*ęs*; *0*) (het) kuddeinstinct; **2n-weise** in kudden.
[H]erd|feuer *n* (het) haardvuur; **~platte** *f* fornuisplaat.
[h]e'rein (naar) binnen, erin; *~!* binnen!
[h]e'rein|- *in Zssgn mst.* binnen-, erin, *z.B.* **~bekommen** binnenkrijgen; **~bemühen:** *sich ~* naar binnen komen; **~bitten** vragen om binnen te komen; **~brechen** binnendringen; *Nacht*: invallen; *Gewitter*: losbreken; *~ über (A)* overvallen; **~bringen** binnenbrengen; **~dringen** binnendringen; **~dürfen** binnen mogen; **~fahren** (*in A*) binnenrijden; *Schiff*: binnenvaren.
[h]e'reinfall *m* F teleurstelling; **2en:** *~ in (A)* vallen in; *fig. ~ auf (A) etw.* (erin) trappen in, erin lopen; *j-n* erin trappen bij.
[h]e'rein|gehen binnengaan; **~kommen** binnenkomen; **~können** binnen kunnen; **~lassen** binnenlaten; **~legen** erin leggen; *fig.* erin laten lopen, beetnemen, bedotten; **~müssen** naar binnen moeten; **~platzen** binnenstormen; **~regnen** binnenregenen; **~schauen** binnenkijken; (*besuchen*) aanlopen; **~schicken** naar binnen sturen; **~schlittern** (*in A*) *fig.* betrokken raken (bij); **~schmuggeln** binnensmokkelen; **~schneien** (naar) binnen sneeuwen; *fig.* (*sn*) komen binnenvallen; **~stürmen** binnenstormen; **~tragen** binnendragen; **~wollen** naar binnen willen; **~ziehen** naar binnen trekken; (*in A*) (in)trekken (in); *s. a. hinein-*.
[he]rfahr|en 1. *v/i* (hier)heen rijden (*Schiff*: varen); *hinter j-m (vor j-m) ~* achter iem. aan (voor iem. uit) rijden (*Schiff*: varen); **2.** *v/t* (hierheen) brengen; **2t** *f* reis (*kurz*: rit) hierheen; *Ggs. Rückfahrt* heenreis.
[he]r|fallen: *über j-n ~* iem. overvallen; *fig.* iem. uitmaken voor al wat lelijk is; **~finden:** *sich ~* de weg hierheen vinden; **2gang** *m* (-*ęs*; *0*) *fig.* toedracht, (het) verloop; **~geben** geven; (*zurückgeben*) teruggeven; *Kräfte* inspannen; *Namen* lenen; **~gebracht** traditioneel, van ouds gebruikelijk; **~gehen** komen, lopen; (*geschehen*) gebeuren, verlopen; *es geht da lustig, ... her* het gaat er ... aan toe; **~gelaufen** van de straat (opgeraapt); **~haben:** *wo hast du das her?* waar heb je dat vandaan?, hoe kom je daaraan?; **~halten:** *als (für A) etw. ~* het moeten ontgelden als (voor) iets; **~holen** erbij halen; **~hören** luisteren.
Hering *m* (-*s*; -*e*) haring (*a. Zeltpflock*); *grüner ~* groene haring; *wie die ~e pl. zusammengepreßt* als haringen *pl.* in een ton (op elkaar); **~s·fang** *m* haringvangst; **~s·salat** *m* haringsla.
her|kommen hier(heen) komen; *~ von (D)* vandaan komen van, afkomstig zijn van; *wo kommen Sie her?* waar komt U vandaan?; **2kommen** *n* (-*s*; *0*) afkomst, afstamming; (*Brauch*) gewoonte, (het) gebruik; **~kömmlich** traditioneel, gebruikelijk, overgeleverd; **~kriegen:** *wo ... ~?* waar ... vandaan halen?
Herkunft *f* (*0*) af-, herkomst, afstamming, oorsprong; *deutscher ~* van Duitse afkomst; **~s·land** *n* (het) land van herkomst.
her|laufen toesnellen, komen aanlopen; *s. a. hergelaufen*; **~leiten** afleiden; *sich ~ von (D)* afstammen van; **~machen:** *sich ~ über (A)* afvliegen op.
Herme'lin [-mə-] *n* (-*s*; -*e*) hermelijn (*Pelz*: het).
her'metisch hermetisch.
her|müssen *Pers.*: moeten komen; *S.*: op de proppen moeten komen; **~'nach** daarna, daarop, vervolgens, later; **~nehmen** vandaan nemen (*od.* halen); **~'nieder** neer, naar beneden.
Heroin [heˑʀoˑ'i:n] *n* (-*s*; *0*) heroïne.
hero|isch [heˑ'ʀo:ɪʃ] heroïsch, heldhaftig; **2'ismus** *m* (-; *0*) (het) heroïsme.
Herold *m* (-*ęs*; -*e*) heraut.
herplappern aframmelen, opdreunen.
Herr *m* (-*n*; -*en*) heer; (*Anrede*) mijnheer, meneer; (*Besitzer*) eigenaar; (*Herrscher*) meester, heerser, baas; *e-r S. (G) ~ werden (sein)* een zaak meester worden (zijn); *Ihr ~ Vater* Uw vader; *~ Jansen* Mijnheer (*od.* Meneer *od.* de Heer) Jansen; *~n Jansen* (*Anschrift*) Aan de Heer

Jansen, Dhr. Jansen; *meine ~en! pl., sehr geehrte ~en! pl.* Mijne Heren! *pl.*

Her·reise *f* heenreis; **2n** hierheen reizen.

Herren|- *in Zssgn mst.* heren-, *z.B.* **~anzug** *m* (het) herenkostuum; **~bekanntschaften** *f/pl. pej.* omgang met mannen; **~bekleidung** *f* herenkleding; **~dienst** *m* herendienst; **~doppel** *n* (het) herendubbel; **~hemd** *n* (het) herenhemd; **~konfektion** *f* herenconfectie; **2los** (*0*) onbeheerd; **~mode** *f* herenmode; **~schneider** *m* kleermaker voor heren; **~toilette** *f* (het) herentoilet.

Herrgott *m* (*-s; 0*) Onze-Lieve--Heer, God; *~ (noch mal)!* P verdorie!

her·richten (*bereiten*) klaarmaken; (*ordnen*) in orde brengen; *sich ~* zich opmaken.

Herr|in *f* meesteres; **2isch** heerszuchtig; *Ton*: gebiedend; **2'je** (**-mine** [-ne:])! F lieve hemel!

herrlich heerlijk, zalig; **2keit** *f* heerlijkheid.

Herrschaft *f* heerschappij; **~en** *f/pl.* (*Herr u. Dame*) mijnheer en mevrouw; (*Gesellschaft*) dames en heren *pl.*; *meine ~!* dames en heren! *pl.*; **2lich** van de landheer; (*vornehm*) voornaam, deftig.

herrsch|en heersen; **2er** *m* heerser; (*Fürst bsd.*) vorst; **2er·haus** *n* dynastie; **2sucht** *f* (*0*) heerszucht; **~süchtig** heerszuchtig.

her|rücken *v/i* (*sn*) *u. v/t* bijschuiven; **~rühren** (*von D*) afkomstig zijn (van), komen (van); **~sagen** opzeggen; **~schaffen** hier(heen) brengen; bezorgen; **~schauen** (naar hier) kijken; *schau her!* kijk!; **~schicken** hierheen sturen; **~stammen** (*von D*) afstammen (van), afkomstig zijn (van).

her·stell|en maken, produceren, voortbrengen; (*hier2*) hier neerzetten; **2er** *m* maker, producent; **2ung** *f* (*0*) (het) maken, produktie, vervaardiging; **2ungs·kosten** *pl.* produktiekosten *pl.*

he'rüber erover; (*hierher*) hier (-heen), over.

he'rüber|- *in Zssgn mst.* hierheen, over-, *z.B.* **~bringen** hierheen brengen; **~fahren** *v/i* naar de overzijde rijden (*Schiff*: varen); **~führen** *über* (*A*) leiden over; **~kommen** overkomen; **~lassen** doorlaten; **~reichen** *v/t* aanreiken; **~schauen** naar de overkant kijken; *zu* (*D*) kijken naar; **~wollen** hieheen willen; *s. a. hinüber-*.

he'rum rond(om), om(heen), in hrond; *dort ~* in die buurt; *rings* rondom, eromheen; *um ... (A)* rond(om) ..., om ... (heen) (*a.* Zssgn mit Verben*).

he'rum|- *in Zssgn mst.* om-, rond **~ärgern:** *sich ~* (voortduren overhoop liggen; **~balgen:** *sich* voortdurend vechten; **~blätter** bladeren; **~drehen** (*sich*) (zic omdraaien; **~fahren** rondrijder *Schiff*: rondvaren; *~ um (A)* om . heen rijden; **~fliegen** rondvlieger **~fuchteln** zwaaien; **~führen** *v* rondleiden; *v/i ~ um (A)* om . heen gaan; **~fummeln** F friem len; **~gehen** rondgaan (*a. S.* rondlopen; *Zeit*: voorbijgaan; **horchen** zijn oor te luisteren le gen; **~irren** ronddwalen; **~kom men** (*reisen*) reizen; *viel in der We* *~* veel van de wereld zien; *um et* (*A*) *nicht ~* niet buiten iets kunne iets moeten toegeven; **~laufe** rondlopen; *~ um (A)* om ... he lopen; **~liegen** rondslingeren; *~ u* (*D*) om ... heen liggen; **~lunge** lanterfanten; **~plagen:** *sich ~ m* (*D*) zich aftobben met; **~rätse** (zitten te) raden; **~reichen** ron geven, ronddienen; **~reißen** *Ste* omgooien; **~schlagen:** *sich ~ m* (*D*) *j-m* vechten met; *etw.* zi aftobben met; **~schlendern** ron slenteren; **~schnüffeln** rondne zen, rondsnuffelen; **~schrei** (staan te) schreeuwen; **~sein** *Ze* voorbij zijn; **~sprechen** de ron doen; *es spricht sich herum* het wo bekend; **~stehen** (zo maar) staa (*müßig stehen bsd.*) rondhangen; *um (A)* om ... heen staan; **~tre ben:** *sich ~* rondzwerven; *pej.* ron scharrelen; **~tummeln:** *sich* ronddartelen; **~zanken:** *sich* voortdurend twisten (*od.* ruzië **~ziehen** *v/t* (*hin und her*) heen weer trekken; *v/i* rondzwerv rondtrekken; *~ um (A)* om ... he trekken; *s. a. umher-*.

he'runter naar beneden, omla

neer, af; *s. herab*; **~bringen** (naar) beneden brengen; *fig.* te gronde richten; **~fallen** (naar beneden) vallen; *~ von (D)* (af)vallen van; **~gehen** naar beneden gaan; *S.*: dalen; **~hauen:** *j-m e-e ~* iem. er een geven; **~klappen** neerslaan; **~kommen** naar beneden komen; *fig.* in verval (ge)raken, aan lager wal geraken; **~lassen** *S.* neerlaten, laten zakken; *j-n* naar beneden laten; **~machen** *fig.* afkammen, de les lezen; **~nehmen** pakken, nemen; *Arme* omlaag doen; **~reißen** aftrekken, afrukken; (*abtragen*) stukmaken, bederven; **~rutschen** (af)zakken, naar beneden glijden; **~schlucken** = *hinunterschlucken*; **~ziehen** aftrekken, naar beneden trekken; *Kleidung* uitdoen; *s. a. hinunter- u. herab-.*

her'vor te voorschijn, voor de dag; (*nach vorn*) naar voren; *hinter ... (D) ~* van achter ... te voorschijn; **~blicken** te voorschijn komen; *Pers.*: uitkijken; **~bringen** voortbrengen; *Worte* uitbrengen; **~drängen** (*sich*) vooruitdringen; *fig.* (zich) op de voorgrand plaatsen; **~gehen** (*aus D*) voortkomen (uit); (*sich herausstellen*) blijken (uit), volgen (uit); **~heben** doen uitkomen, de nadruk leggen op; **~holen** te voorschijn halen; **~quellen** *Augen*: uitpuilen.

her'vorragen (voor)uitsteken; *fig.* uitsteken, uitblinken; **~d** (voor)uitstekend; *fig.* uitstekend, prima.

her'vor|rufen naar buiten roepen; *Thea.* terugroepen; *fig.* veroorzaken, uitlokken, wekken; **~treten** naar voren komen (*a. fig.*); *Augen*: uitpuilen; **~tun:** *sich ~* zich onderscheiden, uitmunten.

her|wagen: *sich ~* (hierheen) durven te komen; **~wärts** herwaarts, hierheen; **2weg** *m* weg hierheen; **~winken** naar zich toe wenken.

Herz *n* (*-ens; -en*) (het) hart (*a. fig.*); (*Mut*) moed; *Karte*: harten; *ans ~ legen* op het hart drukken; *Hand aufs ~!* met de hand op het hart!, op mijn erewoord!; *das ~ auf dem rechten Fleck haben* het hart op de rechte plaats hebben; *ein ~ und e-e Seele* twee handen *pl.* op één buik; *von ~en gern* zeer gaarne, van harte; *zu ~en gehen (D)* aan het hart gaan; *sich zu ~en nehmen* ter harte nemen, zich aantrekken.

Herz|- *in Zssgn mst.* hart-, *z.B.* **~anfall** *m* hartaanval; **~as** *n* hartenaas; **~beutel** *m* (het) hartzakje; **2bewegend** hartroerend; **~blatt** *n*, **~blättchen** *n Bot.* parnassia; *fig.* lieveling; **~blut** *n* (het) hartebloed; **2brechend** hartbrekend, hartverscheurend; **~bube** *m* hartenboer; **~chen** *n* (het) hartje (*a. fig.*); **~dame** *f* hartenvrouw.

her·zeigen laten zien, tonen.

Herze|leid *n* (het) hartelied, diepe smart; **2n** (*-t*) liefkozen, aan het hart drukken.

Herzens|angelegenheit *f* hartsaangelegenheid; **~angst** *f* doodsangst; **~brecher** *m* hartenbreker; **~freund** *m* boezemvriend; **2'froh** (*0*) heel blij; **~grund** *m*: *aus ~* uit de grond van mijn hart; **2'gut** (*0*) ingoed; **~lust** *f* (*0*) hartelust; **~wunsch** *m* hartewens.

Herz|entzündung *f* hartontsteking; **2ergreifend** hartroerend; **2erquickend** hartverkwikkend; **~fehler** *m* hartafwijking; **~gegend** *f* hartstreek; **2haft** (*-est*) dapper, flink; (*würzig*) hartig, pittig.

her·ziehen *v/t u. v/i* hierheen trekken; *hinter sich ~* achter zich aan trekken; *~ über (A) fig.* zich vrolijk maken over, over de hekel halen.

herz|ig lief, schattig; **2infarkt** *m* (het) hartinfarct; **~'innig** innig, hartelijk; **2kammer** *f* hartkamer; **2klappe** *f* hartklep; **2klopfen** *n* (*-s; 0*) hartkloppingen *pl.*; **2könig** *m* hartenheer; **2krampf** *m* hartkramp; **~krank** (*0*) hartlijdend; **2leiden** *n* hartkwaal.

herzlich hartelijk; *~ gern* heel graag, dolgraag; *~ schlecht* (*wenig*) erg slecht (weinig); **2keit** *f* hartelijkheid.

herz|los (*-est*) harteloos; **2losigkeit** *f* harteloosheid; **2-'Lungen-Maschine** *f* hart-long-machine; **2massage** *f* hartmassage; **2muskel** *m* hartspier.

Herzog *m* (*-es; ⸚e od. -e*) hertog.

Herzogen'busch *n* 's-Hertogenbosch *n*, Den Bosch *n*.

Herzog|in *f* hertogin; **2lich** (*0*) hertogelijk; **~tum** *n* (*-s; ⸚er*) (het) hertogdom.

Herz|patient *m* hartpatiënt; **~-**

~**schlag** *m Anat.* hartslag; *Med.* beroerte, hartverlamming; **2stärkend** hartversterkend; ~**tätigkeit** *f* (*0*) hartwerking; ~**töne** *m/pl.* harttonen *pl.*
her'zu hier(heen), erheen.
Herz|weh *n* (*-s*; *0*) pijn aan het hart; *fig.* (het) hartzeer; **2zerreißend** hartverscheurend.
Hess|e *m* (*-n*) Hes; ~**en** *n* Hessen *n*; **2isch** Hessisch.
heterogen [he·te·ʀo·'ge:n] heterogeen.
Hetz|blatt *n* (het) opruiend blad; ~**e** *f* (*Jagd*) (drijf)jacht; *fig.* ophitsing, (het) gestook; F (*Eile*) drukte, gejaagdheid; ~ *gegen* (*A*) *bsd.* campagne tegen; **2en** (*-t*) *v/t* vervolgen, jagen; *v/i* (*sich beeilen*) zich afjakkeren, jakkeren; *fig.* ~ *gegen* (*A*) ophitsen tegen, stoken tegen; ~**er** *m fig.* ophitser; ~**e'rei** *f fig.* ophitserij; F (het) gejakker; ~**jagd** *f* drijfjacht; ~**rede** *f* opruiende rede.
Heu *n* (*-ęs*; *0*) (het) hooi; *Geld wie* ~ *haben* geld als water hebben; ~**boden** *m* hooizolder.
Heuch|e'lei *f* huichelarij, (het) gehuichel, veinzerij; **2eln** (*-le*) huichelen, veinzen; ~**ler(in** *f*) *m* huichelaar(ster *f*); **2lerisch** huichelachtig, geveinsd.
heuer[1] dit jaar.
Heuer[2] *f* (*-*; *-n*) gage; **2n** (*-re*) *mar. j-n* aanmonsteren.
Heu|ernte *f* hooioogst; ~**gabel** *f* hooivork.
heul|en huilen (*a. weinen*); *Wind a.*: loeien; **2e'rei** *f* (het) gehuil; (het) geloei.
heurig (*0*) van dit jaar; *zum* **2***en gehen* nieuwe wijn (van de laatste oogst) gaan drinken.
Heu|schnupfen *m* hooikoorts; ~**schober** *m* hooiberg, -schelf; ~**schrecke** *f* sprinkhaan.
heut|e vandaag, heden; ~ *morgen* (*nacht*, ...) vanmorgen (vannacht, van-...); ~ *in e-r Woche* vandaag over een week; ~ *mir, morgen dir* ieder zijn beurt; ~**ig** (*0*) van vandaag, van heden; (*gegenwärtig*) hedendaags, huidig, van vandaag; *der* ~*e Tag* vandaag; ~**zutage** tegenwoordig, heden ten dage.
Hexameter [hɛ'ksɑ:-] *m* hexameter.
Hexe *f* heks; **2n** (*-t*) heksen.
Hexen|kunst *f* hekserij; ~**meister** *m* heksenmeester; ~**sabbat** *m* heksensabbat; ~**schuß** *m* (het) spit (in de rug).
Hexe'rei *f* hekserij, (het) heksenwerk.
hfl. = *holländischer Gulden.*
Hieb *m* (*-ęs*; *-e*) slag, stoot; *fig.* steek (onder water); ~*e pl.* (*Prügel*) klappen *pl.*; *der* ~ *sitzt* die is raak; *au[f] den ersten* ~ *gelingen* ineens gelukken; **2fest** (*0*) onkwetsbaar; ~- *un[d] stichfest* waterdicht; ~**waffe** *f* (het) slagwapen.
hier hier; ~ *und dort* (*od. da*) hier en daar; *von* ~ (*aus*) van hier (uit); *Adresse*: *Herrn A.* ~ De Heer A. alhier; *Appell*: ~! present!; *Te[l.]* ~ *Schmidt!* (U spreekt) me[t] Schmidt!; ~**'an** hieraan, aan dit.
Hierar'chie [hi·e·-] *f* hiërarchie.
hier|'auf hierop, daarop; (*zeitlich a.*) toen; ~**'aus** hieruit; ~**behalten** hier houden; ~**'bei** hierbij; ~**bleiben** hier blijven; ~**'durch** hier-, daardoor; *in Briefen*: hierbij, b[ij] deze(n); ~**'für** hiervoor; ~**'gegen** hiertegen; ~**'her** hier(heen); *bis* ~ tot hier(toe); (*zeitlich bsd.*) tot n[u] toe.
hier'her|bringen hier(heen) brengen; ~**gehören** erbij horen; ~**kommen** hier(heen) (*od.* naar hier) komen.
hier|herum hierlangs, deze kant op; (*in dieser Gegend*) in deze streek (*od.* buurt); ~**hin** hierheen; ~**in** hierin; ~**mit** hierme(d)e; ~**'nach** hier-, daarna; ~**'neben** hiernaast.
Hieroglyphen [hi·e·ʀo·'gly:fən] *f/pl.* hiërogliefen *pl.*
hier|'orts hier ter plaatse, alhier; **2sein** *n* (*-s*; *0*) (het) verblijf alhier, tegenwoordigheid alhier; ~**'selbst** alhier; ~**'über** hierover; (*oben*) hierboven; ~**'um** hierom; ~**'unter** hieronder; ~**'von** hiervan; hierover; ~**'zu** hiertoe; ~**zu'lande** hier te lande.
hiesig (*0*) van hier, van deze plaats, alhier; *Produkt*: van eigen bodem.
hieven hieuwen, hijsen.
Hifthorn *n* jachthoorn.
Hilfe *f* hulp (*a. Pers.*), bijstand; *j-m* ~ *leisten* iem. hulp verlenen; *Erste* ~ eerste hulp bij ongevallen (*Ab[k.]* E.H.B.O.); *mit* ~ (*G*) *od. von* (*D*) *etw.* met behulp van; *zu* ~! help

~leistung *f* hulp; ~(*en pl.*) *allg.* (het) hulpbetoon, hulpverlening; **~ruf** *m* hulpkreet, (het) hulpgeroep; **2suchend** hulp zoekend.

hilf|los (*-est*) hulpeloos; **2losigkeit** *f* (*0*) hulpeloosheid; **~reich** behulpzaam, helpend, hulpvaardig.

Hilfs|- *in Zssgn mst.* hulp-, *z.B.* **~aktion** *f* hulpactie; **~arbeiter** *m* los (*od.* ongeschoold) werkman; **2bedürftig** hulpbehoevend; **2bereit** hulpvaardig; **~bereitschaft** *f* (*0*) hulpvaardigheid; **~dienst** *m* hulpdienst; **~gelder** *n/pl.* subsidie (*a.* het), financiële steun; **~kraft** *f* hulpkracht, assistent; **~lehrer** *m* hulponderwijzer; **~mittel** *n* (het) hulpmiddel; **~motor** *m* hulpmotor; **~schule** *f* school voor buitengewoon lager onderwijs; **~station** *f* hulppost; **~truppen** *f/pl.* hulptroepen *pl.*; **~verb** *n* (het) hulpwerkwoord; **~werk** *n* (het) steunfonds, (het) liefdadig werk.

Himbeer|e *f* framboos; **~eis** *n* (het) frambozenijs; **~saft** *m* (*-ęs*; *0*) (het) frambozensap; **~strauch** *m* frambozenstruik.

Himmel *m* hemel (*a. fig.*); (*Luft a.*) lucht; *du lieber ~!* F lieve hemel!; *gen* (*od. zum*) ~ ten hemel; *unter freiem ~* in de open lucht, onder de blote hemel.

Himmel|- *in Zssgn mst.* hemel-, *z.B.* **2'an** hemelwaarts; **~bett** *n* (het) hemelbed; **2blau** (*0*) hemelsblauw; **~'donner'wetter!** *n* P verdorie!, verdomme!; **~fahrt** *f* hemelvaart; **~fahrts·tag** *m* Hemelvaartsdag; **2'hoch** (*0*) hemelhoog, tot in de hemel; **~reich** *n* (*-ęs*; *0*) (het) hemelrijk; **2schreiend** hemeltergend.

Himmels|erscheinung *f* (het) hemelverschijnsel; **~gewölbe** *n* (het) hemelgewelf, (het) uitspansel; **~körper** *m* (het) hemellichaam; **~licht** *n* (het) hemellicht; **~richtung** *f* hemelstreek; *in allen ~en pl. bsd.* in alle windrichtingen *pl.*

himmel|wärts hemelwaarts; **~weit** (*0*) oneindig ver; *fig.* hemelsbreed.

himmlisch (*a. fig.*) hemels (*a. Geduld*), zalig.

hin heen, weg; (*auf etw. zu*) naar toe; *bis zu* (*D*) ... ~ tot aan ...; ~ *und wieder* af en toe; ~ *und zurück*, ~ *und her* heen en weer; *etw.* ~ *und her überlegen* het voor en tegen van iets nagaan; ~ *ist* ~ weg is weg; *vor sich* ~ voor zich uit; *Fahrt* ~ *und zurück Esb.* retour.

hi'nab naar beneden, omlaag; *den Fluß* ~ de rivier af; **~fahren** omlaag-, naar beneden rijden (*Schiff*: varen); *Berg* afrijden; **~steigen** afdalen, naar beneden gaan; *s. herab-*.

hi'nan naar boven, omhoog; *s. hinauf.*

hin·arbeiten *auf* (*A*) aansturen op, streven naar.

hi'nauf naar boven, omhoog; *den Fluß* ~ de rivier op; **~gehen** naar boven gaan, omhooggaan; **~steigen** (er)op klimmen; *Berg* beklimmen; **~treiben** naar boven drijven; (*steigern*) opdrijven; **~wollen** naar boven willen; ~ *auf* (*A*) *Su.* + op willen; *s. herauf-*.

hi'naus (naar) buiten, eruit; *zur Tür* ~ de deur uit; ~ (*mit euch*)! buiten (jullie)!, eruit!; *über etw.* (*A*) ~ (*räumlich*) over iets heen; (*zeitlich*) van (*od.* voor) langer dan iets; *fig.* boven iets (uit); **~begleiten** *Besuch* uitlaten; **~blicken** naar buiten kijken; ~ *auf* (*A*) uitkijken op; **~gehen** naar buiten gaan, uitgaan; *Fenster*: ~ *auf* (*A*) uitkijken op; ~ *über* (*A*) *fig.* gaan boven; **~laufen** naar buiten lopen; ~ *auf* (*A*) neerkomen op; **~lehnen:** *sich* ~ naar buiten leunen; **~schieben** naar buiten schuiven (*od.* duwen); *fig.* uitstellen; **~sein** *über* (*A*) over ... heen zijn; **~werfen** buitengooien; **~wollen** eruit (*od.* naar buiten) willen; *hoch* ~ hogerop willen; ~ *auf* (*A*) (*meinen*) bedoelen; **~zögern** uitstellen, op de lange baan schuiven; *s. heraus-*.

hin|begeben: *sich* ~ zich (ergens) heen begeven; **2blick** *m* (*-ęs*; *0*): *im* ~ *auf* (*A*) met het oog op; **~bringen** erheen brengen; *Zeit* doorbrengen; **~denken:** *wo denken Sie hin!* wat denkt u wel!

hinder|lich hinderlijk, lastig; **~n** (*-re*): *j-n an etw.* (*D*) ~ iem. iets beletten, iem. hinderen bij iets.

Hindernis *n* (*-ses*; *-se*) hindernis; *fig. a.* hinderpaal; **~lauf** *m* steeple-chase; **~rennen** *n* steeple-chase voor paarden.

Hinderung *f* verhindering.

hindeuten *auf* (*A*) wijzen op (*a. fig.*), aanwijzen; *alles deutet darauf hin, daß ...* alles wijst erop dat ...
Hindin *f* hinde.
Hindu *m* (-*s*; -*s*) Hindoe.
hin'durch doorheen, erdoor(heen); **~zwängen** (*sich*) (zich) erdoorheen wringen; *s. für weitere Zssgn durch-*.
hin|dürfen erheen mogen (gaan); **~eilen** erheen snellen.
hi'nein (naar) binnen, erin; **~arbeiten:** *sich ~* zich inwerken; **~denken:** *sich ~ in* (*A*) zich indenken in; **~fressen:** *in sich ~* verkroppen; **~gehen** binnengaan, (er)ingaan; **~geraten** (*in A*) betrokken raken (bij); **~knien:** *sich ~ in* (*A*) zich verdiepen in; **~passen** erin passen; *~ in* (*A*) passen in; **~reden:** *~ in* (*A*) *etw.* meepraten in, de les lezen in; **~schieben** erin schuiven; **~springen** erin springen; *~ in* (*A*) springen in; **~stecken** erin steken; **~tun** erin doen; *~ in* (*A*) doen in; **~zwängen** erin wringen (*od.* persen); *s. herein-*.
hinfahr|en *v/i u. v/t* erheen rijden (*Schiff*: varen); *~ zu* (*D*) rijden (*od.* varen) naar (... toe); **2t** *f* heenreis; (*Kurzfahrt*) heenrit; *auf der ~* op de heenreis.
hinfallen (neer)vallen.
hinfällig zwak, broos, wankel; (*nichtig*) vervallen; (*haltlos*) ongegrond; **2keit** *f* (*0*) zwakheid, broosheid; nietigheid; ongegrondheid.
hin|fliegen erheen vliegen; F (*fallen*) neersmakken; **2flug** *m* heenvlucht; **~'fort** voortaan, in het vervolg; **~führen** *v/t u. v/i* erheen leiden; **2gabe** *f* (*0*) overgave; **2gang** *m* (-*es*; *0*) (*Tod*) (het) heengaan.
hingeb|en (*sich*) (*D*) zich geven; *e-m Genuß* zich overgeven aan; **2ung** *f* (*0*) toewijding, overgave.
hin|'gegen daarentegen, integendeel; **~gehen** erheen gaan; *Zeit*: voorbijgaan; *das mag so ~* dat kan ermee door; **~gehören** erbij (be-) horen; **~geraten** belanden, terechtkomen; **~gerissen** gefascineerd; **~halten** *j-m A* toesteken, aanreiken; *fig. j-n* (*vertrösten*) aan 't lijntje houden; *Feind* ophouden; **~hauen** (erop) slaan; F (*glücken*) lukken; F (*klappen*) gaan; *sich ~* F (*sich hinlegen*) gaan liggen; **~hören** luisteren.
Hinke|bein *n* hinkepoot; **2n** hinken; *Vergleich*: mank gaan.
hin|knien: *sich ~* neerknielen; **~kommen** (er) komen; *wo wird es hingekommen sein?* gebleven zijn?; *~ mit* (*D*) F (*auskommen*) rondkomen met; **~kriegen** F klaarspelen, fiksen; **~langen** pakken; **~länglich** *Adv.* voldoende, toereikend; **~laufen** erheen lopen; **~legen** (neer)leggen; *sich ~* gaan liggen; **~müssen** erheen moeten; **~nehmen** *fig.* (*dulden*) slikken; (*sich gefallen lassen*) zich laten welgevallen; **~neigen** *zu* (*D*) neigen tot; *sich ~ zu etw.* (*D*) overhellen tot iets; **~passen** erbij passen; **~raffen** wegnemen, wegrukken.
hinreichen *v/t j-m A* aanreiken, toesteken; *v/i* voldoende (*od.* toereikend) zijn; **~d** voldoende, toereikend.
Hinreise *f* heenreis; **2n** erheen reizen.
hinreißen *fig.* meeslepen; *s. a. hingerissen*.
hinricht|en *j-n* terechtstellen; **2ung** *f* terechtstelling.
hin|scheiden overlijden; **2scheiden** *n* (-*s*; *0*) (het) overlijden; **~schicken** (erheen) sturen; **~schlachten** afslachten; **~schlagen** (erop) slaan; (*fallen*) tegen de grond slaan; **~schmeißen** neergooien, neerkwakken; **~schreiben** (op)schrijven; (*schreiben an*) erheen schrijven; **~sehen** (ernaar) kijken; **~sein** F *S.*: kapot zijn; *Pers.*: (*tot*) dood zijn; (*erschöpft*) kapot zijn; (*begeistert*) weg zijn; **~setzen** neerzetten; *sich ~* gaan zitten.
Hinsicht *f* (*0*) (het) opzicht; *in dieser ~* in dit opzicht; *in ~ auf* (*A*) met betrekking tot; **2lich** (*G*) met betrekking tot (*Abk.* m.b.t.), ten aanzien van (*Abk.* t.a.v.).
hin|sollen heen moeten; **~stellen** neerzetten, plaatsen; *~ als Muster* stellen als; *Betrüger* een ... noemen; *etw. als unbedeutend usw.* voorstellen als; *j-n als dumm* (*faul*) *~* iem. dom (lui) noemen; *sich ~* gaan staan; **~steuern** *auf* (*A*) sturen naar; *fig.* aansturen op; **~strecken** *j-m A* aangeven, toesteken; *j-n* doden; *sich ~* zich uitstrekken, gaan liggen.
hint'an achteraan, naar achteren; **~setzen** *j-n* achterstellen; *etw.* ver-

waarlozen, veronachtzamen; **2setzung** *f* achterstelling; verwaarlozing.

hinten achter(aan); *von ~* van achter(en); **~'an** achteraan; **~herum** achterom; *fig.* clandestien; **~'über** achterover.

hinter (*A*, *D*) achter; *~ sich bringen Strecke* afleggen; *fig.* tot een goed eind brengen; *~ sich (gebracht) haben* achter de rug hebben; *~ sich lassen j-n* passeren (*a. fig.*); *Adj. s. hintere.*

Hinter|- *in Zssgn mst.* achter-, *z.B.* **~achse** *f* achteras; **~backe** *f* bil; **~bein** *n* achterpoot, (het) achterbeen; *sich auf die ~e stellen* steigeren (*a. fig.*); **~'bliebene(n)** *pl.* nabestaanden *pl.*; **2'bringen** (-) aanbrengen, overbrieven, verklikken; **~deck** *n* (het) achterdek; **2'drein** achterna; (*zeitlich*) daarna, achteraf; **2e** achterste; **2ei'nander** achter elkaar, achtereen; **~gebäude** *n* (het) achtergebouw; **~gedanke** *m* bijgedachte; **2'gehen** (-) bedriegen, misleiden; **~grund** *m* achtergrond (*a. fig.*); *im ~* op de achtergrond; **~halt** *m* hinderlaag; **2hältig** achterbaks; **~hand** *f* (*0*) achterhand (*a. Kartenspiel*); **~haupt** *n* (het) achterhoofd; **~haus** *n* (het) achterhuis.

hinter'her achterna, erachter; (*zeitlich*) achteraf, later, naderhand; **~gehen** (*D*) achternagaan; **~sein** (*zurück sein*) achter zijn; (*achten*) erachter aan zitten.

Hinter|hof *m* binnen-, achterplaats; **~indien** *n* Achter-Indië *n*; **~kopf** *m* (het) achterhoofd; **~lader** *m* achterlader; **~land** *n* (*-es*; *0*) (het) achterland.

hinter'lassen (-) achterlaten, *bsd. beim Tod*: nalaten; **2schaft** *f* nalatenschap.

hinter'leg|en (-) deponeren, in bewaring geven; **2ung** *f* (het) deposito, deponering.

Hinterlist *f* (*0*) (arg)list, sluwheid; **2ig** achterbaks, arglistig.

Hinter|mann *m* achterman; *Hdl.* latere endossant; *fig.* (*Ratgeber*) man op de achtergrond; **~n** *m* F (het) achterste.

Hinterrad *n* (het) achterwiel; **~antrieb** *m* achterwielaandrijving.

Hinter|reifen *m* achterband; **2rücks** van achteren, in de rug; *fig.* achterbaks; **~schiff** *n* (het) achterschip; **~seite** *f* achterkant, -zijde; **~sitz** *m* plaats achterin; (*Bank*) achterbank; **~teil** *m od. n* (het) achterdeel; F (*Gesäß*) (het) achterste; **~treffen** *n* (*-s*; *0*): *ins ~ geraten* achterop raken, achteruitgaan; **2'treiben** (-) tegenwerken, dwarsbomen, verijdelen; **~treppe** *f* achtertrap; **~treppenroman** *m* keukenmeiden-, stuiver(s)roman; **~tür** *f* achterdeur; **~wäldler** *m* lomperd, (boeren)kinkel.

hinter'zieh|en (-) *Steuern* ontduiken; **2ung** *f* ontduiking.

Hinterzimmer *n* achterkamer.

hin|tragen erheen dragen, dragen naar; (*wegtragen*) wegdragen; **~tun** doen, zetten, leggen; wegdoen.

hi'nüber erheen, naar de andere kant; (*über etw.*) erover(heen); **~dürfen** naar de andere kant mogen; **~fliegen** naar de andere kant (*od.* erheen) vliegen; **~gehen** naar de overkant gaan; (*sterben*) heengaan; *~ über (A)* oversteken; **~reichen** *v/i* reiken; *v/t* over-, aanreiken; **~schwimmen** naar de overkant zwemmen; *s. herüber-.*

hin- und 'hergehen heen en weer gaan (*od.* lopen); *s. hin.*

Hin- und Rückfahr|schein *m* (het) retourkaartje, (het) retourtje; **~t** *f* heen- en terugreis.

hi'nunter naar beneden, omlaag, neer; **~fahren** *v/i u. v/t* naar beneden rijden (*Schiff*: varen); **~klettern** afdalen (*Weg*: langs; *Berg*: van); **~schlucken** doorslikken (*a. fig.*), naar binnen werken; (*hinnehmen*) slikken; **~stoßen** omlaag-, naar beneden duwen; **~tragen** naar beneden dragen; **~würgen** naar binnen werken; *s. herunter-, herab- u. hinab-.*

hin|wagen: *sich ~* erheen durven; **2weg** *m* heenweg.

hin'weg weg, van hier; *über (A) ... ~* over ... heen; **~gehen** *über (A)* negeren; **~sehen** *über (A)* over ... heen kijken; *fig.* geen aandacht schenken aan, vergeten; **~sein** *über (A)* over ... heen zijn (*a. fig.*); **~setzen:** *sich ~ über (A) fig.* zich niet storen aan, zich niets aantrekken van; **~täuschen:** *sich ~ über (A)* vergeten; *j-n ~ über etw. (A)* iem. iets doen vergeten.

Hinweis *m* (*-es*; *-e*) ver-, aanwijzing; (*Ratschlag*) tip, wenk; **2en** (*auf A*) wijzen (naar; *fig.* op); *fig. a.* verwijzen (naar); **2end** aanwijzend.
hin|wenden (*sich*) (zich) wenden; **~werfen** neergooien; *j-m A* toegooien, toewerpen; **~'wiederum** van de andere kant, op zijn beurt; (*dagegen*) daarentegen, daartegenover; **~wirken** *auf* (*A*) aansturen op; **~wollen** (er)heen willen.
Hinz *m* F: *~ und Kunz* Jan en alleman.
hin|ziehen *v/t u. v/i* erheen trekken, trekken naar; *fig.* op de lange baan schuiven; *sich ~* (*räumlich*) zich uitstrekken; *fig.* aanslepen, lang duren, uitblijven; **~zielen** *auf* (*A*) *fig.* doelen op, beogen.
hin'zu erbij; ertoe; erheen; *s. dazu*; *in Zssgn mst.* erbij-, *z.B.* **~denken** erbij denken; **~eilen** toesnellen; **~fügen** toevoegen aan; **~gesellen:** *sich ~* zich erbij voegen; **~kommen** erbij komen; **~rechnen, ~zählen** erbij rekenen, erbij tellen; **~ziehen** erbij halen.
Hiob ['hi:ɔp] *m* (*-s*; *0*) Job; **~s·botschaft** *f*, **~s·post** *f* jobstijding.
hipp, hipp, hur'ra! hip hip hoera!
Hippo'drom *n* (*-s*; *-e*) hippodroom (*a.* het).
Hirn *n* (*-ęs*; *-e*) hersenen *pl.*; (*Verstand a.*) (het) brein; **~gespinst** *n* hersenschim; **~haut** *f* (het) hersenvlies; **~haut·entzündung** *f* hersenvliesontsteking; **2los** (*-est*) dom, stom; **~schale** *f* hersenpan; **~schlag** *m* beroerte; **2verbrannt** krankzinnig, dwaas.
Hirsch *m* (*-es*; *-e*) (het) hert; **~bock** *m* hertebok; **~fänger** *m* hartsvanger, (het) jachtmes; **~geweih** *n* (het) hertegewei; **~käfer** *m* (het) vliegend hert; **~kalb** *n* (het) jong hert; **~kuh** *f* hinde; **~leder** *n* (het) hertsleer.
Hirse *f* (*0*) gierst.
Hirt *m* (*-en*) herder.
Hirten|- *in Zssgn mst.* herders-; **~brief** *m* (het) herderlijk schrijven; **~flöte** *f* herdersfluit; **~gedicht** *n* (het) herdersdicht, pastorale; **~volk** *n* (het) herdersvolk.
Hirtin *f* herderin.
hissen (*-ßt*) hijsen.
His'tor|ie [-ʀĭə] *f* historie, geschiedenis; **~iker** *m* historicus, geschiedkundige; **2isch** (*0*) historisch.
Hitze *f* (*0*) hitte; *fig. bsd.* (het) vuur, drift; **2beständig** bestand tegen hitte; **2frei** (*0*) vrij wegens hitte; **~welle** *f* hittegolf.
hitz|ig heet, vurig; (*aufbrausend*) driftig; *Hündin*: loops; **2kopf** *m* (het) heethoofd, driftkop; **~köpfig** driftig, heethoofdig; **2schlag** *m* [zonnesteek.]
hm! hm!
Hobby [-bi·] *n* (*-s*; *-s*) hobby.
Hobel *m* schaaf; **~bank** *f* schaafbank; **~maschine** *f* schaafmachine; **2n** (*-le*) schaven; **~späne** *m/pl.* houtkrullen *pl.*
Hoch [o:] *n* (*-s*; *-s*) heildronk, toost; *Wetterkunde*: (het) gebied van hoge druk; *ein ~ auf j-n ausbringen* op iemands gezondheid drinken, op iem. toosten.
hoch [o:] (*höher*; *"st*) hoog; (*nach oben*) omhoog; (*erhaben bsd.*) verheven; (*vornehm bsd.*) voornaam; *drei Treppen ~* drie hoog; 2 *~* 4 2 in de vierde macht; *wenn es ~ kommt* op zijn hoogst; *dort geht es ~ her* daar gaat het vrolijk toe; *drei Mann ~* drie man sterk; *s. a. höchst u. höher.*
hoch|- *in Zssgn mit Verben u. Adj. mst., in Zssgn mit Su. oft* hoog-.
hoch·acht|bar hoogachtbaar; **~en** hoogachten; **2ung** *f* hoogachting; *mit vorzüglicher ~* met de meeste hoogachting; **~ungs·voll** hoogachtend.
hoch|aktuell (*0*) heel actueel; **2altar** *m* (het) hoogaltaar; **2amt** *n* hoogmis; **2bahn** *f* viaductspoorweg; **2bau** *m* (*-ęs*; *0*) hoogbouw; **~begabt** zeer begaafd; **~betagt** hoogbejaard, -bedaagd; **2betrieb** *m* (*-ęs*; *0*) topdrukte, grote drukte; **2blüte** *f* (*0*) volle bloei; *fig.* bloeitijd; **~bringen** overeind brengen; *fig. a.* tot bloei brengen; **2burg** *f* (het) bolwerk, (het) centrum; **2deutsch** *n* (het) Hoogduits, (het) Duits.
Hochdruck *m* hoge druk; **~gebiet** *n* (het) gebied van hoge druk.
Hoch|ebene *f* hoogvlakte; **2empfindlich** (*0*) zeer gevoelig; **2entwickelt** (*0*) hoogontwikkeld; **2erfreut** (*0*) zeer verheugd; **2fahrend** arrogant, trots; **2fliegend** hoogvliegend; *fig. bsd.* groots; **~form** *f* (*0*) topvorm; **~frequenz** *f* hoge frequentie; **~garage** *f* (bovengrond-

se) parkeergarage; **~gebirge** *n* (het) hooggebergte; **~gefühl** *n* (het) heerlijk gevoel; **⁀gehen** omhooggaan; (*explodieren*) ontploffen; (*verhaftet werden*) gearresteerd worden; *fig.* opvliegen; **⁀gelegen** hooggelegen; **⁀gemut** (*0*) welgemoed; (*festlich*) feestelijk gestemd; **⁀geschlossen** hoog gesloten; **⁀gespannt** *fig.* hoog gespannen; **⁀gestellt** hooggeplaatst; **⁀gestochen** *pej.* ijdel, verwaand; **⁀gewachsen** opgeschoten; **~glanz** *m* (*-es*; *0*): *auf ~ polieren* doen blinken; **⁀gradig** sterk, geconcentreerd; *fig.* hevig, in hoge mate; **⁀halten** omhooghouden; *fig.* hooghouden; **~haus** *n* (het) torengebouw, wolkenkrabber; (*Wohn⁀ bsd.*) (het) flatgebouw; **⁀heben** omhoogheffen, (hoog) optillen; **⁀herzig** edel, grootmoedig; **⁀interessant** (*0*) zeer interessant; **⁀kämmen** opkammen; **⁀kant** met de smalle kant naar boven; **⁀klappen** opklappen; **⁀kommen** omhoog-, opkomen; (*hinaufkommen*) naar boven komen; **~konjunktur** *f* hoogconjunctuur; **~land** *n* (het) hoog-, bergland; **~länder** *m* bergbewoner; (*Schotte*) Hooglander; **~lautung** *f* uitspraaknorm van het beschaafd; **⁀leben**: *j-n ~ lassen* 'lang zal hij (*sie*: zij) leven' zingen voor iem.; **~leistungs|-** *in Zssgn mst.* met zeer groot vermogen (*od.* rendement); **⁀modern** (*0*) zeer modern, hypermodern; **~mut** *m* hoogmoed; **⁀mütig** hoogmoedig; **⁀näsig** verwaand, arrogant; **⁀nehmen** opnemen; *fig.* afzetten; (*necken*) voor de gek houden; **~ofen** *m* hoogoven; **⁀prozentig** sterk; **~rechnung** *f* vooruitberekening, extrapolatie; **~relief** *n* (het) hoogreliëf; **⁀'rot** (*0*) vuurrood; **~ruf** *m* (het) hoezee; **~saison** *f* (het) topseizoen, (het) vol seizoen.

Hoch·schätz|en hoogschatten, hoogachten; **⁀ung** *f* hoogachting.

Hoch·schul|e *f* hogeschool; **~studium** *n* studie aan een hogeschool; **~wesen** *n* (*-s*; *0*) (het) hoger onderwijs.

hoch|schwanger hoogzwanger; **~see** *f* (*0*) open zee; **⁀seeflotte** *f* oceaanvloot; **⁀sommer** *m* (het) hartje van de zomer; **⁀spannung** *f* hoogspanning (*a. fig.*); **~spielen** opschroeven, veel ophef maken van; **⁀sprache** *f* (het) algemeen beschaafd (*Abk.* A.B.); **⁀sprung** *m* (het) hoogspringen; (*Sprung selbst*) hoogtesprong.

höchst [øː] hoogst; *Adv. a.* ten zeerste, ten hoogste; *aufs ~e* ten zeerste; *am ~en* het hoogst; *s. hoch*; *in Zssgn* maximum-, top-, maximaal.

hoch·stämmig hoogstammig; *fig.* hoog opgeschoten.

Hoch·stap|e'lei *f* oplichterij; **~ler** *m* oplichter, flessentrekker.

Höchst|belastung *f* maximale belasting; **~betrag** *m* (het) maximum (-bedrag).

hoch|stehend hoogstaand; **~stellen** omhoog-, opzetten.

höchst|ens hoogstens, ten hoogste, op zijn hoogst; **⁀geschwindigkeit** *f* maximumsnelheid; **⁀gewicht** *n* (het) maximumgewicht; **⁀leistung** *f* topprestatie; (*Rekord bsd.*) (het) record; **⁀maß** *n* (het) maximum; **~per'sönlich** in hoogsteigen persoon; **⁀preis** *m* maximumprijs.

Hoch·straße *f* (het) viaduct.

Höchst|satz *m* (het) maximumtarief; **⁀wahr'scheinlich** hoogstwaarschijnlijk; **~wert** *m* hoogste waarde.

hoch|tönend *fig.* hoogdravend; **⁀touren** *f/pl.*: *auf ~* op volle toeren; **~trabend** = *hochtönend*; **~verehrt** hooggeëerd; **⁀verrat** *m* (het) hoogverraad; **⁀verräter** *m* hoogverrader; **⁀wald** *m* (het) hoogopgaand bos; **⁀wasser** *n* (het) hoogwater; (*Überschwemmung*) overstroming; **~wertig** van prima kwaliteit, uitstekend; **⁀wild** *n* (het) groot wild; **~willkommen** hoogst welkom; **⁀würden**: (*Euer*) ~ Weleerwaarde.

Hochzeit [ɔ] *f* bruiloft; **⁀lich** (*0*) tot de bruiloft behorend, bruilofts-.

Hochzeits|- *in Zssgn mst.* bruilofts-, huwelijks-, *z.B.* **~feier** *f*, **~fest** *n* (het) bruiloftsfeest; **~geschenk** *n* (het) huwelijkscadeau; **~kleid** *n* bruidsjurk; **~marsch** *m* bruiloftsmars; **~nacht** *f* huwelijksnacht; **~reise** *f* huwelijksreis; **~tag** *m* trouwdag.

hochziehen op-, omhoogtrekken.

hock|en hurken; *fig.* hokken; **⁀er** *m* kruk.

Höcker *m* bult, bochel; **⁀ig** gebocheld, bultig.

Hockey ['hɔke·] *n* (*-s*; *0*) (het) hockey; **~schläger** *m* hockeystick.
Hode *m* (*-n*) *od. f*, **~n** *m* teelbal, testikel.
Hodensack *m* balzak.
Hof *m* (*-es*; *⸚e*) (*Platz*) (binnen-) plaats; (*Bauern2*) hofstede, hoeve, (het) erf; (*Königs2*) (het) hof; *Astr.* kring; (het) restaurant; (het) hotel; *bei ~e* aan het hof; *den ~ machen* het hof maken.
Hof|- *in Zssgn mst.* hof-, *z.B.* **~ball** *m* (het) hofbal; **~dame** *f* hofdame; **2fähig** aan het hof voorgesteld; *allg.* volgens de etikette.
Hoff|art ['hɔfaʁt] *f* (*0*) hovaardij, hoogmoed; **2ärtig** hovaardig, hoogmoedig.
hoffen (*auf A*) hopen (op); *ich will es ~!* ik hoop het!; **~t·lich** hopelijk.
Hoffnung *f* hoop; *j-m ~en pl. machen* iem. hoop geven; *pej.* iem. voorspiegelen; *sich keine ~en pl. machen* zich geen illusies *pl.* maken; *guter ~ sein* in blijde verwachting zijn; **2s·los** (*-est*) hopeloos; **~s-losigkeit** *f* (*0*) hopeloosheid; **~s-schimmer** *m* (het) straaltje hoop, (het) beetje hoop; **2s·voll** hoopvol; (*vielversprechend*) veelbelovend.
Hof|haltung *f* hofhouding; **~hund** *m* waakhond.
ho'fieren (-) vleien, het hof maken.
höf|isch hoofs; **~lich** beleefd, wellevend, hoffelijk.
Höflichkeit *f* beleefdheid, hoffelijkheid; **~s·formel** *f* beleefdheidsformule.
Hoflieferant *m* hofleverancier.
Höfling *m* (*-s*; *-e*) hoveling.
Hof|marschall *m* hofmaarschalk; **~narr** *m* hofnar; **~staat** *m* (het) gevolg, hofhouding; **~theater** *n* (het) hoftheater.
hohe(**r**, **~s**) *s. hoch.*
Höhe ['hø:ə] *f* hoogte (*a. Hügel usw.*); (*Höhepunkt*) (het) toppunt; *in ~ von* (*D*) *Summe*: ter grootte van; *auf der ~ von* (*D*) *Geogr.* ter hoogte van; *das ist ja die ~!* dat is het toppunt!
Hoheit ['ho·haɪt] *f* grootheid, verhevenheid; *Pers.*: hoogheid; (*Staats2*) soevereiniteit.
Hoheits|gebiet *n* (het) territorium; **~gewässer** *n/pl.* territoriale wateren *n/pl.*; **~recht** *n* (het) soevereiniteitsrecht; **~zeichen** *n* (het) nationaal embleem; *Flgw.* (het) nationaliteitskenteken.
Hohelied [ho:ə'-] *n* (*Hohenliedes*; (
(het) Hooglied.
Höhen|- *in Zssgn mst.* hoogte-, *z.B.* **~flug** *m* hoogtevlucht; (*Gedanken2*) vlucht; **~klima** *n* (het) klimaat o grote hoogte; **~krankheit** *f* hoogteziekte; **~kurort** *m* (het) herstellingsoord in de bergen; **~lage** hoogteligging; **~leitwerk** *n* (het) hoogtestuur; **~linie** *f* hoogtelijn; **~luft** *f* (*0*) berglucht; **~messer** hoogtemeter; **~rekord** *m* (het) hoogterecord; **~ruder** *n* (het) hoogteroer; **~sonne** *f* hoogtezon (*El.*); **~strahlung** *f* hoogtestraling; **~unterschied** *m* (het) hoogteverschil; **~wind** *m* hoogtewind; **~zu** *m* berg-, heuvelketen.
Hohe'priester *m* (*Hohenpriester* *Hohe*(*n*)*priester*) hogepriester.
Höhepunkt *m* (het) hoogte-, top-punt.
höher hoger; *s. hoch.*
hohl hol; **~äugig** hologig.
Höhle *f* (het) hol; (*Hohlraum* *Mund2*) holte; (*Grotte a.*) grot; **~n-bewohner** *m* grot-, holbewoner.
Hohl|glas *n* (het) hol glas; **~heit** (*0*) holheid; *fig.* leegheid; **~kopf** (het) leeghoofd; **~körper** *m* (het) hol voorwerp; **~maß** *n* inhoudmaat; **~raum** *m* holle ruimte; **~spiegel** *m* holle spiegel.
Höhlung *f* uitholling, holte.
hohl|wangig met ingevallen wangen; **2weg** *m* holle weg.
Hohn *m* (*-es*; *0*) spot, hoon, smaa
höhnen honen, beschimpen.
Hohngelächter *n* (het) hoongelac
höhnisch honend, schamper, spottend.
Hokus'pokus *m* (*-*; *0*) hocus-pocu
hold (*-est*) genegen, toegedaa (*lieblich*) lieftallig, bekoorlijk.
Holdinggesellschaft *f* holdin maatschappij.
holen halen; *sich ~ Krankheit* o doen; *~ lassen* laten halen.
holla! ho(l)la!
Holland *n* Holland *n*; (*Niederlan* *bsd.*) Nederland *n*.
Holländ|er *m* Hollander; Nede lander; (*Papier2*) maalbak; c *Fliegende ~* de Vliegende Holland *~ Käse* Hollandse kaas; **~erin** Hollandse; Nederlandse; **2is** Hollands; Nederlands.

Iölle *f* hel.
Iöllen|angst *f* doodsangst; **~fahrt** *f* hellevaart; **~lärm** *m* (het) hels lawaai; **~maschine** *f* helse machine; **~qual** *f* helse kwelling, hellepijn; **~stein** *m* helse steen.
öllisch hels, duivels, deksels.
olp|(e)rig *Weg*: hobbelig; *Sprache*: hakkelend, stuntelig; **~ern** (*-re*) hobbelen, schokken; (*gehen*) strompelen; *fig.* met horten en stoten gaan.
olterdie'polter holderdebolder.
Io'lunder *m* vlier; **~tee** *m* vlierthee.
Iolz *n* (*-es*; *=er*) (het) hout; (*Wald*) (het) bos; (*Stück ~*) (het) stuk hout.
Iolz|- *in Zssgn mst.* hout-; *bei Material aus Holz mst.* houten (*Adj.*); **~apfel** *m* wilde appel; **~art** *f* houtsoort; **2artig** houtachtig; **~bank** *f* (-; *=e*) houten bank; **~bein** *n* (het) houten been; **~bock** *m* zaagbok; *Zool.* (honde)teek; **~bohrer** *m* houtboor; *Zool.* boorkever; **~diebstahl** *m* houtdiefstal; **2en** (*-t*) hout hakken; (*heizen*) hout stoken; *Sp.* ruw spelen.
ölzern (*0*) houten; *fig.* houterig.
olz|essig *m* (*-s*; *0*) houtazijn; **~fäller** *m* houthakker; **~faser** *f* houtvezel; **~faserplatte** *f* (het) board; **2frei** (*0*) houtvrij; **~fuhre** *f* karrevracht hout; **~hammer** *m* houten hamer; **2ig** (*0*) houtachtig; *Frucht, Gemüse*: stokkig; **~industrie** *f* houtindustrie; **~klotz** *m* (het) houtblok; **~kohle** *f* houtskool; **~leim** *m* houtlijm; **~nagel** *m* houten nagel; **~scheit** *n* (het) houtblok; **~schneidekunst** *f* (*0*) houtsnijkunst; **~schnitt** *m* houtsnede; **~schnitzer** *m* houtsnijder; **~schuhe** *m/pl.* klompen *pl.*; **~schuppen** *m* houtloods; **~späne** *m/pl.* houtspaanders *pl.*; **~splitter** *m* houtsplinter; **~stift** *m* houten pen; **~verkleidung** *f* betimmering; **~wand** *f* houten wand; **~weg** *m*: *auf dem ~ sein* op de verkeerde weg zijn, het spoor bijster zijn; **~wolle** *f* houtwol; **~wurm** *m* houtworm.
o'mer *m* Homerus; **2isch**: *~es Gelächter* (het) homerisch gelach.
homo|'gen homogeen; **~'nym** (*0*) homoniem.
omöopa'thie *f* (*0*) homeopathie.
omosexu|ali'tät *f* homoseksualiteit; **2'ell** homoseksueel.

Honig *m* (*-s*; *0*) honi(n)g.
Honig|- *in Zssgn mst.* honi(n)g-, *z.B.* **~biene** *f* honi(n)gbij; **~kuchen** *m* ontbijtkoek; **2süß** (*0*) honi(n)gzoet; **~tau** *m* honi(n)gdauw; **~wabe** *f* honi(n)graat.
Hono'r|ar *n* (*-s*; *-e*) (het) honorarium; **~atioren** [-'tsĭo:-] *m/pl.* notabelen *pl.*; **2ieren** (-) honoreren.
Hopfen *m* (*-s*; *0*) hop; **~feld** *n* (het) hopveld; **~stange** *f* hopstaak; *fig. Pers.*: bonestaak.
hopp! hop!
hoppla! hopla!
Hops *m* (*-es*; *-e*) sprong; **2a**! hopsa!; **2en** (*-t*) huppelen; **~er** *m* sprong; (*Tanz*) ecossaise; **2gehen** F kapotgaan; verloren gaan; *Pers.*: ervandoor gaan; (*sterben*) het hoekje omgaan; (*verhaftet werden*) gearresteerd worden.
Hör|apparat *m* (het) hoorapparaat; **2bar** (*0*) hoorbaar.
horch|en luisteren; **2er** *m* luisteraar; *pej.* luistervink; **2gerät** *n* (het) luistertoestel; **2posten** *m* luisterpost.
Horde *f* horde.
hören horen; *Vorlesung* volgen, bijwonen; *~ auf* (*A*) luisteren naar; *wie ich höre* naar ik hoor; *schwer ~* slecht horen; **2sagen** *n*: *vom ~* van horen zeggen.
Hörer *m* toehoorder, *Rf. bsd.* luisteraar; *Tel.* hoorn; **~schaft** *f* toehoorders *pl.*, (het) auditorium.
Hör|fähigkeit *f* (het) gehoor; **~folge** *f* serie radioprogramma's; **~funk** *m* radio; **2ig** horig (*a. fig.*).
Hori'zon|t *m* (*-es*; *-e*) horizon; *das geht über s-n ~* daar kan hij niet bij; **2'tal** (*0*) horizontaal; **~'tale** *f* horizontale lijn.
Hor'mon [hɔʁ-] *n* (*-s*; *-e*) (het) hormoon; **~präparat** *n* (het) hormoonpreparaat.
Horn *n* (*-es*; *=er*) hoorn (*a. Mus.*), horen; (*Berg*) bergspits, naald; *Hörner pl. aufsetzen* horens *pl.* opzetten.
Horn|- *in Zssgn mst.* hoorn-, *z.B.* **2artig** (*0*) hoornachtig; **~bläser** *m* hoornblazer; **~brille** *f* hoornen bril.
Hörn|chen *n* (het) hoorntje; **2ern** (*0*) hoornen.
Hör·nerv *m* gehoorzenuw.
Horn|haut *f* (het) hoornvlies; (*Schwiele*) (het) eelt; **2ig** (*0*) hoornachtig.

Hor'nisse *f* horzel.

Hor'nist *m* (*-en*) hoornblazer.

Horn|ochse *m fig.* F stommeling; **~signal** *n* (het) hoornsignaal; **~vieh** *n* (het) hoornvee; *fig.* F stommeling.

Hör·organ *n* (het) gehoororgaan.

Horoskop [hoˑʀɔˈ-] *n* (*-s*; *-e*) horoscoop.

horrend [hɔˈʀɛ-] verschrikkelijk; (*übermäßig*) zeer hoog.

Hör|rohr *n* hoorbuis; (*Arzt*2) stethoscoop; **~saal** *m* collegezaal, (het) auditorium; **~spiel** *n* (het) luisterspel.

Horst *m* (*-es*; *-e*) (het) roofvogelnest; (*Gehölz*) (het) bosje; (*Flieger*2) (het) vliegveld; **2en** (*-e-*) nestelen.

Hort *m* (*-es*; *-e*) schat; (*Zuflucht*) (het) toevluchtsoord; (*Kinder*2) bewaarplaats, crèche; **2en** (*-e-*) *Geld* oppotten.

Hor'tensie [-zĭə] *f* hortensia.

Hörweite *f* (*0*) gehoorsafstand.

Hös·chen *n* (het) broekje; (*Damen*2 *bsd.*) (het) slipje.

Hose *f* broek, pantalon; *die ~n pl. anhaben* de broek aanhebben (*a. fig.*); *in die ~n machen* (*vor D*) (het) in zijn broek doen (van).

Hosen|band *n* knieband; (*Orden*) kouseband; **~bein** *n* broekspijp; **~bund** *m* broeksband; **~knopf** *m* broeksknoop; **~latz** *m* broek(s)klep; **~schlitz** *m* gulp; **~spanner** *m* broekspanner; **~tasche** *f* broekzak; **~träger** *m/pl.* bretels *pl.*

hosianna! [-ˈsĭanaˑ] hosanna!

Hospi|'tal *n* (*-s*; *-e od.* ¨*er*) (het) hospitaal, (het) ziekenhuis; **2'tieren** (-) hospiteren, als gast volgen; **~z** [-ˈpiːts] *n* (*-es*; *-e*) (het) hospitium, (het) missiehotel.

Hostess *f* hostess.

Hostie [-tĭə] *f* hostie.

Ho'tel *n* (*-s*; *-s*) (het) hotel.

Hotel|- *in Zssgn mst.* hotel-; **~besitzer** *m* hôtelier, hotelhouder; **2eigen** van het hotel; **~fachschule** *f* hotelschool; **~gewerbe** *n* (het) hotelbedrijf; **~nachweis** *m* hotelinlichtingendienst; **~zimmer** *n* hotelkamer.

Hotten'totte *m* (*-n*) Hottentot.

hrsg. = *herausgegeben* uitgegeven.

hü! hu!

Hub *m* (*-es*; ¨*e*) (het) optillen; (*Kolben*2) slag.

hüben aan deze kant, hier; *~ un drüben* hier en ginds, aan beid kanten.

Hubraum *m* cilinderinhoud.

hübsch (*-est*) mooi, leuk, knap aardig.

Hub·schrauber *m* helikopter.

Hucke *f* vracht op de rug; (*Rücken* rug.

huckepack op de rug; **2verkehr** (het) vervoer met vrachtwagens o de trein.

Hude'lei *f* (het) knoeiwerk, knoeieri

Huf *m* (*-es*; *-e*) hoef; **~beschlag** (het) hoefbeslag.

Huf·eisen *n* (het) hoefijzer; **2förmi** hoefijzervormig.

Huf|lattich *m* (het) klein hoefbla **~schlag** *m* hoefslag; **~schmied** hoefsmid.

Hüft|bein *n* (het) heupbeen; **~e** heup; **~gelenk** *n* (het) heupge wricht; **~gürtel** *m*, **~halter** *m* step -in; **2lahm** (*0*) lendelam; **~leide** *n* heupaandoening; **~verrenkung** heupontwrichting; **~weh** *n* ischia heupjicht.

Hügel *m* heuvel; **2ig** heuvelachti **~land** *n* (het) heuvelland.

Huge'notte *m* (*-n*) hugenoot.

Huhn *n* (*-es*; ¨*er*) (het) hoen; (*Hen u. Kochkunst*) kip.

Hühnchen *n* (het) hoentje; (he kippetje; *ein ~ zu rupfen haben m* (*D*) een appeltje te schillen hebbe met.

Hühner|auge *n* (het) eksteroo **~brühe** *f* kippebouillon; **~brust** kippeborst; **~ei** *n* (het) kippe **~fleisch** *n* (het) kippevlees; **~fr kassee** *n* kippefricassee; **~hof** (het) hoenderhof; **~leiter** *f* kippe ladder; **~stall** *m* (het) kippenho **~suppe** *f* kippesoep; **~zucht** hoenderteelt; kippenfokkerij.

hui! hoei!

Huld *f* (*0*) genade, gunst, welwillen heid; *pej.* minzaamheid; **2igen** (huldigen (*a. Ansicht*); **~igung** huldiging, hulde; **2reich**, **2v** goedgunstig, genadig; *pej.* nee buigend.

Hülle *f* (het) omhulsel; *~n pl.* (*Kl dung*) kleren *pl.*; *in ~ und Fülle* overvloed, bij de vleet; **2n:** (*sich*) *in* (*A*) (zich) hullen in (*a. fig* (*einpacken bsd.*) inpakken in; 2 **los** (*0*) naakt.

Hülse *f* dop, peul, schil; *Tech.* huls; **~n·früchte** *f/pl.* peulvruchten *pl.*
hu'ma|n humaan, menselijk; **2'nismus** *m* (-; *0*) (het) humanisme; **2ni'tät** *f* (*0*) humaniteit, menselijkheid; **2n·medizin** *f* (menselijke) geneeskunde.
Humbug *m* (-*s*; *0*) humbug; (*Unsinn bsd.*) kletskoek.
Hummel *f* (-; -*n*) hommel.
Hummer *m* kreeft.
Hu'mo|r *m* (-*s*; -*e*) humor; **~'rist(in** *f*) *m* (-*en*) humorist(e *f*); **2'ristisch** humoristisch.
humpeln (-*le*) hompelen, hinken.
Humpen *m* bokaal.
Humus *m* (-; *0*) humus.
Hund *m* (-*es*; -*e*) hond (*a. fig.*); *auf den ~ kommen* aan lager wal raken; *da liegt der ~ begraben* daar zit 'm de knoop; *ein dicker ~ fig.* F (*Fehler*) een grove fout.
Hündchen *n* (het) hondje.
Hunde|- *in Zssgn mst.* honde-, *z.B.* **~ausstellung** *f* hondententoonstelling; **2'elend** (*0*): *mir ist ~* ik voel mij miserabel; **~futter** *n* (het) hondevoer; **~hütte** *f* (het) hondehok; **~kuchen** *m* (het) hondebrood; **~leben** *n* (het) hondeleven; **~leine** *f* (honde)lijn; **~marke** *f* hondepenning; **2'müde** (*0*) zo moe als een hond; **~rasse** *f* (het) honderas.
hundert honderd; **2** *n* (-*s*; -*e*) (het) honderd; *~e pl.* (*von*) *Menschen* honderden mensen; *10 vom ~* (*Abk. v.H.*) tien procent; *zu ~en* bij honderden; **2er** *m* (het) honderdtal; (*Schein*) (het) briefje van honderd (mark); **~fach** (*0*), **~fältig** (*0*) honderdvoudig; **2'jahrfeier** *f* (het) eeuwfeest; **~jährig** (*0*) honderdjarig; **~mal** honderdmaal; **~prozentig** (*0*) (voor) honderd procent; **2schaft** *f* eenheid (van honderd man); **~ste(r)** honderdste; *vom Hundertsten ins Tausendste kommen* van de hak op de tak springen; **2stel** *n* (het) honderdste (deel); **~'tausend** honderdduizend.
Hunde|schlitten *m* hondenslee; **~schnauze** *f* hondesnuit; **~sperre** *f* (het) verbod honden los te laten lopen; **~steuer** *f* hondenbelasting; **~wetter** *n* (-*s*; *0*) (het) hondeweer.
Hünd|in *f* teef; **2isch** honds.
Hunds|fott *m* (-*es*; -*e*) hondsvot, schoelje; **2ge'mein** (*0*) ingemeen; **~stern** *m* hondsster, Sirius; **~tage** *m/pl.* hondsdagen *pl.*
Hüne *m* (-*n*) reus; **~n·grab** *n* (het) hunebed.
Hunger *m* (-*s*; *0*) honger (*a. fig.*).
Hunger|- *in Zssgn mst.* honger-, *z.B.* **~gefühl** *n* (het) hongergevoel; **~jahr** *n* (het) hongerjaar; **~kur** *f* hongerkuur; **~leider** *m* hongerlijder; **~lohn** *m* (het) hongerloon; **2n** (-*re*) honger lijden (*od.* hebben); *~ nach* (*D*) *fig.* hongeren naar; **~s-not** *f* hongersnood; **~streik** *m* hongerstaking; **~tod** *m* hongerdood; **~tuch** *n*: *am ~e nagen* honger lijden.
hungrig hongerig; *~ sein* honger hebben.
Hunne *m* (-*n*) Hun.
Hupe *f* toeter, claxon; **2n** claxonneren, toeteren.
hüpfe|n huppelen, springen; *das ist gehüpft wie gesprungen* dat is lood om oud ijzer; **2r** *m* (het) sprongetje.
Hürde *f* horde (*a. fig.*); **~n·lauf** *m* hordenloop.
Hure *f* P hoer; **2n** P hoer(er)en; **~'rei** *f* P hoererij.
hur'ra! hoera!, hoezee!
hurtig vlug, snel, gauw.
Hu'sar *m* (-*en*) huzaar; **~en·streich** *m*, **~en·stück** *n* (het) huzarenstukje.
husch: *~!* vlug!, vooruit!; **~en** (*sn*) glippen, glijden.
hüsteln [y:] (-*le*) kuchen.
husten [u:] (-*e*-) hoesten; **2** *m* (-*s*; *0*) hoest; **2anfall** *m* hoestbui; **2bonbon** *n* hoestpastille; **2reiz** *m* hoestprikkel.
Hut[1] *m* (-*es*; ⸚*e*) hoed; (*Zucker2*) (het) suikerbrood; *~ ab vor* (*D*)*!* ik neem mijn hoed af voor!
Hut[2] *f* (*0*) hoede; *auf der ~ sein* (*vor D*) op zijn hoede zijn (voor).
Hütchen *n* (het) hoedje.
hüte|n (-*e*-) hoeden, passen op; *Vieh* weiden; *Bett*, *Zimmer* houden; *sich ~ vor* (*D*) oppassen voor, zich hoeden voor, zich wachten voor; **2r** *m* hoeder, oppasser; **2rin** *f* hoedster, oppasster.
Hut|feder *f* pluim op een hoed; **~krempe** *f* hoedrand; **~macher** *m* hoedenmaker; **~schachtel** *f* hoededoos.
Hütte *f* hut (*a. mar.*); (*Hunde2*) (het) hok; *Tech.* (het) hoogovenbedrijf,

smelterij; (*Keramik*2) glasfabriek, gieterij.
Hütten|industrie *f* metaalindustrie; **~kunde** *f* (*0*) metallurgie; **~werk** *n* = *Hütte Tech.*
Hyäne [hy·ˈɛː-] *f* hyena.
Hyaˈzinthe [hy·ɑ·-] *f* hyacint.
Hyˈdr|ant *m* (*-en*) brandkraan; **~at** *n* (*-ęs*; *-e*) (het) hydraat.
Hyˈdraul|ik *f* (*0*) hydraulica; **2isch** (*0*) hydraulisch.
Hydro|- *in Zssgn* hydro-, *z.B.* **~dyˈnamik** *f* hydrodynamica.
Hygien|e [-ˈgi̯eː-] *f* (*0*) hygiëne; **~iker(in** *f*) *m* hygiënist(e *f*); **2isch** hygiënisch.
Hymne *f* hymne.
Hyper|- *in Zssgn* hyper-, *z.B.* **~bel** [-ˈpɛʁ-] *f* (-; *-n*) hyperbool; **2modern** hypermodern.
Hypˈno|se *f* hypnose; **2tiˈsieren** (-) hypnotiseren.
Hypo|- *in Zssgn* hypo-, *z.B.* **~ˈchonder** *m* hypochonder; **~kriˈsie** *f* (*0*) hypocrisie.
Hypoˈthe|k *f* hypotheek; **~ˈkar** *m* (*-s*; *-e*) hypotheekhouder; **~ken·bank** *f* (-; *-en*) hypotheekbank; **~ken·brief** *m* hypotheekakte.
hypoˈthetisch hypothetisch.
Hys|teˈrie *f* hysterie; **2ˈterisch** hysterisch.

I

I, i *n* I, i.
i.A. *Abk. für im Auftrag.*
iah! [i·ˈɑ:] ia!; **~en** balken.
ich ik; 2 *n* (-[*s*]; - *od.* -*s*) (het) ik; **2sucht** *f* (*0*) zelfzucht.
ideal [i·de·ˈɑ:l] ideaal; 2 *n* (-*s*; -*e*) (het) ideaal; **~i'sieren** (-) idealiseren.
Idea'lis|mus *m* (-; *0*) (het) idealisme; **~t(in** *f*) *m* (-*en*) idealist(e *f*); **2tisch** idealistisch.
I'dee *f* idee (*mst.* het), (het) denkbeeld; *fixe* ~ idee-fixe (*a.* het).
ideell [-de·ˈɛl] ideëel.
Ideen·austausch [-ˈde:ən-] *m* uitwisseling van ideeën.
Identi|fikation [-ˈtsĭo:n] *f* identificatie; **2fi'zieren** (-) identificeren; **2sch** [i·ˈdɛn-] (*0*) identiek; **~'tät** *f* (*0*) identiteit.
Ideo'lo|ge [i·de·o·-] *m* (-*n*) ideoloog; **~'gie** *f* ideologie; **2gisch** (*0*) ideologisch.
Idiom [i·ˈdĭo:m] *n* (-*s*; -*e*) (het) idioom, (het) taaleigen.
Idio|t [i·ˈdĭo:t] *m* (-*en*) idioot; **~'tie** *f* (het) idiotisme (*a. fig.*); **2tisch** idioot.
Idol *n* (-*s*; -*e*) (het) idool.
Idyll *n* (-*s*; -*e*) idylle; **2isch** idyllisch.
IG *Abk. für Industriegewerkschaft u. Interessengemeinschaft.*
Igel *m* egel; **~stellung** *f* egelstelling.
Igno'r|anz *f* (*0*) onwetendheid; **~ieren** (-) ignoreren.
ihm hem, aan hem.
ihn hem.
ihnen ze; *Pers. a.*: hun, aan hen; 2 (aan) U, (aan) u.
ihr *sg.* ze; *Pers. a.*: (aan) haar; *pl.* jullie; (*possessiv*) *sg.* haar; *pl.* hun; 2 Uw, uw; *Anrede*: U, u; jullie.
ihrer *sg.* (van) haar; *pl.* (van) hen, hunner; *es waren ~ zehn* zij waren met hun tienen; 2 (van) U, (van) u, Uwer, uwer; **~seits** van haar kant, harerzijds; (*von ihnen aus*) van hun kant, hunnerzijds; **2seits** Uwerzijds, uwerzijds, van Uw (*od.* uw) kant.

ihres·gleichen haarsgelijke; *pl.* hunsgelijke; 2 Uwsgelijke, uwsgelijke.
ihret|halben, ~wegen, *um* **~willen** om haar, om harentwil; (*ihnen zuliebe*) om hun, om hunnentwil; 2 om U, om u, om Uwentwil, om uwentwil.
ihrige: *der, die ~ sg.* de hare; *pl.* de hunne; *das ~ sg.* het hare; *pl.* het hunne; **2:** *der, die ~* de Uwe, de uwe; *das ~* het Uwe, het uwe.
i.J. *Abk. für im Jahre.*
I'kone *f* icoon.
illegal [ˈɪle·gɑ:l] illegaal; **2i'tät** *f* (*0*) illegaliteit.
Illumi|nation [-ˈtsĭo:n] *f* illuminatie, verlichting; **2'nieren** (-) illumineren, verlichten.
Illu|sion [-ˈzĭo:n] *f* illusie; **2'sorisch** illusoir, denkbeeldig.
Illustration [-stʀaˈtsĭo:n] *f* illustratie.
illustrier|en [-sˈtʀ-] (-) illustreren; **2te** *f* (het) geïllustreerd weekblad.
Illyrien [ɪˈly:ʀĭən] *n* Illyrië *n.*
Iltis *m* (-*ses*; -*se*) bunzing.
im = *in dem.*
imagi'när imaginair, denkbeeldig.
Imbiß *m* lichte maaltijd, (het) hapje; **~halle** *f*, **~stube** *f* snackbar, lunchroom.
Imi|tation [-ˈtsĭo:n] *f* imitatie, nabootsing; **2'tieren** (-) imiteren, nabootsen.
Imker *m* imker, bijenhouder.
Immatriku|lation [-ˈtsĭo:n] *f* immatriculatie, inschrijving; **2'lieren** (-) immatriculeren, inschrijven.
im'mens (*0*) immens, onmetelijk.
immer altijd, steeds, immer; *auf* (*od. für*) ~ voor altijd; *wer* (*wo*) ~ wie (waar) ook; ~ *besser* (*schlechter*) steeds beter (slechter); ~ *noch* (*nicht*) nog altijd (niet); **~'dar, ~'fort** steeds, voortdurend; **2grün** *n* (-*s*; *0*) maagdenpalm; **~'hin** in ieder geval, toch (maar), tenminste; **~'während** altijddurend, voortdurend, gedurig; **~'zu** voortdurend, altijd, al maar door.

Immi'gr|ant(in *f*) *m* (*-en*) immigrant(e *f*); **~ation** [-'tsĭo:n] *f* immigratie; **2ieren** (-) immigreren.
Immo'bilien [-lĭən] *pl.* onroerende goederen *n/pl.*
im'mun immuun; **~i'sieren** (-) immuun maken; **2i'tät** *f* (*0*) immuniteit; *Pol.* onschendbaarheid.
Imper|ativ *m* (*-s*; *-e*) imperatief, gebiedende wijs; **~fekt** *n* (*-s*; *-e*) (het) imperfect, onvoltooid verleden tijd.
Imperia'lis|mus [-pe·ʀĭɑ·-] *m* (-; *0*) (het) imperialisme; **~t** *m* (*-en*) imperialist; **2tisch** imperialistisch.
imperti'nent (*-est*) impertinent, onbeschaamd.
impf|en (*gegen A*) inenten (tegen); *Bot.* enten; **2ling** *m* (*-s*; *-e*) iem. die gevaccineerd moet worden; (*Geimpfter*) gevaccineerde; **2schein** *m* (het) inentingsbewijs; **2stoff** *m* entstof, (het) vaccin; **2ung** *f* inenting, vaccinatie; enting; **2zwang** *m* (*-es*; *0*) vaccinatiedwang, wettelijke verplichting tot inenting.
impli'zieren (-) impliceren.
Impondera'bilien [-lĭən] *pl.* imponderabilia *pl.*
impo'nieren (-) (*D*) imponeren.
Im'port *m* (*-es*; *-e*) import, invoer; **~eur** [-'tø:ʀ] *m* (*-s*; *-e*), **~händler** *m* importeur; **2ieren** [-'ti:-] (-) importeren.
impo'sant (*-est*) imposant.
impotent (*0*) impotent.
impräg'nieren (-) impregneren.
Impressio'nis|mus [-sĭo·-] *m* (-; *0*) (het) impressionisme; **~t(in** *f*) *m* (*-en*) impressionist(e *f*); **2tisch** impressionistisch.
Improvi|sation [-'tsĭo:n] *f* improvisatie; **2'sieren** (-) improviseren.
Im'pul|s *m* (*-es*; *-e*) impuls; **2'siv** impulsief.
im'stande: ~ *sein* (*zu*) in staat zijn (te).
in (*D*) in; (*binnen*) binnen; (*A*) in; naar (*u.a. Theater, Schule, Stadt*); *in drei Tagen* (*Wochen*) over drie dagen (weken).
In'an|griffnahme *f* (*0*) (het) beginnen met, (het) aanpakken; **~spruchnahme** *f* (*0*) inbeslagneming; *e-r S.*: (het) gebruik, gebruikmaking; belasting.
Inbegriff *m* (*-es*; *0*) essentie, samenvatting; (het) type; (*das Höchste*) (het) summum, (het) toppunt; **2en** inbegrepen, inclusief.
Inbe'trieb|nahme *f* (het) in bedrij nemen; **~setzung** *f* inwerkingstelling.
In|brunst *f* (*0*) innigheid, (het) vuur; **2brünstig** vurig, innig.
in'dem (*dadurch, daß*) daar, doordat, door ... te + *Inf.*; (*während*) terwijl; (*indessen*) intussen.
Inder(in *f*) *m* Indiër *m*, Indische *f*
in'des(sen) in-, ondertussen; (*aber*) evenwel, maar; (*dennoch*) nochtans toch.
Index *m* (-; *Indizes*) index; **~ziffer** (het) indexcijfer.
Indian|er(in *f*) [-'dĭɑ:-] *m* Indiaan(se *f*); **~er·häuptling** *m* (het opperhoofd der Indianen; **2isch** Indiaans.
Indien [-dĭən] *n* Indië *n*, India *n*
In'dienst·stellung *f* indienstneming.
Indigo *m od. n* (*-s*; *0*) indigo.
Indika|tion [-'tsĭo:n] *f* indicatie aanwijzing; **~tiv** *m* (*-s*; *-e*) indicatief, aantonende wijs.
indirekt (*0*) indirect.
indisch Indisch.
indiskret indiscreet; **2ion** [-'tsĭo:n] *f* indiscretie.
indisponiert niet gedisponeerd.
Individual|- [-du:'ɑ:l-] *in Zssg mst.* individueel (*Adj.*).
Individua'lis|mus *m* (-; *0*) (het individualisme; **2tisch** individualistisch.
individu|ell [-'ɛl] individueel; **2u** [-'vi:du·um] *n* (*-s*; *Individuen*) (het individu, enkeling.
In'dizienbeweis [-tsĭən-] *m* (het bewijs door aanwijzingen.
Indo'nes|ien [-sĭən] *n* Indonesië *n* **~ier(in** *f*) *m* Indonesiër *m*, Indonesische *f*; **2isch** Indonesisch.
Indoss|a'ment *n* (*-s*; *-e*) (het) endossement; **~ant** [-dɔ's-] *m* (*-e* endossant.
Induktion [-'tsĭo:n] *f* inductie; **~strom** *m* inductiestroom.
industr|iali'sieren [-dustʀĭɑ·-] (industrialiseren; **2ie** [-'tʀi:] *f* industrie, nijverheid.
Indus'trie|- *in Zssgn mst.* industrie *z.B.* **~anlage** *f* (het) industriecomplex; **~arbeiter** *m* industriearbeider; **~ausstellung** *f* nijverheidstentoonstelling; **~gebiet** *n* (het) i

dustriegebied; **~gewerkschaft** *f* industriële vakvereniging.
ndustriell [-'tʀiɛl] (*0*) industrieel; **2e(r)** industrieel.
ndus'trie|produkt *n* (het) industrieprodukt; **~- und Handelskammer** *f* kamer van koophandel en fabrieken; **~zentrum** *n* (het) industriecentrum; **~zweig** *m* bedrijfstak.
n·ei'nander in elkaar, ineen; **~greifen** in elkaar grijpen.
n'fam infaam, schandelijk; eerloos.
nfante'r|ie *f* infanterie; **~ist** *m* (*-en*) infanterist.
nfektion [-'tsĭo:n] *f* infectie, besmetting; **~s·krankheit** *f* besmettelijke ziekte.
nfil'trieren (-) infiltreren.
nfinitiv *m* (*-s*; *-e*) infinitief, onbepaalde wijs.
nfi'zieren (-) infecteren, besmetten.
nflation [-'tsĭo:n] *f* inflatie.
nfluenza [-'ɛntsɑ·] *f* (*0*) influenza, griep.
n'folge (*G*) ten gevolge van; **~dessen** dientengevolge, bijgevolg.
nformation [-'tsĭo:n] *f* informatie; **~s·zentrum** *n* (het) informatiecentrum.
nfor'mieren (-) (*sich*) informeren; *informiert sein* op de hoogte zijn.
nfrarot (*0*) infrarood.
nfusion [-'sĭo:n] *f* infusie.
ngenieur [-ʒe·'nĭø:ʁ] *m* (*-s*; *-e*) ingenieur; **~schule** *f* hogere technische school.
ngredienz [-'dĭɛnts] *f* (het) ingrediënt.
ngrimm *m* wrok, opgekropte woede.
ngwer *m* gember.
nhaber *m* eigenaar, bezitter; *e-s Amtes*: bekleder; (*Rekord2*) houder; *von Wertpapieren*: toonder.
nhaf'tier|en (-) in hechtenis nemen, arresteren; **2ung** *f* arrestatie, inhechtenisneming.
nha'lieren (-) inhaleren.
nhalt *m* (*-ės*; *-e*) inhoud; **2lich** (*0*) inhoudelijk; **~s·angabe** *f* inhoud(-sopgave); **2s·leer, 2s·los** (*-est*) leeg, ledig; *fig.* waardeloos, onbeduidend; **2s·reich, 2s·schwer** rijk aan inhoud, belangrijk, waardevol; **~s·verzeichnis** *n* = *Inhaltsangabe*.
nitia|le [-'tsĭɑ:-] *f* initiaal, beginletter; **~'tive** *f* (het) initiatief; *die ~ ergreifen* het initiatief nemen.
In|jektion [-'tsĭo:n] *f* injectie, inspuiting; **~karnation** [-'tsĭo:n] *f* (*0*) incarnatie.
In'kasso *n* (*-s*; *-s*) (het) incasso, incassering; **~spesen** *pl.* incassokosten *pl.*
in|klu'sive (*G*) inclusief; **~'kognito** incognito; **2'kognito** *n* (*-s*; *-s*) (het) incognito; **~konsequent** inconsequent; **~korrekt** incorrect.
In'krafttreten *n* (*-s*; *0*) inwerkingtreding.
In|kubationszeit [-'tsĭo:ns-] *f* incubatietijd; **~ku'nabel** *f* (-; *-n*) incunabel.
In|land *n* (*-ės*; *0*) (het) binnenland; **2ländisch** (*0*) binnenlands.
Inlands|markt *m* binnenlandse markt; **~porto** *n* port (*a.* het) voor het binnenland.
Inlaut *m* inlaut.
Inlett *n* (*-ės*; *-e*) overtrek, beddetijk.
inliegend inliggend, ingesloten.
in'mitten (*G*) te midden van.
inne|haben hebben, bezitten; *Amt* bekleden; **~halten** (*aufhören*) ophouden.
innen binnen; *von* (*nach*) *~* van [(naar) binnen.]
Innen|- *in Zssgn mst.* binnen-, *z.B.* **~antenne** *f* binnenantenne; **~architekt** *m* binnenhuisarchitect; **~aufnahme** *f* binnenopname; **~ausstattung** *f* (inrichting van) het interieur; *e-s Hauses a.*: woninginrichting; **~leben** *n* (het) innerlijk leven; **~minister** *m* minister van Binnenlandse Zaken; **~politik** *f* binnenlandse politiek; **2politisch** wat de binnenlandse politiek betreft, binnenlands; **~raum** *m* binnenruimte; **~seite** *f* binnenkant; **~stadt** *f* binnenstad; **~welt** *f* wereld in ons, (het) innerlijk leven.
inner|e binnenst, *Med. bsd.* inwendig, *fig. bsd.* innerlijk; (*inländisch*) binnenlands; *~e Medizin* interne geneeskunde; **2e(s)** (het) binnenste, (het) inwendige; *sein Inneres fig.* zijn innerlijk; *im Inneren fig.* in zijn binnenste; *ins Innere des Landes* diep het land in; *Ministerium des Innern* (het) ministerie van Binnenlandse Zaken; **2asien** *n* Centraal-Azië *n*; **~halb** (*G*) binnen; **~lich** innerlijk (*a. fig.*), *Med. bsd.* inwendig; **~staatlich** binnenlands;

~ste binnenste, *fig. bsd.* innerlijk; **≈ste(s)** (het) binnenste, (het) innerlijk.
inne|werden (*G*) beseffen, gewaarworden, merken; **~wohnen** (*D*) zich bevinden in, eigen zijn aan; *~d* (*D*) inherent aan, eigen aan, verbonden met.
innig innig; **≈keit** *f* (*0*) innigheid.
Innung *f* vakvereniging, (het) gilde.
in·offiziell inofficieel.
Inquisition [-ˈtsĭo:n] *f* inquisitie.
ins = *in das*.
Insasse *m* (*-n*) ingezetene, inwoner; (*Wagen≈*) inzittende; (*Gefängnis≈*) gedetineerde, gevangene; **~n·versicherung** *f* inzittendenverzekering.
insbeˈsondere in 't bijzonder, inzonderheid, vooral.
Inschrift *f* (het) op-, inschrift.
Inˈsekt *n* (*-ẹs*; *-en*) (het) insekt; **~en·bekämpfung** *f* insektenverdelging; **~en·pulver** *n* (het) insektenpoeder.
Insel *f* (-; *-n*) (het) eiland; **~bewohner** *m* eilandbewoner; **~chen** *n* (het) eilandje; **~gruppe** *f* eilandengroep; **~reich** *n* (het) eilandenrijk.
Inseˈr|at *n* (*-ẹs*; *-e*) advertentie; **~aten·teil** *m* (het) advertentiegedeelte; **≈ieren** (-) adverteren, in de krant plaatsen.
ins·ge|ˈheim in het geheim, heimelijk; **~ˈsamt** in totaal, gezamenlijk.
Insignien [-ˈzi:gnĭən] *pl.* insignes *n/pl.*
inˈsofern in zover(re); [-ˈfɛʀn] (*wenn*) voor (*od.* in) zover, indien.
insolˈven|t insolvent, niet in staat zijn geldelijke verplichtingen na te komen; **≈z** *f* insolventie.
insoˈweit *s. insofern*.
Inspekt|ion [-ˈtsĭo:n] *f* inspectie; **~or** [-ˈspɛk-] *m* (*-s*; *-en* [-ˈto:-]) inspecteur; (*Aufseher*) opzichter.
Inspi|ration [-ˈtsĭo:n] *f* inspiratie; **≈ˈrieren** (-) inspireren; **≈ˈzieren** (-) inspecteren.
Instal|lateur [-ˈtø:ʀ] *m* (*-s*; *-e*) installateur; (*Klempner*) loodgieter; **~lation** [-ˈtsĭo:n] *f* installatie; **≈ˈlieren** (-) installeren.
inˈstand: *~ halten* in orde houden, onderhouden; **≈haltung** *f* (het) onderhoud.
inständig dringend, nadrukkelijk.
inˈstand: *~ setzen* in staat stellen; (*reparieren*) herstellen, opknappen; **≈setzung** *f* (het) in staat stellen; herstelling, reparatie, (het) onderhoud.
Instanz [-ˈstants] *f* instantie (*a. jur.*); **~en·weg** *m*: *auf dem ~* langs de hiërarchieke weg.
Instink|t [-ˈst-] *m* (*-ẹs*; *-e*) (het) instinct; **≈ˈtiv** instinctief.
Instiˈtut [-st-] *n* (*-ẹs*; *-e*) (het) instituut; **~ion** [-ˈtsĭo:n] *f* institutie, instelling.
Instiˈtuts|- *in Zssgn mst.* instituuts- *z.B.* **~bibliothek** *f* instituutsbibliotheek.
instru|ˈieren (-) instrueren, onderrichten; **≈ktion** [-ˈtsĭo:n] *f* instructie.
Instruˈmen|t [-st-] *n* (*-ẹs*; *-e*) (het) instrument; **≈ˈtal** (*0*) instrumentaal.
Insuˈlaner *m* eilandbewoner.
Insuˈlin *n* (*-s*; *0*) insuline.
inszeˈnier|en [ɪnstseˑ-] (-) ensceneren (*a. fig.*); **≈ung** *f* enscenering.
inˈtakt (*0*) intact.
Inteˈgr|alrechnung *f* integraalrekening; **~ation** [-ˈtsĭo:n] *f* integratie; **≈ieren** (-) integreren; **~iˈtät** (*0*) integriteit.
Intelˈl|ekt *m* (*-ẹs*; *0*) (het) intellect, (het) verstand; **≈ektuell** [-tuˑˈɛ…] (*0*) intellectueel; **≈iˈgent** (*-est*) intelligent, verstandig; **~iˈgenz** *f* intelligentie.
Intenˈdant *m* (*-en*) toneeldirecteur; *Rf.* directeur van een omroep.
Inten|siˈtät *f* (*0*) intensiteit; **≈ˈs…** intens(ief).
interes|ˈsant (*-est*) interessant, belangwekkend; **≈se** [-ˈʀɛsə] *n* (*-s*; -…) interesse, belangstelling; (*Belan…*) (het) belang; **≈sen·gebiet** *n* sfeer van belangstelling; belangensfeer; **≈sen·gemeinschaft** *f* belangengemeenschap; **≈sen·sphäre** *f* belangstellingssfeer; **≈ˈsent** *m* (-…) belangstellende, geïnteresseerde (*Bewerber, Kauflustiger a.*) gegadigde; belanghebbende; **~ˈsieren** (-) interesseren, belang inboezemen; *sich ~ für* (*A*) zich interesseren voor, belangstellen in.
Inter|- *in Zssgn mst.* inter-, *z.…* **~feˈrenz** *f* interferentie; **~jekti…** [-ˈtsĭo:n] *f* interjectie, (het) tusswerpsel; **~mezzo** [-ˈmɛtso:] *n* (… *-s*) (het) intermezzo.

n'ter|n *(0)* intern; **2'nat** *n (-es; -e)* (het) internaat.
nternational [-tsĭo·'-] internationaal.
nter'nier|en (-) interneren; **2te(r)** geïnterneerde.
nterpel'l|ant(in *f) m (-en)* interpellant(e *f*); **~ation** [-'tsĭo:n] *f* interpellatie; **2ieren** (-) interpelleren.
nter'pre|t *m (-en)* (*Erklärer*) verklaarder; (*Künstler*) vertolker; **~tation** [-'tsĭo:n] *f* interpretatie; **2'tieren** (-) interpreteren; **~tin** *f* verklaarster; vertolkster.
nter|punktion [-'tsĭo:n] *f* interpunctie; **~roga'tivpronomen** *n* (het) vragend voornaamwoord; **~vall** [-'val] *n (-s; -e)* (het) interval; **2ve'nieren** (-) tussenbeide komen, interveniëren; **~vention** [-'tsĭo:n] *f* interventie.
nterview [-tə͜vju·] *n (-s; -s)* (het) interview; **2en** (-) interviewen.
nter'zonen|verkehr *m* (het) interzonaal verkeer; **~zug** *m* interzonale trein.
'tim intiem; **2i'tät** *f* intimiteit.
|toleranz *f* intolerantie, onverdraagzaamheid; **~tonation** [-'tsĭo:n] *f* intonatie.
tra|- *in Zssgn mst.* intra-, *z.B.* **~muskulär** intramusculair.
transitiv intransitief, onovergankelijk.
travenös intraveneus.
tri'g|ant(in *f) m (-en)* intrigant(e *f*); **~e** [-'tʀ-] *f* intrige; **2ieren** (-) intrigreren.
tuition [-tu·i·'tsĭo:n] *f* intuïtie.
va'lid|e *m (-n)* invalide; **~enheim** *n* (het) tehuis voor invaliden; **~i'tät** *f (0)* invaliditeit; **~i'tätsversicherung** *f* invaliditeitsverzekering.
vasion [-'sĭo:n] *f* invasie, inval.
ven'tar *n (-s; -e)* inventaris; **2isieren** (-) inventariseren.
ven'tur *f* inventarisatie.
ves'tieren (-) investeren.
vestition [-'tsĭo:n] *f* investering; **~s·güter** *n/pl.* investeringsgoederen *n/pl.*
wendig inwendig.
wie|'fern, ~'weit in hoever(re).
zucht *f (0)* inteelt.
zwischen in-, ondertussen, inmiddels.

Ion [i·'o:n] *n (-s; -en)* (het) ion.
i.R. *Abk. für im Ruhestand* gepensioneerd, in ruste.
I'rak *m*: (*der*) ~ Irak *n*; **2isch** Iraaks.
I'ran *m*: (*der*) ~ Iran *n*; **2isch** Iraans.
ird|en *(0)* aarden, van aardewerk; **~es** *Geschirr* (het) aardewerk; **~isch** aards.
Ire *m (-n)* Ier.
irgend enigszins, hoe dan ook; **~ein** een of ander; **~einer, ~ jemand, ~wer** de een of ander(e); **~ (et)was** iets, het een of ander; **~wann** ooit, te eniger tijd, wanneer dan ook; **~welch** bepaald, een of ander, wat ... ook; **~wie** op de een of andere manier, enigszins, ergens; **~wo** ergens, waar ook; **~woher** ergens vandaan; **~wohin** ergens heen.
Irin *f* Ierse.
Iris *f (-; -)* iris (*a. Bot.*).
ir|isch Iers; **2land** *n* Ierland *n*; **2länder(in** *f) m* Ier(se *f*).
Iro'n|ie *f* ironie; **2isch** [-'ʀo:-] ironisch.
irr *s. irre.*
irratio'nal irrationeel.
irre verdwaald, op een dwaalspoor, verkeerd; (*unsicher*) besluiteloos; (*irrsinnig*) waan-, krankzinnig, gek; *an j-m ~ werden* niet wijs uit iem. kunnen worden, aan iem. beginnen te twijfelen; **2** *f (0)*: *in die ~* op een dwaalspoor; **2(r)** krankzinnige.
Irrealis [-ʀe·ɑ:l-] *m (-; Irreales)* irrealis.
irreführ|en op een dwaalspoor brengen; *fig. a.* misleiden; **2ung** *f* misleiding.
irre|gehen verdwalen; *fig.* zich vergissen; **~machen** in de war (*od.* van de wijs) brengen, gek maken.
irren dwalen, zwerven, dolen; *sich ~* zich vergissen; **2anstalt** *f* (het) krankzinnigengesticht; **2haus** *n fig.* F (het) gekkenhuis.
irrereden ijlen, wartaal spreken.
Irr|fahrt *f* zwerftocht, omzwerving; **~garten** *m* doolhof; **~glaube** *m* dwaalleer; **2ig** verkeerd, onjuist.
Irri|gation [-'tsĭo:n] *f* irrigatie; **2'tieren** (-) irriteren.
Irr|lehre *f* dwaalleer; **~licht** *n* (het) dwaallicht; **~sinn** *m (-es; 0)* waanzin; **2sinnig** waan-, krankzinnig; **~tum** *m (-s; ¨er)* vergissing, dwaling; *im ~ sein* zich vergissen.

irrtümlich, ~er'weise bij vergissing, abusievelijk.
Irr|ung *f* vergissing, dwaling; **~weg** *m* dwaalweg; *fig. bsd.* (het) dwaalspoor.
Ischias ['ɪʃɪas, 'ɪsçɪas] *f od. m* (-; *0*) ischias.
Isegrim *m* (-*s*; -*e*) Izegrim; *fig.* i(e)zegrim, brombeer.
Is'lam *m* (-*s*; *0*) islam; **≗isch** (*0*) islamitisch; **~it(in** *f*) [-'mi:t] *m* (-*en*) islamiet(e *f*).
Is|land ['i:s-] *n* IJsland *n*; **~länder** (**-in** *f*) *m* IJslander *m*, IJslandse *f*; **≗ländisch** IJslands.
Isolation [-'tsĭo:n] *f* isolatie.
Iso'lier|band *n* (het) isolatieband; **≗en** (-) isoleren; **~t·heit** *f* (*0*) geïsoleerdheid, (het) isolement; **~ung** *f* isolering; **~zelle** *f* isoleercel.
Iso'top *n* (-*s*; -*e*) isotoop (*a.* het)
Israel ['ɪsrɑ·e:l] *n* Israël *n*; **~i** *m* (-*od.* -*s*; - *od.* -*s*) Israëli; **≗isch** Israëlisch; **~it** [-e·'li:t] *m* (-*en*) Israëliet.
Ist|bestand *m* (het) actief, (het) voorhanden bedrag; (*Vorrat*) werkelijke voorraad; **~stärke** *f* effectieve sterkte.
I'talien [-lĭən] *n* Italië *n*.
Italien|er(in *f*) [-'lĭe:-] *m* Italiaan(se *f*); **≗isch** Italiaans.
I-Tüpfelchen *n* (het) puntje op de i (*a. fig.*).
i.V. *Abk. für in Vertretung, in Vollmacht.*

J

J, j [jɔt] *n* J, j.

ja ja; (*erklärend*) *du kennst ihn* ~ immers, toch; (*unbedingt*) vooral; ~ *doch!*, ~ *freilich!* ja zeker!, maar ja!; *er nicht, ich* ~ wel; *es ist* ~ *richtig* het is immers juist; *ich glaube* ~ ik geloof van wel; *das ist* ~ *nicht möglich* maar dat is niet mogelijk; 2 *n* (-[*s*]; *0*) (het) ja.

Jacht *f* (het) jacht.

Jacke *f* (het) colbert(jasje), (het) colbertje, (het) jasje; (*Frauen*2) (het) (dames)vest; **~n·kleid** *n* (het) mantelpakje.

Jackett [ʒa'kɛt] *n* (-*s*; -*s*) (het) colbert(jasje).

Jade *m od. f* (-; *0*) jade (*a.* het).

Jagd [jɑːkt] *f* jacht (*a. fig.*); (*Revier*) (het) jachtgebied; *auf die* ~ *gehen* op jacht gaan.

Jagd|- *in Zssgn mst.* jacht-, *z.B.* **~anzug** *m* (het) jachtkostuum; **~aufseher** *m* jachtopziener; **2bar** (*0*) jaagbaar; **~beute** *f* jachtbuit; **~bomber** *m* jachtbommenwerper; **~flugzeug** *n* (het) jachtvliegtuig, jager; **~gehege** *n* (het) jachtterrein; **~gewehr** *n* (het) jachtgeweer; **~hund** *m* jachthond; **~hütte** *f* jachthut; **~partie** *f* jachtpartij; **~recht** *n* (het) jachtrecht; **~revier** *n* (het) jachtterrein; **~schein** *m* jachtakte; **~schloß** *n* (het) jachtslot; **~schutzgebiet** *n* (het) jachtreservaat; **~tasche** *f* weitas; **~verbot** *n* (het) jachtverbod; **~zeit** *f* jachttijd.

jagen *v/t u. v/i* jagen; (*sn*) (*eilen*) *a.* jachten; *in die Flucht* ~ op de vlucht drijven.

Jäge|r *m* jager (*a. Flgw.*); **~'rei** *f* (*0*) jagerij, jacht; **~r·latein** *n* (het) jagerslatijn.

Jaguar ['jɑːgu·ɑːʁ] *m* (-*s*; -*e*) jaguar.

jäh (-*est*) plots(eling), onverwacht; (*steil*) steil.

Jahr *n* (-*es*; -*e*) (het) jaar; *im* ~*e 1980* in (het jaar) 1980; *von* ~ *zu* ~ van jaar tot jaar; *übers* ~ over een jaar; *in die* ~*e pl. kommen* op jaren *pl.* komen, oud worden; *in mittleren* ~*en pl.* van middelbare leeftijd; *seit* ~*en pl.* sinds jaren *pl.*; *in den siebziger* (*achtziger*) ~*en pl.* in de jaren *pl.* zeventig (tachtig); ~ *für* ~, **2'aus, 2'ein** jaar in, jaar uit; **~buch** *n* (het) jaarboek.

Jährchen *n* (het) jaartje.

jahrelang (*0*) jarenlang.

jähren: *sich* ~ een jaar geleden zijn; (*wiederkehren*) terugkeren, verjaren.

Jahres|abschluß *m* jaarbalans; **~anfang** *m* (het) begin van het jaar; **~ausgleich** *m* belastingaangifte; **~bericht** *m* (het) jaarverslag; **~durchschnitt** *m*: *im* ~ over het hele jaar gerekend; **~einkommen** *n* (het) jaarlijks inkomen; **~ende** *n* (het) einde van het jaar; **~frist** *f*: *binnen* ~ binnen een jaar; **~tag** *m* verjaardag, jaarlijkse herdenkingsdag; **~urlaub** *m* jaarlijkse vakantie; **~wechsel** *m* jaarwisseling; **~zahl** *f* (het) jaartal; **~zeit** *f* (het) jaargetijde.

Jahr|'fünft *n* (-*s*; -*e*) (het) tijdperk van vijf jaar, (het) lustrum; **~gang** *m* jaargang; *Studenten*: (het) jaar; *mil.* lichting; *Geerntetes*: jaargang, (het) jaar; *wir sind beide* ~ *1950* van 1950, in 1950 geboren.

Jahr'hundert *n* eeuw; **2e·alt** (*0*) eeuwenoud; **~wende** *f* eeuwwisseling.

jähr|ig (*0*) eenjarig; *in Zssgn* -jarig, *z.B. drei*~ driejarig; **~lich** (*0*) jaarlijks; **2ling** *m* (-*s*; -*e*) jaarling.

Jahr|markt *m* jaarmarkt; **~'tausend** *n* (het) tijdperk van duizend jaar, (het) millennium.

Jahr'zehnt *n* (-*s*; -*e*) (het) decennium; **2e·lang** (*0*) tientallen jaren *n/pl.* lang.

Jähzorn *m* drift, opvliegendheid; **2ig** opvliegend, driftig.

Jalousie [ʒɑ·lu·'ziː] *f* jaloezie.

Jambus *m* (-; *Jamben*) jambe.

Jammer *m* (-*s*; *0*) ellende; (*Kummer*) (het) verdriet; (*laute Klage*) (het) gejammer; *es ist ein* ~ het is treurig; **~geschrei** *n* jammerklachten *pl.*, (het) gejammer; **~lappen** *m* sukkel.

jämmerlich jammerlijk (*a. feige usw.*).
jammer|n (*-re*) jammeren, klagen; *es jammert mich* ik vind het betreurenswaardig; *er jammert mich* ik heb medelijden met hem; **~'schade** (*0*) vreselijk jammer, doodjammer; **2tal** *n* (*-es*; *0*) (het) tranendal; **~voll** jammerlijk, ellendig.
Januar ['ja·nu·a:ʁ] *m* (*-s*; *-e*): *der ~* januari.
Japan *n* Japan *n*.
Ja'pan|er(in *f*) *m* Japanner *m*, Japanse *f*; **2isch** Japans.
jap|pen, ~sen (*-t*) hijgen.
Jargon [ʒaʁ'gɔŋ] *m* (*-s*; *-s*) (het) jargon.
Jas'min *m* (*-s*; *0*) jasmijn.
Jaspis *m* (*- od. -ses*; *-se*) jaspis (*Stoffname*: het).
jäten (*-e-*) wieden.
Jauche *f* gier, vloeibare mest; *Med.* (het) etterig vocht, (het) pus; **~ngrube** *f* gierput.
jauchz|en (*-t*) juichen, jubelen; **2er** *m* juichkreet.
jaulen janken, huilen.
Jause *f* lichte tussenmaaltijd.
Ja|va [v] *n* Java *n*; **2'vanisch** Javaans.
ja'wohl jawel.
Jawort *n* (*-es*; *-e*) (het) jawoord.
Jazzband [dʒɛs-] *f* jazzband.
je ooit; (*pro*) per; *warst du ~ in Berlin?* ooit, wel eens; *~ zwei* (*und zwei*) twee aan twee; *er gab ihnen ~ fünf Zigaretten* (*Mark*) hij gaf (aan) elk van hen vijf sigaretten (mark); *~ ... desto ..., ~ ... ~ ..., ~ ... umso* ... hoe ... hoe ...; *~ nach* (*D*) al naar, naargelang van; *~ nachdem* naargelang, naarmate; *s. a. denn.*
jede(r, ~s) elk(e), ieder(e).
jedenfalls in ieder (*od.* alle) geval.
jeder|mann iedereen; **~zeit** altijd, steeds, te allen tijde.
jedesmal telkens, elke keer; *~ wenn* telkens als.
je'doch echter, maar, toch.
jed'wede(r, ~s) elk(e), ieder(e).
Jeep [dʒi:p] *m* (*-s*; *-s*) jeep.
jegliche(r, ~s) elk(e), ieder(e).
jeher: *von* (*od. seit*) *~* van oudsher.
Je'längerje'lieber *n od. m Bot.* tuinkamperfoelie.
jemals ooit; *kaum ~* vrijwel nooit.
jemand iemand.
Jemen *m*: (der) *~* Jemen *n*.
jemine! (o) jee(tje)!
jene|(r) die (daar); *Su.* (*der zuerst Erwähnte*) eerstgenoemde; **~s** dat (daar); (het) eerstgenoemde.
jenseit|ig (*0*) aan de andere zijde, aan de overkant; *Ufer*: ander; **~s** (*G, von D*) aan de andere kant (van); **2s** *n* (*-*; *0*) (het) hiernamaals.
Jersey ['dʒə:si·] *m* (*- od. -s*; *-s*) jersey.
Jesuit [-zu·'i:t] *m* (*-en*) jezuïet; **~enorden** *m* jezuïetenorde.
Jesus *m* Jezus.
Jet [dʒɛt] *m* (*- od. -s*; *-s*) jet.
jetzig (*0*) tegenwoordig, huidig.
jetzt nu, nou, thans.
jeweil|ig (*0*) van dat ogenblik, respectief; *Hdl. Kurs*: van de dag; **~s** telkens, op een gegeven ogenblik.
Jh. *Abk. für Jahrhundert.*
Jiu-Jitsu ['dʒi:u· 'dʒɪtsu·] *n* (*-s*; *0*) (het) jioe-jitsoe.
Job [dʒɔb] *m* (*-s*; *-s*) job.
Joch *n* (*-es*; *-e*) (het) juk (*a. fig.*); (*Bergrücken*) bergrug.
Jockei ['dʒɔke·, '-ki·] *m* (*-s*; *-s*) jockey.
Jod *n* (*-s*; *0*) (het) jodium.
jodeln (*-le*) jodelen.
jod|haltig joodhoudend; **2tinktur** *f* jodiumtinctuur.
Joga *m* (*- od. -s*; *0*) yoga.
Joghurt ['jo:guʁt] *m od. n* (*-s*; *-s*) yoghurt.
Jo'hannis|beere *f* aalbes; **~brot** *n* (het) sint-jansbrood; **~käfer** *m* johanneskever, (het) glimwormpje.
johlen joelen.
Joker ['dʒo:-, 'jo:-] *m* joker.
Jolle *f* jol.
Jon'gl|eur [ʒɔŋ'glø:ʁ] *m* (*-s*; *-e*) jongleur; **2ieren** (*-*) jongleren.
Joppe *f* jekker, jopper.
Jordan *m*: *der ~* de Jordaan.
Jot [jɔt] *n* (*- od. -s*; *-s*) (de letter) j.
Jota *n* (*-s*; *-s*) jota (*a. fig.*).
Journa|l [ʒuʁ'na:l] *n* (*-s*; *-e*) (het) journaal; (*Zeitschrift bsd.*) (het) tijdschrift; **~'lismus** *m* (*-*; *0*) journalistiek; **~'list(in** *f*) *m* (*-en*) journalist(e *f*).
Jubel *m* (*-s*; *0*) (het) gejuich, (het) gejubel; **~fest** *n* (het) jubileum; **~jahr** *n* (het) jubeljaar; **2n** (*-le*) juichen, jubelen; **~paar** *n* (het) bruidspaar.

Jubi'lar *m* (*-s*; *-e*) jubilaris.
Jubiläum [-'le:um] *n* (*-s*; *Jubiläen*) (het) jubileum; **~s·ausgabe** *f* jubileumuitgave.
juch'he(i)! hoera!, hoezee!
Juchten *n* (*-s*; *0*) (*Leder*) (het) juchtleer.
juck|en jeuken; *es juckt mich* ik heb jeuk; *fig.* mijn vingers *pl.* jeuken; **2en** *n* (*-s*; *0*) jeuk; **2reiz** *m* jeuk(prikkel).
Jude *m* (*-n*) jood; *der Ewige* ~ de Wandelende Jood.
Juden|tum *n* (*-s*; *0*) (het) jodendom; **~verfolgung** *f* jodenvervolging; **~viertel** *n* jodenbuurt.
Jüd|in *f* jodin; **2isch** Joods.
Judo *n* (*- od. -s*; *0*) (het) judo.
Jugend *f* (*0*) jeugd; *von ~ auf* van jongs af aan.
Jugend|- *in Zssgn mst.* jeugd-; **~alter** *n* jeugdige leeftijd, jeugd; **~amt** *n* raad voor kinderbescherming; **~bewegung** *f* jeugdbeweging; **~buch** *n* (het) boek voor de jeugd; **~erinnerungen** *f/pl.* jeugdherinneringen *pl.*; **2frei** (*0*) *Film*: toegankelijk voor alle leeftijden; **~freund** *m* jeugdvriend; **~fürsorge** *f* (sociale) jeugdzorg; **~heim** *n* (het) jeugdtehuis; **~herberge** *f* jeugdherberg; **~kriminalität** *f* jeugdcriminaliteit; **~lager** *n* (het) jeugdkamp.
Jugendlich jeugdig, jong; **2e(n)** *pl.* jongeren *pl.*; **2keit** *f* (*0*) jeugdigheid.
Jugend|liebe *f* jeugdliefde; **~organisation** *f* jeugdorganisatie; **~pflege** *f* jeugdzorg; **~schriften** *f/pl.* uitgaven *pl.* voor de jeugd; **~schutz** *m* kinderbescherming; **~stil** *m* (*-es*; *0*) Jugendstil; **~sünde** *f* jeugdzonde; **~traum** *m* jeugddroom; **~zeit** *f* jeugd.
Jugo'slaw|e *m* (*-n*) Joegoslaviër; **~ien** [-vĭən] *n* Joegoslavië *n*; **2isch** Joegoslavisch.
Juli *m* (*- od. -s*; *-s*): *der ~* juli.
jung (*"er*; *"st*) jong; *~er Herr* jongeheer (*a. Anrede*); *~er Mann* jongeman (*a. Anrede*); *pej.* (het) jongmens; *s. a. jünger u. jüngst*; **2e** *m* (*-n*) jongen; **2e(s)** (het) jong; **~en** jongen, jongen *n/pl.* werpen; **~enhaft** (*-est*) jongensachtig.
jünger jonger; (*ziemlich jung*) nog(al) jong; *s. jung*; **2** *m* discipel, volgeling; **2in** *f* leerlinge, volgelinge.
Jungfer ['juŋfɐ] *f* (*-*; *-n*) = *Jungfrau*; (*Kammer2*) (het) kamermeisje; *alte ~* oude vrijster; **~nfahrt** *f* eerste reis, maidentrip; **~n·rede** *f* maiden-speech.
Jung|frau *f* maagd; *Rel.* Maagd; **2fräulich** maagdelijk (*a. fig.*); **~fräulichkeit** *f* (*0*) maagdelijkheid.
Junggesell|e *m* vrijgezel; **~in** *f* vrijgezellin.
Jüngling *m* (*-s*; *-e*) jongeling, jongeman; **~s·alter** *n* jongelingsjaren *n/pl.*
jüngst 1. *Adj.* jongst; *der 2e Tag* de jongste dag; *in ~er Zeit* (in) de laatste tijd; *s. jung*; **2.** *Adv.* onlangs, laatst.
Juni *m* (*- od. -s*; *-s*): *der ~* juni.
junior [-nĭɔʀ] junior; **2** *m* (*-s*; *-en* [-'nĭo:-]) junior.
Junker *m* (land)jonker.
Junta ['xun-] *f* (*-*; *Junten*) junta.
Jura[1] *m*: *der ~* de Jura, het Juragebergte.
Jura[2] *n/pl.* rechten *n/pl.*; *~ studieren* in de rechten studeren; *s. a. Dr. jur.*
Juris|diktion [-'tsĭo:n] *f* (*0*) jurisdictie; **~pru'denz** *f* (*0*) jurisprudentie.
Ju'rist|(in *f*) *m* (*-en*) jurist(e *f*); (*Student[in]*) student(e *f*) in de rechten; **2isch** (*0*) juridisch.
Jury [ʒy·'ʀi:] *f* (*-*; *-s*) jury.
just net, juist.
Jus'tiz *f* (*0*) justitie; **~beamte(r)** rechterlijk ambtenaar; **~behörde** *f* rechterlijke macht, gerechtelijke autoriteiten *pl.*; **~irrtum** *m* rechterlijke dwaling; **~minister** *m* minister van justitie; **~ministerium** *n* (het) ministerie van justitie; **~mord** *m* gerechtelijke moord.
Jute *f* (*0*) jute.
Jütland *n* Jutland *n*.
Ju'wel *n* (*-s*; *-en*) (het) juweel (*a. Pers.*), (het) kleinood (*bsd. fig.*).
Juwe'lier *m* (*-s*; *-e*) juwelier; **~laden** *m* juwelierswinkel.
Jux *m* (*-es*; *-e*) F grap, lol; *sich e-n ~ machen* een grap (*od.* grappen *pl.*) uithalen; *aus ~* voor de grap (*od.* lol).

K

K, k *n* K, k.
Kaba'ret|t *n* (*-s*; *-e od. -s*) (het) cabaret; (*Schüssel*) schotel met afzonderlijke vakjes; **~'tist** *m* (*-en*) cabaretier.
Ka'bäus·chen *n* (het) hutje, (het) hokje.
Kabel *n* kabel.
Kabeljau *m* (*-s*; *-e od. -s*) kabeljauw.
Kabel|legung *f* kabellegging; **2n** (*-le*) telegraferen.
Ka'bine *f* cabine; *mar.* hut, kajuit; (*Bade2*) (het) badhokje.
Kabi'nett *n* (*-s*; *-e*) (het) kabinet (*a. Pol. u. Kunst2*); **~s·krise** *f* kabinetscrisis.
Kabriolett [-bʀĭo·-] *n* (*-s*; *-s*) cabriolet.
Kachel *f* (*-*; *-n*) tegel; **2n** (*-le*) betegelen; **~ofen** *m* met tegels beklede kachel.
Kacke *f* (*0*) V kak, stront; **2n** V kakken.
Ka'daver *m* (het) kadaver; **~gehorsam** *m* kadavergehoorzaamheid.
Ka'denz *f* cadans.
Kader *m* (het) kader.
Ka'dett *m* (*-en*) kadet; **~en·anstalt** *f*, **~en·schule** *f* kadettenschool.
Kadi *m* (*-s*; *-s*) kadi, rechter.
Kadmium [-mĭum] *n* (*-s*; *0*) (het) cadmium.
Käfer *m* kever, tor.
Kaff *n* (*-es*; *0*) (*Spreu*) (het) kaf; (*Zeug*) rommel; (*Geschwätz*) (het) gezwam; (*Ort*) (het) nest, (het) gat.
Kaffee *m* (*-s*; *0*) koffie; ~ *kochen* (*od. aufbrühen*) koffie zetten.
Kaffee|- *in Zssgn mst.* koffie-, *z.B.* **~automat** *m* koffieautomaat; **~bohne** *f* koffieboon; **2braun** (*0*) koffiebruin; **~brenner** *m* koffiebrander; **~-Ersatz** *m* (het) koffiesurrogaat; **~-Extrakt** *m* (het) koffie-extract; **~filter** *m* koffiefilter; **~kanne** *f* koffiekan; **~klatsch** *m* kletspraatjes *n/pl.*; **~löffel** *m* (het) theelepeltje; **~maschine** *f* koffiezetmachine; **~mühle** *f* koffiemolen; **~satz** *m* (het) koffiedik; **~service** *n* (het) koffieservies; **~tante** *f* theetante; **~tasse** *f* (het) koffiekopje; **~tisch** *m* koffietafel; **~wärmer** *m* theemuts.
Kaffer *m* Kaffer; *fig.* kaffer.
Käfig *m* (*-s*; *-e*) kooi, (het) hok.
Kaftan *m* (*-s*; *-e*) kaftan.
kahl kaal (*a. Kopf usw.*).
kahl|- *in Zssgn mst.* kaal-, *z.B.* **~fressen** kaal vreten; **2heit** *f* (*0*) kaalheid; **2kopf** *m* kaalkop (*a. Pers.*); **~köpfig** kaalhoofdig; **~scheren** kaal scheren; **2schlag** *m* kaalslag.
Kahn *m* (*-es*; *⸗e*) roeiboot, (het) bootje; (*Lastschiff*) schuit, aak.
Kai *m* (*-s*; *-s*) kade, kaai, wal.
Kaiman *m* (*-s*; *-e*) kaaiman.
Kairo *n* Caïro *n*.
Kaiser *m* keizer.
Kaiser|- *in Zssgn mst.* keizer-, *z.B.* **~in** *f* keizerin; **2lich** keizerlijk; **~reich** *n* (het) keizerrijk; **~schnitt** *m* keizersnede; **~tum** *n* (*-s*; *0*) (het) keizerschap.
Kajak *m* (*-s*; *-s*) kajak.
Ka'jüte *f* kajuit, hut.
Kakadu *m* (*-s*; *-s*) kaketoe.
Kakao [-'kau] *m* (*-s*; *0*) cacao; *e-e Tasse ~* een kop chocola; *j-n durch den ~ ziehen* iem. erdoor (*od.* door de modder) halen; **~butter** *f* cacaoboter.
Kakerlak *m* (*-en*) kakkerlak.
Kak|'tee *f*, **~tus** *m* (*-*; *Kakteen*) cactus.
Ka'labrien [-bʀĭən] *n* Calabrië *n*.
Kalami'tät *f* calamiteit, ramp.
Kalauer *m* flauwe mop.
Kalb *n* (*-es*; *⸗er*) (het) kalf.
Kälbchen *n* (het) kalfje.
kalb|en kalven; **2fleisch** *n* (het) kalfsvlees; **2leder** *n* (het) kalfsleer.
Kalbs|- *in Zssgn mst.* kalfs-, *z.B.* **~braten** *m* (het) kalfsgebraad; **~brust** *f* kalfsborst; **~hachse** kalfsschenkel; **~kopf** *m* kalfskop; **~leber** *f* kalfslever; **~milch** *f* kalfszwezerik; **~nierenbraten** *m* (het) gebraden kalfsnierstuk; **~nuß** kalfsfricandeau; **~schnitzel** kalfsoester, kalfsschnitzel.

Kal'daunen *f/pl.* ingewanden *n/pl.*, pens.
Kaleido'skop *n* (*-s*; *-e*) caleidoscoop.
Ka'lender *m* kalender; **~jahr** *n* (het) kalenderjaar.
Ka'lesche *f* kales.
kal'fatern (*-re*) kalefateren, breeuwen.
Kali *n* (*-s*; *-s*) kali.
Ka'liber *n* (het) kaliber (*a. fig.*).
Kalifornien [-'fɔʁniən] *n* Californië *n.*
Kalk *m* (*-es*; *-e*) kalk.
Kalk|- *in Zssgn mst.* kalk-, *z.B.* **~boden** *m* kalkgrond; **2en** kalken; **2haltig** kalkhoudend; **~lunge** *f* kalklong; **~ofen** *m* kalkoven; **~stein** *m* kalksteen (*a.* het).
Kalku|lation [-'tsĭo:n] *f* calculatie; **2'lieren** (-) calculeren, rekenen.
Kalkwasser *n* (*-s*; *0*) (het) kalkwater.
Kalo'rie *f* calorie.
kalt (*"er*; *"est*) koud; *fig. bsd.* koel; *mir ist ~* ik heb het koud; *~ stellen* op een koele plaats zetten; *es ist ~* het is koud; **~blütig** koelbloedig.
Kälte *f* (*0*) kou(de); **2beständig** tegen vorst bestand; **~welle** *f* koudegolf.
Kalt|front *f* (het) koufront; **2herzig** koel, koud, ongevoelig; **~luft** *f* koude lucht; **2machen** vermoorden, mollen; **~schale** *f* koude bier-*od.* vruchtensoep; **2schnäuzig** gevoelloos; **~stellen** *j-n* aan de dijk zetten, uitschakelen; **~welle** *f* cold-wave.
Kal'varienberg [-rĭən-] *m*: *der ~* de Calvarieberg.
Kalvi'nis|mus *m* (-; *0*) (het) calvinisme; **2tisch** (*0*) calvinistisch.
Kalzium [-tsĭʊm] *n* (*-s*; *0*) (het) calcium.
Ka'mel *n* (*-es*; *-e*) kameel; *fig.* ezel; **~haar** *n* (het) kameelhaar.
Ka'melie [-lĭə] *f* camelia.
Ka'mellen *f/pl.* F: *olle ~* ouwe kost.
Ka'meltreiber *m* kameeldrijver.
Kamera [-əʀa·] *f* (-; *-s*) camera.
Kamerad [-ə'ʀa:t] *m* (*-en*) kameraad, makker; **~schaft** *f* kameraadschap; **2schaftlich** kameraadschappelijk.
Kameramann *m* cameraman.
Kame'run *n* Kameroen *n.*

Ka'mille *f* kamille; **~n·tee** *m* kamillethee.
Ka'min *m* (*-s*; *-e*) schoorsteen; (*Feuerstelle*) open haard; **~feger** *m* schoorsteenveger.
Kamm *m* (*-es*; *"e*) kam (*a. Hahnen2 usw.*); *enger* (*weiter*) *~* fijne (wijde) kam.
kämmen (*sich*) (zich) kammen.
Kammer *f* (-; *-n*) kleine kamer, (het) kamertje; (*Lagerraum*) bergplaats; *Schatz2, Herz2, bei Waffen, jur. u. Pol.*: kamer; **~diener** *m* kamerdienaar.
Kämme|'rei *f* (*Kasse*) gemeentekas; **~rer** *m* thesaurier.
Kammer|frau *f* kamenier; **~gericht** *n* (het) gerechtshof; **~herr** *m* kamerheer; **~musik** *f* kamermuziek; **~sänger** *m* hofzanger; **~zofe** *f* kamenier.
Kamm|garn *n* (het) kamgaren; **~wolle** *f* kamwol.
Kampagne [-'panĭə] *f* campagne.
Kampf *m* (*-es*; *"e*) (het) gevecht (*bsd. Schlacht*), strijd (*bsd. Streit*); *Sp.* wedstrijd; **~anzug** *m* gevechtstenue (*a.* het); **~bahn** *f* (het) stadion; **2bereit** gevechtsklaar, strijdvaardig.
kämpfen vechten, strijden.
Kampfer *m* (*-s*; *0*) kamfer.
Kämpfer *m* vechter, strijder; **2isch** strijdlustig.
Kampfer·öl *n* (*-es*; *0*) kamferolie.
kampf|fähig strijdvaardig, paraat; **2flugzeug** *n* (het) gevechtsvliegtuig; **2genosse** *m* strijdgenoot; **2hahn** *m fig.* kemphaan, vechtersbaas; **2handlung** *f* gevechtshandeling; **~los** (*0*) zonder strijd; **2lust** *f* (*0*) strijdlust; **~lustig** strijdlustig; **2platz** *m* (het) strijdperk, arena; **2richter** *m* kamp-, scheidsrechter; **2spiel** *n* wedstrijd, (het) toernooi; **2stoffe** *m/pl.*: *chemische ~* chemische wapens *n/pl.*; **~unfähig:** *~ machen* buiten gevecht stellen.
kam'pieren (-) kamperen.
Kanada *n* Canada *n.*
Ka'nad|ier(in *f*) [-dĭɚ] *m* Canadees *m*, Canadese *f*; **2isch** Canadees.
Ka'nal *m* (*-s*; *"e*) (het) kanaal (*a. Rf.*), gracht; (*Abfluß*) riool; **~isation** [-'tsĭo:n] *f* kanalisatie; riolering; **2i'sieren** (-) kanaliseren; rioleren; **~schwimmen** *n* (*-s*; *0*) (het) zwemmen over het Kanaal.

Kanapee *n* (*-s*; *-s*) canapé.
Kanarienvogel [-'nɑːʀĭən-] *m* kanarievogel.
ka'narisch: ⁀*e Inseln f/pl.* Canarische eilanden *n/pl.*
Kan'dare *f* gebitstang; *j-n an die ~ nehmen* iem. onder handen nemen, iem. streng aanpakken.
Kande'laber *m* kandelaber.
Kandi'd|at(in *f*) *m* (*-en*) kandidaat *m*, kandidate *f*; **~a'tur** *f* kandidatuur; ⁀**ieren** (-) kandideren.
kan|'diert gekonfijt; ⁀**dis(zucker** *m*) *m* (*-*; *0*) kandijsuiker.
Ka'neel *m* (*-s*; *-e*) kaneel (*a.* het).
Känguruh ['kɛŋgu·ʀu·] *n* (*-s*; *-s*) kangoeroe.
Ka'ninchen *n* (het) konijn; **~bau** *m* (het) konijnehol; **~stall** *m* (het) konijnehok.
Ka'nister *m* bus, kan, (het) blik.
Kännchen *n* (het) kannetje.
Kanne *f* kan, pot.
kanne'lieren (-) canneleren.
Kanni'bal|e *m* (*-n*) kannibaal, menseneter; ⁀**isch** kannibaals; *fig.* wreed.
Kanon [-nɔn] *m* (*-s*; *-s*) canon (*a. Mus.*).
Ka'none *f* (het) kanon; F *Pers.*: kei, crack.
Ka'nonen|boot *n* kanonneerboot; **~donner** *m* (het) kanongebulder; **~futter** *n* (het) kanonnevlees; **~kugel** *f* kanonskogel; **~schuß** *m* (het) kanonschot.
Kano'nier *m* (*-s*; *-e*) kanonnier.
ka'nonisch (*0*) canoniek.
Kan'tate *f* cantate.
Kante *f* kant, rand, boord; *auf die hohe ~ legen* opzij leggen, sparen; ⁀**n** (*-e-*) op zijn kant zetten, kantelen; *nicht ~!* niet kantelen!
Kant|haken *m* balkhaak; ⁀**ig** kantig, met scherpe kanten.
Kan'tine *f* kantine.
Kan'to|n *m* (*-s*; *-e*) (het) kanton; ⁀**'nal** (*0*) kantonnaal; **~'nist** *m* (*-en*): *unsicherer ~* (het) onbetrouwbaar individu.
Kantor *m* (*-s*; *-en* [-'toː-]) cantor.
Kanu *n* (*-s*; *-s*) kano.
Ka'nüle *f* canule, (het) buisje.
Ka'nute *m* (*-n*) kanovaarder.
Kanzel *f* (*-*; *-n*) kansel, preekstoel; **~redner** *m* kanselredenaar.
Kanz'lei *f* kanselarij, secretarie; *jur. bsd.* griffie; **~papier** *n* (het) groot formaat schrijfpapier; **~stil** *m* (*-es*; *0*) stadhuistaal.
Kanzler *m* kanselier (*a. Pol.*).
Kap [a] *n* (*-s*; *-s*) kaap.
Ka'paun *m* (*-s*; *-e*) kapoen, gesneden en gemeste haan.
Kapazi'tät *f* capaciteit; *Pers.*: autoriteit; **~s·ausnutzung** *f* capaciteitsbenutting.
Ka'pell|e *f* kapel (*a. Mus.*); **~meister** *m* kapelmeester, dirigent.
Kaper *m* kaper, vrijbuiter; ⁀**n** (*-re*) kapen; *sich etw. ~* iets wegkapen, iets aan de haak slaan.
Kapern *f/pl. Gewürz*: kappertjes *n/pl.*
Kaperschiff *n* (het) kaperschip.
ka'pieren (-) F snappen.
Kapi'tal *n* (*-s*; *Kapitalien*) (het) kapitaal; **~anlage** *f* kapitaalbelegging; **~erhöhung** *f* kapitaaluitbreiding; **~flucht** *f* (*0*) kapitaalvlucht.
Kapita'lis|mus *m* (*-*; *0*) (het) kapitalisme; **~t** *m* (*-en*) kapitalist; ⁀**tisch** (*0*) kapitalistisch.
kapi'tal|kräftig kapitaalkrachtig; ⁀**verbrechen** *n* (het) zwaar misdrijf.
Kapi'tän *m* (*-s*; *-e*) kapitein.
Kapitel [-'pɪtəl] *n* (het) hoofdstuk.
Kapi'tell *n* (*-s*; *-e*) (het) kapiteel.
Kapitu|lation [-'tsĭoːn] *f* capitulatie; ⁀**'lieren** (-) capituleren.
Ka'plan *m* (*-s*; *⸚e*) kapelaan.
Kappe *f* kap; *Kleidung a.* pet, muts (*Schuh*⁀) neus; *auf seine ~ nehmen* op zijn verantwoording nemen; ⁀**n** kappen; *fig. bsd.* besnoeien.
Käppi *n* (*-s*; *-s*) kepie.
Kapsel *f* (*-*; *-n*) capsule; (*Etui*) (het) foedraal, koker; *Anat.* (het) kapsel; *Bot.* zaaddoos.
Kapstadt *n* Kaapstad *n.*
ka'putt (*0*) F kapot (*a. müde*); **~gehen** kapotgaan; **~lachen:** *sich ~* zich krom lachen; **~machen** kapot maken.
Ka'pu|ze *f* kap, capuchon; **~'ziner** *m* kapucijn.
Kara'biner *m* karabijn.
Ka'raffe *f* karaf.
Karambo'l|age [-ʒə] *f* carambolage (*a. Auto*⁀); ⁀**ieren** (-) caramboleren.
Karamel [-'mɛl] *m* (*-s*; *0*) karamel; **~len** *f/pl.* karamels *pl.*
Ka'rat *n* (*-es*; *-e*) (het) karaat.
Kara'wane *f* karavaan.

Kar'batsche *f* karwats.
Kar'bid *n* (*-s; 0*) (het) carbid.
Kar'bol *n* (*-s; 0*) carbol (*a.* het).
Karbo'nade *f* karbonade.
Kar'bunkel *m* karbonkel.
Kar'dan|antrieb *m* cardanaandrijving; **~gelenk** *n* cardankoppeling; **~welle** *f* cardanas.
Kardi'nal *m* (*-s; ¨e*) kardinaal; **~fehler** *m* kardinale fout; **~zahl** *f* (het) hoofdtelwoord.
Kardio'gramm [-dĭo'-] *n* (het) cardiogram.
Kar'freitag *m* Goede Vrijdag.
Kar'funkel *m* karbonkel.
karg (*¨er; ¨st*) karig (*a. Worte*), schraal; **~en** zuinig (*od.* spaarzaam) zijn; ~ *mit* (*D*) sparen met, zuinig zijn met; **2heit** *f* (*0*) karigheid, schraalheid.
kärglich karig, armoedig, schraal.
ka'riert geruit.
Karies [-ʀĭɛs] *f* (*0*) cariës.
Kari|ka'tur *f* karikatuur; **2katu'ristisch** karikaturaal; **2'kieren** (-) karikaturiseren.
Karl *m* Karel.
Karme'liter *m* karmeliet.
Kar|me'sin *n* (*-s; 0*) (het) karmozijn; **~'min** *n* (*-s; 0*) (het) karmijn.
Karneva|l [-əval] *m* (*-s; -e od. -s*) (het) carnaval; **~'list** *m* (*-en*) carnavalsgek, carnavalvierder.
Kar'nickel *n* (het) konijn; *Pers.*: zondebok.
Kärnten *n* Karinthië *n.*
Karo *n* (*-s; -s*) ruit; *Karte*: ruiten; **~bube** *m* ruitenboer.
Karosserie [-sə'ʀiː] *f* carrosserie.
Ka'rotte *f* wortel.
Kar'paten *pl.*: *die* ~ de Karpaten *pl.*
Karpfen *m* karper; **~teich** *m* karpervijver.
Karre(**n** *m*) *f* kar, handkar; (*Schub2*) kruiwagen.
Kar'ree *n* (*-s; -s*) carré (*a.* het).
karren kruien, met een kruiwagen vervoeren. [loopbaan.]
Karriere [ka'ʀĭɛːʀə] *f* carrière,
Karst[1] *m* (*-es; -e*) hak, (het) houweel.
Karst[2] *m*: *der* ~ het Karstgebergte.
Kar'täuser *m* kartuizer.
Kärtchen *n* (het) kaartje.
Karte *f* kaart (*a. Spiel2 usw.*); (*Fahr2*) (het) kaartje, (het) biljet; (*Flug2*) (het) ticket; *nach der* ~ *essen* à la carte eten; **~n** *pl. spielen* kaarten.
Kar'tei *f* (het) kaartsysteem, kaartenbak; **~karte** *f* fiche.
Kar'tell *n* (*-s; -e*) (het) kartel.
Karten|brief *m* postbrief; **~haus** *n* (het) kaartenhuis(je *fig.*); *mar.* kaartenhut; **~legerin** *f* kaartlegster; **~spiel** *n* (het) kaartspel; **~spieler** *m* kaartspeler, kaarter; **~tasche** *f* kaartentas; **~verkauf** *m* kaartverkoop; **~werk** *n* (het) kaartwerk.
Kar'toffel *f* (*-; -n*) aardappel.
Kar'toffel|- *in Zssgn mst.* aardappel-, *z.B.* **~brei** *m* aardappelpuree; **~käfer** *m* coloradokever; **~klöße** *m/pl.* aardappelballen *pl.*, aardappelknoedels *pl.*; **~mehl** *n* (het) aardappelmeel; **~puffer** *m* aardappelpannekoek; **~salat** *m* aardappelsla; **~schäler** *m* dunschiller; **~suppe** *f* aardappelsoep.
Karto'graph *m* (*-en*) cartograaf.
Karto|n [-'tɔŋ] *m* (*-s; -s*) (het) karton; (*Schachtel*) kartonnen doos; **2'nieren** (-) kartonneren.
Karto'thek *f* cartotheek.
Kar'tusche *f* kardoes.
Karus'sell *n* (*-s; -s od. -e*) carrousel (*a.* het), draaimolen.
Karwoche *f* goede week.
Karzer *m* (het) strafkamertje; (het) arrest, straf.
Kaschmir 1. *m* (*-s; -e*) (het) kasjmier; **2.** *n* Kasjmier *n.*
Käse *m* kaas; F (*Unsinn*) onzin, flauwe kul.
Käse|- *in Zssgn mst.* kaas-, *z.B.* **~glocke** *f* kaasstolp; **~kuchen** *m* kaastaart.
Kasematte [-zə'-] *f* kazemat.
käse|n (*-t*) kazen, kaas maken; **2'rei** *f* kaasmakerij.
Ka'ser|ne *f* kazerne; **~nen·hof** *m* binnenplaats van de kazerne; **2'nieren** (-) kazerneren.
Käse|stange *f* (het) kaasstaafje; **~stoff** *m* kaasstof. [bleek.]
käsig kaasachtig; (*bleich*) (doods-)
Ka'sino *n* (*-s; -s*) (het) casino.
Kas'kade *f* cascade, waterval.
Kaskoversicherung *f* cascoverzekering; *Auto*: all-riskverzekering.
Kasperle ['kaspəʁlə] *m* Jan Klaassen; **~theater** *n* poppenkast.
kaspisch [-sp-]: **2***es Meer* Kaspische Zee.
Kasse *f* kas; (*Zahlstelle*) kassa; (*Schalter*) (het) loket; (*Kranken2*)

(het) (zieken)fonds; (*Spar*2) (spaar)-bank.
Kassen|- *in Zssgn mst.* kas-; **~abschluß** *m* (het) opmaken van de kas; **~anweisung** *f* (het) kasbriefje; **~arzt** *m* fondsdokter; **~bestand** *m* (het) kassaldo, (het) bedrag in kas; **~buch** *n* (het) kasboek; **~führer** *m* kassier; (*Vereins*2) penningmeester; **~schlager** *m* (het) kassucces; **~sturz** *m*: ~ *machen* de kas opmaken; **~zettel** *m* kassabon.
Kasserolle [-sə'-] *f* kastrol, kasserol.
Kas'sette *f* cassette; *Mus.* geluidscassette; **~n·film** *m* cassettefilm.
Kas'siber *m* (het) gesmokkeld briefje.
kas'sier|en (-) *Geld* incasseren, ontvangen; **2er(in** *f*) *m* kassier(ster *f*).
Kastanie [-'tɑːnĭə] *f* kastanje; **2nbraun** (*0*) kastanjebruin.
Kästchen *n* (het) kistje, (het) bakje, (het) doosje.
Kaste *f* kaste.
kas'teien (-) kastijden.
Kas'tell *n* (-*s*; -*e*) (het) fort, citadel.
Kasten *m* (-*s*; ⸗ *od.* -) kist, bak, doos; (*Schrank*) kast; (*Bier*2) (het) krat; (*Brief*2) bus; **~wagen** *m* gesloten vrachtwagen.
Kas'tilien [-lĭən] *n* Kastilië *n*.
kas'trieren (-) castreren, snijden.
Kasus *m* (-; -) casus; **~endung** *f* naamvalsuitgang.
Kata'kombe *f* catacombe.
kata'lanisch Catalaans.
Kata'log *m* (-*s*; -*e*) catalogus; **2i'sieren** (-) catalogiseren.
Kata'lonien [-nĭən] *n* Catalonië *n*.
Kata'pult *n* katapult.
Ka'tarrh *m* (-*s*; -*e*) catarre, slijmvliesontsteking.
Ka'taster *m od. n* (het) kadaster; **~amt** *n* (het) kadaster.
katastroph|al [-stʀo·'-] catastrofaal, rampzalig; **2e** [-'stʀoː-] *f* catastrofe, ramp; *Thea.* ontknoping; **2en·alarm** *m* (het) alarm bij rampen.
Kate'chismus *m* (-; *Katechismen*) catechismus.
Kate|go'rie *f* categorie; **2'gorisch** categorisch, beslist.
Kater *m* kater (*a. fig.*).
Ka'the|der *m od. n* katheder; **~'drale** *f* kathedraal; **~ter** *m* catheter.
Ka'thode *f* kathode.
Katho'l|ik *m* (-*en*) katholiek; **2isch** [-'toː-] (*0*) katholiek; **~i'zismus** *m* (-; *0*) (het) katholicisme.
Kat'tun *m* (-*s*; -*e*) katoen (*a.* het).
katzbuckeln (-*le*) flikflooien, pluimstrijken.
Kätzchen *n* (het) katje (*a. Bot.*), (het) poesje.
Katze *f* kat, poes; *das ist für die Katz* F dat is tevergeefs.
Katzen|auge *n* (het) katoog; (*Rückstrahler a.*) reflector; **~buckel** *m* gekromde rug; **~geschrei** *n* (het) kattegejank; **2haft** (*0*) katachtig; **~jammer** *m* kater (*a. Reue*); **~kopfpflaster** *n* kinderkopjes *n/pl.*; **~musik** *f* katte-, ketelmuziek; **~sprung** *m* (het) klein eindje; **~wäsche** *f* (het) kattewasje.
Kauderwelsch *n* (- *od.* -*es*; *0*) (het) koeterwaals.
kauen kauwen.
kauern (-*re*) hurken; *sich* ~ (neer-) hurken.
Kauf *m* (-*es*; ⸗*e*) koop; *e-n* ~ *abschließen* een koop sluiten; *in* ~ *nehmen fig.* op de koop toe nemen.
Kauf|- *in Zssgn mst.* koop-, *z.B.* **~brief** *m* koopbrief; **2en** kopen.
Käufer *m* koper.
Kauf|haus *n* (het) warenhuis; **2kräftig** koopkrachtig; **~laden** *m* winkel; **~leute** *pl.* kooplieden *pl.*, kooplui *pl.*
käuflich te koop, veil; (*bestechlich*) omkoopbaar.
Kauf|lust *f* (*0*) kooplust; **2lustig** kooplustig; **~mann** *m* (-*es*; *Kaufleute*) koopman; (*Angestellter*) kantoorbediende; *er ist* ~ hij is in de handel; **2männisch** commercieel, in de handel gebruikelijk, handels-; **~er** *Angestellter* kantoorbediende; **~e** *Angestellte pl.* (het) kantoorpersoneel; **~e** *Lehre* handelsopleiding; **~manns·sprache** *f* (*0*) handelstaal; **~preis** *m* koopprijs; **~vertrag** *m* (het) koopcontract; **~zwang** *m* (-*es*; *0*) verplichting tot kopen.
Kaugummi *m* (-*s*; -*s od.* -) kauwgom.
Kaukasus *m*: *der* ~ de Kaukasus.
Kaulquappe *f* (het) kikkervisje.
kaum nauwelijks, amper, ternauwernood.
Kau|muskel *m* kauwspier; **~tabak** *m* pruimtabak.

Kaution [-ˈtsĭoːn] *f* borg(tocht), waarborg.
Kautschuk *m* (-*s*; -*e*) rubber (*a.* het), caoutchouc (*a.* het).
Kauwerkzeuge *n/pl.* kauwwerktuigen *n/pl.*
Kauz *m* (-*es*; ⁼*e*) uil; *Pers.*: (*sonderbarer, komischer*) ~ (rare) snoeshaan, (rare) kwibus.
Kavaˈlier *m* (-*s*; -*e*) cavalier.
Kavalleˈr|ie *f* cavalerie; **~ist** *m* (-*en*) cavalerist.
Kaviar [ˈkaːvĭaːʁ] *m* (-*s*; -*e*) kaviaar.
keck vermetel, gedurfd; (*flott*) vlot, bij de hand, kwiek; **♀heit** *f* vermetelheid; vlotheid, pittigheid.
Kegel *m* kegel; ~ *schieben* kegelen; **~bahn** *f* kegelbaan; **♀förmig** kegelvormig; **♀n** (-*le*) kegelen; **~schnitt** *m* kegelsnede; **~spiel** *n* (het) kegelspel; **~spieler** *m* kegelaar; **~-~stumpf** *m* afgeknotte kegel.
Kegler *m* kegelaar.
Kehl|deckel *m* strotklep; **~e** *f* keel, strot; *Tech.* groef; *aus voller* ~ uit volle borst; **♀en** *Fisch* kaken.
Kehlkopf *m* (het) strottenhoofd; **~spiegel** *m* keelspiegel.
Kehl|laut *m* keelklank; **~leiste** *f* holle lijst.
Kehr|aus *m* (-; *0*) slotdans; *den* ~ *machen* opruimen; (*Schluß machen*) er een eind aan maken; **~besen** *m* bezem; stoffer; **~e** *f* (*Kurve*) scherpe bocht; *Turnen*: keer-, rugsprong; **♀en 1.** *v/t* vegen; (*wenden*) keren, wenden; *Rücken* toedraaien; *kehrt! mil.* rechtsomkeert!; **2.** *sich* ~ een halve draai maken; *sich* ~ *an* (*A*) zich storen aan; **~icht** *m* (-*s*; *0*) (het) veegsel, vuilnis (*a.* het); **~maschine** *f* veger, veegmachine; **~-reim** *m* (het) refrein; **~seite** *f* keerzijde (*a. fig.*).
kehrt|machen rechtsomkeert maken; **♀wendung** *f fig.* ommekeer.
keifen kijven.
Keil *m* (-*es*; -*e*) wig (*a. fig.*); *Kleidung*: spie; **~e** *pl.* F een pak slaag; **♀en** kloven, met een wig splijten; (*werben*) lijmen, lid maken; *sich* ~ vechten; **~er** *m* ever, (het) everzwijn; **~eˈrei** *f* F vechtpartij; **♀förmig** (*0*) wigvormig; **~hose** *f* ski-, trainingsbroek; **~kissen** *n* peluw; **~riemen** *m Auto*: ventilatorriem, V-snaar; **~schrift** *f* (het) spijkerschrift.

Keim *m* (-*es*; -*e*) kiem (*a. fig.*); *im* ~ *ersticken* in de kiem smoren; **♀en** (ont)kiemen, ontspruiten; **♀fähig** kiemkrachtig; **♀frei** kiemvrij; **~träger** *m* bacillendrager; **~ung** *f* (*0*) (het) kiemen; **~zelle** *f* kiemcel.
kein geen; ~ *bißchen* (*kein*) helemaal geen; (*nicht*) helemaal niet; (*nichts*) helemaal niets; **~er** niemand; **~erlei** generlei, geen enkel(e); **~erseits** van geen enkele kant, van niemand; **~es·falls, ~es·wegs** in geen geval, geenszins; **~mal** nooit, geen enkele keer.
Keks [eː] *m* (-*es*; -*e*) (het) koekje, (het) biscuit(je).
Kelch *m* (-*es*; -*e*) kelk (*a. Bot.*); **~blatt** *n* (het) kelkblad.
Kelle *f* pollepel; (*Maurer*♀) troffel, (het) truweel.
Keller *m* kelder.
Keller|- *in Zssgn mst.* kelder-; **~assel** *f* pissebed; **~ei** [-ˈʀaɪ] *f* wijnkelder; **~fenster** *n* (het) keldervenster; **~loch** *n* (het) keldergat; **~meister** *m* bottelier; **~wohnung** *f* kelderwoning.
Kellner *m* kelner, ober; **~in** *f* kelnerin, serveerster.
Kelter *f* (-; -*n*) wijnpers; **♀n** (-*re*) [persen.]
keltisch Keltisch.
kennen (*L*) kennen; *wie ich ihn kenne* hem kennende; *sich* ~ (*einander*) elkaar kennen; **~lernen** leren kennen.
Kenner *m* kenner; **~blick** *m* kennersblik.
Kennkarte *f* (het) identiteits-, persoonsbewijs.
kenntlich (*0*) (her)kenbaar; ~ *machen* kenbaar maken, aanduiden.
Kenntnis *f* (-; -*se*) kennis; ~ *nehmen von* (*D*) nota nemen van; *zur* ~ *nehmen* voor kennisgeving aannemen; *zur* ~ *bringen* ter kennis brengen; **~se** *pl.* kennis; **~nahme** *f* (*0*) kennisneming.
Kennwort *n* (-*es*; ⁼*er*) (het) motto, kenspreuk; (het) opschrift, titel; *in Anzeige*: letter; *mil.* (het) wachtwoord.
Kennzeich|en *n* (het) kenteken (*a. Auto*); *Pers. bsd.*: (het) kenmerk; **♀nen** kenmerken, karakteriseren; *Weg* aanduiden; **♀nend** typisch, kenmerkend.
Kennziffer *f* (het) kengetal; *in Anzeige*: (het) nummer.

kentern (*-re*; *sn*) kenteren, kapseizen.
Ke'ramik *f* keramiek.
Kerbe *f* keep, kerf.
Kerbel *m* (*-s*; *0*) kervel.
kerb|en kerven, insnijden; **&holz** *n* kerfstok; *etw. auf dem ~ haben* iets op zijn kerfstok hebben.
Kerker *m* kerker.
Kerl *m* (*-es*; *-e*) kerel, vent (*a. pej.*); **~chen** *n* (het) kereltje, (het) ventje.
Kern *m* (*-es*; *-e*) kern (*a. fig.*); (*Obst&*) pit; **~beißer** *m* appelvink; **~energie** *f* kernenergie; **~fusion** *f* kernfusie; **~gehäuse** *n* (het) klokhuis; **&ge'sund** (*0*) kerngezond; **~holz** *n* (het) kernhout; **&ig** kernachtig; *Pers.*: krachtig; **~kraftwerk** *n* kern(energie)centrale; **&los** (*0*) zonder pit(ten); **~obst** *n* pitvruchten *pl.*; **~physik** *f* kernfysica; **~punkt** *m* kern, (het) hoofdpunt; **~seife** *f* harde zeep; **~spaltung** *f* kernsplitsing; **~spruch** *m* kernspreuk; **~stück** *n* kern; *fig. a.* (het) hoofdpunt; **~truppen** *f/pl.* keurtroepen *pl.*; **~waffen** *f/pl.* kernwapens *n/pl.*
Kero'sin *n* (*-s*; *0*) kerosine.
Kerze *f* kaars; (*Zünd&*) bougie; **&ngerade** kaarsrecht; **~n·halter** *m* kaarshouder; **~n·leuchter** *m* kandelaar; **~n·licht** *n* (het) kaarslicht.
keß (*-sser*; *-ssest*) kranig; *pej.* brutaal; (*flott*) vlot, kwiek; (*modisch*) elegant.
Kessel *m* ketel; (*Tal&*) kom, (het) keteldal; *mil.* (het) omsingeld gebied.
Kessel|- *in Zssgn mst.* ketel-, *z.B.* **~flicker** *m* ketellapper; **~haus** *n* (het) ketelhuis; **~pauke** *f* keteltrom; **~schmied** *m* ketelmaker; **~stein** *m* ketelsteen; **~treiben** *n* (*-s*; *0*) klopjacht.
Ketchup ['kɛtʃap] *m* (*-s*; *-s*) ketchup.
Kette *f* ketting; (*Reihe*) keten, reeks; **&n** (*-e-*) ketenen, boeien.
Ketten|- *in Zssgn mst.* ketting-, *z.B.* **~antrieb** *m* kettingtractie; **~armband** *n* schakelarmband; **~bruch** *m* kettingbreuk; **~brücke** *f* kettingbrug; **~fahrzeug** *n* (het) rupsvoertuig; **~gelenk** *n*, **~glied** *n* schakel; **~hund** *m* kettinghond; **~raucher** *m* kettingroker; **~reaktion** *f* kettingreactie (*a. fig.*); **~stich** *m* kettingsteek.
Ketzer *m* ketter; **~ei** [-'raɪ] *f* ketterij; **&isch** ketters.
keuch|en hijgen; **&husten** *m* kinkhoest.
Keule *f* knots, knuppel; *Fleisch*: bout.
keusch (*-est*) kuis; **&heit** *f* (*0*) kuisheid.
Kfz *Abk. für Kraftfahrzeug.*
kg *Abk. für Kilogramm.*
KG *Abk. für Kommanditgesellschaft.*
Khaki 1. *n* (*-s*; *0*) *u.* **2.** *m* (*-s*; *0*) (het) kaki.
Kicher|erbse *f* grauwe erwt; **&n** (*-re*) giechelen.
kick|en schoppen; **&er** *m Sp.* voetballer; **&s** *m* (*-es*; *-e*) misstoot; **&starter** *m* trapstarter.
Kidnapper [-nɛpə] *m* kidnapper.
Kiebitz *m* (*-es*; *-e*) kievit; *Pers.*: hinderlijke toekijker; **&en** (*-t*) toekijken.
Kiefer[1] *f* (*-*; *-n*) (grove) den, pijnboom.
Kiefer[2] *m* kaak; **~gelenk** *n* (het) kaakgewricht; **~höhle** *f* kaakholte; **~knochen** *m* (het) kaak(s)been.
Kiefernholz *n* (het) dennehout.
Kiel *m* (*-es*; *-e*) (*Feder&*) schacht; *mar.* kiel; **&holen** kielhalen; **~wasser** *n* (*-s*; *0*) (het) kielwater, (het) zog (*a. fig.*).
Kiemen *f/pl.* kieuwen *pl.*
Kien *m* (*-es*; *0*) (het) harsachtig naaldhout, grove den; **~apfel** *m* denneappel; **~holz** *n* (het) harsachtig naaldhout; **&ig** harsachtig; **~öl** *n* harsolie.
Kiepe *f* draagkorf, mand op de rug.
Kies *m* (*-es*; *-e*) (het) grind, kiezel; P (*Geld*) centen *pl.*; **~boden** *m* grindgrond.
Kiesel *m* kiezelsteen, (het) kiezelsteentje; **~erde** *f* kiezelaarde.
Kies|grube *f* grindgroeve; **&haltig** grindhoudend; **&ig** grindachtig; **~sand** *m* (het) kiezelzand; **~weg** *m* grindweg.
kikeri'ki! kukeluku!
Kilo *n* (*-s*; *-s od. -*), **~'gramm** *n* (het) kilo(gram).
Kilo'meter *m* kilometer; **~stein** *m* kilometerpaal; **~zähler** *m* kilometerteller.
Kilo'watt *n* kilowatt; **~stunde** *f* (het) kilowattuur.
Kimme *f* keep, inkeping, rand.
Ki'mono *m* (*-s*; *-s*) kimono.

Kind *n* (*-ẹs*; *-er*) (het) kind; *von ~ auf* (*od. an*) van jongs af (aan); *das ~ mit dem Bade ausschütten* het kind met het badwater weggooien; *mit ~ und Kegel* met het hele gezin; **~bett** *n* (*-ẹs*; *0*) (het) kraambed; **~bettfieber** *n* kraamvrouwenkoorts; **~chen** *n* (het) kindje.

Kinder|- *in Zssgn mst.* kinder-, *z.B.* **~arbeit** *f* kinderarbeid; **~arzt** *m* kinderarts; **~bett** *n* (het) kinderbed; **~buch** *n* (het) kinderboek; **~ei** [-ˈRAI] *f* kinderachtigheid, flauwiteit; **~ermäßigung** *f* korting voor kinderen; **~fahrschein** *m* kinderkaart; **~fest** *n* (het) kinderfeest(je); **~frau** *f* (het) kindermeisje; **~garten** *m* kleuterschool; **~gärtnerin** *f* kleuterleidster; **~geld** *n* kinderbijslag; **~heim** *n* (het) kindertehuis; **~hort** *m* crèche, kinderbewaarplaats; **~jahre** *n/pl.* kinderjaren *n/pl.*; **~krankheit** *f* kinderziekte; **~lähmung** *f* kinderverlamming; **2ˈleicht** (*0*) doodgemakkelijk; **2lieb** (*0*): *~ sein* van kinderen houden; **~liebe** *f* kinderliefde; **~lied** *n* (het) kinderlied; **2los** (*0*) kinderloos; **~losigkeit** *f* (*0*) kinderloosheid; **~mädchen** *n* (het) kindermeisje; **~mord** *m* kindermoord; **~mund** *m* kindermond; **2reich:** *~e Familie* (het) groot gezin; **~schuh** *m* kinderschoen; **~schutz** *m* kinderbescherming; **~spiel** *n* (het) kinderspel (*a. fig.*); **~spielplatz** *m* kinderspeelplaats; **~stube** *f* kinderkamer; *fig.* goede manieren *pl.*; **~stuhl** *m* kinderstoel; **~tagesstätte** *f* (het) kinderdagverblijf; **~vorstellung** *f* kindervoorstelling; **~wagen** *m* kinderwagen; **~zimmer** *n* kinderkamer; **~zuschlag** *m* kindertoelage.

Kindes|alter *n* kinderjaren *n/pl.*; **~beine** *n/pl.*: *von ~n an* van kindsbeen af; **~kind** *n* (het) kinds-, kleinkind.

kind|haft (*-est*) kinderlijk; **2heit** *f* (*0*) kinderjaren *n/pl.*, kindsheid; **~isch** kinderachtig; *alte Leute*: kinds; **~lich** kinderlijk; **2s·kopf** *m* onnozele hannes.

Kinkerlitzchen *pl.* (*Tand*) snuisterijen *pl.*; (*Albernheiten*) gekheid, flauwe kul.

Kinn *n* (*-ẹs*; *-e*) kin; **~backe** *f* kinnebak, kaak; **~bart** *m* sik; **~lade** *f* = *Kinnbacke*; **~haken** *m* hoekslag (op de kin).

Kino *n* (*-s*; *-s*) bioscoop; *ins ~ gehen* naar de bioscoop gaan.

Kiosk [ˈkiːɔsk] *m* (*-ẹs*; *-e*) kiosk.

Kippe *f* wip, schommel; (*Zigaretten2*) (het) peukje; *auf der ~ stehen* wankel staan (*a. fig.*); **2n** *v/t u. v/i* (*a. sn*) kippen, kantelen; *v/i a.* (om)tuimelen; e-n *~* (*trinken*) er eentje nemen; **~r** *m* kipper; (*Vorrichtung*) wagenkipper.

Kipp|fenster *n* (het) tuimelraam; **~hebel** *m* kleptuimelaar; **~karren** *m* kipkar; **~lore** *f* lorrie, kipkar.

Kirch|dorf *n* (het) kerkdorp; **~e** *f* kerk.

Kirchen|- *in Zssgn mst.* kerk-; **~älteste(r)** ouderling; **~bann** *m* kerkban; **~bau** *m* kerkbouw; (*Gebäude*) (het) kerkgebouw; **~buch** *n* (het) kerkregister; **~chor** *m* (het) kerkkoor; **~diener** *m* koster; **~gemeinde** *f* gemeente; *römisch-katholisch*: parochie; **~jahr** *n* (het) kerkelijk jaar; **~lied** *n* (het) kerklied; **~maus** *f*: *arm wie e-e ~* zo arm als de mieren, straatarm; **~musik** *f* kerkmuziek; **~provinz** *f* kerkprovincie; **~raub** *m* kerkroof; **~recht** *n* (het) kerkelijk recht; **~sänger** *m* kerkzanger; **~schändung** *f* kerkschennis; **~schiff** *n* (het) kerkschip; **~spaltung** *f* kerkscheuring; **~staat** *m* kerkelijke staat; **~steuer** *f* kerkbelasting; **~tag** *m* (het) kerkelijk congres; **~vater** *m* kerkvader; **~verfolgung** *f* kerkvervolging; **~vorstand** *m* (het) kerkbestuur.

Kirch|gang *m* kerkgang; **~gänger** *m* kerkganger; **~geld** *n* (het) kerkgeld, gezinsbijdrage; **~hof** *m* (het) kerkhof; **2lich** (*0*) kerkelijk; **~turm** *m* kerktoren; **~turmpolitik** *f* dorpspolitiek; **~weihe** *f* kerkwijding.

Kirmes *f* (*-*; *-sen*) kermis.

kirre tam, mak, *Pers. bsd.* gedwee; **~n** temmen, gedwee maken; (*lokken*) lokken, aanhalen; (*tönen*) kirren.

Kirsch *m* (*-es*; *0*) kirsch, kersenbrandewijn; **~baum** *m* kerseboom; **~e** *f* kers; **~kuchen** *m* kersentaart; **~likör** *m* kirschlikeur; **2rot** (*0*) kersrood; **~saft** *m* (het) kersesap; **~wasser** *n* = *Kirsch*.

Kissen *n* (het) kussen; **~bezug** *m* kussensloop (*a.* het).
Kiste *f* kist (*a. Flgw.*); (*Zigarren*2) (het) kistje; (*Latten*2) (het) krat; F (*Auto*) bak.
Kitsch *m* (-*es*; *0*) kitsch; 2**ig** smakeloos, kitscherig.
Kitt *m* (-*es*; -*e*) kit (*a.* het); (*Glaser*2) stopverf.
Kittchen *n* F nor, bak.
Kittel *m* kiel; (*Mantel a.*) (stof)jas.
kitten (-*e*-) kitten, lijmen.
Kitz|el *m* (-*s*; *0*) kitteling, jeuk; *fig.* (*Lust*) (het) verlangen, lust, begeerte; 2**eln** (-*le*) kietelen, kittelen; **~ler** *m* kittelaar; 2**lig** kietel-, kittelachtig; *fig.* (*heikel*) netelig, lastig.
Klacks *m* (-*es*; -*e*) (*Menge*) (het) hoopje.
Kladde *f* (het) klad(boek).
kladdera'datsch: *~!* pats!, klets!; 2 *m* (-*es*; -*e*) plof; (*Zusammenbruch*) debâcle (*a.* het); (*Aufregung*) herrie.
klaffen gapen (*a. Wunde*).
kläff|en keffen, blaffen (*a. fig.*); 2**er** *m* keffer.
Klafter *m od. n* (-*s*; -) vadem, vaam; 2**n** (-*re*) in vamen opstapelen.
klagbar (*0*) vervolgbaar, aan te klagen.
Klage *f* klacht; *jur.* aanklacht; *~ auf* (*A*) *jur.* eis tot; *~ führen über* (*A*) klagen over, zijn beklag doen over; e-e *~ einreichen* een (aan)klacht indienen; **~lied** *n* (het) klaaglied.
klagen klagen, zich beklagen; *jur.* een (aan)klacht indienen; *~ auf* (*A*) een eis tot ... instellen.
Kläger *m jur.* eiser, aanklager; **~in** *f* eiseres, aanklaagster.
Klage|ruf *m* weeklacht; **~schrift** *f* conclusie van eis.
kläglich beklagenswaardig, zielig; *Verhalten*, *Niederlage*: smadelijk.
klaglos (*0*) zonder te klagen.
Kla'mauk *m* (-*s*; *0*) F herrie.
klamm (*0*) klam; *vor Kälte*: verkleumd.
Klamm *f* kloof (met een beek).
Klammer *f* (-; -*n*) klem; (*Wäsche*2) (was)knijper; (*Büro*2) paperclip; (*Schriftzeichen*) (het) haakje; 2**n** (-*re*) klemmen, krammen; *sich ~ an* (*A*) zich vastklampen aan.
Kla'motten *f/pl.* F spullen *n/pl.*
Klang *m* (-*es*; ¨*e*) klank, (het) geluid.
Klang|- *in Zssgn mst.* klank-; **~farbe** *f* (het) timbre; 2**lich** (*0*) wat de klank betreft; 2**los** (*0*) klankloos; 2**voll** klankrijk, klankvol.
klapp! klap!
Klapp|bett *n* (het) opklapbed; **~e** *f* klep; (*Deckel*) (het) deksel; F (*Mund*) smoel; *halt die ~!* F hou je smoel (*od.* mond)!; 2**en** *v/t u. v/i* kleppen, slaan; (*gelingen*) lukken, gaan; *es klappt* (*nicht*) het gaat (*od.* lukt) (niet); **~en·ventil** *n* scharnierklep.
Klapper *f* (-; -*n*) ratel, rammelaar; 2'**dürr** (*0*) broodmager; 2**ig** rammelend, gammel; *Pers. a.*: wrak, zwak; **~kasten** *m* rammelkast (*a. Auto*); 2**n** (-*re*) klapperen, klepperen, rammelen; *mit den Zähnen ~* klappertanden; **~schlange** *f* ratelslang; **~storch** *m* ooievaar.
Klapp|fahrrad *n* vouwfiets; **~fenster** *n* (het) tuimelraam; **~hut** *m* klakhoed; **~messer** *n* (het) knipmes; **~sitz** *m*, **~stuhl** *m* klap-, vouwstoel; **~tisch** *m* klaptafel.
Klaps *m* (-*es*; -*e*) tik (*a. fig.*), klap; 2**en** (-*t*) een klap (*od.* tik) geven, klappen; **~mühle** *f* F (het) gekkenhuis.
klar klaar, helder; (*verständlich*) duidelijk, klaar; *sich über etw.* (*A*) *im ~en sein* iets duidelijk inzien; *ich bin mir noch nicht im ~en darüber*, (*ob* ...) ik weet nog niet goed (of ...); *~!* natuurlijk!, o.k.!
Klär|anlage *f* zuiveringsinstallatie; 2**en** zuiveren, klaren; (*deutlich machen*) duidelijk maken; (*lösen*) ophelderen, oplossen; *sich ~* ophelderen, helder worden; *die Frage hat sich geklärt* het probleem is opgehelderd.
klar|gehen F in orde komen; 2**heit** *f* (*0*) klaarheid, helderheid.
Klari'net|te *f* klarinet; **~'tist** *m* (-*en*) klarinettist.
klar|kommen F: *nicht ~ mit* (*D*) geen weg weten met; **~legen** duidelijk maken; **~machen** (*fertigmachen*) klaarmaken; **~sehen** het zien (*od.* begrijpen); **~stellen** ophelderen, duidelijk maken, verklaren.
Klärung *f* (*0*) klaring, zuivering; [opheldering, oplossing.]
klarwerden duidelijk worden.
Klasse *f* klas(se); *erster ~* eerste klas; *zweiter ~* tweede klas; *fig.* tweederangs; *~!* F prima!, geweldig!

Klassen|älteste(r) klassevertegenwoordiger; **~arbeit** *f* (*Prüfung*) (het) proefwerk; **~bewußtsein** *n* (het) klassebewustzijn; **~einteilung** *f* klasseïndeling; **~fahrt** *f* schoolreis; **~gesellschaft** *f* klassenmaatschappij; **~justiz** *f* klassejustitie; **~kampf** *m* klassenstrijd; **~lehrer** *m* klasseleraar; **~lotterie** *f* loterij in klassen; **~treffen** *n* reünie (van een klas); **~unterschied** *m* (het) klasseverschil; **~zimmer** *n* (het) klaslokaal.

klassifi'zieren (-) classificeren.

Klassi|k *f* (*0*) klassieke tijd; (*Stil*) klassieke stijl; **~ker** *m Autor*: klassiek schrijver; **2sch** klassiek.

klatsch! klets!, pats!

Klatsch *m* **1.** (*-es*; *-e*) klap; **2.** (*-es*; *0*) (het) geklets, kletspraat; **~base** *f* kletstante, kletskous; **~e** *f* (*Fliegen2*) vliegemepper; *in der Schule*: (het) spiekbriefje; **2en** klappen (*a. in die Hände*); (*fallen, prallen*) kletsen; (*hinterbringen*) verklikken, verklappen; *~ über* (*A*) kletsen over; **~e'rei** *f* (het) geklets; (het) verklikken; **~geschichte** *f* kletspraatjes *n/pl.*; **~maul** *n* kletskous; **2'naß** (*0*) kletsnat; **2süchtig** babbelziek; *pej.* kwaadsprekend.

klauben plukken, kluiven; (*sondern*) pluizen, uitzoeken.

Klaue *f* klauw; *bei Vieh*: hoef; **2n** F (*stehlen*) gappen, jatten; **~n·seuche** *f* (*0*) (het) klauwzeer.

Klause *f* kluis, cel; *Geogr.* bergpas.

Klausel *f* (*-*; *-n*) clausule, bepaling.

Klausner *m* kluizenaar.

Klau'sur *f* (het) isolement, afgeslotenheid; (*Raum*) (het) afgesloten vertrek; **~arbeit** *f* (het) proefwerk onder toezicht.

Kla'vier [v] *n* (*-s*; *-e*) piano, (het) klavier; *~ spielen* pianospelen; **~konzert** *n* (het) pianoconcert; **~spieler(in** *f*) *m* pianist(e *f*); **~stück** *n* (het) stuk voor de piano; **~stunde** *f* pianoles.

Klebe|marke *f* plakzegel; **~mittel** *n* (het) plakmiddel; **2n** *v/t u. v/i* plakken, kleven; **2n·bleiben** blijven plakken; **~pflaster** *n* (het) hechtpleister; **~r** *m im Mehl*: (het) gluton; **~streifen** *m* (het) plakband.

kleb|rig kleverig; **2stoff** *m* kleefstof.

klecker|n (*-re*) F morsen, knoeien; **~weise** F druppelsgewijs.

Klecks *m* (*-es*; *-e*) vlek, klad; **2en** (*-t*) kladden (*a. fig.*), vlekken maken; **~er** *m* kladder, knoeier; **~e'rei** *f* (het) geknoei, (het) knoeiwerk.

Klee *m* (*-s*; *0*) klaver; **~blatt** *n* (het) klaverblad.

Kleid *n* (*-es*; *-er*) (*Frauen2*) jurk, japon; *~er pl.* kleren *pl.*; *~er pl. machen Leute* kleren *pl.* maken de man; **~chen** *n* (het) jurkje; **2en** (*-e-*) (*sich*) (zich) kleden; *gut, schlecht*: staan, passen; *in Worte* inkleden.

Kleider|- *in Zssgn mst.* kleren-, kleer-; **~ablage** *f* garderobe; **~bügel** *m* klerenhanger; **~bürste** *f* kleerborstel; **~haken** *m* kapstok; **~schrank** *m* kleerkast; **~ständer** *m* (staande) kapstok.

kleidsam gekleed, goed kledend (*od.* zittend).

Kleidung *f* kleding, kledij; (*Tracht*) klederdracht; **~s·stück** *n* (het) kledingstuk.

klein klein; *von ~ auf* van jongs af (aan); *um ein ~es zu kurz, ...* een tikje, een beetje; *es wäre ihm ein 2es, zu + Inf.* het zou voor hem een kleinigheid zijn (om) te + *Inf.*; *bis ins ~ste* tot in het kleinste detail; *s. a.* Kleine(r).

Klein|- *in Zssgn oft* klein-, *oft aber auch* klein (*Adj.*), *z.B.* **~anzeige** *f* kleine advertentie; **~arbeit** *f* (het) minutieus werk; **~'asien** *n* Klein-Azië *n*; **~bahn** *f* (het) lokaalspoor; **~bauer** *m* (*-n*) kleine boer, keuterboer; **~betrieb** *m* (het) kleinbedrijf; **~bildkamera** *f* kleinbeeldcamera.

Kleinbürger *m* kleine burgerman; **2lich** kleinburgerlijk.

Klein|bus *m* (het) (auto)busje; **~e(r)** (het) kleintje; **~garten** *m* (het) tuintje, kleine tuin; **~geld** *n* (*-es*; *0*) (het) kleingeld; **2gläubig** kleingelovig; **2hacken** *Fleisch* fijnhakken; *Holz* kleinmaken; **~händler** *m* kleinhandelaar; **~heit** *f* (*0*) kleinheid, geringheid; **~hirn** *n* kleine hersenen *pl.*; **~holz** *n* (het) brandhout, (het) gekloofd hout.

Kleinigkeit *f* kleinigheid; (*Bagatelle a.*) bagatel (*a.* het); **~s·krämer** *m* muggezifter, haarklover.

Klein|industrie *f* kleinindustrie;

~kind *n* kleuter; **~kram** *m* (kleine) rommel; (*Arbeit*) rompslomp; **~krieg** *m* guerilla; **2kriegen** kleinkrijgen; **~kunst** *f* (*0*) (het) cabaret, kleinkunst; (*Kunstgewerbe*) kunstnijverheid; **~kunstbühne** *f* (het) cabaret; **2laut** schuchter, bedeesd; **2lich** kleingeestig, bekrompen; (*knauserig*) gierig; **~mut** *m* kleinmoedigheid; **2mütig** kleinmoedig; **~od** ['klaɪno:t] *n* (*-s*; *-ien* [-'no:dĭən] *od.* *-e*) (het) kleinood; **2schneiden** kleinsnijden.

kleinschreib|en klein (*od.* met een kleine letter) schrijven; **2ung** *f* (het) schrijven met een kleine letter.

Klein|staat *m* kleine staat, (het) staatje; **~stadt** *f* kleine stad; **~städter** *m* bewoner van een kleine stad; *pej.* kleinsteeds persoon; **2städtisch** kleinsteeds; *pej.* *bsd.* bekrompen.

Kleinstwohnung *f* eenkamerflat.

Klein|vieh *n* (het) kleinvee; **~wagen** *m* kleine auto.

Kleister *m* (het) stijfsel, stijfselpap; **2n** (*-re*) plakken, stijfselen.

Klemm|e *f* klem(schroef); *in der ~ sitzen* in het nauw (*od.* in de klem) zitten; **2en** klemmen; *v/i a.* knellen; F (*stehlen*) gappen; **~er** *m* lorgnet (*a.* het).

Klempne|r *m* loodgieter; **~'rei** *f* (het) loodgieterswerk; (*Betrieb*) (het) loodgietersbedrijf.

Klepper *m* klepper, knol.

Kleptoma'nie *f* (*0*) kleptomanie.

kler|i'kal klerikaal; **2iker** *m* clericus, geestelijke; **2us** *m* (*-*; *0*) clerus.

Klette *f* klis, klit; *sich wie e-e ~ hängen an* (*A*) als een klis hangen aan.

Klette'rei *f* (het) geklauter, klim-[partij.]

Kletter|eisen *n* (het) klimijzer; **~er** *m* klimmer, klauteraar; **~gerüst** *n* (het) klimrek; **~mast** *m* klim-, klautermast; **2n** (*-re*; *sn*) klauteren, klimmen; **~pflanze** *f* klimplant; **~stange** *f* klimpaal; **~tour** *f* klim-, bergtocht.

Kleve *n* Kleef *n*.

klicken klikken.

Klima *n* (*-s*; *-s*) (het) klimaat; *fig. a.* sfeer; **~anlage** *f* airconditioning; **2tisch** [-'mɑ:-] (*0*) klimatisch; **~wechsel** *m* verandering van klimaat, klimaatverandering.

Klim'bim *m* (*-s*; *0*) F rommel, (het) circus.

klimm|en (*L*; *a. sn*) klimmen; **2zug** *m* *Sp.* optrek.

Klimper|kasten *m* rammelkast; **2n** (*-re*) rammelen, tingelen; *auf der Gitarre*: tokkelen.

kling: *~* (*, klang*)! ting (, tong)!

Klinge *f* kling, (het) lemmer, (het) lemmet; (*Degen*) degen; (*Rasier2*) (het) scheermesje; *über die ~ springen lassen* over de kling jagen.

Klingel *f* (*-*; *-n*) bel; **~beutel** *m* (het) kerkezakje; **~knopf** *m* belknop; **2n** (*-le*) bellen; *es klingelt* er wordt gebeld; **~zeichen** *n* (het) teken van de bel; **~zug** *m* belknop.

kling|en (*L*) klinken; *mir ~ die Ohren* mijn oren tuiten; **2klang** *m* (*-s*; *0*) klinkklank; **~'ling**! klingeling!

Klini|k *f* kliniek; **2sch** (*0*) klinisch.

Klinke *f* klink; **2n** de klink bewegen.

Klinker *m* klinker.

klipp: *~ klapp!* klikklak!; *~ und klar* heel duidelijk, onomwonden.

Klipp *m* (*-s*; *-s*) clip (*a. Schmuck*).

Klippe *f* klip (*a. fig.*).

Klips *m* (*-es*; *-e*) haarspeld.

klirren rinkelen, kletteren, rammelen; *Kaltes*: kraken.

Kli'schee *n* (*-s*; *-s*) (het) cliché (*a fig.*).

Klis'tier *n* (*-s*; *-e*) (het) lavement.

klitsch|ig klef, week, papperig; **~'naß** (*0*) kletsnat.

Kloake [-o·'ɑ:-] *f* riool (*a.* het) *Zool.* cloaca.

Klob|en *m* klem, haak; (*Holz2*) (het) blok hout; **2ig** lomp, ruw.

klopf|en kloppen (*a. Motor usw.*) *es hat geklopft* er werd geklopt; **2er** *m* klopper; **~fest** klopvast; **2geist** *m* klopgeest.

Klöppel *m* klopper; (*Glocken2*) klepel; (*Spule*) klos; **~arbeit** *f* (het) kant-, kloswerk; **2n** (*-le*) kantklossen.

Klops *m* (*-es*; *-e*) (het) balletje gehakt.

Klo'sett *n* (*-s*; *-s*) W.C., (het) closet; **~bürste** *f* closetborstel; **~papier** *n* (het) closetpapier.

Kloß [o:] *m* (*-es*; *⸗e*) klont, kluit; *Kochkunst*: bal, (het) balletje.

Klöß·chen [ø:] *n* (het) balletje.

Kloster [o:] *n* (*-s*; *⸗*) (het) klooster.

Kloster|- *in Zssgn mst.* klooster-

z.B. **~bruder** *m* kloosterbroeder; **~kirche** *f* kloosterkerk.

klösterlich (*0*) kloosterlijk.

Klotz *m* (*-es*; *⸚e*) (het) blok; *Pers.*: lomperd; *ein ~ am Bein* een blok aan het been; **2en** (*-t*) F (*grob arbeiten*) met zwaar geschut schieten; **2ig** bonkig, lomp; F (*sehr*) enorm.

Klub [ʊ] *m* (*-s*; *-s*) club; **~haus** *n* (het) clubgebouw; **~sessel** *m* clubfauteuil.

Kluft *f* (*-*; *⸚e*) kloof (*a. fig.*), spleet; (*Abgrund a.*) afgrond; F (*Anzug*) (het) pak, spullen *n/pl.*, (het) kostuum.

klug (*⸚er*; *⸚st*) verstandig, schrander, slim; *nicht ~ werden aus* (*D*) niet wijs worden uit.

Klüge|'lei *f* (*Spitzfindigkeit*) spitsvondigheid, muggezifterij; **2ln** (*-le*) muggeziften; (*grübeln*) piekeren.

Klug|heit *f* (*0*) (het) verstand, schranderheid; wijsheid; **~redner** *m* betweter.

Klump|en *m* klomp (*a. Brocken*), klonter; (*Erd2*) kluit; **2en**: *sich ~* klonteren; **~fuß** *m* horrelvoet; **2ig** klonterig.

Klüngel *m* kliek.

Klüver [v] *m* kluiver.

km *Abk. für Kilometer.*

knabbern (*-re*) (*an D*) knabbelen (aan).

Knabe *m* (*-n*) knaap, jongen; **~nalter** *n* jongensleeftijd; **2n·haft** (*0*) jongensachtig.

knack! krak!

Knäckebrot *n* (het) knäckebrood.

knack|en *v/t u. v/i* kraken (*a. Auto*); *Flöhe* knappen; **2er** *m*: F *alter ~* oude knapperd; **2mandel** *f* kraakamandel; **2s** *m* (*-es*; *-e*) knak; (*Riß*) scheur, barst; *fig.* (*Schaden*) lelijke knauw; **~s**! *s. knack!*; **~sen** (*-t*) kraken, knakken; **2wurst** *f* knakworst.

Knall *m* (*-es*; *-e*) knal, klap; (*auf*) *~ und Fall* op stel en sprong; *e-n ~ haben* F gek zijn; **2'blau** (*0*) knalblauw; **~bonbon** *m* knalbonbon; **~büchse** *f* klapbus; **~effekt** *m* (het) knaleffect; **2en** knallen; *mit der Peitsche*: klappen; *j-m e-e ~* iem. een klap geven; *es hat geknallt* F *Autos*: ze hebben gebotst; **~erbse** *f* knalerwt; **~e'rei** *f* (het) geknal; (*Schüsse*) schietpartij; **~gas** *n* (het) knalgas; **2ig** opvallend; *Farbe*: schreeuwend; **~kopp** *m* (*-s*; *⸚e*) P gek; **2'rot** (*0*) knalrood; **2voll** (*0*) F bomvol; (*betrunken*) stomdronken.

knapp (*-er*; *-[e]st*) (*eng*) krap, nauw; (*spärlich*) schaars, krap; (*gerade noch*) net, op het nippertje, op het kantje; *Mehrheit*: klein; *Stil*: bondig; *mit ~er Not* ternauwernood, amper; *die Zeit ist* (*od. wird*) *~* we hebben nog maar weinig tijd; *unser Geld wird ~* is bijna op; *das Geld ist bei ihm ~* hij zit krap in zijn geld; *e-e ~e Stunde* een uurtje, een klein uur.

Knappe *m* (*-n*) schild-, edelknaap; *Bgb.* mijnwerker.

knapp|halten kort houden; **2heit** *f* (*0*) schaarste; **2sack** *m* knapzak, ransel.

Knappschaft *f* mijnwerkersvereniging.

Knarre *f* ratel; F (*Gewehr*) (het) geweer; **2n** kraken, knarsen.

Knast *m* (*-es*; *-e*) knoest; F (*Buckel*) bult; F (*Gefängnis*) nor, bak; *~ schieben* F brommen.

Knaster *m* tabak; F *alter ~* oude brompot.

knattern (*-re*) knetteren.

Knäuel *m od. n* (het) kluwen (*a. fig.*), prop.

Knauf *m* (*-es*; *⸚e*) knop; *Arch.* (het) kapiteel.

Knause|r *m* schraper, vrek; **~'rei** *f* schraperij, vrekkigheid; **2rig** vrekkig, schraperig, inhalig; **2rn** (*-re*) krenterig zijn (*a. mit Lob*), schrapen.

knautsch|en *v/t u. v/i* kreuken, (ver)kreukelen; **2zone** *f* *Auto*: kreukelzone.

Knebel *m* spanstok; (*Mund2*) knevel, prop; **~bart** *m* knevel, snor; **2n** (*-le*) knevelen (*a. fig.*); **~ung** *f* (*0*) kneveling.

Knecht *m* (*-es*; *-e*) knecht; **2en** (*-e-*) knechten, onderwerpen; **~schaft** *f* (*0*) (het) knechtschap, slavernij; **~ung** *f* (*0*) knechting, onderdrukking.

kneif|en (*L*) *v/t* knijpen; *v/i* knellen; *fig.* achteruitkrabbelen, zich drukken; **2er** *m* lorgnet (*a.* het); **2zange** *f* nijptang.

Kneip|bruder *m* drinkebroer; **~e** *f* (het) café; *pej.* kroeg; **2en 1.** pimpelen, kroeg lopen, fuiven; **2.** = *kneifen.*

Kneippkur *f* kneippkuur.
knet|bar kneedbaar; **~en** (*-e-*) kneden; **2maschine** *f* kneedmachine; **2massage** *f* kneedmassage.
Knick *m* (*-ẹs*; *-e*) barst, knak; (*Kurve*) scherpe bocht; (*Falte*, *Linien2*) knik; (*Erdwall*) beplante aarden wal; **2en** *v/t u. v/i* knikken, knakken; *Papier a.* vouwen; **~er** *m Pers.*: gierigaard, vrek; (*Messer*) (het) jachtmes.
Knickerbocker *pl.* knickerbockers *pl.*
knicker|ig krenterig, vrekkig; **~n** (*-re*) *s. knausern.*
Knickfuß *m* doorgezakte voet.
Knicks *m* (*-es*; *-e*) revérence; **2en** (*-t*) een revérence maken.
Knie *n* (*-s*; *-*) knie; *in die ~ pl. gehen fig.* door de knieën *pl.* gaan.
Knie|- *in Zssgn mst.* knie-, *z.B.* **~beuge** *f* kniebuiging; **~fall** *m* knieval; **2fällig** (*0*) op de knieën, met een knieval; **2frei** (*0*) knievrij; **~gelenk** *n* (het) kniegewricht; **2hoch** (*0*) (hoog) tot de knieën; **~hose** *f* kniebroek; **~kehle** *f* knieholte; **~leder** *n* (het) knieleer; **2n** knielen; **~riemen** *m* knie-, spanriem; **~scheibe** *f* knieschijf; **~strümpfe** *m/pl.* kniekousen *pl.*; **2tief** (*0*) kniediep; **~wärmer** *m* kniewarmer.
Kniff *m* (*-ẹs*; *-e*) kneep (*a. fig.*); (*Falte*) vouw; (*Trick a.*) truc; **2lig** lastig; (*heikel*) netelig.
Knilch *m* (*-ẹs*; *-e*) (rare) vent.
knipsen (*-t*) *Fahrkarte* knippen; *Foto*: kieken.
Knirps *m* (*-es*; *-e*) peuter, dreumes; (*kleiner Mensch*) (het) mannetje.
knirschen knarsen; *Schnee*: kraken; *mit den Zähnen ~* knarsetanden.
knistern (*-re*) ritselen; *Brennendes*: knetteren, knappen.
Knittelvers *m* (het) knuppelvers.
knitter|frei (*0*) kreukvrij; **~n** (*-re*) *v/t u. v/i* kreuken.
Knobel|becher *m* dobbelbeker; **2n** (*-le*) dobbelen; *Ratespiel*: knobelen.
Knoblauch *m* (*-s*; *0*) knoflook (*a.* het); **~zehe** *f* (het) knoflookteentje.
Knöchel *m* knokkel; (*Fuß2*) enkel.
Knochen *m* (het) been, knook, (het) bot; **~bau** *m* (*-ẹs*; *0*) (het) beendergestel; **~bildung** *f* beenvorming; **~bruch** *m* beenbreuk; **2dürr** (*0*) broodmager; **~fraß** *m* beeneter; **~gerüst** *n* (het) geraamte, (het) beendergestel; **~haut** *f* (het) beenvlies; **~leim** *m* beenderlijm; **~mark** *n* (het) beendermerg; **~splitter** *m* beensplinter.
knöchern (*0*) benen.
knochig benig, knokig.
Knödel *m* bal, knoedel.
Knoll|e *f* knol; **~en** *m* (*Klumpen*) klomp; *s. Knolle*; **2ig** met knollen; *Nase*: vol knobbels.
Knopf *m* (*-ẹs*; *⸚e*) knop; *Kleidung*: knoop.
Knöpf|chen *n* (het) knopje; (het) knoopje; **2en** knopen.
Knopf|loch *n* (het) knoopsgat; **~reihe** *f* rij knopen.
knorke (*0*) F reuze, mieters.
Knorpel *m* (het) kraakbeen; **2ig** (*0*) kraakbenig.
Knorr|en *m* knoest; (*Baum2 bsd.*) stronk; **2ig** knoestig (*a. fig.*).
Knospe *f* knop; *~n pl. treiben*, **2n** botten, knoppen, uitlopen.
knoten[1] (*-e-*) knopen, een knoop leggen in.
Knoten[2] *m* knoop (*a. mar.*); (*Verdickung bsd.*) knobbel; (*Haar2*) haarwrong; **~punkt** *m* (het) knooppunt (*a. Esb.*); **~stock** *m* knoestige stok.
knotig knoestig; *Finger bsd.* knobbelig.
Knuff *m* (*-ẹs*; *⸚e*) stomp, vuistslag; **2en** F stompen.
knülle|n *v/t u. v/i* kreukelen, frommelen; **2r** *m* (het) succes(nummer).
knüpfen knopen, (ver)binden; *fig Bande* aanknopen; (*sich*) *~ an* (*A*) (zich) verbinden met.
Knüppel *m* knuppel; (*Schalt2*) (het) pookje; (*Steuer2*) stuurknuppel; *j-m e-n ~ zwischen die Beine werfen* iem. in de wielen rijden; **~schaltung** *f* vloerschakeling.
knurr|en knorren (*a. Magen*) grommen; **2ig** knorrig, brommerig.
knusp|ern [-sp-] (*-re*) knabbelen; **~rig** knappend, croquant, bros.
Knute *f* knoet.
knutsche|n [uː] F knuffelen; *pej* vrijen; **2'rei** *f* F (het) geknuffel, (het) gevrij.
Knüttel *m* knuppel, stok.
Koalition [koˑaˑliˑˈtsĭoːn] *f* coalitie; **~s·regierung** *f* coalitieregering.
Kobalt *n* (*-s*; *0*) (het) kobalt.

Koben *m* (het) (varkens)hok; *fig.* (het) kot.
Kobold ['ko:bɔlt] *m* (-*es*; -*e*) kabouter, (het) aardmannetje.
Koch *m* (-*es*; ⸗*e*) kok.
Koch|- *in Zssgn mst.* kook-; **~apfel** *m* stoofappel; **~buch** *n* (het) kookboek; **2en** *v/t u. v/i* koken (*a. fig.*); *Kaffee* zetten; *~ können* kunnen koken; *s. a. gekocht*; **~er** *m* (het) kookstel.
Köcher *m* (pijl)koker.
koch|fest (*0*) kookecht; **2gelegenheit** *f* kookgelegenheid; **2geschirr** *n* (het) kookgerei; **2herd** *m* (het) fornuis.
Köchin *f* kokkin.
Koch|kessel *m* kookketel; **~kiste** *f* hooikist; **~kunst** *f* kookkunst; **~löffel** *m* pollepel; **~nische** *f* kookhoek; **~rezept** *n* (het) (kook)recept; **~salz** *n* (het) keukenzout; **~topf** *m* (kook)pan, (kook)pot.
Kode [ko:d] *m* (-*s*; -*s*) code.
Köder *m* (het) lokaas, (het) lokmiddel (*a. fig.*); **2n** (-*re*) lokken; *fig. bsd.* strikken.
Kod|ex *m* (- *od.* -*es*; -*e od. Kodizes*) *jur.* (het) wetboek; (*Sitten2*, *Ehren2*) code; **2ifi'zieren** (-) codificeren.
Ko|effizient [ko·ɛfi·'tsiɛnt] *m* (-*en*) coëfficiënt; **~existenz** *f* coëxistentie.
Koffein [kɔfe·'i:n] *n* (-*s*; *0*) coffeïne; **2frei** (*0*) coffeïnevrij.
Koffer *m* koffer.
Köfferchen *n* (het) koffertje.
Koffer|- *in Zssgn mst.* koffer-, *z.B.* **~grammophon** *n* koffergrammofoon; **~radio** *n* (het) draagbaar radiotoestel; **~raum** *m Auto*: koffer(ruimte).
Kognak ['kɔnjak] *m* (-*s*; -*s*) cognac.
Kohäsion [-'sĭo:n] *f* cohesie.
Kohl *m* (-*es*; -*e*) kool; F (*Unsinn*) onzin, (het) geklets; *aufgewärmter ~* F *fig.* oude kost.
Kohle *f* kool; (*Holz2*) houtskool; *wie auf* (*glühenden*) *~n pl. sitzen* op hete kolen *pl.* zitten; **~hydrat** *n* (het) koolhydraat; **2n** verkolen; (*als Ladung*) kolen *pl.* bunkeren (*od.* innemen); F onzin vertellen.
Kohlen|- *in Zssgn mst.* kolen-, *a.* kool-, *z.B.* **~becken** *n* kolenpan; (*Gebiet*) (het) kolenbekken; **~bergwerk** *n* kolenmijn; **~brenner** *m* kolenbrander; **~bunker** *m* kolenbunker; **~flöz** *n* kolenlaag; **~förderung** *f* steenkoolwinning; **~gas** *n* (het) steenkolengas; **~grube** *f* kolenmijn; **~händler** *m* kolenhandelaar; **~industrie** *f* steenkolenindustrie; **~kasten** *m* kolenbak; **~keller** *m* kolenkelder; **~'monoxyd** *n* (het) koolmonoxyd(e); **~revier** *n* (het) kolenbekken; **~säure** *f* (*0*) (het) koolzuur; **~schiff** *n* (het) kolenschip; **~staub** *m* (het) kolenstof, (het) kolengruis; **~stift** *m* koolspits; **~stoff** *m* (-*es*; *0*) koolstof; **~wasserstoff** *m* koolwaterstof.
Kohlepapier *n* (het) carbonpapier.
Köhler *m Pers.*: kolenbrander.
Kohlezeichnung *f* houtskooltekening.
Kohl|kopf *m* kool, krop; **~meise** *f* koolmees; **~'rabi** *m* (-*s*; -*s*) knolraap; **2'schwarz** (*0*) koolzwart.
Koitus ['ko:i·-] *m* (-; *0*) coïtus.
Koje *f* kooi, hut.
Kokain [ko·ka·'i:n] *n* (-*s*; *0*) cocaïne; **~süchtige(r)** aan cocaïne verslaafde.
Ko'karde *f* kokarde.
Koke'rei *f* cokesfabriek.
ko'ket|t (-*est*) koket; **2te'rie** *f* koketterie; **~'tieren** (-) koketteren.
Kokon [-'kɔŋ] *m* (-*s*; -*s*) cocon.
Kokos|- [-kɔs-] *in Zssgn* kokos-, *z.B.* **~fett** *n* (het) kokosvet; **~matte** *f* kokosmat; **~nuß** *f* kokosnoot; **~palme** *f* kokospalm; **~raspeln** *f/pl.* geraspte kokosnoten *pl.*
Koks [o:] *m* (-*es*; -*e*) cokes; **~ofen** *m* cokesoven.
Kolben *m* kolf; *Tech.* zuiger; **~hub** *m* zuigerslag; **~ring** *m* zuigerring.
Kolibri *m* (-*s*; -*s*) kolibrie.
Kolik *f* koliek (*a.* het).
Kollaborateur [-'tø:ʁ] *m* (-*s*; -*e*) collaborateur.
Kol'laps *m* (-*es*; -*e*) collaps, instorting.
Kol'leg *n* (-*s*; -*s u.* -*ien*) (het) college; **~e** *m* (-*n*) collega; **~geld** *n* (het) collegegeld; **~heft** *n* (het) dictaat(cahier); **2ial** [-'gĭa:l] collegiaal; **~iali'tät** *f* (*0*) collegialiteit; **~in** *f* vrouwelijke collega; **~ium** [-gĭum] *n* (-*s*; *Kollegien*) (het) college.
Kol'lek|te *f* collecte, inzameling; **~tion** [-'tsĭo:n] *f* collectie; **2'tiv** (*0*) collectief.

Koller *m Pferdekrankheit*: kolder.
kollern (*-re*) *Truthahn*: kokkelen; *Magen*: rommelen; *sn* (*rollen*) rollen.
kolli|'dieren (-) (op elkaar) botsen (*a. fig.*); *Auffassungen*: tegen elkaar opbotsen; ~ *mit* (*D*) botsen tegen; **2sion** [-'sĭo:n] *f* botsing; *Schiff*: aanvaring.
Köln *n* Keulen *n*; **~er**(**in** *f*) *m* Keulenaar *m*, Keulse *f*; **2isch** Keuls; **~isch·wasser** *n* eau de cologne.
kolonial [-'nĭɑ:l] (*0*) koloniaal; **2ismus** [-'lɪs-] *m* (-; *0*) (het) kolonialisme; **2politik** *f* koloniale politiek; **2warengeschäft** *n* kruidenierszaak; **2zeit** *f* koloniale tijd.
Kolo'n|ie *f* kolonie; **~isation** [-'tsĭo:n] *f* kolonisatie; **2i'sieren** (-) koloniseren.
Kolon'nade *f* colonnade.
Ko'lonne *f* colonne; (*Autoschlange*) file.
Kolo'rit *n* (*-es*; *-e*) (het) koloriet.
Ko'lo|ß *m* (*-sses*;*-sse*) kolos (*a. Pers.*), (het) gevaarte; **2s'sal** kolossaal.
Kolpor't|age [-ʒə] *f* colportage; **2ieren** (-) colporteren.
Ko'lumbien [-bĭən] *n* Columbia *n*.
Ko'lumne *f* kolom.
Kombi|nation [-'tsĭo:n] *f* combinatie; **2'nieren** (-) combineren; **~wagen** *m* stationcar.
Kom'büse *f* kombuis.
Ko'met *m* (*-en*) komeet, staartster.
Komfor|t [-'fo:ʁ] *m* (*-s*; *0*) (het) comfort; **2'tabel** (*-bl-*) comfortabel.
Komi|k *f* (*0*) (het) komische; (*Kunst*) komische kunst; **~ker** *m* komiek; **2sch** komisch, komiek; (*eigenartig*) raar, vreemd.
Komi'tee *n* (*-s*; *-s*) (het) comité.
Komma *n* (*-s*; *-s od. -ta*) komma.
Komman'd|ant *m* (*-en*) commandant; **~an'tur** *f* (het) bureau van de commandant; **~eur** [-'dø:ʁ] *m* (*-s*; *-e*) commandant; (*Ordens2*) commandeur; **2ieren** (-) commanderen, bevelen; **~it·gesellschaft** *f* commanditaire vennootschap; **~i'tist** *m* (*-en*) commanditair vennoot.
Kom'mando *n* (*-s*; *-s*) (het) commando; **~brücke** *f* commandobrug; **~stimme** *f* commandostem.
kommen (*L*; *sn*) komen; ~ *lassen* laten komen; *komm!* kom!; *Partizip* + ~ komen + *Inf.*, *z.B. angelaufen* ~ komen aanlopen; *um sein Glück* (*Geld*) ~ zijn geluk (geld) verliezen; *zu etw.* (*D*) ~ (*erlangen*) het tot iets brengen; *ihm kam ein Gedanke* hij kreeg een idee; *zu sich* ~ tot zichzelf komen; **~d** komend, aanstaand.
Kommen't|ar *m* (*-s*; *-e*) commentaar (*a.* het); **~ator** *m* (*-s*; *-en* [-'to:-]) commentator; **2ieren** (-) commentariëren.
kommerz|iali'sieren [-tsĭɑ·-] (-) commercialiseren; **~iell** [-'tsĭɛl] commercieel.
Kommili'ton|e *m* (*-n*) medestudent; **~in** *f* medestudente.
Kom'miß *m* (*-sses*; *0*) F dienst.
Kommis'sar *m* (*-s*; *-e*) commissaris; **~iat** [-'ʁĭɑ:t] *n* (*-s*; *-e*) (het) commissariaat; **2isch** (*0*) in opdracht.
Kom'mißbrot *n* (het) kuch, (het) kazernebrood.
Kommissio|n [-'sĭo:n] *f* commissie; **~'när** *m* (*-s*; *-e*) commissionair.
Kommis'sions|gebühr *f* provisie, commissie; **~geschäft** *n* commissiehandel.
Kom'mode *f* commode, ladenkast.
kommu'nal (*0*) gemeentelijk; **2behörde** *f* gemeentelijke overheid; **2verwaltung** *f* (het) gemeentebestuur.
Kom'mun|e *f* (*Gemeinde*) gemeente; **~i'kant**(**in** *f*) *m* (*-en*) communicant(e *f*).
Kommunikation [-'tsĭo:n] *f* communicatie; **~s·mittel** *n* (het) communicatiemiddel.
Kommu|nion [-'nĭo:n] *f* communie; **~niqué** [-my·ni·'ke:] *n* (*-s*; *-s*) (het) communiqué.
Kommu'nis|mus *m* (-; *0*) (het) communisme; **~t**(**in** *f*) *m* (*-en*) communist(e *f*); **2tisch** (*0*) communistisch.
kommuni'zieren (-) communiceren (*a. Rel.*).
Komödi|ant(**in** *f*) [-'dĭant] *m* (*-en*) komediant(e *f*); **~e** [-'mø:dĭə] *f* komedie; *Thea. a.* (het) blijspel.
Kompagnon [-pan'jɔŋ] *m* (*-s*; *-s*) compagnon.
kom'pakt (*-est*) compact.
Kompa'nie *f* compagnie.
Komparativ *m* (*-s*; *-e*) comparatief, vergrotende trap.

Kompaß *m* (*-sses*; *-sse*) (het) kompas; **~nadel** *f* kompasnaald.
Kom'pen|dium [-dĭʊm] *n* (*-s*; *Kompendien*) (het) compendium, (het) handboek; **~sation** [-'tsĭo:n] *f* compensatie; **♀'sieren** (-) compenseren.
kompe'ten|t (*-est*) competent, bevoegd; **♀z** *f* competentie, bevoegdheid.
Kom|pilation [-'tsĭo:n] *f* compilatie; **~ple'ment** *n* (*-ės*; *-e*) (het) complement; **♀'plett** (*-est*) compleet, volledig; **~'plex** *m* (*-es*; *-e*) (het) complex.
Kompli|kation [-'tsĭo:n] *f* complicatie; **~'ment** *n* (*-ės*; *-e*) (het) compliment.
Kom'pliz|e *m* (*-n*), **~in** *f* medeplichtige.
kompli'zier|en (-) compliceren; **♀t·heit** *f* gecompliceerdheid.
Kom'plott *n* (*-ės*; *-e*) (het) complot.
kompo|'nieren (-) componeren; **♀'nist(in** *f*) *m* (*-en*) componist(e *f*); **♀sition** [-'tsĭo:n] *f* compositie.
Kom'post *m* (*-ės*; *-e*) compost (*a.* het).
Kom'pott *n* (*-ės*; *-e*) compote; **~schale** *f*, **~schüssel** *f* compoteschaal.
Kom'pres|se *f* (het) compres, omslag; **~sion** [-'sĭo:n] *f* compressie; **~sor** *m* (*-s*; *-en* [-'so:-]) compressor.
kompri'mieren (-) comprimeren.
Kompro'miß *m* (*-sses*; *-sse*) (het) compromis; **~lösung** *f* compromisoplossing.
kompromit'tieren (-) compromitteren.
Konden|'sat *n* (*-ės*; *-e*) (het) condensaat; **~sation** [-'tsĭo:n] *f* condensatie; **~'sator** *m* (*-s*; *-en* [-'to:-]) condensator; **♀'sieren** (-) condenseren.
Kon'dens|milch *f* gecondenseerde melk; **~streifen** *m* condensatiestreep; **~wasser** *n* (het) condensatiewater.
Konditio|n [-'tsĭo:n] *f* conditie (*a. Sp.*); **~'nalsatz** *m* voorwaardelijke bijzin; **~ns·training** *n* conditietraining.
Kon'dito|r *m* (*-s*; *-en* [-'to:-]) banketbakker; **~'rei** *f* banketbakkerij; (*mit Kaffeehaus*) tearoom, lunchroom.
Kondo'l|enz *f* condoléance, (het) rouwbeklag; **♀ieren** (-) (*D*) condoleren.
Kondor ['kɔndɔʁ] *m* (*-s*; *-e*) condor.
Kon'fekt *n* (*-ės*; *-e*) (het) suikergoed.
Konfektion [-'tsĭo:n] *f* confectie; **~s·anzug** *m* (het) confectiepak; **~s·geschäft** *n* confectiezaak.
Konfe'renz *f* conferentie; **~teilnehmer** *m* deelnemer aan een conferentie.
Konfessio|n [-'sĭo:n] *f* confessie, (het) geloof, godsdienst; **♀'nell** (*0*) confessioneel; **♀ns·los** (*0*) niet tot een kerk behorend, neutraal; **~nsschule** *f* confessionele (*od.* bijzondere) school.
Konfir|'mand(in *f*) *m* (*-en*) aannemeling(e *f*); **~mation** [-'tsĭo:n] *f* confirmatie, aanneming; **♀'mieren** (-) (als lidmaat) bevestigen, aannemen.
kon|fis'zieren (-) confisqueren, verbeurdverklaren; **♀fi'türe** *f* confituur; **♀'flikt** *m* (*-ės*; *-e*) (het) conflict, (het) geschil.
Konfron|tation [-'tsĭo:n] *f* confrontatie; **♀'tieren** (-) confronteren.
kon'fus (*-est*) confuus, verward; **♀ion** [-'sĭo:n] *f* confusie, verwarring.
Kon|glomerat [-mə'-] *n* (*-ės*; *-e*) (het) conglomeraat; **~gregation** [-'tsĭo:n] *f* congregatie.
Kon'greß *m* (*-sses*; *-sse*) (het) congres; **~teilnehmer(in** *f*) *m* congressist(e *f*).
kongruen|t [-u·'ɛ-] (*0*) congruent; **♀z** *f* congruentie.
König *m* (*-s*; *-e*) koning; *Karte*: heer; **~in** *f* koningin; **♀lich** koninklijk; **~reich** *n* (het) koninkrijk.
Königs|- *in Zssgn mst.* konings-; **~hof** *m* (het) koninklijk hof; **~krone** *f* koningskroon; **~tochter** *f* koningsdochter.
Königtum [-ɪç-] *n* **1.** (*-ės*; *0*) (het) koningschap; **2.** (*-s*; *⸚er*) = *Königreich*.
Konju|gation [-'tsĭo:n] *f* vervoeging; **♀'gieren** (-) vervoegen.
Konjunk|tion [-'tsĭo:n] *f* conjunctie; *Gr. bsd.* (het) voegwoord; **~tiv** *m* (*-s*; *-e*) conjunctief, aanvoegende wijs.
Konjunk'tur *f* conjunctuur; **~politik** *f* conjunctuurpolitiek.

Konkor|'danz *f* concordantie; **~'dat** *n* (*-ės*; *-e*) (het) concordaat.
kon'kret (*-est*) concreet.
Konkur'rent(in *f*) *m* (*-en*) concurrent(e *f*).
Konkur'renz *f* concurrentie; **2fähig** in staat om te concurreren; **~kampf** *m* concurrentiestrijd; **2los** (*0*) zonder concurrentie; **~unternehmen** *n* concurrerende onderneming.
konkur'rieren (-) concurreren.
Kon'kurs *m* (het) faillissement, (het) bankroet; *in ~ gehen* failliet gaan; *~ anmelden* faillissement aanvragen; **~masse** *f* failliete boedel; **~verfahren** *n* faillissementsprocedure; **~verwalter** *m* curator in een faillissement.
könn|en (*L*) kunnen; (*wissen*) kennen; *Englisch* (*Deutsch*) *~* Engels (Duits) kennen; *ich kann nichts dafür* ik kan het niet helpen; (*es*) *kann sein* dat kan, (dat is) mogelijk; *du kannst mich mal!* P je kunt me de pot op!; *gekonnt* geslaagd, knap, kundig; **2er** *m* specialist, expert, goede.
Konnosse'ment *n* (*-ės*; *-e*) (het) cognossement.
konsequen|t [-'kvɛnt] (*-est*) consequent; **2z** *f* consequentie.
konserva|tiv [-vaˑ'ti:f] conservatief; **2tive(r)** [-'ti:v-] conservatief; **2'torium** [-ʀǐum] *n* (*-s*; *Konservatorien*) (het) conservatorium.
Kon'serven [-vən] *f/pl.* conserven *pl.*; **~büchse** *f* (het) conservenblik(je).
konser'vier|en [v] (-) conserveren, bewaren; **2ung** *f* (*0*) conservering, bewaring.
Kon'sole *f* console.
konsoli'dier|en (-) consolideren; **2ung** *f* (*0*) consolidering.
Kon|so'nant *m* (*-en*) consonant, medeklinker; **~'sortium** [-tsǐum] *n* (*-s*; *Konsortien*) (het) consortium.
kon'stant [-st-] (*-est*) constant; **2e** *f* constante.
konsta'tieren [-st-] (-) constateren, vaststellen.
konstitu|'ieren [-st-] (-) constitueren, instellen; **2tion** [-'tsǐo:n] *f* constitutie; (*Körper2 a.*) (het) gestel; **~tio'nell** (*0*) constitutioneel; *Pol. a.* grondwettelijk.
konstru|'ieren [-st-] (-) construeren; **2k·teur** [-'tø:ʀ] *m* (*-s*; *-e*) constructeur.
Konstruktion [-'tsǐo:n] *f* constructie; **~s·fehler** *m* constructiefout.
konstruk'tiv constructief.
Konsu|l [-zul] *m* (*-s*; *-n*) consul; **2'larisch** (*0*) consulair; **~'lat** *n* (*-ės*; *-e*) (het) consulaat.
Konsul|tation [-'tsǐo:n] *f* consultatie; **2'tieren** (-) consulteren.
Kon'sum *m* (*-s*; *0*) (het) verbruik, consumptie; (*Laden*) coöperatieve winkel; **~ent(in** *f*) [-'mɛnt] *m* (*-en*) consument(e *f*), verbruiker *m*, verbruikster *f*; **~genossenschaft** *f* coöperatieve (verbruiks)vereniging, coöperatie; **~güter** *n/pl.* consumptie-, verbruiksgoederen *n/pl.*; **2ieren** [-'mi:-] (-) consumeren, verbruiken.
Kon'takt *m* (*-ės*; *-e*) (het) contact; **2arm** in zijn contacten geremd.
Konter|admiral *m* schout-bij-nacht; **~bande** *f* (*0*) contrabande, smokkelwaar; **~fei** *n* (*-s*; *-s od. -e*) (het) konterfeitsel, (het) portret; **2n** (*-re*) *Sp. u. fig.* terugslaan; **~revolution** *f* contrarevolutie.
Kontext *m* context.
Konti'nen|t *m* (*-ės*; *-e*) (het) continent, (het) vasteland; **2'tal** (*0*) continentaal.
Kontingent [-ɪŋ'g-] *n* (*-ės*; *-e*) (het) [contingent.]
Konto *n* (*-s*; *Konten*) rekening, (het) conto; **~auszug** *m* (het) rekening(-courant-)uittreksel; **~inhaber** *m* rekeninghouder; **~kor'rent** *n* (*-ės*; *-e*) rekening-courant, lopende rekening.
Kon'to|r *n* (*-s*; *-e*) (het) kantoor; **~'ristin** *f* kantoorbediende.
Konto·stand *m* stand van de rekening, (het) saldo.
kontra (*A*) contra, tegen; **2** *n* (*-s*; *-s*) (het) contra; **2'hent** *m* (*-en*) contractant; (*Gegner*) tegenstander.
Kon'trakt *m* (*-ės*; *-e*) (het) contract; **~bruch** *m* contractbreuk; **2lich** (*0*) contractueel.
Kontrapunkt *m* (*-ės*; *0*) (het) contrapunt.
Kon'tras|t *m* (*-ės*; *-e*) (het) contrast; **2'tieren** (-) (*mit D*) contrasteren (met); *v/i a.* afsteken (tegen).
Kon'troll·abschnitt *m* controlestrook.
Kon'trol|lampe *f*, **~leuchte** *f* (het) controlelampje.

Kon'troll|e *f* controle; **~eur** [-'løːʁ] *m* (-*s*; -*e*) controleur; **2ieren** [-'liː-] (-) controleren; **~punkt** *m* controle-, doorlaatpost.

Kon|troverse [-'vɛʁ-] *f* controverse; **~'tur** *f* contour, omtrek.

Kon'vent *m* (-*es*; -*e*) (het) convent; **~ion** [-'tsĭoːn] *f* conventie (*a. Brauch*); **~io'nalstrafe** *f* contractuele boete; **2io'nell** conventioneel.

Konversation [-'tsĭoːn] *f* conversatie; **~s·lexikon** *n* encyclopedie.

kon|ver'tierbar (*0*) *Währung*: converteerbaar, inwisselbaar; **2voi** [kɔn-'vɔʏ] *m* (-*s*; -*s*) (het) konvooi.

Konzentration [-'tsĭoːn] *f* concentratie; **~s·lager** *n* (het) concentratiekamp.

konzen'tr|ieren (-) (*sich*) (zich) concentreren; **~isch** [-'tsɛn-] (*0*) concentrisch.

Kon'zept *n* (-*es*; -*e*) (het) concept; **~ion** [-'tsĭoːn] *f* conceptie; **~papier** *n* (het) kladpapier.

Kon'zern *m* (-*s*; -*e*) (het) concern.

Kon'zer|t *n* (-*es*; -*e*) (het) concert; *ins ~ gehen* naar het concert gaan; **2'tieren** (-) concerteren.

Kon'zert|- *in Zssgn mst.* concert-, *z.B.* **~meister** *m* concertmeester; **~pavillon** *m* (het) concertpaviljoen; **~saal** *m* concertzaal.

Konzessio|n [-'sĭoːn] *f* concessie; (*Zugeständnis a.*) toegeving; **~'när** *m* (-*s*; -*e*) concessionaris.

Kon|'zil *n* (-*s*; -*e od.* -*ien*) (het) concilie; **2zi'pieren** (-) concipiëren.

Kooperation [ko·o·pe·ʀɑ·'tsĭoːn] *f* coöperatie, samenwerking.

Koordi|nation [ko·ɔʁdi·nɑ·'tsĭoːn] *f* coördinatie; **2'nieren** (-) coördineren.

Köper *m* keper.

Kopf *m* (-*es*; *⁼e*) kop; (*Menschen2 u. Brief2*) (het) hoofd; *ich weiß nicht, wo mir der ~ steht* mijn hoofd loopt om, ik ben de kluts kwijt; *sich den ~ zerbrechen über* (*A*) zich het hoofd breken over; *j-m den ~ verdrehen* iem. het hoofd op hol brengen; *den ~ verlieren* de kluts kwijt zijn; *nicht auf den ~ gefallen sein* niet van gisteren zijn; *etw. auf den ~ stellen* iets op zijn kop zetten; *sich etw. durch den ~ gehen lassen* over iets nadenken; *das will mir nicht in den ~* dat wil er bij mij niet in; *von ~ bis Fuß* van kop tot teen; *j-n vor den ~ stoßen* iem. voor het hoofd stoten.

Kopf|- *in Zssgn mst.* hoofd-, *z.B.* **~arbeit** *f* (het) hersen-, hoofdwerk; **~bahnhof** *m* (het) kopstation; **~ball** *m* kopbal; **~bedeckung** *f* (het) hoofddeksel.

Köpf|chen *n* (het) kopje, (het) hoofdje; *~ muß man haben!* F je moet maar slim zijn!; **2en** *j-n* onthoofden; *Pflanze* toppen.

Kopf|ende *n* (het) hoofdeinde; **~geld** *n* premie op het hoofd; **~haut** *f* hoofdhuid; **~hörer** *m* koptelefoon; **~kissen** *n* (het) hoofdkussen; **~lage** *f* hoofdligging; **2lastig** topzwaar; **2los** (-*est*) *fig.* overstuur, van streek, radeloos; **~massage** *f* hoofdmassage; **~nikken** *n* (-*s*; *0*) hoofdknik; **~nuß** *f* draai om de oren; **~rechnen** *n* (-*s*; *0*) (het) hoofdrekenen; **~salat** *m* kropsla; **2scheu** kopschuw; **~schmerzen** *m/pl.* hoofdpijn; **~schütteln** *n* (-*s*; *0*) (het) hoofdschudden; **~sprung** *m* duiksprong; **~stand** *m*: *e-n ~ machen* op zijn hoofd (*od.* kop) gaan staan; **2stehen** op zijn kop staan; *fig.* in rep en roer zijn; **~steuer** *f* hoofdelijke omslag; **~stimme** *f* kopstem; **~stütze** *f* hoofdsteun; **~tuch** *n* hoofddoek; **2'über** voorover, *bsd. fig.* hals over kop; **~wäsche** *f* haarwassing; **~wunde** *f* hoofdwonde; **~zahl** *f* (het) aantal koppen (*od.* personen); **~zerbrechen** *n* (-*s*; *0*) hoofdbrekens *n/pl.*

Ko'pie *f* kopie; (*Abschrift*) (het) afschrift.

Ko'pier|buch *n* (het) kopieboek; **2en** (-) copiëren; **~papier** *n* (het) kopieer-, afdrukpapier; **~stift** *m* (het) inktpotlood.

Kopilot *m* tweede piloot.

Ko'pist(in *f*) *m* (-*en*) kopiïst(e *f*).

Koppel *f* (-; -*n*) koppel (*a. mil.*); (*Weide*) omheinde weide; **2n** (-*le*) koppelen; *s. a. gekoppelt.*

Kopplung *f* koppeling.

Koproduktion *f* co-produktie.

Kopu|la *f* (-; -*s od.* -*e* [-lɛː]) *Gr.* (het) koppelwerkwoord; **2'lieren** (-) copuleren.

Ko'ralle *f* koraal (*a.* het); (*Schmuckstein bsd.*) kraal; **~n·insel** *f* (het) koraaleiland; **~n·riff** *n* (het) koraalrif.

Ko'ran *m* (*-s*; *-e*) koran.
Korb *m* (*-ḛs*; *⸗e*) korf, mand; *fig.* afwijzing, (het) blauwtje; *e-n ~ bekommen* (*geben*) een blauwtje lopen (laten lopen); **~ball** *m* (het) korfbal.
Körbchen *n* (het) korfje, (het) mandje; F (*Bett*) *husch, ins ~!* en nu naar bed!
Korb|flasche *f* mandefles; **~flechter** *m*, **~macher** *m* mandenmaker; **~stuhl** *m* rieten stoel; **~wagen** *m* mandewagen; **2weise** met (hele) manden.
Kord *m* (*-ḛs*; *-e*) (het) ribcord, (het) manchester.
Kordel *f* (*-*; *-n*) (het) touwtje.
Kore|a [-'ʀeːɑ·] *n* Korea *n*; **~'aner** (**-in** *f*) *m* Koreaan(se *f*); **2'anisch** Koreaans.
Korfu *n* Korfoe *n*.
Ko'rinth *n* Corinthe *n*.
Ko'rinthe *f* krent.
Kork *m* (*-ḛs*; *-e*) kurk (*a.* het); **~baum** *m* kurkboom; **2en** (*0*) *Adj.* kurken; **~en** *m* kurk; **~(en)zieher** *m* kurketrekker; **~rinde** *f* kurkbast.
Korn *n* (*-ḛs*; *⸗er*) (*Getreide*) (het) koren, (het) graan; (*Bröckchen*) korrel; (*Visier*) (het) vizier, korrel; *j-n aufs ~ nehmen* iem. op de korrel nemen; **~(branntwein)** *m* (*-ḛs*; *-*) F (*Schnaps*) jenever; **~ähre** *f* korenaar; **~blume** *f* korenbloem; **~boden** *m* graangrond; (*Speicher*) graanzolder.
Körnchen *n* (het) korreltje; *fig. a.* (het) greintje.
Kor'nelkirsche *f* kornoelje.
körnen korrelen, granuleren.
Kornfeld *n* (het) korenveld.
körnig korrelig, gekorreld.
Korn|kammer *f* korenschuur (*a. fig.*); **~speicher** *m* graanzolder.
Körper *m* (het) lichaam; *S. a.*: (het) voorwerp.
Körper|- *in Zssgn mst.* lichaams-, *z.B.* **~bau** *m* (*-ḛs*; *0*) lichaamsbouw; **~behinderte(r)** invalide; **~beschaffenheit** *f* lichaamsgesteldheid; **~bildung** *f* lichaamsontwikkeling; **~chen** *n* (het) lichaampje; **~fülle** *f* gezetheid; **~gewicht** *n* (het) lichaamsgewicht; **~kraft** *f* lichaamskracht; **2lich** (*0*) lichamelijk; (*stofflich*) stoffelijk; **~lichkeit** *f* (*0*) lichamelijkheid; stoffelijkheid; **2los** (*0*) onstoffelijk, zonder lichaam; **~maße** *n/pl.* lichaamsmaten *pl.*; **~pflege** *f* persoonlijke hygiëne, lichaamsverzorging; **~schaft** *f* corporatie, vereniging *jur. u. Pol.* (het) lichaam; **~strafe** lichamelijke straf; **~teil** *m* (het lichaamsdeel; **~verletzung** *f* (het toebrengen van lichamelijk letsel (*Wunde selbst*) (het) lichamelijk letsel; **~wärme** *f* lichaamswarmte
Korpo'r|al *m* (*-s*; *-e*) korporaal **~ation** [-'tsi̯oːn] *f* corporatie.
Korps [koːʀ] *n* (*-*; *-*) (het) korp (*a. mil.*), (het) corps; **~geist** *m* (*-ḛs* *0*) korpsgeest.
korpu|'lent (*-est*) corpulent; **2s 1.** *od. m* (*-*; *Korpora*) (het) corpus **2.** *m* (*-*; *-se*) F (*Körper*) (het) korpus
kor'rekt (*-est*) correct, juist; **2heit** (*0*) correctheid; **2or** *m* (*-s*; *-e* [-'toː-]) corrector.
Korrek'tur *f* correctie, verbetering **~bogen** *m* drukproef.
Korrespon'd|ent(in *f*) [-sp-] *n* (*-en*) correspondent(e *f*); **~enz** correspondentie, briefwisseling **2ieren** (*-*) corresponderen.
Korridor *m* (*-s*; *-e*) gang; (*Gebiet*) corridor.
korri'gieren (*-*) corrigeren, ver beteren.
Korrosion [-'si̯oːn] *f* corrosie.
kor'rupt (*-est*) corrupt; **2ion** [-'tsi̯oːn] *f* corruptie.
Korse *m* (*-n*) Corsikaan.
Kor'sett *n* (*-ḛs*; *-e od. -s*) (het) korse
korsisch Corsikaans.
Korso *m* (*-s*; *-s*) (het) corso.
Kor'vette *f* korvet.
Ko'sak *m* (*-en*) kozak.
kose|n (*-t*) *mit j-m* iem. minne liefkozen; *pej.* vrijen met iem **2name** *m* vleinaam; **2wort** *n* (*-ḛs* *⸗er*) (het) vleiend woord.
Kos'met|ik *f* (*0*) kosmetiek, schoon heidszorg; **~ikerin** *f* kosmetiste **2isch** (*0*) kosmetisch; **~ik·salon** (het) schoonheidssalon.
kosm|isch (*0*) kosmisch; **2olo'gie** kosmologie; **2o'naut(in** *f*) *m* (*-en* kosmonaut(e *f*); **2opo'lit(in** *f*) (*-en*) kosmopoliet(e *f*); **2os** [-mɔ *m* (*-*; *0*) kosmos.
Kost *f* (*0*) kost.
kostbar kostbaar; **2keit** *f* kostbaar heid.
kosten (*-e-*) *v/t* (*probieren*) proeven *v/i* (*wert sein*) kosten; *wieviel* (*od.*

was) *kostet ...?* hoeveel (*od.* wat) kost ...?; *koste es, was es wolle* kost wat kost.

Kosten *pl.* (on)kosten *pl.*; *auf* ~ (*G*) ten koste van; *auf meine* ~ op mijn kosten; *auf seine* ~ *kommen fig.* aan zijn trekken komen; **~anschlag** *m* kostenraming; **~aufwand** *m* (on-) kosten *pl.*, uitgaven *pl.*; *mit e-m* ~ *von* (*D*) voor een bedrag van; **~frage** *f* geldkwestie, kwestie van de kosten; **2frei** (*0*), **2los** (*0*) kosteloos, gratis.

Kost|gänger(in *f*) *m* kostganger *m*, kostgangster *f*; **~geld** *n* (het) kostgeld.

köstlich kostelijk (*a. fig.*), heerlijk.

Kost|probe *f* (het) (voor)proefje (*a. fig.*); **2spielig** duur, kostbaar.

Kos'tüm *n* (*-s*; *-e*) (het) kostuum; (*Damen2*) (het) mantelpak(je); **~fest** *n* (het) gekostumeerd bal.

Kostverächter *m* kieskauwer, lastig eter.

Kot *m* (*-es*; *0*) modder, (het) vuil; (*Exkremente*) uitwerpselen *n*/*pl*.

Kote'lett [kɔt(ə)-] *n* (*-es*; *-s*) kotelet; **~en** *pl.* bakkebaarden *pl.*

Köter *m* (het) mormel, (het) beest.

Kotflügel *m* (het) spatbord.

kotzen (*-t*) P kotsen; *es ist zum* 2 het is om van te kotsen.

Krabbe *f* krab; (*Garnele*) garnaal; (*Kind*) dreumes; **2lig** kriebelig; **2ln** (*-le*) krabbelen, kruipen; (*kitzeln*) kriebelen.

krach! krak!

Krach *m* (*-es*; *-e od. -s*, F *=e*) krak, (het) gekraak; (*Knall*) knal; (*Lärm*) (het) lawaai, herrie; (*Streit*) herrie, ruzie; *Hdl.* krach, (het) groot bankroet; ~ *machen* herrie schoppen; **2en** kraken; knallen; *sich* ~ ruzie maken, twisten.

krächzen (*-t*) krassen; *S.*: knarsen.

Krad *n* (*-s*; *=er*) *Abk. für Kraftrad.*

kraft (*G*) krachtens, uit kracht van.

Kraft *f* (*-*; *=e*) kracht (*a. Pers.*), sterkte; *in* (*außer*) ~ *setzen* in (buiten) werking stellen; *in* ~ *treten* van kracht worden, in werking treden; *aus allen Kräften* uit alle macht; *nach Kräften* naar mijn (zijn, ...) beste vermogen.

Kraft|- *in Zssgn mst.* kracht-, *z.B.* **~anstrengung** *f* krachtsinspanning; **~aufwand** *m* krachtsontwikkeling; **~ausdruck** *m* krachtterm; **~brühe** *f* bouillon; **~droschke** *f* taxi; **~fahrer(in** *f*) *m* automobilist(e *f*).

Kraftfahrzeug *n* (het) (motor-) voertuig; **~brief** *m* (het) kentekenbewijs; **~papiere** *n*/*pl.* autopapieren *n*/*pl.*; **~schein** *m* (het) kentekenbewijs; **~steuer** *f* wegenbelasting; **~versicherung** *f* autoverzekering.

Kraft|feld *n* (het) krachtveld; **~futter** *n* (het) krachtvoer.

kräftig krachtig, sterk; *bsd. fig.* fel, stevig, fors; **~en** sterken, krachtig maken; **2ung** *f* (ver)sterking; **2ungs·mittel** *n* (het) versterkend middel.

kraft|los (*-est*) krachteloos; (*ungültig*) ongeldig, nietig; **2losigkeit** *f* (*0*) krachteloosheid; ongeldigheid; **2mensch** *m* krachtmens; **2messer** *m* krachtmeter; **2post** *f* postautodienst; **2probe** *f* krachtproef; **2protz** *m* krachtpatser; **2rad** *n* motorfiets; **2stoff** *m* motorbrandstof; **2übertragung** *f* krachtoverbrenging; **~voll** krachtig, vol kracht; **2wagen** *m* auto; **2werk** *n* elektrische centrale; **2wort** *n* (het) krachtwoord.

Kragen *m* kraag; *Kleidung a.*: boord (*a.* het); *es geht ihm an den* ~ dat kost zijn hals; (*es wird gefährlich*) hij zal ervan lusten; *jetzt platzt mir aber der* ~! F en nou heb ik er genoeg van!; **~weite** *f* halswijdte.

Krähe ['krɛːə] *f* kraai; **2n** kraaien; **~n·füße** *m*/*pl.* *Schrift*: hanepoten *pl.*; (*Fältchen*) kraaiepootjes *n*/*pl.*

Kra'keel *m* (*-s*; *0*) (het) gekrakeel; (*Zank a.*) ruzie, twist; **2en** (-) krakelen, ruzie maken, kijven.

Krall|e *f* klauw; **2en**: *sich* ~ *an* (*A*) zich vastklampen aan (*a. fig.*), zich vastgrijpen aan; **2ig** met scherpe klauwen; als een klauw.

Kram *m* (*-es*; *0*) rommel, spullen *n*/*pl.*; *das paßt in s-n* ~ dat komt in zijn kraam te pas; **2en** (*stöbern*) rommelen, scharrelen, snuffelen.

Krämer *m* winkelier; *pej.* kruidenier; **~geist** *m* (*-es*; *0*) kruideniersgeest.

Krammetsvogel *m* kramsvogel.

Krampe *f*, **~n** *m* kram.

Krampf *m* (*-es*; *=e*) kramp, stuip (-trekking); F *fig.* (*Eifer*) (het) krampachtig gedoe; **~adern** *f*/*pl.*

spataders *pl.*; 2**artig** krampachtig; 2**en** krampachtig samentrekken; 2**haft** (*-est*) krampachtig; 2**lösend** krampstillend.
Kran *m* (*-es*; *ᵘe*) kraan; ~**führer** *m* kraandrijver.
Kranich *m* (*-es*; *-e*) kraanvogel.
krank (*ᵘer*; *ᵘst*) ziek; ~ *sein* (*werden*) ziek zijn (worden); *s. a. Kranke(r)*.
kränkeln (*-le*) sukkelen, ziekelijk zijn.
kranken: ~ *an* (*D*) lijden aan (*a. fig.*).
kränken krenken, kwetsen.
Kranken|- *in Zssgn mst.* zieken-, *z.B.* ~**anstalt** *f* (het) ziekenhuis; ~**auto** *n* ziekenauto; ~**bahre** *f* brancard; ~**besuch** *m* (het) ziekenbezoek; ~**bett** *n* (het) ziekbed; ~**fahrstuhl** *m s. Rollstuhl*; ~**geld** *n* (het) ziekengeld; ~**haus** *n* (het) ziekenhuis; ~**kasse** *f* (het) ziekenfonds; *in Belgien*: mutualiteit; ~**pflege** *f* ziekenverpleging; ~**pfleger** *m* (zieken)verpleger; ~**saal** *m* ziekenzaal; ~**schwester** *f* (zieken-) verpleegster; ~**transport** *m* (het) ziekenvervoer; ~**versicherung** *f* ziekte(kosten)verzekering; ~**wagen** *m* ziekenauto; ~**wärter** *m* ziekenoppasser; ~**zimmer** *n* ziekenkamer.
Krank|e(r) zieke; 2**feiern** ziek vieren; 2**haft** (*-est*) ziekelijk (*a. fig.*); ~**heit** *f* ziekte.
Krankheits|erreger *m/pl.* ziekteverwekkers *pl.*, bacillen *pl.*; ~**erscheinung** *f* (het) ziekteverschijnsel; 2**halber** wegens ziekte; ~**zeichen** *n* (het) symptoom.
kranklachen: *sich* ~ zich krom lachen.
kränklich ziekelijk, sukkelend; 2**keit** *f* (*0*) ziekelijkheid.
krank|machen = *krankfeiern*; 2**meldung** *f* ziekmelding; ~**schreiben** ziek verklaren.
Kränkung *f* krenking, belediging.
Kranz *m* (*-es*; *ᵘe*) krans (*a. fig.*).
Kränzchen *n* (het) kransje (*a. Damen*2). [*pl.*]
Kranzgefäße *n/pl.* kransslagaderen
Krapfen *m* beignet, oliebol.
kraß (*-sser*; *-ssest*) kras; *Gegensatz*: schril; *Haltung*: extreem, brutaal.
Krater *m* krater.
Kratz|bürste *f* krasborstel; *fig.* weerbarstig mens; ~**e** *f* krasser, schraper; *Textil*: kaarde.
Krätze *f Med.* schurft.
Kratz|eisen *n* voet(en)schrapper (het) schraapijzer; 2**en** (*-t*) krabben; *auf der Geige u. Feder*: krassen; *Wolle*: schuren; *sich* ~ zich krabben; ~**er** *m* = *Kratzwunde*.
Krätzer *m pej.* (*Wein*) wrange wijn bocht (*a.* het).
Kratz|fuß *m* buiging, strijkage; 2**i** ruw, kriebelig; ~**wunde** *f* schram krab.
krauen krauwen, krabbelen.
kraul|en 1. = *krauen*; **2.** (*schwimmen*) crawlen; 2**stil** *m* crawlslag
kraus (*-est*) kroes, krullend; *Stirn* gerimpeld, gefronst; *fig.* (*wirr*) ver ward; 2**e** *f* (*Kragen*) geplooid kraag; (*Haar*2) krul.
kräuseln (*-le*) krullen, kroezen *Stoff*: plooien; *Stirn* fronsen.
kraus|en (*-t*) = *kräuseln*; 2**haar** (het) kroes-, krulhaar; ~**haari** kroesharig; 2**kopf** *m* krullebol, krul lekop.
Kraut *n* (*-es*; *ᵘer*) (het) kruid; (*Gemüse*) groente; (*Kohl*) kool; (*Sauer*2) zuurkool; (*Bohnen*2, *Spargel*2 (het) lof; (*Kartoffel*2) (het) loof *ins* ~ *schießen fig.* hand over han toenemen.
Kräuter|- *in Zssgn mst.* kruiden *z.B.* ~**buch** *n* (het) kruidenboek ~**käse** *m* groene kaas; ~**likör** kruidenlikeur; ~**tee** *m* kruiden thee.
Kra'wall *m* (*-s*; *-e*) rel, (het) op stootje; (*Lärm*) (het) lawaai.
Kra'watte *f* das; ~**n·nadel** *f* das speld.
kraxeln (*-le*) klauteren, klimmen.
Kreatur [kre·a'-] *f* (het) creatuu (het) schepsel (*a. pej.*).
Krebs [e:] *m* (*-es*; *-e*) kreeft; *Me* kanker; 2**artig** kankerachtig; ~**geschwulst** *f* (het) kankergezwe 2**rot** (*0*) zo rood als een kreef ~**schaden** *m* kanker (*a. fig.* ~**schere** *f* kreefteschaar.
kre'denzen (*-t*; *-*) aanbiede schenken.
Kredit[1] *n* (*-s*; *-s*) (het) credit.
Kre'dit[2] *m* (*-es*; *-e*) (het) krediet (*Vertrauen*).
Kre'dit|- *in Zssgn mst.* krediet-, *z.* ~**anstalt** *f* kredietinstelling; ~**bri** *m* kredietbrief; 2**fähig** kredie waardig; ~**geber** *m* kredietgeve 2**ieren** [-'ti:-] (*-*) crediteren; ~**kar**

f kredietkaart; ²**würdig** kredietwaardig.
...reide *f* (het) krijt; ²'**bleich** (*0*) spierwit, doodsbleek; **~felsen** *m* krijtrots; ²**haltig** krijthoudend; **~stift** *m* (het) stuk krijt; **~zeichnung** *f* krijttekening.
...reidig krijtachtig, krijthoudend.
...reieren [kʀe·'iː-] (-) creëren.
...reis *m* (*-es*; *-e*) cirkel, kring (*a. Gruppe*); (*Land*²) (het) kanton, (het) district; (*Verkehrs*²) rotonde, (het) verkeersplein; **~abschnitt** *m* (het) cirkelsegment; **~amt** *n* districtsadministratie; **~arzt** *m* districtsarts; **~bahn** *f* kringloop, baan; **~bewegung** *f* cirkelbeweging.
...reischen krijsen, gillen.
...reisdurchmesser *m* middellijn van een cirkel.
...reisel *m* tol; *Tech.* gyroscoop; **~kompaß** *m* (het) gyrostatisch kompas; ²**n** (*-le*) tollen, draaien.
...eis|en (*-t*) ronddraaien, cirkelen; *~ um* (*A*) draaien rond; **~förmig** cirkelvormig; ²**gericht** *n* (het) kantongerecht.
...reislauf *m* kringloop; *Med.* bloedsomloop; **~störungen** *f/pl.* storingen *pl.* van de bloedsomloop.
...eis|rund (*0*) cirkelrond; ²**säge** *f* cirkelzaag.
...reißsaal *m* verloskamer.
...reis|stadt *f* hoofdplaats van een district; **~tag** *m* districtsvergadering; **~umfang** *m* cirkelomtrek; **~verkehr** *m* (het) rondgaand verkeer.
...em *f s. Creme.*
...ematorium [-'toːʀĭum] *n* (*-s*; *Krematorien*) (het) crematorium.
...eml [kʀɛm(ə)l] *m*: *der ~* het Kremlin.
...empe *f* (hoed)rand.
...empel¹ *f* (*-*; *-n*) wolkam.
...empel² *m* (*-s*; *0*) F rommel, rotzooi.
...empeln (*-le*) kaarden.
...en *m* (*-*; *0*) *s. Meerrettich.*
...eol|e [kʀe·'oː-] *m* (*-n*) creool; **~in** creoolse.
...'pieren (*-*; *sn*) creperen (*a.* V); (*explodieren*) ontploffen.
...epp *m* (*-s*; *-e od. -s*) (het) krip, crêpe; **~papier** *n* (het) crêpepapier; **~sohle** *f* rubberzool.
...esse *f* ster(re)kers.
...eta *n* Kreta *n.*

Kreuz *n* (*-es*; *-e*) (het) kruis (*a. fig. u. Anat.*); *Karte*: klaveren; (*Autobahn*²) (het) verkeersplein, (het) klaverblad; *zu ~e kriechen* zoete broodjes bakken; ² *und quer* kriskras.
Kreuz|- *in Zssgn mst.* kruis-, *z.B.* **~abnahme** *f* (*0*) kruisafneming; **~band** *n* kruisband; **~bein** *n* (het) heiligbeen; **~dorn** *m* wegedoorn; ²**en** (*-t*) kruisen; *sich ~* elkaar kruisen; *Rassen*: zich vermengen; **~er** *m* kruiser; *Münze*: halve stuiver; **~es·zeichen** *n* (het) kruisteken; **~fahrer** *m* kruisvaarder; **~fahrt** *f* kruistocht; **~feuer** *n* (het) kruisvuur (*a. fig.*); ²**fi'del** heel jolig; **~gang** *m* kruisgang; ²**igen** kruisigen; **~igung** *f* kruisiging; ²**lahm** (*0*) kruislam; **~otter** *f* adder; **~ritter** *m* kruisridder; **~schmerzen** *m/pl.* pijn in het kruis; **~spinne** *f* kruisspin; **~stich** *m* kruissteek; **~ung** *f* kruising; (*Straßen*²) (het) kruispunt; **~verhör** *n* (het) kruisverhoor; **~weg** *m* kruisweg; ²**weise** kruiselings; **~worträtsel** *n* (het) kruiswoordraadsel, (kruiswoord-)puzzel; **~zug** *m* kruistocht.
kribbel|ig F kribbig, kregel; **~n** (*-le*) kriebelen; (*wimmeln*) krioelen, wriemelen.
Kricket ['kʀɪkət] *n* (*-s*; *0*) (het) cricket.
kriech|en (*L*; *sn*) kruipen; ²**er** *m* kruiper; ²**e'rei** *f* kruiperij; **~erisch** kruiperig; ²**spur** *f* (*Autobahn*²) rijstrook voor langzaam verkeer; ²**tier** *n* (het) kruipend dier.
Krieg *m* (*-es*; *-e*) oorlog; *in den ~ ziehen* ten strijde trekken; *~ führen* oorlog voeren.
kriegen *v/t* F krijgen.
Krieger *m* krijger, krijgsman; ²**isch** oorlogszuchtig; (*tapfer*) krijgshaftig.
kriegführ|end oorlogvoerend; ²**ung** *f* oorlogvoering.
Kriegs|- *in Zssgn mst.* oorlogs-, *a.* krijgs-; **~ausbruch** *m* (het) uitbreken van de oorlog; **~beil** *n* strijdbijl; **~berichterstatter** *m* oorlogscorrespondent; **~beschädigte(r)** oorlogsinvalide; **~beute** *f* oorlogsbuit; **~dienst** *m* krijgsdienst; **~dienstverweigerer** *m* dienstweigeraar; **~erklärung** *f* oorlogsverklaring; **~fall** *m* (het) geval van oorlog; **~flotte** *f* oorlogs-

vloot; **~freiwillige(r)** oorlogsvrijwilliger; **~fuß** *m*: *auf ~ stehen mit* (*D*) op voet van oorlog staan met; **~gebiet** *n* (het) oorlogsgebied; **~gefangene(r)** krijgsgevangene; **~gefangenschaft** *f* krijgsgevangenschap; **~gerät** *n* (het) oorlogsmateriaal; **~gericht** *n* krijgsraad; **~gewinn** *m* oorlogswinst; **~glück** *n* (het) krijgsgeluk, krijgskans; **~hafen** *m* oorlogshaven; **~hetzer** *m* oorlogsophitser; **~kamerad** *m* krijgsmakker, wapenbroeder; **~kunst** *f* krijgskunst; **~list** *f* krijgslist; **2lustig** oorlogszuchtig; **~marine** *f* (oorlogs)marine; **~opfer** *n* (het) oorlogsslachtoffer; **~recht** *n* (het) krijgs-, oorlogsrecht; **~schäden** *m/pl.* oorlogsschade; **~schauplatz** *m* (het) oorlogstoneel; **~schiff** *n* (het) oorlogsschip; **~schuld** *f* oorlogsschuld; **~stärke** *f* oorlogssterkte; **~teilnehmer** *m* soldaat; **~verbrecher** *m* oorlogsmisdadiger; **~waise** *f* oorlogswees; **~zug** *m* krijgs-, veldtocht; **~zustand** *m* oorlogstoestand.

Krimi *m* (*-s*; *-s*) F *s. Kriminalfilm, -roman.*

Krimi'nal|beamte(r) rechercheur; **~film** *m* detectivefilm; **~gericht** *n* strafrechter; **~i'tät** *f* (*0*) criminaliteit, misdadigheid; **~kommissar** *m* inspecteur bij de recherche; **~polizei** *f* recherche; **~roman** *m* detective(roman).

krimi'nell crimineel.

Krimskrams *m* (*-*; *0*) F rommel.

Kringel *m* kring; (*Gebäck*) krakeling; **2n** (*-le*): *sich ~* kringelen.

Krippe *f* krib.

Krise *f* crisis; **2ln** (*-le*): *es kriselt* er zijn tekenen *n/pl.* van een crisis.

krisen|fest bestand tegen een crisis; **2stab** *m* crisiscommissie; **2zeit** *f* crisistijd.

Krisis *f* (*-*; *Krisen*) crisis.

Kris'tall 1. *m* (*-s*; *-e*) *u.* **2.** *n* (*-s*; *0*) (het) kristal; **~bildung** *f* kristalvorming; **2en** (*0*) kristallen; **~glas** *n* (het) kristalglas; **2hell** (*0*) kristalhelder; **2i'sieren** (-) kristalliseren; **~zucker** *m* kristalsuiker.

Kri'terium [-RĬUM] *n* (*-s*; *Kriterien*) (het) criterium.

Kri'tik *f* kritiek; *~ üben an* (*D*) kritiek uitoefenen op; **~er** ['kRi:-] *m* criticus; **2los** (*-est*) kritiekloos.

krit|isch kritisch; (*gefährlich*) kri tiek; **~i'sieren** (-) kritiseren.

Kritt|e'lei *f* vitterij, kleingeestig kritiek; **2eln** (*-le*) vitten; **2(e)li** vitterig.

Kritz|e'lei *f* (het) gekrabbel, (he gekriebel; **2eln** (*-le*) krabbele kriebelen.

Kroat|e [kRo'ˈɑ:-] *m* (*-n*) Kroaa **2isch** Kroatisch.

Krocket ['kRɔkət] *n* (*-s*; *0*) (he croquet.

Kroko'dil *n* (*-s*; *-e*) krokodil; **~l der** *n* (het) krokodilleleer; **~s·tr nen** *f/pl.* krokodilletranen *pl.*

Krone *f* kroon (*a. Zahn2 u. fig.* (*Baum2*) kruin, top.

krönen kronen; *fig.* bekronen.

Kron|erbe *m* erfgenaam van kroon; **~leuchter** *m* kroonluchte (licht)kroon; **~prinz(essin** *f*) kroonprins(es *f*).

Krönung *f* kroning; bekroning.

Kronzeuge *m* kroongetuige.

Kropf *m* (*-es*; *⸗e*) krop (*a. Anat.*).

kröpf|en *v/t Tiere* vetmesten; *Raubvögel*: verslinden; **~ig** *Pflan* kwijnend, slecht *od.* krom gegroe

Kröte *f* pad; F (*Mädchen*) (het) ne rakker; **~n** *pl.* P (*Geld*) poen, ce ten *pl.*

Krück|e *f* kruk; *an* (*od. auf*) *~n* krukken; **~stock** *m* kruk.

Krug *m* (*-es*; *⸗e*) kruik; (*Bier2 bs.* pul; (*Schenke*) (het) café, kroeg.

Krume *f* kruim (*a.* het); (*Brosam* kruimel.

Krümel *m* kruimel, (het) kruimelt **2ig** kruimelig; **2n** (*-le*) kruimel

krumm krom; *fig.* (*unehrlich*) lc che, verdacht; **~beinig** met kro me benen.

krümmen krommen, buigen; *sic* zich krommen, buigen; (*sich w den*) zich kronkelen; *vor Schmerz* ineenkrimpen; *sich vor Lachen* zich een bult lachen; *j-m kein H ~* iem. geen haar krenken; *s. a. krümmt.*

krumm|nehmen F kwalijk nem **2säbel** *m* (het) kromzwaard; **2st** *m* kromstaf.

Krümmung *f* kromming; (*W. bsd.*) bocht.

Krupp *m* (*-s*; *0*) *Med.* kroep.

Kruppe *f* (het) kruis.

Krüppel *m* invalide, verminkte; vermінkt, gebrekkig.

Krust|e *f* korst; **~en·tier** *n* (het) schaaldier; **≈ig** korstig.
Kruzifix ['kru:tsi·'fɪks] *n* (*-es*; *-e*) (het) crucifix, (het) kruisbeeld.
Ku'ban|er(in *f*) *m* Cubaan(se *f*); **≈isch** Cubaans.
Kübel *m* bak, kuip; (*Abort*) ton; **~wagen** *m Esb.* bakwagen; *mil.* jeep.
Ku'bik|- *in Zssgn mst.* kubiek(e) (*Adj.*), *z.B.* **~inhalt** *m* kubieke inhoud; **~meter** *m* kubieke meter; **~wurzel** *f* derdemachtswortel.
Kubus *m* (-; - *od. Kuben*) kubus.
Küche *f* keuken; *kalte* ~ koude schotels *pl.*, koude keuken; *in (des) Teufels ~ geraten (od. kommen)* in de aap gelogeerd zijn.
Kuchen [u:] *m* koek; (*größeres Gebäck*) taart, (het) gebak; **~bäcker** *m* banketbakker.
Küchen|- *in Zssgn mst.* keuken-; **~chef** *m* chef-kok, hoofdkok; **~fee** *f* keukenprinses.
Kuchenform *f* bakvorm.
Küchen|garten *m* moestuin; **~geschirr** *n* (het) keukengerei; **~herd** *m* (het) fornuis; **~kräuter** *n/pl.* moeskruiden *n/pl.*; **~latein** *n* (het) keuken-, potjeslatijn; **~meister** *m* keukenmeester, chef-kok; **~messer** *n* (het) keukenmes; **~schrank** *m* keukenkast; **~tisch** *m* keukentafel; **~zettel** *m* (het) menu.
Kuckuck *m* (*-s*; *-e*) koekoek; F (*Siegel*) (het) deurwaarderzegel; *zum ~!* F voor de drommel!; *weiß der ~!* F Joost mag (het) weten!; **~s·uhr** *f* koekoek(s)klok.
Kuddelmuddel *m* (*-s*; *0*) warboel.
Kufe *f* **1.** (*Kübel*) kuip, (het) vat; **2.** (*Schlitten≈*) (het) ijzer, (het) glijdend onderstel.
Kugel *f* (-; *-n*) kogel (*a. Geschoß u. Anat.*); (*geometrischer Körper u. Erd≈*) bol; **~ausschnitt** *m* bolsector; **≈fest** (*0*) kogelvrij; **≈förmig** kogel-, bolvormig; **~gelenk** *n* (het) kogelgewricht; **≈ig** bolvormig, kogelrond; **~lager** *n* (het) kogellager; **≈n** (*-le*) *v/i* (*sn*) *u. v/t* rollen; *sich vor Lachen ~* zich slap lachen; **≈'rund** (*0*) kogelrond; **~schreiber** *m* bal-, bolpen; **≈sicher** (*0*) kogelvrij; **~stoßen** *n* (*-s*; *0*) (het) kogelstoten.
Kuh *f* (-; *⸚e*) koe; P (*Schimpfwort*) gans.
Kuh|- *in Zssgn mst.* koe(ie)-, *z.B.* **~auge** *n* (het) koeieoog; **~dreck** *m*, **~fladen** *m* koe(ie)vla, koeiedrek; **~handel** *m fig.* koehandel; **~haut** *f* koeiehuid.
kühl koel (*a. fig.*), fris; (*unangenehm kalt*) kil.
Kühl|- *in Zssgn mst.* koel-, *z.B.* **~anlage** *f* koelinstallatie; **~e** *f* koelheid (*bsd. fig.*), koelte; **≈en** (af)koelen; **~er** *m* koeler; *Auto*: radiateur; **~haus** *n* (het) koelhuis; **~mittel** *n* (het) koelmiddel; **~raum** *m* koelruimte, koelkamer; **~schiff** *n* (het) koelschip; **~schrank** *m* koel-, ijskast; **~tasche** *f* koelbox; **~ung** *f* (af)koeling; (*Kühle*) koelte; **~wasser** *n* (*-s*; *0*) (het) koelwater.
Kuhmilch *f* koemelk.
kühn (stout)moedig, koen; *Plan*: stout; **≈heit** *f* (*0*) stoutmoedigheid, koenheid.
Kuh|pocken *f/pl.* koepokken *pl.*; **≈warm** (*0*) warm van de koe.
Küken *n* (het) kuiken.
ku'lant (*-est*) coulant.
Kuli *m* (*-s*; *-s*) koelie.
kuli'narisch (*0*) culinair.
Ku'lisse *f* coulisse; *hinter den ~n fig.* achter de schermen.
Kuller|augen *n/pl.*: *~ machen* grote ogen *n/pl.* opzetten; **≈n** (*-re*) *v/i* (*sn*) *u. v/t* rollen.
Kulmi|nationspunkt [-'tsĭo:ns-] *m* (het) culminatiepunt; **≈'nieren** (-) culmineren.
Kult *m* (*-es*; *-e*) cultus (*a. fig.*).
kulti'vier|en (-) cultiveren (*a. fig.*); **~t** gecultiveerd, beschaafd.
Kul'tur *f* cultuur (*a. Anbau usw.*); (*Zivilisation a., Lebensweise bsd.*) beschaving; **~abkommen** *n* (het) cultureel verdrag; **≈ell** [-'rɛl] (*0*) cultureel; **~film** *m* documentaire; **~geschichte** *f* (*0*) cultuur-, beschavingsgeschiedenis; **≈historisch** cultuurhistorisch; **~kampf** *m* Kulturkampf; **~pflanze** *f* cultuurplant; **~politik** *f* cultuurpolitiek; **~volk** *n* (het) beschaafd volk; **~zentrum** *n* (het) cultureel centrum.
Kultus *m* (-; *Kulte*) = *Kult*; **~minister** *m* minister van onderwijs en wetenschappen; *in Belgien*: minister van (nationale opvoeding en) cultuur.
Kümmel *m* kummel (*a. Schnaps*), komijn; **~brot** *n* (het) komijnbrood; **~käse** *m* komijnekaas.

Kummer *m* (*-s*; *0*) (het) verdriet, kommer; *j-m ~ bereiten* iem. verdriet aandoen.

kümmer|lich armzalig, gebrekkig, ellendig; **~n** (*-re*) *v/i* (*zurückbleiben*) kwijnen, achterblijven; *v/t* bekommeren, bedroeven; *sich ~ um* (*A*) zich bekommeren om, zorgen voor; *sich nicht ~ um* (*A*) *a.* zich niets aantrekken van; **≈nis** *f* (*-*; *-se*) kommer, zorg.

kummervoll kommer-, zorgvol.

Kummet *n* (*-ẹs*; *-e*) (het) haam, (het) juk.

Kum'pan *m* (*-s*; *-e*) makker, kameraad.

Kumpel *m* kompel, mijnwerker; (*Kamerad*) kameraad.

kumu'lieren (-) cumuleren.

kündbar opzegbaar; *Anleihe*: aflosbaar; **≈keit** *f* (*0*) opzegbaarheid; aflosbaarheid.

Kunde[1] *f* kunde, wetenschap; (*Mitteilung*) (het) bericht, tijding.

Kunde[2] *m* (*-n*) klant, cliënt; (*Landstreicher*) landloper; (*Kerl*) kerel, vent, snuiter.

künden (*-e-*) bekendmaken, meedelen.

Kunden|dienst *m* service; **~werkstatt** *f* dealer.

kund|geben bekendmaken, meedelen, uiten; **≈gebung** *f* bekendmaking; (*Demonstration*) demonstratie, betoging, manifestatie; **~ig** kundig, bekwaam, goed bekend met; e-r S. (*G*) *~ sein* iets kennen, iets meester zijn.

kündig|en opzeggen; *j-m* ontslaan; **≈ung** *f* opzegging; (het) ontslag; **≈ungs·frist** *f* opzeggingstermijn.

Kundin *f* cliënte.

Kundschaft *f* **1.** (*Erkundung*) verkenning; **2.** (*0*) (*Kunden*) klandizie, cliëntèle; **≈en** (*-e-*) op verkenning uitgaan, verkennen; **~er** *m* verkenner.

kund|tun *s. kundgeben*; **~werden** bekend worden.

künftig (*0*) komend, toekomstig; *Adv.* = **~'hin** voortaan, in het vervolg.

Kunst *f* (*-*; *⸚e*) kunst; *das ist keine ~!* F dat is geen kunst!; *was macht die ~?* F hoe gaat het (ermee)?, hoe staat het leven?

Kunst|- *in Zssgn mst.* kunst-, *z.B.* **~akademie** *f* kunstacademie, academie voor beeldende kunsten; **~ausstellung** *f* kunsttentoonstelling; **~banause** *m* cultuurbarbaar; **≈beflissen** de kunst beoefenend, op artistiek gebied werkzaam; **~betrachtung** *f* kunstbeschouwing; **~buch** *n* (het) kunstboek; **~druck** *m* kunstdruk; **~dünger** *m* kunstmest; **~eis** *n* (het) kunstijs.

Künste|'lei *f* gekunsteldheid, gemaaktheid; **≈ln** (*-le*) gemaakt doen; *s. a. gekünstelt.*

Kunst|faser *f* kunstvezel; **≈fertig** kunstvaardig, bedreven; **~flieger** *m* kunstvlieger; **~flug** *m* (het) kunstvliegen; **~freund** *m* kunstliefhebber; **~gegenstand** *m* (het) kunstvoorwerp; **≈gerecht** volgens de regels der kunst; **~geschichte** *f* (*0*) kunstgeschiedenis; **~gewerbe** *n* kunstnijverheid; **~griff** *m* kunstgreep; **~haar** *n* (het) kunsthaar; **~händler** *m* kunsthandelaar; **~handlung** *f* kunsthandel; **~harz** *n* (het) kunsthars; **≈historisch** kunsthistorisch; **~honig** *m* kunsthoni(n)g; **~kenner** *m* kunstkenner; **~kritik** *f* kunstkritiek; **~lauf** *m* (het) kunstrijden op de schaats; **~leder** *n* (het) kunstleer.

Künstler|(in *f*) *m* kunstenaar *m*, kunstenares *f*; **≈isch** artistiek, kunst-; **~name** *m* kunstenaarsnaam; **~tum** *n* (*-s*; *0*) (het) kunstenaarschap.

künstlich kunstmatig.

kunst|los (*-est*) eenvoudig, ongekunsteld; **≈maler** *m* kunstschilder; **≈produkt** *n* (het) kunstprodukt; **~reich** kunstrijk, artistiek, kunstig; **≈sammlung** *f* kunstverzameling; **≈schätze** *m/pl.* kunstschatten *pl.*; **≈schmied** *m* kunstsmid; **≈seide** *f* kunstzijde; **≈sinn** *m* (*-ẹs*; *0*) kunstzin; **~sinnig** kunstzinnig; **≈sprache** *f* kunsttaal; **≈springen** *n* (*-s*; *0*) (het) schoonspringen; **≈stoff** *m* kunststof; **≈stück** *n* (het) kunststuk; **≈verstand** *m* (het) verstand van kunst; **~voll** kunstig, artistiek; **≈werk** *n* (het) kunstwerk; **≈wert** *m* kunstwaarde.

kunterbunt (*0*) kakelbont, (bont) door elkaar.

Kupfer *n* (het) koper; (*Kupfergeld*) (het) kopergeld; (*Kupferstich*) kopergravure.

Kupfer|- *in Zssgn mst.* koper-, *b*

Material aus Kupfer oft koperen (*Adj.*), *z.B.* **~bergwerk** *n* kopermijn; **~blech** *n* (het) koperblad; **~draht** *m* koperdraad; **~druck** *m* koperdruk; **~erz** *n* (het) kopererts; **2farben** (*0*) koperkleurig; **~geld** *n* (*-es; 0*) (het) kopergeld; **~glanz** *m* koperglans; **2haltig** koperhoudend; **~münze** *f* koperen munt; **2n** (*0*) koperen; **~platte** *f* koperen plaat; **2rot** (*0*) koperrood; **~schmied** *m* koperslager; **~stecher** *m* kopergraveur; **~stich** *m* kopergravure; **~vergiftung** *f* kopervergiftiging.

Kupon [-ˈpɔŋ] *m* (*-s; -s*) coupon.

Kuppe *f* top (*a. Finger2*); (*Nagel2, Nadel2*) kop.

Kuppel *f* (*-; -n*) koepel.

Kupp|eˈlei *f* koppelarij; **2eln** (*-le*) koppelen (*a. Tech.*); **~ler(in** *f*) *m* koppelaar(ster *f*); **~lung** *f* koppeling; **~lungs·scheiben** *f/pl.* koppelschijven *pl.*

Kur *f* kuur; e-e ~ *machen* een kuur doen, kuren.

Kür *f Sp.* vrij gekozen oefeningen *pl.*

Küˈra|ß *m* (*-sses; -sse*) (het) kuras, (het) borstharnas; **~sˈsier** *m* (*-s; -e*) kurassier.

Kura|ˈtel *f* curatele; **~tor** [-ˈRɑ:-] *m* (*-s; -en* [-ˈto:-]) curator; **~ˈtorium** [-Rĭum] *n* (*-s; Kuratorien*) (het) curatorium.

urbel *f* (*-; -n*) kruk, zwengel; *Auto*: slinger; **2n** (*-le*) draaien; **~welle** *f* krukas.

ürbis *m* (*-ses; -se*) pompoen.

üren (ver)kiezen.

ur|fürst *m* keurvorst; **~fürstentum** *n* (het) keurvorstendom; **~gast** *m* badgast; **~haus** *n* (het) badhotel, (het) kurhaus.

urie [ˈku:Rĭə] *f* curie.

uˈrier *m* (*-s; -e*) koerier, ijlbode.

uˈrieren (-) cureren, genezen.

urios [-ˈRĭo:s] (*-est*) curieus, zonderling; **2iˈtät** *f* curiositeit; **2um** *n* *-s; Kuriosa*) (het) curiosum.

ur|mittel *n* (het) kuurmiddel; **~ort** *m* badplaats, (het) kuuroord; **~park** *m* (het) kurpark; **~pfuscher** *m* kwakzalver.

urs *m* (*-es; -e*) koers (*a. Hdl. u. ig.*); (*Lehrgang*) cursus.

ur·saal *m* kurzaal.

urs|bericht *m* koersnotering(en *pl.*); **~blatt** *n* koerslijst; **~buch** *n* (het) spoorboekje.

Kürschne|r *m* bontwerker; **~ˈrei** *f* bontwerkerij.

kurˈs|ieren (-) in omloop zijn, circuleren; **~iv** (*0*) cursief; **2ivschrift** *f* cursieve letter; **~orisch** (*0*) cursorisch.

Kurs|rückgang *m* koersdaling; **~schwankung** *f* koersschommeling.

Kursus [ˈkURZUS] *m* (*-; Kurse*) cursus.

Kurs|wagen *m* (het) doorgaand rijtuig; **~wert** *m* koerswaarde; **~zettel** *m* koerslijst.

Kurtaxe *f* toeristenbelasting, verblijftaks.

Kür·übung *f* vrij gekozen oefening.

Kurve *f* curve; (*Straßen2*) bocht; **2n** een bocht (*od.* bochten *pl.*) maken.

Kurverwaltung *f* directie van een badhuis; (*e-s Kurortes*) (het) bestuur van een badplaats.

kurz (*"er; "est*) kort; (*kurzum*) kortom; *Adv.* (*kurze Zeit, mal bsd.*) even; *in ~em* binnenkort; *vor ~em* onlangs; *~ angebunden* kort van stof, kort aangebonden; *über ~ oder lang* vroeg of laat; *sich ~ fassen* kort zijn; *den kürzeren ziehen* aan het kortste eind trekken; *in kürzester Zeit* in de kortst mogelijke tijd, F binnen de kortste keren.

Kurz·arbeit *f* (*0*) werktijdverkorting; **2en** onder de werktijdverkorting vallen.

kurz|ärmlig met korte mouwen; **~atmig** kortademig; **2bericht** *m* (het) beknopt verslag.

Kürze *f* (*0*) kortheid; *zeitlich bsd.* korte duur; (*Bündigkeit*) bondigheid; *in ~* binnenkort; **2n** (*-t*) (ver)korten; *Bruch* vereenvoudigen; *Gehalt* verlagen; *Text* inkorten.

kurzerˈhand zonder aarzeling, kortweg.

Kurz|film *m* korte film; **~form** *f* afkorting, verkorte vorm; **2fristig** op korte termijn; **~geschichte** *f* (het) kort verhaal; **2halten** kort houden; **2lebig** korte tijd levend; *S.*: van korte duur.

kürzlich (*0*) onlangs, kortelings; *Adj.* recent.

Kurzpark|er *m* kortparkeerder; **~zone** *f* blauwe zone.

Kurz|referat *n* korte voordracht; **♀schließen** kortsluiten; **~schluß** *m* kortsluiting; **~schrift** *f* stenografie; **♀sichtig** bijziend; *fig.* kortzichtig; **~sichtigkeit** *f* (*0*) bijziendheid; kortzichtigheid.

Kurzstrecken|läufer *m* korte-afstandloper, sprinter; **~rakete** *f* korte-afstandraket.

kurz|treten het kalm aan doen; **~'um** kortom.

Kürzung *f* (ver)korting; vereenvoudiging; verlaging.

Kurz|waren *f/pl.* fournituren *pl.*; **~weil** *f* (*0*) (het) tijdverdrijf, (het) amusement; **♀weilig** vermakelijk, grappig; **~welle** *f* korte golf; **~wellensender** *m* kortegolfzender; **~wort** *n* (*-es*; *⸗er*) afkorting.

kusch! koest!

kusch|eln (*-le*): *sich* ~ zich vlijen; **~en** (stil) gaan liggen; *fig.* zich koest houden.

Ku'sine *f* nicht.

Kuß *m* (*-sses*; *⸗sse*) kus, zoen.

Küß·chen *n* (het) kusje, (het) zoentje.

kuß·echt (*0*) kissproof.

küsse|n (*-ßt*) (*sich*) (elkaar) kussen, (elkaar) zoenen; **♀'rei** *f* (het) gekus.

Kußhand *f* kushand.

Küste *f* kust.

Küsten|- *in Zssgn mst.* kust-, *z.B.* **~bewohner** *m* kustbewoner; **~fahrt** *f* kustvaart; **~gewässer** *n/pl.* kustwateren *n/pl.*; **~straße** *f* kustweg; **~strich** *m* kust(strook); **~verteidigung** *f* kustverdediging.

Küster *m* koster.

Kutsch|bock *m* bok (van een rijtuig); **~e** *f* koets, (het) rijtuig; **~er** *m* koetsier; **♀ieren** [-'ʃiː-] (-) rijden.

Kutte *f* (monniks)pij.

Kutter *m* kotter.

Kuvert [-'vɛʁt, -'vɛːʁ] *n* (*-es*; *-s*) (het) couvert (*a. Brief*♀).

kW *Abk. für Kilowatt.*

Kyber'netik *f* (*0*) cybernetica.

KZ *n* (-; *-s*) = *Konzentrationslager*

L

L, l *n* L, l.
l *Abk. für* Liter.
Lab *n* (*-ės*; *-e*) leb; (*Saft*) (het) stremsel.
labbern (*-re*) *Segel*: slap hangen; F (*schlecken*) lebberen, lurken.
laben (*sich*) (zich) laven, (zich) verkwikken.
labial [-'bĭɑːl] (*0*) labiaal; **♀laut** *m* lipklank.
la'bil labiel.
Labmagen *m* lebmaag.
La'bo|r *n* (*-s*; *-s od. -e*) (het) lab(oratorium); **⁓'rant(in** *f*) *m* (*-en*) laborant(e *f*); **⁓ra'torium** [-ʀĭum] *n* (*-s*; *Laboratorien*) (het) laboratorium; **♀'rieren** (-) *an* (*D*) lijden aan.
Lab|sal *n* (*-s*; *-e*), **⁓ung** *f* lafenis, verkwikking.
Laby'rinth *n* (*-ės*; *-e*) (het) labyrint, doolhof.
Lache[1] [ɑː] *f* (*Pfütze*) plas, poel.
Lache[2] [a] *f* (*0*) (het) gelach.
lächeln (*-le*) glimlachen; **♀** *n* (*-s*; *0*) glimlach.
lach|en (*über A*) lachen (om); *das ist zum* **♀** dat is om te lachen, dat is belachelijk; *da gibt es nichts zu* ⁓ daar valt niet mee te lachen; *daß ich nicht lache!* laat me niet lachen!; **♀en** *n* (*-s*; *0*) (het) gelach; *vor* ⁓ van het lachen; **♀er** *m* lacher.
lächerlich belachelijk, bespottelijk; **♀keit** *f* belachelijkheid, bespottelijkheid.
Lach|gas *n* (het) lachgas; **♀haft** (*-est*) belachelijk; **⁓krampf** *m* lachkramp; **⁓lust** *f* (*0*) lachlust.
Lachs *m* (*-es*; *-e*) zalm.
Lach·salve *f* (het) lachsalvo.
lachs|farben (*0*) zalmkleurig; **♀schinken** *m* fijne ham.
Lack *m* (*-ės*; *-e*) lak (*a.* het); **♀en** lakken; **⁓farbe** *f* lakverf.
lackier|en [-'kiː-] (-) lakken; **♀er** *m* lakker, lakwerker; **♀e'rei** *f* verfspuiterij; **♀ung** *f* (het) lakken.
Lackleder *n* (het) lakleer.
Lackmus *n* (-; *0*) (het) lakmoes.
Lackschuh *m* lakschoen.
Lade *f* (*Schub♀*) la(de); (*Kasten*) kist, kast; **⁓baum** *m* laadboom; **⁓fläche** *f* laadvloer; **⁓mast** *m* laadmast.
laden (*L*) laden (*a. mil. u. El.*); (*ein♀*) uitnodigen; *vor Gericht* ⁓ dagvaarden.
Laden *m* (*-s*; *⸚*) winkel; (*Fenster♀*) (het) (venster)luik.
Laden|- *in Zssgn mst.* winkel-, *z.B.* **⁓hüter** *m* (het) onverkoopbaar artikel, winkeldochter; **⁓preis** *m* winkelprijs; **⁓schluß** *m* winkelsluiting; **⁓schlußgesetz** *n* winkelsluitingswet; **⁓straße** *f* winkelstraat; **⁓tisch** *m* toonbank.
Lade|r *m* lader; **⁓rampe** *f* (het) goederenperron; **⁓raum** *m* laadruimte.
lä'dieren (-) *S.* beschadigen; *Pers.* kwetsen.
Ladung *f* lading; *jur.* dagvaarding.
La'fette *f* (het) affuit.
Lage *f* ligging; (*Situation*) toestand, situatie; (*Schicht*) laag; (*Getränkerunde*) (het) rondje; (*Körper♀*) houding; (*Salve*) (het) salvo; *in bester* ⁓ *Geschäft, Haus*: goed gesitueerd (*od.* gelegen); *günstige* ⁓ gunstige ligging; *nicht in der* ⁓ *sein, zu* + *Inf.* niet in staat zijn te + *inf.*
Lager *n* (het) kamp; *Hdl.* (het) magazijn, (het) pakhuis, (het) depot; *Tech.* (het) kogellager; *Geol.* laag; (*Bett*) (het) bed, (het) leger; *auf* ⁓ *haben* in voorraad hebben; **⁓bestand** *m* (voorraad)inventaris; **⁓bier** *n* (het) lagerbier, (het) belegen bier; **⁓feuer** *n* (het) kampvuur; **⁓geld** *n* opslagkosten *pl.*, (het) magazijn-, pakhuisgeld; **⁓halter** *m* magazijn-, depothouder; **⁓haus** *n* (het) pakhuis, (het) magazijn; **⁓leben** *n* (*-s*; *0*) (het) kampleven; **♀n** (*-re*) **1.** *v/i* kamperen; *Hdl.* opgeslagen liggen, in voorraad zijn; **2.** *v/t Waren* opslaan, opleggen; (*betten*) (neer)leggen; **⁓platz** *m* legerplaats, (het) kamp; **⁓raum** *m* opslagruimte, (het) pakhuis; **⁓stätte** *f* (het) kamp; (*Bett*) ligplaats, legerstede; *Geol.*

vindplaats; **~ung** *f* legering, (het) kamperen; (*Waren*≗) opslag, (het) opslaan; *Geol.* ligging in lagen; **~verwalter** *m* magazijnmeester.
La'gune *f* lagune.
lahm kreupel; (*gelähmt*) lam, verlamd; *fig.* lam(lendig); (*müde*) (dood)op; **~en** (*auf D*) kreupel zijn (aan).
lähmen verlammen (*a. fig.*); *s. a. gelähmt*.
Lahm|heit *f* (*0*) kreupelheid, lamheid, lamlendigheid; **≗legen** verlammen; *Verkehr a.* stremmen.
Lähmung *f* verlamming.
Laib *m* (*-ęs; -e*): *ein ~ Brot* (*Käse*) een brood (kaas).
Laich *m* (*-ęs; -e*) kuit; **≗en** kuit schieten.
Laie ['laɪə] *m* (*-n*) leek.
Laien|bruder *m* lekebroeder; **≗haft** (*-est*) als een leek; **~richter** *m* lekerechter; **~spiel** *n* (het) lekespel; **~spielgruppe** *f* amateurtoneelgroep.
La'kai *m* (*-en*) lakei.
Lake *f* pekel.
Laken *n* (het) laken.
la'konisch laconiek.
La'kritze *f* drop; **~n·stange** *f* pijp drop.
lallen lallen, stamelen.
Lama *n* (*-s; -s*) lama.
La'melle *f* lamel(le).
lamen'tieren (-) lamenteren.
Lamm *n* (*-ęs; ⸚er*) (het) lam (*a. fig.*); **~braten** *m* (het) lamsgebraad.
Lämmchen *n* (het) lammetje.
lamm|en lammeren werpen; **≗fell** *n* (het) lamsvel; **≗fleisch** *n* (het) lamsvlees; **~fromm** (*0*) zo mak als een lam.
Lampe *f* lamp.
Lampen|fassung *f* lamphouder, lampfitting; **~fieber** *n* plankenkoorts; **~schirm** *m* lampekap.
Lampion [-'pĭɔŋ] *m* (*-s; -s*) lampion.
lancieren [laŋ'si:-] (-) lanceren (*a. fig.*).
Land *n* (*-ęs; ⸚er*) (het) land; (*Ggs. Stadt*) (het) platteland; (*Bundes*≗) deelstaat; *an ~ gehen* aan land gaan; *auf dem ~e* buiten, op het platteland; *aufs ~* naar buiten; *aufs ~ ziehen* (*um zu wohnen*) buiten gaan wonen; *außer ~es* buitenslands; *ins ~ gehen Jahre usw.*: verlopen; *über ~ gehen* een tocht te voet maken; *zu ~e* te land.
Land|- *in Zssgn mst.* land-, *z.B.* **~adel** *m* landadel; **~arbeit** *f* veldarbeid; **~arbeiter** *m* landarbeider; **~arzt** *m* plattelandsdokter.
land'aus: *~, landein* in (*od.* door) alle landen.
Land|besitz *m* (het) grondbezit; **~bevölkerung** *f* plattelandsbevolking.
Ländchen *n* (het) landje.
Land|e·bahn *f* landingsbaan; **≗'ein** *s. landaus*; **≗'einwärts** het land in; **≗en** (*-e-*) **1.** *v/i* (*sn*) landen; *fig.* terechtkomen, belanden; **2.** *v/t mar.* aan land zetten; *Flgw.* aanvoeren; (*anbringen*) toebrengen; **~enge** *f* landengte; **~e·platz** *m* (het) landingsterrein.
Lände'reien *f/pl.* landerijen *pl.*
Länder|kampf *m*, **~spiel** *n* landenwedstrijd; **~kunde** *f* (*0*) aardrijkskunde.
Landes|bischof *m* (het) hoofd van een landskerk; **~farben** *f/pl.* nationale kleuren *pl.*; **~fürst** *m* regerend vorst, soeverein; **~hoheit** *f* soevereiniteit; **~kirche** *f* landskerk; **~kunde** *f* (*0*) kennis van land en volk; **~regierung** *f* regering van een deelstaat; **~sprache** *f* landstaal; **~tracht** *f* nationale klederdracht; **~trauer** *f* algemene rouw; **≗üblich** (*0*) in het land gebruikelijk; **~vater** *m* vorst; **~verrat** *m* (het) landverraad; **~verräter** *m* landverrader; **~verteidigung** *f* landsverdediging; **~verweisung** *f* verbanning.
Land|flucht *f* (*0*) trek naar de grote steden; **~friede** *m* landvrede; **~gemeinde** *f* plattelandsgemeente; **~gericht** *n* arrondissementsrechtbank; **~graf** *m* landgraaf; **~gut** *n* (het) landgoed; **~haus** *n* (het) landhuis; **~karte** *f* landkaart; **~kreis** *m* (het) plattelandsdistrict; **~krieg** *m* oorlog te land; **≗läufig** (*0*) gebruikelijk, gewoon; **~leben** *n* (het) buitenleven; **~leute** *pl.* landlieden *pl.*
ländlich landelijk; (*einfach*) eenvoudig.
Land|luft *f* (*0*) landlucht; **~macht** *f* landmacht; **~mann** *m* (*-ęs; Landleute*) landman, boer; **~messer** *m* landmeter; **~plage** *f* landplaag; **~rat** *m* districtscommissaris; **~ratte** *f* landrot.
Landschaft *f* (het) landschap; (*Ge-*

gend) streek, (het) gewest; **²lich** (*0*) gewestelijk, landschaps-; **~s·maler** *m* landschapschilder.
Land|schule *f* plattelandsschool; **~ser** *m* F soldaat.
Lands|knecht *m* landsknecht; **~mann** *m* (-*es*; *Landsleute*) landgenoot, landsman; **~männin** *f* landgenote.
Land|straße *f* gewone weg; **~streicher** *m* landloper, zwerver; **~streitkräfte** *f/pl.* landstrijdkrachten *pl.*; **~strich** *m* landstreek; **~tag** *m* landdag; (*e-s Bundeslandes*) (het) parlement van een deelstaat; **~ung** *f* landing; *mar. a.* ontscheping.
Landungs|brücke *f* aanlegsteiger; **~platz** *m* landingsplaats; *mar.* aanlegplaats; **~steg** *m* aanlegsteiger.
Land|volk *n* boeren *pl.*, plattelandsbevolking; **~weg** *m*: *auf dem ~(e)* over land; **~wein** *m* landwijn; **~wind** *m* landwind.
Landwirt *m* landbouwer; (*Wissenschaftler*) landbouwkundige; **~schaft** *f* landbouw; (*Wissenschaft*) landbouwkunde; (*Hof*) (het) landbouwbedrijf, boerderij; **²schaftlich** (*0*) landbouw-, agrarisch; landbouwkundig.
Landwirtschafts|berater *m* landbouwconsulent; **~minister** *m* minister van landbouw.
Landzunge *f* landtong.
lang (*"er*; *"st*) lang; *zwei Wochen (Jahre) pl. ~* twee weken (jaar) *pl.* lang; *~e Finger pl. machen* lange vingers *pl.* hebben; *vor ~en Jahren pl.* (veel) jaren *n/pl.* (*od.* lang) geleden; *seit ~em* sinds (*od.* sedert) lang; *s. a. länger u. längst.*
lang|- *in Zssgn mst.* lang-, *z.B.* **~atmig** langdradig, van lange duur; **~beinig** langbenig; **~e** *Adv.* lang; *es ist schon ~ her* het is al lang geleden.
Länge *f* lengte; *Gr.* lange lettergreep; *zeitlich bsd.* duur; *der ~ nach hinfallen* languit (neer)vallen; *in die ~ ziehen* slepende houden.
langen 1. *v/i* (*genügen*) voldoende (*od.* toereikend) zijn; (*nach D*) grijpen (naar); (*lang sein*) reiken, zich uitstrekken; *jetzt langt's mir aber!* nu is het genoeg!; **2.** *v/t j-n* te pakken krijgen; *j-m e-e ~* iem. een draai om zijn oren geven.

Längen|grad *m* lengtegraad; **~maß** *n* lengtemaat.
länger langer; (*von zweien*) langste; *seit ~em* sinds geruime tijd; *s. a. lang.*
Langeweile *f* (*0*) verveling.
Lang|finger *m* dief, langvinger; **²fristig** op lange termijn; **²haarig** langharig; **²jährig** (*0*) lang-, veeljarig; **~lauf** *m* (*Schi²*) cross-country; **²lebig** langlevend; *S.*: duurzaam; **~lebigkeit** *f* (*0*) duurzaamheid; **²legen** F: *sich ~* gaan liggen.
länglich langwerpig; **~'rund** ovaal, langwerpig rond.
Lang|mut *f* (*0*) lankmoedigheid; **²mütig** lankmoedig.
Lango'barde [laŋgo·-] *m* (-*n*) Longobard.
Lang·ohr *n* langoor; **²ig** langorig.
längs (*G*) langs; *Adv.* in de lengte; **²achse** *f* lengteas.
langsam langzaam, traag; **²keit** *f* (*0*) langzaamheid, traagheid.
Lang|schläfer *m* langslaper; **~spielplatte** *f* langspeelplaat, LP.
Längs|richtung *f* lengterichting; **~schnitt** *m* lengtedoorsnede; **²seits** langszij.
längst allang, al lang, sedert lang; *s. a. lang*; **~ens** uiterlijk, op zijn langst.
langstielig met lange steel; *fig.* langdradig.
Langstrecken|flugzeug *n* (het) lange-afstandsvliegtuig; **~lauf** *m* wedloop op de lange afstand; **~läufer** *m* lange-afstandloper; **~rakete** *f* lange-afstandraket.
Languste [laŋ'g-] *f* langoest.
Langweil|e *f* (*0*) verveling; **²en** (*sich*) (zich) vervelen; **²ig** vervelend, saai; **~ig·keit** *f* (*0*) vervelendheid, saaiheid.
Lang|welle *f* lange golf; **²wierig** lang(durig); (*schwierig bsd.*) moeizaam; **~wierigkeit** *f* (*0*) langdurigheid; moeizaamheid.
Lanze *f* lans; *e-e ~ für j-n brechen* voor iem. een lans breken.
Lan'zette *f* (het) lancet.
lapi'dar lapidair.
Lap'palie [-liə] *f* bagatel (*a.* het), kleinigheid.
Läppchen *n* (het) lapje; (*Ohr²*) (het) lelletje.
Lappe *m* (-*n*) Lap(lander).
Lappen *m* lap (*a. Anat.*), vod (*a.*

het); (*Lumpen a.*) (het) lor; (*Wisch*2) stofdoek, vaatdoek; *j-m durch die ~ pl. gehen Pers.*: iem. ontsnappen; *S.*: aan zijn neus voorbijgaan.
lappig gelapt, gescheurd; (*schlaff*) slap, week; (*unbedeutend*) waardeloos.
läppisch (*kindisch*) kinderachtig, flauw; (*albern*) onnozel, dom.
Lappländer *m* Laplander.
Lärche *f* lariks.
Lärm *m* (*-es; 0*) (het) lawaai; (*Getöse, Geschrei a.*) (het) spektakel; (*Alarm*) (het) alarm; *~ schlagen* alarm slaan; **~belästigung** *f* geluidshinder; **2en** lawaai maken; **~macher** *m* lawaaimaker, -schopper.
Larve *f Zool.* larve; (*Maske*) (het) [masker.]
lasch (*-est*) laks, slap.
Lasche *f* lasplaat; (*Schuh*2) trekker; (*Klappe*) klep.
Laschheit *f* (*0*) laksheid, slapheid.
lassen (*L*) **1.** *v/t* laten; (*veranlassen a.*) doen; (*zu~*) (toe)laten; *holen* (*liegen*) *~* laten halen (liggen); *laß das!* laat dat!; *~ wir das!* laten we er niet verder over praten!; *das muß man ihm ~* dat moet men hem nageven; *das läßt sich noch nicht sagen* dat is nog niet te zeggen; *das läßt sich denken* dat kun je je wel voorstellen; *ich habe mir sagen ~* ik heb mij laten vertellen; **2.** *v/i ~ von* (*D*) opgeven.
lässig nonchalant, achteloos; (*träge*) traag, slap; **2keit** *f* nonchalance, achteloosheid; traagheid, slapheid.
Lasso *m od. n* (*-s; -s*) lasso.
Last *f* last (*a. fig. u. Hdl.*), vracht; *zur ~ fallen* (*D*) lastig vallen; *j-m etw. zur ~ legen* ten laste leggen; *zu meinen ~en* te mijnen laste; **~auto** *n* vrachtauto; **2en** (*-e-*) (*auf D*) drukken (op), zwaar rusten (op).
Lasten|aufzug *m* goederenlift; **~ausgleich** *m* gelijkmatige verdeling van lasten; **2frei** (*0*) vrij van lasten.
Laster[1] *n* ondeugd, zonde.
Laster[2] *m* F vrachtwagen.
Lästerer *m* lasteraar, kwaadspreker.
lasterhaft (*-est*) verdorven, slecht; **2ig·keit** *f* verdorvenheid.
läster|lich lasterlijk; **~n** (*-re*) lasteren; (*über A*) *j-n* roddelen (over), lasteren (over); *etw.* schelden (op); **2ung** *f* lastering; smaad; **2zunge** *f* lastertong.

lästig lastig, hinderlijk; **2keit** *f* (*0*) lastigheid, hinderlijkheid.
Last|kahn *m* (het) vrachtschip; **~kraftwagen** *m* vrachtwagen; **~pferd** *n* (het) pakpaard; **~schiff** *n* (het) vrachtschip; **~schrift** *f* debitering; **~tier** *n* (het) lastdier; **~träger** *m* lastdrager; **~wagen** *m* vrachtwagen; **~zug** *m* vrachtauto met aanhangwagen(s *pl.*).
La'sur *f* (het) lazuur.
La'tein *n* (*-s; 0*) (het) Latijn; *mit s-m ~ zu* (*od. am*) *Ende sein* het niet meer verder weten, het niet meer zien zitten; **~amerika** *n* Latijns-Amerika *n*; **2isch** Latijns.
La'terne *f* lantaarn; **~n·pfahl** *m* lantaarnpaal.
La'trine *f* latrine, (het) toilet.
Latsch [ɑː] *m* (*-es; -en*) F (*Hausschuh*) slof, pantoffel; **2en** F sloffen; **2ig** slofferig, slap, laks.
Latte *f* lat; F *Pers.*: bonestaak; **~n·kiste** *f* (het) krat; **~n·zaun** *m* (het) hek, schutting.
Lattich *m* (*-es; -e*) latuw.
Latz *m* (*-es; ⸚e*) (*Kleid*2) (het) lijfje; (*Hosen*2) klep.
Lätzchen *n* (het) slabbetje.
lau (*-est*) lauw (*a. fig.*).
Laub *n* (*-es; 0*) (het) loof, (het) gebladerte; **~baum** *m* loofboom; **~e** *f* (het) prieel, (het) tuinhuisje; **~en·gang** *m* pergola; **~frosch** *m* boomkikvors; **~holz** *n* (het) loofhout; **~hüttenfest** *n* (het) Loofhuttenfeest; **~säge** *f* figuurzaag; **~wald** *m* (het) loofbos; **~werk** *n* (het) loofwerk.
Lauch *m* (*-es; -e*) (het) look, prei.
Lauer *f* (*0*): *auf der ~ liegen* op de loer liggen; **2n** (*-re*) (*auf A*) loeren (naar); (*erwarten*) wachten (op).
Lauf *m* (*-es; ⸚e*) loop (*a. Gewehr usw.*); (*Verlauf bsd.*) (het) verloop; (*Bein*) poot; *im ~e* (*G*) in de loop van; **~bahn** *f* loopbaan (*a. Astr.*); **~brett** *n* loopplank; **~bursche** *m* loopjongen.
laufen (*L; a. sn*) lopen (*a. gehen*); *Faß*: lekken, druipen; *Film*: draaien; **~d** *fig.* doorlopend; *auf dem ~en* op de hoogte; **~lassen** laten lopen.
Läufer *m* loper (*a. Schach u. Teppich*); *Fußball*: middenspeler.
Laufe'rei *f* (het) geloop.
Läuferin *f* loopster.
Lauf|feuer *n* (het) lopend vuur(tje)

~gitter *n* box; **~graben** *m* loopgraaf.
läufig loops.
Lauf|junge *m* loopjongen; **~masche** *f* ladder; **~paß** *m*: *j-m den ~ geben* iem. de bons geven; **~planke** *f* loopplank; **~rolle** *f* looprol; **~schiene** *f* looprail; **~schritt** *m* looppas; **~stall** *m* (grote) stal; (*Baby*2) box; **~steg** *m* loopbrug; **~zeit** *f* bronsttijd; *Hdl.* looptijd; **~zettel** *m* (*Werk*2) (het) werkbriefje.
Lauge *f* loog (*a.* het), *allg. bsd.* (het) sop; **2n** logen.
Lauheit *f* (*0*) lauwheid (*a. fig.*).
Laun|e *f* (het) humeur, luim; (*Grille*) gril, kuur; *bei guter ~ sein* in een goede bui zijn; *gute* (*schlechte*) *~ haben* goedgehumeurd (slechtgehumeurd) zijn; **2en·haft** (*-est*) humeurig, nukkig, grillig; **~enhaftigkeit** *f* (*0*) humeurigheid, grilligheid; **2ig** grappig, vermakelijk, leuk; **2isch** = *launenhaft*.
Laus *f* (-; *¨e*) luis; **~bub** *m* (*-en*) kwajongen.
lausch|en (*D*) luisteren (naar); (*spionieren*) afluisteren; **2er** *m* luisteraar; *pej.* luistervink; **~ig** rustig, vredig, behaaglijk, knus.
Laus|e·bengel *m* kwajongen; **2en** (*-t*) luizen; **2ig** armzalig, beroerd; (*unangenehm*) naar; *Adv.* F (*sehr*) erg, verdomd; *die paar ~en Groschen m/pl.* die paar centen *pl.*
laut[1] *Präp.* (*G*) volgens, luidens.
laut[2] (*-est*) luid(ruchtig); *Adv. bsd.* hardop; *~ werden fig. Stimmen*: opgaan.
Laut *m* (*-es*; *-e*) (het) geluid; (*Einzel*2) klank; **~bildung** *f* klankvorming; **~e** *f* luit; **2en** (*-e-*) luiden; (*klingen*) klinken.
läuten (*-e-*) luiden; (*klingeln*) bellen.
lauter 1. *Adj.* zuiver; (*echt*) echt; (*aufrichtig*) oprecht; **2.** *Adv.* louter, slechts; **2keit** *f* (*0*) zuiverheid; echtheid.
läuter|n (*-re*) zuiveren; *fig.* louteren; **2ung** *f* (*0*) zuivering; loutering.
Laut|gesetz *n* klankwet; **2hals** luid(keels).
lau'tieren (-) fonetisch lezen, de klanken noemen.
Laut|lehre *f* klankleer; **2los** (*-est*) geluidloos, stil; **2malend** klanknabootsend; **~schrift** *f* (het) fonetisch schrift; **~sprecher** *m* luidspreker; **2stark** luidkeels; **~stärke** *f* geluidssterkte; **~ung** *f* (*Artikulation*) articulatie, klankvorming; **~verschiebung** *f* klankverschuiving; **~wandel** *m* klankverandering; **~zeichen** *n* (het) klankteken.
lauwarm (*0*) lauw(warm).
Lava [v] *f* (-; *Laven*) lava.
La'vendel [v] *m* (*-s*; *0*) lavendel.
la'vieren [v] (-) laveren (*a. fig.*).
La'wine *f* lawine; **2n·frei** (*0*) vrij van lawines; **~n·gefahr** *f* (het) lawinegevaar.
lax (*-est*) laks; **2heit** *f* (*0*) laksheid.
la'xieren (-) laxeren, purgeren.
Laza'rett *n* (*-es*; *-e*) (het) lazaret; **~schiff** *n* (het) lazaretschip.
Lebe|dame *f* mondaine vrouw; **~mann** *m* bon-vivant, levensgenieter.
leben leven; *lebe wohl!* vaarwel!; *es lebe ...* leve ...; *~d* levend.
Leben *n* (het) leven; *am ~ sein* (*bleiben*) in leven zijn (blijven); *für mein ~ gern* dolgraag; *mit dem ~ davonkommen* het er levend afbrengen.
Lebendgewicht *n* (het) levend gewicht.
lebendig [le'ˈbɛn-] levend; *fig.* levendig; **2keit** *f* (*0*) levendigheid.
Lebens|- *in Zssgn mst.* levens-, *z.B.* **~abend** *m* levensavond; **~alter** *n* leeftijd, ouderdom; **~angst** *f* levensangst; **~art** *f* leefwijze; (*Umgangsformen*) wellevendheid, manieren *pl.*; **~aufgabe** *f* levenstaak; **~baum** *m* levensboom; **~bedingung** *f* levensvoorwaarde; **~beschreibung** *f* levensbeschrijving; **~bild** *n* (het) levensbeeld; **~dauer** *f* levensduur; **2echt** levensecht; **~ende** *n* (*-s*; *0*) (het) levenseinde; **~erfahrung** *f* levenservaring; **~faden** *m* levensdraad; **2fähig** levensvatbaar; **~form** *f* levensvorm; **~frage** *f* levenskwestie; **2fremd** wereldvreemd; **~freude** *f* levensvreugde; **2froh** levenslustig; **~führung** *f* levenswijze, (het) gedrag; **~gefahr** *f* (het) levensgevaar; **2gefährlich** levensgevaarlijk; **~gefährte** *m*, **~gefährtin** *f* levensgezel(lin *f*); **~gefühl** *n* (het) levensgevoel; **~geister** *m/pl.* levensgeesten *pl.*; **2groß** (*0*) levensgroot; **~haltungskosten** *pl.* kosten *pl.* van levensonderhoud; **~jahr** *n* (het) levensjaar; **~klugheit** *f* levenswijsheid; **~kraft** *f* levenskracht; **~-**

künstler *m* levenskunstenaar; **~lage** *f* omstandigheid, situatie; **2lang** (*0*), **2länglich** (*0*) levenslang; **~lauf** *m* levensloop; **~licht** *n* (-*es*; *0*) (het) levenslicht; **2lustig** levenslustig, vrolijk.

Lebensmittel *n/pl.* levensmiddelen *n/pl.*; **~geschäft** *n* (het) levensmiddelenbedrijf; **~karte** *f* distributiekaart; **~vergiftung** *f* voedselvergiftiging.

lebens|müde levensmoe; **~nahe** dicht bij de werkelijkheid, reëel, levend; **~notwendig** vitaal, noodzakelijk; **2raum** *m* leefruimte; **2regel** *f* levensregel, (het) devies; **2rente** *f* lijfrente; **2rettungsgesellschaft** *f* vereniging ter redding van drenkelingen; **2standard** *m* levensstandaard; **2stellung** *f* levenspositie; **2stil** *m* levensstijl; **2überdruß** *m* levensmoeheid; **~überdrüssig** levensmoe; **2unterhalt** *m* (het) levensonderhoud.

Lebensversicherung *f* levensverzekering; **~s·gesellschaft** *f* levensverzekeringmaatschappij.

Lebens|wandel *m* levenswandel; **~weg** *m* levensweg; **~weise** *f* levenswijze, leefwijze; **~weisheit** *f* levenswijsheid; **~werk** *n* (het) levenswerk; **2wichtig** vitaal, noodzakelijk; **~zeichen** *n* (het) teken van leven, (het) levensteken; **~zeit** *f*: *auf ~* voor het leven; **~ziel** *n* (het) levensdoel.

Leber *f* (-; -*n*) lever; *frisch von der ~ weg sprechen* er geen doekjes om winden.

Leber|- *in Zssgn mst.* lever-, *z.B.* **~entzündung** *f* leverontsteking; **~fleck** *m* levervlek; **~leiden** *n* leverkwaal; **~tran** *m* levertraan; **~wurst** *f* leverworst.

Lebe|wesen *n* (het) levend wezen; **~'wohl** *n* (het) vaarwel, (het) afscheid.

lebhaft (-*est*) levendig; *Geschäft, Straße bsd.*: druk; **2ig·keit** *f* (*0*) levendigheid; drukte.

Leb|kuchen *m* peperkoek; **2los** (*0*) levenloos; **~losigkeit** *f* (*0*) levenloosheid; **~tag** *m*: *mein ~* mijn leven lang, van mijn leven; **~zeiten** *f/pl.*: *bei ~ seines Vaters* bij het leven van zijn vader.

lechzen ['lɛçtsən] (-*t*) (*nach D*) smachten (naar), snakken (naar).

Leck *n* (-*es*; -*e*) (het) lek; **2** *Adj.* lek.

lecken 1. likken; **2.** (*tropfen*) lekken, lek zijn.

lecker lekker; **2bissen** *m*, **2ei** [-'RAI] *f* lekkernij; **2maul** *n* lekkerbek, fijnproever.

Leder *n* (het) le(d)er; *vom ~ ziehen* van leer trekken; *das runde ~* voetbal.

Leder|- *in Zssgn mst.* le(d)er-, *bei Material aus Leder mst.* leren (*Adj.*), *z.B.* **~band** *m* leren band; **~geschäft** *n*, **~handlung** *f* leerhandel; **~handschuhe** *m/pl.* leren handschoenen *pl.*; **~haut** *f* lederhuid; **~hose** *f* leren broek; **~jacke** *f* leren vest; **~koffer** *m* leren koffer; **2n** (*0*) leren; **~riemen** *m* leren riem; **~tasche** *f* leren tas; **~waren** *f/pl.* le(d)erwaren *pl.*

ledig (*0*) vrij, onbezet; (*unverheiratet*) ongehuwd, ongetrouwd; *Kind*: buitenechtelijk; **~lich** alleen, slechts.

Lee *f* (*0*) lij.

leer leeg; *~ ausgehen* met lege handen vertrekken; **2e** *f* (*0*) leegte; **~en** leegmaken, ledigen, legen; *Briefkasten* lichten; *sich ~* leeglopen; **2gewicht** *n* (het) ledig gewicht; **2gut** *n* (-*es*; *0*) (ledige) verpakking; (*Flaschen*) lege flessen *pl.*; **2lauf** *m* vrijloop, *Auto bsd.*: (het) stationair draaien; *fig.* (het) nutteloos werk; **~laufen** leeglopen; **~stehend** leegstaand; **2ung** *f* lediging; lichting.

le'gal wettig, legaal; **~i'sieren** (-) legaliseren; **2i'tät** *f* (*0*) legaliteit wettigheid.

Legation [-'tsĭo:n] *f* legatie, (het) gezantschap; **~s·rat** *m* legatie-gezantschapsraad.

Lege·henne *f* leghen.

legen leggen; *sich ~* gaan liggen (*a Wind*); *Zorn*: bedaren; *sich schlafen ~* gaan slapen; *sich ~ über* (*A*) *Nebel usw.*: zich uitspreiden over.

legen'd|är legendarisch; **2e** [-'gen də] *f* legende.

le'gier|en (-) *Metalle* legeren; **2ung** *f* legering.

Legio|n [-'gĭo:n] *f* (het) legioen (*große Zahl*) (het) legio; **~'när** *m* (-*s*; -*e*) legioensoldaat.

Legisla't|ive *f* wetgevende macht (*Versammlung*) wetgevende vergadering; **~ur·periode** *f* legislatuurperiode.

legi'ti|m legitiem, wettig; **≈mation** [-'tsĭo:n] *f* legitimatie; **≈ma'tionskarte** *f* (het) legitimatiebewijs; **~'mieren** (-) (*sich*) (zich) legitimeren; **≈mi'tät** *f* legitimiteit, wettigheid.

Leguan [-gu'a:n] *m* (-*s*; -*e*) leguaan.

Lehen *n* (het) leen.

Lehens|- *s. Lehns|-.*

Lehm *m* (-*ẹs*; -*e*) leem (*a.* het), klei; **~boden** *m* leemgrond; **~hütte** *f* lemen hut; **≈ig** leemachtig.

Lehne *f* leuning; (*Abhang*) helling; **≈n 1.** *v/t* (*an A*) zetten (tegen); *sich ~ (an A)* leunen (tegen); **2.** *v/i* (*an D*) *S.*: staan (tegen).

Lehnsdienst *m* leendienst.

Lehnsessel *m* = *Lehnstuhl.*

Lehns|herr *m* leenheer; **~mann** *m* leenman.

Lehnstuhl *m* leun(ing)stoel.

Lehnswesen *n* (-*s*; *0*) (het) leenstelsel.

Lehn|übersetzung *f* leenvertaling; **~wort** *n* (-*ẹs*; ¨*er*) (het) leenwoord.

Lehr|amt *n* onderwijzers-, leraarsbetrekking; (*Professur*) (het) professoraat; **~auftrag** *m* leeropdracht; **~beauftragte(r)** houder van een leeropdracht; **~befähigung** *f* onderwijsbevoegdheid; **~brief** *m* (het) leerlingendiploma; **~buch** *n* (het) leerboek; **~e** *f* leer; (*Lektion*) les; (*Ausbildung*) leertijd; *bei e-m Meister in der ~ sein* bij een baas in de leer zijn; *das war ihm e-e ~* dat was een les voor hem; **≈en** *j-n* onderwijzen; (*j-n*) *etw.* leren; *ein Fach* onderwijzen, *an höheren Schulen bsd.* doceren; *s. a. gelehrt.*

Lehrer|(in *f*) *m* leraar *m*, lerares *f*; (*Volksschul≈ bsd.*) onderwijzer(es*f*); (*an höheren Schulen bsd.*) docent (-e *f*); **~kollegium** *n* (het) docentenkorps; (het) onderwijzerskorps; **~schaft** *f* (*0*) leraren *pl.*; onderwijzers *pl.*; docenten *pl.*

Lehr|fach *n* (het) (leer)vak; **~freiheit** *f* (*0*) vrijheid van onderwijs; **~gang** *m* leergang; **~gedicht** *n* (het) leerdicht; **~geld** *n* (het) leergeld; **≈haft** (-*est*) didactisch, lerend; *pej.* schoolmeesterachtig; **~herr** *m* leermeester, baas; **~jahre** *n/pl.* leerjaren *n/pl.*, leertijd; **~junge** *m* leerjongen; **~körper** *m* (het) onderwijzend personeel; docenten *pl.*; **~kraft** *f* leerkracht; **~ling** *m* (-*s*; -*e*) leerjongen, leerling; **~meinung** *f* leer; **~meister** *m* leermeester; **~mittel** *n* (het) leermiddel; **~plan** *m* (het) leerplan; **≈reich** leerrijk; **~satz** *m* leerstelling; **~stoff** *m* leerstof; **~stuhl** *m* leerstoel; **~vertrag** *m* (het) leercontract; **~zeit** *f* leertijd.

Leib *m* (-*ẹs*; -*er*) (het) lijf, (het) lichaam; (*Bauch*) buik; *j-m zu ~e gehen* iem. te lijf gaan; *bleib mir nur damit vom ~e!* blijf me daarmee van het lijf!; *etw. am eigenen ~e erfahren* iets aan den lijve ondervinden; **~arzt** *m* lijfarts; **~binde** *f* buikband, gordel; **~chen** *n* (het) lijfje; **~eigene(r)** lijfeigene; **~eigenschaft** *f* (*0*) lijfeigenschap.

Leibes|erziehung *f* lichamelijke opvoeding; **~frucht** *f* (het) ongeboren kind; **~strafe** *f* lijfstraf, lichamelijke straf; **~übungen** *f/pl.* lichaamsoefeningen *pl.*; **~visitation** *f* fouillering.

Leib|garde *f* lijfwacht; **~gericht** *n* (het) lievelingsgerecht; **≈'haftig** in levenden lijve; **≈lich** lichamelijk; (*verwandt*) eigen; **~rente** *f* lijfrente; **~schmerzen** *m/pl.* buikpijn; **~wache** *f* lijfwacht; **~wächter** *m* lijfwacht; **~wäsche** *f* (het) ondergoed.

Leiche *f* (het) lijk.

Leichen|- *in Zssgn mst.* lijk-; **~begängnis** *n* begrafenis; **~beschauer** *m* lijkschouwer; **≈'blaß** (*0*) doodsbleek; **~frau** *f* aflegster; **~halle** *f* (het) lijkenhuis; **~öffnung** *f* lijkopening; **~schändung** *f* lijkschennis; **~schmaus** *m* (het) begrafenismaal; **~starre** *f* lijkstijfheid; **~träger** *m* lijkdrager; **~tuch** *n* (het) lijkkleed; **~verbrennung** *f* lijkverbranding; **~wagen** *m* lijkwagen; **~zug** *m* lijkstoet.

Leichnam *m* (-*ẹs*; -*e*) (het) lijk.

leicht (-*est*) licht (*a. fig.*); *Ggs. schwierig*: (ge)makkelijk; *das ist ~ möglich* dat is best mogelijk, dat kan best; *~ gesagt* makkelijk gezegd; **≈athletik** *f* (lichte) atletiek; **≈bau** *m* (-*ẹs*; *0*) lichte bouwwijze; **≈benzin** *n* lichte benzine; **≈er** *m* lichter; **~fallen** (*D*) licht vallen; **~fertig** lichtvaardig, lichtzinnig; **≈fertigkeit** *f* lichtvaardigheid, lichtzinnigheid; **≈fuß** *m* losbol; **~füßig** lichtvoetig; **≈gewicht** *n* (het) lichtgewicht; **~gläubig** lichtgelovig; ≈**gläubigkeit** *f* (*0*) lichtgelovigheid; ~**herzig** lichthartig; ~'**hin** zo maar, licht, luchtigjes; ≈**ig'keit** *f* (*0*) (het) gemak, lichtheid; ~**lebig** zorgeloos; ≈**matrose** *m* lichtmatroos; ≈**metall** *n* (het) licht metaal; ~**nehmen** luchtig opnemen.

Leichtsinn *m* (-*ęs*; *0*) lichtzinnigheid; ≈**ig** lichtzinnig.

leid: *es tut mir* ~ het spijt mij; *er tut mir* ~ ik heb met hem te doen.

Leid *n* (-*ęs*; *0*) (het) leed; (*Kummer a.*) (het) verdriet; *j-m ein* ~ *antun* iem. kwaad doen; ~**e·form** *f* (het) passief.

leiden (*L*) lijden (*a. Durst usw.*); (*zulassen*) dulden, toelaten; (*nicht*) ~ *können* (niet) mogen (*od.* kunnen) lijden; *keinen Aufschub* ~ geen uitstel lijden.

Leiden *n* (het) lijden; (*Krankheit*) kwaal.

Leidener *Adj.* Leids.

Leidenschaft *f* hartstocht; ≈**lich** hartstochtelijk; ~**lichkeit** *f* (*0*) hartstochtelijkheid; ≈**s·los** (-*est*) koel, beheerst.

Leidens|**gefährte** *m* lotgenoot; ~**geschichte** *f* lijdensgeschiedenis; ~**weg** *m* lijdensweg.

leid|**er** helaas, jammer genoeg; ~**ig** naar, vervelend, ellendig; ~**lich** tamelijk, redelijk, vrij behoorlijk; ≈**tragende(r)** rouwdrager; (*Opfer*) dupe, (het) slachtoffer; ~**voll** droevig, treurig; ≈**wesen** *n* (-*s*; *0*) (het) leedwezen, spijt.

Leier *f* (-; -*n*) lier; *die alte* ~ het oude liedje; ~**kasten** *m* (het) draaiorgeltje; ~**kastenmann** *m* orgelman; ≈**n** (-*re*) op de lier spelen; (*drehen*) winden, draaien; *Gedicht* afdreunen, afratelen.

Leih|**bücherei** *f* uitleenbibliotheek; ≈**en** ['laɪən] (*L*) (*sich*) (zich) lenen (*a. Ohr usw.*); ~**gebühr** *f* huurprijs; (*Bücher*≈) (het) leesgeld; ~**haus** *n* bank van lening, lommerd; ~**schein** *m* (het) lommerdbriefje; (*Bücher*≈) bibliotheekkaart; ~**wagen** *m* huurauto; ≈**weise** te leen, in bruikleen.

Leim *m* (-*ęs*; -*e*) lijm; *j-m auf den* ~ *gehen* zich door iem. laten bedotten, er bij iem. inlopen; ≈**en** lijmen; ~**farbe** *f* lijmverf; ≈**ig** lijm(er)ig, kleverig; ~**topf** *m* lijmpot.

Lein *m* (-*ęs*; -*e*) (het) vlas.

Leine *f* lijn, (het) koord, (het) touw; *j-n an der* ~ *haben fig.* iem. aan 't lijntje hebben; ~ *ziehen* F ervandoor gaan.

Leinen *n* (het) linnen; ≈ (*0*) linnen; ~**band** *m* linnen band; ~**waren** *f/pl.*, ~**zeug** *n* (het) linnengoed.

Lein|**öl** *n* lijnolie; ~**pfad** *m* (het) jaagpad; ~**samen** *m* (het) lijnzaad; ~**wand** *f* (het) linnen; (*Film*≈) (het) witte doek, (het) scherm; ~**(e)weber** *m* linnenwever.

leise zacht; *fig.* licht; *Adv.* zacht(-jes); ≈**treter** *m* gluiper, stiekemerd.

Leiste *f* lijst; rand; *Anat.* lies.

leisten (-*e*-) verrichten, doen, presteren; *Widerstand* bieden; *Eid* doen, afleggen; *Beistand* verlenen; *Dienst* bewijzen; *sich* ~ zich permitteren, zich veroorloven.

Leisten *m* leest; *alles über e-n* ~ *schlagen* alles over één kam scheren.

Leisten|**bruch** *m* liesbreuk; ~**gegend** *f* (*0*) liesstreek.

Leistung *f* prestatie, verrichting; *Phys.* (het) vermogen; (*Eides*≈) aflegging.

leistungs|**fähig** in staat veel te presteren, produktief; met groot vermogen; ≈**fähigkeit** *f* (*0*) (het) prestatievermogen, capaciteit, werkkracht, (het) produktievermogen; ≈**grenze** *f* (*0*) grens van het prestatievermogen, capaciteitsgrens; ≈**prüfung** *f* prestatietoets; ≈**sport** *m* wedstrijdsport; ≈**zulage** *f* prestatiepremie.

Leit|**artikel** *m* (het) hoofdartikel; ~**bild** *n* (het) voorbeeld, (het) ideaal.

leiten (-*e*-) leiden; *Phys.* geleiden; ~**d** leidend; *Pers. a.*: leidinggevend.

Leiter[1] *f* (-; -*n*) ladder.

Leiter[2] *m* leider; (*Direktor*) directeur; *Phys.* geleider; ~**in** *f* leidster, directrice.

Leiterwagen *m* ladderwagen.

Leit|**faden** *m* leidraad, beknopte handleiding; ~**fähigkeit** *f* (*0*) (het) geleidend vermogen; ~**gedanke** *m* leidende gedachte; ~**hammel** *m* belhamel; ~**linie** *f* richtlijn; (*Verkehrs*≈) onderbroken streep; ~**motiv** *n* (het) leidmotief (*a. fig.*); ~**planke** *f* vangrail; ~**satz** *m* stelling; ~**tier** *n* aanvoerder; ~**ung** *f* leiding (*a. Tel., El.*); *Phys.* geleiding.

Leitungs|**netz** *n* (het) leidingnet

~rohr *n* leidingbuis; **~wasser** *n* (het) leidingwater.
Leitwerk *n Flgw.* stuurinrichting.
Lek|tion [-ˈtsĭoːn] *f* les (*a. fig.*); **~tor** *m* (*-s*; *-en* [-ˈtoː-]) lector; (*Hochschul*≗) docent; **~ˈtorin** *f* lectrice; docente; **~ˈtüre** *f* lectuur.
Lende *f* lende.
Lenden|braten *m* (het) lendestuk, filet (*a.* het); **≗lahm** lendelam; **~schurz** *m* lendendoek; **~stück** *n* (het) lendestuk.
lenk|bar bestuurbaar; *Mensch*: meegaand, gewillig; **≗barkeit** *f* (*0*) bestuurbaarheid; gewilligheid; **~en** (be)sturen; *Menschen*, *Wirtschaft* leiden; *die Aufmerksamkeit auf sich ~* de aandacht trekken; **≗er** *m* bestuurder.
Lenkrad *n* (het) stuur; **~schaltung** *f* stuurschakeling; **~schloß** *n* (het) stuurslot.
lenk|sam meegaand, gedwee, gewillig; **≗stange** *f* stuurstang, (het) stuur; **≗ung** *f* besturing; leiding; (*Steuer*) (het) stuur.
Lenz *m* (*-es*; *-e*) lente.
Leopard [leˑoˑˈpaʁt] *m* (*-en*) luipaard.
Lepra [ˈleːpʀɑˑ] *f* (*0*) lepra, melaatsheid.
Lerche [ˈlɛʀ-] *f* leeuwerik.
lern|begierig leergierig; **≗eifer** *m* leerijver; **~en** leren; *kochen* (*laufen*) *~* leren koken (lopen); *s. a. gelernt*; **≗mittel** *n* (het) leermiddel; **≗stoff** *m* leerstof.
Les|art *f* variant; (*Auslegung*) interpretatie; **≗bar** leesbaar; **~barkeit** *f* (*0*) leesbaarheid.
Lesbierin [-bĭəʀ-] *f* lesbische.
Lese *f* oogst.
Lese|- *in Zssgn mst.* lees-, *z.B.* **~buch** *n* (het) leesboek; **~gerät** *n* (het) leesapparaat; **~kreis** *m* leeskring; **~lampe** *f* leeslamp; **≗n** (*L*) lezen; (*ernten bsd.*) oogsten; (*auf~*) in-, verzamelen; (*Vorlesungen halten*) college geven; **≗ns·wert** lezenswaardig; **~pult** *n* lessenaar.
Leser|(in *f*) *m* lezer(es *f*); **~kreis** *m* lezerskring; **≗lich** leesbaar; **~schaft** *f* (*0*) lezers *pl.*, lezerskring.
Lese|saal *m* leeszaal; **~stoff** *m* leesstof; **~stück** *n* (het) leesstuk; **~wut** *f* leeswoede; **~zeichen** *n* (het) leesteken; **~zimmer** *n* leeskamer; **~zirkel** *m* (het) leesgezelschap.
Lesung *f Pol.* lezing; *Rel.* les.
Lethar'gie *f* (*0*) lethargie.
Lette *m* (*-n*) Let(lander).
Letter *f* (-; *-n*) letter.
lett|isch Lets; **≗land** *n* Letland *n.*
letzt laatst; *Jahr*, *Woche*: verleden; *am ~en Dienstag* (*Mittwoch*) verleden dinsdag (woensdag); *zu guter ≗* ten langen laatste (*od.* leste); *sein ≗es hergeben* zijn laatste cent uitgeven; *fig.* al zijn krachten *pl.* inspannen; **~ens** ten laatste; **~ere(r, -s)** laatstgenoemde, laatste; *s. a. erstere(r, -s)*; **~genannt** laatstgenoemde; **~ˈhin** laatst, onlangs; **~lich** tenslotte; **~willig** testamentair.
Leu *m* (*-en*) *poet.* leeuw.
Leucht|boje *f* lichtboei; **~bombe** *f* lichtkogel; **~e** *f* (het) licht (*a. Pers.*); (*Lampe*) lamp; (*Laterne*) lantaarn; (*Fackel*) fakkel; **≗en** (*-e-*) schijnen; (*glänzen*) blinken, schitteren; *j-m ~* iem. bijlichten; **≗end** *Farbe*: fel; **~er** *m* luchter; (*Kerzen*≗) kandelaar; **~feuer** *n* vuurbaak; **~gas** *n* (het) lichtgas; **~käfer** *m* lichtkever; **~kugel** *f* lichtkogel; **~rakete** *f* lichtraket, vuurpijl; **~reklame** *f* lichtreclame; **~röhre** *f* neonbuis; **~turm** *m* vuurtoren; **~turmwächter** *m* vuurtorenwachter; **~zifferblatt** *n* verlichte wijzerplaat.
leugnen (*-e-*) loochenen, ontkennen.
Leukä'mie *f* leuk(a)emie.
Leumund *m* (*-es*; *0*) naam, reputatie; **~s·zeugnis** *n* (het) bewijs van goed gedrag.
Leut|chen *pl.* F luitjes *pl.*; **~e** *pl.* mensen *pl.*, lui *pl.*, lieden *pl.*; (*Personal*) (het) personeel; (*Soldaten*) mannen *pl.*
Leutnant *m* (*-s*; *-s*) luitenant.
leutselig vriendelijk, minzaam; **≗keit** *f* (*0*) vriendelijkheid, minzaamheid.
Le'viten *m/pl.*: *j-m die ~ lesen* iem. de les lezen.
lexi|'kalisch (*0*) lexicaal; **≗kograˈphie** *f* (*0*) lexicografie; **≗kon** [-kɔn] *n* (*-s*; *Lexika*) (het) lexicon.
Lezi'thin *n* (*-s*; *0*) lecithine.
Liane [liˑˈɑː-] *f* liaan.
Liba|non [-nɔn] *m*: *der ~* Libanon *n*; **~ˈnese** *m* (*-n*) Libanees; **≗ˈnesisch** Libanees.
Li'belle *f* libel; *Tech.* (het) waterpas.
libe'ra|l liberaal; **~li'sieren** (-)

liberaliseren; 2**'lismus** *m* (-; *0*) (het) liberalisme.
Liby|en ['li:by·ən] *n* Libië *n*; **~er** *m* Libiër; 2**sch** Libisch.
licht (*-est*) licht, helder; *Ggs. dicht*: open.
Licht *n* (*-es*; *-er*) (het) licht; (*Kerze*) kaars; *~ machen* het licht aandoen; *das ~ der Welt erblicken* het levenslicht aanschouwen; *bei ~* met het licht aan; *bei ~e betrachtet* op de keper beschouwd; *hinters ~ führen* om de tuin leiden.
Licht|- *in Zssgn mst.* licht-, *z.B.* **~anlage** *f* lichtinstallatie; **~bild** *n* foto; **~bildervortrag** *m* lezing (*od.* voordracht) met dia's; **~blick** *m fig.* (het) lichtpunt(je); **~brechung** *f* lichtbreking; **~bündel** *n* lichtbundel; **~druck** *m* lichtdruk; 2**echt** lichtecht; **~effekt** *m* (het) lichteffect; 2**empfindlich** gevoelig; 2**en** (*-e-*) *Wald* dunnen; *Anker* lichten; *sich ~* dunner worden; (*heller werden*) licht (*od.* helder) worden.
lichter|'loh: *~ brennen* in lichte(r)-laaie staan (*a. fig.*); 2**meer** *n* zee van licht(en *pl.*).
Licht|filter *m* lichtfilter (*a.* het); **~geschwindigkeit** *f* (*0*) lichtsnelheid; **~hupe** *f* (het) lichtsignaal; **~jahr** *n* (het) lichtjaar; **~kegel** *m* lichtkegel; **~kreis** *m* lichtkring; **~maschine** *f* dynamo; **~meß** *f* (*0*): *Mariä ~* Lichtmis; **~messer** *m* lichtmeter; **~pause** *f* lichtdruk; **~punkt** *m* (het) lichtpunt; **~quelle** *f* lichtbron; **~reklame** *f* lichtreclame; **~schalter** *m* lichtschakelaar; 2**scheu** lichtschuw; **~signal** *n* (het) lichtsignaal; **~spielhaus** *n* bioscoop; 2**stark** lichtsterk; **~stärke** *f* lichtsterkte; **~strahl** *m* lichtstraal; **~ung** *f* open plek; 2**voll** *fig.* helder.
Lid *n* (*-es*; *-er*) (het) (oog)lid; **~schatten** *m* schaduw van de oogleden.
lieb lief, aardig, beminnelijk; (*freundlich bsd.*) vriendelijk; *Briefanfang*: beste, *intimer a.* lieve; *es wäre mir ~* het zou mij aangenaam zijn; *am ~sten* het liefst; *s. a. lieber u. Liebste(r)*; **~äugeln** (*-le*) *mit* (*D*) *j-m* lonken naar, knipoogjes *n/pl.* geven; *etw.* spelen met, willen; 2**chen** *n* (het) liefje.
Liebe *f* (*0*) liefde; (*Gefälligkeit*) dienst; *Pers.*: liefde, vlam; **~diene'rei** *f* (*0*) flikflooierij, pluimstrijkerij; **~'lei** *f* flirt, amourette; 2**ln** (*-le*) flirten, verliefd doen; 2**n** houden van; *j-n a.* liefhebben; 2**ns·wert** beminnelijk.
liebenswürdig vriendelijk, lief, beminnelijk; *sehr ~!* heel vriendelijk!; 2**keit** *f* vriendelijkheid, beminnelijkheid.
lieber *Adv.* liever; *s. a. lieb.*
Liebes|- *in Zssgn mst.* liefdes-, *z.B.* **~abenteuer** *n* (het) liefdesavontuur; **~brief** *m* liefdesbrief; **~dienst** *m* liefdedienst; **~erklärung** *f* liefdesverklaring; **~gabe** *f* milde gift; **~gedicht** *n* (het) liefdes-, minnedicht; **~geschichte** *f* liefdesgeschiedenis; **~glück** *n* (het) geluk der liefde; **~kummer** *m* (het) liefdesverdriet; **~leben** *n* (*-s*; *0*) (het) liefdeleven; **~lied** *n* (het) liefdeslied; **~paar** *n* (het) verliefd paar; **~roman** *m* liefdesroman; **~szene** *f* liefdesscène; 2**toll** *Frau*: manziek; **~trank** *m* liefde-, minnedrank.
lieb|e·voll liefdevol, liefderijk; **~gewinnen** gaan houden van, lief krijgen; **~haben** liefhebben, houden van.
Liebhaber *m* liefhebber, amateur; (*Geliebter*) minnaar; **~ei** [-'RAI] *f* liefhebberij; **~preis** *m* fantasieprijs.
liebkos|en liefkozen; 2**ung** *f* liefkozing.
lieb|lich liefelijk; 2**lichkeit** *f* (*0*) liefelijkheid; 2**ling** *m* (*-s*; *-e*) lieveling.
Lieblings|- *in Zssgn mst.* lievelings-, *z.B.* **~beschäftigung** *f* lievelingsbezigheid; **~speise** *f* (het) lievelingsgerecht.
lieb|los (*-est*) liefdeloos, harteloos; 2**losigkeit** *f* liefdeloosheid; **~reich** liefderijk, liefdevoll; 2**reiz** *m* (*-es*; *0*) bekoorlijkheid, aantrekkelijkheid; 2**schaft** *f* vrijage, liefdesbetrekking, verhouding; 2**ste(r)** liefste; *s. a. lieb.*
Lied *n* (*-es*; *-er*) (het) lied; *immer das alte ~!* altijd het oude liedje!; **~chen** *n* (het) liedje.
Lieder|- *in Zssgn mst.* liederen-, *z.B.* **~abend** *m* liederenavond **~buch** *n* (het) lied(er)boek.
liederlich liederlijk; (*unordentlich*) slordig; 2**keit** *f* liederlijkheid; slordigheid.

Liefe'rant *m* (*-en*) leverancier.

liefer|bar (*0*) leverbaar; **2bedingungen** *f/pl.* leveringsvoorwaarden *pl.*; **2firma** *f* leverancier, leverende firma; **2frist** *f* levertijd; **~n** (*-re*) leveren (*a. Schlacht*); *geliefert sein* F verloren zijn; **2schein** *m* (het) (af)leveringsbewijs, (het) reçu; **2termin** *m* leveringstermijn; **2ung** *f* levering, leverantie; *Buchhandel*: aflevering; **2wagen** *m* bestelwagen; **2zeit** *f* levertijd.

Liege *f* ligstoel, luie stoel; **~geld** *n* (het) liggeld; **~kur** *f* ligkuur.

liegen (*L*; *a. sn*) liggen; *mir liegt daran* er is mij veel aan gelegen; *daran liegt mir nichts* dat laat (*od.* is) mij onverschillig; *~ an* (*D*) liggen bij; *fig.* liggen aan; *s. a. gelegen*; **~bleiben** blijven liggen; *Auto bei Panne*: blijven staan, stilstaan; **~lassen** laten liggen; **2schaft**(**en** *pl.*) *f* onroerende goederen *n/pl.*

Liege|stuhl *m* ligstoel; **~stütz** *m* (*-es*; *-e*) ligsteun; **~wagen** *m* ligwagen; **~wiese** *f* (het) grasveld om op te zonnen; **~zeit** *f* ligdagen *pl.*

Lift *m* (*-es*; *-e od. -s*) lift; **~boy** *m* (*-s*; *-s*) liftjongen.

Liga *f* (-; *Ligen*) liga; *Sp.* (*Bundes2*) eredivisie.

liieren [liˑ'iː-] (-) liëren, (nauw) verbinden.

Li'kör *m* (*-s*; *-e*) likeur; **~glas** *n* (het) likeurglas.

lila lila, paars; 2 *n* (het) lila.

Lilie ['liːlĭə] *f* lelie; **2n'weiß** lelieblank.

Lilipu'taner *m* lilliputter.

Limi|t ['lɪmɪt] *n* (*-s*; *-s od. -e*) limiet; **2'tieren** (-) limiteren, begrenzen.

Limo'nade *f* limonade.

Li'mone *f* citroen.

Limou'sine [-muˑ-] *f* limousine.

lind (*-est*) zacht.

Linde *f* linde; **~n·blütentee** *m* lindebloesemthee.

linder|n (*-re*) verzachten; **2ung** *f* verzachting; **2ungs·mittel** *n* (het) verzachtend middel.

Lindwurm *m* draak.

Linea|l [-neˑ'ɑːl] *n* (*-s*; *-e*) liniaal; **2r** lineair.

Linguist|(**in** *f*) [lɪŋguˑ'ɪst] *m* (*-en*) linguïst(e *f*); **~ik** *f* (*0*) linguïstiek.

Linie [-nĭə] *f* lijn (*a. Verkehrs2*), streep; *mil.* linie; *in erster ~* in de eerste plaats.

Linien|blatt *n* (het) blad met lijnen (als onderlegger); **~bus** *m* lijnbus; **~papier** *n* (het) gelinieerd papier; **~schiff** *n* (het) passagiersschip; **~schiffahrt** *f* lijnscheepvaart; **~verkehr** *m* (het) lijnverkeer.

li'nieren (-), **lini'ieren** (-) liniëren.

link|e(**r**, **-s**) linker-, links; *die linke Hand* de linkerhand; **2e** *f* linkerhand; *Pol.* linkerzijde; *zur ~en* links; **~isch** links, onhandig.

links links; *nach ~* naar links, linksaf; **2abbieger** *m* links afslaande auto; **2'außen** *m* (-; -) linksbuiten; **~gerichtet** links gericht; **2händer** *m* linkshandige; **~händig** (*0*) linkshandig; *Adv.* links; **2kurve** *f* bocht naar links; **~seitig** (*0*) aan de linkerzijde, links; **~'um**! links om!; **2verkehr** *m* (het) links rijdend verkeer.

linnen linnen; 2 *n* (het) linnen.

Li'noleum [-leˑʊm] *n* (*-s*; *0*) linoleum (*a.* het).

Linse *f* linze; *Phys.* lens; **~n·gericht** *n* linzenschotel; **~n·suppe** *f* linzensoep.

Lippe *f* lip.

Lippen|bekenntnis *n* lippendienst; **~laut** *m* lipklank; **~stift** *m* lippenstift.

Liqui|dation [-'tsĭoːn] *f* liquidatie; (*Rechnung*) rekening; **2'dieren** (-) liquideren; in rekening brengen.

Lira *f* (-; *Lire*) lire.

lispeln [-sp-] (*-le*) lispelen (*a. fig.*); (*flüstern*) fluisteren.

List *f* list.

Liste *f* lijst; **~n·wahl** *f* verkiezing volgens lijsten.

listig listig, sluw.

Lita'nei *f* litanie (*a. fig.*).

Litau|en *n* Litouwen *n*; **2isch** Litouws.

Liter *n od. m* liter.

lite'r|arisch lit(t)erair, letterkundig; **2at** *m* (*-en*) lit(t)erator.

Litera'tur *f* lit(t)eratuur, letterkunde.

Litera'tur|- *in Zssgn mst.* lit(t)eratuur-, *z.B.* **~geschichte** *f* lit(t)eratuurgeschiedenis; **~kritik** *f* lit(t)eraire kritiek; **~preis** *m* lit(t)eraire prijs; **~wissenschaft** *f* lit(t)eratuurwetenschap; **~zeitschrift** *f* (het) lit(t)erair tijdschrift.

Litermaß *n* litermaat.

Litfaßsäule *f* reclamezuil.

Lithogra'phie *f* lithografie.
Litur'g|ie *f* liturgie; **2isch** [-'tʊʁ-] (*0*) liturgisch.
Litze *f* galon (*a.* het), (het) koord; *mil.* streep; *El.* buigzame leiding (van vele draden).
Livland *n* Lijfland *n.*
Li'vree *f* livrei.
Lizentiat [-'tsi̯ɑːt] *m* (*-en*) licentiaat.
Li'zenz *f* licentie, vergunning; **~gebühr** *f* licentievergoeding.
Lkw *m* (-[*s*]; *-s*) *Abk. für Lastkraftwagen.*
Lob *n* (*-es*; *-e*) lof.
Lobby [-bi·] *f* (-; *-s*) *od. m* (*-s*; *-s*) lobby.
loben prijzen, loven; **~s·wert** lofwaardig, loffelijk.
Lob|gesang *m* lofzang; **~hude'lei** *f* flikflooierij; **2hudeln** (*-le*) flikflooien, erg ophemelen.
löblich loffelijk.
Lob|lied *n* (het) loflied; **2preisen** loven en prijzen; **~preisung** *f* lofprijzing; **~rede** *f* lofrede; **~redner** *m* lofredenaar; **~spruch** *m* lofspraak, lofrede.
Loch *n* (*-es*; *¨er*) (het) gat; (*Vertiefung a.*) kuil, put; (*Höhle*) (het) hol; (*Wohnung*) (het) krot; (*Gefängnis*) bajes, gevangenis; *auf dem letzten ~ pfeifen* op zijn laatste benen lopen; *aus e-m andern ~ pfeifen* uit een ander vaatje tappen; **2en** perforeren; *Fahrkarte* knippen; *Tech.* ponsen; **~er** *m* perforeermachine.
löcher|ig vol gaten, doorboord; **~n** (*-re*) (*bitten*) zeuren.
Loch|karte *f* ponskaart; **~streifen** *m* ponsstrook, ponsband; **~ung** *f* perforatie; (het) knippen; (het) ponsen.
Locke *f* lok, krul.
locken[1] (*an~*) lokken, trekken.
locken[2] *Haar* krullen.
Locken|haar *n* (het) krulhaar; **~kopf** *m* krullebol; **~wickler** *m*, **~wickel** *m* krulspeld.
locker los (*a. fig.*); *pej. Pers., Leben*: losbandig; *Stimmung*: luchtig; **2heit** *f* (*0*) losheid; losbandigheid; **~lassen** (*nachgeben*) op-, toegeven; **~machen** F geven; *~ bei* (*D*) loskrijgen van; **~n** (*-re*) losmaken; *Vorschrift usw.* versoepelen; *sich ~* losgaan, losraken; *fig.* zich ontspannen.
Lockerung *f* (het) losmaken; versoepeling; **~s·übung** *f* ontspanningsoefening.
lockig gekruld.
Lock|mittel *n* (het) lokmiddel; **~ruf** *m* lokroep; **~speise** *f* lokspijs, (het) lokaas; **~ung** *f* verlokking, aantrekking; **~vogel** *m* lokvogel (*a. fig.*).
Loden *m* loden (*a.* het); **~mantel** *m* loden.
lodern (*-re*) laaien, (op)vlammen.
Löffel *m* lepel (*a. Ohr*); **~chen** *n* (het) lepeltje; **2n** (*-le*) lepelen; F (*verstehen*) snappen; **2weise** bij lepels.
Loga'rithmentafel *f* logaritmentafel.
Logbuch [ɔ] *n* (het) logboek.
Loge [-ʒə] *f* loge; **~n·bruder** *m* vrijmetselaar.
logieren [-'ʒiː-] (-) logeren.
Logik *f* (*0*) logica.
Logis [-'ʒiː] *n* (-; -) (het) logies.
logisch logisch; **~er'weise** logisch gesproken.
Loh|e ['loːə] *f* vlam, gloed; **2en** **1.** *v/i* vlammen, laaien; **2.** *v/t* (*gerben*) looien; **~gerber** *m* (leer)looier.
Lohn *m* (*-es*; *¨e*) (het) loon; (*Belohnung*) beloning.
Lohn|- *in Zssgn mst.* loon-, *a.* loons-, *z.B.* **~abzug** *m* looninhouding; **~arbeit** *f* loonarbeid; **~ausfall** *m* loonderving; **~empfänger** *m* loontrekkende; **2en** *Besuch, Aufwand* waard zijn; *sich ~* de moeite waard zijn; *j-m etw. ~* iem. voor iets belonen; *Gott lohne es Ihnen!* God vergelde het U!; **2end** lonend (*a. fig.*); **~erhöhung** *f* loonsverhoging; **~forderung** *f* looneis; **~skala** *f* loonschaal; **~steuer** *f* loonbelasting; **~steuerkarte** *f* loonkaart; **~stopp** *m* loonstop; **~streifen** *m* (het) loonbriefje; **~tüte** *f* (het) loonzakje.
lo'kal (*0*) lokaal, plaatselijk; **2** *n* (*-s*; *-e*) (het) lokaal; (*Kneipe*) (het) café; **2bericht** *m* (het) plaatselijk bericht; **2berichterstatter** *m* plaatselijke correspondent; **~i'sieren** (-) lokaliseren; **2i'tät** *f* lokaliteit; **2patriotismus** *m* (het) plaatselijk chauvinisme; **2termin** *m* gerechtelijke reconstructie.
Lokführer *m* machinist.
Lokomo'tiv|e *f* locomotief; **~führer** *m* machinist.
Lokus *m* (-; *-se*) F zekere plaats, W.C. (*a.* het).

Lolch *m* (*-ęs*; *-e*) *Bot.* (het) raaigras.
Lombard *m od. n* (*-ęs*; *-e*) belening; **~ei** [-ˈdaɪ] *f*: *die* ~ Lombardije *n*; **~geschäft** *n* belening op onderpand; **~satz** *m* rente op belening.
London *n* Londen *n*; **~er 1.** *Adj.* Londens; **2.** *m* Londenaar.
Lorbeer [ɔ] *m* (*-s*; *-en*) laurier (-boom); *fig.* lauwer; **~blatt** *n* (het) laurierblad; **~kranz** *m* lauwerkrans.
Lore *f* lorrie.
los (*-est*) los; (*frei*) vrij; (*verloren*) kwijt; *~!* vooruit!; *was ist ~?* wat is er (gaande *od.* aan de hand)?; *~ sein j-n, etw.* kwijt zijn; *es ist nicht viel ~ mit j-m* je hebt niet veel aan iem.; *etw. ~ haben* F goed zijn.
Los *n* (*-es*; *-e*) (het) lot (*a. Schicksal*); *das große ~* hoofdprijs, (het) groot lot.
...los (*-est*) *in Zssgn am Ende e-s Wortes mst.* -loos.
los|- *in Zssgn mst.* los-, *z.B.* **~arbeiten** loswerken.
lösbar oplosbaar (*a. fig.*); **߸keit** *f* (*0*) oplosbaarheid.
los|bekommen loskrijgen; **~binden** losbinden; **~brechen** *v/t* losbreken; *v/i* losbarsten.
Lösch|arbeit *f* (het) blussingswerk; **~blatt** *n* (het) vloeipapier; **~eimer** *m* brandemmer; **߸en 1.** *v/t Feuer* blussen; *Licht* uitdoen; *Tonband* uitvegen; *Durst* lessen; *Ladung* lossen; *Schuld* delgen, aflossen; *Konto* opheffen; **2.** *v/i Papier*: drogen; **~er** *m* (het) vloeiblok, vloeier; (*Feuer߸*) blusser, (het) blustoestel; **~kalk** *m* gebluste kalk; **~papier** *n* (het) vloeipapier; **~ung** *f* blussing; (het) uitdoen; (het) uitvegen; (het) lessen; (het) lossen; delging; opheffing; **~zug** *m* brandweerploeg.
los|donnern losbarsten; **~drehen** losdraaien; **~drücken** lossen, afschieten.
lose los (*a. unverpackt*).
Lösegeld *n* (het) losgeld, losprijs.
losen (*-t*) loten.
lösen (*-t*) losmaken; *Frage, Aufgabe u. Chem.* oplossen; *Fahrkarte* nemen; *Verlobung, Beziehungen* verbreken; *Ehe* ontbinden; *Schuß* lossen; *Geld* ontvangen; *sich ~* losgaan, losraken; *Chem.* oplossen; *Problem*: opgelost worden; *sich ~ von* (*D*) zich losmaken van.

los|fahren wegrijden; *Schiff*: wegvaren; **~gehen** weggaan; (*beginnen*) beginnen; *Schuß*: afgaan; *~ auf* (*A*) afstormen op.
...losigkeit *in Zssgn am Ende e-s Wortes mst.* -loosheid.
los|kaufen los-, vrijkopen; **~kommen** loskomen; vrijkomen; **~koppeln** loskoppelen; **~kriegen** loskrijgen; **~lassen** loslaten; (*freilassen bsd.*) vrijlaten; **~laufen** beginnen te lopen; **~legen** beginnen.
löslich oplosbaar; **߸keit** *f* (*0*) oplosbaarheid.
loslös|en losmaken; *Briefmarke* afweken; **߸ung** *f* (*0*) (het) losmaken; (het) afweken.
los|machen losmaken; **~marschieren** opstappen; *~ auf* (*A*) afgaan op; **~platzen** losbarsten; (*lachen*) het uitproesten; **~reißen** *Papier, Textilien* losscheuren; (*sich*) (zich) losrukken; **~rennen** wegrennen; beginnen te lopen; **~sagen:** *sich ~ von* (*D*) *etw.* afzien van, afstand doen van; *j-m* breken met; **~schießen** *v/t* afschieten; *v/i* beginnen; *auf j-n ~* op iem. toeschieten; **~schlagen** *v/t* losslaan; *Ware* verkopen, van de hand doen; *v/i* (*kämpfen*) aanvallen; *aufeinander ~* vechten; **~schrauben** losschroeven; **~sprechen** vrijspreken; **~steuern** *auf* (*A*) afstevenen op; **~stürmen** *auf* (*A*) afstormen (op); **~trennen** lostornen.
Los·trommel *f* trommel waaruit men lotjes trekt.
Losung *f* (het) wachtwoord, leus, leuze.
Lösung *f* oplossing (*a. Chem.*); verbreking; ontbinding; (het) losmaken; **~s·mittel** *n* (het) oplosmiddel.
los|werden kwijtraken; **~ziehen** *v/i* opstappen, weggaan.
Lot *n* (*-ęs*; *-e*) (het) lood; (*Senk߸*) (het) schietlood.
Löt·apparat *m* (het) soldeertoestel.
loten (*-e-*) loden, peilen.
löten (*-e-*) solderen.
Lothringen *n* Lotharingen *n*.
Löt|kolben *m* soldeerbout; **~lampe** *f* soldeerlamp.
Lotosblume [-tɔs-] *f* lotusbloem.
lot·recht (*0*) loodrecht.
Lotse [oː] *m* (*-n*) loods; **߸n** (*-t*) loodsen; **~n·dienst** *m* loodsdienst.
Lötstelle *f* soldeerplaats.

Lotterbett *n* rustbank.
Lotte'rie *f* loterij; **~einnahmen** *f/pl.* opbrengsten *pl.* van een loterij; **~los** *n* (het) lot, (het) loterijbriefje; **~spiel** *n* (het) loterijspel.
Lotterleben *n* (het) liederlijk leven.
Lotto *n* (*-s*; *-s*) (het) lotto; **~büro** *n* (het) lottobureau; **~schein** *m* (het) lottobriefje.
Lotus *m* (-; -) lotus, rolklaver.
Löwe *m* (*-n*) leeuw.
Löwen *n* Leuven *n*.
Löwen|anteil *m* (het) leeuwe(aan)-deel; **~maul** *n* (*-ęs*; *0*) *Bot.* leeuwebek; **~mut** *m* leeuwemoed; **~zahn** *m* (*-ęs*; *0*) *Bot.* paardebloem.
Löwin *f* leeuwin.
loyal [lo·ɑ·'jɑ:l] loyaal; **⌒i'tät** *f* (*0*) loyaliteit.
Luchs [-ks] *m* (*-es*; *-e*) lynx.
Lücke *f* gaping, opening; *fig.* leemte, lacune, hiaat (*a.* het).
Lücken|büßer *m* invaller, noodhulp; **⌒haft** (*-est*) gebrekkig, onvolledig; **~haftigkeit** *f* (*0*) gebrekkigheid, onvolledigheid; **⌒los** (*-est*) volledig, zonder leemten.
Luder *n* (het) aas, (het) kreng; *Pers.*: (het) loeder, (het) kreng.
Luft *f* (-; *⁼e*) lucht; *an die ~ setzen* aan de deur zetten; *aus der ~ gegriffen* uit de lucht gegrepen; *etw. liegt in der ~* iets zit in de lucht; *s-m Herzen ~ machen* zijn hart luchten.
Luft|- *in Zssgn mst.* lucht-, *z.B.* **~abwehr** *f* luchtafweer; **~angriff** *m* luchtaanval; **~aufnahme** *f* luchtfoto; **~ballon** *m* luchtballon; **~bereifung** *f* luchtbanden *pl.*; **~blase** *f* luchtbel; **~brücke** *f* luchtbrug.
Lüftchen *n* (het) luchtje, (het) zuchtje.
luftdicht luchtdicht.
Luftdruck *m* (*-ęs*; *0*) luchtdruk; **~bremse** *f* luchtdrukrem.
Luft·elektrizität *f* luchtelektriciteit.
lüften (*-e-*) (ver)luchten; *Geheimnis* ontsluieren; *Hut* afnemen.
Luftfahrt *f* (*0*) luchtvaart; **~gesellschaft** *f* luchtvaartmaatschappij.
Luft|fahrzeug *n* (het) luchtvaartuig; **~feuchtigkeitsmesser** *m* vochtigheidsmeter; **~filter** *m* luchtfilter; **~flotte** *f* luchtvloot; **~fracht** *f* luchtvracht; **~geschwader** *n* (het) luchteskader; **~gewehr** *n* (het) luchtgeweer; **~heizung** *f* luchtverwarming; **~herrschaft** *f* (het) luchtoverwicht; **~hoheit** *f* soevereiniteit in de lucht; **⌒ig** *Raum, Kleid, Platz*: luchtig; **~kampf** *m* (het) luchtgevecht.
Luftkissen *n* (het) luchtkussen; **~fahrzeug** *n* (het) luchtkussenvaartuig.
Luft|klappe *f* luchtklep; **~krankheit** *f* luchtziekte; **~krieg** *m* luchtoorlog; **~kühlung** *f* luchtkoeling; **~kurort** *m* (het) luchtkuuroord; **~landetruppen** *f/pl.* luchtlandingstroepen *pl.*; **⌒leer** (*0*) luchtledig; **~linie** *f* luchtlijn; *in der ~* hemelsbreed, in vogelvlucht; **~loch** *n* (het) luchtgat; **~mangel** *m* (het) gebrek aan lucht; **~matratze** *f* luchtmatras; **~post** *f* luchtpost; **~postbrief** *m* luchtpostbrief; **~pumpe** *f* luchtpomp; **~raum** *m* (het) luchtruim; **~reifen** *m* luchtband; **~röhre** *f* luchtpijp; **~schacht** *m* luchtschacht; **~schiff** *n* (het) luchtschip; **~schloß** *n* (het) luchtkasteel; **~schraube** *f* propeller; **~schutz** *m* luchtbescherming; **~schutzkeller** *m* schuilkelder; **~spiegelung** *f* luchtspiegeling; **~sprung** *m* luchtsprong; **~streitkräfte** *f/pl.* luchtstrijdkrachten *pl.*; **~stützpunkt** *m* lucht-, vliegbasis.
Lüftung *f* verluchting, ventilatie.
Luft|veränderung *f* verandering van lucht; **~verkehr** *m* (het) luchtverkeer; **~verteidigung** *f* luchtverdediging; **~waffe** *f* luchtmacht; **~weg** *m*: *auf dem ~(e)* per vliegtuig; **~widerstand** *m* luchtweerstand; **~zufuhr** *f* luchttoevoer; **~zug** *m* tocht.
Lug *m* (*-ęs*; *0*): *~ und Trug* leugen en bedrog.
Lüge *f* leugen; *j-n ~n strafen* logenstraffen.
lugen kijken, loeren.
lügen (*L*) liegen; *er lügt wie gedruckt* hij liegt dat hij zwart ziet; **⌒detektor** *m* (*-s*; *-en* [-'to:-]) leugendetector; **⌒gewebe** *n* leugens *pl.*; **~haft** (*-est*) leugenachtig; **⌒haftigkeit** *f* (*0*) leugenachtigheid; **⌒maul** *n* leugenaar; **⌒propaganda** *f* leugenachtige propaganda.
Lügner|(in *f*) *m* leugenaar(ster *f*); **⌒isch** leugenachtig, vals.
Luke *f* (het) luik.

lukra'tiv lucratief, winstgevend.
Lümmel *m* lummel, vlegel; **~ei** [-'laɪ] *f* lummelarij; **2haft** (*-est*) lummelig; **2n** (*-le*): *sich ~* onbehouwen zitten (*od.* liggen), rondhangen.
Lump *m* (*-en*) ploert, smeerlap; (*zerlumpter Mensch*) schooier; **2en:** F *sich nicht ~ lassen* zich niet laten kennen.
Lumpen *m* lomp, vod (*a.* het), lor (*a.* het); **~gesindel** *n* (het) gepeupel, (het) gespuis, (het) janhagel; **~händler** *m* voddenkoopman; **~hund** *m* ploert, smeerlap; **~pack** *n* = *Lumpengesindel*; **~sammler** *m* voddenraper.
Lump|e'rei *f* schurkenstreek; **2ig** schofterig, ellendig; (*geringfügig*) armzalig.
Lunge *f* long.
Lungen|- *in Zssgn mst.* long-, *z.B.* **~blutung** *f* longbloeding; **~entzündung** *f* longontsteking; **~krankheit** *f* longziekte; **~krebs** *m* longkanker; **~tuberkulose** *f* longtuberculose.
lungern (*-re*) lanterfanten.
Lunte *f* lont; *~ riechen* lont ruiken.
Lupe *f* loep, (het) vergrootglas; *unter die ~ nehmen* onder de loep nemen.
lüpfen oplichten; *Hut* afnemen.
Lu'pine *f* lupine.
Lurch *m* (*-es*; *-e*) amfibie.
Lust *f* (-; *⸚e*) (het) plezier, lust, (het) genoegen; (*Verlangen*) lust, zin; (*Wollust*) wellust; *~ haben zu* (*D*) (*od.* + *Inf.*) zin hebben in (*od.* om te + *Inf.*); (*ganz*) *wie du ~ hast* (net) zoals je wil.
Lustbarkeit *f* vermakelijkheid, (het) amusement; **~s·steuer** *f* vermakelijkheidsbelasting.
lüstern begerig, wellustig; **2heit** *f* begerigheid, wellust.
Lust|garten *m* (het) park, lusthof; **~gefühl** *n* (het) lustgevoel; **~häuschen** *n* (het) prieel(tje), (het) tuinhuisje.
lustig vrolijk, plezierig; (*komisch*) grappig; *sich ~ machen über* (*A*) zich vrolijk maken over; **2keit** *f* (*0*) vrolijkheid, (het) plezier; grappigheid.
Lüstling *m* (*-s*; *-e*) wellusteling.
lust|los (*-est*) lusteloos; **2losigkeit** *f* (*0*) lusteloosheid; **2mord** *m* lustmoord, sexuele moord; **2mörder** *m* lustmoordenaar; **2schloß** *n* (het) lustslot; **2spiel** *n* (het) blijspel; **~wandeln** wandelen.
Luthe|'raner *m* lutheraan; **2risch** (*0*) luthers; **~r·tum** *n* (*-s*; *0*) (het) lutheranisme.
lutsche|n zuigen; *Bonbon* zuigen op; *am Daumen ~* op de duim zuigen; **2r** *m* speen; (*Stielbonbon*) lolly.
Lüttich *n* Luik *n*.
Luv(seite) *f* (*0*) loef(zijde).
Luxemburg *n* Luxemburg *n*; **~er(in** *f*) *m* Luxemburger *m*, Luxemburgse *f*; **2isch** Luxemburgs.
lux|uriös [-'rĭøːs] (*-est*) luxueus, weelderig; **2us** *m* (-; *0*) luxe, weelde.
Luxus|- *in Zssgn mst.* luxe-, *z.B.* **~artikel** *m* (het) luxeartikel; **~dampfer** *m* luxeboot; **~hotel** *n* (het) luxehotel; **~kabine** *f* luxehut.
Lymph|e *f* lymfe; **~gefäß** *n* (het) lymf(e)vat; **~knoten** *m* lymf(e)klier.
lynch|en lynchen; **2justiz** *f* (het) lynchrecht.
Lyri|k *f* (*0*) lyriek, lyrische poëzie; **~ker(in** *f*) *m* lyrisch dichter *m*, lyrische dichteres *f*; **2sch** lyrisch.

M

M, m *n* M, m.

Maas *f*: *die* ~ de Maas.

Maat *m* (*-ęs*; *-e*) *mar.* bootsman.

Mach|art *f* makelij; **~e** *f* (*0*) (het) gedoe, humbug, (het) geknoei; *das ist (alles) nur* ~ dat is (allemaal) maar schijn.

machen maken (*a. Platz usw.*); (*tun, beschäftigt sein*) doen; *Bett* opmaken; *Licht* aandoen; *Kaffee, Tee* zetten; *Angst* aanjagen; *Hoffnung, Mut* geven; *Arbeit* bezorgen; (*große*) *Augen* opzetten; *mach doch!* schiet toch op!; *mach, daß du ...!* zorg dat je ...!; *lassen Sie mich nur* ~*!* laat U mij maar begaan!; *das macht nichts* dat hindert niet; *wieviel macht es?* hoeveel kost het?; *2 und 2 macht 4* is; *das macht* (*zusammen*) *5 Mark* dat is (samen); *sich nichts* ~ *aus* (*D*) zich niets aantrekken van, niets geven om; *mach*(*e*) *dir nichts daraus!* maak je daarover geen zorgen!; *sich* ~ *Pers.*: het goed doen; *Kleidung*: staan; *Zustand, Wetter*: beter worden; *es macht sich* het gaat nogal; *es wird sich schon alles* ~ alles zal wel in orde komen.

Machenschaften *f/pl.* intriges *pl.*, kuiperijen *pl.*, machinaties *pl.*

Macher *m* aanstoker; **~lohn** *m* (het) maakloon.

Macht *f* (-; *ᵘe*) macht; (*Kraft bsd.*) kracht, (het) vermogen; (*Autorität*) (het) gezag; (*Staat*) mogendheid.

Macht|- *in Zssgn mst.* machts-, *a.* macht-; **~befugnis** *f* bevoegdheid; **~bereich** *m* machtssfeer; **~ergreifung** *f* machtsovername; **~haber** *m* machthebber, bewindvoerder; **~hunger** *m* machtsdrift.

mächtig machtig; (*sehr, gewaltig*) geweldig; *e-r S.* (*G*) ~ *sein* iets machtig (*od.* meester) zijn; *s-r Sinne nicht* ~ *sein* zichzelf niet meester zijn.

macht|los (*-est*) machteloos; **ᴤlosigkeit** *f* (*0*) machteloosheid; **ᴤmittel** *n* (het) machtsmiddel; **ᴤpolitik** *f* machtspolitiek; **ᴤprobe** *f* krachtproef; **ᴤspruch** *m* machtspreuk; **ᴤstellung** *f* machtspositie; **ᴤübernahme** *f* machtsovername; **~voll** machtig; (*einflußreich*) invloedrijk, gezaghebbend; (*kräftig*) krachtig; **ᴤwort** *n* (*-ęs*; *-e*) (het) machtwoord.

Machwerk *n* (het) maakwerk, (het) maaksel.

Mada'gass|e *m* (*-n*) Madagas; **ᴤisch** Madagaskisch.

Mädchen *n* (het) meisje; (*Dienst*ᴤ) (het) dienstmeisje; ~ *für alles fig.* (het) manusje van alles.

Mädchen|- *in Zssgn mst.* meisjes-, *z.B.* **ᴤhaft** (*-est*) meisjesachtig; **~handel** *m* handel in blanke slavinnen; **~name** *m* meisjesnaam; **~schule** *f* meisjesschool.

Made *f* made, larve.

Madeira [-'deː-] *m* (*-s*; *-s*) (*Wein*) madera(wijn).

Mädel *n* (het) meisje.

madig vol maden, madig.

Ma'donn|a *f* (-; *Madonnen*) madonna; **~en·bild** *n* (het) madonnabeeld.

Ma'drid *n* Madrid *n*; **~er 1.** *m* Madrileen; **2.** *Adj.* Madrileens.

Maga'zin *n* (*-s*; *-e*) (het) magazijn; (*Zeitschrift*) (het) magazine.

Magd [maːkt] *f* (-; *ᵘe*) (dienst-) meid.

Mägd(**e**)**lein** *n* (het) meisje.

Magen *m* (*-s*; *ᵘ*) maag; *etw. liegt schwer im* ~ iets ligt zwaar op de maag; *mir knurrt der* ~ mijn maag knort.

Magen|- *in Zssgn mst.* maag-, *z.B.* **~beschwerden** *f/pl.* maagklachten *pl.*; **~bitter** *m* maagbitter (*a.* het); **~blutung** *f* maagbloeding; **~-'Darm-Kanal** *m* (*-s*; *0*) (het) maag-darmkanaal; **~drücken** *n* (*-s*; *0*) drukking op de maag; **~geschwür** *n* maagzweer; **~knurren** *n* (*-s*; *0*) (het) rammelen van de maag; **~krampf** *m* maagkramp; **~krebs** *m* maagkanker; **~leiden** *n* maagkwaal; **~saft** *m* (het) maagsap; **~säure** *f* (het) maagzuur; **~schmerzen** *m/pl.* maagpijn; **~sen-**

kung *f* maagverzakking; **~spülung** *f* maagspoeling; **~tropfen** *m/pl.* maagdruppels *pl.*; **~verstimmung** *f* indigestie.

mager mager; **2keit** *f* (*0*) magerheid; **2milch** *f* taptemelk, magere melk.

Ma'gi|e *f* (*0*) magie; **~er** ['ma:gĭə] *m* magiër, tovenaar; **2sch** ['ma:-] magisch.

Magi'strat *m* (*-es*; *-e*) (het) stadsbestuur, magistraat, Burgemeester en Wethouders *pl.* (*Abk.* B. en W.).

Ma'gnat *m* (*-en*) magnaat.

Ma'gnesium [-zĭum] *n* (*-s*; *0*) (het) magnesium.

Ma'gnet *m* (*-en*) magneet.

Ma'gnet|- *in Zssgn mst.* magneet-; **~feld** *n* (het) magnetisch veld; **2isch** (*0*) magnetisch; **~iseur** [-'zø:ʀ] *m* (*-s*; *-e*) magnetiseur; **~ismus** [-'tɪs-] *m* (*-*; *0*) (het) magnetisme; **~nadel** *f* magneetnaald; **~spule** *f* magneetspoel; **~zündung** *f* magneetontsteking.

Ma'gnolie [-lĭə] *f* magnolia.

Magyar [ma'dja:ʀ] *m* (*-en*) Magyaar, Hongaar.

Maha'goni *n* (*-s*; *0*) mahonieboom; **~(holz)** *n* (het) mahonie(hout).

Maharadscha [ma·ha·'ʀa:dʃa·] *m* (*-s*; *-s*) maharadja.

Mahd *f* (het) maaien; (*Gemähtes*) (het) gemaaide.

Mäh|drescher *m* maaidorser; **2en** maaien; **~er** *m* maaier.

Mahl *n* (*-es*; *-e od.* *⸗er*) (het) maal, maaltijd.

mahl|en (*L*) malen; **2geld** *n* (het) maalgeld, (het) maalloon; **2zahn** *m* maaltand.

Mahlzeit *f* maaltijd; *~!* (eet) smakelijk!; (*Gruß*) goede middag!; **~engutschein** *m* maaltijdbon.

Mähmaschine *f* maaimachine.

Mahnbrief *m* maanbrief.

Mähne *f* manen *pl.*

mahn|en manen; *~ an* (*A*) herinneren aan; **2er** *m* (aan)maner; **2gebühren** *f/pl.* vervolgingskosten *pl.*; **2mal** *n* (*-s*; *-e od.* *⸗er*) (het) gedenkteken; **2ung** *f* (aan)maning, waarschuwing; **2verfahren** *n* gerechtelijke aanmaning.

Mähre *f* knol, (het) oud paard.

Mai *m* (*-es od.* *-*; *-e*): *der ~* mei.

Mai|- *in Zssgn mst.* mei-, *z.B.* **~baum** *m* meiboom; **~blume** *f* (het) lelietje-van-dalen; **~bowle** *f* meiwijn.

Maid *f* (het) meisje.

Maie *f* meitak.

Mai|feier *f* 1 mei-viering; **~feiertag** *m* eerste mei; **~glöckchen** *n* (het) lelietje-van-dalen; **~käfer** *m* meikever.

Mai|land *n* Milaan *n*; **~länder** *m* Milanees.

Main *m*: *der ~* de Main.

Mainzer *m* Mainzer.

Mais *m* (*-es*; *-e*) mais, maïs; **~brei** *m* maispap; **~kolben** *m* maiskolf.

Majes'tät *f* majesteit; **2isch** majestueus, vorstelijk; **~s·beleidigung** *f* majesteitsschennis.

Ma'jolika *f* (*-*; *Majoliken*) majolica (*a.* het).

Ma'jor *m* (*-s*; *-e*) majoor.

Majo'ran *m* (*-s*; *-e*) marjolein.

Majori'tät *f* meerderheid.

Ma'juskel *f* (*-*; *-n*) hoofdletter.

ma'kaber macaber.

Makel *m* smet, vlek.

Mäke'lei *f* vitterij.

makellos (*-est*) vlekkeloos, onberispelijk; **2ig·keit** *f* (*0*) vlekkeloosheid, onberispelijkheid.

mäkeln (*-le*) (*an D*) vitten (op).

Make-up [me:k'ap] *n* (*-s*; *-s*) make-up.

Makka'roni *pl.* macaroni.

Makler [a:] *m* makelaar; **~gebühr** *f* (makelaars)provisie.

Ma'krele *f* makreel.

Makro|- *in Zssgn* macro-, *z.B.* **~kosmos** *m* macrocosmos.

Ma'krone *f* (het) bitterkoekje.

Makula'tur *f* misdruk; afval (*a.* het).

mal eens, een keertje; *Math.* maal.

Mal[1] *n* (*-es*; *-e od.* *⸗er*) vlek; (*Zeichen*) (het) teken; (*Mutter2*) moedervlek.

Mal[2] *n* (*-es*; *-e*) keer, maal; *ein ~ übers andere* keer op keer; *mit e-m ~e* opeens, plotseling; *nächstes ~* de volgende keer; *zum ersten ~* voor de eerste keer.

Ma'lai|e *m* (*-n*) Maleier; **2isch** Maleis.

Ma'laria [-ʀĭa·] *f* (*0*) malaria.

malen schilderen.

Maler *m* schilder; **~ei** [-'ʀaɪ] *f* schilderkunst; (*Gemälde*) schilderij (*a.* het); **~in** *f* schilderes; **2isch** schilderachtig.

Malkasten *m* schilderkist.
malmen fijnmalen.
Mal'teser *m* Maltezer.
Malz *n* (*-es*; *0*) mout (*a.* het).
Malz|- *in Zssgn mst.* mout-, *z.B.* **~bier** *n* (het) moutbier.
Mal·zeichen *n Math.* (het) maal-, vermenigvuldigingsteken.
Malzkaffee *m* moutkoffie.
Ma'ma *f* (-; *-s*) mama.
Mammut [u:] *n* (*-s*; *-e od. -s*) mammoet.
man men, je; (*die Leute*) ze, zij *pl.*
manch|e, ~er, ~es menig(e); *selbständig gebraucht*: menigeen; **~e** *pl.* sommige *pl.*, verscheidene *pl.*; **~er'lei** allerlei, velerlei, heel wat; **~er'orts** op verschillende plaatsen; **~mal** soms.
Man'dant(in *f*) *m* (*-en*) *jur.* cliënt(e *f*).
Manda'rine *f* (het) mandarijntje.
Man'dat *n* (*-ęs*; *-e*) (het) mandaat; **~s·gebiet** *n* (het) mandaatsgebied.
Mandel *f* (-; *-n*) amandel (*a. Anat.*); **~baum** *m* amandelboom; **~entzündung** *f* amandelontsteking; **~kuchen** *m* (het) amandelgebak.
Mando'line *f* mandoline.
Mandschu'rei *f*: *die ~* Mantsjoerije *n.*
Manege [-'ne:ʒə] *f* manege.
Man'gan *n* (*-s*; *0*) (het) mangaan; **~säure** *f* (het) mangaanzuur.
Mangel[1] *f* (-; *-n*) mangel.
Mangel[2] *m* (*-s*; *⸚*) (het) gebrek; (*Fehler a.*) tekortkoming, fout; (*Knappheit a.*) (het) tekort; *aus ~ an* (*D*) bij gebrek aan; **~erscheinung** *f* (het) deficiëntieverschijnsel; **⁀haft** (*-est*) gebrekkig, onvoldoende (*a. Note*); (*unvollständig*) onvolledig.
mangeln[1] (*-le*) *Wäsche* mangelen.
mangeln[2] (*-le*) ontbreken; *mir mangelt etw., es mangelt mir an etw.* (*D*) ik mis iets, het ontbreekt mij aan iets; *es mangelt an etw.* (*D*) iets ontbreekt.
mangel|s (*G*) bij gebrek aan; **⁀ware** *f* (het) schaars artikel; ... *ist ~* is schaars.
Mangold ['maŋg-] *m* (*-ęs*; *-e*) *Bot.* biet.
Ma'nie *f* manie.
Ma'nier *f* manier, wijze; **~en** *f/pl.* manieren *pl.*; **⁀iert** [-i·'ʀ-] (*-est*) gemaniëreerd, gekunsteld; **⁀lich** welopgevoed, wellevend; *Adv. a.* netjes.
Mani'fes|t *n* (*-ęs*; *-e*) (het) manifest; **⁀'tieren** (-) (*sich*) (zich) manifesteren.
Mani'küre *f* manicure; **⁀n** (-) (*sich*) (zich) manicuren.
Manipu|lation [-'tsĭo:n] *f* manipulatie; **⁀'lieren** (-) manipuleren.
Manko ['maŋko·] *n* (*-s*; *-s*) (het) manco, (het) tekort.
Mann *m* (*-ęs*; *⸚er*) man; (*Ehe⁀ a.*) echtgenoot; *mit 20 ~* met 20 man; *er ist nicht der ~ dazu* hij is er de man niet naar; *an den ~ bringen* aan de man brengen; *mit ~ und Maus* met man en muis; *~s genug sein* mans genoeg zijn.
Manna *n* (*-s*; *0*) *od. f* (*0*) (het) manna.
mannbar huwbaar; **⁀keit** *f* (*0*) huwbaarheid.
Männchen *n* (het) mannetje (*a. Zool.*), (het) ventje; *~ machen* opzitten.
Mannequin [manə'kɛ̃:] *n* (*-s*; *-s*) mannequin.
Männer|- *in Zssgn mst.* mannen-, *z.B.* **~chor** *m* (het) mannenkoor; **~sache** *f* iets voor mannen; **~stimme** *f* mannenstem.
Mannes|alter *n* (*-s*; *0*) mannelijke leeftijd; *im besten ~* in de kracht van zijn leven; **~kraft** *f* mannelijke kracht; **~wort** *n* (*-ęs*; *-e*) (het) mannenwoord.
mannhaft (*-est*) manhaftig, manmoedig; **⁀ig·keit** *f* (*0*) manhaftigheid, moed.
mannig|fach [-ıç-] (*0*), **~faltig** (*0*) veel-, menigvuldig, verscheiden; **⁀faltigkeit** *f* (*0*) veelvuldigheid, verscheidenheid.
männlich mannelijk; **⁀keit** *f* (*0*) mannelijkheid.
Manns·bild *n* manspersoon.
Mannschaft *f* manschappen *pl.*; (*Besatzung*) bemanning; *Sp.* ploeg, (het) team; **~s·aufstellung** *f* opstelling van de ploeg; **~s·geist** *m* (*-ęs*; *0*) teamgeest; **~s·sport** *m* teamsport.
manns|dick (*0*) mansdik; **~hoch** (*0*) manshoog; **⁀leute** *pl.* manspersonen *pl.*, manslui *pl.*; **⁀person** *f* manspersoon; **~toll** manziek; **⁀volk** *n* (*-ęs*; *0*) (het) mansvolk.
Mano'meter *n* manometer.

Ma'nö|ver [-v-] *n* manoeuvre, maneuver (*a.* het); **2'vrieren** (-) man(o)euvreren.
Man'sarde(nzimmer *n*) *f* dak-, zolderkamer.
manschen *v/i* plassen.
Man'schette *f* manchet; **~n·knopf** *m* manchetknoop.
Mantel *m* (-*s*; ⸗) mantel (*a. Tech.*); (*Kleidung bsd.*) jas; (*Reifen*2) buitenband; *den ~ nach dem Winde hängen* de huik naar de wind hangen.
Mäntelchen *n* (het) manteltje, (het) jasje.
Manteltarif *m* (het) basistarief.
Manu|fak'tur *f* (*Betrieb*) fabriek; **~'skript** [-sk-] *n* (-*és*; -*e*) (het) manuscript.
Mappe *f* map; (*Tasche*) tas.
Marathon|lauf [-tɔn-] *m* marathonloop; **~läufer** *m* marathonloper.
Märchen [ɛː] *n* (het) sprookje; *erzähle mir doch keine ~! pl.* vertel me geen fabeltjes! *n/pl.*
Märchen|- *in Zssgn mst.* sprookjes-, *z.B.* **~buch** *n* (het) sprookjesboek; **2haft** (-*est*) sprookjesachtig; **~welt** *f* (*0*) sprookjeswereld.
Marder *m* marter.
Marga'rine *f* (*0*) margarine.
Marge'rite *f* margriet.
Margi'nalien [-liən] *n/pl.* marginaliën *pl.*
Ma'rien|bild [-'ʀiːən-] *n* (het) Mariabeeld; **~käfer** *m* (het) lieveheersbeestje.
Marihuana [-hu'ˈɑːnɑ'] *n* (-*s*; *0*) marihuana.
Mari'nade *f* marinade.
Ma'rine *f* marine, zeemacht; (*Handels*2) koopvaardijvloot; **~attaché** *m* marineattaché; **2blau** (*0*) marineblauw; **~offizier** *m* marine-, zeeofficier.
mari'nieren (-) marineren.
Mario'nette [mɑʀio'-] *f* marionet (*a. fig.*).
Mark[1] *f* **1.** (*Geld*) mark; **2.** *Geogr.* mark, grens, (het) grensgewest.
Mark[2] *n* (-*és*; *0*) (het) merg; *durch ~ und Bein gehen* door merg en been gaan.
mar'kant (-*est*) markant.
Marke *f* (het) merk; (*Brief*2) postzegel; (*Lebensmittel*2) bon; (*Merkzeichen*) (het) merkteken; (*Spiel*2) fiche (*a.* het).
Marken|- *in Zssgn mst.* merk-, *z.B.* **~artikel** *m* (het) merkartikel; **~schutz** *m* bescherming van handelsmerken.
mark·erschütternd hartverscheurend.
Marke'tender *m* marketenter.
Markgraf *m* markgraaf.
mar'kier|en (-) merken, markeren (*a. Weg*); (*vortäuschen*) simuleren, spelen, doen alsof; **2ung** *f* markering.
markig krachtig, pittig, kernachtig.
märkisch Brandenburgs.
Mar'kise *f* markies, (het) zonnescherm.
Markknochen *m* mergpijp.
Mark|stein *m* grenssteen; **~stück** *n* mark.
Markt *m* (-*és*; ⸗*e*) markt.
Markt|- *in Zssgn mst.* markt-, *z.B.* **~analyse** *f* marktanalyse; **~bericht** *m* (het) marktbericht; **~flecken** *m* (het) marktplaatsje; **~frau** *f* marktvrouw; **~halle** *f* markthal; **~platz** *m* (het) marktplein; **~preis** *m* marktprijs; **~schreier** *m* marktschreeuwer; **~tag** *m* marktdag; **~wirtschaft** *f* markteconomie.
Marme'lade *f* jam; **~n·glas** *n* (het) jampotje.
Marmor [ɔ] *m* (-*s*; -*e*) (het) marmer; **~arbeit** *f* (het) marmerwerk; **~bild** *n* (het) marmeren beeld; **~grube** *f* marmergroeve; **2n** (*0*) marmeren; **~saal** *m* marmeren zaal.
Marok'kan|er(in *f*) *m* Marokkaan(se *f*); **2isch** Marokkaans.
Ma'rokko *n* Marokko *n.*
Ma'rotte *f* gril, kuur.
Mars *m*: *der ~* Mars.
marsch! mars!
Marsch[1] *m* (-*es*; ⸗*e*) mars; *auf dem ~ sein* in opmars zijn.
Marsch[2] *f* mars, (het) laaggelegen vruchtbaar land.
Marschall *m* (-*s*; ⸗*e*) maarschalk; **~stab** *m* maarschalksstaf.
Marsch|befehl *m* (het) marsbevel; **2bereit** marsvaardig; **2ieren** [-'ʃiː-] (-) marcheren; **~kolonne** *f* marscolonne; **~land** *n* (het) marsland; **~ordnung** *f* marsorde; **~route** *f* marsroute; **~verpflegung** *f* (het) proviand voor de mars.
Marseillaise [-sɛ'jɛːzə] *f* (*0*) marseillaise.
Marssegel *n* (het) marszeil.

Marter *f* (-;-*n*) marteling, foltering; **&n** (-*re*) martelen, folteren; **~tod** *m* marteldood.
martialisch [-'tsĭɑː-] martiaal, krijgshaftig.
Märtyrer *m* martelaar; **~in** *f* martelares; **~tod** *m* marteldood; **~tum** *n* (-*s*; *0*) (het) martelaarschap.
Mar'xis|mus *m* (-; *0*) (het) marxisme; **~t(in** *f*) *m* (-*en*) marxist(e *f*); **&tisch** marxistisch.
März *m* (- *od.* -*es*; -*e*): *der ~* maart.
Marzi'pan *n* (-*s*; -*e*) marsepein (*a.* het).
Masche *f* maas (*a. fig.*); (*Lauf&*) ladder; (*bei Strickarbeit*) steek.
Maschen|draht *m* gevlochten metaaldraad; **&fest** (*0*) laddervrij; **~werk** *n* (-*es*; *0*) (het) maaswerk.
Ma'schine *f* machine; (*Motor bsd.*) motor; **&geschrieben** getypt, getikt.
maschi'nell machinaal.
Ma'schinen|- *in Zssgn mst.* machine-, *z.B.* **~bau** *m* (-*es*; *0*) machinebouw; **~bauer** *m* machineconstructeur; **~bauingenieur** *m* werktuigbouwkundig ingenieur; **~fabrik** *f* machinefabriek; **~gewehr** *n* (het) machinegeweer, mitrailleur; **~öl** *n* machineolie; **~pistole** *f* (het) machinepistool; **~raum** *m* machinekamer; **~satz** *m* machinegroep; *Typ.* (-*es*; *0*) (het) machinezetsel; **~schaden** *m* (het) (machine)defect; **~schlosser** *m* machinebankwerker; **~schrift** *f* (het) machineschrift; **&schriftlich** getypt, getikt.
Maschine'rie *f* machinerie.
ma'schine·schreibe|n typen, tikken; **&r(in** *f*) *m* typist(e *f*).
Maschi'nist *m* (-*en*) machinist.
Maser *f* (-; -*n*) (*Holz&*) ader, vlam; **~n** *pl.* mazelen *pl.*
Maske *f* (het) masker (*a. fig.*); *unter der ~ der Freundschaft* onder het mom van vriendschap.
Masken|ball *m* (het) gemaskerd bal; **~bildner** *m* grimeur; **~zug** *m* optocht van gemaskerden.
Mask|e'rade *f* maskerade; **&ieren** [-s'kiː-] (-) maskeren, vermommen (*a. fig.*); *mil. bsd.* camoufleren.
Mas'kottchen *n* mascotte, (het) mascotje.
Masku'linum *n* (-*s*; *Maskulina*) (het) masculinum.
Maso'chismus *m* (-; *0*) (het) masochisme.
Maß[1] [ɑː] *n* (-*es*; -*e*) maat; (*Grad*) mate; *in hohem ~* in hoge mate; *nach ~ Kleidung*: op maat; *in dem ~e, wie ...* naarmate ...; *alles mit ~e* alles met mate; *mit zweierlei ~ messen* met twee maten *pl.* meten.
Maß[2] [ɑː] *f* (*Bier&*) pot, pul, pint.
Massage [-'sɑːʒə] *f* massage; **~behandlung** *f* massagebehandeling.
Mas'sa|ker *n* (het) bloedbad; **&'krieren** (-) afmaken.
Maß|anzug *m* (het) maatkostuum; **~arbeit** *f* (het) maatwerk.
Masse *f* massa (*a. Phys.*), hoop, menigte; *Hdl.* boedel.
Maß·einheit *f* maateenheid.
Massen|- *in Zssgn mst.* massa-, *z.B.* **~artikel** *m* (het) massa-artikel; **~aufgebot** *n* algemene oproeping; **~beförderung** *f* (het) massavervoer; **~fabrikation** *f* massafabricatie; **~grab** *n* (het) massagraf; **&haft** (-*est*) in massa's, massaal; **~karambolage** *f* kettingbotsing; **~kundgebung** *f* massabijeenkomst; **~mord** *m* massamoord; **~organisation** *f* grote organisatie; **~produktion** *f* (*0*) massaproduktie; **~psychose** *f* massapsychose; **~tourismus** *m* (het) massatoerisme; **~versammlung** *f* massavergadering; **&weise** massaal, in massa's.
Masseu|r [-'søːʁ] *m* (-*s*; -*e*) masseur; **~se** *f* masseuse.
Maß|gabe *f* (*0*) maat(staf), mate; *nach ~* (*G*) volgens, naar; **&gebend**, **&geblich** beslissend, bepalend; (*einflußreich*) toonaangevend; **&halten** maathouden.
mas'sieren (-) masseren.
massig omvangrijk, plomp.
mäßig [ɛː] matig; (*enthaltsam bsd.*) sober; **~en** (*sich*) (zich) matigen; *Tempo* verminderen; *Schritt* vertragen; *s. a. gemäßigt*; **~end** kalmerend, bedarend; **&keit** *f* (*0*) matigheid; soberheid; **&ung** *f* matiging; vermindering; vertraging; (*das Gemäßigtsein*) gematigdheid, bezadigdheid.
massiv [-'siːf] massief; (*grob*) grof; *Kritik*: zwaar; **&** *n* (-*s*; -*e*) (het) (berg)massief.
Maß|krug *m* bierpul; **~liebchen** *n* *Bot.* (het) madeliefje; **&los** (-*est*) mateloos; **~losigkeit** *f* mateloo[sheid]

heid; **~nahme** *f* maatregel; *~n pl. treffen* (*od. ergreifen*) maatregelen *pl.* treffen (*od.* nemen).
Maßregel *f* (*Maßnahme*) maatregel; (*Regel*) regel; **2n** disciplinair straffen; **~ung** *f* disciplinaire bestraffing.
Maßschneider *m* maatkleermaker.
Maßstab *m* maatstaf (*a. fig.*); (*Zollstock a.*) maatstok; *Geogr.* schaal; *in großem* (*kleinem*) *~* op grote (kleine) schaal; **2gerecht, 2getreu** op schaal.
maßvoll gematigd, matig; *Forderung*: bescheiden.
Mast[1] *m* (-*ės*; -*e od.* -*en*) mast.
Mast[2] *f* (het) vetmesten, mesting; **~darm** *m* endeldarm.
mästen (-*e*-) (vet)mesten.
Mast|gans *f* mestgans; **~hähnchen** *n* vetgemeste kip; **~kur** *f* mestkuur.
mastur'bieren [-st-] (-) masturberen.
Mast|vieh *n* (het) mestvee; **~zeit** *f* mesttijd.
Mata'dor *m* (-*s*; -*e*) matador (*a. fig.*).
Match [mɛtʃ] *n od. m* (-*es*; -*e*) match.
Material [-'ʀi̯ɑːl] *n* (-*s*; -*ien* [-li̯ən]) (het) materiaal; *Esb., mil. bsd.* (het) materieel; **~fehler** *m* materiaalfout.
Materia'lis|mus *m* (-; *0*) (het) materialisme; **2tisch** materialistisch.
Mate'rial|sammlung *f* materiaalverzameling; **~schlacht** *f* materiaalslag.
Ma'terie [-ʀi̯ə] *f* materie, stof; **2ll** [-eˑ'ʀi̯ɛl] materieel; (*stofflich a.*) stoffelijk.
Mathe|ma'tik [ɪ] *f* (*0*) wiskunde; **~'matiker(in** *f*) *m* wiskundige; **2'matisch** (*0*) mathematisch, wiskundig.
Mati'nee *f* matinee.
Matjes·hering *m* maatjesharing.
Ma'tratze *f* matras.
Mä'tresse *f* maîtresse.
Ma'trikel *f* (-; -*n*) (het) register.
Ma'trize *f* matrijs (*a. Typ.*); (*Papier2*) stencil (*a.* het).
Ma'trone *f* matrone.
Ma'trose *m* (-*n*) matroos; **~n·anzug** *m* (het) matrozenpak.
Matsch *m* (-*es*; *0*) modder, blubber; **2ig** modderig, blubberig.
matt (-*est*) mat (*a. Schach*), dof; **~blau** (*0*) matblauw.
Matte[1] *f* (*Fuß2*) mat.
Matte[2] *f* alpenweide.
Matt|gold *n* (het) mat goud; **~heit** *f* (*0*) matheid, *S. a.* dofheid; **~lack** *m* matte lak; **~scheibe** *f* (*Fernseh2*) (het) televisiescherm.
Mätzchen *n/pl.* (*Possen*) grapjes *n/pl.*; (*Ausflüchte*) smoesjes *n/pl.*
Mauer *f* (-; -*n*) muur.
Mauer|- *in Zssgn mst.* muur-; **~assel** *f* keldermot; **~bau** *m* (-*ės*; *0*) bouw van de muur; **~blümchen** *n* (het) muurbloempje; **~kelle** *f* troffel; **2n** (-*re*) metselen; **~schwalbe** *f* gierzwaluw; **~stein** *m* metselsteen; **~vorsprung** *m* vooruitspringende muur; **~werk** *n* (het) muur-, metselwerk.
Maul *n* (-*ės*; ⸚*er*) muil; (*Schnauze*) snuit, bek; *pej.* P bek, smoel; *das ~ halten* P zijn bek houden; *ein großes ~ haben* P een grote bek hebben; **~beerbaum** *m* moerbeiboom; **~beere** *f* moerbei.
Mäulchen *n* (het) muiltje; (het) snuitje, (het) bekje; *e-s Kindes*: (het) snoetje.
maul|en F mokken, pruilen; **2esel** *m* muilezel; **~faul** stil, zwijgzaam; **2held** *m* praatjesmaker, opschepper; **2korb** *m* muilkorf; **2schelle** *f* muilpeer; **2tier** *n* (het) muildier; **2- und Klauenseuche** *f* (het) mond- en klauwzeer; **2wurf** *m* mol; **2wurfshügel** *m* molshoop.
Maure *m* (-*n*) Moor.
Maurer *m* metselaar; **~arbeit** *f* (het) metselwerk; **~ei** [-'ʀaɪ] *f* (*0*) (het) metselen; **~geselle** *m* metselaarsknecht; **~kelle** *f* troffel.
maurisch Moors.
Maus *f* (-; ⸚*e*) muis.
mauscheln (-*le*) Jiddisch spreken; (*betrügen*) bedriegen, knoeien.
Mäuschen [-sç-] *n* (het) muisje; **2'still** (*0*) muis-, doodstil.
Mause-, Mäuse|falle *f* muizeval; **~loch** *n* (het) muizegat.
mausen (-*t*) *v/i* muizen, muizen *pl.* vangen; *v/t* F gappen.
Mäuseplage *f* muizenplaag.
Mauser *f* (*0*) rui; *in der ~ sein* = **2n** (-*re*): *sich ~* in de rui zijn, ruien; *fig.* zich ontwikkelen; **~zeit** *f* ruitijd.
maus|e'tot (*0*) morsdood; **~grau** [(*0*) muisgrijs.]
mausig: *sich ~ machen* zich een air geven.

Mausoleum [-ˈle:ʊm] *n* (-*s*; *Mausoleen*) (het) mausoleum, (het) praalgraf.

m.a.W. *Abk. für mit anderen Worten* met andere woorden (*Abk.* m.a.w.).

Max *m*: *strammer* ~ *Kochkunst* uitsmijter.

Maxiˈmal|- *in Zssgn mst.* maximum-, *z.B.* **~betrag** *m* (het) maximumbedrag; *s. a. Höchst-*.

Maˈxime *f* maxime, spreuk.

Maximum *n* (-*s*; *Maxima*) (het) maximum.

Mayonnaise [mɑˑjoˑˈnɛ:zə] *f* mayonaise.

Mäzen [mɛˑˈtse:n] *m* (-*s*; -*e*) mecenas.

m.E. *Abk. für meines Erachtens* mijns inziens (*Abk.* m.i.).

Meˈcha|nik *f* mechanica; (*Mechanismus*) mechaniek; **~niker** *m* werktuigkundige, mecanicien; **2nisch** mechanisch; *fig. a.* werktuiglijk; **~niˈsierung** *f* mechanisering; **~ˈnismus** *m* (-; *Mechanismen*) (het) mechanisme.

Mecker|er *m* kankeraar; **2n** (-*re*) blaten; *fig.* F kankeren, zeuren.

Medaill|e [-ˈdaljə] *f* medaille; **~engewinner(in** *f*) *m* winnaar *m* (winnares *f*) van een medaille; **~on** [-ˈjɔŋ] *n* (-*s*; -*s*) (het) medaillon.

Medikaˈment *n* (-*es*; -*e*) (het) medicament.

Medi|tation [-ˈtsĭo:n] *f* meditatie; **2ˈtieren** (-) mediteren.

Medium [ˈ-dĭum] *n* (-*s*; *Medien*) (het) medium.

Mediˈzin *f* geneeskunde, medicijnen *pl.*; (*Arznei*) medicijn, (het) geneesmiddel; *s. a. Dr. med.*; **~er(in** *f*) *m* medicus *m*, medica *f*; **2isch** (*0*) medisch, geneeskundig; **~mann** *m* medicijnman.

Meer *n* (-*es*; -*e*) zee.

Meer|- *in Zssgn mst.* zee-, *z.B.* **~aal** *m* zeeaal; **~barbe** *f* zeebarbeel; **~busen** *m* baai, golf; **~enge** *f* zeeëngte.

Meeres|- *in Zssgn mst.* zee-, *z.B.* **~boden** *m* zeebodem; **~höhe** *f* zeespiegel; **~klima** *n* (het) zeeklimaat; **~kunde** *f* (*0*) oceanografie; **~spiegel** *m* (-*s*; *0*) zeespiegel; **~stille** *f* stille zee; **~strömung** *f* zeestroming.

Meer|frau *f* zeemeermin; **2grün** (*0*) zeegroen; **~katzen** *f/pl.* meerkatten *pl.*; **~rettich** *m* mierik(swortel); **~schaum** *m* (-*es*; *0*) (het) meerschuim; **~schweinchen** *n* (het) Guinees biggetje, marmot; **~ungeheuer** *n* (het) zeemonster; **~wasser** *n* (-*s*; *0*) (het) zeewater; **~wasserkur** *f* zeewaterkuur.

Meeting [ˈmi:-] *n* (-*s*; -*s*) meeting.

Mega|ˈphon *n* (-*s*; -*e*) megafoon; **~ˈwatt** *n* megawatt.

Mehl *n* (-*es*; -*e*) (het) meel.

Mehl|- *in Zssgn mst.* meel-, *z.B.* **2artig** meelachtig; **~brei** *m* meelpap; **2ig** melig, meelachtig; **~sack** *m* meelzak; **~sieb** *n* meelzeef; **~speise** *f* meelspijs; (*Süßspeise*) vla, pudding; **~staub** *m* (het) meelstof.

mehr meer; ~ *oder weniger* min of meer; *um so* ~ des te meer; *um so* ~ hoe langer hoe meer; *s. a. mehrere, viel*; 2 *n* (-[*s*]; *0*) (het) extra, (het) surplus, (het) overschot; (*Mehrheit*) meerderheid; **2arbeit** *f* (het) overwerk; **2aufwand** *m*, **2ausgabe** *f* hogere uitgave, extra-uitgave; **2bedarf** *m* grotere behoefte; **2belastung** *f* extrabelasting; **2betrag** *m* (het) hoger bedrag, (het) extrabedrag; **~deutig** dubbelzinnig; **~dimensional** meerdimensionaal; **2einnahme** *f* hogere ontvangst; **~en** vermeerderen; *sich* ~ toenemen; *Pers.*: zich vermenigvuldigen; **2er** *m* uitbreider, vergroter; **~ere** verschillende, verscheidene, meerdere; **~s** allerlei; **~fach** (*0*) meervoudig; veelvuldig; (*mehrmals*) vaak, herhaaldelijk; **2fachimpfung** *f* gecombineerde vaccinatie; **2familienhaus** *n* meergezinswoning; **2farbendruck** *m* meerkleurendruk; **~farbig** met meerdere kleuren; **2gepäck** *n* extra bagage; **2gewicht** *n* (het) overwicht; **2heit** *f* meerderheid; **~heitlich** (*0*) bij meerderheid, meerderheids-.

Mehrheits|beschluß *m* (het) meerderheidsbesluit; **~prinzip** *n* (het) meerderheidsbeginsel; **~wahlrecht** *n* verkiezing bij meerderheid van stemmen.

mehr|jährig (*0*) veeljarig; **2kosten** *pl.* hogere kosten *pl.*, extrakosten *pl.*; **2leistung** *f* extraprestatie; **~malig** (*0*) herhaald; **~mals** meermaals, herhaaldelijk; **2phasen**

strom *m* meerfasige stroom; **²preis** *m* hogere prijs; **~silbig** (*0*) meerlettergrepig; **~sprachig** (*0*) meertalig; **~stimmig** (*0*) meerstemmig; **~tägig** (*0*) meerdaags; **²ung** *f* vermeerdering; **²verbrauch** *m* (het) groter verbruik; **²wert** *m* meer-, overwaarde; **²wertsteuer** *f* belasting op de toegevoegde waarde (*Abk.* BTW); **²zahl** *f* (het) merendeel, meerderheid; *Gr.* (het) meervoud; **²zweckraum** *m* kamer (*od.* zaal) voor verschillende doeleinden.

meiden (*L*) (ver)mijden; *j-n* ontwijken, mijden.

Meile *f* mijl; **~n·stein** *m* mijlpaal; **²n·weit** (*0*) mijlenver.

Meiler *m* (*Kohlen²*) kolenmeiler.

mein 1. mijn; *das ²e* het mijne; *die ²en pl.* de mijnen *pl.*, mijn gezin; *das ² und Dein* het mijn en dijn; **2.** *poet.* (= *meiner*) mijner, van mij.

Mein·eid *m* meineed; **²ig** meinedig.

meinen *v/i* menen, denken; *v/t* bedoelen; *es ehrlich, gut ... ~* menen, bedoelen; *was ~ Sie dazu?* wat denkt U daarvan?

meiner mijner, van mij; *s. mein*; **~seits** mijnerzijds, van mijn kant; *Ganz ~!* het genoegen is aan mijn kant!

meines·gleichen mijnsgelijke.

meinet|halben, ~wegen, *um* **~willen** ter wille van mij, voor mij; (*von mir aus*) voor mijn part.

meinige: *der, die* (*das*) *²* de (het) mijne; *die ²n pl.* de mijnen *pl.*

Meinung *f* mening, opinie; *meiner ~ nach* volgens mijn mening, volgens mij; *der ~ sein* van mening zijn; *e-r ~ sein mit* (*D*) 't eens zijn met.

Meinungs|austausch *m* gedachtenwisseling; **~forschung** *f* (het) opinieonderzoek; **~freiheit** *f* (*0*) vrijheid van mening; **~umfrage** *f* opiniepeiling, enquête; **~verschiedenheit** *f* (het) meningsverschil.

Meise *f* mees; F *e-e ~ haben* getikt zijn.

Meißel *m* beitel; **²n** (*-le*) beitelen.

meist meest; *Adv.* = *meistens*; *s. a. am u. viel.*

meistbegünstig|t meestbegunstigd; **²ungs·klausel** *f* meestbegunstigingsclausule.

Meist|bietende(r) meestbiedende; **²ens, ²en'teils** meestal.

Meister *m* meester (*a. Lehr²*), baas; (*Handwerker*) meesterknecht; *Sp.* kampioen; *e-r S.* (*G*) *~ werden* iets onder de knie krijgen; **~brief** *m* (het) diploma van meesterknecht; **²haft** (*-est*) meesterlijk; **~hand** *f* meesterhand; **²lich** meesterlijk; **²n** (*-re*) aankunnen, de baas worden, onder de knie krijgen; *Schwierigkeiten* overwinnen; (*tadeln*) kritiseren; **~prüfung** *f* (het) examen van meesterknecht; **~sänger** *m* meesterzanger; **~schaft** *f* (het) meesterschap; *Sp.* (het) kampioenschap.

Meisterschafts|- *Sp. in Zssgn mst.* kampioens-, *z.B.* **~spiel** *n* kampioen(schap)swedstrijd; **~titel** *m* kampioenstitel.

Meister|stück *n* (het) meesterstuk; **~titel** *m Sp.* kampioenstitel; **~werk** *n* (het) meesterwerk.

meistgenannt meest genoemd.

Melancho'l|ie [-aŋko·-] *f* melancholie, zwaarmoedigheid; **²isch** [-'ko:-] melancholisch, melancholiek.

Me'lasse *f* melasse.

Melde *f Bot.* melde.

Melde·amt *n* (het) bevolkingsbureau.

melden (*-e-*) melden, berichten, meedelen; (*anzeigen*) aangeven; *sich ~* zich melden; *etw. bsd.*: zich aankondigen; *Schüler*: zijn vinger opsteken.

Melde|pflicht *f* verplichting tot aangifte; **²pflichtig** (*0*) tot aangifte verplicht; **~schein** *m* (het) inschrijvingsformulier; **~schluß** *m* sluiting van aanmeldingstermijn (*od.* inschrijvingstermijn); **~stelle** *f* (het) aanmeldingsbureau; (*Einwohner²*) (het) bevolkingsbureau; **~wesen** *n* (*-s*; *0*) bevolkingsregistratie; **~zettel** *m* (het) inschrijvingsformulier.

Meldung *f* (het) bericht, melding, mededeling; aanmelding.

me'liert (*-est*) gemêleerd, gevlekt, gemengd; *Stoffe*: gespikkeld; *Haar*: grijzend.

Melk|eimer *m* melkemmer; **²en** (*L*) melken (*a. j-n*); **~er** *m* melker; **~maschine** *f* melkmachine.

Melo'die *f* melodie, wijs.

me'lodisch melodieus, melodisch.

Melo'dra|ma *n* (het) melodrama; **²'matisch** melodramatisch.

Me'lone *f* meloen; (*Hut*) bolhoed.
Meltau *m* meeldauw.
Mem'bran(**e**) *f* membraan (*a.* het).
Memme *f* lafaard, lafbek.
Memoiren [-mo·'ɑ:-] *pl.* memoires *pl.*
Memo'r|andum *n* (*-s*; *Memoranden od. Memoranda*) (het) memorandum; **2ieren** (-) memoriseren, van buiten leren; (*hersagen*) uit het hoofd opzeggen.
Menage'rie [-ɑ·ʒə-] *f* menagerie.
Menge *f* hoeveelheid; (*Menschen2*) menigte; e-e *ganze* ~ een hele hoop; e-e ~ *Arbeit*, *Bekannte*, ... een hoop; *in großer* ~ in groot aantal.
mengen (ver)mengen; *sich* ~ *in* (*A*) zich mengen in.
Mengen|lehre *f* (*0*) (het) wiskundig rekenen; **2mäßig** (*0*) kwantitatief, naar de hoeveelheid; **~rabatt** *m* korting op grote hoeveelheden.
Me'niskus *m* (-; *Menisken*) meniscus.
Mennig|e *f* (*0*) menie; **2rot** (*0*) menierood.
Mensa *f* (-; *Mensen*) (het) studentenrestaurant, mensa.
Mensch *m* (*-en*) mens; *ein netter* ~ een aardige man.
Menschen|- *in Zssgn mst.* mensen-; **~affen** *m/pl.* mensapen *pl.*; **2ähnlich** menselijk, op een mens lijkend; **~alter** *n* mensenleeftijd; **~feind** *m* mensenhater; **2feindlich** mensenhatend; **~fresser** *m* menseneter; **~freund** *m* mensenvriend; **2freundlich** menslievend; **~gedenken** *n*: *seit* ~ sinds mensenheugenis; **~geschlecht** *n* (*-ęs*; *0*) (het) mensdom, (het) menselijk geslacht; **~hand** *f* mensenhand; **~haß** *m* mensenhaat; **~hasser** *m* mensenhater; **~kenner** *m* mensenkenner; **~kenntnis** *f* (*0*) mensenkennis; **~leben** *n* (het) mensenleven; **2leer** (*0*) verlaten, leeg, eenzaam; **~liebe** *f* menslievendheid; **~menge** *f* menigte mensen, mensenmassa; **2möglich:** *das* ~*e* al het mogelijke; **~opfer** *n* (het) mensenoffer; **~raub** *m* mensenroof; **~rechte** *n/pl.* mensenrechten *n/pl.*; **2scheu** mensenschuw; **~schinder** *m* beul; **~schlag** *m* (het) slag mensen; **~seele** *f*: *keine* ~ geen sterveling; **~s·kind!** lieve hemel!; **~stimme** *f* menselijke stem; **~tum** *n* (*-s*; *0*) (het) mens-zijn; **2unwürdig** mensonwaardig; **~verstand** *m* (het) menselijk verstand, (het) mensenverstand; **~würde** *f* menselijke waardigheid; **2würdig** menswaardig.
Mensch|heit *f* (*0*) mensheid, (het) mensdom; **2lich** menselijk; **~lichkeit** *f* (*0*) menselijkheid.
Menstru|ation [-stʀu·ɑ·'tsĭo:n] *f* menstruatie; **2'ieren** (-) menstrueren.
Men'sur *f* (*Studenten2*) (het) studentenduel.
men'tal mentaal; **2i'tät** *f* mentaliteit.
Men'thol *n* (*-s*; *0*) menthol.
Mentor *m* (*-s*; *-en* [-'to:-]) mentor.
Me'nü *n* (*-s*; *-s*) (het) menu.
Menu'ett *n* (*-ęs*; *-e*) menuet (*a.* het)
Mergel *m* mergel.
Meridian [-'dĭɑ:n] *m* (*-s*; *-e*) meridiaan.
Me'rino *m* (*-s*; *-s*) (het) merinosschaap.
merk|bar merkbaar; **2blatt** *n* folder, (het) blad met aanwijzingen; **2buch** *n* (het) notitieboekje, agenda; **~en** merken, gewaarworden; *sich* ~ onthouden; *merk dir das* onthou(d) dat goed!; **~lich** (*0*) merkbaar, aanmerkelijk; (*erheblich a.*) aanzienlijk; **2mal** *n* (*-s*; *-e*) (het) kenmerk, (het) kenteken.
merkwürdig merkwaardig, vreemd, raar; **~er'weise** vreemd genoeg; **2keit** *f* merkwaardigheid, vreemdheid.
Merkzeichen *n* (het) ken-, merkteken.
me'schugge [me·-] F mesjogge, gek.
Mesner *m* koster.
Mesopo'tamien [-mĭən] *n* Mesopotamië *n.*
Meß|band *n* (het) meetlint; **2bar** meetbaar; **~barkeit** *f* (*0*) meetbaarheid; **~becher** *m* maatbeker.
Meß|buch *n* missaal, (het) misboek; **~diener** *m* misdienaar.
Messe *f Rel.* mis; *Hdl.* (jaar)beurs; (*Offiziers2*) mess; **~amt** *n* (het) jaarbeursbureau; **~besucher** *m* bezoeker van de (jaar)beurs; **~gelände** *n* (het) jaarbeursterrein; **~halle** *f* jaarbeurshal; **~katalog** *m* (jaar)beurscatalogus.
messen (*L*) meten; *s. a.* gemessen.
Messer[1] *m* meter.
Messer[2] *n* (het) mes; *j-m das* ~ *a*

die Kehle setzen iem. het mes op de keel zetten; **~held** *m* messetrekker; **~klinge** *f* (het) lemmet; **2scharf** (*0*) vlijmscherp; **~schmied** *m* messenmaker; **~spitze** *f* mespunt, punt van een mes; **~steche'rei** *f* (het) messengevecht; **~stich** *m* messteek.
Messestand *m* stand op de (jaar-) beurs.
Meßgeräte *n/pl.* meetinstrumenten *n/pl.*
Meßgewand *n* (het) misgewaad.
Messias [-'si:as] *m* (-; *0*) Messias.
Messing *n* (-*s*; *0*) (het) messing, (het) geelkoper; **~draht** *m* messingdraad.
Meß|instrument *n* (het) meetinstrument; **~latte** *f* meetlat.
Meß·opfer *n* (het) misoffer.
Messung *f* meting.
Meßverfahren *n* meetmethode.
Meßwein *m* miswijn.
Mestize [mɛs'ti:tsə] *m* (-*n*) mesties, halfbloed.
Met *m* (-*ẹs*; *0*) mede, honingdrank.
Meta-, meta- *in Zssgn* meta-.
Me'tall *n* (-*s*; -*e*) (het) metaal.
Me'tall|- *in Zssgn mst.* metaal-, *z.B.* **~arbeiter** *m* metaalbewerker; **2artig** metaalachtig; **~bearbeitung** *f* metaalbewerking; **2en** (*0*) metalen; **~gießerei** *f* metaalgieterij; **~glanz** *m* metaalglans; **~industrie** *f* metaalindustrie; **2isch** (*0*) metaalachtig, metalliek, metallisch; **~ur'gie** *f* (*0*) metallurgie; **2urgisch** [-'lʊʁ-] (*0*) metallurgisch.
Meta|mor'phose *f* metamorfose, gedaanteverwisseling; **~pher** [-'tafɐ] *f* (-; -*n*) metafoor, overdrachtelijke uitdrukking; **2'phorisch** metaforisch, figuurlijk; **~phy'sik** *f* metafysica; **2'physisch** metafysisch.
Meteor [-e'o:ʁ] *m* (-*s*; -*e*) meteoor; **~o'loge** *m* (-*n*) meteoroloog; **~olo'gie** *f* (*0*) meteorologie; **2o'logisch** (*0*) meteorologisch.
Meter *n od. m* meter; **~band** *n* centimeter; **2lang** (*0*) meters lang; **~maß** *n* centimeter; **2weise** bij de meter, per meter.
Me'than *n* (-*s*; *0*) (het) methaan.
Me'thod|e *f* methode; **~ik** *f* methodiek; **2isch** methodisch.
Me'thyl·alkohol *m* methylalcohol.
Metr|ik *f* metriek; *poet. a.* versleer; **2isch** (*0*) metrisch; *Maßsystem*: metriek; **~o'nom** *n* (-*s*; -*e*) metronoom; **~o'pole** *f* metropool.
Mette *f* metten *pl.*
Mettwurst *f* metworst.
Metz|e'lei *f* slachting, (het) bloedbad; **2eln** (-*le*) slachten, moorden; **~ger** *m* slager; **~ge'rei** *f* slagerij.
Meuchel|mord *m* sluipmoord; **~mörder** *m* sluipmoordenaar; **2n** (-*le*) door sluipmoord om het leven brengen.
meuch|lerisch, ~lings verraderlijk, door sluipmoord.
Meute *f* meute; *fig. a.* bende; **~'rei** *f* muiterij; **~rer** *m* muiter; **2rn** (-*re*) muiten.
Mexi'kan|er(in *f*) *m* Mexikaan(se *f*); **2isch** Mexikaans.
Mexiko *n* Mexico *n*.
MEZ *Abk. für mitteleuropäische Zeit* Middeneuropese tijd.
MG *n* (-*s*; -*s*) = *Maschinengewehr*.
miau [mi̯aʊ] miauw; **~en** m(i)auwen.
mich mij, me.
mick(e)rig petieterig, onaanzienlijk.
Mieder *n* (het) korset.
Mief *m* (-*ẹs*; *0*) F muffe lucht.
Miene *f* gelaatsuitdrukking, (het) gezicht; *~ machen zu + Inf.* aanstalten maken te + *Inf.*; *ohne e-e ~ zu verziehen* zonder een spier te vertrekken; *gute ~ zum bösen Spiel machen* zich goed houden; **~n·spiel** *n* gelaatsuitdrukking.
mies (-*est*) P beroerd, naar, ellendig; *~ machen* P (*nörgeln*) kankeren op; *j-m etw.* tegen maken; **2macher** *m* P kankeraar, pessimist.
Miesmuschel *f* mossel.
Miet|ausfall *m* huurderving; **~auto** *n* huurauto; **~e** *f* **1.** huur; *zur ~ wohnen* in een huurhuis wonen; (*in e-m Zimmer*) op kamers wonen; **2.** (*Stapel*) mijt; **2en** (-*e*-) huren; **~erhöhung** *f* huurverhoging; **~er(in** *f*) *m* huurder *m*, huurster *f*; **~er·schutz** *m* huurbescherming; **~ertrag** *m* huuropbrengst; **~geld** *n* huur; **~ling** *m* (-*s*; -*e*) huurling; **~preis** *m* huurprijs; **~s·kaserne** *f* huurkazerne; **~verhältnis** *n* huurverhouding; **~vertrag** *m* (het) huurcontract; **~wagen** *m* huurauto; (*Taxi*) taxi; **2weise** in huur, tegen betaling van huur; **~wohnung** *f* huurwoning; (*Haus*) (het) huurhuis; **~zins** *m* huur.

Miez|(e) *f*, **~e·katze** *f* poes.
Mi'gräne *f* migraine.
Mikro|-, mikro|- *in Zssgn* micro-.
Mi'krobe *f* microbe.
Mikro|film *m* microfilm; **~organismus** *m* (het) micro-organisme; **~'phon** *n* (*-s*; *-e*) microfoon; **~'skop** *n* (*-s*; *-e*) microscoop; **2'skopisch** (*0*) microscopisch.
Milbe *f* mijt.
Milch *f* (*0*) melk; (*Fisch2*) hom; (*Kalbs2*) zwezerik.
Milch|- *in Zssgn mst.* melk-, *z.B.* **~bar** *f* milkbar; **~bart** *m* melkmuil; **~brei** *m* melkpap; **~eimer** *m* melkemmer; **2en** melk geven; **2farben** (*0*) melkkleurig; **~flasche** *f* melkfles; **~gebiß** *n* (het) melkgebit; **~glas** *n* (het) melkglas; **~händler** *m* melkslijter; **~handlung** *f* melk-, zuivelhandel; **2ig** melkachtig; **~kaffee** *m* koffie verkeerd; **~kanne** *f* melkkan; **~kuh** *f* melkkoe; **~mädchenrechnung** *f fig.* (het) zelfbedrog; **~mann** *m* melkboer; **~mixgetränk** *n* milk-shake; **~produkt** *n* (het) melk-, zuivelprodukt; **~reis** *m* rijstemelk; **~säure** *f* (het) melkzuur; **~schokolade** *f* melkchocola(de); **~schorf** *m* dauwworm; **~speise** *f* melkkost; **~straße** *f* melkweg; **~tüte** *f* (het) pak melk; **2weiß** (*0*) melkwit; **~wirtschaft** *f* (het) zuivel-, melkbedrijf; **~zahn** *m* melktand.
mild (*-est*), **~e** mild (*a. gnädig u. Gabe*), zacht; *Speisen*: licht; **2e** *f* (*0*) zachtheid, goedaardigheid, mildheid; **~ern** (*-re*) verzachten, verlichten; *Zorn* matigen; **~ernd** *Umstände*: verzachtend; **2erung** *f* verzachting, verlichting; matiging; **2erungs·grund** *m* verzachtende omstandigheid; **~herzig, ~tätig** liefdadig, vrijgevig.
Milieu [-'lĭø:] *n* (*-s*; *-s*) (het) milieu.
Mili'tär 1. *n* (*-s*; *0*) militaire dienst; (*Heer*) (het) leger, militairen *pl.*; **2.** *m* (*-s*; *-s*) militair.
Mili'tär|- *in Zssgn mst.* militair (*Adj.*), *z.B.* **~arzt** *m* militaire arts; **~attaché** *m* militaire attaché; **~bündnis** *n* (het) militair bondgenootschap; **~dienst** *m* militaire dienst; **~diktatur** *f* militaire dictatuur; **~flugzeug** *n* (het) militair vliegtuig; **~gefängnis** *n* militaire gevangenis; **2isch** (*0*) militair.
Milita'ris|mus *m* (*-*; *0*) (het) militarisme; **~t(in** *f*) *m* (*-en*) militarist(e *f*).
Mili'tär|musik *f* militaire muziek; **~pflicht** *f* (*0*) dienstplicht; **2pflichtig** (*0*) dienstplichtig; **~polizei** *f* militaire politie; **~zeit** *f* (*0*) diensttijd.
Mi'liz *f* militie.
Milliar|'där [milĭaʁ-] *m* (*-s*; *-e*) miljardair; **~de** [-'lĭaʁ-] *f* (het) miljard.
Milli|gramm *n* (het) milligram; **~meter** *n od. m* millimeter.
Million [-'lĭo:n] *f* (het) miljoen; **~är** [-'nɛ:ʁ] *m* (*-s*; *-e*) miljonair; **2ste(r)** miljoenste; **~stel** *n* (*-s*; *-*) (het) miljoenste (deel).
Milz *f* milt; **~brand** *m* (*-ęs*; *0*) (het) miltvuur.
Mim|e *m* (*-n*) toneelspeler; **2en** spelen; (*vortäuschen a.*) doen alsof; **~ik** *f* (*0*) mimiek.
Mi'mose *f* (het) kruidje-roer-mij-niet (*a. fig.*).
Mina'rett *n* (*-s*; *-s od. -e*) minaret.
minder minder, geringer; **~bemittelt** minvermogend; **2einnahme** *f* mindere ontvangst.
Minderheit *f* minderheid; **~enschutz** *m* bescherming van de minderheden; **~s·regierung** *f* minderheidsregering.
minderjährig (*0*) minderjarig; **2e(r)** minderjarige; **2keit** *f* (*0*) minderjarigheid.
minder|n (*-re*) (ver)minderen; *Preise* verlagen; **2ung** *f* (ver)mindering; verlaging; **~wertig** minderwaardig.
Minderwertigkeit *f* minderwaardigheid; **~s·komplex** *m* minderwaardigheidscomplex.
Minderzahl *f* (*0*) minderheid.
mindest minst, geringst; *nicht das ~e* niet het minste.
Mindest|- *in Zssgn mst.* minimum-, *z.B.* **~betrag** *m* (het) minimumbedrag; **2ens** minstens, op zijn minst; **~forderung** *f* minimumeis; **~geschwindigkeit** *f* minimumsnelheid; **~lohn** *m* (het) minimumloon; **~maß** *n* (het) minimum; **~preis** *m* minimumprijs; **~teilnehmerzahl** *f* (het) minimum aantal deelnemers.
Mine *f* mijn (*a. Bgb.*); (*Kugelschreiber2*) stift.
Minen|- *in Zssgn mst.* mijnen-, *a*

mijn-, *z.B.* **~arbeiter** *m* mijnwerker; **~feld** *n* (het) mijnenveld; **~leger** *m* mijnenlegger; **~suchboot** *n* mijnenveger; **~werfer** *m* mortier (*a.* het).

Mine'ral [-nə-] *n* (*-s*; *-e od. -ien* [-lĭən]) (het) mineraal, delfstof; **~bad** *n* (het) mineraal bad; **2isch** (*0*) mineraal; **~o'gie** *f* (*0*) mineralogie; **~öl** *n* aardolie; **~quelle** *f* minerale bron; **~wasser** *n* (het) bron-, mineraalwater.

Minia'tur [-nĭɑ·-] *f* miniatuur; **~ausgabe** *f* miniatuuruitgave; **~maler** *m* miniatuurschilder.

Mini|golf *n* (het) minigolf; **2'mal** minimaal, miniem; *in Zssgn s. Mindest*|-; **~mum** *n* (*-s*; *Minima*) (het) minimum; **~rock** *m* minirok.

Mi'nister *m* minister.

Ministerial|beamte(r) [-ste·'ʀĭɑ:l-] ambtenaar van het ministerie; **~direktor** *m* administrateur.

minister|iell [-'ʀĭɛl] (*0*) ministerieel; **2ium** [-'te:ʀĭum] *n* (*-s*; *Ministerien*) (het) ministerie, (het) departement.

Mi'nister|konferenz *f* ministerconferentie; **~präsident** *m* minister-president, eerste minister, premier; **~rat** *m* ministerraad; **~sessel** *m fig.* minister(s)portefeuille.

Minne *f* (*0*) min, liefde; **~sänger** *m* minnezanger.

Minori'tät *f* minderheid.

minus min(us); *s. a. Grad*; **2** *n* (*-*; *-*) (het) minus, (het) tekort.

Mi'nuskel *f* (*-*; *-n*) kleine letter.

Minus|punkt *m* (het) minuspunt; **~zeichen** *n* (het) minteken.

Mi'nute *f* minuut; **2n·lang** (*0*) minutenlang.

minuziös [-'tsĭø:s] (*-est*) minutieus.

Minze *f* munt.

Mio. *Abk. für Million(en).*

mir mij, me, aan mij, aan me; *~ nichts, dir nichts* zo maar, plompweg; *von ~ aus* voor mijn part, wat mij betreft.

Mira'belle *f* mirabel.

Mi'rakel *n* (het) mirakel.

misch|bar mengbaar; **2ehe** *f* (het) gemengd huwelijk; **~en** (ver)mengen; *Karten* schudden; *sich ~ in* (*A*) zich mengen in, zich bemoeien met; *s. a. gemischt*; **2futter** *n* (het) mengvoe(de)r; **2kultur** *f* gemengde cultuur; **2masch** *m* (*-ȩs*; *-e*) (het) allegaartje, mengelmoes (*a.* het); **2maschine** *f* mengmachine; **2pult** *n* montagetafel; **2ung** *f* (het) mengsel, mengeling (*a. Durcheinander*); **2volk** *n* (het) gemengd ras; **2wald** *m* (het) gemengd bos.

mise'rabel [-zə-] (*-bl-*) miserabel.

Mi'sere *f* misère.

Mispel [-sp-] *f* (*-*; *-n*) mispel.

Miß *f* (*0*), **Miss** *f* (*0*) miss.

miß|- *in Zssgn mst.* mis-; **~'achten** (*-*) minachten, geringschatten; (*nicht beachten*) zich niet houden aan; **2achtung** *f* minachting, geringschatting; **~behagen** (*D*) mishagen; **2behagen** *n* (*-s*; *0*) (het) onbehagen, (het) misnoegen; **2bildung** *f* misvorming.

miß'billig|en (*-*) afkeuren; **2ung** *f* [afkeuring.]

Miß|brauch *m* (het) misbruik; **2'brauchen** (*-*) misbruiken; **2bräuchlich** verkeerd, ongeoorloofd; **2'deuten** (*-*) verkeerd uitleggen; **~deutung** *f* verkeerde uitlegging.

missen (*-ßt*) missen.

Miß|erfolg *m* mislukking, (het) fiasco; **~ernte** *f* misoogst, mislukte oogst.

Misse|tat *f* misdaad; **~täter** *m* misdadiger.

miß|'fallen (*-*) (*D*) misvallen, niet aanstaan; **2fallen** *n* (*-s*; *0*) (het) ongenoegen, (het) misnoegen; **~fällig** ongunstig, afkeurend; **2geburt** *f* misgeboorte; (*Fehlgeburt*) miskraam; **~gelaunt** slecht geluimd; **2geschick** *n* tegenslag, tegenspoed; **2gestalt** *f* wangestalte; **~gestaltet** misvormd, wanstaltig; **~'glücken** (*-*) mislukken; **~'gönnen** (*-*) misgunnen; **2griff** *m* misgreep; **2gunst** *f* afgunst; **~günstig** afgunstig.

miß'hand|eln (*-*) mishandelen; **2lung** *f* mishandeling.

Miß|heirat *f* mesalliance; **2hellig** oneens; **~helligkeit** *f* onenigheid.

Missio|n [-'sĭo:n] *f* missie (*a. Rel.*); *in besonderer ~* met speciale opdracht; *innere ~* inwendige zending; **~'nar** *m* (*-s*; *-e*) missionaris, zendeling.

Missions|chef *m* chef van een missie; **~schule** *f* missieschool.

Miß|klang *m* wanklank; **~kredit** *m* (*-ȩs*; *0*) (het) diskrediet; **2'leiten** (*a.* -) misleiden; **2lich** hachelijk, netelig; ~e *Lage* netelige positie, moeilijk parket; **~lichkeit** *f* hachelijkheid; **2liebig** onbemind, niet erg gezien; **2'lingen** (*L*; -) mislukken; **~mut** *m* mismoedigheid, neerslachtigheid; *pej.* wrevel; **2mutig** mismoedig, neerslachtig; wrevelig; **2'raten** (-; *sn*) mislukken, slecht uitvallen; *ein ~es Kind* een bedorven (*od.* slecht opgevoed) kind; **~stand** *m* wantoestand; **~stimmung** *f* ontstemming; **~ton** *m* valse toon; *fig.* wanklank; **2'trauen** (-) (*D*) wantrouwen.

Mißtrau|en *n* (*-s*; *0*) (het) wantrouwen, argwaan; **~ens·antrag** *m* motie van wantrouwen; **2isch** wantrouwig, wantrouwend.

Mißvergnüg|en *n* (*-s*; *0*) (het) misnoegen, ontstemming; **2t** misnoegd, ontstemd.

Mißver|hältnis *n* wanverhouding; **~ständnis** *n* (het) misverstand; **2stehen** verkeerd begrijpen.

Mißwirtschaft *f* (het) wanbeheer.

Mist *m* (*-es*; *0*) mest; *fig.* F rommel, rotzooi; (*Unsinn*) (het) gezwam, kletskoek; **~beet** *n* (het) broeibed.

Mistel *f* (-; *-n*) mistel, maretak.

mist|en (*-e-*) mesten; **2fink** *m* vuilak, viezerik; **2gabel** *f* mestvork; **2haufen** *m* mesthoop; **2käfer** *m* mestkever.

Mis'tral *m* (*-s*; *-e*) mistral.

Miststück *n* P (het) kreng, rotzak.

Miszellen [mɪs'tsɛl-] *pl.* miscellanea *n/pl.*, mengelingen *pl.*

mit 1. *Präp.* (*D*) met; *~ Dank annehmen* in dank aanvaarden; *~ zehn* (*elf*) *Jahren* op tienjarige (elfjarige) leeftijd; *was ist ~ ihm?* wat is er met hem?; **2.** *Adv.* me(d)e, ook; *~ der Beste* één van de besten; *~ dabeisein* er ook bij zijn, meedoen.

Mit|- *in Zssgn mst.* me(d)e.

Mit·arbeit *f* (*0*) medewerking; **2en** mee-, samenwerken; **~er** *m* medewerker; **~erin** *f* medewerkster.

mitbekommen meekrijgen; *fig.* F begrijpen.

mitbenutz|en me(d)e gebruiken; **2ung** *f* (het) medegebruik; **2ungsrecht** *n* (het) recht op medegebruik.

Mitbesitz *m* (het) medebezit.

mitbestimm|en inspraak hebben, meepraten; **2ung** *f* medezeggenschap, inspraak.

Mit|bewerber *m* mededinger; (*fü e-e Stelle*) medesollicitant; **~bewohner** *m* medebewoner.

mitbring|en meebrengen; **2sel** *n* (het) cadeautje.

Mit|bürger *m* medeburger; **2dürfen** mee mogen; **2ei'nander** met elkaar, met mekaar, samen; **2empfinden** meevoelen, meeleven; **~erbe** *m* medeërfgenaam; **2erleben** meemaken; **2essen** meeëten; **~esser** *m Med.* meeëter.

mitfahr|en meerijden; *Schiff*: meevaren; **2er** *m* meerijder; **2er·zentrale** *f* meerijcentrale.

mitfliegen meevliegen.

mitfühlen meevoelen; **~d** meevoelend.

mit|führen meevoeren; *Pers.*: bi zich hebben; **~geben** meegeven; **2gefangene(r)** medegevangene; **2gefühl** *n* (*-es*; *0*) (het) medeleven; **~gehen** meegaan; *etw. ~ lassen* (*od heißen*) iets gappen; **2gift** *f* bruidsschat, uitzet.

Mitglied *n* (het) lid; **~er·versamm lung** *f* ledenvergadering; **~s·bei trag** *m* contributie; **~schaft** *f* (*0* (het) lidmaatschap; **~s·karte** *f* (het bewijs van lidmaatschap.

mit|haben bij zich hebben; **~hal ten** meedoen; (*Tempo halten*) he bijhouden; *fig. a.* het bijbenen; **~helfen** meehelpen; **2herausge ber** *m* mede-uitgever; **2hilfe** hulp, steun; **~'hin** bijgevolg, dus; **~hören** meeluisteren; **2inhaber** *m* medeëigenaar; *Hdl. bsd.* com pagnon, associé; **~kämpfen** mee vechten, meestrijden; **2kämpfer** *m* medestrijder; **~klingen** me(d)e klinken; **~kommen** meekomen; *fig.* meekunnen, het kunnen volgen; **~können** meekunnen; *fig. a.* he kunnen volgen; **~kriegen** = *mit bekommen*; **2läufer** *m* meeloper; **2laut** *m* medeklinker.

Mitleid *n* (het) medelijden; **~en schaft** *f* (*0*): *in ~ ziehen* meeslepen erin betrekken; (*beschädigen*) beschadigen; **2erregend** deernis-, meelij wekkend; **2ig** medelijdend; **2(s)lo** (*-est*) zonder medelijden, meedogen loos; **2s·voll** vol medelijden.

mit|lesen meelezen; **~mache** meedoen; (*erleben*) meemaker; **2mensch** *m* medemens; **~müsse** mee moeten; **2nahme** *f* (*0*) (he medenemen; ~**nehmen** meenemen; (*zurichten*) *j-n* aangrijpen; *Krankheit*: aanpakken, verzwakken; *etw.* havenen, schaden; (*erschöpfen*) vermoeien, uitputten; ~'**nichten** helemaal niet, volstrekt niet; ~**rechnen** meerekenen; ~**reden** meepraten.

mitreisen meereizen; 2**de(r)** medereiziger.

mit|reißen meeslepen (*a. fig.*); ~'**samt** (*D*) samen met; ~**schicken** meesturen; ~**schreiben** opschrijven.

Mitschuld *f* medeplichtigheid; 2**ig** (*an D*) medeplichtig (aan); ~**ige(r)** medeschuldige.

Mit|schüler *m* medeleerling; 2**schwingen** meeslingeren; *fig.* meetrillen; 2**sollen** mee moeten.

mitspiel|en meespelen; *j-m übel* (*od. hart*) ~ iem. lelijk te pakken hebben; 2**er** *m* medespeler.

Mit|spracherecht *n* inspraak; 2**sprechen** meespreken; ~**streiter** *m* medestrijder.

Mittag 1. *m* (-*es*; -*e*) middag; (*Süden*) (het) zuiden; *s. a.* essen; **2.** *n* (-*es*; *0*) (het) middageten; **3.** 2: *gestern* (*Dienstag*) ~ gister(en)middag (dinsdagmiddag); ~**brot** *n* (-*es*; *0*), ~**essen** *n* (het) middageten.

mittäg|ig (*0*), ~**lich** (*0*) op de middag, middag-.

mittags 's middags, tussen de middag.

Mittags|- *in Zssgn mst.* middag-, *z.B.* ~**hitze** *f* middaghitte; ~**kreis** *m* middagcirkel; ~**mahl** *n* (het) middagmaal; ~**pause** *f* middagpauze; ~**ruhe** *f* middagrust; ~**schlaf** *m*, ~**schläfchen** *n* (het) middagslaapje; ~**stunde** *f* (het) middaguur; ~**tisch** *m* middagtafel, (het) middageten; ~**zeit** *f* (het) middaguur.

Mittäter *m* medeplichtige; ~**schaft** *f* (*0*) medeplichtigheid.

Mitte *f* (het) midden; ~ *Januar* (*Februar*) half januari (februari); ~ *Achtzig* (*Siebzig*) midden tachtig (zeventig); *in unserer* ~ in ons midden; *ab durch die* ~! maak dat je wegkomt!

mitteil|en me(d)edelen; ~**sam** mededeelzaam; 2**ung** *f* mededeling.

Mittel *n* (het) middel; (*Durchschnitt*) (het) gemiddelde; *pl.* (*Geld*2) geldmiddelen *n/pl.*, (het) vermogen; *sich ins* ~ *legen* tussenbeide komen; *arithmetisches* (*geometrisches*) ~ rekenkundig (meetkundig) middelevenredige; *im* ~ gemiddeld; *mit allen* ~*n* uit alle macht; (*wie auch immer*) hoe dan ook; 2 *Adv.* matig; *s. mittlere*(*r*, -*s*).

Mittel|- *in Zssgn mst.* middel-, midden-, *z.B.* ~**alter** *n* (-*s*; *0*) middeleeuwen *pl.*; 2**alterlich** middeleeuws; ~**amerika** *n* Midden-Amerika *n*; 2**bar** indirect, onrechtstreeks; ~**chen** *n* (het) middeltje; ~**deck** *n* (het) middendek; ~**ding** *n* (het) tussending.

Mittel·europ|a *n* Midden-Europa *n*; 2**äisch** Middeneuropees.

mittel|fein middelfijn; 2**finger** *m* middenvinger; 2**gebirge** *n* (het) middelgebergte; 2**gewicht** *n* (het) middengewicht; ~**groß** (*0*) middelgroot; ~**hochdeutsch** Middelhoogduits; 2**klasse** *f* middenklasse; 2**läufer** *m* spil; 2**linie** *f* middellijn; ~**los** (-*est*) onbemiddeld; 2**losigkeit** *f* (*0*) onbemiddeldheid; 2**maß** *n* middelmaat; ~**mäßig** middelmatig; 2**mäßigkeit** *f* middelmatigheid; 2**meer** *n* (-*es*; *0*) Middellandse Zee; ~**niederländisch** Middelnederlands; 2**ohrentzündung** *f* middenoorontsteking; 2**punkt** *m* (het) middelpunt; ~**s** (*G*) door middel van, met behulp van; 2**schule** *f* mavoschool; 2**s·mann** *m* bemiddelaar, tussenpersoon; 2**sorte** *f* middelsoort; 2**stand** *m* (-*es*; *0*) middenstand; ~**ständisch** (*0*) middenstands-; 2**streckenläufer** *m* loper op de middelgrote afstand; 2**streifen** *m* middenberm; 2**stück** *n* (het) middenstuk; 2**stufe** *f* middelste klassen *pl.*; 2**stürmer** *m* midvoor; 2**weg** *m* middenweg; 2**welle** *f* middengolf; 2**wert** *m* gemiddelde waarde; 2**wort** *n* (-*es*; ¨*er*) (het) deelwoord.

mitten midden; ~ *in* (*D*, *A*) midden in; ~'**drin** (er) middenin; ~'**durch** middendoor.

Mitter|nacht *f* middernacht; 2**nächtlich** (*0*) middernachtelijk, midden in de nacht; 2**nachts** om middernacht; ~**nachts·sonne** *f* (*0*) middernachtzon.

Mittfasten *pl.* halfvasten.

Mittler *m* (be)middelaar.

mittler|e(r, -s) middelste; (*mittelmäßig*) middelbaar; (*durchschnittlich*) gemiddeld; **~'weile** ondertussen, inmiddels.
mit|tragen meedragen; **~trinken** meedrinken.
mitt|schiffs midscheeps; **2sommer** *m* midzomer.
mittun meedoen.
Mittwoch *m* (*-ęs*; *-e*) woensdag; **2s** woensdags.
mit'unter nu en dan, soms, van tijd tot tijd.
mit·unter|schreiben, ~zeichnen medeondertekenen.
mitverantwort|lich medeverantwoordelijk; **2ung** *f* medeverantwoordelijkheid.
Mitwelt *f* (*0*) tijdgenoten *pl.*
mitwirk|en me(d)ewerken; **2ende(r)** *Thea.* speler; **2ung** *f* medewerking.
Mitwisse|n *n* (*-s*; *0*) (het) medeweten; **~r** *m* medeweter; ingewijde; (*bei Verbrechen*) medeplichtige.
mit|wollen meewillen; **~zählen** meetellen; **~ziehen** *v/i u. v/t* meetrekken.
Mix|becher *m* shaker; **2en** mixen; **~er** *m* mixer; **~getränk** *n* (*Alkohol2*) cocktail; **~'tur** *f* mixtuur.
Mob [mɔp] *m* (*-s*; *0*) (het) gepeupel.
Möbel *n/pl.* meubelen *n/pl.*, meubels *n/pl.*
Möbel|- *in Zssgn mst.* meubel-, *z.B.* **~fabrik** *f* meubelfabriek; **~stück** *n* (het) meubel(stuk); **~tischler** *m* meubelmaker; **~wagen** *m* verhuiswagen.
mo'bil mobiel; *mil. a.* op voet van oorlog; (*munter*) kwiek.
mobili'sieren (-) mobiliseren.
Mo'bilmachung *f* mobilisatie; **~sbefehl** *m* (het) bevel tot mobilisatie.
mö'blier|en (-) meubileren; **~t** gemeubileerd.
Modal|i'tät *f* modaliteit, wijze; **~verb** [-'dɑ:l-] *n* (het) modaal werkwoord.
Mode *f* mode; *in ~ sein* in de mode zijn.
Mode|- *in Zssgn mst.* mode-, *z.B.* **~artikel** *m* (het) modeartikel; **~blatt** *n* (het) modeblad; **~krankheit** *f* modeziekte.
Mo'dell *n* (*-s*; *-e*) (het) model; (*Bau2*) maquette; *~ stehen* het model zijn; *Pers.*: poseren; **~flugzeug** *n* (het) modelvliegtuig; **2ieren** [-ɛ'li:-] (-) modelleren; (*in Ton od. Wachs bsd.*) boetseren.
Modenarr *m* modegek.
Mode(n)|geschäft *n* modezaak; **~schau** *f* modeshow; **~zeitung** *f* (het) modeblad.
Moder *m* (*-s*; *0*) verrotting, vermolming; (*Schlamm*) modder.
Mode'rator *m* (*-s*; *-en* [-'to:-]) moderator.
moderig muf, (ver)rot, vermolmd.
modern¹ (*-re*) vergaan, (ver)rotten; *Holz a.*: vermolmen.
mo'dern² *Adj.* modern; **~i'sieren** (-) moderniseren; **2i'sierung** *f* modernisering.
Mode|salon *m* modezaak; **~stoff** *m* modestof; **~waren** *f/pl.* modeartikelen *n/pl.*; **~wort** *n* (*-ęs*; *¨er*) (het) modewoord.
modifi'zieren (-) modificeren.
modisch modieus.
Mo'distin *f* modiste.
Modu|lation [-'tsi̯o:n] *f* modulatie; **2'lieren** (-) moduleren.
Modus *m* (-; *Modi*) modus; *Gr. a.* wijze.
Moge|'lei *f* F (het) bedrog, (het) geknoei; **2ln** (*-le*) F vals spelen, knoeien.
mögen (*L*) (*gern haben*) houden van; *j-n a.* mogen; *Speise a.* lusten; (*wollen*) (graag) willen; (*möglich sein*) kunnen, mogen, mogelijk zijn; *ich möchte ...* ik zou graag ... (willen); *ich mag nicht ... + Inf.* ik wil niet ... + *Inf.*; *er mag wohl krank sein* hij kan wel ziek zijn, hij is misschien ziek; *mag sein* (het) kan zijn; *wie dem auch sein mag* hoe dat ook moge zijn; *er mag noch so reich sein* hij mag nog zo rijk zijn; *sage ihm er möge* (*od. möchte*) *bald kommen* zeg hem dat hij (toch) gauw komt; *er mag sehen, wie er damit fertig wird* laat hij maar zien (*od.* hij moet maar zien) hoe hij het klaarspeelt.
Mogler *m* bedrieger, knoeier.
möglich mogelijk; *wenn ~* zo mogelijk; *so schnell* (*viel*) *wie ~* zo vlug (zoveel) mogelijk; *alles ~e* (*allerlei*) van alles; *s. a. möglichst*; **~en'falls**, **~er'weise** mogelijk, misschien; **2keit** *f* mogelijkheid; **~st:** *~ bald* (*viel*) zo vlug (veel) mogelijk; *er tut sein ~es* hij doet (alles) wat hij kan.

Iohamme'dan|er(in *f*) *m* mohammedaan(se *f*); **≈isch** (*0*) mohammedaans.
Iohn *m* (*-es*; *-e*) klaproos, papaver; **~kuchen** *m* (het) gebak met maanzaad; **~samen** *m* (het) maanzaad.
Iohr *m* (*-en*) moor, neger.
Iöhre *f* wortel, (het) worteltje.
Iohr|enkopf *m* moorkop; **~rübe** *f* = Möhre.
no'kieren (-): *sich ~ über* (*A*) zich vrolijk maken over.
Iokka *m* (*-s*; *-s*) mokka; **~tasse** *f* (het) mokkakopje.
Iolch *m* (*-es*; *-e*) salamander.
Iole *f* (het) (haven)hoofd, pier.
Iole'k|ül *n* (*-s*; *-e*) molecule; **≈u'lar** (*0*) moleculair.
Iolk|e *f* (*0*) wei; **~e'rei** *f* (*Betrieb*) zuivel-, melkfabriek; **~e'rei·erzeugnis** *n* (het) zuivelprodukt; **≈ig** [weiig.]
Ioll *n* (-; -) mol.
nollig mollig; (*weich*) zacht.
Iol'luske *f* (het) weekdier.
Ioloch ['mo:lɔx] *m* (*-s*; *-e*) moloch.
Iolton ['mɔltɔn] *m* (*-s*; *-s*) (het) nolton.
Io'ment 1. *m* (*-es*; *-e*) (het) moment, (het) ogenblik; *~ (mal)!* een ogenblikje!; *im ~* op het ogenblik; **2.** *n* (*-es*; *-e*) (het) moment (*a. Tech.*); *fig. a.* factor; **≈an** [-'ta:n] (*0*) momenteel, huidig; (*vorübergehend*) van voorbijgaande aard; **aufnahme** *f* momentopname.
o'nar|ch *m* (*-en*) monarch; **'chie** *f* monarchie; **~'chist(in** *f*) *m* (*-en*) monarchist(e *f*); **≈'chistisch** monarchistisch.
onat *m* (*-es*; *-e*) maand; **≈e·lang** (*0*) maandenlang; **≈lich** (*0*) maandelijks.
onats|- *in Zssgn mst.* maand-, *z.B.* **bericht** *m* (het) maandverslag; **binde** *f* (het) maandverband; **blutung** *f* menstruatie; **~erste(r)** erste van de maand; **~gehalt** *n* het) maandsalaris; **~karte** *f* maandkaart; **~rate** *f* maandelijkse termijn; **~schrift** *f* (het) maandblad.
önch *m* (*-es*; *-e*) monnik; **≈isch** (*0*) monniks-, monniken-.
önchs|gewand *n* (het) monniksgewaad, monnikspij; **~kappe** *f* monnikskap; **~kloster** *n* (het) monnikenklooster; **~orden** *m* monnikenorde; **~tum** *n* (*-s*; *0*) (het) monnikenwezen.

Mond [o:] *m* (*-es*; *-e*) maan; (*Monat*) maand; *hinter dem ~ leben* F achter zijn.
Mond|- *in Zssgn mst.* maan-, *a.* maans-.
mon'dän mondain.
Mond|bahn *f* maanbaan; **~finsternis** *f* maansverduistering; **~gebirge** *n* (het) maangebergte; **≈'hell** helder door de maan verlicht; **~jahr** *n* (het) maanjaar; **~kalb** *n fig.* F (het) uilskuiken; **~landung** *f* landing op de maan; **~nacht** *f* maannacht; **~phasen** *f/pl.* maanfasen *pl.*; **~rakete** *f* maanraket; **~scheibe** *f* maanschijf; **~schein** *m* (*-es*; *0*) maneschijn; **~sichel** *f* maansikkel; **≈süchtig** maanziek; **~viertel** *n* (het) kwartier van de maan; **~wechsel** *m* verandering van de maangestalte.
Mone'gass|e *m* (*-n*) Monegask; **≈isch** Monegaskisch.
mo|ne'tär (*0*) monetair; **≈'neten** *pl.* F duiten *pl.*, centen *pl.*
Mongo|le [mɔŋ'g-] *m* (*-n*) Mongool; **~'lei** *f*: *die ~* Mongolië *n*; **≈lisch** Mongools.
mo'nieren (-) (aan)manen; (*rügen*) berispen.
Monitor *m* (*-s*; *-en* [-'to:-]) monitor.
mono|- *in Zssgn* mono-, *z.B.* **≈ga'mie** *f* monogamie; **≈'gramm** *n* (*-s*; *-e*) (het) monogram; **≈gra'phie** *f* monografie.
Monokel [mo·'nɔ-] *n* monocle.
Mono|kultur *f* monocultuur; **≈'lithisch** monolit(h)isch; **~'log** *m* (*-s*; *-e*) monoloog; **~phthong** *m* (*-s*; *-e*) monoftong; **~'pol** *n* (*-s*; *-e*) (het) monopolie; **≈poli'sieren** (-) monopoliseren; **~the'ismus** *m* (het) monotheïsme; **≈'ton** monotoon, eentonig; **~to'nie** *f* monotonie, eentonigheid.
Mon'stranz [-st-] *f* monstrans.
monstr|ös [-'st-] (*-est*) monsterachtig; **≈um** [-st-] *n* (*-s*; *Monstren od. Monstra*) (het) monster.
Mon'sun *m* (*-s*; *-e*) moesson.
Montag *m* maandag; *blauen ~ machen* (*od. feiern*) maandag houden.
Mon'tage [-ʒə] *f* montage, montering; **~halle** *f* montagehal.
montags maandags.
Mon'tan|- *in Zssgn mst.* mijn-, *z.B.* **~industrie** *f* mijnindustrie; ~-

union *f* Europese Gemeenschap voor Kolen en Staal (*Abk.* E.G. K.S.).

Mon't|eur [-'tø:ʁ] *m* (*-s*; *-e*) monteur; **2ieren** (-) monteren; **~ur** *f* (*Arbeitsanzug*) (werk)kledij.

Monu'men|t *n* (*-ℯs*; *-e*) (het) monument; **2'tal** monumentaal.

Moor *n* (*-ℯs*; *-e*) (het) veen; **~bad** *n* (het) modderbad; **~boden** *m* veengrond; **2ig** veenachtig, moerassig; **~land** *n* (*-ℯs*; *0*) (het) veen-, moerasland.

Moos *n* **1.** (*-es*; *-e*) (het) mos; **2.** (*-es*; *0*) F poen, duiten *pl.*; **2ig** mosachtig, met mos begroeid.

Moped [-pɛt] *n* (*-s*; *-s*) bromfiets, brommer.

Mops *m* (*-es*; *⸚e*) mopshond.

mopsen (*-t*) F gappen.

Mo'ral *f* (*0*) moraal; (*Selbstvertrauen, a. mil.*) (het) moreel; **2isch** moreel, zedelijk; **2i'sieren** (-) moraliseren; **~ist** [-'lɪst] *m* (*-en*) moralist; **~predigt** *f* zedenpreek.

Mo'räne *f* morene.

Mo'rast *m* (*-ℯs*; *-e*) (het) moeras; **2ig** moerassig.

Mora'torium [-ʀĭʊm] *n* (*-s*; *Moratorien*) (het) moratorium.

Morchel *f* (*-*; *-n*) morille.

Mord *m* (*-ℯs*; *-e*) moord; **~anschlag** *m* moordaanslag; **2en** (*-e-*) (ver-)moorden.

Mörder *m* moordenaar; **~grube** *f*: *aus s-m Herzen keine ~ machen* van zijn hart geen moordkuil maken; **~in** *f* moordenares; **2isch** moordend, moorddadig.

Mord|geschichte *f* moordgeschiedenis; *fig.* F (het) fantastisch verhaal; **~gier** *f* moordzucht, moordlust; **2gierig** moordzuchtig, bloeddorstig.

Mords|'durst *m* F geweldige dorst; **~ge'schrei** *n* F (het) gebrul; **~'hunger** *m* F razende honger; **~'kerl** *m* F reuzekerel; **~'krach** *m* F reuzeherrie.

Mord|tat *f* moord; **~versuch** *m* poging tot moord; **~waffe** *f* (het) moordwapen.

morgen morgen; *~ abend (früh)* morgenavond (morgenvroeg).

Morgen *m* morgen, ochtend; (*Osten*) (het) oosten; (*Feldmaß*) morgen; *guten ~!* goede morgen!; *gegen ~* tegen de morgen.

Morgen|- *in Zssgn mst.* morgen-, ochtend-, *z.B.* **~andacht** *f* (het) morgengebed; **~ausgabe** *f* ochtendeditie; **~dämmerung** *f* morgenschemering; **2d·lich** (*0*) morgen-, ochtend-, van de morgen; **~gabe** morgengave; **~gebet** *n* (het) ochtendgebed; **~grauen** *n* (*-s*; *0*) ochtendschemering, (het) krieken van de dag; **~gymnastik** *f* ochtendgymnastiek; **~land** *n* (*-ℯs*; *0*) (het) morgenland; **~luft** *f* ochtendlucht; **~post** *f* ochtendbestelling (van de post); **~rock** *m* peignoir, ochtendjas; **~rot** *n* (het) morgenrood; **2s** 's morgens; **~sonne** *f* morgen-, ochtendzon; **~stunde** *f* (het) ochtenduur; *~ hat Gold im Mund* morgenstond heeft goud in de mond; **~zeitung** *f* (het) ochtendblad.

morgig (*0*) van morgen; *der ~e T*[ag] de dag van morgen.

Mor'phin *n* (*-s*; *0*), **Morphiu**[m] [-fĭʊm] *n* (*-s*; *0*) morfine; **~sprit**[ze] *f* morfinespuit.

Morpholo'gie *f* (*0*) morfologie.

morsch (*-est*) bouwvallig, gamme[l]; *Holz*: vermolmd; *Pers.*: gebrekki[g], broos; **2heit** *f* (*0*) bouwvalligheid, vermolmdheid; gebrekkigheid.

Mörser *m mil.* mortier.

Morsezeichen *n* (het) morseteke[n].

Mörtel *m* mortel.

Mosaik [-zaˑ'i:k] *n* (*-s*; *-e*) (het) mozaïek.

Mo'schee [ɔ] *f* moskee.

Moschus *m* (*-*; *0*) muskus.

Mosel *f*: *die ~* de Moezel.

Moskau *n* Moskou *n.*

Mos'kito *m* (*-s*; *-s*) muskiet; **~ne**[tz] *n* (het) muskietennet.

Mosko'witer *m* Moskoviet.

Moslem [ɛ] *m* (*-s*; *-s*) moslem.

Most *m* (*-ℯs*; *-e*) most.

Mostrich [-st-] *m* (*-ℯs*; *0*) moste[rd].

Mo'tel [ɛ] *n* (*-s*; *-s*) (het) motel.

Mo'tette *f* motet.

Mo'ti|v *n* (*-s*; *-e*) (het) moti[ef]; **2'vieren** (-) motiveren.

Motor ['mo:tɔʁ] *od.* [-'to:ʁ] *m* (*-s*; *-en* [-'to:-]) motor (*a. fig.*).

Motor|- *in Zssgn mst.* motor-, *z.*[B.] **~boot** *n* motorboot; **~en·b**[au] [-'to:-] *m* (*-ℯs*; *0*) motorconstruc[tie]; **~fahrzeug** *n* (het) motorvoertu[ig]; **~gehäuse** *n* (het) carter; **~haub**[e] *f* motorkap; **~ik** [-'to:-] *f* (*0*) mo[toriek]

riek; **~i'sierung** *f* motorisering; **~öl** *n* motorolie; **~panne** *f* motorpanne; **~rad** *n* motor(fiets); **~radfahrer** *m* motorrijder; **~roller** *m* scooter; **~säge** *f* motorzaag; **~schaden** *m* (het) motordefect; **~schiff** *n* (het) motorschip; **~sport** *m* motorsport.

Motte *f* mot; **~n·kugeln** *f/pl.* motteballen *pl.*

Motto *n* (*-s*; *-s*) (het) motto.

moussieren [mu'ˈsi:-] (-) mousseren, schuimen.

Möwe *f* meeuw.

Mücke *f* mug.

mucken zich verroeren; (*murren, schmollen*) mokken, brommen.

Mückenstich *m* muggebeet.

Mucks *m* (*-es*; *-e*) kik; *keinen ~ von sich geben* geen kik geven; **2en** (*-t*): *sich nicht ~* geen kik geven; **~er** *m* = *Mucks*; **2mäus·chen'still** (*0*) F muisstil.

müd|e moe, vermoeid; e-r S. (*G*) *~ sein* iets moe zijn; **2ig·keit** *f* (*0*) moeheid, vermoeidheid.

Muff *m* **1.** (*-es*; *-e*) (*Pelz2*) mof; **2.** (*-es*; *0*) (*Schimmel*) schimmel; (*Geruch*) muffe lucht.

Muffel 1. *m* brompot; **2.** *f* (*-*; *-n*) moffel, smeltkroes; **2n** (*-le*) **1.** brommen, mopperen; (*kauen*) langzaam kauwen; **2.** (*riechen*) muf ruiken.

muffig muf, duf; (*mürrisch*) knorrig, brommerig.

Mühe [ˈmy:ə] *f* moeite, last; *sich ~ geben* moeite doen; *nicht die ~ lohnen* de moeite niet waard zijn; *mit ~ und Not* met veel moeite; **2los** (*-est*) zonder (enige) moeite, gemakkelijk; **~losigkeit** *f* (*0*) (het) gemak.

muhen loeien.

mühe|n: *sich ~* zich inspannen; **~voll** lastig, moeilijk; **2waltung** *f* moeite.

Mühl|bach *m* molenbeek; **~e** *f* molen; (*Spiel*) (het) molenspel; *das ist Wasser auf seine ~* dat is koren op zijn molen; **~rad** *n* (het) molenrad; **~stein** *m* molensteen.

Müh|sal *f* (*-*; *-e*) moeite, last; (*Kummer*) (het) verdriet; **2sam, 2selig** moeizaam, lastig.

Mu'latt|e *m* (*-n*) mulat; **~in** *f* mulattin.

Mulde *f* bak, trog; (*Tal*) (dal)kom.

Mull *m* (*-es*; *-e*) (het) neteldoek; (*Verband2*) (het) verbandgaas.

Müll *m* (*-s*; *0*) afval (*a.* het), (het) huisvuil; **~abfuhr** *f* reinigingsdienst, vuilophaaldienst.

Mullbinde *f* zwachtel.

Müll·eimer *m* vuilnisemmer.

Müller *m* molenaar; **~in** *f* molenaarsvrouw; (*Tochter*) molenaarsdochter.

Müll|grube *f* vuilnishoop; **~kutscher** *m* vuilnisman; **~platz** *m* stortplaats, vuilnisbelt; **~schlucker** *m* (vuil)stortkoker; **~tonne** *f* vuilnisbak; **~wagen** *m* vuilniskar.

Mulm *m* (*-es*; *0*) molm (*a.* het), (het) stof; **2ig** vermolmd; *fig.* bedenkelijk, hachelijk.

multi|- *in Zssgn* multi-, *z.B.* **~late'ral** (*0*) multilateraal; **2millionär** *m* multimiljonair.

Multipli|'kand *m* (*-en*) (het) vermenigvuldigtal; **~kation** [-ˈtsĭo:n] *f* vermenigvuldiging; **~'kator** *m* (*-s*; *-en* [-ˈto:-]) vermenigvuldiger, multiplicator; **2'zieren** (-) vermenigvuldigen.

Mum|ie [-mĭə] *f* mummie; **2ifi'zieren** (-) mummificeren.

Mumm *m* (*-s*; *0*) F fut.

Mummenschanz *m* (*-es*; *0*) maskerade.

Mumpitz *m* (*-es*; *0*) F onzin.

Mumps *m* (*-*; *0*) bof.

Mund *m* (*-es*; *=er*) mond; *nicht auf den ~ gefallen sein* niet op zijn mondje gevallen zijn; *den ~ halten* zijn mond houden; **~art** *f* (het) dialect, streektaal, tongval.

Mund·art|- *in Zssgn mst.* dialect-, *z.B.* **~dichtung** *f* dialectliteratuur; **~forschung** *f* (het) dialectonderzoek; **2lich** dialectisch.

Mündchen *n* (het) mondje.

Mündel *n* pupil; **~gelder** *n/pl.* (het) pupillengeld; **2sicher** zeer solide.

munden (*-e-*) smaken.

münden (*-e-*) uitmonden (*a. Fluß*), uitlopen; *Straße*: uitkomen.

mund|faul weinig spraakzaam; **2fäule** *f* mondslijmvliesontsteking; **~gerecht** smakelijk (*a. fig.*); **2geruch** *m* ruikende adem; **2harmonika** *f* mondharmonika; **2höhle** *f* mondholte.

mündig mondig, meerderjarig; **2keit** *f* (*0*) mondigheid, meerder-

jarigheid; **~sprechen** meerderjarig verklaren.
mündlich (*0*) mondeling.
Mund|stück *n* (het) mondstuk; **♀tot:** *j-n ~ machen* iem. de mond snoeren; **~tuch** *n* (het) servet.
Mündung *f* monding.
Mund|voll *m* (-; -) mondvol; **~vorrat** *m* mondvoorraad; **~wasser** *n* (het) mondwater; **~werk** *n* mond; *ein gutes* (*od. flinkes*) *~ haben* goed kunnen praten.
Munition [-ˈtsǐo:n] *f* (*0*) munitie.
Munitions|- *in Zssgn* munitie-, *z.B.* **~fabrik** *f* munitiefabriek.
munkeln [-ŋk-] (*-le*) fluisteren, mompelen.
Münster *n* dom(kerk).
munter (*heiter*) vrolijk, opgewekt, opgeruimd; (*wach*) wakker; (*frisch*) opgeknapt; **♀keit** *f* (*0*) vrolijkheid, opgewektheid, opgeruimdheid.
Münz|e *f* munt; *für bare ~ nehmen* voor goede munt aannemen; **~einheit** *f* munteenheid; **♀en** (*-t*) munten (*a. fig.*), geld slaan; **~ensammler** *m* muntverzamelaar; **~fälscher** *m* valsemunter; **~fälschung** *f* valsemunterij; **~fernsprecher** *m* telefoonautomaat; **~kabinett** *n* (het) muntenkabinet; **~kunde** *f* penningkunde; **~recht** *n* (het) muntrecht; **~sammlung** *f* muntenverzameling; **~stätte** *f* munt; **~wesen** *n* (*-s; 0*) (het) muntwezen.
Muˈräne *f* murene.
mürb|e *Holz*: vermolmd; *Fleisch*: mals; *Gebäck*: bros; *fig.* murw; **♀heit** *f* (*0*) vermolmdheid; malsheid; brosheid; murwheid.
murksen (*-t*) knoeien, prutsen.
Murmel *f* (-; *-n*) knikker; **♀n** (*-le*) mompelen; *Bach*: murmelen; **~tier** *n* marmot.
murren morren, mopperen, tegensputteren.
mürrisch nors, knorrig, kribbig.
Mus *n* (*-es; -e*) (het) moes.
Muschel *f* (-; *-n*) mossel; (*Schale u. Ohr♀*) schelp; *Tel.* hoorn; **~bank** *f* (-; *⸚e*) mosselbank; **♀förmig** schelpvormig; **~vergiftung** *f* mosselvergiftiging.
Muse *f* muze.
Muselman *m* (*-en*) muzelman.
Museum [-ˈze:um] *n* (*-s; Museen*) (het) museum.

Musical [ˈmǐu:ziˑkəl] *n* (*-s; -s*) musical.
Muˈsik *f* (*0*) muziek; *heiße ~* pop muziek.
Muˈsik|- *in Zssgn mst.* muziek-.
Musiˈk|alien [-lǐən] *pl.* muzie (-stukken *n/pl.*); **♀alisch** muzikaal **~ant** *m* (*-en*) muzikant.
Muˈsik|automat *m* muziekauto maat; **~box** *f* jukebox; **~drama** (het) muziekdrama; **~er** [ˈmu:-] musicus; **~geschichte** *f* muziekge schiedenis; **~instrument** *n* (het muziekinstrument; **~korps** *n* (het muziekcorps; **~lehrer** *m* muziekle raar; **~schule** *f* muziekschool **~stunde** *f* muziekles; **~theorie** muziektheorie; **~unterricht** (het) muziekonderwijs.
musi|sch kunstzinnig, artistiek **~ˈzieren** (-) musiceren.
Musˈkat|blüte *f* foelie; **~elle** [-ɑˑˈt-] *m* muskaatwijn; **~nuß** nootmuskaat.
Muskel *m* (*-s; -n*) spier.
Muskel|- *in Zssgn mst.* spier-, *z.B.* **~bündel** *n* spierbundel; **♀ig** g spierd; **~kater** *m* spierpijn; **~kra** *f* spierkracht; **~krampf** *m* spie kramp; **~zerrung** *f* spierverrek king.
Musˈket|e *f* (het) musket; **~ie** [-kəˈt-] *m* (*-s; -e*) musketier.
Musku|laˈtur *f* (*0*) (het) spierste sel; **♀ˈlös** (*-est*) gespierd.
Muß *n* (-; *0*) dwang, must.
Muße [u:] *f* vrije tijd; *mit ~* op zi gemak.
Musseˈlin [ə] *m* (*-s; -e*) mousseli (*a.* het).
müssen (*L*) moeten; *ich habe lach ~* ik heb moeten lachen; *ich m mal* P ik moet even weg.
Mußestunde *f* (het) vrij uur.
müßig werkeloos, vrij; (*unnüt* nutteloos, overbodig; *~ gehen* nie doen; **♀gang** *m* (*-es; 0*) (het) nie doen; *pej.* leegloperij.
Muster *n* (het) monster, (het) sta (*Vorbild*) (het) voorbeeld, (h model; (*Zeichnung*) (het) patroo (het) dessin; *~ ohne Wert* mons zonder waarde; **~beispiel** *n* (h typisch voorbeeld; **~betrieb** (het) modelbedrijf; **~bild** *n* (h toonbeeld; **♀gültig** voorbeeldi **~gültigkeit** *f* (*0*) voorbeeldighe **♀haft** (*-est*) voorbeeldig; **~knabe**

modeljongen; **2n** (-*re*) monsteren (*a. mar.*); *mil.* keuren; *Truppen* inspecteren; *Textilien, Tapete* van een patroon (*od.* dessin) voorzien; **~rolle** *f* monsterrol; **~sammlung** *f* monster-, stalencollectie; **~schüler** *m* modelleerling; **~sendung** *f* zending monsters (*od.* stalen); **~ung** *f* *mil.* keuring; (*Truppen2*) inspectie; (*Art*) (het) dessin, (het) patroon; **~zeichner** *m* patroontekenaar.

Mut *m* (-*es*; *0*) moed; *j-m ~ machen* iem. moed geven; *guten ~es* welgemoed.

Mütchen [y:] *n*: *sein ~ kühlen an* (*D*) zijn woede koelen op.

mut|ig moedig, dapper; **~los** (-*est*) moedeloos; **2losigkeit** *f* (*0*) moedeloosheid.

mutmaß|en (-*t*) vermoeden, gissen; **~lich** (*0*) vermoedelijk; **2ung** *f* (het) vermoeden, gissing.

Mutter *f* (-; ⸚) moeder; (*pl.* -*n*) (*Schrauben2*) moer.

Mutter|-, Mütter|- *in Zssgn mst.* moeder-.

Mütterberatungsstelle *f* (het) consultatiebureau (voor zuigelingen).

Mutterboden *m* teelaarde.

Mütterchen *n* (het) moedertje.

Mutter|freuden *f/pl.*: *~ entgegensehen* in (blijde) verwachting zijn; **~gottes** *f* (*0*) Moeder van God; **~haus** *n* (het) moederhuis; **~korn** *n* (het) moederkoren; **~kuchen** *m* nageboorte; **~land** *n* (het) moederland; **~leib** *m* moederschoot.

mütterlich moederlijk; **~er·seits** van moeders kant.

Mutter|liebe *f* moederliefde; **2los** (*0*) moederloos; **~mal** *n* (-*s*; -*e*) moedervlek; **~milch** *f* moedermelk; **~schaft** *f* (*0*) (het) moederschap; **~schutz** *m* moederschapszorg; **~schwein** *n* zeug; **2seelen·allein** moederzielalleen; **~söhnchen** *n* (het) moederskindje; **~sprache** *f* moedertaal; **~tag** *m* moederdag; **~witz** *m* (-*es*; *0*) aangeboren geestigheid; (*Schläue*) (het) gezond verstand.

Mutti *f* (-; -*s*) mama, (het) moesje.

Mutwill|e *m* opzet; *pej.* moedwil; **2ig** moedwillig, opzettelijk.

Mütz|chen *n* (het) mutsje; **~e** *f* muts; (*mit Schirm*) pet; (*Kappe*) kap.

Myriade [-ˈʀĭɑ:-] *f* myriade.

Myrrhe [ˈmyʀə] *f* mirre.

Myrte *f* mirte; **~n·kranz** *m* mirtekrans.

myst|eriös [mysteˈˈʀĭø:s] (-*est*) mysterieus; **2erium** [-ˈte:ʀĭʊm] *n* (-*s*; *Mysterien*) (het) mysterie; **2ifikation** [-ˈtsĭo:n] *f* mystificatie; **~ifiˈzieren** (-) mystificeren; **2ik** *f* (*0*) mystiek; **~isch** mystiek.

Myth|e *f* mythe; **2isch** mythisch; **~oloˈgie** *f* mythologie; **2oˈlogisch** mythologisch; **~os** [ˈmy:tɔs] *m* (-; *Mythen*) mythe.

N

N, n *n* N, n.
na! nou!; ~ *also!* nou dan!, zie je wel!; ~ *sowas!* nee maar!
Nabe *f* naaf.
Nabel *m* navel (*a. fig.*); **~bruch** *m* navelbreuk; **~schnur** *f*, **~strang** *m* navelstreng.
nach [aː] **1.** *Präp.* (*D*) (*zeitlich*) na; (*Richtung*) naar; (*zufolge, gemäß*) volgens, naar; (ein) *Viertel* (*zwanzig*) ~ *vier* (*drei*) kwart (twintig) over vier (drie); **2.** *Adv.*: *mir* ~! volg mij!; ~ *und* ~ langzamerhand, stilaan; ~ *wie vor* nog altijd, nog steeds.
nach|- *in Zssgn mst.* na-, *z.B.* **~äffen** naäpen, nadoen.
nach·ahm|en nabootsen; **~enswert** navolgenswaardig; **2er** *m* nabootser, navolger; **2ung** *f* nabootsing, navolging.
nach·arbeiten namaken; (*einholen*) inhalen.
Nachbar *m* (*-s od. -n; -n*) buur (-man); **~dorf** *n* (het) naburig dorp; **~haus** *n* (het) huis ernaast (*od.* hiernaast); **~in** *f* buurvrouw; **~land** *n* (het) buurland; **2lich** (*0*) tussen (*od.* als) buren; **~schaft** *f* buurt; (*Verhältnis*) buurschap; **~s·kinder** *n/pl.* kinderen *n/pl.* van de buren.
Nach|behandlung *f* nabehandeling; **2berechnen** achteraf in rekening brengen; **~bereitung** *f* nabereiding; **2bessern** verbeteren, bijwerken.
nachbestell|en bij-, nabestellen; **2ung** *f* bij-, nabestelling.
nachbet|en F nazeggen, napraten; **2er** *m* F naprater.
nachbezahlen = *nachzahlen.*
nachbild|en namaken, nabootsen, kopiëren; **2ung** *f* namaak, kopie.
nach|bleiben achterblijven; (*nachsitzen*) schoolblijven; **~blicken** (*D*) nakijken; **~bohren** naboren; *fig.* F dieper ingaan op; **~bringen** nabrengen; **~datieren** postdateren.
nachdem nadat; *je* ~ al naar(gelang).
nachdenk|en (*über A*) nadenken (over); **~lich** ernstig, nadenkend.
nachdrängen *v/i* opdringen.
Nachdruck *m* nadruk (*a. Typ.*); **2en** nadrukken.
nachdrücklich nadrukkelijk, met klem.
nach·eifer|n (*D*) ijverig (na)volgen; **2ung** *f* (*0*) navolging.
nach|eilen (*D*) achternarennen; **~ei'nander** (*zeitlich*) na elkaar, achtereen; (*Richtung*) naar elkaar; **~empfinden** meevoelen; *j-m etw.* navoelen.
Nachen *m* (het) bootje.
Nach|ernte *f* naoogst; **2erzähler** navertellen.
Nachfahre *m* (*-n*) nakomeling, nazaat.
nach|fahren (*D*) volgen, (achter-) narijden; **2feier** *f* (het) nafeest.
Nachfolge *f* navolging; (*Übernahme*) opvolging; **2n** (*D*) (na)volgen; (*im Amt*) opvolgen; **~r(in** *f*) navolger *m*, navolgster *f*; opvolger *m*, opvolgster *f*.
nachforder|n navorderen; **2ung** navordering.
nachforsch|en navorsen, onderzoeken; **2ung** *f* navorsing, (het) onderzoek.
Nachfrage *f* navraag; *Hdl.* vraag; **2n** navraag doen, vragen.
nachfühlen = *nachempfinden.*
nachfüll|en bijvullen; **2ung** *f* bijvulling.
nach|geben (*nicht standhalten*) meegeven; (*zustimmen*) toegeven; *Kurs* dalen; **~geboren** veel later geboren; (*nach dem Tod des Vaters*) nageboren; **2gebühr** *f* strafport (*a.* het); **2geburt** *f* nageboorte; **~gehen** *Uhr*: achterlopen; (*D*) volgen, nagaan; (*untersuchen*) nagaan, onderzoeken; *Arbeit* doen, verrichten; **~ge'rade** langzamerhand, allengs; (*geradezu*) gewoonweg; **2geschmack** *m* (*-es; 0*) nasmaak.
nachgiebig toegeeflijk, meegaand, inschikkelijk; *Boden*: week; **2keit** (*0*) toegevendheid, inschikkelijkheid.
nach|gießen bijgieten; *Getränk*

bijschenken; **~grübeln** nadenken; **~gucken** nakijken.

Nachhall *m* nagalm, weerklank; **2en** nagalmen.

nach|haltig blijvend, duurzaam; **~hängen** (*D*) (*nachtrauern*) treuren om; *Gedanken* de vrije loop laten; **2'hauseweg** *m*: *auf dem* ~ op weg naar huis; **~helfen** (*D*) behulpzaam zijn, een handje helpen.

nach'her later, naderhand; *bis* ~! tot straks!

Nachhilfe *f* hulp; **~stunde** *f* bijles; **~unterricht** *m* bijlessen *pl.*

nachhinein: *im* ~ achteraf.

nach|hinken achter ... aanhinken, achteraankomen (*a. fig.*); **~holen** *Versäumtes* inhalen, bijwerken, alsnog doen; **2hut** *f* achterhoede; **~impfen** nog eens inenten; **~jagen** (*sn*) (*D*) najagen (*a. fig.*); **2klang** *m* naklank, nagalm; **~klingen** naklinken.

Nachkomme *m* (*-n*) nakomeling, afstammeling; **2n** (*D*) nakomen (*a. Verpflichtung*); *Befehl* opvolgen; (*Schritt halten*) bijhouden; **~nschaft** *f* (*0*) nakomelingschap, (het) nageslacht.

Nach|kömmling *m* (*-s*; *-e*) (*Kind*) (het) nakomertje; **~kriegszeit** *f* naoorlogse jaren *n/pl.*; **~kur** *f* nakuur; **~laß** *m* (*-sses*; *"sse*) *Hdl.* reductie, vermindering; (*Erbschaft*) nalatenschap, erfenis; **2lassen 1.** *v/t* (*lockern*) losser maken; *Schulden, Strafe* gedeeltelijk kwijtschelden; *zwei Mark* als reductie geven; *vom Preis* laten vallen; (*hinterlassen*) na-, achterlaten; **2.** *v/i* (*geringer od. schlechter werden*) afnemen, verminderen; *Kraft, Eifer bsd.* verslappen; *Regen*: minder worden; **~lassenschaft** *f* nalatenschap.

nachlässig nonchalant, slordig, nalatig; (*gleichgültig*) nonchalant, onverschillig; **2keit** *f* nonchalance, slordigheid; onverschilligheid.

nach|laufen (*D*) nalopen; **2läufer** *m* naloper; (*Billard*) doorstoot; **~legen** erbij leggen.

Nachlese *f* naoogst; *fig.* nalezing; **2n** na-, overlezen; (*ernten*) naoogst houden.

nachliefer|n naleveren; **2ung** *f* nalevering.

nach|lösen *Fahrkarte* een kaartje in de trein nemen; (*hinzuzahlen*) bijbetalen; **~machen** namaken (*a. fälschen*); (*ein Verhalten nachahmen, z.B. Stimme, Mode*) nadoen; **~messen** na-, overmeten.

Nachmittag *m* (na)middag; *am* ~, **2s** 's (na)middags.

Nachmittags|kleid *n* middagjapon; **~vorstellung** *f* middagvoorstelling.

Nachnahme *f* (het) rembours; *gegen* ~ onder rembours; **~gebühr** *f* rembourskosten *pl.*; **~sendung** *f* rembourszending.

Nach|name *m* familie-, achternaam; **2plappern** napraten; **~porto** *n* strafport (*a.* het); **2prägen** naslaan; (*fälschen*) namaken.

nachprüf|en nazien, controleren; **2ung** *f* controle.

nachrechnen narekenen.

Nachrede *f* narede, (het) slotwoord; *üble* ~ achterklap, lasterpraatjes *n/pl.*; **2n** napraten, nazeggen; *j-m Böses* (*od. Übles*) ~ kwaadspreken van iem.

nach|reifen narijpen; **~reisen** (*sn*) (*D*) nareizen; **~rennen** (*sn*) (*D*) narennen.

Nachricht *f* (het) bericht, tijding, (het) nieuws; **~en** *pl.* (het) nieuws, nieuwsberichten *n/pl.*

Nachrichten|agentur *f* (het) nieuwsagentschap; **~dienst** *m Rf.* radio-nieuwsdienst; *mil.* inlichtingendienst; **~satellit** *m* communicatiesatelliet; **~sendung** *f* nieuwsuitzending; (*Fernsehen*) (het) journaal; **~technik** *f* communicatietechniek; **~wesen** *n* (*-s*; *0*) (het) nieuwswezen.

nachrücken opschuiven; *dem Feind* nazetten, volgen.

Nachruf *m* herdenkingsrede; (*schriftlich*) (het) in memoriam; **2en** (*D*) naroepen.

Nach|ruhm *m* blijvende roem; **2rühmen** (met eer) nageven; **2sagen** nazeggen; *j-m etw.* ~ iets over iem. vertellen, iem. iets nageven; *man sagt ihm nach* men vertelt van hem; **~saison** *f* (het) naseizoen; **~satz** *m* nazin; **2schauen** = *nachsehen*; **2schicken** nasturen.

Nachschlag *m* naslag; (*Essen*) extra-portie; **2en** *v/t* naslaan, opzoeken; *v/i* (*sn*) (*D*) aarden naar; **~e·werk** *n* (het) naslagwerk.

nach|schleichen (*D*) nasluipen; **⁀schlüssel** *m* valse sleutel; **~schmeißen** nagooien; **~schreiben** overschrijven; (*Diktat*) opschrijven; **~schreien** naschreeuwen; **⁀schrift** *f* (het) naschrift, (het) postscriptum; (*Diktat*) (het) dictaat; **⁀schub** *m* bevoorrading; **⁀schußpflicht** *f* verplichting tot bijstorting; **~schütten** bijstorten; *Getränke* bijschenken; **~sehen** *etw.* (*A*), *j-m* nakijken; *j-m etw. ~* iets van iem. door de vingers zien; **⁀sehen** *n*: *das ~ haben* er naar kunnen fluiten.

nachsend|en nazenden, nasturen; **⁀ung** *f* nazending.

nachsetzen (*D*) nazetten, achtervolgen.

Nachsicht *f* (*0*) toegeeflijkheid, toegevendheid, inschikkelijkheid, welwillendheid; **⁀ig** toegevend, inschikkelijk.

Nach|silbe *f* (het) achtervoegsel; **⁀sitzen** na-, schoolblijven; **~sommer** *m* nazomer; **~spiel** *n* (het) naspel; (*Folgen*) nasleep; **⁀sprechen** nazeggen; **⁀spülen** naspoelen; **⁀spüren** (*D*) naspeuren.

nächst [ɛ:] *Präp.* (*D*) na; (*neben*) naast; **~beste(r)** de (*od.* het) eerste de (*od.* het) beste; **~e(r, -s)** volgend, aanstaand; (*räumlich*) dichtstbijzijnd; *Verwandte*: naast; *nächste Woche* volgende week; *in den nächsten Tagen* eerstdaags; *am nächsten* het dichtst bij; *der nächste, bitte!* de volgende alstublieft!; *s. a. nahe*; **⁀e(r)** naaste.

nachstehen achterstaan, volgen; *j-m nicht ~ an* (*D*) niet voor iem. onderdoen in; **~d** volgend, onderstaand.

nachstell|en *Uhr* terugzetten; *Schraube* bijstellen; (*D*) achternazitten; **⁀ung** *f* (het) terugzetten; bijstelling; vervolging.

Nächsten|liebe *f* naastenliefde; **⁀s** binnenkort, weldra.

nächst|folgend eerstvolgend; **~höhere(r)** daarop volgend (in stijgende lijn); **~liegend** dichtstbijliggend; (*einfachst*) het meest voor de hand liggend.

nach|streben (*D*) nastreven; **~stürzen** *v/i* (later) instorten; *j-m* achternaspringen; **~suchen** nazoeken, naslaan; *~ um* (*A*) verzoeken om, aanvragen.

Nacht *f* (-; *ⁿe*) nacht; *gute ~!* wel te rusten!, goede nacht!; *bei ~* 's nachts; *über ~ fig.* onverwachts, van de ene dag op de andere; *über ~ bleiben* overnachten.

Nacht|- *in Zssgn mst.* nacht-, *z.B.* **~arbeit** *f* (het) nachtwerk; **~asyl** *n* (het) nachtasiel; **⁀blind** nachtblind; **~dienst** *m* (*-es*; *0*) nachtdienst.

Nach·teil *m* (het) nadeel; *j-m gegenüber im ~ sein* tegenover iem. in het nadeel zijn; **⁀ig** nadelig.

nächtelang (*0*) nachtenlang.

Nacht|essen *n* (het) avondeten; **~eule** *f* nachtuil; **~falter** *m* nachtvlinder; **~flug** *m* nachtvlucht; **~frost** *m* nachtvorst; **~geschirr** *n* kamer-, waterpot; **~gewand** *n* (het) nachtgewaad; **~hemd** *n* (het) nachthemd, nachtjapon.

Nachtigall *f* nachtegaal.

nächtigen overnachten.

Nach·tisch *m* (*-es*; *0*) (het) nagerecht, (het) dessert, F (het) toetje.

Nacht|lager *n* (het) nachtverblijf, slaapplaats; **~leben** *n* (het) nachtleven.

nächtlich (*0*) nachtelijk.

Nacht|lokal *n* nachtclub, bar; **~mahl** *n* (het) avondmaal; **~portier** *m* nachtportier; **~quartier** *n* (het) nachtkwartier.

Nach·trag *m* (*-es*; *ⁿe*) aanvulling, (het) toevoegsel, (het) aanhangsel; **⁀en** nadragen; (*hinzufügen*) later bijvoegen; *j-m etw. ~* jegens iem. wrok koesteren over iets, iem. iets blijven kwalijk nemen; **⁀end** haatdragend; mokkend.

nach·träglich (*0*) later bijgevoegd; *Adv.* achteraf, alsnog.

Nacht·ruhe *f* nachtrust.

Nach·trupp *m* achterhoede.

nacht|s 's nachts; **⁀schatten** *m Bot.* nachtschade; **⁀schicht** *f* nachtploeg; **⁀schwärmer** *m* nachtbraker; **⁀strom** *m* (*-es*; *0*) nachtstroom; **~s·über** 's nachts; **⁀tarif** *m* (het) nachttarief; **⁀tier** *n* (het) nachtdier; **⁀tisch** *m* (het) nachttafeltje; **⁀topf** *m* kamer-, waterpot.

nach·tun (*D*) nadoen.

Nacht|vögel *m/pl.* nachtvogels *pl.*; **~wache** *f* nachtwacht; (*Krankenhaus⁀*) nachtdienst; **~wächter** *m* nachtwacht, nachtwaker.

nacht·wand|eln slaapwandelen

2**erung** *f* nachttocht; 2**ler** *m* slaapwandelaar. [trein.}
Nacht|zeit *f* nacht; **~zug** *m* nacht-}
nach|verlangen navragen, alsnog eisen; **~wachsen** bij-, nagroeien; 2**wahl** *f* tussentijdse (*od.* aanvullende) verkiezing; 2**wehen** *f/pl.* naweeën *pl.* (*a. fig.*); **~weinen** (*D*) treuren om; *j-m keine Träne ~* geen traan om iem. laten.
Nachweis *m* (*-es; -e*) (het) bewijs; *den ~ liefern* het bewijs leveren, kunnen aantonen; 2**bar** (*0*) te bewijzen, bewijsbaar; 2**en** bewijzen, aantonen; (*angeben*) aanwijzen; (*vermitteln*) bezorgen; 2**lich** (*0*) be-, aanwijsbaar.
Nach|welt *f* (*0*) (het) nageslacht; 2**werfen** nawerpen, nagooien; 2**wiegen** nawegen.
nachwirk|en na-, doorwerken; 2**ung** *f* nawerking.
Nachwort *n* (*-es; -e*) (het) nawoord, narede.
Nachwuchs *m fig.* (het) aankomend geslacht, jongeren *pl.*; (*Lernende*) aankomende krachten *pl.*; (*Kinder*) kinderen *n/pl.*; **~kraft** *f* aankomende kracht.
nach|zahlen bijbetalen; **~zählen** natellen; 2**zahlung** *f* bij-, nabetaling; **~zeichnen** natekenen; **~ziehen** *v/t* naslepen; *Schraube* aandraaien; *Linien* natekenen, overtrekken; *v/i* (*D*) volgen, natrekken; 2**zucht** *f* (*0*) nateelt; 2**zügler** *m* achterblijver; (*später Geborener*) nakomer.
Nackedei *m* (*-es; -e od. -s*) F (het) naakt kindje; (*Erwachsener*) blote.
Nacken *m* nek.
nackend = *nackt.*
Nackenschlag *m* nekslag.
nackt (*-est*) naakt, bloot; 2**badestrand** *m* (het) naaktstrand; 2**heit** *f* (*0*) naaktheid; 2**kultur** *f* (*0*) naaktcultuur.
Nadel *f* (*-; -n*) naald; (*Steck*2) speld.
Nadel|- *in Zssgn mst.* naald-, *z.B.* **~arbeit** *f* (het) naaldwerk; **~baum** *m* naaldboom; **~brief** *m* brief spelden; 2**förmig** naaldvormig; **~kissen** *n* (het) speldenkussen; 2**n** (*-le*) zijn naalden *pl.* verliezen; **~öhr** *n* (het) oog van de naald (*a. fig.*); **~stich** *m* speldeprik (*a. fig.*); (*Nähstich*) naaldsteek; **~wald** *m* (het) naaldbos.
Nagel *m* (*-s;* ¨) nagel (*a. Finger*2); (*zum Einschlagen bsd.*) spijker.
Nagel|- *in Zssgn mst.* nagel-, *z.B.* **~bürste** *f* nagelborstel; **~feile** *f* nagelvijl; **~festiger** *m* nagelversteviger; **~kopf** *m* spijkerkop; **~lack** *m* nagellak; **~lackentferner** *m* remover; 2**n** (*-le*) nagelen, spijkeren; 2**neu** (spik)splinternieuw, fonkelnieuw; **~schere** *f* nagelschaar; **~schuh** *m* spijkerschoen.
nage|n (*an D*) knagen (aan) (*a. fig.*); 2**r** *m*, 2**tier** *n* (het) knaagdier.
nah = *nahe.*
Näh·arbeit *f* (het) naaiwerk.
Nah·aufnahme *f* close-up.
nahe ['nɑːə] (¨*er; nächst*) **1.** *Adj.* nabij(gelegen), naburig; (*bevorstehend*) nabij; *Verwandte*: nauw, naast; *Adv.* dichtbij, nabij; *von nah und fern* van heinde en ver; *ganz ~* vlakbij; *~ an die Sechzig* tegen de; *s. a. näher u. nächste(r, -s)*; **2.** *Präp.* (*D*) (na-, dicht)bij; etw. (*D*) *~ sein Ohnmacht, Verzweiflung, ...* iets nabij zijn.
Nähe ['nɛːə] *f* (*0*) nabijheid; *in nächster ~* in de onmiddellijke nabijheid, vlakbij.
nahe|'bei dichtbij; **~bringen** bijbrengen, nader brengen tot; **~gehen** (*D*) na aan 't hart gaan; **~kommen** (*D*) *e-r S.* benaderen; *e-r Pers.* nader komen tot; **~legen** (dringend) aanraden, in overweging geven; **~liegen** voor de hand liggen; **~d** voor de hand liggend.
nahen (*sn*), *sich ~* (*D*) naderen.
nähen naaien.
näher nader; (*räumlich bsd.*) dichterbij; (*kürzer*) korter; 2e(s) nadere (*od.* verdere) bijzonderheden *pl.*; *s. a. nahe*; **~bringen** = *nahebringen.* [naaister.}
Nähe|'rei *f* (het) naaiwerk; **~rin** *f*}
näher|kommen = *nahekommen*; **~n** (*-re*) nader brengen; *sich ~* (*D*) naderen; **~treten** *j-m* benaderen, in contact komen met; *e-r S.* zich bezighouden met; 2**ung** *f Math.* benaderde waarde.
nahe|stehen (*D*) in nauwe betrekking staan met; **~treten** *j-m* benaderen, in contact komen met; **~'zu** nagenoeg, vrijwel.
Nähgarn *n* (het) naaigaren.
Nahkampf *m* (het) man-tegen--man-gevecht.

Näh|kasten *m* naaidoos; **~maschine** *f* naaimachine; **~nadel** *f* (naai)naald.
Nähr|boden *m* voedingbodem; **2en** voeden; *fig., z.B. Groll, Liebe, Verdacht* versterken.
nahrhaft (*-est*) voedzaam.
Nähr|kraft *f* voedingskracht; **~mittel** *n/pl.* voedingsmiddelen *n/pl.*; **~stoff** *m* voedingsstof.
Nahrung *f* (*0*) (het) voedsel (*a. fig.*), voeding (*a. Energie*); (*Unterhalt*) kost.
Nahrungs|- *in Zssgn mst.* voedings-; **~aufnahme** *f* (het) (tot zich nemen van) eten; **~mittel** *n/pl.* voedingsmiddelen *n/pl.*; **~mittelindustrie** *f* voedingsmiddelenindustrie; **~verweigerung** *f* weigering om te eten.
Nährwert *m* voedingswaarde.
Nahschnellverkehrszug *m* sprinter.
Näh|schule *f* naaischool; **~seide** *f* [naaizijde.]
Naht *f* (-; *"e*) naad; *Arch.* voeg; **2los** (*0*) naadloos; **~stelle** *f* naad.
Nahverkehr *m* (het) buurtverkeer.
Nähzeug *n* (het) naaigerei.
naiv [nɑˑ'iːf] naïef; **2i'tät** *f* (*0*) naïviteit.
Name *m* (*-ns*; *-n*) naam; *im ~n* (*G*) in naam van, namens; *dem ~n nach* (*offiziell*) officieel; *j-n kennen* van naam.
Namen|- *in Zssgn mst.* naam-, *z.B.* **~gebung** *f* naamgeving; **~kunde** *f* naamkunde; **2los** (*0*) naamloos; (*unsäglich*) nameloos, onuitsprekelijk; **~register** *n* (het) naamregister.
namens genaamd; *Präp.* (*G*) in naam van, namens.
Namens|aktie *f* (het) aandeel op naam; **~änderung** *f* naamsverandering; **~tag** *m* naamdag; **~vetter** *m* naamgenoot; **~zug** *m* handtekening; (het) monogram.
namentlich (*0*) met name, met de naam; (*besonders*) voornamelijk, vooral; *Abstimmung*: hoofdelijk.
Namenverzeichnis *n* naamlijst.
namhaft (*-est*) bekend, vermaard; (*beträchtlich*) aanzienlijk, belangrijk; *j-n ~ machen* iem. (met name) noemen.
nämlich (*0*) namelijk (*Abk.* n.l.); (*selbe*) zelfde.
na'nu! nou (nou)!, he!
Napalmbombe *f* napalmbom.
Napf *m* (*-es*; *"e*) (het) bakje, nap.
Näpfchen *n* (het) bakje, (het) napje.
Napfkuchen *m* tulband.
Naphtha ['naftɑˑ] *f* (*0*) *od. n* (*-s*; *0*) nafta; **~'lin** *n* (*-s*; *0*) (het) naftaleen.
Narb|e *f* (het) litteken; (*Leder2, Gras2*) nerf; **2en** *Fell* ontharen; **2ig** vol littekens; *Leder*: generfd, gegreineerd.
Nar'ko|se *f* narcose; **~tikum** *n* (*-s*; *Narkotika*) (het) narcoticum; **2ti'sieren** (-) narcotiseren.
Narr *m* (*-en*) gek, dwaas, nar; *zum ~en halten*, **2en** *j-n* voor de gek houden.
Narren|freiheit *f* (*0*) carnavaleske vrijheid; **~haus** *n* (het) gekkenhuis; **~kappe** *f* zotskap; **~posse** *f* zotternij, dwaasheid; **2sicher** F absoluut zeker (*od.* veilig).
Narr|e'tei *f*, **~heit** *f* dwaasheid, zotternij.
Närr|in *f* gekkin, zottin; **2isch** dol, zot, gek.
Nar'zisse *f* narcis.
na'sal nasaal; **2laut** *m* neusklank.
naschen snoepen.
Näs·chen *n* (het) neusje.
Nasch|er *m* snoeper; **~e'rei** *f* (het) gesnoep; (*Süßigkeit*) snoep, (het) snoepgoed; **~erin** *f* snoepster; **2haft** (*-est*) snoepachtig; **~sucht** *f* (*0*) snoeplust.
Nase *f* neus (*a. fig.*); *die ~ voll haben von* (*D*) F zijn buik vol hebben van; *an der ~ herumführen* bij de neus nemen; *die ~ stecken in* (*A*) zijn neus steken in; *j-m e-e lange ~ machen* een lange neus tegen iem. maken.
näseln (*-le*) door de neus spreken.
Nasen|- *in Zssgn mst.* neus-, *z.B.* **~bein** *n* (het) neusbeen; **~bluten** *n* (*-s*; *0*) neusbloeding, bloedneus; **~flügel** *m* neusvleugel; **~höhle** *f* neusholte; **2lang**: *alle ~* F om de haverklap; **~länge** *f* neuslengte; **~loch** *n* (het) neusgat; **~spitze** *f* punt van de neus; **~spray** *m* neusspray; **~tropfen** *m/pl.* neusdruppels *pl.*
naseweis **1.** (*0*) eigenwijs; wijsneuzig; **2.** 2 *m* (*-es*; *-e*) wijsneus.
nas|führen bij de neus nemen; **2horn** *n* neushoorn.
naß (*"sser od. -sser*; *"ssest od. -ssest*) nat; *~ machen* natmaken.

Nassauer *m fig.* F klaploper.
Nässe *f* (*0*) nat(tig)heid; **2n** (*-ßt*) *v/t* natmaken.
naßkalt kil, nat en koud.
Natio|n [-ˈtsĭo:n] *f* natie; **2ˈnal** (*0*) nationaal.
Natioˈnal|- *in Zssgn mst.* nationaal (*Adj.*), *z.B.* **~bibliothek** *f* nationale bibliotheek; **~einkommen** *n* (het) nationaal inkomen; **~elf** *f* (het) nationaal elftal; **~feiertag** *m* nationale feestdag; **~hymne** *f* (het) volkslied; **2iˈsieren** (-) nationaliseren; **~iˈsierung** *f* nationalisering.
Nationaˈlis|mus [-tsĭo·-] *m* (-; *Nationalismen*) (het) nationalisme; **~t(in** *f*) *m* (*-en*) nationalist(e *f*); **2tisch** nationalistisch.
Nationaliˈtät *f* nationaliteit; **~s-zeichen** *n Auto*: nationaliteitsletter.
Natioˈnal|kirche *f* nationale kerk; **~mannschaft** *f* nationale ploeg.
Natioˈnal·ökonom *m* staathuishoudkundige; **~ie** *f* staathuishoudkunde.
Natioˈnal|park *m* (het) nationaal natuurreservaat; **~sozialismus** *m* (het) nationaal-socialisme; **~staat** *m* nationale staat; **~tracht** *f* nationale klederdracht; **~versammlung** *f* nationale vergadering.
Natr|ium [ˈna:trĭum] *n* (*-s*; *0*) (het) natrium; **~on** [-ɔn] *n* (*-s*; *0*) (het) natron.
Natter *f* (-; *-n*) adder.
Naˈtur *f* natuur; (*Charakter a.*) aard; (*Körperbeschaffenheit*) (het) gestel.
Natuˈralien [-lĭən] *pl.* naturaliën *pl.*; **~kabinett** *n* (het) kabinet voor natuurlijke historie.
naturaliˈsier|en (-) naturaliseren; **2ung** *f* naturalisatie.
Naturaˈlis|mus *m* (-; *0*) (het) naturalisme; **2tisch** naturalistisch.
Natuˈral|leistung *f* betaling in natura; **~wirtschaft** *f* economie met ruilverkeer.
Naˈtur|- *in Zssgn mst.* natuur-; **~anlage** *f* natuurlijke aanleg; **~beschreibung** *f* natuurbeschrijving.
natuˈrell 1. (*0*) naturel; **2. 2** *n* (*-s*; *-e*) aard, natuurlijke aanleg.
Naˈtur|ereignis *n* (het) natuurverschijnsel; **2farben** (*0*) in de natuurlijke kleur(en *pl.*); **~forscher** *m* natuurvorser; **~forschung** *f* (het) natuuronderzoek; **~freund** *m* natuurliefhebber; **~gefühl** *n* (*-es*; *0*) (het) natuurgevoel; **2gegeben** natuurlijk; **2gemäß** (*-est*) natuurlijk; *Adv. bsd.* van nature (uit), uiteraard; **~geschichte** *f* (*0*) natuurlijke historie; **~gesetz** *n* natuurwet; **2getreu** natuurgetrouw; **~heilkunde** *f* natuurgeneeskunde; **2historisch** natuurhistorisch; **~katastrophe** *f* natuurramp; **~kraft** *f* natuurkracht.
naˈtürlich natuurlijk (*a. Adv.*); **2keit** *f* (*0*) natuurlijkheid.
Naˈtur|mensch *m* natuurmens; **~philosophie** *f* natuurfilosofie; **~produkt** *n* (het) natuurprodukt; **~recht** *n* (*-es*; *0*) (het) natuurrecht; **~reich** *n* (het) rijk der natuur; **2rein** zuiver, natuurlijk.
Naˈturschutz *m* natuurbescherming; **~gebiet** *n*, **~park** *m* (het) natuurreservaat.
Naˈtur|trieb *m* natuurdrift; **~volk** *n* (het) natuurvolk; **2widrig** tegen-, onnatuurlijk.
Naˈturwissenschaft *f* natuurwetenschap; **2lich** (*0*) natuurwetenschappelijk.
Naˈtur|wunder *n* (het) natuurwonder; **~zustand** *m* (*-es*; *0*) natuurstaat.
Nauti|k *f* (*0*) scheepvaartkunde; **2sch** (*0*) nautisch.
Navigation [-vi·gaˈtsĭo:n] *f* (*0*) navigatie; **~s·raum** *m* navigatiekamer.
Naˈzismus *m* (-; *0*) (het) nazisme.
n. Chr. *Abk. für nach Christi Geburt*; *s. Christus.*
Neˈap|el *n* Napels *n*; **~oliˈtaner(in** *f*) *m* Napolitaan(se *f*); **2oliˈtanisch** Napolitaans.
Nebel *m* nevel, mist; **~bank** *f* (-; *⸗e*) mistbank; **~bombe** *f* nevelbom; **~fleck** *m* nevelvlek; **2frei** (*0*) zonder mist; **2haft** (*-est*) *fig.* onduidelijk, vaag; **~horn** *n* misthoorn; **2ig** nevelig, mistig; **2n** (*-le*): *es nebelt* het mist; **~scheinwerfer** *m* mistlamp; **~schleier** *m* nevelsluier; **~schwaden** *m* sliert mist.
neben (*wo? D*; *wohin? A*) naast.
Neben|- *in Zssgn oft* bij-, *z.B.* **~absicht** *f* bijbedoeling; **2amtlich** als bijbetrekking; **2ˈan** hier-, daarnaast; **~anschluß** *m* tweede aansluiting; **~arbeit** *f* (het) bijwerk; **~ausgaben** *f/pl.* (*zusätzlich*) bij-

komende kosten *pl.*; (*kleinere Kosten*) kleinere uitgaven *pl.*; **~ausgang** *m* zijuitgang; **~bedeutung** *f* bijbetekenis; **2'bei** (*außerdem*) bovendien; (*beiläufig*) terloops; **~beschäftigung** *f* (het) bijbaantje, bijbetrekking; **~buhler(in** *f*) *m* medeminnaar *m*, medeminnares *f*; (*um ein Amt*) mededinger *m*, mededingster *f*.

neben·ei'nander naast elkaar; **~-'her** naast elkaar (voort); **~legen** naast elkaar leggen; **2schaltung** *f* parallelschakeling.

Neben|einkünfte *f/pl.*, **~einnahmen** *f/pl.* bijverdiensten *pl.*; **~fach** *n* (het) bijvak; **~fluß** *m* zij-, bijrivier; **~gebäude** *n* (het) bijgebouw; **~gedanke** *m* bijgedachte; **~geräusch** *n* (het) bijgeluid; **~geschäft** *n* (het) filiaal; **~gewinn** *m* bijkomende winst; **~handlung** *f* bijhandeling; **~haus** *n* (het) huis ernaast (*od.* hiernaast); **2'her** (*daneben einher*) ernaast, mee; *a.* = *nebenbei*; **2'hergehen** ernaast (*od.* erlangs) lopen; **2'hin** = *nebenher*; **~kläger** *m* civiele partij; **~kosten** *pl.* bijkomende kosten *pl.*; **~linie** *f* zijlijn; **~mann** *m* buurman; **~nieren** *f/pl.* bijnieren *pl.*; **2ordnen** ernaast stellen; **~person** *f* bijfiguur; **~produkt** *n* (het) bijprodukt; **~raum** *m* (het) zijvertrek; **~rolle** *f* bijrol; **~sache** *f* bijzaak; **2sächlich** bijkomstig, van ondergeschikt belang; **~satz** *m* bijzin; **2stehend** (*0*) nevenstaand; **~stelle** *f* (*Filiale*) (het) bijkantoor; **~straße** *f* zijstraat; **~strecke** *f* *Esb.* kleine spoorlijn; **2tonig** (*0*) met bijtoon; **~tür** *f* zijdeur; **~umstand** *m* bijkomende omstandigheid; **~verdienst** *m* bijverdienste; **~weg** *m* zijweg; **~wirkung** *f* (het) bijverschijnsel; **~zimmer** *n* kamer hiernaast (*od.* ernaast), zijkamer; **~zweck** *m* bijbedoeling; **~zweig** *m* zijtak.

neblig = *nebelig*.

nebst (*D*) benevens, met.

Necessaire [ne'sɛ'sɛːʁ] *n* (-*s*; -*s*) necessaire.

neck|en plagen; **2e'rei** *f* plagerij; **~isch** plagend, schalks; (*drollig*) koddig.

nee F nee.

Neffe *m* (-*n*) neef.

Negation [-'tsĭoːn] *f* negatie, ontkenning.

negativ negatief; **2** *n* (-*s*; -*e* [-və]), **2bild** *n* (het) negatief.

Neger|(in *f*) *m* neger(in *f*); **~kuß** *m* *fig.* negerzoen.

ne'gieren (-) negeren.

Negligé [ne·gli·'ʒeː] *n* (-*s*; -*s*) (het) negligé.

nehmen (*L*) nemen; *j-m etw.* af-, ontnemen; (*fordern*) *Preis*, *Honorar* berekenen; (*auffassen*) opnemen; *zu sich ~ etw.* gebruiken; *j-n* bij zich opnemen; etw. *an sich ~* zich iets toeëigenen, iets (weg)nemen; *das lasse ich mir nicht ~!* dat zal niemand mij beletten!, dat doe ik beslist!; *wie man's nimmt* al naar men het opvat; *im ganzen genommen* over het geheel genomen.

Nehmer *m* nemer.

Nehrung *f* landtong.

Neid *m* (-*es*; *0*) nijd, afgunst, jaloezie; **2en** (-*e*-) benijden, misgunnen; **~er** *m*, **~hammel** *m* afgunstige; **2isch** jaloers, afgunstig; **2los** (-*est*) zonder afgunst.

Neig|e *f* (*Abhang*) helling; (*Ende*) (het) einde; (*Rest*) rest; *zur ~ gehen* opraken; **2en** neigen, hellen; *~ zu* (*D*) geneigd zijn tot, neigen tot; + *Inf.* geneigd zijn te + *Inf.*; *sich ~* neigen; *Pers.*: nijgen, een buiging maken; *s. a. geneigt*; **~ung** *f* helling; *fig.* neiging; (*Sympathie*) genegenheid.

nein neen; **2** *n* (-[*s*]; *0*) (het) neen.

Nekro'log *m* (-*es*; -*e*) necrologie.

Nektar *m* (-*s*; *0*) nectar.

Nelke *f* anjer; (*Gewürz2*) kruidnagel.

nenn|bar (*0*) noembaar; **2betrag** *m* (het) nominaal bedrag.

nennen (*L*) noemen; *s. a. genannt*; **~s·wert** noemenswaardig.

Nenn|er *m* noemer; *auf e-n ~ bringen* onder één noemer brengen; **~fall** *m* nominatief; **~ung** *f* (het) noemen; *Sp.* inschrijving; **~wert** *m* nominale waarde; **~wort** *n* (-*es*; *"er*) (het) zelfstandig naamwoord.

Neo|- ['neːo·-] *in Zssgn* neo-, *z.B.* **~klassizismus** *m* (het) neoclassicisme; **~lo'gismus** *m* (-; *Neologismen*) (het) neologisme.

Neon ['neːɔn] *n* (-*s*; *0*) (het) neon.

Neon|- *in Zssgn* neon-, *z.B.* **~licht** *n* (het) neonlicht; **~röhre** *f* neonbuis.

Nepp *m* (-*s*; *0*) F nep, (het) bedrog

⁓en F neppen, bedriegen; **⁓lokal** *n* F neptent.

Nerv [nɛʁf] *m* (*-s*; *-en* [-vən]) zenuw; (*Blatt⁓*) nerf; *j-m auf die ⁓en gehen* (*od. fallen*) op zijn zenuwen werken; *der hat ⁓en pl.!* die durft nogal!; *die ⁓en pl. behalten* zijn zenuwen *pl.* de baas blijven.

Nerven|- *in Zssgn mst.* zenuw-, *z.B.* **⁓arzt** *m* zenuwarts; **⁓aufreibend** zenuwslopend; **⁓bündel** *n* zenuwbundel; *fig.* bundel zenuwen; **⁓heilanstalt** *f* zenuwinrichting; **⁓kitzel** *m* zenuwprikkeling; **⁓krank** zenuwziek; **⁓krankheit** *f* zenuwziekte; **⁓krieg** *m* zenuwenoorlog; **⁓leiden** *n* zenuwziekte; **⁓säge** *f* F zeurpiet, lastpost; **⁓schock** *m* zenuwschok; **⁓schwäche** *f* zenuwzwakte; **⁓strang** *m* zenuwstreng; **⁓system** *n* (het) zenuwstelsel; **⁓zusammenbruch** *m* zenuwcrisis, zenuwinzinking.

nerv|ig [v] gespierd, krachtig; **⁓lich** (*0*) met de zenuwen, wat de zenuwen betreft, zenuw-; **⁓ös** [-ˈvøːs] (*-est*) nerveus, zenuwachtig; **⁓osiˈtät** *f* (*0*) nervositeit, zenuwachtigheid.

Nerz *m* (*-es*; *-e*) (het) nerts(bont); (*Tier*) nerts.

Nerz|- *in Zssgn mst.* nerts-, *z.B.* **⁓fell** *n* nertshuid.

Nessel *f* (*-*; *-n*) netel; **⁓fieber** *n* netelroos; **⁓tuch** *n* (het) neteldoek.

Nest *n* (*-es*; *-er*) (het) nest (*a. fig.*, *Ort usw.*).

Nest|- *in Zssgn mst.* nest-, *z.B.* **⁓bau** *m* (*-es*; *0*) nestbouw; **⁓ei** *n* (het) nestei.

Nestel [-st-] *f* (*-*; *-n*) veter, nestel; **⁓n** (*-le*) (vast)rijgen, nestelen; (*herumfingern*) peuteren, friemelen.

Nest|häkchen *n fig.* (*Kind*) (het) benjaminnetje; **⁓warm** (*0*) warm van het nest.

nett (*-est*) leuk, aardig; (*liebenswürdig a.*) lief, vriendelijk; *sehr ⁓ von Ihnen!* heel vriendelijk van U!; *das ist ja ⁓!* dat is leuk!; *ironisch* dat is me wat moois!; **⁓ig·keit** *f* attentie, vriendelijkheid.

netto netto.

Netto|- *in Zssgn* netto-, *z.B.* **⁓einkommen** *n* netto-inkomsten *pl.*; **⁓preis** *m* nettoprijs.

Netz *n* (*-es*; *-e*) (het) net.

Netz|- *in Zssgn mst.* net-; **⁓anschluß** *m* aansluiting op het lichtnet; **⁓en** (*-t*) bevochtigen, natmaken; **⁓förmig** netvormig; **⁓haut** *f* (het) netvlies; **⁓hemd** *n* (het) nethemd; **⁓karte** *f* netkaart; **⁓spannung** *f* netspanning; **⁓werk** *n* (het) netwerk.

neu (*-est*) nieuw; *von ⁓em, aufs ⁓e* opnieuw; *was gibt's ⁓es?* wat is er voor nieuws?; **⁓ankömmling** *m* pas aangekomene; **⁓anschaffung** *f* nieuwe aanwinst; **⁓artig** nieuw; **⁓auflage** *f* herdruk; **⁓bau** *m* nieuwbouw; (*im Bau*) (het) huis (*od.* gebouw) in aanbouw; **⁓bauwohnung** *f* (het) nieuwbouwhuis; (*Etagen⁓*) nieuwbouwflat; **⁓bearbeitung** *f* herziene bewerking; **⁓bildung** *f* nieuwe vorming; (*Wort⁓*) (het) nieuw woord; *Pol.* omvorming.

neuer|dings in de laatste tijd; **⁓er** *m* vernieuwer, hervormer; **⁓lich** (*0*) onlangs, laatst; (*wiederholt*) herhaald, *Adv.* opnieuw; **⁓ung** *f* nieuwigheid, hervorming; (*das Erneuern*) vernieuwing.

Neuˈfund|land *n* Newfoundland *n*; **⁓länder** *m* Newfoundlander; (*Hund*) newfoundlander.

neu|geboren pasgeboren; **⁓gestaltung** *f* vernieuwing, omvorming, reorganisatie.

Neugier|(**de**) *f* (*0*) nieuwsgierigheid; **⁓ig** nieuwsgierig.

Neu|gliederung *f* herstructurering, reorganisatie; **⁓griechisch** Nieuwgrieks; **⁓heit** *f* nieuwheid; (*etw. Neues*) nieuwigheid; **⁓hochdeutsch** Nieuwhoogduits; **⁓ig·keit** *f* (het) nieuwtje.

Neujahr *n* (*-es*; *0*) (het) nieuwjaar; *Prosit ⁓!* gelukkig nieuwjaar!; **⁓swunsch** *m* nieuwjaarswens.

Neu|land *n* (*-es*; *0*) (het) onontgonnen gebied (*a. fig.*); **⁓lich** *Adv.* onlangs; **⁓ling** *m* (*-s*; *-e*) nieuweling; **⁓modisch** nieuwerwets, modern; **⁓mond** *m* (*-es*; *0*) nieuwe maan.

neun, **⁓** *f* negen; **⁓auge** *n Zool.* lamprei; **⁓eck** *n* negenhoek; **⁓fach** (*0*) negenvoudig; **⁓hundert** negenhonderd; **⁓jährig** (*0*) negenjarig; **⁓mal** negenmaal; **⁓malklug** waanwijs, betweterig; **⁓stündig** (*0*) negenurig; **⁓tägig** (*0*) negendaags; **⁓tausend** negenduizend; **⁓te**(**r**, **-s**) negende; **⁓tel** *n* (het) negende (deel); **~zehn** negentien; **~zig** negentig; **2ziger** *m* negentiger.

Neu|ordnung *f* reorganisatie, hervorming; **~orientierung** *f* heroriëntering; **~philologie** *f* neofilologie.

neu'ra|lgisch neuralgisch; **2sthe'nie** [-ste˙-] *f* neurasthenie.

Neu|regelung *f* nieuwe regeling; **~reiche(r)** iem. die snel rijk geworden is.

Neuro|- *in Zssgn* neuro, *z.B.* **~chirurgie** *f* neurochirurgie.

Neu'ro|se *f* neurose; **2tisch** neurotisch.

Neu|satz *m* (het) nieuw zetsel; **~schnee** *m* vers gevallen sneeuw; **~'seeland** *n* Nieuw-Zeeland *n*; **~silber** *n* (het) nieuwzilver; **2testamentlich** nieuwtestamentisch.

neu'tral neutraal; **~i'sieren** (-) neutraliseren; **2i'tät** *f* (*0*) neutraliteit.

Neutr|on [-ɔn] *n* (*-s*; *-en* [-'tʀo:-]) (het) neutron; **~um** *n* (*-s*; *Neutren od. Neutra*) (het) neutrum.

neu|vermählt pasgehuwd; **2wahl** *f* nieuwe verkiezing; **2wert** *m* waarde als nieuw; **~zeit** *f* (*0*) nieuwere tijd.

nicht niet; ~ *doch!* asjeblief(t) niet!; ~ *wahr?* niet waar?

Nicht|- *in Zssgn mst.* niet-; **~achtung** *f* geringschatting; (*Nichtbeachtung*) veronachtzaming; **2amtlich** officieus; **~'angriffspakt** *m* (het) niet-aanvalspact; **~beachtung** *f* niet-inachtneming; **~deutsche(r)** niet-Duitser.

Nichte *f* nicht.

Nicht|einmischung *f* niet-inmenging; **~erfüllung** *f* niet-vervulling; **~erscheinen** *n* (het) niet-verschijnen; **2existent** niet-bestaand.

nichtig nietig (*a. jur.*); **2keit** *f* nietigheid; **2keits·klage** *f* eis tot nietigverklaring.

nicht|katholisch niet-katholiek; **~öffentlich** niet-openbaar, met gesloten deuren; **2raucher** *m* niet-roker; **2raucherabteil** *n* (het) coupé niet-roken.

nichts niets, F niks; *mir* ~, *dir* ~ zo maar; *für* ~ *und wieder* ~ voor niemendal; *daraus wird* ~*!* daar komt niets van in!; 2 *n* (*-*; *0*) (het) niets; (*Geringfügigkeit*) nietigheid.

Nichtschwimmer *m* niet-zwemmer; **~becken** *n* (het) pierenbad.

nichts|desto'weniger niettemin; **2könner** *m* onbekwame; **2nutz** *m* (*-es*; *-e*) deugniet; **~nutzig** ondeugend; **~sagend** nietszeggend; **2tuer** [-tu:ɘ] *m* leegloper, nietsdoener; **2tun** *n* (*-s*; *0*) (het) nietsdoen; **~würdig** niets-, onwaardig; **2würdigkeit** *f* (*0*) nietswaardigheid.

Nicht|wissen *n* onkunde; **~zutreffende(s)** het niet passende.

Nickel *n* (*-s*; *0*) (het) nikkel; **~erz** *n* (het) nikkelerts.

nick|en knikken; (*schlummern*) een dutje doen; **2erchen** *n* (het) dutje.

nie nooit; ~ *und nimmer* nooit ofte nimmer; ~ *wieder* nooit meer.

nieder laag, lager; *Adv.* ne(d)er.

nieder|- *in Zssgn mst.* ne(d)er-, *z.B.* **~beugen** neerbuigen, naar beneden buigen; **~brennen** *v/i* (*sn*) *u. v/t* afbranden; *v/t a.* neerbranden; **~deutsch** Nederduits; **2druck** *m* lage druk; **~drücken** (neer)drukken; *fig.* terneerdrukken; **~fahren** *Blitz*: naar beneden schieten; **~fallen** neervallen; **2frequenz** *f* lage frequentie; **2gang** *m fig.* (het) verval; **~gehen** neerkomen; *Vorhang, Regen*: vallen; (*stürzen*) onderuitgaan.

niedergeschlagen terneergeslagen, neerslachtig, verslagen; **2heit** *f* (*0*) neerslachtigheid, verslagenheid.

nieder|halten neerhouden; *fig.* eronder houden; **~hauen** neerslaan; **~kämpfen** overwinnen; *fig.* onderdrukken, bedwingen; **~knien** neerknielen; **~kommen** *mit* (*D*) *Kind* bevallen van; **2kunft** *f* (*-*; *⸚e*) bevalling; **2lage** *f* nederlaag; (*Lager*) (het) depot, (het) magazijn; (*Filiale*) (het) filiaal; **2lande** *n/pl.* Nederland *n*.

Niederländ|er *m* Nederlander; **~erin** *f* Nederlandse; **2isch** Nederlands; *auf* ~ in het Nederlands.

niederlass|en neerlaten, laten zakken; *sich* ~ *Vögel*: neerstrijken; (*sich setzen*) gaan zitten; (*sich ansiedeln*) zich vestigen; **2ung** *f* vestiging (*a. Filiale*); (*Ort*) nederzetting.

niederleg|en neerleggen (*a. Amt usw.*); (*abreißen*) afbreken, slechten; *Geld* deponeren; *sich* ~ gaan liggen; 2**ung** *f* (het) neerleggen; deponering, (het) deposito.

nieder|machen afmaken; ~**mähen** wegmaaien (*a. fig.*); ~**metzeln** afmaken; ~**prasseln** neerkletteren; ~**reißen** afbreken; *fig. bsd.* omverhalen; 2**rhein** *m*: *der* ~ de Neder-Rijn; 2**sachsen** *n* Neder-Saksen *n*; ~**sausen** neersuizen, naar beneden suizen; ~**schießen** neerschieten.

Niederschlag *m* (het) neerslaan; *Chem. u. Niederschläge pl.* neerslag; 2**en** neerslaan (*a. fig.*); *Prozeß* opgeven; *s. a. niedergeschlagen*; 2**s·arm** met weinig neerslag; ~**s-menge** *f* hoeveelheid neerslag; ~**ung** *f* (het) neerslaan; opgave, staking.

nieder|schmettern neersmakken; *fig.* verpletteren; ~**schreiben** neer-, opschrijven; ~**schreien** overschreeuwen; 2**schrift** *f* (*Geschriebenes*) (het) stuk, (het) opgeschrevene; ~**setzen** neerzetten; *sich* ~ gaan zitten; 2**spannung** *f* lage spanning; ~**stechen** neersteken; ~**stimmen** *Pol.* overstemmen; ~**stoßen** *v/t* neer-, omstoten; 2**tracht** *f* (*0*) laagheid, gemeenheid; ~**trächtig** gemeen, laaghartig; ~**treten** neer-, plattrappen; *Absätze* aftrappen; 2**ung** *f* laagte (*a. fig.*), (het) laagland; ~**wärts** nederwaarts, naar beneden; ~**werfen** neerwerpen, neergooien; *Aufstand* neerslaan.

niedlich aardig, lief, schattig.

Niednagel *m* stroopnagel, ingescheurde nagel.

niedrig laag; *fig. a.* gemeen; 2**keit** *f* laagheid; 2**wasser** *n* (het) laagwater.

niemals nooit.

niemand niemand; 2**s·land** *n* (*-ęs*; *0*) (het) niemandsland.

Niere *f* nier.

Nieren|- *in Zssgn mst.* nier-, *z.B.* ~**becken** *n* (het) nierbekken; ~**braten** *m* (het) gebraden nierstuk; 2**krank**: ~ *sein* het aan de nieren hebben; ~**leiden** *n* nierkwaal; ~**stein** *m* niersteen.

nieseln (*-le*): es *nieselt* het motregent.

nies|en (*-t*) niezen; 2**pulver** *n* (het) niespoeder.

Nießbrauch *m* (*-ęs*; *0*) (het) vruchtgebruik.

Nieswurz *f* (*0*) (het) nieskruid.

Niet *m* (*-ęs*; *-e*) klinknagel; ~**e** *f* **1.** = *Niet*; **2.** (*Los*) niet; (*Fehlschlag*) flop; *Pers.* nul; 2**en** (*-e-*) (vast)klinken; (*heften*) nieten; ~**hammer** *m* klinkhamer; 2- **und nagelfest** spijker-, muurvast.

Nihi'lis|mus *m* (*-*; *0*) (het) nihilisme; 2**tisch** nihilistisch.

Nikolaus·tag *m* Sinterklaas.

Niko'tin *n* (*-s*; *0*) nicotine; 2**arm** nicotinearm; 2**haltig** nicotinehoudend; ~**vergiftung** *f* nicotinevergiftiging.

Nil *m*: *der* ~ de Nijl; ~**pferd** *n* (het) nijlpaard.

Nimbus *m* (*-*; *-se*) nimbus.

nimmer nimmer, nooit; 2**leins·tag** *m*: *am* ~ met sint-juttemis; ~**mehr** nooit meer; 2**satt** *m* (*-ęs od. -*; *-e*) veelvraat; (*Vogel*) nimmerzat; 2-'**wiedersehen** *n*: *auf* ~ voor altijd, om nooit weer te zien.

Nimwegen *n* Nijmegen *n*; ~**er** Nijmeegs.

Nippel *m* nippel.

nipp|en nippen; 2**sachen** *f/pl.* snuisterijen *pl.*

nirgend|s, ~**wo** nergens.

Nische [i:] *f* nis.

Nisse *f* neet.

nist|en (*-e-*) nestelen; 2**platz** *m* nestplaats.

Ni'trat *n* (*-ęs*; *-e*) (het) nitraat.

Nitro|- *in Zssgn* nitro-, *z.B.* ~**glyze'rin** *n* nitroglycerine.

Niveau [-'vo:] *n* (*-s*; *-s*) (het) niveau.

nivel'lieren [v] (-) nivelleren.

Nixe *f* waternimf.

nobel (*-bl-*) nobel, edel; (*großzügig*) royaal.

No'belpreisträger *m* winnaar van de Nobelprijs.

noch **1.** *Adv.* nog; **2.** *Ko.* noch; *weder* ... ~ noch ... noch; ~**malig** (*0*) herhaald, tweede; ~**mals** nogmaals, nog eens.

Nocken *m* nok; ~**welle** *f* nokkenas.

No'mad|e *m* (*-n*) nomade; 2**isch** (*0*) nomadisch.

Nomi'nal|lohn *m* (het) nominaal loon; ~**wert** *m* nominale waarde.

Nominativ *m* (*-s*; *-e* [-və]) nominatief.

nomi'n|ell (*0*) nominaal; ~**ieren** (-) noemen; (*ernennen*) benoemen.

Nonne *f* non.

Nonnen|- *in Zssgn mst.* nonnen-,

z.B. **~kloster** *n* (het) nonnenklooster.
Nonsens *m* (-; *0*) nonsens.
Non'stop·flug [-st-] *m* non-stop-vlucht.
Nord *m* (-*es*; *0*) (het) noorden; (*nach Ortsnamen*) Noord.
Nord|- *in Zssgn mst.* noord-; *in Eigennamen* Noord-, *z.B.* **~afrika** *n* Noord-Afrika *n*; **~amerika** *n* Noord-Amerika *n*; **2deutsch** Noordduits; **~deutschland** *n* Noord-Duitsland *n*.
Norden *m* (-*s*; *0*) (het) noorden.
nord|isch noords; **2kap** *n*: *das ~* de Noordkaap.
nördlich noordelijk; ~ (*G*) *od. von* (*D*) ten noorden van.
Nord|licht *n* (het) noorderlicht; **~'ost(en)** *m* noordoost, (het) noordoosten; **2'östlich** noordoostelijk; **~'ostwind** *m* noordoostenwind; **~pol** *m*: *der ~* de noordpool; **~see** *f*: *die ~* de Noordzee; **~seite** *f* noordkant, -zijde; **2wärts** noordwaarts; **~'west(en)** *m* noordwest, (het) noordwesten; **2'westlich** noordwestelijk; **~wind** *m* noordenwind.
Nörg|e'lei *f* vitterij, (het) gemopper; **2eln** (-*le*) vitten, mopperen, pruttelen; **~ler** *m* vitter, mopperaar.
Norm *f* norm.
nor'mal normaal; **2druck** *m* normale druk; **2film** *m* normaalfilm; **~i'sieren** (-) normaliseren; **2spur** *f* (het) normaalspoor; **2verbraucher** *m* gemiddelde consument.
Nor|man'die *f*: *die ~* Normandië *n*; **~'manne** *m* (-*n*) Noorman.
norm|a'tiv normatief; **~en, ~ieren** [-'mi:-] (-) normeren; *s. a. genormt*; **2ung** *f* normalisatie, standaardisering.
Norweg|en *n* Noorwegen *n*; **~er(in** *f*) *m* Noor(se *f*); **2isch** Noors.
Not *f* (-; *"e*) nood; (*Mangel bsd.*) (het) gebrek; (*Notwendigkeit*) noodzaak; *ohne ~* zonder noodzaak; *zur ~* desnoods.
Not|- *in Zssgn mst.* nood-, *z.B.* **~adresse** *f* (het) noodadres.
No'tar *m* (-*s*; -*e*) notaris; **2iell** [-ɑ·'ʀĭɛl] (*0*) notarieel.
Not|ausgang *m* nooduitgang; **~behelf** *m* (het) hulp-, redmiddel; **~beleuchtung** *f* noodverlichting; **~bremse** *f* noodrem; **~durft** *f* (*0*): *seine ~ verrichten* zijn behoefte doen; **2dürftig** behoeftig; (*mangelhaft*) gebrekkig.
Note *f Mus. u. Fuß2* noot; (*Zensur*) (het) cijfer; *Pol.* nota; (*Bank2*) (het) biljet; *fig.* (*Eigenart*) (het) cachet, noot.
Noten|bank *f* (-; -*en*) circulatiebank; **~buch** *n* (het) muziekboek; **~schlüssel** *m* muzieksleutel; **~umlauf** *m* bankbiljettencirculatie; **~wechsel** *m* uitwisseling van nota's.
Notfall *m* (het) geval van nood; *im ~* in geval van nood; **2s** desnoods.
not|gedrungen noodgedwongen; **2groschen** *m* (het) appeltje voor de dorst.
no'tier|en (-) noteren; **2ung** *f* notering.
nötig nodig; *es ~ haben* het nodig hebben; + *zu* + *Inf.* moeten + *Inf.*; **~en** dwingen, noodzaken; (*auffordern*) dringend verzoeken; **~en·falls** desnoods; **2ung** *f* dwang; (het) dringend verzoek; (*Erpressung*) afpersing; (*Vergewaltigung*) verkrachting.
No'tiz *f* notitie, aantekening; (*Beachtung bsd.*) nota; **~block** *m* blocnote; **~buch** *n* (het) notitieboek.
Not|jahr *n* (het) ramp-, noodjaar; **~lage** *f* benarde toestand; *allg.* noodtoestand; **2landen** een noodlanding maken; **~landung** *f* noodlanding; **2leidend** noodlijdend; **~leiter** *f* brandtrap; **~lüge** *f* leugen om bestwil; **~maßnahme** *f* noodmaatregel.
no'torisch notoir, algemeen bekend.
Not|quartier *n* (het) noodverblijf; **~recht** *n* (het) noodrecht; **~ruf** *m* alarmroep; *Tel.* (het) algemeen alarmnummer; **~rufsäule** *f* praatpaal; **~schlachtung** *f* noodslachting; **~schrei** *m* noodkreet; **~signal** *n* (het) noodsein; **~sitz** *m* (het) klapstoeltje.
Not·stand *m jur.* noodtoestand; **~s-gebiet** *n* (het) noodgebied.
Not|taufe *f* nooddoop; **~verband** *m* (het) noodverband; **~verordnung** *f* noodverordening; **~wehr** *f* (*0*) noodweer.
notwendig noodzakelijk; **~er'weise** noodzakelijkerwijs; **2keit** *f* noodzaak, noodzakelijkheid.
Notzucht *f* verkrachting.
Nougat ['nu:-] *n* (-*s*; *0*) noga.

No'vel|le [v] *f* novelle; *Pol.* aanvullingswet; **2'lieren** (-) *Gesetz* wijzigen, aanvullen.

No'vember [v] *m*: *der* ~ november.

No'vize [v] *m* (*-n*) novice.

Nu *m*: *im* ~ in een wip, in een oogwenk.

Nuance [ny·'aŋsə, -'ɑ̃:-] *f* nuance.

nüchtern nuchter; (*langweilig a.*) saai; *auf* ~*en Magen* op de nuchtere maag; **2heit** *f* (*0*) nuchterheid.

Nudel *f* (-; *-n*) knoedel, (het) meelballetje; *Pers.*: gezellige kerel; ~*n pl.* macaroni, vermicelli; **2n** (*-le*) vetmesten (*a. fig.*); ~**suppe** *f* vermicellisoep.

Nu'dist(in *f*) *m* (*-en*) nudist(e *f*).

nuklear [-kle·'ɑ:ʁ] (*0*) nucleair.

Nuklear|- *in Zssgn* nucleair (*Adj.*).

null nul; ~ *und nichtig* van nul en gener waarde; **2** *f* nul (*a. Pers.*); *unter* ~ onder nul; **2punkt** *m* (het) nulpunt.

nume'rier|en [-mə-] (-) nummeren; **2ung** *f* nummering.

nu'merisch (*0*) numeriek.

Nummer *f* (-; *-n*) (het) nummer; (*Größe*) maat; ~**n·scheibe** *f* kiesschijf; ~**n·schild** *n* nummerplaat.

nun nu, nou (*bsd. Interjektion*); *von* ~ *an* van nu af; ~**mehr** (en) nu, voortaan; ~**'mehrig** (*0*) tegenwoordig.

Nuntia'tur [-tsĭɑ·-] *f* nuntiatuur.

nur maar, alleen, slechts; *nicht* ~ ..., *sondern auch* niet alleen ... maar ook; ~ *zu!* toe maar!, vooruit!; *was hat er* ~*?* wat heeft hij toch?; ~ *noch e-e Stunde*, ... nog maar; ~ *weiter!* ga maar door!; ~ + *Bestimmwort* (*z.B. du, ein Wunder usw.*) alleen.

Nürnberg *n* Neurenberg *n*.

Nuß *f* (-; *¨sse*) noot; (*Fleisch*) kogel, van de haas; (*Kopf*) F kop, knikker.

Nuß|- *in Zssgn mst.* note-, *z.B.* ~**baum** *m* noteboom; ~**baumholz** *n* (het) notehout; ~**kern** *m* pit van een noot; ~**knacker** *m* notekraker; ~**schale** *f* notedop.

Nüstern [y:] *f*/*pl.* neusgaten *pl.*

Nut *f* groef, sponning.

Nutte *f* P slet, snol.

nutz nut(tig); *das ist zu nichts* ~*e* dat dient tot niets; **2** *m*: *zu* ~ *und Frommen* tot nut en voordeel; **2anwendung** *f* toepassing, (het) nuttig gebruik.

nutzbar nuttig, bruikbaar; *Boden*: vruchtbaar; **2keit** *f* (*0*) (het) nut, bruikbaarheid.

nutzbringend nuttig, produktief; *Geld*: winstgevend.

nütze = *nutz*.

Nutz·effekt *m* (het) nuttig effect.

nutzen, nützen (*-t*) *v*/*t* gebruik maken van, gebruiken, zich ten nutte maken; *v*/*i* (*D*) baten, van nut zijn, helpen; *es nützt nichts* het dient tot niets.

Nutz|en *m* (*-s*; *0*) (het) nut, (het) voordeel; (*Gewinn*) (het) profijt; ~**fahrzeug** *n* bedrijfsauto; ~**fläche** *f* nuttige oppervlakte; ~**holz** *n* (het) timmerhout; ~**last** *f* nuttige last.

nützlich nuttig; **2keit** *f* (*0*) nuttigheid, (het) nut.

nutz|los (*-est*) nutteloos; **2losigkeit** *f* (*0*) nutteloosheid; **2nießer** *m* begunstigde; *pej.* profiteur; **2tier** *n* (het) nuttig dier.

Nutzung *f* (het) gebruik, gebruikmaking; ~**s·recht** *n* (het) recht van gebruik.

Nylon ['naılɔn] *n* (*-s*; *0*) (het) nylon.

Nylon|- *in Zssgn* nylon-, *z.B.* ~**hemd** *n* (het) nylonhemd; ~**strümpfe** *m*/*pl.* nylonkousen *pl.*

Nymph|e ['nymfə] *f* nimf; ~**oma'nie** *f* (*0*) nimfomanie.

O

O, o *n* O, o.
o! o!
Oase [o·ˈɑːzə] *f* oase.
ob [ɔp] **1.** *Ko.* of; *als* ~ alsof; *und* ~*!* en of!; **2.** *Präp.* (*G*) wegens, om.
Obacht *f* (*0*) acht, hoede, zorg; ~ *geben* opletten, oppassen; ~*!* let op!
Obdach *n* (*-ęs*; *0*) (het) onderdak; ♀**los** (*0*) dakloos; ~**lose**(**r**) dakloze.
Obdu|ktion [-ˈtsĭoːn] *f* lijkschouwing, sectie; ♀ˈ**zieren** (-) lijkschouwing houden.
O-Bein|e *n/pl.* o-benen *n/pl.*; ♀**ig** met o-benen.
Obeˈlisk *m* (*-en*) obelisk.
oben boven; ~ˈ**an** bovenaan; ~ˈ**auf,** ~ˈ**drauf** F bovenop; (*fröhlich*) opgewekt; ~ˈ**drein** bovendien, daarenboven; ~**genannt** bovengenoemd; ~ˈ**hin** oppervlakkig, vluchtig; *bis* ~ tot boven toe; ~**hinˈaus:** ~ *wollen* hogerop willen.
Ober *m* ober(kelner); *Herr* ~*!* Ober!
Ober|- *in Zssgn oft* boven-, *z.B.* ~**arm** *m* bovenarm; ~**arzt** *m* eerste geneesheer; ~**aufsicht** *f* (het) oppertoezicht; ~**bau** *m* (*-ęs*; *-ten*) bovenbouw; ~**bayern** *n* Opper--Beieren *n*; ~**befehl** *m* (*-ęs*; *0*) (het) opperbevel; ~**befehlshaber** *m* opperbevelhebber; ~**begriff** *m* (het) overkoepelend begrip; ~**bekleidung** *f* bovenkleding; ~**bett** *n* (het) dekbed; (*beim Etagenbett*) (het) bovenste bed; ~**bürgermeister** *m* burgemeester (van een grote stad); ~**deck** *n* (het) opperdek; ♀**deutsch** Opperduits.
obere(**r, -s**) bovenste; *fig.* hoogste, hogere.
Oberfläch|e *f* oppervlakte, (het) oppervlak; ~**en·spannung** *f* oppervlaktespanning; ♀**lich** oppervlakkig; ~**lichkeit** *f* oppervlakkigheid.
Ober|förster *m* bosbouwkundig ambtenaar; ~**gärung** *f* bovengisting; ~**geschoß** *n* bovenverdieping; ♀**halb** (*G*) boven; ~**hand** *f* (*0*) *fig.* overhand; ~**haupt** *n* (het) opperhoofd; ~**haus** *n Pol.* (het) hogerhuis; ~**haut** *f* opperhuid; ~**hemd** *n* (het) overhemd; ~**herrschaft** *f* opperheerschappij; ~**hoheit** *f* soevereiniteit, hoogste macht; ~**in** *f* (*Kloster*♀) overste; (*Krankenhaus*♀) directrice; ~**inspektor** *m* hoofdinspecteur; ♀**irdisch** bovengronds; ~**italien** *n* Opper-Italië *n*; ~**kellner** *m* = *Ober*; ~**kiefer** *m* bovenkaak; ~**kommando** *n* (het) opperbevel; ~**körper** *m* (het) bovenlichaam; ~**land** *n* (*-ęs*; *0*) (het) berg-, hoogland; ~ˈ**landesgericht** *n* (het) gerechtshof; ~**leder** *n* (het) bovenle(d)er; ~**lehrer** *m* hoofdonderwijzer; ~**leitungs·omnibus** *m* trolleybus; ~**leutnant** *m* eerste luitenant; ~**licht** *n* (het) bovenlicht; ~**lippe** *f* bovenlip; ~**pfalz** *f*: *die* ~ de Opper-Palts; ~**postdirektion** *f* (het) hoofdbestuur der posterijen; ~**priester** *m* opperpriester; ~ˈ**prima** *f* hoogste klas (van een gymnasium); ~**priˈmaner**(**in** *f*) *m* leerling(e *f*) van de hoogste klas; ~**rabbiner** *m* opperrabbijn; ~**rhein** *m*: *der* ~ de Boven-Rijn.
Oberschenkel *m* (het) dijbeen; ~**bruch** *m* dijbeenbreuk.
Ober|schlesien *n* Opper-Silezië *n*; ~**schule** *f* middelbare school; ~**schüler** *m* gymnasiast; ~**schwester** *f* hoofdzuster; ~**seite** *f* bovenkant, -zijde; ~**seˈkunda** *f* zevende klas (van een gymnasium).
Oberst *m* (*-en*) kolonel.
Ober|ˈstaatsanwalt *m* procureur--generaal; ~ˈ**stabsarzt** *m* majoor--arts; ♀**ste**(**r, -s**) bovenste; *fig.* hoogste, opperste; ~**stimme** *f* bovenstem.
Oberstleutnant *m* luitenant-kolonel, overste.
Ober|stock *m* (*-ęs*; *0*) bovenverdieping; ~**stübchen** *n* F: *er ist im* ~ *nicht ganz richtig* het mankeert hem in zijn bovenkamer; ~**studiendirektor** *m* directeur, decaan; ~**stufe** *f* hoogste klassen *pl.*, bovenbouw; ~**tasse** *f* (het) kopje; ~**teil** *m od. n* (het) bovendeel; ~**tertia** [-tsĭɑ·] *f* vijfde klas (van een gym-

nasium); **~töne** *m/pl.* boventonen *pl.*; **~wasser** *n* (*-s*; *0*) (het) water bovenstrooms; ~ *haben fig.* in het voordeel zijn, aan de winnende hand zijn; **~weite** *f* bovenwijdte.
ob'gleich ofschoon, (al)hoewel, al.
Obhut *f* hoede, bescherming; *in der* (*od. die*) ~ (*G*) onder de hoede van.
obig (*0*) bovenstaand.
Ob'jek|t *n* (*-es*; *-e*) (*a. Gr.*) (het) object, (het) voorwerp; **♀'tiv** objectief; **~'tiv** *n* (*-s*; *-e* [-və]) (het) objectief; **~tivi'tät** [v] *f* (*0*) objectiviteit; **~t·satz** *m* voorwerpszin.
Ob'late [o·] *f* ouwel (*a. Rel.*); (*Gebäck*) oblie.
obliegen *j-m* opgedragen zijn aan, berusten bij; *e-r S.* (*D*) zich toeleggen op, zich wijden aan; **♀heit** *f* verplichting, plicht.
Oblig|ation [-'tsĭo:n] *f* obligatie; **♀a'torisch** (*0*) obligatoir, verplicht; **~o** *n* (*-s*; *-s*) (het) obligo.
Obmann *m* voorzitter, leider.
Obo|e [o·'bo:ə] *f* hobo; **~ist** [o·bo·'ɪst] *m* (*-en*) hoboïst.
Obolus *m* (*-*; *- od. -se*) (*Spende*) penning.
Obrigkeit [o:] *f* overheid; **♀lich** (*0*) overheids-, autoriteits-.
ob'schon = *obgleich*.
Observa|tion [-'tsĭo:n] *f* observatie; **~'torium** [-rĭum] *n* (*-*; *Observatorien*) (het) observatorium.
obsiegen zegevieren.
Obskuran'tismus [-sku·-] *m* (*-*; *0*) (het) obscurantisme.
Obst [o:] *n* (*-es*; *0*) (het) fruit.
Obst|- *in Zssgn mst.* fruit-, *z.B.* **~bau** *m* (*-es*; *0*) fruitteelt; **~baum** *m* fruitboom; **~ernte** *f* fruitoogst; **~garten** *m* boomgaard; **~händler** *m* fruit(koop)man; **~kuchen** *m* vruchtentaart; **~messer** *n* (het) fruitmes(je); **~pflücker** *m* vruchtenplukker.
Obstruktion [-strʊk'tsĭo:n] *f* obstructie.
Obst|saft *m* (het) fruitsap; **~salat** *m* fruitsla; **~schale** *f* fruitschaal; **~teller** *m* (het) fruitbord; **~wein** *m* vruchtenwijn.
obszön [ɔps'tsø:n] obsceen.
Obus *m* trolleybus.
obwalten heersen, bestaan; *unter den ~den Umständen* in de gegeven omstandigheden.
ob'wohl = *obgleich*.
Ochs [ɔks] *m* (*-en*), **~e** ['ɔksə] *m* (*-n*) os; (*Dummkopf*) F stommeling.
ochsen [-ks-] (*-t*) F blokken.
Ochsen|fleisch *n* (het) ossevlees; **~schwanzsuppe** *f* ossestaartsoep; **~zunge** *f* ossetong.
Ochse'rei *f* (*0*) F (het) blokken.
Ocker *m od. n* oker.
Ode *f* ode.
öde 1. woest, doods, verlaten; *fig.* dor, saai; **2. ♀** *f* (*0*) woestenij, woestijn; saaiheid.
Ö'dem *n* (*-s*; *-e*) (het) oedeem.
oder of; ~ *aber* of wel.
Ofen *m* (*-s*; *⸚*) kachel; *Tech. u. Brat♀* oven; **~heizung** *f* verwarming met kachels; **~rohr** *n* kachelpijp; **~schirm** *m* (het) haardscherm; **~setzer** *m* kachelsmid; **~tür** *f* kacheldeur; ovendeur.
offen (*-fn-*) open; (*unverhüllt*) openlijk; (*ehrlich bsd.*) openhartig; *Stelle*: vacant; *Wein*: van het vat.
offen|- *in Zssgn mst.* open-.
offen'bar (*0*) klaarblijkelijk; *Adv. bsd.* blijkbaar; **~en** openbaren; **♀ung** *f* openbaring; **♀ungs·eid** *m* beëdigde verklaring van de schuldenaar dat hij zijn vermogen juist heeft opgegeven.
offen|bleiben *fig.* openblijven; **~halten** openhouden; **♀heit** *f* (*0*) open(hartig)heid.
offenherzig openhartig; **♀keit** *f* (*0*) openhartigheid.
offen|kundig duidelijk, klaarblijkelijk; **~lassen** openlaten (*a. fig.*); **~sichtlich** klaarblijkelijk (*a. Adv.*), duidelijk.
offen'siv offensief; **♀e** [-və] *f* (het) offensief; **♀krieg** *m* offensieve oorlog.
offenstehen openstaan (*a. fig.*).
öffentlich openbaar, publiek; *Adv.* in het openbaar; *~e Meinung* openbare mening, publieke opinie; **♀keit** *f* (*0*) openbaarheid; (het) publiek; publieke opinie; *unter Ausschluß der* ~ met gesloten deuren.
of|fe'rieren (-) offreren, aanbieden; **♀'ferte** *f* offerte.
offiziell [-'tsĭɛl] officieel.
Offi'zier *m* (*-s*; *-e*) officier; **~skorps** *n* (het) officierscorps.
offiziös [-'tsĭø:s] (*-est*) officieus.
öffn|en (*-e-*) openen, opendoen; *s. a. geöffnet*; **♀er** *m* opener; **♀ung** *f*

opening (*a. Loch*); **2ungs·zeiten** *f/pl.* openingsuren *n/pl.*
oft (*⸗er*; *⸗est*) dikwijls, vaak.
öfter(s), *des öfteren* herhaaldelijk, vaak, vaker.
oftmals = *oft.*
oh! o!
Oheim *m* (*-s*; *-e*) oom.
ohne *Präp.* (*A*) *u. Ko.* zonder; *das ist nicht ganz ~!* dat is niet mis!; **~'dies** toch al; **~'gleichen** zonder weerga, weergaloos; **~'hin** toch al.
Ohn|macht *f* onmacht, machteloosheid; (*Bewußtlosigkeit*) bezwijming, bewusteloosheid; *in ~ fallen* flauwvallen; **2mächtig** machteloos; bewusteloos.
o'ho! oho!
Ohr *n* (*-es*; *-en*) (het) oor; *sich aufs ~ legen* gaan slapen; *sich hinter die ~en pl. schreiben* in zijn oren *n/pl.* knopen; *ganz ~ sein* geheel oor zijn; *übers ~ hauen* foppen, bedriegen; (*finanziell*) afzetten; *ein geneigtes ~* een welwillend oor.
Öhr *n* (*-es*; *-e*) (het) oog; (*Henkel*) (het) hengsel, (het) oor.
Ohren|- *in Zssgn mst.* oor-, *z.B.* **~arzt** *m* oorarts; **2betäubend** oorverdovend; **~entzündung** *f* oorontsteking; **~klappe** *f* oorklep; **~leiden** *n* oorkwaal; **~sausen** *n* (*-s*; *0*) oorsuizing; **~schmalz** *n* oorsmeer; **~schmaus** *m* streling voor het oor; **~schmerzen** *m/pl.* oorpijn; **~zeuge** *m* oorgetuige.
Ohrfeige *f* oorvijg, oorveeg; **2n** om de oren slaan.
Ohr|läppchen *n* (het) oorlelletje; **~muschel** *f* oorschelp; **~ring** *m* oorring; **~wurm** *m* oorworm.
o'je! o jee!
O'kapi *n* (*-s*; *-s*) okapi.
ok'kul|t (*-est*) occult, geheim; **2'tismus** *m* (*-*; *0*) (het) occultisme.
okku'pieren (-) bezetten.
Öko'no|m *m* (*-en*) econoom; **~'mie** *f* economie; **2misch** economisch.
Ok'tanzahl *f* (het) octaangetal.
Ok'tav *n* (*-s*; *-e*) (het) octavo; **~e** [-və] *f* octaaf (*a.* het).
Ok'tober *m*: *der ~* oktober; **~fest** *n* (het) oktoberfeest.
öku'menisch (*0*) oecumenisch.
Okzident *m* (*-s*; *0*) (het) westen, (het) avondland.
Öl *n* (*-es*; *-e*) olie.
Öl|- *in Zssgn mst.* olie-; **~baum** *m* olijfboom; **~bild** *n* olieverfschilderij (*a.* het).
Oleander [o·le·'a-] *m* oleander.
öl|en smeren, oliën; **2farbe** *f* olieverf; **2feuerung** *f* oliestook; **2fleck** *m* olievlek; **2frucht** *f* oliehoudende vrucht; **2gemälde** *n* olieverfschilderij (*a.* het); **2gesellschaft** *f* oliemaatschappij; **~haltig** oliehoudend; **2heizung** *f* olieverwarming, -stook; **~ig** olieachtig; **2industrie** *f* olie-industrie.
O'live [-və] *f* olijf.
O'liven|- *in Zssgn mst.* olijf-, *z.B.* **~baum** *m* olijfboom; **~öl** *n* olijfolie.
o'livgrün olijfgroen.
Öl|kanister *m* oliebus; **~kanne** *f* oliekan; **~krise** *f* oliecrisis; **~leitung** *f* olieleiding.
Olm *m* (*-es*; *-e*) *Zool.* olm.
Öl|motor *m* oliemotor; **~ofen** *m* oliekachel; **~presse** *f* oliepers; **~pumpe** *f* oliepomp; **~quelle** *f* oliebron; **~sardinen** *f/pl.* sardines *pl.* in olie; **~stand** *m* (het) oliepeil; **~tanker** *m* olietanker; **~ung** *f* (het) oliën; *Rel.* zalving; **~wanne** *f* (het) oliecarter; **~wechsel** *m* (het) olie verversen.
O'lymp *m* (*-s*; *0*) Olympus; **~iade** [-'pĭa:-] *f* olympiade; **~ia·sieger** [-pĭa·-] *m* olympisch kampioen; **~ia·stadion** *n* (het) olympisch stadion; **2isch** (*0*): *~e Spiele n/pl.* Olympische Spelen *n/pl.*
Ölzweig *m* olijftak.
Oma *f* (*-*; *-s*) oma.
Ome'lett *n* (*-es*; *-e od. -s*) omelet.
Omen *n* (*-s*; *- od. Omina*) (het) omen, (het) voorteken.
omi'nös (*-est*) omineus, onheilspellend.
Omnibus *m* (auto-, omni)bus; **~bahnhof** *m* (het) busstation; **~haltestelle** *f* bushalte.
Ona'nie *f* (*0*) onanie.
ondu'lieren (-) onduleren.
Onkel ['ɔŋk-] *m* oom.
Opa *m* (*-s*; *-s*) opa.
O'pal *m* (*-s*; *-e*) opaal.
Oper *f* (*-*; *-n*) opera.
Operateur [-'tø:ʁ] *m* (*-s*; *-e*) operateur; (*Arzt*) chirurg.
Operation [-'tsĭo:n] *f* operatie (*a. mil.*); **~s·saal** *m* operatiekamer.
Ope'rette *f* operette; **~n·musik** *f* operettemuziek.
ope'rieren (-) opereren.

Opern|glas *n* toneelkijker; **~haus** *n* (het) operagebouw, opera; **~sänger(in** *f*) *m* operazanger(es *f*).

Opfer *n* (het) slachtoffer; (*Gabe*) (het) offer; **≈bereit** offervaardig; **~lamm** *n* (het) offerlam; **~mut** *m* offervaardigheid; **≈n** (*-re*) *v/i u. v/t* offeren; *fig.* opofferen; *sich ~* zich opofferen; **~stätte** *f* offerplaats; **~stock** *m* (het) offerblok; **~tier** *n* (het) offerdier; **~ung** *f* offering; opoffering; **≈willig** offervaardig.

Opium ['o:pĭ-] *n* (*-s; 0*) opium (*a.* het); **~raucher** *m* opiumschuiver.

Oppo'n|ent *m* (*-en*) opponent; **≈ieren** (-) opponeren.

oppor'tu|n opportuun; **≈'nismus** *m* (-; *0*) (het) opportunisme.

Oppositio|n [-'tsĭo:n] *f* oppositie; **≈'nell** (*0*) oppositioneel; **~ns·partei** *f* oppositiepartij.

op'tieren (-) opteren.

Optik *f* (*0*) optiek (*a. fig.*), optica; **~er** *m* opticien.

opti'm|al optimaal; **≈ismus** *m* (-; *0*) (het) optimisme; **≈ist(in** *f*) *m* (*-en*) optimist(e *f*); **~istisch** optimistisch.

Option [-'tsĭo:n] *f* optie.

optisch (*0*) optisch.

Opus *n* (-; *Opera*) (het) opus, (het) werk.

O'rakel *n* (het) orakel; **≈n** (*-le*) [orakelen.]

orange [o·'ʀaŋʒə] oranje; **≈** *f* sinaasappel; **≈ade** [-'ʒa:-] *f* orangeade.

orangen|farben oranjekleurig; **≈limonade** *f* sina(a)s, sinaasappellimonade; **≈saft** *m* jus d'orange.

Orang-'Utan [a] *m* (*-s; -s*) orang-oetang.

O'ranien [-nĭən] *n* Oranje *n.*

Ora'torium [-ʀĭʊm] *n* (*-s; Oratorien*) (het) oratorium.

Or'ches|ter [k] *n* (het) orkest; **≈'trieren** (-) orkestreren.

Orchi'dee *f* orchidee.

Orden *m* orde; (*Medaille*) medaille, (het) lintje.

Ordens|band *n* (het) ordelint; **~bruder** *m* *Rel.* ordebroeder; **~kleid** *n* (het) ordekleed; **~schwester** *f* kloosterlinge, non.

ordentlich [ə] ordelijk, ordentelijk, ordelievend; (*rechtschaffen*) keurig; (*gewöhnlich*) gewoon (*a. Professor*); (*kräftig*) flink, stevig; (*ziemlich, sehr*) behoorlijk.

Order *f* (-; *-n*) order (*a. Hdl.*); **≈n** (*-re*) bestellen.

Ordi'n|alzahl *f* (het) ranggetal; **≈är** ordinair; **~ariat** [-a·'ʀĭa:t] *n* (*-ęs; -e*) (het) ordinariaat; **~arius** [-'na:ʀĭʊs] *m* (-; *Ordinarien*) ordinarius (*a. Rel.*), gewoon hoogleraar.

ordn|en (*-e-*) ordenen, (rang)schikken; (*regeln*) regelen; **≈er** *m* ordecommissaris; (*Mappe*) ordner; **≈ung** *f* orde; (*Reihenfolge*) volgorde; (*Regel*) regel; (*das Ordnen*) ordening; *in ~!* in orde!, o.k.!; *in ~ bringen fig.* regelen.

Ordnungs|dienst *m* ordedienst; **≈gemäß** reglementair, regelmatig; **≈liebend** ordelievend; **≈mäßig** stelselmatig; **~ruf** *m* (het) roepen tot de orde; **~sinn** *m* (*-ęs; 0*) ordelievendheid; **~strafe** *f* disciplinaire straf; **≈widrig** in strijd met de (goede) orde; **~zahl** *f* (het) rangtelwoord.

Ordon'nanz *f* ordonnans.

Or'gan *n* (*-s; -e*) (het) orgaan.

Organisation [-'tsĭo:n] *f* organisatie; **~s·talent** *n* (het) organisatietalent.

Organi|'sator *m* (*-s; -en* [-'to:-]) organisator; **≈sch** [-'ga:-] organisch; **≈'sieren** (-) organiseren; **~s·mus** [-'nɪs-] *m* (-; *Organismen*) (het) organisme; **~st(in** *f*) [-'nɪst] *m* (*-en*) organist(e *f*).

Or'gasmus *m* (-; *Orgasmen*) (het) orgasme.

Orgel *f* (-; *-n*) (het) orgel.

Orgel|- *in Zssgn mst.* orgel-, *z.B.* **~bauer** *m* orgelbouwer; **≈n** (*-le*) orgel spelen; **~pfeife** *f* orgelpijp; **~punkt** *m* (het) orgelpunt.

Orgie ['ɔʁgĭə] *f* orgie.

Orien|t ['o:ʀĭɛnt] *m*: *der ~* de Oriënt, het Oosten; **~'tale** *m* (*-n*) oosterling; **≈'talisch** oosters; **≈'tieren** (-) (*sich*) (zich) oriënteren.

Orien'tierung *f* oriëntering; **~s-sinn** *m* (*-ęs; 0*) (het) oriënteringsvermogen.

origi'nal origineel; **≈** *n* (*-s; -e*) (het) origineel; *Pers. a.*: zonderling; **≈ausgabe** *f* originele uitgave; **≈i'tät** *f* (*0*) originaliteit; **≈packung** *f* originele verpakking.

origi'nell origineel.

Or'kan *m* (*-ęs; -e*) orkaan.

Or|na'ment *n* (*-ęs; -e*) (het) ornament; **~'nat** *m* (*-ęs; -e*) (het) ornaat.

Ornitholo'gie *f* (*0*) ornithologie.
Ort *m* (*-ẹs*; *-e*) plaats; *an ~ und Stelle* ter plaatse; *an e-m ~ leben*, ... in een plaats; *am falschen Ort stehen*, ... op de verkeerde plaats.
Örtchen *n* W.C. (*a.* het).
orten (*-e-*) plaats bepalen van.
ortho|'dox (*-est*) orthodox; **~do'xie** *f* (*0*) orthodoxie; **~gra'phie** *f* spelling, orthografie; **~'graphisch** (*0*) orthographisch; **~'päde** *m* (*-n*) orthopedist; **~'pädisch** (*0*) orthopedisch.
örtlich (*0*) plaatselijk; **~keit** *f* plaats.
Orts|angabe *f* opgave van (de) plaats; **~ansässig** ter plaatse wonend; **~bestimmung** *f* plaatsbepaling.
Ortschaft *f* plaats, (het) dorp; *geschlossene ~* bebouwde kom.
Orts|gespräch *n* (het) lokaal (telefoon)gesprek; **~gruppe** *f* plaatselijke afdeling; **~kenntnis** *f* plaatselijke bekendheid; **~klassen** *f/pl.* regionale klassen *pl.*; **~krankenkasse** *f* (het) plaatselijk ziekenfonds; **~kundig** ter plaatse bekend; **~name** *m* plaatsnaam; **~netz** *n* (het) plaatselijk net; **~üblich** ter plaatse gebruikelijk; **~verkehr** *m* (het) plaatselijk verkeer; *Tel.* (het) lokaal verkeer; **~zeit** *f* plaatselijke tijd.
Ortung *f* peiling, plaatsbepaling.
Öse *f* (het) oog.
Os'mose *f* (*0*) osmose.
Ost|- *in Zssgn* oost-; *in Eigennamen* Oost-, *z.B.* **~'afrika** *n* Oost-Afrika *n*; **~'asien** *n* Oost-Azië *n*; **~block** *m* (*-ẹs*; *0*) (het) oostblok; **~en** *m* (*-s*; *0*) (het) oosten; *Naher* (*Mittlerer*, *Ferner*) *~* (het) Nabije (Midden-, Verre) Oosten; *nach ~* naar het oosten.
ostenta'tiv ostentatief.
Oster|- [o:] *in Zssgn mst.* paas-, *z.B.* **~abend** *m* Paasavond; **~blume** *f* paasbloem; **~ei** *n* (het) paasei; **~ferien** *pl.* paasvakantie; **~hase** *m* paashaas; **~lamm** *n* (het) paaslam.
österlich (*0*) paas-.
Oster|'montag *m* Paasmaandag; **~n** *n* (*-*; *0*) Pasen; *zu ~* met Pasen.
Österreich [ø:] *n* Oostenrijk *n*; **~er(in** *f*) *m* Oostenrijker *m*, Oostenrijkse *f*; **~isch** Oostenrijks.
Ost|eu'ropa *n* Oost-Europa *n*; **~'indien** *n* Oost-Indië *n*.
östlich oostelijk; *~* (*G*) *od. von* (*D*) ten oosten van.
Ost|mark *f* (*Währung*) Oostmark; **~nord'ost** oostnoordoost; **~preußen** *n* Oost-Pruisen *n*; **~see** *f*: *die ~* de Oostzee; **~wärts** oostwaarts; **~wind** *m* oostenwind.
Otter[1] *m* otter.
Otter[2] *f* (*-*; *-n*) adder; **~n·brut** *f* (het) addergebroed.
Otto'mane *m* (*-n*) Ottomaan.
Ouver'türe [u'vɛʀ-] *f* ouverture.
o'val ovaal; **~** *n* (*-s*; *-e*) (het) ovaal.
Ovation [-'tsǐo:n] *f* ovatie.
Overall ['o:vərɔ:l] *m* (*-s*; *-s*) overall.
Ovulation [-'tsǐo:n] *f* ovulatie.
Oxy|d [ɔk'sy:t] *n* (*-s*; *-e*) (het) oxyde; **~dation** [-'tsǐo:n] *f* oxydatie; **~'dieren** (*-*) oxyderen.
Ozean ['o:tse·ɑ:n] *m* (*-s*; *-e*) oceaan; **~dampfer** *m* oceaanboot; **~ien** [-'ɑ:nǐən] *n* Oceanië *n*.
O'zon *n od. m* (*-s*; *0*) ozon (*a.* het); **~schicht** *f* ozonlaag.

P

P, p *n* P, p.
paar paar; *ein* ~ een paar; ♀ *n* (-*ℯs*; -*e*) (het) paar; *ein* ~ *Schuhe*, ... een paar; **~en** (*sich*) paren; **~ig** (*0*) gepaard, bijeenhorend; **~mal**: *ein* ~ een paar maal (*od.* keer); **♀ung** *f* paring; **♀ungs·zeit** *f* paartijd; **~weise** paarsgewijze, per paar.
Pacht *f* pacht; **♀en** (-*e*-) pachten.
Pächter *m* pachter; **~in** *f* pachtster.
Pacht|gut *n*, **~hof** *m* (het) pachtgoed; **~ung** *f* (het) pachten; **~vertrag** *m* (het) pachtcontract; **~zins** *m* pacht.
Pack 1. *m* (-*ℯs*; -*e*) (het) pak; **2.** *n* (-*ℯs*; *0*) (het) gepeupel, (het) gespuis.
Päckchen *n* (het) pakje.
Pack|eis *n* (het) pakijs; **~en** *m* (het) pak; **♀en** pakken (*a. fig.*), grijpen; (*ein*~) inpakken; *sich* ~ 'm smeren; **♀end** pakkend; **~er** *m* inpakker, emballeur; **~e'rei** *f* (*0*) (het) gepak; **~esel** *m* pakezel; **~leinwand** *f* (het) paklinnen; **~papier** *n* (het) pakpapier; **~raum** *m* pakkamer; **~ung** *f* verpakking; (*Schachtel*) (het) pakje; *Tech.* pakking; *Med.* (het) kompres; **~wagen** *m* bagagewagen.
Päda'gog|e *m* (-*n*) pedagoog; **~ik** *f* (*0*) pedagogiek, opvoedkunde; **~in** *f* pedagoge; **♀isch** (*0*) pedagogisch.
Paddel|boot *n* kano; **♀n** (-*le*) pagaaien, paddelen.
Päde'rast [ə] *m* (-*en*) pederast.
paffen F paffen.
Page [-ʒə] *m* (-*n*) page; (*Hotel*♀) piccolo; **~n·kopf** *m* (het) pagekopje.
pagi'nieren (-) pagineren.
Pa'gode *f* pagode.
Pa'ket *n* (-*ℯs*; -*e*) (het) pakket, (het) pak; **~adresse** *f* pakketkaart; **~annahme** *f*, **~ausgabe** *f* pakketpost (-dienst); **~boot** *n* pakketboot; **~karte** *f* adreskaart; **~post** *f* pakketpost; **~schalter** *m* pakketpostdienst.
pakis'tanisch Pakistaans.
Pak|t *m* (-*ℯs*; -*e*) (het) pact, (het) verdrag; **♀'tieren** (-) een verdrag sluiten; *pej.* heulen.
Paladin *m* (-*s*; -*e*) paladijn.
Palais [-'lɛː] *n* (-; -) (het) paleis.
Paläogra'phie [pɑ·lɛ·o·-] *f* (*0*) paleografie.
Pa'last *m* (-*ℯs*; ⸗*e*) (het) paleis.
Paläs'ti|na *n* Palestina *n*; **~'nenser** *m* Palestijn; **♀'nensisch** Palestijns.
Pa'lastrevolution *f* paleisrevolutie.
pala'tal palataal.
Pa'laver *n fig.* (het) palaver; **♀n** (-*re*) eindeloos praten, kletsen.
Pa'lette *f* (het) palet (*a. fig.*).
Pali'sade *f* palissade.
Pali'sander *m*, **~holz** *n* (het) palissander(hout).
Palm|e *f* palm; (*Baum bsd.*) palmboom; *auf die* ~ *bringen* F op stang jagen; **~en·garten** *m* palmentuin; **~'sonntag** *m* Palmzondag; **~zweig** *m* palmtak.
Pampasgras *n* (het) pampagras.
Pampelmuse *f* pompelmoes.
Pamphlet [-'fleːt] *n* (-*ℯs*; -*e*) (het) pamflet.
Panama *n* Panama *n*; **~hut** *m* panamahoed.
pan·ameri'kanisch Panamerikaans.
Panda *m* (-*s*; -) panda.
Pa'neel *n* (-*s*; -*e*) (het) paneel; (*Täfelung*) lambrizering.
päng! pang!
pa'nier|en (-) paneren; **♀mehl** *n* (het) paneermeel; **~t** gepaneerd.
Pani|k *f* (*0*) paniek; **♀sch** (*0*) panisch.
Panne *f* panne; (*Motor*♀) (het) pech; **~n·hilfe** *f* wegenwacht.
Pano'rama *n* (-*s*; *Panoramen*) (het) panorama.
pansche|n plassen; (*verfälschen*) verdunnen, vervalsen; **♀r** *m* knoeier; **♀'rei** *f* (het) geknoei.
Pantheismus [-teː'ɪs-] *m* (-; *0*) (het) pantheïsme.
Pantheon [-te·ɔn] *n* (-*s*; -*s*) (het) pantheon.
Panther *m* panter.
Pan'toffel *m* (-*s*; -*n*) pantoffel;

(*Damen*♀ *a.*) (het) muiltje; *unter dem ~ stehen* onder de pantoffel zitten; **~held** *m* pantoffelheld.
Panto'mime *f* pantomime.
pantschen = *panschen.*
Panzer *m* (het) pantser; (*Kampfwagen*) tank; **~abwehrkanone** *f* antitankkanon; **~faust** *f* pantservuist; **~hemd** *n* maliënkolder; **~kreuzer** *m* pantserkruiser; ♀**n** (*-re*) pantseren; *s. a. gepanzert*; **~platte** *f* pantserplaat; **~schrank** *m* brandkast; **~ung** *f* pantsering; **~wagen** *m* tank, pantserwagen.
Päonie [pɛ·'oːniə] *f* pioen(roos).
Papa *m* (*-s*; *-s*) papa.
Papa'gei *m* (*-en od. -s*; *-en*) papegaai; **~en·krankheit** *f* papegaaieziekte.
Pa'pier *n* (*-s*; *-e*) (het) papier (*a. Dokument usw.*); *zu ~ bringen* op papier zetten.
Pa'pier|- *in Zssgn mst.* papier-, *z.B.* **~blume** *f* papieren bloem; **~deutsch** *n* boekentaal; ♀**en** (*0*) papieren; **~fabrik** *f* papierfabriek; **~geld** *n* (*-ės*; *0*) (het) papieren geld; **~geschäft** *n*, **~handlung** *f* papierhandel; **~korb** *m* prullenmand; **~krieg** *m* bureaucratische rompslomp; **~maché** [pɑ·pĭeːmɑ·'ʃeː] *n* (*-s*; *-s*) (het) papier-maché; **~messer** *n* (het) vouwbeen; **~serviette** *f* (het) papieren servet(je).
Papp|band *m* (*Buch*♀) gekartonneerde band; **~deckel** *m* (het) karton; **~e** *f* (het) karton; (*Kleister*) (het) stijfsel; (*Brei*) pap; *das ist nicht von ~!* F dat is niet mis!
Pappel *f* (*-*; *-n*) populier.
päppeln (*-le*) eten geven, voeren.
pappen (*kleben*) plakken.
Pappen|heimer *m* pappenheimer; **~stiel** *m* F: *das ist kein ~* dat is geen kleinigheid; *das ist keinen ~ wert* dat is geen sikkepit waard.
pappig brijig, kleverig.
Papp|schachtel *f* kartonnen doos; **~schnee** *m* natte sneeuw.
Paprika *m* (*-s*; *-s*), **~schote** *f* paprika.
Papst [ɑː] *m* (*-ės*; *⸚e*) paus.
päpstlich pauselijk.
Papsttum *n* (*-s*; *0*) (het) pausdom.
Papua [-pu·ɑ·] *m* (*-s od. -*; *-s od. -*) Papoea.
Pa'pyrus *m* (*-*; *Papyri*) papyrus.
Pa'rabel *f* (*-*; *-n*) parabel, gelijkenis; *Math.* parabool.
Pa'rade *f* parade; *Sp.* (het) pareren.
Pa'rade|- *in Zssgn mst.* parade-, *z.B.* **~marsch** *m* parademars; **~schritt** *m* paradepas.
para'dieren (*-*) paraderen; *fig. a.* pronken.
Para'dies *n* (*-es*; *-e*) (het) paradijs; **~apfel** *m* paradijsappel; (*Tomate*) tomaat; ♀**isch** paradijselijk; (*himmlisch a.*) heerlijk, verrukkelijk; **~vogel** *m* paradijsvogel.
Para|'digma *n* (*-s*; *Paradigmen*) (het) paradigma; ♀'**dox** (*-est*) paradox(aal), tegenstrijdig.
Paraf'fin *n* (*-s*; *-e*) paraffine (*a.* het).
Para'graph *m* (*-en*) paragraaf; (*Gesetzes*♀) (het) artikel; **~en·reiter** *m* F bureaucraat naar de letter van de wet.
paral'lel (*0*) parallel, evenwijdig; ♀**e** *f* parallel (*a. fig.*); ♀**entwicklung** *f* parallelle (*od.* gelijkaardige) ontwikkeling; ♀**o'gramm** *n* (het) parallellogram; ♀**schaltung** *f* parallelschakeling.
Para'ly|se *f* paralyse, verlamming; ♀'**sieren** (*-*) paralyseren, verlammen.
Para|meter *m* parameter; ♀**phra'sieren** (*-*) parafraseren.
Para'si|t *m* (*-en*) parasiet (*a. fig.*); ♀'**tär** (*0*) parasitair.
pa'rat (*0*) paraat.
Pärchen [ɛː] *n* (het) paartje.
Pardon [-'dɔŋ] **1.** *m* (*-s*; *0*) (het) pardon; **2.** ♀! pardon!
Paren'these *f* parenthese, inlassing; *in ~* tussen twee haakjes.
Par'füm *n* (*-s*; *-e od. -s*) (het) parfum; **~e'rie** *f* parfumerie; **~fläschchen** *n* (het) parfumflesje; ♀**ieren** [-'miː-] (*-*) parfumeren.
pari: *~ stehen* pari staan; *über* (*unter*) *~* boven (beneden) pari.
Paria [-ʀĭɑ·] *m* (*-s*; *-s*) paria.
pa'rieren (*-*) pareren; *Pferd* laten stilstaan; (*gehorchen*) gehoorzamen.
Pa'ris *n* Parijs *n*; **~er 1.** *m* Parijzenaar; P (het) kapotje; **2.** *Adj.* Parijs.
Pari'tät *f* pariteit; ♀**isch** (*0*) gelijkgerechtigd; (*gleiche Zahl*) paritair.
Park *m* (*-s*; *-e od. -s*) (het) park; **~anlagen** *f/pl.* (het) park, plantsoenen *n/pl.*

parken parkeren; ♀ *verboten!* niet parkeren!
Par'kett *n* (-*ẹs*; -*e*) (het) parket (*a. Thea.*); **~(fuß)boden** *m* parketvloer; **~loge** *f* parterreloge; **~platz** *m*, **~sitz** *m* parketplaats.
Park|gebühr *f* (het) parkeergeld; **~(hoch)haus** *n* parkeergarage.
Parklandschaft *f* (het) parklandschap.
Park|leuchte *f* (het) parkeerlichtje; **~platz** *m* parkeerplaats; (*große Fläche*) (het) parkeerterrein; **~uhr** *f* parkeermeter; **~verbot** *n* (het) parkeerverbod.
Parla'men|t *n* (-*ẹs*; -*e*) (het) parlement; **~'tär** *m* (-*s*; -*e*) onderhandelaar, parlementair; **~'tarier(in** *f*) [-ʀĭə] *m* (het) (vrouwelijk *f*) parlementslid, volksvertegenwoordiger *m*, volksvertegenwoordigster *f*; **♀'tarisch** (*0*) parlementair; **~ts-gebäude** *n* (het) parlementsgebouw.
Parme'sankäse *m* parmezaan(kaas).
Par'naß *m* (-*sses*; *0*) Parnas(sus).
Paro'die *f* parodie; **♀ren** (-) parodiëren.
Pa'role *f* (het) parool, (het) wachtwoord; (*Schlagwort*) leus.
Part *m* (-*s*; -*e*) (het) aandeel; *Thea.* rol; *Mus.* stem, partij.
Par'tei *f* partij (*a. jur.*); ~ *ergreifen für* (*gegen*) (*A*) partij kiezen voor (tegen).
Par'tei|- *in Zssgn mst.* partij-; **~buch** *n* (het) lidmaatschapsboekje (van een partij); **~führer** *m* partijleider; **~gänger** *m* partijganger; **~genosse** *m* partijgenoot; **♀isch, ♀lich** partijdig; **~lichkeit** *f* (*0*) partijdigheid; **♀los** (*0*) partijloos; **~mann** *m* (het) actief partijlid; **~politik** *f* partijpolitiek; **~tag** *m* (het) partijcongres; **~wesen** *n* (-*s*; *0*) (het) partijwezen.
Par'terre [-tɛʀ] *n* (-*s*; -*s*) parterre (*a.* het) (*a. Thea.*); **~wohnung** *f* (het) benedenhuis.
Par'tie *f* partij (*a. Mus.*, *bei Heirat usw.*); (*Teil*) (het) gedeelte; **♀ll** [-'tsiɛl] (*0*) partieel, gedeeltelijk.
Par'tikel *f* (-; -*n*) (het) partikel.
Partikula'ristisch particularistisch.
Parti'san *m* (-*en od.* -*s*; -*en*) partizaan; **~en·krieg** *m* partizanenoorlog.
Parti'tur *f* partituur.
Parti'zip *n* (-*s*; -*ien* [-pĭən]), **~ium** [-pĭum] *n* (-*s*; *Partizipia*) (het) participium, (het) deelwoord.
Partner|(in *f*) *m* (vrouwelijke *f*) partner; **~schaft** *f* (het) partnership.
Party ['pɑːʀti·] *f* (-; -*s*) party, fuif.
Parve'nü [ə] *m* (-*s*; -*s*) parvenu.
Par'zelle *f* (het) perceel.
Pasch *m* (-*ẹs*; -*e*) (het) doublet, (het) dubbele.
Pascha *m* (-*s*; -*s*) pasja.
Paß *m* (-*sses*; ⸗*sse*) pas (*a. Gebirgs*♀), (het) paspoort.
pas'sabel (-*bl*-) passabel.
Pas'sag|e [-ʒə] *f* passage (*a. mar.*); **~ier** [-'ʒiːʀ] *m* (-*s*; -*e*) passagier; *blinder* ~ blinde passagier, verstekeling.
Passa'gier|- *in Zssgn mst.* passagiers-, *z.B.* **~flugzeug** *n* (het) passagiersvliegtuig; **~gut** *n* bagage; **~liste** *f* passagierslijst; **~schiff** *n* (het) passagiersschip.
Paß·amt *n* (het) pasbureau.
Pas'sant *m* (-*en*) passant, voorbijganger.
Pas'satwind *m* passaat(wind).
Paßbild *n* pasfoto.
passen (-*ßt*) passen; (*genehm sein a.*) schikken, gelegen komen; ~ *zu* (*D*) passen bij; *das könnte dir so* ~*!* F dat zou je wel willen!; **~d** passend; *Geld*: gepast.
Paßhöhe *f* pashoogte.
pas'sier|bar passeerbaar; **~en** (-) **1.** *v/t* passeren, voorbijgaan; **2.** *v/i* (*sn*) gebeuren; *j-m bsd.* overkomen; **♀schein** *m* (het) doorlaatpasje.
Passio|n [-'sĭoːn] *f* passie (*a. Rel.*); **♀'niert** gepassioneerd; **~ns·spiel** *n* (het) passiespel; **~ns·zeit** *f* passietijd.
passiv passief; ♀ *n* (-*s*; -*e* [-və]) (het) passief, lijdende vorm; **♀a** [-'siːvɑ·] *pl.* passiva *pl.*, (het) passief.
Paß|kontrolle *f* pascontrole; **~stelle** *f* (het) pasbureau; **~straße** *f* weg over een pas.
Passus *m* (-; -) passage.
Paßzwang *m* plicht, een geldige pas te bezitten.
Past|a *f* (-; *Pasten*), **~e** *f* pasta.
Pas'tell *n* (-*ẹs*; -*e*) (het) pastel; **~farbe** *f* pastelkleur.
Pas'tet|chen *n* (het) pasteitje; **~e** *f* pastei.

pasteuri'sieren (-) pasteuriseren.
Pas'tille *f* pastille.
Pasto|r *m* (*-s*; *-en* [-'to:-]) pastoor; *evangelisch*: dominee, predikant; **2'ral** (*0*) pastoraal.
Pate *m* (*-n*) peetoom, peter; (*Täufling*) (het) petekind; **~n·geschenk** *n* (het) peetgeschenk; **~n·kind** *n* (het) petekind; **~n·onkel** *m* peetoom; **~n·schaft** *f* (het) peetschap.
Pa'tent *n* (*-es*; *-e*) (het) patent, (het) octrooi; **2** (*-est*) F patent; **~amt** *n* octrooiraad; **~gesetz** *n* octrooiwet; **2ieren** [-'ti:-] (-) patenteren, octrooieren; **~inhaber** *m* patent-, octrooihouder; **~schutz** *m* octrooibescherming.
Pater *m* (*-s*; *Patres od.* -) pater.
Pater'noster **1.** *n* (het) onzevader, (het) paternoster; **2.** *m* paternosterlift.
pa'thetisch pathetisch.
Patho|lo'gie *f* (*0*) pathologie, ziektenleer; **2'logisch** pathologisch; **~s** *n* (-; *0*) (het) pathos.
Patient(in *f*) [-'tsiɛnt] *m* (*-en*) patiënt(e *f*).
Patin *f* peettante.
Patriar|ch [-i·'aʁç] *m* (*-en*) patriarch; **2'chalisch** patriarchaal.
Patrio|t [-i·'o:t] *m* (*-en*) patriot; **2tisch** patriottisch; **~'tismus** *m* (-; *0*) (het) patriottisme.
Pa'triz|ier [-tsiɐ] *m* patriciër; **2isch** (*0*) patricisch.
Pa'tro|n *m* (*-s*; *-e*) patroon (*a. Rel.*); **~'nat** *n* (*-es*; *-e*) (het) patronaat.
Pa'trone *f* patroon; (*Muster*) (het) patroon; **~n·hülse** *f* patroonhuls; **~n·tasche** *f* patroontas.
Pa'tronin *f* patrones; (*Schirmherrin bsd.*) beschermvrouwe.
Patrouill|e [-'trʊljə] *f* patrouille; **2ieren** [-'lii:-] (-) patrouilleren.
patsch! pats!
Patsch|e *f* F (*Hand*) (het) handje; *in der ~ sitzen* in de knoei zitten; **2en** patsen, klappen, slaan; **2naß** (*0*) kletsnat.
Patt *n* (*-s*; *-s*) (het) pat.
patz|en (*-t*) knoeien; **2er** *m* knoeier; (*Fehler*) fout; **~ig** brutaal.
Pauke *f* pauk; **2n** op de pauk slaan; (*fechten*) schermen; (*lernen*) blokken; **~r** *m Mus.* paukenist; (*Lehrer*) schoolfrik; **~'rei** *f* (*0*) (*Lernen*) (het) geblok, (het) blokken.
Pausback *m* (*-es*; *-e*) iem. met bolle wangen; **~en** *f/pl.* bolle wangen *pl.*; **2ig** bolwangig.
pau'schal (*0*) globaal; **2e** *f* (het) bedrag ineens; **~ieren** [-'li:-] (-) alles bij elkaar nemen; **2preis** *m* vooraf vastgestelde prijs (alles inbegrepen); **2reise** *f* reis voor een vast bedrag (alles inbegrepen), forfaitaire reis.
Paus|e *f* **1.** pauze, rust; **2.** *Zeichenkunst*: doordruk met calqueerpapier, calque; **2en** (*-t*) calqueren, overtrekken; **2en·los** (*0*) ononderbroken; **~en·zeichen** *n* (het) pauzeteken; **2ieren** [-'zi:-] (-) pauzeren; **~papier** *n* (het) calqueerpapier.
Pavian [-vïa:n] *m* (*-s*; *-e*) baviaan.
Pavillon [-vɪljɔŋ] *m* (*-s*; *-s*) (het) paviljoen.
Pa'zifi|k *m*: *der ~* de Stille Oceaan; **2sch** van (*od.* in) de Stille Oceaan.
Pazi'fis|mus *m* (-; *0*) (het) pacifisme; **~t(in** *f*) *m* (*-en*) pacifist(e *f*); **2tisch** (*0*) pacifistisch.
Pech *n* **1.** (*-es*; *-e*) pek, pik; **2.** (*-es*; *0*) (het) pech; *~ haben* pech hebben; *so ein ~!* wat een pech!; **~fackel** *f* pektoorts; **2ig** ['pɛçɪç] (*0*) pekachtig; **~kohle** *f* pekkool; **2(raben)schwarz** (*0*) pikzwart; **~strähne** *f* (het) voortdurend pech; **~vogel** *m* pechvogel.
Pe'dal *n* (*-s*; *-e*) pedaal (*a.* het).
Pe'dant *m* (*-en*) pedant; **~e'rie** [-tə-] *f* (het) pietluttig gedoe; **2isch** pedant.
Pe'dell *m* (*-s*; *-e*) pedel.
Pedi'küre *f* pedicure.
Pegel *m* (het) peil; (*Gerät*) peilschaal; **~stand** *m* (het) peil, waterstand.
Peil|antenne *f* peilantenne; **2en** peilen; **~gerät** *n* (het) peiltoestel; **~ung** *f* peiling.
Pein *f* (*0*) pijn, smart; **2igen** pijnigen, kwellen, martelen; **~iger** *m* pijniger, beul; **~igung** *f* pijniging, kwelling; **2lich** pijnlijk (*a. fig.*); (*äußerst sorgfältig*) angstvallig; *~ genau* angstvallig precies; **~lichkeit** *f* pijnlijkheid; angstvalligheid.
Peitsche *f* zweep; **2n** geselen (*a. fig.*), zwepen; **~n·hieb** *m* zweepslag.
pejora'tiv pejoratief.
Peki'nese *m* (*-n*) (*Hund*) pekinees.
pekuniär [-'nïɛ:ʁ] (*0*) pecuniair, geldelijk.
Pelar'gonie [-nïə] *f* geranium.

Pele'rine [-lə-] *f* pelerine.
Pelikan *m* (*-s*; *-e*) pelikaan.
Pell|e *f* schil; **2en** schillen, pellen; **~kartoffeln** *f/pl.* in de schil gekookte aardappelen *pl.*
Pelopon'nes *m*: *der* ~ de Peloponnesus.
Pelz *m* (*-es*; *-e*) pels; (*Mantel*) bontjas; *j-m auf den* ~ *rücken* iem. lastig vallen.
Pelz|- *in Zssgn mst.* bont-; **~futter** *n* bontvoering; **~händler** *m* bonthandelaar; **2ig** pelsachtig; *Mund*: droog; **~jacke** *f* (het) bontjasje; **~kragen** *m* bontkraag; **~mantel** *m* bontjas; **~mütze** *f* bontmuts; **~werk** *n* (het) bòntwerk.
Pendel *n* slinger; **2n** (*-le*) slingeren; (*hin- und herreisen*) pendelen; **~tür** *f* tochtdeur; **~uhr** *f* (het) slingeruurwerk; **~verkehr** *m* (het) pendelverkeer.
Pendler *m* pendelaar.
pene'trant (*-est*) penetrant, doordringend.
pe'nibel (*-bl-*) penibel, pijnlijk.
Penis *m* (*-*; *-se od. Penes*) penis.
Penizil'lin *n* (*-s*; *0*) penicilline.
Pen'näler *m* (middelbare) scholier.
Penn|bruder *m* F landloper; **~e** *f* F (*Schule*) school; **2en** F maffen.
Pensio|n [paŋ'zĭo:n] *f* (het) pensioen; (*Fremdenheim*) (het) pension; **~'när** *m* (*-s*; *-e*) gepensioneerde; (*Gast*) pensiongast; **~'nat** *n* (*-es*; *-e*) (het) pensionaat; **2'nieren** (*-*) pensioneren; **~'nierung** *f* pensionering.
Pen'sions|berechtigt pensioengerechtigd; **2gast** *m* pensiongast; **2preis** *m* pensionprijs.
Pensum *n* (*-s*; *Pensa od. Pensen*) taak, (het) werk.
Pep'sin *n* (*-s*; *-e*) pepsine.
per [ɛ] (*A*) per.
per'fekt (*-est*) perfect; (*abgemacht*) afgesloten; 2 *n* (*-es*; *-e*) (het) perfectum, voltooid tegenwoordige tijd; **2io'nismus** [-tsĭo·-] *m* (*-*; *0*) (het) perfectionisme.
Perfo|ration [-'tsĭo:n] *f* perforatie; **2'rieren** (*-*) perforeren; **~'riermaschine** *f* perforeermachine.
Perga'ment *n* (*-es*; *-e*) (het) perkament; **~papier** *n* (het) perkamentpapier.
Period|e [-'ʀĭo:-] *f* periode (*a. Gr.*); **2isch** periodiek.
Peri|phe'rie *f* periferie; **~'skop** *n* (*-s*; *-e*) periscoop.
Perkussion [-'sĭo:n] *f* percussie.
Perl|e *f* parel; **2en** parelen; **~enfischer** *m* parelvisser; **~en·kette** *f* parelcollier (*a.* het); **~huhn** *n* (het) parelhoen; **2ig** parelachtig; **~muschel** *f* parelmossel; **~mutt** *n* (*-s*; *0*), **~mutter** *f* (*0*) (het) paarlemoer.
Perlon [-ɔn] *n* (*-s*; *0*) (het) perlon.
Perlzwiebel *f* (het) zilveruitje.
perma'nent (*-est*) permanent.
per'plex (*-est*) perplex.
Pers|er *m* Pers; (*Teppich*) pers, (het) Perzisch tapijt; **~ianer** [-'zĭɑ:-] *m* (het) astrakan; **~ien** [-zĭən] *n* Perzië *n*.
Persi'flage [-ʒə] *f* persiflage.
persisch Perzisch.
Per'son *f* persoon; (*Figur*) (het) personage; *ich für meine* ~ ik voor mij; *pro* ~ per persoon.
Perso'nal *n* (*-s*; *0*) (het) personeel; **~abbau** *m* (*-es*; *0*) afvloeiing van personeel; **~abteilung** *f* afdeling personeelszaken; **~akte** *f* (het) (persoonlijk) dossier; **~ausweis** *m* (het) persoonsbewijs, identiteitskaart; **~beschreibung** *f* (het) signalement; **~ien** [-lĭən] *pl.* personalia *pl.*; **~pronomen** *n* (het) persoonlijk voornaamwoord; **~union** *f* personele unie.
Per'sonen|- *in Zssgn mst.* personen-, *z.B.* **~aufzug** *m* personenlift; **~beförderung** *f* (het) reizigersvervoer; **~fähre** *f* veerboot voor personen; **~gedächtnis** *n* (het) geheugen voor mensen; **~kraftwagen** *m* personenauto; **~kult** *m* persoonsverheerlijking; **~name** *m* persoonsnaam; **~waage** *f* personenweegschaal; **~wagen** *m Esb.* (het) spoorrijtuig; (*Auto*) personenauto; **~zug** *m* stoptrein.
Personifi|kation [-'tsĭo:n] *f* personificatie; **2'zieren** (*-*) personifiëren.
per'sönlich persoonlijk; **2keit** *f* persoonlijkheid, persoon.
Perspektiv|e [-spɛk'ti:və] *f* (het) perspectief (*a. fig.*); **2isch** (*0*) perspectivisch.
Pe'ru *n* Peru *n*; **~'aner(in** *f*) *m* Peruaan(se *f*).
Pe'rücke *f* pruik.
per'vers (*-est*) pervers.
Pessi'mis|mus *m* (*-*; *0*) (het) pessi-

misme; **~t(in** *f*) *m* (*-en*) pessimist(e *f*); **≈tisch** pessimistisch.
Pest *f* (*0*) pest (*a. fig.*); **~beule** *f* pestbuil; **~i'lenz** *f* pest(ilentie).
Peter'silie [-lĭə] *f* peterselie.
Petition [-'tsĭoːn] *f* petitie.
Pet'roleum [-le·um] *n* (*-s*; *0*) petroleum.
Pet'roleum|- *in Zssgn mst.* petroleum-, *z.B.* **~kocher** *m* (het) petroleum(toe)stel; **~lampe** *f* petroleumlamp.
Petting *n* (*-s*; *0*) (het) petting.
Petz *m* (*-es*; *-e*) beer, Bruin.
petze|n (*-t*) F klikken; **≈r** *m* F verklikker.
Pf. *Abk. für Pfennig.*
Pfad *m* (*-ẹs*; *-e*) (het) pad (*a. fig.*); **~finder** *m* padvinder.
Pfaffe *m* (*-n*) *pej.* paap.
Pfahl *m* (*-ẹs*; *¨e*) paal, staak; **~bau** *m* (*-ẹs*; *-ten*) paalwoning.
pfählen stutten; *j-n* spietsen.
Pfalz *f*: *die ~* de Palts.
Pfälz|er *m* inwoner van de Palts; **≈isch** Paltisch.
Pfand *n* (*-ẹs*; *¨er*) (het) (onder)pand; (*Flaschen≈*) (het) statiegeld.
pfändbar (*0*) waarop beslag gelegd kan worden.
Pfandbrief *m* pandbrief.
pfänd|en (*-e-*) beslag leggen op; *j-n ~* beslag leggen op iemands bezit; **≈er·spiel** *n* (het) pandverbeuren, (het) pandspel.
Pfand|haus *n* lommerd, (het) pandjeshuis; **~leiher** *m* pandjesbaas; **~schein** *m* (het) lommerdbriefje.
Pfändung *f* beslaglegging.
Pfann|e *f* pan (*a. Anat.*); *in die ~ hauen fig.* in de pan hakken; **~kuchen** *m* pannekoek.
Pfarr|amt *n* pastorie; **~bezirk** *m* parochie; **~ei** [-'ʀaɪ] *f* parochie; (*Wohnung*) pastorie; **~er** *m* pastoor; *evangelisch*: dominee, predikant; **~erin** *f* vrouwelijke dominee; **~kirche** *f* parochiekerk.
Pfau *m* (*-ẹs*; *-en*) pauw; **~en·feder** *f* pauweveer.
Pfeffer *m* (*-s*; *0*) peper.
Pfeffer|- *in Zssgn mst.* peper-, *z.B.* **~gurke** *f* (zure ingemaakte) augurk; **~korn** *n* peperkorrel; **~kuchen** *m* peperkoek.
Pfefferminz|e *f* (*0*) pepermunt; **~likör** *m* pepermuntlikeur; **~plätzchen** *n* (het) pepermuntje; **~tee** *m* pepermuntthee.
Pfeffer|mühle *f* pepermolen; **≈n** (*-re*) peperen; F (*werfen*) smijten; *s. a. gepfeffert*; **~nuß** *f* pepernoot.
Pfeife *f* fluit; (*Tabaks≈, Orgel≈*) pijp; *nach jemandes ~ tanzen* naar iemands pijpen dansen; **≈n** (*L*) fluiten; *auf dem letzten Loch ~* op zijn laatste benen lopen; *ich pfeife darauf!* ik heb er maling (*od.* lak) aan!; **~n·kopf** *m* pijpekop; **~n·tabak** *m* pijptabak; **~r** *m* fluiter; *Mus.* fluitist.
Pfeifkonzert *n* (het) fluitconcert.
Pfeil *m* (*-ẹs*; *-e*) pijl.
Pfeiler *m* pijler, pilaar.
pfeilschnell (*0*) pijlsnel.
Pfennig *m* (*-s*; *-e*) penning; (*1/10*[illegible] *Mark*) pfennig; **~fuchser** *m* duitendief.
Pferch *m* (*-ẹs*; *-e*) schaapskooi; **≈er**[illegible] samendrijven, persen.
Pferd [eː] *n* (*-ẹs*; *-e*) (het) paard (*a*[illegible] *Sp.*); *das ~ beim Schwanz aufzäumen* de paarden *pl.* achter de wager[illegible] spannen; **~chen** *n* (het) paardje.
Pferde|- *in Zssgn mst.* paarde-, *z.B*[illegible] **~apfel** *m* paardevijg; **~bahn** *f* paardetram; **~fleisch** *n* (het) paardevlees; **~fuß** *m* paardepoot; **~geschirr** *n* (het) paardetuig; **~kur** [illegible] paardekuur; **~rennbahn** *f* renbaan[illegible] hippodroom; **~rennen** *n* wedren[illegible]nen *pl.*, paardenrennen *pl.*; **~stal**[illegible] *m* paardestal; **~stärke** *f* paardekracht (*Abk.* pk); **~zucht** *f* paardenfokkerij.
Pfiff *m* (*-ẹs*; *-e*) (het) gefluit, (het[illegible] fluitje; (*Kniff*) kneep, list; (*Reiz*[illegible] chic.
Pfifferling *m* (*-ẹs*; *-e*) dooierzwam[illegible] paddestoel; *keinen ~ wert* gee[illegible] sikkepit waard.
pfiff|ig leep, pienter; **≈ig·keit** *f* ([illegible] leepheid, pienterheid; **≈ikus** *m* (*-*[illegible] *-se*) F leperd.
Pfingsten *n* (*-*; *0*) *od. f/pl.* Pinksteren.
Pfingst|- *in Zssgn mst.* pinkster[illegible] *z.B.* **~ferien** *pl.* pinkstervakantie[illegible] **~rose** *f* pioen.
Pfirsich *m* (*-ẹs*; *-e*) perzik; **~baum** *m* perzikboom.
Pflanze *f* plant; **≈n** (*-t*) planten.
Pflanzen|- *in Zssgn mst.* planten[illegible] *z.B.* **~butter** *f* planteboter; **~fett** [illegible] (het) plantevet; **~fresser** *m* plan[illegible]

teneter; **~kunde** *f* (*0*) plantkunde; **~öl** *n* plante-olie; **~reich** *n* (-*ės*; *0*) (het) plantenrijk; **~schutzmittel** *n* pesticide, (het) bestrijdingsmiddel.

Pflanz|er *m* planter; **²lich** (*0*) plantaardig; **~ung** *f* aanplanting; (*Plantage*) plantage.

Pflaster *n Med. u. fig.* pleister; (*Straßen²*) (het) plaveisel, bestrating; *diese Stadt ist ein teures ~* het leven is duur in deze stad; **~er** *m* straatmaker; **²n** (-*re*) plaveien, bestraten; **~stein** *m* straatsteen; **~ung** *f* bestrating; (*Pflaster*) (het) plaveisel.

Pflaume *f* pruim.

Pflaumen-| *in Zssgn mst.* pruimen-, *z.B.* **~baum** *m* pruimeboom; **~kuchen** *m* pruimentaart; **~mus** *n* pruimengelei; **²weich** (*0*) zacht als dons.

Pflege *f* verzorging; *Med.* verpleging; *Tech. u. Garten²* (het) onderhoud; (*Denkmals²*) zorg; *Kunst, Wissenschaft*: beoefening; (*Förderung*) bevordering; *in ~ geben* uitbesteden; **~eltern** *pl.* pleegouders *pl.*; **~kind** *n* (het) pleegkind; **²leicht** gemakkelijk te onderhouden; **~mutter** *f* pleegmoeder; **²n 1.** *v/i* plegen, gewoon zijn; **2.** *v/t* verzorgen; verplegen; onderhouden; beoefenen; bevorderen; *Umgang* hebben; *sich ~* zich verzorgen; *s. a. gepflegt*; **~r** *m* verpleger; **~rin** *f* verpleegster; verzorgster; **~sohn** *m* pleegzoon; **~tochter** *f* pleegdochter; **~vater** *m* pleegvader.

Pflegling *m* (-*ės*; -*e*) (het) pleegkind.

Pflicht *f* plicht; *sich etw. zur ~ machen* zich iets ten plicht stellen.

Pflicht|- *in Zssgn mst.* plicht-, *z.B.* **²bewußt** plicht(s)getrouw; **~bewußtsein** *n* (het) plicht(s)besef; **²eifrig** plicht(s)getrouw; **~erfüllung** *f* plichtsvervulling; **~fach** *n* (het) verplicht vak; **~gefühl** *n* (het) plicht(s)gevoel; **²gemäß** overeenkomstig de plicht; **~übung** *f* verplichte oefening; **²vergessen** plichtvergeten; **~verletzung** *f* (het) plicht(s)verzuim; **~versicherung** *f* verplichte verzekering.

Pflock *m* (-*ės*; ⸚*e*) (houten) pen, pin.

pflöcken vastpinnen.

pflücke|n plukken; **²r(in** *f*) *m* plukker *m*, plukster *f*.

Pflug *m* (-*ės*; ⸚*e*) ploeg.

pflüge|n ploegen; **²r** *m* ploeger.

Pforte *f* poort.

Pförtner *m* portier.

Pfosten *m* post, stijl.

Pfötchen [øː] *n* (het) pootje.

Pfote *f* poot (*a. Hand*).

Pfriem *m* (-*ės*; -*e*) priem, els.

Pfropf *m* (-*ės*; -*e*), **~en** *m* prop; (*Korken*) kurk; (*Zapfen*) stop; **²en** proppen; kurken; *Bäume* enten; **~reis** *n* (het) entrijs.

Pfründe *f* prebende; *fette ~* (het) vet baantje.

Pfuhl *m* (-*ės*; -*e*) poel (*a. fig.*).

pfui! foei!

Pfund *n* (-*ės*; -*e*) (het) pond, (het) halve kilo; *ein halbes ~* een half pond; *ein viertel ~* 125 gram; **~skerl** *m* F reuzekerel; **²weise** (*0*) per pond.

Pfusch|arbeit *f* (het) geknoei, (het) knoeiwerk; **²en** knoeien, prutsen; *j-m ins Handwerk ~ fig.* onder iemands duiven schieten; **~er** *m* knoeier, beunhaas; **~e'rei** *f* (het) geknoei, knoeierij.

Pfütze *f* plas.

Phäno'me|n *n* (-*s*; -*e*) (het) fenomeen, (het) verschijnsel; **²'nal** fenomenaal.

Phanta'sie *f* fantasie; **²ren** (-) fantaseren; **²voll** fantasierijk.

Phan'tast *m* (-*en*) fantast; **~e'rei** *f* dweperij, fantasie, (het) gefantaseer; **²isch** fantastisch.

Phan'tom *n* (-*s*; -*e*) (het) fantoom.

Pharisä|er [-'zɛːə̯] *m* farizeeër; **²isch** [-'zɛːɪʃ] farizees, schijnheilig.

Pharma'zeut *m* (-*en*) farmaceut.

Phase *f* fase.

Phe'nol *n* (-*s*; *0*) (het) fenol.

Philanthro'pie *f* (*0*) filantropie.

Philate'l|ie *f* (*0*) filatelie; **~ist** *m* (-*en*) filatelist.

Philhar|mo'nie *f* (het) filharmonisch orkest; **~'moniker** *m Pers.*: musicus in een filharmonisch orkest.

Philip'pin|en *pl.*: *die ~* de Filippijnen *pl.*; **²isch** Filippijns.

Phi'lister *m* (*Spießbürger*) filister, bekrompen burger; **²haft** (-*est*) kleinburgerlijk, bekrompen.

Philo|'loge *m* (-*n*) filoloog; **~lo'gie** *f* filologie; **~'soph** *m* (-*en*) filosoof; **~so'phie** *f* filosofie, wijsbegeerte; **²so'phieren** (-) filosoferen; **²'sophisch** filosofisch.

Phiole [fiˑˈoː-] *f* fiool, fles met lange hals.
Phleg|ma *n* (*-s*; *0*) (het) flegma; **2ˈmatisch** flegmatisch.
Phoˈneti|k *f* (*0*) fonetiek, klankleer; **2sch** (*0*) fonetisch.
Phonoloˈgie *f* (*0*) fonologie.
Phosˈphat *n* (*-ǿs*; *-e*) (het) fosfaat.
Phosphor *m* (*-s*; *0*) fosfor; **2esˈzieren** (-) fosforesceren.
Photo *n usw. s.* Foto.
Phrase *f* frase; **~n·drescher** *m* praatjesmaker; **2n·haft** (*-est*) opgeschroefd, hol.
Phyˈsi|k *f* (*0*) fysica, natuurkunde; **2ˈkalisch** (*0*) natuurkundig.
Physiker *m* fysicus, natuurkundige.
Physio|gnoˈmie [-zǐoˑ-] *f* fysionomie, gelaatsuitdrukking; **~ˈloge** *m* (*-n*) fysioloog; **~loˈgie** *f* (*0*) fysiologie.
physisch (*0*) fysisch; (*körperlich*) fysiek.
Pianist(in *f*) [pǐaˑˈ-] *m* (*-en*) pianist(e*f*).
picheln (*-le*) F pimpelen.
Picke *f* (het) pikhouweel.
Pickel *m* = Picke; *Med.* (het) puistje, pukkel; **~haube** *f* punthelm; **2ig** vol pukkels.
picken pikken.
Picknick *n* (*-s*; *-e od. -s*) picknick; **2en** picknicken.
piekˈfein F piekfijn.
piep: *~!* piep!; **~en** piepen; *bei dir piept's wohl?* F je bent niet goed snik!; **2en** *pl.* F (*Geld*) duiten *pl.*, centen *pl.*
Pier *m* (*-s*; *-e od. -s*) pier.
piesacken F treiteren.
Pieˈtät [piˑeˑ-] *f* (*0*) piëteit; **2los** (*-est*) oneerbiedig.
Pieˈtismus [piˑeˑ-] *m* (-; *0*) (het) piëtisme.
Pigˈment *n* (*-ǿs*; *-e*) (het) pigment.
Pik[1] *m* (*-s*; *-e od. -s*) *Geogr.* piek.
Pik[2] *n* (*-s*; *-s*) *Karte*: schoppen.
piˈkant (*-est*) pikant (*a. fig.*); **2eˈrie** *f* pikanterie.
Pike *f* piek; *von der ~ auf* van onder op.
piˈkiert gepikeerd.
Pikkolo *m* (*-s*; *-s*) piccolo.
pikoˈbello F tiptop.
Pilger *m* pelgrim; **~fahrt** *f* pelgrimstocht, bedevaart; **~in** *f* bedevaartgangster; **2n** (*-re*) een bedevaart doen; *fig.* trekken.
Pille *f* pil.
Piˈlot(in *f*) *m* (*-en*) (vrouwelijke *f*) piloot.
Pilsner *n* (*Bier*) pilsener (*a.* het).
Pilz *m* (*-es*; *-e*) paddestoel; **~krankheit** *f* mycose; **~suppe** *f* paddestoel-, champignonsoep; **~vergiftung** *f* paddestoelvergiftiging.
Pimpernell *m* (*-s*; *-e*) *Bot.* pimpernel.
Pingpong *n* (*-s*; *0*) (het) pingpong.
Pinguin [ˈpɪŋguˑiːn] *m* (*-s*; *-e*) pinguïn.
Pinie [-ǐə] *f* pijnboom.
Pinke *f* (*0*) F poen; **~l** *m* F: *feiner ~* dandy; **2ln** (*-le*) P plassen.
Pinne *f* pin, pen.
Pinscher *m* pincher.
Pinsel *m* (het) penseel; (*größerer ~*) kwast; *fig.* F sul, sukkel; **~ei** [-ˈlaɪ] *f* (het) geschilder; *pej.* (het) geklad, knoeierij; **2n** (*-le*) penselen (*a. Med.*), schilderen; *pej.* kladden; **~strich** *m* penseelstreek.
Pinte *f* F (*Kneipe*) (het) café.
Pinˈzette *f* pincet (*a.* het).
Pionier [piˑoˑˈ-] *m* (*-s*; *-e*) pionier (*a. fig.*).
Piˈpette *f* pipet (*a.* het).
Piˈpi *n* (*-s*; *0*): *~ machen* een plasje doen.
Piˈrat *m* (*-en*) piraat.
Pirouette [-ʀuˑˈɛtə] *f* pirouette.
Pirsch *f* (*0*) jacht; **2en** jagen.
Pisse *f* P pis; **2n** (*-ßt*) P pissen.
Pisˈtazie [-tsǐə] *f* pistache.
Piste *f* piste; *Sp. a.* (het) parcours *Flgw.* startbaan.
Pisˈtole *f* (het) pistool.
Pkw *m* (*-s*; *-s*) *Abk. für Personenkraftwagen.*
placier|en [-ˈtsiː-] (-) (*sich*) (zich) plaatsen; **2ung** *f* (*0*) plaatsing.
placke|n: *sich ~* zwoegen, zich afbeulen; **2ˈrei** *f* (*0*) (het) gezwoeg.
plä|ˈdieren (-) pleiten; **2doyer** [-doˑaˑˈjeː] *n* (*-s*; *-s*) (het) pleidooi.
Plage *f* plaag, kwelling; (*Mühe*) moeite; **~geist** *m* plaaggeest; **2n** plagen, kwellen; *sich ~* zwoegen, zich afsloven.
Plagiat [-ˈgǐaːt] *n* (*-ǿs*; *-e*) (het) plagiaat.
Plaˈkat *n* (*-ǿs*; *-e*) affiche (*a.* het), (het) plakkaat; **~säule** *f* aanplakzuil.
Plaˈkette *f* plaket.
plan vlak, effen.

Plan *m* (-*ẹs*; ⁼*e*) (het) plan; (*Grundriß*) plattegrond; (*Entwurf*) (het) ontwerp.
Plane *f* (het) (dek)zeil, huif.
planen plannen, plannen *n*/*pl*. maken voor.
Pla'ne|t *m* (-*en*) planeet; **2'tarisch** (*0*) planetair; **~ten·bahn** *f* planeetbaan.
pla'nier|en (-) egaliseren; **2raupe** *f* bulldozer.
Planke *f* plank.
Plänke|'lei *f* schermutseling (*a. fig.*); **2ln** (-*le*) schermutselen.
Plankton [-tɔn] *n* (-*s*; *0*) (het) plankton.
plan|los (*0*) onsystematisch, zonder vast plan, lukraak; **2losigkeit** *f* (*0*) stelsel-, systeemloosheid; **~mäßig** (*0*) (*plangemäß*) volgens plan; *Esb.* volgens de dienstregeling; (*systematisch*) stelsel-, planmatig.
Plansch|becken *n* (het) pierenbad; **2en** plassen, ploeteren.
Planstelle *f* formatieplaats.
Plan'tage [-ʒə] *f* plantage.
Planung *f* planning, (het) ontwerpen.
Planwagen *m* huifkar.
Planwirtschaft *f* geleide economie.
Plappe|'rei *f* (het) geklets, (het) gewauwel; **2rn** (-*re*) kletsen.
plärren janken, blèren.
Plastik *f* plastiek; *Tech.* (het) plastic; **~beutel** *m* plastic zak; **~bombe** *f* kneedbom.
plastisch plastisch (*a. fig.*).
Pla'tane *f* plataan.
Platin *n* (-*s*; *0*) (het) platina.
Plati'tüde *f* platitude.
pla'tonisch platonisch.
platsch! pats!, plons!
plätschern (-*re*) plassen; *Regen*: kletteren; *Bach*: kabbelen.
platt (-*est*) plat (*a. fig.*), vlak; *~ sein* F paf staan; **2** *n* (- *od.* -*s*; *0*) (het) Platduits.
Plättbrett *n* strijkplank.
Plättchen *n* (het) plaatje.
plattdeutsch Platduits.
Platte *f* plaat (*a. Schall2*); (*Schüssel, Gericht*) schotel; *Geogr.* vlakte, (het) plateau.
plätten (-*e*-) (*bügeln*) strijken.
Plattenspieler *m* pick-up.
platter'dings volstrekt, ronduit.
Plätterin *f* strijkster.
Platt|fische *m*/*pl*. platvissen *pl.*; **~form** *f* (het) platform; **~fuß** *m* platvoet; **~heit** *f* platheid (*a. fig.*).
Plättwäsche *f* (het) strijkgoed.
Platz *m* (-*es*; ⁼*e*) plaats; (*Fläche*: *Markt2 usw.*) (het) plein; (*Gelände*) (het) terrein, (het) veld.
Platz|- *in Zssgn mst.* plaats-; **~angst** *f* (*0*) ruimtevrees; **~anweiserin** *f* ouvreuse.
Plätzchen *n* (*Gebäck*) (het) koekje.
platz|en (-*t*; *sn*) springen, barsten; (*explodieren*) ontploffen; (*mißlingen*) F mislukken; **2karte** *f* (het) plaatsbewijs, toegangskaart; **2mangel** *m* (-*s*; *0*) (het) plaatsgebrek; **2miete** *f* (het) abonnement; **2patrone** *f* losse patroon; **2regen** *m* stortregen.
Plaude|'rei *f* (het) praatje; **~rer** *m* causeur, prater; *pej.* loslippige; **2rn** (-*re*) babbelen, praten, kouten; **~rstündchen** *n* (het) babbeluurtje.
Plausch *m* (-*es*; -*e*) (het) praatje.
plau'sibel (-*bl*-) plausibel.
Pla'zenta *f* (-; -*s od. Plazenten*) placenta.
Plazet [ɛ] *n* (-*s*; -*s*) (het) placet.
Pleb|ejer [ple·'beːjɐ] *m* plebejer; **~iszit** [-s'tsiːt] *n* (-*ẹs*; -*e*) (het) plebisciet; **~s** [plɛps] *m* (-*es*; *0*) (het) plebs, (het) gepeupel.
Pleite 1. *f* (het) bankroet, (het) failliet; *fig.* strop, (het) fiasco; **2. 2**: *~ gehen* bankroet (*od.* failliet) gaan.
Ple|'narsitzung *f* voltallige vergadering; **~num** *n* (-*s*; *0*) (het) plenum.
Pleo'nasmus [-e·o·-] *m* (-; *Pleonasmen*) (het) pleonasme.
Pleuelstange *f* drijfstang.
plis'sieren (-) plisseren.
Plom|be *f* (*Zahn2*) (tand)vulling; *Hdl.* (het) loodje; **2'bieren** (-) plomberen.
Plötze *f Zool.* voorn.
plötzlich (*0*) plotseling; *Adv. a.* plots, eensklaps.
plump plomp, onbehouwen, bot; (*schwerfällig a.*) log; **2heit** *f* plompheid, lompheid; logheid.
plumps! plomp!; (*hart*) plof!; (*ins Wasser*) plons!; **~en** (-*t*) ploffen; (*ins Wasser*) plonzen.
Plunder *m* (-*s*; *0*) rommel, prullen *n*/*pl*.
Plünder|er *m* plunderaar; **2n** (-*re*) plunderen; **~ung** *f* plundering.
Plural *m* (-*s*; -*e*) (het) pluralis, (het) meervoud.

plus [ʊ] plus; **2** *n* (-; -) (het) plus.
Plüsch [y:] *m* (-*es*; -*e*) (het) pluche.
Plus|punkt *m* (het) pluspunt; **~quamperfekt** [-kvam-] *n* voltooid verleden tijd; **~zeichen** *n* (het) plusteken.
Plu'tonium [-nĭʊm] *n* (-*s*; *0*) (het) plutonium.
pneu'matisch (*0*) pneumatisch.
Po *m* (-*s*; -*s*) F billen *pl.*
Pöbel *m* (-*s*; *0*) (het) gepeupel.
poch|en kloppen; ~ *auf* (*A*) pochen op; **2spiel** *n* (het) blufspel.
Pocke *f* pok; **~n** *f/pl.* pokken *pl.*; **~n·narbe** *f* pokput, pokdaal; **~n-schutzimpfung** *f* koepokinenting.
Po'dest *n* (-*es*; -*e*) (*Treppen2*) overloop; (*Podium*) verhoging.
Podium [-dĭʊm] *n* (-*s*; *Podien*) (het) podium.
Poesie [po·e·'zi:] *f* poëzie; **~album** *n* (het) poëziealbum; **2los** (-*est*) prozaïsch (*a. fig.*).
Po'et *m* (-*en*) poëet; **~ik** *f* (*0*) poëtica; **2isch** poëtisch.
Poin|te [po·'ɛŋtə] *f* pointe; **2'tiert** puntig.
Po'kal *m* (-*s*; -*e*) beker; **~spiel** *n* bekerwedstrijd.
Pökel *m* pekel; **~fleisch** *n* (het) pekelvlees; **~hering** *m* pekelharing, zoute haring; **2n** (-*le*) pekelen; *s. a. gepökelt.*
Poker *n* (-*s*; *0*) (het) poker; **2n** (-*re*) pokeren.
Pol *m* (-*es*; -*e*) pool (*a. El. usw.*).
Po'lar|expedition *f* poolexpeditie; **~isation** [-'tsĭo:n] *f* polarisatie (*a. fig.*); **2i'sieren** (-) polariseren (*a. fig.*); **~kreis** *m* poolcirkel; **~licht** *n* (het) noorderlicht; **~stern** *m* poolster.
Polder *m* polder.
Pole *m* (-*n*) Pool.
Po'lem|ik *f* polemiek; **2isch** polemisch; **2i'sieren** (-) polemiseren.
Polen *n* Polen *n.*
Po'lente *f* (*0*) P smerissen *pl.*
Police [-'li:sə] *f* polis.
Po'lier *m* (-*s*; -*e*) voorman; **2en** (-) polijsten (*a. fig.*); *Möbel bsd.* opwrijven; **~tuch** *n* wrijfdoek.
Poliklinik *f* polikliniek.
Polin *f* Poolse.
Po'li|t·büro *n* (het) politburo; **~'tik** *f* politiek; **~tiker**(**in** *f*) *m* (vrouwelijke *f*) politicus; **2tisch** politiek; **2ti'sieren** (-) politiseren; **~'tur** *f* politoer (*a.* het).
Poli'zei *f* politie.
Poli'zei|- *in Zssgn mst.* politie-, *z.B.* **~aufsicht** *f* (het) politietoezicht; **~beamte**(**r**) politiebeambte; **~behörde** *f* politie(autoriteiten *pl.*); **~gewahrsam** *m* verzekerde bewaring; **~hund** *m* politiehond; **~kommissar** *m* commissaris van politie; **2lich** (*0*) politi(on)eel; ~ *gemeldet* officieel gemeld; **~präsident** *m* hoofdcommissaris van politie; **~präsidium** *n* (het) hoofdbureau van politie; **~revier** *n* politiewijk; (*Gebäude*) (het) politiebureau; **~staat** *m* politiestaat; **~streife** *f* politiepatrouille; **~stunde** *f* (het) sluitingsuur; **~wache** *f* politiepost.
Poli'zist(**in** *f*) *m* (-*en*) politieagent(e) (*f*).
Polka *f* (-; -*s*) polka.
Pollen *m* (het) stuifmeel.
polnisch Pools.
Polo *n* (-*s*; *0*) (het) polo; **~hemd** *n* (het) polohemd.
Polo'näse *f* polonaise.
Polster *n* (het) kussen; (*Möbel2*) (gevulde) bekleding; **~garnitur** *f* (het) bankstel; **~möbel** *n/pl.* gestoffeerde meubelen *n/pl.*; **2n** (-*re*) bekleden, opvullen; **~sessel** *m* beklede zetel; **~ung** *f* bekleding, capitonnering.
Polter|abend *m* feestavond vóór de bruiloft; **~geist** *m* klopgeest; **2n** (-*re*) stommelen; (*fallen*) donderen; (*schimpfen*) bulderen; (*vor der Hochzeit*) met flessen gooien.
Poly|ga'mie *f* (*0*) polygamie; **2'glott** (*0*) polyglot; **~'gon** *n* (-*s*; -*e*) polygoon.
Poly'nesien [-zĭən] *n* Polynesië *n.*
Po'lyp *m* (-*en*) poliep; F smeris.
poly'phon (*0*) polyfoon.
Poly'techni|kum *n* (-*s*; *Polytechniken*) hogere technische school; **2sch** polytechnisch.
Po'mad|e *f* pommade; **2ig** F flegmatiek, onverschillig.
Pome'ranze [-mə-] *f* (bittere) sinaasappel.
Pommern *n* Pommeren *n.*
Pommes frites [pɔm'fʀi·t] *pl.* friet(en *pl.*), patates frites *pl.*, patat.
Pom|p *m* (-*es*; *0*) pracht, staatsie, praal; **2'pös** (-*est*) pompeus.
Poncho [-tʃo·] *m* (-*s*; -*s*) poncho.
Pontifi'kat *n* (-*es*; -*e*) (het) pontificaat.

Pontonbrücke [pɔnˈtɔŋ-] *f* pontonbrug.
Pony [ˈpɔni·] *n* (*-s*; *-s*) pony; **~frisur** *f* (het) pony(haar).
Popanz *m* (*-es*; *-e*) (het) spook, (het) schrikbeeld; *Pers.*: boeman; (*Strohpuppe*) vogelverschrikker; (*Marionette*) marionet.
Pope *m* (*-n*) pope.
Popeˈline [-pə-] *f* (*0*) popeline (*a.* het).
popeln (*-le*) pulken.
Poˈpo *m* (*-s*; *-s*) billen *pl.*, (het) achterste.
popu|ˈlär populair; **ˌlariˈtät** *f* (*0*) populariteit; **~lär·wissenschaftlich** populair-wetenschappelijk.
Pore *f* porie.
Porno|film *m* pornofilm; **~graˈphie** *f* (*0*) pornografie; **ˌˈgraphisch** pornografisch.
poˈrös (*-est*) poreus.
Porree *m* (*-s*; *-s*) prei.
Porˈtal *n* (*-s*; *-e*) (het) portaal.
Porte|feuille [pɔʁtˈfø·i] *n* (*-s*; *-s*) portefeuille; **~monnaie** [-mɔˈnɛ:] *n* (*-s*; *-s*) portemonnee.
Portier [-ˈtie:] *m* (*-s*; *-s*) portier; (*Hauswart bsd.*) conciërge; **~loge** *f* portiersloge.
Portion [-ˈtsĭo:n] *f* portie.
Porto *n* (*-s*; *-s od. Porti*) port(o) (*a.* het); **ˌfrei** (*0*) portvrij; **ˌpflichtig** (*0*) aan port onderhevig.
Porträ|t [-ˈtʀɛ:] *n* (*-s*; *-s*) (het) portret; **ˌˈtieren** (-) portretteren; **~t·maler** *m* portretschilder.
Portugal [a] *n* Portugal *n.*
Portuˈgies|e *m* (*-n*) Portugees; **~in** *f* Portugese; **ˌisch** Portugees.
Portwein *m* port(wijn).
Porzelˈlan *n* (*-s*; *-e*) (het) porselein; **~fabrik** *f* porseleinfabriek.
Poˈsaune *f* bazuin; **ˌn** (-) de bazuin blazen; *fig.* F rondbazuinen; **~nchor** *m* (het) bazuinenkoor.
Pose *f* pose, houding.
Position [-ˈtsĭo:n] *f* positie; (*Einzelposten*) post; **~s·lampe** *f mar.* (het) scheepslicht.
positiv 1. positief; **2.** **ˌ** *m* (*-s*; *-e*) *Gr.* positief, stellende trap.
Positiˈvis|mus [v] *m* (*-*; *0*) (het) positivisme; **ˌtisch** positivistisch.
Posse *f Thea.* klucht; **~n** *m* poets, grap; *~n pl. reißen* grappen *pl.* maken; **ˌn·haft** (*-est*) kluchtig, grappig; **~n·reißer** *m* grappenmaker.
Possesˈsiv(pronomen) *n* (*-s*; *-e*) (het) bezittelijk voornaamwoord.
posˈsierlich potsierlijk, grappig.
Post *f* post; (*Einrichtung a.*) posterijen *pl.*; *auf die ~ bringen* naar de post brengen; *per ~* per post.
Post|- *in Zssgn mst.* post-.
posˈtalisch (*0*) postaal, post-.
Post|amt *n* (het) postkantoor; **~anweisung** *f* postwissel; **~auto** *n* postauto; **~beamte(r)** postbeambte; **~bote** *m* postbode; **~dampfer** *m* mailboot.
Posten *m* post (*a. mil. u. Buchführung*); *Hdl.* (*Menge*) partij; **~jäger** *m* baantjesjager.
Post|fach *n* postbus; **~flugzeug** *n* (het) postvliegtuig; **~gebühr** *f* port(o) (*a.* het).
posˈtieren (-) posteren, plaatsen.
Postillion [-ˈlĭo:n] *m* (*-s*; *-e*) postiljon.
Post|karte *f* briefkaart; **~kutsche** *f* postkoets; **ˌlagernd** poste restante; **~leitzahl** *f* (het) postnummer; **~paket** *n* (het) postpakket; **~sachen** *f/pl.* poststukken *n/pl.*; **~schalter** *m* (het) postloket.
Postscheck *m* postcheque; **~amt** *n* postcheque- en girodienst; **~konto** *n* postrekening.
Post|schließfach *n* postbus; **~sendung** *f* postzending; **~ˈskriptum** *n* (*-s*; *Postskripta*) (het) postscriptum; **~sparbuch** *n* (het) postspaarboekje; **~sparkasse** *f* postspaarbank; **~stempel** *m* poststempel; **~tarif** *m* (het) posttarief.
poˈstum (*0*) postuum.
Post|verkehr *m* (het) postverkeer; **~verwaltung** *f* postadministratie; **~wagen** *m* postwagen; **ˌwendend** per omgaande (*Abk.* p.o.), per kerende post; **~wertzeichen** *n* postzegel; **~wesen** *n* (*-s*; *0*) (het) postwezen, posterijen *pl.*; **~zustellung** *f* postbestelling.
poˈten|t (*-est*) potent; **ˌˈtat** *m* (*-en*) potentaat; **ˌtial** [-ˈtsĭɑ:l] *n* (*-s*; *-e*) *fig.* (het) potentieel; **~tiell** [-ˈtsĭɛl] (*0*) potentieel; **ˌz** *f* potentie; *Math. bsd.* macht; *in die 2. ~ erheben* in het kwadraat verheffen; *in die 3. (4.) ~ erheben* in de 3e (4e) macht verheffen; **~ˈzieren** (-) tot een hogere macht verheffen.
Pott|asche *f* potas; **~wal** *m* potvis.
potzˈtausend! F sakkerloot!

Pou'larde [pu·-] *f* poularde.
pous'sieren [pu·-] (-) F: ~ *mit (D)* *pej.* flirten met, scharrelen met.
Prä|- *in Zssgn mst.* pre-, *z.B.* ~**'ambel** *f* (-; -*n*) preambule.
Pracht *f* (*0*) pracht, praal, luister; ~**ausgabe** *f* prachtuitgave; ~**exemplar** *n* (het) prachtexemplaar.
prächtig prachtig.
Pracht|kerl *m* flinke kerel; (*charakterlich*) fijne vent; ~**stück** *n* (het) prachtstuk; ≈**voll** prachtig.
prädesti'nieren (-) predestineren.
Prädi'ka|t *n* (-*es*; -*e*) (het) predikaat; *Gr. a.* (het) gezegde; ≈**'tiv** (*0*) predikatief.
Prä|'fekt *m* (-*en*) prefect; ~**fe'renz** *f* voorkeur; *Karte*: troefkaart; ~**'fix** *n* (-*es*; -*e*) (het) prefix, (het) voorvoegsel.
Prag *n* Praag *n*.
präge|n *Münze* slaan; *Begriff* vormen; *Wort* maken, vormen; *ins Gedächtnis* ~ in het geheugen prenten; ≈**stempel** *m* muntstempel.
Pragma'tismus *m* (-; *0*) (het) pragmatisme.
prä'gnant (-*est*) pregnant, kernachtig.
Prägung *f* stempeling, aanmunting; vorming; (*Art*) aard.
Prähis'tor|ie *f* (*0*) prehistorie; ≈**isch** prehistorisch.
prahl|en (*mit D*) pralen (met), pochen (op); ≈**er** *m* snoever, pocher; ~**erisch** snoevend, blufferig; ≈**hans** *m* (-*es*; ¨*e*) snoever, opschepper.
Prahm *m* (-*es*; -*e*) praam.
Prakti|k *f* praktijk (*a. pej.*); ≈**'kabel** (-*bl*-) bruikbaar; ~**'kant(in** *f*) *m* (-*en*) stagiair(e *f*); ~**kum** *n* (-*s*; *Praktika*) (het) practicum; ≈**sch** praktisch; ~*er Arzt* huisarts; ≈**'zieren** (-) in de praktijk brengen, praktizeren, aanwenden; *Arzt*: de praktijk uitoefenen.
Prä'lat *m* (-*en*) prelaat.
Pra'line *f* bonbon.
prall strak, vol, gespannen; *Anat.* stevig; *Sonne*: fel.
Prall *m* (-*es*; -*e*) schok, stoot; ≈**en** (*sn*) schokken, stoten.
prallvoll F propvol.
Prämie [-mĭə] *f* premie; ≈**n·frei** (*0*) premievrij; ~**n·sparen** *n* (-*s*; *0*) (het) premiesparen.
prämi'ieren (-) met een premie belonen.
Prä'misse *f* premisse.
prang|en prijken; (*leuchten bsd.*) schitteren; ≈**er** *m* schandpaal; *an den* ~ *stellen fig.* aan de kaak stellen.
Pranke *f* klauw, poot.
Präpa'r|at *n* (-*es*; -*e*) (het) preparaat; ≈**ieren** (-) (*sich*) (zich) prepareren.
Präposition [-'tsĭo:n] *f* (het) voorzetsel.
Prä'rie *f* prairie.
Präroga'tive [-və] *f* (het) prerogatief.
Präsens *n* (-; *Präsentia*) (het) presens, tegenwoordige tijd.
prä'sent (*0*) present, aanwezig.
präsen'tier|en (-) presenteren (*a. mil.*); ≈**teller** *m* (het) presenteerblaadje (*a. fig.*).
Prä'senz *f* (*0*) presentie, aanwezigheid; ~**bibliothek** *f* presentiebibliotheek; ~**liste** *f* presentielijst.
Präserva'tiv *n* (-*s*; -*e* [-və]) (het) preservatief.
Präsi'dent *m* (-*en*) president; ~**enamt** *n* (het) presidentschap; ~**in** *f* presidente.
Präsi|dialsystem [-'dĭa:l-] *n* (het) presidiaal systeem; ≈**'dieren** (-) (*D*) presideren, voorzitten; ~**dium** [-'zi:dĭum] *n* (-*s*; *Präsidien*) (het) presidium.
prasseln (-*le*) kletteren; *Feuer*: knetteren.
prass|en (-*ßt*) brassen, zwelgen; ≈**er** *m* brasser, zwelger; ≈**e'rei** *f* brasserij.
Präten'dent(in *f*) *m* (-*en*) pretendent(e *f*).
Prä'teritum *n* (-*s*; *Präterita*) verleden tijd.
präven'tiv (*0*) preventief; ≈**krieg** *m* preventieve oorlog; ≈**maßnahme** *f* preventieve maatregel.
Praxis *f* (-; *Praxen*) praktijk (*a. Arzt*≈).
Präze'denzfall *m* (het) precedent.
prä'zi|s (-*est*) precies; ~**'sieren** (-) preciseren; ≈**sion** [-'sĭo:n] *f* precisie, nauwkeurigheid; ≈**'sions·instrument** *n* (het) precisie-instrument.
predig|en preken, prediken; ≈**er** *m* predikant, prediker; ≈**t** *f* preek (*a. fig.*), predikatie.
Preis *m* (-*es*; -*e*) prijs; (*Lob*) lof, roem; *um jeden* ~ tot elke prijs; *um keinen* ~ voor geen geld; *zum* ~ *von* (*D*) tegen (*od.* voor) de prijs van

Preis|- *in Zssgn mst.* prijs-, *z.B.* **~angabe** *f* prijsopgave; **~aufgabe** *f*, **~ausschreiben** *n* prijsvraag; **~bewegung** *f* prijsbeweging; **~bindung** *f* prijsbinding.
Preiselbeere *f* (rode) bosbes.
preisen (*L*) prijzen, loven.
Preis|**erhöhung** *f* prijsverhoging; **~ermäßigung** *f* prijsverlaging, reductie; **~frage** *f* prijsvraag; **~gabe** *f* (*0*) (het) prijsgeven; **2geben** prijsgeven; **2gebunden** met vastgestelde prijs; **2gekrönt** bekroond; **~gericht** *n* jury; **~index** *m* prijsindex; **~klasse** *f* prijsklasse; **~knüller** *m* prijspakker; **~lage** *f* (het) prijsniveau; **2lich** (*0*) qua prijs; **~liste** *f* prijslijst; **~notierung** *f* prijsnotering; **~richter** *m* (het) jurylid; **~schild** *n* (het) prijskaartje; **~senkung** *f* prijsverlaging; **~stopp** *m* prijsstop; **~sturz** *m* plotselinge prijsdaling; **~träger** *m* prijswinnaar; **~treiber** *m* prijsopdrijver; **2wert** (*-est*) voordelig, goedkoop.
pre'kär precair, hachelijk.
Prell|**bock** *m* (het) stootblok, stootbok; **2en** *v/t j-n ~ um* (*A*) iem. afzetten voor; *v/i = prallen*; **~er** *m Pers.*: afzetter, bedrieger; **~schuß** *m* (het) ricochetschot; **~stein** *m* schamppaal; **~ung** *f* kneuzing.
Premier|(**minister** *m*) [-'mĭe:-] *m* (*-s*; *-s*) premier; **~e** [-'mĭɛ:ʀə] *f* première.
preschen zich haasten, razen.
Presse *f* pers (*a. Zeitungen*).
Presse|- *in Zssgn mst.* pers-, *z.B.* **~amt** *n* persdienst; **~chef** *m* perschef; **~fotograf** *m* persfotograaf; **~freiheit** *f* persvrijheid; **~gesetz** *n* perswet; **~konferenz** *f* persconferentie; **2n** (*-ßt*) persen; (*drücken*; *drängen*) pressen; **~stelle** *f* (het) persbureau; **~wesen** *n* (*-s*; *0*) (het) perswezen.
Preßhefe *f* droge gist.
pres'siert: *~ sein* gepresseerd zijn, haast hebben.
Preßkohlen *f/pl.* briketten *pl.*
Preßluft *f* (*0*) samengeperste lucht; **~bohrer** *m* pneumatische boor; **~hammer** *m* pneumatische hamer.
Preß|**span** *m* (het) geperst karton; **~stroh** *n* (het) geperst stro.
Pressung *f* pressie, persing.
Preß|**wehen** *f/pl.* persweeën *pl.*; **~wurst** *f* preskop.

Pres'tige [-ʒə] *n* (*-s*; *0*) (het) prestige; **~frage** *f* prestigekwestie.
Preuß|**e** *m* (*-n*) Pruis; **~en** *n* Pruisen *n*; **2isch** Pruisisch.
prickeln (*-le*) prikkelen.
Priem *m* (*-es*; *-e*) pruim; **2en** pruimen; **~tabak** *m* pruimtabak.
Priester *m* priester.
Priester|- *in Zssgn mst.* priester-, *z.B.* **~amt** *n* (het) priesterambt; **~in** *f* priesteres; **2lich** (*0*) priesterlijk; **~schaft** *f* (*0*) priesterschap, de priesters *pl.*; **~tum** *n* (*-s*; *0*) (het) priesterdom; **~weihe** *f* priesterwijding.
prima (*0*) prima; F *a.* tof.
Pri|**ma** *f* (*-*; *Primen*) hoogste klas(sen *pl.*); **~'maner** *m* leerling van de hoogste klas(sen *pl.*).
pri'mär primair.
Pri'mär|- *in Zssgn* primair (*Adj.*).
Prima|**s** [a] *m* (*-*; *-se*) primaat; **~t** [-'mɑ:t] *n od. m* (*-es*; *-e*) (het) primaat; (*Vorrang*) voorrang.
Prime *f* prime.
Primel *f* (*-*; *-n*) primula, sleutelbloem.
primi'tiv primitief.
Primus *m* (*-*; *-se od. Primi*) primus.
Prinz *m* (*-en*) prins; **~essin** [-'tsɛsɪn] *f* prinses; **~gemahl** *m* prins-gemaal.
Prin'zip *n* (*-s*; *Prinzipien*) (het) principe, (het) beginsel; *im ~* in principe; **2iell** [-'pĭɛl] principieel.
Prin'zipien|**frage** *f* principiële kwestie; **~reiter** *m pej.* iem. die op bepaalde principes doordraaft; **~streit** *m* beginselstrijd.
Prinzregent *m* prins-regent.
Prior [pʀi:ɔʁ] *m* (*-s*; *-en* [-'o:-]) prior; **~i'tät** *f* prioriteit.
Prise *f* (het) snuifje; (*Beute*) buit.
Prism|**a** *n* (*-s*; *Prismen*) (het) prisma; **~en·glas** *n* prismakijker.
Pritsche *f* (*Schlaf2*) brits; (*Auto2*) laadvloer; **~n·wagen** *m* platte vrachtauto.
pri'vat [v] (*-est*) privé, particulier.
Pri'vat|- *in Zssgn mst.* privé--, *z.B.* **~angelegenheit** *f* privé-aangelegenheid; **~audienz** *f* particuliere audiëntie; **~besitz** *m* (het) particulier bezit; **~dozent** *m* privaatdocent; **~eigentum** *n* (het) particulier eigendom; **2im** privatim; **~initiative** *f* (het) privé-initiatief; **~issimum** [-'tɪs-] *n* (*-s*; *Privatis-*

sima) (het) privatissimum; **~klage** *f* civiele vordering; **~klinik** *f* privé-kliniek; **~leben** *n* (*-s*; *0*) (het) privé-leven; **~mann** *m*, **~person** *f* particulier; **~recht** *n* (het) privaatrecht; **~sache** *f* privé-zaak; **~schule** *f* particuliere school; **~strand** *m* privé-strand; **~stunde** *f* privé-les; **~unterkunft** *f* huisvesting bij particulieren; **~vergnügen** *n* (het) persoonlijk genoegen; **~weg** *m* particuliere weg; **~wohnung** *f* eigen (*od.* particuliere) woning.

Privi'le|g [v] *n* (*-ės*; *-ien*) (het) privilege; **2'giert** bevoorrecht.

pro (*A*) per.

pro'bat (*-est*) probaat.

Probe *f* proef; *Thea.* repetitie; (*Muster*) (het) monster, (het) staal; (*Beweis*) (het) bewijs, (het) blijk; e-e ~ *nehmen* een proef nemen; *die ~ aufs Exempel* de proef op de som.

Probe|- *in Zssgn mst.* proef-, *z.B.* **~abzug** *m Typ.* proefdruk; **~arbeit** *f* (het) proefwerk; **~exemplar** *n* (het) proefexemplaar; **~fahrt** *f* proefrit; **~flug** *m* proefvlucht; **~jahr** *n* (het) proefjaar; **~lauf** *m* (het) op proef lopen; **2n** *Thea.* repeteren; **~nummer** *f* (het) proefnummer; **~sendung** *f* proefzending; **~stück** *n* (het) proefstuk, (het) staal; **2weise** op proef; **~zeit** *f* proeftijd.

pro'bier|en (-) proberen; (*kosten*) proeven; **2glas** *n* (het) reageerbuisje.

Pro'ble|m *n* (*-s*; *-e*) (het) probleem; **~'matik** *f* (*0*) problematiek; **2'matisch** problematisch.

Pro'dukt *n* (*-ės*; *-e*) (het) produkt; **~ion** [-'tsi̯o:n] *f* produktie.

Produk'tions|- *in Zssgn mst.* produktie-, *z.B.* **~ausfall** *m* (het) produktieverlies; **~genossenschaft** *f* coöperatieve produktievereniging; **~kosten** *pl.* produktiekosten *pl.*

produk'tiv produktief; **2i'tät** [v] *f* (*0*) produktiviteit.

Produ'z|ent *m* (*-en*) producent; **2ieren** (-) produceren.

Prof. *Abk. für Professor.*

pro'fa|n profaan; **~'nieren** (-) profaneren.

professionell [-si̯o·'-] professioneel.

Pro'fes|sor *m* (*-s*; *-en* [-'so:-]) professor, hoogleraar; **~'sorin** *f* vrouwelijke professor; **~'sur** *f* (het) professoraat.

Profi *m* (*-s*; *-s*) *Sp.* prof(essional).

Pro'fi|l *n* (*-s*; *-e*) (het) profiel (*a. Reifen2*); *im ~* in profiel; **2'liert** vooraanstaand, markant.

Pro'fi|t *m* (*-ės*; *-e*) (het) profijt, (het) voordeel; **~t·gier** *f* (het) winstbejag; **2'tieren** (-) profiteren.

pro'fund (*-est*) diep.

Pro'gnos|e *f* prognose; **2ti'zieren** (-) prognosticeren.

Pro'gramm *n* (*-s*; *-e*) (het) programma; **2gemäß** (*0*) volgens het programma; **~gestaltung** *f* opstelling van het programma; **~heft** *n* (het) programma.

program'mier|en (-) programmeren; **2er(in** *f*) *m* programmeur *m*, programmeuse *f*.

Pro'grammvorschau *f* (het) programmaoverzicht.

Progres|sion [-'si̯o:n] *f* progressie; **2'siv** progressief.

Pro'jek|t *n* (*-ės*; *-e*) (het) project; (*Entwurf*) (het) ontwerp; **2'tieren** (-) projecteren; **~'til** *n* (*-s*; *-e*) (het) projectiel; **~tion** [-'tsi̯o:n] *f* projectie; **~'tions·apparat** *m*, **~tor** *m* (*-s*; *-en* [-'to:-]) (het) projectietoestel, projector.

proji'zieren (-) projecteren.

Prokla|mation [-'tsi̯o:n] *f* proclamatie; **2'mieren** (-) proclameren.

Pro'ku|ra *f* (*0*) procuratie; **~'rist** *m* (*-en*) procuratiehouder.

Pro'le|t *m* (*-en*) proleet; **~tariat** [-'ʀi̯a:t] *n* (*-ės*; *-e*) (het) proletariaat; **~'tarier** [-ʀi̯ɚ] *m* proletariër; **2'tarisch** proletarisch.

Pro'log *m* (*-ės*; *-e*) proloog.

Prolon|gation [-lɔŋga·'tsi̯o:n] prolongatie; **2'gieren** (-) prolongeren.

Prome'nade [-mə-] *f* promenade; **~n·deck** *n* (het) promenadedek.

Pro'mille *n* (*-s*; -) (het) promillage, (het) pro mille.

promi'nen|t (*-est*) prominent, vooraanstaand; **2z** *f* (*0*) vooraanstaande personen *pl.*, prominenten *pl.*

Promo|tion [-'tsi̯o:n] *f* promotie; **2'vieren** [v] (-) promoveren.

prompt (*-est*) prompt.

Pro'nom|en *n* (*-s*; - *od. Pronomina*) (het) voornaamwoord, (het) prono men; ♀i'**nal** (*0*) voornaamwoordelijk, pronominaal.

Propa'gan|da *f* (*0*) propaganda; **~'dist(in** *f*) *m* (*-en*) propagandist(e *f*); ♀'**distisch** propagandistisch.

propa'gieren (-) propageren.

Pro'pangas *n* (het) propaangas; **~flasche** *f* propaangasfles.

Pro'peller *m* propeller; *mar.* schroef; **~maschine** *f Flgw.* (het) propellervliegtuig.

Pro'phet *m* (*-en*) profeet; **~in** *f* profetes; ♀**isch** profetisch.

prophe'zei|en [-fe·'tsaɪən] (-) voorspellen; ♀**ung** *f* voorspelling, profetie.

prophy'la|ktisch (*0*) profylactisch; ♀**xe** *f* profylaxis.

Proportio|n [-'tsĭo:n] *f* proportie (*a. fig.*); ♀'**nal** (*0*) evenredig, proportioneel; **~'nalwahl** *f* evenredige verkiezing; ♀'**niert** geproportioneerd.

Pro'porz *m* (*-es*; *-e*) (*Ämter*♀) evenredige verdeling.

Props|t [o:] *m* (*-es*; *⸚e*) proost; *evangelisch*: eerste geestelijke; **~'tei** *f* proosdij.

Pro|sa *f* (*0*) (het) proza; **~saiker** [-'zɑ:ɪ-] *m* prozaschrijver, prozaïst; ♀'**saisch** prozaïsch.

Prose'lyt *m* (*-en*) proseliet.

prosit! gezondheid!, proost!, prosit!

Pro'spekt [-sp-] *m* (*-ęs*; *-e*) prospectus (*a.* het), folder.

prost! [o:] = *prosit!*

Prostitu|'ierte *f* prostituée; **~tion** [-'tsĭo:n] *f* prostitutie.

Protein [-te·'i:n] *n* (*-s*; *-e*) proteïne (*a.* het).

Protek|tion [-'tsĭo:n] *f* protectie; **~tio'nismus** *m* (-; *0*) (het) protectionisme; **~to'rat** *n* (*-ęs*; *-e*) (het) protectoraat.

Pro'test *m* (*-ęs*; *-e*) (het) protest.

Protes'tan|t(in *f*) *m* (*-en*) protestant(e *f*); ♀**tisch** (*0*) protestants; **~'tismus** *m* (-; *0*) (het) protestantisme.

protes'tieren (-) protesteren.

Pro'these *f* prothese.

Proto'kol|l *n* (*-s*; *-e*) (het) protocol; (*Niederschrift bsd.*) notulen *pl.*; *jur.* (het) proces-verbaal; *zu* ~ *geben* in de notulen (*jur.* het proces-verbaal) laten opnemen; *ein* ~ *aufnehmen* proces-verbaal opmaken; notuleren; **~'lant** *m* (*-en*) secretaris, notulant; ♀'**larisch** (*0*) protocollair; ♀'**lieren** (-) proces-verbaal opmaken over; notuleren.

Proton ['pʀo:tɔn] *n* (*-s*; *-en* [-'to:-]) (het) proton.

Proto'typ *m* (het) prototype.

Protz *m* (*-en*) opschepper, bluffer; ♀**en** (*-t*) opscheppen, bluffen; ♀**ig** opschepperig, protserig.

Proven|ce [-'vã:s] *f*: *die* ~ de Provence; ♀'**zalisch** Provençaals.

Provian|t [-'vĭa-] *m* (*-s*; *-e*) proviand (*a.* het); ♀'**tieren** (-) provianderen.

Pro'vinz [v] *f* provincie; **~ia'lismus** [-tsĭa·-] *m* (-; *Provinzialismen*) (het) provincialisme; ♀**iell** [-'tsĭɛl] provinciaal; **~ler(in** *f*) *m* iem. uit de provincie.

Provi|sion [-vi·'zĭo:n] *f* provisie, (het) commissieloon; ♀'**sorisch** voorlopig, provisoir.

Provo|kateur [-'tø:ʀ] *m* (*-s*; *-e*) provocateur; **~kation** [-'tsĭo:n] *f* provocatie, uitdaging; ♀'**zieren** (-) provoceren.

Proze'dur *f* procedure.

Pro'zent *n* (*-ęs*; *-e*) (het) procent, (het) percent; **~satz** *m* (het) percentage.

Pro'zeß *m* (*-sses*; *-sse*) (het) proces (*a. jur.*); *kurzen* ~ *machen mit* (*D*) korte metten *pl.* maken met; **~akten** *f/pl.* processtukken *n/pl.*

prozes's|ieren (-) procederen; ♀**ion** [-'sĭo:n] *f* processie.

Pro'zeß|kosten *pl.* proceskosten *pl.*; **~ordnung** *f* (het) procesrecht.

prüde preuts; ♀'**rie** [-də-] *f* preutsheid.

prüf|en toetsen, keuren; (*untersuchen*) onderzoeken, nakijken; *j-n* examineren; (*heimsuchen*) beproeven; ♀**er** *m* examinator; onderzoeker; ♀**ling** *m* (*-s*; *-e*) examinandus, (examen)kandidaat; ♀**stand** *m* proefbank; ♀**stein** *m* toetssteen; ♀**ung** *f* keuring; (het) onderzoek; (het) examen; beproeving.

Prüfungs|- *in Zssgn mst.* examen-, *z.B.* **~ausschuß** *m* examencommissie; **~ordnung** *f* (het) examenreglement.

Prüge|l *pl.* (het) pak slaag, klappen *pl.*; **~'lei** *f* klop-, vechtpartij; **~lknabe** *m* zondebok; ♀**ln** (*-le*) slaan, (af)ranselen; *sich* ~ (met elkaar) vechten; **~l·strafe** *f* stokslagen *pl.*

Prunk *m* (-*ɇs*; *0*) pronk, pracht, staat; **∼bett** *n* (het) praalbed; **≈en** pronken, pralen; **∼saal** *m* pronkkamer; **∼sucht** *f* (*0*) praal-, pronkzucht; **≈voll** luisterrijk, prachtig.
prusten [u:] (-*e*-) proesten.
PS *Abk. für Pferdestärke u. Postskriptum.*
Psal|m *m* (-*s*; -*en*) psalm; **∼menbuch** *n* (het) psalmboek, (het) psalter; **∼'mist** *m* (-*en*) psalmist; **∼ter** *m* (het) psalter.
pseudo|- *in Zssgn* pseudo-, *z.B.* **≈'nym** *n* (-*s*; -*e*) (het) pseudoniem.
Psych|iater [-'çĭɑ:-] *m* psychiater; **∼ia'trie** *f* (*0*) psychiatrie; **≈isch** ['psy:-] (*0*) psychisch; **∼o·ana'lyse** *f* (*0*) psychoanalyse; **∼o'loge** *m* (-*n*) psycholoog; **∼olo'gie** *f* (*0*) psychologie; **∼o'login** *f* psychologe; **≈o'logisch** psychologisch; **∼o'path(in** *f*) *m* (-*en*) (vrouwelijke *f*) psychopaat; **∼ose** *f* psychose; **∼o·thera'pie** *f* (*0*) psychotherapie.
Puber'tät *f* (*0*) puberteit.
pu'bli|k (*0*) publiek, openbaar; ∼ *machen* openbaar maken; **≈kation** [-'tsĭo:n] *f* publicatie; **≈kum** ['pu-] *n* (-*s*; *0*) (het) publiek; **≈'zieren** (-) publiceren; **≈'zistik** *f* (*0*) journalistiek.
Pudding *m* (-*s*; -*e od.* -*s*) pudding.
Pudel *m* poedel; **∼mütze** *f* bontmuts; **≈'naß** (*0*) kletsnat.
Puder *m* poeder (*a.* het), poeier (*a.* het).
Puder|- *in Zssgn mst.* poeder-, *z.B.* **∼dose** *f* poederdoos; **≈n** (-*re*) poederen; **∼quaste** *f* poederkwast; **∼zucker** *m* poedersuiker.
puff! poef!
Puff **1.** *m* (-*ɇs*; ⸚*e*) stoot; **2.** *n* (-*ɇs*; *0*) (het) triktrakspel; **3.** *m* (-*s*; -*s*) F (het) bordeel; **≈en** *j-n* stompen; (*knallen*) knallen; **∼er** *m* buffer; (*Kartoffel≈*) aardappelpannekoek; **∼er·staat** *m* bufferstaat.
puh! poe!
Pulle *f* F fles, pul.
Pul'lover *m* pullover.
Puls *m* (-*es*; -*e*) pols(slag); **∼ader** *f* slagader.
pul'sieren (-) pulseren, kloppen.
Pulsschlag *m* polsslag.
Pult *n* (-*ɇs*; -*e*) lessenaar.
Pulver *n* poeder (*a.* het); *mil.* (het) (bus)kruit; **∼faß** *n* (het) kruitvat; **≈ig** poederig, poedervormig; **≈i'sieren** (-) verpulveren, tot poeder maken; **≈n** (-*re*) knallen; = *pulverisieren*; **∼schnee** *m* poedersneeuw.
Pump *m* (-*ɇs*; -*e*) F pof; *auf* ∼ op de pof.
Pumpe *f* pomp; **≈n** pompen; *sich* ∼ F (*leihen*) lenen, poffen; **∼nschwengel** *m* pompzwengel.
Pumpernickel *m* pompernikkel.
Pump|hose *f* pofbroek; **∼station** *f* (het) pompstation.
Punkt *m* (-*ɇs*; -*e*) (het) punt; (*Satzzeichen*) punt; ≈ *zwei* (*drei*) *Uhr* klokslag twee (drie) uur; *wunder* ∼ tere plek; *nach* ∼*en Sp.* op punten. **≈en** (-*e*-) stippelen; *s. a. gepunktet*. **≈ieren** [-'ti:-] (-) puncteren; = *punkten*; **∼ion** [-'tsĭo:n] *f* punctie.
pünktlich stipt; (*genau*) nauwgezet, nauwkeurig; **≈keit** *f* (*0*) stiptheid, nauwgezetheid.
Punkt|richter *m* scheidsrechter; **≈schweißen** puntlassen; **∼sieg** *m* overwinning op punten; **∼wertung** *f* (het) geven van punten; **∼zahl** *f* (het) puntenaantal.
Punsch *m* (-*es*; -*e*) punch.
Punze *f* pons; **≈n** (-*t*) ponsen, stansen; stempelen.
Pup *m* (-*ɇs*; -*e*) V scheet.
Pu'pille *f* pupil.
Püppchen *n* (het) pop(pet)je.
Puppe *f* pop (*a. fig.*); (*Mädchen pej.*) P schat, (het) grietje.
Puppen|- *in Zssgn mst.* poppe-, *z.B.* **∼gesicht** *n* (het) poppegezicht; **≈haft** (-*est*) popachtig; **∼haus** *n* (het) poppenhuis; **∼spiel** *n* (het) poppenspel; **∼spieler** *m* marionettenspeler; **∼theater** *n* poppenkast; **∼wagen** *m* poppenwagen.
pur puur.
Pü'ree *n* (-*s*; -*s*) puree.
pur'gieren (-) purgeren.
Pu'ri|smus *m* (-; *0*) (het) purisme; **∼'taner** *m* puritein; **≈'tanisch** puriteins.
Purpur ['puʁpuʁ] *m* (-*s*; *0*) (het) purper; **∼mantel** *m* purperen mantel; **≈n** purperen, purperkleurig; **≈rot** (*0*) purperrood.
Purzel|baum *m* buiteling, tuimeling; *e-n* ∼ *machen* kopje duikelen, een buiteling maken; **≈n** (-*le*) buitelen, tuimelen.
Puste [u:] *f* (*0*) F adem; *aus der* ∼ buiten adem.
Pustel *f* (-; -*n*) pukkel, (het) puistje.

puste|n [uː] (*-e-*) blazen; **⁀rohr** *n* (het) blaaspijpje.
Pute *f*, **~r** *m* kalkoen.
put put! kiep kiep!
Putsch *m* (*-es*; *-e*) putsch, staatsgreep; **⁀en** een putsch uitvoeren.
Putz *m* (*-es*; *0*) (*Zierat*) opschik, sieraden *n*/*pl.*; (*Kleidung*) (het) toilet; (*Mauer⁀*) bepleistering; **⁀en** (*-t*) poetsen, schoonmaken; *sich ~* zich mooi maken, zich tooien; *sich die Nase ~* de neus snuiten; **~frau** *f* werkster; **⁀ig** grappig, koddig; **~lappen** *m* poetslap; (*Scheuer⁀*) dweil; **~macherin** *f* modiste; **~sucht** *f* (*0*) pronkzucht; **~tuch** *n* poetsdoek; **~zeug** *n* (het) poetsgoed.
Puzzle [pazl] *n* (*-s*; *-s*) puzzel.
Pygmäe [-ˈmɛːə] *m* (*-n*) pygmee.
Pyjama [pyˑˈdʒɑːmɑˑ] *m* (*-s*; *-s*) pyjama.
Pyraˈmide *f* piramide.
Pyrenäen [-eˑˈnɛːən] *pl.* Pyreneeën *pl.*
Pyro|ˈmane *m* (*-n*) pyromaan; **~technik** *f* (*0*) pyrotechniek.
Pyrrhussieg [ˈpʏrus-] *m* Pyrrusoverwinning.
Pythonschlange [ɔ] *f* python.

Q

Q, q *n* Q, q.
qcm, qkm, qm *Abk. für Quadratzentimeter, -kilometer, -meter.*
Quabbe *f* kwab; **⁀lig** F kwabbig; **⁀ln** (*-le*) trillen, lillen.
Quacke'lei *f* F (het) geklets, (het) geleuter.
Quacksalbe|r *m* kwakzalver; **~'rei** *f* kwakzalverij; **⁀rn** (*-re*) kwakzalveren.
Quader(stein) *m* (het) vierkant steenblok.
Qua'dr|ant *m* (*-en*) (het) kwadrant; **~at** *n* (*-ęs*; *-e*) (het) kwadraat, (het) vierkant; **⁀atisch** (*0*) vierkant.
Qua'drat|- *in Zssgn* vierkant (*Adj.*), *z.B.* **~kilometer** *m* vierkante kilometer; **~meter** *m* vierkante meter.
Quadra'tur *f* kwadratuur.
Qua'dr|atwurzel *f* vierkantswortel; **~at·zentimeter** *m* vierkante centimeter; **⁀ieren** (-) in het kwadraat verheffen; **~ille** [kva'dʀɪljə] *f* quadrille.
quak! kwak!
quaken kwaken, kwekken (*a. fig.*).
quäken janken, grienen.
Quäker *m* quaker.
Qual *f* pijn, kwelling; (*seelisch a.*) narigheid, ellende.
quäl|en kwellen, pijnigen; (*ärgern*) plagen; *sich* ~ zich afsloven; **⁀e'rei** *f* kwelling; plagerij; **~erisch** kwellend; plagerig; **⁀geist** *m* kwel-, plaaggeest.
Qualifikation [-'tsĭoːn] *f* kwalificatie; **~s·spiel** *n* kwalificatiewedstrijd.
quali|fi'zieren (-) (*sich*) (zich) kwalificeren; **⁀'tät** *f* kwaliteit; **~ta'tiv** (*0*) kwalitatief; **⁀'täts·arbeit** *f* (het) kwaliteitswerk; **⁀'täts·ware** *f* (het) kwaliteitsprodukt.
Qualle *f* kwal.
Qualm *m* (*-ęs*; *0*) (k)walm, damp; **⁀en** walmen, dampen; F *Pers.*: paffen; **⁀ig** dampig.
qualvoll pijnlijk, martelend.
Quant *n* (*-s*; *-en*) (het) quant(um); **~en·theorie** *f* quantumtheorie; **~i'tät** *f* kwantiteit, hoeveelheid; **⁀ita'tiv** (*0*) kwantitatief; **~um** *n* (*-s*; *Quanten*) (het) quantum.
Quappe *f Zool.* kwabaal; (*Kaulquappe*) (het) kikkervisje.
Quaran'täne [kaˑ-] *f* quarantaine.
Quark *m* (*-s*; *0*) zachte kaas, kwark; (*Kleinigkeit*) bagatel (*a.* het), kleinigheid; (*Unsinn*) onzin; **~käse** *m* zachte kaas; **~kuchen** *m* kaastaart.
Quar|t **1.** *n* (*-s*; *-e*) *Typ.* (het) kwarto; **2.** *f Mus.* kwart; **~ta** *f* (-; *Quarten*) derde klas van een gymnasium; **~'tal** *n* (*-s*; *-e*) (het) kwartaal; **~'taner** *m* leerling van de derde klas; **⁀'tär** (*0*) quartair; **~'tett** *n* (*-ęs*; *-e*) (het) kwartet.
Quar'tier *n* (*-s*; *-e*) (het) kwartier, (het) onderdak; (*Viertel*) wijk; **~meister** *m* kwartiermeester; **~vermittlung** *f* logiesbemiddeling.
Quarz [aː] *m* (*-es*; *-e*) (het) kwarts; **~glas** *n* (het) kwartsglas; **⁀ig** kwartsachtig; **~uhr** *f* (het) kwartshorloge.
quasi quasi.
quasseln (*-le*) F kletsen, zwammen.
Quast *m* (*-ęs*; *-e*), **~e** *f* kwast.
Quäs'tur *f* quaestuur.
Quatsch *m* (*-es*; *0*) F flauwe kul, kletskoek; ~ *reden* onzin vertellen; (*ach*) *~!* onzin!; **⁀en** F kletsen; **~e'rei** *f* F (het) geklets; **~kopf** *m* F kletskous.
Quecksilber *n* (het) kwik(zilver); **⁀haltig** kwik(zilver) bevattend; **~vergiftung** *f* kwik(zilver)vergiftiging.
Quell|e *f* bron (*a. fig.*); **⁀en** **1.** *v/i* (*L*; *sn*) opborrelen, opwellen; (*schwellen*) zwellen; *Augen, Menschen*: uitpuilen; *Rauch*: opstijgen; **2.** *v/t* in de week zetten, (laten) weken; **~en·angabe** *f* bronvermelding; **~en·forschung** *f* bronnenstudie; **~gebiet** *n* (het) brongebied; **~wasser** *n* (het) bronwater.
Quendel *m Bot.* tijm.
Queng|e'lei *f* (*0*) F (het) gezanik, (het) gezeur; **⁀eln** (*-le*) F zaniken, zeuren, drenzen; **~ler** *m* F zeurpiet.

Quentchen *n*: *ein* ~ *fig.* een ziertje, een beetje.

quer dwars, schuin(s); (*verkehrt*) verkeerd; **2balken** *m* dwarsbalk; **~'durch** dwars door; **2e** *f* (*0*) dwarsrichting, dwarste; *j-m in die* ~ *kommen* iem. in de wielen rijden, iem. dwarsbomen; *etw. ist j-m in die* ~ *gekommen* iem. is door iets opgehouden; **~feld'ein** het land (*od.* veld) in; **2feld'einlauf** *m* cross-country; **~gestreift** dwarsgestreept; **2holz** *n* (het) dwarshout; **2kopf** *m* dwarskop, dwarsdrijver; **~köpfig** dwars(drijverig); **2lage** *f* dwarsligging; **2linie** *f* dwarslijn; **2paß** *m* *Sp.* pass overdwars; **2pfeife** *f* dwarsfluit; **~schießen** F roet in het eten strooien, gaan dwars liggen; **~schiffs** dwarsscheeps; **2schnitt** *m* dwarse doorsnede; **2schnitts·lähmung** *f* dwarslesie; **2straße** *f* dwarsstraat; **2strich** *m* (het) dwarsstreepje; **2summe** *f* som van de cijfers; **2treiber** *m* dwarsdrijver; **~'über** schuin tegenover.

Queru'lant *m* (*-en*) querulant.

Querverbindung *f* overdwarsverbinding.

Quetsch|e *f* pers; F (*Betrieb*) (het) klein bedrijf; **2en** kneuzen; (*pressen*) persen, platdrukken; **~kartoffeln** *f/pl.* aardappelpuree; **~ung** *f* (*Wunde*) kneuzing.

Queue [kø:] **1.** *n* (*-s*; *-s*) keu; **2.** *f* (*-*; *-s*) rij, queue.

quick kwiek, levendig; **~le'bendig** F springlevend.

quieken, quietschen piepen; *Pers.*, *Tier a.*: gillen.

quietschvergnügt F jofel, heel vrolijk.

Quin|ta *f* (*-*; *Quinten*) tweede klas van een gymnasium; **~'taner(in** *f*) *m* leerling(e *f*) van de tweede klas; **~te** *f* kwint; **~t·essenz** *f* kwintessens; **~'tett** *n* (*-es*; *-e*) (het) kwintet.

Quirl *m* (*-es*; *-e*) klutser, roerlepel; **2en** klutsen, roeren.

quitt: ~ *sein* kiet (*od.* quitte) zijn.

Quitte *f* kwee(peer); **2n·gelb** citroengeel.

quit'tieren (-) *Rechnung* kwiteren, voor ontvangst tekenen; F (*beantworten*) beantwoorden; *den Dienst* ~ de dienst verlaten.

Quittung *f* kwitantie; **~s·block** *m* (het) kwitantieboekje; **~s·formular** *n* (het) kwitantieformulier.

Quiz [kvɪs] *n* (*-*; *-*) quiz; **~sendung** *f* (het) quizprogramma.

Quorum *n* (*-s*; *0*) (het) quorum.

Quot|e *f* (het) quotum, (het) aandeel, (het) contingent; **~ient** [-'tsiɛnt] *m* (*-en*) (het) quotiënt.

R

R, r *n* R, r.
Ra'batt *m* (-*es*; -*e*) korting, (het) rabat.
Ra'batte *f* border.
Ra'battmarke *f* spaarzegel.
Rab'biner *m* rabbijn.
Rabe *m* (-*n*) raaf.
Raben|eltern *pl.* ontaarde ouders *pl.*; **~mutter** *f* ontaarde moeder; **≈schwarz** ravezwart; **~vater** *m* ontaarde vader.
rabiat [-'bĭɑ:t] (-*est*) woedend.
Rache [x] *f* (*0*) wraak; **~akt** *m* wraakoefening; **≈durstig** wraakzuchtig.
Rachen *m* keelholte; (*Maul*) muil; *fig.* afgrond.
rächen [ç] (*sich*) (zich) wreken; *sich ~ an* (*D*) zich wreken op.
Rachen|höhle *f* keelholte; **~katarrh** *m* keelontsteking.
Rächer *m* wreker; **~in** *f* wreekster.
Rachgier *f* wraakzucht; **≈ig** wraakzuchtig.
Rachitis [-'xi:-] *f* (*0*) rachitis.
Rach|sucht *f* (*0*) wraakzucht; **≈süchtig** wraakzuchtig.
Racker *m* F rakker, guit.
Rad *n* (-*es*; ¨*er*) (het) wiel; (*Mühl≈*, *Treib≈*) (het) rad; (*Fahr≈*) fiets.
Rad|- *in Zssgn mst.* wiel-, *z.B.* **~achse** *f* (wiel)as.
Ra'dar *m od. n* (-*s*; *0*) radar; **~gerät** *n* (het) radarapparaat; **~station** *f* (het) radarstation.
Ra'dau *m* (-*s*; *0*) F (het) kabaal, herrie; **~bruder** *m* herrieschopper.
Radballspiel *n* (het) fietspolo.
Rädchen *n* (het) wieltje.
radebrechen radbraken.
radeln (-*le*; *a. sn*) fietsen.
Rädelsführer *m* raddraaier, belhamel.
räder|n (-*re*) radbraken; **≈werk** *n* (het) raderwerk.
radfahr|en fietsen; **≈er** *m* fietser, wielrijder; **≈erin** *f* fietsster, wielrijdster; **≈weg** *m* (het) fiets-, rijwielpad.
radia|l [-'dĭɑ:l] (*0*) radiaal; **≈tor** *m* (-*s*; -*en* [-'to:-]) radiator.
ra'dier|en (-) uitgommen; *Kunst*: etsen, raderen; **≈gummi** *m* vlakgom, gum; **≈messer** *n* (het) radeermesje; **≈ung** *f* ets.
Ra'dieschen [sç] *n* (het) radijsje.
radi'ka|l radicaal; **≈le(r)** radicaal; **≈'lismus** *m* (-; *0*) (het) radicalisme; **≈l·kur** *f* paardekuur.
Radio ['ʀɑ:dĭo·] *n* (-*s*; -*s*) radio; *im ~* op (*od.* over) de radio; *s. a. Rundfunk-*.
Radio|- *in Zssgn mst.* radio-, *z.B.* **≈ak'tiv** radioactief; **~aktivi'tät** *f* (*0*) radioactiviteit; **~amateur** *m* radioamateur; **~apparat** *m* (het) radiotoestel; **~'gramm** *n* (het) radiogram; **~lo'gie** *f* (*0*) radiologie; **~sender** *m* radiozender; **~sonde** *f* radiosonde; **~strahlung** *f* radiostraling.
Radium [-dĭum] *n* (-*s*; *0*) (het) radium.
Radius [-dĭus] *m* (-; *Radien*) straal.
Rad|kappe *f* wieldop; **~ler**(**in** *f*) *m* = *Radfahrer*(*in*); **~rennbahn** *f* wielerbaan; **~rennen** *n* (het) wielrennen; wielerwedstrijd; **~sport** *m* wielersport; **~sportler** *m* wielrenner; **~stand** *m* (-*es*; *0*) wielbasis; **~tour** *f* fietstocht; **~weg** *m* (het) fiets-, rijwielpad.
raff|en grijpen, graaien, pakken; (*bauschen*) opnemen; **≈gier** *f* hebzucht; **~gierig** hebzuchtig.
Raffi|ne'rie [-nə-] *f* raffinaderij; **~'nesse** *f* (het) raffinement.
raffi'nier|en (-) raffineren; **~t** geraffineerd; **≈t·heit** *f* geraffineerdheid.
Rage [-ʒə] *f* (*0*) woede; *in ~ kommen* (*bringen*) woedend worden (maken).
ragen oprijzen, uitsteken.
Ragout [-'gu:] *n* (-*s*; -*s*) ragoût.
Rahe ['ʀɑ:ə] *f* ra.
Rahm *m* (-*es*; *0*) room.
Rähmchen *n* (het) raampje, (het) lijstje.
rahmen inlijsten, encadreren.
Rahmen *m* lijst; (*Fenster≈*) (het) kozijn; (*Gestell*) (het) chassis;

(*Fahrrad*2) (het) frame; *fig.* (het) kader, (het) raam; **~antenne** *f* raamantenne; **~erzählung** *f* raamvertelling; **~gesetz** *n* mantelwet.
rahm|ig romig; **2käse** *m* roomkaas.
Rain *m* (-*es*; -*e*) akkergrens, zoom.
Ra'kete *f* raket.
Ra'keten|- *in Zssgn mst.* raket-, *z.B.* **~antrieb** *m* raketaandrijving; **~flugzeug** *n* (het) raketvliegtuig; **~start** *m* raketstart; **~triebwerk** *n* raketmotor.
Ra'kett *n* (-*es*; -*e od.* -*s*) (het) racket.
Rallye [-li·] *n od. f* (-; -*s*) rally.
Ramm|bär *m*, **~bock** *m*, **~e** *f* (het) heiblok; (*Straßen*2) straatstamper; **2eln** (-*le*) rammelen; **2en** rammen; **~ler** *m* rammelaar; (*Bock*) ram.
Rampe *f* (het) laadperron; *Thea.* (het) voetlicht; (*Start*2) (het) platform; **~n·licht** *n* (het) voetlicht.
rampo'nieren (-) beschadigen, havenen.
Ramsch *m* **1.** (-*es*; *0*) rommel, (het) uitschot; **2.** (-*es*; -*e*) *Skat*: (het) passen van alle spelers; **2en** en bloc opkopen; **~laden** *m* winkel van ongeregeld goed; **~ware** *f* (het) uitschot.
'ran F = *heran.*
Ranch [rɛntʃ] *f* (-; -*es*) ranch.
Rand *m* (-*es*; ¨*er*) rand; (*Kante a.*) kant, boord; *am ~e bemerken, ...* terloops; *zu ~e kommen mit* (*D*) klaarkomen met.
randa'lier|en (-) herrie schoppen; **2er** *m* herrieschopper.
Randbemerkung *f* kanttekening.
rändern (-*re*) omranden, van een rand voorzien.
Rand|gebiet *n* (het) randgebied; **~staat** *m* randstaat.
Rang *m* (-*es*; ¨*e*) rang (*a. mil.*); *Thea.* (het) balkon; *ersten ~es* van de eerste rang; *j-m den ~ ablaufen* iem. de loef afsteken; **~abzeichen** *n* (het) rangonderscheidingsteken.
Range *f* deugniet.
rangeln (-*le*) vechten.
Rangfolge *f* rang-, volgorde.
Rangier|bahnhof [raŋ'ʒiːʁ-] *m* (het) rangeerstation; **2en** (-) rangeren; **~gleis** *n* (het) rangeerspoor.
Rang|liste *f* ranglijst; **~ordnung** *f* rang-, volgorde; **~stufe** *f* trap, rang.
rank rank.
Ranke *f* rank.
Ränke *m/pl.* listen *pl.*, intriges *pl.*
ranken ranken; *sich ~* (zich) slingeren; **2gewächs** *n* klimplant.
Ränkeschmied *m* intrigant.
rankig rankend, slingerend.
Ra'nunkel [-ŋk-] *f* (-; -*n*) *Bot.* boterbloem.
Ranzen *m* ransel, rugzak; (*Bauch*) (het) buikje.
ranzig ranzig.
ra'pide vlug.
Ra'pier *n* (-*s*; -*e*) (het) rapier.
Rappe *m* (-*n*) (het) zwart paard; *auf Schusters ~n* te voet.
Rappel *m* vlaag van waanzin; (*Laune*) kuur; **2ig** gek, wild; **2n** (-*le*) rammelen, ratelen; *es rappelt bei ihm* hij is niet goed snik.
Rappen *m* centime.
Rap'port *m* (-*es*; -*e*) (het) rapport.
Raps *m* (-*es*; -*e*) (het) koolzaad.
rar zeldzaam, schaars; **2i'tät** *f* rariteit.
ra'sant (-*est*) bestrijkend, zeer vlak gestrekt; (*schnell*) pijlsnel.
rasch (-*est*) snel, vlug.
rascheln (-*le*) ritselen.
Raschheit *f* (*0*) vlugheid, snelheid.
Rasen *m* (het) grasveld, (het) gazon.
rasen (-*t*) razen (*a. fahren*); **~d** razend.
Rasen|mäher *m* grasmaaimachine; **~platz** *m* (het) grasveld; **~sprenger** *m* tuin-, grassproeier.
Rase'rei *f* (*0*) razernij; (*Fahren*) (het) razen.
Ra'sier|- *in Zssgn mst.* scheer-, *z.B.* **~apparat** *m* (het) scheerapparaat; **2en** (-) (*sich*) (zich) scheren; **~klinge** *f* (het) scheermesje; **~krem** *f* scheercrème; **~messer** *n* (het) scheermes; **~pinsel** *m* scheerkwast; **~seife** *f* scheerzeep; **~spiegel** *m* scheerspiegel; **~wasser** *n* (het) scheerwater.
räso'nieren (-) redeneren; (*nörgeln*) kankeren.
Raspel *f* (-; -*n*) rasp; **2n** (-*le*) raspen.
Rasse *f* (het) ras.
Rassel *f* (-; -*n*) ratel; **2n** (-*le*) ratelen, rammelen; *durchs Examen ~* F zakken.
Rassen|- *in Zssgn mst.* rassen-, *z.B.* **~diskriminierung** *f* ras(sen)discriminatie; **~frage** *f* (het) rassenprobleem; **~haß** *m* rassehaat; **~theorie** *f* rassentheorie; **~wahn** *m* rassewaan.

ras|sig van ras; (*feurig*) pittig; **~sisch** van het ras, ras-; **2'sismus** *m* (-; *0*) (het) rassisme.
Rast *f* rust, pauze; *~ machen*, **2en** (*-e-*) pauzeren, uitrusten.
Raster *m* raster (*a.* het).
Rast|haus *n* (het) wegrestaurant; (het) motel; **2los** (*-est*) rusteloos, onvermoeid; **~losigkeit** *f* (*0*) rusteloosheid; **~platz** *m* rustplaats; (*Park2*) parkeerplaats; **~stätte** *f* = *Rasthaus*.
Ra'sur *f* (het) scheren; (*Radieren*) (het) uitvlakken.
Rat *m* **1.** (*-es*; *0*) raad(geving), (het) advies; *sich bei j-m ~ holen* iemands raad inwinnen; *da ist guter ~ teuer* hier is goede raad duur; *kommt Zeit, kommt ~* wie dan leeft, wie dan zorgt; *mit ~ und Tat* met raad en daad; **2.** (*-es*; *¨e*) *Pers.*: adviseur; *Pol.* (het) raadslid, raadsheer; (*Körperschaft*) raad, (het) raadscollege.
Rate *f* termijn; *in ~n* in termijnen, op afbetaling.
raten (*L*) *j-m A* (aan)raden, raad geven; (*mutmaßen*) raden; *s. a. geraten*.
Raten|kauf *m* aanschaffing (*od.* koop) op afbetaling; **2weise** in termijnen, op afbetaling; **~zahlung** *f* afbetaling.
Räterepublik *f* sovjet-, radenrepubliek.
Rat|geber(in *f*) *m* raadgever *m*, raadgeefster *f*; **~haus** *n* (het) stad-, raadhuis.
Ratifi|kation [-'tsĭo:n] *f* ratificatie; **2'zieren** (-) ratificeren.
Ratio|n [-'tsĭo:n] *f* (het) rantsoen, portie; **2'nal** rationeel; **2nali'sieren** (-) rationaliseren; **~nali'sierung** *f* rationalisering; **~na'lismus** *m* (-; *0*) (het) rationalisme; **~na'list(in** *f*) *m* (*-en*) rationalist(e *f*); **2'nell** rationeel; **2'nieren** (-) rantsoeneren; **~'nierung** *f* rantsoenering, distributie.
ratlos (*-est*) radeloos; **2ig·keit** *f* (*0*) radeloosheid.
rätoromanisch Retoromaans.
rat|sam raadzaam; **2schlag** *m* raadgeving, (het) advies; **~schlagen** beraadslagen; **2s·diener** *m* stadhuisbode.
Rätsel [ɛ:] *n* (het) raadsel; **2haft** (*-est*) raadselachtig; **2n** (*-le*) gissen.
Rats|herr *m* raadsheer; **~keller** *m* raadskelder; **~sitzung** *f* raadszitting; **~versammlung** *f* raadsvergadering.
Ratte *f* rat; **~n·fänger** *m* rattenvanger; **~n·gift** *n* (het) rattengif(t); **~n·nest** *n* (het) rattenest.
rattern (*-re*) ratelen, rammelen.
ratzekahl (*0*) F radicaal.
Raub *m* (*-es*; *0*) roof; (*Beute*) buit, prooi.
Raub|- *in Zssgn mst.* roof-, *z.B.* **~bau** *m* (*-es*; *0*) roofbouw; **~druck** *m* illegale druk; **2en** roven.
Räuber *m* rover; **~bande** *f* roversbende; **~ei** [-'RAI] *f* roof, roverij; **~hauptmann** *m* rovershoofdman; **~höhle** *f* (het) rovershol; **2isch** roofzuchtig.
Raub|fisch *m* roofvis; **~gier** *f* roofzucht; **2gierig** roofzuchtig; **~mord** *m* roofmoord; **~mörder** *m* roofmoordenaar; **~ritter** *m* roofridder; **~tier** *n* (het) roofdier; **~überfall** *m* roofoverval; **~vogel** *m* roofvogel; **~zug** *m* rooftocht.
Rauch *m* (*-es*; *0*) rook; **~abzug** *m* schoorsteen; (*Küchen2*) afzuigkap; **~bombe** *f* rookbom; **2en** roken; *~ verboten!* verboden te roken!; **~entwicklung** *f* rookontwikkeling; **~er** *m* roker.
Räucher·aal *m* gerookte paling.
Raucher|abteil *n* rookcoupé; **~husten** *m* rokershoest; **~in** *f* rookster.
Räucher|kammer *f* rokerij; **~kerze** *f* (het) reukkaarsje; **2n** (*-re*) roken; *s. a. geräuchert*; **~speck** *m* (het) gerookt spek; **~waren** *f/pl.* gerookte vleeswaren *pl.*; (*Fisch2*) gerookte viswaren *pl.*
Rauch|fahne *f* rookpluim; **~fang** *m* rookvang; **~fleisch** *n* (het) rookvlees; **~gas** *n* (het) rookgas; **2ig** rokerig, vol rook; **2los** (*0*) rookvrij; **~maske** *f* (het) rookmasker; **~salon** *m* rooksalon (*a.* het); **~säule** *f* rookkolom; **~service** *n* (het) rookstel; **~tabak** *m* rooktabak; **~verbot** *n* (het) rookverbod; **~vergiftung** *f* rookvergiftiging; **~waren** *f/pl.* rookwaren *pl.*; (*Pelze*) pelterijen *pl.*, (het) pelswerk; **~wolke** *f* rookwolk.
Räud|e *f* schurft; **2ig** schurftig.
'rauf F = *herauf*.
Raufbold *m* (*-es*; *-e*) vechtersbaas.

Raufe *f* ruif, voederbak.
rauf|en *v/t* uittrekken, uitrukken; *v/i u. sich* ~ (met elkaar) vechten; **2er** *m* vechtersbaas; **2e'rei** *f* vecht-, kloppartij; **2lust** *f (0)* vechtlust; **~lustig** vechtlustig.
rauh (*-est*) ruw, ruig; *Stimme*: schor, rauw; *Wetter*: guur, ruw; *Benehmen*: ruw, grof; **2bein** *n* F bullebak; **~beinig** F onbehouwen; **2eit** [-haɪt] *f* ruwheid; rauwheid; guurheid; **~en** ['ʀaʊən] kaarden, ruig maken; **2reif** *m* (*-es*; *0*) rijp, rijm.
Raum *m* (*-es*; *⸗e*) ruimte; *Geogr.* (het) gebied; (*Zimmer*) kamer; (*Saal*) zaal, (het) lokaal; *fig.* (*Gelegenheit*) ruimte, gelegenheid; *mar.* (het) ruim; ~ *bieten* (*D*) *fig.* ruimte laten voor.
räumen (op)ruimen; (*verlassen*) (ont)ruimen; *v/t Stadt, Saal* ontruimen.
Raum|- *in Zssgn mst.* ruimte-, *z.B.* **~ersparnis** *f* ruimtebesparing; **~fahrt** *f* ruimtevaart; **~fahrtzentrum** *n* (het) ruimtevaartcentrum; **~fahrzeug** *n* (het) ruimtevaartuig; **~flug** *m* ruimtevlucht; **~forschung** *f (0)* (het) ruimteonderzoek; **~gestaltung** *f* inrichting; **~inhalt** *m* kubieke inhoud, (het) volume; **~kapsel** *f* ruimtecapsule; **~lehre** *f (0)* meetkunde.
räumlich ruimtelijk, qua ruimte; **2keit** *f* ruimte, lokaliteit.
Raum|mangel *m* (*-s*; *0*) (het) plaatsgebrek; **~meter** *m od. n* kubieke meter; **~pflegerin** *f* werkster, poetsvrouw; **~schiff** *n* (het) ruimteschip; **~schiffahrt** *f* ruimtevaart; **~sonde** *f* ruimtesonde.
Räumung *f* opruiming; ontruiming; **~s·ausverkauf** *m* totale uitverkoop; **~s·klage** *f* eis tot ontruiming.
Raumverteilung *f* ruimtelijke indeling.
raunen fluisteren; *Bach*: murmelen.
Raupe *f* rups; *Tech.* rupsband; **~nfahrzeug** *n* rupswagen; **~n·kette** *f* rupsketting; **~n·nest** *n* (het) rupsennest.
raus F = *heraus*.
Rausch *m* (*-es*; *⸗e*) roes (*a. fig.*); **2en** ruisen; **2end** *Fest*: schitterend; *Beifall*: daverend; **~gift** *n* verdovende middelen *n/pl.*; **~gold** *n* (het) klatergoud.
räuspern (*-re*): *sich* ~ de keel schrapen.
Raus|schmeißer *m* F uitsmijter; **~schmiß** *m* F (het) buitengooien.
Raute *f* ruit; *Bot.* wijnruit.
Ravioli [-'vi-] *pl.* ravioli.
Rayonchef [ʀɛ'jɔŋ-] *m* rayonchef.
Razzia ['ʀatsĭa·] *f* (*-*; *Razzien*) razzia.
Rea'genz [ʀe·a·-] *n* (*-es*; *Reagenzien*) (het) reagens; **~glas** *n* (het) reageerbuisje.
rea'gieren (-) reageren.
Reaktio|n [-'tsĭo:n] *f* reactie; **~'när** *m* (*-s*; *-e*), **2'när** *Adj.* reactionair; **~ns·triebwerk** *n* reactiemotor.
Re'aktor *m* (*-s*; *-en* [-'to:-]) reactor.
re'al reëel, werkelijk; **2einkommen** *n* (het) reële inkomen; **2ien** [-lĭən] *pl.* realia *pl.*
reali'sier|bar realiseerbaar; **~en** (-) realiseren; *Hdl.* te gelde maken; **2ung** *f* realisatie.
Rea'lis|mus *m* (*-*; *0*) (het) realisme; **~t(in** *f*) *m* (*-en*) realist(e *f*); **2tisch** realistisch.
Real|i'tät *f* realiteit; **~politik** *f* reële politiek; **~schule** *f* mavoschool; **~wert** *m* reële waarde.
Rebe *f* wijnrank; (*Stock*) wijnstok.
Re'bel|l *m* (*-en*) rebel; **2'lieren** (-) rebelleren; **~lion** [-'lĭo:n] *f* rebellie; **2lisch** rebels.
Reben|laub *n* (het) wingerdloof; **~saft** *m* (het) druivesap, wijn.
Rebhuhn [ɛ] *n* patrijs.
Reb|laus *f* druifluis; **~stock** *m* wijnstok.
Rebus *m od. n* (*-*; *-se*) rebus.
Rechen *m* hark; **2** *v/t* harken.
Rechen|- *in Zssgn mst.* reken-, *z.B.* **~aufgabe** *f* (reken)som; **~automat** *m* automatische rekenmachine; **~buch** *n* (het) rekenboek; **~fehler** *m* rekenfout; **~heft** *n* (het) rekenschrift; **~maschine** *f* rekenmachine.
Rechenschaft *f (0)* rekenschap; ~ *ablegen* rekenschap afleggen; *zur* ~ *ziehen* ter verantwoording roepen; **~s·bericht** *m* rekening en verantwoording.
Rechen|schieber *m* rekenliniaal; **~tafel** *f* rekentafel; **~zentrum** *n* (het) rekencentrum.
Recher|che [ʀe'ʃɛʁʃə] *f* (het) onderzoek, navorsing; **2'chieren** (-) navorsen, onderzoeken.

rechn|en (*-e-*) rekenen; ~ *mit* (*D*) rekening houden met, rekenen op; *im Kopfe* ~ uit het hoofd rekenen; ²**er** *m* rekenaar; ²**e'rei** *f* (het) gereken; ~**erisch** rekenkundig; ²**ung** *f* rekening; *in* ~ *stellen* in rekening brengen; e-*r* S. (*D*) ~ *tragen* met iets rekening houden; *auf eigene* ~ voor eigen rekening.

Rechnungs|amt *n* rekenkamer; ~**art** *f* rekenwijze; ~**betrag** *m* (het) bedrag van de rekening; ~**führung** *f* comptabiliteit; ~**hof** *m* rekenkamer; ~**jahr** *n* (het) boekjaar; ~**prüfer** *m* accountant; ~**wesen** *n* (*-s; 0*) comptabiliteit.

recht (*richtig*) juist, goed; (*mit Recht*) recht(matig); *Adv.* (*sehr*) heel, erg; (*ganz*) helemaal; ~ *haben* (*behalten*) gelijk hebben (krijgen); *zur* ~*en Zeit* (juist) op tijd; *so ist es* ~ zo is het goed; *es ist mir* ~ ik vind het goed; *ganz* ~*!* juist!, heel goed!; *es j-m* ~ *machen* het iem. naar de zin maken; *j-m gerade* ~ *kommen* iem. net goed gelegen (*od.* van pas) komen; *s. a. rechte*(*r*, *-s*).

Recht *n* (*-es; -e*) (het) recht; *mit* ~ terecht; *von* ~*s wegen* van rechtswege; *Doktor* (*Student*) *der* ~*e* doctor (student) in de rechten; *zu* ~ *bestehen* juist (*od.* gerechtvaardigd) zijn; *die* ~*e pl. studieren* in de rechten studeren; *im* ~ *sein* gelijk hebben.

Rechte *f* rechterhand; *Pol.* rechterzijde.

rechte(r, -s) (*Ggs. links*) rechter-, rechts; *rechte Hand, rechter Arm, rechtes Bein* rechterhand, -arm, -been.

Recht|eck *n* (*-es; -e*) rechthoek; ²**eckig** (*0*) rechthoekig; ²**en** (*-e-*) (*streiten*) (rede)twisten; ~**ens:** ~ *sein* gerechtvaardigd zijn, volgens het recht gebeuren.

rechtfertig|en rechtvaardigen; *s. a. gerechtfertigt*; ²**ung** *f* rechtvaardiging.

rechtgläubig rechtzinnig, orthodox; ²**keit** *f* (*0*) rechtzinnigheid, orthodoxie.

Recht|habe'rei *f* betweterij; ²**haberisch** betweterig, eigenwijs; ~ *sein* altijd gelijk willen hebben; ²**lich** (*0*) juridisch; (*gesetzlich*) wettelijk; (*redlich*) rechtschapen; ~**lichkeit** *f* (*0*) rechtmatigheid; wettigheid; rechtschapenheid; ²**los** (*-est*) rechteloos; ~**losigkeit** *f* (*0*) rechteloosheid; ²**mäßig** rechtmatig, billijk; ~**mäßigkeit** *f* (*0*) rechtmatigheid, billijkheid.

rechts rechts.

Rechts|- *in Zssgn mst.* rechts-; ~**anspruch** *m* (het) (wettelijk) recht; ~**anwalt** *m* advocaat; ~**auskunft** *f* juridische informatie; ~**außen** *m* (-; -) rechtsbuiten; ~**beistand** *m* advocaat, rechtskundig adviseur; ~**berater** *m* rechtskundig adviseur; ~**bruch** *m* inbreuk op het recht.

rechtschaffen rechtschapen; ²**heit** *f* (*0*) rechtschapenheid.

rechtschreib|en juist schrijven; ²**reform** *f* spellinghervorming; ²**ung** *f* spelling.

Rechts|drall *m fig.* rechtse neigingen *pl.*; ~**empfinden** *n* (het) rechtsgevoel; ~**fähigkeit** *f* (*0*) rechtspersoonlijkheid; ~**fall** *m* rechtszaak; ~**frage** *f* rechtskwestie; ~**gelehrte(r)** rechtsgeleerde; ~**grundsatz** *m* (het) rechtsbeginsel; ²**gültig** rechtsgeldig; ~**gültigkeit** *f* (*0*) rechtsgeldigheid; ~**gutachten** *n* (het) juridisch advies; ~**händer** *m* rechtshandige; ²**herum** naar rechts; (*um etw. herum*) langs rechts eromheen; ~**hilfe** *f* rechtsbijstand; ~**kraft** *f* (*0*) rechtsgeldigheid; ²**kräftig** rechtsgeldig; ~**kurve** *f* bocht naar rechts; ~**lage** *f* rechtspositie; ~**mittel** *n* (het) rechtsmiddel; ~**ordnung** *f* rechtsorde; ~**partei** *f* rechtse partij; ~**pflege** *f* rechtspleging; ~**philosophie** *f* rechtsfilosofie.

Recht·sprechung *f* rechtspraak.

Rechts|sache *f* rechtszaak; ~**schutz** *m* rechtsbescherming; ~**spruch** *m* (het) vonnis; ~**staat** *m* rechtsstaat; ~**streit** *m* (het) rechtsgeding, (het) proces; (*Meinungsverschiedenheit*) (het) rechtsgeschil; ²'**um**! rechtsom!; ²**verbindlich** bindend; ~**verdreher** *m* rechtsverdraaier; ~**verkehr** *m* (het) rechts rijden; ~**weg** *m* gerechtelijke weg; ²**widrig** in strijd met het recht, onwettig; ~**wissenschaft** *f* rechtswetenschap.

recht|winklig (*0*) rechthoekig; ~**zeitig** tijdig; *Adv. bsd.* op tijd, bijtijds.

Reck *n* (*-es; -e*) (het) rek.

Recke *m* (*-n*) held, dapper krijger.
recken (*sich*) (zich) (uit)rekken.
Redak'tleur(in *f*) [-'tø:-] *m* (*-s*; *-e*) redacteur *m*, redactrice *f*; **~ion** [-'tsĭo:n] *f* redactie; **≗io'nell** (*0*) redactioneel.
Rede *f* rede; (*Ansprache a.*) redevoering; (*Worte*) woorden *n/pl.*, praatjes *n/pl.*; (*Rechenschaft*) verantwoording, rekenschap; (*Gerücht*) (het) gerucht; (*in*)*direkte* ~ (in)directe rede; *davon ist nicht die* ~ daar hebben we het niet over; *davon kann keine* ~ *sein* daar kan geen sprake van zijn; *j-m in die* ~ *fallen* iem. in de rede vallen; *zur* ~ *stellen* ter verantwoording roepen; *es ist nicht der* ~ *wert* het is de moeite niet waard; **~fluß** *m* woordenvloed; **~freiheit** *f* (*0*) vrijheid van het woord; **≗gewandt** welbespraakt; **~gewandtheit** *f* welbespraaktheid; **~kunst** *f* (*0*) welsprekendheid, retoriek.
reden (*-e-*) spreken, praten; *j-m das Wort* ~ iem. verdedigen; *von sich* ~ *machen* van zich doen spreken; *gut* ~ *haben* gemakkelijk praten hebben; **≗s·art** *f* zegswijze, uitdrukking.
Rede|'rei *f* (het) geklets; **~schwall** *m* woordenvloed; **~weise** *f* spreekwijze; **~wendung** *f* zinswending.
redi'gieren (-) redigeren, opstellen.
redlich braaf, rechtschapen; *Adv.* (*sehr*) erg; **≗keit** *f* (*0*) braafheid, rechtschapenheid.
Redner *m* redenaar, spreker; **≗isch** oratorisch; **~pult** *n* spreeklessenaar.
redselig spraakzaam, praatlustig; **≗keit** *f* (*0*) spraakzaamheid.
Redu|ktion [-'tsĭo:n] *f* reductie; **~n'danz** *f* redundantie; **≗'zieren** (-) reduceren; **~'zierung** *f* reducering.
Reede *f* rede; **~r** *m* reder; **~'rei** *f* rederij.
reell [re'ɛl] reëel.
Reep *n* (*-ęs*; *-e*) reep, (het) touw.
Refe'r|at [re·fe·-] *n* (*-ęs*; *-e*) (het) referaat; (*Dienststelle*) (het) bureau, afdeling; **~en'dar(in** *f*) *m* (*-s*; *-e*) (*Gerichts≗*) (vrouwelijke *f*) kandidaat-rechter; (*Studien≗*) beginnende leraar *m* (lerares *f*); **~en·dum** *n* (*-s*; *Referenden*) (het) referendum; **~ent(in** *f*) *m* (*-en*) referent(e *f*), verslaggever *m*, verslaggeefster *f*; (*Sachbearbeiter*) (vrouwelijke *f*) adviseur; **~enz** *f* referentie; **≗ieren** (-) refereren.
Reff *n* (*-ęs*; *-e*) (het) reef, (het) rif; **≗en** reven.
reflek'tieren (-) reflecteren.
Re'fle|ktor *m* (*-s*; *-en* [-'to:-]) reflector; **~x** *m* (*-es*; *-e*) reflex; **~xbewegung** *f* reflexbeweging; **~xion** [-'ksĭo:n] *f* terugkaatsing; (*Nachdenken*) reflectie, overdenking; **≗'xiv** (*0*) reflexief, wederkerend; **~'xivpronomen** *n* (het) wederkerend voornaamwoord.
Re'for|m *f* hervorming; **~mation** [-'tsĭo:n] *f* reformatie, hervorming; **~'mator** *m* (*-s*; *-en* [-'to:-]) reformator; **≗ma'torisch** (*0*) reformatorisch; **~m·bestrebung** *f* (het) hervormingsstreven; **~m·haus** *n* (het) reformhuis; **≗'mieren** (-) hervormen; **~m·kost** *f* reformvoeding.
Refrain [rə'frɛŋ] *m* (*-s*; *-s*) (het) refrein.
Re'gal *n* (*-s*; *-e*) (het) rek.
Re'gatta *f* (*-*; *Regatten*) regatta.
rege levendig, druk; (*wach*) wakker; ~ *werden fig.* opkomen.
Regel *f* (*-*; *-n*) regel; (*Menstruation*) regels *pl.*; *in der* ~ in de regel; *sich zur* ~ *machen* zich tot regel stellen; **≗los** (*-est*) regelloos, ongeregeld; (*unordentlich*) wanordelijk; **~losigkeit** *f* (*0*) regelloosheid; wanorde; **≗mäßig** regelmatig, geregeld; **~mäßigkeit** *f* regelmatigheid; **≗n** (*-le*) regelen; **≗recht** volgens de regelen; (*sozusagen*) echt, compleet; **~ung** *f* regeling; **≗widrig** tegen de regel(s), in strijd met de regel(s); **~widrigkeit** *f* (het) zondigen tegen de regel(s).
regen (*sich*) (zich) bewegen, verroeren; *Gefühle*: opkomen; *Gewissen*: ontwaken.
Regen *m* regen; *vom* ~ *in die Traufe kommen* van de regen in de drup komen.
Regen|- *in Zssgn mst.* regen-, *z.B.* **≗arm** regenarm; **~bogen** *m* regenboog; **~bogenhaut** *f* (het) regenboogvlies; **≗dicht** regendicht.
Regene|ration [-'tsĭo:n] *f* regeneratie; **~'rator** *m* (*-s*; *-en* [-'to:-]) regenerator; **≗'rieren** (-) regenereren.
Regen|fall *m* regenval; **~guß** *m*

regenbui; **~mantel** *m* regenjas; **~schauer** *m* regenbui; **~schirm** *m* paraplu.
Re'gent(in *f*) *m* (*-en*) regent(es *f*).
Regen|tag *m* regendag; **~tonne** *f* regenton.
Re'gentschaft *f* (het) regentschap.
Regen|tropfen *m* regendruppel; **~wasser** *n* (*-s*; *0*) (het) regenwater; **~wetter** *n* (*-s*; *0*) (het) regenweer; **~wurm** *m* regenworm, pier; **~zeit** *f* regentijd.
Regie [-'ʒi:] *f* regie (*a. Thea.*); **~anweisung** *f* regie-aanwijzing; **~assistentin** *f* regie-assistente.
re'gier|en (-) regeren; **2ung** *f* regering.
Re'gierungs|- *in Zssgn mst.* regerings-; **~antritt** *m* aanvaarding van de regering; *e-s Königs*: troonsbestijging; **~bezirk** *m* provincie; **~blatt** *n* regeringskrant; **~direktor** *m* administrateur; **2feindlich** anti--regeringsgezind; **~form** *f* regeringsvorm; **2freundlich** regeringsgezind; **~krise** *f* regeringscrisis; **~partei** *f* regeringspartij; **~programm** *n* (het) regeringsprogramma; **~sitz** *m* regeringszetel; **~truppen** *f/pl.* regeringstroepen *pl.*; **~wechsel** *m* regeringswisseling; **~zeit** *f* regeringstijd.
Regime [-'ʒi:m] *n* (*-s od. -*; *-* [-mə]) (het) regime, (het) bewind.
Regi'ment *n* (*-ęs*; *-er*) (het) bewind; *mil.* (het) regiment.
Regio|n [-'gĭo:n] *f* streek, (het) gewest; (*Bezirk a.*) regio; **2'nal** regionaal.
Regisseur [ʀeʒi'sø:ʁ] *m* (*-s*; *-e*) regisseur.
Re'gister *n* (het) register (*a. Mus. usw.*); **~tonne** *f* registerton.
Registra'tur *f* (*Dienststelle*) (het) registratiekantoor; (het) archief; *Mus.* registratuur.
regis'trier|en (-) registreren; **2gerät** *n* (het) registreerinstrument; **2ung** *f* registratie.
Reglemen|t [-ə'mɛnt, -'mã:] *n* (*-s*; *-s*) (het) reglement; **2'tieren** (-) reglementeren.
Regler *m* regelaar.
reglos (*-est*) = *regungslos*.
regn|en (*-e-*) regenen; *es regnet* het regent; **~erisch** regenachtig.
Re'greß *m* (*-sses*; *-sse*) (het) regres, (het) verhaal; **2pflichtig** verplicht tot schadevergoeding.
regu'l|är normaal, volgens de regels; *mil.* geregeld; **2ator** *m* (*-s*; *-en* [-'to:-]) regulateur; **~ieren** (-) reguleren.
Regung *f* beweging; (*Gefühls2 a.*) opwelling, aandoening; **2s·los** (*-est*) onbeweeglijk, roerloos; **~s·losigkeit** *f* (*0*) onbeweeglijkheid, roerloosheid.
Reh *n* (*-ęs*; *-e*) ree.
Rehabili|tation [-'tsĭo:n] *f* rehabilitatie; **2'tieren** (-) rehabiliteren.
Reh|bock *m* reebok; **~braten** *m* (het) reegebraad; **~kalb** *n*, **~kitz** *n* (het) reekalf; **~wild** *n* (het) reewild.
Reib|e *f*, **~eisen** *n* rasp.
Reibe|kuchen *m* (*Kartoffel2*) (het) aardappelkoekje; **~laut** *m* fricatief; **2n** (*L*) wrijven; (*zerkleinern*) raspen; *s. a. gerieben*; **~'rei** *f* wrijving.
Reib|fläche *f* (het) strijkvlak; **~ung** *f* wrijving (*a. fig.*).
Reibungs|elektrizität *f* wrijvingselektriciteit; **~fläche** *f* (het) wrijvingsvlak; **2los** (*-est*) zonder wrijving; *fig.* vlot; **~widerstand** *m* wrijvingsweerstand.
Reich *n* (*-ęs*; *-e*) (het) rijk.
reich rijk; **2e(r)** rijke, rijkaard.
reichen *v/i* reiken; (*genügen*) voldoende (*od.* genoeg) zijn; *v/t* (*geben*) (aan)reiken; *soweit das Auge reicht* zover het oog reikt; *es reicht* het is genoeg.
reichhaltig rijk, ruim, uitgebreid; **2keit** *f* (*0*) rijkdom.
reichlich rijkelijk, overvloedig; *Adv.* (*ziemlich*) erg, nogal; (*viel*) volop.
Reichs|- *in Zssgn mst.* rijks-, *z.B.* **~adler** *m* rijksadelaar; **~apfel** *m* rijksappel; **~kanzler** *m* rijkskanselier; **~tag** *m* rijksdag.
Reich|tum *m* (*-s*; *⸗er*) rijkdom; **~weite** *f* (het) bereik, reikwijdte; *Flgw.* (het) vliegbereik.
reif rijp; *~ für* (*A*) *od. zu* (*D*) rijp voor.
Reif *m* **1.** (*-ęs*; *0*) (*Frost*) rijp, rijm; **2.** (*-ęs*; *-e*) (*Ring*) ring; = *Reifen*.
Reife *f* (*0*) rijpheid; *mittlere ~* (het) diploma van middelbaar onderwijs; **2n** **1.** (*a. sn*) rijpen (*a. fig.*); **2.** (*Reif bilden*) rijp vormen, rijpen.
Reifen *m* hoepel; (*Ring*) ring; (*Rad2*) band; **~druck** *m* bandenspanning; **~panne** *f* lekke band.

Reife|prüfung *f* (het) eindexamen; **~zeugnis** *n* (het) einddiploma.
reiflich rijp; *Adv.* grondig.
Reifrock *m* hoepelrok.
Reifung *f* (*0*) rijping.
Reigen *m* rei.
Reihe [ˈʀaɪə] *f* rij; (*Serie*) serie, reeks; *der ~ nach* om de beurt, beurtelings; *an der ~ sein* aan de beurt zijn; *in Reih und Glied* in het gelid; *außer der ~* buiten reeks.
reihen (rang)schikken; *Stoff* rimpelen; *Perlen* rijgen.
Reihen|folge *f* volgorde; **~haus** *n* (het) huis in een rij; **~schaltung** *f* serieschakeling; **~untersuchung** *f* (het) serieonderzoek; **2weise** in rijen; in serie.
Reiher *m* reiger.
reih'um rond.
Reihung *f* (rang)schikking; (het) rijgen.
Reim *m* (*-es*; *-e*) (het) rijm; *sich keinen ~ machen können auf* (*A*) niet wijs kunnen worden uit.
Reim|- *in Zssgn mst.* rijm-; **2en** (*sich*) rijmen; *wie reimt sich das?* hoe zit dat?, hoe kan dat samengaan?; **~e'rei** *f* rijmelarij; **2los** (*0*) rijmloos; **~paar** *n* (het) rijmpaar; **~wort** *n* (*-es*; *⸚er*) (het) rijmwoord; **~wörterbuch** *n* (het) rijmwoordenboek.
rein schoon, zuiver; (*moralisch*) rein, zuiver; (*lauter, vollkommen*) zuiver; *Adv.* (*ganz*) totaal, geheel, helemaal; *ins ~e schreiben* in het net schrijven; *ins ~e bringen* in het reine brengen.
'rein F = *herein.*
Reinemache|frau *f* werkster; **2n** schoonmaken.
Rein|erlös *m*, **~ertrag** *m* zuivere opbrengst; **~fall** *m* F teleurstelling; **2fallen** = *hereinfallen*; **~gewicht** *n* (het) nettogewicht; **~gewinn** *m* nettowinst, zuivere winst; **~haltung** *f* (het) schoonhouden; **~heit** *f* (*0*) zuiverheid; reinheid.
reinig|en schoonmaken, reinigen; *Wunde u. fig.* zuiveren; **2ung** *f* (het) schoonmaken, reiniging; zuivering.
Reinigungs|anstalt *f* stomerij; **~mittel** *n* (het) reinigingsmiddel.
Rein|kultur *f* reincultuur; **2lich** zindelijk, proper; *fig.* zuiver, duidelijk; **~lichkeit** *f* (*0*) zindelijkheid; zuiverheid; **~schrift** *f* (het) net (-schrift).
Reis[1] *m* (*-es*; *-e*) rijst.
Reis[2] *n* (*-es*; *-er*) (het) takje, twijg.
Reis|anbau *m* rijstbouw; **~besen** *m* rijsbezem; **~brei** *m* rijstebrij, rijstepap.
Reise *f* reis; *gute ~!* goede reis!; *auf der ~* op reis; *auf ~n gehen* op reis gaan.
Reise|- *in Zssgn mst.* reis-; **~andenken** *n* (het) souvenir; **~apotheke** *f* reisapotheek; **~bedarf** *m* reisbenodigdheden *pl.*; **~begleiter** *m* reisbegeleider; **~bericht** *m* (het) reisverhaal; **~beschreibung** *f* reisbeschrijving; **~büro** *n* (het) reisbureau; **~dauer** *f* reisduur; **~decke** *f* reisdeken; **2fertig** reisvaardig; **~fieber** *n* reiskoorts; **~führer** *m* reisgids; **~gefährte** *m* reisgenoot; **~geld** *n* (het) reisgeld; **~gepäck** *n* bagage; **~gepäckversicherung** *f* bagageverzekering; **~geschwindigkeit** *f* kruissnelheid; **~gesellschaft** *f* (het) reisgezelschap; **~koffer** *m* reiskoffer; **~kosten** *pl.* reiskosten *pl.*; **~krankheit** *f* reisziekte; **~leiter** *m* reisleider; **~lektüre** *f* reislectuur; **2lustig** reislustig.
reisen (*-t*; *sn*) reizen; **2de(r)** reiziger.
Reise|omnibus *m* touringcar; **~paß** *m* reispas; **~plan** *m* (het) reisplan; **~prospekt** *m* toeristische brochure; **~proviant** *m* (het) proviand voor de reis; **~route** *f* reisroute; **~scheck** *m* reischeque; **~schreibmaschine** *f* reisschrijfmachine; **~tasche** *f* reistas; **~unfallversicherung** *f* reisongevallenverzekering; **~veranstalter** *m* reisorganisator; **~verkehr** *m* (het) toeristisch verkeer; **~versicherung** *f* reisverzekering; **~vorbereitungen** *f/pl.* reisvoorbereidingen *pl.*; **~weg** *m* reisweg, route; **~wetterversicherung** *f* regenverzekering; **~zeit** *f* reistijd, (het) reisseizoen; **~ziel** *n* (het) reisdoel.
Reis|feld *n* (het) rijstveld; **~ig** *n* (*-s*; *0*) (het) rijs-, sprokkelhout; **~korn** *n* rijstkorrel; **~pudding** *m* rijstpudding.
Reiß|'aus: *~ nehmen* aan de haal gaan, ervandoor gaan; **~brett** *n* tekenplank; **~brettstift** *m* punaise.
reißen (*L*) **1.** *v/t* scheuren; (*zerren*) rukken, trekken; *Wild* verscheuren; *Possen* maken; *Zoten* tappen; *an*

sich ~ tot zich trekken; *in Stücke* ~ stukscheuren; *sich* ~ *um* (*A*) vechten om; **2.** *v/i* breken; *Stoff, Papier*: scheuren; *Geduld*: ten einde zijn; *s. a. gerissen*; **~d** *Strom*: snelstromend; *Absatz*: gretig; *Schmerz*: vlijmend; *Tier*: verscheurend.

Reiß|er *m Thea.* (het) kasstuk; (*Buch*) best-seller; (*Schlager*) topper; (*Ware*) (het) succesartikel; **~feder** *f* trek-, tekenpen; **2fest** niet scheurend; **~leine** *f* scheurlijn; **~schiene** *f* tekenhaak.

Reis·suppe *f* rijstesoep.

Reiß|verschluß *m* ritssluiting; **~zahn** *m* scheurkies; **~zeug** *n* passerdoos; **~zwecke** *f* punaise.

Reit|- *in Zssgn mst.* rij-, *z.B.* **~anzug** *m* (het) rijkostuum; **~bahn** *f* manege; **2en** (*L*) *v/i* (*a. sn*) rijden; *v/t* berijden; **~en** *n* (*-s; 0*) (het) paardrijden.

Reiter *m* ruiter; **~ei** [-'RAI] *f* ruiterij, cavalerie; **~in** *f* paardrijdster; **~standbild** *n* (het) ruiterstandbeeld.

Reit|gerte *f* rijzweep; **~hose** *f* rijbroek; **~knecht** *m* rijknecht; **~kunst** *f* rijkunst; **~lehrer** *m* rijleraar; **~pferd** *n* (het) rijpaard; **~schule** *f* rijschool; **~sport** *m* paardensport; **~stall** *m* stal voor rijpaarden; **~stiefel** *m/pl.* rijlaarzen *pl.*; **~turnier** *n* rij-, springconcours (*a.* het); **~weg** *m* (het) ruiterpad; **~zeug** *n* (het) paardetuig.

Reiz *m* (*-es; -e*) prikkel(ing); *fig. bsd.* bekoorlijkheid, charme, aantrekkelijkheid; **2bar** prikkelbaar; **~barkeit** *f* (*0*) prikkelbaarheid; **2en** (*-t*) prikkelen; (*ärgern a.*) tergen; (*verlocken*) bekoren, strelen; *beim Skat*: opbieden; *s. a. gereizt*; **2end** bekoorlijk, leuk, lief, aantrekkelijk; *Lage*: verrukkelijk; *das ist ja* ~! *pej.* dat is me wat moois!; **~ker** *m Bot.* oranjegroene melkzwam; **~klima** *n* (het) sterk wisselend klimaat; **2los** (*-est*) onaantrekkelijk; **~mittel** *n* (het) opwekkend middel; **~schwelle** *f* prikkeldrempel; **~ung** *f* prikkeling, opwekking; **2voll** aantrekkelijk, bekoorlijk, verrukkelijk.

rekapitu'lieren (-) recapituleren.

rekeln (*-le*): *sich* ~ (*sich strecken*) zich ongegeneerd uitrekken.

Reklam|ation [-'tsĭo:n] *f* reclamatie, reclame; **~e** [-'kl-] *f* reclame.

Re'klame|- *in Zssgn mst.* reclame-, *z.B.* **~fachmann** *m* reclame-expert; **~feldzug** *m* reclamecampagne; **~kosten** *pl.* reclamekosten *pl.*; **~schild** *n* reclameplaat; **~text** *m* reclametekst; **~zettel** *m* (het) reclamebiljet.

rekla'mieren (-) reclameren.

rekonstru|'ieren (-) reconstrueren; **2ktion** [-'tsĭo:n] *f* reconstructie.

Rekonvales'zen|t(in *f*) [-va·lɛs-] *m* (*-en*) herstellende; **~z** *f* (*0*) genezing, (het) herstel.

Re'kord *m* (*-es; -e*) (het) record; **~besuch** *m* (het) recordbezoek; **~zeit** *f* recordtijd.

Re'kru|t *m* (*-en*) rekruut; **2'tieren** (-) rekruteren; **~'tierung** *f* rekrutering.

rek|tifi'zieren (-) rectificeren; **2tion** [-'tsĭo:n] *f* regering, rectie.

Rekto|r *m* (*-s; -en* [-'to:-]) (*Schul2*) (het) hoofd, dekaan; (*Hochschul2*) rector; **~'rat** *n* (*-es; -e*) (het) rectoraat.

Rela|tion [-'tsĭo:n] *f* relatie, betrekking; **2'tiv** relatief, betrekkelijk; **2ti'vieren** [v] (-) relativeren.

Relativi'tät [v] *f* relativiteit, betrekkelijkheid; **~s·theorie** *f* (*0*) relativiteitstheorie.

Rela'tiv|pronomen *n* (het) betrekkelijk voornaamwoord; **~satz** *m* betrekkelijke bijzin.

Rele|gation [-'tsĭo:n] *f* relegatie, wegzending; **2'gieren** (-) wegzenden; **2'vant** [v] (*-est*) relevant.

Relief [-'lĭɛf] *n* (*-s; -s od. -e*) (het) reliëf.

Religion [-'gĭo:n] *f* religie, godsdienst; *sich zu e-r* ~ *bekennen* een godsdienst belijden.

Reli'gions|- *in Zssgn oft* godsdienst-; **~bekenntnis** *n* geloofsbelijdenis; **~freiheit** *f* (*0*) godsdienstvrijheid; **~friede** *m* godsdienstvrede; **~geschichte** *f* godsdienstgeschiedenis; **~lehrer** *m* godsdienstleraar; **2los** (*0*) ongodsdienstig; **~stifter** *m* godsdienststichter; **~unterricht** *m* (het) godsdienstonderwijs.

religiös [-'gĭø:s] (*-est*) religieus, godsdienstig.

Religiosi'tät *f* (*0*) godsdienstigheid.

Re'likt *n* (*-es; -e*) (het) relict, (het) overblijfsel.

Reling *f* (*-; -s*) reling, verschansing.

Re'liquie [-kvĭə] *f* relikwie; **~n·schrein** *m* reliekschrijn (*a.* het).

Reminis'zenz *f* reminiscentie.
remi|s [-'mi:] *Schach*: remise; **2se** *f* remise; **~t'tieren** (-) remitteren.
Remou'lade [-mu·-] remoulade.
Remp|e'lei *f* (het) geduw; **2eln** (*-le*) (weg)duwen.
Renaissance [-nɛ'saŋs, -'sɑ̃:s] *f* renaissance.
Rendezvous [ʀaŋde·'vu:, ʀɑ̃:-] *n* (-; -) (het) rendez-vous.
Ren'dite *f* (het) rendement.
Rene'gat *m* (*-en*) renegaat, afvallige.
Rene'klode [-nə-] *f* reine-claude.
reni'tent (*-est*) renitent, weerspannig.
Renn|auto *n* raceauto; **~bahn** *f* renbaan; **~boot** *n* raceboot; **2en** (*L*) **1.** *v/i* (*sn*) rennen (*a. Sp.*), hollen; **2.** *v/t Degen* jagen; *j-n über den Haufen ~* iem. omverlopen; **~en** *n* wedstrijd, wedren; (*Laufen a.*) wedloop; **~e'rei** *f* (het) geren, (het) gejaag; **~fahrer** *m* wielrenner; (*Auto2*) autorenner; (*Motorrad2*) motorcoureur; **~pferd** *n* (het) renpaard; **~sport** *m* rensport; **~stall** *m* renstal; **~strecke** *f* (het) parcours, (het) circuit; **~wagen** *m* raceauto.
Renom'm|ee *n* (*-s*; *-s*) renommee, naam; **2iert** gerenommeerd, vermaard.
reno'vier|en [v] (-) vernieuwen; *Wohnung* renoveren, nieuw inrichten; **2ung** *f* vernieuwing; renovatie.
ren'tab|el (*-bl-*) rendabel; **2ili'tät** *f* (*0*) rentabiliteit.
Rente *f* (het) pensioen; **~n·anspruch** *m* aanspraak op een rente; **~n·empfänger** *m* pensioentrekker, gepensioneerde; **~n·versicherung** *f* (het) pensioenfonds.
Rentier [-'tie:] *m* (*-s*; *-s*) = *Rentner*.
ren'tieren (-): *sich ~* renderen.
Rentner *m* rentenier; rentetrekker; (*Alters2*, *Invaliden2*) gepensioneerde.
Re·organi|sation *f* reorganisatie; **2'sieren** (-) reorganiseren.
repa|'rabel (*-bl-*) reparabel; **2ration** [-'tsio:n] *f* herstelbetaling.
Repara'tur *f* reparatie, herstelling; **2bedürftig:** *~ sein* gerepareerd moeten worden; **~kosten** *pl.* reparatiekosten *pl.*; **~werkstatt** *f* herstelwerkplaats; (*Auto2*) garage.
repa'rieren (-) repareren, herstellen.
repatri'ier|en (-) repatriëren; **2ung** *f* repatriëring.
Repertoire [-'tŏɑ:ʀ] *n* (*-s*; *-s*) (het) repertoire.
repe'tier|en (-) repeteren, herhalen; **2gewehr** *n* (het) repeteergeweer.
Re'plik *f* repliek.
Repor|'tage [-ʒə] *f* reportage; **~ter(in** *f*) [-'pɔʀ-] *m* (vrouwelijke *f*) reporter.
Repräsen't|ant(in *f*) [-sɛn-] *m* (*-en*) representant(e *f*), vertegenwoordiger *m*, vertegenwoordigster *f*; **2ieren** (-) representeren.
Repressalien [-ɛ'sɑ:liən] *f/pl.* represailles *pl.*
Reprodu|ktion [-'tsio:n] *f* reproductie; **2'zieren** (-) reproduceren.
Rep'til *n* (*-s*; *-ien*) (het) reptiel.
Repu'bli|k [i:] *f* republiek; **~'kaner** *m* republikein; **2'kanisch** republikeins.
Reputation [-'tsio:n] *f* (*0*) reputatie.
Requiem [-kvi·ɛm] *n* (*-s*; *-s*) (het) requiem.
requi|'rieren (-) vorderen; **2'sit** *n* (*-es*; *-en*) (het) rekwisiet.
Re'seda *f* (-; *-s*) *Bot.* reseda.
Reser'vat [v] *n* (*-es*; *-e*) (het) reservaat.
Re'serve [v] *f* reserve (*a. fig.*).
Re'serve|- *in Zssgn mst.* reserve-, *z.B.* **~kapital** *n* (het) reservekapitaal; **~offizier** *m* reserve-officier; **~rad** *n* (het) reservewiel; **~tank** *m* reservetank.
reser'vier|en [v] (-) reserveren; **~t** gereserveerd; **2ung** *f* reservering.
Reser|'vist [v] *m* (*-en*) reservist; **~voir** [-vŏ'ɑ:ʀ] *n* (*-s*; *-e*) (het) reservoir.
Resi'd|enz *f* residentie; **~enz·stadt** *f* residentiestad; **2ieren** (-) resideren.
Resi|gnation [-'tsio:n] *f* berusting, gelatenheid; (*Verzicht*) (het) afstand doen van; **2'gnieren** (-) zich neerleggen bij, berusten; **~'stenz** *f* resistentie.
reso'lut (*-est*) resoluut; **2ion** [-'tsio:n] *f* resolutie.
Reso'nanz *f* resonantie; **~boden** *m* klankbodem.
resoziali'sieren (-) reclasseren.
Re'spek|t [-sp-] *m* (*-es*; *0*) (het) respect, (het) ontzag; **2'tieren** (-) respecteren; **2'tierlich** respectabel;

2'**tive** [v] respectievelijk; 2**t·los** (-*est*) zonder respect, oneerbiedig; ~**ts·person** *f* persoon van aanzien; 2**t·voll** eerbiedig.
Ressort [rɛ'so:ʁ] *n* (-*s*; -*s*) (het) gebied.
Ressourcen [rɛ'suʁsən] *f*/*pl.* hulpbronnen *pl.*
Rest *m* (-*ẹs*; -*e*) rest, (het) overschot; *Hdl.* (het) restant.
Res'tant *m* (-*en*) achterstallige schuldenaar; (*Ware*) (het) restant.
Rest·auflage *f* rest van de oplage.
Restau|rant [-to·'raŋ] *n* (-*s*; -*s*) (het) restaurant; ~**ration** [-'tsio:n] *f* restauratie; 2'**rieren** (-) restaureren.
Rest|bestand *m* restanten *n*/*pl.*; ~**betrag** *m* (het) resterend bedrag; ~**geld** *n* (het) resterend geld; 2**lich** (*0*) resterend, overblijvend; 2**los** (*0*) totaal, volkomen; ~**posten** *m* (het) restant; ~**summe** *f* resterende som.
Resul't|at *n* (-*ẹs*; -*e*) (het) resultaat; 2**ieren** (-) resulteren.
Resü'mee *n* (-*s*; -*s*) (het) resumé, samenvatting.
Re'torte *f* retort (*a.* het), destilleerkolf.
rett|bar (*0*) te redden; ~**en** (-*e*-) (*vor D*) redden (van); *sich ~ vor* (*D*) weten te ontkomen aan; 2**er**(**in** *f*) *m* redder *m*, redster *f*.
Rettich *m* (-*s*; -*e*) rammenas.
Rettung *f* redding.
Rettungs|- *in Zssgn mst.* reddings-, *z.B.* ~**aktion** *f* reddingsactie; ~**anker** *m* (het) reddingsanker; ~**boot** *n* reddingsboot; ~**dienst** *m* reddingsdienst; (*Mannschaft*) reddingsploeg; ~**gürtel** *m* reddingsgordel; 2**los** (*0*) reddeloos; ~**mannschaft** *f* reddingsploeg; ~**medaille** *f* reddingsmedaille; ~**ring** *m* reddingsboei, -gordel; ~**station** *f*, ~**stelle** *f* reddingspost; ~**wesen** *n* (-*s*; *0*) (het) reddingswezen.
Re'tu|sche *f* retouche; 2'**schieren** (-) retoucheren.
Reu|e *f* (*0*) (het) berouw, spijt; 2**en:** *es reut mich, daß* ... ik heb er spijt van dat; *etw. reut mich* ik heb spijt van iets; 2**e·voll**, 2**ig** ['rɔʏıç], 2**mütig** berouwvol, rouwmoedig.
Reuse *f* fuik.
Revanch|e [-'vaŋʃə] *f* revanche; 2**ieren** [-'ʃi:-] (-): *sich ~* zich revancheren.
Revers [-'vɛ:ʁ] *n od. m* (-; -) revers.
revi'dieren [v] (-) (*ändern*) herzien.
Re'vier [v] *n* (-*s*; -*e*) (het) gebied, (het) terrein, (het) district; (*Jagd*2) (het) jachtgebied; (*Polizei*2) (het) politiebureau; (*Kranken*2) ziekenkamer; ~**förster** *m* hoofdboswachter.
Revisio|n [-vi·'zio:n] *f* revisie; herziening; *jur.* cassatie; ~'**nismus** *m* (-; *0*) (het) revisionisme.
Re'visor [v] *m* (-*s*; -*en* [-'zo:-]) *Hdl.* accountant; *Typ.* corrector.
Re'vol|te [v] *f* revolte, opstand; 2'**tieren** (-) revolteren.
Revolutio|n [-vɔlu·'tsio:n] *f* revolutie; ~'**när 1.** *m* (-*s*; -*e*) *u.* **2.** 2 revolutionair.
Revo'luzzer [v] *m* beroepsrevolutionair.
Revolver [-'vɔlv-] *m* revolver; ~**blatt** *n* (het) sensatieblad; ~**held** *m* revolverheld; ~**schuß** *m* (het) revolverschot.
Revue [-'vy:] *f* revue.
Rezen's|ent(**in** *f*) *m* (-*en*) recensent(e *f*); 2**ieren** (-) recenseren, bespreken; ~**ion** [-'zio:n] *f* recensie, bespreking.
re'zent (-*est*) recent.
Re'zept *n* (-*ẹs*; -*e*) (het) recept; ~**block** *m* (het) receptenboekje; 2**frei** vrij verkrijgbaar; 2**iv** [-'ti:f] (*0*) receptief; 2**pflichtig** alleen op recept verkrijgbaar.
Rezession [-'sio:n] *f* recessie.
rezi'prok (*0*) wederzijds, wederkerig.
rezi'tieren (-) reciteren, voordragen.
R-Gespräch *n* (het) telefoongesprek op kosten van de opgebelde.
Rha'barber *m* (-*s*; *0*) rabarber.
Rhapso'die *f* rapsodie.
Rhein *m*: *der ~* de Rijn; 2**isch** van (*od.* aan) de Rijn; ~**land** *n* (-*ẹs*; *0*) (het) Rijnland; ~**länder**(**in** *f*) *m* Rijnlander *m*, Rijnlandse *f*; ~**wein** *m* Rijnwijn.
Rhe'tori|k *f* (*0*) retorica; 2**sch** (*0*) retorisch.
Rheu|ma *n* (-*s*; *0*) (het) reuma; ~**ma·mittel** *n* (het) reumamiddel; 2'**matisch** reumatisch; ~**ma'tismus** *m* (-; *0*) reumatiek.
Rhi'nozeros [-tse·rɔs] *n* (- *od.* -*ses*; -*se*) rinoceros.
Rhododendron [ro·do·'dɛndrɔn] *n*

od. *m* (*-s*; *Rhododendren*) rododendron.

Rhythm|ik *f* (*0*) ritmiek; **⁓isch** ritmisch; **⁓us** *m* (-; *Rhythmen*) (het) ritme.

Richt|antenne *f* gerichte antenne; **⁓baum** *m* meiboom (op het huis); **⁓beil** *n* beulsbijl; **⁓blei** *n* (het) schietlood; **⁓block** *m* (het) blok (op het schavot); **⁓en** (*-e-*) richten (*a.* *Wort*, *Blick*, *Waffe usw.*); (*zurechtmachen*) klaarmaken; *jur.* vonnissen, oordelen; (*hin⁓*) terechtstellen; *Frage*, *Brief usw.* *⁓ an j-n* richten tot; *sich ⁓ nach* (*D*) zich richten naar.

Richter|(in *f*) *m* (vrouwelijke *f*) rechter; **⁓lich** (*0*) rechterlijk; **⁓spruch** *m* (het) vonnis, gerechtelijke uitspraak; **⁓stuhl** *m* rechterstoel.

Richt|fest *n* (het) pannebier; **⁓geschwindigkeit** *f* aanbevolen maximumsnelheid.

richtig juist, goed; (*echt*, *regelrecht*) echt; *im Kopf nicht* (*ganz*) *⁓ sein* niet goed snik zijn; *Uhr*: *⁓ gehen* goed lopen; **⁓gehend** goed lopend; *fig.* echt; **⁓keit** *f* (*0*) juistheid; *damit hat es seine ⁓* dat is juist; **⁓liegen** F goed liggen; **⁓stellen** rechtzetten; **⁓stellung** *f* rechtzetting.

Richt|linien *f/pl.* richtlijnen *pl.*; **⁓platz** *m* gerechtsplaats; **⁓preis** *m* richtprijs; **⁓scheit** *n* liniaal; **⁓schnur** *f* (het) richtsnoer; **⁓stätte** *f* (het) galgeveld; **⁓strahler** *m* straalzender.

Richtung *f* richting; **⁓gebend** richtinggevend; **⁓s·anzeiger** *m* richting(aan)wijzer; **⁓s·wechsel** *m* verandering van richting; **⁓weisend** richtinggevend.

Richt|waage *f* (het) waterpas; **⁓zahl** *f* (het) richtgetal.

Ricke *f* *Zool.* ree.

riech|en (*L*) *v/t u. v/i* ruiken (*a. fig.*); **⁓er** *m* F neus (*a. fig.*); **⁓organ** *n* (het) reukorgaan; **⁓salz** *n* (het) vlugzout.

Ried *n* (*-ɇs*; *-e*) (het) riet; (*Moor*) (het) veen, (het) moeras.

Riefe *f* groef, gleuf; **⁓ln** (*-le*) groeven.

Riege *f* (turn)ploeg.

Riegel *m* grendel; (*Querholz*) (het) dwarshout; (*Schokoladen⁓*) reep; (*Seifen⁓*) (het) stuk; *e-n ⁓ vorschieben* (*D*) *fig.* een stokje steken voor; **⁓n** (*-le*) grendelen.

Riemen *m* riem (*a. Ruder⁓*); **⁓antrieb** *m* riemaandrijving; **⁓scheibe** *f* riemschijf.

Ries *n* (*-es*; *-e*) riem.

Riese *m* (*-n*) reus.

rieseln (*-le*) ruisen; *Wasser a.*: kabbelen, murmelen; (*regnen*) motregenen; *fig.* *Angst*, *Schauder*: varen (*od.* gaan) door ... heen.

Riesen|- *in Zssgn mst.* reuzen-, *z.B.* **⁓arbeit** *f* (het) reuzenwerk; **⁓gebirge** *n* (*-s*; *0*) (het) Reuzengebergte; **⁓gestalt** *f* reuzengestalte; **⁓groß** (*0*), **⁓haft** (*-est*) reusachtig; **⁓hunger** *m* F reuzehonger; **⁓kraft** *f* reuzenkracht; **⁓schlange** *f* reuzenslang; **⁓schritt** *m* reuzenschrede; **⁓skandal** *m* F (het) enorm schandaal; **⁓slalom** *m* reuzenslalom; **⁓stark** (*0*) F reuzesterk.

ries|ig reusachtig; **⁓in** *f* reuzin.

Riesling *m* (*-ɇs*; *-e*) riesling.

Riff *n* (*-ɇs*; *-e*) (het) rif.

riffeln (*-le*) *Flachs* repelen; *Tech.* groeven.

rigo'ros (*-est*) rigoreus; **⁓um** *n* (*-s*; *Rigorosa*) (het) examen bij de promotie.

Rikscha *f* (-; *-s*) riksja.

Rille *f* voor, groef.

Rind *n* (*-ɇs*; *-er*) (het) rund.

Rinde *f* schors, bast; (*von Nahrungsmitteln*) korst.

Rinder|braten *m* (het) gebraden rundvlees; **⁓filet** *n* (het) runderfilet; **⁓pest** *f* runder-, veepest; **⁓zunge** *f* rundertong.

Rindfleisch *n* (het) rundvlees.

rindig korstig.

Rind|s·leder *n* (het) rundle(d)er; **⁓vieh** *n* **1.** (*-s*; *0*) (het) rundvee; **2.** (*-s*; *Rindviecher*) P stommeling.

Ring *m* (*-ɇs*; *-e*) ring (*a. Sp.*); (*Mond⁓*, *Augen⁓*) kring; *Hdl.* handelscombinatie, (handels)vereniging; **⁓bahn** *f* ringlijn.

Ringel|blume *f* goudsbloem; **⁓n** (*-le*) krullen, draaien; *sich ⁓* krullen; **⁓natter** *f* ringslang; **⁓reihen** *m* rondedans; **⁓wurm** *m* ringworm.

ring|en (*L*) wringen; *Sp. u. fig.* (*mit D*) worstelen (met); *nach Atem ⁓* naar adem snakken; *mit dem Tode ⁓* zieltogen; **⁓en** *n* (*-s*; *0*) *Sp.* worstelwedstrijd; **⁓er** *m* worstelaar;

≈**finger** *m* ringvinger; ~**förmig** ringvormig; ≈**kampf** *m* worstelwedstrijd, worsteling; ≈**mauer** *f* ringmuur; ≈**richter** *m* scheidsrechter.
rings: ~ *um* (*A*) om ... heen, rondom; ~**he'rum** rondom, in het rond.
Ringstraße *f* ringweg.
rings'um rondom, in het rond.
Rinn|e *f* goot, pijp; (*Vertiefung*) sleuf, geul; ≈**en** (*L*; *sn*) vloeien, stromen; *Geld*: glijden; ~**sal** *n* (-*ęs*; -*e*) (het) beekje, (het) stroompje; ~**stein** *m* gootsteen; *fig.* goot.
Ripp|chen *n Kochkunst*: kotelet; ~**e** *f* rib; ≈**en** ribben; *s. a. gerippt.*
Rippen|bruch *m* ribbebreuk; ~**fellentzündung** *f* borstvliesontsteking, pleuris; ~**speer** *m od. n* (-*ęs*; *0*) gepekelde varkenskotelet; ~**stoß** *m* stoot in de ribben; ~**stück** *n* (het) ribstuk.
Rips *m* (-*es*; -*e*) (het) rips.
Risiko *n* (-*s*; -*s od. Risiken*) (het) risico; *auf eigenes* ~ op eigen risico; ≈**los** (-*est*) zonder risico.
ris'k|ant (-*est*) gewaagd, riskant; ~**ieren** (-) riskeren.
Ri'sotto *m* (-; - *od.* -*s*) risotto.
Rispe *f* (het) trosje.
Riß *m* (-*sses*; -*sse*) spleet, barst; (*im Stoff*) scheur; (*Haut*≈) schram; (*Ritze a.*) reet; (*Grund*≈) schets, (het) plan; (*Bruch*) scheuring, breuk.
rissig gebarsten; gescheurd; *Haut*: gesprongen.
Rißwunde *f* schram.
Rist *m* (-*es*; -*e*) wreef; (*Hand*≈) rug.
Ristorno [-'st-] *n od. m* (-*s*; -*s*) ristorno.
Ritt *m* (-*ęs*; -*e*) rit.
Ritter *m* ridder.
Ritter|- *in Zssgn mst.* ridder-, *z.B.* ~**burg** *f* ridderburcht; ~**gut** *n* (het) riddergoed; ≈**haft** (-*est*), ≈**lich** ridderlijk; ~**lichkeit** *f* (*0*) ridderlijkheid; ~**orden** *m* ridderorde; ~**schaft** *f* (*0*) ridderschap; ~**smann** *m* (-*ęs*; *Rittersleute*) ridder; ~**sporn** *m Bot.* ridderspoor; ~**tum** *n* (-*s*; *0*) (het) ridderwezen.
ritt|lings schrijlings; ≈**meister** *m* ritmeester.
Ritual [ʀi·tu'ɑ:l] *n* (-*s*; -*e od.* -*ien*) (het) ritueel; ~**mord** *m* rituele moord.
ritu'ell (*0*) ritueel.
Ritus *m* (-; *Riten*) ritus.
Ritz *m* (-*es*; -*e*), ~**e** *f* spleet, barst, reet; (*Schramme*) schram; ≈**en** (-*t*) krassen, insnijden; *Haut* schrammen, schaven.
Ri'val|e [v] *m* (-*n*) rivaal; ~**in** *f* rivale; ≈**i'sieren** (-) rivaliseren; ~**i'tät** *f* rivaliteit.
Rizinus *m* (-; - *od.* -*se*) ricinus; ~**öl** *n* (-*ęs*; *0*) wonder-, ricinusolie.
Roastbeef ['ʀo:stbi:f] *n* (-*s*; -*s*) rosbief (*a.* het).
Robbe *f* rob, zeehond; ≈**n** kruipen; ~**n·jagd** *f* robbejacht.
Robe *f* (*Herren*≈) toga; (*Abendkleid*) japon.
Roboter ['ʀɔbɔtɚ] *m* robot; ≈**haft** (-*est*) robotachtig.
ro'bust (-*est*) robuust; ≈**heit** *f* (*0*) robuustheid.
röcheln (-*le*) reutelen, rochelen.
Rochen *m Zool.* rog.
Rock *m* (-*ęs*; ¨*e*) rok; (*Herren*≈) (het) jasje.
Rocken *m* (het) spinrokken.
Rock|falte *f* plooi in de rok; ~**schoß** *m* (het) jaspand; ~**zipfel** *m fig.* F rokken *pl.*
Rodel|bahn *f* rodelbaan; ≈**n** (-*le*; *a. sn*) sleeën, rodelen; ~**schlitten** *m* (bob)slee.
roden (-*e*-) rooien.
Rodler *m* rodelaar.
Rodung *f* (het) rooien; (het) gerooide land.
Rogen *m* (vis)kuit; ~**er** *m Zool.* kuiter, kuitvis.
Roggen *m* (-*s*; *0*) rogge; ~**brot** *n* (het) roggebrood; ~**mehl** *n* (het) roggemeel.
roh (-*est*) rauw; *Mineral u. fig.*: ruw; ≈**bau** *m* ruwbouw, (het) ruw metselwerk; ≈**diamant** *m* ruwe diamant.
Roheit *f* rauwheid; ruwheid.
Roh|ertrag *m* bruto-opbrengst; ~**gewicht** *n* (het) brutogewicht; ~**kost** *f* rauwkost; ~**öl** *n* ruwe olie; ~**produkt** *n* (het) ruw produkt.
Rohr *n* (-*ęs*; -*e*) pijp, buis; *Bot.* (het) riet; (*Pfeifen*≈) (het) roer; (*Waffen*≈) loop; ~**bruch** *m* (*Wasser*≈) leidingbreuk.
Röhre *f* pijp, buis; (*Back*≈) oven; *Rf.* lamp, buis; ≈**n** brullen; ≈**nförmig** buisvormig; ~**n·system** *n* (het) buizensysteem.

Röhricht *n* (*-s*; *-e*) (het) riet, biezen *pl.*
Rohr|leitung *f* pijp-, buisleiding; **~post** *f* buispost; **~stock** *m* rieten stok, rotting; **~stuhl** *m* rieten stoel; **~zucker** *m* rietsuiker.
Roh|stoff *m* grondstof; **~zucker** *m* ruwe suiker; **~zustand** *m* (*-ẹs*; *0*) onbewerkte toestand.
Rolladen *m* (*-s*; *- od.* ¨) (het) rolluik.
Roll|bahn *f Flgw.* startbaan; **~braten** *m* rollade; **~e** *f* rol (*a. Thea.*); (*Flaschenzug*2) katrol; (*Wäsche*2) mangel; *mar.* scheepsrol; **2en** *v/i* (*a. sn*) *u. v/t* rollen; *Flugzeug*: taxiën; *Wagen bsd.*: rijden; *Wäsche* mangelen; *ins* 2 *bringen* aan het rollen brengen.
Rollen|besetzung *f* rolverdeling; **~lager** *n* (het) rollager.
Roll|er *m* step, autoped; (*Motor*) scooter; **~feld** *n Flgw.* (het) landingsterrein; **~film** *m* rolfilm; **~geld** *n* vracht; **~gut** *n* (het) vrachtgoed; **~kommando** *n* stormtroep; **~kragen** *m* rolkraag; **~mops** *m* rolmops; **~schinken** *m* blaasham; **~schuhe** *m/pl.* rolschaatsen *pl.*; **~schuhläufer(in** *f*) *m* rolschaatser *m*, rolschaatster *f*; **~stuhl** *m* rolstoel; **~treppe** *f* roltrap.
Rom *n* Rome *n*; ~ *wurde nicht an e-m Tage erbaut* Keulen en Aken zijn niet op één dag gebouwd.
Ro'man *m* (*-s*; *-e*) roman; **~held** *m* romanheld; **2isch** Romaans.
Roma'nist|(in *f*) *m* (*-en*) romanist(e *f*); **~ik** *f* romanistiek.
Ro'manschriftsteller *m* romanschrijver.
Ro'manti|k [a] *f* (*0*) romantiek; **~ker** *m* romanticus; **2sch** romantisch.
Ro'manze *f* romance.
Römer *m* **1.** (*Glas*) roemer; **2.** Romein; **~in** *f* Romeinse.
römisch Romeins; *Rel.* rooms; *~-katholisch* rooms-katholiek.
Ronde *f* ronde.
röntgen röntgenen; **2apparat** *m* (het) röntgenapparaat; **2aufnahme** *f* röntgenfoto; **2untersuchung** *f* (het) röntgenonderzoek.
rosa (*0*) roze; 2 *n* (*-s*; *-s*) (het) roze.
Röschen [-sç-] *n* (het) roosje.
Rose *f* roos (*a. Med.*); (*Rosette*) rozet.
Rosen|- *in Zssgn mst.* rozen-, *z.B.* **~blatt** *n* (het) rozeblad; **~dorn** *m* doorn van een roos; **~garten** *m* rozentuin; **~knospe** *f* rozeknop; **~kohl** *m* (*-ẹs*; *0*) spruitjes *n/pl.*; **~kranz** *m* rozenkrans; **~'montag** *m* carnavalsmaandag; **~öl** *n* rozenolie; **2rot** (*0*) roze; **~stock** *m*, **~strauch** *m* rozestruik; **~züchter** *m* rozenkweker.
Ro'sette *f* rozet.
rosig rooskleurig (*a. fig.*).
Ro'sine *f* rozijn; (*kleine* ~) krent; *große ~n pl. im Kopf haben* grote plannen *n/pl.* hebben.
Rosmarin *m* (*-s*; *0*) rozemarijn.
Roß *n* (*-sses*; *-sse od.* ¨*sser*) (het) ros, (het) paard; **~apfel** *m* paardevijg.
Rösselsprung *m Schach*: paardesprong.
Roß|haar *n* (het) paardehaar; **~kur** *f* paardekuur.
Rost¹ *m* (*-ẹs*; *0*) roest.
Rost² *m* (*-ẹs*; *-e*) (*Gitter*) rooster (*a.* het); **~braten** *m* (het) geroosterd vlees; **~bratwurst** *f* geroosterde (*od.* gegrilde) braadworst.
rostbraun roestbruin.
Röstbrot *n* (het) toostbrood.
rosten (*-e-*; *a. sn*) roesten; *rast' ich, so rost' ich* rust roest.
röst|en (*-e-*) *Kochkunst*: roosteren; *Kaffee* branden; *s.a. geröstet*; **2er** *m* (*Brot*2) broodrooster.
Rost|farbe *f* roestkleur; **2farbig** roestkleurig; **~fleck** *m* roestvlek; **2frei** roestvrij; **2ig** roestig.
Röst|kartoffeln *f/pl.* gebakken aardappelen *pl.*; **~kastanien** *f/pl.* geroosterde kastanjes *pl.*
Rostschutzmittel *n* (het) roestwerend middel.
rot (¨*er*; ¨*est*) rood; 2*es Kreuz* (het) Rood Kruis; 2 *n* (*-s*; *-s*) (het) rood.
Rotation [-'tsi̯o:n] *f* rotatie; **~smaschine** *f* rotatiemachine.
rot|backig roodwangig; **~blond** roodblond; **~braun** roodbruin; **2buche** *f* (gewone) beuk.
Röte *f* (*0*) roodheid, rode kleur; (*Wangen*2) blos.
Rötel *m* (het) roodkrijt; **~n** *pl.* rodehond.
röten (*-e-*) rood kleuren; *sich* ~ rood worden (*a. fig.*).
Rotes Meer *n*: *das Rote Meer* de Rode Zee.
rot|fleckig roodgevlekt; **2fuchs** *m* roodvos; **~glühend** roodgloeiend

(*a. fig.*); ~**haarig** roodharig; 2**haut** *f* roodhuid.
ro'tieren (-) roteren.
Rot|käppchen *n* Roodkapje *n*; ~**kehlchen** *n* (het) roodborstje; ~**kohl** *m* rode kool; ~**lauf** *m* (-*es*; *0*) belroos.
rötlich roodachtig; *Haar*: rossig.
Rot|licht *n* (-*es*; *0*) (het) rood licht; *Verkehr a.*: (het) stoplicht; 2**nasig** met een rode neus.
Rotorschiff *n* (het) rotorschip.
Rot|schimmel *m* roodschimmel; ~**schwanz** *m* (het) roodstaartje; ~**stift** *m* (het) rood potlood.
Rotte *f* bende, troep; *mil.* (het) rot; ~**n·führer** *m* korporaal; 2**n·weise** in benden; in rotten.
Rotterdamer 1. *Adj.* Rotterdams; **2.** *m* Rotterdammer; ~**in** *f* Rotterdamse.
Ro'tunde *f* rotonde.
rot|wangig roodwangig; 2**wein** *m* rode wijn; 2**welsch** *n* (-*es od.* -; *0*) dieventaal, (het) Bargoens; 2**wild** *n* (het) rood wild; 2**wurst** *f* bloedworst.
Rotz *m* (-*es*; -*e*) P snot (*a.* het); 2**en** (-*t*) P snuiten; 2**ig** P snotterig; ~**junge** *m* P snotjongen; ~**nase** *f* P snotneus (*a. fig.*).
Rou'l|ade [u'] *f* blinde vink; *Mus.* roulade; ~**eau** [-'lo:] *n* (-*s*; -*s*) (het) rolgordijn; ~**ett** *n* (-*es*; -*e od.* -*s*) roulette.
Route [u:] *f* route.
Rou'ti|ne [u'] *f* (*0*) routine; ~**nier** [-'nie:] *m* (-*s*; -*s*) geroutineerde; 2'**niert** (-*est*) geroutineerd.
Rowdy ['raudi'] *m* (-*s*; -*s*) woesteling.
Roya'list(in *f*) [ro'a'ja'-] *m* (-*en*) royalist(e *f*).
Rübe *f* raap (*a.* P *Kopf*); *gelbe* ~ wortel; *rote* ~ biet.
Rubel *m* roebel.
Rübenzucker *m* biet-, beetsuiker.
'rüber F = *herüber*, *hinüber*.
Ru'bin *m* (-*s*; -*e*) robijn.
Ru'bri|k *f* rubriek; 2'**zieren** (-) rubriceren.
Rüb|samen *m* (-*s*; *0*), ~**sen** *m* (het) raapzaad.
ruch|bar [u:] ruchtbaar, bekend; ~**los** (-*est*) laag, gemeen, godvergeten; 2**losigkeit** *f* (*0*) laagheid, gemeenheid.
ruck! hop!
Ruck *m* (-*es*; -*e*) ruk.
Rück|ansicht *f* (het) achteraanzicht; ~**antwort** *f* (het) antwoord; *Post*: (het) betaald antwoord.
ruck·artig met een ruk, met rukken.
Rück|berufung *f* terugroeping; 2**bezüglich** wederkerend; ~**bildung** *f* teruggang, degeneratie; ~**blick** *m* terugblik; 2**blickend** terugblikkend; (*hinterher*) achteraf; 2**datieren** (-) antedateren.
rucken rukken, snokken; *Taube*: kirren.
rücken *v/i* (*sn*) *u. v/t* (op)schuiven; (*ziehen, marschieren*) trekken.
Rücken *m* rug (*a. fig.*); *j-m den* ~ *stärken* iem. stijven in, iem. ruggesteun geven.
Rücken|- *in Zssgn mst.* rug-, *z.B.* ~**deckung** *f* rugdekking; ~**flosse** *f* rugvin; ~**lage** *f* ligging op de rug; ~**lehne** *f* rugleuning; ~**mark** *n* (het) ruggemerg; ~**markschwindsucht** *f* ruggemergstering; ~**schmerzen** *m/pl.* rugpijn, pijn in de rug; ~**schwimmen** *n* rugslag, (het) zwemmen op de rug; ~**wind** *m* wind in de rug, wind mee (*a. fig.*).
Rück|erstattung *f* teruggave, restitutie; ~**fahrkarte** *f* (het) retourbiljet, (het) retourkaartje; ~**fahrt** *f* terugreis, terugweg; ~**fall** *m* terugval, (het) terugvallen; *Med.* inzinking; *jur.* herhaling, recidive; 2**fällig**: ~ *werden* recidive plegen; ~*er Verbrecher* recidivist; ~**flug** *m* terugreis; ~**forderung** *f* terugvordering; ~**fracht** *f* retourvracht; ~**frage** *f* vraag om nadere inlichtingen; (*Gegenfrage*) wedervraag; ~**gabe** *f* teruggave; ~**gaberecht** *n* (het) recht tot teruggave; ~**gang** *m* achteruitgang; (*Preis*2, *Umsatz*2) daling; 2**gängig** achteruitgaand, dalend; ~ *machen* tenietdoen, ongedaan maken; ~**gewinnung** *f* terug-, herwinning; ~**grat** *n* (-*es*; -*e*) ruggegraat (*a. fig.*); ~**halt** *m* (-*es*; *0*) ruggesteun; 2**haltlos** onvoorwaardelijk; ~**kauf** *m* terugkoop; ~**kehr** *f* (*0*) terugkeer; ~**kopplung** *f* terugkoppeling; ~**kunft** *f* (*0*) terugkeer, terugkomst; ~**lagen** *f/pl.* reserves *pl.*; ~**lauf** *m* (het) teruglopen; (*Kanonen*2) terugslag; 2**läufig** dalend, achteruitgaand; ~**licht** *n* (het) achterlicht; 2**lings** ruggelings, achterover; (*vo*

hinten) van achteren, in de rug; **~marsch** *m* terugmars; **~nahme** *f* terugneming; **~porto** *n* antwoordporto (*a.* het); (*Sendung*) retourporto (*a.* het); **~prall** *m* terugkaatsing; **~reise** *f* terugreis; **~ruf** *m* terugroeping.

Rucksack *m* rugzak.

Rück|schau *f* (*0*) terugblik; **~schein** *m* (het) ontvangbewijs; **~schlag** *m* terugslag; *fig.* tegenslag; **~schluß** *m* gevolgtrekking; **~schritt** *m* stap achteruit, achteruitgang; **~seite** *f* achterkant, -zijde; **≗seitig** (*0*) op de keerzijde; **~sendung** *f* terug-, retourzending.

Rücksicht *f* inachtneming, overweging, consideratie; (*Achtung*) achting; *mit ~ auf* (*A*) met het oog op; *~ nehmen auf* (*A*) rekening houden met; *ohne ~ auf* (*A*) zonder te letten op; **~nahme** *f* (*0*) consideratie; **≗s·los** (*-est*) niets ontziend, meedogenloos; **~s·losigkeit** *f* meedogenloosheid; (*Grobheit*) grofheid; **≗s·voll** attent.

Rück|sitz *m* achterbank; **~spiegel** *m* achteruitkijkspiegel; **~spiel** *n* revanchewedstrijd; **~sprache** *f* ruggespraak, (het) overleg; *~ nehmen mit* (*D*) ruggespraak houden met; **~stand** *m* achterstand; (*Rest*) rest; *im ~ sein* achter(stallig) zijn, in gebreke blijven; **≗ständig** achterlijk; *Zahlung*: achterstallig; **~ständigkeit** *f* (*0*) achterlijkheid; achterstalligheid; **~stau** *m* *Verkehr*: (verkeers)opstopping; **~stoß** *m* terugstoot; **~strahler** *m* reflector; **~taste** *f* terugtoets; **~transport** *m* (het) transport terug, (het) retourtransport; **~tritt** *m* (het) aftreden, (het) ontslag; *Hdl.* terugtreding; **~trittbremse** *f* terugtraprem.

Rücktritts|gesuch *n* ontslagaanvraag; **~recht** *n* *Hdl.* (het) recht tot terugtreding.

Rück|übersetzung *f* terugvertaling; **~vergütung** *f* teruggave; **~versicherung** *f* herverzekering; **~wand** *f* achterwand; **~wanderer** *m* terugkerende; **≗wärtig** (*0*) achterwaarts.

rückwärts achteruit, achterwaarts; **≗bewegung** *f* achterwaartse beweging; **≗gang** *m* achteruit; **~gehen** achteruitgaan.

Rück|wechsel *m* herwissel; **~weg** *m* terugweg.

ruckweise met rukken, met horten en stoten.

rückwirk|end met terugwerkende kracht; **≗ung** *f* terugwerking.

rückzahl|bar (*0*) aflosbaar; **≗ung** *f* terugbetaling; **≗ungs·termin** *m* aflostermijn.

Rückzieher *m* *fig.* (het) terugkrabbelen; *e-n ~ machen* terugkrabbelen.

Rückzug *m* terug-, aftocht; **~s-gefecht** *n* (het) achterhoedegevecht.

rüde ruw, grof.

Rüde *m* (*-n*) reu, mannetjeshond; (*Wolf*) mannetjeswolf; (*Fuchs*) mannetjesvos.

Rudel *n* kudde, troep (*a. fig.*).

Ruder *n* roeiriem, -spaan; (*Steuer*) (het) roer.

Ruder|- *in Zssgn mst.* roei-, *z.B.* **~bank** *f* (-; *¨e*) roeibank; **~boot** *n* roeiboot; **~er(in** *f*) *m* roeier *m*, roeister *f*; **~klub** *m* roeiclub; **≗n** (*-re*) *v/i* (*a. sn*) *u. v/t* roeien; **~regatta** *f* regatta, roeiwedstrijd; **~sport** *m* roeisport.

rudimen'tär rudimentair.

Ruf *m* (*-ęs*; *-e*) roep, schreeuw, kreet; (*Leumund*) reputatie, naam; *Tel.* (het) telefoonnummer; *an e-e Hochschule*: aanbieding van een leerstoel; *an ein Amt*: uitnodiging om een ambt te aanvaarden; **≗en** (*L*) roepen; *~ nach j-m* roepen om.

Rüffel *m* (het) standje, uitbrander; **≗n** (*-le*) een uitbrander (*od.* standje) geven.

Ruf|mord *m* laster; **~name** *m* voornaam; **~nummer** *f* (het) telefoonnummer; **~weite** *f*: *in ~* met de stem te bereiken; **~zeichen** *n* *Rf.* (het) (op)roepsignaal.

Rugby ['ʀagbi:] *n* (*-s*; *0*) (het) rugby.

Rüge *f* berisping; **≗n** berispen, laken; *etw.* afkeuren, laken.

Ruhe ['ʀu:ə] *f* (*0*) rust; (*Gleichmut*) kalmte; *sich etw. ~ gönnen* zich een beetje rust gunnen, wat uitrusten; *angenehme ~!* wel te rusten!; *in ~ lassen* met rust laten; *immer mit der ~!* kalm aan!; *sich zur ~ setzen* stil gaan leven, op rust gaan; *~!* stilte!

Ruhe|- *in Zssgn mst.* rust-, *z.B.* **~bank** *f* (-; *¨e*) rustbank; **~bett** *n* (het) rustbed; **~gehalt** *n* (het)

pensioen; **2los** (*-est*) rusteloos; **~losigkeit** *f* (*0*) rusteloosheid; **2n** rusten; (*aus~*) uitrusten; *Arbeit*, *Verkehr*, *Verhandlungen*: stilliggen; *Vertrag*: opgeschort zijn; **~pause** *f* rustpauze; **~platz** *m* rustplaats; **~punkt** *m* (het) rustpunt; **~stand** *m* (*-es*; *0*) (het) pensioen; *in den ~ versetzen* pensioneren; *s. a. i. R.*
ruhestör|end rustverstorend; **2er** *m* rustverstoorder; **2ung** *f* rustverstoring.
Ruhe|tag *m* rustdag; **~zeit** *f* rusttijd.
ruhig [ˈʀuːɪç] rustig, kalm.
Ruhm *m* (*-es*; *0*) roem; **2bedeckt** met roem overladen; **~begierde** *f* (*0*) roem-, eerzucht.
rühmen roemen; *sich ~* (*G*) zich beroemen op; **~s·wert** prijzenswaardig.
Ruhmesblatt *n* roemrijke bladzijde.
rühmlich prijzenswaardig.
ruhm|los (*-est*) roemloos; **~redig** snoevend, pochend; **~reich** roemrijk.
Ruhr[1] *f* (*0*) *Med.* dysenterie.
Ruhr[2] *f*: *die ~* de Ruhr.
Rühr|ei *n* (het) roerei; **2en 1.** *v/t* roeren; *fig.* ontroeren; **2.** *v/i* (*hervorgehen*) voortspruiten (uit), komen (van), afkomstig zijn (van); *~ an* (*A*) aanraken; *fig.* aanroeren; **3.** *sich ~* bewegen, zich verroeren; *rührt euch!* op de plaats rust!; **2end** ontroerend, aandoenlijk.
Ruhrgebiet *n* (*-es*; *0*) (het) Ruhrgebied.
rühr|ig bedrijvig, actief, druk; **2igkeit** *f* (*0*) bedrijvigheid; **2löffel** *m* pollepel; **~selig** sentimenteel, overgevoelig; **2stück** *n* (het) sentimenteel stuk; **2ung** *f* (*0*) ontroering.
Rui|n [ʀuˈiːn] *m* (*-s*; *0*) ondergang, (het) verval; (*Vermögens2*) (het) failliet; **~ne** *f* ruïne; **2ˈnieren** (-) ruïneren.
Rülps *m* (*-es*; *-e*) oprisping, F boer; **2en** (*-t*) oprispen, F boeren; **~er** *m* = *Rülps*.
'rum F = *herum*.
Rum *m* (*-s*; *-s*) rum.
Ruˈmän|e *m* (*-n*) Roemeen; **~ien** [-niən] *n* Roemenië *n*; **~in** *f* Roemeense; **2isch** Roemeens.
Rummel *m* (*-s*; *0*) drukte, (het) gedoe; (*Gerümpel*) rommel; **2n** (*-le*) rommelen; **~platz** *m* (het) kermisterrein, kermis, (het) lunapark.
ruˈmoren (-) rommelen, rumoer maken.
Rumpel|kammer *f* rommelkamer; **2n** (*-le*) *v/i* (*a. sn*) rommelen; *Wagen*: hobbelen, hotsen; **~stilzchen** *n* (*-s*; *0*) (het) Repelsteeltje.
Rumpf *m* (*-es*; *⸚e*) romp.
rümpfen *Nase* optrekken.
Rumpsteak *n* rumpsteak.
Rumtopf *m* kruik voor rumpunch.
rund (*-est*) rond (*a. fig.*); *~ um* (*A*) rond(om); **2** *n* (*-es*; *-e*) (het) rond.
Rund|- *in Zssgn mst.* rond-; **2bäckig** bolwangig; **~bau** *m* (*-es*; *-ten*) rotonde, (het) rond gebouw; **~blick** *m* (het) panorama; **~bogen** *m* rondboog; **~brief** *m* (het) rondschrijven; **~e** *f* ronde (*a. Sp. u. mil.*); (*Kreis*) (het) rond; (*Bier2*) (het) rondje; **2en** (*-e-*) ronden, rond maken; *sich ~* zich ronden; **~fahrt** rondrit; (*Schiffs2*) rondvaart; **~flug** *m* rondvlucht; **~frage** *f* rondvraag.
Rundfunk *m* radio; (*Anstalt*) radio-omroep; *im ~ sprechen* voor de radio spreken; *s. a. Radio.*
Rundfunk|- *in Zssgn mst.* radio-, *z.B.* **~anstalt** *f* radio-omroep; **~gebühr** *f* luisterbijdrage; **~gerät** (het) radiotoestel; **~hörer** *m* luisteraar; **~programm** *n* (het) radioprogramma; **~rede** *f* radiotoespraak; **~sender** *m* radiozender; **~übertragung** *f* radio-uitzending; **~werbung** *f* reclame op de radio; **~zeitschrift** *f* (het) programmablad.
Rund|gang *m* ronde, rondgang; **~gesang** *m* (het) rondgezang; **~heit** (*0*) rondheid; **2heˈraus** ronduit, openhartig; **2heˈrum** rondom, in het rond; **2lich** rondachtig; (*dick*) mollig; **~lichkeit** *f* (*0*) molligheid; **~reise** *f* rondreis; **~reisekarte** (het) rondreisbiljet; **~schau** *f* (het) panorama; (*Zeitungstitel*) krant; (*Übersicht*) (het) overzicht; **~schreiben** *n* circulaire, (het) rondschrijven; **~schrift** *f* (het) rondschrift; **~tanz** *m* rondedans; **2'um** rondom, in het rond; **~ung** *f* ronding; **2weg** ronduit, rondweg.
Rune *f* rune; **~n·schrift** *f* (*0*) (het) runenschrift.
Runkelrübe *f* biet.
'runter F = *herunter*.
Runz|el *f* (*-*; *-n*) rimpel, plooi

(*Stirn*⁀ *bsd.*) frons; ⁀(**e**)**lig** rimpelig, gerimpeld; gefronst; ⁀**eln** (*-le*) rimpelen, plooien; fronsen; *die Stirn* ~ het voorhoofd fronsen.
Rüpel *m* kinkel, lummel, vlegel; ⁀**haft** (*-est*) lomp, vlegelachtig.
rupfen uittrekken; (*pflücken*) plukken; (*betrügen*) afzetten.
ruppig ruig, lomp; (*ärmlich*) haveloos.
Rüsche [y:] *f* ruche, (het) plooisel.
Ruß [u:] *m* (*-es*; *0*) (het) roet.
Russe *m* (*-n*) Rus.
Rüssel *m* slurf; (*Schweine*⁀, *Insekten*⁀) snuit; **~tier** *n* (het) dier met een slurf (*od.* snuit).
ruß|en [u:] (*-t*) walmen, roet vormen; **~farben** (*0*) roetkleurig; **~ig** roetig, roetachtig.
Russ|in *f* Russische; ⁀**isch** Russisch.
Rußland *n* (*-s*; *0*) Rusland *n*.
Rüst|balken *m* steigerpaal; ⁀**en** (*-e-*) *mil.* zich bewapenen; (*sich*) ~ (*zu D*) (zich) gereedmaken (voor); **~er** *m* olm, iep; ⁀**ig** flink, kras, krachtig.
rusti'kal rustiek.
Rüst|kammer *f* wapenkamer; **~ung** *f* uitrusting; *mil.* bewapening.
Rüstungs|- *in Zssgn mst.* bewapenings-; **~beschränkung** *f* beperking van de bewapening; **~industrie** *f* bewapeningsindustrie; **~kontrolle** *f* controle op de bewapening.
Rüstzeug *n* uitrusting, (het) gereedschap.
Rute *f* roede (*a. Maß u. Anat.*); (*Zweig*) twijg; (*Schwanz*) staart.
rutsch! roetsj!
Rutsch *m* (*-es*; *-e*) verschuiving; (*Ausflug*) (het) uitstapje; **~bahn** *f*, **~e** *f* glij-, roetsjbaan; ⁀**en** (*a. sn*) glijden, schuiven; *Auto*: slippen; ⁀**fest** antislip; ⁀**ig** glad; **~partie** *f* glijpartij.
rütteln (*-le*) schudden; *v/i a.* schokken; ~ *an* (*D*) rukken aan; *fig.* tornen aan; *s. a. gerüttelt*.

S

S, s *n* S, s.

Saal *m* (-*es*; *Säle*) zaal.

Saar *f*: die ~ de Saar; **~land** *n* (-*es*; *0*) (het) Saarland.

Saat *f* (het) zaad (*a. fig.*); (*das Säen*) (het) zaaien; (*Getreide*) (het) gewas, (het) gezaaide; **~gut** *n* (-*es*; *0*) (het) zaaigoed; **~kartoffeln** *f/pl.* pootaardappelen *pl.*; **~korn** *n* (het) zaaikoren; **~zeit** *f* zaaitijd.

Sabbat *m* (-*s*; -*e*) sabbat; **~feier** *f* sabbatviering.

sabbern (-*re*) F zeveren, kwijlen; (*faseln*) wauwelen, leuteren.

Säbel *m* sabel; **~antilope** *f* sabelantilope; **~gerassel** *n* (het) sabelgekletter; **~hieb** *m* sabelhouw; **≈n** (-*le*) F onbeholpen snijden.

Sabo't|age [-ʒə] *f* sabotage; **~ageakt** *m* sabotagedaad; **~eur** [-'tøːʁ] *m* (-*s*; -*e*) saboteur; **≈ieren** (-) saboteren.

Saccha'rin [zaxɑ·-] *n* (-*s*; *0*) saccharine.

Sach|anlagen *f/pl.* vaste activa *n/pl.*; **~bearbeiter** *m* ambtenaar die een zaak in handen heeft; **~beschädigung** *f* materiële beschadiging; **≈dienlich** ter zake dienend, desbetreffend.

Sache *f* zaak (*a. jur.*), (het) ding; **~n** *pl.* F (*Besitz, Kleider*) spullen *n/pl.*; *das ist e-e ~ für sich* een apart geval, een geval op zich(zelf); *e-e faule ~* een vuil zaakje; *in eigener ~* voor zichzelf, over zijn eigen persoon; *zur ~ (gehören)* ter zake (doen); *nicht bei der ~ sein* er niet bij zijn.

Sächelchen *n* (het) zaakje, (het) dingetje.

sach|gemäß (-*est*) zakelijk, objectief, passend, doelmatig; **≈katalog** *m* systematische catalogus; **≈kenner** *m* expert, deskundige; **≈kenntnis** *f* kennis van zaken, deskundigheid; **~kundig** des-, vakkundig; **≈lage** *f* stand van zaken; **≈leistung** *f* betaling in natura; **~lich** zakelijk, feitelijk; (*nüchtern a.*) objectief.

sächlich (*0*) onzijdig.

Sach|lichkeit *f* (*0*) zakelijkheid; **~register** *n* (het) zaakregister; **~schaden** *m* materiële schade.

Sachse [-ksə] *m* (-*n*) Sakser; **~n** *n* Saksen *n*.

sächs|eln [-ks-] (-*le*) met een Saksisch accent praten; **~isch** Saksisch

sacht 1. *Adj.* (-*est*) zacht; 2. **~(e** *Adv.* zachtjes, stilletjes; (*ruhig langsam*) kalmpjes (aan).

Sach|verhalt *m* (-*es*; -*e*) toedracht (*Lage*) stand van zaken; **~versicherung** *f* schadeverzekering.

sachverständig deskundig; **≈e(r** deskundige; **≈en·gutachten** *n* (het rapport van een deskundige (*od* van deskundigen *pl.*).

Sach|walter *m* zaakwaarnemer; **~wert** *m* reële (*od.* zakelijke) waarde **~e** *pl.* kapitaalgoederen *n/pl.*

Sack *m* (-*es*; ⸚*e*) zak; *mit ~ und Pac* met pak en zak.

Säckel *m* (het) zakje; (*Geld≈*) beurs buidel.

sacken *v/t* in zakken doen; *v/i* (*s* zakken, zinken.

sacker|'lot! F, **~'ment**! F sakker sapperloot!

Sack|gasse *f* doodlopende straat *fig.* (het) slop, impasse; **~hüpfen** (-*s*; *0*) (het) zaklopen; **~leinen** (het) zaklinnen; **~pfeife** *f* doede zak; **~tuch** *n* (*Leinen*) (het) zak linnen; **≈weise** in zakken.

Sa'dis|mus *m* (-; *0*) (het) sadism **~t(in** *f*) *m* (-*en*) sadist(e *f*); **≈tisc** sadistisch.

sä|en ['zɛːən] zaaien; **≈er** *m* zaaie

Sa'fari *f* (-; -*s*) safari.

Safe [seːf] *m* (-*s*; -*s*) safe, brandkas

Saffianleder [-fĭɑː-] *n* (het) mar kijnle(d)er.

Safran *m* (-*s*; -*e*) saffraan; **≈gel** saffraangeel.

Saft *m* (-*es*; ⸚*e*) (het) sap; (*Fleisch* jus; *Med.* (het) drankje; *fig.* (*Ene gie*) fut, pit; *ohne ~ und Kraft* zond pit.

saft|ig sappig; *Fleisch*: mals; *f* (*kräftig, kernig*) flink, pittig; (*der* pikant, schuin; **≈laden** *m* F sner

zaak; **~los** (*-est*) zonder sap; *fig.* krachteloos, slap.
Sage *f* sage; (*Gerücht*) (het) gerucht.
Säge *f* zaag.
Säge|- *in Zssgn mst.* zaag-, *z.B.* **~blatt** *n* (het) zaagblad; **~bock** *m* zaagbok; **~fisch** *m* zaagvis; **~maschine** *f* zaagmachine; **~mehl** *n* (het) zaagsel; **~mühle** *f* zaagmolen, houtzagerij.
sagen zeggen; *etw.* (*nichts*) *zu ~ haben* (*befehlen*) iets (niets) te vertellen hebben; *was ~ Sie dazu?* wat zegt U daarvan?; *das hat nichts zu ~* dat wil niets zeggen; *offen gesagt* eerlijk gezegd; *ich möchte* (*fast*) *~* ik zou (haast) zeggen; *ich muß schon ~!* nou nou!; *was Sie nicht ~!* wat U zegt!; *s. a. lassen.*
sägen zagen.
sagen|haft (*-est*) legendarisch; *fig.* F ongelofelijk, geweldig; **≈welt** *f* (het) rijk der sagen.
Säge|r *m* zager; **~späne** *m/pl.* (het) zaagsel; **~werk** *n* houtzagerij; **~zahn** *m* zaagtand.
Sahara [zaˑ'haːʀaˑ] *f*: *die ~* de Sahara.
Sahne *f* (*0*) room; (*Schlag≈*) slagroom; **~eis** *n* (het) roomijs; **~käse** *m* roomkaas.
sahnig roomhoudend, roomachtig.
Saison [zɛ'zɔŋ] *f* (*-; -s*) (het) seizoen.
Saison|- *in Zssgn mst.* seizoen-, *z.B.* **~arbeit** *f* seizoenarbeid; **~ausverkauf** *m* seizoenuitverkoop; **~beginn** *m* (het) begin van het seizoen; **≈weise** per (*od.* tijdens het) seizoen; **~zuschlag** *m* seizoentoeslag.
Saite *f* snaar; **~n·instrument** *n* (het) snaarinstrument; **~n·spiel** *n* (het) snarenspel.
Sakko *m* (*-s; -s*) (het) colbertjasje, (het) colbertje; **~anzug** *m* (het) colbertkostuum.
sa'kral sacraal.
Sakr|a'ment *n* (*-es; -e*) (het) sacrament; **~i'leg** *n* (*-s; -e*) heiligschennis; **~i'stei** [-st-] *f* sacristie.
säkulari'sieren (-) seculariseren.
Sala'mander *m* salamander.
Sa'lami *f* (*-; -s*) salami(worst).
Sa'lat *m* (*-es; -e*) sla, salade; *da haben wir den ~!* F daar hebben we het gedonder!; **~besteck** *n* (het) slacouvert; **~kopf** *m* slakrop; **~öl** *n* slaolie; **~schüssel** *f* slakom.

sal'badern (*-re*) wauwelen, zeuren.
Salbe *f* zalf.
Salbei *m* (*-s; 0*) *od. f* (*0*) salie.
salb|en zalven; **≈ung** *f* zalving; **~ungs·voll** zalvend.
Saldo *m* (*-s; -s od. Saldi od. Salden*) (het) saldo.
Sa'line *f* zoutziederij.
Sali'zyl *n* (*-s; 0*) (het) salicyl.
Salm *m* (*-es; -e*) *Zool.* zalm.
Salmiak [-'mĭak] *m* (*-s; 0*) salmiak; **~geist** *m* (*-es; 0*) salmiakgeest.
salo'monisch: *~es Urteil* (het) Salomonsoordeel.
Salon [-'lɔŋ] *m* (*-s; -s*) salon (*a.* het); **≈fähig** beschaafd, gedistingeerd; **~löwe** *m* salonheld; **~wagen** *m* salonwagen.
sa'lopp (*-est*) nonchalant; (*schlampig*) slordig.
Sal'peter *m* (*-s; 0*) salpeter (*a.* het); **≈haltig** salpeterhoudend; **~säure** *f* (*0*) (het) salpeterzuur.
Salto *m* (*-s; -s od. Salti*) salto; **~ mor'tale** *m* (*-; - od. Salti mortali*) salto mortale.
Sa'lu|t *m* (*-es; -e*) (het) saluut; **≈'tieren** (-) salueren; **~t·schüsse** *m/pl.* saluutschoten *n/pl.*
Salve [v] *f* (het) salvo.
Salweide *f* waterwilg.
Salz *n* (*-es; -e*) (het) zout.
Salz|- *in Zssgn mst.* zout-, *z.B.* **≈arm** zoutarm; **≈artig** zoutachtig; **~bad** *n* (het) zoutbad; **~bergwerk** *n* zoutmijn; **~boden** *m* zoutgrond; **≈en** (*-t*) zouten; *s. a. gesalzen*; **~faß** *n* (het) zoutvaatje; **~fleisch** *n* (het) pekelvlees; **~gehalt** *m* (het) zoutgehalte; **~gewinnung** *f* zoutwinning; **~gurke** *f* (het) augurkje in het zuur, zure bom; **≈haltig** zouthoudend; **≈ig** zout(ig); *Wasser a., Träne*: zilt; **~kartoffeln** *f/pl.* gekookte aardappelen *pl.*; **~lake** *f* pekel; **≈los** (*-est*) zoutloos; **~lösung** *f* zoutoplossing; **~säure** *f* (*0*) (het) zoutzuur; **~stange** *f* zoute stengel; **~streuer** *m* zoutstrooier; **~wasser** *n* (het) zout water; **~werk** *n* zoutziederij; **~wüste** *f* zoutwoestijn.
Sama'riter *m* Samaritaan.
Sämaschine *f* zaaimachine.
Same *m* (*-ns; -n*), **~n** *m* (het) zaad.
Samen|- *in Zssgn mst.* zaad-, *z.B.* **~erguß** *m* zaaduitstorting; **~handlung** *f* zaadhandel; **~kapsel** *f* zaaddoos; **~korn** *n* zaadkorrel; **~strang**

m zaadleider; **~übertragung** *f* kunstmatige inseminatie; **~zelle** *f* zaadcel.
Säme'rei(en *pl.*) *f* zaden *n/pl.*
sämig gebonden.
Sämischleder *n* (het) zeemleer.
Sammel|band *m* (het) verzamelwerk; **~becken** *n* (het) reservoir, (het) verzamelbekken; **~bestellung** *f* groepsbestelling; **~büchse** *f* collectebus; **~fahrschein** *m* (het) groepsbiljet; **~liste** *f* verzamellijst; **≈n** (*-le*) verzamelen; (*zusammenbringen*) bijeenbrengen; inzamelen, collecteren; *mil.* samentrekken; *sich ~* bijeenkomen, zich verzamelen; *fig.* bedaren, zich beheersen; (*sich konzentrieren*) zich concentreren; **~name** *m* verzamelnaam; **~nummer** *f* (het) collectief telefoonnummer; **~paß** *m* collectieve pas; **~platz** *m*, **~punkt** *m*, **~stelle** *f* verzamelplaats; **~surium** [-'zu:ʀɪ̆ʊm] *n* (*-s*; *Sammelsurien*) mengelmoes, (het) allegaartje; **~werk** *n* (het) verzamelwerk; **~wut** *f* verzamelwoede.
Samml|er *m* verzamelaar; collectant; *El.* accumulator; (*Kanalisation*) hoofdriool (*a.* het); **~erin** *f* verzamelaarster; collectante; **~ung** *f* verzameling; (*das Sammeln*) (het) verzamelen; inzameling, collecte; *fig.* zelfbeheersing; concentratie; (*Museum*) (het) museum; (*Gedicht≈*) bundel.
Samstag *m* zaterdag; *am ~*, **≈s** [zaterdags.]
samt (*D*) met (inbegrip van); *~ und sonders* geheel en al, allemaal, allen zonder uitzondering.
Samt *m* (*-es*; *-e*) (het) fluweel; **≈en** (*0*) fluwelen; **~handschuh** *m fig.* handschoen.
sämtlich *Adv.* allemaal, alle(n); (*vollständig*) compleet; *Adj.* **~e** *pl.* alle *pl.*, al de *pl.*
samtweich fluweelzacht.
Sana'torium [-ʀɪ̆ʊm] *n* (*-s*; *Sanatorien*) (het) sanatorium.
Sand *m* (*-es*; *-e*) (het) zand.
San'dale *f* sandaal.
Sand|- *in Zssgn mst.* zand-, *z.B.* **~bank** *f* (*-*; *¨e*) zandbank; **~boden** *m* zandgrond; **~burg** *f* (het) zandkasteel.
Sandelholz *n* (*-es*; *0*) (het) sandelhout.
sand|farben (*0*) zandkleurig; **≈floh** *m* zandvlo; **≈förmchen** *n* (het) zandvormpje; **≈grube** *f* zandgroeve; **≈hügel** *m* zandheuvel; **~ig** zand(er)ig; **≈kasten** *m* zandbak; **≈korn** *n*, **≈körnchen** *n* zandkorrel; **≈kuchen** *m* (het) zandgebak; **≈mann** *m* (*-es*; *0*) zandman, Klaas Vaak; **≈papier** *n* (het) schuurpapier; **~reich** rijk aan zand; **≈sack** *m* zandzak; **≈stein** *m* zandsteen; **≈strahlgebläse** *n* zandstraalspuit; **≈sturm** *m* zandstorm; **≈torte** *f* zandtaart; **≈uhr** *f* zandloper; **≈verwehung** *f* zandverstuiving; **≈weg** *m* zandweg.
Sandwich ['sɛndvɪtʃ] *n* (*-es*; *-es*) sandwich.
Sandwüste *f* zandwoestijn.
sanft (*-est*) zacht; (*friedfertig*) zachtaardig, zachtzinnig.
Sänfte *f* draagstoel.
Sanft|heit *f* (*0*), **~mut** *f* (*0*) zacht(moedig)heid; **≈mütig** zachtaardig, zachtmoedig.
Sang *m* (*-es*; *¨e*) zang, (het) gezang; *mit ~ und Klang* met slaande trom. **≈bar** zingbaar.
Sänger *m* zanger; **~chor** *m* (het) zang(ers)koor; **~fest** *n* (het) zang(ers)feest; **~in** *f* zangeres.
Sanges|bruder *m* F zangbroeder; **≈lustig** zanglustig.
sa'nier|en (*-*) saneren; **≈ung** *f* sanering; **≈ungs·plan** *m* (het) saneringsplan.
sani'tä|r (*0*) sanitair; **≈ter** *m* hospitaalsoldaat.
Sani'täts|dienst *m* geneeskundige dienst; **~hund** *m* rodekruishond; **~offizier** *m* officier van gezondheid; **~raum** *m* E.H.B.O.-kamer; **~wagen** *m* ambulance-, ziekenwagen.
Sankt Sint; *~ Peter* Sint-Pieter.
Sanktio|n [-'tsɪ̆o:n] *f* sanctie; **≈'nieren** (*-*) sanctioneren.
Sansibar *n* Zanzibar *n.*
Sanskrit *n* (*-s*; *0*) (het) Sanskriet.
Saphir ['za:fi:ʀ] *m* (*-s*; *-e*) saffier; **~nadel** *f* saffiernaald.
sapper|'lot!, **~'ment!** F sapperloot!
Sara'bande *f Mus.* sarabande.
Sara'zene *m* (*-n*) Saraceen.
Sar'd|elle *f* ansjovis; **~ine** *f* sardine; **~inen·büchse** *f* (het) sardineblikje.
Sar'din|ien [-nɪ̆ən] *n* Sardinië *n*; **≈isch** Sard(in)isch.
Sarg *m* (*-es*; *¨e*) doodkist; **~deckel** *m* (het) deksel van de doodkist.

Sar'kas|mus *m* (-; *Sarkasmen*) (het) sarcasme; **⁀tisch** sarcastisch.
Sarkophag [-'fa:k] *m* (-*s*; -*e*) sarcofaag.
Sa|tan *m* (-*s*; -*e*) satan, duivel; **⁀'tanisch** duivels, satans.
Satel'lit *m* (-*en*) satelliet (*a. fig.*); **~en·staat** *m* satellietstaat; **~enübertragung** *f* uitzending via een satelliet.
Satin [-'tɛŋ, -'tɛ̃:] *m* (-*s*; -*s*) (het) satijn.
Sa'tir|e *f* satire; **~iker** *m* satiricus; **⁀isch** satirisch.
Sa'trap *m* (-*en*) satraap.
satt (-*est*) verzadigd, zat; *Farbe*: vol, diep; es (etw.) ~ *haben* (*od. sein*) het (iets) beu (*od.* zat *od.* moe) zijn; etw. ~ *bekommen* genoeg krijgen van iets; ~ *sein a.* genoeg hebben; **~blau** diepblauw.
Sattel *m* (-*s*; ⸚) (het) zadel; (*Paß*) pas, inzinking; *j-n aus dem ~ heben* iem. uit het zadel lichten; **~dach** *n* (het) zadeldak; **⁀fest** zadelvast (*a. fig.*); **~gurt** *m* zadel-, buikriem; **~knopf** *m* zadelknop; **⁀n** (-*le*) zadelen; **~pferd** *n* (het) zadelpaard; **~schlepper** *m* truck; **~tasche** *f* zadeltas; **~zeug** *n* (het) zadeltuig.
Sattheit *f* (*0*) verzadigdheid, zatheid; volheid, diepte.
sättig|en verzadigen; *s. a. gesättigt*; **⁀ung** *f* verzadiging; **⁀ungs·punkt** *m* (het) verzadigingspunt.
Sattle|r *m* zadelmaker; **~'rei** *f* zadelmakerij.
sattsam voldoende, genoegzaam.
Satyr [y] *m* (-*s*; -*n*) sater.
Satz *m* (-*es*; ⸚*e*) *Gr.* zin; (*Sprung*) sprong, zet; (*Garnitur, Serie*) (het) stel, serie, set; (*Kaffee*⁀) drab, (het) koffiedik; (*Tarif*) (het) tarief; (*Tennis*) set; *Typ.* (het) zetten; (*Text*) (het) zetsel; (*Lehrsatz*) stelling, these; (*Boden*⁀) (het) bezinksel; *Mus.* (het) deel van een muziekstuk; **~akzent** *m* (het) zinsaccent; **~bau** *m* (-*es*; *0*) zinsbouw; **~fehler** *m* zetfout; **~gefüge** *n* samengestelde zin; **~lehre** *f* zinsleer; **~spiegel** *m* zet-, bladspiegel; **~teil** *m* (het) zinsdeel; **~ung** *f* (het) statuut, (het) reglement.
Satzungs|gemäß overeenkomstig de statuten; **~widrig** in strijd met de statuten.
Satzzeichen *n* (het) leesteken.

Sau *f* (-; ⸚*e*) zeug; (*Wildschwein*) (het) (wild) zwijn; *fig.* P (het) zwijn, smeerlap.
sauber schoon, net, zindelijk, zuiver; *fig.* keurig (*a. Adv.*); *ironisch*: mooi; **~halten** schoonhouden; **⁀keit** *f* (*0*) zuiverheid (*a. fig.*), zindelijkheid; *von Arbeit, Schrift*: netheid.
säuberlich net, keurig; *Adv. bsd.* netjes; (*sorgfältig*) zorgvuldig, keurig.
saubermachen, säubern (-*re*) schoonmaken, zuiveren (*bsd. fig.*), reinigen.
Säuberung *f* reiniging, zuivering (*a. fig.*); **~s·aktion** *f* zuiveringsactie.
sau|blöd P oerstom; **⁀bohne** *f* tuinboon.
Sauc|e ['zo:sə] *f* jus, saus; **~iere** [-'sĭɛ:ʁə] *f* jus-, sauskom.
Saudi-Arabien *n* Saoedi-Arabië *n*.
sauer zuur (*a. Gesicht*); *fig.* F (*böse*) kwaad; (*schlecht gelaunt*) slecht gehumeurd; **⁀braten** *m* (het) gemarineerd gebraad; **⁀brunnen** *m* minerale bron; (*Wasser*) (het) bron-, mineraalwater.
Saue'rei *f* P smeerlapperij.
Sauer|kirsche *f* morel; **~kohl** *m* (-*es*; *0*), **~kraut** *n* (-*es*; *0*) zuurkool.
säuer|lich zuur(achtig), zurig; **⁀ling** *m* (-*es*; -*e*) = *Sauerbrunnen*.
Sauermilch *f* zure melk.
säuern (-*re*) *v/t* zuren, zuur maken; *v/i* (*sn*) zuur worden.
Sauerstoff *m* (-*es*; *0*) zuurstof.
Sauerstoff|- *in Zssgn mst.* zuurstof-, *z.B.* **~apparat** *m* (het) zuurstofapparaat; **~flasche** *f* zuurstoffles; **⁀haltig** (*0*) zuurstofhoudend; **~mangel** *m* (-*s*; *0*) (het) zuurstofgebrek; **~patrone** *f* zuurstofpatroon; **~zelt** *n* zuurstoftent.
sauer|süß zuurzoet; **⁀teig** *m* (het) zuurdeeg, -desem; **⁀topf** *m fig.* zuurpruim.
Sauf|bruder *m* P zuiplap, drinkebroer; **⁀en** (*L*) drinken; P *Mensch*: zuipen.
Säufer *m* P zuiplap, dronkaard.
Saufe'rei *f* P zuiperij, (het) gezuip.
Säuferin *f* P zuipster.
Saufgelage *n* P zuippartij.
saugen (*L*) zuigen.
säugen zogen.
Sauger *m* zuiger.

Säugetier *n* (het) zoogdier.
Saug|flasche *f* zuigfles; **~heber** *m* (*Röhrchen*) hevel.
Säugling *m* (*-s*; *-e*) zuigeling; **~s-ausstattung** *f* babyuitzet; **~s-ernährung** *f* zuigelingenvoeding; **~s·heim** *n* crèche; **~s·pflege** *f* zuigelingenzorg; **~s·sterblichkeit** *f* zuigelingensterfte.
Saug|napf *m* (het) zuignapje; **~pumpe** *f* zuigpomp; **~rohr** *n* zuigbuis, pipet.
säuisch P smerig, vuil.
Sau|jagd *f* zwijnejacht; **~kerl** *m* P smeerlap.
Säule *f* zuil, pilaar, kolom; *fig.* steunpilaar.
Säulen|- *in Zssgn mst.* zuilen-, *z.B.* **~gang** *m* zuilengang, colonnade; **~reihe** *f* zuilenrij.
Saum *m* (*-ęs*; *⸚e*) zoom.
sau·mäßig P miserabel; *Adv.* (*sehr*) vreselijk.
säumen **1.** *v/t* zomen, boorden; **2.** *v/i* (*zögern*) talmen, dralen.
säum|ig langzaam, traag; (*nachlässig*) nalatig, in gebreke blijvend; **♀ig·keit** *f* (*0*) (het) getreuzel, (het) getalm; nalatigheid; **♀nis** *f* (*-*; *-se*) *od.* *n* (*-ses*; *-se*) (het) getalm; (*Verzögerung*) (het) uitstel.
Saum|pfad *m* (het) bergpad voor vervoer van lasten; **~sattel** *m* (het) pakzadel; **♀selig** langzaam; nalatig; **~tier** *n* (het) lastdier.
Sauna *f* (*-*; *-s*) sauna.
Säure *f* (het) zuur; (*Geschmack*) zuurheid; **♀fest** zuurbestendig; **~gehalt** *m* (het) zuurgehalte.
Saure'gurkenzeit *f* komkommertijd.
Saurier [-ʀĭə] *m* sauriër.
Saus *m*: *in ~ und Braus leben* een vrolijk leven leiden.
säuseln (*-le*) ritselen, zacht ruisen.
sausen (*-t*; *a. sn*) suizen, gieren; F (*eilen*) stuiven.
Sau|stall *m* varkens-, zwijnestal (*a.* P *fig.*); **~wetter** *n* P (het) rot-, hondeweer; **~wirtschaft** *f* P zwijneboel; **♀wohl** (*0*) kiplekker.
Sa'vanne [v] *f* savanne.
Saxopho|n [zakso·'fo:n] *n* (*-s*; *-e*) saxofoon; **~'nist(in** *f*) *m* (*-en*) saxofonist(e *f*).
S-Bahn *s. Schnellbahn.*
Schabe *f* **1.** kakkerlak; (*Motte*) mot; **2.** (*Messer*) (het) schraap-, schaafmes; **~fleisch** *n* (het) geraspt vlees; **♀n** schrapen; *Käse, Fleisch* raspen.
Schabernack *m* (*-ęs*; *-e*) poets, streek; *Pers.*: deugniet.
schäbig sjofel, kaal; (*kleinlich*) gierig, kleingeestig, beroerd; **♀keit** *f* (*0*) kaalheid, sjofelheid; gierigheid, kleingeestigheid.
Scha'blone *f* (het) patroon, sjablone; **♀n·haft** (*-est*) volgens een vast patroon.
Schach *n* (*-ęs*; *0*) (het) schaakspel; *~ (dem König)!* schaak!; *~ spielen* schaken; *in ~ halten* in toom houden.
Schach|- *in Zssgn mst.* schaak-, *z.B.* **~brett** *n* (het) schaakbord.
Schacher *m* (*-s*; *0*) (het) gesjacher.
Schächer *m*: *armer ~* stakker(d).
Schacher|er *m* sjacheraar; **♀n** (*-re*) sjacheren.
Schach|feld *n* (het) veld; **~figur** *f* (het) schaakstuk; **♀'matt** (*0*) schaakmat; **~meister** *m* schaakkampioen; **~partie** *f* schaakpartij; **~spiel** *n* (het) schaakspel; **~spieler(in** *f*) *m* schaker *m*, schaakster *f*.
Schacht *m* (*-ęs*; *⸚e*) schacht (*a. Bgb.*), koker.
Schachtel *f* (*-*; *-n*) doos; F *alte ~* ouwe tante; **~halm** *m* paardestaart; **♀n** (*-le*) in elkaar schuiven, samenvoegen.
Schach|turnier *n* (het) schaaktoernooi; **~zug** *m* (schaak)zet (*a. fig.*).
schade jammer, spijtig; *das ist ~ um ihn* dat is jammer van hem; *es ist ~, daß ...* het is jammer dat; **♀** *m* (*-ns*; *⸚n*) = *Schaden.*
Schädel *m* schedel, hersenpan.
Schädel|- *in Zssgn mst.* schedel-, *z.B.* **~bruch** *m* schedelbreuk; **~decke** *f* hersenpan; **~lehre** *f* schedelleer; **~messung** *f* schedelmeting.
schaden (*-e-*) (*D*) schaden, schade berokkenen; (*benachteiligen a.*) benadelen; *das schadet nichts* dat geeft (*od.* hindert) niets.
Schaden *m* (*-s*; *⸚*) schade; (*Nachteil*) (het) nadeel; (*Verletzung*) (het) letsel; *~ nehmen* schade lijden; *zu ~ kommen* verlies lijden; (*verwundet werden*) gewond raken; **~ersatz** *m* schadevergoeding; **~ersatzanspruch** *m* eis tot schadeloosstelling; **~feuer** *n* brand; **~freude** *f* (*0*) (het) leedvermaak; **♀froh** vol leedver

maak; **~s·anzeige** *f* schadeaanmelding, aangifte van schade; **~s·feststellung** *f* vaststelling van de schade; **~versicherung** *f* schadeverzekering.
schadhaft (*-est*) beschadigd, defect; *Zahn*: aangestoken, slecht; **2ig·keit** *f* (*0*) slechte toestand.
schädig|en benadelen, schade berokkenen; **2er** *m* veroorzaker van schade; **2ung** *f* benadeling.
schäd|lich schadelijk; nadelig; **2lichkeit** *f* (*0*) schadelijkheid; nadeligheid; **2ling** *m* (*-s*; *-e*) (het) schadelijk dier; (*Pflanze*) schadelijke plant; *Pers.*: (het) schadelijk individu; **2lings·bekämpfung** *f* bestrijding van schadelijke planten en dieren.
schadlos (*0*) schadeloos; *sich an j-m ~ halten* zijn schade op iem. verhalen.
Schaf *n* (*-ęs*; *-e*) (het) schaap; *fig. a.* schaapskop, sufferd; **~bock** *m* ram.
Schäfchen *n* (het) schaapje; *sein ~ ins trockene bringen* zijn schaapjes *pl.* op het droge brengen.
Schäfer *m* (schaap)herder; **~hund** *m* herdershond; **~in** *f* herderin; **~stündchen** *n* (het) herdersuurtje.
schaffen[1] (*arbeiten*) werken, bezig zijn; (*tun*) doen; (*ver~*) verschaffen, bezorgen; (*bewältigen*) klaarspelen; *aus* (*D*) halen, brengen; (*befördern*) vervoeren, brengen; *nichts zu ~ haben mit* (*D*) niets te maken hebben met; *es ~* het halen, het klaarspelen.
schaffen[2] (*L*) scheppen, voortbrengen, tot stand brengen; *wie geschaffen sein zu* (*D*) in de wieg gelegd zijn voor; **2de(r)** werkende; (*Künstler*) scheppende kunstenaar.
Schaffens|drang *m* scheppingsdrang; **2freudig** produktief, creatief; **~kraft** *f* (*0*) scheppingskracht.
Schaf·fleisch *n* (het) schapevlees.
Schaffner(in *f*) *m* conducteur *m*, conductrice *f*.
Schaf|hirt *m* schaapherder; **~käse** *n* schapekaas; **~leder** *n* (het) schapeleer.
Schäflein *n* (het) schaapje.
Schafmilch *f* schapemelk.
Scha'fott *n* (*-ęs*; *-e*) (het) schavot.
Schaf|pelz *m* schapevacht; *ein Wolf im ~* een wolf in schaapskleren; **~schur** *f* (het) schapenscheren; **~s·kopf** *m fig.* schaaps-, domkop; **~stall** *m* schapestal.
Schaft *m* (*-ęs*; *⸗e*) schacht; (*Griff*) (het) heft, steel; **~stiefel** *m/pl.* kaplaarzen *pl.*
Schaf|wolle *f* schapewol; **~zucht** *f* schapenteelt.
Schah *m* (*-s*; *-s*) sjah.
Scha'kal *m* (*-s*; *-e*) jakhals.
Schäker *m* grappenmaker, guit; **2n** (*-re*) gekheid maken; stoeien, flirten.
schal verschaald, flauw; *fig.* flauw, laf.
Schal *m* (*-s*; *-e od. -s*) sjaal.
Schale *f* schil; (*Nuß2*) bolster; (*Eier2*) schaal; (*Muschel2*) schaal, schelp; (*Gefäß*) schaal, kom, schotel.
schälen schillen; *Ei* pellen.
Schalheit *f* (*0*) flauwheid, lafheid.
Schälhengst *m* dekhengst.
Schalk *m* (*-ęs*; *-e od. ⸗e*) schalk, guit; **2haft** (*-est*) schalks, guitig; **~haftigkeit** *f* (*0*) schalksheid.
Schall *m* (*-ęs*; *⸗e od. -e*) (het) geluid, klank; (*Widerhall*) galm; **~boden** *m* klankbodem; **~dämpfer** *m* geluidsdemper; **2dicht** geluiddicht.
Schallehre *f* (*0*) geluidsleer.
schallen klinken; galmen; **~d** *Beifall*: daverend; *Gelächter*: schaterend.
Schall|geschwindigkeit *f* geluidssnelheid; **~mauer** *f* (*0*) geluidsmuur; **~messung** *f* geluidsmeting; **~platte** *f* fono-, grammofoonplaat.
Schallplatten|- *in Zssgn mst.* grammofoonplaten-, *z.B.* **~geschäft** *n* (grammofoon)platenwinkel.
Schall|trichter *m Mus.* beker; **~verstärker** *m* geluidsversterker; **~welle** *f* geluidsgolf.
Schal'mei *f* schalmei.
Schal·obst *n* schaalvruchten *pl.*
Scha'lotte *f* sjalot.
Schalt|anlage *f* schakelinstallatie; **~brett** *n* (het) schakelbord; **2en** (*-e-*) schakelen (*a. Auto*); (*verfügen*) beschikken, heersen; F (*begreifen*) snappen; *nach Belieben ~ und walten* doen en laten wat men wil.
Schalter *m* schakelaar; (*Bank2*, *Post2*) (het) loket; **~beamte(r)** loketbeambte; **~halle** *f*, **~raum** *m* (loketten)hal.
Schalthebel *m* schakelhefboom.
Schal·tier *n* (het) schaaldier.

Schalt|jahr *n* (het) schrikkeljaar; **~knüppel** *m Auto*: pook; **~tafel** *f* (het) schakelbord; **~tag** *m* schrikkeldag; **~ung** *f Tech.* schakeling; (*das Schalten*) (het) schakelen; **~vorrichtung** *f* (het) schakeltoestel.
Schalung *f* bekisting.
Scha'luppe *f* sloep.
Scham *f* (*0*) schaamte; *Anat.* schaamdelen *n/pl.*; **~bein** *n* (het) schaambeen.
schämen: *sich* e-r S. (*G*) ~ zich over iets schamen.
Scham|gefühl *n* (het) schaamtegevoel; **~gegend** *f* schaamstreek; **~haar** *n* (het) schaamhaar; **2haft** (*-est*) beschaamd, bedeesd; (*sittsam*) zedig; **~haftigkeit** *f* (*0*) bedeesdheid; zedigheid; **~lippen** *f/pl.* schaamlippen *pl.*; **2los** (*-est*) schaamteloos, onbeschaamd; **~losigkeit** *f* schaamteloosheid, onbeschaamdheid.
Scha'motte *f* (*0*) vuurvaste klei.
Scham|ritze *f* schaamspleet; **2rot** (*0*) rood van schaamte; **~röte** *f* (het) schaamrood; **~teile** *m/pl.* schaamdelen *n/pl.*
schand|bar schandelijk; **2e** *f* (*0*) schande; (*Schmach a.*) smaad.
schänd|en (*-e-*) schenden, schandvlekken; (*vergewaltigen*) verkrachten, onteren; (*entheiligen*) ontwijden; **2er** *m* schender; (*Grab2*) grafschenner; verkrachter.
Schandfleck *m* schandvlek.
schändlich schandelijk, schandalig (*a.* F *ungemein*); **2keit** *f* schandelijkheid.
Schand|pfahl *m* schandpaal; **~tat** *f* schanddaad.
Schändung *f* schending; verkrachting; ontwijding.
Schanker *m Med.* sjanker.
Schank|erlaubnis *f* vergunning; **~tisch** *m* (het) buffet; **~wirt** *m* waard, kastelein.
Schanze *f* schans (*a. mar. u. Sp.*); **2n** (*-t*) schansen, opwerpen; (*graben*) graven.
Schar *f* menigte, schare, groep; **~en** *pl. mil. bsd.* legerscharen *pl.*; (*Pflug2*) ploegschaar.
Scha'rade *f* charade, (het) lettergreepraadsel.
scharen scharen, verenigen.
Schären *f/pl.* scheren *pl.*
scharenweise in scharen, massaal.
scharf (*"er*; *"st*) scherp (*a. fig.*); *Speise a.*: pikant; *Getränk*: sterk; *Kampf*: heftig; *Fahrt, Ritt*: pijlsnel; *Hund*: agressief; V (*geil*) heet; *bremsen, vorgehen* krachtig; ~ sei… *auf* (*A*) *etw.* verzot zijn op; *j-n* ge… zijn op; *pej.* willen versieren; **2blick** *m* (*-es*; *0*) *fig.* scherpzinnigheid; **~blickend** scherpzinnig.
Schärfe *f* scherpte (*a. fig.*); (*Klarheit a.*) scherpheid; (*Geistes2*) scherpzinnigheid; **2n** scherpen (*a. fig.*), wetten; *sich* ~ scherp(er) worden.
scharf|kantig met scherpe kanten, scherphoekig; **~machen** ophitsen; **2macher** *m* ophitser; (*Dogmatiker, Pedantischer*) scherpslijper; **2richter** *m* scherprichter, beul; **2schießen** *n* (*-s*; *0*) (het) me… scherp schieten; **2schütze** *m* scherpschutter; **~sichtig** scherpziend; *fig.* scherpzinnig; **2sichtigkeit** *f* (*0*) scherpziendheid; scherpzinnigheid; **2sinn** *m* (*-es*; *0*) scherpzinnigheid; **~sinnig** scherpzinnig.
Schärfung *f* (*0*) (het) scherpen; *fi… bsd.* verfijning, verhoging.
Scharlach *m* (*-es*; *-e*) (het) schar… laken; *Med.* roodvonk; **2rot** (*0*) scharlakenrood.
Scharlatan *m* (*-s*; *-e*) charlatan, kwakzalver; **~e'rie** *f* charlatanerie.
Schar|m *m* (*-es*; *0*) charme; **2'mant** (*-est*) charmant.
Schar'mützel *n* schermutseling; **2** (*-le*) schermutselen.
Schar'nier *n* (*-s*; *-e*) (het) scharnier.
Schärpe *f* sjerp.
Schar'pie *f* (*0*) (het) pluksel.
scharren krabben, scharrelen; (*reiben a.*) schrapen.
Scharte *f* kerf, insnijding; (*Berg2*) insnijding, spleet; (*Schieß2*) (het) schietgat; (*Hasen2*) hazelip; (*Fehler*) fout, (het) gebrek.
schartig vol inkepingen (*od.* insnijdingen); *Messer a.*: schaardig.
schar'wenzeln (*-le*) flikflooien, overgedienstig zijn.
Schaschlik *m od. n* (*-s*; *-s*) sjaslie…
Schatten *m* schaduw (*a. fig.*); (*Geist*) schim; (*Augen2*) kringe… *pl.*; **~bild** *n* (het) schaduwbeel…, silhouet (*a.* het); **~dasein** *n* (het) schijnbestaan; **2haft** (*-est*) schaduwachtig; *fig.* vaag; **~kabinett** (het) schaduwkabinet; **~reich**

(het) schimmenrijk; ᒧ**reich** schaduwrijk; ˷**riß** *m* (het) schaduwbeeld, silhouet (*a.* het); ˷**seite** *f* schaduwzijde; ˷**spiel** *n* (het) schaduwspel.

schat'tier|en (-) schaduwen; *fig.* schakeren; ᒧ**ung** *f fig.* schakering.

schattig schaduwrijk.

Scha'tulle *f* (het) geldkistje; (*Schmuck*ᒧ) (het) juwelenkistje; (*Kasse*) kas.

Schatz *m* (*-es*; *⸚e*) schat (*a. Pers. u. fig.*); ˷**amt** *n* schatkist, thesaurie; ˷**anweisung** *f* (het) schatkistbiljet.

schätz|bar te schatten; (*zu achten*) te waarderen; ᒧ**chen** *n* (het) schatje; ˷**en** (*-t*) schatten; (*achten*) waarderen, op prijs stellen, achten; *s. a. geschätzt*; ˷**en·lernen** leren waarderen; ˷**ens·wert** achtenswaardig; ᒧ**er** *m* schatter, taxateur.

Schatz|gräber *m* schatgraver; ˷**kammer** *f* schatkamer; ˷**meister** *m* penningmeester; (*Staats*ᒧ) thesaurier.

Schätz|preis *m* geschatte prijs; ˷**ung** *f* schatting; taxatie; (*Budget*ᒧ *bsd.*) raming; (*Achtung*) waardering; ᒧ**ungs·weise** naar (*od.* volgens) schatting; volgens raming.

Schatzwechsel *m* schatkistpromesse.

Schau *f* bezichtiging, keuring, (het) onderzoek; (*Ausstellung*) tentoonstelling, vertoning; (*Revue*) revue, show (*a. fig.*); (*Parade*) parade; (*Erkenntnis*) visie; *zur ˷ stellen* uitstallen; *fig.* uitstralen; *zur ˷ tragen* ten toon spreiden, te koop lopen met; ˷**bild** *n* (het) diagram; ˷**bude** *f* kermistent; ˷**bühne** *f* (het) (schouw)toneel.

Schauder *m* huivering, rilling; ᒧ**erregend**, ᒧ**haft** (*-est*) huiveringwekkend; ᒧ**n** (*-re*) huiveren, rillen; *mir* (*od. mich*) *schaudert* ik huiver, ik ril; ᒧ**voll** ijselijk, huiveringwekkend.

schauen kijken, zien.

Schauer[1] *m* (*Regen*ᒧ, *Hagel*ᒧ) bui, vlaag; = *Schauder.*

Schauer[2] *m* (*Hafen*ᒧ) bootwerker.

Schauer|geschichte *f* (het) griezelverhaal; ᒧ**lich** akelig, ijselijk; ˷**mann** *m* (*-es*; *Schauerleute*) bootwerker; ᒧ**n** (*-re*) huiveren, rillen; ˷**nacht** *f* verschrikkelijke nacht.

Schaufel *f* (*-*; *-n*) schop, schep; (*Rad*ᒧ, *Turbinen*ᒧ) schoep; ᒧ**n** (*-le*) scheppen; (*graben*) graven; ˷**rad** *n* (het) scheprad.

Schaufenster *n* etalage, (het) uitstalraam; ˷**bummel** *m*: *e-n ˷ machen* langs de winkels flaneren, winkelen; ˷**dekorateur** *m* etaleur.

Schau|flug *m* demonstratievlucht; ˷**kasten** *m* vitrine, uitstalkast.

Schaukel *f* (*-*; *-n*) schommel; ᒧ**n** (*-le*) schommelen; *j-n* wiegen; ˷**pferd** *n* (het) hobbelpaard; ˷**politik** *f* pendelpolitiek; ˷**reck** *n* (het) zweefrek; ˷**stuhl** *m* schommelstoel.

Schaukler *m* schommelaar.

Schaulust *f* (*0*) kijklust; ᒧ**ig** kijklustig; ˷**ige(r)** kijklustige.

Schaum *m* (*-es*; *⸚e*) (het) schuim; ˷**bad** *n* (het) schuimbad; ᒧ**bedeckt** met schuim overdekt.

schäumen schuimen; *Wein*: mousseren.

Schaum|feuerlöscher *m* (het) schuimblusapparaat; ˷**gebäck** *n* (het) schuimpje; ˷**gummi** *m od. n* schuimrubber; ᒧ**ig** schuimend, vol schuim; ˷**kelle** *f*, ˷**löffel** *m* schuimspaan; ˷**schläger** *m* garde; *fig.* druktemaker, blazer; ˷**stoff** *m* schuimstof.

Schau·münze *f* gedenkpenning.

Schaum·wein *m* mousserende wijn.

Schau|packung *f* lege etalageverpakking; ˷**platz** *m* schouwplaats, (het) (schouw)toneel; ˷**prozeß** *m* (het) showproces.

schaurig ijselijk, huiveringwekkend; ᒧ**keit** *f* (*0*) (het) ijselijke.

Schauspiel *n* (het) schouwspel (*a. fig.*); *Thea.* (het) toneelstuk; ˷**er** *m* acteur; *Thea. a.* toneelspeler; ˷**erin** *f* actrice; toneelspeelster; ᒧ**erisch** als acteur (*od.* actrice *f*); ˷**haus** *n* schouwburg; ˷**kunst** *f* (*0*) toneelspeelkunst.

Schaustellung *f* tentoonstelling.

Scheck *m* (*-s*; *-s*) cheque; ˷**buch** *n*, ˷**heft** *n* (het) chequeboek(je).

scheckig gevlekt, bont.

Scheck|inhaber *m* houder van een cheque; ˷**karte** *f* chequekaart; ˷**verkehr** *m* (het) chequeverkeer.

scheel scheel, loens; (*neidisch*) afgunstig; ˷**äugig** scheel; ˷**süchtig** afgunstig.

Scheffel *m* schepel (*a.* het); *sein Licht unter den ˷ stellen* zijn licht onder de korenmaat zetten; ᒧ**n** (*-le*) *fig.* bijeenschrapen, ophopen; **≈weise** bij hopen.

Scheib|chen *n* (het) schijfje; (het) sneetje, (het) plakje; **~e** *f* schijf; (*Glas≈*) ruit; (*Schnitte*) sne(d)e, plak; e-e ~ *Brot* een boterham.

Scheiben|bremse *f* schijfrem; **≈förmig** schijfvormig; **~honig** *m* honing in de raat; **~kupplung** *f* schijfkoppeling; **~schießen** *n* (*-s*; *0*) (het) schijfschieten; **~wascher** *m* ruitesproeier; **~wischer** *m* ruitewisser.

Scheich *m* (*-ẹs*; *-e od. -s*) sjeik.

scheidbar scheidbaar.

Scheide *f* scheiding; (*Vagina u. Degen≈*) schede; **~brief** *m* (*Ehe≈*) scheidingsakte; **~linie** *f* scheid(ing)slijn; **~mauer** *f* scheidsmuur; **~münze** *f* pasmunt.

scheiden (*L*) **1.** *v/t* scheiden; *sich ~ lassen* zich laten scheiden; *wir sind geschiedene Leute* het is uit tussen ons; *s. a. geschieden*; **2.** *v/i* (*sn*) heengaan, scheiden, afscheid nemen; *aus dem Amt ~* aftreden, ontslag nemen.

Scheide|punkt *m* (het) punt van scheiding; **~wand** *f* scheidsmuur; **~weg** *m* tweesprong; *am ~ stehen* tussen twee dingen moeten kiezen.

Scheidung *f* scheiding; **~s·grund** *m* reden tot echtscheiding; **~s·klage** *f* eis tot echtscheiding; **~s·prozeß** *m* (het) echtscheidingsproces.

Schein *m* (*-ẹs*; *-e*) schijn; (*Licht a.*) (het) schijnsel; (*Bescheinigung*) (het) bewijs, (het) document; (*Geld≈*) (het) (bank)biljet; (*Studien≈*) (het) testimonium; *zum ~* voor de schijn; *dem ~ nach* schijnbaar; *den ~ wahren* de schijn redden.

Schein|- *in Zssgn mst.* schijn-, *z.B.* **~angriff** *m* schijnaanval; **≈bar** (*0*) schijnbaar; **~ehe** *f* (het) schijnhuwelijk; **≈en** (*L*) schijnen; *fig. a.* lijken; **~friede** *m* schijnvrede; **~grund** *m* schijnreden, (het) voorwendsel; **≈heilig** schijnheilig; **~heiligkeit** *f* schijnheiligheid; **~kauf** *m* schijnkoop; **~manöver** *n* schijnmanoeuvre (*a.* het); **~tod** *m* schijndood; **≈tot** schijndood; **~werfer** *m* schijnwerper.

Scheiß|dreck *m* P *fig.* rotzooi; *das geht dich e-n ~ an* dat gaat je geen donder aan; **~e** *f* (*0*) P stront; *fig.* rotzooi; *~!* stik (de moord)!, verdomme!; **≈en** (*L*) V schijten; *~ auf* (*A*) schijt hebben aan; **≈freundlich** P poeslief; **~kerl** *m* P rotvent, klootzak; (*Feigling*) lafbek.

Scheit *n* (*-ẹs*; *-e*) (het) blok.

Scheitel *m* top, kruin; *Haar*: scheiding; *vom ~ bis zur Sohle* van kop tot teen; **≈n** (*-le*): *das Haar ~* een scheiding in het haar maken; **~punkt** *m* (het) toppunt; *Astr.* (het) zenit.

Scheiter|haufen *m* brandstapel; **≈n** (*-re*; *sn*) mislukken; *Schiff u. a. fig.*: schipbreuk lijden.

Schelf *m* (*-ẹs*; *-e*) (het) vastelandsplat.

Schellack *m* schellak (*a.* het).

Schelle *f* bel, schel; (*Ohrfeige*) oorveeg; (*Hand≈*) boei; **≈n** bellen, schellen; **~n·kappe** *f* zotskap; **~n·trommel** *f* tamboerijn.

Schellfisch *m* schelvis.

Schelm *m* (*-ẹs*; *-e*) guit, schalk; (*Schurke*) schelm, schurk; **~en·roman** *m* schelmenroman; **~en·streich** *m* schelmenstreek; **~e'rei** *f* schelmenstreek, (het) kattekwaad; **≈isch** schalks, guitig.

Schelt|e *f* (het) standje, berisping; *~ bekommen* een standje krijgen; **≈en** (*L*) berispen, een standje geven; (*schimpfen*) schelden; **~wort** *n* (het) scheldwoord.

Sche|ma *n* (*-s*; *-s od. -ta*) (het) schema; **≈'matisch** schematisch.

Schemel *m* kruk, taboeret; (*Fuß≈*) voetbank.

Schemen *m* schim; **≈haft** (*-est*) schimachtig.

Schenke *f* (het) café, kroeg.

Schenkel *m* dij; *Math.* (het) been; **~bruch** *m* dijbeenbreuk.

schenk|en schenken, geven; (*ein~*) (in)schenken; *Schuld, Strafe* kwijtschelden; *etw. geschenkt bekommen* iets (ten geschenke) krijgen; **≈er** *m* schenker; **≈stube** *f* gelagkamer; **≈tisch** *m* tapkast, (het) buffet; **≈ung** *f* schenking, gift; **≈ungs·urkunde** *f* schenkingsakte; **≈wirt** *m* waard, kastelein.

Scherb|e *f* scherf; (*Topf*) (bloempot; *in ~n pl. gehen* aan diggelen pl. vallen; **~el** *m* = *Scherbe*; **~en** *m* (het) aardewerk; = *Scherbe*; **~en·gericht** *n* (het) schervengerecht.

Schere *f* schaar.

scheren **1.** (*L*) scheren; snoeien

2. kunnen schelen; es *schert mich nichts* het kan mij niets schelen; *sich* ~ verdwijnen, zich uit de voeten maken; *sich* ~ *um* (*A*) zich bekommeren om; *scher dich zum Teufel!* loop naar de bliksem!
Scheren·schleifer *m* scharenslijper.
Schere'reien [ʃe'ʀə-] *f/pl.* rompslomp, last, (het) geharrewar.
Scherflein *n fig.* kleine bijdrage, (het) penningske.
Scherge *m* (*-n*) gerechtsdienaar; (*Henker*) beul(sknecht).
Scher|kopf *m* scheerkop; **~messer** *n* (het) scheermes.
Scherz *m* (*-es*; *-e*) scherts, grap; (*Witz*) mop; ~ *beiseite!* alle gekheid op een stokje!; *im* (*od. zum*) ~ voor de grap; *s-n* ~ *mit j-m treiben* iem. voor de gek houden; **~artikel** *m* (het) schertsartikel; **2en** (*-t*) schertsen, gekheid maken; **2haft** (*-est*) schertsend, grappig; *Adv. bsd.* voor de grap.
scheu schuw, beschroomd, schichtig (*bsd. Tier*); **2** *f* (*0*) schuwheid, schroom, vrees; (*Ehrfurcht*) (het) ontzag.
Scheuche *f* vogelverschrikker; **2n** weg-, verjagen.
scheuen schuwen, ontzien, (ver-) mijden; *Pferd*: schichtig worden; *keine Mühe, Kosten* sparen, ontzien; *sich* ~ *vor* (*D*) opzien tegen, terugschrikken voor.
Scheuer *f* (*-*; *-n*) schuur.
Scheuer|bürste *f* boender, borstel; **~lappen** *m* dweil, poetslap; **2n** (*-re*) *v/t u. v/i* schuren; **~tuch** *n* dweil. [(*a. fig.*).]
Scheuklappen *f/pl.* oogkleppen *pl.*
Scheune *f* schuur.
Scheusal *n* (*-s*; *-e*) (het) monster.
scheußlich afschuwelijk; **2keit** *f* afschuwelijkheid.
Schi *m* (*-s*; *- od. -er*) ski; ~ *laufen* skiën.
Schi|- *in Zssgn mst.* ski-, *z.B.* **~anzug** *m* (het) skikostuum; **~ausrüstung** *f* ski-uitrusting.
Schicht *f* laag (*a. fig.*); (*Arbeits2*) ploeg; (*Arbeitszeit*) werktijd; **~arbeit** *f* (het) werk in ploegen; **2en** (*-e-*) opstapelen, in lagen leggen; **~ung** *f* opstapeling; ligging in lagen; *fig.* stratificatie; **~wechsel** *m* ploegenwisseling; **2weise** in lagen; in ploegen.
schick chic; **2** *m* (*-es*; *0*) elegantie, chic.
schick|en sturen, zenden; *sich* ~ passen, horen; (*sich fügen*) zich schikken, terechtkomen; *sich* ~ *für* (*A*) geschikt zijn voor; *sich* ~ *in* (*A*) zich schikken in; **~lich** behoorlijk, passend, betamelijk; **2lichkeit** *f* (*0*) betamelijkheid, gepastheid.
Schicksal *n* (*-s*; *-e*) (het) lot; *pej.* (het) noodlot; **~e** *pl.* lotgevallen *n/pl.*, avonturen *n/pl.*; **2haft** (*-est*) beslissend; *pej.* fataal, noodlottig; **~s·gefährte** *m* lotgenoot; **~s-schlag** *m* slag van het noodlot, beproeving.
Schickung *f* beschikking.
Schiebe|dach *n* (het) schuifdak; **~fenster** *n* (het) schuifraam; **2n** (*L*) schuiven; (*drücken bsd.*) duwen; *Kegel* ~ kegelen; *j-m etw. in die Schuhe* ~ iem. iets in de schoenen schuiven; **~r** *m* schuiver, klep; (*Riegel*) grendel; (*Schmuggler*) smokkelaar; **~tür** *f* schuifdeur.
Schieb|karren *m* kruiwagen; **~ung** *f* knoeierij, zwendel.
Schieds|gericht *n* (het) scheidsgerecht; **2gerichtlich** scheidsrechterlijk; **~mann** *m*, **~richter** *m* scheidsman; *Sp.* scheidsrechter, arbiter; **~spruch** *m* scheidsrechterlijke uitspraak; **~verfahren** *n* scheidsrechterlijke procedure.
schief scheef, schuin; (*krumm*) krom; *fig.* (*falsch*) scheef; **2e** *f* (*0*) scheefheid, schuinte; (*Hang*) helling.
Schiefer *m* lei (*a.* het), leisteen; **~dach** *n* (het) leien dak; **~decker** *m* leidekker; **~gebirge** *n* (het) leisteengebergte; **2ig** leisteenachtig; **~tafel** *f* lei.
schief|gehen mislopen; **~gewickelt** F: ~ *sein* zich lelijk vergissen; **2heit** *f* (*0*) = *Schiefe*; **~lachen:** *sich* ~ F zich krom lachen; **~winklig** scheefhoekig.
schielen scheel zien.
Schien|bein *n* (het) scheenbeen; **~e** *f* rail, spoorstaaf; *Med.* spalk; *e-r Rüstung*: (het) kniestuk, (het) armstuk; **2en** spalken; **~en·bus** *m* motor(spoor)wagen; **~en·fahrzeug** *n* (het) railvoertuig; **~en·strang** *m* rails *pl.*, spoorlijn; **~en·weg** *m* spoorweg; *auf dem* ~ per spoor.
schier rein, zuiver; *Adv.* schier, bijna, haast.

Schierling *m* (*-s*; *-e*) scheerling.
Schieß|- *in Zssgn mst.* schiet-, *z.B.* **~bahn** *f* schietbaan; **~baumwolle** *f* (het) schietkatoen; **~bude** *f* schiettent; **2en** (*L*) *v/t u. v/i* (*a. sn*) schieten; (*wachsen a.*) groeien; **~e'rei** *f* (het) geschiet; (*Gefecht*) schietpartij; **~gewehr** *n* (het) schietgeweer; **~platz** *m* (het) schietterrein; **~pulver** *n* (het) buskruit; **~scharte** *f* (het) schietgat; **~scheibe** *f* schietschijf; **~sport** *m* schietsport; **~stand** *m* schietbaan; **~übung** *f* schietoefening.
Schifahrer(in *f*) *m* skiër *m*, skiester *f*.
Schiff *n* (*-es*; *-e*) (het) schip; *mar. a.* boot; *Weberei*: (het) scheepje, spoel.
Schiffahrt *f* scheepvaart; **~s-gesellschaft** *f* scheepvaartmaatschappij; **~s-linie** *f* scheepvaartlijn.
schiff|bar bevaarbaar; **2barkeit** *f* (*0*) bevaarbaarheid; **2bau** *m* (*-es*; *0*) scheepsbouw; **2bauer** *m* scheepsbouwer; **2bruch** *m* schipbreuk; **2brüchige(r)** schipbreukeling; **2brücke** *f* schipbrug; **2chen** *n* (het) scheepje; **~en** (*a. sn*) varen; P pissen.
Schiffer *m* schipper; **~klavier** *n* (het) accordeon; **~knoten** *m* zeemansknoop.
Schiffs|- *in Zssgn mst.* scheeps-, *z.B.* **~agentur** *f* scheepsagentuur; **~arzt** *m* scheepsarts; **~eigner** *m* scheepseigenaar; **~junge** *m* scheepsjongen; **~kapitän** *m* (scheeps)kapitein; **~karte** *f* (*Schein*) (het) passagebiljet; **~koch** *m* scheepskok; **~ladung** *f* scheepslading; **~mannschaft** *f* bemanning, equipage; **~papiere** *n/pl.* scheepspapieren *n/pl.*; **~raum** *m* (het) (scheeps)ruim; **~reise** *f* scheepsreis; **~rumpf** *m* scheepsromp; **~schraube** *f* (scheeps-)schroef; **~taufe** *f* scheepsdoop; **~verbindung** *f* verbinding per schip; **~verkehr** *m* (het) scheepvaartverkeer; **~zwieback** *m* scheepsbeschuit.
Schigelände *n* (het) skiterrein.
Schi'ka|ne *f* chicane, pesterij, haarkloverij; **2'nieren** (-) chicaneren, pesten, treiteren, sarren; **2'nös** (*-est*) chicanerend, pesterig.
Schi|lauf *m* (het) skiën; **~läufer(in** *f*) *m* skiër *m*, skiester *f*.
Schild[1] *n* (*-es*; *-er*) (het) bord(je), plaat; (*Papier2*) (het) etiket; (*Verkehrs2*) (het) bord.
Schild[2] *m* (*-es*; *-e*) (het) schild (*a. Anat.*); *etw. im ~e führen fig.* iets in het schild voeren; **~bürger** *m* onnozelaar, naïeveling; **~bürgerstreich** *m* onnozele streek; **~chen** *n* (het) bordje; **~drüse** *f* schildklier.
Schilder|er *m* (*Erzähler*) verteller; **2n** (*-re*) schilderen, beschrijven; **~ung** *f* schildering, beschrijving; **~wald** *m* (het) bos (van) borden.
Schild|knappe *m* schildknaap; **~kröte** *f* schildpad; **~krötensuppe** *f* schildpadsoep; **~laus** *f* schildluis; **~patt** *n* (*-s*; *0*) (het) schildpad; **~wache** *f* schildwacht.
Schilf *n* (*-es*; *-e*) (het) riet, biezen *pl.*; **~dach** *n* (het) rieten dak; **2ig** (*0*) rietachtig; met riet bedekt.
Schilift *m* skilift.
schillern (*-re*) glinsteren, van kleur veranderen; **~d** *fig.* weifelend, wisselend.
Schilling *m* (*-s*; *-e*) schilling.
Schi'märe *f* hersenschim.
Schimmel[1] *m* (*Pferd*) schimmel.
Schimmel[2] *m* (*-s*; *0*) (*Pilz*) schimmel; **2ig** schimmelig, beschimmeld; **2n** (*-le*) beschimmelen.
Schimmer *m* (*-s*; *0*) glans, schijn, (het) schijnsel; *fig.* (*Ahnung*) (het) idee, notie; (*Spur*) zweem, (het) zweempje; *keinen blassen ~ haben von* (*D*) geen flauw idee (*od.* benul) hebben van; **2n** (*-re*) glanzen, schijnen.
Schim'panse *m* (*-n*) chimpansee.
Schimpf *m* (*-es*; *-e*) hoon, schimp, smaad; **2en** (*fluchen*) schelden, vloeken; (*auf A*) schelden (op), kijven (op); *j-n etw. ~* iem. uitmaken voor iets; **~e'rei** *f* (het) gescheld; (het) gekijf; scheldpartij; **2lich** beledigend, smadelijk; **~name** *m* scheldnaam; **~wort** *n* (het) scheldwoord.
Schindel *f* (-; *-n*) dunne plank, [dakspaan.]
schind|en (*L*) (*abhäuten*) villen; *j-n u.* (*sich*) (zich) afbeulen; **2er** *m* vilder; beul, uitzuiger; **2e'rei** *f* vilderij; (het) afbeulen; (*Arbeit*) (het) gezwoeg; **2luder** *n* (het) kreng; *mit j-m ~ treiben* iem. schandalig behandelen; **2mähre** *f* oude knol.
Schinken *m* ham; F (*Buch*) pil; **~brötchen** *n* (het) broodje met ham.

Schippe *f* schop, schep; (*Schmollmund*) (het) pruilmondje; *j-n auf die ~ nehmen* F iem. voor de gek houden; **≈n** scheppen.

Schirm *m* (*-es; -e*) (het) scherm; (*Regen≈*) paraplu; (*Sonnen≈*) parasol; (*Mützen≈*) klep; (*Lampen≈*) kap; *fig.* (*Schutz*) bescherming; **~dach** *n* luifel, (het) afdak; **≈en** beschermen; **~herr** *m* beschermheer; **~herrschaft** *f* (het) beschermheerschap; **~ständer** *m* paraplubak.

schirren voorspannen.

Schischanze *f* skischans.

Schisma *n* (*-s; Schismen od. -ta*) (het) schisma.

Schi|sport *m* skisport; **~springen** *n* (het) skispringen.

Schiß *m* (*-sses; -sse*) V stront, schijt; *fig.* P: *~ haben* in de piepzak zitten.

Schi|tour *f* skitocht; **~wachs** *n* skiwas (*a.* het).

schizo'phren schizofreen.

schlabbern (*-re*) F slobberen; (*schwatzen*) kakelen.

Schlacht *f* (veld)slag; **~bank** *f* (*-; ≈e*) slachtbank; **≈en** (*-e-*) slachten; **~en·bummler** *m* fanatieke supporter die zijn ploeg overal volgt.

Schlächte|r *m* slager; (*Mörder*) slachter; **~'rei** *f* slagerij; (*Gemetzel*) slachting.

Schlacht|feld *n* (het) slagveld; **~fest** *n* (het) slachtfeest; **~gewicht** *n* (het) slachtgewicht; **~haus** *n*, **~hof** *m* (het) slachthuis, (het) abattoir, slachterij; **~kreuzer** *m* slagkruiser; **~opfer** *n* (het) slachtoffer; **~ordnung** *f* slagorde; **~plan** *m fig.* (het) plan, strategie; **~ruf** *m* strijdkreet; **~schiff** *n* (het) slagschip; **~ung** *f* slachting; **~vieh** *n* (het) slachtvee.

Schlack|e *f* slak; (*Kohlen≈ bsd.*) sintel; **≈ern** (*-re*) slingeren; *Knie*: knikken; *mit den Ohren ~* F zijn oren niet kunnen geloven; **≈ig** vol slakken; **~wurst** *f* metworst.

Schlaf *m* (*-es; 0*) slaap.

Schlaf|- *in Zssgn mst.* slaap-, *z.B.* **~abteil** *n* slaapcoupé; **~anzug** *m* pyjama.

Schläfchen *n* (het) slaapje, (het) dutje.

Schläfe *f* slaap.

schlafen (*L*) slapen; *~ gehen, sich ~ legen* gaan slapen; **≈s·zeit** *f* slapenstijd.

Schläfer|(in *f*) *m* slaper *m*, slaapster *f*; **≈n** (*-re*): *mich schläfert* ik heb slaap.

schlaff slap (*a. fig.*); **≈heit** *f* (*0*) slapheid.

Schla'fittchen *n*: *j-n beim ~ nehmen* (*od. kriegen*) iem. bij de lurven pakken.

Schlaf|kammer *f* slaapkamer; **~krankheit** *f* (*0*) slaapziekte; **~lied** *n* (het) slaapliedje; **≈los** (*-est*) slapeloos; **~losigkeit** *f* (*0*) slapeloosheid; **~mittel** *n* (het) slaapmiddel; **~mütze** *f* slaapmuts (*a. fig.*); **~raum** *m* (het) slaapvertrek.

schläfrig slaperig (*a. fig.*); **≈keit** *f* (*0*) slaperigheid.

Schlaf|rock *m* ochtendjas; **~saal** *m* slaapzaal; **~sack** *m* slaapzak; **~sucht** *f* (*0*) slaapziekte; **~tablette** *f* slaaptablet (*a.* het); **≈trunken** slaapdronken; **~trunkenheit** *f* slaapdronkenheid; **~wagen** *m* slaapwagen.

schlafwand|eln slaapwandelen; **≈ler(in** *f*) *m* slaapwandelaar(ster *f*).

Schlafzimmer *n* slaapkamer.

Schlag *m* (*-es; ≈e*) slag; (*Hieb a.*) klap; (*Auf≈ a.*) bons; *Med.* beroerte; (*Art*) (het) slag, soort; (*Wagen≈*) (het) portier; (*Tauben≈*) til; *El.* schok; (*Kahl≈*) kaalslag; (*Waldfläche*) (het) gekapt bos; *Schläge pl.* (*Prügel*) slaag, klappen *pl.*; *~ auf ~* slag op slag; *mit e-m ~* met één slag, ineens; *mit dem ~e zwölf Uhr* klokslag twaalf uur.

Schlag|- *in Zssgn mst.* slag-, *z.B.* **~ader** *f* slagader; **~anfall** *m* beroerte; **≈artig** plotseling, met één slag; **~ball** *m* kaatsbal; **~baum** *m* slagboom; **~bolzen** *m* slagpin.

Schlägel *m s. Schlegel.*

schlagen (*L*) *v/t u. v/i* slaan; (*besiegen*) verslaan, kloppen; *Holz* vellen; *in die Flucht ~* op de vlucht slaan; *sich ~* (*sich prügeln*) (met elkaar) vechten; *Sp.* (*kämpfen*) strijden; *sich durchs Leben ~* zich door het leven slaan; **~d** slaand; *Beweis*: afdoend, treffend; *~e Wetter n/pl.* (het) gevaarlijk mijngas.

Schlager *m* schlager, hit.

Schläge|r *m Sp.* (het) racket; (*Raufbold*) vechtersbaas; (*Fechtwaffe*) (het) rapier; **~'rei** *f* vecht-, kloppartij.

Schlag|feder *f* slagpen, slagveer; **≈fertig** slagvaardig; **~fertigkeit** *f*

(*0*) slagvaardigheid; **~instrument** *n* (het) slaginstrument; **~kraft** *f* (*0*) *mil.* stootkracht; *fig.* energie, doortastendheid, overtuigende kracht; **ꝰkräftig** *mil.* sterk, met grote stootkracht; *fig.* overtuigend; **~licht** *n* (het) vallend licht, (het) slaglicht; *fig.* (het) (vol) licht; **~loch** *n* (het) gat (in het wegdek); **~ring** *m* (*Waffe*) boksbeugel; **~sahne** *f* slagroom; **~seite** *f* slagzij; **~werk** *n* (het) slagwerk; **~wetter** *n* (het) gevaarlijk mijngas; **~wort** *n* leuze, slogan; (het) modewoord; (*Stichwort*) (het) trefwoord; **~zeile** *f* (krante)kop; *~n pl. machen* de voorpagina halen; **~zeug** *n Mus.* (het) slagwerk.

schlaksig slungelachtig.

Schla'massel *m od. n* F (het) gedonder; *im ~ sitzen* in de puree zitten.

Schlamm *m* (*-ęs*; *-e*) (het) slijk, modder; (*Ablagerung bsd.*) (het) slib; **~bad** *n* (het) modderbad.

schlämmen uitbaggeren, schoonmaken; *Erz* wassen.

Schlamm|erde *f* modder; **ꝰig** slijkerig, modderig.

schlam'pampen (-) F brassen, zwelgen.

Schlamp|e *f* F slons, sloddervos; **ꝰen** slonzen; **~e'rei** *f* slordigheid; **ꝰig** slordig.

Schlange *f* slang (*a. fig.*); (*Reihe*) rij; (*Kolonne*) file; *~ stehen* in de rij staan.

schlängeln (*-le*): *sich ~* kronkelen, slingeren; (*in Windungen verlaufen*) zich kronkelen; *durch e-e Menge*: zich een weg banen.

Schlangen|beschwörer *m* slangenbezweerder; **~brut** *f* (het) slangegebroed; **~fraß** *m* F (het) (honde-) voer; **~gift** *n* (het) slangegif(t); **~linie** *f* golf-, kronkellijn.

schlank (*-st od. -est*) slank; **ꝰheit** *f* (*0*) slankheid; **ꝰheitskur** *f* vermageringskuur; **~weg** ronduit; (*ohne weiteres*) zonder meer.

schlapp slap (*a. fig.*); **ꝰe** *f* F nederlaag; (*Schwächeanfall*) flauwte; *e-e ~ erleiden* een nederlaag lijden; **~en** sloffen; **ꝰhut** *m* slappe hoed; **~machen** F het opgeven; (*ohnmächtig werden*) flauwvallen; **ꝰschwanz** *m* F slappeling.

Schla'raffenland *n* (*-ęs*; *0*) (het) luilekkerland.

schlau (*-st od. -est*) slim; *pej.* sluw, leep, link; *nicht ~ werden aus* (*D*) niet wijs kunnen worden uit.

Schlauch *m* (*-ęs*; *ᵘe*) slang; (*Radꝰ*) binnenband; **~boot** *n* rubberboot; **ꝰen** door een slang laten stromen; *fig.* F totaal uitputten; **ꝰlos** (*0*) tubeless, zonder binnenband.

Schläue *f* (*0*) = *Schlauheit.*

schlau|er'weise wijselijk; **ꝰheit** *f* (*0*) slimheid; *pej.* sluwheid; **ꝰkopf** *m*, **ꝰmeier** *m* F slimmerd, leperd.

Schla'winer *m* F leperd, uitgekookte jongen.

schlecht (*-est*) slecht; *Lebensmittel a.*: bedorven; (*krank*) misselijk; *mir wird ~* ik word misselijk; *mir ist ~* ik voel me niet goed; (*das ist*) *nicht ~!* (dat is) niet gek!; **~er'dings** volstrekt, absoluut, ten enen male; **~'hin** ronduit, eenvoudigweg; (*typisch*) bij uitstek; **ꝰig·keit** *f* slechtheid; **~machen** belasteren, kwaadspreken over; **~weg** ronduit; (*einfach*) eenvoudigweg; **ꝰ'wetter** *n* (het) slecht weer.

schlecke|n likken; (*naschen*) snoepen; **ꝰr** *m* lekkerbek, snoeper; **ꝰ'rei** *f* lekkernij; (*Näscherei*) snoep.

Schlegel *m* (*Trommelꝰ*) trommelstok; (*Hammer*) houten hamer.

Schleh|busch *m*, **~dorn** *m* sleedoorn; **~e** ['ʃleːə] *f* sleepruim.

schleich|en (*L*; *sn*) sluipen; *Zeit*: kruipen; **~end** sluipend; *Krankheit*: slepend; **ꝰer** *m* gluiper, huichelaar; **ꝰhandel** *m* sluikhandel; **ꝰhändler** *m* sluikhandelaar; **ꝰweg** *m* sluipweg; **ꝰwerbung** *f* sluikreclame.

Schleie *f* zeelt.

Schleier *m* sluier (*a. fig.*); (*Dunst*) (het) waas; **~eule** *f* kerkuil; **ꝰhaft** (*-est*) onbegrijpelijk; (*rätselhaft*) raadselachtig; **~tanz** *m* sluierdans.

Schleif|bahn *f* glijbaan; **~e** *f* strik; (*Schlinge*) lus; (*Kurve*) bocht, lus; **ꝰen 1.** slepen; (*niederreißen*) slopen, slechten; **2.** (*L*) (*schärfen, a. Edelsteine usw.*) slijpen; *s. a. geschliffen*; **~er** *m* slijper; **~e'rei** *f* slijperij; **~lack** *m* slijplak; **~maschine** *f* slijpmachine; **~mittel** *n* (het) slijpmiddel; **~rad** *n* (het) slijprad; **~stein** *m* slijpsteen; **~ung** *f* (het) slijpen; (het) slepen; sloping, slechting.

Schleim *m* (*-ęs*; *-e*) (het) slijm; (*Schleimsuppe*) pap.

Schleim|- *in Zssgn mst.* slijm-, *z.B.* **~absonderung** *f* slijmafscheiding; **~beutel** *m* slijmbeurs; **~drüse** *f* slijmklier; **2en** slijmen; **~haut** *f* (het) slijmvlies; **2ig** slijmerig; **~suppe** *f* (dunne) pap.

schlemme|n smullen; *pej.* brassen; **2r** *m* smuller, lekkerbek; brasser; **2'rei** *f* smulpartij; braspartij.

Schlender|er *m* slenteraar; **2n** (*-re*; *a. sn*) slenteren.

Schlendrian [-Ri'a:n] *m* (*-ęs*; *0*) sleur.

schlenkern (*-re*) slingeren, zwaaien.

Schlepp|boot *n* sleepboot; **~dienst** *m* sleepdienst; **~e** *f* sleep; **2en** slepen; (*mit Gewalt ziehen a.*) sleuren; (*schwer tragen a.*) sjouwen; *sich ~* zich slepen; **~en·träger** *m* drager van de sleep; **~er** *m* sleepboot; *Auto*: trekker, tractor; **~e'rei** *f* (*0*) (het) gesleep; (het) gesleur; (het) gesjouw; **~kahn** *m* (het) sleepschip; **~netz** *n* (het) sleepnet; **~schiffahrt** *f* sleepvaart; **~seil** *n* (het) sleeptouw; **~start** *m* sleepstart; **~tau** *n* (*-ęs*; *-e*) (het) sleeptouw; *j-n ins ~ nehmen* iem. op sleeptouw nemen (*a. fig.*); **~zug** *m* sleep.

Schles|ien [-sĭən] *n* Silezië *n*; **~ier** *m* Silezier; **2isch** Silezisch.

Schleswig *n* Sleeswijk *n*.

Schleuder *f* (*-*; *-n*) slinger; (*Zentrifuge, a. Wäsche2*) centrifuge; **~ball** *m* slingerbal; **~bewegung** *f* slingerbeweging; **~er** *m* slingeraar; *Hdl.* marktbederver; **~honig** *m* slingerhoning; **~maschine** *f* centrifuge; **2n** (*-re*) slingeren, zwieren; centrifugeren; *ins 2 geraten Auto*: beginnen te slippen; **~preis** *m* afbraakprijs, spotprijs; **~sitz** *m* schietstoel; **~ware** *f* spotgoedkope waar.

schleunig snel, spoedig; **~st** ten spoedigste, zo vlug mogelijk.

Schleuse *f* sluis; (*Abwasser2*) hoofdriool (*a.* het); **2n** (*-t*) schutten; *fig.* sluizen; **~n·meister** *m* sluismeester.

Schlich *m* (*-ęs*; *-e*) (het) zand; *~e pl.* listen *pl.*, knepen *pl.*; *j-m auf die ~e kommen* iem. doorhebben, achter de bedoelingen van iem. komen.

schlicht (*-est*) eenvoudig, sober; (*glatt*) glad, sluik; **~en** (*-e-*) gladmaken; (*beilegen*) beslechten, bijleggen; **2er** *m* bemiddelaar; **2heit** *f* (*0*) eenvoud, soberheid; **2ung** *f* (het) gladmaken; bijlegging, bemiddeling, beslechting; **2ungsausschuß** *m* bemiddelingscommissie.

Schlick *m* (*-ęs*; *-e*) (het) slijk, (het) slik.

schließ|en (*L*) sluiten (*a. Vertrag usw.*); (*folgern*) afleiden, opmaken; (*enden*) *Rede u. v/i* eindigen; *~ auf* (*A*) concluderen tot, komen tot; *in sich ~* bevatten, bergen; *er schließt von sich auf andere* hij beoordeelt anderen naar zichzelf; *s. a. geschlossen*; **2er** *m* portier; *Tech.* sluiter; **2fach** *n* kluis, safe; (*Post2*) postbus; **2feder** *f* sluitveer; **~lich** tenslotte; **2muskel** *m* sluitspier; **2ung** *f* sluiting; beëindiging.

Schliff *m* (*-ęs*; *-e*) (het) slijpen; (het) geslepen zijn; *fig.* welgemanierdheid; *mil.* drill; *keinen ~ haben* geen manieren *pl.* hebben; *der letzte ~* de finishing touch, de afwerking.

schlimm erg, slecht, kwaad; *Finger*: zeer; *Lage*: moeilijk, netelig; *Mensch, Nachricht*: slecht; *das ist nicht ~* dat is niet erg; *im ~sten Fall*, **~stenfalls** in het ergste geval.

Schlinge *f* lus, strik (*a. Fang2*); *sich aus der ~ ziehen* zich eruit redden.

Schlingel *m* lummel, vlegel.

schlingen (*L*) slingeren; vlechten; (*schlucken*) slikken; (*gierig essen*) schrokken; *~ um* (*A*) slaan om, slingeren om.

schlingern (*-re*) slingeren.

Schlingpflanze *f* slingerplant.

Schlips *m* (*-es*; *-e*) das.

Schlitten *m* sle(d)e; *~ fahren* sleeën; **2fahren** *fig.* F geen pardon hebben; **~fahrt** *f* sleetocht.

Schlitter|bahn *f* glijbaan; **2n** (*-re*; *a. sn*) glijden.

Schlittschuh *m* schaats; *~ laufen* schaatsen; **~läufer(in** *f*) *m* schaatser *m*, schaatsenrijdster *f*.

Schlitz *m* (*-es*; *-e*) gleuf, spleet, sleuf; (*Hosen2*) gulp; *im Kleid*: split; **~auge** *n* (het) spleetoog; **2äugig** spleetogig; **2en** (*-t*) open-, insnijden, splijten; **~ohr** *n fig.* geraffineerde.

schlohweiß (*0*) sneeuwwit.

Schloß *n* (*-sses*; *⸚sser*) (het) slot; *Arch. a.* (het) kasteel.

Schloße [o:] *f* hagelsteen.

Schlosse|r *m* bankwerker; (*Auto2*) monteur; **~'rei** *f* bankwerkerij, smidswerkplaats.

Schloß|garten *m* slottuin; **~herr** *m* slotheer; **~platz** *m* (het) slotplein.
Schlot *m* (*-es*; *-e*) schoorsteen.
schlott|(e)rig bibberend, waggelend; *Kleidung*: slobberig; **~ern** (*-re*; *a. sn*) beven, bibberen; *Kleidung*: flodderen, slobberen; *Knie*: knikken.
Schlucht *f* kloof, (het) ravijn.
schluchze|n (*-t*) snikken; **2r** *m* snik.
Schluck *m* (*-es*; *-e*) slok, teug; **~auf** *m* (*-s*; *0*) hik; **2en** slikken (*a. fig.*); *Betrieb, Geld* opslokken; **~er** *m*: *armer ~* arme stakker; **~impfung** *f* orale vaccinatie; **2sen** (*-t*) hikken; **2weise** slok voor slok.
schlud|ern (*-re*) slordig werken, knoeien; **~rig** slordig.
Schlummer *m* (*-s*; *0*) sluimering; **2n** (*-re*) sluimeren.
Schlund *m* (*-es*; *̈-e*) (het) keelgat, slokdarm, strot; *fig.* afgrond.
schlüpf|en (*sn*) glippen, slippen; *aus dem Ei* kruipen; **2er** *m* directoire, (het) slipje.
Schlupfloch *n* schuilplaats (*a. fig.*).
schlüpfrig glibberig; *fig.* schuin, gewaagd.
Schlupf|wespe *f* sluipwesp; **~winkel** *m* schuilhoek, schuilplaats.
schlurfen (*a. sn*) sloffen.
schlürfen slurpen.
Schluß *m* (*-sses*; *̈-sse*) (het) slot, (het) einde; (*Folgerung*) gevolgtrekking, (het) besluit, conclusie; *~ machen* een eind maken, ophouden; *mit j-m* het uitmaken; *~ jetzt!* en nou is het afgelopen!; *zum ~* tenslotte; *Schlüsse pl. ziehen* gevolgtrekkingen *pl.* maken; **~abstimmung** *f* eindstemming; **~akt** *m* slotakte; **~bemerkung** *f* opmerking tot slot, laatste opmerking.
Schlüssel *m* sleutel (*a. Mus. u. fig.*).
Schlüssel|- *in Zssgn mst.* sleutel-, *z.B.* **~bart** *m* sleutelbaard; **~bein** *n* (het) sleutelbeen; **~blume** *f* sleutelbloem; **~bund** *n* sleutelbos; **2fertig** gereed om te betrekken; **~industrie** *f* sleutelindustrie; **~kind** *n* (het) sleutelkind; **~loch** *n* (het) sleutelgat; **2n** (*-le*) volgens een bepaalde sleutel verdelen; **~ring** *m* sleutelring; **~roman** *m* sleutelroman; **~stellung** *f* sleutelpositie; **~wort** *n* (*-es*; *̈-er*) (het) codewoord.
schlußfolger|n concluderen, afleiden; **2ung** *f* conclusie, gevolgtrekking.
schlüssig van plan, besloten; *Beweis*: logisch, overtuigend; *Folgerung*: juist; *sich ~ werden* tot een besluit komen, besluiten.
Schluß|kapitel *n* (het) slothoofdstuk; **~licht** *n* (het) achterlicht; **~notierung** *f* slotnotering; **~prüfung** *f* (het) eindexamen; **~punkt** *m* punt; *e-n ~ setzen unter* (*A*) een punt zetten achter; **~rede** *f* slotrede; **~runde** *f* finale; **~sitzung** *f* slotzitting; **~strich** *m* eindstreep; *e-n ~ ziehen unter* (*A*) *fig.* een streep zetten onder; **~verkauf** *m* opruiming; **~wort** *n* (*-es*; *-e*) (het) slotwoord.
Schmach [ɑː] *f* (*0*) smaad, schande.
schmachten (*-e-*) smachten, snakken.
schmächtig tenger; **2keit** *f* (*0*) [tengerheid.]
schmachvoll [ɑː] smadelijk, schandelijk.
schmackhaft (*-est*) smakelijk, lekker; **2ig·keit** *f* (*0*) smakelijkheid.
schmäh|en [ˈʃmɛːən] smaden, honen; (*schlechtmachen*) lasteren; **~lich** smadelijk; **2rede** *f* smaadrede; **2schrift** *f* (het) smaad-, schotschrift; **2ung** *f* smaad, hoon, belediging.
schmal smal; (*dünn a.*) dun; (*eng a.*) nauw; *fig.* (*karg, knapp*) schraal, klein, gering.
schmälern (*-re*) verminderen, kleiner maken; (*herabsetzen*) te kort doen, benadelen, beknibbelen op.
Schmalfilm *m* smalfilm; **~kamera** *f* smalfilmcamera.
Schmal|hans *m*: *bei ihm ist ~ Küchenmeister* bij hem is schraalhans keukenmeester; **~heit** *f* (*0*) smalheid, smalte; **~seite** *f* smalle zijde.
Schmalspur *f* (het) smalspoor; **~bahn** *f* (het) smalspoor; **2ig** met smalspoor.
Schmalz *n* (*-es*; *-e*) reuzel, smout; **2en** (*-t*) reuzel (*od.* smout) toevoegen aan; **2ig** vet(tig); *fig.* sentimenteel.
schmaˈrotz|en (*-t*; *-*) klaplopen, parasiteren; **2er** *m* parasiet; *fig. bsd.* klaploper, profiteur; **2er·pflanze** *f* parasiet.
Schmarre *f* schram; (*Narbe*) (het) litteken.

Schmarren *m* meelspijs; *fig.* (*Unsinn*) flauwe kul.
Schmatz *m* (*-es*; *-e*) kus, zoen; **≈en** (*-t*) smakken; (*küssen*) kussen, zoenen.
schmauchen roken.
Schmaus *m* (*-es*; *⸚e*) (het) heerlijk maal, smulpartij; **≈en** (*-t*) smullen; **~e'rei** *f* (het) gesmul, smulpartij.
schmecken *v/t* proeven; *v/i* (*nach D*) smaken (naar).
Schmeich|e'lei *f* vleierij; **≈el·haft** (*-est*) vleiend; *Kleidung*: flatteus; **≈eln** (*-le*) (*D*) vleien; *mit j-m ~* iem. strelen, iem. liefkozen; **~ler**(**in** *f*) *m* vleier *m*, vleister *f*; **≈lerisch** vleiend; *pej.* vleierig.
schmeiß|en (*L*) smijten, gooien; *Runde* geven; (*in Ordnung bringen*) voor mekaar krijgen; **≈fliege** *f* brom-, vleesvlieg.
Schmelz *m* (*-es*; *-e*) (het) email; (het) glazuur (*a. Zahn≈*); *fig.* (*Glanz*) zachte glans; *e-r Stimme*: welluidendheid; **~arbeit** *f* (het) brandschilderwerk; **≈bar** smeltbaar; **~barkeit** *f* (*0*) smeltbaarheid; **~butter** *f* gesmolten boter; **~e** *f* (*das Schmelzen*) (het) smelten; (*Schmelzhütte*) smelterij; **≈en** (*L*) *v/t* (doen) smelten; *v/i* (*sn*) smelten; **~e'rei** *f* smelterij; **~glas** *n* (het) email; **~hitze** *f* smelthitte; **~ofen** *m* smeltoven; **~punkt** *m* (het) smeltpunt; **~sicherung** *f* smeltveiligheid, stop; **~tiegel** *m* smeltkroes (*a. fig.*); **~ung** *f* (het) smelten.
Schmer *m od. n* (*-s*; *0*) (het) smeer, (het) vet; **~bauch** *m* dikke buik; *Pers.*: dikzak.
Schmerz *m* (*-es*; *-en*) pijn; (*Kummer*) (het) verdriet, smart; **≈empfindlich** gevoelig (voor pijn); **≈en** (*-t*) pijn doen; verdriet doen; **~ensgeld** *n* (het) smartegeld; **~ens·kind** *n* (het) zorgenkind; **~ens·lager** *n* (het) ziekbed; **~ens·schrei** *m* kreet van pijn; **≈frei** pijnloos; **≈haft** (*-est*) pijnlijk; **≈lich** smartelijk, pijnlijk; **~lichkeit** *f* (*0*) smartelijkheid, pijnlijkheid; **≈lindernd** pijnstillend; **≈los** (*-est*) pijnloos; **~losigkeit** *f* (*0*) pijnloosheid; **≈stillend** pijnstillend; **~tablette** *f* pijnstillend tablet (*a.* het); **≈voll** pijnlijk; *seelisch a.*: smartelijk.
Schmetterball *m* smash.
Schmetterling *m* (*-s*; *-e*) vlinder; **~s·stil** *m Sp.* vlinderslag.
schmettern (*-re*) smijten, smakken, gooien; *Sp.* smashen; (*singen, tönen*) schetteren; *Vogel*: kwetteren; *zu Boden ~* op de grond smakken; *die Tür ins Schloß ~* de deur hard dichtslaan.
Schmied *m* (*-es*; *-e*) smid; **≈bar** (*0*) smeedbaar; **~e** *f* smidse, smederij.
Schmiede|arbeit *f* (het) smeedwerk; **~eisen** *n* (het) smeedijzer; **~hammer** *m* smidshamer; **~kunst** *f* (*0*) smeedkunst; **≈n** (*-e-*) smeden (*a. fig.*).
schmieg|en vlijen, leunen; *sich ~ S.*: zich plooien, als gegoten passen; *sich ~ (an A) Pers.*: zich vlijen (tegen); **~sam** buigzaam, soepel; *fig.* soepel, meegaand; *Körper*: lenig, soepel; **≈samkeit** *f* (*0*) buigzaamheid, soepelheid; lenigheid.
Schmier|apparat *m* (het) smeertoestel; **~e** *f* (het) vet, (het) smeer; *Thea.* slechte toneelspelerstroep, kermistroep; *~ stehen* F op de uitkijk staan; **≈en** smeren; (*klecksen*) morsen, knoeien; (*malen, schreiben*) kladden, knoeien; (*bestechen*) omkopen; *j-m e-e ~* iem. een klap geven; *es geht wie geschmiert* het loopt gesmeerd; **~er** *m* smeerder; knoeier; **~e'rei** *f* (het) geknoei, (het) knoeiwerk; **~fett** *n* (het) smeervet; **~fink** *m* smeerpoes; **~gelder** *n/pl.* steekpenningen *pl.*; **≈ig** smerig (*a. fig.*); (*fettig*) vettig; (*schmutzig a.*) vuil; **~käse** *m* smeerkaas; **~mittel** *n* (het) smeermiddel; **~öl** *n* smeerolie; **~seife** *f* groene (*od.* zachte) zeep; **~ung** *f* smering.
Schminke *f* schmink; *Thea. a.* (het) grimeersel; **≈n** (*sich*) (zich) schminken; (zich) grimeren.
Schmirgel *m* (*-s*; *0*) smergel, amaril; **≈n** (*-le*) polijsten, smergelen; schuren; **~papier** *n* (het) schuurpapier.
Schmiß *m* (*-sses*; *-sse*) (het) litteken van een duel, houw; *fig.* (het) elan, pit(tigheid).
schmissig pittig, vlot.
Schmöker *m* F (*Buch*) (het) prulboek; **≈n** (*-re*) met zijn neus in de boeken zitten; (*rauchen*) roken.
Schmoll|ecke *f* (het) pruilhoekje; **≈en** pruilen.
Schmor|braten *m* (het) gestoofd vlees; **≈en** smoren (*a. fig.*), stoven; *s. a. geschmort*; **~topf** *m* stoofpan.

Schmu *m* (*-s*; *0*) F (het) bedrog; oneerlijke verdienste.
schmuck (*-st od. -est*) mooi, fraai; *Pers. bsd.*: knap.
Schmuck *m* (*-es*; *-e*) versiering, opschik; (*Juwelen*) sieraden *n/pl.*
schmücken versieren, tooien; *fig.* opsmukken.
Schmuck|gegenstand *m* (het) sieraad; **~kästchen** *n* (het) bijouterie-, juwelenkistje; **2los** (*-est*) onopgesmukt, eenvoudig, sober; **~sachen** *f/pl.* sieraden *n/pl.*
Schmückung *f* versiering, tooiing; opsmukking.
schmuddelig vuil, smoezelig.
Schmugg|el *m* (*-s*; *0*) smokkel; **~e'lei** *f* smokkel, (het) gesmokkel; **2eln** (*-le*) smokkelen; **~el·ware** *f* smokkelwaar, contrabande; **~ler** *m* smokkelaar; **~ler·bande** *f* smokkelaarsbende.
schmunzeln (*-le*) fijntjes (glim-) lachen, gnuiven, zich verkneukelen.
Schmus *m* (*-es*; *0*) F (het) gesmoes; (*Geschwätz*) (het) geklets; **2en** (*-t*) smoezen; *pej.* vrijen.
Schmutz *m* (*-es*; *0*) vuiligheid, (het) vuil; *fig. bsd.* smeerlapperij; *j-n in den ~ ziehen* iem. door de modder halen; **2en** (*-t*) vuil worden; **~fink** *m* vuilik, viezerik (*a. fig.*); **~fleck** *m* vuile vlek; **2ig** vuil, vies; *fig. bsd.* smerig; **~ig·keit** *f* vuilheid; vuiligheid; *fig.* smeerlapperij; **~schrift** *f* (het) pornografisch geschrift.
Schnabel *m* (*-s*; *⁼*) snavel, bek (*a.* F *Mund*); **2förmig** snavelvormig.
schnäbeln (*-le*): *sich ~* elkaar kussen.
schnabu'lieren (-) smullen, verhapstukken.
Schnack *m* (*-es*; *0*) (het) gepraat, (het) gebabbel; **2en** praten, babbelen.
Schnake *f* (*Mücke*) mug; (*Natter*) ringslang.
Schnalle *f* gesp; **2n** gespen; **~nschuh** *m* schoen met gesp.
schnalz|en (*-t*) klappen; *mit Fingern*: knippen; **2laut** *m* (het) klappend geluid.
schnapp|en snappen; *mit dem Mund*: happen; *Deckel*: springen; *Luft ~* lucht happen, een luchtje scheppen; **2messer** *n* (het) knipmes; **2schloß** *n* (het) snapslot; **2schuß** *m* (het) snapshot, (het) kiekje.
Schnaps *m* (*-es*; *⁼e*) jenever, brandewijn; (*ein Glas*) ~ borrel, (het) glaasje (jenever); **~brenner** *m* jeneverbrander, -stoker.
Schnäps·chen *n* borrel.
Schnaps|glas *n* (het) jeneverglaasje; **~idee** *f* F (het) gek idee; **~nase** *f* F jeneverneus.
schnarch|en snurken, ronken; **2er** *m* snurker.
Schnarre *f* ratel; **2n** ratelen; *Stimme*: kraken.
Schnatter|gans *f* snatereend; *fig.* F babbel-, kletskous; **2n** (*-re*) snateren; *fig. a.* kakelen, kletsen.
schnau|ben (*L*), **~fen** snuiven, hijgen; (*schwer atmen a.*) puffen; (*erregt sein*) snuiven, briesen; *vor Wut schnauben* van woede briesen; *sich die Nase schnauben* zijn neus snuiten.
Schnauz|bart *m* snor; **~e** *f* snuit, bek; P *a.* smoel; *Ausguß an Gefäßen*: tuit; *die ~ halten* P zijn bek houden; **2en** (*-t*) snauwen.
Schnecke *f* slak; (*Schraube*) schroef zonder einde; (*Haar2*) opgerolde vlecht; *in der Uhr*: snek.
schnecken|förmig slakvormig; spiraalvormig; **2gang** *m* (*-es*; *0*) slakkegang (*a. fig.*); **2gehäuse** *n*, **2haus** *n* (het) slakkehuis; **2linie** *f* spiraal, schroeflijn; **2post** *f* F: *mit der ~ fahren* met een slakkegangetje gaan; **2rad** *n* (het) wormwiel.
Schnee *m* (*-s*; *0*) sneeuw.
Schnee|- *in Zssgn mst.* sneeuw-, *z.B.* **~ball** *m* sneeuwbal; **~ballsystem** *n* (het) sneeuwbalsysteem; **2bedeckt** met sneeuw bedekt; **~bericht** *m* (het) sneeuwbericht; **~besen** *m* garde; **2blind** sneeuwblind; **~brille** *f* sneeuwbril; **~decke** *f* sneeuwlaag; **~fall** *m* sneeuwval; **~flocke** *f* sneeuwvlok; **~fräse** *f* sneeuwfrees; **2frei** vrij van sneeuw; **~gestöber** *n* sneeuwjacht; **~glöckchen** *n* (het) sneeuwklokje; **~grenze** *f* sneeuwgrens; **~hase** *m* sneeuwhaas; **~huhn** *n* (het) sneeuwhoen; **2ig** met sneeuw bedekt; (*weiß*) sneeuwwit; **~ketten** *f/pl.* sneeuwkettingen *pl.*; **~landschaft** *f* (het) sneeuwlandschap; **~mann** *m* sneeuwpop; **~matsch** *m* sneeuwmodder; **~pflug** *m* sneeuwploeg; **~schaufel** *f* sneeuwschop; **~schuh** *m* sneeuwschoen; **~sturm** *m* sneeuwstorm;

~treiben *n* (-*s*; *0*) sneeuwjacht; **~verhältnisse** *n/pl.* toestand van de sneeuw; **~verwehung** *f*, **~wehe** *f* opgewaaide sneeuw, sneeuwverstuiving; **2weiß** (*0*) sneeuw-, spierwit; **~'wittchen** *n* (het) Sneeuwwitje.

Schneid *m* (-*es*; *0*) F fut, energie; **~brenner** *m* snijbrander; **~e** *f* sne(d)e, (het) scherp; **~e·mühle** *f* zaagmolen; **2en** (*L*) snijden (*a. fig.*); *Haar, mit Schere* knippen; (*mähen*) maaien; *Grimassen* trekken; *j-n* negeren; *sich* ~ zich snijden; (*einander*) elkaar snijden; *Straßen*: elkaar kruisen.

Schneider *m* kleermaker; *aus dem* ~ (*heraus*) *sein* F (*aus allen Schwierigkeiten*) er bovenop zijn; **~ei** [-'RAI] *f* kleermakerij; **~in** *f* naaister; **~meister** *m* kleermakerspatroon; **2n** (-*re*) naaien, maken.

Schneidezahn *m* snijtand.

schneidig flink, energiek, kranig; **2keit** *f* (*0*) flinkheid, kranigheid.

schneien ['ʃnaɪən] sneeuwen; *es schneit* het sneeuwt.

Schneise *f* sleuf; (*Wald2*) (het) gekapt pad; (*Jagd2*) vogelstrik.

schnell vlug, snel, gauw; *Adv. fahren bsd.*: hard; *mach* ~! schiet op!

Schnelläufer *m* hardloper.

Schnell|bahn *f* snelle tram; **~boot** *n* raceboot; *mil.* (motor)torpedoboot; **~dienst** *m* sneldienst; **~e** *f* snelheid; (*Strom2*) (stroom)versnelling; *auf die* ~ F in de gauwte; **2en** **1.** *v/i* (*sn*) op-, omhoogspringen; *in die Höhe* ~ *Preise*: de hoogte inschieten; **2.** *v/t Pfeil* afschieten; *Stein* omhooggooien; *Feder, Gummi* laten terugspringen; **~feuer** *n* (het) snelvuur; **2füßig** snelvoetig; **~gericht** *n jur.* snelle berechting; **~hefter** *m* opbergmap; **~ig·keit** *f* snel-, vlugheid; **~imbiß** *m* snackbar, cafetaria, (het) snelbuffet; **~kraft** *f* (*0*) veerkracht; **~kurs** *m* stoomcursus; **~presse** *f* snelpers; **~schrift** *f* stenografie; **2stens** zo vlug mogelijk, ten spoedigste; **~straße** *f* weg voor snelverkeer, autoweg; **~verfahren** *n jur.* snelle berechting; **~verkehr** *m* (het) snelverkeer; **~zug** *m* sneltrein, D-trein; **~zug·zuschlag** *m* D-trein--toeslag.

Schnepfe *f* snip.

schneuzen (-*t*) snuiten; *sich* (*die Nase*) ~ zijn neus snuiten.

Schnickschnack *m* (-*es*; *0*) F onzin, (het) geklets.

schniegeln (-*le*): *sich* ~ zich opdoffen; *s. a. geschniegelt.*

Schnippchen *n* knip; *j-m ein* ~ *schlagen* iem. beetnemen, iem. voor zijn.

Schnippel *m od. n* snipper; **2n** (-*le*) (ver)snipperen.

schnippisch (*keck*) vinnig; *pej.* snibbig, bits.

Schnipsel *m od. n*, **2n** (-*le*) = *Schnippel, schnippeln.*

Schnitt *m* (-*es*; -*e*) (*das Schneiden*) (het) snijden; (het) knippen; (het) maaien; (*Ergebnis*) sne(d)e (*a. Wunde u. Buch2*); (*Fasson*) snit, coupe; (*Film2*) montage; (*Ernte*) oogst; *im* ~ gemiddeld; *e-n großen* ~ *machen bei* (*D*) F goed verdienen aan, zijn slag slaan bij; **~blumen** *f/pl.* snijbloemen *pl.*; **~bohne** *f* snijboon; **~chen** *n* (het) sneetje; **~e** *f* sne(d)e, (het) sneetje; (*Käse*) plak; (*belegtes Brot*) boterham.

Schnitter *m* maaier.

Schnitt|fläche *f* (het) snijvlak; **2ig** maairijp; *fig.* pittig; sierlijk, elegant; **~lauch** *m* (het) bieslook; **~linie** *f* snijlijn; **~muster** *n* (het) knippatroon; **~punkt** *m* (het) snijpunt; (*Kreuzung*) (het) kruispunt; **~waren** *f/pl.* manufacturen *pl.*, (het) garen en band; **~wunde** *f* snijwond(e).

Schnitz|el **1.** *n od. m* snipper; **2.** *n Kochkunst*: (het) gepaneerd kalfs- *od.* varkenslapje; *Wiener* ~ Wiener schnitzel; **2eln** (-*le*) snipperen; *Holz* houtsnijden; **2en** (-*t*) (in hout) snijden, houtsnijden; **~er** *m* houtsnijder; *fig.* F flater, bok; **~e'rei** *f* (*Bild*) (het) houten beeld(je), (het) snijwerk; (*Kunst*) beeldsnijkunst.

schnodderig F brutaal, vrijpostig; **2keit** *f* (*0*) brutaliteit, vrijpostigheid.

schnöd|e snood, gemeen, laag; (*geringschätzig*) minachtend; **2ig·keit** *f* (*0*) snoodheid, laagheid; minachting.

Schnorchel *m* snorkel.

Schnörkel *m* krul, versiering; **2n** (-*le*) krullen, met krullen versieren.

schnorren P schooien.

Schnuckelchen *n fig.* F (het) snoesje, (het) poesje.

Schnüff|e'lei *f* (het) gesnuffel; **2eln** (*-le*) snuffelen; **~ler** *m* snuffelaar.
Schnuller *m* (fop)speen, tut.
Schnulze *f* smartlap.
schnupf|en snuiven; (*schluchzen*) snikken; **2en** *m* verkoudheid; **2tabak** *m* snuif; **2tabak(s)dose** *f* snuifdoos; **2tuch** *n* zakdoek.
schnupp|e (*0*) F: *es ist ihm ~* het kan hem niets (*od.* geen lor) schelen; **~ern** (*-re*) snuffelen.
Schnur *f* (-; *¨e od. -en*) (het) snoer; (*Bindfaden bsd.*) (het) touw(tje), koord (*a.* het).
Schnür|band *n* veter; **~chen** *n* (het) snoertje; (het) touwtje, (het) koordje; *wie am ~* van een leien dakje; *hersagen* op zijn duimpje; **2en** binden, snoeren.
schnurgerade lijnrecht; *Adv. a.* recht.
Schnurr|bart *m* snor; **2bärtig** met een snor.
Schnurre *f* klucht, grap.
schnurr|en snorren; *Katze*: spinnen; **2haare** *n/pl.* snorharen *n/pl.*
Schnür·riemen *m* veter.
schnurrig grappig, koddig, komiek; (*eigenartig*) vreemd.
Schnür|schuh *m* rijgschoen; **~senkel** *m* veter; **~stiefel** *m* rijglaars.
schnurstracks (lijn)recht.
schnurz F = *schnuppe*.
Schnute *f* F snuit.
Schober *m* mijt; (*Heu2*) hooimijt, -berg.
Schock **1.** *m* (*-¢s; -s od. -e*) schok; *Med.* shock, zenuwschok; **2.** *n* (*-¢s; -e*) 60 stuks *n/pl.*; **~behandlung** *f* shocktherapie; **2en** *Sp.* werpen; *Med.* met shocktherapie behandelen; **2ieren** [-'ki:-] (-) choqueren.
schofel (*-fl-*) F sjofel, armzalig; (*geizig*) gierig, krenterig.
Schöffe *m* (*-n*) schepen; *jur.* lekerechter; **~n·gericht** *n* lekenrechtbank.
Schoko'lade *f* chocola(de).
Schoko'laden|- *in Zssgn mst.* chocolade-, *z.B.* **~eis** *n* (het) chocoladeijs; **~fabrik** *f* chocoladefabriek; **~plätzchen** *n* (het) flikje; **~pudding** *m* chocoladepudding; **~tafel** *f* (het) tablet chocola(de); **~torte** *f* chocoladetaart.
Scho'lastik *f* (*0*) scholastiek.
Scholl|e *f* **1.** aardkluit, klomp; (*Gras2*) zode; (*Eis2*) (ijs)schots; **2.** (*Fisch*) schol; **2ig** vol aardkluiten.
schon al, reeds; (*wohl*) wel; *das ~!* dat wel!; *~ wieder* alweer; *~ der Gedanke* (*Name*) alleen het idee (de naam) al.
schön mooi; *S. a.*: fraai; *Pers. a.*: knap; *Künste*: schoon; (*beträchtlich*) aardig; (*sehr*) heel, erg, mooi; *das wäre ja noch ~er!* nou nog mooier!; **2e** *f* schoonheid (*a. Pers.*).
schonen (*sich*) (zich) sparen, (zich) ontzien; **~d** voorzichtig, met zachtheid.
Schoner *m* **1.** hoes, beschermer; **2.** *mar.* schoener.
schönfärb|en rooskleuriger voorstellen dan het is; **2er** *m* optimist; **2e'rei** *f* rooskleurige voorstelling, vergoelijking.
Schöngeist *m* bel-esprit, geletterd man; **2ig** geletterd, hoogstaand.
Schönheit *f* schoonheid (*a. Pers.*).
Schönheits|- *in Zssgn mst.* schoonheids-, *z.B.* **~fehler** *m* schoonheidsfout; **~fleck** *m* (het) schoonheidsvlekje, tache de beauté; **~königin** *f* schoonheidskoningin; **~mittel** *n* (het) schoonheidsmiddel; **~pflege** *f* schoonheidsverzorging; **~salon** *m* schoonheidssalon (*a.* het); **~sinn** *m* (*-¢s; 0*) schoonheidszin; **~wettbewerb** *m* schoonheidswedstrijd.
Schonkost *f* dieetkost, -voeding.
schön|machen (*sich*) (zich) mooi maken; **2redner** *m* mooiprater, vleier; **~schreiben** schoonschrijven; **2schrift** *f* (*0*) (het) schoonschrift; **~stens** *grüßen* zeer hartelijk; **2tuer** [-tu:ɚ] *m* = *Schönredner*; **2tue'rei** *f* mooipraterij, vleierij.
Schonung *f* **1.** (*0*) zorg; (het) sparen; (*Rücksichtnahme*) consideratie, toegeeflijkheid; **2.** (*Wald2*) jonge aanplant; **2s·bedürftig:** *~ sein* ontzien moeten worden; **2s·los** (*-est*) meedogenloos, niets ontziend, onverbiddelijk; **~s·losigkeit** *f* (*0*) meedogenloosheid.
Schonzeit *f* verboden jachttijd.
Schopf *m* (*-¢s; ¨e*) haarbos, kuif; *beim ~ fassen Gelegenheit* aangrijpen; *j-n* bij zijn kladden pakken.
Schöpf|brunnen *m* waterput; **~eimer** *m* putemmer; **2en** scheppen (*a. Atem, Luft*), putten (*a. Kraft*); *Hoffnung, Argwohn, Vertrauen* krijgen; *Verdacht* gaan koesteren; **~er**

m schepper; **⁓erisch** scheppend, creatief; **⁓kelle** *f*, **⁓löffel** *m* scheplepel.
Schöpfung *f* schepping; **⁓s·geschichte** *f* (het) scheppingsverhaal.
Schoppen *m* (het) glas; (*Bier⁓ a.*) pot.
Schöps *m* (*-es*; *-e*) hamel, (het) schaap.
Schorf *m* (*-ęs*; *-e*) schurft; (*Kruste*) korst, roof; **⁓ig** korstig.
Schornstein *m* schoorsteen; *in den ⁓ schreiben* F op zijn buik schrijven; **⁓feger** *m* schoorsteenveger.
Schose *f* F (*Sache*) zaak.
Schoß[1] [ɔ] *m* (*-sses*; *-sse*) scheut, loot.
Schoß[2] [o:] *m* (*-es*; *⸗e*) schoot (*a. fig.*); (*Rock⁓*) pand (*a.* het); **⁓hund** *m* (het) schoothondje; **⁓kind** *n* (het) schootkind(je).
Schote *f Bot.* peul, dop.
Schott *n* (*-ęs*; *-e*) *mar.* (het) (waterdicht) schot.
Schotte *m* (*-n*) Schot.
Schotter *m* (het) steenslag, (het) grint, losse stenen *pl.*; **⁓n** (*-re*) met steenslag bedekken.
Schott|in *f* Schotse; **⁓isch** Schots; **⁓land** *n* (*-s*; *0*) Schotland *n*.
schraf'fier|en (-) arceren; **⁓ung** *f* arcering.
schräg schuin, scheef; **⁓e** *f* schuinte; (*Kante*) schuine kant; (*Hang*) helling; **⁓en** schuin maken; (*abkanten*) schuin afwerken; **⁓heit** *f* (*0*) schuinte; **⁓schrift** *f* (het) schuinschrift; **⁓'über** schuin tegenover.
Schramme *f* schram; (*Kratzer, Ritz*) kras.
Schrammelmusik *f* populaire muziek (met strijkinstrumenten).
schramm|en schrammen; krassen; **⁓ig** vol schrammen; vol krassen.
Schrank *m* (*-ęs*; *⸗e*) kast.
Schranke *f* slagboom; *allg.* versperring; (*Gerichts⁓*) balie; *fig.* grens, (het) perk; *die ⁓n pl. überschreiten* de perken *pl.* te buiten gaan.
schränken *Arme* kruisen.
schranken|los (*-est*) onbegrensd, onbeperkt, grenzeloos; **⁓wärter** *m* baan-, overwegwachter.
Schrankkoffer *m* kastkoffer.
Schranze *m* (*-n*) kruiper.
Schrap'nell *n* (*-s*; *-s*) s(c)hrapnel.
Schraub|deckel *m* (het) schroefdeksel; **⁓e** *f* schroef (*a. Sp. usw.*); *bei ihm ist e-e ⁓ locker* F hij is van lotje getikt; **⁓en** schroeven (*a. fig.*); *s. a. geschraubt.*
Schrauben|- *in Zssgn mst.* schroef-, *z.B.* **⁓bewegung** *f* schroefbeweging; **⁓dampfer** *m* schroefstoomboot; **⁓gewinde** *n* schroefdraad; **⁓mutter** *f* (-; *-n*) moer; **⁓schlüssel** *m* schroef-, moersleutel; **⁓welle** *f* schroefas; **⁓winde** *f* (schroef)vijzel; **⁓zieher** *m* schroevedraaier.
Schraub|stock *m* bankschroef; **⁓verschluß** *m* schroefsluiting.
Schrebergarten *m* (het) volkstuintje.
Schreck *m* (*-ęs*; *-e*) schrik; *vor ⁓* van schrik; **⁓bild** *n* (het) schrikbeeld; **⁓en** *v/t* laten (*od.* doen) schrikken.
Schrecken *m* schrik; *des Krieges, des Todes, des Unwetters* verschrikking; *in ⁓ setzen* doen schrikken, schrik aanjagen.
schreckens|blaß bleek van schrik; **⁓botschaft** *f* verschrikkelijke tijding; **⁓herrschaft** *f* (het) schrikbewind; **⁓nacht** *f* verschrikkelijke nacht.
Schreck|gespenst *n* (het) schrikbeeld; **⁓haft** (*-est*) schrikachtig; **⁓haftigkeit** *f* (*0*) schrikachtigheid; **⁓lich** verschrikkelijk, vreselijk, ontzettend; **⁓lichkeit** *f* (*0*) verschrikkelijkheid; **⁓nis** *n* (*-ses*; *-se*) verschrikking; **⁓schuß** *m* (het) schot in de lucht, (het) waarschuwingsschot; **⁓schußpistole** *f* (het) alarmpistool; **⁓sekunde** *f* schrikreactie.
Schrei *m* (*-ęs*; *-e*) schreeuw, kreet (*a. fig.*), gil.
Schreib|- *in Zssgn mst.* schrijf-, *z.B.* **⁓art** *f* schrijftrant, stijl; **⁓bedarf** *m* schrijfbenodigdheden *pl.*; **⁓block** *m* blocnote.
schreiben (*L*) schrijven; **⁓** *n* (het) schrijven.
Schreib|er *m* schrijver; *in e-m Büro*: klerk; **⁓e'rei** *f* (het) geschrijf, schrijverij; **⁓erin** *f* schrijfster; **⁓faul**: *⁓ sein* geen brievenschrijver zijn; **⁓feder** *f* schrijfpen; **⁓fehler** *m* schrijffout; **⁓heft** *n* (het) schrift; **⁓lust** *f* (*0*) schrijflust; **⁓mappe** *f* schrijfmap.
Schreibmaschine *f* schrijfmachine; **⁓n·schrift** *f* (het) schrijfmachineschrift.

Schreib|papier *n* (het) schrijfpapier; **~pult** *n* lessenaar; **~stube** *f* (het) kantoor, (het) bureau.
Schreibtisch *m* schrijftafel, (het) bureau; **~lampe** *f* bureaulamp.
Schreib|übung *f* schrijfoefening; **~ung** *f* schrijfwijze, spelling; **~unterlage** *f* onderlegger; **~waren** *f/pl.* schrijfbenodigdheden *pl.*; **~zeug** *n* (*-ės; 0*) (het) schrijfgerei; **~zimmer** *n* schrijfkamer.
schrei|en (*L*) schreeuwen (*a. fig.*), gillen; *Esel*: balken; (*weinen*) huilen; **~end** schreeuwend (*a. fig.*); **2er** *m* schreeuwer; **2e'rei** *f* (*0*) (het) geschreeuw; **2hals** *m* schreeuwlelijk.
Schrein *m* (*-ės; -e*) (het) schrijn, kast, kist; **~er** *m* schrijnwerker; **~e'rei** *f* schrijnwerkerij; **2ern** (*-re*) timmeren, meubels *n/pl.* maken.
schreiten (*L; sn*) schrijden, stappen; (*dazu übergehen*) overgaan.
Schrieb *m* (*-s; -e*) F brief.
Schrift *f* (het) (hand)schrift; (*Text*) (het) geschrift; *die* (*Heilige*) ~ de (Heilige) Schrift; **~art** *f* (het) lettertype; **~auslegung** *f* bijbelverklaring; **~bild** *n* (het) schriftbeeld; **~deutsch** *n* Duitse schrijftaal; **~fälscher** *m* schriftvervalser; **~führer** *m* secretaris; **~gelehrte(r)** schriftgeleerde; **~gießer** *m* lettergieter; **~leiter** *m* redacteur; **~leitung** *f* redactie; **2lich** (*0*) schriftelijk; **~satz** *m* (het) zetsel; *jur.* conclusie; **~setzer** *m* letterzetter; **~sprache** *f* schrijftaal.
Schriftsteller *m* schrijver, auteur; **~in** *f* schrijfster; **2isch** (*0*) letterkundig, als schrijver; **2n** (*-re*) (boeken *n/pl.*) schrijven.
Schrift|stück *n* (het) geschrift, (het) stuk; **~tum** *n* (*-s; 0*) literatuur; **~wechsel** *m* briefwisseling; **~zeichen** *n* (het) letterteken; **~zug** *m* haal; **~züge** *m/pl.* (het) (hand-)schrift.
schrill schril, schel; **~en** gillen; *Tel. u. Klingel*: rinkelen.
Schritt *m* (*-ės; -e*) stap, schrede, pas; ~ *fahren* stapvoets rijden; ~ *halten* gelijke tred houden (*a. fig.*); *auf* ~ *und Tritt* overal; **~macher** *m* gangmaker (*a. fig.*); **2weise** stap voor stap.
schroff steil; *fig.* scherp, bars, ruw; **2heit** *f* (*0*) steilte; scherpte, barsheid, ruwheid.

schröpfen bloed aftappen; *fig. j-n* afzetten.
Schrot *n od. m* (*-ės; -e*) (het) schroot, hagel; (*Getreide2*) (het) grof gemalen koren; (*Schrott*) (het) oud ijzer; **2en** (*-e-*) grof malen; *Eisen* tot schroot verwerken; (*rollen*) voortrollen; **~flinte** *f* (het) jachtgeweer; **~korn** *n* hagelkorrel; grof gemalen graankorrel; **~mehl** *n* (het) grof meel.
Schrott *m* (*-ės; -e*) (het) schroot (het) oud ijzer; **2en** (*-e-*) tot schroot verwerken.
schrubb|en schrobben; (*reiben*) wrijven; **2er** *m* schrobber.
Schrull|e *f* gril, kuur; F (*Frau*) tante; **2en·haft** (*-est*), **2ig** grillig.
schrumpf|en (*sn*) krimpen; *fig. a* verminderen; (*runzlig werden*) verschrompelen; **~ig** verschrompeld **2ung** *f* (*0*) inkrimping.
Schrund *m* (*-ės; ⸗e*), **~e** *f* kloof barst, spleet; **2ig** vol kloven, vol barsten.
schruppen voorschaven.
Schub *m* (*-ės; ⸗e*) stoot, duw; (*Antrieb*) stuwkracht; (*Schubfach*) lade (het) vak; (*Gruppe*) groep, drom **~karre** *f* kruiwagen; **~lade** la(de).
Schubs [ʃups] *m* (*-es; -e*) duw, (het) duwtje, stoot; **2en** (*-t*) duwen, stoten.
schüchtern schuchter, bedeesd; **2heit** *f* (*0*) schuchterheid, bedeesdheid.
Schuft *m* (*-ės; -e*) schoft, schurk **2en** (*-e-*) F zwoegen; **~e'rei** *f* (*0*) (het) gezwoeg; **2ig** schoftig, gemeen.
Schuh *m* (*-ės; -e*) schoen (*a. Tech.*) *ich weiß, wo ihn der ~ drückt* waar de schoen wringt.
Schuh|- *in Zssgn mst.* schoen-, *z.B.* **~anzieher** *m* schoenlepel; **~band** (schoen)veter; **~bürste** *f* schoenborstel; **~fabrik** *f* schoen(en)fabriek; **~geschäft** *n* schoenwinkel **~größe** *f* maat van de schoenen **~krem** *f* schoencrème; **~macher** *m* schoenmaker; **~mache'rei** schoenmakerij; **~putzautomat** *m* schoenpoetsautomaat; **~putzer** *m* schoenpoetser; **~riemen** *m* schoenriem; **~sohle** *f* schoenzool; **~spanner** *m* schoenspanner; **~werk** (*-ės; 0*) (het) schoeisel, (het) schoen

werk; **~wichse** *f* (het) schoensmeer.

Schukosteckdose *f* (het) veiligheidsstopcontact.

Schul|- *in Zssgn mst.* school-; **~amt** *n* (*Lehramt*) (het) leraarsambt; (*Behörde*) afdeling onderwijs, (het) bureau voor onderwijszaken; **~anfang** *m* (het) begin van de school; **~arbeiten** *f/pl.* (het) huis-, schoolwerk; **~arzt** *m* schoolarts; **~atlas** *m* schoolatlas; **~aufgaben** *f/pl.* (het) huiswerk; **~aufsicht** *f* (het) schooltoezicht; **~bank** *f* (-; *"e*) schoolbank; **~behörde** *f* inspectie; **~beispiel** *n* (het) klassiek voorbeeld; **~besuch** *m* (het) schoolbezoek; **~bildung** *f* schoolopleiding, (het) onderwijs; **~buch** *n* (het) schoolboek; **~bücherei** *f* schoolbibliotheek.

schuld schuldig; ~ *sein an* (*D*) schuld hebben aan; *ich bin* (*das Wetter ist*) ~ *daran* het is mijn schuld (het is de schuld van het weer).

Schuld *f* schuld; *rückständige* (*schwebende*) ~ achterstallige (vlottende) schuld.

Schuld|- *in Zssgn mst.* schuld-, *z.B.* **~bekenntnis** *n* schuldbekentenis; **2beladen** met schuld beladen; **~beweis** *m* (het) schuldbewijs; **2bewußt** schuldbewust; **~bewußtsein** *n* schuldbewustheid, (het) schuldbewustzijn; **~brief** *m* schuldbrief, schuldbekentenis; **~buch** *n* (het) grootboek van de nationale schuld.

schulden (*-e-*) schuldig zijn; (*verdanken bsd.*) verschuldigd zijn; **2dienst** *m* schuldendelging; **~frei** (*0*) vrij van schulden; **2last** *f* schuldenlast.

Schuld|forderung *f* schuldvordering; **~frage** *f* schuldvraag.

Schul·dienst *m* (het) onderwijs.

schuldig schuldig; *j-m Dank, Rechenschaft, Achtung ~ sein bsd.* verschuldigd; **2e(r)** schuldige; **2keit** *f* (*0*) plicht.

Schul·direktor *m* schooldirecteur, (het) schoolhoofd, rector.

Schuld|komplex *m* (het) schuldcomplex; **2los** (*-est*) onschuldig; **~losigkeit** *f* (*0*) onschuld; **~ner** *m* schuldenaar; *unzuverlässiger* (*od. säumiger*) ~ slecht betaler.

Schul·drama *n* (het) schooldrama.

Schuld|schein *m* schuldbekentenis; **~spruch** *m* (het) vonnis, schuldigverklaring; **~verschreibung** *f* obligatie; **2voll** schuldig.

Schule *f* school; *höhere ~* middelbare school; *in die ~ gehen* naar school gaan; *aus der ~ plaudern* uit de school klappen; **2n** scholen, opleiden; (*abrichten*) africhten.

Schüler *m* leerling, scholier; **~austausch** *m* uitwisseling van scholieren; **~ausweis** *m* scholierenkaart; **2haft** (*-est*) schooljongensachtig; **~heim** *n* (het) internaat; **~in** *f* leerlinge; **~lotse** *m* verkeersbrigadier; **~schaft** *f* (*0*) leerlingen *pl.*; **~selbstverwaltung** *f* (het) zelfbestuur door de scholieren; **~zahl** *f* (het) leerlingen(aan)tal.

Schul|erziehung *f* schoolopleiding; **~feier** *f* (het) schoolfeest; **~ferien** *pl.* schoolvakantie; **2frei** (*0*) vrijaf, vrij van school; **~freund** *m* schoolvriend; **~funk** *m* schoolradio; **~gebäude** *n* (het) schoolgebouw; **~geld** *n* (het) schoolgeld; **~gesetz** *n* schoolwet; **~heft** *n* (het) schoolschrift; **~hof** *m* speelplaats; **2isch** op school; (*wie in der Schule*) schools; **~jahr** *n* (het) schooljaar; **~jugend** *f* schooljeugd; **~junge** *m* schooljongen; **~kamerad** *m* schoolkameraad; **~kind** *n* (het) schoolkind; **~klasse** *f* schoolklas(se); **~lehrer** *m* onderwijzer; leraar; **~leiter** *m* (het) schoolhoofd; **~mädchen** *n* (het) schoolmeisje; **~mann** *m* pedagoog; **~mappe** *f* schooltas; **2mäßig** schools; **~meister** *m* schoolmeester; **2meistern** schoolmeesteren; **~ordnung** *f* (het) schoolreglement; **~pflicht** *f* (*0*) leerplicht; **2pflichtig** (*0*) leerplichtig; **~ranzen** *m* schooltas; **~rat** *m* inspecteur; **~reform** *f* onderwijs-, schoolhervorming; **~reise** *f* schoolreis; **~schiff** *n* (het) school-, opleidingsschip; **~system** *n* (het) schoolsysteem; **~tafel** *f* (het) schoolbord; **~tasche** *f* schooltas.

Schulter *f* (-; *-n*) schouder; *etw. auf die leichte ~ nehmen* iets te licht opnemen; *s. a. Achsel.*

Schulter|- *in Zssgn mst.* schouder-, *z.B.* **~blatt** *n* (het) schouderblad; **~gelenk** *n* (het) schoudergewricht; **~höhe** *f*: *in ~* op schouderhoogte; **2n** (*-re*) schouderen.

Schultheiß *m* (*-en*) schout.
Schulung *f* scholing, opleiding.
Schul|vorstand *m* (het) schoolbestuur; **~vorsteher** *m* (het) schoolhoofd; **~weg** *m* weg naar school; **~wesen** *n* (*-s*; *0*) (het) schoolwezen; **~zeit** *f* schooltijd; **~zeugnis** *n* (het) schoolrapport; **~zimmer** *n* (het) schoollokaal; **~zwang** *m* (*-ℯs*; *0*) leerplicht.
schummeln (*-le*) F bedriegen, knoeien.
schummer|ig schemerig; **~n** (*-re*) schemeren; (*schattieren*) schaduwen.
Schund *m* (*-ℯs*; *0*) bocht (*a.* het); **~literatur** *f* slechte (*od.* waardeloze) boeken *n/pl.*; **~ware** *f* rommel, bocht (*a.* het).
schunkeln (*-le*) (arm in arm) schommelen.
Schupo *m* (*-s*; *-s*) politieagent.
Schuppe *f* schub; (*Haut*≈) schilfer; **~n** *pl.* (*Haar*≈) *a.* roos; *da fiel es ihm wie ~n von den Augen* de schellen *pl.* vielen hem van de ogen.
schuppen *v/t* afschubben; *sich ~* afschilferen.
Schuppen *m* loods, keet, (het) hok.
schuppen|förmig schubachtig; ≈**tier** *n* (het) schubdier.
schuppig geschubd.
Schups *m* (*-es*; *-e*), ≈**en** (*-t*) = *Schubs, schubsen*.
Schur *f* (het) scheren.
Schür|eisen *n* pook; ≈**en** oppoken; *fig.* aanwakkeren.
schürf|en graven, boren (*a. fig.*); *Haut* schrammen; ≈**recht** *n* (het) exploratierecht.
schurigeln (*-le*) F treiteren, sarren.
Schurk|e *m* (*-n*) schurk; **~enstreich** *m*, **~e'rei** *f* schurkenstreek; ≈**isch** schurkachtig.
Schurwolle *f* scheerwol.
Schurz *m* (*-es*; *-e*) voorschoot (*a.* het), schort.
Schürze *f* schort; ≈**n** (*-t*) *Rock* opnemen; *Knoten* leggen; **~n·band** *n* schortband; **~n·jäger** *m* rokken-, vrouwenjager.
Schurzfell *n* (het) schootsvel.
Schuß *m* (*-sses*; *⸗sse*) (het) schot (*a. Ball*≈); *Kochkunst*: scheut; *Weberei*: inslag; ≈**bereit** schietvaardig.
Schüssel *f* (*-*; *-n*) schotel (*a. Gericht*), schaal.
Schuß|feld *n* (het) schootsveld; ≈**fest** schotvrij; **~linie** *f* schietlijn; **~verletzung** *f* schotwonde; **~waffe** *f* (het) schietwapen; **~wechsel** *m* schotenwisseling, (het) vuurgevecht; **~weite** *f* draagwijdte; *außer ~* buiten schot.
Schuster [u:] *m* schoenlapper, -maker; **~arbeit** *f* (het) schoenmakerswerk; **~junge** *m* schoenmakersjongen; ≈**n** (*-re*) schoenen *pl.* maken; knoeien.
Schutt *m* (*-ℯs*; *0*) (het) puin; (*Abfall*) afval (*a.* het); **~abladeplatz** *m* vuilnisbelt, vaalt.
Schütt|beton *m* (het) stortbeton; **~boden** *m* graanzolder.
Schüttel|frost *m* rillingen *pl.*, koude koorts; ≈**n** (*-le*) schudden (*a. Hand usw.*).
schütten (*-e-*) storten; *Flüssigkeit* gieten; *es schüttet* het giet.
schütter dun.
schüttern (*-re*) schudden, schokken.
Schutt|halde *f* berg van gestort puin en afval; **~haufen** *m* puinhoop.
Schutz *m* (*-es*; *0*) bescherming; *mil. bsd.* beveiliging, verdediging; *vor Unwetter*: beschutting; *fig. a.* hoede; *~ suchen vor Unwetter*: beschutting zoeken, gaan schuilen; **~anstrich** *m* beschermende verflaag; ≈**bedürftig** bescherming behoevend; **~befohlene(r)** beschermeling; **~blech** *n* (het) spatbord; **~brief** *m* (het) vrijgeleide; **~brille** *f* stof-, veiligheidsbril; **~bündnis** *n* (het) defensief verbond; **~dach** *n* (het) afdak.
Schütze *m* (*-n*) schutter.
schützen (*-t*) beschermen, beschutten; (*sich*) *~ vor* (*D*) (zich) beschermen tegen, (zich) beschutten tegen.
Schützen|bruder *m* (het) lid van een schietvereniging; **~fest** *n* (het) schuttersfeest.
Schutz·engel *m* beschermengel.
Schützen|graben *m* loopgraaf; **~haus** *n* schuttersdoelen; **~könig** *m* schutterskoning; **~linie** *f* tirailleurslinie; **~verein** *m* schuttersvereniging.
Schützer *m* beschermer.
Schutz|farbe *f* schutkleur; **~frist** *f* termijn van bescherming; **~gebiet** *n* (het) protectoraat; (*Natur*≈) (het) (natuur)reservaat; **~geist** *m* beschermgeest; **~geleit** *n* (het) ge-

leide; **~haft** *f* verzekerde bewaring; **~heilige(r)** beschermheilige, patroon; **~herr** *m* beschermheer; **~herrschaft** *f* (het) beschermheerschap; **~hülle** *f* (het) beschermend omhulsel; **~hütte** *f* schuilhut; **~impfung** *f* preventieve inenting.

Schützling *m* (*-s*; *-e*) beschermeling.

schutz|los (*-est*) onbeschermd, weerloos; **2losigkeit** *f* (*0*) weerloosheid; **2macht** *f* beschermende mogendheid; **2mann** *m* politieagent; **2marke** *f* (het) fabrieks-, handelsmerk; **2maske** *f* (het) beschermend masker; **2maßnahme** *f* beschermende maatregel; **2mittel** *n* (het) voorbehoedmiddel; **2patron** *m* schutspatroon; **2polizei** *f* politie; **2wall** *m* verdedigingsmuur; **2zoll** *m* (het) beschermend recht.

schwabbeln (*-le*) wiebelen, trillen; (*verschütten*) morsen; (*schwatzen*) kwebbelen.

Schwabe *m* (*-n*) Zwaab.

schwäbeln (*-le*) op zijn Zwabisch spreken.

Schwaben *n* Zwaben *n*; **~streich** *m* domme streek.

Schwäb|in *f* Zwabin; **2isch** Zwabisch.

schwach (*⁼er*; *⁼st*) zwak; (*dünn*) dun; *Getränk*: slap; *Gedächtnis*: slecht; *Hoffnung*: gering; *Börse*, *Nachfrage*: flauw; *mir wird* ~ ik word niet goed; **~begabt** minder begaafd; **~betont** zwak beklemtoond.

Schwäche *f* zwakheid, zwakte; (*Neigung*) (het) zwak; **~anfall** *m* flauwte; **2n** verzwakken.

schwach|gläubig kleingelovig; **2heit** *f* zwakheid, zwakte; **2kopf** *m* stommeling.

schwäch|lich slap, teer, sukkelend; **2lichkeit** *f* zwakheid, teerheid, slapte; **2ling** *m* (*-s*; *-e*) zwakkeling; (*charakterlich*) slappeling.

schwach|sichtig zwak van gezicht; **2sinn** *m* (*-ɇs*; *0*) zwakzinnigheid; **~sinnig** zwakzinnig; **2strom** *m* (*-ɇs*; *0*) zwakstroom.

Schwächung *f* verzwakking.

Schwaden[1] *m Bot.* (het) vlotgras.

Schwaden[2] *m* wasem, damp; *Bgb.* schadelijke mijnlucht, (het) stikgas.

Schwa'dro|n *f* (het) eskadron; **~neur** [-'nøːʁ] *m* (*-s*; *-e*) grootspreker, zwetser; **2'nieren** (-) grootspreken, zwetsen.

schwafeln (*-le*) F bazelen, zwetsen.

Schwager *m* (*-s*; *⁼*) zwager.

Schwäger|in *f* schoonzus(ter); **~schaft** *f* zwagerschap (*a.* het).

Schwalbe *f* zwaluw; **~n·nest** *n* (het) zwaluw(e)nest; **~n·schwanz** *m* zwaluwstaart (*a. Frack2*).

Schwall *m* (*-ɇs*; *-e*) golvende massa; (*Wort2*) stortvloed, stroom.

Schwamm *m* (*-ɇs*; *⁼e*) spons; *Bot.* zwam; ~ *drüber!* F zand erover!; **2ig** sponsachtig; (*aufgedunsen*) opgezwollen.

Schwan *m* (*-ɇs*; *⁼e*) zwaan.

schwanen: *mir schwant* ik heb een voorgevoel, ik verwacht.

Schwanen|gesang *m* zwanezang; **~hals** *m* zwanehals.

Schwang *m*: *in* (*im*) ~ in zwang.

schwanger (*0*) zwanger; ~ *mit* (*D*) zwanger van (*a. fig.*); **2e** *f* zwangere (vrouw); **2en·beratung** *f* zwangerschapszorg.

schwängern (*-re*) zwanger maken, bezwangeren (*bsd. fig.*).

Schwangerschaft *f* zwangerschap.

Schwangerschafts|beschwerden *f/pl.* zwangerschapsklachten *pl.*; **~unterbrechung** *f* abortus (provocatus); **~verhütung** *f* anticonceptie.

Schwank *m* (*-ɇs*; *⁼e*) klucht, (het) kluchtspel.

schwank|en schommelen (*a. Preise*); (*torkeln*) waggelen, wankelen; (*zaudern*) weifelen; *Schiff*: slingeren; **~end** wisselvallig, veranderlijk; **2ung** *f* schommeling; wankeling; weifeling.

Schwanz *m* (*-es*; *⁼e*) staart; (*Schleppe*) sleep; *fig.* (*Nachspiel*) nasleep; V (*Penis*) lul.

schwänz|eln (*-le*) kwispelstaarten; (*liebedienern*) flikflooien; **~en** (*-t*): *die Schule* ~ spijbelen.

Schwanz|feder *f* staartveer; **~flosse** *f* staartvin; **~meise** *f* staartmees; **~stück** *n* (het) staartstuk.

schwapp! flap!, pats!

Schwapp *m* (*-ɇs*; *-e*) klets; **2en** golven, kletsen.

Schwäre *f* zweer, verzwering; **2n** (*L*) zweren, etteren.

Schwarm *m* (*-ɇs*; *⁼e*) zwerm; (*Vogel2 a.*) vlucht; (*Fisch2*) school; (*Menschen2*) massa, drom; *Pers.*: favoriet(e *f*).

schwärm|en zwermen; (*durchein-*

anderfliegen) ronddwarrelen; *Bienen*: uitzwermen; *mil.* zich verspreiden, tirailleren; ~ *für* (*A*) dwepen met; ~ *von* (*D*) hoog opgeven van, dwepen met; **ꝏer** *m* dweper; (*Nacht*ꝏ) boemelaar; *Feuerwerk*: voetzoeker; *Zool.* pijlstaartvlinder; **ꝏe'rei** *f* (het) gedweep, dweperij; (het) boemelen; **~erisch** dweepziek, dwepend.

Schwarmgeist *m* dweper.

Schwart|e *f* (het) zwoerd, (het) zwoord; (*Pelz*) zomervacht; (*Schwiele*) (het) eelt, eeltknobbel; F (*Buch*) (het) oud boek, (het) prul; **ꝏig** zwoerdachtig.

schwarz (¨*er*; ¨*est*) zwart; (*verboten*) illegaal, clandestien; ~ *auf weiß* zwart op wit; ~ *machen* zwart maken (*a. fig.*); *ins* ꝏ*e treffen* in de roos schieten (*a. fig.*); **ꝏarbeit** *f* illegale (*od.* clandestiene) arbeid; **~arbeiten** in het zwart werken; **~äugig** zwartogig, met zwarte ogen; **ꝏbrot** *n* (het) roggebrood, (het) zwart brood; **ꝏdorn** *m* sleedoorn.

Schwärze *f* zwartheid, (het) zwart; (*Farbmasse*) (het) zwartsel; **ꝏn** (*-t*) zwart maken; (*schmuggeln*) smokkelen.

Schwarz|e(r) zwarte, neger; **~es Meer** *n*: *das Schwarze Meer* de Zwarte Zee; **ꝏfahren** (mee)rijden zonder te betalen (*ohne Führerschein*: zonder rijbewijs); **~fahrer** *m* iem. die zonder kaartje reist, clandestiene reiziger; chauffeur zonder rijbewijs; **ꝏgestreift** zwartgestreept; **ꝏhaarig** zwartharig; **~handel** *m* zwarte handel; **~händler** *m* zwartehandelaar; **ꝏhören** clandestien colleges *pl.* volgen; *Rf.* clandestien luisteren; **~hörer** *m* clandestiene toehoorder; clandestiene luisteraar.

schwärzlich zwartachtig.

Schwarz|markt *m* zwarte markt; **~marktpreis** *m* zwarte-marktprijs; **~schlachtung** *f* clandestiene slachting; **ꝏsehen** donker inzien, pessimistisch zijn; *Rf.* clandestien TV kijken; **~seher** *m* zwartkijker (*a. Rf.*), pessimist.

Schwärzung *f* (het) zwart maken.

Schwarzwald *m*: *der* ~ het Zwarte Woud.

schwarz'weiß (*0*) zwart-wit; **ꝏfilm** *m* film in zwart-wit.

Schwarz|wild *n* wilde zwijnen *n/pl.*; **~wurzeln** *f/pl.* schorseneren *pl.*

Schwatz *m* (*-es*; *-e*) (het) gepraat; (*Plauderei*) (het) praatje; **ꝏen** (*-t*), **schwätzen** (*-t*) kletsen (*a. ausplaudern*), babbelen.

Schwätze|r *m* kletser, babbelaar; **~'rei** *f* (het) geklets, (het) gepraat; **~rin** *f* kletskous.

schwatzhaft (*-est*) praatziek; **ꝏigkeit** *f* (*0*) praatzucht.

Schwebe *f*: *in der* ~ *sein jur.* hangende zijn; *fig.* onzeker zijn; *in der* ~ *lassen* in het onzekere laten; **~bahn** *f* (het) zweefspoor; **~balken** *m* evenwichtsbalk; **ꝏn** (*a. sn*) zweven (*a. fig.*); *Prozeß*: hangende zijn; *in Gefahr* ~ in gevaar verkeren; **ꝏnd** hangend, zwevend; *Schuld*: vlottend; *Geschäfte*, *Verhandlungen*: lopend; **~zustand** *m* zweeftoestand.

Schwed|e *m* (*-n*) Zweed; **~en** *n* Zweden *n*; **~in** *f* Zweedse; **ꝏisch** Zweeds.

Schwefel *m* (*-s*; *0*) zwavel.

Schwefel|- *in Zssgn mst.* zwavel-, *z.B.* **ꝏartig** zwavelachtig; **~bad** *n* (het) zwavelbad; **~brunnen** *m* zwavelbron; **~dampf** *m* zwaveldamp; **~eisen** *n* (het) zwavelijzer; **ꝏgelb** (*0*) zwavelgeel; **ꝏhaltig** zwavelhoudend; **~hütte** *f* zwavelhut; **ꝏig** zwavelig; **~kies** *m* (het) zwavel-, ijzerkies; **ꝏn** (*-le*) zwavelen; **~regen** *m* zwavelregen; **~säure** *f* (het) zwavelzuur; **~ung** *f* (het) zwavelen; **~wasserstoff** *m* zwavelwaterstof.

Schweif *m* (*-ɇs*; *-e*) staart; **ꝏen** *v/t* welven, buigen; *v/i* (*a. sn*) zwerven.

Schweige|geld *n* (het) zwijggeld; **~n** *n* (*-s*; *0*) (het) zwijgen; **ꝏn** (*L*) zwijgen; **~pflicht** *f* zwijgplicht; **~r** *m* zwijger.

schweigsam zwijgzaam, stil; **ꝏkeit** *f* (*0*) zwijgzaamheid.

Schwein *n* (*-ɇs*; *-e*) (het) varken (*a. unreinlicher*, *unanständiger Mensch*); (*Wild*ꝏ) (het) zwijn; (*gemeiner Mensch*) smeerlap; ~ *haben* F boffen.

Schweine|- *in Zssgn mst.* varkens-; **~bauch** *m* (het) buikstuk van het varken; **~braten** *m* (het) varkensgebraad; **~fett** *n* (het) varkensvet; **~fleisch** *n* (het) varkensvlees; **~hirt** *m* varkenshoeder; **~hund** *m* P smeerlap; **~kamm** *m* schouderfricandeau van het varken; **~'rei** *f* P rotzooi; (*Unanständigkeit*) smeerlapperij; **~schmalz** *n* varkensreuzel; **~schnitzel** *n* (het) gepaneerd varkenslapje; **~stall** *m* varkens-, zwijnestal (*a. fig.*); **~zucht** *f* varkensfokkerij.

Schwein|igel *m* F (het) varken; smeerlap, viespeuk; **2isch** P smerig, vies.

Schweins|borste *f* (het) varkenshaar; **~filet** *n* varkensfilet (*a.* het); **~keule** *f* varkensbout; **~kopf** *m* varkenskop; **~leder** *n* (het) varkensle(d)er; **2ledern** varkensle(de)-ren; **~rippchen** *n* varkenskotelet; **~rücken** *m* varkensrug.

Schweiß *m* (*-es*; *0*) (het) zweet; **~apparat** *m* (het) lastoestel; **~ausbruch** *m* sterke transpiratie; **2bar** (*0*) lasbaar; **~blatt** *n* sousbras; **~brenner** *m* lasbrander; **~brille** *f* lasbril; **~drüse** *f* zweetklier; **2en** (*-t*) lassen; (*bluten*) bloeden; **~hund** *m* brak; **2ig** zweterig, bezweet; (*blutend*) bloedend; **~mittel** *n* (het) zweetmiddel; **~naht** *f* lasnaad; **~stelle** *f* lasplaats; **2treibend** zweetdrijvend; **2triefend** druipend van het zweet; **~tropfen** *m* zweetdruppel; **~ung** *f* (het) lassen.

Schweiz *f*: *die* ~ Zwitserland *n*; **~er** **1.** *m* Zwitser; **2.** *Adj.* ~ *Käse* Zwitserse kaas; **~erin** *f* Zwitserse; **2erisch** Zwitsers.

schwelen smeulen (*a. fig.*); (*verbrennen*) branden.

schwelge|n (*in D*) zwelgen (in); **2r** *m* zwelger, brasser; **2'rei** *f* zwelgerij, brasserij; **~risch** overdadig, onmatig, zwelgend.

Schwelle *f* drempel (*a. fig.*), dorpel; *Esb.* dwarsligger, biel.

schwell|en **1.** *v/i* (*L*; *sn*) zwellen; *s.a. geschwollen*; **2.** *v/t* doen zwellen; **2ung** *f* zwelling.

Schwemm|e *f* (het) wed, drinkplaats; *fig.* (*Flut*) vloed; **2en** *Pferde* doen baden; (*an~*) aanspoelen, aanslibben; (*weg~*) wegspoelen; **~land** *n* (*-es*; *0*) alluviale grond.

Schwengel *m* zwengel; (*Glocken2*) klepel.

schwenk|bar (*0*) draaibaar; **~en** *v/i* zwenken, draaien; *v/t* zwaaien (*a. Arme, Fahne*), wuiven met; (*spülen*) omspoelen; *Kartoffeln* omschudden; *rechts schwenkt!* rechts zwenken!; **2kran** *m* draaikraan; **2ung** *f* zwenking, draai, zwaai.

schwer zwaar; *fig.* moeilijk, lastig; (*ernst*) zwaar, ernstig; *Zeit*: hard; F (*beträchtlich, viel*) enorm; *ein ~es Geld* een hoop geld; *~en Herzens* met een bezwaard hart, met tegenzin; **2arbeit** *f* (het) zwaar werk; **2arbeiter** *m* arbeider voor zwaar werk; **~beladen** zwaarbeladen; **2beschädigte(r)** invalide; **~bewaffnet** zwaargewapend; **~blütig** flegmatisch; (*schwermütig*) zwaarmoedig.

Schwere *f* (*0*) zwaarte, (het) gewicht; (*Schwierigkeit*) moeilijkheid; *Phys.* zwaartekracht; **2los** (*0*) gewichtloos; **~losigkeit** *f* (*0*) gewichtloosheid; **~nöter** *m* vrouwenjager, ladykiller.

schwer|erziehbar moeilijk opvoedbaar; **~fallen** (*D*) moeilijk vallen; **~fällig** log, plomp; *geistig*: langzaam, traag van begrip; **2fälligkeit** *f* (*0*) logheid, plompheid; traagheid; **2gewicht** *n*, **2gewichtler** *m* (het) zwaargewicht; **~hörig** hardhorig; **2hörigkeit** *f* (*0*) hardhorigheid; **2industrie** *f* zware industrie; **2kraft** *f* (*0*) zwaartekracht; **2kranke(r)** zwaar zieke; **~lich** bezwaarlijk, moeilijk; **~löslich** moeilijk oplosbaar; **2mut** *f* (*0*) zwaarmoedigheid; **~mütig** zwaarmoedig; **~nehmen** zwaar opnemen; **2öl** *n* zware olie; **2punkt** *m* (het) zwaartepunt.

Schwert [e:] *n* (*-es*; *-er*) (het) zwaard; **~fisch** *m* zwaardvis; **~lilie** *f* iris; **~schlucker** *m* zwaardeter; **~streich** *m* zwaardslag; *ohne* ~ zonder slag of stoot; **~tanz** *m* zwaarddans.

Schwer|verbrecher *m* gevaarlijk misdadiger; **2verdaulich** (*0*) moeilijk verteerbaar; **2verständlich** (*0*) moeilijk te begrijpen; **2verwundet** (*0*) zwaargewond; **2wiegend** zwaarwegend, zwaarwichtig.

Schwester *f* (*-*; *-n*) zus(ter); *Rel.* zuster; (*Kranken2*) zuster, verpleegster; **~chen** *n* (het) zusje; **2lich** (*0*) zusterlijk; **~schiff** *n* (het) zusterschip.

Schwibbogen *m* steunboog.

Schwieger|eltern *pl.* schoonouders *pl.*; **~mutter** *f* schoonmoeder; **~sohn** *m* schoonzoon; **~tochter** *f*

schoondochter; **~vater** *m* schoonvader.
Schwiel|e *f* (het) eelt; *~en pl.* eeltknobbels *pl.*; **2ig** eeltig.
schwierig moeilijk, lastig; **2keit** *f* moeilijkheid.
Schwimm|- *in Zssgn mst.* zwem-, *z.B.* **~anstalt** *f* zweminrichting; **~anzug** *m* (het) zwempak; **~bad** *n* (het) zwembad; **~bassin** *n*, **~becken** *n* (het) zwembassin; **~blase** *f* zwemblaas; **~dock** *n* (het) drijvend dok; **2en** (*L*; *a. sn*) zwemmen; (*treiben*) drijven; **~er** *m* zwemmer; *Tech.* vlotter; (*Angel2*) dobber; **~erin** *f* zwemster; **~flosse** *f* zwemvin; **~fuß** *m* zwempoot; **~gürtel** *m* zwemgordel; **~halle** *f* zwemhal; **~haut** *f* (het) zwemvlies; **~hose** *f* zwembroek; **~kunst** *f* zwemkunst; **~lehrer** *m* zweminstructeur; **~sport** *m* zwemsport; **~vogel** *m* zwemvogel; **~weste** *f* (het) zwemvest.
Schwindel *m* (*-s; 0*) *Med.* duizeling, duizeligheid; *fig.* zwendel, (het) (boeren)bedrog, oplichterij; F (*Kram*) rommel, (het) zootje; **~anfall** *m* aanval van duizeligheid; **~ei** [-ˈlaɪ] *f* zwendel, oplichterij; **2erregend** duizelingwekkend; **2frei** vrij van duizelingen; **~gefühl** *n* duizeligheid; **2n** (*-le*) (*lügen*) jokken, liegen; *mir (od. mich) schwindelt* ik duizel, ik ben duizelig; **~unternehmen** *n* zwendelfirma.
schwinden (*L*; *sn*) slinken, verminderen; (*ver~*) verdwijnen; *Holz*: krimpen.
Schwind|ler *m* oplichter, zwendelaar; **~lerin** *f* oplichtster, zwendelaarster; **2lig** duizelig; *mir wird ~* ik word duizelig; **~sucht** *f* (*0*) tering, t.b.(c.).
Schwing|achse *f* verende as; **~e** *f* wan; (*Flügel*) vleugel, wiek, vlerk; **2en** (*L*) zwaaien, zwieren; (*schaukeln a.*) schommelen; *beben u. Ton*: trillen; *sich ~* (*springen*) (omhoog-)springen; (*fliegen*) omhoogvliegen; **~ung** *f* trilling (*a. fig.*).
Schwips *m* (*-es; -e*) F: *e-n ~ haben* aangeschoten zijn.
schwirren (*a. sn*) gonzen (*a. fig.*), brommen, snorren.
Schwitz|bad *n* (het) zweetbad; **2en** (*-t*) zweten (*a. sich anstrengen*); *Wände a.*: uitslaan; *Pers. bsd.*: transpireren; **2ig** zweterig, bezweet; transpirerend; **~kasten** *m* broeikas; **~kur** *f* zweetkuur.
schwören (*L*) zweren, een eed doen; *Eid* afleggen, doen.
schwul P homoseksueel.
schwül zwoel, benauwd, drukkend; **2e** *f* (*0*) zwoelheid, zwoelte, drukkende hitte.
Schwulst *m* (*-es; ⸗e*) *fig.* gezwollenheid, bombast.
schwülstig gezwollen, bombastisch.
Schwund *m* (*-es; 0*) vermindering; verdwijning; *Rf.* fading; **~stufe** *f* nultrap.
Schwung *m* (*-es; ⸗e*) zwaai; (*Triebkraft*) vaart, gang; *fig.* (het) elan, (het) vuur, fut; *in ~ kommen (sein)* op dreef komen (zijn); *in ~ bringen* op gang brengen; **~brett** *n* springplank; **~feder** *f* slagpen, slagveer; **2haft** (*-est*) *fig.* vlot, levendig; energiek; **~kraft** *f* (*0*) middelpuntvliedende kracht; *fig.* veerkracht; **2los** (*-est*) krachteloos, slap; **~rad** *n* (het) vliegwiel; **2voll** zwierig; (*feurig*) gloedvol.
schwupp! hup!
Schwur *m* (*-es; ⸗e*) eed; **~gericht** *n* jury.
Schwyzerdütsch *n* (het) Zwitsers Duits.
sechs, 2 *f* zes; *zu sechs(t, -en)* met zijn zessen; **2eck** *n* (*-es; -e*) zeshoek; **~eckig** (*0*) zeshoekig; **2er** *m* (het) vijfpfennigstuk; **~fach** (*0*) zesvoudig; **~hundert** zeshonderd; **~jährig** (*0*) zesjarig; **2kampf** *m* zeskamp; **~mal** zesmaal; **~monatlich** halfjaarlijks; **2ˈtage·rennen** *n* zesdaagse; **~tägig** (*0*) zesdaags; **~te(r)** zesde; **~teilig** (*0*) zesdelig; **2tel** *n* (het) zesde (deel); **~tens** ten zesde; **2zylinder** *m* zescilinder.
sechzehn zestien; **~jährig** (*0*) zestienjarig; **~te(r)** zestiende.
sechzig zestig; **~er**: *die ~ Jahre n/pl.* de jaren *n/pl.* zestig; **2er** *m* zestiger, zestigjarige; **~ste(r)** zestigste.
See 1. *m* (*-s; -n*) (het) meer; **2.** *f* zee; *in ~ stechen* in zee steken; *auf hoher ~* in volle zee; *an der ~* aan zee; *an die ~ fahren* naar zee gaan.
See|- *in Zssgn mst.* zee-, *z.B.* **~adler** *m* zeearend; **~bad** *n* badplaats; **~bär** *m* zeebeer; *Pers.*: oude zeerob; (*Welle*) vloedgolf; **~barsch** *m* zeebaars; **~beben** *n* zeebeving; **2fah-**

rend zeevarend; **~fahrer** *m* zeevaarder; **~fahrt** *f* zeevaart; (*Reise*) zeetocht, -reis; **2fest** zeevast; **~fisch** *m* zeevis; **~fischerei** *f* zeevisserij; **~flotte** *f* zeevloot; **~frachtbrief** *m* (het) cognossement; **~gang** *m* (-*ẹs*; *0*) zeegang; **~gras** *n* (het) zeegras, -wier; **~hafen** *m* zeehaven; **~handel** *m* zeehandel; **~herrschaft** *f* (*0*) heerschappij ter zee; **~hund** *m* zeehond, rob; **~hund(s)fell** *n* (het) zeehondevel; **~igel** *m* zeeëgel; **~jungfrau** *f* zeemeermin; *Zool.* waterjuffer; **~kadett** *m* adelborst; **~karte** *f* zeekaart; **~klima** *n* (het) zeeklimaat; **2krank** zeeziek; **~krankheit** *f* (*0*) zeeziekte; **~krieg** *m* zeeoorlog; **~kuh** *f* zeekoe; **~küste** *f* zeekust; **~land** *n* Zeeland *n*; (*dänisch*) Seeland *n*; **~länder** *m* Zeeuw; Seelander; **2ländisch** Zeeuws; Seelands.

Seele *f* ziel (*a. Einwohner*); *keine ~ war zu sehen* geen sterveling was er te zien; *seine ~ aushauchen* zijn laatste adem uitblazen; *j-m aus der ~ sprechen* naar iemands hart spreken; e-e *~ von Mensch* een brave ziel.

Seelen|adel *m* zieleadel; **~amt** *n* uitvaart; **~angst** *f* zielsangst; **~forscher** *m* psycholoog; **~freund** *m* boezemvriend; **~größe** *f* (*0*) zielegrootheid; **~heil** *n* (het) zieleheil; **~hirt** *m* zielenherder; **~kunde** *f* (*0*) zielkunde; **~leben** *n* (het) zieleleven; **2los** (-*est*) zielloos; **~qual** *f* zielskwelling; **~ruhe** *f* ziels-, gemoedsrust; **2vergnügt** zielsvergenoegd, zielsblij; **~verkäufer** *m* ronselaar; **2verwandt** zielsverwant; **~verwandtschaft** *f* zielsverwantschap; **~wanderung** *f* zielsverhuizing; **~zustand** *m* zielstoestand.

Seeleute *pl.* zeelieden *pl.*, zeelui *pl.*

seelisch psychisch.

Seelöwe *m* zeeleeuw.

Seelsorge *f* (*0*) zielzorg; **~r** *m* zielzorger, geestelijke; **2risch** (*0*) pastoraal.

See|luft *f* zeelucht; **~macht** *f* zeemacht; (*Staat*) zeemogendheid; **~mann** *m* (-*ẹs*; *Seeleute*) zeeman; *s. a.* *Seeleute*; **2männisch** zeemans-, naar zeemanswijs.

Seemanns|heim *n* (het) zeemanshuis; **~leben** *n* (het) zeemansleven; **~sprache** *f* zeemanstaal.

See|meile *f* zeemijl; **~mine** *f* zeemijn; **~möwe** *f* zeemeeuw; **~not** *f* (*0*) nood (op zee); **~offizier** *m* zeeofficier; **~pferd(chen)** *n* (het) zeepaard(je); **~raub** *m* zeeroverij; **~räuber** *m* zeerover; **~recht** *n* (-*ẹs*; *0*) (het) zeerecht; **~reise** *f* zeereis; **~sand** *m* (het) zeezand; **~schaden** *m* averij; **~schiff** *n* (het) zeeschip; **~schiffahrt** *f* zeescheepvaart; **~schlacht** *f* zeeslag; **~schlange** *f* zeeslang; **~schule** *f* zeevaartschool; **~stern** *m* zeester; **~straße** *f* zeeroute; **~streitkräfte** *f/pl.* zeestrijdkrachten *pl.*; **~tang** *m* (het) zeewier; **~tier** *n* (het) zeedier; **2tüchtig** zeewaardig; **~verkehr** *m* (het) verkeer op zee; **~versicherung** *f* zeeverzekering; **~volk** *n* (het) zeevolk; **~warte** *f* kustwacht; **2wärts** zeewaarts; **~wasser** *n* (het) zeewater; **~wesen** *n* (-*s*; *0*) (het) zeewezen; **~wind** *m* zeewind; **~zunge** *f* zeetong.

Segel *n* (het) zeil; **~boot** *n* zeilboot; **~fahrt** *f* zeiltocht; **~flieger** *m* zweefvlieger; **~flug** *m* zweefvlucht; **~flugzeug** *n* (het) zweefvliegtuig; **~jacht** *f* (het) zeiljacht; **2klar** (*0*) zeilklaar; **~klub** *m* zeilclub; **2n** (-*le*; *a. sn*) zeilen; *durch die Luft*: zweven; *Wolken*: drijven; **~regatta** *f* zeilwedstrijd; **~schiff** *n* (het) zeilschip; **~sport** *m* zeilsport; **~tuch** *n* (het) zeildoek; **~werk** *n* (-*ẹs*; *0*) (het) zeilwerk.

Segen *m* zegen; **~erteilung** *f* zegening; **2s·reich** zegenrijk; **~s·spruch** *m* zegenspreuk; **~s·wunsch** *m* zegenwens.

Segler *m* (het) zeilschip; *Pers.*: zeiler.

Seg'ment *n* (-*ẹs*; -*e*) (het) segment.

segn|en [e:] (-*e*-) zegenen; *das Zeitliche ~* het tijdelijke met het eeuwige verwisselen; **2ung** *f* zegening.

Segregation [ze·gʀe·ga'tsĭo:n] *f* segregatie.

sehen ['ze:ən] (*L*) zien; *v/i a. u. zu~*, *nach etw. od. j-m bsd.* kijken; *sich ~ lassen* zich laten zien, komen; *sich ~ lassen können* er mogen zijn; *vom 2 kennen* van gezicht kennen; **~s·wert, ~s·würdig** bezienswaardig; **2s·würdigkeit** *f* bezienswaardigheid.

Seher *m* ziener; **~blick** *m* zienersblik; **~in** *f* zieneres; **2isch** profetisch.

Seh|fehler *m* gezichtsstoornis; **~feld** *n* (het) gezichtsveld; **~kraft** *f* (het) gezichtsvermogen.
Sehne *f* pees (*a. Bogen*≗).
sehnen: *sich ~ nach* (*D*) verlangen naar, snakken naar.
Sehnenzerrung *f* peesverrekking.
Seh·nerv *m* gezichtszenuw.
sehnig pezig; (*kräftig*) gespierd.
sehn|lich vurig, smachtend; **≗sucht** *f* (het) (sterk) verlangen, (het) smachten; **~süchtig, ~suchts·voll** vurig, verlangend, smachtend.
Seh·organ *n* (het) gezichtsorgaan.
sehr zeer, heel, erg.
Seh|rohr *n* periscoop; **~schärfe** *f* gezichtsscherpte; **~schwäche** *f* gezichtszwakte; **~weite** *f* gezichtsafstand; **~winkel** *m* gezichtshoek.
seicht (*-est*) ondiep; *fig.* oppervlakkig; **≗heit** *f* (*0*), **≗ig·keit** *f* (*0*) ondiepte; oppervlakkigheid.
Seide *f* zij(de).
Seidel *n* (het) bierglas; (het) glas bier.
seiden (*0*) zijden, van zijde.
Seiden|- *in Zssgn mst.* zijde-; *bei Material aus Seide mst.* zijden (*Adj.*); *z.B.* **≗artig** zijdeachtig; **~band** *n* (het) zijden lint; **~faden** *m* zijden draad; **~glanz** *m* zijdeglans; **~industrie** *f* zijdeïndustrie; **~papier** *n* (het) zijdepapier; **~raupe** *f* zijderups; **~spinnerei** *f* zijdespinnerij; **~stoff** *m* zijden stof.
seidig zijdeachtig.
Seife *f* zeep; **≗n** (in)zepen; *Erz* uitwassen.
Seifen|- *in Zssgn mst.* zeep-, *z.B.* **~blase** *f* zeepbel; **~industrie** *f* zeepindustrie; **~kiste** *f* zeepkist; **~lauge** *f* (het) zeepsop; **~pulver** *n* (het) zeeppoeder; **~schaum** *m* (het) zeepschuim; **~sieder** *m* zeepzieder; **~siederei** *f* zeepziederij; **~wasser** *n* (het) zeepwater.
seifig zepig, zeepachtig.
seihen [ˈzaɪən] zeven, filtreren.
Seil *n* (*-ęs*; *-e*) (het) touw, lijn, koord (*a.* het); (*dickes ~*) kabel; **~bahn** *f* (het) kabelspoor; **~er** *m* touwslager; **≗springen** touwtjespringen; **≗tanzen** koorddansen; **~tänzer(in** *f*) *m* koorddanser(es *f*); **~winde** *f* windas.
Seim *m* (*-ęs*; *-e*) (*Honig*≗) (het) honingzeem; (*Sirup*) siroop; **≗ig** stroperig.
sein[1] (*L*; *sn*) zijn; *was ist dir?* wat scheelt (*od.* heb) je?; *mir ist warm* (*kalt*) ik heb het warm (koud); *hier ist gut ~* hier is het goed; (*das*) *kann* (*doch nicht*) *~!* dat kan (toch niet)!; *wie dem auch sei* hoe het ook zij, hoe dan ook; *es sei denn* tenzij; *s. a. am*; ≗ *n* (*-s*; *0*) (het) zijn, (het) bestaan.
sein[2], **~e** zijn; *das* ≗*e* het zijne.
seiner|seits zijnerzijds, van zijn kant; **~zeit** indertijd, destijds.
seinesgleichen zijnsgelijke.
seinet|halben, ~wegen, *um* **~willen** om hem, om zijnentwille.
seinige: *der, die* (*das*) *~* de (het) zijne; *die* ≗*n pl.* de zijnen *pl.*
Seismo|ˈgraph *m* (*-en*) seismograaf; **≗ˈlogisch** (*0*) seismogisch.
seit (*D*) sinds, sedert; **~(ˈdem)** *Ko.* sinds, sedert; **~ˈdem** *Adv.* sindsdien, sedert die tijd.
Seite *f* kant, zij(de); (*Blatt*) bladzij(de); *die rechte ~* de rechterzijde; *die linke ~* de linkerzijde; *auf jemands ~ stehen* aan iemands kant staan; *auf* (*von*) ≗*n* (*G*) aan (van) de kant van.
Seiten|ansicht *f* (het) zijaanzicht; **~blick** *m* zijdelingse blik; **~ausgang** *m* zijuitgang; **~eingang** *m* zijingang; **~flügel** *m* zijvleugel; **~gebäude** *n* (het) zijgebouw; **~gewehr** *n* bajonet; **~hieb** *m fig.* steek onder water; **≗lang** (*0*) bladzijdenlang; **~linie** *f* zijlijn; **~riß** *m* (het) zijaanzicht.
seitens (*G*) van de kant van, vanwege.
Seiten|sprung *m* zijsprong; (*Ehe*≗) (het) slippertje; **~stechen** *n* (*-s*; *0*) steek in de zij; **~straße** *f* zijstraat; **~stück** *n* (het) zijstuk; (*Gegenstück*) (het) pendant, tegenhanger; **~tasche** *f* zijzak; **~tür** *f* zijdeur; **~wagen** *m* (*Motor*≗) (het) zijspan; **~weg** *m* zijweg; **~wind** *m* zijwind; **~zahl** *f* (het) aantal bladzijden; (*einzelne ~*) (het) nummer van de bladzijde.
seitˈher sindsdien, sedert die tijd.
seit|lich 1. (*0*) zijdelings; **2.** *Präp.* (*G*) naast; **~wärts** zijwaarts.
Seˈkret *n* (*-ęs*; *-e*) afscheiding.
Sekreˈt|är [zeˑkreˑ-] *m* (*-s*; *-e*) secretaris; **~ariat** [-aˈriaːt] *n* (*-ęs*; *-e*) (het) secretariaat; **~ärin** *f* secretaresse.

Sekt *m* (*-ẹs*; *-e*) champagne.
Sekte *f* sekte.
Sektglas *n* (het) champagneglas.
Sek|ˈtierer *m* sektariër; **~tion** [-ˈtsĭoːn] *f* sectie; *Anat. a.* lijkschouwing; **~tor** *m* (*-s*; *-en* [-ˈtoː-]) sector.
Seˈkun|da *f* (-; *Sekunden*) 6e en 7e klas van een Duits gymnasium; **~ˈdaner(in** *f*) *m* leerling(e *f*) van de „Sekunda"; **~ˈdant** *m* (*-en*) secondant, getuige; **2ˈdär** secundair, ondergeschikt.
Seˈkunde *f* seconde; **2n·lang** (*0*) seconden *pl.* lang; **~n·zeiger** *m* secondewijzer.
sekunˈdieren (-) (*D*) seconderen.
selber zelf.
selbst zelf; *Adv.* (*sogar*) zelfs; *von ~* vanzelf; (*freiwillig*) uit zichzelf.
Selbst|- *in Zssgn mst.* zelf-, *z.B.* **~achtung** *f* (het) zelfrespect; **~analyse** *f* zelfanalyse.
selbständig zelfstandig; **2keit** *f* (*0*) zelfstandigheid.
Selbst|anklage *f* zelfbeschuldiging; **~anschluß** *m* automatische (telefoon)aansluiting; **~anzeige** *f* eigen aangifte; (*Autoren2*) aankondiging van eigen werk; **~aufnahme** *f* foto van zichzelf; **~aufopferung** *f* zelfopoffering; **~auslöser** *m* zelfontspanner.
Selbstbedienung *f* zelfbediening; **~s·gaststätte** *f* (het) zelfbedieningsrestaurant; **~s·laden** *m* zelfbedieningswinkel.
Selbst|befleckung *f*, **~befriedigung** *f* zelfbevlekking, -bevrediging; **~beherrschung** *f* (*0*) zelfbeheersing; **~bekenntnis** *n* vrijwillige bekentenis; **~besinnung** *f* zelfbezinning.
Selbstbestimmung *f* zelfbeschikking; **~s·recht** *n* (*-ẹs*; *0*) (het) zelfbeschikkingsrecht.
Selbst|beteiligung *f* (het) eigen risico; **~betrug** *m* (het) zelfbedrog; **2bewußt** zelfbewust; **~bewußtsein** *n* (het) zelfbewustzijn; **~bildnis** *n* (het) zelfportret; **~binder** *m* zelfbinder; **~disziplin** *f* zelfdiscipline; **~einschätzung** *f* (*Steuer2*) eigen aangifte; **~entzündung** *f* zelfontbranding.
Selbst·erhaltung *f* (*0*) (het) zelfbehoud; **~s·trieb** *m* zucht tot zelfbehoud.
Selbst|erkenntnis *f* (*0*) zelfkennis; **~erniedrigung** *f* zelfvernedering; **~fahrer** *m* (*Auto*) auto zonder chauffeur; **~finanzierung** *f* zelffinanciering; **2gefällig** zelfvoldaan, zelfgenoegzaam; **~gefühl** *n* (*-ẹs*; *0*) (het) gevoel van eigenwaarde; **2gemacht** eigengemaakt.
selbstgenügsam zelfgenoegzaam; **2keit** *f* zelfgenoegzaamheid.
Selbst|gespräch *n* alleenspraak; **2herrlich** eigenmachtig, autoritair; **~hilfe** *f* eigen hulp; **~klebeband** *n* plakband; **~kosten** *pl.* eigen kosten *pl.*; **~kostenpreis** *m* kostende prijs, kostprijs; **~kritik** *f* zelfkritiek; **2kritisch** met zelfkritiek; **~lader** *m* (het) automatisch wapen; **~laut** *m* klinker; **2los** (*-est*) onbaatzuchtig; **~losigkeit** *f* (*0*) onbaatzuchtigheid; **~mord** *m* zelfmoord; **~mörder(in** *f*) *m* zelfmoordenaar *m*, zelfmoordenares *f*; **2mörderisch** zelfmoord-, als bij een zelfmoord; **~mordversuch** *m* zelfmoordpoging; **2redend** vanzelfsprekend, natuurlijk; **~schutz** *m* zelfbescherming; **2sicher** zelfverzekerd; **~studium** *n* (*-s*; *0*) zelfstudie; **~sucht** *f* (*0*) zelfzucht, (het) egoïsme; **2süchtig** zelfzuchtig, egoïstisch; **2tätig** automatisch; *Pers.*: zelfhandelend; **~täuschung** *f* (het) zelfbedrog; **~tor** *n Sp.* goal in eigen doel; **~überschätzung** *f* zelfoverschatting; **~überwindung** *f* zelfoverwinning; **~unterricht** *m* (het) zelfonderricht; **~verachtung** *f* (*0*) zelfverachting; **~verbrauch** *m* (het) eigen verbruik; **2vergessen** zelfvergeten; **~verlag** *m* uitgave voor rekening van de schrijver; **~verleugnung** *f* zelfverloochening; **~verpflichtung** *f* vrijwillige verplichting; **~versorgung** *f* zelfverzorging.
selbstverständlich vanzelfsprekend, natuurlijk; **2keit** *f* vanzelfsprekendheid.
Selbst|verstümmelung *f* zelfverminking; **~verteidigung** *f* zelfverdediging; **~vertrauen** *n* (het) zelfvertrouwen; **~verwaltung** *f* (het) zelfbestuur; **~wählverkehr** *m* automatische telefoondienst; **2zufrieden** zelfvoldaan, zelfgenoegzaam; **~zweck** *m* (*-ẹs*; *0*) (het) doel in zichzelf.
Selch|er *m* slager, vleesroker; **~-**

fleisch *n* (het) gerookt (*od.* gedroogd) vlees.

Selek|tion [-'tsĭo:n] *f* selectie; **~tivi'tät** [-vi·-] *f* (*0*) selectiviteit.

Se'len *n* (*-s*; *0*) (het) seleen.

selig zalig, gelukzalig; *mein ~er Vater* mijn vader zaliger; **2keit** *f* zaligheid; **~sprechen** zalig spreken.

Sellerie *f* (-; *-n*) *od.* *m* (*-s*; *-s*) selderij, selderie.

selten (*-tn-*) zeldzaam; *Adv.* zelden; **2heit** *f* zeldzaamheid, rariteit.

Selterswasser *n* (het) spuitwater.

seltsam eigenaardig, vreemd, zonderling, raar; **~er'weise** eigenaardig (*od.* vreemd) genoeg; **2keit** *f* eigenaardigheid.

Se'mantik *f* (*0*) semantiek.

Se'mester *n* (het) semester; **~ferien** *pl.* semestervakantie.

Semi'kolon *n* (*-s*; *-s od. Semikola*) puntkomma.

Semi'nar *n* (*-s*; *-e*) (het) seminarie; (*Institut a.*) (het) instituut; (*Unterrichts2*) (het) werkcollege; **~arbeit** *f* (het) werkstuk; **~ist** [-ɑ·'ʀ-] *m* (*-en*) seminarist.

Se'mit|(in *f*) *m* (*-en*) Semiet *m*, Semitische *f*; **2isch** Semitisch.

Semmel *f* (-; *-n*) (het) broodje, (het) kadetje.

Se'nat *m* (*-es*; *-e*) senaat; **~or** *m* (*-s*; *-en* [-'to:-]) senator.

Send|bote *m* zendbode; **~brief** *m* zendbrief.

Sende|anlage *f* zendinstallatie; **~folge** *f* (het) (radio)programma; **2n** **1.** (*-e- od. L*) zenden, sturen; **2.** (*-e-*) *Rf.* uitzenden; **~r** *m* zender; **~raum** *m* studio.

Sendung *f* zending; *Rf.* uitzending.

Senf *m* (*-es*; *-e*) mosterd; **~gas** *n* (het) mosterdgas; **~gurke** *f* augurk in mosterdsaus; **~pflaster** *n* mosterdpleister.

sengen schroeien, zengen.

Senior [-nĭɔʀ] *m* (*-s*; *-en* [-'nĭo:-]) senior.

Senk|blei *n* (het) schiet-, peillood; **~e** *f* laagte, (het) dal; (het) vizier.

Senkel *m* veter.

senk|en neerlaten, laten zakken; *Preise, Steuern* verlagen; *Augen* neerslaan; *Stimme* laten dalen; *sich ~* dalen, zakken; **2fuß** *m* doorgezakte voet; **2grube** *f* zinkput.

senkrecht loodrecht; **2e** *f* loodlijn; **2starter** *m* (het) loodrecht opstijgend vliegtuig; *fig. Pers.*: iem. met een bliksemcarrière.

Senk|ung *f* inzinking, verzakking, daling; neerlating; verlaging; (*Vers2*) daling; **~waage** *f* areometer.

Senn|e(rin *f*) *m* (*-n*) alpenherder(in *f*); **~hütte** *f* herdershut.

Sensatio|n [-'tsĭo:n] *f* sensatie; **2'nell** sensationeel; **~ns·lust** *f* (*0*) sensatiezucht; **2ns·lüstern** op sensatie belust; **~ns·meldung** *f* (het) sensatiebericht; (het) sensationeel bericht.

Sense *f* zeis; (*dann ist aber*) *~!* F (maar dan is het) afgelopen!; **~nmann** *m* (*Tod*) man met de zeis, dood.

sen'sib|el (*-bl-*) gevoelig, sensibel; **2ili'tät** *f* (*0*) sensibiliteit.

sensi'tiv sensitief.

Sensuali'tät [-zu·ɑ·-] *f* (*0*) sensualiteit.

Sen'tenz *f* sententie, zinspreuk; *jur.* (het) vonnis.

sentimen'tal sentimenteel; **2i'tät** *f* sentimentaliteit.

sepa'rat (*-est*) separaat, afzonderlijk; **2abdruck** *m* overdruk; **2friede** *m* afzonderlijke vrede.

Separa'tis|mus *m* (-; *0*) (het) separatisme; **~t(in** *f*) *m* (*-en*) separatist(e *f*).

Sep'tember *m*: *der ~* september.

Se'quenz *f* reeks; *Mus.* sequens.

Seraph *m* (*-s*; *-e od. -im*) serafijn.

Serb|e *m* (*-n*) Serviër; **~ien** [-bĭən] *n* Servië *n*; **2isch** Servisch; **2okroatisch** Servokroatisch.

Sere'nade *f* serenade.

Serge ['sɛʀʒ] *f* serge.

Sergeant [sɛʀ'ʒant] *m* (*-en*) sergeant.

Serie ['ze:ʀĭə] *f* serie, reeks.

Serien|- *in Zssgn mst.* serie-, *z.B.* **~bau** *m* (*-es*; *0*) seriebouw; **~fabrikation** *f* serieproduktie; **2mäßig** (*0*) in serie; **~schaltung** *f* serieschakeling; **2weise** in serie, massaal.

seriös [-'ʀĭø:s] (*-est*) serieus.

Serpen'tine *f* (*Straßen2*) haarspeldbocht.

Serum *n* (*-s*; *Seren od. Sera*) (het) serum.

Service **1.** [sɛʀ'vi:s] *n* (- *od.* *-s*; -) (het) servies; **2.** ['sœʀvɪs] *m od.* *n* (-; *-s*) service.

servier|en [-'vi:-] (-) serveren, opdienen; **2erin** *f* dienster, serveerster; **2tisch** *m* dientafel.

Serviette [-'viɛ-] *f* (het) servet; **~nring** *m* servetring.

Servus! dag!

Sessel *m* zetel; (*Polster2*) fauteuil; **~lift** *m* stoeltjeslift.

seßhaft (*-est*) woonachtig, gevestigd; *~ werden* zich vestigen; **2ig·keit** *f* (*0*) (het) hebben van een vaste woonplaats; (het) zich vestigen.

Session [-'sio:n] *f* sessie, zitting.

Set *n od. m* (*-s*; *-s*) set.

Setter *m Zool.* setter.

Setz|ei *n* (het) spiegelei; **2en** (*-t*) zetten (*a. Typ., wetten usw.*); (*hinstellen a.*) plaatsen; *beim Spiel* inzetten; (*einpflanzen*) poten; *Vertrauen* stellen; *Hoffnung* vestigen; *Ziel* bepalen; *v/i* (*a. sn*) (*springen*) springen; *sich ~* gaan zitten; *Flüssigkeit*: neerslaan; *Erde*: verzakken, zetten; *s. a. gesetzt*; **~er** *m Typ.* zetter; **~e'rei** *f* zetterij; **~kasten** *m* letterkast; **~ling** *m* (*-s*; *-e*) poot, stek; (*Fisch*) pootvis; **~maschine** *f* zetmachine; **~waage** *f* waterpas.

Seuche *f* epidemie; **~n·gefahr** *f* (het) gevaar van een epidemie; **~nherd** *m* besmettingshaard.

seufz|en (*-t*) zuchten; **2er** *m* zucht.

Sex *m* (*-es*; *0*) seks; **~bombe** *f* seksbom.

Sex|ta *f* (*-*; *Sexten*) laagste klas van een gymnasium; **~'taner(in** *f*) *m* leerling(e *f*) van de „sexta"; **~'tant** *m* (*-en*) sextant; **~'tett** *n* (*-es*; *-e*) (het) sextet.

Sexual|forschung [zɛksu'ɑ:l-] *f* seksuologie; **~hygiene** *f* seksuele hygiëne; **~i'tät** *f* (*0*) seksualiteit; **~verbrechen** *n* (het) zedenmisdrijf; **~verbrecher** *m* zedendelinquent.

sex|u'ell (*0*) seksueel; **~y** [-ksi'] sexy.

Sezession [-'sio:n] *f* afscheiding, secessie; **~s·krieg** *m* secessieoorlog.

se'zier|en (-) opensnijden, ontleden; **2messer** *n* (het) ontleedmes.

Sherry ['ʃɛri'] *m* (*-s*; *-s*) sherry.

Shorts [ʃɔ:ʁts] *pl.* short(s *pl.*).

Show [ʃo:] *f* (*-*; *-s*) show.

Sia'mesisch [zi'ɑ'-] Siamees.

Si'bir|ien [-riən] *n* Siberië *n*; **2isch** Siberisch.

sibyl'linisch sibillijns.

sich zich; (*einander*) elkaar; *an ~* op zichzelf beschouwd; (*eigentlich a.*) als zodanig; *~ selbst* zichzelf; *von ~ aus* zelf, op eigen initiatief; *s. a. für*.

Sichel *f* (*-*; *-n*) sikkel.

sicher zeker; (*geschützt*) veilig; (*zuverlässig*) betrouwbaar; (*sorglos*) gerust, onbezorgd; *Hand*: vast; *~ sein vor* (*D*) veilig zijn voor; *sich s-r S. ~ sein* zeker zijn van zijn zaak; *ich bin* (*mir*) (*nicht*) *ganz ~* ik ben er (niet) helemaal zeker van; *e-r S.* (*G*) *~ sein* zeker zijn van iets; *aber ~!* maar ja (*od.* zeker)!; **~gehen** zeker zijn; **2heit** *f* zekerheid; (*Schutz*) veiligheid; betrouwbaarheid; vastheid; (*Bürgschaft*) waarborg, borgstelling.

Sicherheits|- *in Zssgn mst.* veiligheids-; **~abstand** *m* veilige afstand; **~beamte(r)** ambtenaar van de veiligheidsdienst; **~behörde** *f* veiligheidsdienst; **~gurt** *m* veiligheidsgordel; **2halber** veiligheidshalve; **~maßnahme** *f* veiligheidsmaatregel; **~nadel** *f* veiligheidsspeld; **~polizei** *f* veiligheidspolitie; **~rat** *m* (*-es*; *0*) veiligheidsraad; **~schloß** *n* (het) veiligheidsslot; **~ventil** *n* veiligheidsklep; **~verschluß** *m* veiligheidssluiting.

sicher|lich zeker, stellig, voorzeker; **~n** (*-re*) (*schützen*) beveiligen; (*verschaffen*) verzekeren; **~stellen** (*beschlagnahmen*) in beslag nemen; (*garantieren*) waarborgen; **2ung** *f* beveiliging; verzekering; *El.* zekering, stop; (*Garantie*) waarborging.

Sicht *f* (*0*) (het) uitzicht; *fig.* (het) standpunt, visie; *Hdl. auf ~* op zicht; *auf weite ~* voor de (verre) toekomst; *in ~ sein* in zicht zijn; **2bar** zichtbaar; **~barkeit** *f* (*0*) zichtbaarheid; **2en** (*-e-*) in zicht krijgen; (*prüfen*) schiften, uitzoeken; **2ig** doorzichtig, helder; **2lich** (*0*) kennelijk, klaarblijkelijk; **~ung** *f* schifting, (het) onderzoek; **~vermerk** *m* (het) visum; **~wechsel** *m* wissel op zicht; **~weite** *f* (het) zicht; *in* (*außer*) *~* in (buiten) het gezicht.

sickern (*-re*; *sn*) sijpelen.

sie **1.** *3. Pers. sg. u. pl.* zij, ze; **2.** *3. Pers. sg.* (*A*) ze; *Pers. a.*: haar; **3.** *3. Pers. pl.* (*A*) ze; *Pers. a.*: hen; **4.** 2 U, u.

Sieb *n* (*-es*; *-e*) zeef.

sieben[1] *v/t* zeven, ziften; *fig.* schiften.

sieben[2], **2** *f* (*-*; *-*) zeven; **2gestirn** *n*

(-*ẹs*; *0*) (het) Zevengesternte; **~hundert** zevenhonderd; **~jährig** (*0*) zevenjarig; **~mal** zevenmaal; **2'meilenstiefel** *m* zevenmijlslaars; **2'monatskind** *n* (het) zevenmaandskind; **2'sachen** *f/pl.* spullen *n/pl.*, (het) boeltje; **2schläfer** *m* langslaper; (*Tier*) zevenslaper; **~tägig** (*0*) zevendaags.

sieb(en)te|(r) zevende; **2l** *n* (het) zevende (deel); **~ns** ten zevende.

Siebtuch *n* zeefdoek.

siebzehn zeventien; **~te(r)** zeventiende.

siebzig zeventig; **~er** *Adj.*: die ~ *Jahre n/pl.* de jaren *n/pl.* zeventig; **2er** *m* zeventiger, zeventigjarige; **~jährig** (*0*) zeventigjarig; **~ste(r)** zeventigste.

siech (langdurig) ziek, ziekelijk, kwijnend; **~en** ziekelijk zijn, sukkelen; **2tum** *n* (-*s*; *0*) langdurige ziekte, ziekelijkheid.

Siede|grad *m* kooktemperatuur; **~hitze** *f* kookhitte.

siedeln (-*le*) zich vestigen.

siede|n (*L od. -e-*) zieden (*a. Seife*), koken; *s. a. gesotten*; **2punkt** *m* (het) kookpunt.

Siedl|er *m* bewoner; kolonist; **~ung** *f* nederzetting; (*das Siedeln*) vestiging; (*Viertel*) wijk.

Sieg *m* (-*ẹs*; -*e*) overwinning, zege.

Siegel *n* (het) zegel; **~lack** *m* (het) zegellak; **2n** (-*le*) (be)zegelen; **~ring** *m* zegelring; **~ung** *f* (*0*) verzegeling.

sieg|en (*über A*) zegevieren (over), de overwinning behalen (op), overwinnen; *Sp. bsd.* winnen; **2er(in** *f*) *m* overwinnaar *m*, overwinnares *f*; winnaar *m*, winnares *f*; **2er·kranz** *m* zegekrans.

sieges|bewußt overtuigd van de overwinning; **2feier** *f* (het) overwinningsfeest; **2hymne** *f* (het) zegelied; **2säule** *f* zegezuil; **~sicher** zeker van de overwinning; **2taumel** *m* overwinningsroes; **2zug** *m* zege-, triomftocht.

sieg|haft (-*est*), **~reich** zegevierend.

Siel *n od. m* (-*ẹs*; -*e*) uitwateringssluis; (*Abwasser2*) riool (*a.* het).

Siele *f* riem, (het) zeel.

Siesta ['sĭɛstɑ·] *f* (-; -*s od. Siesten*) siësta.

siezen (-*t*) met U aanspreken.

Si'gnal *n* (-*s*; -*e*) (het) sein, (het) signaal; **~flagge** *f* seinvlag; **~horn** *n* seinhoorn; **2i'sieren** (-) signaleren; **~lampe** *f* seinlamp.

Signa't|armacht *f* verdragsmogendheid; **~ur** *f* signatuur; (*Namenszug*) paraaf; *Typ.* (het) bladteken.

si'gnieren (-) tekenen.

Silbe *f* lettergreep, syllabe; **~nrätsel** *n* (het) lettergreepraadsel; **~n·trennung** *f* verdeling in lettergrepen.

Silber *n* (-*s*; *0*) (het) zilver.

Silber|- *in Zssgn mst.* zilver-; *bei Material aus Silber mst.* zilveren (*Adj.*); **~barren** *m* staaf zilver; **~bergwerk** *n* zilvermijn; **~draht** *m* zilverdraad; **~erz** *n* (het) zilvererts; **2farben** (*0*) zilverkleurig; **~fuchs** *m* zilvervos; **~gehalt** *m* (het) zilvergehalte; **~geld** *n* (het) zilvergeld; **~glanz** *m* zilverglans; **2grau** zilvergrijs; **2haltig** zilverhoudend; **~hochzeit** *f* zilveren bruiloft; **~klang** *m* zilveren klank; **~ling** *m* (-*s*; -*e*) zilverling; **~möwe** *f* zilvermeeuw; **~münze** *f* zilveren munt; **2n** (*0*) zilveren; **~papier** *n* (het) zilverpapier; **~pappel** *f* zilverpopulier; **~reiher** *m* zilverreiger; **~schmied** *m* zilversmid; **~streifen** *m fig.* lichtende streep; **~währung** *f* zilveren standaard; **2weiß** (*0*) zilverwit; **~zeug** *n* (het) zilverwerk.

silbrig zilverachtig.

Silhouette [zi·lu·'ɛtə] *f* silhouet (*a.* het).

Sili|'kat *n* (-*ẹs*; -*e*) (het) silicaat; **~zium** [-'li:tsĭʊm] *n* (-*s*; *0*) (het) silicium.

Silo *m od. n* (-*s*; -*s*) silo.

Sil'vester [v] *n* oudejaarsdag, (het) oudejaar; **~abend** *m* oudejaarsavond.

simp|el (-*pl*-) simpel; (*einfältig a.*) onnozel; **~lifi'zieren** (-) vereenvoudigen.

Sims *m od. n* (-*es*; -*e*) lijst; (*Fenster2*) vensterbank.

Simse *f Bot.* bies.

Simu'l|ant(in *f*) *m* (-*en*) simulant(e *f*); **~ator** *m* (-*s*; -*en* [-'to:-]) simulator; **2ieren** (-) simuleren, veinzen.

simul'tan (*0*) simultaan; **2dolmetscher** *m* tolk.

Sinfo'nie *f* symfonie; **~orchester** *n* (het) symfonieorkest.

sing|en (*L*) zingen; **2sang** *m* (-*ẹs*; *0*)

(het) zingen; (*Lied*) (het) liedje; **&-schule** *f* zangschool; **~spiel** *n* (het) zangspel, operette; **~stimme** *f* zangstem.

Singular [-ŋg-] *m* (-*s*; -*e*) (het) enkelvoud.

Singvogel *m* zangvogel.

sinken (*L*; *sn*) zinken; (*niedriger werden bsd.*) dalen, zakken.

Sinn *m* (-*ęs*; -*e*) (het) zintuig; (*Bedeutung*) zin; (*Empfänglichkeit*) zin, (het) gevoel; (*Denken*) geest, (het) denken, (het) verstand; *die fünf ~e pl.* de vijf zintuigen *n/pl.*; *etw. im ~ haben* iets van zins (*od.* plan) zijn; *in jemands ~e handeln* in iemands geest handelen; *von ~en sein* buiten zichzelf zijn; (*verrückt sein*) niet goed wijs zijn; *das hat keinen ~* dat heeft geen zin; **~bild** *n* (het) zinnebeeld, (het) symbool; **&bildlich** zinnebeeldig, symbolisch.

sinnen (*L*) (na)denken, peinzen; *auf etw.* (*A*) ~ over iets nadenken, naar iets zoeken; *Rache* zinnen op; *s. a. gesonnen.*

Sinn|enlust *f* (*0*) zinnelijke lust; **~en·rausch** *m* zinsbedwelming; **&entstellend** zinstorend; de zin vervalsend; **~en·welt** *f* zinnenwereld.

Sinnes|änderung *f* verandering van mening; **~art** *f* gezindheid, aard; **~eindruck** *m* (zintuiglijke) indruk; **~täuschung** *f* zinsbegoocheling; **~wahrnehmung** *f* zintuiglijke waarneming.

sinn|fällig duidelijk, tastbaar, plastisch; **&gedicht** *n* (het) puntdicht, (het) epigram; **~gemäß** volgens (*od.* naar) de betekenis; **~ig** zinvol; (*durchdacht*) doordacht, verstandig; **~lich** zinnelijk; **&lichkeit** *f* (*0*) zinnelijkheid; **~los** (-*est*) zinloos; **&losigkeit** *f* (*0*) zinloosheid; **~reich** zinvol, zinrijk; **&spruch** *m* zinspreuk; **~verwandt** zinverwant, synoniem; **~voll** zinvol; **~widrig** onzinnig, ongerijmd.

Sintflut *f* zondvloed.

Sinus *m* (-; - *od.* -*se*) sinus.

Siphon [-fɔŋ] *m* (-*s*; -*s*) sifon.

Sipp|e *f*, **~schaft** *f* familie; *pej.* kliek, clan.

Si'rene *f* sirene; **~n·gesang** *m* sirenenzang.

Sirup *m* (-*s*; -*e*) stroop; (*Saft*) siroop.

si'stieren [-st-] (-) schorsen; *j-n* opbrengen.

Sisyphus·arbeit ['zi:zy·fus-] *f* sisyfusarbeid.

Sitte *f* zede (*bsd. moralisch*), (het) gebruik, gewoonte, manier; *das ist bei uns* (*nicht*) ~ dat is bij ons de gewoonte (niet).

Sitten|- *in Zssgn mst.* zeden-, *z.B.* **~bild** *n* zedenschildering; **~lehre** *f* zedenleer; **&los** (-*est*) zedeloos; **~losigkeit** *f* (*0*) zedeloosheid; **~polizei** *f* zedenpolitie; **~richter** *m* zedenmeester; **~strenge** *f* strengheid van zeden; **~strolch** *m* seksueel misdadiger; **&widrig** in strijd met de goede zeden.

Sittich *m* (-*s*; -*e*) papegaai.

sittlich zedelijk, moreel; **&keit** *f* (*0*) zedelijkheid.

Sittlichkeitsverbreche|n *n* (het) zedenmisdrijf; **~r** *m* seksueel misdadiger.

sittsam zedig; **&keit** *f* (*0*) zedigheid.

Situation [-'tsĭo:n] *f* situatie; **~s-plan** *m* (het) situatieplan.

situ'iert gesitueerd; *gut* ~ welgesteld.

Sitz *m* (-*es*; -*e*) zitplaats; (*Stuhl a.*) stoel, plaats; (*Sitzfläche*) zitting; (*Körperhaltung*) zit; (*Wohn&*) woonplaats; (*Parlaments&*, *Regierungs&*, *Firmen&*) zetel; (*Paßform*) pasvorm; **~arbeit** *f* (het) zittend werk; **~bad** *n* (het) zitbad; **~ecke** *f* (het) zitje.

sitzen (*L*; *a. sn*) zitten (*a. Kleid usw.*); *das saß!* F die zat!; *e-n ~ haben* F er eentje te veel op hebben; *e-m Maler ~* voor een schilder poseren; **~bleiben** blijven zitten; *Kochkunst* niet rijzen; **~lassen** laten zitten; *etw. nicht auf sich* (*D*) ~ iets niet op zich laten zitten.

Sitz|fleisch *n* (het) zitvlees; **~ordnung** *f* plaatsing; **~platz** *m* zitplaats; **~streik** *m* zitstaking.

Sitzung *f* zitting, vergadering; **~s-periode** *f* zittingsperiode; **~s-protokoll** *n* notulen *pl.*; **~s·saal** *m* vergaderzaal.

Sizilian|er(in *f*) [-'lĭɑ:-] *m* Siciliaan(se *f*); **&isch** Siciliaans.

Si'zilien [-lĭən] *n* Sicilië *n.*

Skala [sk-] *f* (-; *Skalen*) schaal; *Mus.* toonladder.

Skal|p [sk-] *m* (-*s*; -*e*) scalp; **~'pell**

n (-*s*; -*e*) (het) scalpel; 2'**pieren** (-) scalperen.
Skan'da|l [sk-] *m* (-*s*; -*e*) (het) schandaal; 2'**lös** (-*est*) schandalig.
skan'dieren [sk-] (-) scanderen.
Skandi'nav|ien [skandi·'nɑːvĭən] *n* Scandinavië *n*; **~ier(in** *f*) [-vĭə] *m* Scandinaviër *m*, Scandinavische *f*; 2**isch** Scandinavisch.
Skat [sk-] *m* (-*es*; -*e*) (het) skaat.
Ske'lett [skə-] *n* (-*es*; -*e*) (het) skelet, (het) geraamte.
Skep|sis [sk-] *f* (*0*) scepsis; **~tiker** *m* scepticus; 2**tisch** sceptisch.
Ski [ʃiː] *m* (-*s*; -*er od.* -) *usw. s.* Schi *usw.*
Skizze [sk-] *f* schets; 2**n·haft** (-*est*) schetsmatig.
skiz'zier|en [sk-] (-) schetsen; 2**ung** *f* (het) schetsen.
Sklave ['sklɑːvə] *m* (-*n*) slaaf.
Sklaven|- *in Zssgn mst.* slaven-, *z.B.* **~arbeit** *f* slavenarbeid; **~handel** *m* slavenhandel; **~markt** *m* slavenmarkt.
Sklav|e'rei *f* slavernij; **~in** *f* slavin; 2**isch** slaafs.
Skle'rose [sk-] *f* sclerose.
Skonto [sk-] *m u. n* (-*s*; -*s*) betalingskorting.
Skorbut [sk-] *m* (-*es*; *0*) scheurbuik.
Skorpion [skɔʁ'pĭoːn] *m* (-*s*; -*e*) schorpioen.
Skri|'bent [sk-] *m* (-*en*) scribent; **~pt** *n* (-*es*; -*en*) (het) script.
Skrupel [sk-] *m/pl.* scrupules *pl.*, gewetensbezwaren *n/pl.*; 2**los** (-*est*) gewetenloos; **~losigkeit** *f* (*0*) gewetenloosheid.
Skulp'tur [sk-] *f* sculptuur.
skur'ril [sk-] lachwekkend, gek.
Slalom [sl-] *m* (-*s*; -*s*) slalom.
Sla|we [sl-] *m* (-*n*) Slaaf; **~win** *f* Slavische; 2**wisch** Slavisch; **~'wistik** *f* (*0*) slavistiek.
Slibowitz [sl-] *m* (-*es*; -*e*) slibowitz.
Slip [sl-] *m* (-*s*; -*s*) slip.
Slo'wa|ke [sl-] *m* (-*n*) Slowaak; **~'kei** *f*: die ~ Slowakije *n*; 2**kisch** Slowaaks.
Slo'wen|e *m* (-*n*) Sloveen; 2**isch** Sloveens.
Smaragd [smɑ·'ʁakt] *m* (-*es*; -*e*) smaragd; 2**en** (*0*) smaragden; 2**grün** smaragdgroen.
Smoking [sm-] *m* (-*s*; -*s*) smoking.
Sno|b [sn-] *m* (-*s*; -*s*) snob; **~'bismus** *m* (-; *Snobismen*) (het) snobisme.

so zo; ~! (zie)zo!; ~ *daß* zodat; ~ *oder* ~ hoe dan ook; ~ *ein* zo een, zo'n; *dem ist nicht* ~ dat is niet zo; *aber* ~ *was!* nee maar!; *verstärkend*: ~ *komm* (*hör*) *doch!* kom (luister) dan toch!; *einschränkend*: (*wie*) hoe ... ook, *z.B.* ~ *arm er ist* ... hoe arm hij ook is; (*wie sehr*) hoezeer ... ook, *z.B.* ~ *leid es mir tut* ... hoezeer het mij ook spijt; *im Nachsatz*: dan *od. keine Übersetzung*, *z.B. wenn du es nicht glaubst*, ~ *gebe ich dir mein Wort* (dan) geef ik je mijn woord.
s.o. *Abk. für* sieh(e) oben zie boven.
so'bald zodra.
Socke *f* sok; *sich auf die* ~*n pl machen* F opstappen.
Sockel *m* sokkel (*a. El.*).
Sockenhalter *m* sokophouder.
Soda *n* (-*s*; *0*) *od. f* (*0*) soda.
so'dann dan, vervolgens.
Sodawasser *n* (-*s*; *0*) (het) sodawater.
Sodbrennen *n* (-*s*; *0*) (het) zuur.
Sodo'mie *f* (*0*) sodomie.
so'eben zoëven, zopas, zojuist.
Sofa *n* (-*s*; -*s*) sofa, canapé.
so'fern in zoverre, voor zover.
so'fort onmiddellijk, meteen, aanstonds, terstond; *ab* ~ vanaf (*of* met ingang van) heden; 2**hilfe** onmiddellijke hulp; **~ig** (*0*) onmiddellijk.
Sog *m* (-*es*; -*e*) (het) (kiel)zog; *fig.* aantrekkings-, zuigkracht.
sog. *Abk. für* sogenannt.
so|'gar zelfs; **~genannt** zogenaamd (*Abk.* z.g.); **~'gleich** onmiddellijk, meteen, direct.
Sohl|e *f* zool; (*Boden*) bodem; **~(en)leder** *n* (het) zoolle(d)er.
Sohn *m* (-*es*; ⸗*e*) zoon.
Söhn|chen *n*, **~lein** *n* (het) zoontje.
Soi'ree [swa-] *f* soiree.
Sojabohne *f* sojaboon.
so'lange zolang.
Solbad *n* (het) zoutwaterbad.
solch zulk, zodanig; ~ *ein* zo'n, een.
solcher|art dus-, zodanig; **~'l**... dergelijk; **~'maßen** dusdanig.
Sold *m* (-*es*; -*e*) soldij; (*Dienst*) dienst.
Sol'dat *m* (-*en*) soldaat.
Sol'daten|- *in Zssgn mst.* soldaten-, *z.B.* **~lied** *n* (het) soldatenlied.
sol'datisch soldatesk, militair.

Soldbuch *n* (het) zakboekje.
Söld|ling *m* (*-s*; *-e*), **~ner** *m* huurling, soldenier.
Sole *f* (het) zout water.
Sol·ei *n* (het) in zout water gekookt ei.
soli'd|arisch solidair; **2ari'tät** *f* (*0*) solidariteit; **~e** [-'li:-] solide, degelijk; **2i'tät** *f* (*0*) soliditeit, degelijkheid.
So'list(in *f*) *m* (*-en*) solist(e *f*).
Soll *n* (- *od.* *-s*; - *od.* *-s*) (*Plan2*) norm; *Hdl.* (het) debet; ~ *und Haben* debet en credit; **~einnahme** *f* geschatte ontvangst.
sollen (*L*) moeten; *nicht* ~ (*nicht dürfen*) niet mogen, niet zullen; *sollte er kommen, es regnen, ...* mocht; *wenn es regnen* (*er kommen, ...*) *sollte* zou; *das hätte er nicht tun* (*sagen*) ~ dat had hij niet moeten doen (zeggen); *ich sollte eigentlich böse sein, es ihm sagen, ...* ik zou ... moeten, ik moest; *man sollte meinen* men- (*od.* je) zou denken; *er soll krank sein, schon abgereist sein, ...* hij moet; *so etw. soll's geben* zo iets schijnt te bestaan; *was soll das?* wat moet dat?; *was soll's?* wat zou het?
Söller *m* (het) balkon; (*Dachboden*) zolder.
Solo *n* (*-s*; *-s*) solo (*a.* het).
Solo|- *in Zssgn mst.* solo-, *z.B.* **~sänger(in** *f*) *m* solozanger(es *f*); **~stimme** *f* solostem.
sol'ven|t [v] (*-est*) solvent; **2z** *f* (*0*) solvabiliteit.
So'malia [-lia·] *n* Somalië *n*.
Som'brero *m* (*-s*; *-s*) sombrero.
so'mit bijgevolg, dus.
Sommer *m* zomer; *im* ~ zomers, in de zomer.
Sommer|- *in Zssgn mst.* zomer-, *z.B.* **~abend** *m* zomeravond; **~anzug** *m* (het) zomerkostuum; **~fahrplan** *m* zomerdienst(regeling); **~ferien** *pl.* zomervakantie; **~frische** *f* (het) zomerverblijf; (*Ort*) (het) vakantieoord; *in der* ~ (zomers) buiten; **~kleid** *n* zomerjurk; **2lich** zomers; **~mantel** *m* zomerjas; **~monat** *m* zomermaand; **~sachen** *f/pl.* zomerspullen *n/pl.*; **~schlußverkauf** *m* zomeropruiming; **~sitz** *m* (het) zomerverblijf; **~sprossen** *f/pl.* zomersproeten *pl.*; **~tag** *m* zomerdag; **~zeit** *f* (*0*) zomertijd.

so'nach derhalve, dus.
So'nate *f* sonate.
Sonde *f* sonde.
Sonder|- *in Zssgn mst.* extra-, speciaal (*Adj.*); **~abdruck** *m* overdruk; **~abkommen** *n* (het) speciaal akkoord; **~angebot** *n* speciale aanbieding; **~ausgabe** *f* extra--editie, speciale uitgave.
sonderbar zonderling, vreemd, raar; **~er'weise** vreemd genoeg; **2keit** *f* (het) vreemde, (het) rare.
Sonder|beauftragte(r) bijzonder gevolmachtigde; **~beilage** *f* extrabijlage; **~berichterstatter** *m* bijzondere verslaggever; **~druck** *m* overdruk; **~fahrt** *f* extrarit; **~fall** *m* (het) bijzonder (*od.* speciaal) geval; **~friede** *m* afzonderlijke vrede; **~genehmigung** *f* speciale vergunning; **~gericht** *n* bijzondere rechtbank; **2'gleichen** zonder weerga, weergaloos; **~interessen** *n/pl.* particuliere belangen *n/pl.*; **2lich** (*sonderbar*) vreemd, zonderling; *Adv.* bijzonder, erg; **~ling** *m* (*-s*; *-e*) zonderling.
sondern[1] (*-re*) afzonderen, scheiden.
sondern[2] *Ko.* maar; *nicht nur ...,* ~ *auch* niet alleen ... maar ook.
Sonder|nummer *f* (het) extranummer; **~recht** *n* (het) privilege.
sonders *s. samt.*
Sonder|schicht *f* extra-ploegendienst; **~stellung** *f* bijzondere positie; **~tarif** *m* (het) speciaal tarief; **~ung** *f* afzondering, scheiding; **~wünsche** *m/pl.* speciale wensen *pl.*; **~zug** *m* extratrein; **~zuteilung** *f* extratoewijzing.
son'dier|en (-) sonderen, peilen (*a. fig.*); **2ung** *f* sondering, peiling.
So'nett *n* (*-es*; *-e*) (het) sonnet.
Sonn·abend *m* zaterdag.
Sonne *f* zon; *an od. in der* ~ in de zon; **2n** in de zon zetten (*od.* leggen); *sich* ~ (zich) zonnen.
Sonnen|- *in Zssgn mst.* zonne-, *seltener* zons- *u.* zon-, *z.B.* **~anbeter** *m* zonaanbidder; **~aufgang** *m* zonsopgang; **~bad** *n* (het) zonnebad; **~batterie** *f* zonnebatterij; **~blume** *f* zonnebloem; **~brand** *m* zonnebrand; **~bräune** *f* (het) bruin van de zon; **~brille** *f* zonnebril; **~dach** *n* (het) zonnescherm; **~deck** *n* (het) zonnedek; **~finsternis** *f*

zonsverduistering; **~fleck** *m* zonnevlek; **2gebräunt** door de zon gebruind; **~gott** *m* zonnegod; **~hitze** *f* zonnehitte; **~jahr** *n* (het) zonnejaar; **2klar** zonneklaar; **~licht** *n* (-*ęs*; *0*) (het) zon(ne)licht; **~öl** *n* zonneolie; **~schein** *m* (-*ęs*; *0*) zonneschijn (*a. fig.*); **~schirm** *m* parasol; **~schutzkrem** *f* zonneolie; **~seite** *f* zonzijde (*a. fig.*); **~stand** *m* zonnestand; **~stich** *m* zonnesteek; **~strahl** *m* zonnestraal; **~system** *n* (het) zonnestelsel; **~terrasse** *f* (het) zonnig terras; **~uhr** *f* zonnewijzer; **~untergang** *m* zonsondergang; **2verbrannt** verbrand door de zon; **~wärme** *f* zonnewarmte; **~wende** *f* zonnewende.

sonnig zonnig (*a. fig.*).

Sonn|tag *m* zondag; *am ~* zondags, op zondag; *an Sonn- und Feiertagen* op zon- en feestdagen; **2täglich** zondags; *Adv.* op zijn zondags; **2tags** zondags, op zondag.

Sonntags|- *in Zssgn mst.* zondags-, *z.B.* **~anzug** *m* (het) zondagskostuum; **~ausflügler** *m* iem. die een zondagsuitstapje maakt; **~fahrer** *m* zondagsrijder; **~kind** *n* (het) zondagskind; **~maler** *m* zondagsschilder; **~rückfahrkarte** *f* (het) weekendretourtje; **~ruhe** *f* zondagsrust.

sonst anders; (*wie immer*) vroeger; (*außerdem*) overigens, anders, verder; *~ jemand?* nog iemand?; *~ niemand* (*nichts*) anders niemand (niets); *~ noch etw.?* (en) nog iets?, was het dat?; **~ig** (*0*) ander, overig; **~jemand** gelijk wie; **~was** gelijk wat; (*alles mögliche*) (nog) van alles; **~wer** gelijk wie; (*alle möglichen Leute*) (nog) allerlei anderen *pl.*; **~wie** op een of andere wijze; **~wo** ergens anders, elders.

so'oft zo dikwijls; (*immer wenn*) telkens als.

So'phis|mus *m* (-; *Sophismen*) (het) sofisme; **~t** *m* (-*en*) sofist; **~te'rei** *f* sofisterij, spitsvondigheid.

So'pran *m* (-*s*; -*e*) sopraan.

Sorb|e *m* (-*n*) Sorb; **2isch** Sorbisch.

Sorge *f* zorg; *wegen etw. bsd.*: bezorgdheid; *das macht mir viel ~n pl.* dat geeft mij veel zorg; *sich ~n pl. machen um* (*A*) bezorgd zijn om; *das ist meine geringste ~* daar trek ik mij niets van aan; *laß das meine ~ sein!* laat dat aan mij over!

sorgen (*für A*) zorgen (voor); *sich ~* (*um A*) bezorgd zijn (voor *od.* om); **~frei** vrij van zorgen, onbezorgd; **2kind** *n* (het) zorgenkind; **~voll** vol zorgen, bezorgd.

Sorg|falt *f* (*0*) zorg(vuldigheid), nauwlettendheid; **2fältig** zorgvuldig; **~fältigkeit** *f* (*0*) = *Sorgfalt*; **2lich** bezorgd, zorgzaam; **2lo**[s] (-*est*) zorgeloos, onbezorgd, onbekommerd; **~losigkeit** *f* (*0*) zorgeloosheid; **2sam** zorgzaam, zorgvuldig; **~samkeit** *f* (*0*) zorg(vuldigheid).

Sorte *f* soort (*a.* het); *Pers. a.*: (het) slag.

sor'tier|en (-) sorteren; **2er(in** *f*) *m* sorteerder *m*, sorteerster *f*; **2maschine** *f* sorteermachine; **2ung** *f* sortering.

Sorti'ment *n* (-*ęs*; -*e*) (het) assortiment; **~s·buchhandlung** *f* (gewone) boekhandel.

so|'sehr hoezeer; **~'so** zozo.

Soße [o:] *f* saus, jus; **~n·löffel** *m* juslepel.

Soufflé [su·'fle:] *n* (-*s*; -*s*) soufflé.

Souffleur [su·'flø:ʁ] *m* (-*s*; -*e*) souffleur; **~kasten** *m* (het) souffleurshokje.

soufflieren [su·'fli:-] (-) souffleren.

so·undso zo en zo, die en die; *Herr ~* Meneer Dinges.

Sou|per [su·'pe:] *n* (-*s*; -*s*) (het) souper; **2'pieren** (-) souperen.

Souterrain [zu·tɛ'ʀɛ̃:] *n* (-*s*; -*s*) (het) souterrain.

Souvenir [zu·və'ni:ʁ] *n* (-*s*; -*s*) (het) souvenir.

souverän [zu·və'-], **2** *m* (-*s*; -*e*) soeverein; **2i'tät** *f* (*0*) soevereiniteit.

so|'viel zoveel; **~'weit** zover; (*in dem Maße, wie*) voor (*od.* in) zover; **~'wenig** zo weinig; (*ebensowenig*) even weinig; **~'wie** evenals; (*sobald*) zodra; **~wie'so** in elk geval, toch al.

Sowjet [zɔ'vĭɛt] *m* (-*s*; -*s*) sovjet; **2isch** Sovjetrussisch; **~union** *f*: *die ~* de Sovjetunie.

so'wohl: *~ ... als auch* zowel ... als

sozial [-'tsĭa:l] sociaal; **2abgaben** *f/pl.* sociale lasten *pl.*

So'zialdemokrat *m* sociaal-d[emocraat]

mocraat; ~ie *f* sociaal-democratie; 2isch sociaal-democratisch.
soziali'sieren (-) socialiseren.
Sozia'lis|mus *m* (-; *0*) (het) socialisme; **~t(in** *f*) *m* (*-en*) socialist(e *f*); **2tisch** socialistisch.
So'zial|lasten *f/pl.* sociale lasten *pl.*; **~politik** *f* sociale politiek; **2politisch** met betrekking tot de sociale politiek; **~produkt** *n* (het) sociaal produkt; **~versicherung** *f* sociale verzekering; **~wissenschaft** *f* sociale wetenschap.
Sozio'lo|ge [-tsio·-] *m* (*-n*) socioloog; **~'gie** *f* sociologie; **~gin** *f* sociologe; **2gisch** sociologisch.
Sozius [-tsius] *m* (-; *-se*) compagnon, vennoot; (*Beifahrer*) duorijder; **~sitz** *m* duozit.
sozu'sagen om zo te zeggen.
Spachtel *f* (-; *-n*) *u.* *m* spatel; **2n** (*-le*) spatelen.
Spa'ghetti [sp-] *pl.* spaghetti.
späh|en ['ʃpɛːən] spieden, loeren, turen; (*heimlich*) loeren, gluren; **2er** *m* verspieder, verkenner; (*Spion*) spion; **2trupp** *m* verkennerspatrouille.
Spa'lier *n* (*-s*; *-e*) (het) latwerk; (*Menschen2*) rij; *ein ~ bilden* zich in twee rijen opstellen.
Spalt *m* (*-es*; *-e*) spleet, reet, kloof; **2bar** splijtbaar; **~e** *f* = *Spalt*; *Typ.* kolom; **2en** (*L*; *-e-*) splijten, splitsen (*a. fig.*); *Holz* kloven, klieven; **~en·breite** *f* *Typ.* kolombreedte; **~material** *n* (het) splijtbaar materiaal; **~pilz** *m* splijtzwam; **~produkt** *n* (het) splijtprodukt; **~ung** *f* splijting; *fig. bsd.* scheuring.
Span *m* (*-es*; *"e*) spaander, krul; **~ferkel** *n* (het) speenvarken.
Spange *f* gesp, spang; (*Haar2*) speld; (*Arm2*) band, ring.
Spaniel *m* (*-s*; *-s*) *Zool.* spaniel.
Span|ien [-niən] *n* Spanje *n*; **~ier** (**~in** *f*) *m* Spanjaard *m*, Spaanse *f*; **2isch** Spaans.
Spann *m* (*-es*; *-e*) wreef; **~beton** *m* (het) spanbeton; **~e** *f* spanne; *Hdl.* marge; **2en** spannen; *j-n auf die Folter ~* iem. op de pijnbank leggen; *s. a. gespannt*; **2end** spannend; **~er** *m* spanner (*a. Zool.*); **~feder** *f* spanveer; **~kraft** *f* (*0*) span-, veerkracht; **~ung** *f* spanning (*a. El. u. fig.*).
Spannungs|- *in Zssgn mst.* spannings-, *z.B.* **~abfall** *m* *El.* (het) spanningsverlies; **~feld** *n* (het) spanningsveld; **~messer** *m* spanningsmeter; **2reich** rijk aan spanningen.
Spannweite *f* spanwijdte; (*Brükken2*) spanning.
Spar|- *in Zssgn mst.* spaar-, *z.B.* **~buch** *n* (het) spaarboekje; **~büchse** *f* spaarpot; **~einlage** *f* (het) spaargeld; **2en** sparen; **~er** *m* spaarder; **~flamme** *f* waakvlam; *fig.* (het) laag pitje.
Spargel *m* asperge; **~köpfe** *m/pl.* aspergepunten *pl.*
Spar|guthaben *n* (het) tegoed bij de spaarbank; **~kasse** *f* spaarbank; **~kassenbuch** *n* (het) spaarbankboekje.
spärlich schaars (*a. Haar u. bsd. Adv.*), karig; **2keit** *f* (*0*) schaarsheid, karigheid.
Spar|maßnahme *f* bezuinigingsmaatregel; **~pfennig** *m* spaarpenning; **~prämie** *f* spaarpremie.
Sparren *m* dakspar; *e-n ~ haben fig.* van lotje getikt zijn.
spar|sam zuinig, spaarzaam; **2samkeit** *f* (*0*) zuinigheid, spaarzaamheid; (*Beschaffenheit*) soberheid; **2schwein** *n* spaarpot.
Spar'tan|er *m* Spartaan; **2isch** Spartaans.
Sparte *f* tak, (het) gebied; (*Zeitungs2*) kolom.
Spaß *m* (*-es*; *"e*) grap, scherts, gekheid; (*Vergnügen*) (het) plezier, pret; *etw. macht mir ~* ik vind iets leuk; *etw. macht ~* iets is leuk; *zum* (*od. im*) *~* voor de grap; (*zu s-m Vergnügen*) voor zijn plezier.
Späßchen *n* (het) grapje.
spaß|en (*-t*) gekheid maken; *damit ist nicht zu ~* daarmee valt niet te spotten; *er läßt nicht mit sich ~* hij laat niet met zich spotten; **~eshalber** voor de grap; **~haft** (*-est*), **~ig** grappig, aardig, leuk; **2macher** *m*, **2vogel** *m* grappenmaker.
Spat *m* (*-es*; *-e*) (het) spaat; (*Entzündung*) spat.
spät (*-est*) laat; *wie ~ ist es?* hoe laat is het?; *zu ~* te laat; *s. a. später.*
Spatel *m* spatel.
Spaten *m* spade, schop; **~stich** *m* spadesteek.
spät|er, ~er·hin later; **~estens** op

zijn laatst, uiterlijk; ꝰ**frost** *m* late vorst; ꝰ**geburt** *f* laattijdige geboorte; ꝰ**herbst** *m* late herfst, naherfst; ꝰ**lese** *f* late oogst; ꝰ**nachmittag** *m* late namiddag; ꝰ**obst** *n* (het) laat fruit; ꝰ**sommer** *m* nazomer.

Spatz *m* (*-en*) mus.

Spätzle *n/pl.* soort macaroni.

Spätzündung *f* vertraagde ontsteking; *fig.* (het) langzaam begrip.

spa'zieren (-; *sn*) wandelen, kuieren; ~**fahren** uit rijden gaan, een toertje maken; ~**führen** gaan wandelen met; ~**gehen** gaan wandelen.

Spa'zier|fahrt *f* pleziertocht, (het) toertje, (het) tochtje; ~**gang** *m* wandeling; ~**gänger** *m* wandelaar; ~**stock** *m* wandelstok; ~**weg** *m* wandelweg.

Specht *m* (*-ẹs*; *-e*) specht.

Speck *m* (*-ẹs*; *-e*) (het) spek; ~**bauch** *m* F spekbuik; ꝰ**ig** spekkig; (*fettig, schmutzig*) vettig; ~**kuchen** *m* spekpannekoek; ~**schwarte** *f* (het) zwoerd; ~**seite** *f* zij spek.

spe'd|ieren (-) expediëren, verzenden; ꝰ**iteur** [-'tøːʁ] *m* (*-s*; *-e*) expediteur.

Spedition [-'tsĭoːn] *f* expeditie; ~**s·firma** *f* (het) expeditiebedrijf.

Speer *m* (*-ẹs*; *-e*) speer, spies; ~**werfen** *n* (*-s*; *0*) (het) speerwerpen.

Speiche spaak; (*Knochen*) (het) spaakbeen.

Speichel *m* (*-s*; *0*) (het) speeksel; ~**absonderung** *f* speekselafscheiding; ~**drüse** *f* speekselklier; ~**lecker** *m* flikflooier, kruiper.

Speicher *m* (het) pakhuis, (het) magazijn, opslagplaats; (*Dachboden*) zolder; (*Wasser*ꝰ) (het) reservoir; (*Warmwasser*ꝰ) boiler; ꝰ**n** (*-re*) opslaan (*a. fig.*).

speien ['ʃpaɪən] (*L*) spuwen; (*sich erbrechen*) overgeven, spugen.

Speise *f* (het) voedsel, spijs; (*Gericht*) (het) gerecht, schotel; (*Mehl*ꝰ) pudding, vla; ~**eis** *n* (het) consumptieijs; ~**haus** *n* (het) eethuis; ~**kammer** *f* provisiekamer; ~**kartoffel** *f* consumptieaardappel; ~**karte** *f* (het) menu, spijskaart; ꝰ**n** (*-t*) eten; (*versorgen*) voeden (*a. Tech.*); ~**n·aufzug** *m* etenslift; ~**nfolge** *f* (het) menu; ~**öl** *n* tafel-, slaolie; ~**reste** *m/pl.* etensresten *pl.*; ~**röhre** *f* slokdarm; ~**saal** *m* eetzaal; ~**schrank** *m* voorraadskast; ~**wagen** *m* restauratiewagen; ~**zettel** *m* (het) menu; ~**zimmer** *n* eetkamer.

Speisung *f* voeding.

spei·übel: *mir ist* ~ ik voel me misselijk.

Spek'takel *m* herrie, (het) spektakel, (het) rumoer, (het) lawaai; ~**stück** *n* (het) spektakelstuk.

Spek'tr|al·analyse *f* spectraalanalyse; ~**o'skop** *n* (*-s*; *-e*) spectroscoop.

Spektrum [sp-] *n* (*-s*; *Spektra od. Spektren*) (het) spectrum.

Speku'la|nt *m* (*-en*) speculant; ~**tion** [-'tsĭoːn] *f* speculatie; ~**tionspapier** *n* (het) speculatiepapier.

Speku'latius [-tsĭʊs] *m* (-; -) speculaas.

speku'lieren (-) speculeren.

Spe'lunke *f* spelonk.

spen|'dabel (*-bl-*) F royaal; ꝰ**de** gift; ~**den** (*-e-*) geven, schenken; *Lob* toezwaaien; ꝰ**der** *m* schenker, gever; (*Blut*ꝰ) donor.

spen'dier|en (-) geven, spenderen; (*e-e Runde*) ~ trakteren, een rondje geven; ꝰ**hosen** *f/pl.* F: *die* ~ *an haben* in een royale bui zijn.

Spengler *m* blikslager.

Sperber *m* sperwer.

Spe'renzchen *n/pl.* F: ~ *machen* moeilijk doen.

Sperling *m* (*-s*; *-e*) mus.

Sperma [sp-] *n* (*-s*; *Spermen od. Spermata*) (het) sperma.

sperr|angelweit (*0*) wagenwijd; ꝰ**baum** *m* sluitboom; ꝰ**druck** *m Typ.* gespatieerde druk; ꝰ**e** *f* afsluiting, versperring; (*Verbot*) (het) verbod; (*Bahnsteig*ꝰ) controle; ~**en** afsluiten, versperren; (*ein*~) opsluiten; *Grenze* sluiten; *Konto* blokkeren; (*untersagen*) verbieden; *Urlaub* intrekken; *Typ.* spatiëren; *Sp.* schorsen; *sich* ~ (*D*) zich verzetten tegen; ꝰ**feuer** *n* (het) spervuur; ꝰ**frist** *f* termijn van blokkering; ꝰ**gebiet** *n* (het) verboden (*od.* afgesloten) gebied; ꝰ**gut** *n* bulkartikelen *n/pl.*, goederen *n/pl.* die veel laadruimte innemen; ꝰ**holz** *n* triplex (*a.* het); ~**ig** veel ruimte beslaand; ꝰ**kette** *f* sluitketting; (*Polizei*ꝰ) (het) cordon; ꝰ**konto** *n* geblokkeerde rekening; ꝰ**mauer**

(*Staudamm*) stuwdam; **2müll** *m* (het) grof vuil; **2sitz** *m* stalles *pl.*; **2stunde** *f* (het) sluitingsuur; **2ung** *f* afsluiting, versperring; sluiting; (het) verbod; blokkering; spatiëring; schorsing; **2zone** *f* verboden (*od.* afgesloten) zone.

Spesen *pl.* onkosten *pl.*; **2frei** vrij van kosten; **~rechnung** *f* onkostenrekening.

Spezi *m* (*-s*; *-s*) vriend.

Spezial|- [-'tsĭɑ:l] *in Zssgn mst.* speciaal (*Adj.*); **~arzt** *m* specialist; **~gebiet** *n* (het) speciaal gebied; **2i'sieren** (-) specialiseren; *sich ~ auf* (*A*) zich specialiseren in; **~ist(in** *f*) [-'lɪst] *m* (*-en*) specialist(e *f*).

Speziali'tät *f* specialiteit; **~enrestaurant** *n* (het) specialiteitenrestaurant.

Spe'zial|training *n* speciale training; **~vollmacht** *f* speciale volmacht.

spezi|ell [-'tsĭɛl] speciaal; **2es** ['spe·tsĭɛs] *f* (-; -) soort (*a.* het); **~fisch** [-'tsi:-] specifiek; *~es Gewicht* (het) soortelijk gewicht; **~fi'zieren** (-) specificeren, specifiëren.

Sphär|e *f* sfeer; **2isch** sferisch.

Sphinx [sfɪŋks] *f* (-; *-e*) sfinx.

Spick|en larderen; *fig.* spekken; (*bestechen*) omkopen; *s. a. gespickt*; **~gans** *f* gerookte ganzeborst.

Spiegel *m* spiegel.

Spiegel|- *in Zssgn mst.* spiegel-, *z.B.* **~bild** *n* (het) spiegelbeeld; **~blank** (*0*) spiegelblank; **~ei** *n* (het) spiegelei; **~fechte'rei** *f* (het) spiegelgevecht; **~glas** *n* (het) spiegelglas; **2glatt** (*0*) spiegelglad; **2n** (*-le*) (*sich*) (zich) spiegelen; **~reflexkamera** *f* spiegelreflexcamera; **~schrank** *m* spiegelkast; **~ung** *f* spiegeling.

Spiel *n* (*-es*; *-e*) (het) spel; (*Wettbewerb bsd.*) wedstrijd; *Tech.* speling; *j-n aus dem ~ lassen* iem. erbuiten laten; *aufs ~ setzen* (*auf dem ~ stehen*) op het spel zetten (staan); *leichtes ~ haben* gemakkelijk spel hebben.

Spiel|- *in Zssgn mst.* speel-, *z.B.* **~art** *f* speelwijze; (*Abart*) variëteit, variant; **~automat** *m* speelautomaat; **~ball** *m* speelbal; **~bank** *f* (-; *-en*) speelbank; **~chen** *n* (het) spelletje; **~dauer** *f* speelduur; **~dose** *f* speeldoos; **2en** spelen; *ins Gelbliche* (*Grünliche*) *~* een geelachtige (groenachtige) tint hebben; *den feinen Mann ~* de fijne mijnheer uithangen; **2end** *Adv. fig.* spelenderwijs; **~er** *m* speler; **~e'rei** *f* (het) spel; (*Kinderei*) gekheid, beuzelarij, onzin; **~erin** *f* speelster; **2erisch** speels; **~feld** *n* (het) speelterrein; **~figur** *f* pion; **~folge** *f* (het) programma; **~gefährte** *m* speelkameraad; **~geld** *n* (het) speelgeld; **~hälfte** *f* speelhelft; **~hölle** *f* (het) speelhol; **~karte** *f* speelkaart; **~kasino** *n* (het) speelcasino; **~kasse** *f* speelkas; **~klub** *m* speelclub; **~leidenschaft** *f* speeldrift; **~leiter** *m* spelleider; *Thea.* regisseur; **~mann** *m* (*-es*; *Spielleute*) speelman, muzikant; **~marke** *f* fiche; **~plan** *m* (het) speelplan; **~platz** *m* (het) speelplein, speelplaats; **~raum** *m* *Tech.* speling; (*Bewegungsfreiheit, a. fig.*) speelruimte; **~regel** *f* spelregel; **~sachen** *f/pl.* (het) speelgoed; **~schuld** *f* speelschuld; **~straße** *f* speelstraat; **~tisch** *m* speeltafel; **~uhr** *f* speelklok; **~verderber** *m* spelbreker; **~warengeschäft** *n* speelgoedwinkel; **~werk** *n* (het) speelwerk; **~wiese** *f* speelwei(de); **~zeug** *n* (het) speelgoed; **~zimmer** *n* speelkamer.

Spierling *m* (*-s*; *-e*) lijsterbes.

Spieß *m* (*-es*; *-e*) spies; (*Brat2*) (het) spit; *am ~* aan het spit.

Spießbürger *m* (het) (bekrompen) burgermannetje; **2lich** kleinburgerlijk, bekrompen.

spieß|en (*-t*) spietsen; **2er** *m* = *Spießbürger*; **~ig** = *spießbürgerlich*; **2rute** *f* spitsroede (*a. fig.*).

Spike [spaɪk] *m* (*-s*; *-s*) spike.

Spill *n* (*-es*; *-e*) windas.

Spi'nat *m* (*-es*; *-e*) spinazie.

Spind *n u. m* (*-es*; *-e*) kast.

Spindel *f* (-; *-n*) spil; (*Spinnrad2*) klos.

Spi'nett *n* (*-es*; *-e*) (het) spinet.

Spinn|- *in Zssgn mst.* spin-, *z.B.* **~drüse** *f* spinklier; **~e** *f* spin; **2e'feind** (*0*) heel vijandig gezind; **2en** (*L*) spinnen; *fig.* F gek zijn, van lotje getikt zijn; **~e'rei** *f* spinnerij; **~erin** *f* spinster; **~gewebe** *n* (het) spinneweb; **~maschine** *f* spin-

machine; **~rad** *n* (het) spinnewiel; **~stube** *f* spinkamer; **~webe** *f* = *Spinngewebe*.
spinti'sieren (-) piekeren.
Spio|n [ʃpi·'o:n] *m* (-*s*; -*e*) spion; **~'nage** [-ʒə] *f* (*0*) spionage; **2'nieren** (-) spioneren.
Spi'ral|e *f* spiraal; **~feder** *f* spiraalveer; **2förmig** spiraalvormig.
Spiri'tis|mus *m* (-; *0*) (het) spiritisme; **~t(in** *f*) *m* (-*en*) spiritist(e *f*); **2tisch** spiritistisch.
Spiritua'lismus [-tu·ɑ·-] *m* (-; *0*) (het) spiritualisme.
spiritu|'ell spiritueel, geestelijk; **2'osen** *pl.* sterke drank(en *pl.*).
Spiritus *m* (-; -*se*) spiritus; **~kocher** *m* (het) spiritusstel.
Spi'tal *n* (-*s*; =*er*) (het) hospitaal.
spitz (-*est*) spits, puntig, scherp; *fig.* snibbig, scherp; *Winkel*: scherp.
Spitz *m* (-*es*; -*e*) keeshond.
Spitz|- *in Zssgn mst.* spits-, *z.B.* **~bart** *m* spitsbaard; **~bogen** *m* spitsboog.
Spitzbube *m* spitsboef; **~n·streich** *m* kwajongensstreek; *pej.* schurkenstreek.
spitzbübisch ondeugend; *pej.* schurkachtig.
Spitze *f* spits, punt; (*Gewebe*) kant; (*Berg2 bsd.*) top; (*Baum2*) top, kruin; (*Stichelei*) steek (onder water); (*oberste Schicht*) top; **~n** *pl.* (*Führer*) voornaamsten *pl.*, leiders *pl.*; *die ~ bieten* (*D*) het hoofd bieden aan; *an der ~ stehen* aan de top; *marschieren* aan het hoofd, vooraan; etw. *auf die ~ treiben* iets op de spits drijven.
Spitzel *m* (politie)spion; **2n** (-*le*) spioneren.
spitzen (-*t*) spitsen (*a. Ohren*), punten, een punt maken aan; *Lippen* tuiten; **2besatz** *m* kantgarnering; **2erzeugnis** *n* (het) kwaliteitsprodukt; **2kandidat** *m* lijstaanvoerder; **2klasse** *f* eerste klas, topklas; **2leistung** *f* topprestatie; **2mannschaft** *f* toploeg; **2organisation** *f* toporganisatie; **2reiter** *m fig.* topper, (het) succes(nummer); **2sportler** *m* topsporter.
Spitzer *m* slijper.
spitz|findig spitsvondig; **2findigkeit** *f* spitsvondigheid; **2hacke** *f* (het) pikhouweel; **~ig** = *spitz*;
2maus *f* spitsmuis; **2name** *m* bijnaam; **~wink(e)lig** scherphoekig.
Spleiß *m* (-*es*; -*e*), **~e** *f* splinter, spaan; **2en** (*L*) splijten, splitsen; *Holz bsd.* klieven.
Splint *m* (-*es*; -*e*) (*Holz*) (het) spint; (*Stift*) pin, spie.
Splitt *m* (-*es*; -*e*) (het) steenslag.
Splitter *m* splinter; (*Granat2*) scherf; **~bombe** *f* brisantbom; **2(faser)nackt** spiernaakt; **2frei** splintervrij; **2n** (-*re*; *a. sn*) splinteren.
spon'tan spontaan; **2ei'tät** [-ne:i·-] *f* (*0*) spontaneïteit.
spo'radisch sporadisch.
Spore *f* spore.
Sporen *m/pl.* sporen *pl.*
Sporn *m* (-*es*; *Sporen*) spoor; *fig.* prikkel; *s. a. Sporen*; **2en** *Pferd* de sporen *pl.* geven; *fig.* aansporen; **2streichs** spoorslags.
Sport *m* (-*es*; -*e*) sport; *~ treiben* aan sport doen.
Sport|- *in Zssgn mst.* sport-, *z.B.* **~abzeichen** *n* sportmedaille; **~angler** *m* sportvisser; **~anzug** *m* (het) sportpak; **~art** *f* sporttak; **~artikel** *m/pl.* sportartikelen *n/pl.*; **~arzt** *m* sportarts; **~bericht** *m* (het) sportverslag; **~flugzeug** *n* (het) sportvliegtuig; **~freund** *m* sportliefhebber; **~halle** *f* sporthal; **~hemd** *n* (het) sporthemd; **~kleidung** *f* sportkledij; **~klub** *m* sportclub; **~lehrer** *m* sportleraar; **~ler(-in** *f*) *m* sportbeoefenaar(ster *f*), sportman *m*; **2lich** sportief; **~lichkeit** *f* (*0*) sportiviteit; **~nachrichten** *f/pl.* (het) sportnieuws; **~platz** *m* (het) sportterrein; **~schuh** *m* sportschoen; **~s·mann** *m* (-*es*; ... *od. Sportsleute*) sport(s)man; **~strumpf** *m* sportkous; **~veranstaltung** *f* sportmanifestatie; **~verein** *m* sportvereniging; **~wagen** *m* sportwagen; (*Kinder2*) wandelwagen; **~wettkämpfe** *m/pl.* sportwedstrijden *pl.*; **~zeitung** *f* sportkrant.
Spott *m* (-*es*; *0*) spot, bespotting, schimp; *zum ~* spottend, als bespotting; **~bild** *n* karikatuur; **2billig** spotgoedkoop.
Spötte|'lei *f* spotternij, spot; **2ln** (-*le*) (*über A*) (fijn) spotten (met), de draak steken (met).

spotten (*-e-*) (*über A*) spotten (met), de spot drijven (met).

Spötter *m* spotter, spotvogel.

Spott|gedicht *n* (het) spotgedicht; **~geld** *n* (*-es*; *0*) spotprijs.

spöttisch spottend.

Spott|lust *f* spotlust; **2lustig** spotziek; **~name** *m* spotnaam; **~preis** *m* spotprijs; **~sucht** *f* (*0*) spotzucht; **~vogel** *m* spotvogel.

Sprach|- *in Zssgn mst.* taal-, *z.B.* **~atlas** *m* taalatlas; **~begabung** *f* talenknobbel; **~e** *f* taal; (*Sprechfähigkeit*) spraak; *heraus mit der ~!* spreek op!; *zur ~ bringen* (*kommen*) ter sprake brengen (komen).

Sprach|familie *f* taalfamilie; **~fehler** *m* taalfout; (*Sprechfehler*) (het) spraakgebrek; **~forscher** *m* taalvorser, taalkundige; **~forschung** *f* (het) taalonderzoek; **~führer** *m* taalcursus; **~gebiet** *n* (het) taalgebied; **~gebrauch** *m* (het) taalgebruik; **~gefühl** *n* (*-es*; *0*) (het) taalgevoel; **~genie** *n* (het) taalgenie; **~geschichte** *f* taalgeschiedenis; **2gewandt** welbespraakt; **~grenze** *f* taalgrens; **~kenntnisse** *f/pl.* taalkennis; (*mehrerer Sprachen*) talenkennis; **2kundig:** *~ sein* een taal (*od.* talen *pl.*) kennen; **~labor** *n* (het) talenpracticum; **~lehre** *f* spraakkunst; **~lehrer** *m* taalleraar; **2lich** (*0*) taalkundig, de taal betreffend, taal-; **2los** (*-est*) sprakeloos; **~losigkeit** *f* (*0*) sprakeloosheid; **~pflege** *f* taalverzorging; **~philosophie** *f* taalfilosofie; **~raum** *m* (het) taalgebied; **~rohr** *n* spreekbuis (*a. fig.*); **~schatz** *m* taalschat; **~schnitzer** *m* grove taalfout; **~störung** *f* (het) spraakgebrek; **~studium** *n* taalstudie; **~übung** *f* taaloefening; **~unterricht** *m* (het) taalonderwijs; **~vergleichung** *f* taalvergelijking, (het) vergelijkend taalonderzoek.

Sprachwissenschaft *f* taalwetenschap; *angewandte ~* toegepaste taalwetenschap; **~ler** *m* taalkundige; **2lich** (*0*) taalkundig.

Spray [spre:] *n* (*-s*; *-s*) spray.

Sprech|- *in Zssgn mst.* spreek-, *z.B.* **~chor** *m* (het) spreekkoor.

sprechen (*L*) spreken; *etw. spricht für* (*gegen*) *j-n* iets pleit voor (tegen) iem.; *auf j-n nicht gut zu ~ sein* niet goed over iem. te spreken zijn.

Sprech|er(in *f*) *m* spreker *m*, spreekster *f*; (*Wortführer*) woordvoerder *m*, woordvoerster *f*; **~gebühr** *f* (het) gesprekstarief; **~kunde** *f* (*0*) kunst van het spreken; **~platte** *f* plaat met gesproken tekst; **~stunde** *f* (het) spreekuur; **~stundenhilfe** *f* praktijkassistente; **~übung** *f* spreekoefening; **~unterricht** *m* (het) spreekonderwijs; **~weise** *f* spreekwijze; **~werkzeuge** *n/pl.* spraakorganen *n/pl.*; **~zimmer** *n* spreekkamer.

spreiten (*-e-*) (uit)spreiden.

spreiz|beinig (*0*) wijdbeens; **2e** *f* stut, steunbalk; *Sp.* spreidstand; **~en** (*-t*) spreiden; *sich ~* een hoge borst opzetten, pronken; *s. a.* gespreizt.

Sprengel *m* parochie, (het) ambtsgebied.

spreng|en **1.** *v/t* opblazen; (*aufbrechen*) openbreken; *Versammlung* uiteenjagen; *mit Wasser* besproeien, sprenkelen; **2.** *v/i* (*sn*) galopperen, draven; **2kammer** *f* springkamer; **2körper** *m* (het) explosief; **2kraft** *f* explosieve kracht; **2ladung** *f* springlading; **2stoff** *m* springstof; **2ung** *f* (het) opblazen; (het) openbreken; (het) uiteenjagen; besproeiing; **2wagen** *m* sproeiwagen; **2wedel** *m* wijwaterkwast.

Sprenkel *m* stip, vlek; **2n** (*-le*) (be)spikkelen.

Spreu *f* (*0*) (het) kaf.

Sprich|wort *n* (*-es*; *"er*) (het) spreekwoord; **2wörtlich** spreekwoordelijk.

sprießen (*L*; *a. sn*) ontspruiten, (ont)kiemen.

Spring|- *in Zssgn mst.* spring-, *z.B.* **~bock** *m* springbok; **~brunnen** *m* fontein.

springen (*L*; *a. sn*) springen; (*bersten a.*) barsten; *Geld ~ lassen* geld stukslaan; *der ~de Punkt* het kardinale punt.

Spring|er *m* springer; *Schach:* (het) paard; **~flut** *f* springvloed; **~ins-feld** *m* (*-es*; *-e*) spring-in-'t--veld; **~pferd** *n* (het) springpaard.

Sprinkler *m* sprinkler.

Sprint *m* (*-s*; *-s*) sprint; **2en** (*-e-*; *a. sn*) sprinten; **~er** *m* sprinter.

Sprit *m* (*-es*; *-e*) spiritus; F (*Benzin*) benzine.

Spritz|apparat *m* (het) spuittoestel; **~arbeit** *f* (het) spuitwerk; **~düse** *f* sproeier; **~e** *f* spuit; *Med. bsd.* (het) spuitje, injectie; (*Feuer*~) brandspuit; **~en** (*-t*) spuiten; (*Flecken machen*) spatten; *Med. j-n* inspuiten; F (*rennen*) jagen, rennen; **~er** *m* spat; (*kleine Menge*) scheut; **~fahrt** *f* (het) uitstapje; **~fleck** *m* spat; **~ig** *Wein*: prikkelend; *fig.* vlot, geestig; **~kuchen** *m* sprits; **~lack** *m* spuitlak (*a.* het); **~pistole** *f* (het) spuitpistool; **~tour** *f* (het) uitstapje.

spröd|e broos; *Haut*: gekloofd; *Haar*: moeilijk; (*schwer formbar*) hard, moeilijk te bewerken; *fig.* (*abweisend*) stug; (*prüde*) preuts; **~heit** *f* (*0*), **~ig·keit** *f* (*0*) broosheid; stugheid; preutsheid.

Sproß *m* (*-sses*; *-sse*) spruit; *Pers. a.*: telg; *Bot. bsd.* loot.

Sprosse *f* (*Sommer*~) sproet; (*Leiter*~) sport.

sprossen (*-ßt*; *a. sn*) (ont)spruiten, ontkiemen.

Sprößling *m* (*-s*; *-e*) spruit, afstammeling.

Sprotte *f* sprot.

Spruch *m* (*-es*; *⸚e*) spreuk; *jur.* (het) vonnis; **~band** *n* (het) spandoek.

Sprüchlein *n* (het) spreukje, (het) versje.

spruchreif rijp voor een beslissing.

Sprudel *m* (*Strudel*) draaikolk; (*Wasserstrahl*) (het) borrelend water; (*Quelle*) spuitende bron; = *a. Sprudelwasser*; **~n** (*-le*) (op)borrelen, opbruisen; *Worte*: rollen; *Wasserfall*: bruisen; **~wasser** *n* (het) spuitwater.

Sprüh|dose *f* spuitbus; **~en** spatten (*a. v/t*), vonken; (*spritzen*) spuiten; (*regnen*) motregenen; *fig.* fonkelen, tintelen; **~feuer** *n* (het) vonkenspattend vuur; **~regen** *m* motregen.

Sprung *m* (*-es*; *⸚e*) sprong; (*Riß*) barst, scheur; **~bein** *n* (het) sprongbeen; **~brett** *n* springplank; **~feder** *f* springveer; **~federmatratze** *f* matras met binnenvering; **~gelenk** *n* (het) spronggewricht; **~haft** (*-est*) met sprongen, sprongsgewijs; (*unstet*) ongedurig, wispelturig; **~schanze** *f* springschans; **~tuch** *n* (het) springzeil; **~turm** *m* springtoren.

Spuck|e *f* (*0*) (het) speeksel; **~en** spuwen, spugen; **~napf** *m* (het) spuwbakje.

Spuk *m* (*-es*; *-e*) (het) 'spook(beeld); (het) spoken; (*Lärm*) herrie, (het) lawaai; **~en** spoken; **~e'rei** *f* (het) spoken, (het) gespook; **~geschichte** *f* (het) spookverhaal; **~haft** (*-est*) spookachtig.

Spülbecken *n* spoel-, afwasbak, gootsteen.

Spule *f* spoel (*a. El. u. Tech.*), klos.

Spüle *f* = *Spülbecken*.

spulen spoelen, opwinden.

spül|en spoelen; (*abwaschen*) afwassen; **~er** *m* spoeler; afwasser; afwas-, vaatwasmachine; **~mittel** *n* (*Geschirr*~) (het) afwasmiddel; **~tisch** *m* aanrecht (*a.* het); **~ung** *f* spoeling.

Spund *m* (*-es*; *⸚e*) spon, stop; **~loch** *n* (het) spongat.

Spur *f* (het) spoor; (*Anzeichen*) (het) teken; *keine ~!, nicht die ~!* absoluut niet!; *j-m auf der ~ sein* iem. op het spoor zijn; e-e *~ zu klein* een ietsje te klein.

spür|bar voel-, tastbaar; **~en** (be-)speuren, voelen, gewaarworden; **~hund** *m* speurhond.

spurlos (*-est*) spoorloos.

Spür|nase *f* goede (*od.* fijne) neus (*a. fig.*); **~sinn** *m* (*-es*; *0*) speurzin (*a. fig.*).

Spurt *m* (*-es*; *-e od. -s*) spurt; **~en** (*-e-*; *a. sn*) spurten.

Spurweite *f* spoorbreedte.

sputen (*-e-*): *sich ~* zich spoeden.

Staat *m* (*-es*; *-en*) staat; (*-es*; *0*) (*Prunk*) staatsie, pronk; *~ machen* (*mit D*) pronken (met); (*Kleidung*) (het) toilet; **~en·los** (*0*) zonder nationaliteit, staatloos.

staatlich (*0*) van de staat, staats-, rijks-.

Staats|- *in Zssgn mst.* staats-, *in den Niederlanden a. oft* rijks-; **~akt** *m* plechtigheid van staatswege.

Staats·angehörig|e(r) staatsburger, onderdaan; **~keit** *f* nationaliteit.

Staats|angelegenheit *f* staatszaak; **~anleihe** *f* staatslening.

Staats·anwalt *m* officier van justitie; (*in Belgien*) procureur; **~schaft** *f* (het) openbaar ministerie.

Staats|anzeiger *m* (het) staatsblad, staatscourant; **~beamte(r)** (rijks-) ambtenaar; **~begräbnis** *n* officiële begrafenis; **~besuch** *m* (het) staatsbezoek; **~betrieb** *m* (het) staatsbedrijf.

Staatsbürger *m* staatsburger; **~kunde** *f* maatschappijleer; **⁊lich** (*0*) staatsburgerlijk.

Staats|dienst *m* staats-, rijksdienst; **⁊eigen** van de staat, staats-, rijks-; **~eigentum** *n* (het) staatseigendom; **~examen** *n* (het) eindexamen, (het) doctoraal examen; **~feind** *m* staatsvijand; **~form** *f* staatsvorm; **~gebiet** *n* (het) staatsgebied; **~geheimnis** *n* (het) staatsgeheim; **~gelder** *n/pl.* staatsgelden *n/pl.*; **~gewalt** *f* (*0*) (het) staatsgezag; **~haushalt** *m* staatshuishouding; (*Etat*) (rijks)begroting; **~kasse** *f* staatskas; **~kirche** *f* (*0*) staatskerk; **~kosten** *pl.* staatskosten *pl.*; **~lehre** *f* staatsleer; **~mann** *m* staatsman; **⁊männisch** politiek, van een staatsman; **~minister** *m* minister van staat; **~oberhaupt** *n* (het) staatshoofd; **~organ** *n* (het) staatsorgaan; **~präsident** *m* staatspresident; **~räson** *f* (*0*) (het) staatsbelang, staatsraison; **~rat** *m* Raad van State; (*DDR*) staatsraad; *Pers.*: lid van de Raad van State; **~recht** *n* (-*ẹs*; *0*) (het) staatsrecht; **⁊rechtlich** staatsrechtelijk; **~schuld** *f* nationale schuld; **~sekretär** *m* staatssecretaris; **~sicherheitsdienst** *m* staatsveiligheidsdienst; **~streich** *m* staatsgreep; **~verbrechen** *n* (het) misdrijf tegen de staat; **~verfassung** *f* grondwet; **~vertrag** *m* (het) staatsverdrag; **~wesen** *n* (het) staatswezen; **~wirtschaft** *f* staatshuishouding; **~wissenschaften** *f/pl.* staatswetenschappen *pl.*; **~wohl** *n* (het) welzijn van de staat.

Stab *m* (-*ẹs*; *⁼e*) staf (*a. mil.*), stok; (*Stange*) staaf.

Stäbchen *n* (het) stokje.

Stab|eisen *n* (het) staafstaal; **⁊förmig** staafvormig; **~hochsprung** *m* (het) polstokhoogspringen.

sta'bil stabiel; **~i'sieren** (-) stabiliseren; **⁊i'sierungs·fläche** *f* stabilo; **⁊i'tät** *f* (*0*) stabiliteit.

Stabreim *m* (het) stafrijm, alliteratie.

Stabs|arzt *m* kapitein-arts; **~chef** *m* stafchef; **~offizier** *m* stafofficier.

Stachel *m* (-*s*; -*n*) stekel; (*Insekten⁊*) angel; (*Schnallen⁊*) tong; *fig.* prikkel; **~beere** *f* kruisbes; **~draht** *m* prikkeldraad; **~drahtverhau** *m* prikkeldraadversperring; **⁊ig** stekelig; **⁊n** (-*le*) steken, prikken; *fig.* prikkelen; (*hetzen*) ophitsen; **~schwein** *n* (het) stekelvarken.

Stadi|on [-diɔn] *n* (-*s*; *Stadien*) (het) stadion; **~um** *n* (-*s*; *Stadien*) (het) stadium.

Stadt *f* (-; *⁼e*) stad; *in die ~ gehen, fahren* naar de stad; **~bahn** *f* stadstram, (het) stadsspoor; **⁊bekannt** in de hele stad bekend; **~bezirk** *m* (het) district, stadswijk; **~bummel** *m* wandeling door de stad.

Städt|chen [ɛ:] *n* (het) stadje; **~ebau** *m* (-*ẹs*; *0*) stedebouw; **~e·ordnung** *f* gemeentewet; **~er(in** *f*) *m* stedeling(e *f*); **~e·tag** *m* vergadering van afgevaardigden uit de steden.

Stadt|gas *n* (het) stadsgas; **~gebiet** *n* (het) stadsgebied; **~gespräch** *n* (het) in omloop zijnd praatje; *Tel.* (het) lokaal gesprek; **~haus** *n* (het) stadhuis.

städtisch [ɛ:] stedelijk, steeds; *die ~en Behörden pl.* (het) stadsbestuur.

Stadt|kämmerer *m* wethouder van financiën; **~kasse** *f* gemeentekas; **~kern** *m* stadskern, binnenstad; **~kind** *n* (het) stadskind; **~klatsch** *m* (het) geklets in de stad; **~kommandant** *m* garnizoenscommandant; **~kreis** *m* (het) stadsgewest; **~mitte** *f* (het) (stads)centrum; **~park** *m* (het) stadspark; **~plan** *m* plattegrond (van een stad); **~rand** *m* rand van de stad; **~rat** *m* gemeenteraad; *Pers.*: (het) gemeenteraadslid; (*im Vorstand*) wethouder; **~recht** *n* (het) stadsrecht; **~rundfahrt** *f* rondrit (*mit dem Schiff*: rondvaart) door de stad; **~staat** *m* stadstaat; **~teil** *m* (het) stadsgedeelte, stadswijk; **~theater** *n* stadsschouwburg; **~väter** *m/pl.* vroede vaderen *pl.*; **~verordnete(r)** (het) gemeenteraadslid; **~verwaltung** *f* (het) stadsbestuur; **~viertel** *n* stadswijk; **~wappen** *n* (het) stadswapen.

Sta'fette *f* estafette, koerier.

Staf'fage [-ʒə] *f* stoffering.

Staffel *f* (-; -*n*) trap, sport; *Flgw.* (het) squadron; *Sp.* estafette, ploeg; **~ei** [-'laɪ] *f* schildersezel; **~**

lauf *m* estafetteloop; **2n** (*-le*) onderverdelen, indelen; *gestaffelte Steuern f/pl.* progressieve belastingen *pl.*; **~ung** *f* (*0*) onderverdeling, indeling; progressie, glijdende schaal.
Stag *n* (*-ęs*; *-e*) (het) stag.
Stag|nation [-'tsĭo:n] *f* stagnatie; **2'nieren** (-) stagneren.
Stahl *m* (*-ęs*; *-e od.* *⸚e*) (het) staal.
Stahl|- *in Zssgn mst.* staal-; *bei Material aus Stahl mst.* stalen (*Adj.*); *z.B.* **~bad** *n* (het) staalbad; **~bau** *m* (*-ęs*; *0*) staalbouw; **~beton** *m* (het) gewapend beton; **2blau** (*0*) staalblauw; **~blech** *n* staalplaat; **~draht** *m* staaldraad.
stähle|n stalen; *fig. a.* harden; **~rn** (*0*) stalen.
Stahl|feder *f* stalen veer; **2'hart** (*0*) staalhard; **~härtung** *f* staalharding; **~helm** *m* stalen helm; **~kammer** *f* safe; **~möbel** *n/pl.* stalen meubelen *n/pl.*; **~roß** *n* F (het) stalen ros; **~stich** *m* staalgravure; **~waren** *f/pl.* staalwaren *pl.*; **~werk** *n* staalfabriek; **~wolle** *f* staalwol.
Staken *m* staak; *mar.* vaarboom; **2** bomen.
Sta'ket *n* (*-ęs*; *-e*) (het) staket(sel).
staksen (*-t*) F slungelen.
Stal|ag'mit *m* (*-en*) stalagmiet; **~ak'tit** *m* (*-en*) stalactiet.
Stall *m* (*-ęs*; *⸚e*) stal (*a. fig.*); *für Kleintiere*: (het) hok.
Stallaterne *f* stallantaarn.
Ställchen *n* (het) stalletje; (het) hokje; (*Lauf2*) box.
Stall|dünger *m* stalmest; **~hase** *m* (het) tam konijn; **~junge** *m* staljongen; **~meister** *m* stalmeester; **~ung** *f* stal(ling).
Stamm *m* (*-ęs*; *⸚e*) stam (*a. Volks2 usw.*).
Stamm|- *in Zssgn mst.* stam-; **~aktie** *f* (het) gewoon aandeel; **~baum** *m* stamboom; **~buch** *n* (het) stamboek; (het) album.
stammeln (*-le*) stamelen, hakkelen.
Stamm|eltern *pl.* stamouders *pl.*; **2en** *von* (*D*) afstammen van; *aus* (*D*) stammen uit, komen uit; **~esgeschichte** *f* stamgeschiedenis; **~form** *f* stamvorm; **~gast** *m* stamgast; **~gericht** *n* dagschotel; **~halter** *m* stamhouder; **~haus** *n* (het) stamhuis.
stämmig potig, stoer.
Stamm|kapital *n* (het) grondkapitaal; **~kneipe** *f* (het) stamcafé, stamkroeg; **~kunde** *m* vaste klant; **~land** *n* (het) stamland.
Stammler *m* stamelaar.
Stamm|silbe *f* stamlettergreep; **~sitz** *m* (het) stamslot; *Thea.* vaste plaats; **~tafel** *f* (het) geslachtsregister; **~tisch** *m* stamtafel.
Stammutter *f* stammoeder.
Stammvater *m* stamvader.
stammverwandt stamverwant; **2schaft** *f* stamverwantschap.
Stammvokal *m* stamklinker.
Stampf|bewegung *f* stampende beweging; **~e** *f* stamper; **2en** stampen (*a. mar.*); *v/t a.* fijnstampen; **~er** *m* stamper.
Stand *m* (*-ęs*; *⸚e*) stand; (*Zustand bsd.*) staat, toestand; (*~ort*) standplaats; (*Verkaufs2*) stand (*a. Messe2*), (het) kraampje, (het) stalletje; *e-n schweren ~ haben* een harde dobber hebben.
Standard *m* (*-s*; *-s*) standaard; **2i'sieren** (-) standaardiseren; **~i'sierung** *f* standaardisering; **~typ** *m* (het) standaardtype; **~werk** *n* (het) standaardwerk.
Stan'darte *f* standaard, (het) vaandel.
Standbild *n* (het) standbeeld.
Ständchen *n* serenade.
Ständer *m* stander; (*Fahrrad2*) (het) rek; (*Balken*) steunbalk.
Standes|amt *n* (het) bureau van de burgerlijke stand; **2amtlich** *Trauung*: voor de wet; **~beamte(r)** ambtenaar van de burgerlijke stand; **2bewußt** standsbewust; **~bewußtsein** *n* (het) standsbewustzijn; **2gemäß** (*-est*) volgens zijn stand; **~organisation** *f* beroepsorganisatie; **~unterschied** *m* (het) standsverschil.
Ständestaat *m* standenstaat.
Standesvorurteil *n* (het) standsvooroordeel.
Stand|geld *n* (het) staan-, marktgeld; **~gericht** *n* militaire rechtbank die het standrecht toepast; **2haft** (*-est*) standvastig; **~haftigkeit** *f* (*0*) standvastigheid; **2halten** (*D*) standhouden (tegen).
ständ|ig permanent, vast, blijvend; (*ununterbrochen*) voortdurend, onafgebroken; **~isch** naar standen, stands-.

Stand|licht *n* (het) parkeerlicht; **~ort** *m* standplaats; **~pauke** *f* strafpreek; **~platz** *m* staanplaats, stand; **~punkt** *m* (het) standpunt; **~recht** *n* (-*es*; *0*) (het) standrecht; **2rechtlich** standrechtelijk; **~uhr** *f* staande klok.
Stange *f* stang, staaf; (*Vorhang2*) roede; (*Kleider2*) (het) rek, kapstok; (*Zigaretten2*) slof; e-e ~ *Geld* F een hoop geld; *j-m die ~ halten* het voor iem. opnemen.
Stangen|bohne *f* klimboon; **~spargel** *m* slierasperge.
Stänke|r *m* F twistzoeker; **~'rei** *f* F ruzie; **2rn** (-*re*) ruziemaken.
Stanniol [-'nĭo:l] *n* (-*s*; -*e*) (het) stanniool.
Stanze *f* pons(machine); (*Strophe*) stanza; **2n** (-*t*) ponsen.
Stapel *m* stapel, hoop; *vom ~ laufen* (*lassen*) van stapel (laten) lopen; **~lauf** *m* (het) van stapel lopen, tewaterlating; **2n** (-*le*) (op)stapelen; **~platz** *m* stapelplaats; **~ung** *f* (op)stapeling; **~waren** *f/pl.* stapelgoederen *n/pl.*
Stapfe *f*, **~n** *m* voetstap, (het) voetspoor; **2n** (*sn*) stappen.
Star[1] *m* (-*es*; -*e*) *Zool.* spreeuw; *Med.* staar.
Star[2] [st-] *m* (-*s*; -*s*) ster, vedette; **~allüren** *f/pl.* sterallures *pl.*
stark (*"er*; *"st*) sterk (*a. Getränk usw.*); *Adv.* (*bedeutend*) *a.* fors, flink; (*dick*) dik, zwaar; *Zigarre, Tabak*: zwaar; *Regen, Schmerzen*: hevig; *Verkehr*: druk; **2bier** *n* (het) zwaar bier.
Stärke *f* sterkte; dikte; *fig.* (*Fähigkeit*) sterke zijde; (*Anzahl*) (getal-) sterkte; (*Wäsche2*) (het) stijfsel; **~gummi** *n od. m* dextrine; **~kleister** *m* stijfselpap; **~mehl** *n* (het) zetmeel; **2n** versterken; *Wäsche* stijven; *sich ~* (*essen*) zich sterken; **2nd** versterkend; **~zucker** *m* druivesuiker.
stark|leibig zwaarlijvig; **2strom** *m* (-*es*; *0*) sterkstroom.
Stärkung *f* versterking; **~s·mittel** *n* (het) versterkend middel.
starr star; *Blick bsd.*: strak; (*steif*) stijf, verstijfd; *Charakter*: onbuigzaam, koppig; *~ vor Staunen* stomverbaasd; **2e** *f* (*0*) = *Starrheit*; **~en** staren; *~ von* (*od. vor*) (*D*) stijf staan van; *vor Waffen ~* tot de tanden gewapend zijn; **2heit** *f* (*0*) starheid; strakheid; stijfheid; onbuigzaamheid, koppigheid; **2kopf** *m* stijfkop; **~köpfig** koppig, stijfhoofdig; **2krampf** *m* (-*es*; *0*) tetanus; **2sinn** *m* (-*es*; *0*) koppigheid; **~sinnig** koppig.
Start *m* (-*es*; -*e od.* -*s*) start.
Start|- *in Zssgn mst.* start-, *z.B.* **~bahn** *f* startbaan; **2bereit** startklaar; **~block** *m* (het) startblok; **2en** (-*e*-; *v/i a. sn*) starten; *fig.* beginnen; **~er** *m* starter; **~nummer** *f* (het) startnummer; **~schuß** *m* (het) startschot; **~zeichen** *n* (het) startsignaal.
Statik *f* (*0*) statica.
Statio|n [-'tsĭo:n] *f* halte(plaats); *Rf. u. Beobachtungsstelle*: (het) station; (*Krankenhaus2*) afdeling; *fig.* (*Stadium*) etappe, (het) stadium; *freie ~* vrije kost en inwoning; **2'när** (*0*) stationair; *Med.* in het ziekenhuis; **2'nieren** (-) stationeren; **~ns·arzt** *m* afdelingsarts; **~ns-schwester** *f* hoofdzuster, -verpleegster.
statisch statisch.
Sta'tist|(in *f*) *m* (-*en*) figurant(e *f*); **~ik** *f* statistiek; **~iker** *m* statisticus; **2isch** statistisch.
Sta'tiv *n* (-*s*; -*e*) (het) statief, (het) voetstuk.
statt *Präp.* (*G*) *u. Ko.* in plaats van; *~ dessen* in plaats daarvan; *~ daß* in plaats dat; **2** *f* (*0*) plaats; *an Zahlungs ~* bij wijze van betaling; *an Kindes ~* als kind.
Stätte *f* plaats, plek.
statt|finden plaatsvinden; *nicht ~ bsd.* niet doorgaan; **~geben** (*D*) gevolg geven aan; *e-r Bitte* inwilligen; **~haft** (-*est*) geoorloofd, toelaatbaar; **2halter** *m* stadhouder; **~lich** indrukwekkend, fors, groot.
Statu|e ['ʃta:tŭə] *f* (het) standbeeld; **2'ieren** (-) vaststellen, bepalen.
Sta'tur *f* (*0*) gestalte.
Sta'tu|t *n* (-*es*; -*en*) (het) statuut; **2'tarisch** statutair.
Stau *m* (-*es*; -*e*) (*Verkehrs2*) opstopping, file.
Staub *m* (-*es*; *0*) (het) stof; *sich aus dem ~e machen* zich uit de voeten maken; **~besen** *m* stoffer; **~beutel** *m* (*Staubsauger2*) (stof)zak.
Stäubchen *n* (het) stofje.

staubdicht stofdicht.
Stau·becken *n* (het) stuwbekken.
stauben stuiven.
stäuben stuiven; *v/t* verstuiven, strooien.
Staub|faden *m* meeldraad; **≗frei** stofvrij; **≗ig** stoff(er)ig, bestoft; **~lappen** *m* stofdoek; **~lunge** *f* stoflong; **~mantel** *m* dunne zomerjas; **≗saugen** stofzuigen; **~sauger** *m* stofzuiger; **~tuch** *n* stofdoek; **~wedel** *m* plumeau; **~wolke** *f* stofwolk; **~zucker** *m* poedersuiker.
stauche|n duwen, stoten; (*pressen*) (samen)persen; *Tech.* stuiken; *j-n* een standje geven; **≗r** *m fig.* uitbrander.
Staudamm *m* stuwdam.
Staude *f* heester, struik.
staue|n (op)stuwen; *Ladung* stouwen; *sich* ~ opgestuwd worden; *fig.* samenpakken, zich verdringen; *Verkehr*: vastlopen; **≗r** *m* stuwer, stuwadoor.
staunen (*über A*) verbaasd (*od.* versteld) staan (over), opkijken (van), zich verbazen; ≗ *n* (*-s*; *0*) verbazing; **~s·wert** verbazingwekkend, verbazend.
Staupe *f* geseling; (*Hunde*≗) hondeziekte.
Stau|see *m* (het) stuwmeer; **~ung** *f* (op)stuwing; *mar.* (het) stouwen; (*Verkehrs*≗) opstopping; **~wasser** *n* (het) doodtij; **~werk** *n* stuw.
Steak [steːk] *n* (*-s*; *-s*) biefstuk.
Stea'rin [ʃte·ɑ·-] *n* (*-s*; *-e*) stearine.
Stech|apfel *m* doornappel; **~bekken** *n* ondersteek; **≗en** (*L*) *v/t u. v/i* steken; (*leicht mit e-m Gegenstand* ~) prikken; *Kunst*: graveren; *e-e Karte* ~ een slag halen; **≗end** stekend; **~fliege** *f* steekvlieg; **~mücke** *f* steekmug; **~schritt** *m* paradepas; **~uhr** *f* prikklok.
Steck|brief *m* (het) signalement met verzoek tot opsporing en aanhouding; **≗brieflich:** *j-n* ~ *suchen* iem. door verspreiding van zijn signalement trachten op te sporen; **~dose** *f* (het) stopcontact; **≗en 1.** *v/t* steken; (*hinein*~ *a.*) stoppen; **2.** *v/i* (*a. L*) steken, zitten; **~en** *m* stok; **≗en·bleiben** blijven steken; **≗enlassen** laten zitten; **~en·pferd** *n* (het) stokpaardje; **~er** *m* stekker; **~ling** *m* (*-s*; *-e*) (het) stekje; **~nadel** *f* speld; **~rübe** *f* koolraap; **~schlüssel** *m* steeksleutel.
Steg *m* (*-es*; *-e*) loopplank, (het) smal bruggetje; (*Landungs*≗) steiger; (*Brillen*≗) brug; *Mus.* kam; (*Hosen*≗) (het) riempje; **~reif** *m*: *aus dem* ~ voor de vuist, onvoorbereid.
Steh|aufmännchen *n* (het) duikelaartje; **~bierhalle** *f* bierhal.
stehen (*L*; *a. sn*) staan; (*still*~, *z.B. Uhr, Verkehr*) stilstaan; *s-n Mann* ~ zijn mannetje staan; *gut* (*schlecht*) *mit j-m* ~ goed (slecht) met iem. kunnen opschieten; *es steht gut* (*schlecht*) *um j-n* iem. staat er goed (slecht) voor; *ich stehe für nichts* ik sta er niet voor in; *er steht sich gut* (*schlecht*) het gaat hem goed (slecht); *im* ≗ staande; *zum* ≗ *bringen* tot staan brengen; **~bleiben** blijven staan; **~lassen** laten staan.
Steh|kragen *m* staande boord; **~lampe** *f* staande lamp; **~leiter** *f* trapleer.
stehlen (*L*) stelen; *sich aus dem Hause* ~ het huis uitsluipen; *er kann mir gestohlen bleiben* F hij kan mij gestolen worden.
Steh|platz *m* staanplaats; **~pult** *n* hoge lessenaar.
Steiermark *f*: *die* ~ Stiermarken *n*.
steif stijf (*a. fig.*); *Glieder a.*: stram; *Getränk*: sterk; ~ *vor Kälte* stijf van de kou; ~ *und fest behaupten* stokstijf beweren; **≗e** *f* stijfheid; (*Stütze*) stut; **~en** stijf maken, stijven; (*stützen*) stutten, schoren; **~halten:** *die Ohren n/pl.* ~ F de moed niet verliezen; **≗heit** *f* (*0*) stijfheid (*a. fig.*); **≗ung** *f* (*0*) stijving, (het) stijven.
Steig *m* (*-es*; *-e*) (het) smal paadje; (*Gebirgs*≗) (het) bergpaadje; **~bügel** *m* stijgbeugel; **~e** *f* = *Steig u. Stiege*; **~eisen** *n* (het) klimijzer; **≗en** (*L*; *sn*) stijgen (*a. Fieber, Preise usw.*); (*klettern*) klimmen; F (*stattfinden*) plaatsvinden; ~ *auf* (*A*) *Berg* bestijgen; *Stuhl, Pferd* klimmen op; *Leiter* opgaan; *Baum* klimmen in; *Turm* beklimmen; *Fahrrad* stappen op; ~ *aus* (*D*) *Esb. u. Auto, Bus* stappen uit; *Wasser* komen uit; *aus dem Bett* ~ uit bed stappen; ~ *in* (*A*) stappen in (*a. Auto usw.*); *ins Examen* ~ examen doen; ~ *über* (*A*) klimmen over; *zu Kopf* ~ naar het hoofd stijgen; **~er** *m Bgb.* mijnopzichter.

steiger|n (*-re*) **1.** *v/t* verhogen; *Geschwindigkeit a.* opvoeren; (*verstärken*) versterken; (*vergrößern*) vergroten, vermeerderen; *Gr.* de trappen *pl.* van vergelijking vormen; **2.** *v/i* (hoger) bieden; **3.** *sich* ~ groter worden, stijgen; **²ung** *f* verhoging; opvoering; versterking; vergroting; vermeerdering; *Gr.* (vorming van) de trappen *pl.* van vergelijking; **²ungs·stufe** *f* trap van vergelijking.

Steig|fähigkeit *f* (het) klimvermogen; **~ung** *f* stijging; (*Hang, Weg²*) helling.

steil steil; **²e** *f* (*0*) steilte; **²flug** *m* steile vlucht; **²hang** *m* steile helling; **²heit** *f* (*0*) steilheid; **²küste** *f* steile kust.

Stein *m* (*-es*; *-e*) steen; (*Obst²*) pit.

Stein|- *in Zssgn mst.* steen-; *bei Material aus Stein mst.* stenen (*Adj.*), *z.B.* **~adler** *m* steenarend; **²alt** stokoud; **~bau** *m* **1.** (*-es*; *0*) bouw met stenen; **2.** (*-es*; *-ten*) (het) stenen gebouw; **~bock** *m* steenbok; **~boden** *m* steenachtige grond; (*Fuß²*) stenen vloer; **~bohrer** *m* steenboor; **~brand** *m* *Bot.* steenbrand; **~bruch** *m* steengroeve; **~butt** *m* tarbot; **~druck** *m* steendruk; **²ern** (*0*) stenen; *Herz*: van steen; **~frucht** *f* steenvrucht; **~gut** *n* (*-es*; *-e*) (het) aardewerk; **²'hart** (*0*) steen-, keihard; **~hauer** *m* steenhouwer; **²ig** steenachtig, vol stenen; **²igen** stenigen; **~igung** *f* steniging; **~kauz** *m* steenuil.

Steinkohle *f* steenkool; **~n·bergwerk** *n* (steen)kolenmijn; **~n·industrie** *f* steenkoolindustrie; **~n·zeit** *f* (*0*) steenkolenperiode.

Stein|krankheit *f* steenziekte; **~marder** *m* steenmarter; **~meißel** *m* steenbeitel; **~metz** *m* (*-en*) steenhouwer; **~obst** *n* steenvruchten *pl.*; **~pilz** *m* (het) eekhoorntjesbrood; **²reich** schatrijk; **~schlag** *m* (het) steenslag; **~schleuder** *f* steenslinger; **~wurf** *m* steenworp; **~zeit** *f* (*0*) (het) stenen tijdperk; **²zeitlich** van het stenen tijdperk.

Steiß *m* (*-es*; *-e*) stuit, (het) achterste; **~bein** *n* (het) stuit-, staartbeen; **~lage** *f* stuitligging.

Stel'lage [-ʒə] *f* stellage.

Stell|dichein *n* (*- od. -s*; *- od. -s*) (het) rendez-vous; **~e** *f* plaats; (*Beruf a.*) betrekking, baan; (*Text²* *bsd.*) passage; (*Amt, Behörde*) instantie, (het) bureau; *an erster ~* op de eerste plaats; *fig.* in de eerste plaats; *auf der ~* onmiddellijk, terstond; *an ~ von* (*D*) in plaats van; *zur ~ sein* aanwezig zijn; *an deiner* (*s-r*) *~* in jouw (zijn) plaats; *Zahl mit drei, vier ... ~n pl.* cijfers *n/pl.*

stellen 1. stellen (*a. Frage usw.*); (*hin~ bsd.*) zetten, plaatsen; *Uhr* gelijkzetten; *Wecker* zetten; *Weiche* omzetten; *Antrag* indienen; *in Rechnung, vor Gericht* brengen; *j-n* (*zur Rechenschaft*) ter verantwoording roepen; (*verhaften*) arresteren, aanhouden; **2.** *sich ~ der Polizei* zich melden (*od.* aangeven) bij; *mil.* opkomen; (*vortäuschen*) zich houden; *es stellt sich die Frage* de vraag rijst; *sich mit j-m gut ~* met iem. goede maatjes worden; *sich ~ zu* (*D*) (*meinen*) denken over.

Stellen|angebot *n* aangeboden betrekking(en *pl.*); **~gesuch** *n* sollicitatie; (*Zeitungsrubrik*) betrekking gezocht; **²los** (*0*) zonder betrekking, werkloos; **~markt** *m* arbeidsmarkt; **~wechsel** *m* verandering van betrekking; **²weise** hier en daar.

Stell|macher *m* wagenmaker; **~schraube** *f* stelschroef.

Stellung *f* positie; (*Dienst² a.*) betrekking; (*Lage bsd.*) ligging; (*Haltung*) houding; *mil.* stelling; *~ nehmen zu* (*D*) zijn standpunt bepalen ten aanzien van; *~ nehmen für* (*A*) partij kiezen voor; **~nahme** *f* positiebepaling, (het) standpunt; **~skrieg** *m* stellingoorlog; **²s·los** (*0*) zonder betrekking; **~s·wechsel** *m* verandering van betrekking; *mil.* verandering van stelling.

stellvertret|end plaatsvervangend; **²er** *m* plaatsvervanger; **²ung** *f* plaatsvervanging.

Stellwerk *n* (het) seinhuis.

Stelz|bein *n* (het) houten been; **~e** *f* stelt; *auf ~n gehen* op stelten lopen; *fig.* het hoog in de bol hebben; **²en** (*-t*) op stelten lopen; *fig.* houterig lopen; **~en·läufer** *m* steltloper; *Zool.* steltkluut.

Stemm|eisen *n* (het) breekijzer; **²en** duwen; (*heben*) opheffen, tillen; *Gewichte* drukken; *Ellbogen*

steunen; *sich* ~ duwen, zich schrap zetten (*a. fig.*).
Stempel *m* stempel (*a. fig.*); (*Waren*≗ *bsd.*) (het) merk; *Bot.* stamper; **~farbe** *f* stempelinkt; **~geld** *n* F werkloosheidsuitkering; **~kissen** *n* (het) stempelkussen; **≗n** (*-le*) stempelen (*a.* F); **~steuer** *f* (het) zegelrecht; **~ung** *f* stempeling.
Stengel *m* stengel.
Steno|- *in Zssgn* steno-, *z.B.* **~'gramm** *n* (het) stenogram; **~'graph** *m* stenograaf; **~gra'phie** *f* stenografie; **≗gra'phieren** (-) stenograferen; **≗'graphisch** stenografisch; **~ty'pistin** *f* stenotypiste.
Steppdecke *f* gestikte deken.
Steppe *f* steppe.
stepp|en 1. (door)stikken; **2.** (*tanzen*) steppen; **≗naht** *f* stiknaad.
Steptanz *m* stepdans.
Sterbe|- *in Zssgn mst.* sterf-, *z.B.* **~bett** *n* (het) sterfbed; **~datum** *n* sterfdatum; **~fall** *m* (het) sterfgeval; **~hemd** *n* (het) doodshemd.
sterben (*L*; *sn*) sterven, overlijden, doodgaan; *Hungers* (*od. vor Hunger*) ~ van (de) honger sterven; ≗ *n* (*-s*; *0*) (het) sterven, dood; *im* ~ *liegen* op sterven liggen.
Sterbens|angst *f* doodsangst; **≗krank** (*0*) doodziek; **≗langweilig** oervervelend; **≗müde** doodmoe; **~wörtchen** *n*: *kein* ~ geen stom woord.
Sterbe|sakramente *n/pl.* laatste sacramenten *n/pl.*; **~stunde** *f* (het) sterfuur; **~tag** *m* sterfdag; **~urkunde** *f* overlijdensakte; **~zimmer** *n* sterfkamer.
sterblich sterfelijk; *Hülle*: stoffelijk; ~ *verliebt* smoorverliefd; *keine* ~*e Seele* geen sterveling; **≗e(r)** sterveling; **≗keit** *f* (*0*) sterfelijkheid; (*Zahl*) sterfte, (het) sterftecijfer.
Stereo|- [-ʀeˑoˑ] *in Zssgn* stereo-, *z.B.* **~anlage** *f* stereo-installatie; **~lautsprecher** *m* stereoluidspreker; **~me'trie** *f* (*0*) stereometrie; **~platte** *f* stereo(fono)plaat; **~'skop** *n* (*-s*; *-e*) stereoscoop; **≗'typ** (*0*) stereotiep.
ste'ril steriel; **≗isation** [-'tsĭo:n] *f* sterilisatie; **~i'sieren** (-) steriliseren; **≗i'tät** *f* (*0*) steriliteit.
Stern *m* (*-es*; *-e*) ster; **~bild** *n* (het) sterrebeeld; **~chen** *n* (het) sterretje (*a. Pers.*); **~deuter** *m* sterrenwichelaar; **~deutung** *f* sterrenwichelarij.
Sternen|bahn *f* sterrenloop; **~banner** *n* Amerikaanse vlag; **~himmel** *m* sterrenhemel; **≗klar** helder.
Stern|fahrt *f* rally; **≗förmig** stervormig; **≗hagelvoll** F stomdronken; **≗hell** helder door de sterren verlicht; **~karte** *f* sterrenkaart; **~kunde** *f* (*0*) sterrenkunde; **~schnuppe** *f* meteoor, vallende ster; **~stunde** *f* beslissende uren *n/pl.*; **~warte** *f* sterrenwacht.
Sterz *m* (*-es*; *-e*) staart; (*Pflug*≗) ploegstaart.
stet (*-est*), **~ig** bestendig, aanhoudend, gestadig, vast; **≗ig·keit** *f* (*0*) bestendigheid, vastheid; **~s** steeds, altijd.
Steuer[1] *f* (-; *-n*) belasting.
Steuer[2] *n* (het) stuur; (*Schiffs*≗) (het) roer.
Steuer|aufkommen *n* (*-s*; *0*) belastingopbrengst; **~beamte(r)** belastingambtenaar; **~behörde** *f* belastingdienst, fiscus.
Steuerbord *n* (het) stuurboord; **≗(s)** (aan) stuurboord.
Steuer|erklärung *f* belastingaangifte; **~erleichterung** *f* belastingfaciliteiten *pl.*; **~flucht** *f* belastingvlucht; **~formular** *n* (het) belastingformulier; **≗frei** belastingvrij; **~freiheit** *f* belastingvrijdom; **~geheimnis** *n* (het) belastinggeheim; **~gerät** *n Rf.* regelaar; **~hinterziehung** *f* belastingontduiking; **~klasse** *f* belastingklasse; **~knüppel** *m* stuurknuppel; **~last** *f* belastingdruk; **≗lich** (*0*) belasting-, van de belastingen; **≗los** (*0*) stuurloos (*a. fig.*); **~mann** *m* stuurman.
steuern (*-re*) sturen; *v/t a.* besturen; *Ton* regelen; *e-r S.* (*D*) tegengaan, bestrijden.
Steuer|ordnung *f* (het) belastingstelsel; **~pflicht** *f* belastingplicht; **≗pflichtig** belastingplichtig; **~rad** *n* (het) stuurrad; (*Auto*≗) (het) stuurwiel; **~recht** *n* (*-es*; *0*) (het) belastingrecht; **~reform** *f* belastinghervorming; **~schraube** *f*: *die* ~ *anziehen* de belastingdruk verhogen; **~schuld** *f* belastingschuld; **~schuldner** *m* belastingschuldige; **~senkung** *f* belastingverlaging; **~system** *n* (het) belastingsysteem; **~tarif** *m* (het) belastingtarief; **~ung**

f (het) sturen; besturing; (het) tegengaan, bestrijding; (*Vorrichtung*) stuurinrichting, (het) stuur; **~veranlagung** *f* belastingaanslag; **~vergehen** *n* belastingontduiking; **~wesen** *n* (-*s*; *0*) (het) belastingwezen; **~zahler** *m* belastingbetaler.
Steven *m* steven.
Steward ['stju:ɔʁt] *m* (-*s*; -*s*) steward; **~eß** *f* (-; -*ssen*) stewardess.
sti'bitzen (-*t*; -) F gappen, jatten.
Stich *m* (-*ęs*; -*e*) steek (*a. Näh≈ usw.*); (*leichter ~*) prik; (*Kupfer≈*) gravure; (*Karten≈*) slag; *im ~ lassen* in de steek laten; *e-n ~ haben* F niet goed bij zijn hoofd zijn; *Speise, Getränk*: niet meer helemaal goed zijn; **~blatt** *n* (het) steekblad.
Stiche|l *m* graveerstift; **~'lei** *f* stekeligheid, hatelijkheid; **≈ln** (-*le*) *fig.* stekeligheden *pl.* zeggen, stekelige toespelingen *pl.* maken.
stich|fest houw- en steekvast; *fig.* onkwetsbaar; **≈flamme** *f* steekvlam; **~haltig** steekhoudend; **≈ling** *m* (-*s*; -*e*) stekelbaars; **≈probe** *f* steekproef; **≈tag** *m* termijn; teldag; **≈waffe** *f* (het) steekwapen; **≈wahl** *f* herstemming; **≈wort** *n* (het) slagwoord, leus; (*im Lexikon*) (het) trefwoord; **≈wunde** *f* steekwonde.
Stick|arbeit *f* (het) borduurwerk; **≈en** borduren; **~e'rei** *f* (het) borduursel; **~erin** *f* borduurster.
stick|ig benauwd, verstikkend; **≈luft** *f* (*0*) stiklucht; **≈muster** *n* (het) borduurpatroon; **≈nadel** *f* borduurnaald; **≈rahmen** *m* (het) borduurraam.
Stickstoff *m* (-*ęs*; *0*) stikstof; **~dünger** *m* stikstofmest; **≈haltig** stikstofhoudend.
stieben (*L*; *a. sn*) stuiven.
Stief|- *in Zssgn* stief-, *z.B.* **~bruder** *m* stiefbroer.
Stiefel *m* laars; **~knecht** *m* laarzeknecht; **≈n** (-*le*; *sn*) F stappen.
Stief|eltern *pl.* stiefouders *pl.*; **~kind** *n* (het) stiefkind; **~mutter** *f* stiefmoeder; **~mütterchen** *n* (het) driekleurig viooltje; **≈mütterlich** stiefmoederlijk; **~sohn** *m* stiefzoon; **~tochter** *f* stiefdochter; **~vater** *m* stiefvader.
Stiege *f* (smalle) trap; (*Kiste*) (het) krat.
Stieglitz *m* (-*es*; -*e*) distelvink, putter.
Stiel *m* (-*ęs*; -*e*) steel; (*Stengel a.*) stengel.
stier strak, wezenloos.
Stier *m* (-*ęs*; -*e*) stier.
stieren (*blicken*) staren, strak kijken; *Kuh*: stieren.
Stier|kampf *m* (het) stieregevecht; **~kämpfer** *m* stierenvechter.
Stift[1] *m* (-*ęs*; -*e*) stift; *Tech. bsd.* pen, pin; F kleine, jongste; (*Lehrling*) leerling, jongste bediende.
Stift[2] *n* (-*ęs*; -*e*) (het) sticht; (*Heim*) (het) gesticht; (*Kloster a.*) (het) klooster; **≈en** (-*e*-) stichten (*a. Frieden, Unheil usw.*); (*schenken*) schenken, geven; *Preis* instellen; F *Runde* geven; *~ gehen* F 'm smeren; **~er** *m* stichter; gever, schenker.
Stifts|dame *f*, **~fräulein** *n* stiftsdame; **~herr** *m* kapittelheer, kanunnik; **~kirche** *f* domkerk.
Stiftung *f* stichting; (*Verein a.*) (het) fonds; schenking; **~s·fest** *n* (het) stichtingsfeest, dies.
Stiftzahn *m* stifttand.
Stil *m* (-*ęs*; -*e*) stijl (*a. fig.*); (*Art a.*) trant; **~blüte** *f* (het) stijlbloempje.
Sti'lett *n* (-*ęs*; -*e*) (het) stilet.
Stil|fehler *m* stijlfout; **≈gerecht** in stijl; **≈i'sieren** (-) stileren.
Sti'list *m* (-*en*) stilist; **~ik** *f* (*0*) stilistiek.
still stil; (*lautlos a.*) zacht; (*ruhig a.*) rustig, kalm; *Freitag, Woche*: Goed; **~bleiben** stil blijven; **≈e** *f* (*0*) stilte; *in der ~* in alle stilte.
Stilleben *n* (het) stilleven.
stilleg|en stilleggen; **≈ung** *f* stillegging; (*Betriebs≈ bsd.*) (bedrijfs-) sluiting.
still|en *Kind* de borst geven; *Durst* lessen; *Hunger, Schmerz* stillen; *Blut* stelpen; **≈halte·abkommen** *n* (het) moratorium; **~halten** rustig blijven; **~liegen** stilliggen.
stil·los (-*est*) stijlloos (*a. fig.*); **≈igkeit** *f* stijlloosheid.
stillschweigen stilzwijgen; **≈** *n* (-*s*; *0*) (het) stilzwijgen; **~d** stilzwijgend.
still|sitzen stilzitten; **≈stand** *m* (-*ęs*; *0*) stilstand; **~stehen** stilstaan.
Stillung *f* voeding; (het) lessen; (het) stillen; stelping.
stillvergnügt stil en vergenoegd.
Stil|übung *f* stijloefening; **≈voll** stijlvol.
Stimm|- *in Zssgn mst.* stem-; **~ab-**

gabe *f* stemming; **~bänder** *n/pl.* stembanden *pl.*; **2berechtigt** stemgerechtigd; **~berechtigung** *f* (het) stemrecht; **~bruch** *m* (-*ęs*; *0*) stemwisseling; **~e** *f* stem (*a. Wahl2*); **2en** stemmen (*a. v/t Mus. usw.*); *v/i* (*richtig sein*) kloppen; *das stimmt* (*nicht*) dat klopt (niet).

Stimmen|gleichheit *f* staking van stemmen; **~mehrheit** *f* meerderheid van stemmen.

Stimm|enthaltung *f* onthouding; **~er** *m* stemmer; **~führung** *f* stemvoering; **~gabel** *f* stemvork; **2gewaltig** met een sterke stem; **2haft** (-*est*) stemhebbend; **~lage** *f* (het) stemregister; **2los** (-*est*) stemloos; **~losigkeit** *f* (*0*) stemloosheid; **~recht** *n* (het) stemrecht; **~ung** *f* stemming (*a. fig.*).

Stimmungs|bild *n* (het) stemmingsbeeld; **~mache** *f* (*0*) ophitsing; **~mensch** *m* mens van stemmingen; **2voll** vol stemming, plechtig, stemmig.

Stimm|wechsel *m* stemwisseling; **~zettel** *m* (het) stembriefje.

stimu'lieren (-) stimuleren.

Stink|bombe *f* stinkbom; **2en** (*L*) stinken; **2'faul** F aartslui; **2ig** stinkend; **2langweilig** F oervervelend; **~laune** *f* F rot-, pestbui; **~tier** *n* (het) stinkdier; **~wut** *f* F: e-e ~ *auf j-n haben* razend op iem. zijn.

Stint *m* (-*ęs*; -*e*) (*Fisch*) spiering.

Stipendi|at [-'dĭa:t] *m* (-*en*) stipendiaat, beursstudent; **~um** [-'pɛndĭʊm] *n* (-*s*; *Stipendien*) studiebeurs.

stippen soppen, indopen.

Stirn *f* (het) voorhoofd; (*Gebäude2*) voorzijde; *j-m die ~ bieten* iem. het hoofd bieden, zich verzetten tegen iem.; **~ader** *f* voorhoofdsader; **~band** *n* voorhoofdsband; (*Schmuck2*) diadeem (*a.* het); **~bein** *n* (het) voorhoofdsbeen; **~höhle** *f* voorhoofdsholte; **~locke** *f* kuif; **~runzeln** *n* (-*s*; *0*) (het) fronsen van het voorhoofd; **~seite** *f* voorzijde.

stöbern (-*re*) stuiven; *fig.* (*suchen*) snuffelen, rommelen.

Stocher *m* (*Feuer2*) pook; (*Zahn2*) tandestoker; **2n** (-*re*) peuteren, porren; *im Feuer*: poken.

Stock *m* (-*ęs*; *"e*) stok (*a. Karten2 usw.*); (*Hockey2*) stick; (*Druck2*) (het) cliché; (*Opfer2*) (het) offerblok; (*Vorrat*) voorraad, stock; (*Kapital*) (het) stamkapitaal; (*Bienen2*) bijenkorf; (*Gebirgs2*) (het) bergmassief; (-*ęs*; *0*) (*~werk*) etage, verdieping; *im 2. ~* op de 2e etage (*od.* verdieping); **2'dunkel** (*0*) stik(ke)-, pikdonker.

Stöckelschuh *m* schoen met hoge hak.

stock|en (*a. sn*) stokken, blijven steken; (*beim Reden a.*) haperen; *Flüssigkeit*: stremmen; *Blut*: stollen; (*Flecke bekommen*) vochtvlekken *pl.* krijgen, beschimmelen; *Verkehr*: vastlopen; *ins 2 geraten* vastlopen, stagneren, blijven steken; **~'finster** stikdonker; **2fisch** *m* stokvis; **2fleck** *m* vochtvlek; **2hieb** *m* stokslag; **2schläge** *m/pl.* stokslagen *pl.*; **2schnupfen** *m* chronische verkoudheid; **~'steif** (*0*) stokstijf; **~'taub** (*0*) stokdoof; **2ung** *f* stilstand, stagnatie; (het) stollen; (*Verkehrs2*) stremming; **2werk** *n s. Stock.*

Stoff *m* (-*ęs*; -*e*) stof (*a. fig.*); F bier, wijn; **~bahn** *f* baan stof.

Stoffel *m* sukkel, domoor.

stoff|lich (*0*) stoffelijk; (*materiell a.*) materieel; (*inhaltlich*) inhoudelijk; **2rest** *m* stofrest; **2wechsel** *m* stofwisseling.

stöhnen kreunen, steunen.

Stoi|ker ['sto:i·-] *m* stoïcijn; **2sch** stoïcijns.

Stola *f* (-; *Stolen*) stola.

Stollen *m Bgb.* mijngang; (*Weihnachts2*) (het) kerstbrood.

stolpern (-*re*; *a. sn*) strompelen; (*über A*) struikelen (over).

stol|z (-*est*) trots (*a. hochmütig*), fier; *~ sein* (*auf A*) trots zijn (op); **2z** *m* (-*es*; *0*) trots, fierheid; **~'zieren** (-) pronken, trots lopen.

stopf|en stoppen (*a. ausbessern*); **2er** *m* stopper; **2garn** *n* (het) stopgaren; **2nadel** *f* stopnaald.

Stopp *m* (-*s*; -*s*) halte; (*Auto2*) autostop; **2!** stop!

Stoppel *f* (-; -*n*) stoppel; **~bart** *m* stoppelbaard; **~feld** *n* (het) stoppelveld; **2n** (-*le*) aren *pl.* lezen op een stoppelveld.

stopp|en 1. *v/i* stoppen; **2.** *v/t etw.* stopzetten; *j-n* tegenhouden; *Zeit* opnemen; **2er** *m Sp.* stopper; **2licht** *n* (het) stoplicht; **2schild** *n*

(het) stopbord; ♀**straße** *f* stopstraat; ♀**uhr** *f* chronometer, stopwatch.
Stöpsel *m* stop, kurk; ♀**n** (*-le*) kurken.
Stör *m* (*-ẹs*; *-e*) steur.
Storch *m* (*-ẹs*; *⸗e*) ooievaar; ~**schnabel** *m Bot.* ooievaarsbek; *Tech.* pantograaf.
stör|en storen; *etw. bsd.* verstoren; *s. a. gestört*; ♀**en·fried** *m* (*-ẹs*; *-e*) rustverstoorder, spelbreker; ♀**er** *m* stoorder.
Stores [stɔːʀs] *m/pl.* glasgordijnen[*n/pl.*]
stor'nieren (-) storneren.
störrisch stug, koppig, weerbarstig.
Störsender *m* stoorzender.
Störung *f* storing; verstoring; ~**s-feuer** *n* (het) storingsvuur; ♀**s·frei** storingvrij; ~**s·stelle** *f Tel.* storingsdienst.
Story [ˈstɔːʀiˑ] *f* (-; *Stories*) story.
Stoß [oː] *m* (*-es*; *⸗e*) stoot; (*Schub a.*) duw; (*heftige Bewegung, z.B. Erdbeben*♀) schok; (*Zusammen*♀) botsing, schok; *Sp.* trap; (*Stapel*) stapel, hoop; ~**dämpfer** *m* schokbreker; ~**degen** *m* stootdegen.
Stößel [øː] *m* (*Mörser*♀) stamper.
stoßen [oː] (*L*) **1.** *v/t* stoten; (*schieben*) duwen; *zu Pulver*: stampen; **2.** *v/i* (*a. sn*) (*rütteln*) schokken; (*zu*~) stoten; (*treten*) trappen; ~ *an* (*A*) stoten tegen; (*angrenzen*) grenzen aan; ~ *auf* (*A*) *etw.* stuiten op; *j-n* toevallig ontmoeten, treffen; *in ein Instrument* ~ op een instrument blazen; ~ *zu* (*D*) zich voegen bij; **3.** *sich* ~ *an* (*D*) zich stoten aan (*a. fig.*).
Stößer [øː] *m* = *Stößel*; *Sperber*.
stoß|fest schokvrij; ♀**gebet** *n* (het) schietgebed(je).
stößig [øː] stoterig, stoots.
Stoß|kante *f* stootkant; ~**kraft** *f* (*0*) stootkracht; ~**seufzer** *m* diepe zucht; ~**stange** *f* bumper; ~**truppen** *f/pl.* stoottroepen *pl.*; ~**verkehr** *m* (het) spitsuur; ~**waffe** *f* (het) steekwapen; ♀**weise** met schokken, met horten en stoten; ~**zahn** *m* slagtand.
Stotte|'rei *f* (*0*) (het) gestotter; ~**rer**(**in** *f*) *m* stotteraar(ster *f*); ♀**rig** stotterend; ♀**rn** (*-re*) stotteren.
stracks onmiddellijk; (*geradewegs*) regelrecht.
Straf|- *in Zssgn mst.* straf-, *z.B.* ~**abteilung** *f* strafklasse, strafcompagnie; ~**androhung** *f* strafbedreiging; ~**anstalt** *f* strafinrichting; ~**antrag** *m* (het) requisitoir, eis; ~**anzeige** *f* klacht; ~**arbeit** *f* (het) strafwerk; ~**aufschub** *m* (het) uitstel van straf; ♀**bar** strafbaar; ~**barkeit** *f* (*0*) strafbaarheid; ~**befehl** *m* (het) vonnis.
Strafe *f* straf; (*Geld*♀) boete; *bei* ~ *verboten* op straffe; ♀**n** (be)straffen; *j-n Lügen* ~ iem. logenstraffen.
Straf|entlassene(**r**) ontslagen gevangene; ~**erlaß** *m* kwijtschelding van straf; ~**expedition** *f* strafexpeditie.
straff strak, straf; *Stil*: krachtig; *Haltung*: rechtop.
Straf|fall *m* strafzaak; ♀**fällig** strafbaar; ~ *werden* zich strafbaar maken.
straff|en strak maken, spannen; *sich* ~ strak worden; (*sich aufrichten*) zich oprichten; ♀**heit** *f* (*0*) strakheid, strafheid; spanning; kracht.
straf|frei vrij van straf, ongestraft, straffeloos; ♀**freiheit** *f* (*0*) vrijheid van straf; ♀**gefangene**(**r**) (straf)gevangene; ♀**gericht** *n* (het) strafgericht (*bsd. des Himmels*), (het) gerecht; ♀**gesetz** *n* strafwet; ♀**gesetzbuch** *n* (het) strafwetboek; ♀**kammer** *f* strafkamer; ♀**kolonie** *f* strafkolonie; ♀**lager** *n* (het) strafkamp.
sträf|lich strafbaar; (*unverzeihlich*) onvergeeflijk; ♀**ling** *m* (*-s*; *-e*) (straf)gevangene.
straf|los (*0*) straffeloos, ongestraft; ♀**losigkeit** *f* (*0*) straffeloosheid; ♀**mandat** *n* bekeuring; ♀**maßnahme** *f* strafmaatregel; ~**mildernd** *Umstände*: verzachtend; ♀**porto** *n* strafport (*a.* het); ♀**predigt** *f* strafpreek; ♀**prozeß** *m* (het) strafproces; ♀**punkt** *m* (het) strafpunt; ♀**raum** *m Sp.* (het) strafschopgebied.
Strafrecht *n* (*-ẹs*; *0*) (het) strafrecht; ~**ler**(**in** *f*) *m* jurist(e *f*) in het strafrecht; ♀**lich** strafrechtelijk.
Straf|register *n* (het) strafregister; ~**richter** *m* strafrechter; ~**sache** *f* strafzaak; ~**stoß** *m Sp.* strafschop; ~**tat** *f* (het) delict, (het) strafbaar feit; ~**verfahren** *n* (het) strafproces; ~**versetzung** *f* overplaatsing

als straf; **~vollstreckung** *f* voltrekking van de straf; **2weise** als straf.

Strahl *m* (-*ẹs*; -*en*) straal (*a. Wasser*2); **~antrieb** *m* straalaandrijving; **2en** stralen (*a. fig.*); (*funkeln*) schitteren.

Strahlen|behandlung *f* stralenbehandeling; **~brechung** *f* straalbreking; **~bündel** *n* stralenbundel; **2d** stralend; **2förmig** straalvormig; **~krankheit** *f* stralingsziekte; **~kranz** *m* stralenkrans; **~schutz** *m* bescherming tegen stralen; **~tierchen** *n/pl.* straaldieren *n/pl.*

Strahl|ofen *m* straalkachel; **~pumpe** *f* injector, straalpomp; **~triebwerk** *n* straalmotor; **~ung** *f* straling; *fig.* uitstraling.

Strahlungs|gürtel *m* stralingsgordel; **~intensität** *f* stralingsintensiteit; **~wärme** *f* stralingswarmte.

Strähn|e *f* streng; (*Haar*2) sliert; **2ig** in strengen; in slierten.

stramm strak, gespannen; (*gesund*) kloek, flink; *Zucht*: streng; **2heit** *f* (*0*) strakheid; kloekheid, flinkheid; **~stehen** in de houding staan.

Strampel|höschen *n* (het) kruippakje; **2n** (-*le*) trappelen.

Strand *m* (-*ẹs*; ⁼*e*) (het) strand; *an den ~ gehen* naar het strand; *am ~* op het strand.

Strand|- *in Zssgn mst.* strand-, *z.B.* **~anzug** *m* (het) strandkostuum; **~bad** *n* (het) strandbad; **2en** (-*e*-; *a. sn*) stranden; **~floh** *m* strandvlo; **~gut** *n* (het) strandgoed; **~hotel** *n* (het) strandhotel; **~korb** *m* strandstoel; **~promenade** *f* strandboulevard; **~ung** *f* stranding; **~wache** *f* strandwacht; **~wächter** *m* strandopzichter.

Strang *m* (-*ẹs*; ⁼*e*) streng; (*Seil*) koord (*a.* het); (*Galgen*2) strop; *Esb.* spoorlijn; *wenn alle Stränge pl. reißen* in het ergste geval; *über die Stränge schlagen* uit de band springen; **2u'lieren** [-ŋg-] (-) wurgen; (*erhängen*) ophangen.

Stra'pa|ze *f* inspanning, vermoeienis; **2'zieren** (-) veel vergen van; (*abnutzen*) verslijten; *j-n* afbeulen; (*überanstrengen*) te veel vermoeien; *Geduld* op de proef stellen; **2'zierfähig** oersterk, onverslijtbaar; **2ziös** [-'tsĭø:s] (-*est*) zwaar, inspannend.

Straps *m* (-*es*; -*e*) jarretelle.

Straß *m* (-*sses*; -*sse*) (het) stras, namaakjuwelen *n/pl.*

Straßburg [ɑ:] *n* Straatsburg *n.*

Straße [ɑ:] *f* straat (*a. See*2); (*Verkehrs*2 *über Land u. durch die Orte*) weg; *auf offener ~* op de openbare weg; *auf die ~ setzen fig.* op straat zetten.

Straßen|anzug *m* (het) wandelkostuum; **~arbeiten** *f/pl.* wegwerken *n/pl.*; **~arbeiter** *m* wegwerker.

Straßenbahn *f* tram; **~haltestelle** *f* tramhalte; **~schaffner** *m* tramconducteur; **~wagen** *m* tramwagen.

Straßen|bau *m* (-*ẹs*; *0*) wegenbouw; stratenaanleg; **~beleuchtung** *f* straatverlichting; **~benutzungsgebühr** *f* (het) tolgeld; **~bericht** *m s. Straßenzustandsbericht*; **~bild** *n* (het) straatbeeld; **~dirne** *f* straatprostituée; **~ecke** *f* straathoek; **~führung** *f* (het) tracé; **~graben** *m* sloot; **~händler** *m* straathandelaar; **~junge** *m* straatjongen; **~kampf** *m* (het) straatgevecht; **~karte** *f* wegenkaart; **~kehrer** *m* straatveger; **~kreuzer** *m* slee; **~kreuzung** *f* (het) kruispunt; **~lage** *f* wegligging; **~lärm** *m* (het) straatlawaai; **~laterne** *f* straatlantaarn; **~musikant** *m* straatmuzikant; **~name** *m* straatnaam; **~netz** *n* (het) wegennet; **~pflaster** *n* straatstenen *pl.*, (het) plaveisel; **~räuber** *m* straatrover; **~reinigung** *f* straatreiniging; **~rennen** *n* wegwedstrijd; **~schild** *n* (het) straatnaambord; (*Wegweiser*) wegwijzer; **~seite** *f* straatkant; **~überführung** *f* (het) viaduct; **~unterführung** *f* tunnel; **~verhältnisse** *n/pl.* toestand van de wegen; **~verkehr** *m* (het) wegverkeer; **~verkehrs·ordnung** *f* (het) verkeersreglement; **~verzeichnis** *n* (het) straatnamenregister; **~wacht** *f* wegenwacht; **~zug** *m* straat; rij straten; **~zustandsbericht** *m* verkeers-, wegeninformatie.

Stra'te|ge *m* (-*n*) strateeg; **~'gie** *f* strategie; **2gisch** strategisch.

Stratifikation [-'tsĭo:n] *f* stratificatie.

Stratosphäre [stʀɑ·tɔ'sfɛ:-] *f* (*0*) stratosfeer.

sträuben opzetten, overeind doen staan; *sich ~ Haare*: te berge rijzen;

fig. tegenstribbelen, tegenspartelen; *sich* ~ *gegen* (*A*) zich verzetten tegen.
Strauch *m* (-*es*; ¨*er*) struik; ~**dieb** *m* struikrover.
straucheln (-*le*; *a. sn*) struikelen.
strauchig vol struiken, struikachtig.
Strauß *m* **1.** (-*es*; -*e*) *Zool.* struisvogel; **2.** (-*es*; ¨*e*) (*Blumen*2) bos, ruiker, (het) boeket.
Sträußchen *n* (het) bosje, (het) tuiltje.
Straußen|ei *n* (het) struisvogelei; ~**feder** *f* struisveer.
Strebe *f* steunbalk; *Bgb.* stut.
streb|en streven, trachten; (*zugehen*) (*auf A, nach D*) afstevenen (op); 2**er** *m* streber; ~**er·haft** (-*est*) streberisch; 2**er·tum** *n* (-*s*; *0*) baantjesjagerij, promotiezucht; ~**sam** ijverig, werkzaam; *pej.* eerzuchtig.
streck|bar rekbaar; 2**bett** *n* (het) orthopedisch bed.
Strecke *f* (het) traject, (het) eind weegs; (*Entfernung*) afstand (*a. Sp.*); *Esb.* (het) baanvak, lijn; *Bgb.* mijngang; *auf der* ~ *bleiben* blijven steken; *fig.* het slachtoffer worden; *etw.*: erbij inschieten; *zur* ~ *bringen* doden, vellen; *fig.* ten val brengen; (*verhaften*) pakken.
streck|en strekken; (*dehnen*) (uit-) rekken; (*verdünnen*) aanlengen; *Vorrat, Ration* uitsmeren over een langere tijd; *Arbeit* rekken; *die Waffen* neerleggen; *sich* ~ zich strekken, zich rekken; *Weg*: oneindig lijken; *aus dem Mund* ~ *Zunge* uitsteken; *j-n zu Boden* ~ iem. neerslaan, iem. neervellen; 2**en·arbeiter** *m* wegwerker; 2**en·netz** *n Esb.* (het) (spoorweg)net; 2**en·wärter** *m* baanwachter; ~**en·weise** hier en daar; *fig. a.* gedeeltelijk; 2**ung** *f* strekking; (uit)rekking; aanlenging; uitsmering; neerlegging; 2**verband** *m* (het) rekverband.
Streich *m* (-*es*; -*e*) slag, houw; *fig.* streek, poets; *auf e-n* ~ met één slag; *j-m e-n* ~ *spielen* iem. een poets bakken; 2**eln** (-*le*) strelen, aaien; 2**en** (*L*) strijken (*a. Flagge usw.*); (*umherirren*) zwerven; *Brot* smeren; (*durch*~) doorhalen, schrappen; (*an*~) schilderen; *s. a.* gestrichen; ~**er** *m Mus.* strijker; ~**holz** *n* lucifer; ~**holzschachtel** *f* (het) lucifersdoosje; ~**instrument** *n* (het) strijkinstrument; ~**käse** *m* smeerkaas; ~**orchester** *n* (het) strijkorkest; ~**quartett** *n* (het) strijkkwartet; ~**riemen** *m* aanzetriem; ~**ung** *f* (het) strijken; (het) schrappen; (het) schilderen; (*Gestrichenes im Text*) doorhaling.
Streif|band *n* kruisband; ~**e** *f* patrouille.
streifen strepen, met strepen beschilderen; (*berühren*) even aanraken; (*verwunden*) schampen op, rakelings gaan langs; (*erwähnen*) even aanroeren, aanstippen.
Streifen *m* (*Linie*) streep; (*schmales Stück*) strook, reep; (*Film*) film; (*Papier*2, *Lohn*2) strook; ~**dienst** *m* patrouilledienst, surveillance; ~**gang** *m* patrouille, ronde; ~**wagen** *m* patrouilleauto.
streif|ig gestreept; 2**licht** *n* (het) schamplicht; *ein* ~ *werfen auf* (*A*) *fig.* belichten, aanstippen; 2**schuß** *m* (het) schampschot; 2**zug** *m* zwerftocht; *fig.* sprokkeling.
Streik *m* (-*s*; -*s*) staking; ~**ausbruch** *m* (het) uitbreken van een staking; ~**brecher** *m* onderkruiper; 2**en** staken; ~**ende**(**r**) staker; ~**posten** *m* postende stakers *pl.*; ~**recht** *n* (-*es*; *0*) (het) stakingsrecht; ~**verbot** *n* (het) stakingsverbod.
Streit *m* (-*es*; -*e*) strijd; (*Zank*) ruzie, twist, (het) geschil; ~**axt** *f* strijdbijl; 2**bar** strijdbaar, weerbaar; 2**en** (*L*) strijden; (*sich*) ~ twisten, ruzie maken, kibbelen, krakelen; ~**er** *m* strijder; ruziemaker; ~**e'rei** *f* (het) gekibbel, twist, ruzie; ~**fall** *m* (het) geschil; ~**frage** *f* strijdvraag, (het) geschilpunt, kwestie; ~**gespräch** *n* (het) twistgesprek, (het) dispuut; ~**hahn** *m* F, ~**hammel** *m* F ruziemaker, kemphaan; 2**ig** betwist, omstreden; *j-m etw.* ~ *machen* iem. iets betwisten; ~**ig·keit** *f* (het) geschil, onenigheid, twist; ~**kräfte** *f/pl.* strijdkrachten *pl.*; 2**lustig** strijdlustig; ~**macht** *f* strijdmacht; ~**objekt** *n* zaak, (het) onderwerp van het geding; ~**roß** *n* (het) strijdros; ~**sache** *f* (het) geschil(punt); *jur.* (het) rechtsgeding; ~**schrift** *f* (het) strijdschrift; ~**sucht** *f* (*0*) twistzucht; 2**süchtig** twistziek.
streng streng; *Kälte a.*: bar; *Ge-*

schmack, Geruch: scherp; ²e *f* (*0*) strengheid; (*Unerbittlichkeit a.*) gestrengheid; barheid; scherpte; **~genommen** strikt genomen; **~gläubig** strenggelovig, orthodox.
Strepto'kokken [st-] *m/pl.* streptokokken *pl.*
Streß [st-] *m* (*-sses*; *-sse*) stress.
Streu *f* (*0*) (het) stro; **~büchse** *f* strooibus, strooier; (*Pfeffer*²) peperbus; ²**en** strooien; *Gewehr*: spreiden; **~er** *m* = *Streubüchse.*
streunen F struinen, (rond)zwerven.
Streu|pflicht *f* (*0*) verplichting tot het strooien van zand (*od.* zout); **~pulver** *n* (het) strooipoeder; **~sand** *m* (het) strooizand; **~sel** *n/pl.* snippers *pl.*; **~sel·kuchen** *m* snipperkoek.
Strich *m* (*-es*; *-e*) streek, haal; (*Linie*) lijn, streep; (*Strecke*) strook; (*Gegend*) streek; (*Streichung*) doorhaling; (*Vogel*²) vogeltrek; P (*Prostitution*) prostitutie; *ein ~ durch die Rechnung* een streep door de rekening; *auf den ~ gehen* P tippelen; etw. *geht mir gegen den ~* iets stuit mij tegen de borst; ²**eln** (*-le*) arceren; *s. a. gestrichelt*; **~junge** *m* tippelende homoseksueel; **~punkt** *m* kommapunt; **~regen** *m* plaatselijke regenbui; ²**weise** plaatselijk.
Strick *m* (*-es*; *-e*) (het) touw, koord (*a.* het); strik; (*Galgen*²) strop; F (*Schelm*) deugniet; **~arbeit** *f* (het) breiwerk; **~beutel** *m* breizak; ²**en** breien; **~e'rei** *f* (het) breiwerk; **~erin** *f* breister; **~jacke** *f* (het) gebreid jasje; **~kleid** *n* gebreide jurk; **~leiter** *f* touwladder; **~nadel** *f* breinaald; **~strumpf** *m* breikous; **~waren** *f/pl.* (het) gebreid goed; **~weste** *f* (het) gebreid vest.
Striegel *m* roskam; ²**n** (*-le*) roskammen.
Striem|e *f*, **~en** *m* striem; ²**ig** vol striemen.
strikt (*-est*) strikt.
Strippe *f* (het) touw; (*Schnürsenkel*) veter; F *Tel.* lijn; *j-n an der ~ haben* F iem. aan de lijn hebben.
Striptease ['stRIpti:z] *n od. m* (*-*; *0*) strip-tease.
strittig = *streitig.*
Stroh *n* (*-es*; *0*) (het) stro.
Stroh|- *in Zssgn mst.* stro-, *z.B.* **~blume** *f* strobloem; **~dach** *n* (het) strodak; ²**ern** (*0*) strooien; **~feuer** *n* (het) strovuurtje (*a. fig.*); **~geflecht** *n* (het) vlechtwerk van stro; ²**gelb** (*0*) strogeel; **~halm** *m* strohalm; (*Trink*²) (het) rietje; **~hut** *m* strohoed, strooien hoed; **~hütte** *f* strohut; **~kopf** *m* F domkop, stommeling; **~mann** *m* stroman (*a. fig.*); (*Vogelscheuche*) vogelverschrikker; **~matte** *f* stromat; **~puppe** *f* stropop; vogelverschrikker; **~sack** *m* strozak; **~witwe** *f* F onbestorven weduwe; **~witwer** *m* F onbestorven weduwnaar.
Strolch *m* (*-es*; *-e*) schooier, landloper; (*Gauner*) schurk; ²**en** (*a. sn*) (rond)zwerven.
Strom *m* (*-es*; *¨e*) stroom (*a. El.*).
Strom|- *in Zssgn mst.* stroom-, *z.B.* ²'**ab**(**wärts**) stroomaf(waarts); **~abnehmer** *m* stroomafnemer; ²'**auf**(**wärts**) stroomop(waarts); **~bett** *n* stroombedding.
strömen (*a. sn*) stromen.
Strom|gebiet *n* (het) stroomgebied; **~kabel** *n* stroomkabel; **~kreis** *m* stroomketen; *den ~ öffnen* (*schließen*) de stroom verbreken (sluiten); **~linie** *f* stroomlijn; ²**linienförmig** gestroomlijnd; **~messer** *m* ampèremeter; **~netz** *n* (het) stroomnet; **~schiene** *f* stroomrail; **~schnelle** *f* stroomversnelling; **~sperre** *f* stroomafsluiting; **~stärke** *f* stroomsterkte; **~stoß** *m* stroomstoot.
Strömung *f* stroming.
Stromverbrauch *m* (het) stroomverbruik; **~er** *m* stroomverbruiker.
Strom|versorgung *f* stroomvoorziening; **~zähler** *m* elektriciteitsmeter.
Strophe *f* strofe, (het) couplet.
strotzen (*-t*) vol zijn, overstromen; *~ von* (*od. vor*) (*D*) *Gesundheit, Energie usw.* blaken van; *Fehlern* wemelen van.
strubbel|ig wild, verward; ²**kopf** *m* wilde haarbos; *Pers.*: iem. met een wilde haarbos.
Strudel *m* draaikolk, maalstroom (*a. fig.*); (*Gebäck*) (het) (meel)gebak, koek; ²**n** (*-le*; *a. sn*) wervelen, draaien.
Struk'tu|r *f* structuur; ²'**rieren** (*-*) structureren; **~r·wandel** *m* structuurverandering(en *pl.*).
Strumpf *m* (*-es*; *¨e*) kous; (*Glüh*²) (het) kousje; *sich auf die Strümpfe*

machen F er (stilletjes) vandoor gaan; **~band** *n* kouseband; **~fabrik** *f* kousenfabriek; **~halter** *m* jarretel(le); **~haltergürtel** *m* jarretellegordel; **~hose** *f* maillot; (*Nylon*~) panty; **~waren** *f/pl.* tricotgoederen *n/pl.*; **~wirker** *m* kousenwever.
Strunk *m* (-*es*; ⸚*e*) stronk.
struppig ruig, borstelig.
Struwwelpeter [ˈʃtʀuvəl-] *m* piet de smeerpoes.
Strychˈnin [st-] *n* (-*s*; *0*) strychnine (*a.* het).
Stubben *m* (*Baumstumpf*) boomstronk.
Stübchen *n* (het) kamertje.
Stube *f* kamer, (het) vertrek; *die gute* ~ de beste kamer.
Stuben|älteste(r) kameroudste; **~arrest** *m* (het) kamerarrest; **~fliege** *f* huis-, kamervlieg; **~gelehrte(r)** kamergeleerde; **~hocker** *m* huismus, thuisblijver; **~mädchen** *n* (het) kamermeisje; ~**rein** zindelijk.
Stuck *m* (-*es*; *0*) pleisterkalk, (het) stuc.
Stück *n* (-*es*; -*e*) (het) stuk (*a. Thea. usw.*); *große* ~*e pl. auf j-n halten* veel met iem. ophebben; *aus freien* ~*en* uit eigen beweging.
Stuck·arbeit *f* (het) stukadoorswerk; **~er** *m* stukadoor.
Stück·arbeit *f* (het) stukwerk; **~er** *m* stukwerker.
Stück|chen *n* (het) stukje; ~**eln** (-*le*), ~**en** (ver)delen, in stukken delen; (*flicken*) lappen; **~faß** *n* (het) stukvat; **~gut** *n* (het) stukgoed; **~lohn** *m* (het) stukloon; ~**weise** bij stukjes en beetjes; (*pro Stück*) per stuk; **~werk** *n* (-*es*; *0*) (het) stukwerk; **~zahl** *f* (het) aantal (stuks).
Stuˈdent *m* (-*en*) student; ~ *der Medizin, Mathematik* ... student in de ...
Stuˈdenten|- *in Zssgn mst.* studenten-, *z.B.* **~austausch** *m* studentenuitwisseling; **~heim** *n* (het) studentenhuis, studentenflat; **~lied** *n* (het) studentenlied; **~schaft** *f* studenten *pl.*; **~verbindung** *f* (het) studentencorps.
Stuˈdent|in *f* studente; ~**isch** van de studenten, studenten-; *Bräuche*: studentikoos.
Studie [ˈʃtu:dĭə] *f* studie.
Studien|- *in Zssgn mst.* studie-; **~assessor** *m* jong leraar (na praktijkjaar); **~aufenthalt** *m* (het) studieverblijf; **~direktor** *m* rector; **~freund(in** *f*) *m* studievriend(in *f*); **~rat** *m* docent, leraar; **~rätin** *f* docente, lerares; **~reise** *f* studiereis; **~zeit** *f* studietijd; **~zwecke** *m/pl.*: *für* ~ voor studiedoeleinden.
stuˈdier|en (-) studeren; (*untersuchen, a. j-n*) bestuderen; ~**ende(r)** studerende, student; ~**zimmer** *n* studeerkamer.
Studiker *m* F student.
Studi|o [-dĭo:] *n* (-*s*; -*s*) studio; (*Arbeitsraum a.*) (het) atelier; **~um** [-dĭum] *n* (-*s*; *Studien*) studie.
Stufe *f* trap, trede; *fig.* trap, graad, rang; (*Abschnitt, Ebene*) (het) peil, trap; ~**n** treden *pl.* maken; *fig.* rangschikken, indelen.
stufen|artig trapsgewijs, progressief; ~**folge** *f fig.* trapsgewijze opklimming (*od.* volgorde), progressie; ~**leiter** *f* ladder (*a. fig.*); (*Rangordnung*) schaal; **~weise** trapsgewijze, progressief.
Stuhl *m* (-*es*; ⸚*e*) stoel (*a. Lehr*~ *usw.*); *Med.* stoelgang; **~bein** *n* stoelpoot; **~drang** *m* stoelaandrang; **~gang** *m* (-*es*; *0*) stoelgang; **~lehne** *f* rugleuning (van een stoel).
Stulle *f* F boterham.
Stulpe *f* (*Kleider*~) omslag, opslag; (*Manschette*) manchet; (*Stiefel*~) kap.
stülpen omkeren, omslaan; (*setzen*) zetten op.
Stulp(en)stiefel *m* kaplaars.
stumm stom.
Stummel *m* stomp; (*Zigaretten*~) (het) peukje.
Stummheit *f* (*0*) stomheid.
Stumpen *m* = *Stumpf*; (*Zigarre*) sigaar zonder dekblad.
Stümpe|r *m* knoeier, prutser; **~ˈrei** *f* (het) geknoei; (*Arbeit*) (het) knoeiwerk; ~**r·haft** (-*est*) knoeierig, prullig; ~**rn** (-*re*) knoeien, prutsen.
Stumpf *m* (-*es*; ⸚*e*) stomp; *mit* ~ *und Stiel* met wortel en tak.
stumpf stomp; (*Ggs. scharf, bsd. Messer*) bot (*a. Verstand*); (*ohne Glanz, fig.*) dof; ~**heit** *f* (*0*) stompheid; botheid; dofheid; ~**sinn** *m* (-*es*; *0*) stompzinnigheid; **~sinnig** stompzinnig; **~winklig** stomphoekig.

Stündchen *n* (het) uurtje.
Stunde *f* (het) uur; (*Unterrichts*2) les; e-e *geschlagene* ~ een vol uur; *zur* ~ op dit ogenblik; *von Stund an* van dat ogenblik af.
stunden (-*e*-) uitstel geven.
Stunden|durchschnitt *m* (het) uurgemiddelde; ~**geld** *n* (het) lesgeld; ~**geschwindigkeit** *f* snelheid per uur; ~**hotel** *n* (het) verdacht hotel; ~**kilometer** *m/pl.* kilometer(s) *pl.* per uur; 2**lang** (*0*) urenlang; ~**lohn** *m* (het) uurloon; ~**plan** *m* les(sen)rooster (*a.* het); 2**weise** per uur; (*für Stunden*) enkele uren *n/pl.*; ~**zeiger** *m* uurwijzer.
stündlich (*0*) elk uur, van uur tot uur; per uur.
Stundung *f* (het) uitstel.
Stunk *m* (-*ěs*; *0*) F ruzie, heibel.
stu'pid (-*est*), ~**e** stupide.
stups|en (-*t*) stompen, porren; 2**nase** *f* wipneus.
stur stug, stijf; (*starrsinnig*) koppig, keihard; *Blick*: strak; 2**heit** *f* (*0*) stugheid, stijfheid; koppigheid; strakheid.
Sturm *m* (-*ěs*; ¨*e*) storm; *Sp.* (*Stürmer*) voorhoede; (*Angriff bsd.*) aanval; ~ *laufen* stormlopen.
Sturm|- *in Zssgn mst.* storm-, *z.B.* ~**angriff** *m* stormaanval; ~**bock** *m* stormram.
stürm|en 1. *v/i* (*a. sn*) stormen (*a. eilen*); *Sp.* in de voorhoede spelen; **2.** *v/t* bestormen; 2**er** *m Sp.* aanvaller, voorhoedespeler.
Sturm|flut *f* stormvloed; 2**frei** *mil.* stormvrij; *Bude*: met volledige vrijheid; ~**glocke** *f* stormklok.
stürmisch stormachtig.
Sturm|lauf *m* stormloop; ~**leiter** *f* stormladder; ~**möwe** *f* stormmeeuw; ~**schaden** *m* stormschade; ~**schritt** *m* stormpas; ~**signal** *n* (het) stormsein; ~**trupp** *m* stormtroep; ~**vogel** *m* stormvogel; ~**warnung** *f* stormwaarschuwing; ~**wind** *m* stormwind.
Sturz *m* (-*es*; ¨*e*) val (*a. fig.*); ~**acker** *m* (het) omgeploegd braakland; ~**bach** *m* stortbeek; ~**bad** *n* (het) stortbad, douche.
Stürze *f* (het) deksel; *Mus.* geluidstrechter.
stürzen (-*t*) **1.** *v/t* storten, werpen; (*umkippen*) kantelen; (*absetzen*) ten val brengen, *mit Gewalt*: *Regierung, Regime* omverwerpen; *Kasse* opmaken; *sich* ~ *auf* (*A*) zich werpen op; *sich* ~ *in* (*A*) *Arbeit* zich werpen op; *Schulden* maken; **2.** *v/i* (*sn*) vallen, storten; (*eilen*) snellen, rennen, vliegen; *Gelände*: afhellen; *zu Boden* ~ op de grond vallen.
Sturz|flug *m* duikvlucht; ~**gut** *n* (het) stortgoed; ~**helm** *m* valhelm; ~**kampfflugzeug** *n* duikbommenwerper; ~**regen** *m* stortregen; ~**see** *f*, ~**welle** *f* stortzee, breker.
Stuß *m* (-*sses*; *0*) F onzin.
Stute *f* merrie; ~**n·füllen** *n* (het) merrieveulen; ~'**rei** *f* stoeterij.
Stütz|ärmel *m* over-, morsmouw; ~**balken** *m* steunbalk.
Stutzbart *m* kortgeknipte baard.
Stütze *f* steun (*a. fig.*), stut; (*Hausangestellte*) hulp.
stutzen (-*t*) **1.** *v/i* versteld staan, verrast zijn (*od.* opkijken); (*Verdacht schöpfen*) achterdochtig worden; *Pferd*: schrikken; **2.** *v/t* (bij-) knippen; *Bäume, Hecken* snoeien; *Ohren, Schwanz* couperen.
Stutzen *m* (*Gewehr*) korte buks; (*Ansatzrohr*) (het) mondstuk; (*Wadenstrumpf*) kous zonder voet.
stützen (-*t*) steunen (*a. helfen*), stutten; *sich* ~ *auf* (*A*) steunen op; *fig.* zich baseren (*od.* beroepen) op.
Stutzer *m* dandy, fat; 2**haft** (-*est*) fatterig.
Stutz|flügel *m* kleine vleugel; 2**ig** verrast, versteld; (*argwöhnisch*) wantrouwig; *j-n* ~ *machen* de achterdocht van iem. wekken.
Stütz|mauer *f* steunmuur; ~**pfeiler** *m* steunpilaar (*a. fig.*); ~**punkt** *m* (het) steunpunt; *mil. bsd.* basis; ~**ung** *f* steun, ondersteuning.
sub|- *in Zssgn mst.* sub-, *z.B.* ~**al'tern** (*0*) subaltern, ondergeschikt.
Sub'jek|t *n* (-*ěs*; -*e*) (het) subject; *Gr. a.* (het) onderwerp; 2'**tiv** subjectief; ~**tivi'tät** *f* (*0*) subjectiviteit.
sub'li|m subliem; ~'**mieren** (-) sublimeren.
Subskri'b|ent *m* (-*en*) intekenaar; 2**ieren** (-) intekenen.
Subskription [-'tsĭo:n] *f* intekening; ~**s·preis** *m* intekenprijs.
substan|tiell [-stan'tsĭɛl] substantieel; 2**tiv** ['zʊp-] *n* (-*s*; -*e*) (het) substantief, (het) zelfstandig naamwoord; 2**z** [-'stants] *f* substantie.

substitu|ˈieren [-sti·-] (-) substitueren; **2tion** [-ˈtsĭo:n] *f* substitutie.
subtra|ˈhieren (-) aftrekken; **2ktion** [-ˈtsĭo:n] *f* aftrekking.
Subventio|n [-ˈtsĭo:n] *f* subsidie (*a.* het); **2ˈnieren** (-) subsidiëren.
subverˈsiv subversief.
Such|aktion [u:] *f* zoekactie; **~arbeit** *f* (het) zoekwerk; **~e** *f* (*0*) (het) zoeken; (*Fahndung bsd.*) opsporing; *auf der* (*od.* die) *~* op zoek; **2en** zoeken; (*versuchen a.*) trachten; *hier hast du nichts zu ~!* hier heb je niets verloren!; *s. a. gesucht*; **~er** *m* zoeker (*a. Foto2*); **~eˈrei** *f* (*0*) (het) gezoek.
Sucht *f* (-; *ᵘe*) zucht; *pej.* verslaafdheid; (*Krankheit*) ziekte.
süchtig verslaafd.
Sud *m* (*-ęs*; *-e*) (het) brouwsel, (het) aftreksel; (*das Kochen*) (het) koken.
Süd|- *in Zssgn mst.* zuid-; *in Eigennamen* Zuid-, *z.B.* **~afrika** *n* Zuid-Afrika *n*; **2afrikanisch** Zuidafrikaans; **~amerika** *n* Zuid-Amerika *n*.
Suˈda|n *m*: *der ~* Soedan *n*; **~ˈnese** *m* (*-n*) Soedanees.
Süd·asien *n* Zuid-Azië *n*.
süddeutsch Zuidduits; **2e(r)** Zuidduitser; **2land** *n* Zuid-Duitsland *n*.
Sude|ˈlei *f* (het) geknoei, (het) prulwerk; (*Schmiererei*) (het) geklad; **2ln** (*-le*) knoeien; kladden.
Süd|en *m* (*-s*; *0*) (het) zuiden; **~früchte** *f/pl.* zuidvruchten *pl.*; **~küste** *f* zuidkust; **~länder(in** *f*) *m* zuiderling(e *f*); **2ländisch** zuiders, zuidelijk; **2lich** zuidelijk; *~* (*G*) *od. von* (*D*) ten zuiden van; **~ˈosten** *m* (het) zuidoosten; **2ˈöstlich** zuidoostelijk; **~ˈostwind** *m* zuidoostenwind; **~pol** *m* (*-s*; *0*): *der ~* de Zuidpool; **~see** *f* (*0*): *die ~* de Zuidzee; **2wärts** zuidwaarts; **~wein** *m* zuiderse wijn.
Südˈwest|en *m* (het) zuidwesten; **2lich** zuidwestelijk; **~wind** *m* zuidwestenwind.
Südwind *m* zuidenwind.
Suezkanal [ˈzu:ɛs-] *m* (*-s*; *0*) (het) Suezkanaal.
Suff *m* (*-ęs*; *0*) P (het) zuipen; *im ~* in bezopen toestand.
süffig goed (drinkbaar), lekker.
Sufˈfix *n* (*-es*; *-e*) (het) suffix.
sugge|ˈrieren (-) suggereren; **2stion** [-ˈtĭo:n] *f* suggestie; **~sˈtiv** suggestief.
sühnbar te verzoenen; zoenbaar.
Sühne *f* boete, vergelding; (*Versöhnung*) verzoening; **~geld** *n* (het) zoen-, smartegeld, boete; **2n** boeten voor; **~opfer** *n* (het) zoenoffer.
Suite [ˈsvi:tə] *f* suite.
Sulˈf|at *n* (*-ęs*; *-e*) (het) sulfaat; **~id** [-ˈfi:t] *n* (*-ęs*; *-e*) (het) sulfide.
Sultan [ɑ:] *m* (*-s*; *-e*) sultan.
Sülze *f* (het) vlees (*Fisch*: vis) in gelei (*od.* aspic); (*Preßkopf*) zult, preskop.
summ, summ! (b)zz!
sumˈmarisch summier, kort samengevat.
Sümmchen *n* (het) sommetje.
Summe *f* som (*a. fig.*).
summe|n gonzen, zoemen; *e-e Melodie* neuriën; **2r** *m* zoemer.
Sumpf *m* (*-ęs*; *ᵘe*) (het) moeras; *fig. a.* poel (van bederf); **~boden** *m* moerasgrond; **~fieber** *n* moeraskoorts; **~gas** *n* (het) moerasgas; **2ig** moerassig; **~land** *n* (*-ęs*; *0*) (het) moerasland; **~pflanze** *f* moerasplant; **~wasser** *n* (het) moeraswater.
sumsen (*-t*) = *summen.*
Sünde *f* zonde.
Sünden|bock *m* zondebok; **~fall** *m* zondeval; **2los** (*0*) vrij van zonden; **~pfuhl** *m* poel van zonden; **~register** *n* (het) zondenregister.
Sünd|er(in *f*) *m* zondaar *m*, zondares *f*; **~flut** *f* zondvloed; **2haft** (*-est*) zondig; F (*sehr*) + *Adj.* schandalig; **~haftigkeit** *f* (*0*) zondigheid; **2ig** zondig; **2igen** zondigen.
Super|- *in Zssgn mst.* super-.
Super(benzin *n*) *m* super(benzine).
super|fein (*0*) F superfijn; **2intendent** *m* (*-en*) superintendent; **~klug** (*0*) F al te wijs, spitsvondig; **2lativ** *m* (*-s*; *-e*) superlatief; **2markt** *m* supermarkt.
Süppchen *n* (het) soepje.
Suppe *f* soep; *j-m e-e schöne ~ einbrocken* F iem. een kool stoven; *die ~ auslöffeln müssen, die man sich eingebrockt hat* F voor zijn eigen fouten moeten boeten.
Suppen|- *in Zssgn mst.* soep-, *z.B.* **~fleisch** *n* (het) soepvlees; **~gemüse** *n*, **~grün** *n* soepgroente;

~huhn *n* soepkip; **~löffel** *m* soeplepel; **~schüssel** *f* soepterrine; **~teller** *m* (het) soepbord.

Supple'ment *n* (*-es*; *-e*) (het) supplement.

Supra|- *in Zssgn mst.* supra-, *z.B.* **2national** supranationaal.

Surrea'lismus *m* (-; *0*) (het) surrealisme.

surren snorren, zoemen.

Surro'gat *n* (*-es*; *-e*) (het) surrogaat.

su'spekt [-sp-] (*-est*) suspect, verdacht.

suspen'dieren [zusp-] (-) suspenderen (*a. Chem.*), schorsen.

süß [y:] (*-est*) zoet; F (*reizend*) lief, snoezig, beeldig; **2e** *f* (*0*) (het) zoete, zoetheid; **~en** (*-t*) zoet maken, zoeten; **2gräser** *n/pl.* grassen *n/pl.*; **2holz** *n* (het) zoethout; **2igkeit** *f* (*0*) zoetheid; *~en pl.* zoetigheden *pl.*, snoep; **2kirsche** *f* zoete kers; **~lich** zoet(achtig); *fig.* zoetelijk; **~-'sauer** zoetzuur; **2speise** *f* zoetigheid; (*Dessert bsd.*) vla, pudding; **2stoff** *m* (het) zoetmiddel, zoetstof; **2waren** *f/pl.* (het) snoepgoed, snoep, zoetigheden *pl.*; **2wasser** *n* (het) zoet water; **2wasserfisch** *m* zoetwatervis; **2wein** *m* zoete wijn.

Syllo'gismus *m* (-; *Syllogismen*) (het) syllogisme.

Sym'bol *n* (*-s*; *-e*) (het) symbool; **~ik** *f* (*0*) symboliek; **2isch** symbolisch; **2i'sieren** (-) symboliseren.

Symme'tr|ie *f* symmetrie; **2isch** [zʏ'me:-] symmetrisch.

Sympa'thie *f* sympathie; **~kundgebung** *f* sympathiebetoging.

sym'path|isch sympathiek; **~i'sieren** (-) sympathiseren.

Sympho'nie *f* symfonie.

Symp'tom *n* (*-s*; *-e*) (het) symptoom, (het) verschijnsel.

Syna'goge *f* synagoog.

synchroni'sier|en [-kro·-] (-) synchroniseren (*a. Film*); **2ung** *f* synchronisering.

Syndi'kat *n* (*-es*; *-e*) (het) syndicaat.

synko'pieren (-) syncoperen.

Sy'node *f* synode.

Syno'nym *n* (*-s*; *-e*) (het) synoniem; **2(isch)** (*0*) synoniem.

syn|'taktisch (*0*) syntactisch; **2tax** *f* (*0*) syntaxis.

Syn'the|se *f* synthese; **2tisch** synthetisch.

Syphi|lis ['zy:fi·lɪs] *f* (*0*) syfilis; **~'litiker** *m* lijder aan syfilis.

Syr|ien [-rĭən] *n* Syrië *n*; **~ier(in** *f*) *m* Syriër *m*, Syrische *f*; **2isch** Syrisch.

Sys'te|m *n* (*-s*; *-e*) (het) systeem; **2'matisch** systematisch; **2mati'sieren** (-) systematiseren.

Szen|e ['stse:-] *f* scène (*a. Zank*), (het) toneel; (*Anblick bsd.*) (het) tafereel; *hinter der ~* achter de schermen; *in ~ setzen* ensceneren; **~e'rie** *f* toneelschikking; (het) panorama, (het) landschap; **2isch** (*als Szene*) toneelmatig.

T

T, t *n* T, t.
t *Abk. für Tonne.*
Tabak *m* (*-s; -e*) tabak.
Tabak|- *in Zssgn mst.* tabaks-, *z.B.* **~bau** *m* (*-es; 0*) tabaksteelt; **~(s)beutel** *m* tabakszak; **~(s)dose** *f* tabaksdoos; **~geruch** *m* tabakslucht; **~industrie** *f* tabaksindustrie; **~laden** *m* tabakswinkel; **~monopol** *n* (het) tabaksmonopolie; **~(s)pfeife** *f* tabakspijp; **~plantage** *f* tabaksplantage; **~raucher** *m* tabaksroker; **~steuer** *f* tabaksbelasting, tabaksaccijns; **~waren** *f/pl.* rookwaren *pl.*
tabel'larisch (*0*) tabellarisch, in tabellen.
Ta'belle *f* tabel.
Taber'nakel [-bɛʀ-] *n* tabernakel (*a.* het).
Ta'blett *n* (*-es; -s od. -e*) (het) presenteer-, (het) dienblad; **~e** *f* tablet (*a.* het).
ta'bu (*0*) taboe; **♀** *n* (*-s; -s*) taboe (*a.* het).
Tacho'meter *n* snelheidsmeter.
Tadel *m* berisping, blaam, (het) verwijt; **♀los** (*-est*) onberispelijk, keurig; **♀n** (*-le*) *etw.* afkeuren, laken; *j-n* berispen, kritiseren; **♀nswert** afkeurenswaardig, laakbaar; **~sucht** *f* (*0*) vitzucht; **♀süchtig** vitterig.
Tafel *f* (*-; -n*) (het) bord; (*Tabelle*) tabel; (*Gedenk♀, Illustration*) plaat; (*Schokolade*) tablet (*a.* het); (*Tisch*) tafel; (*Schiefer♀*) lei; **~aufsatz** *m* (het) pièce de milieu, (het) middenstuk; **~berg** *m* tafelberg; **~besteck** *n* (het) couvert; **~bild** *n* paneelschildering; **♀förmig** tafel-, plaatvormig; **~freuden** *f/pl.* tafelgenoegens *n/pl.*; **~geschirr** *n* (het) eetservies; **~leuchter** *m* tafelkandelaar; **♀n** (*-le*) tafelen, dineren.
täfeln (*-le*) betimmeren, lambrizeren.
Tafel|**obst** *n* (het) tafelfruit; **~runde** *f* (het) tafelgezelschap; (*Artus♀*) tafelronde; **~tuch** *n* (het) tafellaken.
Täfelung *f* betimmering, lambrizering.
Tafel|**wein** *m* tafelwijn; **~werk** *n* = *Täfelung.*
Taft *m* (*-es; -e*) taf (*a.* het).
Tag *m* (*-es; -e*) dag; *guten ~!* (goeden)dag!; *am ~e* overdag; *~ für ~* dag aan dag; *am hellen ~* op klaarlichte dag; *e-s ~es* op zekere dag, eens; *am ~e vor* (*D*) (*nach D*) (op) de dag vóór (na); *e-s schönen ~es* op een mooie dag; *an den ~ bringen, kommen* aan het licht; *auf seine alten ~e* op zijn oude dag; *in den ~ hinein leben* er maar op los leven; *jeden zweiten ~* om de andere dag; *man soll den ~ nicht vor dem Abend loben* men moet de dag niet prijzen voor het avond is.
tag'aus: *~ tag'ein* dag in, dag uit.
Tage|- *in Zssgn mst.* dag-, *z.B.* **~bau** *m* (*-es; -e*) dagbouw; **~blatt** *n* (het) dagblad; **~buch** *n* (het) dagboek; **~dieb** *m* dagdief; **~geld** *n* (het) dag-, presentiegeld; **♀lang** (*0*) dagenlang; **~lohn** *m* (het) dagloon; **~löhner** *m* dagloner; **♀n** *Versammlung*: vergaderen; *es tagt* het wordt dag, het daagt; **~reise** *f* dagreis.
Tages|**anbruch** *m* dageraad; *bei* (*vor*) *~* met (vóór) het aanbreken van de dag; **~arbeit** *f* dagtaak; **~ausflug** *m* (het) eendagsuitstapje, dagtocht; **~befehl** *m* dagorder; **~bericht** *m* (het) bulletin; **~einnahme** *f* ontvangst van een dag; **~ereignis** *n* gebeurtenis van de dag; **~gericht** *n* dagschotel, plat du jour; **~gespräch** *n* (het) gesprek van de dag; **~karte** *f* dagkaart; (*Speise♀*) (het) menu van de dag; **~kasse** *f* kassa, (het) plaatskaartenloket; **~kurs** *m* dagkoers; **~licht** *n* (*-es; 0*) (het) daglicht; **~marsch** *m* dagmars; **~ordnung** *f* agenda; *an der ~ sein* aan de orde; *zur ~ übergehen* tot de orde van de dag overgaan; **~preis** *m* prijs van de dag; **~presse** *f* (*0*) dagbladpers; **~raum** *m* (het) dagverblijf; **~schau** *f* (het) journaal; **~zeit** *f* tijd van de dag; *zu jeder ~* op elk uur van de dag; **~zeitung** *f* (het) dagblad.

tage|weise per dag; **2werk** *n* (het) dagwerk, dagtaak.
-tägig (*0*) *in Zssgn* -daags, *z.B. viertägig* vierdaags.
täglich (*0*) dagelijks; *zweimal, ... ~* per dag, daags.
tags: *~ darauf* (*zuvor*) daags daarna (tevoren); **~über** overdag.
tag|'täglich dagelijks, elke dag; **2und'nachtgleiche** *f* dag-en--nachtevening.
Tagung *f* vergadering; (*Kongreß*) (het) congres.
Tai'fun *m* (*-s; -e*) tyfoon.
Taille ['taljə] *f* taille; **~n·weite** *f* taillemaat.
taillieren [taˑ'ji:-] (-) tailleren; *Karten* afnemen.
Takel *n* takel; **~age** [-'lɑ:ʒə] *f* takelage, (het) takelwerk; **2n** (*-le*) takelen; **~ung** *f* (het) takelen; takelage.
Takt *m* (*-ės; -e*) *Mus.* maat; (*Benehmen*) tact; (*Maschinen2*) slag; *j-n aus dem ~ bringen fig.* iem. van de wijs brengen; **2fest** maatvast; **~gefühl** *n* (*-ės; 0*) tact, kiesheid; **2ieren** [-'ti:-] (-) de maat slaan; *fig.* tactisch te werk gaan; **~ik** *f* tactiek; **~iker** *m* tacticus; **2isch** tactisch; **2los** (*-est*) tactloos; **~losigkeit** *f* tactloosheid; **~stock** *m* maat-, dirigeerstok; **2voll** tactvol.
Tal *n* (*-ės; "er*) (het) dal; **2'ab** (**-wärts**) verder het dal in; (*flußabwärts*) stroomafwaarts.
Ta'lar *m* (*-s; -e*) talaar, toga.
tal|'auf(wärts) (*flußaufwärts*) stroomopwaarts; **2enge** *f* dalengte.
Ta'lent *n* (*-ės; -e*) (het) talent (*a. Gewicht u. Münze*); **2iert** [-'ti:ʁt] (*-est*) talentvol, begaafd; **2los** (*-est*) talentloos, onbegaafd; **~probe** *f* (het) bewijs van talent; **2voll** talentrijk, -vol.
Taler *m* daalder.
Talfahrt *f* tocht bergaf; (*Schiffs2*) vaart stroomafwaarts; *fig.* inzinking, (het) afglijden.
Talg *m* (*-ės; -e*) talk, (het) vet; **~drüse** *f* vetklier; **~licht** *n* vetkaars.
Talisman *m* (*-s; -e*) talisman.
Talk *m* (*-ės; 0*) talk.
Tal·kessel *m* dalketel.
Talkumpuder *m* talkpoeder (*a.* het).
Talmud *m* (*-s; 0*) talmoed.
Talon [-'lɔŋ, -'lɔ̃:] *m* (*-s; -s*) talon.
Tal|sohle *f* dalbodem; **~sperre** *f* stuwdam; **~station** *f* (het) dalstation; **~überführung** *f* brug over een dal; **2wärts** stroomafwaarts; **~weg** *m* dalweg.
Tama'r|inde *f* tamarinde; **~iske** *f* tamarisk.
Tam|bour [u:] *m* (*-s; -e*) tamboer; **~bu'rin** *n* (*-s; -e*) tamboerijn; **~pon** [-pɔn] *m* (*-s; -s*) tampon; **~'tam** *n* (*-s; -s*) tamtam.
Tand *m* (*-ės; 0*) snuisterij; (*Kram*) rommel, prullen *n/pl.*
Tänd|e'lei *f* beuzelarij; **2eln** (*-le*) spelen, beuzelen; flirten.
Tandem [ɛ] *n* (*-s; -s*) tandem.
Tang *m* (*-ės; -e*) (het) wier.
Tan|gente [taŋ'g-] *f* tangente; **2'gieren** (-) raken (*a. fig.*).
Tango [-ŋgoˑ] *m* (*-s; -s*) tango.
Tank *m* (*-s; -s od. -e*) tank; **2en** tanken; **~er** *m*, **~schiff** *n* tanker; **~stelle** *f* (het) benzinestation; *freie ~* witte pomp; **~wagen** *m* tankwagen; **~wart** *m* pompbediende, pomphouder.
Tanne *f* spar; *allg.* denneboom; **2n** (*0*) dennen, dennehouten.
Tannen|baum *m* = *Tanne*; **~holz** *n* (het) dennehout; **~wald** *m* (het) sparrenbos; **~zapfen** *m* sparappel.
Tan'nin *n* (*-s; 0*) tannien (*a.* het).
Tantalusqualen *f/pl.* tantaluskwellingen *pl.*
Tant|chen *n* F (het) tantetje; **~e** *f* tante.
Tantieme [-'tĭɛ:-] *f* tantième.
Tanz *m* (*-es; "e*) dans.
Tanz|- *in Zssgn mst.* dans-, *z.B.* **~abend** *m* dansavond; **~bar** *f* dancing; **~bär** *m* dansbeer; **~bein** *n* F: *das ~ schwingen* dansen, een dansje maken; **~boden** *m* danszaal.
Tänzchen *n* (het) dansje.
Tanzdiele *f* dancing.
tänzeln (*-le*) trippelen, huppelen.
tanzen (*-t; a. sn*) dansen.
Tänzer|(in *f*) *m* danser(es *f*); **2isch** als dans, dans-.
Tanz|fest *n* (het) dansfeest; **~fläche** *f* dansvloer; **~kapelle** *f* (het) dansorkest; **~kränzchen** *n* dansclub; **~kunst** *f* danskunst; **~kurs** *m* danscursus; **~lehrer** *m* dansleraar; **~lokal** *n* dansgelegenheid, dancing; **~musik** *f* dansmuziek; **~orchester** *n* (het) dansorkest; **~platte** *f* dansplaat; **~saal** *m* danszaal; **~schritt** *m*

danspas; **~schuh** *m* dansschoen; **~schule** *f* dansschool; **~stunde** *f* dansles; **~tee** *m* thé dansant; **~turnier** *n* (het) danstoernooi; **~unterricht** *m* dansles.

Ta'pet *n*: etw. *aufs ~ bringen* iets te berde (*od.* ter sprake) brengen; **~e** *f* (het) behang(sel); **~en·papier** *n* (het) behangselpapier; **~en·tür** *f* onzichtbare deur, met behang beplakte deur; **~en·wechsel** *m fig.* verandering.

tape'zier|en (-) behangen; **2er** *m* behanger.

tapfer (*-pfr-*) dapper, moedig; **2-keit** *f* (*0*) dapperheid.

Tapi'oka *f* (*0*) tapioca.

Tapir *m* (*-s*; *-e*) tapir.

tappen (*a. sn*) tasten, op de tast lopen; (*plump schreiten*) zwaar stappen, klossen.

täppisch lomp, stuntelig.

Taps *m* (*-es*; *-e*) F lomperd; **2en** (*-t*) F klossen, zwaar stappen.

Tara *f* (-; *Taren*) tarra.

Ta'rantel *f* (-; *-n*) tarantula.

Ta'rif *m* (*-s*; *-e*) (het) tarief; **~ermäßigung** *f* tariefverlaging; **2lich** (*0*) volgens tarief; **~lohn** *m* (het) tariefloon; **~vertrag** *m* (het) collectief arbeidscontract (*Abk.* CAO).

Tarn|anzug *m* (het) camouflagepak; **2en** (*sich*) (zich) camoufleren (*a. mil.*), (zich) vermommen; *s. a. getarnt*; **~farben** *f/pl.* camouflagekleuren *pl.*; **~kappe** *f* onzichtbaar makende mantel; **~ung** *f* camouflage, vermomming.

Täschchen *n* (het) tasje; *am Kleidungsstück*: (het) zakje.

Tasche *f* tas; *am Kleidungsstück*: zak.

Taschen|- *in Zssgn mst.* zak-; **~ausgabe** *f* pocketuitgave; **~buch** *n* (het) pocketboek, pocket; **~dieb** *m* zakkenroller; **~format** *n* (het) zakformaat; **~geld** *n* (het) zakgeld; **~kalender** *m* zakkalender; **~lampe** *f* zaklantaarn; **~messer** *n* (het) zak-, knipmes; **~spiegel** *m* (het) zakspiegeltje; **~spieler** *m* goochelaar; **~tuch** *n* zakdoek; **~uhr** *f* (het) zakhorloge; **~wörterbuch** *n* (het) zakwoordenboek.

Täßchen *n* (het) kopje.

Tasse *f* kop, (het) kopje.

Tasta'tur [-st-] *f* toetsen *pl.*; *Schreibmaschine*: (het) toetsenbord.

tast|bar tast-, voelbaar; **2e** *f* toets; **~en** (*-e-*) tasten; (*fühlen a.*) voelen; *sich ~* op de tast lopen; **2er** *m Zool.* voelspriet; **2sinn** *m* (*-es*; *0*) tastzin.

Tat *f* daad; *in der ~* inderdaad; *auf frischer ~* op heterdaad.

Ta'tar *m* (*-en*) Tartaar; **~(beefsteak)** *n* (*-s*; *0*) (biefstuk à la) tartare.

Tat|bestand *m* feiten *n/pl.*, ware toedracht, (het) feitenmateriaal; **~einheit** *f*: *in ~ mit* (*D*) in vereniging met.

Taten|drang *m* drang om te handelen, energie; **2durstig** vol ondernemingslust, energiek; **2los** (*-est*) passief, werkeloos; **~losigkeit** *f* (*0*) passiviteit, werkeloosheid; **2reich** rijk aan gebeurtenissen, rijk aan grote daden.

Täter|(in *f*) *m* dader(es *f*); **~schaft** *f* (*0*) daderschap.

tätig actief, werkzaam; **~en** bewerkstelligen, verwezenlijken, tot stand brengen; *Einkauf* doen; **2keit** *f* bezigheid, (het) werk, activiteit; (*Beruf*) (het) beroep, werkzaamheden *pl.*; **2keitsbereich** *m* (het) veld van werkzaamheden.

Tat|kraft *f* (*0*) energie, werkkracht; **2kräftig** energiek.

tätlich metterdaad; (*handgemein*) handtastelijk; **2keit** *f* handtastelijkheid; (*Angriff*) aanval.

Tat·ort *m* plaats van het misdrijf.

täto'wier|en (-) tatoeëren; **2ung** *f* tatoeëring.

Tat|sache *f* (het) feit; **~sachenbericht** *m* reportage, (het) verslag; **2'sächlich** (*0*) feitelijk, werkelijk; *Adv. a.* inderdaad; *~?* echt (waar)?, heus?

tätscheln (*-le*) liefkozen, strelen, aaien.

tatschen beetpakken.

Tatterich *m* (*-s*; *0*) F (het) beven, bibber.

Tatze *f* poot (*a.* F *Hand*), klauw.

Tau[1] *n* (*-es*; *-e*) (het) touw.

Tau[2] *m* (*-es*; *0*) dauw.

taub doof; (*leer*) loos.

Täubchen *n* (het) duifje (*a. Pers.*).

Taube *f* duif.

Tauben|haus *n* duiventil; **~post** *f* duivenpost; **~schießen** *n* (*-s*; *0*) (het) duivenschieten; **~schlag** *m* duiventil; **~zucht** *f* duivenfokkerij.

Tauber *m*, **Täuber** *m*, **Täuberich** *m* (*-s*; *-e*) doffer, mannetjesduif.

Taubheit *f* (*0*) doofheid.
Täubin *f* wijfjesduif.
Taub|nessel *f* dovenetel; **2stumm** (*0*) doofstom; **~stummenanstalt** *f* (het) doofstommeninstituut.
Tauch|boot *n* duikboot; **2en 1.** *v/i* (*a. sn*) duiken; **2.** *v/t* dompelen, dopen.
Taucher *m* duiker; **~anzug** *m* (het) duikerpak; **~ausrüstung** *f* duikeruitrusting; **~glocke** *f* duikerklok.
Tauch|sieder *m* dompelaar; **~sport** *m* duiksport.
tauen 1. (*schmelzen*) (ont)dooien; **2.** es *taut* (*es fällt Tau*) het dauwt.
Tauf|becken *n* (het) doopbekken, doopvont; **~e** *f* (het) doopsel, doop; *zur ~* ten doop; **2en** dopen.
Täufer *m* doper; *Johannes der ~* Johannes de Doper.
tau·feucht bedauwd.
Tauf|formel *f* (het) doopformulier; **~gelübde** *n* doopbelofte; **~kapelle** *f* doopkapel; **~kleid** *n* (het) doopkleed.
Täufling *m* (-*s*; -*e*) dopeling.
Tauf|name *m* doopnaam; **~pate** *m* peter, peetoom; **~patin** *f* meter, peettante; **~register** *n* (het) doopregister.
tau·frisch (fris)bedauwd; (heerlijk) fris.
Tauf|schein *m* doopakte; **~stein** *m* doopvont; **~wasser** *n* (het) doopwater; **~zeuge** *m* doopgetuige.
taug|en (*zu D*) deugen (voor), geschikt zijn (voor); ... *taugt nichts* deugt niet; **2e·nichts** *m* (- *od.* -*es*; -*e*) deugniet; **~lich** (*zu D*) geschikt (voor); *S. a.*: bruikbaar (voor); **2lichkeit** *f* (*0*) geschiktheid, deugdelijkheid, bruikbaarheid.
tauig [ˈtauɪç] bedauwd.
Tauklettern *n* (-*s*; *0*) (het) touwklimmen.
Taumel *m* (-*s*; *0*) duizeligheid, duizeling; (*Rausch*) roes; **2ig** duizelig; (*wankend*) wankelend; **2n** (-*le*; *a. sn*) wankelen; (*vor Trunkenheit*) zwijmelen; (*fliegen*) dartelen.
Taupunkt *m* (-*es*; *0*) (het) dauwpunt.
Tausch *m* (-*es*; -*e*) ruil; *im ~ gegen* (*A*) in ruil voor; **2en** ruilen.
täuschen misleiden, bedriegen; *sich ~* zich vergissen; **~d** bedrieglijk; *Ähnlichkeit*: sprekend.
Tausch|geschäft *n* ruil(transactie); **~handel** *m* ruilhandel; **~objekt** *n* (het) ruilobject.
Täuschung *f* misleiding, (het) bedrog; (*Irrtum*) vergissing.
Tausch·wert *m* ruilwaarde.
tausend duizend; *~ und aber ~ pl.* duizenden en nog eens duizenden *pl.*; **2** *n* (-*es*; -*e*) (het) duizend; **~e** *pl. von Menschen* duizenden mensen *pl.*; *in die ~e gehen* in de duizenden lopen; **2er** *m* (het) duizendtal; (*Geldschein*) (het) duizendje; **~er·lei** duizenderlei; **~fach, ~fältig** duizendvoudig; *Adv. a.* duizendvoud; **2fuß** *m*, **~füßler** *m* duizendpoot; **2ˈgüldenkraut** *n* (-*es*; *0*) (het) duizendguldenkruid; **~jährig** (*0*) duizendjarig; **2künstler** *m* duivels-, duizendkunstenaar; **~mal** duizendmaal; **2sa(s)sa** *m* (-*s*; -*s*) drommelse (*od.* dekselse) kerel; **2schön** *n* (-*s*; -*e*) duizendschoon; **~ste(r)** duizendste; **2stel** *n* (het) duizendste (deel).
Tauwerk *n* (-*es*; *0*) (het) touwwerk.
Tauwetter *n* (het) dooiweer, dooi.
Tauziehen *n* (-*s*; *0*) (het) touwtrekken (*a. fig.*).
Taxaˈmeter *m* taxameter; taxi.
Taˈxator *m* (-*s*; -*en* [-ˈto:-]) taxateur.
Taxe *f* taxatie, schatting; (*Gebühr*) taks; = *Taxi.*
Taxi *n* (-*s*; -*s*) taxi.
taˈxieren (-) taxeren.
Taxi|fahrer *m* taxichauffeur; **~stand** *m* taxistandplaats.
Taxus *m* (-; -) taxus.
Techn|ik *f* techniek; **~iker** *m* technicus; **~ikum** *n* (-*s*; *Technika*) hogere technische school; **2isch** technisch; **~oloˈgie** *f* technologie.
Techtelmechtel *n* F amourette, (het) gescharrel.
Teckel *m* dashond.
Teddybär *m* teddybeer.
Tee *m* (-*s*; -*s*) thee.
Tee|- *in Zssgn mst.* thee-, **~brett** *n* (het) theeblad; **~gebäck** *n* theekoekjes *n/pl.*; **~haube** *f* theemuts; **~kanne** *f* theepot; **~licht** *n* (het) theelichtje; **~löffel** *m* (het) theelepeltje.
Teenager [ˈti:ne:dʒɚ] *m* teenager.
Teer *m* (-*es*; -*e*) teer (*a.* het); **2en** teren; *Straße bsd.* asfalteren; **~entferner** *m* teerremover; **2ig** teerachtig; vol teer.

Tee·rose *f* theeroos.
Teer|seife *f* teerzeep; **~ung** *f* (het) teren; asfaltering.
Tee|service *n* (het) theeservies; **~sieb** *n* (het) theezeefje; **~tasse** *f* (het) theekopje; **~wagen** *m* theewagen; **~wurst** *f* fijne metworst.
Teich *m* (-*es*; -*e*) vijver.
Teig *m* (-*es*; -*e*) (het) deeg; **2ig** deegachtig; (*mehlig*) melig; **~waren** *f/pl.* deegwaren *pl.*
Teil 1. *m* (-*es*; -*e*) (het) deel, (het) gedeelte; (*Anteil*) (het) aandeel; *zum ~* gedeeltelijk, ten dele; *zum größten ~* voor het grootste deel; **2.** *n* (-*es*; -*e*) (het) stuk, (het) deel; (*Ersatz2*, *Maschinen2*) (het) onderdeel; *ein gut ~* heel wat, een goed deel; **2bar** deelbaar; **~barkeit** *f* (*0*) deelbaarheid; **~betrag** *m* (het) gedeeltelijk bedrag; **~chen** *n* (het) deeltje; **2en** delen; (*zer~*) verdelen; *sich etw. ~* iets onder elkaar delen; **~er** *m* deler; **~ergebnis** *n* (het) gedeeltelijk resultaat; **~gebiet** *n* (het) deelgebied, (het) klein gebied.
Teilhabe *f* (*0*) (het) deelgenootschap; **2n** (*an D*) deelnemen (in); **~r(in** *f*) *m* deelgenoot *m*, deelgenote *f*; (*Gesellschafter bsd.*) vennoot *m*, vennote *f*, (vrouwelijke *f*) compagnon; **~r·schaft** *f* (het) deelgenootschap.
teil'haftig deelachtig; *e-r S.* (*G*) *~ werden* iets deelachtig worden.
Teilnahm|e *f* (*0*) deelneming, deelname; (*Mitgefühl*) deelneming, (het) medeleven; (*Mitschuld*) medeplichtigheid; **2s·los** (-*est*) onverschillig, ongeïnteresseerd; **~s·losigkeit** *f* (*0*) onverschilligheid.
teilnehm|en (*an D*) deelnemen (aan); (*mitfühlen*) deelnemen (in); **~end** deelnemend, belangstellend; **2er** *m* deelnemer; *Tel.* abonnee; **2erin** *f* deelneemster; **2er·liste** *f* lijst der deelnemers; **2er·zahl** *f* (het) aantal deelnemers.
teil|s deels, ten dele; **2strecke** *f* (het) traject; *Esb.* (het) baanvak; *Sp.* etappe; **2stück** *n* (het) onderdeel; **2ung** *f* deling; verdeling; **~weise** gedeeltelijk; **2zahlung** *f* gedeeltelijke betaling; (*Rate*) termijn, afbetaling; (*Zahlung in Raten*) betaling in termijnen.
Teint [tɛ̃:] *m* (-*s*; -*s*) teint.
T-Eisen *n* T-balk.
Tele'fon *n* (-*s*; -*e*) telefoon; *s. a. Fernsprech-*.
Tele'fon|- *in Zssgn mst.* telefoon-, *z.B.* **~anruf** *m* (het) telefoontje, (het) telefoongesprek; **~anschluß** *m* telefoonaansluiting; **~at** [-'nɑ:t] *n* (-*es*; -*e*) = *Telefonanruf*; **~buch** *n* telefoongids; **~gespräch** *n* (het) telefoongesprek; **2ieren** [-'ni:-] (-) telefoneren; **2isch** (*0*) telefonisch; **~ist(in** *f*) [-'nɪs-] *m* (-*en*) telefonist(e *f*); **~nummer** *f* (het) telefoonnummer; **~zelle** *f* telefooncel; **~zentrale** *f* telefooncentrale.
Tele'graf *m* (-*en*) telegraaf; **~enamt** *n* (het) telegraafkantoor; **~enstange** *f* telegraafpaal; **~ie** [-'fi:] *f* (*0*) telegrafie; **2ieren** [-'fi:-] (-) telegraferen; **2isch** (*0*) telegrafisch; **~ist(in** *f*) [-'fɪs-] *m* (-*en*) telegrafist(e *f*).
Tele'gramm *n* (het) telegram; **~adresse** *f* (het) telegramadres; **~formular** *n* (het) telegramformulier; **~stil** *m* telegramstijl.
Tele|'graph *m* (-*en*) *usw. s. Telegraf usw.*; **~objektiv** *n* telelens; **~pa'thie** *f* (*0*) telepathie; **~'phon** *n* (-*s*; -*e*) *usw. s. Telefon usw.*; **~'skop** *n* (-*s*; -*e*) telescoop; **~x** *n* (-; *0*) telex.
Teller *m* (het) bord; (*Hand2*) palm; (*Schale*) schaal; **2förmig** bord-, schaalvormig.
Tempel *m* tempel; **~herr** *m* tempelier; **~orden** *m* tempelorde; **~raub** *m* tempelroof.
Tempera'ment *n* (-*es*; -*e*) (het) temperament; **2voll** temperamentvol.
Tempera'tur *f* temperatuur; **~schwankung** *f* temperatuurschommeling; **~sturz** *m* plotselinge daling van de temperatuur.
tempe'rieren (-) temperen (*a. fig.*); (*regeln*) de temperatuur regelen.
Templer *m* tempelier.
Tempo *n* (-*s*; -*s od. Tempi*) (het) tempo.
Tempus *n* (-; *Tempora*) tempus, tijd.
Ten'denz *f* tendens (*a. Börsen2*), strekking, tendentie; **~blatt** *n* (het) tendensblad; **2iös** [-dɛn'tsĭø:s] (-*est*) tendentieus; **~stück** *n* (het) tendensstuk.
Tender *m* tender.
ten'dieren (-) tenderen, neiging (ver)tonen.

Tenne *f* dorsvloer, deel.
Tennis *n* (-; *0*) (het) tennis; ~ *spielen* tennissen.
Tennis|- *in Zssgn mst.* tennis-, *z.B.* **~ball** *m* tennisbal; **~platz** *m* (het) tennisveld, -baan; **~schläger** *m* tennisracket (*a.* het); **~schuh** *m* tennisschoen; **~spieler(in** *f*) *m* tennisser *m*, tennisster *f*; **~turnier** *n* (het) tennistoernooi.
Tenor¹ ['te:nɔʁ] *m* (-*s*; *0*) teneur.
Teno|r² [te·'no:ʁ] *m* (-*s*; *⸚e*), **~'rist** *m* (-*en*) tenor.
Ten'takel *n od. m* tentakel.
Teppich *m* (-*s*; -*e*) (het) tapijt, (het) vloerkleed; (*Wand*2) (het) wandkleed; *auf dem ~ bleiben* F realistisch blijven; **~kehrmaschine** *f* rolschuier; **~klopfer** *m* matteklopper.
Ter'min *m* (-*s*; -*e*) termijn; *jur.* zitting (van de rechtbank); (*Verabredung*) afspraak; 2**gerecht** op tijd, volgens afspraak; **~geschäft** *n* termijnhandel; **~kalender** *m* agenda.
Termin|olo'gie *f* terminologie; **~us** *m* (-; *Termini*) term.
Ter'mite *f* termiet; **~n·haufen** *m* termietenheuvel.
Terpen'tin *n* (-*s*; *0*) terpentijn.
Terrain [tɛ'ʀɛ̃:] *n* (-*s*; -*s*) (het) terrein.
Terra'kotta *f* (-; *Terrakotten*) terracotta (*a.* het).
Ter'rasse *f* (het) terras; 2**n·förmig** terrasvormig.
Terrier [-ʀiɐ] *m* terriër.
Ter'rine *f* terrine.
territor|ial [-'ʀia:l] (*0*) territoriaal; 2**ial·gewässer** *n* territoriale wateren *n/pl.*; 2**ium** [-'to:ʀium] *n* (-*s*; *Territorien*) (het) territorium, (het) grondgebied.
Terror *m* (-*s*; *0*) terreur; **~akt** *m* terreurdaad; **~angriff** *m* terreuraanval; 2**i'sieren** (-) terroriseren.
Terro'ris|mus *m* (-; *0*) (het) terrorisme; **~t(in** *f*) *m* (-*en*) terrorist(e*f*); 2**tisch** (*0*) terroristisch.
Ter|tia [-tsia·] *f* (-; *Tertien*) vierde en vijfde klas van een gymnasium; **~z** *f* terts; **~'zett** *n* (-*es*; -*e*) (het) terzet; **~'zine** *f* terzine.
Test *m* (-*es*; -*e od.* -*s*) test, toets.
Test- *in Zssgn mst.* test-, *a.* toets-.
Testa'men|t *n* (-*es*; -*e*) (het) testament; *das Alte (Neue) ~* het Oude (Nieuwe) Testament; 2**'tarisch** (*0*) testamentair, bij testament; **~ts-vollstrecker** *m* executeur-testamentair.
Te'stat [-st-] *n* (-*es*; -*e*) (het) testimonium; **~or** *m* (-*s*; -*en* [-'to:-]) testateur; (*Erblasser a.*) erflater.
Test|bild *n* (het) testbeeld; 2**en** (-*e*-) testen, toetsen.
testieren [-'sti:-] (-) een testament maken; (*bescheinigen*) verklaren, een bevestiging (*od.* testimonium) geven van.
Testikel [-'st-] *m* testikel.
Testi'monium [-nium] *n* (-*s*; *Testimonien*) (het) testimonium.
Test|pilot *m* testpiloot; **~verfahren** *n* testmethode.
Tetanus *m* (-; *0*) tetanus.
teuer (*teurer*) duur; *fig.* dierbaar; *j-n ~ zu stehen kommen* iem. duur te staan komen; *zu ~* te duur.
Teuerung *f* duurte; **~s·welle** *f* duurtegolf; **~s·zuschlag** *m* duurtetoeslag.
Teufe|l *m* duivel; *armer ~* arme drommel, stakker(d); *~ (auch od. nochmal)!* verdomme!, wat duivel!; *sich zum ~ scheren* F naar de duivel lopen, opdonderen; *da ist der ~ los* alles staat daar op stelten; *pfui ~!* bah!; **~'lei** *f* duivelse streek; **~lin** *f* duivelin.
Teufels|beschwörer *m* duivelbezweerder; **~beschwörung** *f* duivelbezwering; **~brut** *f* (het) duivels gebroed; **~kerl** *m* drommelse kerel; **~weib** *n* helleveeg, duivelin.
teuflisch duivels.
Text *m* (-*es*; -*e*) tekst.
Text|- *in Zssgn mst.* tekst-, *z.B.* **~ausgabe** *f* tekstuitgave; **~buch** *n* (het) tekstboek(je); **~dichter** *m* tekstdichter; **~er** *m* tekstschrijver.
Tex'til|- *in Zssgn mst.* textiel-, *z.B.* **~arbeiter** *m* textielarbeider; **~fabrik** *f* textielfabriek; **~ien** [-liən] *pl.* textiel (*a.* het); **~industrie** *f* textielindustrie.
Textkritik *f* tekstkritiek.
Theater [te·'a:-] *n* (het) theater (*a. Getöse*), schouwburg; (*Bühne bsd.*) (het) toneel.
Theater|- *in Zssgn mst.* theater-, *z.B.* **~abonnement** *n* (het) theaterabonnement; **~agent** *m* theateragent; **~dichter** *m* toneeldichter; **~karte** *f* (het) theaterkaartje; **~kasse** *f* kassa van de schouwburg;

~stück *n* (het) toneelstuk; **~vorstellung** *f* toneelvoorstelling; **~zettel** *m* (het) affiche.
thea'tralisch [te·ɑ·-] theatraal.
Theismus [te·'ɪs-] *m* (-; *0*) (het) theïsme.
Theke *f* tapkast, toog, (het) buffet; (*Laden*≈) toonbank.
The|ma *n* (-*s*; *Themen*) (het) thema; **~'matik** *f* (*0*) thematiek.
Themse *f*: *die* ~ de Theems.
Theo|- [te·o·-] *in Zssgn mst.* theo-, *z.B.* **~'loge** *m* (-*n*) theoloog; **~lo'gie** *f* theologie; **≈'logisch** (*0*) theologisch.
Theo'r|etiker *m* theoreticus; **≈etisch** theoretisch; **~ie** *f* theorie.
Thera'p|eut(in *f*) *m* (-*en*) therapeut(e *f*); **~ie** *f* therapie.
Ther'mal|bad *n* (*Ort*) badplaats (met warme bronnen); (*Bad*) (het) bad in een warme bron; **~quelle** *f* warme bron, therme.
Therm|en *f/pl.* thermen *pl.*; **≈isch** (*0*) thermisch.
Thermo|- *in Zssgn mst.* thermo-, *z.B.* **~dy'namik** *f* thermodynamica; **~'meter** *n* thermometer; **≈nuklear** thermonucleair.
Thermosflasche *f* thermosfles.
Thermo'stat [-st-] *m* (-*ęs od.* -*en*; -*e od.* -*en*) thermostaat.
These *f* stelling, thesis.
Thorax *m* (-*ęs*; -*e*) thorax, borstkas.
Throm'bose *f* trombose.
Thron *m* (-*ęs*; -*e*) troon; **~bewerber** *m* troonpretendent; **≈en** tronen; **~erbe** *m* troonopvolger; **~folge** *f* troonopvolging; **~himmel** *m* troonhemel; **~rede** *f* troonrede; **~saal** *m* troonzaal.
Thunfisch *m* tonijn.
Thüring|en *n* Thuringen *n*; **≈isch** Thurings.
Tiara [ti·'ɑːʀɑ·] *f* (-; *Tiaren*) tiara.
Tibe|t *n* Tibet *n*; **≈'tanisch** Tibetaans.
Tick *m* (-*ęs*; -*s*) tic (*a. fig.*); (*Klaps*) tik; **≈en** tikken; **≈tack** tiktak.
tief diep; *Ton*: laag; ≈ *n* (-*s*; -*s*) (het) gebied van lage druk, depressie; (*Wasser*≈) (het) diep; **≈bau** *m* (-*ęs*; *0*) (het) grondwerk; (*unterirdisch*) ondergrondse werken *n/pl.*; (*Straßen*≈) wegenbouw; **~betrübt** diepbedroefd; **~bewegt** diep bewogen; **~blau** donker-, diepblauw; **≈blick** *m* diepe blik; *fig.* (het) diep inzicht; **≈druck** *m Typ.* diepdruk; **≈druckgebiet** *n* = *Tief*; **≈e** *f* diepte; laagte; **≈ebene** *f* laagvlakte; **≈en·psychologie** *f* dieptepsychologie; **≈en·wirkung** *f* dieptewerking; **~'ernst** (*0*) diep (*od.* zeer) ernstig; **≈gang** *m* (-*ęs*; *0*) diepgang; **≈garage** *f* ondergrondse parkeergarage; **~gehend** diepgaand; **~gekühlt** diepgevroren, diepvries-; **~greifend** diepgaand, grondig.
Tiefkühl|fach *n* (het) diepvriesvak(je); **~kost** *f* diepvriesprodukten *n/pl.*; **~truhe** *f* diepvrieskist, diepvriezer; **~ung** *f* diepvries.
Tief|ladewagen *m* dieplader; **~land** *n* (het) laagland; **~punkt** *m* (het) dieptepunt; **~schlag** *m* slag onder de gordel; **~see** *f* diepzee; **~sinn** *m* (-*ęs*; *0*) diepzinnigheid; (*Grübelei*) zwaarmoedigheid; **≈sinnig** diepzinnig; zwaarmoedig; **~stand** *m* (-*ęs*; *0*) lage stand; *fig.* (het) laag niveau (*od.* peil); **≈'traurig** diepbedroefd.
Tiegel *m* smeltkroes.
Tier *n* (-*ęs*; -*e*) (het) dier; *hohes* ~ *fig.* F hoge piet.
Tier|- *in Zssgn mst.* dieren-, *z.B.* **~arzt** *m* dieren-, veearts; **~asyl** *n* (het) dierenasiel; **~chen** *n* (het) diertje, (het) beestje; *jedem ~ sein Pläsierchen!* F ieder diertje zijn pleziertje; **~epos** *n* (het) dierenepos; **~fabel** *f* dierenfabel; **~freund** *m* dierenvriend; **~garten** *m* dierentuin; **~halter** *m* dierenbezitter; **~heilkunde** *f* diergeneeskunde; **≈isch** dierlijk; *fig.* beestachtig; **~kreis** *m* dierenriem; **~kreiszeichen** *n* (het) teken van de dierenriem; **~kunde** *f* dierkunde; **~leben** *n* (het) dierenleven; **~park** *m* (het) dierenpark; **~quälerei** *f* dierenkwelling; **~reich** *n* (-*ęs*; *0*) (het) dierenrijk; **~schutz** *m* dierenbescherming; **~schutzverein** *m* vereniging voor dierenbescherming; **~versuch** *m* (het) dierexperiment, proefneming op dieren; **~welt** *f* (*0*) dierenwereld; **~zucht** *f* dierenfokkerij.
Tiger|(in *f*) *m* tijger(in *f*); **~katze** *f* tijgerkat; **≈n** (-*re*; *a. sn*) F lopen, tippelen.
Tilde *f* (*Wörterbuch*≈) (het) herhalingsteken.
tilg|bar aflosbaar; **~en** delgen;

Schuld a. aflossen; (*auslöschen*) tenietdoen; (*vernichten*) vernietigen; **⁀ung** *f* delging; aflossing; (het) tenietdoen; vernietiging.
Timbre ['tɛ̃:bɘ] *n* (*-s*; *-s*) (het) timbre.
Tingeltangel *n* (het) café-chantant.
Tink'tur *f* tinctuur.
Tinte *f* inkt; *in der ~ sitzen* F in de knel (*od.* knoei) zitten.
Tinten|- *in Zssgn mst.* inkt-, *z.B.* **~faß** *n* inktkoker; **~fisch** *m* inktvis; **~fleck** *m*, **~klecks** *m* inktvlek, klad; **~stift** *m* (het) inktpotlood.
Tip *m* (*-s*; *-s*) tip.
Tippel|bruder *m* F landloper; **⁀n** (*-le*; *sn*) F tippelen, lopen.
tipp|en tippen (*a. im Lotto*); (*berühren*) tikken; (*schreiben a.*) typen, tikken; **⁀fehler** *m* tikfout; **⁀fräulein** *n* F typiste; **~'topp** F tiptop; **⁀zettel** *m* (het) wedbriefje.
Ti'rade *f* tirade.
Ti'rol *n* Tirol *n*; **~er** *m* Tiroler.
Tisch *m* (*-ęs*; *-e*) tafel; *bei ~* aan tafel; *nach ~* na het eten; *zu ~ gehen* aan tafel gaan; *j-n zu ~ einladen* iem. ten eten vragen; *von ~ und Bett geschieden sein* van tafel en bed gescheiden zijn.
Tisch|- *in Zssgn mst.* tafel-, *z.B.* **~bein** *n* tafelpoot; **~chen** *n* (het) tafeltje; **~dame** *f* tafeldame; **~decke** *f* (het) tafelkleed; **~gast** *m* tafelgenoot; **~gebet** *n* (het) tafelgebed; **~gesellschaft** *f* (het) tafelgezelschap; **~herr** *m* tafelheer; **~lampe** *f* tafellamp; **~lein'deckdich** *n* (*-*; *-*) (het) tafeltje-dek-je; **~ler** *m* schrijnwerker, meubelmaker; **~le'rei** *f* meubelmakerij; **~lerhandwerk** *n* (het) meubelmakersambacht; **⁀lern** (*-re*) timmeren; **~nachbar** *m* tafelbuur; **~platte** *f* (het) tafelblad; **~rede** *f* tafelrede; **~tennis** *n* (het) tafeltennis; **~tuch** *n* (het) tafellaken; **~wein** *m* tafelwijn; **~zeit** *f* etenstijd; **~zeug** *n* (het) tafelgoed.
ti'tanisch titanisch.
Titel *m* titel; (*Überschrift a.*) (het) opschrift.
Titel|- *in Zssgn mst.* titel-, *z.B.* **~bild** *n* titelplaat; **~blatt** *n* (het) titelblad; **~rolle** *f* titelrol; **~verteidiger** *m* kampioen.
Titu|'lar *m* (*-s*; *-e*) titularis; **~la'tur** *f* titulatuur; **⁀'lieren** (-) tituleren.
Toast [to:st] *m* (*-ęs*; *-e od. -s*) toost (*a. Trinkspruch*); **⁀en** (*-e-*) toosten.
Tobak *m* F: *das ist starker ~!* dat is sterk!; *s. Tabak.*
tob|en razen (*a. Sturm*); *Sturm a., Schlacht*: woeden; (*wütend sein*) tieren, razen; *Kinder*: leven maken, tekeergaan; **⁀sucht** *f* (*0*) razernij, dolheid; **~süchtig** razend, dol.
Tochter *f* (*-*; *⸚*) dochter.
Töchterchen *n* (het) dochtertje.
Tochter|- *in Zssgn mst.* dochter-, *z.B.* **~firma** *f* dochtermaatschappij.
töchterlich (*0*) dochterlijk.
Tod *m* (*-ęs*; *-e*) dood; *sich zu ~e arbeiten* (*lachen*) zich doodwerken (doodlachen); **⁀bringend** dodelijk; **⁀ernst** doodernstig.
Todes|- *in Zssgn mst.* doods-, *z.B.* **~angst** *f* doodsangst; **~anzeige** *f* (het) doodsbericht, (het) bericht (*od.* kennisgeving) van overlijden; **~fall** *m* (het) sterfgeval; **~gefahr** *f* (het) doodsgevaar; **~jahr** *n* (het) sterfjaar; **~kampf** *m* doodsstrijd; **~kandidat** *m* ten dode opgeschrevene; **~not** *f* doodsnood, doodsangst; *in höchster ~* in doodsnood; **~opfer** *n* (het) (dodelijk) slachtoffer; **~stoß** *m* doodsteek, genadestoot; **~strafe** *f* doodstraf; **~tag** *m* sterfdag; **~urteil** *n* (het) doodvonnis; **~verachtung** *f* doodsverachting.
Tod|feind *m* doodsvijand; **⁀'krank** (*(0)* doodziek.
tödlich dodelijk.
tod|'müde (*0*) doodmoe; **~'schick** (*0*) F reuzechic; **~'sicher** heel zeker; **⁀sünde** *f* doodzonde; **~'unglücklich** (*0*) doodongelukkig.
Toffee ['tɔfi·] *n* (*-s*; *-s*) toffee.
Toga *f* (*-*; *Togen*) toga, toog.
Tohuwa'bohu *n* (*-s*; *-s*) warboel, verwarring.
Toi'lette [to·ɑ·-] *f* (het) toilet (*a. Kleid*).
Toi'letten|- *in Zssgn mst.* toilet-, *z.B.* **~artikel** *m/pl.* toiletartikelen *n/pl.*; **~frau** *f* toiletjuffrouw; **~papier** *n* (het) toilet-, closetpapier; **~seife** *f* toiletzeep; **~spiegel** *m* toiletspiegel; **~tisch** *m* toilet-, kaptafel.
toi, toi, toi! afkloppen!; (*viel Erfolg*) veel succes!
tole'r|ant (*-est*) tolerant, verdraagzaam; **⁀anz** *f* tolerantie; **~ieren** (-) tolereren.

toll dol, gek; (*großartig*) F fantastisch, mieters, geweldig; **~dreist** doldriest; **~en** ravotten; (*herumlaufen*) dartelen, rondhuppelen; **≗haus** *n* (het) gekkenhuis; **≗heit** *f* krankzinnigheid; (*Tat*) dolle streek; **≗kirsche** *f* wolfskers; **≗kopf** *m* (het) warhoofd, gek; **~kühn** roekeloos, vermetel; **≗wut** *f* hondsdolheid; **~wütig** dol, razend.

Tolpatsch *m* (*-es*; *-e*) onhandige sukkel; **≗ig** onhandig.

Tölpel *m* lummel; (*Dummkopf*) lomperd; **≗haft** (*-est*) lomp, onhandig.

To'mate *f* tomaat; **~n·saft** *m* (het) tomatesap.

Tombola *f* (-; *-s od. Tombolen*) tombola.

Ton[1] *m* (*-ės*; *0*) (*Lehm*) klei, leem (*a.* het).

Ton[2] *m* (*-ės*; *¨e*) toon, klank; (*Farb≗*) tint; (*Akzent*) klemtoon; *in sanftem ~* op zachte toon; *den ~ angeben* de toon aangeven (*a. fig.*); **~abnehmer** *m* toonarm; **≗angebend** toonaangevend; **~art** *f* toonaard; **~aufzeichnung** *f* geluidsopname.

Tonband *n* (geluids)band; **~aufnahme** *f* opname op (geluids-) band; **~gerät** *n* bandrecorder, bandopnemer.

Tondicht|er *m* toondichter, componist; **~ung** *f* compositie.

tönen *v/i* klinken, luiden; (*prahlen*) opsnijden; *v/t* (*färben*) kleuren, verven.

Ton·erde *f* pijpaarde; *essigsaure ~* (het) burowwater.

tönern (*0*) lemen (*a. fig.*), van klei, aarden.

Ton|fall *m* (*-ės*; *0*) intonatie, stembuiging; **~film** *m* geluidsfilm; **~gebung** *f* toonvorming.

Tonikum *n* (*-s*; *Tonika*) (het) tonicum.

Ton|ingenieur *m* geluidsingenieur; **~kunst** *f* (*0*) toonkunst; **~künstler** *m* toonkunstenaar; **~leiter** *f* toonladder; **≗los** (*-est*) toonloos; **~male'rei** *f* klanknabootsing.

Ton'nage [-ʒə] *f* tonnage.

Tönnchen *n* (het) tonnetje, (het) vaatje.

Tonne *f* ton; (*Faß a.*) (het) vat; *Gewichtsangabe*: 2 (3) *~n Kohle* 2 (3) ton; **~n·kilometer** *m* tonkilometer; **≗n·weise** bij tonnen.

-tonner *in Zssgn* -tonner, *z.B. Dreitonner m* drietonner.

Ton|pfeife *f* stenen pijp; **~setzer** *m* toondichter, componist; **~stück** *n* (het) muziekstuk.

Ton'sur *f* tonsuur.

Tontaube *f* kleiduif; **~n·schießen** *n* (*-s*; *0*) (het) kleiduivenschieten.

Tönung *f* (*Schattierung*) schakering, tint, nuance.

Ton|verstärker *m* geluidsversterker; **~waren** *f/pl.* (het) aardewerk; **~zeichen** *n* (*Note*) noot.

To'pas *m* (*-es*; *-e*) topaas (*a.* het).

Topf *m* (*-ės*; *¨e*) pot; (*Koch≗ bsd.*) (kook)pan; (*Nacht≗*) po(t); **~blume** *f* potbloem.

Töpfchen *n* (het) potje.

Topfen *m* (*-s*; *0*) *s. Quark.*

Töpfer *m* pottenbakker; **~ei** [-'ʀaɪ] *f* pottenbakkerij; **~waren** *f/pl.* (het) aardewerk.

Topf|gucker *m* pottekijker; **~pflanze** *f* potplant.

Topogra'phie *f* topografie.

topp! top!

Topp *m* (*-s*; *-e*) top.

Tor[1] *m* (*-en*) dwaas, gek.

Tor[2] *n* (*-ės*; *-e*) poort; *Sp.* (het) doel, goal; (*~punkt*) goal, (het) doelpunt; (*Slalom≗*) doorgang; *ein ~ schießen* een doelpunt maken.

Torea'dor [-ʀeˈɑˑ-] *m* (*-s*; *-e*) toreador.

Tor·einfahrt *f* inrijpoort.

Torf *m* (*-ės*; *0*) turf; **~boden** *m* veengrond; **~erde** *f* turf-, veenaarde.

Tor·flügel *m* vleugel (van een poort).

Torfmoos *n* (het) veenmos.

Torheit *f* dwaasheid.

Torhüter *m* poortwachter; *Sp.* = *Torwart.*

tör|icht (*-est*) dwaas, mal, gek; **≗in** *f* dwaze, zottin.

torkeln (*-le*; *a. sn*) waggelen, zwaaien, tollen.

Tor|lauf *m* slalom; **~linie** *f* doellijn; **~mann** *m* doelman.

Tor'nado *m* (*-s*; *-s*) tornado.

Tor'nister *m* ransel; (*Schul≗*) schooltas.

torpe'dier|en (-) torpederen; **≗ung** *f* torpedering.

Tor'pedo *m* (*-s*; *-s*) torpedo; **~boot** *n* torpedoboot; **~bootzerstörer** *m* onderzeebootjager.

Tor|pfosten *m* doelpaal; **~raum** *m*

(het) doelgebied; **~schluß** *m*: *kurz vor ~* op het nippertje, nog net op tijd; **~schuß** *m* (het) doelschot; **~schütze** *m* doelpuntenmaker.
Torsions·stab [-ˈzĭoːn-] *m* torsiestaaf.
Torso *m* (-*s*; -*s*) torso, romp.
Törtchen *n* (het) taartje, (het) gebakje.
Torte *f* taart; **~n·form** *f* taartvorm; **~n·heber** *m* taartschep.
Torˈtur *f* tortuur, foltering.
Tor|wart *m* keeper, doelman, doelverdediger; **~weg** *m* inrijpoort, doorrit.
tosen (-*t*; *a. sn*) bruisen, razen; **~d** *Beifall*: daverend.
tot (*0*) dood (*a. Last usw.*).
toˈtal totaal; **2ansicht** *f* (het) gezicht op het geheel; **2iˈsator** *m* (-*s*; -*en* [-ˈtoː-]) totalisator; **~iˈtär** totalitair; **2iˈtät** *f* (*0*) totaliteit; **2schaden** *m* total-loss.
tot|- *in Zssgn mst.* dood-, *z.B.* **~arbeiten** F: *sich ~* zich doodwerken; **~ärgern** F: *sich ~* zich doodergeren; **2e(r)** dode.
Totem *n* (-*s*; -*s*) totem.
töten (-*e*-) doden.
Toten|acker *m* dodenakker; **~amt** *n* lijkdienst, uitvaart; **~bahre** *f* lijkbaar; **2ˈblaß** (*0*), **2ˈbleich** (*0*) doodsbleek; **~feier** *f* lijk-, begrafenisplechtigheid; **~gebet** *n* (het) gebed voor overledenen; **~gräber** *m* doodgraver; **~hemd** *n* (het) doodshemd; **~kopf** *m* (het) doodshoofd; *Zool.* doodshoofdvlinder; **~kult** *m* dodencultus; **~maske** *f* (het) dodenmasker; **~messe** *f* lijkdienst, uitvaart; **~reich** *n* (het) rijk der doden; **~schein** *m* overlijdensakte; **~sonntag** *m* laatste zondag van het kerkelijk jaar, dodenherdenkingsdag; **~starre** *f* verstijving van een lijk; **2ˈstill** (*0*) doodstil; **~stille** *f* doodse stilte; **~tanz** *m* dodendans; **~wache** *f* dodenwake.
Töter *m* doder, moordenaar.
Totes Meer *n*: *das Tote Meer* de Dode Zee.
tot|essen *F*: *sich ~* zich doodeten; **~fahren** (*sich*) (zich) doodrijden; **~geboren** doodgeboren; **2geburt** *f* (*Kind*) (het) doodgeboren kind; **~lachen** F: *sich ~* zich doodlachen; **~kriegen** F doodkrijgen; **~machen** F doodmaken.
Toto *m* (-*s*; -*s*) voetbaltoto.
Tot|punkt *m* (het) dood punt; **2sagen:** *j-n ~* zeggen dat iem. dood is; **2schießen** doodschieten; **~schlag** *m* doodslag; **2schlagen** doodslaan; **~schläger** *m* (*Waffe*) ploertendoder; **2schweigen** doodzwijgen; **2stellen:** *sich ~* zich dood houden; **2treten** doodtrappen.
Tötung *f* (het) doden.
Toup|et [tuˈpeː] *n* (-*s*; -*s*) toupet; **2ieren** (-) touperen.
Tour [tuːʁ] *f* toer (*a. Tech.*), tocht, (het) uitstapje; *auf ~en kommen* op toeren komen (*a. fig.*); *auf die ~* F op die toer; *in e-r ~* aan één stuk door; **~en·zähler** *m* toerenteller.
Touˈris|mus [tu-] *m* (-; *0*) (het) toerisme; **~t(in** *f*) *m* (-*en*) toerist(e *f*); **~ten·klasse** *f* (*0*) toeristenklas; **~tik** *f* (*0*) (het) toerisme; **2tisch** toeristisch.
Tourˈnee [tuʁ-] *f* (-; -*s od.* -*n*) tournee.
Trab *m* (-*es*; *0*) draf; *j-n auf ~ bringen* F achter iem. aan zitten.
Traˈbant *m* (-*en*) trawant; (*Nebenplanet*) satelliet; **~en·stadt** *f* satellietstad.
trab|en (*a. sn*) draven; **2er** *m* harddraver; **2rennbahn** *f* renbaan, hippodroom (*a.* het); **2rennen** *n* harddraverij.
Tracht *f* (*Kleider2*) klederdracht; (*Haar2*) haardracht; (*Traglast*) vracht, last; *~ Prügel* (het) pak slaag.
trachten (-*e*-) trachten, streven; *nach dem Leben* staan.
Trachtenfest *n* (het) folkloristisch feest.
trächtig (*0*) drachtig.
Traditio|n [-ˈtsĭoːn] *f* traditie; **2ˈnell** traditioneel.
Trafo *m* (-*s*; -*s*) = *Transformator*.
Trag|bahre *f* draagbaar, brancard; **2bar** draagbaar; *fig.* draaglijk, te dragen; *Pers.*: aanvaardbaar; **~e** *f* = *Tragbahre*; = *Tragkorb*.
träge traag, langzaam; *Pers. a.*: sloom, lui.
tragen (*L*) dragen; (*ertragen a.*) verdragen; *Eis*: sterk genoeg zijn, houden; *Bedenken* hebben; *etw. bei sich ~* iets bij zich hebben; *s. a. getragen*.
Träger *m* (*Balken*) draagbalk, ligger; *Pers.*: drager; *an Kleidungs-*

stücken: band, (het) bandje; (*Hosen*♀) bretel; (*Flugzeug*♀) (het) vliegdekschip; (*Preis*♀) winnaar; *s. a. Gepäckträger*; **~in** *f* draagster; **~rakete** *f* draagraket; **~schürze** *f* (het) bandschortje.
Trag|e·zeit *f* draagtijd; **♀fähig** draagkrachtig (*a. fig.*); **~fähigkeit** *f* (*0*) (het) draagvermogen, draagkracht; **~fläche** *f* (het) draagvlak; **~flächenboot** *n*, **~flügelboot** *n* (draag)vleugelboot.
Trägheit *f* (*0*) traagheid; sloomheid; *Phys.* traagheid, inertie; **~sgesetz** *n* (*-es*; *0*) wet van de traagheid; **~s·moment** *n* (het) traagheidsmoment.
Tragi|k *f* (*0*) tragiek; **~ker** *m* treurspeldichter; **♀komisch** tragikomisch; **♀sch** tragisch.
Trag|korb *m* draagkorf; **~kraft** *f* (*0*) draagkracht; **♀kräftig** draagkrachtig (*a. fig.*); **~last** *f* draaglast.
Tra'gödie [-dĭə] *f* tragedie (*a. fig.*); *Thea. a.* (het) treurspel.
Trag|riemen *m* draagriem; **~seil** *n* (het) draagtouw; **~sessel** *m* draagstoel; **~weite** *f* (*0*) draagwijdte (*a. fig.*); **~werk** *n Flgw.* vleugels *pl.*, draagvlakken *n/pl.*
Trai|ner [ɛ:] *m* trainer; **♀'nieren** (-) trainen; **~ning** *n* (*-s*; *-s*) training; **~nings·anzug** *m* (het) trainingspak.
Trakt *m* (*-ęs*; *-e*) (*Strecke*) (het) traject; (*Gebäude*♀) vleugel; (*Straßen*♀, *Häuser*♀) rij, reeks.
Trak't|at *n* (*-ęs*; *-e*) (het) traktaat; **♀ieren** (-) trakteren; behandelen.
Traktor *m* (*-s*; *-en* [-'to:-]) tractor.
trallala! tralala!
trällern (*-re*) neuriën.
Trambahn *f* (*Fahrzeug*) tram.
Tramp *m* (*-s*; *-s*) landloper, zwerver.
Trampel *m* F (het) onbehouwen mens; **♀n** (*-le*) trappelen; **~pfad** *m* (het) platgetreden pad; **~tier** *n* kameel (*a. Pers.*).
trampen ['tʀɛm-] (*a. sn*) *per Anhalter*: liften.
Trampo'lin *n* (*-s*; *-e*) trampoline.
Tran *m* (*-ęs*; *-e*) traan.
tranchier|en [-'ʃi:-] (-) trancheren, voorsnijden; **♀messer** *n* (het) trancheer-, voorsnijmes.
Träne *f* traan; *in ~n ausbrechen* in tranen uitbarsten; **♀n** tranen; **~ndrüse** *f* traanklier; **~n·gas** *n* (*-es*; *0*) (het) traangas; **♀n·voll** vol tranen.
tranig tranig, vettig.
Trank *m* (*-ęs*; *⸚e*) drank.
Tränke *f* drenk-, drinkplaats, (het) wed; **♀n** doordrenken; *Tier* drenken, te drinken geven.
Trans|- *in Zssgn mst.* trans-, *z.B.* **~aktion** *f* transactie; **♀al'pin** transalpijns; **♀at'lantisch** transatlantisch.
Trans'fe|r *m* (*-s*; *-s*) transfer (*a. Sp.*); **♀'rieren** (-) transfereren, overmaken.
Transfor'm|ator *m* (*-s*; *-en* [-'to:-]) transformator; **♀ieren** (-) transformeren.
Tran'sistor *m* (*-s*; *-en* [-'to:-]) transistor; **~radio** *n* transistor (-radio).
Tran'sit *m* (*-s*; *-e*) transito (*a.* het); **~handel** *m* transito-, doorvoerhandel.
transitiv (*0*) transitief, overgankelijk.
Tran'sit|verkehr *m* (het) transitoverkeer; **~visum** *n* (het) transitovisum; **~ware** *f* doorvoerwaar.
Transmis'sion *f* transmissie; **~sriemen** *m* drijfriem; **~s·welle** *f* transmissie-as.
transpa'ren|t (*-est*) transparant, doorschijnend; **♀t** *n* (*-ęs*; *-e*) (het) transparant; (*Spruchband*) (het) spandoek; **♀z** *f* (*0*) transparantie.
Transpi|ration [-'tsĭo:n] *f* transpiratie; **♀'rieren** (-) transpireren.
Transplantation [-'tsĭo:n] *f* transplantatie.
Trans'por|t *m* (*-ęs*; *-e*) (het) transport, (het) vervoer; **♀'tabel** (*-bl-*) transportabel.
Trans'port|- *in Zssgn mst.* transport-, *z.B.* **~arbeiter** *m* transportarbeider; **~band** *n* transportband; **~er** *m* (*Schiff*) (het) transportschip; *Flgw.* (het) transportvliegtuig; **~eur** [-'tø:ʀ] *m* (*-s*; *-e*) transporteur; **♀fähig** vervoerbaar; **♀ieren** [-'ti:-] (-) transporteren, vervoeren; **~kosten** *pl.* transportkosten *pl.*; **~mittel** *n* (het) transport-, vervoermiddel; **~unternehmen** *n* transportonderneming; **~versicherung** *f* transportverzekering; **~wesen** *n* (*-s*; *0*) (het) transport-, vervoerwezen.
Trans|ve'stit [-st-] *m* (*-en*) transvestiet; **♀zenden'tal** (*0*) transcendentaal.

Tra'pez *n* (*-es*; *-e*) (het) trapezium; *Turnen*: (het) zweefrek, trapeze; **~künstler** *m* trapezeacrobaat.

Trappe *f* trapgans.

trappeln (*-le*) trippelen.

Trapper *m* trapper.

Trap'pist *m* (*-en*) trappist.

trapsen (*-t*) klossen.

Tra'ra *n* (*-s*; *0*) F (*Lärm*) drukte, herrie.

Tras|se *f* (het) tracé; **2'sieren** (-) traceren; *Wechsel* trekken.

Tratsch [ɑ:] *m* (*-es*; *0*) F (het) geklets; **2en** F kletsen, roddelen, kwaadspreken.

Tratte *f* traite, wissel.

Trau·altar *m* (het) trouwaltaar.

Traube *f* tros; (*Wein2*) druif.

Trauben|- *in Zssgn mst.* druive-; **~beere** *f* druif; **~kur** *f* druivenkuur; **~saft** *m* (het) druivesap; **~säure** *f* (het) druivezuur; **~zucker** *m* druivesuiker.

trauen *v/t Brautpaar* in de echt verbinden; *v/i* (*D*) vertrouwen; *den Augen* geloven; *sich* (*nicht*) *~* (niet) durven; *trau, schau, wem!* zie toe wie je vertrouwt!

Trauer *f* (*0*) droefheid; (*Todes2*) rouw; (*Kleidung*) rouw(kleding); *~ anlegen* (*ablegen*) in (uit) de rouw gaan.

Trauer|- *in Zssgn mst.* rouw-; **~anzeige** *f* (het) doodsbericht; **~binde** *f* rouwband; **~botschaft** *f* (het) bericht van overlijden; **~fahne** *f* rouwvlag, zwarte vlag; **~fall** *m* (het) sterfgeval; **~feier** *f* rouwplechtigheid; **~flor** *m* (het) rouwfloers; **~gefolge** *n* rouwstoet; **~jahr** *n* (het) rouwjaar; **~kleidung** *f* rouwkleding; **~marsch** *m* treurmars; **2n** (*-re*) (*um A*) treuren (om); rouwen (om); **~rand** *m* rouwrand; **~rede** *f* lijkrede; **~schleier** *m* rouwsluier; **~spiel** *n* (het) treurspel; **~weide** *f* treurwilg; **~zeit** *f* rouwtijd; **~zug** *m* rouw-, lijkstoet.

Traufe *f* drup; (*Dach2*) uitstekende rand.

träufeln (*-le*) druppelen; *v/i* (*a. sn*) *a.* druipen.

traulich gezellig, huiselijk; **2keit** *f* (*0*) gezelligheid, huiselijkheid.

Traum *m* (*-es*; *⸗e*) droom; *das fällt mir im ~ nicht ein* daar denk ik in de verste verte niet aan; *aus der ~!* het is voorbij!

Trau|ma *n* (*-s*; *Traumen od. Traumata*) (het) trauma; **2'matisch** traumatisch.

Traum|- *in Zssgn mst.* droom-, *z.B.* **~bild** *n* (het) droombeeld; **~deuter** *m* droomuitlegger; **~deutung** *f* droomuitlegging.

träum|en dromen; *das hätte ich mir nicht ~ lassen!* dat had ik niet kunnen dromen!; **2er** *m* dromer; **2e'rei** *f* dromerij; **~erisch** dromerig.

traum|haft (*-est*) sprookjesachtig, als in een droom; **~verloren** in dromen verzonken.

traurig treurig, droevig, bedroefd; *S.*: droevig, triest, zielig; **2keit** *f* (*0*) treurigheid, droefheid; triestheid.

Trau|ring *m* trouwring; **~schein** *m* [trouwakte.

traut (*-est*) geliefd, lief; (*traulich*) gezellig, intiem.

Trau|ung *f* huwelijksvoltrekking; **~zeuge** *m* (trouw)getuige.

Treber *m/pl.* draf, droesem.

Treck *m* (*-s*; *-s*) trek, tocht; **2en** *v/i* (*a. sn*) *u. v/t* trekken; **~er** *m* tractor.

Treff *n* (*-s*; *-s*) (*Kartenfarbe*) klaveren.

treffen (*L*) treffen; (*Ziel, verletzen u. berühren a.*) raken; (*begegnen*) ontmoeten, treffen; (*erraten*) raden; *Entscheidung* nemen; *Auswahl* doen; *Anstalten* maken; *sich ~* elkaar ontmoeten; (*passen*) uitkomen; *das trifft sich gut* dat komt goed uit; **2** *n* (*Versammlung*) samenkomst; (*Begegnung*) ontmoeting; *Sp.* wedstrijd, ontmoeting; *mil.* (het) gevecht; **~d** treffend; (*richtig*) juist.

Treff|er *m* treffer; (*Los*) prijs; *Sp.* (het) doelpunt; **2lich** voortreffelijk; **~lichkeit** *f* (*0*) voortreffelijkheid; **~punkt** *m* plaats van samenkomst; (het) rendez-vous; **2sicher** trefzeker (*a. fig.*); **~sicherheit** *f* (*0*) trefzekerheid.

Treib|anker *m* (het) drijfanker; **~eis** *n* (het) drijfijs.

treiben (*L*) *v/t u. v/i* (*a. sn*) drijven (*a. Handel usw.*); (*jagen a.*) jagen; (*ausüben*) doen aan, uitoefenen; (*tun*) doen; (*an~*) *j-n* aanzetten, drijven; *Pflanzen* kweken; *Knospen, Blätter* krijgen; *in die Höhe ~ Preis* opdrijven; *es zu bunt ~* het al te bont maken; **2** *n* (*-s*; *0*) (*Geschäftigkeit*) bedrijvigheid, drukte.

Treib|er *m* drijver; **~e'rei** *f* drijverij, (het) opjagen; **~haus** *n* serre, broeikas; **~hauskultur** *f* serrecultuur; **~hauspflanze** *f* kasplant; **~holz** *n* (het) drijfhout; **~jagd** *f* klop-, drijfjacht; **~rad** *n* (het) drijfrad; **~riemen** *m* drijfriem; **~sand** *m* (het) drijfzand; **~stoff** *m* motorbrandstof.

treidel|n (*-le*) treilen, slepen; **ᘓpfad** *m* (het) jaagpad.

Trema *n* (*-s*; *-s od. -ta*) (het) trema, (het) deelteken.

Trend *m* (*-s*; *-s*) trend.

trenn|bar scheidbaar; **ᘓbarkeit** *f* (*0*) scheidbaarheid; **~en** scheiden; *Naht* lostornen; *sich ~* scheiden, uit (*Pers. a.* van) elkaar gaan; *s. a. getrennt*; **~scharf** (*0*) *Rf.* selectief; **ᘓschärfe** *f* selectiviteit; (*Test*ᘓ) (het) discriminerend vermogen; **ᘓung** *f* scheiding (*a. Abschied*); (*Spaltung*) splitsing; *fig.* scheuring; **ᘓungs·entschädigung** *f* separatie--toelage; **ᘓungs·strich** *m* (het) afbrekingsteken; **ᘓwand** *f* scheidingsmuur.

trepp'auf, trepp'ab trap op, trap af.

Treppe *f* trap; *s. a. hoch*; **~n·absatz** *m* overloop; **~n·beleuchtung** *f* trappenhuisverlichting; **~n·geländer** *n* trapleuning; **~n·haus** *n* (het) trappenhuis; **~n·stufe** *f* traptrede.

Tresen *m* toonbank; (*Schank*ᘓ) toog.

Tre'sor *m* (*-s*; *-e*) safe, brandkast, kluis.

Tresse *f* tres, galon (*a.* het).

Trester *m/pl.* droesem, draf.

Tret|eimer *m* pedaalemmer; **ᘓen** (*L*) **1.** *v/t* trappen; *j-n a.* schoppen; (*mahnen*) manen; **2.** *v/i* (*a. sn*) treden, stappen; *~ auf* (*A*) trappen op, treden op; *bitte, ~ Sie näher!* komt U maar!; **~er** *m/pl.* F (oude) schoenen *pl.*; **~kurbel** *f* pedaalkruk; **~mühle** *f* tredmolen (*a. fig.*).

treu (*-est od. -st*) trouw, getrouw; **ᘓbruch** *m* trouwbreuk; **~brüchig** ontrouw; **ᘓe** *f* (*0*) trouw, getrouwheid; *die ~ brechen* ontrouw worden; *auf Treu und Glauben* op goed geloof (*od.* vertrouwen); **ᘓeid** *m* eed van trouw; **ᘓhand** *f* (*0*) (het) beheer, (het) trusteeship; **ᘓhänder** *m* trustee, gevolmachtigde, vertrouwensman; **ᘓhandgesellschaft** *f* trustmaatschappij; **~herzig** trouwhartig, argeloos; **ᘓherzigkeit** *f* (*0*) trouwhartigheid, argeloosheid; **~lich** (ge)trouw; **~los** (*-est*) trouweloos; **ᘓlosigkeit** *f* trouweloosheid.

Triangel ['tri:aŋ-] *m* triangel; (*Dreieck*) driehoek.

Tri'bu|n *m* (*-s od. -en*; *-e od. -en*) tribuun; **~'nal** *n* (*-s*; *-e*) (het) tribunaal.

Tri'büne *f* tribune.

Tri'but *m* (*-es*; *-e*) tribuut (*a.* het), cijns; (*Respekt*) waardering, (het) respect; **ᘓpflichtig** schatplichtig.

Tri'chine *f* trichine.

Trichter *m* trechter (*a. Bomben*ᘓ); **ᘓförmig** trechtervormig.

Trick *m* (*-s*; *-s*) truc; *Kartenspiel*: slag; **~film** *m* trucfilm; **~track** *n* (*-s*; *-s*) (het) triktrak.

Trieb *m* (*-es*; *-e*) (*Drang*) drang, neiging; (*Verlangen, Instinkt*) drift, (het) instinct; *Bot.* loot, scheut; (*Kraftübertragung*) aandrijving; *aus eigenem ~* uit eigen beweging; **~feder** *f* drijfveer; **ᘓhaft** (*-est*) instinctmatig; **~handlung** *f* instincthandeling; **~kraft** *f* drijfkracht; *Bot.* groeikracht; *fig.* impuls; **~leben** *n* (het) driftleven; **~rad** *n* (het) drijfwiel; **~wagen** *m* motor(spoor)wagen; **~werk** *n* (het) drijfwerk; *Flgw.* motor.

Trief|auge *n* (het) druip-, leepoog; **ᘓäugig** (*0*) druipogig; **ᘓen** (*L*; *a. sn*) druipen; **~nase** *f* druipneus.

Trift *f* drift; (*Wiese*) weide; *mar.* zeestroming.

triftig afdoende, grondig; **ᘓkeit** *f* (*0*) juistheid, gegrondheid.

Trigonome'trie *f* (*0*) trigonometrie.

Triko'lore *f* tricolore.

Trikot [-'ko:] *n* (*-s*; *-s*) (het) tricot, trui (*a. Sp.*); **~waren** *f/pl.* tricotgoederen *n/pl.*

Triller *m* triller; **ᘓn** (*-re*) (*singen*) trillers *pl.* maken; *Vogel*: kwinkeleren; **~pfeife** *f* bootmansfluit.

Trillion [-'lio:n] *f* (het) triljoen.

Trilo'gie *f* trilogie.

Tri'mester *n* (het) trimester.

trimmen (*sich*) (zich) trimmen (*a. mar., Flgw. usw.*).

trink|- *in Zssgn mst.* drink-, *z.B.* **~bar** drinkbaar; **ᘓbarkeit** *f* (*0*) drinkbaarheid; **ᘓbecher** *m* drinkbeker; **~en** (*L*) drinken; *eins über den Durst ~* te diep in het glaasje kijken; **ᘓer** *m* drinker; **~fest** die stevig kan drinken; **ᘓgelage** *n* (het) drinkgelag; 2**geld** *n* fooi; 2**glas** *n* (het) drinkglas; 2**halle** *f* drinkhal; (*Kiosk*) consumptietent; 2**halm** *m* (het) rietje; 2**kur** *f* drinkkuur; 2**lied** *n* (het) drinklied; 2**spruch** *m* toost, heildronk; 2**wasser** *n* (*-s*; *0*) (het) drinkwater.

Trio ['tRi:o·] *n* (*-s*; *-s*) (het) trio.

Trip *m* (*-s*; *-s*) F trip.

tripp|eln (*-le*; *a. sn*) trippelen; 2**er** *m Med.* druiper.

Triptyk *n* (*-s*; *-s*) triptiek.

trist (*-est*) triest, treurig.

Tritt *m* (*-es*; *-e*) stap, tred, pas; (*Fuß*2) trap, schop; (*~brett*) trede, treeplank; (*Leiter*) (het) trapje; (*Fußspur*) (het) voetspoor; **~brett** *n* treeplank; **~leiter** *f* trapleer.

Trium|ph [-i·'umf] *m* (*-es*; *-e*) triomf; 2'**phal** triomfantelijk; **~phbogen** *m* triomf-, ereboog; 2'**phieren** (-) triomferen, zegevieren.

trivial [-'vĭɑ:l] triviaal, plat; 2**i'tät** *f* trivialiteit; 2**literatur** *f* triviale literatuur.

trocken (*-ckn-*) droog (*a. fig.*); *auf dem ~en sitzen fig.* vastzitten, in de knel zitten; 2**anlage** *f* drooginstallatie; 2**batterie** *f* droge batterij; 2**boden** *m* droogzolder; 2**dock** *n* (het) droogdok; 2**eis** *n* (het) droog ijs; 2**element** *n* (het) droogelement; 2**fleisch** *n* (het) gedroogd vlees; 2**gebiet** *n* (het) droogtegebied; 2**gemüse** *n* gedroogde groente; 2**gestell** *n* (het) droogrek; 2**haube** *f* droogkap; 2**heit** *f* (*0*) droogheid (*a. fig.*); (*Dürre*) droogte; 2**kammer** *f* droogkamer; **~legen** drooglegen (*a. fig.*); *Kind* verschonen; 2**legung** *f* drooglegging; verschoning; 2**milch** *f* (het) melkpoeder; 2**obst** *n* (het) gedroogd fruit; 2**platz** *m* droogplaats; 2**rasierer** *m* (het) scheerapparaat; 2**substanz** *f* droge substantie; 2**zeit** *f* droogteperiode.

trocknen (*-e-*) *v/i* (*sn*) *u. v/t* drogen; *s. a. getrocknet.*

Troddel *f* (*-*; *-n*) kwast.

Trödel *m* (*-s*; *0*) rommel; **~ei** [-'laɪ] *f* (*0*) slabakkerij, (het) getreuzel; **~laden** *m* uitdragerij; **~markt** *m* vodden-, rommelmarkt; 2**n** (*-le*) treuzelen.

Trödler *m* treuzelaar; (*Händler*) uitdrager.

Trog *m* (*-es*; *"e*) trog, bak.

trollen: *sich ~* afdruipen.

Trommel *f* (*-*; *-n*) trommel, trom; *die ~ rühren fig.* de trommel roeren.

Trommel|- *in Zssgn mst.* trommel-, *z.B.* **~bremse** *f* trommelrem; **~ei** [-'laɪ] *f* (*0*) (het) getrommel; **~fell** *n* (het) trommelvel; **~feuer** *n* (het) trommelvuur; 2**n** (*-le*) trommelen; **~schlag** *m* trommelslag; **~schläger** *m* trommelslager, tamboer; **~stock** *m* trommelstok; **~waschmaschine** *f* trommelwasmachine; **~wirbel** *m* (het) tromgeroffel.

Trommler *m* trommelslager, tamboer.

Trom'pete *f* trompet; 2**n** (*-e-*; *-*) trompetten; **~n·baum** *m* trompetboom; **~n·schall** *m* (*-es*; *0*) (het) trompetgeschal; **~r** *m* trompetter.

Trope *f* troop; **~n** *pl.* tropen *pl.*

Tropen|- *in Zssgn mst.* tropen-, *z.B.* **~anzug** *m* (het) tropenpak; 2**fest** tropenvast; **~helm** *m* tropenhelm; **~institut** *n* (het) tropeninstituut; **~klima** *n* (het) tropisch klimaat; **~koller** *m* (*-s*; *0*) tropenkolder; **~krankheit** *f* tropische ziekte; **~pflanze** *f* tropische plant.

Tropf *m* (*-es*; *"e*) sukkel, sul, stumper(d).

Tröpf|chen *n* (het) druppeltje; 2**eln** (*-le*) *s. tropfen.*

tropfen *v/i* (*a. sn*) *u. v/t* druppelen.

Tropf|en *m* druppel (*a. Med.*); 2**en·weise** druppelsgewijze; **~flasche** *f* (het) druppelflesje; 2**naß** (*0*) druipnat; **~stein** *m* druipsteen; **~steinhöhle** *f* druipsteengrot.

Trophäe [-'fɛ:ə] *f* trofee.

tropisch (*0*) tropisch.

Troß *m* (*-sses*; *-sse*) *mil.* (leger)tros, trein; *fig.* (het) gevolg, aanhangers *pl.*

Trosse *f* tros, (het) scheepstouw.

Trost [o:] *m* (*-es*; *0*) troost; *nicht ganz bei ~ sein* F niet goed wijs zijn; 2**bringend** troostend.

tröst|en [ø:] (*-e-*) troosten; *sich ~ mit* (*D*) zich troosten met; 2**er(in** *f*) *m* trooster(es *f*); **~lich** troostend.

trost|los (*-est*) troosteloos; *Pers. bsd.*: ontroostbaar; 2**losigkeit** *f* (*0*) troosteloosheid; ontroostbaarheid, wanhoop; 2**preis** *m* troostprijs; **~reich** troostrijk.

Tröstung *f* (ver)troosting, troost.

trost|voll troostvol; 2**wort** *n* (*-es*; *-e*) (het) troostwoord.

Trott *m* (-*ės*; *0*) (het) sukkeldrafje; *fig.* sleur; *im alten* ~ in de oude sleur.
Trottel *m* sukkelaar; *fig.* F sukkel, halve gare; **2ig** sukkelachtig, suf.
trotten (-*e*-; *a. sn*) sjokken.
trotz (*G*) ondanks, in weerwil van, niettegenstaande; ~ *allem*, ~ *alledem* ondanks alles, toch, met dat al.
Trotz *m* (-*es*; *0*) koppigheid, eigenzinnigheid, stijfhoofdigheid; **2dem** nochtans, toch, desondanks, niettemin; **2en** (-*t*) (*D*) trotseren, het hoofd bieden; **2ig** weerbarstig, stug, koppig, stroef; (*furchtlos*) fier; **~kopf** *m* stijfkop; **2köpfig** (stijf-) koppig.
Troubadour [ˈtʀuˑbɑˑduːʀ] *m* (-*s*; -*e od.* -*s*) troubadour.
trübe troebel; *Himmel, Wetter*: betrokken; (*glanzlos*) dof; (*bedrückt*) somber.
Trubel *m* (-*s*; *0*) (het) geharrewar, drukte.
trüb|en troebel maken; doen betrekken, verdonkeren; dof maken; *fig.* vertroebelen, verstoren; *Blick bsd.* benevelen; *sich* ~ troebel worden; dof worden; *Himmel*: betrekken; *Beziehungen*: verslechteren; *Geist*: zich verduisteren; **2heit** *f* (*0*) troebelheid; **2sal** *f* (-; -*e*) droefheid, droefenis; (*Elend*) ellende; **~selig, ~sinnig** droefgeestig, neerslachtig, somber; **2sinn** *m* (-*ės*; *0*) droefgeestigheid, neerslachtigheid, somberheid; **2ung** *f* vertroebeling; *fig. a.* beneveling.
trudeln (-*le*) rollen; *ins* 2 *kommen Flgw.* in een vrille raken.
Trüffel *f* (-; -*n*) truffel; **~pastete** *f* truffelpastei.
Trug *m* (-*ės*; *0*) (het) bedrog, bedriegerij; *s. a. Lug*; **~bild** *n* (het) drogbeeld.
trüg|en (*L*) bedriegen (*a. Schein*), misleiden; **~erisch, ~lich** bedrieglijk.
Trugschluß *m* verkeerde gevolgtrekking, (het) sofisme.
Truhe [-uːə] *f* kist, koffer.
Trümmer *pl.* brokstukken *n/pl.*, resten *pl.*; (*Schutt*) (het) puin; *in* ~ *gehen* verbrijzeld worden, kapotgaan; *fig.* tenietgaan; **~feld** *n* één grote puinhoop; **~haufen** *m* puinhoop.
Trumpf *m* (-*ės*; ᵘ*e*) troef (*a. fig.*).
Trunk *m* (-*ės*; ᵘ*e*) dronk, (het) drinken; (*Getränk*) drank; (*Schluck*) teug, slok; (*~sucht*) drankzucht; **2en** (-*kn*-) dronken (*a. fig.*); **~enbold** *m* (-*ės*; -*e*) dronkaard; **~enheit** *f* (*0*) dronkenschap; **~sucht** *f* (*0*) drankzucht; **2süchtig** drankzuchtig.
Trupp *m* (-*s*; -*s*) troep, menigte; *mil.* afdeling; **~e** *f* troep; *Thea. bsd.* (het) gezelschap.
Truppen|bewegung *f* troepenbeweging; **~gattung** *f* (het) wapen; **~schau** *f* parade; **~teil** *m* (het) (leger)onderdeel; **~übung** *f* militaire oefening; **~übungsplatz** *m* (het) (militair) oefenterrein.
truppweise troepsgewijze.
Trust [ʊ, a] *m* (-*ės*; -*s*) trust.
Trut|hahn *m* kalkoen; **~henne** *f* kalkoense hen.
Trutz *m* (-*es*; *0*) weerstand; *zu Schutz und* ~ tot aanval en verdediging.
Tschech|e *m* (-*n*) Tsjech; **~in** *f* Tsjechische; **2isch** Tsjechisch; **~o·slowaˈkei** *f*: *die* ~ Tsjecho-Slovakije *n*.
Tsetsefliege *f* tseetseevlieg.
T-Träger *m* T-balk.
Tuba *f* (-; *Tuben*) tuba.
Tube *f* tube.
tuberkuˈl|ös (-*est*) tuberculeus; **2ose** *f* tuberculose.
Tuch [uː] *n* (-*ės*; ᵘ*er*) doek; (*Gewebe*) doek (*a.* het), (het) laken (*a. Bett*2); **~fabrik** *f* lakenfabriek; **~fühlung** *f*: ~ *haben, in* ~ *stehen* voeling houden (*a. fig.*); **~händler** *m* lakenkoopman.
tüchtig (*geschickt*) handig, bekwaam (*bsd. im Beruf*), knap; F (*gehörig, ordentlich*) flink; **2keit** *f* (*0*) handigheid, bekwaamheid, knapheid; flinkheid.
Tuchwaren *f/pl.* stoffen *pl.*, lakense goederen *n/pl.*
Tücke *f* arglist, boosaardigheid; (*Streich*) valse streek, geniepigheid; *e-r S.*: streek.
tuckern (-*re*; *a. sn*) puffen, tuffen.
tückisch boosaardig, geniepig; *Krankheit*: kwaadaardig; *S.*: onbetrouwbaar.
Tüft|eˈlei *f* (het) peuterwerk; (*Haarspalterei*) haarkloverij; **2eln** (-*le*) peuteren; muggeziften; (*grübeln*)

piekeren; **~ler** *m* peuteraar; haarklover.

Tugend *f* deugd; *aus der Not e-e ~ machen* van de nood een deugd maken; **2haft** (*-est*) deugdzaam; **~haftigkeit** *f* (*0*) deugdzaamheid.

Tüll *m* (*-s*; *-e*) tule.

Tülle *f* (*Ausguß*) tuit.

Tulpe *f* tulp; **~n·zwiebel** *f* tulpebol.

tummel|n (*-le*): *sich ~* stoeien, ravotten, ronddartelen; (*sich beeilen*) zich haasten; **2platz** *m* speelplaats; (*Wiese*) speelweide.

Tümmler *m* (*Delphin*) dolfijn.

Tumor *m* (*-s*; *-en* [-'mo:-]) tumor, (het) gezwel.

Tümpel *m* plas, poel.

Tu'mult *m* (*-es*; *-e*) (het) tumult, (het) rumoer; (*Aufruhr*) opstand, (het) opstootje; **2uös** [-u·'ø:s] (*-est*) tumultueus, rumoerig; oproerig.

tun (*L*) **1.** doen; *nichts zu ~ haben* niets te doen hebben; *zu ~ haben* (*beschäftigt sein*) nog moeten werken; *es zu ~ haben mit* (*D*) te maken hebben met; *des Guten zuviel ~* te ver gaan; *das tut nichts* dat doet er niet toe; *tu doch nicht so!* stel je niet zo aan!; *damit ist es nicht getan* daarmee is de zaak nog niet rond, daarmee is het nog niet klaar; *es ist um ihn getan* het is met hem afgelopen; **2.** *sich schwer* (*leichter*) *~* het zich moeilijk (gemakkelijker) maken; *da tut sich was!* daar is wat aan de hand!

Tünche *f* witkalk; *fig.* (het) vernisje; **2n** witten, kalken.

Tu'nes|ien [-ziən] *n* Tunesië *n*; **2isch** Tunesisch.

Tunichtgut *m* (*-es*; *-e*) deugniet.

Tunke *f* jus, saus; **2n** doppen, soppen.

tunlichst zo ... mogelijk, best.

Tunnel *m* tunnel.

Tüpfel *m od. n*, **~chen** *n* (het) stipje, punt; *das Tüpfelchen auf dem i* het puntje op de i; **2n** (*-le*) bespikkelen.

tupfen aanraken, aanstippen; *Med.* betten; = *tüpfeln*; **2** *m* stip, (het) vlekje.

Tür *f* deur; *bei verschlossenen ~en* met gesloten deuren; *offene ~en pl. einrennen* open deuren *pl.* intrappen.

Tür|- *in Zssgn mst.* deur-, *z.B.* **~angel** *f* (het) deurhengsel.

Turban *m* (*-s*; *-e*) tulband.

Tur'bine *f* turbine; **~n·schiff** *n* (het) turbineschip; **~n·triebwerk** *n* turbinemotor.

turbu'len|t (*-est*) turbulent, woelig; **2z** *f* turbulentie.

Tür|chen *n* (het) deurtje; **~e** *f* = *Tür*; **~flügel** *m* deurvleugel; **~füllung** *f* (het) deurpaneel; **~griff** *m* deurknop.

Tu'rin *n* Turijn *n*.

Tür|ke *m* (*-n*) Turk; **~'kei** *f*: *die ~* Turkije *n*; **~kin** *f* Turkse.

Tür'kis *m* (*-es*; *-e*) turkoois.

türkisch Turks.

Tür|klinke *f* deurklink; **~klopfer** *m* deurklopper.

Turm *m* (*-es*; *"e*) toren.

Türm|chen *n* (het) torentje; **2en** *v/t* opstapelen; *v/i* (*sn*) F hem smeren.

Turm|falke *m* torenvalk; **2hoch** (*0*) torenhoog; **~springen** *n* (*-s*; *0*) (het) torenspringen; **~uhr** *f* torenklok; **~wächter** *m* torenwachter.

Turn|- *in Zssgn mst.* turn-, *z.B.* **~anzug** *m* (het) turnpak; **2en** turnen; **~en** *n* (*-s*; *0*) (het) turnen; **~er(in** *f*) *m* turner *m*, turnster *f*; **2erisch** op turngebied, turn-, gymnastisch; **~gerät** *n* (het) gymnastiektoestel; **~halle** *f* turn-, gymnastiekzaal.

Tur'nier *n* (*-s*; *-e*) (het) toernooi.

Turn|kunst *f* (*0*) gymnastiek; **~lehrer** *m* gym(nastiek)leraar; **~schuh** *m* gymschoen; **~stunde** *f* gym(nastiek)les; **~übung** *f* gym-, turnoefening; **~unterricht** *m* (het) gymnastiekonderwijs.

Turnus *m* (*-*; *-se*) vaste volgorde, cyclus; (*Wechsel*) beurt; *im ~* om de beurt, volgens rooster.

Turn|verein *m* turnvereniging; **~zeug** *n* gymspullen *n/pl.*

Tür|pfosten *m* deurpost; **~rahmen** *m* (het) deurkozijn; **~schild** *n* (het) bordje op de deur; **~schwelle** *f* drempel, dorpel; **~spalt** *m* kier van de deur.

turtel|n (*-le*) *fig.* F tortelen; **2taube** *f* tortelduif.

Tusch *m* (*-es*; *-e*) *Mus.* fanfare.

Tusche *f* tekeninkt, Oostindische inkt.

Tusche|'lei *f* (*0*) (het) gefluister, (het) gesmoes; **2ln** (*-le*) fluisteren, smoezen.

tusch|en (*malen*) met Oostindische inkt overtrekken; **²zeichnung** *f* tekening in Oostindische inkt.

Tüte *f* (papieren) zak; (*spitze* ~) puntzak.

tuten (*-e-*) toeten, blazen; *Pers.*: toeteren.

Tüttel *m od. n*, **~chen** *n* stip, (het) puntje.

Typ *m* (*-s*; *-en*) (het) type (*a. Pers.*); **~e** *f* (het) type.

Typhus *m* (-; *0*) tyfus; **~impfung** *f* inenting tegen tyfus.

typisch typisch.

Typo|gra'phie *f* (*0*) typografie; **²'graphisch** typografisch; **~lo'gie** *f* typologie.

Typus *m* (-; *Typen*) = *Typ*.

Ty'ran|n *m* (*-en*) tiran; **~'nei** *f* tirannie; **~nin** *f* vrouwelijke tiran; **²nisch** tiranniek; **²ni'sieren** (-) tiranniseren.

U

U, u *n* U, u.
u.a. *Abk. für unter anderem* onder andere (*Abk.* o.a.); *und andere(s)* en andere (*Abk.* e.a.).
u.ä. *Abk. für und ähnliche(s)* en dergelijke.
u.a.m. *Abk. für und andere(s) mehr* en wat dies meer zij.
u.A.w.g. *Abk. für um Antwort wird gebeten* verzoeke antwoord.
U-Bahn *f* metro, ondergrondse.
übel (*-bl-*) slecht, kwaad, kwalijk; (*krank*) onwel, misselijk, naar; *Pers.*: slecht, naar, misselijk; *mir wird* ~ ik word niet goed; *nicht* ~ niet kwaad; *j-m* ~ *mitspielen* iem. lelijk te pakken hebben; **2** *n* (het) kwaad; (*Krankheit*) kwaal; *vom* ~ *sein* uit den boze zijn; **2befinden** *n* ongesteldheid; **~gelaunt** slecht gehumeurd; **2keit** *f* misselijkheid, onpasselijkheid; **~nehmen** kwalijk nemen; **~nehmerisch** kwalijk nemend; **~riechend** slecht (*od.* onaangenaam) ruikend; **2stand** *m* misstand; **2tat** *f* euvel-, misdaad; **2täter** *m* misdadiger, boosdoener; **~wollen** (*D*) kwalijk gezind zijn.
üben oefenen; *Mus.* instuderen; *Gewalt* gebruiken; *Verrat* plegen; *sich* ~ (*in D*) zich oefenen (in); *s. a.* *geübt*.
über 1. *Präp.* (*A, D*) over (*a. mehr als*); (*oberhalb von mst.*) boven; (*während*) gedurende, onder; ~ *hundert* (*tausend*) over de honderd (duizend); *hoch* ~ *j-m stehen* hoog boven iem. staan (*a. fig.*); *einmal* ~ *das andere* keer op keer; *heute* ~ *acht Tage* vandaag over; ~ *der Arbeit* (*während*) onder het werk; **2.** *Adv.* (*übrig*) F over; ~ *und* ~ door en door, geheel en al; *j-m in etw.* (*D*) ~ *sein* iem. de baas in iets zijn.
über- *in Zssgn mst.* over-.
über'all overal, alom; **~'hin** overal heen.
über'alter|t te oud, erg verouderd; **2ung** *f* (*0*) veroudering.
Über·angebot *n* (het) te groot aanbod.
über'anstreng|en (-) te veel vergen van; *sich* ~ zich overwerken; **2ung** *f* overspanning, bovenmatige inspanning.
über'antworten (-) overdragen, overleveren.
über'arbeit|en (-) om-, bewerken; *sich* ~ zich overwerken; **2ung** *f* om-, bewerking; (*Erschöpfung*) overspanning.
über|aus zeer, ongemeen, bijzonder; **~'backen** (-) licht bakken; **2bau** *m* bovenbouw; **~belasten** overbelasten; **~belegen** overbevolken; **~belichten** overbelichten; **~bewerten** overwaarderen; **~'bieten** (-) hoger bieden; (*übertreffen*) overtreffen.
überbleib|en F overblijven; **2sel** *n* (het) overblijfsel, rest.
Überblick *m* (het) overzicht; **2en** [-'bl-] (-) overzien.
über'bring|en (-) overbrengen; (*geben*) overhandigen; **2er** *m* (over-) brenger; (*Scheck2*) toonder.
über'brück|en (-) overbruggen (*a. fig.*); **2ung** *f* overbrugging; **2ungs·kredit** *m* (het) overbruggingskrediet.
über|'bürden (*-e-*; -) overladen; **~'dachen** (-) van een dak voorzien; **~'dauern** (-) overleven; **2decke** *f* sprei; **~'decken** (-) over-, bedekken; **~'dehnen** (-) uitrekken; *Muskeln* verrekken; **~'denken** (-) overdenken; **~'dies** bovendien, daarenboven; **~'drehen** (-) dol draaien; *Motor* over zijn toeren jagen.
Überdruck *m* (*-es*; *0*) overdruk; **~kabine** *f* hogedrukcabine.
Über|druß *m* (*-sses*; *0*) oververzadiging, verveling; (*Ekel*) afkeer; *bis zum* ~ tot vervelens toe; **2drüssig**: *e-r S.* (*G*) ~ *sein* genoeg van iets hebben; **2durchschnittlich** boven het gemiddelde liggend; **~eifer** *m* te grote ijver; **2eifrig** overijverig.
über'eign|en (-) in eigendom overdragen; **2ung** *f* eigendomsoverdracht.
über'eil|en (-) (*sich*) (zich) over-

haasten, (zich) overijlen; **~t** overijld, overhaast; **2ung** *f* overhaasting, overijling.
über·ei'nander over elkaar; (*oberhalb*) boven elkaar; **~schlagen** over elkaar slaan.
über'ein|- *in Zssgn mst.* overeen-, *z.B.* **~kommen** overeenkomen; **2kommen** *n*, **2kunft** *f* (-; "e) overeenkomst.
über'einstimm|en overeenstemmen, overeenkomen; (*sich einig sein*) het eens zijn; **~end** overeenkomstig, eensluidend, overeenstemmend; **2ung** *f* overeenstemming, overeenkomst, instemming.
über·empfindlich (*0*) overgevoelig; **2keit** *f* overgevoeligheid.
über|entwickelt overontwikkeld; **2ernährung** *f* overvoeding.
überfahr|en 1. *v/t mar.* overzetten; **2.** [-'fɑ:-] (-) *j-n* overrijden; *Verkehrszeichen* negeren; *s. a.* übergehen; **2t** *f* overtocht.
Über|fall *m* overval; **2'fallen** (-) overvallen; **2fällig** over tijd, verlaat; *Wechsel*: vervallen; **~fallkommando** *n* (het) overvalcommando; **2'fliegen** (-) overvliegen; *fig.* vlug doorlopen; **2fließen** overlopen (*a. fig.*); **2'flügeln** (*-le*; -) overvleugelen; **~fluß** *m* (*-sses*; *0*) overvloed; im ~ in overvloed; **2flüssig** overbodig, overtollig; **2'fluten** (-) overstromen.
über'forder|n (-) te veel vergen van; **2ung** *f* (*0*) overbelasting.
Über|fracht *f* overvracht; **2'fragen** (-) te veel vragen; **~'fremdung** *f* buitenlandse overheersing; **2'fressen** (-): sich ~ zich overeten; **2führen 1.** overbrengen, transporteren; **2.** [-'fy:-] (-): *j-n e-r S.* (*G*) ~ de schuld van iem. aan iets bewijzen; **~'führung** *f* overtuigende bewijsvoering; (*Transport*) overbrenging; (*Straßen2*) viaduct (*a.* het).
über'füll|en (-) overvol maken; **~t** overvol; **2ung** *f* (*0*) (*Überfülltsein*) (het) overvol zijn, overlading.
über|'füttern (-) overvoeren; **2gabe** *f* overhandiging; *e-r Festung, Stadt*: overgave.
Übergang *m* overgang; (*Grenz2, Fluß2*) overtocht, (het) overschrijden; (*Bahn2*) overweg; **~s·bestimmung** *f* overgangsbepaling; **~s-erscheinung** *f* (het) overgangsverschijnsel; **~s·mantel** *m* demi-saison; **~s·stelle** *f* (*Grenz2*) grenspost; **~s·zeit** *f* overgangstijd.
Über|gardinen *f/pl.* overgordijnen *n/pl.*; **2'geben** (-) overhandigen, overgeven; (*beauftragen*) opdragen; *Festung, Stadt* overgeven; sich ~ overgeven, braken; **2gehen 1.** overgaan; zum Feind ~ naar de vijand overlopen; in Fäulnis ~ tot verrotting overgaan; die Augen gingen ihm über hij kreeg tranen in zijn ogen; **2.** [-'ge:-] (-) overslaan, voorbijgaan, over het hoofd zien; **2geschnappt** F niet goed snik; **~gewicht** *n* (*-es*; *0*) (het) overwicht (*a. fig.*); **2gießen 1.** overgieten; **2.** [-'gi:-] (-) over-, begieten; **2glücklich** (*0*) overgelukkig; **2greifen** *Feuer*: overslaan; **~griff** *m* inbreuk, overtreding; (*Einmischung*) inmenging; **2groß** (*0*) overgroot, enorm; **2haben** F *Kleidung* om-, aanhebben; (*übrighaben*) overhebben; **2'handnehmen** veld winnen, hand over hand toenemen; **~hang** *m* (*Gardine*) (het) gordijn, draperie; (*Zweige*) overhangende takken *pl.*; (*Überschuß*) (het) teveel, (het) overschot; **2hängen** *v/i* overhangen; (*schiefstehen*) overhellen; *v/t* omhangen, omdoen; **2'hasten** (-) overhaasten.
über'häuf|en (-) *etw.* overladen; *j-n* overstelpen; **2ung** *f* (*0*) overlading; overstelping.
über'haupt over 't algemeen, over 't geheel; (*eigentlich*) eigenlijk; (*ganz und gar*) helemaal; ~ nicht helemaal niet; wenn ~ indien dan al; wenn er ~ *kommen wird*, ... indien hij tenminste.
über'heb|en (-): *j-n e-r S.* (*G*) ~ iem. van iets ontheffen; sich ~ zich vertillen; *fig.* zich aanmatigend gedragen, neerzien op; **~lich** aanmatigend, verwaand, arrogant; **2lichkeit** *f* (*0*) aanmatiging, verwaandheid, arrogantie.
über'heizen (-) te heet stoken.
über'hitz|en (*-t*; -) oververhitten; **~t** verhit; *Phantasie*: overdreven.
über'höh|en (-) verhogen; *Preise, Gewinne* opdrijven; **2ung** *f* (*0*) verhoging; opdrijving.
über'hol|en (-) inhalen, passeren; (*ausbessern*) nazien, opknappen; **~t**

verouderd; 2ung *f* (het) inhalen; revisie, (het) nazien; 2verbot *n* (het) inhaalverbod.

über|'hören (-) (*nicht hören*) niet horen; (*tun als ob*) doen alsof men het niet hoort, niet willen horen; **~irdisch** bovenaards; **~kippen** omkantelen, omkiepen; **~'kleben** (-) overplakken; **2kleid** *n* jas; **~klug** (*0*) waanwijs, al te wijs; **~kochen** (*sn*) overkoken; **~'kommen 1.** (-) *Empfindung*: overvallen, zich meester maken van; **2.** *Adj.* traditioneel, overgeleverd; **~kompensieren** overcompenseren; **~laden 1.** *u.* **2.** [-'la:-] (-) overladen; *sich den Magen ~* zijn maag overladen; **2'ladung** *f* overlading.

über'lager|n (-) heen liggen over; *fig.* overlappen; **2ung** *f* (het) over elkaar liggen; overlapping.

Über'land|bahn *f* tram (van de buurtspoorwegen); **~zentrale** *f* gewestelijke centrale.

überlang (*0*) overlang.

über'lass|en (-) overlaten aan; (*geben bsd.*) afstaan aan; *sich ~* (*D*) *Gefühlen* zich overgeven aan; *sich selbst ~ sein* aan zichzelf overgelaten zijn; **2ung** *f* (*0*) (het) overlaten; afstand.

über'last|en (-) overbelasten (*a. Pers.*); **~et** overbelast (*a. Straße*); **2ung** *f* (*0*) overbelasting.

Überlauf *m* overloop; **2en 1.** (*sn*) overlopen; **2.** [-'lau-] (-) *j-n* overlopen; *Empfindung*: overvallen; *es überläuft mich kalt* ik krijg een koude rilling; *~ sein* overvol (*od.* overbezet) zijn.

Über|läufer *m* overloper; **~laufrohr** *n* overlooppijp; **2laut** (*0*) luidkeels, (al) te luid.

über'leben (-) overleven; **2de(r)** overlevende; **~s·groß** ['y:-] (*0*) meer dan levensgroot.

über'legen 1. (-) overleggen, overdenken; *sich etw. ~* iets overdenken; *ich will es mir ~* ik zal er eens over denken; **2.** ['y:-] *j-n* over de knie leggen; **3.** *Adj.* (*-gn-*) superieur; (*überheblich a.*) hautain; *j-m ~ sein* iem. de baas zijn, iem. overtreffen; *j-m ~ sein an* (*D*) het van iem. winnen in, iem. de baas zijn in; **2heit** *f* (*0*) superioriteit, (het) overwicht; (*Mehrheit*) meerderheid.

über'leg|t gepland, overlegd; *Adv. bsd.* bedachtzaam; **2ung** *f* (het) overleg, overweging; *~en pl. anstellen* overleggen, overdenken.

über|leiten (*zu D*) (over)leiden (naar); **~'lesen** (-) (*flüchtig*) door-, overlezen; (*übersehen*) over het hoofd zien, eroverheen lezen.

über'liefer|n (-) overleveren; **2ung** *f* overlevering.

über'list|en (*-e-*; -) verschalken, te slim af zijn; **2ung** *f* (*0*) verschalking.

überm = *über dem.*

über|'machen (-) overmaken; (*vererben*) vermaken; **2macht** *f* (*0*) overmacht; **~mächtig** overmachtig, sterker; **~'malen** (-) overschilderen; **~'mannen** (-) overmannen, overweldigen; **2maß** *n* (*-es*; *0*) overmaat; *im ~*, **~mäßig** (*0*) boven-, overmatig, buitensporig; **2mensch** *m* supermens, Übermensch; **~menschlich** (*0*) bovenmenselijk.

über'mitt|eln (*-le*; -) overbrengen; *Grüße bsd.* overmaken; (*senden*) zenden; *Kenntnisse* overdragen; **2(e)lung** *f* (*0*) overbrenging; overmaking; (het) zenden.

übermorgen overmorgen.

über'müd|en (*-e-*; -) oververmoeien, te veel vermoeien; **~et** oververmoeid; **2ung** *f* (*0*) oververmoeidheid.

Über|mut *m* overmoed; **2mütig** overmoedig; **2nächst** daaropvolgend, tweede.

über|'nachten (*-e-*; -) overnachten; **~nächtigt** (*0*): *~ aussehen* eruit zien alsof men de nacht wakend heeft doorgebracht, er doodmoe (*od.* niet uitgeslapen) uitzien.

Über'nachtung *f* overnachting; **~s·preis** *m* overnachtingsprijs.

Über|nahme *f* overname; (*Amts2*) aanvaarding; **2natürlich** bovennatuurlijk; **2nehmen 1.** omdoen; **2.** [-'ne:-] (-) overnemen; (*auf sich nehmen*) op zich nemen (*a. Pflicht, Verantwortung*), zich belasten met; *Amt* aanvaarden; **2ordnen** stellen boven; **2parteilich** (*0*) boven de partijen staand; **2'pinseln** (-) overschilderen; **~produktion** *f* overproduktie.

über'prüf|en (-) controleren, nazien, verifiëren; **2ung** *f* controle, (het) onderzoek.

überquellen overlopen.
über'quer overdwars; **~en** (-) oversteken; **Ƨung** *f* (het) oversteken.
über'ragen (-) uitsteken boven; *fig. a.* overtreffen; **~d** uitmuntend, superieur, buitengewoon.
über'rasch|en (-) verrassen; **~end** verrassend; **Ƨung** *f* verrassing; **Ƨungs·angriff** *m* verrassingsaanval.
über'red|en (-) (*zu D*) overreden (tot), overhalen (tot); **Ƨung** *f* (*0*) overreding; **Ƨungs·kunst** *f* overredingskunst.
über|reich (*0*) schatrijk; **~'reichen** (-) overhandigen; *Urkunde* uitreiken; **~reichlich** (*0*) overvloedig; **Ƨ'reichung** *f* overhandiging; uitreiking; **~reif** (*0*) overrijp; **~'reizen** (-) overprikkelen; **~'rennen** (-) onder de voet lopen; **Ƨrest** *m* rest, (het) overblijfsel; *die sterblichen ~e pl.* het stoffelijk overschot; **Ƨrock** *m* overjas; **~'rollen** (-) onder de voet lopen.
über'rumpel|n (*-e-*; -) overrompelen; **Ƨung** *f* overrompeling.
über'runden (-) *Sp.* een ronde voorsprong krijgen op; *fig.* inhalen, overtroeven.
übers = *über das.*
über|'sät bezaaid; **~satt** (*0*) oververzadigd.
über'sättig|en (-) oververzadigen; **Ƨung** *f* oververzadiging.
Überschall|flugzeug *n* (het) supersonisch vliegtuig; **~geschwindigkeit** *f* supersonische snelheid.
über'schatten (*-e-*; -) overschaduwen.
über'schätz|en (-) overschatten; **Ƨung** *f* overschatting.
über'schau|bar te overzien, overzichtelijk; **~en** (-) overzien.
über|schäumen overschuimen; **~schießen** eroverheen schieten; **~'schlafen** (-) nog eens een nachtje slapen over.
Überschlag *m* (*Berechnung*) raming; **Ƨen 1.** *Beine* over elkaar slaan; *Funke*: overspringen; **2.** [-'ʃlaː-] (-) overslaan; *Kosten* ramen; *sich ~* over de kop slaan (*od.* gaan); *Stimme*: overslaan.
überschnappen (*a. sn*) *Stimme*: overslaan; *s. a. übergeschnappt.*
über'schneid|en (-): *sich ~* elkaar snijden; *Flächen*: gedeeltelijk samenvallen; *fig.* elkaar overlappen; **Ƨung** *f* (het) elkaar snijden; gedeeltelijke samenval; overlapping.
über|'schreiben (-) van een opschrift voorzien, titelen; *j-m A* (*übergeben*) op naam van iem. laten zetten; **~'schreien** (-) overschreeuwen.
über'schreit|en (-) overschrijden; *Fluß* overtrekken; *Gesetz* overtreden; **Ƨung** *f* overschrijding; (het) overtrekken; overtreding.
Über|schrift *f* (het) opschrift, titel; **~schuh** *m* overschoen; **Ƨ'schuldet** diep in de schulden zittend; *Grundstück*: met schulden bezwaard; **~schuß** *m* (het) overschot; (*Gewinn*) (het) batig saldo; **Ƨschüssig** (*0*) overschietend; **Ƨ'schütten** (-) bedekken; *Flüssigkeit* overgieten; *fig.* overstelpen, overladen; **~schwang** *m* (*-es; 0*) overdaad, overmaat, overdrevenheid; *im ~ der Gefühle* door zijn gevoelens overmand, in de roes van zijn gevoelens; **Ƨschwappen** eroverheen klotsen.
über'schwemm|en (-) overstromen; **Ƨung** *f* overstroming.
überschwenglich uitbundig, overdreven; **Ƨkeit** *f* (*0*) uitbundigheid, overdrevenheid.
Übersee *f* (*0*) overzee; *nach ~* overzee; **~dampfer** *m* mailboot; **~handel** *m* overzeese handel; **Ƨisch** (*0*) overzees.
über'seh|bar (*0*) overzienbaar, te overzien; **~en** (-) overzien; (*nicht bemerken*) over het hoofd zien, niet zien.
über'send|en (-) over-, toezenden, doen toekomen; **Ƨer** *m* overzender; **Ƨung** *f* (*0*) over-, toezending.
über'setz|bar (*0*) vertaalbaar; **~en 1.** (-) vertalen; **2.** ['yː-] *v/t* overzetten; *v/i* (*sn*) overvaren; **Ƨer(in** *f*) *m* vertaler *m*, vertaalster *f*; **Ƨung** *f* vertaling; *Tech.* overbrenging.
Über'setzungs|büro *n* (het) vertaalbureau; **~fehler** *m* vertaalfout; **~maschine** *f* vertaalmachine.
Übersicht *f* (het) overzicht; (*Abriß a.*) korte samenvatting; **Ƨlich** overzichtelijk, duidelijk; **~lichkeit** *f* (*0*) overzichtelijkheid, duidelijkheid; **~s·karte** *f* overzichtskaart; **~s·tabelle** *f* overzichtstabel.
über|siedeln (*sn*) verhuizen; **Ƨ-**

'siedlung *f* (*0*) verhuizing; **~sinnlich** (*0*) bovenzinnelijk.
über'spann|en (-) te strak spannen; (*übertreiben*) overdrijven; *etw.* ~ *mit* (*D*) iets spannen over; **~t** *Pers.*: geëxalteerd; **2t·heit** *f* (*0*) geëxalteerdheid; overdrevenheid.
über'spielen (-) *fig.* verdoezelen; *Sp.* overklassen.
über'spitz|en (-) overdrijven; (*zu weit treiben*) op de spits drijven; **~t** overdreven, overtrokken, al te scherp.
über|springen 1. (*sn*) overspringen; **2.** [-'ʃpʀ-] (-) springen over; (*auslassen*) passeren, overslaan (*a. Klasse*); **~sprudeln** overlopen (*a. fig.*); **~'spülen** (-) overspoelen; **~staatlich** supranationaal; **~stehen 1.** uitsteken; **2.** [-'ʃte:-] (-) doorstaan, te boven komen; **~'steigen** (-) *fig.* overtreffen, te boven gaan; **~'stimmen** (-) overstemmen; **~'strahlen** (-) overstralen; **~'streichen** (-) bestrijken; **~streifen:** *sich etw.* ~ iets aantrekken; **~'streuen** (-) bestrooien; **~strömen** (*a. sn*) overstromen (*a. fig.*); **2stunden** *f/pl.* overuren *n/pl.*; ~ *machen* overwerken, overuren maken.
über'stürz|en (-) overhaasten; *sich* ~ *Ereignisse*: snel op elkaar volgen; **~t** overhaast; **2ung** *f* overhaasting.
über'|teuern (*-re*; -) overvragen, de prijs opdrijven van; **~tölpeln** (*-le*; -) te slim af zijn, beetnemen; **~tönen** (-) overstemmen.
Übertrag *m* (*-es*; *⸗e*) (het) transport.
über'trag|bar *Krankheit*: besmettelijk; *nicht* ~ (*persönlich*) strikt persoonlijk; **~en 1.** *v/t* (-) overbrengen; *Hdl. a.* transporteren; *Rf.* uitzenden; (*abtreten*) overdragen, overdoen; (*auftragen*) opdragen; **2.** *Adj.* overdrachtelijk; **2ung** *f* overbrenging; (het) transport; uitzending; overdracht.
über'treffen (-) overtreffen; *Erwartung(en pl.)* ~ *a.* meevallen.
über'treib|en (-) overdrijven; *s. a. übertrieben*; **2ung** *f* overdrijving.
über'tret|en 1. (-) overtreden; **2.** ['y:-] (*sn*) overgaan; *Fluß*: buiten de oevers treden; **2ung** *f* overtreding.
über|'trieben overdreven; **2tritt** *m* overgang; **~'trumpfen** (-) overtroeven (*a. fig.*); **~'tünchen** (-) witten, kalken; *fig.* verdoezelen, een vernisje geven; **~übermorgen** over drie dagen.
über'völker|n (*-re*; -) overbevolken; **2ung** *f* (*0*) overbevolking.
übervoll (*0*) overvol.
über'vorteil|en (-) afzetten, bedriegen, oplichten; **2ung** *f* afzetterij, oplichterij.
über'wach|en (-) bewaken, toezicht houden op; (*beobachten*) observeren; **2ung** *f* (*0*) bewaking; (het) toezicht; observering.
über'wältig|en (-) overweldigen (*a. fig.*); *Schlaf*: overmannen; **~end** overweldigend; **2ung** *f* (*0*) overweldiging.
über'weis|en (-) *Geld* overmaken, overschrijven; ~ (*an A, in A od. zu D*) *Patienten* verwijzen (naar); **2ung** *f* overschrijving, overmaking; verwijzing.
überwerfen 1. overgooien, omslaan; **2.** [-'vɛʀ-] (-): *sich* ~ (*mit D*) overhoop raken (met), ruzie krijgen (met).
über'wiegen (-) overwegen; *etw.* het winnen van; **~d** overwegend.
über'wind|bar te overwinnen; **~en** (-) overwinnen; *Schwierigkeit a., Verlust* te boven komen; **2er** *m* overwinnaar; **2ung** *f* overwinning; (*Sichüberwinden*) zelfoverwinning.
über'winter|n (*-re*; -) overwinteren; **2ung** *f* overwintering.
über|'wölben (-) overwelven; **~'wuchern** (-) overwoekeren (*a. fig.*); **2wurf** *m* overjas; (*Damen2*) overgooier; **2zahl** *f* (*0*) meerderheid, overmacht.
überzähl|en 1. *j-m eins* ~ F iem. om de oren slaan; **2.** [-'tsɛ:-] (-) natellen; **~ig** (*0*) overtollig, te veel.
über'zeichnen (-) *Anleihe* overtekenen.
über'zeug|en (-) overtuigen; *sich* ~ (*von D*) zich overtuigen (van); **~end** overtuigend; **2ung** *f* overtuiging; **2ungs·kraft** *f* (*0*) overtuigingskracht; **2ungs·täter** *m* dader uit overtuiging.
überzieh|en 1. aantrekken, aandoen; **2.** [-'tsi:-] (-) overtrekken; *Bett* verschonen; *Konto* overschrijden; *ein Land mit Krieg* ~ een land (door oorlog) verwoesten; *sich* ~ *Himmel*: betrekken; **2er** *m* overjas.

über|'zuckern (-) suikeren; *fig. Pille* vergulden; **♀zug** *m* overtrek, hoes; (*Schicht*) laag.
üblich gebruikelijk, gewoon.
U-Boot *n* duikboot.
übrig (*0*) overig; ~ *sein* over zijn; *etw. für j-n ~ haben fig.* wat voor iem. over hebben; *im ~en* voor het overige.
übrig|- *in Zssgn mst.* over-, *z.B.* **~behalten** overhouden; **~bleiben** overblijven; **~ens** overigens, trouwens; **~lassen** overlaten.
Übung *f* oefening; *aus der ~ kommen* de vaardigheid verliezen.
Übungs|- *in Zssgn mst.* oefen-, *z.B.* **~buch** *n* (het) oefenboek; **~gelände** *n* (het) oefenterrein; **~platz** *m* oefenplaats; **~stück** *n* (het) oefenstuk.
Ufer *n* oever; *ans ~* naar de oever; *über die ~ treten* buiten de oevers *pl.* treden; **~befestigung** *f* oeverversterking; **♀los** (*-est*) oeverloos, eindeloos.
uff! oef!
Uhr *f* (het) horloge, (het) uurwerk; (*Steh♀, Wand♀*) klok; (*Zeitpunkt*) (het) uur; *um drei (vier) ~* om drie (vier) uur; *wieviel ~ ist es?* hoe laat is het?; *es ist drei (vier) ~* het is drie (vier) uur; **~armband** *n* (het) horlogebandje.
Uhren|fabrik *f* horlogefabriek; **~geschäft** *n* horlogezaak; **~industrie** *f* horlogeïndustrie.
Uhr|feder *f* horlogeveer; **~gehäuse** *n* horlogekast; klokkast; **~glas** *n* (het) horlogeglas; **~kette** *f* horlogeketting; **~macher** *m* horlogemaker; **~werk** *n* (het) uurwerk; **~zeiger** *m* wijzer; **~zeigerrichtung** *f*: *in (entgegen der) ~* in (tegen) de richting van de wijzers van de klok.
Uhu ['u:hu·] *m* (*-s*; *-s*) oehoe.
U'krain|e *f*: *die ~* de Oekraïne; **♀isch** Oekraïens.
UKW *Abk. für Ultrakurzwellen* FM; **~-Sender** *m* FM-zender.
Ulk *m* (*-es*; *-e*) grap, scherts, onzin, lol; *~ machen*, **♀en** gekheid maken; **♀ig** grappig, komiek.
Ulme *f* olm, iep.
Ulti'matum *n* (*-s*; *Ultimaten*) (het) ultimatum.
Ultimo *m* (*-s*; *-s*) ultimo, de laatste van de maand.
Ultra|- *in Zssgn mst.* ultra-, *z.B.* **♀kurz** (*0*) ultrakort; **~'kurzwellen** *f/pl.* ultrakorte golven *pl.*; *s. a.* UKW; **♀rot** (*0*) ultrarood; **~schall** *m* ultrasone trillingen *pl.*; **~'schallbehandlung** *f* behandeling met ultrasone trillingen; **♀violett** (*0*) ultraviolet.
um 1. (*A*) om; (*räumlich a.*) rond(om); (*ungefähr, a. zeitlich*) rond, omstreeks, omtrent; *verlängern, erhöhen, ... ~ 2 Meter, 2 Mark, ...* met; *~ 2 Meter länger sein (2 Mark teurer werden) ...* 2 meter langer zijn (2 mark duurder worden) ...; *~ ... herum* (*räumlich*) rondom; (*zeitlich*) rond, omstreeks; *es ist ~ ihn geschehen* het is met hem gedaan; *wie steht's ~ Ihre Gesundheit?* hoe staat het met Uw gezondheid?; **2.** *~ ... willen* (*G*) ter wille van; **3.** *Adv. ~ sein* (*räumlich*) om zijn; (*zeitlich*) om (*od.* voorbij) zijn; *~ so mehr (besser)* des te meer (beter); **4.** *Ko. ~ zu + Inf.* om te.
um|- *in Zssgn mst.* om-, *z.B.* **~ackern** omploegen; **~ändern** veranderen; *Kleidung* vermaken.
um·arbeit|en omwerken; **♀ung** *f* omwerking.
um'arm|en (-) (*sich*) (elkaar) omarmen, (elkaar) omhelzen; **♀ung** *f* omarming, omhelzing.
Umbau *m* verbouwing (*a. Thea.*); **♀en 1.** verbouwen; **2.** [-'bau-] (-) om-, inbouwen.
umbehalten omhouden.
umbesetz|en anders bezetten; **♀ung** *f* verandering van de bezetting.
um|betten verbedden; **~biegen** [ombuigen.]
umbild|en veranderen, reorganiseren (*a. Pol.*); **♀ung** *f* verandering, reorganisatie.
um|binden 1. ombinden, omdoen; *Buch* anders binden; **2.** [-'bɪn-] (-) omwinden, binden om; **~blasen** omblazen; **~blättern** een blad omslaan; **~blicken:** *sich ~* omkijken; **~brechen** *v/t* omverhalen; *Papier* omvouwen; *v/i* (*sn*) breken; (*umstürzen*) omvallen, instorten; **~bringen** ombrengen, van kant maken; **♀bruch** *m Typ.* opmaak; *fig.* ommekeer, ingrijpende verandering.
umbuch|en overboeken (*a. Reise*); **♀ung** *f* overboeking.
um|deuten een andere uitleg geven,

anders uitleggen; **~disponieren** anders disponeren.

umdreh|en (*sich*) (zich) omdraaien, (zich) omkeren; **2ung** [-'dʀeː-] *f* omwenteling; **2ungs·zahl** *f* (het) toerental.

Um|druck *m* (het) vermenigvuldigingsprocédé; **2ei'nander** om elkaar; **2erziehen** heropvoeden; **2fahren 1.** omverrijden; **2.** [-'faː-] (-) rijden om; *Schiff*: varen om.

Umfall *m fig.* ommezwaai; **2en** omvallen; (*ohnmächtig werden*) flauwvallen; *fig.* van mening veranderen.

Umfang *m* omvang (*a. fig.*); (*Umriß*) omtrek; **2en** [-'faŋ-] (-) omvatten; (*umarmen*) omarmen; **2reich** omvangrijk.

um'fassen (-) omvatten; (*umarmen*) omhelzen; (*umzingeln*) omsingelen; **~d** veelomvattend, omvangrijk.

um|fliegen 1. *u.* **2.** [-'fliː-] (-) omvliegen; **~'flort** omfloerst; **~'fluten** (-) omspoelen.

umform|en omvormen, veranderen; *El.* omzetten; **2er** *m* omzetter; **2ung** *f* omvorming; omzetting.

Umfrage *f* rondvraag; (*statistische* ~) enquête; **2n** rondvragen.

um'fried(ig)en (-) omheinen.

umfüll|en overgieten; **2ung** *f* (het) overgieten.

umfunktionier|en ombuigen; **2ung** *f* ombuiging.

Um|gang *m* (*-es*; *0*) omgang; (*Umzug a.*) ommegang, processie; ~ *pflegen* (*mit D*) omgaan (met); **2gänglich** aangenaam in de omgang.

Umgangs|formen *f/pl.* omgangsvormen *pl.*; **~sprache** *f* omgangstaal; **2sprachlich** in (*od.* uit) de omgangstaal.

um'garnen (-) in het net vangen, (om)strikken.

um'geb|en (-) omgeven, omringen; **2ung** *f* omgeving.

Umgegend *f* omstreken *pl.*, omgeving.

umgehen 1. (*sn*) rondgaan; (*Umweg machen*) omlopen; *Gespenst*: rondwaren; ~ *mit* (*D*) omgaan met; (*im Sinn haben*) rondlopen met; *gut* (*schlecht*) *mit j-m* ~ iem. goed (slecht) behandelen; **2.** [-'geː-] (-) lopen om, ontwijken; *Gesetz*, *Vorschrift* ontduiken, omzeilen; **~d** onmiddellijk; *Adv.* per omgaande.

Um'gehung *f* vermijding, ontwijking; *mil.* omtrekkende beweging; ontduiking, omzeiling; **~s·straße** *f* rond-, ringweg.

umgekehrt omgekeerd; *Adv. a.* andersom.

umgestalt|en hervormen, veranderen, reorganiseren; **2ung** *f* hervorming, verandering, reorganisatie.

um|gießen overgieten; **~graben** omspitten, omgraven; **~'grenzen** (-) om-, begrenzen; *fig.* afbakenen; **~gruppieren** hergroeperen; **~gucken:** *sich* ~ rondkijken; (*rückwärts*) omkijken; **~'gürten** (-) omgorden; **~haben** om hebben; **~hacken** omhakken; **~'halsen** (*-t*; -) omhelzen; **2hang** *m* cape, schoudermantel.

umhänge|n omhangen, aandoen; (*anders hängen*) verhangen; **2tasche** *f* schoudertas.

um|hauen omhakken, omhouwen; *fig.* F *etw. haut j-n um* iem. slaat achterover van iets; **~'her** rond, om.

um'her|- *in Zssgn mst.* rond-, *z.B.* **~blicken** rondkijken; **~flattern** rondfladderen; **~fliegen** rondvliegen; **~gehen** rondlopen; **~geistern** rondspoken (*a. fig.*); **~irren** ronddwalen; **~kriechen** rondkruipen; **~streifen, ~wandern** rondzwerven; **~ziehen** rondtrekken.

um'hin: *nicht* ~ *können* niet anders kunnen.

umhören: *sich* ~ informeren.

um'hüll|en (-) omhullen; *etw. bsd.* omwikkelen, inpakken; **2ung** *f* (het) omhulsel; verpakking.

Umkehr *f* (*0*) ommekeer (*a. fig.*), terugkeer; **2bar** (*0*) omkeerbaar; **2en** *v/i* (*sn*) *u. v/t* omkeren (*a. fig.*), omdraaien; *v/i a.* terugkeren; (*von innen nach außen* ~) binnenste buiten keren; *s. a. umgekehrt*; **~film** *m* omkeerfilm; **~ung** *f* omkering.

um|kippen *v/i* (*sn*) *u. v/t* omkantelen, omkiep(er)en; **~'klammern** (-) omklemmen, omknellen, omvatten.

umklapp|bar (*0*) omklapbaar; **~en** omklappen.

Umkleide|kabine *f* (het) kleedhokje; **2n 1.** (*sich*) (zich) ver-, omkleden; **2.** [-'klaɪ-] (-) omkleden (*bsd. fig.*), bekleden; **~raum** *m* kleedkamer.

Um'kleidung *f* om-, bekleding.
um|kommen omkomen; **~'kränzen** (*-t*; -) om-, bekransen; **⁀kreis** *m* (*-es*; *0*) omtrek; (*Umgebung a.*) omgeving; *im* ~ in het rond; *im* ~ *von* (*D*) in een omtrek van.
um'kreis|en (-) zich bewegen om, draaien om; *die Erde umkreist die Sonne* draait om de zon; **⁀ung** *f* omwenteling.
umkrempeln omslaan; *fig.* ondersteboven halen.
Umlad|e·bahnhof *m* (het) overlaadstation; **⁀en** overladen; **~ung** *f* overlading.
Um|lage *f* (hoofdelijke) omslag; **⁀'lagern** (-) belegeren.
Umlauf *m* omloop, circulatie; (*Rundschreiben*) circulaire; *im* ~ *sein* in omloop zijn; **~bahn** *f* baan; **⁀en** *v/i* (*sn*) circuleren, in omloop zijn; (*Umweg machen*) omlopen; **~zeit** *f* omloop(s)tijd.
Umlaut *m* umlaut.
Umleg|e·kragen *m* liggende boord; **⁀en** neerleggen (*a.* F *töten*); *Kleidung* omdoen, omslaan; (*anders legen*) verleggen; *Kosten* omslaan.
umleit|en omleiden, omleggen; **⁀ung** *f* omleiding, wegomlegging.
um|lenken *v/t u. v/i* (*a. sn*) draaien; **~lernen** anders leren, bijleren; **~liegend** omliggend, naburig; **~'mauern** (-) ommuren; **~modeln** (*-le*) veranderen.
um'nacht|et: *geistig* ~ krankzinnig; **⁀ung** *f*: *geistige* ~ verstandsverbijstering.
um|nähen omnaaien; **~'nebeln** (-) benevelen; **~nehmen** omdoen; **~packen** anders verpakken; (*in e-n anderen Behälter*) overpakken; **~pflanzen** overplanten; (*an e-n anderen Ort*) verplanten; **~pflügen** omploegen; **~prägen** hermunten, overstempelen; **~quartieren** elders inkwartieren.
um'rahm|en (-) omlijsten; **⁀ung** *f* omlijsting.
um|'randen (*-e-*; -) omranden; **~'rändert** omrand; **~'ranken** (-) omranken, omslingeren; **~räumen** veranderen, anders inrichten; (*an e-n anderen Ort*) anders plaatsen, verplaatsen.
umrechn|en omrekenen; **⁀ungskurs** *m* omrekeningskoers; **⁀ungstabelle** *f* omrekentabel.

um|reißen 1. omrukken, *Mauer bsd.* omverhalen; *Pers.* omvertrekken; (*abreißen*) afbreken, slopen; **2.** [-'RAI-] (-) schetsen (*a. fig.*); **~rennen** omverlopen; **~'ringen** (-) omringen; **⁀riß** *m* omtrek, omlijning; *Umrisse pl.* lijnen *pl.* (*bsd. fig.*), omtrek; **~rühren** omroeren.
ums = *um das.*
umsatteln omzadelen; *fig.* veranderen, overgaan, omzwaaien.
Umsatz *m Hdl.* omzet; **~steigerung** *f* omzetvergroting; **~steuer** *f* omzetbelasting.
um'säumen 1. (-) *u.* **2.** ['um-] omzomen.
umschalt|en omschakelen (*a. El. u. fig.*), overschakelen (*bsd. Rf. u. fig.*); **⁀er** *m* commutator; *Schreibmaschine*: wisseltoets; **⁀ung** *f* om-, overschakeling.
um'schatten (*-e-*; -) omschaduwen.
Umschau *f* (*0*) blik in het rond; (*Überblick*) (het) overzicht; ~ *halten* rondkijken; **⁀en:** *sich* ~ = *sich umsehen.*
um|schichten anders leggen; *fig.* wijzigen; *sich* ~ *fig.* zich sociaal wijzigen; **~'schiffen** (-) omvaren, varen om.
Umschlag *m* omslag (*a. Med. usw.*); (*Brief⁀ bsd.*) enveloppe; (*Buch⁀ a.*) kaft (*a.* het); *Med. a.* (het) kompres; (*Wetter⁀*) (het) omslaan; (*Güter⁀*) overslag; **⁀en** *v/i* (*sn*) *u. v/t* omslaan (*a. Seite usw.*); *Baum* omhakken, vellen; *Güter* overslaan; **~hafen** *m* overslaghaven; **~platz** *m* overslag-, overlaadplaats; **~tuch** *n* omslagdoek.
um'|schleiern (*-re*; -) omsluieren; **~schließen** (-) omsluiten; **~schlingen** (-) *etw.* omslingeren; *j-n* omhelzen; **~schmeicheln** (-) vleien.
um|schmeißen F omgooien, om(ver)smijten; **~schmelzen** omsmelten; **~schnallen** omgespen.
um'schreib|en 1. (-) omschrijven; **2.** ['um-] herschrijven; *Grundstück* overschrijven; **⁀ung** *f* omschrijving.
Um|schrift *f* (het) randschrift; (*Text*) herschrijving; (*Transkription*) transcriptie; **~schuldung** *f* omzetting van schulden (op lange termijn).
umschul|en herscholen; (*in e-e*

andere Schule) op een andere school doen; **2ung** *f* herscholing; overplaatsing.

um|schütten omgooien, om(ver-) werpen; (*umfüllen*) overgieten; **~'schwärmen** (-) omzwermen, zwermen om; **2schweife** *m/pl.*: *ohne ~* zonder omhaal; *~ machen* eromheen draaien; **~schwenken** omzwenken (*a. fig.*); **2schwung** *m* (-*s*; *0*) (om)draaiing; *fig.* ommekeer, kentering; **~'segeln** (-) zeilen om, omzeilen; **~sehen:** *sich ~* (*rückwärts*) omkijken, omzien; (*besichtigen*) rondkijken; *sich ~ nach* (*D*) (*suchen*) uitzien naar; **~sein** om zijn; **~seitig** (*0*) aan ommezijde, op de volgende bladzijde.

umsetz|bar (*0*) omzetbaar; **~en** omzetten (*a. Hdl. usw.*); (*an e-n anderen Ort*) verzetten, verplaatsen; **2ung** *f* omzetting; verzetting, verplaatsing.

Umsichgreifen *n* (-*s*; *0*) (het) om zich heen grijpen, toeneming.

Umsicht *f* (*0*) omzichtigheid, (het) overleg; **2ig** omzichtig, met overleg.

umsied|eln *v/i* (*sn*) verhuizen; *v/t* een andere woonplaats geven; (*evakuieren*) evacueren; **2(e)lung** *f* verhuizing; overbrenging naar een andere woonplaats; evacuatie; **2ler** *m* naar elders overgebrachte; geëvacueerde.

um|sinken omvallen, neerzijgen; **~'sonst** gratis, voor niets, om niet; (*vergebens*) (te)vergeefs; **~'sorgen** (-) met zorgen omgeven; **~spannen** **1.** *El.* transformeren; *die Pferde n/pl. ~* van paarden *n/pl.* verwisselen; **2.** [-'ʃpan-] (-) omspannen, omvatten; **~springen** (*sn*) *Wind*: omslaan; *~ mit* (*D*) omspringen met; **~spulen** omspoelen; **~'spülen** (-) omspoelen; **2stand** *m* omstandigheid; (*Lage a.*) toestand; (*Tatsache a.*) (het) feit; *s. a. Umstände*.

Umständ|e *m/pl.* omstandigheden *pl.*; *mach keine ~!* doe geen moeite!; *unter ~n* eventueel, in sommige gevallen, bij gelegenheid; *unter diesen ~n* in de gegeven omstandigheden; *ohne ~* zonder omslag; *in anderen ~n sein* in verwachting (*od.* positie) zijn; **2e·halber** wegens omstandigheden; **2lich** omslachtig; *Arbeit, Reise a.*: lastig; (*weitschweifig a.*) breedvoerig; **~lichkeit** *f* omslachtigheid; breedvoerigheid.

Umstands|kleid *n* positiejapon; **~krämer** *m* omslachtig iem.; **~wort** *n* (-*es*; *"er*) (het) bijwoord.

um|stecken anders steken; **~'stehen** (-) staan (rond)om, omringen; **~stehend** (*her~*) omstaand; (*rückseitig*) ommestaand; *Adv.* aan ommezijde.

Umsteige|bahnhof *m* (het) overstapstation; **~fahrschein** *m* (het) overstapkaartje, (het) overstapje; **2n** overstappen.

umstell|en **1.** verplaatsen, verzetten; (*reorganisieren*) reorganiseren; (*umschalten*) omschakelen; *sich ~* (*auf A*) zich aanpassen (aan), zich omschakelen (op); **2.** [-'ʃtɛl-] (-) omsingelen, insluiten; **2ung** *f* verplaatsing; reorganisatie; omschakeling; aanpassing.

um|stimmen *Mus.* anders stemmen; *j-n* tot een andere mening brengen, van mening doen veranderen; **~stoßen** omstoten, omverstoten (*a. Pol.*), omvergooien (*a. Pol. u. Plan, Vorhaben*); **~'stritten** omstreden, betwist; **~stülpen** omkeren, omstulpen; *Hut* om-, opslaan.

Umsturz *m Pol.* omverwerping, omwenteling, revolutie; **~bestrebung** *f* (het) streven naar omverwerping.

umstürz|en *v/t* omgooien; *Mauer* omhalen; *Pol.* omverwerpen; *v/i* omvallen; **2ler** *m* revolutionair; **~lerisch** revolutionair.

umtaufen herdopen.

Umtausch *m* omruil(ing), omwisseling (*a. Geld2*); **2en** omruilen; *Geld* (om)wisselen.

Um|triebe *m/pl.* intriges *pl.*; **~trunk** *m* (het) drinken uit een rondgaande beker; **2tun** omdoen; *sich ~ nach* (*D*) uitkijken naar; (*sich erkundigen*) informeren naar; **2'wachsen** *Adj.* (rondom) begroeid; **2'wallen** (-) omgolven; (*befestigen*) omwallen.

umwälz|en omwentelen, omrollen; *Pol.* omverwerpen; **2ung** *f Pol.* omwenteling, revolutie.

umwand|eln veranderen, omzetten; **2lung** *f* verandering, omzetting.

um|wechseln omwisselen; **2weg** *m*

omweg (*a. fig.*); *e-n ~ machen* een omweg maken; **~wehen 1.** *u.* **2.** [-ˈveː-] (-) omwaaien.
Umwelt *f* (*0*) (het) milieu; **~schutz** *m* milieubescherming; **~verschmutzung** *f* milieuvervuiling.
um|wenden *v/i* (*sn*) *u. v/t* omwenden, omkeren; *Blatt* omslaan; **~ˈwerben** (-) trachten te winnen; *Frau bsd.* het hof maken; **~werfen** om(ver)werpen, omgooien; *sich etw. ~ Kleidung* iets omslaan.
umwert|en herwaarderen; **2ung** *f* herwaardering.
umˈ|wickeln (-) omwikkelen; **~wittert** omgeven.
umwohne|nd omwonend; **2r** *m* omwonende, omwoner.
umwühlen omwoelen.
umˈzäun|en (-) omheinen; **2ung** *f* omheining.
um|zeichnen overtekenen; **~ziehen 1.** *v/t* om(ver)trekken; *v/i* (*sn*) verhuizen; *sich ~* zich ver-, omkleden; **2.** [-ˈtsiː-] (-) *sich ~ Himmel*: betrekken.
umˈzingel|n (*-le*; -) omsingelen; **2ung** *f* omsingeling.
Umzug *m* verhuizing; (*Festzug*) optocht; **~s·kosten** *pl.* verhuiskosten *pl.*
un- *in Zssgn mst.* on-.
un·ab|änderlich (*0*) onveranderlijk; (*unwiderruflich*) onherroepelijk; **~dingbar** (*0*) minimaal.
un·abhängig onafhankelijk; **2keit** *f* (*0*) onafhankelijkheid.
un·ab|kömmlich onmisbaar; **~lässig** onophoudelijk; **~ˈsehbar** onafzienbaar; **~sichtlich** onopzettelijk, zonder opzet; **~weislich** onafwijsbaar, gebiedend, dwingend; **~wendbar** onafwendbaar.
un·achtsam onachtzaam, onoplettend; **2keit** *f* onachtzaamheid, onoplettendheid.
un·ähnlich ongelijk, niet gelijkend.
un·an|fechtbar onbetwistbaar; **~gebracht** misplaatst, ongepast; **~gefochten** onbetwist; (*unbehindert*) ongestoord; **~gemeldet** onaangemeld; **~gemessen** onevenredig; (*unschicklich*) ongepast; **~genehm** onaangenaam; **~getastet** onaangetast, onaangeroerd; **~greifbar** onaantastbaar.
un·annehm|bar onaanvaardbaar, onaannemelijk; **2lichkeit** *f* onaangenaamheid; **~en** *pl. bsd.* last, narigheid.
un·ansehnlich onooglijk; **2keit** *f* (*0*) onooglijkheid.
un·anständig onfatsoenlijk, onwelvoeglijk, onbehoorlijk; **2keit** *f* onfatsoenlijkheid, onwelvoeglijkheid.
un·antastbar onaantastbaar; **2keit** *f* (*0*) onaantastbaarheid.
un·appetitlich onsmakelijk.
Un·art *f* ondeugendheid; (*Gewohnheit*) onhebbelijkheid; **2ig** stout, onhebbelijk, ondeugend.
un·auf|fällig onopvallend; **~findbar** onvindbaar; **~gefordert** ongevraagd; (*von sich aus*) uit eigen beweging; **~haltsam** onstuitbaar, onweerstaanbaar (*a. stetig*); **~hörlich** onophoudelijk.
un·auflös|bar, ~lich onoplosbaar; **2barkeit** *f* (*0*), **2lichkeit** *f* (*0*) onoplosbaarheid.
un·aufmerksam onoplettend; **2keit** *f* onoplettendheid.
un·aufrichtig onoprecht; **2keit** *f* onoprechtheid.
un·aufschiebbar niet uit te stellen, geen uitstel duldend.
un·aus|bleiblich onvermijdelijk; **~führbar** onuitvoerbaar.
un·ausgeglichen onevenwichtig; **2heit** *f* onevenwichtigheid.
un·aus|gesetzt onafgebroken, onophoudelijk; **~löschlich** onuitwisbaar; **~rottbar** onuitroeibaar, niet uit te roeien; **~sprechlich** onuitsprekelijk; **~stehlich** onuitstaanbaar; **~weichlich** onvermijdelijk, onontkoombaar.
un|bändig onbedwingbaar; (*riesig, Adv.*) enorm, buitensporig; *Gelächter*: onbedaarlijk; **~bar** zonder contant geld.
unbarmherzig onbarmhartig; **2keit** *f* (*0*) onbarmhartigheid.
unbe|absichtigt onopzettelijk; niet gepland; **~achtet** onopgemerkt; *~ lassen* geen acht slaan op; **~anstandet** ongehinderd, onbelemmerd; *~ lassen* niets zeggen over; **~antwortet** onbeantwoord; **~arbeitet** onbewerkt; **~baut** onbebouwd; **~dacht** onbedachtzaam, onnadenkend; **~darft** F onervaren, naïef; **~deckt** onbedekt; **~denklich** zonder bezwaar, gerust, onbezorgd; (*ohne Einwendung*) onbedenkelijk; **~deutend** onbeduidend, onbelang-

rijk, onbenullig; **~dingt** volstrekt, onvoorwaardelijk; *Adv.* beslist, in ieder geval, absoluut; **~einflußt** niet beïnvloed, vrij; **~fahrbar** onberijdbaar; *Gewässer*: onbevaarbaar.

unbefangen onbevangen; (*vorurteilslos*) onbevooroordeeld; **2heit** *f* (*0*) onbevangenheid; onbevooroordeeldheid.

unbefleckt onbevlekt (*a. fig.*), [vlekkeloos.]

unbefriedig|end onbevredigend; (*ungenügend bsd.*) onvoldoende; **~t** onbevredigd (*a. sexuell*), onvoldaan.

unbe|fugt onbevoegd; **~gabt** onbegaafd, niet begaafd; **~greiflich** onbegrijpelijk; **~grenzt** onbegrensd, grenzeloos; **~gründet** ongegrond, ongemotiveerd; **~haart** onbehaard.

Unbehag|en *n* (het) onbehagen; **2lich** onbehaaglijk.

unbe|helligt, ~hindert ongehinderd, ongemoeid.

unbeholfen onbeholpen, onhandig; **2heit** *f* (*0*) onbeholpenheid.

unbe·irr|bar onverstoorbaar, niet van de wijs te brengen; **~t** vastberaden, zonder zich van de wijs te laten brengen.

unbekannt onbekend; **2e(r)** onbekende (*a. Math.*); **~er'weise** zonder de betreffende te kennen.

unbe|kleidet ongekleed; **~kümmert** onbezorgd, onbekommerd; **~lastet** onbelast, onbezwaard; *Konto*: blank; *Pol.* zuiver; **~lebt** levenloos, onbezield; **~lehrbar** hardleers; **~lichtet** onbelicht.

unbeliebt niet geliefd, impopulair, onbemind; *sich ~ machen* (*bei D*) het verkerven (bij), vijanden *pl.* maken (bij); **2heit** *f* (*0*) impopulariteit, onbemindheid.

unbe|lohnt onbeloond; **~mannt** onbemand.

unbemerk|bar onmerkbaar; **~t** ongemerkt.

unbe|mittelt onbemiddeld; **~nommen:** *j-m ~ bleiben* (*od. sein*) iem. vrijstaan; **~nutzt** ongebruikt; **~obachtet** onopgemerkt; *Augenblick*: onbewaakt.

unbequem ongemakkelijk; (*lästig*) lastig; *Frage*: pijnlijk, lastig; **2lichkeit** *f* (het) ongemak; last.

unberechenbar onberekenbaar; **2keit** *f* onberekenbaarheid.

unbe|rechtigt onrechtmatig; (*unbefugt*) onbevoegd; **~rücksichtigt:** *~ lassen* (*bleiben*) buiten beschouwing laten (blijven); **~rufen** ongeroepen, ongevraagd; (*unbefugt*) niet bevoegd; (*ohne inneren Beruf*) zonder roeping; *~!* afkloppen!; **~rührt** onaangeroerd; *Natur*: ongerept; *Mädchen*: maagdelijk; *j-n ~ lassen* iem. niet raken; **~schadet** (*G*) onverminderd, afgezien van; **~schädigt** onbeschadigd; **~schäftigt** zonder bezigheid (*od.* werk), werkeloos.

unbescheiden onbescheiden; **2heit** *f* (*0*) onbescheidenheid.

unbescholten onbesproken, van onberispelijk gedrag; **2heit** *f* (*0*) (het) onbesproken gedrag; (*Ruf*) goede (*od.* onbesproken) naam.

unbe|schrankt onbewaakt; **~schränkt** onbeperkt, onbegrensd; **~schreiblich** onbeschrijfelijk; **~schrieben** onbeschreven, blanco; **~schwert** onbezorgd, onbekommerd; (*unbelastet*) onbezwaard, vrij; **~seelt** onbezield, zielloos; **~sehen** ongezien; **~setzt** onbezet, vrij.

unbesieg|bar onoverwinnelijk; **~t** onoverwonnen.

unbesoldet onbezoldigd.

unbesonnen onbezonnen, onbesuisd; **2heit** *f* onbezonnenheid.

unbesorgt onbezorgd, gerust; *seien Sie ~!* weest U gerust!

unbeständig onbestendig; *Mensch a.*: onstandvastig, ongestadig; **2keit** *f* onbestendigheid; onstandvastigheid.

unbestätigt onbevestigd.

unbestechlich onomkoopbaar; **2keit** *f* (*0*) onomkoopbaarheid.

unbestimm|bar niet te bepalen (*od.* omschrijven); **~t** onbepaald (*a. Gr.*); (*ungenau*) vaag, onduidelijk; (*unsicher*) onzeker; **2t·heit** *f* onbepaaldheid; vaagheid; onzekerheid.

unbe|streitbar onbetwistbaar; **~stritten** onbetwist; **~teiligt** (*bei D*) niet betrokken (in); (*uninteressiert*) niet geïnteresseerd (in); **~tont** onbeklemtoond; **~trächtlich** onbelangrijk, onaanzienlijk; **~treten** onbetreden, onbegaan.

unbeug|bar onverbuigbaar; **~sam** onbuigzaam; **2samkeit** *f* (*0*) onbuigzaamheid.

unbe|wacht onbewaakt; **~waffnet** ongewapend; **~wandert** onbedreven, onervaren.
unbeweg|lich onbeweeglijk; **2lichkeit** *f* onbeweeglijkheid; **~t** onbewogen.
unbe|weisbar onbewijsbaar; **~wiesen** onbewezen.
unbewohn|bar onbewoonbaar; **~t** onbewoond.
unbewußt onbewust.
unbezahl|bar onbetaalbaar; **~t** onbetaald.
unbe|zähmbar ontembaar; **~zweifelbar** ongetwijfeld; **~zwingbar** onbedwingbaar.
Unbill *f* (-; *Unbilden*) (het) onrecht, onrechtvaardigheid, krenking; *Unbilden pl. des Wetters, Winters* ruwheid; **2ig** onbillijk, onredelijk, onrechtvaardig.
unblutig onbloedig.
unbotmäßig weerspannig, ongehoorzaam; **2keit** *f* weerspannigheid, insubordinatie, (het) verzet.
unbrauchbar onbruikbaar; **2keit** *f* (*0*) onbruikbaarheid.
un|bürokratisch onbureaucratisch; **~bußfertig** onboetvaardig; **~christlich** onchristelijk.
und en; *~ zwar* en wel; *na ~?* nou, en?; *~ so weiter* (*Abk. usw.*) enzovoort(s) (*Abk.* enz.).
Undank *m* ondank; **2bar** ondankbaar; **2barkeit** *f* ondankbaarheid.
un|datiert ongedateerd; **~definierbar** ondefinieerbaar.
un'denk|bar ondenkbaar; **~lich** onheuglijk.
undeutlich onduidelijk; **2keit** *f* onduidelijkheid.
un|deutsch onduits, niet-Duits; **~dicht** lek, niet dicht; **2ding** *n* (*-es; 0*) (het) onding; **~diszipliniert** ongedisciplineerd; **~dramatisch** ondramatisch.
unduldsam onverdraagzaam; **2keit** *f* (*0*) onverdraagzaamheid.
undurch|dringlich ondoordringbaar; **~führbar** onuitvoerbaar; **~lässig** ondoordringbaar; (*licht~, wasser~ a.*) niet-doorlatend; **~sichtig** ondoorzichtig (*a. fig.*), ondoorschijnend.
un·eben oneffen, ongelijk; *nicht ~* F (*nicht schlecht, a. Pers.*) niet onaardig (*od.* gek); **2heit** *f* oneffenheid.
un·echt onecht, vals; (*imitiert a.*) nagemaakt; **2heit** *f* (*0*) onechtheid.
un|edel onedel (*a. Metall*); **~ehelich** onecht, onwettig, buitenechtelijk (*a. Vater, Mutter*).
un·ehr|bar oneerbaar; **2e** *f* oneer; **~en·haft** (*-est*) oneervol; **~erbietig** oneerbiedig; **~lich** oneerlijk; **2lichkeit** *f* oneerlijkheid.
un·eigennützig belangeloos, onbaatzuchtig; **2keit** *f* belangeloosheid, onbaatzuchtigheid.
un·eigentlich oneigenlijk.
un·ein|geschränkt onbeperkt, onbegrensd; **~geweiht** oningewijd.
un·einig onenig; (*miteinander*) *~ sein* (*über A*) het (onder elkaar) oneens zijn (over); **2keit** *f* onenigheid.
un·ein|nehmbar onneembaar; **~s** = *uneinig*.
un·empfänglich onontvankelijk, onvatbaar.
un·empfindlich (*gegen A*) ongevoelig (voor); **2keit** *f* (*0*) ongevoeligheid.
un·endlich oneindig; **2keit** *f* (*0*) oneindigheid.
un·ent|behrlich onmisbaar, onontbeerlijk; **~geltlich** kosteloos, gratis; **~schieden** onbeslist; *Spiel bsd.*: gelijk; **2schieden** *n Sp.* (het) gelijk spel.
un·entschlossen besluiteloos; **2heit** *f* besluiteloosheid.
un·ent|schuldbar niet te verontschuldigen; **~wegt** *Adv.* onverzettelijk, vastberaden; (*unermüdlich*) onvermoeibaar; (*unaufhörlich*) onophoudelijk; **~wickelt** onontwikkeld; **~wirrbar** onontwarbaar.
un·erbittlich onverbiddelijk; **2keit** *f* (*0*) onverbiddelijkheid.
un·erfahren onervaren; **2heit** *f* (*0*) onervarenheid.
un·er|findlich onbegrijpelijk, onverklaarbaar; **~forschlich** ondoorgrondelijk; **~freulich** onaangenaam; (*unerquicklich*) onverkwikkelijk.
un·erfüll|bar onvervulbaar; **~t** onvervuld.
un·ergiebig weinig opleverend, schraal.
un·ergründ|bar, ~lich ondoorgrondelijk (*a. fig.*), onpeilbaar.
un·er|heblich onbelangrijk; **~hört** ongehoord; **~kannt** zonder herkend

te worden; **~kennbar** onherkenbaar.

un·erklär|bar, ~lich onverklaarbaar.

un·er|läßlich noodzakelijk, onvermijdelijk; **~laubt** ongeoorloofd; **~ledigt** onafgedaan, niet afgemaakt; **~meßlich** onmetelijk (*a. Adv.*).

un|ermüdlich onvermoeibaar; **~ernst** onernstig, niet ernstig; **~erprobt** onbeproefd; **~erquicklich** onverkwikkelijk.

un·erreich|bar onbereikbaar; *Pers. bsd.*: ongenaakbaar; **~t** ongeëvenaard.

un·ersättlich onverzadigbaar, onverzadelijk; **≈keit** *f* (*0*) onverzadelijkheid.

un·er|schlossen (nog) niet ontsloten; **~schöpflich** onuitputtelijk.

un·erschrocken onverschrokken, onversaagd; **≈heit** *f* (*0*) onverschrokkenheid.

un·er|schütterlich onwrikbaar, onwankelbaar; **~schwinglich** onbetaalbaar, niet op te brengen; **~setzlich** onvervangbaar; *S. bsd.*: onherstelbaar; **~sprießlich** onvruchtbaar, nutteloos; **~träglich** on(ver)draaglijk; *Pers. a.*: onuitstaanbaar; **~wartet** onverwacht, onvoorzien; *Adv. bsd.* onverwachts; **~widert** onbeantwoord; **~wünscht** ongewenst; **~zogen** onopgevoed.

unfähig onbekwaam; ~ *sein* (*nicht imstande*) niet in staat zijn; **≈keit** *f* onbekwaamheid.

unfair unfair.

Unfall *m* (het) ongeval, (het) ongeluk; **~flucht** *f* (het) vluchtmisdrijf; **≈frei** (*0*) zonder ongevallen; **~meldung** *f* aangifte van een ongeval; **~station** *f* post voor eerste hulp, E.H.B.O.-post; **~stelle** *f* plaats van het ongeval; **~verhütungsvorschriften** *f/pl.* voorschriften *n/pl.* m.b.t. de ongevallenpreventie; **~versicherung** *f* ongevallenverzekering; **~wagen** *m* (het) kneusje; ongevallenwagen.

unfaß|bar, ~lich onbegrijpelijk.

unfehlbar onfeilbaar; *Adv.* (*unweigerlich*) onvermijdelijk, stellig; **≈keit** *f* (*0*) onfeilbaarheid.

un|fein onkies, onnet, ordinair; **~fern** (*G*) niet ver van; **~fertig** onaf, onvoltooid, niet af; *fig.* onrijp; **≈flat** *m* (*-es*; *0*) viezigheid, vuiligheid; **~flätig** vies, smerig; **~folgsam** ongehoorzaam, niet volgzaam; **~förmig** vorm(e)loos; (*mißgestaltet*) mismaakt, wanstaltig; **~förmlich** vorm(e)loos; **~frankiert** ongefrankeerd.

unfrei onvrij; **≈heit** *f* onvrijheid; **~willig** onvrijwillig.

unfreundlich onvriendelijk; *Wetter*: guur, onaangenaam; **≈keit** *f* onvriendelijkheid; guurheid.

Un|friede(n) *m* onvrede, onenigheid; **≈frisiert** ongeschoren; **≈froh** mismoedig, bedrukt.

unfruchtbar onvruchtbaar (*a. fig.*); **≈keit** *f* (*0*) onvruchtbaarheid.

Un|fug *m* (*-es*; *0*) onbetamelijkheid; (*Straßen≈*) baldadigheid, straatschenderij; (*Schabernack*) (het) kattekwaad; (*Unsinn*) onzin; (*grober*) ~ *jur.* verstoring van de openbare orde; ~ *treiben mit etw.* (*D*) misbruik van iets maken; **≈fügsam** onhandelbaar; **≈galant** ongalant.

Ungar|(in *f*) ['ʊŋgaʁ] *m* (*-n*) Hongaar(se *f*); **≈isch** Hongaars; **~n** *n* Hongarije *n*.

ungastlich ongastvrij; **≈keit** *f* (*0*) ongastvrijheid.

unge|achtet (*G*) ondanks, niettegenstaande; **~ahnt** onvermoed, onverwacht; **~bärdig** onhandelbaar; (*wild*) ongemanierd; **~beten** ongevraagd; **~beugt** ongebogen; *Gr.* onverbogen; **~bildet** onontwikkeld, onbeschaafd; **~bleicht** ongebleekt; **~brannt** ongebrand; **~bräuchlich** ongebruikelijk; **~braucht** ongebruikt; **~brochen** ongebroken (*a. fig.*).

Ungebühr *f* (*0*) onbetamelijkheid, ongepastheid; (*Unrecht*) onredelijkheid; **≈lich** onbetamelijk, ongepast; onredelijk.

ungebunden ongebonden (*a. Chem. u. fig.*); **≈heit** *f* (*0*) ongebondenheid.

unge|deckt ongedekt; **~dient** zonder dienst.

Ungeduld *f* (het) ongeduld; **≈ig** ongeduldig.

unge|eignet ongeschikt; **~fähr** *Adv.* ongeveer, omtrent, omstreeks; (*mit Zahlen a.*) -tal, een stuk of; *Adj.* bij benadering, globaal; *von* ~ bij toeval, toevallig; **~fährdet** zonder gevaar, veilig; **~fährlich** ongevaarlijk; **~fällig** ongedienstig, onaangenaam; **~fragt** ongevraagd; **~füge** lomp, plomp; **~halten** boos, verstoord, kwaad; **~heizt** onverwarmd; **~hemmt** onbelemmerd, vrij; *pej.* ongeremd.

ungeheuer kolossaal, ontzaglijk, enorm (*a. Adv.*), reusachtig; **2** *n* (het) monster; **~lich** F (*empörend*) stuitend, afschuwelijk.

unge|hindert ongehinderd, onbelemmerd; **~hobelt** *fig.* onbehouwen, lomp; **~hörig** onbehoorlijk; **~horsam** ongehoorzaam; **2horsam** *m* ongehoorzaamheid; **~hört** ongehoord.

Ungeist *m* (*-es*; *0*) geesteloosheid; (*Verwirrung*) geestelijke verwarring.

unge|kämmt ongekamd; **~kocht** ongekookt; **~klärt** onopgehelderd; *Abwässer*: ongezuiverd; **~künstelt** ongekunsteld; **~kürzt** onverkort, volledig; **~laden** ongeladen; *Pers.*: ongenood.

ungelegen ongelegen; **2heiten** *f/pl.* last, moeite.

unge|lehrig hardleers, traag van begrip; **~lenk(ig)** niet soepel, stijf; (*unbeholfen*) onhandig, stuntelig; **~lernt** *Arbeiter*: ongeschoold; **~lesen** ongelezen; **~logen** ongelogen; **~löscht** *Kalk*: ongeblust; **~löst** onopgelost; **2mach** *n* (*-s*; *0*) (het) ongemak, hinder, last; (*Unglück*) tegenspoed; **~mein** ongemeen, buitengewoon; **~mischt** onvermengd.

ungemütlich ongezellig; *Gefühl*: onbehaaglijk; (*grob*) nors, nijdig; **2keit** *f* ongezelligheid; onbehaaglijkheid.

ungenannt ongenoemd, niet genoemd.

ungenau onnauwkeurig; (*vage*) vaag; **2ig·keit** *f* onnauwkeurigheid; vaagheid.

ungeneigt ongenegen.

ungeniert [-ʒe·-] ongegeneerd; **2heit** *f* (*0*) ongegeneerdheid.

unge|nießbar ongenietbaar; (*a. fig.*); *Speise*: oneetbaar; *Wasser*: ondrinkbaar; **~nügend** onvoldoende; **~nutzt, ~nützt** ongebruikt; *Augenblick, Chance usw.*: onbenut; **~ordnet** ongeordend, wanordelijk; *Verhältnis*: ongeregeld; **~pflegt** onverzorgd; **~rächt** ongewroken; **~rade** *Zahl*: oneven; **~raten** bedorven, ontaard; **~rechnet** niet meegerekend.

ungerecht onrechtvaardig; **~fertigt** ongerechtvaardigd; **2ig·keit** *f* onrechtvaardigheid.

ungereimt *fig.* ongerijmd; **2heit** *f* ongerijmdheid.

ungern ongaarne, niet graag, node.

unge|rührt onbewogen, ongeroerd; **~sagt** niet gezegd; **~salzen** ongezouten; **~sättigt** onverzadigd (*a. Chem.*); **~säuert** ongezuurd; **~säumt 1.** ongezoomd; **2.** (*sofort*) onverwijld; **~schehen** niet gebeurd; *etw. ~ machen* iets ongedaan maken.

Ungeschick|(lichkeit *f*) *n* onhandigheid; **2t** onhandig.

unge|schlacht (*-est*) log, plomp; **~schlechtlich** ongeslachtelijk; **~schliffen** ongeslepen, ruw; *fig.* onbeschaafd, onopgevoed; **~schmälert** onverminderd; **~schminkt** ongeschminkt; *fig.* onbewimpeld, ongezouten; **~schoren** ongeschoren; *j-n ~ lassen* iem. ongemoeid laten; **~schützt** onbeschermd, onbeschut; **~schwächt** onverzwakt; **~sehen** ongezien, ongemerkt; **~sellig** *Tier*: eenzaam (*od.* op zichzelf) levend; *Pers.*: teruggetrokken, eenzelvig, asociaal; **~setzlich** onwettig; **~sittet** onbeschaafd, ongemanierd; **~stempelt** ongestempeld; **~stört** ongestoord; **~straft** ongestraft; **~stüm** onstuimig; **2stüm** *n* (*-s*; *0*) onstuimigheid; **~sund** ongezond; **~tan**: *etw. ~ lassen* iets nalaten, iets niet doen; **~teilt** onverdeeld (*a. Aufmerksamkeit*), niet gedeeld; **~trübt** *fig.* ongestoord, zuiver; **2tüm** *n* (*-es*; *-e*) (het) monster, (het) (wan)gedrocht; **~übt** ongeoefend, onbedreven; **~wandt** onhandig; **~waschen** ongewassen.

ungewiß onzeker, ongewis; **2heit** *f* onzekerheid.

Unge|witter *n* (het) onweer; **2wöhnlich** ongewoon; *Adv. a.* buitengewoon; **2wohnt** ongewoon; *es ist j-m ~, zu + Inf.* iem. is niet gewend; **2wollt** ongewild; **2zählt** talloos, ontelbaar; *Adv.* ongeteld; **2zähmt** ongetemd; **~ziefer** *n* (*-s*; *0*) (het) ongedierte.

ungezogen stout, ondeugend, brutaal; **2heit** *f* ondeugendheid, brutaliteit.

ungezügelt teugelloos, tomeloos.

ungezwungen ongedwongen; **2heit** *f* ongedwongenheid.
ungiftig niet giftig.
Unglaub|e *m* (het) ongeloof; **2haft** ongeloofwaardig.
ungläubig ongelovig; **2e(r)** ongelovige.
unglaub|lich ongelofelijk (*a. fig.*); **~würdig** ongeloofwaardig.
ungleich ongelijk; *Adv.* (*sehr viel*) (heel) veel; *einander ~ sein* van elkaar verschillen; **~artig** ongelijksoortig; **~förmig** ongelijkvormig; **2heit** *f* ongelijkheid; **~mäßig** ongelijkmatig; **~namig** ongelijknamig.
Unglück *n* (*-es*; *-e*) (het) ongeluk; (*widriges Schicksal*) tegenspoed; (*Pech*) tegenslag, pech; *zu allem ~* tot overmaat van ramp; **2lich** ongelukkig; **2licher'weise** ongelukkig (-erwijze), ongelukkig genoeg; **~s-bote** *m* ongeluksbode; **2selig** ongelukkig; *S. a.*: rampzalig; **~s·fall** *m* (het) ongeluk; **~s·rabe** *m* F ongeluksvogel; **~s·stelle** *f* plaats van het ongeluk; **~s·tag** *m* ongeluksdag.
Un|gnade *f* (*0*) ongenade; **2gnädig** onvriendelijk, onwelwillend; **2grade** = *ungerade*.
ungültig ongeldig, nietig; *für ~ erklären* ongeldig verklaren; **2keit** *f* (*0*) ongeldigheid; **2keits·erklärung** *f* ongeldigverklaring.
Un|gunst *f* ongunstige gesteldheid (*od.* omstandigheden *pl.*); (*Mangel an Gunst*) ongenade, onwelwillendheid; *zu Ihren ~en* in Uw nadeel; *Saldo*: te Uwen laste; **2günstig** ongunstig; **2gut** (*0*) slecht, niet goed, onaangenaam; *nichts für ~!* neem me niet kwalijk!; **2haltbar** onhoudbaar; **2handlich** onhandig, lomp, onpraktisch; **2harmonisch** onharmonisch.
Unheil *n* (het) onheil, rampspoed; (*Unglück*) ramp, (het) ongeluk; **2bar** ongeneeslijk; **~barkeit** *f* ongeneeslijkheid; **~stifter** *m* onheilstichter; **2voll** rampzalig, noodlottig.
unheimlich naar, akelig, eng; *Adv.* F (*sehr*) enorm, erg.
unhöflich onbeleefd; **2keit** *f* onbeleefdheid.
un|hold onvriendelijk (*od.* vijandig) gezind; **2hold** *m* (*-es*; *-e*) demon, boze geest; (*Mensch*) (het) monster; **~hörbar** onhoorbaar; **~hygienisch** onhygiënisch.
uni 1. [y·'ni·] uni, effen; **2.** 2 *f* (-; *-s*) F = *Universität*.
uniform (*0*) uniform; 2 *f* uniform (*a.* het); **2i'tät** *f* uniformiteit, eenvormigheid.
Unikum *n* (*-s*; *Unika*) (het) unicum.
unilate'ral (*0*) unilateraal, eenzijdig.
un·interess|ant oninteressant; **~iert** ongeïnteresseerd.
Union [-'nĭo:n] *f* unie.
univer'sal [-vɛʁ-] universeel; **2erbe** *m* universeel erfgenaam; **2ien** [-lĭən] *f/pl.* universalia *pl.*; **2mittel** *n* (het) universeel middel, (het) middel tegen alle kwalen.
univer|'sell [-vɛʁ-] universeel; **2si'tät** *f* universiteit.
Universi'täts|- *in Zssgn mst.* universiteits-, *z.B.* **~bibliothek** *f* universiteitsbibliotheek; **~laufbahn** *f* universitaire carrière; **~professor** *m* hoogleraar; **~studium** *n* universitaire studie.
Universum [-'vɛʁ-] *n* (*-s*; *0*) (het) universum, (het) heelal.
Unke *f* vuurpad; (*Pessimist*) ongeluksprofeet; **2n** onheil voorspellen.
unkennt|lich onherkenbaar; **2lichkeit** *f* (*0*) onherkenbaarheid; *bis zur ~* tot het onherkenbare toe; **2nis** *f* (*0*) onwetendheid, onkunde.
un|keusch onkuis; **~kindlich** onkinderlijk; **~kirchlich** onkerkelijk.
unklar onduidelijk; (*trübe*) troebel, *fig. a.* duister; **2heit** *f* onduidelijkheid; troebelheid.
un|klug onverstandig; **~kollegial** oncollegiaal; **~kontrollierbar** oncontroleerbaar; **~körperlich** onlichamelijk, onstoffelijk; **~korrekt** incorrect.
Unkosten *pl.* onkosten *pl.*; **~beitrag** *m* bijdrage in de onkosten.
Un|kraut *n* (het) onkruid; **2kriegerisch** niet krijgszuchtig, onkrijgshaftig; **2kritisch** onkritisch; **2kultiviert** ongecultiveerd; *fig. bsd.* onbeschaafd; **2kündbar** onopzegbaar; **2kundig** (*G*) onkundig van, onwetend van; (*nicht fähig*) niet machtig; **2längst** onlangs; **2lauter** onzuiver; (*unsportlich*) onsportief, unfair; *Wettbewerb*: oneerlijk; **2leidlich** ondraaglijk, onaangenaam;

⁓leserlich onleesbaar; **⁓leugbar** onloochenbaar.
unlieb onaangenaam; **~sam** onaangenaam, onprettig.
un|liniert ongelijnd; **~logisch** onlogisch.
unlös|bar onoplosbaar; *Ehe*: onontbindbaar; *Knoten*: onontwarbaar; **~lich** onoplosbaar.
Unlust *f* (*0*) onlust, (het) onbehagen; (*Abneigung*) tegenzin; (*Überdruß*) lusteloosheid (*a. Hdl.*); **~gefühl** *n* (het) onlustgevoel; **⁓ig** lusteloos.
un|manierlich ongemanierd; **~männlich** onmannelijk; **⁓maß** *n* (*-es*; *0*) overmaat; **⁓masse** *f* enorme massa; **~maßgeblich** niet als maatstaf dienend; *Meinung*: bescheiden.
unmäßig buitensporig, overdadig, onmatig; **⁓keit** *f* buitensporigheid, overdadigheid, onmatigheid.
Unmenge *f* enorme massa.
Unmensch *m* onmens; **⁓lich** onmenselijk; *Adv.* F (*sehr a.*) enorm; **~lichkeit** *f* onmenselijkheid.
unmerk|bar, ~lich onmerkbaar.
un|meßbar onmeetbaar; **~mißverständlich** ondubbelzinnig, niet mis te verstaan; **~mittelbar** onmiddellijk, direct, rechtstreeks; ~ *danach* (*vorher*) vlak daarna (*od.* daarop/ervoor); ~ *hinter* (*D*) (*vor D*) vlak achter (voor); **~möbliert** ongemeubileerd; **~modern** onmodern, niet modern.
unmöglich onmogelijk; **⁓keit** *f* (*0*) onmogelijkheid.
un|moralisch immoreel, onzedelijk; **~motiviert** ongemotiveerd.
unmündig onmondig; (*minderjährig*) minderjarig; **⁓keit** *f* (*0*) onmondigheid; minderjarigheid.
unmusikalisch onmuzikaal.
Unmut *m* wrevel, ontstemming, (het) misnoegen; **⁓ig** wrevelig, misnoegd, ontstemd.
unnachahmlich onnavolgbaar.
unnachgiebig onbuigzaam (*a. fig.*), niet meegevend; *fig. a.* ontoegevend; **⁓keit** *f* (*0*) onbuigzaamheid; ontoegevendheid.
unnachsichtig streng, ontoegeeflijk; *Strenge*: onverbiddelijk.
unnahbar ongenaakbaar; **⁓keit** *f* (*0*) ongenaakbaarheid.
un|natürlich onnatuurlijk; **~nennbar** onnoemelijk, onuitsprekelijk; **~notiert** zonder notering.
un|nötig(er'weise) onnodig, nodeloos; **~nütz** (*-est*) nutteloos.
un·ordentlich wanordelijk; *Pers. bsd.*, *Arbeit*: slordig; **⁓keit** *f* wanordelijkheid; slordigheid; (*Zustand bsd.*) wanorde.
Un|ordnung *f* wanorde; *in ~ bringen* in de war brengen; **⁓organisch** anorganisch; **⁓orthodox** onorthodox; **~paar(ig)** (*0*) oneven.
unpartei|isch onpartijdig; **⁓lichkeit** *f* (*0*) onpartijdigheid.
un|passend ongepast; **~passierbar** onbegaanbaar; *Grenze*: onoverschrijdbaar.
unpäßlich onpasselijk, onwel; **⁓keit** *f* onpasselijkheid.
unpatriotisch onvaderlands(lievend).
unpersönlich onpersoonlijk; **⁓keit** *f* (*0*) onpersoonlijkheid.
un|pfändbar niet vatbaar voor beslag; **~poetisch** onpoëtisch; **~politisch** onpolitiek; **~populär** im-, onpopulair; **~praktisch** onpraktisch; **~präzise** onnauwkeurig; **~produktiv** onproduktief; **~proportioniert** ongeproportioneerd.
unpünktlich niet op tijd; **⁓keit** *f* (het) niet op tijd zijn.
un|qualifiziert ongekwalificeerd; **~rasiert** ongeschoren; **⁓rast** *f* (*0*) onrust, rusteloosheid; **⁓rat** *m* (*-es*; *0*) (het) vuil, vuilnis, afval (*a.* het); ~ *wittern* lont ruiken; **~ratsam** onraadzaam, ongeraden.
unrecht verkeerd; (*falsch a.*) onjuist; (*ungelegen*) ongelegen, ongeschikt; ~ *haben* (*bekommen*) ongelijk hebben (krijgen); **⁓** *n* (*-es*; *0*) (het) onrecht, onrechtvaardigheid; *zu ~* ten onrechte; *im ~ sein* ongelijk hebben; **~mäßig** onrechtmatig, wederrechtelijk; **⁓mäßigkeit** *f* onrechtmatigheid.
unredlich oneerlijk.
unregelmäßig onregelmatig; (*nicht geregelt*) ongeregeld; **⁓keit** *f* onregelmatigheid; ongeregeldheid.
unreif onrijp (*a. fig.*); **⁓e** *f* onrijpheid.
unrein onrein (*bsd. fig.*), onzuiver; **⁓heit** *f* onreinheid, onzuiverheid; **~lich** onzindelijk.
un|rentabel onrendabel; **~rettbar** reddeloos.

unrichtig onjuist, verkeerd, fout; **2keit** *f* onjuistheid.
Unruh|e *f* onrust; (*Besorgnis*) ongerustheid; *~n pl.* onlusten *pl.*, woelingen *pl.*; **~e·herd** *m* haard van onrust; **~e·stifter** *m* onruststoker; **2ig** onrustig; bezorgd.
unrühmlich roemloos.
uns ons; (*einander*) elkaar.
unsach|gemäß ondoelmatig, verkeerd; **~lich** onzakelijk.
un|'sagbar, ~'säglich onuitsprekelijk, onnoemelijk; **~sanft** onzacht, hard.
unsauber onzindelijk, vuil; *fig.* smerig; **2keit** *f* onzindelijkheid; smerigheid.
un|schädlich onschadelijk; **~scharf** onscherp; **~schätzbar** onschatbaar; **~scheinbar** nietig, onooglijk, onopvallend; **~schicklich** ongepast, onbehoorlijk, onbetamelijk; **~schlagbar** onoverwinnelijk; **2schlitt** *n* (*-ęs; 0*) talk; **~schlüssig** besluiteloos; **~schmelzbar** onsmeltbaar; **~schön** niet mooi, lelijk.
Unschuld *f* (*0*) onschuld; **2ig** onschuldig.
un|schwer niet moeilijk, gemakkelijk; **~selbständig** onzelfstandig; **~selig** onzalig, noodlottig.
unser|(**e** *f u. pl.*) onze; *sg. n* ons; *wir waren ~ drei* (*vier*) met ons (*od.* z'n) drieën (vieren); *die* **2en** *pl.* de onzen *pl.*; **~einer, ~eins** mensen *pl.* als wij; **~**(**er**)**seits** onzerzijds, van onze kant; **~es'gleichen** onsgelijken; **~t'halben, ~t'wegen,** *um* **~t'willen** onzentwege, ter wille van ons, voor ons.
unsicher onzeker; (*gefährlich*) onveilig; **2heit** *f* onzekerheid; onveiligheid; **2heits·faktor** *m* onzekerheidsfactor.
unsichtbar onzichtbaar.
Unsinn *m* (*-ęs; 0*) onzin, nonsens; **2ig** onzinnig, dwaas; **~ig·keit** *f* onzinnigheid; **2lich** bovenzinnelijk.
Unsitt|e *f* slechte gewoonte; (*Charakter2 a.*) hebbelijkheid; **2lich** onzedelijk.
un|solide onsolide, ondegelijk; **~sozial** asociaal; **~sportlich** onsportief.
uns|re *s. unser*(*e*); **~rige:** *der, die* 2 de onze; *das* 2 het onze; *die* 2*n pl.* de onzen *pl.*
un|stabil onstabiel; **~statthaft** ongeoorloofd; *jur.* niet ontvankelijk.
un'sterblich onsterfelijk; **2keit** *f* onsterfelijkheid.
Unstern *m* (*-ęs; 0*) (het) ongelukkig gesternte.
unstet|(**ig**) onrustig, ongedurig; *Leben*: rusteloos; **2ig·keit** *f* (*0*) onrust, ongedurigheid, rusteloosheid.
unstillbar onstilbaar, onverzadelijk.
unstimmig niet overeenstemmend; **2keit** *f* (het) verschil; (*Widerspruch*) tegenstrijdigheid; (*Fehler*) fout; (*Meinungs2*) (het) meningsverschil.
un|sträflich onschuldig, onberispelijk; **~streitig** onbetwistbaar, ontegenzeglijk; **2summe** *f* enorme som, (het) enorm bedrag; **~sympathisch** onsympathiek; **~systematisch** onsystematisch.
untadel|haft (*-est*), **~ig** onberispelijk.
un|talentiert zonder talent, talentloos; **2tat** *f* wandaad.
untätig werkeloos, lijdelijk, niets doende; *~ bleiben* niets doen; **2keit** *f* (*0*) werkeloosheid, (het) nietsdoen.
untauglich (*zu D*) ongeschikt (voor); *Mittel, Objekt bsd.*: ondeugdelijk; *für ~ erklären mil.* afkeuren.
unteilbar ondeelbaar; **2keit** *f* (*0*) ondeelbaarheid.
unten beneden, onder(aan); *von* (*nach*) *~* van (naar) beneden; **~'an** onderaan; **~stehend** onderstaand.
unter (*A, D*) onder; (*räumlich a.*) beneden; (*zwischen a.*) tussen; *~ 2 Mark, 2 Jahren* ... onder de; *gehören ~* behoren tot; *s. a. untere*(*r, -s*) *u. unterste*(*r, -s*).
Unter|- *in Zssgn mst.* onder-, *z.B.* **~abteilung** *f* onderafdeling; **~arm** *m* onderarm; **~art** *f* variëteit; **~bau** *m* onderbouw; (*Fundament*) (het) fundament; **2belichtet** onderbelicht; **~bett** *n* (het) onderbed.
unterbewert|en onderwaarderen, onvoldoende waarderen; **2ung** *f* onderwaardering.
Unter|bewußtsein *n* (het) onderbewustzijn; **2'bieten** (-) blijven beneden (*a. Rekord*), onderkruipen; **2'binden** (-) afbinden; *fig.* tegengaan, verhinderen, verbieden; **2'bleiben** (-) achterwege blijven.

unter'brech|en (-) onderbreken; *j-n a.* in de rede vallen; **2er** *m* onderbreker; **2ung** *f* onderbreking; interruptie.

unter'breiten (-) voorleggen.

unterbring|en *j-n* huisvesten, onderbrengen; *etw.* bergen, plaatsen; *in e-r Stellung ~* aan een betrekking helpen; **2ung** *f* huisvesting, onderbrenging; berging, plaatsing.

Unter|deck *n* (het) benedendek; **2der'hand** onderhands; **2'des** (**-sen**) onder-, intussen; **~druck** *m* onderdruk.

unter'drück|en (-) onderdrukken (*a. fig.*); **2er** *m* onderdrukker; **2ung** *f* onderdrukking.

unter|e(r, -s) onderste, laagste; **~ei'nander** onder elkaar, onderling; **~entwickelt** onderontwikkeld.

unter·ernähr|t ondervoed; **2ung** *f* ondervoeding.

unter||'fangen (-): *sich ~* wagen, durven, zich verstouten; **2'fangen** *n* (*-s*; *0*) (het) waagstuk; **~fassen** een arm geven; *untergefaßt* gearmd; **~'fertigen** (-) ondertekenen; **2'führung** *f* tunnel, onderdoorgang; **2futter** *n* (binnen)voering; **2gang** *m* ondergang (*a. fig.*); **2gattung** *f* ondersoort.

unter'geben ondergeschikt; **2e(r)** ondergeschikte.

unter|gehen ondergaan; *Schiff a.*: vergaan; **~ge·ordnet** ondergeschikt; *Gr.* onderschikkend; **2gestell** *n* (het) onderstel; **2gewicht** *n* (*-es*; *0*) (het) onder(ge)wicht.

unter'grab|en (-) ondergraven; *fig.* ondermijnen; **2ung** *f* ondergraving; ondermijning.

Untergrund *m* (*-es*; *0*) ondergrond; *fig. bsd.* underground; **~bahn** *f s. U-Bahn*; **~bewegung** *f* ondergrondse (beweging), illegaliteit, verzetsbeweging.

unterhalb (*G*) beneden, onder.

Unterhalt *m* (*-es*; *0*) (het) onderhoud; (*Lebens2*) (het) levensonderhoud; **2en 1.** eronder houden; **2.** [-'hal-] (-) onderhouden; (*zerstreuen a.*) amuseren; *sich ~* zich onderhouden (*a. plaudern*); zich amuseren.

unter'halt|end onderhoudend, amusant; **2er** *m* onderhoudend iem.; (*Berufs2*) amusementsartiest; **~sam** onderhoudend; amusant.

Unterhalts|beitrag *m* alimentatie; **~kosten** *pl.* kosten *pl.* van onderhoud; **~pflicht** *f* onderhoudsplicht.

Unter'haltung *f* (het) onderhoud; (*Zerstreuung*) ontspanning, (het) amusement; **~s·abend** *m* ontspanningsavond; **~s·lektüre** *f* ontspanningslectuur; **~s·musik** *f* amusementsmuziek, lichte muziek; **~s-stück** *n* (het) licht (*od.* ontspannend) stuk.

unter||'handeln (-) onderhandelen; **2händler** *m* onderhandelaar; **2'handlung** *f* onderhandeling.

Unter|haus *n* (*-es*; *0*) *Pol.* (het) Lagerhuis; **~haut** *f* onderhuid; **~hemd** *n* (het) onderhemd; **2'höhlen** (-) = *untergraben*; **~holz** *n* (*-es*; *0*) (het) kreupelhout; **~hose** *f* onderbroek, slip; **2irdisch** onderaards; **~jacke** *f* borstrok; **2'jochen** (-) onder het juk brengen, onderwerpen; **2'kellern** (*-re*; -) een kelder maken onder; **~kiefer** *m* onderkaak.

Unterkleid *n* onderjurk; **~ung** *f* (het) ondergoed.

unter|kommen een onderkomen vinden; **2kommen** *n* (het) onderkomen, (het) onderdak; (*Stelle*) betrekking; **2körper** *m* (het) onderlichaam; **~kriechen** = *unterkommen*; **~kriegen** F kleinkrijgen; **2'kühlung** *f* onderkoeling.

Unterkunft *f* (-; *=e*) (het) onderkomen, (het) onderdak; *~ und Verpflegung* kost en inwoning; **~s·verzeichnis** *n* hotellijst.

Unter|lage *f* onderlegger; (*Sockel*) onderlaag; (*Unterbau*) (het) onderstel; *fig.* basis, grondslag; **~n** *pl.* (bewijs)stukken *n/pl.*, documenten *n/pl.*, gegevens *n/pl.*; **~land** *n* (*-es*; *0*) (het) laagland; **~laß** *m*: *ohne ~* zonder ophouden, onophoudelijk.

unter'lass|en (-) nalaten, (achterwege) laten; **2ung** *f* (het) nalaten, (het) (nalatig) verzuim; **2ungssünde** *f* zonde (*od.* fout) uit nalatigheid.

Unter|lauf *m* (*-es*; *0*) benedenloop; **2'laufen 1.** (-) *j-n fig.* vóór zijn, de wind uit de zeilen nemen; *j-m ist ein Fehler ~* er is een fout bij iem. ingeslopen, iem. heeft een fout begaan; **2.** *Adj. mit Blut*: belopen.

unter'legen 1. (-) stofferen, versterken; (*füttern*) voeren; **2.** ['un-] onderleggen, leggen onder; *j-m etw. fig.* toedichten, toeschrijven; **3.** *Adj.* minder, zwakker; *j-m ~ sein* de mindere van iem. zijn, het tegen iem. moeten afleggen; **≈e(r)** verliezer; **≈heit** *f (0)* minderheid.

Unterleib *m* (het) onderlijf; **~s-leiden** *n* kwaal in het onderlichaam.

unter|liegen 1. onderliggen; **2.** [-'li:-] (-; *sn*) (*D*) onderhevig (*od.* onderworpen) zijn aan; (*verlieren*) (moeten) onderdoen voor, het moeten afleggen tegen; *Sp. bsd.* verliezen van; *s. a. unterlegen*; **≈lippe** *f* onderlip.

unterm = *unter dem.*

unter|'malen (-) *fig.* begeleiden; **~'mauern** (-) *fig.* staven; **~mengen** vermengen.

Untermiete *f* onderhuur; *in (od. zur) ~ wohnen* in onderhuur wonen; **~r(in** *f*) *m* onderhuurder *m*, onderhuurster *f*.

untermi'nier|en (-) ondermijnen; **≈ung** *f* ondermijning.

untermischen vermengen.

unter'nehm|en (-) ondernemen; **≈en** *n* onderneming (*a. Betrieb*); **~end** ondernemend; **≈er** *m* ondernemer; (*Bau≈*) aannemer; **≈ertum** *n* (-*s*; *0*) (het) ondernemerschap; (*die Unternehmer*) ondernemers *pl.*; **≈ung** *f* onderneming; **≈ungs·geist** *m* (-*es*; *0*) ondernemingsgeest; **~ungs·lustig** ondernemend.

Unter·offizier *m* onderofficier.

unter·ordn|en onderschikken, ondergeschikt maken aan; *sich j-m ~* zich onder iem. plaatsen; *s. a. untergeordnet*; **≈ung** *f* onderschikking (*a. Gr.*), onderwerping; *Zool.*, *Bot.* onderindeling.

Unter|pfand *n* (het) onderpand; **≈pflügen** onderploegen; **~'prima** *f* op één na hoogste klas van een Duits gymnasium.

unter'red|en (-): *sich ~ mit (D)* spreken met, confereren met; **≈ung** *f* (het) onderhoud, (het) gesprek, bespreking.

Unter|rhein *m*: *der ~* de Beneden--Rijn; **~richt** *m* (-*es*; *0*) (het) onderwijs; (*Stunde*) les; **≈'richten** (-) onderwijzen, les geven, onderrichten; (*informieren*) op de hoogte brengen, inlichten, onderrichten; *unterrichtet sein* op de hoogte zijn, goed ingelicht zijn.

Unterrichts|- *in Zssgn mst.* onderwijs-, *z.B.* **~anstalt** *f* onderwijsinstelling; **~brief** *m* schriftelijke les; **~fach** *n* (het) (onderwijs)vak; **~kunde** *f* (*0*) onderwijskunde; **~methode** *f* onderwijsmethode; **~minister** *m* minister van onderwijs; **~stunde** *f* les, (het) lesuur; **~wesen** *n* (-*s*; *0*) (het) onderwijs.

Unter|'richtung *f* onderrichting; **~rock** *m* onderrok.

unters = *unter das.*

unter'sag|en (-) verbieden; **≈ung** *f* (het) verbod.

Untersatz *m* onderzetter; (*Sockel*) (het) voetstuk; (*Platte*) plaat, (het) blad.

unter'schätz|en (-) onderschatten; **≈ung** *f* onderschatting.

unter'scheid|bar te onderscheiden, herkenbaar; **~en** (-) onderscheiden; *sich ~ (von D) bsd.* verschillen (van); **≈ung** *f* onderscheiding; **≈ungs·merkmal** *n* (het) onderscheidings(ken)teken; **≈ungs·vermögen** *n* (-*s*; *0*) (het) onderscheidingsvermogen.

Unter|schenkel *m* onderdij; **~schicht** *f* onderlaag; *Pol.* lagere klasse; **≈'schieben 1.** (-) onderschuiven (*a. Kind*); (*zuschreiben*) toedichten; **2.** ['un-] onderschuiven, schuiven onder.

Unterschied *m* (-*es*; -*e*) (het) verschil, (het) onderscheid; **≈lich** verschillend; **≈s·los** (*0*) zonder onderscheid.

unter'schlag|en 1. (-) verduisteren, verdonkeremanen; *Brief* onderscheppen, achterhouden (*a. Nachricht*); **2.** ['un-] over elkaar slaan; **≈ung** *f* verduistering; onderschepping, achterhouding.

Unter|schlupf *m* (-*es*; -*e*) (het) onderkomen, schuilplaats, toevlucht; **≈schlüpfen** schuilen, een schuilplaats vinden; **≈'schreiben** (-) ondertekenen; **≈'schreiten** (-) blijven beneden; **~schrift** *f* handtekening; **≈schwellig** onbewust.

Untersee|boot *n s. U-Boot*; **≈isch** onderzees.

Unter|seite *f* onderkant, -zijde; **~se'kunda** *f* zesde klas van een Duits gymnasium.

unter|setzen zetten onder, onderzetten; **2setzer** *m* onderzetter; **~'setzt** gedrongen; **~sinken** weg-, verzinken; **~'spülen** (-) onderspoelen; **2'staatssekretär** *m* onderstaatssecretaris; **2stand** *m* schuilplaats; **~ste(r, -s)** onderste; (*niedrigst a.*) laagste; **~'stehen** (-) (*D*) staan (*od.* vallen *od.* ressorteren) onder; *sich* ~ wagen, durven.

unter'stell|en 1. (-) veronderstellen, aannemen; *j-m etw.* ~ iem. de leiding geven over iets; (*zur Last legen*) iem. iets toedichten; *pej.* iem. van iets verdenken; **2.** ['un-] zetten onder; *Auto, Fahrrad* stallen; *sich* ~ schuilen; **2ung** *f* onderschikking; (ver)onderstelling; verdachtmaking, insinuatie.

unter|'streichen (-) onderstrepen (*a. fig.*); **2stufe** *f* lagere trap; (*Schule*) onderbouw, laagste klassen *pl.*

unter'stütz|en (-) ondersteunen; *j-n a.* helpen, bijstaan; *mit Geld a.* subsidiëren; **2ung** *f* ondersteuning, steun; bijstand; subsidie (*a.* het); **2ungs·empfänger** *m* steuntrekker.

unter'such|en (-) onderzoeken; **2ung** *f* (het) onderzoek; *Med. a.* keuring; *jur. bsd.* instructie.

Unter'suchungs|ausschuß *m* commissie van onderzoek; **~gefangene(r)** preventief gedetineerde; **~gefängnis** *n* (het) huis van bewaring; **~haft** *f* preventieve hechtenis, (het) voorarrest; **~richter** *m* rechter van instructie.

Unter'tage|arbeiter *m* ondergrondse arbeider; **~bau** *m* (*-ẹs*; *0*) ondergrondse winning.

untertan (*0*) (*D*) onderworpen aan, onderdanig; **2** *m* (*-en*) onderdaan; **2en·geist** *m* (*-ẹs*; *0*) onderdanige mentaliteit.

unter|tänig onderdanig, onderworpen; **2tasse** *f* (het) schoteltje; **~tauchen** *v/t* onderdompelen; *v/i* onderduiken; **2teil** *n od. m* (het) onderdeel; (*Ggs. Oberteil*) (het) onderste deel.

unter'teil|en (-) onderverdelen; **2ung** *f* onderverdeling.

Unter|tertia *f* vierde klas van een Duits gymnasium; **~titel** *m* ondertitel (*a. Film2*); **~ton** *m* ondertoon (*a. fig.*).

unter'treib|en (-) zich eufemistisch uitdrukken; **2ung** *f* understatement.

unter|'tunneln (*-le*; -) een tunnel aanleggen onder; **~vermieten** onderverhuren; **~versichert** onderverzekerd; **~'wandern** (-) infiltreren, ondergraven; **2wäsche** *f* (*0*) (het) ondergoed.

Unterwasser *n* (*-s*; *0*) (het) grondwater; **~behandlung** *f* onderwaterbehandeling; **~bombe** *f* dieptebom; **~fotografie** *f* onderwaterfotografie; **~jagd** *f* onderwaterjacht; **~massage** *f* onderwatermassage.

unter'wegs onderweg, op weg.

unter'weis|en (-) onderwijzen, onderrichten; **2ung** *f* instructie, (het) onderricht, (het) onderwijs.

Unterwelt *f* onderwereld.

unter'werf|en (-) onderwerpen; **2ung** *f* (*0*) onderwerping.

unterwürfig onderdanig; **2keit** *f* (*0*) onderdanigheid, onderworpenheid.

unter'zeichn|en (-) ondertekenen; **2er** *m* ondertekenaar; **2ete(r)** ondergetekende; **2ung** *f* ondertekening.

Unterzeug *n* (*-ẹs*; *0*) F (het) ondergoed.

unterziehen 1. *Kleidung*: eronder aantrekken; **2.** [-'tsi:-] (-) *j-n etw.* (*D*) ~ iem. aan iets onderwerpen; *sich* ~ (*D*) zich onderwerpen aan.

untief ondiep; **2e** *f* ondiepte; (*große Tiefe*) enorme diepte.

Un|tier *n* (het) ondier, (het) monster; **2tilgbar** *Schuld*: onaflosbaar; *fig.* onuitroeibaar; **2tragbar** ondraaglijk, onduldbaar; **2trainiert** ongetraind.

untrennbar onscheidbaar; *Pers. bsd.*: onafscheidelijk; **2keit** *f* onscheidbaarheid.

untreu ontrouw; **2e** *f* ontrouw.

un|trinkbar ondrinkbaar; **~tröstlich** ontroostbaar; **~trüglich** onbedrieglijk; (*unfehlbar*) onfeilbaar, zeker; **~tüchtig** onbekwaam, ondegelijk; **2tugend** *f* hebbelijkheid, slechte gewoonte; **~tunlich** ondoenlijk.

un·über|brückbar onoverbrugbaar; **~hörbar** onmiskenbaar.

un·überlegt ondoordacht, onbezonnen; **2heit** *f* (*0*) ondoordachtheid, onbezonnenheid.

un·über|schreitbar onoverschrijdbaar; **~sehbar** onafzienbaar, niet te overzien; **~setzbar** onvertaalbaar; **~sichtlich** onoverzichtelijk; **~tragbar** onoverdraagbaar; **~trefflich** onovertrefbaar; **~troffen** onovertroffen; **~windlich** onoverwinnelijk; *Schwierigkeit bsd.*: onoverkomelijk.
un·üblich ongebruikelijk.
un·umgänglich onvermijdelijk, absoluut noodzakelijk; **2keit** *f* (*0*) onvermijdelijkheid.
un·um|schränkt onbeperkt; **~stößlich** onomstotelijk; **~stritten** onomstreden; **~wunden** onomwonden.
un·unterbrochen ononder-, onafgebroken.
unver·änder|lich onveranderlijk; **2lichkeit** *f* (*0*) onveranderlijkheid; **~t** onveranderd, ongewijzigd.
unver·antwortlich onverantwoordelijk; **2keit** *f* onverantwoordelijkheid.
unver|äußerlich onvervreemdbaar; = *unverkäuflich*; **~besserlich** onverbeterlijk; **~bindlich** vrijblijvend; (*unhöflich*) onbeleefd; **~blümt** onverbloemd; **~brennbar** on(ver)brandbaar; **~brüchlich** onverbrekelijk; **~bürgt** niet gewaarborgd; *Nachricht*: onbevestigd; **~dächtig** onverdacht; **~daulich** onverteerbaar (*a. fig.*); **~derblich** onbederfelijk; **~dient** onverdiend.
unverdorben onbedorven (*a. fig.*); **2heit** *f* (*0*) onbedorvenheid.
unver|drossen onverdroten; **~dünnt** onverdund; **~ehelicht** ongehuwd; **~eidigt** onbeëdigd.
unver·einbar (*mit D*) onverenigbaar (met); **2keit** *f* (*0*) onverenigbaarheid.
unver|fälscht onvervalst; **~fänglich** onschuldig, eenvoudig.
unverfroren driest, brutaal; *Adv.* brutaalweg; **2heit** *f* (*0*) driestheid, brutaliteit.
unver|gänglich onvergankelijk; **~gessen** onvergeten; **~geßlich** onvergetelijk.
unvergleich|bar onvergelijkbaar; **~lich** onvergelijkelijk, ongeëvenaard.
unver|hältnismäßig onevenredig, buitensporig; **~heiratet** ongetrouwd, ongehuwd; **~hofft** onverhoopt; **~hohlen** onverholen; **~jährbar** onverjaarbaar, altijd geldig; **~käuflich** onverkoopbaar; (*nicht zum Verkauf bestimmt*) niet te koop; **~kennbar** onmiskenbaar; **~kürzt** onverkort; **~langt** ongevraagd.
unverletz|bar, ~lich onkwetsbaar; *fig.* onschendbaar; **2lichkeit** *f* onkwetsbaarheid; onschendbaarheid; **~t** ongedeerd, ongekwetst.
unvermählt ongehuwd.
unvermeid|bar, ~lich onvermijdelijk.
unver|mietet onverhuurd; **~mindert** onverminderd; **~mischt** onvermengd; **~mittelt** opeens, onverwachts.
Unvermögen *n* (*-s*; *0*) (het) onvermogen; **2d** onvermogend.
unver|mutet onvermoed; **2nunft** *f* (het) onverstand; **~nünftig** onverstandig, onredelijk; **~öffentlicht** ongepubliceerd; **~packt** onverpakt.
unver|richteter'dinge onverrichter zake; **~rückbar** onwrikbaar, onomstotelijk; *Ziel*: vast.
unverschämt onbeschaamd, brutaal, onbeschoft; *Adv.* (*sehr*) F schandalig; **2heit** *f* onbeschaamdheid, onbeschoftheid, brutaliteit.
unver|schleiert ongesluierd (*a fig.*); **~schließbar** niet af te sluiten onsluitbaar; **~schlossen** ongesloten; **~schuldet** onverdiend, onschuldig, buiten zijn schuld; (*ohne Schulden*) zonder schulden, onbezwaard; **~sehens** onverhoeds, onvoorziens; **~sehrt** ongedeerd (*a Pers.*), ongeschonden, onbeschadigd; **~sichert** onverzekerd; **~siegelt** onverzegeld; **~sieglich** onuitputtelijk.
unversöhnlich onverzoenlijk; **2keit** *f* (*0*) onverzoenlijkheid.
unversorgt onverzorgd.
Unverstand *m* (het) onverstand **2en** onbegrepen.
unverständ|ig onverstandig; **~lich** onverstaanbaar; (*unbegreiflich*) onbegrijpelijk; **2lichkeit** *f* onverstaanbaarheid; onbegrijpelijkheid **2nis** *n* (het) onbegrip, (het) gebrek aan begrip.
unver|steuert niet aangegeven voo de belasting; (*steuerfrei*) onbelast **~sucht** onbeproefd; **~träglich**

onverdraagzaam; (*unvereinbar*) onverenigbaar; *Speise*: onverteerbaar; **~wandt** onafgewend, strak; **~wechselbar** typisch; **~wehrt** geoorloofd; **~weilt** onverwijld; **~wertbar** onbruikbaar; **~weslich** onvergankelijk, niet aan bederf onderhevig; **~windbar** *Kummer*: onoverkomelijk; **~wischbar** onuitwisbaar.
unverwund|bar onkwetsbaar; **~et** niet gewond, ongekwetst, ongedeerd.
unver|wüstlich onverwoestbaar; **~zagt** onversaagd, onbevreesd; **~zeihlich** onvergeeflijk; **~zinslich** renteloos; **~zollt** niet aangegeven; (*zollfrei*) onbelast, vrij van rechten; **~züglich** onverwijld, onmiddellijk.
unvoll|endet onvoltooid; **~kommen** onvolmaakt, onvolkomen; **2kommenheit** *f* onvolmaaktheid, onvolkomenheid.
unvollständig onvolledig, incompleet; **2keit** *f* (*0*) onvolledigheid.
unvor|bereitet onvoorbereid; **~denklich** onheuglijk; **~eingenommen** onbevooroordeeld, onvooringenomen; **~gesehen** onvoorzien; **~sätzlich** onopzettelijk.
unvorsichtig onvoorzichtig; **~er'weise** onvoorzichtig genoeg; **2keit** *f* onvoorzichtigheid.
unvor|stellbar onvoorstelbaar; **~teilhaft** onvoordelig.
unwägbar onweegbaar.
unwahr onwaar, vals; **~haftig** onwaarachtig; **2haftigkeit** *f* onwaarachtigheid; **2heit** *f* onwaarheid.
unwahrnehmbar onwaarneembaar.
unwahrscheinlich onwaarschijnlijk; **2keit** *f* onwaarschijnlijkheid.
un|wandelbar onveranderlijk, onwrikbaar; **~wegsam** onbegaanbaar; **~weiblich** onvrouwelijk; **~weigerlich** onvermijdelijk, beslist; **~weit** (*G od. von D*) niet ver van; **~wert** niet waard; **2wert** *m* (*-ęs*; *0*) onwaarde, waardeloosheid; **2wesen** *n* (*-s*; *0*) misstand, misdadige praktijken *pl.*; *sein ~ treiben* misdadig huishouden, rondspoken; **~wesentlich** onbelangrijk; **2wetter** *n* (het) noodweer; **~wichtig** onbelangrijk, onbeduidend.
unwider|legbar onweerlegbaar; **~ruflich** onherroepelijk; **~sprochen** niet tegengesproken; **~stehlich** onweerstaanbaar.
unwiederbringlich (*0*) onherstelbaar, onherroepelijk.
Unwill|e(n) *m* ontstemming, (het) misnoegen, wrevel; **2ig** ontstemd, misnoegd, wrevelig; **2kommen** onwelkom; **2kürlich** onwillekeurig.
unwirk|lich onwerkelijk, onwezenlijk; **~sam** zonder uitwerking; (*ungültig*) ongeldig, nietig.
unwirsch (*-est*) nors, stuurs, bars.
unwirt|lich ongastvrij; *Natur*: onherbergzaam; *Wetter*: onaangenaam, guur; **~schaftlich** oneconomisch; *Hausfrau*: niet zuinig.
unwissen|d onwetend; (*ohne Kunde dessen, was geschieht*) onbewust, onkundig; **2heit** *f* (*0*) onwetendheid, onkunde; **~schaftlich** onwetenschappelijk; **~t·lich** onwetend, onbewust, onopzettelijk.
unwohl onwel, onpasselijk, ongesteld; **2sein** *n* onpasselijkheid, ongesteldheid.
un|wohnlich onbewoonbaar; **~würdig** onwaardig; **2zahl** *f* (*0*) (het) enorm aantal.
unzähl|bar, ~ig ontelbaar, talloos; **~ige·mal** talloze malen.
un|zähmbar ontembaar, onbedwingbaar; **~zart** onzacht; (*grob*) onkies, ruw.
Unze *f* ounce, once.
Unzeit *f*: *zur ~* te onpas, ongelegen; **2gemäß** (*-est*) niet passend in deze tijd, niet modern; **2ig** ongelegen, ontijdig.
unzer|brechlich onbreekbaar; **~reißbar** onverscheurbaar; **~störbar** onverwoestbaar; **~trennlich** onafscheidelijk.
unziem|end, ~lich onbetamelijk, ongepast.
Un|zierde *f* (*0*) ontsiering; **2zivilisiert** onbeschaafd, ongeciviliseerd; **~zucht** *f* (*0*) ontucht; **2züchtig** ontuchtig, onkuis.
unzufrieden ontevreden; **2heit** *f* ontevredenheid.
unzugänglich ontoegankelijk; (*herb*) ongenaakbaar.
unzulänglich onvoldoende, ontoereikend; **2keit** *f* (het) onvoldoende, onvolmaaktheid; (*Fehler*) tekortkoming.
unzulässig ontoelaatbaar, ongeoorloofd.

unzurechnungsfähig ontoerekenbaar; **2keit** *f* (*0*) ontoerekenbaarheid.

unzu|reichend ontoereikend, onvoldoende; **~sammenhängend** onsamenhangend; **~ständig** onbevoegd, incompetent; **~träglich** schadelijk, nadelig; **~treffend** onjuist, niet ter zake dienend; 2es *bitte streichen* S.v.p. schrappen wat niet van toepassing is.

unzuverlässig onbetrouwbaar; **2keit** *f* (*0*) onbetrouwbaarheid.

un|zweckmäßig ondoelmatig, ongeschikt; **~zweideutig** ondubbelzinnig; **~zweifelhaft** ontwijfelbaar, ongetwijfeld.

üppig welig (*a. Haar*), weelderig (*a. Körper*); *Mahl*: overvloedig; (*sinnlich*) wulps, sensueel; (*übermütig*) uitgelaten, vrijpostig; **2keit** *f* (*0*) weelde(righeid), weligheid; overvloedigheid; wulpsheid; uitgelatenheid.

Ur *m* (*-es; -e*) oeros.

Ur|- *in Zssgn mst.* oer-; **~abstimmung** *f* eerste stemming; **~ahnen** *m/pl.* voorvaderen *pl.*, voorouders *pl.*; **2alt** (*0*) oer-, eeuwenoud.

U'ran *n* (*-s; 0*) (het) uranium; **~erz** *n* (het) uraniumerts.

ur·aufführ|en voor de eerste keer opvoeren, in première brengen; **2ung** *f* première.

urbani'sieren (-) urbaniseren.

urbar: ~ *machen* ontginnen; **2machung** *f* ontginning.

Ur|bevölkerung *f* oerbevolking; **~bewohner** *m* oerbewoner; **~bild** *n* (het) oorspronkelijk beeld, (het) oerbeeld, (het) prototype; **2christlich** oerchristelijk; **2deutsch** oerduits, echt Duits; **2eigen** oorspronkelijk, origineel; (*ganz eigen*) eigen; **~eltern** *pl.* stamouders *pl.*; **~enkel(in** *f*) *m* achterkleinzoon *m*, achterkleindochter *f*; **~form** *f* oervorm, oorspronkelijke vorm; **2gemütlich** (*0*) oergezellig; **2germanisch** oergermaans; **~geschichte** *f* (*0*) prehistorie; **~großmutter** *f* overgrootmoeder; **~großvater** *m* overgrootvader; **~grund** *m* allereerste oorzaak.

Urheber *m* veroorzaker, grondlegger; (*Schöpfer*) schepper, geestelijke vader; (*Verfasser*) auteur, schrijver; **~recht** *n* (het) auteursrecht; **~schaft** *f* (*0*) (het) veroorzaken, (het) initiatief; (het) vaderschap; (het) auteurschap.

U'rin *m* (*-s; -e*) urine; **2ieren** [-'ni:-] (-) urineren, wateren; **~untersuchung** *f* (het) urineonderzoek.

ur|komisch (*0*) oerkomiek, allergrappigst; **2kraft** *f* oerkracht.

Urkund|e *f* oorkonde, (het) document; (*Vertrag, z.B. Ernennungs2*) akte; **~en·fälschung** *f* valsheid in geschrifte; **2lich** (*0*) authentiek, echt; volgens oorkonde, schriftelijk; *hist.* in de oorkonden.

Urlaub *m* (*-es; -e*) (het) verlof; (*Ferien bsd.*) vakantie; *bezahlter* ~ (het) betaald verlof; **~er** *m* vakantieganger; *mil.* verlofganger; **~erin** *f* vakantiegangster; **~er·zug** *m* trein met vakantiegangers (*mil.* verlofgangers).

Urlaubs|- *in Zssgn mst.* vakantie-, *z.B.* **~geld** *n* (het) vakantiegeld; **~gesuch** *n* (het) verzoek om verlof, verlofaanvrage; **~reise** *f* vakantiereis; **~tag** *m* vakantiedag; **~verlängerung** *f* verlenging van het verlof; **~versicherung** *f* reis-, vakantieverzekering; **~zeit** *f* vakantietijd; verloftijd.

Urmensch *m* oermens.

Urne *f* urn; (*Wahl2*) stembus; **~nhalle** *f* (het) columbarium.

ur|plötzlich heel plotseling; **2produkt** *n* (het) oerprodukt; **2quell** *m* allereerste bron, eerste oorsprong; **2sache** *f* oorzaak; (*Anlaß*) aanleiding; *keine* ~! niets te danken!; **~sächlich** (*0*) oorzakelijk; **2schrift** *f* (het) origineel, (het) oorspronkelijk stuk; **2sprache** *f* oertaal; **2sprung** *m* oorsprong.

ursprünglich oorspronkelijk; **2keit** *f* (*0*) oorspronkelijkheid.

Ursprungs|land *n* (het) land van herkomst; **~zeugnis** *n* (het) certificaat van oorsprong.

Urstoff *m* oerstof.

Urteil *n* (het) oordeel; *jur.* (het) vonnis; **2en** (*über A*) oordelen (over).

urteils|fähig tot oordelen in staat, bevoegd; **2kraft** *f* (*0*) (het) oordeel, (het) vermogen om te oordelen; **2spruch** *m* (het) vonnis; **2verkündung** *f* uitspraak; **2vollstrekkung** *f* voltrekking van het vonnis

Ur|text *m* oertekst, oorspronkelijke tekst; **~tier** *n* (het) oerdier; **2tümlich** oorspronkelijk; (*unberührt*) ongerept; (*primitiv*) primitief; **~typ** *m* (het) oertype.
Ur·ur|enkel *m* (het) achter-achterkleinkind; **~großeltern** *pl.* betovergrootouders *pl.*
Ur|vater *m* oer-, stamvader; **~verwandtschaft** *f* oerverwantschap; **~viech** *n* F grapjas; **~volk** *n* (het) oervolk; **~wahl** *f* verkiezing van de kiesmannen; **~wald** *m* (het) oerwoud; **~welt** *f* oerwereld; **~wesen** *n* (het) oerschepsel; **2wüchsig** natuurlijk, origineel, echt; ongekunsteld, primitief; **~zeit** *f* oertijd; **~zelle** *f* oercel; **~zustand** *m* oertoestand, oorspronkelijke toestand.
US(A) *Abk. für Vereinigte Staaten (von Amerika).*
Usance [y·'zɑ̃:sə] *f* usance, (het) gebruik.
usu'ell gebruikelijk, gewoon.
Usur'p|ator *m* (*-s*; *-en* [-'to:-]) usurpator; **2ieren** (-) usurperen.
Usus *m* (-; *0*) (het) gebruik, gewoonte.
usw. *Abk. für und so weiter* enzovoort(s) (*Abk.* enz.).
Uten'silien [-liən] *pl.* benodigdheden *pl.*; (*Werkzeuge bsd.*) gereedschappen *n/pl.*
Utilita'ris|mus *m* (-; *0*) (het) utilitarisme; **2tisch** utilitaristisch.
Uto'p|ie *f* utopie; **2isch** [-'to:-] utopisch; **~ist(in** *f*) *m* (*-en*) utopist(e *f*).
u. U. *Abk. für unter Umständen* eventueel, in sommige gevallen.
uzen [u:] (*-t*) F foppen, beetnemen, voor de gek houden.

V

V, v *n* V, v.
vag [vaːk] (*-est*) = *vage*.
Vaga'bun|d [v] *m* (*-en*) vagebond, landloper; **~den·leben** *n* (*-s*; *0*) vagebondage; **2'dieren** (-) vagebonderen.
vag|e [v] vaag; **2heit** *f* vaagheid.
Va'gina [v] *f* (-; *Vaginen*) vagina.
va'kan|t [v] (*0*) vacant, vrij; **2z** *f* vacature.
Vakuum ['vaːku·um] *n* (*-s*; *Vakua*) (het) vacuüm (*a. fig.*), (het) luchtledige; **~pumpe** *f* vacuümpomp.
Va'l|enz [v] *f* valentie; **~uta** *f* (-; *Valuten*) valuta.
Vamp [vεmp] *m* (*-s*; *-s*) vamp; **~ir** ['vam-] *m* (*-s*; *-e*) vampier.
Van'dale [v] *m* (*-n*) *usw. s. Wandale usw.*
Vanille [va·'nɪljə] *f* (*0*) vanille; **~eis** *n* (het) vanille-ijs.
varia|bel [va·'ʀiaː-] (*-bl-*) variabel; **2nte** *f* variant; **2tion** [-'tsioːn] *f* variatie.
Vari|e'tät [va·ʀie·-] *f* variëteit; **~e'té** *n* (*-s*; *-s*) (het) variété; **~e'tétheater** *n* (het) variététheater; **2'ieren** (-) variëren.
Va'sall [v] *m* (*-en*) vazal; **~en·staat** *m* vazalstaat.
Vase [v] *f* vaas.
Vase'lin [v] *n* (*-s*; *0*), **~e** *f* (*0*) vaseline.
Vater *m* (*-s*; *¨*) vader.
Vater- *in Zssgn mst.* vader-.
Väterchen *n* (het) vadertje.
Vater|freuden *f/pl.* vadervreugde; **~haus** *n* (het) vaderhuis; **~land** *n* (het) vaderland; *sich um das ~ verdient machen* zich verdienstelijk maken jegens het vaderland; **2ländisch** (*0*) vaderlands.
Vaterlands|liebe *f* vaderlandsliefde; **2los** (*0*) vaderlandsloos.
väterlich vaderlijk; **~er'seits** van vaderskant.
Vater|liebe *f* vaderliefde; **2los** (*0*) vaderloos; **~mord** *m* vadermoord; **~mörder** *m* vadermoordenaar; **~schaft** *f* (*0*) (het) vaderschap; **~schafts·klage** *f* eis tot vaststelling van het vaderschap; **~stadt** *f* vaderstad; **~stelle** *f* plaats van vader; **~'unser** *n* (het) onzevader.
Vati *m* (*-s*; *-s*) pappie.
Vati'kan [v] *m*: *der ~* het Vaticaan; **~stadt** *f* (*0*) Vaticaanstad.
v. Chr. *Abk. für vor Christo.*
VEB *Abk. für Volkseigener Betrieb.*
Vege't|arier(in *f*) [ve·ge·'taːʀiə̯] *m* (vrouwelijke *f*) vegetariër; **2arisch** (*0*) vegetarisch; **~ation** [-'tsioːn] *f* vegetatie, plantengroei; **2ieren** (-) vegeteren.
vehe'men|t [v] (*-est*) vehement, hevig; **2z** *f* (*0*) heftigheid.
Ve'hikel [v] *n* (het) vehikel.
Veilchen *n* (het) viooltje; **2blau** vioolblauw.
Veits·tanz *m* (*-es*; *0*) sint-veitsdans.
ve'lar [v] velaar.
Vene [v] *f* ader.
Ve'nedig [v] *n* Venetië *n*.
Venen·entzündung [v] *f* aderontsteking.
ve'nerisch (*0*) venerisch.
Venezian|er(in *f*) [ve·ne·'tsiaː-] *m* Venetiaan(se *f*); **2isch** Venetiaans.
venez|o'lanisch [v] Venezolaans; **2u'ela** *n* Venezuela *n*.
ve'nös [v] (*0*) veneus.
Ven'ti|l [v] *n* (*-s*; *-e*) (het) ventiel, klep; **~lation** [-'tsioːn] *f* ventilatie, luchtverversing; **~'lator** *m* (*-s*; *-en* [-'toː-]) ventilator; **2'lieren** (-) ventileren (*a. fig.*).
ver|- *in Zssgn mst.* ver-; **~'abfolgen** (-) afleveren, afgeven; *Med.* verstrekken.
ver'abred|en (-) afspreken; *sich ~ mit* (*D*) afspreken met, een afspraak maken met; **~et**: *~ sein* een afspraak hebben; **2ung** *f* afspraak.
ver'abreichen (-) geven; *Med.* verstrekken, toedienen.
ver'abscheuen (-) verafschuwen verfoeien; **~s·wert** verfoeilijk.
ver'abschied|en (*-e-*; -) wegzenden; (*entlassen*) ontslaan; *mil.* demobiliseren; *Gesetz* aannemen (*sich*) *~* afscheid nemen van; **2ung** *f* wegzending; (het) ontslag; demo-

bilisatie; aanvaarding; (het) afscheid.

ver'achten (-) verachten; **~s·wert** verachtelijk.

Ver'ächt|er *m* verachter; (*Kost*≗) versmader; **≗lich** verachtelijk.

Ver|'achtung *f* (*0*) ver-, minachting; **≗'albern** (-) voor de gek houden.

ver·allge'meiner|n (*-re*; -) veralgemenen; **≗ung** *f* veralgemening, generalisering.

ver'alt|en (*-e-*; -; *sn*) verouderen; **~et** verouderd.

Ve'randa [v] *f* (-; *Veranden*) veranda.

ver'änder|bar veranderbaar; **~lich** veranderlijk; **≗lichkeit** *f* (*0*) veranderlijkheid; **~n** (-) veranderen, wijzigen; *sich* ~ veranderen; (*Stellung wechseln*) van betrekking veranderen; **≗ung** *f* verandering, wijziging.

ver'ängstigen (-) bang maken.

ver'anker|n (-) verankeren; *fig.* vastleggen; **≗ung** *f* verankering; vastlegging.

ver'anlag|en (-) aanslaan (in de belasting); **~t** begaafd, aanleg hebbend (voor); **≗ung** *f* aanleg, (het) talent; (*Steuer*≗) aanslag.

ver'anlass|en (*-ßt*; -) aanleiding geven tot; (*bewirken*) teweegbrengen, bewerken; *j-n ~ zu* (*D*) iem. bewegen tot; *sich veranlaßt sehen* zich genoodzaakt zien; *das Nötige ~* de nodige maatregelen *pl.* nemen; **≗er** *m* bewerker, aanleiding; **≗ung** *f* aanleiding, beweegreden; (het) toedoen; *auf ~* (*von* [*D*] *od. G*) door toedoen van; op initiatief van; op last van.

ver'anschaulich|en (-) aanschouwelijk maken; **≗ung** *f* (*0*) veraanschouwelijking.

ver'anschlag|en (-) ramen, begroten; (*bewerten*) aanslaan; **≗ung** *f* raming; (het) aanslaan.

ver'anstalt|en (*-e-*; -) op touw zetten, organiseren; **≗er** *m* organisator; **≗ung** *f* manifestatie; (*das Veranstalten*) organisatie, (het) organiseren; **≗ungs·kalender** *m* kalender der manifestaties.

ver'antwort|en (-) (*sich*) (zich) verantwoorden; **~lich** verantwoordelijk; **≗lichkeit** *f* (*0*) verantwoordelijkheid.

Ver'antwortung *f* verantwoording; (*Verantwortlichkeit*) verantwoordelijkheid; **≗s·bewußt** verantwoordelijk; **~s·gefühl** *n* (*-es*; *0*) (het) verantwoordelijkheidsbesef; **≗s·los** (*-est*) onverantwoord; **≗s·voll** verantwoordelijk.

ver'äppeln (*-le*; -) F voor de gek houden.

ver'arbeit|en (-) verwerken (*a. fig.*); **≗ung** *f* verwerking; (*Art des Verarbeitens*) afwerking.

ver'argen (-) *j-m etw.* kwalijk nemen.

ver'ärger|n (-) kwaad (*od.* nijdig) maken; **≗ung** *f* (*das Verärgertsein*) ontstemming; (*Zorn*) kwaadheid, toorn.

ver'|armen (-; *sn*) verarmen; **~arzten** (*-e-*; -) F *Med.* medisch behandelen; **~ästeln** (*-le*; -): *sich ~* zich vertakken; **~ausgaben** (-) uitgeven; *sich ~* (*Kräfte verbrauchen, a. fig.*) zich uitputten; **~auslagen** (-) voorschieten.

ver'äußer|lich vervreemdbaar; (*verkäuflich*) verkoopbaar; **~n** (-) overdragen, vervreemden; verkopen; **≗ung** *f* (*0*) vervreemding, overdracht; verkoop.

Ver|b [vɛʁp] *n* (*-s*; *-en*) (het) werkwoord, (het) verbum; **≗'bal** (*0*) verbaal; **~'bal·injurie** [-ʀĭə] *f* belediging.

ver'ballhornen (-) slechter maken (in plaats van verbeteren), verknoeien.

Ver'band *m Med.* (het) verband; (*Verein*) bond, federatie; *mil.* formatie; **~(s·)kasten** *m* verbandtrommel; **~s·kasse** *f* bondskas; **~schere** *f* verbandschaar; **~stoff** *m* verbandstof; **~s·vorsitzende(r)** bondsvoorzitter; **~zeug** *n* verbandmiddelen *n/pl.*

ver'bann|en (-) verbannen; **≗te(r)** banneling; **≗ung** *f* verbanning; (*das Verbanntsein*) ballingschap.

ver|barrika'dieren (ver)barricaderen; **~'bauen** (-) *Material, Geld* verbouwen; *Aussicht* toebouwen; *fig.* onmogelijk maken; **~'beißen** (-) verbijten, verkroppen; *sich ~ in* (*A*) zich vastbijten in (*a. fig.*); *sich etw. nicht ~ können* iets niet kunnen inhouden; *s. a. verbissen*; **~'bergen** (-) (*sich*) (zich) verbergen, (zich) verstoppen; *s. a. verborgen.*

Ver'besser|er *m* verbeteraar; **2n** (-) verbeteren; *Fehler*, *Aussage* corrigeren; **~ung** *f* verbetering; (*Berichtigung*) correctie; **2ungsfähig** te verbeteren, voor verbetering vatbaar.

ver'beug|en (-): *sich ~* een buiging maken, buigen; **2ung** *f* buiging.

ver'|beulen (-) (in)deuken; **~biegen** (-) ver-, krombuigen; **~biestert** F verward; (*böse*) kwaad; **~bieten** (-) verbieden; *j-m etw. a.* ontzeggen; *s. a. verboten*; **~bilden** (-) misvormen, mismaken; (*falsch erziehen*) verkeerd opvoeden; **~bildlichen** (-) veraanschouwelijken.

ver'billig|en (-) goedkoper maken; *sich ~* goedkoper worden; **~t** goedkoper; **2ung** *f* (prijs)verlaging.

ver'bind|en (-) verbinden (*a. Med. u. Tel.*); *j-m die Augen n/pl. ~* iem. blinddoeken; *s. a. verbunden*; **~lich** beleefd, voorkomend; (*verpflichtend*) bindend; **2lichkeit** *f* beleefdheid; verplichting (*a. Schulden*); **2ung** *f* verbinding (*a. Esb. u. Chem.*); *Tel. a.* aansluiting; (*Studenten2*) (het) corps; (*Beziehung*) relatie, connectie; *mit j-m in ~ stehen* met iem. in verbinding (*od.* relatie) staan; *sich in ~ setzen* zich in verbinding stellen.

Ver'bindungs|bahn *f* verbindingslijn; **~mann** *m* verbindingsman; **~offizier** *m* verbindingsofficier; **~stück** *n* (het) verbindingsstuk; **~tür** *f* verbindingsdeur; **~wesen** *n* (-*s*; *0*) (het) corpswezen.

ver'bissen verbeten; (*grimmig*) nijdig; **2heit** *f* (*0*) verbetenheid; nijdigheid.

ver'bitten (-): *sich etw. ~* van iets verschoond wensen te blijven; (*nicht dulden*) iets niet dulden (*od.* willen).

ver'bitter|n (-*re*; -) verbitteren; **~t** verbitterd; **2ung** *f* verbittering.

ver'blassen (-*ßt*; -; *sn*) verbleken.

Ver'bleib *m* (-*es*; *0*) verblijfplaats; **2en** (-) verblijven; (*bleiben*) blijven (*a. im Brief*); (*übrig bleiben*) overblijven.

ver'bleichen (-; *sn*) verbleken; *s. a. verblichen.*

ver'blend|en (-) blinderen; *fig.* verblinden; **~et** verblind; **2ung** *f* blindering; verblinding.

ver'|bleuen (-) F afranselen, afrossen; **~blichen** overleden; **2e(r)** overledene; **~blöden** (-*e*-; -; *sn*) versuffen.

ver'blüff|en (-) ver-, overbluffen; **~end** verbluffend; **~t** verbluft; **2ung** *f* (*0*) verbluffing.

ver'|blühen (-; *sn*) uitbloeien (*a. fig.*); **~blümt** verbloemd; **~bluten** (-; *sn*) doodbloeden; **~bohrt** vastgeroest; eigenzinnig, stijfkoppig.

ver'borgen (*versteckt*) verborgen; **2heit** *f* (*0*) verborgenheid.

Ver'bot *n* (-*es*; -*e*) (het) verbod; **2en** verboden; **2ener'weise** ondanks een verbod, tegen een verbod in; **~s·schild** *n* (het) verbodsbord.

ver'|brämen (-) afzetten, garneren; *fig.* verbloemen, omschrijven; **~brannt** verbrand.

Ver'brauch *m* (-*es*; *0*) (het) verbruik; (*Verzehr a.*) vertering; (*Verschleiß*) slijtage; **2en** (-) verbruiken; verslijten; *Nerven* uitputten; **~er(in** *f*) *m* verbruiker *m*, verbruikster *f*, consument(e *f*); **~er·genossenschaft** *f* coöperatieve verbruiksvereniging; **~er·verband** *m* consumentenbond; **~s·gegenstand** *m* (het) verbruiksvoorwerp; **~s·güter** *n/pl.* verbruiksgoederen *n/pl.*; **~s-steuer** *f* verbruiksbelasting, accijns.

ver'brech|en (-) misdoen, misdrijven; **2en** *n* misdaad, (het) misdrijf; **2er** *m* misdadiger; **2er·bande** *f* misdadigersbende; **2erin** *f* misdadigster; **~erisch** misdadig.

ver'breit|en (-) (*sich*) (zich) verspreiden; *Krankheit*: (zich) uitbreiden; *Nachricht a.*, *Ansicht*, *Entsetzen*: (zich) verbreiden; **2er** *m* verspreider; **~ern** (-*re*; -) verbreden; **2erung** *f* verbreding; **2ung** *f* (*0*) verspreiding; uitbreiding; verbreiding.

ver'brennen (-) verbranden; *s. a. verbrannt.*

Ver'brennung *f* verbranding; (*Brandwunde*) brandwonde; **~s-motor** *m* verbrandingsmotor; **~s-ofen** *m* verbrandingsoven; **~s·produkt** *n* (het) verbrandingsprodukt.

ver'|briefen (-) op schrift geven, schriftelijk vastleggen; *Rechte* beschrijven; **~bringen** (-) doorbrengen (*a. Urlaub*), slijten (*bsd. Leben*).

ver'brüder|n (-*re*; -): *sich ~* zich verbroederen; **2ung** *f* verbroedering.

ver'|brühen (-): *sich* (*sich den Arm*) ~ zich (zijn arm) verbranden; **~buchen** (-) boeken (*a. fig.*); **~bummeln** (-) F verboemelen, verbeuzelen; (*vergessen*) vergeten.
Ver'bund *m* (*-es; 0*) verbinding; **2en** verbonden; *falsch ~ Tel.* verkeerd verbonden.
ver'|bünden (*-e-; -*): *sich ~* (*mit j-m*) een verbond sluiten (met iem.); **2bundenheit** *f* (*0*) verbondenheid; **2bündete(r)** bondgenoot.
Ver'bund|glas *n* (*-es; 0*) (het) veiligheidsglas; **~netz** *n* (het) aaneengesloten net.
ver'|bürgen (-) waarborgen, garanderen; *sich ~ für* (*A*) instaan voor; **~büßen** (-) *Strafe* uitzitten; **~buttern** (-) F *Geld* verkwisten; **~chromen** (-) verchromen; **2dacht** *m* (*-es; 0*) verdenking, argwaan; *im ~ stehen* verdacht worden van; *j-n in ~ haben* iem. verdenken van.
ver'dächtig verdacht; **~en** (-) *j-n e-r S.* (*G*) verdenken van; **2ung** *f* verdachtmaking.
ver'damm|en (-) verdoemen, vervloeken; (*verurteilen*) veroordelen; **~ens·wert** verdoemenswaard, verdoemd; **2nis** *f* (*0*) verdoemenis; **~t** F *Adv.* (*sehr*) verdomd; *~!* verdomme!; **2ung** *f* (*0*) verdoeming, vervloeking; veroordeling.
ver'dampf|en (-) *v/i* (*sn*) *u. v/t* verdampen; **2er** *m* verdamper; **2ung** *f* (*0*) verdamping.
ver'|danken (-): *j-m etw. ~* iets aan iem. te danken hebben; **~dattert** F beteuterd.
ver'dau|en (-) verteren (*a. Buch*); *fig. bsd.* verwerken; **~lich**: *leicht* (*schwer*) ~ licht (moeilijk) verteerbaar; **2ung** *f* (*0*) spijsvertering; *fig.* verwerking.
Ver'dauungs|beschwerden *f/pl.* moeilijke spijsvertering, indigestie; **~kanal** *m* spijsverteringsorganen *n/pl.*
Ver'deck *n* (*-es; -e*) (het) dek; (*Wagen2*) kap; **2en** (-) bedekken; (*zudecken*) toedekken; (*verbergen*) verbergen; *Aussicht* benemen.
ver'denken (-) *j-m etw.* ten kwade duiden, kwalijk nemen.
Ver'derb *m* (*-es; 0*) ondergang, (het) verderf; **2en** (*L*) *v/i* (*sn*) *u. v/t* bederven; *es mit j-m ~* het bij iem. verkerven; *s. a. verdorben*; **~en** *n* (*-s; 0*) (het) bederf; (*Untergang*) ondergang; (*moralisch*) (het) verderf; **~er** *m* bederver; **2lich** bederfelijk, aan bederf onderhevig; *fig.* verderfelijk; **~nis** *f* (*0*), **~t·heit** *f* (*0*) verdorvenheid.
ver'deutlich|en (-) verduidelijken; **2ung** *f* verduidelijking.
ver'deutschen (-) verduitsen, in het Duits vertalen.
ver'dicht|en (-) verdichten, samenpersen; *fig.* condenseren; **2er** *m* compressor; **2ung** *f* verdichting, compressie; condensatie.
ver'dick|en (-) verdikken; **2ung** *f* verdikking.
ver'dien|en (-) verdienen (*a. fig.*); *s. a. verdient*; **2er** *m* kostwinner.
Ver'dienst (*-es; -e*) **1.** *m* verdienste; (*Gewinn a.*) winst; **2.** *n* verdienste (-lijkheid); **~ausfall** *m* derving van inkomsten; (*Lohn2*) loonderving; **~kreuz** *n* (het) kruis van verdienste; **2lich** verdienstelijk; **~möglichkeit** *f* mogelijkheid tot verdienen; **~orden** *m* orde van verdienste; **~spanne** *f* winstmarge; **2voll** verdienstelijk.
ver'dient verdienstelijk; **~er'maßen** naar verdienste, verdiend.
Ver'dikt [v] *n* (*-es; -e*) (het) verdict, uitspraak.
ver'ding|en (-) verhuren; *Arbeit* aanbesteden; **~lichen** (-) veraanschouwelijken, concretiseren; **2ung** *f* (*0*) verhuring; aanbesteding.
ver'dolmetschen (-) vertolken.
ver'donner|n (-) F: *j-n ~ zu* (*D*) iem. veroordelen tot; **~t** onthutst, verbluft.
ver'doppel|n (*-le; -*) verdubbelen; **2ung** *f* (*0*) verdubbeling.
ver'dorben bedorven; *fig.* verdorven; **2heit** *f* (*0*) verdorvenheid.
ver'dorren (*-; sn*) verdorren.
ver'dräng|en (-) verdringen (*a. Komplexe*); **2ung** *f* verdringing; (*Wasser2*) waterverplaatsing.
ver'dreh|en (-) verdraaien (*a. fig.*); *j-m den Kopf ~* iem. het hoofd op hol brengen; *die Augen n/pl. ~* met de ogen *n/pl.* rollen; **2t·heit** *f* (*0*) dwaasheid; **2ung** *f* verdraaiing.
ver'|dreifachen (-) verdrievoudigen; **~dreschen** (-) F afranselen.
ver'drieß|en (*L*) verdrieten, ontstemmen; *s. a. verdrossen*; **~lich** ontstemd, verdrietig; *S.*: vervelend,

onaangenaam; 2**lichkeit** *f* onaangenaamheid, narigheid.

ver'drossen geërgerd, misnoegd; lusteloos; 2**heit** *f* (*0*) misnoegdheid; lusteloosheid.

ver'|drücken (-) platdrukken; *Stoff* verkreuken; F (*essen*) verorberen; *sich* ~ F ervandoor gaan; 2**druß** *m* (*-sses*; *-sse*) ergernis, (het) misnoegen, spijt, narigheid; ~**duften** (-; *sn*) F hem smeren.

ver'dumm|en (-) *v/t* dom maken; *v/i* (*sn*) dom worden, versuffen; 2**ung** *f* (*0*) (het) dom maken; versuffing.

ver'dunkel|n (-) verdonkeren; *mil.* verduisteren; *jur.* verbergen; *sich* ~ (zich) verdonkeren; 2**ung** *f* (*0*) verdonkering; verduistering; verberging; 2**ungs·gefahr** *f* (het) gevaar voor collusie.

ver'dünn|en (-) (*sich*) verdunnen; 2**ung** *f* verdunning.

ver'dunst|en (-; *sn*) verdampen, vervliegen; 2**er** *m* verdamper; 2**ung** *f* verdamping.

ver'|dursten (-; *sn*) verdorsten; F (*Durst haben*) dorst lijden; ~**düstern** (*-re*; -): *sich* ~ verduisteren; *Gesicht*: versomberen.

ver'dutzt verbouwereerd, onthutst.

ver'ebben (-; *sn*) wegebben (*a. fig.*).

ver'edel|n (*-le*; -) veredelen; 2**ung** *f* (*0*) veredeling.

ver'ehelichen (-): *sich* ~ huwen.

ver'ehr|en (-) vereren; *Mädchen* het hof maken; 2**er** *m* vereerder; (*Mädchen*2) aanbidder; 2**erin** *f* vereerster; ~**t** *Anrede u. Brief*: geacht; 2**ung** *f* (*0*) verering; (*Hochschätzung*) bewondering, eerbied.

ver'eidig|en (-) beëdigen; ~**t** beëdigd; 2**ung** *f* beëdiging.

Ver'ein *m* (*-es*; *-e*) vereniging; *im* ~ *mit* (*D*) in vereniging met, gepaard met.

ver'einbar (*0*) verenigbaar; ~**en** (-) overeenkomen; *sich* ~ *lassen mit* (*D*) zich in overeenstemming laten brengen met; 2**keit** *f* (*0*) verenigbaarheid; 2**ung** *f* overeenkomst, afspraak; *nach* ~ volgens afspraak.

ver'einen (-) verenigen; *s. a. vereint.*

ver'einfach|en (-) vereenvoudigen; 2**ung** *f* vereenvoudiging.

ver'einheitlich|en (-) tot eenheid brengen, eenheid brengen in, uniform (*od.* gelijk) maken; 2**ung** *f* (*0*) uniformering, unificatie.

ver'einig|en (-) verenigen; ~**t:** *die* 2*en Staaten m/pl.* (*von Amerika*) de Verenigde Staten *pl.* (van Amerika) 2**ung** *f* vereniging; (*das Vereinigen a.*) verbinding, fusie.

ver'einnahmen (-) innen, ontvangen.

ver'einsam|en (-; *sn*) vereenzamen; 2**ung** *f* vereenzaming.

Ver'eins|haus *n* (het) verenigingsgebouw; ~**meie'rei** *f* (*0*) F verenigingsmanie; ~**mitglied** *n* (het) lid (van een vereniging); ~**wesen** *n* (*-s*; *0*) (het) verenigingswezen.

ver'|eint verenigd; *Kräfte*: vereend; *die* 2*en Nationen f/pl.* de Verenigde Naties *pl.*; ~**einzelt** sporadisch; ~**eisen** (*-t*; -) *v/i* (*sn*) *u. v/t* bevriezen.

ver'eitel|n (*-le*; -) verijdelen; 2**ung** *f* (*0*) verijdeling.

ver'eiter|n (-; *sn*) veretteren; 2**ung** *f* verettering.

ver'ekeln (-): *j-m etw.* ~ iem. iets [tegenmaken.]

ver'elend|en (*-e-*; -; *sn*) verpauperen; 2**ung** *f* (*0*) verpaupering, (het) pauperisme.

ver'enden (-; *sn*) sterven.

ver'eng|en (-) (*sich*) (zich) vernauwen; *Straße*: (zich) versmallen; ~**ern** (*-re*; -) vernauwen, nauwer maken; 2**erung** *f* vernauwing; 2**ung** *f* versmalling, vernauwing.

ver'erb|en (-) vermaken, nalaten; *sich* ~ overerven; 2**ung** *f* (*0*) overerving, erfelijkheid; 2**ungs·lehre** *f* erfelijkheidsleer.

ver'ewigen (-) vereeuwigen.

ver'fahren (-) *v/i* (*sn*) te werk gaan, handelen; *v/t Geld, Zeit* verrijden; *sich* ~ verkeerd rijden; *mit j-m* ~ iem. behandelen, omgaan met iem.; *Adj.* verknoeid, in het honderd gelopen; 2 *n* handelwijze, werkwijze, methode; *Tech.* (het) procédé; *jur.* (het) rechtsgeding, (het) proces, zaak.

Ver'fall *m* (*-es*; *0*) (het) verval; (*Geltungs*2) vervaltijd; 2**en** (-) vervallen (*a. ungültig werden*), in verval geraken; *j-m* horig worden, onder de invloed geraken van; *e-r S.* (*D*) verslaafd geraken aan; ~ *auf* (*A*) komen op; ~ *in* (*A*) vervallen in; ~**s·datum** *n* vervaldatum; ~**s·erscheinung** *f* (het) teken van verval.

ver'fälsch|en (-) vervalsen; **2er** *m* vervalser; **2ung** *f* vervalsing.
ver'|fangen (-) helpen, baten; *nicht ~ bsd.* niets uithalen; *sich ~ (in D)* verward raken (in); *fig. bsd.* zich vastwerken (in); **~fänglich** netelig, pijnlijk; **~färben** (-): *sich ~* verkleuren, verschieten; *Pers.*: verbleken.
ver'fass|en (-) opstellen, schrijven; **2er(in** *f*) *m* schrijver *m*, schrijfster *f*, auteur *m*, opsteller *m*, opstelster *f*; **2ung** *f* gesteldheid, toestand; (*Gemüts2*) gemoedsgesteldheid, stemming; (*Grundgesetz*) grondwet, constitutie; **~ung·gebend** constituerend.
Ver'fassungs|änderung *f* grondwetswijziging; **~feind** *m* tegenstander van de grondwet; **2mäßig** grondwettig, constitutioneel; **~staat** *m* constitutionele staat; **2widrig** in strijd met de grondwet, ongrondwettelijk.
ver'faul|en (-; *sn*) verrotten; *Knochen*: vergaan; **~t** verrot; vergaan.
ver'fecht|en (-) voorstaan, bepleiten, verdedigen; **2er** *m* voorstander, voorvechter.
ver'fehl|en (-) missen (*a. Zug usw.*); *j-n* (*nicht finden*) mislopen; **~t** verkeerd, mis; (*mißlungen*) mislukt; **2ung** *f* misstap.
ver'feind|en (*-e-*; -): *sich ~ (mit D)* vijand(en *pl.*) worden (van); **~et** vijandig.
ver'feiner|n (*-re*; -) verfijnen; **2ung** *f* verfijning.
ver'|femen (-) vogelvrij verklaren, uitstoten; **~fertigen** (-) vervaardigen, maken, fabriceren; **~festigen** (-) vastmaken, verstevigen (*bsd. fig.*); **~fetten** (*-e-*; -; *sn*) vervetten; **~feuern** (-) (ver)stoken; *Munition* verschieten.
ver'film|en (-) verfilmen; **2ung** *f* verfilming.
ver'|filzen (-; *sn*) vervilten; (*verwirren, a. fig.*) in elkaar verstrengelen; **~finstern** (*-re*; -): *sich ~* verduisteren; *Gesicht*: versomberen; **~flachen** (-) *v/t* vlak (*od.* plat) maken; *v/i* (*sn*) vlak worden; *fig.* vervlakken.
ver'flecht|en (-) ineen-, samenvlechten; *miteinander ~ fig.* met elkaar verbinden; **2ung** *f* samen-, vervlechting; *Hdl.* fusie.
ver'|fliegen (-; *sn*) vervliegen (*a. fig.*); **~fließen** (-; *sn*) vervloeien; *Grenzen*: vervagen; (*vergehen*) verlopen, verstrijken; *s. a. verflossen*; **~flixt** (*-est*) F drommels, verduiveld; (*schwierig*) lastig, gecompliceerd; *~ (nochmal)!* wel alle duivels!; **~flossen** voorbij, vroeger, gewezen.
ver'fluch|en (-) vervloeken, verwensen; **~t** F vervloekt, verdomd (*a. Adv.*).
ver'|flüchtigen (-) (*sich*) vervluchtigen; **2fluchung** *f* vervloeking.
ver'flüssig|en (-) vloeibaar maken; *fig.* liquide (*od.* te gelde) maken; **2ung** *f* vloeibaarmaking; realisatie.
Ver'folg *m* (*-es*; *0*) (het) verloop; **2en** (-) ver-, achtervolgen; *Spur, Vorgang, Handlung* volgen; *Ziel* nastreven, beogen; *Absicht* hebben; *jur. u. Pol.* vervolgen; **~er** *m* achtervolger; vervolger; **~ung** *f* achtervolging; vervolging; **~ungs·wahn** (**-sinn**) *m* vervolgingswaanzin.
ver'form|en (-) vervormen; **2ung** *f* vervorming.
ver'fracht|en (*-e-*; -) ver-, opladen; **2er** *m* vervrachter.
ver'fressen F *Adj.* gulzig; **2heit** *f* (*0*) vraatzucht.
ver'|froren verkleumd; (*leicht frierend*) kouwelijk; **~früht** voorbarig, te vroeg.
ver'füg|bar (*0*) beschikbaar; **~en** (-) bepalen, opleggen; *~ über (A)* beschikken over; *sich ~ (an A)* zich begeven (naar); **2ung** *f* beschikking; (*Anordnung a.*) bepaling, (het) besluit; *zur ~ haben (stehen, stellen)* ter beschikking hebben (staan, stellen); **2ungs·recht** *n* (het) beschikkingsrecht.
ver'führ|en (-) verleiden; **2er(in** *f*) *m* verleider *m*, verleidster *f*; **~erisch** verleidelijk; **2ung** *f* verleiding; **2ungs·kunst** *f* verleidingskunst.
ver'|fünffachen (-) vervijfvoudigen; **~futtern** (-) F verorberen; **2gabe** *f* toekenning; **~gaffen** (-): *sich in j-n ~* verliefd worden op iem.; **~gällen** (-) *j-m etw.* vergallen; **~galop'pieren**: *sich ~* F zich vergalopperen; **~gammeln** (-; *sn*) F verlummelen; (*alt werden*) gammel worden.
ver'gangen verleden, voorbij; 2-

heit *f* (het) verleden; *Gr.* verleden tijd.
ver'gänglich vergankelijk; **2keit** *f* (*0*) vergankelijkheid.
ver'gas|en (*-t*; -) vergassen (*a. töten*); **2er** *m* carburator; **2ung** *f* vergassing.
ver'gattern (*-re*; -) *mil.* verzamelen blazen.
ver'geb|en (-) (weg)geven, schenken; (*verteilen*) toekennen, gunnen; (*verkaufen*) verkopen; (*verzeihen*) vergeven; *sich ~ Karten* verkeerd geven; *sich etw. ~* aan zijn waardigheid te kort doen; **~ens** tevergeefs; **~lich** vergeefs, nutteloos; *Adv.* tevergeefs; **2lichkeit** *f* (*0*) vergeefsheid; **2ung** *f* vergeving, vergiffenis; toekenning, gunning, toewijzing.
vergegen'wärtigen (-): *sich ~* zich voor de geest halen.
ver'gehen (-) voorbijgaan, verlopen, vergaan (*a. Appetit, Lachen*); *Schmerz*: overgaan; *~ vor* (*D*) vergaan van; *sich an j-m ~* zich aan iem. vergrijpen, iem. aanranden; *sich ~ gegen* (*A*) overtreden, zondigen tegen; *s. a. vergangen*; **2** *n* overtreding, (het) misdrijf.
ver'geistigen (-) spiritualiseren, vergeestelijken.
ver'gelt|en (-) vergelden; *vergelt's Gott!* God vergelde het U!; **2ung** *f* vergelding; **2ungs·maßnahme** *f* vergeldingsmaatregel; **2ungs·recht** *n* (*-ẹs*; *0*) (het) vergeldingsrecht.
verge'sellschaft|en (*-e-*; -) socialiseren; (*in ein Unternehmen überführen*) in een maatschappij omzetten; **2ung** *f* (*0*) socialisatie; maatschappijvorming.
ver'gessen (*L*) vergeten; *das vergesse ich dir nie!* dat zal ik nooit vergeten!; **2heit** *f* (*0*) vergetelheid.
ver'geßlich vergeetachtig; **2keit** *f* (*0*) vergeetachtigheid.
ver'geud|en (*-e-*; -) verkwisten (*bsd. Geld*), verspillen (*bsd. Kräfte, Zeit*); **2ung** *f* (*0*) verkwisting, verspilling.
verge'waltig|en (-) geweld aandoen; *Frau* verkrachten; **2ung** *f* verkrachting.
ver|ge'wissern (*-re*; -): *sich ~* zich vergewissen van; **~'gießen** (-) morsen; *Blut, Tränen* vergieten.
ver'gift|en (*-e-*; -) (*sich*) (zich) vergiftigen (*a. fig.*); **2ung** *f* vergiftiging.
ver'|gilbt vergeeld; **2gißmeinnicht** *n* (*-ẹs*; *-*[*e*]) (het) vergeet-mij-nietje; **~gittern** (*-re*; -) traliën.
ver'glas|en (*-t*; -) beglazen, ruiten *pl.* inzetten; **~t** *Blick*: wezenloos, glazig.
Ver'gleich *m* (*-ẹs*; *-e*) vergelijking; *jur.* (het) vergelijk, schikking; (*Übereinkunft*) (het) akkoord, overeenkomst; *e-n ~ schließen* een schikking treffen, tot een vergelijk komen; **2bar** vergelijkbaar; *etw. ist e-r S.* (*D*) *~* iets is met iets vergelijkbaar; **2en** (-) vergelijken; *sich mit j-m ~ jur.* een schikking (*od.* vergelijk) met iem. treffen; **2end** vergelijkend; **~s·punkt** *m* (het) vergelijkingspunt; **~s·verfahren** *n* akkoordprocedure; **2s·weise** bij wijze van vergelijking, vergelijkenderwijze; (*relativ*) relatief gezien; **~ung** *f* vergelijking.
ver'|glimmen (-; *sn*) langzaam uitdoven; **~glühen** (-; *sn*) ver-, uitgloeien; *Astr.* opbranden.
ver'gnüg|en (-) (*sich*) (zich) amuseren, (zich) vermaken; **2en** *n* (het) plezier, pret, (het) vermaak; *mit wem habe ich das ~?* met wie heb ik het genoegen?; *zum ~* voor zijn plezier; *viel ~!* veel plezier!; **~lich** genoeglijk, vermakelijk, prettig; **~t** vrolijk, blij; *S.*: genoeglijk, prettig; *~ sein a.* in zijn schik zijn; **2ung** *f* vermakelijkheid, (het) vermaak.
Ver'gnügungs|fahrt *f* pleziertocht; **~lokal** *n* (het) amusementslokaal; **~park** *m* (het) lunapark, kermis; **~reise** *f* plezierreis; **~steuer** *f* vermakelijkheidsbelasting; **2süchtig** vermaakzuchtig.
ver'gold|en (*-e-*; -) vergulden (*a. fig.*); **2ung** *f* verguldíng; (*Goldüberzug*) (het) verguldsel.
ver'gönnen (-) vergunnen, toestaan.
ver'götter|n (*-re*; -) *fig.* verafgoden; **2ung** *f* verafgoding.
ver'|graben (-) (*sich*) (zich) begraven (*a. fig.*); **~grämt** afgetobd, door verdriet verteerd; **~greifen** (-): *sich ~* misgrijpen (*a. fig.*); *sich ~ an* (*D*) zich vergrijpen aan; *s. a. vergriffen*; **~greisen** (*-t*; -; *sn*) vergrijzen; **~griffen** *Ware, Buch*: uitverkocht; **~gröbern** (*-re*; -) (*sich*) vergroven.
ver'größer|n [øː] (*-re*; -) vergroten

(*a. Foto*); *Betrieb u. räumlich bsd.* uitbreiden; *sich* ~ groter worden; 2**ung** *f* vergroting, uitbreiding; 2**ungs·glas** *n* (het) vergrootglas.

ver'gucken (-): *sich* ~ zich verkijken; *sich* ~ *in* (*A*) *Mädchen* verliefd worden op.

ver'günstig|t verminderd, verlaagd; 2**ung** *f* (het) voordeel; (het) voorrecht; (*Ermäßigung*) korting.

ver'güt|en (-*e*-; -) vergoeden; *Metall* veredelen; 2**ung** *f* vergoeding.

ver'haft|en (-) arresteren, aanhouden, in hechtenis nemen; ~**et:** (*mit*) e-r *S.* (*D*) ~ *sein* met iets eng verbonden zijn; 2**ete**(**r**) arrestant, gevangene; 2**ung** *f* arrestatie.

ver'|hageln (-; *sn*) verhagelen, door hagel vernield worden; ~**hallen** (-; *sn*) wegsterven.

ver'halten (-) inhouden, bedwingen; *sich* ~ *Pers.*: zich gedragen; + *Adv.* (*sich halten*) zich houden; *S.*: zijn, in elkaar zitten; (*vergleichend*) zich verhouden; *die S. verhält sich so* de zaak zit zo; *sich ruhig* ~ zich stil houden; 2 *n* (-*s*; *0*) (het) gedrag, houding, handelwijze; 2**heit** *f* (*0*) terughoudendheid; gedemptheid; 2**s·forschung** *f* ethologie; 2**s·weise** *f* (het) gedrag, handelwijze.

Ver'hältnis *n* (-*ses*; -*se*) verhouding (*a. Liebschaft*); *im* ~ *zu* (*D*) in verhouding tot; ~**se** *pl.* omstandigheden *pl.*, toestand(en *pl.*); *über seine* ~ *leben* boven zijn stand leven; 2**mäßig** betrekkelijk; *Adv. a.* naar verhouding; ~**wahl** *f* evenredige verkiezing; ~**wort** *n* (-*es*; ¨*er*) (het) voorzetsel.

ver'hand|eln (-) onderhandelen; (*sich beraten*) beraadslagen; *jur.* behandelen; (*verkaufen*) verkopen; (*verschachern*) versjacheren; 2**lung** *f* onderhandeling; beraadslaging; *jur.* (behandeling van een) rechtszaak, zitting.

Ver'handlungs|bereitschaft *f* bereidheid tot onderhandelingen; ~**bericht** *m* (het) verslag van de onderhandelingen.

ver'häng|en (-) bedekken, verduisteren; (*verfügen*) afkondigen; e-e *Strafe über j-n* ~ iem. een straf opleggen; 2**nis** *n* (-*ses*; -*se*) (het) (nood)lot; ~**nis·voll** noodlottig.

ver'|härmt (-*est*) afgetobd, door verdriet verteerd; ~**harren** (-) *auf* (*D*) *od. bei* (*D*) blijven bij; *in* (*D*) volharden in; ~**harschen** (-; *sn*) droog en hard worden; *Wunde*: een korst krijgen.

ver'härt|en (-) (*sich*) verharden (*a. fig.*); 2**ung** *f* verharding.

ver'|haspeln (-): *sich* ~ in de war raken; ~**haßt** (-*est*) gehaat; *das ist mir* ~ daar heb ik een geweldige hekel aan; ~**hätscheln** (-) vertroetelen.

Ver'hau *m* (-*es*; -*e*) versperring; 2**en** (-) *j-n* afranselen; F *etw.* verprutsen; *sich* ~ F de bal misslaan, er lelijk naast zijn.

ver'heddern (-*re*; -) F: *sich* ~ in de war raken.

ver'heer|en (-) verwoesten; ~**end** verwoestend, vernietigend; (*scheußlich*) vreselijk; 2**ung** *f* verwoesting.

ver'|hehlen (-) verhelen; *s. a. verhohlen*; ~**heilen** (-; *sn*) helen, genezen.

ver'heimlich|en (-) verheimelijken, verzwijgen; 2**ung** *f* verheimelijking.

ver'heirat|en (-) ten huwelijk geven, uithuwelijken; *sich* ~ trouwen; ~**et** getrouwd.

ver'heiß|en (-) beloven, toezeggen; ~**ungs·voll** veelbelovend.

ver'|heizen (-) verstoken; ~**helfen** (-): *j-m* ~ *zu* (*D*) iem. helpen aan; *zum Sieg* ~ de overwinning bezorgen.

ver'herrlich|en (-) verheerlijken; 2**ung** *f* verheerlijking.

ver'|hetzen (-) ophitsen, opstoken; ~**heult** (*0*) behuild; ~**hexen** (-) beheksen, betoveren; ~**himmeln** (-*le*; -) ophemelen, verafgoden.

ver'hinder|n (-) verhinderen, beletten; ~**t:** ~ *sein* verhinderd zijn; 2**ung** *f* verhindering.

ver'hohlen verholen.

ver'höhn|en (-) honen, bespotten; 2**ung** *f* hoon, bespotting.

ver'hökern (-*re*; -) versjacheren.

Ver'hör *n* (-*es*; -*e*) (het) verhoor; 2**en** (-) verhoren, ondervragen; *sich* ~ verkeerd horen.

ver'hüll|en (-) omhullen, bedekken; *fig.* (*beschönigen*) vergoelijken; 2**ung** *f* omhulling, bedekking; vergoelijking.

ver'|hungern (-; *sn*) verhongeren; F (*Hunger haben*) honger lijden;

˷hunzen (*-t*; -) F verknoeien; **˷hurt** (*0*) P verhoerd.
ver'|hüten (-) voorkomen, verhoeden; **˷hütten** (*-e-*; -) tot metaal verwerken.
Ver'hütung *f* (*0*) voorkoming; **˷smittel** *n* (het) voorbehoedmiddel.
ver'hutzelt (*-est*) verschrompeld.
verifi'zieren [v] (-) verifiëren.
Ver'innerlichung *f* (*0*) verinnerlijking.
ver'irr|en (-): *sich* ˷ verdwalen; *fig.* dwalen; **2ung** *f* dwaling.
ver'jagen (-) verjagen.
ver'jähr|bar (*0*) verjaarbaar; **˷en** (-; *sn*) verjaren; **2ung** *f* verjaring; **2ungs·frist** *f* verjaringstermijn.
ver'jubeln (-) F *Geld* erdoor draaien.
ver'jüng|en (-) (*sich*) verjongen; **2ung** *f* (*0*) verjonging.
ver'kalk|en (-; *sn*) verkalken; **˷t** verkalkt (*a. Person*).
ver|kalku'lieren: *sich* ˷ zich verrekenen; **2'kalkung** *f* (*0*) verkalking; **˷'kannt** miskend; **˷'kanten** (-) op zijn kant zetten; **˷'kappt** verkapt; **˷'katert** met een kater.
Ver'kauf *m* verkoop; *zum* ˷ te koop; **2en** (-) verkopen; *zu* ˷ te koop.
Ver'käuf|er *m* verkoper; **˷erin** *f* verkoopster, winkeljuffrouw; **2lich** (*0*) te koop; *gut, schlecht* ... verkoopbaar.
Ver'kaufs|- *in Zssgn mst.* verkoop-, *z.B.* **˷abteilung** *f* verkoopafdeling; **˷bedingung** *f* verkoopsvoorwaarde; **2fördernd** de verkoop bevorderend; **˷leiter** *m* verkoopleider; **˷preis** *m* verkoopsprijs; **˷raum** *m* verkoopzaal; **˷schlager** *m* verkoophit; **˷stand** *m* stand; (*Markt2*) (het) stalletje; **˷tisch** *m* toonbank; **˷wert** *m* verkoopwaarde.
Ver'kehr *m* (*-ęs*; *0*) (het) verkeer; (*Umgang bsd.*) omgang; **2en** (-) verkeren, omgaan; (*umdrehen*) verdraaien; (*regelmäßig fahren*) rijden; *s. a. verkehrt.*
Ver'kehrs|- *in Zssgn mst.* verkeers-, *z.B.* **˷ader** *f* verkeersader; **˷ampel** *f* (het) verkeerslicht; **˷amt** *n s. Fremdenverkehrsamt*; **˷betriebe** *m/pl.* (het) vervoerbedrijf; **˷delikt** *n* (het) verkeersdelict; **˷dichte** *f* verkeersdichtheid; **˷erziehung** *f* (het) verkeersonderwijs; **˷flugzeug** *n* (het) verkeersvliegtuig; **˷hindernis** *n* verkeersbelemmering; **˷insel** *f* vluchtheuvel; **˷minister** *m* minister van verkeer; *in den Niederlanden*: minister van verkeer en waterstaat; **˷mittel** *n* (het) verkeersmiddel; **˷netz** *n* (het) verkeersnet; **˷ordnung** *f* (het) verkeersreglement; **˷planung** *f* verkeersplanning; **˷politik** *f* (het) verkeersbeleid; **˷polizei** *f* verkeerspolitie; **˷polizist** *m* verkeersagent; **˷problem** *n* (het) verkeersprobleem; **˷recht** *n* (*-ęs*; *0*) (het) verkeersrecht; **2reich** druk; **˷rowdy** *m* wegpiraat; **˷schild** *n* (het) verkeersbord; **2schwach** stil; **˷sicherheit** *f* (*0*) verkeersveiligheid; **˷sprache** *f* verkeerstaal; **˷stockung** *f* verkeersopstopping, filevorming; **˷straße** *f* verkeersweg; **˷sünder** *m* verkeersovertreder; **˷teilnehmer** *m* weggebruiker; **˷unfall** *m* (het) verkeersongeluk, -ongeval; **˷verbindung** *f* (verkeers)verbinding; **˷verein** *m* vereniging voor vreemdelingenverkeer (*Abk.* V.V.V.); **˷vorschrift** *f* verkeersregel; **˷wesen** *n* (*-s*; *0*) (het) verkeerswezen; **2widrig:** ˷*es Verhalten* (het) zich niet houden aan de verkeersregels, verkeersovertreding; **˷zeichen** *n* (het) verkeersteken.
ver'kehr|t verkeerd (*a. falsch*), averechts; **2t·heit** *f* (*0*) verkeerdheid; **2ung** *f* (*0*) verdraaiing.
ver'keilen (-) spieën; F afranselen; *sich* ˷ in elkaar vast raken.
ver'kenn|en (-) miskennen; *es ist nicht zu* ˷, *daß* ... het is niet te ontkennen; *s. a. verkannt*; **2ung** *f* (*0*) miskenning.
Ver'|kettung *f* aaneenschakeling; *fig.* samenloop; **2ketzern** (*-re*; -) verketteren; **2kitten** (-) kitten; **2klagen** (-) aanklagen; **˷klammerung** *f* verklamping, verbinding.
ver'klär|en (-) verheerlijken; *fig.* idealiseren; **˷t** verheerlijkt.
ver|'klatschen (-) F verklikken; **˷klausu'lieren** (-) door clausules beperken; **˷'kleben** (-) dichtplakken.
ver'kleid|en (-) bekleden; *sich* ˷ zich verkleden; **2ung** *f* bekleding; verkleding.
ver'kleiner|n (*-re*; -) verkleinen; **2ung** *f* verkleining; **2ungs·wort** *n* (*-ęs*; *"er*) (het) verkleinwoord.
ver'|kleistern (*-re*; -) dichtplakken;

~klingen (-; *sn*) wegsterven; **~klopfen** (-) F afranselen; *etw.* versjacheren; **~knacken** (-) F veroordelen; **~knacksen** (-*t*; -): *sich den Fuß ~* zijn voet verstuiken; **~knallen** (-): *sich ~ in* (*A*) F verliefd worden op; **⁲knappung** *f* (*0*) (het) schaars worden, schaarste; **~kneifen** (-): *sich etw. ~* F zich iets ontzeggen; (*unterdrücken*) iets verbijten; **~kniffen** *Gesicht*: verbeten, vertrokken; **~knöchern** (-*re*; -; *sn*) tot been worden; *fig.* verstarren, vastroesten.

ver'knüpf|en (-) verbinden (*a. fig.*), vastknopen; **⁲ung** *f* verbinding.

ver'|kochen (-) *v/i* (*sn*) *u. v/t* verkoken; **~kohlen** (-) verkolen; F voor de gek houden; **~koken** (-) *v/t* tot cokes verwerken.

ver'kommen 1. (-) vervallen; *Pers.*: aan lager wal geraken; *Ware*: bederven; **2.** *Adj.* vervallen, verwaarloosd; *Pers.*: verlopen; **⁲heit** *f* (*0*) (het) verval, verwaarlozing; (*moralisch*) verdorvenheid, afstomping.

ver|konsu'mieren consumeren, verbruiken; **~'korken** (-) kurken; **~'korksen** (-*t*; -) F bederven, verknoeien.

ver'körper|n (-*re*; -) belichamen, verpersoonlijken; **⁲ung** *f* belichaming.

ver'köstigen (-) de kost geven.

ver'krach|en (-) F op de fles gaan; *sich ~ mit* (*D*) ruzie krijgen met; **~t** failliet; *Student, Existenz*: mislukt; *mit j-m ~ sein* met iem. ruzie hebben.

ver'|kraften (-*e*-; -) aankunnen, te boven komen; **~kramen** (-) F verleggen.

ver'krampf|en (-): *sich ~* zich krampachtig sluiten; **~t** krampachtig; **⁲ung** *f* krampachtige samentrekking; (*Krampf*) kramp; *fig.* krampachtigheid.

ver'|kriechen (-): *sich ~* wegkruipen, zich verstoppen; **~krümeln** (-) verkruimelen; *sich ~* F onopvallend verdwijnen.

ver'krümm|en (-) krom buigen, verbuigen; **⁲ung** *f* verkromming.

ver'krüppel|n (-*le*; -; *sn*) vergroeien; *Pers.*: invalide worden; **~t** vergroeid, misvormd; invalide, verminkt.

ver'|kühlen (-): *sich ~* verkouden worden; **~kümmern** (-; *sn*) weg-, verkwijnen (*a. fig.*).

ver'künd|en (-*e*-; -), **~igen** (-) verkondigen; *Gesetz* afkondigen; *Urteil* uitspreken; **⁲iger** *m* verkondiger; **⁲(ig)ung** *f* verkondiging; afkondiging; uitspraak.

ver'|kupfern (-*re*; -) verkoperen; **~kuppeln** (-) koppelen.

ver'kürz|en (-) verkorten; *sich die Zeit ~* de tijd korten; **⁲ung** *f* verkorting.

ver'lachen (-) uitlachen.

Ver'lad|e·bahnsteig *m* (het) laadperron; **~e·brücke** *f* laadbrug; **⁲en** (-) ver-, inladen; **~e·platz** *m* los-, laadplaats; **~er** *m* verlader; **~ung** *f* verlading.

Ver'lag *m* (-*es*; -*e*) uitgeverij; (*Bier⁲*) handel; **~erung** *f* verplaatsing, verschuiving; **~s·anstalt** *f* uitgeverij; **~s·buchhändler** *m* boekhandelaar-uitgever; **~s·buchhandlung** *f* boekhandel en uitgeverij; **~s·katalog** *m* fondscatalogus; **~s·recht** *n* (het) auteursrecht.

ver'langen (-) verlangen, vorderen, eisen; *nach j-m ~* naar iem. vragen, iem. ontbieden; (*sich sehnen*) naar iem. verlangen; *Sie werden am Telefon verlangt* er is telefoon voor U; **⁲** *n* (het) verlangen.

ver'länger|n (-*re*; -) verlengen; *Film* prolongeren; **⁲ung** *f* verlenging; prolongatie; **⁲ungs·schnur** *f* (het) verlengsnoer; **⁲ungs·woche** *f* week.

ver'|langsamen (-) vertragen, verlangzamen; **~läppern** (-*re*; -) F verspillen, verkwisten; **⁲laß** *m* (-*sses*; *0*): *es ist kein ~ auf* (*A*) men kan niet vertrouwen op, men kan niet op aan van.

ver'lassen 1. (-) verlaten; *sich ~ auf* (*A*) vertrouwen op, rekenen op, zich verlaten op; **2.** *Adj.* verlaten; **⁲heit** *f* (*0*) verlatenheid, eenzaamheid.

ver'läßlich betrouwbaar; **⁲keit** *f* (*0*) betrouwbaarheid.

ver'|lästern (-) F belasteren; **⁲laub** *m*: *mit ~* met Uw verlof.

Ver'lauf *m* (het) verloop, loop (*a. Fluß⁲*); (*Grenz⁲*) (het) beloop; **⁲en** (-; *sn*) verlopen (*a. Zeit, Grenze usw.*); *sich ~* verdwalen, verkeerd lopen; *Menge*: zich verspreiden, uiteengaan.

ver'laust vol luizen.
ver'laut|baren (-) bekendmaken; **2barung** *f* bekendmaking, (het) communiqué; **~en** (-) verluiden; *wie verlautet* naar verluidt.
ver'leben (-) doorbrengen.
ver'legen 1. (-) verplaatsen, verleggen; (*legen*) leggen; (*zeitlich*) verschuiven, uitstellen; *Buch* uitgeven; *sich ~ auf* (*A*) zich toeleggen op; *etw. verlegt haben* iets kwijt zijn, iets niet meer kunnen vinden; **2.** *Adj.* verlegen; **2heit** *f* (*0*) verlegenheid.
Ver'leg|er *m* uitgever; **2erisch** (*0*) uitgevers-, op uitgeversgebied; **~ung** *f* verplaatsing; verschuiving, (het) uitstel; (het) leggen.
ver'leiden (*-e-*; -) vergallen, bederven.
Ver'leih *m* (*-es*; *-e*) verhuring; **2en** (-) verlenen; (*vermieten*) verhuren; **~er** *m* verhuurder, uitlener; **~ung** *f* verlening; verhuring.
ver'|leimen (-) lijmen; **~leiten** (-) verleiden; **~lernen** (-) verleren.
ver'les|en (-) voorlezen; (*auslesen*) uitzoeken, sorteren; **2ung** *f* (het) voorlezen; (het) uitzoeken.
ver'letz|bar kwetsbaar (*a. fig.*); **~en** (*-t*; -) kwetsen (*bsd. fig.*), verwonden; *Gesetz*, *Vorschrift* overtreden; *Pflicht* verzaken; *Vertrag*, *Grenze* schenden; *sich* (*den Kopf*) *~* zich (aan het hoofd) verwonden; **~lich** kwetsbaar; **2te(r)** gewonde; **2ung** *f* verwonding, kwetsuur; overtreding; verzaking; schending; (*Kränkung*) krenking, belediging.
ver'leugn|en (-) verloochenen; **2ung** *f* verloochening.
ver'leumd|en (*-e-*; -) belasteren, kwaadspreken van; **2er** *m* lasteraar, kwaadspreker; **~erisch** lasterlijk, lasterend; **2ung** *f* laster, belastering.
ver'lieb|en (-): *sich ~* (*in A*) verliefd worden (op); **~t** verliefd; **2t·heit** *f* (*0*) verliefdheid.
ver'lier|en (*L*) verliezen; *sich ~* verdwijnen; *s. a. verloren*; **2er(in** *f*) *m* verliezer *m*, verliesster *f*.
Ver'lies *n* (*-es*; *-e*) onderaardse kerker.
ver'|loben (-): *sich ~* zich verloven; **2löbnis** *n* (*-ses*; *-se*) = *Verlobung*.
Ver'lob|te(r) verloofde (*m u. f*); **~ung** *f* verloving; **~ungs·ring** *m* verlovingsring.
ver'lock|en (-) verlokken, verleiden; **~end** aanlokkelijk, verlokkend, verleidelijk; **2ung** *f* verleiding, verlokking.
ver'logen (*-gn-*) leugenachtig; **2heit** *f* (*0*) leugenachtigheid.
ver'lohnen (-): *es verlohnt sich nicht* het loont de moeite niet.
ver'loren verloren; (*vergeblich*) vergeefs; *Eier*: gepocheerd; *in Gedanken ~* in gedachten verzonken; **~geben** opgeven; **~gehen** verloren gaan, zoek raken.
ver'löschen (-; *sn*) *v/i* uitdoven.
ver'los|en (-) verloten; **2ung** *f* verloting.
ver'|löten (-) solderen; **~lottern** (*-re*; -; *sn*), **~ludern** (*-re*; -; *sn*) verlopen, verliederlijken, aan lager wal raken; **~lumpt** haveloos.
Ver'lust *m* (*-es*; *-e*) (het) verlies; **~anzeige** *f* aangifte van een verlies; **2ig**: *e-r S.* (*G*) *~ gehen* iets verliezen, iets kwijtraken; **~liste** *f* verlieslijst; **2reich** verliesgevend; *mil.* rijk aan verliezen.
ver'|machen (-) vermaken; **2mächtnis** *n* (*-ses*; *-se*) (het) testament (*a. fig.*); (*das Vermachte*) erfenis (*a. fig.*).
ver'mähl|en (-): *sich ~* huwen; **2ung** *f* (het) huwelijk.
ver'|mahnen (-) vermanen; **~male'deien** (-) vermaledijen, vervloeken; **~masseln** (*-le*; -) F verknoeien, verpesten; **~massen** (*-ßt*; -; *sn*) tot massa worden, massificeren; **~mauern** (-) dichtmetselen.
ver'mehr|en (-) (*sich*) (zich) vermeerderen; **2ung** *f* vermeerdering.
ver'meid|bar vermijdbaar; **~en** (-) vermijden; **~lich** vermijdbaar; **2ung** *f* (*0*) vermijding.
ver'mein|en (-) (ver)menen; **~tlich** (*0*) vermeend.
ver'|melden (-) vermelden; **~mengen** (-) (ver)mengen; *fig.* door elkaar halen; **~menschlichen** (-) vermenselijken.
Ver'merk *m* (*-es*; *-e*) aantekening, notitie; **2en** (-) noteren (*a. zur Kenntnis nehmen*), aantekenen; *j-m etw. übel ~* iem. iets kwalijk nemen.
ver'mess|en 1. (-) (op)meten; *sich ~* zich vermeten, zich verstouten; **2.** *Adj.* vermetel; **2en·heit** *f* ver-

metelheid; **⁀er** *m* land-, opmeter; **⁀ung** *f* (op)meting.
ver'miet|en (-) verhuren; **⁀er(in** *f*) *m* verhuurder *m*, verhuurster *f*; **⁀ung** *f* verhuring.
ver'minder|n (-) (*sich*) verminderen; **⁀ung** *f* vermindering.
ver'minen (-) mijnen *pl.* leggen, door mijnen versperren.
ver'misch|en (-) (*sich*) (zich) vermengen; **~t: ⁀es** (*Anzeigen*) Diversen *n/pl.*; **⁀ung** *f* vermenging.
ver'mi|ssen (-) missen; (*verloren wähnen*) *j-n* vermissen; **~ßt** vermist.
ver'mitt|eln (*-le*; -) *v/t j-m A* bezorgen, helpen aan; *Bild* geven; (*zustande bringen*) tot stand brengen; *v/i* (*zwischen D*) bemiddelen (tussen); **~els** (*G*) door middel van, met behulp van; **⁀ler** *m* bemiddelaar; (*Makler*) makelaar; **⁀ler·provision** *f* (het) commissieloon; **⁀lung** *f* bemiddeling; (het) bezorgen; *Tel.* telefooncentrale.
ver'modern (-; *sn*) vergaan, verrotten.
ver'möge (*G*) krachtens, uit kracht van; **~n** (-) vermogen, kunnen, in staat zijn; **⁀n** *n* (het) vermogen; (*Reichtum a.*) (het) fortuin; **~nd** vermogend, gefortuneerd, welgesteld.
Ver'mögens|abgabe *f* heffing ineens; **~steuer** *f* vermogensbelasting; **~verhältnisse** *n/pl.* vermogensomstandigheden *pl.*; **~verwalter** *m* beheerder van een vermogen.
ver'|morschen (-; *sn*) vergaan, vermolmen; **~mummen** (-) (*sich*) (zich) vermommen.
ver'mut|en (*-e-*; -) vermoeden; **~lich** vermoedelijk; **⁀ung** *f* (het) vermoeden.
ver'nachlässig|en (-) verwaarlozen; **⁀ung** *f* (*0*) verwaarlozing.
ver'|nageln (-) dichtspijkeren; **~nähen** (-) *Wunde* hechten; **~narben** (-; *sn*) (*heilen*) helen (*a. fig.*); **~narren** (-): *sich ~ in* (*A*) verliefd worden op; **~naschen** (-) versnoepen; P *Frau* versieren; **~nebeln** (-) een nevelgordijn leggen; *fig.* bemantelen.
ver'nehm|bar te ondervragen; (*hörbar*) verstaan-, hoorbaar; **~en** (-) vernemen, horen; (*ausfragen, a. jur.*) ondervragen; *dem ⁀ nach* naar men zegt; **~lich** hoor-, verstaanbaar; **⁀ung** *f* ondervraging, (het) verhoor.
ver'neig|en (-): *sich ~* een buiging maken, nijgen; **⁀ung** *f* buiging.
ver'nein|en (-) ontkennen; **~end** ontkennend; **⁀ung** *f* ontkenning.
ver'nicht|en (*-e-*; -) vernietigen, vernielen; **~end** vernietigend (*a. fig.*); **⁀ung** *f* vernietiging, vernieling.
ver'|nickeln (*-le*; -) vernikkelen; **~nieten** (-) (vast)klinken.
Ver'nunft *f* (*0*) rede, (het) verstand; (*Besonnenheit*) (het) gezond verstand; *~ annehmen* naar rede luisteren; *zur ~ bringen* tot rede brengen; **~heirat** *f* (het) verstandshuwelijk.
ver'nünftig verstandig, redelijk; **⁀keit** *f* (*0*) verstandigheid, redelijkheid.
Ver'nunftmensch *m* verstandsmens.
ver'öd|en (*-e-*; -; *sn*) doods worden; **⁀ung** *f* (*0*) doodsheid.
ver'öffentlich|en (-) publiceren; *Gesetz* uitvaardigen; **⁀ung** *f* publicatie; uitvaardiging.
ver'ordn|en (-) verordenen, gelasten, bevelen; *Med.* voorschrijven; **⁀ung** *f* verordening; (het) voorschrift.
ver'pacht|en (-) verpachten; **⁀ung** *f* verpachting.
ver'pack|en (-) ver-, inpakken; **⁀ung** *f* verpakking; **⁀ungs·gewicht** *n* (het) verpakkingsgewicht.
ver'|passen (-) missen (*a. Zug, Ball*); *Gelegenheit* laten voorbijgaan; *Prügel* geven; **~patzen** (-) F verprutsen; **~pesten** (*-e-*; -) verpesten; **~petzen** (-) F verklikken.
ver'pfänd|en (-) verpanden (*a. fig.*); **⁀ung** *f* verpanding.
ver'|pfeifen (-) F verklikken; **~pflanzen** (-) verplanten (*a. fig.*), verpoten.
ver'pfleg|en (-) verplegen; (*verköstigen*) de kost geven, verzorgen; **⁀ung** *f* kost, voeding; (*Proviant*) proviand (*a.* het); *mit voller ~* met vol pension; **⁀ungs·kosten** *pl.* kosten *pl.* van levensonderhoud; pensionkosten *pl.*
ver'pflicht|en (*-e-*; -) verplichten; (*einstellen*) engageren; *sich ~* zich verbinden; *sich j-m verpflichtet*

fühlen iem. zeer verplicht zijn; **2ung** *f* verplichting; (*Verbindlichkeit bsd.*) verbintenis.

ver'|pfuschen (-) verknoeien; **~pichen** (-) met pek dichtmaken; **~planen** (-) verkeerd plannen; **~plappern** (-) F: *sich ~* zijn mond voorbijpraten; **~plaudern** (-) verpraten; **~plempern** (*-re*; -) F verkwisten; *Zeit* verspillen; **~pönt**: *es ist ~* het is uit den boze; **~prassen** (-) verbrassen; **~provian'tieren** provianderen; **~prügeln** (-) afrossen; **~puffen** (-; *sn*) ontploffen; *fig.* verloren gaan; **~pulvern** (-) F verkwisten; **~pumpen** (-) F lenen; **~puppen** (-): *sich ~* zich verpoppen; **~pusten** (-): *sich ~* F uitblazen.

Ver'putz *m* bepleistering, pleisterlaag; **2en** (-) bepleisteren; F (*aufessen*) verorberen; *Geld* opmaken; **~er** *m* pleisteraar.

ver'qualmen (-) verroken.

ver'quick|en (-) amalgameren; *fig.* verbinden, samensmelten; **2ung** *f* verbinding, samensmelting.

ver'|quollen gezwollen; *Gesicht*: opgezwollen; **~rammeln** (-) barricaderen; **~ramschen** (-) tegen afbraakprijzen verkopen; **~rannt** *fig.* verstokt, hardnekkig.

Ver'rat *m* (*-es*; *0*) (het) verraad; **2en** (-) verraden.

Ver'räter *m* verrader; **~in** *f* verraadster; **2isch** verraderlijk.

ver'|rauchen (-) verroken; *v/i* (*sn*) in rook opgaan; *Zorn*: vervliegen; **~räuchern** (-) met rook doortrekken; **~rauschen** (-; *sn*) voorbijgaan, vervliegen.

ver'rechn|en (-) verrekenen; *sich ~* zich misrekenen; **2ung** *f* verrekening; misrekening; **2ungs·abkommen** *n* clearingovereenkomst; **2ungs·scheck** *m* verrekencheque.

ver'|recken (-; *sn*) P verrekken, creperen; **~regnen** (-) verregenen; **~reisen** (-; *sn*) op reis gaan; (*geschäftlich*) *verreist sein* (voor zaken) op reis zijn; **~reißen** (-) F *fig.* afkraken.

ver'renk|en (-) ontwrichten, verrekken; *Fuß* verzwikken; **2ung** *f* ontwrichting; verzwikking.

ver'rennen (-): *sich ~ in* (*A*) *fig.* zich vastbijten in; *s. a. verrannt.*

ver'richt|en (-) verrichten, doen (*a. Gebet*); **2ung** *f* verrichting; (*Tätigkeit bsd.*) bezigheid.

ver'riegel|n (*-le*; -) (af)grendelen; **2ung** *f* (af)grendeling.

ver'ringer|n (*-re*; -) (*sich*) verminderen; **2ung** *f* vermindering.

ver'rinnen (-) weglopen; *Zeit*: verlopen.

ver'roh|en (-; *sn*) verruwen; **2ung** *f* (*0*) verruwing.

ver'|rosten (-; *sn*) verroesten; **~rotten** (*-e-*; -; *sn*) verrotten.

ver'rucht [u:] (*-est*) snood, laaghartig; **2heit** *f* (*0*) laaghartigheid.

ver'rück|en (-) verplaatsen, verschuiven; **~t** gek, mal, krankzinnig; *total ~* F stapelgek; **2te(r)** gek; **2theit** *f* krankzinnigheid, dwaasheid.

Ver'ruf *m* (*-es*; *0*) slechte naam; *in ~ bringen* belasteren, in een kwade reuk brengen; **2en** (*-fn-*) *Adj.* berucht.

ver'|rußt [u:] vol roet; **~rutschen** (-; *sn*) verschuiven.

Vers *m* (*-es*; *-e*) (het) vers.

ver'sachlichen (-) zakelijk maken.

ver'sag|en (-) *j-m A* weigeren; (*mißlingen*) falen, tekort schieten, mislukken; (*nicht funktionieren*) weigeren, defect zijn; **2en** *n* (*-s*; *0*) weigering; (het) falen, mislukking; (het) defect; **2er** *m* wie faalt, mislukkeling; *S.*: flop, (het) fiasco.

ver'salzen (-) verzouten, te zout maken.

ver'samm|eln (-) bijeenroepen, verzamelen; *sich ~* zich verzamelen, bijeenkomen; **2lung** *f* verzameling; (*Treffen*) bijeenkomst; (*Sitzung*) vergadering.

Ver'sammlungs|freiheit *f* (*0*) (het) recht van vergadering; **~ort** *m* vergaderplaats; **~raum** *m* vergaderzaal.

Ver'sand *m* (*-es*; *0*) verzending; **~abteilung** *f* expeditie.

ver'sanden (*-e-*; -; *sn*) verzanden.

ver'sand|fertig klaar voor verzending; **2haus** *n* (het) postorderbedrijf.

Ver'sandung *f* (*0*) verzanding.

Ver'satz *m* (*-es*; *0*) verpanding; **~stück** *n* (het) verplaatsbaar decor.

ver'|sauen (-) P vuilmaken; *fig.* verknoeien; **~sauern** (*-re*; -; *sn*) verzuren; **~saufen** (-) P *v/t u. v/i* (*sn*) verzuipen; *s. a. versoffen.*

ver'säum|en (-) (*unterlassen*) verzuimen; (*verpassen*) missen; (*außer acht lassen*) verwaarlozen; ²**nis** *n* (*-ses; -se*) (het) verzuim.

ver'|schachern (-) versjacheren, verkwanselen; **~schachtelt** in elkaar geschoven; **~schaffen** (-) verschaffen, bezorgen.

ver'schal|en (-) betimmeren; *Rohbau* bekisten; ²**ung** *f* betimmering, bekleding; bekisting.

ver'schämt [ɛ:] (*-est*) beschaamd.

ver'schandel|n (*-le*; -) F ontsieren, verknoeien; ²**ung** *f* ontsiering.

ver'schanz|en (-) (*sich*) (zich) verschansen (*a. fig.*); ²**ung** *f* verschansing.

ver'schärf|en (-) verscherpen; *Tempo* opvoeren; ²**ung** *f* (*0*) verscherping; opvoering.

ver'|scharren (-) onder de grond stoppen, begraven; **~schätzen** (-): *sich* ~ verkeerd schatten; **~scheiden** (-; *sn*) overlijden; **~schenken** (-) weggeven, wegschenken; **~scherzen** (-): *sich etw.* ~ iets verspelen; **~scheuchen** (-) ver-, wegjagen; **~scheuern** (-) F voor een appel en ei verkopen; **~schicken** (-) verzenden; *Pers.* sturen.

ver'schieb|bar (*0*) verschuifbaar; ²**e·bahnhof** *m* (het) rangeerstation; **~en** (-) verschuiven; (*aufschieben bsd.*) uitstellen; ²**ung** *f* verschuiving; (het) uitstel.

ver'schieden verschillend, verscheiden; (*nicht gleich a.*) onderscheiden; (*ganz*) ~ *sein bsd.* (helemaal) verschillen; **~artig** verschillend, uiteenlopend; ²**artigkeit** *f* (*0*) verscheidenheid, verschillende aard; **~er'lei** verschillend; **~farbig** veelkleurig; ²**heit** *f* verscheidenheid, (het) verschil; **~t·lich** meermalen, herhaaldelijk.

ver'schießen (-) *v/i* (*sn*) *u. v/t* verschieten.

ver'schiff|en (-) verschepen; ²**ung** *f* verscheping.

ver'|schimmeln (-; *sn*) beschimmelen; **~schlacken** (-; *sn*) verslakken.

ver'schlafen 1. (-) (*sich*) (zich) verslapen; **2.** (*-fn-*) *Adj.* slaperig, slaapdronken; ²**heit** *f* (*0*) slaperigheid.

Ver'schlag *m* (het) schuurtje, (het) hok; (*Raum*) afgeschoten ruimte, (het) kamertje; ²**en 1.** (-) dichtspijkeren; *Raum* afschieten; *Ball* wegslaan, verkeerd slaan; ~ *werden* (*gelangen*) belanden, terechtkomen; *vom Sturm* ~ *werden* door de storm uit de koers gedreven worden; *j-m den Atem* ~ iem. de adem benemen; **2.** (*-gn-*) *Adj.* sluw, listig, geslepen; **~en·heit** *f* (*0*) sluwheid, listigheid.

ver'|schlammen (-; *sn*) dichtslibben; **~schlampen** (-) F *v/t* (*verlieren*) laten slingeren; *v/i* (*sn*) *Pers.*: verslonzen.

ver'schlechter|n (*-re*; -) (*sich*) verslechteren, verergeren; ²**ung** *f* verslechtering, verergering.

ver'schleier|n (*-re*; -) sluieren; *fig.* bemantelen, camoufleren; ²**ung** *f* sluiering; bemanteling.

ver'schleifen (-) afslijpen.

ver'schleim|en (-) verslijmen; **~t** vol slijm.

Ver'schleiß *m* (*-es*; *-e*) sleet, slijtage; ²**en** (*L*) *v/i* (*sn*) *u. v/t* (ver)slijten.

ver'schlepp|en (-) op de lange baan schuiven; (*wegbringen*) wegslepen, wegvoeren; (*deportieren*) deporteren; *Krankheit* laten aanslepen; ²**ung** *f* (het) rekken, (het) op de lange baan schuiven; wegvoering; deportatie.

ver'schleudern (-) verkwisten; *Waren* onder de prijs verkopen.

ver'schließ|bar (*0*) (af)sluitbaar; **~en** (-) afsluiten; (*einschließen*) wegsluiten; *sich e-r S.* (*D*) ~ niet willen weten van iets; *sich e-r S.* (*D*) *nicht* ~ *können* zich niet kunnen onttrekken aan iets; *s. a. verschlossen*; ²**ung** *f* afsluiting; wegsluiting.

ver'schlimm|bessern (-) F ongewild erger maken; **~ern** (*-re*; -) (*sich*) verergeren; ²**erung** *f* verergering.

ver'schlingen (-) verslinden (*a. fig.*); (*in-, umeinander* ~) ineen-, verstrengelen.

ver'schlossen gesloten (*a. fig.*); *hinter* ~*en Türen* met gesloten deuren; ²**heit** *f* (*0*) geslotenheid.

ver'|schlucken (-) inslikken; *sich* ~ zich verslikken; ²**schluß** *m* sluiting; (*Foto*²) sluiter; **~schlüsseln** (*-le*; -) coderen; ²**schlußlaut** *m* explosief, ploffer; **~schmachten** (-; *sn*) versmachten.

ver'schmäh|en (-) versmaden; ²**ung** *f* versmading.

ver'schmelz|en (-) *v/i* (*sn*) *u. v/t*

versmelten; 2**ung** *f* ver-, samensmelting; (*Fusion a.*) fusie.

ver'|schmerzen (-) te boven komen, eroverheen komen; **~schmieren** (-) versmeren; *Löcher* dichtsmeren; (*bekritzeln*) volsmeren, volkladden; **~schmitzt** (*-est*) leep, listig; *lächeln* fijntjes, ondeugend.

ver'schmutz|en (-) *v/i* (*sn*) *u. v/t* vervuilen; 2**ung** *f* be-, vervuiling; (*Umwelt*2, *Luft*2 *bsd.*) verontreiniging.

ver'|schnaufen (-): *sich ~* uitblazen; **~schneiden** (-) *Stoff* verknippen; *Wein* versnijden; (*stutzen*) snoeien; (*kastrieren*) snijden, castreren; **~schneit** onder-, ingesneeuwd; 2**schnitt** *m* (*-es*; *0*) (*Wein*) versneden wijn; **~schnörkelt** met krullen versierd; *fig.* overdreven; **~schnupft** verkouden; *fig.* F gepikeerd.

ver'schnür|en (-) dichtbinden; 2**ung** *f* (het) dichtbinden; (*Schnur*) koord (*a.* het).

ver'|schollen (*-ln-*; *0*) spoorloos verdwenen, vermist; **~schonen** (-) verschonen, sparen.

ver'schöner|n (*-re*; -) verfraaien, mooier maken; 2**ung** *f* verfraaiing.

ver'|schränken (-) kruisen; **~schrauben** (-) dichtschroeven.

ver'schreib|en (-) *Med.* voorschrijven; *sich ~* zich verschrijven; *sich e-r S.* (*D*) *~* zich wijden aan iets, zich toeleggen op iets; 2**ung** *f* (het) voorschrijven; verschrijving; (*Schuld*2) verbintenis.

ver'schreien: *verschrien sein* een slechte naam hebben.

ver'schroben (*-bn-*) zonderling, raar; 2**heit** *f* vreemdheid.

ver'|schrotten (*-e-*; -) tot schroot maken; *Schiffe, Autos* slopen; **~schüchtern** (*-re*; -) verlegen (*ängstlich*: bang) maken.

ver'schuld|en (-) schulden *pl.* maken; *etw.* schuld hebben aan, veroorzaken; 2**en** *n* (*-s*; *0*) schuld; *ohne sein ~* buiten zijn schuld; **~et:** *~ sein* (diep) in de schulden *pl.* zitten; 2**ung** *f* (het) schulden *pl.* maken; schuldenlast.

ver'|schütten (-) bedelven; (*zuschütten*) dichtgooien, dempen; *Flüssigkeit* morsen; **~schwägert** aangetrouwd, geparenteerd; **~schweigen** (-) verzwijgen; *s. a. verschwiegen*; **~schweißen** (-) aaneenlassen.

ver'schwend|en (*-e-*; -) verspillen, verkwisten; 2**er(in** *f*) *m* verkwister *m*, verkwistster *f*; **~erisch** verkwistend; (*überreich*) kwistig, overdadig; 2**ung** *f* (*0*) verspilling, verkwisting; 2**ungs·sucht** *f* (*0*) spilzucht.

ver'schwiegen *Pers.*: zwijgzaam, discreet; *S.*: stil; 2**heit** *f* (*0*) zwijgzaamheid, geheimhouding; stilte.

ver'|schwimmen (-; *sn*) vervagen, in elkaar vloeien; *s. a. verschwommen*; **~schwinden** (-) verdwijnen; *~d* uiterst; 2**schwinden** *n* (*-s*; *0*) verdwijning; **~schwistert** nauw verwant; **~schwitzen** (-) doorzweten; F vergeten; *verschwitzt sein* bezweet zijn.

ver'schwommen vaag (*a. fig.*), wazig; 2**heit** *f* vaagheid, wazigheid.

ver'schwör|en (-): *sich ~* samenzweren, samenspannen; 2**er(in** *f*) *m* samenzweerder *m*, samenzweerster *f*; 2**ung** *f* samenzwering, (het) komplot.

ver'sehen (-) (*ausüben*) waarnemen, vervullen; (*falsch machen*) verkeerd doen; *~ mit* (*D*) voorzien van; *sich ~* zich vergissen; *sich e-r S.* (*G*) *~* iets voorzien, op iets voorbereid zijn; 2 *n* vergissing, fout; *aus ~*, **~t·lich** bij vergissing, per ongeluk, abusievelijk.

Ver'|sehrte(r) invalide, gewonde; 2**selbständigen** (-): *sich ~* zich zelfstandig maken.

ver'send|en (-) ver-, afzenden; 2**er** *m* verzender; 2**ung** *f* (*0*) verzending.

ver'sengen (-) (ver)schroeien.

ver'senk|bar (*0*) inzinkbaar; **~en** (-) doen zinken; *Schiff* tot zinken brengen, in de grond boren; *Tech.* verzinken; *sich ~ in* (*A*) zich verdiepen in; 2**ung** *f* (het) neerlaten; (het) tot zinken brengen; (het) verzinken; *Thea.* (het) beweegbaar deel van het podium.

Verse·schmied *m* rijmelaar.

ver'sessen: *~ auf* (*A*) verzot op, stapel op, dol op; 2**heit** *f* (*0*) verzotheid.

ver'setz|en (-) verplaatsen, verzetten; *j-n* overplaatsen; *Schüler* bevorderen; (*verpfänden*) belenen, verpanden; (*entgegnen*) antwoorden; *Schlag* toedienen, geven; F (*nicht erscheinen*) in de steek laten; ~ *mit* (*D*) vermengen met; ~ *in* (*A*) *Adj.* + maken; *sich in jemands Lage* ~ zich in iemands situatie verplaatsen; ♀**ung** *f* verplaatsing; overplaatsing; bevordering; verpanding.

ver'seuch|en (-) besmetten, verpesten (*bsd. fig.*); ♀**ung** *f* (*0*) besmetting, verpesting.

Versfuß *m* versvoet.

ver'sicher|bar (*0*) verzekerbaar; ♀**er** *m* verzekeraar, assuradeur; **~n** (-) verzekeren (*a. beteuern*); ♀**ung** *f* verzekering.

Ver'sicherungs|- *in Zssgn mst.* verzekerings-, *z.B.* **~agent** *m* verzekeringsagent; **~anstalt** *f* verzekeringsinstelling; **~beitrag** *m* verzekeringspremie; **~betrug** *m* verzekeringsfraude; **~fall** *m* (het) schadegeval; **~gesellschaft** *f* verzekeringsmaatschappij; **~karte** *f* verzekeringskaart; **~nehmer** *m* verzekerde; **~pflicht** *f* verzekeringsplicht; ♀**pflichtig** verzekeringsplichtig; **~police** *f* verzekeringspolis; **~prämie** *f* verzekeringspremie; **~schutz** *m* dekking door een verzekering; **~summe** *f* (het) verzekerd bedrag; **~träger** *m* verzekeraar; **~vertreter** *m* verzekeringsagent; **~wesen** *n* (*-s*; *0*) (het) verzekeringswezen.

ver'sickern (- *sn*) wegsijpelen.

ver'siegel|n (-) (ver)zegelen; ♀**ung** *f* verzegeling.

ver'|siegen (-; *sn*) op-, uitdrogen; *fig.* uitgeput raken; **~siert** [v] (*-est*) ervaren.

ver'silber|n (*-re*; -) verzilveren (*a. fig.*); ♀**ung** *f* verzilvering.

ver'|simpeln (*-le*; -; *sn*) versuffen; **~sinken** (-) verzinken (*a. fig.*), wegzinken; *fig. a.* verdiept raken; *Schiff bsd.* zinken; *s. a. versunken*; **~sinnbildlichen** (-) verzinnebeelden, symboliseren.

Version [vɛʁ'zio:n] *f* versie.

ver'|sippt vermaagschapt, aangetrouwd; **~sklaven** (-) tot slavernij brengen.

Vers|kunst *f* (*0*) vers-, dichtkunst; **~lehre** *f* versleer; **~maß** *n* versmaat, (het) metrum.

ver'|soffen P aan de drank verslaafd; **~sohlen** (-) F aframmelen.

ver'söhn|en (-) (*sich*) (zich) verzoenen; **~lich** verzoenend; ♀**ung** *f* verzoening.

ver'sonnen in gedachten verzonken, dromerig.

ver'sorg|en (-) verzorgen; (*mit D*) voorzien (van); ♀**er** *m* verzorger; (*Familien*♀ *bsd.*) kostwinner; ♀**ung** *f* (*0*) verzorging; voorziening; broodwinning; **~ungs·berechtigt** recht hebbend op een rente.

ver'|spachteln (-) (dicht)spatelen; **~spannen** (-) spannen.

ver'spät|en (*-e-*; -): *sich* ~ zich verlaten, te laat komen; *S.*: vertraging hebben, te laat aankomen; **~et** verlaat, te laat, met vertraging; ♀**ung** *f* vertraging, (het) te laat komen.

ver'|speisen (-) opeten, oppeuzelen; **~speku'lieren** verspeculeren; **~sperren** (-) versperren; (*zuschließen*) afsluiten; *Aussicht* belemmeren.

ver'spiel|en (-) verspelen; **~t** speels.

ver'spott|en (-) bespotten; ♀**ung** *f* bespotting.

ver'sprech|en (-) beloven; *sich* ~ zich verspreken; *sich viel* (*nichts*) ~ *von* (*D*) veel (niets) verwachten van; ♀**en** *n*, ♀**ung** *f* belofte, toezegging.

ver'|sprengen (-) uit elkaar slaan; *Wasser* sproeien; **~spritzen** (-) doen wegspatten; (*zerstäuben*) verstuiven; *Blut* vergieten; **~sprühen** (-) versproeien, verstuiven; **~spüren** (-) voelen, (be)speuren, gewaarworden.

ver'staatlich|en (-) naasten, nationaliseren; ♀**ung** *f* naasting, nationalisatie.

ver'städter|n (*-re*; -; *sn*) versteedsen; ♀**ung** *f* (*0*) versteedsing, verstedelijking.

Ver'stand *m* (*-ęs*; *0*) (het) verstand; *den* ~ *verlieren* zijn verstand verliezen; ♀**es·mäßig** verstandelijk; **~es·mensch** *m* verstandsmens.

ver'ständig verstandig, met verstand; **~en** (-) op de hoogte brengen, in kennis stellen; *Polizei* waarschuwen; *sich* ~ zich verstaanbaar maken; (*sich einigen*) het eens worden, tot overeenstemming komen; ♀**ung** *f* (*0*) in kennis stelling; waarschuwing; verstaanbaarmaking, (het) zich verstaanbaar maken; (*Einigung*) overeenkomst, (het) akkoord; (*Einigkeit*) verstandhouding; ²**ungs·politik** *f* toenaderingspolitiek, politiek van verstandhouding; ²**ungs·wille** *m* wil tot verstandhouding.

ver'ständlich verstaanbaar; (*begreiflich*) begrijpelijk; ²**keit** *f* (*0*) verstaanbaarheid; begrijpelijkheid.

Ver'ständnis *n* (*-ses*; *-se*) (het) begrip; (*Gefühl*) (het) gevoel; ²**los** (*-est*) zonder begrip; zonder gevoel; ²**voll** begrijpend.

ver'stärk|en (-) versterken; *sich* ~ sterker worden, versterken; ²**er** *m* versterker; ²**ung** *f* versterking.

ver'|stauben (-; *sn*) stoffig worden, onder het stof komen; ~**stäuben** (-) verstuiven.

ver'stauch|en (-): *sich den Fuß (die Hand)* ~ zijn voet (zijn hand) verstuiken; ²**ung** *f* verstuiking.

ver'stauen (-) verstouwen.

Ver'steck *n* (*-es*; *-e*) schuilplaats, schuilhoek; ~ *spielen* verstoppertje spelen; ²**en** (-) verstoppen, verbergen; *sich* ~ zich verstoppen; *fig.* zich verschuilen; ~**spiel** *n* (*-es*; *0*) (het) verstoppertje; ²**t** verborgen; (*angedeutet*) bedekt, verkapt; (*heimlich*) heimelijk, stiekem.

ver'stehen (-) verstaan; (*begreifen bsd.*) begrijpen; (*können a.*) kunnen, kennen; *sich* ~ elkaar verstaan; elkaar begrijpen; *sich (mit j-m)* ~ (*auskommen*) met elkaar (met iem.) overweg kunnen; *das versteht sich (von selbst)* dat spreekt (vanzelf).

ver'steif|en (-) verstijven (*a. Arch.*); *sich* ~ stijf worden; *fig.* verharden, versterken; *sich* ~ *auf* (*A*) staan op; ²**ung** *f* verstijving; verharding.

ver'steig|en (-): *sich* ~ bij het klimmen verdwalen; *sich zu der Behauptung* ~ zover gaan te beweren; ²**erer** *m* veilingmeester; ~**ern** (-) veilen, bij opbod verkopen; ²**erung** *f* veiling, verkoop per opbod.

ver'steinern (*-re*; -; *sn*) verstenen.

ver'stell|bar (*0*) verstelbaar; ~**en** (-) verplaatsen; (*in e-e andere Stellung bringen, regulieren, z.B. Weiche, Uhr*) verzetten; (*versperren*) versperren; (*unkenntlich machen*) onkenbaar maken, veranderen; *sich* ~ simuleren, veinzen, doen alsof; ²**ung** *f* verplaatsing; (het) verzetten; simulatie, veinzerij, huichelarij; ²**ungs·kunst** *f* kunst van het veinzen, (het) simulatievermogen.

ver'steuer|n (-) aangeven, belasting betalen over; ²**ung** *f* (*0*) aangifte, (het) betalen van belasting.

ver'stimm|en (-) ontstemmen; ~**t** ontstemd; *Magen*: van streek; ²**ung** *f* ontstemming.

ver'stockt (*-est*) verstokt; ²**heit** *f* (*0*) verstoktheid.

ver'stohlen (*-ln-*) heimelijk, verstolen.

ver'stopf|en (-) verstoppen; (*zustopfen*) dicht-, toestoppen; ~**t**: ~ *sein Pers.*: aan verstopping lijden; *Straße*: overbelast zijn, eivol zitten; ²**ung** *f* verstopping; (het) dicht-, toestoppen; *Verkehr*: opstopping.

ver'storben (*0*) overleden.

ver'stört (*-est*) ontdaan, ontsteld, in de war; (*verstimmt*) ontstemd; ²**heit** *f* (*0*) ontsteltenis, verwarring, schrik; ontstemming.

Ver'stoß *m* (*gegen A*) overtreding (van), (het) vergrijp (tegen), fout (tegen); ²**en** (-) verstoten; ~ *gegen* (*A*) zondigen tegen, overtreden.

Ver'|strebung *f* (het) schoren; stutten *pl.*, schoren *pl.*; ²**streichen** (-) *v/t* op-, uitsmeren; *Mauer* voegen; *v/i* (*sn*) verstrijken; ²**streuen** (-) uit-, rondstrooien; *verstreut Häuser*: verspreid.

ver'strick|en (-) opbreien; ~ *in* (*A*) betrekken in; *pej.* (ver)wikkelen in; *sich* ~ *in* (*A*) verstrikt raken in; ²**ung** *f pej.* (het) verwikkeld zijn; verstrikking.

ver'stümmel|n (*-le*; -) verminken (*a. etw.*); ²**ung** *f* verminking.

ver'stummen (-; *sn*) verstommen.

Ver'such [u:] *m* (*-es*; *-e*) poging; (*Probe*) proef; *Phys.* proefneming; *e-n* ~ *machen* een poging doen; een proef nemen; ²**en** (-) proberen, trachten, pogen; *Heil, Glück, Mittel* beproeven; *j-n* in verzoeking brengen, op de proef stellen; (*kosten*) proeven; *sich* ~ *an* (*D*) zich wagen aan; ²**t**: *sich* ~ *fühlen* geneigd zijn; ~*er Mord (Diebstahl)* poging tot moord (diefstal).

Ver'suchs|- *in Zssgn mst.* proef-, *z.B.* ~**anstalt** *f* (het) proefstation; ~**ballon** *m* proefballon; ~**kaninchen** *n* (het) proefkonijn; ~**person** *f* proefpersoon; ~**reihe** *f* reeks proefnemingen; **~strecke** *f* testbaan; **~tier** *n* (het) proefdier; **2weise** bij wijze van proef, op proef.

Ver'suchung *f* verzoeking, bekoring.

ver'|sumpfen (-; *sn*) moerassig worden; *fig.* moreel te gronde gaan, verboemelen; **~sündigen** (-): *sich ~ (an D)* zich bezondigen (aan).

ver'|sunken: *~ sein in (A) fig.* verzonken (*od.* verdiept) zijn in; **~süßen** (-) verzoeten; *fig. a.* veraangenamen.

ver'tag|en (-) verdagen, uitstellen; **2ung** *f* verdaging.

ver'tändeln (-) *Zeit* verbeuzelen.

ver'tausch|bar (*0*) verruil-, verwisselbaar; **~en** (-) verwisselen; (*austauschen*) (ver)ruilen; **2ung** *f* verwisseling; (ver)ruiling.

ver'teidig|en (-) verdedigen; **2er(in** *f*) *m* verdediger *m*, verdedigster *f*; **2ung** *f* verdediging.

Ver'teidigungs|bündnis *n* (het) verdedigend verbond; **~krieg** *m* verdedigingsoorlog; **~minister** *m* minister van defensie; *in Belgien*: minister van landsverdediging; **~schrift** *f* (het) verweerschrift.

ver'teil|en (-) verdelen; (*austeilen bsd.*) uitdelen; *Truppen* indelen; **2er** *m* verdeler (*a. El.*); **2ung** *f* (*0*) verdeling; uitdeling; indeling.

ver'teuer|n (*-re*; -) duurder maken, in prijs verhogen; *sich ~* duurder worden; **2ung** *f* prijsverhoging, -opdrijving.

ver'teufel|n (*-le*; -) zwart maken; **~t** verduiveld, drommels.

ver'tief|en (-) verdiepen (*a. fig.*), dieper maken, uitdiepen; *sich ~* dieper worden; *fig.* zich verdiepen; **2ung** *f* (het) uitdiepen, (het) dieper maken; (*Loch*) inzinking, uitdieping, kuil.

ver'tieren (-; *sn*) verdierlijken.

verti'kal [v] (*0*) verticaal, loodrecht.

ver'tilg|en (-) verdelgen, uitroeien; **2ung** *f* (*0*) verdelging, uitroeiing.

ver'|tippen (-): *sich ~* zich vertikken; **~tonen** (-) op muziek zetten; **~trackt** (*-est*) ingewikkeld, vervelend.

Ver'trag *m* (*-es*; *"e*) (het) contract; *Pol.* (het) verdrag; **2en** (-) verdragen, kunnen tegen; *sich ~ mit j-m* overweg kunnen met; *etw.* passen bij; *sich wieder ~* zich verzoenen, het weer goed maken (met); **2lich** (*0*) door een verdrag; contractueel.

ver'träglich [ɛ:] verdraagzaam; *Speisen*: licht verteerbaar; **2keit** *f* (*0*) verdraagzaamheid; verteerbaarheid.

Ver'trags|abschluß *m* (het) sluiten van een contract (*Pol.* verdrag); **~bruch** *m* contractbreuk; schending van een verdrag; **2gemäß** volgens het contract (verdrag); **~hotel** *n* (het) gecontracteerd hotel; **~strafe** *f* contractuele boete; **2widrig** in strijd met het contract (verdrag).

ver'trauen (-) (*D*) vertrouwen; **2** *n* (*-s*; *0*) (het) vertrouwen; **~erweckend** vertrouwenwekkend.

Ver'trauens|arzt *m* controlerend geneesheer; **~beweis** *m* (het) bewijs van vertrouwen; **~bruch** *m* (het) misbruik van vertrouwen; **~frage** *f* vertrouwenskwestie (*a. Pol.*); **~mann** *m* vertrouwensman; **~sache** *f* vertrouwenszaak, zaak van vertrouwen; **2selig** te goed van vertrouwen; **~stellung** *f* vertrouwenspositie; **2voll** vol vertrouwen, vertrouwend; **~votum** *n* (het) vertrouwensvotum; **2würdig** betrouwbaar.

ver'traulich vertrouwelijk; (*familiär bsd.*) gemeenzaam; **2keit** *f* vertrouwelijkheid; gemeenzaamheid.

ver'träum|en (-) verdromen; **~t** dromerig.

ver'traut (*-est*) vertrouwd; *~ machen (sein) mit (D)* vertrouwd maken (zijn) met; *auf ~em Fuß* op vertrouwelijke voet; **2e(r)** vertrouweling; **2heit** *f* (*0*) vertrouwdheid; vertrouwelijkheid.

ver'treib|en (-) verdrijven (*a. fig.*), verjagen; (*verkaufen*) verkopen; *sich die Zeit ~ (mit D)* de tijd verdrijven (met); **2ung** *f* verdrijving, verjaging.

ver'tret|bar verdedigbaar; **~en** (-) vertegenwoordigen; (*ersetzen*) vervangen; (*bekennen*) verdedigen, voorstaan, uitspreken; *Interessen* behartigen; *Weg* versperren; **2er** *m* vertegenwoordiger; (*Stell2*) plaatsvervanger; verdediger, voorvechter; **2ung** *f* vertegenwoordiging; (*Handels2 bsd.*) (het) agentschap, agentuur; vervanging; *in* ~ (*Abk. i.V.*) namens, voor; **~ungs·weise** als waarnemer (*od.* invaller).

Ver'trieb *m* verkoop; (*Abteilung*) verkoopafdeling; **~ene(r)** verdrevene; **~s·gesellschaft** *f* verkoopmaatschappij.

ver'|trinken (-) verdrinken; **~trocknen** (-; *sn*) ver-, uitdrogen; **~trödeln** (-) F verbeuzelen; **~trösten** (-) paaien; **~trottelt** versuft, idioot; **~tun** (-) verdoen; *Geld bsd.* verkwisten; *sich* ~ zich vergissen; **~tuschen** (-) verdoezelen, in de doofpot stoppen; **~übeln** (-*le*; -) kwalijk nemen; **~üben** (-) *Anschlag* plegen; *Verbrechen* begaan, bedrijven; **~ulken** (-) F voor de gek houden.

ver'unglimpf|en (-) belasteren, zwart maken, bekladden; (*beleidigen*) beledigen; **2ung** *f* laster, smaad; belediging.

ver'unglück|en (-; *sn*) verongelukken (*a. fig.*); **2te(r)** (het) slachtoffer.

ver'unreinig|en (-) verontreinigen; **2ung** *f* verontreiniging.

ver'unstalt|en (-*e*-; -) ontsieren, misvormen; **2ung** *f* ontsiering, misvorming.

ver'untreu|en (-) verduisteren; **2ung** *f* verduistering.

ver'unzieren (-) ontsieren.

ver'ursach|en (-) veroorzaken; **2ung** *f* veroorzaking.

ver'urteil|en (-) veroordelen; **2ung** *f* veroordeling.

ver'vielfachen (-) verveelvoudigen, vermenigvuldigen.

ver'vielfältig|en (-) vermenigvuldigen, reproduceren; **2ung** *f* vermenigvuldiging, reproduktie; **2ungs·apparat** *m* (het) reproduktieapparaat.

ver'vierfachen (-) verviervoudigen.

ver'vollkommn|en (-*e*-; -) vervolmaken, perfectioneren; **2ung** *f* (*0*) vervolmaking.

ver'vollständig|en (-) vervolledigen, completeren; **2ung** *f* vervollediging, completering.

ver'|wachsen 1. (-) vergroeien (*a. Narbe u. fig.*); *Wunde*: dichtgroeien; **2.** *Adj. Pers.*: mismaakt, misvormd; **~wackelt** *Foto*: bewogen.

ver'wahr|en (-) (veilig) bewaren, opbergen; *sich* ~ *gegen* (*A*) protesteren tegen, opkomen tegen; **~losen** (-*t*; -) verwaarlozen; **~lost** verwaarloosd; **2losung** *f* (*0*) verwaarlozing; **2ung** *f* bewaring; (het) protest, (het) verzet; *in* ~ *geben* in bewaring geven.

ver'waist ouderloos; *S.*: verlaten, leegstaand.

ver'walt|en (-) beheren (*a. Geld*), besturen (*bsd. Pol.*); *Amt* bekleden; **2er** *m* beheerder, bestuurder, administrateur; **2ung** *f* (het) beheer, (het) bestuur; (*Behörde bsd.*) administratie; bekleding.

Ver'waltungs|- *in Zssgn mst.* administratie-, *Pol.* bestuurs-, *z.B.* **~beamte(r)** bestuursambtenaar; **~behörde** *f* (het) bestuur, administratie; **~bezirk** *m* (het) bestuursdistrict; **~gebäude** *n* (het) administratiegebouw; **~gebühr** *f* administratiekosten *pl.*; **~reform** *f* administratieve hervorming.

ver'wand|eln (-) (*sich*) veranderen; **2lung** *f* verandering; metamorfose; *Thea.* toneelverandering.

ver'wandt (-*est*) verwant; ~ *sein* (*mit D*) verwant zijn (aan); *Pers.*: familie zijn (van); **2e(r)** verwante; **2schaft** *f* verwantschap (*a. fig.*); (*Familie*) familie; **~schaftlich** (*0*) verwantschaps-, familie-; **2schaftsgrad** *m* graad van verwantschap.

ver'warn|en (-) waarschuwen; **2ung** *f* waarschuwing.

ver'|waschen (-*schn*-) verbleekt, kleurloos; *fig. a.* vaag; **~wässern** (-) verwateren (*a. fig.*); **~weben** (-) ver-, in elkaar weven (*a. fig.*).

ver'wechs|elbar verwisselbaar, te verwisselen; **~eln** (-) verwisselen; *fig. bsd.* verwarren; **2lung** *f* verwisseling; verwarring.

ver'wegen (-*gn*-) vermetel, roekeloos; **2heit** *f* vermetelheid.

ver'weh|en (-) *v/t* wegwaaien; *v/i* (*sn*) verwaaien; **2ung** *f* opgewaaide sneeuw.

ver'wehren (-) beletten, verbieden.

ver'weichlich|en (-) verwekelijken; **2ung** *f* verwekelijking.

ver'weiger|n (-) weigeren; **2ung** *f* weigering.

ver'|weilen (-) blijven, vertoeven; **~weint** *Gesicht*: behuild; *Augen*: roodgeweend.

Ver'weis *m* (-*es*; -*e*) verwijzing;

(*Tadel*) berisping, vermaning; **2en** (-) berispen, vermanen; (*verbieten*) verbieden; ~ *an od. auf* (*A*) verwijzen naar; *j-n des Landes* (*des Feldes*) ~ iem. uitwijzen (iem. van het veld sturen); **~ung** *f* verwijzing; berisping; uitwijzing, verbanning; (*Feld2, Schul2*) verwijdering.

ver'welken (-) verwelken (*a. fig.*), verleppen (*a. fig.*).

ver'wend|bar bruikbaar, geschikt, dienstig; **~en** (-) gebruiken, aanwenden; ~ *auf* (*A*) besteden aan; *sich für j-n* ~ zich voor iem. inzetten, voor iem. een goed woord doen; **2ung** *f* (*0*) (het) gebruik, aanwending; (*keine*) ~ *haben für* (*A*) (niet) kunnen gebruiken.

ver'werf|en (-) verwerpen, afwijzen; (*verlieren*) weggooien; *s. a. verworfen*; **~lich** verwerpelijk; **2ung** *f* verwerping, afwijzing; *Geol.* verschuiving, sprong.

ver'wert|bar bruikbaar; **~en** (-) gebruiken, verwerken, gebruik maken van, produktief maken; **2ung** *f* (*0*) (het) gebruik, verwerking, toepassing.

ver'wes|en (*-t*; -; *sn*) vergaan, verrotten; **2er** *m* bestuurder, plaatsvervanger; *Pol.* regent; **2ung** *f* (*0*) verrotting, ontbinding.

ver'wetten (-) verwedden.

ver'wick|eln (-) verwarren; *j-n* ~ *in* (*A*) iem. (ver)wikkelen in; *sich* ~ *in* (*A*) verward raken in (*a. fig.*); **~elt** (*schwierig*) ingewikkeld; (*wirr*) verward; **2lung** *f* verwikkeling.

ver'wilder|n (-; *sn*) verwilderen (*a. fig.*); **2ung** *f* (*0*) verwildering.

ver'|winden (-) te boven komen, overwinnen; **~wirken** (-) (*sich*) verbeuren, verliezen.

ver'wirklich|en (-) verwezenlijken, realiseren; *sich* ~ uitkomen, verwezenlijken; **2ung** *f* (*0*) verwezenlijking.

ver'wirr|en (-) verwarren; *j-n bsd.* in de war brengen; *s. a. verworren*; **~t** verward, in de war; **2ung** *f* verwarring.

ver'|wirtschaften (-) verkwisten, opgebruiken, opmaken; **~wischen** (-) uitwissen (*a. fig.*), uitvegen; *sich* ~ vervagen; **~wittern** (-; *sn*) verweren; **~witwet** weduwnaar *m* (weduwe *f*) geworden; **~wohnen** (-) uitwonen.

ver'wöhn|en (-) verwennen; **2theit** *f* (*0*) verwendheid; **2ung** *f* (*0*) verwenning.

ver'worfen verachtelijk, laag gezonken; **2heit** *f* (*0*) laagheid, verdorvenheid.

ver'worren verward; **2heit** *f* (*0*) verwarde toestand, verwarring.

ver'wund|bar kwetsbaar (*a. fig.*); **~en** (*-e-*; -) wonden, kwetsen (*bsd. fig.*).

ver'wunder|lich bevreemdend, verwonderlijk; **~n** (-) verwonderen, bevreemden; **2ung** *f* (*0*) verwondering.

Ver'wund|ete(r) gewonde; **~ung** *f* verwonding.

ver'wunschen (*-schn-*) betoverd.

ver'wünsch|en (-) verwensen, vervloeken; (*verzaubern*) betoveren; **2ung** *f* verwensing, vervloeking; betovering.

ver'wurzeln (-; *sn*) vastwortelen (*a. fig.*).

ver'wüst|en (-) verwoesten, vernielen; **2ung** *f* verwoesting, vernieling.

ver'zag|en (-) versagen, de moed verliezen, moedeloos worden; **2theit** *f* (*0*) versaagdheid, moedeloosheid, schroom.

ver'zählen (-): *sich* ~ zich vertellen.

ver'zahn|en (-): *ineinander* (*od. miteinander*) ~ vertanden, in elkaar laten grijpen (*a. fig.*); **2ung** *f* vertanding; (het) in elkaar (laten) grijpen.

ver'|zanken (-): *sich* ~ ruzie maken; (*miteinander*) *verzankt sein* ruzie hebben; **~zapfen** (-) tappen (*a. Witze*); *Unsinn* verkopen; **~zärteln** (*-le*; -) vertroetelen.

ver'zauber|n (-) betoveren; **2ung** *f* betovering.

ver'|zäunen (-) omheinen; **~zehnfachen** (-) vertienvoudigen.

Ver'zehr *m* (*-es*; *0*) vertering, (het) verbruik, consumptie(s *pl.*); **2en** (-) opeten, verorberen; *Geld, fig. u. in der Gaststätte* verteren; *in der Gaststätte a., Vorräte* verbruiken; *sich* ~ wegkwijnen, wegteren; **~gutschein** *m* consumptiebon; **~ung** *f* (*0*) (het) opeten; vertering, (het) verteren; wegkwijning; **~zwang** *m* (*-es*; *0*) verplichte consumptie.

ver'zeichn|en (-) optekenen, noteren; (*falsch zeichnen*) vertekenen (*a. fig.*); *Erfolg, Sieg* boeken; 2**is** *n* (*-ses; -se*) lijst, opgave, (het) register, tabel.

ver'zeih|en (-) vergeven; ~ *Sie!* neemt U mij niet kwalijk!, pardon!; ~**lich** vergeeflijk; 2**ung** *f* (*0*) vergeving, vergiffenis; ~! pardon!; *um* ~ *bitten* excuus vragen.

ver'zerr|en (-) vertrekken, verwringen; *Ton, Gestalt* vervormen; *fig.* vertekenen; 2**ung** *f* verwringing; vervorming; vertekening.

ver'zettel|n (*-le*; -) verspillen; (*auf Zettel schreiben*) op fiches schrijven; *sich* ~ zich met teveel dingen tegelijk bezighouden; 2**ung** *f* (*0*) verspilling; (het) opschrijven op fiches.

Ver'zicht *m* (*-es; -e*) afstand, (het) afzien; *unter* ~ *auf* (*A*) bij gelijktijdig afzien van; 2**en** (*-e-*; -) (*auf A*) afstand doen (van), afzien (van).

ver'ziehen (-) *v/t* vertrekken, vervormen; *Kind* verwennen, bederven; *v/i* (*sn*) verhuizen, wegtrekken; *sich* ~ *Mund, Holz*: scheeftrekken; *Gewitter, Wolke, Schmerz*: wegtrekken; *Pers., Schmerz*: verdwijnen.

ver'zier|en (-) versieren, verfraaien, opsieren; 2**ung** *f* versiering, verfraaiing; (*Zierat*) (het) versiersel.

ver'|zimmern (-) *Bgb.* beschoeien; ~**zinken** (-) galvaniseren, verzinken; ~**zinnen** (-) vertinnen.

ver'zins|bar rentegevend; ~**en** (*-t*; -): *j-m etw. mit* ...% ~ iem. ...% rente betalen van; *sich* ~ (*mit* ...%) (...%) rente geven; ~**lich** rentegevend; 2**ung** *f* (*0*) rente(betaling).

ver'zöger|n (-) vertragen; (*hinauszögern*) op de lange baan schuiven; *sich* ~ vertraging ondervinden, zich verlaten; 2**ung** *f* vertraging.

ver'zoll|en (-) invoerrechten *n/pl.* betalen voor; aangeven, declareren; 2**ung** *f* (*0*) betaling van rechten, inklaring; aangifte, declaratie.

ver'|zücken (-) verrukken, in vervoering brengen; ~**zuckern** (-) versuikeren; (*bestreuen*) met suiker bestrooien; *fig.* verzoeten; *Pille* vergulden; 2**zückung** *f* (*0*) vervoering, extase.

Ver'zug *m* (*-es; 0*) vertraging, achterstand; *in* ~ *geraten* achter raken; *im* ~ *sein* in gebreke zijn; *Gefahr ist im* ~ er dreigt gevaar; ~**s·zinsen** *m/pl.* rente wegens te late betaling.

ver'zweif|eln (-) (*an D*) wanhopen (aan); ~**elt** wanhopig, vertwijfeld; 2**lung** *f* wanhoop, vertwijfeling.

ver'zweig|en (-): *sich* ~ zich vertakken; *Weg bsd.*: zich splitsen; ~**t** wijdvertakt (*a. fig.*); 2**ung** *f* vertakking; aftakking, splitsing.

ver'zwickt (*-est*) ingewikkeld, netelig.

Vesper *f* (-; *-n*) vesper; ~**brot** *n* (het) vesperbrood; 2**n** (*-re*) in de vooravond iets eten; ~**zeit** *f* vespertijd.

Vesti'bül [v] *n* (*-s; -e*) vestibule.

Ve'suv [v] *m*: *der* ~ de Vesuvius.

Vete'ran [v] *m* (*-en*) veteraan, oudgediende.

Veteri'när [v] *m* (*-s; -e*) dierenarts; ~**medizin** *f* diergeneeskunde.

Veto [v] *n* (*-s; -s*) (het) veto; ~**recht** *n* (het) vetorecht.

Vettel *f* (-; *-n*) (het) slordig oud wijf.

Vetter *m* (*-s; -n*) neef; ~**n·wirtschaft** *f* (*0*) vriendjespolitiek.

Ve'xier|bild [v] *n* (het) zoekplaatje; 2**en** (-) plagen, foppen; (*quälen*) kwellen, tergen; ~**spiegel** *m* lachspiegel.

vgl. *Abk. für vergleiche* vergelijk (*Abk.* vgl.).

v.H. *Abk. für vom Hundert* ten honderd, procent.

via ['vi·a·] via, over; 2'**dukt** *m* (*-es; -e*) viaduct (*a.* het).

vi'brieren [v] (-) vibreren, trillen.

Viech *n* (*-es; -er*) F (het) beest (*a. Rohling*).

Vieh *n* (*-es; 0*) (het) vee; *s. Viech.*

Vieh|- *in Zssgn mst.* vee-, *z.B.* ~**bestand** *m* veestapel; ~**futter** *n* (het) veevoer; ~**handel** *m* veehandel; ~**händler** *m* veekoopman; ~**herde** *f* kudde vee; ~**hof** *m* (het) abattoir; 2**isch** ['fi:ɪʃ] beestachtig; ~**markt** *m* veemarkt; ~**wagen** *m* vee-, beestenwagen; ~**weide** *f* weide; ~**zucht** *f* veeteelt; ~**züchter** *m* veefokker.

viel (*mehr; meist*) veel; *in* ~*em* in velerlei opzicht; *um* ~*es* + *Komp.* veel; *s. a. mehr u. meist.*

viel|- *in Zssgn mst.* veel-, *z.B.* ~**bändig** (*0*) veeldelig; ~**bedeutend** veelbetekenend; ~**beschäftigt:** ~ *sein* het druk hebben; ~**bespro-**

chen veelbesproken; **~besucht** druk bezocht; **~deutig** voor verschillende uitleggingen vatbaar, dubbelzinnig; **2eck** *n* (*-es*; *-e*) veelhoek; **~eckig** veelhoekig; **2ehe** *f* polygamie; **~er'lei** velerlei; **~er'orts** op veel plaatsen; **~fach** (*0*) veelvuldig, -voudig; *Adv.* (*oft*) dikwijls, vaak; *das 2e* het veelvoud; **2falt** *f* (*0*) menigvuldigheid, verscheidenheid; **~fältig** veel-, menigvuldig; **~farbig** veelkleurig, bont; **2flächner** *m* (het) veelvlak; **~förmig** veelvormig; **2fraß** *m* (*-es*; *-e*) veelvraat; **~geliebt** veelgeliefd; **~gereist** bereisd; **~geschmäht** verguisd; **~gestaltig** veelvormig; **2götte'rei** *f* (*0*) (het) veelgodendom; **2heit** *f* (*0*) veelheid; **~jährig** (*0*) veel-, langjarig; **~köpfig** (*0*) veelhoofdig, -koppig; **~'leicht** misschien, wellicht; **2'liebchen** *n* filippine; **~mals** menigmaal, dikwijls; *danke ~!* dank U wel (*od.* zeer)!; **~mehr** veeleer, integendeel; *nicht so sehr ... als ~* niet zozeer ... als wel; **~sagend** veelzeggend; **2schreiber** *m* veelschrijver; **~seitig** veelzijdig; **~silbig** (*0*) veellettergrepig; **~sprachig** veeltalig; **~stimmig** veelstemmig; **~teilig** veeldelig; **~umworben** zeer gevierd; **~versprechend** veelbelovend; **2weibe'rei** *f* (*0*) veelwijverij, polygamie; **2wisser** *m* veelweter; **2zahl** *f* (*0*) (het) groot aantal.

vier, 2 *f* vier; *wir sind zu ~t* (*od. unser ~*) wij zijn met z'n (*od.* ons) vieren; *alle ~e von sich strecken* languit gaan liggen; *auf allen ~en* op handen en voeten.

vier|- *in Zssgn mst.* vier-, *z.B.* **~armig** (*0*) vierarmig; **2beiner** *m* viervoeter; **~beinig** (*0*) viervoetig; **2bettkabine** *f* hut met vier bedden; **~blätt(e)rig** (*0*) vierbladig; **2eck** *n* (*-es*; *-e*) vierhoek; **~eckig** (*0*) vierhoekig; **2er** *m Sp.* vierriemsgiek; **~fach** (*0*) viervoudig; **2'farbendruck** *m* vierkleurendruk; **2füßer** [y:] *m* viervoeter; **~füßig** [y:] (*0*) viervoetig; **2gespann** *n* (het) vierspan; **~händig** (*0*) vierhandig; **~'hundert** vierhonderd; **2'jahresplan** *m* (het) vierjarenplan; **~jährig** (*0*) vierjarig; **~kantig** (*0*) vierzijdig; **2'mächtekonferenz** *f* conferentie der vier mogendheden; **~mal** viermaal; **~malig** (*0*) viermaal herhaald; **~motorig** (*0*) viermotorig; **2rad·antrieb** *m* vierwielaandrijving; **2radbremse** *f* vierwielrem; **~rädrig** (*0*) vierwielig; **~schrötig** stoer, fors; **~seitig** (*0*) vierzijdig; **~silbig** (*0*) vierlettergrepig; **2sitzer** *m Auto*: vierpersoonsauto; **~sitzig** (*0*) met vier zitplaatsen; **2spänner** *m* (het) rijtuig met vier paarden; **~spurig** (*0*): *~e Straße* vierbaansweg; **~stimmig** (*0*) vierstemmig; **~stündig** (*0*) van vier uren; **~tägig** (*0*) vierdaags; **2taktmotor** *m* viertaktmotor; **~'tausend** vierduizend; **~teilen** in vieren delen; *j-n* vierendelen; **~teilig** (*0*) vierdelig.

Viertel [ɪ] *n* (het) kwart, (het) vierde (deel); (*Stadt2*) wijk, buurt; (*Mond2*) (het) kwartier; (*es ist*) *~ nach* (*vor*) *zwei* (*drei*) (het is) kwart over (voor) twee(ën) (drie[ën]).

Viertel|- *in Zssgn mst.* kwart-, *z.B.* **~drehung** *f* kwartslag; **~finale** *n* kwartfinale; **~'jahr** *n* (het) kwartaal, (het) trimester; **~jahr'hundert** *n* kwarteeuw; **2jährlich** van drie maanden, driemaandelijks; **~'liter** *m* kwart liter; **2n** (*-le*) in vieren delen; **~pfund** *n* 125 gram; **~'stunde** *f* (het) kwartier; **2stündlich** om het kwartier.

vier|tens ten vierde; **~te(r)** vierde; **~türig** (*0*) vierdeurs; **2'waldstätter 'See** *m*: *der ~* het Vierwoudstedenmeer.

vierzehn [ɪ] veertien; **~tägig** (*0*) veertiendaags; **~täglich** om de veertien dagen; **~te(r)** veertiende.

vierzig [ɪ] veertig; **2er** *m* veertiger, veertigjarige; **~jährig** (*0*) veertigjarig; **~ste(r)** veertigste; **2'stundenwoche** *f* (*0*) veertigurenweek.

Vier'zimmerwohnung *f* vierkamerwoning.

Vignette [vɪn'jɛtə] *f* (het) vignet.

Vi'kar [v] *m* (*-s*; *-e*) vicaris; **~iat** [-'ʀĭa:t] *n* (*-es*; *-e*) (het) vicariaat.

Vill|a [v] *f* (*-*; *Villen*) villa; **~enviertel** *n* villawijk.

Vio|la [vi·'o:la·] *f* (*-*; *Violen*) (het) viooltje; *Mus.* altviool; **2'lett** (*-est*) violet, paars.

Vio'lin|e [vi·o·-] *f* viool; **~ist(in** *f*) [-'nɪst] *m* (*-en*) violist(e *f*); **~konzert** *n* (het) vioolconcert.

Viper [v] *f* (*-*; *-n*) adder.

virtu'|ell [v] virtueel; **2ose** *m* (*-n*) virtuoos; **2osi'tät** *f* (*0*) virtuositeit.
Virus [v] *n* (-; *Viren*) (het) virus; **~krankheit** *f* virusziekte.
Visage [vi·'zɑ:ʒə] *f* F (het) gezicht, facie.
vis-à-vis [vi·zɑ·'vi:], 2 *n* (-; -) vis-à-vis.
Vi'sier [v] *n* (*-s*; *-e*) (het) vizier; **2en** (-) viseren (*a. Paß*); (*zielen bsd.*) mikken; (*eichen*) ijken.
Vision [vi·'zĭo:n] *f* (het) vizioen.
Visitation [vi·zi·tɑ·'tsĭo:n] *f* visitatie; (*Durchsuchung a.*) doorzoeking.
Vi'si|te [v] *f* visite, (het) bezoek; **~ten·karte** *f* (het) visitekaartje; **2'tieren** (-) visiteren; doorzoeken.
visu'ell [v] (*0*) visueel.
Visum [v] *n* (*-s*; *Visa*) (het) visum; **~zwang** *m* (*-ẹs*; *0*) (het) verplicht visum.
vi'tal [v] vitaal; **2i'tät** *f* (*0*) vitaliteit.
Vita'min [v] *n* (*-s*; *-e*) vitamine (*a.* het); **~stoß** *m* vitaminestoot.
Vi'trine [v] *f* vitrine.
Vitri'ol [v] *n* (*-s*; *-e*) vitriool (*a.* het).
vivat ['vi:vat]: *~!* vivat!, leve!; 2 *n* (*-s*; *-s*) (het) vivat.
Vivisektion [vi·vi·zɛk'tsĭo:n] *f* vivisectie.
Vize|- *in Zssgn mst.* vice--, *z.B.* **~admiral** *m* vice-admiraal; **~kanzler** *m* vice-kanselier; **~könig** *m* vice-koning; **~präsident** *m* vice--president.
v.J. *Abk. für vorigen Jahres* van het vorige jaar.
Vlies *n* (*-es*; *-e*) (het) vlies, (het) vel, vacht; *das Goldene ~* het Gulden Vlies.
Vogel *m* (*-s*; *ⁿ*) vogel; *lustiger ~* F vrolijke klant; *fig. den ~ abschießen* iedereen overtreffen; *e-n ~ haben* F niet goed snik zijn.
Vogel|- *in Zssgn mst.* vogel-, *z.B.* **~bauer** *n* vogelkooi.
Vögelchen *n* (het) vogeltje.
Vogel|flug *m* vogelvlucht; **2frei** vogelvrij; **~futter** *n* (het) vogelvoer; **~haus** *n* volière; **~käfig** *m* vogelkooi; **~kunde** *f* (*0*) vogelkunde, ornithologie; **~leim** *m* vogellijm.
vögeln (*-le*) V naaien, neuken.
Vogel|nest *n* (het) vogelnest; **~perspektive** *f* (*0*): *aus der ~* in vogelperspectief; **~scheuche** *f* vogelverschrikker; **~schießen** *n* (*-s*; *0*) (het) vogelschieten; **~schutz** *m* vogelbescherming; **~-'Strauß-Politik** *f* struisvogelpolitiek; **~warte** *f* vogelwacht; **~zucht** *f* vogelteelt; **~zug** *m* vogeltrek.
Vo'gesen [v] *pl.*: *die ~* de Vogezen *pl.*
Vog|t [fo:kt] *m* (*-ẹs*; *ⁿe*) voogd; (*Richter*) rechter; **~'tei** *f* (het) ambtsgebied van de voogd; ambtswoning van de voogd.
Vo'kabel [v] *f* (*-*; *-n*) (het) woord(je).
Vo'kal [v] *m* (*-s*; *-e*) klinker, vocaal.
Vokativ [v] *m* (*-s*; *-e*) vocatief.
Volk *n* (*-ẹs*; *ⁿer*) (het) volk; (*Bienen2 a.*) zwerm; (*Menge a.*) menigte; (*~ Rebhühner*) vlucht; *das junge ~* het jonge volkje.
Völker|kunde *f* (*0*) volkenkunde, etnologie; **~recht** *n* (*-ẹs*; *0*) (het) volkenrecht; **2rechtlich** volkenrechtelijk; **~schaft** *f* (het) volk, natie; **~verständigung** *f* toenadering (*od.* verstandhouding) tussen de volkeren; **~wanderung** *f* volksverhuizing.
völkisch nationaal, volks.
Volks|- *in Zssgn mst.* volks-, *z.B.* **~abstimmung** *f* volksstemming, (het) plebisciet; **~aktie** *f* (het) aandeel voor de kleine spaarder; **~armee** *f* (het) volksleger; **~ausgabe** *f* volkseditie; **~befragung** *f* (het) referendum; **~begehren** *n* (het) petitionnement; **~bildung** *f* (*0*) volksontwikkeling; **~bücherei** *f* openbare bibliotheek; **~bühne** *f* (het) volkstoneel; **~demokratie** *f* volksdemocratie; **~dichtung** *f* volkspoëzie; **2eigen** *Betrieb*: genationaliseerd; **~etymologie** *f* volksetymologie; **~feind** *m* volksvijand; **~fest** *n* (het) volksfeest; **~front** *f* (het) volksfront; **~gesundheit** *f* volksgezondheid; **~glaube** *m* (het) volksgeloof; **~gruppe** *f* volksgroep; **~gunst** *f* volksgunst; **~held** *m* volksheld; **~herrschaft** *f* volksheerschappij; **~hochschule** *f* volkshogeschool, volksuniversiteit; **~kammer** *f* volkskamer; **~küche** *f* gaarkeuken; **~kunde** *f* (*0*) volkskunde; **~kunst** *f* (*0*) volkskunst; **~lied** *n* (het) volkslied; **~meinung** *f* openbare mening; **~mund** *m* (*-ẹs*; *0*) volksmond; **~musik** *f* volksmu-

ziek; **~partei** *f* volkspartij; **~polizei** *f* volkspolitie; **~redner** *m* volksredenaar; **~republik** *f* volksrepubliek; **~schule** *f* lagere school; **~schullehrer** *m* onderwijzer; **~seele** *f* (*0*) volksziel; **~stamm** *m* volksstam; **~stimme** *f* stem van het volk; **~stück** *n* (het) volksstuk; **~tanz** *m* volksdans; **~tracht** *f* volksdracht, nationale dracht; **~tum** *n* (*-s*; *0*) volksaard; **2tümlich** populair; **~vermögen** *n* (het) volksvermogen; **~versammlung** *f* volksvergadering.

Volksvertret|er *m* volksvertegenwoordiger; **~ung** *f* volksvertegenwoordiging.

Volkswirt *m* econoom; **~schaft** *f* (nationale) economie; **~schaftler** *m* econoom; **2schaftlich** economisch.

Volkszählung *f* volkstelling.

voll vol; ~ *und ganz* geheel en al; *aus ~em Halse* luidkeels.

voll|- *in Zssgn mst.* vol-, *z.B.* **~auflaufen** (*sn*) vollopen. [volop.]

voll|automatisch volautomatisch; **2bad** *n* (het) kuipbad; **2bart** *m* volle baard; **2beschäftigung** *f* volledige tewerkstelling; **2besitz** *m*: *im* ~ (*G*) in het volle bezit; **2blüter** *m* volbloed, (het) raspaard; **~blütig** volbloedig; **~'bringen** (-) volbrengen; **~busig** met een volle boezem; **2dampf** *m* (*-ẹs*; *0*) volle kracht (*a. fig.*).

Völle *f* (*0*) volheid.

voll'end|en (-) voltooien; **~et** voltooid; (*vollkommen*) volmaakt, perfect; *Tatsache*: voldongen.

vollends geheel, helemaal; (*nun auch noch*) (nu) ook nog.

Voll'endung *f* (*0*) voltooiing; (*Vollkommenheit*) volmaaktheid.

Völle'rei *f* brasserij, zwelgerij.

voll·essen: *sich* ~ zich vol eten.

Volleyball ['vɔli·-] *m* (*-ẹs*; *0*) (het) volleybal.

voll|'führen (-) vol-, uitvoeren, volbrengen; **~füllen** vol doen, vullen; **2gas** *n* (*-es*; *0*) (het) vol gas; ~ *geben* vol gas geven; **2gefühl** *n* (*-ẹs*; *0*) (het) vol besef, (het) heerlijk gevoel; **~gießen** volgieten; **~gültig** ten volle geldig; **2gummireifen** *m* massieve rubberband.

völlig totaal, volslagen, volledig; *Adv. a.* volkomen, helemaal.

volljährig (*0*) meerderjarig; **2keit** *f* (*0*) meerderjarigheid.

Voll|kaskoversicherung *f* all-risk-verzekering; **2klimatisiert** airconditioned.

voll'kommen volmaakt; (*völlig*) volkomen; **2heit** *f* (*0*) volmaaktheid.

Voll|kornbrot *n* (het) volkorenbrood; **~kraft** *f* (*0*) volle kracht; **2machen** vol maken, vol doen; **~macht** *f* (*-*; *-en*) volmacht; *in* ~ (*Abk. i.V.*) bij volmacht; **~machtgeber** *m* volmachtgever.

Vollmilch *f* volle melk; **~schokolade** *f* melkchocolade.

Voll|mond *m* vollemaan (*a. fig.*); **2packen** vol pakken; **~pension** *f* (het) volledig pension; **2pfropfen** volproppen; **2saugen:** *sich* ~ zich volzuigen; **2schenken** volschenken; **2schlagen:** *sich* (*den Bauch*) ~ P zich volstoppen; **2schlank** volslank; **2schmieren** volsmeren; **~spur** *f* (*0*) (het) normaal spoor.

vollständig volledig, compleet; *Adv.* (*ganz*) *a.* helemaal; **2keit** *f* (*0*) volledigheid.

voll'streck|bar (*0*) uitvoerbaar; **~en** (-) voltrekken; **2er** *m* voltrekker, uitvoerder; **2ung** *f* voltrekking, executie.

voll|tanken voltanken; **~tönend** (helder *od.* vol) klinkend; **2treffer** *m* voltreffer (*a. fig.*); **~trunken** stomdronken; **2versammlung** *f* plenaire vergadering; **2waise** *f* volle wees; **~wertig** volwaardig; **~zählig** voltallig; **~zeichnen** vol tekenen; *voll gezeichnet Anleihe*: voltekend; **~'ziehen** (-) voltrekken (*a. Trauung*), ten uitvoer brengen; *~de Gewalt* uitvoerende macht; **2'ziehung** *f* (*0*), **2'zug** *m* (*-ẹs*; *0*) voltrekking, uitvoering.

Volon'tär [vo·lɔn-] *m* (*-s*; *-e*) volontair.

Volt [v] *n* (*-s*; -) volt; **~meter** *n* voltameter.

Vo'lumen [v] *n* (*-s*; - *od. Volumina*) (het) volume.

vom = *von dem.*

von (*D*) van; *vor Passivobjekt*: door, *z.B. der Brief wurde ~ mir geschrieben* door mij; (*über oft*) over; ~ ... *aus* vanuit ...; ~ *mir aus* voor mijn part, wat mij betreft; ~ ... *an* vanaf ..., van ... af; ~ *da an* van toen af; *Hunderte* (*Tausende*) ~ *Menschen* (*Autos*) *pl.* honderden (duizenden) mensen (auto's) *pl.*; *ein Esel, Schurke* ~ *Mensch* F ... van een; **~ei'nander** van elkaar; (*auseinander*) vaneen; **~'nöten** nodig, van node; **~'statten:** ~ *gehen* plaatsvinden; (*vorangehen*) opschieten, vorderen.

vor 1. (*A, D*) voor; (*zeitlich bsd.*) vóór; (*ursächlich: aus*) van, *z.B.* ~ *Hunger sterben, Wut beben* van; *zeitlich a.*: ~ (*e-r Woche, zwei Monaten*) (een week, twee maanden) geleden; ~ *allen Dingen*, ~ *allem* voor alles, in de eerste plaats; **2.** *Adv.* voor; *nach wie* ~ voor als na, nog altijd.

vor|- *in Zssgn mst.* voor-, *z.B.* **~'ab** vooraf, van tevoren; **~abend** *m*: *am* ~ (*G*) op de vooravond van; **~ahnung** *f* (het) voorgevoel; **~alpen** *pl.*: *die* ~ de Vooralpen *pl.*

vo'ran vooraan, voorop; (*nach vorne*) vooruit; **~gehen** vooropgaan, vooroplopen; (*vorher stattfinden*) voorafgaan; (*fortschreiten*) opschieten, vorderen; *j-m* voorgaan; **~kommen** vooruitkomen, opschieten.

Vor|anmeldung *f* voorlopige aanmelding; *Tel.* oproep; **~anschlag** *m* raming, voorlopige begroting.

vo'ranstellen vooropzetten.

Vor·anzeige *f* voorlopige aankondiging.

Vor·arbeit *f* (het) voorbereidend werk, voorbereidende werkzaamheid; **~er** *m* voorman, ploegbaas.

vo'rauf voorop, vooraan, voorop, vooruit.

vo'raus vooruit (*a. besser*), voorop; *im* ~ bij voorbaat, van tevoren, vooraf; *s-r Zeit* ~ *sein* zijn tijd vooruit zijn; **~ahnen** voorvoelen; **~bedenken** vooraf bedenken; **~bedingen** vooraf bedingen, als voorwaarde stellen; **~berechnen** vooruit berekenen; **~bestellen** vooruitbestellen; (*reservieren*) (van tevoren) bespreken; **~bestimmen** vooraf bepalen; **~bezahlen** vooruitbetalen; **~eilen** vooruitsnellen; **~fahren** vooroprijden; **~gehen** vooropgaan, vooroplopen; (*zeitlich*) voorafgaan; **~gesetzt:** ~, *daß* ... aangenomen dat ..., mits ...; **~haben:** *j-m etw.* ~ iets op iem. voorhebben; **~nehmen** vooruitlopen op.

Vo'raussage *f* voorspelling; **~n** voorspellen.

vo'raus|schauen vooruitzien; **~schicken** (*vorher mitteilen*) vooropstellen, beginnen met; **~sehen** vooruitzien; *etw.* voorzien.

vo'raussetz|en (ver)onderstellen, aannemen, uitgaan van; *s. a. vorausgesetzt*; **~ung** *f* veronderstelling; (*Bedingung*) voorwaarde; *unter dieser* ~ onder die voorwaarde; *unter der* ~, *daß* ... op voorwaarde dat ...

Vo'raussicht *f* (het) vermoeden; (*Wahrscheinlichkeit*) waarschijnlijkheid; **~lich** (*0*) vermoedelijk.

vo'rauszahl|en vooruitbetalen; **~ung** *f* vooruitbetaling, (het) voorschot.

Vorbau *m* (*-es; -ten*) uitbouw (aan de voorkant); **~en** (*D*) *fig.* voorkomen, verhoeden.

Vorbe|dacht *m*: *mit* ~ met voorbedachten rade; **~deutung** *f*: *e-e* ~ *haben* een voorteken zijn; **~dingung** *f* (eerste) voorwaarde.

Vorbehalt *m* (het) voorbehoud; *ohne* (*unter*) ~ zonder (onder) voorbehoud; **~en** (*sich*) (zich) voorbehouden; **~lich** (*G*) behoudens, onder voorbehoud van; **~los** (*-est*) zonder voorbehoud.

vor'bei (*an D*) voorbij; (*örtlich a.*) langs; *Adv.* voorbij; (*zeitlich a.*) afgelopen; *an* (*A, D*) ... ~ langs ...; **~fahren** voorbij-, langsrijden; **~führen** *an* (*D*) *v/i* gaan langs; **~gehen** (*an D*) voorbijgaan (*a. zeitlich*) (langs; *fig.* aan); *im* ~ in het voorbijgaan; *fig. a.* terloops; **~kommen** voorbijkomen; ~ *an* (*D*) komen langs; (*bei j-m*) ~ F even (bij iem.) aanlopen, (bij iem.) langs komen; **~lassen** laten passeren, voorbijlaten; **~marsch** *m* (het) defilé, (het) voorbijmarcheren; **~reden** *an* (*D*) langs ... heenpraten; **~schießen** (er)naast schieten, missen; **~ziehen** voorbijtrekken.

vorbe|lastet (reeds) belast, bezwaard; **~merkung** *f* voorafgaande opmerking.

vorbereit|en voorbereiden; **~ung** *f* voorbereiding.

Vorbe|richt *m* (het) voorbericht; (*vorläufiger Bericht*) (het) voorlopig

verslag; ~**sprechung** *f* voorbespreking; 2**stellen** bespreken, vooruitbestellen, reserveren.
vorbestraft reeds eerder veroordeeld; 2**e(r)** iem. met een strafregister.
vorbet|en voorbidden; 2**er** *m* voorbidder.
vorbeug|en (*D*) voorkomen; *sich* ~ zich vooroverbuigen; 2**ung** *f* voorkoming; 2**ungs·maßnahme** *f* voorzorgsmaatregel.
Vorbild *n* (het) voorbeeld; 2**en** voorbereiden, een vooropleiding geven; 2**lich** voorbeeldig; ~**ung** *f* vooropleiding.
vor|binden voorbinden; 2**bote** *m* voorbode (*a. fig.*); ~**bringen** uiten, aanvoeren, te berde brengen; 2**bühne** *f* (het) voortoneel; 2**dach** *n* (het) afdak, luifel; ~**datieren** antedateren; 2**deck** *n* (het) voordek; ~**dem** eertijds, weleer.
Vorder|- *in Zssgn mst.* voor-, *z.B.* ~**achse** *f* vooras; ~**ansicht** *f* (het) vooraanzicht; ~**asien** *n* Voor-Azië *n*; ~**bein** *n* voorpoot; 2**e(r, -s)** voorste; ~**front** *f* voorkant, -zijde; ~**grund** *m* voorgrond; *in den* ~ *treten* op de voorgrond treden; 2**gründig** voor de hand liggend; 2**hand** *Adv.* voorshands, voorlopig; ~**hand** *f* (*0*) voorhand; ~**haus** *n* (het) voorhuis; ~**indien** *n* Voor-Indië *n*; ~**lader** *m* voorlader; ~**mann** *m* voorman; ~**rad** *n* (het) voorwiel; ~**rad·antrieb** *m* voorwielaandrijving; ~**reifen** *m* voorband; ~**schiff** *n* (het) voorschip; ~**seite** *f* voorkant, voorzijde; ~**sitz** *m* voorste zitplaats; ~**teil** *m od. n* (het) voorste deel; (*Seite*) voorzijde; ~**tür** *f* voordeur; ~**wagen** *m* voorwagen; ~**zähne** *m/pl.* voortanden *pl.*; ~**zimmer** *n* voorkamer.
vordrängen: *sich* ~ naar voren dringen; *fig.* zich op de voorgrond dringen.
vordring|en (*sn*) doordringen; ~**lich** (zeer) dringend, urgent.
Vor|druck *m* (het) formulier; 2**ehelich** voorechtelijk.
vor·eil|en vooruitsnellen; ~**ig** voorbarig, overijld; 2**ig·keit** *f* (*0*) voorbarigheid, overijling.
vor·ei'nander voor elkaar.
vor·eingenommen bevooroordeeld, vooringenomen; 2**heit** *f* (*0*) vooringenomenheid.
Vor·eltern *pl.* voorouders *pl.*
vor·enthalt|en onthouden; 2**ung** *f* ont-, achterhouding.
Vor|entscheidung *f* voorlopige beslissing; *Sp.* demi-finale; 2**erst** vooreerst, voorlopig; 2**erzählen** *fig.* wijsmaken; ~**fahr** *m* (*-en*) voorvader.
vorfahr|en (*sn*) voorrijden; 2**t** *f* (*0*), 2**ts·recht** *n* (*-es*; *0*) voorrang; 2**ts-schild** *n* (het) voorrangsbord; 2**ts·straße** *f* voorrangsweg.
Vorfall *m* (het) voorval, gebeurtenis; 2**en** voorvallen, gebeuren.
Vor|feier *f* (het) voorbereidend feestje; ~**feld** *n* (het) voorterrein; 2**finden** aantreffen; ~**frage** *f* inleidende vraag; (*vorige Frage*) vorige vraag; ~**freude** *f* voorpret; 2**fristig** (*0*) vóór de gestelde termijn, voortijdig; ~**frühling** *m* vroege lente; 2**fühlen:** *bei j-m* ~ F iem. polsen.
Vorführ|dame *f* mannequin; 2**en** demonstreren, tonen, laten zien; *Film* draaien, vertonen (*a. Lichtbilder*); *Thea.* opvoeren; *jur. j-n* voorleiden; ~**raum** *m* (*Film*2) projectiekamer, cabine; ~**ung** *f* demonstratie; vertoning; opvoering; voorleiding.
Vor|gabe *f* voorgift; ~**gang** *m* (*Ablauf*) loop van zaken, toedracht; (*Geschehen*) (het) voorval, gebeurtenis; *Phys.*, *Chem.* (het) proces; *jur.* (het) dossier; ~**gänger(in** *f*) *m* voorganger *m*, voorgangster *f*; ~**garten** *m* voortuin; 2**gaukeln** voorspiegelen; 2**geben** voorgeven (*a. Sp.*); (*fälschlich behaupten a.*) voorwenden; ~**gebirge** *n* (het) voorgebergte; 2**geblich** zogenaamd, beweerd; 2**gefaßt** *Meinung*: vooropgezet; ~**gefühl** *n* (het) voorgevoel; 2**gehen** (*handeln*) optreden, te werk gaan; (*Vorrang haben*) voorgaan; (*geschehen*) gebeuren; *mil.* oprukken, aanvallen; (*vorangehen*) vooruitgaan; *Uhr*: voorlopen; ~**gelände** *n* (het) voorterrein; ~**gelege** *n Tech.* overbrenging; ~**gericht** *n* (het) voorgerecht; 2**gerückt** *Alter*: gevorderd; *zu* ~*er Stunde* in de late uurtjes.
Vorgeschicht|e *f* (*0*) voorgeschiedenis; (*Urgeschichte a.*) prehistorie; 2**lich** voorhistorisch.
Vorge|schmack *m* (*-es*; *0*) (het)

voorsmaakje; **~setzte(r)** meerdere, superieur, chef.
vorgest|ern eergisteren; **~rig** van eergisteren.
vor|greifen (*D*) vooruitlopen (op); *j-m* vóór zijn; **⁀griff** *m* (het) vooruitlopen, voorbarigheid; **~haben** van plan zijn, voorhebben (*a. Schürze*); **⁀haben** *n* (het) voornemen, (het) plan; **⁀halle** *f* (het) voorportaal, vestibule.
vorhalt|en voorhouden; (*vorwerfen a.*) onder het oog brengen; *v/i* duren, aanhouden; (*reichen*) voldoende zijn; **⁀ung** *f* (het) verwijt.
Vorhand *f* (*0*) voorhand; *die ~ haben* aan de voorhand zijn.
vor'handen (*0*) aanwezig, voorhanden, voorradig; **⁀sein** *n* (*-s; 0*) aanwezigheid.
Vorhang *m* gordijn (*a.* het); *Thea.* (het) doek; *der Eiserne ~* het IJzeren Gordijn.
vorhänge|n *v/t* hangen voor; **⁀schloß** *n* (het) hangslot.
Vorhaut *f* voorhuid.
vorher van tevoren, vooraf.
vor'her|bestimmen voorbeschikken; **~gehen** voorafgaan; **~d, ~ig** (*0*) voorafgaand.
Vorherr|schaft *f* hegemonie, (het) overwicht, suprematie; **⁀schen** overheersen, domineren; *Meinung, Mode*: heersen.
Vor'hersage *f* voorspelling; **⁀n** voorspellen.
vor'hersehen voorzien.
vor|hin zoëven, (daar)net, daarstraks; **⁀hof** *m* voorhof (*a.* het) (*a. Anat.*), (het) voorerf; **⁀hut** *f* voorhoede (*a. fig.*).
vorig (*0*) vorig.
Vor|jahr *n* (het) vorig jaar; **⁀jährig** (*0*) van het vorige jaar; **~kammer** *f* (*Herz⁀*) boezem, voorhof (*a.* het); *Tech.* voorkamer; **~kämpfer(in** *f*) *m* voorvechter *m*, voorvechtster *f*; **⁀kauen** voorkauwen (*a. fig.*).
Vorkauf *m* voorkoop; **~s·recht** *n* (het) recht van voorkoop.
Vor|kehrung *f* voorzorg(smaatregel); **~kenntnisse** *f/pl.* reeds verworven kennis, vooropleiding; **⁀knöpfen:** *sich j-n ~* iem. onder handen nemen.
vorkomm|en voorkomen (*a. geschehen usw.*); **⁀en** *n* (het) voorkomen, aanwezigheid; (*Mineral⁀ bsd.*) vindplaats; **⁀nis** *n* (*-ses; -se*) (het) voorval, gebeurtenis.
Vorkriegszeit *f* vooroorlogse tijd.
vorlad|en dagvaarden; **⁀ung** *f* dagvaarding.
Vor|lage *f* (*Muster*) (het) voorbeeld; (*Gesetzes⁀*) (het) ontwerp; *Sp.* voorzet; **~land** *n* (*-es; 0*) (het) voorland; **⁀lassen** voor laten gaan; (*empfangen*) binnenlaten.
Vorlauf *m Sp.* serie; *Chem.* voorloop; **⁀en** (*sn*) vooruitlopen; (*nach vorn*) naar voren lopen.
Vorläuf|er(in *f*) *m* voorloper *m*, voorloopster *f*; **⁀ig** (*0*) voorlopig.
vor|laut (*dreist*) vrijpostig; (*naseweis*) eigenwijs; **⁀leben** *n* (het) verleden.
Vorlege|besteck *n* (het) voorsnijcouvert; **~gabel** *f* voorsnijvork; **~löffel** *m* grote lepel; **~messer** *n* (het) voorsnijmes; **⁀n** voorleggen; (*vor A*) leggen voor, ervoor leggen; *Speisen* opdienen, voorzetten; *Schloß* ervoor hangen; *Tempo* aanhouden; **~r** *m* (het) kleedje, (het) matje; **~schloß** *n* (het) hangslot.
vorles|en voorlezen; **⁀ung** *f* (het) college; *~en pl. hören* college lopen; **⁀ungs·verzeichnis** *n* studiegids.
vor|letzte(r, -s) voorlaatste; **⁀liebe** *f* voorliefde, voorkeur; **~'liebnehmen:** *mit etw.* (*j-m*) *~* iets (iem.) voor lief nemen.
vorliegen ter tafel liggen; (*vorhanden sein*) aanwezig (*od.* er) zijn; (*zur Bearbeitung*) af te handelen zijn; *was liegt gegen mich vor?* wat is er tegen mij ingebracht?; *es liegt ein Irrtum vor* er is een vergissing in het spel; **~d** *Fall*: onderhavig; (*vor j-m liegend*) deze, dit *n*.
vorlügen voorliegen.
vorm = *vor dem*.
vor|machen voordoen; (*täuschen*) wijsmaken; **⁀macht(stellung)** *f* (*0*) hegemonie, (het) overwicht.
vormal|ig (*0*) voormalig, vroeger; **~s** vroeger, eertijds.
Vormarsch *m* opmars; *auf dem ~* in opmars (*a. fig.*).
Vormerk|buch *n* agenda, (het) notitieboek; **⁀en** noteren; *sich ~ lassen* zich (voorlopig) laten inschrijven; **~ung** *f* notering, (het) opnemen; (voorlopige) inschrijving.
vormilitärisch premilitair.

Vormittag *m* voormiddag; *am* ~, 2**s** voormiddags.
Vormund *m* (*-ęs*; *-e od.* *⸚er*) voogd; ~**schaft** *f* (het) voogdijschap, voogdij; ~**schafts·gericht** *n* (het) voogdijgerecht.
vorn vooraan; *nach* (*von*) ~ naar (van) voren; *von* ~ *anfangen* van voren af (aan) beginnen.
Vor|nahme *f* (*0*) (het) verrichten, (het) aanbrengen; ~**name** *m* voornaam.
vorn|'an vooraan; ~**e** = *vorn*.
vornehm voornaam; (*elegant a.*) deftig.
vornehmen doen, verrichten; *sich* ~ zich voornemen; *j-n* onder handen nemen.
Vornehm|heit *f* (*0*) voornaamheid; deftigheid; 2**lich** voornamelijk, vooral.
vorneigen: *sich* ~ zich vooroverbuigen.
vorn|he'rein: *von* ~ van tevoren, a priori; ~'**über** voorover; ~'**weg** voorop; *mit etw.* (*D*) ~ met iets eerst.
Vor·ort *m* voorstad; ~**bahnhof** *m* (het) voor(stad)station; ~**verkehr** *m* (het) lokaal-, buurtverkeer; ~**zug** *m* lokaaltrein.
Vor|platz *m* (het) voorplein; ~**posten** *m* voorpost; ~**programm** *n* (het) voorprogramma; ~**prüfung** *f* (het) voorexamen, (het) tentamen; 2**quellen** *v/i* (*sn*) *Augen*: uitpuilen.
Vorrang *m* (*-ęs*; *0*) voorrang; ~**stellung** *f*: *e-e* ~ *einnehmen* prioriteit genieten.
Vor|rat *m* voorraad; 2**rätig** (*0*) in voorraad, voorradig.
Vorrats|haus *n* (het) magazijn, (het) pakhuis; ~**kammer** *f* voorraad-, provisiekamer; ~**schrank** *m* provisiekast.
Vor|raum *m* (voor)hal, vestibule; 2**rechnen** voorrekenen; ~**recht** *n* (het) voorrecht.
Vorred|e *f* (het) voorbericht, voorrede; (*einleitende Rede*) inleiding; ~**ner** *m* vorige spreker.
Vorreiter *m* voorrijder, pikeur.
vorricht|en klaarmaken; *Zimmer* in orde brengen; 2**ung** *f* installatie, inrichting; (het) apparaat, (het) toestel.
vor|rücken *v/t* vooruitschuiven; *v/i* (*sn*) vorderen, vooruitgaan, opschieten; *mil.* oprukken; *in e-e Stelle* opklimmen, bevorderd worden; *s. a. vorgerückt*; 2**runde** *f* voorronde.
vors = *vor das*.
Vor|saal *m* hal, vestibule; 2**sagen** voorzeggen; ~**saison** *f* (het) voorseizoen; ~**sänger** *m* voorzanger; ~**satz** *m* (het) voornemen, (het) plan; *jur.* (het) opzet; 2**sätzlich** opzettelijk; *jur.* met voorbedachten rade; ~**schau** *f* (*auf A*) aankondiging (van), (het) overzicht (van); ~**schein** *m*: *zum* ~ *kommen* te voorschijn komen; 2**schicken** vooruitsturen, -zenden; 2**schieben** vooruitschuiven; schuiven voor; (*vorgeben*) voorwenden; 2**schießen** voorschieten; ~**schiff** *n* (het) voorschip.
Vorschlag *m* (het) voorstel; (*erster Schlag*) voorslag (*a. Mus.*), eerste slag; 2**en** voorstellen; ~**s·liste** *f* voordracht; ~**s·recht** *n* (*-ęs*; *0*) (het) recht van voordracht.
Vor|schlußrunde *f* halve finale; 2**schneiden** voorsnijden; 2**schnell** voorbarig, overijld; 2**schreiben** voorschrijven; 2**schreiten** voortschrijden, vorderen; *s. a. vorrücken*.
Vorschrift *f* (het) voorschrift; *nach* ~ *Med.* volgens recept (*od.* voorschrift); 2**s·mäßig** volgens voorschrift, reglementair; 2**s·widrig** in strijd met de voorschriften.
Vorschub *m*: *e-r S.* (*D*) ~ *leisten* iets begunstigen, iets in de hand werken.
Vorschul|e *f* voorbereidende basisschool; ~**erziehung** *f* voorbereiding op de basisschool.
Vorschuß *m* (het) voorschot; ~**zahlung** *f* (het) voorschot, vooruitbetaling.
vor|schützen voorwenden; ~**schwärmen** F enthousiast (*od.* dwepend) vertellen; ~**schwatzen** F met geleuter vervelen; ~**schweben** voor de geest staan; ~**schwindeln** wijsmaken, op de mouw spelden.
vorseh|en (*planen*) voorzien, plannen; *sich* ~ op zijn hoede zijn; 2**ung** *f* (*0*) voorzienigheid.
vorsetzen voorzetten, aanbieden; (*vorrücken*) vooruitzetten; *e-r S.* (*D*) *etw.* ~ iets zetten voor iets; *s. a. Vorgesetzte(r)*.
Vorsicht *f* voorzichtigheid; ~*!* pas

op!, voorzichtig!; **2ig** voorzichtig; **2s·halber** voorzichtigheidshalve; **~s·maßregel** *f* voorzorgsmaatregel.

Vor|silbe *f* (het) voorvoegsel; **2singen** voorzingen; **2sintflutlich** van voor de zondvloed; *fig.* totaal verouderd.

Vorsitz *m* (*-es*; *0*) (het) voorzitterschap; **2en** (*D*) voorzitten; **~ende(r)** voorzitter.

Vorsommer *m* voorzomer.

Vorsorg|e *f* (*0*) voorzorg; **2en** voorzorgsmaatregelen *pl.* nemen; *fürs Alter ~* voor de oude dag zorgen; **2lich** uit voorzorg.

Vorspann *m* (*-es*; *-e*) (het) voorspan; (*Film2*) gegevens *n/pl.*; **2en** voorspannen; *j-n ~* iem. (ergens) voorspannen.

Vorspeise *f* (het) voorgerecht.

vorspiegel|n voorspiegelen; **2ung** *f* voorspiegeling.

Vorspiel *n* (het) voorspel; **2en** voorspelen.

vor|sprechen voorzeggen, voorspreken; *Thea.* souffleren; *bei j-m ~* iem. opzoeken, iem. komen spreken; **~springen** vooruitspringen; **2sprung** *m* voorsprong; (*Teil a.*) (het) vooruitstekend gedeelte; **2stadt** *f* voorstad; **2städter** *m* bewoner van een voorstad; **~städtisch** van een voorstad, voorstads-.

Vorstand *m* (het) bestuur; *Hdl. bsd.* directie; *Pers.*: bestuurder; directeur; **~s·mitglied** *n* (het) bestuurslid.

vorsteck|en voordoen; *Nadel* opdoen; *Kopf* vooruitsteken; **2nadel** *f* sierspeld, broche.

vorsteh|en (voor)uitsteken, (voor-)uitspringen; (*D*) aan het hoofd staan van, leiden, besturen; **~end** bovenstaand; *im ~en* (hier)boven; **2er** *m* (het) hoofd, bestuurder; *Hdl.* directeur, chef; **2er·drüse** *f* prostaat; **2erin** *f* (het) (vrouwelijk) hoofd; directrice.

vorstell|en naar voren plaatsen; (*vor etw.*) zetten (*od.* plaatsen) voor; (*bedeuten*; *j-n*) voorstellen; *sich ~* zich voorstellen (*a. sich denken*); **~ig:** *~ werden* een bezwaarschrift indienen, protesteren; **2ung** *f* voorstelling (*a. Idee u. Thea.*); (*Einwand*) (het) bezwaar, (het) protest; (*Ermahnung*) vermaning; **2ungsvermögen** *n* (*-s*; *0*) (het) voorstellingsvermogen.

Vorstoß *m* aanval, uitval, eerste stoot; *fig.* aanval, poging; *~ in* (*A*) (het) binnendringen in; **2en** *v/t* vooruitstoten, naar voren stoten; *v/i* (*sn*) doordringen; *mil.* aanvallen, oprukken.

Vor|strafe *f* vroegere straf; **2strecken** uitsteken; *Geld* voorschieten; **~studie** *f* voorstudie; **~stufe** *f* eerste fase, (het) eerste stadium; **2stülpen** naar voren brengen; **~tag** *m* vorige dag; **~tänzer** *m* voordanser.

vortäusch|en voorspiegelen; voorwenden; **2ung** *f* voorspiegeling; voorwending.

Vorteil [ɔ] *m* (het) voordeel; **2haft** (*-est*) voordelig.

Vortrag *m* (*-es*; *⸚e*) voordracht; (*wissenschaftliche Rede*) lezing; *Hdl.* (het) saldo; *~ halten* verslag uitbrengen; **2en** voordragen; *Mus.* ten gehore brengen; verslag uitbrengen; *Meinung* uiteenzetten; *Bitte, Beschluß* kenbaar maken; *Hdl.* overbrengen; **~s·abend** *m* voordrachtsavond; **~s·reihe** *f* reeks voordrachten.

vor'trefflich voortreffelijk, uitstekend; **2keit** *f* voortreffelijkheid.

vor|treten naar voren treden; (*hervorstehen*) uitsteken; **2tritt** *m* (*-es*; *0*) voorrang; *j-m den ~ lassen* iem. voor laten gaan; **2trupp** *m* (spits van de) voorhoede.

vorturn|en voorturnen; **2er** *m* voorturner.

vo'rüber voorbij; *s. a. vorbei*; **~gehen** voorbijgaan (*a. fig.*); **~d** voorbijgaand, tijdelijk.

Vor|übung *f* vooroefening; **~untersuchung** *f* (het) vooronderzoek.

Vor·urteil *n* (het) vooroordeel; **2sfrei, 2s·los** (*-est*) onbevooroordeeld.

Vor|väter *m/pl.* voorvaderen *pl.*; **~verfahren** *n* inleidende procedure.

Vorverkauf *m* (*-es*; *0*) voorverkoop; **~s·kasse** *f* (het) bespreekbureau.

vor|verlegen vervroegen, naar een vroegere datum verplaatsen; **~vorgestern** vooreergisteren, drie dagen geleden; **~vorig** voorlaatst; **~wagen:** *sich ~* naar voren durven (te) gaan; **2wahl** *f* voorverkiezing; *Tel.*

(het) (draaien van het) netnummer; **~wählen** het netnummer draaien; **≈wählnummer** *f* (het) netnummer; **≈wand** *m* (-*es*; ⸚*e*) (het) voorwendsel, uitvlucht; **~wärmen** voorverwarmen; **≈warnung** *f* voorafgaande waarschuwing; *mil.* (het) eerste alarm.

vorwärts vooruit, voorwaarts.

vorwärts|- *in Zssgn mst.* vooruit-, *z.B.* **~bringen** vooruitbrengen; **≈gang** *m* (versnelling) vooruit; **~gehen** vooruitgaan; **~kommen** vooruitkomen.

vor'weg van tevoren, vooraf, vooruit; **≈nahme** *f* (*0*) (het) vooruitlopen op, anticipatie; **~nehmen** vooruitlopen op, anticiperen; *den Schluß ~* al dadelijk de conclusie vermelden.

vor|weisen (ver)tonen, voorleggen; *Kenntnisse* blijk geven van; **≈welt** *f* (*0*) voorwereld; **~werfen** verwijten, voor de voeten gooien; (*hinwerfen*) toewerpen; **≈werk** *n* pachthoeve; *mil.* (het) voor-, buitenwerk; **~wiegend** overwegend, voornamelijk; **≈wissen** *n* voorkennis.

Vorwitz *m* (-*es*; *0*) vrijpostigheid; eigenwijsheid; **≈ig** vrijpostig; eigenwijs, neuswijs.

Vor|woche *f* vorige week; **~wort** *n* (-*es*; -*e*) (het) voorwoord.

Vorwurf *m* (het) verwijt; (*Objekt*) (het) onderwerp, (het) thema; **≈s·voll** verwijtend.

vorzählen voortellen.

Vorzeich|en *n* (het) voorteken; **≈nen** voortekenen; *fig.* afbakenen; **~nung** *f* voortekening; (*Vorlage*) (het) voorbeeld.

vorzeigen (ver)tonen, laten zien.

Vorzeit *f* oer-, voortijd; **≈en** [-'tsaɪ-] lang geleden, eertijds; **≈ig** voortijdig, vervroegd; **≈lich** uit de voortijd.

vor|ziehen naar voren trekken, vooruittrekken; (*vor etw.*) (er)voor trekken; (*lieber mögen*) verkiezen, de voorkeur geven aan; (*begünstigen*) voortrekken; **≈zimmer** *n* (het) voorvertrek, antichambre, wachtkamer; **≈zug** *m* (het) voordeel; (*Eigenschaft*) voortreffelijke eigenschap; *Esb.* voortrein; *den ~ geben* (*D*) de voorkeur geven aan.

vor'züglich uitmuntend, voortreffelijk; **≈keit** *f* (*0*) voortreffelijkheid.

Vorzugs|aktie *f* (het) preferent aandeel; **~preis** *m* speciale prijs; **~recht** *n* (het) recht van voorkeur, preferentie; **≈weise** bij voorkeur.

vo't|ieren [v] (-) voteren, stemmen; **≈iv·tafel** *f* votieftafel; **≈um** ['vo:-] *n* (-*s*; *Voten od. Vota*) (het) votum; (*Stimme a.*) stem; (*Gelübde a.*) gelofte.

vul'gär [v] vulgair.

Vul'kan [v] *m* (-*s*; -*e*) vulkaan; **~ausbruch** *m* vulkaanuitbarsting; **≈isch** vulkanisch; **≈i'sieren** (-) vulcaniseren; **~i'sierung** *f* vulcanisering.

W

W, w *n* W, w.
Waag|e *f* weegschaal, balans; *fig.* (het) evenwicht; (*Sternbild*) Weegschaal; *sich die ~ halten* tegen elkaar opwegen; **2(e)recht** (*0*) horizontaal, waterpas; **~schale** *f* weegschaal.
wabbel|ig lillend, week; **~n** (*-le*) lillen.
Wabe *f* honi(n)graat.
wabern (*-re*) flakkeren.
wach wakker; (*rege a.*) levendig, helder; **2ablösung** *f* aflossing van de wacht; **2boot** *n* patrouilleboot; **2dienst** *m* wacht(dienst); **2e** *f* wacht; (*Polizei2*) politiepost; *~ stehen* op wacht staan; **~en** (*über A, D*) waken (over); (*wach sein a.*) wakker zijn; **2feuer** *n* (het) wachtvuur; **~habend** wachthebbend; **~halten** levendig houden; *Interesse* gaande houden; **2hund** *m* waakhond; **2mann** *m* waker; (*Polizist*) politieagent.
Wa'cholder *m* jeneverstruik; (*Getränk*) jenever; **~beere** *f* jeneverbes; **~branntwein** *m* jenever.
wach|rufen wakker roepen, wekken, oproepen; **~rütteln** wakker schudden (*a. fig.*).
Wachs [ks] *n* (*-es; -e*) was.
wachsam waakzaam; **2keit** *f* (*0*) waakzaamheid.
Wachsbild *n* (het) wassenbeeld.
wachsen[1] [ks] (*L; sn*) groeien; *fig.* (*steigen*) *a.* toenemen; *das Gras ~ hören* de wijsheid in pacht hebben; *s. a. gewachsen.*
wachsen[2] [ks] (*-t*) in de was zetten, met was bestrijken.
wächsern [ks] (*0*) wassen, van was.
Wachs|figur *f* (het) wassenbeeld; **~kerze** *f* waskaars; **~tafel** *f* (het) wastafeltje; **~tuch** *n* (het) wasdoek.
Wachstum *n* (*-s; 0*) groei; **~s·hormon** *n* (het) groeihormoon.
Wachtel *f* (*-; -n*) kwartel; **~hund** *m* patrijshond.
Wächter *m* wachter, bewaker.
Wacht|meister *m* (*Polizei2*) agent; **~posten** *m* wachtpost; **~turm** *m* wachttoren; *s. a. Wach-.*
Wach- und 'Schließgesellschaft *f* nachtveiligheidsdienst.
Wachzustand *m* wakende toestand.
wack|(e)lig wankel (*a. fig.*); *Zahn*: loszittend; *Stuhl*: gammel; **2elkontakt** *m* (het) loszittend contact; **~eln** (*-le*) waggelen, wankelen (*a. fig.*); *etw. a.*: wiebelen; *Zahn*: loszitten.
wacker (*-kr-*) flink (*a. Adv.*), wakker.
Wade *f* kuit; **~n·bein** *n* (het) kuitbeen; **~n·krampf** *m* kuitkramp; **~n·strumpf** *m* kuitkous.
Waffe *f* (het) wapen.
Waffel *f* (*-; -n*) wafel; **~eisen** *n* (het) wafelijzer.
Waffen|- *in Zssgn mst.* wapen-, *z.B.* **~besitz** *m* (het) wapenbezit; **~bruder** *m* wapenbroeder; **~gang** *m* oorlog, strijd; **~gattung** *f* (het) wapen; **~gewalt** *f* (*0*) (het) wapengeweld; **~händler** *m* wapenhandelaar; **~kammer** *f* wapenkamer; **~kunde** *f* (*0*) wapenkunde; **2los** (*0*) ongewapend, zonder wapens; **~rock** *m* wapenrok, uniform (*a.* het); **~ruhe** *f* wapenschorsing; **~schein** *m* wapenvergunning; **~schmuggel** *m* wapensmokkel; **~stillstand** *m* wapenstilstand; **~träger** *m* wapendrager; **~übung** *f* wapenoefening; **~vergehen** *n* overtreding van het wapenrecht.
waffnen (*-e-*) (be)wapenen.
wägbar weegbaar.
Wagehals *m* waaghals; **2ig** waaghalzig, roekeloos.
Wägelchen *n* (het) wagentje.
Wagemut *m* durf, moed; **2ig** gedurfd, moedig.
wagen wagen, durven; *etw.* wagen, riskeren; *sich ~* zich wagen; *s. a. gewagt.*
Wagen *m* wagen (*a. Auto*), (het) rijtuig; *Esb. a.* wagon.
wägen (*L*) wegen; *fig.* overwegen; *erst ~, dann wagen* bezint eer ge begint; *s. a. gewogen.*

Wagen|- *in Zssgn mst.* wagen-; **~abteil** *n* coupé; **~bauer** *m* wagenmaker; **~dach** *n* (het) dak van de wagen; **~führer** *m* bestuurder; **~heber** *m* krik; **~klasse** *f* (wagen-) klasse; **~ladung** *f* wagen-, *Esb. bsd.* wagonlading; **~park** *m* (-*es*; *0*) (het) wagenpark; **~rad** *n* (het) wagenwiel; **~schlag** *m* (het) portier; **~schmiere** *f* (het) wagensmeer; **~schuppen** *m* wagenloods; *Esb.* remise; **~spur** *f* (het) wagenspoor; **~typ** *m* (het) type (van wagen); **~wäsche** *f* (het) autowassen.

Wagestück *n* (het) waagstuk.

Waggon [va'gɔŋ] *m* (-*s*; -*s*) wagon; **2weise** met (*od.* in) wagons.

Wag|hals *m usw. s. Wagehals usw.*; **~nis** *n* (-*ses*; -*se*) (het) waagstuk; (*Risiko*) (het) risico.

Wahl *f* keuze, keus; *Pol.* verkiezing; *die engere ~* de selectie; *nach (freier) ~* naar (eigen) keuze; *zur ~ gehen* gaan stemmen; **~akt** *m* stemming; **~alter** *n* kiesgerechtigde leeftijd; **~ausschuß** *m* (het) kiescollege.

wählbar verkiesbaar; **2keit** *f* (*0*) verkiesbaarheid.

Wahl|beeinflussung *f* beïnvloeding van de verkiezingen; **2berechtigt** kiesgerechtigd; **~bezirk** *m* (het) kiesdistrict.

wähl|en kiezen (*a. j-n*), verkiezen; *Tel.* draaien; *~ gehen* gaan stemmen; *s. a. gewählt*; **2er(in** *f*) *m* kiezer(es *f*).

Wahl·ergebnis *n* verkiezingsuitslag.

wähler|isch kieskeurig; **2liste** *f* kiezerslijst; **2schaft** *f* kiezers *pl.*, (het) kiezerskorps.

Wahl|fach *n* (het) keuzevak, (het) facultatief vak; **2frei** (*0*) facultatief; **~gang** *m* stemming; *im zweiten ~* bij de tweede stemming; **~gesetz** *n* kieswet; **~kampf** *m* verkiezingsstrijd; **~kreis** *m* (het) kiesdistrict; **~leiter** *m* voorzitter van het stembureau; **~liste** *f* verkiezingslijst; **~lokal** *n* (het) stembureau; **2los** (*0*) blindelings, willekeurig, in het wilde weg; **~mann** *m* kiesman; **~parole** *f* verkiezingsslogan; **~pflicht** *f* stemplicht; **~plakat** *n* (het) verkiezingsbiljet; **~propaganda** *f* verkiezingspropaganda; **~recht** *n* (-*es*; *0*) (het) kiesrecht; **~rede** *f* verkiezingsrede; **~sieg** *m* verkiezingsoverwinning; **~spruch** *m* verkiezingsleus; **~urne** *f* stembus; **~versammlung** *f* verkiezingsbijeenkomst; **~verwandtschaft** *f* zielsverwantschap, affiniteit; **~vorschlag** *m* voordracht; **2weise** naar keuze, facultatief.

Wahn *m* (-*es*; *0*) waan; **~bild** *n* waanvoorstelling.

wähnen (*sich*) (zich) wanen; + *Objektsatz* menen, geloven.

Wahn|idee *f* (het) waanidee, -denkbeeld; **~sinn** *m* (-*es*; *0*) waanzin (*a. Unsinn*); *heller ~* F klinkklare onzin; **2sinnig** waanzinnig; F (*außerordentlich bsd.*) buitengewoon; **~witz** *m* (-*es*; *0*) waanzin; **2witzig** waanzinnig.

wahr waar; (*wirklich a.*) echt, werkelijk; *~ machen* waarmaken; *nicht ~?* niet waar?; *das ist (nicht) ~* dat is (niet) waar; **~en** handhaven, bewaren, behouden; *Interessen* behartigen; *Rechte* verdedigen.

währen duren.

während **1.** *Präp.* (*G*) gedurende, tijdens, onder; **2.** *Ko.* terwijl; **~'dessen** onder-, intussen.

wahr|haft *Adv.* waarlijk, echt; **~'haftig** waarachtig, oprecht; *Adv.* waarlijk, heus, waarachtig; **2'haftigkeit** *f* (*0*) waarachtigheid.

Wahrheit *f* waarheid; **2s·gemäß** (*0*), **2s·getreu** (*0*) waarheidsgetrouw; **~s·liebe** *f* waarheidsliefde; **2s·liebend** waarheidlievend; **2s·widrig** (*0*) in strijd met de waarheid.

wahrlich waarlijk, voorwaar.

wahrnehm|bar waarneembaar; **2barkeit** *f* (*0*) waarneembaarheid; **~en** waarnemen (*a. nutzen*); *Interessen* behartigen; **2ung** *f* waarneming; behartiging; **2ungs·vermögen** *n* (-*s*; *0*) (het) waarnemingsvermogen.

Wahrsag|e·kunst *f* (*0*) waarzeggerskunst; **2en** waarzeggen; *etw.* voorspellen; **~er** *m* waarzegger; **~e'rei** *f* waarzeggerij; **~erin** *f* waarzegster; **~ung** *f* waarzegging, voorspelling.

wahr'scheinlich waarschijnlijk; **2keit** *f* (*0*) waarschijnlijkheid; **2keits·rechnung** *f* kans-, waarschijnlijkheidsrekening.

Wahr|spruch *m* uitspraak (van de

jury), (het) vonnis; **~ung** *f* (*0*) handhaving, (het) behoud; behartiging; verdediging; *unter ~ meiner Rechte* met handhaving (*od.* behoud) van mijn rechten.
Währung *f* valuta, munt; *harte ~* harde valuta; *in deutscher ~* in Duitse valuta; **~s·block** *m* (het) monetair blok; **~s·fonds** *m* (het) egalisatiefonds; **~s·politik** *f* monetaire politiek, valutapolitiek; **~s·reform** *f* geldzuivering.
Wahrzeichen *n* (het) herkenningsteken, (het) karakteristiek kenteken, (het) symbool.
Waid- *s. Weid-.*
Waise *f* wees.
Waisen|geld *n* (het) weesgeld; **~haus** *n* (het) weeshuis; **~kind** *n* (het) weeskind; **~knabe** *m* weesjongen.
Wal *m* (*-ęs*; *-e*) walvis.
Wala'chei *f*: *die ~* Walachije *n*.
Wald *m* (*-ęs*; *⸗er*) (het) bos; *fig.* (*Menge*) *u. großer ~* (het) woud.
Wald|- *in Zssgn mst.* bos-, *z.B.* **~ameise** *f* bosmier; **~brand** *m* bosbrand.
Wäldchen *n* (het) bosje.
Wald|erdbeere *f* wilde aardbei; **~eule** *f* bosuil; **~frevel** *m* diefstal (*od.* vernielingen *pl.*) in een bos; **~gegend** *f* bosrijke streek; **~horn** *n* waldhoorn; **~hüter** *m* boswachter, jachtopziener; **⁀ig** bosrijk; **~lauf** *m* bosloop; **~lichtung** *f* open plek in het bos; **~maus** *f* bosmuis; **~meister** *m* (*-s*; *0*) *Bot.* (het) onze-lieve-vrouwebedstro; **~pflanze** *f* bosplant; **~rand** *m* bosrand; **⁀reich** bosrijk; **~reichtum** *m* (*-s*; *0*) rijkdom aan bossen; **~schule** *f* bosschool; **~spaziergang** *m* wandeling door de bossen; **~ung** *f* (het) bos, (het) woud; (*Gebiet*) bosstreek; **~vogel** *m* bosvogel; **~weg** *m* (het) bospad, bosweg; **~wirtschaft** *f* bosbouw.
Wal|fänger *m* walvisvaarder (*a. Schiff*); **~fangflotte** *f* walvisvloot; **~fisch** [a] *m* walvis.
Wal'hall(a) *f* (*0*) (het) walhalla.
Wa'liser *m* bewoner van Wales.
Walke *f* (het) vollen; (*Maschine*) volmachine; **⁀n** vollen; F (*prügeln*) aframmelen.
Wal'küre *f* walkure, strijdgodin.
Wall *m* (*-ęs*; *⸗e*) wal.
Wallach *m* (*-ęs*; *-e*) ruin.
wallen 1. (*a. sn*) (*sieden*) koken; (*sprudeln*) bruisen, golven; **2.** = *wallfahren.*
wallfahr|en (*sn*) ter bedevaart gaan, een pelgrimstocht maken; **⁀er(in** *f*) *m* bedevaartganger *m*, bedevaartgangster *f*; **⁀t** *f* bedevaart, pelgrimstocht; **⁀ts·ort** *m* bedevaartplaats.
Wallis *n* Wallis *n*.
Wal'lon|e *m* (*-n*) Waal; **~ien** [-nĭən] *n* Wallonië *n*; **~in** *f* Waalse; **⁀isch** Waals.
Wallung *f* borreling, (het) koken; *Med.* bloedaandrang; *fig.* opwelling; (*Aufregung*) opwinding; *in ~ geraten fig.* beginnen te koken, in hevige opwinding geraken.
Walnuß [a] *f* wal-, okkernoot; **~baum** *m* (wal)noteboom.
Wal'purgisnacht *f* Walpurgisnacht (van 30 april op 1 mei).
Walroß [a] *n* (*-sses*; *-sse*) walrus.
walten (*-e-*) heersen; (*gebieten a.*) besturen, beschikken; *s-s Amtes ~* zijn ambt uitoefenen; *Gnade ~ lassen* genade voor recht laten gelden.
Walz|blech *n* (het) plaatstaal; **~draht** *m* gewalste draad (*a.* het); **~e** *f* rol; (*große ~*) wals; **⁀en** (*-t*) walsen; rollen, pletten.
wälzen (*-t*) wentelen, rollen; *Schuld* schuiven; F *Buch* snuffelen in; *sich ~* zich wentelen.
walzenförmig cilindrisch.
Walzer *m* wals.
Walzwerk *n* pletterij, walserij.
Wamme *f* halskwab; (*Bauch*) buik, pens.
Wams *n* (*-es*; *⸗er*) (het) wambuis.
Wand *f* (*-*; *⸗e*) wand (*a. e-s Gefäßes*), muur; (*hölzerne Zwischen⁀*) (het) beschot; (*Wolken⁀*) (wolken)bank; (*Fels⁀*) (rots)muur; *fig. etw. an die ~ malen* iets als een grote dreiging voorstellen; *mit dem Kopf durch die ~ rennen* zijn zin doorzetten.
Wan'da|le *m* (*-n*) Vandaal; *fig.* vandaal; **~'lismus** *m* (*-*; *0*) (het) vandalisme.
Wand|behang *m* (het) wandtapijt, gobelin; **~bild** *n* muurschildering; **~brett** *n* muur-, boekenplank.
Wandel *m* (*-s*; *0*) verandering, wijziging; (*Lebens⁀*) levenswandel; **⁀bar** veranderlijk; **~barkeit** *f* (*0*) veranderlijkheid; **~gang** *m*, **~halle** *f* wandelgang(en *pl.*); *Thea.* foyer;

⁓n (*-le*) *v/t* veranderen, wijzigen; *v/i* (*sn*) wandelen, schrijden; *sich* ~ veranderen.
Wander|ausstellung *f* reizende tentoonstelling; **~bühne** *f* (het) rondreizend toneel; **~düne** *f* (het) stuifduin; **~er** *m* trekker, voetreiziger, wandelaar; **~fahrt** *f* trek-, wandeltocht; **~jahre** *n/pl.* leerjaren *n/pl.*; **~karte** *f* wandelkaart; **~leben** *n* (*-s*; *0*) (het) zwervend leven; **~lied** *n* (het) trekkerslied; **~lust** *f* (*0*) trek-, reislust; **⁓n** (*-re*; *sn*) trekken (*a. Tiere*), een trektocht maken; *fig.* (*umherschweifen*) dwalen; (*gelangen*) terechtkomen; *Kulturgut*: gaan; **~prediger** *m* rondtrekkend prediker; **~preis** *m* wisselprijs; **~ratte** *f* trekrat; **~schaft** *f* (*0*) trektocht; (het) rondtrekken als handwerksgezel; **~s·mann** *m* (*-es*; *Wandersleute*) trekker; **~sport** *m* wandelsport; **~stab** *m* wandel-, reisstaf; **~trieb** *m* (*-es*; *0*) trek-, zwerflust; *Zool.* (het) trekinstinct; **~ung** *f* (het) trekken; (het) wandelen; (trek-, voet)tocht; *Zool.* trek; (*Völker⁓*) verhuizing; **~vogel** *m* trekvogel; **~weg** *m* wandelweg.
Wand|haken *m* muurhaak; **~kalender** *m* wandkalender; **~karte** *f* wandkaart; **~klappbett** *n* (het) opklapbed; **~leuchter** *m* muurlamp.
Wandlung *f* verandering, ommekeer; **⁓s·fähig** veranderbaar, veranderlijk.
Wand|male'rei *f* muurschildering; **~schirm** *m* (het) kamerscherm; **~schrank** *m* muurkast; **~spiegel** *m* muurspiegel; **~tafel** *f* (het) (school-)bord; **~teller** *m* (het) wandbord; **~teppich** *m* (het) wandtapijt; **~uhr** *f* hangklok; **~ung** *f* (het) muurwerk, muur, wand; (*Außen⁓ bsd.*) buitenkant, -wand; **~verkleidung** *f* wandbekleding; **~zeitung** *f* muurkrant.
Wange *f* wang; (*Seitenteil*) zijkant.
Wankel|mut *m* wankelmoedigheid; **⁓mütig** wankelmoedig.
wanken (*a. sn*) wankelen, waggelen; *fig. Pers.*: weifelen.
wann wanneer; *dann und* ~ nu en dan; ~ *immer* wanneer ... maar; (*jedesmal, wenn*) telkens als.
Wanne *f* kuip; (*Getreide⁓*) wan; **~nbad** *n* (het) kuipbad.
Wanst *m* (*-es*; *ⁿe*) pens, buik.
Want *f mar.* (het) want.
Wanze *f* wandluis.
Wappen *n* (het) wapen; **~kunde** *f* (*0*) wapenkunde, heraldiek; **~spruch** *m* wapenspreuk; **~tier** *n* (het) wapendier.
wappnen (*-e-*) (*sich*) (zich) wapenen (*a. fig.*).
Ware *f* waar; (*Kauf⁓ a.*) koopwaar; *~n pl.* waren *pl.*, goederen *n/pl.*
Waren|aufzug *m* goederenlift; **~austausch** *m* goederenruil, (het) goederenverkeer; **~automat** *m* verkoopautomaat; **~bestand** *m* goederenvoorraad, inventaris; **~börse** *f* goederenbeurs; **~haus** *n* (het) warenhuis; **~konto** *n* goederenrekening; **~kunde** *f* (*0*) warenkennis; **~lager** *n* (het) pakhuis, (het) magazijn; **~muster** *n*, **~probe** *f* (het) monster; **~vorrat** *m* (goederen-)voorraad; **~zeichen** *n* (het) handelsmerk.
warm (*ⁿer*; *ⁿst*) warm (*a. fig.*); (*herzlich a.*) hartelijk; *mir ist* ~ ik heb het warm; **⁓bier** *n* (*-es*; *0*) (het) warm bier; **⁓blüter** *m* (het) warmbloedig dier; **~blütig** warmbloedig.
Wärme *f* (*0*) warmte; *fig. a.* hartelijkheid.
Wärme|- *in Zssgn mst.* warmte-, *z.B.* **~äquivalent** *n* (het) warmte-equivalent; **~austauscher** *m* warmtewisselaar; **~dämmung** *f* warmte-isolatie; **~einheit** *f* warmte-eenheid, calorie; **~gewitter** *n* (het) warmteonweer; **~grad** *m* warmtegraad; **~kapazität** *f* warmtecapaciteit; **~kraftwerk** *n* warmtekrachtcentrale; **~lehre** *f* (*0*) warmteleer; **~leiter** *m* warmtegeleider; **~messer** *m* warmtemeter.
wärmen verwarmen.
Wärme|quelle *f* warmtebron; **~regler** *m* warmteregelaar, thermostaat; **~speicher** *m* warmteaccumulator; **~strahlung** *f* warmtestraling; **~technik** *f* (*0*) warmtetechniek; **~zähler** *m* calorimeter.
Wärmflasche *f* warmwaterkruik.
Warm|front *f* (het) warmtefront; **⁓herzig** hartelijk, innig; **⁓laufen** warmlopen; **~luft** *f* (*0*) warme lucht; **~luftheizung** *f* heteluchtverwarming.
Warm'wasser|bereiter *m* (het) heetwaterapparaat; **~heizung** *f* warmwaterverwarming; **~speicher**

m boiler; **~versorgung** *f* warmwatervoorziening.

Warn|anlage *f* alarminstallatie; **~dreieck** *n* gevarendriehoek; **2en** (*vor D*) waarschuwen (voor); *vor ... wird gewarnt* hoedt U voor; **~lampe** *f* waarschuwingslamp; **~ruf** *m* waarschuwende roep; **~schild** *n* (het) waarschuwingsbord; **~schuß** *m* (het) waarschuwingsschot; **~signal** *n* (het) waarschuwingssein; **~ung** *f* waarschuwing; **~zeichen** *n* (het) waarschuwingsteken.

Wart *m* (-*ęs*; -*e*) bewaker; beheerder.

Warte *f* uitkijk(toren); (*Wetter2*, *Stern2*) (het) observatorium; **~geld** *n* (het) wachtgeld; **~halle** *f* (*Bus, Bahn*) (het) wachthuisje; **~liste** *f* wachtlijst; **2n** (-*e*-) *v/i* (*auf A*) wachten (op); *v/t* onderhouden; *j-n*, *Blumen* verzorgen.

Wärter *m* wachter, oppasser; (*Pfleger*) verzorger, verpleger; **~in** *f* bewaakster; verzorgster, verpleegster.

Warte|raum *m*, **~saal** *m* wachtkamer; **~stand** *m* (-*ęs*; *0*) (het) op wachtgeld staan; **~zeit** *f* wachttijd; **~zimmer** *n* wachtkamer.

Wartung *f* (*0*) (het) onderhoud; verzorging.

wa'rum waarom.

Warze *f* wrat; (*Brust2*) tepel.

was wat; (*etw. a.*) iets; *~ für* (*ein*) (*?*) wat voor (een) (?).

Wasch|- *in Zssgn mst.* was-, *z.B.* **~anstalt** *f* wasinrichting; **2bar** (*0*) wasbaar; **~bär** *m* wasbeer; **~becken** *n* (vaste) wastafel; **~benzin** *n* wasbenzine; **~blau** *n* (het) blauwsel.

Wäsche *f* was; (*Unter2*) (het) ondergoed; (*Bett2*, *Tisch2*) (het) linnen; *reine ~* (het) schoon goed (*od.* linnen); *schmutzige ~* vuile was (*a. fig.*), (het) vuil goed; **~beutel** *m* waszak.

wasch·echt wasecht; *fig.* rasecht.

Wäsche|geschäft *n* lingeriezaak; **~klammer** *f* wasknijper; **~leine** *f* waslijn.

waschen (*L*) (*sich*) (zich) wassen.

Wäsche|r *m* wasser; **~'rei** *f* wasserij; **~rin** *f* wasvrouw; **~rolle** *f* mangel; **~schleuder** *f* centrifuge; **~schrank** *m* linnenkast; **~verleih** *m* linnenverhuring.

Wasch|faß *n* waskuip, -tobbe; **~frau** *f* wasvrouw; **~handschuh** *m* (het) washandje; **~kessel** *m* wasketel; **~korb** *m* wasmand; **~küche** *f* waskeuken; **~lappen** *m* (het) waslapje; *fig.* F slappeling, sukkel; **~lauge** *f* (het) loogwater; **~maschine** *f* wasmachine; **~mittel** *n* (het) wasmiddel; **~pulver** *n* waspoeder (*a.* het); **~raum** *m* (het) waslokaal, wasgelegenheid; **~schüssel** *f* waskom; **~seife** *f* waszeep; **~tag** *m* wasdag; **~tisch** *m*, **~toilette** *f* wastafel; **~trog** *m* wastobbe; **~trommel** *f* wastrommel; **~ung** *f* wassing, (het) wassen; **~wanne** *f* waskuip; **~wasser** *n* (-*s*; *0*) (het) waswater; **~zettel** *m* waslijst; (*Buch2*) flap (-tekst); **~zeug** *n* (-*s*; *0*) (het) wasgerei.

Wasser *n* (-*s*; - *od.* ¨) (het) water; *Kölnisch ~* eau de cologne; *bei ~ und Brot* op water en brood; *er kann ihm nicht das ~ reichen* hij haalt het niet bij hem, hij kan niet in zijn schaduw staan; *fließendes ~* (het) stromend water; *zu ~* te water; *sich über ~ halten* zich boven water houden.

Wasser|- *in Zssgn mst.* water-, *z.B.* **~abfluß** *m* waterafvoer; **~ader** *f* waterader; **2arm** waterarm; **~arm** *m* (het) kanaal; (*Nebenfluß*) zijrivier; **~bad** *n* (het) waterbad; **~ball** *m* (het) waterpolo; **~bau** *m* (-*ęs*; *0*) waterbouwkunde; **~becken** *n* (het) waterbekken; **~behälter** *m* (het) waterreservoir; **~behandlung** *f* waterbehandeling; **~bett** *n* (het) waterbed; **~blase** *f* (*Haut2*) blaar; **~bombe** *f* dieptebom; **~büffel** *m* waterbuffel.

Wässerchen *n* (het) watertje.

Wasser|dampf *m* waterdamp; **2dicht** waterdicht; **~druck** *m* waterdruk; **~eimer** *m* wateremmer; **~fahrzeug** *n* (het) vaartuig; **~fall** *m* waterval; **~farbe** *f* waterverf; **~fläche** *f* watervlakte; **~floh** *m* watervlo; **~flugzeug** *n* (het) watervliegtuig; **~flut** *f* watervloed, overstroming; **~frosch** *m* waterkikker; **~glas** *n* (het) waterglas; **~graben** *m* greppel, gracht, sloot; **~hahn** *m* waterkraan; **2haltig** waterhoudend; **~haushalt** *m* (-*ęs*; *0*) waterhuishouding; **~heilverfahren** *n* watergeneeswijze; **~huhn** *n* (het) waterhoen.

wässerig waterig; *fig.* flauw, laf; *das macht mir den Mund ~* dat doet

me watertanden; 2**keit** *f* (*0*) waterigheid; flauwheid.
Wasser|jungfer *f Zool.* libel, waterjuffer; ~**kanne** *f* water-, lampetkan; ~**kessel** *m* waterketel; ~**klosett** *n* (het) watercloset, W.C.; ~**kopf** *m* (het) waterhoofd; ~**kraft** *f* waterkracht; ~**kraftwerk** *n* waterkrachtcentrale; ~**kühlung** *f* waterkoeling; ~**kunst** *f* (*Springbrunnen*) fontein; *Wasserkünste pl.* fonteinen *pl.*, waterwerken *n/pl.*; ~**kur** *f* waterkuur; ~**lache** *f* waterplas; ~**landung** *f* landing op het water; ~**lauf** *m* waterloop; ~**leitung** *f* waterleiding; ~**linie** *f* waterlijn; 2**löslich** in water oplosbaar; ~**mangel** *m* (*-s*; *0*) (het) watergebrek; ~**mann** *m* (*-es*; *0*) Waterman; ~**melone** *f* watermeloen; ~**messer** *m* water-, hydrometer; ~**mühle** *f* watermolen.
wassern (*-re*; *a. sn*) op het water landen.
wässern (*-re*) *v/t Speise* in het water leggen; *Film* spoelen; (*begießen*) besproeien; *v/i* nat worden.
Wasser|nixe *f* waternimf; ~**not** *f* (*0*) waternood; ~**orgel** *f* (het) waterorgel; ~**pest** *f* waterpest; ~**pflanze** *f* waterplant; ~**polizei** *f* waterpolitie; ~**pumpe** *f* waterpomp; ~**rad** *n* (het) waterrad; ~**ratte** *f* waterrat; 2**reich** waterrijk; ~**reservoir** *n* (het) waterreservoir; ~**rohr** *n* waterbuis, -pijp; ~**rose** *f* waterlelie; ~**schaden** *m* waterschade; ~**scheide** *f* waterscheiding; 2**scheu** waterschuw; ~**scheu** *f* watervrees; ~**schi** *m/pl.*, ~**ski** *m/pl.* waterski's *pl.*; ~**schlange** *f* waterslang; ~**schlauch** *m* waterslang; (*Beutel*) waterzak; ~**schwein** *n* (het) waterzwijn; ~**speicher** *m* (het) waterreservoir; ~**spiegel** *m* waterspiegel; ~**sport** *m* watersport; ~**spülung** *f* waterspoeling; ~**stand** *m* waterstand; ~**stiefel** *m/pl.* waterlaarzen *pl.*
Wasserstoff *m* (*-es*; *0*) waterstof; 2**blond** geblondeerd; ~**bombe** *f* waterstofbom; ~'**superoxyd** *n* (*-es*; *0*) (het) waterstofperoxyde.
Wasser|strahl *m* waterstraal; ~**straße** *f* waterweg; ~**sucht** *f* (*0*) waterzucht; ~**suppe** *f* watersoep; ~**tier** *n* (het) waterdier; ~**turm** *m* watertoren; ~**uhr** *f* (het) wateruurwerk; (*Messer*) watermeter; ~**ung** *f* landing op het water.
Wässerung *f* spoeling; besproeiing.
Wasser|verdrängung *f* waterverplaatsing; ~**versorgung** *f* watervoorziening; ~**vogel** *m* watervogel; ~**waage** *f* (het) waterpas; ~**weg** *m* waterweg; ~**welle** *f* watergolf (*a. Haar*2); ~**werk** *n* (het) pompstation; (*Betrieb*) (het) waterleidingbedrijf; ~**zeichen** *n* (het) watermerk.
wäßrig = *wässerig.*
waten (*-e-*; *a. sn*) waden.
Watsche [ɑ:] *f* F oorveeg.
watscheln [ɑ:] (*-le*; *a. sn*) waggelen.
Watt[1] *n* (*-s*; *-*) *El.* watt.
Watt[2] *n* (*-es*; *-en*) (het) wad.
Watte *f* watten *pl.*; ~**bausch** *m* dot watten.
Wattenmeer *n*: *das* ~ de Waddenzee.
wat'tieren (-) watteren.
wau, wau! woef woef!
WC *n* (*-s od. -*; *-s od. -*) *Abk. für Wasserklosett.*
web|en (*L*) weven; (*sich bewegen*) zich bewegen; 2**er** *m* wever; 2**e'rei** *f* weverij; 2**er·schiffchen** *n* weversschietspoel; 2**stuhl** *m* weefstoel, (het) weefgetouw; 2**waren** *f/pl.* geweven stoffen *pl.*
Wechsel [ks] *m* wisseling, verandering; (*Umtausch*) (het) wisselen; *Hdl.* wissel.
Wechsel|- *in Zssgn mst.* wissel-, *z.B.* ~**agent** *m* wisselagent; ~**bad** *n* (het) wisselbad; ~**beziehung** *f* wederkerige betrekking; ~**bürge** *m* avalist; ~**bürgschaft** *f* wisselborgtocht; ~**fälle** *m/pl.* wisselvalligheden *pl.*; ~**fälschung** *f* wisselvervalsing; ~**fieber** *n* (*-s*; *0*) wisselkoorts; (*Malaria*) malaria; ~**geld** *n* (het) wisselgeld; ~**gesang** *m* beurtzang; ~**geschäft** *n* wisselhandel; ~**gespräch** *n* samenspraak; ~**getriebe** *n* versnelling; 2**haft** (*-est*) wisselvallig; ~**jahre** *n/pl.* overgangsjaren *n/pl.*; ~**kurs** *m* wisselkoers; ~**makler** *m* wisselmakelaar.
wechseln (*-le*) wisselen (*a. Geld u. v/i*); (*tauschen bsd.*) verwisselen; (*ändern, sich ändern a.*) veranderen; *Öl* verversen; *die Kleider n/pl.* ~ van kleren *n/pl.* verwisselen; *die Farbe* ~ van kleur veranderen (*a. fig.*), verschieten.
Wechsel|protest *m* (het) wisselprotest; ~**prozeß** *m* (het) wissel-

proces; **~recht** *n* (*-es*; *0*) (het) wisselrecht; **~schalter** *m El.* wisselschakelaar; **⁀seitig** (*0*) wederzijds, wederkerig; **~spiel** *n* (het) wisselspel, wisseling; **~strom** *m* wisselstroom; **~stube** *f* (het) wisselkantoor; **⁀voll** vol afwisseling; **⁀weise** afwisselend, beurtelings; **~wirkung** *f* wisselwerking.

weck|en wekken (*a. fig.*), wakker maken; *s. a. geweckt*; **⁀er** *m* wekker; **⁀ruf** *m* wekroep; *mil.* reveille.

Wedel *m* waaier; (*Wisch⁀*) plumeau; (*Schwanz*) staart; **⁀n** (*-le*) waaieren; *Hund*: kwispel(staart)en.

weder: *~ ... noch ...* noch ... noch ...

weg [ɛ] weg; *... ist ~ ...* is weg; (*verloren a.*) ... is kwijt (*od.* verloren); *~ mit dir!* (ga) weg!; *Hände ~!* handen thuis!; *ganz ~ sein in* (*A*) F weg zijn van.

Weg [eː] *m* (*-es*; *-e*) weg; *auf halbem ~e* halverwege; *sich auf den ~ machen* op weg gaan; *auf gesetzlichem ~e* langs wettelijke weg; *auf gütlichem ~e* in der minne; *am ~e* langs de weg; *aus dem ~e gehen* (*D*) uit de weg gaan (*a. fig.*); *auf dem ~e nach* (*zu*) (*D*) op weg naar; *auf dem besten ~e sein* goed op weg zijn.

weg|- [ɛ] *in Zssgn mst.* weg-; **~bekommen** F eruitkrijgen, weg krijgen; (*begreifen*) snappen.

Wegbereiter [eː] *m* wegbereider.

weg|blasen wegblazen; **~bleiben** wegblijven; **~blicken** de ogen *n/pl.* afwenden, wegkijken; **~bringen** wegbrengen; **~denken** wegdenken.

Wege|bau *m* wegenbouw; **~geld** *n* (het) weggeld, tol; **~lagerer** *m* struikrover.

wegen (*G od. D*) wegens; (*um ... willen bsd.*) om(wille van); *von Rechts ~* van rechtswege; *von ~!* F geen sprake van!

Wegerich *m* (*-s*; *-e*) *Bot.* weegbree.

weg|essen wegeten; **~fahren** wegrijden; *Schiff*: wegvaren; **⁀fall** *m* (*-es*; *0*) (het) weg-, vervallen, afschaffing; **~fallen** weg-, vervallen; **~fliegen** wegvliegen; **⁀gang** *m* (*-es*; *0*) (het) vertrek, (het) heengaan; **~geben** weggeven; **~gehen** weggaan.

Weggenosse *m* reisgenoot.

weg|haben F krijgen; (*begreifen*) doorhebben, snappen; **~halten** weghouden; van zich afhouden; **~hängen** weghangen; **~holen** weghalen; **~jagen** wegjagen; **~kommen** weggaan, vertrekken; (*verlorengehen*) wegraken; *gut* (*schlecht*) *~* (*bei D*) goed (slecht) afkomen (van).

Wegkreuzung *f* kruising, (het) kruispunt.

weg|lassen weglaten; **~laufen** weglopen; **~legen** wegleggen.

weglos (*0*) ongebaand, onbegaanbaar.

weg|machen wegmaken; **⁀nahme** *f* (*0*) (het) wegnemen; **~nehmen** wegnemen; *j-m etw. a.* afpakken van; *dem Feind* veroveren op; **~radieren** uitgommen, uitschrappen; **~räumen** weg-, opruimen; **~reißen** wegrukken; *Haus* slopen, afbreken; **~rufen** wegroepen; **~schaffen** wegdoen, -ruimen; **~schenken** weggeven; **~scheren:** *sich ~* F zich wegscheren; **~schicken** wegsturen; **~schieben** wegschuiven; **~schleichen** wegsluipen; **~schließen** wegsluiten, achter slot doen; **~schmeißen** wegsmijten; **~schnappen** wegkapen, -pikken; **~schneiden** wegsnijden; **~schütten** weggooien; **~sehen** = *wegblicken, hinwegsehen*; **~setzen** wegzetten; **~spülen** wegspoelen; **~stecken** wegdoen, -bergen; **~stehlen:** *sich ~* wegsluipen; **~sterben** wegsterven; **~stoßen** wegstoten, -duwen; *mit dem Fuß* wegtrappen.

Wegstunde *f* (het) uur gaans.

weg|treiben weg-, verdrijven; **~treten** *v/t* wegtrappen, -schoppen; *v/i mil.* inrukken; **~tun** wegdoen; (*verbergen*) verstoppen; *Geld* opzij leggen; **~waschen** wegwassen.

Wegweiser *m* wegwijzer.

weg|werfen wegwerpen, -gooien; **~wischen** wegvegen; **~zaubern** wegtoveren.

Wegzehrung *f* proviand (*a.* het).

weg|ziehen wegtrekken (*a. v/i*); **⁀zug** *m* (*-es*; *0*) (het) vertrek.

weh (*schmerzend, wund*) zeer; (*o*) *~!* (o) wee!, o jee!; *~ dem, der ...* wee degene; *~ dir!* (*drohend*) pas op jij!; *s. a. wehtun*; **⁀** *n* (*-es*; *-e*) (het) wee; (*Schmerz bsd.*) pijn; (*Leid bsd.*) (het) verdriet, smart; **~e** [ˈveːə] = *weh*; **⁀e** *f* (*Schnee⁀*) opgewaaide sneeuw; **⁀en** *f/pl.* (*Geburts⁀*) weeën *pl.*

wehen waaien; (*flattern*) wapperen, flapperen.

Weh|geschrei *n* (het) gejammer; **~klage** *f* wee-, jammerklacht; **2klagen** weeklagen, jammeren; **2leidig** kleinzerig; **~mut** *f* (*0*) weemoed; **2mütig, 2muts·voll** weemoedig, vol weemoed.

Wehr[1] *n* (*-ės*; *-e*) stuw, waterkering.

Wehr[2] *f* (*0*) verdediging, tegenweer; *sich zur ~ setzen* zich te weer stellen; **~bereich** *m* (het) militair gewest.

Wehrdienst *m* militaire dienst; **~verweigerer** *m* dienstweigeraar.

wehr|en beletten, verbieden; *e-m Übel* tegengaan; *sich ~* zich (ver-)weren, zich verdedigen; **~fähig** weerbaar; **2gehänge** *n* koppelriem; **2gesetz** *n* legerwet; **~haft** (*-est*) weerbaar; **2haftigkeit** *f* (*0*) weerbaarheid; **~los** (*-est*) weerloos; **2losigkeit** *f* (*0*) weerloosheid; **2paß** *m* (het) zakboekje; **2pflicht** *f* (*0*) dienstplicht; **~pflichtig** dienstplichtig.

weh|tun (*D*) pijn doen; *mir tut der Arm* (*Fuß*) *weh* mijn arm (voet) doet pijn, ik heb pijn aan mijn arm (voet); **2'wehchen** *n* F pijn.

Weib *n* (*-ės*; *-er*) vrouw; P (het) wijf; **~chen** *n* (het) vrouwtje; (het) wijfje (*a. Zool.*).

Weiber|- *in Zssgn mst.* vrouwen-, *z.B.* **~feind** *m* vrouwenhater; **~held** *m* vrouwenjager; **~volk** *n* (het) vrouwvolk.

weib|isch verwijfd; **~lich** vrouwelijk (*a. Gr.*); **2lichkeit** *f* (*0*) vrouwelijkheid; **2s·bild** *n*, **2s·person** *f* (het) vrouwmens, (het) vrouwspersoon.

weich week (*a. fig.*), zacht (*a. Haut, Bett*); *Fleisch*: mals; *Pers. bsd.*: teergevoelig; *~ werden* (*nachgeben*) toegeven; **2bild** *n* (het) stadsgebied; (het) rechtsgebied.

Weiche *f* **1.** *Esb.* wissel; **2.** weekheid, zachtheid; (*Flanke*) zijde, flank.

weichen 1. (*L*; *sn*) (*D*) wijken (voor), zwichten (voor), achteruitgaan (voor); **2.** *v/t u. v/i* (*a. sn*) weken.

Weichensteller *m* wisselwachter.

weich|gekocht zachtgekookt; **2heit** *f* (*0*) weekheid, zachtheid; malsheid; teergevoeligheid; **~herzig** week-, teerhartig; **2herzigkeit** *f* (*0*) week-, teerhartigheid; **2käse** *m* zachte kaas; **~lich** wekelijk, slap; **2ling** *m* (*-s*; *-e*) wekeling, slappeling.

Weichsel(kirsche *f*) [ks] *f* (*-*; *-n*) morel; (*verwilderte ~*) weichselkers.

Weich|teile *m/pl.* weke delen *n/pl.*; **~tier** *n* (het) weekdier.

Weide *f* **1.** (*Gras2*) wei(de), (het) weiland; (*Fisch2, Vogel2*) voedselplaats; **2.** *Bot.* wilg; **~land** *n* (het) weiland, weilanden *n/pl.*; **2n** (*-e-*) weiden; *v/i bsd.* grazen; *sich ~ an* (*D*) zich verlustigen in.

Weiden|baum *m* wilg(eboom); **~kätzchen** *n* (het) wilgekatje; **~rute** *f* wilgeteen.

Weid|e·platz *m* = *Weide*; **~e·recht** *n* (het) weiderecht; **2lich** flink, danig, terdege; **~mann** *m* jager(sman); **2männisch** jagers-, van een jager; **~manns'heil**! goede jacht!; **~werk** *n* (*-ės*; *0*) jacht, (het) jachtbedrijf.

weiger|n (*-re*): *sich ~* weigeren; **2ung** *f* weigering.

Weih *m* (*-ės*; *-e*) *Zool.* kiekendief.

Weih|bischof *m* wijbisschop; **~e** ['vaɪə] *f* **1.** wijding; *e-r S.* inwijding, inzegening; **2.** = *Weih*; **2en** wijden (*a. Pers.*); (*in Gebrauch nehmen*) inwijden (*a. allg.*), inzegenen; (*widmen*) wijden; *j-m etw.* opdragen.

Weiher *m* vijver.

weih|e·voll vol wijding, plechtig; **2gabe** *f* offergave.

Weihnacht *f* (*0*), **~en** *n* (*-*; *0*) Kerstmis; *fröhliche ~!* prettige Kerstmis!, vrolijk Kerstfeest!; *zu ~* met Kerstmis; **2lich** (*0*) kerst-, met Kerstmis.

Weihnachts|- *in Zssgn mst.* kerst-, *z.B.* **~abend** *m* kerstavond; **~baum** *m* kerstboom; **~bescherung** *f* pakjesavond (op kerstavond); **~feier** *f* (het) kerstfeest; **~geschenk** *n* (het) kerstgeschenk; **~gratifikation** *f* kerstgratificatie; **~mann** *m* (het) kerstmannetje; **~stollen** *m* kerststol, (het) kerstbrood; **~zeit** *f* (*0*) kersttijd.

Weih|rauch *m* wierook; **~ung** *f* wijding; inwijding; **~wasser** *n* (*-s*; *0*) (het) wijwater; **~wasserbecken** *n* wijwaterbak.

weil omdat, daar.

weiland wijlen.

Weil|chen *n*: *ein ~* eventjes, een poosje; **~e** *f* tijd, (het) poosje; *e-e ~* een tijdje, een poosje; *damit hat es gute ~* dat heeft nog tijd; **2en** (ver-)toeven, verblijven.

Weiler *m* (het) gehucht.

Wein *m* (-*ęs*; -*e*) wijn; (*Rebe*) wijnstok; (*Weintrauben*) wijndruiven *pl.*; *fig. j-m reinen ~ einschenken* iem. klare wijn inschenken.

Wein|- *in Zssgn mst.* wijn-, *z.B.* **~ausschank** *m* (het) wijnhuis; **~bau** *m* (-*ęs*; *0*) wijnbouw; **~bauer** *m* (-*n*) wijnbouwer; **~beere** *f* wijndruif; **~berg** *m* wijnberg, wijngaard; **~brand** *m* (Duitse) cognac.

wein|en huilen, schreien, wenen; *zum ≈ bringen* doen huilen; **~erlich** huilerig; *Kind bsd.*: drenzerig.

Wein|essig *m* wijnazijn; **~faß** *n* (het) wijnvat; **~flasche** *f* wijnfles; **~gegend** *f* wijnstreek; **~geist** *m* (-*ęs*; *0*) wijngeest, spiritus; **~glas** *n* (het) wijnglas; **~gut** *n* wijngaard; **~handlung** *f* wijnhandel; **~hefe** *f* wijnmoer; **~jahr** *n* (het) wijnjaar; **~karte** *f* wijnkaart; **~keller** *m* wijnkelder; **~kenner** *m* wijnkenner.

Weinkrampf *m* huilbui.

Wein|kühler *m* wijnkoeler; **~land** *n* (het) wijnland; **~laube** *f* (het) prieel van wingerdranken; **~lese** *f* wijnoogst; **~lied** *n* (het) wijnlied; **~lokal** *n* (het) wijnhuis; **~most** *m* wijnmost; **~pansche'rei** *f* vervalsing van wijn; **~presse** *f* wijnpers; **~probe** *f* wijnproef; **~ranke** *f* wijnrank; **~rebe** *f* wijnstok; **≈rot** (*0*) wijnrood; **~säure** *f* (het) wijnsteenzuur; **~stein** *m* (-*ęs*; *0*) wijnsteen; **~stube** *f* (het) wijnhuisje; **~trauben** *f/pl.* wijndruiven *pl.*, druiventros; **~zwang** *m* (-*ęs*; *0*) verplichting om wijn te drinken.

weise wijs, verstandig.

Weise *f* manier, wijze; *Mus.* wijs, melodie; *auf diese ~* op die manier, zodoende; *auf seine* (*nach s-r*) *~* op zijn manier.

weisen (*L*) wijzen; *von sich ~* afwijzen, van de hand wijzen; *aus der Stadt* verbannen.

Weis|e(r) wijze; **~heit** *f* wijsheid; **~heits·zahn** *m* verstandskies; **≈lich** wijselijk, wijs; **≈machen** *j-m etw.* wijsmaken.

weiß (-*est*) wit; *Rasse*: blank; **≈** *n* (-*od.* -*es*; -) (het) wit.

weissag|en de toekomst voorspellen, profeteren; **≈er**(**in** *f*) *m* profeet *m*, profetes *f*; **≈ung** *f* voorspelling, profetie.

Weiß|bier *n* (het) witbier; **~blech** *n* (het) blik; **~brot** *n* (het) wit brood, (het) wittebrood; **~buch** *n* (het) witboek; **~dorn** *m* (-*ęs*; -*e*) hagemeidoorn; **~e** *f* (*0*) witheid; *Berliner ~* (het) Berlijns witbier; **~e**(**r**) blanke; **~e**(**s**) *im Auge, Ei*: (het) wit; **≈en** (-*ßt*) witten; **~fisch** *m* witvis; **~fluß** *m* (-*sses*; *0*) witte vloed; **~fuchs** *m* witte vos; **≈gekleidet** in 't wit gekleed; **~gerber** *m* witlooier, zeemtouwer; **≈glühend** witgloeiend; **~glut** *f* (*0*) *fig.* razernij; **≈grau** (*0*) witgrijs; **≈haarig** witharig; **~kohl** *m* witte kool; **≈lich** witachtig; **~metall** *n* (het) witmetaal; **~näherin** *f* linnennaaister; **~rußland** *n* Wit-Rusland *n*; **~waren** *f/pl.* (het) linnengoed; **≈waschen** (*sich*) *fig.* (zich) wit wassen; **~wein** *m* witte wijn; **~wurst** *f* witte worst.

Weisung *f* (het) bevel, order, instructie.

weit (-*est*) ver; (*ausgedehnt, lose, groß*) wijd, ruim; *~ und breit* wijd en zijd; *bei ~em* verreweg; *bei ~em nicht* op verre na niet, (nog) lang niet; *von ~em* van verre; *das geht zu ~!* dat gaat te ver!; *im ~esten Sinne* in de ruimste zin; *s. a. weiter*; **~'ab** ver(af); **~'aus** verreweg; **≈blick** *m* (-*ęs*; *0*) vooruitziende (*od.* ruime) blik; **~blickend** vooruitziend; **≈e 1.** *f* verte; (*Ausdehnung*) wijdte, uitgestrektheid; (*Abstand*) afstand; (*Durchmesser*) diameter; *in die ~ ziehen* de wijde wereld ingaan; **2.** *n*: *das ~ suchen* zich uit de voeten maken; **~en** (-*e*-) wijder maken, verwijden; *sich ~* zich verwijden; **~er** verder; (*hinzukommend a.*) bijkomend; *Adv.* verder, voort(s), vervolgens; (*außerdem a.*) bovendien; *das ≈e* het overige; *ohne ~es* zonder meer; *bis auf ~es* tot nader order; *s. a. und, weit.*

weiter|arbeiten doorwerken; **~befördern** doorsturen; **~bestehen** voortbestaan; **~bilden** verder opleiden; *sich ~* verder studeren; **~empfehlen** bij anderen *pl.* aanbevelen; **~entwickeln** verder ontwikkelen; **~erzählen** verder vertellen; **~fahren** verder rijden, doorrijden; (*fortfahren*) doorgaan; **≈fahrt** *f* (*0*) (het) doorrijden, verdere reis; **~fliegen** doorvliegen; **~geben** doorgeven; **~gehen** verder gaan, doorgaan; **~helfen** (*D*) vooruithelpen; **~'hin** voortaan, in het vervolg; (*außerdem*) verder, bovendien; **~kommen** vooruitkomen; **~können** verder (*od.* vooruit) kunnen; **~laufen** doorlopen (*a. fig.*); **~leiten** doorzenden, -sturen; **~machen** doorgaan; **2reise** *f* (*0*) verdere reis; **~sagen** verder vertellen; **~verkaufen** doorverkopen; **~wollen** verder (*od. bsd. fig.* vooruit) willen.

weit|est·gehend *Adv.* zoveel mogelijk; **~gehend** verregaand, verstrekkend, omvangrijk; *Adv.* zoveel mogelijk; **~gereist** bereisd; **~'her:** *von ~* van ver (weg); **~'hergeholt** *fig.* gezocht; **~herzig** ruim van opvatting; **~'hin** van ver(re), in de verte, ver weg; (*allgemein*) in sterke mate, algemeen; **~läufig** (*ausgedehnt*) uitgestrekt; (*ausführlich*) uitvoerig, breedvoerig; *Verwandter*: ver; **2läufigkeit** *f* (*0*) uitgestrektheid; breedvoerigheid; **~maschig** wijdmazig; **~reichend** verreikend; *Folge*: verstrekkend; **~schweifig** breedvoerig, langdradig; **2schweifigkeit** *f* (*0*) breedvoerigheid, omhaal; **~sichtig** verziend; *fig.* vooruitziend; **2sichtigkeit** *f* (*0*) verziendheid; **2sprung** *m* (het) verspringen; **~tragend** verdragend; *fig.* verstrekkend;**~verbreitet** wijdverspreid.

Weizen *m* (*-s; 0*) tarwe; *sein ~ blüht* het gaat hem voor de wind.

Weizen|- *in Zssgn mst.* tarwe-, *z.B.* **~brot** *n* (het) tarwebrood; **~feld** *n* (het) tarweveld; **~mehl** *n* (het) tarwemeel.

welch 1. welk, wat; *~ ein Mann* (*eine Frau*)! wat een man (vrouw)!; **2. ~er, ~e, ~es** welke; welk *n*; *Relativpronomen* welke, die; dat *n*; (*einige, einiges*) enige, er; *pl. bsd.* sommige *pl.*; *die Milch ist alle* (*die Zigarren sind alle*), *haben Sie noch welche?* hebt U er nog?; *was für welche?* wat voor (soort)?; **~er'lei** welke, wat voor.

welk (*-est*) verwelkt, verlept (*a. fig.*); **~en** (*sn*) verwelken, verleppen (*a. fig.*).

Well|blech *n* (het) gegolfd plaatijzer; **~e** *f* golf (*a. fig.*); (*Turn2*) zwaai; *Tech.* as; *grüne ~* groene golf; **2en** *v/i* golven, bruisen; *v/t Haar* onduleren; *sich ~* golven.

Wellen|- *in Zssgn mst.* golf-, *z.B.* **~bad** *n* (het) golfbad; **~bereich** *m* (het) golfbereik; **~bewegung** *f* golfbeweging; **~brecher** *m* golfbreker; **2förmig** golvend; **~gang** *m* (*-ęs; 0*) golfslag; **~länge** *f* golflengte; **~linie** *f* golflijn; **~reiten** *n* (*-s; 0*) (het) surfen; **~schlag** *m* (*-ęs; 0*) golfslag; **~sittich** *m* parkiet.

Well|fleisch *n* (het) gekookt varkensvlees; **2ig** golvend; **~pappe** *f* (het) golfkarton.

Wels *m* (*-es; -e*) meerval.

welsch (*-est*) Romaans; *fig.* vreemd.

Welt *f* wereld; *alle ~* iedereen; *aus der ~ schaffen* uit de wereld helpen; *auf die ~ kommen* ter wereld komen; *was in aller ~?* wat voor de drommel?; *um nichts in der ~* voor geen geld ter wereld; *ein Mann von ~* een man van de wereld; *zur ~ bringen* ter wereld brengen; *aus aller ~* uit de hele wereld.

Welt|- *in Zssgn mst.* wereld-; **~all** *n* (het) heelal; **~alter** *n* (het) tijdperk; **2anschaulich** wereldbeschouwelijk; **~anschauung** *f* wereldbeschouwing; **~ausstellung** *f* wereldtentoonstelling; **~bank** *f* (*0*) wereldbank; **2bekannt** alom bekend, met een wereldnaam; **2berühmt** wereldberoemd; **~bild** *n* (het) wereldbeeld; **~bürger** *m* wereldburger; **~en·bummler** *m* globetrotter; **2entrückt** afgezonderd van de wereld; *fig.* in geestvervoering.

Weltergewicht *n* (het) weltergewicht.

welt|erschütternd wereldschokkend; **~fern** ver van het gewoel van de wereld; **~fremd** wereldvreemd; **2friede** *m* wereldvrede; **2geistliche(r)** wereldgeestelijke; **2gericht** *n* (*-ęs; 0*) (het) jongste gericht; **2geschichte** *f* (*0*) wereldgeschiedenis; **~gewandt** wereldwijs, vlot in de omgang; **2handel** *m* wereldhandel; **2herrschaft** *f* (*0*) wereldheerschappij; **2karte** *f* wereldkaart; **2krieg** *m* wereldoorlog; **~lich** werelds; (*nicht kirchlich*) wereldlijk; **2literatur** *f* wereldliteratuur; **2macht** *f* wereldmacht; **2mann** *m* man van de wereld; **~männisch** als een man van de wereld, vlot in de omgang; **2marke** *f* (het) wereldmerk; **2markt** *m* (*-ęs; 0*) wereldmarkt; **2meer** *n* wereldzee, oceaan.

Weltmeister|(**in** *f*) *m* wereldkampioen(e *f*); **~schaft** *f* (het) wereldkampioenschap; **~titel** *m* wereldtitel.

Welt|**ordnung** *f* wereldorde; **~raum** *m* (-*ℯs*; *0*) ruimte, (het) wereldruim.

Weltraum|- *in Zssgn mst.* ruimte-, *z.B.* **~fahrt** *f* ruimtevaart; **~flug** *m* ruimtevlucht; **~forschung** *f* (het) ruimteonderzoek; **~kapsel** *f* ruimtecapsule.

Welt|**reich** *n* (het) wereldrijk; **~reise** *f* wereldreis; **~rekord** *m* (het) wereldrecord; **~ruf** *m* (-*ℯs*; *0*) wereldfaam; *von* ~ met een wereldnaam; **~schmerz** *m* (-*es*; *0*) weltschmerz, melancholie; **~sprache** *f* wereldtaal; **~stadt** *f* wereldstad; **~teil** *m* (het) werelddeel; **~untergang** *m* ondergang van de wereld; **~verbesserer** *m* wereldhervormer; **2weit** over de hele wereld; **~wirtschaft** *f* (*0*) wereldeconomie; **~wirtschaftskrise** *f* crisis van de wereldeconomie; **~wunder** *n* (het) wereldwonder.

wem (aan) wie; ~ *gehört das?* van wie is dat?; **2fall** *m* derde naamval.

wen wie.

Wende *f* wending, om(me)keer; (*~punkt*) (het) keerpunt; (*Umschwung a.*) ommezwaai; (*Jahres2, Jahrhundert2*) wisseling; **~kreis** *m* keerkring; *Auto*: draaicirkel; **~ltreppe** *f* wendeltrap; **2n** (*L*) *v/t u. v/i* wenden, keren, draaien; *Rücken* toedraaien; *sich* ~ *Pers.*: zich omdraaien; *Wind*: draaien; *sich* ~ *an* (gegen) (*A*) zich wenden tot (zich keren tegen); *s. a. gewandt*; **~punkt** *m* (het) keerpunt.

wend|**ig** *Pers.*: handig, vlot; *Fahrzeug*: wendbaar, gemakkelijk bestuurbaar; **2ig·keit** *f* (*0*) handigheid, vlotheid; wendbaarheid, gemakkelijke bestuurbaarheid; **2ung** *f* wending, draai, keer; (*Umschwung a.*) ommezwaai; (*Rede2*) zegswijze, zinswending.

Wenfall *m* vierde naamval.

wenig weinig; *ein* (*klein*) ~ een (klein) beetje; **~e** *pl.* weinig(e) *pl.*; **~er** minder; **2keit** *f* (*0*) geringe hoeveelheid; (*Kleinigkeit*) kleinigheid, (het) bagatel; *meine* ~ mijn persoontje; **~ste**: *der, die* (*das*) ~ de (het) minste; *am* *~n* het minst, allerminst; **~stens** minstens, tenminste, althans.

wenn als, wanneer, indien; ~ *auch* hoewel, al; *und* ~ *auch!* en wat dan nog!; ~ *möglich* zo mogelijk; ~ *nicht, kommst du zu mir ...* zoniet; *als* ~ alsof; **~'gleich** hoewel, ofschoon; **~schon** F: *na ~!* wat dan nog!

[*wem, wen.*]

wer wie; (*jemand*) iemand; *s. a.*

Werbe|- *in Zssgn mst.* reclame-, *z.B.* **~abteilung** *f* reclameafdeling; **~brief** *m* reclamebrief; **~büro** *n* (het) reclamebureau; **~film** *m* reclamefilm; **~funk** *m* reclame op de radio; **~leiter** *m* reclamechef; **~material** *n* (het) reclamemateriaal; **2n** (*L*) werven; (*um A*) dingen (naar), trachten te winnen; (*für A*) reclame (*od.* propaganda) maken (voor); *um ein Mädchen* ~ naar de hand van een meisje dingen; **~r** *m* propagandist; *mil.* werver, ronselaar; (*Braut2*) minnaar, vrijer; **~schrift** *f* (het) reclamegeschrift; **~text** *m* reclametekst; **~trommel** *f*: *die ~ rühren* reclame (*od.* propaganda) maken; **~woche** *f* reclameweek.

Werbung *f* reclame; werving; (*Heiratsantrag*) (het) aanzoek; **~s·kosten** *pl.* verwervingskosten *pl.*

Werde|**gang** [e:] *m* (-*ℯs*; *0*) ontwikkeling(sgang), (het) wordingsproces; (*Laufbahn*) loopbaan; **2n** (*L*; *sn*) worden; *Futur* zullen; *ich würde* ik zou; *wird's bald!* schiet op!; *daraus wird nichts* daar komt niets van; *im* 2 in wording.

Werder *m* (het) riviereiland; (*Landstrich*) waard.

Werfall *m* eerste naamval.

werfen (*L*) werpen (*a. Junge*), gooien; *sich* ~ (*auf A*) zich werpen (op); *j-m etw. an den Kopf* ~ iem. iets naar het hoofd gooien.

Werft *f* (scheeps)werf; **~arbeiter** *m* werfarbeider.

Werg *n* (-*ℯs*; *0*) (het) werk.

Werk *n* (-*ℯs*; -*e*) (het) werk (*a. Buch usw.*); (*Fabrik*) fabriek; *ans* ~ *gehen* aan het werk gaan; *am ~e sein* aan het werk zijn; *ins* ~ *setzen* in het werk stellen.

Werk|- *in Zssgn mst.* werk-, *z.B.* **~bank** *f* (-; *⸗e*) werkbank; **2eln** (-*le*) bezig zijn, werken; **2en** werken; (*hart arbeiten*) zwoegen; **~meister** *m* ploegbaas, meesterknecht; **~s-**

arzt *m* bedrijfsarts; 2**s·eigen** van de eigen fabriek, intern; ~**s·leiter** *m* fabrieksdirecteur; ~**spionage** *f* fabrieksspionage; ~**statt** *f* (-; *¨en*) werkplaats; (*Auto*2) garage; ~**stoff** *m* grondstof; ~**stück** *n* (het) werkstuk; ~**student** *m* werkstudent; ~**tag** *m* werkdag; 2**täglich** door-de--weeks; 2**tags** door de week, op werkdagen; 2**tätig** werkend; ~**unterricht** *m* (het) onderwijs in handenarbeid.

Werkzeug *n* (het) gereedschap; (*einzelnes* ~) (het) werktuig; *fig.* (het) instrument; ~**kasten** *m* gereedschapskist; ~**macher** *m* gereedschapsmaker.

Wermut [eː] *m* (-*ẹs*; *0*) alsem; (*Getränk*) vermout; ~**s·tropfen** *m fig.* alsemdruppel, (het) hartzeer.

wert [eː] (-*est*) waard; (*würdig*) waardig; (*lieb*) dierbaar; e-r S. (*G*) (*nicht*) ~ *sein* iets (niet) waard zijn.

Wert [eː] *m* (-*ẹs*; -*e*) waarde; ~ *legen auf* (*A*) prijs stellen op, waarde hechten aan; ~**angabe** *f* aangegeven waarde; 2**beständig** waardevast; ~**brief** *m* brief met aangegeven waarde; 2**en** (-*e*-) waarderen, taxeren; (*beurteilen bsd.*) beoordelen; ~**gegenstand** *m* (het) voorwerp van waarde; 2**los** (-*est*) waardeloos; ~**losigkeit** *f* (*0*) waardeloosheid; ~**marke** *f* bon; ~**paket** *n* (het) pakket met aangegeven waarde; ~**papier** *n* (het) geldswaardig papier, (het) effect; ~**sachen** *f/pl.* voorwerpen *n/pl.* van waarde; 2**schätzen** schatten, achten, waarderen; ~**urteil** *n* (het) waardeoordeel; 2**voll** waardevol, kostbaar.

Wesen *n* (het) wezen; (*Natur a.*) aard, natuur; (*Charakter bsd.*) (het) karakter; (*Geschöpf*) (het) schepsel; (*Beschaffenheit bsd.*) aard; *sein* ~ *treiben* huishouden, rondwaren, huizen; *viel* ~*s machen von* (*D*) veel ophef maken van; 2**los** (-*est*) denkbeeldig, onwerkelijk, zonder inhoud.

Wesens|art *f* aard, (het) karakter; 2**fremd** niet in overeenstemming met de aard; ~**zug** *m* karaktertrek.

wesentlich wezenlijk, essentieel; *Adv. bsd.* aanzienlijk; (*wichtig a.*) belangrijk.

Wes|fall *m* tweede naamval; 2'**halb** waarom, om welke reden.

Wespe *f* wesp; ~**n·nest** *n* (het) wespennest (*a. fig.*); ~**n·stich** *m* wespesteek; ~**n·taille** *f* wespetaille.

wessen wiens, van wie.

West (*nach Orsnamen*) West.

West|- *in Zssgn* west-; *in Eigennamen* West--; *z.B.* ~**afrika** *n* West-Afrika *n*; ~**deutschland** *n* West-Duitsland *n.*

Weste *f* (het) vest.

Westen *m* (-*s*; *0*) (het) westen.

Westentasche *f* vestzak; *wie seine* ~ *fig.* als zijn broekzak.

west|euro'päisch Westeuropees; 2'**fale** *m* (-*n*) Westfaler; 2'**falen** *n* Westfalen *n*; ~'**fälisch** Westfaals; 2'**indien** *n* West-Indië *n*; 2**küste** *f* westkust; ~**lich** westelijk; *Pol.* westers; ~ (*G*) *od. von* (*D*) ten westen van; 2**mächte** *f/pl.* westerse mogendheden *pl.*; ~**wärts** westwaarts; 2**wind** *m* westenwind.

wes'wegen waarom, om welke reden.

wett (*0*) gelijk, kiet; ~ *sein* kiet zijn.

Wettbewerb *m* (-*ẹs*; -*e*) *Sp.* wedstrijd, competitie; *Hdl. u. fig.* concurrentie, mededinging; *fig. a.* wedijver; (*Preisfrage*) prijsvraag; ~**er**(**in** *f*) *m* mededinger *m*, mededingster *f*, concurrent(e *f*).

Wette *f* weddenschap; e-e ~ *eingehen* een weddenschap aangaan; *um die* ~ om het hardst, om strijd; *was gilt die* ~? waarom gewed?

Wett·eifer *m* wedijver; 2**n** wedijveren.

wetten (-*e*-) wedden.

Wetter *n* (het) weer; (*Gewitter*) (het) onweer; (*Unwetter*) (het) noodweer.

Wetter|- *in Zssgn mst.* weer-; ~**amt** *n* (het) meteorologisch instituut; ~**aussichten** *f/pl.* weersverwachting; ~**bericht** *m* (het) weerbericht; ~**dach** *n* (het) afdak; ~**dienst** *m* weerdienst; ~**fahne** *f* windwijzer, weerhaan (*a. fig.*); 2**fest** weerbestendig; ~**hahn** *m* weerhaan; ~**häus·chen** *n* (het) weerhuisje; ~**karte** *f* weerkaart; ~**kunde** *f* (*0*) weerkunde; ~**lage** *f* weersgesteldheid; 2**leuchten** weerlichten; ~**leuchten** *n* (-*s*; *0*) (het) weerlicht; 2**n** (-*re*) onweren; (*schimpfen*) razen, tieren; ~**prognose** *f* weer(s)voorspelling; ~**seite** *f* windzijde; ~**sturz** *m* plotselinge verslechtering van het weer; ~**umschlag** *m* plotselinge weersverandering; ~**vorhersage** *f* weer(s)-voorspelling; ~**warte** *f* (het) meteorologisch station; 2**wendisch** wispelturig, grillig.

Wett|fahrer *m* renner; ~**fahrt** *f* wedstrijd, race; ~**kampf** *m* wedstrijd; ~**kämpfer** *m* deelnemer aan een wedstrijd; ~**lauf** *m* wedloop (*a. fig.*); ~**läufer** *m* hardloper; 2**machen** goedmaken, vereffenen; ~**rennen** *n* wedren, race; ~**rudern** *n* (-*s*; *0*) roeiwedstrijd; ~**rüsten** *n* (-*s*; *0*) bewapeningswedloop; ~**schwimmen** *n* (-*s*; *0*) zwemwedstrijd; ~**spiel** *n* wedstrijd, match; ~**streit** *m* wedijver, wedstrijd.

wetz|en (-*t*) *v/t* wetten, slijpen; *v/i* (*sn*) F rennen, jagen; 2**stahl** *m* (het) wetstaal; 2**stein** *m* wet-, slijpsteen.

Whisky *m* ['wɪskiˑ] *m* (-*s*; -*s*) whisky.

Wichs [ks] *m* (-*es*; -*e*) feestkleding, (het) gala; ~**e** *f* (het) (schoen)smeer; F (*Prügel*) slaag; 2**en** (-*t*) *Schuhe* poetsen; *Boden* boenen.

Wicht *m* (-*ⱸs*; -*e*) dwerg; (*kleiner Kerl*) (het) kereltje; (*Schurke*) schurk, ellendeling; ~**el·männchen** *n* kabouter.

wichtig belangrijk, gewichtig (*a. bedeutend tuend*); etw. ~ nehmen iets zwaar nemen; 2**keit** *f* (*0*) (het) belang, belangrijkheid, (het) gewicht; 2**tuer** *m* gewichtigdoenerig iem.; 2**tue'rei** *f* gewichtigdoenerij; ~**tuerisch** gewichtigdoenerig.

Wicke *f* wikke.

Wickel *m* (het) kluwen, (het) rolletje; (*Locken*2) krulspeld; *Med.* (het) kompres, omslag; ~**kind** *n* (het) bakerkind; ~**kommode** *f* babycommode; 2**n** (-*le*) wikkelen; *Kind* een luier omdoen; *Garn, Wolle* opwinden; ~**ung** *f* wikkeling.

Wickler *m* (*Locken*2) krulspeld.

Widder *m* ram.

wider (*A*) tegen, in strijd met.

wider|- *in Zssgn mst.* weer-, *z.B.* ~**borstig** weerbarstig, balorig; ~**'fahren** (-) overkomen, wedervaren; 2**haken** *m* weerhaak; 2**hall** *m* weerklank (*a. fig.*), echo; ~**hallen** weerklinken; 2**lager** *n* aanzet; (*Brücken*2) (het) landhoofd.

wider'leg|bar weerlegbaar; ~**en** (-) weerleggen; 2**ung** *f* weerlegging.

wider|lich weerzinwekkend, walgelijk; (*gemein*) gemeen, laag, walgelijk; ~**natürlich** tegennatuurlijk; 2**part** *m* (-*ⱸs*; -*e*) tegenpartij, tegenstander; (*Widerstand*) tegenstand; ~**'raten** (-) ont-, afraden; ~**rechtlich** wederrechtelijk, onrechtmatig; 2**rede** *f* tegenspraak; 2**ruf** *m* herroeping; (*bis*) *auf* ~ tot wederopzeggens; ~**'rufen** (-) herroepen; (*dementieren*) tegenspreken; ~**ruflich** (*0*) herroepbaar; *Adv.* tot wederopzeggens; 2**'rufung** *f* herroeping; 2**sacher** *m* tegenstander, tegenpartij; 2**schein** *m* weerschijn; ~**'setzen** (-): *sich* ~ (*D*) zich verzetten tegen; ~**'setzlich** weerspannig; 2**sinn** *m* (-*ⱸs*; *0*) ongerijmdheid, onzin; ~**sinnig** ongerijmd, tegenstrijdig, onzinnig; ~**spenstig** weerspannig, weerbarstig; ~**spiegeln** weerspiegelen; 2**spiegelung** *f* weerspiegeling; 2**spiel** *n* (het) tegendeel, (het) contrast, tegenhanger; ~**'sprechen** (-) (*D*) tegenspreken; 2**spruch** *m* tegenspraak; (*Einspruch bsd.*) (het) protest, (het) verzet; (*Gegensatz*) tegenstrijdigheid; ~**sprüchlich** tegenstrijdig; ~**spruchs·los** (*0*) zonder tegenspraak; ~**spruchs·voll** tegenstrijdig, vol tegenstrijdigheden.

Widerstand *m* weerstand (*a. El. u. Phys.*), tegenstand, (het) verzet; ~**s-bewegung** *f* verzetsbeweging; 2**s-fähig** resistent, in staat weerstand te bieden, taai; *S. a.*: stevig; ~**s-fähigkeit** *f* (*0*) (het) weerstandsvermogen; ~**s·kämpfer** *m* verzetsstrijder; ~**s·kraft** *f* (het) weerstandsvermogen; 2**s·los** (*0*) zonder tegenstand.

wider|'stehen (-) (*D*) weerstaan, zich verzetten tegen; *etw.*: tegenstaan; ~**'streben** (-) (*D*) weerstreven, -staan; *es widerstrebt mir* het staat mij tegen; *es widerstrebt e-r S.* het strijdt met iets, het druist in tegen iets; ~**'strebend** met tegenzin; 2**streit** *m* (-*ⱸs*; *0*) strijd; (*Widersprüche*) tegenstelling(en *pl.*); ~**'streiten** (*D*) in strijd zijn met, indruisen tegen; ~**wärtig** weerzinwekkend, walgelijk; (*unangenehm*) naar, akelig; 2**wärtigkeit** *f* walgelijkheid; onaangenaamheid; 2**wille** *m* tegenzin, afkeer; ~**willig** onwillig, met tegenzin.

widm|en (-*e*-) wijden; *j-m A* opdragen; *sich* ~ (*D*) zich wijden aan; 2**ung** *f* opdracht.

widrig [i:] ongunstig, tegengesteld, vijandig, naar; **~en'falls** in het tegenovergestelde geval, anders; **≈keit** *f* tegenspoed, onaangenaamheid.
wie hoe; (*bei Vergleich*) als; (*am Anfang e-s Satzes*: [*so*] ~) zoals; (*zeitlich*) toen; ≈ *n* (-; -*s*) (het) hoe.
wieder weer, nog eens, terug; ~ *und* ~ steeds weer.
wieder|- *in Zssgn oft* her-, *a.* we(d)er-, *z.B.* **≈abdruck** *m* herdruk; **~'anknüpfen** *Gespräch* hervatten; *Beziehungen* herstellen; **≈'anschaffung** *f* wederaanschaffing.
Wieder'aufbau *m* (-*ęs*; *0*) wederopbouw; **≈en** weer opbouwen, herbouwen.
Wieder'auf|führung *f* wederopvoering, reprise; **~nahme** *f* hervatting; *jur*. revisie; **≈nehmen** hervatten; **≈richten** weer oprichten; **~rüstung** *f* herbewapening; **≈tauchen** weer opduiken.
Wieder'aus|fuhr *f* her-, wederuitvoer; **~grabung** *f* wederopgraving.
Wiederbe|ginn *m* (het) herbegin; **≈kommen** terugkrijgen.
wiederbeleb|en weer tot het bewustzijn brengen; *fig*. doen herleving; **≈ung** *f fig*. herleving; **≈ungsversuche** *m/pl*. pogingen *pl*. (om) de levensgeesten weer op te wekken.
wiederbringen terugbrengen.
wieder'ein|richten (op)nieuw inrichten; **~setzen** herstellen; **≈tritt** *m* herhaling, (het) herbegin.
wieder·entdecken herontdekken.
wieder·er|greifen opnieuw arresteren; **~halten** her-, terugkrijgen; **~innern:** *sich* ~ zich weer herinneren; **~kennen** herkennen; **~obern** heroveren; **≈oberung** *f* herovering; **~öffnen** heropenen; **≈öffnung** *f* heropening; **~wachen** opnieuw ontwaken; **~zählen** oververtellen.
wieder|finden terugvinden; **≈gabe** *f* weergave, reproduktie; (*Rückgabe*) teruggave; **~geben** weergeven (*a. darbieten*), teruggeven; **~geboren** herboren; **≈geburt** *f* wedergeboorte; **~gewinnen** terug-, herwinnen.
wieder'gutmach|en weer goedmaken, herstellen; **≈ung** *f* (het) herstel.
wiederhaben terug hebben.
wieder'herstell|en herstellen (*a. Kranker*); **≈ung** *f* (het) herstel, herstelling, reparatie.
wieder'hol|en **1.** (-) herhalen; **2.** ['vi:-] terughalen; **~t** herhaald; *Adv.* herhaaldelijk; **≈ung** *f* herhaling; **≈ungs·sendung** *f* heruitzending.
Wieder|hören *n*: *auf* ~! tot de volgende keer!, daag!; **≈käuen** herkauwen (*a. fig.*); **~käuer** *m* herkauwer; **~kauf** *m* terug-, herkoop; **~kaufsrecht** *n* (het) recht van wederinkoop; **~kehr** *f* (*0*) terugkeer, terugkomst; **≈kehren** terugkeren; (*sich wiederholen bsd.*) zich herhalen; **≈kommen** terugkomen; **≈sehen** weer-, terugzien; *auf* ≈! tot (weer)ziens!, daag!; **~täufer** *m* wederdoper; **≈um** wederom, opnieuw, nog eens; (*andererseits*) anderzijds, van zijn (mijn, ...) kant.
wiedervereinig|en herenigen; **≈ung** *f* hereniging.
wiederver|heiraten: *sich* ~ hertrouwen; **≈kauf** *m* wederverkoop; **~kaufen** wederverkopen; **≈käufer** *m* wederverkoper.
Wieder|wahl *f* herkiezing; **≈wählbar** herkiesbaar; **≈wählen** herkiezen.
Wiege *f* wieg (*a. fig.*).
wiegen **1.** *Kind* wiegen; (*schwingen*) wiegelen, deinen; (*zerkleinern*) fijnhakken; **2.** (*L*) *v/t u. v/i* wegen.
Wiegen|druck *m* wiegedruk; **~lied** *n* (het) wiegelied.
wiehern (-*re*) hinniken; F (*lachen*) gieren.
Wien *n* Wenen *n*; **~er(in** *f*) *m* Wener *m*, Weense *f*; **≈erisch** Weens.
Wiese *f* wei(de), (het) grasveld.
Wiesel *n* wezel.
Wiesen|blume *f* weidebloem; **~land** *n* (-*ęs*; *0*) (het) weide-, grasland.
wie'so hoezo, hoe zo.
wie'viel hoeveel; **~'mal** hoeveel keren; **~te(r, -s)** hoeveelste.
wie'|weit (in) hoever(re); **~wohl** (al)hoewel, ofschoon.
Wikinger *m* viking.
wild (-*est*) wild (*a. fig.*); (*unbearbeitet*) woest; (*wütend a.*) woedend; ~ *sein auf* (*A*) F wild zijn op; ≈ *n* (-*ęs*; *0*) (het) wild.
Wild|- *in Zssgn mst*. wild-; **~bach** *m* stortbeek; **~bahn** *f* wildbaan; **~braten** *m* (het) wildbraad; **~bret** *n*

(*-s*; *0*) (het) wild(braad); **~dieb** *m* stroper; **~diebe'rei** *f* stroperij; **~ente** *f* wilde eend; **~e(r)** wilde; **~erer** *m* stroper; **~e'rei** *f* stroperij; **≈ern** (*-re*) stropen; **~fang** *m fig.* wildzang; **≈fremd** wildvreemd; **~fütterung** *f* (het) voederen van het wild; **~heit** *f* (*0*) wild-, woestheid; **~hüter** *m* jachtopziener; **~leder** *n* (het) wildle(d)er; **~ling** *m* (*-s*; *-e*) wilde stam; *Pers.*: wildebras; **~nis** *f* (*-*; *-se*) wildernis; **~park** *m* (het) wildpark; **~schaden** *m* wildschade; **~schutzgebiet** *n* (het) wildreservaat; **~schwein** *n* (het) wild zwijn, (het) everzwijn; **≈wachsend** in het wild groeiend.

Wild'west (het) wilde westen; **~film** *m* wild-west-film.

Wille *m* (*-ns*; *-n*), **~n** *m* (*-s*; *-*) wil; *letzter ~* laatste wil, (het) testament; *beim besten ~n* met de beste wil; *wider ~n* onwillekeurig, tegen wil en dank.

willen: *um* ... (*G*) *~* ter wille van.

willenlos (*-est*) willoos; **≈ig·keit** *f* (*0*) willoosheid.

willens: *~ sein* geneigd (*od.* willens) zijn; **≈äußerung** *f* wilsuiting; **≈erklärung** *f* wilsverklaring; **≈freiheit** *f* (*0*) wilsvrijheid; **≈kraft** *f* (*0*) wilskracht; **~schwach** zwak van wil.

willentlich opzettelijk.

will|'fahren (*-*): *j-m ~* iem. ter wille zijn, iemands zin doen; **~fährig** gewillig; (*nachgiebig*) toegevend; **≈fährigkeit** *f* (*0*) gewilligheid; toegevendheid; **~ig** gewillig, inschikkelijk; **~igen:** *~ in* (*A*) toestemmen in, inwilligen.

will'kommen welkom; **≈** *n od. m* (het) welkom; **≈s·gruß** *m* welkomstgroet.

Willkür *f* (*0*) willekeur; (*Selbstherrlichkeit*) eigenmachtigheid; **~herrschaft** *f* tirannie, (het) despotisme; **≈lich** willekeurig; eigenmachtig; **~lichkeit** *f* (*0*) willekeurigheid.

wimmeln (*-le*) (*von D*) wemelen (van), krioelen (van).

wimmern (*-re*) jammeren, kermen.

Wimpel *m* wimpel.

Wimper *f* (*-*; *-n*) wimper, (het) ooghaar; *ohne mit der ~ zu zucken* zonder een spier te vertrekken.

Wind *m* (*-ẹs*; *-e*) wind; *~ bekommen von* (*D*) F lucht krijgen van; *~ machen* F drukte maken, opsnijden; *den Mantel nach dem ~e hängen* de huik naar de wind hangen.

Wind|- *in Zssgn mst.* wind-; **~beutel** *m* (*Gebäck*) roomsoes; *Pers.*: losbol; **~bruch** *m* windschade.

Winde *f* windas, lier; *Bot.* winde.

Wind·ei *n* (het) windei.

Windel *f* (*-*; *-n*) luier; **≈'weich** F: *j-n ~ schlagen* iem. bont en blauw slaan.

winden (*L*) winden, draaien; (*hoch~*) ophijsen; (*wickeln a.*) wikkelen; *Kranz* vlechten; *sich ~* (zich) kronkelen; *sich vor Schmerz ~* van de pijn krimpen; *s. a. gewunden.*

Wind|es·eile *f*: *in* (*od. mit*) *~* vliegensvlug; **~fang** *m* windvang; **~fangtür** *f* tochtdeur; **≈geschützt** beschermd tegen de wind; **~hose** *f* windhoos; **~hund** *m* windhond; F *Pers.*: losbol; **≈ig** winderig; (*unsicher*) bedenkelijk, niet pluis; (*leer*) nietszeggend, flauw; **~jacke** *f* windjak (*a.* het), -jekker; **~kanal** *m* windtunnel; **~messer** *m* windmeter; **~mühle** *f* windmolen; **~pokken** *pl.* windpokken *pl.*; **~richtung** *f* windrichting; **~rose** *f* windroos; **~sack** *m* windzak; **~schatten** *m* (*-s*; *0*) luwte; **≈schief** scheef, krom; *Math. ~e Geraden pl.* kruisende lijnen *pl.*; **~schutz** *m* beschutting tegen de wind; **~schutzscheibe** *f* voorruit; **~seite** *f* windzijde; **~stärke** *f* windkracht; **≈still** windstil; **~stille** *f* windstilte; **~stoß** *m* rukwind, windvlaag.

Windung *f* kromming, kronkeling, winding.

Windzug *m* (*-ẹs*; *0*) tocht.

Wink *m* (*-ẹs*; *-e*) wenk (*a. fig.*).

Winkel *m* hoek; **~advokat** *m* tweederangs (*unbefugt*: onbevoegd) advocaat; **~eisen** *n* (het) hoekijzer; **~haken** *m* zethaak; **≈ig** hoekig; *Straße*: bochtig; **~maß** *n* winkelhaak; **~messer** *m* hoekmeter; **~züge** *m/pl.* handigheidjes *n/pl.*, omwegen *pl.*

wink|en wenken (*a. fig.*); (*mit e-m Tuch*; *nach~*) wuiven, zwaaien; **≈er** *m* (*Auto≈*) richtingaanwijzer.

winklig = *winkelig.*

winseln (*-le*) janken; *Pers. bsd.*: kermen, huilen.

Winter *m* winter; *im ~* 's winters.

Winter|- *in Zssgn mst.* winter-, *z.B.*

~abend *m* winteravond; **~anzug** *m* (het) winterpak; **~aufenthalt** *m* (het) winterverblijf; **~fahrplan** *m* winterdienst; **~garten** *m* wintertuin; **~getreide** *n* (het) winterkoren; **~kälte** *f* winterkou(de); **~kleid** *n* winterjapon; (*Tier*~) (het) winterkleed; **~kurort** *m* (het) winterkuuroord; **~landschaft** *f* (het) winterlandschap; **~lich** winters; **~mantel** *m* winterjas; **~quartier** *n* (het) winterkwartier; **~s** 's winters; **~saat** *f* (het) winterkoren; **~sachen** *f/pl.* winterkleren *n/pl.*; **~schlaf** *m* winterslaap; **~schlußverkauf** *m* winteropruiming.

Wintersport *m* wintersport; **~ausrüstung** *f* wintersportuitrusting; **~gebiet** *n* (het) wintersportgebied.

Winter|tag *m* winterdag; **~zeit** *f* (*0*) wintertijd.

Winzer *m* wijnbouwer.

winzig nietig, heel klein, petieterig; **~keit** *f* nietigheid.

Wipfel *m* top, kruin.

Wippe *f* wip; **~n** wippen.

wir wij, we.

Wirbel *m Anat.* wervel; (*Drehung*) werveling, dwarreling; (*Luft*~ *a.*) wervelwind; (*Wasser*~) draaikolk; (*Trommel*~) roffel; (*Saiten*~) schroef; *fig.* (*Aufeinanderfolge*) maalstroom; (*Aufsehen*) herrie, drukte; **~ig** (*schwindlig*) duizelig; **~n** (*-le*) *v/i* (*a. sn*) wervelen, tollen, (d)warrelen; *Trommel*: roffelen; *v/t* opjagen; **~säule** *f* wervelkolom; **~sturm** *m* wervelstorm; **~tier** *n* (het) gewerveld dier; **~wind** *m* wervelwind.

wirk|en werken (*a. Arznei usw.*); (*erscheinen*) aandoen; (*zur Geltung kommen*) uitkomen; *Stoffe* weven, breien; *das wirkte lächerlich* dat maakte een belachelijke indruk; ~ *auf j-n* indruk maken op; *etw.* (*beeinflussen*) invloed uitoefenen op; **~er(in** *f*) *m* breier *m*, breister *f*; **~lich** werkelijk, heus, echt.

Wirklichkeit *f* werkelijkheid; **~sfremd** onwerkelijk, onrealistisch; levensvreemd; **~s·sinn** *m* (*-es; 0*) werkelijkheidszin.

wirk|sam effectief, doeltreffend; ~ *sein Pers.*: werkzaam zijn; **~samkeit** *f* (*0*) doeltreffendheid, werking; (*Tätigkeit*) werkzaamheid; **~stoff** *m* stof met bepaalde werking; **~ung** *f* werking; (*Effekt*) uitwerking, (het) effect; (*Folge*) (het) gevolg; *mit* ~ *vom 1. Oktober* met ingang van; ~ *haben* effect hebben.

Wirkungs|bereich *m* werkkring, (het) terrein van werkzaamheden; **~grad** *m* (het) nuttig effect, (het) rendement; **~los** (*-est*) zonder uitwerking (*od.* effect); **~losigkeit** *f* (*0*) krachteloosheid, (het) gemis aan uitwerking, ondoeltreffendheid; **~voll** (*beeindruckend*) indrukwekkend.

Wirkwaren *f/pl.* geweven goederen *n/pl.*

wirr (*-est*) verward; *j-m ist ganz* ~ *im Kopf* iem. is helemaal suf (*od.* in de war); **~en** *f/pl.* troebelen *pl.*, onlusten *pl.*; **~heit** *f* (*0*) verwarring; **~kopf** *m* (het) warhoofd; **~nis** *f* (*-; -se*), **~sal** *n* (*-es; -e*) verwarring, chaos; **~warr** *m* (*-s; 0*) warboel, verwarring; (*Labyrinth*) wirwar.

Wirsing(kohl *m*) *m* (*-s; 0*) savooiekool.

Wirt *m* (*-es; -e*) waard, restaurateur, hotelier; (*Haus*~) huisbaas; *die Rechnung ohne den* ~ *machen* buiten de waard rekenen; **~in** *f* waardin, herbergierster; (*Zimmer*~) hospita; **~lich** gastvrij; (*angenehm*) vriendelijk, aangenaam.

Wirtschaft *f* economie; (*Haushalt*) huishouding, (het) huishouden; (*Landwirtschaftsbetrieb*) (het) klein landbouwbedrijf; (*Lokal*) (het) café; *das ist ja e-e schöne* ~! F dat is een mooie boel!; **~en** (*-e-*) huishouden; (*im Haushalt a.*) het huishouden doen; (*mit Geld a.*) het geld beheren; (*beschäftigt sein*) werken, bezig zijn; **~erin** *f* huishoudster; **~ler(in** *f*) *m* (vrouwelijke *f*) econoom; **~lich** economisch; (*sparsam bsd.*) zuinig; **~lichkeit** *f* (*0*) efficiency, rendabiliteit; zuinigheid.

Wirtschafts|buch *n* (het) huishoudboekje; **~führer** *m* leidende (*od.* grote) ondernemer; **~gebäude** *n* (het) bedrijfsgebouw; **~geld** *n* (het) huishoudgeld; **~gemeinschaft** *f s.* E(W)G; **~geographie** *f* economische aardrijkskunde; **~geschichte** *f* (*0*) economische geschiedenis; **~jahr** *n* (het) bedrijfsjaar; **~lage** *f* economische toestand; **~minister** *m* minister van economische zaken; **~ministerium** *n* (het) ministerie van economische

zaken; ~**politik** *f* economische politiek; ~**prüfer** *m* accountant; ~**räume** *m/pl.* bedrijfsruimten *pl.* (keuken, schuur *usw.*); ~**wissenschaften** *f/pl.* economische wetenschappen *pl.*; ~**zeitung** *f* (het) economisch blad.
Wirts|haus *n* herberg, (het) café, (het) restaurant; ~**leute** *pl.* waard en zijn vrouw; (*Zimmer*2) hospes en hospita.
Wisch *m* (-es; -e) (*Stroh*2) strowis; (*Papier, Schriftstück*) (het) prul, (het) waardeloos geschrift; 2**en** vegen, wissen; *Staub* afnemen; *sich die Augen n/pl.* ~ zijn ogen *n/pl.* afdrogen; ~**er** *m* wisser; (*Läppchen*) stofdoek, wrijflap; (*Tinten*2) inktlap; (*mit Stab*) veger; (*Maler*2) doezelaar; ~**lappen** *m*, ~**tuch** *n* stofdoek; (*Geschirr*2) vaatdoek.
Wisent *m* (-s; -e) bizon, wisent.
Wismut *n* (-es; 0) (het) bismut.
wispern (-re) fluisteren.
Wißbegier|de *f* (0) weetgierigheid; 2**ig** weetgierig.
wissen (*L*) weten; *j-n etw.* ~ *lassen* iem. iets laten weten; *nicht, daß ich wüßte* niet dat ik weet; *was weiß ich!* F weet ik veel!; 2 *n* (-s; 0) (het) weten, kennis; *ohne mein* ~ buiten mijn weten (*od.* voorkennis); *meines* ~*s* bij mijn weten; *wider besseres* ~ tegen beter weten in.
Wissenschaft *f* wetenschap; ~**ler** *m* wetenschapsman, geleerde; 2**lich** wetenschappelijk; ~**lichkeit** *f* (0) wetenschappelijkheid.
Wissens|drang *m* (-es; 0), ~**durst** *m* dorst naar kennis, weetgierigheid; 2**wert** wetenswaardig.
wissentlich welbewust, willens en wetens.
wittern (-re) ruiken (*a. fig.*).
Witterung *f* (0) (het) weer, weersgesteldheid; (*Geruch*) reuk; (*Sinn*) reukzin; ~**s·einflüsse** *m/pl.* invloed van het weer; ~**s·verhältnisse** *n/pl.* weersomstandigheden *pl.*
Witwe *f* weduwe; ~**n·geld** *n* (het) weduwenpensioen; ~**n·schaft** *f* (0) (het) weduwschap; ~**r** *m* weduwnaar.
Witz *m* (-es; -e) mop, grap; (*Lustigkeit*) geestigheid; ~*e pl. machen* grappen *pl.* maken; (*erzählen*) moppen *pl.* tappen; *fauler* ~ flauwe mop (*od.* grap); *mach keine* ~*e! pl.* kom nou!, dat meen je toch niet!; ~**blatt** *n* (het) moppenblaadje, (het) humoristisch blad; ~**bold** *m* (-es; -e) grappenmaker, grapjas; ~**e'lei** *f* geestigheid; 2**eln** (-le) geestig zijn; (*Witze erzählen*) geestigheden *pl.* debiteren, moppen *pl.* tappen; ~ *über* (*A*) (*spötteln*) spotten met, ironiseren; 2**ig** geestig, humoristisch; ~**ig·keit** *f* (0) geestigheid; 2**los** (-est) zonder humor; F (*zwecklos*) zinloos, nutteloos.
wo waar; ~ *auch immer* waar ... ook; *ach* ~!, *i* ~! F maar nee!, beslist niet!; ~'**anders** elders, ergens anders; ~'**bei** waarbij.
Woche *f* week; *während der* ~ in de week; *in 2 (3)* ~*n pl.* over 2 (3) weken *pl.*
Wochen|bericht *m* (het) weekverslag, -bericht; ~**bett** *n* (het) kraambed; ~**blatt** *n* (het) weekblad.
Wochenend|- *in Zssgn* weekend-, *z.B.* ~**ausflug** *m* (het) weekenduitstapje; ~**e** *n* (het) weekend, (het) weekeinde; ~**haus** *n* (het) weekendhuisje.
Wochen|geld *n* (het) weekgeld; ~**karte** *f* weekkaart; 2**lang** (0) wekenlang; ~**lohn** *m* (het) weekloon; ~**markt** *m* weekmarkt; ~**schau** *f* (het) filmjournaal; ~**spielplan** *m* (het) weekprogramma; ~**tag** *m* weekdag; 2**tags** door de week, op een weekdag.
wöchentlich (0) wekelijks.
Wöchnerin *f* kraamvrouw.
Wodka *m* (-s; -s) wodka.
wo'|durch waardoor; ~**für** waarvoor.
Woge *f* golf (*a. fig.*).
wo'gegen waartegen.
wogen golven (*a. fig.*), deinen (*a. fig.*).
wo'|her waar ... vandaan, vanwaar; ~ *weißt du das?* hoe weet je dat?; ~**hin** waarheen; ~**hin'gegen** terwijl, waartegenover.
wohl wel (*a. vermutlich*), goed; *sich (nicht)* ~ *fühlen* zich (niet) goed voelen; ~ *dem, der* ... gelukkig hij, die ...; *mir ist nicht recht* ~ *bei dem Gedanken*, ... ik voel mij onbehaaglijk bij; *leben Sie* ~!, *lebe* ~! vaarwel!; ~ *oder übel* goedschiks of kwaadschiks; ~ *bekomm's!* wel bekome het U!; *ich wünsche* ~ *zu schlafen!* wel te rusten!; 2 *n* (-es; 0)

(het) welzijn; *zum ~!* prosit!, op Uw gezondheid!; *das ~ und Weh* (het) wel en wee.

wohl|'an welaan, welnu; **~anständig** welvoeglijk, fatsoenlijk; **~'auf** welaan, komaan; *~ sein* het goed maken; **~bedacht** welbedacht; **♀befinden** *n* goede gezondheid, (het) welzijn; **♀behagen** *n* (het) welbehagen; **~behalten** behouden; **~bekannt** welbekend; **~bestallt** met een goede positie; **♀ergehen** *n* (het) welzijn, gezondheid; **~erhalten** in goede staat, goed bewaard; **~erzogen** welopgevoed; **♀fahrt** *f* (*0*) welvaart; (*Fürsorge*) bijstand, sociale zorg.

Wohlfahrts|amt *n* (het) bureau voor sociale zaken; **~marke** *f* liefdadigheidspostzegel; **~pflege** *f* sociale zorg, (het) maatschappelijk werk; **~pflegerin** *f* maatschappelijk werkster; **~staat** *m* welvaartsstaat.

wohlfeil goedkoop.

Wohlge|fallen *n* (het) welgevallen, (het) welbehagen; **~fühl** *n* (*-ęs; 0*) (het) gevoel van welbehagen; **♀litten** graag gezien; **♀meint** welgemeend, goed bedoeld; **♀merkt** wel te verstaan, versta me goed; **♀mut** (*0*) welgemoed, opgeruimd; **♀nährt** welgevoed; **♀raten** geslaagd, goedgelukt; *Pers.*: aardig, leuk, welopgevoed; **~ruch** *m* aangename geur; **~schmack** *m* aangename smaak; **♀sinnt** welgezind; **♀stalt(et)** welgebouwd, goed gebouwd, welgevormd.

wohlhaben|d gegoed, welgesteld; **♀heit** *f* (*0*) welgesteldheid.

wohl|ig behaaglijk, weldadig, aangenaam; **♀klang** *m* (*-ęs; 0*) welluidendheid; **~klingend** welluidend; **♀leben** *n* (*-s; 0*) (het) goed leventje; **~meinend** welmenend; **~riechend** welriekend; **~schmeckend** smakelijk; **♀sein** *n* (het) welzijn; **♀stand** *m* (*-ęs; 0*) welstand; (*e-s Landes*) welvaart; **♀stands·gesellschaft** *f* welvaartsmaatschappij; **♀tat** *f* weldaad; **♀täter(in** *f*) *m* weldoener *m*, weldoenster *f*; **~tätig** liefdadig.

Wohltätigkeit *f* (*0*) liefdadigheid; **~s·veranstaltung** *f* liefdadigheidsmanifestatie; **~s·verein** *m* liefdadigheidsvereniging.

wohl|tuend weldoend; **~tun** weldoen; *j-m a.* weldaden *pl.* bewijzen; **~überlegt** weloverlegd, goed doordacht; **~unterrichtet** welingelicht; **~verdient** welverdiend; **♀verhalten** *n* (het) goed gedrag; **~verstanden** welbegrepen; **~verwahrt** welbewaard.

wohlwollen (*D*) welgezind (*od.* genegen) zijn, het goed menen met; **♀** *n* (*-s; 0*) welwillendheid; **~d** welwillend.

Wohn|- *in Zssgn mst.* woon-; **~anhänger** *m* caravan; **~bau** *m* (*-ęs; -ten*) (het) woongebouw; **~block** *m* (*-ęs; -s*) (het) woningblok; **♀en** wonen; (*als Gast*) logeren; **♀haft** (*0*) (*in D*) woonachtig (in); **~haus** *n* (het) woonhuis; **~heim** *n* (het) tehuis; **~küche** *f* woonkeuken; **~kultur** *f* (*0*) wooncultuur; **♀lich** gezellig, comfortabel, geriefelijk; **~ort** *m* woonplaats; **~raum** *m* woonruimte; **~sitz** *m* (het) domicilie; (*Ort*) woonplaats; **~stube** *f* huis-, woonkamer; **~ung** *f* woning; (*Etagen♀ bsd.*) flat; (*Haus bsd.*) (het) huis.

Wohnungs|- *in Zssgn mst.* woning-, *z.B.* **~bau** *m* (*-ęs; 0*) woningbouw; **~makler** *m* makelaar; **~markt** *m* woningmarkt; **~not** *f* woningnood; **~suche** *f* (het) zoeken van een woning; **~wechsel** *m* verandering van woning, verhuizing.

Wohn|viertel *n* woonwijk; **~wagen** *m* woonwagen; (*Autoanhänger*) caravan; **~zimmer** *n* huis-, woonkamer.

wölb|en (*sich*) (zich) welven; *s. a. gewölbt*; **♀ung** *f* welving.

Wolf *m* (*-ęs; ⸗e*) wolf; (*Fleisch♀*) vleesmolen; (*Fisch*) zeewolf; *Med.* intertrigo, ontvelling.

Wölf|in *f* wolvin; **♀isch** wolfachtig.

Wolfram *n* (*-s; 0*) (het) wolfraam.

Wolfs|eisen *n* (het) wolfijzer; **~grube** *f* wolfskuil; **~milch** *f Bot.* wolfsmelk; **~pelz** *m* (het) wolfsvel.

Wolga *f*: *die ~* de Wolga.

Wölkchen *n* (het) wolkje.

Wolke *f* wolk.

Wolken|bruch *m* wolkbreuk; **♀bruch·artig** als een wolkbreuk; **~himmel** *m* bewolkte hemel; **~kratzer** *m* wolkenkrabber; **♀los** (*0*) onbewolkt; **~wand** *f* (*0*) wolkenbank.

wolkig bewolkt.

Woll|- *in Zssgn mst.* wol-; *bei Material aus Wolle mst.* wollen (*Adj.*);

z.B. **~decke** *f* wollen deken; **~e** *f* wol; *sich in die ~ geraten* F elkaar in het haar vliegen; **2en** *(0)* wollen.

wollen *(L)* willen; *(beabsichtigen a.)* zullen; *er mag ~ oder nicht* of hij wil of niet; *ich will nichts gesagt haben* ik heb niets gezegd; *er will es gehört haben* hij beweert het gehoord te hebben; *wir ~ sehen!* wij zullen (nog) zien!; *zu j-m ~* naar iem. toe willen; *zu wem ~ Sie?* wie wil U spreken?, wie moest U hebben?

Woll|haar *n* (het) kroeshaar; **2ig** wollig; **~kleid** *n* wollen jurk; **~spinne'rei** *f* wolspinnerij; **~stoff** *m* wollen stof.

Wollust *f* wellust.

wollüst|ig wellustig; **2ling** *m (-s; -e)* wellusteling.

Wollwaren *f/pl.* wollen goederen *[n/pl.]*

wo'|mit waarmee; **~möglich** zo mogelijk; *(vielleicht)* misschien, eventueel; **~nach** waarnaar; *(zeitlich)* daarna; *(laut welchem)* volgens welk(e).

Wonne *f* gelukzaligheid, diepe vreugde, (het) genot, verrukking; **~gefühl** *n* (het) zalig gevoel, (het) gevoel van gelukzaligheid; **~monat** *m* meimaand; **2trunken** gelukzalig, dronken van genot; **2voll** verrukkelijk.

wonnig(lich) verrukkelijk; *(entzückend)* schattig, zalig.

wo'r|an waaraan; **~auf** waarop; **~aus** waaruit; **~in** waarin.

Wort *n (-es; -e; einzelne Vokabeln: ⸗er)* (het) woord; *~ für ~* woord voor woord; *in ~en* in letters, voluit; *j-m ins ~ fallen* iem. in de rede vallen; *ein ~ gab das andere* van het ene woord kwam het andere; *j-n beim ~ nehmen* iem. aan zijn woord houden; *das große ~ führen* het hoogste woord voeren; *mit e-m ~* in één woord; *hast du ~e?* F wat zeg je daarvan?; *s. a. m.a.W.*

Wort|- *in Zssgn mst.* woord-, *z.B.* **~akzent** *m* (het) woordaccent; **2arm** woord(en)arm; **~art** *f* woordsoort; **~bildung** *f* woordvorming; **~bruch** *m* woordbreuk; **2brüchig** ontrouw; *~ werden* zijn woord breken.

Wört|chen *n* (het) woordje; **~erbuch** *n* (het) woordenboek; **~erverzeichnis** *n* woordenlijst.

Wort|familie *f* woordfamilie; **~feld** *n* (het) woordveld; **~folge** *f* woordschikking; **~führer** *m* woordvoerder; **~gefecht** *n* woordentwist, (het) dispuut; **2getreu** woordgetrouw, woordelijk; **2karg** weinig spraakzaam, stil, zwijgzaam; **~laut** *m (-es; 0)* woordelijke inhoud.

wörtlich woordelijk, letterlijk.

wort|los *(-est)* woordeloos, zwijgend, zonder woorden; **2meldung** *f* (het) verzoek om het woord; **~reich** woordenrijk; **2schatz** *m (-es; 0)* woordenschat; **2schöpfung** *f* woordschepping; **2schwall** *m (-es; 0)* woordenvloed; **2sinn** *m (-es; 0)* woordbetekenis; **2spiel** *n* woordspeling; **2stellung** *f* woordschikking; **2streit** *m* woordenstrijd, -twist; **2verdrehung** *f* woordverdraaiing; **2wechsel** *m* woordenwisseling; **~'wörtlich** woordelijk, woord voor woord.

wo'r|über waarover; *(oberhalb)* waarboven; **~um** waarom; **~unter** waaronder.

wo'|von waarvan; waardoor; **~vor** waarvoor; **~zu** waartoe, waarvoor, waarom.

Wrack *n (-es; -s od. -e)* (het) wrak.

wringen wringen.

Wucher [u:] *m (-s; 0)* woeker; **~er** *m* woekeraar; **2isch** woekerachtig, woeker-; **2n** *(-re)* woekeren *(a. wachsen u. fig.)*; **~preis** *m* woekerprijs; **~ung** *f* woekering *(a. Med.)*; **~zins** *m* woekerrente.

Wuchs [vu:ks] *m (-es; 0)* groei; *(Gestalt)* gestalte.

Wucht *f (0)* kracht; *(Gewicht)* (het) gewicht, zwaarte; *das ist 'ne ~!* F dat is fantastisch!; **2en** *(-e-)* tillen; *(arbeiten)* zwoegen, hard werken; **2ig** zwaar, massief; *Gebäude*: imposant; *Schlag*: hard.

wühl|en woelen *(a. fig.)*, wroeten *(a.* F *arbeiten)*, scharrelen; **2er** *m* woeler, wroeter *(a.* F *Schufter)*; *(Hetzer bsd.)* opruier; **2e'rei** *f (0)* (het) gewoel, (het) gewroet *(a.* F*)*; opruiing; **~erisch** opruiend; **2maus** *f* woelmuis.

Wulst *f (-; ⸗e) od. m (-es; ⸗e)* knobbel, verdikking, bobbel; **2ig** opgezwollen, opgezet, dik *(a. Lippen)*.

wund *(-est)* gewond, gekwetst; *(aufgescheuert)* stuk; *sich ~ reiben* kapot wrijven; **2e** *f* wonde, kwetsuur.

Wunder *n* (het) wonder; *sein blaues ~ erleben* F wat beleven, eens wat zien; *kein ~, daß ...* geen wonder dat ...; *~ pl. tun* wonderen *pl.* doen; **²bar** wonderbaar; (*herrlich*) heerlijk, prachtig, geweldig; **²barer'weise** wonderbaarlijk, op een wonderbaarlijke wijze; **~ding** *n* (het) wonder, (het) wonderlijk ding; **~doktor** *m* wonderdokter; **~glaube** *m* (het) geloof aan wonderen; **²'hübsch** bijzonder mooi, wondermooi, alleraardigst; **~kind** *n* (het) wonderkind; **~land** *n* (het) wonderland; **²lich** vreemd, wonderlijk, zonderling; (*launisch*) grillig; *ein ~er Kauz* F een rare snuiter, een zonderling; **~lichkeit** *f* vreemdheid, wonderlijkheid; **~mittel** *n* (het) wondermiddel; **²n** (*-re*) verwonderen; *sich ~* (*über A*) zich verwonderen (over), verwonderd zijn (over), zich verbazen (over); **²nehmen** verwonderen; **²'schön** prachtig, wondermooi; **~täter** *m* wonderdoener; **²tätig** wonderdoend, miraculeus; **~tier** *n* (het) wonderdier; **²voll** prachtig, heerlijk; **~welt** *f* wonderwereld; **~werk** *n* (het) wonderwerk.

Wund|fieber *n* wondkoorts; **~klammer** *f* wondhaak; **²liegen:** *sich ~* doorliggen; **~mal** *n* (*-ẹs; -e*) (het) wondteken; **~pflaster** *n* (wond)pleister; **~salbe** *f* wondzalf; **~starrkrampf** *m* tetanus.

Wunsch *m* (*-es; ¨e*) wens; *auf ~* desgewenst; *auf allgemeinen* (*vielfachen*) *~* op algemeen (veelvuldig) verzoek; *auf meinen besonderen ~ hin* op mijn speciaal verzoek.

Wünschelrute *f* wichelroede; **~ngänger** *m* wichelroedeloper.

wünschen wensen (*a. Glück usw.*); (*verlangen a.*) verlangen; **~s·wert** wenselijk.

wunsch|gemäß (*0*) naar wens, volgens Uw wens; **²konzert** *n* (het) verzoekprogramma; **~los** (*-est*) zonder wensen; **²traum** *m* wensdroom; **²zettel** *m* (het) verlanglijstje.

Würde *f* waardigheid; (*Amt bsd.*) rang, (het) ambt; *unter s-r ~* beneden zijn waardigheid; **²los** (*-est*) onwaardig, zonder waardigheid; **~losigkeit** *f* (*0*) onwaardigheid; **~nträger** *m* waardigheidsbekleder; **²voll** waardig, statig.

würdig waardig, voornaam; *e-r S.* (*G*) *~ sein* iets waard zijn; **~en** waarderen, naar waarde schatten; *j-n e-r S.* (*G*) *~* iem. iets waardig achten; **²keit** *f* (*0*) waardigheid; **²ung** *f* waardering, appreciatie; (*Beurteilung*) beoordeling, bespreking.

Wurf *m* (*-ẹs; ¨e*) worp (*a. Zool.*), gooi; (*Falten²*) val, plooi; *fig.* (*Erfolg*) (het) succes; *auf e-n ~* in één keer; **~anker** *m* (het) werpanker; **~bahn** *f* kegelbaan.

Würfel *m Math.* kubus; (*Stückchen*) (het) blok(je); (*Spiel²*) dobbelsteen, teerling; *der ~ ist gefallen* de teerling is geworpen; **~becher** *m* dobbelbeker; **~brett** *n* (het) dobbelbord; **²förmig** kubusvormig; (*in Stückchen*) in blokjes; **²n** (*-le*) dobbelen; *s. a. gewürfelt*; **~spiel** *n* (het) dobbelspel; **~spieler** *m* dobbelaar; **~zucker** *m* suikerklontjes *n/pl.*

Wurf|geschoß *n* (het) projectiel; **~netz** *n* (het) werpnet; **~scheibe** *f* discus; **~sendung** *f* (het) huis aan huis verspreid drukwerk; **~speer** *m* werpspeer; **~spieß** *m* werpspies.

würg|en worgen, wurgen; *Kleidung*: knijpen, drukken; *~* (*an D*) kokhalzen (bij); (*hinunter~*) met moeite naar binnen werken; *an e-r Arbeit ~* met een werk maar niet opschieten; **²engel** *m* worg-, doodsengel; **²er** *m* wurger, worger; *Zool.* klauwier.

Wurm *m* (*-ẹs; ¨er*) worm; *da ist der ~ drin!* F daar klopt iets niet!; *j-m die Würmer pl. aus der Nase ziehen* F iem. uithoren.

Würmchen *n* (het) wormpje; (*Kind bsd.*) (het) wurmpje.

wurm|en F hinderen, ergeren; *es wurmt mich, daß ...* het ergert mij dat ..., het zit mij dwars dat ...; **²fortsatz** *m* (het) wormvormig aanhangsel; **²fraß** *m* wormstekigheid; **~ig** wormstekig; **²krankheit** *f* wormziekte; **²mittel** *n* (het) middel tegen wormen; **²stich** *m* wormsteek; **~stichig** wormstekig.

Wurst *f* (*-; ¨e*) worst; *das ist mir ~* F dat kan mij niet schelen, dat laat mij koud; *~ wider ~* leer om leer.

Würstchen *n* (het) worstje; F *Pers.*: sukkel.

wurst|eln (*-le*) F voortsukkelen; **~en** (*-e-*) worst maken; **²fleisch** *n* (het) worstvlees; **~ig** F onverschillig; **²-**

macher *m* worstenmaker; **2suppe** *f* soep met worst; **2waren** *f/pl.* worst.

Württemberg *n* Wurtemberg *n*; **2isch** Wurtembergs.

Würze *f* kruiderij, specerij; *fig.* (*Reiz*) aantrekkelijkheid, pittigheid.

Wurzel *f* (-; -*n*) wortel (*a. fig.*); *~n pl. treiben* (*schlagen*) wortel schieten (*a. fig.*); *mit der ~ ausrotten* met wortel en al uitroeien; **~behandlung** *f* wortelbehandeling; **~fäule** *f* (het) wortelrot; **2los** (-*est*) zonder wortels; *fig.* losgeslagen; **2n** (-*le*; *a. sn*) wortelen, geworteld zijn (*a. fig.*), wortel schieten (*a. Pers.*); **~schößling** *m* (-*s*; -*e*) wortelscheut; **~werk** *n* (-*es*; *0*) wortels *pl.*; **~zeichen** *n* (het) wortelteken.

würz|en (-*t*) kruiden (*a. fig.*); *s. a. gewürzt*; **~ig** gekruid, pittig, kruidig.

wuschelig verward.

Wust [u:] *m* (-*es*; *0*) warboel, rommel, chaos.

wüst [y:] (-*est*) woest; (*roh a.*) wild; (*wirr*) wanordelijk, verward; (*sittenlos*) losbandig; **2e** *f* woestijn; **~en** (-*e*-) *mit s-r Gesundheit* spelen; *mit dem Gelde ~* zijn geld verkwisten; **2e'nei** *f* woestenij; **2en·sand** *m* (het) woestijnzand; **2heit** *f* (*0*) woestheid; wildheid; wanorde; losbandigheid; **2ling** *m* (-*s*; -*e*) woesteling; liederlijke kerel.

Wut *f* (*0*) woede (*a. Lese2 usw.*), razernij; *in ~ geraten* (*bringen*) woedend worden (maken); *~ auf j-n haben* woedend op iem. zijn; **~anfall** *m* woedeaanval; **~ausbruch** *m* woedeuitbarsting.

wüten (-*e*-) woeden (*a. Seuche*), razen; **~d** woedend, razend.

wut·entbrannt in woede ontstoken.

Wüterich *m* (-*s*; -*e*) woesteling.

wutsch! wip!

wutschnaubend ziedend van woede, razend.

X

X, x *n* X, x; *j-m ein X für ein U vormachen* iem. knollen voor citroenen verkopen.

Xan'thippe *f fig.* xantippe, feeks.

X-Beine *n/pl.* x-benen *n/pl.*

x-beliebig willekeurig.

X-Chromosom *n* (het) X-chromosoom.

x-mal F duizendmaal, ontelbare keren *pl.*

X-Strahlen *m/pl.* x-stralen *pl.*

Xylo'phon *n* (-*s*; -*e*) xylofoon.

Y

Y, y *n* Y, y.

Yankee ['jɛŋki·] *m* (-*s*; -*s*) yankee.

Yoghurt *m od. n* = *Joghurt.*

Ypern *n* Ieper *n*.

Ypsilon *n* (-*s*; -*s*) ypsilon.

Ysop [i·'zɔp] *m* (-*s*; -*e*) *Bot.* hysop.

Yssel ['aɪsəl] *f*: *die ~* de IJssel.

Z

Z, z *n* Z, z.
Zacke *f*, **~n** *m* tand; (*Berg*~) punt, spits; (*Zinne*) (het) kanteel; (*Eis*~) kegel.
zacken (uit)tanden, getand maken; **~linie** *f* zigzaglijn.
zackig getand, gekarteld, puntig; *fig.* kranig, stram.
zaghaft (*-est*) schroomvallig, bedeesd, beschroomd, schuw; (*zögernd*) weifelend; **~igkeit** *f* (*0*) schroom, bedeesdheid, schuchterheid; weifeling.
zäh(e) ['tsɛːə] taai; (*ausdauernd a.*) vasthoudend, volhardend.
Zäh|eit *f* (*0*) taaiheid; **~flüssig** taai; *fig. bsd.* stroef; *Verkehr*: langzaam rijdend; **~ig·keit** *f* (*0*) taaiheid (*a. fig.*).
Zahl *f* (het) getal; (*Anzahl*) (het) aantal; *gemischte* ~ (het) gemengd getal; *gebrochene* ~ (het) gebroken getal, breuk; *10 an der* ~ ten getale van 10, met z'n tienen; *in großer* ~ in groten getale.
Zähl·apparat *m* (het) teltoestel.
zahlbar (*0*) betaalbaar.
zähl|bar (*0*) telbaar; **~brett** *n* (het) telbord.
zäh·lebig taai.
zahlen betalen; (*ich möchte*) *~!* kan ik (met U) afrekenen?
zählen tellen (*a. gelten*); *auf j-n* ~ op iem. rekenen; ~ *zu* (*D*) behoren tot.
Zahlen|angaben *f/pl.* cijfers *n/pl.*; **~folge** *f* getallenreeks; **~gedächtnis** *n* (het) geheugen voor getallen; **~mäßig** (*0*) numeriek; **~material** *n* (het) cijfermateriaal; **~wert** *m* getallenwaarde.
Zahler *m* betaler.
Zähler *m* teller; *El., Gas*: meter.
Zahl|grenze *f* tariefgrens; **~karte** *f* (het) stortingsformulier; **~los** (*-est*) talloos, ontelbaar; **~meister** *m mil.* officier van de administratie; **~reich** talrijk; **~stelle** *f* kassa; (*Raum*) (het) betaalkantoor; **~tag** *m* betaaldag; **~ung** *f* betaling; *e-e ~ leisten* betalen.
Zählung *f* telling.
Zahlungs|anweisung *f* (het) betalingsmandaat, cheque; **~aufforderung** *f* maning (tot betaling); **~aufschub** *m* (het) uitstel van betaling; **~bedingungen** *f/pl.* betalingsvoorwaarden *pl.*; **~befehl** *m* (het) dwangbevel; **~bilanz** *f* betalingsbalans; **~einstellung** *f* staking van betaling; **~erleichterung** *f* betalingsfaciliteiten *pl.*; **~fähig** solvent, in staat om te betalen; **~fähigkeit** *f* (*0*) solventie; **~frist** *f* betalingstermijn; (*Aufschub*) (het) uitstel van betaling; **~mittel** *n* (het) betaalmiddel; **~ort** *m* plaats van betaling; **~schwierigkeiten** *f/pl.* financiële moeilijkheden *pl.*; **~unfähig** insolvent; **~unfähigkeit** *f* (*0*) insolventie, betalingsonmacht; **~verkehr** *m* (het) betalingsverkeer.
Zählwerk *n* telmachine, teller.
Zahlwort *n* (*-es*; *⸚er*) (het) telwoord.
zahm tam, mak; *Pers.*: gedwee.
zähm|bar tembaar; **~en** temmen (*a. Pers.*); *sich* ~ zich intomen.
Zahmheit *f* (*0*) tamheid, makheid.
Zähmung *f* (*0*) temming.
Zahn *m* (*-es*; *⸚e*) tand (*a. Zacke*); (*Backen*~) kies; *j-m auf den ~ fühlen* iem. aan de tand voelen.
Zahn|- *in Zssgn mst.* tand-, *z.B.* **~arzt** *m* tandarts; **~ärztlich** tandheelkundig, door (*od.* van) de tandarts; **~behandlung** *f* tandheelkundige behandeling; **~bürste** *f* tandenborstel; **~creme** *f* tandpasta.
Zähne|klappern *n* (*-s*; *0*) (het) klappertanden; **~knirschen** *n* (*-s*; *0*) (het) tandengeknars.
zahnen tanden *pl.* krijgen.
zähnen tanden, kartelen.
Zahn|ersatz *m* kunsttand(en *pl.*), valse tand(en *pl.*), (het) kunstgebit; **~fäule** *f* (het) tandbederf, cariës; **~fleisch** *n* (het) tandvlees; **~heilkunde** *f* tandheelkunde; **~klinik** *f* tandheelkundige kliniek; **~krone** *f* (tand)kroon; **~los** (*0*) tandeloos; **~lücke** *f* opening tussen de tanden; **~pasta** *f* tandpasta; **~pflege** *f* tand-

verzorging; **~pulver** *n* tandpoeder (*a.* het); **~putzglas** *n* beker om de tanden *pl.* te poetsen.

Zahnrad *n* (het) tandwiel, -rad; **~bahn** *f* tandradbaan; **~getriebe** *n* tandradoverbrenging.

Zahn|schmelz *m* (het) tandglazuur; **~schmerzen** *m/pl.* kies-, tandpijn; **~stein** *m* (-ės; *0*) tandsteen; **~stocher** *m* tandenstoker; **~techniker** *m* tandtechnicus; **~wechsel** *m* (het) wisselen (van de tanden); **~weh** *n* kies-, tandpijn; **~wurzel** *f* tandwortel.

Zander *m* snoekbaars.

Zange *f* tang; **2n·förmig** tangvormig; **~n·geburt** *f* tangverlossing.

Zank *m* (-ės; *0*) twist, ruzie; **~apfel** *m* (-*s*; *0*) twistappel; **2en** opspelen tegen; *sich* ~ (*mit D*) twisten (met), ruzie maken (met), kibbelen (met).

Zänk|er *m* ruziemaker; **~e'rei** *f* (het) gekrakeel, (het) gekibbel; **2isch** twistziek.

Zank|sucht *f* (*0*) twistzucht; **2süchtig** twistziek.

Zäpfchen *n Anat.* huig; *Med.* zetpil.

zapfen tappen.

Zapfen *m* tap, pin, plug, wig; (*Achsen2*) ashals; (*Tannen2*) denneappel; **~streich** *m* taptoe.

Zapf|hahn *m* tapkraan; **~säule** *f* (benzine)pomp.

zapp|(e)lig spartelend, woelig; **~eln** (-*le*) spartelen; **~en'duster** F pik(ke)donker.

Zar *m* (-*en*) tsaar.

Zarge *f* lijst, (het) kozijn; (*Seitenwand*) (het) zijstuk.

Za|rin *f* tsarina; **2'ristisch** (*0*) tsaristisch.

zart [ɑː] (-*est*) teer; (*dünn, zerbrechlich, a. Pers.*) tenger; *Speise*: mals; (*einfühlend*) fijn-, teergevoelig; (*leise*) zacht, teder; *im ~en Alter* in de prille jeugd, op aanvallige leeftijd; **~besaitet** teerbesnaard.

zart|fühlend teer-, fijngevoelig, kies; **2gefühl** *n* (-ės; *0*) fijngevoeligheid, kiesheid; **2heit** *f* (*0*) teerheid; tengerheid; malsheid; fijngevoeligheid; zachtheid, tederheid.

zärtlich teder, innig; (*anschmiegsam*) aanhalig; **2keit** *f* tederheid; aanhaligheid; (*Liebkosung*) liefkozing; *~en pl. austauschen* minnekozen.

Zä'sur *f* cesuur (*a. fig.*).

Zauber *m* betovering (*a. Reiz*), toverij; (*Reiz a.*) bekoring, bekoorlijkheid.

Zauber|- *in Zssgn mst.* tover-, *z.B.* **~buch** *n* (het) toverboek; **~ei** [-'raɪ] *f* toverij; **~er** *m* tovenaar; (*Künstler*) goochelaar; **~flöte** *f* toverfluit; **~formel** *f* toverformule; **2haft** (-*est*) toverachtig; (*bezaubernd bsd.*) betoverend; **~in** *f* tovenares, tovenaarster; goochelaarster; **~kraft** *f* toverkracht; **~kunst** *f* toverkunst; (*artistische Kunst*) goochelkunst; **~künstler** *m* goochelaar; **~kunststück** *n* goocheltoer; **~mittel** *n* (het) tovermiddel; **2n** (-*re*) toveren; goochelen; **~reich** *n* (het) toverland; **~spruch** *m* toverspreuk; **~stab** *m* toverstaf; **~trank** *m* toverdrank; **~welt** *f* toverwereld; **~werk** *n* (het) toverwerk, toverij; **~wort** *n* (-ės; -*e*) (het) toverwoord.

Zauder|er *m* weifelaar, draler; **2n** (-*re*) dralen, talmen, weifelen.

Zaum *m* (-ės; ¨*e*) toom, teugel; *im ~ halten* in toom houden.

zäumen *Pferd* tomen.

Zaun *m* (-ės; ¨*e*) (om)heining, schutting, (het) hek; (*Hecke*) heg, haag; *etw. vom ~e brechen* iets zoeken, iets uitlokken.

Zaun|gast *m* clandestiene toeschouwer; **~könig** *m* (het) winterkoninkje; **~pfahl** *m* schuttingpaal.

zausen (-*t*) trekken aan, rukken aan.

z. B. *Abk. für zum Beispiel* bijvoorbeeld (*Abk.* b.v.).

Zebra [eː] *n* (-*s*; -*s*) zebra; **~streifen** *m* (het) zebrapad.

Zebu *m od. n* (-*s*; -*s*) zeboe.

Zech|bruder *m* drinkebroer; **~e** *f* (het) gelag, vertering; *Bgb.* mijn; **2en** pimpelen, drinken, fuiven; **~er** *m* drinker, drinkebroer; **~e'rei** *f* drinkpartij, (het) drinkgelag; **~genosse** *m* kroegkameraad; **~preller** *m* oplichter, flessentrekker.

Zecke *f* teek.

Zeder *f* (-; -*n*) ceder; **~n·holz** *n* (het) cederhout.

Zeh *m* (-*s*; -*en*), **~e** ['tseːə] *f* teen; *große* (*kleine*) *~e* grote (kleine) teen; *auf den ~en* op zijn tenen; **~en·spitzen** *f/pl.*: *auf ~* op zijn tenen.

zehn, 2 *f* tien; **~eckig** (*0*) tienhoekig; **2er** *m* (het) tiental; (*Groschen*) (het) 10-pfennigstuk; **2er·packung** *f* (het) pakje van tien; **~fach** (*0*) tienvoudig; **~jährig** (*0*) tienjarig; **♀-kampf** *m* tienkamp; **♀pfennigstück** *n* (het) 10-pfennigstuk; **~stündig** (*0*) tienurig; **~tägig** (*0*) tiendaags; **~'tausend** tienduizend; **♀tel** *n* (het) tiende (deel); **~te(r)** tiende.

zehren (ver)teren; (*mager machen*) mager maken, vermageren; ~ *an* (*D*) knagen aan; ~ *von* (*D*) teren op.

Zeichen *n* (het) teken; (*Kenn♀ bsd.*) (het) kenteken, (het) kenmerk; (*Waren♀*) (het) handelsmerk.

Zeichen|- *in Zssgn mst.* teken-, *z.B.* **~block** *m* (*-ęs; -s*) (het) tekenblok; **~brett** *n* tekenplank; **~feder** *f* tekenpen; **~film** *m* tekenfilm; **~kunst** *f* tekenkunst; **~lehrer** *m* tekenleraar; **~material** *n* (het) tekenmateriaal; **~papier** *n* (het) tekenpapier; **~saal** *m* tekenzaal; **~setzung** *f* interpunctie; **~sprache** *f* gebarentaal; **~stift** *m* (het) tekenpotlood; **~stunde** *f* tekenles; **~tisch** *m* tekentafel; **~unterricht** *m* (het) tekenonderwijs; **~vorlage** *f* (het) tekenvoorbeeld.

zeichn|en (*-e-*) tekenen; (*unter~ a.*) ondertekenen; *Wäsche a.* merken; *20 Mark ~* intekenen voor; *e-e Anleihe ~* op een lening inschrijven; **♀er** *m* tekenaar; (*Aktien♀, Anleihen♀*) intekenaar; **~erisch** van een tekenaar, teken-; (*gezeichnet*) getekend, met een tekening; **♀ung** *f* tekening; ondertekening; inschrijving, intekening.

Zeige|finger *m* wijsvinger; **♀n** laten zien, tonen; (*angeben, Weg, deuten*) wijzen; (*beweisen*) aantonen, bewijzen; *auf j-n ~* naar iem. wijzen; *sich ~* zich vertonen; (*deutlich werden*) blijken; + *Adv.*: *sich tapfer ~* zich ... tonen; **~r** *m* wijzer; **~stock** *m* aanwijsstok.

zeihen (*L*): *j-n e-r S.* (*G*) ~ iem. van iets betichten (*od.* beschuldigen).

Zeile *f* regel; (*Reihe*) rij; **♀n·weise** per regel.

Zeisig *m* (*-s; -e*) (het) sijsje; *ein lockerer ~* F een losbol.

zeit (*G*) gedurende.

Zeit *f* tijd (*a. Gr. usw.*); *zu jeder ~* te allen tijde; *zur ~* op het ogenblik, nu, tegenwoordig; *zu der ~* in die tijd, toen; *zur gleichen ~* tegelijkertijd; *es ist höchste ~* het is hoog tijd; *es ist (an der) ~* het is tijd; *(keine) ~ haben* (geen) tijd hebben; *in letzter ~* in de laatste tijd; *in alten ~en pl.* vroeger, in de oude tijd; *s. a.* MEZ.

Zeit|- *in Zssgn mst.* tijd-, *a.* tijds-, *z.B.* **~abschnitt** *m* periode, (het) tijdvak; **~alter** *n* (het) tijdperk, -vak; **~angabe** *f* tijdaanduiding; **~ansage** *f* tijdmelding; **~aufnahme** *f* tijdopname; **~aufwand** *m* tijd die men nodig heeft; **~bild** *n* (het) tijdsbeeld; **~einheit** *f* tijd(s)eenheid; **~form** *f* tijdvorm; **~frage** *f* kwestie van tijd; **♀gebunden** voorbijgaand, zonder blijvende betekenis; **~geist** *m* (*-ęs; 0*) tijdgeest; **♀gemäß** modern, met de tijdgeest overeenstemmend, actueel; **~genosse** *m* tijdgenoot; **♀genössisch** eigentijds, contemporain; **~geschichte** *f* (*0*) contemporaine geschiedenis; **~gewinn** *m* tijdwinst; **♀gleich** gelijktijdig, synchroon; **♀ig** vroeg, tijdig; **♀igen** doen rijpen; *Wirkung, Folgen* hebben; **~karte** *f* abonnementskaart; **~lang** *f*: *e-e ~* een tijdlang; **~läufte** *m/pl.* tijdsomstandigheden *pl.*; **♀'lebens** zijn (mijn *usw.*) leven lang, het hele leven, levenslang; **♀lich** (*0*) qua tijd, wat de tijd betreft; (*vergänglich*) tijdelijk, vergankelijk; **~lichkeit** *f* (*0*) (het) aards leven, (het) tijdelijke; **~lohn** *m* (het) tijdloon; **♀los** (*-est*) niet aan een bepaalde tijd gebonden, van blijvende betekenis; **~lupe** *f* (*0*) slow-motion, tijdloep; **~mangel** *m* (*-s; 0*) (het) tijd(s)gebrek; **~maß** *n* (het) tempo; **~messer** *m* tijd-, chronometer; **♀nah** actueel, eigentijds; **~nehmer** *m* tijdopnemer; **~problem** *n* (het) actueel probleem; **~punkt** *m* (het) tijdstip; *zu diesem (zum richtigen) ~* op dit (op het juiste) tijdstip; **~raffer** *m* versnelde weergave; **♀raubend** tijdrovend; **~raum** *m* (het) tijdsbestek, tijd(s)ruimte; **~rechnung** *f* tijdrekening; **~schrift** *f* (het) tijdschrift; **~spanne** *f* tijdsspanne, periode; **~tafel** *f* tijdtafel, chronologische tabel.

Zeitung *f* krant, (het) dag-, nieuwsblad.

Zeitungs|- *in Zssgn mst.* kranten-, *a.* krante-, *z.B.* **~abonnement** *n* (het) abonnement op een krant; **~anzeige** *f* advertentie; **~artikel** *m* (het) kranteartikel; **~ausschnitt** *m* (het) kranteknipsel; **~austräger** *m* krantenbezorger; **~halter** *m* krantenhanger; **~kiosk** *m* (het) krantenstalletje; **~korrespondent** *m* dagbladcorrespondent; **~papier** *n* (het) krantenpapier; **~redaktion** *f* (dagblad)redactie; **~stand** *m* (het) krantenstalletje; **~verlag** *m* uitgeverij van een krant; **~wesen** *n* (*-s*; *0*) journalistiek.

Zeit|unterschied *m* (het) tijdsverschil; **~vergeudung** *f* tijdverspilling; **~verlust** *m* (het) tijdverlies; **~vertreib** *m* (*-es*; *-e*) (het) tijdverdrijf; **2weilig** tijdelijk; *Adv. bsd.* van tijd tot tijd, soms; **2weise** van tijd tot tijd; **~wende** *f* (het) begin der christelijke jaartelling; **~wort** *n* (*-es*; *⸚er*) (het) werkwoord; **~zeichen** *n* (het) tijdsein; **~zünder** *m* tijdbuis. [(*bsd. Messe*).

zele'brieren (-) vieren, celebreren

Zell|e *f* cel (*a. Gefängnis2 usw.*); **~gewebe** *n* (het) celweefsel; **~kern** *m* celkern; **~stoff** *m* celstof; **~uloid** [-u·'lɔʏt] *n* (*-es*; *0*) (het) celluloid; **~u'lose** *f* cellulose.

Ze'lot *m* (*-en*) *fig.* zeloot, fanaticus.

Zelt *n* (*-es*; *-e*) tent; **~dach** *n* (het) tentdak; **2en** (*-e-*) kamperen; **~lager** *n* (het) tentenkamp; **~mast** *m* tentpaal; **~pflock** *m* tentharing; **~platz** *m* (het) kampeerterrein, camping; **~stoff** *m* (het) tentlinnen; **~verleih** *m* tentenverhuur.

Ze'men|t *m* (*-es*; *0*) cement (*a.* het); **2'tieren** (-) cementeren.

Ze'nit *m* (*-es*; *0*) (het) zenit (*a. fig.*).

zen|'sieren (-) censeren, beoordelen; (*der Zensur unterwerfen*) censureren; **2sor** *m* (*-s*; *-en* [-'zo:-]) censor; **2'sur** *f* censuur; (*Note*) (het) cijfer.

Zenti|- *in Zssgn* centi-, *z.B.* **~'gramm** *n* (het) centigram; **~liter** *n* centiliter; **~'meter** *m* centimeter; **~'metermaß** *n* centimeter.

Zentner *m* vijftig kilo; **2schwer** loodzwaar (*a. fig.*); **2weise** per vijftig kilo; *fig.* in massa's.

zen'tral centraal; **2amerika** *n* Centraal-Amerika *n*, Midden-Amerika *n*; **2bau** *m* (*-es*; *-ten*) (het) centraal gebouw; **2behörde** *f* (het) centraal bestuur; **2e** *f* centrale (*a. El.*); **2gewalt** *f* centrale macht; **2heizung** *f* centrale verwarming; **2isation** [-'tsĭo:n] *f* centralisatie; **~i'sieren** (-) centraliseren; **~istisch** [-'lɪs-] centralistisch; **2komitee** *n* (het) centraal comité; **2nervensystem** *n* (het) centraal zenuwstelsel.

zentri|fu'gal (*0*) centrifugaal, middelpuntvliedend; **2fu'galkraft** *f* middelpuntvliedende kracht; **2'fuge** *f* centrifuge; **~pe'tal** (*0*) middelpuntzoekend.

Zentrum *n* (*-s*; *Zentren*) (het) centrum (*a. Stadt2*), (het) middelpunt.

Zephir *m* (*-s*; *-e*) zefier.

Zeppelin *m* (*-s*; *-e*) zeppelin.

Zepter *n* scepter.

zer'|beißen (-) stukbijten; **~beulen** (-) vol deuken slaan; **~bomben** (-) stukbombarderen.

zer'brech|en (-) (stuk)breken (*a. v/i*); **~lich** breekbaar, broos (*a. fig.*), teer (*a. fig.*); **2lichkeit** *f* (*0*) breekbaarheid, broosheid.

zer'|bröckeln *v/i* (*sn*) *u. v/t* verbrokkelen, verkruimelen (*bsd. Brot*); **~drücken** (-) platdrukken, verpletteren; (*zerknittern*) verkreukelen.

Zeremo'nie *f* ceremonie; **2ll** [-'nĭɛl] ceremonieel, plechtig, vormelijk; **~n·meister** [-'mo:-] *m* ceremoniemeester.

zer'fahren (*-rn-*) *Adj.* stukgereden; (*zerstreut*) verstrooid, gedachteloos; **2heit** *f* (*0*) verstrooidheid, gedachteloosheid.

Zer'fall *m* (*-es*; *0*) (het) verval; **2en** (-) uiteenvallen; (*verfallen bsd.*) vervallen; *mit j-m ~ sein* met iem. ruzie hebben.

zer'|fasern (-) *v/i* (*sn*) *u. v/t* uiteenrafelen; **~fetzen** (*-t*; -) aan flarden scheuren; **~fleischen** (-) verscheuren; **~fließen** (-) vervloeien; (*flüssig werden*) vloeibaar worden; *in Tränen* wegsmelten; **~fressen** (-) stuk-, wegvreten; **~furcht** (*0*) doorgroefd; **~gehen** (-) smelten, zich oplossen (*a. Tablette*).

zer'glieder|n (-) ontleden, analyseren; **2ung** *f* (*0*) ontleding.

zer'|hacken (-) stuk-, fijnhakken; **~hauen** (-) stukslaan, stukhakken; **~kauen** (-) fijnkauwen; **~kleinern** (*-re*; -) kleinmaken; *Fleisch, Gemüse bsd.* fijnhakken; (*schneiden*) fijnsnijden; **~klopfen** (-) stuk-, fijnkloppen; **~klüftet** gespleten, vol spleten (en kloven); **~knautschen** (-) verkreuk(el)en.

zer'knirsch|t (*-est*) berouwvol, door wroeging verteerd; **≈t·heit** *f* (*0*), **≈ung** *f* (*0*) wroeging.

zer'|knittern (-) verkreuk(el)en, verfrommelen (*bsd. Papier*); **~knüllen** (-) verfrommelen; **~kochen** (-) *v/i* (*sn*) verkoken; *v/t* laten verkoken; **~kratzen** (-) stukkrabben; **~krümeln** (-) verkruimelen; **~lassen** (-) laten smelten.

zer'leg|bar (*0*) uit elkaar te nemen (*a. Tech.*), ontleedbaar (*bsd. Chem. u. Gr.*); **~en** (-) uit elkaar nemen, ontleden; *Fleisch* in stukken snijden, verdelen; **≈ung** *f* (het) uit elkaar nemen, ontleding; verdeling.

zer'|lesen (-) stuklezen; **~lumpt** (*-est*) haveloos, in lompen gehuld; **~mahlen** (-) fijn-, stukmalen; **~malmen** (-) verbrijzelen, vermorzelen; **~martern** (-) afmartelen, pijnigen.

zer'mürb|en (-) vermurwen; (*ermüden*) afmatten; **≈ung** *f* (*0*) vermurwing; afmatting; **≈ungs·taktik** *f* uitputtingstactiek.

zer'|nagen (-) stukknagen; **~pflükken** (-) stukplukken; (*widerlegen*) weerleggen; (*kritisieren*) tot in het kleinste afkraken; **~platzen** (-) uiteenspatten, openbarsten, stukspringen; (*explodieren*) ontploffen; **~quetschen** (-) verpletteren.

Zerrbild *n* karikatuur.

zer'reiben (-) fijn-, stukwrijven; (*vernichten*) vernietigen.

zer'reiß|en (-) scheuren; *v/t a.* ver-, stukscheuren; *s. a. zerrissen*; **≈probe** *f* trekproef; *fig.* sterke beproeving.

zerren (*an D*) rukken (aan), sleuren (aan); (*in A*) sleuren (in); *sich etw.* ~ *Med.* iets verrekken.

zer'rinnen (-) vervloeien, vergaan; (*zergehen*) wegsmelten; *Geld*: door de vingers glijden *wie gewonnen, so zerronnen* zo gewonnen, zo geronnen.

zer'rissen gescheurd, kapot (*a. Schuh*); *fig.* verscheurd, verdeeld; **≈heit** *f* (*0*) *fig.* verscheurdheid, verdeeldheid.

Zerrung *f* vervorming; *Med.* verrekking.

zer'rütt|en (*-e-*; -) schokken, ontwrichten (*a. Ehe*); *Gesundheit* ondermijnen; **≈ung** *f* (*0*) (het) schokken, ontwrichting; (*das Zerrüttetsein*) geschoktheid, ontwrichting, ontreddering.

zer'|sägen (-) stukzagen; **~schellen** (-; *sn*) te pletter slaan.

zer'schlag|en **1.** (-) stukslaan, verbrijzelen (*a. fig.*); *sich* ~ mislukken, schipbreuk lijden (*a. Hoffnung, Plan*), afspringen; **2.** *Adj.* geradbraakt, doodop; **≈en·heit** *f* (*0*) uitputting, vermoeidheid; **≈ung** *f* (*0*) verbrijzeling.

zer'|schmettern (-) verbrijzelen; **~schneiden** (-) stuksnijden.

zer'setz|en (-) ontbinden; *Chem. bsd.* ontleden; (*untergraben*) ondermijnen; *sich* ~ oplossen; (*verwittern*) verweren, tot ontbinding overgaan; *fig.* ondermijnd worden; **≈ung** *f* ontbinding; ontleding; ondermijning; **≈ungs·produkt** *n* (het) ontledingsprodukt; **≈ungs·prozeß** *m* (het) ontbindingsproces (*a. fig.*); (het) ontledingsproces.

zer'spalten (-) splijten, kloven; *fig.* verdelen.

zer'splitter|n (-) *v/i* (*sn*) *u. v/t* versplinteren (*a. fig.*); *v/t fig. a.* versnipperen (*a. Kräfte*); **≈ung** *f* versplintering; *fig. bsd.* versnippering.

zer'|sprengen (-) doen springen; *Truppe* uiteenslaan; **~springen** (-; *sn*) barsten, springen; **~stampfen** (-) fijn-, stukstampen.

zer'stäub|en (-) verstuiven; **≈er** *m* verstuiver, vaporisator.

zer'stieben (-; *sn*) uiteenstuiven.

zer'stör|en (-) vernielen, verwoesten; **≈er** *m mil.* torpedojager; **≈ung** *f* vernieling, verwoesting; **≈ungs·werk** *n* (het) vernielingswerk; **≈ungs·wut** *f* vernielzucht.

zer'stoßen (-) fijn-, stukstoten.

zer'streu|en (-) verstrooien; *j-n a.* afleiden; *Menge* uiteendrijven, verspreiden; *Bedenken, Verdacht* uit de weg ruimen; *Angst* wegnemen; *sich* ~ zich verstrooien; *Menge bsd.*: uiteengaan; **~t** verstrooid; **≈theit** *f* (*0*) verstrooidheid; **≈ung** *f* verstrooiing; (*Unterhaltung a.*) afleiding.

zer'stückel|n (-) in stukken snijden, verbrokkelen; **≈ung** *f* verbrokkeling.

zer'teilen (-) verdelen, splitsen; (*zerlegen*) uit elkaar nemen; *sich* ~ verdeeld worden, zich verdelen; *Wolken*: breken.

Zertifi'kat *n* (-*ɇs*; -*e*) (het) certificaat.

zer'|trampeln (-) vertrappelen; **~treten** (-) vertrappen; (*niedertreten*) plattrappen; (*tottreten*) doodtrappen; **~trümmern** (-*re*; -) verbrijzelen, vernielen; *Hoffnung* vernietigen.

Zerve'latwurst [sɛʁvə-] *f* cervelaatworst.

zer'|wühlen (-) omwoelen, omwroeten, doorwoelen; **⁀würfnis** *n* (-*ses*, -*se*) onenigheid, tweedracht; **~zaust** verward, wanordelijk.

zetern (-*re*) F moord en brand schreeuwen.

Zettel *m* (het) papiertje, (het) blaadje; (*Formular*) (het) formulier; (*Karteikarte*) fiche, kaart; **~kartei** *f* (het) kaartsysteem, cartotheek.

Zeug *n* (-*ɇs*; -*e*) (*Stoff*) (het) goed, stof; F (*allerlei Dinge*, *z.B. Sachen*, *Kleider usw.*) spullen *n/pl.*; (*Kram*) rommel; *dummes* ~ F kletspraat; *das* ~ *haben zu* (*D*) de capaciteiten *pl.* hebben voor; *arbeiten, was das* ~ *hält fig.* als een gek werken; *j-m etw. am* ~ *flicken* op iem. zitten hakken.

Zeug|e *m* (-*n*) getuige; **⁀en 1.** *v/i* getuigen; **2.** *v/t Kind* verwekken; *fig.* voortbrengen; **~en·aussage** *f* getuigenverklaring; **~en·beeinflussung** *f* beïnvloeding van getuigen; **~en·vernehmung** *f* (het) getuigenverhoor; **~haus** *n* (het) tuighuis, (het) arsenaal; **~in** *f* (vrouwelijke) getuige.

Zeugnis *n* (-*ses*; -*se*) getuigenis; (*Gutachten*) (het) attest, (het) rapport; (*Schul⁀*) (het) (school)rapport; (*Diplom*) (het) diploma; (*Zertifikat*) (het) getuigschrift; **~abschrift** *f* (het) afschrift van een diploma (getuigschrift).

Zeugs *n* (-; *0*) F (het) spul.

Zeugung *f* verwekking; **~s·akt** *m* geslachtsdaad; **⁀s·fähig** vruchtbaar, potent; **~s·glied** *n* penis, roede; **~s·kraft** *f* (*0*) (het) voortplantingsvermogen; **⁀s·unfähig** onvruchtbaar, impotent.

z. H. *Abk. für zu Händen* (*G, von D*) ter attentie van (*Abk.* t.a.v.).

Zick|e *f* geit; F (*Weib*) (het) wijf, trut; **⁀ig** F truttig.

Zickzack *m* (-*ɇs*; -*e*) zigzag; *im* ~ zigzag; **~kurs** *m* zigzagkoers (*a. fig.*); **~linie** *f* zigzaglijn.

Ziege *f* geit; F (*Weib*) (het) mens, trut.

Ziegel *m* baksteen; (*Dach⁀*) dakpan; **~dach** *n* (het) pannendak; **~ei** [-'laɪ] *f* steenbakkerij, steenfabriek; **⁀rot** (*0*) steenrood; **~stein** *m* baksteen.

Ziegen|- *in Zssgn mst.* geite-, *z.B.* **~bart** *m* sik, geitebaard; **~bock** *m* geitebok; **~käse** *m* geitekaas; **~leder** *n* (het) geiteleer; **~milch** *f* geitemelk; **~peter** *m Med.* bof.

Zieh|bank *f* trekbank; **~brücke** *f* ophaalbrug; **~brunnen** *m* (water-) put.

ziehen ['tsiːən] (*L*) trekken (*a. v/i*); *Brettspiel*: zetten; (*wirken*) werken, effect sorteren; *Hut* afnemen; *Bilanz* opmaken; *es zieht (hier)* het tocht (hier); *üble Folgen f/pl. nach sich* ~ ernstige gevolgen *pl.* hebben; *sich in die Länge* ~ voortduren, gerekt worden.

Zieh|harmonika *f* trekharmonika; **~ung** *f* trekking.

Ziel *n* (-*ɇs*; -*e*) (het) doel; *Sp.* finish, eindstreep; (*Zahlungsfrist*) betalingstermijn; *über das* ~ *hinausschießen* zijn doel voorbij schieten; *sich zum* ~ *setzen* zich ten doel stellen; *am* ~ *sein* het doel bereikt hebben; **~bahnhof** *m* (het) station van bestemming; **~band** *n* finishdraad; **⁀bewußt** doelbewust; **⁀en** (*auf A*) mikken (op); (*anspielen*) doelen (op); *das zielt auf mich* dat doelt op mij, dat is op mij gemunt; **~fernrohr** *n* richtkijker; **~flughafen** *m* luchthaven van bestemming; **~gerade** *f* (het) laatste rechte stuk voor de finish; **~linie** *f* aankomstlijn; **⁀los** (-*est*) doelloos; **~scheibe** *f* schietschijf; *fig.* (het) mikpunt; **~setzung** *f* doelstelling; **⁀sicher** doelbewust; **⁀strebig** doelbewust.

ziemen: *sich* ~ betamen, passen.

Ziemer *m* bullepees.

ziemlich (*0*) tamelijk; (*Adv. a.*) nogal, vrij; (*Adj. bsd.*) redelijk, vrij aanzienlijk, flink, groot, veel.

Zier *f* (*0*) (het) sieraad; **~at** *m* (-*ɇs*; -*e*) (het) sieraad, (het) versiersel; **~de** *f* (het) sieraad; **⁀en** sieren; *sich* ~ zich aanstellen, aanstellerig doen; *s. a. geziert*; **~e'rei** *f* (*0*) aanstellerij, gemaaktheid; **~fisch** *m* siervis; **~garten** *m* siertuin; **~leiste** *f* sier-

lijst; *Typ.* sierlijn; **♀lich** sierlijk, bevallig (*a. Pers.*), elegant; **~lichkeit** *f* (*0*) sierlijkheid, bevalligheid, elegantie; **~pflanze** *f* sierplant; **~puppe** *f fig.* modepop; **~strauch** *m* sierstruik.
Ziffer *f* (-; *-n*) (het) cijfer; (*Anzeigen♀*) (het) nummer; **~blatt** *n* wijzerplaat.
zig F tientallen *n/pl.*, veel *pl.*
Ziga'rette *f* sigaret; **~n·automat** *m* sigarettenautomaat; **~n·etui** *n* sigarettenkoker; **~n·papier** *n* (het) sigarettenpapier; **~n·schachtel** *f* (het) sigarettenpakje; **~n·stummel** *m* (het) (sigaretten)peukje.
Ziga'rillo *n u. m* (*-s*; *-s*) cigarillo.
Zi'garre *f* sigaar; **~n·abschneider** *m* sigareknipper; **~n·geschäft** *n* sigarenwinkel; **~n·kiste** *f* (het) sigarenkistje; **~n·spitze** *f* (het) sigarepijpje.
Zi'geuner|(in *f*) *m* zigeuner(in *f*); **~kapelle** *f* (het) zigeunerstrijkje; **~lager** *n* (het) zigeunerkamp; **~musik** *f* zigeunermuziek; **♀n** (*-re*) F rondzwerven.
Zi'kade *f* cicade, krekel.
Zimbel *f* (-; *-n*) cimbaal.
Zimmer *n* kamer.
Zimmer|- *in Zssgn mst.* kamer-, *z.B.* **~antenne** *f* kamerantenne; **~chen** *n* (het) kamertje; **~decke** *f* (het) plafond; **~einrichtung** *f* kamerinrichting, meubilering; **~flucht** *f* suite; **~handwerk** *n* (het) timmermansambacht; **~kellner** *m* etagekelner; **~lautstärke** *f* kamersterkte; **~mädchen** *n* (het) kamermeisje; **~mann** *m* (*-es*; *Zimmerleute*) timmerman; **♀n** (*-re*) timmeren; **~nachweis** *m* logiesinlichtingendienst; **~pflanze** *f* kamerplant; **~preis** *m* kamerprijs; **~schlüssel** *m* kamersleutel; **~telefon** *n* kamertelefoon; **~temperatur** *f* kamertemperatuur; **~theater** *n* (het) kamertheater; **~vermieter** *m* kamerverhuurder.
zimperlich (*empfindlich*) overgevoelig, kleinzerig, wekelijk; (*sittsam*) preuts, aanstellerig; **♀keit** *f* (*0*) overgevoeligheid, kleinzerigheid; preutsheid.
Zimt *m* (*-es*; *-e*) kaneel; F (*Kram*) rommel, rotzooi; **~stange** *f* pijp kaneel.
Zink *n* (*-es*; *0*) (het) zink; **~blech** *n* (het) plaatzink.
Zinke *f*, **~n** *m* tand.
zinken *Karten* merken.
Zinn *n* (*-es*; *0*) (het) tin.
Zinne *f* tinne.
zinn|ern (*0*) tinnen; **♀gießer** *m* tingieter; **~haltig** tinhoudend.
Zin'nober *m* (het) vermiljoen.
Zins *m* (*-es*; *-en*) (*Steuer*) belasting, cijns; (*Miet♀*) huur; (*Pacht♀*) pacht; **~en** *pl.* rente, interest; *auf* **~en** op rente; zu 6⁰/₀ **~en** tegen 6⁰/₀ rente; **~es·zinsen** *m/pl.* samengestelde interest; **♀frei** (*0*) renteloos; **~fuß** *m* rentevoet; **♀los** (*0*) renteloos; **♀pflichtig** (*0*) cijns-, schatplichtig; **~satz** *m* rentevoet; **~schein** *m* coupon; **~spanne** *f* rentemarge; **~verlust** *m* (het) renteverlies; **~wucher** *m* rentewoeker.
Zio'nis|mus [tsi·o·-] *m* (-; *0*) (het) zionisme; **~t(in** *f*) *m* (*-en*) zionist(e *f*).
Zipfel *m* punt, slip; **~mütze** *f* slaap-, puntmuts.
Zipperlein *n* (*-s*; *0*) jicht, (het) pootje.
Zirbelkiefer *f* arve, pijnboom.
zirka circa, ongeveer.
Zirkel *m* passer; (*Kreis*, *Gruppe*) kring; **♀n** (*-le*) een cirkel trekken, met de passer afmeten; (*tüfteln*) heel precies werken; **~schluß** *m* vicieuze cirkel.
Zirku'l|ar *n* (*-s*; *-e*) circulaire; **~ation** [-'tsio:n] *f* circulatie, omloop; **♀ieren** (-) circuleren.
Zirkus *m* (-; *-se*) (het) circus.
zirpen tjirpen.
zisch|eln (*-le*) sissen, fluisteren; **~en** sissen; *Gans*: blazen; **♀er** *m* sisser; **♀laut** *m* sisklank.
zise'lieren (-) ciseleren.
Zi'sterne [-st-] *f* regenput.
Zita'delle *f* citadel.
Zi'tat *n* (*-es*; *-e*) (het) citaat, aanhaling.
Zither *f* (-; *-n*) citer.
zi'tieren (-) citeren, aanhalen.
Zi'tr|at *n* (*-es*; *-e*) (het) citraat; **~o'nat** *n* (*-es*; *-e*) sukade; **~one** *f* citroen.
Zi'tronen|- *in Zssgn mst.* citroen-, *z.B.* **~baum** *m* citroenboom; **~eis** *n* (het) citroenijs; **♀gelb** (*0*) citroengeel; **~limonade** *f* citroenlimonade; **~presse** *f* citroenpers; **~saft** *m* (*-es*; *0*) (het) citroensap; **~säure** *f* (*0*) (het) citroenzuur; **~schale** *f*

citroenschil; **~wasser** *n* (*-s*; *0*) kwast.

Zitrusfrüchte *f/pl.* citrusvruchten *pl.*

Zitter|aal *m* sidderaal; **2ig** beverig; **2n** (*-re*) sidderen, beven, trillen, bibberen; **~n** *n* (*-s*; *0*) siddering, (het) beven; **~pappel** *f* ratelpopulier; **~rochen** *m* (*Fisch*) sidderrog.

zittrig beverig.

Zitze *f* tepel.

zi'vil [v] civiel, burgerlijk; *Preis*: redelijk; **2** *n* (*-s*; *0*) burgers *pl.*, burgerstand; (*Kleidung*) burgerkleding; *in ~* in burger; **2anzug** *m* (het) burgerpak; **2bevölkerung** *f* burgerbevolking; **2courage** *f* zedelijke moed; **2ehe** *f* (het) burgerlijk huwelijk; **2isation** [-'tsĭo:n] *f* beschaving, civilisatie; **~i'sieren** (-) civiliseren; **~i'siert** gecivilіseerd, beschaafd; **2ist** [-'lɪst] *m* (*-en*) burger; **2klage** *f* civiele eis; **2person** *f* burger; **2prozeß** *m* (het) civiel proces; **2recht** *n* (*-es*; *0*) (het) burgerlijk recht.

Zobelpelz *m* (het) sabelbont.

Zofe *f* (het) kamermeisje, kamenier.

Zöger|er *m* talmer, draler; (*Zauderer bsd.*) weifelaar; **2n** (*-re*) aarzelen, talmen, dralen; (*zaudern a.*) weifelen; *~d* aarzelend.

Zögling *m* (*-s*; *-e*) leerling, kwekeling.

Zöli'bat *n od. m* (*-es*; *0*) (het) celibaat.

Zoll[1] *m* (*-es*; -) duim; *4 ~ 4* duim.

Zoll[2] *m* (*-es*; *⸗e*) invoerrechten *n/pl.*, tol (*bsd. hist.*), accijns; (*Behörde*) douane; *~!* douane!

Zoll|- *in Zssgn mst.* douane-, *z.B.* **~abfertigung** *f* douanecontrole; (*Einfuhr*) inklaring; **~amt** *n* (het) douanekantoor; **~beamte(r)** douaneambtenaar; **~bestimmungen** *f/pl.* douanevoorschriften *n/pl.*

zoll|breit (*0*) een duim breed; **2breit** *m* (-; -) duimbreed; **~en** *Achtung* hebben; *Dank* betuigen.

Zoll|erklärung *f* douaneverklaring; **2frei** (*0*) vrij van douanerechten; **~freiheit** *f* (*0*) vrije invoer, tolvrijheid; **~gebiet** *n* (het) tolgebied; **~geleitschein** *m* (het) geleibiljet; **~grenze** *f* douane-, tolgrens; **~gut** *n* (het) aan rechten onderhevig goed.

zollhoch (*0*) een duim hoog.

Zoll|inhaltserklärung *f* douaneverklaring; **~kontrolle** *f* douanecontrole.

Zöllner *m* douanebeambte; (*hist.*) tollenaar.

Zoll|papiere *n/pl.* douanedocumenten *n/pl.*; **2pflichtig** (*0*) aan rechten (*od.* tol) onderhevig; **~revision** *f* (douane)visitatie; **~schranken** *f/pl.* douanegrenzen *pl.*

Zollstock *m* duimstok.

Zoll|tarif *m* (het) douanetarief; **~union** *f* douaneunie; **~verwaltung** *f* douane(autoriteiten *pl.*).

Zone *f* zone; **~n·tarif** *m* (het) zonetarief.

Zoo *m* (*-s*; *-s*) dierentuin, diergaarde.

Zoo'lo|ge [tso·o·-] *m* (*-n*) zoöloog, dierkundige; **~'gie** *f* (*0*) zoölogie, dierkunde; **2gisch** (*0*) zoölogisch, dierkundig.

Zopf *m* (*-es*; *⸗e*) vlecht; (*Gebäck*) (het) luxebroodje; **~stil** *m* pruikenstijl.

Zorn *m* (*-es*; *0*) toorn, drift; **~ausbruch** *m* uitbarsting van toorn; **2ig** toornig, driftig.

Zot|e *f* schuine mop; **2ig** schuin, schunnig.

Zottel *f* (-; *-n*) haarsliert; **2n** (*-le*) slenteren.

z. T. *Abk. für zum Teil* gedeeltelijk, ten dele.

zu 1. *Präp.* (*D*) te; (*gegen*[*über*], *in*) tot; (*Richtung*) naar; (*hinzu*) bij; (*zeitlich*: *an*) met, op; (*anläßlich bsd.*) voor; *bis ~* tot (aan); *eins* (*zwei*) *~ null* (*eins*) één (twee) - nul (één); *~ zweit* (*dritt*) met zijn tweeën (drieën); *~ Hause* thuis; **2.** *Adv.* te; (*geschlossen*) toe, dicht; *~ viel* (*lang*) te veel (lang); *Tür ~!* deur dicht!; **3.** *Ko. beim Inf.* te, *z.B. nichts ~ sehen* niets te zien.

zu- *in Zssgn oft* toe-.

zu'aller|'erst allereerst, in de eerste plaats; **~'letzt** in de (aller)laatste plaats.

zu|bauen toe-, dichtbouwen; **2behör** *n* (*-es*; *0*) (het) toebehoren, onderdelen *n/pl.*, accessoires *pl.*; *mit allem ~* met alles wat ertoe behoort; **~beißen** toehappen, -bijten; **~bekommen** dicht-, toekrijgen.

Zuber *m* tobbe, kuip.

zubereit|en (toe)bereiden, klaarmaken; **2ung** *f* (toe)bereiding.

zu|billigen toekennen, toestaan; *Umstände* in aanmerking nemen; **~binden** dichtbinden; **~bleiben**

dichtblijven; **~blinzeln** (*D*) knipoogjes *n/pl.* geven, knipogen naar; **~bringen** aanvoeren, aanbrengen; (*hinterbringen*) aanbrengen, verklikken; (*verbringen*) doorbrengen; (*schließen können*) dichtkrijgen.

Zubringer *m* brenger; (*Zuträger*) aanbrenger, verklikker; (*Förderband*) transportband; **~(auto)bus** *m* (verbindings)bus (naar vliegveld); **~dienst** *m* verbinding, aanvoerdienst; **~straße** *f* toegangs-, verbindingsweg.

zubuttern F bijverdienen.

Zucht *f* (*Auf*~) fokkerij; (*Pflanzen*~) (het) kweken, kwekerij, teelt; (*Disziplin*) tucht; (*Rasse*) (het) soort, (het) slag; (~*ergebnis*) teelt, oogst; **~bulle** *m* fokstier.

zücht|en (-*e*-) kweken, fokken, telen; **~er** *m* fokker (*a. Vieh*~), kweker; **~e'rei** *f* fokkerij, kwekerij.

Zucht|haus *n* (het) tuchthuis; (*Strafe*) tuchthuisstraf; **~häusler** *m* tuchthuisgevangene; **~hengst** *m* dekhengst.

züchtig zedig; **~en** tuchtigen, kastijden; **~ung** *f* tuchtiging, kastijding.

zucht|los (-*est*) tuchteloos; **~losigkeit** *f* (*0*) tuchteloosheid; **~mittel** *n* (het) tuchtmiddel; **~perle** *f* gekweekte parel; **~rute** *f* tuchtroede; **~stute** *f* fokmerrie; **~tier** *n* (het) fokdier.

Züchtung *f* (het) kweken, teelt, fokkerij.

Zucht|vieh *n* (het) fokvee; **~wahl** *f* (*0*) teeltkeuze.

zuck! hup!

zuckel|n (-*le*) F sjokken; **~trab** *m* F sukkeldraf.

zucken trekken; *Blitz*: flitsen; *Flammen*: flakkeren; *Achseln* ophalen; *es zuckt mir in den Gliedern* ik heb last van reumatiek; *ohne mit der Wimper zu* ~ zonder een spier te vertrekken; *es zuckte mir in den Fingern* mijn vingers *pl.* jeukten.

zücken trekken; *Bleistift, Portemonnaie* nemen, voor de dag halen.

Zucker *m* (-*s*; *0*) suiker.

Zucker|- *in Zssgn mst.* suiker-; **~bäcker** *m* banketbakker; **~dose** *f* suikerpot; **~erbse** *f* doperwt, (het) peultje; **~früchte** *f/pl.* geconfijte vruchten *pl.*; **~gehalt** *m* (het) suikergehalte; **~guß** *m* (het) suikerglazuur; **~haltig** suikerhoudend; **~hut** *m* (het) suikerbrood; **~industrie** *f* suikerindustrie; **~krank** (*0*) suikerziek; **~krankheit** *f* suikerziekte; **~melone** *f* suiker-, honi(n)gmeloen; **~n** (-*re*) suikeren; (*bestreuen*) met suiker bestrooien; **~plätzchen** *n* (het) borstplaatje; **~raffinerie** *f* suikerraffinaderij; **~rohr** *n* (het) suikerriet; **~rübe** *f* suikerbiet; **~streuer** *m* suikerstrooier; **~'süß** (*0*) suikerzoet (*a. fig.*); **~tüte** *f* suikerzak; **~wasser** *n* (het) suikerwater; **~würfel** *m* (het) (suiker)klontje; **~zange** *f* suikertang.

Zuckungen *f/pl.* trekkingen *pl.*; (*Sterbe*~, *epileptische* ~) stuiptrekkingen *pl.*

zudecken toedekken (*a. j-n*), bedekken.

zu'dem bovendien, daarenboven.

Zu|drang *m* (-*es*; *0*) aandrang, toeloop; **~drehen** toedraaien (*a. Rücken*), dichtdraaien.

zudringlich opdringerig; *zu j-m* ~ *werden pej. bsd.* iem. lastig vallen; **~keit** *f* opdringerigheid, *pej.* onbeschaamdheid.

zudrücken toedrukken (*a. Auge*); (*schieben*) toeduwen.

zu·eign|en *j-m A* opdragen; **~ung** *f* opdracht.

zu|ei'nander tot (naar; bij) elkaar; **~erkennen** toekennen; (*bei Versteigerung*; *jur.*) toewijzen.

zu'erst eerst; (*als erste*[*r*, *-s*] *bsd.*) het eerst.

zu|erteilen verlenen, toekennen; **~fächeln** (*D*) toewaaien.

zufahr|en *auf* (*A*) af-, toerijden op; **~t** *f* toegang, weg, oprit; **~tsstraße** *f* toegangsweg.

Zufall *m* (het) toeval; *durch* ~ bij toeval; **~en** toe-, dichtvallen; *j-m* ten deel vallen.

zufällig, ~er'weise toevallig; **~keit** *f* toevalligheid, (het) toeval.

zu|fassen aanpakken (*a. fig.*); (*beim Essen*) toetasten; **~fliegen** (*sich schließen*) dichtvliegen, -slaan; *j-m* ~ *Vogel*: bij iem. komen aanvliegen; *Gedanke*: in iem. opkomen; **~fließen** (*D*) stromen naar; *fig.* gaan naar, ten deel vallen.

Zuflucht *f* (*0*) toevlucht; **~s·ort** *m* (het) toevluchtsoord.

Zu|fluß *m* (het) toestromen, toevloed (*a. fig.*); (*Nebenfluß*) zijrivier;

(*Wasserzufuhr*) watertoevoer; **≈flüstern** toefluisteren.

zu'folge (*G od. D*) volgens, op grond van, naar.

zu'frieden tevreden; *ich bin es* ~ ik vind het goed, ik heb er vrede mee; **~geben:** *sich* ~ tevreden zijn, berusten; (*mit D*) zich tevredenstellen (met), tevreden zijn (met), berusten (in); **≈heit** *f* (*0*) tevredenheid, voldoening; *zur* ~ (*G*) tot tevredenheid van; **~lassen** met rust laten; **~stellen** tevredenstellen, bevredigen.

zu|frieren (*sn*) dichtvriezen; **~fügen** bijvoegen; *j-m A* toebrengen; *Schaden* berokkenen; **≈fuhr** *f* toe-, aanvoer.

zuführ|en toe-, aanvoeren; *Strafe, Kunden* bezorgen; (*auf A*) leiden (naar); **≈ung** *f* toevoer.

Zug *m* (*-es*; *⸚e*) *Esb.* trein; (*Wandern; Charakter≈, Gesichts≈; Vogel≈*) trek; (*Wandern bsd., Fahrt; Luft≈*) tocht; (*Schrift≈; beim Rauchen*) haal; (*Gruppe Personen, z.B. Fest≈*) stoet; (*Gruppe von Fischen*) school; (*Insekten≈*) zwerm; (*Spiel≈*) zet; (*Zugkraft*) trekkracht; (*Klingel≈*) (het) trekkoord; *mil.* (het) peloton; ~ *haben Ofen*: trekken; *am* ~ *sein* aan de beurt zijn (*a. fig.*); *im* ~*e* (*G*) (*im Laufe*) in het kader van; *in e-m* ~ *leeren* in één teug; (*ununterbrochen*) aan één stuk; *in großen* (*kurzen*) *Zügen* in grote (korte) trekken; *in den letzten Zügen* op sterven; *in vollen Zügen genießen* met volle teugen; *zum* ~*e kommen* aan bod komen.

Zu|gabe *f* toegift; **~gang** *m* toegang; (*Eingang bsd.*) ingang; (*Zuwachs*) toename, aanwas; (*Neuerwerb*) aanwinst.

zugänglich toegankelijk (*a. verständlich*); *Pers.*: open, voor anderen openstaand; **≈keit** *f* (*0*) toegankelijkheid; openheid.

Zug|anschluß *m* (trein)aansluiting; **~begleitpersonal** *n* (het) treinpersoneel; **~brücke** *f* ophaalbrug.

zuge|ben toegeven (*a. einräumen*); (*hinzufügen bsd.*) toevoegen; *Mus.* een toegift geven; **~gebener'maßen** zoals toegegeven.

zu'gegen aanwezig.

zugehen toegaan (*a. geschehen*), dichtgaan; (*überbracht werden*) toekomen; (*geschehen a.*) gebeuren, gaan; ~ *auf* (*A*) af-, toegaan op, toelopen op; *der Brief ist mir zugegangen* ik heb ... ontvangen.

zugehör|en (*D*) toebehoren; **≈igkeit** *f* (*0*) (het) toebehoren; (*Mitgliedschaft*) (het) lidmaatschap.

zugeknöpft *fig.* gesloten, terughoudend.

Zügel *m* teugel (*a. fig.*), toom; *die* ~ *pl. schießen lassen* (*D*) de vrije teugel laten; **≈los** (*-est*) teugelloos; *fig. a.* tomeloos; **~losigkeit** *f* teugelloosheid; **≈n** (*-le*) teugelen, de teugel aandoen; *fig.* beteugelen, intomen.

Zuge|reiste(r) nieuweling, vreemdeling; **≈sellen:** *sich* ~ *j-m* zich voegen bij; *e-r S.* komen bij; **~ständnis** *n* toegeving, concessie; **≈stehen** toestaan, geven; **≈tan** (*D*) toegedaan, genegen; **~winn** *m* (*Vermögens≈*) vermogensaanwas.

Zug|feder *f* trekveer; **~folge** *f* volgorde der wagens; **~führer** *m* hoofdconducteur; *mil.* pelotonscommandant.

zugießen bijgieten.

zugig tochtig.

zügig vlot, flink; **≈keit** *f* (*0*) vlotheid.

Zug|kraft *f* trekkracht; *fig.* aantrekkingskracht; **≈kräftig** *fig.* attractief, in de smaak vallend.

zu'gleich tegelijk(ertijd).

Zug|leine *f* trek-, sleeplijn; **~loch** *n* (het) tochtgat; **~luft** *f* (*0*) tocht; **~maschine** *f* tractor; **~mittel** *n fig.* (het) lokmiddel, trekpleister; **~netz** *n* (het) sleepnet; **~ochse** *m* trekos; **~personal** *n* (het) treinpersoneel; **~pferd** *n* (het) trekpaard; **~pflaster** *n* trekpleister.

zu|greifen toegrijpen, toetasten (*bsd. beim Essen*); (*helfen*) aanpakken; (*eingreifen*) ingrijpen; **≈griff** *m* greep, (het) toegrijpen; (het) toetasten; (het) aanpakken.

zu'grunde: ~ *gehen* te gronde gaan; ~ *legen* baseren (op), ten grondslag leggen (aan); ~ *liegen* (*D*) ten grondslag liggen aan, gebaseerd zijn op; ~ *richten* te gronde richten.

Zug|schaffner *m* treinconducteur; **~seil** *n* (het) trektouw, trekkabel; **~stück** *n* (het) kasstuk; **~tier** *n* (het) trekdier.

zu'|gunsten (*G*) ten gunste van; **~gute** ten goede.

Zug|verbindung *f* treinverbinding; **~verkehr** *m* (het) treinverkeer; **~vogel** *m* trekvogel; **~wagen** *m* motorwagen; **~wind** *m* tocht.
zuhalten dicht-, toehouden; ~ *auf* (*A*) aanhouden op, afgaan op.
Zuhälte|r *m* souteneur, pooier; **~'rei** *f* (*0*) (het) souteneursbedrijf.
zu|hängen dichthangen, bedekken; **~hauen** *v/t* behouwen, (met bijl *od.* beitel) bewerken; *v/i* toeslaan, erop los slaan.
zu'|hauf te hoop, bijeen; **≗hause** *n* (-; *0*) (het) thuis, (het) tehuis.
zu|heften dichtnaaien; **~heilen** (*sn*) dichtgaan; **≗'hilfe·nahme** *f*: *unter* ~ *von* (*D*) met behulp van.
zu'|hinterst helemaal achteraan; (*an letzter Stelle*) het laatst; **~höchst** helemaal bovenaan.
zuhör|en (*D*) luisteren naar, toehoren; **≗er(in** *f*) *m* toehoorder *m*, toehoorster *f*, luisteraar(ster *f*); **≗er·schaft** *f* (het) gehoor, toehoorders *pl*.
zu'innerst in het binnenste.
zu|jubeln (*D*) toejuichen; **~kehren** toekeren; **~klappen** *v/i* (*sn*) *u.* *v/t* dichtslaan; **~kleben** dichtplakken; **~klinken** op de klink doen, sluiten; **~knallen** *v/i* (*sn*) *u.* *v/t* (hard) dichtslaan; **~knöpfen** dichtknopen; *s. a. zugeknöpft*; **~kommen** (*D*) toekomen; ~ *auf* (*A*) toe-, afkomen op; ~ *lassen j-m A* doen toekomen; **~korken** kurken; **≗kunft** *f* (*0*) toekomst; *Gr.* toekomende tijd; *in* ~ in de toekomst; **~künftig** (*0*) toekomstig.
Zukunfts|musik *f* toekomstmuziek; **~pläne** *m/pl.* toekomstplannen *n/pl.*
zu|lächeln (*D*) glimlachen tegen; **≗lage** *f* toelage, -slag; **~'lande** thuis, *oft keine Übersetzung*; **~langen** toetasten; (*genügen*) genoeg zijn.
zulänglich toereikend, voldoende; **≗keit** *f* (*0*) toereikendheid.
zu|lassen toelaten; (*Tür a.*) dichtlaten; **~lässig** (*0*) geoorloofd, toelaatbaar.
Zulassung *f* toelating, vergunning; (*Auto≗*) registratie; **~s·beschränkung** *f* numerus fixus; **~s·prüfung** *f* (het) toelatingsexamen; **~s·stelle** *f* (*Auto≗*) Rijksdienst voor het Wegverkeer.
Zulauf *m* (-*es*; *0*) toeloop; **≗en** (*hin~*) bijlopen; (*gelaufen kommen*) komen aanlopen; ~ *auf* (*A*) toelopen op.
zu|legen (*hin~*) toevoegen, erbij doen; *Geld* toeleggen; *sich etw.* ~ zich iets aanschaffen, iets kopen; **~'leide:** *j-m etw.* ~ *tun* iem. kwaad doen.
zuleit|en toevoeren, leiden naar; (*übermitteln*) doen toekomen, toezenden; **≗ung** *f* toevoer; toe-, doorzending; (*Leitung*) toevoerbuis; **≗ungs·schnur** *f* toevoerleiding.
zu'|letzt het laatst, als laatste; (*schließlich*) tenslotte, eindelijk; *nicht* ~ niet in de laatste plaats; **~liebe** (*D*) ter wille van, om ... (een plezier te doen).
zulöten dichtsolderen.
zum = *zu dem*.
zumachen dichtdoen, sluiten (*a. v/i*).
zu'mal vooral, bovenal; (*vor allem da, weil*) temeer daar.
zumauern dichtmetselen.
zu'meist meestal, het meest; (*zum größten Teil*) voor het merendeel.
zumessen toemeten.
zu'mindest op zijn minst, tenminste.
zumut|bar (*0*) draaglijk, redelijk; **~e** [-'mu:-]: ~ *sein* (*D*) zich voelen; **~en** (-*e*-): *j-m etw.* ~ iets vergen (*od.* eisen) van iem.; **≗ung** *f* onredelijke (*od.* onbehoorlijke) eis.
zu'nächst 1. allereerst, in de eerste plaats; (*einstweilen*) voorlopig; **2.** *Präp.* (*D*) het dichtst bij, vlak bij.
zu|nageln dichtspijkeren; **~nähen** dichtnaaien; **≗nahme** *f* toename, groei; **≗name** *m* familie-, achternaam; (*Beiname*) bijnaam.
zünden (-*e*-) *v/t* ont-, aansteken; *v/i* ontbranden, vuur vatten; *fig.* (*begeistern*) *u. Motor*: aanslaan; *fig. a., Blitz*: inslaan.
Zunder *m* (het) tondel; (*Prügel*) slaag.
Zünd|er *m* ontsteker; **~holz** *n* lucifer; **~holzschachtel** *f* (het) lucifersdoosje; **~hütchen** *n* (het) slaghoedje; **~kerze** *f* bougie; **~schlüssel** *m* (het) contactsleuteltje; **~schnur** *f* lont; **~spule** *f* bobine; **~stoff** *m* springstof; *fig.* brandstof; **~ung** *f* ontsteking (*a. Auto≗*); ontbranding.
zunehmen toenemen; (*dicker werden*) aankomen, dikker worden;

Tage: lengen; *Mond*: wassen; (*beim Stricken*) meerderen.
zuneig|en (*sich*) (*D*) neigen tot, overhellen naar; *j-m zugeneigt sein* iem. genegen zijn; **2ung** *f* (*0*) genegenheid.
Zunft *f* (-; ¨*e*) (het) gild(e).
zünftig vakkundig; (*ordentlich*) flink, goed.
Zunftwesen *n* (-*s*; *0*) (het) gildewezen.
Zunge *f* tong (*a. Fisch*); *fig.* (*Sprache*) taal.
züngeln (-*le*) *Flammen*: lekken.
zungen|fertig welbespraakt, rad van tong; **2schlag** *m* (-*es*; *0*) lichte spaarstoornis; (*e-s Betrunkenen*) (het) lallen; **2spitze** *f* punt van de tong; **2wurst** *f* tongworst.
Zünglein *n* (het) tongetje; *das ~ an der Waage fig.* die (dat *n*) op de wip zit.
zu'nichte: *~ machen* tenietdoen; *Pläne* verijdelen; *~ werden* op niets uitlopen, tenietgaan.
zunicken (*D*) toeknikken.
zu'|nutze: *sich etw. ~ machen* zich iets ten nutte maken; **~oberst** bovenaan, bovenop.
zu·ordn|en toevoegen; (*in Beziehung setzen*) rangschikken (bij), onderbrengen (bij); **2ung** *f* toevoeging; rangschikking.
zupacken (*helfen*) aanpakken.
zu'paß: *~ kommen* te (*od.* van) pas komen.
zupf|en trekken, plukken; (*aus~*) uitrafelen; (*ausklauben*) uitpluizen; *Saiten* tokkelen op; **2instrument** *n* (het) tokkelinstrument.
zu|pfropfen een kurk doen op, kurken; **~pressen** dichtdrukken; **~prosten** [o:] (-*e*-) (*D*) op de gezondheid drinken van.
zur = *zu der*.
zu|raten (*D*) aanraden; **~raunen** toefluisteren.
zurechn|en *j-m A* toeschrijven; (*zuordnen*) rekenen (tot), onderbrengen (bij); **~ungs·fähig** (*0*) toerekenbaar; **2ungs·fähigkeit** *f* (*0*) toerekenbaarheid.
zu'recht terecht, in orde; **~biegen** rechtbuigen (*a. fig.*); **~finden:** *sich ~* de weg vinden, het wel vinden; *fig.* zich redden; (*sich eingewöhnen*) wennen, thuis raken; *sich ~ in* (*D*) *Angelegenheit*, *Arbeit* wijs worden uit; **~kommen** op tijd komen; *~ mit j-m* het kunnen vinden met; *etw.* aankunnen, klaarspelen; **~legen** klaarleggen; **~machen** klaarmaken; *sich ~* zich opmaken; **~setzen** goed zetten; *j-m den Kopf ~* iem. op zijn nummer zetten; **~stutzen** knippen, snoeien; **~weisen** terechtwijzen, berispen.
zu|reden (*D*) toespreken; (*veranlassen*) aandringen (bij); **~reichen** voldoende zijn; *j-m A* aanreiken; **~reiten** *Pferd* africhten; *v/i* (*auf A*) toerijden (op).
Züricher 1. *Adj.* van Zürich; **2.** *m* Züricher.
zuricht|en klaarmaken; *Speisen* bereiden; (*verarbeiten*) ver-, bewerken; (*beschädigen*) toetakelen (*a. j-n*); **2ung** *f* (*0*) (het) klaarmaken; bereiding; ver-, bewerking; toetakeling.
zuriegeln grendelen.
zürnen (*D*) boos zijn op.
zurollen *v/i* (*sn*) *u. v/t* toerollen.
zu'rück terug; (*rückwärts*) achteruit; *~ sein* terug zijn; (*zurückgeblieben sein*) achter zijn.
zu'rück|- *in Zssgn mst.* terug-, *z.B.* **~begeben:** *sich ~* zich terugbegeven; **~behalten** achterhouden; **~bekommen** terugkrijgen; **~berufen** terugroepen; **~beugen** achteroverbuigen; **~bilden:** *sich ~ Geschwulst*: kleiner worden, afsterven; **~bleiben** (*hinter D*) achterblijven (bij); *Uhr*: achterlopen; **~blicken** terugblikken, -zien; **~bringen** terugbrengen; **~datieren** antedateren; **~denken** terugdenken; **~drängen** terug-, achteruitdringen; **~drehen** terugdraaien; *Uhrzeiger* achteruitzetten; **~dürfen** terugmogen; **~eilen** terugsnellen, -rennen; **~erbitten** terugvragen; **~erhalten** terugkrijgen; **~erobern** heroveren; **~erstatten** vergoeden, restitueren, teruggeven; **~fahren** *v/i* (*sn*) terugrijden; (*rückwärts*) achteruitrijden; (*vor Schreck*) terugdeinzen; *Schiff*: terugvaren; *v/t* terugbrengen; **~fallen** terugvallen (*a. fig.*); *in den alten Fehler ~* weer in de oude fout vervallen; **~finden** terugvinden; *sich ~* de weg terug vinden; **~fliegen** terugvliegen; **~fordern** terugeisen, -vorderen; **~führen** terugleiden, -brengen; (*auf*

A) herleiden (tot), toeschrijven (aan); **2gabe** *f* (*0*) teruggave; **~geben** teruggeven; **~gehen** teruggaan; (*sich vermindern*) achteruitgaan, dalen (*a. Wasser, Preise*), teruglopen.

zu'rückgezogen teruggetrokken; **2heit** *f* (*0*) teruggetrokkenheid.

zu'rück|greifen (*auf A*) zijn toevlucht nemen (tot); *weiter ~* verder teruggaan (in het verleden); **~haben** F terughebben.

zu'rückhalt|en tegenhouden; *etw.* achterhouden; (*beherrschen, z.B. Tränen*) inhouden; *sich ~* zich inhouden, terughoudend zijn; **~end** terughoudend, gereserveerd; **2ung** *f* (*0*) terughoudendheid, gereserveerdheid.

zu'rück|holen terughalen; **~kämmen** naar achteren kammen; **~kehren** (*sn*) terugkeren; **~kommen** (*fig. auf A*) terugkomen (op); **~können** F terug kunnen (*a. fig.*); **~lassen** achterlaten; **2lassung** *f* (*0*) achterlating; **~laufen** teruglopen; **~legen** terugleggen; (*reservieren*) opzij leggen; (*aufbewahren*) bewaren; *Weg* afleggen; *Kopf* laten rusten; **~lehnen:** *sich ~* achteroverleunen; **~liegen** (*zeitlich*) geleden zijn; **~melden:** *sich ~* zich (weer) melden; **~müssen** F terug moeten; **~nehmen** terugnemen; (*widerrufen bsd.*) herroepen; *mil.* terugtrekken; **~prallen** (*sn*) terugspringen, -kaatsen; (*schrecken*) terugdeinzen; **~reisen** (*sn*) terugreizen; **~rollen** (*sn*) terugrollen; **~rufen** terugroepen; *Tel.* terugbellen; **~schalten** terugschakelen; **~schaudern** (*sn*) huiverend terugdeinzen; **~schauen** terugzien, achteruitkijken; **~schicken** terugsturen; **~schlagen** *v/t u. v/i* terugslaan; *Gardine* openschuiven; *Angriff* afslaan; **~schnellen** (*sn*) terugspringen; **~schrecken** *v/t* afschrikken; *v/i* (*sn*) terugschrikken, -deinzen; **~sehen** terugzien; **~sehnen:** *sich ~* terugverlangen; **~sein** F terug zijn; **~senden** terugzenden, -sturen; **~setzen** terugzetten; (*nach hinten*) achteruit-, wegzetten; *Fahrzeug* achteruitrijden; *fig. j-n* achterstellen, verongelijken; *Preise* verlagen; **2setzung** *f fig.* achterstelling; **~sinken** achterover-, terugzakken; (*nachlassen*) achterop raken; **~springen** (*sn*) achteruit-, terugspringen; **~stecken** *v/t* terugzetten; (*nach hinten bsd.*) achteruitzetten; *v/i* inbinden; **~stehen** naar achteren staan; (*hinter D*) achterstaan (bij); **~stellen** terugzetten (*a. Uhr*); *fig.* (*hintansetzen*) opzij zetten; (*aufschieben*) uitstellen, opschorten; *mil.* uitstel geven; **~strahlen** terugstralen; **~strömen** (*sn*) terugstromen; **~treiben** terugdrijven; **~treten** (*sn*) achteruitgaan (*a. fig.*); (*vom Amt*) aftreden; **~tun** terugdoen; **~weichen** (*sn*) terugwijken; **~weisen** afwijzen, van de hand wijzen; **2weisung** *f* afwijzing; **~werfen** terugwerpen; *Strahlen* terugkaatsen; **~wirken** terugwerken, terugwerkende kracht hebben; **~wollen** F terug willen; **~zahlen** terugbetalen; **~ziehen** (*sich*) (zich) terugtrekken; (*widerrufen bsd.*) intrekken; *s. a. zurückgezogen.*

Zuruf *m* toeroep, kreet; *durch ~* bij acclamatie; **2en** toeroepen.

zurüst|en toe-, uitrusten; **2ung** *f* toe-, uitrusting, voorbereiding.

Zusage *f* toezegging, belofte; **2n** toezeggen; (*gefallen*) bevallen, aanstaan; (*schmecken*) aanstaan, bekomen.

zu'sammen samen; (*insgesamt*) in totaal, (alles) bij elkaar.

zu'sammen- *in Zssgn mst.* samen-.

Zu'sammen·arbeit *f* (*0*) samenwerking; **2en** samenwerken.

zu'sammen|ballen een bal maken van; *sich ~ Wolken*: zich samenpakken; *Macht*: zich concentreren; *Menge*: zich opeenhopen; **2ballung** *f* concentratie; **~bauen** bouwen, monteren, in elkaar zetten; **~beißen** op elkaar bijten; **~bekommen** bij elkaar krijgen; **~betteln** bij elkaar bedelen; **~binden** bijeenbinden; **~bleiben** bijeen-, bij elkaar blijven; **~borgen** bij elkaar lenen; **~brauen:** *sich ~* op komst zijn (*a. fig.*); **~brechen** instorten, in elkaar zakken (*bsd. Pers.*), ineenzakken; (*sich auflösen*) te gronde (*Firma a.*: failliet) gaan; **~bringen** bijeen-, bij elkaar brengen; **2bruch** *m* instorting; ineenstorting, val, ondergang; (het) faillissement; *Med.* inzinking; **~drängen** opeendringen, samenpersen; *fig.* samenvatten; **~drücken** samendrukken; **~fahren** (*sn*) botsen; (*zucken*) ineenkrimpen.

Zu'sammen|fall *m* (-*ẹs*; *0*) (het) samenvallen; **2fallen** instorten; (*schrumpfen*) in elkaar schrompelen (*a. Pers.*); (*zeitlich u. Math.*) (*mit D*) samenvallen (met); **2falten** op-, samenvouwen.

zu'sammenfass|en samenvatten; **2ung** *f* samenvatting.

zu'sammen|finden bij elkaar vinden; *sich* ~ elkaar ontmoeten; **~flicken** in elkaar flansen (*a. fig.*); **~fließen** samenvloeien; **2fluß** *m* samenloop, samenvloeiing; **~fügen** samenvoegen; **~führen** bijeen-, bij elkaar brengen; **~gehen** samenlopen; *Stoff*: krimpen.

zu'sammengehör|en bijeen-, bij elkaar horen; **2ig·keit** *f* (*0*) saamhorigheid; **2ig·keitsgefühl** *n* (het) saamhorigheidsgevoel.

Zu'sammen|halt *m* (-*ẹs*; *0*) vastheid; *fig.* verbondenheid, samenhang; **2halten** *v/t* samen-, bij elkaar houden; (*vergleichen*) tegen elkaar houden; *v/i* (*haften*) houden; *fig.* elkaar trouw zijn, bij elkaar blijven; **~hang** *m* (het) verband, samenhang; **2hängen** (*mit D*) in verband staan (met), samenhangen (met); **2hang(s)los** (-*est*) onsamenhangend; **2hauen** kort en klein slaan; *j-n* afrossen; *fig.* in elkaar flansen; **2heften** aan elkaar hechten; *Stoffteile* aan elkaar rijgen; **2heilen** (*sn*) dichtgaan; **~klang** *m fig.* harmonie, overeenstemming.

zu'sammenklapp|bar (*0*) opvouwbaar, opklapbaar; **~en** *v/t* dichtklappen, dichtdoen; *Hacken* tegen elkaar slaan; *v/i* (*sn*) F in elkaar zakken, afknappen.

zu'sammen|kleben vastplakken (*a. v/i*); **~knüllen** in elkaar frommelen; **~knüpfen** aan elkaar knopen; **~kommen** samen-, bijeenkomen; **~kratzen** bijeenschrapen; **2kunft** *f* (-; ¨*e*) bijeen-, samenkomst; **~läppern** (-*re*): *sich* ~ F zich geleidelijk ophopen.

Zu'sammenlauf *m* samenloop; **2en** te hoop lopen, samenlopen; *Flüsse, Linien*: samenkomen; *Milch*: schiften; *Stoff*: krimpen; *Farben*: in elkaar lopen; *das Wasser lief mir im Munde zusammen* ik watertandde.

zu'sammen|leben samenleven; **~legen** bij elkaar leggen (*a. Geld*); (*falten*) opvouwen; (*vereinigen*) samenvoegen, verenigen; **2legung** *f* (het) bij elkaar leggen; (het) opvouwen; samenvoeging, vereniging; **~lesen** bij elkaar zoeken; **~löten** aan elkaar solderen; **~lügen** F bij elkaar liegen; **~nähen** aan elkaar naaien; **~nehmen** bij elkaar nemen; *Kräfte* vergaren, inspannen; *sich* ~ zich beheersen, zich vermannen; **~packen** samen-, bij elkaar pakken; **~passen** bij elkaar passen; **~pferchen** *fig.* samenpersen.

Zu'sammenprall *m* botsing (*a. fig.*); **2en** (*sn*) (*mit D*) botsen (op).

zu'sammen|pressen samenpersen; **~raffen** *Geld* bijeenschrapen; *sich* ~ zijn krachten *pl.* verzamelen, zich vermannen; **~rechnen** (bij elkaar) optellen; **~reimen:** *sich* ~ rijmen; *das kann ich mir nicht* ~ dat weet ik niet te rijmen; **~reißen:** *sich* ~ F zich vermannen; **~rollen** oprollen; **~rotten** (-*e*-): *sich* ~ samenscholen; **2rottung** *f* samenscholing; **~rükken** *v/i* (*sn*) *u. v/t* bij elkaar schuiven, opschuiven; **~rufen** bijeenroepen; **~schieben** bij (*in eins*: in) elkaar schuiven; **~schießen** platschieten; *j-n* neer-, doodschieten; **~schlagen** (*zertrümmern*) stukslaan, kort en klein slaan; *j-n* neerslaan, afrossen; *Hände* in elkaar slaan; *Hacken* tegen elkaar slaan; (*falten*) (op)vouwen; *Wellen*: zich sluiten; **~schließen:** *sich* ~ zich verenigen, zich aaneensluiten; **2schluß** *m* vereniging, samensmelting, fusie; **~schmelzen** *v/t* samensmelten; *v/i* wegsmelten (*a. fig.*); **~schnüren** samen-, bijeenbinden; *Kehle* dichtsnoeren; **~schrauben** in elkaar schroeven; **~schrecken** schrikken, ineenkrimpen; **~schreiben** aan elkaar schrijven; (*ab-, niederschreiben*) bij elkaar schrijven; **~schrumpfen** verschrompelen; (*sich vermindern*) slinken; **2sein** *n* (-*s*; *0*) (het) samenzijn.

zu'sammensetz|en samenstellen; *Tech. bsd.* in elkaar zetten; (*nebeneinander*) bij elkaar zetten; *sich* ~ *Pers.*: bij elkaar gaan zitten; (*aus D*) samengesteld zijn (uit); **2ung** *f* samenstelling (*a. Gr.*), (het) in elkaar zetten, bouw.

zu'sammen|sinken in elkaar zakken; **~sitzen** bij elkaar zitten; **~sparen** bijeensparen; **2spiel** *n* (-*ẹs*;

0) (het) samenspel; **~stauchen** F onder handen nemen; **~stecken** *v/t* vaststeken; *mit Nadeln* vastspelden; *Köpfe* bij elkaar steken; *v/i* bij elkaar zitten; *pej.* onder één hoedje spelen; **~stehen** bij elkaar staan; *fig.* bij elkaar blijven, elkaar helpen.

zu'sammenstell|en bij elkaar zetten; (*bauen*) in elkaar zetten; (*schreiben, aufstellen, vereinigen*) samenstellen; **2ung** *f* (het) bij elkaar zetten; (het) in elkaar zetten, montage; samenstelling.

zu'sammen|stimmen *fig.* overeenstemmen, harmoniëren; **~stoppeln** F in elkaar flansen.

Zu'sammenstoß *m* botsing (*a. fig.*); (*Auto2 a.*) aanrijding; (*Schiffs2*) aanvaring; *fig. a.* (het) conflict; **2en** *v/t* tegen elkaar stoten; (*zerkleinern*) fijnstoten; *v/i* (*sn*) botsen (*a. fig.*); (*grenzen*) aan elkaar grenzen.

zu'sammen|streichen schrappen in; **~strömen** (*sn*) samenstromen; **~stückeln** in elkaar flansen; **2sturz** *m* instorting; *fig.* ineenstorting; **~stürzen** instorten; *fig.* ineenstorten; **~suchen** bij elkaar zoeken; **~tragen** bijeenbrengen, vergaren; **~treffen** (*übereinstimmen, a. zeitlich*) samenvallen; *mit j-m ~* iem. ontmoeten; **2treffen** *n* (*-s; 0*) ontmoeting, samenkomst; (het) samenvallen, samenloop; **~treiben** bijeendrijven; **~treten** (*sn*) bijeenkomen; **2tritt** *m* (*-es; 0*) bijeen-, samenkomst; **~trommeln** F optrommelen; **~tun** bij elkaar doen; *sich ~* zich verenigen, gemene zaak maken; **~werfen** bij (*od.* door) elkaar gooien; (*zum Einsturz bringen*) stuk-, omvergooien; **~wickeln** inpakken; **~wirken** samenwerken; **~würfeln** door elkaar gooien (*od.* mengen); e-e *bunt zusammengewürfelte Gesellschaft* een bont gezelschap; **~zählen** op-, bij elkaar tellen; **~ziehen** samentrekken (*a. mil.*); (*addieren*) optellen; *Augenbrauen* fronsen; *sich ~ Wunde*: dichttrekken; *Stoff*: krimpen; *Wolken*: zich samenpakken; *Gewitter*: komen opzetten; **~zucken** (*sn*) ineenkrimpen, schrikken.

Zusatz *m* toevoeging; (*Hinzugefügtes a.*) (het) toevoegsel; (*Nachtrag*) (het) aanhangsel, aanvulling; **~artikel** *m* (het) aanvullend artikel; **~gerät** *n* (het) aanvullend toestel.

zu|sätzlich (*0*) aanvullend, bijkomend; **2satzversicherung** *f* aanvullende verzekering; **~'schanden:** *~ machen* vernietigen, tenietdoen; *~ werden* tenietgaan; **~schanzen** F toestoppen.

zuschau|en toekijken, -zien; *j-m* kijken naar; **2er** *m* kijker (*bsd. Fernseh2*), toeschouwer; **2erin** *f* kijkster, toeschouwster; **2er·raum** *m* zaal.

zu|schaufeln toe-, dichtscheppen; **~schicken** toesturen; **~schieben** toeschuiven (*a. j-m A*), dichtschuiven; *Schuld* schuiven op; **~schießen** *Geld* bijleggen, bijpassen.

Zuschlag *m* toeslag, (het) supplement (*a. Zusatz*), bijbetaling; (*bei Auktion; e-s Auftrags*) toewijzing; **2en** *v/t u. v/i* toeslaan; (*schließen bsd.*) dichtslaan; (*hämmern*) dichttimmeren; (*bei Auktion*) toewijzen; (*hinzuzählen*) voegen bij; **2frei** (*0*) vrij van toeslag; **~karte** *f* (het) toeslagkaartje; **2pflichtig** (*0*) waarvoor toeslag verschuldigd is.

zu|schließen sluiten; **~schmeißen** F dichtgooien; **~schnallen** dichtgespen; **~schnappen** (*a. sn*) toe-, in het slot vallen; *Messer*: dichtslaan; (*beißen*) toehappen.

zuschneid|en knippen; *fig.* afstemmen; **2er** *m* coupeur.

zu|schneien (*sn*) dicht-, toesneeuwen; **2schnitt** *m* coupe, snit, (het) model; *fig.* (het) formaat; (*Art*) stijl, manier; **~schnüren** dichtbinden; *Schuh* toerijgen; *fig.* toesnoeren; **~schrauben** dichtschroeven; **~schreiben** erbij schrijven; *Hdl.* overboeken (*D* naar); *fig. j-m etw. ~* iets (aan) iem. toeschrijven; *pej. bsd.* iets aan iem. wijten; *er hat es sich selbst zuzuschreiben* hij heeft het aan zichzelf te wijten; **~schreien** toeschreeuwen; **2schrift** *f* brief, (het) antwoord; **~'schulden:** *sich etw. ~ kommen lassen* zich aan iets schuldig maken; **2schuß** *m* toelage, subsidie (*a.* het); **~schütten** dichtgooien; (*hin~*) erbij doen, bijgieten.

zusehen toezien, toekijken; (*D*) kijken naar; (*trachten*) (erop) toezien, opletten; **~ds** zienderogen, zichtbaar.

zu|senden toezenden, -sturen; **~setzen** bij-, toevoegen; *Geld* erbij inschieten, erop toeleggen; *v/i j-m* in 't nauw brengen; (*mitnehmen*) erg aangrijpen.

zusicher|n vast beloven, toezeggen, verzekeren; **⁀ung** *f* vaste belofte, toezegging, verzekering.

zu|sperren afsluiten; **~spielen** toespelen (*a. fig.*); **~spitzen** aanpunten, puntig maken; *sich ~ fig.* zich toespitsen; **~sprechen 1.** *v/t jur.* toewijzen; *Mut* inspreken; *Trost ~* troosten; **2.** (*D*) toespreken; *Flasche* aanspreken; **~springen** (*sn*) toespringen; *Tür*: dichtvallen; **⁀spruch** *m* (*-es; 0*) bemoedigende woorden *n/pl.*, goede raad, troost; (*Besuch*) toeloop, klandizie, aanloop; (*Anklang*) (het) succes; **⁀stand** *m* toestand (*bsd. Lage*); (*Beschaffenheit bsd.*) staat; *Zustände pl.* (*Anfälle*) aanvallen *pl.*; **~'stande:** *~ bringen* (*kommen*) tot stand brengen (komen).

zuständig (*0*) (*für A*) bevoegd (voor), competent (voor); (*betreffend*) betrokken, aangewezen; *~ sein für* (*A*) *a.* gaan over; **⁀keit** *f* bevoegdheid, competentie.

zu|'statten: *~ kommen* van pas komen; **~stecken** dichtspelden; *j-m A* toestoppen; **~stehen** (*D*) toekomen.

Zustell|bezirk *m* wijk, (het) postdistrict; **⁀en** bezorgen, doen toekomen; (*schließen*) afsluiten; *jur.* betekenen; **~er** *m* (*Post⁀*) postbode; **~gebühr** *f* port (*a.* het); bezorgingskosten *pl.*; **~ung** *f* bezorging; *jur.* betekening.

zusteuern *v/t Geld* bijdragen, bijleggen; *v/i* (*a. sn*) (*D, auf A*) aansturen (op).

zustimm|en (*D*) in-, toestemmen (met); **⁀ung** *f* in-, toestemming (*zu* [*D*] met); (*Beifall*) bijval.

zu|stopfen dichtstoppen; (*flicken*) stoppen; *j-m A* toestoppen; **~stöpseln** kurken; **~stoßen** *v/t* dichtstoten; *v/i* toestoten; (*sn*) (*D*) overkomen; **~streben** (*D*) nastreven (*bsd. fig.*), afgaan op; **⁀strom** *m* (*-es; 0*) toevloed; **~strömen** (*sn*) toestromen; (*D*) stromen naar; **~stürzen** *auf* (*A*) toevliegen op; **~'tage** te voorschijn, aan het licht (*a. fig.*); *~ bringen* (*od. fördern*) (*treten*) *fig.* aan het licht brengen (komen); *offen ~ liegen fig.* voor ieder duidelijk zijn; **⁀taten** *f/pl.* bestanddelen *n/pl.*, (*Speise⁀ bsd.*) ingrediënten *n/pl.*; (*Näh⁀*) fournituren *pl.*; **~'teil:** *~ werden* (*D*) ten deel vallen.

zuteil|en toedelen, toewijzen; (*austeilen*) uitdelen; **⁀ung** *f* toewijzing; distributie; (*Ration*) (het) rantsoen.

zu|'tiefst ten zeerste; (*im Kern*) in de kern; **~tragen** dragen naar, aandragen; (*erzählen*) overbrieven; *sich ~* zich toedragen, gebeuren; **⁀träger** *m* overbriever.

zuträglich (*D*) voordelig (voor), nuttig (voor), bevorderlijk (voor); (*heilsam*) gezond (voor); **⁀keit** *f* (*0*) nuttigheid, (het) nut; gezondheid.

zutrau|en: *j-m etw. ~* iem. in staat achten tot iets, iets verwachten van iem.; *sich ~* aandurven; *sich zuviel ~* te veel van zichzelf vergen, te veel hooi op zijn vork nemen; **⁀en** *n* (*-s; 0*) (het) vertrouwen; **~lich** vol vertrouwen, vertrouwelijk; *Kind*: aanhalerig; (*zahm*) mak, tam; **⁀lichkeit** *f* vertrouwelijkheid, (het) vertrouwen; aanhankelijkheid.

zutreffen kloppen, uitkomen; *~ auf* (*A*) van toepassing zijn op; *~ für* (*A*) gelden voor; **~d** juist, goed; (*nicht*) ⁀e(s) wat (niet) van toepassing is.

zu|treiben *v/t* toedrijven; *v/i* (*sn*) (*D*) drijven naar; **~trinken** (*D*) toedrinken, op de gezondheid drinken van; **⁀tritt** *m* (*-es; 0*) toegang; *Chem.* toetreding; **~tun** dichtdoen; (*hin~*) bij-, toevoegen; *s. a. zugetan*; **⁀tun** *n* (*-s; 0*) (het) toedoen; **~'ungunsten** (*G, D*) ten nadele van; **~'unterst** helemaal onderaan, het laagst.

zuverlässig betrouwbaar; **⁀keit** *f* (*0*) betrouwbaarheid.

Zuversicht *f* (*0*) (het) (vast) vertrouwen; (*Überzeugung*) overtuiging; **⁀lich** vol vertrouwen; (*fest*) vast; **~lichkeit** *f* (*0*) = *Zuversicht.*

zu'viel te veel; **⁀** *n* (*-s; 0*) (het) teveel.

zu'vor (van) tevoren, vooraf; *am Tage ~* daags tevoren; *im Jahr ~* ... ervóór; **~derst** helemaal vooraan.

zu'vorkommen (*D*) voorkomen; *j-m* vóór zijn; **~d** voorkomend; **⁀heit** *f* (*0*) voorkomendheid.

zu'vortun: *es j-m ~ in* (*D*) iem. overtreffen in.

Zuwachs *m* (*-es; 0*) groei, aanwas,

vermeerdering; (*Familien*2) uitbreiding; 2**en** dichtgroeien; *fig. j-m* komen aanwaaien; **~rate** *f* (het) groeipercentage.

Zuwander|er *m* nieuweling, nieuwe bewoner; (*Immigrant*) immigrant; 2**n** (*sn*) (hier) komen wonen; immigreren; **~ung** *f* vestiging; immigratie.

zu|wanken *auf* (*A*) (*sn*) toewankelen op; **~'wege:** *~ bringen* tot stand brengen; *~ kommen mit* (*D*) klaarspelen; **~wehen** *v/t* toewaaien; *v/i* (*sn*) dichtwaaien; **~'weilen** soms, somtijds.

zuweis|en toewijzen; 2**ung** *f* toewijzing; (*Kontingent*) (het) contingent; (*Beitrag*) bijdrage.

zuwend|en toekeren (*a. Gesicht, Rücken*), toewenden; *Aufmerksamkeit, Liebe* richten op; *j-m A* (*zukommen lassen*) doen toekomen; *sich ~* (*D*) zich richten op; 2**ung** *f* (*Schenkung*) schenking, gift; (*Zuschuß, Zahlung*) uitkering.

zu|'wenig te weinig; **~werfen** dichtgooien (*a. füllen*); *j-m A* toewerpen (*a. Blick*), toegooien.

zu'wider (*D*) tegen, in strijd met; *~ sein* tegenstaan; *dem Gesetz* in strijd zijn met; *er ist mir ~* ik heb een hekel aan hem; **~handeln** (*D*) handelen in strijd met, overtreden; 2**handelnde(r)** overtreder; 2**handlung** *f* overtreding; **~laufen** (*D*) indruisen tegen, niet stroken met.

zu|winken (*D*) toewuiven; **~zahlen** bijbetalen; **~'zeiten** bij tijden, somtijds; **~ziehen** *v/t Vorhang* dichttrekken; *Knoten* aantrekken, -halen; *j-n* erbij halen, raadplegen; *v/i* zich vestigen; (*hier*) komen wonen; *sich ~* zich op de hals halen (*a. fig.*), opdoen, oplopen; 2**zug** *m* toevloed, stroom nieuwe bewoners; (*Verstärkung*) versterking; 2**zügler** *m* nieuw aangekomene, nieuwe bewoner; **~züglich** (*G*) vermeerderd met; **~zwinkern** (*D*) knipogen naar.

zwacken F knijpen, trekken; (*plagen*) plagen, pesten.

Zwang *m* (*-es*; *=e*) dwang, (het) geweld; (*Verpflichtung*) verplichting; *unter dem ~* (*G*) gedwongen door; *Zwänge pl.* noodwendigheden *pl.*

zwängen persen, klemmen, knellen; (*nötigen*) noodzaken, dwingen; *sich ~ durch* (*A*) zich persen door.

zwang|haft (*-est*) dwangmatig; **~los** (*-est*) ongedwongen; 2**losigkeit** *f* (*0*) ongedwongenheid.

Zwangs|anleihe *f* gedwongen lening; **~arbeit** *f* dwangarbeid; **~einweisung** *f* gedwongen opname; **~enteignung** *f* gedwongen onteigening; **~herrschaft** *f* dwingelandij, tirannie; **~jacke** *f* (het) dwangbuis; **~kurs** *m* gedwongen koers; **~lage** *f* dwangpositie, noodsituatie; 2**läufig** onvermijdelijk, automatisch, noodzakelijk; **~maßnahme** *f* dwangmaatregel; **~mittel** *n* (het) dwangmiddel; **~versteigerung** *f* openbare verkoping, gerechtelijke verkoping; **~vollstreckung** *f* executie; **~vorstellung** *f* dwangvoorstelling; 2**weise** gedwongen, onder dwang; **~wirtschaft** *f* geleide economie; (*Rationierung*) distributie.

zwanzig, 2 *f* twintig; **~er:** *in den ~ Jahren* in de jaren twintig; **~fach** (*0*) twintigvoudig; **~jährig** (*0*) twintigjarig; **~mal** twintig keren (*od.* maal) *pl.*; 2**'markschein** *m* (het) briefje van 20 Mark; 2**stel** *n* (het) twintigste (deel); **~ste(r)** twintigste.

zwar weliswaar, wel; *und ~* en wel.

Zweck *m* (*-es*; *-e*) (het) doel, (het) oogmerk, (het) doeleinde; (*Absicht bsd.*) bedoeling; *es hat keinen ~* het heeft geen zin; *zu diesem ~* te dien einde, met dat doel; *zu welchem ~?* met welk doel?, waartoe?; **~bau** *m* (*-es*; *-ten*) (het) utiliteitsgebouw; 2**dienlich** dienstig, geschikt, doelmatig.

Zwecke *f* pin, (het) spijkertje; [(*Reiß*2) punaise.]

zweck|entfremdet van het oorspronkelijk doel afwijkend; **~entsprechend** doelmatig, -treffend; **~los** (*-est*) doelloos; (*nutzlos*) zinloos; 2**losigkeit** *f* (*0*) doelloosheid; zinloosheid; **~mäßig** doelmatig; 2**mäßigkeit** *f* (*0*) doelmatigheid.

zwecks (*G*) ten behoeve van, met het oog op, voor.

Zweck|sparen *n* (*-s*; *0*) (het) sparen met een bepaald doel; **~verband** *m* (het) gewestelijk samenwerkingsverband.

zwei, 2 *f* twee.

zwei|- *in Zssgn mst.* twee-, *z.B.* 2**achser** *m* (het) tweeassig voertuig; 2**akter** *m* tweeakter; **~armig** (*0*) tweearmig; **~beinig** (*0*) tweebenig.

Zweibett|abteil *n* tweepersoons-

slaapcoupé; **~kabine** *f* tweepersoonshut; **~zimmer** *n* tweepersoonskamer.
Zwei|decker *m* tweedekker; **2deutig** dubbelzinnig; **~deutigkeit** *f* dubbelzinnigheid; **~'drittelmehrheit** *f* tweederde meerderheid; **2eiig** [-aɪɪç] (*0*) twee-eiig; **2ein'halb** tweeënhalf; **2er'lei** tweeërlei; **2fach** (*0*) dubbel, tweevoudig; **~fa'milienhaus** *n* tweegezinswoning; **2farbig** (*0*) tweekleurig.
Zweifel *m* twijfel; *im ~ sein* in twijfel verkeren; **2haft** (*-est*) twijfelachtig; **2los** (*0*) ongetwijfeld, zonder twijfel; **2n** (*-le*) (*an D*) twijfelen (aan); **~s·fall** *m* (het) twijfelgeval; *im ~* in geval van twijfel, bij twijfel; **2s'ohne** ongetwijfeld, zonder twijfel.
Zweifler *m* twijfelaar.
Zwei|flügler *m* (het) tweevleugelig insekt; **~füßer** [yː] *m* tweevoetige.
Zweig *m* (*-es*; *-e*) twijg, tak (*a. fig.*); (*Seitenlinie*) zijtak; (*e-r Gabelung*) aftakking; (*Untergruppe*) tak, onderafdeling; *auf keinen grünen ~ kommen* geen succes hebben, het niet ver brengen; **~bahn** *f* zijlijn.
zwei|geschlechtig (*0*) tweeslachtig; **2gespann** *n* (het) tweespan.
Zweiggeschäft *n* (het) filiaal.
zwei|gleisig (*0*) met dubbel spoor; **~gliedrig** (*0*) tweeledig.
Zweig|linie *f* zijlijn; **~niederlassung** *f*, **~stelle** *f* (het) filiaal.
zwei|händig (*0*) tweehandig; **2heit** *f* (*0*) tweeheid; **~'hundert** tweehonderd; **~jährig** (*0*) tweejarig; **2'kammersystem** *n* (het) tweekamerstelsel; **2kampf** *m* (het) tweegevecht; **~köpfig** (*0*) tweehoofdig; **~mal** tweemaal; **~malig** (*0*) tweemaal herhaald; **2'markstück** *n* (het) twee-mark-stuk; **2master** *m* tweemaster; **~monatlich** tweemaandelijks; **2'monatsschrift** *f* (het) tweemaandelijks tijdschrift; **~motorig** (*0*) tweemotorig; **2'phasenstrom** *m* tweefasenstroom; **~polig** (*0*) tweepolig; **2rad** *n* fiets; **~räd(e)rig** (*0*) tweewielig; **~reihig** [-ʀaɪɪç] (*0*) in twee rijen; *Jacke*: met twee rijen knopen; **2samkeit** *f* (*0*) (het) samenzijn; **~schneidig** tweesnijdend; **~seitig** (*0*) tweezijdig; **~silbig** (*0*) tweelettergrepig; **2sitzer** *m* (het) tweepersoonsvoertuig; **~spaltig** (*0*) *Typ.* van twee kolommen; **2spänner** *m* (het) rijtuig met twee paarden; **~sprachig** (*0*) tweetalig; **2sprachigkeit** *f* (*0*) tweetaligheid; **~spurig** (*0*): *~e Straße* tweebaansweg; **~stellig** (*0*) van twee cijfers; **~stimmig** (*0*) tweestemmig; **~stöckig** (*0*) met twee verdiepingen; **~stündig** (*0*) van twee uren.
zweit: *zu ~* met z'n tweeën.
zwei|tägig (*0*) tweedaags; **2taktmotor** *m* tweetaktmotor.
zweit|älteste(r) op één na de oudste; **~beste(r)** op één na de beste.
zweiteil|ig (*0*) tweedelig; **2ung** *f* verdeling (in tweeën).
zweit|ens ten tweede; **~e(r)** tweede; **~größte(r)** op één na de grootste; **~klassig** tweederangs; **~letzte(r)** op één na de laatste; **~rangig** tweederangs; **2schrift** *f* doorslag; (*Abschrift*) (het) afschrift.
Zwei|'vierteltakt *m* tweekwartsmaat; **2zackig** (*0*) gaffelvormig, tweetandig; **2zeilig** (*0*) tweeregelig; **~zylinder** *m* tweecilindermotor.
Zwerchfell *n* (het) middenrif.
Zwerg *m* (*-es*; *-e*) dwerg (*a. Mensch*), kabouter; **2en·haft** (*-est*) dwergachtig; **~volk** *n* (het) dwergvolk.
Zwetsch(g)e *f* pruim, kwets.
Zwickel *m* (*Stoff2*) geer.
zwick|en knijpen; (*schmerzen*) knellen; **2er** *m* lorgnet (*a.* het); **2mühle** *f fig.*: e-e *~* de klem, de knel.
Zwieback *m* (*-es*; *⸚e*) beschuit.
Zwiebel *f* (*-*; *-n*) ui; (*Blumen2*) bloembol; **~gewächs** *n* (het) bolgewas; **2n** (*-le*) *fig.* F plagen, treiteren; **~turm** *m* toren met een uivormige koepel.
zwie|fach (*0*) tweevoudig, dubbel; **2gespräch** *n* dialoog, tweespraak; **2laut** *m* tweeklank; **2licht** *n* (*-es*; *0*) schemering, (het) halfdonker; **2spalt** *m* (*-es*; *0*) tweespalt, tweestrijd; **~spältig** (innerlijk) verdeeld, tegenstrijdig; **2sprache** *f* tweespraak; *~ halten* overleggen; **2tracht** *f* (*0*) tweedracht, verdeeldheid.
Zwil(li)ch *m* (*-es*; *-e*) (het) dril.
Zwilling *m* (*-s*; *-e*), *~e pl.* tweeling; *die ~e pl. Astr.* de Tweelingen *pl.*; **~s·bruder** *m* tweelingbroer; **~s·paar** *n* (het) tweelingpaar, tweeling; **~s·schwester** *f* tweelingzuster.

Zwing|burg *f* versterkte burcht, citadel; **~e** *f* klemhaak; (*am Ende e-s Stockes*) stootpunt; (*Gummi*≗) rubberdop; ≗**en** (*L*) *j-n* dwingen; *etw.* bolwerken, klaarspelen; **~er** *m* (*Käfig*) kooi; (*Hunde*≗) kennel; **~herr** *m* dwingeland, tiran.
zwinkern (*-re*) knipogen.
zwirbeln (*-le*) draaien.
Zwirn *m* (*-ẹs*; *-e*) (het) garen, draad; ≗**en** tweernen, twijnen; **~s·faden** *m* (het) garen, draad.
zwischen (*D*, *A*) tussen.
Zwischen|- *in Zssgn mst.* tussen-, *z.B.* **~akt** *m* (het) tussenbedrijf; **~aufenthalt** *m* halte, (het) oponthoud; **~bemerkung** *f* terloopse opmerking; *pej.* interruptie; **~deck** *n* (het) tussendek; **~ding** *n* (het) middending; ≗**'drin** tussenin, er middenin; ≗**'durch** tussendoor; (*zeitlich a.*) nu en dan; **~ergebnis** *n* (het) gedeeltelijk (*od.* voorlopig) resultaat; **~fall** *m* (het) incident, (het) voorval; **~geschoß** *n* tussenverdieping, entresol; **~glied** *n* tussenschakel, (het) verbindingsstuk; **~handel** *m* tussenhandel; **~händler** *m* tussenpersoon, tussenhandelaar; **~landung** *f* tussenlanding; **~lösung** *f* tussenoplossing; **~mahlzeit** *f* tussenmaaltijd; **~pause** *f* pauze; **~produkt** *n* (het) tussenprodukt; **~raum** *m* tussenruimte; **~ruf** *m* interruptie; **~runde** *f Sp.* voorronde; **~satz** *m* tussenzin; **~spiel** *n* (het) tussenspel; ≗**staatlich** internationaal; **~station** *f* (het) tussenstation; **~stufe** *f fig.* tussenfase; **~träger** *m* verklikker, overbriever; **~wand** *f* tussenmuur; **~zeile** *f* tussenregel, interlinie; **~zeit** *f* tijd ertussen; *in der ~* in de tussentijd.
Zwist *m* (*-ẹs*; *-e*), **~ig·keit** *f* twist, onenigheid, (het) geschil.
zwitschern (*-re*) tjilpen, sjilpen; *e-n ~* F er eentje nemen; *wie die Alten sungen, so ~ die Jungen* zo de ouden zongen, piepen de jongen.
Zwitter *m* (het) tweeslachtig wezen, hermafrodiet; ≗**haft** (*0*) tweeslachtig.
zwo *usw.* = *zwei usw.*
zwölf, ≗ *f* twaalf.
zwölf|- *in Zssgn mst.* twaalf-, *z.B.* ≗**eck** *n* (*-ẹs*; *-e*) twaalfhoek; ≗**'fingerdarm** *m* twaalfvingerige darm; **~jährig** (*0*) twaalfjarig; **~mal** twaalfmaal; **~stündig** (*0*) twaalfurig; **~teilig** (*0*) twaalfdelig; ≗**tel** *n* (het) twaalfde (deel); **~tens** ten twaalfde; **~te(r)** twaalfde.
Zyan [tsy·'ɑːn] *n* (*-s*; *0*) (het) cyaan; **~'kali** *n* (*-s*; *0*) cyaankali.
zyklisch (*0*) cyclisch.
Zy'klon *m* (*-s*; *-e*) cycloon.
Zy'klop *m* (*-en*) cycloop.
Zyklo'tron *n* (*-s*; *-e*) (het) cyclotron.
Zyklus *m* (*-*; *Zyklen*) cyclus.
Zy'linder *m* cilinder; (*Hut*) hoge hoed; (*Lampen*≗) (het) lampeglas; ≗**förmig** cilindervormig; **~inhalt** *m* cilinderinhoud.
zy'lindrisch cilindrisch.
Zy|niker *m* cynicus; ≗**nisch** cynisch; **~'nismus** *m* (*-*; *0*) (het) cynisme.
Zypern *n* Cyprus *n*.
Zy'presse *f* cipres.
Zypri'ot *m* (*-en*) Cyprioot.
Zyste *f* cyste.
z. Z(t). *Abk. für zur Zeit s. Zeit.*

Regels voor de verbuiging der Duitse substantieven

De onderstaande beschrijving van de Duitse verbuiging houdt geen rekening met de historische feiten (sterke, zwakke, gemengde verbuiging), maar beschrijft enkel en alleen de huidige toestand. Daardoor zijn belangrijke vereenvoudigingen mogelijk, en het blijkt dat een groot aantal Duitse substantieven ook zonder opgave van hun vormen correct verbogen kunnen worden, indien men van volgende regels uitgaat:

Algemene regel

1. De **datief meervoud** heeft altijd **-n**; eindigt een woord zelf al op *-n*, dan krijgt het geen tweede *-n* (b.v. *den Gärten*, datief mv. van *der Garten*). Substantieven die het meervoud op **-s** vormen, krijgen evenmin *-n*. Krijgt het woord in het meervoud ,,Umlaut", dan staat in het woordenboek (¨); in dit geval wordt

a tot **ä, au** tot **äu, o** tot **ö, u** tot **ü**

Vrouwelijke substantieven

2. **Vrouwelijke substantieven** zijn in het enkelvoud altijd onveranderlijk. Ze krijgen in het woordenboek geen speciale grammaticale aanduiding als ze in het meervoud **-en** of na *-e* een **-n** of bij de vrouwelijke uitgang *-in* de uitgang **-nen** hebben.

Voorbeelden:

die	Frau	die	Frau**en**	die	Maschine	die	Maschine**n**
der	,,	der	,,	der	,,	der	,,
der	,,	den	,,	der	,,	den	,,
die	,,	die	,,	die	,,	die	,,

die	Lehrerin	die	Lehrerin**nen**
der	,,	der	,,
der	,,	den	,,
die	,,	die	,,

Alle afwijkingen van bovenstaande meervoudsvorming worden in het woordenboek aangeduid:

(*-n*)	**Leber** *f* (-; *-n*):	die Leber, (der Leber), die Leber**n**
(¨)	**Tochter** *f* (-; ¨):	die Tochter, (der Tochter), die Töchter
(¨*e*)	**Hand** *f* (-; ¨*e*):	die Hand, (der Hand), die Hände.

Mannelijke substantieven

3. De aanduidingen (*-en*) of (*-n*) bij mannelijke woorden verwijzen naar volgende verbuiging:

der	Student	die	Student**en**	der	Bote	die	Bote**n**
des	Student**en**	der	,,	des	Bote**n**	der	,,
dem	,,	den	,,	dem	,,	den	,,
den	,,	die	,,	den	,,	die	,,

Mannelijke en onzijdige substantieven

4. Mannelijke en onzijdige substantieven die volgens onderstaand model verbogen worden, krijgen in het woordenboek geen grammaticale aanduiding:

der Lehrer	die Lehrer	das Fenster	die Fenster
des Lehrers	der Lehrer	des Fensters	der Fenster
dem Lehrer	den Lehrern	dem Fenster	den Fenstern
den Lehrer	die Lehrer	das Fenster	die Fenster

5. **Alle afwijkingen** van dit schema worden in het woordenboek door tussen haakjes geplaatste aanduidingen achter het trefwoord (in zijn grondvorm; niet bij samenstellingen en afleidingen) gesignaleerd. Het vóór de kommapunt staande deel geeft de vorm van de genitief, het achter de kommapunt staande deel het meervoud. De aanduidingen betekenen:

-ẹs: De genitief kan met *-s* of *-es* gevormd worden:

Mann *m* (*-ẹs*; *¨er*) der Mann, des Mann**es** *oder* des Mann**s**; die Männ**er**.

Kind *n* (*-ẹs*; *-er*) das Kind, des Kind**es** *oder* des Kind**s**; die Kind**er**.

De vormen op *-es* hebben tegenwoordig de voorkeur bij éénlettergrepige substantieven, vooral als ze eindigen op:
-ld, *-lg*, *-nd*.

Voorbeelden: der Wa**ld**, des Wald**es**
das (der) Ba**lg**, des Balg**es**
das Ri**nd**, des Rind**es**

Indien de vorm van de genitief door een vaste regel of door het taalgebruik vastgelegd is, worden volgende aanduidingen achter het trefwoord gebruikt:

-s:	**Auto** *n* (*-s*; *-s*):	das Auto, des Auto**s**, die Auto**s**
-es:	**Gast** *m* (*-es*; *¨e*):	der Gast, des Gast**es**; die G**ä**st**e**
-ens:	**Herz** *n* (*-ens*; *-en*):	das Herz, des Herz**ens**; die Herz**en**
-sses:	**Ge'biß** *n* (*-sses*; *-sse*):	das Gebiß, des Gebi**sses**; die Gebi**sse**

6. Mannelijke en onzijdige substantieven die de genitief enkelvoud met -(*e*)*s* en het meervoud met de uitgang *-e*, *-er* of *-en* vormen, kunnen in de datief een *-e* krijgen. Voor het gebruik van de *-e* gelden heden ten dage alleen welluidenheidsoverwegingen; uitzonderingen zijn vaste wendingen (b.v. *am Tage*), waar de *-e* altijd staat.

7. Indien het betreffende trefwoord in de genitief of in het meervoud onveranderd blijft, staat in plaats van een aanduiding een streepje (-). Bijvoorbeeld:

Kursus *m* (-; *Kurse*): der Kursus, des Kursus; die Kurse.
Pro'nomen *n* (*-s*; - *od. Pronomina*): das Pronomen, des Pronomens; die Pronomen *od.* Pronomina.

8. Indien van een trefwoord geen meervoud kan gevormd worden, dan staat, onafhankelijk van zijn geslacht, alleen of naast de genitiefvorm een nul (*0*):

0	**Güte** *f* (*0*):	die Güte, der Güte; geen meervoud.
	Mut *m* (*-ẹs*; *0*):	der Mut, des Mutes *od.* Muts; geen meervoud.
	Muß *n* (-; *0*):	das Muß, des Muß; geen meervoud.

Regels voor de verbuiging van de adjectieven

De vormen van het adjectief vóór het substantief zijn in drie categorieën te verdelen:

1. Het adjectief staat met het bepaalde lidwoord of met een woord dat dezelfde uitgang als het lidwoord heeft.

der	groß**e**	Mann	die	jung**e**	Frau	das	klein**e**	Kind
des	~en	~es	der	~en	~	des	~en	~es
dem	~en	~e	der	~en	~	dem	~en	~
den	~en	~	die	~**e**	~	das	~**e**	~
die	~en	~̈er	die	~en	~en	die	~en	~er
der	~en	~̈er	der	~en	~en	der	~en	~er
den	~en	~̈ern	den	~en	~en	den	~en	~ern
die	~en	~̈er	die	~en	~en	die	~en	~er

Deze vormen moeten eveneens, zowel in het enkelvoud als in het meervoud, na **dieser, jener, welcher, mancher, solcher** en in het meervoud na **alle, keine; meine, deine, seine, ihre, unsere, euere, ihre; irgendwelche, sämtliche** gebruikt worden.

2. Het adjectief staat met het onbepaalde lidwoord of met een woord met dezelfde uitgangen als het onbepaalde lidwoord.

ein	groß**er**	Mann	eine	jung**e**	Frau
eines	~en	~es	einer	~en	~
einem	~en	~	einer	~en	~
einen	~en	~	eine	~**e**	~

ein	klein**es**	Kind
eines	~en	~es
einem	~en	~
ein	~**es**	~

Eveneens na **kein, mein, dein, sein, ihr, unser, euer, ihr, folgend.**

Geen meervoud! (Zie onder 1.)

3. Het adjectief zonder lidwoord.

		vgl.			*vgl.*			*vgl.*
alter	Wein	(*der*)	lange	Zeit	(*die*)	frisches	Brot	(*das*)
~**en**	~es		~er	~	(*der*)	~**en**	~es	
~em	~	(*dem*)	~er	~	(*der*)	~em	~	(*dem*)
~en	~	(*den*)	~e	~	(*die*)	~es	~	(*das*)
~e	~e		böse	~en		~e	~e	(*die*)
~er	~e		~er	~en		~er	~e	(*der*)
~en	~en		~en	~en		~en	~en	(*den*)
~e	~e		~e	~en		~e	~e	(*die*)

Eveneens in het enkel- en meervoud na **manch, solch, welch,** die zelf niet verbogen worden, en in het meervoud na **andere, einige, etliche, mehrere, verschiedene, viele, wenige, folgende.** In de genitief meervoud hoort men na de laatstgenoemde woorden soms ook **-en** (in plaats van *-er*) bij het adjectief.

4. Veel adjectieven worden substantivisch gebruikt. Ze worden zoals de overeenkomstige adjectieven verbogen en zijn in het woordenboek door **-(r)** aangegeven:

   Reisende(r) (= der, die Reisende, eine Reisende, ein Reisender) *der Reisende, die Reisende*: uitgangen als onder 1.; *ein Reisender, eine Reisende*: uitgangen in het enkelvoud als onder 2.; in het meervoud zoals 3.

   De gesubstantiveerde adjectieven zoals *das Gute, ein Gutes* zijn in het woordenboek niet opgenomen; als abstracta hebben ze geen meervoud. In het enkelvoud zijn de uitgangen als volgt: *ein Gutes* zoals 2., *das Gute* zoals 1.

De trappen van vergelijking der adjectieven

schnell, schnell**er**, } schnell**st** alleen vóór het substantief met een adjectiefuitgang; **am** schnell**sten** als bijwoord.

Onregelmatige comparatief- en superlatiefvormen staan in het woordenboek achter de betreffende adjectieven tussen ronde haakjes vermeld:

a) Comparatief en superlatief met „Umlaut“:

groß	(*¨er*; *¨ßt*)	(= größer;	größt-,	am größten)
hart	(*¨er*; *¨est*)	(= härter;	härtest-,	am härtesten)
klug	(*¨er*; *¨st*)	(= klüger;	klügst-,	am klügsten).

b) **gut** (*besser*; *best-*)
   viel (*mehr*; *meist-*)

Adjectieven die op **-el, -en** of **-er** eindigen, verliezen vaak de **e** van deze suffixen als er een uitgang met *-e* bijkomt, b.v.

dunkel: dunk**ler**; im dunk**len** Zimmer.

In het woordenboek staat achter de adjectieven waar de *-e* meestal afgestoten wordt, een aanduiding tussen ronde haakjes, b.v.

dunkel (*-kl-*).

Adjectieven die noch comparatief noch superlatief kunnen vormen, worden in het woordenboek door een (*0*) aangeduid, b.v.

lauwarm (*0*).

Voornaamwoorden

A) De persoonlijke voornaamwoorden

ENKELVOUD

N	ich	du; Sie	er	sie	es	es
G	meiner (*mein, veraltet*)	deiner (*dein, veraltet*) Ihrer	seiner (*sein, veraltet*)	ihrer	seiner (*selten*) (*sein, veraltet*)	dessen, es
D	mir	dir; Ihnen	ihm	ihr	ihm	—
A	mich	dich; Sie	ihn	sie	es	es

MEERVOUD

N	wir	ihr; Sie	sie
G	unser	euer; Ihrer	ihrer
D	uns	euch; Ihnen	ihnen
A	uns	euch; Sie	sie

Opmerking: In de omgangstaal hoort men in plaats van het beklemtoonde *er, sie* vaak **der, die.**

B) Het bepaalde lidwoord en het aanwijzend voornaamwoord

ENKELVOUD

Nominatief	d*er*	dies*er*	jen*er*	solch*er*
Genitief	d*es*	dies*es*	jen*es*	solch*es*
Datief	d*em*	dies*em*	jen*em*	solch*em*
Accusatief	d*en*	dies*en*	jen*en*	solch*en*

MEERVOUD

Nominatief	di*e*	dies*e*	jen*e*	solch*e*
Genitief	d*er*	dies*er*	jen*er*	solch*er*
Datief	d*en*	dies*en*	jen*en*	solch*en*
Accusatief	di*e*	dies*e*	jen*e*	solch*e*

Het bepaalde lidwoord kan ook als aanwijzend voornaamwoord gebruikt worden; het is dan beklemtoond en staat meestal vóór een relatiefzin.

De genitiefvormen luiden in deze beklemtoonde vorm:

m	*f*	*n*	*pl.*
dessen	derer	(dessen)	derer; deren

De datief meervoud luidt: **denen**

deren staat wanneer naar reeds genoemde personen of zaken verwezen wordt.

Voorbeelden:

Ich erinnere mich **derer,** die an der Konferenz teilnahmen, noch gut; es waren **deren** sieben. Sagen Sie es allen **denen,** die nicht dabei waren.

Zoals het bepaalde lidwoord worden ook **dieser, jener, solcher** verbogen.

De nominatief en accusatief onzijdig van *dieser, jener, solcher* luidt:

Enkelvoud: **dieses** *oder* **dies**
jenes
solches

Meervoud: dies**e**, jen**e**, solch**e** *enz.*

C) Het onbepaalde lidwoord en het bezittelijk voornaamwoord

ENKELVOUD

	m	*f*	*n*
Nom.	ein	ein*e*	ein
Gen.	ein*es*	ein*er*	ein*es*
Dat.	ein*em*	ein*er*	ein*em*
Acc.	ein*en*	ein*e*	ein

Zo ook: **mein, dein, sein, unser, euer, ihr** en de ontkenning van *ein*: **kein.**

De *-e-* in *unser* en *euer* valt soms weg als een uitgang volgt: uns(e)res, uns(e)rem *enz.*

De meervoudsuitgangen zijn voor alle geslachten:

-e	*vgl.*	*(die)*
-er		*(der)*
-en		*(den)*
-e		*(die)*

Bij substantivisch gebruik worden de bezittelijke voornaamwoorden en het telwoord **der eine** met het lidwoord zoals **der, die Reisende** verbogen:

der Dein**e**	die Dein**e**	die Dein**en**
der ein**e**	die ein**e**	die ein**en**

Zonder lidwoord krijgen ze de uitgangen van het bepaalde lidwoord:

m: Enkv. Nom.	einer,	meiner,	deiner	} *enz.*
Acc.	einen	meinen	deinen	
Meervoud	—	meine	deine	*enz.*

De genitiefvormen zijn niet gebruikelijk.

D) Het betrekkelijk voornaamwoord

der Mann, der ...	die Frau, die ...	das Kind, das ...
„ „ , dessen	„ „ , deren	„ „ , dessen
„ „ , dem	„ „ , der	„ „ , dem
„ „ , den	„ „ , die	„ „ , das

die Männer, Frauen, Kinder, die
, deren
, denen
, die

In plaats van *der* komt in de nominatief, datief en accusatief ook **welcher, welche, welches** voor.

E) Het wederkerend voornaamwoord

Accusatief	Datief	
ich freue **mich**	ich kaufe **mir**	(etwas *Acc.*)
du freust **dich**	du kaufst **dir**	„
Sie freuen **sich**	Sie kaufen **sich**	„
er freut **sich**	er kauft **sich**	„
sie freut **sich**	sie kauft **sich**	„
es freut **sich**	es kauft **sich**	„
wir freuen **uns**	wir kaufen **uns**	„
ihr freut **euch**	ihr kauft **euch**	„
Sie freuen **sich**	Sie kaufen **sich**	„
sie freuen **sich**	sie kaufen **sich**	„

F) Het vragend voornaamwoord

Substantivisch:

Personen	*Zaken*
wer?	was?
wessen?	wessen?
wem?	—
wen?	was?

Adjectivisch:

m	*f*	*n*	*pl.*
welcher?	welche?	welches?	welche?

De uitgangen zijn dezelfde als die van het bepaalde lidwoord.

G) Het onbepaalde voornaamwoord

jemand	**niemand**
-es	-es
-(em)	-(em)
-(en)	-(en)

etwas **nichts**

zonder verbuigingsuitgang

Adjectivisch en substantivisch:

jeder **jede** **jedes**

Uitgangen van het bepaalde lidwoord.

De genitief wordt substantivisch zelden gebruikt; adjectivisch luidt hij vaak *jed***en.**

Regels voor de vervoeging der Duitse werkwoorden

1. Alle Duitse werkwoorden eindigen in de infinitief op **-en** of **-n**, b.v. sag**en,** handel**n**
2. Werkwoorden achter dewelke in het woordenboek geen (*L*) staat, zijn regelmatig of, zoals ze in de Duitse (en Nederlandse) grammatica genoemd worden, zwak. Ze worden als volgt vervoegd:

Indicatief en conditionalis

	ACTIEF		PASSIEF*)	
Infinitief presens:	loben		gelobt werden	
Presens:	ich lobe		ich werde	gelobt
	du lob**st**		du wirst	
	er, sie, es lob**t**		er, sie, es wird	
	wir lob**en**		wir werden	
	ihr lob**t**		ihr werdet	
	sie, Sie lob**en**		sie, Sie werden	
Imperfectum:	ich lob**te**		ich wurde	gelobt
	du lob**test**		du wurdest	
	er, sie, es lob**te**		er, sie, es wurde	
	wir lob**ten**		wir wurden	
	ihr lob**tet**		ihr wurdet	
	sie, Sie lob**ten**		sie, Sie wurden	
Infinitief perfectum:	gelobt haben		gelobt worden sein	
Perfectum:	ich habe	gelobt	ich bin	gelobt worden
	du hast		du bist	
	er, sie, es hat		er, sie, es ist	
	wir haben		wir sind	
	ihr habt		ihr seid	
	sie, Sie haben		sie, Sie sind	

*) Naast het passief, dat de handeling (het „worden") weergeeft, kent het Duits in het presens en imperfectum een „toestandspassief" dat de afsluiting van een handeling (de voltooiing, het „zijn") uitdrukt.

ich bin	vergessen	ich war	vergessen
du bist		du warst	
er, sie, es ist		er, sie, es war	
wir sind		wir waren	
ihr seid		ihr wart	
sie, Sie sind		sie, Sie waren	

Vgl.: *Die Tür wird geschlossen* (handeling!)
Die Tür ist geschlossen (toestand!)

Het dient vermeld dat in het laatste geval het werkwoord (*geschlossen*) geen werkwoord-karakter meer heeft, maar adjectivische waarde gekregen heeft.

Plusquamperfectum:	ich hatte gelobt du hattest gelobt *enz.*	ich war gelobt worden du warst gelobt worden *enz.*
Futurum I:	ich werde loben du wirst loben *enz.*	ich werde gelobt werden du wirst gelobt werden *enz.*
Futurum II:	ich werde gelobt haben du wirst gelobt haben *enz.*	ich werde gelobt worden sein du wirst gelobt worden sein *enz.*
Conditionalis I:	ich würde loben *enz.*	ich würde gelobt werden *enz.*
Conditionalis II:	ich würde gelobt haben *enz.*	ich würde gelobt worden sein *enz.*
Imperatief enkv.:	lobe! loben Sie!	sei (werde) gelobt! seien Sie gelobt!
meervoud:	lobt! lobet! loben Sie!	seid (werdet) gelobt! seien Sie gelobt!
Participium presens:	lob**end**	
perfectum:	**ge**lob**t**	

3. Conjunctief

De conjunctief eindigt in de derde persoon enkelvoud altijd op **-e.**

De uitgangen van de andere personen zijn gelijk aan die van de indicatief.

De tweede persoon enkelvoud en meervoud hebben in de conjunctief presens vóór de uitgang **-st** en **-t** een **-e-.**

Het imperfectum van de conjunctief is in het actief gelijk aan dat van de indicatief.

Voor de conjunctiefvormen van de hulpwerkwoorden „haben", „sein", „werden" zie onder (*L*), op bladzijde 1062.

	ACTIEF	PASSIEF
Presens *of* **Conjunctief I:**	ich lobe du lobest er, sie, es lobe wir loben ihr lobet sie, Sie loben	ich werde du werdest er, sie, es werde wir werden ihr werdet sie, Sie werden } gelobt
Imperfectum *of* **Conjunctief II:**	*zie indicatief*	ich würde gelobt *enz.*
Perfectum:	ich habe gelobt *enz.*	ich sei gelobt worden *enz.*
Plusquamperfectum:	ich hätte gelobt *enz.*	ich wäre gelobt worden *enz.*
Futurum I:	ich werde loben du werdest loben *enz.*	ich werde gelobt werden du werdest gelobt werden *enz.*
Futurum II:	ich werde gelobt haben *enz.*	ich werde gelobt worden sein *enz.*

4. Werkwoorden achter dewelke een aanduiding in de vorm van (*-e-*), (*-t*), (*-ßt*), (*-le*), (*-re*) of (-) staat, wijken in enkele vormen van het model **„loben"** af, en wel als volgt:

(-e-) **reden** (*-e-*)

Presens:	ich rede	**Imperfectum:**	ich redete
	du rede**s**t		du rede**te**st
	er, sie, es rede**t**		er, sie, es rede**te**
	wir reden		*enz.*
	ihr rede**t**		
	sie, Sie reden	**Participium:**	gerede**t**

(-t) **reisen** (*-t*)

Presens:	ich reise
	du rei**st** (reisest)
	er, sie, es reist
	wir reisen
	ihr reist
	sie, Sie reisen

(-ßt) **fassen** (*-ßt*)

Presens:	ich fasse	**Imperfectum:**	ich fa**ßte**
	du fa**ßt** (fassest)		*enz.*
	er, sie, es fa**ßt**		
	wir fassen		
	ihr fa**ßt**		
	sie, Sie fassen	**Participium:**	gefa**ßt**

(-le) **handeln** (*-le*)

Presens:	ich hand(e)**le**	**Imperfectum:**	ich handelte
	du handelst		*enz.*
	er, sie, es handelt	**Imperatief:**	hand**le**! handelt!
	wir handeln		
	ihr handelt		
	sie, Sie handeln	**Participium:**	gehandelt

(-re) **wandern** (*-re*)

Presens:	ich wand(e)**re**	**Imperfectum:**	ich wanderte
	du wanderst		*enz.*
	er, sie, es wandert	**Imperatief:**	wand**re**! wandert!
	wir wandern		
	ihr wandert		
	sie, Sie wandern	**Participium:**	gewandert

(-) **stu'dieren** (-)

Participium perfectum studiert, dus **zonder het prefix ge-**
Perfectum: ich habe studiert

durch'brechen (-)

Perfectum: ich habe durch'brochen
(**maar: 'durchbrechen** Perf.: ich habe durchgebrochen)

miß'brauchen (-)

Perfectum: ich habe miß'braucht

5. Onregelmatige werkwoorden

a) De onregelmatige werkwoorden (waaronder de sterke werkwoorden) hebben met uizondering van drie vormen dezelfde persoonsuitgangen als de regelmatige werkwoorden; *vgl.* b) en c).

b) Ze hebben in de 1e en 3e persoon enkelvoud van het imperfectum geen uitgang:

ich lobte	**maar:**	ich gab
er, sie, es lobte		er, sie es gab

c) Het participium van het perfectum eindigt op **-en**; de vocaal van de stamlettergreep verandert meestal:

ich habe getr**unken,** Infinitief: trinken.

d) De sterke werkwoorden vormen het imperfectum niet met het element *-t-*, maar door verandering van de stamvocaal.

e) Dikwijls verandert ook in de 2e en 3e persoon enkelvoud van het presens de stamvocaal:

ich fahre	wir fahren
du f**ä**hrst	ihr fahrt
er, sie, es f**ä**hrt	sie, Sie fahren

f) De conjunctief imperfectum wordt dikwijls door „Umlaut" van de vocaal van de indicatief imperfectum gevormd (¨).

Indicatief imperf.:	ich fuhr
Conjunctief imperf.:	ich f**ü**hre

g) Enkele werkwoorden vormen naast de verandering van de stamvocaal het imperfectum en participium met het element *-t* van de zwakke werkwoorden. Deze vervoeging wordt „gemengd" genoemd:

brennen — gebrannt

h) Zie voor de verschillende vormen lijst (*L*) op bladzijde 1062.

Voorbeeld

fahren *v/t en v/i*

	ACTIEF	PASSIEF
Presens:	ich fahre du f**ä**hrst er, sie, es f**ä**hrt wir fahren ihr fahrt sie, Sie fahren	ich werde gefahren du wirst gefahren *enz.*
Imperfectum:	ich fuhr du fuhrst er, sie, es fuhr wir fuhren ihr fuhrt sie, Sie fuhren	ich wurde gefahren du wurdest gefahren *enz.*
Perfectum: *v/t* *v/i*	ich habe gefahren ich bin gefahren	ich bin gefahren worden *enz.*
Plusquamperfectum: *v/t* *v/i*	 ich hatte gefahren ich war gefahren	 ich war gefahren worden *enz.*
Futurum I:	ich werde fahren *enz.*	ich werde gefahren werden *enz.*
FuturumII: *v/t* *v/i*	ich werde gefahren haben ich werde gefahren sein	ich werde gefahren worden sein *enz.*

Conditionalis I:		**ich würde fahren**	**ich würde gefahren werden**
Conditionalis II:	*v/t*	**ich würde gefahren haben**	**ich würde gefahren worden sein**
	v/i	**ich würde gefahren sein**	***enz.***
Imperatief: enkelvoud		fahr(e)! fahren Sie! *)	zie beneden!
meervoud		fahrt! fahren Sie!	
Participium presens:		fahrend	
perfectum:		gefahren	
Conjunctief presens: (Conjunctief I)		ich fahre du fahrest *enz.*	zoals *loben*, zie onder 3!
Conjunctief imperf.: (Conjunctief II)		ich führe du führest er, sie, es führe wir führen ihr führet sie, Sie führen	vgl. het onder 5f gezegde!

Alle overige vormen (actief en passief) worden volgens het model „loben" gevormd.

6. (*sn*) Werkwoorden die het perfectum en plusquamperfectum actief met vormen van **„sein"** in plaats van **„haben"** vormen, worden met een achter het werkwoord tussen haakjes staand „sn" aangeduid:

gehen (*sn*) = „ich bin gegangen" (vgl. 5, voorbeeld „fahren").

7. Samengestelde werkwoorden worden gescheiden als de klemtoon op het eerste deel ligt. De klemtoon is bij die werkwoorden die de klemtoon **niet** op de eerste lettergreep hebben door en streepje (ˈ) **vóór** de beklemtoonde lettergreep aangegeven:

abfahren (*sn*)		ich fahre ab ich fuhr ab ich bin **abgefahren** ich war abgefahren *enz.*
radfahren (*sn*)		ich fahre Rad ich fuhr Rad ich bin **radgefahren** *enz.*
durchbrechen		ich breche durch
	v/t	ich habe (etw. *A*) ˈdurchgebrochen
	v/i	ich bin ˈdurchgebrochen
		maar
		durchˈbrechen (-): ich durchˈbreche ich habe durchˈbrochen [*vgl.* 4, (-)!]

Naar het model „durchˈbrechen" gaan alle werkwoorden met de nooit beklemtoonde prefixen *be-*, *emp-*, *ent-*, *er-*, *ge-*, *ver-*, *zer-*.

---

*) De imperatief van het passief kan slechts van weinige werkwoorden gevormd werden, b.v. „preisen":

sei (werde) gepriesen! Seien Sie gepriesen!
seid (werdet) gepriesen! Seien Sie gepriesen!

Het prefix *miß-* wordt in het presens en imperfectum nooit van het werkwoord gescheiden; in het participium daarentegen wordt *-ge-* tussen *miß-* en het werkwoord geschoven, als *miß-* beklemtoond is en het werkwoord geen ander prefix heeft:

mißbilden (*-e-*)	ich mißbilde ich habe 'mißgebildet
mißverstehen (-)	ich 'mißverstehe ich habe 'mißverstanden

Bestaat het prefix uit verschillende delen, dan wordt het gehele prefix afgescheiden, als het beklemtoonde deel onmiddellijk vóór het werkwoord staat, b.v.

hin'zufügen	ich füge hin'zu ich habe hin'zugefügt
maar	
anerkennen	ich erkenne 'an ich habe 'anerkannt

Met *be-* en *ver-* samengestelde prefixen worden niet van het werkwoord gescheiden:

be'antragen	ich be'antrage ich habe be'antragt
ver'unglücken	ich ver'unglücke ich bin ver'unglückt

Lijst der sterke en onregelmatige werkwoorden

(*conj.* = *conj. impf.*)

backen *pres.* backe, bäckst, bäckt; *impf.* backte; *conj.* backte; *imp.* back(e); *part.pt.* gebacken.

befehlen *pres.* befehle, befiehlst, befiehlt; *impf.* befahl; *conj.* beföhle; *imp.* befiehl; *part.pt.* befohlen.

beginnen *pres.* beginne, beginnst, beginnt; *impf.* begann; *conj.* begänne (begönne); *imp.* beginn(e); *part.pt.* begonnen.

beißen *pres.* beiße, beißt, beißt; *impf.* biß, bissest; *conj.* bisse; *imp.* beiß(e); *part.pt.* gebissen.

bergen *pres.* berge, birgst, birgt; *impf.* barg; *conj.* bärge; *imp.* birg; *part.pt.* geborgen.

bersten *pres.* berste, birst (berstest), birst (berstet); *impf.* barst, barstest; *conj.* bärste; *imp.* birst; *part.pt.* geborsten.

bewegen *pres.* bewege, bewegst, bewegt; *impf.* bewegte (*fig.* bewog); *conj.* bewegte (*fig.* bewöge); *imp.* beweg(e); *part.pt.* bewegt (*fig.* bewogen).

biegen *pres.* biege, biegst, biegt; *impf.* bog; *conj.* böge; *imp.* bieg(e); *part.pt.* gebogen.

bieten *pres.* biete, biet(e)st, bietet; *impf.* bot, bot(e)st; *conj.* böte; *imp.* biet(e); *part.pt.* geboten.

binden *pres.* binde, bindest, bindet; *impf.* band, band(e)st; *conj.* bände; *imp.* bind(e); *part.pt.* gebunden.

bitten *pres.* bitte, bittest, bittet; *impf.* bat, bat(e)st; *conj.* bäte; *imp.* bitte; *part.pt.* gebeten.

blasen *pres.* blase, bläst, bläst; *impf.* blies, bliesest; *conj.* bliese; *imp.* blas(e); *part.pt.* geblasen.

bleiben *pres.* bleibe, bleibst, bleibt; *impf.* blieb, bliebst; *conj.* bliebe; *imp.* bleib(e); *part.pt.* geblieben.

bleichen *pres.* bleiche, bleichst, bleicht; *impf.* blich; *conj.* bliche; *imp.* bleich(e); *part.pt.* geblichen.

braten *pres.* brate, brätst, brät; *impf.* briet, briet(e)st; *conj.* briete; *imp.* brat(e); *part.pt.* gebraten.

brechen *pres.* breche, brichst, bricht; *impf.* brach; *conj.* bräche; *imp.* brich; *part.pt.* gebrochen.

brennen *pres.* brenne, brennst, brennt; *impf.* brannte; *conj.* brennte; *imp.* brenne; *part.pt.* gebrannt.

bringen *pres.* bringe, bringst, bringt; *impf.* brachte; *conj.* brächte; *imp.* bring(e); *part.pt.* gebracht.

denken *pres.* denke, denkst, denkt; *impf.* dachte; *conj.* dächte; *imp.* denk(e); *part.pt.* gedacht.

dingen *pres.* dinge, dingst, dingt; *impf.* dang (dingte); *conj.* dingte (dänge); *imp.* ding(e); *part.pt.* gedungen (gedingt).

dreschen *pres.* dresche, drischst, drischt; *impf.* drosch, droschst; *conj.* drösche; *imp.* drisch; *part.pt.* gedroschen.

dringen *pres.* dringe, dringst, dringt; *impf.* drang, drangst; *conj.* dränge; *imp.* dring(e); *part.pt.* gedrungen.

dünken *pres.* mich dünkt; *impf.* dünkte (deuchte); *conj.* —; *imp.* —; *part.pt.* gedünkt (gedeucht).

dürfen *pres.* darf, darfst, darf; *impf.* durfte; *conj.* dürfte; *imp.* —; *part.pt.* gedurft.

empfangen *pres.* empfange, empfängst, empfängt; *impf.* empfing; *conj.* empfinge; *imp.* empfang(e); *part.pt.* empfangen.

empfehlen *pres.* empfehle, empfiehlst, empfiehlt; *impf.* empfahl; *conj.* empföhle (empfähle); *imp.* empfiehl; *part.pt.* empfohlen.

empfinden *pres.* empfinde, empfindest, empfindet; *impf.* empfand, empfand(e)st; *conj.* empfände; *imp.* empfind(e); *part.pt.* empfunden.

erlöschen *pres.* erlösche, erlisch(e)st,

erlischt; *impf.* erlosch, erloschest; *conj.* erlösche; *imp.* erlisch; *part.pt.* erloschen.

essen *pres.* esse, ißt (issest), ißt; *impf.* aß, aßest; *conj.* äße; *imp.* iß; *part.pt.* gegessen.

fahren *pres.* fahre, fährst, fährt; *impf.* fuhr, fuhrst; *conj.* führe; *imp.* fahr(e); *part.pt.* gefahren.

fallen *pres.* falle, fällst, fällt; *impf.* fiel; *conj.* fiele; *imp.* fall(e); *part.pt.* gefallen.

fangen *pres.* fange, fängst, fängt; *impf.* fing; *conj.* finge; *imp.* fang(e); *part.pt.* gefangen.

fechten *pres.* fechte, fichtst, ficht; *impf.* focht, focht(e)st; *conj.* föchte; *imp.* ficht; *part.pt.* gefochten.

finden *pres.* finde, findest, findet; *impf.* fand, fand(e)st; *conj.* fände; *imp.* find(e); *part.pt.* gefunden.

flechten *pres.* flechte, flichtst, flicht; *impf.* flocht, flochtest; *conj.* flöchte; *imp.* flicht; *part.pt.* geflochten.

fliegen *pres.* fliege, fliegst, fliegt; *impf.* flog, flogst; *conj.* flöge; *imp.* flieg(e); *part.pt.* geflogen.

fliehen *pres.* fliehe, fliehst, flieht; *impf.* floh, flohst; *conj.* flöhe; *imp.* flieh(e); *part.pt.* geflohen.

fließen *pres.* fließe, fließ(es)t, fließt; *impf.* floß, flossest; *conj.* flösse; *imp.* fließ(e); *part.pt.* geflossen.

fressen *pres.* fresse, frißt, frißt; *impf.* fraß, fraßest; *conj.* fräße; *imp.* friß; *part.pt.* gefressen.

frieren *pres.* friere, frierst, friert; *impf.* fror; *conj.* fröre; *imp.* frier(e); *part.pt.* gefroren.

gären *pres.* gäre, gärst, gärt; *impf.* gor (gärte); *conj.* göre (gärte); *imp.* gär(e); *part.pt.* gegoren (gegärt).

gebären *pres.* gebäre, gebärst (gebierst), gebärt (gebiert); *impf.* gebar; *conj.* gebäre; *imp.* gebär(e) (gebier); *part.pt.* geboren.

geben *pres.* gebe, gibst, gibt; *impf.* gab; *conj.* gäbe; *imp.* gib; *part.pt.* gegeben.

gedeihen *pres.* gedeihe, gedeihst, gedeiht; *impf.* gedieh; *conj.* gediehe; *imp.* gedeih(e); *part.pt.* gediehen.

gehen *pres.* gehe, gehst, geht; *impf.* ging; *conj.* ginge; *imp.* geh(e); *part.pt.* gegangen.

gelingen *pres.* es gelingt; *impf.* es gelang; *conj.* es gelänge; *imp.* geling(e); *part.pt.* gelungen.

gelten *pres.* gelte, giltst, gilt; *impf.* galt, galt(e)st; *conj.* gölte (gälte); *imp.* gilt; *part.pt.* gegolten.

genesen *pres.* genese, genes(es)t, genest; *impf.* genas, genasest; *conj.* genäse; *imp.* genese; *part.pt.* genesen.

genießen *pres.* genieße, genieß(es)t, genießt; *impf.* genoß, genossest; *conj.* genösse; *imp.* genieß(e); *part.pt.* genossen.

geschehen *pres.* es geschieht; *impf.* es geschah; *conj.* es geschähe; *imp.* —; *part.pt.* geschehen.

gewinnen *pres.* gewinne, gewinnst, gewinnt; *impf.* gewann, gewannst; *conj.* gewönne (gewänne); *imp.* gewinn(e); *part.pt.* gewonnen.

gießen *pres.* gieße, gieß(es)t, gießt; *impf.* goß, gossest; *conj.* gösse; *imp.* gieß(e); *part.pt.* gegossen.

gleichen *pres.* gleiche, gleichst, gleicht; *impf.* glich, glichst; *conj.* gliche; *imp.* gleich(e); *part.pt.* geglichen.

gleißen *pres.* gleiße, gleiß(es)t, gleißt; *impf.* gleißte, gleißtest; *conj.* gleißte; *imp.* gleiß(e); *part.pt.* gegleißt.

gleiten *pres.* gleite, gleitest, gleitet; *impf.* glitt, glittst; *conj.* glitte; *imp.* gleit(e); *part.pt.* geglitten.

glimmen *pres.* glimme, glimmst, glimmt; *impf.* glomm; *conj.* glömme; *imp.* glimm(e); *part.pt.* geglommen.

graben *pres.* grabe, gräbst, gräbt; *impf.* grub, grubst; *conj.* grübe; *imp.* grab(e); *part.pt.* gegraben.

greifen *pres.* greife, greifst, greift; *impf.* griff, griffst; *conj.* griffe; *imp.* greif(e); *part.pt.* gegriffen.

haben *pres.* habe, hast, hat; *impf.* hatte; *conj.* hätte; *imp.* hab(e); *part.pt.* gehabt.

halten *pres.* halte, hältst, hält; *impf.* hielt, hieltst; *conj.* hielte; *imp.* halt(e); *part.pt.* gehalten.

hängen (**hangen**) *pres.* hänge (hange), hängst, hängt; *impf.* hing, hingst; *conj.* hinge; *imp.* häng(e); *part.pt.* gehangen.

hauen *pres.* haue, haust, haut; *impf.* hieb (haute); *conj.* hiebe; *imp.* hau(e); *part.pt.* gehauen.

heben *pres.* hebe, hebst, hebt; *impf.*

hob, hobst; *conj.* höbe; *imp.* hebe; *part.pt.* gehoben.

heißen *pres.* heiße, heißt, heißt; *impf.* hieß, hießest; *conj.* hieße; *imp.* heiß(e); *part.pt.* geheißen.

helfen *pres.* helfe, hilfst, hilft; *impf.* half, halfst; *conj.* hülfe; *imp.* hilf; *part.pt.* geholfen.

kennen *pres.* kenne, kennst, kennt; *impf.* kannte; *conj.* kennte; *imp.* kenne; *part.pt.* gekannt.

klimmen *pres.* klimme, klimmst, klimmt; *impf.* klomm; *conj.* klömme; *imp.* klimm(e); *part.pt.* geklommen.

klingen *pres.* klinge, klingst, klingt; *impf.* klang, klangst; *conj.* klänge; *imp.* kling(e); *part.pt.* geklungen.

kneifen *pres.* kneife, kneifst, kneift; *impf.* kniff, kniffst; *conj.* kniffe; *imp.* kneif(e); *part.pt.* gekniffen.

kommen *pres.* komme, kommst, kommt; *impf.* kam; *conj.* käme; *imp.* komm(e); *part.pt.* gekommen.

können *pres.* kann, kannst, kann; *impf.* konnte; *conj.* könnte; *imp.* —; *part.pt.* gekonnt.

kriechen *pres.* krieche, kriechst, kriecht; *impf.* kroch; *conj.* kröche; *imp.* kriech(e); *part.pt.* gekrochen.

laden *pres.* lade, lädst, lädt; *impf.* lud, lud(e)st; *conj.* lüde; *imp.* lad(e); *part.pt.* geladen.

lassen *pres.* lasse, läßt, läßt; *impf.* ließ, ließest; *conj.* ließe; *impf.* laß, lasse; *part.pt.* gelassen.

laufen *pres.* laufe, läufst, läuft; *impf.* lief, liefst; *conj.* liefe; *imp.* lauf(e); *part.pt.* gelaufen.

leiden *pres.* leide, leidest, leidet; *impf.* litt, littst; *conj.* litte; *imp.* leid(e); *part.pt.* gelitten.

leihen *pres.* leihe, leihst, leiht; *impf.* lieh, liehst; *conj.* liehe; *imp.* leih(e); *part.pt.* geliehen.

lesen *pres.* lese, liest, liest; *impf.* las, lasest; *conj.* läse; *imp.* lies; *part.pt.* gelesen.

liegen *pres.* liege, liegst, liegt; *impf.* lag, lagst; *conj.* läge; *imp.* lieg(e); *part.pt.* gelegen.

lügen *pres.* lüge, lügst, lügt; *impf.* log, logst; *conj.* löge; *imp.* lüg(e); *part.pt.* gelogen.

mahlen *pres.* mahle, mahlst, mahlt; *impf.* mahlte; *conj.* mahlte; *imp.* mahl(e); *part.pt.* gemahlen.

meiden *pres.* meide, meidest, meidet; *impf.* mied, mied(e)st; *conj.* miede; *imp.* meid(e); *part.pt.* gemieden.

melken *pres.* melke, melkst (milkst), melkt (milkt); *impf.* melkte (molk); *conj.* melkte (mölke); *imp.* melk(e) (milk); *part.pt.* gemolken.

messen *pres.* messe, mißt, mißt; *impf.* maß, maßest; *conj.* mäße; *imp.* miß; *part.pt.* gemessen.

mißlingen *pres.* es mißlingt; *impf.* es mißlang; *conj.* es mißlänge; *imp.* —; *part.pt.* mißlungen.

mögen *pres.* mag, magst, mag; *impf.* mochte; *conj.* möchte; *imp.* —; *part.pt.* gemocht.

müssen *pres.* muß, mußt, muß; *impf.* mußte; *conj.* müßte; *imp.* —; *part.pt.* gemußt.

nehmen *pres.* nehme, nimmst, nimmt; *impf.* nahm, nahmst; *conj.* nähme; *imp.* nimm; *part.pt.* genommen.

nennen *pres.* nenne, nennst, nennt; *impf.* nannte; *conj.* nennte; *imp.* nenne; *part.pt.* genannt.

pfeifen *pres.* pfeife, pfeifst, pfeift; *impf.* pfiff, pfiffst; *conj.* pfiffe; *imp.* pfeif(e); *part.pt.* gepfiffen.

preisen *pres.* preise, preist, preist; *impf.* pries, priesest; *conj.* priese; *imp.* preis(e); *part.pt.* gepriesen.

quellen *v/i pres.* quelle, quillst, quillt; *impf.* quoll; *conj.* quölle; *imp.* quill; *part.pt.* gequollen.

raten *pres.* rate, rätst, rät; *impf.* riet, riet(e)st; *conj.* riete; *imp.* rat(e); *part.pt.* geraten.

reiben *pres.* reibe, reibst, reibt; *impf.* rieb, riebst; *conj.* riebe; *imp.* reib(e); *part.pt.* gerieben.

reißen *pres.* reiße, reißt, reißt; *impf.* riß, rissest; *conj.* risse; *imp.* reiß(e); *part.pt.* gerissen.

reiten *pres.* reite, reitest, reitet; *impf.* ritt, rittst; *conj.* ritte; *imp.* reit(e); *part.pt.* geritten.

rennen *pres.* renne, rennst, rennt; *impf.* rannte; *conj.* rennte; *imp.* renn(e); *part.pt.* gerannt.

riechen *pres.* rieche, riechst, riecht; *impf.* roch; *conj.* röche; *imp.* riech(e); *part.pt.* gerochen.

ringen *pres.* ringe, ringst, ringt; *impf.* rang; *conj.* ränge; *imp.* ring(e); *part.pt.* gerungen.

rinnen *pres.* rinne, rinnst, rinnt;

impf. rann, rannst; *conj.* ränne; *imp.* rinn(e); *part.pt.* geronnen.
rufen *pres.* rufe, rufst, ruft; *impf.* rief, riefst; *conj.* riefe; *imp.* ruf(e); *part.pt.* gerufen.
saufen *pres.* saufe, säufst, säuft; *impf.* soff; *conj.* söffe; *imp.* sauf(e); *part.pt.* gesoffen.
saugen *pres.* sauge, saugst, saugt; *impf.* sog (saugte); *conj.* söge; *imp.* saug(e); *part.pt.* gesogen (gesaugt).
schaffen (*er*~) *pres.* schaffe, schaffst, schafft; *impf.* schuf, schufst; *conj.* schüfe; *imp.* schaff(e); *part.pt.* geschaffen.
scheiden *pres.* scheide, scheidest, scheidet; *impf.* schied, schied(e)st; *conj.* schiede; *imp.* scheid(e); *part.pt.* geschieden.
scheinen *pres.* scheine, scheinst, scheint; *impf.* schien, schienst; *conj.* schiene; *imp.* schein(e); *part.pt.* geschienen.
scheißen *pres.* scheiße, scheißt, scheißt; *impf.* schiß, schissest; *conj.* schisse; *imp.* scheiße; *part.pt.* geschissen.
schelten *pres.* schelte, schiltst, schilt; *impf.* schalt, schaltst; *conj.* schölte; *imp.* schilt; *part.pt.* gescholten.
scheren *pres.* schere, scherst, schert; *impf.* schor, schorst; *conj.* schöre; *imp.* scher(e); *part.pt.* geschoren.
schieben *pres.* schiebe, schiebst, schiebt; *impf.* schob, schobst; *conj.* schöbe; *imp.* schieb(e); *part.pt.* geschoben.
schießen *pres.* schieße, schießt, schießt; *impf.* schoß, schossest; *conj.* schösse; *imp.* schieß(e); *part.pt.* geschossen.
schinden *pres.* schinde, schindest, schindet; *impf.* schindete (schund); *conj.* schindete (schünde); *imp.* schind(e); *part.pt.* geschunden.
schlafen *pres.* schlafe, schläfst, schläft; *impf.* schlief, schliefst; *conj.* schliefe; *imp.* schlaf(e); *part.pt.* geschlafen.
schlagen *pres.* schlage, schlägst, schlägt; *impf.* schlug, schlugst; *conj.* schlüge; *imp.* schlag(e); *part.pt.* geschlagen.
schleichen *pres.* schleiche, schleichst, schleicht; *impf.* schlich, schlichst; *conj.* schliche; *imp.* schleich(e); *part.pt.* geschlichen.
schleifen *pres.* schleife, schleifst, schleift; *impf.* schliff, schliffst; *conj.* schliffe; *imp.* schleif(e); *part.pt.* geschliffen.
schließen *pres.* schließe, schließt, schließt; *impf.* schloß, schlossest; *conj.* schlösse; *imp.* schließ(e); *part.pt.* geschlossen.
schlingen *pres.* schlinge, schlingst, schlingt; *impf.* schlang, schlangst; *conj.* schlänge; *imp.* schling(e); *part.pt.* geschlungen.
schmeißen *pres.* schmeiße, schmeißt, schmeißt; *impf.* schmiß, schmissest; *conj.* schmisse; *imp.* schmeiß(e); *part.pt.* geschmissen.
schmelzen *pres.* schmelze, schmilzt, schmilzt; *impf.* schmolz, schmolzest; *conj.* schmölze; *imp.* schmilz; *part.pt.* geschmolzen.
schnauben *pres.* schnaube, schnaubst, schnaubt; *impf.* schnaubte (schnob); *conj.* schnaubte (schnöbe); *imp.* schnaub(e); *part.pt.* geschnaubt (geschnoben).
schneiden *pres.* schneide, schneidest, schneidet; *impf.* schnitt, schnitt(e)st; *conj.* schnitte; *imp.* schneid(e); *part.pt.* geschnitten.
schrecken *v/i* (= *er*~) *pres.* schrekke, schrickst, schrickt; *impf.* schrak, schrakst; *conj.* schräke; *imp.* schrick; *part.pt.* geschrocken.
schreiben *pres.* schreibe, schreibst, schreibt; *impf.* schrieb, schriebst; *conj.* schriebe; *imp.* schreib(e); *part.pt.* geschrieben.
schreien *pres.* schreie, schreist, schreit; *impf.* schrie; *conj.* schriee; *imp.* schrei(e); *part.pt.* geschrie(e)n.
schreiten *pres.* schreite, schreitest, schreitet; *impf.* schritt, schritt(e)st; *conj.* schritte; *imp.* schreit(e); *part.pt.* geschritten.
schwären *pres.* es schwärt; *impf.* es schwärte (schwor); *conj.* schwärte; *imp.* schwär(e); *part.pt.* geschwärt (geschworen).
schweigen *pres.* schweige, schweigst, schweigt; *impf.* schwieg, schwiegst; *conj.* schwiege; *imp.* schweig(e); *part.pt.* geschwiegen.
schwellen *pres.* schwelle, schwillst, schwillt; *impf.* schwoll, schwollst; *imp.* schwill; *part.pt.* geschwollen.
schwimmen *pres.* schwimme,

schwimmst, schwimmt; *impf.* schwamm, schwammst; *conj.* schwömme (schwämme); *imp.* schwimm(e); *part.pt.* geschwommen.

schwinden *pres.* schwinde, schwindest, schwindet; *impf.* schwand, schwand(e)st; *conj.* schwände; *imp.* schwind(e); *part.pt.* geschwunden.

schwingen *pres.* schwinge, schwingst schwingt; *impf.* schwang, schwangst; *conj.* schwänge; *imp.* schwing(e); *part.pt.* geschwungen.

schwören *pres.* schwöre, schwörst, schwört; *impf.* schwor, schworst; *conj.* schwöre; *imp.* schwör(e); *part.pt.* geschworen.

sehen *pres.* sehe, siehst, sieht; *impf.* sah, sahst; *conj.* sähe; *imp.* sieh(e); *part.pt.* gesehen.

sein *pres.* bin, bist, ist; sind, seid, sind; *impf.* war, warst, war; waren; *conj.pres.* sei, sei(e)st, sei; seien, seiet, seien; *conj.* wäre; *imp.* sei, seid; *part.pt.* gewesen.

senden *pres.* sende, sendest, sendet; *impf.* sandte (sendete); *conj.* sendete; *imp.* send(e); *part.pt.* gesandt (gesendet).

sieden *pres.* siede, siedest, siedet; *impf.* sott (siedete); *conj.* sötte (siedete); *imp.* sied(e); *part.pt.* gesotten (gesiedet).

singen *pres.* singe, singst, singt; *impf.* sang, sangst; *conj.* sänge; *imp.* sing(e); *part.pt.* gesungen.

sinken *pres.* sinke, sinkst, sinkt; *impf.* sank, sankst; *conj.* sänke; *imp.* sink(e); *part.pt.* gesunken.

sinnen *pres.* sinne, sinnst, sinnt; *impf.* sann, sannst; *conj.* sänne (sönne); *imp.* sinn(e); *part.pt.* gesonnen.

sitzen *pres.* sitze, sitz(es)t, sitzt; *impf.* saß, saßest; *conj.* säße; *imp.* sitz(e); *part.pt.* gesessen.

sollen *pres.* soll, sollst, soll; *impf.* sollte; *conj.* sollte; *imp.* —; *part.pt.* gesollt.

spalten *pres.* spalte, spaltest, spaltet; *impf.* spaltete; *conj.* spaltete; *imp.* spalte; *part.pt.* gespalten.

speien *pres.* speie, speist, speit; *impf.* spie, spiest; *conj.* spiee; *imp.* spei(e); *part.pt.* gespie(e)n.

spinnen *pres.* spinne, spinnst, spinnt; *impf.* spann, spannst; *conj.* spönne (spänne); *imp.* spinn(e); *part.pt.* gesponnen.

spleißen *pres.* spleiße, spleiß(es)t, spleißt; *impf.* spliß, splissest; *conj.* splisse; *imp.* spleiß(e); *part.pt.* gesplissen.

sprechen *pres.* spreche, sprichst, spricht; *impf.* sprach, sprachst; *conj.* spräche; *imp.* sprich; *part.pt.* gesprochen.

sprießen *pres.* sprieße, sprieß(es)t, sprießt; *impf.* sproß, sprossest; *conj.* sprösse; *imp.* sprieß(e); *part.pt.* gesprossen.

springen *pres.* springe, springst, springt; *impf.* sprang, sprangst; *conj.* spränge; *imp.* spring(e); *part.pt.* gesprungen.

stechen *pres.* steche, stichst, sticht; *impf.* stach, stachst; *conj.* stäche; *imp.* stich; *part.pt.* gestochen.

stecken *v/i* stecke, steckst, steckt; *impf.* stak (steckte), stakst; *conj.* stäke; *imp.* steck(e); *part.pt.* gesteckt.

stehen *pres.* stehe, stehst, steht; *impf.* stand, stand(e)st; *conj.* stände; *imp.* steh(e); *part.pt.* gestanden.

stehlen *pres.* stehle, stiehlst, stiehlt; *impf.* stahl; *conj.* stähle; *imp.* stiehl; *part.pt.* gestohlen.

steigen *pres.* steige, steigst, steigt; *impf.* stieg, stiegst; *conj.* stiege; *imp.* steig(e); *part.pt.* gestiegen.

sterben *pres.* sterbe, stirbst, stirbt; *impf.* starb, starbst; *conj.* stürbe; *imp.* stirb; *part.pt.* gestorben.

stieben *pres.* stiebe, stiebst, stiebt; *impf.* stob, stobst; *conj.* stöbe; *imp.* stieb(e); *part.pt.* gestoben.

stinken *pres.* stinke, stinkst, stinkt; *impf.* stank, stankst; *conj.* stänke; *imp.* stink(e); *part.pt.* gestunken.

stoßen *pres.* stoße, stößt, stößt; *impf.* stieß, stießest; *conj.* stieße; *imp.* stoß(e); *part.pt.* gestoßen.

streichen *pres.* streiche, streichst, streicht; *impf.* strich, strichst; *conj.* striche; *imp.* streich(e); *part.pt.* gestrichen.

streiten *pres.* streite, streitest, streitet; *impf.* stritt, stritt(e)st; *conj.* stritte; *imp.* streit(e); *part.pt.* gestritten.

tragen *pres.* trage, trägst, trägt; *impf.* trug; *conj.* trüge; *imp.* trag(e); *part.pt.* getragen.

treffen *pres.* treffe, triffst, trifft; *impf.* traf, trafst; *conj.* träfe; *imp.* triff; *part.pt.* getroffen.
treiben *pres.* treibe, treibst, treibt; *impf.* trieb; *conj.* triebe; *imp.* treib(e); *part.pt.* getrieben.
treten *pres.* trete, trittst, tritt; *impf.* trat, trat(e)st; *conj.* träte; *imp.* tritt; *part.pt.* getreten.
triefen *pres.* triefe, triefst, trieft; *impf.* troff (triefte); *conj.* tröffe (triefte); *imp.* trief(e); *part.pt.* getroffen (getrieft).
trinken *pres.* trinke, trinkst, trinkt; *impf.* trank, trankst; *conj.* tränke; *imp.* trink(e); *part.pt.* getrunken.
trügen *pres.* trüge, trügst, trügt; *impf.* trog, trogst; *conj.* tröge; *imp.* trüg(e); *part.pt.* getrogen.
tun *pres.* tue, tust, tut; *impf.* tat, tat(e)st; *conj.* täte; *imp.* tu(e); *part.pt.* getan.
verderben *pres.* verderbe, verdirbst, verdirbt; *impf.* verdarb; *conj.* verdürbe; *imp.* verdirb; *part.pt.* verdorben.
verdrießen *pres.* verdrieße, verdrießt, verdrießt; *impf.* verdroß, verdrossest; *conj.* verdrösse; *imp.* verdrieß(e); *part.pt.* verdrossen.
vergessen *pres.* vergesse, vergißt, vergißt; *impf.* vergaß, vergaßest; *conj.* vergäße; *imp.* vergiß; *part.pt.* vergessen.
verlieren *pres.* verliere, verlierst, verliert; *impf.* verlor; *conj.* verlöre; *imp.* verlier(e); *part.pt.* verloren.
verschleißen *pres.* verschleiße, verschleiß(es)t, verschleißt; *impf.* verschliß, verschlissest; *conj.* verschlisse; *imp.* verschleiß(e); *part.pt.* verschlissen.
wachsen *pres.* wachse, wächst, wächst; *impf.* wuchs, wuchsest; *conj.* wüchse; *imp.* wachs(e); *part.pt.* gewachsen.
wägen *pres.* wäge, wägst, wägt; *impf.* wog (wägte); *conj.* wöge (wägte); *imp.* wäg(e); *part.pt.* gewogen (gewägt).
waschen *pres.* wasche, wäschst, wäscht; *impf.* wusch, wuschest; *conj.* wüsche; *imp.* wasch(e); *part.pt.* gewaschen.
weben *pres.* webe, webst, webt; *impf.* webte (wob, wobest); *conj.* webte (wöbe); *imp.* web(e); *part.pt.* gewebt (gewoben).
weichen *pres.* weiche, weichst, weicht; *impf.* wich, wichst; *conj.* wiche; *imp.* weich(e); *part.pt.* gewichen.
weisen *pres.* weise, weist, weist; *impf.* wies, wiesest; *conj.* wiese; *imp.* weis(e); *part.pt.* gewiesen.
wenden *pres.* wende, wendest, wendet; *impf.* wandte (wendete); *conj.* wendete; *imp.* wende; *part.pt.* gewandt (gewendet).
werben *pres.* werbe, wirbst, wirbt; *impf.* warb; *conj.* würbe; *imp.* wirb; *part.pt.* geworben.
werden *pres.* werde, wirst, wird; *impf.* wurde; *conj.* würde; *imp.* werde; *part.pt.* geworden.
werfen *pres.* werfe, wirfst, wirft; *impf.* warf, warfst; *conj.* würfe; *imp.* wirf; *part.pt.* geworfen.
wiegen *pres.* wiege, wiegst, wiegt; *impf.* wog; *conj.* wöge; *imp.* wieg(e); *part.pt.* gewogen.
winden *pres.* winde, windest, windet; *impf.* wand, wandest; *conj.* wände; *imp.* wind(e); *part.pt.* gewunden.
wissen *pres.* weiß, weißt, weiß; wissen, wißt, wissen; *impf.* wußte; *conj.* wüßte; *imp.* wisse; *part.pt.* gewußt.
wollen *pres.* will, willst, will; wollen; *impf.* wollte; *conj.* wollte; *imp.* wolle; *part.pt.* gewollt.
zeihen *pres.* zeihe, zeihst, zeiht; *impf.* zieh, ziehst; *conj.* ziehe; *imp.* zeih(e); *part.pt.* geziehen.
ziehen *pres.* ziehe, ziehst, zieht; *impf.* zog, zogst; *conj.* zöge; *imp.* zieh(e); *part.pt.* gezogen.
zwingen *pres.* zwinge, zwingst, zwingt; *impf.* zwang, zwangst; *conj.* zwänge; *imp.* zwing(e); *part.pt.* gezwungen.

Zahlwörter — Telwoorden

Grundzahlen — Hoofdtelwoorden

0 null *nul*
1 eins *één, een*
2 zwei *twee*
3 drei *drie*
4 vier *vier*
5 fünf *vijf*
6 sechs *zes*
7 sieben *zeven*
8 acht *acht*
9 neun *negen*
10 zehn *tien*
11 elf *elf*
12 zwölf *twaalf*
13 dreizehn *dertien*
14 vierzehn *veertien*
15 fünfzehn *vijftien*
16 sechzehn *zestien*
17 siebzehn *zeventien*
18 achtzehn *achttien*
19 neunzehn *negentien*
20 zwanzig *twintig*
21 einundzwanzig *eenentwintig*
22 zweiundzwanzig *tweeëntwintig*
23 dreiundzwanzig *drieëntwintig*
28 achtundzwanzig *achtentwintig*
30 dreißig *dertig*
31 einunddreißig *eenendertig*
38 achtunddreißig *achtendertig*
40 vierzig *veertig*
50 fünfzig *vijftig*
60 sechzig *zestig*
70 siebzig *zeventig*
80 achtzig *tachtig*
90 neunzig *negentig*
100 hundert *honderd*
101 hundert(und)eins *honderd (en) een*
102 hundertzwei *honderd twee*
110 hundertzehn *honderd tien*
200 zweihundert *tweehonderd*
300 dreihundert *driehonderd*
400 vierhundert *vierhonderd*
500 fünfhundert *vijfhonderd*
600 sechshundert *zeshonderd*
700 siebenhundert *zevenhonderd*
800 achthundert *achthonderd*
900 neunhundert *negenhonderd*
1000 tausend *duizend*
1001 tausend(und)eins *duizend (en) een*
1002 tausendzwei *duizend twee*
2000 zweitausend *tweeduizend*
3000 dreitausend *drieduizend*
48 917 achtundvierzigtausendneunhundertsiebzehn *achtenveertigduizend negenhonderd zeventien*
100 000 hunderttausend *honderdduizend*
200 000 zweihunderttausend *tweehonderdduizend*
1 000 000 eine Million *een miljoen*
1 000 000 000 eine Milliarde *een miljard*

Ordnungszahlen — Rangtelwoorden

1. erste *eerste*
2. zweite *tweede*
3. dritte *derde*
4. vierte *vierde*
5. fünfte *vijfde*
6. sechste *zesde*
7. sieb(en)te *zevende*
8. achte *achtste*
9. neunte *negende*
10. zehnte *tiende*
11. elfte *elfde*
12. zwölfte *twaalfde*
13. dreizehnte *dertiende*
14. vierzehnte *veertiende*
15. fünfzehnte *vijftiende*
16. sechzehnte *zestiende*
17. siebzehnte *zeventiende*
18. achtzehnte *achttiende*
19. neunzehnte *negentiende*
20. zwanzigste *twintigste*
21. einundzwanzigste *eenentwintigste*
22. zweiundzwanzigste *tweeëntwintigste*
23. dreiundzwanzigste *drieëntwintigste*
28. achtundzwanzigste *achtentwintigste*

30. dreißigste *dertigste*
31. einunddreißigste *eenendertigste*
38. achtunddreißigste *achtendertigste*
40. vierzigste *veertigste*
50. fünfzigste *vijftigste*
60. sechzigste *zestigste*
70. siebzigste *zeventigste*
80. achtzigste *tachtigste*
90. neunzigste *negentigste*
100. hundertste *honderdste*
101. hundert(und)erste *honderd eerste*
200. zweihundertste *tweehonderdste*
300. dreihundertste *driehonderdste*
400. vierhundertste *vierhonderdste*
500. fünfhundertste *vijfhonderdste*
600. sechshundertste *zeshonderdste*
700. siebenhundertste *zevenhonderdste*
800. achthundertste *achthonderdste*
900. neunhundertste *negenhonderdste*
1000. tausendste *duizendste*
1001. tausenderste *duizend eerste*
2000. zweitausendste *tweeduizendste*
3000. dreitausendste *drieduizendste*
48 917. achtundvierzigtausendneunhundertsiebzehnte *achtenveertigduizend negenhonderd zeventiende*
100 000. hunderttausendste *honderdduizendste*
1 000 000. millionste *miljoenste*

Bruchzahlen — Breuken

$^1/_2$ ein halb *een half*
$1^1/_2$ anderthalb *anderhalf*
$^1/_3$ ein Drittel *een derde*
$^2/_3$ zwei Drittel *twee derde(n)*
$^1/_4$ ein Viertel *een kwart, een vierde*
$^3/_4$ drei Viertel *driekwart, drie vierde(n)*
$^1/_5$ ein Fünftel *een vijfde*
$^1/_6$ ein Sechstel *een zesde*
$3^4/_5$ drei (und) vier Fünftel *drie en vier vijfde(n)*
0,1 ein Zehntel *een tiende*